REVISAÇO®

TOMO 2

CESPE | CEBRASPE

REVISAÇO®

TOMO 2

COORDENAÇÃO
PAULO LÉPORE
LEANDRO BORTOLETO

CESPE | CEBRASPE

3ª edição
Revista, ampliada e atualizada

2018

EDITORA JusPODIVM
www.editorajuspodivm.com.br

EDITORA
*Jus*PODIVM
www.editorajuspodivm.com.br

Rua Mato Grosso, 164, Ed. Marfina, 1º Andar – Pituba, CEP: 41830-151 – Salvador – Bahia
Tel: (71) 3045.9051
• Contato: https://www.editorajuspodivm.com.br/sac

Capa: Ana Caquetti

Diagramação: Linotec *(www.linotec.com.br)*

ISBN: 978-85-442-2200-3

Sobre os autores

ADRIANA MENEZES – *DIREITO PREVIDENCIÁRIO*

Bacharel em direito e economia. Especialista em direito público e em engenharia econômica. Procuradora Federal - AGU. Professora de Direito Previdenciário do CERS – Complexo de Ensino Renato Saraiva e do Curso Ênfase. Autora de livros jurídicos. Contatos: adrianamenezes.previ@gmail.com. www.adrianamenezes.com. @profadrianamenezes

ALAN MARTINS – *DIREITO TRIBUTÁRIO*

Agente Fiscal de Rendas/SP. Mestre em Direito pela Universidade Estadual Paulista (UNESP). Especialista em Direito Tributário. Professor e Coordenador da Área Fiscal do CERS – Complexo de Ensino Renato Saraiva. Instrutor da Escola Fazendária da Secretaria da Fazenda do Estado de São Paulo – Fazesp. Professor da Maestría Internacional Hacienda Pública Dirección y Admnistración Tributaria do Instituto de Estudios Fiscales do Ministerio de Hacienda y Administraciones Públicas del Goberno de España. Docente em cursos de especialização e MBAs da USP, CERS/Estácio, Faculdade Baiana de Direito, INPG, ESD, UniFacef e de outras instituições. Autor de livros para concursos e coordenador da área fiscal da Editora Juspodivm. Contatos: prof.alanmartins@hotmail.com, facebook.com/prof.alanmartins. Grupo de Estudos: https://www.facebook.com/groups/ConcursosCarreirasFiscais/

DAÍLSON SOARES DE REZENDE – *DIREITO DA CRIANÇA E DO ADOLESCENTE* E *ESTATUTO DO IDOSO*

Mestrando em Ciências Jurídicas pela UNIBE. Especialista em Licitações e Contratos Administrativos pelo Centro Universitário UNISEB-COC. Advogado. Autor de artigos e livros jurídicos pela Editora JusPodivm. Membro do Conselho Regional de Prerrogativas – 6ª Região – OAB – Seção São Paulo. E-mail: dailson.rezendeadvocacia@gmail.com

DANIEL TRINDADE – *DIREITO EMPRESARIAL*

Advogado. Ex-Delegado de Polícia do Estado do Rio Grande do Sul. Idealizador e Coordenador Pedagógico do iGabaritei. Especialista em Segurança Pública pela Academia de Polícia do Estado do Rio Grande do Sul. Especialista em Direito Público pela Universidade Potiguar. Membro *honoris causa* do Centro de Estudos de Direito Europeu em Lisboa, Portugal. Autor e coautor de livros jurídicos. Facebook: prof.danieltrindade. Instagram: @professordanieltrindade

DIMAS YAMADA SCARDOELLI – *DIREITO TRIBUTÁRIO*

Agente Fiscal de Rendas/SP. Mestre em Direito pela Universidade Estadual Paulista (UNESP). Bacharel em Ciências Contábeis pelo Uni-FACEF. Autor de livros preparatórios para concursos públicos. Professor do CERS – Complexo de Ensino Renato Saraiva, cursos de pós-graduação e MBAs.

LEANDRO BORTOLETO - *DIREITO ADMINISTRATIVO*

Mestre e bacharel em direito pela Universidade Estadual Paulista - UNESP. Coordenador e professor de Direito Administrativo no curso de especialização em Direito Público da Escola Superior de Direito - ESD, em Ribeirão Preto. Professor de Direito Administrativo na graduação e na pós-graduação em direito do Centro Universitário Estácio Uniseb. Professor de Direito Administrativo nos cursos Ênfase, Eu Vou Passar e Proordem. Analista Judiciário (Oficial de Justiça Avaliador Federal) na Justiça Federal. Autor e coordenador de livros jurídicos. Ex-oficial de justiça no TJ/SP.

Facebook: Leandro Bortoleto

Facebook - grupo Direito Administrativo com Leandro Bortoleto

LIDIANE COUTINHO - *DIREITO ADMINISTRATIVO*

Advogada. Graduada em Direito pela Universidade Federal do Ceará - UFC e especialista em Direito Constitucional pela Escola Superior da Magistratura do Ceará - ESMEC. Foi servidora do Tribunal de Justiça do Estado do Ceará (1999 a 2008). Desde 2005 leciona em cursos de atualização jurídica e preparatórios para concursos públicos na área jurídica, administrativa e fiscal como professora de Direito Administrativo e Legislação do MPU.

LUCAS DE SOUZA LEHFELD - *DIREITO FINANCEIRO, DIREITO ECONÔMICO, DIREITO DO CONSUMIDOR* E *DIREITO EDUCACIONAL*

Pós-Doutor pela Universidade de Coimbra (Portugal). Doutorado em Direito pela PUC-SP (2006). Mestrado em Direito pela UNESP (2001). Graduação em Direito (Unaerp) e em Ciências Contábeis (FEA/USP). Coordenador do Curso de Direito do Centro Universitário Barão de Mauá - Ribeirão Preto, SP. Docente do Programa de Mestrado em Direito da Universidade de Ribeirão Preto. Avaliador de Cursos de Direito e Ciências Contábeis pelo INEP/MEC. Advogado.

LUCIANO ALVES ROSSATO - *DIREITO PROCESSUAL CIVIL*

Procurador do Estado de São Paulo. Doutor em Direito pela PUC/SP. Professor do Complexo de Ensino Renato Saraiva.

LUÍS FELIPE CIRINO - *DIREITO ADMINISTRATIVO*

Mestre e Doutorando em Direito do Estado pela Faculdade de Direito da Universidade de São Paulo (Largo São Francisco), Graduado pela Faculdade de Direito de Ribeirão Preto da Universidade de São Paulo (FDRP-USP). Professor em cursos preparatórios e de pós-graduação em Ribeirão Preto/SP, Campinas/SP, São Paulo/SP e Goiânia/GO. Coordenador Acadêmico da Escola Superior de Direito, em Ribeirão Preto/SP. Autor de diversos livros jurídicos. Sócio do Escritório "Vidigal, Righetti e Cirino Sociedade de Advogados" em Ribeirão Preto/SP.

MARCELO CHAIM CHOHFI - *DIREITO DO TRABALHO* E *DIREITO PROCESSUAL DO TRABALHO*

Juiz do Trabalho no TRT 15ª Região. Mestre em Direito do Trabalho pela UNIMEP. Especialista em Direito Constitucional pela UNISUL. Especialista em Direito do Trabalho e Processual do Trabalho pela PUCCAMP. Docente em cursos de graduação e pós-graduação nas disciplinas de Direito Processual do Trabalho, Direito Individual do Trabalho e Direito Coletivo do Trabalho. Autor das Obras *Prática Forense Trabalhista* e *Relações Sindicais e Negociações Trabalhistas,* pela Editora Forense.

RENATO CESAR GUEDES GRILO - *DIREITO INTERNACIONAL E COMUNITÁRIO*

Procurador da Fazenda Nacional (cedido), Assessor de Ministro do Superior Tribunal de Justiça, pós-graduado em Direito Constitucional e Tributário. Entre 2013 e 2016, atuou perante os Tribunais Superiores, representando a União. É professor de cursos preparatórios para concursos e autor de obras jurídicas, dentre as quais o *Manual do Procurador da Fazenda Nacional*, da editora Juspodivm.

Apresentação da Coleção Revisaço

"REVISAÇO" é a consagrada coleção de questões comentadas da *Editora Juspodivm.*

Com cuidado, pensamos num formato que fosse além dos comentários das questões. Algo que realmente pudesse ajudar o aluno no estudo de concursos ou Exames de Ordem, principalmente na revisão final.

Para isso, estabelecemos a seguinte estrutura **didática**:

- **Questões divididas por matéria e assunto, comentadas assertiva por assertiva, item por item**, demonstrando tanto o que está certo como o que está errado na questão;
- Sempre que possível, há uma "nota do autor" em cada questão trazendo **comentários que vão além do assunto abordado no exercício**.

Ao final das disciplinas apresentamos:

- **Dicas de estudo**, funcionando como verdadeiro resumo da matéria;
- **Súmulas dos Tribunais Superiores**;

A ideia, portanto, é apresentar a **prática do concurso ou Exame da Ordem** (questões), a **doutrina para estudo** (dicas) e a **jurisprudência** (súmulas e informativos), formando a tríade necessária para uma revisão (verdadeiro REVISAÇO!) rumo ao sucesso na aprovação.

Vários livros compõem a coleção e, para todos, chamamos grandes nomes, professores experientes, profissionais de destaque e especialistas em cada área para que organizassem as obras e comentassem as questões.

Acreditamos que essa coleção será bastante útil aos candidatos de concursos públicos e Exame de Ordem.

EDITORA JUSPODIVM

www.editorajuspodivm.com.br

Sumário

DIREITO ADMINISTRATIVO **29**
Leandro Bortoleto, Luís Felipe Cirino e Lidiane Coutinho

TABELA DE INCIDÊNCIA DE QUESTÕES 29
1. Regime jurídico administrativo 29
2. Administração pública e terceiro setor 43
3. Agentes públicos: disposições constitucionais 63
4. Regime jurídico dos Servidores Públicos Civis Federais: Lei nº 8.112/90 73
5. Poderes administrativos 86
6. Ato administrativo 97
7. Processo Administrativo Federal: Lei nº 9.784/99 117
8. Licitação e contrato administrativo 124
9. Serviços públicos 151
10. Responsabilidade extracontratual do Estado . 167
11. Controle da administração pública 182
12. Improbidade administrativa: Lei nº 8.429/92 .. 193
13. Intervenção do Estado na propriedade 206
14. Bens públicos 213

✦ DICAS (RESUMO) 217
1. Conceito e fontes do direito administrativo 217
2. Regime jurídico administrativo 217
3. Administração pública e terceiro setor 218
4. Agentes públicos: disposições constitucionais 221
5. Regime jurídico dos servidores públicos 225
   5.1. Lei nº 8.112/90 225
6. Poderes administrativos 233
7. Ato administrativo 233
8. Processo administrativo 236
   8.1. Lei nº 9.784/99 236
9. Licitação e contrato administrativo 238
10. Serviços públicos 244
11. Bens públicos 246
12. Intervenção do Estado na propriedade privada 247
13. Responsabilidade extracontratual do Estado 249
14. Controle da administração pública 250
15. Improbidade administrativa: Lei nº 8.429/92 .. 251

✦ SÚMULAS APLICÁVEIS 252
1. Princípios da administração pública 252
   1.1. Súmula do STF 252
2. Agentes públicos 252
   2.1. Servidor público 252
      2.1.1. Concurso público 253
      2.1.2. Demissão 253
      2.1.3. Disponibilidade 253
      2.1.4. Remuneração 253
      2.1.5. Tempo de serviço 254
      2.1.6. Vitaliciedade 254
      2.1.7. Nomeação para cargo em comissão (nepotismo) 254
3. Poderes administrativos 254
   3.1. Poder de polícia 254
4. Ato administrativo 254
5. Processo administrativo 254
6. Bens públicos 255
7. Intervenção do estado na propriedade privada 255
   7.1. Desapropriação 255

DIREITO TRIBUTÁRIO **257**
Alan Martins e Dimas Yamada Scardoelli

TABELA DE INCIDÊNCIA DE QUESTÕES 257

✦ QUESTÕES 257
1. Tributos e suas espécies 257
2. Limitações constitucionais ao poder de tributar 276
3. Competência tributária e repartição das receitas tributárias 292
4. Legislação tributária 295
5. Obrigação tributária e fato gerador 306
6. Sujeitos (ativo e passivo), responsabilidade, capacidade e domicílio tributário 311
7. Crédito tributário: constituição (lançamento), garantias, privilégios e suspensão da exigibilidade 324
8. Extinção e exclusão do crédito tributário 338
9. Administração tributária (fiscalização, dívida ativa e certidões) 353
10. Processo tributário (administrativo e judicial) e direito penal tributário 358

✦ DICAS 374
1. Tributos e suas espécies 374
2. Limitações constitucionais ao poder de tributar 388

3. Competência tributária e repartição de receitas tributárias ... 395
4. Legislação tributária ... 398
5. Obrigação tributária e fato gerador ... 403
6. Sujeitos, responsabilidade, capacidade e domicílio ... 405
7. Crédito tributário (lançamento, garantias, privilégios, suspensão) ... 408
8. Extinção e exclusão do crédito tributário ... 413
9. Administração tributária (fiscalização, certidões, dívida ativa) ... 416
10. Processo tributário (administrativo e judicial) e direito penal tributário ... 419
✦ SÚMULAS ... 426
1. Tributos e suas espécies ... 426
2. Limitações constitucionais ao poder de tributar ... 430
3. Legislação tributária ... 431
4. Obrigação tributária e fato gerador ... 431
5. Sujeitos, responsabilidade, capacidade e domicílio ... 431
6. Crédito tributário (lançamento, garantias, privilégios, suspensão) ... 432
7. Extinção e exclusão do crédito tributário ... 433
8. Administração tributária (fiscalização, certidões, dívida ativa) ... 435
9. Processo tributário (administrativo e judicial) e direito penal tributário ... 435

DIREITO PREVIDENCIÁRIO ... 439
Adriana Menezes

TABELA DE INCIDÊNCIA DE QUESTÕES ... 439
✦ QUESTÕES ... 440
1. A seguridade social – conceito, evolução, organização, disposições constitucionais ... 440
2. Princípios constitucionais da seguridade social ... 443
3. Direito previdenciário – legislação previdenciária ... 451
4. Dos segurados do Regime Geral de Previdência Social (RGPS) enquadramento, filiação e inscrição, manutenção e perda da condição de segurado ... 456
5. Dos dependentes do Regime Geral da Previdência Social – condição, filiação e inscrição, perda da condição de dependente ... 469
6. Acidente do trabalho ... 473
7. Dos benefícios e serviços da previdência social ... 476
8. Financiamento da seguridade social – regras gerais ... 510
9. Salário de contribuição ... 519
10. Contribuição dos segurados ... 524
11. Das contribuições das empresas e do empregador doméstico ... 524
12. Da decadência e da prescrição das contribuições da seguridade social ... 525
13. Ações previdenciárias ... 526
14. Benefício de prestação continuada da assistência social ... 539
15. Da aposentadoria e da pensão do servidor público ... 541
16. Da previdência complementar ... 556
17. Dos crimes previdenciários ... 563
✦ DICAS (RESUMO) ... 565
1. Seguridade social – conceito e evolução ... 565
2. Conselhos ... 572
2.1. O Conselho Nacional De Previdência (CNP) ... 572
2.2. Conselho Nacional de Assistência Social (CNAS) ... 573
2.3. Conselho de Recursos do Seguro Social (CRSS) ... 573
3. Princípios constitucionais ... 574
4. Os beneficiários do Regime Geral de Previdência Social ... 576
5. Filiação e inscrição ... 582
6. Do acidente do trabalho ... 583
7. Dos benefícios e serviços previdenciários ... 585
8. Benefícios previdenciários ... 588
9. Pensões especiais ... 602
9.1. Pensão especial aos deficientes físicos portadores da Síndrome da Talidomida ... 602
9.2. Pensão especial das vítimas de hemodiálise de Caruaru-PE ... 603
9.3. A pensão especial hanseníase ... 604
9.4. Benefício de ex-combatentes ... 604
9.5. Benefício dos seringueiros – pensão mensal vitalícia do seringueiro e seus dependentes ... 605
10. Da decadência e prescrição em relação aos benefícios previdenciários ... 605
11. Justificação ... 605
12. Tempo de serviço e contagem recíproca ... 606
13. Ações judiciais em matéria previdenciária ... 607
14. Financiamento da seguridade social – parte constitucional ... 610
15. Salário de contribuição ... 611
16. Da contribuição dos segurados ... 614
16.1. Contribuição dos empregados, domésticos e trabalhadores avulsos ... 614

16.2. Contribuição do contribuinte individual ... 615
16.3. Contribuição do segurado facultativo . 616
16.4. Contribuição do segurado especial ... 616
17. Da contribuição das empresas e do empregador doméstico ... 617
18. Das obrigações acessórias ... 619
19. Dos prazos de recolhimento das contribuições previdenciárias ... 620
20. Das outras receitas da seguridade social ... 621
21. Da responsabilidade solidária ... 622
22. Da decadência e prescrição das contribuições da seguridade social ... 622
23. Benefício de prestação continuada da assistência social – (BPC-LOAS) ... 623
24. Previdência do servidor público ... 624
25. Previdência dos servidores militares da União 627
26. Previdência complementar ... 628
27. O plano de previdência complementar dos servidores públicos federais ... 629
28. Crimes previdenciários ... 632
28.1. Crime de apropriação indébita previdenciária ... 632
28.2. Crime de sonegação previdenciária ... 633
28.3. Estelionato previdenciário ... 634
28.4. Falsificação de documentação previdenciária ... 634
28.5. Inserção de dados falsos em sistema de informações ... 635
28.6. Modificação ou alteração não autorizada de sistema de informações 635

✦ **SÚMULAS APLICÁVEIS ... 635**

1. Dos segurados da previdência social ... 635
1.1. Dos empregados ... 635
1.2. Segurados especiais ... 635
1.3. Segurados contribuintes individuais ... 636
2. Dos dependentes do Regime Geral de Previdência Social ... 636
3. Dos benefícios previdenciários ... 636
3.1. Auxílio-doença ... 636
3.2. Aposentadoria por invalidez ... 637
3.3. Aposentadoria por idade ... 638
3.4. Aposentadoria por tempo de contribuição ... 638
3.5. Aposentadoria especial ... 638
3.6. Salário-família ... 639
3.7. Salário-maternidade ... 639
3.8. Pensão por morte ... 639
3.9. Outras súmulas acerca de benefícios ... 639
3.10. Seguro-desemprego ... 640
4. Do financiamento da seguridade social ... 640
4.1. Das contribuições sociais ... 640
4.2. Do salário de contribuição ... 641
4.3. Da contribuição das empresas ... 641
5. Das obrigações acessórias ... 643
6. Da certidão negativa de débito ... 643
7. Da decadência e prescrição das contribuições da seguridade social e dos benefícios previdenciários ... 643
8. Previdência do servidor público ... 643
9. Previdência complementar ... 643
10. Outras ... 644
11. Crimes previdenciários ... 644
12. Benefício de prestação continuada da assistência social (BPC) ... 645

DIREITO PROCESSUAL CIVIL ... 647

Luciano Alves Rossato

TABELA DE INCIDÊNCIA DE QUESTÕES ... 647

✦ **QUESTÕES COMENTADAS COM BASE NO CÓDIGO DE PROCESSO CIVIL DE 2015 (LEI Nº 13.105, DE 16 DE MARÇO DE 2015). ... 648**

1. Aplicação da lei processual ... 648
2. Ação ... 648
3. Jurisdição ... 650
4. Mediação ... 652
5. Pressupostos processuais ... 653
6. Competência ... 655
7. Substituição processual ... 662
8. Litisconsórcio ... 663
9. Intervenção de terceiros ... 666
10. Ministério público ... 672
11. Defensoria pública ... 675
12. Atos processuais ... 676
13. Nulidades processuais ... 681
14. Tutela provisória ... 681
15. Petição inicial ... 689
16. Resposta do réu ... 689
17. Julgamento antecipado do mérito ... 692
18. Prova ... 692
19. Sentença ... 695
20. Liquidação ... 702
21. Cumprimento de sentença e execução ... 703
22. Ordem dos processos nos tribunais e recursos ... 716
23. Fazenda Pública ... 729
24. Juizados especiais ... 732

25. Liquidação extrajudicial de instituições financeiras 737
26. Ações coletivas 738
+ DICAS SOBRE O NOVO CÓDIGO DE PROCESSO CIVIL 740
1. Novo Código de Processo Civil – Lei Federal nº 13.105/2015 e alterações e legislações especiais 740
2. Princípios gerais do processo civil 740
2.1. As Normas Fundamentais do Processo Civil 740
2.2. Princípios Expressos na Constituição Federal 740
2.2.1. Princípio do devido processo legal 740
2.2.2. Princípio da isonomia 740
2.2.3. Princípio do juiz natural 740
2.2.4. Princípio da inafastabilidade do controle jurisdicional 741
2.2.5. Princípio do contraditório 741
2.2.6. Princípio da proibição da prova ilícita 741
2.2.7. Princípio da publicidade dos atos processuais 741
2.2.8. Princípio da motivação das decisões judiciais 741
2.2.9. Princípio do duplo grau de jurisdição 741
2.3. Normas Fundamentais Contidas no Novo CPC 741
3. Fontes 741
4. Lei Processual Civil 742
4.1. Eficácia e Aplicação 742
4.2. Direito Processual Intertemporal. Critérios 742
5. Jurisdição 742
5.1. Conceito 742
5.2. Características 743
5.3. Natureza Jurídica 743
5.4. Princípios 743
5.5. Limites da jurisdição nacional 743
6. Competência 744
6.1. Critérios determinadores 744
6.1.1. Competência em razão da matéria 744
6.1.2. Competência em Razão do Valor e do Território 744
6.1.3. Competência funcional 744
6.1.4. Competência territorial 744
6.1.5. Competência da Justiça Federal 745
6.1.6. Competência originária dos Tribunais Superiores 746
6.2. Competência absoluta e relativa 746
6.3. Modificações da Competência 747
6.4. Meios de declaração de incompetência 747
6.5. Conflitos de competência e de atribuições 747
7. Direito de ação 748
7.1. O Direito de Ação ou Direito à Jurisdição 748
7.2. Elementos 748
7.3. Condições da ação 748
7.4. Classificação e critérios identificadores. 749
7.5. Concurso e cumulação de ações 749
8. Conexão e continência 749
9. Processo 749
9.1. Noções gerais 749
9.2. Relação Jurídica Processual 750
9.3. Pressupostos processuais 750
9.4. Pressupostos processuais de desenvolvimento (ou de validade) 750
9.5. Pressupostos processuais negativos 750
10. Processo e procedimento 751
10.1. O Processo Sincrético 751
10.2. Do Procedimento 751
10.3. Do Procedimento Comum 751
10.4. Espécies de processos e de procedimentos 751
10.5. Objeto do Processo 752
11. Mérito. Questão Principal, Questões Preliminares e Prejudiciais 752
12. Sujeitos Processuais 752
12.1. Observações Preliminares 752
12.2. Juiz 752
12.3. Mediadores e Conciliadores 752
12.4. Princípios. Poderes. Deveres. Responsabilidades do Juiz 752
12.5. Impedimentos e Suspeição 753
12.6. Organização judiciária federal e estadual 753
12.7. Partes e Procuradores 753
12.8. Capacidade Processual e Legitimação 753
12.9. Regularização do vício 753
12.10. Curatela especial 754
12.11. Representação de pessoas jurídicas e de entes despersonalizados 754
12.12. Representação e Substituição Processual 754
13. Litisconsórcio 754
13.1. Conceito e Classificação 754

13.2. Litisconsórcio eventual, alternativo e sucessivo ... 755
14. Da Intervenção de Terceiros ... 755
14.1. Noções gerais ... 755
14.2. Classificação: intervenção voluntária e provocada ... 756
14.3. Da assistência ... 756
14.3.1. Apontamentos gerais ... 756
14.3.2. Modalidades de assistência ... 757
14.3.3. Procedimento de ingresso do assistente ... 757
14.3.4. Requerimento de assistência formulado pela União ... 757
14.4. Da denunciação da lide ... 757
14.4.1. Considerações Iniciais ... 757
14.4.2. A provocação da denunciação da lide ... 757
14.4.3. Cabimento da Denunciação da Lide ... 758
14.4.4. Cumprimento da obrigação de pagar exigido diretamente pelo autor em face do denunciado ... 758
14.4.5. Vedação da Denunciação da Lide no Código de Defesa do Consumidor ligada à indenização por fato do produto ... 759
14.5. Do chamamento ao processo ... 759
14.5.1. Considerações iniciais e natureza jurídica ... 759
14.5.2. Da Admissibilidade do Chamamento ao Processo ... 759
14.5.3. Da Sentença de Procedência ... 759
14.5.4. Chamamento ao processo e o Código de Defesa do Consumidor ... 760
14.6. Do Incidente de Desconsideração da Personalidade Jurídica ... 760
14.6.1. Considerações Iniciais ... 760
14.6.2. A Desconsideração Requerida na Própria Inicial ... 760
14.6.3. Legitimidade para requerer a instauração do incidente ... 760
14.6.4. Admissibilidade do Incidente ... 760
14.6.5. Procedimento ... 760
14.7. Intervenção do *Amicus Curiae* ... 760
14.7.1. Quem é o *Amicus Curiae*? ... 760
14.7.2. Limitação à Legitimação Recursal do *Amicus Curiae* ... 760
15. Advogado, Ministério Público e Advocacia Pública. Prerrogativas da Fazenda Pública em juízo ... 761
15.1. Advogado ... 761
15.2. Do Ministério Público ... 761
15.3. Advocacia Pública ... 761
15.4. Prerrogativas da Fazenda Pública em Juízo ... 761
15.4.1. O princípio constitucional da isonomia e o interesse público .. 761
15.4.2. A citação do Estado para compor a relação processual ... 761
15.4.3. Prazos diferenciados para a prática de atos processuais ... 762
15.4.4. Do não adiantamento de despesas processuais e dos honorários advocatícios ... 762
15.4.5. Da remessa necessária ... 763
16. Fatos e Atos Processuais ... 763
16.1. Conceito de atos processuais ... 763
16.2. Forma ... 763
16.3. Do Tempo dos Atos Processuais ... 763
16.4. Lugar ... 764
16.5. Dos Prazos Processuais ... 764
16.6. Da Comunicação dos Atos Processuais 765
16.7. Das Nulidades ... 766
17. Procedimento comum ... 766
17.1. Aspectos Gerais ... 766
17.2. Fases ... 766
17.3. Da Petição Inicial ... 766
17.3.1. Instrumento da Demanda ... 766
17.3.2. Requisitos da Petição Inicial ... 766
17.3.3. Do Pedido ... 767
17.3.4. Alteração do pedido ou da causa de pedir ... 769
17.3.5. Indeferimento da Petição Inicial ... 769
17.3.6. Da Improcedência Liminar do Pedido ... 769
17.4. Resposta do réu ... 770
17.4.1. Princípios que regem a contestação ... 770
17.4.2. Da Forma e do Prazo da Contestação ... 771
17.4.3. Conteúdo da Resposta ... 771
17.5. Da Reconvenção ... 773
17.5.1. Conceito ... 773
17.5.2. Momento para o exercício ... 773
17.5.3. Partes na reconvenção ... 773
17.5.4. Formação do contraditório na reconvenção ... 773
17.5.5. A decisão da reconvenção ... 774
17.5.6. Honorários Advocatícios na reconvenção ... 774
17.5.7. Reconvenção à reconvenção ... 774

17.6. Impulso processual ... 774
17.7. Prazos e preclusão ... 774
17.8. Prescrição ... 774
17.9. Inércia processual: contumácia e revelia ... 774
17.9.1. Contumácia ... 774
17.9.2. Da revelia ... 774
17.10. Da Formação, da Suspensão e da Extinção do Processo ... 775
17.10.1. Da formação do processo ... 775
17.10.2. Da Suspensão do Processo ... 775
17.10.3. Da Extinção do Processo ... 776
17.11. Contestação. Reconvenção ... 776
17.12. Das Disposições Preliminares ... 776
17.13. Julgamento Conforme o Estado do Processo ... 776
17.14. Das Provas ... 777
17.14.1. Apontamentos Gerais ... 777
17.14.2. Distribuição do ônus da prova ... 778
17.14.3. Fatos que independem de prova ... 778
17.14.4. Depoimento Pessoal ... 778
17.14.5. Confissão ... 778
17.14.6. Prova documental ... 778
17.14.7. Exibição de documentos ou coisas ... 779
17.14.8. Prova testemunhal ... 779
17.14.9. Prova pericial ... 779
17.14.10. Inspeção judicial ... 780
17.14.11. Exame e valoração da prova ... 780
17.14.12. Produção Antecipada de Provas ... 780
17.15. Audiências ... 780
17.15.1. Da Audiência de Conciliação ou de Mediação ... 780
17.16. Da Audiência de Instrução e Julgamento ... 780
18. Da Tutela Provisória: Tutelas de Urgência e de Evidência ... 781
18.1. Fungibilidade ... 781
18.2. Princípios Gerais ... 781
18.3. Da Tutela de Urgência ... 781
18.3.1. Requisitos Comuns para a Tutela de Urgência ... 781
18.3.2. Prévia Garantia para a Tutela Provisória de Urgência de Caráter Antecedente ... 782
18.3.3. Comprovação dos Requisitos da Tutela de Urgência ... 782
18.3.4. Condição para o Deferimento da Tutela Provisória ... 782
18.3.5. Fundamentos, Requisitos e Condição para o Deferimento da Tutela de Urgência ... 782
18.3.6. A Tutela Antecipada Requerida de Forma Antecedente ... 782
18.3.7. Da Estabilização da Medida ... 783
18.3.8. Ação para Rever, Reformar ou Invalidar a Tutela Antecipada Estabilizada ... 784
18.3.9. Decisões que não podem ser estabilizadas (família, parciais etc.) ... 784
18.4. Da Tutela Cautelar ... 784
18.4.1. Medidas Cautelares Típicas e Atípicas ... 784
18.4.2. Tutela Cautelar Antecedente ... 784
18.5. Tutela da Evidência ... 785
18.5.1. Diferenciação para com a Tutela de Urgência ... 785
18.5.2. Hipóteses Legais de Tutela da Evidência ... 785
18.6. Protesto, notificação e interpelação. Arresto. Sequestro. Caução. Busca e Apreensão. Exibição. Justificação ... 785
19. Sentença ... 786
19.1. Conceito ... 786
19.2. Classificações ... 787
19.3. Requisitos ... 788
19.4. Efeitos ... 788
19.5. Publicação, intimação, correção e integração da sentença ... 788
20. Do cumprimento da Sentença ... 788
21. Coisa julgada ... 789
21.1. Conceito e espécies ... 789
21.2. Efeitos da coisa julgada ... 789
22. Remessa Necessária ... 790
23. Meios de impugnação à sentença ... 790
24. Ação rescisória ... 790
24.1. Conceito ... 790
24.2. Objeto da Ação Rescisória ... 790
24.3. Competência para Julgamento ... 791
24.4. Ajuizamento da Ação Perante Tribunal Incompetente ... 792
24.5. Requisitos de admissibilidade da ação rescisória ... 792
24.6. Hipóteses indicadas no art. 966, CPC ... 793
24.7. Legitimidade para a propositura da ação rescisória ... 794
24.8. Polo Passivo ... 794

24.9. Não impedimento à execução 794
24.10. Indeferimento da petição inicial 794
24.11. Improcedência Liminar do Pedido 794
24.12. Resposta do réu 794
24.13. Prescrição intercorrente 794
25. Recursos 794
25.1. Disposições Gerais 794
25.2. Efeitos dos recursos 796
26. Apelação 796
26.1. Cabimento 796
26.2. Forma 797
26.3. Efeito 797
26.4. Juízo de admissibilidade 797
26.5. Juízo de retratação 797
27. Agravos (Agravo de Instrumento e Agravo Interno) 797
27.1. Agravo de Instrumento 797
27.2. Agravo Interno 797
28. Embargos de declaração 797
29. Embargos de Divergência 798
30. Recursos Ordinário, Especial e Extraordinário. 798
30.1. Recurso Ordinário 798
30.2. Disposições Gerais quanto ao Recurso Extraordinário e Recurso Especial 798
30.3. Recursos Extraordinário e Especial Repetitivos 799
30.4. Agravo em Recurso Especial e em Recurso Extraordinário 799
31. Reclamação 799
32. Repercussão geral 800
33. Súmula vinculante 800
34. Recursos repetitivos 800
35. Liquidação de Sentença – Espécies e Procedimento 800
35.1. Os Pronunciamentos Ilíquidos que Reconhecem a Existência de Obrigação 800
35.2. Liquidação Provisória e Definitiva 801
35.3. Concomitantes liquidação e cumprimento de sentença em relação ao mesmo título 801
35.4. Apuração do Valor Dependente de Cálculos Aritméticos 801
35.5. Fixação de Honorários na Liquidação Proposta em Face da Fazenda Pública . 801
35.6. Liquidação Incidental e Autônoma 801
35.7. Iniciativa da Liquidação 802
35.8. Procedimentos para Apuração do Valor 802
35.8.1. Liquidação por Arbitramento 802
35.8.2. Liquidação pelo Procedimento Comum 802
35.9. Natureza do Pronunciamento que Julga da Liquidação 802
35.10. Condenação em Verba Honorária na Liquidação 802
35.11. Inviabilidade das Sentenças Ilíquidas no Âmbito dos Juizados 803
35.12. Liquidação Imprópria 803
36. Cumprimento da sentença – Procedimento e Impugnação 803
36.1. Títulos executivos 803
36.2. Cumprimento de sentença enquanto fase do cumprimento de sentença 803
36.3. Competência 804
36.4. Cumprimento de sentença que reconhece o dever de pagar quantia certa 804
36.5. Cumprimento provisório 804
36.6. Procedimento do cumprimento definitivo da sentença que reconhece a exigibilidade de obrigação de pagar quantia certa 804
36.7. Impugnação ao cumprimento de sentença 804
37. Processo de Execução. Princípios gerais e Espécies 805
37.1. Atos Executivos 805
37.2. Meios Expropriatórios 806
37.3. Suspensão e extinção do processo de execução 809
37.4. Embargos à Execução 809
38. Execução contra a Fazenda Pública. Regime de Precatórios. Requisições de Pequeno Valor 810
39. Execução de obrigação de entregar, de fazer e de não fazer 810
40. Embargos de Terceiros 810
41. Exceção de pré-executividade 811
42. Remição 811
43. Suspensão e extinção do processo de execução 811
44. Procedimentos Especiais 811
44.1. Generalidades, Características e Espécies 811
45. Da Ação de Consignação em Pagamento 811
45.1. Finalidade do Procedimento 811
45.2. Interrupção da Prescrição 812
45.3. Consignação Extrajudicial 812
45.4. Legitimidade 812
45.5. Competência Territorial 812
45.6. Efeitos da Consignação 812

45.7. Depósito das Prestações Sucessivas 812
45.8. Petição Inicial: requisitos intrínsecos 812
45.9. Consignação de coisa indeterminada .. 813
45.10. Contestação 813
45.11. Reconvenção em Consignatória de Aluguéres 813
45.12. Litisconsórcio Passivo Alternativo 813
45.13. Consignatória de Aluguel e Férias Forenses 814
46. Ação Monitória 814
46.1. Finalidade 814
46.2. Prova oral documentada 814
46.3. Polo passivo 814
46.4. Constituição de título executivo judicial 814
46.5. Embargos à ação monitória 814
47. Da Ação de Exigir Contas 814
47.1. Fim da Ação de Prestar Contas 814
47.2. Procedimento da Ação de Exigir Contas 814
47.3. Contas do Inventariante, Tutor, Curador, Depositário e de Qualquer Outro Administrador 815
48. Das Ações Possessórias 815
48.1. A Fungibilidade das Ações Possessórias 815
48.2. Espécies de Ações Possessórias 815
48.3. Ações Possessórias e Invasões Coletivas 815
48.4. Pedidos na Ação Possessória 815
48.5. Contestação 816
48.6. Inviabilidade de Ajuizamento de Ação Petitória Durante o Curso de Ação Possessória 816
48.7. Procedimento da Ação Possessória: posse nova 816
48.8. Exigência de Caução 816
48.9. Posse com força nova e os requisitos da tutela possessória 816
48.10. Contraditório Prévio e as Liminares contra as Pessoas Jurídicas de Direito Público 816
48.11. Citação do Requerido e Prazo para Resposta 816
48.12. Posse Velha e Litígio Coletivo 816
48.13. Ocupação Indevida de Bem Público ... 816
48.14. Exercício do Direito de Retenção 817
49. Restauração de autos 817
50. Ação Popular 817
50.1. Definição 817
50.2. Legitimação para a propositura da ação popular 817
50.3. Polo passivo 817
50.4. Do Procedimento da Ação Popular 817
50.5. Da Sentença na Ação Popular 818
50.6. Da Coisa Julgada 818
50.7. Remessa Necessária 818
51. Ação Civil Pública 818
51.1. Denominação de Ação Civil Pública e interesses tutelados pela lei da Ação Civil Pública 818
51.2. Dos entes legitimados 819
51.3. Coisa julgada 820
52. Mandado de Segurança (Lei n. 12.016/2009) .. 820
52.1. Introdução 820
52.2. Prazo para o ajuizamento 820
52.3. Legitimidade Ativa 820
52.4. O polo passivo no mandado de segurança 821
52.5. A autoridade apontada como coatora. 821
52.6. O direito líquido e certo como requisito específico de admissibilidade 821
52.7. Vedação da utilização do mandado de segurança 822
52.8. Vedação da concessão de liminar 822
52.9. Competência para o julgamento do mandado de segurança 822
52.10. Sentença proferida no mandado de segurança 823
52.11. Coisa julgada e Cumprimento de Sentença 823
52.12. Mandado de Segurança Coletivo 823
53. Mandado de Injunção 824
53.1. Observações Prévias 824
53.2. Legitimidade 824
53.3. Reconhecimento da mora legislativa ... 824
53.4. Efeitos da decisão 824
53.5. Mandado de injunção coletivo 824
53.6. Aplicação subsidiária do procedimento do mandado de segurança 824
54. *Habeas Data* 824
54.1. Previsão constitucional e regulamentação procedimental 824
54.2. Legitimidade 825
54.3. Condições específicas para a ação 825
54.4. Aspectos procedimentais 825
54.5. Competência 825

55. O Processo Civil nos sistemas de controle da constitucionalidade. Ação Direta de Inconstitucionalidade. Ação Declaratória de Constitucionalidade. Medida Cautelar. Declaração incidental de inconstitucionalidade 825
- 55.1. Observações Gerais 825
- 55.2. Procedimento da Ação Direta de Inconstitucionalidade 825
- 55.3. Medida Cautelar 826
- 55.4. Ação Declaratória de Constitucionalidade 826
- 55.5. Ações Civis Constitucionais 826
- 55.6. Arguição de Descumprimento de Preceito Fundamental 826

56. Ação de Improbidade Administrativa 826
- 56.1. Aspectos de direito material 826
- 56.2. Legitimidade 828
- 56.3. Procedimento de Improbidade Administrativa 828
- 56.4. A impossibilidade de celebrar transação em ação de improbidade administrativa 828
- 56.5. Sequestro e Arresto de Bens 828
- 56.6. Afastamento Provisório 829
- 56.7. Indisponibilidade de Bens 829
- 56.8. Prevenção do Juízo 829
- 56.9. Da Sentença 829
- 56.10. Da Prescrição 829

✦ **SÚMULAS** **830**

- Normas fundamentais do processo civil e aplicação das normas processuais 830
- Competência interna 830
- Capacidade processual 831
- Gratuidade da justiça 831
- Atos processuais – forma, tempo, lugar e comunicação 831
- Formação, suspensão e extinção do processo 831
- Resposta do réu 831
- Provas 831
- Sentença e coisa julgada 831
- Liquidação de sentença 831
- Procedimentos especiais 831
  - Ações possessórias 831
  - Inventário e partilha 831
  - Embargos de terceiros 832
  - Ação monitória 832
- Procedimentos especiais na legislação extravagante 832
  - Mandado de segurança 832
  - Ações coletivas 832
  - Ação popular 832
  - Ações e outros procedimentos constitucionais 832
- processo de execução 833
  - Partes 833
  - Título executivo 833
  - Responsabilidade patrimonial 833
  - Penhora 833
  - Execução de alimentos 833
  - Execução contra a Fazenda Pública 833
  - Execução fiscal 833
  - Ação rescisória 834

DIREITO EMPRESARIAL 835

Daniel Messias da Trindade

TABELA DE INCIDÊNCIA DE QUESTÕES 835

✦ **QUESTÕES** **836**

1. Evolução Histórica do Direito Empresarial 836
2. Direito de Empresa 837
3. Empresário 838
4. Empresa Individual de Responsabilidade Limitada 844
5. Microempresa e Empresa de Pequeno Porte 844
6. Estabelecimento Empresarial 845
7. Nome Empresarial 849
8. Obrigações Empresariais 850
   - 8.1. Registro empresarial 850
   - 8.2. Escrituração 851
9. Prepostos 852
10. Propriedade Industrial 853
    - 10.1. Patente 853
    - 10.2. Invenções e modelos de utilidade 855
    - 10.3. Crimes contra a propriedade industrial 856
11. Direito Societário 857
    - 11.1. Sociedades não personificadas 857
    - 11.2. Sociedade simples 858
    - 11.3. Sociedade limitada 859
      - 11.3.1. Aspectos gerais 859
      - 11.3.2. Responsabilidade dos sócios 860
      - 11.3.3. Conselho fiscal 860
      - 11.3.4. Liquidação 861
    - 11.4. Sociedade anônima 861
      - 11.4.1. Aspectos gerais 861
      - 11.4.2. Ações 862
      - 11.4.3. Administração 863
      - 11.4.4. Assembleia geral 864
      - 11.4.5. Conselho fiscal 865
      - 11.4.6. Subsidiária integral 865

11.5. Sociedade em comandita por ações 866
11.6. Sociedade em nome coletivo 866
11.7. Sociedade cooperativa 866
11.8. Sociedades dependentes de autorização 867
11.9. Operações societárias 867
11.10. Desconsideração da personalidade jurídica 871
12. Falência e recuperação de empresas 872
12.1. Aspectos gerais 872
12.2. Recuperação judicial 873
12.2.1. Aspectos gerais 873
12.2.2. Processamento da recuperação judicial 876
12.3. Falência 877
12.3.1. Aspectos gerais 877
12.3.2. Sentença de falência e seus efeitos 880
13. Títulos de crédito 882
13.1. Aspectos gerais 882
13.2. Endosso 885
13.3. Aval 887
13.4. Protesto 888
13.5. Títulos em espécie 888
13.5.1. Duplicata 888
13.5.2. Cheque 889
13.5.3. Nota promissória 889
13.5.4. Letra de câmbio 890
14. Contratos empresariais 891
14.1. Comissão mercantil 891
14.2. Representação empresarial 892
14.3. Franquia 893
14.4. Seguro 894
14.5. Arrendamento mercantil (*leasing*) 895
14.6. Contratos bancários 897
14.6.1. Aspectos gerais 897
14.6.2. Depósito bancário 898
14.6.3. Conta-corrente 898
15. Direito concorrencial 899
15.1. Infrações da ordem econômica 899
16. Direito empresarial e o código de defesa do consumidor 900
17. Outros temas 900
✦ **DICAS (RESUMO)** **902**
1. Direito Comercial 902
1.1. Origem 902
1.2. Evolução histórica 902
1.3. Teoria dos atos de comércio 903
1.4. Autonomia 903
1.5. Fontes 903
1.6. Características 903
2. Direito de Empresa 904
2.1. Teoria da empresa e seus perfis 904
2.2. Noção econômica e jurídica da empresa 905
3. Empresário 905
3.1. Conceito 905
3.2. Caracterização 905
3.3. Inscrição 906
3.4. Capacidade 906
3.5. Empresário casado 906
3.6. Impedimentos legais 907
4. Empresa Individual de Responsabilidade Limitada 907
5. Microempresa e Empresa de Pequeno Porte .. 909
6. Estabelecimento Empresarial 910
6.1. Trespasse 911
7. Nome Empresarial 912
8. Ponto Empresarial 914
8.1. Ação renovatória de aluguel 914
9. Obrigações Empresariais 915
9.1. Registro empresarial 915
9.2. Escrituração 916
9.3. Contabilidade 917
10. Prepostos 917
11. Direito Societário 918
11.1. Teoria geral do direito societário 918
11.1.1. Conceito de sociedade 918
11.1.2. Personalização da sociedade 918
11.1.3. Classificação das sociedades 918
11.1.4. Sociedades não personificadas: sociedade em comum e sociedade em conta de participação 919
11.1.5. Sociedades personificadas 920
11.1.5.1. Sociedade Simples 920
11.1.5.2. Sociedade em Nome Coletivo 922
11.1.5.3. Sociedade em Comandita Simples 922
11.1.5.4. Sociedade em Comandita por Ações 922
11.1.5.5. Sociedade Limitada ... 922
11.1.5.6. Sociedade Anônima... 924
11.1.5.7. Sociedade Cooperativa 926
11.1.5.8. Sociedades Coligadas 927

11.1.6. Sociedades dependentes de autorização ... 927
11.1.7. Liquidação das sociedades ... 928
11.1.8. Operações societárias ... 928
11.1.8.1. Transformação ... 928
11.1.8.2. Incorporação ... 928
11.1.8.3. Fusão ... 928
11.1.8.4. Cisão ... 929
11.2. Desconsideração da personalidade jurídica ... 929
12. Direito Falimentar e Recuperacional ... 931
12.1. Aspectos gerais ... 931
12.1.1. Aplicabilidade da lei ... 931
12.1.2. Competência ... 932
12.1.3. Intervenção do Ministério Público ... 932
12.1.4. Verificação e habilitação dos créditos concursais ... 932
12.1.5. Administrador judicial ... 932
12.1.6. Comitê de credores ... 932
12.1.7. Assembleia de credores ... 932
12.2. Recuperação judicial ... 933
12.3. Recuperação judicial especial ... 934
12.4. Recuperação extrajudicial ... 935
12.5. Falência ... 936
12.6. Prisão do falido ... 940
12.7. Crimes falimentares e procedimentos penais ... 940
12.7.1. Competência ... 941
12.7.2. Ação penal privada subsidiária da pública ... 941
13. Direito cambiário ... 941
13.1. Teoria geral dos títulos de créditos ... 941
13.2. Títulos de créditos em espécie ... 943
13.2.1. Letra de câmbio ... 943
13.2.2. Cheque ... 943
13.2.3. Nota promissória ... 944
13.2.4. Duplicata ... 944
13.2.5. Títulos de crédito próprios e impróprios ... 945
13.2.6. Cédula de crédito rural ... 945
13.2.7. Cédula de crédito industrial ... 946
13.2.8. Título de financiamento comercial ... 946
13.2.9. Título de garantia imobiliária ... 946
13.2.10. Conhecimento de depósito e *warrant* ... 946
13.3. Atos cambiários ... 946
13.3.1. Aceite ... 946
13.3.2. Aval ... 946
13.3.3. Endosso ... 947
13.3.4. Protesto ... 948
13.4. Prescrição ... 950
13.5. Ações cambiais ... 950
14. Direito de propriedade industrial ... 951
14.1. Noções gerais ... 951
14.2. Regime jurídico ... 951
14.3. Invenção ... 952
14.4. Desenho industrial ... 952
14.5. Modelo de utilidade ... 953
14.6. Marca ... 954
15. Contratos empresariais ... 956
15.1. Aspectos gerais ... 956
15.2. Compra e venda mercantil ... 957
15.3. Comissão ... 957
15.4. Representação comercial ... 957
15.5. Concessão comercial ... 957
15.6. Franquia (*franchising*) ... 957
15.7. Agência e distribuição ... 958
15.8. Alienação fiduciária em garantia ... 958
15.9. Faturização (*factoring*) ... 958
15.10. Arrendamento mercantil (*leasing*) ... 958
15.11. Locação empresarial ... 959
15.12. Seguro ... 959
15.13. Contratos bancários ... 959
15.13.1. Conceito ... 959
15.13.2. Depósito bancário ... 959
15.13.3. Conta-corrente ... 959
15.13.4. Aplicação financeira ... 959
15.13.5. Mútuo bancário ... 960
15.13.6. Desconto ... 960
15.13.7. Abertura de crédito ... 960
15.13.8. Crédito documentário ... 960
16. Sistema Financeiro Nacional – SFN ... 960
16.1. Constituição e competência das entidades integrantes do SFN ... 960
16.2. Instituições financeiras públicas e privadas ... 961
16.3. Regime de intervenção em instituições financeiras ... 961
16.4. Regime de administração especial temporária de instituições financeiras. 962
16.5. Liquidação extrajudicial de instituições financeiras ... 962
17. Sistema Financeiro da Habitação – SFH ... 963
18. Direito Concorrencial ... 963
18.1. Sistema Brasileiro de Defesa da Concorrência – SBDC ... 963
18.2. Livre iniciativa e livre concorrência ... 963

18.3. Concorrência empresarial ... 964
18.4. Infrações da ordem econômica ... 964

✦ **SÚMULAS APLICÁVEIS** ... **964**

1. Súmulas do STF ... 964
   1.1. Direito cambiário ... 964
   1.2. Direito falimentar e recuperacional ... 964
   1.3. Contratos empresariais ... 964
   1.4. Direito concorrencial ... 965
2. Súmulas do STJ ... 965
   2.1. Estabelecimento empresarial ... 965
   2.2. Direito societário ... 965
   2.3. Direito cambiário ... 965
      2.3.1. Cheque ... 965
      2.3.2. Nota promissória ... 965
      2.3.3. Duplicata ... 965
      2.3.4. Cédula de crédito rural ... 965
      2.3.5. Aval ... 965
      2.3.6. Endosso ... 966
      2.3.7. Protesto ... 966
      2.3.8. Direito falimentar e recuperacional ... 966
   2.4. Contratos empresariais ... 966
      2.4.1. Compra e Venda ... 966
      2.4.2. Locação ... 966
      2.4.3. Fiança ... 966
      2.4.4. Alienação Fiduciária em Garantia ... 966
      2.4.5. Arrendamento Mercantil (*Leasing*) ... 966
      2.4.6. Depósito ... 967
      2.4.7. Seguro ... 967
      2.4.8. Transporte de Pessoas e Coisas. 967
      2.4.9. Consórcio ... 967
      2.4.10. Contratos Bancários ... 967
      2.4.11. Aspectos Gerais ... 967
      2.4.12. Conta-Corrente ... 968
      2.4.13. Mútuo Bancário ... 968
      2.4.14. Cartão de Crédito ... 968
   2.5. Direito de propriedade industrial ... 968
   2.6. Outros temas ... 968

DIREITO FINANCEIRO ... 969

Lucas de Souza Lehfeld

TABELA DE INCIDÊNCIA DE QUESTÕES ... 969

✦ **QUESTÕES** ... **969**

1. Das Finanças Públicas e do orçamento ... 969
2. Das receitas e despesas públicas ... 987
3. Da Lei de Responsabilidade Fiscal (Lei Complementar nº 101/2000) ... 997

✦ **DICAS (RESUMO)** ... **1014**

1. Das finanças públicas e do orçamento ... 1014
   1.1. Dos princípios orçamentários ... 1014
   1.2. Da competência em matéria fiscal e orçamentária ... 1014
   1.3. Do Banco Central do Brasil ... 1015
   1.4. Espécies de Orçamento ... 1015
   1.5. Do orçamento participativo ... 1016
   1.6. Ciclo orçamentário ampliado ... 1016
   1.7. Da natureza jurídica do orçamento ... 1016
   1.8. Das leis orçamentárias ... 1016
2. Das receitas e despesas públicas ... 1017
   2.1. Estágios da receita ... 1017
   2.2. Da DRU ... 1017
   2.3. Taxa e preço público ou tarifa ... 1017
   2.4. Da dívida ativa ... 1018
   2.5. Despesas públicas ... 1018
   2.6. Dos estágios da despesa pública ... 1018
   2.7. Das vedações constitucionais ... 1018
   2.8. Das emendas ao projeto de leis orçamentárias ... 1019
   2.9. Do sistema de precatórios ... 1019
   2.10. Novo regime fiscal ("PEC dos gastos").. 1021
3. Da Lei de Responsabilidade Fiscal (Lei Complementar nº 101/2000) ... 1021
   3.1. Dos limites das despesas com pessoal 1022
   3.2. Da transparência da gestão fiscal ... 1022
   3.3. Da gestão fiscal ... 1022
   3.4. Lei de responsabilidade fiscal e despesas públicas ... 1022

✦ **SÚMULAS APLICÁVEIS** ... **1023**

1. Súmulas do STF ... 1023
   1.1. Do orçamento e do exercício financeiro ... 1023
   1.2. Da receita pública ... 1023
   1.3. Da despesa pública ... 1023
   1.4. Dos precatórios ... 1023
   1.5. Da transparência da gestão fiscal ... 1023
   1.6. Do controle do orçamento público ... 1023
2. Súmulas do STJ ... 1024
   2.1. Do controle do orçamento público ... 1024
   2.2. Da receita pública ... 1024
   2.3. Da despesa pública ... 1024
   2.4. Do controle do orçamento público ... 1024
   2.5. Dos precatórios ... 1024

DIREITO ECONÔMICO 1025

Lucas de Souza Lehfeld

TABELA DE INCIDÊNCIA DE QUESTÕES 1025

✦ QUESTÕES 1025

1. Da ordem econômica e financeira................ 1025
   1.1. Dos princípios gerais da atividade econômica................ 1028
2. Da intervenção do estado no domínio econômico................ 1031
3. Do Sistema Financeiro Nacional – Lei nº 4.595/1964................ 1033
4. Do Sistema de Pagamentos Brasileiro – Lei nº 10.214/2001................ 1036
5. Do Sistema Brasileiro de Defesa da Concorrência (SBDC) – Lei nº 12.539/2011................ 1036
   5.1. Das infrações da ordem econômica................ 1038
   5.2. Do controle dos atos de concentração econômica................ 1040
   5.3. Acordo de leniência................ 1043

✦ DICAS (RESUMO) 1045

1. Dos princípios fundamentais do direito econômico................ 1045
2. Dos sujeitos integrantes da política econômica................ 1045
3. Dos fundamentos da ordem econômica (art. 170, "caput", CF)................ 1045
4. Dos princípios da ordem econômica (art. 170, incisos I a IX, CF)................ 1045
5. Da intervenção do Estado no domínio econômico................ 1046
6. Do Sistema Brasileiro de Defesa da Concorrência (SBDC)................ 1046
   6.1. Cade................ 1047
   6.2. Das infrações da ordem econômica................ 1047
   6.3. Leniência................ 1048
   6.4. Dos atos de concentração econômica................ 1049

✦ SÚMULAS APLICÁVEIS 1049

1. Súmulas do STF................ 1049
2. Súmulas do STJ................ 1049

DIREITO DO TRABALHO 1051

Marcelo Chaim Chohfi

TABELA DE INCIDÊNCIA DE QUESTÕES 1051

✦ QUESTÕES 1051

1. Princípios e fontes do direito do trabalho................ 1051
2. Relação de emprego e contratos afins................ 1056
3. Contratos por prazo determinado................ 1059
4. Terceirização de mão de obra................ 1060
5. Remuneração e salário................ 1061
6. Férias................ 1066
7. Fundo de Garantia por Tempo de Serviço................ 1067
8. Jornada de trabalho................ 1069
9. Insalubridade e periculosidade................ 1075
10. Trabalho da mulher e do menor................ 1078
11. Alteração, interrupção e suspensão do contrato de trabalho................ 1080
12. Prescrição e decadência................ 1082
13. Garantias provisórias de emprego................ 1084
14. Aviso prévio e ruptura do contrato de trabalho................ 1086
15. Direito sindical e coletivo do trabalho................ 1090

✦ DICAS (RESUMO) 1101

1. Princípios e fontes do direito do trabalho................ 1101
2. Relação de emprego e contratos afins................ 1103
3. Contratos por prazo determinado................ 1106
4. Terceirização de mão de obra................ 1107
5. Remuneração e salário................ 1107
6. Férias................ 1109
7. Fundo de Garantia por Tempo de Serviço................ 1110
8. Jornada de trabalho................ 1111
9. Insalubridade e periculosidade................ 1115
10. Trabalho da mulher e do menor................ 1116
11. Alteração do contrato de trabalho................ 1117
12. Interrupção e suspensão do contrato de trabalho................ 1118
13. Prescrição e decadência................ 1118
14. Garantias provisórias de emprego................ 1119
15. Aviso prévio e ruptura do contrato de trabalho................ 1120
16. Direito sindical e coletivo do trabalho................ 1123
17. Comissão de conciliação prévia e conciliação em juízo................ 1124
18. Duplo grau de jurisdição e prerrogativas da fazenda pública................ 1125

✦ SÚMULAS E ORIENTAÇÕES JURISPRUDENCIAIS APLICÁVEIS 1126

1. Princípios e fontes do direito do trabalho................ 1126
2. Relação de emprego e contratos afins................ 1126
3. Contratos por prazo determinado................ 1126
4. Terceirização de mão de obra................ 1127
5. Remuneração e salário................ 1127
6. Férias................ 1128
7. Fundo de Garantia por Tempo de Serviço................ 1128
8. Jornada de trabalho................ 1129
9. Insalubridade e periculosidade................ 1130
10. Trabalho da mulher e do menor................ 1131
11. Alteração do contrato de trabalho................ 1131
12. Interrupção e suspensão do contrato de trabalho................ 1131

13. Prescrição e decadência 1132
14. Garantias provisórias de emprego 1132
15. Aviso prévio e ruptura do contrato de trabalho 1133
16. Direito sindical e coletivo do trabalho 1134
17. Duplo grau de jurisdição e prerrogativas da Fazenda Pública 1134

DIREITO PROCESSUAL DO TRABALHO 1135
Marcelo Chaim Chohfi

TABELA DE INCIDÊNCIA DE QUESTÕES 1135
✦ QUESTÕES 1135
1. Princípios, teoria geral do direito processual do trabalho 1135
2. Jurisdição, competência e organização da Justiça do Trabalho 1139
3. Partes e procuradores 1143
4. Ritos do processo do trabalho e incidentes 1145
5. Recursos trabalhistas 1155
6. Execução trabalhista 1159
✦ DICAS (RESUMO) 1163
1. Princípios, teoria geral do direito processual do trabalho 1163
2. Jurisdição, competência e organização da Justiça do Trabalho 1165
3. Partes e procuradores 1167
4. Ritos do processo do trabalho e incidentes 1167
5. Nulidades no processo do trabalho 1168
6. Comissão de conciliação prévia 1169
7. Sentença e coisa julgada 1169
8. Recursos trabalhistas 1170
9. Execução trabalhista 1172
10. Dissídio coletivo de trabalho 1174
✦ SÚMULAS E ORIENTAÇÕES JURISPRUDENCIAIS APLICÁVEIS 1176
1. Princípios, teoria geral do direito processual do trabalho 1176
2. Jurisdição, competência e organização da Justiça do Trabalho 1176
3. Partes e procuradores 1177
4. Ritos do processo do trabalho e incidentes 1177
5. Nulidades no processo do trabalho 1178
6. Sentença e coisa julgada 1178
7. Recursos trabalhistas 1182
8. Execução trabalhista 1183
9. Dissídio coletivo de trabalho 1184
10. Instrução Normativa 39/16 do E. TST (sobre a aplicação do CPC/15 no processo do trabalho) 1185
✦ INFORMATIVOS APLICÁVEIS 1188
1. Da Justiça do Trabalho (CLT, arts. 643 a 735) 1188
1.1. Competência da Justiça do Trabalho 1188
2. Do Processo Judiciário do Trabalho (CLT, arts. 763 a 910) 1190
2.1. Do Processo em Geral (CLT, arts. 770 a 836) 1190
2.1.1. Honorários Advocatícios 1190
2.1.2. Outros Temas 1190
2.1.3. Dos Conflitos de Jurisdição (arts. 803 a 812) 1190
2.1.4. Das Audiências (arts. 813 a 817) 1190
2.1.5. Das Provas (arts. 818 a 830) 1190
2.1.6. Ação Rescisória 1191
2.1.7. Coisa Julgada 1191
2.2. Dos Dissídios Individuais (CLT, arts. 837 a 855) 1191
2.3. Dos Dissídios Coletivos (CLT, arts. 856 a 875) 1191
2.4. Da Execução (CLT, arts. 876 a 892) 1192
2.4.1. Das Disposições Preliminares (arts. 876 a 879) 1192
2.4.2. Do Mandado e da Penhora (arts. 880 a 883) 1192
2.4.3. Dos Embargos à Execução e da sua Impugnação (art. 884) 1193
2.4.4. Do Julgamento e dos Trâmites Finais da Execução (arts. 885 a 889-A) 1193
2.4.5. Precatórios e RPV (CF, art. 100) .. 1194
2.5. Dos Recursos (CLT, arts. 893 a 902) 1194
2.5.1. Do Recurso Ordinário (CLT, art. 895) 1194
2.5.2. Do Recurso de Revista (CLT, arts. 896 a 896-C) 1195
2.5.3. Disposições Gerais (CLT, arts. 898 a 902) 1195
3. Leis Especiais 1195
3.1. Lei de Ação Civil Pública (Lei 7.347/85) 1195
3.2. Lei do Mandado de Segurança (Lei 12.016/09) 1195
3.3. Lei de Tutela Antecipada contra a Fazenda Pública (Lei 9.494/97) 1196
3.4. Outras Leis Especiais 1196

DIREITO DA CRIANÇA E DO ADOLESCENTE 1197
Dailson Soares de Rezende

TABELA DE INCIDÊNCIA DE QUESTÕES 1197
✦ QUESTÕES 1198
1. Do Sistema Internacional de Proteção dos Direitos Humanos de Crianças 1198

2. Doutrina da Proteção Integral ... 1202
3. Direito fundamental à vida e à saúde ... 1205
4. Direito à Liberdade, ao Respeito e à Dignidade ... 1206
5. Direito à convivência familiar e comunitária ... 1207
6. Direito Fundamental à Educação ... 1214
7. Direito Fundamental à Profissionalização e à Proteção no Trabalho ... 1216
8. Prevenção ... 1216
9. Política de atendimento ... 1217
10. Das Medidas Protetivas ... 1221
11. Ato infracional ... 1225
12. Das Medidas Socioeducativas ... 1230
13. Do Procedimento de Apuração do Ato Infracional ... 1235
14. Procedimento da perda e da suspensão do familiar ... 1238
15. Do Conselho Tutelar ... 1240
16. Da vara da infância e da juventude ... 1243
17. Recursos ... 1248
18. Da Tutela Coletiva dos Direitos da Criança e do Adolescente ... 1249
19. Dos crimes tipificados no Estatuto ... 1251
20. Das Infrações Administrativas ... 1252

✦ DICAS (RESUMO) ... 1255

1. Documentos internacionais ... 1255
2. Doutrina da Proteção Integral e Disposições Preliminares ... 1256
3. Sistema de garantia de direitos da criança e do adolescente vítima ou testemunha de violência ... 1258
4. Direitos fundamentais à vida, à saúde, à liberdade, ao respeito e à dignidade ... 1261
5. Direito à Convivência Familiar e Comunitária . 1261
6. Direitos Fundamentais à Educação, ao Lazer, ao Desporto, à Profissionalização e à Proteção ao Trabalho ... 1263
7. Normas de Prevenção e Autorização Para Viagem ... 1264
8. Das Entidades de Atendimento e da Política de Atendimento ... 1265
9. Dos Conselhos de Direitos e dos Conselhos Tutelares ... 1266
10. Das Medidas Protetivas e das Medidas Pertinentes aos Pais ou Responsáveis ... 1268
11. Do Ato Infracional ... 1269
12. Das Medidas Socioeducativas ... 1270
13. Juízo da Vara da Infância e da Juventude ... 1271
14. Do Procedimento de Apuração do Ato Infracional ... 1272
15. Do Procedimento para Perda e Suspensão do Familiar ... 1273
16. Dos Recursos ... 1273
17. Do Ministério Público e da Tutela dos Interesses Difusos e Coletivos ... 1273
18. Das Infrações Administrativas e dos Crimes Previstos no ECA ... 1274
19. SINASE e Execução de Medidas Socioeducativas – Lei nº 12.594/2012 ... 1274
20. Assistência Social ... 1276

✦ SÚMULAS APLICÁVEIS ... 1277

ESTATUTO DO IDOSO ... 1279

Dailson Soares de Rezende

TABELA DE INCIDÊNCIA DE QUESTÕES ... 1279

✦ QUESTÕES ... 1280

1. Disposições preliminares ... 1280
2. Direitos fundamentais ... 1280
   - 2.1. Vida ... 1280
   - 2.2. Direito à liberdade, ao respeito e à dignidade ... 1280
   - 2.3. Alimentos ... 1281
   - 2.4. Direito à saúde ... 1282
   - 2.5. Profissionalização e trabalho ... 1284
   - 2.6. Assistência social ... 1285
   - 2.7. Transporte ... 1286
   - 2.8. Habitação ... 1289
3. Política de atendimento ao idoso ... 1290
   - 3.1. Política Nacional do Idoso ... 1290
     - 3.1.1. Princípios e diretrizes ... 1290
     - 3.1.2. Ações governamentais ... 1292
     - 3.1.3. Modalidades de atendimento ... 1296
   - 3.2. Entidades de atendimento ao idoso ... 1299
   - 3.3. Fiscalização das entidades de atendimento ... 1300
     - 3.3.1. Conselhos Nacional, Estaduais, do Distrito Federal e Municipais do Idoso ... 1300
   - 3.4. Apuração judicial de irregularidades em entidade de atendimento ... 1302
4. Acesso à Justiça ... 1303
5. Crimes ... 1305

✦ DICAS (RESUMO) ... 1307

1. Direitos fundamentais ... 1307
   - 1.1. Disposições gerais ... 1307
   - 1.2. Direito à Vida ... 1307
   - 1.3. Direito à Liberdade, ao Respeito e à Dignidade ... 1307

1.4. Alimentos 1307
1.5. Direito à saúde 1307
1.6. Educação, Cultura, Esporte e Lazer 1308
1.7. Profissionalização e trabalho 1308
1.8. Assistência social 1308
1.9. Habitação 1308
1.10. Transporte 1309
2. Política de atendimento ao idoso 1309
2.1. Política Nacional do Idoso 1309
2.1.1. Diretrizes da política nacional do idoso 1309
2.1.2. Ações governamentais 1309
2.1.3. Modalidades de atendimento 1309
2.2. Entidades de atendimento ao idoso 1310
2.3. Fiscalização das entidades de atendimento 1310
2.4. Conselhos Nacional, Estaduais, do Distrito Federal e Municipais do Idoso. 1310
3. Acesso à Justiça 1311
3.1. Disposições gerais 1311
3.2. Ministério Público 1311
4. Crimes 1311

DIREITO DO CONSUMIDOR 1313
Lucas de Souza Lehfeld

TABELA DE INCIDÊNCIA DE QUESTÕES 1313
✦ QUESTÕES 1313
1. O consumidor nas relações de consumo 1313
2. Dos princípios fundamentais do Código de Defesa do Consumidor (CDC) 1316
3. Da qualidade de produtos e serviços, da prevenção e da reparação dos danos 1317
3.1. Da proteção à saúde e segurança 1317
3.2. Da responsabilidade por fato do produto e do serviço 1318
3.3. Da responsabilidade por vício do produto e do serviço 1321
3.4. Da decadência e da prescrição (prazos e garantias) 1322
3.5. Da desconsideração da personalidade jurídica 1323
4. Das práticas comerciais 1324
4.1. Das práticas abusivas 1324
5. Da proteção contratual 1331
5.1. Das cláusulas abusivas 1334
6. Das infrações penais 1336
7. Da defesa do consumidor em juízo 1336
7.1. Inversão do ônus da prova 1339

✦ DICAS (RESUMO) 1342
1. O consumidor nas relações de consumo 1342
2. Dos princípios fundamentais do Código de Defesa do Consumidor (CDC) 1342
3. Da qualidade de produtos e serviços, da prevenção e da reparação dos danos 1343
3.1. Da qualidade e segurança dos produtos e serviços 1343
3.2. Da responsabilidade pelo fato e vício do produto e do serviço 1343
3.3. Da decadência e da prescrição (prazos e garantias) 1344
3.4. Da desconsideração da personalidade jurídica 1345
4. Das práticas comerciais 1346
4.1. Da oferta e da publicidade 1346
4.2. Das práticas abusivas 1347
4.2.1. Da obrigatoriedade do orçamento 1348
5. Da proteção contratual 1348
5.1. Da revisão contratual 1348
5.2. O direito de arrependimento 1348
5.3. Das cláusulas abusivas 1349
5.4. Dos contratos de adesão 1350
5.5. Das sanções administrativas 1350
6. Da defesa do consumidor em juízo 1350
6.1. Inversão do ônus da prova 1350
6.2. Tutela coletiva do consumidor 1352
7. Do Sistema Nacional de Defesa do Consumidor 1352
8. Da convenção coletiva de consumo 1353
9. Infrações penais no CDC 1353
✦ SÚMULAS APLICÁVEIS 1353
1. Dos princípios fundamentais do Código de Defesa do Consumidor (CDC) 1353
2. Da qualidade de produtos e serviços, da prevenção e da reparação dos danos 1353
2.1. Da responsabilidade por vício do produto e do serviço 1353
2.2. Da decadência e da prescrição (prazos e garantias) 1354
3. Das práticas comerciais 1354
3.1. Da publicidade 1354
3.2. Das práticas abusivas 1354
3.3. Da cobrança de dívidas e dos bancos e dados e cadastros de consumidores. 1354
4. Da proteção contratual 1354
4.1. Da revisão contratual 1355
4.2. Das cláusulas abusivas 1355
5. Da defesa do consumidor em juízo 1355

DIREITO EDUCACIONAL 1357
Lucas de Souza Lehfeld

TABELA DE INCIDÊNCIA DE QUESTÕES 1357

+ QUESTÕES 1357

1. Do direito à educação 1357
2. Das políticas de cotas e ações afirmativas (Lei nº 12.711/2012) 1358
3. Do crédito estudantil e dos contratos de empréstimo (Lei nº 10.260/2001) 1359
4. Da lei de diretrizes e bases da educação nacional (Lei nº 9.394/1996) 1359
   4.1. Da revalidação de diploma obtido no estrangeiro 1360

+ DICAS (RESUMO) 1362

1. Do direito à educação 1362
2. Das políticas de cotas e ações afirmativas (Lei nº 12.711/2012) 1363
3. Do crédito estudantil e dos contratos de empréstimo (Lei nº 10.260/2001) 1364
4. Da lei de diretrizes e bases da educação (Lei nº 9.394/1996) 1364

+ SÚMULAS APLICÁVEIS 1365

1. Súmulas do STF 1365

DIREITO INTERNACIONAL E COMUNITÁRIO....... 1367
Renato Cesar Guedes Grilo

TABELA DE INCIDÊNCIA DE QUESTÕES 1367

+ QUESTÕES 1367

1. Fontes do direito internacional 1367
   1.1. Sujeitos de direito internacional e imunidade 1375
2. Mercosul 1379
3. Solução pacífica de controvérsias internacionais 1380
4. Direitos humanos 1381
5. Condição jurídica do estrangeiro e direitos de nacionalidade 1383
6. Domínio público marítimo internacional 1388
7. Direito internacional do trabalho 1389
8. Direito internacional penal 1389
9. Direito internacional privado 1391

+ DICAS (RESUMO) 1396

1. Fontes do direito internacional 1396

+ SÚMULAS APLICÁVEIS 1397

1. Sujeitos de direito internacional e imunidade 1397
2. Condição jurídica do estrangeiro e direitos de nacionalidade 1397
3. Relações diplomáticas e relações consulares .. 1398

Direito Administrativo

Leandro Bortoleto, Luís Felipe Cirino e Lidiane Coutinho

TABELA DE INCIDÊNCIA DE QUESTÕES		
ASSUNTO	**NÚMERO DE QUESTÕES**	**PESO**
1. REGIME JURÍDICO ADMINISTRATIVO	30	6,47%
2. ADMINISTRAÇÃO PÚBLICA E TERCEIRO SETOR	50	10,78%
3. AGENTES PÚBLICOS: DISPOSIÇÕES CONSTITUCIONAIS	27	5,82%
4. REGIME JURÍDICO DOS SERVIDORES PÚBLICOS CIVIS FEDERAIS: LEI Nº 8.112/90	35	7,54%
5. PODERES ADMINISTRATIVOS	21	4,53%
6. ATO ADMINISTRATIVO	58	12,50%
7. PROCESSO ADMINISTRATIVO FEDERAL: LEI Nº 9.784/99	17	3,66%
8. LICITAÇÃO E CONTRATO ADMINISTRATIVO	59	12,72%
9. SERVIÇOS PÚBLICOS	34	7,33%
10. RESPONSABILIDADE EXTRACONTRATUAL DO ESTADO	39	8,41%
11. CONTROLE DA ADMINISTRAÇÃO PÚBLICA	29	6,25%
12. IMPROBIDADE ADMINISTRATIVA: LEI Nº 8.429/92	39	8,41%
13. INTERVENÇÃO DO ESTADO NA PROPRIEDADE	18	3,88%
14. BENS PÚBLICOS	8	1,72%
TOTAL	**464**	**100%**

1. REGIME JURÍDICO ADMINISTRATIVO

✦ LEANDRO BORTOLETO E LUÍS FELIPE CIRINO

▸ CF, art. 37, caput

▸ Lei nº 9.784/99, art. 2º

01. (Cespe – Juiz Federal – TRF 5/2017) Com base no princípio da igualdade, o STF julgou constitucional a Lei das Cotas Raciais (Lei n.0 12.990/2014), que reserva para negros o percentual de vinte por cento das vagas oferecidas nos concursos públicos para provimento de cargos efetivos e empregos públicos. De acordo com o STF, contudo, tal percentual abrange apenas a administração

A) direta, autárquica e fundacional do Poder Executivo federal.

B) pública federal direta e indireta, no âmbito dos três Poderes.

C) pública federal, estadual, distrital e municipal, no âmbito do respectivo Poder Executivo.

D) direta do Poder Executivo federal.

E) direta e indireta do Poder Executivo federal.

COMENTÁRIOS

✪ **Nota do autor:** O **princípio da igualdade** é decorrência direta da necessária observância do **princípio da impessoalidade**, pelo qual a atuação da Administração Pública deve ser impessoal, tanto em relação ao administrado quanto em relação a ela própria. No que se refere ao administrado, a impessoalidade se faz presente na busca pela finalidade pública e nunca de interesse particular e, por isso, não se admite atuação administrativa no sentido de prejudicar ou beneficiar pessoas determinadas. Nessa toada, condutas discriminatórias são, a princípio, proscritas pelo ordenamento jurídico e não coadunam com o regime democrático adotado pelo Estado brasileiro, uma vez que todos são iguais perante a lei. Entretanto, discriminações positivas mediante políticas inclusivas, desde que pautadas no princípio da razoabilidade, são abrigadas pelo ordenamento jurídico pátrio, tendo, inclusive, o Supremo Tribunal Federal se manifestado a respeito no RE 597285, quando declarou constitucional o sistema de cotas das universidades públicas.

Alternativa correta: letra "b" (responde as demais alternativas). O Supremo Tribunal Federal declarou a constitucionalidade da Lei de Cotas no dia 07 de junho de 2017, no que se refere à reserva de 20% (vinte por cento) das vagas oferecidas em concursos públicos para provimento de cargos efetivos e empregos públicos, **no âmbito da Administração Pública federal direta e indireta, nos três Poderes.** Neste sentido, a Lei mº 12.290/2014 não se aplica aos Estados, Distrito Federal e Municípios, uma vez que referido diploma se destina a concursos públicos na administração indireta e direta da União, **devendo ser respeitada a autonomia dos entes federativos.**

02. (Cespe – Juiz de Direito – PR/2017) De acordo com o art. 54 da Lei n.º 9.784/1999, o direito da administração de anular os atos administrativos de que decorram efeitos favoráveis para os destinatários decai em cinco anos, contados da data em que foram praticados, salvo comprovada má-fé. Trata-se de hipótese em que o legislador, em detrimento da legalidade, prestigiou outros valores. Tais valores têm por fundamento o princípio administrativo da

A) presunção de legitimidade.

B) autotutela.

C) segurança jurídica.

D) continuidade do serviço público.

COMENTÁRIOS

✪ **Nota do autor:** o art. 2º da Lei nº 9.784/1999 enumera, como princípios da Administração Pública, a legalidade, a finalidade, a motivação, a razoabilidade, a proporcionalidade, a moralidade, a ampla defesa, o contraditório, a **segurança jurídica**, o interesse público e a eficiência.

Alternativa correta: letra "c". O princípio da **segurança jurídica** traduz-se pela **necessária tentativa de preservação dos atos administrativos praticados.** Nesse sentido, **deve-se preferir convalidar um ato administrativo a anulá-lo.** No referido diploma legal, visualiza-se o **princípio da segurança jurídica** em duas diferentes situações: no art. 2º, parágrafo único, XIII, pois estabelece a **vedação à aplicação retroativa de nova interpretação** e, ainda, no art. 54, ao prever que **a Administração Pública decairá, após cinco anos, do direito de anular os atos administrativos, quando seus efeitos forem benéficos ao destinatário e não tenha ocorrido má-fé.**

Alternativa "a". A **presunção de legitimidade** é atributo dos atos administrativos, não sendo considerado um princípio, propriamente dito. Pela presunção de legitimidade, presume-se que todo ato administrativo praticado seja legal. Maria Sylvia Zanella Di Pietro fala em **presunção de legitimidade e veracidade,** em que a presunção de legitimidade refere-se à conformidade com a lei e a presunção de veracidade diz respeito aos fatos, ou seja, presumem-se verdadeiros os fatos alegados pela Administração para a prática do ato[1]. De qualquer forma, trata-se de presunção relativa (*iuris tantum*), pois admite prova em contrário.

Alternativa "b". Pelo princípio da autotutela, a Administração Pública analisa se os atos administrativos já praticados estão em conformidade com a legalidade ou se continuam convenientes e oportunos e, caso verificada a incompatibilidade, anulará o ato, quando possuir vício de legalidade, ou o revogará, quando se tornar inconveniente ou inoportuno diante do interesse público. Há, inclusive, no Supremo Tribunal Federal, as Súmulas 346 ("A Administração Pública pode declarar a nulidade dos seus próprios atos") e 473 ("A Administração pode anular seus próprios atos quando eivados de vícios que os tornem ilegais, porque deles não se originam direitos; ou revogá-los, por motivo de conveniência ou oportunidade, respeitados os direitos adquiridos, e ressalvada, em todos os casos, a apreciação judicial").

Alternativa "d". Pelo princípio da continuidade do serviço público, a atividade administrativa referente à prestação dos serviços públicos deve ser ininterrupta. O serviço público não pode parar. Todavia, há situações em que existe previsão legal para que o serviço seja interrompido. A Lei 8.987/95, em seu artigo 6º, §1º, estabelece que pode ocorrer a interrupção do serviço público em caso de emergência, ou após aviso prévio,

1 *Direito administrativo*. 23. ed. São Paulo: Atlas, 2010. p. 198-199.

por motivo de ordem técnica ou de segurança das instalações e por motivo de inadimplemento do usuário.

03. (Cespe - Analista Judiciário - Área Administrativa - TRE - TO/2017) O direito administrativo consiste em um conjunto de regramentos e princípios que regem a atuação da administração pública, sendo esse ramo do direito constituído pelo seguinte conjunto de fontes:

A) lei em sentido amplo e estrito, doutrina, jurisprudência e costumes.

B) lei em sentido amplo e estrito, jurisprudência e normas.

C) costumes, jurisprudência e doutrina.

D) lei em sentido amplo, doutrina e costumes.

E) lei em sentido estrito, jurisprudência e doutrina.

COMENTÁRIOS

✪ Nota do autor: a questão exige do candidato conhecimento específico sobre as fontes de Direito Administrativo, que, em outras palavras, são as 'formas que revelam' o Direito, motivo pelo qual o seu estudo é de suma importância.

Alternativa correta: letra "a" (responde as demais alternativas). Como é inerente a um Estado de Direito, a principal fonte normativa do Direito é a lei, que deve ser considerada em seu sentido amplo, abrangendo todas as espécies de atos legislativos. A lei, no sentido empregado, é a principal fonte de direito administrativo, pois nos atos legislativos é que está presente, ao menos em tese, o real interesse público. Assim, são **fontes primárias** do Direito Administrativo a Constituição Federal, as Emendas à Constituição, as Constituições Estaduais, a Lei Orgânica do Distrito Federal e dos Municípios, as leis complementares, ordinárias e delegadas, as medidas provisórias, os decretos legislativos e as resoluções legislativas. A doutrina, por seu turno, é o estudo desenvolvido pelos juristas, e tem papel especialmente importante no direito administrativo **como um todo** - principalmente pelo fato deste não estar em um único código - e contribui para a correta interpretação dos estudos administrativos. Nesse sentido, conforme Hely Lopes Meirelles, a doutrina "influi não só na elaboração da lei como nas decisões contenciosas e não contenciosas, ordenando, assim, o próprio Direito Administrativo"[2].A jurisprudência possui, **em regra**, caráter meramente orientador; ou seja, as decisões dos tribunais servem de parâmetro e orientação para os juízes das instâncias inferiores na hora do julgamento. Todavia, há **casos excepcionais** em que a jurisprudência tem força vinculante, e obrigam a Administração Pública, como é o caso da súmula vinculante, por exemplo. Enfim, muito embora haja divergência doutrinária se o costume é ou não fonte de direito administrativo, prevalece a corrente que o entende como tal. O costume é a prática reiterada, uniforme, de um comportamento que é considerado uma obrigação legal. Não pode ser confundido com a praxe administrativa - que, por ser a simples rotina administrativa, não constitui fonte do direito administrativo.

04. (Cespe - Analista Judiciário - Área Administrativa - TRE - BA/2017) A respeito da administração pública, julgue os itens a seguir.

I. São princípios que regem a administração pública expressos na Constituição Federal de 1988: legalidade, indivisibilidade, moralidade, publicidade e eficiência.

II. A avaliação de desempenho como condição para a aquisição de estabilidade do servidor público é um exemplo de aplicação do princípio da eficiência.

III. A afronta a qualquer um dos princípios explícitos da administração pública pode configurar ato de improbidade administrativa.

IV. A moralidade administrativa é definida com base na concepção pessoal do agente público acerca da conduta administrativa considerada ética.

Estão certos apenas os itens

A) I e II.

B) I e III.

C) II e III.

D) II e IV.

E) III e IV.

COMENTÁRIOS

Alternativa correta: letra "c". Estão corretos os itens II e III.

Item I. Errado. A Constituição de 1988 inovou ao fazer expressa menção a alguns princípios a que se submete a Administração Pública direta e indireta, a saber, os princípios da **legalidade**, da **impessoalidade**, da **moralidade administrativa**, da **publicidade** e **eficiência** (art. 37, *caput*). É o conhecido LIMPE.

Item II. Correto. Pelo princípio da **eficiência**, a Administração Pública **deve atuar de maneira a buscar resultados, e não simplesmente agir.** Isto é, a atuação administrativa deve buscar a **melhor relação custo-benefício**, deve ser feita a otimização dos recursos, o devido planejamento e estabelecimento de metas e a fiscalização do efetivo cumprimento do que fora planejado. Neste sentido, a avaliação de desempenho é uma decorrência direta da aplicação do **princípio da eficiência.**

2 *Direito Administrativo Brasileiro.* 36 ed. São Paulo: Malheiros, 2010. p. 47.

Item III. Correto. A Lei nº 8.429/92 – Lei de Improbidade Administrativa – estabelece, em seu art. 11, um rol exemplificativo de atos de improbidade que **atentam contra os princípios da Administração Pública**. Desse modo, é possível afirmar que a afronta a qualquer um dos princípios explícitos da administração pública pode configurar ato de improbidade administrativa.

Item IV. Errado. Pelo princípio da **moralidade**, a atuação administrativa, além de ser legal, tem que ser moral, de modo objetivo, **independentemente da concepção pessoal do agente público.** O exemplo comumente apresentado como materialização do princípio da moralidade é, justamente, a **vedação ao nepotismo**, pois não há lei específica vedando a contratação de parentes para cargos comissionados na Administração Pública. Nesse sentido, o STF aprovou a **Súmula Vinculante nº 13** e, por ela, está proibida a nomeação para cargo em comissão do **cônjuge ou companheiro e dos parentes, em linha reta, colateral e por afinidade, até o 3º grau, inclusive, da autoridade nomeante ou de servidor que já é ocupante de cargo em comissão na mesma pessoa jurídica**.

---

05. (Cespe – Técnico Judiciário – Área Administrativa – TRE – BA/2017) Determinado município, após celebrar com particulares contratos de promessa de venda e compra de glebas de sua propriedade, passou, sob a gestão do novo prefeito, a promover anulações contratuais porque os parcelamentos pactuados não estariam regularizados por não atenderem a requisitos legais.

Nessa situação hipotética, para obstar a pretensão do município, será adequado que o particular prejudicado invoque, em seu favor, o princípio da

A) igualdade.

B) continuidade dos serviços públicos.

C) proporcionalidade.

D) moralidade.

E) confiança legítima.

COMENTÁRIOS

Alternativa correta: letra "e". O **princípio da confiança legítima** está intimamente relacionado com o **princípio da segurança jurídica**, restringindo-se, aquele, a esfera jurídica particular, protegendo o administrado da atuação arbitrária do Estado. No caso hipotético, portanto, como o particular está diante de possíveis arbitrariedades perpetradas pela Administração Pública, é caso de invocação do **princípio da confiança legítima.**

Alternativa "a". Pelo **princípio da impessoalidade**, intimamente relacionado com o **princípio da igualdade**, a atuação da Administração Pública deve ser impessoal, tanto em relação ao administrado quanto em relação a ela própria. No que se refere ao administrado, a impessoalidade se faz presente na busca pela finalidade pública e nunca de interesse particular e, por isso, não se admite atuação administrativa no sentido de prejudicar ou beneficiar pessoas determinadas.

Alternativa "b". De acordo com o princípio da **continuidade do serviço público**, o **serviço público não pode parar.** A regra é que o serviço público não pode ser interrompido. Esse princípio serve, inclusive, para que se faça a ponderação entre ele e o direito à greve dos servidores públicos. Ainda, excepcionalmente, nos termos da Lei nº 8.987/95, art. 6º, § 1º, pode haver a interrupção do serviço público em caso de emergência ou, após prévio aviso, por motivo de ordem técnica ou de segurança das instalações e por motivo de inadimplência do usuário.

Alternativa "c". O princípio da **proporcionalidade ampla** ou **razoabilidade** não está expresso na Constituição Federal, mas, de acordo com o STF, é **decorrência do princípio do devido processo legal, além de estar positivado na Lei nº 9.784/1999.** Razoável significa ser comedido, moderado, aceitável, sensato, ponderado; assim, decorre do princípio da razoabilidade ou da **proporcionalidade em sentido amplo** o imperativo de que **devem ser adequados os meios utilizados pela Administração Pública para consecução de seus fins.**

Alternativa "d". Pelo princípio da **moralidade**, a atuação administrativa, além de ser legal, tem que ser moral. O exemplo comumente apresentado como materialização do princípio da moralidade é, justamente, a **vedação ao nepotismo**, pois não há lei específica vedando a contratação de parentes para cargos comissionados na Administração Pública. Nesse sentido, o STF aprovou a **Súmula Vinculante nº 13** e, por ela, está proibida a nomeação para cargo em comissão do **cônjuge ou companheiro e dos parentes, em linha reta, colateral e por afinidade, até o 3º grau, inclusive, da autoridade nomeante ou de servidor que já é ocupante de cargo em comissão na mesma pessoa jurídica.**

---

06. (Cespe – Analista Judiciário – Área Administrativa – TRF 1/2017) Sérgio foi reprovado em concurso público, mas, por força de decisão liminar obteve sua nomeação e tomou posse no cargo pretendido. Seis anos depois, a medida foi revogada por decisão judicial definitiva e Sérgio foi exonerado pela administração. Nessa situação, ao exonerar Sérgio a administração violou o princípio da proteção da confiança legítima.

COMENTÁRIOS

✪ **Nota do autor:** O princípio da segurança jurídica, no aspecto objetivo, estabelece limites a retroatividade dos atos do Estado, impedindo, desta forma, que seja prejudicado o direito adquirido, o ato jurídico perfeito e a coisa julgada, prezando pela estabilidade nas relações jurídicas. Contudo, no aspecto subjetivo, o princípio da segurança jurídica guarda relação com a proteção à confiança, significando que ao Estado é vedado agir de modo contraditório, de modo que todos os administrados possam aguardar decisões administrativas sem sobressaltos e mudanças repentinas de posicionamento. A incidência do princípio da proteção à confiança pressupõe a boa-fé do particular. Existe, outrossim, a teoria do fato consumado. Para esta teoria, o decurso do tempo, em situações excepcionais, tem idoneidade para convalidar relações jurídicas em virtude de decurso do tempo. Um bom exemplo é o caso do candidato que, reprovado em uma das fases, consegue liminar para prosseguir no certame, até que eventualmente seja aprovado. Existem servidores que ficam amparados por liminares durante muitos anos, ultrapassando até mesmo um decênio. A grande pergunta era se esses servidores deveriam permanecer no cargo com base na teoria do fato consumado.

"Errado". Segundo decisão do Supremo Tribunal Federal (Plenário. Re 608482/ RN, julgado em 01/08/2014), a teoria do fato consumado não é aplicável ao candidato que assumiu o cargo em virtude de decisão precária (liminar em mandado de segurança) que posteriormente não foi confirmada. Segundo a Corte, outrossim, não se pode invocar o princípio da confiança legítima, uma vez que o candidato sabe da precariedade da medida judicial. Observe, ademais, que a posse não se dá por iniciativa da Administração. Ocorre, isto sim, por força de medida judicial liminar. Portanto, não há conduta da Administração Pública que despertaria confiança legítima no candidato.

---

07. (Cespe – Analista Judiciário – Área Administrativa – TRF 1/2017) A autotutela é entendida como a possibilidade de a administração pública revogar atos ilegais e anular atos inconvenientes e inoportunos sem a necessidade de intervenção do Poder Judiciário.

COMENTÁRIOS

✪ **Nota do autor:** A assertiva inverte os institutos da revogação (que se aplica a atos inconvenientes e inoportunos) e anulação (dever da Administração Pública diante de atos eivados de vícios, ilegais).

"Errado. Pelo princípio da **autotutela, é dever da Administração Pública o controle de seus próprios atos, quanto à legalidade e quanto ao mérito**. A autotutela significa, assim, que a Administração tem de **cuidar de si própria** e, com fundamento nesse princípio, ela anula seus atos, quando eivados de vícios de legalidade, ou os revoga, quando se tornarem inconvenientes ou inoportunos em face do interesse público.

---

08. (Cespe – Técnico Judiciário – Área Administrativa – TRF 1/2017) Não existe na Constituição Federal hipótese expressa que determine o necessário esgotamento da via administrativa para se recorrer ao Poder Judiciário, devido ao princípio da inafastabilidade da jurisdição e à determinação de que a lei não excluirá a apreciação pelo Poder Judiciário de lesão ou ameaça de direito.

COMENTÁRIOS

"Errado". O art. 217, §1º, da Constituição Federal, estabelece que "o Poder Judiciário só admitirá ações relativas à disciplina e às competições desportivas após esgotarem-se as instâncias da justiça desportiva, regulada em lei". Desse modo, **há hipótese expressa que determina o necessário esgotamento da via administrativa para que seja possível recorrer ao Poder Judiciário.**

---

09. (Cespe – Procurador do Estado – PGE – SE/2017) Considerando os princípios constitucionais e legais, implícitos e explícitos, que regem a atividade da administração pública, assinale a opção correta.

A) Os princípios da legalidade e da indisponibilidade do interesse público guiam a atuação do administrador, de modo que apenas o juízo discricionário excepciona-se ao controle judicial.

B) Em decorrência do princípio da reserva legal, a administração pública está autorizada a fazer apenas aquilo que não seja legalmente proibido.

C) De acordo com o STJ, o princípio da continuidade dos serviços públicos não impede a interrupção do fornecimento de energia elétrica para município inadimplente, ainda que o valor cobrado esteja sob questionamento em sede administrativa.

D) Em virtude dos princípios da proteção à confiança e da segurança jurídica, entende o STF que podem ser considerados válidos os atos praticados por agente público ilegalmente investido.

E) Por ser um princípio estruturante implícito da atuação da administração pública, na prática, a supremacia do interesse público é um conceito jurídico indeterminável.

COMENTÁRIOS

Alternativa correta: letra "d". No julgamento da ADPF nº 388, o Supremo Tribunal Federal declarou inconstitucional a investidura de membro do Ministério Público para cargo do Poder Executivo. Pois bem, após decidir pela inconstitucionalidade do ato de nomeação, os ministros debateram sobre a validade dos atos por ele praticados, considerada a ilegalidade do empossе. Neste ponto, os ministros esclareceram a necessidade de se observar a *teoria do servidor de fato*, admitindo-se válidos os atos praticados, ainda que existente vício de investidura, sob a justificativa da aparência de legalidade do ato administrativo.

Alternativa "a". Na construção doutrinária do regime jurídico administrativo, são considerados os princípios mais importantes o da supremacia do interesse público e o da indisponibilidade do interesse público, dos quais decorrem os demais. São as chamadas **pedras angulares** ou **pedras de toque**[3] do direito administrativo.

Alternativa "b". O princípio da **legalidade** é aquele que, de maneira mais íntima, representa o Estado de Direito, revelando a supremacia da lei e, dessa maneira, constitui-se importantíssima forma de tutela dos direitos fundamentais. O **princípio da legalidade** não apresenta conteúdo idêntico para o particular e para a Administração Pública. Para esta, significa que **a atuação administrativa deve se dar em conformidade com a lei, com o direito.** Assim, ao administrador somente é permitido agir de acordo com a lei, não vigorando a autonomia da vontade, prevalente na esfera privada, em que o particular não é obrigado senão em virtude de lei. São esses os dois principais aspectos do princípio da legalidade: seguir a lei e não contrariar a lei. Como bem ressalta Thiago Marrara, são as regras da **"reserva legal"** e da **"supremacia da lei"** e podem ser sintetizados, respectivamente, nas expressões **"nada sem lei"** e **"nada contra a lei"**[4].

Alternativa "c". Segundo o STJ (AgRg no Ag 1270130 RJ), "1. A Lei de Concessões condiciona a suspensão no fornecimento de energia elétrica ao 'interesse da coletividade', que impossibilita o corte na iluminação pública e nas unidades públicas essenciais, quando, então, a concessionário deve fazer uso da ação de cobrança. 2. Observada a restrição legal, é lícita a interrupção do fornecimento de energia elétrica se, após prévio aviso, o consumidor permanecer inadimplente no pagamento da dívida incontroversa. 3. No entanto, no presente caso, o acórdão recorrido assentou que a suspensão não se legitima ante a controvérsia sobre o valor da dívida, discutida em sede administrativa, bem como do pagamento da quantia incontroversa. [...]" Nessa toada, infere-se que é possível o corte de energia elétrica, não obstante figurar como inadimplente pessoa jurídica de direito público, desde que a suspensão no fornecimento não atinja as unidades públicas essenciais à população. Todavia, sendo o débito objeto de questionamento em sede administrativa, afigura-se ilegítima a suspensão.

Alternativa "e". Pelo princípio da **supremacia do interesse público, havendo conflito entre o interesse público e o privado, aquele deverá prevalecer.** É o princípio que **confere autoridade à atuação administrativa.** Não se trata, pois, de conceito jurídico indeterminável.

10. (Cespe – Analista de Controle – Área Jurídica – TCE – PR/2016) Quando a União firma um convênio com um estado da Federação, a relação jurídica envolve a União e o ente federado e não a União e determinado governador ou outro agente. O governo se alterna periodicamente nos termos da soberania popular, mas o estado federado é permanente. A mudança de comando político não exonera o estado das obrigações assumidas. Nesse sentido, o Supremo Tribunal Federal (STF) tem entendido que a inscrição do nome de estado-membro em cadastro federal de inadimplentes devido a ações e(ou) omissões de gestões anteriores não configura ofensa ao princípio da administração pública denominado princípio do(a)

a) intranscendência.

b) contraditório e da ampla defesa.

c) continuidade do serviço público.

d) confiança legítima.

e) moralidade.

COMENTÁRIOS

✪ **Nota do autor:** A relação entre a União e os demais entes federativos é tema correlato tanto ao Direito Administrativo quanto ao Direito Constitucional. A questão mencionada tem sido muito tratada pela jurisprudência do Supremo Tribunal Federal com algumas controvérsias, até mais recentes que a levantada no enunciado.

Alternativa correta: letra "a" (responde as demais alternativas). Em recente entendimento do STF, a Corte afirmou que a inscrição de Estado-Membro em cadastro federal de inadimplentes em face de ações/omissões de gestões anteriores **não configura violação ao princípio da intranscendência.** Neste sentido, são AC nº 2614-PE, AC nº 781-PI e AC nº 2946-PI, por exemplo. Segundo a posição mais recente do Supremo Tribunal Federal (ACO nº 732-AP, julgada em 10 de maio de 2016), contudo, se a irregularidade do convênio firmado foi praticada pelo gestor anterior e a gestão atual, depois que assumiu, tomou todas as medidas para ressarcir o erário e corrigir as falhas, não há que se falar em inclusão nos cadastros de inadimplência da União. Segundo esta acepção, o princípio da **intranscendência subjetiva** proíbe a aplicação de sanções às administrações atuais por atos de gestão praticados por administrações anteriores.

11. (Cespe – Juiz de Direito Substituto – TJDFT/2015)

I. A administração pública não pode atuar com objetivo de prejudicar ou beneficiar pessoas determinadas, nem os seus atos devem ser imputados aos

3 MELLO, Celso Antônio Bandeira de. *Curso de direito administrativo.* 27. ed. São Paulo: Malheiros, 2010. p. 55 e 57.

4 As fontes do direito administrativo e o princípio da legalidade. In: DI PIETRO, Maria Sylvia Zanella; RIBEIRO, Carlos Vinicius Alves (coord.). *Supremacia do interesse público e outros temas relevantes do direito administrativo.* São Paulo: Altas, 2010. p. 232.

funcionários que os praticam, mas ao órgão da administração pública.

II. A administração deve agir de modo célere, com o melhor desempenho possível de suas atribuições, visando obter os melhores resultados.

No direito administrativo, essas assertivas correspondem, respectivamente, aos princípios da

a) supremacia do interesse público sobre o individual e da proporcionalidade.

b) legalidade e da eficiência.

c) impessoalidade e da razoabilidade.

d) impessoalidade e da eficiência.

e) moralidade e da isonomia.

COMENTÁRIOS

Alternativa correta: letra "d" (responde as demais alternativas). O **princípio da eficiência** pode ser visto sob dois aspectos: um em relação aos administrados e outro em relação à própria Administração. No primeiro, também conhecido por princípio da finalidade pública, a atividade administrativa deve ser realizada buscando a satisfação do interesse público e, assim, não pode prejudicar ou beneficiar pessoas determinadas. Todos que estejam na mesma situação devem receber o mesmo tratamento. No outro aspecto, os atos administrativos praticados devem ser imputados à pessoa jurídica na qual o servidor trabalha. Já de acordo com o princípio da eficiência, a Administração Pública deve atuar de maneira a buscar resultados e não simplesmente agir. Isto é, a atuação administrativa deve buscar a melhor relação custo-benefício, deve ser feita a otimização dos recursos, o devido planejamento e estabelecimento de metas e a fiscalização do efetivo cumprimento do que fora planejado.

12. (Cespe – Analista Judiciário – Área Judiciária – TJ – CE/2014) No que se refere ao regime jurídico administrativo, assinale a opção correta.

a) A criação de órgão público deve ser feita, necessariamente, por lei; a extinção de órgão, entretanto, dado não implicar aumento de despesa, pode ser realizada mediante decreto.

b) A autotutela administrativa compreende tanto o controle de legalidade ou legitimidade quanto o controle de mérito.

c) A motivação deve ser apresentada concomitantemente à prática do ato administrativo.

d) De acordo com o princípio da publicidade, que tem origem constitucional, os atos administrativos devem ser publicados em diário oficial.

e) No Brasil, ao contrário do que ocorre nos países de origem anglo-saxã, o costume não é fonte do direito administrativo.

COMENTÁRIOS

✪ **Nota do autor:** o regime jurídico administrativo é o **conjunto de princípios** que atribuem à Administração Pública, em um extremo, **prerrogativas** e, no outro, **sujeições**. Dentre os que diversos princípios que o compõem, há dois que são considerados chamados de **pedras angulares** ou **pedras de toque**[5] do direito administrativo, quais sejam, o princípio da **supremacia do interesse público** e o princípio da **indisponibilidade do interesse público.**

Alternativa correta: letra "b". Pelo princípio da **autotutela**, a Administração Pública analisa se os atos administrativos já praticados estão em conformidade com o direito ou se continuam convenientes e oportunos e, caso verificada a incompatibilidade, **anulará** o ato, quando possuir **vício de legalidade**, ou o **revogará**, quando se tornar **inconveniente** ou **inoportuno** diante do interesse público. Há, inclusive, no Supremo Tribunal Federal, as Súmulas 346 ("A Administração Pública pode declarar a nulidade dos seus próprios atos") e 473 ("A Administração pode anular seus próprios atos quando eivados de vícios que os tornem ilegais, porque deles não se originam direitos; ou revogá-los, por motivo de conveniência ou oportunidade, respeitados os direitos adquiridos, e ressalvada, em todos os casos, a apreciação judicial").

Alternativa "a". Tanto a criação quanto à extinção de órgãos públicos deve ser feita por **lei**.

Alternativa "c". Nem todos os atos administrativos precisam ser motivados; como exemplo, cita-se o caso da exoneração *ad nutum*, em que a motivação escrita pode ser dispensada. Além disso, é possível a **motivação *aliunde* ou *per relationem*,** isto é, a motivação realizada externamente ao ato, consistindo em declaração de concordância com os fundamentos de um parecer anterior, de uma decisão já proferida e que passam a fazer parte integrante do ato, conforme estabelece o art. 50, § 1º, da Lei nº 9.784/99.

Alternativa "d". Pelo **princípio da publicidade,** a **atuação administrativa não pode ser secreta**. Ao contrário, deve ser transparente para que, assim, o titular do poder – que é o povo – possa verificar se, realmente, a conduta do administrador estava pautada no interesse público. A **regra**, portanto, é que todo ato administrativo deve ser publicado, exceto quando, nos termos do art. 5º, XXXIII, da Constituição Federal, o "sigilo seja imprescindível à segurança da sociedade e do Estado". Assim, o princípio da publicidade é materializado pela publicação dos atos administrativos. Entretanto, nos Municípios onde não houver imprensa oficial, vale como publicação a afixação dos atos administrati-

5 MELLO, Celso Antônio Bandeira de. *Curso de direito administrativo*. 27. ed. São Paulo: Malheiros, 2010. p. 55 e 57.

vos na sede da Prefeitura ou Câmara de Vereadores, em conformidade com a Lei Orgânica do Município.[6]

Alternativa "e". Muito embora haja divergência doutrinária se o costume é ou não fonte de direito administrativo, prevalece a corrente que o entende como tal. O costume é a prática reiterada, uniforme, de um comportamento que é considerado uma obrigação legal. Não pode ser confundido com a praxe administrativa – que, por ser a simples rotina administrativa, não constitui fonte do direito administrativo.

---

13. (Cespe – Cartório – TJ – DF/2014) No que se refere ao regime jurídico-administrativo e aos princípios aplicáveis à administração pública, assinale a opção correta.

a) A exigência de depósito prévio para a admissibilidade de recurso administrativo não viola o direito à ampla defesa.

b) No âmbito do processo administrativo, não se aplica a proibição de apresentação de provas obtidas por meios ilícitos.

c) Segundo o princípio da publicidade, a administração pública deve ser transparente em sua atuação, devendo garantir o direito de acesso à informação dos administrados, independentemente de seu conteúdo.

d) O princípio da legalidade administrativa resume-se à observância da lei em sentido formal, não compreendendo os atos normativos de diferentes modalidades editados pelo próprio Poder Executivo.

e) De acordo com o princípio da finalidade, a interpretação da norma administrativa no âmbito do processo administrativo deve ser realizada da forma que melhor garanta o atendimento do fim público a que se dirige, sendo vedada a aplicação retroativa de nova interpretação.

COMENTÁRIOS

Alternativa correta: letra "e". No que toca ao princípio da **finalidade**, Celso Antônio Bandeira de Mello ensina que ele "impõe que o administrador ao manejar as competências postas a seu encargo, atue com a rigorosa obediência à finalidade de cada qual"[7]. Trata-se, assim, de princípio que impõe ao administrador a obrigação de praticar o ato administrativo com vistas à realização da finalidade perseguida pela lei. Quanto aos princípios aplicáveis ao processo administrativo, em especial, o princípio da finalidade determina que **a interpretação da norma administrativa deve ser realizada da forma que melhor garanta o atendimento do fim público a que se dirige, sendo vedada a aplicação retroativa da norma interpretação,** intimamente relacionado, na sua parte final, com o **princípio da segurança jurídica.**

Alternativa "a". Nos termos da Súmula Vinculante nº 21, "é inconstitucional a exigência de depósito ou arrolamento prévios de dinheiro ou bens para admissibilidade de recurso administrativo". Quanto à violação aos princípios do contraditório e ampla defesa, já se manifestou o Supremo Tribunal Federal no julgamento da ADI nº 1.976, de Relatoria do Ministro Joaquim Barbosa.

Alternativa "b". Na forma do art. 30, *caput*, da Lei nº 9.784/99, "são inadmissíveis no processo administrativo as provas obtidas por meios ilícitos".

Alternativa "c". Pelo **princípio da publicidade,** a **atuação administrativa não pode ser secreta.** Ao contrário, deve ser transparente para que, assim, o titular do poder – que é o povo – possa verificar se, realmente, a conduta do administrador estava pautada no interesse público. A **regra**, portanto, é que todo ato administrativo deve ser publicado, exceto quando, nos termos do art. 5º, XXXIII, da Constituição Federal, o "sigilo seja imprescindível à segurança da sociedade e do Estado".

Alternativa "d". O princípio da **legalidade** é aquele que, de maneira mais íntima, representa o Estado de Direito, revelando a supremacia da lei e, dessa maneira, constitui-se importantíssima forma de tutela dos direitos fundamentais. O **princípio da legalidade** não apresenta conteúdo idêntico para o particular e para a Administração Pública. Para esta, significa que **a atuação administrativa deve se dar em conformidade com a lei, com o direito.** Assim, ao administrador somente é permitido agir de acordo com a lei, não vigorando a autonomia da vontade, prevalente na esfera privada, em que o particular não é obrigado senão em virtude de lei. São esses os dois principais aspectos do princípio da legalidade: seguir a lei e não contrariar a lei. Como bem ressalta Thiago Marrara, são as regras da **"reserva legal"** e da **"supremacia da lei"** e pode ser sintetizados, respectivamente, nas expressões **"nada sem lei"** e **"nada contra a lei"**[8]. **Ocorre que a expressão lei deve ser entendida em sentido amplo, de forma a abranger a Constituição Federal, as Emendas à Constituição, as Constituições Estaduais, Leis Orgânicas dos Municípios e do Distrito Federal, leis complementares, ordinárias e delegadas, medidas provisórias, decretos legislativos e resoluções legislativas.**

---

6 MEIRELLES, Hely Lopes. Direito administrativo brasileiro. 36 ed. São Paulo: Malheiros, 2010. p. 97.

7 *Curso de direito administrativo*. 26 ed. São Paulo: Malheiros, 2009. p. 65.

8 As fontes do direito administrativo e o princípio da legalidade. In: DI PIETRO, Maria Sylvia Zanella; RIBEIRO, Carlos Vinicius Alves (coord.). *Supremacia do interesse público e outros temas relevantes do direito administrativo*. São Paulo: Altas, 2010. p. 232.

14. (Cespe - Cartório - TJ - DF/2014) Em relação ao regime jurídico-administrativo e aos princípios aplicáveis à administração pública, assinale a opção correta.

a) É obrigatória a observância do princípio da publicidade nos processos administrativos, mediante a divulgação oficial dos atos administrativos, inclusive os relacionados ao direito à intimidade.

b) A presunção de legitimidade dos atos administrativos, que impõe aos particulares o ônus de provar eventuais vícios existentes em tais atos, decorre do regime jurídico - administrativo aplicável à administração pública.

c) Uma das exceções ao princípio da legalidade administrativa consiste na possibilidade de o presidente da República editar decreto para criar cargos ou funções públicas.

d) A violação do princípio da moralidade administrativa não pode ser fundamento exclusivo para o controle judicial realizado por meio de ação popular.

e) Para que determinada conduta seja caracterizada como ato de improbidade administrativa violadora do princípio da impessoalidade, é necessária a comprovação do respectivo dano ao erário.

COMENTÁRIOS

✪ **Nota do autor:** São atributos dos atos administrativos a presunção de legitimidade, a imperatividade e autoexecutoriedade (PIA).

Alternativa correta: letra "b". A **presunção de legitimidade** está intimamente relacionada com o **princípio da legalidade**, pois se a atuação administrativa deve se dar de acordo com a lei e com o direito, **presume-se que todo ato administrativo praticado seja legal**. Entretanto, trata-se de presunção relativa (*iuris tantum*)), pois admite prova em contrário.

Alternativa "a". Pelo **princípio da publicidade**, a **atuação administrativa não pode ser secreta**. Ao contrário, deve ser transparente para que, assim, o titular do poder - que é o povo - possa verificar se, realmente, a conduta do administrador estava pautada no interesse público. A **regra**, portanto, é que todo ato administrativo deve ser publicado, exceto quando, nos termos do art. 5º, incisos XXXIII e LX, da Constituição Federal, que, respectivamente, assim estabelecem: "todos têm direito a receber dos órgãos públicos informações de seu interesse particular, ou de interesse coletivo ou geral, que serão prestados no prazo da lei, sob pena de responsabilidade, ressalvadas aquelas cujo sigilo seja imprescindível à segurança da sociedade e do Estado" e "a lei só poderá restringir a publicidade dos atos processuais quando a defesa da intimidade ou o interesse social o exigirem".

Alternativa "c". O **decreto autônomo**, descrito no art. 84, VI, da Constituição Federal, atribui ao Presidente da República a competência para dispor, mediante decreto, sobre organização e funcionamento da administração federal, **desde que não implique aumento de despesa, não faça a criação de órgão público e nem a extinção de cargo público provido.**

Alternativa "d". Nos termos do art. 1º da Lei da Ação Popular, qualquer cidadão será parte legítima para pleitear a anulação ou a declaração de nulidade de atos lesivos ao patrimônio da União, do Distrito Federal, dos Estados, dos Municípios. A Constituição Federal traz previsão ainda mais ampla ao atestar que **qualquer cidadão é parte legítima para propor ação popular que vise anular ato lesivo ao patrimônio público ou de entidade de que o Estado participe, à moralidade administrativa, ao meio ambiente e ao patrimônio histórico e cultural.**

Alternativa "e". A aplicação das **sanções por ato de improbidade administrativa,** nos termos do art. 20, da Lei nº 8.429/92, **independe da efetiva ocorrência de dano ao patrimônio público**, salvo quanto à pena de ressarcimento.

15. (Cespe - Procurador do Estado - BA/2014) O atendimento ao princípio da eficiência administrativa autoriza a atuação de servidor público em desconformidade com a regra legal, desde que haja a comprovação do atingimento da eficácia na prestação do serviço público correspondente.

COMENTÁRIOS

✪ **Nota do autor:** Pelo princípio da **eficiência**, a Administração Pública **deve atuar de maneira a buscar resultados, e não simplesmente agir.** Isto é, a atuação administrativa deve buscar a **melhor relação custo-benefício**, deve ser feita a otimização dos recursos, o devido planejamento e estabelecimento de metas e a fiscalização do efetivo cumprimento do que fora planejado.

"Errado". A necessária observância dos **princípios administrativos** deve ser feita em sua totalidade, sendo vedada, ao administrador público, a mitigação de um princípio em favor do outro.

16. (Cespe - Procurador do Estado - BA/2014) Suponha que o governador de determinado estado tenha atribuído o nome de Nelson Mandela, ex-presidente da África do Sul, a escola pública estadual construída com recursos financeiros repassados mediante convênio com a União. Nesse caso, há violação do princípio da impessoalidade, dada a existência de proibição constitucional à publicidade de obras com nomes de autoridades públicas.

COMENTÁRIOS

✪ **Nota do autor:** O **princípio da impessoalidade** deve ser visto sob dois aspectos: em **relação ao admi-**

nistrado e em **relação à própria Administração.** No que se refere ao administrado, a impessoalidade se faz presente na **busca pela finalidade pública** e nunca de interesse particular. No outro sentido – em relação à própria Administração – significa que não é o agente público, enquanto pessoa física, que pratica o ato administrativo, pois, na verdade, quem o faz é a pessoa jurídica à qual pertence o órgão em que o servidor está lotado.

"Errado". Nos termos do art. 37, § 1º, da Constituição Federal, "a publicidade dos atos, programas, obras, serviços e campanhas dos órgãos públicos deverá ter caráter educativo, informativo ou de orientação social, dela não podendo constar nomes, símbolos ou imagens que caracterizem promoção pessoal de autoridades ou servidores públicos". Além disso, o art. 1º, da Lei nº 6.454/77, estabelece que **"é proibido, em todo o território nacional, atribuir nome de pessoa viva a bem público, de qualquer natureza, pertencente à União ou às pessoas jurídicas da Administração indireta"**. Como, no caso, Nelson Mandela já era falecido, à época da realização do concurso, não há violação ao princípio da impessoalidade.

---

17. (Cespe – Promotor de Justiça – AC/2014) Com relação aos princípios que regem a administração pública, assinale a opção correta.

a) Constatadas a concessão e a incorporação indevidas de determinada gratificação especial aos proventos de servidor aposentado, deve a administração suprimi-la em respeito ao princípio da autotutela, sendo desnecessária a prévia instauração de procedimento administrativo.

b) Segundo o entendimento do STF, para que não ocorra violação do princípio da proporcionalidade, devem ser observados três subprincípios: adequação, finalidade e razoabilidade stricto sensu.

c) O princípio da razoabilidade apresenta-se como meio de controle da discricionariedade administrativa, e justifica a possibilidade de correção judicial.

d) O princípio da segurança jurídica apresenta-se como espécie de limitação ao princípio da legalidade, prescrevendo o ordenamento jurídico o prazo decadencial de cinco anos para a administração anular atos administrativos que favoreçam o administrado, mesmo quando eivado de vício de legalidade e comprovada a má-fé.

e) Ferem os princípios da isonomia e da irredutibilidade dos vencimentos as alterações na composição dos vencimentos dos servidores públicos, mediante a retirada ou modificação da fórmula de cálculo de vantagens, gratificações e adicionais, ainda que não haja redução do valor total da remuneração.

COMENTÁRIOS

Alternativa correta: letra "c". Pelo princípio da **razoabilidade**, também chamado de **princípio da proibição de excessos ou da proporcionalidade ampla, os meios devem ser adequados aos fins do ato administrativo.** Trata-se, portanto, de importante limitador à atividade discricionária da Administração Pública, sendo aplicado, inclusive, pelo Poder Judiciário, quando da análise do mérito do ato administrativo, possível à luz da necessária observância dos princípios constitucionais.

Alternativa "a". Constatadas a concessão e a incorporação indevidas de determinada gratificação especial aos proventos de servidor aposentado, deve a administração suprimi-la em respeito ao princípio da autotutela, sendo necessária a prévia instauração de procedimento administrativo, **assegurados o contraditório e a ampla defesa.**

Alternativa "b". Segundo o entendimento do STF, para que não ocorra violação do princípio da proporcionalidade, devem ser observados três subprincípios: adequação, necessidade e **proporcionalidade** *stricto sensu.*

Alternativa "d". O princípio da segurança jurídica apresenta-se como espécie de limitação ao princípio da legalidade, prescrevendo o ordenamento jurídico o prazo decadencial de cinco anos para a administração anular atos administrativos **com efeitos favoráveis ao destinatário, desde que não haja má-fé**, nos termos do art. 54, da Lei nº 9.784/99.

Alternativa "e". Conforme consolidado entendimento jurisprudencial, **não havendo valor total da remuneração**, não há ofensa aos princípios da isonomia e da irredutibilidade dos vencimentos as alterações na composição dos vencimentos dos servidores públicos, mediante a retirada ou modificação da fórmula de cálculo de vantagens, gratificações e adicionais. Nesse sentido, é o Recurso Extraordinário nº 550.650, julgado pelo Supremo Tribunal Federal em 27 de Junho de 2008.

---

18. (Cespe – Analista Judiciário – Área Judiciária – TRT 10/2013) O princípio da supremacia do interesse público é, ao mesmo tempo, base e objetivo maior do direito administrativo, não comportando, por isso, limites ou relativizações.

COMENTÁRIOS

✪ **Nota do autor:** Pelo princípio da **supremacia do interesse público, havendo conflito entre o interesse público e o privado, aquele deverá prevalecer.** É o princípio que **confere autoridade à atuação administrativa,** justificando, por exemplo, o **poder de polícia da Administração Pública**

"Errado". O princípio da supremacia do interesse público não é ilimitado. Há outros princípios balizadores da atividade administrativa como, por exemplo, o princípio da indisponibilidade do interesse público, pelo qual a Administração não pode se afastar do interesse público, constituindo verdadeira limitação à atividade administrativa e ao uso do princípio da supremacia do interesse público. Também, podem ser destacados os princípios da legalidade e da razoabilidade.

19. (Cespe - Analista Judiciário - Área Judiciária - TRT 10/2013) Em decorrência do princípio da legalidade, a lei é a mais importante de todas as fontes do direito administrativo.

COMENTÁRIOS

"Certo". O princípio da **legalidade** é aquele que, de maneira mais íntima, representa o Estado de Direito, revelando a supremacia da lei e, dessa maneira, constitui-se importantíssima forma de tutela dos direitos fundamentais. O **princípio da legalidade** não apresenta conteúdo idêntico para o particular e para a Administração Pública. Para esta, significa que **a atuação administrativa deve se dar em conformidade com a lei, com o direito**. Assim, ao administrador somente é permitido agir de acordo com a lei, não vigorando a autonomia da vontade, prevalente na esfera privada, em que o particular não é obrigado senão em virtude de lei. São esses os dois principais aspectos do princípio da legalidade: seguir a lei e não contrariar a lei. Como bem ressalta Thiago Marrara, são as regras da **"reserva legal"** e da **"supremacia da lei"** e pode ser sintetizados, respectivamente, nas expressões **"nada sem lei"** e **"nada contra a lei"**[9].

20. (Cespe - Defensor Público - TO/2013) Em relação aos princípios do direito administrativo, assinale a opção correta.

a) A personalização do direito administrativo é consequência da aplicação do princípio democrático e dos direitos fundamentais em todas as atividades da administração pública.

b) Não se qualifica a violação aos princípios da administração pública como modalidade autônoma de ato que enseja improbidade administrativa.

c) O princípio da impessoalidade limita-se ao dever de isonomia da administração pública.

d) A disponibilização de informações de interesse coletivo pela administração pública constitui obrigação constitucional a ser observada até mesmo nos casos em que as informações envolvam a intimidade das pessoas.

e) O princípio da eficiência administrativa funda-se na subordinação da atividade administrativa à racionalidade econômica.

COMENTÁRIOS

Alternativa correta: letra "a". O Direito Administrativo, como ramo autônomo do Direito, só é possível em uma ordem democrática, já que fundamentado, basicamente, na repartição das funções estatais ou, na nomenclatura de Montesquieu, dos poderes estatais, em Poder Legislativo, Poder Judiciário e **Poder Executivo**. Justamente neste é que está embutida a **função típica de administrar**. Assim, a atividade administrativa é característica do Poder Executivo, pois a este cabe exercer a atividade administrativa com repercussão imediata na coletividade e, por outro lado, as atividades administrativas desempenhadas pelo Poder Legislativo e pelo Poder Judiciário não refletem imediatamente na coletividade e são realizadas como atividades de apoio às suas funções principais.

Alternativa "b". Uma das espécies de atos de improbidade administrativa é, justamente, a daqueles que ofendem os princípios constitucionais da Administração Pública, consoante art. 12, da Lei nº 8.429/92.

Alternativa "c". O **princípio da impessoalidade** deve ser visto sob dois aspectos: em **relação ao administrado** e em **relação à própria Administração**. No que se refere ao administrado, a impessoalidade se faz presente na **busca pela finalidade pública** e nunca de interesse particular. No outro sentido – em relação à própria Administração – significa que não é o agente público, enquanto pessoa física, que pratica o ato administrativo, pois, na verdade, quem o faz é a pessoa jurídica à qual pertence o órgão em que o servidor está lotado.

Alternativa "d". Pelo **princípio da publicidade,** a **atuação administrativa não pode ser secreta**. Ao contrário, deve ser transparente para que, assim, o titular do poder – que é o povo – possa verificar se, realmente, a conduta do administrador estava pautada no interesse público. A **regra**, portanto, é que todo ato administrativo deve ser publicado, exceto quando, nos termos do art. 5º, XXXIII, da Constituição Federal, o "sigilo seja imprescindível à segurança da sociedade e do Estado".

Alternativa "e". Pelo princípio da **eficiência**, a Administração Pública **deve atuar de maneira a buscar resultados, e não simplesmente agir.** Isto é, a atuação administrativa deve buscar a **melhor relação custo-benefício**, deve ser feita a otimização dos recursos, o devido planejamento e estabelecimento de metas e a fiscalização do efetivo cumprimento do que fora planejado.

9 As fontes do direito administrativo e o princípio da legalidade. In: DI PIETRO, Maria Sylvia Zanella; RIBEIRO, Carlos Vinicius Alves (coord.). *Supremacia do interesse público e outros temas relevantes do direito administrativo*. São Paulo: Altas, 2010. p. 232.

21. (Cespe - Defensor Público - RR/2013) Considerando os princípios aplicáveis à administração pública e a jurisprudência do STF, assinale a opção correta.

a) Se um servidor administrativo estadual tiver um pedido administrativo negado pela administração pública, a admissibilidade de recurso administrativo que vier a ser oferecido por esse servidor estará condicionada ao depósito prévio da taxa recursal.

b) O princípio da legalidade administrativa impõe que a administração pública fundamente a sua atuação no direito, razão por que, para se realizar exame psicotécnico em concurso público, é necessária prévia autorização em ato normativo do chefe do Poder Executivo.

c) Caso o presidente de autarquia estadual pretenda nomear seu sobrinho para o cargo de diretor administrativo dessa entidade, não haverá óbice jurídico para a nomeação, já que a vedação ao nepotismo depende da edição de lei formal.

d) O princípio da publicidade exige que a administração pública dê ampla divulgação dos seus atos, inclusive fornecendo, gratuitamente, certidões para a defesa de direitos e o esclarecimento de situações de interesse pessoal quando solicitadas.

e) O STF entende, com base no princípio da ampla defesa, que, em processo administrativo disciplinar, é obrigatório que a defesa técnica seja promovida por advogado.

COMENTÁRIOS

Alternativa correta: letra "d". Pelo **princípio da publicidade,** a **atuação administrativa não pode ser secreta**. Ao contrário, deve ser transparente para que, assim, o titular do poder – que é o povo – possa verificar se, realmente, a conduta do administrador estava pautada no interesse público. A **regra**, portanto, é que todo ato administrativo deve ser publicado, exceto quando, nos termos do art. 5º, XXXIII, da Constituição Federal, o "sigilo seja imprescindível à segurança da sociedade e do Estado". Neste sentido, preceitua o art. 5º, XXXIV, da Constituição, ser a todos assegurados, independentemente do pagamento de taxas: a) o direito de petição aos Poderes Públicos em defesa de direitos ou contra ilegalidade ou abuso de poder; b) a obtenção de certidões em repartições públicas, para defesa de direitos e esclarecimento de situações pessoais.

Alternativa "a". Nos termos da Súmula Vinculante nº 21, "é inconstitucional a exigência de depósito ou arrolamento prévios de dinheiro ou bens para admissibilidade de recurso administrativo". Quanto à violação aos princípios do contraditório e ampla defesa, já se manifestou o Supremo Tribunal Federal no julgamento da ADI nº 1.976, de Relatoria do Ministro Joaquim Barbosa.

Alternativa "b". Nos termos da Súmula Vinculante nº 44, "só por lei se pode sujeitar a exame psicotécnico a habilitação de candidato a cargo público".

Alternativa "c". Na forma da Súmula Vinculante nº 13, "a nomeação de cônjuge, companheiro ou parente em linha reta, colateral ou por afinidade, até o terceiro grau, inclusive, da autoridade nomeante ou de servidor da mesma pessoa jurídica investido em cargo de direção, chefia ou assessoramento, para o exercício de cargo em comissão ou de confiança ou, ainda, de função gratificada na administração pública direta e indireta em qualquer dos poderes da União, dos Estados, do Distrito Federal e dos Municípios, compreendido o ajuste mediante designações recíprocas, viola a Constituição Federal".

Alternativa "e". Consoante Súmula Vinculante nº 5, "a falta de defesa técnica por advogado no processo administrativo disciplinar não ofende a Constituição".

22. (Cespe - Juiz de Direito Substituto - MA/ 2013) Consoante aos princípios da administração pública, assinale a opção correta.

a) De acordo com o princípio da publicidade, toda e qualquer atividade administrativa deve ser autorizada por lei.

b) Dado o princípio da legalidade, deve o administrador público pautar sua conduta por preceitos éticos.

c) A obrigação de a administração pública ser impessoal decorre do princípio da moralidade.

d) A eficiência constitui princípio administrativo previsto na CF.

COMENTÁRIOS

Alternativa correta: letra "d". São princípios constitucionais, previstos no art. 37, *caput*, da Constituição Federal, a legalidade, a impessoalidade, a moralidade, a publicidade e a **eficiência**, este último acrescentado com a aprovação da Emenda Constitucional nº 19/98.

Alternativa "a". Pelo **princípio da publicidade,** a **atuação administrativa não pode ser secreta**. Ao contrário, deve ser transparente para que, assim, o titular do poder – que é o povo – possa verificar se, realmente, a conduta do administrador estava pautada no interesse público. A **regra**, portanto, é que todo ato administrativo deve ser publicado, exceto quando, nos termos do art. 5º, XXXIII, da Constituição Federal, o "sigilo seja imprescindível à segurança da sociedade e do Estado".

Alternativa "b". Dado o princípio da **moralidade**, deve o administrador público pautar sua conduta por preceitos éticos.

Alternativa "c". A obrigação de a administração pública ser impessoal decorre do princípio da **igualdade.**

23. (Cespe – Juiz do Trabalho Substituto 5ª região/2013) Em relação aos atos e princípios administrativos, assinale a opção correta à luz da CF, da jurisprudência dos tribunais superiores e da doutrina.

a) Segundo o STF, é imprescindível a existência de norma legal específica com vistas a coibir a prática do nepotismo, haja vista que a vedação a essa prática decorre diretamente das normas constitucionais aplicáveis à administração pública, em especial do princípio da moralidade.

b) É do princípio constitucional da eficiência que decorre o dever estatal de neutralidade, objetividade e imparcialidade do comportamento dos agentes públicos.

c) O STF admite a aplicação do princípio da isonomia com vistas a elevar a remuneração de servidores públicos.

d) O princípio da razoabilidade é expressamente previsto na CF.

e) O ato administrativo complexo deve ser formado pela junção de manifestações de vontade de órgãos diferentes, sendo, portanto, derivado da conjugação de vontades de órgãos diversos.

COMENTÁRIOS

Alternativa correta: letra "e". Quanto à **formação de vontade**, os atos podem ser classificados como **simples, complexos e compostos. O ato complexo** decorre da **manifestação de vontade de dois ou mais órgãos,** ou seja, há a soma de vontades de mais de um órgão para que seja possível a formação de um ato único.

Alternativa "a". Segundo entendimento do Supremo Tribunal Federal, as restrições impostas à atuação do administrador público pelo princípio da moralidade e demais postulados do art. 37 da Constituição Federal – dentre os quais se depreende a proibição do nepotismo – são autoaplicáveis, por trazerem em si carga de normatividade apta a produzir efeitos jurídicos, permitindo, em consequência, ao Judiciário exercer o controle dos atos que transgridam os valores fundantes do texto constitucional. Dessa forma, não é necessário que haja norma legal específica com vistas a coibir o nepotismo, conforme sugere a assertiva.

Alternativa "b". Pelo princípio da **eficiência**, a Administração Pública **deve atuar de maneira a buscar resultados, e não simplesmente agir.** Isto é, a atuação administrativa deve buscar a **melhor relação custo-benefício**, deve ser feita a otimização dos recursos, o devido planejamento e estabelecimento de metas e a fiscalização do efetivo cumprimento do que fora planejado. A assertiva, na realidade, refere-se ao **princípio da impessoalidade.**

Alternativa "c". Nos termos da súmula vinculante nº 37, não cabe ao Poder Judiciário, que não tem função legislativa, aumentar vencimentos de servidores públicos sob fundamento de isonomia. O princípio da isonomia dirige-se aos Poderes Executivo e Legislativo, a quem cabe, mediante avaliação de conveniência e oportunidade, estabelecer a remuneração dos servidores públicos, permitindo a sua efetivação.

Alternativa "d". O princípio da razoabilidade é decorrência direta do princípio do **devido processo legal** e significa que **os meios devem ser adequados aos fins do ato administrativo.** Assim, para que a atividade administrativa seja razoável, devem ser adotados **"meios que, para a realização de seus fins, revelam-se adequados, necessários e proporcionais"**[10]. Tal princípio, contudo, não se encontra expressamente previsto na Constituição Federal.

24. (Cespe – Juiz Federal Substituto 2ª região/ 2013) Com referência ao regime jurídico e aos princípios da administração pública, assinale a opção correta de acordo com o pensamento doutrinário dominante.

a) São considerados como basilares da administração pública os princípios da legalidade, da supremacia do interesse público sobre o privado e o da continuidade do serviço público.

b) Para o particular, o princípio da legalidade apresenta conotação negativa ou restritiva; já para a administração pública ele apresenta caráter positivo ou ampliativo.

c) Do princípio da continuidade do serviço público decorrem os princípios da sindicabilidade e da autoexecutoriedade.

d) O princípio da sindicabilidade é reconhecido expressamente pela jurisprudência do STF.

e) Sempre que a administração pública estiver envolvida em relações jurídicas, sejam elas de direito público ou de direito privado, o interesse da administração pública deverá imperar, pois ele sempre se sobrepõe ao interesse privado.

COMENTÁRIOS

Alternativa correta: letra "d". Pelo **princípio da sindicabilidade,** é permitido ao Poder Judiciário o controle dos atos administrativos, quando eivados de vícios que o tornem ilegais. Nesse sentido, já se manifestou o Supremo Tribunal Federal, no julgamento do Mandado de Segurança nº 30.860, de relatoria do Ministro Luiz Fux.

10 CUNHA JÚNIOR, Dirley de. *Curso de direito administrativo.* 8 ed. Salvador: Juspodivm, 2009. p. 50

Alternativa "a". São vários os princípios da Administração Pública, mas a doutrina costuma apontar como sendo basilares os princípios da **supremacia do interesse público** e da **indisponibilidade do interesse público.**

Alternativa "b". O **princípio da legalidade** não apresenta conteúdo idêntico para o particular e para a Administração Pública. Para esta, significa que **a atuação administrativa deve se dar em conformidade com a lei, com o direito.** Assim, ao administrador somente é permitido agir de acordo com a lei, não vigorando a autonomia da vontade, prevalente na esfera privada, em que o particular não é obrigado senão em virtude de lei. São esses os dois principais aspectos do princípio da legalidade: seguir a lei e não contrariar a lei. Como bem ressalta Thiago Marrara, são as regras da **"reserva legal"** e da **"supremacia da lei"** e pode ser sintetizados, respectivamente, nas expressões **"nada sem lei"** e **"nada contra a lei"**[11].

Alternativa "c". O **princípio da continuidade do serviço público,** pelo qual todas as atividades administrativas devem ser prestadas de modo contínuo, decorre do **princípio da indisponibilidade do interesse público.**

Alternativa "e". Não é em todas as situações em que a Administração Pública estiver envolvida que prevalecem os seus interesses; isso não ocorre, por exemplo, num contrato de locação, em que o Estado assume a condição de locatário. Nessa situação, não age a Administração Pública em posição de superioridade, sendo a relação jurídica regulada pelo Código Civil e pela legislação específica do assunto.

---

25. (Cespe – Procurador do DF/ 2013) Com fundamento no princípio da moralidade e da impessoalidade, o STF entende que, independentemente de previsão em lei formal, constitui violação à CF a nomeação de sobrinho da autoridade nomeante para o exercício de cargo em comissão, ainda que para cargo político, como o de secretário estadual.

COMENTÁRIOS

✪ **Nota do autor:** Na forma da Súmula Vinculante nº 13, "a nomeação de cônjuge, companheiro ou parente em linha reta, colateral ou por afinidade, até o terceiro grau, inclusive, da autoridade nomeante ou de servidor da mesma pessoa jurídica investido em cargo de direção, chefia ou assessoramento, para o exercício de cargo em comissão ou de confiança ou, ainda, de função gratificada na administração pública direta e indireta em qualquer dos poderes da União, dos Estados, do Distrito Federal e dos Municípios, compreendido o ajuste mediante designações recíprocas, viola a Constituição Federal".

"Errado". O Supremo Tribunal Federal consolidou entendimento de que a **nomeação de parente para cargo de natureza política** – como é o de Secretário Estadual – não viola o disposto na Súmula Vinculante nº 13. Destaque-se, no julgamento do Recurso Extraordinário nº 579.951-RN, o posicionamento do Ministro Joaquim Barbosa, para quem a nomeação de parentes para cargos políticos nem sempre descaracteriza o nepotismo, em especial quando comprovado que a nomeação ocorreu apenas e tão somente por conta do parentesco.

---

26. (Cespe – Procurador do DF/ 2013) Em atendimento ao princípio da publicidade, a administração pública deve proporcionar ampla divulgação dos seus atos, e a lei regular o acesso dos usuários de serviço público a registros administrativos e a informações sobre atos de governo, observadas, no entanto, as restrições estabelecidas constitucionalmente quanto ao direito à intimidade e à segurança da sociedade e do Estado.

COMENTÁRIOS

"Certo". Pelo **princípio da publicidade,** a **atuação administrativa não pode ser secreta.** Ao contrário, deve ser transparente para que, assim, o titular do poder – que é o povo – possa verificar se, realmente, a conduta do administrador estava pautada no interesse público. A **regra**, portanto, é que todo ato administrativo deve ser publicado, exceto quando, nos termos do art. 5º, XXXIII, da Constituição Federal, o "sigilo seja imprescindível à segurança da sociedade e do Estado".

---

27. (Cespe – Procurador do Ministério Público junto ao TCDF/2013) De acordo com o critério legalista, o direito administrativo compreende o conjunto de leis administrativas vigentes no país, ao passo que, consoante o critério das relações jurídicas, abrange o conjunto de normas jurídicas que regulam as relações entre a administração pública e os administrados.

COMENTÁRIOS

✪ **Nota do autor:** Para Maria Sylvia Zanella Di Pietro, o Direito Administrativo é "o ramo do direito público que tem por objeto os órgãos, agentes e pessoas jurídicas administrativas que integram a Administração Pública, a atividade jurídica não contenciosa que exerce os bens de que se utiliza para a consecução de seus fins, de natureza pública"[12].

---

11 As fontes do direito administrativo e o princípio da legalidade. In: DI PIETRO, Maria Sylvia Zanella; RIBEIRO, Carlos Vinicius Alves (coord.). *Supremacia do interesse público e outros temas relevantes do direito administrativo*. São Paulo: Altas, 2010. p. 232.

12 *Direito administrativo*. 23 ed. São Paulo: Atlas, 2010. p. 47.

"Certo". Com base no **critério da Administração Pública**, Hely Lopes Meirelles define o direito administrativo como o **"conjunto harmônico de princípios jurídicos que regem os órgãos, os agentes e as atividades públicas tendentes a realizar concreta, direta e imediatamente os fins desejados pelo Estado"**[13].

28. (Cespe – Procurador do Ministério Público junto ao TCDF/2013) Por força do princípio da legalidade, a administração pública não está autorizada a reconhecer direitos contra si demandados quando estiverem ausentes seus pressupostos.

COMENTÁRIOS

"Certo". O enunciado está intimamente relacionado com a atividade discricionária da Administração Pública; neste sentido, ausentes determinados pressupostos, a Administração Pública não está autorizada a reconhecer direitos contra si demandados. Por exemplo, não é possível a outorga de **licença para dirigir** se o postulante não foi aprovado em **exame psicotécnico**. Por ser a **licença** expressão da **atividade vinculada** da Administração Pública, não pode esta, **pela aplicação do princípio da legalidade**, reconhecer direitos contra si demandados se ausentes os pressupostos necessários.

29. (Cespe – Procurador do Ministério Público junto ao TCDF/2013) Constitui exteriorização do princípio da autotutela a súmula do STF que enuncia que "A administração pode anular seus próprios atos, quando eivados dos vícios que os tornam ilegais, porque deles não se originam direitos; ou revogá-los, por motivo de conveniência e oportunidade, respeitados os direitos adquiridos, e ressalvada, em todos os casos, a apreciação judicial".

COMENTÁRIOS

✪ **Nota do autor:** O enunciado traz, literalmente, o disposto na Súmula nº 473, do Supremo Tribunal Federal.

"Certo". Pelo princípio da **autotutela**, a Administração Pública analisa se os atos administrativos já praticados estão em conformidade com o direito ou se continuam convenientes e oportunos e, caso verificada a incompatibilidade, **anulará** o ato, quando possuir **vício de legalidade**, ou o **revogará**, quando se tornar **inconveniente** ou **inoportuno** diante do interesse público.

30. (Cespe – Defensor Público – ES/ 2012) Como o direito administrativo disciplina, além da atividade do Poder Executivo, as atividades administrativas do Poder Judiciário e do Poder Legislativo, os princípios que regem a administração pública, previstos na CF, aplicam-se aos três poderes da República.

COMENTÁRIOS

✪ **Nota do autor:** Legislar e fiscalizar são as funções típicas do Legislativo, administrar é função típica do Executivo e julgar é função típica do Judiciário. Entretanto, a Constituição Federal estabelece hipóteses em que um Poder pode exercer a função atribuída a outro, sem violar o princípio da separação de poderes.

"Certo". A **função administrativa não é exclusividade do Poder Executivo**, já que, de maneira atípica, **é exercida pelo Poder Legislativo e pelo Poder Judiciário**. Esses poderes têm como tarefa principal a execução de suas atividades típicas, próprias; porém, não há como exercerem suas atividades principais sem que se utilizem da atividade administrativa, pois necessitam de pessoal e de bens. Assim devem, de igual modo, **observância aos princípios da Administração Pública, aplicáveis, pois, aos três poderes.**

2. ADMINISTRAÇÃO PÚBLICA E TERCEIRO SETOR

✦ **LEANDRO BORTOLETO E LUÍS FELIPE CIRINO**

- CF, art. 37, XIX, XX e § 8º
- CF, art. 173 e 175
- Decreto-Lei nº 200/67
- Decreto-Lei nº 900/69, art. 5º
- Lei nº 9.649/98, art. 51
- Lei nº 11.107/05
- Lei nº 9.637/98
- Lei nº 9.790/99

31. (Cespe – Promotor de Justiça – MPE – RR/2017) Determinado estado da Federação pretende propor a celebração de parceria com uma organização da sociedade civil na área de preservação do meio ambiente, visando à consecução de interesse público e recíproco. Tal parceria envolverá o repasse de recursos financeiros do estado para a organização.

Nessa situação, deverá ser firmado o instrumento denominado

A) termo de parceria, realizado mediante prévio chamamento público.

B) termo de colaboração, realizado mediante prévio chamamento público.

C) convênio, que dependerá de prévia licitação.

D) acordo de cooperação, que prescinde de licitação.

13 *Direito administrativo brasileiro*. 36 ed. São Paulo: Malheiros, 2010. p. 40.

COMENTÁRIOS

✪ **Nota do autor:** A questão exige conhecimento da Lei nº 13.019/2014, conhecimento como Marco Regulatório das Organizações da Sociedade Civil.

Alternativa correta: letra "b". De acordo com a Lei, o termo de colaboração é o "instrumento por meio do qual são formalizadas as parcerias estabelecidas pela administração pública com organizações da sociedade civil para a consecução de finalidades de interesse público e recíproco propostas pela administração pública que envolvam a transferência de recursos financeiros" (art. 2º, VII). Para que haja o repasse de tais recursos, todavia, é necessária, via de regra, a ocorrência de chamamento público, que é o procedimento destinado a selecionar organização da sociedade civil para firmar parceria por meio de termo de colaboração ou de fomento, no qual se garanta a observância dos princípios da isonomia, da legalidade, da impessoalidade, da moralidade, da igualdade, da publicidade, da probidade administrativa, da vinculação ao instrumento convocatório, do julgamento objetivo e dos que lhes são correlatos" (art. 2º, XII).

Alternativa "a". O **termo de parceria** não é instrumento previsto na Lei nº 13.019/2014, mas, sim, na Lei nº 9.790/1999 que, em seu art. 9º, o define como "o instrumento passível de ser firmado entre o Poder Público e as entidades qualificadas como Organizações da Sociedade Civil de Interesse Público destinado à formação de vínculo de cooperação entre as partes, para o fomento e a execução das atividades de interesse público previstas no art. 3º desta Lei".

Alternativa "c". Convênios são, na forma da Lei nº 13.019/2014, celebradas entre entes federados ou pessoas jurídicas a eles vinculadas.

Alternativa "d". O **acordo de cooperação** é o "instrumento por meio do qual são formalizadas as parcerias estabelecidas pela administração pública com organizações da sociedade civil para a consecução de finalidades de interesse público e recíproco que não envolvam a transferência de recursos financeiros" (art. 2º, VIII-A).

---

32. (Cespe - Juiz de Direito - PR/2017) Acerca das entidades paraestatais e do terceiro setor, assinale a opção correta.

A) Segundo o STF, o procedimento de qualificação pelo poder público de entidades privadas como OS prescinde de licitação.

B) Segundo o STF, as atividades de saúde, ensino e cultura devem ser viabilizadas por intervenção direta do Estado, não podendo a execução desses serviços essenciais ser realizada por meio de convênios com organizações sociais.

C) Cumpridos os requisitos legais, caso uma OS requeira a qualificação como OSCIP, o poder público deverá outorgar-lhe o referido título, pois se trata de decisão vinculada do ministro da Justiça.

D) Caso uma OSCIP ajuíze ação cível comum de rito ordinário, o foro competente para o julgamento da causa será a vara da fazenda pública, se existente na respectiva comarca, já que se trata de uma entidade que integra a administração pública.

COMENTÁRIOS

✪ **Nota do autor:** O **terceiro setor** abrange as **entidades do setor privado, sem fins lucrativos, que desenvolvem atividade de interesse público**. Atuam de maneira paralela ao Estado e com ele colaboram, cooperam, e, por isso, são chamadas de **entidades paraestatais ou entes de cooperação**. Tais entes, contudo, estão sujeitos ao controle e à supervisão da Administração Pública e do Tribunal de Contas.

Alternativa correta: letra "a". O Supremo Tribunal Federal entendeu que a qualificação pelo poder público das entidades privadas como OS prescinde de licitação. Entretanto, dando interpretação conforme a Constituição, a Corte fixou o seguinte entendimento: "i) o procedimento de qualificação seja conduzido de forma pública, objetiva e impessoal, com observância dos princípios do caput do art. 37 da CF, e de acordo com parâmetros fixados em abstrato segundo o que prega o art. 20 da Lei nº 9.637/98; (ii) a celebração do contrato de gestão seja conduzida de forma pública, objetiva e impessoal, com observância dos princípios do caput do art. 37 da CF; (iii) as hipóteses de dispensa de licitação para contratações (Lei nº 8.666/93, art. 24, XXIV) e outorga de permissão de uso de bem público (Lei nº 9.637/98, art. 12, §3º) sejam conduzidas de forma pública, objetiva e impessoal, com observância dos princípios do caput do art. 37 da CF; (iv) os contratos a serem celebrados pela Organização Social com terceiros, com recursos públicos, sejam conduzidos de forma pública, objetiva e impessoal, com observância dos princípios do caput do art. 37 da CF, e nos termos do regulamento próprio a ser editado por cada entidade; (v) a seleção de pessoal pelas Organizações Sociais seja conduzida de forma pública, objetiva e impessoal, com observância dos princípios do caput do art. 37 da CF, e nos termos do regulamento próprio a ser editado por cada entidade; e (vi) para afastar qualquer interpretação que restrinja o controle, pelo Ministério Público e pelo TCU, da aplicação de verbas públicas." (STF. Plenário. ADI 1923/ DF, julgado em 15 e 16/04/2015).

Alternativa "b". A Constituição Federal estabelece em seu artigo 199 que "A assistência à saúde é livre à iniciativa privada." Já em seu artigo 209, aduz que "O ensino é livre à iniciativa privada, atendidas as seguintes condições: I – cumprimento das normas gerais da educação nacional; II – autorização e avaliação de qualidade pelo Poder Público." Tratam-se, portanto, de **atividades não exclusivas do Estado**. Nessa toada, a Lei 9.637/1998 (Lei das Organizações Sociais), em seu artigo

1º, prevê que "O Poder Executivo poderá qualificar como organizações sociais pessoas jurídicas de direito privado, sem fins lucrativos, cujas atividades sejam dirigidas ao ensino, à pesquisa científica, ao desenvolvimento tecnológico, à proteção e preservação do meio ambiente, à cultura e à saúde, atendidos aos requisitos previstos nesta Lei."

Alternativa "c". Segundo a Lei 9.790/99 (que estabelece o regime jurídico das Organizações da Sociedade Civil de Interesse Público), não pode ser qualificada como uma OSCIP, dentre outras, as Organizações Sociais (art. 2º, IX). Portanto, incorreta a alternativa.

Alternativa "d". As organizações da sociedade civil de interesse público (OSCIP), são pessoas jurídicas de direito privado, notadamente associações e fundações de direito privado, sem fins lucrativos, que atendam aos requisitos da Lei 9.790/1999 para receberem a referida qualificação. Tradicionalmente é feita a divisão entre o primeiro, o segundo e o terceiro setor da economia. O primeiro setor é composto pelo Estado. O segundo setor é o mercado. E o terceiro setor abrange as entidades do setor privado, sem fins lucrativos, que desenvolvem atividade de interesse público. As OSCIP's compõem o terceiro setor. Vale reiterar que OSCIP é apenas uma qualificação. No momento em que não mais estejam cumprindo os requisitos legais, é possível que percam o referido título. Ressalta-se: é uma qualificação atribuída a uma **entidade do setor privado**, sem fins lucrativos, desde que preenchidos os requisitos legais e, mesmo recebendo o título, não integra a Administração Pública.

33. (Cespe – Analista Judiciário – Área Administrativa – TRE – TO/2017) No que tange à organização administrativa e aos institutos da centralização, descentralização e desconcentração, julgue os itens a seguir.

I. Os institutos da descentralização e da desconcentração diferenciam-se quanto ao número de pessoas envolvidas no processo.

II. A descentralização ocorre no âmbito de uma única pessoa jurídica.

III. A desconcentração administrativa acontece quando a administração reparte as atribuições e competências dentro do mesmo órgão.

Assinale a opção correta.

A) Apenas o item I está certo.

B) Apenas o item II está certo.

C) Apenas os itens I e III estão certos.

D) Apenas os itens II e III estão certos.

E) Todos os itens estão certos.

COMENTÁRIOS

✪ **Nota do autor:** a **função administrativa** pode ser desempenhada de maneiras variadas e, inclusive, **pode ser atribuída a outras pessoas jurídicas**, que podem fazer parte da Administração Pública, bem como podem ser do setor privado. Essa possibilidade de a atuação administrativa ser realizada de diferentes maneiras está relacionada com a centralização, descentralização, a concentração e a desconcentração.

Alternativa correta: letra "c". Estão corretos os itens I e III.

Item I. Correto. A **desconcentração** representa o exercício da função administrativa de maneira desconcentrada, quer dizer, não há a concentração em um só órgão, mas sim, **a pessoa jurídica política ou administrativa se divide em vários órgãos**. Ocorre a **distribuição interna de competências**. Na **descentralização**, por seu turno, **há criação de uma nova pessoa jurídica**, ocorrendo, assim, uma **distribuição externa de competências.**

Item II. Errado. A **descentralização** pressupõe a criação de **uma nova pessoa jurídica**. Assim, há a **pessoa jurídica política e a pessoa jurídica que recebeu a atribuição para o desempenho de atividade administrativa.** A administração indireta é, portanto, manifestação do fenômeno da **descentralização.**

Item III. Correto. Tanto a desconcentração administrativa quanto a descentralização administrativa são instrumentos que promovem a **distribuição de competências administrativas**, mas não devem ser confundidos. Na **descentralização** administrativa a distribuição é **externa**, de uma pessoa jurídica para outra e, por sua vez, na **desconcentração** a distribuição é **interna**, dentro da mesma pessoa jurídica. Nesse sentido, por exemplo, na esfera federal, com a criação de um ministério (que é um órgão) ocorre a desconcentração, pois se deu a distribuição interna de competência para o novo órgão e, por outro lado, com a criação de uma autarquia (pessoa jurídica de direito público) tem-se a descentralização, porque a competência foi distribuída externamente, de uma pessoa jurídica (União) para outra (autarquia).

34. (Cespe – Analista Judiciário – Área Judiciária – TRE – TO/2017) A respeito da organização administrativa, das organizações sociais e das organizações da sociedade civil de interesse público, julgue os seguintes itens.

I. Pessoa que tenha atuado, nos últimos trinta e seis meses, em trabalho vinculado a organização e realização de campanha eleitoral não poderá ser indicado como administrador de empresa pública e sociedade de economia mista.

II. Caso determinado tribunal regional eleitoral pretenda firmar termo de parceria com entidade privada sem fins lucrativos destinado à formação de vínculo de cooperação entre as partes, para o fomento e a promoção do voluntariado no período eleitoral, deverá fazê-lo com organização social.

III. Caso uma entidade privada sem fins lucrativos receba a qualificação do poder público de organização da sociedade civil de interesse público, passará a integrar a administração pública indireta.

Assinale a opção correta.

A) Apenas o item I está certo.

B) Apenas o item II está certo.

C) Apenas os itens I e III estão certos.

D) Apenas os itens II e III estão certos.

E) Todos os itens estão certos.

COMENTÁRIOS

Alternativa correta: letra "a". Está correto o item I.

Item I. Correto. Na forma do art. 17, §2º, II, da Lei nº 13.303/2016, é vedada a indicação, para o Conselho de Administração e para a diretora, "de pessoa que atuou, nos últimos 36 (trinta e seis) meses, como participante de estrutura decisória de partido político ou em trabalho vinculado a organização, estruturação e realização de campanha eleitoral".

Item II. Errado. Os chamados **termos de parceria** são celebrados com as **organizações da sociedade civil de interesse público (OSCIP).** As organizações sociais, reguladas pela Lei nº 9.637/1998, celebram o chamado **contrato de gestão.**

Item III. Errado. As entidades paraestatais **não integram a Administração Pública**, pois, na verdade, atuam em complemento à atividade estatal, ou seja, atuam de forma paralela ao Estado.

---

35. (Cespe – Técnico Judiciário – Área Administrativa – TRE – BA/2017) Assinale a opção correta no que tange às entidades públicas em espécie e à administração direta e indireta.

A) As fundações públicas são entidades integrantes da administração indireta, sendo dotadas exclusivamente de personalidade jurídica de direito público.

B) Criada por força de autorização legal como instrumento de ação do Estado, uma empresa pública federal é uma pessoa jurídica dotada de personalidade jurídica de direito público.

C) As agências reguladoras são, em regra, autarquias sob regime especial criadas com a finalidade de disciplinar e controlar certas atividades econômicas.

D) As sociedades de economia mista são submetidas a regras especiais, sendo constituídas sob a forma de sociedades anônimas ou limitadas, cujas ações ou cotas com direito a voto devem pertencer, em sua maioria, ao ente federativo.

E) As empresas públicas e as sociedades de economia mista, integrantes da administração direta federal, são instrumentos de ação do Estado, logo, são entidades voltadas à busca de interesse público.

COMENTÁRIOS

Alternativa correta: letra "c". As **agências reguladoras** são criadas, em regra, como **autarquias de regime especial**, dizendo respeito à maior autonomia em relação à Administração Direta. Para Maria Sylvia Zanella Di Pietro[14], contudo, **a independência das agências reguladoras deve ser entendida em termos compatíveis com o regime constitucional no Brasil**: independência em relação ao Poder Judiciário e ao Poder Legislativo inexiste; em relação ao Poder Executivo, a independência é um pouco maior, já que, como autarquias em regime especial, seus atos não podem ser revistos ou alterados pelo poder Executivo. Para que não haja confusão, deve ficar claro que a agência reguladora integra a administração indireta e, assim, está submetida a controle administrativo exercido pela administração direta. Entretanto, por ser autarquia em regime especial, há maior autonomia, especialmente quanto ao controle político em razão de seus dirigentes terem mandato com duração definida (na esfera federal, nos termos da Lei nº 9.986/00, são nomeados pelo Presidente da República, após aprovação pelo Senado Federal). As **atribuições das agências reguladoras** resumem-se, em suma, a regulamentar os serviços que constituem objeto de delegação, celebrar o contrato de concessão ou permissão, definir o valor da tarifa e da sua revisão ou reajuste, enfim, exercer as prerrogativas que a lei outorga ao Poder Público na concessão, permissão e autorização.

Alternativa "a". As **fundações públicas** são pessoas jurídicas de direito público ou de direito privado, com autonomia administrativa e que têm como substrato o patrimônio – próprio –, que são criadas por lei específica ou cuja criação é por ela autorizada, com área de atuação de interesse público, não exclusiva da Administração Pública, definida em lei complementar.

Alternativa "b". As **empresas públicas** – espécies das chamadas **empresas estatais** – são entidades da administração indireta, com **personalidade jurídica de direito privado**, cuja **criação é autorizada por lei**.

Alternativa "d". As **sociedades de economia mista** são, necessariamente, sociedades anônimas com capital misto que possuem personalidade jurídica de **direito privado,** cuja criação é **autorizada por lei**, com autonomia administrativa e patrimônio próprio, que prestam serviço público ou exploram atividade econômica.

Alternativa "e". A atuação das empresas públicas e das sociedades de economia mista pode ser a **exploração de atividade econômica ou a prestação de serviço público.**

---

14 *Direito administrativo*. 21 ed. São Paulo: Atlas, 2008. p. 446.

36. (Cespe - Técnico Judiciário - Área Administrativa - TRE - BA/2017) Em razão da grande demanda constitucional por sua atuação, o Estado, além de realizar suas atividades administrativas de maneira direta, pode desenvolvê-las de modo indireto por meio de órgãos, agentes e pessoas jurídicas. Nesse cenário da organização administrativa, podem ocorrer os processos de desconcentração e descentralização do poder.

Acerca desses processos, assinale a opção correta.

A) O processo de distribuição interna de competências decisórias, agrupadas em unidades do conjunto orgânico que compõe o Estado, é chamado de desconcentração.

B) A desconcentração administrativa pressupõe pessoas jurídicas diversas daquelas que originalmente teriam titulação sobre a atividade.

C) O Estado pode exercer diretamente as atividades administrativas ou desenvolvê-las por meio de outros agentes públicos, o que caracteriza a desconcentração.

D) A atividade administrativa exercida pelo próprio Estado ou pelo conjunto orgânico que o compõe é chamada descentralizada.

E) Na centralização, o Estado atua indiretamente por meio dos seus órgãos, isto é, do conjunto orgânico que o compõe, e dele não se distingue.

COMENTÁRIOS

Alternativa correta: letra "a" (responde a alternativa "b"). A **desconcentração** representa o exercício da função administrativa de maneira desconcentrada, quer dizer, não há a concentração em um só órgão, mas sim, **a pessoa jurídica política ou administrativa se divide em vários órgãos**. Ocorre a **distribuição interna de competências**. Dá-se distinção entre os níveis de direção e de execução no interior da mesma pessoa jurídica. Para fins informativos, destaque-se a **desconcentração** pode ocorrer: a) em razão da matéria; b) em razão do grau de hierarquia; c) em razão do território. Não pode ser confundida com a descentralização, pela qual a distribuição de competência é externa, ou seja, de uma pessoa jurídica para outra pessoa jurídica. Assim, com a concentração não há divisão de órgãos dentro da mesma pessoa jurídica e com a centralização a pessoa política não transfere para outra pessoa jurídica (por exemplo, uma entidade da administração indireta) a atividade administrativa.

Alternativa "c". A **desconcentração** não está relacionada com o desempenho da função administrativa por **agentes públicos**, mas, sim, por **órgãos públicos**. Assim, a presença de agentes públicas não é determinante para definir se a atividade é exercida de modo concentrado ou desconcentrado.

Alternativa "d". A atividade administrativa exercida pelo próprio Estado ou pelo conjunto orgânico que o compõe é chamada **centralizada.** Neste sentido, o Estado pode realizar suas atividades de diversas formas, quais sejam: centralizada, que ocorre quando a Administração Pública as realiza diretamente, ou descentralizada, quando o Estado transfere a um terceiro o encargo de exercer a função administrativa.

Alternativa "e". Na centralização, a pessoa política desempenha a atividade administrativa por seus próprios órgãos. Não se trata de atuação indireta. A atuação é direta do Estado, que o faz por meio de um único ou de vários órgãos, ou seja, de maneira concentrada ou desconcentrada, respectivamente.

37. (Cespe - Técnico Judiciário - Área Administrativa - TRE - BA/2017) Com respeito à organização administrativa da administração pública, assinale a opção correta.

A) O Poder Executivo, além da sua função administrativa típica, pratica atos no exercício da função jurisdicional quando aplica penalidades administrativas aos servidores.

B) A legislação infraconstitucional pode autorizar que os poderes da União desempenhem funções atípicas, prestigiando o sistema de freios e contrapesos estabelecido pela Constituição Federal de 1988.

C) No regime federativo nacional, todos os componentes da federação materializam o Estado, cada um deles atuando dentro dos seus limites de competência traçados por lei complementar.

D) O Poder Legislativo, além da função normativa própria, exerce a função administrativa quando processa e julga o presidente da República nos crimes de responsabilidade.

E) O Poder Judiciário, além de sua função jurisdicional típica, pratica atos no exercício de função normativa, como na elaboração dos regimentos internos dos tribunais.

COMENTÁRIOS

✪ **Nota do autor:** A Teoria da Separação dos Poderes, teorizada por Montesquieu, defende a separação das funções estatais, de tal modo que se cria um sistema de controle – freios e contrapesos – na atuação de cada um dos poderes.

Alternativa correta: letra "e". De acordo com o art. 4º, I, do Decreto-Lei 200/67, a Administração Direta "se constitui dos serviços integrados na estrutura administrativa da Presidência da República e dos Ministérios." No entanto, cabe destacar que, embora o dispositivo legal mencionado considere apenas a estrutura do Poder Executivo, numa acepção restritiva de administração direta, a função administrativa não é privativa dos órgãos desse poder e, ao contrário, também é desempenhada pelos órgãos do Poder Judiciário e do Poder Legislativo, só que de forma atípica.

Alternativa "a". Ao aplicar penalidades administrativas, o Poder Executivo utiliza-se do **poder disciplinar**, mas não pratica atos no exercício da função jurisdicional.

Alternativa "b" (responde a alternativa "c"). No regime federativo nacional, todos os componentes da federação materializam o Estado, cada um deles atuando dentro dos seus limites de competência traçados na **Constituição Federal.**

Alternativa "d". O Poder Legislativo, além da função normativa própria, exerce **verdadeira função jurisdicional** quando processa e julga o presidente da República nos crimes de responsabilidade.

---

38. (Cespe – Técnico Judiciário – Área Administrativa – TRE – TO/2017) Sociedade anônima cuja criação é autorizada por ente federativo e que possui participação minoritária de capital privado em suas ações é uma

A) sociedade anônima de natureza empresarial, que não pode fazer parte da administração pública direta ou indireta.

B) autarquia, que faz parte da administração indireta.

C) empresa pública, que faz parte da administração indireta.

D) sociedade de economia mista, que faz parte da administração indireta.

E) entidade paraestatal, que não pode fazer parte da administração pública direta ou indireta.

COMENTÁRIOS

✪ **Nota do autor:** As **sociedades de economia mista** são espécie do gênero **empresas estatais**, do qual fazem parte, de igual modo, as **empresas públicas.**

Alternativa correta: letra "d" (responde as demais alternativas). As **sociedades de economia mista** são integrantes da **administração indireta**, com **personalidade jurídica de direito privado, possuindo patrimônio próprio e autonomia administrativa**; além disso, a **criação delas é autorizada por lei específica**, organizam-se na forma de **sociedade anônima** e possuem **capital misto**, sendo que a maioria do capital deve pertencer ao poder público.

---

39. (Cespe – Técnico Judiciário – Área Administrativa – TRE – TO/2017) Consideram-se entes da administração direta

A) as entidades vinculadas ao ministério em cuja área de competência estiver enquadrada sua principal atividade.

B) as entidades da sociedade civil qualificadas como organização social.

C) as autarquias.

D) os serviços integrados na estrutura administrativa da Presidência da República e dos ministérios.

E) as fundações públicas.

COMENTÁRIOS

Alternativa correta: letra "d". De acordo com o art. 4º, I, do Decreto-Lei 200/67, a Administração Direta "se constitui dos serviços integrados na estrutura administrativa da Presidência da República e dos Ministérios." No entanto, cabe destacar que, embora o dispositivo legal mencionado considere apenas a estrutura do Poder Executivo, numa acepção restritiva de administração direta, a função administrativa não é privativa dos órgãos desse poder e, ao contrário, também é desempenhada pelos órgãos do Poder Judiciário e do Poder Legislativo, só que de forma atípica. Deve-se atentar, contudo, para o fato de que, em diversas provas, é cobrado o conteúdo literal do referido decreto, de modo que se considere a administração direta em sentido estrito. São exemplos de órgãos que compõem a Administração Direta: Advocacia-Geral da União, os Ministérios, o gabinete pessoal do Presidente da República, as secretarias, dentre outros.

Alternativa "a". As entidades vinculadas ao ministério em cuja área de competência estiver enquadrada sua principal atividade, por serem entidades, **são dotadas de personalidade jurídica** e, desse modo, **não integram a Administração Pública Direta.**

Alternativa "b". Tanto as Organizações Sociais (OS) quanto as Organizações da Sociedade Civil de Interesse Público (OSCIP) compõem o chamado "Terceiro Setor". São entidades civis sem fins lucrativos, integrantes do setor privado, que recebem a qualificação do Poder Público. Não fazem parte da **Administração Pública.**

Alternativa "c" (responde a alternativa "e"). As **autarquias** e as **fundações públicas** integram a **Administração Pública Indireta.**

---

40. (Cespe – Analista Judiciário – Oficial de Just. Avaliador – TRF 1/2017) O principal critério de distinção entre empresa pública e sociedade de economia mista é que esta integra a administração indireta, enquanto aquela integra a administração direta.

COMENTÁRIOS

✪ **Nota do autor:** Tanto a empresa pública quanto a sociedade de economia mista são espécies do gênero **empresa estatal**, que faz parte da **administração pública indireta**, sobretudo por se tratarem de **pessoas jurídicas.**

"Errado". Os principais critérios de distinção entre empresa pública e sociedade de economia mista estão no capital (que, naquela, é integralmente público, enquanto nesta é majoritariamente público), na forma societária, sendo que a empresa pública pode ser constituída **sob qualquer forma empresarial** e a sociedade de economia mista, necessariamente, é uma **sociedade anônima**, e no foro, uma vez que as empresas públicas federais têm seus litígios processados e julgados, a princípio, pela Justiça Federal (art. 109, I, CF), já as sociedades de economia mista terão seus litígios processados e julgados pela Justiça Estadual (Súmula 517 STF).

41. (Cespe – Analista Judiciário – Oficial de Just. Avaliador – TRF 1/2017) O conceito de administração pública, em seu aspecto orgânico, designa a própria função administrativa que é exercida pelo Poder Executivo.

COMENTÁRIOS

"Errado". Na lição de Maria Sylvia Zanella Di Pietro[15], em sentido **subjetivo**, **formal** ou **orgânico**, Administração Pública designa os entes que exercem a atividade administrativa e, assim, compreende **pessoas jurídicas, órgãos** e **agentes públicos** incumbidos de exercer uma das funções em que se triparte a atividade estatal: a função administrativa. Em sentido **objetivo, material** ou **funcional**, por seu turno, ela designa a natureza da atividade exercida pelos referidos entes. Nesse sentido, a Administração Pública é a própria **função administrativa** que incumbe, **predominantemente**, ao Poder Executivo.

42. (Cespe – Analista Judiciário – Oficial de Just. Avaliador – TRF 1/2017) São exemplos de entidades paraestatais os serviços sociais autônomos, como o Serviço Social da Indústria (SESI) e o Serviço Nacional de Aprendizagem Industrial (SENAI).

COMENTÁRIOS

✪ **Nota do autor:** Os **serviços sociais autônomos** fazem parte do chamado **terceiro setor**, que abrange as **entidades do setor privado, sem fins lucrativos, que desenvolvem atividade de interesse público**. Atuam de maneira paralela ao Estado e com ele colaboram, cooperam, e, por isso, são chamadas de **entidades paraestatais ou entes de cooperação**.

"Certo". O SESI, o SENAI, o SENAC e o SEBRAE são, de fato, serviços sociais autônomos. Tratam-se, assim, de pessoas jurídicas de direito privado, sem finalidade de lucro, que atuam na realização de atividades de interesse público, de atividade não exclusiva do Estado. Não fazem parte da administração indireta, mas para serem criados, dependem de lei que autorize sua criação.

43. (Cespe – Analista Judiciário – Área Administrativa – TRF 1/2017) André integra a diretoria de uma organização de sociedade civil de interesse público e foi nomeado para ocupar cargo público efetivo. Nessa situação, de acordo com a legislação vigente, André poderá continuar integrando a diretoria da entidade mesmo após tomar posse no cargo público.

COMENTÁRIOS

✪ **Nota do autor:** Além de instituir o Marco Regulatório das Organizações da Sociedade Civil, a Lei nº 13.019/2014 promoveu uma série de alterações em diplomas normativos já existentes.

"Certo". A Lei nº 13.019/2014 alterou o parágrafo único do art. 4º, da Lei nº 9.790/1999, que passou a dispor que "é permitida a participação de servidores públicos na composição de conselho ou diretoria de Organização da Sociedade Civil de Interesse Público".

44. (Cespe – Analista Judiciário – Área Administrativa – TRF 1/2017) A sessão pública promovida por determinado ministério para debater alterações no marco regulatório do setor, com o objetivo de conhecer, por meio oral, as opiniões de pessoas e de entidades sobre o tema, de acordo com a legislação pertinente, é denominada consulta pública.

COMENTÁRIOS

✪ **Nota do autor:** A **consulta pública** e a **audiência pública** são instrumentos de participação da sociedade civil na tomada de decisão pela Administração Pública.

"Errado". A sessão pública promovida por determinado ministério para debater alterações no marco regulatório do setor, com o objetivo de conhecer, por meio oral, as opiniões de pessoas e de entidades sobre o tema, de acordo com a legislação pertinente, é denominada **audiência pública**. A diferença fundamental com a **consulta pública** é que esta tem um caráter mais formal, sendo realizada por escrito, ao passo que a **audiência pública** está mais alinhada com a oralidade.

45. (Cespe – Analista Judiciário – Área Administrativa – TRF 1/2017) Indivíduo que tenha trabalhado na estrutura decisória de partido político, vinte e quatro meses após o seu desligamento dessa atividade poderá ser indicado como membro do conselho de administração de empresa estatal.

COMENTÁRIOS

✪ **Nota do autor:** A Lei nº 13.303/2016, conhecida como Estatuto das Estatais, dispõe sobre o estatuto jurídico da empresa pública, da sociedade de economia mista e de suas subsidiárias, abrangendo toda e qualquer empresa pública e sociedade de economia mista da União, dos Estados, do Distrito Federal e dos Municípios que explore atividade econômica de produção ou comercialização de bens ou de prestação de serviços, ainda que a atividade econômica esteja sujeita ao

15 *Direito administrativo*. 21 ed. São Paulo: Atlas, 2008. p. 49.

regime de monopólio da União ou seja de prestação de serviços públicos.

"Errado". Na forma do art. 17, §2º, II, da Lei nº 13.303/2016, é vedada a indicação, para o Conselho de Administração e para a diretora, "de pessoa que atuou, nos últimos 36 (trinta e seis) meses, como participante de estrutura decisória de partido político ou em trabalho vinculado a organização, estruturação e realização de campanha eleitoral".

46. (Cespe - Analista Judiciário - Área Administrativa - TRF 1/2017) A administração pública, em seu sentido material, compreende as pessoas jurídicas, os órgãos e os agentes que exercem função administrativa. Por outro lado, em seu sentido formal, designa a natureza da atividade exercida por esses entes.

COMENTÁRIOS

✪ **Nota do autor:** Basicamente, são dois os sentidos em que se utiliza mais comumente a expressão **Administração Pública**.

"Errado". Na lição de Maria Sylvia Zanella Di Pietro[16], em sentido **subjetivo**, **formal** ou **orgânico**, Administração Pública designa os entes que exercem a atividade administrativa e, assim, compreende **pessoas jurídicas, órgãos** e **agentes públicos** incumbidos de exercer uma das funções em que se triparte a atividade estatal: a função administrativa. Em sentido **objetivo, material** ou **funcional**, por seu turno, ela designa a natureza da atividade exercida pelos referidos entes. Nesse sentido, a Administração Pública é a própria **função administrativa** que incumbe, **predominantemente**, ao Poder Executivo.

47. (Cespe - Técnico Judiciário - Área Administrativa - TRF 1/2017) O Tribunal Regional Federal da 1.a Região, um órgão classificado como autarquia em regime especial, integra a administração indireta da União.

COMENTÁRIOS

✪ **Nota do autor:** Os conceitos de **órgão público** e **autarquia em regime especial** são, *a priori*, incompatíveis, porque aquele integra, em regra, a administração pública direta, ao passo que esta, por ter personalidade jurídica, faz parte da administração pública indireta.

"Errado". O Tribunal Regional Federal da 1ª Região é um **órgão público**, despersonalizado e, assim, **integra a administração pública direta.**

48. (Cespe - Técnico Judiciário - Área Administrativa - TRF 1/2017) Administração direta remete à ideia de administração centralizada, ao passo que administração indireta se relaciona à noção de administração descentralizada.

COMENTÁRIOS

✪ **Nota do autor:** É frequente a cobrança, nos mais diferentes concursos públicos, dos conceitos da **centralização, descentralização, concentração** e **desconcentração.**

"Correto". Na **centralização, a pessoa política desempenha a atividade administrativa por seus próprios órgãos**. Não transfere para outra pessoa jurídica. Já na **descentralização**, a pessoa política se **utiliza de outras pessoas jurídicas para realizar a função administrativa**. Na **centralização**, há **uma pessoa jurídica só: a política**. Na **descentralização** há a **pessoa jurídica política e a pessoa jurídica que recebeu a atribuição para o desempenho de atividade administrativa**. Assim, a ideia de administração centralizada remete à **administração pública direta**, ao passo que a noção de administração descentralizada relaciona-se com a **administração pública indireta.**

49. (Cespe - Técnico Judiciário - Área Administrativa - TRF 1/2017) A administração pública, em seu sentido subjetivo, compreende o conjunto de agentes, órgãos e pessoas jurídicas incumbidos de executar as atividades administrativas, distinguindo-se de seu sentido objetivo, que se relaciona ao exercício da própria atividade administrativa.

COMENTÁRIOS

"Certo". Na lição de Maria Sylvia Zanella Di Pietro[17], em sentido **subjetivo**, **formal** ou **orgânico**, Administração Pública designa os entes que exercem a atividade administrativa e, assim, compreende **pessoas jurídicas, órgãos** e **agentes públicos** incumbidos de exercer uma das funções em que se triparte a atividade estatal: a função administrativa. Em sentido **objetivo, material** ou **funcional**, por seu turno, ela designa a natureza da atividade exercida pelos referidos entes. Nesse sentido, a Administração Pública é a própria **função administrativa** que incumbe, **predominantemente**, ao Poder Executivo.

50. (Cespe - Técnico Judiciário - Área Administrativa - TRF 1/2017) Órgão público é ente despersonalizado, razão por que lhe é defeso, em qualquer hipótese, ser parte em processo judicial, ainda que a sua atuação seja indispensável à defesa de suas prerrogativas institucionais.

16 *Direito administrativo.* 21 ed. São Paulo: Atlas, 2008. p. 49.

17 *Direito administrativo.* 21 ed. São Paulo: Atlas, 2008. p. 49.

COMENTÁRIOS

✪ **Nota do autor:** Órgãos públicos são centros especializados de atribuições que existem no interior de uma pessoa jurídica política ou administrativa. De acordo com o art. 1º, §2º, I da Lei 9784/99 define órgão como a unidade de atuação integrante da estrutura da Administração direta ou da Administração indireta e a principal característica dos órgãos públicos é que eles **não têm personalidade jurídica**.

"Errado". Como visto, a principal característica do **órgão público** é o fato dele ser **despersonalizado**, ou seja, **não possuir personalidade jurídica**. De igual modo, **não possui patrimônio próprio**, já que os bens pertencem à pessoa jurídica de que ele faz parte e **não tem capacidade processual**, ou seja, não pode ser autor ou réu em eventual ação judicial. Algumas situações, contudo, devem ser ressaltadas: a) possibilidade de celebração contrato de gestão, como previsto no art. 37, §8º, da Constituição Federal; b) **possibilidade de defesa judicial de suas prerrogativas ou atribuições**, nas situações em que o órgão é parte no processo; c) possibilidade de inscrição de alguns órgãos junto ao CNPJ, nos termos do art. 4º, I, da Instrução Normativa nº 1634/2016 da Receita Federal do Brasil. Quanto à defesa de suas prerrogativas institucionais, inclusive, há a Súmula 525 do STJ dispondo que: "A Câmara de Vereadores não possui personalidade jurídica, apenas personalidade judiciária, somente podendo demandar em juízo para defender os seus direitos institucionais." Desta feita, malgrado despido de personalidade jurídica, tem-se reconhecido personalidade judiciária aos órgãos públicos de envergadura constitucional para defesa de suas prerrogativas institucionais. Atente-se: não é por qualquer hipótese que podem demandar em juízo. Apenas em defesa de suas prerrogativas.

---

51. (Cespe – Delegado de Polícia – PE/2016) Considerando os princípios e fundamentos teóricos do direito administrativo, assinale a opção correta.

a) As empresas públicas e as sociedades de economia mista, se constituídas como pessoa jurídica de direito privado, não integram a administração indireta.

b) Desconcentração é a distribuição de competências de uma pessoa física ou jurídica para outra, ao passo que descentralização é a distribuição de competências dentro de uma mesma pessoa jurídica, em razão da sua organização hierárquica.

c) Em decorrência do princípio da legalidade, é lícito que o poder público faça tudo o que não estiver expressamente proibido pela lei.

d) A administração pública, em sentido estrito e subjetivo, compreende as pessoas jurídicas, os órgãos e os agentes públicos que exerçam função administrativa.

e) No Brasil, por não existir o modelo da dualidade de jurisdição do sistema francês, o ingresso de ação judicial no Poder Judiciário para questionar ato do poder público é condicionado ao prévio exaurimento da instância administrativa.

COMENTÁRIOS

Alternativa correta: letra "d". A Administração Pública em sentido amplo engloba a atividade política e a atividade administrativa, incluindo tanto os órgãos governamentais quanto os órgãos administrativos. Já, em sentido estrito, corresponde, exclusivamente, à função administrativa exercida pelos órgãos administrativos. No sentido estrito, a Administração Pública pode ser subdividida em: a) **sentido subjetivo, formal ou orgânico, pelo qual diz respeito ao conjunto de pessoas jurídicas, órgãos públicos e agentes públicos que realizam a atividade administrativa, isto é, leva-se em conta quem faz a atividade administrativa, quem integra a Administração Pública**; b) sentido objetivo, material ou funcional, que diz respeito à atividade destinada a satisfazer as necessidades coletivas, ou seja, a atividade administrativa, que compreende o serviço público, a polícia administrativa, o fomento e a intervenção. Nesse sentido, a relevância é dada à função, ao conteúdo da atividade e não quem a executa, ou seja, interessa o que é realizado.

Alternativa "a". As empresas públicas e sociedades de economia mista são, necessariamente, pessoa jurídica de **direito privado** e integram a **Administração Pública Indireta.**

Alternativa "b". Descentralização é a distribuição de competências de uma pessoa física ou jurídica para outra (**distribuição externa de competências**), ao passo que **desconcentração** é a distribuição de competências dentro de uma mesma pessoa jurídica, em razão da sua organização hierárquica (**distribuição interna de competências**).

Alternativa "c". O princípio da **legalidade** é aquele que, de maneira mais íntima, representa o Estado de Direito, revelando a supremacia da lei e, dessa maneira, constitui-se importantíssima forma de tutela dos direitos fundamentais. O **princípio da legalidade** não apresenta conteúdo idêntico para o particular e para a Administração Pública. Para esta, significa que **a atuação administrativa deve se dar em conformidade com a lei, com o direito.** Assim, ao administrador somente é permitido agir de acordo com a lei, não vigorando a autonomia da vontade, prevalente na esfera privada, em que o particular não é obrigado senão em virtude de lei. São esses os dois principais aspectos do princípio da legalidade: seguir a lei e não contrariar a lei. Como bem ressalta Thiago Marrara, são as regras da **"reserva legal"** e da **"supremacia da lei"** e pode ser sintetizados, respectivamente, nas expressões **"nada sem lei"** e **"nada contra a lei"**[18].

---

18 As fontes do direito administrativo e o princípio da legalidade. In: DI PIETRO, Maria Sylvia Zanella; RIBEIRO, Carlos Vinicius Alves (coord.). *Suprema-*

Alternativa "e". De fato, no Brasil, vigora o sistema da **unicidade jurisdicional**, diferentemente do que ocorre na França, que conta com uma justiça administrativa especializada e outra justiça comum. Todavia, no Brasil, não é necessário o exaurimento da via administrativa para possível seja aceder ao Judiciário, salvo em situações excepcionais, como a do art. 217, §1º, da Constituição Federal, que destaca que "o Poder Judiciário só admitirá ações relativas à disciplina e às competições desportivas após esgotarem-se as instâncias da justiça desportiva, regulada em lei".

52. (Cespe - Delegado de Polícia - PE/2016) Tendo como referência a jurisprudência majoritária do STF acerca dos princípios expressos e implícitos da administração pública e do regime jurídico-administrativo, assinale a opção correta.

a) Se houver repasse de verbas federais a município, a aplicação desses recursos pelo governo municipal não será objeto de fiscalização do órgão controlador federal, dado o princípio da autonomia dos entes federados.

b) A alteração, por meio de portaria, das atribuições de cargo público não contraria direito líquido e certo do servidor público investido no cargo, diante da inexistência de direito adquirido a regime jurídico.

c) A administração pública não pode, mediante ato próprio, desconsiderar a personalidade jurídica de empresa fiscalizada por tribunal de contas; a esse caso não se aplica a doutrina dos poderes implícitos.

d) Segundo o STF, a vedação ao nepotismo decorre diretamente de princípios constitucionais explícitos, como os princípios da impessoalidade, da moralidade administrativa e da igualdade, não se exigindo a edição de lei formal para coibir a sua prática.

e) De acordo com o princípio da eficiência, a administração pode revogar seus próprios atos, quando eivados de vícios que os tornem ilegais, porque deles não se originam direitos. Também pode anulá-los, por motivo de conveniência ou oportunidade, hipótese na qual devem ser respeitados os direitos adquiridos.

COMENTÁRIOS

✪ **Nota do autor:** Nos termos do artigo 37, *caput*, da Constituição Federal, a administração pública direta e indireta de qualquer dos Poderes da União, dos Estados, do Distrito Federal e dos Municípios obedecerá aos **princípios de legalidade, impessoalidade, moralidade, publicidade e eficiência.** São os princípios explícitos da Administração Pública. Além deles, há princípios implícitos, como é o caso, por exemplo, do princípio da motivação. O reconhecimento dos princípios implícitos na Constituição Federal em Constituição estadual ou mesmo em legislação infraconstitucional é totalmente possível.

Alternativa correta: letra "d". Os princípios constitucionais vinculam a atividade da Administração Pública e, nesse sentido, o STF decidiu, no RE 579.951, que a vedação ao "nepotismo não depende de lei formal para coibir a prática. Inclusive, na mesma esteira, o Supremo Tribunal Federal aprovou a Súmula Vinculante nº 13, dispondo sobre a vedação do nepotismo: "A nomeação de cônjuge, companheiro ou parente em linha reta, colateral ou por afinidade, até o terceiro grau, inclusive, da autoridade nomeante ou de servidor da mesma pessoa jurídica investido em cargo de direção, chefia ou assessoramento, para o exercício de cargo em comissão ou de confiança ou, ainda, de função gratificada na administração pública direta e indireta em qualquer dos poderes da União, dos Estados, do Distrito Federal e dos Municípios, compreendido o ajuste mediante designações recíprocas, viola a Constituição Federal".

Alternativa "a". Se houver repasse de verbas federais a município, a aplicação desses recursos pelo governo municipal **será objeto de fiscalização pelo Tribunal de Contas da União**, à luz do que dispõe o art. 71, VI, da Constituição Federal, que determina competir a esse órgão "fiscalizar a aplicação de quaisquer recursos repassados pela União mediante convênio, acordo, ajuste ou outros instrumentos congêneres, a Estado, ao Distrito Federal ou a Município".

Alternativa "b". A alteração, por meio de portaria, das atribuições de cargo público **viola o princípio da legalidade**.

Alternativa "c". A administração pública pode, mediante ato próprio, desconsiderar a personalidade jurídica de empresa fiscalizada por tribunal de contas. Esta possibilidade não está **expressamente prevista em diploma algum**, mas é considerada decorrência implícita dos princípios aplicáveis à Administração Pública, em especial, da **indisponibilidade de interesse público.**

Alternativa "e". Pelo princípio da **eficiência**, a Administração Pública **deve atuar de maneira a buscar resultados, e não simplesmente agir.** Isto é, a atuação administrativa deve buscar a **melhor relação custo-benefício**, deve ser feita a otimização dos recursos, o devido planejamento e estabelecimento de metas e a fiscalização do efetivo cumprimento do que fora planejado. A assertiva, na realidade, refere-se ao **princípio da autotutela.**

---

cia do interesse público e outros temas relevantes do direito administrativo. São Paulo: Altas, 2010. p. 232.

53. (Cespe – Juiz de Direito Substituto – AM/2016) No que se refere às sociedades de economia mista e às empresas públicas, assinale a opção correta.

a) A pessoa federativa a que estejam vinculadas as sociedades de economia mista possui responsabilidade solidária quanto aos atos ilícitos praticados por agentes dessas sociedades.

b) A composição do capital das sociedades de economia mista é o resultado da conjugação de recursos públicos e privados, sendo os recursos privados inadmitidos na composição do capital das empresas públicas.

c) As empresas públicas assumem obrigatoriamente a forma de sociedades anônimas, enquanto as sociedades de economia mista podem-se revestir de qualquer das formas admitidas em direito.

d) O protesto apresentado por empresa pública federal em execução que tramite na justiça estadual desloca a competência para a justiça federal.

e) A legislação relativa ao regime falimentar não se aplica às empresas públicas e às sociedades de economia mista, assim como os regimes de execução e penhora.

COMENTÁRIOS

✪ **Nota do autor:** as empresas estatais – nestas inclusas as empresas públicas e as sociedades de economia mista – têm natureza jurídica de pessoas jurídicas de direito privado. Entretanto, mesmo inerente ao caráter privatista, não há a submissão integral ao direito privado, pois os princípios da Administração Pública são de obediência obrigatória para a administração direta e indireta, nos termos do art. 37, *caput*, da Constituição Federal.

Alternativa correta: letra "b". A **sociedade de economia mista** é **pessoa jurídica de direito privado,** em que há conjugação de capital público e privado, participação do poder público na gestão e organização sob forma de sociedade anônima, com as referidas derrogações estabelecidas pelo direito público e pela própria lei das S.A. A **empresa pública**, por seu turno, tem capital **exclusivamente público** e, ainda, pode ser constituída sob qualquer **forma societária**.

Alternativa "a". A sociedade de economia mista possui personalidade jurídica e, assim, responde com seu patrimônio pelos danos que seus agentes causarem. Em relação a ela, o Estado responde de forma subsidiária.

Alternativa "c". É precisamente o contrário: as **sociedades de economia mista** assumem obrigatoriamente a forma de sociedades anônimas, enquanto as **empresas públicas** podem-se revestir de qualquer das formas admitidas em direito.

Alternativa "d". O protesto apresentado por empresa pública federal em execução que tramite na justiça estadual **não** desloca a competência para a justiça federal. Neste sentido, é a súmula nº 270, do Superior Tribunal de Justiça, pela qual "o protesto pela preferência de crédito, apresentado por ente federal em execução que tramita na justiça estadual, não desloca a competência para a justiça federal.

Alternativa "e". Muito embora a legislação relativa ao regime falimentar não se aplique às empresas públicas e às sociedades de economia mista, **os regimes de execução e penhora são plenamente aplicáveis, em regra.**

54. (Cespe – Defensor Público – RN/2015) Com referência à administração pública direta e indireta e à sua organização, assinale a opção correta.

a) As empresas públicas e a sociedade de economia mista, entidades da administração indireta com natureza jurídica de direito privado, devem constituir-se sob a forma jurídica de sociedade anônima.

b) Por meio da descentralização, o Estado transfere a titularidade de certas atividades que lhe são próprias a particulares ou a pessoas jurídicas que institui para tal fim.

c) Segundo a doutrina, pertinente à posição dos órgãos estatais, os órgãos superiores seriam aqueles situados na cúpula da administração, diretamente subordinados à chefia dos órgãos independentes, gozando de autonomia administrativa, técnica e financeira.

d) Mediante contrato a ser firmado entre administradores e o poder público, tendo por objeto a fixação de metas de desempenho para órgão ou entidade, a autonomia gerencial, orçamentária e financeira dos órgãos e entidades da administração direta e indireta poderá ser ampliada.

e) Como pessoas jurídicas de direito público instituídas por lei, às quais são transferidas atividades próprias da administração pública, as autarquias se submetem ao controle hierárquico da administração direta.

COMENTÁRIOS

Alternativa correta: letra "d". Na forma do art. 37, §8º, da Constituição Federal, "a autonomia gerencial, orçamentária e financeira dos órgãos e entidades da administração direta e indireta poderá ser ampliada mediante contrato, a ser firmado entre seus administradores e o poder público, que tenha por objeto a fixação de metas de desempenho para o órgão ou entidade (...)".

Alternativa "a". As sociedades de economia mista, entidades da administração indireta com natureza jurídica de direito privado, devem constituir-se sob a forma jurídica de sociedade anônima, ao passo que as empresas públicas podem constituir-se sob qualquer modalidade empresarial.

Alternativa "b". A descentralização tem como espécies a outorga e a delegação. Na outorga, o Estado transfere, para parte da doutrina, a titularidade de certas atividades que lhe são próprias a pessoas jurídicas que institua para essa finalidade. Já na delegação, o Estado transfere somente a execução de determinada atividade a pessoas jurídicas por meio de ato ou contrato.

Alternativa "c". Segundo a doutrina, pertinente à posição dos órgãos estatais, os órgãos superiores seriam aqueles que se acham subordinados hierarquicamente aos órgãos autônomos e independentes e possuem poder de direção, mas não têm autonomia administrativa e financeira.

Alternativa "e". A autarquia é fruto da descentralização, pela qual há a distribuição externa de competência, criando-se outra pessoa jurídica, com personalidade jurídica distinta da pessoa política. Dessa forma, não é possível se falar em hierarquia, já que não há relação hierárquica entre um órgão da administração direta e uma entidade da administração indireta. De outro lado, a entidade criadora tem por dever fiscalizar a entidade criada para verificar se o objetivo da criação está sendo atendido, mas não se trata de controle hierárquico, pois o que existe é um controle de finalidade, um controle finalístico. Existe vinculação e não subordinação. Esse modelo de controle de finalidade é chamado na esfera federal de supervisão ministerial.

---

55. (Cespe – Juiz de Direito Substituto – TJDFT/2015) Assinale a opção correta acerca da administração pública direta e indireta.

a) As autarquias são serviços autônomos, criados por lei, com natureza jurídica de direito privado e personalidade jurídica própria.

b) As empresas públicas e as sociedades de economia mista são entidades com natureza jurídica de direito privado e capital exclusivo do ente estatal que as instituir.

c) A administração direta compreende os entes federativos e as fundações instituídas com personalidade jurídica de direito público.

d) Os consórcios públicos integram a administração indireta e, se constituídos como associação, terão personalidade jurídica de direito privado.

e) As fundações públicas e as empresas públicas são entidades da administração indireta.

COMENTÁRIOS

Alternativa correta: letra "e" (responde, também, as alternativas "a", "c" e "d"). A administração direta é o conjunto de órgãos públicos que integram determinada pessoa política. Em cada um dos entes da federação existe a administração direta e nela há uma pessoa jurídica só (por exemplo: União, Estado de São Paulo, Município de Porto Alegre...) e dentro dela diversos órgãos públicos. As pessoas políticas são assim chamadas por possuírem capacidade legislativa e podem criar outras pessoas jurídicas, conhecidas como pessoas administrativas, para atuarem em atividade administrativa específica, formando a administração indireta. São entidades da administração indireta as autarquias, as fundações públicas, as empresas públicas, as sociedades de economia e, também, os consórcios públicos. Todas as pessoas da administração indireta dependem de lei para serem criadas (ou criando ou autorizando a criação), possuem autonomia administrativa, patrimônio próprio, entre outras características e diferenciam-se em razão da atividade que desempenham ou se têm personalidade de direito público ou de direito privado. São de direito público as autarquias, as fundações públicas com personalidade de direito público e os consórcios públicos com personalidade de direito público (associações públicas).

Alternativa "b". As empresas públicas e sociedades de economia mista sempre terão personalidade de direito privado, independentemente se prestarem serviço público ou explorarem atividade econômica. Uma das diferenças entre elas é justamente a composição do capital, pois a empresa pública tem capital totalmente público e a sociedade de economia mista tem capital público e privado.

---

56. (Cespe – Analista Judiciário – Área Judiciária – TJ – CE/2014) A respeito de organização administrativa, assinale a opção correta.

a) Os consórcios públicos sob o regime jurídico de direito público são associações públicas sem personalidade jurídica criadas para a gestão associada de serviços públicos de interesse de mais de um ente federativo.

b) Tratando-se de órgão público, a competência é irrenunciável e intransferível.

c) As autarquias são entidades criadas pelos entes federativos para a execução atividades que requeiram gestão administrativa e financeira descentralizada, porém, o ente federativo continuará titular do serviço, sendo responsável, dessa forma, pelos atos praticados pela autarquia.

d) As organizações sociais são pessoas jurídicas de direito público que celebram contrato de gestão com o poder público para a prestação de serviços públicos de natureza social.

e) São consideradas agências executivas as autarquias, fundações, empresas públicas e sociedades de economia mista que apresentam regime jurídico especial que lhes concede maior autonomia em relação ao ente federativo que as criou.

COMENTÁRIOS

✪ **Nota do autor:** A **desconcentração** representa o exercício da função administrativa de maneira desconcentrada, quer dizer, não há a concentração em um só órgão, mas, sim, **a pessoa jurídica política se divide em vários órgãos, havendo a distribuição interna de competência**. Assim, não há criação de uma nova pessoa jurídica, mas a repartição de competência a determinado **órgão público**.

Alternativa correta: letra "b". O elemento **competência** dos atos administrativos é a **delimitação das atribuições do agente** e por ela há a indicação de "quem" é competente para a prática do ato, ou seja, aponta quem tem o poder atribuído pela lei para fazer o ato. A competência tem como características o fato de ser **irrenunciável**, porque seu titular não pode dela dispor, renunciar e, ainda, **intransferível**, porque o agente não pode transferi-la para outro agente, salvo nos casos de delegação legalmente admitidos.

Alternativa "a". Os consórcios públicos sob o regime jurídico de direito público são associações públicas **com personalidade jurídica** criadas para a gestão associada de serviços públicos de interesse de mais de um ente federativo.

Alternativa "c". As autarquias são pessoas jurídicas de direito público, criadas por lei específica, com patrimônio próprio e autonomia administrativa, para a execução de atividade típica da Administração Pública. A autarquia integra a administração indireta da pessoa política na qual foi elaborada a lei que a criou. É uma pessoa jurídica que adota o regime jurídico de direito público e, assim, celebra concurso público, licitação, contrato administrativo, seus bens são públicos e possuem prerrogativas processuais. Da mesma forma que todas as entidades da administração indireta, as autarquias submetem-se a controle pelo Tribunal de Contas, nos termos do art. 71, da Constituição Federal. Assim, o **ente federativo não é responsável pelos atos praticados pela autarquia**, exercendo, apenas e tão somente, um **controle finalístico desta**, não havendo que se falar em hierarquia.

Alternativa "d". As **organizações sociais** fazem parte do denominado **terceiro setor, que abrange as entidades do setor privado sem fins lucrativos, que desenvolvem atividades de interesse público.**

Alternativa "e". As agências executivas nada mais são do que **autarquias e fundações públicas**, já existentes, que recebem essa qualificação, em razão da celebração de contrato de gestão com a administração direta com a finalidade de ampliar sua autonomia, obrigando-se a atingir metas, efetivando-se o princípio da eficiência. Não há o surgimento de nova pessoa jurídica, pois, na verdade, o Presidente da República, por ato administrativo, outorga a qualificação, a titulação, de agência executiva a uma autarquia ou fundação pública.

57. (Cespe – Cartório – TJ – DF/2014) Assinale a opção correta acerca da administração pública.

a) Os órgãos públicos, dotados de personalidade jurídica própria, são exemplos do instituto da descentralização administrativa.

b) De forma a tornar mais eficiente a sua atuação, o Estado pode criar, mediante lei, autarquias e fundações públicas, o que é realizado por desconcentração.

c) Embora as autarquias sejam pessoas jurídicas de direito público, elas sujeitam-se à falência e não gozam de privilégios tributários.

d) As agências reguladoras – autarquias de regime especial com estabilidade e independência em relação ao ente que as criou – são responsáveis pela regulamentação, pelo controle e pela fiscalização de serviços públicos, atividades e bens transferidos ao setor privado.

e) As empresas públicas exploradoras de atividade econômica não se sujeitam ao controle externo realizado pelo Tribunal de Contas, haja vista que se submetem às regras do setor privado.

COMENTÁRIOS

Alternativa correta: letra "d". As agências reguladoras são entidades administrativas da Administração Pública Indireta, com **personalidade de direito público**, criada para exercer a **regulação**, o **controle** administrativo, a **fiscalização**, a disciplina sobre a prestação de um determinado serviço público ou a realização de alguma atividade econômica. Têm sido criadas como **autarquias em regime especial,** por possuírem maior autonomia do que as autarquias em geral e, por exemplo, na esfera federal, seus dirigentes são nomeados pelo Presidente da República, após aprovação do nome pelo Senado, têm mandato fixo e somente perderão o cargo no caso de renúncia, de decisão judicial transitada em julgado ou de processo administrativo disciplinar, reduzindo-se, dessa forma, o controle político.

Alternativa "a". Órgãos públicos são centros especializados de atribuições que existem no interior de uma pessoa jurídica política ou administrativa. De acordo com o art. 1º, § 2º, I da Lei 9784/99 define órgão como a unidade de atuação integrante da estrutura da Administração direta ou da Administração indireta e a principal característica dos órgãos públicos é que eles **não têm personalidade jurídica, sendo exemplos do instituto da desconcentração administrativa.**

Alternativa "b". De forma a tornar mais eficiente a sua atuação, o Estado pode criar, mediante lei, autarquias e fundações públicas, o que é realizado pelo instituto da **descentralização.**

Alternativa "c". Às autarquias, aplica-se o **regime jurídico de Direito Público**; assim, por exemplo, gozam elas de **imunidade tributária recíproca** e **não estão sujeitas à Lei de Falências**.

Alternativa "e". As empresas públicas e as sociedades de economia mista podem ser exploradoras de atividade econômica ou prestadoras de serviço público. Em ambos os casos, trata-se de pessoa jurídica de direito privado, isto é, o regime jurídico é o previsto no direito privado, todavia, com as derrogações feitas pelo direito público. Ou seja, **na verdade, há um regime híbrido, com normas de direito privado e normas de direito público** e a harmonização entre essas normas é diferente conforme se trate de exploradora de atividade econômica ou de prestadora de serviço público, pois naquela a maior incidência é de normas de direito privado e nesta predominam as normas de direito público. Por exemplo, não é possível estender às exploradoras de atividade econômica privilégios fiscais não extensivos às pessoas da iniciativa privada, conforme o art. 173, § 2º; todavia, em clara aplicação de normas de direito público, se sujeitam ao controle externo realizado pelo Tribunal de Contas.

---

58. (Cespe – Cartório – TJ – DF/2014) No que se refere à administração pública, assinale a opção correta.

a) Consoante o entendimento do STF, encontra fundamento constitucional a exigência legal de aprovação legislativa prévia para a exoneração de ocupante do cargo de presidente de autarquia.

b) Por não se submeterem ao regime jurídico de direito público, as sociedades de economia mista exploradoras de atividade econômica estão dispensadas da realização de concurso público para a admissão de pessoal.

c) Não se aplica às empresas públicas prestadoras de serviço público a responsabilidade civil objetiva pelos danos que seus agentes, nessa qualidade, causarem a terceiros.

d) A descentralização administrativa por meio de delegação de serviço público pode ocorrer por meio de contrato e pressupõe relação de hierarquia.

e) As entidades paraestatais, entes privados que não integram a administração pública direta e indireta, colaboram com o Estado no desempenho de atividades de interesse público, sem finalidade lucrativa, como os serviços sociais autônomos.

COMENTÁRIOS

Alternativa correta: letra "e". O **terceiro setor** abrange as **entidades do setor privado sem fins lucrativos, que desenvolvem atividades de interesse público**. Atuam de maneira paralela ao Estado e com ele colaboram, cooperam e, por isso, são chamadas de **entidades paraestatais** ou **entes de cooperação**.

Alternativa "a". Consoante entendimento do STF, disposições legais que imponham exigência de aprovação legislativa prévia para a exoneração de ocupante do cargo de presidente de autarquia são **inconstitucionais (ADIMC nº 1.949-RS)**.

Alternativa "b". O **regime privado**, no Direito Administrativo, é um **regime híbrido, misto**, com a incidência de normas de direito privado e de direito público. Assim, mesmo tendo as sociedades de economia mista e as empresas públicas personalidade jurídica de direito privado, estão submetidas a várias normas de direito público e, nessa esteira, **têm que realizar concurso público para contratação de seus empregados**, devem realizar licitação e celebram contrato administrativo.

Alternativa "c". A responsabilidade objetiva prevista no art. 37, § 6º da Constituição Federal aplica-se a **todas as pessoas jurídicas de direito público** e às **pessoas jurídicas de direito privado prestadoras de serviço público**. Assim, as prestadoras de serviço público respondem **objetivamente** pelos danos que seus agentes causarem relacionados à prestação do serviço público.

Alternativa "d". A descentralização administrativa por meio de delegação de serviço público pode ocorrer por meio de contrato ou ato administrativo, mas não pressupõe relação de hierarquia, sendo possível, apenas e tão somente, o chamado **controle finalístico**.

---

59. (Cespe – Procurador do Estado – BA/2014) Desde que presentes a relevância e urgência da matéria, a criação da autarquia pode ser autorizada por medida provisória, devendo, nesse caso, ser providenciado o registro do ato constitutivo na junta comercial competente.

COMENTÁRIOS

✪ **Nota do autor:** A Constituição dispõe que somente por lei específica poderá ser criada autarquia. Não há, entretanto, nenhum óbice para que, presentes os requisitos constitucionais (relevância e urgência), seja a autarquia criada por medida provisória, uma vez que a iniciativa da referida lei específica deve ser do Chefe do Executivo e somente esta autoridade poderá editar medidas provisórias. Um bom exemplo foi a medida provisória 771/2017, que criou uma nova autarquia federal, de caráter temporário, tendo havido a conversão na Lei 13.464/17. Esta autarquia substituiu a Autoridade Pública Olímpica, transformando-se em Autoridade de Governança do Legado Olímpico – AGLO.

"Errado". Por ser **pessoa jurídica de direito público**, a autarquia, para adquirir personalidade jurídica, não precisa ser registrada na junta comercial competente, pois sua personalidade jurídica decorre diretamente da lei que a criou; somente às **pessoas jurídicas de direito privado** precisam ter seus atos constitutivos registrados no órgão competente para, enfim, adquirirem personalidade jurídica própria.

60. (Cespe – Procurador do Estado – BA/2014) Observados os princípios da administração pública, a empresa pública pode ter regime específico de contratos e licitações, sujeitando-se os atos abusivos praticados no âmbito de tais procedimentos licitatórios ao controle por meio de mandado de segurança.

COMENTÁRIOS

✪ **Nota do autor:** O **mandado de segurança** é instrumento do controle judicial, exercido, portanto, pelo Poder Judiciário para controle dos atos administrativos. Pode ser utilizado quando verificado **direito líquido e certo**, que é aquele demonstrado de plano, na Petição Inicial. Está regulamentado na Lei nº 12.016/2009.

"Certo". O **regime de direito privado** também existe na Administração Pública, aplicável, por exemplo, nas **empresas estatais.** Entretanto, não de maneira idêntica às empresas privadas, porque as **normas de direito privado são derrogadas pelas normas de direito público.** Isso significa que uma pessoa administrativa, com personalidade de direito privado, não é regida inteiramente pelas normas do setor privado, pois deve obediência aos princípios constitucionais e sua instituição só ocorreu para a busca do interesse público. Dessa forma, o **regime de direito privado na esfera pública, na verdade, é um regime híbrido, misto, porque há normas de direito privado e normas de direito público.** No que tange à realização de licitação, o texto constitucional permite, apenas, **que às empresas estatais seja possível uma forma diferente de se licitar, permitindo sua flexibilização, mas, nunca, que não será mais obrigatória.** Portanto, ainda que exploradoras de atividade econômica, as **empresas estatais são obrigadas a licitar, salvo os casos de dispensa e inexigibilidade.** Sobre o estatuto das empresas públicas e sociedades de economia mista, ver a Lei 13.303/2016, que regulamenta o artigo 173 da Constituição Federal.

61. (Cespe – Promotor de Justiça – AC/2014) Em relação às entidades que compõem a administração indireta, assinale a opção correta.

a) O consórcio público, criado por dois ou mais entes federativos para a gestão associada de serviços públicos, com personalidade jurídica de direito público é denominado associação pública com natureza jurídica de fundação de direito privado.

b) Segundo o TCU, os integrantes dos chamados serviços sociais autônomos, embora sejam pessoas jurídicas de direito privado e não pertençam ao Estado, são regidos pelos princípios da administração pública.

c) Por terem personalidade jurídica de direito privado, as sociedades de economia mista submetem-se ao regime de recuperação judicial e de falência previsto para as sociedades empresárias.

d) Para a criação de autarquias, basta a edição de lei autorizativa específica, não estando sua existência condicionada à necessidade de posterior registro de seus atos constitutivos.

e) Por serem pessoas jurídicas, todas essas entidades devem registrar no cartório competente os atos que as constituam.

COMENTÁRIOS

Alternativa correta: letra "b". Os **serviços sociais autônomos** são pessoas jurídicas de direito privado, sem finalidade de lucro, que atuam na realização de atividades de interesse público, de atividade não exclusiva do Estado. Não fazem parte da administração indireta, mas para serem criados, dependem de autorização em lei. O Tribunal de Contas da União já decidiu que os serviços sociais autônomos devem obediência aos princípios da Administração Pública. Neste sentido, é o Acórdão nº 5613/2012, da 1ª Câmara do TCU.

Alternativa "a". Quando criado com personalidade de direito público, o consórcio público será uma associação pública e, assim, **terá natureza de autarquia** (art. 41, IV, Código Civil), sendo conhecido como autarquia interfederativa ou autarquia multifederada.

Alternativa "c". Apesar de terem personalidade jurídica de direito privado, as sociedades de economia mista **não se sujeitam ao regime falimentar**, previsto na Lei nº 11.101/2005.

Alternativa "d". As autarquias são **criadas diretamente por lei específica** e não autorizadas por lei específica, características das pessoas da Administração Indireta com personalidade jurídica de direito privado.

Alternativa "e". As pessoas jurídicas da Administração Indireta que têm personalidade jurídica de direito público **não precisam ter os seus atos constitutivos registrados junto ao órgão competente**, adquirindo a personalidade jurídica com a publicação da lei criadora. Em contrapartida, as pessoas jurídicas de direito privado, para adquirirem personalidade jurídica, precisam ter os atos registrados junto ao órgão competente.

62. (Cespe – Analista do MPU/2013) A empresa pública federal caracteriza-se, entre outros aspectos, pelo fato de ser constituída de capital exclusivo da União, não se admitindo, portanto, a participação de outras pessoas jurídicas na constituição de seu capital.

COMENTÁRIOS

✪ **Nota do autor:** A empresa pública é **pessoa jurídica de direito privado,** cuja criação é autorizada por lei, com autonomia administrativa e patrimônio próprio, que presta serviço público ou explora atividade econômica e constituída com **capital totalmente público**, conforme estabelece o art. 5º, II, do Decreto-Lei nº 200/67. Ademais, **pode adotar qualquer das formas admitidas em direito** e, inclusive, na esfera federal, é possível a criação de empresa pública sob forma inédita.

"Errado". O capital da empresa pública é totalmente público, conforme estabelece o art. 3º, caput, da Lei nº 13.303/16. E, nos termos do parágrafo único desse artigo, desde "que a maioria do capital votante permaneça em propriedade da União, do Estado, do Distrito Federal ou do Município, será admitida, no capital da empresa pública, a participação de outras pessoas jurídicas de direito público interno, bem como de entidades da administração indireta da União, dos Estados, do Distrito Federal e dos Municípios".

---

63. (Cespe – Analista Judiciário – Judiciária – TRT 10/2013) As autarquias federais detêm autonomia administrativa relativa, estando subordinadas aos respectivos ministérios de sua área de atuação.

COMENTÁRIOS

✪ **Nota do autor:** Na **descentralização**, há criação de uma outra pessoa jurídica, com personalidade jurídica distinta da pessoa política. Por isso, **não é possível se falar em hierarquia**, já que não há relação hierárquica entre um órgão da administração direta e uma entidade da administração indireta.

"Errado". Em se tratando de entidades da administração indireta, tais quais as **autarquias federais**, não há que se falar em **subordinação** com os órgãos e pessoas políticas que compõem a **administração direta**. Na verdade, as autarquias estão sujeitas ao chamado **controle de finalidade** por parte da administração direta, havendo uma relação de **vinculação**, mas não de subordinação.

---

64. (Cespe – Delegado de Polícia – BA/2013) Entidades paraestatais são pessoas jurídicas privadas que colaboram com o Estado no desempenho de atividades não lucrativas, mas não integram a estrutura da administração pública.

COMENTÁRIOS

"Certo". O **terceiro setor** abrange as **entidades do setor privado sem fins lucrativos, que desenvolvem atividade de interesse público**. Atuam, por exemplo, no apoio e assistência às crianças carentes, às pessoas com deficiência, aos idosos, na proteção ao meio ambiente, no combate à pobreza, na educação, entre outras atividades. **Atuam de maneira paralela ao Estado, não integrando a estrutura da Administração Pública** e, por isso, são chamadas de **entidades paraestatais ou entes de cooperação.**

---

65. (Cespe – Delegado de Polícia – BA/2013) A criação de nova secretaria por governador de estado caracteriza exemplo de descentralização.

COMENTÁRIOS

"Errado". A criação de nova secretaria por governador de estado caracteriza exemplo de **desconcentração**, situação em que a **pessoa jurídica política se divide em vários órgãos**, ocorrendo a **distribuição interna de competência.**

---

66. (Cespe – Delegado de Polícia Federal – DPF/2013) Os ministérios e as secretarias de Estado são considerados, quanto à estrutura, órgãos públicos compostos.

COMENTÁRIOS

✪ **Nota do autor:** Os órgãos públicos podem ser classificados a partir de diversos critérios: quanto à esfera de ação (centrais ou locais); quanto à posição estatal (autônomos, independentes, superiores e subalternos); quanto à estrutura (simples, ou unitários, e compostos); quanto à composição (singulares e coletivos) e quanto às funções (ativos, consultivos ou de controle).

"Certo". Quanto à estrutura, os órgãos podem ser: simples (não se subdividem em outros órgãos) ou **compostos**, que são aqueles que se subdividem em outros órgãos, como acontece com os **Ministérios e Secretarias de Estado**, que compreendem vários outros, até chegar aos órgãos unitários, em que não existem mais divisões.

---

67. (Cespe – Delegado de Polícia Federal – DPF/2013) A sociedade de economia mista é pessoa jurídica de direito privado que pode tanto executar atividade econômica própria da iniciativa privada quanto prestar serviço público.

COMENTÁRIOS

"Certo". A **atuação** das empresas públicas e das sociedades de economia mista volta-se, necessariamente, à **exploração de atividade econômica ou a prestação de serviço público**. Ressalta-se, todavia, que, independentemente de qual seja o ramo de atuação, as empresas estatais e as sociedades de economia mista nunca perdem a condição de **pessoas jurídicas de direito privado.**

---

68. (CESPE – Juiz Federal Substituto 1ª região/2013) Com relação às organizações sociais, às organizações da sociedade civil de interesse público, aos órgãos públicos e às entidades da administração indireta, assinale a opção correta.

a) As organizações da sociedade civil de interesse público devem possuir conselho de administração em cuja composição haja representantes do poder público e de entidades da sociedade civil, além de membros eleitos entre seus associados e pessoas que tenham notória capacidade profissional e reconhecida idoneidade moral.

b) No que se refere à atuação estatal, denomina-se singular o órgão dotado de um único centro de competências ou atribuições.

c) Tanto a criação quanto a extinção de autarquia só podem ocorrer por lei de competência privativa do chefe do Executivo.

d) As empresas públicas e as sociedades de economia mista só podem ser instituídas mediante lei autorizativa; suas subsidiárias, entretanto, podem ser criadas por ato administrativo.

e) Para ser qualificada como organização social, a entidade deve firmar termo de parceria com o ministério da área em que atua.

COMENTÁRIOS

✪ **Nota do autor:** Nos termos do art. 37, XIX, 'somente por lei específica poderá ser criada autarquia e autorizada a instituição de empresa pública, de sociedade de economia mista e de fundação, cabendo à lei complementar, neste último caso, definir as áreas de sua atuação'.

Alternativa correta: letra "c". Na forma do art. 61, II, § 1º, da Constituição Federal, são de iniciativa privativa do Presidente da República as leis que disponham sobre: '**organização administrativa** e judiciária, matéria tributária e orçamentária, serviços públicos e pessoal da administração dos Territórios'. Assim, tanto a criação quanto a extinção de autarquia só podem ocorrer por lei de competência privativa do chefe do Executivo.

Alternativa "a". Inexiste tal previsão na Lei nº 9.790/99. As organizações da sociedade civil de interesse público devem possuir conselho fiscal ou órgão equivalente, dotado de competência para opinar sobre os relatórios de desempenho financeiro e contábil, e sobre as operações patrimoniais realizadas, emitindo pareceres para os organismos superiores da entidade, na forma do art. 4º, III, da Lei.

Alternativa "b". Os órgãos públicos, quanto à atuação funcional ou composição, podem ser **singulares/simples**, quando a atuação do órgão é realizada de acordo com a decisão de um único agente e, ainda, **coletivos/colegiados**, quando a atuação do órgão é decidida por vários agentes.

Alternativa "d". A **criação** da empresa pública e da sociedade de economia mista é **autorizada por lei específica**, na forma prevista no art. 37, XIX, da Constituição Federal. A lei específica autoriza o Poder Executivo a, por ato próprio, proceder à instituição do ente da Administração Indireta pretendido. Ademais, nos termos do inciso seguinte, qual seja, art. 37, XX, da Constituição Federal, a **criação de subsidiárias pelas empresas públicas e sociedades de economia mista**, bem como sua eventual participação em empresas privadas, **depende**, de igual modo, **de autorização legislativa.**

---

69. (CESPE – Juiz Federal Substituto 1ª região/2013) Considerando a disciplina constante da legislação federal sobre as agências reguladoras e as agências executivas, assinale a opção correta.

a) No exercício de seu poder normativo, as agências reguladoras exercem função de natureza legislativa, particularmente no que se refere ao estabelecimento de normas relacionadas aos seus objetivos institucionais.

b) A qualificação de uma autarquia ou fundação pública como agência executiva deve ser feita por ato do titular do ministério em cuja área de competência esteja enquadrada sua principal atividade.

c) Um dos requisitos necessários à qualificação de uma autarquia ou fundação pública como agência executiva é a celebração de contrato de gestão com o respectivo ministério supervisor ao qual se acha vinculada.

d) As relações de trabalho nas agências reguladoras são regidas pela Consolidação das Leis do Trabalho e legislação trabalhista correlata, em regime de emprego público.

e) As agências reguladoras e as agências executivas integram a administração pública indireta, tendo apenas as agências reguladoras a natureza de autarquia de regime especial.

COMENTÁRIOS

✪ **Nota do autor:** Estão sendo criadas como autarquias em regime especial, por possuírem maior autonomia do que as autarquias em geral. Pela atividade que desempenham não podem revestir-se de personalidade jurídica de direito privado e, assim, devem sempre se submeter ao regime de direito público.

Alternativa correta: letra "c". A agência executiva é a qualificação dada à autarquia ou fundação que celebre contrato de gestão com órgão da Administração Direta a que se acha vinculada para melhoria da eficiência e redução de custos. Trata-se de entidade preexistente que, uma vez preenchidos os requisitos legais, recebe a qualificação de agência executiva, podendo perdê-la, se deixar de atender os mesmos requisitos[19]. Ademais, o art. 51 do referido diploma legal estabelece que "O Poder Executivo poderá qualificar como Agência Executiva a autarquia ou fundação que tenha cumprido os seguintes requisitos: I – ter um plano estratégico de reestruturação e de desenvolvimento institucional em

---

19 DI PIETRO, Maria Sylvia Zanella. *Direito Administrativo.* 24 ed. São Paulo: Atlas, 2011.p. 476.

andamento; II – ter celebrado Contrato de Gestão com o respectivo Ministério supervisor."

Alternativa "a". As autarquias **não possuem capacidade política** e, desse modo, não podem criar leis/atos normativos primários. Isso não significa, contudo, que as autarquias não possam editar os chamados atos normativos secundários, dos quais são espécies, por exemplo, as portarias e as instruções normativas.

Alternativa "b". A qualificação se dá por ato do Presidente da República – ocorre por decreto, conforme o art. 1º, § 2º, do Decreto nº 2.487/98 – e, após a obtenção do título de agência executiva, passa a autarquia ou a fundação pública a gozar de maior autonomia administrativa e financeira. O art. 52 dessa lei estabelece que o prazo de duração do contrato de gestão é, no mínimo, de um ano e nele deverá haver a previsão dos objetivos, metas e respectivos indicadores de desempenho da entidade, bem como os recursos necessários e os critérios e instrumentos para a avaliação do seu cumprimento.

Alternativa "d". Em sentido oposto ao enunciado, o Supremo Tribunal Federal deferiu medida cautelar na ADI 2.135, ajuizada em face da Lei nº 9.986/00, que previa o regime de emprego público para as agências reguladoras, tendo o Relator Min. Marco Aurélio afirmado que "não se coaduna com os objetivos precípuos das agências reguladoras, verdadeiras autarquias, embora de caráter especial, a flexibilidade inerente aos empregos públicos, impondo-se a adoção da regra que é a revelada pelo regime de cargo público [...]". Assim, **inaplicável o regime celetista às agências reguladoras.**

Alternativa "e". Na verdade, agência executiva é apenas uma qualificação dada a uma autarquia ou fundação pública existente.

---

70. (Cespe – Juiz Federal Substituto 2ª região/ 2013) No que concerne a organizações sociais e a OSCIPs, assinale a opção correta.

a) Os responsáveis pela fiscalização do termo de parceria, ao tomarem conhecimento de qualquer irregularidade ou ilegalidade na utilização de recursos ou bens da organização parceira, deverão dar imediata ciência ao tribunal de contas respectivo e ao MP, sob pena de responsabilidade solidária.

b) Segundo o STF, é juridicamente aceitável a celebração de termo de parceria entre o poder público e OSCIP, sendo possível, inclusive, a utilização desse expediente para a contratação de prestadores de serviço terceirizados para o exercício de funções próprias da atividade-fim da entidade pública.

c) Às organizações sociais poderão ser destinados bens públicos, sendo dispensada licitação, mediante permissão de uso, consoante cláusula expressa de contrato de gestão celebrado com o poder público.

d) Segundo o STF, as organizações sociais, como entes de cooperação, dispõem dos benefícios processuais inerentes à fazenda pública, tendo em vista a relevância da sua atividade, que visa o interesse público.

e) Por expressa disposição legal, doações poderão realizadas por OSCIP a partidos políticos ou candidatos a mandatos eletivos; entretanto, tais doações devem, necessariamente, ser incluídas na prestação de contas da doadora e, ao final de cada exercício, devem ser submetidas ao tribunal de contas respectivo, a fim de se realizar o controle contábil-financeiro da organização.

COMENTÁRIOS

✪ **Nota do autor:** As **organizações sociais** fazem parte do denominado **terceiro setor, que abrange as entidades do setor privado sem fins lucrativos, que desenvolvem atividades de interesse público.**

Alternativa correta: letra "c". A Lei nº 9.637/98 autoriza o Poder Executivo a transferir a execução de serviços públicos e gestão de bens e pessoal públicos às Organizações Sociais, tudo com dispensa de licitação, o que se faz com fulcro no art. 24, XXIV, da Lei nº 8.666/93.

Alternativa "a". Na forma do art. 12, da Lei nº 9790/99, "os responsáveis pela fiscalização do Termo de Parceria, ao tomarem conhecimento de qualquer irregularidade ou ilegalidade na **utilização de recursos ou bens de origem pública pela organização parceira,** darão imediata ciência ao Tribunal de Contas respectivo e ao Ministério Público, sob pena de responsabilidade solidária".

Alternativa "b". Segundo o STF, é juridicamente aceitável a celebração de termo de parceria entre o poder público e OSCIP, **não sendo possível** a utilização desse expediente para a contratação de prestadores de serviço terceirizados para o exercício de funções próprias da atividade-fim da entidade pública, havendo tal possibilidade, apenas e tão somente, para o exercício de funções próprias da atividade meio da entidade pública.

Alternativa "d". Segundo o STF, as organizações sociais **não dispõem dos benefícios processuais** inerentes à fazenda pública. Neste sentido, é o Agravo de Instrumento nº 349.477-PR.

Alternativa "e". Por expressa **vedação legal,** doações **não** poderão realizadas por OSCIP a partidos políticos ou candidatos a mandatos eletivos. Neste sentido, é o art. 16, XI, da Resolução do TSE nº 22.715/2008.

---

71. (Cespe – Procurador BACEN/2013) No que se refere à organização administrativa brasileira, assinale a opção correta.

a) As agências reguladoras são autarquias com regime especial, cujos dirigentes ocupam cargos em comissão exoneráveis pelo chefe do Poder Executivo.

b) De acordo com a jurisprudência, compete à justiça federal processar e julgar as ações ajuizadas contra sociedade de economia mista, quando a referida instituição estiver sob a intervenção do BACEN.

c) Na denominada descentralização por serviços, por meio da qual o poder público cria uma pessoa jurídica de direito público ou privado, atribuindo-lhe a execução de determinado serviço público, é vedada a transferência da própria titularidade do serviço.

d) O Estado pode intervir no domínio econômico mediante a criação de empresas públicas, sociedades de economia mista e fundações públicas.

e) As autarquias administrativas, entidades destinadas ao exercício de diversas atividades administrativas, inclusive, de fiscalização, submetem-se ao regime jurídico de direito público, a exemplo do BACEN.

COMENTÁRIOS

Alternativa correta: letra "e". Nos termos do art. 5º, I, do Decreto-Lei nº 200/67, as autarquias são pessoas jurídicas de direito público, criadas por lei específica, com patrimônio próprio e autonomia administrativa, para a execução de atividade típica da Administração Pública. A autarquia integra a administração indireta da pessoa política na qual foi elaborada a lei que a criou. **É uma pessoa jurídica que adota o regime jurídico de direito público** e, assim, celebra concurso público, licitação, contrato administrativo, seus bens são públicos e possuem prerrogativas processuais. Da mesma forma que todas as entidades da administração indireta, as autarquias submetem-se a controle pelo Tribunal de Contas, nos termos do art. 71, da Constituição Federal.

Alternativa "a". As agências reguladoras são entidades administrativas da Administração Pública Indireta, com **personalidade de direito público**, criada para exercer a **regulação**, o **controle** administrativo, a **fiscalização**, a disciplina sobre a prestação de um determinado serviço público ou a realização de alguma atividade econômica. Têm sido criadas como **autarquias em regime especial,** por possuírem maior autonomia do que as autarquias em geral e, por exemplo, na esfera federal, seus dirigentes são nomeados pelo Presidente da República, após aprovação do nome pelo Senado, **têm mandato fixo e somente perderão o cargo no caso de renúncia, de decisão judicial transitada em julgado ou de processo administrativo disciplinar, reduzindo-se, dessa forma, o controle político.**

Alternativa "b". De acordo com a jurisprudência, compete à **justiça estadual** processar e julgar as ações ajuizadas contra sociedade de economia mista, quando a referida instituição estiver sob a intervenção do BACEN. Neste sentido, é o REsp nº 1.093.819-TO, julgado pelo STJ em 31/10/2012.

Alternativa "c". É por meio da **descentralização por serviços** que são criadas todas as entidades da administração indireta (autarquia, fundação pública, empresa pública, sociedade de economia mista). Assim, em se tratando de pessoa administrativa de direito público integrante da administração indireta, por exemplo, autarquia e fundação de direito público, **há transferência da própria titularidade do serviço público**, e não apenas da execução, como ocorre na **descentralização por colaboração**, em que a distribuição externa de competência é realizada da pessoa política para uma pessoa jurídica do setor privado.

Alternativa "d". O Estado pode intervir no domínio econômico mediante a criação de empresas estatais, que são as empresas públicas e as sociedades de economia mista.

---

72. (Cespe – Procurador BACEN/2013) Em relação às OSs, às OSCIPs e aos serviços sociais autônomos, assinale a opção correta.

a) As organizações creditícias que tenham vinculação com o sistema financeiro nacional podem receber a qualificação de OSCIP.

b) O poder público deverá outorgar o título de OSCIP às entidades que preencherem os requisitos exigidos pela legislação de regência para o recebimento da qualificação, em decisão de natureza vinculada.

c) A contratação de pessoal no âmbito dos serviços sociais autônomos deve ser feita mediante a realização de concurso público.

d) Os serviços sociais autônomos, pessoas jurídicas de direito privado que executam serviços de utilidade pública, não pertencem ao Estado, razão por que não se submetem ao controle estatal ou à fiscalização pelo tribunal de contas.

e) A OS, embora receba delegação do poder público para desempenhar serviço público de natureza social, mediante contrato de gestão, não pode receber destinação de recursos orçamentários do poder público nem bens necessários ao cumprimento do contrato de gestão.

COMENTÁRIOS

Alternativa correta: letra "b". Nos termos do art. 1º, § 2º, da Lei nº 9.790/99, que dispõe, justamente, sobre a qualificação de pessoas jurídicas de direito privado como OSCIPs, "a outorga da qualificação prevista neste artigo é ato vinculado ao cumprimento dos requisitos instituídos por esta Lei".

Alternativa "a". Na forma do art. 2º, XIII, da Lei, não podem receber a qualificação de OSCIP "as organizações creditícias que tenham qualquer tipo de vinculação com o sistema financeiro nacional (...)".

Alternativa "c". Por serem pessoas jurídicas de direito privado, não integrantes da Administração Direta ou Indireta, a contratação de pessoal no âmbito dos serviços sociais autônomos **não precisa ser feita** mediante a realização de concurso público.

Alternativa "d". Conforme assente jurisprudência do STF, os serviços sociais autônomos submetem-se à fiscalização pelo Tribunal de Contas. Nesse sentido, por exemplo, é o Recurso Extraordinário nº 789.874 – DF.

Alternativa "e". Consoante art. 12, *caput*, da Lei nº 9.637/98, "às organizações sociais poderão ser destinados recursos orçamentários e bens públicos necessários ao cumprimento do contrato de gestão".

73. (Cespe – Procurador do DF/ 2013) As sociedades de economia mista e as empresas públicas exploradoras de atividade econômica não se sujeitam à falência nem são imunes aos impostos sobre o patrimônio, a renda e os serviços vinculados às suas finalidades essenciais ou delas decorrentes.

COMENTÁRIOS

✪ **Nota do autor:** As sociedades de economia mista e as empresas públicas fazem parte das chamadas **empresas estatais**, às quais se aplica o **regime jurídico de direito privado**, que, na Administração Pública, é um regime híbrido.

"Certo". Às sociedades de economia mista e as empresas públicas exploradoras de atividade econômica aplica-se o regime jurídico de direito privado com maior incidência das **normas de direito privado**. Assim, a elas não é extensível a **imunidade tributária**, sendo necessário o pagamento de impostos sobre o patrimônio, a renda e os serviços vinculados às suas finalidades essenciais ou delas decorrentes. Ademais, as empresas estatais, sejam elas prestadoras de serviço público ou exploradoras de atividade econômica, **não estão sujeitas à falência**, por expressa redação da Lei nº 11.101/05.

74. (Cespe – Procurador do Ministério Público junto ao TCDF/2013) A atuação do órgão público é imputada à pessoa jurídica a que esse órgão pertence.

COMENTÁRIOS

✪ **Nota do autor:** A principal característica do órgão público está no fato de ser ele **desprovido de personalidade jurídica**.

"Certo". Podem ser apontadas três teorias para se explicar a relação do Estado com o agente público: teoria do mandato, teoria da representação e teoria do órgão público. Pela primeira, o agente público receberia um mandato do Estado, mas não foi bem recebida porque não se compreende como o Estado, que não tem vontade própria, outorgaria o mandato. Pela segunda teoria, o agente público seria o representante legal do Estado; algo como um curador ou tutor da pessoa política, diferenciando-se, entretanto, pelo fato de que o próprio Estado escolhe seu representante; também, não teve boa acolhida já que equipara o Estado a um incapaz. Pela terceira teoria, o **agente público está lotado no órgão, que, por sua vez, faz parte de uma pessoa jurídica**. Assim, quando o agente pratica o ato é a própria pessoa jurídica quem está atuando. O **órgão é o elemento de conexão entre o agente público e a pessoa jurídica. A atuação do agente é imputada, é atribuída, à pessoa jurídica**. Assim, necessariamente, por ser o órgão público desprovido de personalidade jurídica, **a sua atuação, que se dá por meio dos agentes, é imputada à pessoa jurídica a que pertence**.

75. (Cespe – Procurador Federal/2013) Para a qualificação de uma autarquia como agência reguladora é essencial a presença do nome "agência" em sua denominação, a exemplo da Agência Brasileira de Inteligência e da Agência Brasileira de Desenvolvimento Industrial.

COMENTÁRIOS

"Errado". O fato da entidade/órgão público ser denominado **agência** não o torna, necessariamente, uma **agência reguladora**. É o caso, por exemplo, da Agência Brasileira de Inteligência (ABIN) que **não é agência reguladora, mas órgão público**.

76. (Cespe – Procurador Federal/2013) Caso um particular ajuíze ação sob o rito ordinário perante a justiça estadual contra o Banco do Brasil S.A., na qual, embora ausente interesse da União, seja arguida a incompetência do juízo para processar e julgar a demanda, por se tratar de sociedade de economia mista federal, a alegação de incompetência deverá ser rejeitada, mantendo-se a competência da justiça estadual.

COMENTÁRIOS

"Certo". A sociedade de economia mista, seja municipal, estadual ou federal, terá como **foro a Justiça Estadual**, exceto no caso em que houver interesse da União, seja na condição de autora, ré, assistente ou opoente, caso em que a competência será deslocada para a esfera federal, em razão da presença da pessoa política, nos termos da Súmula 517, do STF ("As sociedades de economia mista só têm foro na Justiça Federal, quando a União intervém como assistente ou opoente").

77. (Cespe – Procurador Federal/2013) Embora o consórcio público possa adquirir personalidade jurídica de direito público ou de direito privado, em ambas as hipóteses a contratação de pessoal deverá ser regida pela Consolidação das Leis do Trabalho, pois a legislação veda a admissão de pessoal no regime estatutário.

COMENTÁRIOS

"Errado". Tendo o consórcio público com personalidade jurídica de direito público, no caso de constituir **associação pública**, a ele se aplica o chamado **regime jurídico de direito público**, que, conforme entendimento consolidado do Supremo Tribunal Federal, é incompatível com a contratação de **empregados públicos**, regidos pela Consolidação das Leis do Trabalho.

78. (Cespe - Analista Judiciário - Área Judiciária - STJ/2012) As causas em que as autarquias federais forem interessadas, na condição de autoras, rés, assistentes ou oponentes, serão processadas e julgadas na justiça federal.

COMENTÁRIOS

"Certo". Na forma do art. 109, I, da Constituição Federal, aos juízes federais compete processar e julgar "as causas em que a União, entidade autárquica ou empresa pública federal forem interessadas na condição de autoras, rés, assistentes ou oponentes, exceto as de falência, as de acidentes de trabalho e as sujeitas à Justiça Eleitoral e à Justiça do Trabalho".

79. (Cespe - Analista Judiciário - Área Judiciária - STJ/2012) Os consórcios públicos, quando assumem personalidade jurídica de direito público, constituem-se como associações públicas, passando, assim, a integrar a administração indireta dos entes federativos consorciados.

COMENTÁRIOS

✪ Nota do autor: O destaque em relação ao consórcio público é que, na verdade, é uma nova pessoa jurídica que é criada por mais de uma pessoa política. A regra é que, por exemplo, cada Município crie suas autarquias, mas no consórcio público há uma criação conjunta.

"Certo". O consórcio **não** é um simples ajuste entre seus membros, mas, na verdade, há **a criação de outra pessoa jurídica**, passando a integrar a **Administração Indireta** dos entes federativos consorciados. Conforme o art. 1º, § 1º, da Lei nº 11.107/05, o **consórcio público poderá ser uma associação pública ou uma pessoa jurídica de direito privado.**

80. (Cespe - Delegado de Polícia - AL/ 2012) As empresas públicas prestadoras de serviços públicos, como não objetivam atividade econômica, possuem personalidade jurídica de direito público.

COMENTÁRIOS

"Errado". As empresas estatais, sociedades de economia mista e empresas públicas, **sempre têm personalidade jurídica de direito privado**, sejam elas prestadoras de serviços públicos ou exploradoras de atividade econômica. Ocorre que, quando prestadoras de serviços públicos, **há maior incidência das normas de direito público, mas não há alteração da natureza da personalidade jurídica da empresa pública.**

3. AGENTES PÚBLICOS: DISPOSIÇÕES CONSTITUCIONAIS

+ LEANDRO BORTOLETO E LUÍS FELIPE CIRINO

▸ CF, artigos 37 a 41

81. (Cespe - Promotor de Justiça - MPE - RR/2017) De acordo com o entendimento do STF, no que se refere à inscrição de candidatos que possuam tatuagens gravadas na pele, não havendo lei que disponha sobre o tema, os editais de concursos públicos

A) estão impedidos de restringi-la, com exceção dos casos em que essas tatuagens violem valores constitucionais.

B) devem restringi-la com base na relação objetiva e direta entre tatuagem e conduta atentatória à moral e aos bons costumes.

C) estão impedidos de restringi-la, para garantir o pleno e livre exercício da função pública.

D) devem restringi-la, quando se tratar de cargo efetivo da polícia militar.

COMENTÁRIOS

Alternativa correta: letra "a" (responde as demais alternativas). No julgamento do RE nº 898.450, o Supremo Tribunal Federal firmou entendimento de que "editais de concurso público não podem estabelecer restrição a pessoas com tatuagem, salvo situações excepcionais, em razão de conteúdo que viole valores constitucionais". Nesse sentido, o Relator do caso, Ministro Luiz Fux, destacou que qualquer obstáculo a acesso a cargo público deve estar relacionado unicamente ao exercício das funções como, por exemplo, idade ou altura que impossibilitem o exercício de funções específicas. Desse modo, a tatuagem, por si só, não pode ser confundida como uma transgressão ou conduta atentatória aos bons costumes.

82. (Cespe - Analista Judiciário - Área Judiciária - TRE - BA/2017) O Poder Público deferiu título de organização social a uma pessoa jurídica de direito privado, sem fins lucrativos, cuja atividade é dirigida à preservação do meio ambiente.

Considerando-se o entendimento do Supremo Tribunal Federal, é correto afirmar que eventuais trabalhadores contratados pela referida entidade após a qualificação serão considerados

A) agentes honoríficos, sendo facultativa a promoção de processo seletivo objetivo e impessoal.

B) empregados públicos, sujeitos à regra constitucional do concurso público.

C) servidores públicos, sujeitos à regra constitucional do concurso público.

D) empregados privados, selecionados mediante processo seletivo objetivo e impessoal.

E) empregados privados, sendo facultativa a promoção de processo seletivo objetivo e impessoal.

COMENTÁRIOS

Alternativa correta: letra "d" (responde as demais alternativas). O Supremo Tribunal Federal, no julgamento da ADin nº 1923-DF, conferiu intepretação conforme à Constituição à Lei nº 9.637/1998, fixando, dentre outras questões, o entendimento de que "a seleção de pessoal pelas OSs não é regida pelo princípio do concurso público (inc. II do art. 37 da CF), porém, a seleção deve ser conduzida de forma pública, objetiva e impessoal, com observância dos princípios do caput do art. 37 da CF, e nos termos do regulamento próprio a ser editado por cada entidade". Desse modo, **não são agentes públicos** os funcionários de referidas entidades, **mas de empregados privados**.

---

83. (Cespe – Analista Judiciário – Área Judiciária – TRE – BA/2017) Um servidor entrou em exercício em um cargo público amparado por decisão judicial liminar precária e, antes do julgamento final da ação mandamental, requereu, enquanto ainda estava em exercício, sua aposentadoria por tempo de contribuição, visto que havia efetuado legítimas contribuições ao sistema previdenciário. Após a concessão da aposentadoria, ocorreu o julgamento final da demanda, e a segurança foi denegada.

Nessa situação, segundo o entendimento do Superior Tribunal de Justiça, a aposentadoria desse servidor deve ser

A) cassada, em razão da precariedade do vínculo de trabalho.

B) válida, por aplicação da teoria do fato consumado.

C) mantida, em razão da conversão do vício de forma.

D) anulada, com efeitos retroativos à data da aposentadoria.

E) revogada, com efeitos a partir da data do julgamento final da demanda.

COMENTÁRIOS

Alternativa correta: letra "b" (responde as demais alternativas). No julgamento do MS nº 20.558-DF, o Superior Tribunal de Justiça firmou entendimento no sentido mencionado na alternativa. Desse modo, quando o exercício do cargo foi amparado por decisões judiciais precárias e o servidor se aposentou, antes do julgamento final de mandado de segurança, por tempo de contribuição durante esse exercício e após legítima contribuição ao sistema, a denegação posterior da segurança que inicialmente permitira ao servidor prosseguir no certame não pode ocasionar a cassação da aposentadoria. Neste sentido, decidiu a Corte que "a legislação federal estabelece a cassação da aposentadoria apenas nos casos de demissão do servidor público e de acumulação ilegal de cargos (arts. 133, § 6º, e 134 da Lei n. 8.112/1990), não havendo, portanto, respaldo legal para impor a mesma penalização quando o exercício do cargo é amparado por decisões judiciais precárias e o servidor se aposenta por tempo de contribuição durante esse exercício após legítima contribuição ao sistema.

---

84. (Cespe – Técnico Judiciário – Área Administrativa – TRE – BA/2017) O particular que recebe a incumbência da execução de determinada atividade, obra ou serviço público e os realiza em nome próprio denomina-se agente

A) administrativo.

B) político.

C) delegado.

D) credenciado.

E) honorífico.

COMENTÁRIOS

✪ **Nota do autor:** Na clássica lição de Hely Lopes Meirelles[20], os agentes públicos dividem-se em **agentes políticos**, **agentes administrativos**, **agentes honoríficos**, **agentes delegados** e **agentes credenciados**.

Alternativa correta: letra "c". Os **agentes delegados** são **particulares que possuem atribuição de executar, por sua conta e risco, um serviço público ou uma atividade de interesse público**, sob fiscalização estatal e de acordo com as normas estabelecidas pelo Estado.

Alternativa "a". Os **agentes administrativos** são as **pessoas que possuem uma relação funcional com a Administração Pública.** Nessa categoria estão os **servidores públicos propriamente ditos, os empregados públicos e os servidores temporários.**

Alternativa "b". Os **agentes políticos** são aqueles que representam **as funções típicas estatais de legislar, julgar, administrar; exercem atribuições previstas na Constituição Federal.**

Alternativa "d" (responde a alternativa "e"). Os agentes honoríficos são as **pessoas convocadas para prestar determinado serviço para a Administração Pública,** de maneira temporária e, normalmente, sem remuneração, em razão de sua honorabilidade, de sua idoneidade. Neste sentido, os **agentes credenciados**

---

20 *Direito administrativo brasileiro*. 36 ed. São Paulo: Malheiros, 2010. p. 76.

são pessoas que **recebem a atribuição de representar a Administração Pública em determinado evento ou de praticar certa atividade.**

85. (Cespe – Técnico Judiciário – Área Administrativa – TRF 1/2017) Para que pessoas físicas que colaboram com o poder público sejam consideradas agentes públicos é necessário que elas, obrigatoriamente, tenham vínculo empregatício com a administração pública e sejam por esta remuneradas, como ocorre, por exemplo, com os leiloeiros, tradutores e intérpretes públicos.

COMENTÁRIOS

✪ **Nota do autor:** Importante registrar que os agentes públicos não são classificados de forma unânime pela doutrina, havendo, principalmente, duas classificações que são, ora diretamente ora indiretamente, bastante cobradas nas provas, sendo necessário que o examinando as conheça

"Errado". O enunciado não está alinhado com a clássica definição de agentes públicos, os quais são "todas as pessoas físicas incumbidas, definitiva ou transitoriamente, do exercício de alguma função estatal"[21]. Assim, a expressão é ampla e há espécies de agentes públicos. Em regra, costuma-se classificar os agentes públicos em agentes **políticos** (representam as típicas funções dos Poderes e que têm as atribuições previstas na Constituição Federal; ex.: Senadores, Presidente da República. Para parte da doutrina, magistrados e membros do Ministério Público enquadram-se nessa categoria e para outra parte são uma categoria especial de servidores públicos. Entretanto, no RE 228.977/SP, o STF fez referência aos magistrados na condição de agentes políticos); agentes **administrativos** (possuem um vínculo profissional com a Administração Pública e se subdividem em empregados públicos, temporários e servidores públicos. Em outra classificação existente na doutrina, usa-se nomenclatura diversa, onde os agentes administrativos são chamados de servidores públicos, subdividindo-se em celetistas, temporários e estatutários); agentes **honoríficos** (convocadas para determinada atividade em razão de sua idoneidade; ex.: jurado e mesário. Na outra classificação são chamados de particulares em colaboração por requisição), agentes **delegados** (exercem função pública por delegação do Poder Público; ex.: leiloeiros. Na outra classificação são conhecidos como **particulares em colaboração** por delegação) e agentes **credenciados** (representam a Administração em determinado evento). De maneira específica, os **serviços notariais e de registro** são exercidos, de forma privada, por pessoas físicas, em razão de delegação do Poder Público, devendo o ingresso se dar por concurso público de provas e títulos, nos termos do art. 236 da Constituição Federal. Não são servidores públicos, mas são **agentes públicos delegados** (ou particulares em colaboração por delegação) e não ocupam cargo público e somente exercem atividade pública por delegação, não se submetendo à determinação da aposentadoria compulsória (STF, ADI 2.602).

86. (Cespe – Técnico Judiciário – Área Administrativa – TRF 1/2017) A avaliação especial de desempenho, obrigatória para que servidor adquira a estabilidade, será realizada pelo superior direto do servidor: não há a necessidade de se instituir comissão específica para esse fim.

COMENTÁRIOS

✪ **Nota do autor:** Ao adquirir a estabilidade, o servidor somente perderá o cargo: a) em virtude de sentença judicial transitada em julgado; b) mediante processo administrativo, assegurada a ampla defesa; c) mediante procedimento de avaliação de desempenho, nos termos de lei complementar, assegurada a ampla defesa. Além dessas hipóteses, é necessário salientar que, no texto constitucional, no art. 169, § 4º, há a possibilidade de o servidor estável perder o cargo em decorrência de excesso de despesa.

"Errado". A estabilidade é uma garantia constitucional destinada aos servidores ocupantes de cargo efetivo que tenham três anos de efetivo exercício e **após avaliação especial de desempenho por comissão instituída para essa finalidade**, nos moldes do art. 41, da Constituição Federal.

87. (Cespe – Técnico Judiciário – Área Administrativa – TRF 1/2017) A Constituição Federal prevê a possibilidade de contratação de servidor por tempo determinado para atender necessidade temporária de excepcional interesse público.

COMENTÁRIOS

✪ **Nota do autor:** Na classificação tradicional dos agentes públicos, há os agentes administrativos, na qual se incluem os agentes que possuem vínculo funcional com a Administração Público. Nessa categoria, estão os empregados públicos (celetistas), os servidores públicos (estatutários) e os temporários (regime específico).

"Certo". A **contratação temporária** está prevista no art. 37, IX, da Constituição Federal, ao prever que "a lei estabelecerá os casos de contratação por tempo determinado para atender à necessidade temporária de excepcional interesse público". Assim, é competência de **cada ente federativo regulamentar, por meio de lei, a contratação temporária**. Na **esfera federal**, há a **Lei nº 8.745/93**. Entretanto, o legislador ordinário não recebeu plenos poderes para dispor sobre o assunto, pois

21 MEIRELLES, Hely Lopes. *Direito administrativo brasileiro*. 36. ed. São Paulo: Malheiros, 2010. p. 75. Original sem destaque.

somente poderá haver essa modalidade de contratação se houver uma "necessidade temporária de excepcional interesse público".

88. (Cespe – Técnico Judiciário – Área Administrativa – TRF 1/2017) Servidor público que, embora exerça atribuições semelhantes às de outro servidor, receba subsídio inferior poderá requerer a equiparação da remuneração.

COMENTÁRIOS

✪ **Nota do autor:** O **subsídio** é o pagamento de uma única parcela, sem subdivisões. É a forma mais transparente para se fiscalizar e, por isso, a Constituição Federal determina, no art. 39, § 4º, que é a forma obrigatoriamente adotada para se remunerar os agentes políticos e algumas carreiras de servidores como os Advogados da União, os Procuradores da Fazenda Nacional, os Defensores Públicos, os Procuradores do Estado, os policiais. Também pode ser adotado por outros servidores organizados em carreira, desde que haja previsão em lei; mas, neste caso, é facultativo (art. 39, 8º).

"Errado". Nos termos do art. 37, inc. XIII, da CF é vedada a vinculação ou equiparação de quaisquer espécies remuneratórias para o efeito de remuneração de pessoal do serviço público.

89. (Cespe – Analista Judiciário – Área Administrativa – TRF 1/2017) A administração pública poderá determinar o desconto na remuneração do servidor correspondente aos dias não trabalhados no caso de greve deflagrada em razão de atraso no pagamento de salários.

COMENTÁRIOS

✪ **Nota do autor:** O Supremo Tribunal Federal, no MI 712, Rel. Min. Eros Grau, MI 708, Rel. Min. Gilmar Mendes, e Min. 670, Rel. p/ o ac. Min. Gilmar Mendes, julgamento em 25-10-07, entendeu que, enquanto não disciplinado em lei o direito de greve do servidor público civil, **aplica-se, no que couber**, a Lei 7.783/89, que dispõe sobre o exercício do direito de greve na iniciativa privada.

"Errado". Pelo contrário, a Administração Pública **não** poderá determinar o desconto na remuneração do servidor correspondente aos dias não trabalhados no caso de greve deflagrada em razão de atraso no pagamento de salários. Esse é o entendimento consolidado do Supremo Tribunal Federal, tratado, por exemplo, no julgamento do RE nº 693.456. Foi fixada a seguinte tese: "A administração pública deve proceder ao desconto dos dias de paralisação decorrentes do exercício do direito de greve pelos servidores públicos, em virtude da suspensão do vínculo funcional que dela decorre, permitida a compensação em caso de acordo. O desconto será, contudo, incabível se ficar demonstrado que a greve foi provocada por conduta ilícita do Poder Público".

90. (Cespe – Analista Judiciário – Área Administrativa – TRF 1/2017) Servidores públicos que paralisem suas atividades por trinta e um dias consecutivos em razão de adesão a movimento grevista, mesmo com o cumprimento das devidas formalidades legais relativas à greve, poderão ser demitidos por abandono de cargo, desde que respeitados os princípios do devido processo legal e da ampla defesa.

COMENTÁRIOS

"Errado". O Supremo Tribunal Federal já consolidou entendimento de que **greve por mais de 30 (trinta) dias não configura abandono de cargo**, sobretudo quando as demais formalidades relativas à greve são cumpridas. Nesse sentido é, por exemplo, o julgamento do RE nº 226.966.

91. (Cespe – Analista Judiciário – Área Administrativa – TRF 1/2017) Em casos excepcionais, o reajuste da remuneração de servidores públicos poderá ser fixado por meio de decreto do presidente da República.

COMENTÁRIOS

✪ **Nota do autor:** A criação e alteração de cargos públicos somente poderão ocorrer através de **lei em sentido formal**. Nesse sentido já decidiu o STF: "A alteração de atribuições de cargo público somente pode ocorrer por intermédio de lei formal. (...) Aduziu-se que os cargos públicos seriam criados por lei e providos, se em caráter efetivo, após a indispensável realização de concurso público específico. Consignou-se, ainda, que a mudança de atribuições dos cargos ocupados pelos impetrantes ocorrera por edição de portaria, meio juridicamente impróprio para veicular norma definidora de atividades inerentes e caracterizadoras de cargo público, uma vez que apenas a lei poderia promover as referidas alterações." Precedentes citados: ADI 1329/AL (DJU de 12.9.2003), ADI 2689/RN (DJU de 21.11.2003), ADI 1254 MC/RJ (DJU de 18.8.95) e MS 26955/DF (DJe de 13.4.2011). MS 26740/DF, rel. Min. Ayres Britto, 30.8.2011. (MS-26740). (Info STF 638).

"Errado". No mesmo sentido, **não é possível o reajuste da remuneração dos servidores por meio de decreto do Presidente da República**, uma vez que isto implicaria em **aumento da despesa.** O que se admite, no ordenamento jurídico, é a **extinção de cargo público vago por meio de decreto autônomo**, na forma do art. 84, VI, *b*, da Constituição Federal.

92. (Cespe – Analista Judiciário – Área Administrativa – TRF 1/2017) Servidor público estável poderá perder o seu cargo em virtude de sentença judicial transitada em julgado ou de processo administrativo disciplinar no qual lhe seja assegurada ampla defesa.

COMENTÁRIOS

"Certo". A estabilidade é uma garantia constitucional destinada aos servidores ocupantes de cargo efetivo que tenham três anos de efetivo exercício e após avaliação especial de desempenho por comissão instituída para essa finalidade, nos moldes do art. 41. Ao adquirir a estabilidade, o servidor somente perderá o cargo: a) em virtude de sentença judicial transitada em julgado; b) mediante processo administrativo, assegurada a ampla defesa; c) mediante procedimento de avaliação de desempenho, nos termos de lei complementar, assegurada a ampla defesa. Além dessas hipóteses, é necessário salientar que, no texto constitucional, no art. 169, § 4º, há a possibilidade de o servidor estável perder o cargo em decorrência de excesso de despesa.

93. (Cespe – Defensor Público – DPE – AC/2017) Com base nas disposições constitucionais e na jurisprudência do STF, julgue os itens a seguir, a respeito de concursos públicos.

I Existindo previsão em edital, as provas de títulos poderão ter natureza eliminatória ou classificatória.

II Candidato condenado em ação penal, ainda que não transitada em julgado, poderá ser excluído do certame na fase de investigação social.

III O exame psicotécnico deverá ser previsto em lei e basear-se em critérios objetivos de reconhecido caráter científico.

IV Editais de concurso público não podem estabelecer restrição a pessoas com tatuagem, salvo em razão de conteúdo que afronte valores constitucionais.

Estão certos apenas os itens

A) I e II.

B) I e III.

C) II e III.

D) II e IV.

E) III e IV.

COMENTÁRIOS

✪ **Nota do autor:** A forma de acesso ao cargo público dependerá da espécie de cargo de que se trata. Nos termos do art. 37, II, da Constituição Federal, **a regra é que a investidura em cargo ou emprego público depende de aprovação prévia em concurso público,** ressalvadas as nomeações para cargo em comissão, declarado em lei de livre nomeação e exoneração.

Alternativa correta: letra "e". Estão corretos os itens III e IV.

Item I. Errado. As provas de títulos, necessariamente, têm **natureza classificatória**, obedecidos os requisitos mínimos de formação previstos em lei e no edital.

Item II. Errado. Candidato condenado em ação penal que não tenha transitado em julgado **não** poderá ser excluído do certame na fase de investigação social. Neste sentido, várias são as decisões das cortes do país, como, por exemplo, o julgamento do RE nº 634.224, pelo Supremo Tribunal Federal.

Item III. Correto. Cabe à lei estabelecer os requisitos necessários para a investidura no cargo público. Nessa esteira, há a Súmula Vinculante 44, prevendo que "só por lei se pode sujeitar a exame psicotécnico a habilitação de candidato a cargo público", destacando-se que, além disso, o exame deve observar critérios objetivos e deve ser passível de reexame.

Item IV. Correto. Recentemente, o STF decidiu ser inconstitucional a proibição e tatuagem a candidato de concurso público, no julgamento do RE nº 898.450. Todavia, segundo voto do Ministro Luiz Fux, tatuagens que prejudiquem a disciplina e a boa ordem, sejam extremistas, racistas, preconceituosas ou que atentem contra a instituição devem ser coibidas.

94. (Cespe – Analista de Controle – Área Jurídica – TCE – PR/2016) Com relação a acúmulo remunerado de cargo público, emprego ou função pública, assinale a opção correta.

a) Por observância do princípio constitucional da eficiência, o STJ tem entendido que seja vedada a acumulação de dois cargos públicos quando a jornada de trabalho semanal ultrapassar o limite máximo de sessenta horas.

b) Não é permitida a acumulação de proventos de duas aposentadorias relativas a cargos de professor que tenham sido exercidos pelo servidor em escolas públicas.

c) A proibição de acumular não se estende aos empregos públicos das sociedades de economia mista.

d) Segundo entendimento do STJ, não é possível a cumulação de proventos de aposentadoria de emprego público com remuneração proveniente de exercício de cargo temporário, contratado para atender a necessidade temporária de excepcional interesse público.

e) Segundo o STJ, o conceito de cargo técnico ou científico previsto na Constituição Federal de 1988 (CF) remete, essencialmente, a um cargo de nível superior.

COMENTÁRIOS

✪ **Nota do autor:** a proibição da acumulação remunerada de cargos, empregos e funções públicas, consoante o art. 37, XVI, é a regra. A permissão é exceção e, somente, pode ocorrer se houver compatibilidade de horários e quando se tratar de: a) dois cargos de professor; b) um cargo de professor com outro técnico ou científico; c) dois cargos ou empregos privativos de profissionais de saúde, com profissões regulamentadas.

Alternativa correta: letra "a". O limite máximo da jornada semanal de trabalho de **profissionais da saúde** é de 60 (sessenta) horas, considerando-se casos que envolvam a acumulação remunerada de cargos públicos para os servidores que atuam nessa área, conforme a jurisprudência DO STJ. Nesse sentido, é o AREsp nº 681.713 – PE, por exemplo.

Alternativa "b". É permitida a acumulação de proventos de duas aposentadorias relativas a cargos de professor que tenham sido exercidos pelo servidor em escolas públicas, uma vez que são cargos acumuláveis.

Alternativa "c". Como destacado, a regra constitucional no Brasil é a proibição de acumulação de cargos, empregos e funções públicas, só sendo permitidas nos casos expressamente permitidos pela Constituição Federal. Essa proibição deve ser respeitada por todos entes da ***Administração Pública Direta ou Indireta (empresa pública e sociedade de economia mista, inclusive)***, conforme dispõe o art. 37, incisos XVI e XVII, da CF.

Alternativa "d". Segundo entendimento do STJ, é possível a cumulação de proventos de aposentadoria de emprego público com remuneração proveniente de exercício de cargo temporário, contratado para atender a necessidade temporária de excepcional interesse público. Nesse sentido é o REsp nº 1.298.503, por exemplo.

Alternativa "e". Segundo o STJ, o conceito de cargo técnico ou científico previsto na Constituição Federal de 1988 (CF) para fins de acumulação aplica-se tanto a cargos de nível superior quanto **médio, desde que exigida para o provimento uma qualificação específica, como um curso técnico específico.** Neste sentido, por exemplo, é o RMS nº 20.033 – RS.

---

95. (Cespe – Procurador do MP junto ao TCU/2015) No que se refere aos agentes públicos, assinale a opção correta de acordo com a jurisprudência do STJ.

a) A denominada avaliação especial de desempenho não é condição obrigatória para que o servidor adquira a estabilidade, por ser uma faculdade atribuída ao poder público, e, não, um dever.

b) Dependente de servidor demitido faz jus a pensão, uma vez que o servidor contribuiu para o RPPS enquanto durou seu exercício.

c) Embora seja quinquenal o prazo de prescrição para que o servidor público inativo possa postular a revisão do benefício previdenciário, a prescrição não atinge o próprio fundo do direito, diante da relação de trato sucessivo mantida com o poder público.

d) O direito do servidor à conversão em pecúnia de licença-prêmio não usufruída ou não utilizada para a contagem de tempo de serviço pode ser postulado judicialmente pelo servidor público até o registro da sua aposentadoria pelo tribunal de contas.

e) Depois de realizado concurso de remoção em razão da abertura de processo seletivo para provimento de cargos públicos, a administração pública deve efetivar as remoções homologadas antes de qualquer ato de nomeação dos novos candidatos aprovados em concurso público.

COMENTÁRIOS

✪ **Nota do autor:** são agentes públicos "todas as pessoas físicas incumbidas, definitiva ou transitoriamente, do exercício de alguma função estatal"[22]. Na clássica lição de Hely Lopes Meirelles[23], os agentes públicos dividem-se em **agentes políticos**, **agentes administrativos**, **agentes honoríficos**, **agentes delegados** e **agentes credenciados**.

Alternativa correta: letra "e". Segundo entendimento dominante do Superior Tribunal de Justiça, depois de realizado concurso de remoção em razão da abertura de processo seletivo para provimento de cargos públicos, a administração pública deve efetivar as remoções homologadas antes de qualquer ato de nomeação dos novos candidatos aprovados em concurso público. Neste sentido, é o RMS nº 21.631-DF, por exemplo.

Alternativa "a". A denominada avaliação especial de desempenho é condição obrigatória para que o servidor adquira a estabilidade e tem previsão expressa no art. 41 da Constituição Federal. Nesse sentido, o STJ decidiu no EDcl no RMS nº 26.338-RJ, por exemplo.

Alternativa "b". Dependente de servidor demitido **não** faz jus a pensão. Tanto assim o é que o STJ reconheceu a legitimidade ativa dos herdeiros para postularem a anulação de demissão de servidor público falecido, no julgamento do AgRg no Ag nº 1.331.358-SP, pois caso anulada passam a ter o direito à pensão.

Alternativa "c". Tratando-se de revisão de benefício previdenciário, o entendimento do Superior Tribunal de Justiça é no sentido de que **a prestação é de trato sucessivo e a prescrição quinquenal atinge apenas as prestações vencidas antes do quinquênio anterior à propositura da ação.** Daí impossível se falar que é quinquenal o prazo de prescrição para que o servidor público inativo possa postular a revisão do

---

22 MEIRELLES, Hely Lopes. *Direito administrativo brasileiro.* 36 ed. São Paulo: Malheiros, 2010.

23 *Direito administrativo brasileiro.* 36 ed. São Paulo: Malheiros, 2010. p. 76.

benefício previdenciário. Nesse sentido, por exemplo, é o AgRg no AREsp nº 390.585-RS.

Alternativa "d". O direito do servidor à conversão em pecúnia de licença-prêmio não usufruída ou não utilizada para a contagem de tempo de serviço pode ser postulado judicialmente pelo servidor público em até 5 (cinco) anos, contados da **data do deferimento da aposentadoria do servidor.** Neste sentido decidiu o Superior Tribunal de Justiça, no julgamento do REsp nº 1.254.456-PE.

96. (Cespe – Analista Judiciário – Área Administrativa – STJ/2015) Os servidores públicos gozam de todos os direitos sociais previstos no texto constitucional para os trabalhadores da iniciativa privada.

COMENTÁRIOS

Errado. Os direitos dos trabalhadores da iniciativa privada estão previstos no art. 7º da Constituição Federal e, por sua vez, os do setor público estão consagrados no art. 37 e no art. 39, § 3º. Este último dispositivo estende alguns dos direitos previstos no art. 7º aos servidores públicos. Entretanto, não são todos os direitos contidos no rol desse artigo que podem ser estendidos ao servidor público, por conta das peculiaridades de cada regime (estatutário e celetista). Assim, são direitos sociais do servidor público: a)salário mínimo; b)garantia de salário nunca inferior ao mínimo, para os que percebem remuneração variável; c)décimo terceiro; d)remuneração do trabalho noturno superior à do diurno; e) salário-família; f)duração do trabalho normal não superior a oito horas diárias e quarenta e quatro semanais; g) repouso semanal remunerado; h)remuneração do serviço extraordinário superior, no mínimo, em 50% à do normal; i) férias anuais remuneradas com, pelo menos, um terço a mais do que o salário normal; j) licença à gestante (120 dias); k) licença-paternidade; l)proteção do mercado de trabalho da mulher; m)redução dos riscos inerentes ao trabalho, por meio de normas de saúde, higiene e segurança; n)proibição de diferença de salários, de exercício de funções e de critério de admissão por motivo de sexo, idade, cor ou estado civil.

97. (Cespe – Procurador do Estado – BA/2014) De acordo com a jurisprudência do Supremo Tribunal Federal (STF), a administração pública está obrigada a nomear candidato aprovado em concurso público dentro do número de vagas previsto no edital do certame, ressalvadas situações excepcionais dotadas das características de superveniência, imprevisibilidade e necessidade.

COMENTÁRIOS

"Certo". No julgamento do RE 598.099, em agosto de 2011, o STF alterou substancialmente seu posicionamento quanto a saber se o candidato aprovado em concurso público dentro do número de vagas tinha direito subjetivo à nomeação ou mera expectativa de direito. Nesse julgado, firmou-se a posição de que: a) candidato aprovado dentro do número de vagas divulgado no edital tem **direito subjetivo à nomeação**; b) a Administração tem o dever de nomear os candidatos aprovados dentro do número de vagas, mas pode escolher o momento desde que seja dentro do prazo de validade do concurso; c) são requisitos para surgir o direito à nomeação: previsão do número exato de vagas no edital; realização do concurso de acordo com as regras do edital; homologação do concurso com a divulgação formal dos aprovados dentro do número de vagas; d) o candidato aprovado fora do número de vagas não tem direito à nomeação, mesmo se surgirem novas vagas em razão de lei ou de vacância; e) excepcionalmente, a Administração pode não nomear, desde que: haja decisão motivada; exista situação superveniente à publicação do edital; ocorra imprevisibilidade da situação; haja expressiva gravidade da situação; exista necessidade da não nomeação, por não haver medida menos gravosa a ser adotada.

98. (Cespe – Procurador do MP junto ao TCE-PB/2014) Em relação aos agentes públicos, assinale a opção correta.

a) Aos servidores ocupantes, exclusivamente, de cargo em comissão aplica-se o mesmo regime de previdência dos servidores de cargos efetivos do mesmo ente federativo.

b) De acordo com o princípio da segurança jurídica, ao servidor público é garantido o direito adquirido quanto ao regime jurídico-funcional pertinente à composição de seus vencimentos ou à permanência do regime legal de reajuste de vantagem.

c) É permitida a acumulação de três cargos públicos de professor.

d) O militar é considerado agente público para efeito da Lei de Improbidade Administrativa. Todavia, não é considerado servidor público para efeito de regime jurídico.

e) A proibição de acumulação de cargos públicos não se estende aos empregados das sociedades de economia mista, mas é uma vedação constitucional que se aplica aos empregados das empresas públicas.

COMENTÁRIOS

✪ **Nota do autor:** Na clássica lição de Hely Lopes Meirelles[24], os agentes públicos dividem-se em **agentes políticos, agentes administrativos, agentes honoríficos, agentes delegados** e **agentes credenciados**.

24 *Direito administrativo brasileiro*. 36 ed. São Paulo: Malheiros, 2010. p. 76.

Alternativa correta: letra "d". Na Lei de Improbidade Administrativa, em seu art. 1º, define-se que o **sujeito ativo** do ato de improbidade pode ser **agente público**, assim considerado aquele que exerce mandato, cargo, empregou, ou função, com ou sem remuneração, mesmo que transitoriamente, por eleição, nomeação, designação, contratação ou qualquer outra forma de investidura ou vínculo em qualquer uma das entidades que podem ser sujeito passivo. **Vê-se que a lei adotou conceito bastante amplo e abrange todas as espécies de agentes públicos**, inclusive os militares. Para grande parte da doutrina, todavia, para efeitos de regime jurídico, os **militares não são considerados servidores públicos, em razão da EC nº 18/98, que alterou o nome da Seção III do capítulo VII.**

Assim, um militar do Exército não se submete ao regime estabelecido pela Lei nº 8.112/90 (Estatuto dos Servidores Públicos Civis da União) e sim ao regime definido na **Lei nº 6.880/80.**

Alternativa "a". Nos termos do art. 40, § 13, da Constituição Federal, **o Regime Próprio de Previdência Social (RPPS) não se aplica aos ocupantes de função temporária, aos empregados públicos e aos servidores ocupantes, exclusivamente, de cargos em comissão.**

Alternativa "b". É próprio do regime estatutário, legal, a sua possibilidade de alteração por lei posterior, não havendo direito adquirido do servidor a que esse regime permaneça incólume. O regime jurídico pode ser alterado e o que o servidor faz jus é que os direitos que, até então haviam sido incorporados a sua esfera jurídica, sejam preservados. Assim, por exemplo, o STF (RE 599.618) decidiu que é possível a transposição do regime celetista para o estatutário e, em razão, pode ocorrer "diminuição ou supressão de gratificações e vantagens, desde que não acarrete redução nominal dos vencimentos".

Alternativa "c". Não é permitida a acumulação de **três cargos/empregos/funções públicas, ainda que haja compatibilidade de horários.** É permitida a acumulação de **dois** cargos públicos de professor, **desde que haja compatibilidade de horários.**

Alternativa "e". A **proibição existe em relação a cargos públicos, empregos públicos e funções públicas, nos três poderes, na administração direta e indireta de todas as esferas.** Assim, a proibição de acumulação de cargos públicos se estende aos empregados das sociedades de economia mista e aos empregados de empresas públicas.

---

99. (Cespe – Analista Judiciário – Área Judiciária – STF/2013) No âmbito da jurisdição de cada tribunal, é vedada a nomeação, em qualquer caso, de parente em linha reta até o terceiro grau para cargo em comissão, mesmo que o nomeado ocupe cargo efetivo de analista judiciário e a nomeação ocorra por magistrado diverso do que determinou a incompatibilidade.

COMENTÁRIOS

✪ **Nota do autor:** Para provimento em cargo em comissão, não é necessário concurso. A autoridade nomeante escolherá alguém de sua confiança e fará a nomeação. No entanto, existe **certa limitação na escolha, pois existe vedação ao nepotismo, conforme a súmula vinculante nº 13**, pela qual está proibida a nomeação para cargo em comissão do cônjuge ou companheiro e dos parentes, em linha reta, colateral e por afinidade, até o 3º grau, inclusive, da autoridade nomeante ou de servidor que já é ocupante de cargo em comissão na mesma pessoa jurídica.

"Errado". Nos termos do art. 6º, da Lei nº 11.416/2006, "no âmbito da jurisdição de cada tribunal ou juízo é vedada a nomeação ou designação, para os cargos em comissão e funções comissionadas, de cônjuge, companheiro, parente ou afim, em linha reta ou colateral, até o terceiro grau, inclusive, dos respectivos membros e juízes vinculados, **salvo a de ocupante de cargo de provimento efetivo das Carreiras dos Quadros de Pessoal do Poder Judiciário, caso em que a vedação é restrita à nomeação ou designação para servir perante o magistrado determinante da incompatibilidade**".

---

100. (Cespe – Defensor Público – RR/2013) Assinale a opção correta em relação aos agentes públicos.

a) De acordo com a jurisprudência atual do STF, o direito de greve dos servidores públicos não pode ser exercido até que seja editada lei ordinária pelo Congresso Nacional, pois se trata de norma constitucional dependente de regulamentação.

b) No âmbito do processo administrativo disciplinar, uma das modalidades de aplicação de penalidade ao servidor público é a da verdade sabida, que foi recepcionada pela CF.

c) Um servidor público ocupante de cargo efetivo que não seja aprovado na avaliação especial de desempenho para aquisição de estabilidade poderá ser exonerado sem a necessidade da observância da ampla defesa e do contraditório.

d) Caso o governador de um estado-membro deseje nomear seu primo, que não é servidor público, para determinada função de confiança com atribuições de assessoramento, tal nomeação não afrontará os requisitos constitucionais.

e) O agente público que exerça, ainda que sem remuneração, função na administração pública indireta poderá ser responsabilizado pela prática de ato de improbidade administrativa, que importará na suspensão dos seus direitos políticos, na perda da função pública, na indisponibilidade de seus bens e no ressarcimento ao erário, se necessário, sem prejuízo da ação penal cabível.

COMENTÁRIOS

Alternativa correta: letra "e". Na Lei de Improbidade Administrativa, em seu art. 1º, define-se que o **sujeito ativo** do ato de improbidade pode ser **agente público**, assim considerado aquele que exerce mandato, cargo, empregou, ou função, com ou sem remuneração, mesmo que transitoriamente, por eleição, nomeação, designação, contratação ou qualquer outra forma de investidura ou vínculo em qualquer uma das entidades que podem ser sujeito passivo. **Vê-se que a lei adotou conceito bastante amplo e abrange todas as espécies de agentes públicos** (agentes políticos, agentes administrativos – servidores públicos propriamente ditos, empregados públicos, servidores temporários, agentes honoríficos, agentes delegados, agentes credenciados) e até os dirigentes de organização social OSCIP, serviços sociais autônomos e demais entidades mencionadas no art. 1º, da Lei. Além disso, o art. 12, da Lei nº 8.429/92 estabelece que as **sanções passíveis de aplicação em decorrência da prática de ato de improbidade administrativa podem ser aplicadas isolada ou cumulativamente** e são as seguintes: a) perda de bens e valores; b) ressarcimento integral do dano; c) perda da função pública; d) suspensão dos direitos políticos; e) multa civil; f) proibição de contratar e de receber benefícios.

Alternativa "a". O direito de greve está assegurado aos servidores públicos civis no art. 37, VII, da Constituição Federal. Todavia, esse dispositivo estabelece que "o direito de greve será exercido nos termos e nos limites definidos em lei específica". Trata-se, dessa forma, de norma de eficácia limitada, sendo necessária lei regulamentadora para que possa ser concretizado. Entretanto, a mencionada lei ainda não surgiu e a consequência disso, na posição tradicional do Supremo Tribunal Federal, era no sentido da impossibilidade da realização de greve enquanto não editada a lei. Mas, no ano de 2007, a Corte Suprema – que, em julgamentos anteriores somente reconhecia a mora – julgou os Mandados de Injunção nºs 670, 708 e 712 e, além de reconhecer a mora, autorizou a realização de greve, com base na Lei nº 7.783/89, no que couber, tendo sido atribuído efeito erga omnes às decisões. No MI 708, o Ministro Gilmar Mendes ressaltou que a mora legislativa já havia sido declarada várias vezes e que a "permanência dessa situação de ausência de regulamentação do direito de greve dos servidores públicos civis passa a invocar, para si, os riscos de consolidação de uma típica omissão judicial" e, por isso, decidiu-se pela Lei nº 7.783/89, enquanto não houver a lei regulamentadora exigida pelo texto constitucional.

Alternativa "b". Com o advento da Constituição Federal de 1988, em especial, com a consagração dos princípios do contraditório e da ampla defesa, **não é possível aplicação de penalidade fundamentada na verdade sabida, que consistia na possibilidade de aplicação da pena de repreensão, por exemplo, quando a autoridade competente para punir tinha conhecimento direto e pessoal da infração, sem necessidade de instauração do processo disciplinar.**

Alternativa "c". Um servidor público ocupante de cargo efetivo que não seja aprovado na avaliação especial de desempenho para aquisição de estabilidade poderá ser exonerado, **desde que assegurados o contraditório e a ampla defesa.**

Alternativa "d". Na forma do artigo 37, V, da Constituição Federal, as funções de confiança devem ser exercidas exclusivamente por servidores ocupantes de cargo efetivo e, assim, a nomeação descrita estaria em desconformidade com o texto constitucional.

---

101. (Cespe – Delegado de Polícia – BA/2013) Para que ocorra provimento de vagas em qualquer cargo público, é necessária a prévia aprovação em concurso público.

COMENTÁRIOS

✪ **Nota do autor:** De acordo com o art. 37, II, da Constituição Federal, a investidura nos cargos públicos depende, em regra, da prévia aprovação em concurso público, de provas ou de provas e títulos.

"Errado". Não é necessária a realização de concurso público para provimento de cargo em comissão (art. 37, II, segunda parte, da CF), para a contratação temporária e para a contratação de agentes de saúde e de combate a endemias.

---

102. (Cespe – Delegado de Polícia Federal – DPF/2013) O dispositivo constitucional que admite o afastamento do servidor do cargo, do emprego ou da função para o exercício de mandato é aplicável ao servidor contratado para atender a necessidade temporária de excepcional interesse público, já que exerce função pública.

COMENTÁRIOS

✪ **Nota do autor:** A situação do **servidor ocupante de cargo ou emprego ou função pública que é eleito para exercer mandato eletivo** foi disciplinada no art. 38 da Constituição Federal. De acordo com esse dispositivo, se eleito para mandato de **vereador, poderá acumular** a remuneração ou subsídio de seu cargo, emprego ou função pública com o subsídio de vereador, desde que haja **compatibilidade de horários.**

"Errado". Segundo entendimento jurisprudencial majoritário, o dispositivo constitucional que admite o afastamento do servidor do cargo, do emprego ou da função para o exercício de mandato **não é** aplicável ao servidor contratado para atender a necessidade temporária de excepcional interesse público. Neste sentido, é o RMS nº 13.804-RS, julgado pelo STJ em 2006.

103. (Cespe – Juiz Federal Substituto 2ª região/ 2013) De acordo com os dispositivos constitucionais e o entendimento do STF atinentes ao exercício de mandato eletivo por detentor de cargo no serviço público, assinale a opção correta.

a) O servidor público investido no mandato de prefeito deverá ser afastado do cargo, emprego ou função, sendo-lhe possível cumular os vencimentos, todavia, sempre observando o teto constitucional, ou seja, o subsídio fixado para os ministros do STF.

b) Segundo o entendimento do STF, ao servidor público que seja eleito vice-prefeito aplicar-se-á as disposições aplicáveis ao servidor eleito para o cargo de vereador.

c) Em qualquer caso que exija o afastamento do servidor para o exercício de mandato eletivo, seu tempo de serviço será computado para todos os efeitos legais.

d) Independentemente de o mandato eletivo ser federal, estadual, municipal ou distrital, o servidor ficará afastado de cargo ou função.

e) Considere a seguinte situação hipotética.

Júlio foi aprovado em concurso de promotor de justiça estadual, tendo sido empossado no cargo em 8/12/1984 e exercido esse cargo durante dez anos, após os quais resolveu se candidatar ao cargo de deputado federal de seu estado, tendo sido eleito com votação expressiva. Após o exercício do mandato eletivo, ele tentou a reeleição, mas não obteve sucesso, razão por que reassumiu suas funções no MP de seu estado. Nas eleições gerais de 2006, Júlio tentou novamente concorrer a uma cadeira na Câmara dos Deputados, mas sua candidatura não foi aceita, tendo em vista vedação ao exercício de atividade político-partidária.

Nessa situação, segundo o entendimento dominante no STF, foi correta a não aceitação da candidatura de Júlio.

COMENTÁRIOS

✪ **Nota do autor:** A situação do **servidor ocupante de cargo ou emprego ou função pública que é eleito para exercer mandato eletivo** foi disciplinada no art. 38 da Constituição Federal

Alternativa correta: letra "e". Em 2004, foi aprovada a Emenda Constitucional nº 45, que, dentre tantas outras modificações à Carta Magna, estabeleceu, em seu art. 128, § 5º, II, *e*, **ser totalmente vedado aos membros do Ministério Público o exercício de atividades político partidária**. No julgamento do Recurso Extraordinário nº 597.994-PA, o STF reconheceu a possibilidade de uma promotora de Justiça eleita antes da vigência da Emenda Constitucional candidatar-se à reeleição, em 2008; **a Corte, contudo, deixou claro que, caso não fosse a promotora ocupante de mandato eletivo – o que ocorre na situação narrada na alternativa – não teria esta direito a concorrer à reeleição**, por força do disposto na Emenda Constitucional nº 45/2004, **vez que não se admite a existência de direito adquirido a determinado regime jurídico que venha a ser alterado por Emenda Constitucional.**

Alternativa "a" (responde a alternativa "d"). De acordo com o art. 38, da Constituição Federal, se o agente público for eleito para mandato de **vereador**, **poderá acumular** a remuneração ou subsídio de seu cargo, emprego ou função pública com o subsídio de vereador, desde que haja **compatibilidade de horários.**

Alternativa "b". Segundo o entendimento do STF, ao servidor público que seja eleito vice-prefeito aplicar-se-á as disposições aplicáveis ao servidor eleito para o cargo de **Prefeito**. Neste sentido, é o AI nº 476.390-MG, julgado pela Corte em 2005;

Alternativa "c". Nos termos do art. 38, IV, da Constituição Federal, "em qualquer caso que exija o afastamento para o exercício de mandato eletivo, seu tempo de serviço será contado para todos os efeitos legais, **exceto para promoção por merecimento**".

104. (Cespe – Advogado da União/2012) As relações de trabalho nas agências reguladoras são regidas pela CLT e pela legislação trabalhista correlata, em regime de emprego público.

COMENTÁRIOS

✪ **Nota do autor:** O **regime celetista** é próprio das pessoas jurídicas de direito privado integrantes da Administração Pública Indireta.

"Errado". O Supremo Tribunal Federal deferiu medida cautelar na ADI 2.135, ajuizada em face da Lei nº 9.986/00, que previa o regime de emprego público para as agências reguladoras, tendo o Relator Min. Marco Aurélio afirmado que "não se coaduna com os objetivos precípuos das agências reguladoras, verdadeiras autarquias, embora de caráter especial, a flexibilidade inerente aos empregos públicos, impondo-se a adoção da regra que é a revelada pelo regime de cargo público [...]". Assim, desde o julgamento da liminar dessa Ação Direta de Inconstitucionalidade, **inaplicável o regime celetista às agências reguladoras.**

105. (Cespe – Defensor Público – ES/ 2012) A nomeação de cônjuge da autoridade nomeante para o exercício de cargo em comissão não afronta os princípios constitucionais.

COMENTÁRIOS

✪ **Nota do autor:** O chamado **nepotismo** afronta o **princípio da moralidade administrativa,** de necessária observância pela Administração Pública, nos termos do art. 37, *caput*, da Constituição Federal.

"Errado". Na forma da Súmula Vinculante nº 13, "a nomeação de cônjuge, companheiro ou parente em linha reta, colateral ou por afinidade, até o terceiro grau, inclusive, da autoridade nomeante ou de servidor da mesma pessoa jurídica investido em cargo de direção, chefia ou assessoramento, para o exercício de cargo em comissão ou de confiança ou, ainda, de função gratificada na administração pública direta e indireta em qualquer dos poderes da União, dos Estados, do Distrito Federal e dos Municípios, compreendido o ajuste mediante designações recíprocas, viola a Constituição Federal".

106. (Cespe – Defensor Público – ES/ 2012) A investidura em cargo ou emprego público, incluindo-se os cargos em comissão, depende, de acordo com disposição expressa da CF, da aprovação prévia em concurso público de provas ou provas e títulos.

COMENTÁRIOS

"Errado". Não é necessária a realização de concurso público para provimento de cargo em comissão (art. 37, II, segunda parte, da CF), para a contratação temporária e para a contratação de agentes de saúde e de combate a endemias.

107. (Cespe – Defensor Público – ES/ 2012) Em decorrência de expressa vedação legal, os membros da DP não podem ser remunerados por subsídio, já que o recebimento desse tipo de remuneração violaria o regime jurídico-administrativo aplicável à instituição.

COMENTÁRIOS

✪ **Nota do autor:** A Constituição Federal dedicou vários dispositivos para delimitar a remuneração, em sentido amplo, dos agentes públicos e, também, dos servidores públicos. Existem formas diferentes de se remunerar um agente público. O **subsídio** é o **pagamento de uma única parcela, sem subdivisões.** Por sua vez, a **remuneração é o vencimento básico somado às gratificações permanentes previstas em lei.**

"Errado". O **subsídio** é a forma de remuneração mais transparente para fiscalização e, por isso, a Constituição Federal determina, no art. 39, § 4º, que é a forma **obrigatoriamente adotada para se remunerar os agentes políticos e algumas carreiras de servidores**, como os Advogados da União, os Procuradores da Fazenda Nacional, os **Defensores Públicos,** os Procuradores do Estado, os policiais.

4. REGIME JURÍDICO DOS SERVIDORES PÚBLICOS CIVIS FEDERAIS: LEI Nº 8.112/90

✦ LEANDRO BORTOLETO E LUÍS FELIPE CIRINO

▸ CF, artigos 37 a 41

▸ Lei nº 8.112/90

108. (Cespe – Analista Judiciário – Área Judiciária – TRE – BA/2017) Renata, servidora pública do Tribunal de Justiça da Bahia (TJ/BA), pediu vacância para tomar posse no cargo de técnico judiciário do TRE/BA. Ao final do período de avaliação, Renata foi inabilitada no estágio probatório referente ao novo cargo. O cargo por ela ocupado anteriormente no TJ/BA não havia sido provido.

Nessa situação hipotética, seu retorno ao cargo anterior se dará por meio de

A) redistribuição.

B) reintegração.

C) recondução.

D) aproveitamento.

E) reversão.

COMENTÁRIOS

✪ **Nota do autor: Provimento** é o ato de se prover o cargo público, tornando provido o cargo que estava vago. Pode ser originário ou derivado. Tem-se o **provimento originário** quando a investidura no cargo é feita pela primeira vez e, por outro lado, há o **provimento derivado** no caso de investidura decorrente, isto é, somente é possível a existência dessa forma de provimento se o servidor já era ocupante de cargo.

Alternativa correta: letra "c". Nos termos do art. 29, da Lei nº 8.112/90, a recondução é "o retorno do servidor estável ao cargo anteriormente ocupado e decorrerá de: I – inabilitação em estágio probatório relativo a outro cargo; II – reintegração do anterior ocupante".

Alternativa "a". A **redistribuição,** nos termos do art. 37 da Lei nº 8.112/90, é o **deslocamento do cargo efetivo,** provido ou vago, para outro órgão ou entidade do mesmo Poder. De acordo o dispositivo legal mencionado, devem ser observados os seguintes preceitos: interesse da administração; equivalência de vencimentos; manutenção da essência das atribuições do cargo; vinculação entre os graus de responsabilidade e complexidade das atividades; mesmo nível de escolaridade, especialidade ou habilitação profissional; compatibilidade entre as atribuições do cargo e as finalidades institucionais do órgão ou entidade. A redistribuição só ocorre de ofício e é feita para ajustar a lotação e a força de trabalho às necessidades do serviço, inclusive nos casos de reorganização, extinção ou criação de órgão ou entidade.

Alternativa "b". A **reintegração** é a reinvestidura do servidor no cargo antes ocupado quando sua demissão foi anulada por decisão administrativa ou judicial, tendo direito ao ressarcimento de remuneração e vantagens não percebidas.

Alternativa "d". O **aproveitamento** é o **retorno do servidor que está em disponibilidade** e o cargo em que será aproveitado deverá ter vencimentos e atribuições compatíveis com o anteriormente ocupado, conforme o art. 30 da Lei nº 8.112/90.

Alternativa "e". A **reversão** é o **retorno do aposentado à ativa** e pode ocorrer quando o servidor tenha se aposentado por invalidez ou voluntariamente, como prevê o art. 25, da Lei nº 8.112/90. O aposentado **voltará para o mesmo cargo ou para cargo resultante de sua transformação.**

---

109. (Cespe – Analista Judiciário – Área Judiciária – TRE – BA/2017) Após a regular tramitação de processo administrativo disciplinar instaurado contra servidor público federal, a comissão processante propôs, em relatório, penalidade de suspensão de sessenta dias.

Nessa situação, segundo entendimento do Superior Tribunal de Justiça, a autoridade julgadora

A) pode divergir da conclusão do relatório, podendo majorar ou diminuir a penalidade administrativa.

B) pode alterar a capitulação da infração, mas deve manter a penalidade administrativa proposta.

C) deve acatar a conclusão do relatório e aplicar a penalidade administrativa proposta.

D) deve acatar a conclusão do relatório, podendo majorar a penalidade administrativa, mas não diminuí-la.

E) pode divergir da conclusão do relatório, mas não pode diminuir a penalidade administrativa.

COMENTÁRIOS

✪ **Nota do autor:** Destaca o art. 165, da Lei nº 8.112/90, que após a instrução do feito, a comissão elaborará relatório minucioso, onde resumirá as peças principais dos autos e mencionará as provas em que se baseou para formar a sua convicção. Tal relatório deverá sempre **ser conclusivo, quanto à inocência ou à responsabilidade do servidor**, devendo, posteriormente, ser remetido à autoridade que determinou a instauração do processo disciplinar, para julgamento final.

Alternativa correta: letra "a" (responde as demais alternativas). Com o relatório da comissão, o processo administrativo será remetido à autoridade que determinou sua instauração, para que seja realizado o julgamento no prazo de vinte dias. No julgamento, a regra é que a autoridade julgadora acate o relatório da comissão, exceto quando for contrário à prova dos autos e, nesse caso, poderá, motivadamente, agravar ou abrandar a penalidade proposta ou, ainda, isentar o servidor de responsabilidade, consoante o art. 168, parágrafo único. Neste exato sentido, o Superior Tribunal de Justiça já decidiu, por exemplo, no julgamento do MS nº 9516-DF.

---

110. (Cespe – Analista Judiciário – Área Administrativa – TRE – TO/2017) João delegou a Maria, sua esposa e pessoa estranha à repartição pública onde ele exerce suas funções, o desempenho das atribuições de sua responsabilidade. Descoberto, João sofreu um processo administrativo disciplinar, que resultou em sua condenação à penalidade de advertência. Três meses após o trânsito em julgado do procedimento administrativo, João recusou fé a documento público.

Nessa situação hipotética, de acordo com a Lei n.° 8.112/1990, João está sujeito à pena de

A) suspensão de até noventa dias.

B) suspensão de até cento e vinte dias.

C) suspensão de até cento e oitenta dias.

D) repreensão verbal.

E) demissão.

COMENTÁRIOS

✪ **Nota do autor:** É vedado ao servidor recusar fé a documentos públicos, nos termos do art. 117, III, tendo como pena prevista a advertência (art. 129, do mesmo diploma). Ocorre que, em tal situação, João seria **reincidente**, podendo ser aplicada, por consequência, a penalidade de suspensão.

Alternativa correta: letra "a" (responde as demais alternativas). A suspensão é a penalidade pela qual o servidor é proibido de trabalhar e, em consequência, não percebe remuneração no período e não é aproveitado para nenhum fim**. A pena de suspensão é cabível**, nos termos do art. 130 da Lei, 1) **quando houver reincidência de falta punida com advertência**, 2) **nos casos de violação das proibições que não sejam punidas com demissão** e 3) quando o servidor se recusar, injustificadamente, a se submeter a inspeção médica determinada pela autoridade competente. A lei não estabeleceu a quantidade exata de dias de suspensão para cada tipo de infração cometida; há, contudo, **a limitação máxima de 90 (noventa) dias de suspensão**, salvo a hipótese 3), quando o prazo máximo possível é de 15 dias.

---

111. (Cespe – Analista Judiciário – Área Judiciária – TRE – TO/2017) Conforme disciplina a Lei n.° 8.112/1990 com relação à acumulação de cargos, julgue os próximos itens.

I. A aposentadoria do servidor não impede a percepção de vencimento de emprego público efetivo com proventos da inatividade se os cargos forem acumuláveis na atividade.

II. A participação em órgão de deliberação coletiva não configura acumulação de cargos e deve ser remunerada.

III. A acumulação lícita de cargos dispensa a comprovação da compatibilidade de horários se o servidor cumprir a jornada em cada um deles.

IV. Detectada, a qualquer tempo, a acumulação ilegal de cargos públicos, será dada ao servidor a oportunidade de apresentar opção por um deles.

Estão certos apenas os itens

A) I e II.

B) I e III.

C) I e IV.

D) II e IV.

E) III e IV.

COMENTÁRIOS

✪ Nota do autor: Em relação à acumulação remunerada de cargos públicos, os dispositivos da Lei nº 8.112/90 devem ser compatibilizados com o art. 37, XVI, da Constituição Federal. Entretanto, o estatuto federal dispõe sobre a acumulação dos cargos em comissão na esfera federal, merecendo atenção os artigos 9º, 119 e 120.

Alternativa correta: letra "c". Estão corretos os itens I e IV.

Item I. Correto. Em regra, não é possível ao agente público acumular os proventos de aposentadoria com a remuneração de um cargo público – ou, em outras palavras, a remuneração referente à determinada atividade com os proventos da inatividade, **salvo se os cargos forem acumuláveis na atividade, se for cargo em comissão ou se for cargo eletivo, conforme o art. 37, § 10, da Constituição Federal.**

Item II. Errado. De acordo com o art. 9º do Estatuto, o servidor ocupante de cargo em comissão ou de natureza especial poderá ser nomeado para ter exercício, interinamente, em outro cargo de confiança, sem prejuízo das atribuições do que atualmente ocupa, hipótese em que deverá optar pela remuneração de um deles durante o período da interinidade. Por sua vez, o art. 119 estabelece que, com exceção da previsão do art. 9º, o servidor não pode exercer mais de um cargo em comissão e, também, não pode ser remunerado pela participação em órgão de deliberação coletiva. Entretanto, o parágrafo único desse dispositivo abre exceção e permite a remuneração quando for "devida pela participação em conselhos de administração e fiscal das empresas públicas e sociedades de economia mista, suas subsidiárias e controladas, bem como quaisquer empresas ou entidades em que a União, direta ou indiretamente, detenha participação no capital social, observado o que, a respeito, dispuser legislação específica".

Item III. Errado. A proibição da acumulação remunerada de cargos, empregos e funções públicas, consoante o art. 37, XVI, é a regra. A **permissão é exceção e, somente, pode ocorrer se houver compatibilidade de horários** e quando se tratar de: a) dois cargos de professor; b) um cargo de professor com outro técnico ou científico; c) dois cargos ou empregos privativos de profissionais de saúde, com profissões regulamentadas. A proibição existe em relação a cargos públicos, empregos públicos e funções públicas, nos três poderes, na administração direta e indireta de todas as esferas e, dessa forma, a regra é a proibição, não importando se é um é na administração direta e o outro é em empresa pública ou em autarquia, ou se abrange cargo público federal com emprego público estadual, cargo público federal com cargo público federal, emprego público municipal com cargo público municipal, ou qualquer outra variante possível. Só não é proibido, se for uma das hipóteses permitidas no texto constitucional e, de qualquer forma, quando a acumulação for permitida, deve haver a obediência ao teto remuneratório, que será considerado individualmente para cada um dos cargos.

Item IV. Correto. O **rito sumário** será adotado para a apuração das infrações de **acumulação ilegal de cargos públicos, de abandono de cargo e de inassiduidade habitual**. Apenas no caso de **acumulação ilegal de cargos**, há uma fase preliminar, anterior ao processo. Havendo a constatação de que o servidor está **acumulando ilegalmente cargos, empregos ou funções públicas**, ele será **notificado,** por intermédio de sua chefia, **para optar, no prazo improrrogável de dez dias, por um dos cargos** (art. 133, caput). Se fizer a opção, será exonerado do cargo que não escolheu; **somente se a opção não for feita é que será iniciado o processo administrativo com rito sumário.**

---

112. (Cespe – Técnico Judiciário – Área Administrativa – TRE – TO/2017) Conforme disposição da Lei n.º 8.112/1990, a ajuda de custo tem por finalidade

A) indenizar o servidor que efetuou pagamento com recursos próprios para participar de curso comprovadamente de interesse do serviço.

B) indenizar o servidor pelo afastamento da sede em caráter eventual ou transitório para outro ponto do território nacional.

C) indenizar o servidor que realizar despesas com a utilização de meio próprio de locomoção para a execução de serviços externos próprios do cargo.

D) ressarcir as despesas comprovadamente realizadas pelo servidor com aluguel de moradia ou com meio de hospedagem administrado por empresa hoteleira.

E) compensar as despesas de instalação do servidor que, no interesse do serviço, passar a ter exercício em nova sede, com mudança de domicílio em caráter permanente.

COMENTÁRIOS

✪ **Nota do autor:** São vantagens constantes da Lei nº 8.112/90: as indenizações, as gratificações e os adicionais, dos quais as indenizações, em razão do caráter de compensação, nunca se incorporam ao vencimento e, por sua vez, as gratificações e os adicionais poderão ser incorporados, se houver previsão legal a respeito. Nos termos do art. 51, são indenizações: ajuda de custo, diárias, indenização de transporte e auxílio-moradia.

Alternativa correta: letra "e" (responde as demais alternativas). A **ajuda de custo** (artigos 53 a 57) tem como finalidade compensar as despesas de instalação do servidor que, no interesse da Administração, **passar a ter exercício em nova sede, com mudança de domicílio em caráter permanente** (deslocamento definitivo). Caso o servidor receba a ajuda de custo e, sem justificativa, não se apresente na nova sede em 30 dias, deverá devolver o valor recebido.

---

113. (Cespe – Técnico Judiciário – Área Administrativa – TRE – TO/2017) Larissa, servidora pública efetiva do TRE/TO, estava prestes a completar os requisitos para a aposentadoria por tempo de serviço quando sofreu um acidente, que resultou, após afastamento do serviço por razoável lapso de tempo, em aposentadoria por invalidez. Meses após a aposentadoria de Larissa, a administração recebeu laudo elaborado pela equipe médica oficial retificando o resultado que havia resultado na aposentadoria por invalidez da servidora, que foi, então, avaliada como apta para o trabalho, considerando as funções exercidas no cargo que ocupava.

Nessa situação hipotética, com base Lei n.º 8.112/1990, deverá ser declarada a no que dispõe a

A) reversão, devendo Larissa retornar às atividades anteriormente exercidas.

B) readaptação, devendo Larissa retornar ao cargo que exercia anteriormente.

C) recondução, devendo Larissa retornar às atividades que exercia.

D) redistribuição, se o cargo anteriormente ocupado tiver deixado de existir.

E) reintegração, se ainda existir a mesma categoria.

COMENTÁRIOS

✪ **Nota do autor:** As formas de provimento estão previstas no art. 8º da Lei; dessas, apenas a **nomeação** é forma de **provimento originário**; a **promoção**, a readaptação, a reversão, o aproveitamento, a recondução e a reintegração são formas **derivadas de provimento**.

Alternativa correta: letra "a". Pela **reversão**, há o retorno à atividade de servidor aposentado. Pode dar-se quando, por junta médica oficial, forem declarados insubsistentes os motivos da aposentadoria por invalidez ou, ainda, no **interesse da administração quando se tratar de aposentadoria voluntária.** A reversão far-se-á no **mesmo cargo** ou no cargo resultante de sua transformação (art. 25, § 1º da Lei nº 8.112/90).

Alternativa "b". A **readaptação** é forma de provimento derivado, que é destinado ao **servidor que passou a sofrer de limitação em sua capacidade física ou mental** e, em razão disso, **não é capaz de desempenhar as atribuições inerentes ao cargo que ocupa.**

Alternativa "c". A **recondução** é o **retorno do servidor estável ao cargo anteriormente ocupado** e ocorre quando o servidor for inabilitado no estágio probatório de outro cargo ou quando o anterior ocupante do cargo é reintegrado, nos termos do art. 29, da Lei.

Alternativa "d". A redistribuição, nos termos do art. 37 da Lei nº 8.112/90, é o **deslocamento do cargo efetivo**, provido ou vago, para outro órgão ou entidade do mesmo Poder. De acordo o dispositivo legal mencionado, devem ser observados os seguintes preceitos: interesse da administração; equivalência de vencimentos; manutenção da essência das atribuições do cargo; vinculação entre os graus de responsabilidade e complexidade das atividades; mesmo nível de escolaridade, especialidade ou habilitação profissional; compatibilidade entre as atribuições do cargo e as finalidades institucionais do órgão ou entidade. A **redistribuição** só ocorre de ofício e é feita para ajustar a lotação e a força de trabalho às necessidades do serviço, inclusive nos casos de reorganização, extinção ou criação de órgão ou entidade.

Alternativa "e". A **reintegração é o retorno do servidor demitido cuja demissão foi anulada judicial ou administrativamente.** Está prevista no texto constitucional no art. 41, § 2º e no art. 28, da Lei nº 8.112/90.

---

114. (Cespe – Analista Judiciário – Área Judiciária – TRE – TO/2017) Assinale a opção correta a respeito da comissão responsável por conduzir o processo disciplinar relativo à apuração de responsabilidade de servidor por suposta infração praticada no exercício de suas atribuições.

A) Se um dos integrantes da comissão for primo do indiciado, ele deverá ser substituído, sob pena de nulidade dos atos da comissão.

B) O presidente da comissão deve ser necessariamente servidor ocupante de cargo de nível superior ao da pessoa indicada.

C) Os integrantes da comissão ficarão dispensados do ponto até a entrega do relatório final.

D) Deverá ser designado como secretário o servidor mais antigo no cargo em relação aos outros dois integrantes da comissão.

E) As reuniões e as audiências da comissão terão caráter público, sob pena de nulidade dos atos.

COMENTÁRIOS

✪ **Nota do autor:** Conforme art. 148, da Lei nº 8.112/90, "o processo disciplinar é o instrumento destinado a apurar responsabilidade de servidor por infração praticada no exercício de suas atribuições, ou que tenha relação com as atribuições do cargo em que se encontre investido".

Alternativa correta: letra "c". De acordo com o art. 152, §1º, da Lei nº 8.112/90, "sempre que necessário, a comissão dedicará tempo integral aos seus trabalhos, **ficando seus membros dispensados do ponto, até a entrega do relatório final**".

Alternativa "a". Não poderá participar de comissão de sindicância ou de inquérito, cônjuge, companheiro ou parente do acusado, consanguíneo ou afim, em linha reta ou colateral, até o terceiro grau. Eis o disposto no art. 149, §1º, da Lei. Assim, se um dos integrantes da comissão for primo do indiciado, não haverá necessidade de substituição.

Alternativa "b". O art. 149, *caput*, estabelece que "o processo disciplinar será conduzido por comissão composta de três servidores estáveis designados pela autoridade competente, observado o disposto no § 3º do art. 143, que indicará, dentre eles, o seu **presidente, que deverá ser ocupante de cargo efetivo superior ou de mesmo nível, ou ter nível de escolaridade igual ou superior ao do indiciado**".

Alternativa "d". O §1º, do art. 149, estabelece que a Comissão terá como secretário servidor designado pelo seu presidente, podendo a indicação recair em um de seus membros".

Alternativa "e". Pelo contrário, as reuniões e as audiências da Comissão **terão caráter reservado**, na forma do art. 149, §2º, da Lei.

115. (Cespe – Analista Judiciário – Área Judiciária – TRE – TO/2017) Com a conclusão do processo administrativo disciplinar contra um servidor público federal detentor de cargo em comissão junto a determinado tribunal regional eleitoral, o servidor foi apenado com a destituição do seu cargo.

Nessa situação hipotética, a penalidade deverá ser aplicada pelo(a)

A) autoridade que houver feito a nomeação.

B) presidente do Tribunal Superior Eleitoral.

C) autoridade administrativa de hierarquia imediatamente inferior ao presidente do Tribunal Superior Eleitoral.

D) chefe da repartição.

E) presidente da República.

COMENTÁRIOS

Alternativa correta: letra "a" (responde as demais alternativas). Na forma do art. 141, da Lei nº 8.112/90, as penalidades disciplinares serão aplicadas: "I – pelo Presidente da República, pelos Presidentes das Casas do Poder Legislativo e dos Tribunais Federais e pelo Procurador-Geral da República, quando se tratar de demissão e cassação de aposentadoria ou disponibilidade de servidor vinculado ao respectivo Poder, órgão, ou entidade; II – pelas autoridades administrativas de hierarquia imediatamente inferior àquelas mencionadas no inciso anterior, quando se tratar de suspensão superior a 30 (trinta) dias; III – pelo chefe da repartição e outras autoridades na forma dos respectivos regimentos ou regulamentos, nos casos de advertência ou de suspensão de até 30 (trinta) dias; **IV – pela autoridade que houver feito a nomeação, quando se tratar de destituição de cargo em comissão**".

116. (Cespe – Analista Judiciário – Oficial de Just. Avaliador – TRF 1/2017) A destituição de servidor de cargo em comissão ou de função comissionada não pode ser aplicada como penalidade disciplinar.

COMENTÁRIOS

✪ **Nota do autor:** Para o ocupante exclusivamente em cargo de comissão, não há que se falar em demissão, mas **destituição de cargo em comissão**, cabível nos casos de demissão – previstos no art. 117, IX a XVI e art. 132, I a XII, ambos da Lei nº 8.112/90 – e nos casos puníveis com suspensão – previstos no art. 135 da Lei. Desse modo, o ocupante exclusivo de cargo em comissão não pode ser suspenso e, quando se tratar de infração que tem como pena prevista a suspensão (aplicável para o ocupante de cargo efetivo), deverá ser destituído do cargo em comissão.

"Errado". As **penas** que podem ser aplicadas ao servidor são: **advertência, suspensão, multa, demissão, cassação de aposentadoria e disponibilidade, destituição de cargo em comissão e destituição de função de confiança.**

117. (Cespe – Analista Judiciário – Oficial de Just. Avaliador – TRF 1/2017) Servidor aposentado por invalidez poderá retornar à atividade caso junta médica oficial declare insubsistentes os motivos da sua aposentadoria, hipótese em que se procederá à reversão do servidor.

COMENTÁRIOS

"Certo". A **reversão** é o retorno à atividade de servidor aposentado. Pode dar-se quando, por junta médica oficial, forem declarados insubsistentes os motivos da aposentadoria ou, ainda, no **interesse da administração.** A reversão far-se-á no **mesmo cargo** ou no cargo resultante de sua transformação (art. 25, § 1º da Lei nº 8.112/90).

---

118. (Cespe – Técnico Judiciário – Área Administrativa – TRF 1/2017) Situação hipotética: Sérgio, aprovado em concurso público, foi nomeado em vinte de outubro de 2015. Um ano e dois meses depois, após ter sido aprovado em outro concurso público, entrou em exercício no novo órgão público no dia quinze de janeiro de 2017. No entanto, durante o estágio probatório, ele se arrependeu da nova investidura e decidiu retornar ao cargo que havia ocupado anteriormente. Assertiva: Nessa situação, Sérgio terá direito a retornar ao cargo anteriormente ocupado em virtude do instituto da recondução.

COMENTÁRIOS

✪ **Nota do autor:** A **recondução** é o retorno do servidor estável ao cargo anteriormente ocupado e decorrerá de: I) inabililitação em estágio probatório relativo a outro cargo; II) reintegração do anterior ocupante (artigo 29 da Lei 8.112/90).

"Errado". A recondução é um direito do servidor estável quando prevista em seu estatuto. Segundo a jurisprudência, inclusive, inexistindo previsão estatutária, tal instituto não é aplicável por analogia, de modo que se não houver previsão de tal direito para servidores estaduais, eles não aproveitarão das disposições que beneficiam os servidores federais (STJ. 2ª Turma. RMS 46.438- MG, julgado em 16/12/2014). Também a jurisprudência sedimentou mais um caso em que é possível a recondução, qual seja, a hipótese de desistência em estágio probatório de novo cargo público (RMS 30.973 STJ). A própria AGU sumulou este entendimento no verbete 16: "O servidor estável investido em cargo público federal, em virtude de habilitação em concurso público, poderá desistir do estágio probatório a que é submetido com apoio no art. 20 da Lei nº 8.112, de 11 de dezembro de 1990, e ser reconduzido ao cargo inacumulável de que foi exonerado, a pedido." A grande **peculiaridade** da alternativa e que dispensaria todo esforço teórico acima explanado é que a recondução é um direito do servidor estável, e os servidores públicos somente adquirem a estabilidade após três anos de efetivo exercício, na forma do artigo 41 da Constituição Federal. No caso, Sérgio foi nomeado em outubro de 2015. Antes de adquirir estabilidade, Sérgio, após ser aprovado em novo concurso público, entrou em exercício em novo cargo no mês de janeiro de 2017. Portanto, incorreta a alternativa. Sérgio não é estável, de modo que não assiste direito à recondução.

---

119. (Cespe – Defensor Público – DPU/2017) É possível a instauração de procedimento administrativo disciplinar com base em denúncia anônima.

COMENTÁRIOS

✪ **Nota do autor:** Em regra, as denúncias sobre irregularidades serão objeto de apuração, desde que contenham a identificação e o endereço do denunciante e sejam formuladas por escrito, confirmada a autenticidade. No entanto, quando o fato narrado não configurar evidente infração disciplinar ou ilícito penal, a denúncia será arquivada, por falta de objeto (art. 144, parágrafo único, da Lei nº 8.112/90).

"Certo". A exigência de identificação do denunciante, constante do art. 144, não pode ser vista como um obstáculo formal instransponível. Tal previsão legal é compatível com a vedação ao anonimato prevista no art. 5º, IV, da Constituição Federal, mas não pode lhe ser dado caráter absoluto, pois, também, possuem assento constitucional a tutela do interesse público, da moralidade administrativa, da legalidade, do controle da Administração Pública. Dessa forma, quando uma infração for noticiada por meio de denúncia anônima, não pode, de plano, ser descartada pelo simples motivo de ser apócrifa. Cabe à Administração, inclusive por força do princípio da autotutela, sindicar acerca da verossimilhança da ilicitude comunicada. Nesse sentido é a jurisprudência do STJ, que tem a seguinte tese: "É possível a instauração de processo administrativo com base em denúncia anônima". Entretanto, essa tese deve ser vista no sentido de que o "STJ vem decidindo que não há nulidade na instauração de Processo Administrativo Disciplinar instaurado após a realização de investigação preliminar para averiguar o conteúdo de denúncia anônima, na medida em que, na forma do art. 143 da Lei 8.112/1990, a autoridade que tiver ciência de irregularidade no serviço público é obrigada a promover a sua apuração imediata [...]", conforme o MS 21084/DF (1ª Seção, julgado em 26/10/2016). No STF, no sentido da argumentação, pode ser mencionado o RMS 29.198 (2ª Turma, julgado em 20/10/2012), no qual a Min. Carmem Lúcia afirma que "não pode a Administração, como é óbvio, instaurar o processo administrativo disciplinar contra servidor com base única e exclusiva nas imputações feitas em denúncias anônimas, sendo exigível, no entanto, conforme enfatizado, a realização de um procedimento preliminar que apure os fatos narrados e a eventual procedência da denúncia".

---

120. (Cespe – Procurador do Estado – BA/2014) A prerrogativa de presunção de veracidade dos atos da administração pública autoriza a aplicação de penalidade disciplinar a servidor público com base na regra da verdade sabida.

COMENTÁRIOS

✪ **Nota do autor:** O regime disciplinar dos servidores públicos federais elenca os deveres, as proibições, as penalidades e as responsabilidades atinentes a referidos agentes. A matéria está disciplinada nos artigos 116 a 142 da Lei nº 8.112/90.

"Errado". A Lei nº 8.112/90, no art. 143, determina que, ao tomar ciência de irregularidade no serviço, a autoridade deve promover a sua apuração imediata, mediante sindicância ou processo administrativo, assegurando-se ao acusado a ampla defesa. Cuida-se, na verdade, de dispositivo legal reforçador do art. 5º, LV da Constituição Federal, pois é constitucionalmente garantido aos litigantes, tanto em processo judicial quanto em processo administrativo, o contraditório e a ampla defesa. Desse modo, a verdade sabida – que é "o conhecimento pessoal e direto da falta pela autoridade competente para aplicar a pena"[25] – não pode ser admitida para justificar a aplicação da pena de demissão e nem de qualquer outra.

121. (Cespe – Analista do MPU/2013) São requisitos para a investidura em cargo público, entre outros, a idade mínima de dezoito anos e a aptidão física e mental, podendo as atribuições do cargo justificar a exigência de outros requisitos estabelecidos em lei.

COMENTÁRIOS

✪ **Nota do autor:** A investidura do servidor no cargo público se materializa com a posse; é o momento em que se forma o vínculo com a Administração.

"Certo". São requisitos básicos para investidura em cargo público federal (art. 5º, caput, Lei nº 8.112/90): a) ser brasileiro; b) estar no gozo dos direitos políticos; c) estar adimplente com as obrigações militares e eleitorais; d) ter o nível de escolaridade exigido para o exercício do cargo; e) ter a idade mínima de dezoito anos; f) estar em aptas condições física e mental. O art. 5º, § 1º, da Lei, estabelece, ainda, que "as atribuições do cargo podem justificar a exigência de outros requisitos estabelecidos em lei".

122. (Cespe – Analista do MPU/2013) O período em que o servidor estiver de licença para desempenhar mandato classista conta como tempo de serviço, sendo considerado de efetivo exercício, salvo para efeito de promoção por merecimento.

COMENTÁRIOS

✪ **Nota do autor:** Na forma do art. 92, *caput*, da Lei nº 8.112/90, é assegurado ao servidor o direito à licença sem remuneração para o desempenho de mandato em confederação, federação, associação de classe de âmbito nacional, sindicato representativo da categoria ou entidade fiscalizadora da profissão ou, ainda, para participar de gerência ou administração em sociedade cooperativa constituída por servidores públicos para prestar serviços a seus membros.

"Certo". Nos termos do art. 102, VIII, *c*, da Lei, são considerados de efetivo exercício os afastamentos em virtude de licença "(...) c) para o desempenho de mandato classista ou participação de gerência ou administração em sociedade cooperativa constituída por servidores para prestar serviços a seus membros, exceto para efeito de promoção por merecimento".

123. (Cespe – Analista Judiciário – Área Judiciária – STF/2013) Considere que, alegando direito à privacidade, determinado servidor, ao tomar posse em cargo público, tenha negado entregar a devida declaração dos bens e valores que compõem o seu patrimônio privado. Nessa situação, persistindo a recusa, o servidor poderá ser demitido a bem do serviço público.

COMENTÁRIOS

✪ **Nota do autor:** No momento da posse o servidor, assinará o termo de posse, no qual deverão constar as atribuições, os deveres, as responsabilidades e os direitos inerentes ao cargo ocupado, que não poderão ser alterados unilateralmente, por qualquer das partes, ressalvados os atos de ofício previstos em lei. Nesse ato, deverá apresentar declaração de bens e valores que constituem seu patrimônio e declaração quanto ao exercício ou não de outro cargo, emprego ou função pública.

"Certo". Nos termos do art. 132, IV, da Lei nº 8.112/90, a pena de **demissão** será aplicada no caso de **improbidade administrativa**. E, nesse sentido, a Lei de Improbidade Administrativa, em seu art. 13, § 3º, estabelece que "será punido com a pena de demissão, a bem do serviço público, sem prejuízo de outras sanções cabíveis, o agente público que se recusar a prestar declaração dos bens, dentro do prazo determinado, ou que a prestar falsa".

124. (Cespe – Analista Judiciário – Área Judiciária – STF/2013) Em se tratando de processo administrativo disciplinar, a autoridade instauradora pode, como medida cautelar e para que não haja interferências na apuração da irregularidade, decretar o afastamento do servidor investigado, sem prejuízo da remuneração.

COMENTÁRIOS

"Certo". Conforme previsão expressa do art. 147, da Lei 8.112/90, a autoridade instauradora do processo disciplinar poderá determinar o seu afastamento do exercício do cargo, pelo prazo de até 60 dias, sem prejuízo da remuneração, como medida cautelar e a fim de que o servidor não venha a influir na apuração da irregularidade. Além disso, o parágrafo único também prevê que o afastamento poderá ser prorrogado por igual prazo, findo o qual cessarão os seus efeitos, ainda que não concluído o processo.

25 DI PIETRO, Maria Sylvia Zanella. *Direito administrativo*. 23. ed. São Paulo: Atlas, 2010. p.410.

125. (Cespe – Delegado de Polícia – BA/2013) Considere que um servidor público federal estável, submetido a estágio probatório para ocupar outro cargo público após aprovação em concurso público, desista de exercer a nova função. Nessa situação, o referido servidor terá o direito de ser reconduzido ao cargo ocupado anteriormente no serviço público.

COMENTÁRIOS

✪ **Nota do autor:** No art. 8º da Lei nº 8.112/90, as **formas de provimento** são: a) nomeação; b) **promoção**; c) readaptação; d) **reversão**; e) **aproveitamento**; f) **recondução**; g) reintegração. A ascensão e a transferência constavam nos incisos III e IV daquele artigo, mas foram revogados pela Lei nº 9.527/97. Mesmo antes da revogação, o Supremo Tribunal Federal já as considerava inconstitucionais porque com a adoção no texto constitucional do acesso aos cargos públicos via concurso público, somente as hipóteses constantes da própria Constituição legitimam a dispensa do certame.

"Certo". A recondução, segundo o artigo 29 da Lei 8.112/90, é o retorno do **servidor estável** ao cargo anteriormente ocupado e decorrerá de: a inabilitação em estágio probatório ou quando o anterior ocupante do cargo é reintegrado. Observe que a questão retrata a hipótese de "desistência" da nova função. Não obstante, a jurisprudência entende também aplicável o instituto da recondução em caso de desistência. Portanto, correta a assertiva. **Aprofundando:** A Lei nº 8.112/1990 disciplina o regime jurídico dos servidores públicos civis da União, autarquias e fundações públicas. Nesse sentido, a 2ª turma do STJ firmou entendimento de que a previsão da recondução na legislação federal não é aplicada por analogia em caso de omissão no estatuto estadual. Assim, se o servidor fosse estadual e em seu regime jurídico não houvesse previsão da recondução, não lhe seria assegurado tal direito. (STJ. 2ª Turma. RMS 46.438-MG. 16/12/2014).

126. (Cespe – Defensor Público – DF/ 2013) Servidores públicos transferidos de ofício e que estejam matriculados em instituição de ensino superior têm direito a matrícula em instituição de ensino superior do local de destino, desde que observado o requisito da congeneridade em relação à instituição de origem. Entretanto, conforme entendimento dominante do STJ, se não houver curso correspondente em estabelecimento congênere no local da nova residência ou em suas imediações, ao servidor não será assegurado o direito à matrícula em instituição não congênere.

COMENTÁRIOS

✪ **Nota do autor:** Na forma do art. 99, *caput*, da Lei nº 8.112/90, "ao servidor estudante que mudar de sede no interesse da administração é assegurada, na localidade da nova residência ou na mais próxima, matrícula em instituição de ensino congênere, em qualquer época, independentemente de vaga".

"Errado". Conforme entendimento dominante do STJ, se não houver curso correspondente em estabelecimento congênere no local da nova residência ou em suas imediações, **ao servidor será assegurado o direito à matrícula em instituição não congênere.** Neste sentido, é o Ag Rg no REsp nº 1.302.315-GO, julgado pela Corte em 19/04/2012.

127. (Cespe – Defensor Público – DF/ 2013) Segundo entendimento do STJ, é cabível a concessão de licença a servidor público para acompanhamento de cônjuge na hipótese em que se tenha constatado o preenchimento dos requisitos legais para tanto, ainda que o cônjuge a ser acompanhado não seja servidor público e que o deslocamento não tenha sido atual.

COMENTÁRIOS

✪ **Nota do autor:** Na forma do art. 84, *caput*, da Lei nº 8.112/90, "poderá ser concedida licença ao servidor para acompanhar cônjuge ou companheiro que foi deslocado para outro ponto do território nacional, para o exterior ou para o exercício de mandato eletivo dos Poderes Executivo e Legislativo".

"Certo". Segundo entendimento do STJ, é cabível a concessão de licença a servidor público para acompanhamento de cônjuge na hipótese em que se tenha constatado o preenchimento dos requisitos legais para tanto, ainda que o cônjuge a ser acompanhado não seja servidor público e que o deslocamento não tenha sido atual. Neste sentido, é o AgRg no REsp nº 1.243.276-PR, julgado pela Corte em 05/02/2013.

128. (Cespe – Defensor Público – DF/ 2013) Recondução é a forma de provimento de cargo público em que um servidor público estável retorna ao cargo anteriormente ocupado, por reprovação em estágio probatório, desistência de estágio probatório ou por reintegração do anterior ocupante do cargo, de acordo com a Lei Complementar Distrital n° 840/2011.

COMENTÁRIOS

"Certo". A **recondução** é o **retorno do servidor estável ao cargo anteriormente ocupado** e ocorre quando o servidor for inabilitado no estágio probatório de outro cargo ou quando o anterior ocupante do cargo é reintegrado, nos termos do art. 29, da Lei nº 8.112/90. O art. 37 da LC 840/2011 do Distrito Federal, além das duas hipóteses mencionadas, passou a abranger, expressamente, os casos de desistência durante o estágio probatório do novo cargo. Não obstante omissão do estatuto federal – Lei 8.112/1990, a jurisprudência assegura aos servidores federais o direito à recondução ao cargo anterior em casos de desistência em estágio probatório.

129. (Cespe – Juiz de Direito Substituto – MA/ 2013) Com base na interpretação judicial do direito administrativo, assinale a opção correta.

a) Não viola o princípio da igualdade a não realização por órgãos e entidades da administração pública de processo seletivo para contratação de estagiário, por não constituir tal recrutamento uma forma de provimento de cargo público.

b) A circunstância de inexistir previsão específica para a interposição de recurso hierárquico em favor do sujeito passivo afasta o poder-dever da administração de examinar a validade do ato administrativo.

c) Conforme entendimento do STF, há risco de grave lesão à ordem pública, bem como de efeito multiplicador, na decisão judicial que determina remoção de servidor para acompanhar cônjuge transferido a pedido, quando não há interesse público em removê-lo.

d) Cabe recurso extraordinário por contrariedade ao princípio constitucional da legalidade, quando a sua verificação pressuponha rever a interpretação dada a normas infraconstitucionais pela decisão recorrida.

COMENTÁRIOS

✪ **Nota do autor:** A **remoção** é o deslocamento do servidor, **a pedido ou de ofício**, no âmbito do mesmo quadro, com ou sem mudança de sede. Caso ocorra de ofício, a remoção se dará no **interesse da Administração.** Porém, se a remoção for feita a pedido do servidor, poderá se dar: a) **a critério da Administração**; ou b) **para outra localidade,** independentemente do interesse da Administração: – para acompanhar cônjuge ou companheiro, também servidor público civil ou militar, de qualquer dos Poderes da União, dos Estados, do Distrito Federal e dos Municípios, que foi deslocado no interesse da Administração; – por motivo de saúde do servidor, cônjuge, companheiro ou dependente que viva às suas expensas e conste do seu assentamento funcional, condicionada à comprovação por junta médica oficial; – em virtude de processo seletivo promovido, na hipótese em que o número de interessados for superior ao número de vagas, de acordo com normas preestabelecidas pelo órgão ou entidade em que aqueles estejam lotados (art. 36 da Lei 8.112/90).

Alternativa correta: letra "c". No julgamento do AgRg na Suspensão de Tutela Antecipada nº 407 – PE, o STF decidiu que há risco de grave lesão à ordem pública, bem como de efeito multiplicador, na decisão judicial que determina remoção do servidor para acompanhar cônjuge transferido a pedido, quando não há interesse público em removê-lo. A 1ª Seção do STJ, no EREsp 1.247.360, julgado em 22/11/2017, inclusive, entendeu que o servidor público federal somente terá direito à remoção prevista no artigo 36, §único, III, "a", da Lei 8.112/90, caso seu cônjuge ou companheiro, que também seja servidor, tenha sido deslocado de ofício para atender ao interesse da Administração.

Alternativa "a". Há violação do princípio da igualdade a não realização por órgãos e entidades da administração pública de processo seletivo para contratação de estagiário, por não constituir tal recrutamento uma forma de provimento de cargo público. Neste sentido, é o julgamento da ADI nº 3.795, julgada pelos STF em 24/02/2011.

Alternativa "b". A circunstância de inexistir previsão específica para a interposição de recurso hierárquico em favor do sujeito passivo não afasta o poder-dever da administração de examinar a validade do ato administrativo. Neste sentido, é o AgRg no RE nº 462.136-PR, julgada pelo STF em 31/08/2010.

Alternativa "d". Não cabe recurso extraordinário por contrariedade ao princípio constitucional da legalidade, quando a sua verificação pressuponha rever a interpretação dada a normas infraconstitucionais pela decisão recorrida. Neste sentido, é o no AgRg no RE nº 682.817-RJ, julgado pelo STF em 30/10/2012.

130. (Cespe – Juiz de Direito Substituto – MA/ 2013) Em relação ao regime jurídico dos servidores públicos, assinale a opção correta.

a) É taxativo o rol de doenças graves, contagiosas ou incuráveis descrito do art. 186, § 1º, da Lei nº 8.112/1990 para fins de concessão de aposentadoria no serviço público.

b) A remoção de ofício de servidor para acompanhar cônjuge também servidor público, independentemente da existência de vagas na nova localidade, restringe-se aos casos em que o regime de trabalho do cônjuge também seja regido pela Lei nº 8.112/1990.

c) Define-se função pública como o lugar ocupado por servidor público dentro da organização funcional da administração pública, ao qual se associam funções específicas e remuneração fixadas em lei.

d) Embora exista o entendimento no sentido de ser obrigatória a presença de advogado em todas as fases do processo administrativo disciplinar, a falta de defesa técnica, por advogado, não ofende a CF.

COMENTÁRIOS

Alternativa correta: letra "d". De acordo com a Súmula Vinculante nº 5, "a falta de defesa técnica no processo administrativo disciplinar não viola a Constituição".

Alternativa "a". Prevalecia o entendimento de que era meramente exemplificativo o rol de doenças graves, contagiosas ou incuráveis descrito do art. 186, § 1º, da Lei nº 8.112/1990 para fins de concessão de aposentadoria no serviço público. Ocorre que no dia 21/08/2014, em sessão plenária, o Supremo Tribunal Federal entendeu que o rol do artigo 186, §1º, da Lei 8.112/1990 é taxativo. Deste modo, para se aposentar por invalidez com proventos integrais, fundamentando o direito no §1º do artigo 186, a doença deverá estar entre as listadas no referido dispositivo (RE 656860/ MT). Atualmente, o conteúdo da alternativa está correto.

Alternativa "b". Segundo o artigo 36 da Lei 8.112/90, a remoção de ofício se dará no interesse da Administração. Por outro lado, a remoção para acompanhar cônjuge que também seja servidor público de quaisquer unidades federativas e qualquer um dos poderes, que tenha sido deslocado no interesse da Administração, deverá ser precedida de pedido, o qual, porém, deverá ser atendido. Mas, a remoção, não se realizará de ofício.

Alternativa "c". O lugar ocupado dentro da organização funcional da Administração Pública denomina-se cargo, e não função. Ao **conjunto de atribuições desvinculadas de cargo ou emprego público, dá-se o nome de função pública**, que pode ser de duas espécies: a função exercida por servidores temporários e a função de direção, chefia e assessoramento, atribuída a servidores titulares de cargo efetivo.

---

131. (Cespe – Juiz do Trabalho Substituto 5ª região/2013) Assinale a opção correta em relação à ajuda de custo no âmbito da Lei nº 8.112/1990.

a) É vedada a concessão de ajuda de custo àquele que, não sendo servidor da União, for nomeado para cargo em comissão, com mudança de domicílio.

b) O servidor ficará obrigado a restituir a ajuda de custo quando, injustificadamente, não se apresentar na nova sede no prazo de quinze dias.

c) A ajuda de custo destina-se a compensar as despesas de instalação do servidor que, no interesse do serviço, passar a ter exercício em nova sede, com mudança de domicílio em caráter eventual.

d) É vedado o duplo pagamento de indenização a título de ajuda de custo, a qualquer tempo, no caso de o servidor passar a ter exercício na mesma sede de seu cônjuge ou companheiro, também servidor, anteriormente agraciado com o benefício.

e) Cabe ajuda de custo ao servidor que se afastar do cargo, ou reassumi-lo, em virtude de mandato eletivo.

COMENTÁRIOS

✪ **Nota do autor:** A **ajuda de custo** é uma das indenizações previstas aos servidores públicos na Lei nº 8.112/90.

Alternativa correta: letra "d" (responde a alternativa "c"). Na forma do art. 53, *caput*, da Lei nº 8.112/90, "a ajuda de custo destina-se a compensar as despesas de instalação do servidor que, no interesse do serviço, passar a ter exercício em nova sede, com mudança de domicílio **em caráter permanente, vedado o duplo pagamento de indenização, a qualquer tempo, no caso de o cônjuge ou companheiro que detenha também a condição de servidor, vier a ter exercício na mesma sede**".

Alternativa "a". Nos termos do art. 56, *caput*, da Lei, "será concedida ajuda de custo àquele que, não sendo servidor da União, for nomeado para cargo em comissão, com mudança de domicílio".

Alternativa "b". Consoante art. 57, o servidor ficará obrigado a restituir a ajuda de custo quando, injustificadamente, não se apresentar na nova sede **no prazo de 30 (trinta) dias.**

Alternativa "e". Na forma do art. 55, da Lei, "não será concedida ajuda de custo ao servidor que se afastar do cargo, ou reassumi-lo, em virtude de mandato eletivo".

---

132. (Cespe – Juiz do Trabalho Substituto 5ª região/2013) Assinale a opção correta acerca dos serviços públicos, de acordo com a CF, a jurisprudência dos tribunais superiores e a doutrina referente à Lei nº 8.112/1990.

a) O auxílio-moradia não será concedido por prazo superior a oito anos dentro de cada período de quinze anos e, nos casos de falecimento ou exoneração do servidor, de colocação de imóvel funcional à disposição do servidor ou de aquisição de imóvel, esse auxílio deixará imediatamente de ser pago.

b) Constituem exigências legais para a reversão por solicitação expressa do servidor: interesse da administração, aposentadoria voluntária, nos cinco anos anteriores ao pedido de retorno, estabilidade do servidor à época da aposentadoria, existência de cargo vago.

c) A readaptação, destinada apenas aos servidores efetivos, pode ser utilizada mesmo que a limitação não tenha surgido durante o tempo de exercício do servidor no cargo.

d) A taxa de limpeza pública inclui-se entre as taxas de serviços públicos gerais prestados indistintamente a todos os cidadãos, visto que atingem a comunidade considerada como um todo, beneficiando número indeterminado ou indeterminável de pessoas.

e) O serviço de segurança pública inclui-se entre os serviços públicos específicos prestados a um grupo determinado ou determinável de pessoas, sendo passível de utilização individual e mensurável, o que possibilita sua divisão e permite a avaliação de seu uso efetivo ou potencial.

COMENTÁRIOS

✪ **Nota do autor:** A **reversão** é o **retorno do aposentado à ativa** e pode ocorrer quando o servidor tenha se aposentado por invalidez ou voluntariamente, como prevê o art. 25. O aposentado **voltará para o mesmo cargo ou para cargo resultante de sua transformação**.

Alternativa correta: letra "b". Nos termos das alíneas do art. 25, II, da Lei nº 8.112/90, a reversão no interesse da Administração é possível desde que: a) o servidor tenha solicitado a reversão; b) a aposentadoria tenha sido voluntária; c) estabilidade do servidor à época da aposentadoria; d) a aposentadoria tenha ocorrido nos cinco anos anteriores à solicitação; e) haja cargo vago.

Alternativa "a". Na forma do art. 60-E, da Lei, "no caso de falecimento, exoneração, colocação de imóvel funcional à disposição do servidor ou aquisição de imóvel, o auxílio-moradia continuará sendo pago por um mês". ATENÇÃO!! A MP 805/17 alterou a redação do art. 60-E e manteve a previsão de que o auxílio-moradia, no caso de falecimento, colocação de imóvel funcional à disposição do servidor ou aquisição de imóvel, continuará sendo pago por um mês, mas limitado ao valor pago no mês anterior. Deve ser destacado que a mencionada medida provisória, até o fechamento desta edição, não havia sido apreciada pelo Congresso Nacional.

Alternativa "c". A readaptação, destinada apenas aos servidores efetivos, somente será utilizada quando a limitação tenha surgido durante o tempo de exercício do servidor no cargo.

Alternativa "d". O Supremo Tribunal Federal decidiu que a cobrança de **taxa de limpeza pública** é ilegítima, **porquanto direcionada à remuneração de atividade estatal indivisível e inespecífica**, que deve, portanto, ser custeada pelo produto da arrecadação dos impostos em geral (RE nº 278.549-RJ).

Alternativa "e". O serviço de segurança pública **não se inclui** entre os serviços públicos específicos prestados a um grupo determinado ou determinável de pessoas, **não** sendo passível de utilização individual e mensurável, sendo, portanto, custeado por **impostos**.

---

133. (CESPE – Juiz Federal Substituto 1ª região/2013) Acerca do PAD, assinale a opção correta.

a) Aplicada pena de multa, a apresentação de recurso administrativo pode ficar condicionada ao prévio recolhimento do valor da sanção.

b) No âmbito da legislação federal, os meios de apuração de ilícitos administrativos são o PAD e os meios sumários, que compreendem a sindicância e a verdade sabida, que ensejam, inclusive, a aplicação de pena se forem consideradas de forma isolada.

c) O relatório da comissão processante é peça meramente opinativa.

d) O PAD é sempre necessário para a imposição de pena de demissão ao servidor estável, mas não para o efetivo ainda em estágio probatório.

e) A ampla defesa e o contraditório são garantidos aos acusados em geral, por isso a falta de defesa técnica por advogado invalida o PAD.

COMENTÁRIOS

✪ **Nota do autor:** A apuração de infração disciplinar pode se dar por meio de **sindicância** ou de **processo administrativo disciplinar**. Independentemente da nomenclatura usada, qualquer apuração administrativa que dela, por si só, possa decorrer a possível aplicação de penalidade ao servidor, **somente será válida se forem assegurados o contraditório e a ampla defesa**, consoante ao art. 5º, LV, da Constituição Federal.

Alternativa correta: letra "c". Com o relatório da comissão, o processo administrativo será remetido à autoridade que determinou sua instauração, para que seja realizado o julgamento no prazo de vinte dias. No julgamento, a regra é que a autoridade julgadora acate o relatório da comissão, exceto quando for contrário à prova dos autos e, nesse caso, poderá, motivadamente, agravar ou abrandar a penalidade proposta ou, ainda, isentar o servidor de responsabilidade, consoante o art. 168, parágrafo único.

Alternativa "a". Nos termos da Súmula Vinculante nº 21, "é inconstitucional a exigência de depósito ou arrolamento prévio de dinheiro ou bens para admissibilidade de recurso administrativo".

Alternativa "b". A Lei nº 8.112/90, no art. 143, determina que, ao tomar ciência de irregularidade no serviço, a autoridade deve promover a sua apuração imediata, mediante sindicância ou processo administrativo, assegurando-se ao acusado a ampla defesa. Cuida-se, na verdade, de dispositivo legal reforçador do art. 5º, LV da Constituição Federal, pois é constitucionalmente garantido aos litigantes, tanto em processo judicial quanto em processo administrativo, o contraditório e a ampla defesa. Desse modo, a verdade sabida – que é "o conhecimento pessoal e direto da falta pela autoridade competente para aplicar a pena"[26] – não pode ser admitida para justificar a aplicação da pena de demissão e nem de qualquer outra.

Alternativa "d". O PAD é sempre necessário para a imposição de pena de demissão ao servidor estável, **inclusive** para o efetivo ainda em estágio probatório.

Alternativa "e". De acordo com a Súmula Vinculante nº 5, "a falta de defesa técnica no processo administrativo disciplinar não viola a Constituição".

---

26 DI PIETRO, Maria Sylvia Zanella. *Direito administrativo*. 23. ed. São Paulo: Atlas, 2010. p.410.

134. (Cespe – Juiz Federal Substituto 2ª região/ 2013) A respeito de servidores públicos federais, regimes jurídicos e previdenciários e processo administrativo e disciplinar, assinale a opção correta.

a) Na administração pública direta, é possível estabelecer regimes jurídicos diversos no mesmo órgão, ou seja, regimes celetista e estatutário, sendo que, para isso, a lei deverá observar a natureza, o grau de responsabilidade e complexidade dos cargos.

b) Salvo disposição legal, será de dez dias o prazo para a interposição de recurso administrativo, contado a partir da intimação ou divulgação oficial da decisão recorrida.

c) Conforme dispõe a lei pertinente, o regime jurídico de pessoal das entidades fechadas de previdência complementar será o regime celetista.

d) É vedada a acumulação remunerada de cargos públicos, exceto quando, havendo compatibilidade de horários, caracterizar-se uma das seguintes situações: dois cargos ou empregos privativos de profissionais de saúde; dois cargos de professor; ou um cargo de professor com outro de natureza técnica ou científica.

e) Segundo a jurisprudência do STF e do STJ, nos casos de crimes afiançáveis praticados por servidores públicos, a existência de inquérito policial suprirá qualquer nulidade, quando não houver defesa preliminar.

COMENTÁRIOS

✪ **Nota do autor:** A Lei nº 12.618/2002, instituiu o regime de previdência complementar para os servidores públicos federais titulares de cargo efetivo.

Alternativa correta: letra "c". Na forma do art. 7º, da Lei, "o regime jurídico de pessoal das entidades fechadas de previdência complementar referidas no art. 4º desta Lei será o previsto na legislação trabalhista".

Alternativa "a". A **exigência do regime jurídico único está de volta**, nos termos da ADI 2135, em que o STF concedeu medida liminar para **suspender a eficácia do art. 37, da Constituição Federal**. Com ele, na Administração Pública Direta, **não é possível** estabelecer regimes jurídicos diversos no mesmo órgão, ou seja, regimes celetista e estatutário.

Alternativa "b". Nos termos do art. 59, da Lei nº 9.784/99, "salvo disposição legal específica, é de dez dias o prazo para interposição de recurso administrativo, **contado a partir da ciência ou divulgação oficial da decisão recorrida**".

Alternativa "d". É vedada a acumulação remunerada de cargos públicos, exceto quando, havendo compatibilidade de horários, caracterizar-se uma das seguintes situações: dois cargos ou empregos privativos de profissionais de saúde, **com profissões regulamentadas**; dois cargos de professor; ou um cargo de professor com outro de natureza técnica ou científica.

Alternativa "e". O Supremo Tribunal Federal afastou o entendimento exarado pela Súmula nº 330, do Superior Tribunal de Justiça ("é desnecessária a resposta preliminar de que trata o art. 514, do CPP, na ação penal instruída por inquérito policial"). Neste sentido, é o HC nº 96.058.

135. (Cespe – Procurador do DF/ 2013) No âmbito dos processos administrativos disciplinares, aplica-se a garantia da ampla defesa e do contraditório, ou seja, direito que o servidor tem à informação, à manifestação, à consideração dos argumentos apresentados e à participação obrigatória de advogado habilitado.

COMENTÁRIOS

✪ **Nota do autor:** No âmbito dos processos administrativos disciplinares, imperiosa a observância dos princípios do contraditório e da ampla defesa, nos termos do art. 5º, LV, da Constituição Federal.

"Errado". De acordo com a Súmula Vinculante nº 5, "a falta de defesa técnica no processo administrativo disciplinar não viola a Constituição". Assim, **não é obrigatória a participação de advogado habilitado**, sendo faculdade da parte fazer-se representar por causídico.

136. (Cespe – Procurador do DF/ 2013) Após ter sido submetido a processo administrativo em razão do cometimento de infração disciplinar, determinado servidor público foi removido de ofício por seu superior hierárquico, agente competente para tanto, como forma de punição pela prática do ato.

Acerca dessa situação hipotética, julgue o seguinte item.

Embora observada a regra de competência referente ao poder disciplinar, houve desvio de poder, já que não foi atendida a finalidade prevista em lei para a prática do ato de remoção do servidor.

COMENTÁRIOS

✪ **Nota do autor:** A **remoção** é o deslocamento do servidor, a pedido ou de ofício, no âmbito do mesmo quadro, com ou sem mudança de sede. Caso ocorra de ofício, a remoção se dará no interesse da Administração. Porém, se a **remoção** for feita a pedido do servidor, poderá se dar: a) **a critério da Administração**; ou b) para outra localidade, **independentemente do interesse da Administração**: – para acompanhar cônjuge ou companheiro, também servidor público civil ou militar, de qualquer dos Poderes da União, dos Estados, do Distrito Federal e dos Municípios, que foi deslocado no interesse da Administração; – por motivo de saúde do servidor, cônjuge, companheiro ou dependente que viva às suas expensas e conste do seu assentamento funcional, condicionada à comprovação por junta médica oficial; – em virtude de processo seletivo promovido, na hipótese em que o número de interessados for superior ao número de vagas, de acordo com normas preestabelecidas pelo órgão ou entidade em que aqueles estejam lotados.

"Certo". É plenamente possível a remoção do servidor público **a critério da Administração Pública,** na forma do art. 36, parágrafo único, I, da Lei nº 8.112/90, mas **não como forma de punição de ato praticado pelo agente público.** Assim, há que se falar desvio de poder, uma vez que aplicada, ao agente público, penalidade disciplinar diversa daquelas verificadas no art. 127, da Lei nº 8.112/90.

137. (Cespe – Procurador do Ministério Público junto ao TCDF/2013) A promoção constitui investidura derivada, enquanto a nomeação traduz investidura originária do servidor público.

COMENTÁRIOS

"Certo". Nos termos do art. 8º da Lei 8.112/1990, as **formas de provimento** são: a) nomeação; b) promoção; **c) readaptação**; d) reversão; e) aproveitamento; f) recondução; **g) reintegração. A nomeação** é a única forma de provimento originário, e as demais são derivadas.

138. (Cespe – Procurador do Ministério Público junto ao TCDF/2013) A anulação do ato de demissão de servidor, por decisão judicial, com a respectiva reintegração, tem como consequência lógica a recomposição integral dos direitos do servidor demitido, em respeito ao princípio da restitutio in integrum, salvo no que se refere ao ressarcimento dos vencimentos que seriam pagos no período em que foi indevidamente desligado do serviço público.

COMENTÁRIOS

✪ **Nota do autor: A reintegração** é o **retorno do servidor demitido** cuja demissão foi anulada judicial ou administrativamente, com o ressarcimento de todas as vantagens, e está prevista no texto constitucional no art. 41, § 2º e no art. 28 da Lei nº 8.112/90.

"Errado". Pela **reintegração**, o servidor estável foi demitido e, posteriormente, consegue a anulação do ato de demissão, seja na esfera judicial, seja na via administrativa e, com isso, **tem direito a retornar ao seu cargo**, de onde foi retirado injustamente, **fazendo jus, ainda, ao ressarcimento de todas as vantagens que deixou de receber** durante o período de afastamento, **bem como ao tempo de serviço e às vantagens correspondentes.**

139. (Cespe – Advogado da União/2012) Conforme o disposto na Lei nº 8.112/1990, a instauração de PAD interrompe a prescrição até a decisão final, a ser proferida pela autoridade competente; conforme entendimento do STF, não sendo o PAD concluído em cento e quarenta dias, o prazo prescricional volta a ser contado em sua integralidade.

COMENTÁRIOS

✪ **Nota do autor:** Na Lei nº 8.112/90, menciona-se a prescrição em dois momentos. Um (art. 110) é em relação ao direito de petição do servidor e outro (art. 142) se refere à aplicação das penas disciplinares. Deve haver atenção para não se fazer confusão quanto a eles.

"Certo". O art. 142, § 3º, da Lei, preceitua que "a abertura de sindicância ou a instauração de processo disciplinar **interrompe** a prescrição, até a decisão final proferida por autoridade competente". Ademais, o STF firmou entendimento no sentido de que, não sendo o PAD concluído em cento e quarenta dias, o prazo prescricional volta a ser contado em sua integralidade. Neste sentido, é o MS nº 17.515-DF, julgado pela Corte em 29/02/2012.

140. (Cespe – Advogado da União/2012) Qualquer pessoa pode representar ao corregedor-geral da AGU contra abuso, erro grosseiro, omissão ou qualquer outra irregularidade funcional dos membros da AGU.

COMENTÁRIOS

✪ **Nota do autor:** A Lei Complementar nº 73/1993 institui a Lei Orgânica da Advocacia Geral da União.

"Certo". Nos termos do art. 34, da Lei, "qualquer pessoa pode representar ao corregedor-geral da AGU contra abuso, erro grosseiro, omissão ou qualquer outra irregularidade funcional dos membros da AGU".

141. (Cespe – Analista Judiciário – Área Judiciária – STM/2011) Ao se aposentar, o servidor público que receba vale-alimentação deve receber o valor equivalente a esse benefício juntamente com os vencimentos.

COMENTÁRIOS

✪ **Nota do autor:** Na forma do art. 22, *caput*, da Lei nº 8.460/1992, "o Poder Executivo disporá sobre a concessão mensal do auxílio-alimentação por dia trabalhado, aos servidores públicos federais civis ativos da Administração Pública Federal direta, autárquica e fundacional".

"Errado". Nos termos do mesmo art. 22, § 3º, *a*, o auxílio-alimentação não será "a) incorporado ao vencimento, remuneração, provento ou pensão". Corroborando, a Súmula Vinculante 55: O direito ao auxílio alimentação não se estende aos servidores inativos.

142. (Cespe – Analista Judiciário – Área Judiciária – STM/2011) Um servidor público federal que, por meio de concurso público, ingressar como enfermeiro em um hospital federal e, após quatro anos, concluir o curso de medicina poderá ser promovido ao cargo de médico.

COMENTÁRIOS

✪ **Nota do autor:** A forma de acesso ao cargo público dependerá da espécie de cargo de que se trata. Nos termos do art. 37, II, da Constituição Federal, a **regra** é que a **investidura em cargo ou emprego público depende de aprovação prévia em concurso público**, ressalvadas as nomeações para cargo em comissão, declarado em lei de livre nomeação e exoneração.

"Errado". A questão retrata típico caso de ascensão funcional, forma de provimento vertical em que a pessoa, alcançando o último degrau de sua carreira, passaria para carreira diversa sem prestar concurso público. Tal forma de provimento não tem amparo constitucional. Nos termos da Súmula Vinculante 43, do Supremo Tribunal Federal, "é inconstitucional toda modalidade de provimento que propicie ao servidor investir-se, sem prévia aprovação em concurso público destinado ao seu provimento, em cargo que não integra a carreira na qual anteriormente investido". Assim, conforme entendimento consolidado da Corte Suprema, a previsão de realização de concurso interno para a promoção de servidores ofende a Constituição Federal. Neste sentido, já se manifestou, por diversas vezes, a Corte (ADI nº 242, ADI nº 837, ADI nº 1150, MS nº 22148, dentre outros).

5. PODERES ADMINISTRATIVOS

✦ LEANDRO BORTOLETO E LUÍS FELIPE CIRINO

- CTN, art. 78
- Lei nº 9.873/99
- CF, art. 84, VI

143. (Cespe – Juiz Federal – TRF 5/2017) Acerca dos atos administrativos, do poder regulamentar e do poder de polícia, assinale a opção correta.

A) Para o STJ, as balanças de pesagem corporal oferecidas gratuitamente a clientes por farmácias são passíveis de fiscalização pelo INMETRO, a fim de preservar as relações de consumo, sendo, portanto, legítima a cobrança de taxa decorrente do poder de polícia no exercício da atividade de fiscalização.

B) Situação hipotética: Um servidor público efetivo indicado para cargo em comissão foi exonerado ad nutum sob a justificativa de haver cometido assédio moral no exercício da função. Posteriormente, a administração reconheceu a inexistência da prática do assédio, mas persistiu a exoneração do servidor, por se tratar de ato administrativo discricionário. Assertiva: Nessa situação, o ato de exoneração é válido por não se aplicar a teoria dos motivos determinantes.

C) Conforme o STF, o Poder Judiciário não detém competência para substituir banca examinadora de concurso público para reexaminar o conteúdo das questões e os critérios de correção utilizados, admitindo-se, no entanto, o controle do conteúdo das provas ante os limites expressos no edital.

D) A homologação é um ato administrativo unilateral vinculado ao exame de legalidade e conveniência pela autoridade homologante, sendo o ato a ser homologado passível de alteração, em virtude do princípio da hierarquia presente no exercício da atividade administrativa.

E) Situação hipotética: Lei ordinária instituiu a criação de autarquia federal vinculada ao Ministério X, com o objetivo de atuar na fiscalização e no fomento de determinado setor. Publicada a referida lei, o ministro expediu decreto estabelecendo a estrutura organizacional e o funcionamento administrativo da nova autarquia. Assertiva: Esse caso ilustra a constitucionalidade do decreto regulamentar por delegação do presidente da República.

COMENTÁRIOS

Alternativa correta: letra "c". O Supremo Tribunal Federal firmou entendimento, no julgamento do RE nº 632.853, de que o Judiciário não pode interferir em critérios fixados por banca examinadora de concursos. Neste sentido, a corte decidiu que apenas em casos de flagrante ilegalidade ou inconstitucionalidade, a Justiça poderá ingressar no mérito administrativo para rever critérios de correção e de avaliação impostos pela banca examinadora.

Alternativa "a". Pelo contrário, de acordo com a jurisprudência do STJ, balança de farmácia está isenta de fiscalização do INMETRO. Neste sentido, é o REsp nº 1.655.383.

Alternativa "b". Pela **teoria dos motivos determinantes**, não importa se deve ou não haver a **motivação – demonstração do motivo, por escrito** – do ato administrativo, pois o administrador fica **vinculado aos motivos declarados para a prática do ato.** Quer dizer, mesmo que se trate de situação em que não havia obrigação de motivar, **uma vez feita a motivação ou motivo declarado existiu e é verdadeiro ou o ato é nulo.** Por exemplo, o ocupante de cargo em comissão pode ser exonerado a qualquer tempo, e a autoridade não precisa expor o motivo. Se, contudo, em determinado caso justifica-se a exoneração pela ausência de verba e, em seguida, outro servidor é nomeado, o ato é invalido porque o motivo alegado é falso. Isso, inclusive, pode ser apreciado pelo Poder Judiciário porque o ato somente é válido se todos os seus elementos estiverem em conformidade com o direito.

Alternativa "d". Os atos administrativos negociais são aqueles em que **há concordância de vontades entre a Administração Pública e o particular.** Não se trata de contrato administrativo, porque a manifestação de vontade é unilateral. Destinam-se a concretizar determinado negócio jurídico ou a conceder determinada faculdade ao particular e **produzem efeitos concretos e individuais** para o administrado. São exemplos de atos negociais a **licença**, a **autorização**, a **permissão**, a **admissão**, a **aprovação**, a **homologação**, o **visto** e a **dispensa.** Não é possível, contudo, que a **homologação** seja passível de alteração, muito embora haja, de fato, exame de legalidade e conveniência do ato em questão.

Alternativa "e". A edição de atos normativos no exercício da função administrativa é plenamente possível de ser feito na Administração Pública brasileira e se manifesta como decorrência do poder regulamentar. O meio apto a veicular essa norma é o decreto executivo ou regulamento executivo, os quais, necessariamente, dependem da existência de ato normativo primário, que será explicado, detalhado, para sua fiel execução. A doutrina, em regra, não admite a possibilidade de expedição de ato normativo sem que tenha lei. Entretanto, atualmente, o art. 84, VI, da Constituição Federal prevê a existência do decreto autônomo, pois esse dispositivo atribui ao Presidente da República a competência para dispor, mediante decreto, sobre a administração federal, desde que não implique aumento de despesa, não faça a criação ou extinção de órgão público e nem a extinção de cargo público provido (por decreto, pode extinguir cargo vago). Assim, não se trata de delegação de decreto regulamentar, uma vez que os decretos que dispõem sobre organização e funcionamento são autônomos e emanam diretamente da Constituição.

---

144. (Cespe – Analista Judiciário – Área Administrativa – TRE – BA/2017) A aplicação de advertência a servidor público, em decorrência do cometimento de infração funcional, demonstra o exercício do poder

A) regulamentar.

B) disciplinar.

C) hierárquico.

D) vinculado.

E) de polícia.

COMENTÁRIOS

✪ **Nota do autor:** Os **poderes administrativos são as prerrogativas à disposição da Administração destinadas à viabilização do interesse público.**

Alternativa correta: letra "b". O poder disciplinar é a prerrogativa pela qual a Administração apura as infrações e aplica as penalidades ao infrator, que deve ser um servidor público ou particular sujeito à disciplina administrativa. Desse modo, a apuração das infrações e a aplicação de penalidades representam o poder disciplinar.

Alternativa "a". O **poder regulamentar, que é uma espécie do gênero poder normativo,** pode ser definido como a faculdade de que dispõem os Chefes de Executivo de explicitar a lei para sua correta execução[27].

Alternativa "c". O **Poder Hierárquico** é aquele conferido ao administrador para distribuir e escalonar as funções de seus órgãos, ordenar e rever a atuação de seus agentes, estabelecendo para tanto uma relação de hierarquia e subordinação. A hierarquia é uma característica peculiar da função administrativa, e não possui nenhuma correlação com o regime autoritário. A organização administrativa se baseia nos pressupostos da distribuição de competência e hierarquia.

Alternativa "d". O **Poder Vinculado** é aquele em que o administrador público não possui a possibilidade de emanar um juízo de oportunidade e discricionariedade diante de casos concretos, ou seja, uma vez preenchidos os requisitos legais, o administrador é obrigado a praticar o ato.

Alternativa "e". Conforme Hely Lopes Meirelles, o poder de polícia é definido como a "**faculdade de que dispõe a Administração Pública para condicionar e restringir o uso e gozo de bens, atividades e direitos individuais, em benefício da coletividade ou do próprio Estado**"[28]. Pode-se, assim, afirmar que o poder de polícia é uma atividade administrativa consistente em **intervir no exercício de direitos e liberdades individuais, impondo restrições e condições para que o interesse particular não cause prejuízo ao interesse público.**

---

145. (Cespe – Técnico Judiciário – Área Administrativa – TRE – BA/2017) Em relação ao poder de polícia, assinale a opção correta.

A) A polícia administrativa e a polícia judiciária se exaurem em si mesmas, ou seja, se iniciam e se completam no âmbito da função administrativa de caráter fiscalizador, tendo em vista que essas atividades se enquadram no âmbito da função administrativa, representando atividade de gestão de interesse público.

B) A linha que reflete a junção entre o poder restritivo da administração e a intangibilidade dos direitos

---

27 MEIRELLES, Hely Lopes. *Direito administrativo brasileiro. 36 ed. São Paulo: Malheiros, 2010.* p.130.

28 MEIRELLES, Hely Lopes. *Direito administrativo brasileiro.* 36 ed. São Paulo: Malheiros, 2010. p. 134.

assegurados aos indivíduos, tais como liberdade e propriedade, é insuscetível de ser ignorada pelo agente público, visto que atuar aquém dessa linha equivale a renunciar aos poderes públicos e agir além dela representa arbítrio e abuso de poder.

C) Os guardas municipais não têm legitimidade ou idoneidade para atuar na fiscalização, no controle e na orientação do trânsito, não podendo aplicar as sanções pertinentes às infrações cometidas, pois não se trata de um mero poder de polícia, mas de atividade afeta à segurança pública.

D) Em sentido amplo, o poder de polícia se configura como atividade administrativa que consubstancia verdadeira prerrogativa conferida aos agentes da administração, consistente no poder de restringir e condicionar a liberdade e a propriedade, ao passo que, em sentido estrito, poder de polícia significa toda e qualquer ação restritiva do Estado em relação aos direitos individuais.

E) Será válido o ato de polícia praticado por administrador de ente federativo que não tenha competência constitucional para regular a matéria, se, por exemplo, o ato consistir no exercício do poder disciplinar relativamente a agente público — fato que configura o exercício do poder de polícia —, desde que a lei em que se fundar a conduta do administrador seja supralegal.

COMENTÁRIOS

✪ **Nota do autor:** O poder de polícia é facilmente identificado na rotina das pessoas, pois há diversos setores da sociedade em que se manifesta como, por exemplo, a **polícia de segurança do trânsito**, a polícia de **vigilância sanitária**, a polícia de **edificações**, etc. Entretanto, a polícia administrativa e a polícia de segurança pública não podem ser objeto de confusão.

Alternativa correta: letra "b". A assertiva foi praticamente copiada da obra do Professor José dos Santos Carvalho Filho, para quem, ao tratar dos limites do poder de polícia, escreveu que "há uma linha insuscetível de ser ignorada, que reflete a junção entre o poder restritivo da Administração e a intangibilidade dos direitos (liberdade e propriedade, entre outros) assegurados aos indivíduos. Atuar aquém dessa linha demarcatória é renunciar ilegitimamente a poderes públicos; atuar além dela representa arbítrio e abuso de Poder [...]"[29].

Alternativa "a". A polícia administrativa e a polícia judiciária não podem ser objeto de confusão, pois, de fato, são distintas. Ocorre que, normalmente, os órgãos de polícia judiciária exercem as duas formas de polícia como se vê, por exemplo, na polícia civil em relação ao trânsito e na polícia federal no que se refere à atividade de segurança privada. Entretanto, as atividades são diferentes, pois, a polícia administrativa tem como foco a limitação a uma liberdade, ao exercício de um direito para que não seja exercido de forma nociva ao interesse público e a polícia judiciária tem como objetivo a responsabilização do infrator. Outra diferença é que a polícia administrativa é regulada pelas normas de direito administrativo e a polícia judiciária pelas normas do direito processual penal. Assim, a **polícia judiciária não é um fim em si mesma**, uma vez que tem natureza preparatória para a função jurisdicional.

Alternativa "c". A fiscalização do trânsito configura em atividade relacionada ao exercício do poder de polícia. Nesse sentido, a atividade do poder de polícia não se resume apenas na restrição e controle voltado à questão de segurança de pessoas e bens, mas também: a) no controle do exercício de profissões; b) determinando a fiscalização e funcionamento de atividades do Município; c) delimitando e verificando as condições sanitárias de venda e armazenamento de diversos produtos; **d) fiscalizando o trânsito**; e) determinando e fiscalizando o meio ambiente; concedendo alvará de licença ou de autorização para a realização de atividades; f) controlando medicamento; g) determinado e fiscalizando atividades bancárias; entre outras. Respondendo a alternativa em questão, o Supremo Tribunal Federal fixou a seguinte tese de repercussão geral: "É constitucional a atribuição às guardas municipais do exercício do poder de polícia de trânsito, inclusive para a imposição de sanções administrativas legalmente previstas (STF. Plenário. RE 658570/ MG, julgado em 06/08/2015).

Alternativa "d". É necessário destacar que o polícia pode ser dividido em poder de polícia em sentido amplo e poder de polícia em sentido estrito. Em sentido amplo, engloba tanto os atos legislativos quanto os atos administrativos, quer dizer, pode se manifestar por meio de uma lei impondo restrições ao exercício de um direito quanto por meio de um ato administrativo. Já, em sentido estrito, o poder de polícia é uma atividade administrativa e, assim, só pode ser exercida na função administrativa e não na função legislativa. Na assertiva, o item traz a definição do poder de polícia em sentido **estrito**, razão pela qual está errada.

Alternativa "e". A competência para o exercício do poder de polícia é do **ente com competência constitucional** para a regulação da matéria.

---

146. (Cespe – Defensor Público – DPU/2017) Como decorrência da hierarquia existente no âmbito da administração pública, o órgão superior detém o poder de avocar atribuições de competência exclusiva de órgão a ele subordinado.

COMENTÁRIOS

✪ **Nota do autor:** A avocação, realizado por um Ministro de Estado, de competência de subordinado

---

29 Manual de Direito Administrativo. 26ª ed. São Paulo: Atlas, 2013. p. 87.

seu, é um dos instrumentos relacionados ao poder hierárquico. A avocação é chamar para si as funções que eram atribuídas de forma originária a um subordinado.

"Errado". O **poder hierárquico** é a prerrogativa que a Administração Pública tem de se organizar para buscar o interesse público e, para isso, desconcentra competências, isto é, distribui internamente competência entre seus diversos órgãos, escalonando-os, hierarquizando-os. Com isso, cria-se uma **relação de hierarquia** entre os órgãos, pelo que os subordinados têm o dever de obediência aos superiores. Assim, dessa organização administrativa decorrem vários poderes, dentre os quais: o de editar atos normativos, o de dar ordens aos subordinados, o de controlar, coordenar e corrigir a atividade dos órgãos inferiores, o de avocar atribuições (**desde que não sejam de competência exclusiva do órgão subordinado**), o de delegar atribuições (que não lhes sejam privativas), dentre outras.

147. (Cespe – Analista Judiciário – Área Judiciária – TRE – TO/2017) O secretário de segurança pública de determinado município brasileiro editou portaria proibindo a venda de bebidas alcoólicas no dia do pleito eleitoral.

Nessa situação hipotética, o ato do secretário tem como fundamento o

A) poder disciplinar, sendo a justiça eleitoral o juízo competente para processar e julgar mandado de segurança que questione a sua legitimidade.

B) poder de polícia, sendo a justiça estadual o juízo competente para processar e julgar mandado de segurança que questione a sua legitimidade.

C) poder de polícia, sendo a justiça eleitoral o juízo competente para processar e julgar mandado de segurança que questione a sua legitimidade.

D) poder regulamentar, sendo a justiça estadual o juízo competente para processar e julgar mandado de segurança que questione a sua legitimidade.

E) poder regulamentar, sendo a justiça eleitoral o juízo competente para processar e julgar mandado de segurança que questione a sua legitimidade.

COMENTÁRIOS

✪ **Nota do autor:** Pelo conceito moderno, adotado no direito brasileiro, o poder de polícia é **atividade do Estado consistente em limitar o exercício dos direitos individuais em benefício do interesse público[30].**

Alternativa correta: letra "b" (responde a alternativa "c"). Conforme Hely Lopes Meirelles, o poder de polícia é definido como a "**faculdade de que dispõe a Administração Pública para condicionar e restringir o uso e gozo de bens, atividades e direitos individuais, em benefício da coletividade ou do próprio Estado**"[31]. Pode-se, assim, afirmar que o poder de polícia é uma atividade administrativa consistente em **intervir no exercício de direitos e liberdades individuais, impondo restrições e condições para que o interesse particular não cause prejuízo ao interesse público.** Na questão em comento, limitar a venda de bebidas alcoólicas é uma medida que restringe uma liberdade individual, razão pela qual o poder em questão é o de polícia. No que se refere à competência para julgamento do mandado de segurança eventualmente interposto, tendo sido o ato proferido por secretário de segurança pública de determinado município, o *mandamus* deve ser julgado pela justiça comum estadual, em 1ª instância, ainda que se trate de medida que proíba a comercialização de bebidas alcoólicas em dia de eleição. Neste sentido, o Superior Tribunal de Justiça já consolidou entendimento de que **a competência para processar e julgar mandado de segurança decorre da categoria da autoridade coatora ou de sua sede funcional, e não da natureza do ato impugnado** (Conflito de Competência nº 108.886 – CE).

Alternativa "a". O **Poder Disciplinar** é aquele conferido à Administração Pública que lhe permite punir e apenar a prática de infrações funcionais de servidores e todas as pessoas que estiverem sujeitos à disciplina dos órgãos e serviços da Administração.

Alternativa "d" (responde a alternativa "e"). O **poder regulamentar** é espécie do poder normativo, conferindo ao Chefe do Executivo a prerrogativa de editar atos gerais e abstratos, complementares à lei, sem inovar, de forma original, a ordem jurídica. Normalmente, manifesta-se pela expedição de decretos executivos destinados a explicitar, aclarar, explicar a lei para que possa ser posta em prática, e essa possibilidade de regulamentação não é privativa do Chefe do Poder Executivo, pois o Judiciário (provimentos, resoluções) e o Legislativo (regimento) também podem regulamentar as leis, mas a regulamentação não é tão extensa quanto à feita pelo Poder Executivo.

148. (Cespe – Técnico Judiciário – Área Administrativa – TRF 1/2017) Em regra, o poder regulamentar é dotado de originariedade e, por conseguinte, cria situações jurídicas novas, não se restringindo apenas a explicitar ou complementar o sentido de leis já existentes.

COMENTÁRIOS

✪ **Nota do autor:** O poder regulamentar, normalmente, se manifesta pela expedição de decretos executivos destinados a explicitar, aclarar, explicar a lei para

30 DI PIETRO, Maria Sylvia Zanella. *Direito Administrativo*. 24 ed. São Paulo: Atlas, 2011.p. 118.

31 MEIRELLES, Hely Lopes. *Direito administrativo brasileiro*. 36 ed. São Paulo: Malheiros, 2010. p. 134.

que possa ser posta em prática. Não há, assim, originariedade e nem a criação de situações jurídicas novas.

"Errado". O **poder regulamentar** é espécie do poder normativo, conferindo ao Chefe do Executivo a prerrogativa de editar atos gerais e abstratos, complementares à lei, **sem inovar, de forma original, a ordem jurídica.** Normalmente, manifesta-se pela expedição de decretos executivos destinados a explicitar, aclarar, explicar a lei para que possa ser posta em prática, e essa possibilidade de regulamentação não é privativa do Chefe do Poder Executivo, pois o Judiciário (provimentos, resoluções) e o Legislativo (regimento) também podem regulamentar as leis, mas a regulamentação não é tão extensa quanto à feita pelo Poder Executivo.

149. (Cespe – Delegado de Polícia – MT/2017) A administração pública de determinado município brasileiro constatou o funcionamento irregular de um estabelecimento que comercializava refeições. Nessa hipótese,

I. se houver tentativa do proprietário para impedir o fechamento do estabelecimento, a administração poderá utilizar-se da força pública, independentemente de decisão liminar.

II. a administração, com a utilização de seus próprios meios, poderá impedir o funcionamento do estabelecimento.

III. a administração estará impedida de utilizar o critério da discricionariedade para impedir o funcionamento do estabelecimento.

IV. a administração deverá utilizar a polícia judiciária para executar o ato de impedir o funcionamento do estabelecimento.

Estão certos apenas os itens

A) I e II.

B) I e III.

C) III e IV.

D) I, II e IV.

E) II, III e IV.

COMENTÁRIOS

✪ **Nota do autor:** O poder de polícia é a **"faculdade de que dispõe a Administração Pública para condicionar e restringir o uso e gozo de bens, atividades e direitos individuais, em benefício da coletividade ou do próprio Estado"**[32]. Maria Sylvia Zanella Di Pietro[33] aponta como atributos do poder de polícia a discricionariedade, a coercibilidade e a autoexecutoriedade.

Alternativa correta: letra "a". Estão corretos os itens I e II.

Item I. Correto. A coercibilidade é a prerrogativa que a Administração tem de **impor ao administrado o cumprimento da medida de polícia administrativa**. Desse modo, o ato de polícia é impositivo, coercitivo para o destinatário e produz efeitos independentemente da concordância deste.

Item II. Correto. A autoexecutoriedade aponta para o fato de que a Administração Pública, para satisfazer o interesse público, **pode praticar diretamente os atos afetos à polícia administrativa, não necessitando recorrer ao Poder Judiciário para tanto.** É um dos atributos do **poder de polícia.**

Item III. Errado. Em regra, a atividade de polícia administrativa é discricionária, havendo liberdade de escolha do administrador em relação ao momento de atuação, à forma de atuação e, às vezes, até no que se refere a qual sanção aplicar. Desse modo, por exemplo, a atividade de fiscalização, normalmente, não possui um momento exato para ser desempenhada e, por vezes, a lei deixa para o fiscal a análise de qual medida adotar no caso concreto.

Item IV. Errado. A polícia administrativa e a polícia judiciária não podem ser objeto de confusão, pois, de fato, são distintas. Ocorre que, normalmente, os órgãos de polícia judiciária exercem as duas formas de polícia como se vê, por exemplo, na polícia civil em relação ao trânsito e na polícia federal no que se refere à atividade de segurança privada. Entretanto, as atividades são diferentes, pois, a polícia administrativa tem como foco a limitação a uma liberdade, ao exercício de um direito para que não seja exercido de forma nociva ao interesse público e a polícia judiciária tem como objetivo a responsabilização do infrator. Outra diferença é que a polícia administrativa é regulada pelas normas de direito administrativo e a polícia judiciária pelas normas do direito processual penal. Deste modo, a atuação da polícia administrativa no sentido de executar os atos para impedir o funcionamento do estabelecimento independe de intervenção da polícia judiciária.

150. (Cespe – Delegado de Polícia – PE/2016) Acerca dos poderes e deveres da administração pública, assinale a opção correta.

a) A autoexecutoriedade é considerada exemplo de abuso de poder: o agente público poderá impor medidas coativas a terceiros somente se autorizado pelo Poder Judiciário.

b) À administração pública cabe o poder disciplinar para apurar infrações e aplicar penalidades a pessoas sujeitas à disciplina administrativa, mesmo que não sejam servidores públicos.

32 MEIRELLES, Hely Lopes. *Direito administrativo brasileiro.* 36 ed. Sãi Paulo: Malheiros, 2010. p. 134.

33 DI PIETRO, Maria Sylvia Zanella. *Direito administrativo.* 23 ed.São Paulo: Atlas, 2010. p. 111.

c) Poder vinculado é a prerrogativa do poder público para escolher aspectos do ato administrativo com base em critérios de conveniência e oportunidade; não é um poder autônomo, devendo estar associado ao exercício de outro poder.

d) Faz parte do poder regulamentar estabelecer uma relação de coordenação e subordinação entre os vários órgãos, incluindo o poder de delegar e avocar atribuições.

e) O dever de prestar contas aos tribunais de contas é específico dos servidores públicos; não é aplicável a dirigente de entidade privada que receba recursos públicos por convênio.

COMENTÁRIOS

Alternativa correta: letra "b". O poder disciplinar é a prerrogativa pela qual a Administração apura as infrações e aplica as penalidades ao infrator, que pode ser um servidor público ou particular sujeito à disciplina administrativa, como um estudante de escola pública[34].

Alternativa "a". O **poder de polícia**, por exemplo, tem como uma de suas características a **autoexecutoriedade** – que aponta que a Administração Pública pode praticar diretamente os atos afetos à polícia administrativa, não necessitando recorrer ao Poder Judiciário. Assim, **não há que se falar em abuso de poder**, neste caso.

Alternativa "c". A alternativa faz menção ao **poder discricionário**. O ***poder vinculado*** é aquele que a lei confere à Administração Pública para a prática de ato de sua competência, determinando os elementos e requisitos necessários a sua formalização, conforme Hely Lopes Meirelles. Todo e qualquer ato administrativo deve estar em conformidade com o direito e, em muitos casos, a conveniência e a oportunidade de se praticar determinado ato já foram valoradas pelo legislador, não havendo margem de escolha ao administrador; em tais situações, em que o ***comportamento já foi previamente delimitado pela lei***, há aplicação do ***poder vinculado*** – que, em verdade, por se tratar mais de uma restrição à Administração Pública que a uma prerrogativa, não é considerado, por muitos autores, poder da Administração Pública. Por seu turno, o ***poder discricionário*** é o concedido à Administração Pública para a prática de determinados atos administrativos com ***liberdade, nos limites da lei, na valoração do juízo de conveniência e oportunidade.*** Em outras palavras, trata-se de prerrogativa conferida à Administração Pública de fazer opções, de escolher, de analisar se é oportuno, se é conveniente, segundo o interesse público, a prática de determinado ato.

34 DI PIETRO, Maria Sylvia Zanella. *Direito administrativo*. 23 ed. São Paulo: Atlas, 2010. p. 94.

Alternativa "d". Faz parte do poder **hierárquico** estabelecer uma relação de coordenação e subordinação entre os vários órgãos, incluindo o poder de delegar e avocar atribuições.

Alternativa "e". O dever de prestar contas aos tribunais de contas **não** é específico dos servidores públicos. Neste sentido, por exemplo, à luz do que dispõe o art. 71, VI, da Constituição Federal, compete ao Tribunal de Contas da União "fiscalizar a aplicação de quaisquer recursos repassados pela União mediante convênio, acordo, ajuste ou outros instrumentos congêneres, a Estado, ao Distrito Federal ou a Município". Além disso, na forma do mesmo dispositivo, em seu parágrafo único, consta que "prestará contas qualquer pessoa física ou jurídica, pública ou privada, que utilize, arrecade, guarde, gerencie ou administre dinheiros, bens e valores públicos ou pelos quais a União responda, ou que, em nome desta, assuma obrigações de natureza pecuniária".

---

151. (Cespe – Defensor Público – RN/2015) Com relação aos poderes da administração pública e aos poderes e deveres dos administradores públicos, assinale a opção correta.

a) A cobrança de multa constitui exemplo de exceção à autoexecutoriedade do poder de polícia, razão por que o pagamento da multa cobrada não pode se configurar como condição legal para que a administração pública pratique outro ato em favor do interessado.

b) A autorização administrativa consiste em ato administrativo vinculado e definitivo segundo o qual a administração pública, no exercício do poder de polícia, confere ao interessado consentimento para o desempenho de certa atividade.

c) O desvio de finalidade é a modalidade de abuso de poder em que o agente público atua fora dos limites de sua competência, invadindo atribuições cometidas a outro agente.

d) No exercício do poder regulamentar, é conferida à administração pública a prerrogativa de editar atos gerais para complementar a lei, em conformidade com seu conteúdo e limites, não podendo ela, portanto, criar direitos e impor obrigações, salvo as excepcionais hipóteses autorizativas de edição de decreto autônomo.

e) Decorre do sistema hierárquico existente na administração pública o poder de delegação, segundo o qual pode o superior hierárquico, de forma irrestrita, transferir atribuições de um órgão a outro no aparelho administrativo.

COMENTÁRIOS

Alternativa correta: letra "d". Para Maria Sylvia Zanella Di Pietro, o ***poder regulamentar é espécie do***

poder normativo da Administração Pública, ou seja, é um tipo, uma das formas pela qual se expressa a função normativa da Administração Pública, e o poder regulamentar, assim entendido, ***é privativo do Chefe do Executivo*** e se materializa por meio de ***decreto***, mas há ***outras formas*** de expressão do poder normativo como as ***resoluções, as portarias, as instruções, os regimentos,*** mas esses atos possuem alcance restrito aos limites de atuação do órgão e não têm a mesma natureza dos regulamentos expedidos pelos Chefes do Executivo[35]. Com ele, verifica-se a prerrogativa de **editar atos gerais e abstratos, complementares à lei**, sem inovação, de forma original, da ordem jurídica, não podendo criar direitos e impor obrigações. Quanto ao decreto autônomo, está previsto no art. 84, VI, da Constituição Federal que atribui ao Presidente da República a competência para dispor, mediante decreto, sobre a administração federal, desde que não implique aumento de despesa, não faça a criação ou extinção de órgão público e nem a extinção de cargo público provido (por decreto, pode extinguir cargo vago). Os governadores e prefeitos também dispõem dessa competência, desde que haja previsão, respectivamente, nas constituições estaduais e leis orgânicas.

Alternativa "a". A **autoexecutoriedade** aponta para o fato de que a Administração Pública, para satisfazer o interesse público, **pode praticar diretamente os atos afetos à polícia administrativa, não necessitando recorrer ao Poder Judiciário.** Assim, para aplicação de penalidades administrativas, não precisa a Administração de ordem judicial. Todavia, insta destacar, a autoexecutoriedade só existe quando **prevista em lei** ou quando se tratar de **situação de urgência** e, assim, **não se faz presente em todas as medidas de polícia.** Inclusive, em relação à multa, existe autoexecutoriedade na sua imposição, mas não há quando da sua cobrança, se houver resistência por parte do administrado. Para tanto, o Poder Público deverá valer-se dos meios judiciais disponíveis. Todavia, como adverte José dos Santos Carvalho Filho, é possível que o pagamento da multa se configure como condição para que a Administração pratique outro ato em favor do interessado, desde que tal condição esteja expressamente prevista em lei[36].

Alternativa "b". Em regra, a atividade de polícia administrativa é discricionária, havendo liberdade de escolha do administrador em relação ao momento de atuação, à forma de atuação e, às vezes, até no que se refere a qual sanção aplicar. Desse modo, por exemplo, a atividade de fiscalização, normalmente, não possui um momento exato para ser desempenhada e, por vezes, a lei deixa para o fiscal a análise de qual medida adotar no caso concreto. Todavia, nem sempre há discricionariedade e o poder de polícia pode ser manifestação administrativa vinculada, como são exemplos a licença para dirigir e a licença para construir. Aliás, costuma-se indicar que, se o ato é praticado por licença, é vinculado e, se é feito por autorização, tem-se a discricionariedade. Assim, a autorização administrativa consiste em ato administrativo **discricionário e precário.**

Alternativa "c". O **abuso de poder** tem duas espécies: a) **excesso de poder**, que é verificado quando o **agente atua além dos limites de sua competência** e b) **desvio de poder ou desvio de finalidade**, que se dá quando o administrador **age dentro de sua competência, mas o faz para alcançar fim diferente do previsto, dissociando-se do interesse público.**

Alternativa "e". De fato, a delegação é um exemplo de manifestação do poder hierárquico, pelo qual o superior pode transferir parcela de sua competência, de forma transitória, para seu subordinado. A delegação, entretanto, não pode ser feita de forma irrestrita, pois, por exemplo, somente é admitida se for parcial. Ademais, a doutrina, na maioria, somente admite a delegação feita ao subordinado de quem delega, mas, na área federal, a título de ilustração, a Lei nº 9.784/99, no art. 12, aceita a delegação mesmo quando não houver subordinação.

152. (Cespe – Analista Judiciário – Área Administrativa – STJ/2015) O fenômeno da deslegalização, também chamada de delegificação, significa a retirada, pelo próprio legislador, de certas matérias do domínio da lei, passando-as para o domínio de regulamentos de hierarquia inferior.

COMENTÁRIOS

Certo. Deslegalização ou **delegificação** é o modo pelo qual as "casas legislativas abrem um espaço normativo, quase sempre de natureza técnica, em que elas se demitem da função de criar certas normas legais para que outros entes, públicos ou privados, o façam, sob os limites e controles por ela estabelecidos, no exercício da competência implícita no *caput* do art. 48 da Constituição"[37]. Quer dizer, **a lei delega a função de criar norma a respeito de assuntos técnicos a órgãos administrativos.** Exemplo disso é exercício da função normativa pelas agências reguladoras.

153. (Cespe – Analista Judiciário – Área Administrativa – STJ/2015) O desvio de finalidade é uma espécie

35 *Direito administrativo*. 23. ed. São Paulo: Atlas, 2010. p. 90 e 93.

36 Manual de direito administrativo. 27. ed. São Paulo: Atlas, 2014, p. 89.

37 MOREIRA NETO, Diogo de Figueiredo. *Curso de direito administrativo: parte introdutória, parte geral e parte especial*. 15. ed. Rio de Janeiro: Forense, 2009. p. 34.

de abuso de poder em que o agente público, apesar de agir dentro dos limites de sua competência, pratica determinado ato com objetivo diverso daquele pautado pelo interesse público.

COMENTÁRIOS

✪ **Nota do autor:** o uso indevido de qualquer um dos poderes administrativos, contrariando o regime jurídico administrativo, caracteriza abuso de poder, que tem duas espécies: excesso de poder e desvio de poder ou finalidade.

Certo. O **desvio de poder** ou **finalidade** ocorre quando o **administrador age dentro de sua competência** (não extrapola), **mas o faz para alcançar fim diferente do previsto**, explícita ou implicitamente, na lei, ou seja, **dissocia-se do interesse público.** Por sua vez, há **excesso de poder** na hipótese do agente público **atuar além dos limites** de sua competência.

154. (Cespe – Analista Judiciário – Área Judiciária – TJ – CE/2014) Em relação aos poderes administrativos, assinale a opção correta.

a) O poder discricionário não é passível de controle pelo Poder Judiciário.

b) O desvio de poder configura-se quando o agente atua fora dos limites de sua competência administrativa.

c) Nenhum ato inerente ao poder de polícia pode ser delegado, dado ser expressão do poder de império do Estado.

d) O poder hierárquico restringe-se ao Poder Executivo, uma vez que não há hierarquia nas funções desempenhadas no âmbito dos Poderes Legislativo e Judiciário.

e) As prerrogativas do Poder Legislativo incluem a sustação dos atos normativos do Poder Executivo que exorbitem do poder regulamentar.

COMENTÁRIOS

✪ **Nota do autor:** os **poderes administrativos são as prerrogativas à disposição da Administração destinadas à viabilização do interesse público.**

Alternativa correta: letra "e". Em relação ao controle legislativo, há diversas formas de atuação como a realização de Comissões Parlamentares de Inquérito (CPI), a convocação de autoridades para prestarem esclarecimento sobre determinado assunto e, em especial quanto aos administrativos expedidos com fundamento no poder regulamentar, a sustação de ato administrativo. Pelo poder normativo, em regra, a Administração Pública, por meio de atos administrativos, detalhará, explicará a lei para que possa ser cumprida e, para tanto, deve respeitar os limites da lei, ou seja, não pode exorbitar o comando legislativo. Caso haja exorbitância regulamentadora, de acordo com o art. 49, V da Constituição Federal, é competência exclusiva do Congresso Nacional sustar o ato administrativo que exorbite do poder regulamentar.

Alternativa "a". Diante dos mandamentos constitucionais constantes do art. 5º, XXXV, LXIX, LXX e LXXIII, nenhum ato do Poder Público poderá ser subtraído do exame judicial, seja ele de que categoria for (vinculado ou discricionário) e provenha de qualquer agente, órgão ou Poder[38].

Alternativa "b". O **abuso de poder** tem duas espécies: a) **excesso de poder**, que é verificado quando o **agente atua além dos limites de sua competência** e b) **desvio de poder ou desvio de finalidade**, que se dá quando o administrador **age dentro de sua competência, mas o faz para alcançar fim diferente do previsto, dissociando-se do interesse público**.

Alternativa "c". A doutrina divide o poder de polícia em: **poder de polícia originário** e o **poder de polícia delegado**. O poder de polícia originário é conferido ao administrador através das leis e os atos administrativos provenientes de pessoas políticas da federação aos quais lhes são atribuídas o exercício do poder de polícia e o poder de editar as próprias leis limitativas. Por sua vez, o poder de polícia delegado ocorre quando a lei confere a uma entidade administrativa o poder de polícia. Porém, esta entidade não pode estar desvinculada oficialmente com os entes públicos. É pressuposto que a delegação só poderá ser outorgada a pessoa jurídica integrada a estrutura da Administração Indireta, porque poderá ter a seu cargo a prestação do serviço público. A Administração Pública Indireta, onde na maioria das vezes possui seu pessoal regido pelas normas da CLT (regime celetista), pode ter competência delegada conferida por lei para o exercício do poder de polícia. Portanto, para que haja a delegação são necessários a observância de três condições: a) a pessoa jurídica deve integrar a estrutura da Administração Indireta (para ter a prestação do serviço público); b) a competência deve ter sido conferida pela lei; e c) o poder de polícia deve ser restringido a atos de natureza fiscalizatória.

Alternativa "d". *O* ***poder hierárquico****, é* o que o Executivo dispõe para ***distribuir e escalonar as funções de seus órgãos, ordenar e rever a atuação de seus agentes, estabelecendo a relação de subordinação entre os servidores do seu quadro pessoal***[39]***. Não se restringe, contudo, ao Poder Executivo****, sendo verificado, de igual modo, nos Poderes Legislativo e Judiciário, no exercício de função administrativa.*

38 MEIRELLES, Hely Lopes. *Direito Administrativo Brasileiro*. 34 ed. São Paulo: Malheiros Editores. 2008. p. 211.

39 MEIRELLES, Hely Lopes. *Direito administrativo brasileiro*. 36 ed. São Paulo: Malheiros, 2010. p. 121.

155. (Cespe – Cartório – TJ – DF/2014) Com relação aos poderes administrativos, assinale a opção correta.

a) A polícia administrativa realiza atividades fiscalizatórias e repressivas e suas ações incidem sobre bens, serviços e pessoas.

b) Ao buscar uma finalidade, ainda que de interesse público, alheia à categoria do ato que utilizou, o agente público competente incorre em excesso de poder.

c) Os atos administrativos praticados no exercício do poder de polícia não são suscetíveis de controle judicial, uma vez que se caracterizam por coercibilidade e autoexecutoriedade.

d) A atividade da administração pública que, mediante atos normativos ou concretos, limita ou condiciona a liberdade e a propriedade dos indivíduos, de acordo com o interesse coletivo, refere-se ao exercício do poder regulamentar.

e) A avocação e a delegação de competência são atos administrativos praticados no exercício do poder hierárquico da administração pública.

COMENTÁRIOS

Alternativa correta: letra "e". Tanto a **delegação** quanto a **avocação** são situações temporárias e excepcionais, pois permitem a prática de ato administrativo por quem não era originariamente competente. A diferença é que, na delegação, quem é competente delega, transfere parte de sua competência para outro servidor e, na **avocação**, o **superior, que não era competente, chama para si parcela de competência legalmente atribuída a subordinado seu**, com todas as consequências de uma substituição, inclusive a deslocação do juízo ou da instância em caso de demanda. Ambas são praticadas no exercício do poder hierárquico da Administração Pública, que é "o de que dispõe o Executivo para **distribuir e escalonar as funções de seus órgãos, ordenar e rever a atuação de seus agentes, estabelecendo a relação de subordinação entre os servidores do seu quadro de pessoal**"[40].Deve-se saber que nem todos os atos podem ser delegados. Segundo o artigo 13 da Lei 9.784/1999, não pode ser objeto de delegação: I- a edição de atos de caráter normativo; II- a decisão de recursos administrativos; e III- as matérias de competência exclusiva do órgão ou autoridade.

Alternativa "a". A **polícia judiciária** tem como principal função a **responsabilização do infrator**, enquanto a **polícia administrativa** tem como foco a **limitação a uma liberdade, ao exercício de um direito para que não seja exercido de forma nociva ao interesse público**. Ocorre que, normalmente, os órgãos de polícia judiciária exercem as duas formas de polícia como se vê, por exemplo, na polícia civil em relação ao trânsito e na polícia federal no que se refere à atividade de segurança privada. A apreensão de DVDs piratas, por serem cópias de filmes protegidos por direitos autorais, é, portanto, exercício da **polícia judiciária**, pois visa, ao fim, a **responsabilização do infrator**.

Alternativa "b". O **excesso de poder** é verificado quando o **agente atua além dos limites de sua competência**, ou seja, "o agente invade atribuições cometidas a outro agente, ou se arroga o exercício de atividades que a lei não lhe conferiu"[41].

Alternativa "c". Os atos administrativos praticados no exercício do poder de polícia, como todas as atividades praticadas pela Administração Pública, **são suscetíveis de controle judicial, em especial no que tange à sua legalidade**.

Alternativa "d". A atividade da administração pública que, mediante atos normativos ou concretos, limita ou condiciona a liberdade e a propriedade dos indivíduos, de acordo com o interesse coletivo, refere-se ao exercício do **poder de polícia**.

156. (Cespe – Cartório – TJ – DF/2014) A respeito dos poderes administrativos, assinale a opção correta.

a) Desde que haja previsão legal, é possível o exercício do poder de polícia, em especial a realização de atos coercitivos, por pessoa jurídica da iniciativa privada não integrante da administração pública.

b) O poder disciplinar e o hierárquico fundamentam a aplicação de sanção administrativa a particular que, contratado pela administração, descumpra obrigações contratuais.

c) Insere-se no âmbito do poder regulamentar a competência privativa, não passível de delegação, do presidente da República para expedir decretos para a fiel execução das leis.

d) A interdição de estabelecimentos comerciais, a apreensão de mercadorias e a detenção de pessoas são exemplos de atos praticados pela administração pública no âmbito do poder de polícia.

e) Dada a relação de hierarquia existente entre a União e autarquia federal, é possível a delegação a esta de parte da competência daquela, quando conveniente, em razão de circunstâncias de índole técnica, social, econômica, jurídica ou territorial.

COMENTÁRIOS

Alternativa correta: letra "c". O **poder regulamentar** consiste na "**faculdade de que dispõem os**

40 MEIRELLES, Hely Lopes. *Direito administrativo brasileiro*. 36 ed. São Paulo: Malheiros, 2010. p. 121.

41 CARVALHO FILHO, José dos Santos. *Manual de direito administrativo*. 19 ed. Rio de Janeiro: Lumen Juris, 2008. p. 40.

Chefes do Executivo de explicar a lei para sua correta execução, ou de expedir decretos autônomos sobre matéria de sua competência ainda não disciplinada em lei"[42]. Trata-se de um poder de caráter **derivado** ou **secundário**, pois decorre, necessariamente, da existência de uma lei anterior. O **regulamento** é, necessariamente, um **ato normativo secundário ou derivado**, pois que sua existência é dependente da existência de outro ato normativo, qual seja, a lei, e sua missão é, de maneira subalterna à lei, **complementar seu conteúdo** e, de forma alguma, pode inovar na esfera jurídica. Assim, **o regulamento não pode criar direitos ou obrigações**, sob pena de violar o princípio da legalidade, previsto no art. 5º, II, da Constituição Federal. A impossibilidade de extrapolar os limites legais fundamenta-se, por exemplo, no art. 84, IV, da Constituição Federal, pois estabelece que **é competência do Presidente da República "expedir decretos e regulamentos para sua fiel execução"**.

Alternativa "a". De maneira geral, a doutrina considera que **não é possível a delegação do poder de polícia a particulares** e aponta como exceção os capitães de navio.

Alternativa "b". Somente o poder disciplinar fundamenta a aplicação de sanção administrativa a particular que, contratado pela administração, descumpra obrigações contratuais. O **poder hierárquico** restringe-se à Administração Pública, internamente considerada.

Alternativa "d". Somente a interdição de estabelecimentos comerciais e a apreensão de mercadorias são exemplos de atos praticados pela administração pública no âmbito do poder de polícia.

Alternativa "e". Inexiste relação de hierarquia entre a Administração Pública Direta e os entes da Administração Pública Indireta. O que existe é um **controle de finalidade**, pelo qual a entidade criadora tem por dever fiscalizar a entidade criada, para verificar se o objetivo da criação está sendo atendido. Existe **vinculação e não subordinação**, como típico do **poder hierárquico.**

---

157. (Cespe – Procurador do Estado – BA/2014) Constitui exemplo de poder de polícia a interdição de restaurante pela autoridade administrativa de vigilância sanitária.

COMENTÁRIOS

✪ **Nota do autor:** O poder de polícia é a **prerrogativa** pela qual a Administração Pública impõe **condições, restrições** ao **exercício de um direito**, de uma **liberdade**, em benefício da coletividade.

"Certo". Um dos principais setores de manifestação do poder de polícia é, justamente, a **polícia de vigilância sanitária**; assim, quando a Administração Pública determina a interdição de um estabelecimento que viole normas sanitárias, está amparada em seu **poder de polícia**, a fim de que o particular, para o exercício de seu direito, adeque-se às exigências legais destinadas à tutela do interesse público.

---

158. (Cespe – Procurador do MP junto ao TCE-PB/2014) Assinale a opção correta acerca dos atos administrativos e da delegação.

a) A medida provisória e o decreto regulamentar são atos administrativos normativos de competência exclusiva do chefe do Poder Executivo.

b) Servidor de tribunal de contas estadual está impedido de atuar em processo administrativo em trâmite naquele órgão quando o interessado for seu primo, e a não abstenção em atuar nesse feito gerará nulidade processual.

c) A delegação, instituto relacionado com o poder hierárquico, não pode ser usada para transferir a competência para a edição de atos normativos.

d) O ato de delegação importa transferência de competência, em que pese ser esta irrenunciável.

e) O ato administrativo será válido quando completar todas as suas fases de elaboração e existência, estando pronto a produzir efeitos.

COMENTÁRIOS

✪ **Nota do autor:** A edição de atos normativos no exercício da função administrativa é plenamente possível de ser feita na Administração Pública brasileira e se manifesta como decorrência do poder regulamentar. O meio apto a veicular essa norma é o decreto executivo ou regulamento executivo, os quais, necessariamente, dependem da existência de ato normativo primário, que será explicado, detalhado, para sua fiel execução. A doutrina, em regra, não admite a possibilidade de expedição de ato normativo sem que tenha lei. Entretanto, atualmente, o art. 84, VI, da Constituição Federal prevê a existência do decreto autônomo, pois esse dispositivo atribui ao Presidente da República a competência para dispor, mediante decreto, sobre a administração federal, desde que não implique aumento de despesa, não faça a criação ou extinção de órgão público e nem a extinção de cargo público provido (por decreto, pode extinguir cargo vago).

Alternativa correta: letra "c". A edição de atos normativos é **indelegável**, nos exatos termos do art. 13, I, da Lei nº 9.784/99.

Alternativa "a". A **medida provisória** não é ato administrativo normativo, mas **verdadeira espécie legislativa**, na forma do art. 59, da Constituição Federal.

---

42 MEIRELLES, Hely Lopes. *Direito administrativo brasileiro*. 36 ed. São Paulo: Malheiros, 2010. p. 130.

Alternativa "b". Como disposto no art. 91, da Lei Complementar Estadual nº 18/93, "é vedado a Conselheiro, Auditor e Membro do Ministério Público junto ao Tribunal intervir em processo de interesse próprio, de cônjuge ou de parente consanguíneo ou afim, na linha reta ou colateral, **até o segundo grau**". Assim, por interpretação extensiva, servidor de tribunal de contas estadual **não** está impedido de atuar em processo administrativo em trâmite naquele órgão quando o interessado for seu primo (**parente colateral de quarto grau**).

Alternativa "d". Consoante art. 11, *caput*, da Lei nº 9.784/99, "a competência é irrenunciável e se exerce pelos órgãos administrativos a que foi atribuída como própria, **salvo os casos de delegação e avocação legalmente admitidos**".

Alternativa "e". O ato administrativo será **válido** quando **possuir todos os elementos de validade**, ou seja, é praticado por autoridade competente e em obediência aos demais requisitos (finalidade, forma, motivo e objeto).

---

159. (Cespe – Analista Judiciário – Área Judiciária – STF/2013) Com base no poder de autotutela, a administração pública pode anular seus próprios atos quando eivados de vícios que os tornem ilegais. Nesse caso, a declaração de nulidade terá efeitos retroativos.

COMENTÁRIOS

✪ **Nota do autor:** tanto a **tutela** quanto a **autotutela** são **princípios da Administração Pública,** e não poderes, como consignado no enunciado. Todavia, é possível a referência ao **poder de tutela**, pelo qual a administração direta controla, fiscaliza as atividades das entidades da administração indireta.

"Certo". O **princípio da autotutela** impõe que **é dever da Administração Pública o controle de seus próprios atos, quanto à legalidade e quanto ao mérito**. A autotutela significa a Administração **cuidar de si própria**; é com fundamento nesse princípio que ela anula seus atos, quando possuírem vícios de legalidade, ou os revoga, quando se tornarem inconvenientes e inoportunos.

---

160. (Cespe – Analista Judiciário – Área Judiciária – STF/2013) A avocação de competência atribuída a órgão hierarquicamente inferior é juridicamente possível, desde que seja temporária, excepcional e fundada em motivos relevantes devidamente justificados.

COMENTÁRIOS

"Certo". Na forma do art. 15, da Lei nº 9.784/99, "será permitida, **em caráter excepcional e por motivos relevantes devidamente justificados,** a avocação **temporária** de competência atribuída a órgão hierarquicamente inferior".

---

161. (Cespe – Defensor Público – DF/ 2013) Tratando-se de delegação de competência de superior para subordinado em uma estrutura hierarquizada, a autoridade delegante não pode exercê-la após a transferência da atribuição.

COMENTÁRIOS

"Errado". Nos termos do art. 14, § 2º, da Lei nº 9.784/99, "o ato de delegação é revogável a qualquer tempo pela autoridade delegante". Assim, **a autoridade delegante pode exercer a competência após a transferência da atribuição**, já que a delegação é revogável a qualquer tempo, dependendo, tão somente, da conveniência e oportunidade verificada pelo administrador público.

---

162. (CESPE – Juiz Federal Substituto 1ª região/2013) No que diz respeito ao poder de polícia administrativa, assinale a opção correta.

a) No Código Tributário Nacional, é apresentada a definição legal de poder de polícia, cujo exercício constitui um dos fatos geradores da taxa.

b) O poder público não tem interesse de agir para a propositura de ações cominatórias que objetivem impor ao particular atos de poder de polícia.

c) A discricionariedade, um dos atributos do poder de polícia, jamais se caracteriza como ato vinculado.

d) Evidencia-se o atributo da autoexecutoriedade na execução das multas impostas em decorrência do poder de polícia.

e) O poder de polícia pode ser originário ou delegado, caracterizando-se este último por atos de execução que admitem a imposição de taxas.

COMENTÁRIOS

Alternativa correta: letra "a". O poder de polícia é a **prerrogativa** pela qual a Administração Pública impõe **condições**, **restrições** ao **exercício de um direito**, de uma **liberdade**, em benefício da coletividade e, por ele, por exemplo, pode ser interditado um restaurante cujas instalações estejam em desacordo com o exigido para a tutela da saúde pública, ou, ainda, pode haver a cobrança de taxa de localização e funcionamento de estabelecimento comercial. Quanto à cobrança de taxa, a Constituição Federal, no art. 145, II, prevê que a União, os Estados, o Distrito Federal e os Municípios podem instituir taxa, em decorrência do poder de polícia, o qual, inclusive, está definido legalmente no art. 78 do Código Tributário Nacional como a "atividade da Administração Pública que, limitando ou disciplinando direito, interesse ou liberdade, regula a prática de ato ou abstenção de fato, em razão de interesse público concernente à segurança, à higiene, à ordem, aos costumes, à disciplina da produção e do mercado, ao exercício de atividades econômicas dependentes de concessão ou autorização do Poder Público, à tranquilidade pública ou ao respeito à propriedade e aos direitos individuais e coletivos".

Alternativa "b". O **poder público tem interesse de agir** para a propositura de ações cominatórias que objetivem impor ao particular atos de poder de polícia; um exemplo claro dessa manifestação se dá na **execução fiscal**, em que a Administração Pública ajuíza uma ação para impor ao particular o pagamento de uma multa aplicada, por exemplo, no exercício do poder de polícia.

Alternativa "c". Em regra, a atividade de polícia administrativa é discricionária, havendo liberdade de escolha do administrador em relação ao momento de atuação, à forma de atuação e, às vezes, até no que se refere a qual sanção aplicar. Desse modo, por exemplo, a atividade de fiscalização, normalmente, não possui um momento exato para ser desempenhada e, por vezes, a lei deixa para o fiscal a análise de qual medida adotar no caso concreto. Todavia, nem sempre há discricionariedade e o poder de polícia pode ser manifestação administrativa vinculada, como são exemplos a licença para dirigir e a licença para construir. Aliás, costuma-se indicar que, se o ato é praticado por licença, é vinculado e, se é feito por autorização, tem-se a discricionariedade.

Alternativa "d". Pela autoexecutoriedade, a Administração Pública pode executar, por seus próprios meios, os atos necessários à medida de polícia administrativa, não necessitando recorrer ao Poder Judiciário, mas em relação à multa deve ser feita uma ressalva, pois para se impor a multa não é necessária nenhuma medida judicial, isto é, não é preciso ordem judicial para se multar, porém, se a multa não for paga voluntariamente, sua cobrança somente será feita em ação de execução fiscal, porque não pode a Administração, por seus meios, realizar a constrição de bens do devedor. Assim, existe autoexecutoriedade na imposição da multa, mas não há em sua cobrança, quando resistida.

Alternativa "e". Diz-se originário o poder de polícia conferido às pessoas políticas do Estado (União, Estados, Distrito Federal e Municípios), alcançando os atos administrativos provenientes de tais pessoas, **em que se admite a cobrança de taxas**. O poder outorgado ou delegado, por sua vez, é aquele executado pelos integrantes da Administração Indireta.

163. (Cespe – Procurador do Ministério Público junto ao TCDF/2013) Segundo jurisprudência do STJ, no direito brasileiro admite-se o regulamento autônomo, de modo que podem os chefes de Poder Executivo expedir decretos autônomos sobre matérias de sua competência ainda não disciplinadas por lei.

COMENTÁRIOS

"Errado". A manifestação típica do poder regulamentar é o decreto ou regulamento executivo ou de execução, que tem por finalidade regulamentar, explicar uma lei para que esta possa ser fielmente cumprida. Essa atividade de regulamentação tem como limite a própria lei, pois a Constituição Federal estabelece, no art. 84, IV, que é competência do Presidente da República "expedir decretos e regulamentos para sua fiel execução", bem como, no art. 49, V, atribui competência ao Congresso Nacional para sustar os atos normativos que exorbitem do poder regulamentar. Além dessa espécie de regulamento, há o decreto ou regulamento autônomo, que é um ato normativo, infralegal, que pode inovar na ordem jurídica, que tem seu fundamento diretamente estabelecido no texto constitucional, dispondo sobre matéria não constante em lei. Há grande **divergência** sobre a existência ou não dessa espécie de regulamento no direito brasileiro, mas a posição que parece predominar nas provas é a de que, no ordenamento jurídico brasileiro, só há **um caso de regulamento autônomo,** qual seja, a descrita no art. 84, VI, da Constituição Federal. Nos termos desse dispositivo, é competência do Presidente da República dispor, mediante decreto, sobre a administração federal, desde que não implique aumento de despesa, não faça a criação ou extinção de órgão público e nem a extinção de função pública provida ou cargo público provido (por decreto, pode extinguir cargo vago ou função vaga).

6. ATO ADMINISTRATIVO

✦ **LIDIANE COUTINHO**

▸ Lei nº 9.784/99, artigos 11 a 17, 50, 53, 54 e 55

▸ Lei nº 4.717/65, art. 2º

164. (Cespe – Técnico Judiciário – Área Administrativa – TRE – BA/2017) O pregoeiro de um tribunal regional eleitoral (TRE), em um certame licitatório para aquisição de urnas eletrônicas, resolveu negar provimento ao recurso de um licitante com fundamento em parecer da área técnica do tribunal.

Nessa situação hipotética, a área técnica do tribunal praticou um ato administrativo

A) punitivo.

B) vinculado.

C) normativo.

D) ordinatório.

E) enunciativo.

COMENTÁRIOS

✪ Nota do autor: os atos administrativos, segundo Hely Lopes Meirelles, são divididos em cinco espécies: atos normativos (que ditam regras para dar fiel cumprimento à lei), atos ordinatórios (ditam o funcionamento da administração pública), atos negociais (em que a manifestação de vontade da Administração Pública coincide com a do particular), atos enunciativos (que declaram uma situação) e atos punitivos (o que punem).

Alternativa correta: letra E. O parecer é um ato enunciativo. Atos enunciativos, segundo a melhor doutrina, são atos que declaram uma situação preexistente. São exemplos de atos enunciativos as certidões, os atestados, os pareceres e as apostilas.

Alternativa A. Errada. Parecer não é ato punitivo. Atos punitivos são atos que punem. Eles são divididos em atos punitivos internos (exemplo, a demissão de um servidor) e atos punitivos externos (exemplo, uma multa de trânsito).

Alternativa B. Errada. Parecer é ato meramente opinativo.

Alternativa C. Errada. Parecer não dita regras, portanto não é considerado ato normativo.

Alternativa D. Errada. Parecer não dita funcionamento da administração pública, não sendo considerado, portanto, ordinatório.

165. (Cespe – Técnico Judiciário – Área Administrativa – TRE – BA/2017) De acordo com a doutrina, os atos administrativos que possuem todas as suas condições e requisitos estipulados por lei, prevendo uma única e obrigatória atuação administrativa, são classificados como

A) complexos.

B) vinculados.

C) constitutivos.

D) declaratórios.

E) discricionários.

COMENTÁRIOS

✪ **Nota do autor:** Para a doutrina majoritária os atos, quanto ao regramento, classificam-se em vinculados e discricionários. O ato é vinculado quando não há, para o agente, liberdade de escolha, devendo se sujeitar às determinações da Lei. Ex.: Licença, aposentadoria compulsória. O ato é discricionário quando o legislador dar ao administrador uma margem de liberdade, dentro dos limites legais, para que ele possa fazer um juízo de valor. Ex.: nomeação para cargo em comissão, aplicação da penalidade de suspensão ao servidor federal etc.

Alternativa correta: letra B. Quando **a lei** prever uma única e obrigatória atuação administrativa o ato é classificado como vinculado.

Alternativa A. Errada. Ato complexo é o que resulta da soma de vontades de dois ou mais órgãos. É o concurso de vontades de órgãos diferentes para a formação de um único ato.

Alternativa C. Errada. Ato constitutivo é aquele em que a Administração Pública cria, modifica ou extingue um direito ou uma situação jurídica.

Alternativa D. Errada. Ato declaratório é aquele em que a Administração Pública apenas reconhece um direito que já existia antes do ato.

Alternativa E. Errada. O ato é discricionário quando o legislador dar ao administrador uma margem de liberdade, dentro dos limites legais, para que ele possa fazer um juízo de valor.

166. (Cespe – Analista Judiciário – Área Administrativa – TRE – TO/2017) Acerca da extinção dos atos administrativos, assinale a opção correta.

A) A cassação é a extinção do ato administrativo por descumprimento da execução desse ato pelo seu beneficiário.

B) A decretação da anulação decorre da conveniência e da oportunidade da administração pública.

C) A revogação é um ato discricionário, que produz efeitos ex tunc.

D) A anulação retira do mundo jurídico atos com defeitos, produzindo efeitos ex nunc.

E) Somente por determinação judicial é possível a revogação de um ato administrativo.

COMENTÁRIOS

Alternativa correta: letra A. Cassação é a retirada do ato administrativo por ter o seu beneficiário descumprido condição indispensável para a manutenção do ato.

Alternativa B. Errada. A decretação da anulação decorre, em regra, de vícios de legalidade. A análise de oportunidade e conveniência nos leva a uma eventual revogação.

Alternativa C. Errada. A revogação produz efeitos *ex nunc* (não retroagem), não *ex tunc*.

Alternativa D. Errada. A anulação produz efeitos *ex tunc* (retroagem).

Alternativa E. Errada. A revogação só pode ser realizada pela Administração Pública, pois envolve juízo de valores (princípio da autotutela).

167. (Cespe – Analista Judiciário – Área Judiciária – TRE – TO/2017) Após a conclusão de processo administrativo disciplinar contra servidor público federal, a autoridade pública que tem atribuições legais para editar ato punitivo, suspendeu o servidor por cento e vinte dias.

Nessa situação hipotética, o ato de suspensão do servidor por cento e vinte dias é nulo por vício de

A) forma.

B) finalidade.

C) objeto.

D) motivo.

E) competência.

COMENTÁRIOS

Alternativa correta: letra C. A Lei nº 8.112/90, **em seu** artigo 130, determina que a suspensão será aplicada em caso de reincidência das faltas punidas com advertência e de violação das demais proibições que não tipifiquem infração sujeita a penalidade de demissão, não podendo exceder de 90 (noventa) dias. Na análise dos elementos ou requisitos dos atos administrativos, a suspensão de 90 dias é o objeto (ou conteúdo) do ato. A lei, dar à autoridade competente, margem de liberdade, dentro dos limites legais, par aplicar a penalidade de suspensão, que não poderá exceder 90 dias. No exemplo da questão a suspensão foi de 120 dias e extrapolou os limites da lei. E feriu o elemento objeto.

Alternativa A. Errada. Forma é a exteriorização e o procedimento exigido na expedição do ato.

Alternativa B. Errada. Finalidade é o objetivo de interesse público pretendido com a prática do ato.

Alternativa D. Errada. Motivo é a situação (ou pressuposto) de fato e a situação (ou pressuposto) de direito que autorizam a prática do ato

Alternativa E. Errada. Competência é o poder atribuído por lei ao agente público para o desempenho de suas funções.

---

168. (Cespe – Técnico Judiciário – Área Administrativa – TRE – BA/2017) Segundo a doutrina, ocorrerá desvio de poder se

A) o agente praticar ato buscando alcançar fim diverso daquele determinado pela lei.

B) o agente público agir fora dos limites de sua competência administrativa.

C) houver a remoção de um servidor por agente incompetente, como forma de punição daquele.

D) a autoridade praticar ato administrativo que vá além do que a lei permita.

E) houver violação ao requisito de motivo do ato administrativo, tornando-o arbitrário.

COMENTÁRIOS

Alternativa correta: letra A. O uso indevido de qualquer um dos poderes administrativos, contrariando o regime jurídico administrativo, caracteriza abuso de poder, que tem duas espécies: excesso de poder e desvio de poder ou finalidade. O desvio de poder ou finalidade ocorre quando o administrador age dentro de sua competência (não extrapola), mas o faz para alcançar fim diferente do previsto, explícita ou implicitamente, na lei, ou seja, dissocia-se do interesse público. Por sua vez, há excesso de poder na hipótese do agente público atuar além dos limites de sua competência.

Alternativas B, C e D. Erradas. Todas as alternativas trazem a mesma ideia. Elas se caracterizam como excesso de poder, que é uma das espécies de abuso de poder. O excesso de poder ocorre quando um agente público pratica um ato fora dos limites da sua competência.

Alternativa E. Errada. A arbitrariedade é ação contrária ou excedente da lei.

---

169. (Cespe – Técnico Judiciário – Área Administrativa – TRE – TO/2017) Assinale a opção que apresenta espécie de ato administrativo vinculado quanto ao conteúdo.

A) circular

B) permissão

C) despacho

D) portaria

E) licença

COMENTÁRIOS

Alternativa correta: letra E. Licença é ato administrativo vinculado e definitivo pelo o qual o Poder Público verificando que o interessado atendeu a todas as exigências legais, faculta-lhe o desempenho de atividades ou a realização de fatos materiais antes vedados ao particular.

Alternativa A. Errada. Circular é ordem escrita, de caráter uniforme, expedida a determinados agentes públicos incumbidos de certo serviço ou do desempenho de certas atribuições.

Alternativa B. Errada. Permissão é ato administrativo negocial, discricionário e precário, pelo qual o Poder Público faculta ao particular o uso especial de bens públicos ou prestação de serviços públicos

Alternativa C. Errada. Despacho é decisão que as autoridades proferem em papéis, requerimentos e processos sujeitos à sua apreciação.

Alternativa D. Errada. É ato administrativo pelo qual os chefes de órgãos, repartições, ou serviços expedem determinações gerais ou especiais a seus subordinados ou designam servidores para funções e cargos secundários.

---

170. (Cespe – Técnico Judiciário – Área Administrativa – TRE – TO/2017) No exercício de suas obrigações, a administração pública detém a prerrogativa de limitar o exercício de direitos individuais, desde que isto atenda ao interesse público. Essa prerrogativa

A) pode incluir medidas de coação direta como a aplicação de multa e a impossibilidade de licenciamento do veículo enquanto não forem pagas as multas de trânsito.

B) possui o condão de autoexecutoriedade, em todas as suas medidas.

C) pode contemplar o cumprimento de medidas de apreensão de mercadorias previstas em lei.

D) é claramente uma atuação de caráter discricionário, a exemplo da outorga de licença para dirigir veículos.

E) pode ser delegada às pessoas jurídicas de direito privado, desde que haja previsão legal e autorização expressa do ente delegante.

COMENTÁRIOS

Alternativa correta: letra C. Segundo o artigo 78 do CTN, considera-se PODER DE POLÍCIA atividade da administração pública que, **limitando ou disciplinando direito, interesse ou liberdade,** regula a prática de ato ou abstenção de fato, em razão de interesse público concernente à segurança, à higiene, à ordem, aos costumes, à disciplina da produção e do mercado, ao exercício de atividades econômicas dependentes de concessão ou autorização do Poder Público, à tranquilidade pública ou ao respeito à propriedade e aos direitos individuais ou coletivos. Considera-se regular o exercício do poder de polícia quando desempenhado pelo órgão competente nos limites da lei aplicável, com observância do processo legal e, tratando-se de atividade que a lei tenha como discricionária, sem abuso ou desvio de poder. Dentro desta análise, temos como prerrogativa, por exemplo, o cumprimento de medidas de apreensão de mercadorias previstas em lei.

Alternativa A. Errada. As medidas de aplicação de multa e a impossibilidade de licenciamento do veículo enquanto não forem pagas as multas de trânsito não gozam de autoexecutoriedade, ou seja, de coação direta. Nestes casos, a administração só tem a análise de exigibilidade.

Alternativa B. Errada. Não possui autoexecutoriedade, em todas as suas medidas. Um dos atributos do poder de polícia é a autoexecutoriedade, que se desdobra em exigibilidade e executoriedade. Todo ato decorrente do poder de polícia tem exigibilidade, mas nem todo ato tem executoriedade, por exemplo, a multa de transito.

Alternativa D. Errada. Um dos atributos do poder de polícia é a discricionariedade. Mas, assim como os outros atributos, não é absoluto. Logo, temos condutas decorrentes do poder de polícia que são vinculadas, a exemplo da licença para dirigir.

Alternativa E. Errada. A titularidade do poder de polícia é das pessoas jurídicas de direito público. E não pode ser delegada às pessoas jurídicas de direito privado. Alguns ciclos (consentimento e fiscalização) do poder de polícia podem ser delegados às pessoas jurídicas de direito privado, mas isso não as torna titular do poder de polícia. Pois elas não podem executar o ciclo da ordem, nem sanção.

---

171. (Cespe – Técnico Judiciário – Área Administrativa – TRE – TO/2017) Com relação à classificação dos atos administrativos, assinale a opção correta.

A) Configura ato simples aquele que necessariamente resulta da manifestação de órgão singular.

B) Configura ato composto aquele que resulta da manifestação de dois ou mais órgãos, sejam eles singulares ou colegiados, cuja vontade se funde para formar um ato único.

C) Configura espécie de ato individual aquele que têm efeito prático imediato, como, por exemplo, as portarias administrativas.

D) Configura espécie de ato geral aquele que produz efeitos no caso concreto, como, por exemplo, o tombamento.

E) Configura ato complexo o decreto assinado pelo chefe do Executivo e referendado por ministro de Estado.

COMENTÁRIOS

Alternativa correta: letra E. Aqui temos uma clara predileção da banca pela doutrinadora Maria Sylvia Z. Di Pietro. Atos complexos São os que resultam da manifestação de dois ou mais órgãos, que se funde para formar um ato único. Ex.: Decreto assinado pelo Chefe do Executivo e referendado pelo Ministro de Estado.

Alternativa A. Errada. Atos simples são aqueles que decorrem da declaração de vontade um único órgão, seja ele singular ou colegiado. Ex.: Deliberação de um Conselho.

Alternativa **B. Errada.** Atos compostos são os que resultam da manifestação de dois ou mais órgãos, em que a vontade de um é instrumental em relação a de outro, que é principal. Ex.: A nomeação do Procurador da República, depende de prévia aprovação pelo Senado.

Alternativa C. Errada. Atos individuais são os que produzem efeitos jurídicos no caso concreto. Ex.: Nomeação; demissão; autorização.

Alternativa D. Errada. Atos gerais atingem todas as pessoas que se encontram na mesma situação. Ex.: Regulamentos, regimentos, resoluções.

---

172. (Cespe – Analista Judiciário – Área Administrativa – TRE – BA/2017) A determinado servidor público foi concedida licença em razão de ele preencher todos os requisitos exigidos. Contudo, no curso da licença, ele deixou de atender às condições exigidas para a manutenção do benefício, o que implicou a extinção do ato administrativo de concessão da licença.

Nessa situação hipotética, a modalidade de extinção de atos administrativos aplicada foi a

A) convalidação.

B) anulação, em decorrência da imperatividade.

C) cassação.

D) revogação.

E) anulação, em decorrência da legalidade.

COMENTÁRIOS

Alternativa correta: letra C. A cassação embora legítima na sua origem e formação, torna-se ilegal na sua execução, quando o destinatário descumpre condições pré-estabelecidas.

Alternativa A. Errada. A convalidação não extingue o ato. A convalidação é o ato administrativo pelo qual é suprido o vício (sanável) existente em um ato ilegal, com efeitos retroativos à data em que este foi praticado. A convalidação está prevista na Lei nº. 9784/99, nos artigos 54 e 55.

Alternativa B. Errada. Anulação é a **supressão** do ato administrativo, com **efeito retroativo**, por razões de **ilegalidade e ilegitimidade**. Pode ser examinado pelo Poder Judiciário e pela Administração Pública (autotutela). A imperatividade é atributo do ato.

Alternativa D. Errada. Revogação é a extinção de um ato administrativo legal e perfeito, por razões de conveniência e oportunidade, pela Administração, no exercício do poder discricionário.

Alternativa E. Errada. Anulação é a **supressão** do ato administrativo, com **efeito retroativo**, por razões de **ilegalidade e ilegitimidade**. Pode ser examinado pelo Poder Judiciário e pela Administração Pública (autotutela).

173. (Cespe – Técnico Judiciário – Área Administrativa – TRE – TO/2017) No que se refere aos vícios de competência na administração pública, assinale a opção correta.

A) A remoção de ofício de servidor caracteriza abuso de poder.

B) Quando o vício de competência não pode ser convalidado, caracteriza-se hipótese de nulidade absoluta.

C) A convalidação é o ato administrativo pelo qual é suprido o vício existente em um ato ilegal, operando efeitos posteriores.

D) A usurpação de poder ocorre quando um servidor público exerce a função de outro servidor na mesma repartição.

E) Ocorre desvio de poder quando a autoridade policial se excede no uso da força para praticar ato de sua competência.

COMENTÁRIOS

Alternativa correta: letra B. A incompetência fica caracterizada quando o ato não se incluir nas atribuições legais do agente que o praticou. Então teremos um vício de competência. Quando o vício for insanável, estamos diante de nulidade absoluta. Quando o vício é sanável, estamos diante de nulidade relativa.

Alternativa A. Errada. A remoção de ofício é uma prerrogativa da Administração, prevista no art. 36 da Lei nº 8.112/90 e, em regra, não caracteriza abuso de poder.

Alternativa C. Errada. A convalidação é o ato administrativo opera efeitos retroativos.

Alternativa D. Errada. A usurpação de função pública ocorre quando o ato privativo da administração é praticado por particular que não agente público.

Alternativa E. Errada. O desvio de poder (ou desvio de finalidade) ocorre quando o agente público pratica um ato com fim diverso daquele previsto em lei, que não atende o interesse público.

174. (Cespe – Analista Judiciário – Oficial de Just. Avaliador – TRF 1/2017) Ato administrativo praticado por autoridade incompetente e que apresente defeito não pode ser convalidado.

COMENTÁRIOS

Alternativa: ERRADA. A competência é o elemento que determina a quem a lei atribuiu a pratica do ato. A competência pode ser exclusiva ou não. Quando ela for exclusiva o ato não pode ser convalidado. Quando ela não for exclusiva, torna-se passível de convalidação.

175. (Cespe – Analista Judiciário – Oficial de Just. Avaliador – TRF 1/2017) Enquanto no ato complexo as manifestações de dois ou mais órgãos se fundem para formar um único ato, no ato composto se pratica um ato administrativo principal que depende de outro ato para a produção plena dos seus efeitos.

COMENTÁRIOS

Alternativa CERTA. Conforme a doutrina majoritária, os atos podem se classificar quanto à formação da vontade em atos simples, complexo e composto. O ato simples decorre da declaração de vontade um único órgão, seja ele singular ou colegiado, como por exemplo, deliberação de um conselho. Os atos complexos são os que resultam da manifestação de dois ou mais órgãos, que se funde para formar um ato único, como por exemplo, o decreto assinado pelo chefe do executivo e referendado pelo ministro de estado. E os atos compostos são os que resultam da manifestação de dois ou mais órgãos, em que a vontade de um é instrumental em relação a de outro, que é principal, como por exemplo, a nomeação do procurador da república, depende de prévia aprovação pelo senado.

176. (Cespe – Analista Judiciário – Área Administrativa – TRF 1/2017) Autoridade competente para a realização de ato administrativo pode escolher renunciar a tal competência, ainda que a tenha adquirido por delegação.

COMENTÁRIOS

Alternativa ERRADA. Conforme estatui a Lei nº 9784/99, em seu artigo 11, a competência é irrenunciável e se exerce pelos órgãos administrativos a que foi atribuída como própria, salvo os casos de delegação e avocação legalmente admitidos.

177. (Cespe – Analista Judiciário – Área Administrativa – TRF 1/2017) Quanto à discricionariedade dos atos administrativos, entende-se por oportunidade a avaliação do momento em que determinada providência deverá ser adotada.

COMENTÁRIOS

Alternativa CERTA. A atuação é discricionária quando a administração, diante do caso concreto, tem a possibilidade de apreciá-lo segundo critérios de oportunidade e conveniência e escolher uma dentre duas ou mais soluções possíveis, todas válidas para o direito. A análise de oportunidade decorre da avaliação do momento em que determinada providência deverá ser adotada.

178. (Cespe – Defensor Público – DPU/2017) Jorge, servidor público federal ocupante de cargo de determinada carreira, foi, por meio administrativo, transferido para cargo de carreira diversa.

O direito da administração pública de anular o referido ato administrativo se sujeita ao prazo decadencial de cinco anos.

COMENTÁRIOS

Alternativa ERRADA. Estamos diante de um ato que viola flagrantemente a CF. por ter havido violação à Constituição Federal, o ato não se sujeita a prazo decadencial ou prescricional, conforme entendimento do STJ (Superior Tribunal de Justiça), no REsp 1312181 e entendimento do STF, no Mandado de Segurança (MS) 26860.

179. (Cespe – Defensor Público – DPU/2017) A forma de provimento do cargo público na referida situação — transferência para cargo de carreira diversa — foi inconstitucional, por violar o princípio do concurso público; cabe à administração pública, no exercício do poder de autotutela, anular o ato ilegal, respeitado o direito ao contraditório e à ampla defesa.

COMENTÁRIOS

Alternativa CERTA. É a análise que se retira da Súmula 473 do STF e do art.53 da Lei 9784/99: a Administração deve anular seus próprios atos, quando eivados de vício de legalidade, e pode revogá-los por motivo de conveniência ou oportunidade, respeitados os direitos adquiridos

180. (Cespe – Analista de Controle – Área Jurídica – TCE – PR/2016) A revogação do ato administrativo é a supressão de um ato legítimo e eficaz, seja por oportunidade, seja por conveniência, seja por interesse público; entretanto, o poder de revogar da administração pública não é absoluto, pois há situações insuscetíveis de modificação por parte da administração.

Tendo as considerações apresentadas como referência inicial, assinale a opção que apresenta ato suscetível de revogação.

a) parecer emitido por órgão público consultivo

b) ato de concessão de licença para exercer determinada profissão, segundo requisitos exigidos na lei

c) ato de posse de candidato nomeado após aprovação em concurso público

d) ato administrativo praticado pelo Poder Judiciário

e) ato de concessão de licença funcional já gozada pelo servidor

COMENTÁRIOS

✪ **Nota do autor:** A prerrogativa da Administração Pública de revogar os atos administrativos não é limitada, existindo, portanto, atos que não podem ser revogados. São eles: atos vinculados, atos que já exauriram seus efeitos, os meros atos administrativos, os atos que geram direitos adquiridos, os atos enunciativos e os atos que integram um procedimento administrativo.

Alternativa correta: letra "d". O Judiciário pode revogar seus próprios atos, na função atípica de administrar.

Alternativa "a": Errado. Parecer é um ato enunciativo. E ato enunciativo não pode ser revogado.

Alternativa "b": Errado. Concessão de licença é ato vinculado. E ato vinculado não pode ser revogado.

Alternativa "c": Errado. Conforme entendimento do STF, em sua Sumula 16, 'funcionário nomeado por concurso tem direito à posse'.

Alternativa "e": Errado. Concessão de licença é ato vinculado. E ato vinculado não pode ser revogado.

181. (Cespe – Delegado de Polícia – PE/2016) Acerca dos atos do poder público, assinale a opção correta.

a) A convalidação implica o refazimento de ato, de modo válido. Em se tratando de atos nulos, os efeitos da convalidação serão retroativos; para atos anuláveis ou inexistentes tais efeitos não poderão retroagir.

b) A teoria dos motivos determinantes não se aplica aos atos vinculados, mesmo que o gestor tenha adotado como fundamento um fato inexistente.

c) Atos complexos resultam da manifestação de um único órgão colegiado, em que a vontade de seus membros é heterogênea. Nesse caso, não há identidade de conteúdo nem de fins.

d) Atos gerais de caráter normativo não são passíveis de revogação, eles podem ser somente anulados.

e) Atos compostos resultam da manifestação de dois ou mais órgãos, quando a vontade de um é instrumental em relação à do outro. Nesse caso, praticam-se dois atos: um principal e outro acessório.

COMENTÁRIOS

Alternativa correta: letra "e". Segundo a melhor doutrina, atos compostos resultam da manifestação de dois ou mais órgãos, em que a vontade de um é instrumental em relação a de outro, que é principal.

Alternativa "a". Errado. A convalidação de atos administrativos acontece com o saneamento de vícios destes, com efeitos retroativos, que conforme a Lei 9784/99, necessita de alguns requisitos, como: não acarretar lesão ao interesse público; não acarretar prejuízos a terceiros, nos casos em que existem interessados diretos contra a sua invalidação; e o ato deve apresentar defeitos sanáveis.

Alternativa "b": Errado. A teoria dos motivos determinantes se aplica tanto aos atos vinculados quanto aos atos discricionários.

Alternativa "c": Errado. Atos complexos são os que resultam da manifestação de dois ou mais órgãos, que se funde para formar um ato único. Ex: Decreto assinado pelo Chefe do Executivo e referendado pelo Ministro de Estado.

Alternativa "d": Errado. Atos gerais são os que atingem todas as pessoas que se encontram na mesma situação. Exemplos dos mesmos editais de um concurso, resoluções etc. Tanto podem ser anulados, por vícios de legalidade, como revogados, por oportunidade e conveniência.

182. (Cespe – Juiz de Direito Substituto – AM/2016) Assinale a opção correta com referência aos atos administrativos.

a) A finalidade reflete o fim mediato dos atos administrativos, enquanto o objeto, o fim imediato, ou seja, o resultado prático que deve ser alcançado.

b) O silêncio administrativo consubstancia ato administrativo, ainda que não expresse uma manifestação formal de vontade.

c) Autorização é o ato pelo qual a administração concorda com um ato jurídico já praticado por particular em interesse próprio.

d) O objeto dos atos administrativos normativos é equivalente ao dos atos administrativos enunciativos.

e) Motivação e motivo são juridicamente equivalentes.

COMENTÁRIOS

Alternativa correta: letra "a" Da análise da prática do ato, nos deparamos com o elemento finalidade e o elemento objeto. O elemento finalidade corresponde à satisfação do interesse público e o elemento objeto ao resultado específico a ser alcançado. Portanto, a finalidade reflete o fim mediato do ato, enquanto o objeto reflete o fim imediato para a prática do ato.

Alternativa "b": Errado. Tema dos mais polêmicos no direito administrativo. Alguns doutrinadores entendem que o silêncio é considerado ato administrativo, outros entendem que não é considerado ato administrativo. Para Celso Antônio Bandeira de Mello, 'o silêncio não é ato jurídico. Por isto, evidentemente, não pode ser ato administrativo. Este é uma declaração jurídica. Quem se absteve de declarar, pois, silenciou, não declarou nada e por isto não praticou ato administrativo algum. Tal omissão é um 'fato jurídico' e, *in casu*, um 'fato jurídico administrativo'. Nada importa que a lei haja atribuído determinado efeito ao silêncio: o de conceder ou negar. Este efeito resultará do fato da omissão, como imputação legal, e não de algum presumido ato, razão por que é de rejeitar a posição dos que consideram ter aí existido um 'ato tácito'. (Curso de Direito Administrativo. 19 ed. São Paulo: Malheiros, 2005. p. 385).

Alternativa "c": Errado. Autorização é ato administrativo discricionário e precário pelo qual o Poder Público torna possível ao pretendente a realização de certa atividade, serviço ou utilização de determinados bens particulares ou públicos.

Alternativa "d": Errado. O objeto dos atos normativos é ditar regras, regulamentar de forma geral e abstrata, dando fiel cumprimento a uma lei que já existe (regra geral, não inovam), enquanto atos enunciativos contém conteúdo meramente declaratório, não criando regras, nem juízo de valor.

Alternativa "e": Errado. Motivo e motivação são institutos diferentes. Motivo é elemento ou requisito do ato, dentro da análise de sua validade do mesmo, conforme o artigo 2º da Lei nº 4717/65, é pressuposto de fato e de direito que enseja a prática do ato. Motivação é justificativa, explicação para a prática do ato. Para a doutrina majoritária todo ato, para ser considerado válido, precisa ter o elemento motivo, mas nem todo ato precisa de motivação.

183. (Cespe – Defensor Público – RN/2015) Acerca da disciplina dos atos administrativos, assinale a opção correta.

a) Em nome do princípio da inafastabilidade da jurisdição, deve o Poder Judiciário apreciar o mérito do ato administrativo, ainda que sob os aspectos da conveniência e da oportunidade.

b) Os atos administrativos são dotados dos atributos da veracidade e da legitimidade, havendo presunção absoluta de que foram editados de acordo com a lei e com a verdade dos fatos.

c) O parecer administrativo é típico ato de conteúdo decisório, razão pela qual, segundo entendimento do STF, há possibilidade de responsabilização do parecerista por eventual prejuízo causado ao erário.

d) São passíveis de convalidação os atos administrativos que ostentem vícios relativos ao motivo, ao objeto e à finalidade, desde que não haja impugnação do interessado.

e) Segundo a teoria dos motivos determinantes, mesmo que um ato administrativo seja discricionário, não exigindo, portanto, expressa motivação, se tal motivação for declinada pelo agente público, passa a vinculá-la aos termos em que foi mencionada.

COMENTÁRIOS

Alternativa correta: letra "e". A motivação corresponde a justificativa para a prática do ato. Para a teoria dos motivos determinantes, se um ato for justificado, seja ele vinculado ou discricionário, o agente público vincula a prática do ato a sua motivação, portanto caso seja comprovado a não ocorrência da situação declarada, ou a inadequação entra a situação ocorrida (pressuposto de fato) e o motivo descrito na Lei (pressuposto de direito), o ato será nulo, baseada na teoria dos motivos determinantes.

Alternativa "a": Errado. Não cabe ao Judiciário apreciar o mérito administrativo, dentro da análise de oportunidade e conveniência. Mas não esqueça, o Poder Judiciário pode analisar a legalidade, razoabilidade e proporcionalidade do ato discricionário.

Alternativa "b": Errado. Um ato administrativo presume-se legitimo e verdadeiro quando praticado conforme a lei e é verdadeiro. A análise de presunção de legitimidade e veracidade dos atos administrativos atinge todos os atos, mas essa presunção não é absoluta, ela é relativa (*iuris tantum*), podendo ser questionada pelo destinatário atingindo pelo ato administrativo. Desse modo, admite prova em contrário.

Alternativa "c": Errado. Segundo o STF, na decisão do Mandado de Segurança- MS- 24.631, de 1º-2-2008, '*salvo demonstração de culpa ou erro grosseiro, submetida às instâncias administrativo-disciplinares ou jurisdicionais próprias, não cabe a responsabilização do advogado público pelo conteúdo de seu parecer de natureza meramente opinativa.*'

Alternativa "d". Errado. Existem dois tipos de vícios que admitem convalidação: o vício relativo ao sujeito e o vício relativo à forma. Os outros elementos, se estiverem viciados, geram nulidade absoluta e não permitem a convalidação do ato.

---

184. (Cespe – Analista Judiciário – Área Judiciária – TJ – CE/2014) No que se refere aos atos administrativos, assinale a opção correta.

a) São convalidáveis tanto os atos administrativos vinculados quanto os discricionários.

b) A autoexecutoriedade é um atributo presente em todos os atos administrativos.

c) A autorização configura-se como ato discricionário e gratuito.

d) As formas de extinção do ato administrativo incluem a cassação, a anulação e a reintegração.

e) Os atos administrativos distinguem-se dos atos legislativos, entre outros fatores, por serem individuais, enquanto os atos legislativos são atos gerais.

COMENTÁRIOS

✪ **Nota da Autora:** o ato administrativo pode ser analisado sob vários aspectos. Podemos analisá-lo sob o aspecto de: **1) validade** (quando produzido de acordo com as normas jurídicas que o regem (adequado à ordem jurídica, aí estaremos analisando os requisitos ou elementos dos atos, que segundo a Lei nº 4717/65 são: competência, finalidade, forma, motivo e objeto); 2) **de existência – ou perfeição** (quando cumpre os requisitos de existência jurídica) e 3) **de eficácia** (quando está apto a produzir efeitos). Também podemos direcionar nossos estudos acerca dos atos, analisando seus atributos (características ou qualidades dos atos administrativos, que diferenciam os mesmos dos atos privados), assim como sua classificação e espécies (conforme características comuns). A questão em tela, fez um 'mix' desses institutos.

Alternativa correta: letra "a". Convalidação é o ato administrativo que supre o vício de validade de um ato ilegal, com efeitos retroativos; é tornar valido um ato inválido, por meio de outro ato que supre o vício sanável. A doutrina majoritária traz como características da convalidação: 1) pode ser tácita ou expressa, 2) pode ocorrer tanto nos atos vinculados quanto nos atos discricionários e 3) pode ser feita pela Administração e, eventualmente, pelo administrado. São formas de convalidação (segundo Celso Antônio B. Mello, pag. 464, 25ª edição): ratificação (realizada pela mesma autoridade que fez o ato), confirmação (feita por outra autoridade) e saneamento (feita pelo particular). A convalidação dos atos administrativos encontra previsão legal no art. 55 da Lei nº 9.784/99.

Alternativa "b". Autoexecutoriedade é a capacidade que a Administração tem para executar os atos, por meios próprios, sem necessidade de autorização judicial. A Autoexecutoriedade jamais afasta a apreciação judicial do ato, apenas dispensa a administração de obter ordem judicial prévia para poder praticá-lo. Tal atributo existe em duas situações: quando a lei prevê e, mesmo quando não expressamente prevista, em situações de emergência (Ex: demolição de um prédio que coloca em risco a vida das pessoas). **Não está presente em todos os atos administrativos.** Alguns doutrinadores desdobram esse atributo em dois, quais sejam, a **exigibilidade**, pelo qual a Administração toma decisões executórias, criando obrigação ao particular sem necessitar ir a juízo (nesse caso, ela se utiliza de meios indiretos de coerção, como a multa) e a **executoriedade,** que permite à Administração executar diretamente a sua decisão pelo uso da força (nesse caso, ela emprega meios diretos de coerção, como a interdição, apreensão etc).

Alternativa "c". A autorização é um ato administrativo, discricionário e precário, em que prepondera o interesse particular e que pode ser estudado em três modalidades: 1ª) como ato unilateral e discricionário que faculta ao particular o desempenho de atividade material ou a prática de ato que, sem esse consentimento, seria proibido (Ex: autorização para porte de arma – Lei nº 10.826/2003); 2ª) como ato unilateral e discricionário pelo qual o Poder Público faculta ao particular o uso privativo de bem público, a título precário (**autorização de uso**. Ex: autorização para bloqueio de rua para festas comunitárias). Segundo o Código Civil, em seu artigo 103, 'o uso comum dos bens públicos pode ser gratuito ou **retribuído**, conforme for estabelecido legalmente pela entidade a cuja administração pertencerem'. Sendo assim, a entidade política pode determinar o uso do bem pelo particular, **a título oneroso (ou seja, remunerado)**. O critério de escolha, dentro de uma visão geral, pertence à Administração, só não o sendo quando a lei respectiva impuser regra num sentido ou no outro; 3ª) como ato unilateral, discricionário e precário, pelo qual a Administração delega ao particular a prestação de serviço público **(autorização de serviço)**, em que há interesse preponderante do particular. (Ex: serviço de transporte escolar, em alguns municípios). É necessário chamar a sua atenção para a situação prevista na **Lei nº 9.472/97** (Lei Geral das Telecomunicações), em seu artigo 131, § 1º, em que a autorização aparece com **ato administrativo vinculado**.

Alternativa "d". Reintegração não é forma de extinção do ato. Segundo a melhor doutrina, o ato administrativo pode ser extinto de quatro formas: 1ª) Pelo cumprimento dos seus efeitos – execução material (**demolição de uma casa**), esgotamento do conteúdo jurídico (gozo de férias de um servidor) e pelo implemento de condição resolutiva ou termo final (permissão para derivar água de um rio, se este não baixar aquém de certo limite); 2ª) Pelo desaparecimento do objeto ou sujeito (incêndio que destrói imóvel objeto de permissão e morte de motorista extingue a licença para dirigir); 3ª) Pela retirada do ato **(anulação, revogação, cassação, caducidade e contraposição)** e 4ª) Pela renúncia.

Alternativa "e". Os atos administrativos, quanto aos destinatários, podem ser classificados em gerais ou individuais. São gerais quando se **destinam** a uma parcela grande de **sujeitos indeterminados** e **todos aqueles que se veem** abrangidos pelos seus preceitos (Ex: Edital de um concurso) e são individuais quando se **destina a uma pessoa em particular** ou a **um grupo de pessoas determinadas. (Ex:** Demissão).

185. (Cespe – Cartório – TJ – DF/2014) No que concerne aos atos administrativos, assinale a opção correta.

a) É possível a revogação de ato administrativo enunciativo, como uma certidão, caso o ato seja conveniente e oportuno para a administração pública.

b) Caso o particular obtenha licença para construir e deixe de cumprir as condições que a lei exige para tanto, deve a administração extinguir o referido ato administrativo por meio de cassação.

c) Incorre no vício de desvio de poder o agente público que exceda os limites de sua competência ao aplicar a subordinado penalidade além dos imites de sua alçada.

d) A imposição e a execução de multa estabelecida pela administração pública a particular independem de decisão judicial, dado o atributo da autoexecutoriedade dos atos administrativos.

e) A falta de motivação do ato administrativo configura vício insanável, visto que atinge o elemento motivo, indispensável às ações da administração pública.

COMENTÁRIOS

Alternativa correta: letra "b". Cassação é uma das formas de extinção do ato administrativo. Ela ocorre quando o destinatário descumpre a condição a que estava obrigado, para se beneficiar dos seus efeitos. O exemplo mais citado pela doutrina é o instituto da licença, que é ato vinculado e a princípio definitivo, portanto se o destinatário atender todos os requisitos por lei, a Administração não pode negá-lo. Mas se o destinatário deixar de atender os requisitos, a Administração pode cassá-lo.

Alternativa a. A revogação é o desfazimento do ato válido, que se tornou inoportuno ou inconveniente. A prerrogativa da Administração de revogar os atos administrativos não é ilimitada, existindo atos que não podem ser revogados. São eles: os atos vinculados, os atos que geram direitos adquiridos, os atos que exauriram seus efeitos, os meros atos administrativos, os atos que integram um procedimento e os atos enunciativos. Com relação a estes últimos, segundo a doutrina clássica, por serem atos que apenas declaram situação de fato ou de direito, não produzem efeitos, não tendo juízo de mérito.

Alternativa c. A situação descrita não se caracteriza desvio de poder, e sim excesso de poder. Conforme o § único do artigo 2º da Lei nº 4.717/65 (Lei da Ação Popular), a incompetência fica caracterizada quando o ato não se incluir nas atribuições legais do agente que o praticou. O excesso de poder (uma das espécies de abuso de poder) ocorre quando o agente, a princípio competente para praticar o ato, acaba ultrapassando os limites da sua competência.

Alternativa d. A multa, decorrente do poder de polícia, não tem autoexecutoriedade (que ocorre quando certos atos ensejam de imediata e direta execução pela própria Administração, independentemente de ordem judicial). Alguns doutrinadores entendem que a autoexecutoriedade se desdobra em duas: a exigibilidade e a executoriedade. No caso da multa, ela tem a característica da exigibilidade, que ocorre quando a Administração usa meios indiretos de coação contra o administrado. Mas não tem a característica da executoriedade. A executoriedade, diferente da exigibilidade, ocorre quando a Administração usa **meios diretos de coação contra o administrado, compelindo-o materialmente à observância da lei.**

Alternativa e. A falta de motivação, quando essencial para a prática do ato, gera vício de forma.

---

186. (Cespe – Procurador do Estado – BA/2014) Os atos enunciativos, como as certidões, por adquirirem os seus efeitos por lei, e não pela atuação administrativa, não são passíveis de revogação, ainda que por razões de conveniência e oportunidade.

COMENTÁRIOS

Certo. Atos enunciativos são todos aqueles em que a Administração se limita a certificar ou atestar um fato, ou emitir uma opinião sobre determinado assunto, sem se vincular ao seu enunciado. Embora não contenham uma norma de atuação, nem ordenem embora não contenham uma norma de atuação, nem ordenem a atividade administrativa interna, nem estabeleçam uma relação negocial, entre administrado e o poder público; enunciam uma situação existente, sem qualquer manifestação de vontade da Administração.

---

187. (Cespe – Procurador do Estado – BA/2014) Incorre em vício de forma a edição, pelo chefe do Executivo, de portaria por meio da qual se declare de utilidade pública um imóvel, para fins de desapropriação, quando a lei exigir decreto.

COMENTÁRIOS

Certo. Um dos elementos (ou pressupostos) do ato administrativo é a FORMA (artigo 2º, § único da Lei nº 4.717/65. A forma envolve a exteriorização e o procedimento exigido na expedição do ato administrativo. Segundo o dispositivo apontado, o vício de forma consiste na omissão ou na observância incompleta ou irregular de formalidades indispensáveis à existência ou seriedade do ato. O **Decreto-Lei nº 3.365/41** preconiza em seu artigo 6º que a declaração de utilidade pública far-se-á por decreto do Presidente da República, Governador, Interventor ou Prefeito. Assim sendo, a forma utilizada não será a portaria e sim o decreto e haverá, portanto, vício de forma.

---

188. (Cespe – Procurador do Estado – BA/2014) O ato de exoneração do ocupante de cargo em comissão deve ser fundamentado, sob pena de invalidade por violação do elemento obrigatório a todo ato administrativo: o motivo.

COMENTÁRIOS

Errado. A análise de margem de liberdade, dentro dos limites da lei, do ato de exoneração do cargo em comissão deve ser feita com o estudo do artigo 37, incisos II e V da CF cumulado com o artigo 50 da Lei do Processo Administrativo Federal. Segundo o artigo 50 da Lei nº 9.784/90 (Lei do Processo Administrativo Federal), 'os atos administrativos deverão ser motivados, com indicação dos fatos e dos fundamentos jurídicos, quando: I – neguem, limitem ou afetem direitos ou interesses; II – imponham ou agravem deveres, encargos ou sanções; III – decidam processos administrativos de concurso ou seleção pública; IV – dispensem ou declarem a inexigibilidade de processo licitatório; V – decidam recursos administrativos; VI – decorram de reexame de ofício; VII – deixem de aplicar jurisprudência firmada sobre a questão ou discrepem de pareceres, laudos, propostas e relatórios oficiais; VIII – importem anulação, revogação, suspensão ou convalidação de ato administrativo. Já o inciso II do artigo 37 da CF prevê que a investidura em cargo ou emprego público depende de aprovação prévia em concurso público de provas ou de provas e títulos, de acordo com a natureza e a complexidade do cargo ou emprego, na forma prevista em lei, ressalvadas as nomeações para cargo em comissão declarado em lei de livre nomeação e exoneração. Portanto, a nomeação e exoneração do cargo em comissão não exigem fundamentação e a ausência da mesma não invalida o ato.

---

189. (Cespe – Promotor de Justiça – AC/2014) A respeito do processo administrativo e dos institutos da delegação e avocação de competência administrativa, assinale a opção correta.

a) Não se exige que o ato de delegação, que deve especificar as matérias e poderes transferidos, bem como sua revogação sejam publicados no meio oficial.

b) Nos processos administrativos, devem-se observar, entre outros, os critérios de atendimento a fins de interesse geral, permitida a renúncia parcial de competências, independentemente de autorização em lei.

c) A delegação e a avocação de competência são atos ligados ao poder de polícia administrativo.

d) A delegação de competência administrativa pode ser realizada ainda que não haja subordinação hierárquica.

e) Inexistindo competência legal específica, o processo administrativo deverá ser iniciado perante a autoridade de maior grau hierárquico de decisão.

COMENTÁRIOS

Alternativa correta: letra "d". Um órgão administrativo e seu titular poderão, se não houver impedimento legal, **delegar** parte da sua competência a outros órgãos ou titulares, **ainda que estes não lhe sejam hierarquicamente subordinados**, quando for conveniente, em razão de circunstâncias de índole técnica, social, econômica, jurídica ou territorial. Previsão contida no artigo 12 da Lei nº 9.784/99.

Alternativa a. A Lei nº 9784/99, conforme preconiza seu artigo 14, deverão ser publicados no meio oficial.

Alternativa b. A competência é irrenunciável e se exerce pelos órgãos administrativos a que foi atribuída como própria, salvo os casos de delegação e avocação legalmente admitidos. Essa é a regra do artigo 11 da Lei nº 9784/99

Alternativa c. A delegação e avocação de competência são institutos ligados à análise do poder hierárquico.

Alternativa e. Inexistindo competência legal específica, o processo administrativo deverá ser iniciado perante a autoridade de menor grau hierárquico para decidir. Regra disposta no artigo 17 da Lei nº 9.784/99.

190. (Cespe – Analista do MPU/2013) A revogação do ato administrativo, quando legítima, exclui o dever da administração pública de indenizar, mesmo que esse ato tenha afetado o direito de alguém.

COMENTÁRIOS

Errado. A revogação é a extinção (ou desfazimento) do ato válido, porque se tornou inoportuno ou inconveniente. Em regra, a revogação não gera o dever de indenizar, mas a doutrina majoritária admite a possibilidade de indenização aos particulares prejudicados pela revogação, desde que tenha ocorrido a extinção antes do prazo eventualmente fixado para permanência da vantagem.

Lembrando que, os atos que geram direitos adquiridos são irrevogáveis (assim como também são irrevogáveis os atos consumados, os atos vinculados, os atos integrantes de um procedimento e os meros atos administrativos).

191. (Cespe – Analista do MPU/2013) A autorização é ato administrativo discricionário mediante o qual a administração pública outorga a alguém o direito de realizar determinada atividade material.

COMENTÁRIOS

Certo. A autorização é um ato administrativo, discricionário e precário, em que prepondera o interesse particular e que pode ser estudado em três modalidades: 1ª) como ato unilateral e discricionário que faculta ao particular o desempenho de atividade material ou a prática de ato que, sem esse consentimento, seria proibido (Ex: autorização para porte de arma – Lei nº 10.826/2003); 2ª) como ato unilateral e discricionário pelo qual o Poder Público faculta ao particular o uso privativo de bem público, a título precário (**autorização de uso**. Ex: autorização para bloqueio de rua para festas comunitárias). Segundo o Código Civil, em seu artigo 103, 'o uso comum dos bens públicos pode ser gratuito ou **retribuído**, conforme for estabelecido legalmente pela entidade a cuja administração pertencerem'. Sendo assim, a entidade política pode determinar o uso do bem pelo particular, **a título oneroso (ou seja, remunerado)**. O critério de escolha, dentro de uma visão geral, pertence à Administração, só não o sendo quando a lei respectiva impuser regra num sentido ou no outro; 3ª) como ato unilateral, discricionário e precário, pelo qual a Administração delega ao particular a prestação de serviço público **(autorização de serviço)**, em que há interesse preponderante do particular. (Ex: serviço de transporte escolar, em alguns municípios). É necessário chamar a sua atenção para a situação prevista na **Lei nº 9.472/97** (Lei Geral das Telecomunicações), em seu artigo 131, § 1º, em que a autorização aparece com **ato administrativo vinculado.**

192. (Cespe – Analista Judiciário – Área Judiciária – TRT 10/2013) Sendo a revogação a extinção de um ato administrativo por motivos de conveniência e oportunidade, é ela, por essência, discricionária.

COMENTÁRIOS

Certo. A extinção do ato pode acontecer decorrente de quatro motivos: 1º) pelo cumprimento dos efeitos; 2º) pelo desaparecimento do sujeito ou do objeto; 3º) pela renúncia e 4º) pela retirada do ato. Com relação à retirada do ato, a doutrina majoritária entende que ela pode ocorrer nas seguintes modalidades: 1) anulação; 2) revogação; 3) cassação; 4) caducidade e 5) contraposição. A revogação é a extinção de um ato válido, mas que se tornou inoportuno ou inconveniente, respeitado os direitos adquiridos. Portanto, o ato é desfeito por oportunidade e conveniência, e não por vício em um dos seus elementos. Por essência, a conduta é discricionária, havendo uma análise de mérito, um juízo de valor por parte do agente público.

193. (Cespe – Analista Judiciário – Área Judiciária – TRT 10/2013) Os fatos administrativos não produzem efeitos jurídicos, motivo pelo qual não são enquadrados no conceito de ato administrativo.

COMENTÁRIOS

Errado. Não há consenso na doutrina sobre o conceito de fato administrativo. Temos quatro correntes analisando o conceito.

Corrente Clássico – Voluntarista: é um acontecimento da natureza relevante para o Direito Administrativo, como a morte do servidor e a prescrição.

Corrente Antivoluntarista: é um acontecimento a que a lei atribui consequências jurídicas e não possui caráter descritivo.

Corrente Materialista: é toda atividade pública material em cumprimento de uma decisão administrativa.

Corrente Dinamicista: pode ser um evento da natureza ou um comportamento voluntário.

A questão, **muito controvertida**, trata de um ponto a ser analisado: **ato e fato** não se confundem. A ideia de 'fato' não está inserida no conceito de 'ato'. O Cespe adotou o entendimento da professora Maria Sylvia Zanella **Di Pietro**[43]**:** O Direito Civil faz distinção entre ato e fato; o primeiro é imputável ao homem; o segundo decorre de acontecimentos naturais, que independem do homem ou que dele dependem apenas indiretamente. Quando o fato corresponde à descrição contida na norma legal, ele é chamado fato jurídico e produz efeitos no mundo do direito. Quando o fato descrito na norma legal produz efeitos no campo do direito administrativo, ele é um fato administrativo, **como ocorre com a morte de um funcionário, que produz a vacância de seu cargo; com o decurso do tempo, que produz a prescrição administrativa. Se o fato não produz qualquer efeito jurídico no Direito Administrativo, ele é chamado fato da Administração. Convém lembrar que, em outras questões, o Cespe já adotou outros posicionamentos; não sendo assim, fiel ao entendimento.**

194. (Cespe – Defensor Público – TO/2013) Acerca dos atos administrativos, assinale a opção correta.

a) A licença é ato administrativo editado no exercício de competência vinculada; preenchidos os requisitos necessários a sua concessão, ela não poderá ser negada pela administração pública.

b) A administração pública tem sempre o dever de invalidar os atos administrativos que apresentem vício de legalidade.

c) São suscetíveis de revogação os atos vinculados e os que geram direitos adquiridos.

d) A presunção de legitimidade é atributo de todos os atos administrativos, estando presente mesmo nos casos de desrespeito ao devido processo legal pela administração pública.

e) Para motivar a edição de determinado ato administrativo, é suficiente a indicação da norma constitucional ou legal atributiva da competência do servidor público.

COMENTÁRIOS

Alternativa correta: letra "a". Para Hely Lopes Meirelles (Direito Administrativo Brasileiro, 34ª edição, pagina 190), a licença é ato administrativo vinculado e definitivo pelo o qual o Poder Público verificando que o interessado atendeu a todas as exigências legais, faculta-lhe o desempenho de atividades ou a realização de fatos materiais, antes vedado ao particular. A licença resulta de um direito subjetivo do interessado, razão pela qual a Administração não pode negá-la quando o requerente satisfaz todos os requisitos legais para a sua obtenção, e uma vez expedida, traz a presunção de definitividade. Sua invalidação só pode ocorrer por ilegalidade, por descumprimento do titular na execução da atividade ou por interesse público superveniente, caso em que se impõe a correspondente indenização.

Alternativa "b". Os vícios de legalidade podem ser divididos em insanáveis e sanáveis. A Administração, segundo a doutrina majoritária, **deve** anular os atos que apresentem vícios insanáveis. Quantos aos atos que contenham vícios sanáveis, eles são passíveis de convalidação.

Alternativa "c". A revogação é o desfazimento do ato válido, que se tornou inoportuno ou inconveniente. A prerrogativa da Administração de revogar os atos administrativos não é ilimitada, existindo atos que não podem ser revogados. São eles: os atos vinculados, os atos que geram direitos adquiridos, os atos que exauriram seus efeitos, os meros atos administrativos, os atos que integram um procedimento e os atos enunciativos. Com relação a estes últimos, segundo a doutrina clássica, por serem atos que apenas declaram situação de fato ou de direito, não produzem efeitos, não tendo juízo de mérito.

Alternativa "d". A presunção de legitimidade e veracidade não é absoluta (*juris et de juris*), é relativa (*juris tantum*), ou seja, ela pode ser questionada, cabendo à parte interessada o ônus da prova.

Alternativa "e". Não é suficiente. Conforme a previsão do artigo 50 da Lei nº 9.784/99, os atos administrativos deverão ser motivados, **com indicação dos fatos e dos fundamentos jurídicos.** E o § 1º do citado artigo, preconiza que a motivação deve ser explícita, clara e congruente, podendo consistir em declaração de concordância com fundamentos de anteriores pareceres,

43 *Direito administrativo.* 26. ed. São Paulo: Atlas, 2013, p. 198.

informações, decisões ou propostas, que, neste caso, serão parte integrante do ato.

195. (Cespe – Defensor Público – RR/2013) No que tange aos atos administrativos, assinale a opção correta de acordo com a doutrina.

a) Se o órgão estadual competente para realizar a vigilância sanitária, após realizar fiscalização em um restaurante, revogar o alvará de funcionamento dessa casa comercial, tal revogação terá efeitos *ex tunc*, ou seja, retroativos.

b) É obrigatória a convalidação de ato administrativo de permissão de uso de bem público eivado do vício de incompetência, pois tal convalidação é ato vinculado.

c) O atributo da autoexecutoriedade está presente em todos os atos administrativos, inclusive naqueles adotados no âmbito do poder de polícia administrativa.

d) A remoção de determinado servidor público com o objetivo de puni-lo configura desvio de finalidade, podendo ser invalidada pela própria administração pública ou pelo Poder Judiciário.

e) A teoria dos motivos determinantes não se aplica ao caso de exoneração motivada de servidor ocupante de cargo em comissão, pois este ato é discricionário.

COMENTÁRIOS

Alternativa correta: letra "d". O desvio de poder, também conhecido como desvio de finalidade é uma espécie do gênero abuso de poder e conforme o artigo 2º, § único, "d" da Lei nº 4.717/65 (Lei da Ação Popular) se verifica quando o agente pratica o ato visando a fim diverso daquele previsto, explícita ou implicitamente, na regra de competência.

Alternativa "a". A revogação é a extinção (o desfazimento) do ato válido, que se tornou inoportuno ou inconveniente. Ela opera um efeito *ex nunc* (proativo), daquele momento em diante, não atingindo os efeitos jurídicos até a sua revogação.

Alternativa "b". Há divergência sobre a convalidação ser um poder ou um dever. A lei entende a convalidação como um poder. Portanto, para o legislador, o administrador **pode** convalidar o ato administrativo. **Já a doutrina não entende a convalidação como um poder, entende como um dever. Para Celso Antônio Bandeira de Mello, a convalidação é um dever,** mas o autor identifica um único caso em que a convalidação seria discricionária, na situação que envolve vício de competência em ato de conteúdo discricionário.

Alternativa "c". Autoexecutoriedade é a capacidade que a Administração tem para executar os atos, por meios próprios, sem necessidade de autorização judicial. A Autoexecutoriedade jamais afasta a apreciação judicial do ato, apenas dispensa a administração de obter ordem judicial prévia para poder praticá-lo. Tal atributo existe em duas situações: quando a lei prevê e, mesmo quando não expressamente prevista, em situações de emergência (Ex: demolição de um prédio que coloca em risco a vida das pessoas). A autoexecutoriedade **não está presente em todos os atos administrativos.** Por exemplo, os atos decorrentes do poder de polícia, em regra têm autoexecutoriedade, mas há alguns que não possuem esse atributo, exemplo disso é a aplicação da multa de trânsito. Alguns doutrinadores desdobram esse atributo em dois, quais sejam, a **exigibilidade**, pelo qual a Administração toma decisões executórias, criando obrigação ao particular sem necessitar ir a juízo (nesse caso, ela se utiliza de meios indiretos de coerção, como a multa) e a **executoriedade,** que permite à Administração executar diretamente a sua decisão pelo uso da força (nesse caso, ela emprega meios diretos de coerção, como a interdição, apreensão etc).

Alternativa "e". A teoria dos motivos determinantes, segundo a melhor doutrina, está relacionada à prática do ato administrativo (seja ele vinculado ou discricionário), que uma vez declarado o motivo, deve ser respeitado. Isso significa que a validade do ato se vincula aos motivos por ele indicado, que serviram de fundamento para a prática do mesmo. Se tais motivos forem falsos ou inexistentes, ou se faltar adequação lógica entre as razões expostas e o resultado alcançado, isso implica nulidade do ato. O Superior Tribunal de Justiça (STJ) entendeu no MS 13.948-DF, Rel. Min. Sebastião Reis Júnior, julgado em 26/9/2012, que o **administrador está vinculado aos motivos postos como fundamento para a prática do ato administrativo, seja vinculado seja discricionário, configurando vício de legalidade – justificando o controle do Poder Judiciário – se forem inexistentes ou inverídicos, bem como se faltar adequação lógica entre as razões expostas e o resultado alcançado, em atenção à teoria dos motivos determinantes. Assim, um comportamento da Administração que gera legítima expectativa no servidor ou no jurisdicionado não pode ser depois utilizado exatamente para cassar esse direito, pois seria, no mínimo, prestigiar a torpeza, ofendendo, assim, aos princípios da confiança e da boa-fé objetiva, corolários do princípio da moralidade.**

196. (Cespe – Delegado de Polícia – BA/2013) A concessão de licença-maternidade à servidora gestante é ato administrativo vinculado.

COMENTÁRIOS

Certo. A licença – maternidade é um ato vinculado, portanto se a servidora pública atender todos os requisitos exigidos por lei para a concessão da licença, a Administração não pode negá-la.

197. (Cespe – Delegado de Polícia – BA/2013) A venda de bens de produção no mercado por sociedade de economia mista caracteriza a prática de ato administrativo.

COMENTÁRIOS

Errado. A venda de bens de produção no mercado por sociedade de economia mista e empresa pública se caracteriza como um ato de gestão. E ato de gestão não é ato administrativo, é ato da administração. A doutrina majoritária traz a diferença entre ato administrativo e ato da administração. Para essa corrente, ato administrativo, é espécie do gênero ato da administração. Mas a administração não pratica somente ato administrativo. Além dele são considerados atos da administração: os atos políticos, os atos de gestão (que são regidos pelo direito privado), os atos materiais, os atos enunciativos, os atos normativos e os contratos.

198. (Cespe – Defensor Público – DF/ 2013) Caso verifique que determinado ato administrativo se tornou inoportuno ao atual interesse público e, ao mesmo tempo, ilegal, a administração pública terá, como regra, a faculdade de decidir pela revogação ou anulação do ato.

COMENTÁRIOS

Errado. A administração pública tem o dever de anular o ato ilegal. Mas tem a faculdade de revogar o ato que se tornou inoportuno ou inconveniente. Na questão temos uma pegadinha, se o ato é ilegal, é porque tem vícios. Sendo assim não caberia revogação. Pois a revogação é **o desfazimento do ato válido,** que se tornou inoportuno ou inconveniente. Logo, só cabe anulação.

199. (Cespe – Defensor Público – DF/ 2013) A edição de atos administrativos é exclusiva dos órgãos do Poder Executivo, não tendo as autoridades dos demais poderes competência para editá-los.

COMENTÁRIOS

Errado. Todos os três poderes, em todas as esferas (federal, estadual e municipal), praticam atos administrativos. Quando o legislativo e o judiciário praticam atos administrativos, saem de suas funções típicas e vem para a função atípica de administrar. Exemplo disso ocorre quando o Judiciário, por exemplo, concede férias, licença etc, conforme previsão constitucional (artigo 96, inciso I, alínea d) ou quando o Legislativo faz o seu concurso público para admissão de pessoal (conforme artigo 37, inciso II da Constituição Federal).

200. (Cespe – Defensor Público – DF/ 2013) O direito da administração de anular os atos administrativos dos quais decorram efeitos favoráveis para os destinatários decai em cinco anos, contados da data em que tenham sido praticados, salvo comprovada má-fé. Segundo o STF, tal entendimento aplica-se às hipóteses de auditorias realizadas pelo TCU em âmbito de controle de legalidade administrativa.

COMENTÁRIOS

Certo. É a regra do artigo 54 da Lei nº 9.784/99, "o direito da Administração de anular os atos administrativos de que decorram efeitos favoráveis para os destinatários decai em cinco anos, contados da data em que foram praticados, salvo comprovada má-fé". Para o Supremo Tribunal Federal (STF), no Mandado de Segurança nº 31344/DF, rel. Min. Marco Aurélio, o disposto nesse artigo aplica-se às hipóteses de auditorias realizadas pelo TCU em âmbito de controle de legalidade administrativa.

201. (Cespe – Delegado de Polícia Federal – DPF/2013) Quando um ministério pratica ato administrativo de competência de outro, fica configurado vício de incompetência em razão da matéria, que pode ser convalidado por meio da ratificação.

COMENTÁRIOS

Errado. A convalidação é o saneamento do ato, em decorrência de um vício sanável. Na análise do elemento competência, para a doutrina majoritária, não cabe convalidação de ato administrativo com vício em razão da matéria, visto se tratar de matéria de competência exclusiva. A incompetência em razão da matéria não aceita convalidação. Já a incompetência em razão do sujeito (quando ato é praticado por sujeito incompetente), aceita convalidação.

202. (Cespe – Juiz de Direito Substituto – MA/ 2013) Acerca dos atos administrativos, assinale a opção correta.

a) A administração pública pode revogar os atos por ela praticados por motivo de conveniência e oportunidade.

b) Os atos praticados por concessionários de serviço público, no exercício da concessão, não podem ser considerados atos administrativos, dado que foram produzidos por entes que não integram a estrutura da administração pública.

c) O silêncio da administração pública importa consentimento tácito.

d) É vedado o controle da legalidade dos atos administrativos pelo Poder Judiciário.

COMENTÁRIOS

Alternativa correta: letra "a". A administração pública tem o dever de anular o ato ilegal. Mas tem a faculdade de revogar o ato que se tornou inoportuno ou inconveniente.

Alternativa "b". Os atos praticados por concessionárias de serviços públicos são considerados pela melhor doutrina e pela jurisprudência atos administrativos. Porque são feitos na função administrativa, embora praticados por delegatárias de serviços públicos. Esse é o entendimento do Supremo Tribunal Federal (STF), no julgamento sobre responsabilidade civil do Estado, no Recurso Extraordinário 591.874/MS, rel. Min. Ricardo Lewandowski: "na espécie, empresa de transporte coletivo fora condenada a indenizar danos decorrentes de acidente que envolvera ônibus de sua propriedade e ciclista, o qual falecera... No mérito, salientando não ter ficado evidenciado, nas instâncias ordinárias, que o acidente fatal que vitimara o ciclista ocorrera por culpa exclusiva deste ou em razão de força maior, reputou-se comprovado o nexo de causalidade entre **o ato administrativo** e o dano causado ao terceiro não-usuário do serviço público, e julgou-se tal condição suficiente para estabelecer a responsabilidade objetiva da pessoa jurídica de direito privado, nos termos do art. 37, § 6º, da CF".

Alternativa "c". Nem sempre o silêncio é consentimento. Aqui não podemos usar a máxima 'quem cala, consente'. O silêncio pode consistir em omissão, ausência de manifestação de vontade, ou não. Em determinadas situações poderá a lei determinar a Administração Pública manifestar-se obrigatoriamente, qualificando o silêncio como manifestação de vontade. Nesses casos, é possível afirmar que estaremos diante de um ato administrativo. Para Maria Sylvia Zanella Di Pietro, o silêncio pode significar forma de manifestação da vontade, quando a lei assim o prevê; normalmente ocorre quando a lei fixa um prazo, findo o qual o silêncio da Administração significa concordância ou discordância. Desta forma, quando o silêncio é uma forma de manifestação de vontade, produz efeitos de ato administrativo. Isto porque a lei pode atribuir ao silêncio determinado efeito jurídico, após o decurso de certo prazo. Entretanto, na ausência de lei que atribua determinado efeito jurídico ao silêncio, estaremos diante de um fato jurídico administrativo. Assim, quando a lei prevê uma consequência decorrente do silêncio administrativo, teríamos, por exceção, um consentimento tácito.

Alternativa "d". O controle de legalidade ocorre quando se verifica se o ato foi praticado conforme o ordenamento jurídico. Tal controle pode ser feito pela Administração (em decorrência do princípio da autotutela – artigo 53 da Lei 9.784/99), pelo Judiciário (artigo 5º, inciso XXXV da Constituição Federal – princípio da inafastabilidade jurisdicional) e pelo Legislativo (artigo 70 da Constituição Federal).

---

203. (Cespe – Juiz de Direito Substituto – MA/ 2013) Ainda acerca dos atos administrativos, assinale a opção correta.

a) A imperatividade implica na presunção que os atos administrativos são verdadeiros e estão conformes ao direito, até que se prove o contrário.

b) Ocorre desvio de poder, e, portanto, invalidade do ato administrativo, quando o agente público se vale de um ato para satisfazer finalidade alheia à natureza desse ato.

c) Presunção de legitimidade, imperatividade, exigibilidade e autoexecutoriedade são pressupostos dos atos administrativos.

d) A exigibilidade, qualidade do ato administrativo, autoriza a administração pública a compelir materialmente o administrado, sem necessidade de intervenção do Poder Judiciário, ao cumprimento da obrigação a ele imposta.

COMENTÁRIOS

Alternativa correta: letra "b". O desvio de poder, também conhecido como desvio de finalidade é uma espécie do gênero abuso de poder e conforme o artigo 2º, § único, "d" da Lei nº 4.717/65 (Lei da Ação Popular) se verifica quando o agente pratica o ato visando a fim diverso daquele previsto, explícita ou implicitamente, na regra de competência. Como o elemento afetado é a finalidade, o ato se torna passível de invalidação.

Alternativa "a". A presunção de legitimidade e veracidade **é a pressuposição de que o ato está de acordo com a lei e os princípios que lhe são aplicáveis e de que efetivamente ocorreram de acordo com a forma descrita (verdade).** A presunção de legitimidade e veracidade não é absoluta (*juris et de juris*), é relativa (*juris tantum*), ou seja, ela pode ser questionada, cabendo à parte interessada o ônus da prova.

Alternativa "c". São **atributos** dos atos administrativos a presunção de legitimidade, imperatividade, exigibilidade e autoexecutoriedade. Atributos são características ou qualidades dos atos administrativos que diferenciam os mesmos dos atos privados.

Alternativa "d". Alguns doutrinadores desdobram o atributo da autoexecutoriedade em dois, quais sejam, a **exigibilidade**, pelo qual a Administração toma decisões executórias, criando obrigação ao particular sem necessitar ir a juízo (nesse caso, ela se utiliza de meios indiretos de coerção, como a multa) e a **executoriedade,** que permite à Administração executar diretamente a sua decisão pelo uso da força (nesse caso, ela emprega meios diretos de coerção, como a interdição, apreensão etc).

A questão traz a ideia de executoriedade.

---

204. (Cespe – Juiz de Direito Substituto – RN/2013) Conforme a doutrina, os atributos do ato administrativo são

a) discricionariedade e vinculação.

b) presunção de legitimidade, imperatividade e autoexecutoriedade.

c) poder hierárquico, poder disciplinar, poder regulamentar e poder de polícia.

d) sujeito capaz, objeto lícito e possível e forma prescrita ou não defesa em lei.

e) competência, finalidade, forma, motivo e objeto.

COMENTÁRIOS

Alternativa correta: letra "b" (responde as demais alternativas). São **atributos** dos atos administrativos a presunção de legitimidade, imperatividade, exigibilidade e autoexecutoriedade. Atributos são características ou qualidades dos atos administrativos que diferenciam os mesmos dos atos privados. **A presunção de legitimidade e veracidade** é a pressuposição de que o ato está de acordo com a lei e os princípios que lhe são aplicáveis e de que efetivamente ocorreram de acordo com a forma descrita (verdade). É decorrente do princípio da legalidade e está presente em TODOS os atos administrativos. A presunção de legitimidade e veracidade não é absoluta (*juris et de juris*), é relativa (*juris tantum*), ou seja, ela pode ser questionada, cabendo à parte interessada o ônus da prova. **A autoexecutoriedade** é a capacidade que a Administração tem para executar os atos, por meios próprios, sem necessidade de autorização judicial. A autoexecutoriedade jamais afasta a apreciação judicial do ato, apenas dispensa a administração de obter ordem judicial prévia para poder praticá-lo. Não é atributo presente em todos os atos administrativos; tal atributo existe em duas situações: quando a lei prevê e, mesmo quando não expressamente prevista, em situações de emergência. A **imperatividade** é a capacidade que a Administração tem para, unilateralmente, criar obrigações para os administrados ou impor – lhe restrições, não é atributo presente em todos os atos administrativos e decorre do poder extroverso do Estado. Pode, desde a edição, ser imediatamente imposto aos particulares, desde a edição, mesmo que esteja sendo questionados administrativa ou judicialmente, salvo na hipótese de impugnação ou recurso com efeito suspensivo ou ainda por decisão judicial que suste ou impeça a prática do ato.

---

205. (Cespe – Juiz de Direito Substituto – RN/2013) Em 12 de janeiro de 2013, Pedro, ex-policial militar, propôs ação declaratória de nulidade de ato administrativo cumulada com pedido de reintegração em cargo público contra o estado do Rio Grande do Norte. O pedido objetiva a declaração de nulidade do ato que o excluiu dos quadros da corporação, publicado no Diário Oficial do Estado e no Boletim do Comando Geral da Polícia Militar em 13 de dezembro de 2007, e a consequente reintegração no cargo de policial militar, sob o fundamento de que o processo administrativo do qual decorreu sua exclusão seria nulo, em função de cerceamento de defesa e violação ao contraditório.

Nessa situação hipotética, de acordo com a jurisprudência dominante, a ação deverá ser julgada

a) procedente em parte, já que, ainda que a ação declaratória de nulidade seja imprescritível, a pretensão de reintegração no cargo público prescreveu, em função do seu caráter desconstitutivo.

b) improcedente, tendo em vista a ocorrência de prescrição do direito de ação do autor.

c) improcedente, em razão da decadência do direito do autor.

d) procedente, em função da impossibilidade de convalidação do ato administrativo nulo.

e) procedente, pois a ação declaratória é imprescritível.

COMENTÁRIOS

Alternativa correta: letra "b" (responde as demais alternativas). A jurisprudência do Superior Tribunal de Justiça consolidou-se no sentido de que a ação que objetiva reintegração de servidor público deve ser proposta **no prazo de cinco anos** (conforme artigo 1º do Decreto nº 20.910/32) do ato de demissão, ainda que se trate de ação ajuizada em face de ato nulo. Esse é o posicionamento firmado no AgRg nos Recurso Especial nº 545.538 SC 2005/0028730-1.

---

206. (Cespe – Juiz Federal Substituto 2ª região/ 2013) No que concerne aos atos administrativos, assinale a opção correta.

a) Quando o administrador exara um ato administrativo discricionário, no que concerne ao critério administrativo, ou seja, conveniência e oportunidade do administrador público, o Poder Judiciário pode adentrar nesse ponto, sem macular o princípio da separação dos poderes, podendo, nesse sentido, realizar a análise da adequação do ato administrativo e verificar a correlação entre este ato e os motivos que inspiraram a sua edição, sob o argumento de controle de legalidade do ato administrativo.

b) Discricionariedade e conceito jurídico indeterminado são sinônimos.

c) O princípio da motivação não tem matriz constitucional, ou seja, tem previsão apenas nos dispositivos infraconstitucionais, como, por exemplo, a lei que regula o processo administrativo no âmbito da administração pública federal.

d) Segundo a grande maioria da doutrina, o silêncio consubstancia uma das formas de realização dos atos administrativos.

e) Em razão da teoria dos motivos determinantes, no caso de exoneração ad nutum de ocupante de cargo em comissão, de livre nomeação e exoneração, não há necessidade de motivação, mas, caso haja motivação, o administrador ficará vinculado a seus termos.

COMENTÁRIOS

Alternativa correta: letra "e". A teoria dos motivos determinantes, segundo a melhor doutrina, está relacionada à prática do ato administrativo (seja ele vinculado ou discricionário), que uma vez declarado o motivo, deve ser respeitado. Isso significa que a validade do ato se vincula aos motivos por ele indicado, que serviram de fundamento para a prática do mesmo. Se tais motivos forem falsos ou inexistentes, ou se faltar adequação lógica entre as razões expostas e o resultado alcançado, isso implica nulidade do ato. O Superior Tribunal de Justiça (STJ) entendeu no MS 13.948-DF, Rel. Min. Sebastião Reis Júnior, julgado em 26/9/2012, que o **administrador está vinculado aos motivos postos como fundamento para a prática do ato administrativo, seja vinculado seja discricionário, configurando vício de legalidade – justificando o controle do Poder Judiciário – se forem inexistentes ou inverídicos, bem como se faltar adequação lógica entre as razões expostas e o resultado alcançado, em atenção à teoria dos motivos determinantes. Assim, um comportamento da Administração que gera legítima expectativa no servidor ou no jurisdicionado não pode ser depois utilizado exatamente para cassar esse direito, pois seria, no mínimo, prestigiar a torpeza, ofendendo, assim, aos princípios da confiança e da boa-fé objetiva, corolários do princípio da moralidade.** Se a Administração Pública ao exonerar um ocupante de cargo em comissão, de livre nomeação e exoneração, motivar tal conduta, o administrador ficará vinculado a seus termos.

Alternativa "a". O poder judiciário **não** pode adentrar no mérito administrativo, para análise de oportunidade e conveniência, visando a revogação do mesmo.

Alternativa "b". Não são sinônimos. Discricionariedade é a análise de atuação do ato com margem de liberdade, dentro dos limites legais. Enquanto conceitos jurídicos indeterminados correspondem a conceitos 'vagos', sem definição exata, que carecem de avaliação por parte do administrador para atingir o seu fim. Exemplos desses conceitos: boa-fé, moralidade etc.

Alternativa "c". O princípio da motivação está previsto na Constituição Federal, no artigo 93, X: "as decisões administrativas dos tribunais serão motivadas e em sessão pública, sendo as disciplinares tomadas pelo voto da maioria absoluta de seus membros".

Alternativa "d". Em regra, o silêncio é um fato administrativo. Para Celso Antônio Bandeira de Mello (Curso de Direito Administrativo, página 414.), o silêncio não é ato jurídico. Por isto, evidentemente, não pode ser ato administrativo. Este é uma declaração jurídica. Quem se absteve de declarar, pois, silenciou, não declarou nada e por isto não praticou ato algum. Tal omissão é 'fato jurídico' e, in casu, um 'fato jurídico administrativo. Convém lembrá-lo que uma parte da doutrina não concorda com Celso.

207. (Cespe – Juiz Substituto da Justiça Militar da União – STM/2013) Determinada prefeitura emitiu alvará de funcionamento de casa noturna solicitado pelo empresário dono do estabelecimento, e, após o início das atividades, o MP verificou que o funcionamento desse tipo de estabelecimento não era permitido no bairro onde a casa noturna havia sido instalada, local considerado essencialmente residencial pelas normas urbanísticas do município.

Com base nessa situação hipotética, assinale a opção correta.

a) Dado que o alvará é ato discricionário da administração, o Poder Judiciário não poderá se manifestar sobre sua legalidade.

b) Considera-se direito adquirido, durante o período de vigência do alvará, o direito ao funcionamento da casa noturna, uma vez que ao empresário não pode ser imputado o equívoco da administração.

c) Em caso de invalidação do alvará, o empresário terá direito líquido e certo de ser indenizado em relação ao investimento realizado na casa noturna.

d) O MP é parte legítima para interpor ação, perante o Poder Judiciário, solicitando a anulação do ato administrativo em questão.

e) Como o ato administrativo emanado da prefeitura gerou direito a terceiros, sua invalidação dependerá de decisão judicial.

COMENTÁRIOS

Alternativa correta: letra "d". Conforme decisão do Superior Tribunal de Justiça (STJ), no AgRg no Ag 928652 RS 2007/0160283-0, o Ministério Público tem legitimidade para propor Ação Civil Pública para a defesa do meio ambiente e da ordem urbanística.

Alternativa "a". Alvará não é ato, é forma, é revestimento exterior do ato. É o instrumento pelo qual a Administração confere 'licença' ou 'autorização' para a prática de ato ou exercício de atividade sujeitos ao poder de polícia. Exemplo: alvará de construção.

Alternativa "b". As normas urbanísticas não consentiam o funcionamento de casa noturna no bairro residencial. Em decorrência disso o ato deve ser anulado, não gerando direito adquirido, conforme Súmula 473 do Supremo Tribunal Federal (STF): 'A administração pode anular seus próprios atos, quando eivados de vícios que os tornam ilegais, porque deles não se originam direitos; ou revogá-los, por motivo de conveniência ou oportunidade, respeitados os direitos adquiridos, e ressalvada, em todos os casos, a apreciação judicial.'

Alternativa "c". A invalidação não gera direito de indenização, conforme a Sumula 473 do Supremo Tribunal Federal (STF): 'A administração pode anular seus próprios atos, quando eivados de vícios que os tornam ilegais, porque deles não se originam direitos; ou revogá-los, por motivo de conveniência ou oportunidade, respeitados os direitos adquiridos, e ressalvada, em todos os casos, a apreciação judicial.'

Alternativa "e". Conforme o artigo 53 da Lei nº 9.784/99 e a Súmula 473 do Supremo Tribunal Federal (STF) a Administração pode rever os seus próprios atos, para anulá-los ou revoga-los. Estamos diante aqui do princípio da autotutela.

---

208. (Cespe – Procurador BACEN/2013) No que se refere aos atos administrativos e ao silêncio da administração pública, assinale a opção correta.

a) Os atos de revogação e de anulação devem ser motivados com a indicação dos fatos e fundamentos jurídicos, de forma explícita, exigência que não se estende aos atos de convalidação.

b) Considere que a administração pública tenha constatado, após o devido processo administrativo, que a conduta praticada por servidor público se amoldava à hipótese de cassação de aposentadoria. Nessa situação, a penalidade a ser imposta não tem natureza vinculada, já que, à luz da legislação de regência e da jurisprudência, a administração pública disporá de discricionariedade para aplicar a pena menos gravosa.

c) De acordo com o posicionamento do STJ, o prazo decadencial de cinco anos previsto, na legislação de regência, para que a administração pública promova o exercício da autotutela é aplicável apenas aos atos anuláveis, não aos atos nulos.

d) Quando a lei estabelece que o decurso do prazo sem a manifestação da administração pública implica aprovação de determinada pretensão, o silêncio administrativo configura aceitação tácita, hipótese em que é desnecessária a apresentação de motivação pela administração pública para a referida aprovação.

e) Em algumas hipóteses, quando não contemplado o atributo da autoexecutoriedade, a administração pública é impedida de realizar a execução material de ato administrativo sem prévia autorização judicial, a exemplo do que ocorre com o fechamento de restaurante pela vigilância sanitária.

COMENTÁRIOS

Alternativa correta: letra "d". O silêncio pode consistir em omissão, ausência de manifestação de vontade, ou não. Em determinadas situações poderá a lei determinar a Administração Pública manifestar-se obrigatoriamente, qualificando o silêncio como manifestação de vontade. Nesses casos, é possível afirmar que estaremos diante de um ato administrativo. Para Maria Sylvia Zanella Di Pietro, o silêncio pode significar forma de manifestação da vontade, quando a lei assim o prevê; normalmente ocorre quando a lei fixa um prazo, findo o qual o silêncio da Administração significa concordância ou discordância. Desta forma, quando o silêncio é uma forma de manifestação de vontade, produz efeitos de ato administrativo. Isto porque a lei pode atribuir ao silêncio determinado efeito jurídico, após o decurso de certo prazo. Entretanto, na ausência de lei que atribua determinado efeito jurídico ao silêncio, estaremos diante de um fato jurídico administrativo. Assim, quando a lei prevê uma consequência decorrente do silêncio administrativo, teríamos, por exceção, um consentimento tácito.

Alternativa "a". Conforme estatui o artigo 50, VIII da Lei nº 9.784/99, os atos administrativos deverão ser motivados, com indicação dos fatos e dos fundamentos jurídicos, quando importem anulação, revogação, suspensão ou convalidação de ato administrativo.

Alternativa "b". Conforme decisão no Superior Tribunal de Justiça (STJ), no Mandado de Segurança 15.517/DF, Rel. Ministro Benedito Gonçalves, Primeira Seção, DJe 18.2.2011, a Administração Pública, quando se depara com situações em que a conduta do investigado se amolda nas hipóteses de demissão ou cassação de aposentadoria, não dispõe de discricionariedade para aplicar pena menos gravosa por tratar-se de ato vinculado.

Alternativa "c". De acordo com a decisão do Superior Tribunal de Justiça (STJ), no AgRg no REsp 1147446 RS 2009/0127512-0, o prazo decadencial para que a Administração Pública promova a autotutela, previsto no art. 54 da Lei nº 9.784/99, é aplicável tanto aos atos nulos quanto aos anuláveis.

Alternativa "e". A autoexecutoriedade é a capacidade que a Administração tem para executar os atos, por meios próprios, sem necessidade de autorização judicial. A Autoexecutoriedade jamais afasta a apreciação judicial do ato, apenas dispensa a administração de obter ordem judicial prévia para poder praticá-lo. A autoexecutoriedade **não está presente em todos os atos administrativos**.

Tal atributo existe em duas situações: quando a lei prevê e, mesmo quando não expressamente prevista, em situações de emergência. Exemplo: demolição de um prédio que coloca em risco a vida das pessoas.

---

209. (Cespe – Procurador do Ministério Público junto ao TCDF/2013) O ato administrativo pode ser perfeito, inválido e eficaz.

COMENTÁRIOS

Certo. O ato administrativo pode ser analisado sobre três aspectos (também conhecidos como planos lógicos dos atos). **O aspecto de validade, o aspecto de existência e o aspecto de eficácia**. No que diz respeito à validade, o ato administrativo é **válido** quando expedido em absoluta conformidade com as exigências do sistema normativo. Vale dizer, quando se encontra adequado aos requisitos estabelecidos pela ordem jurídica. **Validade**, por isto, é adequação do ato às exigências normativas. Quando se analisa existência (ou perfeição), deve-se entender que o ato administrativo é **perfeito** quando esgotadas as fases necessárias à sua produção. Portanto, ato perfeito é o que completou o ciclo necessário à sua formação. **Perfeição**, pois, é a situação do ato cujo processo está concluído. E, finalmente, quanto à eficácia, o ato administrativo é **eficaz** quando está disponível para a produção de seus efeitos próprios. **Eficácia**, então, é a situação atual de disponibilidade para produção de efeitos típicos, próprios, do ato (Celso Antônio Bandeira de Mello, pag. 380, 25ª ed.). Segundo alguns doutrinadores, a interação do ato administrativo com a cada um dos três planos lógicos não repercute nos demais. São análises distintas e relativamente independentes (exceção para os atos inexistentes, caso em que não se cogita sua validade). Ato inexistente é necessariamente inválido e não produz efeitos. Da análise e combinação dos três planos, verifica-se que o ato pode ser: 1) Existente (perfeito), válido e eficaz; 2) Existente (perfeito), válido e ineficaz; 3) Existente (perfeito), inválido e eficaz; 4) Existente (perfeito), inválido e ineficaz ou 5) Inexistente.

210. (Cespe – Procurador do Ministério Público junto ao TCDF/2013) O direito da administração de anular os atos administrativos de que decorram efeitos favoráveis para os destinatários decai em cinco anos, contados da data em que foram praticados. Não obstante, segundo orientação jurisprudencial que vem sendo firmada no âmbito do STF, não se opera esse prazo decadencial no período compreendido entre o ato administrativo concessivo de aposentadoria ou pensão e o posterior julgamento de sua legalidade e registro pelo TCU – que consubstancia o exercício da competência constitucional de controle externo.

COMENTÁRIOS

Certo. Essa questão deve ser analisada com base na lei e na jurisprudência. Segundo a Lei 9784/99, em seu artigo 54 "O direito da Administração de anular os atos administrativos de que decorram efeitos favoráveis para os destinatários decai em cinco anos, contados da data em que foram praticados, salvo comprovada má-fé." Contudo a **Súmula nº 6, do STF, preconiza que a revogação ou anulação, pelo Poder Executivo, de aposentadoria, ou qualquer outro ato aprovado pelo Tribunal de Contas, não produz efeitos antes de aprovada por aquele Tribunal, ressalvada a competência revisora do Judiciário.** O aluno deve estar atento ao que foi decidido no Tema nº 445 (Repercussão Geral): a obrigatoriedade de o TCU observar os princípios do contraditório e da ampla defesa no exame da legalidade de atos concessivos de aposentadorias, reformas e pensões, após o decurso do prazo de cinco anos **(STF – RE 636.553)**.

211. (Cespe – Procurador Federal/2013) Caso a administração pública revogue determinado ato administrativo e, posteriormente, se constate que o ato de revogação não fora praticado em consonância com as exigências legais, tal revogação poderá ser anulada tanto pela própria administração pública quanto pelo Poder Judiciário.

COMENTÁRIOS

Certo. Quando o ato de revogação for considerado um ato ilegal, ele poderá ser anulado. Essa anulação tanto poderá ser feita pela Administração Pública (princípio da autotutela) como pelo Judiciário e produzirá efeitos *ex tunc*.

212. (Cespe – Procurador Federal/2013) O ato anulatório, por meio do qual se anula um ato administrativo ilegal vinculado ou discricionário, tem natureza meramente declaratória e não constitutiva.

COMENTÁRIOS

Errado. Estamos diante de um dos mais discutidos temas da atualidade. A doutrina a diverge quanto à natureza jurídica da anulação. Uma corrente entende que se trata de ato declaratório e outra corrente entende que se trata de ato constitutivo (diga de passagem constitutivo negativo ou simplesmente desconstitutivo), porque extingue uma situação jurídica existente (o que não deixa de produzir uma nova situação jurídica, só que de forma negativa). O CESPE adotou, na questão, a segunda corrente.

213. (Cespe – Advogado da União/2012) Embora a revogação seja ato administrativo discricionário da administração, são insuscetíveis de revogação, entre outros, os atos vinculados, os que exaurirem os seus efeitos, os que gerarem direitos adquiridos e os chamados meros atos administrativos, como certidões e atestados.

COMENTÁRIOS

Certo. A revogação do ato administrativo é uma prerrogativa da Administração Pública, que pratica o desfazimento, por motivo de oportunidade e conveniência. Mas essa prerrogativa não é ilimitada. Há atos, mencionados pela melhor doutrina, que são irrevogáveis, tais como os atos vinculados (pois neles não há juízo de oportunidade e conveniência), os atos que integram um procedimento administrativo (pois a cada novo ato praticado no procedimento ocorre a preclusão quanto ao anterior), os atos que já exauriram seus efeitos (os famosos atos consumados) e os meros atos administrativos (citando como tipo os atos enunciativos, a exemplo da certidão, atestado, parecer), pois os mesmos não produzem efeitos.

214. (Cespe – Advogado da União/2012) Por serem atos de polícia administrativa, a licença e a autorização, classificadas, respectivamente, como ato vinculado e ato discricionário, são suscetíveis de cassação pela polícia judiciária.

COMENTÁRIOS

Errado. Uma das formas de extinção do ato é a cassação. A cassação é o desfazimento do ato válido, em virtude do descumprimento pelo beneficiário das condições para sua manutenção em vigor. Conforme Celso Antônio B. Mello (Curso de Direito Administrativo, 25ª edição, pag. 437) é a retirada do ato porque o destinatário descumpriu condições que deveriam permanecer atendidas a fim de poder continuar desfrutando da situação jurídica. A cassação atinge atos vinculados (como é o caso da licença para dirigir. Ex: CTB – Art. 263. A cassação do documento de habilitação dar-se-á: I – quando, suspenso o direito de dirigir, o infrator conduzir qualquer veículo; II – no caso de reincidência, no prazo de doze meses, das infrações previstas no inciso III do art. 162 e nos arts. 163, 164, 165, 173, 174 e 175; III – quando condenado judicialmente por delito de trânsito, observado o disposto no art. 160), como atos discricionários (como é o caso da autorização para porte de arma. Ex: Decreto nº 6.715/2008 – "Art. 67-A. Serão cassadas as autorizações de posse e de porte de arma de fogo do titular a quem seja imputada a prática de crime doloso.). O instituto da cassação decorre da atuação do poder de polícia da Administração Pública (polícia administrativa), não tendo vínculo com a polícia judiciária.

215. (Cespe – Analista Judiciário – Área Judiciária – TRE-RJ/2012) O controle dos atos administrativos representa uma das principais características do estado democrático de direito. Vale dizer, o controle permite atribuir ao ato eficácia plena quando observadas as formalidades previstas pela lei.

COMENTÁRIOS

Certo. O controle da Administração está relacionado à fiscalização, correção, vigilância que ocorre de forma interna e externa, em qualquer esfera do governo, em qualquer dos poderes. O Estado de direito é o modelo em que vigora a ideia de que o que vale é o que está na lei. Essa ideia traz alguns pontos a serem analisados: primeiro ponto, o Estado faz suas próprias leis, através de seus representantes; segundo ponto traz a ideia que uma vez criadas pelo Estado, essas leis se tornam eficazes e terceiro ponto é que o poder estatal é limitado por lei. E aí temos a ideia de controle. O Estado não tem poder ilimitado, os seus atos sofrem controle. O ato administrativo deve ser analisado sob três aspectos (que podem ser estudados de forma isolada): análise de validade (para saber se o ato foi praticado em conformidade com a lei), análise de existência (para saber se o ato fez o ciclo de formação) e análise de eficácia (para saber sobre a produção de efeitos). E essas três análises podem ser feitas em decorrência do controle da Administração.

216. (Cespe – Analista Judiciário – Área Judiciária – TRE-RJ/2012) Tanto o direito administrativo quanto o direito privado distinguem os atos nulos dos atos anuláveis. Os atos e negócios jurídicos contrários ao ordenamento jurídico poderão, no âmbito do direito privado, estar eivados de vícios de nulidade ou anulabilidade, já os atos administrativos praticados em desacordo com o ordenamento jurídico serão considerados inválidos.

COMENTÁRIOS

Errado. Questão polêmica no direito administrativo. A divisão do ato administrativo em requisitos serve para facilitar a identificação de defeitos. Um defeito surge sempre que o ato administrativo for praticado em desconformidade com as exigências legais. Porém há diversos níveis de descumprimento da lei e consequentemente vários graus de nulidade. **Essa análise trata da teoria das nulidades do ato administrativo.** Nós temos quatro correntes sobre o assunto: **1ª corrente – teoria unitária:** essa teoria sustenta que qualquer **ilegalidade** é causa de nulidade. Todo ato viciado é nulo. Inexiste graus de violação. Ou é ou não é. Não se aceita convalidação; **2ª corrente – teoria binária:** essa teoria divide os atos administrativos ilegais em nulos e anuláveis (adotada em alguns concursos); **3ª corrente – teoria ternária:** para essa teoria os atos administrativos ilegais podem ser divididos em nulos, anuláveis e irregulares e **4ª corrente – teoria quaternária (adotada por algumas bancas de concursos):** essa teoria reconhece quatro tipos de atos ilegais: nulos, anuláveis, irregulares e inexistentes. Para as correntes mais usadas pelo direito administrativo brasileiro, nem todo ato administrativo, nem todo ato praticado em desacordo com o ordenamento jurídico é inválido. É necessário auferir o grau de nulidade, para entender se os atos são nulos ou anuláveis (passíveis de convalidação).

217. (Cespe – Analista Judiciário – Área Judiciária – TRE-RJ/2012) Tratando-se de nulidade superveniente, os efeitos da declaração de nulidade de determinado ato administrativo não retroagem.

COMENTÁRIOS

Errado. A declaração de nulidade, em regra, tem efeito *ex tunc*. Se a nulidade foi superveniente, então a mesma opera retroativamente até o momento que o ato se tornou inválido.

218. (Cespe – Defensor Público – ES/ 2012) Por meio da revogação, a administração extingue, com efeitos ex tunc, um ato válido, por motivos de conveniência e oportunidade, ainda que esse ato seja vinculado.

COMENTÁRIOS

Errado. A revogação é a extinção (o desfazimento) do ato válido, que se tornou inoportuno ou inconveniente. Ela opera um efeito *ex nunc* (proativo), daquele momento em diante, não atingindo os efeitos jurídicos até a sua revogação. O ato vinculado é irrevogável. Então temos dois erros na questão: o efeito da revogação é *ex tunc* e ato vinculado não pode ser revogado.

---

219. (Cespe – Defensor Público – ES/ 2012) A convalidação, ato administrativo por meio do qual se supre o vício existente em um ato eivado de ilegalidade, tem efeitos retroativos, mas o ato originário não pode ter causado lesão a terceiros.

COMENTÁRIOS

Certo. A convalidação é o saneamento da invalidade de um ato, com efeitos retroativos. Dispõe o artigo 55 da Lei nº 9.784/99 que em decisão na qual se evidencie não acarretarem lesão ao interesse público nem prejuízo a terceiros, os atos que apresentarem defeitos sanáveis poderão ser convalidados pela própria Administração.

---

220. (Cespe – Delegado de Polícia – AL/ 2012) Não é possível, nos atos administrativos, haver a dispensa de sua motivação.

COMENTÁRIOS

Errado. A regra geral é que os atos sejam motivados. Mas essa regra não é absoluta, existem atos que não precisam ser motivados, a exemplo da nomeação e exoneração do cargo em comissão. O artigo 50 da Lei nº 9784/99 estatue que os atos administrativos deverão ser motivados, com indicação dos fatos e dos fundamentos jurídicos, quando: I – neguem, limitem ou afetem direitos ou interesses; II – imponham ou agravem deveres, encargos ou sanções; III – decidam processos administrativos de concurso ou seleção pública; IV – dispensem ou declarem a inexigibilidade de processo licitatório; V – decidam recursos administrativos; VI – decorram de reexame de ofício; VII – deixem de aplicar jurisprudência firmada sobre a questão ou discrepem de pareceres, laudos, propostas e relatórios oficiais; VIII – importem anulação, revogação, suspensão ou convalidação de ato administrativo.

---

221. (Cespe – Delegado de Polícia – AL/ 2012) O fato administrativo é conceituado como a materialização da função administrativa.

COMENTÁRIOS

Certo. Aqui temos uma questão polêmica, que certamente a banca adotou um posicionamento mais tradicional. Alguns doutrinadores divergem sobre a nomenclatura a ser dada à materialização da função administrativa. A primeira corrente, chamada de corrente clássico-voluntarista entende **que fato administrativo** é um acontecimento da natureza relevante para o Direito Administrativo, como a morte do servidor e a prescrição; já a segunda corrente, chamada de **corrente antivoluntarista, preceitua que fato administrativo** é um acontecimento a que a lei atribui consequências jurídicas e não possui caráter descritivo; a terceira corrente, a **corrente materialista conceitua fato administrativo como** toda atividade pública material em cumprimento de uma decisão administrativa. **(essa corrente é adotada em alguns concursos e é defendida por Hely Lopes Meirelles) e a última corrente, a corrente dinamicista (adotada também em concursos) entende que fato administrativo pode ser um evento da natureza ou um comportamento voluntário.**

O Cespe usou, na questão, o posicionamento de Hely Lopes (Direito Administrativo Brasileiro, 34ª edição, pag. 153). Para o saudoso doutrinador, o fato resulta sempre do ato administrativo que o determina. Ele cita como exemplo a construção de uma ponte, a instalação de um serviço público etc.

7. PROCESSO ADMINISTRATIVO FEDERAL: LEI Nº 9.784/99

✦ LEANDRO BORTOLETO E LUÍS FELIPE CIRINO

▸ Lei nº 9.784/99

---

222. (Cespe – Técnico Judiciário – Área Administrativa – TRE – BA/2017) De acordo com a Lei n.º 9.784/1999, que regula o processo administrativo no âmbito federal e trata, entre outros assuntos, dos direitos e deveres dos administrados e da administração pública, assinale a opção correta.

A) Do processo administrativo em que seja interessado, o administrado tem direito a: ciência da tramitação; vista dos autos e obtenção de cópias de documentos, ainda que se trate de processo classificado como sigiloso.

B) A administração pública tem o dever de motivar suas decisões de forma explícita, clara e congruente, não podendo fazê-lo mediante simples declaração de concordância com fundamentos de pareceres anteriores.

C) Em qualquer caso, o administrado tem o dever de fazer-se assistir por advogado para que sejam observados os princípios constitucionais do contraditório e da ampla defesa.

D) O administrado tem o direito de formular alegações e apresentar documentos antes e depois da decisão administrativa, os quais devem ser considerados pelo órgão competente.

E) A administração pública tem o dever de emitir decisão nos processos administrativos, mas não está obrigada a se manifestar sobre as reclamações dos administrados.

COMENTÁRIOS

✪ **Nota do autor:** O **processo** é "a relação jurídica integrada por algumas pessoas, que nela exercem várias atividades direcionadas para determinado fim"[44].

Alternativa correta: letra "a". Os direitos descritos no item estão previstos no art. 3º, II, da Lei nº 9.784/99 e por este o administrado tem o direito de ter ciência da tramitação (quando for interessado), de ter vista dos autos, de conhecer as decisões e, ainda, o de obter cópias de documentos contidos no processo administrativo, mesmo que se trate de processo sigiloso.

Alternativa "b". O princípio da motivação corresponde à demonstração, por escrito, dos motivos, dos pressupostos de fato e de direito, que levaram o administrador a praticar o ato administrativo. Está previsto expressamente no art. 2º, parágrafo único, VII, da Lei nº 9.784/99, ao estabelecer como critério, no processo administrativo federal, a "indicação dos pressupostos de fato e de direito que determinarem a decisão". Ainda nessa lei, no art. 50, há a determinação de que os atos administrativos deverão ser motivados, quando: a) neguem, limitem ou afetem direitos ou interesses; b) imponham ou agravem deveres, encargos ou sanções; c) decidam processos administrativos de concurso ou seleção pública; d) dispensem ou declarem a inexigibilidade de processo licitatório; e) decidam recursos administrativos; f) decorram de reexame de ofício; g) deixem de aplicar jurisprudência firmada sobre a questão ou discrepem de pareceres, laudos, propostas e relatórios oficiais; h) importem anulação, revogação, suspensão ou convalidação de ato administrativo. Neste sentido, o art. 50, VII da Lei nº 9.784/99 exige a motivação do ato administrativo quando ele deixar de aplicar jurisprudência firmada sobre a questão ou discrepar de pareceres, laudos, propostas e relatórios oficiais. Assim, quando o ato estiver fundamentado em pareceres anteriores. **Não** há necessidade de motivação.

Alternativa "c". A assistência de advogado não é obrigatória para o administrado, pois o art. 3º, IV, determina que é direito do administrado "fazer-se assistir, **facultativamente**, por advogado, salvo quando obrigatória a representação, por força de lei". Ainda, há a Súmula vinculante nº 5, a qual estabelece que a "falta de defesa técnica por advogado no processo administrativo disciplinar não ofende a Constituição".

Alternativa "d". Em consonância com o direito constitucional à ampla defesa, o art. 3º, III, assegura ao administrado o direito de "formular alegações e apresentar documentos antes da decisão, os quais serão objeto de consideração pelo órgão competente".

Alternativa "e". A administração pública tem o dever de emitir decisão nos processos administrativos e a se manifestar sobre reclamações dos administrados.

---

223. (Cespe – Analista Judiciário – Área Judiciária – TRE – BA/2017) Em caso de recurso administrativo interposto perante autoridade incompetente, a legislação prevê que

A) o recurso seja remetido à autoridade competente.

B) a autoridade competente seja indicada ao recorrente, sendo-lhe devolvido o prazo para recurso.

C) o seguimento do recurso seja negado.

D) o recurso seja conhecido, embora deva ser desprovido.

E) o processo administrativo correspondente seja arquivado.

COMENTÁRIOS

✪ **Nota do autor:** É possível a **interposição de recurso administrativo** em face da decisão tomada no processo administrativo, **em razão de legalidade e mérito**, na forma do art. 56, da Lei nº 9.784/99.

Alternativa correta: letra "b" (responde as demais alternativas). O recurso **não será conhecido** quando interposto perante **órgão incompetente** (art. 63, II). Nesse caso, será indicada ao recorrente a autoridade competente, sendo-lhe devolvido o prazo para interposição do recurso, conforme mandamento expresso do art. 63, §1º, da Lei.

---

224. (Cespe – Analista Judiciário – Área Judiciária – TRE – TO/2017) A Lei n.º 9.784/1999, ao prever que, sem prejuízo da atuação dos interessados, o processo administrativo no âmbito federal pode ser impulsionado pela própria administração, declara o princípio da(o)

A) finalidade.

B) concordância prática.

C) informalismo.

D) gratuidade.

E) oficialidade.

COMENTÁRIOS

✪ **Nota do autor:** A questão exige conhecimento de parte dos princípios do processo administrativo. Importante destacar que os princípios do processo administrativo subdividem-se em expressos – elencados no art. 2º da Lei nº 9.784/1999 – que são, especificamente, os da **legalidade, finalidade, motivação, razoabilidade, proporcionalidade, moralidade,**

---

44 CARVALHO FILHO, José dos Santos. *Manual de direito administrativo*. 26. ed. São Paulo: Atlas, 2013. p. 970-971.

ampla defesa, contraditório, segurança jurídica, interesse público e eficiência e, ainda, em implícitos, apontados pela doutrina como os da **oficialidade, informalidade, verdade material, gratuidade e pluralidade de instâncias.**

Alternativa correta: letra "e" (responde as demais alternativas). O princípio da oficialidade, em âmbito administrativo, não tem significado igual ao que lhe é dado no processo judicial, em que cabe ao juiz movimentar o processo tão somente após provocação das partes. No processo administrativo, o princípio da oficialidade representa a possibilidade da Administração Pública, **de ofício**, dar início ao processo administrativo, impulsioná-lo, instruí-lo e revisá-lo.

225. (Cespe - Analista Judiciário - Área Administrativa - TRF 1/2017) Em processos administrativos, as associações representativas não possuem legitimidade para a interposição de recurso, mesmo que objetivem a defesa de direitos e de interesses coletivos.

COMENTÁRIOS

"Errado". O recurso administrativo pode ser interposto (art. 58): a) pelos titulares de direitos e interesses que forem parte no processo; b) por aqueles cujos direitos ou interesses forem indiretamente afetados pela decisão recorrida; c) pelas organizações e associações representativas, no tocante a direitos e interesses coletivos; d) pelos cidadãos ou associações, quanto a direitos ou interesses difusos.

226. (Cespe - Técnico Judiciário - Área Administrativa - TRF 1/2017) Recurso e revisão, instrumentos que permitem o reexame de fatos e provas juntados no processo administrativo, se diferenciam quanto à possibilidade de agravamento da situação do processado: no julgamento do recurso, o órgão competente não agravará a situação do recorrente; na revisão, há expressa determinação legal que permite o aumento da sanção imposta.

COMENTÁRIOS

✪ **Nota do autor:** Os processos administrativos de que resultem sanções poderão ser revistos, a qualquer tempo, a pedido ou de ofício, quando surgirem fatos novos ou circunstâncias relevantes suscetíveis de justificar a inadequação da sanção aplicada, na forma do art. 65, Lei nº 9.784/99.

"Errado". Segundo a doutrina, os recursos administrativos admitem a chamada ***reformatio in pejus***, isto é, o **agravamento da situação** daquele que interpõe o instrumento. Isso é decorrência direta do **princípio da verdade material**, pelo qual a **Administração pode se valer de qualquer prova lícita para descobrir a verdade real e não se restringe às provas obtidas no processo. Entretanto, estabelece o artigo 182 da Lei 8.112/90 que "da revisão do processo não poderá resultar agravamento de penalidade", sendo, portanto, vedado pela lei a *reformatio in pejus* no julgamento da revisão.**

227. (Cespe - Delegado de Polícia - MT/2017) Em março de 2017, o governo de determinado estado da Federação declarou nulo ato que, de boa-fé, havia concedido vantagem pecuniária indevida aos ocupantes de determinado cargo a partir de janeiro de 2011.

Nessa situação hipotética,

A) o ato de anulação do ato que havia concedido vantagem pecuniária ofendeu diretamente o princípio da proporcionalidade.

B) o ato de anulação foi legal, pois atendeu a todos os preceitos legais e jurisprudenciais sobre a extinção dos atos administrativos.

C) o correto seria a revogação do ato, e não a sua anulação.

D) a declaração de nulidade do ato é nula de pleno direito, pois ocorreu a decadência do direito.

E) o princípio da autotutela da administração pública protege o ato de anulação determinado pelo governo.

COMENTÁRIOS

✪ **Nota do autor:** O art. 54 da Lei nº 9.784/99 é de extrema importância e pode ser cobrado tanto em relação ao processo administrativo federal quanto no que se refere à anulação do ato administrativo e, por isso, é indispensável sua memorização.

Alternativa correta: letra "d" (responde as demais alternativas). A Administração Pública federal, nos termos do mencionado artigo, tem o **prazo decadencial de cinco anos** para anular os atos administrativos com **efeitos favoráveis ao destinatário, desde que não haja má-fé**. Quanto a esse dispositivo, importante registrar que, nos termos da jurisprudência do Superior Tribunal de Justiça, esse prazo só começa a contar a partir da data em que a lei entrou em vigor[45]. Desse modo, para os atos anteriores à entrada em vigor da lei, o termo inicial é a entrada em vigor da lei e, para os atos praticados após o início da vigência da lei, é data da realização do ato. Assim, tendo sido o ato editado em janeiro de 2011, a Administração Pública poderia promover a sua anulação até janeiro de 2016, razão pela qual impossível a declaração de nulidade do ato, operada em 2017, uma vez que operada a decadência do direito. Ressalta-se, todavia, que se fosse

45 Resp. nº 1.256.033: o "[...] prazo decadencial estabelecido no art. 54 da Lei nº 9.784/99 é contado a partir de sua entrada em vigor (1º/2/99)".

situação de flagrante inconstitucionalidade não se aplicaria o prazo decadencial.

228. (Cespe – Juiz de Direito Substituto – AM/2016) Conforme a Lei nº 9.784 /1999, que trata dos atos administrativos, são indelegáveis

a) a edição de atos normativos e as matérias de competência exclusiva do órgão.

b) a elaboração de ofícios e a avaliação de recursos administrativos.

c) a decisão de recursos administrativos e as matérias de competência privativa de autoridade.

d) a revisão de atos administrativos e a edição de atos normativos.

e) as matérias de competência exclusiva e a publicação de edital.

COMENTÁRIOS

✪ **Nota do autor:** mediante a ***delegação,*** quem é competente delega, transfere parte de sua competência para outro servidor. A delegação está regulada nos artigos 12 a 14 da Lei nº 9.784/99 e, de acordo com esses dispositivos legais, pode ser feita de forma parcial (nunca total), se não houver impedimento legal, "a outros órgãos ou titulares, ainda que estes não lhe sejam hierarquicamente subordinados, quando for conveniente, em razão de circunstâncias de índole técnica, social, econômica, jurídica ou territorial" (art. 12).

Alternativa correta: letra "a" (responde as demais alternativas). Há algumas hipóteses que a Lei nº 9.784/99 veda a ocorrência de delegação, as quais, conforme o art. 13, são as seguintes: a) **a edição de atos de caráter normativo**; b) a decisão de recursos administrativos; e c) as matérias de competência exclusiva do órgão ou autoridade.

229. (Cespe – Juiz de Direito Substituto – AM/2016) Assinale a opção correta com referência aos atos administrativos.

a) A finalidade reflete o fim mediato dos atos administrativos, enquanto o objeto, o fim imediato, ou seja, o resultado prático que deve ser alcançado.

b) O silêncio administrativo consubstancia ato administrativo, ainda que não expresse uma manifestação formal de vontade.

c) Autorização é o ato pelo qual a administração concorda com um ato jurídico já praticado por particular em interesse próprio.

d) O objeto dos atos administrativos normativos é equivalente ao dos atos administrativos enunciativos.

e) Motivação e motivo são juridicamente equivalentes.

COMENTÁRIOS

✪ **Nota do autor:** o **ato administrativo** é "**toda manifestação unilateral da vontade da Administração Pública que, agindo nessa qualidade, tenha por fim imediato adquirir, resguardar, transferir, modificar, extinguir e declarar direitos, ou impor obrigações aos administrados ou a si própria**"[46].

Alternativa correta: letra "a". São **elementos** do ato administrativo a **competência** (chamada por alguns doutrinadores de sujeito), a **finalidade**, a **forma**, o **motivo** e o **objeto**. A competência é a delimitação das atribuições do agente e por ela há a indicação de "quem" é competente para a prática do ato, ou seja, aponta quem tem o poder atribuído pela lei para fazer o ato. **A finalidade é o resultado mediato almejado na prática, ou seja, é o "para que" o ato foi realizado**, que deve ser sempre a finalidade pública, sob pena de desvio de finalidade, havendo, ainda, a finalidade específica prevista na lei para cada situação. A forma é o modo pelo qual o ato se exterioriza e deve ser aquela prevista na lei; é "como" o ato se mostra. O motivo é o pressuposto de fato e de direito que autoriza ou determina a prática do ato; é o "porquê" da realização do ato. **O objeto é o conteúdo do ato; é o resultado imediato buscado**; é "o que" foi feito.

Alternativa "b". O **silêncio administrativo** é a omissão da Administração Pública em se manifestar quando deveria fazê-lo. A inércia da Administração não pode ser considerada manifestação de vontade da Administração Pública e, por isso, **o silêncio administrativo não é ato administrativo**, mas sim um fato administrativo. Entretanto, se a lei expressamente prever, poderá significar manifestação de vontade.

Alternativa "c". Os **atos negociais** são aqueles em que há a concordância de vontades entre a Administração Pública e o particular. A Administração pratica o ato porque o particular fez requerimento nesse sentido, mas não é um contrato e sim uma **manifestação unilateral** de vontade (que coincide com a do particular) e, portanto, é um ato administrativo. Tais atos podem ser **precários** (quando sujeitos a revogação a qualquer tempo), **definitivos** (não podem ser extintos a qualquer tempo, mas, por exemplo, se houver vício), **discricionários** e **vinculados.** A **autorização** – espécie de ato administrativo negocial – é **precária e discricionária** e, por ela, a Administração Pública autoriza a realização de determinada atividade ou o uso de determinado bem público, no **interesse predominante do particular,** podendo tal autorização ser revogada a qualquer tempo.

Alternativa "d". Os **atos administrativos enunciativos** são os atos pelos quais a Administração Pública

46 MEIRELLES, Hely Lopes. *Direito administrativo brasileiro*. 36 ed. São Paulo: Malheiros, 2010. p. 153.

certifica ou atesta um fato ou emite uma opinião sobre determinado assunto. Não há manifestação de vontade. Os **atos administrativos normativos**, por seu turno, são os atos que ***possuem conteúdo geral, abstrato, destinado a todas as pessoas que estejam na situação por eles regulada***. Possuem finalidade normativa, mas são submissos à lei e esta é o seu limite. Assim, atos enunciativos e atos normativos têm objeto completamente diferente eis que aquele se limita a certificar determinado fato, ao passo que este tem verdadeira finalidade normativa.

Alternativa "e". O **motivo** é um dos elementos dos atos administrativos. É o **pressuposto, a razão, a situação de fato ou de direito cuja ocorrência autoriza ou determina a prática do ato**. É o que leva o administrador a praticar o ato. O **"porquê"** do ato realizado. A **motivação**, por seu turno, **é a demonstração dos motivos por escrito**. Todo ato administrativo tem motivo, mas há atos que não necessariamente precisam ser motivados.

---

230. (Cespe – Analista de Controle – Área Jurídica – TCE – PR/2016) Acerca do recurso administrativo e tendo como base as disposições da Lei n.º 9.784/1999, assinale a opção correta.

a) O recurso não será conhecido quando interposto em órgão incompetente, mas, nesse caso, terá de ser indicada ao recorrente a autoridade competente, sendo-lhe devolvido o prazo para recurso.

b) É de trinta dias o prazo para a interposição de recurso administrativo, contado a partir da divulgação da decisão recorrida em diário oficial.

c) O recurso administrativo terá, como regra geral, efeitos devolutivo e suspensivo.

d) Contra as decisões administrativas cabe recurso que verse sobre a legalidade, mas não sobre o mérito administrativo.

e) O recurso administrativo tramitará por uma única instância administrativa, devendo ser interposto à autoridade superior àquela que tiver proferido a decisão.

COMENTÁRIOS

✪ **Nota do autor:** O **processo** é "a relação jurídica integrada por algumas pessoas, que nela exercem várias atividades direcionadas para determinado fim"[47].

Alternativa correta: letra "a". O recurso **não será conhecido** quando interposto perante **órgão incompetente** (art. 63, II, da Lei nº 9.784/99). Nesse caso, será indicada ao recorrente a autoridade competente, sendo-lhe devolvido o prazo para interposição do recurso, conforme mandamento expresso do art. 63, §1º, da Lei.

Alternativa "b". O prazo para interposição de recurso administrativo é de ***dez dias***, contado a partir da ciência ou divulgação oficial da decisão recorrida, ***salvo disposição legal específica***, nos termos do art. 59 da Lei.

Alternativa "c". Os recursos administrativos, via de regra, não são dotados de efeito suspensivo, exceto se houver previsão legal em contrário. Entretanto, ***de ofício ou a pedido da parte interessada***, a autoridade recorrida ou imediatamente superior pode ***conceder efeito suspensivo, se houver justo receio de prejuízo de difícil ou incerta reparação*** decorrente da plena execução da decisão administrativa anteriormente tomada, na exata forma como prevê o art. 61 da Lei. Trata-se da ***aplicação da tutela preventiva no processo administrativo.***

Alternativa "d". Nos termos do art. 56 da Lei, é possível a interposição de recurso administrativo em face da decisão tomada no processo, ***em razão da legalidade e do mérito. Desta feita, em âmbito administrativo, possível a discussão do mérito da questão, mesmo em sede recursal.***

Alternativa "e". Nos termos do art. 57, exceto se houver disposição legal em contrário, o recurso tramitará, no máximo, por três instâncias administrativas.

---

231. (Cespe – Juiz de Direito Substituto – TJDFT/2015) Acerca do processo administrativo, assinale a opção correta conforme a Lei nº 9.784/1999.

a) Se a matéria do processo envolver assunto de interesse geral e não houver prejuízo para a parte interessada, o órgão competente poderá abrir período de consulta pública para a manifestação de terceiros, mediante despacho motivado, antes de decidir o pedido.

b) Em caso de risco iminente, é permitido à administração pública adotar providências acautelatórias, desde que estas sejam motivadas e precedidas de prévia manifestação do interessado.

c) A administração deverá anular seus próprios atos quando estes contiverem vícios de legalidade ou quando houver motivo de conveniência ou oportunidade. Nesses casos, a anulação produzirá efeitos *ex tunc*.

d) A decisão de recursos administrativos e a prática de atos ordinatórios do processo não são passíveis de delegação.

e) Os atos do processo administrativo devem tomar a forma escrita, exigindo-se reconhecimento de firma dos signatários desses atos.

---

47 CARVALHO FILHO, José dos Santos. *Manual de direito administrativo*. 26. ed. São Paulo: Atlas, 2013. p. 970-971.

COMENTÁRIOS

Alternativa correta: letra "a". Nos termos do art. 31 da Lei nº 9.784/99, quando "a matéria do processo envolver assunto de interesse geral, o órgão competente poderá, mediante despacho motivado, abrir período de consulta pública para manifestação de terceiros, antes da decisão do pedido, se não houver prejuízo para a parte interessada".

Alternativa "b". De fato, pode a Administração Pública, em caso de risco iminente, adotar medidas acautelatórias desde que haja motivação, mas não se faz necessária a manifestação prévia do interessado, conforme expressamente consignado no art. 45.

Alternativa "c". Na verdade, há confusão entre anulação e revogação na assertiva. A anulação é a extinção do ato administrativo por motivos de ilegalidade e a revogação ocorre por razões de interesse público em face de o ato ter se tornado inoportuno e inconveniente. Nesse sentido é a previsão constante do art. 54, que encampou o consagrado entendimento doutrinário. Quanto aos efeitos, em regra, a anulação produz efeitos *ex tunc* (retroativos) e a revogação gera efeitos a partir do dia em que realizada, ou seja, não retroagem (*ex nunc*).

Alternativa "d". A delegação está regulada no art. 13 da Lei nº 9.784/99 e existe vedação, apenas, em relação à edição de atos de caráter normativo, à decisão de recursos administrativos e às matérias de competência exclusiva do órgão ou atividade.

Alternativa "e". Quanto à formalidade, em regra, os atos não adotarão forma específica, salvo quando a lei expressamente exigir, nos termos do art. 22, *caput*. Devem ser produzidos por escrito, em vernáculo, constando data e local e assinatura da autoridade responsável (art. 22, §1º), mas, salvo imposição legal, o reconhecimento de firma somente ocorrerá se houver dúvida quanto à autenticidade (art. 22, §2º).

---

232. (Cespe – Cartório – TJ – DF/2014) No que diz respeito ao processo administrativo no âmbito da administração pública federal e à licitação, assinale a opção correta.

a) Os processos administrativos sancionatórios podem ser revistos a qualquer tempo, inclusive para reformatio in pejus, desde que tenham surgido fatos novos que justifiquem a inadequação da sanção aplicada.

b) O desatendimento da intimação em processo administrativo torna revel o administrado interessado, importando no reconhecimento da verdade dos fatos e, se for o caso, na renúncia do direito em discussão.

c) É inexigível a licitação para a contratação de empresa com notória especialização em perícia e avaliações em geral, desde que o serviço a ser realizado se caracterize como singular e a empresa seja a única do mercado a realizá-lo.

d) Consoante o princípio da isonomia, é vedado aos agentes públicos estabelecer quaisquer tipos de margem de preferência nos processos licitatórios.

e) O servidor que tenha participado ou venha a participar como perito em um processo administrativo encontra-se impedido de atuar nesse processo.

COMENTÁRIOS

Alternativa correta: letra "e". Nos termos do art. 18, II, da Lei nº 9.784/99, é impedido de atuar em processo administrativo o servidor ou autoridade que "**tenha participado ou venha a participar como perito**, testemunha ou representante, ou se tais situações ocorrem quanto ao cônjuge, companheiro ou parente e afins até o terceiro grau".

Alternativa "a". Os processos administrativos sancionatórios podem ser revistos a qualquer tempo, desde que tenham surgido fatos novos que justifiquem a inadequação da sanção aplicada, sendo **vedada a *reformatio in pejus***, na forma do art. 65, da Lei nº 9.784/99.

Alternativa "b". O desatendimento da intimação em processo administrativo **não acarreta o reconhecimento da verdade dos fatos**, nem a renúncia a direito pelo administrado e, quando retornar o processo, ser-lhe – á **garantido direito de ampla defesa** (art. 27, da Lei).

Alternativa "c". Nos termos do art. 25, II, da Lei nº 8.666/93, é inexigível a licitação "para a contratação de serviços técnicos enumerados no art. 13 desta Lei, de natureza singular, com profissionais ou empresas de notória especialização, vedada a inexigibilidade para serviços de publicidade e divulgação"; dentre os serviços descritos no art. 13 da Lei, consta, expressamente, **pareceres, perícias e avaliações em gerais** (inciso II). A alternativa está errada porque não é necessário que a empresa seja a única do mercado a realizá-lo, situação que ocorreria caso houvesse aplicação do art. 25, I, da Lei.

Alternativa "d". Em regra, **não há diferença de tratamento** entre empresas nacionais e empresas estrangeiras, mas há algumas situações em que existe preferência para a aquisição de alguns tipos de bens e serviços brasileiros, com, por exemplo, o estabelecimento de **margem de preferência.**

---

233. (Cespe – Procurador do Estado – BA/2014) Não cabe revisão dos processos administrativos sancionatórios, após a decisão da autoridade julgadora, dada a ocorrência de coisa julgada administrativa.

COMENTÁRIOS

"Errado". Na forma do art. 65, da Lei nº 9.784/99, os processos administrativos de que resultem sanções poderão ser revistos, a qualquer tempo, a pedido ou de ofício, quando surgirem fatos novos ou circunstâncias relevantes suscetíveis de justificar a inadequação da sanção aplicada.

234. (Cespe – Delegado de Polícia Federal – DPF/2013) De acordo com a Lei nº 9.784/1999, que regula o processo administrativo no âmbito da administração pública federal, um órgão administrativo e seu titular poderão, se não houver impedimento legal e quando conveniente, em razão de circunstâncias de índole técnica, social, econômica, jurídica ou territorial, delegar parte da sua competência a outros órgãos, ainda que estes não lhe sejam hierarquicamente subordinados.

COMENTÁRIOS

"Certo". O ***art. 12 da Lei nº 9.784/99*** prevê a possibilidade de um órgão administrativo e seu titular, se não houver impedimento legal, delegar parte da sua competência a outros órgãos ou titulares, ***ainda que estes não lhe sejam hierarquicamente subordinados***, quando for conveniente, em razão de circunstâncias de índole técnica, social, econômica, jurídica ou territorial.

235. (Cespe – Defensor Público – DF/ 2013) Considere que, negado o pleito de um indivíduo perante a administração pública, o chefe da respectiva repartição pública tenha inadmitido o recurso administrativo sob a alegação de que o recorrente não teria apresentado prévio depósito ou caução, exigidos por lei. Nessa situação hipotética, o agente público agiu de acordo com o ordenamento jurídico brasileiro, visto que, segundo entendimento do STF, a exigência de depósito ou caução pode ser realizada desde que amparada por lei.

COMENTÁRIOS

"Errado". A interposição de recurso administrativo **independe de caução**, como previsto na Súmula Vinculante nº 21 que preceitua ser "inconstitucional a exigência de depósito ou arrolamento prévios de dinheiro ou bens para admissibilidade de recurso administrativo". Caso não seja observado o consignado na Súmula Vinculante, poderá o interessado **ajuizar reclamação no STF**; com a procedência desta, será dada **ciência à autoridade prolatora da decisão e ao órgão competente para o julgamento do recurso, para que façam a adequação das futuras decisões.**

236. (Cespe – Procurador Federal/2013) O recurso hierárquico impróprio, na medida em que é dirigido a autoridade de órgão não integrado na mesma hierarquia daquela que proferiu o ato, independe de previsão legal.

COMENTÁRIOS

✪ **Nota do autor:** Nos termos do art. 56 da Lei nº 9.784/99, é possível a **interposição de recurso administrativo** em face da decisão tomada no processo administrativo, **em razão de legalidade e mérito.**

"Errado". O **recurso hierárquico** é o requerimento de reexame de ato ou decisão administrativa, dirigido a autoridade superior à que expediu o ato ou decidiu. Divide-se em **recurso hierárquico próprio**, que é dirigido a autoridade hierarquicamente superior dentro do mesmo órgão em que o ato foi praticado, e em **recurso hierárquico impróprio**. Este não se dirige a autoridade hierarquicamente superior, mas sim a autoridade de outro órgão, sem relação hierárquica com o que proferiu o ato como, por exemplo, recurso, na esfera federal, contra ato de dirigente de autarquia para o Ministério a que estiver vinculada ou para o Presidente da República; para sua interposição, contudo, **é necessária expressa previsão legal nesse sentido.**

237. (Cespe – Procurador Federal/2013) Se determinado particular interpuser recurso administrativo perante a autoridade competente, e esta delegar a subordinado seu a competência para decisão, não haverá qualquer irregularidade no ato de delegação, pois, embora a competência configure requisito vinculado do ato administrativo, a legislação de regência autoriza a delegação na hipótese em apreço.

COMENTÁRIOS

"Errado". Há algumas hipóteses em que a Lei nº 9.784/99 veda a ocorrência de delegação, as quais, conforme o art. 13, da Lei, são as seguintes: a) a edição de atos de caráter normativo; **b) a decisão de recursos administrativos**; e c) as matérias de competência exclusiva do órgão ou autoridade.

238. (Cespe – Analista Judiciário – Área Judiciária – STJ/2012) Os processos administrativos de que resultem sanções podem ser revistos a qualquer tempo, a pedido ou de ofício; dessa revisão pode resultar o agravamento da sanção, diferentemente do que ocorre na esfera judicial.

COMENTÁRIOS

"Errado". A **revisão** não é recurso e pode ser feita, a **qualquer tempo**, a **pedido ou de ofício**, quando surgirem fatos novos ou circunstâncias relevantes suscetíveis de justificar a **inadequação da sanção** aplicada. De forma diferente do que ocorre no processo administrativo, na revisão **não é possível agravar a situação do administrado**, isto é, **não se admite a *reformatio in pejus* (art. 65, da Lei nº 9.784/99).**

8. LICITAÇÃO E CONTRATO ADMINISTRATIVO

✦ **LIDIANE COUTINHO**

- CF, art. 22, XXVII
- CF, art. 37, XXI
- CF, art. 173
- Lei nº 8.666/93
- Lei nº 10.520/02
- Decreto nº 3.555/00
- Decreto nº 5.450/05

239. (Cespe – Promotor de Justiça – MPE – RR/2017) Com referência aos crimes, às penas e ao processo judicial previstos na Lei de Licitações e Contratos, julgue os seguintes itens.

I. Dispensa de licitação em situação estranha às hipóteses taxativas previstas em lei constitui crime passível de punição com pena de detenção e multa fixada na sentença a ser revertida à fazenda federal, distrital, estadual ou municipal, conforme o caso.

II. Em casos de crimes previstos na lei em apreço, a ação penal é pública incondicionada e a sua promoção cabe ao MP.

III. Em relação aos crimes previstos na lei em questão, não será admitida ação penal privada subsidiária da pública.

IV. Quando os autores dos crimes previstos na referida lei forem ocupantes de cargo em comissão ou exercerem função de confiança em órgão da administração pública direta ou indireta, a pena imposta será acrescida da terça parte.

Assinale a opção correta.

A) Apenas os itens III e IV estão certos.

B) Apenas os itens I, II e III estão certos.

C) Apenas os itens I, II e IV estão certos.

D) Todos os itens estão certos.

COMENTÁRIO

Alternativa correta: letra C. Estão corretos os itens I, II e IV. O item I está previsto nos artigos 89 e 99, §2º da Lei de Licitações, que determina que dispensar ou inexigir licitação fora das hipóteses previstas em lei, ou deixar de observar as formalidades pertinentes à dispensa ou à inexigibilidade- Pena – detenção, de 3 (três) a 5 (cinco) anos, e multa. O produto da arrecadação da multa reverterá, conforme o caso, à Fazenda Federal, Distrital, Estadual ou Municipal. Já o item II está previsto no artigo 100 da referida Lei, que estatui que os crimes definidos na Lei são de ação penal pública incondicionada, cabendo ao Ministério Público promovê-la. E o item IV está previsto no artigo 84, §2º, que preconiza que a pena imposta será acrescida da terça parte, quando os autores dos crimes previstos na Lei forem ocupantes de cargo em comissão ou de função de confiança em órgão da Administração direta, autarquia, empresa pública, sociedade de economia mista, fundação pública, ou outra entidade controlada direta ou indiretamente pelo Poder Público. Já o item III está errado, conforme o artigo 103, que determina que será admitida ação penal privada subsidiária da pública, se esta não for ajuizada no prazo legal (a resposta analisa todas as alternativas).

240. (Cespe – Juiz Federal – TRF 5/2017) Acerca de licitações e contratações na administração pública, assinale a opção correta.

A) No processo de licitação, a classificação é ato administrativo vinculado mediante o qual a comissão acolhe as propostas apresentadas nos termos e nas condições do edital e, se for constatada fraude nessa etapa, os membros da comissão respondem solidariamente, independentemente de posições individuais divergentes registradas em ata.

B) Situação hipotética: Uma autarquia federal vinculada à área de educação pretende contratar pessoa jurídica de direito privado, sem fins lucrativos, para a prestação de serviços de educação. Assertiva: Nessa situação, a qualificação da futura contratada como organização social para as atividades de ensino contempladas no contrato de gestão possibilita a contratação com dispensa de licitação.

C) Situação hipotética: Uma autarquia federal publicou edital para a contratação, pelo regime diferenciado de contratação (RDC), de empresa fornecedora de canetas da marca X. No entanto, um fornecedor de canetas similares, mas de outra marca, solicitou que o instrumento convocatório fosse impugnado. Assertiva: Nessa situação, a impugnação é indevida, já que a indicação da marca é legal, por se tratar de RDC.

D) Situação hipotética: Lei estadual fixou normas para regular os procedimentos licitatórios em seu âmbito de atuação. Adotou os parâmetros gerais da Lei de Licitações e, de forma específica, estabeleceu que, para a aquisição de bens ou serviços, a empresa licitante deva ter fábrica no respectivo estado da Federação. Assertiva: Conforme entendimento do STF, tem caráter constitucional a referida exigência, devido às singularidades existentes no estado e ao interesse de fomentar o desenvolvimento industrial local.

E) Na hipótese de uma empresa pública pretender vender imóvel desafetado a entidade pertencente ao terceiro setor, configura-se dispensa de licitação, considerando-se o interesse público presente na alienação e as características do imóvel.

COMENTÁRIOS

Alternativa correta: letra B. É um caso de licitação dispensável, conforme artigo 24, XXIV: 'é dispensável a licitação para a celebração de contratos de prestação de serviços com as organizações sociais, qualificadas no âmbito das respectivas esferas de governo, para atividades contempladas no contrato de gestão'.

Alternativa A. Errada. Conforme Lei nº 8.666/93, em seu artigo 51, §3º os membros das Comissões de licitação responderão solidariamente por todos os atos praticados pela Comissão, **salvo** se posição individual divergente estiver devidamente fundamentada e registrada em ata lavrada na reunião em que tiver sido tomada a decisão.

Alternativa C. Errada. O RDC admite a indicação de marca, **mas dentro de hipóteses restritas e justificadas** no artigo 7º, inciso I, alíneas 'a' a 'c': a) em decorrência da necessidade de padronização do objeto; b) quando determinada marca ou modelo comercializado por mais de um fornecedor for a única capaz de atender às necessidades da entidade contratante; ou c) quando a descrição do objeto a ser licitado puder ser melhor compreendida pela identificação de determinada marca ou modelo aptos a servir como referência, situação em que será obrigatório o acréscimo da expressão "ou similar ou de melhor qualidade". A questão não contempla nenhuma das hipóteses.

Alternativa D. Errada. De acordo com a decisão do STF, na ADI 3583, é **inconstitucional** a lei estadual que estabeleça como condição de acesso a licitação pública, para aquisição de bens ou serviços, que a empresa licitante tenha a fábrica ou sede no Estado-membro.

Alternativa E. Errada. Entendeu o STF, na ADI 1923, que a venda de imóvel a entidade do terceiro setor não está prevista como hipótese de licitação dispensada, previstas no artigo 17, inciso I, da Lei 8666/93. O referido artigo contempla situações taxativas. Portanto, não pode usado para o Terceiro Setor.

---

241. (Cespe – Juiz de Direito – PR/2017) O art. 58 da Lei n.º 8.666/1993 prevê que o regime jurídico dos contratos administrativos por ela instituído confere à administração a prerrogativa de prever cláusulas exorbitantes. Ocorre que alguns contratos celebrados pela administração apenas incidem ou podem incidir parcialmente em cláusulas exorbitantes, pois são regidos predominantemente por normas de direito privado. Nesse sentido, assinale a opção que apresenta contrato celebrado pela administração, regido por normas do direito público, e pelas disposições do citado art. 58, independentemente de compatibilidade com as regras contratuais do direito privado.

A) contrato de locação em que o poder público seja locatário

B) contrato de seguro

C) contrato de financiamento

D) contrato de prestação de serviço técnico profissional de fiscalização de obras e serviços

COMENTÁRIOS

Alternativa correta: letra D (responde as demais alternativas). O contrato de prestação de serviço técnico profissional de fiscalização de obras e serviços está previsto no artigo 13 e, regra geral, exige licitação, salvo nas situações de inexigibilidade. Tem como característica ser um **contrato administrativo**, regido pela Lei nº 8.666/93. A doutrina majoritária entende que o contrato administrativo é espécie do gênero contrato. E que existem contratos que a administração pública faz, que são regidos predominantemente pelo direito privado, a exemplo do contrato de seguro e contrato de locação, em que o Poder Público está numa posição horizontal no contrato. Há um entendimento que estes contratos são denominados contratos da administração e não contratos administrativos, tendo como principal característica a incidência predominante de regras de direito privado. Conforme previsão no artigo 62, § 3º aplica-se o disposto nos arts. 55 e 58 a 61 desta Lei e demais normas gerais, no que couber: aos contratos de seguro, de financiamento, de locação em que o Poder Público seja locatário, e aos demais cujo conteúdo seja regido, predominantemente, por norma de direito privado e aos contratos em que a Administração for parte como usuária de serviço público. Os contratos de seguro, contratos de locação e contratos de financiamento, são alguns exemplos de contratos celebrados pela administração que apenas incidem ou podem incidir parcialmente em cláusulas exorbitantes, pois são regidos predominantemente por normas de direito privado.

---

242. (Cespe – Analista Judiciário – Área Administrativa – TRE – BA/2017) Empresa vencedora de processo licitatório, na modalidade concorrência, para a reforma de um imóvel pertencente à administração pública deixou de realizar 30% da obra licitada, parte equivalente ao valor de R$ 250.000, em decorrência de graves problemas financeiros. Por esse motivo, o contrato foi rescindido.

Conforme previsto pela Lei n.º 8.666/1993 — Lei de Licitações e Contratos —, nessa situação hipotética, novo processo licitatório para a contratação de empresa que finalize a obra remanescente será

A) inexigível, por se tratar da conclusão de obra remanescente.

B) dispensável, devendo a nova contratada obedecer à ordem de classificação e aos mesmos termos oferecidos à licitante vencedora.

C) dispensável, devendo a nova contratada estabelecer o preço dos serviços que serão realizados.

D) aberto obrigatoriamente na modalidade concorrência.

E) aberto preferencialmente na modalidade convite.

COMENTÁRIO

Alternativa correta: letra B. Estamos diante de uma situação de licitação dispensável, conforme previsão no artigo 24, XI – é dispensável a licitação na contratação de remanescente de obra, serviço ou fornecimento, em consequência de rescisão contratual, desde que atendida a ordem de classificação da licitação anterior e aceitas as mesmas condições oferecidas pelo licitante vencedor, inclusive quanto ao preço, devidamente corrigido.

Alternativa A. Errada. Não se enquadra na situação de inexigibilidade, que tem como característica a inviabilidade de competição.

Alternativa C. Errada. Conforme o artigo 24, XI, da Lei de Licitações, a nova contratada tem que aceitar as mesmas condições oferecidas pelo licitante vencedor, inclusive quanto ao preço, devidamente corrigido

Alternativa D. Errada. Não há obrigatoriedade do uso da modalidade concorrência.

Alternativa E. Errada. Não há preferência no uso da modalidade convite.

---

243. (Cespe – Analista Judiciário – Área Judiciária – TRE – BA/2017) De acordo com a Lei de Licitações e Contratos, o prazo para interposição de

A) recurso e representação será de dez dias úteis.

B) representação e pedido de reconsideração será de cinco dias úteis.

C) representação e pedido de reconsideração será de dez dias úteis.

D) recurso e representação será de cinco dias úteis.

E) recurso e pedido de reconsideração será de cinco dias úteis.

COMENTÁRIOS

Alternativa correta: letra D (responde as demais alternativas). Conforme previsão no artigo 109 da Lei nº 8.666/93.

> *Art. 109. Dos atos da Administração decorrentes da aplicação desta Lei cabem:*
>
> *I – recurso, no prazo de 5 (cinco) dias úteis a contar da intimação do ato ou da lavratura da ata, nos casos de: a) habilitação ou inabilitação do licitante; b) julgamento das propostas; c) anulação ou revogação da licitação; d) indeferimento do pedido de inscrição em registro cadastral, sua alteração ou cancelamento; e) rescisão do contrato, a que se refere o inciso I do art. 79 desta Lei e f) aplicação das penas de advertência, suspensão temporária ou de multa;*
>
> *II – representação, no prazo de 5 (cinco) dias úteis da intimação da decisão relacionada com o objeto da licitação ou do contrato, de que não caiba recurso hierárquico;*
>
> *III – pedido de reconsideração, de decisão de Ministro de Estado, ou Secretário Estadual ou Municipal, conforme o caso, na hipótese do* § 4º do art. 87 desta Lei*, no prazo de 10 (dez) dias úteis da intimação do ato.*

---

244. (Cespe – Analista Judiciário – Área Judiciária – TRE – BA/2017) Uma das atribuições dos órgãos de assessoria jurídica da administração pública é apreciar juridicamente as minutas de contratos, convênios ou acordos administrativos. Nessa hipótese, para a efetivação de ajustes, as minutas devem ser

A) previamente aprovadas pela comissão de licitação.

B) previamente examinadas e aprovadas pela própria assessoria jurídica da administração pública.

C) examinadas, até o término de sua vigência, pela comissão de licitação.

D) aprovadas, até o término de sua vigência, pela própria assessoria jurídica da administração pública.

E) previamente examinadas pelo licitante.

COMENTÁRIOS

Alternativa correta: letra B (responde as demais alternativas). Pela determinação do artigo 38, § único da Lei nº 8.666/93, as minutas de editais de licitação, bem como as dos contratos, acordos, convênios ou ajustes devem ser previamente examinadas e aprovadas por assessoria jurídica da Administração.

---

245. (Cespe – Analista Judiciário – Área Administrativa – TRE – TO/2017) Caso um tribunal lance edital de licitação, na modalidade de pregão, nos termos da lei, observada a proposta de menor valor, somente poderão participar da sessão de lances aqueles que apresentarem ofertas com preços superiores ao menor valor observado nas propostas em até

A) 10%.

B) 15%.

C) 2%.

D) 3%.

E) 5%.

COMENTÁRIOS

Alternativa correta: letra A (responde as demais alternativas). É o que determina o artigo 4º, inciso VIII da Lei nº 10.520/2002: no curso da sessão, o autor da oferta de valor mais baixo e os das ofertas com preços até 10% (dez por cento) superior àquela poderão fazer novos lances verbais e sucessivos, até a proclamação do vencedor.

---

246. (Cespe – Técnico Judiciário – Área Administrativa – TRE – BA/2017) Se o diretor de um museu público tiver de contratar a restauração de um objeto histórico, de autenticidade certificada, com o objetivo de aprimorar o acervo da instituição, a licitação para a restauração desse objeto, nos termos da legislação pertinente, será considerada

A) dispensável.

B) recusável.

C) inexigível.

D) dispensada.

E) inviável.

COMENTÁRIOS

Alternativa correta: letra A. Esta situação está prevista no artigo 24, XV, da Lei nº 8.666/93: é dispensável a licitação para a aquisição ou restauração de obras de arte e objetos históricos, de autenticidade certificada, desde que compatíveis ou inerentes às finalidades do órgão ou entidade. Não se pode confundir com a situação prevista no artigo 13, VII, 'restauração de obras de arte e bens de valor histórico', que pode se encaixar na hipótese de inexigibilidade de licitação.

Alternativa B. Errada. Não temos no dispositivo legal a análise de licitação recusável.

Alternativa C. Errada. Não se enquadra na situação de inexigibilidade, que tem como característica a inviabilidade de competição. Não se pode confundir a análise da questão com a situação prevista no artigo 13, VII, 'restauração de obras de arte e bens de valor histórico', que pode se encaixar na situação de inexigibilidade.

Alternativa D. Errada. As situações de licitação dispensada, são obrigatórias e taxativas e estão previstas no artigo 17 da Lei nº 8.666/93.

Alternativa E. Errada. Não temos no dispositivo legal a análise de licitação inviável.

---

247. (Cespe – Técnico Judiciário – Área Administrativa – TRE – BA/2017) Conforme a legislação pertinente, a licitação na modalidade pregão

A) deverá ser conduzida por equipe de apoio integrada exclusivamente por servidores públicos.

B) veda a negociação direta entre a administração e os participantes da licitação.

C) deverá proporcionar prazo de, no mínimo, oito dias úteis para a apresentação de propostas.

D) tem de basear-se no critério da melhor técnica para o julgamento e a classificação das propostas.

E) demanda, obrigatoriamente, a participação presencial dos concorrentes.

COMENTÁRIOS

Alternativa correta: letra C. É a previsão do artigo 4º, V da Lei nº 10.520/2002: o prazo fixado para a apresentação das propostas, contado a partir da publicação do aviso, não será inferior a 8 (oito) dias úteis.

Alternativa A. Errada. Conforme previsão do artigo 3º § 1º da Lei nº 10.520/2002, a equipe de apoio deverá ser integrada em sua maioria por servidores ocupantes de cargo efetivo ou emprego da administração, preferencialmente pertencentes ao quadro permanente do órgão ou entidade promotora do evento.

Alternativa B. Errada. É possível a negociação direta, conforme o art. 4º, XVII da Lei nº 10.520/2002 – nas situações previstas nos incisos XI e XVI, o pregoeiro poderá negociar diretamente com o proponente para que seja obtido preço melhor;

Alternativa D. Errada. O critério será o de menor preço, conforme previsão do artigo 4º, X da Lei nº 10.520/2002- para julgamento e classificação das propostas, será adotado o critério de menor preço, observados os prazos máximos para fornecimento, as especificações técnicas e parâmetros mínimos de desempenho e qualidade definidos no edital.

Alternativa E. Errada. O pregão poderá utilizar meios eletrônicos, conforme previsão no artigo 2º § 1º da Lei nº 8.666/93: 'poderá ser realizado o pregão por meio da utilização de recursos de tecnologia da informação, nos termos de regulamentação específica'.

---

248. (Cespe – Técnico Judiciário – Área Administrativa – TRE – BA/2017) Quanto ao sistema de registro de preços (SRP), julgue os próximos itens.

I. O SRP poderá ser adotado quando, pelas características do bem ou serviço, houver a necessidade de contratações frequentes.

II. O SRP terá de ser precedido de seleção pela modalidade de licitação denominada tomada de preços.

III. Em regra, no SRP, o registro valerá por até um ano, mas excepcionalmente, desde que previamente pactuado, ele poderá valer por período superior a um ano.

Assinale a opção correta.

A) Apenas o Alternativa I está certo.

B) Apenas o Alternativa II está certo.

C) Apenas o Alternativa III está certo.

D) Apenas os itens I e II estão certos.

E) Apenas os itens I e III estão certos.

COMENTÁRIOS

Alternativa correta: letra A. O Decreto federal nº 7.892/2013 regulamenta o disposto no artigo 15, da Lei nº 8.666/93, que dispõe sobre o SRP. O artigo 3º do mencionado decreto, dispõe que o Sistema de Registro de Preços poderá ser adotado nas seguintes hipóteses: I – quando, pelas características do bem ou serviço, houver necessidade de contratações frequentes; II – quando for conveniente a aquisição de bens com previsão de entregas parceladas ou contratação de serviços remunerados por unidade de medida ou em regime de tarefa; III – quando for conveniente a aquisição de bens ou a contratação de serviços para atendimento a mais de um órgão ou entidade, ou a programas de governo ou IV – quando, pela natureza do objeto, não for possível definir previamente o quantitativo a ser demandado pela Administração. Vejamos os itens: **Item I é verdadeiro**. Previsão no Decreto nº 7.892/2013, em seu artigo 3º, inciso I – o Sistema de Registro de Preços poderá ser adotado quando, pelas características do bem ou serviço, houver necessidade de contratações frequentes; **Item II é falso.** O SRP poderá usar a modalidade concorrência ou pregão, conforme previsão na Lei nº 8.666/93 e Lei nº 10.520/2002. Na Lei 8666/93, a previsão está no artigo 15, § 3º- o sistema de registro de preços será regulamentado por decreto, atendidas as peculiaridades regionais, observadas as seguintes condições: I – seleção feita mediante concorrência; na Lei 10520/2002, é previsão está no artigo 11- as compras e contratações de bens e serviços comuns, no âmbito da União, dos Estados, do Distrito Federal e dos Municípios, quando efetuadas pelo sistema de registro de preços previsto no art. 15 da Lei nº 8.666, de 21 de junho de 1993, poderão adotar a modalidade de pregão, conforme regulamento específico e **Item III é falso**. Lei 8666/93, art. 15, § 3º – o sistema de registro de preços será regulamentado por decreto, atendidas as peculiaridades regionais, observadas as seguintes condições: III – validade do registro não superior a um ano.

---

249. (Cespe – Técnico Judiciário – Área Administrativa – TRE – TO/2017) O pregão, modalidade de licitação regida pela Lei n.° 10.520/2002, é adotado no âmbito da União, dos estados, do Distrito Federal e dos municípios para a aquisição de bens e serviços comuns. Acerca do pregão, julgue os próximos itens.

I. O prazo fixado para a apresentação das propostas, contado a partir da publicação do aviso, não será inferior a oito dias úteis.

II. No âmbito do Ministério da Defesa, as funções de pregoeiro e de membro da equipe de apoio poderão ser desempenhadas por militares.

III. A definição do objeto deverá ser precisa, suficiente e clara, vedadas especificações que possam limitar a competição, salvo quando houver motivação justificada.

IV. O prazo de validade das propostas será de trinta dias, se outro não estiver fixado em edital.

Estão certos apenas os itens

A) I e II.

B) I e IV.

C) III e IV.

D) I, II e III.

E) II, III e IV.

COMENTÁRIOS

✪ **Nota do Autor: Alternativa correta: letra A.** Somente os itens I e II estão corretos. Vejamos:

Item I. Correto. Artigo 4º, V – o prazo fixado para a apresentação das propostas, contado a partir da publicação do aviso, não será inferior a 8 (oito) dias úteis;

Item II. Correto. Artigo 3º, § 2º no âmbito do Ministério da Defesa, as funções de pregoeiro e de membro da equipe de apoio poderão ser desempenhadas por militares;

Item III. Errado. Não há exceções, conforme previsão no artigo 3º II – a definição do objeto deverá ser precisa, suficiente e clara, vedadas especificações que, por excessivas, irrelevantes ou desnecessárias, limitem a competição; e

Item IV. Errado. Art. 6º O prazo de validade das propostas será de 60 (sessenta) dias, se outro não estiver fixado no edital.

---

250. (Cespe – Técnico Judiciário – Área Administrativa – TRE – TO/2017) Uma empresa pública estadual desenvolve estudos e pesquisas e produz habitações populares a baixo custo. O ente federado ao qual essa empresa se vincula necessita complementar a construção dessas habitações por meio de iniciativa própria.

Nos termos da Lei n.° 8.666/1993, nessa situação, a licitação é

A) dispensável, desde que a empresa tenha sido criada anteriormente à vigência da Lei de Licitações e que o valor seja compatível com o valor de mercado.

B) inexigível, uma vez que envolve dois entes públicos.

C) dispensável, pois as entidades que integram a administração pública têm preferência no julgamento do certame em relação aos demais participantes.

D) obrigatória, dado o princípio da igualdade, pois se trata de empresa integrante da própria administração.

E) obrigatória, já que outras construtoras podem produzir tais habitações, tendo direito subjetivo à competição para o fornecimento.

COMENTÁRIOS

Alternativa correta: letra A. É um caso de licitação dispensável, previsto no artigo 24, VIII a Lei nº 8.666/93: é dispensável a licitação para a aquisição, por pessoa jurídica de direito público interno, de bens produzidos ou serviços prestados por órgão ou entidade que integre a Administração Pública e que tenha sido criado para esse fim específico em data anterior à vigência desta Lei, desde que o preço contratado seja compatível com o praticado no mercado.

Alternativa B. Errada. Não se enquadra na situação de inexigibilidade, que tem como característica a inviabilidade de competição.

Alternativa C. Errada. O artigo 3º §2º, da Lei nº8.666/93, não contempla preferência no julgamento do certame para as entidades que integram a administração pública.

Alternativa D. Errada. A licitação é facultativa e se encaixa na hipótese de licitação dispensável, prevista no artigo 24, VIII.

Alternativa E. Errada. A licitação é facultativa e se encaixa na hipótese de licitação dispensável, prevista no artigo 24, VIII.

251. (Cespe – Analista Judiciário – Área Administrativa – TRF 1/2017) O procedimento licitatório para a construção de hospitais universitários integrantes do SUS poderá seguir as regras do regime diferenciado de contratação.

COMENTÁRIOS

Alternativa CERTA. É o que dispõe a Lei nº 12. 462/2011, em seu artigo 1º, inciso V- É instituído o Regime Diferenciado de Contratações Públicas (RDC), aplicável exclusivamente às licitações e contratos necessários à realização das obras e serviços de engenharia no âmbito do Sistema Único de Saúde – SUS.

252. (Cespe – Analista Judiciário – Oficial de Just. Avaliador – TRF 1/2017) No âmbito dos contratos administrativos, o seguro-garantia e a fiança bancária são modalidades válidas de garantia.

COMENTÁRIOS

Alternativa CERTA. Conforme previsão do artigo 56, §1º caberá ao contratado optar por uma das seguintes modalidades de garantia: I – caução em dinheiro ou em títulos da dívida pública, devendo estes ter sido emitidos sob a forma escritural, mediante registro em sistema centralizado de liquidação e de custódia autorizado pelo Banco Central do Brasil e avaliados pelos seus valores econômicos, conforme definido pelo Ministério da Fazenda; II – seguro-garantia e III – fiança bancária.

253. (Cespe – Defensor Público – DPE – AC/2017) É hipótese de inexigibilidade de licitação

A) a contratação de profissional do setor artístico, consagrado pela crítica especializada ou pela opinião pública, diretamente ou mediante empresário exclusivo.

B) a venda direta de imóveis residenciais construídos, destinados ou efetivamente utilizados no âmbito de programas habitacionais ou de regularização fundiária de interesse social desenvolvidos por entidade da administração pública.

C) a contratação, para obras e serviços de engenharia, de valor até 10% da importância limitadora da modalidade licitatória convite.

D) a contratação de coleta, processamento e comercialização de resíduos sólidos urbanos recicláveis ou reutilizáveis, em áreas com sistema de coleta seletiva de lixo, efetuados por associações formadas por pessoas de baixa renda.

E) o não atendimento, por parte de interessados, à licitação anterior, quando o procedimento não puder ser repetido sem prejuízo da administração pública.

COMENTÁRIOS

Alternativa correta: letra A. É a previsão do artigo 25, II da Lei nº 8.666/93: É inexigível a licitação quando houver inviabilidade de competição, em especial para contratação de profissional de qualquer setor artístico, diretamente ou através de empresário exclusivo, desde que consagrado pela crítica especializada ou pela opinião pública.

Alternativa B. Errada. O Alternativa B se encaixa com situação de licitação dispensada, prevista no artigo 17, inciso I, alínea f da Lei de Licitações: a venda direta de imóveis residenciais construídos, destinados ou efetivamente utilizados no âmbito de programas habitacionais ou de regularização fundiária de interesse social desenvolvidos por entidade da administração pública.

Alternativa C. Errada. É caso de licitação dispensável, prevista no artigo 24, inciso I da Lei nº 8.666/93: é dispensável a licitação para obras e serviços de engenharia de valor até 10% (dez por cento) do limite previsto na alínea "a", do inciso I do artigo anterior, desde que não se refiram a parcelas de uma mesma obra ou serviço ou ainda para obras e serviços da mesma natureza e no mesmo local que possam ser realizadas conjunta e concomitantemente.

Alternativa D. Errada. É caso de licitação dispensável, prevista no artigo 24, inciso V da Lei nº 8.666/93: é dispensável a licitação quando não acudirem interessados à licitação anterior e esta, justificadamente, não puder ser repetida sem prejuízo para a Administração, mantidas, neste caso, todas as condições preestabelecidas

Alternativa E. Errada. É caso de licitação dispensável, prevista no artigo 24, inciso XXVII da Lei nº 8.666/93: é dispensável a licitação na contratação da coleta, processamento e comercialização de resíduos sólidos urbanos recicláveis ou reutilizáveis, em áreas com sistema de coleta seletiva de lixo, efetuados por associações ou cooperativas formadas exclusivamente por pessoas físicas de baixa renda reconhecidas pelo poder público como catadores de materiais recicláveis, com o uso de equipamentos compatíveis com as normas técnicas, ambientais e de saúde pública.

---

254. (Cespe – Defensor Público – DPE – AC/2017) A respeito do princípio da supremacia do interesse público no que tange a contratos administrativos, constitui prerrogativa da administração pública

A) fiscalizar a execução do contrato e impor sanções motivadas, desde que previstas no instrumento contratual, pela inexecução total ou parcial do ajuste.

B) obrigar o contratado a aceitar, nas mesmas condições contratuais, o acréscimo que se fizer em obras, serviços ou compras, até 50% do valor inicial atualizado do contrato.

C) exigir o cumprimento do contrato administrativo pelos preços inicialmente contratados, ainda que posterior criação ou aumento de tributos venha a repercutir no equilíbrio econômico-financeiro do pactuado.

D) modificar, unilateralmente, por imposição de circunstâncias supervenientes, a forma de pagamento ou a garantia de execução contratual.

E) rescindir, unilateralmente, o contrato, por razões de interesse público de alta relevância e amplo conhecimento, hipótese na qual será o contratado reparado de prejuízos regularmente comprovados.

COMENTÁRIOS

Alternativa correta: letra E. Conforme previsão da lei de licitações, em seu artigo 58, o regime jurídico dos contratos administrativos instituído por esta Lei confere à Administração, em relação a eles, a prerrogativa de: I – modificá-los, unilateralmente, para melhor adequação às finalidades de interesse público, respeitados os direitos do contratado; II – rescindi-los, unilateralmente, nos casos especificados no inciso I do art. 79 desta Lei; III – fiscalizar-lhes a execução; IV – aplicar sanções motivadas pela inexecução total ou parcial do ajuste; V – nos casos de serviços essenciais, ocupar provisoriamente bens móveis, imóveis, pessoal e serviços vinculados ao objeto do contrato, na hipótese da necessidade de acautelar apuração administrativa de faltas contratuais pelo contratado, bem como na hipótese de rescisão do contrato administrativo.

Alternativa A. Errada. Conforme art. 58, IV a Administração Pública poderá aplicar sanções motivadas pela inexecução total ou parcial do ajuste. Não há necessidade de que tais sanções estejam previstas no contrato, considerando a previsão legal das mesmas no art. 87 da Lei n. 8.666/93.

Alternativa B. Errada. Conforme artigo 65, § 1º da Lei nº 8.666/93, o contratado fica obrigado a aceitar, nas mesmas condições contratuais, os acréscimos ou supressões que se fizerem nas obras, serviços ou compras, até 25% (vinte e cinco por cento) do valor inicial atualizado do contrato, e, no caso particular de reforma de edifício ou de equipamento, até o limite de 50% (cinquenta por cento) para os seus acréscimos.

Alternativa C. Errada. A posterior criação ou aumento de tributos que venha a repercutir no equilíbrio econômico-financeiro do pactuado implicará em revisão do contrato administrativo, de acordo com o artigo 65, § 5o da Lei n. 8.666/93: 'quaisquer tributos ou encargos legais criados, alterados ou extintos, bem como a superveniência de disposições legais, quando ocorridas após a data da apresentação da proposta, de comprovada repercussão nos preços contratados, implicarão a revisão destes para mais ou para menos, conforme o caso'.

Alternativa D. Errada. São situações de alteração bilateral, conforme artigo 65, II, alíneas 'a' e 'c' da Lei nº 8666/93.

---

255. (Cespe – Delegado de Polícia – MT/2017) O delegado de polícia de determinado município solicitou o aditamento do valor, a ampliação do objeto e a prorrogação de contrato administrativo regulado pela Lei de Licitações e Contratos que tem por objeto a prestação de serviços educacionais a serem executados de forma contínua: curso de língua inglesa ministrado aos policiais lotados na sua delegacia.

Nessa situação hipotética,

A) a possibilidade de prorrogação do contrato administrativo dependerá de seu tempo de vigência.

B) se a vigência do contrato estiver encErrada, a sua prorrogação, nos termos requeridos pelo delegado de polícia, será considerada um novo contrato.

C) se ficar comprovada a economicidade, a ampliação do objeto poderá incluir outras línguas estrangeiras.

D) ficará dispensada a análise de condições mais vantajosas do ponto de vista econômico, por já ter sido feita essa análise na etapa da licitação.

E) se o aditamento do valor ultrapassar o limite legal, o contrato de prestação de serviços será considerado um novo contrato.

COMENTÁRIOS

Alternativa correta: letra A. Regra geral a duração dos contratos regidos por esta Lei ficará adstrita à vigência dos respectivos créditos orçamentários. Mas a lei enumera algumas exceções. Dentro elas os serviços de natureza contínua. Conforme o artigo 57, II a prestação de serviços a serem executados de forma contínua, que poderão ter a sua duração prorrogada por iguais e sucessivos períodos com vistas à obtenção de preços e condições mais vantajosas para a administração, limitada a sessenta meses e em caráter excepcional, devidamente justificado e mediante autorização da autoridade superior, poderá ser prorrogado por até mais doze meses.

Alternativa B. Errada. Não pode haver prorrogação se a vigência do contrato já estiver encerrada. Conforme preceitua o artigo 57, §1º, da Lei de Licitações, os prazos de início de etapas de execução, de conclusão e de entrega admitem prorrogação, mantidas as demais cláusulas do contrato e assegurada a manutenção de seu equilíbrio econômico-financeiro, desde que ocorra algum dos seguintes motivos, devidamente autuados em processo: I – alteração do projeto ou especificações, pela Administração; II – superveniência de fato excepcional ou imprevisível, estranho à vontade das partes, que altere fundamentalmente as condições de execução do contrato; III – interrupção da execução do contrato ou diminuição do ritmo de trabalho por ordem e no interesse da Administração; IV – aumento das quantidades inicialmente previstas no contrato, nos limites permitidos por esta Lei; V – impedimento de execução do contrato por fato ou ato de terceiro reconhecido pela Administração em documento contemporâneo à sua ocorrência; VI – omissão ou atraso de providências a cargo da Administração, inclusive quanto aos pagamentos previstos de que resulte, diretamente, impedimento ou retardamento na execução do contrato, sem prejuízo das sanções legais aplicáveis aos responsáveis.

Alternativa C. Errada. Não seria possível, pois implicaria em ampliação do objeto, que exige nova licitação.

Alternativa D. Errada. A análise de condições mais vantajosas do ponto de vista econômico deve sempre acontecer, inclusive nas prorrogações, conforme o artigo 57, II, que determina que a prestação de serviços a serem executados de forma contínua, **poderão ter a sua duração prorrogada por iguais e sucessivos períodos com vistas à obtenção de preços e condições mais vantajosas** para a administração, limitada a sessenta meses.

Alternativa E. Errada. Aditamento não significa novo contrato.

---

256. (Cespe – Delegado de Polícia – MT/2017) Configura hipótese de inexigibilidade de licitação a

A) prestação de serviço de natureza singular para a divulgação de campanha educacional dirigida à população.

B) aquisição de serviço de informática prestado por empresa pública que tenha sido criada para esse fim específico.

C) aquisição de gêneros perecíveis, enquanto durar o processo licitatório correspondente, desde que realizada com base no preço do dia.

D) aquisição de armamento de determinada marca, desde que justificada a escolha por motivos de segurança pública.

E) contratação, por intermédio de empresário exclusivo, de cantor consagrado pela crítica especializada.

COMENTÁRIOS

Alternativa correta: letra E. É a previsão do artigo 25, II da Lei nº 8.666/93: É inexigível a licitação quando houver inviabilidade de competição, em especial para contratação de profissional de qualquer setor artístico, diretamente ou através de empresário exclusivo, desde que consagrado pela crítica especializada ou pela opinião pública.

Alternativa A. Errada. É vedada a declaração de inexigibilidade para serviços de publicidade e divulgação, conforme artigo 25, II: É inexigível a licitação quando houver inviabilidade de competição, em especial para a contratação de serviços técnicos enumerados no art. 13 desta Lei, de natureza singular, com profissionais ou empresas de notória especialização, **vedada a inexigibilidade para serviços de publicidade e divulgação.**

Alternativa B. Errada. É situação de licitação dispensável e tem que ter sido criada em data anterior à vigência da lei, conforme artigo 24.VIII: É dispensável a licitação para a aquisição, por pessoa jurídica de direito público interno, de bens produzidos ou serviços prestados por órgão ou entidade que integre a Administração Pública e que tenha sido criado para esse fim específico em data anterior à vigência desta Lei, desde que o preço contratado seja compatível com o praticado no mercado.

Alternativa C. Errada. É situação de licitação dispensável, conforme artigo 24. XII: É dispensável a licitação nas compras de hortifrutigranjeiros, pão e outros gêneros perecíveis, no tempo necessário para a realização dos processos licitatórios correspondentes, realizadas diretamente com base no preço do dia

Alternativa D. Errada. É vedada preferência de marca, conforme artigo 25, inciso I: É inexigível a licitação quando houver inviabilidade de competição, em especial para aquisição de materiais, equipamentos, ou gêneros que só possam ser fornecidos por produtor, empresa ou representante comercial exclusivo, vedada a preferência de marca, devendo a comprovação de exclusividade ser feita através de atestado fornecido pelo órgão de registro do comércio do local em que se realizaria a licitação ou a obra ou o serviço, pelo Sindicato, Federação ou Confederação Patronal, ou, ainda, pelas entidades equivalentes

257. (Cespe – Delegado de Polícia – PE/2016) Com base nas regras e princípios relativos à licitação pública e aos contratos administrativos, assinale a opção correta.

a) É inexigível a licitação para aquisição de materiais, equipamentos, ou gêneros de determinada marca, quando essa só possa ser fornecida por representante comercial exclusivo.

b) Na contratação direta de serviço de engenharia por dispensa ou inexigibilidade de licitação, se o valor da contratação for inferior a R$ 150.000,00, o instrumento de contrato não será obrigatório.

c) De acordo com a Lei n.º 10.520/2002 (modalidade de licitação denominada pregão, para aquisição de bens e serviços comuns), se a licitação for feita na modalidade de pregão, será obrigatória a exigência de garantia de proposta para a aquisição de serviços comuns.

d) Admite-se a participação de bolsas de mercadorias para o apoio técnico e operacional ao pregão, desde que sejam constituídas na forma de cooperativas.

e) É dispensável a licitação para a contratação de instituição que promoverá a recuperação social de presos. Para esse fim, o poder público pode contratar pessoa jurídica com ou sem fim lucrativo, desde que a instituição seja de inquestionável reputação ético-profissional.

COMENTÁRIOS

Alternativa correta: letra "b". Conforme o artigo 62 da Lei nº 8.666/93, o instrumento de contrato é obrigatório nos casos de concorrência e de tomada de preços, bem como nas dispensas e inexigibilidades cujos preços estejam compreendidos nos limites destas duas modalidades de licitação, e facultativo nos demais em que a Administração puder substituí-lo por outros instrumentos hábeis, tais como carta-contrato, nota de empenho de despesa, autorização de compra ou ordem de execução de serviço. Como o valor da contratação está dentro do limite do convite (R$ 150.000,00) o contrato não é obrigatório.

Alternativa "a": Errado. De acordo com o artigo 25, I da Lei nº 8.666/93 é inexigível a licitação quando houver inviabilidade de competição, em especial para aquisição de materiais, equipamentos, ou gêneros que só possam ser fornecidos por produtor, empresa ou representante comercial exclusivo, vedada a preferência de marca, devendo a comprovação de exclusividade ser feita através de atestado fornecido pelo órgão de registro do comércio do local em que se realizaria a licitação ou a obra ou o serviço, pelo Sindicato, Federação ou Confederação Patronal, ou, ainda, pelas entidades equivalentes. Portanto é vedada preferência de marca.

Alternativa "c": Errado. De acordo com a Lei nº 10.520/2002, em seu artigo 5º, inciso I, é vedada a exigência de garantia de proposta.

Alternativa "d": Errado. Segundo o artigo 1º, §2º e §3º da Lei 10.520/2002, será facultado, nos termos de regulamentos próprios da União, Estados, Distrito Federal e Municípios, a participação de bolsas de mercadorias no apoio técnico e operacional aos órgãos e entidades promotores da modalidade de pregão, utilizando-se de recursos de tecnologia da informação. As bolsas a que se referem o § 2º deverão estar organizadas sob a forma de sociedades civis sem fins lucrativos e com a participação plural de corretoras que operem sistemas eletrônicos unificados de pregões.

Alternativa "e": Errado. Conforme o artigo 24, inciso XIII da a entidade não poderá ter fins lucrativos: é dispensável a licitação na contratação de instituição brasileira incumbida regimental ou estatutariamente da pesquisa, do ensino ou do desenvolvimento institucional, ou de instituição dedicada à recuperação social do preso, desde que a contratada detenha inquestionável reputação ético-profissional e não tenha fins lucrativos.

258. (Cespe – Juiz de Direito Substituto – AM/2016) No que se refere a licitação e contratos, assinale a opção correta.

a) A apresentação de documentos relativos à qualificação econômico-financeira pode ser dispensada, desde que seja notória a solidez do patrimônio líquido da empresa.

b) Os registros cadastrais deverão ser revisados pela administração pública a cada cinco anos, ocasião em que se dará publicidade aos registros para atualização.

c) O direito à revisão do contrato depende de previsão expressa no instrumento contratual.

d) O edital de licitação pode ser alterado por qualquer meio, desde que se garanta ampla visibilidade da alteração aos participantes.

e) Quando do pagamento de fatura, a administração pública não pode preterir a ordem cronológica de sua exigibilidade.

COMENTÁRIOS

Alternativa correta: letra "e". É crime preterir a ordem cronológica, conforme previsão do art. 92, da Lei nº 8.666/93: 'Admitir, possibilitar ou dar causa a qualquer modificação ou vantagem, inclusive prorrogação contratual, em favor do adjudicatário, durante a execução dos contratos celebrados com o Poder Público, sem autorização em lei, no ato convocatório da licitação ou nos respectivos instrumentos contratuais, ou, ainda, pagar fatura com preterição da ordem cronológica de sua exigibilidade, observado o disposto no art. 121 desta Lei, pena – detenção, de dois a quatro anos, e multa. Incide na mesma pena o contratado que, tendo comprovadamente concorrido para a consumação da ilegalidade, obtém vantagem indevida ou se beneficia, injustamente, das modificações ou prorrogações contratuais.'

Alternativa "a": Errado. Conforme artigo 32, §1° da Lei nº 8.666/93, a documentação de que tratam os arts. 28 a 31 desta Lei poderá ser dispensada, no todo ou em parte, nos casos de convite, concurso, fornecimento de bens para pronta entrega e leilão. E a documentação da qualificação econômico-financeira encontra-se no art. 31.

Alternativa "b": Errado. Estatui o artigo 34, §1° da Lei nº 8.666/93 que os órgãos e entidades da Administração Pública que realizem frequentemente licitações manterão registros cadastrais para efeito de habilitação, na forma regulamentar, válidos por, no máximo, um ano. O registro cadastral deverá ser amplamente divulgado e deverá estar permanentemente aberto aos interessados, obrigando-se a unidade por ele responsável a proceder, no mínimo anualmente, através da imprensa oficial e de jornal diário, a chamamento público para a atualização dos registros existentes e para o ingresso de novos interessados.

Alternativa "c": Errado. É previsão legal, que dispensa previsão contratual, conforme art. 65, §5° da Lei nº 8.666/93: quaisquer tributos ou encargos legais criados, alterados ou extintos, bem como a superveniência de disposições legais, quando ocorridas após a data da apresentação da proposta, de comprovada repercussão nos preços contratados, implicarão a revisão destes para mais ou para menos, conforme o caso.

Alternativa "d": Errado. Em regra, deve ocorrer da mesma forma que se deu o texto original. Essa é a previsão do artigo 21, §4° da Lei de Licitações: 'qualquer modificação no edital exige divulgação pela mesma forma que se deu o texto original, reabrindo-se o prazo inicialmente estabelecido, exceto quando, inquestionavelmente, a alteração não afetar a formulação das propostas.'

259. (Cespe – Juiz de Direito Substituto – AM/2016) Com relação a licitação, assinale a opção correta.

a) A empreitada por preço global refere-se à contratação de um empreendimento em sua integralidade, compreendidas todas as etapas da obra, serviços e instalações necessários, sob inteira responsabilidade da contratada.

b) Para fins de julgamento das propostas de preços, será computada a atualização monetária das obrigações de pagamento como valor da obra ou serviço.

c) O autor do projeto básico não poderá participar, ainda que indiretamente, do fornecimento de bens necessários à execução de obra.

d) As margens de preferência por produto manufaturado e por serviços nacionais que atendam a normas técnicas brasileiras são definidas pelo Congresso Nacional, não podendo seu preço ultrapassar o montante de 50% do preço dos produtos manufaturados e serviços estrangeiros.

e) Os conteúdos das propostas e todos os atos e procedimentos licitatórios são públicos.

COMENTÁRIOS

Alternativa correta: letra "c". Preconiza o artigo 9º, I da Lei de Licitações que não poderá participar, direta ou indiretamente, da licitação ou da execução de obra ou serviço e do fornecimento de bens a eles necessários o autor do projeto, básico ou executivo, pessoa física ou jurídica.

Alternativa "a": Errado. Empreitada por preço global ocorre quando se contrata a execução da obra ou do serviço por preço certo e total. Essa é a previsão do artigo 6º, VIII, a da Lei nº 8.666/93. A questão traz o conceito de empreitada integral.

Alternativa "b": Errado. Conforme previsão do art. 7º, §7º, não será ainda computado como valor da obra ou serviço, para fins de julgamento das propostas de preços, a atualização monetária das obrigações de pagamento, desde a data final de cada período de aferição até a do respectivo pagamento, que será calculada pelos mesmos critérios estabelecidos obrigatoriamente no ato convocatório.

Alternativa "d": Errado. Na Lei nº 8.666/93, em eu artigo 3º, §8º, o legislador estatui que as margens de preferência por produto, serviço, grupo de produtos ou grupo de serviços, a que se referem os §§ 5º e 7º, serão definidas pelo Poder Executivo federal, não podendo a soma delas ultrapassar o montante de 25% (vinte e cinco por cento) sobre o preço dos produtos manufaturados e serviços estrangeiros.

Alternativa "e": Errado. A licitação não será sigilosa, sendo públicos e acessíveis ao público os atos de seu procedimento, salvo quanto ao conteúdo das propostas, até a respectiva abertura, conforme artigo 3º, §3º da Lei nº 8.666/93.

260. (Cespe – Juiz de Direito Substituto – AM/2016) Os contratos administrativos regulam-se pelas suas cláusulas e pelos preceitos de direito público, aplicando-lhes, supletivamente, os princípios da teoria geral dos contratos e as disposições de direito privado. Com base na legislação de regência dos contratos administrativos, assinale a opção correta.

a) São cláusulas implícitas de todos os contratos administrativos os direitos e as responsabilidades das partes.

b) Não é condição indispensável para a eficácia do contrato a publicação, na imprensa oficial, do instrumento ou de seus aditamentos.

c) É facultado ao contratado manter preposto, no local da obra ou serviço, para representá-lo na execução do contrato, estando a indicação desse preposto condicionada à aceitação da administração.

d) É vedada a subcontratação de partes da obra, de serviço ou fornecimento.

e) A declaração de nulidade do contrato administrativo susta os efeitos jurídicos que ele, ordinariamente, deveria produzir.

COMENTÁRIOS

Alternativa correta: letra "e". É o que determina o artigo 59: a declaração de nulidade do contrato administrativo opera retroativamente impedindo os efeitos jurídicos que ele, ordinariamente, deveria produzir, além de desconstituir os já produzidos.

Alternativa "a": Errado. São cláusulas necessárias, conforme artigo 55, VII da Lei nº 8.666/93: 'são cláusulas necessárias em todo contrato as que estabeleçam os direitos e as responsabilidades das partes, as penalidades cabíveis e os valores das multas'.

Alternativa "b": Errado. Conforme previsão do artigo 61, § único, a publicação resumida do instrumento de contrato ou de seus aditamentos na imprensa oficial, que é condição indispensável para sua eficácia, será providenciada pela Administração até o quinto dia útil do mês seguinte ao de sua assinatura, para ocorrer no prazo de vinte dias daquela data, qualquer que seja o seu valor, ainda que sem ônus, ressalvado o disposto no art. 26 desta Lei.

Alternativa "c": Errado. Não é uma faculdade; a lei determina que o contratado deverá manter preposto, aceito pela Administração, no local da obra ou serviço, para representá-lo na execução do contrato (artigo 68).

Alternativa "d": Errado. Não é vedada a subcontratação. Conforme o artigo 72, o contratado, na execução do contrato, sem prejuízo das responsabilidades contratuais e legais, poderá subcontratar partes da obra, serviço ou fornecimento, até o limite admitido, em cada caso, pela Administração.

---

261. (Cespe – Defensor Público – RN/2015) No que concerne às licitações e aos contratos administrativos, assinale a opção correta com base na legislação e na doutrina.

a) Em nome do princípio pacta sunt servanda, é vedado à administração modificar, sem prévia concordância do contratado, o contrato administrativo de concessão de serviço público.

b) Segundo o instituto da encampação, ao término do contrato de concessão de serviços públicos, dá-se a incorporação dos bens da concessionária ao patrimônio do concedente, independentemente de indenização.

c) Configura hipótese de licitação dispensável a contratação de profissionais do setor artístico consagrados pela crítica especializada.

d) O pregão é a modalidade de licitação restrita ao âmbito da União Federal e destinada à aquisição de bens e à contratação de serviços comuns.

e) A homologação da licitação não obsta a que a administração pública possa anulá-la, por ilegalidade, ou revogá-la, por motivos de interesse público superveniente.

COMENTÁRIOS

Alternativa correta: letra "e". Conforme artigo 49 da Lei nº 8.666/93, a autoridade competente para a aprovação do procedimento somente poderá revogar a licitação por razões de interesse público decorrente de fato superveniente devidamente comprovado, pertinente e suficiente para justificar tal conduta, devendo anulá-la por ilegalidade, de ofício ou por provocação de terceiros, mediante parecer escrito e devidamente fundamentado.

Alternativa "a": Errado. Uma das características do contrato administrativo é a mutabilidade. Os contratos administrativos podem ser alterados unilateralmente ou por acordo entre as partes. O artigo 65, incisos I determina que os contratos regidos por esta Lei poderão ser alterados, com as devidas justificativas, unilateralmente pela Administração: a) quando houver modificação do projeto ou das especificações, para melhor adequação técnica aos seus objetivos; b) quando necessária a modificação do valor contratual em decorrência de acréscimo ou diminuição quantitativa de seu objeto, nos limites permitidos por esta Lei;

Alternativa "b": Errado. Segundo o artigo 37 da Lei nº 8987/95, considera-se encampação a retomada do serviço pelo poder concedente durante o prazo da concessão, por motivo de interesse público, mediante lei autorizativa específica e após prévio pagamento da indenização, na forma do artigo anterior.

Alternativa "c": Errado. A situação descrita configura uma exceção a obrigatoriedade de licitar, conhecida como inexigibilidade. Conforme determina o artigo 25, III que é inexigível a licitação quando houver inviabilidade de competição, em especial, para contratação de profissional de qualquer setor artístico, diretamente ou através de empresário exclusivo, desde que consagrado pela crítica especializada ou pela opinião pública.

Alternativa "d": Errado. O pregão aplica-se a todas as esferas. É o que determina a Lei nº 10.520/2002

---

262. (Cespe – Procurador do MP junto ao TCU/2015) À luz da legislação e da jurisprudência do STJ, assinale a opção correta a respeito da administração indireta e das entidades paraestatais.

a) Os entes de cooperação estatal, a exemplo do SESC, são criados pelo Poder Executivo, mediante autorização legal, e recebem recursos oriundos de contribuições parafiscais, razão por que se sujeitam ao controle exercido pelo TCU.

b) Caso a administração pública promova a alienação de imóvel diretamente ao SESC, mediante dispensa de licitação, a venda será considerada irregular, por afrontar a regra da obrigatoriedade de licitação.

c) O tempo de serviço prestado em empresa pública pode ser computado pelo servidor público estatutário para fins de recebimento do adicional de tempo de serviço.

d) As regras concernentes ao concurso público são aplicáveis às sociedades de economia mista, mas não se estendem às suas empresas subsidiárias.

e) A sociedade de economia mista integrante da administração pública indireta possui prazo em dobro para recorrer, por estar inserida no conceito de fazenda pública.

COMENTÁRIOS

Alternativa correta: letra "b". Segundo o entendimento do STJ (Superior Tribunal de Justiça) no REsp 1241460 DF, o SSA (Serviço Social Autônomo) não pode se beneficiar da exceção à regra de licitação prevista na alínea 'e' do inciso I do art. 17 da Lei n. 8.666/1993 (licitação dispensada); ao contrário, enquadram-se no comando contido no caput do art. 17, que, expressamente, exige a licitação, na modalidade concorrência, para a venda de imóveis da Administração Pública às entidades paraestatais.

Alternativa "a": Errado. Os entes de cooperação, conhecidos como entidades paraestatais, não são criados pelo Poder Executivo, embora recebam recursos do governo e sejam submetidos, em muitas de suas condutas, ao controle do TCU. Dentre eles temos os que compõem o Setor S, SSA (Serviço Social Autônomo), SENAR – Serviço Nacional de Aprendizagem Rural, SENAC – Serviço Nacional de Aprendizagem do Comércio, SESC – Serviço Social do Comércio, SESCOOP – Serviço Nacional de Aprendizagem do Cooperativismo, SENAI – Serviço Nacional de Aprendizagem Industrial, SESI – Serviço Social da Indústria, SEST – Serviço Social de Transporte, SENAT – Serviço Nacional de Aprendizagem do Transporte, dentre outros.

Alternativa "c": Errado. O tempo de serviço prestado em empresas estatais não pode ser computado pelo servidor público para fins de recebimento do adicional de tempo de serviço. Esse é o entendimento do Superior Tribunal de Justiça (STJ), que determinou, no RMS 17198 / ES, que o tempo de serviço prestado à empresa pública deve ser computado apenas para efeito de aposentadoria e disponibilidade, conforme Lei Complementar nº 42/94, alterada pela Lei Complementar nº 80/96.

Alternativa "d": Errado. Para o STJ (Superior Tribunal de Justiça), as regras concernentes ao concurso público **são** aplicáveis também às empresas subsidiárias. É a determinação no AREsp 506999 RJ, que decidiu: segundo precedentes desta Corte, proferidos em hipóteses semelhantes, "apesar de ser uma entidade de direito privado, a recorrente, tendo sido criada por uma subsidiária, é controlada de forma indireta pela pessoa federativa que instituiu a entidade primária (a Petrobrás). Assim, a União é a controladora, mesmo que indireta, da recorrente, de forma que o regime jurídico da recorrente exige a contratação de pessoal por meio de concurso público" (**AREsp** 144.497/RJ, Rel. Ministro Benedito Gonçalves, DJe 26/08/2014).

Alternativa "e": Errado. As normas que criam privilégios ou prerrogativas especiais devem ser interpretadas restritivamente, não se encontrando as empresas estatais (EP e SEM) inseridas no conceito de Fazenda Pública previsto no art. 188 do CPC [art. 183, Novo CPC] (STJ AgRg no REsp 1.266.098-RS), com exceção da ECT (Empresa de Correios e Telégrafos).

---

263. (Cespe – Procurador do MP junto ao TCU/2015) A respeito do instituto da licitação, assinale a opção correta de acordo com a legislação e a jurisprudência do STJ.

a) A administração pública pode revogar pregão que contar com a participação de um único licitante, sob o fundamento da ausência de economicidade e de competitividade no certame.

b) É possível a contratação direta de profissionais da advocacia pela administração pública estadual mediante a demonstração da especialização do profissional, ainda que para patrocinar causa de natureza comum.

c) No regime diferenciado de contratação, a legislação veda expressamente a possibilidade de nova negociação na fase de encerramento, visto que, nessa fase, o resultado do procedimento já foi definido.

d) Segundo orientação da jurisprudência, o ato de habilitação de licitante em procedimento licitatório não se sujeita a prazo decadencial.

e) A adjudicação do objeto licitado pela administração pública, no curso de demanda ajuizada para obter a declaração de nulidade de procedimento licitatório, implicará a extinção do processo judicial.

COMENTÁRIOS

Alternativa correta: letra "a". Entendeu o STJ (Superior Tribunal de Justiça), em recente decisão que "a participação de um único licitante no procedimento licitatório configura falta de competitividade, o que autoriza a revogação do certame. Isso, porque uma das finalidades da licitação é a obtenção da melhor proposta, com mais vantagens e prestações menos onerosas para a Administração, em uma relação de custo-benefício, de modo que deve ser garantida, para tanto, a participação do maior número de competidores possíveis. 'Falta de competitividade que se vislumbra pela só participação de duas empresas, com ofertas em valor bem aproximado ao limite máximo estabelecido' (RMS 23.402/PR, Rel. Min. Eliana Calmon, Segunda Turma, DJe de 2.4.2008)". (RMS 23.360/PR, Rel. Ministra Denise Arruda, Primeira Turma, DJe 17.12.2008).

Alternativa "b": Errado. Um dos requisitos é a natureza do serviço ser singular. De acordo com a decisão do STF (Supremo Tribunal Federal), no Inq 3074 / SC, a contratação direta de escritório de advocacia, sem licitação, deve observar os seguintes parâmetros: a) existência de procedimento administrativo formal; b) notória especialização profissional; c) natureza singular do serviço; d) demonstração da inadequação da prestação do serviço pelos integrantes do Poder Público; e) cobrança de preço compatível com o praticado pelo mercado.

Alternativa "c": Errado. Pode haver a negociação. É o que determina o artigo 59 do Decreto nº 7581/2011, que regulamenta o RDC: Finalizada a fase recursal, a administração pública poderá negociar condições mais vantajosas com o primeiro colocado.

Alternativa "d".: Errado. O ato se sujeita a prazo decadencial. Decidiu o STJ (Superior Tribunal de Justiça), no MS 18961/DF: Esta Corte Superior já se manifestou no sentido de que a Administração Pública não pode rever a decisão que habilitou licitante em processo licitatório após o prazo decadencial de 05(cinco) anos assinalado pelo artigo 54 da Lei 9.784/1999.

Alternativa "e": Errado. Não resultará na extinção. De acordo com a decisão do STJ (Superior Tribunal de Justiça), no REsp 1.223.353, a superveniente homologação/adjudicação do objeto licitado não implica na perda do interesse processual na ação em que se alegam nulidades no procedimento licitatório, aptas a obstar a própria homologação/adjudicação

---

264. (Cespe – Procurador do MP junto ao TCU/2015) Considerando a legislação de regência e o entendimento jurisprudencial, assinale a opção correta acerca dos contratos administrativos.

a) A cessão parcial do objeto do contrato pelo contratado vencedor do procedimento licitatório constitui conduta não admitida pela Lei de Licitações e implica, por si só, desrespeito à natureza intuitu personae dos contratos administrativos.

b) Na hipótese de rescisão contratual, independentemente da culpa atribuída ao contratado, é necessário autorização judicial para que a garantia exigida possa ser retida pela administração pública.

c) Na hipótese de inexecução parcial do contrato, é admitida a aplicação concomitante da penalidade de multa e de impedimento temporário para participar de licitação e contratar com a administração pública.

d) Caso a administração pública celebre contrato verbal em hipótese cuja contratação deva obedecer à forma escrita, não será possível a indenização do contratado pelo que este houver executado até a declaração de nulidade do ajuste.

e) O não atendimento de determinações regulares da autoridade designada para fiscalizar a execução do contrato não configura hipótese de inadimplemento com culpa capaz de ensejar a rescisão unilateral do contrato.

COMENTÁRIOS

Alternativa correta: letra "c". É possível a aplicação concomitante da penalidade de multa e de impedimento temporário para participar de licitação, conforme determinação no artigo 87, §2º de Lei de Licitações. (Art. 87. Pela inexecução total ou parcial do contrato a Administração poderá, garantida a prévia defesa, aplicar ao contratado as seguintes sanções: I – advertência;

II – multa, na forma prevista no instrumento convocatório ou no contrato; III – suspensão temporária de participação em licitação e impedimento de contratar com a Administração, por prazo não superior a 2 (dois) anos; IV – declaração de inidoneidade para licitar ou contratar com a Administração Pública enquanto perdurarem os motivos determinantes da punição ou até que seja promovida a reabilitação perante a própria autoridade que aplicou a penalidade, que será concedida sempre que o contratado ressarcir a Administração pelos prejuízos resultantes e após decorrido o prazo da sanção aplicada com base no inciso anterior. § 2o As sanções previstas nos incisos I, III e IV deste artigo poderão ser aplicadas juntamente com a do inciso II, facultada a defesa prévia do interessado, no respectivo processo, no prazo de 5 (cinco) dias úteis).

Alternativa "a": Errado. O contrato administrativo tem como uma de suas características a natureza *intuitu personae*. Mas o legislador determinou a possibilidade de subcontratação, desde que haja previsão editalícia e contratual. É o que se depreende nos artigos 72 e 78, VI da Lei de Licitações. (Art. 72. O contratado, na execução do contrato, sem prejuízo das responsabilidades contratuais e legais, poderá subcontratar partes da obra, serviço ou fornecimento, até o limite admitido, em cada caso, pela Administração. Estatui o artigo 78, VI que constituem motivo para rescisão do contrato a subcontratação total ou parcial do seu objeto, a associação do contratado com outrem, a cessão ou transferência, total ou parcial, bem como a fusão, cisão ou incorporação, *não admitidas no edital e no contrato)*

Alternativa "b": Errado. Não é necessária a autorização judiciária para que a garantia exigida possa ser retida pela administração pública. Essa previsão está na lei, em seu artigo 80, III e IV.

Alternativa "d": Errado. É possível que ocorra a indenização do contratado pelo que este houver executado até a declaração de nulidade do ajuste, conforme previsão do artigo 59 e seu § único: 'a declaração de nulidade do contrato administrativo opera retroativamente impedindo os efeitos jurídicos que ele, ordinariamente, deveria produzir, além de desconstituir os já produzidos. A nulidade não exonera a Administração do dever de indenizar o contratado pelo que este houver executado até a data em que ela for declarada e por outros prejuízos regularmente comprovados, contanto que não lhe seja imputável, promovendo-se a responsabilidade de quem lhe deu causa.'

Alternativa "e": Errado. É motivo de rescisão unilateral, conforme determina a Lei nº 8.666/93, em art. 78, VII: 'Constituem motivo para rescisão do contrato o desatendimento das determinações regulares da autoridade designada para acompanhar e fiscalizar a sua execução, assim como as de seus superiores'

265. (Cespe – Cartório – TJ – DF/2014) No que se refere à licitação, assinale a opção correta.

a) A inexigibilidade de licitação pode ser adotada em caso de inviabilidade de competição, como ocorre na contratação de serviços técnicos de publicidade e divulgação, de natureza singular, com empresa de notória especialização.

b) No procedimento licitatório, deve-se zelar pela transparência, salvo quanto ao conteúdo das propostas, que será sigiloso até a sua respectiva abertura.

c) De acordo com a Lei n° 8.666/1993, é permitido, como forma de estimular o desenvolvimento nacional, o estabelecimento de tratamento diferenciado de natureza comercial, legal, trabalhista, previdenciária entre empresas brasileiras e estrangeiras, independentemente do objeto licitado.

d) A modalidade legalmente exigida para a realização de licitação internacional pela administração pública é a concorrência, inclusive no caso de o órgão ou entidade possuir cadastro internacional de fornecedores ou quando não houver fornecedor do bem ou serviço no país.

e) Autarquia federal que pretenda contratar empresa para a prestação de serviço caracterizado como atividade econômica pode contratar, por dispensa de licitação, sociedade de economia mista desde que a entidade tenha sido criada para esse fim específico em data anterior à vigência da Lei n° 8.666/1993 e o preço contratado seja compatível com o praticado no mercado.

COMENTÁRIOS

Alternativa correta: letra "b". A análise da questão vem da cumulação de dois artigos. A Lei de Licitações, em seu artigo 3º, § 3º estatui que a licitação não será sigilosa, sendo públicos e acessíveis ao público os atos de seu procedimento, salvo quanto ao conteúdo das propostas, até a respectiva abertura e em seu artigo 43, § 1º determina que a abertura dos envelopes contendo a documentação para habilitação e as propostas será realizada sempre em ato público previamente designado, do qual se lavrará ata circunstanciada, assinada pelos licitantes presentes e pela Comissão. Tal análise encontra-se pautada no princípio do sigilo das propostas, que é decorrência do princípio da publicidade.

Alternativa "a". A inexigibilidade tem como característica a contratação direta, em decorrência da inviabilidade jurídica de competição. Portanto se encaixa em uma das exceções à obrigatoriedade de licitar. Conforme artigo 25, inciso II da Lei nº 8.666/93, é inexigível a licitação quando houver inviabilidade de competição, em especial para a contratação de serviços técnicos enumerados no art. 13 desta Lei, de natureza singular, com profissionais ou empresas de notória especialização, vedada a inexigibilidade para serviços de publicidade e divulgação. **Portanto a lei é bem clara, ao não admitir a contratação direta de serviço de publicidade e divulgação, sob a alegação de que seja serviço técnico profissional especializado**. A Súmula 252 do TCU determina que A inviabilidade de competição para a contratação de serviços técnicos, a que alude o inciso II do art. 25 da Lei nº 8.666/1993, decorre da presença simultânea de três requisitos: serviço técnico especializado, entre os mencionados no art. 13 da referida lei, natureza singular do serviço e notória especialização do contratado.

Alternativa "c". Em regra, não é permitido o tratamento diferenciado entre empresas. A lei nº 8.666/93 traz a ideia que os licitantes terão as mesmas oportunidades para participar do procedimento, pois devem ser tratados com isonomia no processo licitatório. O artigo 3º, § 1º, inciso II determina que é vedado aos agentes públicos estabelecer tratamento diferenciado de natureza comercial, legal, trabalhista, previdenciária ou qualquer outra, entre empresas brasileiras e estrangeiras, inclusive no que se refere a moeda, modalidade e local de pagamentos, mesmo quando envolvidos financiamentos de agências internacionais, ressalvado o disposto no parágrafo seguinte e no art. 3º da Lei no 8.248, de 23 de outubro de 1991. Perceba que nós temos uma regra geral, mas termos a ressalva. E ressalva fala da Lei 8.248/91, que trata de bens e serviços de informática com tecnologia desenvolvida no país. Mas, esteja atento, pois temos três ressalvas ao princípio da igualdade entre os licitantes. São eles: Lei 8.248/91 (conforme já mencionamos, trata de bens e serviços de informática com tecnologia desenvolvida no país), a própria Lei nº 8.666/93, em seus §§ 5º, 7º, 9º e 10 do artigo 3º (sobre bens e serviços nacionais manufaturados, resultantes de desenvolvimento e inovação tecnológica) e a Lei Complementar nº 123/2006 (sobre Microempresa e Empresa de Pequeno Porte).

Alternativa "d". A concorrência pode ser determinada em razão da natureza do contrato. Um dos exemplos diz respeito às licitações internacionais. Mas o legislador não tornou obrigatório o uso da modalidade, ele traz exceções, conforme o artigo 23, § 3º da Lei das Licitações: a concorrência é a modalidade de licitação cabível, qualquer que seja o valor de seu objeto, tanto na compra ou alienação de bens imóveis, ressalvado o disposto no art. 19, como nas concessões de direito real de uso **e nas licitações internacionais, admitindo-se neste último caso, observados os limites deste artigo, a tomada de preços, quando o órgão ou entidade dispuser de cadastro internacional de fornecedores ou o convite, quando não houver fornecedor do bem ou serviço no País.**

Alternativa "e". A doutrina majoritária de direito administrativo tem entendido que a regra do artigo 24, inciso VIII (é dispensável a licitação para a aquisição, por pessoa jurídica de direito público interno, de bens produzidos ou serviços prestados por órgão ou entidade que integre a Administração Pública e que tenha sido criado para esse fim específico em data anterior à vigência desta Lei, desde que o preço contratado seja compatível com o praticado no mercado), não se aplica às entidades que desenvolvem atividade de natureza econômica e só se aplica à pessoa administrativa da mesma esfera federativa do ente público, não contemplando pessoas administrativas de esferas diversas.

---

266. (Cespe – Procurador do Estado – BA/2014) Desde que o preço contratado seja compatível com o praticado no mercado, é possível a dispensa de licitação para a aquisição, por secretaria estadual de planejamento, de bens produzidos por autarquia estadual que tenha sido criada para esse fim específico em data anterior à vigência da Lei nº 8.666/1993.

COMENTÁRIOS

Certo. Conforme estatui o artigo 24, inciso VIII da Lei nº 8.666/93, é dispensável a licitação para a aquisição, por pessoa jurídica de direito público interno, de bens produzidos ou serviços prestados por órgão ou entidade que integre a Administração Pública e que tenha sido criado para esse fim específico em data anterior à vigência desta Lei, desde que o preço contratado seja compatível com o praticado no mercado.

---

267. (Cespe – Procurador do Estado – BA/2014) Secretário estadual de saúde pretende construir hospital para atuar no âmbito do SUS. No caso, pode realizar licitação no regime diferenciado de contratação e utilizar a empreitada por preço global.

COMENTÁRIOS

✪ **Nota da Autora**: o Regime Diferenciado de Contratação foi um regime criado, no primeiro momento, para licitações e contratos necessários à realização da Copa, dos Jogos Olímpicos e Paraolímpicos e para obras de infraestrutura e de contratação de serviços para os aeroportos ligados aos eventos mencionados. Posteriormente, a lei foi alterada, para que o regime também contemplasse as ações integrantes do Programa de Aceleração do Crescimento (PAC), as obras e serviços de engenharia no âmbito do Sistema Único de Saúde – SUS e as obras e serviços de engenharia para construção, ampliação e reforma de estabelecimentos penais e unidades de atendimento socioeducativo.

Certo. É o que determina o artigo 1º, inciso V ("é instituído o Regime Diferenciado de Contratações Públicas (RDC), aplicável exclusivamente às licitações e contratos necessários à realização: V – das obras e serviços de engenharia no âmbito do Sistema Único de Saúde – SUS"), que deve ser analisado juntamente com o artigo 2º, inciso II da Lei nº 12. 462/2011.

---

268. (Cespe – Procurador do Estado – BA/2014) Para a utilização de espaço de prédio de autarquia para o funcionamento de restaurante que atenda aos servidores públicos, é obrigatória a realização de licitação e a autorização de uso de bem público.

COMENTÁRIOS

Errado. A autorização de uso independe de licitação. É ato administrativo unilateral, discricionário e precário. A modalidade de utilização de bem público que exige a licitação, em regra, é a concessão.

✪ **Nota da Autora:** A utilização de bens públicos por particulares pode se dar nas três formas: concessão, permissão e autorização. A concessão (que pode ser dividida nas modalidades: a concessão de uso e a concessão de direito real de uso) tem como característica a natureza contratual (trata-se de um contrato administrativo, por isso deve ser precedido de licitação, salvo hipóteses de contratação direta – dispensa ou inexigibilidade). A permissão é ato administrativo negocial, discricionário e precário, pelo qual o Poder Público faculta ao particular o uso especial de bens públicos. Tem como característica o fato do Poder Público tem interesse no uso pelo particular. Alguns doutrinadores trazem como exemplo as bancas de revistas, na qual se entende que há interesse de difusão de cultura e aceso à informação. É importante lembrar, que já se tem uma corrente doutrinária, defendendo a possibilidade da permissão de uso ser precedida de licitação, conforme estatui o artigo 2º da Lei nº 8.666/93. Já a autorização de uso de bem público por particular decorre de ato unilateral da Administração Pública, discricionário, precário (a Administração pode revogar a qualquer tempo), independente de licitação e nem autorização legislativa, em que o interesse é predominante do particular. Exemplo, o fechamento de uma rua para fazer um evento (um aniversário, uma festa de São João etc).

269. (Cespe – Procurador do MP junto ao TCE-PB/2014) No que se refere a licitações e contratos administrativos, assinale a opção correta.

a) Em nenhuma hipótese, poderá haver licitação cujo objeto inclua bens e serviços sem similaridade ou de marcas, características e especificações exclusivas, por violação ao princípio da isonomia entre os licitantes.

b) As funções de pregoeiro serão desempenhadas necessariamente por servidores públicos, excetuados os pregões realizados pelas empresas públicas e sociedades de economia mista.

c) Pelo princípio da vinculação do edital, a administração pública pode exigir garantia de proposta no pregão, visando atender ao interesse público.

d) No sistema de registro de preços, um órgão ou entidade da administração pública federal estará proibido de aderir à ata de registro de preços gerenciada pelo TCE/PB.

e) O sistema de registro de preços poderá ser adotado quando, pelas características do bem ou serviço, houver necessidade de contratações frequentes, ou quando, pela natureza do objeto, for possível definir previamente o quantitativo a ser demandado.

COMENTÁRIOS

Alternativa correta: letra "d". Conforme o Decreto nº 7.892/2013, em seu artigo 22, § 8º "Desde que devidamente justificada a vantagem, a ata de registro de preços, durante sua vigência, poderá ser utilizada por qualquer órgão ou entidade da administração pública federal que não tenha participado do certame licitatório, mediante anuência do órgão gerenciador. É vedada aos órgãos e entidades da administração pública federal a adesão a ata de registro de preços gerenciada por órgão ou entidade municipal, distrital ou estadual."

Alternativa "a". Errado. Temos ressalva à vedação. A Lei de Licitações (Lei nº 8.666/93) estatui que 'é vedada a realização de licitação cujo objeto inclua bens e serviços sem similaridade ou de marcas, características e especificações exclusivas, **salvo nos casos em que for tecnicamente justificável, ou ainda quando o fornecimento de tais materiais e serviços for feito sob o regime de administração contratada,** previsto e discriminado no ato convocatório. Essa determinação é encontrada no artigo 7º, § 5º da citada lei.

Alternativa "b". Errado. Temos que entender a nomenclatura servidor público em sentido amplo. Conforme o artigo 84 da Lei de Licitações (Lei nº 8.666/93) considera-se servidor público, para os fins desta Lei, aquele que exerce, mesmo que transitoriamente ou sem remuneração, cargo, função ou emprego público. Cumulando esse raciocínio com o da Lei nº 10.520/2002, em seu artigo 3º, IV – **a autoridade competente designará, dentre os servidores do órgão ou entidade promotora da licitação, o pregoeiro** e respectiva equipe de apoio, cuja atribuição inclui, dentre outras, o recebimento das propostas e lances, a análise de sua aceitabilidade e sua classificação, bem como a habilitação e a adjudicação do objeto do certame ao licitante vencedor. Logo, não há impedimento para que um empregado de sociedade de economia mista ou empresa pública seja pregoeiro, haja vista que para a doutrina moderna o agente público pode ser classificado em quatro categorias: agente político, militar, particular em colaboração com o Poder Público e **servidor público (que se subdivide em servidor estatutário, empregado e servidor temporário). Sendo assim, o empregado de sociedade de economia mista e empresa pública é classificado como subcategoria de servidor público.**

Alternativa "c". Errado. A exigência de garantia é prerrogativa da Administração Pública, que aparece na Lei nº 8.666/93, em seu artigo 56. Mas o instituto da exigência de garantia é proibido na Lei nº 10.520/2002, conforme artigo 5º, inciso I: " é vedada a exigência de garantia de proposta".

Alternativa "e". Errado. Conforme o Decreto nº 7.892/2013, em seu artigo 3º, inciso IV – o Sistema de Registro de Preços poderá ser adotado quando, pela natureza do objeto, não for possível definir previamente o quantitativo a ser demandado pela Administração.

270. (Cespe – Procurador do MP junto ao TCE-PB/2014) Assinale a opção correta acerca do regime de contratação na administração pública por excepcional interesse público.

a) Os entes federativos são obrigados a disponibilizar o lançamento e o recebimento de toda a receita de suas unidades gestoras, inclusive a referente a recursos extraordinários.

b) A preferência de contratação para as microempresas pode ser utilizada como critério de desempate nas licitações. Todavia, esse tratamento diferenciado nas licitações não se aplica às empresas de pequeno porte em face da renda bruta ano – calendário por elas auferida.

c) Instituição religiosa pode ser qualificada como organização da sociedade civil de interesse público (OSCIP), desde que cumpridas as exigências legais.

d) O serviço voluntário não gera vínculo empregatício, mas não exime a entidade beneficiária desse serviço da obrigação de natureza previdenciária.

e) As entidades privadas sem fins lucrativos, se receberem recursos públicos diretamente do orçamento para a realização de ações de interesse público, serão submetidas à Lei de Acesso à Informação e à exigência da publicidade de todas as suas contas.

COMENTÁRIOS

Alternativa correta: "a". Conforme estatui a Lei de Responsabilidade Fiscal (Lei Complementar nº 101/2000) em seus artigos 48, § único, inciso II e 48-A, inciso II: são instrumentos de transparência da gestão fiscal, aos quais será dada ampla divulgação, inclusive em meios eletrônicos de acesso público os planos, orçamentos e leis de diretrizes orçamentárias; as prestações de contas e o respectivo parecer prévio; o Relatório Resumido da Execução Orçamentária e o Relatório de Gestão Fiscal; e as versões simplificadas desses documentos. A transparência será assegurada também mediante liberação ao pleno conhecimento e acompanhamento da sociedade, em tempo real, de informações pormenorizadas sobre a execução orçamentária e financeira, em meios eletrônicos de acesso público. Os entes da Federação disponibilizarão a qualquer pessoa física ou jurídica o acesso a informações referentes quanto à receita, **o lançamento e o recebimento de toda a receita das unidades gestoras, inclusive referente a recursos extraordinários.**

Alternativa "b". Errado. A diferença de tratamento se aplica tanto às microempresas como empresas de pequeno porte. É o que estabelece o artigo da Lei Complementar nº 123/2006:

Alternativa "c". Errado. Conforme estatui a Lei nº 9.790/99, em seu artigo 2º, inciso III, não são passíveis de qualificação como Organizações da Sociedade Civil de Interesse Público, ainda que se dediquem de qualquer forma às atividades descritas na lei, dentre outras, as instituições religiosas ou voltadas para a disseminação de credos, cultos, práticas e visões devocionais e confessionais.

Alternativa "d". Errado. Conforme preconiza a Lei nº 9.608/98, que dispões sobre o assunto, considera-se serviço voluntário a atividade não remunerada, prestada por pessoa física a entidade pública de qualquer natureza, ou a instituição privada de fins não lucrativos, que tenha objetivos cívicos, culturais, educacionais, científicos, recreativos ou de assistência social, inclusive mutualidade. O serviço voluntário não gera vínculo empregatício, nem obrigação de natureza trabalhista previdenciária ou afim.

Alternativa "e". Errado. A Lei de Acesso à Informação, Lei nº 12.527/2011, em seu artigo 2º, dispõe que a mesma se aplica, no que couber, às entidades privadas sem fins lucrativos que recebam, para realização de ações de interesse público, recursos públicos diretamente do orçamento ou mediante subvenções sociais, contrato de gestão, termo de parceria, convênios, acordo, ajustes ou outros instrumentos congêneres. **A publicidade** a que estão submetidas às entidades **refere-se à parcela dos recursos públicos recebidos e à sua destinação**, sem prejuízo das prestações de contas a que estejam legalmente obrigadas.

---

271. (Cespe – Promotor de Justiça – AC/2014) No que concerne à licitação e aos contratos administrativos, assinale a opção correta.

a) A penalidade de suspensão e a de declaração de inidoneidade, em caso de irregularidades na execução do contrato administrativo, aplicadas pela União não produzem efeitos perante estado da Federação.

b) Para fim de habilitação nas licitações, a administração pública não deve exigir dos licitantes a apresentação de certidão de quitação de obrigações fiscais, mas a mera prova de sua regularidade.

c) No que se refere à documentação relativa à qualificação econômico-financeira para compras para entrega futura e execução de obras e serviços, a administração não pode exigir das licitantes capital social mínimo, patrimônio líquido mínimo ou garantias que assegurem o adimplemento do contrato a ser celebrado.

d) Segundo entendimento do STJ, deve-se reconhecer a nulidade, em processo licitatório, do julgamento de recurso administrativo por autoridade incompetente, ainda que tenha havido posterior homologação do certame pela autoridade competente.

e) A CF autoriza a gestão associada de serviços públicos por meio de convênios, mas não a transferência total ou parcial de serviços, de pessoal e de bens essenciais à continuidade dos serviços transferidos.

COMENTÁRIOS

Alternativa correta: "b". Para o art. 29, inciso III da Lei nº 8.666/93, a documentação relativa à regularidade fiscal e trabalhista, conforme o caso consistirá em **prova de regularidade** para com a Fazenda Federal, Estadual e Municipal do domicílio ou sede do licitante, ou outra equivalente, na forma da lei. Portanto, a lei não exige a apresentação de certidão de quitação e sim de regularidade.

Alternativa "a". Errado. Não há um consenso entre os doutrinadores e a jurisprudência dos Tribunais quanto às penalidades de suspensão e declaração de inidoneidade atingirem somente a esfera relacionada ao contrato ou atingir todas as esferas. Mas a jurisprudência, principalmente do Superior Tribunal de Justiça (STJ) e do Tribunal de Contas da União (TCU), caminha no sentido de entender que a suspensão e a declaração de inidoneidade devem abranger todas as esferas da Administração Pública, e não somente o órgão ou ente sancionador no caso da primeira, ou a esfera administrativa da pessoa jurídica do órgão ou ente que aplica a sanção no caso da segunda. É o entendimento do STJ no REsp nº 174.247/SP, 2º T., rel. Min. Castro Meira, DJ de 22.11.2004: "a punição prevista no inciso III do artigo 87 da Lei 8.666/93 não produz efeitos somente em relação ao órgão ou ente federativa que determinou a punição, mas a toda a Administração Pública, pois, caso contrário, permitir-se-ia que empresa suspensa contratasse novamente durante o período de suspensão, tirando desta a eficácia necessária" e do TCU no Acórdão nº 2218/2011-1ª Câmara, TC-025.430/2009-5, rel. Min. José Múcio, revisor Min. Walton Alencar Rodrigues, em 12.04.2011: **"a suspensão temporária de participação em licitação e impedimento de contratar com a Administração prevista no inciso III do art. 87 da Lei 8.666/1993 estende-se à toda Administração Pública". Mas apesar da tendência jurisprudencial, ainda não é consensual.**

Alternativa "c". Errado. A Administração Pública, com relação à qualificação econômico – financeira, nas compras para entrega futura e na execução de obras e serviços, poderá estabelecer, no instrumento convocatório da licitação, **a exigência de capital mínimo ou de patrimônio líquido mínimo, ou ainda as garantias** previstas no parágrafo 1º do art. 56 da Lei nº 8.666/93, como dado objetivo de comprovação da qualificação econômico-financeira dos licitantes e para efeito de garantia ao adimplemento do contrato a ser ulteriormente celebrado. O capital mínimo ou o valor do patrimônio líquido a que se refere o parágrafo anterior não poderá exceder a 10% (dez por cento) do valor estimado da contratação, devendo a comprovação ser feita relativamente à data da apresentação da proposta, na forma da lei, admitida a atualização para esta data através de índices oficiais. Essa previsão esta disposta nos parágrafos 2º e 3º do artigo 31 da Lei de Licitações.

Alternativa "d". Errado. O Superior Tribunal de Justiça (STJ) entendeu que não deve ser reconhecida a nulidade em processo licitatório na hipótese em que, a despeito de recurso administrativo ter sido julgado por autoridade incompetente, tenha havido a posterior homologação de todo o certame pela autoridade competente. Isso porque o julgamento de recurso por autoridade incompetente não é, por si só, bastante para acarretar a nulidade do ato e dos demais subsequentes, tendo em vista o saneamento da irregularidade por meio da homologação do procedimento licitatório pela autoridade competente. Com efeito, o ato de homologação supõe prévia e detalhada análise de todo o procedimento, atestando a legalidade dos atos praticados, bem como a conveniência de ser mantida a licitação. Ademais, o vício relativo ao sujeito – competência – pode ser convalidado pela autoridade superior quando não se tratar de competência exclusiva. Essa decisão foi dada no REsp 1.348.472-RS, Rel. Min. Humberto Martins, julgado em 21/5/2013.

Alternativa "e". Errado. Conforme estatui a Constituição Federal, no artigo 241 " a União, os Estados, o Distrito Federal e os Municípios disciplinarão por meio de lei os consórcios públicos e os convênios de cooperação entre os entes federados, autorizando a gestão associada de serviços públicos, bem como a transferência total ou parcial de encargos, serviços, pessoal e bens essenciais à continuidade dos serviços transferidos."

---

272. (Cespe – Analista Judiciário – Área Judiciária – TJ – CE/2014) O Tribunal de Justiça do Estado do Ceará (TJCE) publicou edital de licitação para a compra de equipamentos de informática. No edital de pregão eletrônico, por questões de ordem técnica, exigia-se que os equipamentos fossem de determinada marca. Uma empresa que não participou do certame apresentou impugnação ao edital e dirigiu uma representação ao Tribunal de Contas do Estado do Ceará (TC/CE), alegando que a cláusula em que se determinava a marca do produto era inválida, uma vez que se restringia indevidamente a competitividade e isonomia da licitação.

Considerando essa situação hipotética, assinale a opção correta.

a) O TJCE não se submete ao controle do TC/CE, ao qual compete julgar as contas do governador e dos agentes do Poder Executivo responsáveis pela administração de recursos públicos.

b) A nulidade do procedimento de licitação não importa a nulidade do contrato, desde que a empresa contratada não tenha concorrido para o vício.

c) Somente as empresas licitantes têm legitimidade para impugnar o edital de licitação, sendo inadmissível impugnação apresentada pela empresa não participante do certame.

d) Para a aquisição desses equipamentos de informática, não se pode realizar licitação na modalidade pregão.

e) A indicação da marca do produto é admitida, desde que seja acompanhada de justificativa técnica.

COMENTÁRIOS

Alternativa correta: "e". A Lei nº 8.666/93, em seu artigo 7º, parágrafo 5º estatui que é vedada a realização de licitação cujo objeto inclua bens e serviços sem similaridade ou de marcas, características e especificações exclusivas, **salvo nos casos em que for tecnicamente justificável**, ou ainda quando o fornecimento de tais materiais e serviços for feito sob o regime de administração contratada, previsto e discriminado no ato convocatório.

Alternativa "a". Errado. A Constituição Federal preconiza em seu artigo 71, inciso II que o controle externo, a cargo do Congresso Nacional, será exercido com o auxílio do Tribunal de Contas da União, ao qual compete julgar as contas dos administradores e demais responsáveis por dinheiros, bens e valores públicos da administração direta e indireta, incluídas as fundações e sociedades instituídas e mantidas pelo Poder Público federal, e as contas daqueles que derem causa a perda, extravio ou outra irregularidade de que resulte prejuízo ao erário público. Pelo princípio da simetria essa regra se aplica ao Tribunal de Contas dos Estados, conforme suas Constituições Estaduais. Além disso, conforme o artigo 113 da Lei nº 8.666/93, o controle das despesas decorrentes dos contratos e demais instrumentos regidos por esta Lei será feito pelo Tribunal de Contas competente, na forma da legislação pertinente, ficando os órgãos interessados da Administração responsáveis pela demonstração da legalidade e regularidade da despesa e execução, nos termos da Constituição e sem prejuízo do sistema de controle interno nela previsto. Portanto, o Tribunal de Justiça se submete ao controle do TCE.

Alternativa "b". Errado. Estatui o art. 49, parágrafo 2º da Lei nº 8.666/93 que § 2º a nulidade do procedimento licitatório induz à do contrato. Com relação à indenização, o parágrafo único do artigo 59 determina que a Administração deve indenizar o contratado pelo que este houver executado até a data em que ela for declarada e por outros prejuízos regularmente comprovados, contanto que não lhe seja imputável, promovendo-se a responsabilidade de quem lhe deu causa.

Alternativa "c". Errado. A regra do artigo 41, parágrafos 1º e 2º é clara: qualquer cidadão é parte legítima para impugnar edital de licitação por irregularidade na aplicação da Lei, devendo protocolar o pedido até 5 (cinco) dias úteis antes da data fixada para a abertura dos envelopes de habilitação, devendo a Administração julgar e responder à impugnação em até 3 (três) dias úteis, sem prejuízo da faculdade prevista no § 1º do art. 113. Também tem o direito de impugnar o licitante, que se não o fizer até o segundo dia útil que anteceder a abertura dos envelopes de habilitação em concorrência, a abertura dos envelopes com as propostas em convite, tomada de preços ou concurso, ou a realização de leilão, as falhas ou irregularidades que viciariam esse edital, decairá o seu direito de impugnar.

Alternativa "d". Errado. A análise desse item deve ser feita cumulando dois dispositivos legais, primeiro o parágrafo 4º do art. 45 da Lei nº 8.666/93 (Artigo 45, § 4º Para contratação de bens e serviços de informática, a administração observará o disposto no art. 3º da Lei no 8.248, de 23 de outubro de 1991, levando em conta os fatores especificados em seu parágrafo 2º e adotando obrigatoriamente o tipo de licitação "técnica e preço", permitido o emprego de outro tipo de licitação nos casos indicados em decreto do Poder Executivo) e segundo o parágrafo 3º do artigo 3º da Lei nº 8.248/91 (Art. 3º, § 3º A aquisição de bens e serviços de informática e automação, considerados como bens e serviços comuns nos termos do parágrafo único do art. 1º da Lei no 10.520, de 17 de julho de 2002, poderá ser realizada na modalidade pregão, restrita às empresas que cumpram o Processo Produtivo Básico nos termos desta Lei e da Lei no 8.387, de 30 de dezembro de 1991).

273. (Cespe – Analista Judiciário – Área Judiciária – TJ – CE/2014) Assinale a opção correta referente às contratações públicas.

a) A administração não é obrigada a contratar o licitante vencedor e, caso celebre o contrato com este, poderá, unilateralmente, a qualquer momento, suprimir o objeto do contrato em até 100%, desde que justificado por fato superveniente devidamente comprovado.

b) É dispensada a licitação para a aquisição de produtos manufaturados nacionais que atendam ao processo produtivo básico.

c) A indicação de dotação orçamentária deve ser realizada para a abertura de licitação feita mediante o sistema de registro de preços.

d) A licitação na modalidade pregão não se aplica à alienação de bens, ainda que estes possuam padrões de desempenho e qualidade que possam ser objetivamente definidos no edital.

e) Tratando-se de regime diferenciado de contratações públicas, é possível realizar licitação com orçamento sigiloso, que se tornará público somente após a execução integral do contrato.

COMENTÁRIOS

Alternativa correta: "d". Conforme estatui o artigo 1º da Lei nº 10.520/2002, o pregão poderá ser adotado para aquisição de bens e serviços comuns. Portanto o pregão não se aplica para obras de engenharia, bem como alienações, que serão regidos pela Lei nº 8.666/93. Conforme o artigo 6º do Decreto 5450/2005, determina que a licitação na modalidade de pregão, na forma eletrônica, não se aplica às contratações de obras de engenharia, bem como às locações imobiliárias e alienações em geral. Cuidado com a Súmula 257/2010 – do Tribunal de Contas da União: o uso do pregão nas contratações de serviços comuns de engenharia encontra amparo na Lei nº 10.520/2002.

Alternativa "a". Errado. O contrato administrativo tem a característica da mutabilidade, ou seja, ele pode ser alterado. As alterações podem ser unilaterais (considerada uma cláusula exorbitante) e bilaterais (por acordo entre as partes). Conforme o parágrafo 1º do art. 65 da Lei nº 8.666/93, O contratado fica obrigado a aceitar, nas mesmas condições contratuais, os acréscimos ou supressões que se fizerem nas obras, serviços ou compras, até 25% (vinte e cinco por cento) do valor inicial atualizado do contrato, e, no caso particular de reforma de edifício ou de equipamento, até o limite de 50% (cinqüenta por cento) para os seus acréscimos. Portanto não temos a possibilidade de supressão de 100%.

Alternativa "b". Errado. A Administração Pública pode contratar diretamente, sem licitação, nas situações conhecidas como exceções à obrigatoriedade de licitar. Nós temos dois tipos de exceções na lei: **a**

dispensa (em que todas as situações são taxativas, o administrador não pode inventar novas situações, nem combiná-las), que pode ser **obrigatória** (licitação dispensada – prevista no artigo 17) e **facultativa** (licitação dispensável – prevista no artigo 24) e a **inexigibilidade** (situações exemplificativas, previstas no artigo 25). Não existe situação de aquisição de produtos manufaturados por dispensa de licitação. Lembre-se que ela é taxativa, o administrador não pode criar, nem combinar. O que existe na Lei de Licitações é o estabelecimento de margem de preferência para produtos manufaturados e para serviços nacionais que atendam a normas técnicas brasileiras previsto nos parágrafos 5º, 7º e 8º do artigo 3º da Lei.

Alternativa "c". Errado. O Decreto nº 7.892/2013, que regulamenta o Sistema de Registro de Preços, determina em seu artigo 7º, parágrafo 2º que na licitação para registro de preços não é necessário indicar a dotação orçamentária, que somente será exigida para a formalização do contrato ou outro instrumento hábil.

Alternativa "e". Errado. A lei nº 12.462/2011, que regulamenta o Regime Diferenciado de Contratação – RDC – preconiza em seu artigo 6º, parágrafo 3º que o orçamento previamente estimado para a contratação será tornado público apenas **e imediatamente após o encerramento da licitação,** sem prejuízo da divulgação do detalhamento dos quantitativos e das demais informações necessárias para a elaboração das propostas e que se não constar do instrumento convocatório, a informação referida, ela possuirá caráter sigiloso e será disponibilizada estrita e permanentemente aos órgãos de controle externo e interno. Portanto, mesmo sendo sigiloso, o orçamento será tornado público após o encerramento da licitação.

274. (Cespe – Defensor Público – DF/ 2013) Nos termos da Lei n° 8.666/1993, a realização do procedimento licitatório serve-se de três finalidades fundamentais: a busca da proposta mais vantajosa, o oferecimento de igualdade de oportunidade a todos os interessados e a promoção do desenvolvimento nacional sustentável.

COMENTÁRIOS

Certo. Conforme preconiza o artigo 3º da Lei de Licitações, a licitação destina-se a garantir a observância do princípio constitucional da isonomia, a seleção da proposta mais vantajosa para a administração e a promoção do desenvolvimento nacional sustentável.

275. (Cespe – Defensor Público – RR/2013) Acerca de licitações e contratos administrativos, assinale a opção correta.

a) A contratação direta por inexigibilidade ocorre nas situações em que, embora seja viável a competição entre particulares, a licitação afigure-se objetivamente inconveniente ao interesse público.

b) Os objetivos do procedimento licitatório incluem a isonomia, a seleção da proposta mais vantajosa para a administração pública e a promoção do desenvolvimento nacional sustentável.

c) A doação de imóvel público a particular não precisa ser realizada mediante prévio procedimento licitatório, já que não se aplicam aos casos de alienação as regras estabelecidas pela Lei n° 8.666/1993 e pela CF.

d) No âmbito dos contratos administrativos, vigora o princípio da formalidade, sendo nulo e de nenhum efeito todo contrato verbal celebrado com a administração pública.

e) Caso determinado prefeito necessite urgentemente realizar capacitação de servidores que trabalhem na função de pregoeiro, a contratação poderá ser realizada mediante dispensa de licitação, já que os serviços exigidos qualificam-se como técnicos profissionais de natureza singular.

COMENTÁRIOS

Alternativa correta: "b". Essa é a regra prevista no artigo 3º da Lei nº 8.666/93 que determina que a licitação destina-se a garantir a observância do princípio constitucional da isonomia, a seleção da proposta mais vantajosa para a administração e a promoção do desenvolvimento nacional sustentável.

Alternativa "a". Errado. Uma das características da inexigibilidade é a inviabilidade jurídica de competição. Essa é a análise que se faz do artigo 25 da Lei de Licitações.

Alternativa "c". Errado. Conforme previsão do artigo 17, § 4º, da Lei nº 8.666/93 a doação com encargo será licitada e de seu instrumento constarão, obrigatoriamente os encargos, o prazo de seu cumprimento e cláusula de reversão, sob pena de nulidade do ato, sendo dispensada a licitação no caso de interesse público devidamente justificado.

Alternativa "d". Errado. Uma das características dos contratos é a formalidade. Regra geral eles são escritos. É o que estatui o artigo 60 da Lei nº 8.666/93, quando determina que os contratos e seus aditamentos serão lavrados nas repartições interessadas, as quais manterão arquivo cronológico dos seus autógrafos e registro sistemático do seu extrato, salvo os relativos a direitos reais sobre imóveis, que se formalizam por instrumento lavrado em cartório de notas, de tudo juntando-se cópia no processo que lhe deu origem. Mas nós temos uma exceção, o contrato pode ser verbal na situação prevista no parágrafo púnico do citado artigo: "é nulo e de nenhum efeito o contrato verbal com a Administração, salvo o de pequenas compras de pronto pagamento, assim entendidas aquelas de valor não superior a 5% (cinco por cento) do limite estabelecido no art. 23, inciso II, alínea "a" desta Lei, feitas em regime de adiantamento". Esse percentual corresponde a R$ 4.000,00.

Alternativa "e". Errado. A situação não é dispensa, mas pode ser uma situação de inexigibilidade. É o entendimento que se depreende do artigo 25, inciso II cumulado com o artigo 13, inciso VI da Lei de Licitações. Estatui o artigo 25 que é inexigível a licitação quando houver inviabilidade de competição, em especial para a contratação de serviços técnicos enumerados no artigo 13 desta Lei, de natureza singular, com profissionais ou empresas de notória especialização, vedada a inexigibilidade para serviços de publicidade e divulgação e o artigo 13 determina que para os fins desta Lei, consideram-se serviços técnicos profissionais especializados os trabalhos relativos a treinamento e aperfeiçoamento de pessoal;

276. (Cespe – Delegado de Polícia Federal – DPF/2013) O pregão, modalidade de licitação para aquisição de bens e serviços comuns, independentemente do valor estimado da contratação, aplica-se tanto aos órgãos da administração direta quanto às entidades integrantes da administração indireta, inclusive aos fundos especiais.

COMENTÁRIOS

Certo. A Lei nº 10.520/2002 determina em seu artigo 1º, que para aquisição de bens e serviços comuns, poderá ser adotada a licitação na modalidade de pregão. Referida modalidade pode ser usada por toda a Administração Pública, seja direta ou indireta, inclusive os fundos especiais.

277. (Cespe – Delegado de Polícia Federal – DPF/2013) Considere que uma empresa vencedora de certame licitatório subcontrate, com terceiro, o objeto do contrato firmado com a administração pública, apesar de não haver previsão expressa para tanto no edital ou no contrato. Nessa situação, caso o contrato seja prestado dentro do prazo estipulado e com estrita observância aos critérios de qualidade impostos contratualmente, não poderá a administração rescindir o contrato unilateralmente, visto que não se configura hipótese de prejuízo ou descumprimento de cláusulas contratuais.

COMENTÁRIOS

Errado. A subcontratação só pode acontecer se tiver previsão editalícia e contratual. Se o contratado subcontratar sem previsão no edital, pelo motivo de rescisão unilateral. Conforme o artigo 72 da Lei nº 8.666/93 determina que o contratado, na execução do contrato, sem prejuízo das responsabilidades contratuais e legais, poderá subcontratar partes da obra, serviço ou fornecimento, até o limite admitido, em cada caso, pela Administração. O artigo 78, inciso VI da referida lei determina que constitui motivo para rescisão do contrato a subcontratação total ou parcial do seu objeto, a associação do contratado com outrem, a cessão ou transferência, total ou parcial, bem como a fusão, cisão ou incorporação, não admitidas no edital e no contrato.

278. (CESPE – Juiz Federal Substituto 1ª região/2013) A respeito dos contratos celebrados pela administração pública, assinale a opção correta.

a) O contrato de direito privado celebrado pela administração pública pode ser anulado unilateralmente, em caso de ilegalidade, após o devido processo administrativo, observados o contraditório e a ampla defesa.

b) A exceptio non adimpleti contractus não pode ser invocada por inadimplência nos contratos administrativos.

c) A possibilidade de alteração das cláusulas contratuais é prerrogativa da administração nos contratos em que haja supremacia do interesse público, abrangidas as cláusulas econômicas em prol do particular.

d) As cláusulas exorbitantes existem implicitamente no contrato administrativo propriamente dito, ainda que não expressamente previstas.

e) O contrato administrativo em sentido restrito distingue-se dos demais no que se refere à finalidade pública, ao interesse público e à exigência de prévia licitação.

COMENTÁRIOS

Alternativa correta: "d". Cláusulas exorbitantes são aquelas que excedem o direito comum para consignar uma vantagem ou uma restrição à administração pública ou ao contratado. As cláusulas exorbitantes podem ser de duas espécies: explícitas (quando escritas) e/ou implícitas (quando os princípios informadores do direito administrativo deixam claro que naquele contrato certas cláusulas devem prevalecer).

Alternativa "a". Errado. Não confunda contrato administrativo com contrato da administração. A administração pode praticar os dois tipos de contratos. Só que ao praticar contrato da administração, ela se coloca na mesma posição do particular e se submete às regras de direito privado. Nesse caso, não há que se falar em rescisão unilateral, que é uma das características dos contratos administrativos, em que a administração pública está num patamar de superioridade.

Alternativa "b". Errado. A exceptio non adimpleti contractus (ou exceção do contrato não cumprido) tem seu uso restrito quando se trata da Lei de Licitações, mas o legislador trouxe a possibilidade dela ser invocada. Tal situação ocorre quando a Administração Pública passa mais de 90 dias inadimplente. Nesse caso o contratado pode alegá-la e optar por suspender o cumprimento da obrigação e/ou requerer a rescisão na via judicial.

Essa é a previsão do inciso XV do artigo 78: "constituem motivo para rescisão do contrato: o atraso superior a 90 (noventa) dias dos pagamentos devidos pela Administração decorrentes de obras, serviços ou fornecimento, ou parcelas destes, já recebidos ou executados, salvo em caso de calamidade pública, grave perturbação da ordem interna ou guerra, assegurado ao contratado o direito de optar pela suspensão do cumprimento de suas obrigações até que seja normalizada a situação".

Alternativa "c". Errado. Uma das características dos contratos administrativos é a mutabilidade, a possibilidade de alteração dos mesmos. Essa alteração pode ser unilateral ou bilateral. As cláusulas econômico-financeiras só podem ser alteradas unilateralmente. É a determinação do artigo 58, § 1º da Lei: "as cláusulas econômico-financeiras e monetárias dos contratos administrativos não poderão ser alteradas sem prévia concordância do contratado". Analisando um outro aspecto, a manutenção do equilíbrio econômico do contrato, deve ser entender que ele não é uma prerrogativa para a administração. Quando houver desequilíbrio o particular pode exigir a manutenção do equilíbrio financeiro do contrato. No parágrafo 2º do mesmo artigo há a determinação que na hipótese de alteração unilateral do contrato por parte da administração, as cláusulas econômico-financeiras do contrato deverão ser revistas para que se mantenha o equilíbrio contratual.

Alternativa "e". Os contratos da administração pública podem ser regidos pelo direito público ou pelo direito privado. Os contratos administrativos (em sentido estrito) são espécie do gênero contratos da administração. Independentemente do tipo de contrato a finalidade pública e o interesse público estarão presentes.

---

279. (Cespe – Juiz Federal Substituto 2ª região/ 2013) À luz da doutrina e jurisprudência dominante nos tribunais superiores a respeito de licitação e contratos administrativos, assinale a opção correta.

a) Segundo entendimento firmado pelo STJ, a responsabilização do consultor jurídico e parecerista em relação aos contratos administrativos eivados de ilegalidade somente ocorrerá em situações excepcionais, ou seja, apenas nas hipóteses em que a peça opinativa seja um instrumento dolosamente elaborado para possibilitar a realização de ato ímprobo, de tal forma que desde o nascedouro a má-fé tenha sido o elemento subjetivo condutor da realização do parecer.

b) São modalidades de licitação taxativamente expressas no texto da Lei nº 8.666/1993 a concorrência, a tomada de preços, o convite, o concurso, o leilão e o pregão.

c) Segundo entendimento mais recente do STJ e do STF quanto ao crime de dispensar ou inexigir licitação fora das hipóteses previstas em lei, caso não reste demonstrado o dolo e o efetivo prejuízo ao erário, o fato será considerado atípico.

d) O regime diferenciado de contratação, disciplinado pela Lei nº 12.462/2011, aplica-se privativamente a licitações e contratos destinados aos jogos olímpicos, às copas das confederações e do mundo, às obras de infraestrutura e contratação de serviços para aeroportos, como também às obras do Programa de Aceleração do Crescimento.

e) Segundo se depreende da Lei nº 8.666/1993 no tocante à especificação do objeto do processo licitatório, essa especificação deverá ser completa, sem indicação de marca. No regime diferenciado de contratação, porém, será possível a indicação de marca ou modelo, quando for conveniente à administração pública, devendo essa decisão ser fundamentada.

COMENTÁRIOS

Alternativa correta: "a". Segundo o Superior Tribunal de Justiça, no REsp 1183504 / DF "é possível, em situações excepcionais, enquadrar o consultor jurídico ou o parecerista como sujeito passivo numa ação de improbidade administrativa. Para isso, é preciso que a peça opinativa seja apenas um instrumento, dolosamente elaborado, destinado a possibilitar a realização do ato ímprobo. Em outras palavras, faz-se necessário, para que se configure essa situação excepcional, que desde o nascedouro a má-fé tenha sido o elemento subjetivo condutor da realização do parecer".

Alternativa "b". Errado. O pregão é modalidade de licitação, mas não está prevista na Lei nº 8.666/93 e sim na Lei nº 10.520/2002.

Alternativa "c". Errado. O erro da questão está no final, quando ela diz que o fato será considerado atípico. Mas é esse o entendimento do Supremo Tribunal Federal e Superior Tribunal de Justiça o crime por dispensa ilegal de licitação exige dolo específico e dano ao erário.

Alternativa "d". Errado. A questão está errada e à época nós tínhamos a aplicação do RDC às seguintes situações: licitações e contratos destinados aos jogos olímpicos, às copas das confederações e do mundo, às obras de infraestrutura e contratação de serviços para aeroportos, como também às obras do Programa de Aceleração do Crescimento e **das obras e serviços de engenharia no âmbito do Sistema Único de Saúde – SUS.** Nos dias atuais as situações já foram ampliadas.

Alternativa "e". Errado. Realmente há uma diferença de análise entre as duas leis, na Lei nº 8.666/93, no tocante à especificação do objeto do processo licitatório, essa especificação deverá ser completa, sem indicação de marca. No regime diferenciado de contratação, porém, será possível a indicação de marca ou modelo. Mas o erro da questão é dizer indicação de marca ou modelo, quando for conveniente à administração pública, devendo essa decisão ser fundamentada. No RDC artigo 7º determina que no caso de licitação para aquisição de bens, a administração pública poderá: I – indicar marca ou modelo, desde que formalmente justificado, nas seguintes hipóteses: a) em decorrência da necessidade de padronização do objeto; b) quando determinada marca ou modelo comercializado por mais de um fornecedor for a única capaz de atender às necessidades da entidade contratante; ou c) quando a descrição do objeto a ser licitado puder ser melhor compreendida pela identificação de determinada marca ou modelo aptos a servir como referência, situação em que será obrigatório o acréscimo da expressão "ou similar ou de melhor qualidade".

280. (Cespe – Juiz Substituto da Justiça Militar da União – STM/2013) Com relação à disciplina dos contratos administrativos, assinale a opção correta.

a) A rescisão unilateral do contrato por descumprimento de cláusula contratual não autoriza a retenção de créditos devidos ao contratante.

b) Os contratos administrativos somente poderão ser rescindidos por ato unilateral da administração ou decisão judicial.

c) O não cumprimento de cláusula contratual autoriza a administração pública a rescindir o contrato e a utilizar instalações, equipamentos, pessoal e materiais necessários à execução de serviço essencial.

d) No caso de concordata do contratado, é vedado à administração manter o contrato.

e) O atraso injustificado no início da obra, serviço ou fornecimento contratado pela administração não é causa suficiente para a rescisão do contrato, porém basta para que se autorize a imposição de multa diária.

COMENTÁRIOS

Alternativa correta: "c". Conforme o artigo 80, inciso II da Lei de licitações a rescisão unilateral anterior acarreta, dentre outras consequências, ocupação e utilização do local, instalações, equipamentos, material e pessoal empregados na execução do contrato, necessários à sua continuidade, na forma do inciso V do art. 58 desta Lei.

Alternativa "a". Errado. Conforme o artigo 80, inciso IV da Lei de licitações a rescisão unilateral anterior acarreta, dentre outras consequências, a retenção dos créditos decorrentes do contrato até o limite dos prejuízos causados à Administração.

Alternativa "b". Errado. Conforme o artigo 79 da Lei nº 8.666/93 a rescisão dos contratos administrativos pode ser unilateral, amigável ou judicial.

Alternativa "d". Errado. Conforme o artigo 80, parágrafo 2º da Lei de licitações é permitido à Administração, no caso de concordata do contratado, manter o contrato, podendo assumir o controle de determinadas atividades de serviços essenciais.

Alternativa "e". Errado. Dispõe o artigo 78, inciso V da Lei de licitações que constitui motivo para rescisão do contrato a lentidão do seu cumprimento, levando a Administração a comprovar a impossibilidade da conclusão da obra, do serviço ou do fornecimento, nos prazos estipulados.

281. (Cespe – Procurador BACEN/2013) Acerca da licitação e dos contratos administrativos, assinale a opção correta.

a) De acordo com o entendimento do STJ, para a contratação, pelo poder público, de serviços técnicos de natureza singular com profissionais de notória especialização, hipótese de inexigibilidade de licitação, é indispensável a formalização de prévio processo administrativo destinado a demonstrar a singularidade do serviço técnico a ser executado, ainda que seja notória a especialidade do trabalho desenvolvido pelo contratado.

b) No contrato administrativo, o reajuste é o instrumento por meio do qual é realizado aumento real do valor pago ao contratado, podendo ocorrer independentemente de previsão contratual.

c) A mutabilidade, uma das características do contrato administrativo, que consiste na possibilidade de a administração pública modificar unilateralmente as cláusulas do contrato com fundamento em causas supervenientes de interesse público, incide também sobre as disposições contratuais que tratam da remuneração do particular.

d) No contrato administrativo, as partes envolvidas não estão em posição de igualdade, pois o interesse público defendido pela administração pública a coloca em posição de superioridade em relação ao particular, em decorrência, a comutatividade, representada pela equivalência entre as obrigações das partes contratantes e presente nos contratos privados, não poderá existir no âmbito do contrato administrativo.

e) Se, durante a execução do contrato administrativo, a empresa contratada descumprir sua obrigação de manter a regularidade fiscal, a administração pública poderá, conforme entendimento do STJ, reter o pagamento das faturas pelos serviços já prestados.

COMENTÁRIOS

Alternativa correta: "a". É a previsão do § único do artigo 26 e posição pacífica dos Tribunais Superiores. Artigo 26, Parágrafo único. O processo de dispensa, de inexigibilidade ou de retardamento, previsto neste artigo, será instruído, no que couber, com os seguintes elementos: I – caracterização da situação emergencial ou calamitosa que justifique a dispensa, quando for o caso; II – razão da escolha do fornecedor ou executante; III – justificativa do preço e IV – documento de aprovação dos projetos de pesquisa aos quais os bens serão alocados.

Alternativa "b". Errado. O Superior Tribunal de Justiça, no REsp 730568/SP - 2005/0036315-8, determinou que o reajuste do contrato administrativo é conduta autorizada por lei e convencionada entre as partes contratantes que tem por escopo manter o equilíbrio financeiro do contrato. Ausente previsão contratual, resta inviabilizado o pretendido reajustamento do contrato administrativo.

Alternativa "c". Errado. A possibilidade de alteração unilateral por parte da Administração Pública não incide sobre as disposições contratuais que tratam da remuneração do particular. As situações de alteração unilateral são as previstas nas alíneas a e b do inciso I do artigo 65.

Alternativa "d". Errado. Uma das características dos contratos é a comutatividade (equivalência de obrigações recíprocas). O artigo 2º, parágrafo único determina que se considera contrato todo e qualquer ajuste entre órgãos ou entidades da Administração Pública e particulares, em que haja um acordo de vontades para a formação de vínculo e a **estipulação de obrigações recíprocas**, seja qual for a denominação utilizada.

Alternativa "e". Errado. Conforme decisão do Superior Tribunal de Justiça, no AgRg do REsp 1.313.659-RR, pode a Administração rescindir o contrato em razão de descumprimento de uma de suas cláusulas e ainda imputar penalidade ao contratado descumpridor. Todavia a retenção do pagamento devido, por não constar do rol do art. 87 da Lei nº 8.666/93, ofende o princípio da legalidade, insculpido na Carta Magna.

---

282. (Cespe – Procurador do DF/ 2013) Dada a necessidade de aumento da rede pública de ensino do estado Y, o secretário de educação, com o intuito de construir uma nova escola pública, resolveu consultar a procuradoria do estado para que esta esclarecesse algumas dúvidas relacionadas ao modelo licitatório e às normas contratuais aplicáveis à espécie.

Com referência a essa situação hipotética, julgue os itens a seguir.

Desde que haja previsão editalícia e contratual, e depois de demonstrada analiticamente a variação dos custos, a eventual contratada no processo licitatório poderá solicitar a repactuação dos preços ajustados.

COMENTÁRIOS

Errado. A repactuação é utilizada para readequar o valor do contrato administrativo à variação de custos previsível e periódica a que se sujeita. Conforme o artigo 5º do Decreto nº 2.271/97, repactuação é a adequação aos novos preços de mercado. Para a doutrina majoritária de direito administrativo, repactuação está ligada à manutenção do equilíbrio financeiro do contrato. E segundo a Lei nº 8.666/93, em seus artigos 58 e 65, a manutenção do equilíbrio econômico é um direito do contratado. Então não é necessária previsão editalícia. Mas apesar de não haver essa necessidade de previsão, para que ele efetivamente tenha repactuado o contrato, é necessário que ele demonstre que foi afetado o equilíbrio econômico-financeiro do contrato. Para a Instrução Normativa nº 2/2007, do MPOG – Ministério do Planejamento, Orçamento e Gestão, A repactuação de preços, como espécie de reajuste contratual, deverá ser utilizada nas contratações de serviços continuados com dedicação exclusiva de mão de obra, desde que seja observado o **interregno mínimo de um ano** das datas dos orçamentos aos quais a proposta se referir, conforme estabelece o art. 5º do Decreto nº 2.271, de 1997.

Na hipótese descrita, é possível utilizar o regime diferenciado de contratações como modalidade licitatória, sendo aplicável o regime de contratação integrada, desde que técnica e economicamente justificada.

COMENTÁRIOS

Certo. Conforme o artigo 1º, inciso VI, da Lei nº 12.462/2011, Lei do RDC, a mesma só poderá ser usada, dentre outras, para obras e serviços de engenharia para construção, ampliação e reforma de estabelecimentos penais e unidades de atendimento socioeducativo. O artigo 8º da referida lei, estatui que se ocorrer execução indireta, o mesmo poderá

No caso de a obra ser qualificada como de natureza comum, admitir-se-á a utilização do pregão eletrônico com o critério de julgamento do menor preço global.

---

283. (Cespe – Procurador do Ministério Público junto ao TCDF/2013) No contrato administrativo, é vedada a existência de cláusula compromissória que institua o juízo arbitral para dirimir conflitos relativos a direitos patrimoniais disponíveis pertencentes a sociedade de economia mista.

COMENTÁRIOS

Errado. Segundo a posição do Superior Tribunal de Justiça, no REsp 612.439 – RS "a cláusula compromissória é o ato por meio do qual as partes contratantes formalizam seu desejo de submeter à arbitragem eventuais divergências ou litígios passíveis de ocorrer ao longo da execução da avença. Efetuado o ajuste, que só pode ocorrer em hipóteses envolvendo direitos disponíveis, ficam os contratantes vinculados à solução extrajudicial da pendência. São válidos e eficazes os contratos firmados pelas sociedades de economia mista exploradoras de atividade econômica de produção ou comercialização de bens ou de prestação de serviços (CF, art. 173, § 1º) que estipulem cláusula compromissória submetendo à arbitragem eventuais litígios decorrentes do ajuste". E apesar da Lei nº 8.666/93 não dispor sobre arbitragem, o artigo 23-A da Lei nº 8.987/95 dispõe que o contrato de concessão poderá prever o emprego de mecanismos privados para resolução de disputas decorrentes ou relacionadas ao contrato, inclusive a arbitragem, a ser realizada no Brasil e em língua portuguesa, nos termos da Lei no 9.307, de 23 de setembro de 1996.

284. (Cespe – Procurador do Ministério Público junto ao TCDF/2013) Nos casos de desfazimento do processo licitatório, mesmo quando o procedimento não tiver sido concluído nem gerado direitos subjetivos a qualquer dos licitantes, dá-se aplicabilidade ao dispositivo da Lei n.0 8.666/1993 que garante a observância dos princípios do contraditório e da ampla defesa.

COMENTÁRIOS

Errado. Questão extremamente polêmica. Embora a Lei nº 8.666/93, no parágrafo 3º do artigo 49, no caso de desfazimento do processo licitatório, fica assegurado o contraditório e a ampla defesa, uma corrente dentro do Superior Tribunal de justiça vem entendendo que se o processo não tiver sido concluído e o contrato não tiver sido assinado não é necessário a observância do contraditório e ampla defesa. Esse é o entendimento no RMS 30481/RJ.

285. (Cespe – Procurador do Ministério Público junto ao TCDF/2013) A administração pública poderá, excepcional e motivadamente, mesmo quando contar com consultoria jurídica própria, contratar advogados mediante licitação, exceto quando for notável o saber jurídico do advogado e absolutamente singular o serviço a ser prestado.

COMENTÁRIOS

Certo. É o que se estatui o artigo 13, no inciso V, cumulando o entendimento com o parágrafo 1º do mesmo artigo e o artigo 25 da Lei nº 8.666/95. A regra geral é licitar e a exceção é contratar diretamente, sem licitação, por se tratar de uma situação que se encaixa na ideia de inexigibilidade. Vejamos que o artigo 13 assim dispõe: para os fins desta Lei, consideram-se serviços técnicos profissionais especializados os trabalhos relativos a patrocínio ou defesa de causas judiciais ou administrativas. O parágrafo 1º estatui que ressalvados os casos de inexigibilidade de licitação, os contratos para a prestação de serviços técnicos profissionais especializados deverão, preferencialmente, ser celebrados mediante a realização de concurso, com estipulação prévia de prêmio ou remuneração. E o artigo 25 no inciso II determina que é inexigível a licitação quando houver inviabilidade de competição, em especial para a contratação de serviços técnicos enumerados no art. 13 desta Lei, de natureza singular, com profissionais ou empresas de notória especialização, vedada a inexigibilidade para serviços de publicidade e divulgação.

286. (Cespe – Procurador Federal/2013) Os contratos administrativos, embora bilaterais, não se caracterizam pela horizontalidade, já que as partes envolvidas não figuram em posição de igualdade.

COMENTÁRIOS

Certo. Uma das características do contrato administrativo é a verticalidade, ou seja, a Administração se encontra numa posição de superioridade. A principal demonstração dessa característica são as cláusulas exorbitantes. A Administração aparece com uma série de prerrogativas que garantem a sua posição de supremacia sobre o particular.

287. (Cespe – Procurador Federal/2013) Após a efetivação do registro de preços, o poder público, caso pretenda contratar o seu objeto, deverá fazê-lo obrigatoriamente com o ofertante registrado.

COMENTÁRIOS

Errado. Conforme se depreende no parágrafo 4º do artigo 15 da Lei nº 8.6666/93, a existência de preços registrados não obriga a Administração a firmar as contratações que deles poderão advir, ficando-lhe facultada a utilização de outros meios, respeitada a legislação relativa às licitações, sendo assegurado ao beneficiário do registro preferência em igualdade de condições. Portanto a Administração não se obriga à contratação com o ofertante registrado.

288. (Cespe – Advogado da União/2012) Se um órgão da administração pública federal, ao divulgar pregão eletrônico para o sistema de registro de preços, no valor total estimado de R$ 50.000,00, publicar aviso de edital no seu próprio sítio na Internet e no Diário Oficial da União, estará caracterizado o uso de todos os meios de divulgação exigidos pela legislação para convocar os eventuais interessados em participar do pregão.

COMENTÁRIOS

Errado. Conforme o art. 17. Do Decreto nº 5450/2005, a fase externa do pregão, na forma eletrônica, será iniciada com a convocação dos interessados por meio de publicação de aviso, observados os valores estimados para contratação e os meios de divulgação a seguir indicados: I – até R$ 650.000,00 (seiscentos e cinqüenta mil reais): Diário Oficial da União e meio eletrônico, na internet; II – acima de R$ 650.000,00 (seiscentos e cinqüenta mil reais) até R$ 1.300.000,00 (um milhão e trezentos mil reais): Diário Oficial da União, meio eletrônico, na internet e jornal de grande circulação local; III – superiores a R$ 1.300.000,00 (um milhão e trezentos mil reais): Diário Oficial da União, meio eletrônico, na internet e jornal de grande circulação regional ou nacional. A publicação referida neste artigo poderá ser feita em sítios oficiais da administração pública, na internet, desde que certificado digitalmente por autoridade certificadora credenciada no âmbito da Infra-Estrutura de Chaves Públicas Brasileira – ICP-Brasil. **O parágrafo 6º do citado artigo determina que na divulgação de pregão realizado para o sistema de registro de preços, independentemente do valor estimado, será adotado o disposto no inciso III.** Sendo assim, a publicidade deverá acontecer através de Diário Oficial da União, meio eletrônico, na internet e jornal de grande circulação regional ou nacional.

---

289. (Cespe – Advogado da União/2012) Caso uma empresa participante de concorrência pública apresente recurso em decorrência da publicação de ato que a declare inabilitada para o certame, tal recurso terá, necessariamente, efeito suspensivo.

COMENTÁRIOS

Certo. Conforme estatui o artigo 109 da Lei de Licitações, os atos da Administração decorrentes da aplicação da Lei nº 8.666/93 cabem recurso, no prazo de 5 (cinco) dias úteis a contar da intimação do ato ou da lavratura da ata, nos casos de habilitação ou inabilitação do licitante; e conforme o parágrafo 2º O recurso decorrente de declaração de habilitação ou inabilitação terá efeito suspensivo, podendo a autoridade competente, motivadamente e presentes razões de interesse público, atribuir ao recurso interposto eficácia suspensiva aos demais recursos.

---

290. (Cespe – Analista Judiciário – Área Judiciária – STJ/2012) Na execução dos contratos administrativos, prorrogações de prazo devem ser justificadas por escrito e previamente autorizadas pela autoridade competente para celebrar o contrato.

COMENTÁRIOS

Certo. É o que determina o parágrafo 2º do artigo 57 da Lei nº 8.666/93**:** Toda prorrogação de prazo deverá ser justificada por escrito e previamente autorizada pela autoridade competente para celebrar o contrato. Não esqueça que uma das características do contrato administrativo é ele ter prazo determinado. E que regra geral esse prazo está adstrito à vigência dos créditos orçamentários.

---

291. (Cespe – Analista Judiciário – Área Judiciária – STJ/2012) Para ser considerada válida, a alienação de bens da administração pública deve, necessariamente, ser precedida de avaliação, autorização legislativa e licitação, além de ser subordinada à existência de interesse público devidamente justificado.

COMENTÁRIOS

Errado. As regras sobre a alienação de bens prevista na lei, atinge tanto os bens imóveis como os móveis. Conforme o artigo 17 da Lei de Licitações a alienação de bens da Administração Pública, subordinada à existência de interesse público devidamente justificado, será precedida de avaliação e obedecerá às seguintes normas:

I. quando imóveis, dependerá de autorização legislativa para órgãos da administração direta e entidades autárquicas e fundacionais, e, para todos, inclusive as entidades paraestatais, dependerá de avaliação prévia e de licitação na modalidade de concorrência, salvo situação prevista no artigo 19 da lei.
II. quando móveis, dependerá de avaliação prévia e de licitação.

Portanto, somente a alienação de bens imóveis de órgãos da administração direta e entidades autárquicas e fundacionais exige autorização legislativa. A alienação de bens móveis não exige a autorização legislativa.

---

292. (Cespe – Analista Judiciário – Área Judiciária – TRE-RJ/2012) Contratos de compra de pequeno valor e com pagamento imediato podem ser celebrados verbalmente pela administração pública.

COMENTÁRIOS

Certo. Uma das características dos contratos é a formalidade. Regra geral eles são escritos. É o que estatui o artigo 60 da Lei nº 8.666/93, quando determina que os contratos e seus aditamentos serão lavrados nas repartições interessadas, as quais manterão arquivo cronológico dos seus autógrafos e registro sistemático do seu extrato, salvo os relativos a direitos reais sobre imóveis, que se formalizam por instrumento lavrado em cartório de notas, de tudo juntando-se cópia no processo que lhe deu origem. Mas nós temos uma exceção, o contrato pode ser verbal na situação prevista no parágrafo púnico do citado artigo: "é nulo e de nenhum efeito o contrato verbal com a Administração, salvo o de pequenas compras de pronto pagamento, assim entendidas aquelas de valor não superior a 5% (cinco por cento) do limite estabelecido no art. 23, inciso II, alínea "a" desta Lei, feitas em regime de adiantamento". Esse percentual corresponde a R$ 4.000,00.

---

293. (Cespe – Analista Judiciário – Área Judiciária – TRE-RJ/2012) Os contratos administrativos, ressalvadas as espécies de contratos previstas em lei, devem, necessariamente, conter cláusula que identifique o crédito orçamentário que responderá pela despesa. Portanto, considerando-se as normas vigentes no país, a duração e a execução dos contratos administrativos não podem, via de regra, ultrapassar o prazo de um ano.

COMENTÁRIOS

Certo. O artigo 55 da Lei de Licitações determina são cláusulas necessárias em todo contrato as que estabeleçam o crédito pelo qual correrá a despesa, com a indicação da classificação funcional programática e da categoria econômica. Todo contrato administrativo é por prazo determinado. O artigo 57 da Lei nº 8.666/93 determina a duração dos contratos regidos por esta Lei ficará adstrita à vigência dos respectivos créditos orçamentários (ou seja, o prazo de um ano), ressalvadas as exceções que são as seguintes: I – aos projetos cujos produtos estejam contemplados nas metas estabelecidas no Plano Plurianual, os quais poderão ser prorrogados se houver interesse da Administração e desde que isso tenha sido previsto no ato convocatório; II – à prestação de serviços a serem executados de forma contínua, que poderão ter a sua duração prorrogada por iguais e sucessivos períodos com vistas à obtenção de preços e condições mais vantajosas para a administração, limitada a sessenta meses (Em caráter excepcional, devidamente justificado e mediante autorização da autoridade superior, o prazo poderá ser prorrogado por até doze meses); III – ao aluguel de equipamentos e à utilização de programas de informática, podendo a duração estender-se pelo prazo de até 48 (quarenta e oito) meses após o início da vigência do contrato e IV – às hipóteses previstas nos incisos IX, XIX, XXVIII e XXXI do art. 24, cujos contratos poderão ter vigência por até 120 (cento e vinte) meses, caso haja interesse da administração.

294. (Cespe – Analista Judiciário – Área Judiciária – TRE-RJ/2012) Diferentemente da prorrogação, a extensão, que constitui aumento do prazo de duração do contrato administrativo, é permitida exclusivamente nos casos e períodos fixados por lei. A extensão pode ser formalizada por simples apostilamento e deve estar prevista no ato convocatório, devendo, ainda, ser autorizada pela autoridade competente.

COMENTÁRIOS

Certo. A prorrogação e a extensão são termos diferentes para uma boa parte da doutrina e também para o legislador. A extensão dispensa o aditivo, podendo ocorrer o apostilamento. A prorrogação não dispensa o aditivo. Exemplos dos dois estão previstos na Lei de Licitações no artigo 57, inciso II (exemplo de prorrogação) e IV (exemplo de extensão).

295. (Cespe – Analista Judiciário – Área Judiciária – TRE-RJ/2012) Os contratos relativos à constituição, modificação e extinção de direitos reais sobre imóveis, como os demais contratos administrativos, devem ser lavrados e arquivados em ordem cronológica na repartição interessada.

COMENTÁRIOS

Errado. Uma das características dos contratos é o formalismo. Determina o artigo 60 da Lei nº 8.666/93, que os contratos e seus aditamentos serão lavrados nas repartições interessadas, as quais manterão arquivo cronológico dos seus autógrafos e registro sistemático do seu extrato, **salvo os relativos a direitos reais sobre imóveis, que se formalizam por instrumento lavrado em cartório de notas**, de tudo juntando-se cópia no processo que lhe deu origem.

296. (Cespe – Analista Judiciário – Área Judiciária – STM/2011) Na modalidade convite, apenas as empresas convidadas poderão apresentar propostas.

COMENTÁRIOS

Errado. A Lei nº 8.666/93, no artigo 22, em seu parágrafo 3º é clara, ao determinar que poderão participar da licitação na modalidade convite os interessados do ramo pertinente ao seu objeto, cadastrados ou não, escolhidos e convidados em número mínimo de 3 (três) pela unidade administrativa, a qual afixará, em local apropriado, cópia do instrumento convocatório e **o estenderá aos demais cadastrados na correspondente especialidade que manifestarem seu interesse com antecedência de até 24 (vinte e quatro) horas da apresentação das propostas**. Logo, o cadastrado que não foi convidado poderá participar se demonstrar interesse dentro do prazo estabelecido.

297. (Cespe – Analista Judiciário – Área Judiciária – STM/2011) As empresas públicas, devido ao seu caráter eminentemente privado, não estão obrigadas à realização de procedimentos licitatórios.

COMENTÁRIOS

Errado. A Constituição Federal, em seu artigo 173, § 1º, inciso III, determina que a lei estabelecerá o estatuto jurídico da empresa pública, da sociedade de economia mista e de suas subsidiárias que explorem atividade econômica de produção ou comercialização de bens ou de prestação de serviços, dispondo sobre licitação e contratação de obras, serviços, compras e alienações, observados os princípios da administração pública. É necessário cumular esse dispositivo com um outro, o artigo 119 da Lei nº 8.666/93, que estatui que as sociedades de economia mista, empresas e fundações públicas e demais entidades controladas direta ou indiretamente pela União e pelas entidades referidas no artigo anterior editarão regulamentos próprios devidamente publicados, ficando sujeitas às disposições desta Lei. Os regulamentos a que se refere este artigo, no âmbito da Administração Pública, após aprovados pela autoridade de nível superior a que estiverem vinculados os respectivos órgãos, sociedades e entidades, deverão ser publicados na imprensa oficial. Portanto, e como regra geral, elas estão obrigadas à realização de procedimentos licitatórios.

9. SERVIÇOS PÚBLICOS

✦ LIDIANE COUTINHO

- CF, artigos 21, 23, 25, 30 e 32, § 1º
- CF, art. 175
- Lei nº 8.987/95
- Lei nº 11.079/04

298. (Cespe – Promotor de Justiça – MPE – RR/2017) Considerando o entendimento do STJ, julgue as asserções seguintes.

I. É ilegal cobrar de concessionária de serviço público taxas pelo uso de solo, subsolo ou espaço aéreo.

II. A utilização do uso de bem público por concessionária de serviço público para a instalação de, por exemplo, postes, dutos ou linhas de transmissão será revertida em benefício para a sociedade.

A respeito dessas asserções, assinale a opção correta.

A) As asserções I e II são falsas.

B) As asserções I e II são verdadeiras, e a II é uma justificativa correta da I.

C) As asserções I e II são verdadeiras, mas a II não é uma justificativa correta da I.

D) A asserção I é falsa, mas a II é verdadeira.

COMENTÁRIOS

Alternativa correta: letra B (responde as demais alternativas). Este foi o entendimento do STJ, no REsp 1482422/RJ: 'O Superior Tribunal de Justiça possui jurisprudência firme e consolidada no sentido de que a cobrança em face de concessionária de serviço público pelo uso de solo, subsolo ou espaço aéreo é ilegal (seja para a instalação de postes, dutos ou linhas de transmissão, por exemplo), uma vez que: a) a utilização, nesse caso, se reverte em favor da sociedade- razão pela qual não cabe a fixação de preço público; e b) a natureza do valor cobrado não é de taxa, pois não há serviço público prestado ou poder de polícia exercido'.

299. (Cespe – Juiz Federal – TRF 5/2017) Acerca do regime jurídico das agências reguladoras, da concessão de serviços e da parceria público-privada (PPP), assinale a opção correta.

A) Situação hipotética: A empresa privada X adquiriu a concessão de determinado serviço público, mas, para a regular prestação do serviço, faz-se necessária a desapropriação de alguns imóveis de particulares. Assertiva: Nessa situação, cabem exclusivamente ao poder concedente a declaração de utilidade pública dos imóveis a serem desapropriados, a efetivação da desapropriação e a consequente indenização, estando a participação da concessionária nesse processo proibida em razão de sua natureza privada.

B) Situação hipotética: O estado X firmou uma PPP, na modalidade patrocinada, com a empresa Y: o objeto é a concessão de uma rodovia estadual. Nos termos das cláusulas de reajustes do contrato de concessão, a concessionária aumentou o valor do pedágio, o que causou forte insatisfação popular. Assertiva: Nessa situação, é legalmente permitido ao estado X revogar o reajuste com alteração da equação econômico-financeira e pagar à concessionária os valores correspondentes.

C) Ato regulamentar de determinada agência reguladora é passível de questionamento por meio de recurso hierárquico dirigido à instância de governo à qual a agência seja vinculada.

D) Situação hipotética: Em determinada rodovia federal explorada por meio de concessão, o tráfego foi suspenso, em caráter emergencial, em razão de fortes chuvas que assolaram a região e impossibilitaram a circulação de veículos; a concessionária do serviço não adotou qualquer medida para solucionar o problema. Assertiva: Nessa situação, após instauração de regular processo administrativo, deverá ser decretada a intervenção na concessão, bem como extinto o referido contrato, a fim de se realizarem as obras de recuperação da rodovia.

E) Situação hipotética: O estado X pretende realizar obra de restauração no parque estadual com a construção de pistas de corrida, quadras poliesportivas e parque aquático. Em decorrência de restrição orçamentária, o estado pretende firmar uma PPP para tal fim. Assertiva: Nesse caso, é vedada a realização da PPP, por se tratar exclusivamente de contrato de execução de obra pública.

COMENTÁRIOS

Alternativa correta: letra E. É o que determina o artigo 2º, §4º III, da Lei nº 11.079/2004: é vedada a celebração de contrato de parceria público-privada que tenha como objeto único o fornecimento de mão-de-obra, o fornecimento e instalação de equipamentos ou a execução de obra pública.

Alternativa A. Errada. Conforme determina o Decreto-Lei n. 3.365/41, em seu artigo 3º**os concessionários de serviços públicos** e os estabelecimentos de caráter público ou que exerçam funções delegadas de poder público **poderão promover desapropriações mediante autorização expressa, constante de lei ou contrato.**

Alternativa B. Errada. Em regra, a concessionária pode aumentar o valor. É o que determina o artigo 4o inciso VII, da Lei nº 11.079/2004: na contratação de parceria público-privada serão observadas as seguintes diretrizes sustentabilidade financeira e vantagens socioeconômicas dos projetos de parceria. Complementado com o artigo 5º, § 1o que prevê que as cláusulas contratuais de atualização automática de valores baseadas em índices e fórmulas matemáticas, quando houver, serão aplicadas sem necessidade de homologação pela Administração Pública, exceto se esta publicar, na imprensa oficial, onde houver, até o prazo de 15 (quinze) dias após apresentação da fatura, razões fundamentadas nesta Lei ou no contrato para a rejeição da atualização.

Alternativa C. Errada. Em regra, não cabe recurso hierárquico impróprio dos atos das Agências Reguladoras. A AGU tem tido posicionamento diverso, especialmente no Parecer 051. Mas que não foi levado em consideração pelo examinador.

Alternativa D. Errada. Conforme Lei 8987/95, em seu artigo 33, declarada a intervenção, o poder concedente deverá, no prazo de trinta dias, instaurar procedimento administrativo para comprovar as causas determinantes da medida e apurar responsabilidades, assegurado o direito de ampla defesa. E nem toda intervenção gera extinção do contrato.

---

300. (Cespe – Analista Judiciário – Área Administrativa – TRE – BA/2017) Determinada empresa autorizada pela União, mediante concessão, a explorar serviço público, parou de prestar os devidos serviços sem apresentar qualquer justificativa.

Nos termos da Lei n.° 8.987/1995 — Lei de Concessões —, a referida concessão deve ser extinta por

A) caducidade.

B) rescisão.

C) anulação.

D) advento do termo contratual.

E) encampação.

COMENTÁRIOS

Alternativa correta: letra A. Conforme previsão da Lei nº 8987/95, em seu artigo 35 extingue-se a concessão por: I – advento do termo contratual; II – encampação; III – caducidade; IV – rescisão; V – anulação; e VI – falência ou extinção da empresa concessionária e falecimento ou incapacidade do titular, no caso de empresa individual. O artigo 38 preconiza que a inexecução total ou parcial do contrato acarretará, a critério do poder concedente, a declaração de caducidade da concessão ou a aplicação das sanções contratuais, respeitadas as disposições deste artigo, do art. 27, e as normas convencionadas entre as partes. Estatui § 1o III do citado artigo que a caducidade da concessão poderá ser declarada pelo poder concedente quando a concessionária paralisar o serviço ou concorrer para tanto, ressalvadas as hipóteses decorrentes de caso fortuito ou força maior.

Alternativa B. Errada. A rescisão, acontece, na via judicial, quando o Poder Concedente descumpre o contrato. Conforme previsão do artigo 39, da Lei nº 8.987/95, o contrato de concessão poderá ser rescindido por iniciativa da concessionária, no caso de descumprimento das normas contratuais pelo poder concedente, mediante ação judicial especialmente intentada para esse fim.

Alternativa C. Errada. A anulação pode ocorrer e só pode ser declarada quando se verificar ilegalidade no contrato.

Alternativa D. Errada. Advento do termo contratual é a extinção do contrato pelo término do seu prazo.

Alternativa E. Errada. Conforme artigo 37, da Lei nº 8.987/95, considera-se encampação a retomada do serviço pelo poder concedente durante o prazo da concessão, por motivo de interesse público, mediante lei autorizativa específica e após prévio pagamento da indenização, na forma do artigo anterior.

---

301. (Cespe – Analista Judiciário – Área Administrativa – TRF 1/2017) Alguns meses após a assinatura de contrato de concessão de geração e transmissão de energia elétrica, a falta de chuvas comprometeu o nível dos reservatórios, o que deteriorou as condições de geração de energia, elevando os custos da concessionária. A agência reguladora promoveu, então, alterações tarifárias visando restabelecer o equilíbrio econômico-financeiro firmado no contrato. Todavia, sem que houvesse culpa ou dolo da concessionária, o fornecimento do serviço passou a ser intermitente, o que provocou danos em eletrodomésticos de usuários de energia elétrica.

Considerando essa situação hipotética, julgue os itens que se seguem.

301.1. A concessionária deverá ser responsabilizada pelos danos causados a usuários.

COMENTÁRIOS

Alternativa CERTA. Conforme previsão na Lei 8.987, em seu artigo 25 incumbe à concessionária a execução do serviço concedido, cabendo-lhe responder por todos os prejuízos causados ao poder concedente, aos usuários ou a terceiros, sem que a fiscalização exercida pelo órgão competente exclua ou atenue essa responsabilidade. E conforme o artigo 37, §6º da CF, as pessoas jurídicas de **direito público** e as de **direito privado prestadoras de serviços públicos** responderão pelos danos que seus agentes, **nessa qualidade**, causarem a terceiros, assegurado o **direito de regresso** contra o responsável nos casos de dolo ou culpa.

301.2. A alteração tarifária promovida pela agência reguladora é exemplo de exercício do poder hierárquico da agência sobre as concessionárias.

COMENTÁRIOS

Alternativa ERRADA. A alteração tarifária é decorrente do poder regulatório das Agências Reguladoras.

301.3. A agência reguladora agiu ilegalmente: a falta de chuvas não constitui evento extraordinário ou imprevisível a ensejar o reequilíbrio econômico-financeiro firmado no contrato.

COMENTÁRIOS

Alternativa ERRADA. Na questão aplica-se a teoria da imprevisão, que justifica a revisão do contrato, para fins de reequilíbrio econômico financeiro, quando surgirem situações imprevisíveis, alheias à vontade das partes, conforme previsão do artigo 65, II, d da Lei nº 8.666/93, com aplicação subsidiária aos contratos de concessão.

---

302. (Cespe – Analista Judiciário – Área Administrativa – TRF 1/2017) A autorização de serviço público classifica-se como um ato unilateral, discricionário e precário.

COMENTÁRIOS

Alternativa CERTA. A autorização de serviço público classifica-se como um ato unilateral, discricionário e precário, em que o interesse do particular é predominante.

---

303. (Cespe – Analista Judiciário – Área Administrativa – TRF 1/2017) A escola da puissance publique distingue-se da escola do serviço público por conceituar o direito administrativo pela coerção e pelas prerrogativas inerentes aos atos de império, diferenciando-os dos atos de gestão.

COMENTÁRIOS

Alternativa CERTA. A escola da *puissance publique* analisa a administração pública com base nos atos de império, diferente dos atos de gestão, que são aqueles atos em que a Administração Pública atua no mesmo nível que o particular.

---

304. (Cespe – Analista Judiciário – Oficial de Just. Avaliador – TRF 1/2017) Para os autores que defendem o princípio da subsidiariedade, a atividade pública tem primazia sobre a iniciativa privada, devendo o ente particular se abster de exercer atividades que o Estado tenha condições de exercer por sua própria iniciativa e com seus próprios recursos.

COMENTÁRIOS

Alternativa correta: letra ERRADA. Conforme doutrina majoritária, o Estado subsidiário abre espaços para o particular em áreas que este seja autossuficiente. O Estado só deve atuar quando o particular não tiver condições de atuar sozinho, hipótese em que deve estimular, ajudar, subsidiar a iniciativa privada.

---

305. (Cespe – Analista Judiciário – Oficial de Just. Avaliador – TRF 1/2017) Segundo a escola da puissance publique, as prerrogativas e os privilégios que o Estado possui frente ao particular constituem um critério definidor do direito administrativo.

COMENTÁRIOS

Alternativa CERTA. Para a doutrina majoritária, essa teoria, traz como critério definidor do Direito Administrativo, a existência de *prerrogativas e privilégios* do Estado diante do particular, criando uma posição de verticalidade ou de desigualdade entre a Administração Pública e cidadão.

---

306. (Cespe – Analista Judiciário – Oficial de Just. Avaliador – TRF 1/2017) A concessão de serviço público pode ser feita a pessoa física ou jurídica, desde que mediante licitação.

COMENTÁRIOS

Alternativa ERRADA. Conforme o artigo 2º, II da Lei nº 8.987/95 a concessão de serviço público é a delegação de sua prestação, feita pelo poder concedente, mediante licitação, na modalidade de concorrência, à pessoa jurídica ou consórcio de empresas que demonstre capacidade para seu desempenho, por sua conta e risco e por prazo determinado

---

307. (Cespe – Defensor Público – DPE – AC/2017) Após prévia notificação pela empresa concessionária do serviço de fornecimento de energia elétrica, foi suspenso o fornecimento de luz na residência de Pedro, em consequência do não pagamento dos débitos contraídos pelo usuário anterior do imóvel.

Com relação à situação hipotética apresentada, é correto afirmar, com fundamento na jurisprudência do STJ, que a empresa prestadora do serviço público procedeu

A) corretamente, pois o corte no fornecimento de serviço público essencial respeitou a necessidade de prévia notificação de Pedro.

B) corretamente, pois os débitos têm natureza propter rem, sendo de responsabilidade de Pedro quando passou a ser usuário do imóvel.

C) incorretamente, pois, como os referidos débitos têm natureza pessoal, não poderia Pedro ser responsabilizado pela dívida contraída pelo usuário anterior do imóvel.

D) incorretamente, pois, por ser o fornecimento de energia elétrica serviço essencial, não é permitido o corte desse serviço por motivo de não pagamento.

E) incorretamente, pois, por ser o fornecimento de energia elétrica serviço público essencial, o corte desse fornecimento somente poderia decorrer de determinação judicial.

COMENTÁRIOS

Alternativa correta: letra C. A obrigação é natureza pessoal, não *propter rem*. Não é possível condicionar o fornecimento do serviço de energia elétrica ao pagamento de débito pretérito pendente em nome de terceiro. Segundo o entendimento do STJ no AREsp 829.901/SP, o inadimplemento pelo serviço, de anterior ocupante do imóvel, não pode ser cobrado do proprietário, por não ter dado causa, e ser débito de natureza pessoal. (A resposta analisa todas as alternativas).

---

308. (Cespe – Delegado de Polícia – PE/2016) Tendo como referência a legislação aplicável ao regime de concessão e permissão de serviços públicos e às parcerias público-privadas, assinale a opção correta.

a) De acordo com a Lei n.° 8.987/1995, as permissões de serviço público feitas mediante licitação não podem ser formalizadas por contrato de adesão.

b) Em relação à parceria público-privada, entende-se por concessão administrativa o contrato de prestação de serviços de que a administração pública seja a usuária direta ou indireta, ainda que envolva execução de obra ou fornecimento e instalação de bens.

c) As agências reguladoras não podem promover licitações que tenham por objeto a concessão de serviço público do objeto por ela regulado.

d) É vedada a celebração de contrato de parceria público-privada cujo período de prestação do serviço seja superior a cinco anos.

e) Por meio da concessão, o poder público delega a prestação de serviço público a concessionário que demonstre capacidade para seu desempenho, sendo esse serviço realizado por conta e risco do poder concedente.

COMENTÁRIOS

✪ Nota do autor:

Alternativa correta: letra "b". A Lei nº 11.079/2004, determina em seu artigo 2º, § 2º que concessão administrativa é o contrato de prestação de serviços de que a Administração Pública seja a usuária direta ou indireta, ainda que envolva execução de obra ou fornecimento e instalação de bens.

Alternativa "a": Errado. O contrato de permissão é considerado um contrato de adesão. Essa é a previsão do artigo 40 da Lei nº 8.987/95: Art. 40. A permissão de serviço público será formalizada mediante contrato de adesão, que observará os termos desta Lei, das demais normas pertinentes e do edital de licitação, inclusive quanto à precariedade e à revogabilidade unilateral do contrato pelo poder concedente.

Alternativa "c".: Errado. As agências reguladoras podem sim promover licitações que tenham por objeto a concessão de serviço público do objeto por ela regulado. A previsão se encontra em leis específicas das Agências Reguladoras, a exemplo da Anatel (Lei nº 9.472/97), em seu artigo 22, V.

Alternativa "d".: Errado. Não pode ser inferior a 5 anos, conforme previsão do artigo 2º, §4º, II, ao estatuir que é vedada a celebração de contrato de parceria público-privada cujo período de prestação do serviço seja inferior a 5 (cinco) anos. E complementando, o artigo 5º, I preconiza que não pode ser superior a 35 anos.

Alternativa "e": Errado. O risco é da concessionária e não do concedente. É o que determina o artigo 2º, II da Lei nº 8.987/95: concessão de serviço público é a delegação de sua prestação, feita pelo poder concedente, mediante licitação, na modalidade de concorrência, à pessoa jurídica ou consórcio de empresas que demonstre capacidade para seu desempenho, por sua conta e risco e por prazo determinado.

---

309. (Cespe – Defensor Público – RN/2015) Acerca dos serviços sociais autônomos, assinale a opção correta.

a) Segundo entendimento jurisprudencial consolidado no âmbito do STF, os serviços sociais autônomos integrantes do denominado Sistema S estão submetidos à exigência de concurso público para a contratação de pessoal, nos moldes do que prevê a CF para a investidura em cargo ou emprego público.

b) Por serem destinatários de dinheiro público arrecadado mediante contribuições sociais de interesse corporativo, os serviços sociais autônomos estão sujeitos aos estritos procedimentos e termos estabelecidos na Lei n.° 8.666/1993.

c) Assim como outras entidades privadas que atuam em parceria com o poder público, como as OSs e as OSCIPs, os serviços sociais autônomos necessitam da celebração de contrato de gestão com o poder público para o recebimento de subvenções públicas.

d) Serviços sociais autônomos são pessoas jurídicas de direito privado integrantes do elenco das pessoas jurídicas da administração pública indireta e têm como finalidade uma atividade social que representa a prestação de um serviço de utilidade pública em benefício de certos agrupamentos sociais ou profissionais.

e) Referidos entes de cooperação governamental, destinatários de contribuições parafiscais, estão sujeitos à fiscalização do Estado nos termos e condições estabelecidos na legislação pertinente a cada um.

COMENTÁRIOS

Alternativa correta: letra "e". Estatui o artigo 183 do Decreto-Lei n 200/67, as entidades e organizações em geral, dotadas de personalidade jurídica de direito privado, que recebem contribuições para fiscais e prestam serviços de interesse público ou social, estão sujeitas à fiscalização do Estado nos termos e condições estabelecidas na legislação pertinente a cada uma.

Alternativa "a": Errado. Para o STF (Supremo Tribunal Federal), no RE 789.874, os serviços sociais autônomos integrantes do denominado Sistema "S", vinculados a entidades patronais de grau superior e patrocinados basicamente por recursos recolhidos do próprio setor produtivo beneficiado, ostentam natureza de pessoa jurídica de direito privado e não integram a Administração Pública, embora colaborem com ela na execução de atividades de relevante significado social. Tanto a CF de 1988, como a correspondente legislação de regência (como a Lei 8.706/1993, que criou o Serviço Social do Trabalho – SEST) asseguram autonomia administrativa a essas entidades, sujeitas, formalmente, apenas ao controle finalístico, pelo Tribunal de Contas, da aplicação dos recursos recebidos. **Presentes essas características, não estão submetidas à exigência de concurso público para a contratação de pessoal, nos moldes do art. 37, II, da CF.**

Alternativa "b": Errado. Segundo entendimento do TCU (Tribunal de Contas da União), na Decisão 907/1997, os Serviços Sociais Autônomos não estão sujeitos à observância aos estritos procedimentos estabelecidos na Lei nº 8.666/93, e sim aos seus regulamentos próprios devidamente publicados, consubstanciados nos princípios gerais do processo licitatório.

Alternativa "c": Errado. Conforme a Lei nº 9.637/98, em seu artigo 1º, o Poder Executivo poderá qualificar como organizações sociais pessoas jurídicas de direito privado, sem fins lucrativos, cujas atividades sejam dirigidas ao ensino, à pesquisa científica, ao desenvolvimento tecnológico, à proteção e preservação do meio ambiente, à cultura e à saúde, atendidos aos requisitos previstos nesta Lei. Estatui o artigo 5º, da referida lei, que o contrato de gestão é o instrumento firmado entre o Poder Público e a entidade qualificada como organização social, com vistas à formação de parceria entre as partes para fomento e execução de atividades relativas às áreas relacionadas no art. 1o.

Alternativa "d".: Errado. Os Serviços Sociais Autônomos são pessoas jurídicas de direito privado, também conhecidas como entidades paraestatais, sem finalidade lucrativa. Não pertencem à Administração Pública Direta ou Indireta, nos termos disciplinados pelo art. 4º, incisos I e II, do Decreto-lei 200/67.

---

310. (Cespe – Defensor Público – RN/2015) A respeito da prestação de serviço público por concessionárias ou permissionárias, assinale a opção correta.

a) Ainda que motivada por situação de emergência, ou após aviso prévio, por motivos de ordem técnica ou de segurança das instalações, a interrupção no fornecimento de serviços públicos fere o princípio da continuidade dos serviços públicos.

b) Tratando-se de obrigação propter rem, conforme entendimento do STJ, o corte no fornecimento de serviços públicos essenciais por débitos de usuário anterior é legítimo.

c) Em nome do princípio da isonomia na prestação dos serviços públicos, é legítimo o corte no fornecimento de serviços públicos essenciais, quando se tratar de unidade prestadora de serviços de interesse público da coletividade.

d) De acordo com entendimento do STF, é objetiva a responsabilidade das pessoas jurídicas de direito privado prestadoras de serviço público, em se tratando de danos causados a terceiros não usuários desse serviço.

e) Segundo entendimento jurisprudencial do STJ, é legítimo o corte no fornecimento de serviços públicos essenciais quando o usuário for inadimplente quanto a débitos vencidos pretéritos, desde que precedido de prévia notificação do usuário.

COMENTÁRIOS

Alternativa correta: letra "d". Conforme decisão do STF (Supremo Tribunal Federal), no RE 591.874/MS, é objetiva a responsabilidade das pessoas jurídicas de direito privado prestadoras de serviço público, em se tratando de danos causados a terceiros usuários e não usuários desse serviço.

Alternativa "a": Errado. Não fere o princípio da continuidade do serviço público. Conforme previsão na Lei nº 8.987/95, em artigo 6º, § 3o não se caracteriza como descontinuidade do serviço a sua interrupção em situação de emergência ou após prévio aviso, quando: I – motivada por razões de ordem técnica ou de segurança das instalações; e II – por inadimplemento do usuário, considerado o interesse da coletividade.

Alternativa "b": Errado. Conforme decisão no REsp 1269118/RJ, do STJ (Superior Tribunal de Justiça): o *entendimento desta Corte é firme no sentido de que não é lícito à concessionária interromper o serviço de fornecimento de energia elétrico por débitos consolidados pelo tempo ainda que oriundos de recuperação de consumo em face da existência de outros meios legítimos de cobrança de débitos antigos não-pagos*.

Alternativa "c".: Errado. Conforme decisão no AgRg no REsp 1201283/RJ do STJ (Superior Tribunal de Justiça), o *corte do fornecimento de água está autorizado por lei sempre que resultar da falta injustificada de pagamento, e desde que não afete a prestação de serviços públicos essenciais, a exemplo de hospitais, postos de saúde, creches, escolas..."*

Alternativa "e": Errado. Nos termos da jurisprudência do STJ, no AgRg no AREsp 257.749/PE, o corte no fornecimento de energia elétrica pressupõe o inadimplemento de conta regular, relativa ao mês do consumo, sendo inviável a suspensão do abastecimento em razão de débitos antigos. Para tais casos, deve a companhia utilizar-se dos meios ordinários de cobrança, pois não se admite qualquer espécie de constrangimento ou ameaça ao consumidor, nos termos do art. 42 do Código de Defesa do Consumidor."

311. (Cespe – Procurador do MP junto ao TCU/2015) Em consonância com a legislação e a jurisprudência pertinentes, assinale a opção correta, com relação ao serviço público.

a) Se for comprovada a inadimplência da concessionária em processo administrativo, configurar-se-á causa de extinção do contrato de concessão. Nesse caso, dependerá de indenização prévia a declaração de caducidade por decreto do poder concedente.

b) A responsabilidade das pessoas jurídicas de direito privado prestadoras de serviços públicos é objetiva em relação aos usuários do serviço e subjetiva em relação aos não usuários.

c) Considerando que a concessionária execute o serviço em seu próprio nome e se sujeite aos riscos normais do empreendimento, a legislação de regência veda a responsabilidade solidária do poder concedente, ainda que por má escolha da concessionária.

d) O caráter precário da permissão autoriza a revogação unilateral do contrato por ato do poder concedente, hipótese em que, mediante ação própria, é possível ao permissionário obter indenização dos investimentos feitos para o desempenho do serviço.

e) A extinção do contrato de concessão por decurso do prazo de vigência enseja a retomada imediata da prestação do serviço pelo poder público, incluindo-se a ocupação e a utilização das instalações, ressalvado o direito do concessionário à prévia indenização dos bens reversíveis.

COMENTÁRIOS

Alternativa correta: letra "d". Apesar de precário, o ato de revogação unilateral da permissão enseja indenização ao permissionário pelos investimentos realizados em prol da prestação do serviço público.

Alternativa "a": Errado. A caducidade não enseja indenização prévia. É o que determina o artigo 38, §§ 2º e 4º: da Lei nº 8987/95: 'A declaração da caducidade da concessão deverá ser precedida da verificação da inadimplência da concessionária em processo administrativo, assegurado o direito de ampla defesa. Instaurado o processo administrativo e comprovada a inadimplência, a caducidade será declarada por decreto do poder concedente, independentemente de indenização prévia, calculada no decurso do processo.'

Alternativa "b": Errado. Conforme decisão do STF (Supremo Tribunal Federal), no RE 591.874/MS, é objetiva a responsabilidade das pessoas jurídicas de direito privado prestadoras de serviço público, em se tratando de danos causados a terceiros usuários e não usuários desse serviço.

Alternativa "c".: Errado. A regra geral é a responsabilidade subsidiária do poder concedente. Mas, há casos em que a doutrina e a própria jurisprudência do STJ (Superior Tribunal de Justiça) consideram hipótese de responsabilização solidária do poder concedente. É o que se analisa no REsp 28.222/SP: "A exclusão da responsabilidade objetiva e direta do Estado (da regra constitucional) em reparar os danos causados a terceiros pelo concessionário (como também o permissionário ou autorizatário), assim admitida em princípio, não afasta a possibilidade do reconhecimento de sua responsabilidade indireta (por fato de outrem) e solidária, se em razão da má escolha do concessionário a quem a atividade diretamente constitutiva do desempenho do serviço, foi concedida, ou desídia na fiscalização da maneira como este estaria sendo prestado à coletividade, vem a concorrer por esse modo para a verificação do evento danoso".

Alternativa "e": Errado. Entendeu o STJ (Superior Tribunal de Justiça), no REsp: 1059137 SC que 'o termo final do contrato de concessão de serviço público não está condicionado ao pagamento prévio de eventual indenização referente a bens reversíveis não amortizados ou depreciados. Com o advento do termo contratual tem-se de rigor a reversão da concessão e a imediata assunção do serviço pelo poder concedente, incluindo a ocupação e a utilização das instalações e dos bens reversíveis. A Lei nº 8.987/95 não faz qualquer ressalva acerca da necessidade de indenização prévia de tais bens.'

312. (Cespe – Procurador do MP junto ao TCU/2015) Acerca do regime de PPP, instituído pela Lei n.º 11.079/2004, assinale a opção correta.

a) Conforme alteração legislativa recente, a contratação mediante o regime de PPP, nos moldes previstos na lei em questão, é prerrogativa dos órgãos da administração pública direta do Poder Executivo, não sendo admitida PPP firmada por órgãos do Poder Legislativo.

b) No regime de concessão patrocinada, admite-se a delegação do exercício do poder de polícia, além de outras atividades exclusivas do Estado, desde que consideradas essenciais à execução do contrato.

c) O regime de PPP é modalidade simplificada para a contratação administrativa de concessão, na modalidade patrocinada ou administrativa, com a finalidade de garantir eficiência nas contratações de menor vulto econômico.

d) As contratações de PPPs diferenciam-se das concessões comuns quanto às cláusulas de equilíbrio econômico-financeiro ao prever que cumpre ao contrato estabelecer a repartição objetiva de riscos entre as partes, incluindo-se os referentes a caso fortuito, força maior, fato do príncipe e álea econômica extraordinária.

e) Concessão patrocinada mediante PPP é o contrato de prestação de serviços de que a administração pública seja a usuária direta ou indireta, ainda que envolva execução de obra ou fornecimento e instalação de bens.

COMENTÁRIOS

Alternativa correta: letra "d". É o que determina o artigo 5º: *As cláusulas dos contratos de parceria público-privada atenderão ao disposto no art. 23 da Lei nº 8.987, de 13 de fevereiro de 1995, no que couber, devendo também prever: III – a repartição de riscos entre as partes, inclusive os referentes a caso fortuito, força maior, fato do príncipe e álea econômica extraordinária;*

Alternativa "a": Errado. Conforme determina o artigo Art. 1º, § único da Lei nº 11.079/2004 se aplica aos órgãos da administração pública direta dos Poderes Executivo e Legislativo, aos fundos especiais, às autarquias, às fundações públicas, às empresas públicas, às sociedades de economia mista e às demais entidades controladas direta ou indiretamente pela União, Estados, Distrito Federal e Municípios.

Alternativa "b": Errado. Conforme previsão do artigo 4º, III, da Lei nº 11.079/2004, na contratação de parceria público-privada serão observadas a seguinte diretriz, dentre outras, a indelegabilidade das funções de regulação, jurisdicional, do exercício do poder de polícia e de outras atividades exclusivas do Estado;

Alternativa "c".: Errado. Estatui o art. 2° parágrafo 4° da L ei 11.079/04, que é vedada a celebração de contrato de parceria público- privada: I- cujo valor do contrato seja inferior a R$ 10.000.000,00 (dez **milhões de reais**); II- cujo período de prestação do serviço seja inferior a 5 anos; III- que tenha como objeto único o fornecimento de mão de obra, o fornecimento e instalação de equipamentos ou a execução de obra pública.

Alternativa "e": Errado. É conceito de concessão administrativa, conforme o artigo 2º, *§ 2º da Lei da PPP: concessão administrativa é o contrato de prestação de serviços de que a Administração Pública seja a usuária direta ou indireta, ainda que envolva execução de obra ou fornecimento e instalação de bens.*

---

313. (Cespe – Analista Judiciário – Área Judiciária – TJ – CE/2014) Acerca do regime jurídico dos serviços públicos, assinale a opção correta.

a) O Estado pode transferir, eventualmente, mediante contrato, a titularidade do serviço público para empresa concessionária ou permissionária. Nessa situação, o serviço continuará sendo prestado sob o regime de direito público.

b) A concessão de serviço público difere da permissão, entre outros fatores, pelo instrumento, haja vista que a concessão é formalizada mediante contrato e a permissão, mediante termo.

c) São princípios que regem os serviços públicos: atualidade, universalidade, continuidade, modicidade das tarifas e cortesia na prestação.

d) É vedada a subconcessão do contrato de concessão de serviços públicos, dado seu caráter personalíssimo, conforme expressa previsão legal.

e) Enquadram-se no conceito de serviço público apenas as atividades de oferecimento de utilidade ou comodidade material à coletividade que o Estado desempenha por si próprio, com exclusividade, sob o regime de direito público.

COMENTÁRIOS

Alternativa correta: "c". É que estatui o artigo 6º da Lei nº 8.987/95, em seu parágrafo 1º: toda concessão ou permissão pressupõe a prestação de serviço adequado ao pleno atendimento dos usuários, conforme estabelecido na Lei, nas normas pertinentes e no respectivo contrato. Serviço adequado é o que satisfaz as condições de regularidade, continuidade, eficiência, segurança, atualidade, generalidade, cortesia na sua prestação e modicidade das tarifas.

Alternativa "a". Errado. A prestação de serviço público pode ser feita pelo Estado ou pelo particular. Quando a prestação de serviço é feita pelo particular ocorre a descentralização por colaboração ou delegação. Nesses casos o Estado transfere apenas a execução da prestação de serviço, não transfere a titularidade. O instrumento utilizado é um contrato (que exige previa licitação), que poderá ser de concessão ou permissão ou ato – discricionário e precário-, que será uma autorização e não exige licitação.

Alternativa "b". Errado. Tanto a concessão quanto a permissão são formalizadas pelo mesmo instrumento, um contrato administrativo. Essa é a leitura que se faz do artigo 2º, incisos II e IV da Lei nº 8.987/95: para os fins do disposto nesta Lei, considera-se: concessão de serviço público: a delegação de sua prestação, feita pelo poder concedente, mediante licitação, na modalidade de concorrência, à pessoa jurídica ou consórcio de empresas que demonstre capacidade para seu desempenho, por sua conta e risco e por prazo determinado; permissão de serviço público: a delegação, a título precário, mediante licitação, da prestação de serviços públicos, feita pelo poder concedente à pessoa física ou jurídica que demonstre capacidade para seu desempenho, por sua conta e risco.

Alternativa "d". Errado. A Lei nº 8.987/95 em seu artigo 26 admite a subconcessão, nos termos previstos no contrato de concessão, desde que expressamente autorizada pelo poder concedente. A outorga de subconcessão será sempre precedida de concorrência. O subconcessionário se sub-rogará todos os direitos e obrigações da subconcedente dentro dos limites da subconcessão.

Alternativa "e". O conceito de serviço público hoje é bem amplo. O serviço público pode ser exercido pelo Poder Público ou particular. **A corrente formalista (acepção formal)** considera serviço público qualquer atividade de oferecimento de utilidade material à coletividade, desde que seja desenvolvida sob regime de Direito Público. (Não é possível identificar um núcleo essencial irredutível. É público todo e qualquer serviço que a CF ou as leis afirmem ser público, independentemente de sua natureza).

---

314. (Cespe – Cartório – TJ – DF/2014) No tocante aos serviços públicos, assinale a opção correta.

a) A delegação de serviço público a particular por meio de permissão pode ser feita por dispensa de licitação, desde que a título precário.

b) São características da concessão de serviço público: licitação por meio de concorrência; exclusividade de concessão a pessoas jurídicas ou consórcios; e rescisão contratual unilateral.

c) Os serviços notariais e de registro, embora públicos, são exercidos em caráter privado, por delegação do poder público mediante concessão, devendo ser precedidos de licitação.

d) A educação e a saúde são serviços públicos de titularidade não exclusiva do Estado, livres à iniciativa privada e submetidos ao controle inerente ao poder administrativo de polícia.

e) A aplicação de sanções, proibições e limitações a bens e atividades de particulares insere-se no conceito de serviço público.

COMENTÁRIOS

Alternativa correta: "d". Conforme entendimento do Supremo Tribunal Federal, na ADIN 1923-DF, os particulares podem desempenhar atividades que também correspondem a deveres do Estado, mas não são exclusivamente públicas. Atividades, em rigor, mistamente públicas e privadas, como efetivamente são a cultura, a saúde, a educação etc.

Alternativa "a". Errado. O artigo 2º, inciso IV da Lei nº 8.987/95 determina que para os fins do disposto na Lei, considera-se permissão de serviço público a delegação, a título precário, mediante licitação, da prestação de serviços públicos, feita pelo poder concedente à pessoa física ou jurídica que demonstre capacidade para seu desempenho, por sua conta e risco.

Alternativa "b". Errado. O artigo 2º, incisos II da Lei nº 8.987/95 estatui que concessão de serviço público é a delegação de sua prestação, feita pelo poder concedente, mediante licitação, na modalidade de concorrência, à pessoa jurídica ou consórcio de empresas que demonstre capacidade para seu desempenho, por sua conta e risco e por prazo determinado. Então a primeira parte da questão está certa. O erro da questão está na segunda parte, não existe rescisão unilateral na Lei nº 8.987/95, esse termo é usado na Lei nº 8.666/93. Na verdade, o termo usado na lei é caducidade. Conforme o artigo 38 a inexecução total ou parcial do contrato acarretará, a critério do poder concedente, **a declaração de caducidade da concessão** ou a aplicação das sanções contratuais, respeitadas as disposições deste artigo, do art. 27, e as normas convencionadas entre as partes.

Alternativa "c". Errado. Conforme entendimento do Supremo Tribunal Federal na ADI 2.415, a delegação de serviço notariais e de registro é *sui generis*, trata-se de atividades jurídicas que são próprias do Estado, porém exercidas por particulares mediante delegação. Exercidas ou traspassadas, mas não por conduto da concessão ou da permissão, normadas pelo caput do art. 175 da Constituição como instrumentos contratuais de privatização do exercício dessa atividade material (não jurídica) em que se constituem os serviços públicos. A delegação que lhes timbra a funcionalidade não se traduz, por nenhuma forma, em cláusulas contratuais. A sua delegação somente pode recair sobre pessoa natural, e não sobre uma empresa ou pessoa mercantil, visto que de empresa ou pessoa mercantil é que versa a Magna Carta Federal em tema de concessão ou permissão de serviço público. Para se tornar delegatária do Poder Público, tal pessoa natural há de ganhar habilitação em concurso público de provas e títulos, e não por adjudicação em processo licitatório, regrado, este, pela Constituição como antecedente necessário do contrato de concessão ou de permissão para o desempenho de serviço público. Cuida-se ainda de atividades estatais cujo exercício privado jaz sob a exclusiva fiscalização do Poder Judiciário, e não sob órgão ou entidade do Poder Executivo, sabido que por órgão ou entidade do Poder Executivo é que se dá a imediata fiscalização das empresas concessionárias ou permissionárias de serviços públicos. Por órgãos do Poder Judiciário é que se marca a presença do Estado para conferir certeza e liquidez jurídica às relações inter-partes, com esta conhecida diferença: o modo usual de atuação do Poder Judiciário se dá sob o signo da contenciosidade, enquanto o invariável modo de atuação das serventias extra-forenses não adentra essa delicada esfera da litigiosidade entre sujeitos de direito. Enfim, as atividades notariais e de registro não se inscrevem no âmbito das remuneráveis por tarifa ou preço público, mas no círculo das que se pautam por uma tabela de emolumentos, jungidos estes a normas gerais que se editam por lei necessariamente federal.

Alternativa "e". A aplicação de sanções, proibições e limitações a bens e atividades de particulares não se insere no conceito de serviço público e sim de polícia administrativa. É o que determina o artigo 78 do Código Tributário Nacional, que considera poder de polícia atividade da administração pública que, limitando ou disciplinando direito, interesse ou liberdade, regula a prática de ato ou abstenção de fato, em razão de interesse público concernente à segurança, à higiene, à ordem, aos costumes, à disciplina da produção e do mercado, ao exercício de atividades econômicas dependentes de concessão ou autorização do Poder Público, à tranquilidade pública ou ao respeito à propriedade e aos direitos individuais ou coletivos. Considera-se regular o exercício do poder de polícia quando desempenhado pelo órgão competente nos limites da lei aplicável, com observância do processo legal e, tratando-se de atividade que a lei tenha como discricionária, sem abuso ou desvio de poder.

---

315. (Cespe – Cartório – TJ – DF/2014) Acerca de serviços públicos, assinale a opção correta.

a) A declaração de caducidade da concessão do serviço público configura-se quando a administração pública retoma o serviço durante o prazo de concessão, por motivo de interesse público, após prévia autorização legislativa e após a devida indenização à concessionária pelos prejuízos sofridos.

b) Os serviços públicos compulsórios e gerais podem ser remunerados tanto por meio de tarifa quanto por meio de taxa.

c) Após a reforma administrativa do Estado realizada pela Emenda Constitucional nº 19/1998, a CF autorizou a gestão associada na prestação de serviços públicos por meio de convênios de cooperação entre os entes federados, admitindo a transferência total ou parcial de encargos, serviços, pessoal e bens essenciais à continuidade dos serviços transferidos.

d) Conforme determinação constitucional, os serviços públicos são de prestação obrigatória e exclusiva do Estado, não sendo permitida sua delegação a particulares.

e) A concessão de serviço público consiste na delegação, a título precário, mediante licitação, da prestação de serviços públicos, feita pelo poder concedente à pessoa jurídica que demonstre capacidade para seu desempenho, por sua conta e risco.

COMENTÁRIOS

Alternativa correta: "c". É o que estatui o artigo 241 da Constituição Federal ao determinar que A União, os Estados, o Distrito Federal e os Municípios disciplinarão por meio de lei os consórcios públicos e os convênios de cooperação entre os entes federados, autorizando a gestão associada de serviços públicos, bem como a transferência total ou parcial de encargos, serviços, pessoal e bens essenciais à continuidade dos serviços transferidos.

Alternativa "a". Errado. O instituto trata da encampação. Segundo o artigo 37 da Lei nº 8.987/95, considera-se encampação a retomada do serviço pelo poder concedente durante o prazo da concessão, por motivo de interesse público, mediante lei autorizativa específica e após prévio pagamento da indenização.

Alternativa "b". Errado. Serviços gerais ou *'uti universi'* são os prestados a toda coletividade, seus usuários são indeterminados e indetermináveis. Não é possível mensurar a parcela utilizada por cada um. Os serviços gerais são ditos indivisíveis. Exemplos: iluminação pública, limpeza urbana, conservação de logradouros públicos, de policiamento urbano. Não podem ser remunerados por taxas nem por tarifas, devendo ser custeados pelos impostos. Já os serviços compulsórios são os serviços obrigatórios. O cidadão é obrigado a usar o serviço. Normalmente são pagos por taxa, um tributo utilizado para o custeio daquela determinada prestação de serviços. É de recolhimento compulsório.

Alternativa "d". Errado. A Constituição autoriza a execução da prestação de serviços públicos por particulares. Exemplo dessa autorização está prevista no artigo 175 que determina que incumbe ao Poder Público, na forma da lei, diretamente ou sob regime de concessão ou permissão, sempre através de licitação, a prestação de serviços públicos.

Alternativa "e". Errado. A concessão não ocorre a título precário, a permissão sim. Essa é a leitura que se faz do artigo 2º, incisos II e IV da Lei nº 8.987/95: 'para os fins do disposto nesta Lei, considera-se: concessão de serviço público: a delegação de sua prestação, feita pelo poder concedente, mediante licitação, na modalidade de concorrência, à pessoa jurídica ou consórcio de empresas que demonstre capacidade para seu desempenho, por sua conta e risco e por prazo determinado; permissão de serviço público: a delegação, a título precário, mediante licitação, da prestação de serviços públicos, feita pelo poder concedente à pessoa física ou jurídica que demonstre capacidade para seu desempenho, por sua conta e risco'.

---

316. (Cespe – Juiz de Direito Substituto – DFT/2014) No que concerne aos serviços públicos, assinale a opção correta de acordo com a legislação e a jurisprudência dos tribunais superiores.

a) São titulares de serviço público tanto a pessoa jurídica de direito público quanto as pessoas jurídicas de direito privado pertencentes à administração indireta, a exemplo das empresas públicas e das sociedades de economia mista prestadoras de serviços públicos.

b) Assim como ocorre com as concessões e permissões de serviços públicos, o desenvolvimento da atividade afeita às serventias extrajudiciais, delegada pelo Estado, se dá por conta e risco do delegatário.

c) A administração pública pode firmar permissão e concessão de serviços públicos com pessoa física ou jurídica e com consórcio de empresas.

d) Serviços públicos tanto uti singuli quanto uti universi podem ser objeto de prestação indireta por delegação, após regular licitação, por meio de concessionários e permissionários.

e) Embora os serviços coletivos (uti universi) sejam prestados de acordo com a conveniência e possibilidade da administração pública, os indivíduos têm direito subjetivo próprio no tocante à prestação, já que tais serviços criam vantagens particularizadas para cada usuário.

COMENTÁRIOS

Alternativa correta: "b". O Supremo Tribunal Federal, no julgamento da ADI – Ação Direta de Inconstitucionalidade n° 3151, entendeu que as atividades de registro e notariais são atividades jurídicas próprias do Estado, e não simplesmente de atividades materiais, cuja prestação é traspassada para os particulares mediante delegação. Trata-se, portanto, uma delegação *sui generis*, concedida somente a pessoa natural, por habilitação em concurso público de provas e títulos, e não por processo licitatório (que seria o antecedente necessário do contrato de concessão ou de permissão para o desempenho de serviço público), a atividade se dá por conta e risco do delegatário.

Alternativa "a". Errado. A prestação de serviço público pode ser feita pelo Estado ou pelo particular. Existe uma classificação a respeito dessa análise da prestação de serviço público. Quando o serviço público é feito pela Administração Direta (União, Estados, DF e Municípios) falamos que ocorre prestação de serviço público na forma centralizada. Quando o serviço for prestado pela Administração Pública Indireta (Autarquias, Fundações Públicas, Sociedades de Economia Mista e Empresas Públicas) ocorre prestação de serviço na forma descentralizada pelo método de outorga. Existem duas correntes na doutrina que tentam explicar a prestação de serviço feita pelas entidades administrativas. A primeira corrente entende que quando o serviço é passado, por lei, para às entidades da Administração Indireta, transfere-se a titularidade e a execução. A segunda corrente entende que se o serviço é passado, por lei para a autarquia e fundação pública transfere-se titularidade e execução, quando é passado para sociedade de economia mista e empresa pública só se transfere execução, não se transfere a titularidade. Embora não seja de forma absoluta, o CESPE/CEBRASPE tem optado mais pela segunda corrente. Já quando a prestação de serviço é feita pelo particular ocorre a descentralização por colaboração ou delegação. Nesses casos o Estado transfere apenas a execução da prestação de serviço, não transfere a titularidade. O instrumento utilizado é um contrato (que exige previa licitação), que poderá ser de concessão ou permissão ou ato – discricionário e precário-, que será uma autorização e não exige licitação.

Alternativa "c". Errado. A administração pública pode firmar concessão de serviços públicos com pessoa jurídica ou consórcio de empresas e permissão com pessoa física ou jurídica. É o que se depreende do artigo 2º, incisos II e IV da Lei nº 8.987/95:' para os fins do disposto nesta Lei, considera-se: concessão de serviço público: a delegação de sua prestação, feita pelo poder concedente, mediante licitação, na modalidade de concorrência, à pessoa jurídica ou consórcio de empresas que demonstre capacidade para seu desempenho, por sua conta e risco e por prazo determinado; permissão de serviço público: a delegação, a título precário, mediante licitação, da prestação de serviços públicos, feita pelo poder concedente à pessoa física ou jurídica que demonstre capacidade para seu desempenho, por sua conta e risco'.

Alternativa "d". Errado. Regra geral serviços *uti universi* não são objeto de delegação e serviços *uti singuli* podem ser objeto de delegação Serviços Gerais ou *uti universi* são os serviços ditos gerais são prestados a toda coletividade, seus usuários são indeterminados e indetermináveis. Não é possível mensurar a parcela utilizada por cada um. Os serviços gerais são ditos indivisíveis. Ex: iluminação pública, limpeza urbana, conservação de logradouros públicos, de policiamento urbano. Não podem ser remunerados por taxas nem por tarifas, devendo ser custeados pelos impostos. Já os serviços individuais ou *utisinguli* são prestados a um número determinado ou determinável de indivíduos. A Administração sabe a quem presta o serviço e é capaz de mensurar a utilização separada por parte de cada um dos usuários. Tais serviços são ditos divisíveis, são passiveis de utilização, separadamente. Podem ser remunerados mediante a cobrança de taxas (regime legal) ou de preços públicos (regime contratual). Ex: coleta domiciliar de lixo, fornecimento domiciliar de água, gás, energia elétrica, serviço postal, telefônico.

Alternativa "e". Errado. Para a melhor doutrina serviços coletivos ou *uti universi* são prestados de acordo com as conveniências e possibilidades administrativas e, desse modo, não têm os indivíduos direito subjetivo próprio para sua obtenção. Já os serviços singulares criam direito subjetivo quando o indivíduo se mostra em condições técnicas de recebê-los.

---

317. (Cespe – Juiz de Direito Substituto – DFT/2014) No que se refere às PPPs, assinale a opção correta.

a) A administração pública indireta não pode firmar PPP.

b) As funções estatais de regulação são delegáveis por meio de PPP.

c) O estabelecimento de PPPs entre o Estado e a iniciativa privada é prática recente no Brasil, surgida com a edição da Lei nº 11.079/2004.

d) As PPPs somente podem ser firmadas para a execução de obras essenciais e estratégicas, não havendo limite mínimo contratual.

e) É possível conceder garantias adicionais – como a vinculação de receitas e a contratação de seguro garantia – às obrigações pecuniárias contraídas pela administração pública em contrato de PPP.

COMENTÁRIOS

Alternativa correta: "e". É o que determina o artigo 8º da lei, instituindo que as obrigações pecuniárias contraídas pela Administração Pública em contrato de parceria público-privada poderão ser garantidas mediante: vinculação de receitas, observado o disposto no inciso IV do art. 167 da Constituição Federal; instituição ou utilização de fundos especiais previstos em lei; contratação de seguro-garantia com as companhias seguradoras que não sejam controladas pelo Poder Público; garantia prestada por organismos internacionais ou instituições financeiras que não sejam controladas pelo Poder Público; garantias prestadas por fundo garantidor ou empresa estatal criada para essa finalidade e outros mecanismos admitidos em lei.

Alternativa 'a'. Errada. Toda a Administração Pública direta e indireta pode firmar parceria público – privada. É o que depreende do artigo 1º da Lei nº 11.079/2004: 'Esta Lei institui normas gerais para licitação e contratação de parceria público-privada no âmbito dos Poderes da União, dos Estados, do Distrito Federal e dos Municípios. Esta Lei aplica-se aos órgãos da administração pública direta dos Poderes Executivo e Legislativo, aos fundos especiais, às autarquias, às fundações públicas, às empresas públicas, às sociedades de economia mista e às demais entidades controladas direta ou indiretamente pela União, Estados, Distrito Federal e Municípios'.

Alternativa "b". Errada. Segundo a melhor doutrina, são indelegáveis o poder de polícia, os atos jurisdicionais e a regulação.

Alternativa "c". Errada. Alguns Estados membros já tinham leis sobre o instituto da parceria público – privada.

Alternativa "d". Errada. Conforme se o depreende do entendimento cumulativo do artigo 2º, § 4º e artigo 5º o prazo de vigência do contrato, compatível com a amortização dos investimentos realizados, não inferior a 5 (cinco), nem superior a 35 (trinta e cinco) anos, incluindo eventual prorrogação; sendo vedada a celebração de contrato de parceria público-privada: cujo valor do contrato seja inferior a R$10.000.000,00 (dez milhões de reais); cujo período de prestação do serviço seja inferior a 5 (cinco) anos ou que tenha como objeto único o fornecimento de mão-de-obra, o fornecimento e instalação de equipamentos ou a execução de obra pública.

318. (Cespe – Procurador do MP junto ao TCE-PB/2014) Em relação aos serviços públicos, assinale a opção correta, com base na jurisprudência do STJ.

a) As permissões em caráter precário, as que estiverem com prazo vencido e as que estiverem em vigor por prazo indeterminado permanecerão válidas pelo prazo necessário à realização dos levantamentos e avaliações indispensáveis à organização das licitações que precederão a outorga das permissões que as substituirão.

b) A serventia extrajudicial é uma delegação de atividade estatal cujo exercício se dá por conta e risco do delegatário, assim como ocorre nas concessões e nas permissões de serviços públicos.

c) A prestação do serviço de fornecimento de energia elétrica é regida pelo direito público, motivo pelo qual a empresa concessionária não goza das garantias do equilíbrio econômico e financeiro do contrato, de modo a obter a garantia de retorno dos investimentos realizados, acrescidos com a remuneração pelo serviço prestado.

d) É legítimo o corte no fornecimento de serviços públicos essenciais, como o de energia elétrica, por exemplo, desde que o débito decorra de suposta fraude no medidor de consumo de energia, ainda que tal fraude seja apurada unilateralmente pela concessionária.

e) A extinção do contrato de concessão por decurso do prazo de vigência depende do pagamento prévio de indenização à concessionária.

COMENTÁRIOS

Alternativa correta: "b". Item extremamente polêmico. A jurisprudência do Superior Tribunal de Justiça, no REsp 1087862/AM, decidiu no sentido da responsabilidade dos notários e oficiais de registro por danos causados a terceiros, não permitindo a interpretação de que há responsabilidade pura do ente estatal. Em hipóteses como essa, em que há delegação de atividade estatal, verifica-se que o desenvolvimento dessa atividade se dá por conta e risco do delegatário, tal como ocorre com as concessões e as permissões de serviços públicos.

Alternativa "a". Errada. A lei fala em concessão, não em permissão e também fixa um prazo mínimo. O artigo 42 da Lei nº 8.987/95, nas disposições finais e transitórias, determina em seu parágrafo 2º que as concessões em caráter precário, as que estiverem com prazo vencido e as que estiverem em vigor por prazo indeterminado, inclusive por força de legislação anterior, permanecerão válidas pelo prazo necessário à realização dos levantamentos e avaliações indispensáveis à organização das licitações que precederão a outorga das concessões que as substituirão, prazo esse que não será inferior a 24 (vinte e quatro) meses.

Alternativa "c". Errada. Conforme artigo 9º, § 4º da Lei nº 8.987/95, em havendo alteração unilateral do contrato que afete o seu inicial equilíbrio econômico-financeiro, o poder concedente deverá restabelecê-lo, concomitantemente à alteração. O Superior Tribunal de Justiça, no julgamento do REsp 1.283.757, entendeu que 'sendo a prestação do serviço de fornecimento de energia elétrica submetido à Lei de Serviços Públicos (nº 8.987/95) bem como à Lei de Licitações (nº 8.666/93), a empresa concessionária/permissionária do mesmo goza da garantia do equilíbrio econômico e financeiro do contrato, de forma que este ente privado tenha a garantia de retorno dos investimentos realizados para a consecução do serviço público, acrescido também da remuneração pelo serviço prestado.'

Alternativa "d". Errada. Em decisão no REsp 941.613, o Superior Tribunal de Justiça entendeu que a vedação de suspensão dos serviços não diz respeito aos desvios do serviço de forma fraudulenta. Mas nesse caso o débito decorrente de suposta fraude no medidor não pode ser apurada unilateralmente pela concessionária, sob pena de ser ilegítima a suspensão do fornecimento pelo fato de não se garantir ao usuário os exercícios da ampla defesa e do contraditório.

Alternativa "e". Errada. A indenização prévia só ocorrerá nos casos de encampação. A indenização posterior ocorrerá nos casos de extinção por advento do termo contratual ou reversão. É o que se depreende dos artigos 35 a 37 da Lei nº 8.987/95.

---

319. (Cespe – Analista do MPU/2013) Por expressa determinação constitucional, devem, obrigatoriamente, ser diretamente prestados pelo Estado os serviços postal, de aproveitamento energético dos cursos de água e de transporte ferroviário e aquaviário entre portos brasileiros e fronteiras nacionais.

COMENTÁRIOS

Errado. Conforme preconiza a Constituição Federal, em seu artigo 21 Compete à União manter o serviço postal e o correio aéreo nacional; explorar, diretamente ou mediante autorização, concessão ou permissão: a) os serviços de radiodifusão sonora, e de sons e imagens; b) os serviços e instalações de energia elétrica e o aproveitamento energético dos cursos de água, em articulação com os Estados onde se situam os potenciais hidroenergéticos; c) a navegação aérea, aeroespacial e a infra-estrutura aeroportuária; d) os serviços de transporte ferroviário e aquaviário entre portos brasileiros e fronteiras nacionais, ou que transponham os limites de Estado ou Território; e) os serviços de transporte rodoviário interestadual e internacional de passageiros; f) os portos marítimos, fluviais e lacustres;

Portanto, na questão existem serviços prestados diretamente pela Administração Pública (direta e indireta) e indiretamente pelo particular (através de concessão, permissão ou autorização).

---

320. (Cespe – Defensor Público – DF/ 2013) De acordo com posicionamento do STJ, a prorrogação de contrato de concessão de serviço público sem a realização de prévia licitação macula o negócio jurídico com nulidade absoluta, perdurando o vício até o encerramento do pacto, quando se inicia o prazo prescricional da pretensão que visa anulá-lo.

COMENTÁRIOS

Certo. Em decisão do Superior Tribunal de Justiça, no EREsp 1.079.126 – RS, julgado em 13/12/2010, a Seção, por maioria, rejeitou os embargos ao fundamento de que é exigência explícita da CF/1988 (art. 175) a necessidade da prévia licitação para as contratações realizadas pelo Poder Público, incluídas as prorrogações de contratos vigentes, visando à concessão de serviços públicos. Desse modo, a inobservância do mandamento constitucional macula o negócio jurídico firmado com nulidade absoluta, tamanha a gravidade do vício que sobre ele se abate. Portanto, sendo absoluta a nulidade do contrato, ela não pode ser convalidada pela execução dele, ou seja, a nulidade perpetua-se durante toda a vigência do contrato e somente cessa no término da vigência contratual. Assim, findando o vício que atingia o contrato juntamente com o término de sua vigência, deve-se considerar esse marco como o termo a quo para o início do prazo prescricional que vise impugnar o ato que prorrogou o contrato administrativo sem a necessária licitação.

---

321. (Cespe – Defensor Público – TO/2013) A respeito dos serviços públicos e da organização da administração pública, assinale a opção correta.

a) A desconcentração e a descentralização administrativas constituem institutos jurídicos idênticos.

b) Para a criação de entidades da administração pública indireta, excetuada a de subsidiárias de sociedade de economia mista e de empresas públicas, é necessária a edição de lei específica.

c) A prestação de serviços públicos deve ser realizada diretamente pelo Estado ou por entes privados sob o regime de concessão, permissão ou autorização, caso em que é inexigível licitação.

d) A CF passou a prever, após a reforma administrativa do Estado promovida pela Emenda Constitucional nº 19/1998, a gestão associada na prestação de serviços públicos mediante convênios de cooperação e consórcios públicos.

e) A responsabilidade civil das pessoas jurídicas de direito privado, incluídas as que prestam serviços públicos, é subjetiva, isto é, depende da ocorrência de culpa ou dolo.

COMENTÁRIOS

Alternativa correta: "d". O artigo 241 da Constituição Federal estatui que a União, os Estados, o Distrito

Federal e os Municípios disciplinarão por meio de lei os consórcios públicos e os convênios de cooperação entre os entes federados, autorizando a gestão associada de serviços públicos, bem como a transferência total ou parcial de encargos, serviços, pessoal e bens essenciais à continuidade dos serviços transferidos.

Alternativa "a". Errada. A desconcentração e a descentralização não são institutos idênticos. A desconcentração se caracteriza pela distribuição interna de competência, enquanto a descentralização é distribuição externa de competência.

Alternativa "b". Errada. Todas as entidades da administração indireta carecem de lei ordinária específica, seja para serem criadas, seja para serem autorizadas. É o que determina o artigo 37, inciso XIX da Constituição Federal: 'somente por lei específica poderá ser criada autarquia e autorizada a instituição de empresa pública, de sociedade de economia mista e de fundação, cabendo à lei complementar, neste último caso, definir as áreas de sua atuação'.

Alternativa "c". Errada. Só não é exigida licitação na autorização, mas os contratos de concessão e permissão são precedidos de licitação. Essa é a leitura que se faz do artigo 175 da Constituição Federal (Incumbe ao Poder Público, na forma da lei, diretamente ou sob regime de concessão ou permissão, sempre através de licitação, a prestação de serviços públicos) e do artigo 2º, incisos II e IV da Lei nº 8.987/95(Para os fins do disposto nesta Lei, considera-se: concessão de serviço público: a delegação de sua prestação, feita pelo poder concedente, mediante licitação, na modalidade de concorrência, à pessoa jurídica ou consórcio de empresas que demonstre capacidade para seu desempenho, por sua conta e risco e por prazo determinado; permissão de serviço público: a delegação, a título precário, mediante licitação, da prestação de serviços públicos, feita pelo poder concedente à pessoa física ou jurídica que demonstre capacidade para seu desempenho, por sua conta e risco).

Alternativa "e". Errada. Preconiza o artigo 37, § 6º da Constituição Federal que as pessoas jurídicas de direito público e as de direito privado prestadoras de serviços públicos responderão pelos danos que seus agentes, nessa qualidade, causarem a terceiros, assegurado o direito de regresso contra o responsável nos casos de dolo ou culpa. A Constituição Federal adota, como regra geral, a teoria do risco administrativo, que utiliza como regime de responsabilização a responsabilidade objetiva do Estado.

---

322. (Cespe – Defensor Público – RR/2013) Com relação aos serviços públicos, assinale a opção correta.

a) A participação do usuário é um dos novos postulados do serviço público, razão por que se instituiu o direito de acesso dos usuários a registros administrativos e a informações sobre atos de governo, inclusos aqueles relativos à segurança do Estado.

b) A gestão associada de serviços públicos pode ser instituída por meio de convênio de cooperação entre os entes federativos, vedada a transferência total de encargos, serviços, pessoal e bens essenciais à continuidade dos serviços transferidos.

c) A concessão de serviço público apresenta natureza contratual e sua outorga independe da realização de procedimento licitatório.

d) Se um estado-membro pretender autorizar a prestação de determinado serviço público a particular, tal autorização será, necessariamente, discricionária e onerosa e deverá ser feita por meio de contrato administrativo.

e) A continuidade, a igualdade dos usuários e a mutabilidade são princípios do regime jurídico aplicável aos serviços públicos.

COMENTÁRIOS

Alternativa correta: "e". Para a melhor doutrina, são princípios do serviço público, dentre outros, continuidade (ou permanência), igualdade, obrigatoriedade, generalidade ou universalidade, modicidade, cortesia, regularidade, atualização, segurança, eficiência, publicidade (ou transparência) e mutabilidade.

Alternativa "a". Errada. Os atos que dizem respeito à segurança do Estado estão protegidos e são exceção ao princípio da publicidade, conforme o artigo 5º, inciso XXXIII – todos têm direito a receber dos órgãos públicos informações de seu interesse particular, ou de interesse coletivo ou geral, que serão prestadas no prazo da lei, sob pena de responsabilidade, ressalvadas aquelas cujo sigilo seja imprescindível à segurança da sociedade e do Estado.

Alternativa "b". Errada. Não é vedada a transferência de recursos, pelo contrário, é permitida, conforme o artigo 241 da Constituição Federal ao determinar que A União, os Estados, o Distrito Federal e os Municípios disciplinarão por meio de lei os consórcios públicos e os convênios de cooperação entre os entes federados, autorizando a gestão associada de serviços públicos, bem como a transferência total ou parcial de encargos, serviços, pessoal e bens essenciais à continuidade dos serviços transferidos.

Alternativa "c". Errada. É o que determina o artigo 175 da Constituição Federal: "Incumbe ao Poder Público, na forma da lei, diretamente ou sob regime de concessão ou permissão, sempre através de licitação, a prestação de serviços públicos".

Alternativa "d". Errada. A transferência de serviço só pode acontecer se estiver autorizada por lei. O contrato administrativo (que deverá ser precedido de licitação) será usado na concessão e na permissão e a autorização é um ato discricionário e precário (não um contrato), podendo ser onerosa ou não.

---

323. (Cespe – Defensor Público – RR/2013) Assinale a opção correta quanto ao controle da administração pública.

a) Ao constatar a existência de ilegalidades na execução de determinado contrato administrativo, o Poder Legislativo deve, primeiramente, determinar prazo para que a entidade responsável adote as medidas cabíveis e, se não atendido, ingressar com a ação judicial cabível para a sustação do contrato.

b) Devido à cláusula de reserva de jurisdição, a administração pública não pode declarar a nulidade dos seus próprios atos, devendo ingressar com a ação judicial cabível para tanto.

c) Os decretos editados pelo governador que violem dispositivos legais não estarão submetidos ao controle legislativo, mas apenas ao controle judicial de constitucionalidade.

d) O controle exercido pela administração direta sobre as autarquias é finalístico, externo e administrativo e não se baseia na subordinação hierárquica.

e) As entidades integrantes da administração indireta exploradoras de atividade econômica e que não prestem serviços públicos não estão submetidas ao controle do tribunal de contas.

COMENTÁRIOS

Alternativa correta: "d". Conforme o artigo 37, XIX da Constituição Federal, toda vez que um ente político precisa de ajuda na função de administrar ele pode dá vida a um ente administrativo, para transferir para esse ente uma parcela da sua função administrativa. Quando isso acontece surge entre tais entes uma relação de vinculação (ou coordenação), também conhecida como controle finalístico (na esfera federal é chamada de supervisão ministerial) ou ainda tutela administrativa.

Alternativa "a". Errada. O Poder Legislativo tem competência para sustar contrato. É o que depreende do § 1º do artigo 71 da Constituição Federal: "No caso de contrato, o ato de sustação será adotado diretamente pelo Congresso Nacional, que solicitará, de imediato, ao Poder Executivo as medidas cabíveis".

Alternativa "b". Errada. Conforme Súmula 473 do Supremo Tribunal Federal a administração pode anular seus próprios atos, quando eivados de vícios que os tornam ilegais, porque deles não se originam direitos; ou revogá-los, por motivo de conveniência ou oportunidade, respeitados os direitos adquiridos, e ressalvada, em todos os casos, a apreciação judicial.

Alternativa "c". Errada. Na esfera federal, cabe ao Congresso Nacional sustar os atos normativos do poder executivo que exorbitem do poder regulamentar. Essa é a previsão do artigo 49, inciso V da Constituição Federal. O mesmo ocorre na esfera estadual, em decorrência do princípio da simetria. Ao regulamentar determinada lei por decreto, o governador fica adstrito aos termos da lei, sob pena de sustação do seu ato normativo por parte da Assembleia Legislativa do Estado.

Alternativa "e". Errada. Conforme entendimento do Supremo Tribunal Federal no Mandado de Segurança 26117 / DF, as empresas públicas e as sociedades de economia mista, entidades integrantes da administração indireta, estão sujeitas à fiscalização do Tribunal de Contas, não obstante a aplicação do regime jurídico celetista aos seus funcionários.

---

324. (Cespe – Delegado de Polícia Federal – DPF/2013) Em se tratando de permissão de serviço público, o serviço é executado em nome do Estado por conta e risco do permissionário, e é atribuído exclusivamente à pessoa jurídica.

COMENTÁRIOS

Errado. Conforme estatui o artigo 2º, inciso IV da Lei nº 8.987/95, permissão de serviço público é a delegação, a título precário, mediante licitação, da prestação de serviços públicos, feita pelo poder concedente **à pessoa física ou jurídica** que demonstre capacidade para seu desempenho, por sua conta e risco.

---

325. (CESPE – Juiz Federal Substituto 1ª região/2013) A respeito da concessão e permissão de serviços públicos e das parcerias público-privadas, assinale a opção correta.

a) O concessionário executa o serviço em seu próprio nome e corre os riscos normais do empreendimento, fazendo jus ao recebimento da remuneração, à manutenção do equilíbrio econômico da concessão e à inalterabilidade do objeto, sendo vedado ao poder público introduzir alterações unilaterais no contrato.

b) A natureza jurídica da permissão de serviço público é a de contrato administrativo de adesão.

c) A rescisão, como forma de extinção da concessão, ocorre por iniciativa do poder concedente.

d) Nas parcerias público-privadas, o concessionário deve ser remunerado exclusivamente pelo pagamento das respectivas tarifas pelos usuários.

e) Considera-se concessão de serviço público a delegação de sua prestação, feita pelo poder concedente, mediante licitação, na modalidade de concorrência ou tomada de preços, a pessoa física, jurídica ou consórcio de empresas que demonstre capacidade para seu desempenho, por sua conta e risco e por prazo determinado.

COMENTÁRIOS

Alternativa correta: "b". O artigo 18, inciso XVI da Lei nº 8.987/95 estatui que o edital de licitação será elaborado pelo poder concedente, observados, no que couber, os critérios e as normas gerais da legislação própria sobre licitações e contratos e conterá, especialmente nos casos de permissão, **os termos do contrato de adesão a ser firmado**.

Alternativa "a". Errada. Uma das características dos contratos é a mutabilidade. Os contratos administrativos podem ser alterados unilateralmente pela Administração Pública ou por acordo entre as partes. É o que se depreende do artigo 9º, § 4º da Lei nº 8.987/95: 'Em havendo alteração unilateral do contrato que afete o seu inicial equilíbrio econômico-financeiro, o poder concedente deverá restabelecê-lo, concomitantemente à alteração'.

Alternativa "c". Errada. Diferente da Lei nº 8.666/93, a rescisão na Lei nº 8.987/95 ocorre por iniciativa do contratado, mas lembre-se, ele não pode rescindir unilateralmente, ele precisa recorrer ao judiciário. É o que determina o artigo 39: "O contrato de concessão poderá ser rescindido por iniciativa da concessionária, no caso de descumprimento das normas contratuais pelo poder concedente, mediante ação judicial especialmente intentada para esse fim. Parágrafo único. Na hipótese prevista no caput deste artigo, os serviços prestados pela concessionária não poderão ser interrompidos ou paralisados, até a decisão judicial transitada em julgado".

Alternativa "d". Errada. Na parceria público-privada existem dois tipos de contratos de concessão, na modalidade patrocinada ou administrativa. Concessão patrocinada é a concessão de serviços públicos ou de obras públicas de que trata a Lei no 8.987/95, quando envolver, **adicionalmente à tarifa cobrada dos usuários contraprestação pecuniária do parceiro público ao parceiro privado.** Concessão administrativa é o contrato de prestação de serviços de que a **Administração Pública seja a usuária direta ou indireta**, ainda que envolva execução de obra ou fornecimento e instalação de bens.

Alternativa "e". Errada. O contrato de concessão deve ser precedido de licitação na modalidade concorrência e pode ser feito apenas com pessoa jurídica ou consórcio de empresas. Essa é a leitura que se faz do artigo 2º, inciso II da Lei nº 8.987/95: para os fins do disposto nesta Lei, considera-se: concessão de serviço público a delegação de sua prestação, feita pelo poder concedente, mediante licitação, na modalidade de concorrência, à pessoa jurídica ou consórcio de empresas que demonstre capacidade para seu desempenho, por sua conta e risco e por prazo determinado.

326. (Cespe – Juiz Federal Substituto 2ª região/ 2013) Mediante lei sancionada em 2004, o Brasil adotou a PPP como instrumento para a viabilização de projetos fundamentais ao crescimento do país. Referida lei incorporou conceitos bem-sucedidos da experiência internacional, de modo a garantir que as PPPs sejam balizadas na atuação transparente da administração pública. Acerca desse instrumento de gestão pública, assinale a opção correta.

a) Embora a responsabilidade fiscal não seja uma diretriz expressa na legislação de PPP, o melhor entendimento doutrinário aponta para a aplicação da Lei de Responsabilidade Fiscal à execução desse tipo de contrato administrativo.

b) Não se admite o emprego da arbitragem na hipótese de um município querer dirimir conflitos decorrentes de contrato de PPP.

c) Um estado da Federação, no âmbito de contrato de PPP para a realização de obras públicas nos seus municípios, estará impedido de ceder parte de seus créditos não tributários a título de contraprestação.

d) É expressamente vedada a uma sociedade de propósito específico, incumbida de implantar e gerir o objeto de uma PPP em determinado estado da Federação, constituir-se sob a forma de companhia aberta.

e) Caso um estado da Federação celebre contrato administrativo de PPP visando à concessão de serviços públicos, conforme legislação específica, e, além da tarifa a ser cobrada dos usuários, o contrato preveja contraprestação pecuniária do parceiro público ao parceiro privado, ter-se-á, nessa hipótese, um exemplo da chamada concessão patrocinada.

COMENTÁRIOS

Alternativa correta: "e". Concessão patrocinada é a concessão de serviços públicos ou de obras públicas de que trata a Lei no 8.987/95, quando envolver, **adicionalmente à tarifa cobrada dos usuários contraprestação pecuniária do parceiro público ao parceiro privado.** Essa é a previsão do artigo 2º, § 1º da Lei nº 11.079/2004.

Alternativa "a". Errada. Conforme o artigo 4º, inciso IV da Lei 11.079/2004, na contratação de parceria público-privada serão observadas as seguintes diretrizes: responsabilidade fiscal na celebração e execução das parcerias.

Alternativa "b". Errada. Estatui o artigo 11 da Lei da PPP o instrumento convocatório conterá minuta do contrato, indicará expressamente a submissão da licitação às normas desta Lei e observará, no que couber, os §§ 3º e 4º do art. 15, os arts. 18, 19 e 21 da Lei no 8.987, de 13 de fevereiro de 1995, podendo ainda prever: III – o emprego dos mecanismos privados de resolução de disputas, inclusive a arbitragem, a ser realizada no Brasil e em língua portuguesa, nos termos da Lei no 9.307, de 23 de setembro de 1996, para dirimir conflitos decorrentes ou relacionados ao contrato.

Alternativa "c". Errada. Preconiza o artigo 6º da Lei da PPP, que a contraprestação da Administração Pública nos contratos de parceria público-privada poderá ser feita por: ordem bancária; **cessão de créditos não tributários**; outorga de direitos em face da Administração Pública; outorga de direitos sobre bens públicos dominicais; outros meios admitidos em lei.

Alternativa "d". Errada. Conforme previsão do artigo 9º, § 2º a sociedade de propósito específico poderá assumir a forma de companhia aberta, com valores mobiliários admitidos a negociação no mercado.

327. (Cespe – Juiz Federal Substituto 2ª região/ 2013) Assinale a opção correta acerca dos serviços públicos.

a) São consideradas causas de extinção da concessão: o advento do termo contratual, a decretação da falência ou recuperação judicial, a encampação, a caducidade, a rescisão e a anulação.

b) O procedimento administrativo aplicável nos casos de intervenção por parte do poder concedente deverá ser concluído no prazo de até cento e vinte dias, sob pena de considerar-se inválida a intervenção.

c) Segundo jurisprudência pacífica do STJ, mesmo quando o consumidor é órgão público, o corte de fornecimento de água estará autorizado por lei, sempre que resultar da falta injustificada de pagamento.

d) Segundo a jurisprudência do STJ, nos casos em que a concessionária de serviço público, quando da realização de uma obra, for suspeita de ter provocado abalos no meio ambiente, o princípio da precaução autorizará a inversão do ônus da prova, impondo, assim, à concessionária responsável, a obrigação de demonstrar que a obra não causou impactos ambientais.

e) Considera-se caducidade a retomada do serviço pelo poder concedente durante o prazo da concessão, por motivo de interesse público, mediante lei autorizativa específica e após prévio pagamento de indenização.

COMENTÁRIOS

Alternativa correta: "d". A posição do Superior Tribunal de justiça no AgRg no AREsp 206.748/SP é que 'o princípio da precaução, aplicável à hipótese, pressupõe a inversão do ônus probatório, transferindo para a concessionária o encargo de provar que sua conduta não ensejou riscos para o meio ambiente e, por consequência, aos pescadores da região. Agravo regimental provido para, conhecendo do agravo, dar provimento ao recurso especial a fim de determinar o retorno dos autos à origem para que, promovendo-se a inversão do ônus da prova, proceda-se a novo julgamento.

Alternativa "a". Errada. Recuperação judicial não é motivo de extinção do contrato. Conforme artigo 35 da Lei nº 8.987/95 extingue-se a concessão por: I – advento do termo contratual; II – encampação; III – caducidade; IV – rescisão; V – anulação; e VI – falência ou extinção da empresa concessionária e falecimento ou incapacidade do titular, no caso de empresa individual.

Alternativa "b". Errada. O prazo é de 180 dias. Estatui o artigo 33 que declarada a intervenção, o poder concedente deverá, no prazo de trinta dias, instaurar procedimento administrativo para comprovar as causas determinantes da medida e apurar responsabilidades, assegurado o direito de ampla defesa. O procedimento administrativo de intervenção deverá ser concluído no prazo de até **cento e oitenta dias**, sob pena de considerar-se inválida a intervenção.

Alternativa "c". Errada. O Superior Tribunal de Justiça, no AgRg na SS 1.764/PB decidiu que 'mesmo quando o consumidor é órgão público, o corte do fornecimento de água está autorizado por lei sempre que resultar da falta injustificada de pagamento, e desde que não afete a prestação de serviços públicos essenciais, v.g., hospitais, postos de saúde, creches, escolas; caso em que só os órgãos burocráticos foram afetados pela medida'.

Alternativa "d". Errada. Conforme o artigo 37 da Lei nº 8987/95 considera-se encampação a retomada do serviço pelo poder concedente durante o prazo da concessão, por motivo de interesse público, mediante lei autorizativa específica e após prévio pagamento da indenização. Já o artigo 38 entende que a inexecução total ou parcial do contrato acarretará, a critério do poder concedente, a declaração de caducidade da concessão ou a aplicação das sanções contratuais, respeitadas as disposições deste artigo, do art. 27, e as normas convencionadas entre as partes.

328. (Cespe – Advogado da União/2012) À concessionária cabe a execução do serviço concedido, incumbindo-lhe a responsabilidade por todos os prejuízos causados ao poder concedente, aos usuários ou a terceiros, não admitindo a lei que a fiscalização exercida pelo órgão competente exclua ou atenue tal responsabilidade.

COMENTÁRIOS

Certo. Determina o artigo 25 da Lei nº 8.987/95 que incumbe à concessionária a execução do serviço concedido, cabendo-lhe responder por todos os prejuízos causados ao poder concedente, aos usuários ou a terceiros, sem que a fiscalização exercida pelo órgão competente exclua ou atenue essa responsabilidade.

329. (Cespe – Advogado da União/2012) A contratação de parceria público-privada deve ser precedida de licitação na modalidade convite, estando a abertura do processo licitatório condicionada a autorização, fundamentada em estudo técnico, da autoridade competente.

COMENTÁRIOS

Errado. Conforme preconiza o artigo 10 da Lei nº 11.079/2004, a contratação de parceria público-privada será precedida de licitação na **modalidade de concorrência** estando a abertura do processo licitatório condicionada a autorização da autoridade competente, fundamentada em estudo técnico que demonstre: a conveniência e a oportunidade da contratação, mediante identificação das razões que justifiquem a opção pela forma de parceria público-privada; que as despesas criadas ou aumentadas não afetarão as metas de resultados fiscais previstas no Anexo referido no § 1º do art. 4º da Lei Complementar no 101, de 4 de maio de 2000, devendo seus efeitos financeiros, nos períodos seguintes, ser compensados pelo aumento permanente de receita ou pela redução permanente de despesa; e quando for o caso, conforme as normas editadas na forma do art. 25 desta Lei, a observância dos limites e condições decorrentes da aplicação dos arts. 29, 30 e 32 da Lei Complementar no 101, de 4 de maio de 2000, pelas obrigações contraídas pela Administração Pública relativas ao objeto do contrato.

330. (Cespe – Advogado da União/2012) Reversão consiste na transferência, em virtude de extinção contratual, dos bens do concessionário para o patrimônio do concedente.

COMENTÁRIOS

Certo. A reversão pode ser conceituada como a entrega pelo concessionário ao Poder Concedente dos bens vinculados à concessão, por ocasião do fim do contrato, em virtude de sua destinação ao serviço público, de modo a permitir sua continuidade. Conforme o artigo 36 da Lei nº 8.987/95, a reversão no advento do termo contratual far-se-á com a indenização das parcelas dos investimentos vinculados a bens reversíveis, ainda não amortizados ou depreciados, que tenham sido realizados com o objetivo de garantir a continuidade e atualidade do serviço concedido.

331. (Cespe – Analista Judiciário – Área Judiciária – STJ/2012) No âmbito das parcerias público-privadas, a concessão administrativa caracteriza-se pelo fato de o concessionário perceber recursos de duas fontes: do pagamento das respectivas tarifas pelos usuários e da contraprestação pecuniária devida pelo concedente ao particular contratado.

COMENTÁRIOS

Errado. A concessão que se caracteriza pelo fato do concessionário receber de duas fontes, do usuário e do Poder Público, não é a concessão administrativa, é a concessão patrocinada. Estatui o artigo 2º da Lei nº 11.079/2004 que parceria público-privada é o contrato administrativo de concessão, na modalidade patrocinada ou administrativa. Concessão patrocinada é a concessão de serviços públicos ou de obras públicas de que trata a Lei no 8.987, de 13 de fevereiro de 1995, quando envolver, adicionalmente à tarifa cobrada dos usuários contraprestação pecuniária do parceiro público ao parceiro privado.

10. RESPONSABILIDADE EXTRACONTRATUAL DO ESTADO

✦ LIDIANE COUTINHO

▸ CF, art. 37, § 6º

332. (Cespe – Juiz Federal – TRF 5/2017) Acerca da responsabilidade civil, assinale a opção correta de acordo com a doutrina e a jurisprudência dos tribunais superiores.

A) Situação hipotética: Uma autarquia federal, por meio de processo licitatório, celebrou contrato com empresa para a prestação de serviços de limpeza em sua sede. A referida empresa não honrou com as obrigações trabalhistas com os seus empregados, que realizavam os serviços na sede do ente público. Assertiva: Nessa situação, incide a responsabilidade objetiva extracontratual da União, nos termos do entendimento do STF.

B) Situação hipotética: Lei de determinado estado da Federação estabeleceu a responsabilidade do estado durante a realização de evento internacional na capital dessa unidade federativa: o estado assumiria os efeitos da responsabilidade civil perante os organizadores do evento, por todo e qualquer dano resultante ou que surgisse em função de qualquer incidente ou acidente de segurança relacionado ao referido evento, exceto na situação em que organizadores ou vítimas concorressem para a ocorrência do dano. Assertiva: Conforme entendimento do STF, a referida lei estadual é constitucional, pois a Constituição Federal de 1988 não esgota matéria relacionada à responsabilidade civil.

C) Situação hipotética: Um professor de escola pública foi agredido por um aluno em sala de aula, tendo sido atingido por disparo de arma de fogo. Assertiva: Nessa situação, incide a responsabilidade subjetiva estatal devido à conduta omissiva do Estado pelo não oferecimento de segurança adequada aos seus servidores.

D) Em caso de dano causado por servidor público, o Estado tem o dever de indenizar a vítima, independentemente da licitude da conduta, cabendo, ainda, ação regressiva contra o servidor, fundada na responsabilidade objetiva e em razão da teoria do risco administrativo.

E) Particular que tenha sofrido danos materiais e morais provocados por servidor público no exercício de suas atribuições poderá ingressar com ação diretamente contra o servidor na busca de reparo pelos prejuízos sofridos, aplicando-se a teoria da imputação volitiva com incidência da responsabilidade objetiva no tocante à comprovação do dano.

COMENTÁRIOS

Alternativa correta: letra B. O STF, na ADI 4976, entendeu que a disposição contida no artigo 37, § 6º, da Constituição Federal não esgota a matéria relacionada à responsabilidade civil imputável à Administração, pois, em situações especiais de grave risco para a população ou de relevante interesse público, pode o Estado ampliar a respectiva responsabilidade, por danos decorrentes de sua ação ou omissão, para além das balizas do supramencionado dispositivo constitucional, inclusive por lei ordinária, dividindo os ônus decorrentes dessa extensão com toda a sociedade. II – Validade do oferecimento pela União, mediante autorização legal, de garantia adicional, de natureza tipicamente securitária, em favor de vítimas de danos incertos decorrentes dos eventos patrocinados pela FIFA, excluídos os prejuízos para os quais a própria entidade organizadora ou mesmo as vítimas tiverem concorrido.

Alternativa A. ERRADA. Conforme a ADC16 do STF e RE 760931/STF, o inadimplemento dos encargos trabalhistas dos empregados do contratado não transfere automaticamente ao Poder Público contratante a responsabilidade pelo seu pagamento, seja em caráter solidário ou subsidiário, nos termos do art. 71, § 1º, da Lei nº 8.666/93. A Sumula 331, V, do TST, complementa o entendimento, ditando que os entes integrantes da Administração Pública direta e indireta respondem subsidiariamente, nas mesmas condições do Alternativa IV, caso evidenciada a sua conduta culposa no cumprimento das obrigações da Lei n.º 8.666, de 21.06.1993, especialmente na fiscalização do cumprimento das obrigações contratuais e legais da prestadora de serviço como empregadora. A aludida responsabilidade não decorre de mero inadimplemento das obrigações trabalhistas assumidas pela empresa regularmente contratada.

Alternativa C. ERRADA. Conforme entendimento do STF, no RE 633138/DF, a professora foi agredida dentro do estabelecimento educacional, havendo, portanto, inequívoco descumprimento do dever legal do Estado na prestação efetiva do serviço de segurança. A atuação diligente do Poder Público impediria a ocorrência da agressão física perpetrada pelo aluno. Há, portanto, responsabilidade objetiva do Estado.

Alternativa D. ERRADA. A ação regressiva, exige a comprovação de dolo ou culpa, portanto o servidor responde subjetivamente, conforme entendimento do STF, no AI 552.366 Ag

Alternativa E. ERRADA. O STF, no RE 327.904, fixou tese da "dupla garantia": há ilegitimidade passiva do agente público para pleito indenizatório movido por particular em razão de ilícito estatal, cabendo apenas à Administração, posteriormente, se condenada, exercer seu direito de regresso contra o servidor faltoso, desde que comprovada responsabilidade subjetiva deste.

---

333. (Cespe – Juiz de Direito – PR/2017) Em recente decisão, o STF entendeu que, quando o poder público comprovar causa impeditiva da sua atuação protetiva e não for possível ao Estado agir para evitar a morte de detento (que ocorreria mesmo que o preso estivesse em liberdade),

A) haverá responsabilidade civil do Estado, aplicando-se à situação a responsabilidade subjetiva por haver omissão estatal.

B) haverá responsabilidade civil do Estado, aplicando-se ao caso a responsabilidade objetiva por haver omissão estatal.

C) não haverá responsabilidade civil do Estado, pois o nexo causal da sua omissão com o resultado danoso terá sido rompido.

D) haverá responsabilidade civil do Estado, aplicando-se ao caso a teoria do risco integral.

COMENTÁRIOS

Alternativa correta: letra C (responde as demais alternativas). Conforme recentíssima decisão do STF, no RE 841526, a responsabilidade civil estatal, segundo a Constituição Federal de 1988, em seu artigo 37, § 6º, subsume-se à teoria do risco administrativo, tanto para as condutas estatais comissivas quanto paras as omissivas, posto rejeitada a teoria do risco integral. A omissão do Estado reclama nexo de causalidade em relação ao dano sofrido pela vítima nos casos em que o Poder Público ostenta o dever legal e a efetiva possibilidade de agir para impedir o resultado danoso. É dever do Estado e direito subjetivo do preso que a execução da pena se dê de forma humanizada, garantindo-se os direitos fundamentais do detento, e o de ter preservada a sua incolumidade física e moral (artigo 5º, inciso XLIX, da Constituição Federal). O dever constitucional de proteção ao detento somente se considera violado quando possível a atuação estatal no sentido de garantir os seus direitos fundamentais, pressuposto inafastável para a configuração da responsabilidade civil objetiva estatal, na forma do artigo 37, § 6º, da Constituição Federal. *Ad* *impossibilia nemo tenetur*, por isso que nos casos em que não é possível ao Estado agir para evitar a morte do detento (que ocorreria mesmo que o preso estivesse em liberdade), rompe-se o nexo de causalidade, afastando-se a responsabilidade do Poder Público, sob pena de adotar-se *contra legem* e a *opinio doctorum* a teoria do risco integral, ao arrepio do texto constitucional. A morte do detento pode ocorrer por várias causas, como, v. g., homicídio, suicídio, acidente ou morte natural, sendo que nem sempre será possível ao Estado evitá-la, por mais que adote as precauções exigíveis. A responsabilidade civil estatal resta conjurada nas hipóteses em que o Poder Público comprova causa impeditiva da sua atuação protetiva do detento, rompendo o nexo de causalidade da sua omissão com o resultado danoso. Repercussão geral constitucional que assenta a tese de que: em caso de inobservância do seu dever específico de proteção previsto no artigo 5º, inciso XLIX, da Constituição Federal, o Estado é responsável pela morte do detento.

---

334. (Cespe – Analista Judiciário – Área Administrativa – TRE – BA/2017) Em caso de acidente de trânsito que envolva automóvel particular e veículo pertencente à administração pública, a comprovação de culpa exclusiva do particular pelos danos causados caracteriza

A) causa excludente da responsabilidade civil do Estado.

B) motivo para a responsabilização do Estado pelos prejuízos, em decorrência das teorias civilistas.

C) causa atenuante da responsabilidade civil do Estado.

D) motivo para que nenhuma das partes envolvidas seja responsabilizada, por se tratar de caso fortuito.

E) motivo para a responsabilização do Estado pelos prejuízos, em decorrência da responsabilidade objetiva.

COMENTÁRIOS

Alternativa correta: letra A. A situação descrita se insere em uma das excludentes de responsabilidade do Estado, ficando assim o mesmo isento da obrigação de indenizar.

Alternativa B. ERRADA. A Teoria do Risco Administrativo, adotada, como regra geral, pelo direito brasileiro, aceita excludentes de responsabilidade, como por exemplo, culpa exclusiva da vítima.

Alternativa C. ERRADA. A culpa exclusiva da vítima não é considerada causa atenuante e sim excludente de responsabilidade do Estado.

Alternativa D. ERRADA. A culpa exclusiva da vítima não se caracteriza como caso fortuito. Na caracterização do evento fortuito externo como excludente de responsabilidade civil é necessário a presença dos elementos inevitabilidade e irresistibilidade do fato.

Alternativa E. ERRADA. A situação descrita se insere em uma das excludentes de responsabilidade do Estado. Estando o mesmo isento da obrigação de indenizar.

---

335. (Cespe – Técnico Judiciário – Área Administrativa – TRE – BA/2017) Maria, professora de escola da rede pública, recebeu de um aluno ameaças de agressão e, mais de uma vez, avisou à direção da escola, que se manteve inerte. Com a consumação das agressões pelo aluno, a professora ajuizou ação indenizatória contra o Estado.

A respeito dessa situação hipotética e de aspectos legais a ela pertinentes, assinale a opção correta.

A) A responsabilidade civil por conduta omissiva independe da demonstração do nexo de causalidade.

B) A ação deverá ser julgada improcedente, haja vista que o Estado só responde por atos comissivos.

C) A ação deverá ser julgada improcedente, tendo em vista que o causador do dano não é agente estatal.

D) A responsabilidade do Estado derivou do descumprimento do dever legal, a ele atribuído, de impedir a consumação do dano.

E) As condutas omissivas do Estado que causem danos a terceiros invariavelmente dão ensejo à responsabilidade civil.

COMENTÁRIOS

Alternativa correta: letra D. Conforme entendimento do STF, no RE 633138/DF, a professora foi agredida dentro do estabelecimento educacional, havendo, portanto, inequívoco descumprimento do dever legal do Estado na prestação efetiva do serviço de segurança. A atuação diligente do Poder Público impediria a ocorrência da agressão física perpetrada pelo aluno. Há, portanto, responsabilidade do Estado.

Alternativa A. ERRADA. Independente da responsabilidade ser objetiva ou subjetiva, em todas elas a conduta deve estar ligada ao resultado para gerar a responsabilidade do Estado. Ou seja, em todas elas teremos o nexo causal.

Alternativa B. ERRADA. O Estado responde por atos comissivos ou omissivos, dolosos ou culposos, lícitos ou ilícitos, que causem danos a terceiros, imputáveis aos agentes públicos.

Alternativa C. ERRADA. Houve omissão específica (ou própria), dever legal específico, e, por isto, de possível geração de responsabilidade civil do Estado

Alternativa E. ERRADA. Nem sempre a omissão vai gerar responsabilidade civil do Estado. Para isso é necessário o nexo de causalidade ou nexo. Ou podemos nos deparar com uma situação de excludente de responsabilidade.

336. (Cespe – Técnico Judiciário – Área Administrativa – TRE – BA/2017) Assinale a opção correta a respeito da responsabilidade objetiva do Estado.

A) A responsabilidade objetiva, como qualquer outra modalidade de responsabilização, demanda investigação sobre a existência do elemento culpa na conduta administrativa.

B) A compensação de culpas não é admitida na responsabilização estatal, mesmo na hipótese de ficar demonstrada a culpa concorrente entre um terceiro e o poder público.

C) Ao prestarem serviços públicos, as pessoas jurídicas de direito privado não se sujeitam à responsabilidade objetiva por atos comissivos.

D) A responsabilidade objetiva do Estado se fundamenta na teoria do risco administrativo.

E) Caso o agente estatal pratique conduta lesiva a terceiros fora de suas funções, mas a pretexto de exercê-las, não se caracterizará a responsabilidade civil.

COMENTÁRIOS

Alternativa correta: letra D. O direito brasileiro adota, em seu artigo 37, §6º, a teoria do risco administrativo, fundamentando que deve ser atribuída ao Estado a responsabilidade pelo risco criado por **sua** atividade administrativa. E, se essa atividade é exercida em favor de todos, o ônus deve ser assim suportado.

Alternativa A. ERRADA. A responsabilidade objetiva exige a demonstração de três elementos: conduta, resultado e nexo causal.

Alternativa B. ERRADA. O direito brasileiro, no que diz respeito à responsabilização estatal, aceita a análise de culpa concorrente.

Alternativa C. ERRADA. Conforme artigo 37 §6º, as pessoas jurídicas de direito privado, prestadoras de serviços públicos, respondem pelos danos que seus agentes causarem, nesta qualidade, a terceiros.

Alternativa E. ERRADA. Conforme artigo 37, §6º, as pessoas jurídicas de direito público e as de direito privado prestadoras de serviços públicos responderão pelos danos que seus agentes, nessa qualidade, causarem a terceiros, assegurado o direito de regresso contra o responsável nos casos de dolo ou culpa.

337. (Cespe – Técnico Judiciário – Área Administrativa – TRE – BA/2017) A evolução da responsabilidade civil do Estado é marcada pela busca crescente da proteção do indivíduo e da limitação da atuação estatal. Superada a fase da irresponsabilidade estatal, iniciou-se a etapa de responsabilização do Estado fundamentada na culpa dos agentes públicos, com a distinção entre atos de império e atos de gestão. Essa distinção ampara-se na teoria do(a)

A) culpa do serviço.

B) responsabilidade objetiva.

C) risco integral.

D) risco administrativo.

E) culpa individual.

COMENTÁRIOS

Alternativa correta: letra E. Para a melhor doutrina, esta teoria, influenciada pelo individualismo característico do liberalismo pretendeu equiparar o Estado ao indivíduo, sendo aquele, portanto, obrigado a indenizar os danos causados nas MESMAS HIPÓTESES em que existe tal obrigação para os indivíduos. Assim, como o Estado atua por meio de seus agentes, somente existia obrigação de indenizar quando estes, os agentes, tivessem agido com culpa ou dolo. É uma responsabilidade do tipo subjetiva, porque leva em conta a conduta do causador do dano (a pessoa agente público), exigindo, a demonstração dos quatro elementos: conduta, resultado, nexo causal e prova de culpa.

Alternativa A. ERRADA. A teoria da culpa administrativa (ou culpa do serviço), caracteriza-se na falta do serviço quando "os agentes responsáveis pelo procedimento faltoso, irregular ou tardio não puderem ser individualizados, restando, porém, a possibilidade de imputação ao responsável pela organização do serviço que, no caso destas faltas, é o Estado. Neste caso ela será subjetiva.

Alternativa B. ERRADA. O entendimento sobre responsabilidade objetiva consiste na análise do regime de responsabilização. É necessário vislumbrar alguns elementos (ou pressupostos) para que a mesma ocorra. No caso dela ser objetiva, será necessária a demonstração dos elementos conduta, resultado e nexo causal.

Alternativa C. ERRADA. Na teoria do risco integral, o Erário responde integralmente, sem qualquer incidência das excludentes de responsabilidade.

Alternativa D. ERRADA. A teoria do risco administrativo consiste na obrigação de indenizar o dano do só ato lesivo e injusto causado à vítima pela Administração. Não se exige qualquer falta do serviço público, nem culpa de seus agentes. Basta a lesão, sem o concurso do lesado. É a regra geral adotada pelo direito brasileiro.

338. (Cespe – Analista Judiciário – Área Administrativa – TRF 1/2017) De acordo com a teoria da culpa do serviço, a responsabilidade do Estado depende da demonstração de culpa do agente público, aspecto esse que a distingue da teoria do risco administrativo.

COMENTÁRIOS

Alternativa ERRADA. A teoria da culpa anônima (ou culpa publicizada) é de natureza subjetiva, logo, compete ao prejudicado a demonstração da existência de dolo ou de culpa ATRIBUÍVEL AO SERVIÇO DO ESTADO, mesmo que não seja possível identificar o agente causador do prejuízo. É necessária a demonstração dos quatro elementos: conduta, resultado, nexo causal e prova de culpa.

---

339. (Cespe - Defensor Público - DPE - AC/2017) Após falecimento de Pedro, vítima de atropelamento em linha férrea, seus herdeiros compareceram à DP para que fosse ajuizada ação indenizatória por danos morais contra a empresa concessionária responsável pela ferrovia onde havia acontecido o acidente, localizada em área urbana. Na ocasião, seus parentes informaram que, apesar de Pedro ter atravessado a ferrovia em local inadequado, inexistia cerca na linha férrea ou sinalização adequada.

Com base nessa situação hipotética e no entendimento dos tribunais superiores acerca da responsabilidade civil do Estado, assinale a opção correta.

A) O poder público concedente tem responsabilidade solidária para reparar os danos decorrentes do acidente, devendo vir a figurar no polo passivo da ação indenizatória.

B) A responsabilização do agente responsável pela falha ao deixar de cercar ou sinalizar o local do acidente exigirá a denunciação da lide nos autos da ação indenizatória.

C) A responsabilização civil da empresa concessionária independerá da demonstração da falha na prestação do serviço pela empresa, ante o risco inerente à atividade econômica desenvolvida.

D) A conduta de Pedro, que atravessou a ferrovia em local inadequado, afastará a responsabilização civil da empresa concessionária, ainda que fique demonstrada a falha no isolamento por cerca ou na sinalização do local do acidente.

E) A demonstração da omissão no isolamento por cerca ou na sinalização do local do acidente acarretará a responsabilização civil da empresa concessionária, embora possa haver redução da indenização dada a conduta imprudente de Pedro.

COMENTÁRIOS

Alternativa correta: letra E. Segundo o STJ, no REsp 1172421/SP, no caso de atropelamento de pedestre em via férrea, configura-se a concorrência de causas, impondo a redução da indenização por dano moral pela metade, quando: (i) a concessionária do transporte ferroviário descumpre o dever de cercar e fiscalizar os limites da linha férrea, mormente em locais urbanos e populosos, adotando conduta negligente no tocante às necessárias práticas de cuidado e vigilância tendentes a evitar a ocorrência de sinistros; e (ii) a vítima adota conduta imprudente, atravessando a via férrea em local inapropriado.

Alternativa A. ERRADA. Segundo entendimento do STJ, no REsp 1.135.927/MG, há responsabilidade <u>subsidiária</u> do Poder Concedente, em situações em que o concessionário não possuir meios de arcar com a indenização pelos prejuízos a que deu causa.

Alternativa B. ERRADA. Alternativa controverso. Segundo o STF, no RE 327904, a possibilidade de a Administração Pública regressar contra o servidor também é um direito do próprio servidor. É a chamada "Teoria da Dupla Garantia": Garantia ao Estado, no sentido de que será ressarcido em caso de dolo ou culpa. Garantia ao próprio agente público, que atua representante a Administração Pública.

Alternativa C. ERRADA. A responsabilidade por omissão na prestação do serviço, considerada no Brasil como responsabilidade subjetiva, exige a demonstração dos quatro elementos: conduta, resultado, nexo causal e prova de culpa.

Alternativa D. ERRADA. A culpa concorrente não é excludente de responsabilidade. Ela é atenuante de reponsabilidade.

---

340. (Cespe - Defensor Público - DPU/2017) É objetiva a responsabilidade das pessoas jurídicas de direito privado prestadoras de serviços públicos em relação a terceiros, usuários ou não do serviço, podendo, ainda, o poder concedente responder subsidiariamente quando o concessionário causar prejuízos e não possuir meios de arcar com indenizações.

COMENTÁRIOS

Alternativa CERTA. Conforme entendimento do STF, no RE 591.874/MS4, a responsabilidade civil das pessoas jurídicas de direito privado prestadoras de serviço público **é objetiva relativamente a terceiros usuários e não-usuários do serviço,** segundo decorre do art. 37, § 6º, da Constituição Federal. A inequívoca presença **do nexo de causalidade entre o ato administrativo e o dano causado ao terceiro não-usuário do serviço público é condição suficiente para estabelecer a responsabilidade objetiva da pessoa jurídica de** direito privado. E segundo entendimento do STJ, no REsp 1.135.927/MG, há responsabilidade <u>subsidiária</u> do Poder Concedente, em situações em que o concessionário não possuir meios de arcar com a indenização pelos prejuízos a que deu causa.

---

341. (Cespe - Delegado de Polícia - MT/2017) Um delegado de polícia, ao tentar evitar ato de violência contra um idoso, disparou, contra o ofensor, vários tiros com revólver de propriedade da polícia. Por erro de mira, o delegado causou a morte de um transeunte.

Nessa situação hipotética, a responsabilidade civil do Estado

A) dependerá da prova de culpa in eligendo.

B) dependerá de o delegado estar, no momento da ocorrência, de serviço.

C) dependerá da prova de ter havido excesso por parte do delegado.

D) existirá se ficar provado o nexo de causalidade entre o dano e a ação.

E) será excluída se o idoso tiver dado causa ao crime.

COMENTÁRIO

Alternativa correta: letra D. A responsabilidade objetiva exige 3 elementos para a sua aplicação: conduta, resultado e nexo causal.

Alternativa A. ERRADA. A responsabilidade não depende de prova de culpa. Por ser objetiva a responsabilidade é necessária a demonstração de três elementos: conduta, resultado e nexo causal.

Alternativa B. ERRADA. Não depende do agente está de serviço, A CF dispõe que ele 'aja' na qualidade de agente.

Alternativa C. ERRADA. Por ser objetiva a responsabilidade é necessária a demonstração de três elementos: conduta, resultado e nexo causal.

Alternativa E. ERRADA. Mesmo que o idoso tivesse dado causa ao crime não excluiria, em princípio, a responsabilidade civil do Estado.

342. (Cespe – Analista de Controle – Área Jurídica – TCE – PR/2016) Em determinado município da Federação, uma empresa pública municipal refinadora de petróleo, durante o desenvolvimento de sua atividade, deixou vazar milhões de litros de óleo cru, material que alcançou importantes mananciais aquíferos e espalhou-se por várias cidades do respectivo estado-membro, tendo deixado inúmeras famílias ribeirinhas desprovidas de suas atividades laborais e do seu sustento.

Nessa situação, segundo entendimento do STJ,

a) houve responsabilidade subjetiva do Estado, instruída pela teoria do risco integral.

b) não houve responsabilidade do Estado, porquanto a culpa foi da empresa refinadora.

c) houve responsabilidade objetiva do Estado, instruída pela teoria do risco administrativo.

d) houve responsabilidade objetiva do Estado, instruída pela teoria do risco integral.

e) houve responsabilidade subjetiva do Estado, instruída pela teoria do risco administrativo.

COMENTÁRIOS

Alternativa correta: letra "d" (responde as demais alternativas).

O Brasil, como regra geral adota a Teoria do Risco Administrativo, no que diz respeito à responsabilidade civil objetiva do Estado. Em situações excepcionais, como danos ambientais, ele adota a teoria do risco integral. A mesma parte da premissa de que o ente público é garantidor universal e, assim sendo, a simples existência do dano e do nexo causal é suficiente para que surja a obrigação de indenizar para a Administração, pois não admite nenhuma das excludentes de responsabilidade. Esse é o entendimento do STJ (Superior Tribunal de Justiça), no REsp 1374284 / MG: 'a responsabilidade por dano ambiental é objetiva, informada pela teoria do risco integral, sendo o nexo de causalidade o fator aglutinante que permite que o risco se integre na unidade do ato, sendo descabida a invocação, pela empresa responsável pelo dano ambiental, de excludentes de responsabilidade civil para afastar sua obrigação de indenizar.'

343. (Cespe – Procurador do MP junto ao TCU/2015) Com base na jurisprudência referente à responsabilidade civil do Estado, assinale a opção correta.

a) Quando se trata de ação fundada na responsabilidade objetiva do Estado, com arguição de culpa do agente, é admitida a denunciação da lide, mas não o litisconsórcio entre a pessoa jurídica e o agente causador do dano.

b) Na hipótese de ocorrência de responsabilidade extracontratual do Estado, os juros moratórios incidem a partir da data do ajuizamento da ação.

c) A teoria da responsabilidade subjetiva do Estado também é denominada de teoria do risco, já que parte do pressuposto de que o risco de dano é inerente à atividade exercida pelo agente causador do prejuízo.

d) Em ações de indenização fundadas na responsabilidade objetiva do Estado, não é obrigatória a denunciação à lide de empresa contratada pela administração para prestar serviço de conservação de rodovias, ainda que o dano tenha sido causado em decorrência de má conservação da via.

e) Constitui pressuposto para a incidência da responsabilidade objetiva do Estado o fato de o agente público ter praticado ato ilícito.

COMENTÁRIOS

Alternativa correta: letra "d". Segundo o entendimento do STJ (Superior Tribunal de Justiça), no REsp 653.736/MG, não é obrigatória a denunciação à lide de empresa contratada pela administração para prestar serviço de conservação de rodovias, nas ações de indenização baseadas na responsabilidade civil objetiva do Estado.

Alternativa "a": Errado. Questão extremamente polêmica entre os tribunais (STJ e STF). O STF (Supremo Tribunal Federal) defende (com jurisprudência majoritária, que encampa a "tese da dupla garantia"- STF-RE

344133/PE) que a vítima não pode entrar com ação diretamente contra o agente público. Mas não é a posição do o STJ (Superior Tribunal de Justiça). O mesmo entende que *quando se trata de ação fundada na responsabilidade objetiva do Estado, mas com argüição de culpa do agente público, a denunciação da lide é cabível como também é possível o litisconsórcio facultativo (com citação da pessoa jurídica e de seu agente) ou a propositura da ação diretamente contra o agente público*, conforme REsp 1.325.862/PR.

Alternativa "b": Errado. Segundo o STJ (Superior Tribunal de Justiça) na sua Súmula 54, os juros moratórios fluem a partir do evento danoso, em caso de responsabilidade extracontratual.

Alternativa "c".: Errado. O Brasil adota como regra geral a teoria do risco administrativo, baseado na **responsabilidade objetiva do Estado**, já que parte do pressuposto de que o risco de dano é inerente à atividade exercida pelo agente causador do prejuízo.

Alternativa "e": Errado. São pressupostos (ou elementos) para a incidência da responsabilidade objetiva do Estado: a conduta do agente público, o dano, e o nexo de causalidade ligando a conduta e o dano. A licitude do ato, bem como a culpabilidade estão dispensadas de comprovação.

---

344. (Cespe - Cartório - TJ - DF/2014) No que concerne à responsabilidade civil do Estado e ao controle da administração pública, assinale a opção correta.

a) No exercício da função administrativa, o Estado responde objetivamente tanto no caso de danos morais quanto no de danos materiais causados a terceiros por seus agentes.

b) Apenas o Poder Executivo está obrigado a exercer o controle interno, dado consistir em função administrativa.

c) O controle judicial da administração pública pode ser realizado por provocação ou de ofício, podendo ser exercido por meio de mandado de segurança ou ação civil pública.

d) A teoria adotada no Brasil quanto aos casos de responsabilidade civil da administração pública é a do risco integral, segundo a qual a responsabilidade é objetiva, isto é, não depende da comprovação da culpa ou do dolo.

e) O controle judicial do poder disciplinar da administração pública é amplo, podendo o juiz considerar o mérito administrativo e determinar concretamente a sanção disciplinar aplicável ao caso.

COMENTÁRIOS

Alternativa correta: letra "a". A responsabilidade civil do Estado decorre do dever de indenizar aqueles que tiveram seus direitos lesionados. Tal indenização pode ser a título de danos morais ou patrimoniais, de acordo com a natureza do ato praticado.

Alternativa "b". Conforme previsão constitucional, todos os poderes exercem controle interno. É o que estatui o artigo 74 da Constituição Federal: "Art. 74". Os Poderes Legislativo, Executivo e Judiciário manterão, de forma integrada, sistema de controle interno com a finalidade de: I – avaliar o cumprimento das metas previstas no plano plurianual, a execução dos programas de governo e dos orçamentos da União; II – comprovar a legalidade e avaliar os resultados, quanto à eficácia e eficiência, da gestão orçamentária, financeira e patrimonial nos órgãos e entidades da administração federal, bem como da aplicação de recursos públicos por entidades de direito privado; III – exercer o controle das operações de crédito, avais e garantias, bem como dos direitos e haveres da União; IV – apoiar o controle externo no exercício de sua missão institucional."

Alternativa "c". Vigora no controle judicial o princípio da inércia, preconizado no artigo 2º do Código de Processo Civil: ' Nenhum juiz prestará a tutela jurisdicional senão quando a parte ou o interessado a requerer, nos casos e forma legais.' Significa que, em regra, o Judiciário não pode agir de ofício, precisa ser provocado.

Alternativa "d". A teoria adotada no direito brasileiro, em seu artigo 37, § 6º da Constitucional Federal, quanto aos casos de responsabilidade civil da administração pública, é a teoria do risco administrativo (usando como regime de responsabilização da responsabilidade objetiva). Para Hely Lopes Meirelles (Direito administrativo. 34. ed. São Paulo: Malheiros, p. 658) a teoria do risco administrativo faz surgir a obrigação de indenizar o dano do só ato lesivo e injusto causado à vítima pela Administração. Não se exige qualquer falta do serviço público, nem culpa de seus agentes. Basta a lesão, sem o concurso do lesado. Outra característica da referida teoria é que ela aceita as excludentes de ilicitude.

Alternativa "e". O Poder Judiciário não possui competência para apreciar o mérito administrativo. A jurisprudência do Superior Tribunal de Justiça (a exemplo do RMS 18.099/PR) tem entendido que no âmbito do controle jurisdicional do processo administrativo disciplinar, compete ao Poder Judiciário apreciar apenas a regularidade do procedimento, à luz dos princípios do contraditório, da ampla defesa e do devido processo legal, sendo-lhe vedada a incursão •sobre o mérito do julgamento administrativo, em especial a revisão do conjunto probatório apurado no procedimento administrativo. Sendo vedado ao Poder Judiciário a análise do mérito administrativo, a análise acerca de ofensa ao princípio da proporcionalidade na aplicação de sanção disciplinar a servidor deve levar em conta, também, eventual quebra do regramento legal aplicável ao caso, já que a mensuração da sanção administrativa faz parte do mérito administrativo.

345. (Cespe – Procurador do MP junto ao TCE-PB/2014) A respeito da responsabilidade do Estado por atos da administração pública, assinale a opção correta.

a) As teorias subjetivas e objetivas da responsabilidade patrimonial do Estado sempre caminharam paralelamente e, no Brasil, a partir da Constituição de 1937, prevalecem as teorias objetivas.

b) A Constituição Imperial do Brasil de 1824 trouxe expressamente hipóteses de responsabilidade da administração pública por atos praticados na esfera do Poder Moderador.

c) A CF rompeu completamente com a Constituição anterior quanto à forma de tratar a responsabilidade patrimonial do Estado por atos da administração pública no direito brasileiro.

d) A CF inovou em relação às constituições anteriores ao prever a possibilidade de responsabilização de forma objetiva das pessoas jurídicas de direito privado que prestem serviço público.

e) As teorias acerca da responsabilidade patrimonial do Estado sempre estiveram pautadas na necessidade de a administração pública rever seus atos e se responsabilizar por eles.

COMENTÁRIOS

✪ **Nota da Autora:** As Constituições brasileiras trabalharam a reponsabilidade civil de forma diferente. Nós temos uma evolução na análise da reponsabilidade civil. As Constituições de 1824 e 1891 trazem a mesma linha de raciocínio, responsabilizando os empregados, mas não fazendo menção à responsabilidade do Estado. Já as Constituições de 1934 e 1937, assumiram o princípio da responsabilidade solidária entre o Estado e o funcionário. As Constituições de 1946 e 1967 acolheram a teoria da responsabilidade objetiva e finalmente a Constituição de 1988 inovou ao trazer as pessoas jurídicas de direito privado, prestadoras de serviços públicos, para a linha de raciocínio da responsabilidade objetiva.

Alternativa correta: letra "d". A Constituição Brasileira de 1824 preconizava, em seu artigo 178 que "os empregados públicos são estritamente responsáveis pelos abusos e omissões praticados no exercício de suas funções e, por não fazerem efetivamente responsáveis aos seus subalternos". Esse mesmo texto foi repetido pela Constituição Brasileira de 1891, atribuindo responsabilidade exclusiva ao funcionário público. Portanto, as constituições citadas, não continham disposição que previsse a responsabilidade do Estado, apenas previam a responsabilidade do funcionário. Já a Constituição Federal de 1934, em seu art. 171, assumiu o princípio da responsabilidade solidária entre o Estado e o funcionário, decorrente de casos de negligência, omissão ou abuso de poder no exercício de seus cargos. A mesma norma se repetiu no artigo 158 da Constituição de 1937. Finalmente em 1946, a Carta Magna mudou esse posicionamento, vindo a acolher a teoria da responsabilidade objetiva, em seu art. 194: "as pessoas jurídicas de direito público interno são civilmente responsáveis pelos danos que seus funcionários, nessa qualidade, causarem a terceiros." A Constituição de 1967 repete a norma em seu artigo 105. Apenas na Constituição Federal de 1988, no artigo 37, § 6º se inovou, ao tratar da responsabilidade civil objetiva das pessoas jurídicas de direito público e de direito privado, prestadoras de serviço público.

Alternativa "a". Somente em 1946, a Constituição Brasileira, acolheu a teoria da responsabilidade objetiva, em seu art. 194: "as pessoas jurídicas de direito público interno são civilmente responsáveis pelos danos que seus funcionários, nessa qualidade, causarem a terceiros."

Alternativa "b". A Constituição de 1924 previa em seu artigo 99 que "a Pessoa do Imperador é inviolável, e Sagrada: Ele não está sujeito a responsabilidade alguma."

Alternativa "c". A atual Constituição manteve a responsabilidade objetiva pelo risco administrativo, assim como sua antecessora. As duas constituições tratam da mesma forma a responsabilidade patrimonial, com exceção ao acréscimo do termo "das pessoas jurídicas de direito privado prestadoras de serviço público", trazida pela Constituição de 1988.

Alternativa "e". Por todos os comentários anteriores, essa ideia de responsabilidade só surge em 1946.

346. (Cespe – Procurador do Estado – BA/2014) Suponha que viatura da polícia civil colida com veículo particular que tenha ultrapassado cruzamento no sinal vermelho e o fato ocasione sérios danos à saúde do condutor do veículo particular. Considerando essa situação hipotética e a responsabilidade civil da administração pública, julgue os itens subsequentes.

No caso, a ação de indenização por danos materiais contra o Estado prescreverá em vinte anos.

COMENTÁRIOS

Errado. Tem prevalecido na doutrina e na jurisprudência do STJ e STF, o entendimento que a Ação de Indenização contra o Estado, decorrente de responsabilidade civil, prescreve em cinco anos. O STJ pacificou, em sede de recurso repetitivo, o entendimento a respeito do prazo de prescrição das ações contra a Fazenda Pública (STJ – Petição no Agravo em Recurso Especial – REsp 295729 GO 2013/0034666-0). Segundo o STJ, a regra do Decreto 20.910/32 (Art. 1º As dívidas passivas da União, dos Estados e dos Municípios, bem assim todo e qualquer direito ou ação contra a Fazenda federal, estadual ou municipal, seja qual for a sua natureza, prescrevem em cinco anos contados da data do ato ou fato do qual se originarem) prevalece, por ser especial, sobre a regra do Código Civil, que estabelece o prazo de 03 anos em ações de responsabilidade civil.

Sendo a culpa exclusiva da vítima, não se configura a responsabilidade civil do Estado, que é objetiva e embasada na teoria do risco administrativo.

COMENTÁRIOS

Certo. A teoria adotada no direito brasileiro, em seu artigo 37, § 6º da Constitucional Federal, quanto aos casos de responsabilidade civil da administração pública, é a teoria do risco administrativo (usando como regime de responsabilização o da responsabilidade objetiva). Para Hely Lopes Meirelles (Direito Administrativo, 34ª edição, pag. 658) a teoria do risco administrativo faz surgir a obrigação de indenizar o dano do só ato lesivo e injusto causado à vítima pela Administração. Não se exige qualquer falta do serviço público, nem culpa de seus agentes. Basta a lesão, sem o concurso do lesado. Outra característica da referida teoria é que ela aceita as excludentes de ilicitude. Significa dizer que se o Estado conseguir demonstrar uma das excludentes, ele fica isento de indenização. A doutrina e a jurisprudência divergem sobre o tema, mas as excludentes mais cobradas em provas são: culpa exclusiva da vítima (lembre-se: culpa concorrente não é excludente de responsabilidade, é atenuante), força maior, atos de terceiros, teoria da reserva do possível e excludentes de ilicitude (do art. 23 do Código Penal).

---

347. (Cespe – Promotor de Justiça – AC/2014) Acerca da responsabilidade civil do Estado, assinale a opção correta.

a) Para que se configure a responsabilidade civil objetiva do Estado, o dano deve ser causado por agente público, não abrangendo a regra a categoria dos agentes políticos.

b) Embora seja cabível a responsabilidade do Estado por atos praticados pelo Poder Judiciário, em relação a atos judiciais que não impliquem exercício de função jurisdicional, não é cabível responsabilização estatal.

c) Segundo a CF, a responsabilidade civil do Estado abrange prejuízos causados pelas pessoas jurídicas de direito público e as de direito privado que integram a administração pública indireta, não abarcando atos danosos praticados pelas concessionárias de serviço público.

d) Segundo entendimento do STJ, é imprescritível a pretensão de recebimento de indenização por dano moral decorrente de atos de tortura ocorridos durante o regime militar de exceção.

e) De acordo com a jurisprudência do STJ, é objetiva a responsabilidade civil do Estado nas hipóteses de omissão, devendo-se demonstrar a presença concomitante do dano e do nexo de causalidade entre o evento danoso e o comportamento ilícito do poder público.

COMENTÁRIOS

✪ **Nota da Autora:** Questão bem elaborada, envolvendo julgados recentes. O ponto que mais chama atenção na questão é o fato da jurisprudência ter firmado o entendimento sobre a imprescritibilidade da pretensão do recebimento de indenização quando decorrente de prisão, tortura ou perseguição durante o regime militar, tornando-a exceção à regra dos cinco anos.

Alternativa correta: letra "d". Em regra, é de cinco anos, o prazo da ação de Indenização contra a Fazenda Pública e pessoas jurídicas de direito privado, prestadoras de serviço público, em sede responsabilidade civil do Estado (STJ – REsp 295729/GO), conforme art. 1º do Decreto nº 20.910/32 e Lei 9.494/97. Contudo, vem entendendo o STJ que são imprescritíveis as ações para recebimento de indenização por dano moral, decorrente de motivação política (STJ – **AgRg no REsp nº 146.370/PR)** e atos de tortura, perseguição ou prisão ocorridos durante o regime militar (STJ – **RECURSO ESPECIAL Nº 529.804 /PR)**

Alternativa "a". Na ideia de responsabilidade civil do Estado, referente ao dano praticado pelo agente, a classificação abrange todas as categorias de agente público, inclusive o agente político.

Alternativa "b". Conforme entendimento de Maria Sylvia Zanella Di Pietro (Direito Administrativo, 26ª edição, pag. 725) os atos judiciais que não impliquem exercício de função jurisdicional, é cabível a responsabilidade do Estado, sem maior contestação, porque se trata de atos administrativos, quanto ao seu conteúdo.

Alternativa "c". A Constituição Federal de 1988, ao prever a responsabilidade das pessoas jurídicas de direito privado, prestadoras de serviço, englobou não somente as pessoas de direito privado da Administração indireta como também as delegatárias de serviço público.

Alternativa "e". O STJ vem firmando o entendimento que a omissão do Estado gera responsabilidade subjetiva. Assim no REsp 1230155/PR, a Min. Eliana Calmon (2ª Turma, DJe 17.09.2013) entendeu que " a jurisprudência desta Corte se firmou no sentido de ser subjetiva a responsabilidade civil do Estado nas hipóteses de omissão, devendo ser demonstrada a presença concomitante do dano, da negligência administrativa e do nexo de causalidade entre o evento danoso e o comportamento ilícito do Poder Público." É necessário acrescentar, caro(a) concurseiro (a) que, nesse caso estamos falando de omissão imprópria (ou genérica).

---

348. (Cespe – Analista do MPU/2013) A responsabilidade civil do Estado incide apenas se os danos causados forem de caráter patrimonial.

COMENTÁRIOS

Errado. A responsabilidade civil do Estado decorre do dever de indenizar aqueles que tiveram seus direitos lesionados. Tal indenização pode ser a título de danos morais ou patrimoniais, de acordo com a natureza do ato praticado. Para haver indenização, não é necessário que se cause uma lesão econômica.

349. (Cespe – Analista Judiciário – Área Judiciária – STF/2013) Se, no exercício de suas funções, um servidor público agride verbalmente cidadão usuário de serviço público, não haverá responsabilidade objetiva do Estado devido à inexistência de danos materiais.

COMENTÁRIOS

Errado. A responsabilidade civil do Estado decorre do dever de indenizar aqueles que tiveram seus direitos lesionados. Tal indenização pode ser a título de danos morais ou patrimoniais, de acordo com a natureza do ato praticado. Para haver indenização, não é necessário que se cause uma lesão econômica.

350. (Cespe – Analista Judiciário – Área Judiciária – STF/2013) A responsabilidade do servidor público pode se dar na esfera civil, penal e administrativa, sendo afastada esta última no caso de absolvição criminal que negue a existência do fato ou de sua autoria.

COMENTÁRIOS

Certo. Conforme a Lei nº 8.112/90, em seus artigos 122 a 126-A, quando trata do seu capítulo de responsabilidades, quando o servidor comete infrações ele responde civil, penal e administrativamente pelo exercício irregular de suas atribuições. As sanções civis, penais e administrativas poderão cumular-se, sendo independentes entre si. Mas a responsabilidade administrativa do servidor será afastada no caso de absolvição criminal que negue a existência do fato ou sua autoria.

351. (Cespe – Analista Judiciário – Área Judiciária – TRT 10/2013) A teoria do risco integral obriga o Estado a reparar todo e qualquer dano, independentemente de a vítima ter concorrido para o seu aperfeiçoamento.

COMENTÁRIOS

Certo. A teoria do risco integral consiste em uma exacerbação da responsabilidade civil do Estado. Para essa teoria, basta a existência do evento danoso e nexo causal para que surja a obrigação de indenizar para o Estado, sem possibilidade de que este alegue excludente de responsabilidade. Ela tem como regime de responsabilização a responsabilidade objetiva (sem necessidade, para a vítima, de comprovação de culpa).

352. (Cespe – Analista Judiciário – Área Judiciária – TRT 10/2013) Pela teoria da *faute du service*, ou da culpa do serviço, eventual falha é imputada pessoalmente ao funcionário culpado, isentando a administração da responsabilidade pelo dano causado.

COMENTÁRIOS

Errado. Uma das teorias analisadas no estudo da responsabilidade civil do Estado é a teoria da culpa administrativa (ou culpa anônima). Para esta teoria, há responsabilidade do Estado quando o serviço não funciona – devendo funcionar –, funciona mal ou funciona atrasado, possibilitando, assim, a responsabilização estatal por omissão injustificada (omissão imprópria). É importante destacar, que esta teoria se assentaria na culpa, mas não na culpa **subjetiva do agente, mas** sim em uma culpa anônima ou impessoal, que passa a ser imputada ao serviço.

353. (Cespe – Defensor Público – DF/ 2013) Considere que o Poder Judiciário tenha determinado prisão cautelar no curso de regular processo criminal e que, posteriormente, o cidadão aprisionado tenha sido absolvido pelo júri popular. Nessa situação hipotética, segundo entendimento do STF, não se pode alegar responsabilidade civil do Estado, com relação ao aprisionado, apenas pelo fato de ter ocorrido prisão cautelar, visto que a posterior absolvição do réu pelo júri popular não caracteriza, por si só, erro judiciário.

COMENTÁRIOS

Certo. O STF no ARE 770931 AgR, Relator(a): Min. Dias Toffoli, Primeira Turma, julgado em 19/08/2014, firmou-se no sentido de que, salvo nas hipóteses de erro judiciário e de prisão além do tempo fixado na sentença – previstas no art. 5º, inciso LXXV, da Constituição Federal –, bem como nos casos previstos em lei, a regra é a de que o art. 37, § 6º, da Constituição não se aplica aos atos jurisdicionais quando emanados de forma regular e para o fiel cumprimento do ordenamento jurídico.

354. (Cespe – Delegado de Polícia – BA/2013) Um agente público que, agindo de forma culposa, gere lesão ao patrimônio público, estará obrigado a ressarcir integralmente o dano causado.

COMENTÁRIOS

Certo. Preconiza a Lei nº 8.429/92, em seu artigo 5º, ocorrendo lesão ao patrimônio público por ação ou omissão, dolosa ou culposa, do agente ou de terceiro, dar-se-á o integral ressarcimento do dano.

355. (Cespe – Defensor Público – DF/ 2013) Segundo a jurisprudência atualizada do STJ, em ação de indenização por ilícito penal praticado por agente do Estado, o termo inicial da prescrição é o trânsito em julgado da ação penal condenatória.

COMENTÁRIOS

Certo. Entendeu o STJ, no REsp 1244979 / PB (Órgão julgador: 2ª Turma, relator Ministro Herman Benjamin, com data do julgamento: 10/05/2011), que o termo inicial da prescrição, em ação de indenização por ilícito penal praticado por agente do Estado, é o trânsito em julgado da Ação Penal condenatória. Se houve o reconhecimento da eficácia interruptiva da prescrição promovida pela Ação Penal, não se pode mitigá-la de modo a permitir a propositura da ação indenizatória, mas obstar o pedido de pensão relativa a período posterior à Ação Penal.

356. (Cespe – Defensor Público – DF/ 2013) Segundo o ordenamento jurídico brasileiro, todas as pessoas jurídicas de direito público e as de direito privado que integrem a administração pública responderão objetivamente pelos danos que seus agentes, nessa qualidade, causarem a terceiros.

COMENTÁRIOS

Errado. A análise da responsabilidade objetiva, prevista no artigo 37, § 6º da Constituição Brasileira, não inclui as sociedades de economia mista e empresas públicas que desenvolvem atividade econômica. De acordo com o artigo 173, § 1º, II da Carta Magna, tais empresas se submetem às regras do código civil. Logo, respondem subjetivamente.

357. (Cespe – Defensor Público – DF/ 2013) Caso um DP recorra de decisão judicial que arbitre indenização de valor irrisório a ser paga pelo poder público, pleiteando revisão do valor, o recurso interposto, segundo a jurisprudência consolidada do STJ, será inviável, visto que a revisão do valor a ser indenizado somente é possível quando a importância arbitrada é exorbitante.

COMENTÁRIOS

Errado. No julgamento do REsp 165252 GO 2012/0073426-4, o STJ declarou que "é pacífico nesta Corte o entendimento de que a revisão do valor a ser indenizado somente é possível quando exorbitante ou irrisória a importância arbitrada." Logo, existem duas situações para a revisão do valor indenizado acontecer: se for exorbitante ou irrisório.

358. (Cespe – Defensor Público – TO/2013) Em relação à responsabilidade civil do Estado pelo exercício da função administrativa e a improbidade administrativa, assinale a opção correta.

a) O Estado, no exercício da função administrativa, responde objetivamente por danos morais causados a terceiros por seus agentes.

b) A responsabilidade do Estado pelo exercício da função administrativa é subjetiva, de acordo com a teoria do risco administrativo.

c) As sociedades de economia mista que se dedicam à exploração de atividade econômica são responsáveis objetivamente pelos danos que seus agentes causem a terceiro.

d) O servidor público que utiliza, em proveito próprio, carro de propriedade da União pratica infração disciplinar, mas não ato de improbidade administrativa.

e) Não há previsão da penalidade de suspensão dos direitos políticos para o responsável por ato de improbidade administrativa que atente contra os princípios da administração pública.

COMENTÁRIOS

A questão envolve dois assuntos: responsabilidade civil do Estado e improbidade Administrativa. A Constituição Federal de 1988 adota a responsabilidade objetiva, pela teoria do risco administrativo. No que se refere à improbidade, o artigo 12 trata das sanções, que podem ser aplicadas isolada ou cumulativamente. Dentre as sanções temos perda da função, suspensão dos direitos políticos, multa, entre outras.

Alternativa correta: letra "a". O Estado, no exercício da função administrativa, responde objetivamente (por danos morais e materiais) pelos danos que seus agentes causarem a terceiros.

Alternativa "b". A teoria adotada no direito brasileiro, em seu artigo 37, § 6º da Constitucional Federal, quanto aos casos de responsabilidade civil da administração pública, é a teoria do risco administrativo (usando como regime de responsabilização o da responsabilidade objetiva).

Alternativa "c". A análise da responsabilidade objetiva, prevista no artigo 37, § 6º da Constituição Brasileira, não inclui as sociedades de economia mista e empresas públicas que desenvolvem atividade econômica. De acordo com o artigo 173, § 1º, II da Carta Magna, tais empresas se submetem às regras do código civil. Logo, respondem subjetivamente.

Alternativa "d". É considerado ato de improbidade, importando enriquecimento ilícito auferir qualquer tipo de vantagem patrimonial indevida em razão do exercício de cargo, mandato, função, emprego ou atividade nas entidades mencionadas no art. 1° da Lei nº 8.429/92. A referida lei, em seu artigo 9º, inciso XII, traz como exemplo de ato de improbidade, importando enriquecimento ilícito usar, em proveito próprio, bens, rendas, verbas ou valores integrantes do acervo patrimonial das entidades mencionadas.

Alternativa "e". A lei nº 8.429/92, institui em seu artigo 12, que o responsável pelo ato de improbidade sujeito às seguintes cominações, que podem ser aplicadas isolada ou cumulativamente, de acordo com a gravidade do fato, na hipótese do artigo 9°, perda dos bens ou valores acrescidos ilicitamente ao patrimônio, ressarcimento integral do dano, quando houver, perda da função pública, suspensão dos direitos políticos de oito a dez anos, pagamento de multa civil de até três vezes o valor do acréscimo patrimonial e proibição de contratar com o Poder Público ou receber benefícios ou incentivos fiscais ou creditícios, direta ou indiretamente, ainda que por intermédio de pessoa jurídica da qual seja sócio majoritário, pelo prazo de dez anos; na hipótese do artigo 10, ressarcimento integral do dano, perda dos bens ou valores acrescidos ilicitamente ao patrimônio, se concorrer esta circunstância, perda da função pública, suspensão dos direitos políticos de cinco a oito anos, pagamento de multa civil de até duas vezes o valor do dano e proibição de contratar com o Poder Público ou receber benefícios ou incentivos fiscais ou creditícios, direta ou indiretamente, ainda que por intermédio de pessoa jurídica da qual seja sócio majoritário, pelo prazo de cinco anos e na hipótese do artigo 11, ressarcimento integral do dano, se houver, perda da função pública, suspensão dos direitos políticos de três a cinco anos, pagamento de multa civil de até cem vezes o valor da remuneração percebida pelo agente e proibição de contratar com o Poder Público ou receber benefícios ou incentivos fiscais ou creditícios, direta ou indiretamente, ainda que por intermédio de pessoa jurídica da qual seja sócio majoritário, pelo prazo de três anos.

---

359. (Cespe – Defensor Público – RR/2013) Acerca da responsabilidade civil do Estado, assinale a opção correta.

a) De acordo com a teoria do risco integral, o Estado responde integralmente quando houver danos a terceiros, desde que não esteja presente nenhuma das causas excludentes de responsabilidade.

b) Nas situações que caracterizem conduta omissiva do Estado, deve-se adotar a teoria da irresponsabilidade administrativa.

c) A responsabilidade civil das pessoas jurídicas de direito privado prestadoras de serviço público é objetiva em decorrência dos danos que seus agentes, nessa qualidade, causarem a terceiros.

d) No Brasil, não se admite a responsabilidade civil do Estado por atos da administração pública no caso de dano moral.

e) Caso o Estado seja condenado a indenizar vítima de prejuízos provocados por servidor público, será possível a busca da compensação de suas despesas mediante o ajuizamento de ação regressiva em face do servidor responsável, mesmo que este não tenha agido com culpa ou dolo.

COMENTÁRIOS

✪ **Nota da Autora:** o estudo de responsabilidade civil deve-se levar em consideração às teorias sobre o assunto. A primeira teoria é a da irresponsabilidade do Estado, seguida pela teoria da responsabilidade civil comum do Estado. Após, temos a teoria da culpa administrativa (culpa anônima) do Estado, para finalizarmos com as teorias do risco administrativo e do risco integral.

Alternativa correta: letra "c". É o que preceitua a Constituição Federal, em seu artigo 37, § 6º: "As pessoas jurídicas de direito público e as de direito privado prestadoras de serviços públicos responderão pelos danos que seus agentes, nessa qualidade, causarem a terceiros, assegurado o direito de regresso contra o responsável nos casos de dolo ou culpa."

Alternativa "a". Uma das características da teoria do risco integral, que é semelhante à teoria do risco administrativo, é o regime de responsabilização, ou seja, adota-se nos dois casos a responsabilidade objetiva. A diferença mais marcante entre as teorias é que **a teoria do risco integral não aceita excludentes de responsabilidade.**

Alternativa "b". Como regra geral, na conduta omissiva do Estado, adota-se a responsabilidade subjetiva. Uma das teorias analisadas no estudo da responsabilidade civil do Estado é a teoria da culpa administrativa (ou culpa anônima). Para esta teoria, há responsabilidade do Estado quando o serviço não funciona – devendo funcionar –, funciona mal ou funciona atrasado, possibilitando, assim, a responsabilização estatal por omissão injustificada (omissão imprópria). É importante destacar, que esta teoria se assentaria na culpa, mas **não na culpa subjetiva do agente,** mas sim em uma culpa anônima ou impessoal, que passa a ser imputada ao serviço. É importante ressaltar que quando há omissão própria (dever de agir e não o faz), a responsabilidade é objetiva. Portanto há duas omissões, gerando responsabilidades diferentes: omissão imprópria, gerando responsabilidade subjetiva (teoria da culpa anônima) e omissão própria, gerando responsabilidade objetiva (teoria do risco administrativo).

Alternativa "d". A responsabilidade civil do Estado decorre do dever de indenizar aqueles que tiveram seus direitos lesionados. Tal indenização pode ser a título de danos morais ou patrimoniais, de acordo com a natureza do ato praticado.

Alternativa "e". O servidor só responde se tiver agido com dolo ou culpa. Conforme o artigo 122 da Lei nº 8.112/90, a responsabilidade civil do servidor público decorre de ato omissivo ou comissivo, doloso ou culposo, que resulte em prejuízo ao erário ou a terceiros.

---

360. (Cespe – Juiz do Trabalho Substituto 5ª região/2013) Em relação ao provimento dos cargos públicos, a responsabilidade civil e administrativa do servidor e inquérito civil público, assinale a opção correta de acordo com a CF, a jurisprudência dos tribunais superiores e a doutrina.

a) É possível a investidura de servidor em cargo que não integre a carreira da qual faça parte o servidor, mesmo sem a prévia aprovação em concurso público.

b) É prescindível a previsão legal do exame psicotécnico para fins de habilitação de candidato em concurso público.

c) O inquérito civil público tem natureza administrativa e não é autônomo em relação ao processo de responsabilidade.

d) A CF consagra dupla garantia, uma em favor do particular, possibilitando-lhe ação indenizatória contra a pessoa jurídica de direito público ou de direito privado que preste serviço público, e outra em prol do servidor, que somente responde administrativa e civilmente perante a pessoa jurídica a cujo quadro funcional se vincular.

e) A administração pública tem ampla liberdade para escolher o limite de idade para a inscrição em concurso público.

COMENTÁRIOS

✪ **Nota da Autora:** a análise da questão envolve os institutos da ascensão e transferências, não mais aceitas no ordenamento jurídico, em decorrência das decisões no Supremo Tribunal Federal. Também analisa algumas posições jurisprudenciais (sumuladas pelo Supremo Tribunal Federal) no que se refere a limite de idade e exame psicotécnico. E o candidato deve ter uma atenção especial com o item d, pois ele analisa o ponto de vista da Constituição Federal de 1988 e do Supremo Tribunal Federal (STF).

Alternativa correta: letra "d". O Supremo Tribunal Federal (STF), conclui que o art. 37, § 6º, da CF, consagra dupla garantia: uma em favor do particular, possibilitando-lhe ação indenizatória contra a pessoa jurídica de direito público ou de direito privado que preste serviço público; outra, em prol do servidor estatal, que somente responde administrativa e civilmente perante a pessoa jurídica a cujo quadro funcional pertencer. A Min. Cármen Lúcia acompanhou com reservas a fundamentação. (RE 327904/SP, rel. Min. Carlos Britto, 15.8.2006).

Alternativa "a". Conforme Sumula nº 685 do Supremo Tribunal Federal (STF),é inconstitucional toda modalidade de provimento que propicie ao servidor investir-se, sem prévia aprovação em concurso público destinado ao seu provimento, em cargo que não integra a carreira na qual anteriormente investido.

Alternativa "b". Conforme Sumula nº 686 do Supremo Tribunal Federal (STF), só por lei se pode sujeitar a exame psicotécnico a habilitação de candidato a cargo público.

Alternativa "c". O Superior Tribunal de Justiça (STJ), entendeu que O inquérito civil público tem natureza administrativa e é autônomo em relação ao processo de responsabilidade, do mesmo modo que o processo de apuração de danos ao erário também é autônomo em relação ao processo penal. (STJ – **AgRg no RMS 25.763-RS, Rel. Min. Humberto Martins, julgado em 2/9/2010.)**

Alternativa "e". Conforme Sumula nº 683 do Supremo Tribunal Federal (STF), o limite de idade para a inscrição em concurso só se legitima em face do artigo 7º, XXX, da Constituição, quando possa ser justificado pela natureza das atribuições do cargo a ser preenchido.

---

361. (Cespe – Juiz Federal Substituto 2ª região/ 2013) Com referência a atos administrativos, bens públicos, responsabilidade do Estado e administração pública, assinale a opção correta à luz da jurisprudência dos tribunais superiores.

a) Os registros de propriedade particular de imóveis situados em terrenos de marinha são oponíveis à União.

b) Segundo a jurisprudência do STF, os elementos que compõem a estrutura e delineiam o perfil da responsabilidade civil do poder público compreendem: a alteridade do dano; a causalidade material entre o eventus damni e o comportamento positivo ou negativo do agente público; a oficialidade da atitude casual e lesiva imputável a agente do poder público, que, nessa condição fundamental tenha incidido em conduta lesiva ou omissiva, independentemente da licitude, ou não, do seu comportamento funcional; e a ausência de causa excludente da responsabilidade estatal.

c) Segundo a jurisprudência do STJ, nos casos em que o contrato administrativo for considerado nulo, o contratante não terá direito a indenização pelos serviços prestados à administração pública, não havendo que se cogitar o animus do contratante, tendo em vista que, em razão da natureza declaratória da ação anulatória, as partes retroagem ao status quo ante.

d) As sociedades de economia mista fazem parte da administração indireta e, como detêm participação de capital público, são submetidas hierarquicamente ao ministério a cujas atividades estejam vinculadas.

e) O Poder Judiciário não pode realizar o controle dos atos administrativos discricionários, sob pena de ofensa ao princípio da separação dos poderes.

COMENTÁRIOS

Alternativa correta: letra "b". Segundo a jurisprudência do STF, os **elementos** que **compõem** a estrutura e delineiam o perfil da **responsabilidade civil** objetiva do Poder Público compreendem (a) a **alteridade** do dano, (b) a causalidade material entre o "eventos damni" e o comportamento positivo (ação) ou negativo (omissão) do agente público, (c) a oficialidade da atividade causal e lesiva imputável a agente do Poder Público que tenha, nessa específica condição, incidido em conduta comissiva ou omissiva, independentemente da licitude, ou não, do comportamento funcional e (d) a ausência de causa excludente da **responsabilidade** estatal. (AI 734689 AgR-ED, Relator(a): Min. Celso de Mello, Segunda Turma, julgado em 26/06/2012)

Alternativa "a". Conforme entendimento do Superior Tribunal de Justiça, na Súmula 496, os registros de propriedade particular de imóveis situados em terrenos de marinha não são oponíveis à União.

Alternativa "c". O Superior Tribunal de Justiça (STJ) entendeu que o ordenamento jurídico pátrio veda o enriquecimento sem causa em face de contrato administrativo declarado nulo, porque inconcebível que a Administração incorpore ao seu patrimônio prestação recebida do particular sem observar a contrapartida, qual seja, o pagamento correspondente ao benefício. (REsp 753039/PR, Rel. Ministro Luiz Fux, Primeira Turma, julgado em 21/06/2007, DJ 03/09/2007)

Alternativa "d". Nenhuma entidade da administração indireta, incluindo as sociedades de economia mista, subordinam-se ao órgão supervisor. A relação que existe entre os entes políticos e os entes administrativos é uma relação de vinculação, também conhecida como controle finalístico (ou supervisão ministerial, na esfera federal). Esse é o entendimento do legislador, no Decreto nº Lei 200/67.

Alternativa "e". O ato administrativo, independentemente de ser vinculado ou discricionário, é passível de controle judicial.

---

362. (Cespe – Juiz Federal Substituto 2ª região/ 2013) Determinada associação de moradores ajuizou ação civil pública contra concessionária de energia elétrica, demandando a adoção de medidas para a redução do campo eletromagnético de linha de transmissão a ser instalada sobre seu bairro, sob o argumento de que, na intensidade prevista na licença de instalação, havia estudos denunciadores da possibilidade de aumento do risco de câncer nas pessoas expostas por longos períodos à radiação liberada. A associação requereu ainda medida liminar para que, durante o curso do processo, fosse observado padrão de segurança dos níveis de radiação adotado em certo país estrangeiro, sob pena de multa.

Considerando a situação hipotética acima, assinale a opção correta.

a) A associação de moradores em apreço tem legitimidade ativa para pleitear o cumprimento de obrigações de fazer, mas não teria legitimidade para pleitear indenização pelos danos ambientais difusos.

b) Como a autora provou a existência de estudos que indicam aumento dos riscos de câncer, caberá à ré comprovar a segurança quanto aos níveis de radiação a serem emitidos pela citada linha de transmissão.

c) O pleito da associação funda-se no princípio da precaução, segundo o qual devem ser adotadas medidas mitigadoras dos danos ambientais devidamente comprovados em EIA/RIMA.

d) Se a atividade em questão tiver sido licenciada conforme padrões de segurança nacionais, será juridicamente impossível a pretensão de obrigar a empresa à implementação de critérios mais rigorosos.

e) Caso venha a fixar eventuais astreintes na modalidade de multa diária, o juiz deverá observar um limite para que o valor não enseje enriquecimento sem causa da associação autora.

COMENTÁRIOS

Alternativa correta: letra "b". Cabe à ré provar fato impeditivo do direito do autor, ou seja, que não haveria risco à saúde da população, conforme artigo 333, II, do Código de Processo Civil.

Alternativa "a". Conforme artigo 3º da Lei nº 7.347, a ação civil poderá ter por objeto a condenação em dinheiro ou o cumprimento de obrigação de fazer ou não fazer. Logo a associação teria legitimidade para os dois pedidos.

Alternativa "c". Na situação, **estamos diante do princípio da prevenção e não precaução**. O princípio da prevenção destina-se às atividades cujos danos são conhecidos e previsíveis, gerando para a Administração Pública o dever de exigir do responsável pela atividade a adoção de medidas acautelatórias que eliminem ou minimizem os danos. Já o princípio da precaução, diante da incerteza científica quanto à ocorrência de danos ao meio ambiente, gera para a Administração Pública um comportamento muito mais restritivo, quanto às atribuições de fiscalização e de licenciamento das atividades potencialmente poluidoras e utilizadoras de recursos naturais.

Alternativa "d". A licença ambiental tem natureza autorizatória e o órgão ambiental pode modificar suas condicionantes e até cancelá-la.

Alternativa "e". Estatui o artigo 13 da Lei da Ação Civil Pública (ACP), que havendo condenação em dinheiro, a indenização pelo dano causado reverterá a um fundo gerido por um Conselho Federal ou por Conselhos Estaduais de que participarão necessariamente o Ministério Público e representantes da comunidade, sendo seus recursos destinados à reconstituição dos bens lesados.

---

363. (Cespe – Juiz Federal Substituto 5ª região/2013) Assinale a opção correta sobre prescrição, bens públicos, intervenção do Estado no domínio econômico, contratos administrativos e concessão de serviços públicos.

a) A lei de regência admite a subconcessão, nos termos previstos no contrato de concessão, bastando, para isso, que o poder concedente seja notificado.

b) Conforme disposto no Decreto nº 20.910/1932, a citação inicial interrompe a prescrição, quando, por qualquer motivo, o processo tiver sido anulado.

c) Segundo a lei de regência, a locação de bens imóveis da União, sendo de interesse público secundário, deve ser feita mediante contrato, firmado conforme as disposições da Lei de Locações.

d) Tratando-se de desapropriação por utilidade pública, alegada a urgência, que não pode ser renovada, fica o expropriante obrigado a requerer a imissão provisória dentro do prazo improrrogável de cento e oitenta dias.

e) O contratado é responsável pelos danos causados diretamente a terceiros ou à administração decorrentes de sua culpa ou dolo na execução do contrato. Essa responsabilidade não se exclui nem se reduz se tiver havido fiscalização ou acompanhamento pelo órgão interessado.

COMENTÁRIOS

Alternativa correta: letra "e". Conforme o artigo 70 da Lei nº 8.666/93, o contratado é responsável pelos danos causados diretamente à Administração ou a terceiros, decorrentes de sua culpa ou dolo na execução do contrato, não excluindo ou reduzindo essa responsabilidade a fiscalização ou o acompanhamento pelo órgão interessado.

Alternativa "a". A Lei nº 8.987/95, estatui em seu artigo 26, que é admitida a subconcessão, nos termos previstos no contrato de concessão, desde que expressamente autorizada pelo poder concedente.

Alternativa "b". Conforme o artigo 7º, do Decreto nº 20.910/32, a citação inicial **não interrompe a prescrição** quando, por qualquer motivo, o processo tenha sido anulado.

Alternativa "c". Nesse item temos que analisar alguns artigos. Conforme o artigo 1º da Lei nº 8.666/93: "Esta Lei estabelece normas gerais sobre licitações e contratos administrativos pertinentes a obras, serviços, inclusive de publicidade, compras, alienações e **locações** no âmbito dos Poderes da União, dos Estados, do Distrito Federal e dos Municípios". Complementando, o Decreto-lei nº 9.760/46, que dispõe sobre os bens imóveis da União, o artigo 87 preconiza que a locação de imóveis da União se fará mediante contrato, não ficando sujeita a disposições de outras leis concernentes à locação.

Alternativa "d". Segundo o artigo 15, § 2º do Decreto - lei nº 3.365/1941, a alegação de urgência, que não poderá ser renovada, obrigará o expropriante a **requerer a imissão provisória dentro de 120 dias.**

---

364. (Cespe - Procurador do DF/ 2013) No âmbito da responsabilidade civil do Estado, são imprescritíveis as ações indenizatórias por danos morais e materiais decorrentes de atos de tortura ocorridos durante o regime militar de exceção.

COMENTÁRIOS

Certo. O STF, no Recurso Extraordinário nº 529.804, entendeu que são imprescritíveis as ações de Indenização por danos derivados de prisão, perseguição ou tortura ocorridos durante o Regime Militar, em razão de serem propostas com a finalidade de defender os direitos fundamentais.

---

365. (Cespe - Procurador do DF/ 2013) Segundo a atual posição do STF, é subjetiva a responsabilidade de empresa pública prestadora de serviço público em relação aos danos causados a terceiros não usuários do serviço.

COMENTÁRIOS

Errado. O Supremo Tribunal Federal (STF), no Recurso Extraordinário (RE) 591874 definiu que há **responsabilidade civil objetiva** (dever de indenizar danos causados independente de culpa) das empresas que prestam serviço público mesmo em relação a terceiros, ou seja, aos não-usuários.

---

366. (Cespe - Procurador do Ministério Público junto ao TCDF/2013) É assente no STF que o poder público ficará sujeito a indenizar o proprietário do bem atingido pela instituição da reserva florestal, se, em decorrência dessa ação administrativa, o dominus vier a sofrer prejuízos de ordem patrimonial.

COMENTÁRIOS

Certo. O Supremo Tribunal Federal (STF), no Recurso Extraordinário nº 134.297, entendeu que o Poder Público ficará sujeito a indenizar o proprietário do bem atingido pela instituição da reserva florestal, se, em decorrência de sua ação administrativa, o dominus vier a sofrer prejuízos de ordem patrimonial. A instituição de reserva florestal - com as consequentes limitações de ordem administrativa dela decorrentes - e desde que as restrições estatais se revelem prejudiciais ao imóvel abrangido pela área de proteção ambiental, não pode justificar a recusa do Estado ao pagamento de justa compensação patrimonial pelos danos resultantes do esvaziamento econômico ou da depreciação do valor econômico do bem.

---

367. (Cespe - Procurador do Ministério Público junto ao TCDF/2013) O Estado só responderá pela indenização ao indivíduo prejudicado por ato legislativo quando este for declarado inconstitucional pelo STF.

COMENTÁRIOS

Errado. Questão controvertida, em que o gabarito foi alterado pela banca. Segundo a Maria Sylvia Zanella

Di Pietro 4 (Direito Administrativo, 26ª edição, pag. 719), existem três situações que o Estado pode responder civilmente pelos atos legislativos: leis inconstitucionais, leis de efeitos concretos e omissão no poder de legislar e regulamentar.

368. (Cespe – Defensor Público – ES/ 2012) De acordo com a jurisprudência consolidada do STF, a responsabilidade objetiva do Estado aplica-se a todos os atos do Poder Judiciário.

COMENTÁRIOS

Errado. Em regra, o Estado, no exercício da atividade jurisdicional, não pode ser responsabilizado por seus atos. Excepcionalmente, conforme previsto na CF, ele poderá ser responsabilizado **objetivamente** em razão de erro judiciário ou de prisão além do tempo fixado, conforme previsão no inciso LXXV do Art. 5º da CF. Mas o judiciário não pratica somente atos jurisdicionais. Conforme entendimento de Maria Sylvia Zanella Di Pietro (Direito Administrativo, 26ª edição, pag. 725), os atos judiciais que não impliquem exercício de função jurisdicional, é cabível a responsabilidade do Estado, sem maior contestação, porque se trata de atos administrativos, quanto ao seu conteúdo. **Esse também é o posicionamento Do Supremo Tribunal Federal (STF), no RE 505.393.**

369. (Cespe – Defensor Público – ES/ 2012) A responsabilidade civil da administração pública por atos comissivos é objetiva, embasada na teoria do risco administrativo, isto é, independe da comprovação da culpa ou dolo.

COMENTÁRIOS

Certo. A teoria adotada no direito brasileiro, em seu artigo 37, § 6º da Constitucional Federal, quanto aos casos de responsabilidade civil da administração pública, é a teoria do risco administrativo (usando como regime de responsabilização o da responsabilidade objetiva). Para Hely Lopes Meirelles (Direito Administrativo, 34ª edição, pag. 658) a teoria do risco administrativo faz surgir a obrigação de indenizar o dano do só ato lesivo e injusto causado à vítima pela Administração. Não se exige qualquer falta do serviço público, nem culpa de seus agentes. Basta a lesão, sem o concurso do lesado. Isso pode ser decorrente de atos comissivos ou omissivos próprios (quando se tem o dever de agir e o não o faz). Uma das características no estudo da responsabilidade objetiva, é que a vítima, para ter o dano reparado, tem que trazer para a relação três elementos: a conduta (comissiva ou omissiva), o resultado (dano) e o nexo causal (a ligação que existe entre a conduta e o resultado). A vítima não precisa fazer a prova de culpa (demonstração de dolo ou culpa).

370. (Cespe – Analista Judiciário – Área Judiciária – STM/2011) Com referência à responsabilidade civil do Estado e supondo que um aluno de escola pública tenha gerado lesões corporais em um colega de sala, com uma arma de fogo, no decorrer de uma aula, julgue o item abaixo.

No caso considerado, existe a obrigação do Estado em indenizar o dano causado ao aluno ferido.

COMENTÁRIOS

Certo. No julgado do RE 109615, Relator(a) Min. CELSO DE MELLO, o STF entendeu que O Poder Público, ao receber o estudante em qualquer dos estabelecimentos da rede oficial de ensino, assume o grave compromisso de velar pela preservação de sua integridade física, devendo empregar todos os meios necessários ao integral desempenho desse encargo jurídico, sob pena de incidir em responsabilidade civil pelos eventos lesivos ocasionados ao aluno. – A obrigação governamental de preservar a intangibilidade física dos alunos, enquanto estes se encontrarem no recinto do estabelecimento escolar, constitui encargo indissociável do dever que incumbe ao Estado de dispensar proteção efetiva a todos os estudantes que se acharem sob a guarda imediata do Poder Público nos estabelecimentos oficiais de ensino. Descumprida essa obrigação, e vulnerada a integridade corporal do aluno, emerge a responsabilidade civil do Poder Público pelos danos causados a quem, no momento do fato lesivo, se achava sob a guarda, vigilância e proteção das autoridades e dos funcionários escolares, ressalvadas as situações que descaracterizam o nexo de causalidade material entre o evento danoso e a atividade estatal imputável aos agentes públicos.

11. CONTROLE DA ADMINISTRAÇÃO PÚBLICA

✦ LIDIANE COUTINHO

- CF, art. 5º LXVIII, LXIX, LXX, LXXI, LXXII, LXIII e LXXVII
- CF, artigos 50 e 58
- CF, artigos 70, 71 e 74
- CF, art. 103
- CF, art. 129, II
- Lei nº 12.016/09
- Lei nº 7.347/85
- Lei nº 4.717/65

371. (Cespe – Promotor de Justiça – MPE – RR/2017) Com referência ao controle exercido pela administração pública, julgue os seguintes itens.

I. Segundo o STJ, o acesso do MP a informações inseridas em procedimentos disciplinares em tramitação conduzidos pela OAB depende de prévia autorização judicial.

II. Segundo o STJ, o controle externo da atividade policial exercido pelo MP não lhe garante o acesso irrestrito a todos os relatórios de inteligência produzidos pela polícia, mas somente àqueles de natureza persecutório-penal relacionados com a atividade de investigação criminal.

III. Diante de razões de legalidade e de mérito, cabe recurso de decisões administrativas, o qual deverá ser dirigido à autoridade superior àquela que tiver proferido a decisão.

IV. Em se tratando de ação popular, o MP deverá acompanhar a ação, sendo-lhe facultado assumir a defesa de ato que eventualmente seja impugnado.

Estão certos apenas os itens

A) I e II.

B) I e IV.

C) II e III.

D) III e IV.

COMENTÁRIOS

Alternativa correta: letra A. Os itens corretos são os itens I e II. Vejamos. Item I- correto: segundo o STJ, no REsp 1.217.271-PR, o acesso do MPF às informações inseridas em procedimentos disciplinares conduzidos pela OAB depende de prévia autorização judicial. O fundamento para esta decisão encontra-se no § 2º do artigo 72 da Lei nº 8.906/94, que estabelece que a obtenção de cópia dos processos ético-disciplinares é matéria submetida à reserva de jurisdição, de modo que somente mediante autorização judicial poderá ser dado acesso a terceiros; Item II- correto: segundo o STJ, no REsp 1.439.193-RJ, o poder fiscalizador atribuído ao Ministério Público não lhe confere o acesso irrestrito a "todos os relatórios de inteligência" produzidos pelo Departamento de Polícia Federal, incluindo aqueles não destinados a aparelhar procedimentos investigatórios criminais formalizados; Item III- errado: conforme artigo 56 § 1o da Lei nº 9.784/99, o recurso será dirigido à autoridade que proferiu a decisão, a qual, **se não a reconsiderar no prazo de cinco dias**, o encaminhará à autoridade superior e Item IV- errado: conforme o artigo 6º § 4º da Lei nº 4.717/65, o Ministério Público acompanhará a ação, cabendo-lhe apressar a produção de provas e promover a responsabilidade, civil ou criminal, dos que nela incidirem **sendo-lhe vedado, em qualquer hipótese**, assumir a defesa do ato impugnado ou dos seus autores.

372. (Cespe – Juiz de Direito – PR/2017) No que se refere à discricionariedade administrativa e ao controle judicial dos atos administrativos, assinale a opção correta.

A) Não havendo previsão legal sobre o tema, o STF tem admitido que o Poder Judiciário determine a atualização da tabela do imposto de renda.

B) Segundo o entendimento do STF, não havendo flagrante ilegalidade ou inconstitucionalidade, o Poder Judiciário não pode interferir em critérios fixados por banca examinadora de concurso público.

C) Segundo o STF, a determinação judicial para que a administração pública realize obras ou reformas emergenciais em presídios fere a separação dos poderes, mesmo que a melhoria preste-se a garantir a integridade física dos presos.

D) Não se admite o controle judicial dos atos discricionários.

COMENTÁRIOS

Alternativa correta: letra B. O entendimento do STF, no STF MS 21.176, é que não compete ao Poder Judiciário substituir a banca examinadora para reexaminar o conteúdo das questões e os critérios de correção utilizados, salvo ocorrência de ilegalidade e inconstitucionalidade.

Alternativa A. Errada. Conforme jurisprudência firmada no STF, no RE n. 234.003, não cabe ao Judiciário determinar a atualização das tabelas de Imposto de Renda pela variação da UFIR, sendo-lhe vedado fazer as vezes do Legislativo, cabendo-lhe interpretar e aplicar a lei.

Alternativa C. Errada. Conforme decisão do STF, no RE 592581, o Poder Judiciário pode determinar que a Administração Pública realize obras ou reformas emergenciais em presídios para garantir os direitos fundamentais dos presos, como sua integridade física e moral.

Alternativa D. Errada. O Judiciário pode efetuar controle em atos discricionários, desde que relacionados à legalidade, análise de princípios, abuso de poder ou teoria dos motivos determinantes para eventual anulação. O que o Judiciário não pode é analisar mérito, para eventual revogação.

373. (Cespe – Técnico Judiciário – Área Administrativa – TRE – BA/2017) Assinale a opção correta com relação ao controle administrativo.

A) Os recursos hierárquicos próprios podem ser dirigidos a outros órgãos que não aqueles de onde se originar o ato impugnado.

B) É constitucional a exigência de depósito em dinheiro como requisito para a interposição de recurso administrativo.

C) A supervisão da administração direta sobre a indireta depende de expressa previsão legal.

D) O exercício do direito de petição, mecanismo tradicional de controle popular, depende do pagamento de taxas.

E) O pedido de reconsideração suspende o prazo para a interposição de recurso administrativo.

COMENTÁRIOS

Alternativa correta: letra C. O controle finalístico (e na esfera federal também chamado de supervisão ministerial), depende de previsão expressa na lei, nela encontrando seus limites, e se destina a verificar se a entidade vem atuando de acordo com a finalidade para a qual foi criada (análise teleológica).

Alternativa A. Errada. Alternativa bem criticada, porque os recursos hierárquicos próprios podem ser dirigidos a outros órgãos que não aqueles de onde se originar o ato impugnado, desde que no mesmo Poder. E a banca entendeu que não podem ser dirigidos. Por exemplo, um ato praticado por Ministro, dentro do órgão Ministério, pode ter recurso ao Presidente da República, que está em outro órgão, que é a Presidência da República, mas no mesmo Poder, que é o Poder Executivo. Então é considerado recurso hierárquico próprio. Porque se caracteriza pela hierarquia.

Alternativa B. Errada. Conforme Súmula Vinculante nº 21 do STF, é inconstitucional a exigência de depósito ou arrolamento prévios de dinheiro ou bem para admissibilidade de recurso administrativo

Alternativa D. Errada. De acordo com a Constituição Federal, em seu artigo 5º, inciso XXXIV, alínea a, são a todos assegurados, **independentemente do pagamento de taxas,** o direito de petição aos Poderes Públicos em defesa de direitos ou contra ilegalidade ou abuso de poder.

Alternativa E. Errada. Temos duas análises a serem feitas. A primeira, de acordo com a Lei nº 9.784/99, em seu artigo 61, salvo disposição legal em contrário, o recurso não tem efeito suspensivo. A segunda, conforme artigo 111 da Lei nº 8.112/90, o pedido de reconsideração e o recurso, quando cabíveis, **interrompem** (não suspendem) a prescrição.

374. (Cespe – Técnico Judiciário – Área Administrativa – TRF 1/2017) O direito fundamental de petição, estabelecido expressamente na Constituição Federal, é um instrumento de controle administrativo: ele assegura aos indivíduos o direito de expor e requerer junto aos órgãos públicos.

COMENTÁRIOS

Alternativa CERTA. De acordo com a Constituição Federal, em seu artigo 5º, inciso XXXIV, alínea a, são a todos assegurados, **independentemente do pagamento de taxas,** o direito de petição aos Poderes Públicos em defesa de direitos ou contra ilegalidade ou abuso de poder.

375. (Cespe – Defensor Público – DPU/2017) O controle judicial dos atos administrativos discricionários restringe-se ao aspecto da legalidade, estando, portanto, impedido o Poder Judiciário de apreciar motivação declinada expressamente pela autoridade administrativa.

COMENTÁRIOS

Alternativa ERRADA. O Judiciário pode efetuar controle em atos discricionários, desde que relacionados à legalidade, análise de princípios, abuso de poder ou teoria dos motivos determinantes (apreciar a motivação do ato), para eventual anulação. O que o Judiciário não pode é analisar mérito, para eventual revogação.

376. (Cespe – Analista de Controle – Área Jurídica – TCE – PR/2016) Determinado órgão da administração pública pretende disponibilizar, mediante contrato por prazo determinado, uma área do prédio de sua sede — um bem público — para um particular instalar refeitório destinado aos servidores desse órgão.

Nessa situação, de acordo com a doutrina pertinente, o instituto legalmente adequado para se disponibilizar o uso privativo do bem público por particular é a

a) concessão de uso.

b) cessão de uso.

c) autorização de uso.

d) concessão de direito real de uso.

e) permissão de uso.

COMENTÁRIOS

Alternativa correta: letra "a". Alguns núcleos do texto referente à questão fazem com que o candidato consiga detectar o item correto. São eles: contrato por prazo determinado e uso específico (determinado pela Administração Pública) do bem público pelo particular. A concessão de uso se caracteriza como um contrato administrativo que deve, obrigatoriamente, ser precedido de licitação e uso específico (determinado pela Administração Pública) do bem público pelo particular. É feita por prazo determinado e só admite rescisão nas hipóteses previstas em lei, podendo ser gratuita ou remunerada.

Alternativa "b": Errado. A cessão é a transferência de uso de bens públicos, de forma gratuita ou com condições especiais, entre entidades da Administração Pública Direta e Indireta ou entre a Administração e as pessoas de direito privado sem finalidade lucrativa.

Alternativa "c".: Errado. A autorização de uso de bem público é ato administrativo, discricionário e precário, editado pelo Poder Público para consentir que determinada pessoa utilize privativamente bem público.

Alternativa "d".: Errado. A concessão de direito real de uso é o contrato administrativo por meio do qual a Administração Pública concede o uso privativo de bens públicos, de forma remunerada ou gratuita, por tempo certo ou indeterminado, como direito real resolúvel, com a finalidade de implementar a regularização fundiária de interesse social, urbanização, industrialização, edificação, cultivo da terra, aproveitamento sustentável das várzeas, preservação das comunidades tradicionais e seus meios de subsistência, uso do espaço aéreo ou outras modalidades de interesse social em áreas urbanas (arts. 7.º e 8.º do Decreto-lei 271/1967).

Alternativa "e": Errado. A permissão de uso é o ato administrativo, discricionário e precário, por meio do qual a Administração Pública consente com a utilização privativa de determinado bem público

---

377. (Cespe – Analista de Controle – Área Jurídica – TCE – PR/2016) Após prévio e regular certame licitatório, um estado da Federação celebrou contrato de concessão de serviço público. No decorrer da execução do contrato, a administração, após a concessão do direito de ampla defesa, verificou que a empresa concessionária paralisou o serviço contratado sem motivo justificável.

Nessa situação hipotética, com respaldo na Lei nº 8.987/1995, o ente federativo poderá extinguir o contrato mediante o instituto da

a) rescisão.
b) reversão.
c) encampação.
d) anulação.
e) caducidade.

COMENTÁRIOS

✪ **Nota do autor:** Conforme determina o artigo 35 da Lei nº 8.987/85, extingue-se a concessão por: I – advento do termo contratual; II – encampação; III – caducidade; IV – rescisão; V – anulação e VI – falência ou extinção da empresa concessionária e falecimento ou incapacidade do titular, no caso de empresa individual. Determina o artigo 38 que a inexecução total ou parcial do contrato acarretará, a critério do poder concedente, a declaração de caducidade da concessão ou a aplicação das sanções contratuais, respeitadas as disposições deste artigo, do art. 27, e as normas convencionadas entre as partes.

Alternativa correta: letra "e" (responde as demais alternativas). Estatui o artigo 38, § 1º, III da Lei nº 8.987/95, que a caducidade da concessão poderá ser declarada pelo poder concedente quando a concessionária paralisar o serviço ou concorrer para tanto, ressalvadas as hipóteses decorrentes de caso fortuito ou força maior.

---

378. (Cespe – Defensor Público – RN/2015) Tendo em vista que, relativamente aos mecanismos de controle da administração pública, a própria CF dispõe que os Poderes Legislativo, Executivo e Judiciário manterão, integradamente, sistemas de controle interno em suas respectivas esferas, assinale a opção que apresenta exemplo de meio de controle interno da administração pública.

a) Fiscalização realizada por órgão de controladoria da União sobre a execução de determinado programa de governo no âmbito da administração pública federal.
b) Controle do Poder Judiciário sobre os atos do Poder Executivo em ações judiciais.
c) Sustação, pelo Congresso Nacional, de atos do Poder Executivo que exorbitem do poder regulamentar.
d) Julgamento das contas dos administradores e dos demais responsáveis por dinheiro, bens e valores públicos da administração direta e indireta realizado pelos TCs.
e) Ação popular proposta por cidadão visando à anulação de determinado ato praticado pelo Poder Executivo municipal, considerado lesivo ao patrimônio público.

COMENTÁRIOS

✪ **Nota do autor:** Todos os itens, com exceção da letra "a", tratam de forma de controle externo da Administração.

Alternativa correta: letra "a" (responde as demais alternativas). O artigo 74, I da CF, estatui que os Poderes Legislativo, Executivo e Judiciário manterão, de forma integrada, sistema de controle interno com a finalidade de avaliar o cumprimento das metas previstas no plano plurianual, a execução dos programas de governo e dos orçamentos da União.

---

379. (Cespe – Procurador do MP junto ao TCU/2015) No que se refere aos atos administrativos, assinale a opção correta de acordo com a jurisprudência do STJ.

a) De acordo com o atual entendimento do STJ, o desfazimento do ato administrativo considerado ilegal pelo Estado independe de prévio processo administrativo, mesmo que o ato anulado tenha produzido efeitos concretos.
b) É quinquenal o prazo para que a administração pública possa anular ato administrativo, sendo vedado, após o seu decurso, o afastamento da decadência.
c) O ato de promoção de servidor público praticado por erro da administração pública pode ser objeto

de anulação, hipótese em que o servidor terá de restituir os valores correspondentes ao erário, apesar de tê-los recebido de boa-fé.

d) O ato administrativo que negar pedido de servidor público de licença para tratar de interesses particulares poderá ser revisto pelo Poder Judiciário quando houver abuso por parte da administração pública, mediante provocação do interessado.

e) Caso servidor público ajuíze ação tendo por objeto ato omissivo continuado da administração pública que lhe tenha impedido progressão na carreira, ocorrerá prescrição do fundo de direito, se a ação for ajuizada após cinco anos do início da omissão.

COMENTÁRIOS

Alternativa correta: letra "d". Decidiu o STJ, no AgRg do REsp 1.087.443/SC, que embora, em regra, não seja cabível ao Poder Judiciário examinar o mérito do ato administrativo discricionário – classificação na qual se enquadra o ato que aprecia pedido de licença de servidor para tratar de interesse particular -, não se pode excluir do magistrado a faculdade de análise dos motivos e da finalidade do ato, sempre que verificado abuso por parte do administrador

Alternativa "a": Errado. Conforme decisão do STJ (Superior Tribunal de Justiça), no MS 8627/ DF, a invalidação de ato administrativo classificado como ampliativo de direito depende de prévio processo administrativo, em que sejam assegurados ao interessado o contraditório e a ampla defesa

Alternativa "b": Errado. Conforme previsão do artigo 54 da Lei nº 9.784/99, o direito da Administração de anular os atos administrativos de que decorram efeitos favoráveis para os destinatários decai em cinco anos, contados da data em que foram praticados, *salvo comprovada má-fé.*

Alternativa "c".: Errado. Questão bem polêmica. Mas conforme decisão do STJ (Superior Tribunal de Justiça), no REsp 645.165/CE, **é incabível** o desconto de diferenças recebidas indevidamente pelo servidor, em decorrência de errônea interpretação ou má aplicação da lei pela Administração Pública, quando constatada boa-fé do beneficiado.

Alternativa "e": Errado. Decidiu o STJ (Superior Tribunal de Justiça), no AgRg do AREsp 558052/ MG, que em se tratando de ato omissivo da Administração, caracterizado pela ausência de concessão à servidora municipal de progressão na carreira, *ocorre apenas a prescrição das parcelas anteriores ao quinquênio* que precedeu o ajuizamento da ação.

380. (Cespe – Procurador do MP junto ao TCE-PB/2014) Acerca do controle da administração pública, assinale a opção correta.

a) O TCU exerce uma função não judicial quando julga as contas dos administradores e demais responsáveis por dinheiros, bens e valores públicos, nos processos de tomada e prestação de contas anual.

b) O sistema de controle da administração pública veda a aplicação da accountability devido à inexistência de previsão legal para tal aplicação.

c) O controle da edição do ato administrativo deve ser sempre posterior à sua edição, quando este relacionar-se à aplicação de recursos públicos.

d) Na estrutura do sistema de controle da administração pública federal, a CGU, órgão de controle interno, é subordinada ao TCU, órgão de controle externo.

e) O tribunal de contas do estado está subordinado ao Poder Legislativo estadual, em decorrência de delegação da própria CF e ratificação da constituição estadual.

COMENTÁRIOS

Alternativa correta: "a". Os Tribunais de Contas não exercem função jurisdicional. Quando a Constituição de 1988 dispõe, em seu art. 71, II, que compete ao TCU julgar as contas dos administradores e demais responsáveis por dinheiro, bens e valores públicos, o que o legislador quis dizer foi que os Tribunais de Contas deveriam apreciar, examinar e analisar estas contas. E esta função é eminentemente administrativa.

Alternativa "b". Errado. A palavra accountability significa a obrigação de prestar contas dos resultados conseguidos em função da posição que a pessoa assume e do poder que detém. Os mecanismos de controle se situam em duas esferas interdependentes: os mecanismos de accountability verticais – da sociedade em relação ao Estado – e os de accountability horizontais, isto é, de um setor a outro da esfera pública. O sistema de controle horizontal, pode ser classificado em quatro tipos principais: a) os controles administrativos, que são um autocontrole, pois exercidos pelos próprios poderes sobre seus atos e agentes; b) os controles legislativos, que são representados pelo apoio ou rejeição às iniciativas do poder executivo nos legislativos (trata-se aqui de um controle político); c) os controles de contas, que são essencialmente técnicos, pois têm a função de controlar as contas públicas, subsidiando os legislativos; e d) os controles judiciários, que objetivam coibir abusos do patrimônio público e do exercício do poder por parte das autoridades. Os "controles administrativos" são denominados genericamente de controles internos. E está previsto na Constituição, nos artigos 70 e 74.

Alternativa "c". Errado. O controle pode ser prévio, concomitante e posterior. Os três poderes fazem controle prévio, concomitante e posterior, mesmo que relacionado a recursos públicos.

Alternativa "d". Errado. Conforme o artigo 1º do Anexo I, do Decreto nº 8.109/2013, a Controladoria-Geral da União, órgão central do Sistema de Controle Interno do Poder Executivo federal **é integrante da estrutura da Presidência da República**, dirigida pelo Ministro de Estado Chefe da Controladoria-Geral da União e tem como competência assistir direta e imediatamente o Presidente da República no desempenho de suas atribuições quanto aos assuntos e providências, no âmbito do Poder Executivo federal, relativos a:I – defesa do patrimônio público; II – controle interno; III – auditoria pública; IV – correição; V – prevenção e combate à corrupção; VI – atividades de ouvidoria; e VII – incremento da transparência da gestão. Portanto ela não é subordinada ao Tribunal de Contas da União.

Alternativa "e". Errado. Os Tribunais de Contas são órgãos auxiliares do Legislativo, não são órgãos subordinados. Conforme a melhor doutrina, o Tribunal de Contas auxilia o Congresso Nacional no exercício do controle externo da atividade administrativa dos três Poderes. Não há, entretanto, subordinação, nem tampouco posição inferior em suposta escala hierárquica, não existe superioridade de um em relação ao outro.

---

381. (Cespe – Analista do MPU/2013) No exercício do controle legislativo, compete ao Senado Federal, em caráter privativo, sustar os atos normativos do Poder Executivo que exorbitem do poder regulamentar, bem como os contratos que padeçam de ilegalidade, neste último caso mediante solicitação da Comissão Mista de Orçamento do Congresso Nacional.

COMENTÁRIOS

Errado. A competência não é do Senado Federal e sim do Congresso Nacional. Conforme o artigo 49, inciso V da Constituição Federal é da competência exclusiva do Congresso Nacional V – sustar os atos normativos do Poder Executivo que exorbitem do poder regulamentar ou dos limites de delegação legislativa. E com relação aos contratos, também é competência do Congresso Nacional. É o que determina o parágrafo 1º do artigo 71 da Lei Maior – § 1º No caso de contrato, o ato de sustação será adotado diretamente pelo Congresso Nacional, que solicitará, de imediato, ao Poder Executivo as medidas cabíveis.

---

382. (Cespe – Analista Judiciário – Área Judiciária – STF/2013) A presunção de veracidade dos atos administrativos discricionários torna-os imunes ao controle de legalidade exercido pelo Poder Judiciário.

COMENTÁRIOS

Errado. A presunção de veracidade traz a ideia de que os fatos alegados pela Administração Pública presumem-se verdadeiros. Apesar do ato ser discricionário, admite-se a apreciação judicial sobre a legalidade da discricionariedade e dos limites de opções do agente público.

---

383. (Cespe – Analista Judiciário – Área Judiciária – TRT 10/2013) O Poder Judiciário, no exercício da atividade administrativa, pode exercer controle administrativo, inclusive para revogar seus próprios atos administrativos.

COMENTÁRIOS

Certo. O Poder Judiciário desenvolve a função atípica de administrar. Nessa função, ele pode fazer controle administrativo dos próprios atos. Esse controle pode ser de legalidade ou mérito. Ele pode revogar seus próprios atos, quando estiver na sua função atípica de administrar.

---

384. (Cespe – Analista Judiciário – Área Judiciária – TRT 10/2013) Por força do princípio da separação de poderes, não se admite o controle da administração pública pelo Poder Legislativo.

COMENTÁRIOS

Errado. Uma das funções do Legislativo é fiscalizar. Ele faz esse controle de duas formas: político e financeiro (aqui ele é auxiliado pelo Tribunal de Contas). O controle político O controle abrange ora os aspectos de legalidade, ora de mérito, apreciando as decisões administrativas sob o aspecto inclusive da discricionariedade. Já o controle financeiro, também conhecido como controle externo, ele abrange a fiscalização contábil, financeira e orçamentária. Nesse controle, o Legislativo será auxiliado pelo Tribunal e Conselho de Contas. São consideradas hipóteses de controle político, as disposições dos artigos 49, incisos I, II, III, IV, XII, XIV, XVI e XVII, 50, § 2º, 52, incisos I, II, III, IV, V e XI, 58, entre ouros, todos da Constituição Federal. São exemplos de controle financeiro, os dispositivos previstos no artigo 70 e 71 da Constituição Federal.

---

385. (Cespe – Defensor Público – TO/2013) Acerca do controle da administração pública, assinale a opção correta.

a) Por ter sido adotado na CF o princípio da inafastabilidade da jurisdição, o mérito do ato administrativo pode ser controlado pelo Poder Judiciário em qualquer circunstância.

b) O controle interno é exercido apenas no âmbito do Poder Executivo.

c) Dado o princípio da separação de poderes, é vedado ao Congresso Nacional fiscalizar e controlar os atos do Poder Executivo, incluídos os da administração indireta.

d) O direito de petição aos poderes públicos em defesa de direitos ou contra ilegalidade ou abuso de poder é espécie de controle judicial.

e) O controle judicial da administração pública, no Brasil, é realizado com base no sistema da unidade de jurisdição.

COMENTÁRIOS

Alternativa correta: "e". Existem dois tipos de sistemas: o francês e o inglês. O Brasil adota o sistema inglês, também conhecido como sistema da unidade de jurisdição, pelo qual o Poder Judiciário tem o monopólio da função jurisdicional, ou seja, o poder de apreciar, com força de coisa julgada, a lesão ou ameaça de lesão a direito individuais e coletivos. Que tem como princípio o da inafastabilidade jurisdicional. É o que determina o inciso XXXV do artigo 5º da Constituição Federal ao afirmar que a lei não excluirá da apreciação do Poder Judiciário, lesão ou ameaça a direito.

Alternativa "a". Errado. Em regra, o controle de mérito só pode ser feito pela Administração Pública, em decorrência de juízo de valor. Não cabe ao judiciário analisar mérito administrativo, quando da sua função jurisdicional. Excepcionalmente, e de forma polêmica, o Supremo Tribunal Federal, tem admitido o controle de mérito pelo Judiciário; é o que se pode analisar ao ler a ADPF 45.

Alternativa "b". Errado. O controle interno é feito por todos os poderes. É o que determina o artigo 74 da Constituição Federal: "Os Poderes Legislativo, Executivo e Judiciário manterão, de forma integrada, sistema de controle interno com a finalidade de: I – avaliar o cumprimento das metas previstas no plano plurianual, a execução dos programas de governo e dos orçamentos da União; II – comprovar a legalidade e avaliar os resultados, quanto à eficácia e eficiência, da gestão orçamentária, financeira e patrimonial nos órgãos e entidades da administração federal, bem como da aplicação de recursos públicos por entidades de direito privado; III – exercer o controle das operações de crédito, avais e garantias, bem como dos direitos e haveres da União; IV – apoiar o controle externo no exercício de sua missão institucional."

Alternativa "c". Errado. Conforme preconiza o art. 49, inciso X da Constituição Federal, é de competência exclusiva do Congresso Nacional fiscalizar e controlar, diretamente, ou por qualquer de suas Casas, os atos do Poder Executivo, incluídos os da administração indireta.

Alternativa "d". Errado. O direito de petição é uma forma de controle do cidadão. Está previsto na Constituição Federal, no artigo 5º, inciso XXXIV, alínea a: "são a todos assegurados, independentemente do pagamento de taxas o direito de petição aos Poderes Públicos em defesa de direitos ou contra ilegalidade ou abuso de poder"".

---

386. (Cespe – Delegado de Polícia Federal – DPF/2013) O controle prévio dos atos administrativos é de competência exclusiva da própria administração pública, ao passo que o controle dos atos administrativos após sua entrada em vigor é exercido pelos Poderes Legislativo e Judiciário.

COMENTÁRIOS

Errado. Controle prévio é aquele exercido antes que se inicie a produção de efeitos jurídicos do ato. Visa impedir que seja praticado ato ilegal ou contrário ao interesse público. Os três poderes fazem controle prévio, concomitante e posterior. Portanto, não é uma exclusividade da Administração Pública. Exemplo de controle prévio pelo Legislativo é a aprovação pelo Senado, na escolha dos Ministros dos Tribunais Superiores. Outro exemplo é o controle de constitucionalidade preventivo, que ocorre antes da promulgação de uma lei ou emenda. Ele pode ser exercido pelo Poder Legislativo, por meio das Comissões de Constituição e Justiça, pelo Poder Executivo, através do veto jurídico (no caso das leis), e excepcionalmente, pelo Poder Judiciário, que poderá exercê-lo caso seja impetrado um mandado de segurança por Parlamentar, em razão da inobservância do devido processo legislativo constitucional.

---

387. (Cespe – Juiz de Direito Substituto – RN/2013) A respeito do mandado de segurança, assinale a opção correta.

a) A impetração de mandado de segurança coletivo por entidade de classe em favor de seus associados depende de autorização expressa destes.

b) A entidade de classe não tem legitimidade para propor mandado de segurança coletivo se a pretensão veiculada interessar a apenas parte da categoria representativa.

c) Não cabe mandado de segurança contra ato praticado em concurso público promovido por sociedade de economia mista ou empresa pública.

d) O pedido de reconsideração na via administrativa interrompe o prazo decadencial para a propositura do mandado de segurança.

e) A interposição de recurso administrativo com efeito suspensivo não impede que se interponha mandado de segurança contra omissão da autoridade.

COMENTÁRIOS

Alternativa correta: "e". Segundo a Súmula 429 do Supremo Tribunal Federal, a existência de recurso administrativo com efeito suspensivo não impede o uso do mandado de segurança contra omissão da autoridade.

Alternativa "a". Errado. O Supremo Tribunal Federal determina, em sua Súmula 629 que "a impetração de mandado de segurança coletivo por entidade de classe em favor dos associados independe da autorização destes".

Alternativa "b". Errado. O Supremo Tribunal Federal reconheceu no julgamento do Recurso Extraordinário nº 181.438, que o que deve ser salientado é que o objeto do mandado de segurança coletivo poderá ser um direito dos associados, independentemente de guardar vínculo com os fins próprios da entidade. O que se exige é que esse direito esteja compreendido na titularidade dos associados e que exista ele em razão das atividades exercidas pelos associados, não se exigindo, todavia, que esse direito ou interesse seja peculiar, próprio, da classe, ou exclusivo da classe ou categoria representada pela entidade sindical ou de classe.

Alternativa "c". Errado. Cabe Mandado de Segurança contra atos de administradores de sociedade de economia mista, empresa pública e concessionária de serviço público, salvo se tais atos forem de gestão comercial. Como concurso público não pe ato gerencial, portanto, cabe Mandado de Segurança.

Alternativa "d". Errado. Não interrompe. É o que se depreende da Súmula 430 do Supremo Tribunal Federal: pedido de reconsideração na via administrativa não interrompe o prazo para o mandado de segurança.

388. (Cespe – Juiz Federal Substituto 2ª região/2013) À luz da lei e da jurisprudência dominante nos tribunais superiores, assinale a opção correta a respeito do controle da administração pública.

a) Salvo disposição legal específica, é de cinco dias o prazo para a interposição de recurso administrativo.

b) Prescreve em cinco anos, contados da data do ilícito ambiental, a pretensão da administração pública de promover a execução de multa por infração ambiental.

c) O MP não tem legitimidade para propor ação civil pública em defesa do patrimônio público.

d) Segundo a jurisprudência do STF, é pacífico que o TCU, no exercício da competência de controle externo da legalidade do ato de concessão inicial de aposentadorias, reformas e pensões, não se submete ao prazo decadencial estabelecido na Lei nº 9.784/1999, iniciando-se o prazo quinquenal somente após a publicação do registro na imprensa oficial.

e) Das decisões administrativas cabe recurso, em face de razões de legalidade e de mérito, devendo ele ser interposto perante a autoridade imediatamente superior à que tiver proferido a decisão recorrida, a qual poderá, se entender necessário, dar vistas dos autos à autoridade que proferiu a decisão, a qual poderá se retratar no prazo de cinco dias.

COMENTÁRIOS

Alternativa correta: "d". O Supremo Tribunal Federal decidiu no Mandado de Segurança nº 30830 que "a Suprema Corte possui jurisprudência pacífica no sentido de que o Tribunal de Contas da União, no exercício da competência de controle externo da legalidade do ato de concessão inicial de aposentadorias, reformas e pensões (art. 71, inciso III, CF/88), não se submete ao prazo decadencial da Lei nº 9.784/99, iniciando-se o prazo quinquenal somente após a publicação do registro na imprensa oficial'.

Alternativa "a". Errado. Conforme o artigo 59 da Lei nº 9784/99, salvo disposição legal específica, é de dez dias o prazo para interposição de recurso administrativo, contado a partir da ciência ou divulgação oficial da decisão recorrida.

Alternativa "b". Errado. Conforme Súmula 467 do Superior Tribunal de Justiça prescreve em cinco anos, **contados do término do processo administrativo,** a pretensão da Administração Pública de promover a execução da multa por infração ambiental.

Alternativa "c". Errado. Conforme se depreende os artigos Art. 4º e 5º da Lei da Ação Civil Pública, ' poderá ser ajuizada ação cautelar para os fins desta Lei, objetivando, inclusive, evitar dano ao patrimônio público e social, ao meio ambiente, ao consumidor, à honra e à dignidade de grupos raciais, étnicos ou religiosos, à ordem urbanística ou aos bens e direitos de valor artístico, estético, histórico, turístico e paisagístico. O Ministério Público tem legitimidade para propor a ação principal e a ação cautelar e se não intervier no processo como parte, atuará obrigatoriamente como fiscal da lei. É o que corrobora a Sumula 329 do Superior Tribunal de Justiça: O Ministério Público tem legitimidade para propor ação civil pública em defesa do patrimônio público.

Alternativa "e". Errado. Conforme artigo 56, § 1º da Lei 9784/99 das decisões administrativas cabe recurso, em face de razões de legalidade e de mérito. O recurso será dirigido à autoridade que proferiu a decisão, a qual, se não a reconsiderar no prazo de cinco dias, o encaminhará à autoridade superior.

389. (Cespe – Juiz Federal Substituto 5ª região/2013) À luz da jurisprudência dos tribunais superiores, assinale a opção correta em relação ao controle dos atos da administração pública e a servidores públicos.

a) Segundo jurisprudência do STF, entidades da administração pública direta podem adotar, para contratação de pessoal, tanto o regime estatutário quanto o regime celetista, conforme a complexidade do cargo a ser ocupado.

b) Não é admitida a acumulação de proventos de duas aposentadorias decorrentes do exercício de um cargo de professor e do de um cargo técnico ou científico.

c) Segundo entendimento do STF, o candidato aprovado em concurso público tem direito líquido e certo de ser nomeado não apenas em relação às vagas especificadas no edital de abertura do concurso, mas também em relação às que surjam em decorrência da vacância de cargos no período de vigência do certame.

d) Segundo entendimento do STF, não podem os estados – membros elaborar lei que estabeleça normas permissivas de interferências nas relações jurídico-contratuais firmadas entre o poder público concedente, federal ou municipal, e as empresas concessionárias de serviços públicos, ainda que alegadamente no exercício de sua competência concorrente subsidiária para legislar sobre consumo e responsabilidade por dano causado ao consumidor do serviço prestado por essas empresas.

e) Segundo entendimento do STF, é constitucional o estabelecimento de limite de idade em concurso para ingresso nas Forças Armadas, desde que tal restrição esteja condicionada à edição de lei, conforme expressa disposição constitucional, admitindo-se, até a edição da referida lei, previsão de tal restrição no edital do concurso, de forma que seu estabelecimento por meio de ato administrativo não configura desrespeito ao princípio constitucional da ampla acessibilidade aos cargos públicos.

COMENTÁRIOS

Alternativa correta: "d". O Supremo Tribunal Federal, no julgamento da ADI 3661 entendeu que o serviço de fornecimento de energia elétrica é de competência da União (art. 21, XII, b, da CF), não podendo lei estadual dispor no sentido de determinar regras para a sua prestação. Em relação ao serviço de fornecimento de água, o entendimento do STF é de ser competência municipal. Ficou evidente a ingerência da lei estadual em matéria de competência municipal.

Alternativa "a". Errado. Conforme entendimento corrido no julgamento da ADI – MC 2135, o Supremo Tribunal Federal restaurou o RJU – Regime Jurídico Único, que determina a adoção de um único regime para a relação de trabalho.

Alternativa "b". Errado. É admitida a acumulação de proventos de duas aposentadorias decorrentes do exercício de um cargo de professor e do de um cargo técnico ou científico, porque são cargos acumuláveis em atividades. É o que determina o art. 40, § 6º da Constituição Federal ressalvadas as aposentadorias decorrentes dos cargos acumuláveis na forma desta Constituição, é vedada a percepção de mais de uma aposentadoria à conta do regime de previdência previsto neste artigo.

Alternativa "c". Errado. É importante explicar que o entendimento do Supremo Tribunal Federal à época da prova era um e que a Suprema Corte está mudando a sua posição nos dias atuais. Conforme o antigo entendimento, decidiu o STF, no Recurso Extraordinário 598.099 "em síntese, que a Administração Pública estaria vinculada às normas do edital e que seria, inclusive, obrigada a preencher as vagas previstas para o certame dentro do prazo de validade do concurso. Asseverou-se que essa obrigação só poderia ser afastada diante de excepcional justificativa, o que não ocorrera no caso. Após retrospecto acerca da evolução jurisprudencial do tema na Corte, destacou-se recente posicionamento no sentido de haver direito subjetivo à nomeação, caso as vagas estejam previstas em edital. Enfatizou-se, entretanto, não ser admitida a obrigatoriedade de a Administração Pública nomear candidato aprovado fora do número de vagas previstas, simplesmente pelo surgimento de nova vaga, seja por nova lei, seja decorrente de vacância."

Alternativa "e". Errado. O Supremo Tribunal Federal decidiu no Recurso Extraordinário 600885 que o art. 142, § 3º, inciso X, da Constituição da República, é expresso ao atribuir exclusivamente à lei a definição dos requisitos para o ingresso nas Forças Armadas. A Constituição brasileira determina, expressamente, os requisitos para o ingresso nas Forças Armadas, previstos em lei: referência constitucional taxativa ao critério de idade. Descabimento de regulamentação por outra espécie normativa, ainda que por delegação legal. Não foi recepcionada pela Constituição da República de 1988 a expressão "nos regulamentos da Marinha, do Exército e da Aeronáutica" do art. 10 da Lei nº 6.880/1980. O princípio da segurança jurídica impõe que, mais de vinte e dois anos de vigência da Constituição, nos quais dezenas de concursos foram realizados se observando aquela regra legal, modulem-se os efeitos da não-recepção: manutenção da validade dos limites de idade fixados em editais e regulamentos fundados no art. 10 da Lei nº 6.880/1980 até 31 de dezembro de 2011.

---

390. (Cespe – Juiz Federal Substituto 5ª região/2013) De acordo com a CF e a jurisprudência dos tribunais superiores quanto ao direito administrativo regulador, ao controle dos atos da administração, às formas de intervenção do Estado na propriedade e aos servidores públicos, assinale a opção correta.

a) Seria inconstitucional norma editada por estado da Federação autorizando a contratação de pessoal para atender a necessidade temporária de excepcional interesse público nas áreas de saúde, educação e assistência jurídica de competência específica de órgãos autônomos, autarquias e fundações públicas desprovidos de quadro próprio de pessoal e de técnicos especializados no âmbito de projetos especiais instituídos por ato do chefe do Poder Executivo.

b) Segundo o entendimento do STF, o termo a quo do prazo de cinco anos para que o TCU examine a legalidade dos atos concessivos de aposentadorias, reformas e pensões conta-se a partir do efetivo afastamento do servidor do serviço em razão da aposentadoria, em virtude da necessidade de se garantir a segurança jurídica.

c) De acordo com a CF, o Estado, como agente normativo e regulador da atividade econômica, exerce as funções de fiscalização, incentivo e prestação de serviço público.

d) Em decorrência da servidão administrativa, o poder público está autorizado a usar a propriedade imóvel para a execução de obras e serviços públicos, podendo os municípios instituir servidões em imóveis estaduais e estes em imóveis federais, bem com o inverso, desde que haja autorização legislativa.

e) Considere que determinado servidor público, demitido administrativamente, tenha, posteriormente, sido reintegrado no cargo por ele ocupado originariamente, tendo sido instaurado processo administrativo para proceder à sua reintegração, e que o presidente da República tenha, então, determinado a imediata reintegração desse servidor e a exoneração do servidor em estágio probatório que estava ocupando seu cargo. Nesse caso, o servidor exonerado pode interpor recurso administrativo contra a decisão que o exonerou.

COMENTÁRIOS

Alternativa correta: "a". Entendeu o Supremo Tribunal Federal, na ADI 3116, que por reputar caracterizada a afronta aos incisos II e IX do art. 37 da CF, o Plenário julgou procedente pedido formulado em ação direta proposta pelo Procurador-Geral da República para declarar a inconstitucionalidade da Lei amapaense 765/2003. A norma impugnada autoriza a contratação de pessoal para atender a necessidade temporária de excepcional interesse público nas áreas de saúde; educação; assistência jurídica; de competência específica dos órgãos autônomos, autarquias e fundações públicas desprovidos de quadro próprio de pessoal e de técnicos especializados no âmbito de projetos especiais instituídos por ato do Chefe do Poder Executivo daquela unidade federada. Entendeu-se que a lei adversada fixaria hipóteses abrangentes e genéricas de contratação, sem definir qual a contingência fática emergencial apta a ensejá-la, bem como permitiria a contratação para o exercício de serviços típicos de carreira e de cargos permanentes no Estado, sem concurso público ou motivação de excepcional relevância que a justificasse. Acrescentou-se que a norma questionada teria como fundamento a Lei amapaense 192/94, cuja validade das contratações temporárias fora afirmada em razão da incipiência da estrutura administrativa do referido ente federativo, criado em 1990. Consignou-se que as leis amapaenses que lhe sucederam teriam como características marcantes o caráter permanente das funções passíveis desse tipo de arregimentação e a previsibilidade da necessidade ensejadora dessa contratação. No ponto, destacou-se a perpetuação da edição dessas leis inconstitucionais.

Alternativa "b". Errado. O Supremo Tribunal Federal decidiu no Mandado de Segurança nº 30830 que "a Suprema Corte possui jurisprudência pacífica no sentido de que o Tribunal de Contas da União, no exercício da competência de controle externo da legalidade do ato de concessão inicial de aposentadorias, reformas e pensões (art. 71, inciso III, CF/88), não se submete ao prazo decadencial da Lei nº 9.784/99, iniciando-se o prazo quinquenal somente após a publicação do registro na imprensa oficial'.

Alternativa "c". Errado. O Estado desenvolve as seguintes atividades na função de administrar: prestação de serviço público, fomento, polícia administrativa e intervenção (na propriedade e no domínio econômico). Quando o Estado exerce a função de agente normativo, regulando e fiscalizando atividades, ele está desenvolvendo a atividade de intervenção no domínio econômico, na forma indireta, e não prestação de serviço público. É o que determina o artigo 174 da Constituição Federal: como agente normativo e regulador da atividade econômica, o Estado exercerá, na forma da lei, as funções de fiscalização, incentivo e planejamento, sendo este determinante para o setor público e indicativo para o setor privado.

Alternativa "d". Errado. Assim como ocorre com a desapropriação, não é possível a instituição de servidão administrativa de ente menor em bem de ente maior, a teor do artigo 2º, § 2º do Decreto – Lei 3.365/1941. Assim a União pode desapropriar ou instituir servidões em bens dos Estados e Municípios; por conseguinte, os Estados poderão fazê-las em bens dos municípios.

Alternativa "e". Errado. O recurso administrativo não é o instituto cabível contra a decisão do Presidente da República do ato de exoneração do servidor.

---

391. (Cespe – Juiz Substituto da Justiça Militar da União – STM/2013) Com relação ao TCU, assinale a opção correta.

a) Segundo a CF, a fiscalização contábil, financeira, orçamentária, operacional e patrimonial da União e das entidades da administração direta e indireta, quanto à legalidade, legitimidade, economicidade, aplicação das subvenções e renúncia de receitas, é exercida, exclusivamente, pelo TCU.

b) Compete ao STJ julgar mandado de segurança impetrado contra ato do TCU.

c) Não atendidas as suas recomendações, pode o TCU sustar a execução do ato impugnado e expedir medidas cautelares para garantir a eficácia de sua decisão.

d) O TCU não tem competência para proceder à tomada de contas especial de administradores de bens e valores públicos de sociedade de economia mista, ainda que esta explore a atividade econômica.

e) Compete à Câmara dos Deputados a escolha de dois terços dos membros do TCU.

COMENTÁRIOS

Alternativa correta: "c". Conforme preceitua o artigo 71, inciso X da Constituição Federal o controle externo, a cargo do Congresso Nacional, será exercido com o auxílio do Tribunal de Contas da União, ao qual compete sustar, se não atendido, a execução do ato impugnado, comunicando a decisão à Câmara dos Deputados e ao Senado Federal.

Alternativa "a". Errado. Segundo o artigo 70 da Constituição Federal a fiscalização contábil, financeira, orçamentária, operacional e patrimonial da União e das entidades da administração direta e indireta, quanto à legalidade, legitimidade, economicidade, aplicação das subvenções e renúncia de receitas, será exercida pelo Congresso Nacional, mediante controle externo, e pelo sistema de controle interno de cada Poder.

Alternativa "b". Errado. Conforme previsão constitucional, no artigo 102, inciso I, alínea d, compete ao Supremo Tribunal Federal, precipuamente, a guarda da Constituição, cabendo-lhe processar e julgar, originariamente o habeas corpus, sendo paciente qualquer das pessoas referidas nas alíneas anteriores; o mandado de segurança e o habeas data contra atos do Presidente da República, das Mesas da Câmara dos Deputados e do Senado Federal, do Tribunal de Contas da União, do Procurador-Geral da República e do próprio Supremo Tribunal Federal;

Alternativa "d". Errado. Preconiza o artigo 71, inciso II da Constituição Federal, que o controle externo, a cargo do Congresso Nacional, será exercido com o auxílio do Tribunal de Contas da União, ao qual compete julgar as contas dos administradores e demais responsáveis por dinheiros, bens e valores públicos da administração direta e indireta, incluídas as fundações e sociedades instituídas e mantidas pelo Poder Público federal, e as contas daqueles que derem causa a perda, extravio ou outra irregularidade de que resulte prejuízo ao erário público.

Alternativa "e". Errado. Conforme previsão no artigo 73, § 2º, inciso II da Constituição Federal os Ministros do Tribunal de Contas da União serão escolhidos dois terços pelo Congresso Nacional.

---

392. (Cespe – Procurador do Ministério Público junto ao TCDF/2013) Em relação ao controle externo exercido pelo Congresso Nacional, a fiscalização financeira diz respeito ao acompanhamento da execução do orçamento e da verificação dos registros adequados nas rubricas orçamentárias.

COMENTÁRIOS

Errado. Conforme o artigo 70 da Constituição Federal, 'a fiscalização contábil, financeira, orçamentária, operacional e patrimonial da União e das entidades da administração direta e indireta, quanto à legalidade, legitimidade, economicidade, aplicação das subvenções e renúncia de receitas, será exercida pelo Congresso Nacional, mediante controle externo, e pelo sistema de controle interno de cada Poder'. As áreas alcançadas pelo chamado controle financeiro são: contábil, financeira, orçamentária, operacional e patrimonial. Existe diferença entre elas. A **fiscalização financeira** envolve análise de receita, despesa e gestão dos recursos públicos, com vistas a preservar o Erário de atividades ilícitas e desonestas, acompanhamento dos depósitos bancários, dos empenhos de despesas, dos pagamentos efetuados, dos ingressos de valores; a **fiscalização contábil** analisa correção da formalização dos registros das receitas e despesas; a **fiscalização orçamentária** diz respeito ao acompanhamento da execução do orçamento, à fiscalização do registro nas rubricas orçamentárias adequadas; a **fiscalização operacional** analisa a execução das atividades administrativas em geral, observância dos procedimentos legais e a sua adequação à maior eficiência e economicidade e a **fiscalização patrimonial** está relacionada à fiscalização do patrimônio público, móveis e imóveis, constantes de almoxarifados, de estoques ou que estejam em uso pela Administração. Então não podemos generalizar, entendendo que tudo é fiscalização financeira.

---

393. (Cespe – Procurador do Ministério Público junto ao TCDF/2013) O controle administrativo é um controle de legalidade e de mérito, exercido exclusivamente pelo Poder Executivo sobre suas próprias condutas.

COMENTÁRIOS

Errado. O controle administrativo é exercido por todos os poderes. Ele também é conhecido por controle interno e é feito pelo Poder Executivo no desenvolvimento da sua função típica de administrar e os outros poderes, quando desenvolvem a função de administrar, de forma atípica. Conforme o artigo 74 da Constituição Federal, os Poderes Legislativo, Executivo e Judiciário manterão, de forma integrada, sistema de controle interno. Esse controle pode ser de legalidade e de mérito. Preconiza o artigo 56, da Lei nº 9.784/99, que das decisões administrativas cabe recurso, em face de razões de legalidade e de mérito. Isso atinge os três poderes.

---

394. (Cespe – Procurador do Ministério Público junto ao TCDF/2013) O STF poderá, apenas após ação judicial, acolher reclamação administrativa, anular o ato administrativo e determinar que outro seja praticado.

COMENTÁRIOS

Errado. A primeira coisa que você deve entender é que a reclamação administrativa é diferente da reclamação por não aplicação da súmula vinculante, prevista no artigo 7º da Lei nº 11.417/2006 e artigo 103 – A, § 3º da Constituição Federal. Reclamação administrativa é o ato pelo qual o administrado, seja particular ou servidor público, deduz uma pretensão perante a Administração Pública, visando obter o reconhecimento de um direito ou a correção de um ato que lhe cause lesão ou ameaça de lesão. Conforme artigo 103-A. § 3º da Constituição Federal "do ato administrativo ou decisão judicial que contrariar a súmula aplicável ou que indevidamente a aplicar, caberá **reclamação** ao Supremo Tribunal Federal que, julgando-a procedente, anulará o ato administrativo ou cassará a decisão judicial reclamada, e determinará que outra seja proferida com ou sem a aplicação da súmula, conforme o caso". O examinador que confundir os institutos. A reclamação administrativa ocorre dentro da Administração Pública, não no Judiciário.

395. (Cespe – Procurador do Ministério Público junto ao TCDF/2013) Um dos aspectos compreendidos pelo controle financeiro é o controle de resultados de cumprimento de programas de trabalho e de metas.

COMENTÁRIOS

Certo. O controle externo converge pensamento para o controle financeiro, em sentido amplo, que é realizado através dos seguintes tipos: contábil, orçamentária, financeira, patrimonial e operacional. Portanto o controle ocorre em qualquer um dos seus aspectos.

396. (Cespe – Procurador do Ministério Público junto ao TCDF/2013) O julgamento das contas dos administradores públicos é exercido pela Controladoria Geral da União (CGU), órgão central de controle interno do Poder Executivo, e seu resultado deve ser informado ao TCU, dentro dos prazos estabelecidos na legislação vigente.

COMENTÁRIOS

Errado. Os Tribunais de Contas que exercem essa função. Quando a Constituição de 1988 dispõe, em seu art. 71, II, que compete ao TCU julgar as contas dos administradores e demais responsáveis por dinheiro, bens e valores públicos, o que o legislador quis dizer foi que os Tribunais de Contas deveriam apreciar, examinar e analisar e julgar estas contas. E ele faz isso através do controle externo. Sem impedimento, claro do controle interno pela CGU.

397. (Cespe – Procurador do Ministério Público junto ao TCDF/2013) A competência do Senado Federal para fixar, por proposta do presidente da República, limites globais para o montante da dívida consolidada do DF, é uma das hipóteses de controle político exercido pelo Poder Legislativo.

COMENTÁRIOS

Certo. Conforme o artigo 52, inciso VI, da Constituição Federal, compete privativamente ao Senado Federal fixar, por proposta do Presidente da República, limites globais para o montante da dívida consolidada da União, dos Estados, do Distrito Federal e dos Municípios.

398. (Cespe – Procurador do Ministério Público junto ao TCDF/2013) O habeas corpus é remédio cabível para o controle jurisdicional de ato da administração; contudo, salvo os pressupostos de legalidade, o referido remédio não será cabível em relação a punições disciplinares militares.

COMENTÁRIOS

Certo. Questão controvertida. Mas a Constituição Federal, em seu artigo 142, § 2º, estatui que 'não caberá *habeas corpus* em relação a punições disciplinares militares".

399. (Cespe – Procurador Federal/2013) Uma autoridade pública federal responsável pelo sistema de controle interno que, após tomar conhecimento de uma irregularidade ou ilegalidade praticada no âmbito do órgão em que atue, dela não der ciência ao TCU estará sujeita a ser solidariamente responsabilizada pelo ato irregular ou ilegal.

COMENTÁRIOS

Certo. É o que determina o artigo 74, § 1º da Constituição Federal, ao afirmar que 'os responsáveis pelo controle interno, ao tomarem conhecimento de qualquer irregularidade ou ilegalidade, dela darão ciência ao Tribunal de Contas da União, sob pena de responsabilidade solidária'.

12. IMPROBIDADE ADMINISTRATIVA: LEI Nº 8.429/92

✦ **LIDIANE COUTINHO**

400. (Cespe – Juiz de Direito – PR/2017) De acordo com o entendimento jurisprudencial e a Lei n.º 8.429/1992, assinale a opção correta a respeito da improbidade administrativa.

A) Conforme o STJ, a tipificação do ato de improbidade administrativa que atenta contra os princípios da administração pública exige a demonstração de dolo específico.

B) A jurisprudência do STJ firmou-se no sentido de que os agentes políticos municipais não se submetem aos ditames da Lei de Improbidade Administrativa, porquanto já estão sujeitos à responsabilização política e criminal prevista no decreto-lei que trata dos crimes de responsabilidade de prefeitos e vereadores.

C) Segundo o STF, compete ao primeiro grau de jurisdição o julgamento das ações de improbidade administrativa contra agentes políticos, ocupantes de cargos públicos ou detentores de mandato eletivo, independentemente de eles estarem, ou não, em atividade.

D) Para o STJ, nos atos de improbidade administrativa que causem lesão ao erário, a responsabilidade entre os agentes ímprobos é subsidiária.

COMENTÁRIOS

Alternativa correta: letra C. O Pretório Excelso, na Rcl 14954 AgR / MG, firmou o entendimento de que competente à justiça de primeiro grau o julgamento das ações de improbidade administrativa contra agentes políticos, ocupantes de cargos públicos ou detentores de mandato eletivo, independentemente de estarem, ou não, em atividade.

Alternativa A. ERRADA. O STJ (Superior Tribunal de Justiça) determinou, no AREsp 673.946/RN, que o elemento subjetivo, necessário à configuração de improbidade administrativa, censurada nos termos do art. 11 da Lei 8.429/1992, é o **dolo genérico** de realizar conduta que atente contra os princípios da Administração Pública, **não se exigindo a presença de dolo específico.**

Alternativa B. ERRADA. O STJ (Superior Tribunal de Justiça) determinou, no AREsp 747465 / MG, que os agentes políticos municipais se submetem aos ditames da Lei n. 8.429/1992, sem prejuízo da responsabilização política e criminal estabelecida no Decreto-Lei n. 201/1967.

Alternativa D. ERRADA. O STJ (Superior Tribunal de Justiça) determinou, no AgRg no REsp 1521595 / SP, que atos de improbidade administrativa que causem lesão ao erário, a responsabilidade entre os agentes ímprobos é **solidária**, o que poderá ser reavaliado por ocasião da instrução final do feito ou ainda em fase de liquidação, inexistindo violação ao princípio da individualização da pena.

---

401. (Cespe – Promotor de Justiça – MPE – RR/2017) Após a captura em flagrante de um homem, policiais o detiveram na delegacia, onde o torturaram na tentativa de obter dele a confissão da prática de determinado crime. O MP ajuizou ação de improbidade administrativa contra esses policiais.

Nessa situação hipotética, conforme o entendimento do STJ, a conduta dos policiais

A) não configurou ato de improbidade administrativa, que se caracteriza como ato imoral com feição de corrupção de natureza econômica, conduta inexistente no tipo penal de tortura.

B) configurou ato de improbidade administrativa que atenta contra os princípios da administração pública.

C) configurou ato de improbidade administrativa, pois a tortura é expressamente prevista no rol de condutas ímprobas na Lei de Improbidade Administrativa.

D) não configurou ato de improbidade administrativa, que pressupõe lesão direta à própria administração, e não a terceiros.

COMENTÁRIOS

Alternativa correta: letra B (responde as demais alternativas). A conduta configurou ato de improbidade administrativa que atenta contra os princípios da administração pública. Esse foi o entendimento do STJ (Superior Tribunal de Justiça) no REsp 1.177.910-SE, julgado em 26/8/2015: a hipótese dos autos, o ato ímprobo se caracteriza quando se constata que as vítimas foram torturadas, em instalações públicas, ou melhor, na Delegacia de Polícia. O V. Acórdão recorrido afirma: ..."terem submetido alguns presos que se encontravam custodiados na delegacia local a "espancamentos, asfixia e graves ameaças, para confessaram a prática de crimes". Conclusão: violência policial arbitrária é ato que viola frontalmente os mais elementares princípios da Administração Pública.

---

402. (Cespe – Analista Judiciário – Área Administrativa – TRE – BA/2017) De acordo com a Lei n.º 8.429/1992 — Lei de Improbidade Administrativa —, servidor público que, utilizando-se do cargo que ocupa, facilitar o enriquecimento ilícito de terceiros, causando prejuízo ao erário, estará sujeito à pena de

A) proibição do recebimento de qualquer benefício até o total ressarcimento do dano.

B) perda dos valores acrescidos ilicitamente ao patrimônio.

C) suspensão da função pública.

D) suspensão dos direitos políticos até o integral ressarcimento do dano ao erário.

E) pagamento de multa civil, cujo valor deve ser equivalente ao valor do dano causado.

COMENTÁRIOS

Alternativa correta: letra B (responde as demais alternativas). A análise da questão envolve os artigos 10, II e 12, II da Lei nº 8.429/92. Conforme o artigo 10, II, constitui ato de improbidade administrativa que causa lesão ao erário qualquer ação ou omissão, dolosa ou culposa, que enseje perda patrimonial, desvio, apropriação, malbaratamento ou dilapidação dos bens ou haveres das entidades referidas no art. 1º desta lei, e notadamente, permitir ou concorrer para que pessoa física ou jurídica privada utilize bens, rendas, verbas ou valores integrantes do acervo patrimonial das entidades mencionadas no art. 1º desta lei, sem a observância das formalidades legais ou regulamentares aplicáveis à espécie. As sanções decorrentes desta conduta, estão previstas no artigo 12, II(que podem ser aplicadas isolada ou cumulativamente, de acordo com a gravidade do fato) ressarcimento integral do dano, perda dos bens ou valores acrescidos ilicitamente ao patrimônio, se concorrer esta circunstância, **perda da função pública, suspensão dos direitos políticos de cinco a oito anos**, pagamento de **multa civil de até duas vezes o valor do dano** e **proibição de contratar com o Poder Público ou receber benefícios ou incentivos fiscais ou creditícios, direta ou indiretamente, ainda que por intermédio de pessoa jurídica da qual seja sócio majoritário, pelo prazo de cinco anos.**

---

403. (Cespe – Analista Judiciário – Área Judiciária – TRE – BA/2017) No que concerne à improbidade administrativa, julgue os seguintes itens, à luz da Lei n.° 8.429/1992.

I. É possível conduta omissiva culposa configurar ato de improbidade administrativa que cause lesão ao erário.

II. As hipóteses de improbidade administrativa previstas na Lei de Improbidade são taxativas.

III. Em ação de improbidade, é inadmissível transação, acordo ou conciliação.

IV. Aplica-se aos atos de improbidade administrativa o princípio da insignificância.

Estão certos apenas os itens

A) I e II.

B) I e III.

C) II e III.

D) III e IV.

E) I, II e IV.

COMENTÁRIOS

Alternativa correta: letra B (responde as demais alternativas). Os itens I e III estão corretos. Vamos analisar os itens: Item I- alternativa correta. A conduta que causa lesão ao Erário pode ser dolosa ou culposa, comissiva ou omissiva, conforme o artigo 10; Item II- alternativa Errada. As condutas ímprobas, previstas nos artigos 9º, 10 e 11 não são taxativas, são exemplificativas; Item III- alternativa correta. Conforme o art. 17, §1º é vedada a transação, acordo ou conciliação nas ações de improbidade e Item IV- alternativa Errada. Conforme entendimento jurisprudencial do STJ (Superior Tribunal de Justiça), no MS nº 21.715/DF, não pode ser aplicado o princípio da insignificância no âmbito da Lei de Improbidade Administrativa.

---

404. (Cespe – Analista Judiciário – Área Judiciária – TRE – TO/2017) João, no exercício de cargo em comissão junto à administração pública, foi flagrado facilitando meios para que Antônio, seu amigo particular, praticasse conduta que o enriquecesse ilicitamente à custa do erário.

A partir dessa situação hipotética, assinale a opção correta.

A) Ambos deverão ser penalizados pela prática de ato de improbidade, mas o termo prescricional inicial para a ação de improbidade é distinto para eles.

B) Apenas João poderá ser penalizado pela prática de ato de improbidade tendo em vista que Antônio não possui vínculo com a administração pública.

C) Somente Antônio poderá ser penalizado pela prática de ato de improbidade visto que João não se beneficiou do seu próprio ato permissivo.

D) Nenhum dos dois poderá ser penalizado porque não ficou configurada conduta ímproba.

E) Os dois poderão ser penalizados pela prática de ato de improbidade, e o termo prescricional inicial para a ação de improbidade é idêntico para ambos.

COMENTÁRIOS

Alternativa correta: letra E (responde as demais alternativas). Os dois serão penalizados. A análise da questão envolve os artigos 2º, 3º e 23. Conforme os artigos 2º e 3º, reputa-se **agente público**, para os efeitos desta lei, todo aquele que exerce, ainda que transitoriamente ou sem remuneração, por eleição, nomeação, designação, contratação ou qualquer outra forma de investidura ou vínculo, mandato, cargo, emprego ou função nas entidades mencionadas no artigo anterior. As disposições desta lei são aplicáveis, no que couber, **àquele que, mesmo não sendo agente público, induza ou concorra para a prática do ato de improbidade ou dele se beneficie sob qualquer forma direta ou indireta.** Sendo assim, os dois poderão ser penalizados. Com relação ao prazo prescricional, para João usa-se a regra do art. 23, I que preconiza que as ações destinadas a levar a efeitos as sanções previstas nesta lei podem ser propostas até cinco anos após o término do exercício de mandato, de cargo em comissão ou de função de confiança. Assim, o prazo prescricional será de cinco anos, contados do término do exercício do cargo em comissão. Para Antônio, aplica-se o mesmo prazo de João, conforme o entendimento do STJ (Superior Tribunal de Justiça), no REsp 1156519/RO, em relação ao terceiro que não detém a qualidade de agente público, incide também a norma do art. 23 da Lei nº 8.429/1992 para efeito de aferição do termo inicial do prazo prescricional.

---

405. (Cespe – Analista Judiciário – Área Administrativa – TRF 1/2017) O servidor público que retardar ou deixar de praticar ato de ofício indevidamente responderá por improbidade administrativa apenas no caso de o ato ter sido praticado por ação ou omissão dolosa.

COMENTÁRIOS

Alternativa CERTA. Conforme preconiza o artigo 11, II da Lei nº 8419/92, constitui ato de improbidade administrativa que atenta contra os princípios da administração pública qualquer ação ou omissão que viole os deveres de honestidade, imparcialidade, legalidade, e lealdade às instituições, e notadamente, retardar ou deixar de praticar, indevidamente, ato de ofício. A análise subjetiva da conduta exige o dolo, não caracterizando o ato ímprobo a análise de culpa.

É o que determina o STJ (Superior Tribunal de Justiça), no AREsp 673.946/RN: o elemento subjetivo, necessário à configuração de improbidade administrativa, censurada nos termos do art. 11 da Lei 8.429/1992, é o **dolo genérico** de realizar conduta que atente contra os princípios da Administração Pública, **não se exigindo a presença de dolo específico.**

406. (Cespe – Analista Judiciário – Área Administrativa – TRF 1/2017) De acordo com a legislação que trata de atos de improbidade administrativa, são considerados agentes públicos as pessoas em exercício de cargo eletivo em autarquia federal, mesmo que sem remuneração.

COMENTÁRIOS

Alternativa: CERTA. Conforme o artigo 2º, reputa-se **agente público,** para os efeitos desta lei, todo aquele que exerce, ainda que transitoriamente ou sem remuneração, por eleição, nomeação, designação, contratação ou qualquer outra forma de investidura ou vínculo, mandato, cargo, emprego ou função nas entidades mencionadas no artigo anterior.

407. (Cespe – Analista Judiciário – Área Administrativa – TRF 1/2017) Oficial de justiça que receba dinheiro de advogado para dar cumprimento preferencial a uma determinação judicial em detrimento de outras terá praticado, conforme a Lei de Improbidade Administrativa, ato de improbidade que importa enriquecimento ilícito.

COMENTÁRIOS

Alternativa: CERTA. É o que determina o art. 9º, I da LIA- Lei nº 8.429/92: constitui ato de improbidade administrativa importando enriquecimento ilícito auferir qualquer tipo de vantagem patrimonial indevida em razão do exercício de cargo, mandato, função, emprego ou atividade nas entidades mencionadas no art. 1° desta lei, e notadamente, receber, para si ou para outrem, dinheiro, bem móvel ou imóvel, ou qualquer outra vantagem econômica, direta ou indireta, a título de comissão, percentagem, gratificação ou presente de quem tenha interesse, direto ou indireto, que possa ser atingido ou amparado por ação ou omissão decorrente das atribuições do agente público

408. (Cespe – Técnico Judiciário – Área Administrativa – TRF 1/2017) Em razão da abrangência protetiva da Lei de Improbidade Administrativa, as ações principais para a apuração de atos de improbidade administrativa podem ser propostas por brasileiro nato ou naturalizado, pelo Ministério Público e pela pessoa jurídica interessada.

COMENTÁRIOS

Alternativa CERTA. A questão não é tão clara com relação aos tipos, mas o candidato ao concurso não deve confundir a ideia de ação de improbidade com as ações para APURAÇÃO de atos de improbidade. Conforme determina a Lei nº 8.429/92, em seus artigos 14 e 17, é possível fazer a análise para a apuração de improbidade, tanto na via judicial, quanto administrativa. Conforme art.14, qualquer pessoa poderá representar à autoridade administrativa competente para que seja instaurada investigação destinada a apurar a prática de ato de improbidade. Esse é um exemplo de apuração na via administrativa, através de Processo Disciplinar. Já o artigo 17, temos um exemplo de apuração na via judicial: a **ação principal, que terá o rito ordinário, será proposta pelo Ministério Público ou pela pessoa jurídica interessada**, dentro de trinta dias da efetivação da medida cautelar.

409. (Cespe – Técnico Judiciário – Área Administrativa – TRF 1/2017) A configuração de ato de improbidade administrativa dependerá, necessariamente, da existência de dano efetivo ao erário.

COMENTÁRIOS

Alternativa ERRADA. A ocorrência de dano não é pressuposto necessário para a ocorrência dos atos de improbidade. Conforme artigo 21, I a aplicação das sanções previstas nesta lei independe da efetiva ocorrência de dano ao patrimônio público, salvo quanto à pena de ressarcimento.

410. (Cespe – Técnico Judiciário – Área Administrativa – TRF 1/2017) As penas previstas na lei em apreço serão sempre aplicadas de forma cumulativa, independentemente da gravidade do fato.

COMENTÁRIOS

Alternativa ERRADA. Conforme o artigo 12 da LIA, independentemente das sanções penais, civis e administrativas previstas na legislação específica, está o responsável pelo ato de improbidade sujeito às seguintes cominações, que podem ser aplicadas ISOLADA ou CUMULATIVAMENTE, de acordo com a gravidade do fato.

411. (Cespe – Defensor Público – DPU/2017) Em ação de improbidade administrativa por ato que cause prejuízo ao erário, a decretação da indisponibilidade dos bens do acusado pode ocorrer antes do recebimento da petição inicial, desde que fique efetivamente demonstrado o risco de dilapidação de seu patrimônio.

COMENTÁRIOS

Alternativa ERRADA. Segundo o entendimento do STJ (Superior Tribunal De Justiça), no AgRg no REsp 1317653/SP, é possível a decretação da indisponibilidade e do sequestro de bens em improbidade administrativa antes do recebimento da ação, porém o mesmo Tribunal também entendeu no REsp 1343371, que a decretação de indisponibilidade dos bens não está condicionada à comprovação de dilapidação efetiva ou iminente de patrimônio, porquanto visa, justamente, a evitar dilapidação patrimonial. Posição contrária tornaria difícil, e muitas vezes inócua, a efetivação da Medida Cautelar em foco. O *periculum in mora* é considerado implícito.

---

412. (Cespe – Procurador do Estado – PGE – SE/2017) À luz da doutrina e da jurisprudência pertinentes, assinale a opção correta acerca da responsabilidade civil do Estado e da improbidade administrativa.

A) Se um secretário de Estado autorizar a aquisição de equipamentos eletrônicos na loja de um irmão seu, sem licitação, mas com preços aquém dos praticados no mercado, não se configurará a prática de ato de improbidade administrativa, porque se trata de cargo em comissão e não haverá prejuízo ao erário.

B) Um governador de estado que realizar operações financeiras irregulares e sem a observância das normas legais estará sujeito às sanções previstas na Lei de Improbidade Administrativa, ainda que tenha as suas contas aprovadas pelo tribunal de contas pertinente.

C) Caso um motorista de concessionária de serviço de transporte coletivo atropele um ciclista, a responsabilidade civil dessa concessionária será subjetiva, haja vista o fato de, nessa hipótese, o ciclista não ser usuário do serviço público.

D) Inexistirá responsabilização estatal por latrocínio que for praticado logo após a fuga de presos, uma vez que o dano não terá ocorrido enquanto os criminosos se encontravam sob a custódia estatal.

E) Uma empresa, concessionária de serviço de transporte aéreo, não terá direito a indenização estatal em decorrência de prejuízos extensivos e inviabilidade de desempenho do serviço após a regular edição de lei que impuser o congelamento de preços de tarifas aéreas, haja vista que, não havendo vícios na edição da lei, toda a sociedade deve submeter-se às alterações no cenário econômico advindas dessa intervenção estatal.

COMENTÁRIOS

Alternativa correta: letra B. Conforme o artigo 10, inciso VI da LIA, constitui ato de improbidade administrativa que causa lesão ao erário qualquer ação ou omissão, dolosa ou culposa, que enseje perda patrimonial, desvio, apropriação, malbaratamento ou dilapidação dos bens ou haveres das entidades referidas no art. 1º desta lei, e notadamente realizar operação financeira sem observância das normas legais e regulamentares ou aceitar garantia insuficiente ou inidônea., independente da aprovação ou rejeição das contas, pelo órgão de controle interno ou pelo Tribunal ou Conselho de Contas, conforme artigo 21, II.

Alternativa A. ERRADA. O Secretário é considerado um agente público, categoria servidor público, portanto se encaixa na ideia do artigo 2º da LIA. E a conduta em si, além de se encaixar no artigo 10, inciso VIII (que causa lesão ao Erário). Portanto, configurando ato de improbidade administrativa.

Alternativa C. ERRADA. Conforme decisão do STF (Supremo Tribunal Federal), no RE 591.874/MS, as delegatárias respondem objetivamente pelos danos que seus agentes causarem a terceiros, independentemente de serem usuários ou não usuários do serviço público.

Alternativa D. ERRADA. Segundo entendimento do STF, no RE 130.764, a intervenção estatal na economia, mediante regulamentação e regulação de setores econômicos, faz-se com respeito aos princípios e fundamentos da Ordem Econômica. CF, art. 170. O princípio da livre iniciativa é fundamento da República e da Ordem econômica: CF, art. 1º, IV; art. 170. II. – Fixação de preços em valores abaixo da realidade e em desconformidade com a legislação aplicável ao setor: empecilho ao livre exercício da atividade econômica, com desrespeito ao princípio da livre iniciativa. III. – Contrato celebrado com instituição privada para o estabelecimento de levantamentos que serviriam de embasamento para a fixação dos preços, nos termos da lei. Todavia, a fixação dos preços acabou realizada em valores inferiores. Essa conduta gerou danos patrimoniais ao agente econômico, vale dizer, à recorrente: obrigação de indenizar por parte do poder público. CF, art. 37, § 6º, IV.

Alternativa E. ERRADA. Entendeu o STF, no RE 422.941, que a União, na qualidade de contratante, possui responsabilidade civil por prejuízos suportados por companhia aérea em decorrência de planos econômicos existentes no período objeto da ação.

---

413. (Cespe – Delegado de Polícia – MT/2017) De acordo com o entendimento do STJ, no curso da ação de improbidade administrativa, a decretação da indisponibilidade de bens do réu dependerá da

A) constatação da inexistência de meios de prestação de caução.

B) presença de fortes indícios da prática do ato imputado.

C) prova de dilapidação do patrimônio.

D) presença do periculum in mora concreto.

E) prova da impossibilidade de recuperação do patrimônio público.

COMENTÁRIOS

Alternativa correta: letra B (responde as demais alternativas).

Para que seja decretada a indisponibilidade dos bens da pessoa suspeita de ter praticado ato de improbidade **NÃO** se exige a demonstração de fumus boni iuris e periculum in mora. Esse é o entendimento do STJ (superior Tribunal de Justiça), que no REsp 1.366.721-BA, determinou ser possível que **o juiz decrete, cautelarmente, a indisponibilidade de bens do demandado quando presentes fortes indícios de responsabilidade pela prática de ato ímprobo que cause dano ao Erário.** Conforme a decisão, a medida cautelar de indisponibilidade de bens, prevista no art. 7º da Lei de improbidade administrativa, pode ser decretada mesmo que o requerido não esteja dilapidando seu patrimônio, ou na iminência de fazê-lo, tendo em vista que o periculum in mora encontra-se implícito na lei. Assim, para que a indisponibilidade seja decretada basta que estejam presentes **fortes indícios** da prática de atos de improbidade administrativa.

---

414. (Cespe – Analista de Controle – Área Jurídica – TCE – PR/2016) Acerca de improbidade administrativa, assinale a opção correta de acordo com o entendimento do Superior Tribunal de Justiça (STJ).

a) A contratação de servidores públicos sem concurso público, mesmo que fundada em legislação local, configura improbidade administrativa prevista na Lei de Improbidade Administrativa.

b) A tortura praticada por policial contra preso custodiado em delegacia pode configurar ato de improbidade administrativa que atenta contra os princípios da administração pública.

c) O fato de o agente ter sido condenado pela justiça eleitoral ao pagamento de multa por infringência às disposições contidas na Lei das Eleições impede sua condenação em quaisquer das sanções de improbidade administrativa, inclusive da multa civil, sob pena de bis in idem.

d) Ensejará o reconhecimento de ato de improbidade administrativa o abuso perpetrado por agente público durante abordagem policial, mesmo que o ofendido pela conduta do policial seja particular que não esteja no exercício de função pública.

e) Não é possível, em ação civil pública de improbidade administrativa, a condenação de membro do Ministério Público à pena de perda da função pública prevista na Lei de Improbidade Administrativa.

COMENTÁRIOS

Alternativa correta: letra "b". Decidiu o STJ (Superior Tribunal de Justiça), no AgRg no REsp 1200575 / DF que 'a Primeira Seção desta Corte Superior, em recente julgado, proclamou entendimento no sentido de que a prática de tortura por policiais configura ato de improbidade administrativa por violação dos princípios da administração pública, ao afirmar que: "atentado à vida e à liberdade individual de particulares, praticado por agentes públicos armados – incluindo tortura, prisão ilegal e "justiciamento" -, afora repercussões nas esferas penal, civil e disciplinar, pode configurar improbidade administrativa, porque, além de atingir a pessoa-vítima, alcança simultaneamente interesses caros à Administração em geral, às instituições de segurança pública em especial, e ao próprio Estado Democrático de Direito.

Alternativa "a": Errado. Entendeu o STJ (Superior Tribunal de Justiça), no AgRg no AREsp 747468 MS, que **não se caracteriza ato de improbidade** administrativa previsto no art. 11 da Lei 8.429/92 a contratação de servidores sem concurso público baseada em legislação municipal, por justamente nesses casos ser difícil de identificar a presença do elemento subjetivo necessário (dolo genérico) para a caracterização do ato de improbidade violador dos princípios da administração pública.

Alternativa "c".: Errado. Conforme decisão do STJ (Superior Tribunal de Justiça), no AgRg no AREsp 606.352-SP, a condenação pela Justiça Eleitoral ao pagamento de multa por infringência às disposições contidas na Lei n. 9.504/1997 (Lei das Eleições) não impede a imposição de nenhuma das sanções previstas na Lei n. 8.429/1992 (Lei de Improbidade Administrativa – LIA), inclusive da multa civil, pelo ato de improbidade decorrente da mesma conduta. Por expressa disposição legal (art. 12 da LIA), as penalidades impostas pela prática de ato de improbidade administrativa independem das demais sanções penais, civis e administrativas previstas em legislação específica. **Desse modo, o fato de o agente ímprobo ter sido condenado pela Justiça Eleitoral ao pagamento de multa por infringência às disposições contidas na Lei das Eleições não impede sua condenação em quaisquer das sanções previstas na LIA, não havendo falar em *bis in idem*.**

Alternativa "d".: Errado. Essa foi a decisão do STJ no REsp 1.558.038-PE: **não ensejam** o reconhecimento de ato de improbidade administrativa eventuais abusos perpetrados por agentes públicos durante abordagem policial, caso o ofendido pela conduta seja particular que não estava no exercício de função pública

Alternativa "e": Errado. O STJ decidiu, no REsp 1.191.613-MG, que é possível, no âmbito de ação civil pública de improbidade administrativa, a condenação de membro do Ministério Público à pena de perda da função pública prevista no art. 12 da Lei n.° 8.429/92.

415. (Cespe – Defensor Público – RN/2015) Considerando os termos da responsabilidade administrativa, civil e criminal dos agentes públicos e a disciplina da improbidade administrativa, assinale a opção correta.

a) O sistema punitivo na esfera administrativa se assemelha ao da esfera criminal, na medida em que as condutas são tipificadas com precisão, sendo cominadas sanções específicas para cada conduta infracional prevista.

b) Se estiver em tramitação ação de improbidade contra servidor público pela prática de ato de improbidade administrativa, haverá que se aguardar o trânsito em julgado de referida ação para que seja editado ato de demissão oriundo de procedimento administrativo disciplinar.

c) Segundo entendimento jurisprudencial já pacificado no âmbito do STJ, eventual prescrição das sanções decorrentes dos atos de improbidade administrativa não impede o prosseguimento de ação judicial visando ao ressarcimento dos danos causados ao erário, tendo em vista a imprescritibilidade de referida ação.

d) É inadmissível, na aplicação da Lei n.º 8.429/1992, a responsabilização objetiva do agente público por ato de improbidade administrativa, exceto em relação aos atos de improbidade que causem lesão ao erário.

e) À luz da jurisprudência do STJ, em nome do princípio constitucional da vedação do anonimato, será nulo o processo administrativo disciplinar instaurado com fundamento em denúncia anônima.

COMENTÁRIOS

Alternativa correta: letra "c". Entendeu o STJ (Superior Tribunal de Justiça) no AgRg no REsp 1.218.202 MG, que se admite na ação de improbidade administrativa pedidos cumulativos de aplicação de sanções e de indenização do erário. Decretada a prescrição apenas em relação às sanções, admite-se o prosseguimento da ação de improbidade quanto ao pedido de reparação de danos, que é imprescritível.

Alternativa "a": Errado. As condutas na esfera administrativa não são tipificadas com precisão, o que temos são proibições e infrações, que devem ser apuradas, por ação disciplinar (sindicância ou processo administrativo disciplinar) para que ocorra aplicação das sanções disciplinares administrativas.

Alternativa "b": Errado. Conforme prevê o artigo 125, da Lei nº 8.112/90, as sanções civis, penais e administrativas poderão cumular-se, sendo independentes entre si. Essa também é a previsão na Lei nº 84.29/92, no artigo 12: **independentemente das sanções penais, civis e administrativas** previstas na legislação específica, está o responsável pelo ato de improbidade sujeito às seguintes cominações, que podem ser aplicadas isolada ou cumulativamente, de acordo com a gravidade do fato. Por isso, o servidor pode ter uma sanção aplicada contra si no decurso de um processo administrativo disciplinar, inclusive uma sanção que decorra de uma ação de improbidade administrativa.

Alternativa "d".: Errado. O agente público não tem responsabilidade objetiva, sua responsabilidade é subjetiva. É necessária a comprovação de dolo ou culpa, conforme artigo 37, §6º da Constituição Federal e artigo 122 da Lei nº 8.112/90. A análise de conduta do agente, relacionada aos atos de improbidade previstas na Lei 8.429/1992 **exige a demonstração do elemento subjetivo**, consubstanciado pelo dolo, no caso previstos no art. 9.º (enriquecimento ilícito) e no art. 11 (violação dos princípios da administração pública), e ao menos, culpa, nas hipóteses do art. 10 (prejuízo ao erário).

Alternativa "e": Errado. Entendeu p STJ (Superior Tribunal de Justiça) no HC 44.649/SP que não há ilegalidade na instauração de processo administrativo com fundamento em denúncia anônima, por conta do poder-dever de autotutela imposto à Administração e, por via de conseqüência, ao administrador público.

416. (Cespe – Procurador do MP junto ao TCU/2015) Assinale a opção correta a respeito de improbidade administrativa e processo disciplinar.

a) Dada a independência entre a esfera administrativa e a penal, é vedada, na instrução do processo disciplinar, a utilização de prova emprestada do inquérito policial ou do processo criminal.

b) Para a caracterização do ato de improbidade administrativa fundado em ofensa a princípio da administração pública, é dispensável a demonstração do dolo lato sensu ou genérico.

c) De acordo com o atual entendimento do STJ, não é necessária a presença do efetivo dano ao erário ou culpa do agente para a configuração dos atos de improbidade administrativa que causam prejuízo ao erário.

d) O prazo de prescrição para que a administração pública federal possa apurar a prática de infração por servidor público sujeita-se a causa interruptiva.

e) A comissão processante deve-se ater à apuração dos fatos que geraram a instauração do processo administrativo disciplinar, sendo-lhe vedado apurar ilícito apresentado durante a instrução processual.

COMENTÁRIOS

Alternativa correta: letra "d". Conforme previsão no art. 142, §3º da Lei nº 8.112/90, a abertura de sindicância ou a instauração de processo disciplinar interrompe a prescrição, até a decisão final proferida por autoridade competente.

Alternativa "a": Errado. Conforme entendimento do STJ (Superior Tribunal de Justiça), no RMS 33.628-PE, a Corte tem aceitado o empréstimo de provas, desde que haja atenção ao devido processo legal e ao contraditório.

Alternativa "b": Errado. Entendeu o STJ (Superior Tribunal de Justiça), no AgRg no AREsp 307.583/RN, que para a caracterização dos atos de improbidade administrativa previstos no art. 11 da Lei 8.429/92, é necessário que o agente ímprobo tenha agido ao menos com dolo genérico, prescindindo a análise de qualquer elemento específico para sua tipificação. Afirmado o dolo genérico pelo aresto impugnado, na medida em que o mandatário do município deixou consciente e livremente de cumpriras disposições legais, mantém-se a condenação por ato de improbidade administrativa.

Alternativa "c".: Errado. O STJ (Superior Tribunal de Justiça), no AgRg no REsp 1177579/ PR, entendeu que a configuração dos atos de improbidade administrativa previstos no art. 10 da Lei de Improbidade Administrativa (atos de Improbidade Administrativa que causam prejuízo ao erário), à luz da atual jurisprudência do STJ, exige a presença do efetivo dano ao erário(critério objetivo), o mesmo não ocorrendo com o tipo previsto no art. 11 da mesma lei (atos de Improbidade Administrativa que atentam contra os princípios da Administração Pública), que se prende ao volitivo do agente (critério subjetivo).Na Lei n. 8.429/92, o prejuízo ao erário e o dolo não são interdependentes, podendo aquele, inclusive, ocorrer por culpa do administrador ímprobo.

Alternativa "e": Errado. A comissão deverá apurar também as infrações conexas que surgirem.

---

417. (Cespe - Cartório - TJ - DF/2014) Assinale a opção correta no que se refere à improbidade administrativa e à proteção e defesa do usuário de serviço público.

a) De acordo com o princípio da continuidade do serviço público, a concessionária não poderá interromper o serviço, mesmo nos casos em que haja interesse da coletividade e inadimplemento do usuário.

b) Tratando-se de prefeito, as ações de ressarcimento em virtude da prática de atos de improbidade administrativa prescrevem até cinco anos após o término do exercício do mandato.

c) A aplicação da pena de multa e de ressarcimento integral do dano em virtude da prática de ato de improbidade administrativa exemplifica o exercício do poder de polícia da administração pública.

d) O MP, a pessoa jurídica de direito público interessada e as associações são os únicos legitimados a ingressar com a ação principal no Poder Judiciário para a responsabilização por ato de improbidade administrativa.

e) Desde que observadas as restrições estabelecidas constitucionalmente, é assegurado o direito de acesso dos usuários de serviço público aos respectivos registros administrativos e às informações sobre atos de governo.

COMENTÁRIOS

Alternativa correta: "e". Conforme previsão do artigo 37, § 3º, II da Constituição Federal a lei disciplinará as formas de participação do usuário na administração pública direta e indireta, regulando especialmente o acesso dos usuários a registros administrativos e a informações sobre atos de governo, observado o disposto no art. 5º, X e XXXIII.

Alternativa "a". Errado. Conforme o artigo 6º, § 3º da Lei nº 8.987/95, não se caracteriza como descontinuidade do serviço a sua interrupção em situações de emergência ou após prévio aviso, quando: I – motivada por razões de ordem técnica ou de segurança das instalações; e II – por inadimplemento do usuário, considerado o interesse da coletividade.

Alternativa "b". Errado. As ações de ressarcimento são imprescritíveis, conforme previsão do § 5º do art. 37 da Constituição Federal. Mas importante ressaltar a decisão do Superior Tribunal de Justiça, com relação as demais sanções, no REsp 1107833 ao decidir que o prazo prescricional para propor a ação de improbidade administrativa contra ato ímprobo praticado por Prefeito Municipal durante o primeiro mandato começa a fluir a partir do término do segundo mandato.

Alternativa "c". Errado. Apena de multa e de ressarcimento integral do dano em virtude da prática de ato de improbidade não estão vinculadas ao poder de polícia do Estado e sim ao poder de punir do Estado – Juiz.

Alternativa "d". Errado. Os legitimados para ingressar com a Ação de Improbidade Administrativa são o Ministério Público e a pessoa jurídica interessada, conforme o caput do art. 17 da LIA.

---

418. (Cespe - Cartório - TJ - DF/2014) Em relação à improbidade administrativa e à proteção e à defesa do usuário de serviço público, assinale a opção correta.

a) A aplicação, ao gestor público, das penalidades decorrentes da prática de ato de improbidade administrativa depende da comprovação da ocorrência de dano ao erário e da não aprovação da prestação de contas pelo respectivo tribunal de contas.

b) Para fins de aplicação das sanções de improbidade administrativa, não se considera agente público o servidor contratado por necessidade temporária de excepcional interesse público, dada a inexistência de vínculo estatutário deste com a administração pública.

c) A participação do usuário de serviço público na administração pública direta e indireta é garantida pela CF, devendo a lei regulamentar mecanismos de aferição da qualidade do serviço como reclamações, serviços de atendimento do usuário e avaliação periódica, externa e interna.

d) No que diz respeito à responsabilidade pela prática de ato de improbidade administrativa, não vigora o princípio da individualidade da pena, podendo o sucessor daquele que causar lesão ao patrimônio público ou enriquecer ilicitamente estar sujeito às cominações da lei além do limite do valor da herança.

e) O direito de acesso à informação dos usuários de serviço público aplica-se apenas aos casos de prestação direta do serviço pela administração pública.

COMENTÁRIOS

Alternativa correta: "c". Estatui o artigo 37, § 3º, I que a lei disciplinará as formas de participação do usuário na administração pública direta e indireta, regulando especialmente as reclamações relativas à prestação dos serviços públicos em geral, asseguradas a manutenção de serviços de atendimento ao usuário e a avaliação periódica, externa e interna, da qualidade dos serviços.

Alternativa "a". Errado. Conforme estatui o artigo 21, a aplicação das sanções previstas nesta lei independe da efetiva ocorrência de dano ao patrimônio público, salvo quanto à pena de ressarcimento e da aprovação ou rejeição das contas pelo órgão de controle interno ou pelo Tribunal ou Conselho de Contas.

Alternativa "b". Errado. Conforme artigos 2º e 3º da LIA, reputa-se agente público, para os efeitos desta lei, todo aquele que exerce, ainda que transitoriamente ou sem remuneração, por eleição, nomeação, designação, contratação ou qualquer outra forma de investidura ou vínculo, mandato, cargo, emprego ou função nas entidades mencionadas no artigo anterior. As disposições desta lei são aplicáveis, no que couber, àquele que, mesmo não sendo agente público, induza ou concorra para a prática do ato de improbidade ou dele se beneficie sob qualquer forma direta ou indireta.

Alternativa "d". Errado. Preconiza o artigo 8º da LIA que o sucessor daquele que causar lesão ao patrimônio público ou se enriquecer ilicitamente está sujeito às cominações desta lei até o limite do valor da herança.

Alternativa "e". Errado. Não se aplica apenas aos casos de prestação direta do serviço pela administração pública, mas também nos casos de prestação indireta. O artigo 7º, inciso II determina que sem prejuízo do disposto na Lei no 8.078, de 11 de setembro de 1990, são direitos e obrigações dos usuários receber do poder concedente e da concessionária informações para a defesa de interesses individuais ou coletivos.

---

419. (Cespe – Juiz de Direito Substituto – DFT/2014) A respeito da improbidade administrativa, assinale a opção correta.

a) Constitui ato de improbidade exercer atividade de consultoria para pessoa física que tenha interesse que possa ser amparado por ação ou omissão decorrente das atribuições do agente público, durante a atividade.

b) A declaração de bens deve ser apresentada tão somente por ocasião da posse e na data em que o agente público deixar o exercício do mandato, cargo, emprego ou função pública.

c) Para a caraterização de ato de improbidade administrativa, dele deve decorrer lesão ao erário ou vantagem pessoal ao agente.

d) O administrador público que atrasa a entrega das contas públicas pratica ato de improbidade, independentemente da existência de dolo na espécie.

e) O sucessor daquele que causar lesão ao patrimônio público estará sujeito, até o limite da lesão, às cominações da Lei de Improbidade Administrativa.

COMENTÁRIOS

Alternativa correta: "a". Conforme o artigo 9º, inciso VIII constitui ato de improbidade administrativa importando enriquecimento ilícito auferir qualquer tipo de vantagem patrimonial indevida em razão do exercício de cargo, mandato, função, emprego ou atividade nas entidades mencionadas no art. 1º desta lei, e notadamente, aceitar emprego, comissão ou exercer atividade de consultoria ou assessoramento para pessoa física ou jurídica que tenha interesse suscetível de ser atingido ou amparado por ação ou omissão decorrente das atribuições do agente público, durante a atividade.

Alternativa "b". Errado. Determina o artigo 13, § 2º, da LIA, que a posse e o exercício de agente público ficam condicionados à apresentação de declaração dos bens e valores que compõem o seu patrimônio privado, a fim de ser arquivada no serviço de pessoal competente. A declaração de bens será anualmente atualizada e na data em que o agente público deixar o exercício do mandato, cargo, emprego ou função.

Alternativa "c". Errado. Para a caraterização de ato de improbidade administrativa não é necessário que se decorra de vantagem pessoal ou lesão ao erário. Pode ser um ato de improbidade que atenta contra os princípios da Administração Pública.

Alternativa "d". Errado. Conforme o artigo 11, inciso VI constitui ato de improbidade administrativa que atenta contra os princípios da administração pública qualquer ação ou omissão que viole os deveres de honestidade, imparcialidade, legalidade, e lealdade às instituições, e notadamente, deixar de prestar contas quando esteja obrigado a fazê-lo;

Alternativa "e". Errado. Preconiza o artigo 8º da LIA que o sucessor daquele que causar lesão ao patrimônio público ou se enriquecer ilicitamente está sujeito às cominações desta lei até o limite do valor da herança.

420. (Cespe - Procurador do Estado - BA/2014) A aplicação das penas de perda da função pública e de ressarcimento integral do dano em virtude da prática de ato de improbidade administrativa situa-se no âmbito do poder disciplinar da administração pública.

COMENTÁRIOS

Errado. As penas de perda da função pública e ressarcimento integral do dano no julgamento das ações de improbidade têm natureza civil e compete ao Poder Judiciário. Não é decorrente do poder disciplinar da Administração Pública.

421. (Cespe - Analista do MPU/2013) A perda da função pública é sanção aplicável àqueles que pratiquem atos de improbidade administrativa que importem enriquecimento ilícito ou que gerem lesão ao erário, mas não aos que pratiquem atos de improbidade que atentem contra os princípios da administração pública.

COMENTÁRIOS

Errado. Todos os atos de improbidade assim considerados (enriquecimento ilícito, lesão ao Erário e atos que atentam contra os princípios da Administração Pública) podem gerar a sanção de perda de função pública. É o que consta no artigo 12 da Lei de Improbidade Administrativa: Independentemente das sanções penais, civis e administrativas previstas na legislação específica, está o responsável pelo ato de improbidade sujeito às seguintes cominações, que podem ser aplicadas isolada ou cumulativamente, de acordo com a gravidade do fato: I - na hipótese do art. 9°, perda dos bens ou valores acrescidos ilicitamente ao patrimônio, ressarcimento integral do dano, quando houver, perda da função pública, suspensão dos direitos políticos de oito a dez anos, pagamento de multa civil de até três vezes o valor do acréscimo patrimonial e proibição de contratar com o Poder Público ou receber benefícios ou incentivos fiscais ou creditícios, direta ou indiretamente, ainda que por intermédio de pessoa jurídica da qual seja sócio majoritário, pelo prazo de dez anos; II - na hipótese do art. 10, ressarcimento integral do dano, perda dos bens ou valores acrescidos ilicitamente ao patrimônio, se concorrer esta circunstância, perda da função pública, suspensão dos direitos políticos de cinco a oito anos, pagamento de multa civil de até duas vezes o valor do dano e proibição de contratar com o Poder Público ou receber benefícios ou incentivos fiscais ou creditícios, direta ou indiretamente, ainda que por intermédio de pessoa jurídica da qual seja sócio majoritário, pelo prazo de cinco anos; III - na hipótese do art. 11, ressarcimento integral do dano, se houver, perda da função pública, suspensão dos direitos políticos de três a cinco anos, pagamento de multa civil de até cem vezes o valor da remuneração percebida pelo agente e proibição de contratar com o Poder Público ou receber benefícios ou incentivos fiscais ou creditícios, direta ou indiretamente, ainda que por intermédio de pessoa jurídica da qual seja sócio majoritário, pelo prazo de três anos.

422. (Cespe - Analista do MPU/2013) A lei caracteriza como ato de improbidade administrativa que importa enriquecimento ilícito a conduta do servidor público que implique o uso, em proveito próprio, de bens, rendas, verbas ou valores integrantes do acervo patrimonial de órgãos e entidades da administração pública.

COMENTÁRIOS

Certo. É a previsão do artigo 9º, inciso XII, da Lei de Improbidade Administrativa ao estatuir que constitui ato de improbidade administrativa importando enriquecimento ilícito auferir qualquer tipo de vantagem patrimonial indevida em razão do exercício de cargo, mandato, função, emprego ou atividade nas entidades mencionadas no art. 1° desta lei, e notadamente usar, em proveito próprio, bens, rendas, verbas ou valores integrantes do acervo patrimonial das entidades mencionadas no art. 1° desta lei.

423. (Cespe - Analista Judiciário - Área Judiciária - STF/2013) O ressarcimento integral do dano, em matéria de improbidade administrativa, dar-se-á se houver lesão ao patrimônio público por conduta comissiva ou omissiva, exclusivamente dolosa, praticada por agente público ou por terceiro. Nesse caso, caberá à autoridade administrativa responsável pelo inquérito representar ao Ministério Público para a indisponibilidade dos bens do indiciado.

COMENTÁRIOS

Errado. O ressarcimento integral do dano é uma sanção que pode ser aplicada quando o agente, servidor ou não, praticar qualquer um dos três atos de improbidade administrativa: enriquecimento ilícito, lesão ao Erário e atentar contra os princípios da Administração Pública. É o que consta no artigo 12 da Lei de Improbidade. Nos casos de enriquecimento ilícito e atentar contra os princípios da Administração Pública o elemento subjetivo é o dolo (não se aceita a culpa). Na lesão ao Erário pede-se ao menos a culpa. Esse é o erro da questão. E conforme o artigo 7º, quando o ato de improbidade causar lesão ao patrimônio público ou ensejar enriquecimento ilícito, caberá a autoridade administrativa responsável pelo inquérito representar ao Ministério Público, para a indisponibilidade dos bens do indiciado.

424. (Cespe - Defensor Público - DF/ 2013) Segundo entendimento do STJ, se o governo do DF, amparado em legislação local, realizar contratações temporárias de servidores sem concurso público, tal ação configurará, por si só, ato de improbidade administrativa.

COMENTÁRIOS

Errado. No entendimento do Superior Tribunal de Justiça, no EDcl no AgRg no AgRg no AREsp 166.766-SE, a contratação temporária de servidores e sua prorrogação sem concurso público amparadas em legislação local não traduz, por si só, ato de improbidade administrativa. Os atos fundamentados em lei local não caracterizam o dolo genérico, essencial para os casos de improbidade administrativa que atentam contra os princípios da Administração Pública (art. 11 da Lei nº 8.429/1992).

425. (Cespe – Defensor Público – DF/ 2013) A decretação de indisponibilidade de bens em decorrência da apuração de atos de improbidade administrativa deve limitar-se à constrição dos bens necessários ao ressarcimento integral do dano, não atingindo os bens adquiridos antes do suposto ato de improbidade.

COMENTÁRIOS

Errado. Segundo entendimento do Superior Tribunal de Justiça, no REsp 1176440, é pacífica a orientação de que a medida constritiva deve recair sobre o patrimônio dos réus em ação de improbidade administrativa, de modo suficiente a garantir o integral ressarcimento de eventual prejuízo ao erário, levando-se em consideração, ainda, o valor de possível multa civil como sanção autônoma. A indisponibilidade acautelatória prevista na Lei de Improbidade Administrativa tem como finalidade a reparação integral dos danos que porventura tenham sido causados ao erário; trata-se de medida preparatória da responsabilidade patrimonial, representando, em essência, a afetação de todos os bens necessários ao ressarcimento, **podendo, por tal razão, atingir quaisquer bens ainda que adquiridos anteriormente ao suposto ato de improbidade**.

426. (Cespe – Delegado de Polícia – BA/2013) Considere que um agente de polícia tenha utilizado uma caminhonete da polícia civil para transportar sacos de cimento para uma construção particular. Nesse caso, o agente cometeu ato de improbidade administrativa que importa em enriquecimento ilícito.

COMENTÁRIOS

Certo. Conforme preconiza o inciso IV do artigo 9° da LIA, constitui ato de improbidade administrativa importando enriquecimento ilícito auferir qualquer tipo de vantagem patrimonial indevida em razão do exercício de cargo, mandato, função, emprego ou atividade nas entidades mencionadas no art. 1° desta lei, e notadamente utilizar, em obra ou serviço particular, veículos, máquinas, equipamentos ou material de qualquer natureza, de propriedade ou à disposição de qualquer das entidades mencionadas no art. 1° desta lei, bem como o trabalho de servidores públicos, empregados ou terceiros contratados por essas entidades.

427. (Cespe – Delegado de Polícia Federal – DPF/2013) Um servidor público federal dispensou licitação fora das hipóteses previstas em lei, o que motivou o MP a ajuizar ação de improbidade administrativa, imputando ao servidor a conduta prevista no art. 10, inc. VIII, da Lei nº 8.429/1992, segundo o qual constitui ato de improbidade administrativa qualquer ação ou omissão, dolosa ou culposa, que enseje perda patrimonial, desvio, apropriação, malbaratamento ou dilapidação dos bens públicos, notadamente o ato que frustrar a licitude de processo licitatório ou dispensá-lo indevidamente.

Com base nessa situação hipotética, julgue os itens que se seguem.

427.1. Caso o MP também ajuíze ação penal contra o servidor, pelo mesmo fato, a ação de improbidade ficará sobrestada até a prolação da sentença penal a fim de se evitar bis in idem.

COMENTÁRIOS

Errado. Conforme o caput do artigo 12 da LIA, **independentemente das sanções penais, civis e administrativas previstas** na legislação específica, está o responsável pelo ato de improbidade sujeito às seguintes cominações, que podem ser aplicadas isolada ou cumulativamente, de acordo com a gravidade do fato. As responsabilidades são independentes e cumulativas. Então, em regra, uma ação não depende da outra. O bis idem só se configura quando há punição mais de uma vez dentro da mesma esfera, o que não é o caso.

427.2. Na hipótese de sentença condenatória, o juiz poderá, de acordo com a gravidade do fato, aplicar ao servidor pena de multa e deixar de aplicar-lhe a suspensão de direitos políticos, ambas previstas em lei.

COMENTÁRIOS

Certo. O juiz definirá quais as sanções serão aplicadas de acordo com a gravidade da infração, conforme caput 12 da LIA, independentemente das sanções penais, civis e administrativas previstas na legislação específica, está o responsável pelo ato de improbidade sujeito às seguintes cominações, que **podem ser aplicadas isolada ou cumulativamente**, de acordo com a gravidade do fato.

427.3. Caso o MP não tivesse ajuizado a referida ação, qualquer cidadão poderia ter ajuizado ação de improbidade subsidiária.

COMENTÁRIOS

Errado. Conforme artigo 17 da Lei de Improbidade, a ação principal, que terá o rito ordinário, será proposta pelo Ministério Público ou pela pessoa jurídica interessada, dentro de trinta dias da efetivação da medida cautelar. Então são legitimados para a Ação de Improbidade o Ministério Público e a pessoa jurídica interessada.

428. (Cespe – Juiz do Trabalho Substituto 5ª região/2013) Assinale a opção correta acerca da improbidade administrativa, de acordo com a CF, a Lei de Improbidade Administrativa, a jurisprudência dos tribunais superiores e a doutrina.

a) A remessa dos autos ao MP para manifestação após o oferecimento da defesa preliminar na ação de improbidade administrativa implica nulidade absoluta do processo.

b) A constrição cautelar de indisponibilidade não incide sobre os bens adquiridos em data anterior ao suposto ato de improbidade administrativa.

c) É vedada a demissão de servidor por improbidade administrativa, mediante processo administrativo disciplinar.

d) A petição inicial na ação por ato de improbidade administrativa deve conter, além das condições genéricas para a ação, elementos que comprovem a existência de indícios da prática de ato ímprobo, bem como de sua autoria.

e) A falta de notificação do acusado para apresentar defesa prévia nas ações submetidas ao rito da Lei de Improbidade Administrativa é causa de nulidade absoluta do feito.

COMENTÁRIOS

Alternativa correta: "d". É o entendimento do Superior Tribunal de Justiça, ao decidir o REsp 952.351 e determinar que a petição inicial na ação por ato de improbidade administrativa deve conter elementos que comprovem a existência de indícios da prática de ato ímprobo, bem como de sua autoria. Além das condições genéricas da ação, as ações sancionatórias exigem a presença da justa causa. Para que essas ações possam ser recebidas pelo magistrado, deve-se verificar a presença de elementos sólidos, que permitam a constatação da tipicidade da conduta e a viabilidade da acusação.

Alternativa "a". Errado. Segundo entendimento do Superior Tribunal de Justiça, no AgRg no REsp 1.269.400, não há nulidade processual pela simples remessa dos autos ao MP para manifestação após o oferecimento da defesa preliminar na ação de improbidade administrativa. A decretação da nulidade exige a demonstração do efetivo prejuízo pela parte, de sorte que, mesmo que tenha havido erro procedimental, deve o réu demonstrar em que amplitude tal equívoco lhe causou danos.

Alternativa "b". Errado. Segundo entendimento do Superior Tribunal de Justiça, no REsp 1176440, é pacífica a orientação de que a medida constritiva deve recair sobre o patrimônio dos réus em ação de improbidade administrativa, de modo suficiente a garantir o integral ressarcimento de eventual prejuízo ao erário, levando-se em consideração, ainda, o valor de possível multa civil como sanção autônoma. A indisponibilidade acautelatória prevista na Lei de Improbidade Administrativa tem como finalidade a reparação integral dos danos que porventura tenham sido causados ao erário; trata-se de medida preparatória da responsabilidade patrimonial, representando, em essência, a afetação de todos os bens necessários ao ressarcimento, podendo, por tal razão, atingir quaisquer bens ainda que adquiridos anteriormente ao suposto ato de improbidade.

Alternativa "c". Errado. O servidor pode ser demitido, por processo administrativo disciplinar, por ato de improbidade. É o que se depreende da leitura do artigo 132, inciso IV cumulado com o artigo 146 da Lei nº 8.112/90: Artigo 132. A demissão será aplicada nos seguintes casos- IV – improbidade administrativa; **Artigo** 146. Sempre que o ilícito praticado pelo servidor ensejar a imposição de penalidade de suspensão por mais de 30 (trinta) dias, de demissão, cassação de aposentadoria ou disponibilidade, ou destituição de cargo em comissão, será obrigatória a instauração de processo disciplinar.

Alternativa "e". Errado. O Superior Tribunal de Justiça ao decidir o EDcl no REsp 1.194.009-SP, entendeu que a falta de notificação do acusado para apresentar defesa prévia nas ações submetidas ao rito da Lei de Improbidade Administrativa (artigo 17, § 7º, da Lei nº 8.429/1992) é causa de **nulidade relativa** do feito, devendo ser alegada em momento oportuno e devidamente comprovado o prejuízo à parte.

429. (Cespe – Juiz Substituto da Justiça Militar da União – STM/2013) Com base no disposto na Lei de Improbidade Administrativa, assinale a opção correta.

a) Os servidores públicos devem apresentar obrigatoriamente, todos os anos, a declaração de bens e valores que compõem seu patrimônio, sob pena de demissão.

b) Os atos de improbidade administrativa que causem lesão ao erário somente serão puníveis se praticados de forma dolosa.

c) Prescrevem em cinco anos, contados do término do exercício do mandato, cargo ou função de confiança, as ações contra servidores não efetivos destinadas a aplicar as sanções previstas na lei em apreço e a realizar o respectivo ressarcimento do patrimônio público.

d) A pessoa física pode figurar como sujeito passivo do ato de improbidade administrativa.

e) As penas previstas na referida lei não poderão passar da pessoa do condenado nem a obrigação de reparar o dano poderá ser estendida a seus sucessores.

COMENTÁRIOS

Alternativa correta: "a". Conforme disposto no artigo 13, § 2º a declaração de bens será anualmente atualizada e na data em que o agente público deixar o exercício do mandato, cargo, emprego ou função.

Alternativa "b". Errado. Conforme o artigo 10 da Lei de Improbidade constitui ato de improbidade administrativa que causa lesão ao erário qualquer ação ou omissão, **dolosa ou culposa**, que enseje perda patrimonial, desvio, apropriação, malbaratamento ou dilapidação dos bens ou haveres das entidades referidas no art. 1º desta lei.

Alternativa "c". Errado. Dispõe o artigo 23 da Lei de Improbidade que as ações destinadas a levar a efeitos as sanções previstas nesta lei podem ser propostas: I – até cinco anos após o término do exercício de mandato, de cargo em comissão ou de função de confiança; II – dentro do prazo prescricional previsto em lei específica para faltas disciplinares puníveis com demissão a bem do serviço público, nos casos de exercício de cargo efetivo ou emprego. Para complementar, as ações de ressarcimento são imprescritíveis, conforme o artigo 37, § 5º da Constituição Federal.

Alternativa "d". Errado. Só pessoa jurídica. Conforme estatui o artigo 1º, da Lei de Improbidade, os atos de improbidade praticados por qualquer agente público, servidor ou não, contra a administração direta, indireta ou fundacional de qualquer dos Poderes da União, dos Estados, do Distrito Federal, dos Municípios, de Território, de empresa incorporada ao patrimônio público ou de entidade para cuja criação ou custeio o erário haja concorrido ou concorra com mais de cinqüenta por cento do patrimônio ou da receita anual, serão punidos na forma desta lei.

Alternativa "e". Errado. Conforme o artigo 8° da Lei de Improbidade o sucessor daquele que causar lesão ao patrimônio público ou se enriquecer ilicitamente está sujeito às cominações desta lei até o limite do valor da herança.

430. (Cespe – Procurador do DF/ 2013) Presidente de autarquia estadual que deixar de prestar as contas anuais devidas responderá, desde que comprovada a sua má-fé e a existência de dano ao erário, pelo cometimento de ato de improbidade atentatório aos princípios da administração pública.

COMENTÁRIOS

Errado. O fato da autoridade não prestar contas anualmente, por si já caracteriza ato de improbidade administrativa que atenta contra os princípios da administração pública. O erro da questão é determinar a necessidade de comprovada má-fé e a existência de dano (porque independe de dano). Determina o artigo 11, inciso VI da Lei nº 8.429/92, constitui ato de improbidade administrativa que atenta contra os princípios da administração pública qualquer ação ou omissão que viole os deveres de honestidade, imparcialidade, legalidade, e lealdade às instituições, e notadamente, deixar de prestar contas quando esteja obrigado a fazê-lo.

431. (Cespe – Procurador Federal/2013) Se um agente público conceder benefício administrativo ou fiscal sem a observância das formalidades legais ou regulamentares aplicáveis à espécie, ficará caracterizado ato de improbidade administrativa, mesmo que o agente não tenha atuado de forma dolosa, ou seja, sem a intenção deliberada de praticar ato lesivo à administração pública.

COMENTÁRIOS

Certo. A questão trata de ato de improbidade que causa lesão ao erário. Uma das características desse instituto é que o elemento subjetivo pode ser dolo ou culpa. O artigo 10, inciso VII da Lei nº 8.429/92 determina que 'constitui ato de improbidade administrativa que causa lesão ao erário qualquer ação ou omissão, **dolosa ou culposa**, que enseje perda patrimonial, desvio, apropriação, malbaratamento ou dilapidação dos bens ou haveres das entidades referidas no art. 1º desta lei, e notadamente, conceder benefício administrativo ou fiscal sem a observância das formalidades legais ou regulamentares aplicáveis à espécie'.

432. (Cespe – Procurador Federal/2013) O TCU tem o dever de prestar ao Congresso Nacional, a qualquer de suas Casas ou de suas comissões, informações sobre a fiscalização contábil, financeira, orçamentária, operacional e patrimonial que executar, bem como sobre os resultados das auditorias e inspeções que realizar.

COMENTÁRIOS

Certo. É o que determina o artigo 71, inciso VII da Constituição Federal ao preconizar que o controle externo, a cargo do Congresso Nacional, será exercido com o auxílio do Tribunal de Contas da União, ao qual compete prestar as informações solicitadas pelo Congresso Nacional, por qualquer de suas Casas, ou por qualquer das respectivas Comissões, sobre a fiscalização contábil, financeira, orçamentária, operacional e patrimonial e sobre resultados de auditorias e inspeções realizadas.

433. (Cespe – Procurador Federal/2013) Se o servidor, em razão do cargo que ocupe, suspeitar que a autoridade que lhe é hierarquicamente superior esteja envolvida em ato irregular, será seu dever levar ao conhecimento de outra autoridade competente, para apuração, a irregularidade.

COMENTÁRIOS

Certo. Apesar da questão ter sido muito criticada, pela palavra "suspeitar", o artigo 116, inciso VI da Lei 8.112/90 determina que 'são deveres do servidor levar as irregularidades de que tiver ciência em razão do cargo ao conhecimento da autoridade superior ou, quando houver suspeita de envolvimento desta, ao conhecimento de outra autoridade competente para apuração'.

434. (Cespe – Procurador do Ministério Público junto ao TCDF/2013) O prazo para a proposição da ação de improbidade administrativa visando o ressarcimento dos danos causados pelo agente público é de cinco anos, a contar do término do exercício de mandato, de cargo em concurso ou de função de confiança por esse agente.

COMENTÁRIOS

Errado. O erro da questão está na palavra 'concurso'. Conforme determina o inciso I, do artigo 23 da Lei nº 8.429/92, as ações destinadas a levar a efeitos as sanções previstas nesta lei podem ser propostas até cinco anos após o término do exercício de mandato, de cargo em comissão ou de função de confiança. Para os cargos efetivos o prazo é o previsto em lei específica para faltas disciplinares puníveis com demissão a bem do serviço público, conforme o inciso II do mesmo artigo.

435. (Cespe – Procurador do Ministério Público junto ao TCDF/2013) O ato de improbidade, que, em si, não constitui crime, caracteriza-se como um ilícito de natureza civil e política.

COMENTÁRIOS

Certo. Segundo a melhor doutrina de direito administrativo, o ato de improbidade administrativa é "um ilícito de natureza civil e política, porque pode implicar a suspensão dos direitos políticos, a indisponibilidade dos bens e o ressarcimento dos danos causados ao erário".

436. (Cespe – Advogado da União/2012) É necessária a comprovação de enriquecimento ilícito ou da efetiva ocorrência de dano ao patrimônio público para a tipificação de ato de improbidade administrativa que atente contra os princípios da administração pública.

COMENTÁRIOS

Errado. O ato de improbidade administrativa que atente contra os princípios da administração pública, independe de comprovação de enriquecimento ilícito ou da efetiva ocorrência de dano ao patrimônio público. O Superior Tribunal de Justiça entendeu no RESP 200700025141, que para o enquadramento de condutas no artigo 11 da Lei nº 8.429/92, é despicienda a caracterização do dano ao erário e do enriquecimento ilícito.

437. (Cespe – Delegado de Polícia – AL/ 2012) Apenas o Ministério Público (MP) poderá representar à autoridade administrativa competente para que seja instaurada investigação devida para apurar a prática de ato de improbidade.

COMENTÁRIOS

Errado. Conforme o artigo 14 da Lei nº 8.429/92, qualquer pessoa poderá representar à autoridade administrativa competente para que seja instaurada investigação destinada a apurar a prática de ato de improbidade.

438. (Cespe – Delegado de Polícia – AL/ 2012) As ações que têm por objeto a aplicação das sanções previstas para o cometimento de ato de improbidade realizado por prefeito municipal prescrevem até três anos após a ocorrência do ato de improbidade.

COMENTÁRIOS

Errado. Segundo o artigo 23, inciso I da Lei de Improbidade Administrativa, as ações destinadas a levar a efeitos as sanções previstas nesta lei podem ser propostas até cinco anos após o término do exercício de mandato, de cargo em comissão ou de função de confiança.

13. INTERVENÇÃO DO ESTADO NA PROPRIEDADE

✦ LEANDRO BORTOLETO E LUÍS FELIPE CIRINO

439. (Cespe – Analista Judiciário – Área Administrativa – TRF 1/2017) A União tem permissão para desapropriar bens de domínio dos estados e dos municípios mediante declaração de utilidade pública e autorização legislativa.

COMENTÁRIOS

✪ **Nota do autor:** *A* **desapropriação** *é a mais drástica forma de intervenção do Estado na propriedade particular e consiste na* **retirada compulsória, pelo Estado, de certo bem, por necessidade ou utilidade pública ou por interesse social.** Com isso, o adquire, originariamente, para si ou para outrem, mediante prévia e justa indenização em dinheiro, salvo nos casos em que a própria Constituição enumera, em que o pagamento é feito com títulos da dívida pública (art. 182, § 4º, III) ou dívida agrária (art. 184).[48] Veja-se, portanto, que seus pressupostos são necessidade ou utilidade pública ou interesse social e não é uma medida transitória, pois retira a propriedade dos seus donos.

"Certo". Quanto ao objeto da desapropriação, em regra, **todos os bens pode ser expropriados**, nos termos do art. 2º do Decreto-Lei nº 3.365/41, sejam eles corpóreos ou incorpóreos, privados ou públicos, moveis ou imóveis, inclusive o espaço aéreo e o subsolo, salvo

48 GASPARINI, Diógenes. Direito administrativo. 13 ed. São Paulo: Saraiva, 2008. p. 816.

as expressas vedações legais, ora transcritas: a) no caso de **bens públicos**, a União poderá desapropriar os bens dos Estados e dos Municípios e o Estado poderá desapropriar os bens dos Municípios que daquele façam parte, sendo necessária, em qualquer caso, a autorização legislativa para se desapropriar um bem público. **Adota-se, pois, verdadeira hierarquia entre os entes federativos para a desapropriação**; b) quanto às ações, cotas e direitos representativos do capital de instituições e empresas cujo financiamento dependa da autorização do governo federal e se subordine à sua fiscalização, é vedada a desapropriação pelos Estados, DF e Municípios, salvo mediante prévia autorização, por decreto, do Presidente da República.

---

440. (Cespe – Analista Judiciário – Área Administrativa – TRF 1/2017) Obras históricas ou artísticas tombadas são inalienáveis, independentemente da titularidade de sua propriedade.

COMENTÁRIOS

✪ **Nota do autor:** O **tombamento** é o procedimento administrativo adotado pelo Poder Público para impor restrições parciais sobre os bens que, por interesse público, devam ser conservados, por estarem vinculados a fatos memoráveis da história ou por seu excepcional valor arqueológico ou etnológico, bibliográfico ou artístico. Pode ter como objeto **qualquer bem, móvel ou imóvel**, privado ou público.

"Errado". Com o **tombamento** o bem só se torna inalienável se for público e, ainda assim, apenas em relação à alienação para particular, porque pode ser alienado para outro ente público. Em se tratando de **bem particular pode ser alienado normalmente**, podendo, inclusive, servir como objeto de penhor, hipoteca e anticrese, que são garantias reais.

---

441. (Cespe – Analista Judiciário – Oficial de Just. Avaliador – TRF 1/2017) Para se construir na vizinhança de bem público tombado pelo patrimônio histórico, se a obra for reduzir a visibilidade do bem tombado, será necessária a prévia autorização do órgão público competente.

COMENTÁRIOS

"Certo". Na forma do art. 18, do Decreto-Lei nº 25/1937, "sem prévia autorização do Serviço do Patrimônio Histórico e Artístico Nacional, não se poderá, na vizinhança da coisa tombada, fazer construção que lhe impeça ou reduza a visibilidade, nem nela colocar anúncios ou cartazes, sob pena de ser mandada destruir a obra ou retirar o objeto, impondo-se neste caso a multa de cinquenta por cento do valor do mesmo objeto".

---

442. (Cespe – Delegado de Polícia – MT/2017) Enquanto uma rodovia municipal era reformada, o município responsável utilizou, como meio de apoio à execução das obras, parte de um terreno de particular.

Nessa hipótese, houve o que se denomina

A) servidão administrativa.

B) limitação administrativa.

C) intervenção administrativa supressiva.

D) ocupação temporária.

E) requisição administrativa.

COMENTÁRIOS

✪ **Nota do autor:** Há várias formas de intervenção do Estado na propriedade privada, mas, levando-se em conta a natureza e os efeitos, a intervenção pode ser classificada em: a) **restritiva**, em que o Estado apenas **restringe o uso da propriedade, sem retirá-la do proprietário** e b) **supressiva**, em que ocorre a **supressão da propriedade**.

Alternativa correta: letra "d". A ocupação temporária é a "utilização transitória, remunerada ou gratuita, de bens particulares pelo Poder Pública para a execução de obras, serviços ou atividades públicas ou de interesse público"[49].

Alternativa "a". A **servidão administrativa** é o "**direito real público** que autoriza o Poder Público a usar a propriedade imóvel para permitir a execução de obras e serviços de interesse coletivo[50]. **Não se retira a propriedade de seu titular**, mas este é obrigado a consentir que seu imóvel seja usado em prol de um serviço público ou bem afetado a fim de utilidade pública. Tem como característica a **perpetuidade**, ou seja, durará enquanto for necessário ao interesse público.

Alternativa "b". A limitação administrativa é toda **imposição geral, gratuita, unilateral** e de **ordem pública condicionadora do exercício de direitos ou de atividades particulares às exigências do bem-estar social[51].** Ou seja, são determinações gerais, que condicionam o exercício do direito de propriedade em face do bem comum, pelas quais proprietários indeterminados são constituídos em **obrigações positivas, negativas ou permissivas**, isto é, o Poder Público pode impor que os proprietários em geral adotem determinado comportamento (fazer), ou que se abstenham de fazer algo (não fazer), ou que permitam que algo seja realizado. Não retira a propriedade de seus donos.

---

49 MEIRELLES, Hely Lopes. *Direito administrativo brasileiro*. 36 ed. São Paulo: Malheiros, 2010. p. 662.

50 CARVALHO FILHO, José dos Santos. *Manual de direito administrativo*. 19. ed. Rio de Janeiro: Lumen Juris, 2008. p. 691.

51 MEIRELLES, Hely Lopes. *Direito administrativo brasileiro*. 36 ed. São Paulo: Malheiros, 2010. p 664.

Alternativa "c". A única intervenção administrativa supressiva é a desapropriação, que *é a mais drástica forma de intervenção do Estado na propriedade particular e consiste na* **retirada compulsória, pelo Estado, de certo bem, por necessidade ou utilidade pública ou por interesse social.** Com isso, o adquire, originariamente, para si ou para outrem, mediante prévia e justa indenização em dinheiro, salvo nos casos em que a própria Constituição enumera, em que o pagamento é feito com títulos da dívida pública (art. 182, § 4º, III) ou dívida agrária (art. 184).[52]

Alternativa "e". A requisição administrativa é a "**utilização coativa de bens ou serviços particulares** pelo Poder Público por ato de execução imediata e direta da autoridade requisitante e **indenização ulterior**, para atendimento de **necessidades coletivas** urgentes e transitórias"[53]. Trata-se de medida **autoexecutória** e, assim não é necessária a intervenção judicial para a sua efetivação.

443. (Cespe – Juiz de Direito Substituto – AM/2016) Acerca da servidão administrativa, assinale a opção correta.

a) A servidão administrativa, de natureza de direito real e de definitividade, incide sobre bem imóvel e dela decorre o direito à indenização prévia e incondicionada ao proprietário do bem.

b) Sendo permanente, a servidão administrativa jamais será extinta, ainda que a propriedade seja incorporada ao patrimônio da pessoa em favor da qual foi instituída.

c) A servidão administrativa, direito real público que autoriza o poder público a usar a propriedade imóvel para a execução de obras e serviços de interesse coletivo, pode incidir tanto sobre bem privado quanto público.

d) Sendo o decreto expedido para constituir a servidão administrativa revestido de publicidade, é desnecessária a inscrição no registro de imóveis para a produção de efeitos erga omnes.

e) Ainda que não haja dano efetivo ou prejuízos causados ao imóvel serviente, será devida a indenização, uma vez que a limitação do direito decorrente da servidão, por si, gera dano abstrato.

COMENTÁRIOS

✪ **Nota do autor:** Há várias formas de intervenção do Estado na propriedade privada, mas, levando-se em conta a natureza e os efeitos, a intervenção pode ser classificada em: a) **restritiva**, em que o Estado apenas **restringe o uso da propriedade, sem retirá-la do proprietário** e b) **supressiva**, em que ocorre a **supressão da propriedade.**

Alternativa correta: letra "c" (responde as alternativas "a" e "e"). Por meio da servidão administrativa, a Administração Pública pode impor um **ônus real de uso sobre a propriedade particular ou sobre um bem público.** Esta não é retirada de seu titular, que é obrigado a consentir que seu imóvel (**coisa serviente**) seja usado em prol de um serviço público ou de um bem afetado a fim de uma utilidade pública (**coisa dominante**). A servidão administrativa pode se dar **por lei**, **por acordo ou por sentença judicial**: quando instituída por lei, via de regra, **não há direito à indenização**, pois atinge todos os proprietários que estejam na mesma situação, salvo se determinada propriedade sofrer um prejuízo maior. Quando decorre de acordo ou sentença judicial, por seu turno, a regra é a **indenização**, desde que comprovada a existência de dano no **caso concreto**. Ademais, conforme a assertiva, a servidão administrativa pode incidir sobre bem público. Entretanto, à semelhança da desapropriação, não pode um Município instituir servidão sobre um bem público de um Estado, e este em relação a bem público da União. Todavia, a União pode instituir servidão administrativa sobre um bem estadual ou municipal, e o Estado pode instituir servidão sobre um bem municipal. Exige-se, para tanto, autorização legislativa.

Alternativa "b". Uma das principais características da **servidão administrativa** é a **perpetuidade**, isto é, referida intervenção durará enquanto for necessário ao interesse público. Outrossim, caso haja a incorporação da propriedade objeto da servidão ao patrimônio público, haverá a extinção da servidão administrativa.

Alternativa "d". A **servidão administrativa**, como **direito real**, apenas pode ser oponível contra terceiros mediante competente registro no ofício correspondente.

444. (Cespe – Juiz de Direito Substituto – AM/2016) A CF, em seu artigo 5º, XXII, garante o direito de propriedade; no inciso XXIII do mesmo artigo, condiciona o exercício desse direito ao atendimento da função social. Acerca da intervenção do Estado na propriedade privada, assinale a opção correta.

a) A ocupação temporária é direito real, uma vez que só incide sobre a propriedade imóvel.

b) A limitação administrativa enseja ao pagamento de indenização em favor dos proprietários.

c) As modalidades de intervenção supressiva incluem a desapropriação e a ocupação temporária.

d) A requisição é modalidade de intervenção em que o Estado utiliza propriedade particular no caso de perigo público iminente.

52 GASPARINI, Diógenes. Direito administrativo. 13 ed. São Paulo: Saraiva, 2008. p. 816.

53 MEIRELLES, Hely Lopes. *Direito administrativo brasileiro.* 36 ed. São Paulo: Malheiros, 2010. p. 660.

e) É exemplo de servidão administrativa a utilização temporária de terrenos particulares contíguos a estradas em construção ou em reforma, para, por exemplo, a alocação transitória de máquinas de asfalto.

COMENTÁRIOS

Alternativa correta: letra "d". A **requisição administrativa** é a "**utilização coativa de bens ou serviços particulares** pelo Poder Público por ato de execução imediata e direta da autoridade requisitante e **indenização ulterior**, para atendimento de **necessidades coletivas** urgentes e transitórias"[54]. Trata-se de medida **autoexecutória** e, assim não é necessária a intervenção judicial para a sua efetivação.

Alternativa "a". A **ocupação temporária** é a "utilização transitória, remunerada ou gratuita, de bens particulares pelo Poder Público para a execução de obras, serviços ou atividades públicas ou de interesse público"[55]. Não incide apenas sobre bens imóveis, podendo haver ocupação temporária de propriedades móveis, como veículos, por exemplo.

Alternativa "b". *A **limitação administrativa** é toda **imposição geral, gratuita, unilateral** e de **ordem pública condicionadora do exercício de direitos ou de atividades particulares às exigências do bem-estar social**[56]. **Como se trata de limitação geral e abstrata, destinada a todos os proprietários, não gera direito à indenização.***

Alternativa "c". A única modalidade de **intervenção supressiva** do Estado na propriedade é a **desapropriação.**

Alternativa "e". Por meio da servidão administrativa, a Administração Pública pode impor um **ônus real de uso sobre a propriedade particular ou sobre um bem público.** Uma das principais características da **servidão administrativa** é a **perpetuidade**, isto é, referida intervenção durará enquanto for necessário ao interesse público, sendo que a utilização temporária – como mencionado no enunciado –, **não é característica da servidão administrativa.** No caso, trata-se de exemplo de ocupação temporária.

---

445. (Cespe – Defensor Público – RN/2015) Acerca da intervenção do Estado na propriedade, assinale a opção correta.

a) Limitações administrativas são determinações de caráter individual por meio das quais o poder público impõe aos proprietários determinadas obrigações, positivas, negativas ou permissivas, com o fim de condicionar as propriedades ao atendimento da função social.

b) Compete à União e aos estados desapropriar por interesse social, para fins de reforma agrária, mediante prévia e justa indenização em títulos da dívida agrária, o imóvel rural que não estiver cumprindo a sua função social.

c) Segundo entendimento do STF, a desapropriação-confisco, prevista no art. 243 da CF, incide sobre a totalidade da propriedade em que forem cultivadas plantas psicotrópicas, e não apenas sobre a área efetivamente plantada.

d) A servidão administrativa instituída por acordo com o proprietário do imóvel, ao contrário daquela instituída por sentença judicial, prescinde da declaração de utilidade pública do poder público.

e) A instituição de requisição administrativa, quando recair sobre bens imóveis, não dispensa o prévio e necessário registro na matrícula do imóvel.

COMENTÁRIOS

✪ **Nota do autor:** em se tratando de desapropriação, há caráter sancionatório, por exemplo, na **desapropriação por interesse social para fins da reforma agrária**, como penalidade à propriedade rural que não cumpre sua função social, e, ainda, na **expropriação de terras em que haja cultura ilegal de planta psicotrópica ou a exploração de trabalho escravo, na forma da lei**, situação em que sequer há pagamento de indenização.

Alternativa correta: letra "c". Segundo entendimento consolidado do Supremo Tribunal Federal, a desapropriação-confisco, prevista no art. 243 da CF, incide sobre a totalidade da propriedade em que forem cultivadas plantas psicotrópicas, e não apenas sobre a área efetivamente plantada. Neste sentido, é o RE nº 543.974-MG, por exemplo.

Alternativa "a". As limitações administrativas são determinações gerais, que condicionam o exercício do direito de propriedade em face do bem comum, pelas quais proprietários indeterminados são constituídos em **obrigações positivas, negativas** ou **permissivas**. Assim, o Poder Público pode impor que os proprietários em geral adotem determinado comportamento (**fazer**), ou que se abstenham de fazer algo (**deixar de fazer**), ou que permitam que algo seja realizado.

Alternativa "b". Compete **exclusivamente** à União desapropriar por interesse social, para fins de reforma agrária, mediante prévia e justa indenização em títulos da dívida agrária, o imóvel rural que não estiver cumprindo a sua função social.

Alternativa "d". A servidão administrativa pode se dar **por lei, por acordo ou por sentença judicial**:

---

54 MEIRELLES, Hely Lopes. *Direito administrativo brasileiro*. 36 ed. São Paulo: Malheiros, 2010. p. 660.

55 MEIRELLES, Hely Lopes. *Direito administrativo brasileiro*. 36 ed. São Paulo: Malheiros, 2010. p. 662.

56 MEIRELLES, Hely Lopes. *Direito administrativo brasileiro*. 36 ed. São Paulo: Malheiros, 2010. p 664.

quando instituída por lei, via de regra, **não há direito à indenização**, pois atinge todos os proprietários que estejam na mesma situação, salvo se determinada propriedade sofrer um prejuízo maior. Quando decorre de acordo ou sentença judicial, por seu turno, a regra é a **indenização**, desde que comprovada a existência de dano no **caso concreto**. Em ambos os casos, contudo, é necessária a declaração de utilidade pública proferida pelo poder público.

Alternativa "e". A instituição de requisição administrativa, quando recair sobre bens imóveis, **dispensa** o prévio e necessário registro na matrícula do imóvel.

---

446. (Cespe – Procurador do Estado – BA/2014) Caso um governador resolva desapropriar determinado imóvel particular com o objetivo de construir uma creche para a educação infantil e, posteriormente, com fundamento no interesse público e em situação de urgência, mude a destinação do imóvel para a construção de um hospital público, o ato deve ser anulado, por configurar tredestinação ilícita.

COMENTÁRIOS

"Errado". A **tredestinação** ocorre **quando há desvio de finalidade no uso do bem desapropriado**. Há duas modalidades de tredestinação: a lícita – que se dá quando o desvio é de uma finalidade pública para outra finalidade pública, como ocorre no enunciado acima – e a ilícita – quando se desvia da finalidade pública para a finalidade particular.

---

447. (Cespe – Promotor de Justiça – AC/2014) O prefeito de determinado município realizou a desapropriação de um imóvel para fins de implantação de um parque ecológico, tendo a prefeitura instalado posteriormente, na área expropriada, um conjunto habitacional popular.

Nesse caso hipotético,

a) como a área expropriada não foi utilizada para a implantação do parque ecológico, cabe indenização dos expropriados por perdas e danos sofridos, desde que devidamente comprovados.

b) não houve desvio de finalidade, dado o atendimento do interesse público, estando configurada a tredestinação lícita.

c) embora tenha ocorrido desvio de finalidade, o bem expropriado foi incorporado ao patrimônio público, o que torna inviável a retrocessão, cabendo, entretanto, indenização por perdas e danos.

d) houve desvio de finalidade, dado o descumprimento dos objetivos que justificaram a desapropriação, cabendo a retrocessão.

e) houve desvio de finalidade, devendo ser decretada a nulidade do ato expropriatório com a reintegração dos expropriados na posse do imóvel e indenização em lucros cessantes.

COMENTÁRIOS

Alternativa correta: letra "b" (responde as demais alternativas). A **tredestinação** ocorre **quando há desvio de finalidade no uso do bem desapropriado.** Há duas modalidades de tredestinação: a lícita – que se dá quando o desvio é de uma finalidade pública para outra finalidade pública – e a ilícita – quando se desvia da finalidade pública para a finalidade particular. Assim, por ter a prefeitura instalado, na área expropriada, um conjunto habitacional popular ao invés do parque ecológico – **sendo mantido, portanto, o interesse público** –, não há que se falar em desvio de finalidade, estando configurada a tredestinação lícita.

---

448. (Cespe – Procurador do MP junto ao TCE-PB/2014) Assinale a opção correta acerca da intervenção no domínio econômico por meio da desapropriação.

a) No cálculo da verba advocatícia nas ações de desapropriação, devem ser excluídas as parcelas relativas aos juros compensatórios e moratórios.

b) As concessionárias de serviços públicos, quando do exercício das funções delegadas pelo poder público, poderão promover desapropriações mediante autorização expressa, constante de lei ou contrato.

c) O poder público pode desistir do processo expropriatório, inclusive no curso da ação judicial, sem a obrigação de pagar indenização ao expropriado.

d) O expropriado pode pleitear indenização, pelo instituto da retrocessão, em razão de o imóvel não ter sido utilizado para os fins declarados no decreto expropriatório, sendo-lhe vedado, contudo, reivindicar a propriedade expropriada, por se tratar de bem já incorporado ao patrimônio público.

e) Compete privativa e exclusivamente à União legislar sobre desapropriação, competindo, no entanto, a todos os entes federativos declarar a utilidade pública ou o interesse social de bem imóvel para fins de reforma agrária.

COMENTÁRIOS

Alternativa correta: letra "b". Nos termos do art. 2º do Decreto-Lei, somente os entes federativos têm competência para desapropriar. Entretanto, os concessionários de serviços públicos e dos estabelecimentos de caráter público podem promover desapropriações, **desde que autorizados por lei ou contrato**, como se depreende da leitura do art. 3º do mesmo diploma legal. É importante saber que o procedimento expropriatório se divide em duas fases: a declaratória, em que o Poder Público declara, por decreto, o interesse na desapropriação do bem; e a fase executória, na qual se efetiva a expropriação, seja de maneira amigável, seja compulsoriamente mediante decisão judicial. A atribuição, por lei ou por contrato, aos concessionários do serviço público para promover a desapropriação restringe-se à fase executória. Não tem os concessionários o poder de declarar o interesse na desapropriação.

Alternativa "a". No cálculo da verba advocatícia nas ações de desapropriação, devem ser incluídas as parcelas relativas aos juros compensatórios e moratórios.

Alternativa "c". José dos Santos Carvalho Filho afirma, associando-se à posição de Diógenes Gasparini, que "são quatro os requisitos para a desistência: 1. seja ela definida pelo expropriante antes de ultimada a desapropriação; 2. ressarcimento pelo expropriante de todos os danos que causou ao expropriado; 3. ressarcimento das despesas processuais; e 4. devolução do mesmo bem"[57].

Alternativa "d". O expropriado pode pleitear indenização, pelo instituto da retrocessão, em razão de o imóvel não ter sido utilizado para os fins declarados no decreto expropriatório, sendo-lhe permitido, ainda, reivindicar a propriedade expropriada, não obstante o bem já incorporado ao patrimônio público.

Alternativa "e". A desapropriação, em regra, pode ser feita pela União, pelos Estados, pelo DF e pelos Municípios, salvo a desapropriação urbanística sancionatória, que é exclusiva do Município e, ainda, **a desapropriação para reforma agrária e a de terra em que há cultivo ilegal de planta psicotrópica ou a exploração de trabalho escravo, que são de competência da União.** Os municípios e os Estados podem desapropriar imóveis rurais, exceto para reforma agrária ou no caso de confisco por cultura ilegal ou exploração de trabalho escravo, na forma da lei, previsão está no bojo da EC 81/2014.

---

449. (Cespe – Defensor Público – DF/ 2013) A requisição administrativa é ato unilateral e autoexecutório por meio do qual o Estado, em caso de iminente perigo público, utiliza bem móvel ou imóvel. Esse instituto administrativo, a exemplo da desapropriação, não incide sobre serviços.

COMENTÁRIOS

"Errado". A requisição administrativa é a "**utilização coativa de bens ou serviços particulares** pelo Poder Público por ato de execução imediata e direta da autoridade requisitante e **indenização ulterior**, para atendimento de **necessidades coletivas** urgentes e transitórias"[58]. Trata-se de medida **autoexecutória** e, assim não é necessária a intervenção judicial para a sua efetivação.

---

450. (Cespe – Juiz de Direito Substituto – MA/ 2013) Acerca da intervenção do Estado na propriedade, assinale a opção correta.

a) A caducidade da declaração de utilidade pública refere-se à perda da validade dessa declaração pelo decurso de tempo sem que o poder público promova atos concretos destinados a efetivá-la.

b) Desapropriação é o direito que a administração tem de utilizar propriedade imóvel alheia para possibilitar a execução de obra ou serviço de interesse coletivo.

c) Os municípios são competentes para legislar sobre desapropriação.

d) Pode-se desapropriar dinheiro (moeda corrente do país).

COMENTÁRIOS

Alternativa correta: letra "a". No caso de desapropriação por necessidade ou utilidade pública, não havendo acordo na fase administrativa, o ente público deverá ajuizar a competente ação de desapropriação, que deverá ser proposta no prazo de **cinco** anos, contados do decreto declaratório. Após o encerramento do prazo, ocorre a **caducidade** do ato declaratório de expropriação e, nesse caso, para que seja possível a desapropriação em questão, necessária, uma vez mais, a realização de todas as fases do processo de expropriação, devendo o Poder Público, entretanto, aguardar o prazo de um ano para fazer uma nova declaração de utilidade pública.

Alternativa "b". A desapropriação é a mais drástica forma de intervenção do Estado na propriedade particular, pois retira o bem do proprietário, definitivamente; assim, não há utilização de imóvel apenas para possibilitar a execução de obra ou serviço de interesse coletivo, ao menos não em se tratando de desapropriação.

Alternativa "c". Nos termos do art. 22, II da Constituição Federal, **compete privativamente à União legislar sobre desapropriação.**

Alternativa "d". Quanto ao objeto da desapropriação, em regra, **todos os bens pode ser expropriados**, nos termos do art. 2º do Decreto-Lei nº 3.365/41, sejam eles corpóreos ou incorpóreos, privados ou públicos, moveis ou imóveis, inclusive o espaço aéreo e o subsolo, salvo as expressas vedações legais, ora transcritas: a) no caso de **bens públicos**, a União poderá desapropriar os bens dos Estados e dos Municípios e o Estado poderá desapropriar os bens dos Municípios que daquele façam parte, sendo necessária, em qualquer caso, a autorização legislativa para se desapropriar um bem público. **Adota-se, pois, verdadeira hierarquia entre os entes federativos para a desapropriação**; b) quanto

---

57 *Manual de direito administrativo*. 26. ed. São Paulo: Atlas, 2013. p. 871.

58 MEIRELLES, Hely Lopes. *Direito administrativo brasileiro*. 36 ed. São Paulo: Malheiros, 2010. p. 660.

às ações, cotas e direitos representativos do capital de instituições e empresas cujo financiamento dependa da autorização do governo federal e se subordine à sua fiscalização, é vedada a desapropriação pelos Estados, DF e Municípios, salvo mediante prévia autorização, por decreto, do Presidente da República. Segundo a doutrina, não é possível desapropriar moeda corrente, "porque é ela o próprio meio em que se materializa a indenização"[59].

451. (CESPE – Juiz Federal Substituto 1ª região/2013) Assinale a opção correta no que diz respeito às limitações administrativas, à requisição e ao tombamento como formas de intervenção do Estado na propriedade.

a) O tombamento, forma de intervenção do poder público na propriedade, pode incidir tanto sobre bens móveis quanto sobre bens imóveis.

b) Ainda que haja inconformismo e resistência do proprietário, o poder público poderá promover o tombamento de determinado bem, razão pela qual se diz que o tombamento é, quanto à constituição, um ato compulsório, visto que sua realização independe do consentimento do particular.

c) As limitações administrativas são determinações por meio das quais o Estado impõe ao proprietário obrigações de caráter positivo, que implicam o dever de fazer algo em prol do interesse público.

d) A passagem subterrânea, por determinado terreno particular, de dutos para o transporte de gás configura exemplo de limitação administrativa.

e) A requisição é modalidade de intervenção por meio da qual o Estado, em face de perigo iminente, utiliza serviços, mas não bens, de particulares.

COMENTÁRIOS

Alternativa correta: letra "a". O **tombamento** é o procedimento administrativo adotado pelo Poder Público para impor restrições parciais sobre os bens que, por interesse público, devam ser conservados, por estarem vinculados a fatos memoráveis da história ou por seu excepcional valor arqueológico ou etnológico, bibliográfico ou artístico. Pode ter como objeto **qualquer bem, móvel ou imóvel**, privado ou público.

Alternativa "b". Quanto ao procedimento, o tombamento pode ser a) **de ofício**, b) voluntário e c) compulsório. **Tombamento de ofício** ocorre quando o bem a que se pretende impor determinadas restrições é público. O tombamento voluntário, por sua vez, ocorre quando o proprietário requer o tombamento ou, se não iniciar o procedimento, com ele concorda. Por fim, o compulsório procede-se na hipótese de recusa do proprietário em concordar com o tombamento.

Alternativa "c". As limitações administrativas são determinações gerais, que condicionam o exercício do direito de propriedade em face do bem comum, pelas quais proprietários indeterminados são constituídos em **obrigações positivas, negativas** ou **permissivas.** Assim, o Poder Público pode impor que os proprietários em geral adotem determinado comportamento (**fazer**), ou que se abstenham de fazer algo (**deixar de fazer**), ou que permitam que algo seja realizado. Não gera direito à indenização, por se tratar de limitação geral e abstrata, destinada a todos os proprietários. Por isso, diz-se que é **gratuita**.

Alternativa "d". A passagem subterrânea, por determinado terreno particular, de dutos para o transporte de gás configura exemplo de **servidão** administrativa.

Alternativa "e". A **requisição administrativa** é a "**utilização coativa de bens ou serviços** particulares pelo Poder Público por ato de execução imediata e direta da autoridade requisitante e **indenização ulterior**, para atendimento de **necessidades coletivas** urgentes e transitórias"[60].

452. (Cespe – Advogado da União/2012) Sujeitam-se à desapropriação o espaço aéreo, o subsolo, a posse, bem como direitos e ações, entre outros bens, desde que sejam privados e se tornem objeto de declaração de utilidade pública ou de interesse social.

COMENTÁRIOS

"Errado". Quanto ao objeto da desapropriação, em regra, **todos os bens podem ser expropriados,** nos termos do art. 2º do Decreto-Lei nº 3.365/41, sejam eles corpóreos ou incorpóreos, privados ou públicos, moveis ou imóveis, inclusive o espaço aéreo e o subsolo, salvo as expressas vedações legais, ora transcritas: a) no caso de **bens públicos**, a União poderá desapropriar os bens dos Estados e dos Municípios e o Estado poderá desapropriar os bens dos Municípios que daquele façam parte, sendo necessária, em qualquer caso, a autorização legislativa para se desapropriar um bem público. **Adota-se, pois, verdadeira hierarquia entre os entes federativos para a desapropriação**; b) quanto às ações, cotas e direitos representativos do capital de instituições e empresas cujo financiamento dependa da autorização do governo federal e se subordine à sua fiscalização, é vedada a desapropriação pelos Estados, DF e Municípios, salvo mediante prévia autorização, por decreto, do Presidente da República.

453. (Cespe – Advogado da União/2012) Tratando-se de desapropriação por zona, o domínio do expropriante

59 CARVALHO FILHO, José dos Santos. Manual de Direito Administrativo. 26. ed. São Paulo: Atlas, 2013. p. 825.

60 MEIRELLES, Hely Lopes. *Direito administrativo brasileiro*. 36 ed. São Paulo: Malheiros, 2010. p. 660.

sobre as áreas que sofrem valorização extraordinária é provisório, ficando, por isso, os novos adquirentes sujeitos ao pagamento da contribuição de melhoria, conforme dispõe a CF.

COMENTÁRIOS

"Errado". A **desapropriação por zona** ou **extensiva** é aquela pela qual o Poder Público desapropria **área maior do que a necessária** para a realização de determinada obra ou serviço, "com o fito de reservá-la para posterior utilização no desenvolvimento da obra ou serviço ou com o objetivo de revendê-la"[61]. Está prevista no art. 4º do Decreto-Lei nº 3.665/41, ao prever que a declaração de utilidade pública pode abranger "a área contígua necessária ao desenvolvimento da obra a que se destina, e as zonas que se valorizarem extraordinariamente, em consequência da realização do serviço". Não há que se falar, contudo, em pagamento de contribuição de melhoria.

---

454. (Cespe – Advogado da União/2012) O ato de a União desapropriar, mediante prévia e justa indenização, para fins de reforma agrária, imóvel rural que não esteja cumprindo a sua função social configura desapropriação por utilidade pública.

COMENTÁRIOS

"Errado". O ato de a União desapropriar, mediante prévia e justa indenização, para fins de reforma agrária, imóvel rural que não esteja cumprindo a sua função social configura desapropriação por razões de **interesse social**.

---

455. (Cespe – Analista Judiciário – Área Judiciária – STJ/2012) Como modalidade de intervenção estatal que visa à satisfação do interesse público, a requisição incide sobre bens e sobre serviços particulares.

COMENTÁRIOS

"Certo". A requisição administrativa é a "**utilização coativa de bens ou serviços particulares** pelo Poder Público por ato de execução imediata e direta da autoridade requisitante e **indenização ulterior**, para atendimento de **necessidades coletivas** urgentes e transitórias"[62]. Trata-se de medida **autoexecutória** e, assim não é necessária a intervenção judicial para a sua efetivação.

---

456. (Cespe – Delegado de Polícia – AL/ 2012) Considere que o prefeito de um município tenha determinado a desapropriação de uma fazenda de seu adversário político, como forma de retaliação. Nesse caso, fica configurado o desvio de finalidade do ato.

COMENTÁRIOS

"Certo". Na forma do artigo 5º, XXIV, da Constituição Federal, "a lei estabelecerá o procedimento para desapropriação por necessidade ou utilidade pública, ou por interesse social, mediante justa e prévia indenização em dinheiro, ressalvados os casos previstos nesta Constituição". Observe que a desapropriação não é instrumento para prejudicar adversários ou ferramenta para atingir a fins outros que não os previstos na Constituição Federal. Portanto, no caso em tela, patente o desvio de finalidade do ato, uma vez que objetivou retaliação a adversário político, devendo ser anulado por vício de legalidade.

14. BENS PÚBLICOS

✦ LEANDRO BORTOLETO E LUÍS FELIPE CIRINO

---

457. (Cespe – Analista Judiciário – Área Administrativa – TRE – TO/2017) O ato administrativo pelo qual a administração pública consente que o particular, com atendimento exclusivo ao seu próprio interesse, utilize bem público de modo privativo denomina-se

A) permissão de uso.

B) concessão de uso.

C) autorização de uso.

D) permissão de uso especial.

E) concessão de direito real.

COMENTÁRIOS

✪ Nota do autor: São diversos os instrumentos de formalização de uso privativo de bem público. Para tanto, é necessário que a Administração exteriorize seu consentimento por meio de instrumento jurídico formal. Dentre aqueles disponíveis, destacam-se, por exemplo, a **autorização de uso**, **permissão de uso** e a **concessão de uso**. Em todas essas modalidades, o deferimento da utilização de bem público por particular tem caráter discricionário.

Alternativa correta: letra "c". A **autorização de uso** é **ato** unilateral, discricionário e precário, pelo qual a Administração consente a utilização de bem público por particular, com exclusividade, para atender ao **interesse predominantemente particular**.

Alternativa "a". A **permissão de uso** é **ato** unilateral, discricionário e precário, podendo ser gratuito ou oneroso, pelo qual a Administração consente a utilização de bem público por particular, com exclusividade, para a satisfação de **interesse predominantemente público**. Uma vez concedida a permissão, o permissio-

---

61 GASPARINI, Diógenes. *Direito administrativo*. 13. ed. São Paulo: Saraiva, 2008. p. 843.

62 MEIRELLES, Hely Lopes. *Direito administrativo brasileiro*. 36 ed. São Paulo: Malheiros, 2010. p. 660.

nário tem **obrigação** de usar o bem para a finalidade permitida.

Alternativa "b". A **concessão de uso** "é o **contrato** administrativo pelo qual a Administração Pública faculta ao particular a utilização privativa de bem público, para que a exerça conforme sua destinação"[63]. Necessita de **licitação** prévia. O **interesse é predominantemente público** e, por ser um contrato, a rescisão antecipada gera, em regra, **direito à indenização.**

Alternativa "d". A **permissão de uso especial** não é considerada, pela doutrina, como um de formalização de uso privativo de bem público.

Alternativa "e". A **concessão de direito real de uso** é o contrato pelo qual a Administração Pública transfere o uso de terrenos públicos, de maneira onerosa ou gratuita, por tempo certo ou indeterminado, como **direito real resolúvel**, para fins específicos como, por exemplo, a regularização fundiária de interesse social, a urbanização, a industrialização, a edificação, o cultivo da terra, o aproveitamento sustentável, nos termos do art. 7º, do Decreto Lei nº 271/1967.

---

458. (Cespe – Analista de Controle – Área Jurídica – TCE – PR/2016) Acerca da alienação de bens pela administração pública, assinale a opção correta.

a) A alienação de bens imóveis desafetados da administração pública direta para outro órgão da administração pública far-se-á por contratação direta, uma vez que a licitação é inexigível.

b) Não é possível a alienação de bens da administração pública direta.

c) Não é possível a alienação de bens imóveis da administração pública direta, mesmo que desafetados.

d) É possível a alienação de bens móveis e imóveis da administração pública direta, desde que haja autorização legislativa.

e) É possível a alienação de bens móveis desafetados da administração pública direta se houver demonstração de interesse público, avaliação prévia do bem e prévia licitação.

COMENTÁRIOS

✪ **Nota do autor:** em regra, os bens públicos **não podem ser alienados**. Todavia, trata-se de característica **relativa**, uma vez que, com a desafetação, passam a ser alienáveis. Insta registrar que não basta a mera desafetação para a alienação de imóvel, havendo outros requisitos a serem observados.

Alternativa correta: letra "e". De acordo com o art. 17, II, da Lei nº 8.666/93, são **requisitos para alienação** de bens móveis da Administração Pública: a) interesse público justificado; b) avaliação prévia;; c) **licitação** (exceto se for caso de licitação dispensada).

Alternativa "a". A alienação de bens imóveis desafetados da administração pública direta para outro órgão da administração pública far-se-á por contratação direta, uma vez que a licitação é **dispensada**, na forma do art. 17, I, *e*, da Lei de Licitações.

Alternativa "b" (responde, também, a alternativa "c"). Desde que obedecidas as condições legais, os bens da administração direta e indireta podem ser alienados. Todavia, para tanto, devem estar desafetados.

Alternativa "d". A autorização legislativa, nos termos do art. 17, I, da Lei nº 8.666/93, somente é exigida no caso de imóveis e, apenas, quando se tratar da administração direta, autarquia ou fundação pública.

---

459. (Cespe – Juiz de Direito Substituto – AM/2016) A respeito dos bens públicos e dos servidores públicos, assinale a opção correta.

a) As águas públicas de uso comum incluem os mares territoriais, as correntes, os canais, os lagos e as lagoas navegáveis ou flutuáveis e as fontes e reservatórios públicos.

b) Consideram-se bens móveis da União as ferrovias, as instalações portuárias, os telégrafos, os telefones, as fábricas, as oficinas e as fazendas nacionais.

c) A condenação em processo administrativo disciplinar produz efeitos na esfera penal, mas não na civil.

d) Nos termos da legislação, quanto à destinação, os bens públicos classificam-se em bens de uso comum, de uso especial, de uso privativo e bens dominicais.

e) Recondução é o retorno do servidor público, estável ou não, ao cargo anteriormente ocupado e decorre de inabilitação em estágio probatório relativo a outro cargo ou de exoneração do anterior ocupante.

COMENTÁRIOS

Alternativa correta: letra "a". Na forma do art. 2º, do Decreto nº 24.643/1934 – Código de Águas -, são águas públicas de uso comum: "a) os mares territoriais, nos mesmos incluídos os golfos, baías, enseadas e portos; b) as correntes, canais, lagos e lagoas navegáveis ou flutuáveis; c) as correntes de que se façam estas águas; d) as fontes e reservatórios públicos; e) as nascentes quando forem de tal modo consideráveis que, por si só, constituam o "caput fluminis"; f) os braços de quaisquer correntes públicas, desde que os mesmos influam na navegabilidade ou flutuabilidade".

Alternativa "b". Os bens da União estão previstos no art. 20, da Constituição Federal e nele não estão inclusas as ferrovias, as instalações portuárias, os telégrafos, os telefones, as fábricas, as oficinas e as fazendas nacionais.

---

63 DI PIETRO, Maria Sylvia Zanella. *Direito administrativo*. 23 ed. São Paulo: Atlas, 2010. p. 698.

Alternativa "c". Em regra, vigora a independência das esferas ou instâncias em matéria de responsabilidade, isto é, pelo mesmo ato o servidor pode ser responsabilizado nas esferas civil, penal e administrativa. Por exemplo, um servidor que, valendo-se do cargo, desvie dinheiro público que estava em sua posse poderá ser demitido administrativamente, condenado criminalmente pelo crime de peculato e, ainda, poderá ser condenado por improbidade administrativa. Nesse sentido, estabelece o art. 125, da Lei nº 8.112/90, que as sanções civis, penais e administrativas poderão cumular-se, sendo independentes entre si. Entretanto, o art. 126 determina que a responsabilidade administrativa do servidor seja afastada no caso de absolvição criminal que negue a existência do fato ou sua autoria. Nesse sentido, estabelece o art. 935 do Código Civil que a responsabilidade civil é independente da criminal, mas que não se pode mais questionar sobre "a existência do fato, ou sobre quem seja o seu autor, quando estas questões se acharem decididas no juízo criminal"

Alternativa "d". Nos termos da legislação, quanto à destinação, os bens públicos classificam-se em bens de uso comum, de uso especial e em bens dominicais

Alternativa "e". Nos termos do art. 29, da Lei nº 8.112/90, a recondução é "o retorno do servidor **estável** ao cargo anteriormente ocupado e decorrerá de: I – inabilitação em estágio probatório relativo a outro cargo; II – reintegração do anterior ocupante".

460. (Cespe – Juiz de Direito Substituto – DFT/2014) No que se refere aos conceitos e às expressões constantes na doutrina especializada em direito administrativo, assinale a opção correta.

a) O fato do príncipe, incidente nos contratos administrativos, refere-se à preservação da idoneidade isonômica e da igualdade entre as partes.

b) Tredestinação consiste no desvio grave de finalidade, que vicia de forma definitiva o processo de desapropriação, acarretando insanável ilegalidade, passível de revisão apenas jurisdicional.

c) A exoneração tem caráter de sanção, razão por que deve decorrer de processo administrativo em que se garanta o amplo direito de defesa.

d) A afetação e a desafetação dizem respeito ao regime de finalidade dos bens públicos, no sentido da destinação que se lhes possa dar.

e) A modalidade compulsória da adjudicação corresponde, em direito administrativo, à última fase do processo licitatório, consistente na transferência definitiva de determinado bem.

COMENTÁRIOS

Alternativa correta: letra "d". A **afetação** é a **atribuição de destinação pública específica a determinado bem** e, de outra forma, a **desafetação** é a **retirada da destinação de finalidade pública que fora dada a um bem público**. Os bens de uso comum do povo e de uso especial, se desafetados, passam a ser bens dominicais; por outro turno, um bem dominical, ao ser afetado, passa para a categoria de bem de uso especial ou de uso comum do povo, a depender da destinação atribuída.

Alternativa "a". O fato do príncipe consiste em uma determinação estatal, superveniente, imprevisível, geral e abstrata, que indiretamente onera o contrato administrativo. A conduta não impede que o contrato continue sendo prestado, entretanto, outro preço atinge-o indiretamente, o que exige a revisão.

Alternativa "b". A **tredestinação** ocorre **quando há desvio de finalidade no uso do bem desapropriado.** Há duas modalidades de tredestinação: a lícita – que se dá quando o desvio é de uma finalidade pública para outra finalidade pública – e a ilícita – quando se desvia da finalidade pública para a finalidade particular; assim, é possível sanar determinadas ilegalidades, quando a tredestinação é lícita.

Alternativa "c". A demissão é medida de caráter punitivo e visa aplicar sanção administrativa ao servidor faltoso. Neste caso, deve-se observar o contraditório e a ampla defesa. Na exoneração *ad nutum*, por exemplo, não há necessidade de se expor os motivos do ato administrativo, razão pela qual não há que se falar, nesse caso, em observância do contraditório e da ampla defesa.

Alternativa "e". Segundo o Professor José dos Santos Carvalho Filho, que cita, inclusive, o ilustre Professor Diógenes Gasparini, "a adjudicação compulsória não integra o procedimento licitatório e é posterior ao ato de homologação".[64]

461. (Cespe – Juiz de Direito Substituto – DFT/2014) Conforme previsão constitucional, são bens da União

a) as ilhas fluviais, lacustres e marítimas, incluídas aquelas em que existam sedes de municípios ou capitais de estados.

b) as usinas exploradoras de potenciais de energia hidráulica.

c) o mar territorial e os espaços marítimos sobrejacentes à plataforma continental até o limite exterior da zona econômica exclusiva.

d) as terras tradicionalmente ocupadas pelos índios.

e) os rios e lagos que banhem mais de um estado ou município, ou que se estendam a Estados estrangeiros ou que deles provenham.

---

64 Manual de Direito Administrativo. 26º Ed. São Paulo: Atlas, 2013. p. 295.

COMENTÁRIOS

Alternativa correta: letra "d". Nos termos do art. 20, XI, da Constituição Federal, as terras tradicionalmente ocupadas pelos índios são patrimônio da União, constituindo-se **bens públicos de natureza especial, *sui generis*, inalienáveis, indisponíveis e imprescritíveis**, características, em regra, inerentes a todos os bens públicos.

Alternativa "a". De acordo com o artigo 20, IV da Constituição Federal, são bens da União: "as ilhas fluviais e lacustres nas zonas limítrofes com outros países; as praias marítimas; as ilhas oceânicas e as costeiras, excluídas, destas, as que contenham a sede de Municípios, exceto aquelas áreas afetadas ao serviço público e a unidade ambiental federal, e as referidas no art. 26, II." Por sua vez, os incisos II e III do art. 26, também da Constituição Federal, elencam como bens dos Estados as áreas, nas ilhas oceânicas e costeiras, que estiverem no seu domínio, excluídas aquelas sob domínio da União, Municípios ou terceiros e as ilhas fluviais e lacustres não pertencentes à União." Logo, da leitura dos dois dispositivos, extrai-se que tanto a União (art. 20, IV), como os Estados (art. 26, II e III) e os Municípios (exceção do inciso IV, do art. 26, "sede de municípios" e a do item III do art. 26) são titulares de ilhas.

Alternativa "b". Não há referida previsão na Constituição Federal.

Alternativa "c". Na forma do art. 20, VI, da União, o mar territorial é bem da União; ainda, nos termos do mesmo art. 20, V, são bens da União, os recursos naturais da plataforma continental e da zona econômica exclusiva.

Alternativa "e". São bens da União, "os lagos, rios e quaisquer correntes de água em terrenos de seu domínio, ou que banhem mais de um Estado, sirvam de limites com outros países, ou se estendam a território estrangeiro ou dele provenham, bem como os terrenos marginais e as praias fluviais", consoante art. 20, III, da Constituição Federal.

---

462. (Cespe – Defensor Público – DF/ 2013) A autorização de uso de bem público por particular caracteriza-se como ato administrativo unilateral, discricionário e precário, para o atendimento de interesse predominantemente do próprio particular.

COMENTÁRIOS

✪ **Nota do autor:** São diversos os instrumentos de formalização de uso privativo de bem público. Para tanto, é necessário que a Administração exteriorize seu consentimento por meio de instrumento jurídico formal. Dentre aqueles disponíveis, destacam-se, por exemplo, a **autorização de uso, permissão de uso** e a **concessão de uso**. Em todas essas modalidades, o deferimento da utilização de bem público por particular tem caráter discricionário.

"Certo". A **autorização de uso** é **ato** unilateral, discricionário e precário, pelo qual a Administração consente a utilização de bem público por particular, com exclusividade, para atender ao **interesse predominantemente particular**.

---

463. (Cespe – Defensor Público – DF/ 2013) Sendo uma das características do regime jurídico dos bens públicos a inalienabilidade, é correto afirmar que, segundo o ordenamento jurídico brasileiro vigente, todos os bens públicos são absolutamente inalienáveis.

COMENTÁRIOS

✪ **Nota do autor:** Os bens públicos submetem-se a regime jurídico peculiar, diferente do aplicado aos bens particulares e, da análise desse regime, é possível extrair como características a **inalienabilidade, a impenhorabilidade, a imprescritibilidade e a não onerabilidade**[65].

"Errado". A **inalienabilidade** é relativa, uma vez que os bens públicos dominicais – que não estejam afetados a determinada prestação de serviço público – podem ser alienados.

---

464. (Cespe – Defensor Público – DF/ 2013) Segundo o ordenamento jurídico vigente, são considerados públicos os bens do domínio nacional pertencentes às pessoas jurídicas de direito público interno; sendo os demais considerados bens particulares, seja qual for a pessoa a que pertencerem.

COMENTÁRIOS

"Certo". Nos termos do art. 98, do Código Civil, são "públicos os bens do domínio nacional pertencentes às pessoas jurídicas de direito público interno; todos os outros são particulares, seja qual for a pessoa a que pertencerem". Esse é o **conceito legal** de bens públicos. Todavia, na doutrina há divergência quanto à definição dos bens públicos. Nesse sentido, José dos Santos Carvalho Filho considera como bens públicos apenas os pertencentes às pessoas de direito público e que, em face da redação do art. 98 do Código Civil, não há mais dúvida de que os bens das sociedades de economia mista e das empresas públicas são bens privados[66]. Por outro lado, Celso Antônio Bandeira de Mello afirma que são bens públicos os que pertencem às pessoas jurídicas de direito público e aqueles que, mesmo não pertencendo a essas pessoas, estejam afetados à prestação de serviços públicos[67].

---

65 BORTOLETO, Leandro. *Direito administrativo*. Salvador: Juspodivm, 2012. p. 546.

66 *Manual de direito administrativo*. 19. ed. Rio de Janeiro: Lumen Juris, 2008, p. 1000.

67 *Curso de direito administrativo*. 27. ed. São Paulo: Malheiros, 2010. p. 913.

Direito Administrativo

Leandro Bortoleto,
Luís Felipe Cirino e
Lidiane Coutinho

✦ DICAS (RESUMO)

✦ LEANDRO BORTOLETO

1. CONCEITO E FONTES DO DIREITO ADMINISTRATIVO

- O direito administrativo é o "conjunto harmônico de princípios jurídicos que regem os órgãos, os agentes e as atividades públicas tendentes a realizar concreta, direta e imediatamente os fins desejados pelo Estado"[1].
- A principal fonte do direito administrativo é a lei, mas deve ser concebida em sentido amplo, isto é, abrange todos os atos legislativos. Nesse sentido, além das leis ordinárias, complementares e delegadas, inclui, ainda, as medidas provisórias, os decretos legislativos, as resoluções legislativas, a Constituição Federal, as Emendas à Constituição, as Constituições estaduais, a Lei Orgânica do Distrito Federal e as Leis Orgânicas dos Municípios. São as chamadas fontes primárias. De todos os atos legislativos apontados, por óbvio, a Constituição Federal é a principal fonte, na qual há diversos dispositivos aplicados ao direito administrativo (por exemplo, art. 5º, 21, 23, 37).
- A jurisprudência em regra, caráter orientador, mas há casos em que tem força vinculante. Exemplos: as decisões proferidas pelo STF na ação direta de inconstitucionalidade, na ação declaratória de constitucionalidade (CF, art. 102, § 2º) e a súmula vinculante.

2. REGIME JURÍDICO ADMINISTRATIVO

- Os ***princípios são normas*** e vinculam a Administração Pública. STF (RE 579.951): a vedação do "nepotismo não depende de lei formal para coibir a prática. Proibição que decorre diretamente dos princípios contidos no art. 37, *caput*, da Constituição Federal".
- O ***regime jurídico administrativo é o conjunto de princípios*** que confere ***prerrogativas*** e impõe ***sujeições*** à Administração Pública. É a interação de dois polos opostos. Por isso, o uso das expressões bipolaridade do direito administrativo[2] ou binômio[3] do direito administrativo.
- Síntese dos princípios da Administração Pública[4]:

PRINCÍPIOS DA ADMINISTRAÇÃO PÚBLICA	
Supremacia do interesse público	• prerrogativa • interesse público prevalece sobre privado • interesse público primário
Indisponibilidade do interesse público	• sujeição • interesse público é indisponível
Legalidade	• atuação de acordo com a lei e o direito • esfera pública: não vigora autonomia da vontade
Impessoalidade	• busca da finalidade pública • atos imputados à Administração: imputação • proibição de promoção pessoal
Moralidade	• honestidade, boa-fé, lealdade, padrões morais e éticos
Publicidade	• transparência; publicação dos atos administrativos
Eficiência	• rendimento; atuação eficiente; organização eficiente

1 *Direito administrativo brasileiro*. 36. ed.São Paulo: Malheiros, 2010. p. 40.

2 DI PIETRO, Maria Sylvia Zanella. *Direito administrativo*. 25. ed. São Paulo: Atlas, 2012. p. 62.

3 Fernando Garrido Fala apud Celso Antônio Bandeira de Mello (*Curso de direito administrativo*. 27. ed. São Paulo: Malheiros, 2010. p. 56).

4 BORTOLETO, Leandro. *Direito administrativo*. Salvador: Juspodivm, 2012. p. 50.

PRINCÍPIOS DA ADMINISTRAÇÃO PÚBLICA	
Continuidade do serviço público	• serviço público não pode parar
Autotutela	• administração anula e revoga seus próprios atos
Tutela ou controle	• administração direta controla finalidade da administração indireta
Especialidade	• criação de pessoa específica para atuação específica
Presunção de legitimidade	• regra: ato administrativo é legal • produz efeitos até ser extinto
Controle judicial dos atos administrativos	• sistema de jurisdição única
Segurança jurídica	• aspecto objetivo: princípio da segurança jurídica. Tentativa de preservação do ato. Nova interpretação não retroage • aspecto subjetivo: princípio da proteção à confiança. Expectativa do administrado de que Administração respeitará os atos por ela praticados.
Motivação ou fundamentação	• indicação dos pressupostos de fato e direito
Razoabilidade	• meios devem ser adequados aos fins do ato • utilidade, necessidade, proporcionalidade
Hierarquia	• coordenação, organização, delegação, avocação

3. ADMINISTRAÇÃO PÚBLICA E TERCEIRO SETOR

- ***Função administrativa***: exercida pelo Poder Executivo, de forma típica, e pelo Poder Legislativo e pelo Poder Judiciário, de maneira atípica.
- ***Administração Pública***: conjunto de pessoas jurídicas, órgãos públicos e agentes públicos que realizam a atividade administrativa, consistente em serviços públicos, fomento, polícia administrativa e intervenção.
- Administração Pública em ***sentido amplo***: engloba a atividade política e a atividade administrativa, incluindo tanto os órgãos governamentais quanto os órgãos administrativos. Administração Pública em ***sentido estrito***: corresponde, exclusivamente, à função administrativa exercida pelos órgãos administrativos. Subdivide-se em: a) ***sentido subjetivo***, formal ou orgânico (conjunto de pessoas jurídicas, órgãos públicos e agentes públicos que realizam a atividade administrativa; quem faz a atividade administrativa); b) ***sentido objetivo***, material ou funcional (é a atividade administrativa, que compreende o serviço público, a polícia administrativa, o fomento e a intervenção; o que é realizado).
- Há várias formas de desempenho da atividade administrativa[5]:

FORMAS DE DESEMPENHO DA ATIVIDADE ADMINISTRATIVA	
Concentrada (concentração)	• atividade é realizada por um único órgão • pessoa jurídica sem divisão interna
Desconcentrada (desconcentração)	• atividade é realizada por vários órgãos • pessoa jurídica com divisão interna • distribuição interna de competência
Centralizada (centralização)	• atividade é realizada diretamente pela pessoa política, por meio de seus órgãos
Descentralizada (descentralização)	• atividade é realizada por outra pessoa jurídica • distribuição externa de competência

- ***Administração direta***: conjunto de órgãos que compõem a pessoa política.
- ***Administração indireta***: conjunto das pessoas administrativas, com personalidade de direito público ou de direito privado, patrimônio próprio e autonomia administrativa, vinculadas à administração direta, criadas para o desempenho de determinada atividade administrativa.
- Classificação dos órgãos públicos:

  a) ***Quanto à posição estatal ou hierarquia***: ***independentes*** (representam as funções principais do Estado; não estão subordinados a nenhum outro); ***autônomos*** (estão ***situados abaixo dos órgãos independentes;*** possuem autonomia administrativa, financeira e técnica.); ***superiores*** (subordinados aos autônomos e independentes; possuem poder de direção, mas não

5 BORTOLETO, Leandro. *Direito administrativo*. Salvador: Juspodivm, 2012. p. 69.

têm autonomia administrativa nem financeira); ***subalternos*** (***possuem pequeno poder de decisão;*** atividades de execução).

b) ***Quanto à estrutura***: ***simples*** (não se subdividem em outros); ***compostos***: (subdividem-se em outros órgãos)

c) ***Quanto à atuação funcional ou composição***: ***singulares ou unipessoais*** (a atuação do órgão é realizada de acordo com a decisão de um único agente); ***coletivos ou pluripessoais*** (a atuação do órgão é decidida por vários agentes).

d) ***Quanto à esfera de atuação***: ***centrais*** (atuam em toda a área territorial da pessoa); ***locais*** (atuam apenas em parte do território da pessoa que integram)

- São ***características dos órgãos públicos***: a) criação e extinção por lei; b) resultado da desconcentração; c) despersonalizados; d) não possuem patrimônio próprio; e) não possuem capacidade processual; f) alguns órgãos podem ser parte em processo para defesa de prerrogativa; g) podem celebrar contrato de gestão; h) órgãos gestores de orçamento devem ser inscritos no CNPJ.
- O candidato deve se atentar para não confundir as definições das entidades da administração indireta. Ter personalidade jurídica, patrimônio próprio, autonomia administrativa, submeter-se a controle da administração direta, por exemplo, não identificam nenhuma das pessoas e o que deve ser observado é se a personalidade é de direito público ou de direito privado, se é criada por lei ou se a lei autoriza a criação e qual a atividade desempenhada.
- ***Autarquia***: lei cria; personalidade de direito público; atividade típica do Estado.
- ***Fundação Pública***: lei cria (personalidade de direito público) e lei autoriza (personalidade de direito privado); atividade não exclusiva do Estado (interesse público).
- ***Sociedade de economia mista*** e ***Empresa Pública***: lei autoriza; personalidade de direito privado; prestação de serviço público ou exploração de atividade econômica.

Lei 13.303/16 (estatuto das estatais) "estatuto jurídico da empresa pública, da sociedade de economia mista e de suas subsidiárias, abrangendo toda e qualquer empresa pública e sociedade de economia mista da União, dos Estados, do Distrito Federal e dos Municípios que explore atividade econômica de produção ou comercialização de bens ou de prestação de serviços, ainda que a atividade econômica esteja sujeita ao regime de monopólio da União ou seja de prestação de serviços públicos" (art. 1º, *caput*).

Exploração de atividade econômica pelo Estado será exercida por meio de empresa pública, de sociedade de economia mista e de suas subsidiárias. Lei precisa indicar de forma clara a presença de relevante interesse coletivo ou imperativo de segurança nacional, nos termos do caput do art. 173 da Constituição Federal.

Depende de autorização legal: criação de empresa pública ou de sociedade de economia mista; criação de suas subsidiárias; participação de qualquer delas em empresa privada, cujo objeto social deve estar relacionado ao da investidora

Empresa pública (art. 3º): entidade dotada de personalidade jurídica de direito privado, com criação autorizada por lei e com patrimônio próprio, cujo capital social é integralmente detido pela União, pelos Estados, pelo Distrito Federal ou pelos Municípios. Podem participar no capital social outras pessoas jurídicas de direito público interno, bem como as entidades da administração indireta da União, dos Estados, do Distrito Federal e dos Municípios, desde que pessoas jurídicas de direito público interno, bem como de entidades da administração indireta da União, dos Estados, do Distrito Federal e dos Municípios.

Sociedade de economia mista (art. 4º): entidade dotada de personalidade jurídica de direito privado, com criação autorizada por lei, sob a forma de sociedade anônima, cujas ações com direito a voto pertençam em sua maioria à União, aos Estados, ao Distrito Federal, aos Municípios ou a entidade da administração indireta.

- ***Agência reguladora***: estão sendo criadas como autarquia em regime especial; maior autonomia; deve ter personalidade de direito público.
- ***Agência executiva***: é uma qualificação, um título, que é dado a uma autarquia ou a uma fundação pública. São requisitos (art. 51 da Lei nº 9.649/98) a existência de plano estratégico de reestruturação e de desenvolvimento institucional em andamento e a celebração de contrato de gestão com o ministério supervisor. A qualificação se dá por ato do Presidente da República.
- ***Consórcio público***: está regulado pela Lei nº 11.107/05. Trata-se de uma nova pessoa administrativa que surge da união entre pessoas políticas (União, Estados, Distrito Federal e Municípios). Em um primeiro momento, há o protocolo de intenções, que é uma espécie de ajuste preliminar entre as pessoas políticas, no qual há a definição do objeto do consórcio, quais são seus participantes, qual sua duração, qual a forma de eleição do representante legal. Depois, o protocolo de intenções deve ser publicado na imprensa oficial e, na sequência, ele deve ser ratificado por lei em cada um dos entes consorciados.
- ***Consórcio público*** poderá ter ***personalidade de direito público (associação pública;*** conhecido

como ***autarquia interfederativa ou autarquia multifederada)*** ou de **direito privado**.

- ***Contrato de consórcio:*** formaliza a ***constituição*** do consórcio.
- ***Contrato de rateio:*** formaliza a ***entrega de recursos*** dos entes consorciados para o consórcio.
- ***Contrato de programa:*** instrumento usado quando um dos consorciados assumir a ***obrigação de prestar serviço*** por meio de seus órgãos ou entidades.

TERCEIRO SETOR

- Marco regulatório: Lei 13.019/14. Disposições da nova lei não se aplicam às organizações sociais, reguladas pela Lei nº 9.637/98, nos termos do art. 3º, III. Quanto às organizações da sociedade civil, objeto da Lei nº 9.790/99, as disposições aplicam-se, no que couber.

Parcerias são formalizadas:

a) **quando houver transferência de recursos**: **termo de colaboração** (para a realização de atividades de interesse público propostas pela Administração Pública, nos termos do art. 16) e por **termo de fomento** (para a realização de atividades de interesse público propostas pela organização da sociedade civil, conforme o art. 17); em ambos os casos: exigência de escolha da entidade do Terceiro Setor por meio de um processo seletivo denominado Chamamento Público, salvo as exceções previstas em lei;

b) **quando não houver transferência de recursos**: **acordo de cooperação**.

- ***Organização social (OS) e Organização da Sociedade Civil de Interesse Público (Oscip)***: são entidades civis sem fins lucrativos, integrantes do setor privado, que recebem a qualificação do Poder Público. Oscip: deve estar em funcionamento regular há, no mínimo, 3 anos.
- ***Não podem ser qualificadas como Oscip*** (art. 2º)***:***
  a) sociedades comerciais;
  b) sindicatos, associações de classe ou de representação de categoria profissional;
  c) instituições religiosas ou voltadas para a disseminação de credos, cultos, práticas e visões devocionais e confessionais;
  d) organizações partidárias e assemelhadas, inclusive suas fundações;
  e) entidades de benefício mútuo destinadas a proporcionar bens ou serviços a um círculo restrito de associados ou sócios;
  f) entidades e empresas que comercializam planos de saúde e assemelhados;
  g) instituições hospitalares privadas não gratuitas e suas mantenedoras;
  h) escolas privadas dedicadas ao ensino formal não gratuito e suas mantenedoras;
  i) organizações sociais;
  j) cooperativas;
  k) fundações públicas;
  l) fundações, sociedades civis ou associações de direito privado criadas por órgão público ou por fundações públicas;
  m) organizações creditícias que tenham qualquer tipo de vinculação com o sistema financeiro nacional a que se refere o art. 192 da Constituição Federal.
- Diferenças entre OS e Oscip: a) a OS opera a absorção de determinada atividade que o Estado esteja fazendo e, com frequência, leva à extinção do órgão público que realizava a mesma atividade e, por outro lado, a Oscip representa verdadeira parceria e não há extinção de órgãos; b) a outorga da qualificação é ato discricionário na OS e ato vinculado na Oscip; c) o vínculo na OS é contrato de gestão e na Oscip é termo de parceria; d) na OS, há exigência de que tenha a presença de representantes do poder público no órgão de administração, o que não ocorre com a Oscip; e) no caso de desqualificação, os bens adquiridos com recursos públicos serão revertidos ao Poder Público, no caso da OS e, se for Oscip, será transferida à outra Oscip, de preferência, na mesma área de atuação.
- Sistematização da Administração Pública e do Terceiro Setor[6]:

ADMINISTRAÇÃO PÚBLICA	
ADMINISTRAÇÃO INDIRETA	**ADMINISTRAÇÃO DIRETA**
Conjunto das pessoas administrativas, com personalidade de direito público ou de direito privado, patrimônio próprio e autonomia administrativa, vinculadas à administração direta, criadas para o desempenho de determinada atividade administrativa	Conjunto dos órgãos públicos que integram as pessoas jurídicas políticas Pessoas jurídicas de direito público ***União, Estados, Distrito Federal e Municípios***
Autarquia: direito público Agência reguladora: autarquia em regime especial Agência Executiva: autarquia que recebeu a qualificação (contrato de gestão)	–

6 BORTOLETO, Leandro. *Direito administrativo.* Salvador: Juspodivm, 2012. p. 106.

ADMINISTRAÇÃO PÚBLICA	
ADMINISTRAÇÃO INDIRETA	**ADMINISTRAÇÃO DIRETA**
Fundação Pública: direito público ou direito privado Agência Executiva: fundação pública que recebeu a qualificação (contrato de gestão)	–
Empresa Pública: direito privado; prestadora de serviço público ou exploradora de atividade econômica	
Sociedade de Economia Mista: direito privado; prestadora de serviço público ou exploradora de atividade econômica	
Consórcio Público: direito público (associação pública) ou direito privado	

TERCEIRO SETOR
Pessoas jurídicas de direito privado, sem fins lucrativos, pertencentes ao setor privado, que desenvolvem atividade de interesse público.
Marco regulatório (Lei nº 13.019/14): parcerias firmadas por: a) termo de fomento ou por termo de colaboração, quando envolverem transferência de recursos financeiros; entidades são escolhidas por meio de chamamento público, exceto os casos de dispensa e inexigibilidade; b) acordo de cooperação, quando não envolver transferência de recursos financeiros.
Serviço social autônomo
Entidade de apoio
Organização Social (OS) Vínculo jurídico com a administração direta: contrato de gestão
Organização da Sociedade Civil de Interesse Público (Oscip) Vínculo jurídico com a administração direta: termo de parceria

4. AGENTES PÚBLICOS: DISPOSIÇÕES CONSTITUCIONAIS

- ***Regime jurídico único***: STF (ADI 2135): foi deferida medida liminar para suspender a eficácia do art. 39, *caput*, da Constituição, por vício formal na aprovação da Emenda nº 19/98, com efeitos *ex nunc*, "subsistindo a legislação editada nos termos da emenda declarada suspensa", mantendo-se, "assim, o então vigente *caput* do art. 39, que tratava do regime jurídico único, incompatível com a figura do emprego público".
- Cronologia do regime jurídico único:

REGIME JURÍDICO ÚNICO								
05/10/1988		**12/12/1990**		**04/06/1998**		**23/02/2000**		**02/08/2007**
CF, art. 39, *caput*	➔	Lei nº 8.112	➔	EC 19, art. 39, *caput*	➔	Lei nº 9.962	➔	ADI 2135
Regime Jurídico Único		RJU Servidores federais		Fim Regime Jurídico Único		Emprego Público União, aut. e fund.		retorno do Regime Jurídico Único

- Síntese sobre concurso público[7]:

<table>
<tr><th colspan="2">CONCURSO PÚBLICO</th></tr>
<tr><td colspan="2">Regra: realização para provimento de cargo efetivo</td></tr>
<tr><td rowspan="3">Exceção:
não realização</td><td>- Contratação temporária: necessidade temporária e excepcional interesse público</td></tr>
<tr><td>- Cargo em comissão: existência de lei declarando de livre nomeação e exoneração; atribuições de direção, de chefia e de assessoramento
Pode ser ocupado por ocupante de cargo efetivo (lei definirá casos, condições e percentuais) e por não ocupante. Função de confiança: só ocupante de cargo efetivo</td></tr>
<tr><td>- Agentes públicos de saúde e agentes de combate a endemias</td></tr>
<tr><td colspan="2">Prazo de validade: até 2 anos, prorrogável, uma vez, por igual período</td></tr>
<tr><td colspan="2">Pode ser de provas ou de provas e títulos: natureza e complexidade do cargo</td></tr>
<tr><td colspan="2">Reserva de vagas para deficientes: lei definirá percentual</td></tr>
</table>

- O candidato aprovado em concurso possui ***direito subjetivo à nomeação*** ou apenas expectativa de direito?
- STF (RE 598.099), em agosto de 2011, alterou substancialmente seu posicionamento. Foi complementado pela fixação de tese no RE 837.311, com repercussão geral. Atual posição: O surgimento de novas vagas ou a abertura de novo concurso para o mesmo cargo, durante o prazo de validade do certame anterior, não gera automaticamente o direito à nomeação dos candidatos aprovados fora das vagas previstas no edital, ressalvadas as hipóteses de preterição arbitrária e imotivada por parte da administração, caracterizada por comportamento tácito ou expresso do Poder Público capaz de revelar a inequívoca necessidade de nomeação do aprovado durante o período de validade do certame, a ser demonstrada de forma cabal pelo candidato. Assim, o direito subjetivo à nomeação do candidato aprovado em concurso público exsurge nas seguintes hipóteses:
  1. Quando a aprovação ocorrer dentro do número de vagas dentro do edital;
  2. Quando houver preterição na nomeação por não observância da ordem de classificação;
  3. Quando surgirem novas vagas, ou for aberto novo concurso durante a validade do certame anterior, e ocorrer a preterição de candidatos de forma arbitrária e imotivada por parte da administração nos termos acima.
- Súmula Vinculante nº 16: os "arts. 7º, IV, e 39, § 3º (redação da EC 19/1998), da Constituição, referem-se ao total da remuneração percebida pelo servidor público". O vencimento do servidor público pode ser menor do que o salário mínimo, mas a remuneração não.
- Sistematização dos limites remuneratórios[8]:

<table>
<tr><th colspan="3">LIMITES REMUNERATÓRIOS</th></tr>
<tr><td colspan="3">TETO → subsídio dos Ministros do Supremo Tribunal Federal</td></tr>
<tr><td rowspan="4">SUBTETOS</td><td rowspan="3">ESTADOS
E
DISTRITO FEDERAL</td><td>Poder Executivo → subsídio do Governador</td></tr>
<tr><td>Poder Legislativo → subsídio dos Deputados Estaduais e Distritais (máximo de 75% do subsídio do Deputado Federal)</td></tr>
<tr><td>Poder Judiciário → subsídio dos Desembargadores do Tribunal de Justiça (90,25% do STF)
• aplicável aos membros do Ministério Público, Procuradores e Defensores Públicos
• não se aplica aos magistrados estaduais, de acordo com o STF
• Estados e DF podem adotar como subteto único este previsto para o Poder Judiciário, desde que haja alteração da Constituição Estadual ou da Lei Orgânica</td></tr>
<tr><td>MUNICÍPIOS</td><td>Subsídio do Prefeito
• Vereadores: regra própria (art. 29, VI, CF)</td></tr>
</table>

Tese de repercussão geral (REs 602043 e 612975)

"Nos casos autorizados, constitucionalmente, de acumulação de cargos, empregos e funções, a incidência do artigo 37, inciso XI, da Constituição Federal, pressupõe

7 BORTOLETO, Leandro. *Direito administrativo*. Salvador: Juspodivm, 2012. p. 142.

8 BORTOLETO, Leandro. *Direito administrativo*. Salvador: Juspodivm, 2012. p. 147.

consideração de cada um dos vínculos formalizados, afastada a observância do teto remuneratório quanto ao somatório dos ganhos do agente público".

- Sistematização da acumulação remunerada de cargos públicos[9]:

<table>
<tr><th colspan="2">ACUMULAÇÃO DE CARGOS, EMPREGOS E FUNÇÕES PÚBLICAS</th></tr>
<tr><td colspan="2">Cargo, função ou emprego público x Cargo, função ou emprego público</td></tr>
<tr><td>REGRA
Proibição de acumulação remunerada</td><td>EXCEÇÕES
Compatibilidade de horários
+
Dois cargos de professor
ou
Um cargo de professor com outro técnico ou científico
ou
Dois cargos ou empregos privativos de profissionais de saúde, com profissões regulamentadas</td></tr>
<tr><td colspan="2">Cargo, função ou emprego público x Mandato eletivo</td></tr>
<tr><td rowspan="2">Vereador</td><td>Horários compatíveis:
Acumulação</td></tr>
<tr><td>Horários não compatíveis:
Afastamento e escolha da remuneração</td></tr>
<tr><td>Prefeito e Vice-Prefeito</td><td>Afastamento e escolha da remuneração</td></tr>
<tr><td>Presidente da República e Vice,
Governador e Vice,
Deputados federais, estaduais e distritais e Senadores</td><td>Afastamento, sem escolha da remuneração</td></tr>
<tr><td colspan="2">Proventos x Cargo, função ou emprego público</td></tr>
<tr><td>REGRA
Proibição</td><td>EXCEÇÕES
• Cargo em comissão
• Cargo eletivo
• Cargos acumuláveis</td></tr>
<tr><td colspan="2">Proventos x Proventos</td></tr>
<tr><td>REGRA
Proibição</td><td>EXCEÇÃO
Proventos decorrentes de cargos acumuláveis</td></tr>
</table>

9 BORTOLETO, Leandro. *Direito administrativo*. Salvador: Juspodivm, 2012. p. 106.

- São ***direitos sociais do servidor público***: a) salário mínimo; b) garantia de salário nunca inferior ao mínimo, para os que percebem remuneração variável; c) décimo terceiro; d) remuneração do trabalho noturno superior à do diurno; e) salário-família; f) duração do trabalho normal não superior a oito horas diárias e quarenta e quatro semanais; g) repouso semanal remunerado; h) remuneração do serviço extraordinário superior, no mínimo, em 50% à do normal; i) férias anuais remuneradas com, pelo menos, um terço a mais do que o salário normal; j) licença à gestante (120 dias); k) licença-paternidade; l) proteção do mercado de trabalho da mulher; m) redução dos riscos inerentes ao trabalho, por meio de normas de saúde, higiene e segurança; n) proibição de diferença de salários, de exercício de funções e de critério de admissão por motivo de sexo, idade, cor ou estado civil.

- ***Direito de greve***: STF (MI 670, 708 e 712): o direito de greve dos servidores públicos civis depende de lei para poder ser exercido, mas, em razão da inércia do legislador em produzir a lei, até que sobrevenha tal norma, fica autorizado o exercício do direito de greve pelos servidores públicos, usando, para tanto, a lei da iniciativa privada (Lei nº 7.783/89), no que couber. Todavia, essa situação é provisória, isto é, uma vez que a lei regulamentadora do art. 37, VII da Constituição Federal entre em vigor, o direito de greve dos servidores públicos não poderá mais ser aplicada a lei da iniciativa privada. O dispositivo constitucional referente ao direito de greve dos servidores aplica-se, em regra, a todas as categorias de servidores, com exceção dos militares, cujo exercício de greve é vedado e, dessa forma, não é considerado norma de eficácia plena para nenhuma categoria, inclusive para os servidores das carreiras de Estado. Aliás, em face do princípio da continuidade do serviço público, restou decidido no MI 708 que pode ser imposto regime de greve mais severo quando se tratar de serviços ou atividades essenciais, nos moldes dos artigos 9º a 11 da Lei nº 7.783/89. Em específico quanto aos policiais civis, na Rcl 6568/SP, que tinha como objeto preservar a competência do Tribunal de Justiça do Estado de São Paulo para dirimir o dissídio referente à greve dos policiais civis, o Min. Eros Grau sustentou a relativização do direito de greve, por não ser absoluto e que "servidores que exercem atividades relacionadas à manutenção da ordem pública e à segurança pública, à administração da Justiça – aí os integrados nas chamadas carreiras de Estado, que exercem atividades indelegáveis, inclusive as de exação tributária – e à saúde pública" sejam privados do direito de greve. Inclusive, no caso dos policiais civis, foi suscitada a questão de ser um movimento armado e não pacífico. Entretanto, a questão não era objeto do processo e, por isso, alguns Ministros não quiseram se posicionar, mas, expressamente, manifestaram-se acompanhando o relator, o Min. Cezar Peluso e o Min. Gilmar Mendes. **Tese de repercussão geral (RE 693456)**: "A administração pública deve proceder ao desconto dos dias de paralisação decorrentes do exercício do direito de greve pelos servidores públicos, em virtude da suspensão do vínculo funcional que dela decorre, permitida a compensação em caso de acordo. O desconto será, contudo, incabível se ficar demonstrado que a greve foi provocada por conduta ilícita do Poder Público". **Greve de policiais civis: Tese de repercussão geral (ARE 654432)**: "(1) o exercício do direito de greve, sob qualquer forma ou modalidade, é vedado aos policiais civis e a todos os servidores públicos que atuem diretamente na área de segurança pública. (2) É obrigatória a participação do Poder Público em mediação instaurada pelos órgãos classistas das carreiras de segurança pública, nos termos do artigo 165 do Código de Processo Civil, para vocalização dos interesses da categoria"

- ***Regime próprio de previdência***. É o regime destinado aos servidores titulares de cargo efetivo. Nesse regime, é proibida a existência de critérios diferentes para a concessão de aposentadoria, exceto, nos termos definidos em leis complementares, conforme o art. 40, § 4º, no caso de: a) servidores portadores de deficiência; b) servidores que exerçam atividades de risco; c) servidores cujas atividades sejam exercidas sob condições especiais que prejudiquem a saúde ou a integridade física.
- ***Pensão***: até o valor do limite do regime geral de previdência, a pensão será integral. Se a remuneração ou os proventos do servidor eram superiores ao limite mencionado, a pensão não terá valor integral, pois corresponderá, na verdade, ao valor total até o limite, mais 70% do valor que exceder o limite.
- ***Contribuição inativos***: aposentado somente contribuirá sobre o valor dos proventos que extrapolar o limite do regime geral de previdência. Se for portador de doença incapacitante, na forma da lei, só contribuirá sobre o valor que exceder o dobro do limite (art. 40, § 21).
- ***Abono de permanência***: servidor que já preencheu os requisitos para a aposentadoria voluntária tem direito a receber até que alcance a idade para a aposentadoria compulsória (art. 40, § 19). O servidor não deixa de contribuir, pois continua contribuindo com 11% sobre o valor de sua remuneração, mas, como incentivo, recebe um abono no mesmo valor.
- ***Valor dos proventos***: média das remunerações utilizadas como base de cálculo para incidência das contribuições previdenciárias, tanto ao regime geral quanto ao regime próprio. Não há integralidade nem paridade (estabelecido o valor dos proventos, este não acompanhará os reajustes concedidos ao pessoal da ativa; será reajustado para manter o valor real, na forma da lei).
- ***Limite proventos***: pode ser adotado o limite do regime geral de previdência para o valor das aposentadorias e pensões do regime próprio, desde que instituam, por lei de iniciativa do respectivo Poder Executivo, regime de previdência complementar, por intermédio de entidades fechadas de previdência complementar, de natureza pública, que oferecerão aos respectivos participantes planos de benefícios somente na modalidade de contribuição definida (art. 40, §§ 14 e 15). Somente será obrigatório para o servidor que ingressar no serviço público após a data de publicação do ato instituidor desse regime. Para os que ingressaram antes, é opcional (art. 40, § 16).
- Sistematização da aposentadoria pelo regime próprio[10]:

APOSENTADORIA PELO REGIME PRÓPRIO		
Por invalidez permanente	• ***regra*** → proventos proporcionais	
	• ***exceções*** →	• acidente em serviço • moléstia profissional • doença grave, contagiosa ou incurável, nos termos da lei
Compulsória	• proventos proporcionais • 70 ou 75 anos, nos termos de lei complementar. Lei Complementar nº 152/15: **75 anos** para I – os servidores titulares de cargos efetivos da União, dos Estados, do Distrito Federal e dos Municípios, incluídas suas autarquias e fundações; II – os membros do Poder Judiciário; III – os membros do Ministério Público; IV – os membros das Defensorias Públicas; V – os membros dos Tribunais e dos Conselhos de Contas.	

10 BORTOLETO, Leandro. *Direito administrativo*. Salvador: Juspodivm, 2012. p. 172.

APOSENTADORIA PELO REGIME PRÓPRIO		
	Homem	***Mulher***
Voluntária	10 anos de serviço público, e 5 anos no cargo, e 35 anos de contribuição, e 60 anos de idade	10 anos de serviço público, e 5 anos no cargo, e 30 anos de contribuição, e 55 anos de idade
	Homem	***Mulher***
Voluntária proporcional	10 anos de serviço público, e 5 anos no cargo, e 65 anos de idade	10 anos de serviço público, e 5 anos no cargo, e 60 anos de idade
	• requisitos serão estabelecidos em leis complementares • portadores de deficiência • atividades de risco • atividades exercidas sob condições especiais que prejudiquem a saúde ou a integridade física	
Aposentadoria especial	***Professores*** • requisitos estabelecidos na Constituição • tempo exclusivo no magistério: infantil, fundamental e médio	
	Homem	***Mulher***
	10 anos de serviço público, e 5 anos no cargo, e 30 anos de contribuição, e 55 anos de idade	10 anos de serviço público, e 5 anos no cargo, e 25 anos de contribuição, e 50 anos de idade

5. REGIME JURÍDICO DOS SERVIDORES PÚBLICOS

- O ***regime estatutário ou legal*** é aquele em que o ***conjunto de regras reguladoras do servidor com a Administração está inserido em lei específica, conhecidas como estatuto.***
- É ***o regime próprio das pessoas jurídicas de direito público***, assim, é admitido na administração direta, nas autarquias e nas fundações com regime de direito público.
- ***Não há uma lei só, um estatuto único. Pelo contrário, há diversas leis e, portanto, vários estatutos,*** pois cabe a cada ente político legislar a respeito, ou seja, cada Município e cada Estado podem ter os seus.
- Na esfera federal, o estatuto dos servidores públicos civis federais está previsto na ***Lei nº 8.112/90***.
- O ***estatuto federal*** é base para muitos estatutos municipais e alguns estaduais e, dessa maneira, muitos institutos têm tratamento idêntico ou semelhante. Assim, sua cobrança se dá nos concursos federais e, também, em alguns concursos estaduais.
- ***Provimento*** é o ato de se prover o cargo público. Pode ser originário (a investidura no cargo é feita pela primeira vez) ou derivado (investidura decorrente; servidor já era ocupante de cargo).

5.1. LEI Nº 8.112/90

- ***Requisitos*** para investidura (art. 5º):
  a) ser brasileiro;
  b) estar no gozo dos direitos políticos;
  c) estar adimplente com as obrigações militares e eleitorais;
  d) ter o nível de escolaridade exigido para o exercício do cargo;
  e) ter a idade mínima de dezoito anos;
  f) estar em aptas condições física e mental.
- É frequente a cobrança das formas de provimento derivado nas provas.
- ***Posse:*** com ela ***materializa-se*** a ***investidura*** do servidor no cargo.
- A posse pode ocorrer ***mediante procuração específica*** (art. 13, § 3º), depende de ***prévia inspeção médica oficial*** (art. 14; é necessária a aptidão física e mental para a posse).
- No ***ato*** da ***posse*** deve ser apresentada ***declaração de bens e valores*** que formam seu patrimônio e a declaração de exercício ou não de outro cargo, emprego ou função pública (art. 13, § 5º).
- ***Prazo*** para a ***posse: trinta dias***, contados da publicação do ato de provimento (art. 13, § 1º).
- Nomeado ***não toma posse*** no prazo: ***ato de provimento será tornado sem efeito***, pois ainda não era servidor para ser exonerado.
- ***Exercício***: desempenho efetivo das atribuições do cargo.
- ***Prazo para exercício***: ***quinze dias,*** contados da data da posse.
- Servidor ***não entra em exercício*** no prazo: será ***exonerado*** de ofício.
- ***Estágio probatório***: lei prevê 24 meses, mas para STF é de 3 anos (STA 269, STA 290 e AI 754.802-DF).

- Sistematização das licenças e afastamentos em relação ao servidor em estágio probatório[11]:

SERVIDOR EM ESTÁGIO PROBATÓRIO – Licenças e Afastamentos	
PERMITIDO	*PROIBIDO*
• para o serviço militar (não suspende) • para exercício de mandato eletivo (não suspende) • para estudo ou missão no exterior (não suspende) • para servir a outro órgão ou entidade (só cargo de nível elevado; não suspende) • por motivo de doença em pessoa da família (suspende) • por motivo de afastamento do cônjuge ou companheiro (suspende) • para atividade política (suspende) • para servir em organismo internacional de que o Brasil participe ou com o qual coopere (suspende) • participação em curso de formação (suspende)	• para capacitação • para tratar de interesses particulares • para desempenho de mandato classista • para participação em programa de pós--graduação *stricto sensu* no País

- Sistematização das formas de provimento derivado[12]:

PROVIMENTO DERIVADO: principais formas
Readaptação → investidura em outro cargo com atribuições e responsabilidade → compatíveis com as limitações do servidor ***Aproveitamento*** → volta à ativa do servidor em disponibilidade ***Reversão*** → volta do aposentado ***Reintegração*** → volta do demitido ***Recondução*** → volta ao cargo anterior

- Remoção (art. 36): ***deslocamento do servidor***, a pedido ou de ofício, no âmbito do mesmo quadro, ***com ou sem mudança de sede.***
- Remoção pode ocorrer ***de ofício ou a pedido*** do servidor.
- Hipóteses em que a ***Administração não pode recusar*** o pedido de remoção do servidor (art. 36, III):
  a) para ***acompanhar cônjuge ou companheiro***, também servidor público civil ou militar, de qualquer dos Poderes da União, dos Estados, do Distrito Federal e dos Municípios, que foi deslocado no interesse da Administração;
  b) por ***motivo de saúde*** do servidor, cônjuge, companheiro ou dependente que viva às suas expensas e conste do seu assentamento funcional, condicionada à comprovação por junta médica oficial;
  c) em virtude de ***processo seletivo*** promovido, na hipótese em que o número de interessados for superior ao número de vagas, de acordo com normas preestabelecidas pelo órgão ou entidade em que aqueles estejam lotados.
- ***Vantagens***: servidor pode receber indenizações, gratificações e adicionais.
- Sistematização das ***indenizações***[13]:

INDENIZAÇÕES	
Ajuda de custo	• Deslocamento definitivo, no interesse da Administração • Valor em regulamento: máximo 3 remunerações servidor não se desloca: devolução em 30 dias
Diária	• Deslocamento transitório • Valor em regulamento: é ½ diária quando não houver pernoite fora da sede ou quando a União custear por outros meios • Servidor não se desloca: devolução em 5 dias
Indenização de transporte	• Uso de meio próprio de locomoção para execução de serviço externo, por força das atribuições do cargo • Valor em regulamento
Auxílio-moradia	• Servidor deslocado para ocupar alto cargo em comissão e demais requisitos do Art. 60-B • Valor: o que for menor: ou 25% do subsídio de Ministro ou 25% da remuneração do cargo ocupado. Independentemente do valor do cargo, assegura-se até R$ 1.800,00

11 BORTOLETO, Leandro. *Direito administrativo*. 2. ed. Salvador: Juspodivm, 2013. p. 200.

12 BORTOLETO, Leandro. *Direito administrativo*. 2. ed. Salvador: Juspodivm, 2013. p. 205.

13 BORTOLETO, Leandro. *Direito administrativo*. Salvador: Juspodivm, 2012. p. 212.

- Sistematização das ***gratificações*** e ***adicionais***[14]:

GRATIFICAÇÕES E ADICIONAIS	
Retribuição pelo exercício de função de direção, chefia e assessoramento	- Servidor que ocupa cargo em comissão ou exerce → função comissionada
Gratificação natalina	- 13º
Adicionais pelo exercício de atividades insalubres, perigosas ou penosas	- Adicional de insalubridade: local insalubre ou em: → contato permanente com substâncias tóxicas - Adicional de periculosidade: permanente risco de vida
Adicionais pelo exercício de atividades insalubres, perigosas ou penosas	- Se tiver direito aos dois, tem que escolher um - Adicional de penosidade: zona de fronteira ou → localidade cujas condições de vida o justifiquem - Percentual: regulamento
Adicional por serviço extraordinário	- Hora extra - 50% sobre o valor da hora normal - Máximo de 2h por jornada
Adicional noturno	- Trabalho das 22h às 5h - Hora, nesse período, é 52min30s - 25% sobre o valor da hora normal - Se for o caso, incide sobre a remuneração com o → adicional por serviço extraordinário
Adicional de férias	- 1/3 sobre a remuneração do período de férias
Gratificação por encargo de curso ou concurso	- Fazer as atividades do art. 76-A, fora do horário → de trabalho ou com compensação - Máximo: 120h anuais (exceção: + 120h)

- ***Licenças e afastamentos*** assegurados ao servidor (artigos 86 a 96-A e 202 a 214): a) licença por motivo de doença em pessoa da família; b) licença por motivo de afastamento do cônjuge ou companheiro; c) licença para o serviço militar; d) licença para atividade política; e) licença para capacitação; f) licença para tratar de interesses particulares; g) licença para desempenho de mandato classista; h) licença para tratamento de saúde; i) licença à gestante, à adotante e licença-paternidade; j) licença por acidente em serviço; k) afastamento para servir a outro órgão ou entidade; l) afastamento para exercício de mandato eletivo; m) afastamento para estudo ou missão no exterior; n) afastamento para participação em programa de pós-graduação *stricto sensu* no País.

- Sistematização da licença para atividade política:

<table>
<tr><th colspan="7">DURAÇÃO DA LICENÇA</th></tr>
<tr><td>Convenção partidária</td><td>➔</td><td>Registro Justiça Eleitoral</td><td>➔</td><td>Eleições</td><td>➔</td><td>10º dia após as eleições</td></tr>
<tr><td colspan="4">Não remunerada</td><td colspan="3">Remunerada</td></tr>
<tr><th colspan="7">REMUNERAÇÃO</th></tr>
</table>

14 BORTOLETO, Leandro. *Direito administrativo*. Salvador: Juspodivm, 2012. p. 214.

- Sistematização da contagem do tempo de serviço[15]:

TEMPO DE SERVIÇO	
Efetivo exercício	*Somente para aposentadoria e disponibilidade*
• tempo de serviço público federal (conta para todos os fins) • exercício de cargo em comissão ou equivalente, em órgão ou entidade dos Poderes da União, dos Estados, Municípios e Distrito Federal (cessão de servidor federal) • exercício de cargo ou função de governo ou administração, em qualquer parte do território nacional, por nomeação do Presidente da República	• tempo de serviço público prestado aos Estados, Municípios e Distrito Federal • tempo de serviço em atividade privada, vinculada à Previdência Social
• serviço militar federal (Forças Armadas; conta para todos os fins)	• tempo de serviço relativo a tiro de guerra
• desempenho de mandato eletivo federal, estadual, municipal ou do Distrito Federal, exceto para promoção por merecimento	• desempenho de mandato eletivo federal, estadual, municipal ou distrital, anterior ao ingresso no serviço público federal
• licença para tratamento da própria saúde, até o limite de vinte e quatro meses, cumulativo ao longo do tempo de serviço público prestado à União, em cargo de provimento efetivo	• licença para tratamento da própria saúde, além do limite de vinte e quatro meses, cumulativo ao longo do tempo de serviço público prestado à União, em cargo de provimento efetivo
• licença para tratamento de saúde de pessoal da família do servidor, com remuneração, até trinta dias, em período de doze meses	• licença para tratamento de saúde de pessoal da família do servidor, com remuneração, que exceder a trinta dias, em período de 12 doze meses
• ausências do art. 97 (alistamento eleitoral, doação de sangue, casamento, etc.) • férias • participação em programa de treinamento ou em programa de pós-graduação *stricto sensu* no País • júri e outros serviços obrigatórios por lei • missão ou estudo no exterior, quando autorizado o afastamento • licença à gestante, à adotante e à paternidade • licença para o desempenho de mandato classista ou participação de gerência ou administração em sociedade cooperativa constituída por servidores para prestar serviços a seus membros, exceto para efeito de promoção por merecimento	• licença para atividade política, com remuneração (do registro da candidatura na Justiça Eleitoral até dez dias após as eleições)
• licença por motivo de acidente em serviço ou doença profissional • licença para capacitação • licença por convocação para o serviço militar • deslocamento para a nova sede (período de trânsito para o servidor que deva ter exercício em outro Município por ter sido removido, redistribuído, requisitado, cedido ou posto em exercício provisório) • participação em competição desportiva nacional ou convocação para integrar representação desportiva nacional, no País ou no exterior • afastamento para servir em organismo internacional de que o Brasil participe ou com o qual coopere	

15 BORTOLETO, Leandro. *Direito administrativo*. 2. ed. Salvador: Juspodivm, 2013. p. 223/224.

- ***Direito de petição*** do servidor ***prescreve*** em (art. 110): a) em ***cinco anos***, quanto aos atos de demissão e de cassação de aposentadoria ou disponibilidade, ou que afetem interesse patrimonial e créditos resultantes das relações de trabalho; b) em ***cento e vinte dias***, nos demais casos, salvo se houver outro prazo fixado em lei.
- Os artigos 116 e 117 devem ser lidos várias vezes. São muito importantes porque descrevem os deveres e proibições dos servidores e a definição das penas é correlacionada com esses dispositivos legais.
- ***Responsabilidades***: as ***sanções*** penais, administrativas e civis podem ***cumular-se***, pois são independentes entre si. ***Exceção***: quando na esfera penal o servidor for ***absolvido*** em razão da ***inexistência do fato*** ou da ***negativa de autoria*** (art. 126).
- As ***penas*** que podem ser aplicadas ao servidor são (art. 127): a) advertência; b) suspensão; c) multa; d) demissão; e) cassação de aposentadoria e disponibilidade; f) destituição de cargo em comissão; g) destituição de função de confiança.
- ***Advertência:*** tem cabimento, conforme o art. 129, quando se tratar de ***violação dos deveres funcionais*** constantes do art. 117, I a VIII e XIX, ou quando houver a ***inobservância de dever funcional*** previsto em lei, regulamento ou norma interna, e não haja justificativa para a aplicação de pena mais grave.
- ***Suspensão*** é cabível (art. 130):

  a) quando houver reincidência de falta punida com advertência;

  b) nos casos de violação das proibições que não sejam punidas com demissão, isto é, nas situações previstas no art. 117, XVII e XVIII;

  c) quando o servidor se recusar, injustificadamente, a se submeter a inspeção médica determinada pela autoridade competente (a partir do momento que se submeter a inspeção, cessam os efeitos da pena).
- ***Suspensão*** pode, a critério do administrador, ser ***substituída por multa*** no valor equivalente a ***50% por dia*** da remuneração do servidor e este continua a trabalhar.
- ***Demissão***: hipóteses de ***cabimento***:

  a) Art. 117, IX a XVI: *"IX – valer-se do cargo para lograr proveito pessoal ou de outrem, em detrimento da dignidade da função pública; X – participar de gerência ou administração de sociedade privada, personificada ou não personificada, exercer o comércio, exceto na qualidade de acionista, cotista ou comanditário; XI – atuar, como procurador ou intermediário, junto a repartições públicas, salvo quando se tratar de benefícios previdenciários ou assistenciais de parentes até o segundo grau, e de cônjuge ou companheiro; XII – receber propina, comissão, presente ou vantagem de qualquer espécie, em razão de suas atribuições; XIII – aceitar comissão, emprego ou pensão de estado estrangeiro; XIV – praticar usura sob qualquer de suas formas; XV – proceder de forma desidiosa; XVI – utilizar pessoal ou recursos materiais da repartição em serviços ou atividades particulares";*

  b) **Art. 132, I a XII: "***I – crime contra a administração pública; II – abandono de cargo; III – inassiduidade habitual; IV – improbidade administrativa; V – incontinência pública e conduta escandalosa, na repartição; VI – insubordinação grave em serviço; VII – ofensa física, em serviço, a servidor ou a particular, salvo em legítima defesa própria ou de outrem; VIII – aplicação irregular de dinheiros públicos; IX – revelação de segredo do qual se apropriou em razão do cargo; X – lesão aos cofres públicos e dilapidação do patrimônio nacional; XI – corrupção; XII – acumulação ilegal de cargos, empregos ou funções públicas.*
- Sistematização da pena de demissão[16]:

DEMISSÃO
Somente após 5 anos pode retornar ao serviço público federal
• valer-se do cargo para lograr proveito pessoal ou de outrem, em detrimento da dignidade da função pública • atuar, como procurador ou intermediário, junto a repartições públicas, salvo quando se tratar de benefícios previdenciários ou assistenciais de parentes até o segundo grau, e de cônjuge ou companheiro
Não pode mais retornar ao serviço público federal
• crime contra a Administração Pública

16 BORTOLETO, Leandro. *Direito administrativo*. Salvador: Juspodivm, 2012. p. 233.

<table>
<tr><th>DEMISSÃO</th></tr>
<tr><td>Não pode mais retornar ao serviço público federal
Indisponibilidade dos bens
Ressarcimento ao erário</td></tr>
<tr><td>• improbidade administrativa
• aplicação irregular de dinheiros públicos
• lesão aos cofres públicos e dilapidação do patrimônio nacional
• corrupção</td></tr>
<tr><td>Demais casos: sem restrição de retorno ao serviço público federal</td></tr>
<tr><td>• abandono de cargo
• inassiduidade habitual
• incontinência pública e conduta escandalosa, na repartição
• insubordinação grave em serviço
• ofensa física, em serviço, a servidor ou a particular, salvo em legítima defesa própria ou de outrem
• revelação de segredo do qual se apropriou em razão do cargo
• acumulação ilegal de cargos, empregos ou funções públicas</td></tr>
<tr><td>• participar de gerência ou administração de sociedade privada, personificada ou não personificada, exercer o comércio, exceto na qualidade de acionista, cotista ou comanditário
• recebimento de propina, comissão, presente ou vantagem de qualquer espécie, em razão de suas atribuições
• aceitação de comissão, emprego ou pensão de Estado estrangeiro
• prática de usura sob qualquer de suas formas
• procedimento desidioso
• utilização pessoal ou recursos materiais da repartição em serviços ou atividades particulares</td></tr>
</table>

- ***Ação disciplinar*** prescreve: a) se a infração administrativa também for crime, no prazo previsto na lei penal; b) se a infração administrativa não for crime: em 5 anos, para as infrações puníveis com demissão, cassação de aposentadoria ou disponibilidade e destituição de cargo em comissão; em 2 anos, para os casos de suspensão; em 180 dias para a advertência.
- STJ: "quando o servidor público comete infração disciplinar também tipificada como crime, somente se aplicará o prazo prescricional da legislação penal se os fatos também forem apurados em ação penal", conforme MS 15.462/DF (14/03/2011).
- Sistematização das formas de apuração de infração disciplinar[17]:

<table>
<tr><th colspan="2">APURAÇÃO DE INFRAÇÃO DISCIPLINAR</th></tr>
<tr><th>Infração punida com</th><th>Meio de apuração</th></tr>
<tr><td>Advertência
Suspensão ≤ 30 dias</td><td>Sindicância
ou
Processo administrativo disciplinar</td></tr>
<tr><td>Suspensão > 30 dias
Demissão
Cassação de aposentadoria ou disponibilidade
Destituição de cargo em comissão</td><td>Processo administrativo disciplinar</td></tr>
</table>

17 BORTOLETO, Leandro. *Direito administrativo*. 2. ed.Salvador: Juspodivm, 2013. p. 239.

- Processo administrativo: rito ordinário e rito sumário.
- ***Rito ordinário*** do processo administrativo disciplinar[18]:

<table>
<tr><th colspan="4">PROCESSO ADMINISTRATIVO DISCIPLINAR:
Rito Ordinário</th></tr>
<tr><td rowspan="2">Instauração</td><td colspan="3">Publicação do ato de constituição da comissão disciplinar
Comissão → 3 servidores estáveis</td></tr>
<tr><td>Consequências</td><td colspan="2">• (60 dias + 60 dias)
• possibilidade de afastamento temporário do servidor
• impossibilidade de aposentadoria voluntária ou exoneração a pedido do servidor</td></tr>
<tr><td rowspan="3">Inquérito Administrativo</td><td rowspan="2">Instrução</td><td colspan="2">• Produção de provas: testemunhas, perícias, acareações, interrogatório do servidor e demais diligências
• Indiciação: se for o caso, após análise das provas</td></tr>
<tr><td>Citação</td><td>• por mandado
ou
• por edital</td></tr>
<tr><td>Defesa</td><td>Prazo</td><td>• 10 dias → 1 indiciado
• 20 dias → + de 1 indiciado (comum)
• 15 dias → citação por edital</td></tr>
<tr><td rowspan="2">Inquérito Administrativo</td><td>Defesa</td><td>Defesa não apresentada no prazo</td><td>• servidor nomeado defensor dativo
• devolução do prazo</td></tr>
<tr><td>Relatório</td><td>Conteúdo</td><td>• resumo das principais peças
• menção às provas
• conclusão (inocência ou responsabilidade)
• indicação do dispositivo legal</td></tr>
<tr><td rowspan="3">Julgamento</td><td>• Prazo</td><td colspan="2">→ 20 dias
→ inobservância: não gera nulidade; se ocorrer a prescrição autoridade será responsabilizada</td></tr>
<tr><td>• Competência</td><td colspan="2">→ Art. 141; se autoridade instauradora não tiver competência, deve encaminhar os autos à competente</td></tr>
<tr><td>• Relatório da Comissão Disciplinar</td><td colspan="2">→ Regra: deve ser acatado
→ Exceção: pode ser refutado se, motivadamente, for demonstrado que é contrário à prova dos autos</td></tr>
<tr><td colspan="4">PRAZO PARA CONCLUSÃO: 60 dias + 60 dias = 120 dias. Conforme STF e STJ, não está incluído prazo para julgamento (20 dias), totalizando 140 dias.</td></tr>
</table>

- ***Revisão*** do processo administrativo disciplinar: ***pode se dar de ofício ou a requerimento*** do servidor(em caso de falecimento, ausência ou desaparecimento do servidor, qualquer pessoa da família poderá fazê-lo) e não há prazo, mas devem ser cumpridos os seguintes ***requisitos***: ***fato novo ou circunstância suscetível de justificar a***

---

18 BORTOLETO, Leandro. *Direito administrativo*. 2. ed.Salvador: Juspodivm, 2013. p. 243.

inocência do punido ou a inadequação da penalidade aplicada (art. 174).

- Seguridade social: é ***dever da União manter Plano de Seguridade Social para o servidor e sua família*** (art. 183).

- ***Benefícios do Plano de Seguridade Social***. Benefícios para o ***servidor***: ***a)*** aposentadoria; ***b)*** auxílio-natalidade; ***c)*** salário-família; ***d)*** licença para tratamento de saúde; ***e)*** licença à gestante, à adotante e licença-paternidade; ***f)*** licença por acidente em serviço; ***g)*** assistência à saúde; ***h)*** garantia de condições individuais e ambientais de trabalho satisfatórias. Benefícios para a ***família do servidor***: ***a)*** pensão vitalícia e temporária; ***b)*** auxílio-funeral; ***c)*** auxílio-reclusão; ***d)*** assistência à saúde.

- **PENSÃO**:

- Beneficiários da pensão (art. 217):

a) o cônjuge;

b) o cônjuge divorciado ou separado judicialmente ou de fato, com percepção de pensão alimentícia estabelecida judicialmente

c) o companheiro ou companheira que comprove união estável como entidade familiar;

d) o filho de qualquer condição que atenda a um dos seguintes requisitos (enteado e o menor tutelado equiparam-se a filho mediante declaração do servidor e desde que comprovada dependência econômica, na forma estabelecida em regulamento):

- seja menor de 21 anos;

- seja invalido;

- tenha deficiência intelectual ou mental, nos termos do regulamento;

e) a mãe e o pai que comprovem dependência econômica do servidor; e

f) o irmão de qualquer condição que comprove dependência econômica do servidor e atenda a um dos requisitos:

– seja menor de 21 anos;

– seja inválido;

– tenha deficiência intelectual ou mental, nos termos do regulamento;

Obs.: a concessão aos beneficiários de "a" a "d" exclui os indicados nas letras "e" e "f";

- a concessão aos beneficiários indicados na letra "e" exclui o arrolado na letra "f".

- Perda da qualidade de beneficiário (art. 222, VII):

I – falecimento;

II – anulação do casamento, quando a decisão ocorrer após a concessão da pensão ao cônjuge;

III – a cessação da invalidez, em se tratando de beneficiário inválido, o afastamento da deficiência, em se tratando de beneficiário com deficiência, ou o levantamento da interdição, em se tratando de beneficiário com deficiência intelectual ou mental que o torne absoluta ou relativamente incapaz, respeitados os períodos mínimos decorrentes da aplicação das alíneas "a" e "b" do inciso VII;

IV – o implemento da idade de 21 anos, pelo filho ou irmão;

V – a acumulação de pensão na forma do art. 225;

VI – a renúncia expressa; e

VII – em relação ao cônjuge e companheiro (I a III do caput do art. 217):

a) o decurso de 4 meses:

- se o óbito ocorrer sem que o servidor tenha vertido 18 contribuições mensais, ou

- se o casamento ou a união estável tiverem sido iniciados em menos de 2 anos antes do óbito do servidor;

b) o decurso dos seguintes períodos, estabelecidos de acordo com a idade do pensionista na data de óbito do servidor, depois de vertidas 18 contribuições mensais e pelo menos 2 anos após o início do casamento ou da união estável:

- 3 anos (duração), com menos de 21 anos de idade (pensionista);

- 6 anos (duração), entre 21 e 26 anos de idade (pensionista);

- 10 anos (duração), entre 27 e 29 anos de idade (pensionista);

- 15 anos (duração), entre 30 e 40 anos de idade (pensionista);

- 20 anos (duração), entre 41 e 43 anos de idade (pensionista);

- vitalícia, com 44 ou mais anos de idade (pensionista).

Perde o direito a pensão (art. 220):

I – o beneficiário condenado, após o trânsito em julgado, pela prática de crime de que tenha dolosamente resultado a morte do servidor;

II – o cônjuge, o companheiro ou a companheira se comprovada, a qualquer tempo, simulação ou fraude no casamento ou na união estável, ou a formalização desses com o fim exclusivo de constituir benefício previdenciário, apuradas em processo judicial no qual será assegurado o direito ao contraditório e à ampla defesa.

6. PODERES ADMINISTRATIVOS

- Poderes administrativos são as ***prerrogativas*** à disposição da Administração destinadas à viabilização do interesse público.
- ***Poder discricionário***: limitado pelo princípio da razoabilidade
- ***Poder hierárquico***: o de que dispõe o Executivo para distribuir e escalonar as funções de seus órgãos, ordenar e rever a atuação de seus agentes, estabelecendo a relação de subordinação entre os servidores do seu quadro de pessoal"[19]. É típico da função administrativa, mas não é exclusivo do Executivo e faz parte dos Poderes Legislativo e Judiciário, na função atípica de administrar. É com base na hierarquia que se pode avocar, delegar, ordenar, controlar, corrigir e aplicar sanções.
- ***Poder disciplinar***: é a prerrogativa pela qual a Administração apura as infrações e aplica as penalidades ao infrator, que pode ser um servidor público ou particular sujeito à disciplina administrativa, como um estudante de escola pública[20].
- ***Poder regulamentar***: Para Maria Sylvia Zanella Di Pietro, é espécie do poder normativo da Administração Pública, ou seja, é um tipo, uma das formas pela qual se expressa a função normativa da Administração Pública, e o poder regulamentar, assim entendido, é privativo do Chefe do Executivo e se materializa por meio de decreto, mas há outras formas de expressão do poder normativo como as resoluções, as portarias, as instruções, os regimentos, mas esses atos possuem alcance restrito aos limites de atuação do órgão e não têm a mesma natureza dos regulamentos expedidos pelo Chefes do Executivo[21].
- ***Regulamento autônomo***: é ato normativo, infralegal, que pode inovar na ordem jurídica; tem seu fundamento diretamente estabelecido no texto constitucional; trata de matéria não constante em lei. Art. 84, VI, da Constituição Federal.
- Regulamentação técnica ou regulamento autorizado: manifesta-se, por exemplo, na função normativa exercida pelas agências reguladoras, as quais recebem a função de regular por meio da deslegalização de parte da matéria.
- ***Deslegalização ou delegificação***: a lei delega a função de criar norma a respeito de assuntos técnicos a órgãos administrativos. Fala-se, também, em discricionariedade técnica, porque a lei estabelece parâmetros, diretrizes para que, em nível administrativo, seja feita a complementação da lei, com conteúdo técnico.
- ***Poder de polícia***: "faculdade de que dispõe a administração pública para condicionar e restringir o uso e gozo de bens, atividades e direitos individuais, em benefício da coletividade ou do próprio Estado"[22].
- ***Poder de polícia em sentido amplo e em sentido estrito***: ***sentido amplo***: engloba tanto os atos legislativos quanto os atos administrativos; ***sentido estrito***: é uma atividade administrativa e, assim, só pode ser exercida na função administrativa e não na função legislativa.
- ***Atributos do poder de polícia***: discricionariedade, autoexecutoriedade e coercibilidade.
- ***Ciclo de polícia***: ordem de polícia, consentimento de polícia, fiscalização de polícia, sanção de polícia.
- Sistematização do abuso de poder[23]:

<table>
<tr><th colspan="2">ABUSO DE PODER</th></tr>
<tr><td colspan="2">• Uso dos poderes administrativos contrariando o regime jurídico administrativo
• Forma comissiva ou omissiva</td></tr>
<tr><td colspan="2">Espécies</td></tr>
<tr><td>Excesso de poder</td><td>Desvio de poder</td></tr>
<tr><td>Atua fora dos limites da competência</td><td>Atua dentro dos limites da competência, mas com finalidade diversa daquela com que deveria atuar</td></tr>
</table>

7. ATO ADMINISTRATIVO

- ***Ato administrativo*** é "toda manifestação unilateral de vontade da Administração Pública que, agindo nessa qualidade, tenha por fim imediato adquirir, resguardar, transferir, modificar, extinguir e declarar direitos, ou impor obrigações aos administrados ou a si própria"[24].
- Ato administrativo: a) o regime jurídico é sempre o de ***direito público***; b) o ato é uma ***manifestação***, uma declaração jurídica ***unilateral***; c) é ato ***infralegal***; d) submete-se ao ***controle*** administrativo e judicial.

19 MEIRELLES, Hely Lopes. *Direito administrativo brasileiro*. 36. ed.São Paulo: Malheiros, 2010. p. 124.

20 DI PIETRO, Maria Sylvia Zanella. *Direito administrativo*. 23. ed. São Paulo: Atlas, 2010. p. 94.

21 MEIRELLES, Hely Lopes. *Direito administrativo*. 25. ed. São Paulo: Atlas, 2012. p. 91 e 94.

22 MEIRELLES, Hely Lopes. *Direito administrativo brasileiro*. 36. ed.São Paulo: Malheiros, 2010. p. 134.

23 BORTOLETO, Leandro. *Direito administrativo*. Salvador: Juspodivm, 2012. p. 300.

24 MEIRELLES, Hely Lopes. *Direito administrativo brasileiro*. 36. ed.São Paulo: Malheiros, 2010. p. 153.

- Sistematização dos elementos do ato administrativo[25]:

<table>
<tr><th colspan="3">ELEMENTOS OU REQUISITOS
DO ATO ADMINISTRATIVO</th></tr>
<tr><td colspan="3">Posição tradicional (usualmente cobrada nas provas)</td></tr>
<tr><td colspan="3">Competência ou Sujeito: Quem? Conjunto de atribuições administrativas do servidor.
Finalidade: Para quê? Resultado mediato almejado com a prática do ato.
Forma: Como? Exteriorização do ato. Maneira pela qual o ato se apresenta.
Motivo ou Causa: Por quê? Pressuposto de fato e de direito cuja ocorrência autoriza ou determina a prática do ato.
Objeto ou Conteúdo: O quê? Resultado imediato pretendido com a prática do ato</td></tr>
<tr><td colspan="3">Posição de Celso Antônio Bandeira de Mello
(requisitos)</td></tr>
<tr><td colspan="3">Motivo do ato x Motivo legal: motivo legal é a previsão abstrata de uma situação fática e motivo do ato é a própria situação material. Ambos têm que coincidir.
Motivo x móvel: motivo é a situação objetiva, real, empírica; é a realidade objetiva, externa ao agente; móvel é a representação subjetiva, psicológica, interna do agente; móvel é a vontade do agente.
Objeto x Conteúdo: não são sinônimos. Objeto sobre o que o ato incide. Conteúdo é o próprio ato em essência; é interno ao ato, já o objeto é externo ao ato.
Causa: Não é sinônimo de motivo. É a correlação lógica entre o motivo do ato administrativo e seu conteúdo, em vista da finalidade pública. É a relação lógica entre motivo e o conteúdo do ato, em função da finalidade pública.</td></tr>
<tr><td colspan="3">Sistematização dos requisitos do ato (Celso Antônio)</td></tr>
<tr><td>ELEMENTOS</td><td colspan="2">• Conteúdo
• Forma</td></tr>
<tr><td rowspan="2">PRESSUPOSTOS</td><td>• De existência</td><td>• Objeto
• Pertinência da função administrativa</td></tr>
<tr><td>• De validade</td><td>• Sujeito incompetente (pressuposto subjetivo)
• Motivo (pressuposto objetivo)
• Requisitos procedimentais
• Finalidade Pública (pressuposto teleológico)
• Causa (pressuposto lógico)
• Formalização (pressuposto formalístico)</td></tr>
</table>

- Consequência do ***silêncio administrativo***: a) se houver lei a respeito: previsão legal; b) se não houver lei a respeito: competência discricionária: exigência de decisão motivada; competência vinculada: exigência da prática do ato.

- Sistematização dos atributos do ato administrativo[26]:

<table>
<tr><th colspan="2">ATRIBUTOS OU CARACTERÍSTICAS DO ATO ADMINISTRATIVO</th></tr>
<tr><td>PRESUNÇÃO DE LEGITIMIDADE</td><td>• presunção de que todo ato administrativo praticado está de acordo com a lei
• pode ser praticado imediatamente
• produz efeitos até que seja anulado
• ônus da prova do interessado
• nulidade só é apreciada a pedido pelo Judiciário
• existe em todos os atos administrativos</td></tr>
</table>

25 Quanto à posição de Celso Antônio Bandeira de Mello: *Curso de direito administrativo*. 27. ed. São Paulo: Malheiros, 2010. p. 393-412.

26 BORTOLETO, Leandro. *Direito administrativo*. Salvador: Juspodivm, 2012. p. 334.

IMPERATIVIDADE	• ato administrativo é imposto ao destinatário • não está presente em todos os atos administrativos
AUTOEXECUTORIEDADE	• Administração executa o ato por seus próprios meios • não existe em todos os atos administrativos: só em urgência ou se previsto em lei

- Sistematização da classificação dos atos administrativos:

CLASSIFICAÇÃO DOS ATOS ADMINISTRATIVOS	
Quanto ao destinatário	***geral*** ➔ sem destinatário definido; fim normativo
	individual ➔ com destinatário definido
Quanto ao alcance	***interno*** ➔ efeitos somente dentro da Administração
	externo ➔ efeitos para fora da Administração
Quanto ao objeto	***império*** ➔ posição de superioridade
	gestão ➔ posição de igualdade
	expediente ➔ rotina interna; sem poder decisório
Quanto ao regramento	***vinculado*** ➔ não pode escolher no caso concreto
	discricionário ➔ pode escolher no caso concreto
Quanto à formação da vontade	***simples*** ➔ vontade de um órgão só
	complexo ➔ vontade de dois órgãos e um ato só
	composto ➔ dois órgãos e dois atos (principal e acessório)
Quanto ao conteúdo	***constitutivo*** ➔ cria situação jurídica individual
	extintivo ➔ encerra situação jurídica individual
	declaratório ➔ declara situação já existente
	alienativo ➔ transfere bens ou direitos
	modificativo ➔ altera situação jurídica, sem encerrá-la
	abdicativo ➔ renúncia a um direito
Quanto à eficácia	***válido*** ➔ em conformidade com o direito
	nulo ➔ vício insanável
	anulável ➔ vício sanável
	inexistente ➔ parece ato, mas não é
Quanto à exequibilidade	***perfeito*** ➔ completou ciclo de formação
	imperfeito ➔ não completou ciclo de formação
	pendente ➔ não está apto para produzir efeitos
	consumado ➔ já produziu seus efeitos; definitivo

- Sistematização da anulação e da revogação do ato administrativo[27]:

ANULAÇÃO	REVOGAÇÃO
Ilegalidade	interesse público (conveniência e oportunidade)
ex tunc (ato restritivo) *ex nunc* (ato ampliativo e boa-fé)	*ex nunc*
Poder Judiciário e Administração	somente a Administração

27 BORTOLETO, Leandro. *Direito administrativo.* Salvador: Juspodivm, 2012. p. 347.

qualquer ato (vinculado e discricionário)	atos irrevogáveis: • vinculados • integrantes de procedimento • enunciativos • geraram direito adquirido

- ***Convalidação:*** o ***suprimento da invalidade de um ato*** com efeitos retroativos"[28]. Convalidar é ***tornar válido um ato inválido***, por meio de outro ato que supre ***vício sanável,*** com efeitos ***ex tunc*** (retroagem).

8. PROCESSO ADMINISTRATIVO

- ***Princípios do processo administrativo***:
  - oficialidade;
  - informalidade (ou obediência à forma);
  - verdade material;
  - gratuidade;
  - pluralidade de instâncias.
- ***Princípios do processo administrativo***: ***Processo x procedimento:*** O ***processo*** é "a relação jurídica integrada por algumas pessoas, que nela exercem várias atividades direcionadas para determinado fim"[29]e, por sua vez, o ***procedimento*** é a "sucessão de atos preparatórios que devem obrigatoriamente preceder a prática de ato final"[30]. Procedimento relaciona-se com movimento, dinâmica; é o rito, a sequência em que os atos devem ser praticados, com um objetivo final. Ambos são intrinsecamente relacionados, pois "todo processo demanda um procedimento – que é a tramitação dos atos – da mesma forma que todo procedimento só tem existência se houver o respectivo processo – este indicando a relação jurídica firmada entre aqueles que dele participam"[31].
- Há diversas espécies de processo administrativo e estes se desenvolvem em todas as esferas da Federação e, por isso, devem ser legalmente disciplinados em cada uma delas.
- Na esfera federal, há a Lei nº 9.784/99 que, conforme sua ementa, "regula o processo administrativo no âmbito da Administração Pública Federal". É uma lei de aplicação em âmbito federal, de forma subsidiária se houver lei específica para determinado processo administrativo e de forma integral se não existir lei dispondo de maneira específica sobre certo processo administrativo na esfera federal.
- A Lei nº 9.784/99 é uma norma na qual foram positivados diversos posicionamentos consagrados na doutrina e na jurisprudência e, apesar de ser de aplicação na esfera federal, serve como parâmetro para as legislações estaduais e municipais sobre processo administrativo. Nesse sentido, por exemplo, merecem destaque as disposições sobre a delegação de competência, a motivação do ato administrativo e o prazo decadencial para a anulação do ato.

8.1. LEI Nº 9.784/99

- ***Princípios expressos*** do processo administrativo (art. 2º): legalidade, finalidade, motivação, razoabilidade, proporcionalidade, moralidade, ampla defesa, contraditório, segurança jurídica, interesse público, eficiência.
- ***Critérios*** a serem seguidos (são os conteúdos dos princípios; art. 2º, parágrafo único): atuação conforme a lei e o direito; atendimento a fins de interesse geral, vedada a renúncia total ou parcial de poderes ou competências, salvo autorização em lei; objetividade no atendimento do interesse público, vedada a promoção pessoal de agentes ou autoridades; atuação segundo padrões éticos de probidade, decoro e boa-fé; divulgação oficial dos atos administrativos, ressalvadas as hipóteses de sigilo previstas na Constituição; adequação entre meios e fins, vedada a imposição de obrigações, restrições e sanções em medida superior àquelas estritamente necessárias ao atendimento do interesse público; indicação dos pressupostos de fato e de direito que determinarem a decisão; observância das formalidades essenciais à garantia dos direitos dos administrados; adoção de formas sim-

28 MELLO, Celso Antônio Bandeira de. *Curso de direito administrativo*. 27. ed. São Paulo: Malheiros, 2010. p. 473.

29 CARVALHO FILHO, José dos Santos. *Manual de direito administrativo*. 19. ed. Rio de Janeiro: Lumen Juris, 2008. p. 862.

30 DI PIETRO, Maria Sylvia Zanella. *Direito administrativo*. 23. ed. São Paulo: Atlas, 2010. p. 623.

31 CARVALHO FILHO, José dos Santos. *Manual de direito administrativo*. 19. ed. Rio de Janeiro: Lumen Juris, 2008. p. 863.

ples, suficientes para propiciar adequado grau de certeza, segurança e respeito aos direitos dos administrados; garantia dos direitos à comunicação, à apresentação de alegações finais, à produção de provas e à interposição de recursos, nos processos de que possam resultar sanções e nas situações de litígio; proibição de cobrança de despesas processuais, ressalvadas as previstas em lei; impulsão, de ofício, do processo administrativo, sem prejuízo da atuação dos interessados; interpretação da norma administrativa da forma que melhor garanta o atendimento do fim público a que se dirige, vedada aplicação retroativa de nova interpretação.

- ***Prioridade*** na tramitação do processo administrativo (art. 69-A): a) pessoa com idade igual ou superior a 60 anos; b) pessoa portadora de deficiência, física ou mental; c) pessoa portadora de doença grave, como tuberculose ativa, esclerose múltipla, neoplasia maligna, hanseníase, paralisia irreversível e incapacitante, cardiopatia grave, doença de Parkinson, espondiloartrose anquilosante, nefropatia grave, hepatopatia grave, estados avançados da doença de Paget (osteíte deformante), contaminação por radiação, síndrome de imunodeficiência adquirida, ou qualquer outra, com base em conclusão da medicina especializada, mesmo que a doença tenha sido contraída após o início do processo.

- Sistematização da delegação de competência[32]:

<table>
<tr><th colspan="4">DELEGAÇÃO</th></tr>
<tr><th colspan="4">É a transferência de parte das atribuições feita por quem era originariamente competente</th></tr>
<tr><td rowspan="3">A delegação pode ser feita</td><td colspan="3">• se houver ou não subordinação hierárquica
• só parcialmente (não pode delegar integralmente a competência)
• com ressalva quanto à atribuição delegada</td></tr>
<tr><td rowspan="2">• quando</td><td colspan="2">– não houver impedimento legal</td></tr>
<tr><td>– for conveniente em razão de circunstâncias de índole</td><td>– técnica
– social
– econômica
– jurídica
– territorial</td></tr>
<tr><td>A delegação não pode ser feita em relação</td><td colspan="3">• à edição de atos de caráter normativo
• à decisão de recursos administrativos
• às matérias de competência exclusiva do órgão ou autoridade</td></tr>
<tr><td rowspan="3">O ato de delegação</td><td colspan="3">• deve ser publicado no meio oficial</td></tr>
<tr><td colspan="2">• deve especificar</td><td>– as matérias transferidas
– os poderes transferidos
– os limites da atuação do delegado
– a duração da delegação
– os objetivos da delegação
– o recurso cabível</td></tr>
<tr><td colspan="3">• é revogável a qualquer tempo (ato de revogação deve ser publicado no meio oficial)</td></tr>
<tr><td>As decisões adotadas por delegação</td><td colspan="3">- devem mencionar explicitamente esta qualidade
- consideram-se editadas pelo delegado (este responderá em caso de irregularidade)</td></tr>
</table>

32 BORTOLETO, Leandro. *Direito administrativo*. Salvador: Juspodivm, 2012. p. 373.

- ***Avocação de competência***: o superior, que não era competente, chama para si parcela de competência legalmente atribuída a subordinado seu. Deve ser temporária e deve ser feita em caráter excepcional, por motivos relevantes devidamente justificados.
- ***Recurso administrativo***: interposição no prazo de dez dias, em razão de legalidade e mérito. São legitimados: a) titulares de direitos e interesses que forem parte no processo; b) aqueles cujos direitos ou interesses forem indiretamente afetados pela decisão recorrida; c) as organizações e associações representativas, no tocante a direitos e interesses coletivos; d) os cidadãos ou associações, quanto a direitos ou interesses difusos.
- Se o recorrente alegar violação de enunciado da súmula vinculante, a autoridade competente para decidir explicitará as razões da aplicabilidade ou inaplicabilidade da súmula, conforme o caso (art. 64-A).

9. LICITAÇÃO E CONTRATO ADMINISTRATIVO

- ***Licitação*** é o processo administrativo instaurado pela Administração Pública consistente na disputa igualitária entre os interessados em celebrar contrato com ela, para a escolha da proposta que permita a melhor contratação em face do interesse público.
- São ***finalidades da licitação***: a) escolher a melhor proposta; b) permitir a participação de qualquer interessado que preencha os requisitos exigidos; c) auxiliar na promoção do desenvolvimento nacional.
- ***Princípios da licitação*** (art. 3º, Lei nº 8.666/93): legalidade, impessoalidade, moralidade, publicidade, igualdade, probidade administrativa, vinculação ao instrumento convocatório, julgamento objetivo.
- ***Ressalvas ao princípio da igualdade entre os licitantes***: **a) margem de preferência**: poderá ser estabelecida para I – produtos manufaturados e para serviços nacionais que atendam a normas técnicas brasileiras; e II – bens e serviços produzidos ou prestados por empresas que comprovem cumprimento de reserva de cargos prevista em lei para pessoa com deficiência ou para reabilitado da Previdência Social e que atendam às regras de acessibilidade previstas na legislação.
  - somente pode existir se a capacidade de prestação dos serviços ou de produção dos bens seja superior ao que será adquirido ou contratado ou ao mínimo estabelecido no edital;
  - pode ser estendida, total ou parcialmente, aos bens e serviços originários dos Estados-parte do Mercosul; **b) margem adicional**(art. 3º, § 7º): é um acréscimo ao percentual da margem de preferência para produtos manufaturados e serviços nacionais resultantes de desenvolvimento e inovação tecnológica realizados no País (os percentuais das margens de preferência e adicional serão definidos pelo Poder Executivo Federal, mas a soma das duas não poderá ultrapassar 25% sobre produtos manufaturados e serviços estrangeiros); **c) art. 3º da Lei nº 8.248/91**: preferência para a aquisição de:
  - bens e serviços de informática com tecnologia desenvolvida no País;
  - bens e serviços produzidos de acordo com processo produtivo básico, definido pelo Poder Executivo; **d) licitação restrita** a bens e serviços com tecnologia desenvolvida no Brasil e produzidos de acordo com o processo produtivo básico, quando destinadas à implantação, manutenção e aperfeiçoamento dos sistemas de tecnologia de informação e comunicação considerados estratégicos em ato do Poder Executivo Federal (art. 3º, § 12).
- ***Tratamento diferenciado*** para microempresa e empresa de pequeno porte nas licitações (Lei Complementar nº 123/06). Benefícios:
  a) preferência em caso de empate (art. 44 da LC 123/06);
  b) exigência de regularidade fiscal apenas na assinatura do contrato (art. 42);
  c) tratamento diferenciado e simplificado nas contratações públicas (art. 47):
    - abertura de licitações só para participação de ME e EPP, para contratações de até R$ 80.000,00;
    - possibilidade de exigência ao licitante para que faça a subcontratação de ME e EPP;
    - deverá estabelecer cota de até 25% do objeto, no caso de bens divisíveis. Esse tratamento diferenciado não é possível quando:
    - não houver no mínimo três fornecedores sendo microempresa ou empresa de pequeno porte;
    - quando não for vantajoso ou representar prejuízo para a Administração;
    - quando a licitação for dispensável ou inexigível, excetuando-se as dispensas tratadas pelos incisos I e II do art. 24 da mesma Lei (dispensa em razão do valor), nas quais a compra deverá ser feita preferencialmente de microempresas e empresas de pequeno porte.
  - Objeto da licitação (art. 2º, Lei nº 8.666/93): a) obras; b) serviços, inclusive de publicidade; c) compras; d) alienações; e) concessões; f) permissões; g) locações.
- ***Serviço de publicidade***: licitação regulada pela Lei nº 12.232/10. Lei nº 8.666/93 é aplicada de forma complementar.

- ***Regime Diferenciado de Contratações Públicas*** (RDC). A Lei nº 12.462/11 introduziu uma forma diferente de fazer licitação aplicada, exclusivamente, para as licitações contratos administrativos referentes aos Jogos Olímpicos e Paraolímpicos de 2016, à Copa das Confederações de 2013, à Copa do Mundo de 2014 (essas duas últimas, apenas quanto às obras públicas, às constantes da matriz de responsabilidades celebrada entre a União, Estados, Distrito Federal e Municípios) e às obras de infraestrutura e de contratação de serviços para os aeroportos das capitais dos Estados da Federação distantes até 350 km das cidades-sede dos mundiais, das ações integrantes do Programa de Aceleração do Crescimento (PAC), das obras e serviços de engenharia no âmbito do Sistema Único de Saúde – SUS. Além dessas, Lei nº 13.190/15 acrescentou novas hipóteses para uso do RDC no art. 1º: das obras e serviços de engenharia para construção, ampliação e reforma e administração de estabelecimentos penais e de unidades de atendimento socioeducativo (inciso VI), das ações no âmbito da segurança pública (inciso VII) ao converter a MP 678/15. Entretanto, a Lei nº 13.190/15 acrescentou, ainda, os incisos VIII (das obras e serviços de engenharia, relacionadas a melhorias na mobilidade urbana ou ampliação de infraestrutura logística) e IX (dos contratos a que se refere o art. 47-A.). ATENÇÃO: o STF por entender que houve contrabando legislativo (ao apreciar a MP 678/15, houve a inserção de emendas estranhas ao tema da MP e, assim, no MS 33.889, o Min. Barroso suspendeu a eficácia da Lei 13.190/15, com exceção dos incisos VI e VII do art. 1º, *ad referendum* do Plenário. O RDC também pode ser usado no caso de ações em órgãos e entidades dedicados à ciência, à tecnologia e à inovação (inciso X do art. 1º da Lei nº 12.462/11, acrescentado pela Lei nº 13.243/16).Contestando a Lei nº 12.462/11 há, no STF, a ADI 4655.
- Têm o ***dever de licitar***: a) órgãos da administração direta; b) autarquias: incluindo as agências reguladoras e os conselhos de fiscalização de profissões; c) fundações públicas; d) empresas públicas; e) sociedades de economia mista; f) consórcios públicos; g) entidades controladas direta ou indiretamente pelo Poder Público; h) fundos especiais.
- **Lei nº 13.303/16 (estatuto das estatais): 1)** nos artigos 28 a 84 dispõe sobre as licitações e as contratações feitas pelas empresas públicas e sociedades de economia mista e às suas subsidiárias, que explorem atividade econômica de produção ou comercialização de bens ou de prestação de serviços, ainda que a atividade econômica esteja sujeita ao regime de monopólio da união ou seja de prestação de serviços públicos.

  2) Os contratos com terceiros destinados à prestação de serviços às empresas públicas e às sociedades de economia mista, **inclusive de engenharia e de publicidade, à aquisição e à locação de bens, à alienação de bens e ativos integrantes do respectivo patrimônio ou à execução de obras a serem integradas a esse patrimônio, bem como à implementação de ônus real sobre tais bens**, serão precedidos de licitação nos termos da Lei 13.303/16, ressalvadas as hipóteses de dispensa e inexigibilidade (art. 28)

  3) A Lei nº 13.303/16 aplica-se às empresas públicas e às sociedades de economia mista constituídas após o início da vigência da lei (01/07/2016). Em relação às que já existiam nessa data, prevê o prazo de adaptação de 24 meses. Os procedimentos licitatórios e os contratos administrativos celebrados até o final desse prazo permanecem regidos pela legislação anterior.
- **Dispensa** é uma opção legal, pois os interessados poderiam competir. As hipóteses de dispensa são taxativas. Licitação dispensada: a lei determina a não realização da licitação (art. 17, I e II); b) licitação dispensável: a lei faculta ao administrador realizar ou não a licitação.
- **Estatais**: os casos de dispensa e inexigibilidade estão previstos nos artigos 29 e 30, respectivamente, da Lei nº 13.303/16.
- O candidato deve ficar atento às questões nas provas, pois podem ser enumerados casos para que sejam identificadas quais hipóteses são de licitação dispensável e quais são de licitação dispensada (a dica é que dispensada é usada para os casos de alienação), ou, na maioria das vezes, o examinador não quer saber a diferença entre elas, mas sim se determinada situação é caso de dispensa ou de inexigibilidade).
- ***Requisitos para a alienação de imóvel*** da Administração Pública:
  - ***a)*** ***interesse público*** justificado;
  - ***b)*** ***avaliação*** prévia;
  - ***c)*** ***autorização legislativa***, se o bem for da ***Administração direta, autarquia ou fundação pública***;
  - ***d)*** ***licitação,*** na modalidade concorrência (exceto se for caso de licitação dispensada)[33].
- **Estatais** (Lei nº 13.303/16): a alienação de bens por empresas públicas e por sociedades de economia mista será precedida de: I – **avaliação formal** do bem contemplado, ressalvadas as hipóteses previstas nos incisos XVI a XVIII do art. 29 (XVI – na transferência de bens a órgãos e entidades da administração pública, inclusive quando efetivada mediante permuta; XVII – na doação de bens móveis para fins e usos de interesse social, após avaliação de sua oportunidade e conveniência socioeconômica

33 No caso de imóvel da União, ainda, há a necessidade de autorização do Presidente da República (art. 23, Lei nº 9.636/98).

relativamente à escolha de outra forma de alienação; XVIII – na compra e venda de ações, de títulos de crédito e de dívida e de bens que produzam ou comercializem); II – **licitação**, exceto: a) quando executarem a comercialização, prestação ou execução, de forma direta, de produtos, serviços ou obras especificamente relacionados com seus respectivos objetos sociais; b) nos casos em que a escolha do parceiro esteja associada a suas características particulares, vinculada a oportunidades de negócio definidas e específicas, justificada a inviabilidade de procedimento competitivo.

- Sistematização das hipóteses de dispensa de licitação em razão do valor[34]:

DISPENSA EM RAZÃO DO PEQUENO VALOR	
• Administração direta • Autarquia • Fundação pública	***Até R$ 8.000,00*** outros serviços e compras
	Até R$ 15.000,00 obras e serviços de engenharia
• Autarquia qualificada como agência executiva • Fundação pública qualificada como agência executiva • Consórcio público	***Até R$ 16.000,00*** outros serviços e compras
	Até R$ 30.000,00 obras e serviços de engenharia

DISPENSA EM RAZÃO DO PEQUENO VALOR ESTATAIS (LEI Nº 13.303/16)	
Obras e serviços de engenharia	Outros serviços e compras
Até R$ 100.000,00	Até R$ 50.000,00
Atenção! Esses **valores podem ser alterados**, para refletir a variação de custos, **por deliberação do Conselho de Administração** da empresa pública ou sociedade de economia mista, **admitindo-se valores diferenciados para cada sociedade.**	

- Modalidades de licitação: a) concorrência; b) tomada de preços; c) convite; d) concurso; e) leilão; f) pregão; g) consulta.

- A concorrência é obrigatória nos seguintes casos: a) obras e serviços de engenharia de valor superior a R$ 1.500.000,00 (art. 23, I, "c"); b) compras e outros serviços acima de R$ 650.000,00 (art. 23, II, "c"); c) alienação de bens móveis com valor superior a R$ 650.000,00 (art. 17, § 6º); d) compra e alienação de imóveis, qualquer que seja o valor (art. 23, § 3º); para alienação de imóveis adquiridos em procedimento judicial ou por dação em pagamento, pode ser concorrência ou leilão (art. 19, III); e) concessão de direito real de uso (art. 23, § 3º); f) concessão de serviços públicos, tanto a comum (art. 2º, II, Lei nº 8.987/95) quanto a parceria público-privada (art. 10, Lei nº 11.079/04); g) licitações internacionais (art. 23, § 3º); também são admitidos a tomada de preços (se o órgão dispuser de cadastro internacional de fornecedores) e o convite (se não houver fornecedor no Brasil), desde que observados os limites de valores para essas modalidades (art. 23, § 3º); h) registro de preços (art. 15, § 3º, I); é possível, também, o uso do pregão (art. 12, Lei nº 10.520/02).

- Sistematização da comparação entre concorrência, tomada de preços e convite[35]:

CONCORRÊNCIA X TOMADA DE PREÇOS X CONVITE		
REGRA GERAL: Administração direta e indireta (exceto consórcio público)		
modalidade	***obras e serviços de engenharia***	***compras e outros serviços***
concorrência	acima de R$ 1.500.000,00	acima de R$ 650.000,00
tomada de preços	até R$ 1.500.000,00	até R$ 650.000,00
convite	até R$ 150.000,00	até R$ 80.000,00

34 BORTOLETO, Leandro. *Direito administrativo*. Salvador: Juspodivm, 2012. p. 416.

35 BORTOLETO, Leandro. *Direito administrativo*. Salvador: Juspodivm, 2012. p. 427.

REGRA ESPECÍFICA: consórcio público				
modalidade	***obras e serviços de engenharia***		***compras e outros serviços***	
	até 3 membros (dobro)	***mais do que 3 membros (triplo)***	***até 3 membros (dobro)***	***mais do que 3 membros (triplo)***
concorrência	acima de R$ 3.000.000,00	acima de R$ 4.500.000,00	acima de R$ 1.300.000,00	acima de R$ 1.950.000,00
tomada de preços	até R$ 3.000.000,00	até R$ 4.500.000,00	até R$ 1.300.000,00	até R$ 1.950.000,00
convite	até R$ 300.000,00	até R$ 450.000,00	até R$ 160.000,00	até R$ 240.000,00

- Pregão: modalidade usada para a aquisição de bens e serviços comuns. Está previsto na Lei nº 10.520/02, que é uma norma geral e, por isso, aplica-se à União, aos Estados, ao Distrito Federal e aos Municípios. **Estatais** (Lei nº 13.306/16): é a modalidade a ser adotada de forma preferencial (art. 32, V)
- Bens e serviços comuns: aqueles cujos padrões de desempenho e qualidade possam ser objetivamente definidos pelo edital, por meio de especificações usuais no mercado (art. 1º, parágrafo único).
- Sistematização dos prazos de divulgação do instrumento convocatório[36]:

PRAZO PARA DIVULGAÇÃO DO EDITAL	
5 dias úteis	Convite
8 dias úteis	Pregão
15 dias	Leilão
	tomada de preços
30 dias	tomada de preços do tipo melhor técnica ou técnica e preço
	Concorrência
45 dias	concorrência do tipo melhor técnica ou técnica e preço
	Concurso

PRAZO PARA DIVULGAÇÃO DO EDITAL ESTATAIS (LEI Nº 13.303/16: art. 39)	
5 dias úteis	Aquisição de bens, quanto o critério de julgamento for: - menor preço; ou - maior desconto;
10 dias úteis	Aquisição de bens nas demais hipóteses
15 dias úteis	Contratação de obras e serviços, quando o critério de julgamento for: - menor preço; ou - maior desconto;
30 dias úteis	Contratação de obras e serviços nas demais hipóteses
45 dias úteis	Quando o critério de julgamento for: - melhor técnica; - a melhor combinação de técnica e preço;
	Para licitação em que haja: – contratação semi-integrada; ou – contratação integrada.

- ***Conteúdo*** do edital (art. 40), obrigatoriamente:
  - ***a)*** número de ordem em série anual;
  - ***b)*** nome da repartição interessada e de seu setor;
  - ***c)*** ***modalidade***, ***regime*** de execução e ***tipo*** da licitação;
  - ***d)*** menção de que será regida pela Lei nº 8.666/93;
  - ***e)*** ***local***, ***dia*** e ***hora*** para ***recebimento*** da documentação e proposta, bem como para início da ***abertura*** dos envelopes;
  - ***f)*** ***objeto*** da licitação, em descrição sucinta e clara;
  - ***g)*** ***prazo*** e ***condições*** para ***assinatura e execução do contrato*** e para ***entrega do objeto*** da licitação;
  - ***h)*** ***sanções*** para o caso de ***inadimplemento***;
  - ***i)*** ***local*** onde poderá ser examinado e adquirido o ***projeto básico***;
  - ***j)*** ***se há projeto executivo*** disponível na data da publicação do edital de licitação e o local onde possa ser examinado e adquirido;

36 BORTOLETO, Leandro. *Direito administrativo.* Salvador: Juspodivm, 2012. p. 431.

k) ***condições para participação*** na licitação e ***forma de apresentação*** das propostas;

l) ***critério para julgamento***, com disposições claras e parâmetros objetivos;

m) ***locais, horários e códigos de acesso*** dos meios de comunicação à distân***cia*** em que serão fornecidos elementos, informações e esclarecimentos relativos à licitação e às condições para atendimento das obrigações necessárias ao cumprimento de seu objeto;

n) ***condições equivalentes de pagamento*** entre empresas brasileiras e estrangeiras, no caso de licitações internacionais;

o) ***critério de aceitabilidade dos preços*** unitário e global, conforme o caso, permitida a fixação de preços máximos e vedados a fixação de preços mínimos***;***

p) ***critério de reajuste***, que deverá retratar a variação efetiva do custo de produção, admitida a adoção de índices específicos ou setoriais, ***desde a data prevista para apresentação*** da proposta, ou do orçamento a que essa proposta se referir, ***até a data do adimplemento*** de cada parcela;

q) ***limites para pagamento de instalação e mobilização para execução de obras ou serviços*** que serão obrigatoriamente previstos em separado das demais parcelas, etapas ou tarefas;

r) ***condições de pagamento***, prevendo:
   - prazo de pagamento não superior a trinta dias, contado a partir da data final do período de adimplemento de cada parcela;
   - cronograma de desembolso máximo por período;
   - critério de atualização financeira dos valores a serem pagos, desde a data final do período de adimplemento de cada parcela até a data do efetivo pagamento;
   - compensações financeiras e penalizações, por eventuais atrasos, e descontos, por eventuais antecipações de pagamentos;
   - exigência de seguros, quando for o caso;

s) instruções e normas para os ***recursos*** previstos na lei;

t) condições de ***recebimento do objeto*** da licitação.

- Tomada de preços: fase de habilitação é anterior ao procedimento, pois é destinada aos interessados que já estão cadastrados ou aos que apresentem a documentação necessária até o terceiro dia anterior à data do recebimento das propostas.
- Convite: só participa da licitação quem foi convidado ou, caso não tenha sido, se é cadastrado e manifestar interesse em até vinte e quatro horas da apresentação das propostas.
- Pregão: identificado o autor da oferta de valor mais baixo, ele e os licitantes que apresentaram propostas com valores superiores em até 10% da menor proposta poderão fazer novos lances verbais e sucessivos, até a proclamação do vencedor. Se não houver, pelo menos, três propostas dentro da faixa de 10% acima da menor proposta, serão escolhidos os licitantes que fizeram as três melhores propostas (independentemente do valor) para, junto com o autor da oferta de valor mais baixo, oferecerem novos lances verbais e sucessivos.
- Anulação da licitação: Em regra, não gera obrigação de indenizar (art. 49, § 1º), exceto quanto ao que o contratado houver executado até a data em que ela for declarada e por outros prejuízos regularmente comprovados, contanto que não lhe seja imputável, promovendo-se a responsabilidade de quem lhe deu causa (art. 59, parágrafo único).
- Revogação da licitação: é possível: a) por razões de interesse público decorrente de fato superveniente devidamente comprovado, pertinente e suficiente para justificar tal conduta (art. 49); b) quando o vencedor da licitação, ao ser convocado para a assinatura do contrato, não o assina no prazo e condições estabelecidos no edital (art. 64, § 2º).
- **Recurso** é admitido nos casos de (art. 109, Lei nº 8.666/93): a) habilitação ou inabilitação do licitante; b) julgamento das propostas; c) anulação ou revogação da licitação; d) indeferimento do pedido de inscrição em registro cadastral, sua alteração ou cancelamento; e) rescisão administrativa (unilateral) do contrato; f) aplicação das penas de advertência, suspensão temporária ou de multa.•
  Prazo para interposição do recurso: a) cinco dias úteis; b) dois dias úteis, se for convite.
- **Estatais (Lei nº 13.303/16): recurso. Regra: fase recursal única**; momento de apresentação de recurso: **5 dias úteis após a fase de habilitação. Exceção**: Se houver **inversão nas fases** do procedimento licitatório, haverá **dois momentos** de apresentação de recurso: a) **5 dias úteis após a habilitação**; b) **5 dias úteis após o encerramento da fase de verificação** de efetividade dos lances ou propostas.
- **Contrato administrativo**: é o "ajuste que a Administração Pública, agindo nessa qualidade, firma com particular ou outra entidade administrativa para a consecução de objetivos de interesse público, nas condições estabelecidas pela própria Administração"[37].

---

37 MEIRELLES, Hely Lopes. *Licitação e contrato administrativo*. 15. ed. São Paulo: Malheiros, 2010. p. 247.

- Características do contrato administrativo[38]: a) presença da Administração Pública como Poder Público; b) finalidade pública; c) natureza de contrato de adesão; d) natureza *intuitu personae* (pessoalidade); e) obediência à forma prescrita em lei; f) procedimento legal; g) mutabilidade; h) presença de cláusulas exorbitantes; i) controle e fiscalização do contrato administrativo; j) retomada do objeto; k) aplicação de penalidades (advertência, multa, suspensão temporária, declaração de inidoneidade).
- Cláusulas exorbitantes: são cláusulas inexistentes no direito privado e, por isso, extrapolam, exorbitam o direito privado, concedendo prerrogativas para a Administração ao colocá-la em posição de superioridade em relação ao contratado. As principais cláusulas exorbitantes são: a) exigência de garantia; b) alteração unilateral do contrato administrativo; c) rescisão unilateral do contrato administrativo; e) restrições ao uso da cláusula de exceção do contrato não cumprido (*exceptio non adimpleti contractus*)
- Exceção do contrato não cumprido (*exceptio non adimpleti contractus*): é muito usada na esfera privada e, por ela, se um dos contratantes não cumpre o pactuado o outro pode se recusar a cumprir o que lhe cabe, conforme o art. 477 do Código Civil. Por outro lado, nos contratos administrativos, essa regra não é aplicada integralmente, em razão dos princípios da continuidade dos serviços públicos e da supremacia do interesse público, sendo possível a exceção do contrato não cumprido, mas de forma mitigada. Se for contrato de concessão de serviço público, há entendimento de que não pode ser invocada, em razão do princípio da continuidade do serviço público.
- Hipóteses de alteração unilateral do contrato administrativo (art. 65, I): a) quando houver modificação do projeto ou das especificações, para melhor adequação técnica aos seus objetivos (modificação qualitativa); b) quando necessária a modificação do valor contratual em decorrência de acréscimo ou diminuição quantitativa de seu objeto, nos seguintes limites (modificação quantitativa):
- até 25% do valor inicial atualizado do contrato para acréscimos e supressões feitas nas obras, serviços ou compras;
- até 50% do valor inicial atualizado do contrato para acréscimos no caso de reforma de edifício ou equipamento (se for supressão, o limite é de 25%).
- Por acordo entre as partes, é possível a redução do valor contratual além do limite de 25%, mas não é possível o acréscimo.
- Não é possível a alteração de nenhuma cláusula econômico-financeira e monetária do contrato sem a concordância do contratado (art. 58, § 1º), e, toda vez, que a Administração alterar unilateralmente o contrato deverá haver a revisão das cláusulas econômico-financeiras para que seja mantido o equilíbrio econômico-financeiro do contrato (art. 58, § 2º).
- Estatais (Lei nº 13.303/16): não há alteração unilateral do contrato administrativo. Pode ser alterado, **por acordo** (art. 81):

I – quando houver modificação do projeto ou das especificações, para melhor adequação técnica aos seus objetivos;

II – quando necessária a modificação do valor contratual em decorrência de acréscimo ou diminuição quantitativa de seu objeto, nos limites permitidos por esta Lei;

III – quando conveniente a substituição da garantia de execução;

IV – quando necessária a modificação do regime de execução da obra ou serviço, bem como do modo de fornecimento, em face de verificação técnica da inaplicabilidade dos termos contratuais originários;

V – quando necessária a modificação da forma de pagamento, por imposição de circunstâncias supervenientes, mantido o valor inicial atualizado, vedada a antecipação do pagamento, com relação ao cronograma financeiro fixado, sem a correspondente contraprestação de fornecimento de bens ou execução de obra ou serviço;

VI – para restabelecer a relação que as partes pactuaram inicialmente entre os encargos do contratado e a retribuição da administração para a justa remuneração da obra, serviço ou fornecimento, objetivando a manutenção do equilíbrio econômico-financeiro inicial do contrato, na hipótese de sobrevirem fatos imprevisíveis, ou previsíveis porém de consequências incalculáveis, retardadores ou impeditivos da execução do ajustado, ou, ainda, em caso de força maior, caso fortuito ou fato do príncipe, configurando álea econômica extraordinária e extracontratual.

Obs.: O contratado poderá aceitar, nas mesmas condições contratuais, os acréscimos ou supressões que se fizerem nas obras, serviços ou compras, até 25% (vinte e cinco por cento) do valor inicial atualizado do contrato, e, no caso particular de reforma de edifício ou de equipamento, até o limite de 50% (cinquenta por cento) para os seus acréscimos.

- Hipóteses de rescisão unilateral do contrato administrativo (art. 79, I): a) o não cumprimento de cláusulas contratuais, especificações, projetos ou

---

38 DI PIETRO, Maria Sylvia Zanella. *Direito administrativo*. 25. ed. São Paulo: Atlas, 2012. p. 269.

prazos; b) o cumprimento irregular de cláusulas contratuais, especificações, projetos e prazos; c) a lentidão do seu cumprimento, levando a Administração a comprovar a impossibilidade da conclusão da obra, do serviço ou do fornecimento, nos prazos estipulados; d) o atraso injustificado no início da obra, serviço ou fornecimento; e) a paralisação da obra, do serviço ou do fornecimento, sem justa causa e prévia comunicação à Administração; f) a subcontratação total ou parcial do seu objeto, a associação do contratado com outrem, a cessão ou transferência, total ou parcial, bem como a fusão, cisão ou incorporação, não admitidas no edital e no contrato; g) o desatendimento das determinações regulares da autoridade designada para acompanhar e fiscalizar a sua execução, assim como as de seus superiores; h) o cometimento reiterado de faltas na sua execução; i) a decretação de falência ou a instauração de insolvência civil; j) a dissolução da sociedade ou o falecimento do contratado; k) a alteração social ou a modificação da finalidade ou da estrutura da empresa, que prejudique a execução do contrato; l) razões de interesse público, de alta relevância e amplo conhecimento, justificadas e determinadas pela máxima autoridade da esfera administrativa a que está subordinado o contratante e exaradas no processo administrativo a que se refere o contrato; m) a ocorrência de caso fortuito ou de força maior, regularmente comprovada, impeditiva da execução do contrato.

- Responsabilidade do contratado. O contratado é responsável: a) pelos danos causados diretamente à Administração ou a terceiros, decorrentes de sua culpa ou dolo na execução do contrato, não excluindo ou reduzindo essa responsabilidade a fiscalização ou o acompanhamento pelo órgão interessado (art. 70). Não é possível a alegação de *culpa in vigilando* da Administração; b) pelos encargos trabalhistas, previdenciários, fiscais e comerciais resultantes da execução do contrato (art. 71); c) mesmo após o recebimento do objeto pela Administração (art. 73, § 2º):
- civilmente pela solidez e segurança da obra ou do serviço;
- ético-profissional pela perfeita execução do contrato.
- STF (ADC 16): decidiu que o § 1º do art. 71 é constitucional e, assim, é vedada a aplicação de responsabilidade subsidiária à Administração Pública de forma automática, apenas pela constatação de inadimplemento dos direitos trabalhistas pela empresa contratada. Por outro lado, foi decidido que, como a Administração Pública tem o dever de licitar e fiscalizar de forma eficaz a execução do contrato, inclusive quanto ao adimplemento de direitos trabalhistas, se verificada, no caso concreto, a omissão da Administração no seu dever de fiscalizar, é possível "a imputação de responsabilidade subsidiária à Administração Pública por *culpa in eligendo* ou *in vigilando*".
- Fato do príncipe é toda determinação estatal, positiva ou negativa, geral, imprevista e imprevisível, que onera substancialmente a execução do contrato administrativo ou impede sua execução.
- Fato da Administração é toda ação ou omissão estatal que incide de forma direta sobre o contrato, onerando-o ou impedindo sua execução.

10. SERVIÇOS PÚBLICOS

- Deve ser feita a leitura dos artigos 21, 23, 25, 30 e 32, § 1º, da Constituição Federal, quanto à competência para o serviço público.
- ***Conceito*** de serviço público: ***critérios***: a) critério subjetivo ou orgânico (é serviço público a atividade desempenhada pelo Poder Público); b) critério objetivo ou material (é a atividade destinada a satisfazer as necessidades coletivas); c) critério formal (é a atividade desenvolvida pela Administração Pública sob o regime de direito público).
- ***Conceito*** de serviço público: é "todo aquele prestado pela Administração ou por seus delegados, sob normas e controles estatais, para satisfazer necessidades essenciais ou secundárias da coletividade ou simples conveniências do Estado"[39].
- Conceito legal de serviço público: "atividade administrativa ou de prestação direta ou indireta de bens ou serviços à população, exercida por órgão ou entidade da administração pública", nos termos do seu art. 2º, II, da Lei nº 13.460/2017.
- Sistematização da classificação e dos princípios do serviço público[40]:

SERVIÇO PÚBLICO: classificação e princípios	
CLASSIFICAÇÃO	
Quanto à essencialidade	• serviço público propriamente dito • serviço de utilidade pública
Quanto à adequação	• serviço próprio • serviço impróprio
Quanto à finalidade	• serviço administrativo • serviço industrial
Quanto aos destinatários	• serviço *uti universi* • serviço *uti singuli*

39 MEIRELLES, Hely Lopes. *Direito administrativo brasileiro*. 36. ed.São Paulo: Malheiros, 2010. p. 350.

40 BORTOLETO, Leandro. *Direito administrativo*. Salvador: Juspodivm, 2012. p. 514.

PRINCÍPIOS	
Continuidade do serviço público	serviço público não pode parar
Modicidade das tarifas	tarifas módicas, razoáveis
Generalidade	usuários devem receber o mesmo tratamento
Mutabilidade	Administração pode alterar, unilateralmente, regime de execução do serviço público

- Princípios expressos na Lei 13.460/17: princípios "da regularidade, continuidade, efetividade, segurança, atualidade, generalidade, transparência e cortesia".
- ***Concessão de serviço público*** é o contrato administrativo por meio do qual a Administração Pública delega a terceiro a "execução de um serviço público, para que o execute em seu próprio nome, por sua conta e risco, assegurando-lhe a remuneração mediante tarifa paga pelo usuário ou outra forma de remuneração decorrente da exploração do serviço"[41].
- ***Deveres*** dos usuários (art. 7º, IV, V e VI):
  a) ***levar ao conhecimento*** do poder público e da concessionária as ***irregularidades*** de que tenham conhecimento, referentes ao serviço prestado;
  b) ***comunicar*** às autoridades competentes os ***atos ilícitos*** praticados pela concessionária na prestação do serviço;
  c) ***contribuir*** para a permanência das ***boas condições*** dos bens públicos por meio dos quais lhes são prestados os serviços.
- ***Direitos*** dos usuários (art. 7º, I, II e III e art. 7º- A):
  a) receber ***serviço adequado*** (é o serviço que satisfaz as condições de regularidade, continuidade, eficiência, segurança, atualidade, generalidade, cortesia na sua prestação e modicidade das tarifas, conforme art. 6º, § 1º);
  b) receber do poder concedente e da concessionária ***informações*** para a ***defesa*** de interesses individuais ou coletivos;
  c) obter e utilizar o serviço, com liberdade de ***escolha*** entre vários ***prestadores*** de serviços, quando for o caso, observadas as normas do poder concedente.
  d) ***escolher*** entre, no mínimo, ***seis datas***, dentro do mês de vencimento, para o dia de vencimento de seus débitos.
- ***Licitação para concessão e permissão*** de serviço público (artigos 14 a 22, Lei nº 8.987/95): a) possibilidade de o edital prever a inversão das fases de habilitação e julgamento (art. 18-A); b) critérios usados para julgar a licitação (art. 15):
  - menor valor da tarifa do serviço público a ser prestado;
  - maior oferta, nos casos de pagamento ao poder concedente pela outorga da concessão;
  - melhor proposta técnica, com preço fixado no edital;
  - melhor oferta de pagamento pela outorga após qualificação de propostas técnicas. Os critérios podem ser assim combinados:
  - menor valor da tarifa e maior oferta pela outorga;
  - menor valor da tarifa e melhor oferta pela outorga, após qualificação das propostas técnicas;
  - menor valor da tarifa e melhor técnica;
  - maior oferta pela outorga e melhor técnica.
- ***Encargos do poder concedente*** (art. 29): a) regulamentar o serviço concedido e fiscalizar permanentemente a sua prestação; b) aplicar as penalidades regulamentares e contratuais; c) intervir na prestação do serviço, nos casos e condições previstos em lei; d) extinguir a concessão, nos casos previstos nesta lei e na forma prevista no contrato; e) homologar reajustes e proceder à revisão das tarifas na forma desta Lei, das normas pertinentes e do contrato; f) cumprir e fazer cumprir as disposições regulamentares do serviço e as cláusulas contratuais da concessão; g) zelar pela boa qualidade do serviço, receber, apurar e solucionar queixas e reclamações dos usuários, que serão cientificados, em até trinta dias, das providências tomadas; h) declarar de utilidade pública os bens necessários à execução do serviço ou obra pública, promovendo as desapropriações, diretamente ou mediante outorga de poderes à concessionária, caso em que será desta a responsabilidade pelas indenizações cabíveis; i) declarar de necessidade ou utilidade pública, para fins de instituição de servidão administrativa, os bens necessários à execução de serviço ou obra pública, promovendo-a diretamente ou mediante outorga de poderes à concessionária, caso em que será desta a responsabilidade pelas indenizações cabíveis; j) estimular o aumento da qualidade, produtividade, preservação do meio ambiente e conservação; k) incentivar a competitividade; l) estimular a formação de associações de usuários para defesa de interesses relativos ao serviço.
- ***Encargos da concessionária*** são (art. 31): a) prestar serviço adequado, na forma prevista nesta lei, nas normas técnicas aplicáveis e no contrato; b) manter em dia o inventário e o registro dos bens vinculados à concessão; c) prestar contas da gestão do serviço ao poder concedente e aos usuários, nos termos

41 DI PIETRO, Maria Sylvia Zanella. *Direito administrativo*. 25. ed. São Paulo: Atlas, 2012. p. 302.

definidos no contrato; d) cumprir e fazer cumprir as normas do serviço e as cláusulas contratuais da concessão; e) permitir aos encarregados da fiscalização livre acesso, em qualquer época, às obras, aos equipamentos e às instalações integrantes do serviço, bem como a seus registros contábeis; f) promover as desapropriações e constituir servidões autorizadas pelo poder concedente, conforme previsto no edital e no contrato; g) zelar pela integridade dos bens vinculados à prestação do serviço, bem como segurá-los adequadamente; h) captar, aplicar e gerir os recursos financeiros necessários à prestação do serviço.

- A declaração de utilidade pública de imóvel para desapropriação e a declaração de necessidade ou utilidade pública para fins de servidão são sempre encargos do poder concedente. Já, a promoção da desapropriação e a instituição da servidão podem ser feitas tanto pelo poder concedente quanto pela concessionária. No entanto, esta somente poderá fazê-los quando autorizada pelo poder concedente e desde que exista previsão no edital e no contrato, cabendo à concessionária, nesses casos, a responsabilidade pelas indenizações cabíveis.
- ***Extinção da concessão*** (art. 35): a) advento do termo contratual; b) encampação ou resgate (o poder concedente retoma o serviço da concessionária, durante o prazo da concessão, por motivo de interesse público, mediante lei autorizativa específica e após prévio pagamento de indenização); c) caducidade ou decadência (o poder concedente retoma o serviço da concessionária, durante o prazo da concessão, em razão da inadimplência da concessionária); d) rescisão; e) anulação; f) falência ou extinção da concessionária de serviço público.
- ***Reversão*** não é forma de extinção da concessão, mas é consequência dela, pois consiste na transferência dos bens do concessionário afetados ao serviço para o poder concedente, no final da concessão.
- ***Parceria público-privada*** é um contrato de concessão e tem duas modalidades (art. 2º): a) concessão patrocinada: é a concessão de serviços públicos ou de obras públicas de que trata a Lei no 8.987, de 13 de fevereiro de 1995, quando envolver, adicionalmente à tarifa cobrada dos usuários contraprestação pecuniária do parceiro público ao parceiro privado; b) concessão administrativa: é o contrato de prestação de serviços de que a Administração Pública seja a usuária direta ou indireta, ainda que envolva execução de obra ou fornecimento e instalação de bens.
- É vedada a celebração de contrato de parceria público-privada Lei 11.079/04 (art. 2º, § 4º): a) cujo valor do contrato seja inferior a R$ 10.000.000,00; b) cujo período de prestação do serviço seja inferior a cinco anos; ou c) que tenha como objeto único o fornecimento de mão de obra, o fornecimento e instalação de equipamentos ou a execução de obra pública.
- Permissão é formalizada por meio de contrato de adesão, mas tem como características a precariedade e a revogabilidade unilateral (art. 40, Lei nº 8.987/95).
- Diferenças legais entre concessão e permissão (art. 2º): a) a concessão deve adotar a modalidade concorrência, e a permissão pode adotar outra modalidade licitatória; b) a concessão somente pode ser feita com pessoa jurídica ou com consórcio de empresas, e a permissão pode ser realizada com pessoa jurídica e com pessoa física.

11. BENS PÚBLICOS

- Conceito legal (art. 98, Código Civil): são "públicos os bens do domínio nacional pertencentes às pessoas jurídicas de direito público interno; todos os outros são particulares, seja qual for a pessoa a que pertencerem".
- Divergência doutrinária: para uns, são somente os pertencentes às pessoas jurídicas de ***direito público (adotam o conceito legal); para outros, são*** os que pertencem às pessoas jurídicas de ***direito público*** e aqueles que, mesmo não pertencendo a essas pessoas, estejam ***afetados à prestação de serviço público***. Entretanto, maioria concorda que os ***bens*** das ***pessoas administrativas*** com personalidade de ***direito privado*** (empresa pública, sociedade de economia mista, fundações públicas com personalidade de direito privado, os consórcios públicos com personalidade jurídica de direito privado) ***vinculados à prestação de serviço público não podem ser penhorados***, em face do princípio da continuidade do serviço público.
- STF (RE 393032/MG e a ACO 958/DF): em relação à Empresa Brasileira de Correios e Telégrafos (ECT), foi decido que as disposições do art. 173, §§ 1º e 2º da CF (equiparação às empresas privadas e proibição de extensão de benefícios fiscais não aplicáveis ao setor privado) somente se aplicam às empresas públicas e sociedades de economia mista exploradoras de atividade econômica e, assim, em diversas ações (execuções trabalhistas e tributárias) considerou-se a ECT como prestadora de serviços públicos e, dessa forma, seus bens são impenhoráveis e possui imunidade tributária recíproca quanto aos bens usados para a prestação do serviço, tendo havido a recepção pela Constituição Federal do art. 12 do Decreto-Lei nº 509/69.
- Sistematização da classificação dos bens públicos[42]:

CLASSIFICAÇÃO DOS BENS PÚBLICOS	
Quanto à titularidade	• federais • estaduais • distritais • municipais

42 BORTOLETO, Leandro. *Direito administrativo.* Salvador: Juspodivm, 2012. p. 543.

Quanto à destinação	• uso comum do povo com finalidade pública geral (uso de todos; afetado) • uso especial com finalidade pública específica (afetado) • dominicais sem finalidade pública específica (desafetado)
Quanto à disponibilidade	• indisponíveis por natureza não têm natureza patrimonial • patrimoniais indisponíveis têm natureza patrimonial e estão afetados • patrimoniais disponíveis não têm natureza patrimonial e não estão afetados

- Características dos bens públicos: inalienabilidade, a impenhorabilidade, a imprescritibilidade e a não onerabilidade.
- A afetação ou consagração é a atribuição de destinação pública específica a determinado bem e, de outra forma, a desafetação ou desconsagração é a retirada da destinação de finalidade pública que fora dada a um bem público. Com a afetação, o bem desafetado torna-se afetado e, com a desafetação, o bem afetado passa a ser desafetado. A falta de uso do bem não pode ser considerada desafetação tácita.
- STF (AI 553.712): vem sendo admitido o bloqueio de valores em contas públicas para cumprimento de liminar com o objetivo de garantir o fornecimento gratuito de medicamento a pessoa hipossuficiente.
- Súmula nº 340 (STF): desde "a vigência do Código Civil, os bens dominicais, como os demais bens públicos, não podem ser adquiridos por usucapião".
- Uso comum e uso especial do bem público. O uso comum de um bem público ocorre quando ele é utilizado pelas pessoas em geral, sem distinção entre os usuários e sem necessidade de autorização específica para tanto, e o uso especial de bem público se verifica quando o administrado se sujeita a regras específicas, ao consentimento do Poder Público ou ao pagamento pelo uso.
- O uso especial, quando é destinado a pessoas determinadas, mediante instrumento jurídico formal, é chamado de uso privativo ou uso especial privativo.
- Instrumentos de formalização de uso privativo de bem público: autorização de uso; permissão de uso; concessão de uso; concessão de direito real de uso; cessão de uso.

12. INTERVENÇÃO DO ESTADO NA PROPRIEDADE PRIVADA

- Na Constituição de 1988, no art. 5º, XXII, o direito à propriedade privada está previsto como direito fundamental e, da mesma forma, assegura-se, no inciso XXIII do mesmo artigo, que a propriedade tenha uma função social, podendo, inclusive, haver a expropriação do proprietário que não cumprir tal exigência, nos termos do inciso XXIV.
- Intervenção pode ser:
  - **a) restritiva**: o Estado apenas restringe o uso da propriedade, sem retirá-la do proprietário, podendo fazê-lo por meio das seguintes espécies:
    - limitações administrativas;
    - servidão administrativa;
    - requisição administrativa;
    - ocupação temporária;
    - tombamento;
  - **b) intervenção supressiva**: ocorre a supressão da propriedade (o Estado retira a propriedade de seu titular):
    - desapropriação.
- **Limitações administrativas**: determinações gerais, que condicionam o exercício do direito de propriedade em face do bem comum, pelas quais proprietários indeterminados são constituídos em obrigações positivas, negativas ou permissivas.
- **Servidão administrativa**: Administração Pública impõe um ônus real de uso sobre a propriedade particular. Não se retira a propriedade de seu titular, mas este é obrigado a consentir que seu imóvel (coisa serviente) seja usado em prol de um serviço público ou de um bem afetado a fim de utilidade pública (coisa dominante).
- **Requisição administrativa**: é o uso coativo e imediato de bens e serviços privados pelo Estado, para atendimento de necessidades coletivas urgentes e transitórias.
- **Ocupação temporária**: uso provisório de bens privados pelo Estado para a execução de obras, serviços ou atividades públicas ou de interesse público.
- **Tombamento**: procedimento administrativo adotado pelo Poder Público para impor restrições parciais sobre os bens que, por interesse público, devam ser conservados, por estarem vinculados a fatos memoráveis da história ou por seu excepcional valor arqueológico ou etnológico, bibliográfico ou artístico.
- Efeitos do tombamento (Decreto-Lei nº 25/37):
  - a) alienação: se o bem tombado é público, torna-se inalienável e se for privado, pode ser alienado, mas há direito de preferência em favor da União, do Estado e do Município (nessa ordem) para adquirir o bem (ATENÇÃO! Com a entrada em vigor do Novo CPC, o direito de preferência somente existe nas alienações judiciais, pois houve a revogação do art. 22 do Decreto-Lei nº 25/37);
  - b) conservação: o bem tombado não pode ser, sob pena de 50% do dano causado (se for bem público, autoridade responsável pela infração incorrerá pessoalmente na multa):

- destruído, demolido ou mutilado;
- reparado, pintado ou restaurado, sem prévia autorização do Iphan;

c) vigilância: os bens tombados ficam sujeitos à vigilância permanente do Iphan, pelo que:
   - poderá inspecioná-lo quando julgar conveniente;
   - o proprietário ou responsável não pode criar obstáculos à inspeção, sob pena de multa, elevada ao dobro em caso de reincidência;

d) saída do país: o bem tombado não pode sair do país, exceto se for por curto prazo, sem transferência de domínio e para fim de intercâmbio cultural, a juízo do Conselho Consultivo do Iphan; e) extravio ou furto: proprietário deve comunicar ao Iphan, no prazo de 5 dias, sob pena de multa de 10% sobre o valor da coisa; f) vizinhança: não pode, sem autorização do Iphan, na vizinhança, fazer construção que impeça ou reduza a visibilidade do bem tombado, nem nela colocar anúncios ou cartazes, sob pena de ser determinada a destruição da obra ou retirada do objeto, impondo-se multa de 50% do valor do objeto.

- **Desapropriação** é "o procedimento administrativo pelo qual o Estado, compulsoriamente, retira de alguém certo bem, por necessidade ou utilidade pública ou por interesse social e o adquire, originariamente, para si ou para outrem, mediante prévia e justa indenização, paga em dinheiro, salvo os casos que a própria Constituição enumera, em que o pagamento é feito com títulos da dívida pública (art. 182, § 4º, III) ou da dívida agrária (art. 184)[43].
- A desapropriação é forma originária de aquisição da propriedade.
- Pressupostos necessários para a desapropriação (art. 5º, XXIV, CF):

a) necessidade pública: situações de emergência, as quais necessitam, para serem resolvidas, da transferência urgente do bem particular para o Poder Público;

b) utilidade pública: é conveniente a transferência dos bens, mas não é imprescindível;

c) interesse social: necessidade de distribuição da propriedade em benefício da coletividade ou de categorias sociais merecedoras de amparo estatal.

- Regra: indenização prévia e em dinheiro. Exceções:

a) desapropriação para fins urbanísticos (art. 182, § 4º): indenização será feita mediante títulos da dívida pública de emissão previamente aprovada pelo Senado Federal, com prazo de resgate de até dez anos, em parcelas anuais, iguais e sucessivas, assegurados o valor real da indenização e os juros legais;

b) desapropriação por interesse social para fins de reforma agrária (art. 184): indenização será paga em títulos da dívida agrária, com cláusula de preservação do valor real, resgatáveis no prazo de até vinte anos, a partir do segundo ano de sua emissão, e cuja utilização será definida em lei, exceto quanto às benfeitorias úteis e necessárias, que serão indenizadas em dinheiro;

c) expropriação de terras em que haja cultura ilegal de planta psicotrópica: é um confisco e, assim, não há indenização.

- Retrocessão: direito do proprietário cujo imóvel fora expropriado de exigir o retorno do bem ao seu patrimônio em razão de não lhe ter sido dado o destino previsto. Esse desvio de finalidade no uso do bem desapropriado é chamado de tredestinação (ou tresdestinação) e se subdivide em lícita (o desvio é de uma finalidade pública para outra finalidade pública) e ilícita (o desvio é de uma finalidade pública para finalidade particular).
- Jurisprudência: só há direito à retrocessão quando se tratar de tredestinação ilícita.

---

43 GASPARINI, Diógenes. *Direito administrativo*. 13. ed. São Paulo: Saraiva, 2008. p. 816.

13. RESPONSABILIDADE EXTRACONTRATUAL DO ESTADO

- Sistematização das teorias sobre a responsabilidade extracontratual do Estado[44]:

<table>
<tr><th colspan="5">Teorias sobre a responsabilidade extracontratual do Estado</th></tr>
<tr><td>Teoria da irresponsabilidade</td><td colspan="4">• Estado não responde
• teoria regaliana ou regalista</td></tr>
<tr><td rowspan="3">Teorias civilistas</td><td colspan="2" rowspan="2">teoria dos atos de império e atos de gestão</td><td colspan="2">atos de gestão → responde</td></tr>
<tr><td colspan="2">atos de império → não responde</td></tr>
<tr><td colspan="2">teoria da culpa civil</td><td colspan="2">• responsabilidade subjetiva
• dolo ou culpa do agente</td></tr>
<tr><td rowspan="3">Teorias publicistas</td><td colspan="2">teoria da culpa administrativa
(culpa do serviço; culpa anônima)</td><td>culpa do serviço</td><td>• responsabilidade subjetiva
• não funciona
• funciona mal
• funcional atrasado</td></tr>
<tr><td rowspan="2">teoria do risco</td><td rowspan="2">ação estatal
+
dano
+
nexo de causalidade</td><td>risco administrativo</td><td>admite excludentes</td></tr>
<tr><td>risco integral</td><td>não admite excludentes</td></tr>
</table>

- Sistematização da responsabilidade extracontratual no Estado brasileiro[45]:

<table>
<tr><th colspan="2">RESPONSABILIDADE EXTRACONTRATUAL DO ESTADO BRASILEIRO</th></tr>
<tr><td colspan="2">• Pessoas de direito público
• Pessoas de direito privado prestadoras de serviço público (terceiro usuário e não usuário do serviço)</td></tr>
<tr><td colspan="2">RESPONSABILIDADE POR AÇÃO</td></tr>
<tr><td>Responsabilidade Objetiva</td><td>• teoria do risco administrativo
• teoria do risco integral (para alguns) → dano nuclear e ato terrorista contra aeronave</td></tr>
<tr><td colspan="2">Comportamento lícito ou ilícito de agente público nessa qualidade
+
Dano
+
Nexo de causalidade</td></tr>
<tr><td>Excludentes da responsabilidade objetiva</td><td>• caso fortuito ou força maior
• culpa exclusiva da vítima
• culpa exclusiva de terceiro</td></tr>
</table>

44 BORTOLETO, Leandro. *Direito administrativo*. Salvador: Juspodivm, 2012. p. 580.

45 BORTOLETO, Leandro. *Direito administrativo*. Salvador: Juspodivm, 2012. p. 587.

<table>
<tr><td colspan="2">RESPONSABILIDADE POR OMISSÃO</td></tr>
<tr><td>Responsabilidade subjetiva</td><td>➔ teoria da culpa administrativa ou da culpa do serviço</td></tr>
<tr><td colspan="2">Omissão
+
Dever de agir
+
Fato da natureza ou comportamento material de terceiro
+
Dano
+
Nexo entre dano e omissão
(STF; teoria do dano direto e imediato)</td></tr>
</table>

- RE 591874/MS: Supremo Tribunal Federal decidiu que a responsabilidade extracontratual das pessoas jurídicas de direito privado prestadoras de serviço público é objetiva em relação aos ***usuários*** e aos ***não usuários*** do serviço.
- STF (RE 327.904 e RE 470.996): impossibilidade de o agente público causador do dano ser acionado diretamente pela vítima. CF (art. 37, § 6º) estabelece ***dupla garantia***: ***uma, em favor do particular*** assegurando-lhe o direito de promover ação indenizatória em face de pessoa jurídica de direito público ou de pessoa jurídica de direito privado prestadora de serviço público e, ***outra, em benefício do servidor***, que apenas responde civil e administrativamente perante a pessoa jurídica a que estiver vinculado;
- STJ (REsp 1.163.652/PE, AgRg no REsp 1.149.194/AM, EREsp 313.886/RN): em se tratando de responsabilidade civil do Estado, a denunciação da lide é facultativa e não obrigatória. Todavia, o "cabimento da denunciação depende da ausência de violação dos princípios da celeridade e da economia processual, o que implica a valoração a ser realizada pelo magistrado em cada caso concreto" (Resp 975.799/DF).
- Prescrição: o prazo para interposição de ação de indenização em face do Estado é de ***5 anos***, nos termos do art. 1º do Decreto nº 20.910/32.

14. CONTROLE DA ADMINISTRAÇÃO PÚBLICA

- ***Espécies*** de controle***: a)*** quanto à origem ou localização: interno e externo; ***b)*** quanto ao momento: prévio ou preventivo (*a priori*), concomitante e posterior ou subsequente; ***c)*** quanto ao aspecto controlado: legalidade e mérito; ***d)*** quanto à amplitude ou fundamento: hierárquico ou por subordinação; finalístico ou por vinculação; ***e)*** quanto à iniciativa: de ofício e provocado.
- ***Recurso administrativo***: todo meio apto para provocar o reexame de ato ou decisão administrativa. Modalidades de recurso administrativo: a) representação administrativa; b) reclamação administrativa; c) pedido de reconsideração; d) recurso hierárquico: recurso hierárquico próprio e recurso hierárquico impróprio; e) revisão.
- ***Controle legislativo*** abrange o controle político e o controle financeiro.
- Controle financeiro: a "fiscalização contábil, financeira, orçamentária, operacional e patrimonial da União e das entidades da administração direta e indireta, quanto à legalidade, legitimidade, economicidade, aplicação das subvenções e renúncia de receitas, será exercida pelo Congresso Nacional, mediante controle externo, e pelo sistema de controle interno de cada Poder" (CF, art. 70). Subdivide-se em controle interno e externo.
- ***Controle interno***: os Poderes Executivo, Legislativo e Judiciário deverão manter, de forma integrada, sistema de controle interno, com a finalidade de: a) "avaliar o cumprimento das metas previstas no plano plurianual, a execução dos programas de governo e dos orçamentos da União" (inciso I); b) "comprovar a legalidade e avaliar os resultados, quanto à eficácia e eficiência, da gestão orçamentária, financeira e patrimonial nos órgãos e entidades da administração federal, bem como da aplicação de recursos públicos por entidades de direito privado" (inciso II); c) "exercer o controle das operações de crédito, avais e garantias, bem como dos direitos e haveres da União" (inciso III); d) "apoiar o controle externo no exercício de sua missão institucional" (inciso IV).
- ***Controle externo***: exercido pelo Congresso Nacional, com o auxílio do Tribunal de Contas da União (TCU).
- O TCU é um órgão independente. Não está subordinado ao Congresso Nacional e não integra o Poder Judiciário.
- Competência do TCU: deve ser feita a atenta leitura do art. 71 da Constituição Federal, pois é muito cobrado nas provas.

- Decisões do TCU: as "decisões do Tribunal de que resulte imputação de débito ou multa terão eficácia de título executivo" (art. 71, § 3º).
- STF (RE 510.034-AgR; AI 826.676-AgR): a cobrança da dívida em juízo deve ser feita pelo ente público beneficiário da condenação, por intermédio de seus procuradores.
- STF (MS 24.997): o "ato de aposentadoria configura ato administrativo complexo, aperfeiçoando-se somente com o registro perante o Tribunal de Contas. Submetido à condição resolutiva, não se operam os efeitos da decadência antes da vontade final da Administração".
- Súmula Vinculante nº 3: "Nos processos perante o Tribunal de Contas da União asseguram-se o contraditório e a ampla defesa quando da decisão puder resultar anulação ou revogação de ato administrativo que beneficie o interessado, excetuada a apreciação da legalidade do ato de concessão inicial de aposentadoria, reforma e pensão".
- ***Sistemas de controle jurisdicional do ato administrativo***: ***a)*** sistema do contencioso administrativo ou sistema francês: o controle dos atos administrativos é realizado, de maneira definitiva, por tribunais administrativos; ***b)*** sistema de jurisdição única ou sistema inglês: há somente uma jurisdição e, assim, o controle dos atos administrativos, de maneira definitiva, é feito pelo Poder Judiciário (é o adotado no Brasil, pois o art. 5º, XXXV da Constituição Federal estabelece que nenhuma lesão ou ameaça a direito será excluída da apreciação do Poder Judiciário).

15. IMPROBIDADE ADMINISTRATIVA: LEI Nº 8.429/92

- ***Sujeito ativo*** do ato de improbidade (artigos 1º e 3º): a) agente público: aquele que exerce mandato, cargo, emprego ou função, com ou sem remuneração, mesmo que transitoriamente, por eleição, nomeação, designação, contratação ou qualquer outra forma de investidura ou vínculo em qualquer uma das entidades que podem ser sujeito passivo; b) terceiro que induza ou concorra para a prática do ato de improbidade ou dele se beneficie.
- Lei adotou conceito bastante amplo e abrange todas as espécies de agentes públicos e até os dirigentes de organização social, Oscip, serviços sociais autônomos e demais entidades mencionadas no art. 1º da lei.
- ***Modalidades*** de atos de improbidade: a) atos que ***importam enriquecimento ilícito*** (art. 9º): são aqueles em que o agente aufere vantagem indevida em razão do cargo, mandato, função, emprego ou atividade nas entidades mencionadas no art. 1º da lei; b) atos que ***causam prejuízo ao erário*** (art. 10); causa prejuízo ao erário "qualquer ação ou omissão, dolosa ou culposa, que enseje perda patrimonial, desvio, apropriação, malbaratamento ou dilapidação dos bens ou haveres das entidades" mencionadas no art. 1º da lei; c) atos que ***atentam contra os princípios da Administração Pública (art. 11)***: "qualquer ação ou omissão que viole os deveres de honestidade, imparcialidade, legalidade e lealdade às instituições"; d) atos que **decorrem de concessão ou aplicação indevida de benefício financeiro ou tributário** (art. 10-A; qualquer ação ou omissão para conceder, aplicar ou manter benefício financeiro ou tributário contrário ao que dispõem o caput e o § 1º do art. 8º-A da Lei Complementar nº 116, de 31 de julho de 2003.
- É indispensável a leitura dos artigos 9º, 10, 10-A, 11 e 12 da Lei nº 8.429/92.
- Sistematização das sanções previstas para os atos de improbidade administrativa:

IMPROBIDADE ADMINISTRATIVA: SANÇÕES			
• Podem ser aplicadas isolada ou cumulativamente • Juiz deve levar em conta a extensão do dano causado e o proveito patrimonial obtido pelo agente • Aplicação independe: - da rejeição ou aprovação pelo órgão de controle interno ou pelo Tribunal de Contas - da efetiva ocorrência de dano ao patrimônio público, salvo quanto à pena de ressarcimento			
Atos que importam enriquecimento ilícito	*Atos que causam lesão ao erário*	*Atos que atentam contra os princípios da Administração*	*Atos que decorrem da concessão ou aplicação indevida de benefício financeiro ou tributário*
Perda da função pública	Perda da função pública	Perda da função pública	Perda da função pública
Suspensão dos direitos políticos: 8 a 10 anos	Suspensão dos direitos políticos: 5 a 8 anos	Suspensão dos direitos políticos: 3 a 5 anos	Suspensão dos direitos políticos: 5 a 8 anos
Multa civil: até 3x valor do acréscimo	Multa civil: até 2x valor do dano	Multa civil: até 100x valor da remuneração	Multa civil: até 3x valor do benefício financeiro ou tributário concedido

Proibição de celebrar contrato com o Poder Público e de receber benefícios ou incentivos fiscais ou creditícios: 10 anos	Proibição de celebrar contrato com o Poder Público e de receber benefícios ou incentivos fiscais ou creditícios: 5 anos	Proibição de celebrar contrato com o Poder Público e de receber benefícios ou incentivos fiscais ou creditícios: 3 anos	
Perda dos bens ou valores acrescidos indevidamente	Perda dos bens ou valores acrescidos indevidamente, se ocorreu	-	
Ressarcimento integral do dano, se houver	Ressarcimento integral do dano	Ressarcimento integral do dano, se houver	

- ***Medidas cautelares*** previstas na Lei de Improbidade Administrativa: a) indisponibilidade dos bens (art. 7º); b) sequestro (art. 16); c) investigação, exame e bloqueio de bens, contas bancárias e aplicações financeiras mantidas pelo indiciado no exterior, nos termos da lei e dos tratados internacionais; d) afastamento do cargo (art. 20, parágrafo único).
- ***Indisponibilidade dos bens*** (art. 7º): "Quando o ato de improbidade causar lesão ao patrimônio público ou ensejar enriquecimento ilícito, caberá a autoridade administrativa responsável pelo inquérito representar ao Ministério Público, para a indisponibilidade dos bens do indiciado. Parágrafo único. A indisponibilidade a que se refere o *caput* deste artigo recairá sobre bens que assegurem o integral ressarcimento do dano, ou sobre o acréscimo patrimonial resultante do enriquecimento ilícito".
- ***Legitimidade ativa*** para propor ação: Ministério Público ou a pessoa jurídica (uma das previstas no art. 1º da Lei nº 8.429/92, bem como o ente tributante que figurar no polo ativo da obrigação tributária de que tratam o § 4º do art. 3º e o art. 8º-A da Lei Complementar nº 116, de 31 de julho de 2003). Todavia, quando for proposta por uma dessas pessoas interessadas, o Ministério Público, obrigatoriamente, atuará como fiscal da lei, sob pena de nulidade (art. 17, § 4º).
- ***Prazo*** para propor ação de improbidade: a) em 5 anos após o término do exercício do mandato, de cargo em comissão ou função de confiança (inciso I); b) dentro do prazo previsto em legislação especial para faltas disciplinares puníveis com demissão a bem do serviço público, nos casos de exercício de cargo efetivo ou emprego (inciso II); c) até cinco anos da data da apresentação à Administração Pública da prestação de contas final pelas entidades referidas no parágrafo único do art. 1º da Lei nº 8.429/92.
- STF (RE 578.428-AgR): as ações de ressarcimento ao erário são imprescritíveis (art. 37, § 5º). **Exceto se for decorrente de dano civil: "É prescritível a ação de reparação de danos à Fazenda Pública decorrente de ilícito civil" (Tese de repercussão geral fixada no RE 669.069). Conceito de ilícito civil surge por exclusão e, assim, "não se consideram ilícitos civis, de um modo geral, os que decorrem de infrações ao direito público, como os de natureza penal, os decorrentes de atos de improbidade e assim por diante".**

Leandro Bortoleto

✦ SÚMULAS APLICÁVEIS

1. PRINCÍPIOS DA ADMINISTRAÇÃO PÚBLICA

1.1. SÚMULA DO STF

- **Súmula nº 636**: "Não cabe recurso extraordinário por contrariedade ao princípio constitucional da legalidade, quando a sua verificação pressuponha rever a interpretação dada a normas infraconstitucionais pela decisão recorrida".

2. AGENTES PÚBLICOS

2.1. SERVIDOR PÚBLICO

- **SÚMULA VINCULANTE nº 33: "**Aplicam-se ao servidor público, no que couber, as regras do Regime Geral de Previdência Social sobre aposentadoria especial de que trata o artigo 40, parágrafo 4º, inciso III, da Constituição Federal, até edição de lei complementar específica".
- ***Súmula vinculante 21*** – É inconstitucional a exigência de depósito ou arrolamento prévios de dinheiro ou bens para admissibilidade de recurso administrativo.
- ***Súmula Vinculante 5*** – A falta de defesa técnica por advogado no processo administrativo disciplinar não ofende a Constituição.
- ***Súmula vinculante 3*** – Nos processos perante o Tribunal de Contas da União asseguram-se o contraditório e a ampla defesa quando da decisão puder resultar anulação ou revogação de ato administrativo que beneficie o interessado, excetuada a apreciação da legalidade do ato de concessão inicial de aposentadoria, reforma e pensão.
- ***STF 21*** – Funcionário em estágio probatório não pode ser exonerado nem demitido sem inquérito ou sem as formalidades legais de apuração de sua capacidade.
- ***STF 20*** – É necessário processo administrativo, com ampla defesa, para demissão de funcionário admitido por concurso.

- ***STF 19*** – É inadmissível segunda punição de servidor público, baseada no mesmo processo em que se fundou a primeira.
- ***STF 18*** – Pela falta residual, não compreendida na absolvição pelo juízo criminal, é admissível a punição administrativa do servidor público.
- ***STJ 378*** – Reconhecido o desvio de função, o servidor faz jus às diferenças salariais decorrentes.
- ***STJ 218*** – Compete à justiça dos estados processar e julgar ação de servidor estadual decorrente de direitos e vantagens estatutárias no exercício de cargo em comissão.
- ***STJ 173*** – Compete à justiça federal processar e julgar o pedido de reintegração em cargo público federal, ainda que o servidor tenha sido dispensado antes da instituição do Regime Jurídico Único.
- ***STJ 170*** – Compete ao juízo onde primeiro for intentada a ação envolvendo acumulação de pedidos, trabalhista e estatutário, decidi-la nos limites da sua jurisdição, sem prejuízo do ajuizamento de nova causa, com o pedido remanescente, no juízo próprio.
- ***STJ 137*** – Compete à justiça comum estadual processar e julgar ação de servidor público municipal, pleiteando direitos relativos ao vínculo estatutário.
- ***STJ 97*** – Compete à justiça do trabalho processar e julgar reclamação de servidor público relativamente a vantagens trabalhistas anteriores à instituição do Regime Jurídico Único.

2.1.1. CONCURSO PÚBLICO

- **SÚMULA VINCULANTE Nº 44**: "Só por lei se pode sujeitar a exame psicotécnico a habilitação de candidato a cargo público".
- **SÚMULA VINCULANTE Nº 43**: "É inconstitucional toda modalidade de provimento que propicie ao servidor investir-se, sem prévia aprovação em concurso público destinado ao seu provimento, em cargo que não integra a carreira na qual anteriormente investido".
- ***STF 684*** – É inconstitucional o veto não motivado à participação de candidato a concurso público.
- ***STF 683*** – O limite de idade para a inscrição em concurso público só se legitima em face do art. 7º, XXX, da Constituição, quando possa ser justificado pela natureza das atribuições do cargo a ser preenchido.
- ***STF 17*** – A nomeação de funcionário sem concurso pode ser desfeita antes da posse.
- ***STF 16*** – Funcionário nomeado por concurso tem direito a posse.
- ***STF 15*** – Dentro do prazo de validade do concurso, o candidato aprovado tem o direito a nomeação, quando o cargo for preenchido sem observância da classificação.
- ***STJ 377*** – O portador de visão monocular tem direito de concorrer, em concurso público, às vagas reservadas aos deficientes.
- ***STJ 266*** – O diploma ou habilitação legal para o exercício do cargo deve ser exigido na posse e não na inscrição para o concurso público.

2.1.2. DEMISSÃO

- ***STF 25*** – A nomeação a termo não impede a livre demissão, pelo Presidente da República, de ocupante de cargo dirigente de autarquia.
- ***STF 8*** – Diretor de sociedade de economia mista pode ser destituído no curso do mandato.

2.1.3. DISPONIBILIDADE

- ***STF 39*** – À falta de lei, funcionário em disponibilidade não pode exigir, judicialmente, o seu aproveitamento, que fica subordinado ao critério de conveniência da Administração.
- ***STF 22*** – O estágio probatório não protege o funcionário contra a extinção do cargo.

2.1.4. REMUNERAÇÃO

- **SÚMULA VINCULANTE Nº 55:** O direito ao auxílio-alimentação não se estende aos servidores inativos.
- **SÚMULA VINCULANTE Nº 42**: É inconstitucional a vinculação do reajuste de vencimentos de servidores estaduais ou municipais a índices federais de correção monetária.
- **SÚMULA VINCULANTE nº 37:** Não cabe ao Poder Judiciário, que não tem função legislativa, aumentar vencimentos de servidores públicos sob o fundamento de isonomia.
- ***Súmula Vinculante 20*** – A Gratificação de Desempenho de Atividade Técnico-Administrativa – GDATA, instituída pela Lei nº 10.404/2002, deve ser deferida aos inativos nos valores correspondentes a 37,5 (trinta e sete vírgula cinco) pontos no período de fevereiro a maio de 2002 e, nos termos do art. 5º, parágrafo único, da Lei nº 10.404/2002, no período de junho de 2002 até a conclusão dos efeitos do último ciclo de avaliação a que se refere o art. 1º da Medida Provisória nº 198/2004, a partir da qual passa a ser de 60 (sessenta) pontos.
- ***Súmula Vinculante 16*** – Os artigos 7º, IV, e 39, § 3º (redação da EC 19/98), da Constituição, referem-se ao total da remuneração percebida pelo servidor público.
- ***Súmula Vinculante 15*** – O cálculo de gratificações e outras vantagens do servidor público não incide sobre o abono utilizado para se atingir o salário mínimo.

- ***Súmula vinculante 6*** – Não viola a constituição o estabelecimento de remuneração inferior ao salário mínimo para as praças prestadoras de serviço militar inicial.
- ***Súmula Vinculante 4*** – Salvo os casos previstos na Constituição Federal, o salário mínimo não pode ser usado como indexador de base de cálculo de vantagem de servidor público ou de empregado, nem ser substituído por decisão judicial.
- ***STF 682*** – Não ofende a Constituição a correção monetária no pagamento com atraso dos vencimentos de servidores públicos.
- ***STF 672*** – O reajuste de 28,86%, concedido aos servidores militares pelas leis 8.622/93 e 8.627/93, estende-se aos servidores civis do Poder Executivo, observadas as eventuais compensações decorrentes dos reajustes diferenciados concedidos pelos mesmos diplomas legais.
- ***STF 671*** – Os servidores públicos e os trabalhadores em geral têm direito, no que concerne à URP de abril/maio de 1988, apenas ao valor correspondente a 7/30 de 16,19% sobre os vencimentos e salários pertinentes aos meses de abril e maio de 1988, não cumulativamente, devidamente corrigido até o efetivo pagamento.
- ***STF 359*** – Ressalvada a revisão prevista em lei, os proventos da inatividade regulam-se pela lei vigente ao tempo em que o militar, ou o servidor civil, reuniu os requisitos necessários.

2.1.5. TEMPO DE SERVIÇO

- ***STF 726*** – Para efeito de aposentadoria especial de professores, não se computa o tempo de serviço prestado fora da sala de aula. ***Atenção:*** em 29/10/2008, o STF, por maioria, no julgamento da ADI 3.772, decidiu que a atividade de magistério não é restrita ao trabalho em sala de aula e que dela fazem parte as funções de direção, coordenação e assessoramento pedagógico, desde que exercidas, em estabelecimentos de ensino básico, por professores de carreira, excluídos os especialistas em educação.
- ***STF 567*** – A Constituição, ao assegurar, no § 3º, do art. 102, a contagem integral do tempo de serviço público federal, estadual ou municipal para os efeitos de aposentadoria e disponibilidade não proíbe à União, aos Estados e aos Municípios mandarem contar, mediante lei, para efeito diverso, tempo de serviço prestado a outra pessoa de direito público interno.

2.1.6. VITALICIEDADE

- ***STF 47*** – Reitor de universidade não é livremente demissível pelo Presidente da República durante o prazo de sua investidura.
- ***STF 46*** – Desmembramento de serventia de justiça não viola o princípio de vitaliciedade do serventuário.
- ***STF 36*** – Servidor vitalício está sujeito a aposentadoria compulsória, em razão da idade.

2.1.7. NOMEAÇÃO PARA CARGO EM COMISSÃO (NEPOTISMO)

- ***Súmula Vinculante 13*** – A nomeação de cônjuge, companheiro ou parente em linha reta, colateral ou por afinidade, até o terceiro grau, inclusive, da autoridade nomeante ou de servidor da mesma pessoa jurídica, investido em cargo de direção, chefia ou assessoramento, para o exercício de cargo em comissão ou de confiança, ou, ainda, de função gratificada na Administração Pública direta e indireta, em qualquer dos Poderes da União, dos Estados, do Distrito Federal e dos municípios, compreendido o ajuste mediante designações recíprocas, viola a Constituição Federal.

3. PODERES ADMINISTRATIVOS

3.1. PODER DE POLÍCIA

- ***Súmula Vinculante 49*** – Ofende o princípio da livre concorrência lei municipal que impede a instalação de estabelecimentos comerciais do mesmo ramo em determinada área.
- ***STF 645*** – É competente o município para fixar o horário de funcionamento de estabelecimento comercial.
- ***STF 419*** – Os municípios têm competência para regular o horário do comércio local, desde que não infrinjam leis estaduais ou federais válidas.
- ***STF 397*** – O poder de polícia da Câmara dos Deputados e do Senado Federal, em caso de crime cometido nas suas dependências, compreende, consoante o regimento, a prisão em flagrante do acusado e a realização do inquérito.

4. ATO ADMINISTRATIVO

- ***STF 473*** – A administração pode anular seus próprios atos, quando eivados de vícios que os tornam ilegais, porque deles não se originam direitos; ou revogá-los, por motivo de conveniência ou oportunidade, respeitados os direitos adquiridos, e ressalvada, em todos os casos, a apreciação judicial.
- ***STF 346*** – A Administração Pública pode declarar a nulidade dos seus próprios atos.

5. PROCESSO ADMINISTRATIVO

- ***STJ 467*** – Prescreve em cinco anos, contados do término do processo administrativo, a pretensão da

Administração Pública de promover a execução da multa por infração ambiental.

- ***STJ 373*** – É ilegítima a exigência de depósito prévio para admissibilidade de recurso administrativo.
- ***STJ 591*** – É permitida a prova emprestada no processo administrativo disciplinar, desde que devidamente autorizada pelo juízo competente e respeitados o contraditório e a ampla defesa.
- ***STJ 592*** – O excesso de prazo para a conclusão do processo administrativo disciplinar só causa nulidade se houver demonstração de prejuízo à defesa.

6. BENS PÚBLICOS

- ***STF 650*** – Os incisos I e XI do art. 20 da Constituição Federal não alcançam terras de aldeamentos extintos, ainda que ocupadas por indígenas em passado remoto.
- ***STF 480*** – Pertencem ao domínio e administração da União, nos termos dos artigos 4º, IV, e 186, da Constituição Federal de 1967, as terras ocupadas por silvícolas.
- ***STF 479*** – As margens dos rios navegáveis são domínio público, insuscetíveis de expropriação e, por isso mesmo, excluídas de indenização.
- ***STF 477*** – As concessões de terras devolutas situadas na faixa de fronteira, feitas pelos Estados, autorizam, apenas, o uso, permanecendo o domínio com a União, ainda que se mantenha inerte ou tolerante, em relação aos possuidores.
- ***STJ 496*** – Os registros de propriedade particular de imóveis situados em terrenos de marinha não são oponíveis à União.
- ***STJ 238*** – A avaliação da indenização devida ao proprietário do solo, em razão de alvará de pesquisa mineral, é processada no juízo estadual da situação do imóvel.
- ***STJ 103*** – Incluem-se entre os imóveis funcionais que podem ser vendidos os administrados pelas Forças Armadas e ocupados pelos servidores civis.

7. INTERVENÇÃO DO ESTADO NA PROPRIEDADE PRIVADA

7.1. DESAPROPRIAÇÃO

- ***STF 652*** – Não contraria a Constituição o art. 15, § 1º, do DL. 3.365/41 (Lei da Desapropriação por Utilidade Pública).
- ***STF 618*** – Na desapropriação, direta ou indireta, a taxa dos juros compensatórios é de 12% (doze por cento) ao ano.
- ***STF 617*** – A base de cálculo dos honorários de advogado em desapropriação é a diferença entre a oferta e a indenização, corrigidas ambas monetariamente.
- ***STF 561*** – Em desapropriação, é devida a correção monetária até a data do efetivo pagamento da indenização, devendo proceder-se à atualização do cálculo, ainda que por mais de uma vez.
- ***STF 476*** – Desapropriadas as ações de uma sociedade, o poder desapropriante, imitido na posse, pode exercer, desde logo, todos os direitos inerentes aos respectivos títulos.
- ***STF 475*** – A Lei 4.686, de 21.06.1965, tem aplicação imediata aos processos em curso, inclusive em grau de recurso extraordinário.
- ***STF 416*** – Pela demora no pagamento do preço da desapropriação não cabe indenização complementar além dos juros.
- ***STF 378*** – Na indenização por desapropriação incluem-se honorários do advogado do expropriado.
- ***STF 164*** – No processo de desapropriação, são devidos juros compensatórios desde a antecipada imissão de posse, ordenada pelo juiz, por motivo de urgência.
- ***STF 157*** – É necessária prévia autorização do Presidente da República para desapropriação, pelos Estados, de empresa de energia elétrica.
- ***STF 23*** – Verificados os pressupostos legais para o licenciamento da obra, não o impede a declaração de utilidade pública para desapropriação do imóvel, mas o valor da obra não se incluirá na indenização, quando a desapropriação for efetivada.
- ***STJ 408*** – Nas ações de desapropriação, os juros compensatórios incidentes após a Medida Provisória nº 1.577, de 11.6.1997, devem ser fixados em 6% ao ano até 13.9.2001, e, a partir de então, em 12% ao ano, na forma da Súmula nº 618 do Supremo Tribunal Federal.
- ***STJ 354*** – A invasão do imóvel é causa de suspensão do processo expropriatório para fins de reforma agrária.
- ***STJ 141*** – Os honorários de advogado em desapropriação direta são calculados sobre a diferença entre a indenização e a oferta, corrigidas monetariamente.
- ***STJ 131*** – Nas ações de desapropriação incluem-se no cálculo da verba advocatícia as parcelas relativas aos juros compensatórios e moratórios, devidamente corrigidas.
- ***STJ 114*** – Os juros compensatórios, na desapropriação indireta, incidem a partir da ocupação, calculados sobre o valor da indenização, corrigido monetariamente.

- ***STJ 113*** – Os juros compensatórios, na desapropriação direta, incidem a partir da imissão na posse, calculados sobre o valor da indenização, corrigido monetariamente.
- ***STJ 102*** – A incidência dos juros moratórios sobre os compensatórios, nas ações expropriatórias, não constitui anatocismo vedado em lei.
- ***STJ 70*** – Os juros moratórios, na desapropriação direta ou indireta, contam-se desde o trânsito em julgado da sentença.
- ***STJ 69*** – Na desapropriação direta, os juros compensatórios são devidos desde a antecipada imissão na posse e, na desapropriação indireta, a partir da efetiva ocupação do imóvel.
- ***STJ 67*** – Na desapropriação, cabe a atualização monetária, ainda que por mais de uma vez, independente do decurso de prazo superior a um ano entre o cálculo e o efetivo pagamento da indenização.
- ***STJ 56*** – Na desapropriação para instituir servidão administrativa são devidos os juros compensatórios pela limitação de uso da propriedade.
- ***STJ 12*** – Em desapropriação, são cumuláveis juros compensatórios e moratórios.

Direito Tributário

Alan Martins e
Dimas Yamada Scardoelli

TABELA DE INCIDÊNCIA DE QUESTÕES		
ASSUNTO	**NÚMERO DE QUESTÕES**	**PESO**
1. TRIBUTOS E SUAS ESPÉCIES	32	16,24%
2. LIMITAÇÕES CONSTITUCIONAIS AO PODER DE TRIBUTAR	29	14,72%
3. COMPETÊNCIA TRIBUTÁRIA E REPARTIÇÃO DAS RECEITAS TRIBUTÁRIAS	10	5,08%
4. LEGISLAÇÃO TRIBUTÁRIA	18	9,14%
5. OBRIGAÇÃO TRIBUTÁRIA E FATO GERADOR	8	4,06%
6. SUJEITOS (ATIVO E PASSIVO), RESPONSABILIDADE, CAPACIDADE E DOMICÍLIO TRIBUTÁRIO	21	10,66%
7. CRÉDITO TRIBUTÁRIO: CONSTITUIÇÃO (LANÇAMENTO), GARANTIAS, PRIVILÉGIOS E SUSPENSÃO DA EXIGIBILIDADE	25	12,69%
8. EXTINÇÃO E EXCLUSÃO DO CRÉDITO TRIBUTÁRIO	21	10,66%
9. ADMINISTRAÇÃO TRIBUTÁRIA (FISCALIZAÇÃO, DÍVIDA ATIVA E CERTIDÕES)	8	4,06%
10. PROCESSO TRIBUTÁRIO (ADMINISTRATIVO E JUDICIAL) E DIREITO PENAL TRIBUTÁRIO	25	12,69%
TOTAL	**197**	**100%**

✦ QUESTÕES

1. TRIBUTOS E SUAS ESPÉCIES

01. (Cespe – Juiz de Direito – PR/2017) O município de Curitiba – PR instituiu, por lei ordinária, taxa de coleta e remoção de lixo para os imóveis urbanos situados em seu território, estabelecendo como base de cálculo do tributo a área construída do imóvel, que, multiplicada pelo valor de R$ 2, resultaria no valor do tributo devido pelo contribuinte.

Acerca dessa situação hipotética e dos preceitos constitucionais pertinentes ao poder de tributar, assinale a opção correta.

A) A utilização da área construída do imóvel como parte da base de cálculo do tributo em questão, por também compor a base de cálculo do IPTU, torna inconstitucional a instituição do mencionado tributo.

B) A restrição constitucional para que haja identidade da base de cálculo atinge apenas as contribuições, e não as taxas, sendo, portanto, constitucional o tributo em questão.

C) O serviço de coleta e remoção de lixo em questão pode adotar um dos elementos de base de cálculo de impostos, desde que não haja identidade completa e o valor pago pelo contribuinte seja proporcional ao serviço que lhe é prestado.

D) A coleta e remoção de lixo é serviço público inespecífico e indivisível, por beneficiar toda a coletividade, sendo, portanto, inconstitucional a instituição da referida taxa.

COMENTÁRIOS

✪ **Nota dos autores:** questão em que o examinador apresenta alternativas a respeito de um caso prático. Para assinalar a alternativa correta, o candidato precisa dominar os seguintes conhecimentos: **1º)** As taxas não poderão ter base de cálculo própria de impostos (CF, art. 145, § 2º); **2º)** Por outro lado, é constitucional a adoção, no cálculo do valor de taxa, um ou mais elementos da base de cálculo própria de determinado imposto, desde que não haja integral identidade entre uma base e outra (STF – Súmula Vinculante nº 29); **3º)** No caso da taxa de serviços públicos, à luz do artigo 145, inciso II, da CF, para ser fato gerador de taxa, um serviço deve ser **específico e divisível**. Considera-se serviço **específico** aquele que pode ser destacado em unidades autônomas de utilização (CTN, art. 79, II) e **divisível** o suscetível de utilização, separadamente, por parte de cada um dos seus usuários (CTN, art. 79, III).

Alternativa correta: letra "c". De fato, com base na Súmula Vinculante nº 29, é constitucional adotar-se para a taxa de coleta e remoção de lixo um dos elementos de base de cálculo de impostos, desde que não haja identidade completa. Além disso, se o valor pago/cobrado de cada contribuinte for proporcional ao serviço que lhe é prestado, estarão satisfeitos os requisitos especificidade e divisibilidade que o artigo 145, inciso II, da CF/88 estabelece para as taxas. Isso porque, a cobrança proporcional revela que o serviço pode ser destacado em unidades autônomas de utilização (específico), sendo suscetível de utilização, separadamente por cada um de seus usuários (divisibilidade).

Alternativa "a": embora a área construída seja elemento componente da base de cálculo do IPTU, esse elemento não responde pela integralidade da referida base de cálculo, pois ainda deve ser multiplicado pelo valor metro quadrado previsto na planta genérica de referência aplicável ao imóvel para formar a base de cálculo do IPTU. Logo, se apenas a área construída integra a base de cálculo da taxa de coleta e remoção de lixo, não há que se falar em identidade total com a base de cálculo do IPTU (também composta pelo valor do metro quadrado), o que torna constitucional essa base de cálculo para a taxa em questão, nos termos da Súmula Vinculante nº 29.

Alternativa "b": ao contrário do que afirma o examinador e conforme nota dos autores, a restrição constitucional para que haja identidade da base de cálculo justamente as taxas (CF, art. 145, § 2º) e não as contribuições.

Alternativa "d": também diversamente do que afirma a banca, o serviço de coleta e remoção de lixo deve ser considerado específico, uma vez poder ser destacado em unidades autônomas de utilização (CTN, art. 79, II), e divisível, pois o suscetível de utilização, separadamente, por parte de cada um dos seus usuários (CTN, art. 79, III). Daí ser considerada constitucional que incida uma taxa sobre esse serviço, exatamente conforme consagrado na Súmula Vinculante nº 19: "A taxa cobrada exclusivamente em razão dos serviços públicos de coleta, remoção e tratamento ou destinação de lixo ou resíduos provenientes de imóveis, não viola o art. 145, II, da Constituição Federal".

---

02. (Cespe – Defensor Público – DPU/2017) A respeito das espécies tributárias existentes no sistema tributário brasileiro, julgue os itens que se seguem.

A isenção ou não incidência do ICMS acarretará a anulação do crédito relativo às operações anteriores, salvo se houver determinação legal em contrário.

COMENTÁRIOS

✪ **Nota dos autores:** no campo da não cumulatividade, **regra constitucional exclusiva do ICMS** é a de que, salvo determinação legal em contrário, a **isenção ou não-incidência não implicará crédito** para compensação com o montante devido nas operações ou prestações seguintes, bem como **acarretará a anulação** do crédito relativo às operações anteriores (CF, art. 155, § 2º, II, "a" e "b"). Em outras palavras, são duas regras: **1ª)** Se a operação anterior é isenta ou não tributada, a operação seguinte não dá direito a crédito, até porque não houve imposto cobrado na operação anterior; **2ª)** Se a operação seguinte é isenta ou não tributada, deve ser anulado o crédito decorrente do imposto pago na operação anterior, o que tem lógica, pois caso não houvesse essa anulação toda a cadeia de produção ficaria totalmente desonerada.

Certo. Consoante nota dos autores e nos termos do artigo 155, § 2º, II, "b", da CF/88, de fato, salvo determinação legal em contrário da legislação, a isenção ou não-incidência acarretará a anulação do crédito relativo às operações anteriores.

---

03. (Cespe – Defensor Público – DPU/2017) A respeito das espécies tributárias existentes no sistema tributário brasileiro, julgue os itens que se seguem.

No cálculo do valor de determinada taxa, pode haver elementos da base de cálculo de algum imposto, desde que não haja total identidade entre uma base e outra.

COMENTÁRIOS

✪ **Nota dos autores:** de acordo com a Constituição, as taxas **não** poderão ter base de cálculo própria de impostos (CF, art. 145, § 2º). Por outro lado, é **constitucional** a adoção, no cálculo do valor de taxa, um ou mais elementos da base de cálculo própria de determinado imposto, desde que não haja integral identidade entre uma base e outra (STF – Súmula Vinculante nº 29);

Certo. Coerente com o entendimento da Súmula Vinculante nº 29, exposta de maneira completa na nota dos autores, realmente, no cálculo do valor de determinada taxa, pode haver elementos da base de cálculo de algum imposto, desde que não haja total identidade entre uma base e outra. Ou seja, o que a Constituição veda é a identidade total da base de cálculo da taxa com a de determinado imposto, sendo, contudo, permitida a coincidência de um ou alguns elementos.

---

04. (Cespe – Promotor de Justiça – MPE – RR/2017) Um imóvel localizado na área urbana de determinado município é utilizado por seu proprietário comprovadamente para o exercício exclusivo de atividades agrícola e pecuária.

Nessa situação hipotética,

A) é cabível apenas a cobrança do ITR, por expressa previsão legal, uma vez que o imóvel é utilizado em exploração agrícola e pecuária.

B) o IPTU e o ITR serão tributos devidos e cobrados cumulativamente, pois se referem a dois fatos geradores distintos: o IPTU será devido em razão da propriedade urbana; o ITR será devido pelo uso de imóvel em atividades agrícola e pecuária.

C) embora sejam devidos, os dois tributos não poderão ser cobrados cumulativamente, pois ambos incidem sobre o mesmo bem, devendo ser aplicado o princípio da não cumulatividade: o contribuinte terá o direito de descontar do valor do IPTU devido o montante que for eventualmente pago a título de ITR.

D) somente será cabível a cobrança do IPTU, uma vez que o critério aplicado pelo CTN é o da localização do imóvel, sendo irrelevante a destinação dada por seu proprietário.

COMENTÁRIOS

✪ **Nota dos autores:** merece ser ressaltada a existência de algumas situações que geram dúvida quanto à incidência de ITR ou de IPTU. Nesse contexto, dois critérios se destacam: o da "destinação" e o da "localização ou geográfico".

Alternativa correta: letra "a". A propriedade de bens imóveis está sujeita à tributação do ITR ou do IPTU. O ITR é de competência da União enquanto o IPTU é de competência dos Municípios. Para a determinação da incidência de um ou de outro, dois critérios despontam, o geográfico e o da destinação do uso imóvel. O CTN, em seu artigo 32, prestigia o **critério geográfico**, ao prever que "o imposto, de competência dos Municípios, sobre a propriedade predial e territorial urbana tem como fato gerador a propriedade, o domínio útil ou a posse de bem imóvel por natureza ou por acessão física, como definido na lei civil, **localizado na zona urbana do Município**". Não obstante o critério legal estipulado no artigo 32 do CTN (critério da localização do imóvel), o STJ, recentemente, proferiu decisões que indicam a opção por outra linha, que se consubstancia no chamado **critério da destinação do uso do imóvel**, ora reconhecendo a incidência do ITR sobre área situada na zona urbana, ora decidindo pela incidência do IPTU em área situada fora da zona urbana. Vejam-se dois exemplos: i) **Incidência de ITR sobre imóvel situado na zona urbana com base no critério da destinação do uso do bem:** "a jurisprudência desta Corte Superior é no sentido de que incide o ITR, e não o IPTU, sobre imóveis que sejam comprovadamente utilizados em exploração extrativa, vegetal, agrícola, pecuária ou agroindustrial, ainda que localizados em áreas consideradas urbanas por legislação municipal" (STJ, AgRg no AREsp 80947 / ES, Min Mauro Campbell, DJE 08.03.2012); ii) **Incidência de IPTU sobre imóvel situado em** área **que não atende os requisitos para ser considerada zona urbana:** "cabível a cobrança do IPTU sobre 'sítio de recreio' assim considerado por lei municipal como situado em área de expansão urbana, mesmo que não contenha os melhoramentos previstos no art. 31, § 1º, do CTN. Interpretação do art. 32, § 2º, do CTN c/c arts. 14, do D.L. 57/66, e 29, do CTN. Precedentes. 4. Recurso especial improvido. (REsp 218.788/SP, Rel. Ministro CASTRO MEIRA, SEGUNDA TURMA, julgado em 08/03/2005, DJ 01/08/2005, p. 370). Portanto, coerente com a jurisprudência do STJ, se um imóvel localizado na área urbana de determinado município é utilizado por seu proprietário comprovadamente para o exercício exclusivo de atividades agrícola e pecuária, de fato, afigura-se cabível apenas a cobrança do ITR, por expressa previsão legal, uma vez que o imóvel é utilizado em exploração agrícola e pecuária.

Alternativa "b": consoante nota dos autores e orientação jurisprudencial detalhada nos comentários à alternativa correta, verifica-se haver dois critérios que tratam da incidência de ITR e IPTU (geográfico e destinação do imóvel). Nenhum desses critérios leva a se concluir pela equivocada afirmação do examinador, até porque, a cobrança cumulativa de IPTU e ITR, aventada pela banca, representaria a exigência de dois tributos sobre um mesmo fato gerador por dois entes federativos diferentes (Município no caso do IPTU e União em relação ao ITR). Estaria configurada a prática da bitributação, via de regra, vedada na ordem jurídico-tributária brasileira. Para melhor elucidação da vedação à bitributação, vale transcrever aqui importantes ensinamentos da Professora Regina Helena Costa: "A **bitributação** significa a possibilidade de um mesmo fato jurídico ser tributado por mais de uma pessoa. Diante de nosso sistema tributário, tal prática é vedada, pois cada situação fática somente pode ser tributada por uma única pessoa política, aquela apontada constitucionalmente, pois, como visto, a competência tributária é exclusiva ou privativa. Inviável, portanto, que haja mais de uma pessoa política autorizada a exigir tributo sobre o mesmo fato jurídico" (COSTA, Regina Helena. *Curso de Direito Tributário – Constituição e Código Tributário Nacional.* 2ª ed. São Paulo: Saraiva, 2012, pág. 67). E, também, vale destacar as exceções à regra da vedação à bitributação, entre as quais não se encontra a incidência cumulativa de IPTU e ITR. Um exemplo de bitributação admitida diz respeito à instituição, pela União, na iminência ou no caso de guerra externa, de imposto extraordinário (CF, art. 154, II), compreendidos ou não em sua competência tributária (ALEXANDRE, Ricardo. *Direito tributário esquematizado.* 8ª ed. São Paulo: Método, 2014, páginas 201/203). Caso o tributo criado esteja compreendido na competência estadual ou municipal (como por exemplo, um "novo ICMS"), será caso de **bitributação (legítima)**. Mas, repita-se, ITR e IPTU não se encontram nessa esfera de exceções.

Alternativa "c": está errada, porque o princípio da não cumulatividade é típico dos impostos indiretos, a exemplo do IPI e do ICMS, não se aplicando a impostos diretos, categoria em que se enquadram o IPTU e o ITR (impostos diretos sobre o patrimônio). Mais precisamente, tratando-se de um princípio tributário específico relativo principalmente ao Imposto sobre Produtos Industrializados – **IPI** (CF, art. 153, § 3º, II) e ao Imposto sobre Operações relativas à Circulação de Mercadorias e sobre Prestações de Serviços de Transporte Interestadual e Intermunicipal e de Comunicação – **ICMS** (CF, art. 155, § 2º, I), a não cumulatividade compreende a regra segundo a qual o imposto será não cumulativo, compensando-se o que for devido em cada operação com o montante cobrado nas anteriores, o que não vale para os impostos diretos.

Alternativa "d": de fato, o critério adotado pelo CTN é o da localização (geográfico). Todavia, conforme exposto na nota dos autores e nos comentários à alternativa correta, a destinação dada pelo proprietário do imóvel constitui critério consagrado na jurisprudência do STJ e, por essa razão, fundamenta a incidência do ITR sobre imóvel utilizado por seu proprietário comprovadamente para o exercício exclusivo de atividades agrícola e pecuária, ainda que esteja localizado na área urbana de determinado município.

---

05. (Cespe – Procurador do Estado – PGE – SE/2017) Considerando as normas do regime tributário do SIMPLES Nacional e o disposto no Estatuto da Microempresa e da Empresa de Pequeno Porte — Lei Complementar n.º 123/2006 —, julgue os itens a seguir.

I A empresa individual de responsabilidade limitada não pode ser enquadrada como microempresa para efeito de adesão ao SIMPLES Nacional.

II Para o enquadramento como microempresa ou empresa de pequeno porte, a sociedade empresária deve, em cada ano-calendário, ter receita bruta inferior a determinado montante legal, excluídas as vendas canceladas e os descontos incondicionais eventualmente concedidos.

III O recolhimento de tributo pelo regime especial unificado de arrecadação do SIMPLES Nacional não exclui a incidência do ICMS devido nas operações sujeitas ao regime de substituição tributária.

Assinale a opção correta.

A) Apenas o item I está certo.

B) Estão certos apenas os itens I e II.

C) Estão certos apenas os itens I e III.

D) Estão certos apenas os itens II e III.

E) Todos os itens estão certos.

COMENTÁRIOS

✪ **Nota dos autores:** para responder essa questão, é necessário conhecer as normas a respeito do regime de tributação do Simples Nacional, veiculadas no texto literal da Lei complementar 123/2006 – Estatuto Nacional da Microempresa e da Empresa de Pequeno Porte.

Alternativa correta: letra "d".

Item I: errado. Ao contrário do que afirma o examinador, a empresa individual de responsabilidade limitada – EIRELI está sim entre as pessoas jurídicas empresariais que podem ser enquadradas na condição de microempresas (Lei complementar 123/2006, art. 3º).

Item II: certo. De fato, o enquadramento como microempresa ou empresa de pequeno porte, a sociedade empresária deve, em cada ano-calendário, ter receita bruta inferior a determinado montante legal, excluídas as vendas canceladas e os descontos incondicionais eventualmente concedidos. Inteligência do artigo 3o, caput c/c § 1º da Lei complementar 123/2006. Esses limites de receita bruta estão previstos nos incisos I e II do mesmo artigo, quais sejam: II – no caso da microempresa, aufira, em cada ano-calendário, receita bruta igual ou inferior a R$ 360.000,00 (trezentos e sessenta mil reais); II -No caso de empresa de pequeno porte, aufira, em cada ano-calendário, receita bruta superior a R$ 360.000,00 (trezentos e sessenta mil reais) e igual ou inferior a R$ 4.800.000,00 (quatro milhões e oitocentos mil reais). Atenção que, na faixa de R$ 3.600.000,01 e R$ 4.800.000,00, o recolhimento unificado ficará restrito aos tributos federais do Simples Nacional (IRPJ, IPI, PIS/PASEP, COFINS e Contribuição Previdenciária Patronal – CPP). Ficam excluídos dessa faixa, portanto, o ICMS dos Estados e o ISS dos Municípios, impostos que serão apurados e recolhidos pelos seus respectivos regimes normais.

Item III: certo. Exatamente conforme dispõe o artigo 13, inciso XIII, alínea "a", da Lei complementar 123/2006, de fato, o recolhimento de tributo pelo regime especial unificado de arrecadação do SIMPLES

Nacional não exclui a incidência do ICMS devido nas operações sujeitas ao regime de substituição tributária.

06. (Cespe – Analista de Controle – Área Jurídica – TCE – PR/2016) A respeito das taxas cobradas pela União, pelos estados, pelo Distrito Federal ou pelos municípios, do poder de polícia e dos serviços públicos, assinale a opção correta.

a) A utilização potencial de serviço público não poderá ser considerada fato gerador das taxas.

b) O regular exercício do poder de polícia trata dos atos do poder público que a lei tenha definido como vinculados.

c) Os serviços públicos específicos são aqueles suscetíveis de utilização, separadamente, por cada um dos seus usuários.

d) As taxas podem ser calculadas em função do capital das empresas.

e) O poder de polícia pode ser definido como a atividade da administração pública que, limitando ou disciplinando direito, interesse ou liberdade, regula a prática de ato ou abstenção de fato, em razão de interesse público.

COMENTÁRIOS

✪ **Nota dos autores:** as taxas têm como fato gerador o exercício regular do poder de polícia ou a utilização, efetiva ou potencial, de serviços públicos específicos e divisíveis, prestados ao contribuinte ou postos a sua disposição (CTN, art. 77).

Alternativa correta: letra "e": considera-se "poder de polícia a atividade da administração pública que, limitando ou disciplinando direito, interesse ou liberdade individual, regula a prática de ato ou abstenção de fato, em razão de interesse público concernente à segurança, à ordem, aos costumes, à disciplina da produção e do mercado, ao exercício de atividades econômicas dependentes de autorização ou concessão do Poder Público, à tranquilidade pública ou ao respeito à propriedade e aos direito individuais ou coletivos" (CTN, art. 78).

Alternativa "a": incorreta. Ao contrário do que constou, a utilização potencial de serviço público específico e divisível é tida como fato gerador da taxa, segundo o artigo 77 do CTN (já citado na nota dos autores) e segundo o inciso II do artigo 145 da CF/88 (A União, os Estados, o Distrito Federal e os Municípios poderão instituir os seguintes tributos: II – taxas, em razão do exercício do poder de polícia ou pela **utilização**, efetiva ou **potencial**, de serviços públicos específicos e divisíveis, prestados ao contribuinte ou postos a sua disposição).

Alternativa "b": incorreta, uma vez que o regular exercício do poder de polícia trata também dos atos discricionários, como bem previsto no parágrafo único do artigo 78 do CTN ("considera-se regular o exercício do poder de polícia quando desempenhado pelo órgão competente nos limites da lei aplicável, com observância do processo legal e, **tratando-se de atividade que a lei tenha como discricionária**, sem abuso ou desvio de poder").

Alternativa "c": incorreta. Por específicos, devem-se entender os serviços que podem ser "destacados em unidades autônomas de intervenção, de unidade, ou de necessidades públicas", enquanto divisível é o serviço suscetível "de utilização, separadamente, por parte de cada um dos seus usuários", conforme prescreve os incisos II e III do art. 79, respectivamente.

Alternativa "d": incorreta, pois afronta o teor do parágrafo único do artigo 77 do CTN, segundo o qual "a taxa não pode ter base de cálculo ou fato gerador idênticos aos que correspondam a imposto nem ser calculada em função do capital das empresas".

07. (TJDF / Juiz de Direito) A União alterou o Regimento de Custas da Justiça do DF, estabelecendo que 5% da arrecadação decorrente do pagamento de custas da justiça deveriam ser repassados à uma associação representativa de um segmento de serventuários da justiça.

Nessa situação hipotética, a alteração do regimento deve ser considerada

a) inválida porque a União não é competente para regulamentar tal tema.

b) inválida porque o produto da arrecadação em questão não pode ser revertido em benefício de pessoas jurídicas de direito privado, a exemplo da Associação de Magistrados X.

c) válida porque é lícita a destinação da arrecadação advinda do tributo em questão a serviços indiretamente pertinentes à administração da justiça.

d) válida porque, embora as custas sejam um tributo vinculado, é permitido ao ente competente definir a destinação de produto de arrecadação de tributo.

e) válida porque as custas podem ser destinadas a manter qualquer serviço de interesse público, por serem tributo não vinculado.

COMENTÁRIOS

✪ **Nota dos autores:** as custas judiciais possuem a natureza jurídica de taxa (Súmula 667 do STF). A taxa é um tributo vinculado por excelência, uma vez que têm por fato gerador o exercício regular do poder de polícia ou a utilização, efetiva ou potencial, de serviços públicos específicos e divisíveis, prestados ao contribuinte ou postos à sua disposição (CTN, art. 77). E, se distinguem dos impostos, que são tributos não vinculados a uma contraprestação estatal específica relativa ao contribuinte (CTN, art. 16).

Alternativa correta: letra "b": a taxa, por ser um tributo com característica contraprestacional ou comutativa, deve guardar equivalência razoável entre o seu montante cobrado com o custo da atividade estatal que constitui seu fato gerador. Nesse sentido, já decidiu o STF pela "necessidade da existência de limite que estabeleça a equivalência entre o valor da taxa e o custo real dos serviços, ou do proveito do contribuinte" (ADI 1772 MC, Relator: Min. Carlos Velloso, Tribunal Pleno, julgado em 15/04/1998, DJ 08-09-2000). Portanto, a taxa em questão é inválida, uma vez que o produto de sua arrecadação deve custear o serviço público em questão, não havendo margem para ser em parte revertido em benefício de pessoa jurídica de direito privado.

Alternativa "a": a competência para a instituição de taxas é concorrente entre os entes tributantes (CF, art. 145, II), havendo taxas federais, estaduais, do DF e municipais, a depender de quem presta o serviço público tributável ou exerce o regular poder de polícia. Também é concorrente (União, Estados e DF) a competência para legislar sobre custas dos serviços forenses (CF, art. 24, IV). Daí porque não é fundamento para a invalidade da taxa a incompetência da União para discipliná-la.

Alternativas "c", "d" e "e": estão equivocadas por entenderem que a taxa é válida, quando, na verdade, é inválida pelos fundamentos expostos nos comentários à alternativa "b". A referibilidade, na taxa, é direta (o cidadão paga uma taxa e recebe diretamente uma atuação estatal), motivo pelo qual está errada a alternativa "c". A única destinação do produto da arrecadação da taxa é o custeio do serviço público prestado, motivo pelo qual está errada a alternativa "d". A custa judicial tem natureza de taxa, e, assim, constituem um tributo vinculado, motivo pelo qual está incorreta a alternativa "e".

---

08. (Cespe - Cartório - TJ - DF/2014) No que se refere a taxas e contribuições de melhoria, assinale a opção correta.

a) A instituição de taxas deve sempre observar o princípio da legalidade tributária.

b) As taxas cobradas pelo DF, no âmbito de suas atribuições, podem ter como fato gerador o exercício efetivo ou potencial do poder de polícia.

c) Os serviços públicos específicos são suscetíveis de utilização por parte de cada um dos seus usuários de forma separada.

d) A contribuição de melhoria cobrada pelo DF, no âmbito de suas atribuições, pode ser instituída para fazer face ao custo de obras públicas de que decorra ou não valorização imobiliária.

e) Apesar de ampla aceitação pela doutrina e jurisprudência, a espécie tributária "contribuição de melhoria" não guarda expressa previsão na CF.

COMENTÁRIOS

✪ **Nota dos autores:** a taxa é mesmo um tributo vinculado por excelência, uma vez que têm por fato gerador o exercício regular do poder de polícia ou a utilização, efetiva ou potencial, de serviços públicos específicos e divisíveis, prestados ao contribuinte ou postos à sua disposição (CTN, art. 77).

Alternativa correta: letra "a": como espécie tributária que é (CF, art. 145, II), a taxa deve obediência ao princípio da legalidade tributária, segundo o qual é vedado aos entes tributantes "exigir ou aumentar tributo sem lei que o estabeleça" (CF, art. 150, I).

Alternativa "b": as taxas têm como fato gerador o exercício regular do poder de polícia **ou** a utilização, efetiva ou potencial, de serviços públicos específicos e divisíveis, prestados ao contribuinte ou postos a sua disposição (CTN, art. 77). A alternativa está incorreta, pois, nitidamente, embaralha todas as palavras do texto legal.

Alternativa "c": incorreta. Os serviços públicos consideram-se específicos, "quando possam ser destacados em unidades autônomas de intervenção, de utilidade, ou de necessidades públicas" (CTN, art. 79, II).

Alternativa "d": incorreta. A contribuição de melhoria é instituída para fazer face ao custo de obras públicas de que decorra a **imprescindível** valorização imobiliária (CTN, art. 81).

Alternativa "e": incorreta. A Constituição Federal expressamente consigna no inciso III do seu artigo 145 a contribuição de melhoria como espécie tributária.

---

09. (Cespe - Cartório - TJ - DF/2014) A respeito do imposto sobre transmissão *causa mortis* e da doação, assinale a opção correta.

a) Caso o doador tenha domicílio ou residência no exterior, a instituição do imposto será regulada por decreto legislativo.

b) As alíquotas mínimas referentes aos impostos em questão serão fixadas pelo Congresso Nacional.

c) A instituição desse imposto implica crédito para compensação com o montante devido nas operações ou prestações seguintes.

d) Em função da essencialidade dos bens, o imposto deverá ser seletivo.

e) No que diz respeito a títulos e créditos, o referido imposto compete ao estado onde se processar o inventário ou arrolamento, ou tiver domicílio o doador, ou ao DF.

COMENTÁRIOS

✪ **Nota dos autores:** compete aos Estados e ao Distrito Federal instituir impostos sobre transmissão causa mortis e doação, de quaisquer bens ou direitos (abreviado em alguns Estados como ITCMD e em outros como ITCD), nos termos do artigo 155, inciso I, da Constituição Federal.

Alternativa correta: letra "e": tem fundamento no teor literal do artigo 155, § 1º, inciso II, da Carta Constitucional, norma que também se aplica a bens móveis em geral.

Alternativa "a": incorreta, porque, por expressa disposição do artigo 155, § 1º, inciso III, alínea "a" da CF, a competência estadual para instituir o imposto na hipótese de o doador ser domiciliado ou residente no exterior deverá ser regulada por lei complementar.

Alternativa "b": incorreta. Nos termos do artigo 155, § 1º, inciso IV, da CF, o ITCMD terá suas alíquotas máximas fixadas pelo Senado Federal. Essa é a única disposição constitucional sobre as alíquotas de ITCMD.

Alternativa "c": incorreta. O ITCMD é um imposto cumulativo, incidindo em tantas quantas forem as transmissões *causas mortis* ou por doação. A alternativa explora a característica da não-cumulatividade, uma das principais características do ICMS (CF, art. 155, § 2º, I), porém não aplicável ao ITCMD.

Alternativa "d": incorreta. O ITCMD não se sujeita ao princípio da seletividade em função da essencialidade do produto. Em relação aos impostos de competência dos Estados e do Distrito Federal, tal característica é típica e facultada em relação ao ICMS (CF, art. 155, § 2º, III).

10. (Cespe – Cartório – TJ – DF/2014) Com referência ao imposto sobre propriedade territorial rural (ITR), assinale a opção correta.

a) O ITR não incide sobre o imóvel declarado como de interesse social para fins de reforma agrária.
b) Não há previsão constitucional para a progressividade do ITR.
c) O enfiteuta não pode ser sujeito passivo do ITR.
d) Não há fato gerador do ITR em relação ao imóvel rural por acessão física.
e) A base de cálculo do ITR corresponde ao valor da terra nua, incluindo os valores de mercado relativos a construções, instalações e benfeitorias.

COMENTÁRIOS

✪ **Nota dos autores:** como regra, o sujeito ativo do ITR é aquele a que a Constituição confere competência para instituir e legislar a respeito do mesmo, isto é, a União (CF, art. 153, VI). Quanto à repartição dessa receita tributária, pertencem aos Municípios cinquenta por cento do produto da arrecadação do ITR, relativamente aos imóveis neles situados, cabendo a totalidade na hipótese da opção pelo Município, na forma da lei, por fiscalizar e cobrar o referido imposto, desde que não implique em sua redução ou qualquer outra forma de renúncia fiscal (CF, art. 158, II c/c art. 153, § 4º, III).

Alternativa correta: letra "d": de fato, o artigo 29 do CTN, ao disciplinar a hipótese de incidência do ITR, não prevê a incidência sobre a propriedade, o domínio útil ou a posse de imóvel rural **por acessão física**, mas apenas **por natureza** ("o imposto, de competência da União, sobre a propriedade territorial rural tem como fato gerador a propriedade, o domínio útil ou a posse de imóvel por natureza, como definido na lei civil, localizado fora da zona urbana do Município"). Apenas para ilustrar, a título de comparação e por curiosidade, o artigo 32 do CTN, que disciplina a hipótese de incidência do IPTU, estipula a incidência sobre a propriedade, o domínio útil ou a posse de imóvel urbano **por natureza ou por acessão física** ("o imposto, de competência dos Municípios, sobre a propriedade predial e territorial urbana tem como fato gerador a propriedade, o domínio útil ou a posse de bem imóvel por natureza ou por acessão física, como definido na lei civil, localizado na zona urbana do Município").

Alternativa "a": incorreta. O artigo 1º, § 1º, da Lei 9.393/96, que disciplina o ITR, estipula textualmente que "**o ITR incide inclusive sobre o imóvel declarado de interesse social para fins de reforma agrária**, enquanto não transferida a propriedade, exceto se houver imissão prévia na posse".

Alternativa "b": incorreta. Diverso do que afirma o examinador, o artigo 153, § 4º, da Constituição Federal prevê que o ITR "**será progressivo** e terá suas alíquotas fixadas de forma a desestimular a manutenção de propriedades improdutivas".

Alternativa "c": incorreta. Também ao contrário do que afirma a banca examinadora, o artigo 31 do CTN estabelece que o contribuinte do ITR "é o proprietário do imóvel, **o titular de seu domínio útil**, ou o seu possuidor a qualquer título".

Alternativa "e": incorreta. A base de cálculo do ITR é o valor da terra nua tributável (VTNt), nos termos do artigo 11 da Lei 9.393/96. Na sua composição excluem-se os valores relativos a construções, instalações e benfeitorias (dentre outros). É o que dispõe o artigo 10, § 1º, inciso I, da citada lei.

11. (Cespe – Cartório – TJ – DF/2014) Considerando o empréstimo compulsório e a contribuição de intervenção no domínio econômico, assinale a opção correta.

a) Não há previsão constitucional para a instituição de empréstimos compulsórios no caso de conjuntura que exija a absorção temporária de poder aquisitivo.

b) As contribuições de intervenção no domínio econômico poderão incidir sobre as receitas decorrentes de exportação.

c) É preciso que se decrete estado de calamidade para que o empréstimo compulsório seja cobrado.

d) O DF poderá, mediante lei complementar, instituir empréstimo compulsório nas hipóteses legais.

e) O DF poderá, mediante lei ordinária, instituir contribuição de intervenção no domínio econômico nas hipóteses legais.

COMENTÁRIOS

✪ **Nota dos autores:** além de previsto no capítulo constitucional atinente ao Sistema Tributário Nacional, o empréstimo compulsório possui todas as características dos tributos contempladas no conceito legal do artigo 3º do CTN, quais sejam: **i)** é uma prestação pecuniária compulsória; **ii)** não constitui sanção de ato ilícito; **iii)** é instituído em lei; **iv)** é cobrado mediante atividade administrativa plenamente vinculada. Como diferencial, possui a previsão de restituibilidade do produto da sua arrecadação no fim de determinado prazo.

Alternativa correta: letra "a": o empréstimo compulsório está disciplinado no artigo 148 da CF. É de competência da União que, mediante lei complementar, poderá institui-los nas hipóteses dos incisos I e II do referido artigo 148. Nos termos do seu inciso I, o empréstimo compulsório será instituído para atender às despesas extraordinárias decorrentes de calamidade pública, de guerra externa ou sua iminência. Já o inciso II trata da instituição do empréstimo compulsório no caso de investimento público de caráter urgente e de relevante interesse nacional, observado o princípio da anterioridade do exercício. Apenas por curiosidade, o CTN, em seu artigo 15, inciso III, prevê a instituição de empréstimos compulsórios no caso de conjuntura que exija a absorção temporária de poder aquisitivo. Entretanto, tal dispositivo não foi recepcionado pela CF (pois incompatível com o teor do seu artigo 148).

Alternativa "b": incorreta. As contribuições de intervenção no domínio econômico **não incidirão** sobre as receitas decorrentes de exportação. Imunidade específica estabelecida no artigo 149, § 2º, inciso I, da CF.

Alternativa "c": incorreta. Tal exigência não consta no texto constitucional, em especial em seu artigo 148. A calamidade pública constitui apenas uma das hipóteses em que o empréstimo compulsório poderá ser instituído para atender despesas extraordinárias. O mesmo tributo também poderá ser instituído para atender às despesas extraordinárias decorrentes de guerra externa ou sua iminência (CF, art. 149, I) ou no caso de investimento público de caráter urgente e de relevante interesse nacional, hipóteses para as quais não será necessária a prévia decretação de estado de calamidade pública.

Alternativa "d": incorreta. A competência para instituição de empréstimos compulsórios é exclusiva da União (CF, art. 148, *caput*).

Alternativa "e": incorreta. A competência para instituição de contribuição de intervenção no domínio econômico também é exclusiva da União (CF, art. 149, *caput*).

---

12. (Cespe - Cartório - TJ - DF/2014) Com base no disposto no Decreto-Lei nº 1.510/1976, assinale a opção correta.

a) A pessoa física equiparada a empresa individual poderá optar por apresentar mais de uma declaração de rendimentos como pessoa jurídica, caso já esteja equiparada em razão da exploração de outra atividade.

b) O lucro apurado anualmente por pessoas físicas equiparadas a sociedades empresárias, em razão de operações com imóveis, não poderá ser considerado como distribuído no ano-base.

c) Os serventuários da justiça responsáveis por cartório de notas ficam obrigados a fazer comunicação ao Tesouro Nacional dos documentos lavrados que caracterizem aquisição ou alienação de imóveis por pessoas físicas equiparadas a sociedades empresárias.

d) As pessoas físicas equiparadas a sociedades empresárias estão dispensadas de manter escrituração contábil completa caso sejam proprietárias de terrenos ou glebas de terras inferiores a um hectare.

e) A pluralidade de adquirentes, em condomínio de fato, descaracteriza a unicidade da operação tributária para o alienante responsável por sociedade anônima com sede no exterior.

COMENTÁRIOS

✪ **Nota dos autores:** o Decreto-lei 1.510/76 dispõe, entre outros assuntos, sobre o tratamento tributário aplicável à pessoa física equiparada à pessoa jurídica em decorrência de operações com imóveis. É importante que o candidato conheça o edital de cada concurso, haja vista a possibilidade de constar lei específica que interesse ao cargo almejado.

Alternativa correta: letra "a": A pessoa física equiparada a empresa individual, caso já esteja equiparada em razão da exploração de outra atividade, poderá optar por apresentar mais de uma declaração de rendimentos como pessoa jurídica abrangendo, em uma delas, unicamente os resultados de operações com imóveis (DL 1.510/76, art. 13).

Alternativa "b": incorreta. O lucro anualmente apurado pela pessoa física equiparada a empresa individual em razão de operações com imóveis será considerado como **automaticamente distribuído no ano-base** (DL 1.510/76, art. 14).

Alternativa "c": incorreta. Os serventuários da Justiça responsáveis por Cartório de Notas ou de Registro de Imóveis, Títulos e Documentos, ficam obrigados a fazer comunicação à **Secretaria da Receita Federal** dos documentos lavrados, anotados, averbados ou registrados em seus Cartórios e que caracterizam aquisição ou alienação de imóveis por pessoas físicas (DL 1.510/76, art. 15).

Alternativa "d": incorreta. A pessoa física equiparada a empresa individual **fica obrigada** a manter escrituração contábil completa (DL 1.510/76, art. 12).

Alternativa "e": incorreta. O número de adquirentes, em condomínio ou em comunhão, **não descaracterizará** a unicidade da operação para o alienante (DL 1.510/76, art. 10, inciso III).

---

13. (Cespe - Cartório - TJ - DF/2014) O imposto de transmissão

a) tem lançamento do tipo misto, por declaração ou, em determinadas hipóteses, de ofício.

b) é imposto progressivo.

c) incide sempre sobre a transmissão de bens incorporados ao patrimônio da pessoa jurídica.

d) incide sobre hipoteca.

e) não incide sobre bens imóveis por acessão física.

COMENTÁRIOS

✪ **Nota dos autores:** compete aos Municípios e ao Distrito Federal instituir impostos sobre transmissão *inter vivos*, a qualquer título, por ato oneroso, de bens imóveis, por natureza ou acessão física, e de direitos reais sobre imóveis, exceto os de garantia, bem como cessão de direitos a sua aquisição (CF, art. 156, II), conhecido pela sigla ITBI. Vale ressaltar a existência do imposto de transmissão *causa mortis* e doação, de quaisquer bens ou direitos, de competência dos Estados e do Distrito Federal, conhecido pelas siglas ITCMD ou ITCD.

Alternativa correta: letra "a": são três modalidades de lançamento tributário existentes, quais sejam, o lançamento por declaração (também chamado de misto), o lançamento de ofício (também chamado de direto) e o lançamento por homologação. Na primeira modalidade de lançamento (por declaração ou misto) o sujeito passivo presta declaração com informações sobre matéria de fato, indispensáveis à sua efetivação (CTN, art. 147). A segunda modalidade (direto ou de ofício) é aquela em que é efetuado e revisto de ofício pela autoridade administrativa, nas hipóteses de cabimento elencadas no artigo 149 do CTN. A terceira modalidade (homologação) ocorre quanto aos tributos cuja legislação atribua ao sujeito passivo o dever de antecipar o pagamento sem prévio exame da autoridade administrativa. O ITBI dada a sua particularidade de estar sempre vinculado à lavratura de escritura pública em cartório, adequa-se mais aos lançamentos do tipo misto (por declaração) e de ofício, nos casos excepcionais em que o Fisco exige eventual diferença.

Alternativa "b": incorreta. Não há previsão constitucional para a progressividade no ITBI, como ocorre, por exemplo, com o imposto de renda, com o ITR ou o IPTU.

Alternativa "c": incorreta. Há uma imunidade constitucional proibindo a incidência do ITBI na transmissão de bens incorporados ao patrimônio da pessoa jurídica (CF, art. 156, § 2º, I).

Alternativa "d": incorreta. Na outorga da competência tributária a Carta Constitucional expressamente excluiu a transmissão *inter vivos* dos direitos reais de garantia, que é o caso da hipoteca (CF, art. 156, II).

Alternativa "e": incorreta. O ITBI incide sobre transmissão *inter vivos*, a qualquer título, por ato oneroso, de bens imóveis, **por natureza ou acessão física**, e de direitos reais sobre imóveis, exceto os de garantia, bem como cessão de direitos a sua aquisição (CF, art. 156, II).

---

14. (Cespe - Procurador do MP junto ao TCE-PB/2014) Em determinado estado da Federação, projeto de lei estadual propõe a instituição de cobrança de valor para custear o pagamento da munição utilizada pela força de segurança pública dessa unidade federada, com o fim único de possibilitar que os membros da corporação possam portar armas municiadas.

Com relação a essa situação hipotética, assinale a opção correta.

a) A cobrança que o mencionado estado pretende instituir não poderá ser feita, uma vez que a segurança pública é um serviço público primário.

b) O valor em questão deverá servir para o pagamento dos custos, ou seja, da taxa instituída em razão do exercício do poder de polícia.

c) A proposta em questão é inconstitucional, em virtude de a referida cobrança ser uma taxa e, como tal, não poder ter base de cálculo idêntica à de imposto já existente e que possui finalidade específica de custear a segurança pública no estado.

d) O referido estado poderá instituir a cobrança, por se tratar de tributo na modalidade taxa de serviço.

e) O citado estado poderá instituir a cobrança do referido preço público, por se tratar de serviço público posto à disposição dos contribuintes.

COMENTÁRIOS

✪ **Nota dos autores:** com relação à impossibilidade de instituição de taxa para custear a segurança pública o STF já se pronunciou. "Em face do artigo 144, *caput*, inciso V e parágrafo 5º, da Constituição, sendo a segurança pública, dever do Estado e direito de todos, exercida para a preservação da ordem pública e da incolumidade das pessoas e do patrimônio, através, entre outras, da polícia militar, essa atividade do Estado só pode ser sustentada pelos impostos, e não por taxa, se for solicitada por particular para a sua segurança ou para a de terceiros, a título preventivo, ainda quando essa necessidade decorra de evento aberto ao público. Ademais, o fato gerador da taxa em questão não caracteriza sequer taxa em razão do exercício do poder de polícia, mas taxa pela utilização, efetiva ou potencial, de serviços públicos específicos e divisíveis, o que, em exame compatível com pedido de liminar, não é admissível em se tratando de segurança pública" (ADI, 1942).

Alternativa correta: letra "a": a segurança pública é hipótese em que os serviços são executados em benefício da população em geral (*uti universi*), sem possibilidade de individualização dos respectivos usuários e, consequentemente, da referibilidade a contribuintes determinados, não se prestando para custeio mediante taxa.

Alternativa "b": incorreta. Nos termos da ADI citada na nota dos autores, a segurança pública não é hipótese de incidência de taxa pelo regular exercício do poder de polícia, tampouco pela utilização, efetiva ou potencial, de serviços públicos específicos e divisíveis. A segurança pública só pode ser sustentada por impostos, haja vista que é um serviço destinado a toda a coletividade (*uti universi*), ou seja, não é específico e divisível.

Alternativa "c": incorreta. Inexiste imposto instituído que possua a finalidade específica de custear a segurança pública estadual. Aliás, se existisse, o imposto seria ilegal, haja vista que o teor do artigo 16 do CTN apregoa que "imposto é o tributo cuja obrigação tem por fato gerador uma **situação independente de qualquer atividade estatal específica**, relativa ao contribuinte".

Alternativa "d": incorreta, haja vista que o serviço de segurança pública não é específico e divisível (CTN, art. 79, II e III).

Alternativa "e": incorreta, pois a segurança pública é um serviço propriamente estatal e ínsito à soberania do Estado e, assim, não passível de remuneração por tarifa. Ademais, foge da esfera contratual e facultativa a que pertencem os preços públicos ou tarifas.

---

15. (Cespe – Procurador do MP junto ao TCE-PB/2014) Considerando que um estado da Federação pretenda estabelecer alíquota do imposto sobre a propriedade de veículo automotor (IPVA) para os veículos importados em patamar superior àquela prevista para os veículos nacionais, assinale a opção correta.

a) O referido estado não poderá realizar a referida cobrança da alíquota em função da limitação de que o tributo deve ser uniforme em todo o território nacional.

b) O estado em questão não tem competência tributária para estabelecer a diferença tributária entre bens em razão de sua procedência ou destino.

c) O referido estado possui competência para legislar sobre o IPVA e, portanto, poderá instituir a referida alíquota diferenciada.

d) O estado em questão não possui competência tributária para estabelecer alíquota de IPVA diferente daquela prevista pela CF.

e) O estado em apreço não poderá estabelecer a referida alíquota, porque utilizará alíquota de IPVA com a base de cálculo do imposto de importação.

COMENTÁRIOS

✪ Nota dos autores: o IPVA é de competência dos Estados e do Distrito Federal (CF, art. 155, III). Atualmente, inexiste lei complementar nacional que discipline as normas gerais sobre seu fato gerador, base de cálculo e contribuintes. Nesse sentido, os Estados e o Distrito Nacional assumiram sua competência plena, nos termos do artigo 24, § 3º da Carta Constitucional.

Alternativa correta: letra "b": é proibido aos Estados, ao Distrito Federal e aos Municípios estabelecer diferença tributária entre bens e serviços, de qualquer natureza, em razão de sua procedência ou destino (CF, art. 152).

Alternativa "a": incorreta, já que o fundamento invocado ("limitação de que o tributo deve ser uniforme em todo o território nacional") é aplicável somente à União, nos termos do artigo 151, inciso I, da CF.

Alternativa "c": incorreta. A par do teor do artigo 155, § 6º, inciso I, da CF (o IPVA "terá alíquotas mínimas fixadas pelo Senado Federal"), a verdade é que ao se valer da competência plena para legislar sobre o imposto, o Estado não pode estabelecer uma política de fixação de alíquota que afronte os princípios e as imunidades constitucionais, sob pena de inconstitucionalidade. Assim, a instituição de alíquota diferenciada em razão da procedência do veículo esbarra na limitação contida no artigo 152 da CF.

Alternativa "d": incorreta. A única passagem constitucional que versa sobre alíquotas do IPVA diz respeito à competência do Senado Federal na fixação de seu piso (CF, art. 155, § 6º, I). Portanto, dentro de sua competência plena é o Estado (ou DF) que detém o poder de tributar concernente à fixação da alíquota do IPVA dentro e seus limites territoriais, respeitado apenas o piso estabelecido pelo Senado Federal.

Alternativa "e": incorreta, já que o fundamento invocado ("utilização de alíquota de IPVA na base de cálculo do imposto de importação") não tem previsão constitucional.

16. (Cespe – Procurador do Ministério Público junto ao TCDF/2013) Julgue os itens subsequentes, acerca dos impostos da União.

Nas operações de câmbio, o fato gerador do imposto sobre operações de crédito, câmbio e seguro (IOF) consiste na efetivação da operação – configurada pela entrega de moeda nacional ou estrangeira ou de documento que a represente – ou na colocação à disposição do interessado do montante equivalente à moeda estrangeira ou nacional por ele entregue ou por ele posta à disposição.

COMENTÁRIOS

✪ **Nota dos autores:** o imposto de competência da União sobre operações de crédito, câmbio e seguro, ou relativas a títulos ou valores mobiliários, comumente chamado de imposto sobre operações financeiras (IOF) é classificado como extrafiscal, haja vista que, pela alteração de sua carga tributária, dá-se a intervenção da União na economia (função regulatória), incentivando ou desestimulando determinadas operações financeiras. Inclusive, nos termos do § 1° do artigo 150, da CF, constitui exceção às duas vertentes do Princípio da Anterioridade (exercício e nonagesimal), bem como poderá ter suas alíquotas alteradas pelo Poder Executivo (CF, art. 153, § 1º).

Certo. O item reproduz o teor do artigo 63, inciso II, do CTN, segundo o qual "o imposto, de competência da União, sobre operações de crédito, câmbio e seguro, e sobre operações relativas a títulos e valores mobiliários tem como fato gerador, quanto às operações de câmbio, a sua efetivação pela entrega de moeda nacional ou estrangeira, ou de documento que a represente, ou sua colocação à disposição do interessado em montante equivalente à moeda estrangeira ou nacional entregue ou posta à disposição por este".

Conforme entendimento jurisprudencial assente no STJ, o fato gerador do imposto sobre a importação de produtos estrangeiros consuma-se na data do ingresso da mercadoria importada no país, devendo, por isso, ser aplicada para o cálculo do imposto a alíquota vigente nessa data.

COMENTÁRIOS

✪ **Nota dos autores:** o imposto de importação, a exemplo de outros impostos de caráter extrafiscal, além do objetivo de arrecadação, tem por finalidade constituir um instrumento regulador de mercado, no caso, de grande valia para o Poder Executivo no âmbito do comércio exterior. Para tanto, o artigo 153, § 1º, da CF estabelece em relação a ele uma amenização ao princípio da legalidade tributária, permitindo que o Poder Executivo altere suas alíquotas, nos limites e condições estabelecidos em lei. Especificamente na presente questão, a exigência se refere ao momento do fato gerador do Imposto de Importação, o qual, nos termos do artigo 73 do Decreto 6.759/2009 – Regulamento Aduaneiro, varia segundo diversas situações, ocorrendo: I – na data do registro da declaração de importação de mercadoria submetida a despacho para consumo; II – no dia do lançamento do correspondente crédito tributário, quando se tratar de: a) bens contidos em remessa postal internacional não sujeitos ao regime de importação comum; b) bens compreendidos no conceito de bagagem, acompanhada ou desacompanhada; c) mercadoria constante de manifesto ou de outras declarações de efeito equivalente, cujo extravio tenha sido verificado pela autoridade aduaneira; d) mercadoria estrangeira que não haja sido objeto de declaração de importação, na hipótese em que tenha sido consumida ou revendida, ou não seja localizada; III – na data do vencimento do prazo de permanência da mercadoria em recinto alfandegado, se iniciado o respectivo despacho aduaneiro antes de aplicada a pena de perdimento da mercadoria, na hipótese a que se refere o inciso XXI do art. 689; IV – na data do registro da declaração de admissão temporária para utilização econômica.

Errado. É pacífico o entendimento do STJ no sentido de que, no caso de importação de mercadoria despachada para consumo, "o fato gerador para o imposto de importação consuma-se na data **do registro da Declaração de Importação**" (STJ, REsp 1139922/SP), admitindo o que literalmente dispõe o artigo 73, inciso I, do Decreto 6.759/2009 – Regulamento Aduaneiro.

O fato gerador do imposto sobre a renda e proventos de qualquer natureza é a disponibilidade financeira da renda.

COMENTÁRIOS

✪ **Nota dos autores:** nos termos do artigo 43 do CTN, o imposto sobre a renda e proventos de qualquer natureza tem como fato gerador a aquisição da disponibilidade econômica ou jurídica de renda (assim entendido o produto do capital, do trabalho ou da combinação de ambos) e de proventos de qualquer natureza (assim entendidos os demais acréscimos patrimoniais).

Errado. O fato gerador do imposto de renda não é a disponibilidade financeira da renda, mas sim a aquisição da sua disponibilidade econômica ou jurídica. Por disponibilidade econômica tem-se a faculdade de usar, gozar e dispor do numerário, enquanto por disponibilidade econômica ou jurídica tem-se o direito de crédito não sujeito a condição suspensiva, representado por títulos ou documentos de liquidez e certeza. Na mesma linha tem-se a jurisprudência do STJ, que se reflete no seguinte excerto: "Não se deve confundir disponibilidade econômica com disponibilidade financeira da renda ou dos proventos de qualquer natureza. Enquanto esta última se refere à imediata 'utilidade' da renda, a segunda está atrelada ao simples acréscimo patrimonial, independentemente da existência de recursos financeiros" (Resp 983.134/RS, Rel. Min. Castro Meira, Segunda Turma, julgado em 3.4.2008, DJe 17.4.2008).

17. (Cespe – Procurador do Ministério Público junto ao TCDF/2013) Julgue os itens subsecutivos, referentes aos impostos dos Estados e do DF.

Conforme o entendimento do STF, o ICMS incide sobre a aquisição de *software*, ainda que a compra seja feita mediante transferência eletrônica de dados, sem que haja uma base física que caracterize o *corpus mechanicum* da criação intelectual.

COMENTÁRIOS

✪ **Nota dos autores:** há um precedente do STF (RE 176.626, Rel. Min. Sepúlveda Pertence, Primeira Turma, *DJ* de 11-12-1998) que faz uma distinção sobre o tratamento tributário a ser dispensado ao *software*. Em suma, apregoa que não há incidência de ICMS sobre as operações de licenciamento ou cessão do direito de uso de programas de computador (considerando o *software* aqui como um bem incorpóreo). Por outro lado, deve haver a incidência do ICMS sobre a circulação de cópias ou exemplares dos programas de computador produzidos em série e comercializados no varejo, como a do chamado **software de prateleira** (*off the shelf*), os quais, materializando o *corpus mechanicum* da criação intelectual do programa, constituem mercadorias postas no comércio.

Certo. O item é interessante por tratar da aquisição de *software* que não tem uma base física, ou seja, a compra do *software* ocorre com a transferência eletrônica de dados. O STF, na apreciação da medida liminar da ADI 1945, em 2011, por maioria de votos, propugnou pela incidência (do ICMS) sobre *softwares* adquiridos por meio de transferência eletrônica de dados. Eis o trecho da ementa: "ICMS. Incidência sobre *softwares* adquiridos por meio de transferência eletrônica de dados (art. 2º, § 1º, item 6, e art. 6º, § 6º, ambos da Lei impugnada). Possibilidade. Inexistência de bem corpóreo ou mercadoria em sentido estrito. Irrelevância. O Tribunal não pode se furtar a abarcar situações novas, consequências concretas do mundo real, com base em premissas jurídicas que não são mais totalmente corretas. O apego a tais diretrizes jurídicas acaba por enfraquecer o texto constitucional, pois não permite que a abertura dos dispositivos da Constituição possa se adaptar aos novos tempos, antes imprevisíveis". Cumpre destacar que a ADI ainda não foi definitivamente julgada, sendo que o posicionamento retro refere-se ao julgamento do seu pedido liminar.

Constitui fato gerador do imposto sobre propriedade de veículos automotores (IPVA) a propriedade de veículos automotores, incluindo-se a de embarcações e aeronaves.

COMENTÁRIOS

✪ **Nota dos autores:** compete aos Estados e ao Distrito Federal instituir impostos sobre propriedade de veículos automotores (CF, art. 155, III).

Errado. O STF já firmou entendimento de que o campo de incidência do IPVA **não inclui** as embarcações e aeronaves (STF, Recursos Extraordinários 134.509, 255.111 e 322.799, dentre outros). O argumento é pela interpretação restritiva da expressão "veículos automotores". "A definição do alcance da expressão ´veículos automotores` que deve ser tomada em sua acepção técnica, abrange exclusivamente os veículos de transporte viário ou terrestre; escapam de seu alcance, pois, as aeronaves (aparelho manobrável em vôo, apto a se sustentar e circular no espaço aéreo mediante reações aerodinâmicas e capaz de transportar pessoas e coisas de acordo com a legislação aeronáutica) e embarcações. Se houvesse pretendido abrangê-las, o constituinte deveria ter sido específico" (STF, RE 134.509, Relator Ministro Sepúlveda Pertence).

O imposto de transmissão *causa mortis*, que será devido pela alíquota vigente na data da sentença do processo de inventário, não é exigível antes da homologação do cálculo.

COMENTÁRIOS

✪ **Nota dos autores:** compete aos Estados e ao Distrito Federal instituir impostos sobre transmissão *causa mortis* e doação, de quaisquer bens ou direitos (CF, art. 155, I), conhecido em alguns Estados pela sigla ITCMD e em outros pela sigla ITCD.

Errado. O item baseia-se em duas Súmulas do STF, a 112 ("o imposto de transmissão *causa mortis* é devido pela alíquota vigente ao tempo da abertura da sucessão") e a 114 ("o imposto de transmissão *causa mortis* não é exigível antes da homologação do cálculo"). A primeira parte da assertiva está errada, pois distorce o teor da Súmula 112 ao prever que o ITCMD será devido pela alíquota vigente na data da sentença do inventário (o certo é na data da abertura da sucessão). Já a segunda parte está correta por reproduzir *ipsis literis* a Súmula 114. O erro da primeira parte da frase macula o item todo.

18. (Cespe – Procurador do Ministério Público junto ao TCDF/2013) No que concerne aos impostos de competência dos municípios e do DF, julgue os próximos itens.

O benefício da alíquota fixa do imposto sobre serviços (ISS) alcança as sociedades unipessoais integradas por profissionais que atuem com responsabilidade pessoal e as sociedades empresárias limitadas.

COMENTÁRIOS

✪ **Nota dos autores:** o artigo 9º do Decreto-Lei 406/68 (que não foi revogado pela LC 116/2003) prevê, em seu parágrafo terceiro, a possibilidade de que algumas sociedades sejam tributadas pelo ISS a partir de um valor fixo por profissional (e não sobre o faturamento da pessoa jurídica). Esse valor fixo é "calculado em relação a cada profissional habilitado, sócio, empregado ou não, que preste serviços em nome da sociedade, embora assumindo responsabilidade pessoal, nos termos da lei aplicável" (DL 406/68, art. 9º, § 3º).

Errado. A jurisprudência do Superior Tribunal de Justiça firmou-se no sentido de que o benefício da alíquota fixa do ISS somente é devido às sociedades unipessoais integradas por profissionais que atuam com responsabilidade pessoal, **não alcançando as sociedades empresariais**, como as sociedades por quotas, cuja responsabilidade é limitada ao capital social (AgRg nos EDcl no AREsp 33.365/PR, Rel. Ministro Humberto Martins, Segunda Turma, julgado em 22/11/2011, DJe 25/11/2011).

---

19. (Cespe – Procurador do DF/ 2013) Paulo e Jorge, residentes em Goiânia – GO e sem endereço fixo no DF, iniciaram um negócio de vendas de veículos em uma sala no DF para moradores tanto do DF quanto de outros estados, sendo as operações comerciais todas feitas a pedido de clientes que deixavam seus veículos para venda. Após denúncia, o fisco do DF constatou que as operações de venda dos veículos estavam sendo feitas sem o pagamento do respectivo tributo e que não havia inscrição no cadastro fiscal de qualquer sociedade empresária para a realização de tais operações.

Considerando a situação hipotética acima apresentada, julgue os seguintes itens.

A espécie de tributo gerado em função da operação, inclusive da venda de veículos para pessoas de fora do DF, é o ICMS, dada a existência efetiva de circulação de mercadorias.

COMENTÁRIOS

✪ **Nota dos autores:** compete aos Estados e ao Distrito Federal instituir impostos sobre "operações relativas à circulação de mercadorias e sobre prestações de serviços de transporte interestadual e intermunicipal e de comunicação, ainda que as operações e as prestações se iniciem no exterior" (CF, art. 155, II). Trata-se do ICMS.

Certo. O "negócio de vendas de veículos" gerenciado por Paulo e Jorge nada mais é do que a prática com habitualidade e intuito comercial de operações de circulação de mercadorias, sujeitas ao ICMS, nos termos do artigo 155, inciso II, da CF, c/c artigos 2º, inciso I e 4º da LC 87/96.

---

20. (Cespe – Defensor Público – DF/ 2013) Considerando as limitações do poder de tributar e os impostos dos estados e do DF, julgue os itens que se seguem.

De acordo com o STF, é constitucional a incidência do ISS sobre operações de locação de bens móveis.

COMENTÁRIOS

✪ **Nota dos autores:** o assunto já foi objeto de Súmula Vinculante pelo STF.

Errado. Segundo a Súmula Vinculante 31 "é inconstitucional a incidência do Imposto sobre Serviços de Qualquer Natureza – ISS sobre operações de locação de bens móveis".

Nos serviços de plano de saúde, utiliza-se como base de cálculo do ISS o valor total recebido, ou seja, a mensalidade paga pelo associado à empresa gestora do plano e as quantias repassadas aos terceiros credenciados que prestam o serviço médico.

COMENTÁRIOS

✪ **Nota dos autores:** o STJ tem jurisprudência consolidada sobre o tema, no sentido de que a base de cálculo do ISS nos serviços de plano de saúde é o **valor líquido recebido**, ou seja, da mensalidade paga pelo associado à empresa gestora do plano devem ser deduzidas as quantias repassadas aos terceiros credenciados que prestam o atendimento médico, sob pena de se caracterizar dupla tributação à nova incidência sobre o valor destinado a remunerar esses serviços especializados.

Errado. "No que se refere à base de cálculo, mostra-se ilegítima a incidência do ISS sobre o total das mensalidades pagas pelo titular do plano de saúde à empresa gestora, pois, em relação aos serviços prestados pelos profissionais credenciados, há a incidência do tributo, de modo que a nova incidência sobre o valor destinado a remunerar tais serviços caracteriza-se como dupla incidência de um mesmo tributo sobre uma mesma base imponível. Por tal razão, o valor repassado aos profissionais credenciados deve ser excluído da base de cálculo do tributo devido pela empresa gestora" (REsp 783.022/MG, Rel. Ministra Denise Arruda, Primeira Turma, DJe 16/03/2009).

---

21. (Cespe – Defensor Público – DF/ 2013) No que se refere à obrigação tributária e ao processo judicial tributário, julgue os seguintes itens.

A natureza jurídica do tributo é determinada pelo fato gerador da respectiva obrigação, sendo irrelevantes para qualificá-la as características formais adotadas pela lei.

COMENTÁRIOS

✪ **Nota dos autores:** o gabarito oficial considerou o item certo a partir da literalidade do texto do artigo 4º, inciso I (*in fine*) do CTN.

Certo. O artigo 4º do CTN estipula que "a natureza jurídica específica do tributo é determinada pelo fato gerador da respectiva obrigação, sendo irrelevantes para qualificá-la: (i) a denominação e demais **características formais adotadas pela lei**; (ii) a destinação legal do produto da sua arrecadação". Por oportuno, vale a pena destacar uma reflexão doutrinária que coloca em xeque a efetividade do citado artigo 4º do CTN (ALEXANDRE, Ricardo. *Direito Tributário esquematizado.* 8ª edição, São Paulo: Método, 2014, página 20). Há algumas situações em que as espécies tributárias não são distinguidas pelo fato gerador. Por exemplo, na comparação entre o imposto de renda da pessoa jurídica e a contribuição social sobre o lucro, os fatos geradores são praticamente idênticos. O que diferencia o IRPJ e a CSLL é o nome e o destino do produto arrecadado e não o fato gerador (que é o mesmo nos dois tributos). Entretanto, seja o nome, seja a destinação do produto da arrecadação, ambos são critérios considerados irrelevantes pelo artigo 4º do CTN. Noutro giro, o artigo 145, § 2º, da CF proíbe que as taxas tenham bases de cálculo idênticas às dos impostos, daí a se concluir que, nesse caso, além do fato gerador, torna-se necessário avaliar a base de cálculo na análise para especificar a natureza jurídica de um tributo. Importante dizer que, em geral, a exigência dos concursos públicos se dá pela redação literal do artigo 4º do CTN, a exemplo do que ocorreu na questão ora comentada. Todavia, o candidato deve estar alerta para questões que exigem conhecimentos sobre posicionamentos doutrinários, tal como o aqui exposto.

---

22. (Cespe – Procurador Federal/2013) Relativamente à distinção entre taxa e preço público, julgue o item seguinte.

Enquanto determinado aeroporto for administrado pela INFRAERO, a taxa de embarque que o consumidor pagar classificar-se-á como uma taxa, no sentido de espécie tributária; se for transferida a administração do citado aeroporto para concessionário privado, o referido pagamento passará a ter natureza jurídica de preço público.

COMENTÁRIOS

✪ **Nota dos autores:** a Infraero é uma empresa pública que executa como atividade fim serviços de infraestrutura aeroportuária (em regime de monopólio), constitucionalmente outorgados à União Federal. Nesse sentido, qualifica-se, em razão de sua específica destinação institucional, como entidade delegatária dos serviços públicos a que se refere o art. 21, inciso XII, alínea "c", da CF.

Errado. A Infraero é remunerada, pelos serviços prestados, por meio de Tarifas Aeroportuárias criadas pela Lei nº 6.009, de 26/12/1973, e regulamentadas pelo Decreto nº 89.121, de 6/12/1983 (e não por taxas como constou no item). Isso fica claro na citada lei, cujo artigo 2º dispõe que "a efetiva utilização de áreas, edifícios, instalações, equipamentos, facilidades e serviços de um aeroporto está sujeita ao pagamento referente aos **preços** que incidirem sobre a parte utilizada". Entre as tarifas aeroportuárias, está a **tarifa de embarque**, citada no enunciado da questão, que é "devida pela utilização das instalações e serviços de despacho e embarque da Estação de Passageiros; incide sobre o passageiro do transporte aéreo".

---

23. (Cespe – Defensor Público – TO/2013) No que concerne às contribuições, assinale a opção correta.

a) As contribuições sociais do empregador incidentes sobre a receita poderão ser não cumulativas, conforme o setor da atividade econômica.

b) Com relação às empresas, a CF proíbe a substituição da contribuição incidente sobre folha de salário pela incidente sobre o faturamento.

c) As contribuições residuais para a seguridade social são cumulativas e de competência da União, instituídas por lei complementar, desde que não tenham fato gerador próprio de impostos.

d) As contribuições sociais e de intervenção no domínio econômico incidirão sobre as receitas decorrentes de exportação.

e) As contribuições de interesse das categorias profissionais ou econômicas são de competência da União, dos estados, do DF e dos municípios.

COMENTÁRIOS

✪ **Nota dos autores:** entre as contribuições, não há dúvida de que as Contribuições para a Seguridade Social são as de finalidade social mais ampla, pois custeiam o sistema público que abrange Saúde, Previdência e Assistência Social. Previstas no artigo 195, incisos I a IV, da CF, compreendem as contribuições sociais: I – a cargo do empregador incidentes sobre folhas de salários e demais rendimentos (INSS), sobre a receita ou faturamento (COFINS) e sobre o lucro (CSLL – Contribuição Social sobre o Lucro Líquido); II – a cargo do trabalhador e demais segurados (INSS); III – incidentes sobre concurso de prognósticos; e IV – incidentes sobre o importador de bens ou serviços.

Alternativa correta: letra "a": o texto da alternativa em comento encontra guarida no § 12 do artigo 195 da CF, segundo o qual "a lei definirá os setores de atividade econômica para os quais as contribuições incidentes na forma dos incisos I, b; e IV do *caput*, serão não-cumulativas".

Alternativa "b": incorreta, por afrontar o teor do § 13 do artigo 195 da CF ("aplica-se o disposto no § 12 inclusive na hipótese de substituição gradual, total ou parcial, da contribuição incidente na forma do inciso I, *a*, pela incidente sobre a receita ou o faturamento"). Perceba que não há a proibição mencionada na alternativa.

Alternativa "c": incorreta. O artigo 195, § 4º, da CF disciplina a competência residual da União para a instituição de novas contribuições sociais para a seguridade social ("a lei poderá instituir outras fontes destinadas a garantir a manutenção ou expansão da seguridade social, obedecido ao disposto no art. 154, I"). Observe que o dispositivo normativo reproduzido apregoa a obediência ao artigo 154, inciso I, da Carta Constitucional, pelo qual a União poderá instituir "mediante lei complementar, impostos não previstos no artigo anterior, desde que sejam não-cumulativos e não tenham fato gerador ou base de cálculo próprios dos discriminados nesta Constituição". Logo, as novas contribuições deverão ser **não-cumulativas**, motivo pelo qual a alternativa está errada.

Alternativa "d": incorreta. O artigo 149, § 2º, inciso I, da CF prevê a imunidade das contribuições sociais e de intervenção no domínio econômico no tocante às receitas decorrentes de exportação.

Alternativa "e": incorreta. A competência para a instituição das contribuições de interesse das categorias profissionais ou econômicas não é concorrente. Na verdade, trata-se de competência privativa da União, nos termos do *caput* do artigo 149 da CF.

---

24. (Cespe – Juiz de Direito Substituto – MA/ 2013) Assinale a opção correta de acordo com a CF, o CTN e a jurisprudência dos Tribunais superiores.

a) Para a caracterização da capacidade tributária passiva, exige-se que a pessoa jurídica esteja regularmente constituída.

b) São isentos de imposto de renda as indenizações de férias proporcionais e o respectivo adicional.

c) Segundo o STF, a previsão constitucional de adequado tratamento tributário ao ato cooperativo praticado pelas sociedades cooperativas equivale a privilégio ou favorecimento em relação a qualquer tributo.

d) Segundo o CTN, interpreta-se literalmente a legislação tributária que disponha sobre suspensão ou exclusão do crédito tributário e outorga de isenção, sendo expressamente admitida, no entanto, a interpretação extensiva para a dispensa do cumprimento de obrigações tributárias acessórias.

COMENTÁRIOS

✪ **Nota dos autores:** como constou no próprio enunciado, é importante que, além da legislação, o candidato esteja a par das Súmulas e dos Informativos dos Tribunais Superiores, haja vista a constante exigência de precedentes jurisprudenciais nos concursos públicos.

Alternativa correta: letra "b": o assunto já se encontra sumulado pelo STJ (**Súmula 386:** "são isentas de imposto de renda as indenizações de férias proporcionais e o respectivo adicional").

Alternativa "a": incorreta. A capacidade tributária passiva **independe** de estar a pessoa jurídica regularmente constituída, bastando que configure uma unidade econômica ou profissional (CTN, art. 126, III).

Alternativa "c": incorreta. A referida previsão constitucional reserva à lei complementar estabelecer normas gerais relativas ao adequado tratamento tributário do ato cooperativo (CF, art. 146, III, "c"). Essa previsão constitucional não equivale a uma imunidade constitucional, tampouco a privilégio ou favorecimento relativo a qualquer tributo. A jurisprudência segue essa linha, a exemplo da seguinte decisão: "O fato de a Constituição determinar que seja estabelecido adequado tratamento tributário ao ato cooperativo **não veda a incidência de CPMF** sobre as movimentações financeiras efetuadas pelas sociedades cooperativas" (RE 437.776-AgR, Rel. Min. Ricardo Lewandowski, julgamento em 2-12-2010, Primeira Turma, *DJE* de 1º-2-2011). No mesmo sentido: AI 740.269-AgR, rel. min. Gilmar Mendes, julgamento em 18-9-2012, Segunda Turma, *DJE* de 3-10-2012. **"O art. 146, III, c, da CF, não implica imunidade ou tratamento necessariamente privilegiado às cooperativas"** (AC 2.209-AgR, Rel. Min. Joaquim Barbosa, julgamento em 2-3-2010, Segunda Turma, *DJE* de 26-3-2010).

Alternativa "d": a alternativa apresenta uma incorreção no ponto em que apregoou a interpretação extensiva para a dispensa do cumprimento das obrigações tributárias acessórias. Na verdade, segundo o artigo 111, inciso III, do CTN, tal dispensa de cumprimento deve ser interpretada literalmente.

---

25. (Cespe – Juiz de Direito Substituto – MA/ 2013) Considerando o princípio da anterioridade e a interpretação das leis tributárias, e outros aspectos relacionados ao direito tributário, assinale a opção correta.

a) Em regra, o ICMS é considerado um imposto plurifásico, mas a própria CF prevê hipótese excepcional de incidência monofásica do ICMS.

b) Segundo o STF, o prazo da anterioridade nonagesimal começa a ser contado a partir da promulgação da lei que resulte da conversão de medida provisória editada, e não da publicação da medida provisória que institua ou modifique contribuição.

c) Consoante entendimento consolidado no STF, os convênios celebrados pelo Poder Executivo exigem a ratificação do Poder Legislativo.

d) Na atual legislação tributária, não se admitem interpretações *in dubio contra fiscum* e pro lege, sendo atualmente aplicável a interpretação *in dubio pro fisco*.

COMENTÁRIOS

✪ **Nota dos autores:** o enunciado menciona em seus "considerandos" o princípio da anterioridade, que apresenta duas vertentes (anual e nonagesimal). Em linhas gerais, pelo princípio da anterioridade anual, é vedado aos entes federativos cobrar tributos no mesmo exercício financeiro em que tenha sido publicada a lei que os instituiu ou aumentou (CF, art. 150, III, "b"). Já pelo princípio da anterioridade nonagesimal, é vedado aos entes federativos cobrar tributos antes de decorridos noventa dias da data em que haja sido publicada a lei que os instituiu ou aumentou, observada a anterioridade anual (CF, art. 150, III, "c").

Alternativa correta: letra "a": o princípio da não-cumulatividade faz o ICMS ser considerado um imposto plurifásico, porém **sem permitir** a tributação **em cascata**, ao dispor que "(o ICMS) será não-cumulativo, compensando-se o que for devido em cada operação relativa à circulação de mercadorias ou prestação de serviços com o montante cobrado nas anteriores pelo mesmo ou outro Estado ou pelo Distrito Federal" (CF, art. 155, § 2º, I). Entretanto, o próprio texto constitucional prevê a incidência monofásica do ICMS. É o que se depreende do teor do artigo 155, § 2º, inciso XII, alínea "h", pelo qual caberá à lei complementar "definir os combustíveis e lubrificantes sobre os quais o **imposto incidirá uma única vez**, qualquer que seja a sua finalidade, hipótese em que não se aplicará o disposto no inciso X, *b*".

Alternativa "b": incorreta. Veja o que o STF já decidiu sobre o assunto: "a anterioridade nonagesimal (foi) cumprida durante período no qual a novel norma tributária ainda era enunciada por medida provisória. O prazo de noventa dias conta-se da publicação primitiva do enunciado prescritivo que cria ou majora tributo. Precedentes de ambas as turmas e do Plenário do STF" (AI 749301 AgR/SP).

Alternativa "c": incorreta. A jurisprudência do Supremo Tribunal Federal é firme no sentido de que a regra que subordina a celebração de acordos ou convênios firmados por órgãos do Poder Executivo à autorização prévia ou ratificação da Assembleia Legislativa, fere o princípio da independência e harmonia dos poderes (CF, art. 2º). Esse texto consta na ementa da ADI 342/PR.

Alternativa "d": incorreta. Ao contrário do que constou, o CTN acolheu no campo tributário a tradicional regra hermenêutica do *in dubio pro reo*, tratada pela doutrina como **in dubio pro contribuinte**, ao estabelecer, no seu artigo 112, que **a lei tributária que define infrações, ou lhe comina penalidades, deve ser interpretada da maneira mais favorável ao acusado**, em caso de dúvida quanto: I – à capitulação legal do fato; II – à natureza ou às circunstâncias materiais do fato, ou à natureza ou extensão dos seus efeitos; III – à autoria, imputabilidade, ou punibilidade; IV – à natureza da penalidade aplicável, ou à sua graduação.

26. (Cespe – Juiz Federal Substituto 5ª região/2013) À luz da jurisprudência dos tribunais superiores, assinale a opção correta.

a) A ausência de notificação ao contribuinte acerca do ato de lançamento do crédito tributário a ele concernente não implica, necessariamente, nulidade do lançamento e da execução fiscal nele fundada.

b) Em embargos à execução, é inadmissível compensar os valores do IR retidos indevidamente na fonte com os valores restituídos apurados na declaração anual.

c) No caso de mercadoria importada para consumo, o fato gerador do imposto de importação ocorre na data do registro da declaração de importação do bem, devendo a alíquota vigente nessa data ser aplicada no cálculo do imposto.

d) É possível ao juiz, de ofício, conceder ao contribuinte a remissão de crédito tributário vencido há cinco anos ou mais cujo valor consolidado seja igual ou inferior a R$ 10 mil, prescindindo-se, nesse caso, de prévia verificação da eventual existência de outros débitos junto à Procuradoria-Geral da Fazenda Nacional ou à Receita Federal do Brasil.

e) Os estados e o DF são partes ilegítimas na ação de restituição de IR retido na fonte proposta por seus servidores.

COMENTÁRIOS

✪ **Nota dos autores:** mais uma questão que exige do candidato profundos conhecimentos sobre os principais julgados em matéria tributária. Por oportuno, reforça-se a dica de que sejam estudados as súmulas e os informativos dos Tribunais Superiores.

Alternativa correta: letra "c": a jurisprudência do STJ é no sentido de que, no caso de importação de mercadoria despachada para consumo, o fato gerador do imposto de importação ocorre na data do registro da declaração de importação. Desse modo, deve ser aplicada para o cálculo do imposto a alíquota vigente nessa data (Precedentes: EDcl no REsp 1.000.829/ES, Rel. Min. Luiz Fux, Primeira Turma, DJe 17.6.2010; AgRg no Ag 1.155.843/RJ, Rel. Min. Castro Meira, Segunda Turma, DJe 30.9.2009; REsp 1.046.361/RJ, Rel. Min. Eliana Calmon, Segunda Turma, DJe 5.3.2009; REsp 139.658/PR, Rel. Min. Milton Luiz Pereira, Primeira Turma, DJ 28.5.2001). Assim também dispõe o artigo 73, inciso I, do Regulamento Aduaneiro.

Alternativa "a": incorreta. "Insere-se nas garantias da ampla defesa e do contraditório a notificação do contribuinte do ato de lançamento que a ele respeita. A sua ausência implica a nulidade do lançamento e da Execução Fiscal nele fundada" (STJ, REsp 1.073.494/RJ).

Alternativa "b": incorreta. O STJ já sumulou o assunto no sentido contrário ao da alternativa (**Súmula**

394: "é admissível, em embargos à execução, compensar os valores de imposto de renda retidos indevidamente na fonte com os valores restituídos apurados na declaração anual").

Alternativa "d": incorreta. No recurso especial representativo de controvérsia nº 1.208.935/AM o STJ especificou que a remissão prevista no artigo 14 da Lei 11.941/09 não pode ser pronunciada de ofício pelo magistrado, analisando isoladamente o valor cobrado em uma execução fiscal, sem questionar a Fazenda Pública sobre a existência de outros débitos que somados impediriam o contribuinte de gozar do benefício.

Alternativa "e": incorreta. O STJ já sumulou o assunto no sentido contrário ao da alternativa (**Súmula 447**: "os Estados e o Distrito Federal são partes legítimas na ação de restituição de imposto de renda retido na fonte proposta por seus servidores").

27. (Cespe – Juiz Federal Substituto 1ª região/2013) No que se refere às espécies tributárias, aos impostos federais e às receitas públicas, assinale a opção correta.

a) Para a incidência do imposto de renda das pessoas físicas, considera-se, independentemente da denominação dos rendimentos e da nacionalidade da fonte, o benefício do contribuinte, por qualquer forma e a qualquer título.

b) O imposto sobre produtos industrializados, apesar de constituir importante instrumento de política econômica, desestimula o setor exportador, pois incide sobre a produção industrial destinada a outros países.

c) Como forma de fortalecer o papel do Estado no desenvolvimento econômico, a legislação referente ao imposto de renda prevê o favorecimento das empresas públicas e das sociedades de economia mista, dando-lhes tratamento distinto ao dado às demais pessoas jurídicas.

d) Taxa instituída pela União pelo exercício do poder de polícia, por ser receita tributária, classifica-se legalmente como receita de capital.

e) Dado seu caráter regressivo, o imposto sobre propriedade territorial não desestimula a manutenção de propriedades improdutivas.

COMENTÁRIOS

✪ **Nota dos autores:** as competências tributárias para instituição de impostos possuem caráter exclusivo, isto é, cada um dos 13 impostos previstos na CF é de competência de um ente federativo específico, sendo 7 impostos federais (CF, art. 153), 3 estaduais (CF, art. 155) e 3 municipais (CF, art. 156). Há, também, competências específicas da União em relação a impostos nos territórios federais (CF, art. 147) e para impostos de competência residual e impostos extraordinários (CF, art. 154). Ao Distrito Federal cabem os impostos estaduais e municipais (CF, art. 147).

Alternativa correta: letra "a": condizente com o teor do artigo 43, § 1º, do CTN ("a incidência do imposto independe da denominação da receita ou do rendimento, da localização, condição jurídica ou nacionalidade da fonte, da origem e da forma de percepção") e com o artigo 3º, § 4º, da Lei 7.713/88 ("a tributação independe da denominação dos rendimentos, títulos ou direitos, da localização, condição jurídica ou nacionalidade da fonte, da origem dos bens produtores da renda, e da forma de percepção das rendas ou proventos, bastando, para a incidência do imposto, o benefício do contribuinte por qualquer forma e a qualquer título").

Alternativa "b": incorreta. O IPI não incidirá sobre produtos industrializados destinados ao exterior. Imunidade tributária prevista no artigo 153, § 3º, inciso III, da CF.

Alternativa "c": incorreta. As empresas públicas e as sociedades de economia mista não poderão gozar de privilégios fiscais não extensivos às do setor privado (CF, art. 173, § 2º).

Alternativa "d": incorreta. A Lei 4.320/64 classifica as receitas como **correntes** e de **capital**. As primeiras são "as receitas tributárias, de contribuições, patrimonial, agropecuária, industrial, de serviços e outras e, ainda, as provenientes de recursos financeiros recebidos de outras pessoas de direito público ou privado, quando destinadas a atender despesas classificáveis em Despesas Correntes". Já as segundas "são as provenientes da realização de recursos financeiros oriundos de constituição de dívidas; da conversão, em espécie, de bens e direitos; os recursos recebidos de outras pessoas de direito público ou privado, destinados a atender despesas classificáveis em Despesas de Capital e, ainda, o *superávit* do Orçamento Corrente" (Lei 4.320/64, art. 11, §§ 1º e 2º). Logo, as taxas, por terem natureza tributária, são receitas correntes (e não de capital).

Alternativa "e": incorreta. Muito pelo contrário, o ITR será progressivo e terá suas alíquotas fixadas de forma a desestimular a manutenção de propriedades improdutivas (CF, art. 153, § 4º, I).

28. (Cespe – Juiz de Direito Substituto – RN/2013) Considerando o conceito e as espécies de tributo, assinale a opção correta.

a) Em que pese o CTN indicar que existem apenas três espécies de tributo, o STF consagrou o entendimento de que o sistema tributário nacional abrange os impostos, taxas, contribuições de melhorias, empréstimos compulsórios e contribuições parafiscais e especiais.

b) A União, mediante lei complementar, poderá instituir empréstimos compulsórios para atender a despesas extraordinárias decorrentes de calamidade pública, de guerra externa ou sua iminência e, neste último caso, a devolução do valor arrecadado poderá ser feita em títulos da dívida pública.

c) Imposto consiste em tributo cujo fato gerador representa situação que depende de uma atividade estatal específica em relação ao contribuinte.

d) A contribuição de melhoria, cujo fato gerador é o gasto público com obra realizada nas proximidades do imóvel, pode ser instituída pela União, pelos estados, pelo DF e pelos municípios.

e) O serviço de iluminação pública, dada a sua natureza jurídica, deve ser remunerado mediante taxa instituída pelo município ou pelo DF, observados os princípios da anterioridade anual e nonagesimal.

COMENTÁRIOS

✪ **Nota dos autores:** embora o artigo 5º do CTN classifique os tributos em três espécies (impostos, taxas e contribuições de melhoria), interpretando-se o CTN conforme recepcionado pela CF, é possível concluir que a classificação tripartite é incompleta. Deve prevalecer, então, a classificação quinquipartite, que acrescenta entre as espécies tributárias o empréstimo compulsório (CF, art. 148) e as contribuições (compreendem todas as demais contribuições previstas na CF, tais como as dos artigos 149, 149-A, 195 etc). Eis, aliás, a linha de raciocínio consagrada pelo Supremo Tribunal Federal no histórico julgamento da ADI 447.

Alternativa correta: letra "a": a classificação quinquipartite ou pentapartite das espécies tributárias foi consagrada pelo STF no julgamento da ADI 447. "Os tributos, nas suas diversas espécies, compõem o Sistema Constitucional Tributário brasileiro, que a Constituição inscreve nos seus arts. 145 a 162. Tributo, sabemos todos, encontra definição no art. 3° do CTN, definição que se resume, em termos jurídicos, no constituir ele uma obrigação que a lei impõe às pessoas, de entrega de uma certa importância em dinheiro ao Estado. As obrigações são voluntárias ou legais. As primeiras decorrem da vontade das partes, assim, do contrato; as legais resultam da lei, por isso são denominadas obrigações *ex lege* e podem ser encontradas tanto no direito público quanto no direito privado. A obrigação tributária, obrigação *ex lege*, a mais importante do direito público, 'nasce de um fato qualquer da vida concreta, que antes havia sido qualificado pela lei como apto a determinar o seu nascimento.' (Geraldo Ataliba, *'Hermenêutica e Sistema Constitucional Tributário'*, in *'Diritto e pratica tributaria'*, volume L, Padova, Cedam, 1979). As diversas espécies tributárias, determinadas pela hipótese de incidência ou pelo fato gerador da respectiva obrigação (CTN, art. 4°), são a) os impostos (CF, art. 145, I, arts. 153, 154, 155 e 156), b) as taxas (CF, art. 145, II), c) as contribuições, que são c.l) de melhoria (CF, art. 145, III), c.2) sociais (CF, art. 149), que, por sua vez, podem ser c.2.1) de seguridade social (CF, art. 195, CF, 195, § 4°) e c.2.2) salário educação (CF, art. 212, § 5°) e c.3) especiais: c.3.1.) de intervenção no domínio econômico (CF, art. 149) e c.3.2) de interesse de categorias profissionais ou econômicas (CF, art. 149). Constituem, ainda, espécie tributária, d) os empréstimos compulsórios (CF, art. 148)." (ADI 447, Rel. Min. Octavio Gallotti, voto do Min. Carlos Velloso, julgamento em 5-6-1991, Plenário, *DJ* de 5-3-1993).

Alternativa "b": incorreta no ponto referente à possibilidade de restituição do valor arrecadado em títulos da dívida pública. Há precedente no STF no sentido de que a restituição do que for arrecadado pelo empréstimo compulsório deve ser feita em dinheiro (STF, 175.385/CE).

Alternativa "c": incorreta, por distorcer o conceito de imposto estipulado no artigo 16 do CTN ("imposto é o tributo cuja obrigação tem por fato gerador uma situação **independente** de qualquer atividade estatal específica, relativa ao contribuinte").

Alternativa "d": incorreta. A contribuição de melhoria é o tributo vinculado que tem por fato gerador **a valorização de imóvel do contribuinte, decorrente de obra pública** (CF, art. 145, III e CTN, art. 81). A competência tributária de fato é concorrente, mas o fato gerador não é o gasto com a obra pública, mas, sim a valorização imobiliária decorrente.

Alternativa "e": incorreta. O serviço de iluminação pública não é específico e divisível, razão pela qual **não pode ser remunerado por taxa** (CF, art. 145, II e inteligência da Súmula Vinculante 41). Porém, é lícito aos municípios e ao Distrito Federal instituir **contribuição** para custeio do referido serviço (CF, art. 149-A), facultada a sua cobrança na fatura de consumo de energia elétrica (CF, art. 149-A, parágrafo único).

---

29. (Cespe – Juiz de Direito Substituto – MA/ 2013) Assinale a opção correta acerca do ajuizamento de ações em matéria tributária, competência tributária e taxa.

a) São funções da CF outorgar competência tributária aos entes federados, inaugurar as limitações constitucionais ao poder de tributar, enumerar exaustivamente as espécies tributárias e prever as hipóteses de repartição de receita.

b) Segundo o STF, não ofende a CF a taxa judiciária calculada sem limite sobre o valor da causa.

c) A jurisprudência do STF já afirmou reiteradamente a possibilidade de exigência de depósito prévio como requisito de admissibilidade de ação judicial na qual se pretenda discutir a exigibilidade de crédito tributário.

d) De acordo com a jurisprudência do STJ, é possível o manejo de mandado de segurança com o intuito de convalidar compensação tributária realizada pelo contribuinte.

COMENTÁRIOS

✪ **Nota dos autores:** o Capítulo I do Título VI da Constituição Federal é dedicado ao Sistema Tributário Nacional. Veicula o conjunto de normas de estatura constitucional que devem constituir o fundamento de toda a legislação tributária infraconstitucional, ou seja, toda a legislação tributária deve seguir as diretrizes da CF, sem poder contrariá-las. Portanto, o Sistema Tributário Nacional ou Sistema Jurídico Tributário compreende toda a legislação fundamentada no Capítulo I do Título VI da Constituição Federal, que poderia perfeitamente ter sido chamado de "Sistema Constitucional Tributário". Eis a tônica da alternativa correta, conforme adiante comentado. Quanto às demais alternativas, mais uma vez, é intensa a cobrança do teor literal de súmulas dos tribunais superiores.

Alternativa correta: letra "a": o citado Sistema Tributário Nacional, fundamentalmente, abrange as competências tributárias e as limitações ao poder de tributar. Por meio das competências, atribui-se parcelas do poder de tributar a cada uma das pessoas políticas (União, Estados, Distrito Federal e Municípios). Já as limitações ao poder de tributar são estabelecidas na Constituição justamente para impor freios ao exercício das competências, evitando abusos por parte dos entes tributantes. Compreendem os princípios e as imunidades. O capítulo do Sistema Tributário Nacional também é dedicado às repartições das receitas tributárias entre os entes federativos, estabelecidas mediante normas que obrigam as pessoas políticas a partilharem com outras os resultados de suas arrecadações de tributos. O objetivo dessas normas é trazer harmonia ao campo das receitas, corroborando para o chamado equilíbrio federativo.

Alternativa "b": incorreta. **Súmula 667, do STF:** "viola a garantia constitucional de acesso à jurisdição a taxa judiciária calculada sem limite sobre o valor da causa".

Alternativa "c": incorreta. **Súmula vinculante 28 (STF):** "é inconstitucional a exigência de depósito prévio como requisito de admissibilidade de ação judicial na qual se pretenda discutir a exigibilidade do crédito tributário".

Alternativa "d": incorreta. **Súmula 460, do STJ:** "é incabível o mandado de segurança para convalidar a compensação tributária realizada pelo contribuinte".

---

30. (Cespe – Procurador BACEN/2013) Assinale a opção correta em relação a taxas e preços públicos.

a) As taxas, diferentemente dos preços públicos, são compulsórias e condicionam-se ao princípio da anterioridade.

b) O valor que remunera a contraprestação de um serviço público essencial de forma compulsória é tratado como preço público.

c) As taxas podem ser instituídas por normas administrativas, ao passo que os preços devem ser fixados por lei.

d) Os preços públicos são considerados receitas derivadas, havendo, portanto, discricionariedade em seu pagamento.

e) As taxas remuneram serviços públicos e, portanto, são consideradas receitas originárias.

COMENTÁRIOS

✪ **Nota dos autores:** em linhas gerais, taxa é tributo (art. 77 do CTN) e preço público (ou tarifa) não. As taxas estão submetidas ao regime de direito tributário, enquanto as tarifas ou preços públicos ao regime de direito privado, com natureza contratual.

Alternativa correta: letra "a": as taxas possuem natureza tributária (e, portanto, devem respeitar os princípios tributários, dentre eles o da anterioridade), diferente da tarifa (ou preço público), de natureza contratual. Segundo a Súmula 545 do STF, "preços de serviços públicos e taxas não se confundem, porque estas, diferentemente daqueles, são compulsórias e têm sua cobrança condicionada à prévia autorização orçamentária, em relação à lei que as instituiu". Na citada súmula, a expressão "exigência de prévia previsão orçamentária" refere-se ao superado Princípio da Anualidade (previsto na carta constitucional anterior). Atenção que, como o STF não revogou a Súmula 545, algumas bancas examinadoras continuam cobrando o seu texto literal e integral.

Alternativa "b": incorreta. O serviço compulsório tido como essencial ao interesse público é remunerado por taxa (STF, ADI 447).

Alternativa "c": incorreta. As taxas têm natureza tributária e, portanto, devem ser instituídas por lei (CF, arts. 145, II c/c 150, I).

Alternativas "d" e "e": incorretas. As taxas são classificadas como receitas públicas derivadas, já os preços públicos são receitas públicas originárias. "Tributo é a receita derivada instituída pelas entidades de direito público, compreendendo os impostos, as taxas e contribuições nos termos da constituição e das leis vigentes em matéria financeira, destinando-se o seu produto ao custeio de atividades gerais ou especificas exercidas por essas entidades" (Lei 4.320/64, art. 9º).

---

31. (Cespe – Procurador BACEN/2013) Considere que a União pretenda instituir a cobrança de imposto de renda no percentual de 20% sobre os rendimentos auferidos com títulos da dívida pública de determinado estado. Nessa situação hipotética, a referida cobrança

a) é possível, caso a União institua idêntica alíquota sobre os rendimentos auferidos em títulos públicos da dívida pública federal.

b) é inconstitucional, visto que o estado não pode sofrer cobrança de outro ente da Federação.

c) tem amparo legal, dado o princípio da uniformidade.

d) é ilegal, por violar o princípio da imunidade recíproca.

e) é vedada à União, pois corresponde à aplicação em títulos da dívida estadual.

COMENTÁRIOS

✪ **Nota dos autores:** é vedado à União "**tributar a renda das obrigações da dívida pública dos Estados, do Distrito Federal e dos Municípios,** bem como a remuneração e os proventos dos respectivos agentes públicos, **em níveis superiores aos que fixar para suas obrigações** e para seus agentes" (CF, art. 151, II).

Alternativa correta: letra "a": coaduna-se com o teor do artigo 151, inciso II, da CF.

Alternativas "b", "d" e "e": incorretas. A hipótese do enunciado não é ilegal, inconstitucional, ou vedada, por dois motivos. Primeiro, pela inaplicabilidade da imunidade recíproca. Por esta imunidade, é vedado aos entes tributantes instituir impostos sobre o patrimônio, a renda e os serviços uns dos outros (CF, art. 150, VI, "a"). Ocorre que o enunciado se refere aos rendimentos auferidos em títulos da dívida pública do Estado (e não em rendimentos do Estado propriamente dito). Segundo, pelo fato da Carta Constitucional expressamente permitir tal tributação (sobre a renda das obrigações da dívida pública), na interpretação do artigo 151, inciso II, da CF.

Alternativa "c": incorreta. A exigência tem amparo constitucional, porém o fundamento não é o Princípio da Uniformidade previsto no artigo 151, inciso I, da CF, e sim o inciso II do mesmo artigo, como bem disposto na nota dos autores.

---

32. (Cespe – Advogado da União/2012) Julgue os itens seguintes, a respeito do Sistema Tributário Nacional.

Os Estados e o DF podem estabelecer alíquotas internas de ICMS inferiores às previstas para as operações interestaduais.

COMENTÁRIOS

✪ **Nota dos autores:** a disciplina constitucional do ICMS, principal imposto dos Estados, está prevista no artigo 155, inciso II e parágrafos segundo a quinto, cuja leitura é ora sugerida.

Errado. Salvo deliberação em contrário dos Estados e do Distrito Federal, nos termos do disposto no inciso XII, alínea "g" do § 2º do artigo 155 da CF, as alíquotas internas, nas operações relativas à circulação de mercadorias e nas prestações de serviços, **não poderão** ser inferiores às previstas para as operações interestaduais (CF, art. 155, § 2º, VI).

2. LIMITAÇÕES CONSTITUCIONAIS AO PODER DE TRIBUTAR

---

33. (Cespe – Promotor de Justiça – MPE – RR/2017) Lei municipal antecipou a data de recolhimento da taxa de coleta de lixo do dia dez para o dia sete do mês seguinte ao do fato gerador.

Nessa situação, segundo o entendimento do STF, a referida lei municipal

A) não se sujeitará nem ao princípio da anterioridade anual nem ao da anterioridade nonagesimal.

B) sujeitar-se-á ao princípio da anterioridade anual.

C) sujeitar-se-á ao princípio da anterioridade nonagesimal.

D) não se sujeitará ao princípio da anterioridade anual, mas sujeitar-se-á ao da anterioridade nonagesimal.

COMENTÁRIOS

✪ **Nota dos autores:** a fixação do prazo de recolhimento de tributo não é matéria que deve, necessariamente, estar prevista em lei. As matérias reservadas à previsão em lei são aquelas elencadas no artigo 97 do CTN (Princípio da Estrita Legalidade Tributária). Nesse sentido, tem-se a Súmula vinculante nº 50 (anterior Súmula 669 do STF): "Norma legal que altera o prazo de recolhimento da obrigação tributária não se sujeita ao princípio da anterioridade". O entendimento vale, indistintamente, para as duas vertentes do princípio da anterioridade: anual (anterioridade do exercício) e noventena (anterioridade nonagesimal).

Alternativa correta: letra "a". Coerente com o exposto na nota dos autores, sobretudo com base na interpretação do STF consagrada na Súmula vinculante nº 50, está correto dizer que a lei municipal que altera data de recolhimento (pagamento) da taxa de coleta de lixo **não** se sujeitará nem ao princípio da anterioridade anual nem ao da anterioridade nonagesimal.

Demais alternativas: todas estão incorretas por, equivocadamente, submeterem a alteração do prazo de recolhimento da taxa municipal ao princípio da anterioridade.

---

34. (Cespe – Promotor de Justiça – MPE – RR/2017) A imunidade tributária assegurada às instituições de educação sem fins lucrativos garante imunidade apenas para os

A) impostos, não vedando a instituição de outras modalidades de tributos.

B) tributos que incidam sobre sua renda e seu patrimônio, não afastando a cobrança de tributos que incidam sobre os serviços por elas prestados.

C) impostos e contribuições sociais, não impedindo a cobrança de taxas, empréstimos compulsórios e contribuições de melhoria.

D) tributos de competência da União, não prevendo a não incidência de tributos que sejam de competência dos estados, dos municípios ou do DF.

COMENTÁRIOS

✪ **Nota dos autores:** a imunidade tributária assegurada às instituições de educação sem fins lucrativos está prevista no artigo 150, inciso VI, alínea "c", da CF/88, cujo teor assevera que é vedado aos entes federativos tributantes "instituir impostos sobre patrimônio, renda ou serviços dos partidos políticos, inclusive suas fundações, das entidades sindicais dos trabalhadores, das instituições de educação e de assistência social, sem fins lucrativos, atendidos os requisitos da lei". Observe que o texto constitucional contempla apenas a imunidade em relação à espécie tributária denominada "imposto", não abrangendo, *a contrário sensu*, as demais espécies tributárias.

Alternativa correta: letra "a". Como bem visto na nota dos autores, a imunidade em questão restringe-se aos impostos, não abrangendo as outras modalidades de tributos.

Alternativa "b": incorreta, uma vez que a imunidade em comento abarca os impostos (e não tributos) sobre patrimônio, renda e serviços (CF, art. 150, VI, "c").

Alternativa "c": incorreta, no ponto em que extravasa a abrangência da imunidade em questão também para as contribuições sociais, quando apenas os impostos estão imunes, como bem visto na nota dos autores.

Alternativa "d": incorreta, seja por estender a imunidade a tributos (a verdade é que abrange somente os impostos), seja por restringir aos de competência da União (quando o texto constitucional não traz essa restrição).

35. (Cespe – Procurador do Estado – PGE – SE/2017) Considerando-se as limitações ao poder de tributar previstas no texto constitucional, é juridicamente admissível que um ente público estadual institua a cobrança de

A) ICMS incidente sobre a comercialização de jornais impressos.

B) ICMS com alíquotas diferenciadas em razão da ocupação profissional do contribuinte.

C) taxa referente a um serviço prestado à União.

D) taxa a ser cobrada no mesmo exercício financeiro em que for publicada a lei que a instituir.

E) IPVA incidente sobre veículos terrestres pertencentes ao poder público municipal e utilizados para transportar autoridades.

COMENTÁRIOS

✪ **Nota dos autores:** "agravo regimental no agravo de instrumento. Tributário. IPTU. Porto de Santos. Imunidade recíproca. Taxas. Honorário advocatício. Sucumbência. 1. Imóveis situados no porto, área de domínio público da União, e que se encontram sob custódia da companhia, em razão de delegação prevista na Lei de Concessões Portuárias. Não-incidência do IPTU, por tratar-se de bem e serviço de competência atribuída ao poder público (artigos 21, XII, 'f' e 150, VI, da Constituição Federal). **2. Taxas. Imunidade. Inexistência, uma vez que o preceito constitucional só faz alusão expressa a imposto, não comportando a vedação a cobrança de taxas.** Agravo regimental a que se nega provimento" (AI 458856 AgR, Relator Ministro Eros Grau, Primeira Turma, julgamento em 5.10.2004, DJ de 20.4.2007).

Alternativa correta: letra "c". As taxas não se sujeitam à imunidade recíproca, uma vez que o artigo 150, inciso VI, alínea "a", da CF/88 se refere expressamente à espécie tributária "impostos". Segundo tal norma, é vedado aos entes federativos tributantes "instituir impostos sobre patrimônio, renda ou serviços, uns dos outros". Nesse sentido, é plenamente possível a cobrança de uma taxa de serviço prestado pelo Estado à União, inclusive com precedente jurisprudencial (vide nota dos autores).

Alternativa "a": incorreta, pois essa cobrança (ICMS sobre comercialização de jornais impressos) esbarra na imunidade cultural (ou informativa) prevista no artigo 150, inciso VI, alínea "d", da CF/88, segundo a qual é vedado aos entes federativos tributantes instituir impostos sobre "livros, **jornais**, periódicos e o papel destinado a sua impressão".

Alternativa "b": incorreta, pois essa cobrança (ICMS com alíquotas diferenciadas em razão da ocupação profissional do contribuinte) esbarra no Princípio da Isonomia, segundo o qual é vedado aos entes federativos tributantes "instituir tratamento desigual entre contribuintes que se encontrem em situação equivalente, **proibida qualquer distinção em razão de ocupação profissional** ou função por eles exercida, independentemente da denominação jurídica dos rendimentos, títulos ou direitos"

Alternativa "d": incorreta, pois essa cobrança (taxa no mesmo exercício da lei instituidora) esbarra no Princípio da Anterioridade Tributária (na sua vertente anual) previsto no artigo 150, inciso III, alínea "b", da CF/88, segundo o qual é vedado aos entes federativos tributantes "cobrar tributos no mesmo exercício financeiro em que haja sido publicada a lei que os instituiu ou aumentou".

Alternativa "e": incorreta, pois essa cobrança (IPVA sobre veículos pertencentes ao Município) esbarra na imunidade recíproca prevista no artigo 150, inciso VI, alínea "a", da CF/88, segundo a qual é vedado aos entes federativos tributantes instituir impostos sobre "**patrimônio**, renda ou serviços, uns dos outros".

36. (Cespe – Procurador do Estado – PGE – SE/2017) A principal distinção entre imunidade tributária e isenção tributária é que

A) as imunidades estão expressamente previstas na CF e nas leis; e as isenções se referem a fatos não abrangidos pela hipótese de incidência.

B) as imunidades estão previstas na CF; e as isenções, no texto infraconstitucional.

C) as isenções estão previstas na CF; e as imunidades, no texto infraconstitucional.

D) as imunidades se referem ao aspecto subjetivo do contribuinte; e as isenções, ao elemento objetivo do fato gerador.

E) as isenções se referem ao aspecto subjetivo do contribuinte; e as imunidades, ao elemento objetivo do fato gerador.

COMENTÁRIOS

✪ **Nota dos autores:** é um tema recorrente nos concursos públicos a correlação das diversas situações de exoneração tributária (como exemplos: imunidades, não incidências, isenções, remissões, anistias e alíquota zero). Assim, é importante que o candidato domine as características de cada uma delas, sendo capaz de diferenciá-las.

Alternativa correta: letra "b". De fato, as imunidades tributárias são exonerações previstas no texto constitucional (são limitações ao poder de tributar), ao passo que as isenções, como hipóteses de exclusão dos créditos tributários, têm previsão em leis específicas de cada ente tributante (CF, art. 150, §6º).

Alternativa "a": incorreta. A imunidade tributária é uma exoneração prevista na Constituição Federal (e não em leis como erroneamente constou na alternativa), mediante normas que estabelecem situações em que é vedado às pessoas políticas exercerem suas competências tributárias. A imunidade tributária possui duas facetas, segundo o ponto de vista do ente tributante ou do contribuinte, ou seja, respectivamente, é tida como uma vedação a que o ente tributante exerça a competência tributária ou é um direito subjetivo do cidadão de não ser tributado. Já a isenção, pela natureza de dispensa legal do pagamento do tributo (exclusão do crédito tributário) deve ser estabelecida em lei específica (CF, art. 150, 6º). A exclusão do crédito tributário pela isenção impede a sua constituição pelo lançamento, inobstante a ocorrência do fato gerador e o respectivo nascimento da obrigação tributária. Portanto, a isenção, ao contrário do que constou no texto dessa alternativa, se refere a fato abrangido pela hipótese de incidência, cujo crédito tributário respectivo é impedido de constituição pela lei isentiva.

Alternativa "c": incorreta, pois inverteu os sentidos dos institutos jurídicos em debate. Na verdade, são as imunidades que estão previstas na CF/88, enquanto as isenções estão previstas nos textos infraconstitucionais.

Alternativas "d" e "e": incorretas. Existem imunidades tributárias **subjetivas**, nas quais os entes federativos não têm o direito de (a competência para) tributar determinadas pessoas (como exemplo tem-se a imunidade recíproca) e também imunidades tributárias **objetivas**, cuja vedação atinge o objeto da tributação, como ocorre na imunidade do livro (CF, art. 150, VI, "d"). Portanto, as várias imunidades tributárias se referem tanto ao aspecto subjetivo do contribuinte, como ao elemento objetivo do fato gerador. Por seu turno, sob a ótica do CTN, a isenção constitui uma dispensa legal do pagamento do tributo, pois exclui o crédito tributário, ou seja, há a obrigação tributária decorrente da incidência do tributo, entretanto, a constituição do crédito tributário fica inviabilizada pela norma de isenção.

37. (Cespe – Delegado de Polícia – PE/2016) No que diz respeito ao STN, assinale a opção correta.

a) Sempre que for possível, os impostos terão caráter pessoal, facultado à administração tributária identificar o patrimônio, os rendimentos e as atividades econômicas do contribuinte.

b) O imposto sobre produtos industrializados (IPI), além de ser não cumulativo, será progressivo em função da essencialidade do produto.

c) Lei complementar que estabelece normas gerais em matéria tributária não pode instituir um regime único de arrecadação dos impostos e das contribuições da União, dos estados, do DF e dos municípios.

d) Compete à União e aos estados federados instituir contribuições sociais que sejam de interesse das categorias profissionais.

e) As contribuições sociais e as contribuições de intervenção no domínio econômico poderão ter alíquotas ad valorem ou específicas: as primeiras têm por base a unidade de medida adotada; as segundas, o faturamento, a receita bruta ou o valor da operação.

COMENTÁRIOS

✪ **Nota dos autores:** segundo o artigo 145, §1º, da CF/88, "sempre que possível, os impostos terão caráter pessoal e serão graduados segundo a capacidade econômica do contribuinte, facultado à administração tributária, especialmente para conferir efetividade a esses objetivos, identificar, respeitados os direitos individuais e nos termos da lei, o patrimônio, os rendimentos e as atividades econômicas do contribuinte".

Alternativa correta: letra "a": como visto na nota dos autores, o texto da alternativa é condizente com o teor do parágrafo primeiro do artigo 145 da CF/88, que é conhecido como o fundamento constitucional para o Princípio da Capacidade Contributiva.

Alternativa "b": incorreta, pois o IPI será seletivo em função da essencialidade do produto e não progressivo, como erroneamente constou (CF, art. 153, §3º, I). Na essência, a seletividade segundo o critério de essencialidade do produto implica em alíquotas mais elevadas para produtos supérfluos (por exemplo, cigarros) e alíquotas menores para gêneros de primeira necessidade.

Alternativa "c": incorreta, por afrontar o teor do artigo 146, inciso III, alínea "d" e, sobretudo, o seu parágrafo único. Assim, a definição de tratamento diferenciado e favorecido para as microempresas e para as empresas de pequeno porte, inclusive regimes especiais ou simplificados, é assunto a ser regido por lei complementar. Atualmente, a lei complementar que rege tal matéria é a de nº 123/2006, que instituiu o regime especial unificado de arrecadação de tributos e contribuições devidos pelas microempresas e empresas de pequeno porte, denominado **Simples Nacional**.

Alternativa "d": incorreta, uma vez que a competência em questão é exclusiva da União, segundo o artigo 149 da CF/88.

Alternativa "e": incorreta, pois trocou as definições dos tipos de alíquotas. As mencionadas contribuições poderão ter alíquotas *ad valorem*, que terão por base "o faturamento, a receita bruta ou o valor da operação e, no caso de importação, o valor aduaneiro" (CF, art. 149, §2º, III, "a"). Assim, a alíquota *ad valorem* é um percentual sobre o faturamento, a receita bruta, valor da operação ou valor aduaneiro. De outro lado, as citadas contribuições também poderão ter alíquotas específicas, que terão por base "a unidade de medida adotada" (CF, art. 149, §2º, III, "b"). Assim, com a alíquota específica, o imposto corresponderá a tantos reais por metro, ou litro, ou outra unidade qualquer de medida do produto.

---

38. (Cespe – Analista de Controle – Área Jurídica – TCE – PR/2016) Assinale a opção correta, acerca do poder de tributar e de suas limitações.

a) A proibição de que União, estados, Distrito Federal e municípios instituam impostos sobre templos de qualquer culto é exemplo do instituto da isenção.

b) A imunidade recíproca não atinge os impostos sobre a renda dos entes federados.

c) É vedado à União conceder incentivos que visem à promoção do equilíbrio socioeconômico a determinadas áreas do país.

d) É vedado aos estados, ao Distrito Federal e aos municípios estabelecer diferença tributária de qualquer natureza entre bens e serviços em razão de sua procedência ou destino.

e) A União possui a prerrogativa de cobrar tributos relativos a fatos geradores ocorridos antes do início da vigência da lei que os houver instituído ou aumentado.

COMENTÁRIOS

✪ **Nota dos autores:** é proibido aos Estados, ao Distrito Federal e aos Municípios estabelecer diferença tributária entre bens e serviços, de qualquer natureza, em razão de sua procedência ou destino (CF, art. 152).

Alternativa correta: letra "d": o texto refere-se ao Princípio da Não Diferenciação, previsto no artigo 152 da CF/88, como bem visto na nota dos autores.

Alternativa "a": incorreta. A referida exoneração tributária tem, na verdade, natureza jurídica de imunidade (e não de isenção), pois está expressamente prevista no texto constitucional (CF, art. 150, VI, "b"). Apenas para argumentar, a isenção é concebida por parcela da doutrina como uma dispensa legal do pagamento do tributo. Outra concepção é de que está situada no plano da incidência tributária, tratando-se de uma exceção legal à norma de tributação. Portanto, sob qualquer ângulo que se analise, a isenção é uma exoneração que impede a ocorrência de fatos geradores.

Alternativa "b": incorreta, pois a imunidade recíproca alberga a vedação aos entes tributantes de instituir impostos sobre patrimônio, **renda** ou serviços, uns dos outros (CF, art. 150, VI, "a").

Alternativa "c": incorreta. Em linhas gerais, pelo princípio da uniformidade geográfica é vedado à União instituir tributo que não seja uniforme em todo o território nacional ou que implique distinção ou preferência em relação a Estado, ao Distrito Federal ou a Município, em detrimento de outro (CF, art. 151, I). Portanto, a vedação se dá em relação a situações alternativas, sendo tanto vedada a tributação não uniforme, como também aquela que faça preferência ou distinção para Estado, Distrito Federal ou Município em relação à outra pessoa política. **Entretanto**, como única exceção ao preceito, admite-se que a União conceda incentivos fiscais destinados a promover o equilíbrio do desenvolvimento socioeconômico entre as diferentes regiões do País (CF, art. 151, I, *in fine*).

Alternativa "e": incorreta. Pelo princípio da irretroatividade, **é vedado à União**, aos Estados, ao Distrito Federal e aos Municípios cobrar tributos em relação a fatos geradores ocorridos antes do início da vigência da lei que os houver instituído ou aumentado (CF, art. 150, III, "a").

---

39. (Cespe – Analista de Controle – Área Jurídica – TCE – PR/2016) Considerando a matéria tributária definida na CF, assinale a opção correta.

a) É facultado ao Poder Executivo, respeitados as condições e os limites legais, alterar as alíquotas do imposto sobre produtos industrializados.

b) Dado o princípio da isonomia, os impostos não podem ter caráter pessoal.

c) As limitações constitucionais ao poder de tributar podem ser reguladas por lei ordinária.

d) As contribuições de intervenção no domínio econômico não incidem sobre as receitas decorrentes de importação.

e) O imposto sobre a propriedade territorial rural será progressivo e não incidirá sobre pequenas glebas rurais exploradas pelo proprietário, mesmo que ele possua outro imóvel.

COMENTÁRIOS

✪ **Nota dos autores:** o Princípio da Legalidade Tributária estabelece que o tributo não pode ser instituído ou majorado senão através de lei (CF, art. 150, I). Entretanto a alteração de alíquotas para certos impostos federais, em razão da sua extrafiscalidade, excepciona tal princípio. Dessa forma, são exceções ao princípio da legalidade: Imposto de Importação – II; Imposto de exportação – IE; Imposto sobre produtos industrializados – IPI e Imposto sobre operações financeiras – IOF (CF, art. 153, §1º). Além desses impostos federais, entram também no rol de exceções o ICMS-Combustível e CIDE-Combustível.

Alternativa correta: letra "a": de acordo com as exceções ao Princípio da Legalidade Tributária mencionadas na nota dos autores e previstas no artigo 153, §1º da CF/88, é facultado ao Poder Executivo, atendidas as condições e os limites estabelecidos em lei, alterar as alíquotas do IPI.

Alternativa "b": incorreta. À luz do princípio da isonomia tributária (CF, art. 150, II), é vedado aos entes federativos instituir tratamento desigual entre contribuintes que se encontrem em situação equivalente, proibida qualquer distinção em razão de ocupação profissional ou função por eles exercida, independentemente da denominação jurídica dos rendimentos, títulos ou direitos. Como corolário ao Princípio da Isonomia, tem-se o Princípio da Capacidade Contributiva, segundo o qual "sempre que possível, os impostos terão caráter pessoal e serão graduados segundo a capacidade econômica do contribuinte, facultado à administração tributária, especialmente para conferir efetividade a esses objetivos, identificar, respeitados os direitos individuais e nos termos da lei, o patrimônio, os rendimentos e as atividades econômicas do contribuinte" (CF, art. 145, §1º). Portanto, a pessoalidade e a graduação segundo a capacidade econômica do sujeito passivo tributário são características que afirmar o Princípio da Isonomia.

Alternativa "c": incorreta, pois esse tema é reservado à lei complementar (CF, art. 146, II).

Alternativa "d": incorreta, por uma sutileza, uma vez que o texto constitucional imuniza as contribuições de intervenção no domínio econômico relativas às receitas decorrentes de **exportação** (CF, art. 149, §2º, I) e não as decorrentes de importação, como erroneamente constou.

Alternativa "e": incorreta em sua parte final. De fato, o ITR será progressivo (CF, art. 153, §4º, I). Entretanto, a imunidade constitucional aplica-se somente às pequenas glebas, definidas em lei, quando as explore o proprietário **que não possua outro imóvel** (CF, art. 153, §4º, II). Observe que não possuir outro imóvel é requisito para aplicação da imunidade.

---

40. (Cespe – Juiz de Direito Substituto – AM/2016) Acerca da competência tributária no âmbito constitucional, assinale a opção correta.

a) Aos estados e aos municípios compete regular a maneira como isenções, incentivos e benefícios fiscais serão concedidos e revogados.

b) Lei estadual poderá prever a possibilidade de concessão de incentivos fiscais a empreendimentos, afastada a necessidade de prévio acordo conjunto entre os estados e o DF.

c) Além dos tributos previstos expressamente na CF, a União detém competência residual para instituir, por lei complementar, outros impostos, ainda que cumulativos.

d) É vedada qualquer distinção em razão de ocupação profissional ou função exercida pelos contribuintes, independentemente da denominação jurídica dos rendimentos, títulos ou direitos.

e) A CF estabelece o limite de 47% do produto da arrecadação do imposto sobre a renda e proventos de qualquer natureza e do imposto sobre produtos industrializados para estados e municípios, por meio dos respectivos fundos de participação.

COMENTÁRIOS

✪ **Nota dos autores:** segundo o Princípio da Isonomia Tributária, é vedado aos entes tributantes "instituir tratamento desigual entre contribuintes que se encontrem em situação equivalente, proibida qualquer distinção em razão de ocupação profissional ou função por eles exercida, independentemente da denominação jurídica dos rendimentos, títulos ou direitos" (CF, art. 150, II).

Alternativa correta: letra "d": o texto está condizente com o Princípio da Igualdade Tributária, reproduzido na nota dos autores (CF, art. 150, II).

Alternativa "a": incorreta, pois cabe à lei complementar regular a forma como, mediante deliberação dos Estados e do Distrito Federal, isenções, incentivos e benefícios fiscais serão concedidos e revogados (CF, art. 155, §2º, XII, "g").

Alternativa "b": incorreta. O artigo 150, § 6º da CF estabelece que qualquer subsídio ou isenção, redução de base de cálculo, concessão de crédito presumido, anistia ou remissão, relativos a impostos, taxas ou contribuições, só poderá ser concedido mediante lei específica, federal, **estadual** ou municipal, que regule exclusivamente essas matérias, sem prejuízo do disposto no artigo 155, § 2º, XII, g. Já este dispositivo constitucional ressalvado (o art. 155, § 2º, XII, g) é aplicável ao ICMS e reserva à esfera de competência da lei complementar "regular a forma como, mediante deliberação dos Estados e do Distrito Federal, isenções, incentivos e benefícios fiscais serão concedidos e revogados". Com base nesses comandos normativos, a CF de 1988 recepcionou a Lei complementar 24/75, segundo a qual todos os benefícios fiscais de ICMS devem encontrar fundamento em **prévios convênios aprovados unanimemente pelos Estados e Distrito Federal no âmbito do CONFAZ** – Conselho Nacional de Política Fazendária.

Alternativa "c": incorreta, pois a competência residual da União para instituir novos impostos demanda que sejam não cumulativos segundo o disposto no artigo 154, inciso I, da CF/88 ("a União poderá instituir mediante lei complementar, impostos não previstos no artigo anterior, **desde que sejam não-cumulativos** e não tenham fato gerador ou base de cálculo próprios dos discriminados nesta Constituição").

Alternativa "e": o texto da alternativa refere-se ao teor do artigo 159, inciso I, alíneas "a" a "e" da CF/88. A EC 84/2014 alterou o percentual de repasse de receitas a que se refere o inciso I do artigo 159 da CF/88, passando de 48% para 49%. É por esse motivo que alternativa está errada, pois previu 47%.

---

41. (Cespe – Procurador do MP junto ao TCU/2015) Acerca de limitações do poder de tributar, imunidade tributária, vigência, aplicação, interpretação e integração da legislação tributária e responsabilidade tributária, assinale a opção correta.

a) Prevaleceu no STJ o entendimento de que o art. 3.º da Lei Complementar n.º 118/2005 era dispositivo meramente interpretativo, devendo ser aplicado a fatos imponíveis anteriores à sua vigência.

b) Nos termos do CTN, a responsabilidade dos tutores e curadores pelos tributos devidos por seus tutelados ou curatelados independe da possibilidade de cumprimento da obrigação principal pelo contribuinte.

c) A imunidade tributária não dispensa o contribuinte de observar as obrigações tributárias acessórias, que poderão estar previstas na legislação tributária.

d) A lei tributária não produz ultratividade desfavorável ao contribuinte, razão pela qual a lei que diminuir a alíquota de um tributo deverá, em regra, retroagir em favor dos contribuintes cujos fatos imponíveis ocorrerem sob a égide da lei anterior, cuja alíquota seja mais alta.

e) Os tributos que excepcionam o princípio da anterioridade anual, desde que presente o caráter de urgência e relevância, podem ser instituídos mediante medida provisória.

COMENTÁRIOS

Nota dos autores: no capítulo constitucional do Sistema Tributário Nacional, a CF dispõe sobre as limitações ao poder de tributar, normas constitucionais que impõem limites ao exercício das competências tributárias. Compreendem os princípios constitucionais tributários e as imunidades tributárias. Os princípios constitucionais tributários são normas de posição premente e observância em todos os quadrantes da ordem jurídica tributária, que veiculam valores fundamentais do Sistema Tributário Nacional.

Alternativa correta: letra "c": as obrigações tributárias principais e acessórias são independentes entre si, na medida em que no Direito Tributário não se aplica a máxima jurídica muito difundida no Direito Civil, segundo a qual "o acessório segue a sorte do principal". Pode ocorrer uma situação em que um contribuinte possua obrigações acessórias a adimplir (por exemplo, emitir documentos fiscais aos seus clientes e escriturar seus livros fiscais e contábeis) e, ao mesmo tempo, não possua obrigação principal de pagar tributo, como no caso de ser um contribuinte do ICMS que comercialize apenas mercadorias isentas. Daí porque, no mesmo sentido, a imunidade tributária não dispensa o contribuinte a observar as obrigações tributárias acessórias.

Alternativa "a": incorreta, uma vez que tal dispositivo legal foi considerado modificativo (e não meramente interpretativo) pelo STJ. Com a edição da Lei complementar nº 118/2005, a tese do prazo de cinco mais cinco (dez anos) para propositura da ação de repetição do indébito não mais resiste, haja vista ter disposto seu artigo 3º que, para efeito de interpretação do artigo 168, inciso I do CTN, a extinção do crédito tributário ocorre, no caso de tributo sujeito a lançamento por homologação, no momento do pagamento antecipado de que trata o § 1º do artigo 150 do CTN. A referida inovação legislativa foi veiculada no bojo da Lei complementar nº 118/2005 como norma interpretativa, no intuito de atribuir-se caráter retroativo à regra e espancar desde a origem a tese dos cinco anos mais cinco burilada pelo STJ. Porém, a tentativa legislativa acabou frustrada pela interpretação do STJ no sentido de que a norma não tem caráter interpretativo, vez que modifica o tratamento que o legislador do CTN havia dado originalmente à questão. E assim, o STJ vem entendendo que o prazo só deixou de ser de cinco anos mais cinco a partir da vigência da Lei complementar nº 118/2005

(STJ – REsp 871470/SP – 1ª Turma – Rel. Min. Teori Albino Zavascki – julg. 18/11/2008).

Alternativa "b": ao contrário do que constou, segundo o CTN, apenas nos casos de impossibilidade de exigência do cumprimento da obrigação principal pelo contribuinte é que os tutores e curadores respondem solidariamente com seus tutelados ou curatelados pelos tributos devidos por estes, nos atos em que intervierem ou pelas omissões de que forem responsáveis (CTN, art. 134, II).

Alternativa "d": incorreta. Na verdade, o lançamento tributário é *ex tunc*, o que significa dizer que seus efeitos retroagem à época da ocorrência do fato gerador (fato jurídico-tributário). É o que se extrai da leitura do artigo 144 do CTN, segundo o qual "o lançamento reporta-se à data da ocorrência do fato gerador da obrigação e rege-se pela lei então vigente, ainda que posteriormente modificada ou revogada". Portanto, segundo o disposto no referido artigo, ao contrário do que constou na alternativa, a lei que diminuir a alíquota de um tributo não retroagirá em favor dos contribuintes cujos fatos imponíveis ocorrerem sob a égide da lei anterior, cuja alíquota seja mais alta.

Alternativa "e": essa regra não é absoluta. Dentre os tributos que excepcionam o princípio da anterioridade na sua vertente anual, quais sejam, II, IE, IPI, IOF, empréstimo compulsório do artigo 148, inciso I da CF/88, imposto extraordinário de guerra, ICMS-combustível, CIDE-combustível monofásico e contribuições sociais para custeio da seguridade social, tem-se que o empréstimo compulsório deve ser instituído por lei complementar (CF, art. 148) e assim, não pode ser instituído por medida provisória (CF, art. 66, §1º, III).

---

42. (AGU/2015) Acerca dos princípios constitucionais tributários, julgue os itens subsequentes.

Pela aplicação do princípio da anterioridade tributária, quaisquer modificações na base de cálculo ou na alíquota dos tributos terão sua eficácia suspensa até o primeiro dia do exercício financeiro seguinte à publicação da lei que promoveu a alteração.

COMENTÁRIOS

✪ **Nota dos autores:** essa questão versa sobre o princípio da anterioridade, estabelecido no artigo 150, inciso III, alínea "b", da CF, segundo o qual "é vedado à União, aos Estados, ao Distrito Federal e aos Municípios cobrar tributos no mesmo exercício financeiro em que haja sido publicada a lei que os instituiu ou aumentou".

Errado. Como fica claro pela literalidade do texto constitucional transcrito na "Nota dos autores", a vedação em que se consubstancia o princípio da anterioridade restringe-se à cobrança do tributo no mesmo exercício financeiro da lei que os **instituiu** ou **aumentou**. Portanto, somente se sujeita ao princípio da anterioridade a alteração de base de cálculo ou alíquota que implique instituição ou aumento de tributo. Dessa forma, a afirmação genérica do examinador inclui equivocadamente qualquer alteração de alíquota ou base de cálculo no campo do princípio da anterioridade, quando, na verdade, as **alterações que resultem em redução** do tributo **não se sujeitam ao princípio.**

---

43. (AGU/2015) Acerca dos princípios constitucionais tributários, julgue os itens subsequentes.

O princípio da isonomia tributária impõe que o tributo incida sobre as atividades lícitas e, igualmente, sobre as atividades ilícitas, de modo a se consagrar a regra da interpretação objetiva do fato gerador. Dessa forma, é legítima a cobrança de IPTU sobre imóvel construído irregularmente, em área *non aedificandi*, não significando tal cobrança de tributo concordância do poder público com a ocupação irregular.

COMENTÁRIOS

✪ **Nota dos autores:** o princípio da isonomia tributária, segundo o qual é vedado aos entes federativos "instituir tratamento desigual entre contribuintes que se encontrem em situação equivalente" (CF, art. 150, II), também constitui fundamento para a cobrança de tributos em relação fatos geradores decorrentes de atividade ilícitas com base na ideia do *non olet* ("o dinheiro não tem cheiro").

Certo. Nos termos do artigo 118 do CTN, deve-se interpretar a definição legal do fato gerador independentemente da validade jurídica, natureza do objeto ou efeitos dos atos praticados (inciso I) ou dos fatos ocorridos (inciso II). Diante dessa regra, não obstante a previsão legal do fato gerador seja sempre de fatos lícitos, consideram-se válidos fatos geradores relacionados a atividades ilícitas, tais como o IPTU do imóvel onde funciona uma banca de jogo de bicho ou a renda obtida por um membro do crime organizado. Trata-se da aplicação do princípio do ***non olet*** ("o dinheiro não tem cheiro"). Em outras palavras, é possível a incidência de tributação sobre valores arrecadados em virtude de atividade ilícita, consoante o artigo 118 do CTN. Seria contraditório o não pagamento do imposto proveniente de ato ilegal, pois haveria locupletamento da própria torpeza em detrimento do interesse público da satisfação das necessidades coletivas, a qual se daria por meio da exação tributária. HC 94240, Rel. Min. Dias Toffoli, 23.8.2011. 1ª T. (Info 637). A situação prática trazida pelo examinador vai na mesma linha do precedente jurisprudencial. Se o imóvel foi construído irregularmente, deve-se tomar as providências legais cabíveis em face da irregularidade, mas não se pode deixar de cobrar os tributos incidentes sobre o imóvel, no caso o IPTU, sob pena de causar injustiça tributando-se condutas lícitas e exonerando-se condutas ilícitas que impliquem em mesmos fatos geradores de tributos. Entendimento contrário ao do examinador, que está absolutamente correto, constituiria discriminação odiosa e flagrante ofensa ao princípio da isonomia tributária, na medida em que, à vista do artigo 150, inciso II, da CF, proprietários de imóveis irregulares não poderiam ser privilegiados em detrimento daqueles sujeitos que tenham obtido suas propriedades de forma lícita.

44. (AGU/2015) Acerca dos princípios constitucionais tributários, julgue os itens subsequentes.

Conforme o princípio da irretroatividade da lei tributária, não se admite a cobrança de tributos em relação a fatos geradores ocorridos em período anterior à vigência da lei que os instituiu ou aumentou. Entretanto, o Código Tributário Nacional admite a aplicação retroativa de lei que estabeleça penalidade menos severa que a prevista na norma vigente ao tempo da prática do ato a que se refere, desde que não tenha havido julgamento definitivo.

COMENTÁRIOS

✪ **Nota dos autores:** o princípio da irretroatividade da norma tributária (CF, art. 150, III, "a") constitui uma vertente tributária do princípio geral da segurança jurídica. Veicula a garantia de que a **lei tributária não retroagirá para atingir fatos geradores ocorridos anteriormente à sua vigência**, o que representa, indubitavelmente, uma segurança às pessoas físicas e jurídicas sujeitas às normas de tributação.

Certo. De fato, **exceções à regra da irretroatividade** estão previstas no artigo 106 do CTN e a maioria delas diz respeito **a atos ou fatos pretéritos não julgados definitivamente, em matéria de infrações e penalidades** para beneficiar o infrator (CTN, art. 106, II). Essa retroatividade *in bonam partem* verifica-se nos casos em que a lei nova: i) deixe de definir o ato ou fato como infração ou de tratá-lo como contrário a qualquer exigência de ação ou omissão, desde que não tenha sido fraudulento e não tenha implicado em falta de pagamento de tributo (extinção da infração/alíneas "a" e "b"); ii) quando passe a cominar penalidade menos severa que a prevista na lei vigente ao tempo da sua prática (redução da penalidade/alínea "c").

45. (AGU/2015) Acerca dos princípios constitucionais tributários, julgue os itens subsequentes.

O princípio da vedação à utilização de tributo com efeito de confisco, previsto expressamente na CF, aplica-se igualmente às multas tributárias, de modo a limitar, conforme jurisprudência pacífica do STF, o poder do Estado na instituição e cobrança de penalidades.

COMENTÁRIOS

✪ **Nota dos autores:** mais um enunciado relativo a princípios constitucionais tributários, trata do preceito estabelecido no artigo 150, inciso IV, da CF, segundo é vedado aos entes federativos "utilizar tributo com efeito de confisco". No caso, o examinador afirma que a aplicação desse princípio relativo a tributo se estende às multas tributárias.

Certo. De fato, não obstante o texto do artigo 150, inciso IV, da CF, fazer menção específica a tributos, conforme orientação fixada pelo STF, o princípio da vedação ao efeito de confisco aplica-se às multas (RE 523.471-AgR, Rel. Min. Joaquim Barbosa, julgamento em 6-4-2010, Segunda Turma, *DJE* de 23-4-2010).

46. (AGU/2015) Acerca dos princípios constitucionais tributários, julgue os itens subsequentes.

De acordo com o princípio da legalidade, fica vedada a criação ou a majoração de tributos, bem como a cominação de penalidades em caso de violação da legislação tributária, salvo por meio de lei.

COMENTÁRIOS

✪ **Nota dos autores:** segundo o princípio constitucional da legalidade tributária, (CF, art. 150, I) é vedada a exigência ou aumento de tributo sem que isso seja estabelecido em lei.

Certo. No plano das normas gerais de direito tributário e no âmbito de competência da lei complementar, **o princípio da legalidade é regulado pelo artigo 97 do CTN**, segundo o qual, somente a lei pode estabelecer: I – **a instituição de tributos**, ou a sua extinção; II – **a majoração de tributos**, ou sua redução; III – a definição do fato gerador da obrigação tributária principal, e do seu sujeito passivo; IV – a fixação de alíquota do tributo e da sua base de cálculo; **V – a cominação de penalidades** para as ações ou omissões contrárias a seus dispositivos, ou para outras infrações nela definidas; VI – as hipóteses de exclusão, suspensão e extinção de créditos tributários, ou de dispensa ou redução de penalidades. Daí porque, não apenas os tributos, mas, também, as multas, que são penalidades por infrações à legislação tributária, **somente** podem ser instituídas ou majoradas **por meio de lei.**

47. (Cespe – Promotor de Justiça – AC/2014) Determinada faculdade particular deixou de recolher ISS por mais de três anos. Notificada pelo fisco a apresentar prova de que poderia não recolher o tributo, a referida entidade alegou que estava amparada por dispositivo constitucional autoaplicável e não apresentou qualquer outra prova.

Acerca da situação hipotética apresentada, assinale a opção correta.

a) Lei ordinária estadual pode dispor sobre os requisitos gerais exigidos na CF para o usufruto da imunidade alegada.

b) Trata-se de isenção de ISS, prevista na CF, por isso exclui-se a necessidade de apresentação de qualquer outra prova para o exercício do direito à isenção.

c) Trata-se de imunidade recíproca, uma vez que entidade privada não pode ser cobrada por ente da Federação.

d) Para usufruir da imunidade constitucional alegada, a faculdade deve demonstrar ao fisco que atende a todos os requisitos dispostos no CTN.

e) Estando a imunidade prevista na CF, nenhuma outra norma poderá dispor sobre seu usufruto.

COMENTÁRIOS

✪ **Nota dos autores:** o CTN, embora seja formalmente uma lei ordinária anterior à Constituição de 1988 (Lei 5.172/66), porque compatível com a mesma, com fundamento no artigo 34, § 5º do ADCT, foi recepcionado com *status* de lei complementar pela ordem constitucional vigente (lei materialmente complementar), uma vez tratar de matérias que a Constituição Federal reservou à lei complementar de caráter nacional. Isso porque, além de versar sobre normas gerais de Direito Tributário (CF, art. 146, III), ainda regula no plano infraconstitucional várias limitações ao poder de tributar (CF, art. 146, II).

Alternativa correta: letra "d": segundo a norma do artigo 150, inciso VI, alínea "c", da CF, são imunes a impostos sobre patrimônio, renda ou serviços, entre outras instituições, as de educação. Para o gozo da imunidade por essas entidades, a Constituição exige que sejam **atendidos os requisitos de lei**. É assim que, com base na referida competência constitucional, o artigo 14 do CTN estabelece os requisitos legais, quais sejam:

I – não distribuírem qualquer parcela de seu patrimônio ou de suas rendas, a qualquer título;

II – aplicarem integralmente, no País, os seus recursos na manutenção dos seus objetivos institucionais;

III – manterem escrituração de suas receitas e despesas em livros revestidos de formalidades capazes de assegurar sua exatidão.

Alternativa "a": incorreta, pois a CF, em seu artigo 146, inciso II, reservou à lei complementar regular as limitações constitucionais ao poder de tributar. No caso em questão é o CTN que desempenha esse papel (lei complementar).

Alternativa "b": incorreta. A exoneração tributária prevista na Constituição Federal tem natureza jurídica de **imunidade.** A **isenção** é concebida por parcela da doutrina como uma dispensa legal do pagamento do tributo. Outra concepção é de que está situada no plano da incidência tributária, tratando-se de uma exceção legal à norma de tributação. A isenção é uma forma de exclusão do crédito tributário que ocorre no plano infraconstitucional.

Alternativa "c": incorreta. A imunidade recíproca é aquela em que a Constituição Federal veda à União, aos Estados, ao Distrito Federal e aos Municípios instituir impostos sobre patrimônio, rendas ou serviços uns dos outros (CF, art. 150, VI, "a"). Tal imunidade não abrange a mencionada no enunciado (instituições de educação), que está prevista na alínea "c" do referido dispositivo constitucional.

Alternativa "e": incorreta, pois o próprio dispositivo constitucional que prevê a imunidade das instituições de educação exige que sejam **atendidos os requisitos da lei** (CF, art. 150, VI, "c", *in fine*).

---

48. (Cespe – Procurador do Estado – BA/2014) Com relação à imunidade, julgue os itens que se seguem.

48.1. A imunidade tributária recíproca não é extensiva às empresas públicas.

COMENTÁRIOS

✪ **Nota dos autores:** a imunidade tributária recíproca consiste na vedação constitucional aos entes tributantes à possibilidade de instituírem impostos uns dos outros (CF, art. 150, VI, "a"). O parágrafo segundo do referido artigo 150 da CF estende a imunidade recíproca "às autarquias e às fundações instituídas e mantidas pelo Poder Público, no que se refere ao patrimônio, à renda e aos serviços, vinculados a suas finalidades essenciais ou às delas decorrentes". Por sua vez, o parágrafo terceiro do artigo 150 deixa claro que a imunidade recíproca não se aplica ao patrimônio, à renda e aos serviços, relacionados com exploração de **atividades econômicas regidas pelas normas aplicáveis a empreendimentos privados**, ou em que haja contraprestação ou pagamento de preços ou tarifas pelo usuário, nem exonera o promitente comprador da obrigação de pagar imposto relativamente ao bem imóvel". Assim, a princípio, pelo texto constitucional, as empresas públicas estariam fora do alcance da imunidade recíproca.

Errado. A banca examinadora considerou o item errado, fiando-se no posicionamento do STF que, em algumas decisões, vem denotando uma interpretação extensiva da imunidade recíproca em relação às sociedades de economia mista e empresas públicas prestadoras de serviço público (REs 580.264 e 524.615). Como exemplo, tem-se a seguinte ementa: "Empresa Brasileira de Infraestrutura Aeroportuária – INFRAERO. Empresa pública. Imunidade recíproca. Art. 150, VI, *a*, da CF/1988. A Infraero, empresa pública prestadora de serviço público, está abrangida pela imunidade tributária prevista no art. 150, VI, *a*, da Constituição. Não incide ISS sobre a atividade desempenhada pela Infraero na execução de serviços de infraestrutura aeroportuária, atividade que lhe foi atribuída pela União." (**RE 524.615-AgR**, Rel. Min. **Eros Grau**, julgamento em 9-9-2008, Segunda Turma, *DJE* de 3-10-2008).

48.2. As taxas são alcançadas pelas imunidades constitucionais previstas para as entidades de educação.

COMENTÁRIOS

✪ **Nota dos autores:** em relação às entidades de educação, a imunidade prevista no artigo 150, inciso VI, alínea "c", da CF estipula que é vedado à União, aos Estados, ao Distrito Federal e aos Municípios instituir impostos sobre "patrimônio, renda ou serviços dos partidos políticos, inclusive suas fundações, das entidades sindicais dos trabalhadores, das instituições de educação e de assistência social, sem fins lucrativos, atendidos os requisitos da lei"

Errado. Perceba que a citada imunidade refere-se à vedação de instituição de **impostos** (e não de taxas), motivo pelo qual o item está errado.

49. (Cespe – Procurador do Ministério Público junto ao TCDF/2013) Julgue os itens que se seguem, acerca do Sistema Tributário Nacional, dos tributos, da competência tributária e das fontes do direito tributário.

Reputa-se de natureza política a imunidade tributária recíproca.

COMENTÁRIOS

✪ **Nota dos autores:** há uma classificação doutrinária das imunidades quanto a serem ou não consequências necessárias de um princípio. Na lição de Regina Helena Costa, as imunidades **ontológicas** são reconhecidas como consequência necessária de um princípio constitucional. Em geral é a isonomia, manifestada ora pela capacidade contributiva, ora pela autonomia das pessoas políticas, que impõe a identificação das imunidades ontológicas. Assim, mesmo que essa espécie de imunidade seja suprimida do texto constitucional, a exoneração permanecerá, por ser uma consequência dos princípios que a edificam. Por exemplo, a imunidade recíproca. Pelo fato das pessoas políticas não disporem de capacidade contributiva, a imunidade recíproca manteria seus efeitos mesmo com a supressão de seu texto expresso da Carta Constitucional. De outro lado, tem-se as imunidades **políticas**, que não se constituem consequência necessária de um princípio e beneficiam, eventualmente, pessoas que tem capacidade contributiva. Por exemplo, as imunidades dos templos, das entidades sindicais dos trabalhadores e dos partidos políticos. Na hipótese de serem retiradas do texto constitucional pelo Poder Constituinte Originário, as exonerações não mais serão reconhecidas, o que equivale dizer que "a competência tributária pode voltar a ser exercida nessas situações" (COSTA, Regina Helena. *Imunidades tributárias – teoria e análise da jurisprudência do STF*. Malheiros: São Paulo, 2001, páginas 130/131).

Errado. Conforme a classificação doutrinária exposta na nota dos autores, a imunidade recíproca é de natureza **ontológica** (e não política).

50. (Cespe – Procurador do Ministério Público junto ao TCDF/2013) Julgue os itens subsecutivos, referentes aos impostos dos estados e do DF.

Afrontará o princípio da não cumulatividade legislação estadual que vede a compensação de créditos do ICMS advindos da aquisição de bens destinados ao consumo e ao ativo fixo do contribuinte pessoa jurídica.

COMENTÁRIOS

✪ **Nota dos autores:** o princípio da não cumulatividade do ICMS compreende a regra segundo a qual **o imposto será não cumulativo, compensando-se o que for devido em cada operação com o montante cobrado nas anteriores.** Ainda no campo da não cumulatividade, **regra constitucional exclusiva do ICMS** é a de que, salvo determinação legal em contrário, a **isenção ou não-incidência não implicará crédito** para compensação com o montante devido nas operações ou prestações seguintes, bem como **acarretará a anulação** do crédito relativo às operações anteriores (CF, art. 155, § 2º, II, "a" e "b").

Errado. O STF já se posicionou a respeito em sentido contrário ao teor do item analisado. A jurisprudência de ambas as Turmas continua firme no sentido de "**inexistir** ofensa ao princípio da não-cumulatividade no fato de a legislação estadual não autorizar a compensação de créditos de ICMS advindos da aquisição de bens destinados ao consumo e ao ativo fixo do contribuinte com os débitos decorrentes da alienação das mercadorias produzidas" (STF, RE 224531 AgR/SP).

51. (Cespe – Procurador do DF/ 2013) Considerando que uma autarquia federal que não vise à exploração da atividade econômica e não cobre tarifa ou preço por serviços prestados tenha adquirido um prédio para instalação de sua administração no DF, julgue os itens que se seguem, relativos a essa situação hipotética, à competência tributária e às regras de limitação dessa competência.

51.1. Caso o prédio em questão seja vendido para uma pessoa física, essa operação ficará sujeita ao pagamento de ITBI, uma vez que a limitação do poder de tributar não mais se aplicará.

COMENTÁRIOS

✪ **Nota dos autores:** o assunto é sumulado pelos tribunais superiores.

Certo. "Sendo vendedora uma autarquia, a sua imunidade fiscal não compreende o imposto de transmissão *inter vivos*, que é encargo do comprador" (STF, Súmula 75).

51.2. Na hipótese considerada, o DF não poderá cobrar IPTU do prédio da autarquia federal em razão do princípio da uniformidade.

COMENTÁRIOS

✪ **Nota dos autores:** o comentário a seguir parte do pressuposto de que a "hipótese considerada" mencionada no item em análise refere-se à venda de um bem imóvel por uma autarquia federal a uma pessoa física. Ou seja, o enunciado que se deve julgar certo ou errado afirma não ser permitido cobrar IPTU da pessoa física adquirente do imóvel.

Errado. "Promitente-comprador de imóvel residencial transcrito em nome de autarquia é contribuinte do imposto predial territorial urbano" (STF, Súmula 583). Ademais, o parágrafo terceiro do artigo 150 da CF estipula que "as vedações do inciso VI, *a*, e do parágrafo anterior não se aplicam ao patrimônio, à renda e aos serviços, relacionados com exploração de atividades econômicas regidas pelas normas aplicáveis a empreendimentos privados, ou em que haja contraprestação ou pagamento de preços ou tarifas pelo usuário, **nem exonera o promitente comprador da obrigação de pagar imposto relativamente ao bem imóvel**". Assim, tanto a Súmula do STF como o texto constitucional permitem a cobrança de IPTU pelo Distrito Federal.

52. (Cespe – Procurador do DF/ 2013) Decreto distrital X estipulou alíquota de IPTU em 0, 3% para imóveis edificados com fins exclusivamente residenciais. Posteriormente, em razão da valorização do mercado imobiliário, foi editado o decreto distrital Y, que majorou o valor venal dos imóveis e alterou a alíquota de IPTU para 0,5%.

Com base nessa situação hipotética, julgue os itens seguintes.

52.1. A hipótese em questão se refere a imposto cobrado com base em aspectos subjetivos do contribuinte, isto é, com base em elementos que dimensionam sua capacidade econômica para contribuir.

COMENTÁRIOS

✪ **Nota dos autores:** pelo princípio da capacidade contributiva, sempre que possível, os impostos terão caráter pessoal e serão graduados segundo a capacidade econômica do contribuinte (CF, art. 145, § 1º). Nesses termos, fica nítida a forte relação desse princípio com o da isonomia tributária, na medida em que a tributação progressiva, de acordo com a capacidade econômica do contribuinte, só favorece a concretização da vedação ao tratamento desigual entre contribuintes que se encontrem em situação equivalente (CF, art. 150, II).

Errado. Em relação ao IPTU não se admite a progressividade fiscal decorrente da capacidade econômica do contribuinte, dada a natureza real do imposto. Mais precisamente, tanto a progressividade do IPTU em razão do valor do imóvel, como a sua progressividade no tempo, não está vinculada ao princípio da capacidade contributiva que, de acordo com o artigo 145, § 1º, se aplica a impostos de caráter pessoal (relacionados com as características pessoais do sujeito passivo), quando o IPTU é um imposto real (imposto sobre a propriedade de um bem).

52.2. Se a alteração da base de cálculo do IPTU em apreço decorresse de simples atualização monetária do valor venal do imóvel, não haveria infringência ao princípio da reserva legal.

COMENTÁRIOS

✪ **Nota dos autores:** o artigo 97 do CTN veicula no âmbito infraconstitucional o princípio da legalidade tributária (sendo chamado de Princípio da Tipicidade Cerrada, Princípio da Estrita Legalidade ou Princípio da Reserva Legal), estabelecendo que somente a lei poderá dispor sobre: I – a instituição de tributos ou a sua extinção; II – a majoração de tributos ou sua redução, salvo exceções; III – a definição do fato gerador da obrigação tributária principal, salvo exceções, e do seu sujeito passivo; IV – a fixação de alíquota do tributo e da sua base de cálculo, salvo exceções; V – a cominação de penalidades para as ações ou omissões contrárias a seus dispositivos, ou para outras infrações nela definidas; VI – as hipóteses de exclusão, suspensão e extinção de créditos tributários, ou de dispensa ou redução de penalidades.

Certo. O parágrafo segundo do artigo 97 do CTN expressamente prevê que "não constitui majoração de tributo a atualização do valor monetário da respectiva base de cálculo". Logo, a atualização monetária da base de cálculo do IPTU não é considerada majoração de tributo e, assim, não é assunto reservado à lei.

53. (Cespe – Defensor Público – DF/ 2013) Considerando as limitações do poder de tributar e os impostos dos estados e do DF, julgue os itens que se seguem.

53.1. De acordo com a CF, são isentas de impostos federais, estaduais e municipais as operações de transferência de imóveis desapropriados para fins de reforma agrária, não incidindo, portanto, ITBI sobre títulos da dívida agrária por terceiro adquirente.

COMENTÁRIOS

✪ **Nota dos autores:** o parágrafo quinto do artigo 184 da CF estipula que "são isentas de impostos federais, estaduais e municipais as operações de transferência de imóveis desapropriados para fins de reforma agrária". Embora o texto constitucional tenha se valido do termo **isentas**, na verdade a exoneração tributária em questão tem natureza jurídica de imunidade.

Certo. A afirmação feita no item está de acordo com o artigo 184, § 5º da CF.

53.2. É vedado à União estabelecer diferença tributária entre bens e serviços, de qualquer natureza, em razão de sua procedência ou destino.

COMENTÁRIOS

✪ **Nota dos autores:** pelo princípio da não diferenciação, é vedado aos Estados, ao Distrito Federal e aos Municípios estabelecer diferença tributária entre bens e serviços de qualquer natureza, em razão de sua procedência ou destino. É uma regra que protege o pacto federativo, pois coíbe a discriminação recíproca entre os Estados, o Distrito Federal e os Municípios.

Errado. O artigo 152 da CF estipula que "É vedado **aos Estados, ao Distrito Federal e aos Municípios** estabelecer diferença tributária entre bens e serviços, de qualquer natureza, em razão de sua procedência ou destino". Assim, tem-se que a citada vedação não é aplicável à União. Aliás, à União é admitida a concessão de incentivos fiscais destinados a promover o equilíbrio do desenvolvimento sócio-econômico entre as diferentes regiões do País (CF, art. 151, I, *in fine*).

54. (Cespe – Procurador Federal/2013) À luz das normas constitucionais relativas a matéria tributária, julgue os itens que se seguem.

Se um município criar um programa de apoio à inclusão e promoção social, poderá financiá-lo com os recursos ordinários do orçamento, sendo vedada a vinculação da receita tributária para tanto, consoante o princípio da não vinculação.

COMENTÁRIOS

✪ **Nota dos autores:** em regra, é vedada a vinculação de receita de impostos a órgão, fundo ou despesa, **ressalvadas** (i) as repartições constitucionais das receitas tributárias; a destinação de recursos; (ii) para as ações e serviços públicos de saúde; (iii) para manutenção e desenvolvimento do ensino; (iv) para realização de atividades da administração tributária; (v) a prestação de garantias às operações de crédito por antecipação de receita e (vi) a prestação de garantia ou contragarantia à União e para pagamento de débitos para com esta (CF, art. 167, IV e § 4º).

Certo. A hipótese do item em análise não se enquadra nas ressalvas ao princípio da não vinculação de receitas de impostos. Nesse sentido, o programa social deverá ser financiado com recursos ordinários do orçamento.

55. (Cespe – Juiz de Direito Substituto – MA/ 2013) Considerando aspectos relacionados à incidência de imposto, às contribuições sociais, ao princípio da igualdade tributária e às normas gerais do direito tributário, assinale a opção correta.

a) Segundo o STF, não haverá ofensa ao princípio da isonomia tributária se a lei complementar, por motivos extrafiscais, imprimir tratamento desigual a microempresas e empresas de pequeno porte de capacidade contributiva distinta, afastando do regime diferenciado aquelas cujos sócios tenham condição de disputar o mercado de trabalho sem assistência do Estado.

b) A contribuição previdenciária não incide sobre o 13º salário.

c) O CTN admite expressamente a compensação mediante o aproveitamento de tributo, objeto de contestação judicial pelo sujeito passivo, antes do trânsito em julgado da respectiva decisão judicial.

d) Não incide ICMS sobre o valor da tarifa de energia elétrica correspondente à demanda de potência efetivamente utilizada.

COMENTÁRIOS

✪ **Nota dos autores:** a questão exige do candidato conhecimentos sobre as posições jurisprudenciais dos Tribunais Superiores, motivo pelo qual é importante o estudo das súmulas e dos informativos periodicamente disponibilizados pelos referidos tribunais.

Alternativa correta: letra "a": de fato, o STF já consolidou sua posição no sentido do texto da alternativa. "Não há ofensa ao princípio da isonomia tributária se a lei, por motivos extrafiscais, imprime tratamento desigual a microempresas e empresas de pequeno porte de capacidade contributiva distinta, afastando do regime do simples aquelas cujos sócios têm condição de disputar o mercado de trabalho sem assistência do Estado" (ADI 1.643, Rel. Min. Maurício Corrêa, julgamento em 5-12-2002, Plenário, *DJ* de 14-3-2003) No mesmo sentido: RE 627.543, Rel. min. Dias Toffoli, julgamento em 30-10-2013, Plenário, *Informativo* 726, com repercussão geral; RE 559.222-AgR, Rel. Min. Ellen Gracie, julgamento em 17-8-2010, Segunda Turma, *DJE* de 3-9-2010.

Alternativa "b": incorreta. O assunto já se encontra sumulado pelo STF, no sentido diametralmente oposto do que constou no texto da alternativa (**Súmula 688:** "é legítima a incidência da contribuição previdenciária sobre o 13º salário").

Alternativa "c": incorreta. Ao contrário do que constou, o CTN veda a compensação mediante o aproveitamento de tributo, objeto de contestação judicial pelo sujeito passivo, antes do trânsito em julgado da respectiva decisão judicial (CTN, art. 170-A, incluído pela LC 104/2001).

Alternativa "d": incorreta. O assunto já se encontra sumulado pelo STJ, no sentido diametralmente oposto do que constou no texto da alternativa (**Súmula 391:** "o ICMS incide sobre o valor da tarifa de energia elétrica correspondente à demanda de potência efetivamente utilizada").

56. (Cespe – Juiz Federal Substituto 2ª região/ 2013) O número excessivo de impostos embutidos nos preços dos produtos tem impacto direto na mesa do brasileiro. Do valor total de um pacote de arroz, por exemplo, 18, 65% representam cobrança de impostos. O tradicional peru, que custa, em média, R$ 58, 80, sairia para o consumidor por R$ 41, 72 sem a incidência de tributos. Já uma garrafa de espumante, com custo de R$ 22, 00, valeria R$ 8, 80 sem a cobrança dos impostos. Os preços impressionaram as pessoas que participaram de uma mobilização a favor da maior transparência tributária para os consumidores e que, na ocasião, visitaram um minimercado instalado no vão livre do MASP, em São Paulo, onde estava discriminada a porcentagem dos tributos embutidos nos alimentos.

Internet: <www.fiesp.com.br> (com adaptações).

Com referência ao texto acima e ao que disciplina a CF acerca da transparência tributária para o consumidor, assinale a opção correta.

a) Por ser matéria tributária de índole federativa, que exige providências a cargo da União, dos estados e dos municípios, a implementação da transparência dos impostos para os consumidores depende de resolução do Senado Federal.

b) A transparência tributária para o consumidor, tema objeto da mobilização referida no texto, é reservada à lei complementar, nos termos da CF.

c) A informação exigida pelos consumidores é um direito assegurado explicitamente pela CF, no âmbito das limitações ao poder tributário do Estado.

d) O direito à informação sobre impostos para os consumidores é um princípio constitucional explícito da atividade econômica.

e) É vedada, nos termos constitucionais, a edição de medida provisória para alterar norma que disponha sobre a transparência tributária para os consumidores.

COMENTÁRIOS

✪ **Nota dos autores:** o artigo 150 da CF, em seu parágrafo quinto, dispõe que "a lei determinará medidas para que os consumidores sejam esclarecidos acerca dos impostos que incidam sobre mercadorias e serviços".

Alternativa correta: letra "c": o artigo 150, § 5º está inserido no Título VI (Da Tributação e do Orçamento), Capítulo I (Do Sistema Tributário Nacional) Seção II (Das Limitações ao Poder de Tributar) da CF. Em dezembro de 2012 foi promulgada a Lei 12.741/12 que dispõe sobre as medidas de esclarecimento ao consumidor, de que trata o referido dispositivo constitucional.

Alternativa "a": incorreta, pois a implantação da transparência dos impostos para os consumidores depende de lei ordinária (e não de resolução do Senado Federal), nos termos do já citado artigo 150, § 5º, da CF.

Alternativa "b": incorreta, o artigo 150, § 5º da CF não reserva à lei complementar a informação aos consumidores sobre a carga tributária incidente sobre mercadorias e serviços. Nesse sentido, é suficiente a lei ordinária (que no caso é a Lei 12.741/12).

Alternativa "d": incorreta. O direito à informação sobre impostos para os consumidores é um princípio constitucional explícito situado, no texto constitucional, no âmbito das limitações ao poder de tributar. Por oportuno, tem-se que no Título VII (Da Ordem Econômica e Financeira), Capítulo I (Dos Princípios Gerais da Atividade Econômica) da CF, mais precisamente no artigo 170, inciso V, é considerado um princípio explícito da ordem econômica a defesa do consumidor (e não o direito à informação sobre tributos).

Alternativa "e": incorreta, pois em caso de relevância e urgência, o Presidente da República poderá adotar medidas provisórias, com força de lei, devendo submetê-las de imediato ao Congresso Nacional, nos termos do artigo 62 da CF. É vedada a edição de medidas provisórias sobre matéria reservada à lei complementar (CF, art. 62. § 1º, II). Assim, como o direito dos consumidores relativo à informação sobre a incidência tributária não demanda lei complementar e como não há outra vedação que se aplique ao caso no texto constitucional, tem-se que a medida provisória é um veículo normativo hábil para alterar norma que disponha sobre a transparência tributária para os consumidores, desde que previstos os requisitos para a sua adoção pelo Presidente da República.

57. (Cespe – Juiz Federal Substituto 5ª região/2013) Assinale a opção correta de acordo com a CF, as normas gerais de direito tributário e a jurisprudência do STJ e do STF sobre essa matéria.

a) Incide IR sobre a indenização por danos morais.

b) É possível a instituição de taxa sobre o serviço de iluminação pública.

c) De acordo com o STF, a não cumulatividade é considerada cláusula pétrea, visto que constitui direito fundamental das pessoas na condição de contribuintes.

d) A edição pela União de norma modificadora alterando o prazo para o recolhimento de determinada obrigação tributária deve respeitar o princípio da anterioridade.

e) Configura-se o caráter confiscatório de determinado tributo sempre que o efeito cumulativo, resultante das múltiplas incidências tributárias estabelecidas pela mesma entidade estatal, afetar, substancialmente e de maneira irrazoável, o patrimônio ou os rendimentos do contribuinte.

COMENTÁRIOS

✪ **Nota dos autores:** mais uma questão que exige conhecimentos sobre precedentes jurisprudenciais, reforçando a importância de estudo das súmulas e dos informativos dos Tribunais Superiores.

Alternativa correta: letra "e": texto em consonância com precedente do STF fixado no julgamento da ADC 8, segundo o qual "a identificação do efeito confiscatório deve ser feita em função da totalidade da carga tributária, mediante verificação da capacidade de que dispõe o contribuinte – considerado o montante de sua riqueza (renda e capital) – para suportar e sofrer a incidência de todos os tributos que ele deverá pagar, dentro de determinado período, à mesma pessoa política que os houver instituído (a União Federal, no caso), condicionando-se, ainda, a aferição do grau de insuportabilidade econômico-financeira, à observância, pelo legislador, de padrões de razoabilidade destinados a neutralizar excessos de ordem fiscal eventualmente praticados pelo Poder Público. Resulta configurado o caráter confiscatório de determinado tributo, sempre que o efeito cumulativo – resultante das múltiplas incidências tributárias estabelecidas pela mesma entidade estatal – afetar, substancialmente, de maneira irrazoável, o patrimônio e/ou os rendimentos do contribuinte" (ADC 8-MC, Rel. Min. Celso de Mello, julgamento em 13-10-99, DJ de 4-4-03).

Alternativa "a": incorreta. Não obstante a polêmica doutrinária em torno da incidência (ou não) do imposto de renda sobre o recebimento de indenização por danos morais, tem-se que o STJ editou a **Súmula 498**, pela qual "não incide imposto de renda sobre a indenização por danos morais".

Alternativa "b": incorreta. Outro assunto já sumulado, desta vez pelo STF (**Súmula Vinculante 41:** "o serviço de iluminação pública não pode ser remunerado mediante taxa"). Após a edição de tal súmula, a Emenda Constitucional 39/2002 conferiu competência às municipalidades (e ao Distrito Federal) para instituição da Contribuição para Iluminação Pública (CIP).

Alternativa "c": incorreta. No julgamento da ADI 939 o STF não considerou o princípio da não cumulatividade como cláusula pétrea. Tal princípio se dirige ao legislador infraconstitucional, não vedando a instituição de nova figura tributária cumulativa por meio de emenda constitucional.

Alternativa "d": incorreta. Mais um assunto já sumulado em sentido diametralmente oposto ao constante no texto da alternativa em análise (**Súmula Vinculante 50** : "norma legal que altera o prazo de recolhimento da obrigação tributária não se sujeita ao princípio da anterioridade").

58. (Cespe – Juiz Federal Substituto 5ª região/2013) Ainda com base na CF, nas normas gerais de direito tributário e na jurisprudência do STJ e do STF sobre essa matéria, assinale a opção correta.

a) Ainda que a isenção tenha sido concedida por prazo certo e sob condição onerosa, é possível a sua posterior revogação, com efeitos sobre os contribuintes que tiverem por ela sido beneficiados, já que eles não possuem direito adquirido de usufruir do benefício legalmente estipulado.

b) É devida a correção monetária ao creditamento do IPI quando há oposição ao seu aproveitamento decorrente de resistência legítima do fisco.

c) A simples declaração, pelo contribuinte, do débito tributário lhe dá o direito de obter a certidão negativa ou positiva com efeito de negativa.

d) O inadimplemento da obrigação tributária pela sociedade é suficiente, por si só, para atrair a responsabilidade solidária do sócio-gerente.

e) A imunidade tributária recíproca é princípio garantidor da Federação, motivo pelo qual não pode ser restringida nem mesmo por emenda constitucional.

COMENTÁRIOS

✪ **Nota dos autores:** encontra-se no rol das cláusulas pétreas a forma federativa de Estado, nos termos do artigo 60, § 4º, inciso I, da CF, *in verbis*: "Art. 60. A Constituição poderá ser emendada mediante proposta: (...) § 4º – Não será objeto de deliberação a proposta de emenda tendente a abolir: **I – a forma federativa de Estado".**

Alternativa correta: letra "e": há precedentes do STF no sentido da alternativa em análise. "Consideram-se relevantes, para o efeito de concessão de medida cautelar, os fundamentos da ação direta, segundo os quais, com a quebra do princípio da imunidade recíproca entre a União, os Estados, o Distrito Federal e os Municípios (art. 150, VI, *a* da Constituição), autorizada pelo § 2º do art. 2º da EC 3, de 18-3-1993, ficaria posta em risco a estabilidade da federação, que, em princípio, a um primeiro exame, não pode ser afetada, sequer, por emenda constitucional (arts. 1º, 18, 60, § 4º, I, da Constituição)" (ADI 926-MC, Rel. Min. Sydney Sanches, julgamento em 1º-9-1993, Plenário, *DJ* de 6-5-1994).

Alternativa "a": incorreta. A Súmula 544 do STF estipula que "isenções tributárias concedidas, sob condição onerosa, **não podem ser livremente suprimidas**".

Alternativa "b": incorreta. A Súmula 411 do STJ estipula que "é devida a correção monetária ao creditamento do IPI quando há oposição ao seu aproveitamento decorrentes de resistência **ilegítima** do Fisco".

Alternativa "c": incorreta. A Súmula 446 do STJ estipula que "declarado e não pago o débito tributário pelo contribuinte, é legítima a recusa de expedição de certidão negativa ou positiva com efeito de negativa".

Alternativa "d": incorreta. A Súmula 430 do STJ estipula que "o inadimplemento da obrigação tributária pela sociedade **não gera, por si só**, a responsabilidade solidária do sócio-gerente".

59. (Cespe – Juiz Federal Substituto 5ª região/2013) Assinale a opção correta de acordo com a CF, as normas gerais de direito tributário e a jurisprudência do STJ e do STF.

a) Segundo a CF, o IR deve submeter-se à exigência da noventena, mas não necessita obedecer a anterioridade tributária. O IPI, por sua vez, tem o tratamento inverso, visto que está liberado da noventena, mas é obrigado a respeitar a anterioridade tributária.
b) A seletividade implica tributação diferenciada conforme a qualidade do que é objeto da tributação, não se confundindo com a progressividade, que se refere ao simples agravamento do ônus tributário conforme a base de cálculo aumenta.
c) O imposto sobre operações financeiras submete-se ao princípio da anterioridade anual.
d) É possível a utilização da regra de imputação de pagamentos prevista no Código Civil às hipóteses de compensação tributária.
e) É inadmissível a cobrança de tarifa de água fixada de acordo com as categorias de usuários e as faixas de consumo.

COMENTÁRIOS

✪ **Nota dos autores:** ressalvadas as exceções previstas na própria CF, a anterioridade anual e a nonagesimal devem ser interpretadas em conjunto, de modo que um tributo instituído ou majorado em determinado exercício, só poderá ser cobrado no exercício seguinte, desde que decorridos 90 dias.

Alternativa correta: letra "b": o princípio da seletividade encerra uma autorização constitucional para que as mercadorias e os serviços de primeira necessidade sejam menos onerados que os supérfluos ou suntuários. De outro lado, um tributo progressivo apresenta alíquotas maiores conforme há um aumento na base de cálculo, que é diferente de um tributo proporcional, em que é mantida a mesma alíquota, independentemente da base de cálculo.

Alternativa "a": incorreta. O IR é exceção ao princípio da anterioridade na sua vertente nonagesimal, mas, sujeita-se à anterioridade anual (também chamada de anterioridade do exercício). Ao contrário, o IPI é exceção ao princípio da anterioridade na sua vertente anual, mas sujeita-se à anterioridade nonagesimal (CF, art. 150, § 1º).

Alternativa "c": incorreta. O IOF é exceção ao princípio da anterioridade, nas suas duas vertentes (anual e nonagesimal), como bem estipula o artigo 150, § 1º, da CF.

Alternativa "d": incorreta. A Súmula 464 do STJ dispõe que "a regra de imputação de pagamentos estabelecida no art. 354 do Código Civil **não se aplica** às hipóteses de compensação tributária".

Alternativa "e": incorreta. A Súmula 407 do STJ dispõe que "**é legítima** a cobrança da tarifa de água fixada de acordo com as categorias de usuários e as faixas de consumo".

60. (Cespe – Juiz Federal Substituto 1ª região/2013) Considerando as disposições constitucionais relativas ao Sistema Tributário Nacional, assinale a opção correta.

a) Tributos de caráter extrafiscal, pela sua própria natureza, podem constituir sanção de atos ilícitos praticados pelo contribuinte.
b) Desequilíbrios na concorrência podem ser prevenidos pela adoção de critérios especiais de tributação, nos termos constitucionais.
c) Emenda constitucional proibiu os municípios brasileiros de instituir contribuição destinada ao custeio do serviço de iluminação pública, tendo admitido, porém, a utilização de taxas com essa finalidade.
d) A imunidade consignada a templos de qualquer culto abrange seu patrimônio, sua renda e seus serviços, independentemente da finalidade essencial dessas entidades.
e) Compete exclusivamente à Câmara dos Deputados avaliar, periodicamente, a funcionalidade do Sistema Tributário Nacional.

COMENTÁRIOS

✪ **Nota dos autores:** o Capítulo I do Título VI da Constituição Federal é dedicado ao Sistema Tributário Nacional. Veicula o conjunto de normas de estatura constitucional que devem constituir o fundamento de toda a legislação tributária infraconstitucional, ou seja, toda a legislação tributária deve seguir as diretrizes da CF, sem poder contrariá-las. Portanto, o Sistema Tributário Nacional ou Sistema Jurídico Tributário compreende toda a legislação fundamentada no Capítulo I do Título VI da Constituição Federal, que poderia perfeitamente ter sido chamado de "Sistema Constitucional Tributário".

Alternativa correta: letra "b": a afirmação encontra amparo no teor do artigo 146-A, inserido no texto constitucional pela EC 42/2003 ("Lei complementar poderá estabelecer critérios especiais de tributação, com o objetivo de prevenir desequilíbrios da concorrência, sem prejuízo da competência de a União, por lei, estabelecer normas de igual objetivo").

Alternativa "a": incorreta. O artigo 3º do CTN, ao conceituar tributo, expressamente elenca em suas características que a exação não constitui sanção de ato ilícito ("tributo é toda prestação pecuniária compulsória, em moeda ou cujo valor nela se possa exprimir, **que não constitua sanção de ato ilícito**, instituída em lei e cobrada mediante atividade administrativa plenamente vinculada"). Portanto, para ser tributo, qualquer que seja sua classificação, a prestação pecuniária não deve ser uma sanção por ato ilícito.

Alternativa "c": incorreta. Após a consolidação no STF da impossibilidade de se custear o serviço de iluminação pública por meio de taxa (**Súmula Vinculante 41:** "o serviço de iluminação pública não pode ser remunerado mediante taxa"), tem-se que esse entendimento jurisprudencial acabou redundando em forte pressão dos Municípios junto ao Congresso Nacional, resultando na Emenda Constitucional 39/2002, que conferiu competência às municipalidades (e ao Distrito Federal) para instituição da Contribuição para Iluminação Pública (CIP). Ou seja, a taxa foi julgada inconstitucional, mas os Municípios mantiveram a receita a título de contribuição especial (CF, art. 149-A).

Alternativa "d": incorreta. A abrangência da imunidade dos templos de qualquer culto compreende somente o patrimônio, a renda e os serviços, relacionados com as suas finalidades essenciais (CF, art. 150, § 4º).

Alternativa "e": incorreta. A referida competência é do Senado Federal, nos termos do artigo 52, inciso XV, da CF (este inciso foi incluído no texto constitucional pela EC 42/2003).

---

61. (Cespe – Juiz de Direito Substituto – RN/2013) No que tange a imunidades tributárias, isenção, não incidência e benefícios fiscais, assinale a opção correta.

a) Segundo entendimento do STF, todas as empresas públicas gozam de imunidade tributária recíproca, razão por que não devem pagar impostos sobre seus patrimônios, rendas e serviços.

b) A imunidade tributária conferida a instituições de assistência social sem fins lucrativos não alcança as entidades fechadas de previdência social privada, mesmo que não haja contribuição dos beneficiários.

c) É devido imposto de renda no pagamento de licença-prêmio não gozada por necessidade do serviço e nas indenizações de férias proporcionais e o respectivo adicional.

d) A doutrina majoritária estabelece a distinção entre imunidade tributária e isenção nos seguintes termos: enquanto aquela é disciplinada por lei, esta é matéria tratada em sede constitucional.

e) O imóvel pertencente a entidades sindicais dos trabalhadores, ainda que alugados a terceiros, permanece imune ao IPTU, desde que o valor dos aluguéis seja aplicado nas atividades essenciais de tais entidades.

COMENTÁRIOS

✪ **Nota dos autores:** as desonerações ou exonerações são situações em que o sujeito passivo da obrigação tributária (contribuinte ou responsável) não possui o dever de pagar o tributo. Duas delas foram exploradas pelo CESPE na questão em pauta (imunidade e isenção).

Alternativa correta: letra "e": o assunto já se encontra sumulado pelo STF. Segundo a Súmula Vinculante 52, "ainda quando alugado a terceiros, permanece imune ao IPTU o imóvel pertencente a qualquer das entidades referidas pelo art. 150, VI, *c*, da Constituição, desde que o valor dos aluguéis seja aplicado nas atividades essenciais de tais entidades". Entendimento coerente com o disposto no § 4º do artigo 150 da CF ("As vedações expressas no inciso VI, alíneas "b" e "c", compreendem somente o patrimônio, a renda e os serviços, relacionados com as finalidades essenciais das entidades nelas mencionadas").

Alternativa "a": incorreta. Em regra, as empresas públicas não são beneficiárias da imunidade recíproca, uma vez que o texto constitucional só estende a aplicação de tal imunidade para autarquias e fundações (CF, art. 150, § 2º). Entretanto, há julgados do STF que assinalam a possibilidade de extensão da imunidade recíproca às empresas públicas que prestem serviços públicos obrigatórios, exclusivos do Estado (RE 407.099/RS – é o caso dos Correios).

Alternativa "b": incorreta, por afrontar a Súmula 730 do STF, segundo a qual "a imunidade tributária conferida a instituições de assistência social sem fins lucrativos pelo art. 150, VI, c, da Constituição, somente alcança as entidades fechadas de previdência social privada se não houver contribuição dos beneficiários".

Alternativa "c": incorreta, por afrontar o que apregoam as Súmulas 136 e 386 do STJ (**Súmula 136, do STJ:** "o pagamento de licença-prêmio não gozada por necessidade do serviço não está sujeito ao imposto de renda"; **Súmula 386, do STJ:** "são isentas de imposto de renda as indenizações de férias proporcionais e o respectivo adicional").

Alternativa "d": incorreta, por inverter os conceitos. A imunidade é matéria tratada em sede constitucional e a isenção é matéria disciplinada por lei. A **imunidade** é uma exoneração tributária prevista na Constituição Federal, mediante norma que estabelece situações em que é vedado ao ente federativo exercer a sua competência tributária. A modalidade de exclusão do crédito tributário contemplada no artigo 175, inciso

I, do CTN, chamada de **isenção,** consiste numa exceção legal à regra de tributação, isto é, numa hipótese em que o ente federativo exerce a competência tributária instituindo o tributo, mas estabelece algumas situações, pessoas ou bens não alcançados pela regra de tributação.

3. COMPETÊNCIA TRIBUTÁRIA E REPARTIÇÃO DAS RECEITAS TRIBUTÁRIAS

62. (Cespe – Procurador do Estado – PGE – SE/2017) Os tributos cuja instituição compete aos municípios incluem o

A) ITBI, o IPI e o IPVA.

B) ITR, o ITCMD e o IPI.

C) ITBI, o IPVA e o ITCMD.

D) IPTU, o ITR e o ISSQN.

E) IPTU, o ITBI e o ISSQN.

COMENTÁRIOS

✪ **Nota dos autores:** Segundo o artigo 156 da CF/88, "compete aos Municípios instituir impostos sobre: I – propriedade predial e territorial urbana; II – transmissão *inter vivos*, a qualquer título, por ato oneroso, de bens imóveis, por natureza ou acessão física, e de direitos reais sobre imóveis, exceto os de garantia, bem como cessão de direitos a sua aquisição; III – serviços de qualquer natureza, não compreendidos no art. 155, II, definidos em lei complementar".

Alternativa correta: letra "e". O IPTU, o ITBI e o ISSQN são os três impostos de competência municipal, segundo o artigo 156 da CF/88.

Alternativa "a": incorreta, pois embora o ITBI seja um imposto de competência municipal (CF, art. 156, II), o mesmo não se pode afirmar do IPI, que é de competência federal (CF, art. 153, IV) e do IPVA, que é de competência estadual e do Distrito Federal (CF, art. 155, III).

Alternativa "b": incorreta, pois nenhum dos três impostos é de competência municipal, sendo o ITR e o IPI de competência federal (CF, art. 153, VI e IV) e o ITCMD de competência dos Estados e do Distrito Federal (CF, art. 155, I).

Alternativa "c": incorreta, pois embora o ITBI seja um imposto de competência municipal (CF, art. 156, II), o mesmo não se pode afirmar do IPVA e do ITCMD, que são de competência estadual e do Distrito Federal (CF, art. 155, III e I).

Alternativa "d": incorreta, pois embora o IPTU e o ISSQN sejam de competência municipal (CF, art. 156, I e III), o mesmo não se pode afirmar do ITR, que é de competência federal (CF, art. 153, VI).

63. (Cespe – Analista de Controle – Área Jurídica – TCE – PR/2016) A Constituição Federal de 1988 (CF) atribui competência aos entes federados para instituir e criar tributos. À luz da legislação constitucional e infraconstitucional, assinale a opção correta, a respeito do instituto da competência tributária.

a) Ao contrário da capacidade tributária ativa, a competência tributária é delegável apenas às pessoas jurídicas de direito público.

b) A instituição do imposto sobre grandes fortunas é de competência da União, mediante lei complementar.

c) Conforme a CF, compete aos municípios instituir imposto sobre a propriedade de veículos automotores.

d) Cabe aos estados a instituição do imposto sobre serviços de qualquer natureza.

e) A União pode instituir imposto extraordinário na iminência ou no caso de guerra externa, desde que o faça mediante lei complementar.

COMENTÁRIOS

✪ **Nota dos autores:** é consenso doutrinário e jurisprudencial a interpretação do princípio da legalidade (CF, art. 150, I), segundo a qual os tributos, como regra, devem ser instituídos por lei ordinária. Há apenas quatro exceções constitucionais em que há exigência de lei complementar, que são o Empréstimo Compulsório (CF, art. 148), o IGF – Imposto sobre Grandes Fortunas (CF, art. 153, VII), os impostos de competência residual da União (CF, art. 154, I) e as contribuições sociais para custeio da Seguridade Social residuais (CF, art. 195, § 4º).

Alternativa correta: letra "b": a competência para instituição do imposto sobre grandes fortunas (IGF) é da União, segundo o artigo 153, inciso VII, da CF/88. Como visto na nota dos autores, demanda lei complementar. O IGF ainda não foi instituído.

Alternativa "a": incorreta, pois, de modo geral, a competência tributária é indelegável (CTN, art. 7º). De outro lado, as funções de arrecadação e fiscalização integram o conceito de capacidade tributária ativa, constituindo atribuições delegáveis de um ente tributante a outro, consoante a literalidade do artigo 7º do CTN. Em termos mais precisos, a competência tributária legislativa está compreendida na regra da indelegabilidade da competência tributária. Já a capacidade tributária ativa, compreendida nas prerrogativas de arrecadar ou fiscalizar tributos, ou de executar leis, serviços, atos ou decisões administrativas em matéria tributária, é delegável, ou seja, pode ser conferida por uma pessoa jurídica de direito público a outra (CTN, art. 7º).

Alternativa "c": incorreta, pois a competência tributária para instituir o IPVA cabe aos Estados e ao Distrito Federal (CF, art. 155, III).

Alternativa "d": incorreta, pois a competência tributária para instituir o ISSQN cabe aos Municípios e ao Distrito Federal (CF, art. 156, III c/c art. 147, *in fine*).

Alternativa "e": incorreta no que tange à exigência de lei complementar. Na verdade, não há tal exigência no texto constitucional (CF, art. 154, II). Segundo tal dispositivo, a União poderá instituir "a iminência ou no caso de guerra externa, impostos extraordinários, compreendidos ou não em sua competência tributária, os quais serão suprimidos, gradativamente, cessadas as causas de sua criação".

---

64. (Cespe – Juiz de Direito Substituto – AM/2016) Execução fiscal de IPTU ajuizada por determinado município do estado do Amazonas foi extinta, sem julgamento de mérito, por juiz de primeiro grau, com base na lei de regência.

Acerca dessa situação hipotética, assinale a opção correta.

a) De acordo com a CF, é concorrente a competência entre município e estado-membro para a instituição do IPTU. Assim, na hipótese em apreço, o magistrado poderia fundamentar sua decisão na lei estadual ou na municipal.

b) O estado tem competência para legislar sobre a matéria; portanto, pode o juiz ter-se baseado em legislação estadual para interromper a execução fiscal.

c) A previsão constitucional da autonomia dos entes federados não abrange a hipótese, uma vez que se trata de município do próprio estado-membro.

d) Conforme a CF, é do município a competência para instituir o IPTU; só o ente que tem competência para instituir o tributo tem competência para legislar sobre a matéria.

e) A instituição de lei estadual referente ao IPTU é constitucional e aplica-se aos tributos e às execuções fiscais em curso no âmbito do estado e de seus municípios.

COMENTÁRIOS

✪ **Nota dos autores:** historicamente, a luz dos artigos 156, § 1º e 182, § 4º, ambos da CF/88, sempre se admitiu ao IPTU a progressividade no tempo, para fins extrafiscais, ou seja, como instrumento de pressão para que o proprietário do bem imóvel cumpra a função social da propriedade dando ao seu imóvel o adequado aproveitamento. Após o advento da Emenda Constitucional nº 29/2000, o IPTU – Imposto sobre a Propriedade Territorial e Predial Urbana – passou a ter uma progressividade fiscal e, também, a possibilidade alíquotas diferenciadas, conforme se depreende do art. 156, § 1º, incisos I e II, da CF. Tal comando prevê uma progressividade em razão do valor do imóvel, bem como alíquotas diferenciadas em razão da localização e uso do imóvel.

Alternativa correta: letra "d": a atribuição constitucional de competência tributária compreende a competência legislativa plena, ressalvadas as limitações contidas na Constituição Federal, nas Constituições dos Estados e nas Leis Orgânicas do Distrito Federal e dos Municípios, e observado o disposto no CTN (CTN, art. 6º). A competência para instituir o IPTU é restrita aos Municípios (CF, art. 156, I) e ao Distrito Federal (CF, art. 147, *in fine*).

Alternativa "a": incorreta. A competência para instituir o IPTU é restrita aos Municípios (CF, art. 156, I) e ao Distrito Federal (CF, art. 147, *in fine*).

Alternativas "b", "c" e "e": incorretas, pois o Estado não tem competência tributária para instituir o IPTU (CF, art. 156, I). Como visto nos comentários à alternativa correta, a competência para instituir o IPTU é restrita aos Municípios (CF, art. 156, I) e ao Distrito Federal (CF, art. 147, *in fine*).

---

65. (Cespe – Procurador do Ministério Público junto ao TCDF/2013) Julgue os itens que se seguem, acerca do Sistema Tributário Nacional, dos tributos, da competência tributária e das fontes do direito tributário.

A CF assegura aos municípios 25% do ICMS arrecadado pelo estado onde eles se situem, tendo adotado, para fins de distribuição desse percentual entre os municípios, o critério da territorialidade do valor adicionado, ou seja, a cada município compete o valor adicionado produzido em seu próprio território, relativamente a três quartos do valor a ser distribuído.

COMENTÁRIOS

✪ **Nota dos autores:** 25% do que os Estados arrecadam a título de ICMS são repassados aos Municípios, sendo que o critério de repartição está disciplinado no parágrafo único do artigo 158 da CF. Esse dispositivo, em linhas gerais, estabelece a seguinte composição: i) três quartos, no mínimo, na proporção do valor adicionado nas operações relativas à circulação de mercadorias e nas prestações de serviços realizadas em seus territórios e ii) até um quarto, de acordo com o que dispuser lei estadual ou, no caso dos Territórios, lei federal.

Certo. O critério da territorialidade do valor adicionado é determinante no cômputo do índice de participação dos Municípios na repartição tributária do ICMS, nos termos do artigo 158, parágrafo único, inciso I, da Carta Constitucional.

---

66. (Cespe – Procurador do Ministério Público junto ao TCDF/2013) No que concerne aos impostos de competência dos municípios e do DF, julgue os próximos itens.

Segundo o STJ, incide o imposto sobre a propriedade territorial rural (ITR), e não o imposto sobre a propriedade predial e territorial urbana (IPTU), sobre imóveis comprovadamente utilizados para exploração extrativa, vegetal, agrícola, pecuária ou agroindustrial, ainda que localizados em áreas consideradas urbanas por legislação municipal.

COMENTÁRIOS

✪ **Nota dos autores:** a propriedade de bens imóveis está sujeita à tributação do ITR ou do IPTU. O ITR é de competência da União enquanto o IPTU é de competência dos Municípios. Para a determinação da incidência de um ou de outro, dois critérios despontam, o geográfico e o da destinação do uso imóvel. O CTN, em seu artigo 32, prestigia o critério geográfico, ao prever que "o imposto, de competência dos Municípios, sobre a propriedade predial e territorial urbana tem como fato gerador a propriedade, o domínio útil ou a posse de bem imóvel por natureza ou por acessão física, como definido na lei civil, **localizado na zona urbana do Município**".

Certo. Não obstante o critério legal estipulado no artigo 32 do CTN (critério da localização do imóvel), o STJ, recentemente, proferiu a seguinte decisão: "a jurisprudência desta Corte Superior é no sentido de que incide o ITR, e não o IPTU, sobre imóveis que sejam comprovadamente utilizados em exploração extrativa, vegetal, agrícola, pecuária ou agroindustrial, ainda que localizados em áreas consideradas urbanas por legislação municipal" (STJ, AgRg no AREsp 80947 / ES, Min Mauro Campbell, DJE 08.03.2012). Logo, pode-se afirmar que a jurisprudência recente do STJ prestigia o critério da destinação do uso do imóvel para fins de determinação da incidência do ITR ou do IPTU.

---

67. (Cespe – Procurador do DF/ 2013) Considerando que uma autarquia federal que não vise à exploração da atividade econômica e não cobre tarifa ou preço por serviços prestados tenha adquirido um prédio para instalação de sua administração no DF, julgue os itens que se seguem, relativos a essa situação hipotética, à competência tributária e às regras de limitação dessa competência.

O DF pode instituir contribuições parafiscais, inclusive destinadas à intervenção no domínio econômico, desde que o faça por lei complementar.

COMENTÁRIOS

✪ **Nota dos autores:** esse item versa sobre as contribuições de intervenção no domínio econômico que, como tributos da espécie contribuição, caracterizam-se por ter finalidade prevista na CF e por não possuírem caráter contraprestacional. Significa dizer que são tributos não vinculados, isto é, que não possuem como hipótese de incidência uma atividade estatal específica relativa ao contribuinte, como é o serviço público na taxa ou a obra pública na contribuição de melhoria.

Errado. As contribuições de intervenção no domínio econômico (CIDEs) são de competência exclusiva da União (CF, art. 149).

---

68. (Cespe – Procurador do DF/ 2013) Devido à necessidade de atender às despesas extraordinárias decorrentes de calamidade pública, o DF promulgou lei instituindo empréstimo compulsório incidente sobre a transmissão de bens incorporados ao patrimônio de pessoa jurídica em realização de capital.

Com base nessa situação hipotética, julgue os itens subsequentes.

Se, em lugar do empréstimo compulsório, o DF instituísse, em idêntica situação, a incidência de ITBI, tal tributação seria adequada do ponto de vista constitucional.

COMENTÁRIOS

✪ **Nota dos autores:** o ITBI (imposto sobre transmissão *inter vivos*, a qualquer título, por ato oneroso, de bens imóveis, por natureza ou acessão física, e de direitos reais sobre imóveis, exceto os de garantia, bem como cessão de direitos a sua aquisição) é um imposto de competência dos Municípios e do Distrito Federal, nos termos dos artigos 156, inciso II e 147 da CF.

Errado. Embora esteja na competência do Distrito Federal instituir o ITBI, o § 2º do artigo 156 da CF prevê uma imunidade constitucional segundo a qual tal imposto "não incide sobre a transmissão de bens ou direitos incorporados ao patrimônio de pessoa jurídica em realização de capital". Logo, do ponto de vista constitucional, a tributação hipotética prevista no item ora analisado não é adequada.

---

69. (Cespe – Procurador Federal/2013) À luz das normas constitucionais relativas a matéria tributária, julgue os itens que se seguem.

Os royalties que são pagos pelas concessionárias em razão da exploração de petróleo enquadram-se no âmbito constitucional do Sistema Tributário Nacional.

COMENTÁRIOS

✪ **Nota dos autores:** em linhas gerais, os *royalties* são valores tidos como uma **compensação financeira** paga pelos concessionários em virtude da exploração de petróleo ou gás natural, de recursos hídricos para fins de geração de energia elétrica e de outros recursos minerais no respectivo território, plataforma continental, mar territorial ou zona econômica exclusiva (CF, art. 20, § 1º).

Errado. Os *royalties* são, portanto, receitas públicas originárias, não apresentando a natureza jurídica tributária.

70. (Cespe – Juiz de Direito Substituto – MA/ 2013) No que se refere à competência tributária, a preços públicos e a outros aspectos relacionados ao direito tributário, assinale a opção correta.

a) De acordo com entendimento firmado no STJ, não é possível a citação por edital na execução fiscal.

b) A anulação do lançamento por vício formal não tem o condão de reabrir o prazo decadencial.

c) Os descontos incondicionais nas operações mercantis devem ser incluídos na base de cálculo do ICMS.

d) A CF não cria tributo, mas outorga competência tributária a cada ente federado, devendo o exercício dessa competência ser regulado por lei, por expressa previsão constitucional.

COMENTÁRIOS

✪ **Nota dos autores:** é uma questão que exige conhecimentos sobre posicionamentos jurisprudenciais do STJ. Daí a importância de se estudar os informativos e as súmulas.

Alternativa correta: letra "d": é verdade que a Constituição Federal contempla normas de discriminação das competências tributárias a fim de que os entes políticos (União, Estados, Distrito Federal e Municípios) possam criar, isto é, instituir seus tributos dentro das suas respectivas esferas de atribuições. Porém, justamente com base nas competências conferidas pela Constituição, incumbe aos entes políticos estabelecer as normas instituidoras de tributos. Isso até mesmo com base no princípio da legalidade tributária (CF, art. 150, I), cuja interpretação *a contrario sensu* leva à conclusão de que somente a lei pode instituir tributos. Logo, a Constituição apenas define competências, estando incorreto afirmar que contém normas instituidoras de tributos.

Alternativa "a": incorreta. A Súmula 414 do STJ estipula que "a citação por edital na execução fiscal é cabível quando frustradas as demais modalidades". É o que se interpreta do artigo 8º da Lei 6.830/80 – Lei de Execuções Fiscais, dispositivo que trata, justamente, das modalidades e procedimentos de citação nas execuções fiscais.

Alternativa "b": incorreta. Por expressa previsão legal (CTN, art. 173, II), o direito de a Fazenda Pública constituir o crédito tributário extingue-se após 5 (cinco) anos, contados da data em que se tornar definitiva a decisão que houver anulado, por vício formal, o lançamento anteriormente efetuado. Logo, a anulação do lançamento por vício formal é o *dies a quo* (termo inicial) da contagem do prazo decadencial.

Alternativa "c": incorreta. A Súmula 457 do STJ estipula que "os descontos incondicionais nas operações mercantis não se incluem na base de cálculo do ICMS". Importante anotar que, ao elencar os elementos da base de cálculo do ICMS, o artigo 13 da Lei complementar 87/96, nos seus § 1º, inciso II, alínea "a", expressamente, inclui os "descontos concedidos sob condição" (condicionais), mas em nenhum momento faz menção aos incondicionais que, por interpretação *a contrario sensu*, ficam fora da base de cálculo do imposto.

71. (Cespe – Analista Judiciário – Área Judiciária – STJ/2012) Acerca do pagamento indevido e dos tributos em espécie, julgue os itens que se seguem.

Compete ao município instituir o imposto sobre a propriedade de veículos automotores licenciados em seu território, cabendo ao Senado Federal fixar as alíquotas mínimas desse imposto.

COMENTÁRIOS

✪ **Nota dos autores:** o imposto sobre propriedade de veículos automotores (IPVA) é de competência dos Estados e do Distrito Federal, como bem apregoa o artigo 155, inciso III, da CF.

Errado. Embora caiba ao Senado Federal fixar as alíquotas mínimas do IPVA (CF, art. 155, § 6º, I), o erro do item está em atribuir o referido imposto à competência municipal, uma vez que, reitera-se, é de competência dos Estados e do Distrito Federal.

4. LEGISLAÇÃO TRIBUTÁRIA

72. (Cespe – Juiz Federal – TRF 5/2017) Sob a vigência de determinada norma tributária, contribuintes deixaram de recolher o tributo devido, do que resultou a autuação do fisco e a impugnação dos contribuintes. Antes mesmo do fim do processo administrativo fiscal, foi aprovada e entrou em vigor legislação tributária que concedeu isenção parcial, reduzindo em 50% o referido tributo, para as mesmas operações.

Com relação a essa situação hipotética, assinale a opção correta, conforme as normas a respeito da aplicação e vigência da lei tributária dispostas no Código Tributário Nacional (CTN).

A) Os contribuintes inadimplentes não poderão recolher os 50% do tributo devido, dada a impossibilidade de retroação no caso de a lei nova ser interpretativa, o que ocorreu na situação hipotética apresentada.

B) Os contribuintes inadimplentes terão o direito de recolher o valor do tributo em 50%, já que o ato ainda não se encontra definitivamente julgado.

C) A irretroatividade da lei tributária não alcança algumas exceções previstas no Código Tributário Nacional (CTN), como é o caso da concessão da isenção parcial prevista na situação hipotética apresentada, uma vez que a exceção busca aplicação do princípio da segurança jurídica.

D) Os contribuintes inadimplentes não poderão se beneficiar do recolhimento com base na nova lei, já que ela passou a viger após o nascimento da obrigação tributária e não há fundamento legal para desconsiderá-la.

E) Os contribuintes inadimplentes terão o direito de recolher 50% a título de tributo devido, pois a lei retroage para beneficiá-los, mesmo antes do fim do processo administrativo fiscal, dado o princípio da lei mais benigna.

COMENTÁRIOS

✪ **Nota dos autores:** as "causas excludentes do crédito tributário mantém estreito relacionamento com o princípio da irretroatividade tributária. A lei isentiva, por se referir a tributos, deve total subserviência a tal postulado, devendo desonerar aqueles tributos cujos fatos geradores sejam futuros, estando ainda por ocorrer. Aliás, é defeso à lei tributária atingir fatos geradores que lhe são pretéritos, uma vez que deve conter vigência prospectiva, consoante o art. 150, III, "a", da Carta Magna" (SABBAG, Eduardo. Manual de Direito Tributário. 6 ed. São Paulo: Saraiva, 2014, p. 922).

Alternativa correta: letra "d". A exclusão do crédito tributário pela isenção impede a sua constituição pelo lançamento, inobstante a ocorrência do fato gerador e o respectivo nascimento da obrigação tributária. Nesse sentido, com a obrigação tributária já existente quando da vigência da lei nova isentiva, os contribuintes inadimplentes não poderão se beneficiar da redução de 50%. A vigência prospectiva da lei isentiva é detalhada também na nota dos autores.

Alternativa "a": incorreta. De fato, o CTN prevê a aplicação retroativa da lei quando expressamente interpretativa (CTN, art. 106, I), o que não acontece na situação hipotética, que reflete a instituição de isenção parcial.

Alternativa "b": incorreta. O artigo 106 do CTN dispõe que "a lei aplica-se a ato ou fato pretérito: I – em qualquer caso, quando seja expressamente interpretativa, excluída a aplicação de penalidade à infração dos dispositivos interpretados; II – tratando-se de ato não definitivamente julgado: a) quando deixe de defini-lo como infração; b) quando deixe de tratá-lo como contrário a qualquer exigência de ação ou omissão, desde que não tenha sido fraudulento e não tenha implicado em falta de pagamento de tributo; c) quando lhe comine penalidade menos severa que a prevista na lei vigente ao tempo da sua prática". Observe que a situação hipotética do enunciado (instituição de isenção parcial) não se enquadra em nenhuma das hipóteses do artigo 106, inciso II, do CTN.

Alternativa "c": incorreta, pois, ao contrário do que constou, a irretroatividade da lei tributária alcança algumas exceções previstas no Código Tributário Nacional (CTN, art. 106). Entretanto, a concessão de isenção pessoal não é uma dessas exceções.

Alternativa "e": incorreta. Na verdade, o CTN prevê a interpretação benigna (e não retroatividade benigna), que deve ser utilizada somente nos casos que estão dispostos no artigo 112 do Código Tributário Nacional, em caso de dúvida quanto: I – à capitulação legal do fato; II – à natureza ou às circunstâncias materiais do fato, ou à natureza ou extensão dos seus efeitos; III – à autoria, imputabilidade, ou punibilidade; IV – à natureza da penalidade aplicável, ou à sua graduação.

73. (Cespe – Juiz de Direito – PR/2017) Por meio de decreto de vigor e eficácia imediatos, o prefeito do município de Cascavel – PR, comovido por inundação ocorrida em seu território, isentou do pagamento de IPTU por dois anos os proprietários dos imóveis mais afetados, tendo justificado a medida com base na equidade.

Acerca dessa situação hipotética, assinale a opção correta.

A) O princípio da legalidade no direito tributário aplica-se apenas para obstar a majoração de tributos, razão por que a opção pela isenção em apreço mediante decreto foi correta.

B) Na situação considerada, a equidade não poderia ter fundamentado a dispensa do pagamento de tributo devido.

C) A isenção em apreço caracteriza uma hipótese de extinção do crédito tributário que deveria, necessariamente, ter sido concedida por lei.

D) A isenção, na hipótese considerada, para ser válida, deveria observar o princípio da anterioridade.

COMENTÁRIOS

✪ **Nota dos autores:** equidade é considerada comumente como "senso de Justiça", ou uma atenuação do rigor da norma escrita ao aplica-la aos casos concretos.

Alternativa correta: letra "b". Consoante expressamente contempla a norma de integração da legislação tributária do artigo 108, §2° do CTN, o emprego da equidade não pode resultar na dispensa do pagamento de tributo devido.

Alternativa "a": incorreta. A outorga de isenção tributária é matéria reservada à lei (CTN, arts. 97, VI e 176). Em regra, de acordo com o artigo 150, § 6º da CF, qualquer subsídio ou isenção, redução de base de cálculo, concessão de crédito presumido, anistia ou remissão, relativos a impostos, taxas ou contribuições, só poderá ser concedido mediante lei específica, federal, estadual ou municipal, que regule exclusivamente essas matérias.

Alternativa "c": incorreta, uma vez que a isenção não extingue o crédito tributário. Sob a ótica do CTN, a isenção **exclui** o crédito tributário, ou seja, há a obrigação tributária decorrente da subsunção do fato (fato jurídico-tributário) à norma (hipótese de incidência), entretanto, a constituição do crédito tributário fica inviabilizada pela norma isentiva.

Alternativa "d": incorreta. No que tange à instituição de uma isenção, não há que se falar em respeito ao Princípio da Anterioridade (CF, 150, II, "b" e "c"), uma vez que não implica em cobrança de tributo, mas sim em exoneração tributária.

---

74. (Cespe – Defensor Público – DPE – AC/2017) Em matéria tributária, é facultado à lei ordinária

A) alterar a base de cálculo de tributos.

B) majorar a alíquota de impostos, desde que observados os limites legais.

C) definir tratamento favorecido para as microempresas.

D) instituir empréstimos compulsórios, desde que observados os requisitos constitucionais.

E) dispor sobre conflito de competência entre os entes tributantes.

COMENTÁRIOS

✪ **Nota dos autores:** para o Direito Tributário, importante é a distinção entre lei ordinária e lei complementar. Elas se diferem na forma e na matéria. Quanto à forma, lei complementar exige maioria absoluta para a sua aprovação, enquanto a lei ordinária exige maioria simples. Quanto à matéria, o conteúdo da lei complementar é expressa ou implicitamente delimitado na CF, enquanto a lei ordinária não tem matéria reservada na Carta Maior, possuindo caráter residual. Para o STF, não há hierarquia entre lei complementar e lei ordinária. Assim, toda vez que uma lei complementar for aprovada sobre matéria de lei ordinária, poderá ser modificada por lei ordinária. Quando a lei ordinária tratar de um assunto de lei complementar, ela será inconstitucional.

Alternativa correta: letra "b". A majoração de alíquota de impostos com observância dos limites legais é matéria típica de lei ordinária segundo o Princípio da Tipicidade Cerrada previsto no artigo 97 do CTN (inciso IV).

Alternativa "a": essa alternativa situa-se numa polêmica entre lei complementar e lei ordinária. Segundo o artigo 146, inciso III, alínea "a" da CF/88, "cabe à lei complementar estabelecer normas gerais em matéria de legislação tributária, especialmente sobre a **definição** de tributos e de suas espécies, bem como, em relação aos impostos discriminados nesta Constituição, a **dos respectivos fatos geradores**, bases de cálculo e contribuintes". Logo, pela CF/88, **o estabelecimento de normas gerais no que tange somente** à **espécie tributária impostos, incluindo a base de cálculo,** é **reservado** à **lei complementar**. Nessa alternativa, o CESPE considerou a expressão "alterar a base de cálculo de tributos" com o sentido de "alterar a definição da base de cálculo de tributos". Ocorre que, coerente com o enunciado da questão, a alternativa atribui a competência para tanto à lei ordinária, quando, para uma espécie determinada de tributo, que é o imposto, essa competência é reservada à lei complementar, o que invalida a generalização para todos os tributos feita pela banca examinadora. De outro lado, o CTN, em seu artigo 97, inciso IV, estabelece que "somente a lei pode estabelecer a fixação de alíquota do tributo e da sua base de cálculo". Nesse sentido, segundo o CTN, **a fixação da base de cálculo do gênero tributo cabe** à **lei ordinária.** Todavia, na mesma alternativa, o CESPE não utilizou a expressão "alterar a base de cálculo de tributos" com o sentido de "fixação da base de cálculo". Isso porque, no contexto dessa questão, quando quer se referir à fixação da base de cálculo ou de alíquota prevista no artigo 97, inciso IV, do CTN como sendo de competência da lei ordinária, a banca utiliza a expressão "majorar a alíquota", como fez na alternativa "b", que foi a considerada correta pelo gabarito oficial.

Alternativa "c": incorreta, por se tratar de matéria reservada à lei complementar (CF, art. 146, III, "d").

Alternativa "d": incorreta, por se tratar de matéria reservada à lei complementar (CF, art. 148).

Alternativa "e": incorreta, por se tratar de matéria reservada à lei complementar (CF, art. 146, I).

---

75. (Cespe – Promotor de Justiça – MPE – RR/2017) Em matéria tributária, uma lei ordinária pode dispor sobre

A) isenção restrita a determinada região do território da entidade tributante, em função de condições peculiares a essa região.

B) conflitos de competência entre a União, os estados, o DF e os municípios.

C) normas gerais relativas à prescrição e à decadência.

D) instituição de empréstimo compulsório para atender a despesas extraordinárias decorrentes de calamidade pública.

COMENTÁRIOS

✪ **Nota dos autores:** para o Direito Tributário, importante é a distinção entre lei ordinária e lei complementar. Elas se diferem na forma e na matéria. Quanto à forma, lei complementar exige maioria absoluta para a sua aprovação, enquanto a lei ordinária exige maioria simples. Quanto à matéria, o conteúdo da lei complementar é expressa ou implicitamente delimitado na CF, enquanto a lei ordinária não tem matéria reservada na Carta Maior, possuindo caráter residual. Para o STF, não há hierarquia entre lei complementar e lei ordinária. Assim, toda vez que uma lei complementar for aprovada sobre matéria de lei ordinária, poderá ser modificada por lei ordinária. Quando a lei ordinária tratar de um assunto de lei complementar, ela será inconstitucional.

Alternativa correta: letra "a". Trata-se do teor do artigo 176 do CTN. A isenção é matéria a ser tratada por lei ordinária (CTN, arts. 97, VI e 176). Em regra, de acordo com o artigo 150, § 6º da CF, qualquer subsídio ou isenção, redução de base de cálculo, concessão de crédito presumido, anistia ou remissão, relativos a impostos, taxas ou contribuições, só poderá ser concedido mediante lei específica, federal, estadual ou municipal, que regule exclusivamente essas matérias.

Demais alternativas: incorretas, pois representam matérias reservadas à lei complementar (e não à lei ordinária) pela CF/88, com fundamento, respectivamente, nos artigos 146, incisos I (alternativa "b"), III, alínea "b" (alternativa "c") e 148, inciso I (alternativa "d").

---

76. (Cespe – Analista de Controle – Área Jurídica – TCE – PR/2016) A respeito do que prevê o Código Tributário Nacional sobre a vigência, a aplicação, a interpretação e a integração da legislação tributária, assinale a opção correta.

a) Deverá ser interpretada de forma literal a legislação tributária que dispuser sobre outorga de isenção.

b) No caso de dúvida quanto à natureza da penalidade aplicável, ou à sua gradação, a lei tributária deverá ser interpretada da forma mais favorável ao fisco.

c) A legislação tributária não se aplica imediatamente aos fatos geradores pendentes.

d) É inadmissível, em qualquer hipótese, a aplicação da lei a ato ou fato pretérito.

e) Havendo lacuna da lei tributária, a autoridade competente deverá utilizar a analogia, os princípios gerais do direito tributário, os princípios gerais do direito público e os costumes, nessa ordem.

COMENTÁRIOS

✪ **Nota dos autores:** a expressão **legislação tributária** é definida no artigo 96 do CTN e "compreende as leis, os tratados e as convenções internacionais, os decretos e as normas complementares que versem, no todo ou em parte, sobre tributos e relações jurídicas a eles pertinentes". Já a expressão normas complementares (à legislação tributária) é definida no artigo 100 do CTN e compreende "os atos normativos expedidos pelas autoridades administrativas, as decisões dos órgãos singulares ou coletivos de jurisdição administrativa, a que a lei atribua eficácia normativa, as práticas reiteradamente observadas pelas autoridades administrativas e os convênios que entre si celebrem a União, os Estados, o Distrito Federal e os Municípios".

Alternativa correta: letra "a": de acordo com o artigo 111, inciso II, do CTN, "interpreta-se literalmente a legislação tributária que disponha sobre outorga da isenção".

Alternativa "b": incorreta. Ao contrário do que constou, o CTN acolheu no campo tributário a tradicional regra hermenêutica do *in dubio pro reo*, tratada pela doutrina como *in dubio pro contribuinte*, ao estabelecer, no seu artigo 112, que a lei tributária que define infrações, ou lhe comina penalidades, deve ser interpretada da maneira mais favorável ao acusado, em caso de dúvida quanto: I – à capitulação legal do fato; II – à natureza ou às circunstâncias materiais do fato, ou à natureza ou extensão dos seus efeitos; III – à autoria, imputabilidade, ou punibilidade; IV – à natureza da penalidade aplicável, ou à sua graduação.

Alternativa "c": incorreta, pois a legislação tributária aplica-se imediatamente aos fatos geradores futuros (que estão por acontecer) e aos pendentes, assim entendidos aqueles cuja ocorrência tenha tido início, mas não esteja completa (CTN, art. 105).

Alternativa "d": incorreta. De fato, regra geral, vigora, em matéria tributária, o princípio da irretroatividade da lei. Entretanto, existem exceções. Confira o teor do artigo 106 do CTN: "Art. 106. A lei aplica-se a ato ou fato pretérito: I – em qualquer caso, quando seja expressamente interpretativa, excluída a aplicação de penalidade à infração dos dispositivos interpretados; II – tratando-se de ato não definitivamente julgado: a) quando deixe de defini-lo como infração; b) quando deixe de tratá-lo como contrário a qualquer exigência de ação ou omissão, desde que não tenha sido fraudulento e não tenha implicado em falta de pagamento de tributo; c) quando lhe comine penalidade menos severa que a prevista na lei vigente ao tempo da sua prática".

Alternativa "e": incorreta, pois, em caso de ausência de disposição expressa, a autoridade competente para aplicar a legislação tributária utilizará, sucessivamente, os seguintes critérios: a analogia, os princípios gerais de direito tributário, os princípios gerais de direito público e a equidade (CTN, art. 108). Perceba que não consta no rol os costumes.

---

77. (Cespe – Juiz de Direito Substituto – AM/2016) Lei ordinária do município de Manaus, promulgada em 20/3/2012, estabeleceu isenção de IPTU para as associações de apoio a deficientes físicos. Em 20/4/2012, parecer aprovado pelo prefeito com efeitos normativos da procuradoria do município, ao interpretar tal isenção, dando início a uma prática reiterada da administração, estendeu-a as associações de apoio a portadores de doença mentais. Tendo novo prefeito tomado posse, a procuradoria do município elaborou, em 20/4/2013, novo parecer pugnando pela ilegalidade da extensão da isenção, em reconsideração do parecer anterior.

Com base nessa situação hipotética, assinale a opção correta.

a) Confirmada a ilegalidade do primeiro parecer, as autoridades tributárias estão obrigadas a lançar o tributo, corrigido monetariamente, acrescido de juros e multas, em decorrência do princípio da legalidade.

b) A ilegalidade do parecer decorre da previsão de que a lei tributária concessiva de isenções deve ser interpretada restritivamente.

c) Dado o primeiro parecer, de efeitos normativos, as associações de apoio a doentes mentais deverão pagar apenas o valor principal do tributo corrigido monetariamente e acrescido das multas.

d) O primeiro parecer era ilegal porque a lei tributária concessiva de isenções deve ser interpretada literalmente.

e) Dada a reconsideração da isenção, as associações de apoio a doentes mentais deverão pagar o valor principal do tributo corrigido monetariamente e acrescido de juros, uma vez que o parecer com efeitos normativos tem o efeito de excluir multas.

COMENTÁRIOS

✪ **Nota dos autores:** a expressão legislação tributária é definida no artigo 96 do CTN e "compreende as leis, os tratados e as convenções internacionais, os decretos e as normas complementares que versem, no todo ou em parte, sobre tributos e relações jurídicas a eles pertinentes". Já a expressão normas complementares (à legislação tributária) é definida no artigo 100 do CTN e compreende "os atos normativos expedidos pelas autoridades administrativas, as decisões dos órgãos singulares ou coletivos de jurisdição administrativa, a que a lei atribua eficácia normativa, as práticas reiteradamente observadas pelas autoridades administrativas e os convênios que entre si celebrem a União, os Estados, o Distrito Federal e os Municípios". Observe que o enunciado se refere a parecer normativo e a práticas reiteradas da Administração (costumes), sendo ambos tidos como normas complementares que compõem a legislação tributária.

Alternativa correta: letra "d": de fato, segundo o artigo 111, inciso II, do CTN, "interpreta-se literalmente a legislação tributária que disponha sobre outorga de isenção".

Alternativas "a", "c" e "e": incorretas, pois a observância das normas complementares que integram a legislação tributária (tais como os pareceres normativos e os costumes da administração) exclui a imposição de penalidades, a cobrança de juros de mora e a atualização do valor monetário da base de cálculo do tributo (CTN, art. 100, parágrafo único).

Alternativa "b": incorreta, pois, como visto nos comentários à alternativa correta, a interpretação da norma em questão deve ser literal (gramatical), e não como constou (restritiva).

78. (Cespe – Juiz de Direito Substituto – AM/2016) Por decreto do prefeito, de agosto de 2014, o município de Manaus atualizou a base de cálculo do IPTU e sua planta de valores imobiliários, para a cobrança do tributo em 2015. Na atualização, foi usada como referência a taxa SELIC para títulos federais, índice oficial para cálculo dos encargos pela mora dos tributos federais.

Nessa situação hipotética,

a) o ato é válido, pois, tendo o decreto sido editado no ano de 2014 para surtir efeitos em 2015, foi observado o princípio da anterioridade.

b) o ato é inválido, pois apenas lei municipal poderia indicar a SELIC como índice de correção monetária no município.

c) o ato é inválido, por implicar acréscimo real, e não mera correção.

d) o ato é válido, pois sendo o IPTU um tributo extrafiscal, a ele não se aplica o princípio da legalidade.

e) o ato é válido, pois a taxa SELIC é índice oficial, não constituindo a sua aplicação, para correção da base de cálculo do IPTU, majoração de tributo.

COMENTÁRIOS

✪ **Nota dos autores:** o tema 211 de repercussão geral já reconhecida e com mérito julgado (cujo *leading case* é o RE 648.245/MG), especificou que "a Corte ressaltou que os municípios não poderiam alterar ou majorar, por decreto, a base de cálculo do IPTU. Afirmou que eles poderiam apenas atualizar, anualmente, o valor dos imóveis, com base nos índices anuais de inflação. Isso porque essa atualização não constitui aumento de tributo (CTN, art. 97, § 1º) e, portanto, não se submete à reserva legal imposta pelo art. 150, I, da CF".

Alternativa correta: letra "c": o ato é inválido, pois a Selic conjuga, simultaneamente, duas funções, de correção monetária e de juros de mora. Em geral, a sua adequada aplicação restringe-se aos casos em que o sujeito passivo encontra-se em mora para com a Fazenda Pública, daí porque resta incompatível a sua aplicação como atualização da base de cálculo do tributo, já que esta precede a cobrança (ou seja, é anterior à mora). Em outras palavras, segundo o artigo 97, §§1º e 2º, do CTN, como não é mera correção monetária, a Selic não pode ser utilizada para aumentar a base de cálculo do IPTU por decreto do Poder Executivo.

Alternativas "a", "d" e "e": incorretas, por apregoarem a validade do ato. Equipara-se à majoração do tributo a modificação da sua base de cálculo, que importe em torná-lo mais oneroso, de maneira a ser tal assunto reservado à lei (tipicidade cerrada).

Alternativa "b": incorreta. De fato, no caso, caberia a lei municipal a majoração do valor venal de imóveis para efeito de cobrança do IPTU acima dos índices oficiais de correção monetária. Ocorre que a alternativa asseverou que a Selic seria o índice de correção monetária, o que não se sustenta, como bem visto no comentário à alternativa correta.

---

79. (Cespe – Procurador do MP junto ao TCU/2015) Assinale a opção correta com relação a STN, natureza jurídica e suspensão do crédito tributário, extinção do crédito tributário e impostos da União.

a) O restabelecimento da alíquota da CIDE-Combustíveis e do ICMS-Combustíveis é exceção às anterioridades anual e nonagesimal.

b) Incidirá IPI sobre bem industrializado exportado para o exterior por pessoa física ou jurídica, ainda que esta não seja contribuinte habitual do imposto.

c) Conforme o STF, a contribuição destinada ao SEBRAE ostenta natureza de contribuição social geral.

d) A consulta formulada pelo devedor dentro do prazo legal para pagamento do crédito afasta a incidência de juros de mora, mas não a de correção monetária.

e) O CTN veda que lei ordinária autorize o pagamento do tributo em estampilha, em papel selado, ou por processo mecânico, porquanto se impõe o pagamento em moeda nacional.

COMENTÁRIOS

✪ **Nota dos autores:** "o crédito não integralmente pago no vencimento é acrescido de juros de mora, seja qual for o motivo determinante da falta, sem prejuízo da imposição das penalidades cabíveis e da aplicação de quaisquer medidas de garantia previstas no CTN ou em lei tributária" (CTN, art. 161).

Alternativa correta: letra "d": o §2º do artigo 161 do CTN citado na nota dos autores assevera que "o disposto neste artigo não se aplica na pendência de consulta formulada pelo devedor dentro do prazo legal para pagamento do crédito". Portanto, a consulta formulada pelo sujeito passivo dentro do prazo de vencimento do tributo não enseja a cobrança de juros de mora, tampouco de multas.

Alternativa "a": o erro da alternativa está em atribuir aos dois restabelecimentos mencionados o caráter de exceções ao princípio da anterioridade nas suas duas vertentes, anual e nonagesimal, quando são exceções apenas à anterioridade anual (CF, art. 177, §4º, I, "b" e art. 155, §4º, IV, "c").

Alternativa "b": incorreta, pois a exportação de produtos industrializados está imune ao IPI (CF, art. 153, §3º, III).

Alternativa "c": errada no que tange à natureza jurídica da contribuição ao SEBRAE outorgada pelo STF. Em precedentes, o STF entendeu que a contribuição ao SEBRAE é de intervenção no domínio econômico (RE 396.266, rel. min. Carlos Velloso, j. 26112003, P, DJ de 2722004).

Alternativa "e": incorreta, pois o artigo 162, inciso II, do CTN prevê tal possibilidade, qual seja, de se efetuar o pagamento do tributo nos casos previstos em lei, "em estampilha, em papel selado, ou por processo mecânico".

---

80. (Cespe – Cartório – TJ – DF/2014) Acerca da legislação tributária, assinale a opção correta.

a) Na ausência de disposição expressa, a autoridade competente para aplicar a legislação tributária utilizará, sucessivamente, na ordem indicada: a analogia, os costumes e os princípios gerais de direito.

b) Os atos normativos tributários expedidos pelas autoridades administrativas entram em vigor quarenta e cinco dias depois de oficialmente publicados, salvo disposição em contrário.

c) Aplica-se, desde logo, a legislação tributária aos fatos geradores futuros e pendentes.

d) Excepcionalmente, o emprego da analogia poderá resultar na exigência de tributo não previsto em lei.

e) Somente lei complementar federal tributária pode alterar a definição de institutos de direito privado.

COMENTÁRIOS

✪ **Nota dos autores:** a expressão "legislação tributária" compreende (i) as leis; (ii) os tratados e as convenções internacionais; (iii) os decretos e (iv) as normas complementares, que versem, no todo ou em parte, sobre tributos e relações jurídicas a eles pertinentes (CTN, art. 96). São "normas complementares" à legislação tributária (a) os atos normativos expedidos pelas autoridades administrativas; (b) as decisões administrativas de eficácia normativa; (c) os costumes observados pelas autoridades administrativas e (d) os convênios que entre si celebram os entes federativos tributantes (CTN, art. 96).

Alternativa correta: letra "c": o artigo 105 do CTN é categórico ao prescrever que "a legislação tributária aplica-se imediatamente aos fatos geradores futuros e aos pendentes, assim entendidos aqueles cuja ocorrência tenha tido início, mas não esteja completa nos termos do artigo 116".

Alternativa "a": em caso de ausência de disposição expressa, a autoridade competente para aplicar a legislação tributária utilizará, sucessivamente, os critérios previstos no artigo 108 do CTN, qual seja: a analogia, os princípios gerais de direito tributário, os princípios gerais de direito público e a equidade. O enunciado da alternativa mencionou os meios de integração à legislação em geral, previstos no artigo 4º da Lei de Introdução às Normas do Direito Brasileiro – DL 4.657/42 (que não se aplicam à legislação tributária), motivo pelo qual está errado.

Alternativa "b": incorreta, pois segundo o artigo 103, inciso I, do CTN, os atos normativos expedidos pelas autoridades fiscais entram em vigor na data de sua publicação, salvo disposição em contrário.

Alternativa "d": errada, pois em hipótese alguma o emprego da analogia poderá resultar na exigência de tributo não previsto em lei (CTN, art. 108, § 1º).

Alternativa "e": incorreta, haja vista o teor do artigo 110 do CTN, segundo o qual "a lei tributária **não pode alterar a definição**, o conteúdo e o alcance de **institutos**, conceitos e formas **de direito privado**, utilizados, expressa ou implicitamente, pela Constituição Federal, pelas Constituições dos Estados, ou pelas Leis Orgânicas do Distrito Federal ou dos Municípios, para definir ou limitar competências tributárias".

---

81. (Cespe – Procurador do Ministério Público junto ao TCDF/2013) Julgue os itens que se seguem, acerca do Sistema Tributário Nacional, dos tributos, da competência tributária e das fontes do direito tributário.

Quando a União deixa de editar normas gerais sobre matéria tributária, cabe aos estados a prerrogativa de exercer a competência legislativa plena. CERTO

COMENTÁRIOS

✪ **Nota dos autores:** no âmbito da legislação concorrente (como é o caso da legislação tributária), a competência da União limitar-se-á a estabelecer normas gerais. A competência da União para legislar sobre normas gerais não exclui a competência suplementar dos Estados. Inexistindo lei federal sobre normas gerais, os Estados exercerão a competência legislativa plena, para atender a suas peculiaridades. A superveniência de lei federal sobre normas gerais suspende a eficácia da lei estadual, no que lhe for contrária (CF, art. 24, I e §§ 1º a 4º).

Certo. O IPVA serve de exemplo para o caso, amparado em precedentes do STF (ADI 2298). Não há lei complementar federal (nacional) que disponha sobre as normas gerais relativas a esse imposto estadual, fato que não impede que os Estados e o Distrito Federal exerçam a competência legislativa plena, instituindo e exigindo a exação, nos termos do artigo 24, § 3º da CF.

---

82. (Cespe – Procurador do Ministério Público junto ao TCDF/2013) No que tange à legislação tributária, à obrigação tributária, ao crédito tributário e à administração tributária, julgue os itens seguintes.

Desde que a lei atribua eficácia normativa às decisões dos órgãos singulares ou coletivos de jurisdição normativa, essas decisões, no que se refere aos efeitos normativos, entram em vigor na data de sua publicação.

COMENTÁRIOS

✪ **Nota dos autores:** o artigo 103 do CTN disciplina a entrada em vigor ("vigência") das normas complementares das leis, dos tratados e das convenções internacionais e dos decretos (elencadas no artigo 100).

Errado. As chamadas "decisões normativas" entram em vigor 30 (trinta) dias após a data de sua publicação (CTN, art. 103, II).

---

83. (Cespe – Juiz de Direito Substituto – MA/ 2013) Em relação a fato gerador de imposto, orçamento, restos a pagar e limitações do poder de tributar, assinale a opção correta.

a) O exercício financeiro não coincide com o ano civil.

b) Consideram-se restos a pagar não processados as despesas empenhadas e liquidadas, mas não pagas até trinta e um de dezembro.

c) Segundo expressa determinação constitucional, é necessária lei complementar para implementar os seguintes tributos: empréstimo compulsório; imposto sobre grandes fortunas; imposto residual da União e novas contribuições sociais.

d) Segundo entendimento do STF, a alienação de salvados não integra a própria operação de seguro, constituindo, por conseguinte, fato gerador autônomo do ICMS.

COMENTÁRIOS

✪ **Nota dos autores:** a questão reúne alternativas que abordam institutos jurídicos do Direito Tributário e do Direito Financeiro. Vale a leitura da Lei 4.320/64.

Alternativa correta: letra "c": em regra, os tributos são veiculados por lei ordinária, sendo, porém, instituídos por lei complementar em quatro hipóteses: i) impostos sobre grandes fortunas (CF, art. 153, VII); ii) impostos residuais da União (CF, art. 154, I); iii) contribuições residuais da seguridade social (CF, art. 195, § 4º) e; iv) empréstimos compulsórios (CF, art. 148).

Alternativa "a": incorreta, haja vista que o exercício financeiro coincide sim com o ano civil (Lei 4.320/64, art. 34).

Alternativa "b": incorreta. No âmbito do Direito Financeiro, são consideradas "restos a pagar" as despesas empenhadas, mas não pagas até o dia 31 de dezembro, distinguindo-se as processadas das não processadas (Lei 4.320/64, art. 36). Processadas são as despesas inscritas em restos a pagar, liquidadas e não pagas. Não processadas são as despesas empenhadas e não liquidadas.

Alternativa "d": incorreta, uma vez que o STF aprovou a edição da Súmula Vinculante nº 32, com o seguinte enunciado: "o ICMS não incide sobre a alienação de salvados de sinistro pelas seguradoras".

84. (Cespe – Juiz Federal Substituto 2ª região/ 2013) Assinale a opção correta acerca do Sistema Tributário Nacional.

a) Compete aos estados a instituição de imposto sobre transmissão inter vivos, a qualquer título, por ato oneroso, de bens imóveis, por natureza ou acessão física.

b) O produto da arrecadação do imposto sobre renda e proventos de qualquer natureza, incidente na fonte, pertence à União, mesmo que recaia sobre rendimentos pagos pelos estados.

c) Os municípios e o DF poderão instituir taxa, na forma das respectivas leis, para custeio do serviço de iluminação pública.

d) O município pode atualizar o IPTU, mediante decreto, em percentual não superior ao índice oficial de correção monetária.

e) O aumento da alíquota do imposto sobre renda e proventos de qualquer natureza deve obedecer aos princípios da anterioridade anual e nonagesimal.

COMENTÁRIOS

✪ **Nota dos autores:** as matérias reservadas à previsão em lei são aquelas elencadas no artigo 97 do CTN (Princípio da Estrita Legalidade Tributária ou Princípio da Tipicidade Cerrada).

Alternativa correta: letra "d": segundo a Súmula 160 do STJ, "é defeso, ao Município, atualizar o IPTU, mediante decreto, em percentual superior ao índice oficial de correção monetária". Em outras palavras, com fundamento no artigo 97, não é matéria reservada à tipicidade cerrada (lei) a atualização do valor monetário da base de cálculo de um tributo, haja vista que isso não é considerada uma majoração.

Alternativa "a": incorreta, pois o ITBI é de competência municipal e do Distrito Federal (CF, arts. 156, II c/c 147, *in fine*).

Alternativa "b": incorreta, pois o imposto de renda retido na fonte relativo aos rendimentos pagos pelos Estados pertence a estes (e não à União), com fundamento no artigo 157, inciso I, da CF.

Alternativa "c": incorreta, haja vista que o serviço de iluminação pública não pode ser remunerado mediante taxa (STF, Súmula Vinculante 41). A EC 39/2002 inseriu o artigo 149-A ao texto constitucional, prevendo que "os Municípios e o Distrito Federal poderão instituir contribuição, na forma das respectivas leis, para o custeio do serviço de iluminação pública", observados os princípios da legalidade, da irretroatividade e da anterioridade (nas suas vertentes "do exercício" e "nonagesimal"). É facultada a cobrança dessa contribuição na fatura de consumo de energia elétrica.

Alternativa "e": o aumento da alíquota do imposto de renda deve obediência apenas ao princípio da anterioridade anual. É exceção ao princípio da anterioridade nonagesimal, motivo pelo qual a alternativa está errada (CF, art. 150, § 1º).

85. (Cespe – Juiz Federal Substituto 2ª região/ 2013) A União poderá instituir impostos não previstos na CF, desde que eles não sejam cumulativos nem tenham fato gerador ou base de cálculo próprios dos nela discriminados, mediante

a) medida provisória.

b) lei delegada.

c) lei ordinária.

d) lei complementar.

e) emenda constitucional.

COMENTÁRIOS

✪ **Nota dos autores:** o artigo 154, inciso I, da Constituição Federal, outorga à União o que se costuma chamar de competência tributária residual, permitindo que institua outros impostos que não os previstos no artigo 153.

Alternativa correta: letra "d": com fundamento no artigo 154, inciso I, da CF, a União poderá instituir "mediante **lei complementar**, impostos não previstos no artigo anterior, desde que sejam não-cumulativos e não tenham fato gerador ou base de cálculo próprios dos discriminados nesta Constituição".

Alternativa "a": a competência residual da União é reservada à lei complementar. Nesse sentido, é vedada a edição de medida provisória sobre matéria reservada à lei complementar (CF, art. 62, § 1º, III).

Alternativas "b" e "c": ante a reserva constitucional à lei complementar para que a União se valha de sua competência tributária residual, não há que se falar em lei delegada (elaborada pelo Presidente da República por delegação do Poder Legislativo nos termos do artigo 68 da CF), tampouco em lei ordinária.

Alternativa "e": a emenda constitucional não institui tributo. Trata-se do veículo normativo utilizado para a alteração do texto constitucional disciplinado no artigo 60 da CF. Interessante observar que não será objeto de deliberação a proposta de emenda tendente a abolir as cláusulas pétreas, quais sejam: (i) a forma federativa de Estado; (ii) o voto direto, secreto, universal e periódico; (iii) a separação dos Poderes e; (iv) os direitos e garantias individuais.

86. (Cespe – Juiz Federal Substituto 5ª região/2013) Com base na jurisprudência dos tribunais superiores sobre o processo judicial tributário e o direito tributário, assinale a opção correta.

a) O CTN admite expressamente a compensação tributária entre sociedades empresárias do mesmo grupo econômico.

b) Caso, em uma execução fiscal, não sejam localizados bens penhoráveis, deve-se suspender o processo por dois anos e, findo esse prazo, deve-se iniciar o prazo da prescrição quinquenal intercorrente.

c) Admite-se a exceção de pré-executividade na execução fiscal relativa às matérias conhecíveis de ofício, ainda que essas matérias demandem dilação probatória.

d) A fazenda pública pode substituir a certidão de dívida ativa até a prolação da sentença de embargos, em caso de correção de erro material ou formal. Nessa situação, pode-se modificar o sujeito passivo da execução.

e) A instituição, por meio de norma estadual, de hipótese de extinção de crédito tributário por transcurso de prazo para apreciação de recurso administrativo fiscal (perempção) ofende a reserva de lei complementar constitucionalmente estabelecida para a matéria.

COMENTÁRIOS

✪ **Nota dos autores:** o estudo da jurisprudência e das súmulas (do STJ e do STF) são imprescindíveis para a resolução de questões do gênero, motivo pelo qual é importante que o candidato mantenha-se atualizado com a leitura dos informativos dos Tribunais Superiores.

Alternativa correta: letra "e": nos termos do art. 146, inciso III, alínea "b", da Constituição Federal, caberá à lei complementar estabelecer normas gerais em matéria de legislação tributária. Dentre tais matérias destacam-se a decadência e a prescrição do crédito tributário. Assim, ao veicular por meio de norma estadual a hipótese de extinção de crédito tributário por transcurso de prazo para apreciação de recurso administrativo fiscal (perempção) há uma nítida ofensa à reserva de lei complementar constitucionalmente estabelecida para a matéria, uma vez que a matéria veiculada alcança o instituto da decadência, por anular o próprio lançamento, tema esse adstrito à lei complementar. De mais a mais, pela redação do art. 141 do CTN, *"O crédito tributário regularmente constituído somente se modifica ou extingue, ou tem sua exigibilidade suspensa ou excluída, nos casos previstos nesta Lei, fora dos quais não podem ser dispensadas, sob pena de responsabilidade funcional na forma da lei, a sua efetivação ou as respectivas garantias"*. O tema objeto da assertiva já foi discutido pelo STF conforme segue: EMENTA: CONSTITUCIONAL. TRIBUTÁRIO. NORMA DO ESTADO DE SANTA CATARINA QUE ESTABELECE HIPÓTESE DE EXTINÇÃO DO CRÉDITO TRIBUTÁRIO POR TRANSCURSO DE PRAZO PARA APRECIAÇÃO DE RECURSO ADMINISTRATIVO FISCAL. CONSTITUIÇÃO DO ESTADO, ART. 16. ATO DAS DISPOSIÇÕES CONSTITUCIONAIS TRANSITÓRIAS DA CONSTITUIÇÃO ESTADUAL, ART. 4º. ALEGADA VIOLAÇÃO DO ART. 146, III, B, DA CONSTITUIÇÃO. A determinação do arquivamento de processo administrativo tributário por decurso de prazo, sem a possibilidade de revisão do lançamento equivale à extinção do crédito tributário cuja validade está em discussão no campo administrativo. Em matéria tributária, a extinção do crédito tributário ou do direito de constituir o crédito tributário por decurso de prazo, combinado a qualquer outro critério, corresponde à decadência. Nos termos do Código Tributário Nacional (Lei 5.172/1966), a decadência do direito do Fisco ao crédito tributário, contudo, está vinculada ao lançamento extemporâneo (constituição), e não, propriamente, ao decurso de prazo e à inércia da autoridade fiscal na revisão do lançamento originário. Extingue-se um crédito que resultou de lançamento indevido, por ter sido realizado fora do prazo, e que goza de presunção de validade até a aplicação dessa regra específica de decadência. O lançamento tributário não pode durar indefinidamente, sob risco de violação da segurança jurídica, mas a Constituição de 1988 reserva à lei complementar federal aptidão para dispor sobre decadência em matéria tributária. **Viola o art. 146, III, b, da Constituição federal norma que estabelece hipótese de decadência do crédito tributário não prevista em lei complementar federal.** Ação direta de inconstitucionalidade conhecida e julgada procedente. (ADI 124, Relator: Min. JOAQUIM BARBOSA, Tribunal Pleno, julgado em 01/08/2008, DJe-071 DIVULG 16-04-2009 PUBLIC 17-04-2009 EMENT VOL-02356-01 PP-00011).

Alternativa "a": incorreta. "Inexiste lei que autorize a compensação pretendida (entre sociedades empresárias do mesmo grupo econômico), não podendo o Judiciário imiscuir-se na tarefa de legislador para criar uma nova forma de compensação de tributos" (*REsp 1.232.968, Rel. Min. Humberto Martins, j. 22.3.2011. 2ª T. Info 467*).

Alternativa "b": incorreta por afrontar a Súmula 314 do STJ ("em execução fiscal, não localizados bens penhoráveis, suspende-se o processo por um ano, findo o qual se inicia o prazo da prescrição qüinqüenal intercorrente").

Alternativa "c": incorreta por afrontar a Súmula 393 do STJ ("a exceção de pré-executividade é admissível na execução fiscal relativamente às matérias conhecíveis de ofício que não demandem dilação probatória").

Alternativa "d": incorreta por afrontar a Súmula 392 do STJ ("a Fazenda Pública pode substituir a certidão de dívida ativa (CDA) até a prolação da sentença de embargos, quando se tratar de correção de erro material ou formal, vedada a modificação do sujeito passivo da execução").

---

87. (Cespe – Juiz Federal Substituto 5ª região/2013) Considerando a CF, as normas gerais de direito tributário e a jurisprudência do STJ e do STF sobre a matéria, assinale a opção correta.

a) O contribuinte que declara o tributo sujeito a lançamento por homologação e deixa de efetuar o pagamento na data estabelecida não perde o direito de se valer do benefício da denúncia espontânea.

b) Nas suas relações exteriores, a República Federativa do Brasil pode firmar tratado internacional que estabeleça isenção de quaisquer tributos, sejam eles federais, estaduais ou municipais, visto que o âmbito de aplicação das restrições previstas no artigo 151 do CTN é o das relações das entidades federadas entre si.

c) Salvo disposição de lei em contrário, no caso de parcelamento do crédito tributário, não haverá incidência de juros e multas.

d) Inexiste vinculação entre os recursos que forem apurados por intermédio do empréstimo compulsório e a despesa que fundamentar sua instituição.

e) No caso de tributo sujeito a lançamento por homologação, o prazo prescricional quinquenal para o fisco exercer a cobrança de seus créditos é iniciado na data do vencimento da obrigação ou da entrega da declaração, o que ocorrer primeiro.

COMENTÁRIOS

✪ **Nota dos autores:** a alternativa "b" menciona o artigo 151 do CTN, quando, na verdade, refere-se ao artigo 151 da CF.

Alternativa correta: letra "b": o STF já firmou entendimento de que no Direito Internacional somente a República Federativa do Brasil tem competência para firmar tratados, nos termos do artigo 52, § 2º da CF (RE 229.096-RS), dela não dispondo a União, os Estados-membros ou os Municípios. Nesse sentido, o Presidente da República não subscreve tratados como Chefe de Governo, mas como Chefe de Estado, o que **descaracteriza a existência de uma isenção heterônoma**, vedada pelo artigo 151, inciso III, da Constituição. A vedação inscrita no artigo 151, III, da Constituição é inoponível ao Estado Federal brasileiro (vale dizer, à República Federativa do Brasil), incidindo, unicamente, no plano das relações institucionais domésticas que se estabelecem entre as pessoas políticas de direito público interno (RE 543943).

Alternativa "a": incorreta por afrontar o teor da Súmula 360 do STJ ("o benefício da denúncia espontânea não se aplica aos tributos sujeitos a lançamento por homologação regularmente declarados, mas pagos a destempo").

Alternativa "c": incorreta. O artigo 155-A, § 1º do CTN dispõe de forma diametralmente oposta, já que "salvo disposição de lei em contrário, o parcelamento do crédito tributário **não exclui** a incidência de juros e multas".

Alternativa "d": incorreta. A aplicação dos recursos provenientes de empréstimo compulsório será vinculada à despesa que fundamentou sua instituição (CF, art. 148, parágrafo único).

Alternativa "e": incorreta. O termo inicial do lustro prescricional, em caso de tributo declarado e não pago, ou pago a menor do que o informado, não se inicia da declaração, mas da data estabelecida como vencimento para o pagamento da obrigação tributária constante da declaração. No interregno que medeia a declaração e o vencimento, o valor declarado a título de tributo não pode ser exigido pela Fazenda Pública, razão pela qual não corre o prazo prescricional da pretensão de cobrança nesse período (STJ, REsp 911489 SP).

88. (Cespe – Juiz de Direito Substituto – RN/2013) Acerca da vigência, aplicação, interpretação e integração da legislação tributária, assinale a opção correta.

a) Na ausência de disposição específica expressa, a autoridade competente para aplicar a legislação tributária poderá utilizar – se da equidade até mesmo para justificar a dispensa do pagamento de tributo devido.

b) Salvo disposição em contrário, os efeitos normativos das decisões dos órgãos singulares ou coletivos de jurisdição administrativa entram em vigor na data da publicação das referidas decisões.

c) A lei que extingue ou reduz isenções de impostos sobre patrimônio ou renda entra em vigor na data de sua publicação, salvo se a lei dispuser de maneira mais favorável ao contribuinte.

d) A legislação tributária aplica-se imediatamente aos fatos geradores futuros; em relação a atos ou fatos pretéritos, a lei será aplicada quando expressamente interpretativa, excluída a imputação de penalidade à infração dos dispositivos interpretados.

e) Embora o CTN admita a interpretação literal, essa modalidade de interpretação não pode ocorrer em relação à legislação tributária que disponha sobre outorga de isenção.

COMENTÁRIOS

✪ **Nota dos autores:** a expressão "legislação tributária" compreende (i) as leis; (ii) os tratados e as convenções internacionais; (iii) os decretos e (iv) as normas complementares, que versem, no todo ou em parte, sobre tributos e relações jurídicas a eles pertinentes (CTN, art. 96). O Título I do Livro Segundo do CTN dispõe sobre o tema e aborda, também, os subtemas da vigência, aplicação, integração e interpretação da legislação tributária.

Alternativa correta: letra "d": lastreada nos artigos 105 e 106 do CTN. A legislação tributária aplica-se imediatamente aos fatos geradores futuros e aos pendentes (CTN, art. 105). Já artigo 106, inciso I, do CTN, expressamente estipula que a "lei aplica-se a ato ou fato pretérito, em qualquer caso, quando seja expressamente interpretativa, excluída a aplicação de penalidade à infração dos dispositivos interpretados".

Alternativa "a": embora a equidade seja uma forma de integração das normas tributárias, o seu emprego jamais poderá resultar na dispensa do pagamento de tributo devido (CTN, art. 108, § 2º). Alternativa incorreta.

Alternativa "b": incorreta. As chamadas "decisões normativas" entram em vigor 30 (trinta) dias após a data de sua publicação (CTN, art. 103, II).

Alternativa "c": nos termos do artigo 104, inciso III, do CTN, "entram em vigor no primeiro dia do exercício seguinte àquele em que ocorra a sua publicação os dispositivos de lei, referentes a impostos sobre o patrimônio ou a renda, que extinguem ou reduzem isenções, salvo se a lei dispuser de maneira mais favorável ao contribuinte". A alternativa está incorreta à luz da literalidade da norma. Entretanto, é importante fazer uma ressalva quanto à jurisprudência. Tanto o STJ como o STF já se posicionaram pela inaplicabilidade do princípio da anterioridade na revogação de isenção. "A revogação da isenção ou a supressão de qualquer outro benefício fiscal não estão sujeitas ao princípio da anterioridade" (STJ – REsp 762754/MG – 2ª. Turma – Relª. Minª. Eliana Calmon – julg. 20/09/2007), sendo tradicional o posicionamento do Supremo Tribunal Federal quanto à "possibilidade de cobrança imediata do tributo, após revogação da isenção, por não haver o que se confundir revogação de isenção com instituição de tributo" (STF – RE 102992/SP – 2ª. Turma – Rel. Min. Aldir Passarinho – julg. 19/04/1985).

Alternativa "e": ao contrário do que constou, interpreta-se literalmente a legislação tributária que disponha sobre outorga de isenção (CTN, art. 111, II).

---

89. (Cespe – Procurador BACEN/2013) Suponha que determinado estado da Federação pretenda instituir tributo de sua competência, conforme dispositivo constitucional, e não concorde com a base de cálculo definida na lei complementar federal que a instituiu. Nessa situação hipotética, o referido estado

a) é independente e autônomo em relação a qualquer comando normativo externo.

b) tem competência para definir, por meio de decreto, a base de cálculo do imposto.

c) pode instituir o tributo como entender melhor visto que a situação envolve competência tributária comum.

d) não pode, de maneira nenhuma, alterar base de cálculo definida na lei complementar federal.

e) somente poderá alterar a base de cálculo do imposto por meio de lei complementar estadual.

COMENTÁRIOS

✪ **Nota dos autores:** as bases de cálculo, os contribuintes e os fatos geradores dos impostos são matérias afetas exclusivamente à lei complementar, conforme prescreve o artigo 146, inciso III da CF ("cabe à lei complementar estabelecer normas gerais em matéria de legislação tributária, especialmente sobre definição de tributos e de suas espécies, bem como, em relação aos impostos discriminados nesta Constituição, a dos respectivos fatos geradores, **bases de cálculo** e contribuintes"). Todavia, cumpre destacar que em seu enunciado a questão refere-se a tributo como gênero, ao passo que o dispositivo transcrito trata apenas de impostos (espécie de tributo). Tal circunstância torna o enunciado dúbio, pois em se tratando de outras espécies de tributo, como, por exemplo, as taxas e contribuições de melhoria não há exigência de lei complementar para a discriminação da base de cálculo. Isso, portanto, também faz a questão suscetível de anulação. Outro detalhe é que o artigo 146 estabelece normas gerais de direito tributário e, dessa forma, tem caráter de lei complementar nacional, o que é diferente de lei complementar federal, tida como a que rege matéria tributária exclusivamente atinente à União, como é o caso da exigida para instituir imposto sobre grandes fortunas (CF, art. 153, VII).

Alternativa correta: letra "d": partindo do pressuposto que o enunciado diz respeito a um imposto estadual, o artigo 146, inciso III, da CF, reserva esta matéria à exclusiva competência de lei complementar nacional. Portanto, o Estado não poderia alterar a base de cálculo discriminada em lei complementar.

Alternativa "a": não obstante os Estados gozarem de autonomia quanto ao exercício de seu poder de tributar, fato é que suas competências legislativas são previamente definidas na Constituição Federal, que reservou à lei complementar nacional a disciplina das bases de cálculos dos impostos, sejam eles federais, estaduais e municipais. Alternativa incorreta.

Alternativa "b": as normas gerais quanto às bases de cálculo dos impostos previstos na Constituição Federal estão reservadas à lei complementar nacional. Há de se lembrar, ainda, do Princípio da Estrita Legalidade (ou Tipicidade Cerrada), segundo o qual somente a lei (e não o decreto) poderá estabelecer a fixação de alíquota do tributo e da sua base de cálculo, ressalvados os casos dos impostos extrafiscais (CTN, art. 97, IV). Alternativa incorreta.

Alternativa "c": a rigor, referindo-se a questão à espécie tributária chamada de **imposto**, a competência tributária não é comum, mas sim privativa. Alternativa incorreta.

Alternativa "e": a alteração da base de cálculo de um imposto estadual deve ocorrer por meio de lei ordinária estadual, que, por sua vez, deve integral respeito aos ditames normativos previstos em lei complementar nacional que discipline as normas gerais em direito tributário (entre elas as definidoras das bases de cálculo), sob pena de ilegalidade. Alternativa incorreta.

5. OBRIGAÇÃO TRIBUTÁRIA E FATO GERADOR

90. (Cespe – Promotor de Justiça – MPE – RR/2017) A respeito da obrigação tributária, assinale a opção correta conforme o que dispõe o CTN.

A) A obrigação principal e sua obrigação acessória devem decorrer de um mesmo fato gerador.

B) Obrigação principal pode ter por objeto o pagamento de penalidade tributária.

C) A obrigação principal é considerada obrigação tributária, ao passo que as obrigações acessórias são consideradas obrigações de natureza não tributária.

D) Obrigação acessória não se converte em obrigação principal.

COMENTÁRIOS

✪ **Nota dos autores:** as obrigações são classificadas quanto à natureza em (i) obrigações de dar; (ii) de fazer ou (iii) de não fazer. A obrigação tributária é classificada como principal e acessória. A principal surge com a ocorrência do fato gerador, tem por objeto o pagamento de tributo ou penalidade pecuniária e extingue-se juntamente com o crédito dela decorrente (CTN, art. 113, § 1º), ou seja, possui natureza de dar (pagar tributo). Já a acessória decorre da legislação tributária e tem por objeto as prestações, positivas ou negativas, nela previstas no interesse da arrecadação ou da fiscalização dos tributos (CTN, art. 113, § 2º), ou seja, possui natureza de fazer (prestações positivas) ou não fazer (prestações negativas). Exemplo: recolher o IRPF é o objeto da obrigação tributária principal e apresentar a declaração de ajuste anual de Imposto de Renda da pessoa física é uma obrigação tributária acessória.

Alternativa correta: letra "b". O texto está condizente com o teor do artigo 113, §1º, do CTN, segundo o qual "a obrigação principal surge com a ocorrência do fato gerador, tem por objeto o pagamento de tributo **ou penalidade pecuniária** e extingue-se juntamente com o crédito dela decorrente".

Alternativa "a": incorreta. As obrigações tributárias principais e acessórias são independentes entre si, na medida em que no Direito Tributário não se aplica a máxima jurídica muito difundida no Direito Civil, segundo a qual "o acessório segue a sorte do principal". Pode ocorrer uma situação em que um contribuinte possua obrigações acessórias a adimplir (por exemplo, emitir documentos fiscais aos seus clientes e escriturar seus livros fiscais e contábeis) e, ao mesmo tempo, não possua obrigação principal de pagar tributo, como no caso de ser um contribuinte do ICMS que comercialize apenas mercadorias isentas. Portanto, nem sempre as obrigações tributárias e acessórias decorrem de um mesmo fato gerador.

Alternativa "c": incorreta. Ambas as obrigações (principal e acessória) são tidas como tributárias, cujas principais diferenças estão delineadas nas notas dos autores.

Alternativa "d": incorreta. Segundo o artigo 113, § 3º do CTN, a obrigação acessória, pelo simples fato da sua inobservância, converte-se em obrigação principal relativamente à penalidade pecuniária. Assim, a multa como penalidade pecuniária (sanção pelo descumprimento da obrigação tributária acessória de obrigatoriedade de adoção de equipamento emissor de cupom fiscal) é de fato uma obrigação tributária principal.

91. (Cespe – Analista de Controle – Área Jurídica – TCE – PR/2016) No que se refere a obrigação tributária, assinale a opção correta.

a) Fato gerador da obrigação acessória é a situação definida em lei como necessária e suficiente à sua ocorrência.

b) A pessoa jurídica de direito privado que adquira outro estabelecimento comercial não responderá pelos tributos do estabelecimento adquirido, ainda que a alienação se dê em processo de falência ou recuperação judicial.

c) No que se refere a infrações que têm como elementar o dolo específico, a responsabilidade do agente é pessoal.

d) O sujeito ativo da obrigação tributária pode ser a pessoa jurídica de direito privado titular da competência para exigir o seu cumprimento.

e) Os atos ou negócios jurídicos condicionais reputam-se perfeitos e acabados se suspensiva a condição desde o momento da prática do ato.

COMENTÁRIOS

✪ **Nota dos autores:** a obrigação tributária é classificada como principal e acessória. A principal surge com a ocorrência do fato gerador, tem por objeto o pagamento de tributo ou penalidade pecuniária e extingue-se juntamente com o crédito dela decorrente (CTN, art. 113, § 1º), ou seja, possui natureza de dar (pagar). Já a acessória decorre da legislação tributária e tem por objeto as prestações, positivas ou negativas, nela previstas no interesse da arrecadação ou da fiscalização dos tributos (CTN, art. 113, § 2º), ou seja, possui natureza de fazer (prestações positivas) ou não fazer (prestações negativas). Nesse sentido, por terem objetos distintos, tais obrigações tributárias (principal e acessória) são independentes entre si.

Alternativa correta: letra "c": o texto é condizente com o teor do artigo 137, inciso II, do CTN ("a responsabilidade é pessoal ao agente quanto às infrações em cuja definição o dolo específico do agente seja elementar").

Alternativa "a": incorreta. O texto reflete a definição normativa de obrigação tributária principal (CTN, art. 144). Na verdade, o fato gerador da obrigação tributária acessória "é qualquer situação que, na forma da legislação aplicável, impõe a prática ou a abstenção de ato que não configure obrigação principal" (CTN, art. 115).

Alternativa "b": incorreta. Em linhas gerais, nos termos do artigo 133 do CTN, o adquirente de estabelecimento comercial que continue a exploração da atividade do alienante é responsável pelos tributos inerentes ao estabelecimento adquirido, devidos até a data da aquisição, **integralmente** (se o alienante cessar a exploração do comércio) ou **subsidiariamente** com o alienante (se este prosseguir na exploração ou iniciar dentro de seis meses a contar da data da alienação, nova atividade no mesmo ou em outro ramo de comércio, indústria ou profissão). De outro lado, segundo o § 1º do artigo 133 do CTN, em regra, o adquirente de um estabelecimento comercial em uma alienação judicial ocorrida no processo de falência **não tem** responsabilidade subsidiária com o alienante (massa falida). Isso só ocorreria (responsabilidade subsidiária) caso o adquirente fosse sócio da sociedade falida ou da sociedade controlada pelo devedor falido, parente, em linha reta ou colateral até o 4º (quarto) grau, consanguíneo ou afim, do devedor falido ou de qualquer de seus sócios, ou, por fim, identificado como agente do falido com o objetivo de fraudar a sucessão tributária (CTN, art. 133, § 2º, I, II e III).

Alternativa "d": o erro da alternativa está no termo "privado". Por conta do artigo 119 do CTN, "sujeito ativo da obrigação é a pessoa jurídica de direito **público**, titular da competência para exigir o seu cumprimento".

Alternativa "e": incorreta, uma vez que o texto da alternativa trouxe, na verdade, o momento da ocorrência do fato gerador sujeito à condição resolutória. Pelo teor do artigo 117 do CTN, que disciplina o momento de ocorrência do fato gerador que se trata de uma situação jurídica condicional, sendo suspensiva a condição, reputa-se perfeito e acabado o negócio jurídico condicional desde o momento do implemento da condição. Por sua vez, sendo resolutória a condição, reputa-se perfeito e acabado o negócio jurídico condicional desde o momento da celebração do negócio.

---

92. (Cespe – Procurador do MP junto ao TCU/2015) Assinale a opção correta no que diz respeito a responsabilidade tributária, suspensão e extinção do crédito tributário, garantias e privilégios do crédito tributário e impostos da União.

a) O inadimplemento da obrigação tributária pela sociedade gera, por si só, a responsabilidade solidária do sócio-gerente.

b) A consignação em pagamento configura hipótese de suspensão do crédito tributário.

c) Incide o imposto de renda sobre os valores percebíveis a título de indenização por horas extraordinárias trabalhadas, ainda que decorrentes de acordo coletivo.

d) O pagamento de dívida tributária prescrita é irrepetível, porquanto a prescrição não extingue a obrigação natural subjacente.

e) Situação hipotética: Um contribuinte entregou declaração de imposto de renda, reconhecendo débito fiscal. Por erro, a declaração deixou de incluir certas operações tributáveis, o que implicou pagamento de apenas parte do que era devido. Assertiva: Nesse caso, o valor inadimplido poderá ser objeto de lançamento de ofício no prazo de cinco anos, contados do primeiro dia do exercício seguinte àquele em que o lançamento poderia ter sido efetuado.

COMENTÁRIOS

✪ **Nota dos autores:** é uma questão que exige conhecimentos sobre posicionamentos jurisprudenciais do STJ. Daí a importância de se estudar os informativos e as súmulas.

Alternativa correta: letra "c": o texto reflete o teor da Súmula 463 do STJ, pela qual "incide imposto de renda sobre os valores percebidos a título de indenização por horas extraordinárias trabalhadas, ainda que decorrentes de acordo coletivo".

Alternativa "a": incorreta, por contrariar o previsto na Súmula 430 do STJ ("o inadimplemento da obrigação tributária pela sociedade **não gera**, por si só, a responsabilidade solidária do sócio-gerente").

Alternativa "b": as hipóteses de suspensão da exigibilidade do crédito tributário estão elencadas no artigo 151 do CTN, delas não constando a consignação em pagamento. Na verdade, a consignação em pagamento é causa de extinção do crédito tributário (CTN, art. 156, VIII). A importância do crédito tributário pode ser consignada judicialmente pelo sujeito passivo, nos casos: I – de recusa de recebimento, ou subordinação deste ao pagamento de outro tributo ou penalidade, ou ao cumprimento de obrigação acessória; II – de subordinação do recebimento ao cumprimento de exigências administrativas sem fundamento legal; III – de exigência, por mais de uma pessoa jurídica de Direito Público, de tributo idêntico sobre um mesmo fato gerador (CTN, art. 164).

Alternativa "d": incorreta. A prescrição tributária não tem os mesmos efeitos da prescrição no direito civil. Conforme é cediço, a prescrição em matéria tributária não é regulada pelo Código Civil, mas sim pelas disposições previstas no CTN, por força do artigo 146 da CF/88, razão pela qual merece tratamento jurídico diferenciado. Com efeito, segundo a dicção do artigo 156, inciso V, do CTN, a prescrição enseja a extinção da ação e do próprio crédito tributário. No que concerne aos efeitos da prescrição no direito civil, a regra disposta no seu artigo 882 segundo a qual "não se pode repetir o que se pagou para solver dívida prescrita, ou cumprir obrigação judicialmente inexigível" não é aplicável em matéria tributária. Isso porque, a partir de uma interpretação conjunta dos artigos 156, inciso V, (que considera a prescrição como uma das formas de extinção do crédito tributário) e 165, inciso I, (que trata a respeito da restituição de tributo) do CTN, ressoa inequívoco o direito do contribuinte à repetição do indébito em caso de pagamento de débito prescrito, o qual se consubstancia no montante pago a título de crédito fiscal inexistente, posto fulminado pela prescrição à luz da legislação tributária. O Superior Tribunal de Justiça tem encampado o mesmo posicionamento, inclusive, conforme REsp 1210340/RS, Resp 646328/RS, REsp 636.495/RS e REsp 1004747/RJ.

Alternativa "e": incorreta, pois no caso de lançamento por homologação com antecipação de pagamento a menor em virtude de erro do contribuinte, o prazo de decadência é de 5 (cinco) anos, **contados da ocorrência do fato gerador** (CTN, art. 150, § 4º). Como se trata de um autolançamento, não se refere a um prazo para o fisco constituir o crédito tributário, mas sim para promover a homologação da atividade do sujeito passivo, o que se confunde com o período de 5 (cinco) anos para homologação tácita previsto no artigo 150, § 4º do CTN. É importante destacar que, como expressamente ressalva o próprio artigo 150, § 4º do CTN, o prazo de homologação não se aplica em situações nas quais houver prova de dolo, fraude ou simulação. Nesse caso, com fundamento no artigo 149 do CTN, passa a ter lugar o lançamento de ofício substitutivo e o prazo decadencial aplicável passa a ser o do artigo 173, inciso I (STJ – EDcl no REsp 1012178 / PR – Relª. Minª. Eliana Calmon – 2ª Turma – DJe 4/11/2009 e REsp 733915 / SP – Relª. Minª. Eliana Calmon – 2.ª Turma – DJe 16/08/2007), isto é, o prazo relativo ao lançamento de ofício.

---

93. (Cespe – Procurador do Estado – BA/2014) De acordo com determinada norma tributária, a venda de mercadoria gera a necessidade de registro contábil e do pagamento do tributo devido. A respeito desse tema, julgue os itens seguintes.

93.1. O tributo não pago converte-se imediatamente em obrigação principal.

COMENTÁRIOS

✪ **Nota dos autores:** a obrigação tributária é classificada como principal e acessória. A principal surge com a ocorrência do fato gerador, tem por objeto o pagamento de tributo ou penalidade pecuniária e extingue-se juntamente com o crédito dela decorrente (CTN, art. 113, § 1º), ou seja, possui natureza de dar (pagar).

Errado. O pagamento do tributo já é o objeto da obrigação tributária principal (CTN, art. 113, § 1º). A inadimplência (tributo não pago) enseja a cobrança judicial do crédito tributário. De outro lado, uma obrigação tributária acessória (fazer ou não fazer no interesse da arrecadação ou da fiscalização de tributos) pelo simples fato da sua inobservância, converte-se em obrigação principal relativamente à penalidade pecuniária (CTN, art. 113, § 3º).

93.2. O registro da referida venda é uma obrigação tributária, mas não o fato gerador do tributo.

COMENTÁRIOS

✪ **Nota dos autores:** a obrigação principal surge com a ocorrência do fato gerador do tributo (previsto em lei). Nesse sentido, sem se tratando do ICMS, um dos fatos geradores da obrigação tributária principal é a própria operação de circulação de mercadorias (venda), nos termos do artigo 2º, inciso I, da LC 87/96.

Certo. O registro da venda de mercadorias nos livros fiscais e contábeis é uma obrigação tributária acessória (de fazer, ou seja, prestações positivas decorrentes da legislação no interesse da arrecadação ou da fiscalização de tributos), conforme teor do artigo 113, § 2º, do CTN.

93.3. O pagamento do tributo extingue toda obrigação tributária existente, incluindo-se a necessidade de registro contábil.

COMENTÁRIOS

✪ **Nota dos autores:** a obrigação principal surge com a ocorrência do fato gerador, tem por objeto o pagamento de tributo ou penalidade pecuniária e extingue-se juntamente com o crédito dela decorrente (CTN, art. 113, § 1º).

Errado. O pagamento do tributo extingue a obrigação tributária principal existente, entretanto, não afeta a obrigação tributária acessória (dever de fazer o registro contábil). Isso porque, no Direito Tributário, as obrigações tributárias principais e acessórias são independentes entre si, não se aplicando a máxima jurídica muito difundida no Direito Civil, segundo a qual "o acessório segue a sorte do principal".

---

94. (Cespe – Analista Judiciário – Área Judiciária – STF/2013) Acerca da obrigação tributária, julgue os itens subsequentes.

94.1. A obrigação tributária acessória decorre da legislação tributária e pode ter como objeto a inscrição no cadastro fiscal da atividade empresarial desenvolvida, a fim de atender aos interesses da fiscalização tributária.

COMENTÁRIOS

✪ **Nota dos autores:** a obrigação tributária é classificada como principal e acessória. A obrigação tributária acessória decorre da legislação tributária e tem por objeto as prestações, positivas ou negativas, nela previstas no interesse da arrecadação ou da fiscalização dos tributos (CTN, art. 113, § 2º), ou seja, possui natureza de fazer (prestações positivas) ou não fazer (prestações negativas).

Certo. O item coaduna-se com os ditames do artigo 113, § 2º do CTN, pois a inscrição no cadastro fiscal constitui prestação positiva (obrigação de fazer), estabelecida na legislação tributária no interesse da arrecadação e da fiscalização de tributos.

94.2. A obrigação tributária principal tem como objeto o pagamento do tributo devido ou a penalidade pecuniária, que se extinguirá juntamente com o crédito dela decorrente.

COMENTÁRIOS

✪ **Nota dos autores:** a obrigação tributária é classificada como principal e acessória. A obrigação tributária principal surge com a ocorrência do fato gerador, tem por objeto o pagamento de tributo ou penalidade pecuniária e extingue-se juntamente com o crédito dela decorrente (CTN, art. 113, § 1º), ou seja, possui natureza de dar (pagar).

Certo. O item coaduna-se com os ditames do artigo 113, § 1º do CTN.

94.3. Eventual multa cobrada pelo descumprimento de obrigação tributária acessória converte-se, imediatamente, em obrigação principal.

COMENTÁRIOS

✪ **Nota dos autores:** a obrigação acessória, pelo simples fato da sua inobservância, converte-se em obrigação principal relativamente à penalidade pecuniária (CTN, art. 113, § 3º).

Certo. O item coaduna-se com os ditames do artigo 113, § 3º do CTN.

95. (Cespe – Defensor Público – TO/2013) A respeito das obrigações e competências tributárias, assinale a opção correta.

a) Compete aos municípios instituir impostos sobre a propriedade de veículos automotores.

b) A competência tributária é atribuída, constitucionalmente ou legalmente, a um ente estatal não necessariamente dotado de poder legislativo, haja vista que é exercida mediante atos administrativos.

c) As obrigações tributárias acessórias são relevantes para a atividade de arrecadação e fiscalização, podendo ser estabelecidas em atos infralegais, sem ofensa ao princípio da tipicidade.

d) A União, os estados, o DF e os municípios podem instituir contribuições sociais, de intervenção no domínio econômico e de interesse das categorias profissionais ou econômicas, como instrumento de atuação nas respectivas áreas.

e) As competências tributárias foram rigidamente traçadas pelo constituinte originário, portanto são insuscetíveis de alterações pelo poder constituinte de reforma.

COMENTÁRIOS

✪ **Nota do autor:** as obrigações são classificadas quanto à natureza em (i) obrigações de dar; (ii) de fazer ou (iii) de não fazer. A obrigação tributária é classificada como principal e acessória. A principal surge com a ocorrência do fato gerador, tem por objeto o pagamento de tributo ou penalidade pecuniária e extingue-se juntamente com o crédito dela decorrente (CTN, art. 113, § 1º), ou seja, possui natureza de dar (pagar tributo). Já a acessória decorre da legislação tributária e tem por objeto as prestações, positivas ou negativas, nela previstas no interesse da arrecadação ou da fiscalização dos tributos (CTN, art. 113, § 2º), ou seja, possui natureza de fazer (prestações positivas) ou não fazer (prestações negativas). Exemplo: recolher o IRPF é o objeto da obrigação tributária principal e apresentar a declaração de ajuste anual de Imposto de Renda da pessoa física é uma obrigação tributária acessória.

Alternativa correta: letra "c": a definição do fato gerador da **obrigação tributária principal** deve, necessariamente, estar prevista em lei (CTN, art. 97, III), sujeitando-se, portanto, ao princípio da legalidade estrita ou tipicidade cerrada. Já a **obrigação tributária acessória** decorre da **legislação tributária** (CTN, art. 113, § 2º), expressão esta que compreende as leis, os tratados e as convenções internacionais, os decretos e as normas complementares que versem, no todo ou em parte, sobre tributos e relações jurídicas a eles pertinentes (CTN, art. 96). Em resumo, enquanto a obrigação tributária principal deve necessariamente ser prevista numa lei (estrita legalidade), a obrigação acessória decorre da legislação tributária (ideia mais ampla que compreende não só leis, mas também decretos e outros tipos normativos infralegais, tais como instruções normativas e portarias).

Alternativa "a": incorreta, uma vez que não compete aos Municípios a instituição do IPVA. Na verdade, segundo o artigo 155, inciso III, da CF, compete aos Estados e ao Distrito Federal instituir impostos sobre a propriedade de veículos automotores. Não obstante, por conta das normas constitucionais de repartição de receitas tributárias, pertencem aos Municípios cinquenta por cento do produto da arrecadação do imposto do Estado sobre a propriedade de veículos automotores licenciados em seus territórios (CF, art. 158, III).

Alternativa "b": incorreta, por dois motivos. Primeiro, a competência tributária é atribuída pela Constituição Federal (e não por lei). Segundo, a competência tributária é atribuída a entes estatais com poderes legislativos, uma vez que, pelo Princípio da Legalidade, os tributos são instituídos por lei.

Alternativa "d": incorreta, uma vez que a competência para instituição das contribuições sociais, de intervenção no domínio econômico e de interesse das categorias profissionais ou econômicas é **exclusiva da União** (CF, art. 149) e não concorrente, como erroneamente constou no texto da alternativa.

Alternativa "e": incorreta. Embora seja verdadeira a afirmação de que as competências tributárias foram rigidamente traçadas pelo poder constituinte originário, tem-se que, por meio de emendas constitucionais elas podem ser alteradas, desde que, necessariamente, sejam respeitadas as cláusulas pétreas, dentre elas o pacto federativo (CF, art. 60, § 4º, I).

96. (Cespe – Juiz Federal Substituto 5ª região/2013) Assinale a opção correta de acordo com a CF, as normas gerais de direito tributário e a jurisprudência do STJ e do STF.

a) Não é admissível o repasse, na fatura de energia elétrica, do encargo financeiro relativo à contribuição de integração social e à contribuição para o financiamento da seguridade social devidas pela concessionária.

b) O fato de a sociedade não ser localizada no endereço fornecido como domicílio fiscal não gera presunção de que ela tenha sido irregularmente dissolvida.

c) É constitucional a adoção, no cálculo do valor de taxa, de um ou mais elementos da base de cálculo própria de determinado imposto, mesmo que haja integral identidade entre uma base e outra.

d) O CTN adota expressamente o princípio do *non olet*, cuja aplicação implica tributação do produto da atividade ilícita, bastando, para tanto, que a hipótese de incidência da obrigação tributária se realize no mundo dos fatos.

e) O IR será norteado pelos critérios da generalidade, da seletividade e da progressividade, na forma da lei.

COMENTÁRIOS

✪ **Nota dos autores:** numa tradução simples, o princípio do *non olet* significa que "o tributo **não tem cheiro**", no sentido de ser tributada qualquer atividade que se enquadre na hipótese de incidência da exação, mesmo as ilícitas.

Alternativa correta: letra "d": é possível a incidência de tributação sobre valores arrecadados em virtude de atividade ilícita, consoante o art. 118 do CTN. Seria contraditório o não pagamento do imposto proveniente de ato ilegal, pois haveria locupletamento da própria torpeza em detrimento do interesse público da satisfação das necessidades coletivas, a qual se daria por meio da exação tributária (*HC 94240, Rel. Min. Dias Toffoli, 23.8.2011. 1ª T., Info 637).* O artigo 118, de certa maneira, estipula expressamente essa interpretação objetiva do fato gerador, ao prever que "definição legal do fato gerador é interpretada abstraindo-se da validade jurídica dos atos efetivamente praticados pelos contribuintes, responsáveis, ou terceiros, bem como da natureza do seu objeto ou dos seus efeitos, (bem como) dos efeitos dos fatos efetivamente ocorridos".

Alternativa "a": incorreta. No sentido diametralmente oposto ao texto da alternativa, a Primeira Seção do STJ, no julgamento do Recurso Especial repetitivo 1.185.070/RS, julgado em 22.9.2010, previsto no art. 543-C do CPC, de relatoria do Min. Teori Albino Zavascki, estipulou que "é legítimo o repasse às tarifas de energia elétrica do valor correspondente ao pagamento da Contribuição de Integração Social – PIS e da Contribuição para financiamento da Seguridade Social – COFINS devido pela concessionária".

Alternativa "b": incorreta. Ao contrário do que constou, a Súmula 435 do STJ assevera que "presume-se dissolvida irregularmente a empresa que deixar de funcionar no seu domicílio fiscal, sem comunicação aos órgãos competentes, legitimando o redirecionamento da execução fiscal para o sócio-gerente".

Alternativa "c": incorreta, por afrontar a parte final do teor da Súmula Vinculante 29 do STF, segundo a qual "é constitucional a adoção, no cálculo do valor de taxa, de um ou mais elementos da base de cálculo própria de determinado imposto, **desde que não haja integral identidade entre uma base e outra**".

Alternativa "e": incorreta, pois segundo o artigo 153, § 2º, da CF, o imposto de renda será informado pelos critérios da **generalidade** (qualquer pessoa física ou jurídica poderá ser sujeito passivo do imposto), da **universalidade** (nenhuma renda ou provento ficará fora do campo de incidência do imposto) e da **progressividade** (com grande aderência ao princípio da capacidade contributiva, o imposto possui alíquotas diferenciadas segundo for aumentando a base de cálculo), na forma da lei. Perceba que no lugar da universalidade constou no texto da alternativa o termo seletividade.

97. (Cespe – Analista Judiciário – Área Judiciária – STJ/2012) Julgue os itens a seguir, acerca da competência tributária, dos impostos, da obrigação e dos créditos tributários.

Ocorre bitributação quando o mesmo ente tributante edita leis distintas que estabelecem múltiplas exigências tributárias em razão do mesmo fato gerador.

COMENTÁRIOS

✪ **Nota do autor:** "a **bitributação** significa a possibilidade de um mesmo fato jurídico ser tributado por mais de uma pessoa. Diante de nosso sistema tributário, tal prática é vedada, pois cada situação fática somente pode ser tributada por uma única pessoa política, aquela apontada constitucionalmente, pois, como visto, a competência tributária é exclusiva ou privativa. Inviável, portanto, que haja mais de uma pessoa política autorizada a exigir tributo sobre o mesmo fato jurídico. Já o **bis in idem** é ideia distinta, traduzida na situação de o mesmo fato jurídico ser tributado mais de uma vez pela mesma pessoa política, sendo permitido pelo sistema pátrio desde que expressamente autorizado pela Constituição. Por exemplo, o fato de uma empresa auferir lucro dá margem à exigência de Imposto sobre a Renda, como também da contribuição social sobre o lucro – CSSL, ambos tributos de competência da União. Pois bem. A competência tributária, assim compreendida, há de ser exercida segundo parâmetros constitucionalmente estabelecidos, dentre os quais se destacam os princípios e as imunidades" (COSTA, Regina Helena. *Curso de Direito Tributário – Constituição e Código Tributário Nacional.* 2ª ed. São Paulo: Saraiva, 2012, pág. 67).

Errado. Nos termos da nota dos autores, o item em análise refere-se ao **bis in idem** e não à **bitributação**.

6. SUJEITOS (ATIVO E PASSIVO), RESPONSABILIDADE, CAPACIDADE E DOMICÍLIO TRIBUTÁRIO

98. (Cespe – Juiz de Direito – PR/2017) A empresa AB C declarou regularmente débito de ICMS no valor de R$ 6.000, referente ao mês de junho de 2012, e não o pagou. Posteriormente, a empresa ABC recebeu notícia de que haveria fiscalização em seu setor e, por isso, realizou denúncia espontânea de seu débito ao fisco para eximir-se do pagamento da multa moratória.

Acerca dessa situação hipotética e de aspectos legais a ela pertinentes, assinale a opção correta.

A) O contribuinte pode, por declaração, constituir o crédito tributário, confessando-o, mas isso não o impede de realizar denúncia espontânea.

B) No caso de tributo por homologação e com declaração regular, não cabe a denúncia espontânea, não sendo, portanto, válido o ato praticado pelo contribuinte.

C) Apenas o lançamento constitui o crédito tributário, podendo sempre o contribuinte, antes do início de ação de cobrança, realizar a denúncia espontânea, o que, no caso, leva à exclusão da multa de mora.

D) Na hipótese considerada, a mera notícia de fiscalização não é início de ação fiscal, de modo que a empresa ABC poderia proceder à denúncia espontânea, que, no entanto, não excluiria a multa moratória.

COMENTÁRIOS

✪ **Nota dos autores:** a questão aborda o tema "denúncia espontânea". De acordo com o artigo 138 do CTN, "a responsabilidade (tributária) é excluída pela denúncia espontânea da infração, acompanhada, se for o caso, do pagamento do tributo devido e dos juros de mora, ou do depósito da importância arbitrada pela autoridade administrativa, quando o montante do tributo dependa de apuração". Assim, o contribuinte pode regularizar uma situação infracional com o pagamento do tributo devido com os encargos moratórios, ficando livre das multas pecuniárias (sanções típicas e rigorosas aplicadas às infrações tributárias apuradas pelo Fisco). No entanto, "não se considera espontânea a denúncia apresentada após o início de qualquer procedimento administrativo ou medida de fiscalização, relacionados com a infração" (CTN, art. 138, parágrafo único).

Alternativa correta: letra "b". A situação narrada no enunciado enquadra-se no que delimita o teor da Súmula 360 do STJ, segundo a qual "o benefício da denúncia espontânea não se aplica aos tributos sujeitos a lançamento por homologação regularmente declarados, mas pagos a destempo". No caso, o pagamento em atraso deve ficar sujeito à incidência de multa moratória. "A denúncia espontânea não foi prevista para que favoreça o atraso do pagamento do tributo. Ela existe como incentivo ao contribuinte para denunciar situações de ocorrência de fatos geradores que foram omitidas, como é o caso de aquisição de mercadorias sem nota fiscal, de venda com preço registrado aquém do real, etc" (EREsp 629.426/PR).

Alternativa "a": incorreta, pois "a entrega de declaração pelo contribuinte reconhecendo débito fiscal constitui o crédito tributário, dispensada qualquer outra providência por parte do fisco" (Súmula 436 do STJ). Tanto que, a inscrição do débito declarado em Dívida Ativa pode ser feita pela Fazenda Pública independente de qualquer procedimento prévio de sua parte, bastando mesmo a declaração prestada pelo contribuinte. Portanto, no caso não há que se falar em lançamento por declaração.

Alternativa "c": incorreta. Como visto nos comentários à alternativa correta (letra "b"), nos tributos lançados por homologação, regularmente declarados, mas pagos a destempo, não há a aplicação da denúncia espontânea, consoante entendimento jurisprudencial (Súmula 360 do STJ), sendo a multa moratória de rigor juntamente com o principal.

Alternativa "d": incorreta. De fato, a mera notícia de fiscalização setorial não é considerada início da ação fiscal. Todavia, como visto nos comentários à alternativa correta (letra "b"), nos tributos lançados por homologação, regularmente declarados, mas pagos a destempo, não há a aplicação da denúncia espontânea, consoante entendimento jurisprudencial (Súmula 360 do STJ)

---

99. (Cespe – Juiz de Direito – PR/2017) Uma sociedade limitada, tendo declarado regularmente seus tributos, deixou de pagá-los, sem que houvesse qualquer fraude ou comportamento análogo. No momento da inscrição em dívida ativa, apenas com base no inadimplemento, o sócio-gerente foi incluído como responsável pelo crédito tributário.

A respeito dessa situação hipotética e de aspectos diversos a ela pertinentes, assinale a opção correta.

A) O sócio-gerente não responde por simples inadimplemento, devendo-lhe ser imputado, para que haja a sua responsabilização, excesso de poderes ou infração de lei, contrato social ou estatutos, sendo incabível a sua responsabilização no caso em questão.

B) Os sócios, administradores ou não, só respondem solidariamente no caso de liquidação irregular de pessoa jurídica, sendo incabível a sua responsabilização na situação em apreço.

C) O sócio-gerente será responsável pelo crédito tributário apenas nos casos em que praticar ilícitos penais ou agir com dolo específico.

D) No caso de impossibilidade de exigência do cumprimento da obrigação principal pelo contribuinte, os sócios, apenas com base nessa condição, respondem solidariamente pelo crédito tributário da pessoa jurídica, estando correta a responsabilização do sócio-gerente no caso em questão.

COMENTÁRIOS

✪ **Nota dos autores:** de acordo com o teor do artigo 135, inciso III, do CTN, "são pessoalmente responsáveis pelos créditos correspondentes a obrigações tributárias resultantes de atos praticados com excesso de poderes ou infração de lei, contrato social ou estatutos os diretores, gerentes ou representantes de pessoas jurídicas de direito privado". Observe que não basta ser mero sócio cotista da sociedade limitada para ser pessoalmente responsabilizado, pois é imprescindível que exerça efetivamente a função de gestão (diretor ou gerente) e que as obrigações tributárias sejam decorrentes de atos praticados com excesso de poderes, infração de lei ou contrato social.

Alternativa correta: letra "a". O STJ já consignou que "o inadimplemento da obrigação tributária pela sociedade não gera, por si só, a responsabilidade solidária do sócio-gerente" (Súmula 430). "O mero inadimplemento não permite o redirecionamento da obrigação tributária ao sócio-administrador da empresa, uma vez que, segundo o artigo 135, inciso III, do CTN, para que haja tal responsabilização pessoal é preciso que ele tenha agido com excesso de poderes ou infração de lei, contrato social ou estatuto. O mero inadimplemento, segundo o STJ, não é considerado excesso de poder, nem infração à lei, tampouco infração ao contrato social" (AgRg no REsp 1273450/SP).

Alternativa "b": incorreta. O STJ também consolidou que a dissolução irregular de sociedade acarreta a responsabilidade pessoal do sócio gerente pelos débitos da empresa, implicando no redirecionamento da execução fiscal ao referido sócio gerente. "No caso dos autos, assentou-se no acórdão embargado, nos termos do que decido pela Primeira Turma nos EDcl no AgRg no REsp 1.009.997/SC, de relatoria da Ministra Denise Arruda, que o redirecionamento da execução fiscal aos sócios-gerentes, no caso de dissolução irregular da sociedade empresária, necessita da verificação de 'quem ocupava o posto de gerente no momento da dissolução' e da verificação de que aquele responsável pela dissolução tenha sido também, simultaneamente, o detentor da gerência na oportunidade do vencimento do tributo" (STJ, EDcl no AgRg no RECURSO ESPECIAL Nº 1.153.339 – SP). Sedimentando esse entendimento, o STJ editou a Súmula 435, segundo a qual "presume-se dissolvida irregularmente a empresa que deixar de funcionar no seu domicílio fiscal, sem comunicação aos órgãos competentes, legitimando o redirecionamento da execução fiscal para o sócio-gerente". Portanto, apenas os sócios administradores (funções gerenciais) respondem pessoalmente pelos tributos da pessoa jurídica na hipótese de dissolução irregular, motivos pelos quais a alternativa está incorreta.

Alternativa "c": incorreta. Como visto na nota dos autores, os diretores, gerentes ou representantes de pessoas jurídicas de direito privado "são pessoalmente responsáveis pelos créditos correspondentes a obrigações tributárias resultantes de atos praticados com excesso de poderes ou infração de lei, contrato social ou estatutos" (CTN, art. 135, III). A prática de ilícitos penais ou ações com dolo específico ensejam a responsabilização pessoal por infrações à legislação tributária dos diretores, gerentes ou representantes de pessoas jurídicas de direito privado, contra estas (CTN, art. 137).

Alternativa "d": incorreta. Como visto na nota dos autores, a responsabilização pessoal não alcança o sócio meramente cotista.

---

100. (Cespe – Delegado de Polícia – PE/2016) Tendo como referência o disposto no CTN, assinale a opção correta.

a) A capacidade tributária passiva é plena e independe da capacidade civil.

b) Não haverá incidência tributária sobre atividades ilícitas.

c) A obrigação tributária principal nasce com o lançamento do fato gerador.

d) Fato gerador corresponde ao momento abstrato previsto em lei que habilita o início da relação jurídico-tributária.

e) A denominação do tributo e a destinação legal do produto de sua arrecadação são essenciais para qualificá-lo.

COMENTÁRIOS

✪ **Nota dos autores:** a capacidade de direito do sujeito passivo da obrigação tributária, chamada de capacidade tributária passiva, é regida pelo artigo 126 do CTN.

Alternativa correta: letra "a": a capacidade tributária passiva independe da capacidade civil das pessoas naturais (CTN, art. 126, I).

Alternativa "b": incorreta. É possível a incidência de tributação sobre valores arrecadados em virtude de atividade ilícita, consoante o artigo 118 do CTN. Seria contraditório o não pagamento do imposto proveniente de ato ilegal, pois haveria locupletamento da própria torpeza em detrimento do interesse público da satisfação das necessidades coletivas, a qual se daria por meio da exação tributária (HC 94240, Rel. Min. Dias Toffoli, 23.8.2011. 1ª T., Info 637). O artigo 118 do CTN, de certa maneira, estipula expressamente essa interpretação objetiva do fato gerador, ao prever que "definição legal do fato gerador é interpretada abstraindo-se da validade jurídica dos atos efetivamente praticados pelos contribuintes, responsáveis, ou terceiros, bem como da natureza do seu objeto ou dos seus efeitos, (bem como) dos efeitos dos fatos efetivamente ocorridos".

Alternativa "c": incorreta. A obrigação tributária principal **surge com a ocorrência do fato gerador** e tem por objeto o pagamento do tributo ou penalidade pecuniária (CTN, art. 113, § 1º). O fato gerador da obrigação tributária principal, por sua vez, corresponde a qualquer situação definida em lei como necessária e suficiente à sua ocorrência.

Alternativa "d": incorreta. O fato gerador pode ser visto sob dois prismas: abstrato e concreto. No plano abstrato ou normativo, fato gerador significa a descrição legal do evento que, uma vez ocorrido, dará nascimento à obrigação tributária, acepção em que a melhor Doutrina o designa por hipótese de incidência. Já no plano concreto ou fático, refere-se à ocorrência efetiva do fato descrito na lei tributária, melhor designada por fato imponível, fato jurídico-tributário ou simplesmente fato gerador. De acordo com o artigo 114 do CTN, fato gerador da obrigação principal é a situação definida em lei como necessária e suficiente à sua ocorrência. Portanto, a ocorrência do fato gerador de que trata o artigo 114 do CTN dá-se com a subsunção de um fato concreto (fato jurídico-tributário) à norma legal que prevê a situação necessária e suficiente para a incidência de regra de tributação (hipótese de incidência).

Alternativa "e": incorreta. O artigo 4º do CTN estipula que "a natureza jurídica específica do tributo é determinada pelo fato gerador da respectiva obrigação, sendo irrelevantes para qualificá-la: (i) a denominação e demais características formais adotadas pela lei; (ii) a destinação legal do produto da sua arrecadação".

101. (Cespe – Juiz de Direito Substituto – AM/2016) A indústria R S.A., que havia declarado regularmente, mas não havia pagado ICMS no valor de R$ 100.000, ciente de iminente fiscalização, já que havia recebido a visita de auditor fiscal, que, no entanto, não lavrou termo algum, decidiu fazer denúncia espontânea de sua inadimplência, tendo feito acompanhá-la de pedido de parcelamento no qual incluiu o principal e os juros de mora, com o objetivo de ser eximida da multa de mora e de outras penalidades.

Nessa situação hipotética,

a) a visita do auditor fiscal constitui início de ação fiscal, o que exclui a denúncia espontânea.

b) a eventual homologação da denúncia espontânea pela autoridade não surtiria efeitos sobre a multa de mora, que permaneceria devida.

c) para obter os efeitos da denúncia espontânea, o contribuinte deveria anexar a seu requerimento o comprovante do pagamento da primeira parcela do parcelamento, não sendo o mero pedido de parcelamento meio idôneo a dar suporte aos efeitos da denúncia espontânea.

d) não é cabível denúncia espontânea, pois trata-se de tributo por homologação com declaração regular e pagamento a destempo.

e) o parcelamento é modalidade de pagamento do crédito tributário, por implicar novação, de modo que a denúncia espontânea acompanhada de pedido de parcelamento do principal e dos juros exclui a responsabilidade por infrações.

COMENTÁRIOS

✪ **Nota dos autores:** "a responsabilidade (por infração à legislação tributária) é excluída pela denúncia espontânea da infração, acompanhada, se for o caso, do pagamento do tributo devido e dos juros de mora, ou do depósito da importância arbitrada pela autoridade administrativa, quando o montante do tributo dependa de apuração" (CTN, art. 138). Esse é o artigo que retrata o instituto jurídico da denúncia espontânea.

Alternativa correta: letra "d": a alternativa traz uma situação já pacificada na jurisprudência através da Súmula 360 do STJ ("o benefício da denúncia espontânea não se aplica aos tributos sujeitos a lançamento por homologação regularmente declarados, mas pagos a destempo"). Assim, nos tributos lançados por homologação regularmente declarados e pagos após a data de vencimento, exige-se, também, os encargos da mora, não se aplicando a denúncia espontânea.

Alternativa "a": incorreta. De fato, segundo o parágrafo único do artigo 138 do CTN, "não se considera espontânea a denúncia apresentada após o início de qualquer procedimento administrativo ou medida de fiscalização, relacionados com a infração". Ocorre que o início da fiscalização tem que ser documentado, conforme o teor do artigo 196 do CTN ("a autoridade administrativa que proceder ou presidir a quaisquer diligências de fiscalização lavrará os termos necessários para que se documente o início do procedimento, na forma da legislação aplicável, que fixará prazo máximo para a conclusão daquelas") e seu parágrafo único ("os termos a que se refere este artigo serão lavrados, sempre que possível, em um dos livros fiscais exibidos; quando lavrados em separado deles se entregará, à pessoa sujeita à fiscalização, cópia autenticada pela autoridade a que se refere este artigo"). Assim, como o enunciado asseverou que houve uma visita fiscal, porém sem a lavratura do termo correspondente, tem-se que o início do procedimento fiscal não se confirmou, mantendo-se a possibilidade de o contribuinte realizar a denúncia espontânea.

Alternativa "b": incorreta, pois está sedimentado o entendimento no STJ de que ambas as multas, isto é, tanto a multa punitiva como a multa moratória são afastadas pela denúncia espontânea.

Alternativa "c": incorreta, uma vez que "o instituto da denúncia espontânea (CTN, art. 138) não se aplica aos casos de parcelamento do débito tributário (STJ, REsp 1.102.577-DF, Rel. Min. Herman Benjamin, julgado em 22/4/2009). Nesse caso, de fato, não há o pagamento do tributo com juros, pressuposto essencial para a exclusão de penalidades de que trata o artigo 138 do CTN. O entendimento é bem antigo e consolidado, vindo, inclusive, da antiga Súmula 208 do extinto Tribunal Federal de Recursos, segundo a qual "a simples confissão de dívida, acompanhada do seu pedido de parcelamento, não configura denúncia espontânea".

Alternativa "e": incorreta. Somado ao esclarecimento dado no comentário à alternativa "c", tem-se que o parcelamento é causa de suspensão da exigibilidade do crédito tributário (CTN, art. 151, VI) e não de extinção, como erroneamente constou.

---

102. (Cespe – Procurador do MP junto ao TCU/2015) Com relação às limitações do poder de tributar, vigência, aplicação, interpretação e integração da legislação tributária, sujeito ativo e domicílio tributário e responsabilidade dos sucessores, assinale a opção correta.

a) O sucessor a qualquer título e o cônjuge meeiro são subsidiariamente responsáveis pelos tributos devidos pelo autor da herança até a data da abertura da sucessão, limitada essa responsabilidade ao montante do quinhão do legado ou da meação.

b) Situação hipotética: A empresa Livros Técnicos S.A. adquiriu, a título oneroso, estabelecimento empresarial da empresa OBX Ltda. e, três meses depois dessa aquisição, a empresa OBX iniciou nova atividade empresarial, em outro ramo de comércio e indústria. Assertiva: Nesse caso, a Livros Técnicos S.A. será subsidiariamente responsável pelos débitos tributários devidos pela OBX até a data da alienação.

c) Em regra, considera-se como domicílio tributário o lugar da situação do bem ou da ocorrência dos atos ou fatos que derem origem à obrigação.

d) Admite-se que a legislação tributária conceda desconto pela antecipação do pagamento, exigindo-se, para tanto, que haja lei autorizativa específica nesse sentido.

e) A não incidência de contribuições sociais sobre receitas decorrentes de exportação configura hipótese de isenção tributária.

COMENTÁRIOS

✪ **Nota dos autores:** a temática "responsabilidade tributária" está prevista no CTN, entre os artigos 128 e 138. Além da disposição geral, o diploma normativo apresenta a responsabilidade dos sucessores (artigos 129 a 133), a responsabilidade de terceiros (artigos 134 e 135) e a responsabilidade por infrações (artigos 136 a 138).

Alternativa correta: letra "b": em linhas gerais, nos termos do artigo 133 do CTN, o adquirente de estabelecimento comercial que continue a exploração da atividade do alienante é responsável pelos tributos inerentes ao estabelecimento adquirido, devidos até a data da aquisição, integralmente (se o alienante cessar a exploração do comércio) ou **subsidiariamente** com o alienante (se este prosseguir na exploração ou iniciar dentro de seis meses a contar da data da alienação, nova atividade no mesmo ou em outro ramo de comércio, indústria ou profissão).

Alternativa "a": incorreta, pois a responsabilidade em questão é pessoal e não subsidiária. São pessoalmente responsáveis "o sucessor a qualquer título e o cônjuge meeiro, pelos tributos devidos pelo de cujus até a data da partilha ou adjudicação, limitada esta responsabilidade ao montante do quinhão do legado ou da meação" (CTN, art. 131, II).

Alternativa "c": incorreta, pois em regra, é o contribuinte quem elege seu domicílio tributário, o lugar para cumprimento das obrigações e onde são exigíveis (CTN, art. 127). Preceitua o referido artigo que "na falta de eleição, pelo contribuinte ou responsável, de domicílio tributário, na forma da legislação aplicável, considera-se como tal: I – quanto às pessoas naturais, a sua residência habitual, ou, sendo esta incerta ou desconhecida, o centro habitual de sua atividade; II – quanto às pessoas jurídicas de direito privado ou às firmas individuais, o lugar da sua sede, ou, em relação aos atos ou fatos que derem origem à obrigação, o de cada estabelecimento; III – quanto às pessoas jurídicas de direito público, qualquer de suas repartições no território da entidade tributante". Quando não couber aplicação das regras acima é que o domicílio tributário do contribuinte ou responsável será o lugar da situação dos bens ou da ocorrência dos atos ou fatos que deram origem à obrigação (CTN, art. 127, §1º).

Alternativa "d": a concessão de desconto pela antecipação do pagamento do tributo não é matéria reservada à lei específica (CTN, art. 97), mas sim à legislação tributária (CTN, art. 96). É o que apregoa o parágrafo único do artigo 160 do CTN ("a legislação tributária pode conceder desconto pela antecipação do pagamento, nas condições que estabeleça").

Alternativa "e": incorreta, por uma sutileza. Uma vez que a referida exoneração tributária está prevista no texto constitucional, trata-se de uma imunidade tributária e não de uma isenção (CF, art. 149, §2º, I).

---

103. (AGU/2015) Por dispositivo legal expresso, a obrigação de recolhimento de determinado imposto foi atribuída a pessoa diversa da do contribuinte, devendo esse pagamento ser feito antecipadamente, em momento prévio à ocorrência do fato gerador, previsto para ocorrer no futuro.

Com relação a essa situação, julgue os itens seguintes.

103.1. Não ocorrendo o fato gerador, o contribuinte substituído terá direito à restituição do valor do imposto pago. Porém, ocorrendo o fato gerador com base de cálculo inferior à prevista, não será obrigatória a restituição da diferença paga a maior, conforme jurisprudência do STF.

COMENTÁRIOS

✪ **Nota dos autores:** o enunciado da questão refere-se ao instituto jurídico da substituição tributária delineado no artigo 150, § 7º, da CF ("a lei poderá atribuir a sujeito passivo de obrigação tributária a condição de responsável pelo pagamento de imposto ou contribuição, cujo fato gerador deva ocorrer posteriormente, assegurada a imediata e preferencial restituição da quantia paga, caso não se realize o fato gerador presumido").

Certo. De acordo com o teor do artigo 150, §7º, da CF, não resta dúvida de que na substituição tributária é assegurada a imediata e preferencial restituição da quantia paga na hipótese de não se realizar o fato gerador presumido. No que diz respeito ao fato gerador presumido realizado por um valor inferior à base de cálculo que serviu de base para a aplicação da substituição tributária, à época da prova, a banca fundamentou-se na tendência então dominante na jurisprudência (ADI 1.851/AL, RE 309.405-ED/MT e AI 337.665-AgR/RS) ao considerar "Certo" afirmar que a restituição não se faria obrigatória nesse caso. Todavia, mais recentemente, no julgamento do Recurso Extraordinário 593.849, o Supremo Tribunal Federal exarou decisão com repercussão geral no seguinte sentido: "É devida a restituição da diferença do Imposto sobre Circulação de Mercadorias e Serviços (ICMS) pago a mais no regime de substituição tributária para a frente se a base de cálculo efetiva da operação for inferior à presumida." Os efeitos dessa decisão também foram modulados pela Corte, de modo que atingirão os casos futuros e apenas os pretéritos que já estejam tramitando na Justiça. Na mesma ocasião e de acordo com o mesmo entendimento, também foram julgadas improcedentes as ADIs 2675 e 2777, que questionavam a constitucionalidade de leis dos Estados de São Paulo e Pernambuco que autorizavam a restituição em questão.

103.2. Na situação considerada, trata-se do instituto denominado substituição tributária progressiva, que tem previsão expressa relativa ao ICMS.

COMENTÁRIOS

✪ **Nota dos autores:** a substituição tributária para frente, progressiva ou subsequente ocorre através da escolha de uma terceira pessoa para recolher o tributo antes da ocorrência do fato jurídico tributário. Consoante a EC nº 3/93 (art. 150, § 7º, *in fine*, da CF): "a Lei poderá atribuir a condição de responsável pelo pagamento de imposto ou contribuição, cujo fato gerador deva ocorrer posteriormente, assegurada a imediata e preferencial restituição da quantia paga, caso não se realize o fato gerador presumido". O STF entendeu ser constitucional o instituto da substituição tributária na ADI 1.851/AL.

Certo. O artigo 155, §2º, inciso XII, alínea "b", especifica, em relação ao ICMS, que caberá à lei complementar dispor sobre substituição tributária. Por sua vez, a LC 87/96, entre os seus artigos 7º a 10, disciplina em termos gerais a substituição tributária aplicável ao ICMS.

---

104. (Cespe – Juiz de Direito Substituto – DFT/2014) Foi realizado lançamento de ISS referente a serviço de revitalização predial prestado em conjunto pelos senhores A, B e C, pelo qual os três receberam R$ 10.000, 00, pagos pela empresa D Ltda., que não efetuou retenção de tributos. O recibo pelo pagamento do total do serviço foi assinado apenas por A, que, no entanto, repassou a parte correspondente a B e a C. Somente B pagou o imposto devido sobre a sua parte, não tendo sido recolhido o tributo incidente sobre as parcelas de A e C.

Nessa situação hipotética,

a) A, B e C são responsáveis subsidiariamente pelos tributos incidentes sobre as parcelas que os outros receberam.

b) por ter assinado o recibo e recebido o pagamento da empresa D Ltda., somente A será responsável pelos tributos incidentes sobre as respectivas partes de B e C.

c) B, que pagou o imposto referente à sua parte, não poderá ser responsabilizado pelos tributos referentes às parcelas que cabiam a A e C.

d) A, B e C, por serem contribuintes individuais, são responsáveis apenas pelos tributos incidentes sobre as parcelas que lhes cabem.

e) A, B e C são responsáveis solidariamente pelos tributos incidentes sobre as suas próprias parcelas e sobre as dos outros.

COMENTÁRIOS

✪ **Nota dos autores:** o CTN prevê, em seu artigo 124, que há a responsabilidade solidária entre as pessoas que tenham interesse comum na situação que constitua o fato gerador da obrigação principal, ou entre as pessoas expressamente designadas por lei.

Alternativa correta: letra "e": como a prestação de serviços deu-se em conjunto pelos senhores A, B e C, tem-se que todos tem interesse comum na referida situação que constituiu o fato gerador do ISS (prestação de serviços). Por isso, todos são solidariamente responsáveis pelo total do ISS devido (CTN, art. 124, I), sem benefício de ordem (CTN, art. 124, parágrafo único). O pagamento parcial efetuado por B aproveita a A e a C (CTN, art. 125, I).

Alternativa "a": incorreta. A responsabilidade de A, B e C é solidária e não subsidiária (CTN, art. 124, I), haja vista que todos esses têm interesse comum na prestação de serviço de revitalização predial.

Alternativas "b", "c" e "d": incorretas. Diante da responsabilidade solidária, A, B e C são responsáveis pelo total da dívida de ISS, sem benefício de ordem. O pagamento parcial feito por B, aproveita a A e a C (CTN, art. 125, I).

---

105. (Cespe – Cartório – TJ – DF/2014) Assinale a opção correta acerca de responsabilidade tributária.

a) A massa falida é pessoalmente responsável pelos tributos devidos pelo de cujus até a data da abertura da sucessão.

b) O produto da alienação judicial de empresa em processo da falência permanecerá em conta de depósito à disposição do juízo competente, pelo prazo um ano, contado da data de alienação.

c) Como regra geral, a responsabilidade por infrações da legislação tributária depende do dolo do agente ou do responsável.

d) A pessoa jurídica que resultar de fusão de outra é responsável pelas pessoas jurídicas fusionadas e pelos tributos devidos pelo prazo de seis meses, contado da data do ato.

e) No caso de arrematação em hasta pública, é vedada a sub – rogação de impostos cujo fato gerador seja a propriedade de bens imóveis.

COMENTÁRIOS

✪ **Nota dos autores:** em virtude da promulgação da Lei de Falências em 2005 (Lei 11.101), a Lei Complementar 118/2005 alterou e acrescentou uma série de dispositivos normativos no CTN, com vistas à compatibilização dos diplomas legais.

Alternativa correta: letra "b": encontra fundamento no § 3º do artigo 133 do CTN, segundo o qual "em processo da falência, o produto da alienação judicial de empresa, filial ou unidade produtiva isolada permanecerá em conta de depósito à disposição do juízo de falência pelo prazo de 1 (um) ano, contado da data de alienação, somente podendo ser utilizado para o pagamento de créditos extraconcursais ou de créditos que preferem ao tributário".

Alternativa "a": incorreta. O espólio (e não a massa falida) é pessoalmente responsável pelos tributos devidos pelo *de cujus* até a data da abertura da sucessão (CTN, art. 131, III).

Alternativa "c": incorreta. Ao contrário do que constou, como regra, a responsabilidade tributária por infrações da legislação tributária é objetiva, ou seja, independe **da intenção do agente** ou do responsável e da efetividade, natureza e extensão dos efeitos do ato (CTN, art. 136).

Alternativa "d": incorreta. A pessoa jurídica de direito privado que resultar de **fusão** de outra é responsável pelos tributos devidos **até à data do ato** pelas pessoas jurídicas de direito privado fusionadas (CTN, art. 132). Perceba que a alternativa estipulou erroneamente que tal responsabilidade abrangeria os tributos devidos pelo prazo de seis meses a contar da data do ato.

Alternativa "e": incorreta. Ao contrário do que constou, a sub-rogação é de rigor. Os créditos tributários relativos a impostos cujo fato gerador seja a propriedade, o domínio útil ou a posse de bens imóveis, e bem assim os relativos a taxas pela prestação de serviços referentes a tais bens, ou a contribuições de melhoria, sub-rogam-se na pessoa dos respectivos adquirentes, salvo quando conste do título a prova de sua quitação. No caso de arrematação em hasta pública, a sub-rogação ocorre sobre o respectivo preço (CTN, art. 130, parágrafo único).

106. (Cespe – Procurador do MP junto ao TCE--PB/2014) Mauro, pessoa física com residência fixa e conhecida em determinado endereço, abriu um negócio em outro endereço, no mesmo estado da Federação onde, por mais de um ano, sem se inscrever no cadastro fiscal, exerceu atividades comerciais sujeitas ao pagamento do ICMS, mas sem efetuar o pagamento de nenhum tributo. O fisco, em fiscalização ordinária, descobriu as atividades comerciais de Mauro e lavrou contra ele auto de infração, tendo-lhe cobrado os tributos e imposto as penalidades cabíveis. Quando foi notificar Mauro, o agente do fisco tomou conhecimento de que este se encontrava preso por condenação transitada em julgado para cumprir sanção penal que lhe fora imposta, de oito anos de reclusão em regime fechado.

Considerando a situação hipotética acima, assinale a opção correta.

a) Mauro, na condição de pessoa física, é considerado responsável tributário, uma vez que não se encontra inscrito no cadastro de contribuintes.

b) Na hipótese considerada, a obrigação tributária principal nasceu com a lavratura do auto de infração devidamente notificado ao contribuinte Mauro, pois, somente depois disso, é que ficaram conhecidos os fatos geradores do tributo devido por parte da pessoa física.

c) O domicílio tributário a ser utilizado pelo fisco deverá ser o do endereço do local onde Mauro possuía o negócio.

d) Nesse caso, como Mauro não tinha cadastro da pessoa física, o fisco poderia escolher qualquer endereço para utilizá-lo na autuação.

e) A pessoa física, mesmo presa em regime fechado, a exemplo de Mauro, não perde a capacidade tributária passiva.

COMENTÁRIOS

✪ **Nota dos autores:** o domicílio tributário é disciplinado pelo artigo 127 do CTN, cuja leitura é recomendada.

Alternativa correta: letra "e": o CTN, em seu artigo 126, inciso II, estipula que a capacidade tributária passiva independe "de achar-se a pessoa natural sujeita a medidas que importem privação ou limitação do exercício de atividades civis, comerciais ou profissionais, ou da administração direta de seus bens ou negócios". Portanto, o fato de Mauro estar preso em regime fechado, de fato, não interfere na sua capacidade tributária passiva.

Alternativa "a": incorreta. Mauro, mesmo enquanto pessoa física, teve relação pessoal e direta com a situação que constituiu o fato gerador do ICMS, motivo pelo qual é considerado contribuinte (CTN, art. 121, parágrafo único, I) e não responsável. O fato de não estar inscrito no cadastro de contribuintes não lhe retira a capacidade tributária passiva, nos termos do artigo 126 do CTN.

Alternativa "b": incorreta. O auto de infração lavrado é um lançamento tributário de ofício, que constituiu o crédito tributário. Em outras palavras, a **obrigação tributária principal** surge com a ocorrência do fato gerador (CTN, art. 113, § 1º). O crédito tributário é **constituído** pelo lançamento. Embora de cunho constitutivo (do crédito tributário), o lançamento possui um viés declaratório da obrigação tributária (que nasce com a ocorrência do fato gerador).

Alternativas "c" e "d": incorretas. Na falta de eleição, pelo contribuinte ou responsável, de domicílio tributário, na forma da legislação aplicável, considera-se como tal quanto às pessoas naturais, a sua **residência habitual**, ou, sendo esta incerta ou desconhecida, o centro habitual de sua atividade.

107. (Cespe – Procurador do Estado – BA/2014) De acordo com determinada norma tributária, a venda de mercadoria gera a necessidade de registro contábil e do pagamento do tributo devido. A respeito desse tema, julgue os itens seguintes.

O sujeito passivo diretamente ligado com o fato gerador é denominado responsável tributário.

COMENTÁRIOS

✪ **Nota dos autores:** o sujeito passivo da obrigação tributária principal, contribuinte ou responsável, tem o dever de pagar o tributo e a penalidade pecuniária (CTN, art. 121). Por sua vez, o sujeito passivo da obrigação tributária acessória é a pessoa obrigada às prestações que constituam o seu objeto (CTN, art. 122).

Errado. O sujeito passivo da obrigação tributária principal que tem relação pessoal e direta com a situação que constitua o seu respectivo fato gerador é chamado de **contribuinte** (CTN, art. 121, parágrafo único, I). O responsável é, na verdade, o sujeito passivo que, sem se revestir da condição de contribuinte, tem sua obrigação decorrente de disposição expressa de lei (CTN, art. 121, parágrafo único, II).

108. (Cespe – Procurador do Estado – BA/2014) Suponha que determinado empresário tenha adquirido o imóvel de um estabelecimento comercial completamente vazio e tenha dado continuidade à exploração, sob outra razão social, do mesmo ramo do comércio, e que os alienantes tenham prosseguido na exploração da atividade a partir do quinto mês após a alienação. Considerando essa situação hipotética e aspectos gerais da sucessão empresarial, julgue os itens que se seguem.

108.1. Os créditos ainda não constituídos até a data do ato da sucessão empresarial, ainda que se refiram a obrigações tributárias surgidas até aquela data, não podem ser imputados aos adquirentes.

COMENTÁRIOS

✪ **Nota dos autores:** o disposto na seção de **responsabilidade dos sucessores** do CTN aplica-se por igual aos créditos tributários definitivamente constituídos ou em curso de constituição à data dos atos nela referidos, **e aos constituídos posteriormente aos mesmos atos, desde que relativos a obrigações tributárias surgidas até a referida data** (CTN, art. 129).

Errado. Assim, pelo fato de que os créditos tributários mencionados no item ora analisado se referem a obrigações surgidas até a data da alienação empresarial, tem-se que os adquirentes são responsáveis por sucessão, nos termos do artigo mencionado na nota dos autores.

108.2. O alienante deixa de ser responsável pelos tributos devidos até a data do ato de sucessão empresarial, passando a responsabilidade a ser integral do adquirente.

COMENTÁRIOS

✪ **Nota dos autores:** em linhas gerais, nos termos do artigo 133 do CTN, o adquirente de estabelecimento comercial que continue a exploração da atividade do alienante é responsável pelos tributos inerentes ao estabelecimento adquirido, devidos até a data da aquisição, integralmente (se o alienante cessar a exploração do comércio) ou subsidiariamente com o alienante (se este prosseguir na exploração ou iniciar dentro de seis meses a contar da data da alienação, nova atividade no mesmo ou em outro ramo de comércio, indústria ou profissão).

Errado. Nos termos do artigo 133, inciso II, do CTN, como o alienante prosseguiu na exploração da atividade comercial a partir do quinto mês contados da alienação, tem-se que o adquirente tem responsabilidade **subsidiária** com o alienante. Portanto, nessa hipótese o alienante não deixa de ser responsável pelos tributos devidos até a data do ato de sucessão empresarial, respondendo subsidiariamente pelos tributos.

108.3. O adquirente responde solidariamente pelos tributos devidos até a data do ato de sucessão empresarial.

COMENTÁRIOS

✪ **Nota dos autores:** a resolução encontra respaldo no teor do artigo 133, incisos I e II do CTN, cuja leitura é recomendada.

Errado. O adquirente seria responsável **integral** (e não solidário) pelos tributos devidos até a data do ato de sucessão empresarial caso o alienante tivesse cessado a exploração do comércio. Como o alienante iniciou a exploração da atividade comercial em menos de seis meses contados da alienação, tem-se que o adquirente tem responsabilidade **subsidiária** com o alienante (e não solidária, como constou).

108.4. O alienante continua responsável pelos tributos devidos até a data do ato de sucessão empresarial, podendo a dívida integral ser cobrada do adquirente, observando-se o benefício de ordem.

COMENTÁRIOS

✪ **Nota dos autores:** a pessoa natural ou jurídica de direito privado que adquirir de outra, por qualquer título, fundo de comércio ou estabelecimento comercial, industrial ou profissional, e continuar a respectiva exploração, sob a mesma ou outra razão social ou sob firma ou nome individual, responde pelos tributos, relativos ao fundo ou estabelecimento adquirido, devidos até à data do ato **subsidiariamente** com o alienante, se este prosseguir na exploração ou iniciar dentro de seis meses a contar da data da alienação, nova atividade no mesmo ou em outro ramo de comércio, indústria ou profissão (CTN, art. 133, II).

Certo. Tendo em vista que a responsabilidade do adquirente é **subsidiária** com o alienante, é correto afirmar que este alienante continua responsável pelos tributos devidos até a data do ato de sucessão empresarial. A dívida integral poderá ser cobrada do adquirente, depois de esgotadas as tentativas de recebimento junto ao alienante. Portanto, há benefício de ordem.

108.5. A sucessão empresarial é uma forma de responsabilidade tributária por transferência, haja vista que a obrigação tributária nasce com o contribuinte, mas é transferida ao responsável.

COMENTÁRIOS

✪ **Nota dos autores:** na responsabilidade tributária por transferência, a obrigação tributária nasce com o contribuinte ou o responsável em seu polo passivo e, em decorrência de um evento posterior com previsão legal, a sujeição passiva transfere-se para outra pessoa, tida como responsável, resultando na modificação do sujeito passivo da obrigação tributária.

Certo. A responsabilidade por sucessão (como é o caso do item analisado que trata da sucessão empresarial) é um típico exemplo de responsabilidade por transferência.

108.6. No caso do tributo de ICMS, a substituição tributária para trás corresponde a uma espécie de responsabilidade de terceiros por transferência.

COMENTÁRIOS

✪ **Nota dos autores:** na classificação doutrinária entre responsabilidade tributária de terceiros por **transferência** e **por substituição**, tem-se que nessa última a lei atribui o dever de pagar o tributo a uma pessoa diversa daquela que dá origem ao fato gerador, mas que com ela possui relação (assume o lugar do contribuinte *ab initio*), enquanto que na primeira a lei estipula que a obrigação constitui-se inicialmente em relação ao contribuinte, comunicando-se, *a posteriori*, para o responsável.

Errado. A substituição tributária para trás (das operações antecedentes) é chamada de **diferimento.** Na prática ocorre a postergação do recolhimento do ICMS de toda a cadeia produtiva para o seu último elo. Trata-se de uma responsabilidade por substituição (e não por transferência).

---

109. (Cespe – Promotor de Justiça – AC/2014) Depósito clandestino de bebidas encontrado pelo fisco com grande quantidade de mercadorias e sem relação com qualquer outra sociedade comercial, foi lacrado, tendo sido lavrado auto de infração em nome de João, que, responsável pelo depósito e com residência fixa em outro estado, aparecia no depósito uma vez por semana. A partir dessa situação hipotética, assinale a opção correta.

a) Por ser clandestino, o depósito não possui capacidade tributária passiva, o que se estende a João.

b) O princípio da autonomia do estabelecimento deve ser aplicado quando há várias filiais de uma mesma empresa, o que ocorre, via de regra, na cobrança de ICMS, cujos domicílios tributários devem ser considerados individualmente, ou seja, cada estabelecimento será considerado unidade autônoma para os fins fiscais.

c) A modalidade de lançamento realizada pelo fisco foi a de lançamento por homologação, visto que se trata de ICMS.

d) Do ponto de vista do direito tributário, João é considerado responsável tributário, e não contribuinte.

e) O domicílio tributário do sujeito passivo é o da residência fixa de João, ou seja, fora do local da entidade tributante.

COMENTÁRIOS

✪ **Nota dos autores:** em regra, é o contribuinte quem elege seu domicílio tributário, o lugar para cumprimento das obrigações tributárias e onde são exigíveis (CTN, art. 127).

Alternativa correta: letra "b": "ainda que se afirme que o conjunto de filiais e a matriz façam parte de um todo indissolúvel denominado **pessoa jurídica**, a existência de registros de CNPJ diferentes caracteriza a autonomia patrimonial, administrativa e jurídica de cada um dos estabelecimentos, fato que justifica a expedição do documento de modo individual" (STJ, AgRg no AResp 192.658). A alternativa "b" coaduna-se com o posicionamento jurisprudencial do STJ que prestigia a autonomia dos estabelecimentos, com fundamento no artigo 127, inciso II, do CTN.

Alternativa "a": incorreta. A capacidade tributária passiva independe (i) da capacidade civil das pessoas naturais; (ii) de achar-se a pessoa natural sujeita a medidas que importem privação ou limitação do exercício de atividades civis, comerciais ou profissionais, ou da administração direta de seus bens ou negócios; ou (iii) de estar a pessoa jurídica regularmente constituída, bastando que configure uma unidade econômica ou profissional (CTN, art. 126). Logo, tanto o depósito clandestino (se considerado uma pessoa jurídica irregularmente constituída), como o João, tem capacidade tributária passiva.

Alternativa "c": incorreta. O Fisco efetuou o **lançamento de ofício**, também chamado pela doutrina de **lançamento direto**, que tem lugar sempre que a lei determinar à **autoridade administrativa tributária** promova o lançamento **sem nenhuma participação do sujeito passivo** (CTN, art. 149, I).

Alternativa "d": incorreta. Por possuir relação pessoal e direta com a situação que constitui o fato gerador do ICMS, tem-se que João é contribuinte do imposto (CTN, art. 121, parágrafo único, I).

Alternativa "e": incorreta. Na falta de eleição, pelo contribuinte ou responsável, de domicílio tributário, na forma da legislação aplicável, considera-se como tal quanto às pessoas jurídicas de direito privado ou às firmas individuais, o lugar da sua sede, ou, **em relação aos atos ou fatos que derem origem à obrigação, o de cada estabelecimento.**

---

110. (Cespe – Procurador do Ministério Público junto ao TCDF/2013) No que tange à legislação tributária, à obrigação tributária, ao crédito tributário e à administração tributária, julgue os itens seguintes.

110.1. Consoante a jurisprudência assentada, é lícita a aplicação do benefício da denúncia espontânea aos tributos sujeitos a lançamento por homologação regularmente declarados, mesmo quando estes forem pagos extemporaneamente.

COMENTÁRIOS

✪ **Nota dos autores:** "a responsabilidade é excluída pela denúncia espontânea da infração, acompanhada, se for o caso, do pagamento do tributo devido e dos juros de mora, ou do depósito da importância arbitrada pela autoridade administrativa, quando o montante do tributo dependa de apuração" (CTN, art. 138).

Errado. O item afronta o teor da Súmula 360 do STJ, segundo a qual "o benefício da denúncia espontânea não se aplica aos tributos sujeitos a lançamento por homologação regularmente declarados, mas pagos a destempo".

110.2. Como, segundo a lei e a jurisprudência, o espólio sucede o de cujus nas suas relações fiscais e nos processos que contemplem essas relações como objeto mediato do pedido, o espólio responde pelos débitos até a abertura da sucessão, segundo a regra *intra vires hereditatis*.

COMENTÁRIOS

✪ **Nota dos autores:** a expressão latina *intra vires hereditatis* tem como tradução livre "obrigação do herdeiro dentro e nos limites da herança".

Certo. O CTN é categórico ao prever que o espólio é pessoalmente responsável pelos tributos devidos pelo *de cujus* até a data da abertura da sucessão (CTN, art. 131, III).

111. (Cespe – Procurador do DF/ 2013) Paulo e Jorge, residentes em Goiânia – GO e sem endereço fixo no DF, iniciaram um negócio de vendas de veículos em uma sala no DF para moradores tanto do DF quanto de outros estados, sendo as operações comerciais todas feitas a pedido de clientes que deixavam seus veículos para venda. Após denúncia, o fisco do DF constatou que as operações de venda dos veículos estavam sendo feitas sem o pagamento do respectivo tributo e que não havia inscrição no cadastro fiscal de qualquer sociedade empresária para a realização de tais operações.

Considerando a situação hipotética acima apresentada, julgue os seguintes itens.

111.1. O domicílio tributário de Paulo e Jorge será em Goiânia – GO, uma vez que eles não possuem residência no DF.

COMENTÁRIOS

✪ **Nota dos autores:** o fato da sociedade entre Paulo e Jorge não estar regularmente constituída não significa que a mesma não detém capacidade tributária passiva, nos termos do artigo 126, inciso III, do CTN.

Errado. Na falta de eleição do domicílio tributário pelo sujeito passivo, considerar-se-á como tal, quanto às **pessoas jurídicas de direito privado**, o lugar da sua sede, ou, em relação aos atos ou fatos que derem origem à obrigação, o de cada estabelecimento. Na impossibilidade de aplicação desta regra, considerar-se-á como domicílio tributário do contribuinte ou responsável o lugar da situação dos bens ou da ocorrência dos atos ou fatos que deram origem à obrigação (CTN, art. 127, II, § 1º). Portanto, deve ser considerado como domicílio tributário o DF (local em que ocorreram as vendas que deram origem à obrigação tributária), o que ocorreria, pelo mesmo fundamento, ainda em se considerando duas pessoas físicas (e não uma pessoa jurídica não constituída regularmente).

111.2. Entre Paulo e Jorge haverá solidariedade que não comporta o benefício de ordem, podendo qualquer deles ser cobrado pelo valor integral do tributo, em função de se tratar de interesse comum na situação que constitua o fato gerador.

COMENTÁRIOS

✪ **Nota dos autores:** o artigo 124 do CTN disciplina a responsabilidade tributária solidária, prevendo duas espécies, a natural e a legal. Segundo a responsabilidade tributária solidária natural, são pessoalmente responsáveis as pessoas que tenham interesse comum na situação que constitua o fato gerador da obrigação principal. Já segundo a responsabilidade tributária solidária legal, são pessoalmente responsáveis as pessoas expressamente designadas por lei. Tanto a solidariedade natural, como a legal, não comporta benefício de ordem, ou seja, não preveem uma sequência para a cobrança do tributo.

Certo. Paulo e Jorge tem interesse comum na situação que constituiu o fato gerador da obrigação tributária. Por isso, são solidariamente responsáveis (CTN, art. 124, I). Entre eles não há benefício de ordem, podendo cada qual ser responsabilizado pela totalidade da dívida tributária sem uma sequência de cobrança pré-definida.

111.3. Paulo e Jorge são responsáveis tributários em razão da infração, visto que eles não podem ser considerados contribuintes ou sujeitos passivos diretos.

COMENTÁRIOS

✪ **Nota dos autores:** o contribuinte e o responsável são sujeitos passivos (gênero) da relação tributária. Numa classificação doutrinária entre sujeito passivo direto e indireto, o primeiro seria o contribuinte (que tem relação pessoal e direta com o fato gerador) e o segundo seria o responsável (com obrigação decorrente de lei).

Errado. Por terem relação pessoal e direta com o fato gerador, Paulo e Jorge são contribuintes (e não responsáveis), nos termos do artigo 121, parágrafo único, inciso I, do CTN.

112. (Cespe – Defensor Público – DF/ 2013) No que se refere à obrigação tributária e ao processo judicial tributário, julgue os seguintes itens.

112.1. De acordo com o STJ, a não localização de determinada sociedade no domicílio fiscal fornecido gera presunção *iuris tantum* de dissolução irregular, sendo possível, nesse caso, o redirecionamento da execução fiscal ao sócio-gerente da sociedade.

COMENTÁRIOS

✪ **Nota dos autores:** a presunção *iuris tantum* é chamada de relativa por admitir prova em contrário. Em contraposição, tem-se a presunção *iuris et de iure* (de direito e por direito), chamada de absoluta por não admitir prova em contrário.

Certo. O item coaduna-se com o teor da Súmula 435 do STJ, segundo a qual "presume-se dissolvida irregularmente a empresa que deixar de funcionar no seu domicílio fiscal, sem comunicação aos órgãos competentes, legitimando o redirecionamento da execução fiscal para o sócio-gerente".

112.2. A responsabilidade dos pais pelos tributos devidos pelos filhos é, de acordo com o CTN, solidária e pessoal.

COMENTÁRIOS

✪ **Nota do autor:** o *caput* do artigo 134 do CTN (responsabilidade por transferência – "de terceiros") traz o termo **solidariamente**, devendo, todavia, ser lido e interpretado como **subsidiariamente**, uma vez que se verifica nas hipóteses ali previstas um nítido benefício de ordem.

Errado. O CTN prevê, em seu artigo 134, inciso I, no contexto da responsabilidade de terceiros, que os pais são responsáveis pelos tributos devidos pelos filhos menores no caso de impossibilidade de exigência do cumprimento da obrigação principal por estes, nos atos em que intervierem ou pelas omissões de que forem responsáveis. Nesse sentido, a responsabilidade é subsidiária e de terceiros (e não solidária e pessoal, como constou).

---

113. (Cespe – Procurador Federal/2013) Julgue os itens que se seguem de acordo com as normas do Código Tributário Nacional relativas a domicílio e responsabilidade tributários.

113.1. Caso uma criança com seis anos de idade receba por doação de seu avô a propriedade de um imóvel, a responsabilidade do pai ao omitir-se de pagar o IPTU referente a esse imóvel será solidária com a criança.

COMENTÁRIOS

✪ **Nota dos autores:** o *caput* do artigo 134 do CTN, ao tratar da responsabilidade de terceiros, utiliza expressamente o termo **solidariamente.** Entretanto, a leitura do dispositivo normativo permite a interpretação de que na verdade a responsabilidade é **subsidiária**, já que estabelece um benefício de ordem (a responsabilidade será do pai no caso de impossibilidade de exigência do cumprimento da obrigação principal pelo filho, tido como contribuinte).

Certo. A banca examinadora levou em consideração a interpretação literal do artigo 134 do CTN, em que na impossibilidade de exigência do IPTU da criança, o pai será responsável solidário do tributo juntamente com o filho. Cumpre ressaltar que em outras ocasiões, a mesma banca examinadora posicionou-se pela responsabilidade subsidiária em questões análogas.

113.2. O fato de determinado diretor de uma empresa, mediante infração ao respectivo contrato social, praticar atos que configurem fato gerador de certo imposto torna esse diretor devedor solidário relativamente ao tributo originalmente imputado à empresa.

COMENTÁRIOS

✪ **Nota dos autores:** o artigo 135 do CTN estabelece em seu inciso III a responsabilidade pessoal do diretor da empresa pelos créditos correspondentes a obrigações tributárias resultantes de atos praticados com excesso de poderes ou infração de lei, contrato social ou estatutos. Trata-se de responsabilidade tributária por transferência – de terceiros – decorrente de atuação irregular.

Errado. A responsabilidade do diretor da empresa é **pessoal** e não solidária, nos termos literais do artigo 135, inciso III, do CTN. Porém, cumpre anotar que, mais recentemente, decidiu o STJ que: "Nos casos de dissolução irregular da sociedade empresária, o redirecionamento da Execução Fiscal para o sócio-gerente não constitui causa de exclusão da responsabilidade tributária da pessoa jurídica" (REsp 1.455.490-PR, Rel. Min. Herman Benjamin, j. 26.8.2014. 2ª Turma – Info 550). Com essa decisão, o Superior Tribunal de Justiça demonstrou posicionar-se no sentido de que, no caso de atuação irregular, a responsabilidade pessoal de terceiros que o artigo 135, inciso III, do CTN confere aos diretores de empresas possui natureza pessoal, nos termos literais da norma geral, mas, é também solidária com a sociedade empresária, uma vez não ser esta última excluída da relação jurídica relativa ao crédito tributário.

113.3. Considere a seguinte situação hipotética.

A empresa QT entrou em processo de falência e, por determinação judicial, uma de suas lojas foi vendida. Entretanto, a empresa QT mantinha débito com o fisco estadual relativamente a fatos ocorridos na loja vendida. Nessa situação, a responsabilidade tributária do comprador da loja será subsidiária à da massa falida.

COMENTÁRIOS

✪ **Nota dos autores:** o item refere-se à empresa em processo de falência. O processo de falência é disciplinado pela Lei 11.101/2005, cuja leitura é ora sugerida.

Errado. Segundo o § 1º do artigo 133 do CTN, em regra, o adquirente de um estabelecimento comercial (loja) em uma alienação judicial ocorrida no processo de falência **não** tem responsabilidade subsidiária com o alienante (massa falida). Isso só ocorreria (responsabilidade subsidiária) caso o adquirente fosse sócio da sociedade falida ou da sociedade controlada pelo devedor falido, parente, em linha reta ou colateral até o 4º (quarto) grau, consangüíneo ou afim, do devedor falido ou de qualquer de seus sócios, ou, por fim, identificado como agente do falido com o objetivo de fraudar a sucessão tributária (CTN, art. 133, § 2º, I, II e III).

113.4. Se a indústria hipotética SL tiver quatro unidades produtivas localizadas em quatro diferentes unidades da Federação e sua sede localizar-se no DF, será considerada como seu domicílio tributário, pelos fatos geradores de impostos que nela ocorram, cada uma das referidas unidades fabris, a não ser que a empresa SL tenha eleito como tal o DF.

COMENTÁRIOS

✪ **Nota dos autores:** o artigo 127 do CTN disciplina o **domicílio tributário**. Em regra, é o contribuinte quem elege seu domicílio tributário, o lugar para cumprimento das obrigações e onde são exigíveis.

Certo. Na hipótese da indústria SL não eleger a sua sede (localizada no DF) como seu domicílio tributário, considerar-se-á como tal em relação aos atos ou fatos que derem origem à obrigação, o de cada estabelecimento fabril (CTN, art. 127, II).

João, com mais de dezoito anos de idade, e seu irmão Pedro, com dezessete anos de idade, ambos residentes no Distrito Federal, em endereço conhecido, constituíram, neste local, um negócio informal e passaram a vender roupas, sem informar esse fato ao fisco, deixando de constar no cadastro fiscal. Após fiscalização, a administração tributária descobriu que a prática da atividade comercial durava mais de dois anos, sem nunca ter sido recolhido nenhum tributo. O fisco lavrou o correspondente auto de infração contra João e Pedro, para cobrar o tributo suprimido.

---

114. (Cespe – Analista Judiciário – Área Judiciária – STF/2013) A respeito da situação hipotética apresentada, julgue os itens seguintes.

114.1. O fisco deve considerar a residência habitual como domicílio tributário, pois nem João nem Pedro, pessoas físicas, têm cadastro fiscal no Distrito Federal.

COMENTÁRIOS

✪ **Nota dos autores:** em regra, o domicílio tributário é eleito pelo contribuinte. Entretanto, a autoridade administrativa pode recusar o domicílio eleito, quando impossibilite ou dificulte a arrecadação ou a fiscalização do tributo (CTN, art. 127, § 2º).

Certo. Na falta de eleição, pelo contribuinte ou responsável, de domicílio tributário, na forma da legislação aplicável, considera-se como tal quanto às pessoas naturais, a sua residência habitual, ou, sendo esta incerta ou desconhecida, o centro habitual de sua atividade (CTN, art. 127, I).

114.2. João e Pedro são contribuintes, e não responsáveis tributários.

COMENTÁRIOS

✪ **Nota dos autores:** o sujeito passivo da obrigação tributária principal, contribuinte ou responsável, tem o dever de pagar o tributo e a penalidade pecuniária (CTN, art. 121). Por sua vez, o sujeito passivo da obrigação tributária acessória é a pessoa obrigada às prestações que constituam o seu objeto (CTN, art. 122).

Certo. De acordo com o artigo 121, parágrafo único, inciso I, do CTN o sujeito passivo da obrigação tributária principal diz-se contribuinte quando tenha relação pessoal e direta com a situação que constitua o respectivo fato gerador. É o caso de ambos (João e Pedro).

114.3. Não cabe o benefício de ordem em relação à responsabilidade de João e de Pedro.

COMENTÁRIOS

✪ **Nota dos autores:** a expressão "benefício de ordem" refere-se à seqüência de exigência da obrigação perante seus devedores, seja em virtude de lei, seja em virtude de contrato (primeiro exige-se de um, geralmente o principal e depois do outro, geralmente o garantidor da dívida).

Certo. De acordo com o artigo 124 do CTN, são solidariamente obrigadas as pessoas que tenham interesse comum na situação que constitua o fato gerador da obrigação principal (no caso João e Pedro). O parágrafo único do mesmo artigo estipula que a responsabilidade solidária em questão **não comporta benefício de ordem**.

114.4. Pedro não tem capacidade tributária passiva por ter menos de dezoito anos de idade.

COMENTÁRIOS

✪ **Nota dos autores:** a capacidade de direito do sujeito passivo da obrigação tributária, chamada de capacidade tributária passiva, é regida pelo artigo 126 do CTN.

Errado. A capacidade tributária passiva independe da capacidade civil das pessoas naturais (CTN, art. 126, I). Logo, o fato de Pedro ter menos de dezoito anos de idade, e, portanto, não ter plena capacidade civil, não lhe retira a capacidade tributária passiva.

---

115. (Cespe – Juiz Federal Substituto 2ª região/2013) Pode ser objeto de delegação

a) a capacidade tributária ativa.

b) o poder tributário.

c) a competência tributária.

d) a soberania tributária.

e) a autonomia tributária.

COMENTÁRIOS

✪ **Nota dos autores:** "a competência tributária é indelegável, salvo atribuição das funções de arrecadar ou fiscalizar tributos, ou de executar leis, serviços, atos ou decisões administrativas em matéria tributária, conferida por uma pessoa jurídica de direito público a outra" (CTN, art. 7º).

Alternativa correta: letra "a": embora a competência tributária seja absolutamente indelegável, a capacidade tributária ativa, entendida como as prerrogativas de arrecadar ou fiscalizar tributos, é delegável, ou seja, pode ser conferida por uma pessoa jurídica de direito público a outra (CTN, art. 7º).

Alternativa "c": incorreta. A competência tributária é conferida pela Constituição Federal em caráter **indelegável** e pleno à União, aos Estados, ao Distrito Federal e aos Municípios (CTN, art. 7º).

Demais alternativas: incorretas. O **poder tributário**, a **soberania tributária** e a **autonomia tributária** são termos afetos ao **poder de tributar**, tido como sinônimo de **competência tributária**, que por sua vez é indelegável, intransferível e irrenunciável.

---

116. (Cespe – Procurador BACEN/2013) João constituiu e administrou, por meio de procuração, empresa individual, por intermédio de terceiro que não tinha qualquer ingerência ou interesse nos atos praticados e, em função disso, deixou de pagar os tributos devidos. Nessa situação hipotética,

a) o fato gerador não tem relação direta com João, por isso ele não pode ser considerado sujeito passivo.

b) o terceiro será considerado responsável tributário, dada a sua condição de constar como proprietário da empresa individual.

c) João não será o responsável pelo pagamento dos tributos caso tenha estabelecido em contrato com o terceiro que este ficaria obrigado a pagar todos os tributos.

d) João será considerado contribuinte, e não responsável.

e) João não poderá ser considerado sujeito passivo da obrigação tributária, por não estar formalmente incluído na empresa.

COMENTÁRIOS

✪ **Nota dos autores:** a sujeição passiva tributária apresenta o contribuinte e o responsável, cujas principais diferenças podem ser visualizadas no quadro a seguir:

SUJEIÇÃO PASSIVA	
Contribuinte	**Responsável**
Tem relação pessoal e direta com a situação que constitua o respectivo fato gerador	Não se reveste da condição de contribuinte e tem sua obrigação decorrente de disposição legal expressa
Sujeito passivo direto	Sujeito passivo indireto
Realiza a materialidade descrita na regra-matriz tributária (de natureza econômica)	Deve ter uma vinculação, mínima que seja, com o fato gerador

Alternativa correta: letra "d": o enunciado não deixa claro se a empresa individual é aquela por responsabilidade limitada prevista no artigo 980-A do Código Civil (EIRELI), ou se João é um empresário individual ou um microempreendedor individual. Partindo do pressuposto que João é o titular da empresa individual, por possuir relação pessoal e direta com as situações que constituem fatos geradores dos tributos, é indubitavelmente tido como sujeito passivo contribuinte (CTN, art. 121, parágrafo único, I).

Alternativa "a" e "e": incorretas. Nos termos do comentário à alternativa "d", João é sujeito passivo do tipo **contribuinte** por ter relação pessoal e direta com as situações que constituem fatos geradores dos tributos (CTN, art. 121, parágrafo único, I).

Alternativa "b": incorreta. O terceiro em questão também possui relação pessoal e direta com as situações que constituem fatos geradores dos tributos, o que faz dele também um sujeito passivo contribuinte (CTN, art. 121, parágrafo único, I).

Alternativa "c": incorreta. Salvo disposições de lei em contrário, as convenções particulares, relativas à responsabilidade pelo pagamento de tributos, não podem ser opostas à Fazenda Pública, para modificar a definição legal do sujeito passivo das obrigações tributárias correspondentes (CTN, art. 123).

---

117. (Cespe – Advogado da União/2012) Em relação à responsabilidade tributária, julgue os itens.

A responsabilidade tributária de terceiros é solidária.

COMENTÁRIOS

✪ **Nota dos autores:** o artigo 134 do CTN estipula que "nos casos de impossibilidade de exigência do cumprimento da obrigação principal pelo contribuinte, respondem solidariamente com este nos atos em que intervierem ou pelas omissões de que forem responsáveis" os terceiros.

Errado. Embora o artigo 134 (que prevê a responsabilidade tributária de terceiros nos casos de ausência de atividade irregular) tenha em sua redação o termo **solidariamente**, o real sentido desse dispositivo refere-se à responsabilização **subsidiária**, uma vez que os terceiros respondem "nos casos de impossibilidade de exigência do cumprimento da obrigação principal pelo contribuinte".

As taxas de prestação de serviços, tais como as cobradas em razão do poder de polícia, devidas pelo alienante até a data da aquisição do imóvel, são de responsabilidade do adquirente do imóvel.

COMENTÁRIOS

✪ **Nota dos autores:** "os créditos tributários relativos a impostos cujo fato gerador seja a propriedade, o domínio útil ou a posse de bens imóveis, e bem assim os relativos a taxas pela prestação de serviços referentes a tais bens, ou a contribuições de melhoria, sub-rogam-se na pessoa dos respectivos adquirentes, salvo quando conste do título a prova de sua quitação" (CTN, art. 130, *caput*).

Errado. As taxas têm como fato gerador o exercício regular do poder de polícia **ou** a utilização, efetiva ou potencial, de serviços públicos específicos e divisíveis, prestados ao contribuinte ou postos à sua disposição (CTN, art. 77). Observe que o artigo 130 do CTN, ao estipular a responsabilidade tributária por sucessão na transmissão de bens imóveis, apregoa que a sub-rogação na pessoa do adquirente refere-se somente às taxas de prestação de serviços relativos a tais bens imóveis (não abrangendo as taxas cobradas em razão do poder de polícia).

118. (Cespe – Analista Judiciário – Área Judiciária – STJ/2012) Julgue os itens a seguir, acerca da competência tributária, dos impostos, da obrigação e dos créditos tributários.

Ocorre a substituição tributária regressiva nos casos em que pessoas ocupantes de posições posteriores nas cadeias de produção são substituídas, quanto à obrigação de pagar o tributo devido, por aqueles que ocupam as posições anteriores.

COMENTÁRIOS

✪ **Nota dos autores:** do teor do artigo 128 do CTN, analisado em conjunto com o artigo 150, § 7º da Carta Constitucional ("a lei poderá atribuir a sujeito passivo de obrigação tributária a condição de responsável pelo pagamento de imposto ou contribuição, cujo fato gerador deva ocorrer posteriormente, assegurada a imediata e preferencial restituição da quantia paga, caso não se realize o fato gerador presumido"), extrai-se as nuances da responsabilidade por substituição ou **substituição tributária**:

Responsabilidade por substituição (SUBSTITUIÇÃO TRIBUTÁRIA)		
Substituição Tributária para trás (das operações antecedentes)	**Substituição Tributária para frente (das operações subsequentes)**	**Substituição Tributária de operações concomitantes**
Diferimento (postergação do recolhimento do tributo de toda cadeia produtiva para o último elo)	Antecipação do recolhimento de toda cadeia produtiva que está para ocorrer (retenção na fonte)	Em geral, serviços de transporte que acontecem em concomitância com a circulação de mercadorias (art. 6º, § 1º, da LC 87/96)

Errado. O item analisado refere-se, na verdade, à substituição tributária para frente (das operações subseqüentes), também chamada de progressiva (e não regressiva, como constou).

7. CRÉDITO TRIBUTÁRIO: CONSTITUIÇÃO (LANÇAMENTO), GARANTIAS, PRIVILÉGIOS E SUSPENSÃO DA EXIGIBILIDADE

119. (Cespe – Defensor Público – DPU/2017) Acerca da suspensão e da extinção do crédito tributário, julgue os itens a seguir à luz do CTN.

Nas hipóteses de suspensão da exigibilidade do crédito tributário, fica dispensado o cumprimento das obrigações acessórias dependentes da obrigação principal que for suspensa.

COMENTÁRIOS

✪ **Nota dos autores:** é importante esclarecer que por exigibilidade entende-se a possibilidade de cobrar o crédito tributário no Poder Judiciário, via execução fiscal. A exigibilidade advém da constituição definitiva do crédito tributário pelo lançamento e requer ainda a sua inscrição em dívida ativa. Portanto, as causas de suspensão da exigibilidade do crédito tributário (CTN, art. 151) impedem o ajuizamento da execução fiscal.

Errado. A afirmação afronta o disposto no parágrafo único do artigo 151 do CTN, cujos incisos elencam as hipóteses de suspensão de exigibilidade do crédito tributário ("o disposto neste artigo **não dispensa** o cumprimento das obrigações assessórios dependentes da obrigação principal cujo crédito seja suspenso, ou dela consequentes").

120. (Cespe – Defensor Público – DPU/2017) Acerca da suspensão e da extinção do crédito tributário, julgue os itens a seguir à luz do CTN.

É possível a suspensão da exigibilidade do crédito tributário em decorrência da concessão de medida liminar em mandado de segurança.

COMENTÁRIOS

✪ **Nota dos autores:** para responder a essa questão, basta conhecer as hipóteses de suspensão da exigibilidade do crédito tributário (seis, elencadas no artigo 151 do CTN, a saber: moratória; depósito do montante integral; as defesas e recursos administrativos; concessão de medida liminar em mandado de segurança; concessão de medida liminar ou tutela antecipada em outras ações judiciais e parcelamento). Entretanto, visando responder a questões mais elaboradas, o ideal é que o candidato conheça a abrangência de cada um desses institutos jurídicos. Por exemplo, além de saber classificar parcelamento como uma causa de suspensão da exigibilidade do crédito tributário, é importante que o candidato saiba o que significa realmente tal termo e qual o delineamento normativo que recai sobre ele (parcelamento significa o compromisso confesso de pagar o crédito tributário com os acréscimos, de forma fracionada, obedecidas às formas e condições constantes em lei específica).

Certo. A concessão de medida liminar em mandado de segurança tem o condão de suspender a exigibilidade do crédito tributário como bem apregoa o artigo 151, inciso IV, do CTN.

121. (Cespe – Defensor Público – DPU/2017) Acerca da suspensão e da extinção do crédito tributário, julgue os itens a seguir à luz do CTN.

Por meio do instituto da transação tributária, é possível a suspensão do crédito tributário em benefício do contribuinte.

COMENTÁRIOS

✪ **Nota dos autores:** segundo o artigo 171 do CTN, "a lei pode facultar, nas condições que estabeleça, aos sujeitos ativo e passivo da obrigação tributária celebrar **transação** que, mediante concessões mútuas, importe em terminação de litígio e consequente extinção de crédito tributário".

Errado. O erro da alternativa está em atribuir à transação o efeito de suspender a exigibilidade do crédito tributário. Na verdade, a transação é uma causa de extinção do crédito tributário (CTN, art. 156, III).

122. (Cespe – Defensor Público – DPU/2017) A respeito das normas gerais de direito tributário, julgue os seguintes itens.

A fluência de juros de mora de dívida ativa regularmente inscrita exclui a liquidez do crédito.

COMENTÁRIOS

✪ **Nota dos autores:** o tema dívida ativa está disciplinado entre os artigos 201 e 204 do CTN e também na LEF – Lei de Execuções Fiscais (Lei 6.830/80).

Errado. Ao contrário do que constou, a fluência de juros de mora não exclui a liquidez do crédito (CTN, art. 201, parágrafo único).

123. (Cespe – Defensor Público – DPU/2017) A respeito das normas gerais de direito tributário, julgue os seguintes itens.

A efetividade de medida liminar para suspender a exigibilidade de créditos tributários está condicionada ao exaurimento das instâncias administrativas para a anulação dos autos de infração pertinentes, visto que, nessa situação, não cabe ao Poder Judiciário analisar o mérito administrativo.

COMENTÁRIOS

✪ **Nota dos autores:** O Princípio da Inafastabilidade do Poder Judiciário previsto no artigo 5º, inciso XXXV, da CF/88 estipula que "a lei não excluirá da apreciação do Poder Judiciário lesão ou ameaça a direito".

Errado. O condicionamento ao esgotamento das instâncias administrativas para o acionamento judicial do caso viola o Princípio da Inafastabilidade do Poder Judiciário.

124. (Cespe – Promotor de Justiça – MPE – RR/2017) A legislação que instituiu determinada taxa atribuiu ao sujeito passivo o dever de antecipar o pagamento do tributo, sem qualquer exame prévio por parte do órgão da fazenda pública competente pela respectiva arrecadação. A mesma lei prevê que o lançamento do tributo ocorrerá em momento posterior ao pagamento, por meio de ato administrativo com o qual a autoridade tributária, tomando conhecimento da declaração prestada pelo contribuinte quanto à atividade exercida, confirmará ou não o montante do tributo devido. Nesse caso, estando o pagamento correto, a autoridade tributária reconhecerá de ofício a extinção do respectivo crédito tributário.

Nessa situação hipotética, de acordo com o CTN, a modalidade de lançamento tributário prevista pela referida lei consiste em lançamento

A) direto.

B) por homologação.

C) de ofício.

D) por declaração.

COMENTÁRIOS

✪ **Nota dos autores:** o crédito tributário é constituído pelo lançamento, como bem apregoa o artigo 142 do CTN. De acordo com a leitura do citado artigo, o lançamento tem o condão de constituir o crédito tributário. Para tal, é entendido como um procedimento administrativo que (i) verifica a ocorrência do fato gerador da obrigação tributária correspondente; (ii) determina a matéria tributável; (iii) calcula o montante do tributo devido; (iv) identifica o sujeito passivo e (vi) comina a penalidade cabível. Embora de cunho constitutivo (do crédito tributário), o lançamento possui um viés declaratório da obrigação tributária (que nasce com a ocorrência do fato gerador).

Alternativa correta: letra "b". O lançamento por homologação (ou "autolançamento"), que ocorre quanto aos tributos cuja legislação atribua ao sujeito passivo o dever de antecipar o pagamento sem prévio exame da autoridade administrativa, opera-se pelo ato em que a referida autoridade, tomando conhecimento da atividade assim exercida pelo obrigado, expressamente a homologa (CTN, art. 150).

Alternativas "a" e "c": incorretas. Os lançamentos diretos e "de ofício" são sinônimos. Pressupõe ação isolada do fisco, ou seja, não há participação do contribuinte na prestação de informações para a constituição do crédito tributário.

Alternativa "d": incorreta. O lançamento por declaração (ou "misto") ocorrerá quando a lei determinar que o sujeito passivo preste informações sobre o fato gerador, mediante uma declaração que servirá de base para a autoridade tributária constituir o crédito tributário, notificando o sujeito passivo para o recolhimento do tributo (CTN, arts. 147 e 148).

125. (Cespe - Procurador do Estado - PGE - SE/2017) Um devedor tributário, devidamente citado em execução fiscal, não pagou nem apresentou bens à penhora no prazo legal.

Nesse caso, considerando-se as garantias e os privilégios do crédito tributário, a declaração da indisponibilidade dos bens do devedor prevista no CTN dependerá da demonstração do esgotamento das diligências para a localização de bens penhoráveis.

Segundo a jurisprudência do STJ, o esgotamento dessas diligências caracteriza-se pela

A) comprovação da tentativa ou consumação de alienação ou oneração de bens ou rendas após a inscrição em dívida ativa, como acontece na medida cautelar fiscal.

B) diligência da fazenda pública em demonstrar ter realizado buscas razoavelmente exigíveis, já que inexiste na jurisprudência um rol mínimo de diligências a serem realizadas.

C) existência de pedido e determinação, nos autos, de constrição sobre ativos financeiros via Bacen-Jud, expedição de ofícios aos registros públicos do domicílio do executado e ao Departamento Nacional — ou estadual — de Trânsito.

D) existência de pedido e determinação, nos autos, de constrição sobre ativos financeiros via Bacen-Jud, expedição de ofícios aos registros de imóveis do local de residência do executado e da sede da comarca e da capital da respectiva unidade da Federação.

E) simples inexistência de pagamento ou de oferecimento de bens à penhora no prazo legal da contestação, como ocorre na medida cautelar fiscal.

COMENTÁRIOS

✪ **Nota dos autores:** o STJ firmou o entendimento no sentido de que "a indisponibilidade de bens e direitos autorizada pelo artigo 185-A do CTN depende da observância dos seguintes requisitos: (i) citação do devedor tributário; (ii) inexistência de pagamento ou apresentação de bens à penhora no prazo legal; e (iii) a não localização de bens penhoráveis após esgotamento das diligências realizadas pela Fazenda, caracterizado quando houver nos autos (a) pedido de acionamento do BacenJud e consequente determinação pelo magistrado e (b) a expedição de ofícios aos registros públicos do domicílio do executado e ao Departamento Nacional ou Estadual de Trânsito - DENATRAN ou DETRAN" (REsp 1377507/SP, Rel. Ministro OG FERNANDES, PRIMEIRA SEÇÃO, julgado em 26/11/2014, DJe 02/12/2014).

Alternativa correta: letra "c". O texto da alternativa representa a sequência exata das medidas exigidas pela pacífica jurisprudência do STJ reproduzida na nota dos autores com vistas à declaração da indisponibilidade dos bens do devedor a que se refere o artigo 185-A do CTN.

Demais alternativas: incorretas, por não preverem as medidas exatas (ou sua ordem) consolidadas no STJ conforme nota dos autores.

126. (Cespe - Delegado de Polícia - PE/2016) Considerando que lançamento é o procedimento pelo qual a autoridade administrativa constitui o crédito tributário, assinale a opção correta.

a) A revisão do lançamento só poderá ser iniciada enquanto não tiver sido extinto o direito da fazenda pública.

b) O ato de lançamento é corretamente classificado como um ato discricionário.

c) Os erros contidos na declaração do sujeito passivo não poderão ser retificados de ofício pela autoridade administrativa responsável.

d) Após a regular notificação do sujeito passivo, o lançamento não poderá ser alterado.

e) Salvo disposição legal em contrário, o lançamento realizado em moeda estrangeira terá a sua conversão para moeda nacional com base no câmbio do dia do pagamento do tributo.

COMENTÁRIOS

✪ **Nota dos autores:** o artigo 149 do CTN prevê nove casos em que o lançamento é efetuado e revisto de ofício pela autoridade administrativa. A sua leitura é ora recomendada.

Alternativa correta: letra "a": o lançamento é efetuado e revisto de ofício pela autoridade administrativa quando deva ser apreciado fato não conhecido ou não provado por ocasião do lançamento anterior (CTN, art. 149, VIII). Entretanto, a revisão do lançamento só pode ocorrer enquanto não extinto o direito da Fazenda Pública de constituir o crédito tributário, ou seja, enquanto não operar o prazo decadencial (CTN, art. 149, parágrafo único).

Alternativa "b": incorreta. A atividade administrativa de lançamento é **vinculada** e obrigatória, sob pena de responsabilidade funcional (CTN, art. 142, parágrafo único).

Alternativa "c": incorreta. O lançamento poderá sim ser retificado de ofício pela autoridade na hipótese de ocorrência de eventuais erros contidos na declaração. É o que dispõe o artigo 147, §2º do CTN, segundo o qual "os erros contidos na declaração e apuráveis pelo seu exame serão retificados de ofício pela autoridade administrativa a que competir a revisão daquela".

Alternativa "d": incorreta. Conforme o artigo 145 do CTN, o lançamento regularmente notificado ao sujeito passivo, pode ser alterado em três hipóteses: quando há impugnação do sujeito passivo; quando há recurso de ofício e por iniciativa de ofício da autoridade administrativa nos casos do artigo 149 do mesmo diploma legal.

Alternativa "e": incorreta. Salvo disposição de lei em contrário, quando o valor tributário esteja expresso em moeda estrangeira, no lançamento far-se-á sua conversão em moeda nacional ao câmbio do dia **da ocorrência do fato gerador da obrigação** (CTN, art. 143).

127. (Cespe – Analista de Controle – Área Jurídica – TCE – PR/2016) No que concerne ao crédito tributário e suas eventuais implicações, assinale a opção correta.

a) A concessão de medida liminar em mandado de segurança não suspende nem extingue o crédito tributário.

b) A exclusão do crédito tributário dispensa o cumprimento das obrigações acessórias dependentes da obrigação principal cujo crédito seja excluído, ou dela consequente.

c) Regularmente notificado o sujeito passivo, o lançamento não poderá ser alterado, de ofício, em recurso.

d) Comprovada a falsidade, o erro ou a omissão quanto a qualquer elemento definido na legislação tributária como de declaração obrigatória, o lançamento deverá ser efetuado e revisto de ofício pela autoridade administrativa.

e) O depósito integral do montante do crédito tributário resulta em sua extinção.

COMENTÁRIOS

✪ **Nota dos autores:** o artigo 145 do CTN apresenta três situações em que o lançamento pode ser alterado depois de notificado o sujeito passivo: (i) em decorrência de impugnação do sujeito passivo; (ii) em decorrência de recurso de ofício e (iii) por iniciativa de ofício da autoridade administrativa nas hipóteses do artigo 149 do CTN (o dispositivo prevê nove casos em que o lançamento é efetuado e revisto de ofício pela autoridade administrativa, dentre eles, apenas para dar um exemplo, quando se comprove falsidade, erro ou omissão quanto a qualquer elemento definido na legislação tributária como sendo de declaração obrigatória).

Alternativa correta: letra "d": de acordo com o teor da nota dos autores, a situação narrada é uma hipótese em que o lançamento deverá ser efetuado e revisto de ofício pela autoridade administrativa.

Alternativa "a": incorreta, pois a concessão de medida liminar em mandado de segurança (ordem judicial concedida no início do procedimento do mandado de segurança, em geral, sem ouvir a parte contrária) tem o condão de suspender a exigibilidade do crédito tributário (CTN, art. 151, IV).

Alternativa "b": incorreta. Ao contrário do que constou, "a exclusão do crédito tributário não dispensa o cumprimento das obrigações acessórias dependentes da obrigação principal cujo crédito seja excluído, ou dela consequente" (CTN, art. 175, parágrafo único).

Alternativa "c": incorreta. Como visto na nota dos autores, conforme o artigo 145 do CTN, o lançamento regularmente notificado ao sujeito passivo, pode ser alterado em três hipóteses: quando há impugnação do sujeito passivo; quando há recurso de ofício e por iniciativa de ofício da autoridade administrativa nos casos do artigo 149 do mesmo diploma legal.

Alternativa "e": errada, por considerar indevidamente o depósito do montante integral como hipótese de extinção do crédito tributário, quando, na verdade, se trata de causa de suspensão de sua exigibilidade (CTN, art. 151, II).

128. (Cespe – Procurador do MP junto ao TCU/2015) Com relação a princípios do direito tributário, distinção entre imunidade, isenção e não incidência, vigência, aplicação, interpretação e integração da legislação tributária, extinção do crédito tributário e garantias e privilégios do crédito tributário, assinale a opção correta.

a) O benefício fiscal da alíquota zero na importação da vitamina E e de seus derivados, consoante previsto no Acordo Geral de Tarifas Aduaneiras e Comércio (GATT), vincula os entes federados, já que o tratado internacional em matéria tributária obriga a República Federativa do Brasil, e não meramente a União. Todavia, conforme o STJ, o mencionado benefício fiscal não prevalece sobre norma tributária superveniente, já que o tratado possui hierarquia normativa de lei ordinária federal e pode ser revogado por norma tributária superveniente.

b) Conforme o CTN, caso as fazendas públicas de um estado, do DF e de um território sejam credoras de determinada pessoa jurídica cuja falência tenha sido decretada, o crédito do território, como forma de descentralização autárquica e territorial da União, terá preferência sobre os créditos do estado e do DF.

c) Conforme o STJ, as contribuições previdenciárias descontadas dos salários dos empregados pelo falido e não repassadas aos cofres previdenciários devem ser restituídas antes do pagamento de qualquer crédito, ainda que trabalhista.

d) Na falência, os tributos referentes a fatos imponíveis ocorridos após a decretação de falência terão de ser pagos antes das quantias fornecidas à massa pelos credores.

e) Prescreverá em cinco anos a ação anulatória da decisão administrativa que denegar a restituição do indébito tributário.

COMENTÁRIOS

✪ **Nota dos autores:** essa questão mostra a necessidade de estudo da jurisprudência dos Tribunais Superiores (Súmulas, Súmulas Vinculantes, Informativos, entre outros).

Alternativa correta: letra "c": "é pacífica a jurisprudência do Superior Tribunal de Justiça no sentido de que as contribuições previdenciárias descontadas dos salários dos empregados, pelo falido, e não repassadas aos cofres previdenciários devem ser restituídas antes do pagamento de qualquer crédito, ainda que trabalhista, porque se trata de bens que não integram o patrimônio do falido. Incidência da Súmula 417 do STF" (REsp 284.276/PR, Rel. Min. Garcia Vieira, DJU 11.6.2001).

Alternativa "a": incorreta, em sua parte final. Conforme precedentes do STJ, há "que ser observado o comando do art. 98 CTN, que não admite a revogação de tratado pela legislação tributária antecedente ou superveniente" (REsp 104.566/SP, Rel. Ministro Francisco Peçanha Martins, Segunda Turma, julgado em 06/04/1999, DJ 07/06/1999, p. 88).

Alternativa "b": incorreta, por impor uma ordem ao artigo 187, parágrafo único, inciso II, do CTN ("o concurso de preferência somente se verifica entre pessoas jurídicas de direito público, na seguinte ordem: I – União; II – Estados, Distrito Federal e Territórios, conjuntamente e pro rata; III – Municípios, conjuntamente e pró rata"). Perceba que os Estados, o Distrito Federal e os Territórios devem ser compreendidos em conjunto.

Alternativa "d": cumpre ressaltar que o artigo 84 da Lei 11.101/2005 (Lei de Falências) estabelece que os chamados créditos extraconcursais serão pagos com precedências aos demais créditos relacionados em ordem no artigo 83 do mesmo diploma legal. Por créditos extraconcursais entendem-se aqueles surgidos após início do processo de falência, como, por exemplo, a remuneração devida ao administrador judicial. Dentre os créditos extraconcursais, estão explicitamente elencados no inciso V os "tributos relativos a fatos geradores ocorridos após a decretação da falência" e no inciso II "quantias fornecidas à massa pelos credores". Como o artigo 84 assevera que se respeite a ordem dos incisos, as quantias fornecidas à massa pelos credores (inciso II) precedem os tributos relativos a fatos geradores ocorridos após a decretação da falência (inciso V), motivo pelo qual a alternativa está errada.

Alternativa "e": incorreta quanto ao prazo. O prazo correto é de dois anos. "Prescreve em dois anos a ação anulatória da decisão administrativa que denegar a restituição" (CTN, art. 169).

129. (TJDF / Juiz de Direito) Determinada unidade da Federação criou norma de processo administrativo tributário que torna obrigatório o depósito de 30% do valor do crédito tributário discutido como condição para recorrer para o tribunal administrativo de recursos fiscais. Após tal modificação, determinado contribuinte recebeu intimação sobre a decisão de primeira instância que lhe foi desfavorável, tendo apresentado recurso desacompanhado de depósito. Antes de intimar o contribuinte, o tribunal administrativo inscreveu o crédito em dívida ativa para interromper a prescrição e declarou a suspensão da exigibilidade do crédito tributário diante da interposição do recurso.

A respeito dessa situação hipotética, assinale a opção correta.

a) Como é inconstitucional a exigência de depósito recursal na esfera administrativa, a autoridade agiu corretamente ao suspender a exigibilidade do crédito tributário.

b) Devido ao fato de a ausência de depósito impossibilitar a admissibilidade do recurso, a inscrição do crédito em dívida ativa é válida, pois se refere a crédito líquido e certo.

c) A lei promulgada pelo ente federativo é inválida, pois está em desacordo com o Código Tributário Nacional (CTN), o qual exige que o montante a ser depositado para interpor recurso corresponda ao valor integral do crédito discutido.

d) A ausência de depósito impossibilitou a admissão do recurso administrativo, de modo que não é obrigatória a suspensão da exigibilidade do crédito tributário.

e) A inscrição em dívida ativa interrompeu a prescrição.

COMENTÁRIOS

✪ **Nota dos autores:** trata-se de questão baseada em hipotético caso concreto de exigência legal de depósito judicial como condição para interposição de recurso administrativo. Contudo, a exigência é inconstitucional, segundo interpretação do Supremo Tribunal Federal consolidada na Súmula Vinculante nº 21, cuja redação é a seguinte: "é inconstitucional a exigência de depósito ou arrolamento prévios de dinheiro ou bens para admissibilidade de recurso administrativo".

Alternativa correta: letra "a": levando em conta a inconstitucionalidade da exigência de depósito recursal (Súmula Vinculante nº 21), a banca considerou correto a autoridade administrativa ter admitido o recurso e considerado suspensa a exigibilidade do crédito tributário. De fato, ante o caráter vinculante da súmula do STF, andou bem autoridade administrativa em admitir o recurso. Quanto a considerar suspensa a exigibilidade, nenhum reparo também merece o posicionamento administrativo, na medida em que, nos termos do artigo 151, inciso III, do CTN, as reclamações e os recursos, nos termos das leis reguladoras do processo tributário administrativo suspendem a exigibilidade do crédito tributário. Uma única observação fica por conta de uma pequena inconsistência na redação da alternativa, quando afirma o examinador que "a autoridade agiu corretamente ao suspender a exigibilidade". É que, na verdade, não é a autoridade que suspende a exigibilidade, mas, sim, o fato de ter havido a interposição do recurso pelo interessado. Não obstante esse pequeno detalhe, a alternativa foi considerada correta no gabarito definitivo da prova.

Alternativa "b": ao considerar que o depósito impossibilitaria a admissibilidade do recurso, a alternativa não apenas viola a Súmula Vinculante nº 21, como, também, parte de uma premissa falsa para considerar o crédito tributário líquido e certo e a inscrição em Dívida Ativa válida. Ao contrário, o recurso interposto suspende a exigibilidade do crédito tributário e, suspensa a exigibilidade, fica a Fazenda obstada de proceder à inscrição do em Dívida Ativa.

Alternativas "c" e "d": a lei do ente federativo é inválida, mas, por violação da Súmula Vinculante nº 21, e não pelas razões expostas pela banca na alternativa "c". Até mesmo porque não é verdadeira a afirmação de que o CTN exigiria depósito do valor integral como condição para a interposição de recurso. De modo diverso, o depósito do montante integral constitui causa de suspensão da exigibilidade do crédito tributário autônoma e distinta das reclamações e recursos administrativos (CTN, art. 151, II). É faculdade do sujeito passivo efetuar o depósito caso queira ver suspensa a exigibilidade do crédito tributário, sendo que o referido depósito se basta para tanto. Da mesma forma, o recurso administrativo é causa bastante para suspensão da exigibilidade do crédito tributário (CTN, art. 151, III), de modo que, ao contrário do que afirmado na alternativa "d", independe do depósito como condição de sua procedibilidade.

Alternativa "e": não é correto dizer que a inscrição em Dívida Ativa interrompeu a prescrição, pois, nos termos do artigo 174, parágrafo único do CTN, a prescrição se interrompe: I – pelo despacho do juiz que ordenar a citação em execução fiscal; II – pelo protesto judicial; III – por qualquer ato judicial que constitua em mora o devedor; IV – por qualquer ato inequívoco ainda que extrajudicial, que importe em reconhecimento do débito pelo devedor. Portanto, inscrição em Dívida Ativa não constitui causa interruptiva da prescrição.

---

130. (TJDF / Juiz de Direito) Determinado programa de parcelamento de débitos tributários, que possibilita aos contribuintes parcelarem suas dívidas em até cento e vinte meses, foi instituído por lei pelo DF. A empresa Z, que praticou sonegação com emissão de notas fiscais fraudadas, realizou denúncia espontânea e requereu ingresso em tal programa, com o parcelamento da dívida confessada.

A respeito dessa situação hipotética, assinale a opção correta.

a) No caso de dolo, fraude ou simulação por parte do contribuinte, não é possível a concessão de parcelamento, razão por que o requerimento da empresa Z deve ser indeferido.

b) Nessa situação, o parcelamento poderá ser concedido, sendo, no entanto, modalidade de suspensão do crédito tributário, de modo que somente após seu integral cumprimento é que estará excluída a responsabilidade da empresa Z.

c) A comunicação espontânea da empresa à autoridade tributária é suficiente para que seja excluída a sua responsabilidade pela infração.

d) O parcelamento é modalidade de extinção do crédito tributário, de modo que sua concessão equivale ao pagamento do tributo, o que, aliado à denúncia espontânea, exclui a responsabilidade da empresa Z.

e) Para ser válida, a denúncia espontânea deve ser acompanhada do pagamento do tributo, sendo suficiente para que ela produza efeitos que a empresa Z quite o principal, excluídos os juros e as penalidades.

COMENTÁRIOS

✪ **Nota dos autores:** o parcelamento, ou seja, o acordo de quitação em parcelas de um crédito tributário reconhecido e confessado pelo contribuinte (conforme diretrizes fixadas em lei), é uma hipótese de suspensão da exigibilidade do crédito tributário, com fundamento no artigo 151, inciso VI, do CTN.

Alternativa correta: letra "a": ao parcelamento aplicam-se, subsidiariamente, as disposições do CTN, relativas à moratória (CTN, art. 155-A, §2º). Por sua vez, o parágrafo único do artigo 154 do CTN, ao disciplinar a moratória (e aplicável subsidiariamente ao parcelamento), expressamente assevera que "a moratória não aproveita aos casos de dolo, fraude ou simulação do sujeito passivo ou do terceiro em benefício daquele". Com este fundamento, como a empresa Z praticou sonegação com emissão de notas fiscais fraudadas, não faz jus ao parcelamento.

Alternativa "b": incorreta, uma vez que o fato de a empresa Z ter agido com fraude a impossibilita de usufruir do parcelamento, nos termos da interpretação sistemática dos artigos 155-A, §2º e 154, parágrafo único do CTN.

Alternativa "c": incorreta. De acordo com o artigo 138 do CTN, "a responsabilidade (tributária) é excluída pela denúncia espontânea da infração, acompanhada, se for o caso, do pagamento do tributo devido e dos juros de mora, ou do depósito da importância arbitrada pela autoridade administrativa, quando o montante do tributo dependa de apuração". Observe, portanto, que não basta a mera comunicação do contribuinte para que a denúncia espontânea se concretize. Ela deve ser acompanhada do pagamento do tributo devido e dos encargos moratórios.

Alternativa "d": o parcelamento é hipótese se suspensão da exigibilidade do crédito tributário (CTN, art. 151, VI) e não de extinção do mesmo, motivo pelo qual a alternativa está errada.

Alternativa "e": incorreta na parte que afirma ser suficiente para a denúncia espontânea tão somente o pagamento do principal (sem juros e penalidades). Na verdade, o pagamento de juros moratórios é de rigor, nos termos do *caput* do artigo 138 do CTN, já reproduzido nos comentários à alternativa "c".

---

131. (Cespe – Procurador do MP junto ao TCE-PB/2014) Considerando que um estado da Federação pretenda editar norma autorizando o parcelamento da dívida de IPVA para pagamento mediante compensação de precatórios judiciais, assinale a opção correta.

a) A conversão de depósito em renda tem como efeito a suspensão do crédito tributário assim como o parcelamento de crédito tributário.

b) O instituto do parcelamento do crédito tributário pode ser regulamentado pelo estado, desde que o pagamento integral do crédito ocasione a sua exclusão.

c) A compensação tributária é modalidade de extinção do crédito tributário cujos efeitos ocorrem imediatamente após o pedido feito pelo contribuinte.

d) O parcelamento de crédito tributário não poderá ser concedido a quem aja com dolo, fraude ou simulação, como ocorre com o instituto da moratória.

e) A remissão gera o mesmo efeito do parcelamento, pois suspende o crédito tributário até seu pagamento integral.

COMENTÁRIOS

✪ **Nota dos autores**: a pretensão de compensar débitos fiscais com precatórios está sujeita à autorização do regime legislativo estadual regulador da matéria, conforme sistemática estabelecida pela EC 62/2009 (STJ, RMS 36.173, relator Ministro Herman Benjamin, j. 18.10.12. 2ª Turma, Informativo 508).

Alternativa correta: letra "d": o parcelamento foi incluído como hipótese de suspensão da exigibilidade do crédito tributário pela Lei Complementar 104/2001, que introduziu o inciso VI no artigo 151, bem como o artigo 155-A, dentre outros artigos no CTN. O parágrafo segundo do artigo 155-A estipula que "aplicam-se, subsidiariamente, ao parcelamento as disposições desta Lei, relativas à moratória" e, por sua vez, o parágrafo único do artigo 154 prevê que "a moratória não aproveita aos casos de dolo, fraude ou simulação do sujeito passivo ou do terceiro em benefício daquele". Logo, por essa interpretação sistemática, o parcelamento do crédito tributário não poderá ser concedido àquele que agiu com dolo, fraude ou simulação.

Alternativa "a": errada, por considerar indevidamente a conversão do depósito em renda como hipótese de suspensão da exigibilidade do crédito tributário, quando, na verdade, se trata de causa de extinção do mesmo (CTN, art. 156, VI).

Alternativa "b": incorreta. O parcelamento do crédito tributário é hipótese de suspensão de sua exigibilidade (CTN, art. 151, VI). Assim, deve ser disciplinado por lei (CTN, art. 97, VI) e não por decreto do Poder Executivo (cujo papel, no Direito Tributário, é regulamentar a lei, conforme apregoa o artigo 99 do CTN). Ainda, o pagamento integral do crédito tributário ocasiona a sua extinção, nos termos do artigo 156, inciso I, do CTN, e não sua exclusão, como constou erroneamente no texto da alternativa. São apenas duas as hipóteses de exclusão do crédito tributário, a isenção e a anistia (CTN, art. 175).

Alternativa "c": errada. Não necessariamente os efeitos da compensação tem início imediatamente ao requerimento do contribuinte. Segundo o artigo 170 do CTN "a lei pode, **nas condições e sob as garantias que estipular, ou cuja estipulação em cada caso atribuir à autoridade administrativa**, autorizar a compensação de créditos tributários com créditos líquidos e certos, vencidos ou vincendos, do sujeito passivo contra a Fazenda pública".

Alternativa "e": incorreta, pois a remissão não suspende a exigibilidade do crédito tributário. Na verdade, a remissão extingue o crédito tributário (CTN, art. 156, IV), constituindo uma previsão legal de perdão do tributo devido.

---

132. (Cespe – Promotor de Justiça – AC/2014) Considerando a concessão, por lei, de parcelamento de débitos tributários e a aplicação das regras da moratória à concessão do parcelamento, assinale a opção correta.

a) Caso o tributo devido seja o ICMS, o parcelamento deve ser autorizado por convênio firmado entre os estados e o Distrito Federal no âmbito do CONFAZ, antes da edição da lei de concessão do parcelamento.

b) Por estar previsto em lei complementar federal, o parcelamento, causa de suspensão do crédito tributário, não pode ser concedido em âmbito estadual.

c) O parcelamento poderá ser concedido a contribuinte que tenha praticado conduta fraudulenta contra o fisco, dada a aplicação das regras da moratória.

d) A moratória, por ser causa de extinção do crédito tributário, não pode servir de base para a concessão do parcelamento.

e) O parcelamento pode ser concedido por lei específica ordinária estadual, ainda que se contrariem as regras previstas na lei complementar federal, dada a competência tributária exclusiva dos entes da Federação.

COMENTÁRIOS

✪ **Nota dos autores:** o CONFAZ é um órgão colegiado estabelecido pela Lei Complementar nº 24/75. É composto pelos Secretários da Fazenda de todos os Estados e do Distrito Federal e pelo Ministro da Fazenda (representando o Governo Federal).

Alternativa correta: letra "a": o artigo 10 da Lei Complementar 24/75 prevê que "os convênios definirão as **condições gerais** em que se poderão conceder, unilateralmente, anistia, remissão, transação, moratória, **parcelamento** de débitos fiscais e ampliação do prazo de recolhimento do imposto de circulação de mercadorias". Assim, após a celebração de convênio no âmbito do CONFAZ é que os Estados deverão editar a lei específica que discipline o parcelamento, nos termos dos artigos 97, inciso VI e 155-A do CTN.

Alternativa "b": incorreta. O CTN, recepcionado pela CF como lei complementar veiculadora de normas gerais (que possuem caráter nacional), de fato elenca o parcelamento como uma causa de suspensão da exigibilidade do crédito tributário (CTN, art. 151, VI – tal inciso foi incluído pela LC 104/2001). Dessa forma, cada ente tributante, incluindo os Estados, poderá disciplinar a possibilidade de parcelamento de seus créditos tributários, sendo incorreto dizer que o CTN constitui lei complementar federal, quando, na verdade é nacional e se aplica a todos os entes federativos. Essa disciplina (concessão de parcelamento de débitos tributários) deverá ocorrer por meio de lei ordinária específica (CTN, art. 155-A), seguindo a determinação do artigo 97, inciso VI, do CTN. Vale ressaltar que, em relação ao parcelamento de ICMS, há a particularidade de exigência de prévia definição das condições gerais pelo CONFAZ por meio de convênio, antes da edição da lei.

Alternativa "c": incorreta. Aplicam-se, subsidiariamente, ao parcelamento, as disposições do CTN relativas à moratória (CTN, art. 155-A, § 2º). Na disciplina da moratória, o CTN é categórico ao tecer que a "moratória não aproveita aos casos de dolo, fraude ou simulação do sujeito passivo ou do terceiro em benefício daquele" (CTN, art. 154, parágrafo único). Logo, ao contrário do que constou no texto da alternativa, o parcelamento **não** poderá ser concedido a contribuinte que tenha praticado conduta fraudulenta contra o fisco.

Alternativa "d": incorreta. A moratória não é causa de extinção do crédito tributário, mas sim hipótese de suspensão de sua exigibilidade, prevista no artigo 151, inciso I, do CTN. Ainda, ao parcelamento aplicam-se, subsidiariamente, as disposições do CTN relativas à moratória (CTN, art. 155-A, § 2º).

Alternativa "e": incorreta. A lei específica ordinária estadual que conceder parcelamento de débitos fiscais deverá obedecer às normas gerais em matéria de legislação tributária previstas no CTN, sob pena de ilegalidade.

---

133. (Cespe – Procurador do MP junto ao TCE-PB/2014) Uma pessoa física não inscrita no cadastro fiscal sob controle do órgão fazendário recebeu mercadorias em volume que não deixava dúvidas de que se destinavam ao comércio. O fisco, ao tomar conhecimento do fato e antes da venda das mercadorias, realizou a verificação necessária e lavrou auto de infração, cobrando o respectivo tributo, dado que a irregularidade constatada enquadrava-se em fraude fiscal.

Com referência a essa situação hipotética e a aspectos a ela correlacionados, assinale a opção correta.

a) Na hipótese considerada, cuida-se da incidência do ICMS, sendo que a fraude detectada e constatada por meio de auto de infração lavrado materializa o ilícito penal tributário.

b) O ilícito penal tributário, para sua consumação, depende sempre do fim do processo administrativo fiscal, pois todos os crimes descritos na Lei nº 8.137/1990 são de natureza material.

c) Para que haja a configuração do ilícito tributário, seja o administrativo ou o penal, deve haver, sempre, a prova da presença da intenção direcionada a atingir o resultado da supressão do tributo devido, o chamado dolo na conduta do contribuinte.

d) O ilícito penal tributário consuma-se após a inscrição do crédito tributário na dívida ativa da unidade da Federação.

e) O ilícito tributário descrito se enquadra apenas em um ilícito administrativo tributário, uma vez que as mercadorias encontradas não haviam sido vendidas.

COMENTÁRIOS

✪ **Nota dos autores:** uma das alternativas menciona a Lei 8.137/90 que, dentre outros crimes, trata dos crimes contra a ordem tributária em seus artigos 1º e 2º. A leitura desses dois artigos é recomendada.

Alternativa correta: letra "a": o auto de infração e imposição de multa lavrado pelo Fisco é um lançamento tributário de ofício que, além de exigir o valor do tributo devido (ICMS), exige também a multa punitiva e os juros previstos na legislação tributária, tudo isso com fundamento no artigo 142 do CTN, constituindo, portanto, o crédito tributário (composto de imposto, juros e multa punitiva). Tem-se, então, materializado um **ilícito tributário penal**. A partir da autuação, é facultado ao contribuinte acusado a apresentação de defesas e recursos no âmbito do processo administrativo fiscal – PAF, também chamado de processo administrativo tributário – PAT, regido por lei específica do ente tributante autuante. No presente caso, ao cabo do processo administrativo fiscal, com a decisão final administrativa favorável à Fazenda Pública, em não havendo pagamento por parte do contribuinte, iniciará o prazo prescricional para que a Fazenda Pública promova a competente execução fiscal, após a inscrição do débito em dívida ativa. Paralelamente, a partir de então, a Fazenda Pública deverá fazer uma representação fiscal para fins penais ao Ministério Público com vistas à apuração de crime contra a ordem tributária previsto na Lei 8.137/90, de maneira que o representante legal do contribuinte responsável pela fraude (necessariamente uma pessoa física) poderá responder criminalmente. Logo, também estará configurado um **ilícito penal tributário**. Assim, nos termos da alternativa em comento, tem-se que a lavratura do auto de infração ao mesmo tempo materializa um ilícito tributário penal (multa pecuniária) e um ilícito penal tributário (crime contra a ordem tributária).

Alternativa "b": o erro da assertiva está na generalização realizada com a afirmação de que todos os delitos cometidos contra a ordem tributária são crimes materiais (que dependem de um resultado lesivo). Em verdade, existem alguns crimes contra a ordem tributária que são de natureza formal, a exemplo dos elencados no art. 2º da 8.137/90, pois independem do resultado, bastando, para tanto, a simples conduta do agente prevista em lei. Ademais, vale destacar que o entendimento consolidado pelo STF por meio da Súmula Vinculante nº 24 é de que não se tipifica crime material contra a ordem tributária antes do lançamento definitivo do crédito tributário ("não se tipifica crime material contra a ordem tributária, previsto no art. 1º, incisos I a IV, da Lei nº 8.137/90, antes do lançamento definitivo do tributo").

Alternativa "c": incorreta, pois o dolo na conduta do contribuinte não é imprescindível para a caracterização da infração administrativa à legislação tributária. Segundo o artigo 136 do CTN, "salvo disposição de lei em contrário, a responsabilidade por infrações da legislação tributária **independe da intenção** do agente ou do responsável e da efetividade, natureza e extensão dos efeitos do ato".

Alternativa "d": incorreta. Os crimes contra a ordem tributária estão previstos nos artigos 1º e 2º da Lei 8.137/90. Da leitura do artigo 1º percebe-se que os delitos são de resultado material, ou seja, demandam, além da conduta, a comprovação do resultado "supressão ou redução de tributo". Já o artigo 2º menciona delitos que a Doutrina classifica como formais, ou seja, o resultado "supressão ou redução de tributo" não está contido no tipo penal. Vale reiterar o teor da Súmula Vinculante nº 24, segundo a qual "não se tipifica crime material contra a ordem tributária, previsto no art. 1º, incisos I a IV, da Lei nº 8.137/90, antes do lançamento definitivo do tributo". Portanto, os crimes contra a ordem tributária consumam-se com a constituição definitiva do crédito tributário (lançamento definitivo), e não com a inscrição na Dívida Ativa.

Alternativa "e": incorreta, a infração à legislação tributária praticada pelo contribuinte constitui, além de um ilícito tributário penal (apurado no procedimento administrativo decorrente da lavratura do auto de infração e imposição de multa), também um ilícito penal tributário (uma vez que houve supressão ou redução do ICMS). Sempre lembrando que a Súmula Vinculante nº 24 busca evitar a concomitância do processo administrativo fiscal com o processo penal, ao dispor que é imprescindível para a tipificação do crime material contra a ordem tributária o lançamento definitivo do tributo, que ocorre com o esgotamento do processo administrativo fiscal.

134. (Cespe – Procurador do MP junto ao TCE-PB/2014) Um contribuinte do ICMS foi autuado em fiscalização ordinária que constatou fraude na escrituração dos livros fiscais e supressão de parte do tributo devido e, em função disso, lhe foi cobrado o valor da diferença entre o que havia recolhido e o que realmente deveria recolher aos cofres públicos, bem como as penalidades respectivas, tudo corrigido monetariamente e com juros de mora.

Com base nessa situação hipotética, assinale a opção correta.

a) Na hipótese considerada, tem-se um lançamento direto, que é a modalidade de lançamento executada pelo contribuinte do ICMS com a finalidade de informar ao fisco suas operações.

b) No caso da constatação de fraude, o lançamento a ser feito pelo fisco é da modalidade mista, pois, na apuração do valor devido de ICMS, o próprio contribuinte informa as operações ao fisco.

c) Todo lançamento feito pelo fisco é da modalidade de ofício ou direto, pois cuida dos tributos ditos diretos e não para os considerados como indiretos, como é o caso do ICMS.

d) A modalidade de lançamento que o contribuinte realizou antes da autuação feita pelo fisco foi a de lançamento por homologação.

e) O lançamento realizado pelo fisco foi o de homologação do auto de infração.

COMENTÁRIOS

✪ **Nota dos autores:** o crédito tributário é constituído pelo lançamento e decorre da obrigação principal. Logo, crédito tributário não é sinônimo de obrigação tributária. Aliás, segundo o artigo 140 do CTN, "as circunstâncias que modificam o crédito tributário, sua extensão ou seus efeitos, ou as garantias ou os privilégios a ele atribuídos, ou que excluem sua exigibilidade não afetam a obrigação tributária que lhe deu origem". De acordo com a leitura do artigo 142 do CTN, o lançamento tem o condão de **constituir** o crédito tributário. Para tal, é entendido como um procedimento administrativo que (i) verifica a ocorrência do fato gerador da obrigação tributária correspondente; (ii) determina a matéria tributável; (iii) calcula o montante do tributo devido; (iv) identifica o sujeito passivo e (vi) comina a penalidade cabível. Embora de cunho constitutivo (do crédito tributário), o lançamento possui um viés declaratório da obrigação tributária (que nasce com a ocorrência do fato gerador).

Alternativa correta: letra "d": o lançamento por homologação ocorre quanto aos tributos cuja legislação **atribua ao sujeito passivo** o dever de antecipar o pagamento sem prévio exame da autoridade administrativa. Tal modalidade de lançamento opera-se pelo ato em que a referida autoridade, tomando conhecimento da atividade assim exercida pelo obrigado, expressamente a homologa (CTN, art. 150). Se a lei não fixar prazo à homologação, será ele de cinco anos, a contar da ocorrência do fato gerador; expirado esse prazo sem que a Fazenda Pública se tenha pronunciado, considera-se homologado o lançamento e definitivamente extinto o crédito, salvo se comprovada a ocorrência de dolo, fraude ou simulação (CTN, art. 150, § 4°).

Alternativa "a": incorreta, já que o lançamento direto (também chamado de lançamento de ofício) é aquele em que é efetuado e revisto de ofício pela autoridade administrativa, nas hipóteses de cabimento elencadas no artigo 149 do CTN. No lançamento pela modalidade "de ofício" a autoridade administrativa não se baseia nas informações prestadas pelo contribuinte, ao contrário, independe de qualquer informação ou ato deste.

Alternativa "b": incorreta. Segundo o artigo 149, inciso VII, do CTN, as condutas dolosas, simuladas ou fraudulentas praticadas pelo contribuinte ou por terceiro em proveito daquele em prejuízo ao Erário enseja o lançamento ou sua revisão de ofício. Haverá o lançamento por declaração (também chamado de misto) quando a lei determinar que o sujeito passivo preste informações sobre o fato gerador, mediante uma declaração que servirá de base para a autoridade tributária constituir o crédito tributário, notificando o sujeito passivo para o recolhimento do tributo (CTN, arts. 147 e 148).

Alternativa "c": incorreta, pois a autuação promovida pela fiscalização, também chamada de lançamento de ofício (ou direto) é apenas uma das três modalidades de lançamento. Há outras duas, quais sejam, o lançamento por homologação e o lançamento por declaração. O lançamento de ofício, retratado no enunciado da questão, referiu-se à autuação do ICMS (imposto indireto), como complementar ao lançamento por homologação anteriormente realizado. Cabe lembrar que o lançamento de ofício também pode ser a forma ordinária de lançamento de um tributo quando a lei assim o determinar (CTN, art. 149, I).

Alternativa "e": incorreta, pois o lançamento realizado pelo Fisco com a lavratura do auto de infração foi o direto (também chamado de ofício), com fundamento no artigo 149 do CTN. Não existe, dentre as modalidades de lançamento, uma chamada "homologação do auto de infração".

---

135. (Cespe – Procurador do Estado – BA/2014) De acordo com determinada norma tributária, a venda de mercadoria gera a necessidade de registro contábil e do pagamento do tributo devido. A respeito desse tema, julgue os itens seguintes.

Suponha que aquele que esteja diretamente vinculado ao fato gerador não realize o registro, mas pague o tributo. Nessa situação, caso seja aplicada pena pecuniária pelo descumprimento da obrigação referente ao registro contábil, por meio de lançamento tributário definitivo, fica constituído o crédito tributário.

COMENTÁRIOS

✪ **Nota dos autores:** as obrigações são classificadas quanto à natureza de seu objeto em (i) obrigações de dar; (ii) de fazer ou (iii) de não fazer. A obrigação tributária é classificada como principal e acessória. A principal surge com a ocorrência do fato gerador, tem por objeto o pagamento de tributo ou penalidade pecuniária e extingue-se juntamente com o crédito dela decorrente (CTN, art. 113, § 1º), ou seja, possui natureza de dar (pagar tributo). Já a acessória decorre da legislação tributária e tem por objeto as prestações, positivas ou negativas, nela previstas no interesse da arrecadação ou da fiscalização dos tributos (CTN, art. 113, § 2º), ou seja, possui natureza de fazer (prestações positivas) ou não fazer (prestações negativas). Exemplo: recolher o IRPF é o objeto da obrigação tributária principal e apresentar a declaração de ajuste anual de Imposto de Renda da pessoa física é uma obrigação tributária acessória. **Certo.** O artigo 113, § 3º, do CTN, estipula que "a obrigação acessória, pelo simples fato da sua inobservância, converte-se em obrigação principal relativamente à penalidade pecuniária". Assim, o descumprimento pelo contribuinte de sua obrigação tributária acessória de registrar contabilmente o seu movimento, enseja a imputação de multa regulamentar por meio de lavratura de auto de infração e imposição de multa pela autoridade administrativa, que tem o condão de constituir o crédito tributário.

---

136. (Cespe – Procurador do Estado – BA/2014) Determinado contribuinte solicitou parcelamento de dívida logo após a lavratura do auto de infração pelo Fisco contra ele, no qual lhe fora imputada fraude em razão de práticas fiscais que acarretaram a supressão de tributos.

Com base nessa situação hipotética, julgue os itens subsequentes.

136.1. O pedido de parcelamento gera o benefício da espontaneidade para o contribuinte, que se verá livre das multas aplicadas pelo descumprimento das normas tributárias, especialmente aquela correspondente à fraude praticada.

COMENTÁRIOS

✪ **Nota dos autores:** por denúncia espontânea entende-se a exclusão da responsabilidade do sujeito passivo pela infração à legislação tributária, desde que, por exemplo, arque com o pagamento do tributo devido acrescido de juros de mora, **antes do início de qualquer medida de fiscalização relacionados com a infração** (CTN, art. 138).

Errado. A denúncia espontânea não ocorreu na mencionada hipótese, pois não houve o pagamento do tributo com juros de mora antes do início da fiscalização. O contribuinte pediu parcelamento de um auto de infração já lavrado (ou seja, depois de terminado o procedimento de fiscalização que constatou a infração). Logo, inaplicável o artigo 138 do CTN. Eis a linha da Súmula 208 do extinto Tribunal Federal de Recursos ("a simples confissão de dívida, acompanhada do seu pedido de parcelamento, não configura denúncia espontânea") e também a atual orientação jurisprudencial do STJ (REsp 378.795).

136.2. Na situação apresentada, o parcelamento gera a suspensão da obrigação tributária.

COMENTÁRIOS

✪ **Nota dos autores:** nos termos do artigo 151 do CTN (inciso VI), o parcelamento tributário é uma das seis causas de suspensão da exigibilidade do crédito tributário (não se suspende a obrigação tributária).

Errado. O artigo 140 do CTN é didático ao prever que "as circunstâncias que modificam o crédito tributário, sua extensão ou seus efeitos, ou as garantias ou os privilégios a ele atribuídos, ou que **excluem sua exigibilidade não afetam a obrigação tributária que lhe deu origem**". Em outras palavras, a suspensão da exigibilidade do crédito tributário pelo parcelamento deixa incólume a obrigação tributária.

136.3. Nesse caso, o parcelamento tem o mesmo efeito sobre o crédito tributário que o pedido de compensação.

COMENTÁRIOS

✪ **Nota dos autores:** a compensação é causa de extinção do crédito tributário (CTN, art. 156, II) e ocorre quando os polos da relação jurídica são, ao mesmo tempo, devedores e credores reciprocamente. A lei pode, nas condições e sob as garantias que estipular, ou cuja estipulação em cada caso atribuir à autoridade administrativa, autorizar a compensação de créditos tributários com créditos líquidos e certos, vencidos ou vincendos, do sujeito passivo contra a Fazenda Pública (CTN, art. 170).

Errado. A compensação é uma causa de extinção do crédito tributário (CTN, art. 156, II) enquanto o parcelamento é uma hipótese de suspensão da exigibilidade do crédito tributário (CTN, art. 151, VI).

136.4. O parcelamento requerido pelo contribuinte deve ser negado, uma vez que a prática de fraude na relação com o Fisco impede a concessão de parcelamento, de acordo com o Código Tributário Nacional.

COMENTÁRIOS

✪ **Nota dos autores:** a Lei Complementar 104/2001 foi o veículo de inclusão do parcelamento no CTN como causa de suspensão da exigibilidade do crédito tributário (CTN, arts. 151, VI e 155-A).

Certo. Ao parcelamento, que também é regido por lei do ente tributante competente para exigir o tributo a que se refere, aplicam-se subsidiariamente as regras típicas da moratória constantes no CTN. Na disciplina da moratória, o parágrafo único do artigo 154 do CTN estipula que "a moratória não aproveita aos casos de dolo, **fraude** ou simulação do sujeito passivo ou do terceiro em benefício daquele". Logo, por esse raciocínio, também o parcelamento não aproveita aos casos de fraude.

137. (Cespe – Procurador do Ministério Público junto ao TCDF/2013) Tendo em vista a disciplina jurídica do ilícito tributário, julgue os itens consecutivos.

Em conformidade com o entendimento do STJ, a multa fiscal moratória, por constituir pena administrativa, não deve ser incluída no crédito habilitado em falência.

COMENTÁRIOS

✪ **Nota dos autores:** o artigo 23, parágrafo único, inciso III, do Decreto-Lei 7.661/45 (antiga lei de falências, vigente até a promulgação da Lei 11.101/2005) estipulava que "não podem ser reclamados na falência as penas pecuniárias por infração das leis penais e administrativas".

Certo. Para considerar a afirmação correta, a banca levou em conta vários julgamentos do STJ no mesmo sentido do AgRg no Ag 1023989/SP, segundo o qual: **"**é entendimento pacífico deste Tribunal que não se inclui no crédito habilitado em falência a multa fiscal moratória, por constituir pena administrativa (Súmulas nºs 192 e 565 do STF)". Entretanto, cabe anotar que o artigo 83, inciso VII, da Lei 11.101/2005 (que atualmente disciplina a falência e a recuperação judicial e extrajudicial), expressamente coloca as multas tributárias na ordem de classificação dos créditos ("a classificação dos créditos na falência obedece à seguinte ordem: VII – as multas contratuais e as penas pecuniárias por infração das leis penais ou administrativas, **inclusive as multas tributárias"**). Com base nesse dispositivo, há recente julgado do próprio STJ admitindo possibilidade de inclusão da multa moratória de natureza tributária na classificação dos créditos na falência (STJ, REsp 1.223.792/MS).

138. (Cespe – Defensor Público – DF/ 2013) Julgue os próximos itens, relativos ao crédito tributário.

138.1. De acordo com a jurisprudência do STJ, é vedado o ajuizamento de execução fiscal antes do julgamento definitivo de recurso administrativo.

COMENTÁRIOS

✪ **Nota dos autores:** as defesas e recursos apresentados pelo contribuinte autuado no âmbito do processo administrativo fiscal (PAF), também chamado de processo administrativo tributário (PAT) tem o condão de **suspender a exigibilidade** do crédito tributário (CTN, art. 151, III).

Certo. "É vedado o ajuizamento de execução fiscal antes do julgamento definitivo do recurso administrativo. O recurso administrativo suspende a exigibilidade do crédito tributário, conforme previsto no art. 151, III, do CTN. Dessa forma, enquanto pendente o julgamento definitivo do recurso na esfera administrativa, inviável o ajuizamento de execução fiscal para a cobrança de crédito cuja exigibilidade está suspensa" (STJ, REsp 1.259.763-PR, DJe 26/9/2011; EREsp 850.332-SP, DJe 12/8/2008, e AgRg no AREsp 55.060-PR, DJe 23/5/2012. AgRg no AREsp 170.309-RJ, Rel. Min. Benedito Gonçalves, julgado em 4/10/2012).

138.2. Segundo o disposto no CTN, o crédito tributário é constituído a partir do momento em que ocorre o fato gerador do tributo.

COMENTÁRIOS

✪ **Nota dos autores:** o crédito tributário é constituído pelo lançamento, como bem apregoa o artigo 142 do CTN. De acordo com a leitura do citado artigo, o lançamento tem o condão de **constituir** o crédito tributário. Para tal, é entendido como um procedimento administrativo que (i) verifica a ocorrência do fato gerador da obrigação tributária correspondente; (ii) determina a matéria tributável; (iii) calcula o montante do tributo devido; (iv) identifica o sujeito passivo e (vi) comina a penalidade cabível. São três as modalidades de lançamento: (i) por homologação; (ii) por declaração e (iii) de ofício, também chamado de direto.

Errado. Na verdade, é a **obrigação tributária principal** que surge com a ocorrência do fato gerador (CTN, art. 113, § 1º). O crédito tributário é **constituído** pelo lançamento. Embora de cunho constitutivo (do crédito tributário), o lançamento possui um viés declaratório da obrigação tributária (que nasce com a ocorrência do fato gerador).

139. (Cespe – Procurador Federal/2013) De acordo com as normas relativas a parcelamento, cautelar fiscal e repetição de tributos, julgue os itens que se seguem.

Um município, ao estabelecer, por lei, um parcelamento tributário, poderá, facultativamente, excluir a incidência de juros e de multa no cálculo do débito do contribuinte.

COMENTÁRIOS

✪ **Nota dos autores:** são seis as hipóteses de suspensão da exigibilidade do crédito tributário, todas elencadas no artigo 151 do CTN, a saber: moratória; depósito do montante integral; as defesas e recursos administrativos; concessão de medida liminar em mandado de segurança; concessão de medida liminar ou tutela antecipada em outras ações judiciais e **parcela-**

mento. Por parcelamento tributário entende-se o compromisso confesso de pagar o crédito tributário com os acréscimos, de forma fracionada, obedecidas às formas e condições constantes em lei específica.

Certo. O parágrafo primeiro do artigo 155-A do CTN estipula que "**salvo disposição de lei em contrário,** o parcelamento do crédito tributário **não exclui** a incidência de juros e multas". Logo, ao estabelecer por lei um parcelamento para os tributos de sua competência, um município poderá excluir a incidência de juros e multa. Tal exclusão também deve ser por lei (na mesma que concede o parcelamento ou em outra).

João, com mais de dezoito anos de idade, e seu irmão Pedro, com dezessete anos de idade, ambos residentes no Distrito Federal, em endereço conhecido, constituíram, neste local, um negócio informal e passaram a vender roupas, sem informar esse fato ao fisco, deixando de constar no cadastro fiscal. Após fiscalização, a administração tributária descobriu que a prática da atividade comercial durava mais de dois anos, sem nunca ter sido recolhido nenhum tributo. O fisco lavrou o correspondente auto de infração contra João e Pedro, para cobrar o tributo suprimido.

---

140. (Cespe – Analista Judiciário – Área Judiciária – STF/2013) A respeito da situação hipotética apresentada, julgue os itens seguintes.

Na situação em apreço, a modalidade de lançamento realizada pelo fisco é denominada lançamento misto.

COMENTÁRIOS

✪ **Nota dos autores:** haverá um **lançamento por declaração** (também chamado de **misto**) quando a lei determinar que o sujeito passivo preste informações sobre o fato gerador, mediante uma declaração que servirá de base para a autoridade tributária constituir o crédito tributário, notificando o sujeito passivo para o recolhimento do tributo (CTN, arts. 147 e 148).

Errado. No caso em apreço, em que houve a lavratura de um auto de infração, o fisco valeu-se de um **lançamento direto** (também chamado de **lançamento de ofício**), que é aquele em que é efetuado e revisto de ofício pela autoridade administrativa, nas hipóteses de cabimento elencadas no artigo 149 do CTN. No lançamento pela modalidade "de ofício" a autoridade administrativa não se baseia nas informações prestadas pelo contribuinte, ao contrário, independe de qualquer informação ou ato deste.

---

141. (Cespe – Defensor Público – TO/2013) Acerca da suspensão do crédito tributário, assinale a opção correta.

a) A moratória geral concedida pela União nunca alcançará os tributos de competência dos estados, do DF nem dos municípios, pois sempre se limita aos tributos de competência federal.

b) A suspensão da exigibilidade do crédito tributário também suspende as demais obrigações vinculadas ao tributo, dispensando-se o cumprimento das obrigações acessórias dependentes da obrigação principal dela consequentes.

c) De acordo com entendimento do STJ, o seguro garantia judicial, assim como a fiança bancária, não é equiparável ao depósito em dinheiro para fins de suspensão da exigibilidade do crédito tributário.

d) A conversão do depósito em renda é modalidade de suspensão do crédito tributário.

e) A moratória individual não se inclui no âmbito da reserva legal, pois, tendo natureza de ato administrativo que independe de lei, é concedida por portaria da autoridade fiscal competente.

COMENTÁRIOS

✪ **Nota dos autores:** o artigo 151 do CTN elenca seis hipóteses de suspensão da exigibilidade do crédito tributário: moratória; o depósito do seu montante integral; as reclamações e os recursos, nos termos das leis reguladoras do processo tributário administrativo; a concessão de medida liminar em mandado de segurança; a concessão de medida liminar ou de tutela antecipada, em outras espécies de ação judicial; e o parcelamento.

Alternativa correta: letra "c": "a fiança bancária não é equiparável ao depósito integral do débito exequendo para fins de suspensão da exigibilidade do crédito tributário, ante a taxatividade do artigo 151 do CTN e o teor do Enunciado Sumular 112 desta Corte, cujos precedentes são de clareza hialina" (STJ, Primeira Seção, REsp 1156668/DF, Rel. Min. Luiz Fux, DJe 10/12/2010). Na execução fiscal, embora seja admissível a substituição da penhora por depósito em dinheiro ou fiança bancária (art. 15, I, da Lei nº 6.830/1980), quando for garantida por penhora sobre o dinheiro, torna-se inviável a substituição do bem por fiança bancária, tendo em vista que aquela confere maior liquidez ao processo executivo. Com efeito, o poder de substituição concedido ao devedor só pode ser exercido para melhorar a liquidez da garantia, não sendo possível que uma garantia privilegiada por expressa disposição legal, e líquida por excelência, seja substituída por outra menos benéfica ao credor. Assim, uma vez realizada a penhora em dinheiro, torna-se incabível sua substituição por outro bem, ainda que por fiança bancária, porquanto a execução fiscal tem seu regime jurídico próprio com prerrogativa fazendária (STJ – REsp 1.049.760-RJ, 1ª Turma, Rel. Min. Luiz Fux, julgado em 1º/6/2010). Assim, pela jurisprudência do STJ, na execução fiscal, a ordem de preferência na penhora, que segue o critério da liquidez, deve prevalecer sobre pretensão do devedor de substituir o bem para lhe tornar a execução menos gravosa.

Alternativa "a": incorreta. A moratória de caráter geral heterônoma tem previsão no CTN, em seu artigo 152, inciso I, alínea "b" (a moratória somente pode ser concedida em caráter geral "pela União, quanto a tributos de competência dos Estados, do Distrito Federal ou dos Municípios, quando simultaneamente concedida quanto aos tributos de competência federal e às obrigações de direito privado"). Anote-se, porém, que, para os doutrinadores em geral, ante a ausência de previsão na Constituição e por incompatibilidade com o sistema federativo e de repartição de competências tributárias, a moratória heterônoma estabelecida no CTN não se compatibiliza com o Sistema Tributário Nacional. Não obstante isso, não há jurisprudência sobre a matéria, talvez pelo fato de não haver precedente nenhum de caso concreto em que a União tenha concedido tal benesse.

Alternativa "b": incorreta. Ao contrário do que constou, a suspensão da exigibilidade do crédito tributário **não** dispensa o cumprimento das obrigações acessórias dependentes da obrigação principal cujo crédito seja suspenso, ou dela consequentes. É o que prevê o parágrafo único do artigo 151 do CTN.

Alternativa "d": errada, por considerar indevidamente a conversão do depósito em renda como hipótese de suspensão da exigibilidade do crédito tributário, quando, na verdade, se trata de causa de extinção do mesmo (CTN, art. 156, VI).

Alternativa "e": incorreta. A moratória em caráter individual somente pode ser concedida por despacho da autoridade administrativa, desde que autorizada por lei (CTN, art. 152, II). Nesse sentido, está incluída no âmbito da reserva legal.

---

142. (Cespe – Juiz Federal Substituto 2ª região/ 2013) Suspenderá a exigibilidade do crédito tributário

a) a impetração de ação anulatória de débito fiscal.

b) a impetração de mandado de segurança preventivo.

c) o ajuizamento de ação de consignação em pagamento.

d) o parcelamento.

e) o depósito do valor que o sujeito passivo considera devido, mesmo que seja inferior ao montante integral do crédito.

COMENTÁRIOS

✪ **Nota dos autores:** as seis causas de suspensão da exigibilidade do crédito tributário estão elencadas no artigo 151 do CTN (moratória; depósito do montante integral; as defesas e recursos administrativos; concessão de medida liminar em mandado de segurança; concessão de medida liminar ou tutela antecipada em outras ações judiciais e parcelamento). Por exigibilidade entende-se a possibilidade de cobrar o crédito tributário no Poder Judiciário, via execução fiscal. A exigibilidade advém da constituição definitiva do crédito tributário pelo lançamento e requer ainda a sua inscrição em dívida ativa. Portanto, as causas de suspensão da exigibilidade do crédito tributário (CTN, art. 151) impedem o ajuizamento da execução fiscal.

Alternativa correta: letra "d": o parcelamento, ou seja, o acordo de quitação em parcelas de um crédito tributário reconhecido e confessado pelo contribuinte (conforme diretrizes fixadas em lei) é uma hipótese de suspensão da exigibilidade do crédito tributário, com fundamento no artigo 151, inciso VI, do CTN.

Alternativa "a": incorreta. No rol das causas de suspensão da exigibilidade do crédito tributário previsto no artigo 151 do CTN não se encontra a impetração de ação anulatória de débito fiscal. Pertinente se faz ressaltar que a concessão de medida liminar ou de tutela antecipada no âmbito da referida ação anulatória é uma causa de suspensão da exigibilidade do crédito tributário (CTN, art. 151, V).

Alternativa "b": incorreta. No rol das causas de suspensão da exigibilidade do crédito tributário previsto no artigo 151 do CTN não se encontra a impetração de mandado de segurança preventivo. Pertinente se faz ressaltar que a concessão de medida liminar em mandado de segurança é uma causa de suspensão da exigibilidade do crédito tributário (CTN, art. 151, IV).

Alternativa "c": incorreta. No rol das causas de suspensão da exigibilidade do crédito tributário previsto no artigo 151 do CTN não se encontra o ajuizamento de ação de consignação em pagamento. Pertinente se faz ressaltar que a concessão de medida liminar ou de tutela antecipada em outras espécies de ação judicial além do mandado de segurança é uma causa de suspensão da exigibilidade do crédito tributário (CTN, art. 151, V).

Alternativa "e": incorreta. Somente o depósito do montante integral de crédito é reconhecido como uma causa de suspensão da exigibilidade do crédito tributário. A expressão "montante integral" diz respeito ao valor do tributo segundo o entendimento da Fazenda Pública e não do contribuinte (STJ – AgRg no REsp 969579/SP – 2ª Turma – Rel. Min. Castro Meira – 31/10/2007).

---

143. (Cespe – Juiz Federal Substituto 1ª região/2013) Contribuinte devedor de tributo, após ter sido lavrado contra ele auto de infração pelo fisco, solicitou o pagamento do valor apurado por meio de compensação por precatórios e realizou, de forma parcelada, o pagamento do sinal exigido de 10%. Após a quitação do sinal, o contribuinte apresentou os precatórios para análise da certeza e liquidez dos títulos.

Em face dessa situação hipotética e do que prevê a legislação tributária vigente, assinale a opção correta.

a) A compensação por precatórios deve seguir, de forma subsidiária, as regras gerais da moratória.

b) O fato de a administração tributária aceitar os precatórios, após o pagamento do sinal, para a análise da certeza e liquidez gera a extinção do crédito tributário.

c) O parcelamento do sinal dado como exigência para o processamento do pedido de compensação não pode ser entendido como parcelamento do débito tributário.

d) A solicitação da compensação por precatórios gera, desde o início, a suspensão do crédito tributário, uma vez que o sinal foi parcelado.

e) O parcelamento e a compensação possuem a mesma natureza jurídica.

COMENTÁRIOS

✪ **Nota dos autores**: a pretensão de compensar débitos fiscais com precatórios está sujeita à autorização do regime legislativo estadual regulador da matéria, conforme sistemática estabelecida pela EC 62/2009 (STJ, RMS 36.173, relator Ministro Herman Benjamin, j. 18.10.12. 2ª Turma, Informativo 508).

Alternativa correta: letra "c": a lei pode, nas condições e sob as garantias que estipular, ou cuja estipulação em cada caso atribuir à autoridade administrativa, autorizar a compensação de créditos tributários com créditos líquidos e certos, vencidos ou vincendos, do sujeito passivo contra a Fazenda Pública (CTN, art. 170). Do que pode se depreender do enunciado, a lei exigiu o pagamento de um sinal de 10% do valor do débito fiscal, possibilitando o parcelamento desse sinal. O parcelamento do sinal não tem a natureza jurídica do parcelamento do crédito tributário como um todo. O primeiro, diz respeito a um requisito para efetivação da compensação pleiteada. Já o segundo, é uma hipótese de suspensão da exigibilidade do crédito tributário prevista no artigo 151, inciso VI, do CTN.

Alternativa "a": incorreta. A compensação é causa de extinção do crédito tributário (CTN, art. 156, II) e ocorre quando os polos da relação jurídica são, ao mesmo tempo, devedores e credores reciprocamente. A lei pode, nas condições e sob as garantias que estipular, ou cuja estipulação em cada caso atribuir à autoridade administrativa, autorizar a compensação de créditos tributários com créditos líquidos e certos, vencidos ou vincendos, do sujeito passivo contra a Fazenda Pública (CTN, art. 170). Também a possibilidade de pagar débito tributário mediante a efetivação de compensação com precatório requisitório vencido e não pago (art. 78, § 2º, do ADCT) deve estar autorizada em lei própria do ente tributante em questão (STJ, RMS 31.816, relator Ministro Luiz Fux, j. 14.9.10. 1ª Turma, Info 447). Não há no CTN qualquer disposição que remeta subsidiariamente a compensação por precatórios às regras gerais da moratória, como ocorre com o instituto do parcelamento (CTN, art. 155-A, § 2º).

Alternativa "b": incorreta. A análise da liquidez e certeza dos precatórios ainda será feita pela Administração Tributária, juntamente com a análise do cumprimento dos demais requisitos exigidos pela lei, motivo pelo qual somente com a sua confirmação, dar-se-á a extinção do crédito tributário pela compensação, nos termos do artigo 170 do CTN.

Alternativa "d": incorreta, haja vista que o parcelamento do sinal não tem o condão de suspender o crédito tributário como um todo (CTN, art. 151, VI).

Alternativa "e": incorreta. Enquanto o parcelamento é uma hipótese de suspensão da exigibilidade do crédito tributário (CTN, art. 151, VI), a compensação é uma causa de extinção do mesmo (CTN, art. 156, II). Logo, não possuem a mesma natureza jurídica.

8. EXTINÇÃO E EXCLUSÃO DO CRÉDITO TRIBUTÁRIO

144. (Cespe – Juiz de Direito – PR/2017) Em 3/6/2009, determinado contribuinte sofreu lançamento referente a fatos geradores de ICMS que teriam ocorrido em 17/3/2004, sem que tivesse havido declaração de débito nem qualquer pagamento de tributo.

Nessa situação hipotética,

A) houve prescrição, que se conta a partir do fato gerador, de modo que o lançamento não poderia ter sido realizado.

B) houve decadência, que se conta, nesse caso, a partir do fato gerador, de modo que o lançamento não poderia ter sido realizado.

C) não houve decadência nem prescrição.

D) houve prescrição, contada do primeiro dia do exercício seguinte ao que o lançamento poderia ter sido realizado, de maneira que o crédito não poderia ter sido constituído.

COMENTÁRIOS

✪ **Nota dos autores:** a distinção básica entre decadência e prescrição está no fato de que o que decai é o direito de a Fazenda Pública homologar o lançamento ou constituir o crédito tributário de ofício e o que prescreve é a ação de cobrança do tributo (execução fiscal). Embora a decadência esteja no rol das hipóteses de extinção do crédito tributário, fato é que, vindo a ocorrer, o crédito tributário sequer chega a constituir-se.

Alternativa correta: letra "c". Está condizente com o entendimento já consolidado no STJ, segundo o qual a decadência é regida pelo artigo 173, inciso I do CTN ("o direito de a Fazenda Pública constituir o crédito tributário extingue-se após cinco anos, contados do primeiro dia do exercício seguinte àquele em que o lançamento poderia ter sido efetuado"): 1º) quando se trata de tributo sujeito a lançamento por homologação e o contribuinte **não** realiza o respectivo pagamento parcial antecipado (REsp 973.733/SC – 1ª Seção – Rel. Min Luiz Fux – DJE 18/09/2009 – submetido ao art. 543-C do CPC); 2º) nos casos em que há creditamento indevido (REsp 979.228/RS – 2ª Turma – Rel. Min. Eliana Calmon – DJE 16/04/2009). Logo, 1º/01/2005 foi o *dies a quo* da contagem do prazo decadencial (primeiro dia do exercício seguinte a 17/03/2004), de maneira que na ocorrência do lançamento em 03/06/2009 não havia transcorrido o prazo de 5 (cinco) anos, portanto, não houve a decadência. Também não ocorreu a prescrição, cuja contagem inicia-se da constituição definitiva do crédito tributário (CTN, art. 174).

Alternativas "a" e "d": incorretas. Só se pode falar em prescrição após a constituição definitiva do crédito tributário (CTN, art. 174). O termo "definitiva" é tido como a "eficácia que torna indiscutível o crédito tributário" (SABBAG, Eduardo. *Manual de Direito Tributário*. 2 ed. São Paulo: Saraiva, 2010, p. 785). Portanto, a expressão "constituição definitiva", marco legal do termo de início (*dies a quo*) do prazo prescricional, refere-se ao esgotamento das vias administrativas para o sujeito passivo impugnar o lançamento do crédito tributário, o que não se observa no caso hipotético apresentado pela banca. Torna-se, pois, absolutamente descabido se falar em prescrição, uma vez que sequer se configurou o seu termo inicial, isto é, a constituição definitiva do crédito tributário.

Alternativa "b": incorreta. A decadência no presente caso se conta do primeiro dia do exercício seguinte àquele em que o lançamento poderia ter sido efetuado, logo 1º/1/2005, com fundamento no artigo 173, inciso I, do CTN e respaldada no entendimento consolidado do STJ retratado nos comentários à alternativa correta (letra "c"). Nesse sentido, o lançamento efetuado em 3/6/2009 foi anterior a cinco anos contados de 1º/1/2005, de maneira que não ocorreu a decadência.

145. (Cespe – Juiz de Direito – PR/2017) A empresa XY, considerando-se detentora de créditos de ICMS resultantes de tributos pagos indevidamente, propôs mandado de segurança para convalidar compensação efetivada por ela, requerendo que o Poder Judiciário declarasse extintos os créditos tributários discriminados em sua contabilidade.

Acerca dessa situação hipotética, assinale a opção correta.

A) O mandado de segurança não é cabível para convalidar a compensação realizada pela empresa XY.

B) O mandado de segurança não é ação adequada para a declaração do direito à compensação, o que obsta a pretensão da empresa XY.

C) A declaração de extinção dos créditos tributários discriminados em contabilidade pretendida pela empresa XY é possível, por ser o mandado de segurança ação adequada para declaração do direito à compensação.

D) A pretensão da empresa XY pode ser deferida em tutela liminar, desde que esteja amparada exclusivamente em provas documentais.

COMENTÁRIOS

✪ **Nota dos autores:** a Súmula 460 do STJ consolidou o entendimento segundo o qual "é incabível o mandado de segurança para convalidar a compensação tributária realizada pelo contribuinte".

Alternativa correta: letra "a". O texto está em sintonia com da Súmula 460 do STJ reproduzida na nota dos autores.

Alternativas "b" e "c": incorretas. Não obstante o mandado de segurança constitua ação adequada para a **declaração do direito** à compensação tributária (Súmula 213 do STJ), como bem visto na nota dos autores, **não tem o condão de convalidar a citada compensação** (extinção do crédito tributário), que é a pretensão da empresa XY.

Alternativa "d": incorreta, uma vez que a concessão da liminar esbarra no próprio entendimento de mérito esposado na Súmula 460 do STJ reproduzida na nota dos autores.

146. (Cespe – Procurador do Estado – PGE – SE/2017) Uma lei estadual indicou autoridade competente para estabelecer condições que possibilitassem ao contribuinte e à fazenda pública estadual negociar o encerramento de litígios judiciais e administrativos acerca de determinada questão tributária. A referida norma estabeleceu que as partes deveriam fazer determinadas concessões mútuas com o objetivo de alcançar a extinção do crédito tributário.

A negociação objeto da situação hipotética apresentada é um exemplo de

A) compensação.

B) anistia.

C) moratória.

D) remissão.

E) transação.

COMENTÁRIOS

✪ **Nota dos autores:** segundo o artigo 171 do CTN, "a lei pode facultar, nas condições que estabeleça, aos sujeitos ativo e passivo da obrigação tributária celebrar **transação** que, mediante concessões mútuas, importe em terminação de litígio e consequente extinção de crédito tributário".

Alternativa correta: letra "e". Trata-se de uma transação, hipótese de extinção do crédito tributário, prevista no artigo 156, inciso III, do CTN e detalhada no artigo 171 do mesmo diploma legal, conforme nota dos autores.

Alternativa "a": incorreta, pois a compensação é causa de extinção do crédito tributário (CTN, art. 156, inciso II) e ocorre quando os polos da relação jurídica são, ao mesmo tempo, devedores e credores reciprocamente. A lei pode, nas condições e sob as garantias que estipular, ou cuja estipulação em cada caso atribuir à autoridade administrativa, autorizar a compensação de créditos tributários com créditos líquidos e certos, vencidos ou vincendos, do sujeito passivo contra a Fazenda Pública (CTN, art. 170).

Alternativa "b": incorreta, pois a anistia possui natureza jurídica de exclusão do crédito tributário (CTN, arts. 180 a 182). Trata-se de uma exoneração tributária relativa a penalidades pecuniárias.

Alternativa "c": incorreta, pois a moratória é causa de suspensão da exigibilidade do crédito tributário (CTN, art. 151, inciso I). Na moratória há a postergação do momento do pagamento do crédito tributário. Tem sua concessão reservada à lei, nos termos do artigo 97, inciso VI, do CTN.

Alternativa "d": incorreta, pois a remissão é causa de extinção do crédito tributário (CTN, art. 156, IV) que significa "perdão" do mesmo e pode ser autorizada por lei, de forma total ou parcial, buscando atender a alguns critérios, dentre eles, a situação econômica do sujeito passivo ou a diminuto valor do crédito perdoado.

---

147. (Cespe – Delegado de Polícia – PE/2016) No que diz respeito aos institutos da prescrição e da decadência, assinale a opção correta.

a) A prescrição e a decadência estão previstas no CTN como formas de exclusão do crédito tributário.

b) O direito de ação para a cobrança do crédito tributário decai em cinco anos, contados da data da sua constituição definitiva.

c) O protesto judicial é uma forma de interrupção da prescrição.

d) O direito de a fazenda pública constituir o crédito tributário prescreve após cinco anos, contados do primeiro dia do exercício seguinte àquele em que o lançamento poderia ter sido efetuado.

e) As normas gerais sobre prescrição e decadência na matéria tributária devem ser estabelecidas por meio de lei ordinária.

COMENTÁRIOS

✪ **Nota dos autores:** a CF/88 prevê que algumas matérias sejam regidas por leis complementares. No que tange à temática tributária, de forma não exclusiva, o artigo 146 elenca alguns tópicos reservados à disciplina da lei complementar.

Alternativa correta: letra "c": a ação para a cobrança do crédito tributário prescreve em cinco anos, entretanto o protesto judicial interrompe a prescrição (CTN, art. 174, parágrafo único, II).

Alternativa "a": incorreta. A distinção básica entre decadência e prescrição está no fato de que o que decai é o direito da Fazenda Pública (de homologar o lançamento ou de constituir o crédito tributário de ofício) e o que prescreve é a ação de cobrança do tributo (execução fiscal). Ambas são causas de extinção do crédito tributário (CTN, art. 156, V) e não de exclusão.

Alternativa "b": incorreta, pois o prazo em questão é de prescrição e não de decadência. "A ação para a cobrança do crédito tributário prescreve em cinco anos, contados da data da sua constituição definitiva" (CTN, art. 174).

Alternativa "d": incorreta, pois o prazo em questão é de decadência e não de prescrição. "O direito de a Fazenda Pública constituir o crédito tributário extingue-se após 5 (cinco) anos, contados do primeiro dia do exercício seguinte àquele em que o lançamento poderia ter sido efetuado" (CTN, art. 173, I).

Alternativa "e": incorreta. A disciplina jurídica da obrigação, lançamento, crédito, prescrição e decadência tributários está reservada à lei complementar, como bem apregoa o artigo 146, inciso III, alínea "b" da CF/88. Tal lei complementar é o CTN. O CTN, embora seja formalmente uma lei ordinária anterior à Constituição de 1988 (Lei 5.172/66), foi recepcionado com status de lei complementar pela ordem constitucional vigente (lei materialmente complementar), porque compatível com a mesma, com fundamento no artigo 34, § 5º do ADCT. O CTN trata de matérias que a Constituição Federal reservou à lei complementar de caráter nacional.

---

148. (Cespe – Delegado de Polícia – PE/2016) A respeito de responsabilidade tributária, assinale a opção correta.

a) Nem mesmo as pessoas que possuem interesse comum na situação que constitui o fato gerador da obrigação principal serão solidariamente obrigadas.

b) Um dos efeitos da solidariedade tributária é que a interrupção da prescrição, a favor ou contra um dos obrigados, favorece ou prejudica os demais.

c) As pessoas que são solidariamente obrigadas por expressa determinação legal devem respeitar o benefício de ordem.

d) O pagamento efetuado por um dos obrigados não aproveita os demais.

e) O responsável tributário, também denominado sujeito passivo indireto, corresponde àquele que, apesar de não ser o contribuinte, possui obrigação decorrente de convenção entre as partes.

COMENTÁRIOS

✪ **Nota dos autores:** de acordo como o previsto no artigo 125 do CTN, salvo disposição de lei em contrário, estão previstos os seguintes efeitos da solidariedade: a) o pagamento efetuado por um dos obrigados aproveita aos demais; b) a isenção ou remissão de crédito exonera todos os obrigados, salvo se outorgada pessoalmente a um deles, subsistindo, nesse caso, a solidariedade quanto aos demais pelo saldo; c) a interrupção da prescrição, em favor ou contra um dos obrigados, favorece ou prejudica aos demais.

Alternativa correta: letra "b": como visto na nota dos autores, a situação narrada na alternativa é de fato um dos efeitos da solidariedade tributária (CTN, art. 125, III).

Alternativa "a": incorreta, pois segundo o artigo 124, inciso I, do CTN, são solidariamente obrigadas "as pessoas que tenham interesse comum na situação que constitua o fato gerador da obrigação principal".

Alternativa "c": incorreta. A solidariedade não comporta benefício de ordem (sequência ou ordem para pagamento do tributo) nos termos do parágrafo único do art. 124 do CTN.

Alternativa "d": incorreta, pois, ao contrário do que constou, o pagamento efetuado por um dos obrigados aproveita aos demais (CTN, art. 125, I).

Alternativa "e": o contribuinte e o responsável são sujeitos passivos (gênero). Numa classificação doutrinária entre sujeito passivo direto e indireto, o primeiro seria o contribuinte (que tem relação pessoal e direta com o fato gerador) e o segundo seria o responsável (com obrigação decorrente de lei). A alternativa indicou que a responsabilidade em questão decorre da vontade das partes, motivo pelo qual está equivocada (CTN, art. 121, parágrafo único, II).

149. (Cespe – Procurador do MP junto ao TCU/2015) Assinale a opção correta no que se refere a limitações do poder de tributar, distinção entre imunidade, isenção e não incidência, vigência, aplicação, interpretação e integração da legislação tributária, e extinção do crédito tributário.

a) A revogação de isenção obedece ao princípio da anterioridade, não se podendo exigir o tributo imediatamente.

b) Na repetição do indébito tributário, a correção monetária incide a partir da citação da fazenda pública.

c) Na repetição do indébito tributário, os juros moratórios são devidos a partir do arbitramento em sentença.

d) Ainda que um tributo indireto seja pago indevidamente, não caberá a sua restituição, salvo se o contribuinte de direito comprovar que não transferiu o encargo financeiro ao contribuinte de fato ou que está expressamente autorizado pelo contribuinte de fato a receber a restituição.

e) A isenção tributária é um favor legal, podendo, ainda que concedida sob condição onerosa, ser livremente suprimida.

COMENTÁRIOS

Alternativa correta: letra "d": a restituição de tributos indiretos, tais como ICMS e IPI, por comportarem, em razão da respectiva natureza, transferência do respectivo encargo financeiro, somente será feita a quem prove haver assumido referido encargo, ou, no caso de tê-lo transferido a terceiro, estar por este expressamente autorizado a recebê-la (CTN, art. 166). Em outras palavras, para que haja restituição de um tributo indireto, o contribuinte (de direito) deve comprovar que não transferiu o encargo financeiro ao adquirente (contribuinte de fato) ou, caso tenha transferido, deve ter uma expressa autorização deste para tal (CTN, art. 166).

Alternativa "a": a banca examinadora fiou-se na jurisprudência do STF, em prejuízo à literalidade do CTN, para considerar essa alternativa errada. Em outras palavras, quando permitida, a revogação da isenção tem por efeito prático a incidência de tributação, o que faz surgir polêmica quanto à aplicação do princípio da anterioridade quando da exigência do tributo a partir da data da publicação da lei revogadora. Sobre isso, de acordo com a literalidade do artigo 104, inciso III, do CTN, entram em vigor no primeiro dia do exercício seguinte àquele em que ocorra a sua publicação os dispositivos de lei "que extinguem ou reduzem isenções, salvo se a lei dispuser de maneira mais favorável ao contribuinte". Porém, o posicionamento tradicional do Supremo Tribunal Federal dirige-se em sentido oposto, ou seja, de que, revogada a isenção, o tributo torna-se imediatamente exigível, não havendo que se observar o princípio da anterioridade, dado que o tributo já é existente (STF – RE 204062/ES – 2ª. Turma – Rel. Min. Carlos Velloso – julg. 27/09/96).

Alternativas "b", "c" e "e": incorretas, por afrontarem, respectivamente, as seguintes Súmulas do STJ e do STF: 162 e 188 do STJ e 544 do STF. Súmula 162 do STJ: "na repetição de indébito tributário, a correção monetária incide a partir do **pagamento indevido**". Súmula 188 do STJ: "os juros moratórios, na repetição do indébito tributário, são devidos a partir do **trânsito em julgado da sentença**". Súmula 544 do STF: "isenções tributárias concedidas, sob condição onerosa, **não podem** ser livremente suprimidas".

150. (TJDF / Juiz de Direito) Em 31/12/2009, o fisco de determinada unidade da Federação, por meio dos seus auditores, efetuou lançamento de ofício relativo ao tributo de ICMS e verificou inexatidão por parte da empresa Y no recolhimento e na declaração do referido imposto. O fisco intimou a contribuinte para que, no prazo de vinte dias, pagasse o crédito tributário, cujo fato gerador ocorreu em 9/9/2009. No entanto, por inadvertência, foi omitido, na intimação, o prazo para a impugnação do lançamento. Após quatro anos e sete meses da data do lançamento, houve a inscrição em dívida ativa do débito da empresa Y. Posteriormente, o fisco propôs a ação de execução fiscal do crédito, tendo o despacho que determinou a citação ocorrido oito meses depois da inscrição do débito em dívida ativa.

Acerca dessa situação hipotética, assinale a opção correta.

a) A pretensão do fisco com relação à empresa Y encontra-se prescrita, pois a inscrição em dívida ativa não interrompe a prescrição.

b) O fisco praticou ato inválido ao realizar o lançamento de ofício, porque o ICMS é tributo sujeito a lançamento por homologação.

c) Embora não tenha sido especificado o prazo de defesa, a intimação do lançamento em questão foi válida porque a duração do prazo de impugnação está prevista em lei.

d) Como os prazos decadenciais não são interrompidos, ocorreu a decadência da exigibilidade da obrigação tributária.

e) Na data do despacho que determinou a citação, o crédito tributário encontrava-se exigível pois a inscrição em dívida ativa suspendeu a prescrição.

COMENTÁRIOS

✪ **Nota dos autores:** mais uma questão em que o CESPE cobrou do candidato a análise de uma hipotética situação concreta para, depois, testar os seus conhecimentos sobre o tema prescrição. Especificamente nessa questão, o enunciado revelou-se bastante complexo, em face da sequência temporal dos eventos relacionados ao crédito tributário. Não por outra razão, para facilitar, convém traçar uma linha do tempo das ocorrências apresentadas pelo examinador.

Traçada a linha do tempo, é importante observar que, nos casos de lançamento de ofício nos quais o sujeito passivo não apresenta impugnação ao lançamento dentro prazo previsto em lei, a constituição definitiva do crédito tributário ocorre com o vencimento do prazo para defesa. Portanto, no caso em pauta, deu-se 20 dias após a notificação do lançamento de ofício. Outra observação importante é de que, a constituição definitiva do crédito tributário marca o termo inicial a prescrição, consoante disposto no artigo 174 do CTN, segundo o qual: "A ação para a cobrança do crédito tributário prescreve em **cinco anos**, contados **da data da sua constituição definitiva**". E, dessa forma, para o caso concreto apresentado pela banca, o vencimento do prazo prescricional deveria ocorrer 5 (cinco) anos após o término do prazo de pagamento, que marca a constituição definitiva do crédito tributário, a menos que, antes disso, se verificasse alguma causa interruptiva do prazo prescricional.

Alternativa correta: letra "a": consoante nota do autor, para evitar a prescrição do direito à cobrança do crédito tributário, seria necessário que uma das causas interruptivas da prescrição ocorresse antes do vencimento do prazo de cinco anos. Para saber se isso aconteceu, basta verificar que, nos termos do artigo 174, parágrafo único do CTN, a prescrição será interrompida pelos seguintes atos: **I** – pelo **despacho** do juiz **que ordenar a citação** em execução fiscal (redação dada pela LC 118/2003); **II** – pelo protesto judicial; **III** – por qualquer ato judicial que constitua em mora o devedor; **IV** – por qualquer ato inequívoco, ainda que extrajudicial, que importe em reconhecimento do débito pelo devedor (CTN, art. 174, parágrafo único). Ocorre que, olhando-se para o enunciado da questão e para a linha do tempo inicialmente traçada, a única causa de interrupção da prescrição verificada foi o despacho do juiz que ordenou a citação (CTN, art. 174, parágrafo único, I), porém esse despacho ocorreu mais de 5 anos após a constituição definitiva do crédito tributário, portanto, quando o crédito tributário já estava prescrito. Veja-se:

Em termos mais precisos, em razão do despacho que ordenou a citação ter ocorrido mais de cinco anos depois da constituição definitiva do crédito tributário, e da inscrição do débito em Dívida Ativa não constituir causa interruptiva da prescrição (vide, CTN, art. 174, parágrafo único) conclui-se que, exatamente como afirma o examinador, a pretensão do Fiscal em relação à empresa Y encontra-se prescrita.

Alternativa "b": está errada, porque, embora o ICMS esteja, de fato, sujeito ao lançamento por homologação, no caso de inexatidão por parte da empresa Y no recolhimento e na declaração do referido imposto, o lançamento será efetuado de ofício pela autoridade administrativa, nos termos do artigo 149, inciso V, do CTN, aplicável aos casos em que "se comprove omissão ou inexatidão, por parte da pessoa legalmente obrigada" à atividade em que se consubstancia o lançamento por homologação de que trata o artigo 150 do CTN.

Alternativa "c": ainda que o prazo para defesa esteja legalmente previsto, se a autoridade administrativa não consignou expressamente esse prazo na intimação do lançamento, deve-se considerar nula a notificação, em homenagem aos princípios constitucionais da ampla defesa e do contraditório. Havendo cerceamento de defesa, não poderia o examinador dizer que a intimação teria sido válida, o que torna incorreta a alternativa.

Alternativa "d": o fato gerador ocorreu 9/9/2009 e o lançamento em 31/12/2009. Portanto, ao contrário do que afirma o examinador, não há que se falar em decadência. Ordinariamente, os prazos decadenciais são de cinco anos e regidos pelos artigos 150, § 4º e 173 do CTN. Seja contando-se esses cinco anos do fato gerador (art. 150, § 4º), seja do primeiro dia do exercício àquele em que o lançamento poderia ser efetuado (art. 173, I), não há que se falar em decadência no caso concreto, pois o lançamento ocorreu em menos de 3 meses do fato gerador e antes mesmo do primeiro dia do exercício seguinte, o outro possível termo de início decadencial estabelecido no CTN. Conforme demonstrado nos comentários à alternativa correta, houve sim prescrição, nos termos do artigo 174 do CTN.

Alternativa "e": mais uma alternativa incorreta. Para afirmar que, na data do despacho que determinou a citação, o crédito tributário encontrava-se exigível, pois a inscrição em dívida ativa teria suspenso a prescrição, o examinador deve ter tido a intenção de testar os conhecimentos do candidato a respeito do **artigo 2º, § 3º, da Lei de Execuções Fiscais – LEF (Lei 6.830/80)**, segundo o qual a **inscrição do débito**, ato de controle administrativo da legalidade, será feita pelo órgão competente para apurar a liquidez e certeza do crédito e **suspenderá a prescrição**, para todos os efeitos de direito, por 180 dias, ou até a distribuição da execução fiscal, se esta ocorrer antes de findo aquele prazo. Ocorre que, o STJ também considera que, no caso de execuções fiscais de dívida ativa tributária, a prescrição deve ser regulada pelo CTN (recepcionado pela Carta Constitucional de 1988 como lei complementar) e não pela LEF (lei ordinária), já que o artigo 146, inciso III, alínea "b", da CF reserva à lei complementar a disciplina da prescrição tributária. Veja a seguinte ementa: "TRIBUTÁRIO. AGRAVO REGIMENTAL. EXECUÇÃO FISCAL. PRESCRIÇÃO. AUSÊNCIA DE CITAÇÃO. NÃO-INTERRUPÇÃO DO PRAZO PRESCRICIONAL. ART. 174 DO CTN. PREVALÊNCIA SOBRE O ART. 2º, § 3º, DA LEI 6.830/1980. 1. A suspensão do lapso prescricional de 180 (cento e oitenta) dias prevista no art. 2º, § 3º, da Lei 6.830 somente é aplicável às dívidas de natureza não tributária. Em hipóteses como a dos autos, em que se trata de execução de crédito relativo a Imposto de Renda, a matéria é regulada pelo art. 174 do Código Tributário Nacional. 2. Agravo Regimental não provido" (STJ – AgRg no Ag 1054859/SP).

---

151. (AGU/2015) Carlos ajuizou, em 2006, ação contra Paulo, na qual pleiteou indenização por danos materiais e morais. Após sentença transitada em julgado, ele obteve julgamento de procedência total dos pedidos formulados, razão pela qual recebeu, a título de indenização por danos morais, o valor de R$ 50.000, sendo R$ 20.000 a título de danos morais próprios e R$ 30.000 a título de danos estéticos. Pelos danos materiais, Carlos recebeu R$ 30.000, dos quais R$ 10.000 correspondem a danos emergentes e R$ 20.000 a lucros cessantes. No tempo devido, ele declarou os valores recebidos e efetuou o recolhimento do imposto de renda correspondente.

Com referência a essa situação hipotética, julgue os itens a seguir.

151.1. Por ser tributo sujeito ao autolançamento, não será admitida a repetição de indébito, podendo o valor pago a maior ser utilizado pelo contribuinte em futura compensação com outros créditos tributários.

COMENTÁRIOS

✪ **Nota dos autores:** diante de um pagamento de tributo indevido, o sujeito passivo da relação tributária tem direito, independentemente de prévio protesto, à restituição total ou parcial do tributo, seja qual for a modalidade do seu pagamento (CTN, art. 165, *caput*). No caso concreto apresentado pelo examinador, houve o pagamento indevido de imposto de renda, uma vez que, consoante Súmula nº 498 do STJ: "**Não** incide imposto de renda sobre a indenização por danos morais". O mesmo STJ entende não haver incidência do imposto na reparação de danos materiais emergentes (REsp 1080187/RJ). Só não caberia repetição de indébito no caso dos lucros cessantes, para os quais a orientação jurisprudencial é de haver acréscimo patrimonial e, portanto, incidência do imposto de renda (STJ – REsp 1464786/RS).

Errado. Como visto na "nota dos autores", o pagamento indevido de um tributo enseja ao contribuinte ou responsável o direito à repetição do indébito, a ser formulada por pedido administrativo ou judicial. Tal direito independe da modalidade de lançamento que constituiu o crédito tributário.

151.2. A extinção do crédito tributário ocorrerá cinco anos após o pagamento realizado por Carlos, quando ocorre a homologação tácita da declaração e do pagamento realizado, visto que o imposto de renda é espécie tributária sujeita a lançamento por homologação.

COMENTÁRIOS

✪ **Nota dos autores:** o lançamento por homologação, que ocorre quanto aos tributos cuja legislação atribua ao sujeito passivo o dever de antecipar o pagamento sem prévio exame da autoridade administrativa, opera-se pelo ato em que a referida autoridade, tomando conhecimento da atividade assim exercida pelo obrigado, expressamente a homologa (CTN, art. 150, *caput*). Se a lei não fixar prazo a homologação, será ele de cinco anos, **a contar da ocorrência do fato gerador**; expirado esse prazo sem que a Fazenda Pública se tenha pronunciado, considera-se homologado o lançamento e definitivamente extinto o crédito, salvo se comprovada a ocorrência de dolo, fraude ou simulação (CTN, art. 150, §4º).

Errado. Segundo o artigo 156, inciso VII, do CTN, "extinguem o crédito tributário o pagamento antecipado e a homologação do lançamento nos termos do disposto no artigo 150 e seus §§ 1º e 4º". O item está equivocado no que tange à ocorrência da homologação tácita, pois constou cinco anos contados do pagamento realizado, quando, na verdade, de acordo com o artigo 150, §4º, do CTN (reproduzido na "nota dos autores"), tal contagem deveria ocorrer a partir do fato gerador.

151.3. O prazo para a propositura de ação de repetição de indébito será de cinco anos a partir do primeiro dia do exercício seguinte à extinção do crédito tributário.

COMENTÁRIOS

✪ **Nota dos autores:** a repetição do indébito tributário (CTN, arts. 165 a 169) diz respeito ao direito de o contribuinte reaver o pagamento (seja total ou parcial, seja na via administrativa ou judicial) efetuado a maior ou indevidamente à Fazenda Pública, evitando-se, portanto, o enriquecimento sem causa. O artigo 168 do CTN dispõe que o direito de pleitear a restituição extingue-se com o decurso do prazo de 5 (cinco) anos, contados: I – nas hipóteses dos incisos I e II do art. 165, da data da extinção do CT; II – nas hipóteses do inciso III, da data em que se tornar definitiva a decisão administrativa ou passar em julgado a decisão judicial que tenha reformado, anulado, revogado ou rescindido a decisão condenatória. Até o advento da LC nº 118/05, prevalecia a tese dos "cinco mais cinco", em que o prazo era de 10 anos para a restituição do indébito dos tributos lançados por homologação. Com a nova lei, pacificou-se o entendimento de que o prazo para ajuizar a repetição de indébito é de 5 anos. Sobre o tema, recomenda-se ao candidato a leitura atenta dos precedentes do STJ: EREsp 435.835 – SC, DJ 4/6/2007; EREsp 644.736 – PE, DJ 29/8/2005; AgRg no Ag 1.105.057 – SP. Em tais julgados, discutiu-se a prescrição para pleitear a repetição, nos tributos sujeitos ao lançamento por homologação, após o advento da LC 118/2005.

Errado. O direito de pleitear a repetição do indébito extingue-se com o decurso do prazo de 5 (cinco) anos **contados da data da extinção do crédito tributário** (CTN, art. 168, inciso I).

152. (TJDF / Juiz de Direito) O DF publicou, em 1º/11/2012, lei ordinária isentando espetáculos teatrais da incidência do ISS. A mesma lei estabeleceu multa de R$ 1.000,00 para o contribuinte que cometesse infração consistente em desobediência de requisição de informações pela autoridade tributária, o que resultou em uma minoração em relação à lei anterior, que estabelecia multa de R$ 2.000,00 para essa infração. A nova lei entrou em vigor na data de sua publicação. Em 1.º/10/2013, a Companhia Teatral ABC, uma sociedade empresarial, foi intimada por auditor fiscal do DF a apresentar seus livros contábeis em quinze dias, ordem que não cumpriu porque não havia registrado suas operações contábeis nem realizado o pagamento do ISS desde janeiro de 2012. Por tais razões, foi lavrado auto de infração e, posteriormente, foi exigido da referida companhia o pagamento da multa pela infração e dos tributos devidos.

Acerca dessa situação hipotética, assinale a opção que apresenta, respectivamente, a data a partir da qual há isenção do ISS para a companhia de teatro e o valor da multa da infração.

a) 30/1/2013 e R$ 1.000,00

b) 01/11/2012 e R$ 1.000,00

c) 31/12/2012 e R$ 1.000,00

d) 30/1/2013 e R$ 2.000,00

e) 1º/11/2012 e R$ 2.000,00

COMENTÁRIOS

✪ **Nota dos autores:** a isenção é concebida por parcela da doutrina como uma dispensa legal do pagamento do tributo. Outra concepção é de que a isenção situa-se no plano da incidência tributária, tratando-se de uma exceção legal à norma de tributação.

Alternativa correta: letra "b": a isenção é uma hipótese de exclusão do crédito tributário que alcança somente os fatos geradores ocorridos após a lei que a institui. Portanto, como a lei ordinária do DF que isentou do ISS os espetáculos teatrais foi publicada em 1º/11/2012 (com vigência a partir da publicação, sem *vacatio legis* segundo se depreende do enunciado da questão), **somente a partir desta publicação** que a Companhia Teatral ABC passou a fazer jus à referida isenção. Em relação à multa, prevalece a lei nova (1º/11/2012), que cominou penalidade menos severa que a prevista na lei vigente ao tempo de sua prática (janeiro de 2012), haja vista que a situação não estava definitivamente julgada (CTN, art. 106, inciso II, alínea "c").

Demais alternativas: incorretas, por preverem a data de início da aplicação da isenção e/ou o valor da multa diferente dos corretos segundo analisado nos comentários à alternativa "b".

---

153. (Cespe – Juiz de Direito Substituto – DFT/2014) Determinado empresário foi intimado validamente de um lançamento efetuado pela Subsecretaria da Receita da Secretaria de Fazenda do DF em 5/5/2006, referente a créditos tributários oriundos do ICMS, vencidos em 5/3/2001 e que não foram objeto de qualquer pagamento ou declaração de débito do contribuinte, sem que este, no entanto, tenha incorrido em dolo, fraude ou simulação. Embora o contribuinte não tenha apresentado impugnação no prazo legal de trinta dias após a intimação do lançamento, o crédito tributário só foi inscrito em dívida ativa em 4/5/2011, e, posteriormente, em 1.º/10/2011, foi proposta a execução fiscal, tendo ocorrido a citação válida do devedor em 1.º/11/2011.

Nessa situação hipotética,

a) houve prescrição do crédito tributário, visto que, tendo o vencimento do tributo ocorrido em 5/3/2001, o lançamento foi efetivado apenas em 5/5/2006, ou seja, após o prazo previsto no art. 150, § 4.º, do CTN, contado a partir do fato gerador.

b) ocorreu a decadência do tributo, levando-se em conta que a execução fiscal foi proposta tão somente em 1.º/10/2011, ou seja, muito após o prazo de cinco anos previsto no art. 174 do CTN, contado a partir da constituição definitiva do crédito tributário.

c) não houve nem decadência nem prescrição.

d) houve decadência do crédito tributário, visto que, tendo o vencimento do tributo ocorrido em 5/3/2001, o lançamento foi efetivado apenas em 5/5/2006, portanto, após o prazo de cinco anos previsto no art. 150, § 4.º, do CTN, contado a partir do fato gerador.

e) ocorreu a prescrição do tributo, levando-se em conta que a execução fiscal foi proposta tão somente em 1.º/10/2011, ou seja, muito após o prazo de cinco anos previsto no art. 174 do CTN, contado a partir da constituição definitiva do crédito tributário.

COMENTÁRIOS

✪ **Nota dos autores:** a distinção básica entre decadência e prescrição está no fato de que o que decai é o direito de a Fazenda Pública (de homologar o lançamento ou de constituir o crédito tributário de ofício) e o que prescreve é a ação de cobrança do tributo (execução fiscal).

Alternativa correta: letra "e": a constituição definitiva do crédito tributário (que no caso deu-se com o lançamento de ofício não impugnado em 5/5/2006) é o *dies a quo* do prazo prescricional para que a Fazenda Pública promova a execução fiscal. Logo, em maio de 2011, passados cinco anos da constituição definitiva do crédito tributário, operou-se a prescrição, nos termos do artigo 174 do CTN. Há de se frisar que o enunciado não menciona qualquer hipótese de interrupção da prescrição (relacionadas no parágrafo único do referido artigo 174 do CTN). Para não deixar qualquer dúvida, é importante esclarecer que a inscrição do crédito tributário em dívida ativa **não interrompe** a prescrição, tampouco é considerada seu *dies a quo*, sendo, consoante entendimento do STJ, uma mera providência burocrática (REsp 605.037/MG, Rel. Min. Eliana Calmon, DJ 07.06.2004).

Alternativa "a": padece de dois erros. O prazo em questão é decadencial e não prescricional, já que se refere ao direito da Fazenda Pública de constituir o crédito tributário. Além disso, por conta de ter havido dolo, fraude ou simulação por parte do contribuinte, o prazo decadencial teve início no primeiro dia do exercício seguinte ao que o lançamento poderia ter sido efetuado, ou seja, 1º/01/2002, nos termos do artigo 173, inciso I, do CTN, não sendo aplicável ao caso o parágrafo quarto do artigo 150 (contagem de cinco anos a partir do fato gerador). Logo, na prática, não houve a decadência já que o lançamento tributário ocorreu em 5/5/2006.

Alternativa "b": incorreta, pois foi utilizado o termo decadência, quando o correto seria prescrição (CTN, art. 174).

Alternativa "c": incorreta, pois operou-se a prescrição, nos termos do comentário à alternativa "e".

Alternativa "d": incorreta. Por conta de ter havido dolo, fraude ou simulação a cargo do contribuinte, o prazo decadencial teve início no primeiro dia do exercício seguinte ao que o lançamento poderia ter sido efetuado, ou seja, 1º/01/2002, nos termos do artigo 173, inciso I, do CTN, não sendo aplicável ao caso o parágrafo quarto do artigo 150 (contagem de cinco anos a partir do fato gerador). Logo, na prática, não houve a decadência já que o lançamento tributário ocorreu em 5/5/2006.

---

154. (Cespe – Procurador do MP junto ao TCE-PB/2014) Tendo em vista que, por meio de lei ordinária estadual, determinado estado da Federação tenha estabelecido regras sobre a legislação previdenciária estadual e, entre outras coisas, instituído crédito presumido em relação ao tributo de ICMS, ou seja, tenha concedido um benefício fiscal, assinale a opção correta.

a) O estado em questão, caso tenha havido prévia deliberação dos demais estados e do DF, poderá instituir o benefício nos moldes descritos na referida lei.

b) A lei em apreço será inconstitucional, pois ao estado se impõem restrições ao poder de tributar, especialmente quando se trata de concessão de benefício fiscal na modalidade de crédito presumido, não sendo respeitada a necessidade de lei específica.

c) O referido estado poderia instituir o crédito presumido, desde que o fizesse por meio de lei complementar estadual.

d) O referido estado não pode conceder benefício fiscal em relação ao ICMS, sob nenhuma hipótese, uma vez que se trata de tributo de repercussão nacional.

e) Lei ordinária não pode instituir benefícios fiscais relativos ao ICMS.

COMENTÁRIOS

✪ **Nota dos autores:** o artigo 150, § 6º da CF estabelece que qualquer subsídio ou isenção, redução de base de cálculo, **concessão de crédito presumido**, anistia ou remissão, relativos a impostos, taxas ou contribuições, **só poderá ser concedido mediante lei específica**, federal, **estadual** ou municipal, que regule exclusivamente essas matérias, **sem prejuízo do disposto no artigo 155, § 2º, XII, g**. Já este dispositivo constitucional ressalvado (o art. 155, § 2º, XII, *g*) é aplicável ao **ICMS** e reserva à esfera de competência da lei complementar "regular a forma como, mediante deliberação dos Estados e do Distrito Federal, isenções, incentivos e **benefícios fiscais** serão concedidos e revogados". Com base nesses comandos normativos, a CF de 1988 recepcionou a Lei complementar 24/75, segundo a qual todos os benefícios fiscais de ICMS devem encontrar fundamento em convênios celebrados pelos Estados no âmbito do CONFAZ – Conselho Nacional de Política Fazendária. Uma vez deliberado entre os Estados, dentro do prazo de 15 (quinze) dias contados da publicação dos **convênios** do CONFAZ no Diário Oficial da União, e independentemente de qualquer outra comunicação, o Poder Executivo de cada Unidade da Federação publicará **decreto** ratificando ou não os convênios celebrados, considerando-se ratificação tácita dos convênios a falta de manifestação no prazo assinalado neste artigo (LC 24/75, art. 4º). Mas, não basta observar a norma especial relativa aos benefícios fiscais de ICMS, sendo imperiosa a interpretação sistemática com a norma geral do artigo 150, § 6º, da CF, segundo a qual a concessão de benefícios fiscais, incluindo-se o crédito presumido, depende de **lei específica.** Logo, a rigor, a Lei complementar 24/75 não foi completamente recepcionada pela ordem constitucional em vigor, pois, a norma que determina a ratificação de convênio por decreto não condiz com a exigência de lei específica para a concessão de benefícios fiscais. Eis a linha de raciocínio adotada pela banca em relação às respostas consideradas corretas e incorretas nas alternativas da questão em apreço.

Alternativa correta: letra "b": ainda que respaldada em convênio, a lei ordinária estadual mencionada no enunciado da questão não é lei específica para concessão do benefício, mas, estabelece regras sobre a legislação previdenciária estadual e, entre outras coisas, concede o crédito presumido de ICMS. Viola, portanto, o artigo 150, § 6º, da CF, que veicula a exigência de lei específica.

Alternativa "a": incorreta, pois a lei em questão não é específica em matéria tributária, haja vista que disciplinou também questão previdenciária, violando o artigo 150, §6º, da CF.

Alternativas "c" e "d": em relação ao ICMS, a concessão de **crédito presumido** depende de prévio **convênio** aprovado **unanimemente** pelos Estados e Distrito Federal no âmbito do CONFAZ – Conselho Nacional de Política Fazendária, não havendo obrigatoriedade de promulgação de lei específica estadual. Aliás, o STF já se posicionou no sentido de que "a lei, de modo unilateral, que disciplina benefício fiscal do ICMS, sem observar a prévia exigência de celebração de convênio entre os Estados-membros e o Distrito Federal para a concessão de isenções, incentivos e benefícios fiscais do imposto, ofende o artigo 155, § 2º, inciso XII, alínea "g", da CF" (STJ – ADI 1247 – Pleno – Rel. Min. Dias Toffoli – julgado em 1º.6.2011). Portanto, essas duas alternativas estão incorretas, na medida em que trazem afirmações que ignoram totalmente a exigência prévia de convênio entre os Estados, bem como a competência estadual para legislar sobre ICMS e ratificar os convênios por lei específica.

Alternativa "e": se, conforme já exposto nos comentários à alternativa correta, o convênio deve ser ratificado por lei específica, incorreto afirmar que lei ordinária não pode instituir benefícios fiscais relativos ao ICMS. Em termos mais precisos, desde que específica e respaldada em convênio interestadual autorizativo, lei ordinária constitui o veículo normativo legítimo para a concessão de crédito presumido e demais benefícios de ICMS.

---

155. (Cespe – Promotor de Justiça – AC/2014) Considere que um estado da Federação conceda remissão ao tributo de ICMS de forma autônoma e contrária ao previsto na legislação federal, tendo sido os atos de concessão firmados entre a fazenda local e o contribuinte-empresário. Diante dessa situação hipotética, assinale a opção correta.

a) Por não ser norma de efeito concreto, a lei editada pelo parlamento local não pode ser objeto de ação direta de inconstitucionalidade.

b) O ente da Federação detém capacidade tributária para conceder o referido benefício, pois a remissão consiste em perdão de punições.

c) A remissão é um benefício fiscal e deve, no caso do ICMS, ser autorizada pelo CONFAZ antes de sua concessão por lei estadual, dado que o citado tributo submete-se a regramento nacional.

d) Para a concessão da remissão, a interpretação da legislação de referência deve ser feita por método integrativo, visto que o objetivo é beneficiar o contribuinte.

e) Não é possível ao MP o ajuizamento de ACP contra os atos contratuais firmados pelo poder público, pois se trata de matéria vinculada à cobrança de tributos.

COMENTÁRIOS

✪ **Nota dos autores:** a remissão tributária é causa de extinção do crédito tributário que significa "perdão" do crédito tributário, autorizada por lei, de forma total ou parcial, buscando atender a alguns critérios, dentre eles, a situação econômica do sujeito passivo ou o diminuto valor do crédito perdoado (CTN, art. 172).

Alternativa correta: letra "c": o artigo 150, § 6º da CF estabelece que qualquer subsídio ou isenção, redução de base de cálculo, concessão de crédito presumido, anistia ou **remissão**, relativos a impostos, taxas ou contribuições, **só poderá ser concedido mediante lei específica**, federal, **estadual** ou municipal, que regule exclusivamente essas matérias, **sem prejuízo do disposto no artigo 155, § 2º, XII, g**. Já este dispositivo constitucional ressalvado (o art. 155, § 2º, XII, *g*) é aplicável ao **ICMS** e reserva à esfera de competência da lei complementar "regular a forma como, mediante deliberação dos Estados e do Distrito Federal, isenções, incentivos e benefícios fiscais serão concedidos e revogados". Com base nesses comandos normativos, a CF de 1988 recepcionou a Lei complementar 24/75, segundo a qual todos os benefícios fiscais de ICMS devem encontrar fundamento em convênios celebrados pelos Estados no âmbito do CONFAZ – Conselho Nacional de Política Fazendária. No seu artigo 10 a citada lei complementar expressamente elenca a remissão de créditos tributários do ICMS como assunto passível de objeto de convênio CONFAZ.

Alternativa "a": incorreta. O STF já se posicionou no sentido de que "a lei, de modo unilateral, que disciplina benefício fiscal do ICMS, sem observar a prévia exigência de celebração de convênio entre os Estados-membros e o Distrito Federal para a concessão de isenções, incentivos e benefícios fiscais do imposto, ofende o artigo 155, § 2º, inciso XII, alínea "g", da CF" (STJ – ADI 1247 – Pleno – Rel. Min. Dias Toffoli – julg. 1º.6.2011). Logo, a lei estadual pode ser objeto de ação direta de inconstitucionalidade.

Alternativa "b": incorreta, por dois motivos. Primeiro que o ente da federação não tem competência para outorgar benefícios fiscais de forma unilateral, mesmo que por lei (CF, art. 150, § 6º c/c art. 155, § 2º, XII, *g*). Segundo que remissão é o perdão do crédito tributário (possui natureza de extinção do crédito tributário), lembrando que é a anistia que é considerada uma exoneração tributária relativa a penalidades pecuniárias (possui natureza de exclusão do crédito tributário).

Alternativa "d": segundo o artigo 172 do CTN, "a lei pode autorizar a autoridade administrativa a conceder, por despacho fundamentado, remissão total ou parcial do crédito tributário, atendendo: I – à situação econômica do sujeito passivo; II – ao erro ou ignorância escusáveis do sujeito passivo, quanto a matéria de fato; III – à diminuta importância do crédito tributário; IV – a considerações de equidade, em relação com as características pessoais ou materiais do caso; V – a condições peculiares a determinada região do território da entidade tributante". Observe que a remissão não tem como objetivo único beneficiar o contribuinte, motivo pelo qual a alternativa está errada.

Alternativa "e": incorreta. Num contexto de debate doutrinário, com autores de renome defendendo a inconstitucionalidade do parágrafo único do artigo 1º da Lei 7.347/85 ("não será cabível ação civil pública para veicular pretensões que envolvam **tributos**, contribuições previdenciárias, o Fundo de Garantia do Tempo de Serviço – FGTS ou outros fundos de natureza institucional cujos beneficiários podem ser individualmente determinados"), fato é que, pela literalidade da norma, não cabe ação civil pública em matéria tributária. Há alguns julgados em sentido contrário (STF, RE 576.155/DF). De qualquer forma, o confuso texto da alternativa em comento contém erro em seu primeiro período, haja vista que os atos contratuais do poder público com o empresariado podem sim ser objetos de ação civil pública. Tais contratos não se tratam de matéria vinculada à cobrança de tributos, mesmo porque a incidência tributária não decorre de acordo de vontades (contratos). A incidência tributária é *ex lege*.

156. (Cespe – Procurador do Estado – BA/2014) A respeito da concessão, pelos entes da Federação, de benefício fiscal em relação ao ICMS, julgue os itens subsecutivos.

156.1. Não há obrigatoriedade de a concessão de benefícios fiscais ser feita por lei complementar estadual.

COMENTÁRIOS

✪ **Nota dos autores:** de acordo com o artigo 150, § 6º da CF, qualquer subsídio ou **isenção**, redução de base de cálculo, concessão de crédito presumido, anistia ou remissão, relativos a impostos, taxas ou contribuições, **só poderá ser concedido mediante lei específica**, federal, **estadual** ou municipal, que regule exclusivamente essas matérias, **sem prejuízo do disposto no artigo 155, § 2º, XII, g**. Já o art. 155, § 2º, XII, *g*, objeto da menção do artigo 150, § 6º é aplicável ao ICMS e reserva à esfera de competência da lei complementar "regular a forma como, mediante deliberação dos Estados e do Distrito Federal, isenções, incentivos e benefícios fiscais serão concedidos e revogados". Com base nesses comandos normativos, a CF de 1988 recepcionou a Lei complementar 24/75, segundo a qual todos os benefícios fiscais de ICMS devem encontrar fundamento em convênios celebrados pelos Estados no âmbito do CONFAZ – Conselho Nacional de Política Fazendária.

Certo. Em relação ao ICMS, os benefícios fiscais dependem de prévio **convênio** aprovado unanimemente pelos Estados e Distrito Federal no âmbito do CONFAZ – Conselho Nacional de Política Fazendária, não havendo obrigatoriedade de promulgação de lei complementar estadual.

156.2. Consideram-se benefícios fiscais as imunidades previstas na CF.

COMENTÁRIOS

✪ **Nota dos autores:** a imunidade é uma exoneração tributária prevista na Constituição Federal, mediante normas que estabelecem situações em que é vedado às pessoas políticas exercerem suas competências tributárias. Imunidades constituem, outrossim, limitações constitucionais ao poder de tributar, embora possam ser vistas também como direito subjetivo do cidadão de não ser tributado nas situações constitucionalmente previstas.

Errado. No que tange ao ICMS, são compreendidos no conceito de benefícios fiscais as isenções, as reduções de bases de cálculo, as concessões de créditos presumidos e os demais incentivos dos quais resulte redução ou eliminação, direta ou indireta, do respectivo ônus tributário, estipulados em convênios aprovados pelo CONFAZ de forma unânime entre os Estados e o Distrito Federal, como bem dispõe o parágrafo único do artigo 1º da LC 24/75. As imunidades tributárias não estão abarcadas pela ideia de benefícios fiscais do ICMS, constituindo vedações constitucionais ao exercício das competências tributárias.

156.3. De acordo com a CF, cabe a lei complementar regular a forma como, mediante deliberação dos estados e do DF, isenções, incentivos e benefícios fiscais serão concedidos e revogados.

COMENTÁRIOS

✪ **Nota dos autores:** de acordo com o artigo 150, § 6º da CF, qualquer subsídio ou **isenção**, redução de base de cálculo, concessão de crédito presumido, anistia ou remissão, relativos a impostos, taxas ou contribuições, **só poderá ser concedido mediante lei específica**, federal, **estadual** ou municipal, que regule exclusivamente essas matérias, **sem prejuízo do disposto no artigo 155, § 2º, XII, g**. Já o art. 155, § 2º, XII, *g*, objeto da menção do artigo 150, § 6º é aplicável ao ICMS e reserva à esfera de competência da lei complementar "regular a forma como, mediante deliberação dos Estados e do Distrito Federal, isenções, incentivos e benefícios fiscais serão concedidos e revogados". Com base nesses comandos normativos, a CF de 1988 recepcionou a Lei complementar 24/75, segundo a qual todos os benefícios fiscais de ICMS devem encontrar fundamento em convênios celebrados pelos Estados no âmbito do CONFAZ – Conselho Nacional de Política Fazendária.

Certo. O fundamento da exigência de lei complementar para regular a forma como as isenções, incentivos e benefícios fiscais do ICMS serão concedidos ou revogados é o artigo 155, § 2º, inciso XII, alínea "g", da CF.

156.4. Sendo o ICMS um tributo estadual, a concessão de benefícios fiscais a ele relacionada deve ser feita por meio de atos administrativos normativos, como decretos.

COMENTÁRIOS

✪ **Nota dos autores:** os benefícios fiscais no âmbito do ICMS devem ser aprovados por convênios no âmbito do CONFAZ, nos termos da LC 24/75.

Errado. O **decreto** não é o veículo normativo apropriado para veicular a concessão de um benefício fiscal relativo ao ICMS (o correto é o **convênio** aprovado no CONFAZ). Há de se ressaltar que o artigo 4º da LC 24/75 estipula que "dentro do prazo de 15 (quinze) dias contados da publicação dos convênios no Diário Oficial da União, e independentemente de qualquer outra comunicação, o Poder Executivo de cada Unidade da Federação publicará **decreto** ratificando ou não os convênios celebrados, considerando-se ratificação tácita dos convênios a falta de manifestação no prazo assinalado neste artigo".

156.5. Por ser um tributo de importância nacional, o ICMS só pode ser concedido pelos entes da Federação mediante autorização do Senado Federal, ao qual cabe, inclusive, prescrever suas alíquotas em determinados casos.

COMENTÁRIOS

✪ **Nota dos autores:** a instituição de um imposto deve ser feita pelo ente tributante detentor da competência tributária outorgada pela própria CF, em regra, por meio de lei ordinária.

Errado. O ICMS pode ser instituído pelos Estados e pelo Distrito Federal, nos termos do artigo 155, inciso II, da CF, por meio de lei ordinária. Não obstante o Senado Federal tenha importante papel na prescrição de alíquotas do ICMS em determinados casos (CF, art. 155,

§ 2º, V), não tem a prerrogativa de autorizar a concessão de ICMS aos entes tributantes.

157. (Cespe – Procurador do DF/ 2013) Considerando que uma autarquia federal que não vise à exploração da atividade econômica e não cobre tarifa ou preço por serviços prestados tenha adquirido um prédio para instalação de sua administração no DF, julgue os itens que se seguem, relativos a essa situação hipotética, à competência tributária e às regras de limitação dessa competência.

O DF pode conceder remissão de ICMS a empresários, de forma autônoma e independente de autorização de qualquer órgão federal, dado que a CF lhe garantiu competência plena.

COMENTÁRIOS

✪ **Nota dos autores:** em regra, qualquer subsídio ou isenção, redução de base de cálculo, concessão de crédito presumido, anistia ou remissão, relativos a impostos, taxas ou contribuições, só poderá ser concedido mediante **lei específica**, federal, estadual ou municipal, que regule exclusivamente essas matérias (CF, art. 150, § 6º). Entretanto, materializa-se uma exceção a essa regra a concessão de benefícios fiscais no âmbito do ICMS.

Errado. No âmbito do ICMS os benefícios fiscais (dentre os quais se insere a remissão) devem encontrar fundamento em convênios celebrados pelos Estados no âmbito do CONFAZ – Conselho Nacional de Política Fazendária, órgão colegiado estabelecido pela Lei Complementar nº 24/75. O CONFAZ é composto pelos Secretários da Fazenda de todos os Estados e do Distrito Federal e pelo Ministro da Fazenda (representando o Governo Federal). A concessão de benefícios fiscais relativos ao ICMS dependerá sempre de decisão unânime dos Estados representados (Lei complementar 24/75, art. 2º, § 2º). Portanto, à luz dos artigos 150, § 6º (*in fine*) e 155, § 2º, inciso XII, alínea "g", da CF, o Distrito Federal **não pode** conceder remissão de ICMS aos empresários de forma autônoma e independente.

158. (Cespe – Procurador do DF/ 2013) Determinado contribuinte praticou fraude nas suas declarações feitas ao fisco e, com isso, conseguiu suprimir tributo de ICMS do erário público no mês de novembro de 2008. O fisco conseguiu constatar tal supressão apenas em dezembro de 2013, tendo lavrado o respectivo auto de infração.

Com relação a essa situação hipotética, julgue os itens, que tratam de lançamento, decadência e prescrição.

158.1. No caso descrito, houve decadência no direito do fisco de lançar o tributo, pois a verificação ocorreu após cinco anos da data do fato gerador.

COMENTÁRIOS

✪ **Nota dos autores:** de acordo com o artigo 150, § 4º do CTN, "se a lei não fixar prazo à homologação, será ele de cinco anos, a contar da ocorrência do fato gerador; expirado esse prazo sem que a Fazenda Pública se tenha pronunciado, considera-se homologado o lançamento e definitivamente extinto o crédito, **salvo se comprovada a ocorrência de** dolo, **fraude** ou simulação". Portanto, o prazo decadencial para homologação do lançamento é de cinco anos contados da ocorrência do fato gerador. Já o artigo 173, inciso I, do CTN, estipula o prazo de cinco anos para que a Fazenda Pública constitua o crédito tributário, contados do primeiro dia do exercício seguinte àquele em que o lançamento poderia ter sido efetuado.

Errado. Como na hipótese descrita está prevista expressamente a ocorrência de fraude por parte do contribuinte, o prazo decadencial para a constituição do crédito tributário pela Fazenda Pública tem fundamento no artigo 173, inciso I, do CTN. Assim, como a supressão do ICMS deu-se em novembro de 2008 o Fisco poderia ter efetuado o lançamento tributário de ofício já em dezembro do mesmo ano, de maneira que o *dies a quo* do prazo decadencial é 1º de janeiro de 2009 ("primeiro dia do exercício seguinte àquele em que o lançamento poderia ter sido efetuado") e o prazo final é 1ª de janeiro de 2014 (cinco anos). Pelo fato do lançamento tributário de ofício ter sido lavrado efetivamente em dezembro de 2013 (data do auto de infração), tem-se que a decadência ainda não havia se operado.

158.2. A prescrição ocorreu em virtude de o contribuinte já ter realizado o lançamento e o estado não ter efetivado sua cobrança judicial.

COMENTÁRIOS

✪ **Nota dos autores:** a distinção básica entre decadência e prescrição está no fato de que o que decai é o direito de a Fazenda Pública constituir o crédito tributário (direito de lançar) e o que prescreve é a ação de cobrança do tributo (execução fiscal). Embora a decadência esteja no rol das hipóteses de extinção do crédito tributário, fato é que, vindo a ocorrer, o crédito tributário sequer chega a constituir-se.

Errado. A prescrição é uma hipótese de extinção do crédito tributário (CTN, art. 156, V) e representa a perda do direito pela Fazenda Pública de exercer a cobrança judicial do crédito tributário (via execução fiscal), operando-se em cinco anos a partir da constituição definitiva do referido crédito. Há de se lembrar que a constituição do crédito tributário ocorre com o lançamento tributário, de competência privativa da autoridade administrativa. Assim, no caso do item em análise, o prazo inicial da prescrição só terá início com a decisão final proferida no processo administrativo tributário instaurado a partir do auto de infração lavrado pelo Fisco.

159. (Cespe – Procurador do DF/ 2013) Julgue os seguintes itens, a respeito do IPTU, do ICMS e de isenção tributária.

É inconstitucional a isenção de tributo estadual fundada em tratado internacional ratificado pelo presidente da República.

COMENTÁRIOS

✪ **Nota dos autores:** como regra, as isenções devem ser concedidas por lei específica daquele ente tributante que detém o poder de tributar (CF, art. 150, § 6º), ou seja, são **autônomas**. Ao contrário, também via de regra, as chamadas **isenções heterônomas** são vedadas pela Carta Constitucional, com fundamento no artigo 151, inciso III, da CF (**"é vedado à União instituir isenções de tributos da competência dos Estados, do Distrito Federal ou dos Municípios"**).

Errado. A União, ao assinar um Tratado Internacional de tributação, não atua como um ente federativo interno, mas sim como representante da República Federativa do Brasil na qualidade de sujeito de direitos na ordem internacional. Nesse sentido, a isenção de um tributo estadual por meio de Tratado Internacional não é tida como heterônoma vedada pela CF (STF, RE 229.096-RS).

160. (Cespe – Delegado de Polícia Federal – DPF/2013) Com a finalidade de gerar créditos fictícios para sua empresa, determinado empresário formalmente constituído criou outra sociedade comercial em nome de dois empregados seus, analfabetos. No contrato social dessa sociedade, um dos empregados consta como sócio administrador e o outro, como sócio. A confecção do contrato social e a utilização dos créditos fictícios ficaram a cargo do contador da empresa, que tinha consciência dos fatos.

Considerando essa situação hipotética, julgue os itens que se seguem com base na legislação tributária vigente.

Se o uso do crédito fictício só for constatado pela autoridade tributária após cinco anos da data do fato gerador, o lançamento será considerado homologado e o crédito, definitivamente extinto.

COMENTÁRIOS

✪ **Nota dos autores:** o STJ firmou entendimento no sentido de que a decadência tributária é regida pelo artigo 173, inciso I, do CTN, nos casos em que há creditamento indevido do imposto (STJ, REsp 979.228/RS – Relatora Min. Eliana Calmon, DJE 16/04/2009).

Errado. De acordo com o citado posicionamento do STJ e com fundamento no artigo 173, inciso I, do STJ, o Fisco terá cinco anos contados do primeiro dia do exercício seguinte ao que o lançamento poderia ter sido efetuado para constituir o crédito tributário (glosando o crédito fictício). Perceba que os cinco anos não são contados do fato gerador, haja vista a ocorrência de dolo, fraude ou simulação (não se aplica, portanto, o artigo 150, § 4º, do CTN).

161. (Cespe – Defensor Público – TO/2013) No que concerne à extinção do crédito tributário, assinale a opção correta.

a) O vencimento do crédito tributário ocorre dez dias depois da data em que se considera o sujeito passivo notificado do cálculo do montante do tributo devido.

b) A lei pode autorizar a compensação de crédito tributário com créditos vencidos, líquidos e certos, possibilidade vedada para os vincendos.

c) De acordo com o STJ, a remissão de juros de mora insertos na composição do crédito tributário não enseja o resgate de juros remuneratórios incidentes sobre o depósito judicial feito para suspender a exigibilidade desse mesmo crédito tributário.

d) A concessão de medida liminar em mandado de segurança configura hipótese de extinção do crédito tributário.

e) Caso a legislação tributária não disponha a respeito do local de pagamento do tributo, ele deve ser efetuado na repartição competente do local da ocorrência do fato gerador.

COMENTÁRIOS

✪ **Nota dos autores:** o artigo 156 do CTN elenca, em onze incisos, doze modalidades de extinção do crédito tributário.

Alternativa correta: letra "c": o STJ já se posicionou no sentido de que "a remissão de juros de mora insertos dentro da composição do crédito tributário não enseja o resgate de juros remuneratórios incidentes sobre o depósito judicial feito para suspender a exigibilidade desse mesmo crédito tributário. O pleito não encontra guarida no art. 10, parágrafo único, da Lei nº 11.941/2009" (STJ, REsp 1251513/PR, DJE 17/08/2011). Em outras palavras: "Os eventuais juros compensatórios derivados de supostas aplicações do dinheiro depositado a título de depósito na forma do inciso II do artigo 151 do CTN não pertencem aos contribuintes-depositantes" (STJ, REsp 392.879/RS, Primeira Turma, Rel. Min. Luiz Fux, julgado em 13/8/2002).

Alternativa "a": incorreta. Quando a legislação tributária não fixar o tempo do pagamento, o vencimento do crédito ocorre **trinta dias** depois da data em que se considera o sujeito passivo notificado do lançamento (CTN, art. 160).

Alternativa "b": incorreta. A lei pode, nas condições e sob as garantias que estipular, ou cuja estipulação em cada caso atribuir à autoridade administrativa, autorizar a compensação de créditos tributários com créditos líquidos e certos, vencidos ou **vincendos**, do sujeito passivo contra a Fazenda Pública (CTN, art. 170). Sendo **vincendo** o crédito do sujeito passivo, a lei determinará, para os efeitos deste artigo, a apuração do seu montante, não podendo, porém, cominar redução maior que a correspondente ao juro de 1% (um por cento) ao mês pelo tempo a decorrer entre a data da compensação e a do vencimento (CTN, art. 170, parágrafo único).

Alternativa "d": incorreta. A concessão de medida liminar em mandado de segurança (ordem judicial concedida no início do procedimento do mandado de segurança, em geral, sem ouvir a parte contrária) tem o condão de **suspender a exigibilidade** do crédito tributário (CTN, art. 151, IV).

Alternativa "e": incorreta. Quando a legislação tributária não dispuser a respeito, o pagamento é efetuado na repartição competente do **domicílio do sujeito passivo** (CTN, art. 159).

---

162. (Cespe – Juiz Federal Substituto 2ª região/ 2013) Opera-se a dispensa legal de pagamento do tributo devido, pressupondo crédito tributário regularmente constituído, por meio da

a) isenção.
b) prescrição.
c) decadência.
d) imunidade.
e) remissão.

COMENTÁRIOS

✪ **Nota dos autores:** tanto a isenção, como a remissão, constitui-se dispensa legal do pagamento do tributo devido. A diferença entre ambas é que a isenção é a dispensa legal do tributo devido, que obstacularizaa constituição do crédito tributário pelo lançamento, mesmo tendo ocorrido o fato gerador e nascido o vínculo obrigacional. Já a remissão é a dispensa legal do tributo devido, caracterizada como uma hipótese de extinção do crédito tributário, ou seja, pressupõe um crédito tributário constituído.

Alternativa correta: letra "e": a remissão é hipótese de extinção do crédito tributário. É o perdão da dívida pelo Fisco (a expressão crédito tributário refere-se a tributos e multas) que depende de lei autorizativa.

Alternativa "a": incorreta. Sob a ótica do CTN, a isenção exclui o crédito tributário, ou seja, há a obrigação tributária decorrente da subsunção do fato (fato jurídico-tributário) à norma (hipótese de incidência), entretanto, a constituição do crédito tributário fica inviabilizada pela norma isentiva.

Alternativa "b": incorreta. A prescrição representa a perda do direito pela Fazenda Pública de exercer a cobrança judicial do crédito tributário (via execução fiscal), operando-se em cinco anos a partir da constituição definitiva do referido crédito. É uma hipótese de extinção do crédito tributário (CTN, art. 156, V).

Alternativa "c": incorreta. O crédito tributário também se extingue pela decadência (CTN, art. 156, V). O **artigo 173 do CTN** dispõe sobre a **decadência** do direito de o fisco constituir o crédito tributário pelo **lançamento de ofício**. Assim, embora a decadência esteja no rol das hipóteses de extinção do crédito tributário, fato é que, vindo a ocorrer, a Fazenda fica mesmo é legalmente impedida de constituí-lo.

Alternativa "d": incorreta. Como imunidade entende-se a exoneração tributária constante no texto constitucional, portanto, não há que se falar em crédito tributário constituído.

---

163. (Cespe – Juiz de Direito Substituto – RN/2013) No que concerne à suspensão, extinção, exclusão, garantias e privilégios do crédito tributário, assinale a opção correta.

a) Em razão da máxima "o acessório segue o principal", a exclusão do crédito tributário dispensa o cumprimento das obrigações acessórias, dependentes da obrigação principal cujo crédito seja excluído, ou dela, consequente.

b) Exceto os bens gravados por ônus real ou cláusula de inalienabilidade, a totalidade de bens e das rendas, de qualquer origem ou natureza, pertencente ao sujeito passivo responde pelo pagamento do crédito tributário.

c) Embora a União goze de preferência entre as pessoas jurídicas de direito público, o STJ consagrou o entendimento de que os créditos tributários das autarquias federais não têm primazia sobre os créditos fiscais dos estados e municípios.

d) A autoridade administrativa está impedida de conceder, ainda que mediante autorização legal, moratória de caráter individual, pois a legislação tributária somente admite a moratória em caráter geral, que deve ser concedida pela pessoa jurídica de direito público competente para instituir o tributo a que se refira.

e) O direito de a fazenda pública constituir o crédito tributário extingue-se após cinco anos contados do primeiro dia do exercício seguinte àquele em que o lançamento poderia ter sido efetuado ou da data em que se tornar definitiva a decisão que houver anulado, por vício formal, o lançamento anteriormente efetuado.

COMENTÁRIOS

✪ **Nota dos autores:** o crédito tributário é constituído pelo lançamento e decorre da obrigação principal. Logo, no Direito Tributário, crédito tributário não é sinônimo de obrigação tributária. Aliás, segundo o artigo 140 do CTN, "as circunstâncias que modificam o crédito tributário, sua extensão ou seus efeitos, ou as garantias ou os privilégios a ele atribuídos, ou que excluem sua exigibilidade não afetam a obrigação tributária que lhe deu origem".

Alternativa correta: letra "e": o prazo de decadência aplicável ao lançamento de ofício, fixado pelo artigo 173 do CTN, é de 5 (cinco) anos contados: I – do primeiro dia do exercício seguinte àquele em que o lançamento poderia ter sido efetuado; II – da data em que se tornar definitiva a decisão que houver anulado, por vício formal, o lançamento anteriormente efetuado. No caso do inciso II, é importante enfatizar que o CTN refere-se apenas a anulação por vício formal, não se aplicando a norma, portanto, ao desfazimento do lançamento por vício material. Em termos mais precisos, apenas com a anulação por vício formal (e não material) do lançamento anteriormente efetuado é que o prazo de cinco anos é reaberto para que seja feito novo lançamento, nos termos do artigo 173, inciso II, do CTN.

Alternativa "a": incorreta, pois segundo o parágrafo único do artigo 175 do CTN "a exclusão do crédito tributário não dispensa o cumprimento das obrigações acessórias dependentes da obrigação principal cujo crédito seja excluído, ou dela consequente".

Alternativa "b": incorreta, uma vez que o artigo 184 do CTN estipula que "sem prejuízo dos privilégios especiais sobre determinados bens, que sejam previstos em lei, responde pelo pagamento do crédito tributário a totalidade dos bens e das rendas, de qualquer origem ou natureza, do sujeito passivo, seu espólio ou sua massa falida, **inclusive os gravados por ônus real ou cláusula de inalienabilidade ou impenhorabilidade**, seja qual for a data da constituição do ônus ou da cláusula, excetuados unicamente os bens e rendas que a lei declare absolutamente impenhoráveis".

Alternativa "c": incorreta. O Superior Tribunal de Justiça sedimentou entendimento de que, verificada a pluralidade de penhora sobre o mesmo bem em executivos fiscais ajuizados por diferentes entidades garantidas com o privilégio do concurso de preferência, consagra-se a prelação do pagamento dos créditos tributários da União e suas autarquias em detrimento dos créditos fiscais dos estados e destes em relação aos municípios, conforme a dicção do art. 187, parágrafo único, do CTN c/c o artigo 29 da Lei 6.830/80 (STJ – AgRg no REsp 1341707/RS).

Alternativa "d": incorreta, haja vista que o CTN expressamente prevê a possibilidade de concessão de moratória em caráter individual, conforme o teor dos artigos 152, inciso II e 153.

---

164. (Cespe – Juiz Federal Substituto 1ª região/2013) O fisco, após operação realizada em várias empresas, comprovou que uma delas suprimia tributos mediante a prática de fraude, motivo pelo qual lavrou auto de infração em junho de 2013, tendo sido a fraude praticada em maio de 2008. Na fiscalização, verificou-se também que a empresa recolhia tributos pela modalidade de lançamento por homologação e que o fazia em valores muito inferiores aos devidos.

Nessa situação hipotética,

a) a decadência da constituição do crédito ocorreu em virtude do crédito tributário constituído por lançamento por homologação, visto que o contribuinte realizava pagamentos.

b) o fisco não poderia ter constituído o crédito tributário, visto que decorreram mais de cinco anos da data do fato gerador.

c) o lançamento realizado pelo contribuinte, passados cinco anos da data do fato gerador, é considerado homologado, extinguindo-se o crédito tributário.

d) o fisco poderia constituir o crédito, uma vez que houve fraude e, por isso, a contagem inicia-se no primeiro dia do exercício seguinte.

e) a prescrição, no caso, ocorreu em virtude do lançamento por homologação.

COMENTÁRIOS

✪ **Nota dos autores:** nos tributos sujeitos ao **lançamento por homologação**, o prazo de decadência é de **5 (cinco) anos**, **contados** da ocorrência **do fato gerador** (CTN, art. 150, § 4º). Como se trata de um autolançamento, não se refere a um prazo para o fisco constituir o crédito tributário, mas sim para promover a homologação da atividade do sujeito passivo, o que **se confunde com** o período de 5 (cinco) anos para **homologação tácita** previsto no artigo 150, § 4º do CTN. Todavia, como expressamente ressalva o próprio artigo 150, § 4º do CTN, o prazo de homologação **não se aplica em situações nas quais houver prova de dolo, fraude ou simulação**. Nesse caso, com fundamento no artigo 149 do CTN, passa a ter lugar o lançamento de ofício substitutivo e o **prazo decadencial aplicável passa a ser o do artigo 173, inciso I** (STJ – EDcl no REsp 1012178 / PR – Relª. Minª. Eliana Calmon – 2ª Turma – DJe 4/11/2009 e REsp 733915 / SP – Relª. Minª. Eliana Calmon – 2ª Turma – DJe 16/08/2007), isto é, o prazo relativo ao lançamento de ofício.

Alternativa correta: letra "d": diante da ocorrência de fraude por parte do contribuinte o prazo decadencial é regido pelo artigo 173, inciso I, do CTN, que estipula o *dies a quo* do cômputo de cinco anos o primeiro dia do exercício seguinte ao que o lançamento poderia ter sido efetuado, ou seja, 01/01/2009. Logo, no momento da constituição do crédito tributário pelo lançamento do ofício (junho de 2013), não havia decorrido o lapso de cinco anos (que expiraria em 01/01/2014).

Alternativa "a": incorreta. Não obstante o fato de haver pagamentos, a contagem do prazo pelo artigo

173, inciso I do CTN (em prejuízo ao artigo 150, § 4º) decorre do fato do contribuinte ter agido com fraude.

Alternativa "b": incorreta. Diante da conduta fraudulenta do contribuinte, a ocorrência do fato gerador não é o marco inicial da contagem do prazo de cinco anos para averiguação da decadência, mas sim o primeiro dia do exercício seguinte ao que o lançamento poderia ter sido efetuado (CTN, art. 173, I).

Alternativa "c": incorreta. O texto estaria correto, não fosse o fato do contribuinte ter agido com fraude na supressão de tributos. "Se a lei não fixar prazo a homologação, será ele de cinco anos, a contar da ocorrência do fato gerador; expirado esse prazo sem que a Fazenda Pública se tenha pronunciado, considera-se homologado o lançamento e definitivamente extinto o crédito, **salvo se comprovada a ocorrência de** dolo, **fraude** ou simulação" (CTN, art. 150, § 4º).

Alternativa "e": incorreta, pois no caso não há que se falar em prescrição. A **ação para a cobrança do crédito tributário**, isto é, a **execução fiscal** (Lei 6.830/80), **prescreve** em **5 (cinco) anos**, **contados da constituição definitiva** (CTN, art. 174). A prescrição também extingue o crédito tributário (CTN, art. 156, V).

9. ADMINISTRAÇÃO TRIBUTÁRIA (FISCALIZAÇÃO, DÍVIDA ATIVA E CERTIDÕES)

165. (Cespe – Juiz Federal – TRF 5/2017) Em cada uma das opções a seguir, é apresentada uma situação hipotética. Assinale a opção que apresenta situação que configura quebra de sigilo fiscal conforme as disposições do CTN.

A) Com base nas informações constantes dos livros fiscais obtidos em determinada empresa, o funcionário do fisco lavrou auto de infração e, ao final do procedimento administrativo, sem autorização judicial, encaminhou a informação para apuração criminal.

B) A Fazenda Pública divulgou, por meio de sistemas públicos, sem autorização dos contribuintes, a concessão de moratória ou parcelamentos.

C) Um funcionário da Receita Federal, tendo tomado conhecimento de informações fiscais por conta de sua função, repassou-as a outro funcionário da Receita Federal, do mesmo setor, para providências funcionais, sem expressa autorização da chefia direta.

D) Tendo tomado conhecimento de informações fiscais, um funcionário do fisco lavrou o devido auto de infração e, após o prazo de impugnação, encaminhou-o para a inscrição na dívida ativa, sem conhecimento do secretário da Receita Federal.

E) Tendo verificado práticas ilícitas de natureza tributária, no curso de processo administrativo fiscal, o funcionário do fisco encaminhou a informação ao Ministério Público, ao final do procedimento administrativo, bem como repassou para um jornalista amigo as informações, sob a promessa de sigilo da fonte.

COMENTÁRIOS

✪ **Nota dos autores:** em regra, a Fazenda Pública e seus servidores estão proibidos de divulgar qualquer informação obtida no desenvolvimento dos trabalhos próprios da fiscalização tributária, que se refira aos sujeitos passivos (contribuintes e responsáveis) ou a terceiros que com estes se relacionam, seja em relação à situação econômica ou financeira, seja no tocante à natureza e ao estado de seus negócios ou atividades. Trata-se do chamado "sigilo fiscal" (CTN, art. 198, caput, do CTN). O próprio CTN traz uma série de exceções ao sigilo fiscal, cujas respectivas ocorrências não são consideradas "quebras de sigilo". Dentre tais exceções encontram-se, por exemplo, aquelas previstas no § 3º do artigo 198, quais sejam, a autorização de divulgação de informações pelo Fisco relativas a: (i) representações fiscais para fins penais; (ii) inscrições na dívida ativa da Fazenda Pública e (iii) parcelamento ou moratória. Atenção para exigência da questão para que seja assinalada a exceção (ou seja, a alternativa que apresenta uma afirmação incorreta sobre o tema).

Alternativa correta: letra "e". É a única que apresenta uma situação de quebra de sigilo fiscal, uma vez que houve a disponibilização de informações fiscais pelo servidor fazendário à imprensa. Tal situação não é exceção ao dever de sigilo bancário previsto no artigo 198 do CTN, detalhado na nota dos autores.

Alternativa "a": incorreta. A lavratura de auto de infração por parte do servidor fazendário, lastreado nas informações constantes dos livros fiscais do contribuinte, é uma prerrogativa da Fazenda Pública (Fiscalização de Tributos) esposada na autoexecutoriedade fiscal que encontra fundamento no artigo 195 do CTN, segundo o qual "para os efeitos da legislação tributária, não têm aplicação quaisquer disposições legais excludentes ou limitativas do direito de examinar mercadorias, livros, arquivos, documentos, papéis e efeitos comerciais ou fiscais, dos comerciantes industriais ou produtores, ou da obrigação destes de exibi-los". O seu parágrafo único prevê que "os livros obrigatórios de escrituração comercial e fiscal e os comprovantes dos lançamentos neles efetuados serão conservados até que ocorra a prescrição dos créditos tributários decorrentes das operações a que se refiram". Em outras palavras, segundo a autoexecutoriedade fiscal, o contribuinte (e demais fiscalizados) tem o dever de exibir ao Fisco suas mercadorias, livros, arquivos, documentos, papéis de trabalho e, por sua vez, o Fisco tem o direito de examiná-los. Ainda, tem-se que a Súmula Vinculante 24 apregoa que "não se tipifica crime material contra a ordem tributária, previstos no artigo 1º, incisos I a IV, da Lei 8.137/90, antes do lançamento definitivo do tributo", ou seja, a representação fiscal para fins penais somente pode ser encaminhada ao Ministério Público após proferida a decisão final favorável à Fazenda Pública na esfera administrativa, isso independentemente de ordem judicial. Por fim, expressamente, o CTN, em seu artigo 198, §3º do CTN estipula que "não é vedada a divulgação de informações relativas a representações fiscais para fins penais" (inciso I). Portanto, a situação narrada na alternativa "a" não representa quebra de sigilo fiscal, tampouco desrespeito à Súmula Vinculante 24.

Alternativa "b": incorreta. Como visto na nota dos autores, são exceções ao sigilo fiscal a autorização de divulgação de informações pelo Fisco relativas a parcelamento ou moratória (CTN, art. 198, §3º, III). Logo, não há quebra de sigilo fiscal.

Alternativa "c": incorreta. O intercâmbio de informação sigilosa, no âmbito da Administração Pública, será realizado mediante processo regularmente instaurado, e a entrega será feita pessoalmente à autoridade solicitante, mediante recibo, que formalize a transferência e assegure a preservação do sigilo (CTN, art. 198, §2º). Observe que não há o requisito de autorização expressa da chefia imediata. Logo, não há quebra de sigilo fiscal.

Alternativa "d": incorreta. Como visto na nota dos autores, são exceções ao sigilo fiscal a divulgação de informações pelo Fisco relativas a representações fiscais para fins penais (CTN, art. 198, §3º, I). Logo, não há quebra de sigilo fiscal.

---

166. (Cespe – Procurador do Estado – PGE – SE/2017)
Uma certidão positiva com efeitos de negativa consiste em

A) documento administrativo que indica a existência de créditos inexigíveis ou que já estão garantidos, embora não sirva para a comprovação de regularidade do pagamento de tributos.

B) certidão judicial que indica a existência de créditos exigíveis e não garantidos, apesar de não servir para a comprovação de regularidade do pagamento de determinado tributo.

C) certidão judicial usada para a comprovação de regularidade do pagamento de determinado tributo, ainda que indique a existência de créditos vencidos e exigíveis.

D) documento administrativo utilizado para a comprovação de regularidade do pagamento de determinado tributo, ainda que indique a existência de créditos garantidos ou inexigíveis.

E) certidão administrativa ou judicial que serve para a comprovação de regularidade do pagamento de determinado tributo e que certifica a existência de créditos exigíveis e não adimplidos, mesmo sem garantia.

COMENTÁRIOS

✪ **Nota dos autores:** as certidões enquanto documentos emitidos pela Fazenda Pública para comprovar a situação de (in)adimplência do contribuinte são de três espécies: (i) Certidão Negativa de Débitos Fiscais – CND, que comprova a inexistência de débitos fiscais; (ii) Certidão Positiva de Débitos Fiscais, que, ao contrário, comprova a existência de débitos fiscais e (iii) Certidão Positiva de Débitos Fiscais, com Efeitos de Negativa – CPD-EN, segundo a qual o contribuinte possui débitos fiscais, porém servirá para os mesmos fins típicos da certidão negativa (como o próprio nome diz, tem os "mesmos efeitos" da negativa).

Alternativa correta: letra "d". A certidão positiva com efeitos de negativa – CPD-EN deve ser emitida diante das hipóteses ensejadoras de sua emissão previstas no artigo 206 do CTN, a saber: (i) a existência de débitos fiscais ainda não vencidos (ainda no prazo para pagamento); (ii) a existência de débitos fiscais em curso de cobrança executiva em que tenha sido efetivada a penhora; e (iii) a existência de débitos fiscais cuja exigibilidade esteja suspensa, nos termos do artigo 151 do CTN, a saber: (a) moratória; (b) depósito do montante integral; (c) defesas e recursos no âmbito do processo administrativo fiscal; (d) liminar em mandado de segurança; (e) liminar ou tutela antecipada em outras espécies de ações judiciais; e (f) parcelamento. Portanto, a existência de créditos tributários garantidos ou inexigíveis enseja ao contribuinte o direito à CPD-EN.

Alternativa "a": incorreta. O erro da alternativa está em não atribuir à CPD-EN o condão de comprovação de regularidade do pagamento de tributos, uma vez que, como seu próprio nome diz, embora positiva de débitos, tem os mesmos "efeitos de uma certidão negativa".

Alternativas "b", "c" e "d": incorretas, pois a CPD-EN é um documento administrativo e não judicial, cuja finalidade e hipóteses de emissão estão relacionadas na nota dos autores e nos comentários à alternativa "d".

---

167. (Cespe – Juiz de Direito Substituto – AM/2016)
Considerando que a fazenda pública deve observar os princípios constitucionais para a legítima cobrança de tributos, assinale a opção correta com base na jurisprudência do STF.

a) Para o STF, é constitucional a apreensão de mercadorias como forma de obrigar o devedor a pagar os tributos devidos.

b) A exigência, pela fazenda pública, de prestação de fiança para a impressão de notas fiscais de contribuintes em débito com o fisco viola as garantias do livre exercício do trabalho, ofício ou profissão, da atividade econômica e do devido processo legal.

c) É constitucional a exigência de depósito prévio como requisito de admissibilidade de ação judicial na qual se pretenda discutir a exigibilidade de crédito tributário.

d) A imunidade tributária dos impostos sobre a renda não alcança as empresas públicas prestadoras de serviços públicos.

e) Norma local que condicione a concessão de regime especial de tributação à apresentação de certidão negativa de débitos tributários não constitui meio indireto de cobrança de tributo.

COMENTÁRIOS

✪ **Nota dos autores:** sob a denominação de **sanções políticas** a doutrina repudia meios "alternativos" coercitivos para cobrança de tributos (lembrando que a cobrança de tributos tem todo o rito já disciplinado pela Lei de Execuções Fiscais). Tal repúdio é fundamentado em algumas Súmulas do STF, dentre elas a 70, 323 e 547.

Alternativa correta: letra "b": o texto coaduna-se com o teor do RE 565.048/RS (julgado no regime de repercussão geral).

Alternativa "a": incorreta, uma vez que contraria o teor da Súmula 323 do STF, que apregoa que "é inadmissível a apreensão de mercadorias como meio coercitivo para pagamento de tributos".

Alternativa "c": incorreta, uma vez que contraria o teor da Súmula Vinculante 28, segundo a qual "é inconstitucional a exigência de depósito prévio como requisito de admissibilidade de ação judicial na qual se pretenda discutir a exigibilidade de crédito tributário".

Alternativa "d": incorreta, uma vez que a jurisprudência do STF tem estendido a imunidade recíproca às empresas públicas prestadora de serviços públicos, tais como a INFRAERO e a ECT (respectivamente, REs. 524.615-AgR e 627,051).

Alternativa "e": incorreta, uma vez que a jurisprudência do STF consolidou o entendimento no sentido contrário ao teor da alternativa, qual seja, de que norma local que condiciona a concessão de regime especial de tributação à apresentação de CND é um meio indireto de cobrança de tributo, que ofende o princípio da livre atividade econômica (AI 798.210 AgR).

---

168. (Cespe – Juiz de Direito Substituto – AM/2016) A empresa J Ltda. impetrou, em 20/7/2014, mandado de segurança para obter certidão negativa de débitos tributários na Fazenda do Estado do Amazonas. Ao seu nome estavam vinculados três débitos: um primeiro, já com decisão de primeira instância, pendente de intimação, mantendo o lançamento; um segundo, de ICMS, em relação ao qual o contribuinte alegou decadência, tendo o fato gerador ocorrido em 20/6/2009, com declaração e pagamento parcial do tributo à época, sem que tivesse ocorrido até a data da impetração qualquer lançamento; e um terceiro, em fase de execução judicial, com penhora determinada, e não realizada, sobre o faturamento.

Nessa situação hipotética,

a) ocorrida a penhora sobre o faturamento, seria possível a expedição da certidão negativa, de acordo com o CTN.

b) não havia possibilidade de expedição de certidão negativa, mas apenas de certidão positiva com efeitos de negativa.

c) a expedição da certidão cabível estava condicionada ao depósito integral do terceiro débito discutido.

d) não havia ocorrido a decadência do segundo débito, pois o início da contagem do prazo de decadência era 1.º/1/2010, por força de dispositivo do CTN.

e) a prolação de decisão pela Secretaria de Fazenda do Estado do Amazonas cessou a suspensão da exigibilidade do crédito tributário que permitiria a expedição da certidão cabível.

COMENTÁRIOS

✪ **Nota dos autores:** o órgão fazendário, quando solicitado pelo contribuinte, deve emitir certidão (documento) que retrate a existência ou inexistência de débitos fiscais. Tal certidão é utilizada pelo contribuinte como documento probatório em várias situações exigidas por lei como, por exemplo, para participação em concorrência pública. A certidão é tida como negativa de débitos (CND) quando o contribuinte não tiver dívidas tributárias. Ao contrário, será positiva quando o contribuinte apresentar dívidas tributárias. Entretanto, há situações em que o contribuinte possui débitos fiscais, porém a certidão tem os mesmos efeitos da negativa, ou seja, o contribuinte poderá utilizá-la, seguindo o exemplo já citado, para habilitá-lo numa concorrência pública. Trata-se da CPD-EN – certidão positiva de débitos fiscais, com efeitos de negativa. São três situações que ensejam a emissão da CPD-EN: (i) a existência de débitos fiscais ainda não vencidos (ainda no prazo para pagamento); (ii) a existência de débitos fiscais em curso de cobrança executiva em que tenha sido efetivada a penhora; e (iii) a existência de débitos fiscais cuja exigibilidade esteja suspensa, nos termos do artigo 151 do CTN, a saber: (a) moratória; (b) depósito do montante integral; (c) defesas e recursos no âmbito do processo administrativo fiscal; (d) liminar em mandado de segurança; (e) liminar ou tutela antecipada em outras espécies de ações judiciais; e (f) parcelamento.

Alternativa correta: letra "c": o primeiro débito estava com a exigibilidade suspensa, nos termos do artigo 151, III, do CTN (vide o comentário à alternativa "e"). O segundo débito estava decaído, nos termos do artigo 150, §4º do CTN e da jurisprudência do STJ (vide também o comentário à alternativa "d"). O terceiro débito, pelo fato da penhora não estar efetivada, não enseja, por si só, a expedição da CPE-EN, nos termos do artigo 206 do CTN. Assim, se houvesse a suspensão da exigibilidade do terceiro débito, a CPD-EN seria de rigor, motivo pelo qual o depósito do montante integral cumpre bem esse papel (CTN, art. 151, II).

Alternativa "a": na verdade, em ocorrendo a penhora sobre o faturamento (do 3º débito), a empresa J Ltda faria jus não à certidão negativa, mas sim à certidão positiva com efeitos de negativa (CPD-EN), nos termos do artigo 206 do CTN.

Alternativa "b": incorreta, pois no caso em questão a expedição da CPD-EN dependeria da efetivação da penhora do faturamento (relativa ao 3º débito) ou de outra forma de suspensão da exigibilidade do crédito tributário (tal como o depósito do montante integral). Isso tudo levando em consideração que o primeiro débito já está com a exigibilidade suspensa (CTN, art. 151, III) e o segundo débito encontra-se de fato decaído. Em relação ao segundo débito, a jurisprudência já firmou o entendimento no sentido de que "nas exações cujo lançamento se faz por homologação, havendo pagamento antecipado, conta-se o prazo decadencial a partir da ocorrência do fato gerador (art. 150, § 4º, do CTN). Somente quando não há pagamento antecipado, ou há prova de fraude, dolo ou simulação é que se aplica o disposto no art. 173, I, do CTN" (AgRg no Ag 939.714/RS, Rel. Ministra ELIANA CALMON, SEGUNDA TURMA, julgado em 12.02.2008, DJ 21.02.2008 p. 54).

Alternativa "d": incorreta. Como visto no comentário à alternativa "b" e com fundamento na jurisprudência do STJ, o segundo débito (lançado por homologação com pagamento antecipado) tem como *dies a quo* na contagem do prazo decadencial a data de ocorrência do fato gerador, 20/06/2009, nos termos do artigo 150, §4º do CTN. Daí porque encontrava-se decaído em 20/07/2014, uma vez que ultrapassados mais de cinco anos da ocorrência do fato gerador.

Alternativa "e": incorreta, pois o primeiro débito ainda estava com a exigibilidade suspensa, uma vez que pendente de intimação a decisão administrativa. Até o julgamento das reclamações e dos recursos administrativos a exigibilidade restar-se-á suspensa (CTN, art. 151, III).

---

169. (Cespe – Procurador do DF/ 2013) Considerando que o agente da autoridade da administração tributária lavre auto de infração e apreensão, com retenção de bens, contra determinada empresa, julgue os seguintes itens.

Conforme entendimento do STF, na hipótese narrada, a lavratura de auto de infração e apreensão, com retenção de bens, configura meio coercitivo admissível para a cobrança de tributo.

COMENTÁRIOS

✪ **Nota dos autores:** sob a denominação de **sanções políticas** a doutrina repudia meios "alternativos" coercitivos para cobrança de tributos (lembrando que a cobrança de tributos tem todo o rito já disciplinado pela Lei de Execuções Fiscais). Tal repúdio é fundamentado em algumas Súmulas do STF, dentre elas a 70, 323 e 547.

Errado. Segundo a Súmula 323 do STF "é **inadmissível** a apreensão de mercadorias como meio coercitivo para pagamento de tributos".

Ainda que a administração tributária não efetive o ato de lançamento da penalidade e cobrança do tributo, a empresa não poderá questionar a legalidade da apreensão de seus bens.

COMENTÁRIOS

✪ **Nota dos autores:** pelo princípio da inafastabilidade da jurisdição previsto no artigo 5º, inciso XXXV, da CF ("a lei não excluirá da apreciação do Poder Judiciário lesão ou ameaça a direito"), não é necessário o esgotamento da via administrativa para propositura da ação judicial.

Errado. Assim, segundo tal princípio, mesmo que não haja lançamento tributário (tampouco o esgotamento do processo administrativo), o contribuinte que se sentir lesado ou ameaçado de lesão em seus direitos por conta da apreensão de bens pelo Fisco poderá promover a ação própria junto ao Poder Judiciário buscando resguardá-los. Entretanto, tal medida judicial, tratando-se de situação fática e fundamento legal idênticos, implicará em renúncia de eventual processo administrativo em curso (Lei 6.830/80, art. 38, parágrafo único).

---

170. (Cespe – Delegado de Polícia Federal – DPF/2013) Com a finalidade de gerar créditos fictícios para sua empresa, determinado empresário formalmente constituído criou outra sociedade comercial em nome de dois empregados seus, analfabetos. No contrato social dessa sociedade, um dos empregados consta como sócio administrador e o outro, como sócio. A confecção do contrato social e a utilização dos créditos fictícios ficaram a cargo do contador da empresa, que tinha consciência dos fatos.

Considerando essa situação hipotética, julgue os itens que se seguem com base na legislação tributária vigente.

A administração tributária poderá requisitar o auxílio da força policial para garantir, em caso de oposição, o direito de fiscalizar todos os livros e documentos das referidas empresas.

COMENTÁRIOS

✪ **Nota dos autores:** a autoexecutoriedade é uma prerrogativa da Fazenda Pública (Fiscalização de Tributos) que encontra fundamento no artigo 195 do CTN, segundo o qual "para os efeitos da legislação tributária, não têm aplicação quaisquer disposições legais excludentes ou limitativas do direito de examinar mercadorias, livros, arquivos, documentos, papéis e efeitos comerciais ou fiscais, dos comerciantes industriais ou produtores, ou da obrigação destes de exibi-los". O seu parágrafo único prevê que "os livros obrigatórios de escrituração comercial e fiscal e os comprovantes dos lançamentos neles efetuados serão conservados até que ocorra a prescrição dos créditos tributários decorrentes das operações a que se refiram". Em outras palavras, segundo a autoexecutoriedade fiscal, o contribuinte (e demais fiscalizados) tem o dever de exibir ao Fisco suas mercadorias, livros, arquivos, documentos, papéis de trabalho e, por sua vez, o Fisco tem o direito de examiná-los.

Certo. O artigo 200 do CTN é expresso em garantir o auxílio de força policial para garantir o desempenho da administração tributária no que tange ao seu dever de fiscalizar os livros e documentos dos contribuintes ("as autoridades administrativas federais poderão requisitar o auxílio da força pública federal, estadual ou municipal, e reciprocamente, quando vítimas de embaraço ou desacato no exercício de suas funções, ou quando necessário à efetivação dê medida prevista na legislação tributária, ainda que não se configure fato definido em lei como crime ou contravenção").

171. (Cespe – Juiz de Direito Substituto – MA/ 2013) Assinale a opção correta a respeito de receitas públicas, responsabilidade tributária, fiscalização tributária e preços públicos.

a) O regime contábil adotado para a receita pública no Brasil é o de competência.

b) O inadimplemento da obrigação tributária pela sociedade gera, de forma automática, a responsabilidade solidária do sócio gerente.

c) Sob o ponto de vista tributário e financeiro, é correto afirmar que vigora, no Brasil, o federalismo simétrico, visto que o pacto federativo reconhece as diferenças econômicas entre os vários entes da Federação em virtude da arrecadação de receita, e, por esse motivo, tenta superar tais distorções com os sistemas de compartilhamento de competência e repartição de competência tributária.

d) O procedimento de fiscalização tributária é informado pelo princípio documental.

COMENTÁRIOS

✪ **Nota dos autores:** "o lançamento segue o princípio documental. Sua forma dependerá do regime de lançamento do tributo e das circunstâncias nas quais é apurado. Certo é que estará documentado e que seu instrumento terá de conter os elementos indispensáveis à identificação inequívoca da obrigação surgida. Os lançamentos dos tributos antes administrados pela SRF são feitos mediante a lavratura de Auto de Infração (AI), enquanto aqueles relativos a tributos antes administrados pela SRP são efetuados mediante Notificação Fiscal de Lançamento de Débitos (NFLD)" (extraído do site do Dr. Leandro Paulsen http: //www.leandropaulsen.com/site/textos_detalhe.asp?ID=5, acesso em 11/6/2012).

Alternativa correta: letra "d": a lição muito elucidativa de Leandro Paulsen reproduzida na nota do autor é confirmada pelo teor do artigo 196 do CTN, segundo o qual "a autoridade administrativa que proceder ou presidir a quaisquer diligências de fiscalização **lavrará os termos necessários para que se documente o início do procedimento**, na forma da legislação aplicável, que fixará prazo máximo para a conclusão daquelas".

Alternativa "a": incorreta. No Brasil, o regime contábil para reconhecimento da **receita pública** é o de **caixa** (considera-se receita somente o que efetivamente ingressa nos cofres públicos). De outro lado, os estudiosos da Contabilidade Pública entendem que para as **despesas públicas** o regime contábil é o de **competência** (ao final do exercício considera-se despesa toda aquela que está empenhada, mesmo que não esteja paga). Por essa mescla é que a doutrina contábil assevera que na Contabilidade Pública vigora o regime misto (caixa para as receitas e competência para as despesas).

Alternativa "b": incorreta. "O inadimplemento da obrigação tributária pela sociedade **não gera**, por si só, a responsabilidade solidária do sócio-gerente" (STJ, Súmula 430). O mero inadimplemento não permite o redirecionamento da obrigação tributária ao sócio-administrador da empresa, uma vez que, segundo o artigo 135, inciso III, do CTN, para que haja tal responsabilização pessoal é preciso que ele tenha agido com **excesso de poderes ou infração de lei, contrato social ou estatuto**. O mero inadimplemento, segundo o STJ, não é considerado excesso de poder, nem infração à lei, tampouco infração ao contrato social (AgRg no REsp 1273450/SP).

Alternativa "c": incorreta. No Brasil vigora o federalismo assimétrico, com alguns exemplos de tratamentos constitucionais diferenciados em relação aos entes tributantes de mesmo nível, visando atenuar os diversos tipos de disparidades, entre as quais o desenvolvimento econômico.

172. (Cespe – Juiz Federal Substituto 1ª região/2013) Com base no que dispõe o Código Tributário Nacional acerca da dívida ativa, assinale a opção correta.

a) A dívida ativa refere-se, sempre, à dívida tributária.

b) A dívida regularmente inscrita goza de certeza e liquidez e não poderá ser ilidida por nenhuma prova.

c) A fluência de juros de mora exclui a liquidez do crédito inscrito em dívida ativa.

d) Quando houver corresponsáveis, obrigatoriamente, estes também deverão ser indicados no termo de inscrição.

e) Comprovada após decisão de primeira instância, a nulidade dos requisitos que devem constar no termo de inscrição pode ser suprida mediante a substituição da certidão nula.

COMENTÁRIOS

✪ **Nota dos autores:** o tema dívida ativa está disciplinado entre os artigos 201 e 204 do CTN e também na LEF – Lei de Execuções Fiscais (Lei 6.830/80).

Alternativa correta: letra "d": o artigo 202, inciso I, do CTN prevê que "o termo de inscrição da dívida ativa, autenticado pela autoridade competente, indicará **obrigatoriamente** o nome do devedor e, sendo caso, o dos **corresponsáveis**, bem como, sempre que possível, o domicílio ou a residência de um e de outros".

Alternativa "a": incorreta, pois a dívida ativa da Fazenda Pública compreende a tributária e a não tributária e abrange atualização monetária, juros e multa de mora e demais encargos previstos em lei ou contrato (LEF, art. 2°, § 2°). Portanto, também existe dívida ativa não tributária, a exemplo da decorrente de penalidades pecuniárias por infrações a legislações como a de trânsito, a ambiental, a sanitária (multas) etc.

Alternativa "b": incorreta. Diverso do que afirmado pelo examinador a presunção de certeza e liquidez de que goza a dívida regularmente inscrita não é absoluta, mas sim relativa, isto é, pode ser ilidida por prova inequívoca, a cargo do sujeito passivo ou do terceiro a que aproveite. A previsão é do artigo 204, parágrafo único, do CTN.

Alternativa "c": incorreta por afrontar o teor do parágrafo único do artigo 201 do CTN ("a fluência de juros de mora não exclui, para os efeitos deste artigo, a liquidez do crédito").

Alternativa "e": incorreta. De fato, segundo a norma do artigo 203 do CTN, a nulidade da inscrição na Dívida Ativa, causada por omissão ou erro em seus requisitos fundamentais, poderá ser sanada, mediante substituição da certidão nula, devolvendo-se ao sujeito passivo, acusado ou interessado o prazo para defesa. Porém, diferente do afirma o examinador, isso apenas poderá ocorrer até a decisão de primeira instância, e não após a mesma, como equivocadamente afirmado para levar o candidato a erro.

10. PROCESSO TRIBUTÁRIO (ADMINISTRATIVO E JUDICIAL) E DIREITO PENAL TRIBUTÁRIO

173. (Cespe – Promotor de Justiça – MPE – RR/2017) João, prestador de serviços, trabalha como MEI na forma da Lei Complementar n.° 123/2006 (SIMPLES Nacional). Nessa qualidade, com o propósito de recolher menos tributo, ele informou à RFB ter recebido, no exercício de 2016, a receita bruta de R$ 50.000, mas a RFB constatou que sua receita bruta real nesse exercício havia sido de R$ 120.000. Ante a existência de provas suficientes desses fatos, a conduta de João foi tipificada como dolosa.

A respeito dessa situação hipotética, assinale a opção correta com base na Lei n.° 8.137/1990, que dispõe sobre crimes contra a ordem tributária.

A) A conduta de João poderá ser tipificada como crime contra a ordem tributária somente após o lançamento definitivo do tributo em exame.

B) Sabe-se que a falsa declaração de dados de interesse tributário é crime formal cuja tipificação independe do lançamento tributário. Nesse caso, somente se João tivesse retificado as informações antes do início da diligência fiscal o crime seria afastado.

C) Eventual exclusão de João do SIMPLES Nacional somente produziria efeitos tributários no exercício seguinte, ou seja, em 2017. Não tendo havido redução do tributo devido, não se pode falar em crime contra a ordem tributária.

D) Sabe-se que o MEI enquadrado no SIMPLES Nacional paga o seu tributo em valores fixos mensais, independentemente da receita bruta por ele auferida no mês. Por isso, se João tivesse efetuado a retificação das informações após o lançamento definitivo do tributo, não haveria crime tributário.

COMENTÁRIOS

✪ **Nota dos autores:** a Lei 8.137/90, dentre outros crimes, trata dos crimes contra a ordem tributária em seus artigos 1° e 2° ("**Art. 1°** Constitui crime contra a ordem tributária suprimir ou reduzir tributo, ou contribuição social e qualquer acessório, mediante as seguintes condutas: I – omitir informação, ou prestar declaração falsa às autoridades fazendárias; II – fraudar a fiscalização tributária, inserindo elementos inexatos, ou omitindo operação de qualquer natureza, em documento ou livro exigido pela lei fiscal; III – falsificar ou alterar nota fiscal, fatura, duplicata, nota de venda, ou qualquer outro documento relativo à operação tributável; IV – elaborar, distribuir, fornecer, emitir ou utilizar documento que saiba ou deva saber falso ou inexato; V – negar ou deixar de fornecer, quando obrigatório, nota fiscal ou documento equivalente, relativa a venda de mercadoria ou prestação de serviço, efetivamente realizada, ou fornecê-la em desacordo com a legislação. Pena – reclusão de dois a cinco anos, e multa. Parágrafo único. A falta de atendimento da exigência da autoridade, no prazo de dez dias, que poderá ser convertido em horas em razão da maior ou menor complexidade da matéria ou da dificuldade quanto ao atendimento da exigência, caracteriza a infração prevista no inciso V". "**Art. 2°** Constitui crime da mesma natureza: I – fazer declaração falsa ou omitir declaração sobre rendas, bens ou fatos, ou empregar outra fraude, para eximir-se, total ou parcialmente, de pagamento de tributo; II – deixar de recolher, no prazo legal, valor de tributo ou de contribuição social, descontado ou cobrado, na qualidade de sujeito passivo de obrigação e que deveria recolher aos cofres públicos; III – exigir, pagar ou receber, para si ou para o contribuinte beneficiário, qualquer percentagem sobre a parcela dedutível ou deduzida de imposto ou de contribuição como incentivo fiscal; IV – deixar de aplicar, ou aplicar em desacordo com o estatuído, incentivo fiscal ou parcelas de imposto liberadas por órgão ou entidade de desenvolvimento; V – utilizar ou divulgar programa de processamento de dados que permita ao sujeito passivo da obrigação tributária possuir informação contábil diversa daquela que é, por lei, fornecida à Fazenda Pública. Pena – detenção, de seis meses a dois anos, e multa").

Alternativa correta: letra "a". A situação do enunciado pode ser enquadrada no artigo 1º, inciso I, da Lei 8.137/90 (reproduzido na nota dos autores). O STF consolidou o entendimento por meio da Súmula Vinculante 24 de que não se tipifica crime material contra a ordem tributária antes do lançamento definitivo do crédito tributário ("não se tipifica crime material contra a ordem tributária, previsto no art. 1º, incisos I a IV, da Lei nº 8.137/90, antes do lançamento definitivo do tributo"). Logo, é correto afirmar que a conduta de João poderá ser tipificada como crime contra a ordem tributária somente após o lançamento definitivo do tributo em exame.

Alternativa "b": incorreta. Os crimes contra a ordem tributária estão previstos nos artigos 1º e 2º da Lei 8.137/90. Da leitura do artigo 1º percebe-se que os delitos são de resultado material, ou seja, demandam, além da conduta, a comprovação do resultado "supressão ou redução de tributo". Já o artigo 2º menciona delitos que a Doutrina classifica como formais, ou seja, o resultado "supressão ou redução de tributo" não está contido no tipo penal. No caso em tela, houve supressão ou redução de tributo, uma vez que João omitiu R$70.000 de seus rendimentos (R$120.000 – R$50.000), mantendo-se como MEI, quando, na verdade, ultrapassou o limite de enquadramento para recolhimento de valores fixos mensais (R$81.000, conforme artigo 18-A da LC 123/2006), motivo pelo qual o crime em tese cometido é o do artigo 1º, inciso I da Lei 8.137/90, portanto, crime de resultado material (e não formal como constou no texto da alternativa).

Alternativa "c": incorreta, porque, diferente do que afirma o examinador, a previsão para a ultrapassagem do limite de receita bruta do MEI (R$ 81.000,00 por ano) **não** é a exclusão do Simples Nacional, mas sim a exclusão de ofício da condição de Microempreendedor Individual – MEI, (inteligência do artigo 18-A, § 8º da Lei complementar 123/2006). Tanto isso é verdade que, nos termos do § 9º do artigo 18-A da Lei complementar 123/2006, o Empresário Individual desenquadrado da sistemática de recolhimento do MEI passará a recolher os tributos devidos pela regra geral do Simples Nacional, ou seja, não será desenquadrado do Simples Nacional, mas tão somente da sistemática do MEI. Ademais, o examinador também afirma nessa alternativa que, supostamente, não teria havido redução do tributo devido, não se podendo falar em crime contra a ordem tributária. Todavia, conforme já exposto nos comentários à alternativa "b", no caso em tela, houve sim supressão ou redução de tributo e consequentemente, tipificou-se o crime material contra a ordem tributária, uma vez que João omitiu R$70.000 de seus rendimentos (R$120.000 – R$50.000).

Alternativa "d": incorreta. De acordo com o art. 34 da Lei nº 9.249/95, extingue-se a punibilidade dos crimes contra a ordem tributária quando o agente promover o pagamento do tributo ou contribuição social, inclusive acessórios, antes do recebimento da denúncia. Logo, apenas a retificação das informações é insuficiente para a extinção da punibilidade, havendo a necessidade do efetivo pagamento do tributo.

---

174. (Cespe – Promotor de Justiça – MPE – RR/2017) De acordo com dispositivos da Lei n.° 6.830/1980 pertinentes à execução fiscal, julgue os itens a seguir.

I. A inscrição em dívida ativa feita pelo órgão competente suspenderá a prescrição por cento e oitenta dias, ou até a distribuição da execução fiscal, se esta ocorrer antes de findo aquele prazo.

II. Mesmo após a apresentação dos embargos do executado, o juiz pode deferir-lhe pedido para substituir a penhora de veículos por seguro garantia.

III. A cobrança de dívida não tributária que tenha sido inscrita em dívida ativa por autarquia estadual não se pode dar por meio do rito da execução fiscal.

Assinale a opção correta.

A) Apenas os itens I e II estão certos.
B) Apenas os itens I e III estão certos.
C) Apenas os itens II e III estão certos.
D) Todos os itens estão certos.

COMENTÁRIOS

✪ **Nota dos autores:** a execução fiscal é regida pela Lei 6.830/80 (LEF), cuja leitura é **recomendada**.

Alternativa correta: letra "a".

Item I: correto, pois que condizente com o teor do artigo 2º, §3º da LEF ("a inscrição, que se constitui no ato de controle administrativo da legalidade, será feita pelo órgão competente para apurar a liquidez e certeza do crédito e suspenderá a prescrição, para todos os efeitos de direito, por 180 dias, ou até a distribuição da execução fiscal, se esta ocorrer antes de findo aquele prazo").

Item II: correto. Em qualquer fase do processo, será deferida pelo Juiz ao executado, a substituição da penhora por depósito em dinheiro, fiança bancária ou seguro garantia (LEF, art. 15, I).

Item III: incorreto. "A execução judicial para cobrança da Dívida Ativa da União, dos **Estados**, do Distrito Federal, dos Municípios e **respectivas autar-**

quias será regida por esta Lei e, subsidiariamente, pelo Código de Processo Civil" (LEF, art. 1º).

175. (Cespe – Procurador do Estado – PGE – SE/2017) Pedro, contribuinte do ICMS, omitiu a venda de certas mercadorias na declaração prestada ao fisco, referente ao lançamento desse tributo. Dessa forma, deixou de recolher o ICMS devido no prazo legal.

Efetuado o lançamento definitivo do tributo, permanecendo Pedro inadimplente, o auditor responsável elaborou uma representação fiscal para fins penais, enquadrando a conduta de Pedro como crime contra a ordem tributária, previsto na legislação pertinente (Lei n.º 8.137/1990).

Em sua defesa, Pedro alegou a inconstitucionalidade da referida normativa, sustentando que a CF veda a prisão por dívida, com a única exceção do devedor de alimentos.

Nessa situação hipotética, conforme a jurisprudência do STF, o argumento de defesa apresentado por Pedro é

A) apropriado, já que a CF se opõe à criminalização do contribuinte pela simples omissão de rendimentos.

B) adequado, pois a CF proíbe a aplicação de pena de prisão a mero inadimplemento cível, a ser cobrado mediante execução fiscal.

C) inconsistente, em razão da constitucionalidade da Lei n.º 8.137/1990, que prevê a prisão apenas por crimes materiais.

D) inconsistente, em razão da constitucionalidade da Lei n.º 8.137/1990, que autoriza a prisão pela natureza penal dos crimes contra a ordem tributária, não sendo esse fato hipótese de prisão civil por dívida.

E) adequado, uma vez que a CF veda a prisão criminal por dívida, mesmo que esta seja oriunda de não pagamento de tributo.

COMENTÁRIOS

✪ **Nota dos autores:** o STF já consolidou o entendimento de que os crimes contra a ordem tributária não se tratam de prisão por dívida (ARE 999425), cuja ementa é a seguinte: PENAL E CONSTITUCIONAL. CRIMES PREVISTOS NA LEI 8.137/1990. PRISÃO CIVIL POR DÍVIDA. OFENSA AO ART. 5º, LXVII, DA CONSTITUIÇÃO. NÃO OCORRÊNCIA. REPERCUSSÃO GERAL RECONHECIDA. CONFIRMAÇÃO DA JURISPRUDÊNCIA. RECURSO EXTRAORDINÁRIO DESPROVIDO. I – O Tribunal reconheceu a existência de repercussão geral da matéria debatida nos presentes autos, para reafirmar a jurisprudência desta Corte, no sentido de que a os crimes previstos na Lei 8.137/1990 não violam o disposto no art. 5º, LXVII, da Constituição. II – Julgamento de mérito conforme precedentes. III – Recurso extraordinário desprovido.

Alternativa correta: letra "d". Diante do precedente citado na nota dos autores, com repercussão geral reconhecida e mérito julgado, tem-se que a prisão decorrente de condenação por crime contra a ordem tributária não se configura uma prisão civil por dívida, motivo pelo qual o argumento de defesa é inconsistente.

Alternativas "a", "b" e "e": incorretas. Pelas razões expostas na nota dos autores e nos comentários à alternativa correta, o argumento de defesa apresentado por Pedro é inconsistente.

Alternativa "c": incorreta, na parte que assevera que a Lei 8.137/1990 apenas prevê a prisão por crimes materiais, quando, na verdade, seu artigo 2º, prevê a prisão para os crimes formais.

176. (Cespe – Delegado de Polícia – PE/2016) A respeito da execução fiscal, assinale a opção correta.

a) É admissível, nos embargos à execução fiscal, compensar os valores do imposto de renda retidos indevidamente na fonte com os valores restituídos apurados na declaração anual.

b) A penhora não poderá recair, em nenhuma hipótese, sobre estabelecimento comercial, industrial ou agrícola.

c) A dívida ativa regularmente inscrita goza de presunção absoluta de certeza e liquidez.

d) A produção de provas pela fazenda pública depende de requerimento na petição inicial.

e) Os embargos do devedor na fase de execução fiscal prescindem de garantia à execução.

COMENTÁRIOS

✪ **Nota dos autores:** a execução fiscal é ação judicial em que a Fazenda Pública, munida de um título executivo extrajudicial, ou seja, da certidão de inscrição do crédito na dívida ativa (CDA), busca a satisfação da obrigação, seja ela de natureza tributária ou não. Referido procedimento está previsto na Lei 6.830/80 – LEF, que trata da execução judicial para a cobrança da dívida ativa das Fazendas Públicas, visando efetivar um direito que, por força de lei, se presume líquido e certo.

Alternativa correta: letra "a": o texto reproduz o teor da Súmula 394 do STJ ("é admissível, em embargos à execução, compensar os valores de imposto de renda retidos indevidamente na fonte com os valores restituídos apurados na declaração anual").

Alternativa "b": incorreta, pois contraria o teor da Súmula 451 do STJ ("é legítima a penhora da sede do estabelecimento comercial"). Além do mais, está legislado que "excepcionalmente, a penhora poderá recair sobre estabelecimento comercial, industrial ou agrícola, bem como em plantações ou edifícios em construção" (LEF, art. 11, §1º).

Alternativa "c": incorreta no que tange à natureza da presunção de liquidez e certeza da CDA. Na verdade, a presunção é relativa (e não absoluta, como constou), pois pode ser ilidida por prova inequívoca, a cargo do executado ou de terceiro, a quem aproveite (LEF, art. 3°, parágrafo único e CTN, art. 204). Em relação a ser a CDA um título executivo extrajudicial, tal afirmação está correta, conforme previsão no artigo 585, inciso VII, do CPC/73, atual artigo 784, inciso IX, do CPC/2015.

Alternativa "d": incorreta, pois a produção de provas pela Fazenda Pública, na linha do § 3º do artigo 6º da LEF, independe de requerimento na petição inicial.

Alternativa "e": incorreta, ao contrário do que constou, o artigo 16, §1º da LEF estabelece que "não são admissíveis embargos do executado antes de garantida a execução".

---

177. (Cespe – Delegado de Polícia – PE/2016) A repetição do indébito tributário refere-se à possibilidade de o contribuinte requerer às autoridades fazendárias a devolução de valores pagos indevidamente a título de tributo. A respeito desse assunto, assinale a opção correta.

a) Os juros moratórios na repetição do indébito tributário são devidos a partir da data do fato gerador.

b) Prescreve em dois anos a ação anulatória da decisão administrativa que denegar a restituição.

c) Na repetição do indébito tributário, a correção monetária incide desde a data do fato gerador.

d) O direito do sujeito passivo à restituição total ou parcial do tributo depende necessariamente de prévio protesto.

e) O direito de pleitear a restituição extingue-se após dois anos do pagamento espontâneo do tributo.

COMENTÁRIOS

✪ **Nota dos autores:** nos termos do artigo 165, inciso I do CTN, **em caso de cobrança ou pagamento espontâneo de tributo indevido ou maior que o devido** em face da legislação tributária aplicável, ou da natureza ou circunstâncias materiais do fato gerador efetivamente ocorrido, o sujeito passivo tem direito, independentemente de prévio protesto, à **restituição total** (quando indevido) **ou parcial** (quando pago a maior).

Alternativa correta: letra "b": de acordo com o artigo 169 do CTN, "prescreve em dois anos a ação anulatória da decisão administrativa que denegar a restituição".

Alternativa "a": incorreta, por afrontar a Súmula 188 do STJ ("os juros moratórios, na repetição do indébito tributário, são devidos a partir do **trânsito em julgado da sentença**").

Alternativa "c": incorreta, por afrontar a Súmula 162 do STJ ("na repetição de indébito tributário, a correção monetária incide a partir do **pagamento indevido**").

Alternativa "d": incorreta, pois diante de um pagamento de tributo indevido, o sujeito passivo da relação tributária tem direito, **independentemente de prévio protesto**, à restituição total ou parcial do tributo, seja qual for a modalidade do seu pagamento (CTN, art. 165, *caput*).

Alternativa "e": incorreta, pois o prazo prescricional é de cinco anos, nos termos do artigo 168 do CTN.

---

178. (Cespe – Analista de Controle – Área Jurídica – TCE – PR/2016) Em razão do não pagamento de tributos e da consequente inscrição do contribuinte em dívida ativa, determinado município pretende acionar judicialmente esse contribuinte inadimplente. Nessa situação,

a) caso venha a ser ajuizada a ação, haverá obrigatoriedade de participação do Ministério Público no processo como fiscal da ordem jurídica.

b) proposta a ação, o réu inadimplente, quando for eventualmente citado, poderá requerer gratuidade de justiça, mas a concessão dessa gratuidade não afastará definitivamente a responsabilidade do requerente quanto a despesas processuais e honorários advocatícios no processo.

c) o Ministério Público poderá exercer a representação judicial do município, caso esse ente federativo não possua órgão oficial próprio de representação.

d) para receber seu crédito, o município deverá propor ação de conhecimento, com pedido condenatório, no domicílio do réu.

e) se, proposta a ação, surgir a necessidade de nomeação de curador especial para o réu, essa função deverá ser exercida pelo Ministério Público.

COMENTÁRIOS

✪ **Nota dos autores:** a questão explora alguns artigos do Novo Código Civil – CPC/2015 (Lei 13.105/2015).

Alternativa correta: letra "b": está condizente com o teor do artigo 98, §2º do CPC/2015 ("a concessão de gratuidade não afasta a responsabilidade do beneficiário pelas despesas processuais e pelos honorários advocatícios decorrentes de sua sucumbência").

Alternativa "a": incorreta, pois o parágrafo único do artigo 178 do CPC/2015 estabelece que nos processos judiciais "a participação da Fazenda Pública não configura, por si só, hipótese de intervenção do Ministério Público". Ademais, a Súmula 189 do STJ estabelece que "é desnecessária a intervenção do ministério público nas execuções fiscais".

Alternativa "c": incorreta, pois de acordo com o artigo 75, inciso III, do CPC/2015, o Município será representado em juízo, ativa e passivamente, "por seu prefeito ou procurador".

Alternativa "d": incorreta. O artigo 46, §5º do CPC/2015 estabelece que "a execução fiscal será proposta no foro de domicílio do réu, no de sua residência ou no do lugar onde for encontrado". Perceba, portanto, que a cobrança do crédito tributário ocorre por meio de execução (fiscal) e não por meio de ação de conhecimento.

Alternativa "e": incorreta. O artigo 72, parágrafo único, do CPC/2015 estabelece que "a curatela especial será exercida pela Defensoria Pública, nos termos da lei".

179. (Cespe - Juiz de Direito Substituto - AM/2016) A indústria de armamentos A, considerando-se detentora de créditos fiscais do ICMS originados do uso de projéteis balísticos em testes de qualidade de seus produtos, visando obter a convalidação de compensação tributária realizada em sua contabilidade e declarada nos formulários próprios às autoridades tributárias, impetrou mandado de segurança preventivo contra possível ato do secretário executivo da Receita da Secretaria de Fazenda do Estado do Amazonas.

Acerca do cabimento, da adequação e dos efeitos de tal ação em relação às autoridades administrativas, assinale a opção correta.

a) A pretensão de obter créditos fiscais de ICMS pela utilização de projéteis balísticos em testes é incabível, já que, para que um produto intermediário gere créditos, é indispensável que ele integre o produto final.

b) Embora o mandado de segurança em matéria de compensação tributária tenha efeitos condenatórios, é admissível sua utilização para convalidar compensação efetivada pelo contribuinte.

c) É possível a convalidação de compensação efetivada pelo contribuinte, uma vez que é cabível a dilação probatória em mandado de segurança.

d) O mandado de segurança preventivo em matéria de compensação tributária tem efeitos meramente declaratórios, de modo que é compatível com a convalidação de compensação efetivada pelo contribuinte.

e) É cabível a declaração de compensação via mandamental, não podendo, todavia, o Poder Judiciário impor entraves para que a administração tributária apure a liquidez e certeza dos créditos apontados pelo contribuinte nas suas declarações e contabilidade.

COMENTÁRIOS

✪ **Nota dos autores:** disciplinado no plano infraconstitucional pela Lei 12.016/2009, o mandado de segurança constitui garantia constitucional para proteger direito líquido e certo, não amparado por habeas corpus e habeas data, quando o responsável pela ilegalidade ou abuso de poder for autoridade pública ou agente de pessoa jurídica no exercício de atribuições do Poder Público (CF, art. 5º, LXIX).

Alternativa correta: letra "e": a Súmula 213 do STJ estabelece que "o mandado de segurança constitui ação adequada para a **declaração** do direito à compensação tributária".

Alternativa "a": incorreta, pois o crédito em questão é cabível, haja vista que o referido material intermediário para dar direito a crédito tem que integrar o produto final fabricado ou ser consumido no processo de sua fabricação. A Decisão Normativa 01/2001 da Secretaria da Fazenda do Estado de São Paulo é elucidativa ao esclarecer a temática insumo no contexto do Princípio da Não Cumulatividade aplicável ao ICMS. "A expressão **insumo** consoante o insigne doutrinador Aliomar Baleeiro *é uma algaravia de origem espanhola, inexistente em português, empregada por alguns economistas para traduzir a expressão inglesa 'input', isto é, o conjunto dos fatores produtivos, como matérias-primas, energia, trabalho, amortização do capital, etc., empregados pelo empresário para produzir o 'output' ou o produto final. (...). Insumos são os ingredientes da produção, mas há quem limite a palavra aos 'produtos intermediários' que, não sendo matérias-primas, são empregados ou se consomem no processo de produção* (Direito Tributário Brasileiro, Forense Rio de janeiro, 1980, 9ª edição, pág.214). Nessa linha, como tais têm-se a matéria-prima, **o material secundário ou intermediário**, o material de embalagem, o combustível e a energia elétrica, consumidos no processo industrial ou empregados para integrar o produto objeto da atividade de industrialização, própria do contribuinte ou para terceiros, ou empregados na atividade de prestação de serviços". Ao final, a referida decisão normativa ainda elucida que "entre outros (insumos), têm-se ainda, a título de exemplo, os seguintes insumos que se desintegram totalmente no processo produtivo de uma mercadoria ou são utilizados nesse mesmo processo produtivo para limpeza, identificação, desbaste, solda etc: lixas; discos de corte; discos de lixa; eletrodos; oxigênio e acetileno; escovas de aço; estopa; materiais para uso em embalagens em geral – tais como etiquetas, fitas adesivas, fitas crepe, papéis de embrulho, sacolas, materiais de amarrar ou colar (barbantes, fitas, fitilhos, cordões e congêneres), lacres, isopor utilizado no isolamento e proteção dos produtos no interior das embalagens, e tinta, giz, pincel atômico e lápis para marcação de embalagens -; óleos de corte; rebolos; modelos/matrizes de isopor utilizados pela indústria; produtos químicos utilizados no tratamento de água afluente e efluente e no controle de qualidade e de **teste de insumos e de produtos**".

Alternativas "b" e "d": incorretas, por afrontarem a Súmula 460 do STJ, segundo a qual "é incabível o mandado de segurança para convalidar a compensação tributária realizada pelo contribuinte". Apenas para esclarecer, a Súmula 213 do STJ estabelece que "o mandado de segurança constitui ação adequada para a **declaração** do direito à compensação tributária".

Alternativa "c": além da afronta à Súmula 460 do STJ retro reproduzida, tem-se que no mandado de segurança não cabe dilação probatória. Em outras palavras, por ser uma consequência de ser uma medida judicial contra a violação a direito líquido e certo, a impetração de mandado de segurança depende de prova pré-constituída, devendo a petição inicial vir instruída com documentos suficientes à comprovação do direito e de sua respectiva violação. Logicamente, o procedimento não comporta dilação probatória, devendo a parte optar por ação anulatória ou declaratória, caso necessite, para provar suas alegações, de audiência, depoimento pessoal, testemunhas, perícias, vistorias etc.

---

180. (Cespe – Procurador do MP junto ao TCU/2015) Assinale a opção correta com referência a STN, natureza jurídica, obrigação tributária, sujeito passivo e extinção do crédito tributário.

a) Conforme a classificação adotada pelo STF quanto à natureza das espécies tributárias que integram o STN, as contribuições para o Sistema S são, em regra, consideradas contribuições no interesse de categorias profissionais.

b) A simples falta de comunicação de mudança de domicílio fiscal às autoridades competentes não deflagra a responsabilidade tributária do sócio-gerente nem o redirecionamento da execução fiscal.

c) Não cabe mandado de segurança para convalidar compensação tributária realizada pelo contribuinte.

d) A denúncia espontânea exclui a responsabilidade do agente por infrações, desde que apresentada antes do início da ação penal, em relação às infrações conceituadas em lei como crimes.

e) Na compensação tributária, aplica-se a regra de imputação de pagamentos estabelecida no Código Civil quando os dispositivos do CTN não derem solução concreta ao caso.

COMENTÁRIOS

✪ **Nota dos autores:** a alternativa correta reproduz uma súmula de jurisprudência. Isso serve para ilustrar a recomendação de que o candidato, em sua preparação para os concursos, esteja sempre atento para a jurisprudência e as súmulas jurisprudenciais dos tribunais superiores.

Alternativa correta: letra "c": o texto reflete o teor da Súmula 460 do STJ, segundo a qual "é incabível o mandado de segurança para convalidar a compensação tributária realizada pelo contribuinte".

Alternativa "a": incorreta. As Contribuições para o Sistema "S" (CF, art. 240) são compulsórias dos empregadores sobre a folha de salários e destinadas às entidades privadas de serviço social e de formação profissional vinculadas ao sistema sindical, tais como SESI, SESC, SENAC etc, entidades paraestatais, o que também confere natureza parafiscal. Sobre a classificação dessas contribuições, o STF já rejeitou a natureza corporativa dessas contribuições, classificando-as como **contribuições sociais** (RE 138.284/CE, RE 148.754/RJ).

Alternativa "b": incorreta, por afrontar a Súmula 435 do STJ ("presume-se dissolvida irregularmente a empresa que deixar de funcionar no seu domicílio fiscal, sem comunicação aos órgãos competentes, legitimando o redirecionamento da execução fiscal para o sócio-gerente").

Alternativa "d": incorreta. De acordo com o artigo 138 do CTN, "a responsabilidade (tributária) é excluída pela denúncia espontânea da infração, acompanhada, se for o caso, do pagamento do tributo devido e dos juros de mora, ou do depósito da importância arbitrada pela autoridade administrativa, quando o montante do tributo dependa de apuração". Assim, o contribuinte pode regularizar uma situação infracional com o pagamento do tributo devido com os encargos moratórios, ficando livre das multas pecuniárias (sanções típicas e rigorosas aplicadas às infrações tributárias apuradas pelo Fisco). No entanto, "não se considera espontânea a denúncia apresentada após o início de qualquer **procedimento administrativo ou medida de fiscalização**, relacionados com a infração" (CTN, art. 138, parágrafo único). O erro da alternativa está em fixar a denúncia espontânea antes do início da ação penal, quando o correto seria, como visto na reprodução do parágrafo único do artigo 138 do CTN, antes de qualquer "procedimento administrativo ou medida de fiscalização".

Alternativa "e": incorreta, pois o artigo 163 do CTN disciplina a imputação de pagamentos na seara tributária. Tal artigo estabelece a seguinte ordem para a imputação: I – em primeiro lugar, aos débitos por obrigação própria, e em segundo lugar, aos decorrentes de responsabilidade tributária; II – primeiramente, às contribuições de melhoria, depois às taxas e por fim aos impostos; III – na ordem crescente dos prazos de prescrição; IV – na ordem decrescente dos montantes.

---

181. (TJDF / Juiz de Direito) Determinada associação de defesa de comerciantes, consumidores e contribuintes, que está constituída há sete meses e tem por finalidade a defesa de seus associados no que diz respeito a relações de consumo, tributárias e econômicas, entre outros direitos difusos, coletivos e individuais homogêneos, propôs ACP para questionar a incidência de ICMS "por dentro", ou seja, que na base de cálculo desse imposto, ele próprio esteja incluído, fazendo o ICMS incidir sobre ele mesmo.

Considerando essa situação hipotética, assinale a opção correta.

a) O MP teria legitimidade para propor ACP contestando a incidência do ICMS "por dentro" que já foi declarado inconstitucional pelo STF, pois lhe incumbe a defesa de direitos individuais homogêneos referentes a matéria tributária.

b) A incidência do ICMS "por dentro" já foi declarada inconstitucional pelo STF por ofensa aos princípios da não cumulatividade e do *ne bis in idem*, no entanto; a ACP não é cabível por envolver matéria tributária.

c) A ação não é cabível, mas, se houvesse julgamento do mérito, o pedido da ação deveria ser julgado improcedente, pois o valor referente ao ICMS faz parte da importância paga pelo comprador e recebida pelo vendedor na operação.

d) Exceto pela ilegitimidade da associação, a ACP seria cabível. No mérito, o pedido da ação deveria ser julgado procedente, pois a incidência do ICMS "por dentro" ofende os princípios da não cumulatividade e do *ne bis in idem*.

e) Uma vez que a referida associação foi constituída há mais de seis meses e tem como finalidade estatutária a defesa dos direitos em questão, estão cumpridos os requisitos de legitimidade para propor a ACP, que é cabível nessa situação.

COMENTÁRIOS

✪ **Nota dos autores:** nessa questão o examinador apresenta um caso prático hipotético, envolvendo ação civil pública ajuizada por associação de comerciantes, consumidores e contribuintes, para questionar a incidência de ICMS "por dentro", ou seja, que na base de cálculo desse imposto, ele próprio esteja incluído, fazendo o ICMS incidir sobre ele mesmo.

Alternativa correta: letra "c": exatamente conforme afirmado pelo examinador, a ação civil pública não é cabível para questionar a incidência ou base de cálculo do imposto, uma vez que, nos termos do parágrafo único do artigo 1º da Lei 7.347/85, com redação dada pela MP 2.180-35/2001: "**Não** será cabível ação civil pública para veicular pretensões que envolvam tributos, contribuições previdenciárias, o Fundo de Garantia do Tempo de Serviço – FGTS ou outros fundos de natureza institucional cujos beneficiários podem ser individualmente determinados". Da mesma forma, andou bem o examinador em dizer que, se houvesse julgamento do mérito, o pedido da ação deveria ser julgado improcedente, pois o valor referente ao ICMS faz parte da importância paga pelo comprador e recebida pelo vendedor na operação. Realmente, a incidência do ICMS dá-se sobre a operação de circulação de mercadorias e, diante disso, todos os valores integrantes da operação podem compor a base de cálculo do imposto, inclusive o próprio imposto ("cálculo por dentro"). Além disso, o artigo 155, § 2º, inciso X, alínea "i", da CF, contempla, expressamente, a possibilidade do legislador da lei complementar fixar a base de cálculo do ICMS, de modo que o montante do imposto a integre. Nessa linha, inclusive, sedimentou-se a jurisprudência do STF a partir de acórdão paradigma cujo voto guia foi proferido pelo Ministro Nelson Jobin (RE 212.209-2/RS).

Alternativa "a": incorreta, na medida em que a jurisprudência do STF orienta-se em sentido diametralmente oposto à afirmação da banca. Mais precisamente, "falece ao Ministério Público legitimidade ativa *ad causam* para deduzir em juízo pretensão de natureza tributária em defesa dos contribuintes, visando a questionar a constitucionalidade/legalidade de tributo" (ARE 694294 e outros precedentes: REs 206781, 559985, 248191, 213631 e AI 327013).

Alternativa "b": conforme demonstrado, o STF não declarou inconstitucional o cálculo "por dentro" do ICMS, o que invalida essa alternativa.

Alternativa "d": é verdade que uma associação constituída há apenas sete meses não tem legitimidade ativa para ajuizar ação civil pública, pois a exigência legal é de que seja constituída há pelo menos 1 (um) ano nos termos da lei civil (Lei 7.347/85, art. 5º, V, "a"). Porém, a alternativa não está correta por, mais uma vez, defender-se o cabimento de ação civil pública em matéria tributária, bem como por se afirmar erroneamente que o cálculo "por dentro" do ICMS seria inconstitucional.

Alternativa "e": como já demonstrado em comentários de alternativas anteriores, ao contrário do que afirma o examinador, não é cabível ação civil pública em matéria tributária (Lei 7.347/85, art. 1º, parágrafo único). Além disso, o tempo de constituição necessário para legitimar uma associação ao ajuizamento da ação é de pelo menos um ano, e não de seis meses como equivocamente constou nessa alternativa.

---

182. (Cespe – Procurador do MP junto ao TCE-PB/2014) Júlio, responsável tributário pelo pagamento de um tributo, entendendo que não deveria pagar o valor total do tributo com as penalidades que lhe foram impostas em auto de infração, dirigiu-se ao Poder Judiciário, onde ingressou com ação de consignação em pagamento, tendo depositado valor inferior ao constante do auto de infração.

Considerando essa situação hipotética, assinale a opção correta.

a) Na hipótese em apreço, a extinção do crédito tributário ocorreria com o simples ingresso da ação de consignação, desde que o valor consignado tivesse sido o montante integral cobrado pelo fisco.

b) Caso a ação de consignação judicial impetrada por Júlio seja julgada improcedente, ser-lhe-á cobrado o crédito acrescido de juros moratórios, sem prejuízo das penalidades cabíveis.

c) Na condição de responsável tributário, Júlio é terceiro interessado e, portanto, não estaria legitimado a ingressar com a ação de consignação.

d) Na ação de consignação em pagamento, é possível a discussão a respeito do valor devido constante do auto de infração lavrado contra Júlio.

e) Na hipótese considerada, caso se exigisse de Júlio a consignação do montante integral do crédito tributário, estampado no auto de infração contra ele lavrado, para que a exigibilidade do crédito tributário fosse suspensa, isso feriria direito constitucional.

COMENTÁRIOS

✪ **Nota dos autores:** a consignação em pagamento no âmbito tributário deve ser sempre judicial, nos termos do artigo 164 do CTN.

Alternativa correta: letra "b": segundo o artigo 164, § 2º (parte final) do CTN, julgada "improcedente a consignação no todo ou em parte, cobra-se o crédito acrescido de juros de mora, sem prejuízo das penalidades cabíveis".

Alternativa "a": incorreta. Não é o mero ingresso da ação de consignação em pagamento que extingue o crédito tributário. No rol de hipóteses de extinção do crédito tributário previsto no artigo 156 do CTN, o inciso VIII estipula dentre elas "a consignação em pagamento, nos termos do disposto no § 2º do artigo 164". Já o referido § 2º do artigo 164 prevê, em sua parte inicial, que "julgada procedente a consignação, o pagamento se reputa efetuado e a importância consignada é convertida em renda". Assim, é necessário que a ação seja julgada procedente para que haja a extinção do crédito tributário, com a conversão do montante consignado judicialmente em renda para a Fazenda Pública.

Alternativa "c": incorreta. Tem legitimidade para ingressar com a ação judicial de consignação em pagamento todos aqueles interessados na extinção do crédito tributário, ou seja, aqueles tidos como devedores ou qualquer terceiro interessado.

Alternativa "d": incorreta. A consignação só pode versar sobre o crédito que o consignante se propõe pagar (CTN, art. 164, § 1º). Logo, não é a via judicial cabível para discussão dos valores autuados pelo Fisco.

Alternativa "e": incorreta. Somente o depósito do montante integral tem o condão de suspender a exigibilidade no bojo de uma ação de consignação em pagamento. O STJ já se pronunciou a respeito. "Na hipótese em foco, tendo em vista que o depósito realizado na ação consignatória não foi efetuado de modo integral, não há que se falar em suspensão da exigibilidade do crédito tributário, diante da inobservância da regra do art. 151 do CTN" (REsp 726833/RS, Rel. Min. Eliana Calmon, DJ de 3/2/2007).

---

183. (Cespe – Promotor de Justiça – AC/2014) Um empresário deixou de emitir nota fiscal ao consumidor e de registrar nos livros fiscais obrigatórios, com o auxílio do contador, que tinha consciência das condutas do contribuinte, as informações referentes às vendas realizadas durante doze meses, o que resultou na supressão do tributo de ICMS devido aos cofres públicos.

Nessa situação hipotética,

a) o empresário e o contador deverão ser considerados pelo fisco responsáveis tributários, e não contribuintes.

b) para a caracterização da conduta como crime contra a ordem tributária, é necessária a inscrição do empresário em dívida ativa.

c) o contador não poderá ser responsabilizado na esfera penal, pois não atuou diretamente na infração.

d) o contador deverá ser considerado pelo fisco responsável tributário pela infração fiscal praticada.

e) o empresário e o contador praticaram crime contra a ordem tributária.

COMENTÁRIOS

✪ **Nota dos autores:** no Brasil "sonegar é crime". Desde a Lei 4.729/65, a sonegação é tipificada como crime no ordenamento jurídico pátrio. Atualmente, a Lei 8.137/90, que definiu os crimes contra a ordem tributária, não mais menciona o termo sonegação, mas contempla todas as condutas outrora contempladas na lei anterior.

Alternativa correta: letra "e": a conduta de ambos enquadra-se perfeitamente no tipo penal descrito no artigo 1º, incisos II e V da Lei 8.137/90.

Alternativas "a" e "d": incorretas. A dívida tributária é do contribuinte (pessoa jurídica). Para que o empresário (administrador pessoa física) e o contador (preposto) sejam pessoalmente responsabilizados pelos créditos tributários, estes devem corresponder a obrigações tributárias resultantes de atos praticados com excesso de poderes ou infração de lei, contrato social ou estatutos (CTN, art. 135, II e III).

Alternativa "b": incorreta. A inscrição do débito fiscal do empresário em dívida ativa não é requisito para a caracterização do crime contra a ordem tributária. De acordo com a Súmula Vinculante 24 (STF), "não se tipifica crime material contra a ordem tributária, previstos no artigo 1º, incisos I a IV, da Lei 8.137/90, antes do lançamento definitivo do tributo". Observe, portanto, que nos termos da citada súmula vinculante, o que poderia ser considerado um requisito para a caracterização do crime contra a ordem tributária do artigo 1º, incisos I a IV da Lei 8.137/90 é o **lançamento definitivo do tributo** (e não sua inscrição em dívida ativa).

Alternativa "c": incorreta. Segundo o enunciado houve o auxílio do contador ao empresário, ou seja, o contador estava ciente da conduta delitiva. Assim, tem-se uma atuação direta e efetiva do contador na supressão tributária, o que enseja a sua responsabilização penal (Lei 8.137/90, art. 1º, II e V).

---

184. (Cespe – Procurador do Estado – BA/2014) Suponha que um contribuinte, de forma consciente e voluntária, tenha deixado de realizar determinada obrigação acessória, o que lhe tenha possibilitado a supressão de tributo sem que o fisco tomasse conhecimento da prática ilícita. Em face dessa situação hipotética, julgue os itens seguintes.

184.1. Segundo a Lei nº 8.137/1990, para que os ilícitos tributários sejam puníveis na esfera penal, exige-se a comprovação de dolo ou culpa do agente.

COMENTÁRIOS

✪ **Nota dos autores:** os artigos 1º e 2º da Lei 8.137/90 abordam os crimes contra a ordem tributária. O artigo 1º trata dos crimes de supressão ou redução de tributos, classificados como materiais (ou de resultado), haja vista que a consumação necessariamente deve haver uma supressão ou redução de tributo. Já o artigo 2º trata dos crimes formais, ou de mera conduta, que se consumam independentemente do resultado.

Errado. Mesmo no caso dos crimes do artigo 2º da Lei 8.137/90 (formais), é relevante o elemento subjetivo do tipo, em que o dolo específico é elementar. Isso fica claro quando se observa as condutas descritas nos tipos penais respectivos: "fazer declaração falsa", "deixar de recolher", "exigir, pagar ou receber" etc.

184.2. Por ter praticado elisão fiscal, que constitui ilícito administrativo-tributário, o referido contribuinte só poderá ser punido na esfera administrativa.

COMENTÁRIOS

✪ **Nota dos autores:** em linhas gerais, para a maioria dos doutrinadores, **evasão** é sinônimo de sonegação de tributos. Por evasão fiscal entende-se o planejamento tributário ilícito, ou seja, designa a forma ilícita de suprimir, reduzir ou postergar a tributação. Diz respeito a qualquer artifício utilizado pelo contribuinte para fraudar ou ocultar a ocorrência de fatos geradores. Como exemplo tem-se a indústria que comercializa seus produtos sem emitir nota fiscal, ocultando suas operações do Fisco, com o objetivo de deixar de pagar tributos sobre a produção industrial (IPI), sobre receita, lucro e faturamento (contribuições sociais e IR), sobre a circulação de mercadorias (ICMS), entre outros. Também para a maior parte da doutrina, a **elisão** constitui forma lícita de planejamento tributário, isto é, meio lícito de que se utiliza o contribuinte para impedir a ocorrência do fato gerador e, por via reflexa, evitar sua sujeição passiva à tributação. É o caso do contribuinte que, ao optar entre Lucro Real e Lucro Presumido, escolhe o regime de apuração do Imposto de Renda da Pessoa Jurídica mais vantajoso.

Errado. O contribuinte praticou uma evasão fiscal (e não uma elisão), que constitui tanto um ilícito administrativo-tributário como um ilícito penal-tributário. Este é passível de ensejar punição na esfera criminal.

184.3. O contribuinte praticou ilícito, estando, portanto, sujeito à punição pelos ilícitos administrativo e penal praticados.

COMENTÁRIOS

✪ **Nota dos autores:** uma mesma conduta por parte do contribuinte pode ser caracterizada como um ilícito administrativo tributário e como um ilícito penal tributário. O ilícito administrativo tributário decorre do desrespeito à norma tributária, capaz de ensejar a sanção patrimonial (multa punitiva). Já o ilícito penal tributário diz respeito à conduta que fere a ordem tributária, ensejando a repercussão criminal.

Certo. No caso narrado no enunciado, o ilícito cometido pelo contribuinte (que conscientemente deixou de realizar uma obrigação tributária acessória que culminou na supressão de tributo) é tanto do tipo **administrativo-tributário** (que ensejará a lavratura do auto de infração e imposição de multa por parte do Fisco, com cobrança do tributo devido mais os juros e as penalidades pecuniárias por infração à legislação tributária) como do tipo **penal-tributário** (crime contra a ordem tributária previsto na Lei 8.137/90).

185. (Cespe – Procurador do Ministério Público junto ao TCDF/2013) No que tange à legislação tributária, à obrigação tributária, ao crédito tributário e à administração tributária, julgue os itens seguintes.

É sólido o entendimento jurisprudencial no sentido de que é possível ao juiz reconhecer, de ofício, a nulidade da certidão de dívida ativa ou facultar à fazenda pública, a fim de suprir erro formal, a substituição ou emenda do título executivo até a prolação da sentença dos embargos à execução fiscal, em observância ao princípio da economia processual.

COMENTÁRIOS

✪ **Nota dos autores:** não confundir CND (Certidão Negativa de Débito) com CDA (Certidão de Dívida Ativa). Enquanto aquela é expedida para comprovar a **inexistência** de débitos fiscais em nome do contribuinte, em relação à Fazenda Pública que emite a certidão, esta é o título executivo extrajudicial correspondente aos créditos fiscais inscritos na forma da lei (CPC, art. 784, inciso IX).

Certo. O assunto já se encontra sumulado pelo STJ (**Súmula 392:** "a Fazenda Pública pode substituir a certidão de dívida ativa até a prolação da sentença de embargos, quando se tratar de correção de erro material ou formal, vedada a modificação do sujeito passivo da execução").

186. (Cespe – Procurador do DF/ 2013) Considerando que o agente da autoridade da administração tributária lavre auto de infração e apreensão, com retenção de bens, contra determinada empresa, julgue os seguintes itens.

A situação narrada representa o começo da fase contenciosa do processo administrativo tributário, devendo haver a intimação do sujeito passivo da obrigação tributária.

COMENTÁRIOS

✪ **Nota dos autores:** em regra, o auto de apreensão de bens tem o condão de iniciar o procedimento fiscal, como, por exemplo, nos termos do processo administrativo fiscal federal (Decreto 70.235/72, art. 7º, II).

Errado. O começo da fase contenciosa do processo administrativo tributário dá-se com a impugnação do sujeito passivo. Como exemplo, tem-se o artigo 14 do Decreto 70.235/72.

---

187. (Cespe – Procurador do DF/ 2013) Devido à necessidade de atender às despesas extraordinárias decorrentes de calamidade pública, o DF promulgou lei instituindo empréstimo compulsório incidente sobre a transmissão de bens incorporados ao patrimônio de pessoa jurídica em realização de capital.

Com base nessa situação hipotética, julgue os itens subsequentes.

187.1. Os contribuintes atingidos com a exação poderão fazer uso da ação declaratória de inexistência de obrigação tributária para a suspensão do crédito tributário, admitindo-se a possibilidade de antecipação de tutela judicial ou do depósito integral e em dinheiro.

COMENTÁRIOS

✪ **Nota dos autores:** ações de iniciativa do contribuinte que tramitam pelo procedimento comum ordinário do processo civil brasileiro, a ação anulatória de débito fiscal e a ação declaratória de inexistência de relação jurídico-tributária distinguem-se em relação a vários aspectos. O fundamento processual da ação anulatória é o artigo 38 da Lei de Execução Fiscal – Lei 6.830/80. Já a ação declaratória fundamenta-se no artigo 19 do Código de Processo Civil – CPC. Quanto ao objeto da pretensão, enquanto a pretensão da ação anulatória é a desconstituição do crédito tributário que já foi objeto de lançamento, constituindo a sentença de procedência causa de extinção do crédito tributário (CTN, art. 156, X), a pretensão da ação declaratória é a declaração de inexistência de relação jurídico-tributária que possa fundamentar o lançamento. Consequentemente, são ações ajuizadas em momentos distintos, na medida em que a ação anulatória de débito fiscal pressupõe que o crédito tributário já tenha sido constituído pelo lançamento, ao passo que a ação declaratória de inexistência da relação jurídico-tributária antecede o ato-procedimento de constituição do crédito tributário.

Certo. No presente caso, partindo-se do pressuposto de que não houve lançamento, a ação declaratória é uma medida judicial possível para resguardar os interesses do contribuinte. Tanto a concessão de tutela antecipada, como o depósito do montante integral, são capazes de suspender a exigibilidade do crédito tributário, nos termos do artigo 151, incisos II e V, do CTN.

187.2. O MP poderá propor ação civil pública para a defesa de interesses individuais homogêneos dos contribuintes atingidos com a exação, argumentando a inconstitucionalidade *incidenter tantum* do ato normativo.

COMENTÁRIOS

✪ **Nota dos autores:** A Lei 7.347/85 disciplina a ação civil pública e sua leitura é ora sugerida.

Errado. A banca examinadora considerou a assertiva errada com fundamento na literalidade do parágrafo único do artigo 1º da Lei 7.347/85, segundo o qual "não será cabível ação civil pública para veicular pretensões que envolvam **tributos**, contribuições previdenciárias, o Fundo de Garantia do Tempo de Serviço – FGTS ou outros fundos de natureza institucional cujos beneficiários podem ser individualmente determinados". Há de se ressaltar que há entendimento jurisprudencial no sentido do cabimento da ação civil pública em matéria tributária. Veja a seguinte ementa: AÇÃO CIVIL PÚBLICA. LEGITIMIDADE ATIVA. MINISTÉRIO PÚBLICO DO DISTRITO FEDERAL E TERRITÓRIOS. TERMO DE ACORDO DE REGIME ESPECIAL – TARE. POSSÍVEL LESÃO AO PATRIMÔNIO PÚBLICO. LIMITAÇÃO À ATUAÇÃO DO PARQUET. INADMISSIBILIDADE. AFRONTA AO ART. 129, III, DA CF. REPERCUSSÃO GERAL RECONHECIDA. RECURSO EXTRAORDINÁRIO PROVIDO. **I** – O TARE não diz respeito apenas a interesses individuais, mas alcança interesses metaindividuais, pois o ajuste pode, em tese, ser lesivo ao patrimônio público. **II** – A Constituição Federal estabeleceu, no art. 129, III, que é função institucional do Ministério Público, dentre outras, "promover o inquérito e a ação civil pública, para a proteção do patrimônio público e social, do meio ambiente e de outros interesses difusos e coletivos". Precedentes. **III** – O Parquet tem legitimidade para propor ação civil pública com o objetivo de anular Termo de Acordo de Regime Especial – TARE, em face da legitimação *ad causam* que o texto constitucional lhe confere para defender o erário. **IV** – Não se aplica à hipótese o parágrafo único do artigo 1º da Lei 7.347/1985. **V** – Recurso extraordinário provido para que o TJ/DF decida a questão de fundo proposta na ação civil pública conforme entender (STF, RE 576.155/DF)".

---

188. (Cespe – Procurador do DF/ 2013) Julgue os seguintes itens, a respeito do IPTU, do ICMS e de isenção tributária.

Conforme jurisprudência do STJ, admite-se, no processo administrativo, a fixação da base de cálculo do ICMS no valor da mercadoria submetido ao regime de pauta fiscal.

COMENTÁRIOS

✪ **Nota dos autores:** segundo o artigo 148 do CTN "quando o cálculo do tributo tenha por base, ou tome em consideração, o valor ou o preço de bens, direitos, serviços ou atos jurídicos, a autoridade lançadora, mediante processo regular, **arbitrará aquele valor ou preço**, sempre que sejam omissos ou não mereçam fé as declarações ou os esclarecimentos prestados, ou os documentos expedidos pelo sujeito passivo ou pelo terceiro legalmente obrigado, ressalvada, em caso de contestação, avaliação contraditória, administrativa ou judicial". Segundo o STJ, é inadmissível a fixação da base de cálculo do ICMS com apoio em pautas de preços ou valores (pautas fiscais), porque aquela (base de cálculo do tributo) é o valor da operação de que decorrer a saída da mercadoria. A pauta fiscal só é admitida nos casos previstos no artigo 148 do CTN, em que, mediante processo regular, seja arbitrada a base de cálculo, quando inidôneos os documentos e declarações prestados pelo contribuinte (STJ, AgRg no REsp 1.021.744/MA).

Errado. O assunto encontra-se sumulado em sentido contrário ao do item ora analisado. **Súmula 431 do STJ:** "é **ilegal** a cobrança de ICMS com base no valor da mercadoria submetido ao regime de pauta fiscal".

---

189. (Cespe – Delegado de Polícia Federal – DPF/2013) Com base na legislação tributária, julgue o item a seguir.

É legalmente aceito que, aberto regular processo administrativo, a autoridade administrativa busque junto à autoridade administrativa tributária, informações fiscais para apurar infração administrativa.

COMENTÁRIOS

✪ **Nota dos autores:** em regra, a Fazenda Pública e seus servidores estão proibidos de divulgar qualquer informação obtida no desenvolvimento dos trabalhos próprios da fiscalização tributária, que se refira aos sujeitos passivos (contribuintes e responsáveis) ou a terceiros que com estes se relacionam, seja em relação à situação econômica ou financeira, seja no tocante à natureza e ao estado de seus negócios ou atividades. Trata-se do chamado "sigilo fiscal" (CTN, art. 198, *caput*, do CTN). O próprio CTN traz uma série de exceções ao sigilo fiscal, cujas respectivas ocorrências não são consideradas "quebras de sigilo". Dentre tais exceções encontram-se, por exemplo, aquelas previstas no § 3º do artigo 198, quais sejam, a autorização de divulgação de informações pelo Fisco relativas a: (i) representações fiscais para fins penais; (ii) inscrições na dívida ativa da Fazenda Pública e (iii) parcelamento ou moratória.

Certo. O CTN acolhe a situação mencionada no item ora analisado, ao prever que "solicitações de autoridade administrativa no interesse da Administração Pública, desde que seja comprovada a instauração regular de processo administrativo, no órgão ou na entidade respectiva, com o objetivo de investigar o sujeito passivo a que se refere a informação, por prática de infração administrativa" são exceções ao dever de sigilo fiscal (CTN, art. 198, § 1º, II).

---

190. (Cespe – Defensor Público – DF/ 2013) No que se refere à obrigação tributária e ao processo judicial tributário, julgue os seguintes itens.

190.1. Considere que, proposta execução fiscal contra determinado responsável tributário, tenha sido verificado que ele faleceu antes da propositura da ação. Nessa situação, a execução deverá ser direcionada ao espólio do devedor por meio de alteração do polo passivo da relação processual.

COMENTÁRIOS

✪ **Nota dos autores:** segundo a Súmula 392 do STJ "a Fazenda Pública pode substituir a certidão de dívida ativa (CDA) até a prolação da sentença de embargos, quando se tratar de correção de erro material ou formal, vedada a modificação do sujeito passivo da execução".

Errado. O redirecionamento contra o espólio só é admitido quando o falecimento do contribuinte ocorrer depois de ele ter sido devidamente citado nos autos da execução fiscal, o que não é o caso dos autos, já que o devedor apontado pela Fazenda Municipal faleceu antes mesmo da constituição do crédito tributário. Precedentes: Resp 1.222.561/RS, Rel. Min. Mauro Campbell Marques, Segunda Turma, Dje 25/05/2011; AgRg no REsp 1.218.068/RS, Rel. Min. Benedito Gonçalves, Primeira Turma, DJe 08/04/2011; REsp 1.073.494/RJ, Rel. Min. Luiz Fux, Primeira Turma, DJe 29/09/2010.

190.2. O locatário do imóvel tem legitimidade ativa para propor ação de repetição de indébito de IPTU.

COMENTÁRIOS

✪ **Nota dos autores:** nos termos do artigo 123 do CTN, salvo disposições de lei em contrário, as convenções particulares, relativas à responsabilidade pelo pagamento de tributos, não podem ser opostas à Fazenda Pública, para modificar a definição legal do sujeito passivo das obrigações tributárias correspondentes.

Errado. "Apenas o proprietário do imóvel tem legitimidade ativa para propor ação de repetição de indébito de IPTU. A relação tributária estabelecida entre a Fazenda e o proprietário do imóvel (art. 34 do CTN) prevalece sobre qualquer estipulação contratual que determine que terceiro arcará com o pagamento de IPTU, pois a referida avença não é oponível à Fazenda" (STJ – AgRg no AgRg no AREsp 143.631, 1ª Turma, Rel. Min. Benedito Gonçalves, j. 4.10.12.).

---

191. (Cespe – Procurador Federal/2013) De acordo com as normas relativas a parcelamento, cautelar fiscal e repetição de tributos, julgue os itens que se seguem.

Há hipóteses em que é permitido à administração tributária ajuizar medida cautelar fiscal sem a prévia constituição de crédito tributário.

COMENTÁRIOS

✪ **Nota dos autores:** com o **objetivo de prevenir os direitos de credor da Fazenda Pública em face de atos de dilapidação patrimonial por parte do devedor** do crédito tributário, a **Lei 8.397/92** veio instituir a chamada medida cautelar fiscal.

Certo. O parágrafo único do artigo 1º da referida lei estipula que "o requerimento da medida cautelar, na hipótese dos incisos V, alínea "b", e VII, do art. 2º, independe da prévia constituição do crédito tributário". Apenas para ilustrar, o inciso V, alínea "b", retro mencionado, refere-se à hipótese de cabimento segundo a qual "notificado pela Fazenda Pública para que proceda ao recolhimento do crédito fiscal, (o devedor) põe ou tenta por seus bens em nome de terceiros". Já o inciso VII do artigo 2º da citada lei, coloca como hipótese de cabimento a alienação, pelo devedor de "bens ou direitos sem proceder à devida comunicação ao órgão da Fazenda Pública competente, quando exigível em virtude de lei".

---

192. (Cespe – Procurador Federal/2013) A respeito do não pagamento de dívida para com o governo referente a aluguel, julgue os itens a seguir.

No processo judicial para recebimento de aluguéis, antes de o juiz proferir a sentença, poderá a administração pública alterar a certidão de dívida ativa que tiver ensejado a ação.

COMENTÁRIOS

✪ **Nota dos autores:** a Lei de Execuções Fiscais (Lei 6.830/80) dispõe sobre a cobrança judicial da Dívida Ativa da Fazenda Pública. Em seu artigo 2º esclarece que constitui **Dívida Ativa da Fazenda Pública** aquela definida como **tributária** ou **não tributária** (como é o caso de aluguéis).

Certo. Até a decisão de primeira instância, a Certidão de Dívida Ativa poderá ser emendada ou substituída, assegurada ao executado a devolução do prazo para embargos (Lei 6.830/80, art. 2º, § 8º).

À ação para recebimento de dívida referente a contrato de locação de imóvel de propriedade da administração pública não se aplicam as normas que, em geral, regem a execução fiscal.

COMENTÁRIOS

✪ **Nota dos autores:** a Lei de Execuções Fiscais (Lei 6.830/80) dispõe sobre a cobrança judicial da Dívida Ativa da Fazenda Pública. Em seu artigo 2º esclarece que constitui **Dívida Ativa da Fazenda Pública** aquela definida como **tributária** ou **não tributária** (como é o caso de aluguéis).

Errado. Segundo o artigo 39, § 2º, da Lei 4.320/64, "**Dívida Ativa Tributária** é o crédito da Fazenda Pública dessa natureza, proveniente de obrigação legal relativa a tributos e respectivos adicionais e multas, e **Dívida Ativa não Tributária** são os demais créditos da Fazenda Pública, tais como os provenientes de empréstimos compulsórios, contribuições estabelecidas em lei, multa de qualquer origem ou natureza, exceto as tributárias, foros, laudêmios, **alugueis** ou taxas de ocupação, custas processuais, preços de serviços prestados por estabelecimentos públicos, indenizações, reposições, restituições, alcances dos responsáveis definitivamente julgados, bem assim os créditos decorrentes de obrigações em moeda estrangeira, de sub-rogação de hipoteca, fiança, aval ou outra garantia, de contratos em geral ou de outras obrigações legais". Assim, como a Lei de Execuções Fiscais (Lei 6.830/80) rege a cobrança judicial da dívida ativa da fazenda pública (tributária ou não tributária), tem-se que é aplicável na cobrança judicial de dívida referente a contrato de locação de imóvel de propriedade da administração pública.

---

193. (Cespe – Analista Judiciário – Área Judiciária – STF/2013) Ainda com referência à situação hipotética descrita, julgue os itens a seguir, acerca de ilícito tributário e de crimes contra a ordem tributária.

193.1. Se, antes do recebimento da denúncia, João ou Pedro efetuar o pagamento integral da dívida, ficará extinta a punibilidade do crime.

COMENTÁRIOS

✪ **Nota dos autores:** o artigo 34 da Lei 9.249/95 estabelece que "extingue-se a punibilidade dos crimes definidos na Lei nº 8.137, de 27 de dezembro de 1990, e na Lei nº 4.729, de 14 de julho de 1965, quando o agente promover o pagamento do tributo ou contribuição social, inclusive acessórios, antes do recebimento da denúncia".

Certo. De acordo com o citado artigo 34 da Lei 9.249/95, ficará extinta a punibilidade do crime cometido por João ou Pedro, diante do pagamento integral da dívida antes do recebimento da denúncia. Vale ressaltar que o STF vem decidindo que o pagamento do tributo, a qualquer tempo, ainda que após o recebimento da denúncia, extingue a punibilidade (HC 81929).

193.2. Para a caracterização de qualquer crime tributário previsto na Lei nº 8.137/1990, é necessário que haja o anterior término de processo administrativo fiscal.

COMENTÁRIOS

✪ **Nota dos autores:** é importante diferenciar os delitos tributários dos artigos 1º e 2º da Lei nº 8.137/90 que definem, dentre outros, os crimes contra a ordem tributária. O delito previsto no artigo 2º é espécie de crime formal, pois independe da consumação do resultado correspondente à auferição de vantagem ilícita em desfavor do Fisco. Segundo entendimento do STF, nos crimes formais é desnecessário a conclusão do procedimento administrativo para a persecução penal, ou seja, é dispensável encerrar a fase administrativa para configurar a justa causa legitimadora da persecução (STF, Tribunal Pleno, RHC 90532 ED – CE, Rel. Min. Joaquim Barbosa, julgamento em 23.09.2009, DJe 208, publicado em 06.11.2009). Por outro lado, o disposto no artigo 1º, incisos I a IV, da Lei 8.137/90 estabelece como requisito fundamental para a adequação típica a ocorrência efetiva da redução de tributo pelas condutas descritas no tipo, ou seja, por se tratar de crime material se faz imprescindível o encerramento do procedimento administrativo para posterior persecução penal. Nesse sentido: "É pacífica a jurisprudência do Supremo Tribunal Federal quanto à necessidade do exaurimento da via administrativa para a validade da ação penal, instaurada para apurar infração aos incisos I a IV do art. 1º da Lei 8.137/1990. (Precedentes: HC 81.611, da relatoria do ministro Sepúlveda Pertence) (Plenário)".

Errado. Não são todos os crimes contra a ordem tributária previstos na Lei 8.137/90 que demandam o esgotamento do processo administrativo para sua caracterização, mas somente os previstos no artigo 1º, incisos I a IV da referida lei. O assunto já se encontra sumulado pelo STF (**Súmula Vinculante nº 24: "**não se tipifica crime material contra a ordem tributária, previstos no artigo 1°, incisos I a IV, da Lei 8.137/90, antes do lançamento definitivo do tributo").

193.3. É certo afirmar que o ilícito administrativo tributário independe da prova de que João e Pedro agiram com dolo ou culpa.

COMENTÁRIOS

✪ **Nota dos autores:** segundo o artigo 136 do CTN, "salvo disposição de lei em contrário, a responsabilidade por infrações da legislação tributária **independe da intenção do agente** ou do responsável e da efetividade, natureza e extensão dos efeitos do ato".

Certo. O artigo 136 do CTN, ao prever que a responsabilidade tributária por infrações **independe da intenção do agente**, estabeleceu a responsabilidade objetiva.

193.4. Pedro praticou apenas ilícito administrativo tributário, e não crime contra a ordem tributária, uma vez que tem menos de dezoito anos de idade.

COMENTÁRIOS

✪ **Nota dos autores:** as infrações tipicamente fiscais (falta de pagamento do imposto e falta de cumprimento das obrigações tributárias acessórias, dentre elas a de se cadastrar no rol de contribuintes) serão materializadas pela Fazenda Pública (Fisco/Administração Tributária) no auto de infração e imposição de multa e que, por sua vez, ensejará o direito ao contraditório e à ampla defesa ao Pedro no âmbito do processo administrativo fiscal.

Errado. Havendo a constituição definitiva do crédito tributário (ao fim do processo administrativo fiscal), o Fisco deverá informar o fato ao Ministério Público (por meio de uma representação fiscal para fins penais), para eventual proposta de ação penal de crime contra a ordem tributária. A idade de Pedro o torna inimputável para o referido crime, entretanto, ele o cometeu (cometeu o ato infracional).

---

194. (Cespe – Defensor Público – TO/2013) A respeito da Lei nº 6.830/1980, que disciplina a cobrança judicial da dívida ativa da fazenda pública, assinale a opção correta.

a) Consoante a jurisprudência do STJ, a fazenda pública pode recusar a nomeação de precatórios, sob o fundamento da inobservância da ordem legal, não obstante o precatório seja um bem penhorável equiparado a dinheiro.

b) O despacho do juiz que deferir a inicial não constitui ordem para avaliação dos bens penhorados ou arrestados.

c) Segundo a jurisprudência do STJ, a penhora eletrônica de depósitos ou de aplicações financeiras somente pode ser realizada após o exaurimento de diligências extrajudiciais por parte do exequente, com a observância da ordem de penhora ou de arresto de bens prevista na referida lei.

d) Conforme súmula do STJ, o reconhecimento da prescrição ocorrida antes da propositura da execução fiscal depende de provocação do devedor.

e) Qualquer valor cuja cobrança seja atribuída, por lei, à União, aos estados, ao DF, aos municípios e respectivas autarquias será considerado dívida ativa da fazenda pública.

COMENTÁRIOS

✪ **Nota dos autores:** nessa questão a banca examinadora explora tanto a Lei 6.830/80 (Lei de Execuções Fiscais), que trata da cobrança judicial da Dívida Ativa da Fazenda Pública, como a jurisprudência do STJ acerca desse diploma normativo.

Alternativa correta: letra "e": é a reprodução do artigo 2º, § 1º, da Lei 6.830/80 (Lei de Execuções Fiscais).

Alternativa "a": incorreta, com base no artigo 835, inciso XII, do CPC/2015, anteriormente artigo 655, inciso XI, do CPC/2015. "O crédito representado por precatório é bem penhorável, mesmo que a entidade dele devedora não seja a própria exequente, enquadrando-se na hipótese do inciso XI do art. 655 do CPC, por se constituir em direito de crédito" (EREsp 881.014/RS, 1ª Seção, Rel. Min. Castro Meira, DJ de 17.03.08). A penhora de precatório equivale à penhora de crédito, e não de dinheiro. Nos termos do art. 15, I, da Lei 6.830/80, é autorizada ao executado, **em qualquer fase do processo e independentemente da aquiescência da Fazenda Pública**, tão somente a substituição dos bens penhorados por depósito em dinheiro ou fiança bancária. Não se equiparando o precatório a dinheiro ou fiança bancária, mas a direito de crédito, pode o Fazenda Pública recusar a substituição por quaisquer das causas previstas no art. 656 do CPC ou nos arts. 11 e 15 da LEF (STJ, REsp 1.090.898/SP).

Alternativa "b": incorreta. Ao contrário do que constou, o despacho do Juiz que deferir a inicial importa em ordem para avaliação dos bens penhorados ou arrestados (Lei 6.830/80, art. 7º, V).

Alternativa "c": incorreta. A Primeira Seção do Superior Tribunal de Justiça, no julgamento do REsp 1.184.765/PA, submetido ao rito dos recursos repetitivos, ratificou a necessidade de interpretação sistemática dos artigos 854 do CPC e 185-A do CTN, de modo a autorizar a penhora eletrônica de depósitos e aplicações financeiras, independentemente do exaurimento de diligências extrajudiciais, pelo exequente, após o advento da Lei 11.382/06 (REsp 1184765/PA).

Alternativa "d": incorreta. A Súmula 409 do STJ apregoa que "em execução fiscal, a prescrição ocorrida antes da propositura da ação **pode ser decretada de ofício** (art. 219, § 5º, do CPC)".

No CPC/2015, o dispositivo citado na súmula pode ser relacionada ao artigo 332, § 1º, segundo o qual: "o juiz também poderá julgar liminarmente improcedente o pedido se verificar, desde logo, a ocorrência de decadência ou de prescrição".

---

195. (Cespe – Juiz de Direito Substituto – MA/ 2013) Considerando a cobrança de impostos e contribuições sociais, as normas gerais de direito tributário e matéria tributária em juízo, assinale a opção correta.

a) O STF considera ilegítima a cobrança de COFINS, PIS e FINSOCIAL sobre as operações relativas a energia elétrica, serviços de telecomunicações, derivados de petróleo, combustíveis e minerais do país.

b) O ajuizamento de ação judicial importa em renúncia ao poder de recorrer na esfera administrativa e desistência do recurso acaso interposto.

c) Segundo entendimento do STJ, o simples envio de carnê ao endereço do contribuinte não caracteriza notificação do lançamento tributário.

d) Considera-se norma tributária em sentido amplo aquela que apresenta os elementos do fato gerador integral ou regra matriz de incidência fiscal; as demais normas que tratam de matéria tributária são consideradas normas tributárias em sentido estrito.

COMENTÁRIOS

✪ **Nota dos autores:** em duas das quatro alternativas exige-se do candidato o conhecimento de súmulas dos Tribunais Superiores.

Alternativa correta: letra "b": o artigo 38 da Lei 6.830/80 estipula que "a discussão judicial da Dívida Ativa da Fazenda Pública só é admissível em execução, na forma desta Lei, salvo as hipóteses de mandado de segurança, ação de repetição do indébito ou ação anulatória do ato declarativo da dívida, esta precedida do depósito preparatório do valor do débito, monetariamente corrigido e acrescido dos juros e multa de mora e demais encargos". Já o seu parágrafo único prevê que "a propositura, pelo contribuinte, da ação prevista neste artigo **importa em renúncia ao poder de recorrer na esfera administrativa e desistência do recurso acaso interposto**". Esse trecho é exatamente o teor da alternativa ora analisada.

Alternativa "a": incorreta. O assunto já se encontra sumulado pelo STF, de maneira oposta ao teor da alternativa (**Súmula 659, do STF:** "é **legítima** a cobrança da COFINS, do PIS e do FINSOCIAL sobre as operações relativas a energia elétrica, serviços de telecomunicações, derivados de petróleo, combustíveis e minerais do país").

Alternativa "c": incorreta. O assunto está sumulado pelo STJ, no sentido contrário ao texto da alternativa (**Súmula 397, do STJ:** "o contribuinte do IPTU é notificado do lançamento pelo envio do carnê ao seu endereço").

Alternativa "d": incorreta. Segundo Eduardo Sabbag, designa-se "norma tributária em sentido estrito àquela que marca o núcleo do tributo, isto é, a regra-matriz da incidência fiscal, e de normas tributárias em sentido amplo a todas as demais" (SABBAG, Eduardo. http://www.professorsabbag.com.br/arquivos/downloads/1275313632.pdf, consultado em 20/10/2014). Portanto, a alternativa inverte os conceitos.

---

196. (Cespe – Juiz Federal Substituto 5ª região/2013) Considerando a Lei do Processo Administrativo Fiscal – Decreto nº 70.235/1972 –, a doutrina de referência e a jurisprudência do STF sobre a matéria, assinale a opção correta.

a) A Lei do Processo Administrativo Fiscal foi recepcionada como lei complementar pela CF.

b) O prazo para o contribuinte apresentar impugnação por escrito ao auto de infração é de quinze dias, devendo esse pleito ser instruído com a prova documental das alegações trazidas na irresignação protocolada.

c) Ainda que não tenha sido apresentada tempestivamente a impugnação, o direito do contribuinte de se opor administrativamente contra a exigência tributária não será atingido pela preclusão, impedindo-se, assim, a constituição definitiva do crédito tributário.

d) O princípio da instrumentalidade das formas não se aplica ao processo administrativo fiscal.

e) As sociedades de economia mista que exerçam atividade econômica em regime de concorrência ou que tenham como objetivo distribuir lucros aos seus acionistas não podem beneficiar-se do sistema de pagamento por precatório de dívidas decorrentes de decisões judiciais.

COMENTÁRIOS

✪ **Nota dos autores:** o enunciado faz menção ao Decreto 70.235/72, que dispõe sobre o processo administrativo fiscal (federal) e cuja leitura é ora recomendada.

Alternativa correta: letra "e": segundo o STF, "os privilégios da Fazenda Pública **são inextensíveis** às sociedades de economia mista que executam atividades em regime de concorrência ou que tenham como objetivo distribuir lucros aos seus acionistas. Portanto, a empresa Centrais Elétricas do Norte do Brasil S.A. (ELETRONORTE) não pode se beneficiar do sistema de pagamento por precatório de dívidas decorrentes de decisões judiciais (art. 100 da Constituição)" (RE 599.628, Rel. p/ o ac. Min. Joaquim Barbosa, julgamento em 25-5-2011, Plenário, *DJE* de 17-10-2011, com repercussão geral).

Alternativa "a": incorreta. O Decreto 70.235/72 tem força de lei e só pode ser alterado por lei ordinária, uma vez que "os Atos Institucionais nºs 5 e 12 legitimaram a edição do DL 822/69, que delegou ao Poder Executivo, em pleno regime militar, competência para regrar o processo administrativo fiscal. Passou-se a discutir a posição hierárquica do Decreto 70.235/72 dentro do ordenamento pátrio. Em síntese, os tributais têm decido que, na época, a delegação era constitucional, mas que as Constituições subsequentes não recepcionaram a possibilidade de delegação, reservando a matéria à lei ordinária. Em consequência, o Decreto 70.235/72 foi recepcionado com força de lei ordinária. Para completar o histórico é essencial a leitura da MAS 106.747/DF, julgada pelo extinto Tribunal Federal de Recursos" (PAULSEN, Leandro; ÁVILA, René Bergmann. *Direito Processual Tributário – Processo Administrativo Fiscal e Execução Fiscal à luz da Doutrina e da Jurisprudência.* Porto Alegre: Livraria do Advogado, 2003, página 12).

Alternativa "b": incorreta. A impugnação, formalizada por escrito e instruída com os documentos em que se fundamentar, será apresentada ao órgão preparador no prazo de **trinta dias**, contados da data em que for feita a intimação da exigência (Decreto 70.235/72, art. 15). Em regra, "A prova documental será apresentada na impugnação, precluindo o direito de o impugnante fazê-lo em outro momento processual" (Decreto, 70.235/72, art. 15, § 4º).

Alternativa "c": incorreta. A impugnação intempestiva, além de não instaurar a fase litigiosa do processo, acarreta a preclusão processual, o que impede o julgador "de primeiro ou de segundo grau, de conhecer as razões da defesa, mesmo que o lançamento padeça de vício que o torne nulo. Não obstante, nada impede que a autoridade lançadora determine, de ofício, o cancelamento de exigência fundada em lançamento que entenda eivado de nulidade, mormente após a edição da Instrução Normativa 54/97" (CSRF, Ac. 01-02.936). Pela preclusão, há precedentes mais recentes do CARF (por exemplo, acórdão 1103-000.954 proferido no processo 12448.737648/2011-26).

Alternativa "d": incorreta. O processo administrativo fiscal admite a aplicação do Princípio da Instrumentalidade das Formas. Em recente acórdão, o CARF asseverou que "em conformidade com o princípio da instrumentalidade das formas, que determina a não vinculação às formalidades desprovidas de efeitos prejudiciais ao processo, é de rigor a aplicação da teoria da aparência para reconhecer a validade da citação da pessoa jurídica realizada. Ainda mais, ressalte-se que, não é comum se dispor o diretor ou gerente de empresa a receber os carteiros, sendo, por tal motivo, presumir-se que o empregado colocado nessa função tenha a responsabilidade de promover o devido encaminhamento à correspondência recebida" (Processo 10875.903604/2011-35).

197. (Cespe – Juiz de Direito Substituto – RN/2013) Assinale a opção correta no que se refere ao processo judicial tributário.

a) Tanto o contribuinte quanto o responsável tributário têm direito à restituição total ou parcial do tributo pago a maior, tendo recentemente o STJ conferido legitimidade ativa ao locatário para manejar a ação de repetição de indébito de IPTU, desde que seja destinatário do carnê.

b) É possível a conexão entre ação anulatória e execução fiscal, em virtude da relação de prejudicialidade existente entre tais demandas, recomendando-se a reunião dos feitos, mesmo que o reconhecimento da conexão afaste a competência de uma vara especializada em razão da matéria.

c) Não sendo localizados bens nas ações de execuções fiscais, suspende-se o processo por um ano, iniciando-se ao final deste o prazo de prescrição quinquenal intercorrente, e podendo o juiz pronunciá-la de ofício, independentemente da oitiva da fazenda pública.

d) A competência para processar e julgar a execução da dívida ativa não se desloca para o juízo universal da sucessão em caso de morte do executado no curso da execução fiscal, sujeitando – se, contudo, a cobrança judicial do crédito tributário a concurso de credores nas hipóteses de falência e recuperação judicial.

e) O prazo para oposição de embargos no processo de execução fiscal é de trinta dias e se inicia a partir da intimação da penhora, e não da juntada do mandado, devendo o oficial de justiça, sob pena de nulidade, advertir o devedor, de modo expresso, de que o prazo deve ser contado daquele ato.

COMENTÁRIOS

✪ **Nota dos autores:** nessa questão sobre processo judicial tributário, a cobrança do examinador referiu-se tanto a ações de iniciativa do Fisco (exacionais), como a ações de iniciativa do contribuinte (antiexacionais).

Alternativa correta: letra "e": a jurisprudência do Superior Tribunal de Justiça pacificou-se no sentido de que, para a efetiva intimação pessoal do devedor da penhora, nos autos de execução fiscal, é imprescindível que conste, expressamente, do mandado o prazo de trinta dias de que trata o art. 16 da Lei 6.830/80, para oferecimento de embargos à execução, bem como a indicação de que o termo inicial é a data da efetiva intimação. Isso, porque "a obrigatoriedade de menção categórica do prazo justifica-se exatamente no intuito de que o destinatário da intimação fique ciente do período de tempo de que dispõe para tomar as providências que lhe proverem, sendo insuficiente que do mandado conste, tão-somente, a expressão 'prazo legal'" (REsp 362.516/RS, 1ª Turma, Rel. Min. José Delgado, DJ de 4.3.2002).

Alternativa "a": incorreta. O entendimento da Primeira Seção do Superior Tribunal de Justiça é pela impossibilidade de que pessoa diferente do proprietário do imóvel seja legitimado ativo para postular repetição de indébito de IPTU, uma vez que, seja locatário, seja destinatário do carnê, a obrigação contratual entre este e o proprietário do imóvel (contribuinte) não pode ser oponível à Fazenda (AgRg no Resp 836.089/SP, Rel. Ministro Luiz Fux, Primeira Seção, DJe 26/04/2011).

Alternativa "b": incorreta. A reunião dos processos por conexão, como forma excepcional da modificação da competência, só tem lugar quando as causas supostamente conexas estejam submetidas a juízos, em tese, competentes para o julgamento das duas demandas (STJ, AgRg no CC 117.259/SC). A ementa a seguir é elucidativa nesse sentido: PROCESSUAL CIVIL. AGRAVO REGIMENTAL. TRIBUTÁRIO. EXECUÇÃO FISCAL E AÇÃO ANULATÓRIA. CONEXÃO. NÃO APLICAÇÃO. EXISTÊNCIA DE VARA ESPECIALIZADA EM RAZÃO DA MATÉRIA. COMPETÊNCIA ABSOLUTA. 1. "A reunião de ações, por conexão, não é possível quando implicar em alteração de competência absoluta" (AgRg no Ag 1385227/MS, Rel. Ministro BENEDITO GONÇALVES, PRIMEIRA TURMA, DJe de 26.10.2012). 2. Agravo regimental não provido (AgRg no REsp 1.463.148/SE).

Alternativa "c": incorreta, pois, em regra, é imprescindível a oitiva da Fazenda Pública para a decretação da prescrição intercorrente. Segundo o artigo 40 da LEF (Lei de Execuções Fiscais nº 6.830/80) "o juiz suspenderá o curso da execução, enquanto não for localizado o devedor ou encontrados bens sobre os quais possa recair a penhora, e, nesses casos, não correrá o prazo de prescrição. Suspenso o curso da execução, será aberta vista dos autos ao representante judicial da Fazenda Pública. Decorrido o prazo máximo de 1 (um) ano, sem que seja localizado o devedor ou encontrados bens penhoráveis, o Juiz ordenará o arquivamento dos autos. Encontrados que sejam, a qualquer tempo, o devedor ou os bens, serão desarquivados os autos para prosseguimento da execução. Se da decisão que ordenar o arquivamento tiver decorrido o prazo prescricional, o juiz, **depois de ouvida a Fazenda Pública**, poderá, de ofício, reconhecer a prescrição intercorrente e decretá-la de imediato. A manifestação prévia da Fazenda Pública prevista no § 4º deste artigo será dispensada no caso de cobranças judiciais cujo valor seja inferior ao mínimo fixado por ato do Ministro de Estado da Fazenda.

Alternativa "d": incorreta, pois a cobrança judicial do crédito tributário não se sujeita a concurso de credores nas hipóteses de falência e recuperação judicial (CTN, art. 87 e Lei 6.830/80, art. 29)

Direito Tributário

Alan Martins e
Dimas Yamada Scardoelli

✦ DICAS

1. TRIBUTOS E SUAS ESPÉCIES

- Antes de tratar das espécies de tributos, importante o concursando rememorar o conceito previsto no artigo 3º do CTN nos seguintes termos: "tributo é toda prestação pecuniária compulsória, em moeda ou cujo valor nela se possa exprimir, que não constitua sanção de ato ilícito, instituída em lei e cobrada mediante atividade administrativa plenamente vinculada".
- A seguir estão as características detalhadas do conceito legal de tributo:
  a) Prestação pecuniária compulsória: pressupõe um comportamento obrigatório de prestação em dinheiro. Ou seja, efetivado o fato previsto na norma, o pagamento do tributo será obrigatório, independentemente da vontade do contribuinte.
  b) Em moeda ou cujo valor nela se possa exprimir: a expressão "em moeda" revela-se, nesse conceito, prescindível e redundante, já que o termo "pecuniária" encerra igual sentido. Na expressão "ou cujo valor nela se possa exprimir", o legislador ampliou o âmbito das prestações pecuniárias, admitindo o pagamento do tributo em outras formas que não apenas o dinheiro. É certo que, atualmente, o Direito Tributário não aceita o pagamento de tributo in natura (bens) ou in labore (trabalho). No entanto, se houver lei específica do ente credor, os tributos podem ser pagos ou compensados com Títulos da Dívida Pública (TDP) ou Precatórios. Ademais, com o advento da LC 104/2001, foi inserido o inciso XI ao artigo 156 do CTN, que faz referência à dação em pagamento em bens imóveis como forma de extinção do crédito tributário, na forma e condições estabelecidas em lei ordinária.
  c) Que não constitua sanção de ato ilícito: tributo não é penalidade. Logo, não deve ser utilizado como sanção para o contribuinte. Ele se distingue da penalidade exatamente porque esta tem como hipótese de incidência um ato ilícito, enquanto a hipótese de incidência do tributo é sempre algo lícito. Ademais, o Princípio da Interpretação Objetiva do "Fato Gerador" (CTN, arts. 118 c/c 126) – Cláusula *non olet* – pressupõe que o tributo "não fede e não cheira". Importa para o Estado arrecadar, angariar fundos para cobrir suas despesas (finalidade fiscal do tributo), não cabendo, nesse instante, aferir ilicitude do fato ocorrido. Em suma: o fato poderá ser ilícito, mas a hipótese de incidência (previsão normativa) jamais o será.
  d) Instituída em lei: a obrigação tributária só pode resultar da lei, em abono ao Princípio da Estrita Legalidade. Em regra, a lei ordinária é instituidora de tributo. Excepcionalmente, serão instituídos por Lei Complementar: I) impostos sobre grandes fortunas; II) impostos residuais da União; III) contribuições residuais da seguridade social e IV) empréstimos compulsórios. Ressalte-se que Medida Provisória poderá instituir e majorar impostos, exceto os reservados à lei complementar (CF, art. 62, §1º, III e §2º).
  e) Cobrada mediante atividade administrativa plenamente vinculada: o Estado é obrigado a cobrar o tributo sempre que ocorra o fato jurídico-tributário e dentro dos limites e condições estabelecidas em lei. Tal formalização ocorrerá através do instituto do lançamento tributário (CTN, art. 142). A atividade de cobrança do tributo não pode ser arbitrária ou discricionária (pautada por juízo de conveniência e oportunidade), mas apenas vinculada.
- Para o artigo 5º do CTN, os tributos são impostos, taxas e contribuição de melhoria. No entanto, a jurisprudência e a doutrina são pacíficas no sentido de que, à luz da Constituição Federal, além dos mencionados no CTN, são tributos também os empréstimos compulsórios e as contribuições (sociais e especiais).
- Tributos e espécies tributárias (baseado no julgamento da ADI 447 pelo STF – DJ de 05/03/93):

TRIBUTO (gênero) Art.3º do CTN
ESPÉCIES TRIBUTÁRIAS:
1) IMPOSTOS *Art. 145, I, CF/88* *Art. 16, CTN*
2) TAXAS *Art. 145, II, CF/88* *Art. 77, CTN*

<table>
<tr><th colspan="3">TRIBUTO (gênero)
Art.3º do CTN</th></tr>
<tr><th colspan="3">ESPÉCIES TRIBUTÁRIAS:</th></tr>
<tr><td rowspan="5">3) CONTRIBUIÇÕES</td><td colspan="2">3.1) DE MELHORIA
Art. 145, III, CF/88
Art. 81, CTN</td></tr>
<tr><td rowspan="2">3.2) SOCIAIS:
Art. 149, CF/88</td><td>3.2.1) DE SEGURIDADE SOCIAL
Art. 195 e §4º, CF/88</td></tr>
<tr><td>3.2.2) SALÁRIO EDUCAÇÃO
Art. 212, §5º, CF/88</td></tr>
<tr><td rowspan="2">3.3) ESPECIAIS:</td><td>3.3.1) DE INTERVENÇÃO NO DOMÍNIO ECONÔMICO
Art. 149, CF/88</td></tr>
<tr><td>3.3.2) DE INTERESSE DE CATEGORIAS PROFISSIONAIS OU ECONÔMICAS
Art. 149, CF/88</td></tr>
<tr><td colspan="3">4) EMPRÉSTIMOS COMPULSÓRIOS
Art. 148, CF/88</td></tr>
</table>

- "Os tributos, nas suas diversas espécies, compõem o Sistema Constitucional Tributário brasileiro, que a Constituição inscreve nos seus arts. 145 a 162. Tributo, sabemos todos, encontra definição no art. 3º do CTN, definição que se resume, em termos jurídicos, no constituir ele uma obrigação que a lei impõe às pessoas, de entrega de uma certa importância em dinheiro ao Estado. As obrigações são voluntárias ou legais. As primeiras decorrem da vontade das partes, assim, do contrato; as legais resultam da lei, por isso são denominadas obrigações ex lege e podem ser encontradas tanto no direito público quanto no direito privado. A obrigação tributária, obrigação ex lege, a mais importante do direito público, 'nasce de um fato qualquer da vida concreta, que antes havia sido qualificado pela lei como apto a determinar o seu nascimento.' (Geraldo Ataliba, 'Hermenêutica e Sistema Constitucional Tributário', in 'Diritto e pratica tributaria', volume L, Padova, Cedam, 1979). As diversas espécies tributárias, determinadas pela hipótese de incidência ou pelo fato gerador da respectiva obrigação (CTN, art. 4º), são a) os impostos (CF, art. 145, I, arts. 153, 154, 155 e 156), b) as taxas (CF, art. 145, II), c) as contribuições, que são c.l) de melhoria (CF, art. 145, III), c.2) sociais (CF, art. 149), que, por sua vez, podem ser c.2.1) de seguridade social (CF, art. 195, CF, 195, § 4º) e c.2.2) salário educação (CF, art. 212, § 5º) e c.3) especiais: c.3.1.) de intervenção no domínio econômico (CF, art. 149) e c.3.2) de interesse de categorias profissionais ou econômicas (CF, art. 149). Constituem, ainda, espécie tributária, d) os empréstimos compulsórios (CF, art. 148)." (ADI 447, Rel. Min. Octavio Gallotti, voto do Min. Carlos Velloso, julgamento em 5-6-1991, Plenário, DJ de 5-3-1993).

- O imposto é o tributo cuja obrigação tem por fato gerador uma situação independente de qualquer atividade estatal específica, relativa ao contribuinte (CTN, art. 16). Daí ser classificado como tributo não-vinculado.

- Além de não ser vinculado a uma atividade estatal específica em relação ao contribuinte, o imposto também é tributo de receita não vinculada a órgão, fundo ou despesa, nos termos do artigo 167, inciso IV, da CF, com algumas exceções constitucionais.

- Os fatos geradores dos impostos estão descritos na Constituição Federal, conforme a classificação a seguir. Apenas a União poderá criar novos impostos, no exercício de sua competência residual.

IMPOSTOS FEDERAIS (CF, arts. 153 e 154)	IMPOSTOS ESTADUAIS/DF (CF, art. 155)	IMPOSTOS MUNICIPAIS/DF (CF, art. 156)
Imposto sobre importação de produtos estrangeiros – II	Imposto sobre transmissão "causa mortis" e doação de quaisquer bens ou direitos – ITCMD	Imposto sobre a propriedade predial e territorial urbana – IPTU
Imposto sobre exportação, para o exterior, de produtos nacionais ou nacionalizados – IE	Imposto sobre operações relativas a circulação de mercadorias e sobre prestações de serviços de transporte interestadual e intermunicipal e de comunicação, ainda que as operações e as prestações se iniciem no exterior – ICMS	Imposto sobre a transmissão "inter vivos", a qualquer título, por ato oneroso, de bens imóveis, por natureza ou acessão física, e de direitos reais sobre imóveis, exceto os de garantia, bem como cessão de direitos a sua aquisição – ITBI ou ITIV
Imposto sobre a renda e proventos de qualquer natureza– IR	Imposto sobre a propriedade de veículos automotores – IPVA	Imposto sobre serviços de qualquer natureza serviços de qualquer natureza, não compreendidos no art. 155, II, definidos em lei complementar – ISS ou ISSQN
Imposto sobre produtos industrializados – IPI		
Imposto sobre operações de crédito, câmbio e seguro, ou relativas a títulos ou valores mobiliários – IOF		

IMPOSTOS FEDERAIS (CF, arts. 153 e 154)	IMPOSTOS ESTADUAIS/DF (CF, art. 155)	IMPOSTOS MUNICIPAIS/DF (CF, art. 156)
Imposto sobre a propriedade territorial rural – ITR		
Imposto sobre grandes fortunas		
Impostos residuais		
Impostos extraordinários		

- Os impostos possuem as seguintes classificações:
- Quanto à alíquota: fixos ou progressivos. Fixos são aqueles em que a alíquota não aumenta com o aumento da base de cálculo. Progressivos, ao contrário, a alíquota aumenta com o aumento da base de cálculo. São progressivos o IR, ITR e o IPTU.
- Quanto à forma de percepção: diretos e indiretos. Será direto quando o contribuinte real do tributo é o próprio sujeito passivo da obrigação tributária principal, como se dá com o IR. Será indireto quando o contribuinte real do tributo é o consumidor da mercadoria ou do serviço objeto da operação (contribuinte de fato) e o sujeito passivo da obrigação tributária principal (contribuinte de direito) repassa, no preço da mercadoria ou serviço, o imposto devido, como se dá com o IPI e o ICMS. Neste caso, quando o legislador altera a alíquota do tributo, tem em mira o consumidor (contribuinte de fato) e não o empresário (contribuinte de direito).
- Quanto ao objeto de incidência: reais e pessoais. Imposto real é aquele que incide sobre o patrimônio e não leva em consideração as condições inerentes aos contribuintes (exemplos: IPTU e ITBI). Imposto pessoal, ao contrário, leva em consideração as condições dos contribuintes, suas características, estabelecendo diferenças em função dessas condições (IRPF).
- O quadro a seguir sintetiza as principais características dos impostos federais:

IMPOSTO DA UNIÃO	ASPECTOS GERAIS
Imposto de Importação – II	É exceção aos princípios da legalidade e da anterioridade (anual e nonagesimal). Segundo a Constituição, o Poder Executivo, nos termos e limites fixados em lei, poderá alterar suas alíquotas.
Imposto de Exportação – IE	É exceção aos princípios da legalidade e da anterioridade (anual e nonagesimal). Segundo a Constituição, o Poder Executivo, nos termos e limites fixados em lei, poderá alterar suas alíquotas.

IMPOSTO DA UNIÃO	ASPECTOS GERAIS
Imposto sobre a Renda e Proventos de Qualquer Natureza – IR	É exceção à anterioridade nonagesimal. O IR deve observar os critérios (princípios) da generalidade, da universalidade e da progressividade – GUP. Entende-se que generalidade significa a incidência do imposto sobre todas as pessoas. Por universalidade, entende-se a incidência sobre todos os tipos de rendimentos. A progressividade do imposto de renda toma a base de cálculo como critério para a variação de alíquotas. A Emenda Constitucional 20/98 revogou a regra constitucional que estabelecia a não incidência do imposto de renda, nos termos e limites fixados em lei, sobre rendimentos provenientes de aposentadoria e pensão, pagos pela previdência social da União, dos Estados, do Distrito Federal e dos Municípios, a pessoa com idade superior a sessenta e cinco anos, cuja renda total fosse constituída, exclusivamente, de rendimentos do trabalho. O STF decidiu que a antiga regra constitucional não era autoaplicável (MS 22.584). Assim, como a exoneração tributária não decorria diretamente da Constituição não poderia ser elencada entre as imunidades.
Imposto sobre Produtos Industrializados – IPI	É exceção aos princípios da legalidade e da anterioridade anual (não é exceção à anterioridade nonagesimal). Segundo a Constituição, o Poder Executivo, nos termos e limites fixados em lei, poderá alterar suas alíquotas. O IPI *deve ser* seletivo em função da essencialidade do produto. Assim, as alíquotas do imposto devem ser menores para os produtos essenciais e maiores para os produtos enquadrados na categoria de consumo supérfluo ou desaconselhável. O IPI também deve observar a técnica da não-cumulatividade. Segundo o STF (RE 168.750), "o princípio da não-cumulatividade objetiva tão-somente permitir que o imposto incidente sobre a mercadoria, ao final do ciclo produção-distribuição-consumo, não ultrapasse, em sua soma, percentual superior à alíquota máxima prevista em lei". Não haverá incidência de IPI (imunidade) sobre produtos industrializados destinados ao exterior. O objetivo claro da regra é desonerar a atividade de exportação, não remetendo tributos para o exterior. Terá reduzido seu impacto sobre a aquisição de bens de capital pelo contribuinte do imposto, na forma da lei

IMPOSTO DA UNIÃO	ASPECTOS GERAIS
Imposto sobre Operações Financeiras – IOF	É exceção aos princípios da legalidade e da anterioridade (anual e nonagesimal). Segundo a Constituição, o Poder Executivo, nos termos e limites fixados em lei, poderá alterar suas alíquotas. O IOF somente pode incidir sobre operações de crédito, câmbio, seguro e relativas a títulos ou valores mobiliários. Neste sentido, o STF já considerou possível a cobrança de IOF sobre operações de *factoring* (desconto de títulos de crédito para disponibilizar recursos para as empresas, ADInMC 1.763) e impossível a incidência sobre saques em cadernetas de poupança (RE 232.467). O ouro, quando definido em lei como ativo financeiro ou instrumento cambial, sujeita-se exclusivamente à incidência do IOF, devido na operação de origem. A alíquota mínima será de 1% (um por cento), sendo assegurada a transferência do montante da arrecadação nos seguintes termos: a) trinta por cento para o Estado, o Distrito Federal ou o Território, conforme a origem e b) setenta por cento para o Município de origem. Por ser regra de incidência exclusiva, veicula imunidade para todos os outros tributos. Registre-se que o ouro como simples mercadoria sofre a incidência tributária normal de todos os tributos do sistema.
Imposto Territorial Rural – ITR	As alíquotas do ITR devem ser fixadas de forma a desestimular a manutenção das propriedades improdutivas. Temos aqui um bom exemplo de progressividade extrafiscal. Por outro lado, o ITR não incidirá (imunidade) sobre pequenas glebas rurais quando as explore, só ou com sua família, o proprietário que não possua outro imóvel. A Constituição remete à lei a definição do que deve ser entendido por "pequenas glebas rurais". Poderá ser cobrado e fiscalizado pelo Município, o que lhe dará a receita total do imposto (art. 153, §4º, III da CF).
Imposto sobre Grandes Fortunas	O imposto sobre grandes fortunas deverá ser instituído por lei complementar, ainda não editada.
Impostos Residuais	A Constituição reservou à União, e somente a esta, a possibilidade de criar impostos novos (além dos já elencados). Para o exercício desta competência exige o Texto Maior: a) utilização de lei complementar, b) adoção da técnica da não-cumulatividade e c) que o imposto novo não tenha fato gerador ou base de cálculo próprios dos impostos já discriminados. Esta competência é conhecida como residual. Ainda segundo a Lei Maior, 20% (vinte por cento) do produto da arrecadação dos impostos residuais pertencem aos Estados e ao Distrito Federal (art. 157, inciso II).
Impostos Extraordinários	Na iminência ou no caso de guerra externa, a União, e somente esta, poderá criar impostos extraordinários. Estes impostos podem estar ou não compreendidos em sua competência e serão suprimidos, gradativamente, cessadas as causas da instituição. O artigo 76 do CTN fixa o prazo máximo de cinco anos, contados da celebração da paz, para a supressão gradativa dos impostos extraordinários. O exercício da chamada competência extraordinária da União não precisa observar o princípio da anterioridade (CF, art. 150, §1º).

- O quadro abaixo sintetiza as principais características dos impostos estaduais e do Distrito Federal:

IMPOSTOS DOS ESTADOS E DF	ASPECTOS GERAIS
ICMS – Imposto sobre operações relativas à circulação de mercadorias e sobre prestações de serviços de transporte interestadual e intermunicipal e de comunicação, ainda que as operações e as prestações se iniciem no exterior	Em virtude de maior incidência nos concursos públicos, agora será dada uma atenção maior aos principais aspectos do ICMS-mercadorias. O fato gerador do ICMS-mercadorias é a realização de operações relativas à circulação de mercadorias, ainda que importadas do exterior. Segundo entendimento jurisprudencial, a circulação de mercadoria pressupõe circulação jurídica, ou seja, a mudança de titularidade. No ICMS-mercadorias a base de cálculo será o valor da operação mercantil realizada e as alíquotas serão estabelecidas pelo legislador ordinário de cada Estado e do Distrito Federal. Vale ressaltar, que caberá ao Senado Federal, fixar as alíquotas mínimas e máximas em operações internas e Resolução do Senado Federal estabelecerá alíquotas aplicáveis às operações interestaduais. Enfim, a alíquota será um percentual sobre o valor da operação mercantil realizada.

IMPOSTOS DOS ESTADOS E DF	ASPECTOS GERAIS
ITCMD Imposto sobre transmissão *causa mortis* ou doação de quaisquer bens ou direitos	O fato gerador da exação é a transmissão de propriedade de quaisquer bens ou cessão de direitos em decorrência de falecimento do titular ou cessão e transmissão gratuitas. O tributo será devido no Estado da situação do bem ou DF (bens imóveis e respectivos direitos) – conforme o artigo 155, §1°, inciso I da CF; ou no Estado onde se processar o inventário ou arrolamento, ou tiver domicílio o doador, ou ao DF (bens móveis, títulos e créditos) conforme o artigo 155, §1°, inciso II da CF. No que concerne ao aspecto temporal será o momento da transmissão (CTN, art. 35) ou como estabelecer a lei ordinária estadual. O sujeito passivo é o herdeiro, legatário ou qualquer das partes ligadas à doação (doador ou donatário) na forma da lei ordinária (dos Estados/DF). A base de cálculo é o valor venal dos bens ou direitos transmitidos e da doação (CTN, art. 35). Enfim, a alíquota será estabelecida conforme legislação estadual (atenção: alíquota máxima fixada pelo Senado Federal – Resolução 9/92 – 8%).
IPVA Imposto sobre propriedade de veículos automotores	O fato gerador é a propriedade de veículo automotor. No que se refere ao aspecto espacial, é o local onde o veículo é registrado e licenciado, inscrito ou matriculado e o aspecto temporal é o 1° dia de janeiro de cada exercício ou data estabelecida na legislação estadual. O sujeito passivo é o proprietário do veículo automotor que poderá ser pessoa física ou jurídica. A base de cálculo é valor venal do veículo ou preço comercial (valor de mercado) e a alíquota será estabelecida pela lei ordinária estadual.

- O quadro abaixo sintetiza as principais características dos impostos municipais e do Distrito Federal.

IMPOSTOS DOS MUNICÍPIOS E DF	ASPECTOS GERAIS
IPTU Imposto sobre propriedade predial e territorial urbana	O fato gerador do IPTU é a propriedade (CC, art. 1.228), o domínio útil (exemplo: enfiteuta) ou a posse (CC, art. 1.196) de bem imóvel. No que concerne ao aspecto espacial recai sobre imóveis localizados na zona urbana ou urbanizável do município (vide §§ 1 ° e 2° do artigo 32 do CTN). A alteração da base de cálculo constitui exceção ao princípio da anterioridade nonagesimal. A incidência (critério temporal) ocorrerá no dia 1º de janeiro de cada ano (por ficção jurídica). O sujeito passivo da exação é o proprietário do imóvel, o titular do domínio útil ou seu possuidor (CTN, art. 34). A base de cálculo é o valor venal do imóvel e as alíquotas variarão consoante o valor, uso e localização do imóvel. Importante o estudo acerca da dupla progressividade do IPTU (fiscal e extrafiscal): a) Fiscal: Com a promulgação da EC 29/2000 alterou-se o artigo 156, § 1º, da CF, permitindo-se a progressividade fiscal do IPTU, ou seja, sua alíquota passou a variar segundo os critérios da localização, valor e uso. Antes das modificações promovidas pela Emenda citada, o Supremo Tribunal Federal, se manifestou no sentido da inconstitucionalidade da aplicação de alíquotas progressivas para o IPTU (Súmula 668). b) Extrafiscal: O objetivo de tal progressividade é estimular ou inibir certas condutas (para fins de política urbana). Confira o artigo 7° da Lei 10.257/2001 (Estatuto da Cidade). É tributo sujeito a lançamento de ofício. Nos termos do Enunciado da Súmula 97 do STJ: "o contribuinte do IPTU é notificado do lançamento pelo envio do carnê ao seu endereço".
ITBI (ou ITIV) Imposto sobre transmissão *inter vivos*, a qualquer título, por ato oneroso, de bens imóveis, por natureza ou acessão física, e de direitos reais sobre imóveis, exceto os de garantia, bem como cessão de direitos a sua aquisição.	O fato gerador é transmissão *inter vivos*, a qualquer título, por ato oneroso, de bens imóveis, por natureza ou acessão física, e de direitos reais sobre imóveis, exceto os de garantia, bem como cessão de direitos a sua aquisição.

IMPOSTOS DOS MUNICÍPIOS E DF	ASPECTOS GERAIS
	No que concerne ao aspecto/critério espacial, é o território do Município da situação do bem. No caso do DF, como não há divisão em municípios, o tributo caberá a este. É irrelevante que a escritura tenha sido lavrada em outro Município. Não há diferença de zona urbana para zona rural, como ocorre no ITR e IPTU. O critério temporal é o momento da transmissão ou da cessão. Ou seja, é o instante que ocorre o negócio jurídico, porém apurável no momento da transcrição do instrumento translativo do domínio no Registro Imobiliário. Assim já decidiu o STJ: "A propriedade imobiliária apenas se transfere com o registro do respectivo título (CC, art. 530). O registro imobiliário é o fato gerador do Imposto de Transmissão de Bens Imóveis. Assim, a pretensão de cobrar o ITBI antes do registro imobiliário contraria o Ordenamento Jurídico" (STJ – REsp 12.546-0 – RJ – 1ª T – Rel. Min. Gomes de Barros – DJU 30.11.92, in RJ 184/87). Ressalte-se que o STJ também entende que nos casos de promessa de compra e venda não registrada, não haverá a ocorrência do fato gerador do ITBI. O sujeito passivo é qualquer das partes da operação tributária de transmissão de bem imóvel (CTN, art. 42), podendo ser o transmitente ou o adquirente. A base de cálculo é o valor venal dos bens imóveis transmitidos em percentagem única sobre a base de cálculo. As alíquotas serão estabelecidas pela lei municipal. Destaque-se duas hipóteses de imunidades específicas: a) Imunidade objetiva: prevista no art. 156, §2º, inciso I da CF (busca fomentar o crescimento das empresas); b) Imunidade sobre imóveis desapropriados para fins de reforma agrária – artigo 184, §5º da CF. Consoante a Súmula 656 STF: "é inconstitucional a lei que estabelece alíquotas progressivas para o imposto de transmissão *inter vivos* de bens imóveis - ITBI com base no valor venal do imóvel".
ISS Imposto Sobre Serviços De Qualquer Natureza	O fato gerador é a prestação de serviço por pessoa física ou jurídica com ou sem estabelecimento físico dos serviços constantes na lista anexa da LC 116/2003, cujo rol é taxativo. A expressão 'serviços de qualquer natureza' no direito tributário vincula-se ao conceito dado pelo direito privado consoante o artigo 110 do CTN. Logo serviço significará um bem econômico imaterial, fruto de esforço humano, resultante de uma obrigação de fazer. O critério espacial é o limite territorial do Município. A matéria do local do pagamento do ISSQN (Local da efetiva prestação do serviço ou local de estabelecimento do prestador) é tema dos mais controvertidos no direito tributário. Importante a leitura das decisões do STJ nesse sentido. De qualquer forma, a LC 116/2003 disciplinou o assunto no seu artigo 3º. O critério temporal é o momento da efetiva prestação do serviço. O sujeito passivo é o prestador de serviço, empresa ou profissional autônomo. A base de cálculo é o valor do serviço prestado e a alíquota poderá ser fixa ou proporcional, consoante legislação municipal. Por fim, é prevista a substituição tributária e a imunidade dos serviços destinados ao exterior (LC 116/2003, art. 2º, I).

- Agora os mesmos impostos de competência da União, dos Estados, do Distrito Federal e dos Municípios, apresentados de forma analítica.

- Quadro sinótico da legislação aplicável aos impostos federais

	II	IE	IR	IPI	IOF	ITR
CF/88	art. 153, I	art. 153, II	art. 153, III	art. 153, IV	art. 153, V	art. 153, VI
Lei Complementar	CTN (arts. 19-22)	CTN (arts. 23-28)	CTN (arts. 43-45)	CTN (arts. 46-51)	CTN (arts. 63-67)	CTN (arts. 29-31)
Lei Ordinária	DL 37/66 (DL 2.472/88)	DL 1.578/77	Lei 7.713/88, Leis 9.249/95 e 9.430/96 e alterações posteriores	Lei 4.502/64	Lei 5.143/66	Lei 9.393/96
Decreto	6.759/09	6.759/09	3.000/99	7.212/10	6.306/07	4.382/02

- Quadro comparativo dos principais aspectos dos impostos federais

	Fato Gerador	Principal Contribuinte	Principal Base de Cálculo	Observações Constitucionais
II	Entrada de mercadoria estrangeira no território aduaneiro	Importador	Valor Aduaneiro	Exceção aos Princípios da Anterioridade e da Legalidade
IE	Saída de mercadoria nacional ou nacionalizada do território aduaneiro	Exportador	Valor da mercadoria em condições de livre concorrência internacional	*Idem*
IR	Aquisição de disponibilidade econômica ou jurídica de: **Renda**: produto do capital, do trabalho ou de ambos; **Proventos:** outros acréscimos patrimoniais que não sejam rendas	Pessoas físicas e jurídicas titulares das disponibilidades econômicas ou jurídicas de rendas e proventos	Montante real, arbitrado ou presumido da renda e dos proventos tributáveis	Deve observar os critérios da generalidade (todas as pessoas), universidade (tudo ou todas as rendas e proventos) e da progressividade (alíquotas progressivas). Também é exceção ao Princípio da Anterioridade nonagesimal
IPI	Saída de produto industrializado do estabelecimento industrial	Industrial	Valor da operação de saída do estabelecimento industrial	Exceção aos Princípios da Legalidade e da Anterioridade do exercício. Seletivo em função da essencialidade. Não cumulativo. Imunidade na exportação de produtos industrializados. Terá reduzido seu impacto na aquisição de bens de capital
IOF	Efetivação das operações de crédito, câmbio, seguro e relativas a títulos e valores mobiliários	Tomadores de crédito, compradores e vendedores de moeda estrangeira, os segurados e os adquirentes de títulos ou valores mobiliários e titulares de aplicações financeiras	Operações de crédito: valor da obrigação (principal mais juros). Operações de câmbio: montante em moeda nacional (recebida ou entregue). Operações de Seguro: valor do prêmio. Operações de transmissão de títulos e valores mobiliários: preço ou valor da cotação em bolsa de valores	Exceção aos Princípios da Anterioridade e da Legalidade
ITR	A propriedade, o domínio útil e a posse a qualquer título de imóvel rural	Proprietário, titular do domínio útil ou possuidor a qualquer título de imóvel rural	Valor da terra nua tributável (VTNt)	Progressividade para desestimular propriedades improdutivas. Imunidades de pequenas glebas. Possibilidade de ser cobrado e fiscalizado pelos Municípios que assim optarem na forma da lei (repasse de 100% neste caso)

(In: MARTINS, Alan; SCARDOELLI, Dimas Yamada. Direito Tributário – curso rápido e didático para estudos e revisões. Leme: Editora JH Mizuno, 2012, página 69)

- Quadro sinótico da legislação aplicável aos impostos estaduais

	ITCMD/ITCD	ICMS	IPVA
CF/88	CF, art. 155, I, c/c § 1°	CF, art. 155, II, c/c, §§ 2° a 5°	CF, art. 155, III, c/c § 6°
Leis complementares	Competência do art. 155, § 1°, III, não exercida	LC 87/96 – Lei Kandir /LC 24/75 – Convênios, Confaz e concessão de benefícios fiscais	Não há
Leis ordinárias	Leis estaduais	Leis estaduais	Leis estaduais
Decretos	Decretos estaduais	Decretos estaduais	Decretos estaduais

(In: MARTINS, Alan; SCARDOELLI, Dimas Yamada. Direito Tributário – curso rápido e didático para estudos e revisões. Leme: Editora JH Mizuno, 2012, página 71)

- Quadro comparativo dos principais aspectos dos impostos estaduais

	Fato Gerador	Principais Contribuintes	Principal Base de Cálculo	Observações Constitucionais
ITCMD/ ITCD	Transmissão *causa mortis* na sucessão legítima ou testamentária; doações e outras transmissões não onerosas (usufrutos, renúncias translativas a heranças, atribuição de bens e direitos acima da meação ou quinhão na divisão de patrimônio comum, partilha ou adjudicação etc.)	Herdeiro, legatário ou donatário	Valor dos bens e direitos transmitidos	Bens imóveis – imposto compete ao Estado de situação do bem. Bens móveis, títulos e direitos – imposto compete ao Estado onde se processar o inventário ou tiver domicílio o doador. Doador ou *de cujus* domiciliado ou residente no exterior ou se *de cujus* tinha bens no exterior – competência conforme lei complementar. Alíquotas máximas fixadas pelo Senado Federal
ICMS	Operações relativas à circulação de mercadorias; prestações de serviços de transporte interestadual e intermunicipal; prestações onerosas de serviços de comunicação; fornecimento de mercadorias com prestação de serviços não compreendidos na competência tributária dos Municípios ou sujeitos ao imposto sobre serviços, quando a lei complementar aplicável expressamente o sujeitar à incidência do imposto estadual; entrada de mercadorias ou bens importados do exterior; serviços prestados no exterior ou cuja prestação tenha se iniciado no exterior; entrada no Estado de petróleo e derivados quando não destinados à comercialização ou industrialização	Pessoa física ou jurídica que realize, com habitualidade ou em volume que caracterize intuito comercial, operações ou prestações sujeitas à incidência do imposto; qualquer pessoa física ou jurídica que importe mercadorias ou bens, seja destinatária de serviço prestado no exterior ou cuja prestação tenha sido iniciada no exterior, adquira em licitação mercadorias ou bens apreendidos, adquira lubrificantes combustíveis derivados do petróleo e energia elétrica de outro Estado, quando não destinados à comercialização ou industrialização	Valor da operação de circulação de mercadoria ou da prestação de serviço. Inclusão do próprio imposto na base de cálculo (chamado "cálculo por dentro")	Imposto não cumulativo. Seletividade em função da essencialidade das mercadorias e serviços. Competência do Senado para fixar alíquotas interestaduais e alíquotas internas mínimas, e, em alguns casos, máximas. Previsão, como regra, de tributação no Estado de origem, salvo direito do Estado de destino a diferencial de alíquota nas operações destinadas a consumidores finais. Imunidade nas operações de exportação, saídas para outros Estados de combustíveis e lubrificantes, ouro como ativo financeiro e comunicação gratuita na modalidade de radiodifusão de sons e imagens. Cabe à lei complementar definir contribuintes, dispor sobre substituição tributária, disciplinar regime de compensação, regular a forma como, mediante deliberação entre os Estados (convênios), benefícios fiscais serão concedidos ou revogados, entre outras matérias
IPVA	Propriedade de veículo automotor novo (na aquisição), importado (no desembaraço aduaneiro) ou de veículo usado (em 1° de janeiro de cada exercício)	Proprietário	Valor do veículo	Pode ter alíquotas mínimas fixadas pelo Senado Federal e alíquotas diferenciadas em razão do tipo e utilização

(In: MARTINS, Alan; SCARDOELLI, Dimas Yamada. Direito Tributário – curso rápido e didático para estudos e revisões. Leme: Editora JH Mizuno, 2012, página 72)

- Quadro sinótico da legislação aplicável aos impostos municipais

	IPTU	ITBI	ISS
CF/88	CF, art. 156, I, c/c § 1º	CF, art. 156, II, c/c § 2º	CF, art. 156, III c/c § 3º
Leis complementares	CTN, arts. 32 a 34	CTN, arts. 35 a 42	LC 116/03
Leis ordinárias	Leis municipais	Leis municipais	Leis municipais
Decretos	Decretos municipais	Decretos municipais	Decretos municipais

(In: MARTINS, Alan; SCARDOELLI, Dimas Yamada. Direito Tributário – curso rápido e didático para estudos e revisões. Leme: Editora JH Mizuno, 2012, página 74)

- Quadro comparativo dos principais aspectos dos impostos municipais

	Fato Gerador	Principais Contribuintes	Principal Base de Cálculo	Observações Constitucionais
IPTU	A propriedade, o domínio útil e a posse a qualquer título de imóvel urbano	Proprietário, titular do domínio útil ou possuidor a qualquer título de imóvel urbano	Valor venal do imóvel	Poderá ser progressivo em função do tempo e em razão do valor do imóvel, além de ter alíquotas diferentes de acordo com a localização e o uso do imóvel
ITBI	Quaisquer negócios jurídicos, independente de registro, que transfiram onerosamente bem imóvel ou direito real sobre bem imóvel (exceto os de garantia)	Qualquer das partes na operação tributada (em geral, o adquirente)	Valor venal do imóvel ou do direito transmitido	Imunidades na transmissão de bens ou direitos incorporados à pessoa jurídica como integralização do capital social, na transmissão de bens ou direitos decorrentes de fusão, incorporação, cisão ou extinção de pessoa jurídica (salvo se a atividade preponderante do adquirente for a compra e venda desses bens ou direitos, locação de bens imóveis ou arrendamento mercantil)
ISS	Prestação de serviços constantes na lista anexa à LC 116/2003, ainda que esses não se constituam como atividade preponderante do prestador	Prestador de serviços	Preço do serviço	Imunidade sobre exportações de serviços para o exterior

(In: MARTINS, Alan; SCARDOELLI, Dimas Yamada. Direito Tributário – curso rápido e didático para estudos e revisões. Leme: Editora JH Mizuno, 2012, página 75)

- Segundo a jurisprudência do STJ, o IPTU "é imposto que tem como contribuinte o proprietário ou possuidor por direito real que exerce a posse com *animus* definitivo – art. 34 do CTN" (REsp 325489/SP). As posses de locatário e comodatário não exteriorizam domínio, pois "são meros titulares de direitos pessoais limitados em relação à coisa" (REsp 40240/SP), motivo pelo qual nunca poderão ser considerados contribuintes do IPTU. Ademais, considerando-se o que dispõe o artigo 123 do CTN (irrelevância das convenções particulares para o Direito Tributário), a transferência da responsabilidade pelo pagamento do IPTU ao locatário no contrato de locação não possui valor algum perante o Fisco. Por fim, a menos que haja expressa previsão em legislação municipal, apenas com base nas normas do CTN não há fundamento para se considerar locatário ou comodatário sujeitos passivos na condição de responsáveis tributários.
- O princípio da seletividade segundo a essencialidade do produto é de observância obrigatória em relação ao IPI, que "será seletivo" (CF, art. 153, § 3º, I). O mesmo não ocorre em relação ao ICMS que "poderá ser seletivo em função da essencialidade das mercadorias e dos serviços" (CF, art. 155, § 2º, III).
- Segundo entendimento pacífico do STF a respeito da não cumulatividade do IPI, o direito ao crédito pressupõe recolhimento anterior do tributo, não se podendo cogitar em direito ao crédito em relação à aquisição de insumos não tributados ou sujeitos à alíquota zero (RE 566819 – Pleno – Rel. Min. Marco Aurélio – julg. 29/9/2010).

- A progressividade constitucional delineada para o IPTU pode ser subdividida em: i) progressividade fiscal, cujo único objetivo é a arrecadação, em razão do valor do imóvel (CF, art. 156, § 1°, I); ii) progressividade extrafiscal, que tem por objetivo promover a função social da propriedade, estabelecendo a progressividade no tempo do IPTU para o proprietário de imóvel subutilizado ou não utilizado que deixar de promover o seu adequado aproveitamento, nos termos do plano diretor do Município (CF, art. 182, § 4°, II).
- "O ICMS pode incidir sobre softwares (bens incorpóreos) adquiridos por meio de transferência eletrônica de dados, da mesma forma que incide sobre bens incorpóreos vendidos por meio de bens materiais (softwares de prateleira veiculados em disquete, CD ou DVD)" (ADI 1945 MC – Pleno – red. p/ ac. Min. Gilmar Mendes – julg. 26/10/2010).
- Nos termos do artigo 155, § 2°, VII, da CF, as construtoras, via de regra, são contribuintes do ISS. Assim, "empresas de construção civil que adquirem material em Estado-membro que cobra alíquota mais favorável de ICMS não estão compelidas, uma vez empregadas as mercadorias em obra daquela pessoa jurídica, ao recolhimento da diferença em virtude de alíquota maior do Estado-membro destinatário" (STF – RE 248830 AgR-ED – 1ª Turma – Rel. Min. Marco Aurélio – julg. 7.6.2011).
- O chamado "cálculo por dentro", isto é, inclusão do ICMS na sua própria base de cálculo é constitucional. Fundamento: CF, art. 155, § 2°, XII, "i" (STF – RE 58246 – Pleno – Rel. Min. Gilmar Mendes – julg. 18.5.2011 – Repercussão Geral).
- Há duas bases de incidência na importação de produtos mediante contrato de arrendamento mercantil, a prestação de serviço (leasing) e a própria importação. Com base nessa premissa, em recente acórdão, o STF decidiu não existir bitributação em se exigir o IPI na importação mediante leasing (STF – RE 42930 – Rel. Min. Joaquim Barbosa – 2ª Turma – julg. 1.2.2011).
- Verdade que o artigo 155, § 2°, inciso IV, da CF atribui competência ao Senado Federal para estabelecer as alíquotas do ICMS aplicáveis às operações e prestações, interestaduais e de exportação. Porém, em relação às alíquotas de exportação, essa norma passou a constituir "letra morta" após a promulgação da Emenda Constitucional 42/2003, que alterou a redação do artigo 155, § 2°, inciso X, alínea "a", da CF, contemplando com imunidade todas as operações que destinem mercadorias para o exterior, inclusive, assegurando a manutenção e o aproveitamento do montante do imposto cobrado nas operações anteriores.
- Para não se esquecer da regra do artigo 155, § 2°, inciso II, alíneas "a" e "b", da CF de que a isenção ou não-incidência, salvo determinação em contrário da legislação, não implicará crédito para compensação com o montante devido nas operações ou prestações seguintes e acarretará a anulação do crédito relativo às operações anteriores, basta pensar o quanto seria ilógico permitir-se a compensação de um imposto que não foi pago anteriormente ou se manter o crédito para abater-se, na operação subsequente, em que não haverá tributação.
- Embora operações que destinem a outros Estados petróleo, inclusive lubrificantes, combustíveis líquidos e gasosos dele derivados e energia elétrica sejam imunes ao ICMS (CF, art. 155, § 2°, X, "b"), cabe à lei complementar definir os combustíveis e lubrificantes sobre os quais o imposto incidirá uma única vez, qualquer que seja a sua finalidade, hipótese em que não se aplicará a imunidade (CF, art. 155, § 2°, XII, "h"). Trata-se do ICMS-combustíveis monofásico, cuja tributação deve observar as disposições do § 4° do artigo 155 da CF.
- As vendas de salvados pelas companhias seguradoras não se enquadram no conceito de operações relativas à circulação de mercadorias, não se sujeitando ao ICMS. Constituem sim atividade integrante das operações de seguro, cuja tributação se sujeitaria à competência da União estabelecida no artigo 153, inciso V da CF (STF – ADI 1648 – Pleno – Rel. Min. Gilmar Mendes – julg. 16.2.2011).
- No âmbito do Recurso Extraordinário nº 574706, com repercussão geral, o STF decidiu que o "ICMS não compõe a base de cálculo para fins de incidência do PIS e da Cofins". Para tanto, considerou a Corte que o valor arrecadado a título de ICMS não se incorpora ao patrimônio do contribuinte, nem representa faturamento ou receita, constituindo apenas ingresso de caixa ou trânsito contábil a ser totalmente repassado ao fisco estadual. Dessa forma, levando-se em conta que, nos termos do artigo 195, inciso I, alínea "b", da CF, essas contribuições, destinadas ao financiamento da seguridade social, incidem sobre o faturamento ou receita, torna-se inconstitucional incluir o ICMS em suas bases de cálculo.
- As operações isentas e não tributadas não apenas não dão direito ao crédito do ICMS para as operações e prestações seguintes (CF, art. 155, § 2°, II, "a"), como acarretam a anulação do crédito relativo às operações e prestações anteriores (CF, art. 155, § 2°, II, "b").
- De acordo com a competência estabelecida no artigo 155, § 2°, inciso XII, alínea "g", da CF, a forma como, mediante deliberação dos Estados e Distrito Federal, serão concedidos e revogados isenções, incentivos e benefícios fiscais (CF, art. 155, § 2°, XII, "g"), está regida, atualmente, pela Lei complementar 24/75, recepcionada pela CF nos termos do artigo 34, §5° do ADCT, que prevê a celebração de convênio no âmbito do CONFAZ.
- O art. 88 do ADCT dispõe que: "Art.88. Enquanto lei complementar não disciplinar o disposto nos incisos I e III do § 3º do art. 156 da Constituição Federal, o imposto a que se refere o inciso III do caput do mesmo artigo: I - terá alíquota mínima de dois por cento,

exceto para os serviços a que se referem os itens 32, 33 e 34 da Lista de Serviços anexa ao Decreto-Lei nº 406, de 31 de dezembro de 1968; II – não será objeto de concessão de isenções, incentivos e benefícios fiscais, que resulte, direta ou indiretamente, na redução da alíquota mínima estabelecida no inciso I". Durante muito tempo, esse dispositivo produziu seus efeitos, pois, a Lei Complementar nº 116, de 2003, que veio posteriormente a dispor sobre o ISSQN, não estabelecia alíquota mínima, nem regulava a forma e as condições para a concessão, pelos Municípios, de isenções, incentivos e benefícios fiscais no que diz respeito ao imposto. O cenário, porém, mudou com o advento da Lei Complementar nº 157, de 2016, que incluiu na Lei complementar nº 116, de 2003 o artigo 8º-A, com a seguinte redação: "Art. 8º-A: A alíquota mínima do Imposto sobre Serviços de Qualquer Natureza é de 2% (dois por cento). § 1º O imposto não será objeto de concessão de isenções, incentivos ou benefícios tributários ou financeiros, inclusive de redução de base de cálculo ou de crédito presumido ou outorgado, ou sob qualquer outra forma que resulte, direta ou indiretamente, em carga tributária menor que a decorrente da aplicação da alíquota mínima estabelecida no caput, exceto para os serviços a que se referem os subitens 7.02, 7.05 e 16.01 da lista anexa a esta Lei Complementar. § 2º É nula a lei ou o ato do Município ou do Distrito Federal que não respeite as disposições relativas à alíquota mínima previstas neste artigo no caso de serviço prestado a tomador ou intermediário localizado em Município diverso daquele onde está localizado o prestador do serviço. § 3º A nulidade a que se refere o § 2º deste artigo gera, para o prestador do serviço, perante o Município ou o Distrito Federal que não respeitar as disposições deste artigo, o direito à restituição do valor efetivamente pago do Imposto sobre Serviços de Qualquer Natureza calculado sob a égide da lei nula". Quanto às exceções à vedação à concessão de isenções, incentivos ou benefícios (§ 2º), referem-se elas ao seguintes serviços: 7.02. Execução, por administração, empreitada ou subempreitada, de obras de construção civil, hidráulica ou elétrica e de outras obras semelhantes, inclusive sondagem, perfuração de poços, escavação, drenagem e irrigação, terraplanagem, pavimentação, concretagem e a instalação e montagem de produtos, peças e equipamentos (exceto o fornecimento de mercadorias produzidas pelo prestador de serviços fora do local da prestação dos serviços, que fica sujeito ao ICMS); 7.05. Reparação, conservação e reforma de edifícios, estradas, pontes, portos e congêneres (exceto o fornecimento de mercadorias produzidas pelo prestador dos serviços, fora do local da prestação dos serviços, que fica sujeito ao ICMS); 16.01. Serviços de transporte coletivo municipal rodoviário, metroviário, ferroviário e aquaviário de passageiros.

- A Lei complementar nº 157/2016, de acordo com a competência conferida pelo artigo 156, inciso III, da CF, ampliou a relação de serviços passíveis de tributação pelo ISS. Para tanto, incluiu novos itens e subitens na lista, bem como promoveu a alteração de outros presentes na redação original. Muita atenção para os novos serviços a seguir relacionados: 1.03 - Processamento, armazenamento ou hospedagem de dados, textos, imagens, vídeos, páginas eletrônicas, aplicativos e sistemas de informação, entre outros formatos, e congêneres; 1.04 - Elaboração de programas de computadores, inclusive de jogos eletrônicos, independentemente da arquitetura construtiva da máquina em que o programa será executado, incluindo tablets, smartphones e congêneres; 1.09 - Disponibilização, sem cessão definitiva, de conteúdos de áudio, vídeo, imagem e texto por meio da internet, respeitada a imunidade de livros, jornais e periódicos (exceto a distribuição de conteúdos pelas prestadoras de Serviço de Acesso Condicionado, de que trata a Lei nº 12.485, de 12 de setembro de 2011, sujeita ao ICMS); 6.06 - Aplicação de tatuagens, piercings e congêneres; 7.16 - Florestamento, reflorestamento, semeadura, adubação, reparação de solo, plantio, silagem, colheita, corte e descascamento de árvores, silvicultura, exploração florestal e dos serviços congêneres indissociáveis da formação, manutenção e colheita de florestas, para quaisquer fins e por quaisquer meios; 11.02 - Vigilância, segurança ou monitoramento de bens, pessoas e semoventes; 13.05 - Composição gráfica, inclusive confecção de impressos gráficos, fotocomposição, clicheria, zincografia, litografia e fotolitografia, exceto se destinados a posterior operação de comercialização ou industrialização, ainda que incorporados, de qualquer forma, a outra mercadoria que deva ser objeto de posterior circulação, tais como bulas, rótulos, etiquetas, caixas, cartuchos, embalagens e manuais técnicos e de instrução, quando ficarão sujeitos ao ICMS; 14.05 - Restauração, recondicionamento, acondicionamento, pintura, beneficiamento, lavagem, secagem, tingimento, galvanoplastia, anodização, corte, recorte, plastificação, costura, acabamento, polimento e congêneres de objetos quaisquer; 14.14 - Guincho intramunicipal, guindaste e içamento; 16.01 - Serviços de transporte coletivo municipal rodoviário, metroviário, ferroviário e aquaviário de passageiros; 16.02 - Outros serviços de transporte de natureza municipal; 17.25 - Inserção de textos, desenhos e outros materiais de propaganda e publicidade, em qualquer meio (exceto em livros, jornais, periódicos e nas modalidades de serviços de radiodifusão sonora e de sons e imagens de recepção livre e gratuita); 25.02 - Translado intramunicipal e cremação de corpos e partes de corpos cadavéricos; 25.05 - Cessão de uso de espaços em cemitérios para sepultamento. A cobrança do imposto sobre os novos serviços dependerá da instituição por lei municipal, que deverá respeitar os limites da lei complementar, bem como da observância ao princípio da anterioridade, nas suas vertentes anual e nonagesimal.
- O imposto de importação é considerado pela doutrina um imposto regulatório, de caráter extrafiscal, na medida em que a alteração de sua carga tributá-

ria, permitida ao Poder Executivo (CF, art. 153, §1º), pode influir no domínio econômico, inibindo as exportações na majoração, como ocorreu recentemente em relação aos automóveis, ou incentivando-as na redução, como aconteceu na década de 90 em relação à mesma espécie de produto.

- Os impostos extraordinários, instituídos pela iminência ou no caso de guerra externa, serão suprimidos, gradativamente, cessadas as causas de sua criação (CF, art. 154, II).
- Segundo o artigo 77 do CTN, as taxas têm como fato gerador o exercício regular do poder de polícia, ou a utilização, efetiva ou potencial, de serviço público específico e divisível, prestado ao contribuinte ou posto à sua disposição. Logo, há dois tipos de taxas: taxas de polícia (de fiscalização) e taxas de serviço público específico e divisível.
- A taxa de polícia (de fiscalização) é cobrada quando há o exercício do poder de polícia, também chamado de poder de fiscalização. Tem-se como exemplos a taxa de vigilância sanitária, a taxa de licença e funcionamento ("alvará de funcionamento") etc. Não é possível cobrar taxa de fiscalização pelo uso potencial (STF, RE 140.278).
- O art. 78 do CTN define poder de polícia "considera-se poder de polícia atividade da administração pública que, limitando ou disciplinando direito, interesse ou liberdade, regula a prática de ato ou a abstenção de fato, em razão de interesse público concernente à segurança, à higiene, à ordem, aos costumes, à disciplina da produção e do mercado, ao exercício de atividades econômicas dependentes de concessão ou autorização do Poder Público, à tranquilidade pública ou ao respeito à propriedade e aos direitos individuais ou coletivos".
- A taxa de serviço é cabível toda vez que o Estado, diretamente, presta serviço público específico e divisível ao contribuinte. Assim, se o serviço é genérico e indivisível, sua remuneração se dá através dos impostos. Se é específico e divisível, pelo princípio da justiça fiscal, seu pagamento deve ser cobrado apenas dos que recebem o serviço, situação em que se cobra a taxa.

ART. 79 CTN	
UTILIZAÇÃO	**Efetiva**: quando por ele usufruídos a qualquer título
	Potencial: quando, sendo de utilização compulsória, sejam postos à sua disposição mediante atividade administrativa em efetivo funcionamento
SERVIÇOS PÚBLICOS	**Específicos**: quando possam ser destacados em unidades autônomas de intervenção, de utilidade ou de necessidade públicas
	Divisíveis: quando suscetíveis de utilização, separadamente, por parte de cada um dos seus usuários

- Considerando-se que apenas serviços públicos específicos e divisíveis são passíveis de tributação por meio de taxas, o Supremo Tribunal Federal já declarou inconstitucional diversas exigências tributárias tais como taxa de conservação de vias públicas, taxa de limpeza urbana e, conforme consagrado na Súmula Vinculante 41, a taxa de iluminação pública. São cobranças que, contrariando as disposições do artigo 79, incisos II e III do CTN, são fundamentadas em serviços inespecíficos e indivisíveis, uma vez que usufruídos de maneira geral, por toda a coletividade, sem possibilidade de serem destacados em unidades autônomas de utilização.
- Não são apenas os serviços públicos efetivamente prestados que podem ser remunerados pela cobrança de taxas, mas, também, aqueles postos à disposição do contribuinte (CTN, art. 79, I, "b"). Assim, a taxa de coleta de lixo domiciliar, além de ser considerada constitucional pela Súmula Vinculante 19, pode ser exigida de todo imóvel atendido pelo serviço, ainda que se trate de um imóvel desabitado. Por outro lado, não se pode exigir de um imóvel habitado que não seja atendido pelo serviço, uma vez não ter sido colocado à disposição do contribuinte.
- Verdade não ser o serviço de iluminação pública específico e divisível, razão pela qual não pode ser remunerado por taxa (CF, art. 145, II e inteligência da Súmula 670 do STF e Súmula Vinculante 41). Porém, é lícito aos municípios e ao Distrito Federal instituir contribuição para custeio do serviço (CF, art. 149-A), facultada a sua cobrança na fatura de consumo de energia elétrica (CF, art. 149-A, parágrafo único).
- O artigo 145, §2º da CF dispõe que "as taxas não poderão ter base de cálculo própria de impostos". No entanto, pela dificuldade de mensurar uma base à sua cobrança, a Súmula Vinculante 29 afirma que "é constitucional a adoção, no cálculo do valor de taxa, de um ou mais elementos da base de cálculo própria de determinado imposto, desde que não haja integral identidade entre uma base e outra".
- Sua base de cálculo deve guardar relação com os custos da atividade, o que nem sempre é fácil mensurar.
- É tributo (i) vinculado a uma atuação estatal em relação ao contribuinte, e (ii) de receita vinculada a órgão, fundo ou despesa, sem ser essa vinculação um requisito para a sua validade. Pode ter a receita vinculada ou não, diferentemente da contraprestação ao contribuinte, que deve ser vinculada.

- Comparação entre taxa e preço público (tarifa):

CRITÉRIOS	TAXA	PREÇO PÚBLICO / TARIFA
Regime	Direito Público (tributário)	Direito Privado (consumidor – contratual)
Natureza Jurídica	Tributária (espécie tributária, artigo 145, inciso II, CF/88, portanto, deve respeito aos princípios tributários)	Contratual (Estado prestador de serviço como se fora um particular ou o particular sob delegação do Estado – concessões, permissões, etc)
Tipo de receita pública	Receita derivada	Receita originária
Serviços Públicos	Específicos e divisíveis, de uso efetivo ou potencial	Específicos e divisíveis, apenas de uso efetivo
Tipos de serviços públicos	A) Propriamente estatais e ínsitos à soberania do Estado (exemplo: concessão de passaporte) e; B) Essenciais ao interesse público	A) Não essenciais ao interesse público (exemplos: telefonia, gás, energia elétrica e outros sujeitos à concessão ou permissão pelo ente estatal) e; B) em regra, serviços delegáveis
Cobrança	Compulsória (característica tributária, cobrada no caso de utilização do serviço público e mesmo no caso de o serviço público ter sido colocado à disposição e não necessariamente utilizado)	Voluntária (apenas no uso do serviço público)
Dívida Ativa	Créditos oriundos do não pagamento são inscritos na Dívida Ativa tributária	Créditos oriundos do não pagamento são inscritos na Dívida Ativa não tributária
Repetição de indébito	Ação de repetição de indébito sujeita-se ao prazo previsto no CTN	Ação de repetição de indébito sujeita-se ao prazo prescricional estabelecido no Código Civil (Súmula 412 do STJ)
Decorre de (segundo Súmula 545 do STF)[1]	Lei (cobrança condicionada à prévia autorização orçamentária)[2]	Contrato (vontade das partes)
Prescrição	Quinquenal, regida pelo Direito Público (Código Tributário Nacional)	Decenal, regida pelo Direito Privado (Código Civil). Conforme REsp 1117903

- As taxas e o STF:

TAXA	JULGADA	RESUMO	Nº STF
Coleta/remoção/tratamento/ destinação de lixo proveniente dos imóveis	Constitucional	Remunera serviço público específico e divisível (prestado ou a disposição)	Súmula vinculante 19
Fiscalização dos mercados de títulos e valores mobiliários (instituída pela Lei 7.940/89) "taxa da CVM"	Constitucional	Em razão do exercício do Poder de Polícia atribuído à Comissão de Valores Mobiliários (CVM)	Súmula 665
Iluminação pública	Inconstitucional	É um serviço destinado a toda a coletividade (*uti universi*), não é específico e divisível	Súmula Vinculante 41
Classificação de produtos vegetais (instituída pelo Decreto-Lei 1.899/81)	Constitucional	Em razão do exercício do Poder de Polícia (padrão de qualidade dos produtos vegetais que entram no país)	RE 511.584-AgR e outros
Fiscalização/localização e funcionamento	Constitucional	Em razão do exercício do Poder de Polícia (desde que efetivo, sendo suficiente a demonstração da existência de órgão e estrutura necessários ao exercício da competente fiscalização)	RE 588.322 e outros
Municipal de incêndio	Inconstitucional	Em razão da competência dos Estados (e não dos municípios) para o desempenho de atividades de defesa civil (CF, art. 144)	RE 643247
IBAMA	Constitucional	Em razão do exercício do Poder de Polícia (fiscalização das atividades poluidoras e utilizadoras de recursos ambientais)	RE 416.601 e outros
Segurança (policiamento preventivo)	Inconstitucional	É um serviço destinado a toda a coletividade (*uti universi*), não é específico e divisível	ADI 1.942 e outros
Municipal de conservação de estradas de rodagem	Inconstitucional	Base de cálculo idêntica à do ITR	Súmula 595

1 Súmula 545 do STF – Preços de serviços públicos e taxas não se confundem, porque estas, diferentemente daqueles, são compulsórias e têm sua cobrança condicionada à prévia autorização orçamentária, em relação à lei que as instituiu.

2 Embora superado o Princípio da Anualidade (exigência de prévia previsão orçamentária), o STF não revogou a Súmula 545 e algumas bancas examinadoras continuam cobrando o seu texto literal e integral.

- A natureza jurídica do pedágio sempre gerou muita polêmica. Uma linha defende o pedágio enquanto tributo (taxa), sujeito, portanto, aos regramentos aplicáveis às demais espécies tributárias, notadamente ao respeito das limitações ao poder de tributar. Em seu favor tem-se um precedente do STF (RE 181.475-6), relativo ao selo pedágio, que era compulsório. Outra linha, que é predominante na doutrina e com a qual estes autores compactuam, apregoa o pedágio como um preço público (tarifa), uma vez que arrecadado pelas concessionárias (empresas que visam o lucro). As concessionárias (de rodovias) prestam um serviço essencial ao interesse público, que, em regra, pode ser delegado ou concedido pelo Poder Público a outras entidades, públicas ou privadas. Recentemente, o Supremo Tribunal Federal pronunciou-se pela natureza de tarifa ou preço público do pedágio, haja vista não gozar da compulsoriedade, característica essencial das taxas (STF – ADI 800/RS, rel. Min. Teori Zavascki, 11.6.2014).
- Pela redação do artigo 81 do CTN, contribuição de melhoria é tributo instituído para fazer face ao custo de obras públicas de que decorra valorização imobiliária, tendo como limite total a despesa realizada e como limite individual o acréscimo de valor que da obra resultar para cada imóvel beneficiado. É regida pelo Decreto-lei 195/67.
- Sobre a sua base de cálculo, o STJ é pacífico de que esta consiste na "efetiva valorização imobiliária, a qual é aferida mediante a diferença entre o valor do imóvel antes do início da obra e após a sua conclusão, sendo inadmissível a sua cobrança com base somente no custo da obra pública realizada" (REsp 1.076.948-RS, Rel. Min. Luiz Fux, julgado em 4/11/2010).
- Obra pública inacabada também não autoriza a cobrança de contribuição de melhoria (REsp 647.134-SP).
- O CTN, no art. 82, enumera uma lista de requisitos mínimos para a cobrança do tributo, de modo que não poderá ser cobrado sem a observância dessas formalidades legais que constituem o pressuposto do seu lançamento.
- Os Empréstimos Compulsórios são tributos cobrados exclusivamente pela União em duas hipóteses: a) atender a despesas extraordinárias, decorrentes de calamidade pública e de guerra externa efetiva ou iminente; e b) investimento público de caráter urgente e de relevante interesse nacional.
- Exige lei complementar (que definirá o fato gerador) e a competência, conforme dito acima, é exclusiva da União.
- Possui intrínseca relação com os impostos extraordinários (CF, art. 154, II).

Empréstimos compulsórios para guerra externa	Imposto extraordinário de guerra
Cabível *também* na iminência ou no caso de guerra externa efetiva	Cabível na iminência ou no caso de guerra externa efetiva
Pode-se utilizar qualquer fato gerador de tributo para a sua cobrança	Pode-se utilizar qualquer fato gerador de tributo para a sua cobrança
Demanda lei complementar	Não exige lei complementar. Pode ser lei ordinária ou até medida provisória
Exceção às duas anterioridades	Exceção às duas anterioridades
É tributo restituível	Não é tributo restituível

- As contribuições especiais consistem em tributos de receita vinculada, cobrados em sua maioria pela União, que devem atender a quatro pressupostos para a sua validade: a) Finalidade adequada ao Texto Magno; b) Existência de um grupo ou setor que receberá a atuação do destino do tributo; c) Entidade específica para o setor beneficiado; e d) Arrecadação destinada à finalidade.
- São de competência exclusiva da União, com duas exceções: (i) Estados, DF e Municípios podem instituir contribuições em benefício dos seus servidores, quando possuírem Regime Próprio de Previdência Social (CF, art. 149, §1° c/c art. 40); e Município e DF podem instituir Contribuição de Iluminação Pública, para o custeio do serviço de iluminação pública (CF, art. 149-A, da CF).
- O PIS e a Cofins são contribuições que incidem sobre as vendas a prazo inadimplidas, cujos valores faturados não tenham sido recebidos (STF – RE 586482/RS – Pleno – Rel. Min. Dias Toffoli – julg. 23.11.2011).
- Segundo o STF (RE 138.284), as contribuições sociais podem ser gerais ou específicas. Específicas são as descritas no artigo 195 da CF, cuja materialidade já foi definida pelo legislador constituinte e destinam-se a financiar a seguridade social. Gerais são todas as outras contribuições que dizem respeito aos direitos sociais, mas não estão delimitadas dentro do artigo 195, portanto, não financiam a seguridade social. São as que podem ser criadas com base no artigo 149 da CF, que deixou a materialidade das contribuições aberta. Têm-se como exemplos as contribuições do salário-educação (CF, art. 212, §5º), contribuições do "Sistema S" como SESI, SESC, SENAI, SEBRAE, SEST etc. (CF, art. 240).
- As contribuições de intervenção no domínio econômico (CIDEs) caracterizam-se pela finalidade interventiva. Guardam semelhança com os impostos ditos regulatórios, daí serem tributos extrafiscais.
- São de competência exclusiva da União e podem ser criadas por lei ordinária.
- O seu principal exemplo é a CIDE incidente sobre a importação e a comercialização de petróleo e seus derivados, também chamada de CIDE-Combustíveis. Presente na CF, no artigo 177, §4o, esta con-

tribuição é exceção ao princípio da legalidade (sua alíquota pode ser reduzida e restabelecida por ato do Poder Executivo) e ao princípio da anterioridade anual (não se lhe aplica o disposto no artigo 150, inciso III, alínea "b", da CF).

- Outros exemplos de CIDEs são: a) Contribuição para o Fundo de Universalização dos Serviços de Telecomunicações (FUST). Lei 9.998/00 – 1% sobre a receita da prestação de serviços de telecomunicação; b) Contribuição ao Fundo para o Desenvolvimento Tecnológico das Telecomunicações (Funttel). Lei 10.052/00 – 0,5% sobre a receita bruta das empresas; c) Contribuição para o Financiamento do Programa de Estímulo à Interação Universidade-Empresa. Lei 10.168/00; d) Contribuição para o Desenvolvimento da Indústria Cinematográfica Nacional (Condecine). Lei 10.454/02.
- Por fim, há as contribuições de interesse de categorias profissionais ou econômicas, conhecidas como contribuições profissionais ou corporativas. Caracterizam-se por serem instituídas em favor de categorias profissionais ou econômicas, sendo vinculadas a entidades representativas desses segmentos sociais. Têm-se como exemplos CRM, CREA, CRC, CRO, dentre outras.
- Com a Reforma Trabalhista aprovada em 2017, a CLT, lei instituidora da contribuição sindical, passou a estabelecer no seu artigo 578 que: "As contribuições devidas aos sindicatos pelos participantes das categorias econômicas ou profissionais ou das profissões liberais representadas pelas referidas entidades serão, sob a denominação de contribuição sindical, pagas, recolhidas e aplicadas na forma estabelecida neste Capítulo, **desde que prévia e expressamente autorizadas**." E, com isso, o desconto da contribuição em relação a trabalhadores e o pagamento por parte dos empregadores e profissionais liberais passa a ter caráter facultativo (CLT, arts. 579/587).
- Com a alteração promovida, a contribuição sindical deixa de ter caráter tributário, uma vez perder uma característica essencial do conceito de tributo estabelecido no artigo 3º do CTN, que é a natureza compulsória. Em outras palavras, tornando-se facultativa, a contribuição sindical passa a ter natureza trabalhista e ser objeto do direito coletivo do trabalho. Exatamente como ocorre com as outras cobranças sindicais facultativas, tais como as contribuições confederativa e assistencial, bem como as taxas associativas (Súmula Vinculante 40).
- De qualquer forma, permanece vigente a competência da União para instituição de contribuições de interesse de categorias profissionais, estabelecida no artigo 149 da CF/88. Consequentemente, a contribuição sindical poderá retomar a sua natureza tributária caso a sua obrigatoriedade, futuramente, venha a ser restabelecida em lei, por exemplo, por uma eventual nova alteração da CLT.
- Em relação à OAB, entende-se que não se trata de apenas um conselho de fiscalização de profissão, mas, além disso, possui finalidade institucional, como defender a Constituição e a Justiça. Logo, a natureza da sua cobrança não é igual à dos demais Conselhos. Este debate tem gerado dúvidas sobre a natureza jurídica do valor cobrado pela OAB, tendo o STJ se posicionado no sentido de que este não possui natureza tributária (EREsp 495.918/SC). O tema ainda não foi pacificado pelo STF.

2. LIMITAÇÕES CONSTITUCIONAIS AO PODER DE TRIBUTAR

- No campo das limitações constitucionais ao poder de tributar, a CF veicula princípios constitucionais tributários gerais, aplicáveis aos tributos em geral, como é o caso do princípio da legalidade, e princípios constitucionais tributários específicos, que dizem respeito a tributos determinados, como o princípio da não cumulatividade do ICMS estadual.
- Princípios tributários são normas de posição premente e observância em todos os quadrantes da ordem jurídica tributária, que veiculam valores fundamentais do sistema tributário nacional.
- Princípio da legalidade (CF, art. 150, I c/c CTN, art. 97). A instituição ou a majoração de um tributo deve decorrer de lei. A legalidade tributária estrita é também chamada de tipicidade cerrada, uma vez que no artigo 97 do CTN o legislador mencionou as matérias específicas que demandam lei para a sua criação (fato gerador, base de cálculo, alíquota, sujeito passivo e multa).

Princípio da Legalidade Cerrada – artigo 97 CTN ***(numerus clausulus)***	Fato gerador
	Alíquota
	Base de cálculo
	Sujeito passivo
	Multa

- Se é necessária lei para criar tributo, é igualmente necessária lei para a sua redução ou isenção (CF, art. 150, §6º);
- Os tributos, geralmente, são instituídos por lei ordinária. Em quatro hipóteses, contudo, necessita-se de lei complementar:

Tributos veiculados por LC:
(i) Empréstimos compulsórios (CF, art. 148, I e II)
(ii) Imposto sobre grandes fortunas (CF, art. 153, VII)
(iii) Impostos residuais (CF, art. 154, I)
(iv) Contribuições residuais da seguridade social (CF, art. 195, §4º)

- A Medida Provisória pode criar impostos, exceto os reservados à lei complementar (CF, art. 62, §1º, III e §2º).
- A multa também precisa de lei para a sua criação.

- Enfim, destaque-se que, em certas hipóteses, o tributo poderá ter suas alíquotas alteradas via decreto ou outra norma do Poder Executivo, cujo rol das mitigações está a seguir:

EXCEÇÕES À LEGALIDADE TRIBUTÁRIA	Imposto de Importação – II
	Imposto de exportação – IE
	Imposto sobre produtos industrializados – IPI
	Imposto sobre operações financeiras – IOF
	ICMS-Combustível
	CIDE-Combustível

- No plano infraconstitucional, o princípio da legalidade encontra-se regulado pelo artigo 97 do CTN, que foi recepcionado pela Constituição Federal de 1988. Seus parágrafos merecem especial destaque, cumprindo lembrar que se equipara à majoração do tributo, e, portanto, fere o princípio da legalidade, a modificação de sua base de cálculo, que importar em torná-lo mais oneroso (CTN, art. 97, § 1°). Ao contrário, não constitui majoração de tributo, não ferindo o princípio da legalidade, a mera atualização monetária da respectiva base de cálculo (CTN, art. 97, § 2°). Alguns tratam o § 2° como uma exceção ao princípio da legalidade, mas ainda que a regra não estivesse veiculada no CTN, não se poderia considerar a atualização monetária como majoração de tributo, haja vista a sua natureza de instrumento de reposição inflacionária.
- Da aplicação do princípio da legalidade (CF, art. 150, I) combinada com o princípio implícito da reserva à lei complementar, resulta que: i) em regra, os tributos devem ser instituídos por lei ordinária; ii) quando houver expressa previsão constitucional o tributo será instituído por lei complementar, como ocorre com o empréstimo compulsório (CF, art. 148) e o imposto sobre grandes fortunas (CF, art. 153, VII).
- Pelo princípio da legalidade (CF, art. 150, I) é vedado ao Poder Executivo criar ou aumentar tributos (ressalvas as exceções do art. 153, §1º, da CF), ficando reservado à lei o exercício das competências tributárias constitucionalmente conferidas à União, Estados, Distrito Federal e Municípios. Como somente a lei pode revogar outra lei, por viés de raciocínio, como só a lei pode criar ou aumentar tributos, apenas ela é que pode extingui-los ou reduzi-los.
- Há duas normas constitucionais que limitam a majoração de imposto por medida provisória, quais sejam: 1ª) a de que a medida provisória que institua ou majore impostos só produzirá efeitos no exercício financeiro seguinte, desde que seja convertida em lei até o último dia do exercício em que tiver sido editada (CF, art. 62, § 2°); 2ª) a do princípio da anterioridade de nonagesimal, segundo o qual leis que instituam ou majorem tributos devem aguardar uma anterioridade mínima de 90 dias (CF, art. 150, § 1°, in fine).
- A União pode instituir ou majorar impostos por meio de medidas provisórias. Mas cabe lembrar que há exceções à regra relativas aos impostos de importação, exportação, produtos industrializados e operações financeiras, bem como que a medida provisória que implique majoração ou instituição de impostos só produzirá efeitos no exercício financeiro seguinte se houver sido convertida em lei até o último dia daquele em que foi editada, tudo nos termos do artigo 62, § 2°, da CF.
- Princípio da Isonomia Tributária ou Igualdade (CF, art. 150, II CF). Possui como sub-princípios a Interpretação Objetiva do "Fato Gerador" (CTN, arts. 118 c/c 126) – cláusula *non olet* (tributo não tem cheiro) – e o Princípio da Capacidade Contributiva (CF, art. 145, §1°). Consiste em tratar os iguais de modo igual (isonomia horizontal), e os desiguais de modo desigual (isonomia vertical), de modo que, na existência de desigualdade não suportada pela Constituição, deve-se buscar a igualdade pelo caminho do tratamento desigual. Assim, por serem desiguais, empresas pequenas e grandes podem ser submetidas a tratamento tributário diferenciado, pois este é o caminho de se buscar a igualdade entre elas. No ponto, o STF decidiu ser constitucional o tratamento diferenciado entre empresas sujeitas ao Simples Nacional e os profissionais liberais, muito embora com faturamento que lhes permitissem optar pelo pagamento diferenciado de tributos, por entender que as sociedades civis de prestação de serviços profissionais relativos ao exercício de profissão regulamentada têm condições de disputar o mercado de trabalho sem assistência do Estado (ADI 1.643/DF).
- Ao veicular o princípio da capacidade contributiva, o artigo 145, §1° da CF refere-se exclusivamente aos impostos, tornando lícito afirmar que não se aplica às taxas e contribuições de melhorias que, ademais, por serem tributos vinculados a uma atividade estatal específica relativa ao contribuinte, não possuem hipótese de incidência adstrita a fatos signo-presuntivos de riqueza.
- Em relação à capacidade contributiva, o final do §1° do artigo 145 da CF faculta à administração tributária "identificar, respeitados os direitos individuais e nos termos da lei, o patrimônio, os rendimentos e as atividades econômicas do contribuinte". Nesse espeque, a LC 105/01 dá poderes ao Fisco de requisitar diretamente às instituições financeiras informações dos contribuintes, protegidas por sigilo, sem necessidade de ordem judicial.
- Na clássica lição do jurista Celso Antônio Bandeira de Melo, em matéria de isonomia, para que um tratamento diferenciado seja justificado, o elemento discriminatório eleito pelo legislador deve ser lógico e razoável. Assim também se perfaz a observância ao princípio da isonomia tributária (CF, art. 150, II). Contribuintes em situações equivalentes podem ser tratados de forma distinta de contribuintes que

a eles não se igualam, desde que o elemento discriminatório (fator de desigualação) seja coerente com justificativas lógicas e razoáveis, contexto em que se inserem o interesse ou a conveniência pública na aplicação da regra da capacidade contributiva e o incentivo de determinadas atividades de interesse do Estado.

- De acordo com a jurisprudência do STF, não é possível acrescentar exemplos à lei com base no princípio da isonomia, razão pela qual não é lícito ao Poder Judiciário conceder a extensão de um benefício fiscal a contribuinte não contemplado na lei, sob pena de incorrer-se em ofensa ao princípio da separação dos poderes (RE 405579 – Pleno – Rel. Min. Joaquim Barbosa – julg. 01/12/2010).
- É inconstitucional por ofender o princípio da isonomia tributária a lei que concede isenção de pagamento de custas e emolumentos pelos serviços judiciais e extrajudiciais apenas a servidores do Poder Judiciário (STF – ADI 3334 – Pleno – Rel. Min. Ricardo Lewandowski – julg. 17/02/2011).
- Princípio da Irretroatividade (CF, art. 150, III, "a" c/c CTN, arts. 106 e 144). Proíbe a retroatividade de lei nova gravosa alcançar fatos ocorridos antes da sua vigência. No ponto, destaque para a retroatividade das leis expressamente interpretativas e as que versem sobre infrações e sejam mais benéficas para os infratores. Estas últimas, cumpre lembrar, não retroagirão se já houver coisa julgada.
- A referência do Supremo Tribunal Federal para análise da irretroatividade é o aspecto temporal da hipótese de incidência, isto é, o momento em que o fato gerador ocorre. Em termos mais precisos, a norma tributária aplicável é sempre aquela vigente na data da ocorrência do fato gerador, o que constitui a realização prática do aspecto temporal da hipótese de incidência tributária. Daí a vedação de se cobrar tributos em relação a fatos geradores ocorridos antes do início da vigência da lei que os houver instituído ou aumentado (CF, art. 150, III, "a").
- Interpretado a contrario sensu, o princípio da retroatividade da norma tributária enunciado na CF diz respeito à regra de que os tributos devem ser cobrados segundo a lei vigente à época dos referidos fatos geradores, o que torna lícito afirmar que a mesma lei que rege o fato, no caso o fato gerador, é também a única apta a reger os efeitos tributários que ele desencadeia.
- Atenção para a polêmica envolvendo a Súmula 584 do STF, que estabelece orientação por uma retroatividade imprópria da norma tributária, com a seguinte redação: "ao Imposto de Renda calculado sobre os rendimentos do ano-base, aplica-se a lei vigente no exercício financeiro em que deve ser apresentada a declaração". Verdade que, segundo considerável parcela da doutrina, conforme jurisprudência do Superior Tribunal de Justiça e até de acordo com recente acórdão do STF (RE 587.008 – julg. fev. 2011), referida súmula tornou-se ultrapassada a partir da promulgação da CF de 1988 e do advento do princípio da irretroatividade nos moldes do seu artigo 150, inciso III, alínea "a". Porém, na recente jurisprudência do STF, em decisões tais como a monocrática do ARE 640.953, datada de maio de 2011, portanto mais recente que o RE 587.008, ainda é possível identificar a insistência na Súmula 584 e na retroatividade imprópria.
- Além de saber que a norma tributária de incidência não retroage para atingir fatos geradores ocorridos antes de sua respectiva vigência, para uma boa compreensão de questões que digam respeito ao princípio da irretroatividade é necessário compreender o fato gerador como uma expressão de caráter ambíguo. No plano normativo (abstrato), é melhor designado pela expressão "hipótese de incidência", podendo ser visto sob três aspectos, quais sejam: material (matéria tributável), espacial (local de ocorrência do fato gerador) e temporal (momento da ocorrência do fato gerador). No plano dos fatos (concreto), diz respeito ao fato gerador propriamente dito ou fato jurídico-tributário, correspondendo à realização prática do que descrito na hipótese de incidência.
- Princípio da Anterioridade (anual e nonagesimal) ou da não-surpresa (CF, art. 150, III, "b" e "c"). A instituição ou a majoração de tributo não pode ser cobrada no mesmo exercício em que a lei foi publicada, sendo observado o intervalo mínimo de 90 dias entre a lei que cria ou aumenta o tributo e o tempo da sua cobrança. Enfim, a anterioridade não se aplica nas situações de alteração de prazo recolhimento do tributo.
- Ressalvadas as exceções previstas na própria CF, a anterioridade anual e a nonagesimal devem ser interpretadas em conjunto, de modo que um tributo instituído ou majorado em determinado exercício, só poderá ser cobrado no exercício seguinte, desde que decorridos 90 dias.
- As exceções ao princípio da anterioridade anual (CF, art. 150, III, "b") e nonagesimal (CF, art. 150, III, "c"), previstas nos artigos 150, § 1º, 155, § 4º, inciso IV, alínea "c", 177, § 4º, inciso I, alínea "b" e 195, § 6º" podem ser visualizadas no quadro abaixo. Os tributos em negrito são aqueles que não são exceções comuns às duas vertentes do princípio.

REGRA	EXCEÇÕES
anterioridade anual	II, IE, ***IPI***, IOF, empréstimo compulsório do art. 148, inciso I da CF e imposto extraordinário de guerra, **ICMS-combustível monofásico, CIDE-combustível e contribuições para a seguridade social.**
anterioridade nonagesimal	II, IE, ***IR***, IOF, empréstimo compulsório do art. 148, inciso I da CF, imposto extraordinário de guerra e ***fixação de base de cálculo de IPVA e IPTU***

- O § 2° do artigo 62 da CF prestigia os princípios da legalidade e da anterioridade quando estabelece que a medida provisória que implicar na instituição ou majoração de impostos, exceto os previstos nos artigos 153, I, II, IV, V, e 154, II, só produzirá efeitos no exercício financeiro seguinte (anterioridade) se houver sido convertida em lei até o último dia daquele em que foi editada (legalidade).
- De acordo com a jurisprudência do STF, a redução ou a extinção de desconto para pagamento de tributo sob determinadas condições previstas em lei, como o pagamento antecipado em parcela única, não pode ser equiparada à majoração do tributo em questão. Portanto, nesses casos, não incide o princípio da anterioridade (STF – ADI 4016 MC / PR, Pleno, Rel. Min. Gilmar Mendes, julgado em 01/08/2008). Da mesma forma, a revogação de isenção não se submete ao princípio da anterioridade, porque não corresponde à instituição de tributo novo (STF – MS 20859 /DF, Pleno, Rel. Min. Néri da Silveira, julgamento em 14/03/2002).
- Princípio da Proibição ao Confisco ou da Não-confiscatoriedade (CF, art. 150, IV). Trata-se de princípio formado por palavra de difícil alcance, só delimitada diante do caso concreto. Pela norma, o tributo não pode ser tão elevado de modo a impedir a continuidade da atividade empresarial do contribuinte ou levá-lo ao ponto de venda dos seus bens para o pagamento dos tributos incidentes sobre estes (garantia do mínimo vital). O STF já decidiu que "a identificação do efeito confiscatório deve ser feita em função da totalidade da carga tributária, mediante verificação da capacidade de que dispõe o contribuinte considerado o montante de sua riqueza (renda e capital) para suportar e sofrer a incidência de todos os tributos que ele deverá pagar, dentro de determinado período, à mesma pessoa política que os houver instituído" (ADC-MC 8/DF, Rel. Min. Celso de Mello). Esse princípio é igualmente aplicável às taxas e às multas.
- O princípio do não confisco (CF, art. 150, IV) é interpretado pelo Supremo Tribunal Federal, da seguinte forma: "a proibição constitucional do confisco em matéria tributária (...) nada mais representa senão a interdição, pela Carta Política, de qualquer pretensão governamental que possa conduzir, no campo da fiscalidade, à injusta apropriação estatal, no todo ou em parte, do patrimônio ou dos rendimentos dos contribuintes, comprometendo-lhes, pela insuportabilidade da carga tributária, o exercício do direito a uma existência digna, ou a prática de atividade profissional lícita ou, ainda, a regular satisfação de suas necessidades vitais básicas" (ADI 1.075-MC, Rel. Min. Celso de Mello, julgamento em 17-6-1998, Plenário, DJ de 24-11-2006). No mesmo sentido: AI 482.281-AgR, Rel. Min. Ricardo Lewandowski, julgamento em 30-6-2009, Primeira Turma, DJE de 21-8-2009. Vide: RE 523.471-AgR, Rel. Min. Joaquim Barbosa, julgamento em 6-4-2010, Segunda Turma, DJE de 23-4-2010.
- O princípio da vedação ao confisco não constituiu limitação à instituição do imposto sobre grandes fortunas, mas sim impede a criação de impostos que não sejam razoáveis, que tenham carga tributária desproporcional e excessiva. Não há nenhum preceito constitucional que seja contrário à instituição do imposto sobre grandes fortunas – IGF. Muito pelo contrário, o artigo 153, inciso VII, expressamente confere competência à União para instituir o IGF, exigindo apenas que esse poder de tributar seja exercido mediante lei complementar.
- Conforme orientação fixada pelo STF, o princípio da vedação ao efeito de confisco aplica-se às multas (RE 523.471-AgR, Rel. Min. Joaquim Barbosa, julgamento em 6-4-2010, Segunda Turma, DJE de 23-4-2010).
- O Poder Judiciário não pode substituir os Poderes Executivo e Legislativo na análise do momento econômico e do índice de correção (STF – RE 388312 – Pleno – red. p/ ac. Min. Carmen Lúcia – julg. 1º.8.2011), nem mesmo à luz dos princípios da capacidade contributiva e do não confisco.
- Princípio da não-limitação ao tráfego de pessoas e bens (CF, art. 150, V). Por este inciso, proíbe-se "estabelecer limitações ao tráfego de pessoas ou bens, por meio de tributos interestaduais ou intermunicipais, ressalvada a cobrança de pedágio pela utilização de vias conservadas pelo Poder Público". Por este princípio não está vedada a cobrança do ICMS nas fronteiras dos Estados, visto que o fato gerador em questão não é o trânsito da mercadoria, mas, sim, a sua compra e venda. Quanto ao pedágio, o STF revisitou a matéria recentemente no bojo da ADI 800/RS (Informativo 750 de 09 a 13 de junho de 2014) e entendeu que tal cobrança não teria natureza tributária (taxa), mas sim de preço público, não estando sujeito à legalidade estrita. O Plenário sublinhou que seria irrelevante também, para a definição da natureza jurídica do pedágio, a existência, ou não, de via alternativa gratuita para o usuário trafegar. Reconheceu que a cobrança de pedágio poderia, indiretamente, limitar o tráfego de pessoas. Observou, todavia, que essa restrição seria agravada quando, por insuficiência de recursos, o Estado não construísse rodovias ou não conservasse adequadamente as existentes. Ponderou que, diante dessa realidade, a Constituição autorizara a cobrança de pedágio em rodovias conservadas pelo Poder Público, inobstante a limitação de tráfego que essa cobrança pudesse eventualmente acarretar. Registrou, assim, que a contrapartida de oferecimento de via alternativa gratuita como condição para a cobrança de pedágio não seria uma exigência constitucional, tampouco estaria prevista em lei ordinária. Consignou que o elemento nuclear para identificar e distinguir taxa e preço público seria o da compulsoriedade, presente na primeira e ausente na segunda espécie. Nesse sentido, mencionou o Enunciado 545 da Súmula do STF ("preços de serviços públicos e taxas não se confundem, porque estas, diferentemente daqueles, são compulsórias e

têm sua cobrança condicionada à prévia autorização orçamentária, em relação à lei que as instituiu").

- Princípios da seletividade e da progressividade. A seletividade consiste num critério de variação de alíquotas em função da essencialidade dos produtos, aplicada a impostos sobre o consumo. A CF determina que "o IPI será seletivo" ao passo que "o ICMS poderá ser seletivo". Quanto à progressividade, a alíquota também varia, seja em função da elevação da base de cálculo, buscando a aplicação da capacidade contributiva, seja em função de um caráter sancionatório. A progressividade sanção é aplicada ao IPTU e ao ITR, quando não há a correta destinação do imóvel. A progressividade em função do aumento da base de cálculo está presente no IR e IPTU. Segundo a CF, eles podem ter alíquotas progressivas em função do valor da riqueza tributável. Por fim, o IPTU pode ter alíquotas variáveis em função do local ou uso do imóvel e o IPVA em razão do tipo e utilização do veículo.
- Princípio da Uniformidade Geográfica ou Uniformidade Tributária (CF, arts. 151, I, c/c art. 19, III, in fine). A CF veda a União instituir tributo que não seja uniforme em todo o território nacional ou que implique distinção ou preferência em relação a Estado, ao Distrito Federal ou a Município, exceto se a diferenciação for para diminuir as diferenças socioeconômicas no país.
- Princípio da Não-Cumulatividade (CF, arts. 155, §2°, I, 153, §3°, II e 154, I). Tido por alguns autores como princípio, a não-cumulatividade consiste em método previsto na CF que evita o Fisco de cobrar o tributo na totalidade sobre o valor apurado em cada etapa da cadeia, visto que o imposto deve recair apenas sobre a parcela do preço do bem que foi agregado em cada etapa. Assim, em cada operação, o imposto deve recair apenas sobre o valor que o agente agregou. Está presente no IPI e no ICMS.
- Princípio da vedação às isenções heterônomas (CF, art. 151, III). É clássica a norma que apregoa ser o poder de isentar ínsito ao poder de tributar. Ou seja, apenas pode conceder isenção quem tem o poder de tributação, o que torna válida a isenção autônoma. Em contrapartida, é proibido conceder isenção aquele que não tem o poder de tributação. Logo, se o ICMS é um tributo estadual, apenas o Estado pode conceder isenção, ficando vedado tal poder à União, ou seja, fica proibida a isenção heterônoma ou heterotópica, novidade esta trazida pela CF/88. Porém, há exceções à regra. Como exemplo, cite-se a possibilidade da União conceder, através de lei complementar, isenção heterônoma do ISS nas exportações de serviços para o exterior (CF, art. 156, §3°, II). Ademais, cumpre lembrar que, se a isenção de tributos estaduais e municipais for concedida através de Tratado Internacional, não há impedimento à União na sua concessão, uma vez que, nesse caso, a referida pessoa política não age como ente federativo interno, mas, sim, como representante da República Federativa do Brasil, atuando como sujeito de direito na ordem internacional. Segundo o STF (RE 229.096-RS), "no direito internacional apenas a República Federativa do Brasil tem competência para firmar tratados (art. 52, § 2º, da Constituição da República), dela não dispondo a União, os Estados-membros ou os Municípios. O Presidente da República não subscreve tratados como Chefe de Governo, mas como Chefe de Estado, o que descaracteriza a existência de uma isenção heterônoma, vedada pelo art. 151, inc. III, da Constituição".
- Princípio da não-discriminação baseada em procedência ou destino (CF, art. 152). Por este princípio, ficam os Estados, Distrito Federal e Municípios vedados de estabelecer diferenças tributárias entre bens e serviços de qualquer natureza em razão de sua procedência ou destino. A procedência pode ser externa ou interna.
- Princípio da não afetação dos impostos. Está disciplinado no artigo 167, inciso IV da Carta Magna e dispõe acerca da vedação de vinculação de receita de impostos, ressalvadas as seguintes hipóteses:

Repartição constitucional dos impostos (CF, art. 167, IV)
Destinação de recursos para a saúde (CF, art. 167, IV)
Destinação de recursos para o desenvolvimento do ensino (CF, art. 167, IV)
Destinação de recursos para a atividade de administração tributária (CF, art. 167, IV)
Prestação de garantias às operações de crédito por antecipação de receita (CF, art. 167, IV)
Garantia, contragarantia à União e pagamento de débitos para com esta (CF, art. 167, §4º)

- A imunidade é uma limitação constitucional ao poder de tributar. Corresponde a uma hipótese de incompetência das pessoas políticas para instituir tributos. É, portanto, norma constitucional que afasta a tributação. Difere-se da isenção porque nesta há a competência de tributar, mas não há o seu exercício.
- A CF não apresenta a expressão "imunidade" no seu texto. Ela vem vertida em expressões constitucionais como "é vedado", "não incide tributos", "são isentos", dentre outras.
- A CF apresenta imunidade de taxas (art. 5º, XXXIV), impostos (art. 150, VI) e contribuições sociais (art. 195, § 7º).
- Além das imunidades genéricas previstas no artigo 150, inciso VI, do texto constitucional, a Carta Magna traz ainda outras situações que configuram hipóteses de imunidades que são denominadas Imunidades Específicas. Algumas a título exemplificativo: artigo 155, §2º, inciso X, alínea "a"(ICMS); artigo 156, §2º, inciso I (ITBI) e artigo 153, §3º, inciso III (IPI).
- O artigo 150, inciso VI, da CF veda à União, aos Estados, ao Distrito Federal e aos Municípios instituir

impostos em algumas situações, o que dá ensejo à classificação das imunidades. Assim, neste inciso, há as chamadas "Imunidades Genéricas". São elas:

- Imunidade Recíproca (CF, art. 150, VI, "a" e §§ 2º e 3º). Consiste na vedação constitucional de se instituir imposto sobre o patrimônio, renda ou serviços dos entes federativos entre si.
- Alcança as autarquias e fundações públicas. No entanto, estas só gozam da imunidade se as suas atividades estiverem relacionadas com suas finalidades essenciais ou às delas decorrentes.
- Em regra, não alcança as empresas públicas e sociedades de economia mista. No entanto, quando estas prestam serviços públicos obrigatórios, exclusivos do Estado, a imunidade lhes é estendida (RE 407.099/RS – caso clássico da imunidade dos Correios – ECT)
- Imunidade Religiosa (CF, art. 150, VI, "b"). Consiste em garantia que protege o direito de culto dos cidadãos. Trata-se de imunidade que não se limita aos templos de qualquer culto, mas alcança toda a entidade religiosa. O STF já decidiu que imóvel pertencente à entidade religiosa, embora alugado, não perderá a imunidade, desde que a receita auferida esteja vinculada às atividades essenciais.
- Imunidade dos partidos políticos inclusive suas fundações, das entidades sindicais dos trabalhadores, das instituições de educação e de assistência social, sem fins lucrativos, atendidos os requisitos da lei (CF, art. 150, VI, "c", e § 4º). No caso dos partidos políticos, a finalidade é não coibir o pluralismo partidário. As entidades sindicais dos trabalhadores, igualmente, têm proteção da liberdade de associação sindical. E as últimas, instituições de educação e assistência social, como secundam o Estado naquilo que este deveria realizar, correta a não cobrança de impostos no exercício dessas atividades.
- Como visto, esta última imunidade é condicional e, pela redação do artigo 146, inciso II, da CF, só lei complementar pode "regular as limitações constitucionais ao poder de tributar". Essas limitações estão contempladas no artigo 14 do CTN e seus incisos, que disciplinam os requisitos para o gozo da imunidade. São eles: (i) não distribuírem qualquer parcela de seu patrimônio ou de suas rendas, a qualquer título; (ii) aplicarem integralmente, no País, os seus recursos na manutenção dos seus objetivos institucionais; (iii) manterem escrituração de suas receitas e despesas em livros revestidos de formalidades capazes de assegurar sua exatidão.
- Em recente julgamento de vários processos reunidos, o Supremo Tribunal Federal decidiu pela exigência de lei complementar para estabelecer os requisitos legais das imunidades não autoaplicáveis do artigo 150, inciso VI, da CF/88. O fundamento é que cabe à lei complementar regular limitações constitucionais ao poder de tributar (CF, art. 146, II), como é o caso das imunidades (ADI 566622 e ADIs 2028, 2036, 2228 e 2621).
- A ausência de finalidade lucrativa não impede a empresa de auferir lucro. Importante é, no ponto, não haver distribuição do resultado auferido entre os diretores, gerentes ou pessoas responsáveis.
- Os entes imunes, ainda que desempenhem outras atividades lucrativas, poderão gozar do benefício da imunidade, desde que os resultados positivos obtidos sejam aplicados na finalidade principal do empreendimento. No ponto, até mesmo o ICMS, imposto indireto, não pode ser cobrado, desde que o contribuinte direto seja o ente imune. Quando este está na posição de contribuinte indireto, o imposto é cobrado. Em recente decisão com repercussão geral, o STF consolidou o entendimento no sentido de que a "imunidade tributária subjetiva aplica-se a seus beneficiários na posição de contribuinte de direito, mas não na de simples contribuinte de fato, sendo irrelevante para a verificação da existência do beneplácito constitucional a repercussão econômica do tributo envolvido" (STF – RE 608872). Para que fique mais claro, nos dizeres do relator Ministro Dias Toffoli: "a incidência não implica tributar patrimônio, renda ou serviços da entidade beneficente filantrópica, mas traz mera repercussão econômica para o comprador".
- Imunidade dos livros, jornais, periódicos e o papel destinado à sua impressão (CF, art. 150, VI, "d"). Conhecida como imunidade cultural, consiste na proteção ao princípio da liberdade de expressão, bem como, do ponto de vista prático, na diminuição dos custos para tornar o acesso à cultura mais possível. Trata-se de imunidade objetiva, pois visa a alcançar o livro, enquanto bem tributável, e não a pessoa jurídica que o mercancia. Assim, há imunidade do II, ICMS e do IPI e não do IPTU do imóvel ou do IR da pessoa jurídica. Não é dado ao Fisco analisar o conteúdo do material veiculado para atestar o alcance da imunidade. Na verdade, pouco importa o conteúdo e a relevância das informações veiculadas para que a imunidade seja deferida.
- O STF já definiu que a imunidade, além do papel, alcança os filmes destinados à produção de capas de livros e os filmes fotográficos. Agora, uma pergunta: a imunidade tributária concedida a livros, jornais, periódicos e ao papel destinação à sua impressão, prevista na alínea "d" do inciso VI do artigo 150 da Constituição Federal, alcança os livros eletrônicos ou e-books? A resposta à controvérsia foi dada pelo STF no âmbito dos recursos extraordinários números 330817 e 595676, ambos com repercussão geral. Nessas decisões unânimes, ficou consolidada interpretação de que a Constituição Federal volta o seu olhar para a finalidade da norma da chamada imunidade cultural ou informativa, ficando afastada, ainda, a ideia de que o Poder Constituinte poderia ter tido a intenção da restringir a imunidade ao livro editado em papel. Nessa linha, ficaram pacificados os seguintes entendimentos: i) a regra da imunidade alcança não apenas o livro eletrônico ou digital, mas também aos parelhos leitores de livros eletrônicos ou e-readers, confeccionados exclusivamente

para esse fim, ainda que eventualmente estejam equipados com funcionalidades acessórias que auxiliem a leitura digital como acesso à internet para download de livros, possibilidade de alterar tipo e tamanho de fonte e espaçamento (interpretação evolutiva coerente com os avanços tecnológicos dos meios de difusão da cultura e da informação); ii) a imunidade abrange também peças e componentes a serem utilizados como material didático que acompanhe publicações (os componentes eletrônicos que acompanham material didático em curso prático de montagem de computadores estão abarcados pela imunidade em questão, uma vez que as peças e sua montagem eletrônica não sobrevivem autonomamente). A tese de repercussão geral aprovada no julgamento do RE 330817 foi: "A imunidade tributária constante do artigo 150, VI, "d", da Constituição Federal, aplica-se ao livro eletrônico (e-book), inclusive aos suportes exclusivamente utilizados para fixá-lo". E no julgamento do RE 595676 foi: "a imunidade tributária da alínea "d" do inciso VI do artigo 150 da Constituição Federal alcança componentes eletrônicos destinados exclusivamente a integrar unidades didáticas com fascículos".

- Imunidade sobre os fonogramas e videofonogramas musicais produzidos no Brasil contendo obras musicais ou literomusicais de autores brasileiros e/ou obras em geral interpretadas por artistas brasileiros bem como os suportes materiais ou arquivos digitais que os contenham, salvo na etapa de reprodução industrial de mídias ópticas de leitura a laser. A Emenda Constitucional nº75/2013, originária da chamada "PEC da música", proposta com o objetivo de propiciar competitividade em preços no mercado musical e, assim, fazer frente à pirataria, trouxe mais uma imunidade geral, do tipo objetiva, ao incluir a alínea "e" no inciso VI do artigo 150 da CF, que veda aos entes federativos instituir impostos sobre:

TEXTO CONSTITUCIONAL	EXPLICAÇÕES / EXEMPLOS
Fonogramas e videofonogramas musicais produzidos no Brasil contendo obras musicais ou literomusicais de autores brasileiros	isto é, álbuns, videoclipes, espetáculos literomusicais contendo composições musicais de autores brasileiros
e/ou	
Fonogramas e videofonogramas musicais produzidos no Brasil contendo obras em geral interpretadas por artistas brasileiros	ou seja, músicas e vídeos musicais nos quais o intérprete seja brasileiro (aqui não é necessário que o autor seja brasileiro, só o intérprete)
bem como	
os suportes materiais ou arquivos digitais que os contenham	tais como CDs, DVDs, *blu rays* e os próprios *downloads* de músicas e *ringtones* comercializados pela *internet*
salvo (exceção)	
na etapa de replicação industrial de mídias ópticas de leitura a laser	não há a imunidade em relação aos impostos devidos pela indústria de CDs, DVDs, *blu rays* e outras mídias ópticas de leitura a laser que vierem a surgir com a evolução tecnológica

- A imunidade a impostos das operações relativas a energia elétrica, serviços de telecomunicações, derivados de petróleo, combustíveis e minerais do País não se aplica aos impostos de importação e exportação, nem ao ICMS, por força do disposto no artigo 155, §3°, da CF. Também não se aplica a imunidade a contribuições (inteligência da Súmula 659 do STF) e, por analogia ao entendimento sumulado, a outros tributos diversos de impostos.

- Segundo interpretação a contrario sensu do §3° do artigo 150 da CF, as empresas públicas prestadoras de serviço público são beneficiárias da imunidade tributária recíproca prevista no artigo 150, inciso VI, alínea "a" da CF. Recentes acórdãos do STF reconheceram isto em relação à Empresa de Correios e Telégrafos (ACO 814-PR / ACO 789-PI – Red. p/ ac. Min. Dias Toffoli). A mesma interpretação é extensiva às sociedades de economia mista que tenham capital majoritariamente estatal e promovam a prestação de serviços públicos como ações e serviços de saúde sem finalidade lucrativa (STF – RE 580264 – Pleno – red. p/ ac. Min. Ayres Britto – julg. 16.12.2010).

- O Município não é contribuinte de direito do ICMS sobre serviços de energia elétrica e telefonia. Consequentemente, não se beneficia da imunidade tributária recíproca prevista na alínea "c" do inciso VI do artigo 150 da CF (STF – AgRg-AI 736.607-SC – Rel. Min. Ayres Britto).

- Embora as imunidades tributárias não se restrinjam aos impostos e a CF veicule imunidades relativas a outros tributos como taxas (CF, art. 5°, XXXIV) e contribuições (CF arts. 149, § 2° e 195, § 7°), especificamente na seção "Das limitações do poder de tributar", todas as imunidades previstas são relativas a impostos.

- Nenhum problema em se afirmar que a imunidade atua no campo da definição da competência, uma vez que as imunidades são justamente previsões constitucionais de situações em que não são conferidas competências tributárias aos entes federativos. Porém, o mesmo não pode ser dito das isenções, sob pena de se passar a falsa impressão de que referida modalidade de exoneração tributária atua para impedir o referido exercício, o que não é o caso, pois na isenção o ente federativo exerce a competência tributária instituindo o tributo, mas estabelece algumas situações, pessoas ou bens não alcançados pela regra de tributação.

- Nos termos do artigo 150, inciso VI, alínea "c", da CF, a imunidade da instituição de assistência social, sem fins lucrativos, pressupõe o atendimento aos requisitos da lei. É assim que, com base na referida competência constitucional, o artigo 14 do CTN estabelece os requisitos legais para o gozo da imunidade, entre eles a exigência de que a instituição não distribua qualquer parcela de seu patrimônio ou de suas rendas, a qualquer título. Não com outros fundamentos, desatendida a exigência legal, é absolutamente lícito que a autoridade administrativa suspenda a aplicação da norma de imunidade.

- A CF não veicula nenhuma imunidade subjetiva que beneficie especificamente entidades fechadas de previdência privada. Porém, tais entidades são passíveis de se enquadrarem na imunidade das instituições de assistência social sem fins lucrativos do artigo 150, inciso VI, alínea "c", da CF. Nesse caso, de acordo com a Súmula 730 do STF, a imunidade somente alcança as entidades fechadas de previdência social privada se não houver contribuição dos beneficiários.
- A imunidade tributária, como limitação ao poder de tributar, tem natureza de garantia constitucional. Por esse motivo, é defeso ao intérprete qualquer interpretação restritiva sobre o direito subjetivo à imunidade. O Constituinte, ao criar a benesse, não fez ressalvas quanto ao valor artístico ou didático, à relevância das informações divulgadas ou à qualidade cultural de uma publicação (STF – RE 221239/SP, 2ª Turma, Relª. Minª. Ellen Gracie, julgamento em 25/05/2004). Com esta argumentação, o Supremo Tribunal Federal já decidiu pela imunidade do álbum de figurinhas, das apostilas (STF – RE 183403/SP – 2ª. Turma – Rel. Min. Marco Aurélio – julg. 07/11/2000) e da lista telefônica, ainda que estas últimas veiculem, além das informações, anúncios publicitários que não consistam no objetivo principal da publicação, mas em forma de financiamento para que o conteúdo chegue gratuitamente ao assinante (STF – RE 134071/SP – 1ª. Turma – Rel. Min. Ilmar Galvão – julg. 15/09/1992).
- Por outro lado, não se incluem na regra de imunidade os impressos e publicações puramente publicitários, mesmo aqueles que vêm encartados em jornais e revistas (STF – AI-AgR 368077/SP – 1ª. Turma – Rel. Min. Sepúlveda Pertence – julg. 05/10/2004).

3. COMPETÊNCIA TRIBUTÁRIA E REPARTIÇÃO DE RECEITAS TRIBUTÁRIAS

- A competência tributária refere-se ao poder dos entes políticos na instituição de tributos, tendo como fundamento maior o Principio do Federalismo (CF, art. 60, § 4º, I). Consiste na atribuição constitucional do poder de instituir tributos. É que a CF não cria tributos, apenas dá poderes.
- É cediço que o Estado tem como finalidade precípua, garantir a efetivação dos objetivos da população (interesse público/coletivo), buscando-se, sobretudo, a obtenção da qualidade de vida mediante oferta de serviços essenciais. Dito de outra forma, o seu grande desígnio é a busca do bem comum.
- Enquanto produto criativo do homem, o Estado tem como fundamento jurídico à Constituição Federal que legitima os seus atos e organiza toda sua estrutura administrativa e política. Contudo, embora o Estado tenha avocado para si a tarefa de prestar serviços essenciais ao povo, arcando com um ônus extremamente custoso, porém necessário, ele não possui, sozinho, condições de suprir toda a demanda da população, sem contar, registre-se, que referido ente é extremamente perdulário. Assim, para que possa custear os serviços a que se propôs ofertar, o ente público necessita dispor do patrimônio particular para arrecadar os recursos financeiros imprescindíveis às suas finalidades, uma vez que sua receita própria (originária) não lhe é suficiente.
- Daí nasce à necessidade da tributação, cuja receita derivada (leia-se, os tributos) é fundamental para oferecer uma contrapartida ao cidadão mediante prestação de serviços públicos essenciais.
- Consoante os ensinamentos de Santos Júnior (2010, p. 11) a tributação legal, no estágio atual do Estado Social, serve de anteparo para resolução de problemas gerais: seguridade social, educação, transporte, moradia, dentre outros. "E para que o Estado Social tenha condições de enfrentar e resolver tais finalidades precisa do poder de tributar, porque é por meio da arrecadação de tributos que o Estado obtém o maior leque de suas receitas".
- Enfim, o Poder de Tributar é uma decorrência da relação jurídica travada entre o Estado e o particular, não envolvendo, diga-se por oportuno, um exercício potestativo de poder daquele em face deste.
- Impõe advertir que existe diferença entre Competência Tributária e Capacidade Tributária Ativa (CTN, arts. 7° e 8°). A primeira refere-se à atribuição de criar o tributo, e, consequentemente, a de fiscalizá-lo e cobrá-lo. Caracteriza-se pelos "três III's": indelegável, intransferível e irrenunciável. Na capacidade tributária ativa, no entanto, há apenas a atribuição da atividade de arrecadar e fiscalizar tributos. A competência tem natureza política enquanto a capacidade tem natureza administrativa. De modo mais detalhado, enquanto a competência tributária é conferida pela Constituição Federal em caráter indelegável e pleno à União, aos Estados, ao Distrito Federal e aos Municípios, a capacidade tributária ativa compreende as funções de arrecadar e fiscalizar. Esta pode ser delegada pelos entes tributantes a outras pessoas jurídicas de direito público ou pertencer a entidades paraestatais, como ocorre nas contribuições sindicais (CTN, art. 7°).

COMPETÊNCIA TRIBUTÁRIA	CAPACIDADE TRIBUTÁRIA
INDELEGÁVEL, INTRANSFERÍVEL IRRENUNCIÁVEL	ARRECADAÇÃO FISCALIZAÇÃO

- Em relação aos tributos, a seguinte classificação pode ser concebida:

  a) Competência Privativa (CF, arts. 148, 149, 149-A, 153, 155, 156 e 147, parte final). São as competências dos entes federativos quanto à instituição dos impostos. Os artigos acima delineados indicam as competências de cada ente federativo, dispostas de forma rígida na CF, de modo que os entes não poderão instituir qualquer outro imposto, a não ser os delimitados na CF.

  b) Competência Comum (taxas e contribuições de melhoria – CTN, arts. 77 e 81). Esses tributos dependem de uma atuação estatal que pode ser desenvolvida por qualquer ente federativo, sem necessidade da expressa previsão constitucional sobre o fato específico a ser realizado. Assim é que, o ente que prestar um serviço público específico e divisível, segundo os ditames da CF, está autorizado à cobrança da taxa. De igual forma, o ente responsável por obra que decorra valorização imobiliária em imóveis particulares está autorizado à cobrança da contribuição de melhoria, seja ele ente federal, estadual ou municipal. Daí se dizer que essa competência é comum a todos os entes. Nesse sentido, o STF, 2ª Turma, decidiu no RE 602089 AgR, em 24/04/2012 que, "por não serem mutuamente exclusivas, as atividades de fiscalização ambiental exercidas pela União e pelo estado não se sobrepõem e, portanto, não ocorre bitributação".

  c) Competência Cumulativa (CF, art. 147). Estudada, quanto à União, apenas do ponto de vista teórico, uma vez que não há mais territórios. Assim, afirma a CF que competem à União, em Território Federal, os impostos estaduais e, se o Território não for dividido em Municípios, cumulativamente, os impostos municipais; ao Distrito Federal cabem os impostos municipais.

  d) Competência Especial (empréstimos compulsórios – CF, art. 148 e as contribuições sociais – CF, art. 149). Importante ressaltar que a Súmula 418 do STF perdeu sua eficácia ("o empréstimo compulsório não é tributo, e sua arrecadação não está sujeita a exigência constitucional da prévia autorização orçamentária"). No ponto, viu-se que apenas a União tem competência para instituir empréstimos compulsórios e contribuições especiais, ressalvada a competência dos Estados, do Distrito Federal e dos Municípios para instituírem a cobrança da contribuição previdenciária dos seus servidores, e, no caso do Distrito Federal e dos Municípios, além desta contribuição, a chamada Contribuição de Iluminação Pública (CF, art. 149-A).

  e) Competência Residual (CF, arts. 154, I e 195, §4º). Em que pese a competência privativa delimitar, com exaustão, o poder dos entes instituírem impostos, a CF determinou que apenas a União pode, por lei complementar, instituir novos impostos, desde que sejam não cumulativos e não tenham fato gerador ou base de cálculo dos discriminados na CF. Igualmente, prevê que novas contribuições sociais apenas poderão ser criadas através do mesmo instrumento legal, qual seja, lei complementar.

  f) Competência Extraordinária (CF, art. 154, II c/c CTN, art. 76). A CF previu, apenas para a União, a competência para criar imposto extraordinário de guerra, em casos de iminência ou guerra externa. Esses impostos estão compreendidos ou não na competência tributária da União e devem suprimidos, gradativamente, cessadas as causas de sua criação.

- Um caso de não incidência diz respeito ao imposto sobre grandes fortunas, pois a despeito da competência conferida do artigo 153, inciso VII, da CF, o imposto não foi instituído pela União por meio de lei complementar.

- Além da ideia de exoneração decorrente do não exercício da competência tributária, outra visão da não incidência é compreendê-la como o fenômeno que se dá quando um fato concreto não se subsume à hipótese de incidência, isto é, quando uma ocorrência não se enquadra na norma legal de incidência. Exemplo: não há incidência de IPTU sobre um veículo, pois não se trata de um imóvel, ainda que seja um automóvel antigo com o motor quebrado trancado em uma garagem há anos.

- Somente a União possui competência para instituição de contribuição destinada ao custeio da saúde pública, razão pela qual é inconstitucional o Estado exigir tributo da espécie de seus servidores públicos. A jurisprudência do STF corrobora o referido entendimento (STF – AgRg-AI 740.823-MG Rel. Min. Joaquim Barbosa).

- Segundo recente decisão do STF, é inconstitucional cobrar de servidores públicos contribuição destinada ao custeio de serviços de saúde pública, na medida em que apenas a União tem competência instituição de tal tributo (STF – AgRg-AI 740.823-MG – Rel. Min. Joaquim Barbosa).

- A repartição das receitas tributárias tem como objetivo minorar o desequilíbrio existente dos entes políticos no que concerne aos impostos sob suas competências tributárias. É fácil perceber de pronto, que a União detém um número maior de impostos (seis instituídos) em detrimento dos Estados (três) e Municípios (três). Dessa forma, as transferências ocorrem dos entes estatais "maiores" para os "menores". Ou seja: A União repassa para Estados, Municípios e Distrito Federal; os Estados repassam para os Municípios; e os Municípios e Distrito Federal, por sua vez, não repassam suas receitas, figurando apenas na condição de beneficiados.

- Vale ressaltar, que a Constituição Federal veda, em regra, condicionamentos, restrições ou retenções das transferências dos recursos a serem repartidos. As exceções admissíveis decorrem:
  a) da existência de débitos;
  b) do condicionamento à aplicação de recursos mínimos no financiamento da saúde pública.
- Ressalte-se ademais, que o Princípio da não-afetação dos impostos mostra-se mitigado em virtude de tal temática. Isso porque, o artigo 167, inciso IV, da CF ressalva a vinculação de receita de impostos nos casos de repartição do produto da arrecadação dos impostos a que se referem os artigos 158 e 159 do Texto Maior.
- Para fins de Concursos Públicos recomenda-se aos leitores o estudo atento dos artigos 158 a 162, da CF, uma vez que é comum a cobrança de questões que reproduzem o texto constitucional. Confira a tabela abaixo:
- Quadro: Repartição de receitas tributárias
  Legenda:
  O = origem (ente que detém a competência tributária).
  D = destino (ente que recebe o repasse da receita).
  % = percentual de receita repassada.

Tributo	União	Est/ DF	Mun.	Outros	%	CF/88	Observações constitucionais (CF/88)
IR – retido na fonte	O	D			100	157, I	Pagamentos efetuados pelos Estados.
Imposto Residual	O	D			20	157, II	Ver art. 154, I.
IR – retido na fonte	O		D		100	158, I	Pagamentos efetuados pelos Municípios.
ITR	O		D		50	158, II	Imóveis rurais situados nos Municípios. O repasse pode chegar a 100%, nos termos do art. 153, § 4º, III.
IPVA		O	D		50	158, III	Critério: local do licenciamento.
ICMS		O	D		25	158, IV	Critério: índice de participação. Ver parágrafo único do art. 158.
IR/IPI	O			D	49	159, I	Outros: Fundos de Participações dos Estados (21,5%) e dos Municípios (22,5%), Programas de Financiamento regiões N, NE e CO (3%) e, novamente, Fundo de Participação dos Municípios para entrega no primeiro decêndio do mês de dezembro de cada ano (1%) e no primeiro decêndio do mês de julho de cada ano (1%).
IPI	O	D			10	159, II	Proporcional às exportações de produtos industrializados. Do valor recebido pelos Estados/DF (nunca superior a 20%), serão entregues 25% aos Municípios pelo critério idêntico ao ICMS.
CIDE combust.	O	D			29	159, III	Os Estados e o DF destinarão 25% do valor recebido aos Municípios.
IOF ouro	O	D			30	153, § 5º, I	Ouro como ativo financeiro ou instrumento cambial. Critério: origem
IOF ouro	O		D		70	153, § 5º, II	Ouro como ativo financeiro ou instrumento cambial. Critério: origem

(In: MARTINS, Alan; SCARDOELLI, Dimas Yamada. Direito Tributário – curso rápido e didático para estudos e revisões. Leme: Editora JH Mizuno, 2012, página 64)

- Não é permitida a retenção ou qualquer restrição à entrega e ao emprego dos recursos atribuídos aos Estados, ao Distrito Federal e aos Municípios, advindos de receitas tributárias. A vedação é expressa do artigo 160 da CF.
- Com fundamento no pacto federativo, a CF/88 traz uma série de situações em que o ente tributante que institui e arrecada o tributo deve repassar parte do numerário arrecadado a outro, que são as chamadas repartições de receitas tributárias e estão disciplinadas entre os artigos 157 e 162 do texto constitucional.
- O ouro, quando definido em lei como ativo financeiro ou instrumento cambial, sujeita-se exclusivamente à incidência do IOF, devido na operação de origem. A alíquota mínima será de um por cento, assegurada a transfe-

rência do montante da arrecadação nos seguintes termos: (i) trinta por cento para o Estado, o Distrito Federal ou o Território, conforme a origem; (ii) setenta por cento para o Município de origem (CF/88, art. 153, §5°).

- Em regra, a União deve repartir com o Município cinquenta por cento do valor arrecadado a título de ITR incidente sobre os imóveis rurais situados em seu território, nos termos do artigo 158, inciso II, da CF. Por oportuno, cumpre ressaltar que é possível que um município fique com cem por cento do produto da arrecadação do ITR sobre imóveis situados em seu território, condicionado a que opte, na forma da lei, por fiscalizar e cobrar o referido imposto, desde que não implique em sua redução ou qualquer outra forma de renúncia fiscal (CF, art. 158, II c/c art. 153, § 4°, III).

4. LEGISLAÇÃO TRIBUTÁRIA

- O regime de tributação do Simples Nacional constitui exigência de diversos editais, razão pela qual se recomenda conferir o texto da Lei complementar 123/2016.Merecem destaque as recentíssimas alterações estatuídas por intermédio da Lei complementar 155/2016. Por serem recentes e muito importantes, crescem as expectativas de que sejam bastante cobradas nos próximos concursos públicos. As principais delas são as seguintes: i) Novo limite de receita bruta anual para Empresas de Pequeno Porte - EPP: aumento de R$ 3.600.000,00 para R$ 4.800.000,00, a partir de 2018. Obs1: Contribuinte que ultrapassar o limite de R$ 3.600.000,00 no exercício de 2016, estará excluída do regime do Simples Nacional. Porém, se isso ocorrer em 2017, até o limite de R$ 4.800.000,00, a EPP será automaticamente enquadrada no regime, salvo opção em contrário. Obs2: Na faixa de R$ 3.600.000,01 e R$ 4.800.000,00 , o recolhimento unificado ficará restrito ao tributos federais do Simples Nacional (IRPJ, IPI, PIS/PASEP, COFINS e Contribuição Previdenciária Patronal – CPP). Ficam excluídos dessa faixa, portanto, o ICMS dos Estados e o ISS dos Municípios, impostos que serão apurados e recolhidos pelos seus respectivos regimes normais; ii) Novo limite de receita bruta anual para Microempreendedores Individuais – MEI: aumento de R$ 60.000,00 para R$ 81.000,00; iii) Inclusão de atividades de produção e comércio atacadista de bebidas alcoólicas: o recolhimento de impostos e contribuições no âmbito do Simples Nacional, antes totalmente vedado às empresas que exercessem a produção ou venda no atacado de bebidas alcoólicas, passa a ser permitido às seguintes microempresas e empresas de pequeno porte: 1) micro e pequenas cervejarias; 2) micro e pequenas vinícolas; 3) produtores de licores; 4) micro e pequenas destilarias. iv) Novas tabelas de alíquotas e faixas de receita bruta anual: as atuais 6tabelas e 20 faixas, a partir de 2018, passarão a ser 5 tabelas de alíquotas e 6 faixas de receita bruta anual; v) Nova sistemática de cálculo dos tributos: o valor devido mensalmente no âmbito do Simples Nacional passa ser calculado pela aplicação sobre a base de cálculo das alíquotas efetivas, calculadas a partir de alíquotas nominais constantes das novas tabelas (Anexos I a V) e determinadas utilizando-se a receita bruta acumulada nos doze meses anteriores ao período de apuração. Obs: a fórmula de cálculo de alíquota efetiva é definida no § 1º-A do artigo 18 da Lei complementar 123/2006, com a redação dada pela Lei complementar 155/2016; vi) Parcelamento de débitos vencidos até maio/2016: em até 120 (cento e vinte) meses, com parcela mínima de R$ 300,00 e incidência de juros SELIC por ocasião do pagamento de cada parcela. Obs: o pedido de parcelamento implicará desistência compulsória e definitiva do parcelamento anterior, sem restabelecimento dos parcelamentos rescindidos caso não seja efetuado o pagamento da primeira prestação.

- Para estudar a vigência da legislação tributária, antes, é preciso analisar o alcance da legislação tributária. Para tanto, a redação do artigo 96 do CTN dispõe que "a expressão legislação tributária compreende as leis, os tratados e as convenções internacionais, os decretos e as normas complementares que versem, no todo ou em parte, sobre tributos e relações jurídicas a eles pertinentes". Logo, todo ato normativo que verse sobre direito tributário faz parte da "legislação tributária". Os dispositivos que tratam da legislação tributária pressupõem a ideia de hierarquia, segundo o qual as normas superiores ditam as regras de validade das inferiores. São as fontes formais principais do direito tributário.

- Pela redação acima, nota-se que importante fonte da legislação tributária é a lei. No sentido restrito, consiste num ato do Poder Legislativo que, dotado de autoridade democrática, representa cada cidadão na autorização da cobrança de tributos. O princípio da legalidade, já explicitado nessa obra, demonstra o alcance dessa fonte. Legislação tributária, por sua vez, significa lei em sentido amplo, alcançando os tratados, as convenções internacionais, os decretos e as normas complementares. O concursando deve ficar atento ao artigo 97 do CTN que elenca o rol de matérias reservadas à lei em sentido restrito.

- Para o direito tributário, importante é a distinção entre lei ordinária e lei complementar. Elas se diferem na forma e na matéria. Quanto à forma, lei complementar exige maioria absoluta para a sua aprovação, enquanto a lei ordinária exige maioria simples. Quanto à matéria, o conteúdo da lei complementar é expressa ou implicitamente delimitado na CF, enquanto a lei ordinária não tem matéria reservada na Carta Maior, possuindo caráter residual. Para o STF, não há hierarquia entre lei complementar e lei ordinária. Assim, toda vez que uma lei complementar for aprovada sobre matéria de lei ordinária, poderá ser modificada por lei ordinária. Quando a lei ordinária tratar de um assunto de lei complementar, ela será inconstitucional.

- Quanto aos tratados e convenções internacionais (CTN, art. 98), após a sua incorporação ao sistema interno, através de decreto legislativo, eles têm força de lei. Pela redação do artigo 98 do CTN, os tratados e as convenções internacionais revogam ou modificam a legislação tributária interna e serão observados pela que lhes sobrevenha. Houve imprecisão ao afirmar que o tratado revoga ou modifica a legislação tributária interna. Na verdade, os tratados prevalecem sobre a legislação tributária, suspendendo a eficácia da legislação naquilo que for conflitante. Quando incorporados ao direito interno, os tratados possuem status de lei ordinária, não podendo, por isso, adentrar em matéria reservada à lei complementar.
- Os tratados e convenções internacionais, relacionados com tributo, são fontes formais primárias do Direito Tributário (CTN, art. 96) e ingressam em nosso ordenamento jurídico através de decreto legislativo. A competência para resolver definitivamente sobre internalização desses diplomas normativos é exclusiva do Congresso Nacional (CF, art. 49, I). Logo, o instrumento normativo hábil é o decreto legislativo que, nos termos do artigo 109, inciso II do Regimento Interno da Câmara dos Deputados e do artigo 213, II do Regimento Interno do Senado Federal, é o veículo normativo destinado a matérias de competência exclusiva do Congresso Nacional, isto é, aquelas que independem de sanção do Presidente da República. Além disso, o artigo 172, inciso II, alínea "c" do Regimento Interno do Senado Federal também faz expressa menção ao decreto legislativo referente a tratado, convênio ou acordo internacional.
- O § 3° do artigo 5° da CF estipula que a equivalência dos tratados e convenções internacionais aprovados pelo Congresso Nacional com as Emendas Constitucionais está restrita àqueles que versem sobre direitos humanos (e não sobre combate à sonegação).
- Em relação aos decretos, o artigo 99 do CTN afirma que o seu conteúdo e alcance deve se adstringir aos das leis. Assim, duas conclusões são claras: (i) decretos não criam direitos, obrigações, deveres ou restrições aos contribuintes e; (ii) decreto, que regulamenta a lei que versa sobre um tributo, deve guardar estreita relação de compatibilidade com a referida lei. Em matéria tributária admite-se apenas o decreto regulamentar e não o autônomo.
- Por fim, as normas complementares, que não se confundem com leis complementares. Destinam-se a completar o texto das leis, dos tratados e convenções internacionais e decretos. Não podem inovar o texto que complementam. Pela redação do artigo 100 do CTN, são normas complementares: (i) os atos normativos expedidos pelas autoridades administrativas; (ii) as decisões dos órgãos singulares ou coletivos de jurisdição administrativa, a que a lei atribua eficácia normativa; (iii) as práticas reiteradamente observadas pelas autoridades administrativas; e (iv) os convênios que entre si celebrem a União, os Estados, o Distrito Federal e os Municípios. Importante destacar que a observância das normas complementares exclui a imposição de penalidades, a cobrança de juros de mora e a atualização do valor monetário da base de cálculo do tributo.
- No intuito de facilitar a memorização, sugere-se a leitura do quadro a seguir:

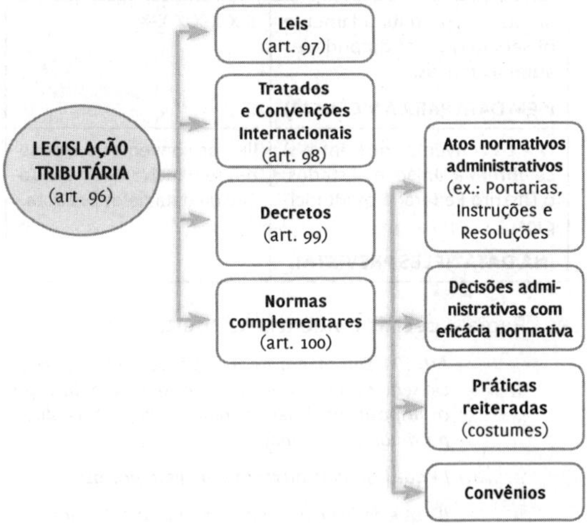

- A vigência da legislação tributária é estudada em relação ao espaço e ao tempo. Pela norma do artigo 101 do CTN, "a vigência, no espaço e no tempo, da legislação tributária rege-se pelas disposições legais aplicáveis às normas jurídicas em geral, ressalvado o previsto neste Capítulo". As disposições gerais estão previstas na Lei de Introdução às normas do Direito Brasileiro – LINDB, de modo que, quanto à vigência no tempo, prevalecem as disposições das normas jurídicas em geral (vide artigos 1° e 2° da LINDB). Em relação à eficácia da norma, no entanto, se esta se referir à criação ou majoração de tributos, deve-se observar o princípio da anterioridade tributária. Quanto à vigência da legislação tributária no espaço, vigora, como regra, o Princípio da territorialidade e excepcionalmente o Princípio da extraterritorialidade (vide artigo 102 CTN).
- Bom salientar que a legislação brasileira não admite a repristinação automática. Ela só ocorre se houver expressa previsão legal.
- O quadro a seguir resume a ideia da vigência da lei tributária no tempo:

ARTIGO 100 (CTN)	ARTIGO 103 (CTN)
São normas complementares das leis, dos tratados e das convenções internacionais e dos decretos:	Salvo disposição em contrário, entram em vigor:
I – os atos normativos expedidos pelas autoridades administrativas; **(DATA DA PUBLICAÇÃO)**	I – os atos administrativos a que se refere o inciso I do artigo 100, na data da sua publicação;

ARTIGO 100 (CTN)	ARTIGO 103 (CTN)
II – as decisões dos órgãos singulares ou coletivos de jurisdição administrativa, a que a lei atribua eficácia normativa; **(30 DIAS)**	II – as decisões a que se refere o inciso II do artigo 100 quanto a seus efeitos normativos, 30 (trinta) dias após a data da sua publicação;
III – as práticas reiteradamente observadas pelas autoridades administrativas; **(SEM DATA PARA A VIGÊNCIA)**	X-X-X-X-X-X-X
IV – os convênios que entre si celebrem a União, os Estados, o Distrito Federal e os Municípios. **(NA DATA NELES PREVISTA).**	III – os convênios a que se refere o inciso IV do artigo 100 na data neles prevista.

- Regra especial de vigência (CTN, art. 104):

> *Art. 104. Entram em vigor no primeiro dia do exercício seguinte àquele em que ocorra a sua publicação os dispositivos de lei, referentes a impostos sobre o patrimônio ou a renda:*
>
> *I – que instituem ou majoram tais impostos;*
>
> *II – que definem novas hipóteses de incidência;*
>
> *III – que extinguem ou reduzem isenções, salvo se a lei dispuser de maneira mais favorável ao contribuinte, e observado o disposto no artigo 178.*

- Muito embora esse dispositivo colida com o princípio da anterioridade, cumpre lembrar que o mesmo é considerado válido em algumas provas. Importa saber, portanto, o enunciado da questão, a fim de separar a aplicação da vigência e da eficácia da legislação tributária. Em todos os casos, quando o tema é criação ou majoração de tributo, deve-se observar a regra constitucional da anterioridade. Esse é o entendimento aplicável aos incisos I e II. O inciso III é estudado no tema das isenções. O que, por ora, deve ser lembrado é que, como a isenção é benéfica para o contribuinte, ela começa a viger desde o momento descrito na lei, devendo esperar o exercício seguinte na hipótese de sua extinção ou redução (segundo o CTN). Neste ponto, entretanto, é importante ressalvar um precedente do STF em sentido contrário. "Revogada a isenção, o tributo torna-se imediatamente exigível. Em caso assim, não há que se observar o princípio da anterioridade, dado que o tributo já é existente" (RE 204.062, Rel. Minº Carlos Velloso, julgamento em 27-9-1996, Segunda Turma, DJ de 19-12-1996).
- A aplicação está relacionada com a operacionalidade das normas tributárias em relação aos fatos geradores que suscitam a sua incidência.
- Primeira dúvida que poderia haver é em relação à redação ao artigo 105 do CTN que preconiza a aplicação da legislação tributária aos fatos geradores futuros e pendentes: "a legislação tributária aplica-se imediatamente aos fatos geradores futuros e aos pendentes, assim entendidos aqueles cuja ocorrência tenha tido início, mas não esteja completa nos termos do artigo 116".
- A norma guarda coerência com o artigo 150, inciso III, alínea "a" da Constituição, dispositivo que veicula o princípio da irretroatividade da norma tributária (vedação à cobrança de tributos em relação a fatos geradores ocorridos antes da vigência da lei que a houver instituído ou aumentado). Isso porque, enquanto o princípio da irretroatividade preconiza que a lei não deve retroagir para alcançar o fato gerador consumado, o artigo 105 do CTN afirma que ela se aplica aos fatos geradores futuros e pendentes.
- A ideia foi alcançar aqueles fatos geradores que se iniciam sob a vigência de determina lei e terminam sob a vigência de lei nova. O caso clássico é o Imposto de Renda, pois, o seu aspecto temporal se inicia em 1º de janeiro e termina apenas em 31 de dezembro. Sendo assim, lei que aumente esse tributo dentro de um exercício, por estar o fato gerador pendente, seria aplicada imediatamente.
- O tema merece maior atenção por conta da Súmula 584 do STF: "ao imposto de renda calculado sobre os rendimentos do ano-base, aplica-se a lei vigente no exercício financeiro em que deve ser apresentada a declaração". De discutida constitucionalidade, por ferir o princípio da irretroatividade, a súmula 584 tem sido aplicada pelo STF, o que reflete a vigência do 105 do CTN. O STJ em diversos julgados afastou referida súmula, bem como a doutrina em peso, muito embora o tema não tenha sido ainda fortemente debatido no STF.
- A lei tributária é aplicada retroativamente em duas hipóteses: (i) quando for expressamente interpretativa e (ii) quando for mais benéfica. A primeira hipótese é justificada pelo enorme número de normas em matéria tributária, que pode induzir o contribuinte a seguir interpretações equivocadas, de modo que lei com interpretação autêntica deve retroagir para dirimir as dúvidas e declarar direitos já assegurados. O ponto de destaque na doutrina é saber se realmente é possível haver lei puramente interpretativa, uma vez que toda lei acaba inovando o direito, deixando de ser meramente interpretativa para ser modificativa. E, sendo modificativa, ela terá caráter normativo e não retroagirá. Na segunda hipótese, em caso de lei benéfica, o artigo 106 do CTN elenca as hipóteses em que ela retroage, desde que não alcance atos definitivamente julgados: a) quando deixe de defini-lo como infração; b) quando deixe de tratá-lo como contrário a qualquer exigência de ação ou omissão, desde que não tenha sido fraudulento e não tenha implicado em falta de pagamento de tributo; c) quando lhe comine penalidade menos severa que a prevista na lei vigente ao tempo da sua prática. A expressão "definitivamente julgados" significa o trânsito em julgado. Assim, enquanto não extinto o processo na sua plenitude (após a arrematação, adjudicação ou remição) a lei nova mais benéfica poderá retroagir. Cumpre lembrar que a retroação da lei ocorre apenas nas

hipóteses de redução de penalidades e não alcança diminuição do tributo.

- Quando o CTN fala em interpretação da legislação tributária, ele se refere à busca, dentro do conjunto de textos tributários, de algum comando jurídico que, interpretado, produza uma norma capaz de resolver o litígio em discussão. É a possibilidade de o intérprete construir a norma a partir de textos contidos no arcabouço legislativo tributário. No entanto, quando o tema é integração da legislação tributária, a doutrina, ainda que de modo simplista, afirma que houve lacuna no direito tributário, e, como os litígios não podem ficar sem solução, a única alternativa é preencher esses espaços através da integração, adiante estudada.
- Portanto, a integração consiste na tarefa de colmatar lacunas, mediante a qual a legislação é aplicada com o auxílio de critérios para suprir situações sobre as quais a legislação deixou de dispor. No direito tributário, a integração é tarefa de qualquer autoridade competente para aplicação da legislação tributária, seguindo critérios sucessivos estabelecidos no artigo 108 do CTN. Já a interpretação diz respeito ao raciocínio lógico jurídico desenvolvido para compreensão do conteúdo e alcance de uma norma jurídica ou de um conjunto dessas normas, visando à correta aplicação da legislação. Em matéria tributária, os artigos 109 a 112 do CTN estabelecem inúmeras regras de interpretação normativa.
- A "legislação tributária" apresenta critérios de integração para suprimento de lacunas que são diversos daqueles utilizados pelo restante da legislação (demais normas que não as tributárias). O artigo 108 do CTN determina que, na ausência de disposição normativa expressa, o aplicador da norma utilize, sucessivamente (nesta ordem), a analogia (que não pode resultar na exigência de um tributo não previsto em lei), os princípios gerais de direito tributário, os princípios gerais de direito público e a equidade (que não pode resultar na dispensa de um tributo devido). Já a Lei de Introdução às Normas do Direito Brasileiro, em seu artigo 4°, estipula que "quando a lei for omissa, o juiz decidirá o caso de acordo com a analogia, os costumes e os princípios gerais de direito". Perceba que, exceto a analogia, os demais critérios de integração são diferentes. Ainda, para a integração das demais normas (exceto a "legislação tributária"), não há ordem sucessiva de critérios a ser seguida. Adiante encontra-se o quadro comparativo:

INTEGRAÇÃO DA LEGISLAÇÃO TRIBUTÁRIA	INTEGRAÇÃO DAS DEMAIS NORMAS
Art. 108 do CTN	Art. 4° da Lei de Introdução às Normas do Direito Brasileiro (Decreto-Lei 4.657/42)
Os quatro critérios abaixo obedecem a uma ordem sucessiva.	Os três critérios não estão sujeitos a uma ordem de aplicação.

INTEGRAÇÃO DA LEGISLAÇÃO TRIBUTÁRIA	INTEGRAÇÃO DAS DEMAIS NORMAS
1°) Analogia (O emprego da analogia não poderá resultar na exigência de tributo não previsto em lei)	***Analogia***
2°) Princípios Gerais de Direito Tributário	***Costumes***
3°) Princípios Gerais de Direito Público	***Princípios Gerais de Direito***
4°) Equidade (O emprego da equidade não poderá resultar na dispensa do pagamento de tributo devido)	x-x-x-x

- A interpretação das normas tributárias não foge das teorias gerais de interpretação, possuindo algumas poucas especificidades. É que os critérios de interpretação fazem parte da teoria geral do direito e só apresentam alguma variação quando o próprio legislador demanda interpretação diferenciada para algumas situações específicas.
- Assim, valendo-se da teoria geral do direito, pode-se dizer que a interpretação varia quanto à fonte e quanto ao meio. No primeiro caso, ela pode ser (i) autêntica; (ii) jurisprudencial e (iii) doutrinária. Quanto ao meio, ela poderá ser (i) gramatical; (ii) histórica; (iii) lógica; (iv) teleológica ou (v) finalística.
- Tratando-se das especificidades em matéria tributária, o legislador determinou dois tipos de interpretação: (i) literal e (ii) benigna. A interpretação literal, muito embora possua aparente reducionismo interpretativo, é devida em hipóteses que visam a dar maior rigidez no alcance das normas, com o fim de evitar interpretações extensivas ou analogias que, em regra, fariam sucumbir o sistema tributário. Pelo artigo 111 do CTN, a interpretação literal deve ocorrer nas hipóteses de (i) suspensão ou exclusão do crédito tributário; (ii) outorga de isenção e (iii) dispensa do cumprimento de obrigações tributárias acessórias. Não é que a teoria geral da interpretação das normas jurídicas será afastada nessas hipóteses. A finalidade é tão somente evitar ampliações nos institutos cuja interpretação literal foi exigida.
- Quanto à interpretação benigna, trata-se de similitude do direito tributário com o direito penal. Se neste ramo é indubitável a aplicação da técnica interpretativa in dubio pro reo, no direito tributário, quando o tema é penalidade e está-se diante de dúvida, aplica-se a técnica in dubio pro contribuinte. O artigo 112 define as hipóteses em que este entendimento deve ser visto:

> *Art. 112. A lei tributária que define infrações, ou lhe comina penalidades, interpreta-se da maneira mais favorável ao acusado, em caso de dúvida quanto:*

I – à capitulação legal do fato;

II – à natureza ou às circunstâncias materiais do fato, ou à natureza ou extensão dos seus efeitos;

III – à autoria, imputabilidade, ou punibilidade;

IV – à natureza da penalidade aplicável, ou à sua graduação.

- Resta ainda analisar o papel dos princípios de direito privado e de direito público na interpretação dos institutos do direito tributário. Tal análise é devida porque o direito tributário, diferentemente de alguns ramos mais tradicionais, é relativamente novo e inegavelmente se vale de diversos conceitos e institutos de outros ramos do direito, mormente do direito privado. Como exemplo, a instituição do IPTU demanda o conhecimento dos institutos da propriedade, posse e domínio útil. Por outro lado, a incidência do ITCMD exigirá o conhecimento de contratos, bem como do tema de sucessões. Enfim, não há como despregar o direito tributário de outros ramos igualmente importantes do direito.
- Assim é que, ao estudar o direito tributário, o operador do direito deve ter em mente o conhecimento desses institutos, estando certo que, na seara tributária, a lei pode prever efeitos distintos dos previstos na lei privada. É o que reza o artigo 109 do CTN. No entanto, se os institutos de direito privado foram utilizados pelo legislador constituinte, sequer o legislador tributário infraconstitucional poderá realizar qualquer alteração do seu alcance, visto que, se assim o fizesse, estaria alterando a própria CF (artigo 110 do CTN).
- No que tange à integração da legislação tributária, é importante lembrar que a analogia não se confunde com a interpretação extensiva. Enquanto a primeira se refere a uma hipótese não imaginada pelo legislador, que deverá ser resolvida através da aplicação de uma norma jurídica que rege caso semelhante, a segunda consiste apenas em ampliar o alcance de uma norma para abarcar situações outrora não previstas.
- Ainda no que tange à integração da legislação tributária, em específico quanto aos institutos da analogia e da equidade, importante lembrar que "o emprego da analogia não poderá resultar na exigência de tributo não previsto em lei" e que "o emprego da equidade não poderá resultar na dispensa do pagamento de tributo devido".
- A fixação do prazo de recolhimento de tributo não é matéria que deve, necessariamente, estar prevista em lei. As matérias reservadas à previsão em lei são aquelas elencadas no artigo 97 do CTN (Princípio da Estrita Legalidade Tributária).
- O STJ em várias oportunidades posicionou-se pela inaplicabilidade da analogia para concessão de isenção (por exemplo, no RESP 1.089.952/RJ).
- O STJ já decidiu que o "art. 111 do CTN, que prescreve a interpretação literal da norma, não pode levar o aplicador do direito à absurda conclusão de que esteja ele impedido, no seu mister de apreciar e aplicar as normas de direito, de valer-se de uma equilibrada ponderação dos elementos lógico-sistemático, histórico e finalístico ou teleológico, os quais integram a moderna metodologia de interpretação das normas jurídicas" (RESP 192.531/RS).
- Portanto, resumindo os posicionamentos do STJ retrocitados tem-se que é admitida uma interpretação mais ampla na outorga de isenções (tais como os elementos lógico-sistemático, histórico e teleológico), porém não se aplica a analogia para estender a aplicação delas.
- O STJ decidiu que "a isenção tributária revela conveniência política, insuscetível, neste aspecto, de controle pelo Poder Judiciário, na concretização de interesses econômicos e sociais, estimulando e beneficiando determinadas situações merecedoras de tratamento privilegiado (artigo 176, CTN). Os critérios ensejadores de sua concessão, em consequência, não alteram nem identificam, necessariamente, com os elementos caracterizadores do tributo" (RESP 44.495/RJ).
- Vários são os julgados do STF que apregoam que os requisitos de relevância e urgência para edição de medida provisória são de apreciação discricionária do chefe do Poder Executivo, não cabendo, salvo os casos de excesso de poder, seu exame pelo Poder Judiciário (ADI 2150).
- O artigo 106, inciso II, alínea "c", do CTN apregoa que a "lei aplica-se a ato ou fato pretérito, tratando-se de ato não definitivamente julgado, quando lhe comine penalidade menos severa que a prevista na lei vigente ao tempo da sua prática". A leitura não permite qualquer restrição da expressão "ato não definitivamente julgado" aos processos administrativos. Mesmo no caso de processos judiciais em andamento (por exemplo, numa ação anulatória de lançamento de débito fiscal, cujo objetivo é desconstituir o crédito tributário), uma lei nova que comine penalidade menos severa deve ser aplicada retroativamente. É a posição do STJ (REsp 295.762/RS).
- O CTN, embora seja formalmente uma lei ordinária anterior à Constituição de 1988 (Lei 5.172/66), foi recepcionado com status de lei complementar pela ordem constitucional vigente (lei materialmente complementar), porque compatível com a mesma, com fundamento no artigo 34, § 5° do ADCT. O CTN trata de matérias que a Constituição Federal reservou à lei complementar de caráter nacional. Isso porque, além de versar sobre normas gerais de direito tributário (CF, art. 146, III), ainda regula no plano infraconstitucional várias limitações ao poder de tributar (CF, art. 146, II).
- De acordo com o contexto da previsão constitucional, a lei complementar aprovada pelo Congresso Nacional poderá ter caráter federal (aplicável apenas no âmbito da União) ou nacional (aplicável a

todos os entes da Federação, a todos os Estados ou a todos os Municípios).

- São de caráter federal as leis complementares exigidas para instituição de alguns tributos de competência da União, quais sejam: imposto sobre grandes fortunas (CF, art. 153, VII), empréstimos compulsórios (CF, art. 148); impostos de competência residual da União (CF, art. 154, I) e contribuições sociais para custeio da seguridade social de competência residual da União (CF, art. 195, § 4° c/c art. 154, I).
- Já as leis complementares de caráter nacional são aplicáveis a todos os entes da federação (União, Estados, Distrito Federal e Municípios). O Código Tributário Nacional, por exemplo, além de versar sobre normas gerais de direito tributário (CF, art. 146, III), ainda regula no plano infraconstitucional várias limitações ao poder de tributar (CF, art. 146, II).
- Tipicamente, os decretos veiculam os regulamentos das leis tributárias que instituem tributos, como é o caso do Decreto federal 7.212/2010, que aprova o Regulamento do IPI – RIPI, e do Decreto estadual paulista 45.490/2000, que aprova o Regulamento do ICMS do Estado de São Paulo – RICMS/SP.
- Em face do princípio da legalidade tributária, somente as práticas administrativas que estiverem de acordo com a legislação podem ser admitidas no campo tributário. Dessa forma, as práticas reiteradamente observadas pelas autoridades administrativas (CTN, art. 100, III) são usos e costumes administrativos observados na interpretação e aplicação da legislação tributária. Nessa linha, já decidiu o STJ que, se em várias situações idênticas, a autoridade fazendária afastou os acréscimos legais do tributo e cobrou apenas o imposto de renda devido, o procedimento se caracteriza como prática reiterada na aplicação da legislação tributária (STJ – REsp 142280 / SC – 2ª. Turma – Rel. Min. Hélio Mossimann – Julg. 23/03/2003).

5. OBRIGAÇÃO TRIBUTÁRIA E FATO GERADOR

- A obrigação tributária consiste num vínculo jurídico (relação jurídica) que une, de um lado, o sujeito passivo (contribuinte ou responsável) e, de outro, o sujeito ativo, em torno de uma prestação tributária, cabendo ao último exigir alguma prestação do primeiro. A obrigação tributária poderá ser principal (de dar) ou acessória (de fazer, não fazer ou tolerar que se faça), lembrando que as palavras "principal" e "acessória" não guardam relação com o previsto no direito civil, não sendo possível afirmar que, em direito tributário, o acessório segue o principal (teoria da gravitação jurídica).
- A obrigação principal tem como objeto um dever de pagamento do tributo ou pena-lidade pecuniária (multas). É, portanto, intuito pecunia, uma prestação na modalidade de obrigação de dar.
- A obrigação acessória, por sua vez, torna exigível ao sujeito passivo um fazer, não fazer (ou tolerar que se faça), ou seja, deveres procedimentais que auxiliam o sujeito ativo na fiscalização e arrecadação fiscal (poder de polícia da administração fiscal).
- Embora haja algumas semelhanças, como, por exemplo, o fato de procederem da ocorrência do fato gerador, várias são as diferenças, que podem ser sintetizadas no quadro a seguir:

OBRIGAÇÃO TRIBUTÁRIA PRINCIPAL	OBRIGAÇÃO TRIBUTÁRIA ACESSÓRIA
Natureza: de dar	Natureza: de fazer ou não fazer
Objeto: pagar tributo ou penalidade pecuniária	Objetos: prestações positivas ou negativas por parte do contribuinte que interessem à arrecadação e à fiscalização de tributos (exemplos: declaração de ajuste anual de Imposto de Renda, emissão de notas fiscais, escrituração fiscal)
Prevista na lei (estrita legalidade)	Prevista na legislação tributária
x-x-x-x	Inobservância pelo contribuinte: converte-se em obrigação principal relativamente à penalidade pecuniária

- Enquanto a obrigação principal decorre da lei, a obrigação acessória decorre da legis-lação tributária, podendo ser veiculada através de decretos, portarias etc.
- À luz do artigo 113 do CTN, verifica-se que a relação jurídica obrigacional surge com a ocorrência do fato gerador (fato jurídico tributário). O fato gerador, por sua vez, é a realização concreta do evento previsto na norma. Logo, há de existir uma norma jurídica (hipótese de incidência) e a ocorrência de um evento semelhante à norma (fato gerador), para que esta incida sobre o fato e surja a obrigação tributária. Nessa linha, o fato gerador é a gênese da obrigação tributária.
- A obrigação tributária, sob um ponto de vista dinâmico, nasce com a ocorrência do fato gerador (CTN, art. 114) e extingue-se com eventos definidos como extintivos do crédito tributário (CTN, art. 156). Entre o nascimento e a extinção, a obrigação pode, ainda, sofrer vicissitudes, com destaque para as causas suspensivas de exigibilidade (CTN, art. 151) e também para algumas exonerações, como é o caso da anistia (CTN, art. 175, II).

Fato Gerador			Extinção do crédito
(nascimento da OT)			(extinção da OT)
____________	____________	____________	____________

- Já sob um ponto de vista estático, como toda obrigação, constitui uma relação jurídica entre sujeito ativo e sujeito passivo, com referência a um objeto, que é a prestação tributária (o pagamento do tributo).

(Sujeito Ativo)	SA_____________SP	(Sujeito Passivo)
Fisco ou Fazenda Pública	pagamento do tributo	Contribuinte ou Responsável

- No Direito Tributário, a expressão "fato gerador" é ambígua, haja vista que contempla ora a descrição legal (significando a hipótese de incidência), ora o fato concreto (significando o fato jurídico-tributário), cuja subsunção deste naquela dá origem à obrigação tributária. De acordo com o artigo 114 do CTN, "fato gerador da obrigação principal é a situação definida em lei como necessária e suficiente à sua ocorrência", ou seja, a partir da subsunção do fato (fato gerador concreto ou fato jurídico-tributário) à norma (fato gerador abstrato ou hipótese de incidência), nasce a obrigação tributária ou, noutras palavras, constitui-se a relação tributária (vínculo entre devedor e credor tributários).
- Uma sutil diferença entre obrigação tributária principal e acessória diz respeito ao tipo de norma instituidora. A obrigação tributária principal tem, necessariamente, que estar prevista em lei (CTN, art. 97, III), daí sujeitar-se ao princípio da estrita legalidade. Já a obrigação tributária acessória decorre da "legislação tributária" (CTN, art. 113, § 2°), expressão esta que compreende as leis, os tratados e as convenções internacionais, os decretos e as normas complementares que versem, no todo ou em parte, sobre tributos e relações jurídicas a eles pertinentes (CTN, art. 96). Concluindo, enquanto a obrigação tributária principal deve necessariamente ser prevista numa lei (estrita legalidade), a obrigação acessória decorre da legislação tributária (ideia mais ampla que compreende não só leis, mas também decretos e outros tipos normativos).
- As obrigações tributárias principais e acessórias são independentes entre si, na medida em que no Direito Tributário não se aplica a máxima jurídica muito difundida no Direito Civil, segundo a qual "o acessório segue a sorte do principal". Pode ocorrer uma situação em que um contribuinte possua obrigações acessórias a adimplir (por exemplo, emitir documentos fiscais aos seus clientes e escriturar seus livros fiscais e contábeis) e, ao mesmo tempo, não possua obrigação principal de pagar tributo, como no caso de ser um contribuinte do ICMS que comercialize apenas mercadorias isentas.
- Muito embora haja a distinção, para a doutrina, entre hipótese de incidência e fato gerador, sendo a primeira a previsão abstrata do fato imponível, e a segunda a ocorrência in concreto do quanto previsto na norma, cabe ressaltar que em alguns concursos continua a valer a definição do artigo 114 do CTN, que conjuga os dois momentos, restringindo-os ao conceito simplista de fato gerador: "fato gerador da obrigação principal é a situação prevista em lei como necessária e suficiente à sua ocorrência".
- "O ente federado competente pode autuar o contribuinte pelo descumprimento de obrigação acessória consistente na exigência de nota fiscal para deslocamento de bens do ativo imobilizado e de bens de uso e consumo entre estabelecimentos da mesma instituição financeira, operação que, em tese, não caracteriza hipótese de incidência do ICMS (Súmula 166/STJ). Ressaltou-se que a obrigação acessória é autônoma e pode ser instituída pelo ente legiferante no interesse da arrecadação ou da fiscalização tributária nos termos do § 2° do art. 113 do CTN, ainda que a obrigação principal não exista, obedecendo-se aos princípios da razoabilidade e da proporcionalidade" (STJ – REsp 1.116.792 – 1ª Seção – Rel. Min. Luiz Fux – julg. 24.11.10).
- A norma antielisão, como é popularmente conhecido o parágrafo único do artigo 116 do CTN, estabelece que a "autoridade administrativa poderá desconsiderar atos ou negócios jurídicos praticados com a finalidade de dissimular a ocorrência do fato gerador do tributo ou a natureza dos elementos constitutivos da obrigação tributária, observados os procedimentos a serem estabelecidos em lei ordinária". Da simples leitura percebe-se que não há exigência de prévia ordem judicial para amparar a desconsideração dos atos e negócios jurídicos por parte da autoridade administrativa.
- A relação jurídica tributária refere-se não só à obrigação tributária stricto sensu, como ao plexo de deveres instrumentais, (positivos ou negativos) que gravitam em torno do tributo, colimando facilitar a aplicação exata da norma jurídica que o previu. Todos estes deveres, repita-se, não possuem, em si mesmos, cunho patrimonial (CARRAZZA, Roque Antônio. Curso de direito constitucional tributário. 23ª ed. São Paulo: Malheiros, 2007, p. 331-332).
- O artigo 116 do CTN dispõe sobre o momento da ocorrência do fato jurídico tributário. Nos termos do inciso I, tratando-se de situação de fato, considera ocorrido o fato gerador desde o momento em que se verifiquem as circunstâncias materiais necessárias a que produza os efeitos que normalmente lhe são próprios, como, por exemplo, a saída da mercadoria no ICMS. Mas se o fato gerador for uma situação jurídica, como ocorre nos impostos sobre a propriedade (IPTU, IPVA e ITR), considera-se ocorrido desde o momento em que a situação jurídica estiver definitivamente constituída (inciso II).
- O artigo 117 do CTN considera que os atos e negócios submetidos a condições suspensivas ou resolutórias que constituam fatos geradores de tributos reputam-se perfeitos e acabados: i) na condição suspensiva, desde o momento de sua implementação, como, por exemplo, na doação condicionada à formatura do donatário, hipótese na qual somente se considera ocorrido o fato gerador quando da efetiva colação de grau (inciso I); ii) na condição resolutória, desde o momento da prática do ato ou da

celebração do negócio, como seria o caso da compra e venda de um imóvel com cláusula de rescisão condicionada a evento futuro e incerto consubstanciado, por exemplo, na hipótese de uma brusca desvalorização do bem no mercado imobiliário no período de três anos posteriores ao negócio.

6. SUJEITOS, RESPONSABILIDADE, CAPACIDADE E DOMICÍLIO

- Sujeito ativo é o detentor da competência tributária de cobrar o tributo (CTN, art. 119) e sujeito passivo aquele que tem o dever de pagar o tributo. Para o CTN, a sujeição passiva pode ser direta (contribuinte – artigo 121, parágrafo único, inciso I, do CTN) ou indireta (responsável – artigo 121, parágrafo único, inciso II, do CTN). Contribuinte é quem faz o fato gerador (manifesta uma relação pessoal e direta com o fato gerador) e responsável é aquele que, embora não tendo feito o fato gerador, a lei lhe atribui o dever de pagar o tributo.
- Reitera-se que a sujeição passiva está disciplinada pelo artigo 121 do CTN. O sujeito passivo da obrigação principal é a pessoa obrigada ao pagamento do tributo ou da penalidade pecuniária e diz-se contribuinte ou responsável. O contribuinte tem relação pessoal e direta com a situação que constitua o fato gerador. Já o responsável, que não se reveste da situação de contribuinte, tem a obrigação decorrente de disposição expressa em lei.
- O contribuinte e o responsável são sujeitos passivos (gênero) da relação tributária. Numa classificação doutrinária entre sujeito passivo direto e indireto, o primeiro seria o contribuinte (que tem relação pessoal e direta com o fato gerador) e o segundo seria o responsável (com obrigação decorrente de lei).
- As convenções entre particulares (acordos ou contratos) relativas à responsabilização para pagamento de tributos, salvo disposição de lei em contrário, "não podem ser opostas à Fazenda Pública, para modificar a definição legal do sujeito passivo das obrigações tributárias correspondentes" (CTN, art. 123).
- O credor, na obrigação tributária (polo ativo), é a pessoa jurídica de direito público, titular da competência para exigir seu cumprimento (CTN, art. 119).
- Capacidade tributária ativa, entendida como as prerrogativas de arrecadar ou fiscalizar tributos, ou de executar leis, serviços, atos ou decisões administrativas em matéria tributária, é delegável, ou seja, pode ser conferida por uma pessoa jurídica de direito público a outra (CTN, art. 7°).
- Conforme já estudado anteriormente, na capacidade tributária ativa há apenas a transferência da atividade de arrecadar e fiscalizar tributos. Difere, portanto da Competência Tributária. Vale ainda lembrar, que a capacidade tributária passiva em matéria tributária independe da capacidade civil das pessoas naturais nos termos do que dispõe o artigo 126, inciso I do CTN.
- O Direito tributário só admite a solidariedade passiva e não a ativa, pois caso esta fosse admitida, consagrar-se-ia o instituto da bitributação, que, diga-se de passagem, só é possível na hipótese excepcional do Imposto extraordinário de guerra – IEG em sede da competência extraordinária da União.
- Na solidariedade estarão obrigadas, na qualidade de responsável tributário, as pessoas que tenham interesse comum na situação que constitua o fato gerador da obrigação principal (solidariedade natural ou de fato), bem como aquelas expressamente designadas por lei (solidariedade legal).

Solidariedade	Natural ou de fato (art. 124, I)
	Legal (art. 124, II)

- A solidariedade pressupõe que cada devedor responderá pelo montante total da obrigação perante o fisco. Cumpre ressaltar, de pronto, que é incabível invocar benefício de ordem (sequência para pagamento do tributo) nos termos do parágrafo único do artigo 124 do CTN.
- Outro ponto a se destacar é que o legislador sistematizou o tema da solidariedade em capítulo pertinente à obrigação tributária, reservando o tema da responsabilidade por sucessão, de terceiros e por infrações em capítulo apartado (na responsabilidade tributária). Em outras palavras, o tema da solidariedade ficou fora do capítulo da responsabilidade, figurando no item "obrigação tributária".
- Por derradeiro, são efeitos da solidariedade:
  a) O pagamento efetuado por um dos obrigados aproveita aos demais;
  b) A isenção ou remissão de crédito exonera todos os obrigados, salvo se outorgada pessoalmente a um deles, subsistindo, nesse caso, a solidariedade quanto aos demais pelo saldo;
  c) A interrupção da prescrição, em favor ou contra um dos obrigados, favorece ou prejudica aos demais.
- Acerca do tema, é importante a leitura atenta do teor do artigo 127 do CTN:

> *Art. 127. Na falta de eleição, pelo contribuinte ou responsável, de domicílio tributário, na forma da legislação aplicável, considera-se como tal:*
>
> *I – quanto às pessoas naturais, a sua residência habitual, ou, sendo esta incerta ou desconhecida, o centro habitual de sua atividade;*
>
> *II – quanto às pessoas jurídicas de direito privado ou às firmas individuais, o lugar da sua sede, ou, em relação aos atos ou fatos que derem origem à obrigação, o de cada estabelecimento;*
>
> *III – quanto às pessoas jurídicas de direito público, qualquer de suas repartições no território da entidade tributante.*
>
> *§ 1° Quando não couber a aplicação das regras fixadas em qualquer dos incisos deste artigo, considerar-se-á como domicílio tributário do contribuinte ou responsável o lugar da situação dos bens*

ou da ocorrência dos atos ou fatos que deram origem à obrigação.

§ 2º A autoridade administrativa pode recusar o domicílio eleito, quando impossibilite ou dificulte a arrecadação ou a fiscalização do tributo, aplicando-se então a regra do parágrafo anterior.

- Agora, uma apresentação mais analítica:

REGRA GERAL: domicílio eleito pelo contribuinte		
EXCEÇÃO: contribuinte não elege seu domicílio	**ou**	**NEGATIVA: do Fisco ao domicílio eleito**
Aplicam-se, então, os critérios dos incisos I, II e III	→	**Na impossibilidade de aplicação dos critérios dos incisos I, II e III ou na negativa do fisco ao domicílio eleito:** considera-se domicílio o lugar da situação dos bens ou da ocorrência dos atos ou fatos que deram origem à obrigação.

- Nos termos do artigo 128 do CTN é possível verificar duas espécies de responsabilidade: por substituição (ou originária) e por transferência (ou derivada ou por sucessão). No primeiro caso, o legislador já afasta o praticante do fato gerador e coloca o terceiro no pólo passivo da relação jurídico tributária, ou seja, de forma prévia, a lei afasta o contribuinte e o substitui pelo responsável (terceiro). É o que ocorre, por exemplo, na hipótese do imposto de renda retido na fonte, onde caberá ao empregador efetuar o recolhimento do gravame devido ao empregado.
- Em suma, na responsabilidade por substituição, a terceira pessoa é eleita pelo legislador de forma originária para pagar a exação, antes mesmo da ocorrência do fato gerador.
- Na substituição tributária para frente, a responsabilidade é atribuída ao substituído, assegurada a imediata e preferencial restituição da quantia paga, caso não se realize o fato gerador presumido (CF, art. 150, § 7º, in fine). Nesse contexto, porém, tema objeto de infindáveis polêmicos sempre foi a possibilidade restituição da diferença entre a quantia paga de acordo com a base de cálculo presumida e o valor da efetiva operação de venda. Depois de muitas decisões em sentido contrário, no julgamento do Recurso Extraordinário 593.849, o Supremo Tribunal Federal exarou decisão com repercussão geral no seguinte sentido: "É devida a restituição da diferença do Imposto sobre Circulação de Mercadorias e Serviços (ICMS) pago a mais no regime de substituição tributária para a frente se a base de cálculo efetiva da operação for inferior à presumida." Os efeitos dessa decisão também foram modulados pela Corte, de modo que atingirão os casos futuros e apenas os pretéritos que já estejam tramitando na Justiça. Na mesma ocasião e de acordo com o mesmo entendimento, também foram julgadas improcedentes as ADIs 2675 e 2777, que questionavam a constitucionalidade de leis dos Estados de São Paulo e Pernambuco que autorizavam a restituição em questão.
- No segundo caso – responsabilidade por transferência –, o legislador modifica o pólo passivo da relação jurídica tributária em virtude um fato novo, isto é, um evento futuro ao surgimento da obrigação. Logo, existe o contribuinte figurando como sujeito passivo, mas o ônus tributacional será transferido a um terceiro em razão de um fato imprevisto. Como exemplo, é possível citar a sucessão causa mortis, onde o sujeito passivo, em razão do seu falecimento (evento futuro/novo), é substituído em um primeiro momento pelo espólio e a posteriori pelos sucessores e cônjuge meeiro.
- Sintetizando: na responsabilidade por transferência a terceira pessoa, eleita pela lei, deverá pagar a exação, após a ocorrência do fato gerador.
- Destaque-se, ademais, que a responsabilidade por transferência ocorrerá por: solidariedade, sucessão e por terceiros. A responsabilidade por substituição, de sua vez, poderá ser regressiva (diferimento) ou progressiva. Este último está previsto no artigo 150, §7º da CF.

<table>
<tr><td rowspan="4">RESPONSABILIDADE</td><td colspan="2">a) POR SUBSTITUIÇÃO
– Regressiva
– Progressiva</td></tr>
<tr><td rowspan="3">b) POR TRANSFERÊNCIA</td><td>b.1) solidariedade (CTN, art. 124 e 125)</td></tr>
<tr><td>b.2) sucessores (CTN, art. 130 a 133)</td></tr>
<tr><td>b.3) terceiros (CTN, art. 134 e 135)</td></tr>
</table>

- A responsabilidade de sucessores ocorre quando há transferência de algum bem, em que não houve pagamento de tributo, de modo que o seu adquirente se tornará o responsável, uma vez que o contribuinte não pagou o tributo no tempo devido.
- Aqui entram os créditos tributários relativos a bens móveis e imóveis que são transferidos aos seus adquirentes, salvo se contar do título de aquisição a prova de sua quitação (CTN, arts. 129 e 131). Vale lembrar, que na arrematação de imóvel em hasta pública, a sub-rogação dar-se-á sobre o respectivo preço, ou seja, sobre o valor do lance (CTN, art. 130, parágrafo único).
- "A responsabilidade solidária do ex-proprietário, prevista no art. 134 do Código de Trânsito Brasileiro – CTB, não abrange o IPVA incidente sobre o veículo automotor, no que se refere ao período posterior à sua alienação" (Súmula 585 do STJ). De fato, a responsabilidade de que trata o CTN na alienação de bens é por sucessão é imposta ao adquirente, en-

quanto a norma do CTB, não aplicável na esfera tributária, mas apenas na seara das multas de trânsito, é imposta ao alienante.

- No caso de sucessão causa mortis, o sucessor a qualquer título e o cônjuge meeiro respondem pelos tributos devidos pelo falecido até a data da partilha ou adjudicação. A responsabilidade se dá até o limite do quinhão, legado ou meação. Ao espólio caberá a responsabilidade pelos tributos devidos até a data da abertura da sucessão (CTN, art. 131).
- Segundo o artigo 133 do CTN, o adquirente de fundo de comércio ou estabelecimento comercial, industrial ou profissional que mantiver a exploração do mesmo ramo de atividade (sob o mesmo nome ou não) responderá pelos tributos relativos ao fundo de comércio ou estabelecimento comercial devidos pelo antecessor até a data da transação. A responsabilidade será integral, se o alienante cessar a exploração do comércio, indústria ou qualquer outra atividade, ou subsidiária se o alienante prosseguir na exploração de alguma atividade, ou se, no prazo de seis meses, contados da alienação, iniciar nova atividade.
- Recente alteração no CTN informou que inexiste transferência de responsabilidade ao sucessor na hipótese de a aquisição do estabelecimento ser efetivada em alienação judicial realizada no processo de falência, bem como na aquisição de filial ou unidade produtiva isolada, em processo de recuperação judicial. Esta exceção, contudo, não se aplica quando o adquirente for: I – sócio da sociedade falida ou em recuperação judicial, ou sociedade controlada pelo devedor falido ou em recuperação judicial; II – parente, em linha reta ou colateral até o 4º grau, consanguíneo ou afim, do devedor falido ou em recuperação judicial ou de qualquer de seus sócios; ou III – identificado como agente do falido ou do devedor em recuperação judicial com o objetivo de fraudar a sucessão tributária.
- Assim, em resumo, a alienação de estabelecimento empresarial enseja a responsabilização por sucessão do adquirente, seja integralmente, seja subsidiariamente, a depender do enquadramento das hipóteses previstas nos incisos I e II do artigo 133 do CTN. Entretanto, tal regra não se aplica nalgumas situações estipuladas no §1° do mesmo artigo, dentre as quais se inclui a alienação judicial em processo de falência.
- O adquirente de fundo de comércio ou estabelecimento comercial, industrial ou profissional é integralmente responsável pelos tributos devidos até a data do ato se o vendedor cessar a exploração do objeto social sucedido (CTN, art. 133, I). Mas se o vendedor prosseguir na exploração do objeto social sucedido ou reiniciá-la dentro de seis meses, a responsabilidade do adquirente será subsidiária (CTN, art. 133, II).
- A responsabilidade de terceiros ocorre quando o contribuinte, instado a pagar o tributo, não cumpre a obrigação tributária, hipótese em que esta recai sobre o terceiro que tenha intervindo no fato gerador, ou sobre o terceiro que, pela sua omissão, tornou-se responsável pelo tributo (CTN, art. 134).
- Diferentemente do que diz a norma, quando atribui a responsabilidade solidária, na verdade, a responsabilidade é subsidiária. Cumpre lembrar que os terceiros não são responsáveis pelas multas decorrentes de infrações praticadas pelos contribuintes (normalmente decorrentes do descumprimento das obrigações acessórias), mas estão sujeitos às sanções de caráter moratório.
- Por fim, a responsabilidade é pessoal e direta para aqueles que agiram com excesso de poderes ou com infração à lei, ao contrato social ou aos estatutos (CTN, art. 135), hipótese em que os sócios-gerentes geralmente são enquadrados (despersonalização da pessoa jurídica).
- Para a jurisprudência do STJ, o simples não pagamento do tributo não configura, por si só, hipótese de responsabilidade subsidiária dos sócios, ao contrário da hipótese de dissolução irregular da sociedade, em que a responsabilidade é manifesta.
- O STJ consolidou que a dissolução irregular de sociedade acarreta a responsabilidade pessoal do sócio gerente pelos débitos da empresa, implicando no redirecionamento da execução fiscal ao referido sócio gerente ("no caso dos autos, assentou-se no acórdão embargado, nos termos do que decido pela Primeira Turma nos EDcl nos EDcl no AgRg no REsp 1.009.997/SC, de relatoria da Ministra Denise Arruda, que o redirecionamento da execução fiscal aos sócios-gerentes, no caso de dissolução irregular da sociedade empresária, necessita da verificação de ´quem ocupava o posto de gerente no momento da dissolução` e da verificação de que aquele responsável pela dissolução tenha sido também, simultaneamente, o detentor da gerência na oportunidade do vencimento do tributo", STJ, EDcl no AgRg no RECURSO ESPECIAL N° 1.153.339 – SP).
- A denúncia espontânea está disciplinada no artigo 138 do CTN:

> *Art. 138. A responsabilidade é excluída pela denúncia espontânea da infração, acompanhada, se for o caso, do pagamento do tributo devido e dos juros de mora, ou do depósito da importância arbitrada pela autoridade administrativa, quando o montante do tributo dependa de apuração.*
>
> *Parágrafo único. Não se considera espontânea a denúncia apresentada após o início de qualquer procedimento administrativo ou medida de fiscalização, relacionados com a infração.*

- Preliminarmente, cabe advertir que a denúncia espontânea (leia-se confissão) não extingue a obrigação de adimplir o tributo, mas tão-somente a multa. Ademais, não veda a aplicação dos juros de mora e correção monetária.
- No que concerne às multas, entende-se que a exclusão se extensível às multas moratórias (em virtude do atraso no pagamento) e multas punitivas (fiscais).

- Advirta-se que a confissão e o parcelamento da dívida não importa em exclusão da multa. Nesse sentido:
- RECURSO REPETITIVO. DENÚNCIA ESPONTÂNEA. PARCELAMENTO. DÉBITO TRIBUTÁRIO. A Seção, ao julgar recurso representativo de controvérsia (art. 543-C do CPC e Resolução n. 8/2008 do STJ), reafirmou que o instituto da denúncia espontânea (art. 138 do CTN) não se aplica aos casos de parcelamento do débito tributário. Precedentes citados: REsp 284.189-SP, DJ 26/5/2003; AgRg nos EREsp 1.045.661-RS, DJ 16/2/2009; AgRg na Pet 6.231-SP, DJ 1º/9/2008; AgRg no REsp 1.020.268-PR, DJe 17/4/2008, e AgRg no REsp 989.026-ES, DJe 17/2/2009. REsp 1.102.577-DF, Rel. Min. Herman Benjamin, julgado em 22/4/2009.
- Outro ponto relevante diz respeito aos tributos sujeitos a lançamento por homologação. Segundo o teor do Enunciado de Súmula 360 STJ: "o benefício da denúncia espontânea não se aplica aos tributos sujeitos a lançamento por homologação regularmente declarados, mas pagos a destempo." Ou seja, não houve fiscalização ou cobrança do tributo, porém, é inaplicável o instituto da denúncia espontânea, pois o contribuinte declarou a dívida e não pagou.
- "A responsabilidade do adquirente de boa-fé reside na exigência, no momento da celebração do negócio jurídico, da documentação pertinente à assunção da regularidade do alienante, cuja verificação de idoneidade cabe ao Fisco, razão pela qual não incide o art. 136 do CTN, aplicável ao alienante. A boa-fé do adquirente em relação às notas fiscais declaradas inidôneas após a celebração do negócio jurídico realizado, uma vez que caracterizada, legitima o aproveitamento dos créditos do ICMS" (STJ – REsp 1.148.444 – 1ª. Seção – Rel. Min. Luiz Fux – julg. 14.4.10). Esse entendimento hoje se encontra sumulado (Súmula 509 do STJ).
- "Na hipótese dos autos, a emissão da nota fiscal somente ocorreu após o início da fiscalização, o que afasta a presunção de boa-fé, não havendo falar no benefício do art. 138 (denúncia espontânea), parágrafo único, do CTN. Ainda que assim não fosse, é pacífico o entendimento de que as sanções por infrações formais (entrega de declarações, emissão de documentos fiscais) não são afastadas pela denúncia espontânea. A reprovabilidade da conduta é avaliada pelo legislador ao quantificar a penalidade prevista na lei. É por essa razão que às situações que envolvam fraude ou má-fé são fixadas, não raro, multas muito mais gravosas que os 30% previstos pela legislação local" (STJ – REsp 1.142.739 – 2ª Turma – Rel. Min. Herman Benjamin – julg. 16.3.10).
- O mero inadimplemento não permite o redirecionamento da obrigação tributária ao sócio-administrador da empresa, uma vez que, segundo o artigo 135, inciso III, do CTN, para que haja responsabilização pessoal do sócio-administrador, é preciso que ele tenha agido com "excesso de poderes ou infração de lei, contrato social ou estatuto". O mero inadimplemento, segundo o STJ, não é considerado excesso de poder, nem infração à lei, tampouco infração ao contrato social (AgRg no REsp 1273450 / SP).
- "A primeira Seção firmou o entendimento de que, mesmo em face da responsabilidade da fonte pagadora pelo recolhimento do IRPF incidente sobre as verbas trabalhistas recebidas em cumprimento de decisão judicial, o contribuinte não deixa de ser também responsável para tanto, uma vez que, ante a inércia da fonte pagadora, deve informar em sua declaração de ajuste anual os valores recebidos e, caso não o faça, será o sujeito passivo da exação" (AgRg nos EREsp 413106/SC, Rel. Ministra DENISE ARRUDA, DJ 23.10.2006).
- "A responsabilidade do contribuinte só seria excluída se houvesse comprovação de que a fonte pagadora reteve o Imposto de Renda a que estava obrigado, mesmo que não houvesse feito o recolhimento" (EREsp 644223/SC, Rel. Ministro JOSÉ DELGADO, DJ 20.2.2006).
- Não obstante a existência de entendimento contrário das Fazendas Públicas, a jurisprudência e a doutrina coincidem no entendimento de que mera inadimplência ou mora não são suficientes para a responsabilização pessoal dos terceiros de que trata o artigo 135. Para a referida responsabilização, é imprescindível que se comprove o excesso de poder ou a infração à lei, condutas que, no campo empresarial, ficam restritas às pessoas com poderes de gestão (STJ – REsp 841561/RJ – 2.ª Turma – Rel.ª Min.ª Eliana Calmon – julg. 21/08/2008).
- "A caracterização de má-fé do terceiro adquirente, ou mesmo a prova do conluio, não é necessária para caracterização da fraude à execução fiscal. A natureza jurídica do crédito tributário conduz a que a simples alienação de bens pelo sujeito passivo por quantia inscrita em dívida ativa, sem a reserva de meios para quitação do débito, gere a presunção absoluta de fraude à execução. A alienação havida até 8.6.2005 exige que tenha ocorrido prévia citação no processo judicial para caracterizar a fraude de execução; se o ato translativo foi praticado a partir de 9.6.2005, data de início da vigência da Lei Complementar n. 118/2005, basta a efetivação da inscrição em dívida ativa para a configuração da figura da fraude" (STJ, AgRg no AREsp 241691 / PE).

7. CRÉDITO TRIBUTÁRIO (LANÇAMENTO, GARANTIAS, PRIVILÉGIOS, SUSPENSÃO)

- O crédito tributário é constituído pelo lançamento e decorre da obrigação principal. Logo, crédito tributário não é sinônimo de obrigação tributária. Aliás, segundo o artigo 140 do CTN, "as circunstâncias que modificam o crédito tributário, sua extensão ou seus efeitos, ou as garantias ou os privilégios a ele atribuídos, ou que excluem sua exigibilidade não afetam a obrigação tributária que lhe deu origem".

- A competência para constituir o crédito tributário pelo lançamento é privativa da autoridade administrativa, inexistindo qualquer disposição legal que permita a sua delegação (CTN, art. 142).
- "Ainda quando de fato seja o lançamento feito pelo sujeito passivo, o Código Tributário Nacional, por ficção legal, considera que a sua feitura é privativa da autoridade administrativa, e por isto, no plano jurídico, sua existência fica sempre dependente de homologação por parte da autoridade competente" (MACHADO, Hugo de Brito. Curso de Direito Tributário. 25 ed. São Paulo: Malheiros, p. 176). Esse entendimento é de fato correto, pois no lançamento por homologação, o contribuinte, antes de qualquer análise fiscal, faz a apuração, a declaração do valor devido e antecipa o recolhimento; seu aperfeiçoamento dá-se com a homologação propriamente dita (da autoridade administrativa), que pode ocorrer de forma expressa, mas que na prática prevalece a tácita (pelo decurso de tempo). Daí porque sempre há uma homologação por parte da autoridade administrativa, já que é de sua competência privativa (juridicamente, não se pode afirmar que o sujeito passivo detém a competência de lançar).
- Há uma corrente doutrinária que sustenta a desnecessidade de lançamento para receber o crédito consignado em pagamento ou na conversão do depósito em renda. Entretanto, é importante ressaltar que a Lei Paulista 13.457/2005, em seu artigo 30, estipula a necessidade de lançamento de ofício para prevenir a decadência, no caso de existência de depósito do montante integral.
- "O lançamento segue o princípio documental. Sua forma dependerá do regime de lançamento do tributo e das circunstâncias nas quais é apurado. Certo é que estará documentado e que seu instrumento terá de conter os elementos indispensáveis à identificação inequívoca da obrigação surgida. Os lançamentos dos tributos antes administrados pela SRF são feitos mediante a lavratura de Auto de Infração (AI), enquanto aqueles relativos a tributos antes administrados pela SRP são efetuados mediante Notificação Fiscal de Lançamento de Débitos (NFLD)" (http://www.leandropaulsen.com/site/textos_detalhe.asp?ID=5, acesso em 11/6/2012).
- A expressão latina *ex tunc*, em linhas gerais, pode ser traduzida como desde à época. Ao dizer que o lançamento tributário é *ex tunc* significa que seus efeitos retroagem à época da ocorrência do fato gerador (fato jurídico-tributário). É o que se extrai da leitura do artigo 144 do CTN, segundo o qual "o lançamento reporta-se à data da ocorrência do fato gerador da obrigação e rege-se pela lei então vigente, ainda que posteriormente modificada ou revogada. Atenção para o teor do parágrafo único do artigo 144 do CTN, que prevê a aplicação ao lançamento da "legislação que, posteriormente à ocorrência do fato gerador da obrigação, tenha instituído novos critérios de apuração ou processos de fiscalização, ampliado os poderes de investigação das autoridades administrativas, ou outorgado ao crédito maiores garantias ou privilégios, exceto, neste último caso, para o efeito de atribuir responsabilidade tributária a terceiros".
- São três as modalidades de lançamento: de ofício (ou direto), por declaração (ou misto) e por homologação.

LANÇAMENTO TRIBUTÁRIO	De ofício
	Por declaração
	Por homologação

- Lançamento de ofício: pressupõe ação isolada do fisco, ou seja, não há participação do contribuinte na prestação de informações para à constituição do crédito tributário. Exemplo: IPTU.
- Lançamento por declaração ou misto: pressupõe a ação conjugada entre o fisco e o contribuinte, restando àquele o trabalho privativo de lançar. Está cada vez mais em desuso. Exemplo: Declaração de bagagem acompanhada.
- Lançamento por homologação ou "autolançamento": o contribuinte auxilia ostensivamente a Fazenda Pública na atividade de lançar, cabendo a esta, entretanto, efetuar a homologação (vide artigos 147 e 150 do CTN). Exemplo: IRPF.
- Por fim, vale salientar que para o STJ, a constituição do crédito tributário poderá ocorrer via declaração do sujeito passivo ou através do depósito integral pelo contri-buinte. Confira: "Segundo jurisprudência pacífica do STJ, a apresentação, pelo contribuinte, de Declaração de Débitos e Créditos Tributários Federais – DCTF (instituída pela IN-SRF 129/86, atualmente regulada pela IN8 SRF 395/2004, editada com base no art. 5º do DL 2.124/84 e art. 16 da Lei 9.779/99) ou de Guia de Informação e Apuração do ICMS – GIA, ou de outra declaração dessa natureza, prevista em lei, é modo de constituição do crédito tributário, dispensada, para esse efeito, qualquer outra providência por parte do Fisco. Precedentes da 1ª Seção: AgRg nos ERESP 638.069/SC, DJ de 13.06.2005; AgRg nos ERESP 509.950/PR, DJ de 13.06.2005 (REsp n. 576.661-RS)".
- "No caso de tributos sujeitos a lançamento por homologação, o contribuinte, ao realizar o depósito judicial com vistas à suspensão da exigibilidade do crédito tributário, promove a constituição deste nos moldes do que dispõe o art. 150 e parágrafos do CTN. Isso, porque verifica a ocorrência do fato gerador, calcula o montante devido e, em vez de efetuar o pagamento, deposita a quantia aferida, a fim de impugnar a cobrança da exação. Assim, o crédito tributário é constituído por meio da declaração do sujeito passivo, não havendo falar em decadência do direito do Fisco de lançar, caracterizando-se, com a inércia

da autoridade fazendária apenas a homologação tácita da apuração anteriormente realizada. Não há, portanto, necessidade de ato formal de lançamento por parte da autoridade administrativa quanto aos valores depositados. 2. Precedentes da Primeira Seção: EREsp 464.343/DF, Rel. Min. José Delgado, DJ de 29.10.2007; EREsp 898.992/PR, Rel. Min. Castro Meira, DJ de 27.8.2007" (STJ, EREsp 686479-RS, Rel. Min. Denise Arruda, DJe 22/09/2008).

- As garantias do crédito tributário tem como escopo proteger a entidade impositora, viabilizando o recebimento da dívida a que faz jus junto ao sujeito passivo da relação jurídico-tributária. Por outro lado, os privilégios se relacionam com a posição do crédito tributário em execuções coletivas de dívidas frente a outros créditos de natureza diversa.
- Oportuno iniciar o referido tema, citando o teor, *ipsis litteris* do art. 183 do CTN:

> *Art. 183. A enumeração das garantias atribuídas neste Capítulo ao crédito tributário não exclui outras que sejam expressamente previstas em lei, em função da natureza ou das características do tributo a que se refiram.*
>
> *Parágrafo único: A natureza das garantias atribuídas ao crédito tributário não altera a natureza deste nem a da obrigação tributária a que corresponda.*

- À luz do dispositivo citado, percebe-se que o objetivo do legislador foi cobrir o sujeito ativo da relação jurídico-tributária de garantias para o efetivo cumprimento da obrigação por parte do contribuinte.
- Além do rol previsto no CTN, de forma exemplificativa, diga-se de passagem, é possível que outras garantias sejam criadas por lei, com intuito de resguardar e acautelar ainda mais a entidade impositora, detentora do crédito tributário.
- Ademais, o parágrafo único do preceptivo ora sob análise, demonstra que "a natureza das garantias atribuídas ao crédito tributário não altera a natureza deste nem a da obrigação tributária a que corresponda".
- De mais a mais, o teor do artigo 184 do CTN deixa clarividente que o legislador buscou, sem brechas, submeter todo o patrimônio do particular (salvo privilégios especiais sobre determinados bens, que sejam previstos em lei ou aqueles declarados legalmente como absolutamente impenhoráveis, a exemplo do bem de família) aos anseios arrecadatórios do Fisco, colocando este último em posição de superioridade na relação jurídico-tributária.
- Observa-se que, responde pelo pagamento do crédito tributário, a totalidade dos bens e das rendas de qualquer origem ou natureza do sujeito passivo, do espólio ou massa falida, inclusive os bens gravados por ônus real ou cláusula de inalienabilidade ou impenhorabilidade. Portanto, de forma coloquial poder-se-ia dizer "não tem para onde correr!":

> *Art. 184. Sem prejuízo dos privilégios especiais sobre determinados bens, que sejam previstos em lei, responde pelo pagamento do crédito tributário a totalidade dos bens e das rendas, de qualquer origem ou natureza, do sujeito passivo, seu espólio ou sua massa falida, inclusive os gravados por ônus real ou cláusula de inalienabilidade ou impenhorabilidade, seja qual for a data da constituição do ônus ou da cláusula, excetuados unicamente os bens e rendas que a lei declare absolutamente impenhoráveis.*

- Ainda referente ao tema, o artigo 10 da Lei 6.830/80 – LEF dispõe que "não ocorrendo o pagamento, nem a garantia da execução de que trata o artigo 9º, a penhora poderá recair em qualquer bem do executado, exceto os que a lei declare absolutamente impenhoráveis". Logo, a parte final do dispositivo supracitado, em idêntica previsão ao artigo 184 do CTN, reforça a mitigação na afetação da totalidade do patrimônio do sujeito passivo para pagamento do crédito tributário. Ou seja, não serão alcançados: a) os bens que possuam privilégios especiais, previstos em lei; b) Os bens declarados legalmente como absolutamente impenhoráveis.
- Das exceções mencionadas, vale registrar que, um bem declarado impenhorável por ato voluntário e não legal, estará sujeito a uma eventual penhora no bojo de uma execução fiscal, sendo, portanto, ineficaz frente à dívida ativa.
- Atrelado ao tema ora abordado, oportuno transcrever o teor do artigo 185, com a redação dada pela LC 118/2005, *in verbis*: "Presume-se fraudulenta a alienação ou oneração de bens ou rendas, ou seu começo, por sujeito passivo em débito para com a Fazenda Pública, por crédito tributário regularmente inscrito como dívida ativa".
- O artigo citado busca coibir eventuais manobras fraudulentas e artifícios do devedor para esquivar-se de sua obrigação de quitar o tributo devido perante o sujeito ativo. Assim, ocorrendo a inscrição regular do crédito tributário na dívida ativa com a ciência prévia/notificação do sujeito passivo, qualquer ato posterior de alienação ou oneração de bens ou rendas será caracterizado como fraude. Em síntese, haverá presunção de fraude a partir da inscrição regular do crédito tributário em dívida ativa e não da data de propositura da ação de execução fiscal.
- Destarte, o parágrafo único do artigo 185 traz a hipótese em que o devedor reserva bens ou rendas suficientes para pagamento total da dívida inscrita. Nesse caso, advirta-se, havendo tal reserva, inaplicável será o caput do artigo ora estudado.
- Prescreve o parágrafo único do artigo 185 do CTN: "o disposto neste artigo não se aplica na hipótese de terem sido reservados, pelo devedor, bens ou rendas suficientes ao total pagamento da dívida inscrita". Em outras palavras, não será considerada fraudulenta a alienação ou oneração de bens ou rendas quando, após garantia da execução fiscal (penhora), o sujeito passivo permaneça em situação de solvência (possibilidade do pagamento do débito) perante o fisco.
- Outrossim, com intuito de aumentar as garantias do sujeito ativo, a LC 118/2005 inseriu o artigo 185-A ao CTN, que dispõe:

Art. 185-A. Na hipótese de o devedor tributário, devidamente citado, não pagar nem apresentar bens à penhora no prazo legal e não forem encontrados bens penhoráveis, o juiz determinará a indisponibilidade de seus bens e direitos, comunicando a decisão, preferencialmente por meio eletrônico, aos órgãos e entidades que promovem registros de transferência de bens, especialmente ao registro público de imóveis e às autoridades supervisoras do mercado bancário e do mercado de capitais, a fim de que, no âmbito de suas atribuições, façam cumprir a ordem judicial.

§1º A indisponibilidade de que trata o caput deste artigo limitar-se-á ao valor total exigível, devendo o juiz determinar o imediato levantamento da indisponibilidade dos bens ou valores que excederem esse limite.

§2º Os órgãos e entidades aos quais se fizer a comunicação de que trata o caput deste artigo enviarão imediatamente ao juízo a relação discriminada dos bens e direitos cuja indisponibilidade houverem promovido.

- O artigo acima e seus parágrafos tratam do instituto da penhora on line, cabível quando já esgotados todos os meios possíveis de localização dos bens do devedor. Nesse caso, o magistrado determinará a indisponibilidade de bens e direitos do executado, limitado, contudo, ao valor total exigível.
- Uma vez realizada a indisponibilidade dos bens e direitos, os órgãos e entidades enviarão imediatamente ao juízo a relação discriminada dos bens e direitos cuja indisponibilidade houverem promovido.
- Finalmente, registre-se que existe uma hipótese de garantia ao crédito tributário não prevista no Código Tributário Nacional que é a medida cautelar fiscal prevista na Lei 8.397/92, cujo objetivo é decretar a indisponibilidade de bens e direitos do sujeito passivo tributário.
- Além das garantias do crédito tributário, segundo exposto alhures, cabe a este também certos privilégios quando concorre em execuções coletivas de dívidas com outros créditos, a exemplo do processo falimentar.
- O caput do artigo 186 do CTN, com a redação dada pela LC 118/2005, dispõe que: "o crédito tributário prefere a qualquer outro, seja qual for sua natureza ou o tempo de sua constituição, ressalvados os créditos decorrentes da legislação do trabalho ou do acidente de trabalho".
- Inicialmente, verifica-se que o crédito tributário não possui caráter absoluto, uma vez que o artigo sob análise ressalva os créditos decorrentes da legislação do trabalho ou do acidente de trabalho, dados a sua natureza alimentícia.
- Outrossim, com o advento da LC 118/2005, o parágrafo único do artigo 186 do CTN estabeleceu uma regra específica para o processo de falência:

Art. 186, parágrafo único. Na falência:

I – o crédito tributário não prefere aos créditos extraconcursais ou às importâncias passíveis de restituição, nos termos da lei falimentar, nem aos créditos com garantia real, no limite do valor do bem gravado;

II – a lei poderá estabelecer limites e condições para a preferência dos créditos decorrentes da legislação do trabalho; e

III – a multa tributária prefere apenas aos créditos subordinados.

- A falência pode ser conceituada, segundo a doutrina (RAMOS, André Luiz Souza Cruz. Curso de direito empresarial. 2.ed. Salvador: Juspodivm, 2009, p. 597), como "a execução concursal do devedor empresário". Logo, referido instituto faz parte do regime jurídico empresarial e como tal, é aplicável aos devedores empresários, diversamente do que ocorre com o devedor civil que submete-se ao concurso de credores.
- A Lei 11.101/05 denominada como Lei de Recuperação de Empresas, na qual consagrou, registre-se, o Princípio da Preservação da Empresa, trouxe alterações significativas no processo falimentar, dentre as quais destaca-se, dada a relevância para o tema em comento, as mudanças na ordem de classificação dos créditos e a previsão de créditos extraconcursais.
- No que concerne à ordem de preferência e classificação dos créditos, bem como à posição ocupada pelo crédito tributário no processo falimentar, importante o concursando realizar a leitura atenta dos artigos 83 e 84 da Lei 11.101/2005 (Lei de Falência).
- Assim, no bojo do processo falimentar (após análise conjunta dos artigos 186, parágrafo único do CTN e 83 e 84 da Lei 11.101/2005) a ordem de preferência do crédito tributário fica assim demonstrada:
- Créditos Extraconcursais (pagos com precedência – art. 83);
  1) Créditos trabalhistas e acidentários, não-extraconcursais/antes da falência (art. 83 da Lei 11.101/2005)
  2) Importâncias passíveis de restituição, nos termos da lei falimentar e créditos com garantia real, no limite do valor do bem gravado
  3) Créditos Tributários (não extraconcursais)
  4) Créditos com privilégio especial
  5) Créditos com privilégio geral
  6) Créditos quirografários
  7) Multas contratuais e pecuniárias
  8) Créditos subordinados
- Cabem algumas observações:
- Créditos extraconcursais são aqueles surgidos no curso do processo falimentar ou de recuperação judicial, como decorrência da administração da massa falida. Nos termos do artigo 84 da Lei 11.101/2005 serão pagos com precedência sobre os mencionados no artigo 83 da mesma lei, ou seja, não entram no concurso de créditos.

- O artigo 188, caput, do CTN prescreve que "são extraconcursais os créditos decorrentes de fatos geradores ocorridos no curso do processo de falência".
- Caso os créditos trabalhistas, acidentários e tributários (este com fato gerador posterior – artigo 188, caput, do CTN) surjam após a decretação da falência ficarão na condição de créditos extraconcursais, gozando de preferência absoluta.
- Créditos trabalhistas e acidentários, por apresentarem natureza alimentar prefere aos demais, conforme já visto.
- Importâncias passíveis de restituição, nos termos da lei falimentar, referem-se aos bens e direitos de terceiros que foram arrecadados no processo falimentar ou se encontram em poder do devedor falido no momento da decretação da falência.
- Há severa crítica doutrinária ao fato do crédito tributário estar posicionado após os créditos com garantia real na ordem de preferência no processo de falência, pois haveria supostamente um privilégio para as instituições financeiras (bancos).
- As multas tributárias só possuem preferência apenas aos créditos subordinados (parágrafo único do artigo 186 do CTN).
- Além disso, vale destacar que a cobrança judicial do crédito tributário não estará sujeita ao juízo falimentar, como ocorre com os créditos de outra natureza. Nesse ponto, o artigo 187 do CTN, disciplina que: "a cobrança judicial do crédito tributário não é sujeita a concurso de credores ou habilitação em falência, recuperação judicial, concordata, inventário ou arrolamento".
- No mesmo sentido, fortalecendo-se o caráter não-absoluto da universalidade do juízo falimentar, observe-se ainda que o artigo 76 da Lei n. 11.101/05 dispõe que "o juízo de falência é indivisível e competente para conhecer todas as ações sobre bens, interesses e negócios do falido, ressalvadas as causas trabalhistas, fiscais e aquelas não reguladas nesta Lei em que o falido figurar como autor ou litisconsorte ativo".
- Interessa-nos aqui a exceção referente às causas fiscais. Conforme se observou, a Fazenda Pública não se submeterá a concurso de credores. Ademais, a execução fiscal contra a massa falida não se suspende, devendo percorrer seu curso normal, segundo entendimento do STJ (CC 63919/PE, Rel. Min Humberto Martins, DJ 12.02.2007, p.219).
- Destarte, o parágrafo único do artigo 187 do CTN descreve a ordem do concurso de preferência entre as pessoas jurídicas de direito público, a saber : I – União; II – Estados, Distrito Federal e Territórios, conjuntamente e pro rata; e III – Municípios, conjuntamente e pro rata.
- Por fim, advirta-se que o artigo 29 da LEF (Lei 6.830/90), introduziu as autarquias na ordem de preferência acima citada.
- As hipóteses de suspensão da exigibilidade do crédito tributário estão previstas no artigo 151 do CTN:

Art. 151 CTN, inciso	Hipóteses	Resumo
I	Moratória	Postergação do momento do pagamento do crédito tributário
II	Depósito de seu montante integral	Depósito, pelo contribuinte, do valor do crédito tributário discutido
III	Defesas e recursos no âmbito do processo administrativo fiscal (PAF)	Atos de defesa do contribuinte face ao lançamento de ofício, conforme previsão nas leis que regem o PAF
IV	Liminar em mandado de segurança	Ordem judicial concedida no início do procedimento do mandado de segurança, em geral, sem ouvir a parte contrária
V	Liminar/tutela antecipada em outras espécies de ações judiciais	Ordem judicial concedida no início da ação, em geral, sem ouvir a parte contrária
VI	Parcelamento	Acordo de quitação em parcelas de um crédito tributário reconhecido e confessado pelo contribuinte, conforme diretrizes fixadas em lei

- Os efeitos das causas de suspensão da exigibilidade do crédito tributário (CTN, art. 151) atingem apenas a obrigação tributária principal. Isso porque, nos termos do parágrafo único do artigo 151 do CTN, a suspensão da exigibilidade não dispensa o cumprimento das obrigações acessórias dependentes da obrigação principal cujo crédito seja suspenso, ou dela consequentes.
- "A suspensão da exigibilidade do crédito tributário na via judicial impede o Fisco de praticar qualquer ato contra o contribuinte visando à cobrança de seu crédito, tais como inscrição em dívida, execução e penhora, mas não impossibilita a Fazenda de proceder à regular constituição do crédito tributário para prevenir a decadência do direito de lançar" (STJ, REsp 260.040).
- Na hipótese legal de suspensão da exigibilidade do crédito tributário concernente ao depósito do montante integral do tributo, deve-se deixar claro que a expressão "montante integral" diz respeito ao valor do tributo segundo o entendimento da Fazenda Pública e não do contribuinte (STJ – AgRg no REsp 969579/SP – 2.ª Turma – Rel. Min. Castro Meira – 31/10/2007).
- Quando promovido no âmbito judicial, o depósito do montante integral é feito no bojo de uma ação em que se discute o crédito tributário (anulatória ou declaratória). Nesse caso, a execução fiscal não poderá ser ajuizada ou, quando já proposta, terá

sua tramitação suspensa até decisão final da ação. Se o contribuinte lograr êxito na impugnação, terá direito a levantar o depósito efetuado. Mas se a Fazenda Pública sair vitoriosa na lide, ela converterá o depósito em renda e extinguirá o crédito tributário respectivo (CTN, art. 156, VI).

- Suspensa a exigibilidade do crédito tributário definitivamente constituído, o prazo prescricional também deixará de fluir (STJ – RESP 267437-MG, 2ª. T., Relª. Minª. Eliana Calmon – DJU 17.06.2002).
- No que diz respeito à incidência de juros e de multa de mora, os efeitos da suspensão da exigibilidade do crédito tributário dependerá da causa suspensiva. No caso de parcelamento, salvo disposição de lei em contrário, o parcelamento do crédito tributário não exclui a incidência de juros e multas (CTN, art. 155-A, § 1.º). Nas liminares, dependerá da sentença ou acórdão transitado em julgado; em caso de procedência da ação e manutenção da liminar, o crédito tributário será extinto (CTN, art. 156, X); mas se a liminar for revogada e a ação julgada improcedente, o crédito tributário poderá ser exigido acrescido de todos os consectários da mora. Por fim, o depósito do montante integral afasta a incidência de juros moratórios e de correção monetária a partir da sua efetivação (STJ – RESP 853552 / PR – 1ª. Turma – Rel. Min. Luiz Fux – DJ 24/09/2007).

8. EXTINÇÃO E EXCLUSÃO DO CRÉDITO TRIBUTÁRIO

- Da mesma forma que decorre da obrigação principal (CTN, art. 139), o crédito tributário desaparece juntamente com o vínculo obrigacional, diante de acontecimentos previstos como hipóteses de extinção no artigo 156 do CTN.

Art. 156 CTN, inciso	Hipóteses	Resumo
I	Pagamento	Adimplemento voluntário pelo sujeito passivo com entrega de pecúnia, em geral via rede bancária
II	Compensação	Os polos da relação jurídica são, ao mesmo tempo, devedores e credores reciprocamente
III	Transação	Concessões mútuas (devedor e credor tributários) que importem em terminação de litígio
IV	Remissão	Perdão legal do crédito tributário existente
V	Prescrição	Perda pelo decurso de prazo, por parte do sujeito ativo, do direito de promover a execução fiscal face ao sujeito passivo

Art. 156 CTN, inciso	Hipóteses	Resumo
V	Decadência	Perda pelo decurso de prazo, por parte do sujeito ativo, do direito de constituir o crédito tributário
VI	Conversão de depósito em renda	Transformação do depósito feito pelo sujeito passivo em renda para sujeito ativo
VII	Pagamento antecipado e homologação de lançamento	Pagamento realizado pelo sujeito passivo a partir da apuração feita por ele próprio, sem participação do fisco num primeiro momento (por isso o pagamento é tido por antecipado), sendo que a homologação fiscal pode serexpressaoutácita(decurso de prazo)
VIII	Consignação em pagamento	Diante de obstáculo ao pagamento criado pelo sujeito ativo (hipóteses do artigo 164 do CTN), o sujeito passivo ingressa com a ação para consignar o crédito tributário em pagamento (depositando-o)
IX	Decisão administrativa irreformável	Decisão administrativa favorável ao sujeito passivo sobre a qual não caiba mais recurso
X	Decisão judicial transitada em julgado	Decisão judicial favorável ao sujeito passivo sobre a qual não caiba mais recurso
XI	Dação em pagamento de bens imóveis	Espontâneo oferecimento de bens imóveis pelo devedor (ao invés de pecúnia), ao credor, como forma de extinguir a dívida

- Segundo o Código Civil, são bens imóveis "o solo e tudo quanto se lhe incorporar natural ou artificialmente" (artigo 79) e bens móveis aqueles "suscetíveis de movimento próprio, ou de remoção por força alheia, sem alteração da substância ou da destinação econômico-social" (artigo 82). Tal distinção é muito útil no Direito Tributário, na medida em que são determinantes, inclusive, para a fixação de competências tributárias, como, por exemplo, no ITBI municipal, que incide sobre "transmissão *inter vivos*, a qualquer título, por ato oneroso, de bens imóveis, por natureza ou acessão física, e de direitos reais sobre imóveis, exceto os de garantia, bem como cessão de direitos a sua aquisição" (artigo 156, inciso II, da CF). A dação em pagamento é considerada uma hipótese de extinção do crédito tributário desde que se refira a bens imóveis.
- O instituto jurídico da "dação em pagamento" foi incluído pela Lei Complementar 104/2011 no CTN co-

mo hipótese de extinção do crédito tributário. Por dação em pagamento entende-se o espontâneo oferecimento de bens pelo devedor (ao invés de pecúnia), ao credor, como forma de extinguir a dívida. No Direito Tributário, para extinguir o crédito tributário, admite-se apenas a dação em pagamento de bens imóveis, na forma e condições estabelecidas em lei. Constitui, assim, na aceitação, pela Fazenda Pública, de um imóvel, como forma de extinguir o crédito tributário devido pelo sujeito passivo, respeitando-se a forma e as condições estabelecidas em lei (CTN, art. 156, XI).

- O STJ considera que, no caso de execuções fiscais de dívida ativa tributária, a prescrição deva ser regulada pelo CTN (recepcionado pela Carta Constitucional de 1988 como lei complementar) e não pela LEF (lei ordinária), já que o artigo 146, inciso III, alínea "b", da CF reserva à lei complementar a disciplina da prescrição tributária. Veja a seguinte ementa: "TRIBUTÁRIO. AGRAVO REGIMENTAL. EXECUÇÃO FISCAL. PRESCRIÇÃO. AUSÊNCIA DE CITAÇÃO. NÃO-INTERRUPÇÃO DO PRAZO PRESCRICIONAL. ART. 174 DO CTN. PREVALÊNCIA SOBRE O ART. 2°, § 3°, DA LEI 6.830/1980. 1. A suspensão do lapso prescricional de 180 (cento e oitenta) dias prevista no art. 2°, § 3°, da Lei 6.830 somente é aplicável às dívidas de natureza não tributária. Em hipóteses como a dos autos, em que se trata de execução de crédito relativo a Imposto de Renda, a matéria é regulada pelo art. 174 do Código Tributário Nacional. 2. Agravo Regimental não provido" (STJ – AgRg no Ag 1054859/SP).
- O artigo 174 do CTN, em seu parágrafo único, ao disciplinar a prescrição, elenca algumas hipóteses de interrupção do prazo. Interrupção é diferente de suspensão. Na interrupção, caso cesse a sua causa, é iniciado uma nova contagem do prazo (ou seja, começa "do zero") e na suspensão, caso cesse a sua causa, o prazo volta a correr a partir do momento em que seu cômputo estava quando da ocorrência da suspensão.
- "Tanto no regime constitucional atual (CF, art. 146, III, b), quanto no regime constitucional anterior (art. 18, § 1° da EC 01/69), as normas sobre prescrição e decadência de crédito tributário estão sob reserva de lei complementar. Assim, são ilegítimas, em relação aos créditos tributários, as normas estabelecidas no § 2°, do art. 8° e do § 3° do art. 2° da Lei 6.830/80, que, por decorrerem de lei ordinária, não podiam dispor em contrário às disposições anteriores, previstas em lei complementar" (STJ – AI no Ag 1.037.765 – Corte Especial Rel. Min. Teori Zavascki – julg. 2.3.2011).
- "O prazo prescricional quinquenal para o Fisco exercer a pretensão da cobrança judicial do crédito tributário conta-se da data estipulada como vencimento da obrigação tributária declarada, nos casos de tributos sujeitos a lançamento por homologação, em que o contribuinte cumpriu o dever instrumental de declarar a exação mediante declaração de débitos e créditos tributários federais (DCTF) ou guia de informação de apuração do ICMS (GIA), entre outros, mas não adimpliu a obrigação principal, de pagamento antecipado, nem sobreveio qualquer causa interruptiva da prescrição ou impeditiva da exigibilidade do crédito" (STJ – REsp 1.120.295 – 1ª Seção – Rel. Min. Luiz Fux – julg. 12.5.10).
- Entre a declaração (obrigação acessória) e o vencimento do tributo, não há que se falar em prescrição da pretensão de cobrança por dois motivos. Primeiro, por não estar revestida da exigibilidade (um débito fiscal não vencido, também chamado de vincendo, não é passível de ser exigido judicialmente pela Fazenda Pública. Em resumo, para a Fazenda Pública executar um crédito tributário é preciso que este esteja inscrito na dívida ativa e, para tal, segundo o artigo 201 do CTN, é preciso que tenha se esgotado o prazo fixado para pagamento). E segundo, pelo fato de que o dies a quo da prescrição (data do início da contagem do prazo) é a constituição definitiva do crédito (nunca antes de seu vencimento).
- Para o estudo da temática "restituição de tributos indiretos" é imprescindível conhecer o teor do artigo 166 do CTN, segundo o qual "a restituição de tributos que comportem, por sua natureza, transferência do respectivo encargo financeiro, somente será feita a quem prove haver assumido o referido encargo, ou, no caso de tê-lo transferido a terceiro, estar por este expressamente autorizado a recebê-la". Os tributos indiretos são aqueles em que o contribuinte repassa o encargo financeiro (valor do tributo) no preço da mercadoria, afetando o próximo elo da cadeia. Nessas situações, o contribuinte (vendedor) é tido como "contribuinte de direito" e o adquirente, que suporta o ônus tributário no preço do produto, é o "contribuinte de fato".
- A exigência, por mais de um ente tributante, de tributo idêntico sobre um mesmo fato gerador é o típico caso de cabimento da consignação judicial em pagamento, nos termos do artigo 164, inciso III, do CTN. A consignação só pode versar sobre o crédito que o consignante se propõe pagar (CTN, art. 164, §1°). A ação de consignação em pagamento julgada procedente implica no pagamento, de forma que a importância consignada é convertida em renda (CTN, art. 164, §2°). Assim, a consignação em pagamento julgada procedente extingue o crédito tributário (CTN, art. 156, VIII).
- O pagamento das últimas referências de cada imposto não implica em presunção de quitação das referências anteriores (CTN, art. 158).
- No curso do processo administrativo fiscal, não flui o prazo de prescrição (cujo início é a data da decisão final proferida em favor da Fazenda Pública no referido processo), nem o de decadência, cujo prazo flui até a data da lavratura do auto de infração (o auto de infração inicia o processo administrativo fiscal). Em relação à chamada prescrição intercorrente (que operar-se-ia no curso do processo), em geral a mesma não é admitida no processo administrativo fiscal

(veja o exemplo do Estado de São Paulo, em que há uma Súmula do Tribunal de Impostos e Taxas no mesmo sentido – Súmula TIT nº04/2003 – segundo a qual "não é admissível a prescrição intercorrente no processo administrativo tributário").

- Entretanto, no âmbito dos processos judiciais, a prescrição intercorrente está prevista no art. 40 da Lei de Execução Fiscal – LEF – nos seguintes termos:

  Art. 40 – O Juiz suspenderá o curso da execução, enquanto não for localizado o devedor ou encontrados bens sobre os quais possa recair a penhora, e, nesses casos, não correrá o prazo de prescrição.

  § 1º – Suspenso o curso da execução, será aberta vista dos autos ao representante judicial da Fazenda Pública.

  § 2º – Decorrido o prazo máximo de 1 (um) ano, sem que seja localizado o devedor ou encontrados bens penhoráveis, o Juiz ordenará o arquivamento dos autos.

  § 3º – Encontrados que sejam, a qualquer tempo, o devedor ou os bens, serão desarquivados os autos para prosseguimento da execução.

  § 4º Se da decisão que ordenar o arquivamento tiver decorrido o prazo prescricional, o juiz, depois de ouvida a Fazenda Pública, poderá, de ofício, reconhecer a prescrição intercorrente e decretá-la de imediato.

- Com efeito, a paralisação processual pelo período superior a 5 (cinco) anos, enseja o reconhecimento da prescrição de ofício pelo magistrado. Isso porque, a inércia do exeqüente em promover o eficiente andamento da execução pelo período de tempo previsto no art. 174 do CTN, desencadeia a extinção do executivo fiscal.
- O estudo do tema "exclusão do crédito tributário" consiste, basicamente, em conhecer os contornos normativos (artigos 175 a 182 do CTN) e jurisprudenciais de dois institutos jurídicos, a isenção e a anistia. Duas de suas principais diferenças estão no quadro a seguir:

ISENÇÃO	ANISTIA
Implica a exclusão ou dispensa do tributo	Implica a exclusão ou dispensa da multa
Alcança somente fatos geradores ocorridos após a lei	Alcança somente fatos geradores ocorridos antes da lei

- Sob a ótica do CTN, a isenção exclui o crédito tributário, ou seja, há a obrigação tributária decorrente da subsunção do fato (fato jurídico-tributário) à norma (hipótese de incidência), entretanto a constituição do crédito tributário fica inviabilizada pela norma isentiva.
- As isenções podem ser revogadas ou modificadas por lei, a qualquer tempo, exceto quando concedidas por prazo certo e em funções de determinadas condições (artigo 178 do CTN). Nesses casos, em geral, a doutrina apregoa a irrevogabilidade do benefício isencional em prestígio ao direito adquirido. O assunto está sumulado pelo STF (Súmula 544: "Isenções tributárias concedidas, sob condição onerosa, não podem ser livremente suprimidas").
- Segundo o artigo 181 do CTN, além de poder ser concedida em caráter geral, a anistia também pode ser concedida limitadamente em relação (i) às infrações da legislação relativa a determinado tributo; (ii) às infrações punidas com penalidades pecuniárias até determinado montante, conjugadas ou não com penalidades de outra natureza; (iii) a determinada região do território da entidade tributante, em função de condições a ela peculiares; e (iv) sob condição do pagamento de tributo no prazo fixado pela lei que a conceder, ou cuja fixação seja atribuída pela mesma lei à autoridade administrativa.
- A isenção heterotópica, também denominada de isenção heterônoma, é aquela concedida por ente federativo tributante diferente daquele que teria por regra competência para instituí-la. O artigo 151, inciso III, da CF proibiu tal tipo de isenção ao vedar à União instituir isenções de tributos da competência dos Estados, do Distrito Federal ou dos Municípios.
- Em regra, "qualquer subsídio ou isenção, redução de base de cálculo, concessão de crédito presumido, anistia ou remissão, relativos a impostos, taxas ou contribuições, só poderá ser concedido mediante lei específica, federal, estadual ou municipal, que regule exclusivamente as matérias acima enumeradas ou o correspondente tributo" (CF, art. 150, §6º). Entretanto, o citado dispositivo ressalva expressamente o caso do ICMS, que, segundo o artigo 155, §2º, inciso XII, alínea "g", da CF, cabe à lei complementar "regular a forma como, mediante deliberação dos Estados e do Distrito Federal, isenções, incentivos e benefícios fiscais serão concedidos ou revogados". A Lei Complementar em questão é a 24/75 (recepcionada pela CF/88), que apregoa que os benefícios fiscais concernentes ao ICMS serão concedidos ou revogados nos termos de convênios celebrados e ratificados pelos Estados e pelo Distrito Federal.
- O CONFAZ é um órgão colegiado estabelecido pela Lei Complementar nº24/75. É composto pelos Secretários da Fazenda de todos os Estados e do Distrito Federal e pelo Ministro da Fazenda (representando o Governo Federal). A competência principal do CONFAZ é promover a celebração de convênios, para efeito de concessão ou revogação de isenções, incentivos e benefícios fiscais no âmbito do ICMS, de acordo com o previsto no artigo 155, § 2º, inciso XII, alínea "g", da CF e na Lei Complementar nº 24, de 7 de janeiro de 1975.
- O STF já se posicionou no sentido de que "a lei, de modo unilateral, que disciplina benefício fiscal do ICMS, sem observar a prévia exigência de celebração de convênio entre os Estados-membros e o Distrito Federal para a concessão de isenções, incentivos e benefícios fiscais do imposto, ofende o artigo 155, § 2º, inciso XII, alínea "g", da CF" (STJ – ADI 1247 – Pleno – Rel. Min. Dias Toffoli – julg. 1º.6.2011).
- **Lei complementar 160/2016:** veio autorizar as unidades da federação a celebrarem convênios

concedendo remissão a créditos tributários constituídos em face de benefícios fiscais instituídos no cenário da chamada "guerra fiscal entre os Estados", em desacordo com a exigência de convênio autorizativo estabelecida na Lei complementar nº 24/75. Essa nova lei complementar ainda possibilita que os convênios promovam a reinstituição dos citados benefícios.

- "Revogada a isenção, o tributo torna-se imediatamente exigível. Em caso assim, não há que se observar o princípio da anterioridade, dado que o tributo já é existente." (RE 204.062, Rel. Minº Carlos Velloso, julgamento em 27-9-1996, Segunda Turma, DJ de 19-12-1996).
- "A isenção não é privilégio de classe ou de pessoas, mas uma política de aplicação da regra da capacidade contributiva ou de incentivos de determinadas atividades, que o Estado visa a incrementar pela conveniência pública" (BALEEIRO, Aliomar. Direito Tributário Brasileiro. 11 ed. p. 931). A eventual inconstitucionalidade de uma isenção dar-se-ia com a estipulação de discriminação que afronta a razoabilidade, tangenciando o interesse público que é objeto da norma isentiva. Inclusive, oportuno se faz mencionar o teor do parágrafo único do artigo 176 do CTN, segundo o qual "a isenção pode ser restrita a determinada região do território da entidade tributante, em função de condições a ela peculiares".
- O quadro abaixo traz o rol das hipóteses de exclusão, suspensão e extinção do crédito tributário previstos no Código Tributário Nacional:

EXCLUSÃO (arts. 175 a 182)	***SUSPENSÃO (art. 151)***	***EXTINÇÃO (arts. 156 a 174)***
Anistia Isenção	Moratória	Pagamento
	Depósito do seu montante integral	Compensação
	Reclamações e recursos, nos termos das leis reguladoras do processo tributário administrativo	Transação
	Concessão de medida liminar em mandado de segurança	Remissão
	Concessão de medida liminar ou de tutela antecipada, em outras espécies de ação judicial	Prescrição e decadência
	Parcelamento	Conversão de depósito em renda
		Pagamento antecipado e a homologação do lançamento
		Consignação de pagamento
		Decisão administrativa irreformável
		Decisão judicial passada em julgado
		Dação em pagamento

9. ADMINISTRAÇÃO TRIBUTÁRIA (FISCALIZAÇÃO, CERTIDÕES, DÍVIDA ATIVA)

- A Administração Tributária é a atividade estatal voltada para a fiscalização e arrecadação tributária.
- No que se refere à fiscalização, importante a leitura do artigo 194 e seguintes do CTN e das Súmulas do STF de números 70, 323 e 547.
- Nos termos do artigo 201 do Código Tributário Nacional "constitui dívida ativa tributária a proveniente de crédito dessa natureza, regularmente inscrita na repartição administrativa competente, depois de esgotado o prazo fixado, para pagamento, pela lei ou por decisão final proferida em processo regular".
- Segundo o artigo 2º da LEF, a dívida ativa é aquela conceituada pela Lei 4.320, de 17 de março de 1964 *in verbis*:

> *Art. 39 § 2º: "dívida ativa é o crédito da Fazenda Pública dessa natureza, proveniente de obrigação legal relativa a tributos e respectivos adicionais e multas, e dívida ativa não tributária, os demais créditos da Fazenda Pública, tais como os provenientes de empréstimos compulsórios, contribuições estabelecidas em lei, multas de qualquer origem ou natureza, exceto as tributárias, foros, laudêmios, aluguéis ou taxas de ocupação, custas processuais, preços de serviços prestados por estabelecimentos públicos, indenizações, reposições, restituições, alcances dos responsáveis definitivamente julgados, bem assim os créditos decorrentes de obrigações em moeda estrangeira, de sub-rogação de hipoteca, fiança, aval ou outra garantia, de contratos em geral ou de outras obrigações legais".*

- A Dívida ativa é, portanto, a consolidação do débito tributário, cujo requisito é a constituição definitiva do crédito tributário. Referida dívida, advirta-se, uma vez regularmente inscrita, goza da presunção relativa de certeza e liquidez e tem o efeito de prova pré-constituída (CTN, art. 204).
- O artigo 202 do CTN traz o conteúdo mínimo da inscrição da dívida ativa. Nesse sentido, a ausência de um dos requisitos implica na nulidade da inscrição em dívida ativa.
- Destarte, oportuno mencionar que a "Certidão da Dívida Ativa" – CDA é um reflexo da inscrição em dívida ativa. Dessa forma, a CDA conterá todos os elementos (materiais e formais) da inscrição em dívida ativa (CTN, art. 202). Além disso, deverá indicar o livro e a folha da inscrição respectiva. (CTN, art. 202, parágrafo único).
- É possível a modificação da CDA, cuja nulidade poderá ser sanada até decisão de primeira instância, mediante substituição de certidão nula, devolvido ao sujeito passivo, acusado ou interessado, o prazo para defesa, que somente poderá versar sobre a parte modificada (CTN, art. 203).
- Dessa forma, o objetivo da CDA é servir de título executivo para a promoção da execução fiscal.

- É cediço que o direito à obtenção de certidões junto aos órgãos públicos é matéria assegurada constitucionalmente. A Constituição Federal, no seu artigo 5º, inciso XXXIII, preceitua que todos têm direito a receber dos órgãos públicos informações de seu interesse particular, ou de interesse coletivo ou geral, que serão prestadas no prazo da lei, sob pena de responsabilidade, ressalvadas aquelas cujo sigilo seja imprescindível à segurança da sociedade e do Estado.
- Por sua vez, o Código Tributário Nacional, dispondo acerca das certidões negativas e certidões positivas com efeito de negativa preconiza *in verbis*:

> *Art. 205 – A lei poderá exigir que a prova da quitação de determinado tributo, quando exigível, seja feita por certidão negativa, expedida à vista de requerimento do interessado, que contenha todas as informações necessárias à identificação de sua pessoa, domicílio fiscal e ramo de negócio ou atividade e indique o período a que se refere o pedido.*
>
> *Art. 206 – Tem os mesmos efeitos previstos no artigo anterior a certidão de que conste a existência de créditos não vencidos, em curso de cobrança executiva em que tenha sido efetivada a penhora, ou cuja exigibilidade esteja suspensa.*

- As certidões negativas objetivam comprovar a inexistência de débito fiscal pelo contribuinte perante as entidades impositoras. Por outro lado, nas certidões positivas com efeito de negativa, verifica-se que não há necessariamente quitação de tributos, mas sim, uma situação de regularidade fiscal em face da presença de alguma das hipóteses de suspensão de exigibilidade do crédito tributário previstas no artigo 151 do CTN ou pela ocorrência de efetivação da penhora. Ou seja, através dessa certidão, o contribuinte não comprova uma situação de quitação da exação, mas sim, a existência de um débito inexigível, uma que vez que a Fazenda Pública estará obstada de cobrá-lo ou ainda formalizá-lo.

ABREVIATURA	NOME	CARACTERÍSTICA
CND	Certidão ***N***egativa de ***D***ébitos	Comprova a ***inexistência*** de débitos fiscais em nome do contribuinte, em relação à Fazenda Pública que emite a certidão
CPD	Certidão ***P***ositiva de ***D***ébitos	Comprova a ***existência*** de débitos fiscais em nome do contribuinte, em relação à Fazenda Pública que emite a certidão
CPD-EN	Certidão ***P***ositiva de ***D***ébitos, com ***E***feitos de ***N***egativa	Comprova a ***existência*** de débitos fiscais em nome do contribuinte, em relação à Fazenda Pública que emite a certidão, ***porém***, poderá ser utilizada pelo contribuinte para os mesmos fins que seria utilizada a CND

O CONTRIBUINTE FAZ JUS À CPD-EN CASO APRESENTE:		
Débitos fiscais vincendos (ou seja, que ainda estão no prazo para pagamento)	Débitos fiscais em curso de cobrança executiva em que tenha sido efetivada a penhora (hipótese de garantia à execução fiscal)	Débitos fiscais cuja exigibilidade esteja suspensa nos termos do artigo 151 do CTN. São causas de suspensão da exigibilidade: ***A***) Moratória; ***B***) Depósito do montante integral; ***C***) Defesas e recursos no âmbito do processo administrativo fiscal; ***D***) Concessão de liminar em mandado de segurança; ***E***) Concessão de liminar ou antecipação de tutela em outas espécies de ação judicial; ***f)*** Parcelamento.

- As autoridades tributárias poderão requisitar o auxílio de força policial, quando vítimas de embaraço ou de desacato no exercício de suas funções, ou ainda, quando tal auxílio for necessário à efetivação de medida prevista na legislação tributária (art. 200 do CTN).
- A presunção de liquidez e certeza de que goza o débito fiscal regularmente inscrito em dívida ativa é relativa (e não absoluta), isto é, admite prova em contrário do sujeito passivo ou de terceiro que aproveite tal prova.
- A tendência jurisprudencial de oficiar a Receita Federal para apresentação de declaração de renda do devedor para fins de identificar bens penhoráveis destaca como requisito o prévio esgotamento, pelo exequente, de todos os meios a ele disponíveis para o recebimento das informações relativas ao devedor e a seus bens, e que, ainda assim, seu esforço tenha sido inútil (STJ – REsp nº 707.026/SP – 1ª Turma).
- Nos termos do artigo 205 do CTN, a Certidão Negativa de Débitos (CND) deverá conter todas as informações necessárias à identificação de sua pessoa, domicílio fiscal e ramo de negócio ou atividade e indique o período a que se refere o pedido.
- A violação de sigilo fiscal por parte de servidor público poderá ensejar a apuração do cometi-

mento de crime de violação de sigilo funcional (artigo 325 do Código Penal), como bem apregoado pelo artigo 198 do CTN.

- "É legítima a recusa do Fisco de fornecer certidão de regularidade fiscal (Certidão Negativa de Débitos – CND), em virtude da existência, por si só, de irregularidade em guias de recolhimento do FGTS e informações à Previdência Social (GFIPs), a despeito da ausência de lançamento de ofício da suposta diferença constatada" (STJ – REsp 1.143.094 – 1ª Seção – Rel. Min. Luiz Fux – julg. 9.12.2009).
- Em regra, a Fazenda Pública e seus servidores estão proibidos de divulgar qualquer informação obtida no desenvolvimento dos trabalhos próprios da fiscalização tributária, que se refira aos sujeitos passivos (contribuintes e responsáveis) ou a terceiros que com estes se relacionam, seja em relação à situação econômica ou financeira, seja no tocante à natureza e ao estado de seus negócios ou atividades. Trata-se do chamado "sigilo fiscal" (CTN, art. 198, caput, do CTN).
- O CTN traz uma série de exceções ao sigilo fiscal, cujas respectivas ocorrências não são consideradas "quebras de sigilo". Dentre tais exceções encontram-se, por exemplo, aquelas previstas no § 3° do artigo 198, quais sejam, a autorização de divulgação de informações pelo Fisco relativas a: (i) representações fiscais para fins penais; (ii) inscrições na dívida ativa da Fazenda Pública e (iii) parcelamento ou moratória.
- Segundo o artigo 203 do CTN, eventual nulidade da certidão da dívida ativa poderá ser sanada até a decisão de primeira instância da execução fiscal (cobrança judicial). Assim, a inscrição na dívida ativa tributária, que é considerada o ato de controle administrativo da legalidade, não é a última oportunidade de se alterar a respectiva certidão.
- É dominante o entendimento de que pode o juiz, nos autos de uma execução fiscal, atender a pedido do exequente para oficiar à Secretaria da Receita Federal do Brasil solicitando cópia da declaração de bens e renda do executado, de modo a permitir a identificação de bens penhoráveis. O caso é bem retratado na seguinte ementa (STJ, AgRg no REsp 1135568/PE): "AGRAVO REGIMENTAL. PROCESSUAL CIVIL. PROCESSO DE EXECUÇÃO. SIGILO FISCAL. EXPEDIÇÃO DE OFÍCIO À RECEITA FEDERAL. MEDIDA EXCEPCIONAL. 1. O STJ firmou entendimento de que a quebra de sigilo fiscal ou bancário do executado para que o exequente obtenha informações sobre a existência de bens do devedor inadimplente é admitida somente após terem sido esgotadas as tentativas de obtenção dos dados na via extrajudicial. 2. Agravo regimental provido".
- O órgão fazendário, quando solicitado pelo contribuinte, deve emitir certidão (documento) que retrate a existência ou inexistência de débitos fiscais. Tal certidão é utilizada pelo contribuinte como documento probatório em várias situações exigidas por lei como, por exemplo, para participação em concorrência pública. A certidão é tida como negativa de débitos (CND) quando o contribuinte não tiver dívidas tributárias. Ao contrário, será positiva quando o contribuinte apresentar dívidas tributárias. Entretanto, há situações em que o contribuinte possui débitos fiscais, porém a certidão tem os mesmos efeitos da negativa, ou seja, o contribuinte poderá utilizá-la, seguindo o exemplo já citado, para habilitá-lo numa concorrência pública. Trata-se da CPD-EN – certidão positiva de débitos fiscais, com efeitos de negativa (CTN, art. 206). São três situações que ensejam a emissão da CPD-EN: (i) a existência de débitos fiscais ainda não vencidos (ainda no prazo para pagamento); (ii) a existência de débitos fiscais em curso de cobrança executiva em que tenha sido efetivada a penhora; e (iii) a existência de débitos fiscais cuja exigibilidade esteja suspensa, nos termos do artigo 151 do CTN, a saber: (a) moratória; (b) depósito do montante integral; (c) defesas e recursos no âmbito do processo administrativo fiscal; (d) liminar em mandado de segurança; (e) liminar ou tutela antecipada em outras espécies de ações judiciais; e (f) parcelamento.
- O artigo 6° da Lei complementar 105/2001 não exige autorização judicial para que os fazendários tenham acesso aos dados bancários. Segundo tal dispositivo normativo, "as autoridades e os agentes fiscais tributários da União, dos Estados, do Distrito Federal e dos Municípios somente poderão examinar documentos, livros e registros de instituições financeiras, inclusive os referentes a contas de depósitos e aplicações financeiras, quando houver processo administrativo instaurado ou procedimento fiscal em curso e tais exames sejam considerados indispensáveis pela autoridade administrativa competente". Importante destacar que, segundo tal norma, são dois os requisitos essenciais para que os agentes fiscais tenham acesso aos dados bancários: (i) a existência de processo administrativo instaurado ou procedimento fiscal em curso e (ii) que os exames dos dados bancários sejam considerados imprescindíveis pela autoridade administrativa competente.
- Embora tenha tido questionada a sua constitucionalidade, a norma em tela foi considerada constitucional pelo Supremo Tribunal Federal , no julgamento conjunto das ADIs 2.386, 2.397 e 2.859 e do Recurso Extraordinário 601.314.
- A Câmara Superior do Tribunal de Impostos e Taxas (TIT) de São Paulo, em recentíssima sessão, decidiu que são válidos os autos de infração lavrados durante a Operação Cartão Vermelho, deflagrada em 2007 pela Fazenda Paulista. Foram julgados, em bloco, 17 processos administrativos. O placar foi de dez votos a seis. Na operação, o Fisco cruzou informações sobre as vendas realizadas por empresas – obtidos por meio das administradoras de cartões de crédito e débito – com as declaradas pelas com-

panhias. Nos casos em que os dados não estavam iguais, autuou os contribuintes por sonegação de Imposto sobre a Circulação e Mercadorias e Serviços (ICMS). Ao recorrer das autuações, os contribuintes buscaram a aplicação da Lei Complementar nº 105, de 2001, que trata do sigilo das operações de instituições financeiras. O artigo 6º da norma estabelece que a União, Estados e municípios só podem quebrar o sigilo fiscal quando houver um processo administrativo instaurado. Nos casos analisados, argumentaram as empresas, os processos de investigação foram deflagrados apenas após o cruzamento dos dados. A tese, entretanto, não foi acatada pela maioria dos julgadores. Prevaleceu o entendimento de que as informações solicitadas pela Fazenda paulista não são sigilosas. "Entendeu-se que as informações são de natureza financeira, pois não é individualizado quem comprou ou o que foi comprado", afirma o presidente da Câmara Superior do TIT, José Paulo Neves. De acordo com o posicionamento majoritário, a questão seria regulada pela Lei nº 12.294, de 2006, que trata do ICMS no Estado de São Paulo. O artigo 75 da norma tornou obrigatório às administradoras de cartões de crédito ou débito o fornecimento de dados ao Fisco. "A maioria dos juízes entendeu que, ainda que se aplicasse a Lei Complementar 105, o artigo 6º é destinado às instituições financeiras e não aos contribuintes" diz Neves (MENGARDO, Bárbara. Valor Econômico, edição de 19/09/2012).

- O respeito aos direitos constitucionais e os termos legais devem sempre permear a atividade fiscalizatória. Segundo o §1º do artigo 145 da CF, "sempre que possível, os impostos terão caráter pessoal e serão graduados segundo a capacidade econômica do contribuinte, facultado à administração tributária, especialmente para conferir efetividade a esses objetivos, identificar, respeitados os direitos individuais e nos termos da lei, o patrimônio, os rendimentos e as atividades econômicas do contribuinte".
- "Fiscalização tributária. Apreensão de livros contábeis e documentos fiscais realizada, em escritório de contabilidade, por agentes fazendários e policiais federais, sem mandado judicial. Inadmissibilidade. Espaço privado, Não aberto ao público, Sujeito à proteção constitucional da Inviolabilidade domiciliar (CF, art. 5º, XI). Subsunção ao conceito normativo de 'casa'. Necessidade de ordem judicial. Administração pública e fiscalização tributária. Dever de observância, por parte de seus órgãos e agentes, dos limites jurídicos impostos pela constituição e pelas leis da República. Impossibilidade de utilização, pelo Ministério Público, de prova obtida com transgressão à garantia de inviolabilidade domiciliar. Prova ilícita. Inidoneidade jurídica (...). Administração tributária. Fiscalização. Poderes. Necessário respeito aos direitos e garantias individuais dos contribuintes e terceiros. Aos direitos e garantias individuais dos contribuintes e de terceiros. Não são absolutos os poderes de que se acham investidos os órgãos e agentes da administração tributária, pois o Estado, em tema de tributação, inclusive em matéria de fiscalização tributária, está sujeito à observância de um complexo de direitos e prerrogativas que assistem, constitucionalmente, aos contribuintes e aos cidadãos em geral. Na realidade, os poderes do Estado encontram, nos direitos e garantias individuais, limites intransponíveis, cujo desrespeito pode caracterizar ilícito constitucional. A administração tributária, por isso mesmo, embora podendo muito, não pode tudo. É que, ao Estado, é somente lícito atuar, 'respeitados os direitos individuais e nos termos da lei' (CF, art. 145, § 1º), consideradas, sobretudo, e para esse específico efeito, as limitações jurídicas decorrentes do próprio sistema instituído pela Lei Fundamental, cuja eficácia – que prepondera sobre todos os órgãos e agentes fazendários – restringe-lhes o alcance do poder de que se acham investidos, especialmente quando exercido em face do contribuinte e dos cidadãos da República, que são titulares de garantias impregnadas de estatura constitucional e que, por tal razão, não podem ser transgredidas por aqueles que exercem a autoridade em nome do Estado. A garantia da inviolabilidade domiciliar como limitação constitucional ao poder do Estado em tema de fiscalização tributária. Conceito de 'casa' para efeito de proteção constitucional. Amplitude dessa noção conceitual, que também compreendem os espaços privados não abertos ao público, onde alguém exerce atividade profissional: necessidade, em tal hipótese, de mandado judicial (CF, art. 5º, XI)" (HC 93.050, Rel. Min. Celso de Mello, julgamento em 10-6-2008, Segunda Turma, DJE de 1º-8-2008).

10. PROCESSO TRIBUTÁRIO (ADMINISTRATIVO E JUDICIAL) E DIREITO PENAL TRIBUTÁRIO

- Apenas o proprietário do imóvel tem legitimidade ativa para propor ação de repetição de indébito de IPTU. A relação tributária estabelecida entre a Fazenda e o proprietário do imóvel (art. 34 do CTN) prevalece sobre qualquer estipulação contratual que determine que terceiro arcará com o pagamento de IPTU, pois a referida avença não é oponível à Fazenda. (STJ – AgRg no AgRg no AREsp 143.631, 1ª Turma, Rel. Min. Benedito Gonçalves, j. 4.10.12.). Lembre-se que, nos termos do artigo 123 do CTN, salvo disposições de lei em contrário, as convenções particulares, relativas à responsabilidade pelo pagamento de tributos, não podem ser opostas à Fazenda Pública, para modificar a definição legal do sujeito passivo das obrigações tributárias correspondentes.
- A repetição do indébito tributário (arts. 165 a 169 CTN) diz respeito ao direito de o contribuinte reaver o pagamento (seja total ou parcial, seja na via administrativa ou judicial) efetuado a maior ou indevi-

damente à Fazenda Pública, evitando-se, portanto, o enriquecimento sem causa. O art. 168 do CTN dispõe que o direito de pleitear a restituição extingue-se com o decurso do prazo de 5 (cinco) anos, contados: I – nas hipóteses dos incisos I e II do art. 165, da data da extinção do CT; II – na hipóteses do inciso III, da data em que se tornar definitiva a decisão administrativa ou passar em julgado a decisão judicial que tenha reformado, anulado, revogado ou rescindido a decisão condenatória. Em virtude da possibilidade de se pedir a restituição relativa aos últimos 10 anos (tese dos 5 mais 5), adveio a LC 118/2005, que traçou novo entendimento sobre o prazo prescricional, embora muito conflitante para a jurisprudência. Pelo seu art. 3º, a prescrição para pleitear a repetição, nos tributos sujeitos ao lançamento por homologação, de acordo com o STJ (Precedentes: EREsp 435.835-SC, DJ 4/6/2007; EREsp 644.736-PE, DJ 29/8/2005; AgRg no Ag 1.105.057-SP) deve ser contada da seguinte forma: "relativamente aos pagamentos efetuados a partir da sua vigência (que ocorreu em 9/6/2005), o prazo para a ação de repetição de indébito é de cinco anos a contar da data do pagamento; relativamente aos pagamentos anteriores, a prescrição obedece ao regime previsto no sistema anterior, limitada, porém, ao prazo máximo de cinco anos a contar da vigência da lei nova".

- O prazo para propositura da ação para repetição do indébito será de cinco anos, a contar do pagamento antecipado, nos tributos sujeitos a auto lançamento. Segundo a redação do art. 168, I do CTN, o direito de pleitear a restituição extingue-se com o decurso do prazo de 5 (cinco) anos, contados da data da extinção do crédito tributário na hipótese de lançamento por homologação. Ora, com o pagamento, extingue-se o crédito. Logo, o prazo é cinco anos a contar do pagamento antecipado. Atenção: o prazo será de dois anos para a ação anulatória da decisão administrativa que denegar a restituição.
- A Fazenda Pública não é isenta do pagamento de emolumentos cartorários, havendo, apenas, o diferimento deste para o final do processo, quando deverá ser suportado pelo vencido. (STJ – AgRg no REsp 1.276.844-RS, 1ª Turma, Rel. Min. Napoleão Nunes Maia Filho, julgado em 5/2/2013.. (Info 516). Esses emolumentos possuem natureza de taxa e, assim, não se incluem na imunidade recíproca do artigo 150, inciso VI, alínea "a", que se refere a impostos sobre patrimônio, rendas e serviços.
- Sobre a reavaliação de bens penhorados em execução fiscal, ainda que a avaliação original tenha sido efetivada por oficial de justiça, caso o exame seja objeto de impugnação pelas partes antes de publicado o edital de leilão, é necessária a nomeação de avaliador oficial para que proceda à reavaliação. Entendimento que decorre da redação do art. 13, § 1º, da Lei n. 6.830/1980, estando consagrado na jurisprudência do Superior Tribunal de Justiça (STJ – REsp 1.352.055-SC, 2ª Turma, Rel. Min. Mauro Campbell Marques, julgado em 6/12/2012).
- Em demanda na qual se pleiteie a restituição de contribuição previdenciária indevidamente arrecadada, o sujeito que apenas arrecada o tributo em nome do sujeito ativo da relação jurídico-tributária não tem legitimidade passiva, ou seja, a ação não pode ser ajuizada em face dele. Pertence ao sujeito ativo da relação jurídico-tributária, e não ao sujeito que apenas arrecada a contribuição previdenciária em nome do sujeito ativo, a legitimidade para figurar no polo passivo de demanda em que se pleiteie a restituição do tributo indevidamente arrecadado. AREsp 199.089-PE, Rel. Min. Arnaldo Esteves Lima, julgado em 5/2/2013. 1ª Turma. (Info 513)
- É cabível a repetição do indébito tributário no caso de pagamento de contribuição para custeio de saúde considerada inconstitucional em controle concentrado, independentemente de os contribuintes terem usufruído do serviço de saúde prestado pelo Estado. A declaração de inconstitucionalidade de lei que instituiu contribuição previdenciária é suficiente para justificar a repetição dos valores indevidamente recolhidos. Além do mais, o fato de os contribuintes terem usufruído do serviço de saúde prestado pelo Estado não retira a natureza indevida da exação cobrada. O único pressuposto para a repetição do indébito é a cobrança indevida de tributo, conforme dispõe o art. 165 do CTN. (STJ – AgRg no AREsp 242.466-MG, 2ª Turma, Rel. Min. Castro Meira, julgado em 27/11/2012). Essa decisão reflete entendimento que se aplica a todo e qualquer contribuição instituída indevidamente sobre serviço público.
- Na execução fiscal, embora seja admissível a substituição da penhora por depósito em dinheiro ou fiança bancária (art. 15, I, da Lei n. 6.830/1980), quando for garantida por penhora sobre o dinheiro, torna-se inviável a substituição do bem por fiança bancária, tendo em vista que aquela confere maior liquidez ao processo executivo. Com efeito, o poder de substituição concedido ao devedor só pode ser exercido para melhorar a liquidez da garantia, não sendo possível que uma garantia privilegiada por expressa disposição legal, e líquida por excelência, seja substituída por outra menos benéfica ao credor. Assim, uma vez realizada a penhora em dinheiro, torna-se incabível sua substituição por outro bem, ainda que por fiança bancária, porquanto a execução fiscal tem seu regime jurídico próprio com prerrogativa fazendária (STJ – REsp 1.049.760-RJ, 1ª Turma, Rel. Min. Luiz Fux, julgado em 1º/6/2010). Assim, pela jurisprudência do STJ, na execução fiscal, a ordem de preferência na penhora, que segue o critério da liquidez, deve prevalecer sobre pretensão do devedor de substituir o bem para lhe tornar a execução menos gravosa.
- A substituição da penhora pelo executado depende de anuência da Fazenda. A concordância só é

dispensável na hipótese de oferecimento de dinheiro ou fiança bancária em substituição ao bem penhorado, nos termos do art. 15, I, da LEF (STJ – AgRg no AREsp 12.394-RS, 1ª Turma, Rel. Min. Arnaldo Esteves Lima, julgado em 4/10/2012).

- A constituição definitiva do crédito tributário inaugura o decurso do prazo prescricional de cinco anos para o Fisco cobrá-lo judicialmente. Nos casos em que o Fisco constitui o crédito tributário mediante lançamento, inexistindo quaisquer causas de suspensão da exigibilidade ou de interrupção da prescrição, o prazo prescricional conta-se da data em que o contribuinte for regularmente notificado do lançamento tributário (arts. 145 e 174 do CTN) (STJ – REsp 1.107.339-SP, 1ª Turma, Rel. Min. Luiz Fux, julgado em 1°/6/2010).
- Ainda nos casos em que Fisco constitui o crédito tributário mediante lançamento, sobrevindo causa de suspensão de exigibilidade antes do vencimento do prazo para pagamento do crédito tributário formalizado pelo contribuinte (em se tratando de tributos sujeitos a lançamento por homologação) ou lançado pelo Fisco, não tendo sido reiniciado o prazo *ex vi* do parágrafo único do art. 174 do CTN, o dies a quo da regra da prescrição desloca-se para a data do desaparecimento jurídico do obstáculo à exigibilidade (STJ – REsp 1.107.339-SP, 1ª Turma, Rel. Min. Luiz Fux, julgado em 1°/6/2010).
- Uma vez acolhida a exceção de pré-executividade para extinguir execução fiscal, é cabível a condenação da Fazenda Pública em honorários advocatícios. Esse entendimento é adotado pelo Superior Tribunal de Justiça, merecendo destaque o fato de que foi consolidado em julgamento de recurso especial submetido ao regime de recursos repetitivos (STJ – REsp 1.185.036-PE, 1ª Seção, Rel. Min. Herman Benjamin, julgado em 8/9/2010).
- Em outro julgamento de recurso especial submetido ao regime de recursos repetitivos, também ficou assentado que a reunião de demandas executivas fiscais contra o mesmo devedor constitui uma faculdade do magistrado, não um dever, conforme dispõe o art. 28 da Lei n. 6.830/1980 (Lei de Execução Fiscal – LEF). Para que essa cumulação superveniente possa ocorrer, devem estar preenchidos tanto os requisitos do mencionado dispositivo da Lei de Execuções Fiscais quanto aqueles dispostos no artigo 573 do CPC, a saber: identidade das partes, requerimento da medida por, pelo menos, uma delas, competência do juízo e feitos em fases processuais análogas (STJ – REsp 1.158.766-RJ, 1ª Seção, Rel. Min. Luiz Fux, julgado em 8/9/2010).
- Diferente da cumulação superveniente tratada na dica anterior, na chamada cumulação inicial de pedidos (feita pelo exequente na petição inicial), é direito subjetivo do exequente de reunir, em uma única ação executiva fiscal, diversas certidões de dívida ativa. (STJ – REsp 1.158.766-RJ, 1ª Seção, Rel. Min. Luiz Fux, julgado em 8/9/2010).
- Pela teoria da encampação é admissível que o superior hierárquico da autoridade coatora, quando apontada pelo impetrante no polo passivo do mandado de segurança, assuma a posição de impetrado e preste suas informações sobre o mérito da impetração. Mas, para que essa teoria seja aplicável ao mandado de segurança, é necessário o preenchimento dos seguintes requisitos: existência de vínculo hierárquico entre a autoridade que prestou informações e a que ordenou a prática do ato impugnado, ausência de modificação de competência estabelecida na CF/1988 e manifestação a respeito do mérito nas informações prestadas. Na ausência de quaisquer desses requisitos, segundo jurisprudência do STJ, o *mandamus* deve ser denegado por carência de ação e o feito extinto sem julgamento de mérito (STJ – MS 12.779-DF, RMS 21.775-RJ, Rel. Min. Luiz Fux, 1ª Turma, julgado em 16/11/2010).
- Por força do disposto no artigo 32, § 2°, da Lei de Execuções Fiscais, o levantamento de depósito judicial ou a sua conversão em renda da Fazenda Pública sujeita-se ao trânsito em julgado da decisão que reconheceu ou afastou a legitimidade da exação. Segundo entendimento do Superior Tribunal de Justiça, o dispositivo legal citado constitui norma especial que deve prevalecer sobre disposições gerais do Código de Processo Civil (STJ – EREsp 734.831-MG, 1ª Seção, Rel. Min. Mauro Campbell Marques, julgados em 10/11/2010).
- Em julgamento de recurso especial submetido ao regime de recursos repetitivos, consolidou-se entendimento já consagrado em vários precedentes, de que o reforço da penhora não pode ser determinado de ofício pelo juízo, visto ser imprescindível o requerimento do interessado, nos termos dos arts. 15, II, da Lei n. 6.830/1980 (Lei de Execuções Fiscais) e 685 do CPC (STJ – REsp 1.127.815-SP, 1ª Seção, Rel. Min. Luiz Fux, julgado em 24/11/2010).
- Por ser o espólio responsável tributário na forma do art. 131, III, do CTN, a demanda originalmente ajuizada contra o devedor com citação válida pode ser redirecionada àquele quando a morte ocorre no curso do processo de execução. O mesmo não se dá, porém, quando na data em que foi proposta a ação executiva, o devedor já havia falecido. Nessa última hipótese, o processo deve ser extinto sem resolução de mérito por carência de ação, nos termos do artigo 267, inciso VI, do CPC - atual art. 485, VI, do CPC/2015. (STJ – REsp 1.222.561-RS, 2ª Turma, Rel. Min. Mauro Campbell Marques, julgado em 26/4/2011).
- É possível a penhora online do saldo total de conta-corrente conjunta para garantir a execução fiscal, ainda que apenas um dos correntistas seja o responsável pelo pagamento do tributo. De acordo com decisão do STJ, os titulares da conta são credores solidários dos valores nela depositados, solidariedade estabelecida pela própria vontade deles no momento em que optam por essa modalidade

de depósito. (STJ – REsp 1.229.329-SP, 2ª Turma, Rel. Min. Humberto Martins, julgado em 17/3/2011).

- O termo *a quo* (termo inicial) para opor embargos à execução fiscal é a data da efetiva intimação da penhora. Para que o prazo realmente flua, deve-se observar o § 1° do artigo 16 da Lei n. 6.830/1980 (Lei de Execuções Fiscais), segundo o qual não são admissíveis embargos do executado antes de garantida a execução. Assim, havendo pendência judicial acerca da efetivação da penhora por discordância sobre o bem objeto da constrição, fica obstado o início da contagem a a abertura do termo a quo do prazo para embargos, que só começará a contar quando superada essa questão incidente e, de fato, efetivada a penhora (STJ – REsp 1.126.307-MT, 1ª Turma, Rel. Min. Luiz Fux, julgado em 1°/3/2011).
- Constitui entendimento majoritário do Superior Tribunal de Justiça que o artigo 4°, § 2°, da Lei n. 8.397/1992 autoriza o requerimento da medida cautelar fiscal para tornar indisponível o patrimônio de terceiro, desde que ele tenha adquirido bens do sujeito passivo (contribuinte ou responsável) em condições que sejam capazes de frustrar a satisfação do crédito pretendido, condições essas que podem ser visualizadas nas seguintes hipóteses: fraude à execução tributária nos termos do artigo 185 do CTN com a nova redação dada pela Lei complementar 118/2005 e fraude contra credores, desde que, nesse último caso, conforme posição também adotada pelo STJ, a cautelar esteja atrelada a uma ação pauliana ou revocatória – ajuizada no prazo do artigo 11 da Lei n. 8.397/1992 – que declare o vício do negócio jurídico (STJ – REsp 962.023-DF, 2ª Turma, Rel. Min. Mauro Campbell Marques, julgado em 17/5/2011).
- É jurisprudência no Superior Tribunal de Justiça que não é cabível a suspensão das execuções de natureza fiscal em razão do deferimento da recuperação judicial, mas nelas é vedado ao juiz praticar atos que comprometam o patrimônio do devedor ou excluam parte dele do processo de recuperação (STJ – EDcl no AgRg no CC 110.764-DF, 2ª Seção, Rel. Min. Luis Felipe Salomão, julgados em 11/5/2011).
- Não viola o artigo 187 do CTN a concessão de parcelamento a uma empresa em recuperação judicial, porquanto o crédito não perde seus privilégios, apenas passa a ser recolhido de modo diferido a fim de que a sociedade empresária possa adimplir a obrigação tributária de forma íntegra, com a exigibilidade do crédito suspensa. À luz da doutrina e da legislação atuais, às sociedades empresárias, mesmo em recuperação judicial, deve ser assegurado o direito de acesso aos planos de parcelamento fiscal, mantendo, com isso, seu ciclo produtivo, os empregos gerados e a satisfação de interesses econômicos e de consumo da comunidade (STJ – EDcl no AgRg no CC 110.764-DF, 2ª Seção, Rel. Min. Luis Felipe Salomão, julgados em 11/5/2011).
- De acordo com reiteradas decisões, o artigo 174 do CTN deve ser interpretado em conjunto com o disposto no art. 219, § 1°, do CPC (atual art. 240, § 1° do CPC/2015), de modo que a interrupção da prescrição pelo despacho que ordena a citação do executado retroage à data do ajuizamento da execução. Em termos mais exatos, a propositura da ação constitui o dies ad quem do prazo prescricional e, simultaneamente, o termo inicial para sua recontagem sujeita às causas interruptivas previstas no art. 174, parágrafo único, do CTN (prescrição intercorrente) (STJ – AgRg no REsp 1.293.997-SE, 2ª Turma, Rel. Min. Humberto Martins, julgado em 20/3/2012).
- A incompetência para julgamento de medida cautelar fiscal é relativa e, portanto, deve ser arguida por meio de exceção, no prazo da resposta, sob pena de preclusão e, consequentemente, prorrogação da competência para o juízo de propositura da ação (STJ – REsp 1.272.414-SC, 2ª Turma, Rel. Min. Mauro Campbell Marques, julgado em 24/4/2012).
- O parcelamento requerido após a penhora em execução fiscal ajuizada não afeta o interesse de agir do fisco, isto é, não pode o crédito tributário ficar sem garantia alguma, nos casos em que a constrição for realizada antes mesmo do pedido de parcelamento e quando já houver execução fiscal em curso (STJ – REsp 1.272.414-SC, 2ª Turma, Rel. Min. Mauro Campbell Marques, julgado em 24/4/2012).
- A citação por edital é cabível após uma única tentativa de citação por oficial de justiça quando o executado não é localizado no seu domicílio fiscal, sendo o fato certificado pelo referido auxiliar da justiça. Não é necessário o exaurimento de todos os meios para localização do paradeiro do executado para se admitir a citação por edital, sobretudo porque tal exigência não decorre do art. 8°, inciso III, da Lei 6.830/1980 (STJ – AgRg no AREsp 206.770-RS, 1ª Turma, Rel. Min. Benedito Gonçalves, julgado em 13/11/2012).
- De acordo com o artigo 6°, § 1°, da Lei de Execução Fiscal, basta que a execução fiscal seja instruída com a Certidão de Dívida Ativa – CDA. É inexigível a instrução com o Termo de Inscrição em Dívida Ativa do crédito executado (STJ – AgRg no AREsp 198.239-MG, 1ª Turma, Rel. Min. Napoleão Nunes Maia Filho, julgado em 13/11/2012).
- Segundo vários precedentes jurisprudenciais do STJ, o ajuizamento de mandado de segurança interrompe e suspende o fluxo do prazo prescricional de ação de cobrança de parcelas pretéritas à impetração, somente se reiniciando após o trânsito em julgado do *mandamus* (STJ – AgRg no REsp 1.161.472-SC, AgRg no REsp 1.294.191-GO, 2ª Turma, Relª. Minª. Diva Malerbi, julgado em 13/11/2012).
- O reconhecimento da inexigibilidade parcial de crédito representado na certidão da dívida ativa (CDA) não exige a emenda ou a substituição do título para o prosseguimento da execução fiscal quando a quantia indevida puder ser prontamente abatida por meros cálculos aritméticos. O excesso de execu-

ção não implica a decretação da nulidade do título executivo extrajudicial, mas tão-somente a redução do montante ao valor tido como devido, quando o valor remanescente puder ser apurado por simples cálculos aritméticos (STJ – AgRg no REsp 941.809-PE, 1ª Turma, Rel. Min. Napoleão Nunes Maia Filho, julgado em 4/10/2012).

- Não é possível a decretação de indisponibilidade de bens prevista no art. 185-A do CTN aos feitos executivos decorrentes de dívida não tributária. O fato de a Lei de Execução Fiscal afirmar que os débitos de natureza não tributária compõem a dívida ativa da Fazenda Pública não faz que tais débitos passem a ter natureza tributária apenas em razão de sua inscrição na dívida ativa. O art. 185-A do CTN aplica-se apenas às execuções fiscais de dívidas tributárias, já que o caput faz referência ao devedor tributário. (STJ – REsp 1.347.317-PR, 2ª Turma, Rel. Min. Humberto Martins, julgado em 6/11/2012).
- A ação de consignação em pagamento não é uma via adequada para forçar a concessão de parcelamento e discutir a exigibilidade e a extensão do crédito tributário. Diversamente, sua finalidade é a desoneração do devedor mediante o depósito do valor correspondente ao crédito. (STJ – AgRg no REsp 1.270.034-RS, 2ª Turma, Min. Mauro Campbell Marques, julgado em 23/10/2012).
- É vedado o ajuizamento de execução fiscal antes do julgamento definitivo do recurso administrativo, pois o recurso administrativo suspende a exigibilidade do crédito tributário, conforme previsto no artigo 151, inciso III, do CTN (STJ – AgRg no AREsp 170.309-RJ, 1ª Turma, Rel. Min. Benedito Gonçalves, julgado em 4/10/2012).
- Para fins de mandado de segurança, autoridade coatora é aquela que pratica, ordena ou omite a prática do ato impugnado e tem o dever funcional de responder pelo seu fiel cumprimento, além de dispor da competência para corrigir eventual ilegalidade (STJ – AgRg no AREsp 242.466-MG, 2ª Turma, Rel. Min. Castro Meira, julgado em 27/11/2012).
- Com a morte do devedor, cabe ao exequente realizar diligências para a correção do polo passivo, verificando a existência de inventário, partilha ou bens sobre os quais possa recair a execução. Nesses casos, o maior interessado é o ente público em razão do crédito que tem a receber. Todavia, existindo mais de um devedor, todos coobrigados, o falecimento de um deles no curso da demanda não impede o prosseguimento da execução contra os demais. Segundo reiterada jurisprudência do STJ, verificado o litisconsórcio passivo, deve-se mitigar a necessidade de suspensão automática do processo por falecimento de uma das partes, em face dos princípios da segurança jurídica e da celeridade processual, sobretudo diante da ausência de comprovado prejuízo (STJ – REsp 1.328.760-MG, 1ª Turma, Rel. Min. Napoleão Nunes Maia Filho, julgado em 26/2/2013).
- Conforme decidido reiteradamente e consolidado em julgamento de recurso sob o regime de recursos repetitivos, o Superior Tribunal de Justiça sedimentou entendimento de que, verificada a pluralidade de penhora sobre o mesmo bem em executivos fiscais ajuizados por diferentes entidades garantidas com o privilégio do concurso de preferência, consagra-se a prelação do pagamento dos créditos tributários da União e suas autarquias em detrimento dos créditos fiscais dos estados e destes em relação aos municípios, conforme a dicção do art. 187, parágrafo único, do CTN c/c o art. 29 da Lei 6.830/1980 (STJ – REsp 957.836-SP, 1ª Seção, Rel. Min. Luiz Fux, julgado em 13/10/2010).
- No Brasil "sonegar é crime". Desde a Lei nº 4.729/65, a sonegação é tipificada como crime no ordenamento jurídico pátrio. Atualmente, a Lei nº 8.137/90, que definiu os crimes contra a ordem tributária, não mais menciona o termo sonegação, mas contempla todas as condutas outrora contempladas na lei anterior.
- Os dois primeiros artigos da Lei 8.137/90 que tratam de tais crimes:

> *Art. 1º. Constitui crime contra a ordem tributária suprimir ou reduzir tributo, ou contribuição social e qualquer acessório, mediante as seguintes condutas:*
>
> *I – omitir informação, ou prestar declaração falsa às autoridades fazendárias;*
>
> *II – fraudar a fiscalização tributária, inserindo elementos inexatos, ou omitindo operação de qualquer natureza, em documento ou livro exigido pela lei fiscal;*
>
> *III – falsificar ou alterar nota fiscal, fatura, duplicata, nota de venda, ou qualquer outro documento relativo à operação tributável;*
>
> *IV – elaborar, distribuir, fornecer, emitir ou utilizar documento que saiba ou deva saber falso ou inexato;*
>
> *V – negar ou deixar de fornecer, quando obrigatório, nota fiscal ou documento equivalente, relativa a venda de mercadoria ou prestação de serviço, efetivamente realizada, ou fornecê-la em desacordo com a legislação.*
>
> *Pena – reclusão de 2 (dois) a 5 (cinco) anos, e multa.*
>
> *Parágrafo único. A falta de atendimento da exigência da autoridade, no prazo de 10 (dez) dias, que poderá ser convertido em horas em razão da maior ou menor complexidade da matéria ou da dificuldade quanto ao atendimento da exigência, caracteriza a infração prevista no inciso V.*
>
> *Art. 2º. Constitui crime da mesma natureza:*
>
> *I – fazer declaração falsa ou omitir declaração sobre rendas, bens ou fatos, ou empregar outra fraude, para eximir-se, total ou parcialmente, de pagamento de tributo;*
>
> *II – deixar de recolher, no prazo legal, valor de tributo ou de contribuição social, descontado ou cobrado, na qualidade de sujeito passivo de obrigação e que deveria recolher aos cofres públicos;*

III – exigir, pagar ou receber, para si ou para o contribuinte beneficiário, qualquer percentagem sobre a parcela dedutível ou deduzida de imposto ou de contribuição como incentivo fiscal;

IV – deixar de aplicar, ou aplicar em desacordo com o estatuído, incentivo fiscal ou parcelas de imposto liberadas por órgão ou entidade de desenvolvimento;

V – utilizar ou divulgar programa de processamento de dados que permita ao sujeito passivo da obrigação tributária possuir informação contábil diversa daquela que é, por lei, fornecida à Fazenda Pública.

Pena – detenção, de 6 (seis) meses a 2 (dois) anos, e multa.

- Importante diferençar os delitos tributários dos artigos 1º e 2º da Lei 8.137/90 que definem os crimes contra a ordem tributária, econômica e contra as relações de consumo. O delito previsto no artigo 2º é espécie de crime formal, pois independe da consumação do resultado naturalístico correspondente à auferição de vantagem ilícita em desfavor do Fisco. Segundo entendimento do STF, nos crimes formais é desnecessário a conclusão do procedimento administrativo para a persecução penal, ou seja, é dispensável encerrar a fase administrativa para configurar a justa causa legitimadora da persecução (STF, Tribunal Pleno, RHC 90532 ED – CE, Rel Min. Joaquim Barbosa, julgamento em 23.09.2009, DJe 208, publicado em 06.11.2009). Por outro lado, o disposto no artigo 1º, incisos I a IV, da Lei 8.137/90 estabelece como requisito fundamental para a adequação típica a ocorrência efetiva da redução de tributo pelas condutas descritas no tipo, ou seja, por se tratar de crime material se faz imprescindível o encerramento do procedimento administrativo para posterior persecução penal. Nesse sentido: "É pacífica a jurisprudência do Supremo Tribunal Federal quanto à necessidade do exaurimento da via administrativa para a validade da ação penal, instaurada para apurar infração aos incisos I a IV do art. 1º da Lei 8.137/1990. (Precedentes: HC 81.611, da relatoria do ministro Sepúlveda Pertence) (Plenário)". Corroborando o exposto, o enunciado da Súmula Vinculante nº 24 prescreve: "Não se tipifica crime material contra a ordem tributária, previsto no art. 1º, incisos I a IV, da Lei nº 8.137/90, antes do lançamento definitivo do tributo".

- A discussão sobre a necessidade de se aguardar o final do processo administrativo antes de se intentar a ação penal, nos casos em que a acusação versa sobre ilícitos tributários que já, há muito, habita o mundo jurídico, passou a ser mais frequente com a edição da Lei 9.430/90. Seu art. 83 dispõe que: "A representação fiscal para fins penais relativa aos crimes contra a ordem tributária definidos nos arts. 1º e 2º da Lei 8.137, de 27 de dezembro de 1990, será encaminhada ao Ministério Público, após proferida decisão final, na esfera administrativa, sobre a exigência fiscal do crédito tributário correspondente". Sobre o tema, o Supremo teve ocasião de se manifestar em algumas ocasiões. Inicialmente, ao julgar a ADin 1.571, de relatoria do Min. Néri da Silveira, em 20.03.97, o Plenário do Supremo Tribunal Federal proclamou que o dispositivo supratranscrito não estipulou uma condição de procedibilidade da ação penal por delito tributário, bem como que o Ministério Público não se encontra impedido de agir antes da decisão final no procedimento administrativo. Todavia, mais recentemente, ao julgar o HC 81.321-6 – SP, HC 81.611 – DF, RHC 82.390 – SP e HC 83.414-1 – RS o STF entendeu que a propositura da ação penal não pode se dar antes de esgotada a via administrativa, seja pela ausência de condição objetiva de punibilidade (HC 81.611) ou pela tese da atipicidade do fato (HC 83.414).

- Segundo o STJ "A constituição definitiva do crédito tributário é elemento imprescindível para o desencadeamento da persecução penal fiscal. *In casu*, tendo sido instaurado procedimento investigatório ministerial, anteriormente ao término da apuração administrativo-tributária, mas sobrevindo a constituição definitiva do crédito antes do nascimento do respectivo inquérito policial, não há falar em nulidade". (HC 106064/MA, Rel. Ministra MARIA THEREZA DE ASSIS MOURA, SEXTA TURMA, julgado em 11/10/2011, DJe 03/11/2011).

- A primeira legislação a prever expressamente a extinção da punibilidade para o caso de parcelamento veio a lume no ano de 2000 (Lei 9.964/2000 – REFIS). Esta, no seu artigo 15 dispunha que: "Art. 15. É suspensa a pretensão punitiva do Estado, referente aos crimes previstos nos arts. 1º e 2º da Lei nº 8.137, de 27 de dezembro de 1990, e no art. 95 da Lei nº 8.212, de 24 de julho de 1991, durante o período em que a pessoa jurídica relacionada com o agente dos aludidos crimes estiver incluída no REFIS, desde que a inclusão no referido Programa tenha ocorrido antes do recebimento da denúncia criminal. (...) § 3º. Extingue-se a punibilidade dos crimes referidos neste artigo quando a pessoa jurídica relacionada com o agente efetuar o pagamento integral dos débitos oriundos de tributos e contribuições sociais, inclusive acessórios, que tiverem sido objeto de concessão de parcelamento antes do recebimento da denúncia criminal." Três anos depois, outra norma é elaborada (Lei 10.684/2003 – PAES), ocasião em que o tema foi, novamente, tratado, porém com uma sutil alteração, conforme dispõe o seu art. 9º: "Art. 9º: É suspensa a pretensão punitiva do Estado, referente aos crimes previstos nos arts. 1º e 2º da Lei 8.137, de 27 de dezembro de 1990, e nos arts. 168A e 337A do Decreto-Lei nº 2.848, de 7 de dezembro de 1940 – Código Penal, durante o período em que a pessoa jurídica relacionada com o agente dos aludidos crimes estiver incluída no regime de parcelamento (...) § 2º Extingue-se a punibilidade dos crimes referidos neste artigo quando a pessoa jurídica relacionada com o agente efetuar o pagamento integral dos débitos oriundos de tributos e contribuições sociais, inclusive acessórios". Assim, como se pode perceber, diferentemente do que ocorria em relação à Lei anterior, na nova, a suspensão da pretensão punitiva alcança processos criminais já iniciados, ou seja, mesmo após a denúncia, suprimindo, assim, o requisito temporal.

- Enquanto parcela da doutrina manifesta-se no sentido de que a incidência da referida norma seria restrita ao programa de parcelamento, o Supremo Tribunal Federal vem decidindo pela sua aplicação até mesmo retroativa, para reconhecer que o pagamento do tributo, a qualquer tempo, ainda que após o recebimento da denúncia, extingue a punibilidade (HC 81929 – RJ).
- A Lei 9.983/2000 introduziu no Código Penal (CP) o art. 168-A, que trata da tipificação do crime de apropriação indébita previdenciária. Eis o seu teor:

> *Art. 168-A. Deixar de repassar à previdência social as contribuições recolhidas dos contribuintes, no prazo e forma legal ou convencional:*
>
> *Pena – reclusão, de 2 (dois) a 5 (cinco) anos, e multa.*
>
> *§ 1º Nas mesmas penas incorre quem deixar de:*
>
> *I – recolher, no prazo legal, contribuição ou outra importância destinada à previdência social que tenha sido descontada de pagamento efetuado a segurados, a terceiros ou arrecadada do público;*
>
> *II – recolher contribuições devidas à previdência social que tenham integrado despesas contábeis ou custos relativos à venda de produtos ou à prestação de serviços;*
>
> *III – pagar benefício devido a segurado, quando as respectivas cotas ou valores já tiverem sido reembolsados à empresa pela previdência social.*
>
> *§ 2º É extinta a punibilidade se o agente, espontaneamente, declara, confessa e efetua o pagamento das contribuições, importâncias ou valores e presta as informações devidas à previdência social, na forma definida em lei ou regulamento, antes do início da ação fiscal.*
>
> *§ 3º É facultado ao juiz deixar de aplicar a pena ou aplicar somente a de multa se o agente for primário e de bons antecedentes, desde que:*
>
> *I – tenha promovido, após o início da ação fiscal e antes de oferecida a denúncia, o pagamento da contribuição social previdenciária, inclusive acessórios; ou*
>
> *II – o valor das contribuições devidas, inclusive acessórios, seja igual ou inferior àquele estabelecido pela previdência social, administrativamente, como sendo o mínimo para o ajuizamento de suas execuções fiscais.*
>
> *§ 4º A faculdade prevista no § 3º deste artigo não se aplica aos casos de parcelamento de contribuições cujo valor, inclusive dos acessórios, seja superior àquele estabelecido, administrativamente, como sendo o mínimo para o ajuizamento de suas execuções fiscais.*

- O artigo 168-A do CP apresenta como bem jurídico relevante tutelado a Seguridade Social, em seu aspecto de arrecadação tributária e, em específico, a previdenciária. Há forte divergência doutrinária em relação à classificação do delito em comento, especialmente no que se refere à natureza da conduta (puramente omissivo ou omissivo impróprio), ao resultado (formal ou material) e ao elemento subjetivo do injusto. Defende-se que se trata de delito comissivo por omissão, material (a consumação do delito ocorre no dia seguinte ao término do prazo fixado legalmente para o recolhimento, quando restar comprovada a efetiva arrecadação anterior das quantias devidas), sendo possível, em tese, a tentativa. Somente as condutas dolosas são puníveis, por ausência de previsão expressa de punição a título de culpa, nos termos do que determina o parágrafo único do artigo 18 do Código Penal. Em que pese a existência de posicionamentos doutrinários e jurisprudenciais contrários, tem-se que a configuração delitiva exige a presença de especial finalidade de sonegar e/ou fraudar os cofres previdenciários (dolo específico).
- Pelo princípio da consunção (absorção ou *lex consumens derrogat legi consumptae*) o conteúdo de um tipo penal consome integralmente o conteúdo do outro tipo penal, em outros termos, o tipo consumido constitui meio regular para o tipo consumidor.
- O concurso material se caracteriza pela multiplicidade de ações e crimes, ou seja, sempre há desígnios autônomos. O concurso formal de crimes é hipótese em que mediante uma ação o agente comete mais de um crime (art. 70, CP). Na espécie concurso formal heterogêneo, embora a conduta se desdobre em uma única ação, o agente deseja os dois resultados, tem desígnios autônomos (art. 70, in fine, CP).
- Em um caso apreciado pelo STJ foi dito que "mesmo que o tributo seja pago, ou que haja a extinção da punibilidade do contribuinte, remanesce a responsabilidade penal do funcionário público, já que os crimes previstos no artigo 3º da Lei 8.137/1990 não ofendem apenas a ordem tributária, mas também a moralidade administrativa, constituindo verdadeiros delitos contra a Administração Pública previstos em legislação especial". (STJ, T5, HC 137462 / RJ, Rel. Min. Jorge Mussi j. 17.11.2011, DJe 19/12/2011).
- "IV – Em princípio, o crime de sonegação fiscal e os de falsidade ideológica e uso de documento falso apresentam existências autônomas, ainda que, ocasionalmente, se possa reconhecer a ocorrência somente do crime contra a ordem tributária. V – Os delitos constantes dos art. 299 e 304 do CP, somente são absorvidos pelo crime de sonegação fiscal, se o falso teve como finalidade a sonegação, constituindo, em regra, meio necessário para a sua consumação. (Precedentes desta Corte e do Pretório Excelso). VI – Na hipótese, os crimes de falsidade ideológica e uso de documento falso estão indissociavelmente ligados a descrição de um potencial crime contra a ordem tributária, razão pela qual são por ele absorvidos (HC 84345/PR FALSIDADE – SONEGAÇÃO FISCAL – ABSORÇÃOSTJ – RHC 14635 – PR, RESP 503368 – PR, RHC 15239).
- É aplicável o princípio da insignificância aos crimes contra a ordem tributária. Nesse sentido é o enten-

dimento do STJ: "A Terceira Seção deste Superior Tribunal de Justiça, apreciando a questão da aplicação do princípio da insignificância ao crime de descaminho, no julgamento do Recurso Especial Representativo de Controvérsia nº 1.112.748/TO, sedimentou o entendimento segundo o qual somente é cabível o reconhecimento do delito de bagatela aos débitos tributários que não ultrapassem o teto de R$ 10.000,00 (dez mil reais), em conformidade com o art. 20 da Lei nº 10.522/02.(...) (AgRg no AREsp 242.049/PR, Rel. Ministra REGINA HELENA COSTA, QUINTA TURMA, julgado em 10/12/2013, DJe 13/12/2013)

- Segundo o STJ: "Nos crimes de autoria coletiva, embora a vestibular acusatória não possa ser de todo genérica, é válida quando, apesar de não descrever minuciosamente as atuações individuais dos acusados, demonstra um liame entre o agir dos pacientes e a suposta prática delituosa, estabelecendo a plausibilidade da imputação e possibilitando o exercício da ampla defesa, caso em que se entende preenchidos os requisitos do artigo 41 do Código de Processo Penal". (STJ, T5, HC 137462 / RJ, Rel. Min. Jorge Mussi j. 17.11.2011, DJe 19/12/2011)

✦ SÚMULAS

1. TRIBUTOS E SUAS ESPÉCIES

Súmula vinculante 12: "A cobrança de taxa de matrícula nas universidades públicas viola o disposto no art. 206, IV, da Constituição Federal".

Súmula vinculante 19: "A taxa cobrada exclusivamente em razão dos serviços públicos de coleta, remoção e tratamento ou destinação de lixo ou resíduos provenientes de imóveis, não viola o artigo 145, II da Constituição Federal".

Súmula vinculante 29: "É constitucional a adoção, no cálculo do valor de taxa, de um ou mais elementos da base de cálculo própria de determinado imposto, desde que não haja integral identidade entre uma base e outra".

Súmula vinculante 31: "É inconstitucional a incidência do Imposto sobre Serviços de Qualquer Natureza – ISS sobre operações de locação de bens móveis".

Súmula vinculante 32: "O ICMS não incide sobre a alienação de salvados de sinistros pelas seguradoras".

Súmula vinculante 40: "A contribuição confederativa de que trata o art. 8º, IV, da constituição federal, só é exigível dos filiados ao sindicato respectivo".

Súmula vinculante 41: "O serviço de iluminação pública não pode ser remunerado mediante taxa".

Súmula vinculante 48: "Na entrada de mercadoria importada do exterior, é legítima a cobrança do ICMS por ocasião do desembaraço aduaneiro".

Súmula 75 STF: "Sendo vendedora uma autarquia, a sua imunidade fiscal não compreende o imposto de transmissão *inter vivos*, que é encargo do comprador".

Súmula 93 STF: "Não está isenta do imposto de renda a atividade profissional do arquiteto".

Súmula 112 STF: "O imposto de transmissão causa mortis é devido pela alíquota vigente ao tempo da abertura da sucessão".

Súmula 113 STF: "O imposto de transmissão causa mortis é calculado sobre o valor dos bens na data da avaliação".

Súmula 114 STF: "O imposto de transmissão causa mortis não é exigível antes da homologação do cálculo".

Súmula 115 STF: "Sobre os honorários do advogado contratado pelo inventariante, com a homologação do juiz, não incide o imposto de transmissão *causa mortis*".

Súmula 241 STF: "A contribuição previdenciária incide sobre o abono incorporado ao salário".

Súmula 331 STF: "É legítima a incidência do imposto de transmissão causa mortis no inventário por morte presumida".

Súmula 539 STF: "É constitucional a lei do município que reduz o imposto predial urbano sobre imóvel ocupado pela residência do proprietário, que não possua outro".

Súmula 545 STF: "Preços de serviços públicos e taxas não se confundem, porque estas, diferentemente daqueles, são compulsórias e têm sua cobrança condicionada à prévia autorização orçamentária, em relação à lei que as instituiu".

Súmula 573 STF: "Não constitui fato gerador do imposto de circulação de mercadorias a saída física de máquinas, utensílios e implementos a título de comodato".

Súmula 575 STF: "À mercadoria importada de país signatário do GATT, ou membro da ALALC, estende-se a isenção do imposto sobre circulação de mercadorias concedida a similar nacional".

Súmula 583 STF: "Promitente-comprador de imóvel residencial transcrito em nome de autarquia é contribuinte do imposto predial territorial urbano".

Súmula 584 STF: "Ao imposto de renda calculado sobre os rendimentos do ano-base, aplica-se a lei vigente no exercício financeiro em que deve ser apresentada a declaração".

Súmula 586 STF: "Incide imposto de renda sobre os juros remetidos para o exterior, com base em contrato de mútuo".

Súmula 587 STF: "Incide imposto de renda sobre o pagamento de serviços técnicos contratados no exterior e prestados no Brasil".

Súmula 588 STF: "O imposto sobre serviços não incide sobre os depósitos, as comissões e taxas de desconto, cobrados pelos estabelecimentos bancários".

Súmula 589 STF: "É inconstitucional a fixação de adicional progressivo do imposto predial e territorial urbano em função do número de imóveis do contribuinte".

Súmula 590 STF: "Calcula-se o imposto de transmissão "causa mortis" sobre o saldo credor da promessa de compra e venda de imóvel, no momento da abertura da sucessão do promitente vendedor".

Súmula 591 STF: "A imunidade ou a isenção tributária do comprador não se estende ao produtor, contribuinte do imposto sobre produtos industrializados".

Súmula 595 STF: "É inconstitucional a taxa municipal de conservação de estradas de rodagem cuja base de cálculo seja idêntica à do imposto territorial rural".

Súmula 656 STF: "É inconstitucional a lei que estabelece alíquotas progressivas para o imposto de transmissão *inter vivos* de bens imóveis – ITBI com base no valor venal do imóvel".

Súmula 659 STF: "É legítima a cobrança da Cofins, do PIS e do Finsocial sobre as operações relativas a energia elétrica, serviços de telecomunicações, derivados de petróleo, combustíveis e minerais do país".

Súmula 660 STF: "Não incide ICMS na importação de bens por pessoa física ou jurídica que não seja contribuinte do imposto".

Súmula 662 STF: "É legítima a incidência do ICMS na comercialização de exemplares de obras cinematográficas, gravados em fitas de videocassete".

Súmula 663 STF: "Os §§ 1° e 3° do art. 9° do DL 406/68 foram recebidos pela Constituição".

Súmula 664 STF: "É inconstitucional o inciso V do art. 1° da Lei 8.033/90, que instituiu a incidência do imposto nas operações de crédito, câmbio e seguros – IOF sobre saques efetuados em caderneta de poupança".

Súmula 665 STF: "É constitucional a taxa de fiscalização dos mercados de títulos e valores mobiliários instituída pela Lei 7.940/89".

Súmula 667 STF: "Viola a garantia constitucional de acesso à jurisdição a taxa judiciária calculada sem limite sobre o valor da causa".

Súmula 668 STF: "É inconstitucional a lei municipal que tenha estabelecido, antes da Emenda Constitucional 29/2000, alíquotas progressivas para o IPTU, salvo se destinada a assegurar o cumprimento da função social da propriedade urbana".

Súmula 732 STF: "É constitucional a cobrança da contribuição do salário-educação, seja sob a Carta de 1969, seja sob a CF/1988, e no regime da Lei 9.424/96".

Súmula 20 STJ: "A mercadoria importada de país signatário do GATT é isenta do ICM, quando contemplado com esse favor o similar nacional".

Súmula 68 STJ: "A parcela relativa ao ICM inclui-se na base de cálculo do PIS".

Súmula 95 STJ: "A redução da alíquota do imposto sobre produtos industrializados ou do imposto de importação não implica redução do ICMS".

Súmula 125 STJ: "O pagamento de férias não gozadas por necessidade do serviço não está sujeito à incidência do imposto de renda".

Súmula 135 STJ: "O ICMS não incide na gravação e distribuição de filmes e videoteipes".

Súmula 136 STJ: "O pagamento de licença-prêmio não gozada por necessidade do serviço não está sujeito ao imposto de renda".

Súmula 138 STJ: "O ISS incide na operação de arrendamento mercantil de coisas móveis".

Súmula 155 STJ: "O ICMS incide na importação de aeronave, por pessoa física, para uso próprio".

Súmula 156 STJ: "A prestação de serviço de composição gráfica, personalizada e sob encomenda, ainda que envolva fornecimento de mercadorias, está sujeita, apenas, ao ISS".

Súmula 160 STJ: "É defeso, ao Município, atualizar o IPTU, mediante decreto, em percentual superior ao índice oficial de correção monetária".

Súmula 163 STJ: "O fornecimento de mercadorias com a simultânea prestação de serviços em bares, restaurantes e estabelecimentos similares constitui fato gerador do ICMS a incidir sobre o valor total da operação".

Súmula 166 STJ: "Não constitui fato gerador do ICMS o simples deslocamento de mercadoria de um para outro estabelecimento do mesmo contribuinte".

Súmula 167 STJ: "O fornecimento de concreto, por empreitada, para construção civil, preparado no trajeto até a obra em betoneiras acopladas a caminhões, é prestação de serviço, sujeitando-se apenas à incidência do ISS".

Súmula 178 STJ: "O INSS não goza de isenção do pagamento de custas e emolumentos, nas ações acidentárias e de benefícios, propostas na justiça estadual".

Súmula 185 STJ: "Nos depósitos judiciais, não incide o imposto sobre operações financeiras".

Súmula 198 STJ: "Na importação de veículo por pessoa física, destinado a uso próprio, incide o ICMS".

Súmula 215 STJ: "A indenização recebida pela adesão a programa de incentivo à demissão voluntária não está sujeita à incidência do imposto de renda".

Súmula 237 STJ: "Nas operações com cartão de crédito, os encargos relativos ao financiamento não são considerados no cálculo do ICMS".

Súmula 262 STJ: "Incide o imposto de renda sobre o resultado das aplicações financeiras realizadas pelas cooperativas".

Súmula 274 STJ: "O ISS incide sobre o valor dos serviços de assistência médica, incluindo-se neles as refeições, os medicamentos e as diárias hospitalares".

Súmula 334 STJ: "O ICMS não incide no serviço dos provedores de acesso à internet".

Súmula 350 STJ: "O ICMS não incide sobre o serviço de habilitação de telefone celular".

Súmula 351 STJ: "A alíquota de contribuição para o Seguro de Acidente do Trabalho (SAT) é aferida pelo grau de risco desenvolvido em cada empresa, individualizada pelo seu CNPJ, ou pelo grau de risco da atividade preponderante quando houver apenas um registro".

Súmula 386 STJ: "São isentas de imposto de renda as indenizações de férias proporcionais e o respectivo adicional".

Súmula 391 STJ: "O ICMS incide sobre o valor da tarifa de energia elétrica correspondente à demanda de potência efetivamente utilizada".

Súmula 395 STJ: "O ICMS incide sobre o valor da venda a prazo constante da nota fiscal".

Súmula 396 STJ: "A Confederação Nacional da Agricultura tem legitimidade ativa para a cobrança da contribuição sindical rural".

Súmula 397 STJ: "O contribuinte do IPTU é notificado do lançamento pelo envio do carnê ao seu endereço".

Súmula 399 STJ: "Cabe à legislação municipal estabelecer o sujeito passivo do IPTU".

Súmula 407 STJ: "É legítima a cobrança da tarifa de água fixada de acordo com as categorias de usuários e as faixas de consumo".

Súmula 411 STJ: "É devida a correção monetária ao creditamento do IPI quando há oposição ao seu aproveitamento decorrentes de resistência ilegítima do Fisco".

Súmula 412 STJ: "A ação de repetição de indébito de tarifas de água e esgoto sujeita-se ao prazo prescricional estabelecido no Código Civil".

Súmula 423 STJ: "A Contribuição para Financiamento da Seguridade Social – Cofins incide sobre as receitas provenientes das operações de locação de bens móveis".

Súmula 424 STJ: "É legítima a incidência de ISS sobre os serviços bancários congêneres da lista anexa ao DL n° 406/1968 e à LC 56/1987".

Súmula 425 STJ: "A retenção da contribuição para a seguridade social pelo tomador do serviço não se aplica às empresas optantes pelo Simples".

Súmula 433 STJ: "O produto semielaborado, para fins de incidência de ICMS, é aquele que preenche cumulativamente os três requisitos do art. 1° da Lei Complementar 65/1991".

Súmula 447 STJ: "Os Estados e o Distrito Federal são partes legítimas na ação de restituição de imposto de renda retido na fonte proposta por seus servidores".

Súmula 448 STJ: "A opção pelo Simples de estabelecimentos dedicados às atividades de creche, pré-escola e ensino fundamental é admitida somente a partir de 24.10.2000, data de vigência da Lei nº 10.034/2000".

Súmula 457 STJ: "Os descontos incondicionais nas operações mercantis não se incluem na base de cálculo do ICMS".

Súmula 458 STJ: "A contribuição previdenciária incide sobre a comissão paga ao corretor de seguros".

Súmula 463 STJ: "Incide imposto de renda sobre os valores percebidos a título de indenização por horas extraordinárias trabalhadas, ainda que decorrentes de acordo coletivo".

Súmula 468 STJ: "A base de cálculo do PIS, até a edição da MP n. 1.212/1995, era o faturamento ocorrido no sexto mês anterior ao do fato gerador".

Súmula 494 STJ: "O benefício fiscal do ressarcimento do crédito presumido do IPI relativo às exportações incide mesmo quando as matérias-primas ou os insumos sejam adquiridos de pessoa física ou jurídica não contribuinte do PIS/PASEP".

Súmula 495 STJ: "A aquisição de bens integrantes do ativo permanente da empresa não gera direito a creditamento de IPI".

Súmula 498 STJ: "Não incide imposto de renda sobre a indenização por danos morais".

Súmula 499 STJ: "As empresas prestadoras de serviços estão sujeitas às contribuições ao Sesc e Senac, salvo se integradas noutro serviço social".

Súmula 508 STJ: "A isenção da COFINS concedida pelo art. 6º, II, da LC nº70/1991 às sociedades civis de prestação de serviços profissionais foi revogada pelo art. 56 da Lei n. 9.430/1996".

Súmula 516 STJ: "A contribuição de intervenção no domínio econômico para o Incra (Decreto-Lei n. 1.110/1970), devida por empregadores rurais e urbanos, não foi extinta pelas Leis ns. 7.787/1989, 8.212/1991 e 8.213/1991, não podendo ser compensada com a contribuição ao INSS".

Súmula 524 STJ: "No tocante à base de cálculo, o ISSQN incide apenas sobre a taxa de agenciamento quando o serviço prestado por sociedade empresária de trabalho temporário for de intermediação, devendo, entretanto, englobar também os valores dos salários e encargos sociais dos trabalhadores por ela contratados nas hipóteses de fornecimento de mão de obra".

Súmula 553 STJ: "Nos casos de empréstimo compulsório sobre o consumo de energia elétrica, é competente a Justiça estadual para o julgamento de demanda proposta exclusivamente contra a Eletrobrás. Requerida a intervenção da União no feito após a prolação de sentença pelo juízo estadual, os autos devem ser remetidos ao Tribunal Regional Federal competente para o julgamento da apelação se deferida a intervenção".

Súmula 556 STJ: "É indevida a incidência de imposto de renda sobre o valor da complementação de aposentadoria pago por entidade de previdência privada e em relação ao resgate de contribuições recolhidas para referidas entidades patrocinadoras no período de 1º/1/1989 a 31/12/1995, em razão da isenção concedida pelo art. 6º, VII, b, da Lei n. 7.713/1988, na redação anterior à que lhe foi dada pela Lei n. 9.250/1995".

Súmula 584 STJ: "As sociedades corretoras de seguros, que não se confundem com as sociedades de valores mobiliários ou com os agentes autônomos de seguro privado, estão fora do rol de entidades constantes do art. 22, § 1º, da Lei n. 8.212/1991, não se sujeitando à majoração da alíquota da Cofins prevista no art. 18 da Lei n. 10.684/2003".

Súmula 590 STJ: "Constitui acréscimo patrimonial a atrair a incidência do imposto de renda, em caso de liquidação de entidade de previdência privada, a quantia que couber a cada participante, por rateio do patrimônio, superior ao valor das respectivas contribuições à entidade em liquidação, devidamente atualizadas e corrigida".

Súmula 3 CARF: "Para a determinação da base de cálculo do Imposto de Renda das Pessoas Jurídicas e da Contribuição Social sobre o Lucro, a partir do ano-calendário de 1995, o lucro líquido ajustado poderá ser reduzido em, no máximo, trinta por cento, tanto em razão da compensação de prejuízo, como em razão da compensação da base de cálculo negativa".

Súmula 13 CARF: "Menor pobre que o sujeito passivo crie e eduque pode ser considerado dependente na Declaração do Imposto de Renda da Pessoa Física, desde que o declarante detenha a guarda judicial".

Súmula 15 CARF: "A base de cálculo do PIS, prevista no artigo 6º da Lei Complementar nº 7, de 1970, é o faturamento do sexto mês anterior, sem correção monetária".

Súmula 16 CARF: "O direito ao aproveitamento dos créditos de IPI decorrentes da aquisição de matérias-primas, produtos intermediários e material de embalagem utilizados na fabricação de produtos cuja saída seja com isenção ou alíquota zero, nos termos do art. 11 da Lei nº 9.779, de 1999, alcança, exclusivamente, os insumos recebidos pelo estabelecimento do contribuinte a partir de 1º de janeiro de 1999".

Súmula 18 CARF: "A aquisição de matérias-primas, produtos intermediários e material de embalagem tributados à alíquota zero não gera crédito de IPI".

Súmula 19 CARF: "Não integram a base de cálculo do crédito presumido da Lei nº 9.363, de 1996, as aquisições de combustíveis e energia elétrica uma vez que não são consumidos em contato direto com o produto, não se enquadrando nos conceitos de matéria-prima ou produto intermediário".

Súmula 20 CARF: "Não há direito aos créditos de IPI em relação às aquisições de insumos aplicados na fabricação de produtos classificados na TIPI como NT".

Súmula 36 CARF: "A inobservância do limite legal de trinta por cento para compensação de prejuízos fiscais ou bases negativas da CSLL, quando comprovado pelo sujeito passivo que o tributo que deixou de ser pago em razão dessas compensações o foi em período posterior, caracteriza postergação do pagamento do IRPJ ou da CSLL, o que implica em excluir da exigência a parcela paga posteriormente".

Súmula 39 CARF: "Os valores recebidos pelos técnicos residentes no Brasil a serviço da ONU e suas Agências Especializadas, com vínculo contratual, não são isentos do Imposto sobre a Renda da Pessoa Física".

Súmula 40 CARF: "A apresentação de recibo emitido por profissional para o qual haja Súmula Administrativa de Documentação Tributariamente Ineficaz, desacompanhado de elementos de prova da efetividade dos serviços e do correspondente pagamento, impede a dedução a título de despesas médicas e enseja a qualificação da multa de ofício".

Súmula 42 CARF: "Não incide o imposto sobre a renda das pessoas físicas sobre os valores recebidos a título de indenização por desapropriação".

Súmula 43 CARF: "Os proventos de aposentadoria, reforma ou reserva remunerada, motivadas por acidente em serviço e os percebidos por portador de moléstia profissional ou grave, ainda que contraída após a aposentadoria, reforma ou reserva remunerada, são isentos do imposto de renda".

Súmula 45 CARF: "O Imposto sobre a Propriedade Territorial Rural não incide sobre áreas alagadas para fins de constituição de reservatório de usinas hidroelétricas".

Súmula 62 CARF: "A base de cálculo das contribuições previdenciárias será o valor total fixado na sentença ou acordo trabalhista homologado, quando as parcelas legais de incidência não estiverem discriminadas".

Súmula 63 CARF: "Para gozo da isenção do imposto de renda da pessoa física pelos portadores de moléstia grave, os rendimentos devem ser provenientes de aposentadoria, reforma, reserva remunerada ou pensão e a moléstia deve ser devidamente comprovada por laudo pericial emitido por serviço médico oficial da União, dos Estados, do Distrito Federal ou dos Municípios".

Súmula 64 CARF: "Não incidem contribuições previdenciárias sobre as verbas concedidas aos segurados empregados a título de auxílio-creche, na forma do artigo 7o, inciso XXV, da Constituição Federal, em face de sua natureza indenizatória".

Súmula 68 CARF: "A Lei nº 8.852, de 1994, não outorga isenção nem enumera hipóteses de não incidência de Imposto sobre a Renda da Pessoa Física".

Súmula 70 CARF: "É imune ao ITR o imóvel pertencente às entidades indicadas no artigo 150, VI, "c", da Constituição, que se encontra arrendado, desde que a receita assim obtida seja aplicada nas atividades essenciais da entidade".

Súmula 79 CARF: "A partir da vigência da Lei no 9.249, de 1995, a dedução de contraprestações de arrendamento mercantil exige a comprovação da necessidade de utilização dos bens arrendados para produção ou comercialização de bens e serviços".

Súmula 80 CARF: "Na apuração do IRPJ, a pessoa jurídica poderá deduzir do imposto devido o valor do imposto de renda retido na fonte, desde que comprovada a retenção e o cômputo das receitas correspondentes na base de cálculo do imposto".

Súmula 83 CARF: "O resultado positivo obtido pelas sociedades cooperativas nas operações realizadas com seus cooperados não integra a base de cálculo da Contribuição Social sobre o Lucro Líquido – CSLL, mesmo antes da vigência do art. 39 da Lei no 10.865, de 2004".

Súmula 85 CARF: "Na revenda de veículos automotores usados, de que trata o art. 5o da Lei no 9.716, de 26 de novembro de 1998, aplica-se o coeficiente de determinação do lucro presumido de 32% (trinta e dois por cento) sobre a receita bruta, correspondente à diferença entre o valor de aquisição e o de revenda desses veículos".

Súmula 87 CARF: "O imposto de renda não incide sobre as verbas recebidas regularmente por parlamentares a título de auxílio de gabinete e hospedagem, exceto quando a fiscalização apurar a utilização dos recursos em benefício próprio não relacionado à atividade legislativa".

Súmula 89 CARF: "A contribuição social previdenciária não incide sobre valores pagos a título de vale-transporte, mesmo que em pecúnia".

Súmula 94 CARF: "Os lucros auferidos no exterior por filial, sucursal, controlada ou coligada serão convertidos em reais pela taxa de câmbio, para venda, do dia das demonstrações financeiras em que tenham sido apurados tais lucros, inclusive a partir da vigência da MP nº 2.158-35, de 2001".

Súmula 95 CARF: "A presunção de omissão de receitas caracterizada pelo fornecimento de recursos de caixa à sociedade por administradores, sócios de sociedades de pessoas, ou pelo administrador da companhia, somente é elidida com a demonstração cumulativa da origem e da efetividade da entrega dos recursos".

Súmula 98 CARF: "A dedução de pensão alimentícia da base de cálculo do Imposto de Renda Pessoa Física é permitida, em face das normas do Direito de Família, quando comprovado o seu efetivo pagamento e a obrigação decorra de decisão judicial, de acordo homologado judicialmente, bem como, a partir de 28 de março de 2008, de escritura pública que especifique o valor da obrigação ou discrimine os deveres em prol do beneficiário".

Súmula 03/2003 TIT/SP: "Não é admissível a correção monetária de saldos credores do ICMS, tampouco a correção monetária de créditos extemporâneos do ICMS".

Súmula 07/2005 TIT/SP: "Até a vigência da Emenda Constitucional nº 33/2001, não incide o ICMS na importação de bens por pessoa física ou jurídica que não seja contribuinte do imposto".

2. LIMITAÇÕES CONSTITUCIONAIS AO PODER DE TRIBUTAR

Súmula vinculante 50: "Norma legal que altera o prazo de recolhimento da obrigação tributária não se sujeita ao princípio da anterioridade".

Súmula vinculante 52: "Ainda quando alugado a terceiros, permanece imune ao IPTU o imóvel pertencente a qualquer das entidades referidas pelo art. 150, VI, "c", da Constituição, desde que o valor dos aluguéis seja aplicado nas atividades essenciais de tais entidades".

Súmula 69 STF: "A Constituição Estadual não pode estabelecer limite para o aumento de tributos municipais".

Súmula 75 STF: "Sendo vendedora uma autarquia, a sua imunidade fiscal não compreende o imposto de transmissão *inter vivos*, que é encargo do comprador".

Súmula 76 STF: "As sociedades de economia mista não estão protegidas pela imunidade fiscal do art. 31, V, "a", Constituição Federal".

Súmula 239 STF: "Decisão que declara indevida a cobrança do imposto em determinado exercício não faz coisa julgada em relação aos posteriores".

Súmula 324 STF: "A imunidade do art. 31, V, da Constituição Federal não compreende as taxas".

Súmula 336 STF: "A imunidade da autarquia financiadora, quanto ao contrato de financiamento, não se estende à compra e venda entre particulares, embora constantes os dois atos de um só instrumento".

Súmula 591 STF: "A imunidade ou a isenção tributária do comprador não se estende ao produtor, contribuinte do imposto sobre produtos industrializados".

Súmula 657 STF: "A imunidade prevista no art. 150, VI, "d" da CF abrange os filmes e papéis fotográficos necessários à publicação de jornais e periódicos".

Súmula 667 STF: "Viola a garantia constitucional de acesso à jurisdição a taxa judiciária calculada sem limite sobre o valor da causa".

Súmula 730 STF: "A imunidade tributária conferida a instituições de assistência social sem fins lucrativos pelo art. 150, VI, c, da Constituição, somente alcança as entidades fechadas de previdência social privada se não houver contribuição dos beneficiários".

Súmula 352 STJ: "A obtenção ou a renovação do Certificado de Entidade Beneficente de Assistência Social (Cebas) não exime a entidade do cumprimento dos requisitos legais supervenientes".

Súmula 399 STJ: "Cabe à legislação municipal estabelecer o sujeito passivo do IPTU".

Súmula 612 STJ: "O certificado de entidade beneficente de assistência social (CEBAS), no prazo de sua validade, possui natureza declaratória para fins tributários, retroagindo seus efeitos à data em que demonstrado o cumprimento dos requisitos estabelecidos por lei complementar para a fruição da imunidade".

3. LEGISLAÇÃO TRIBUTÁRIA

Súmula vinculante 50: "Norma legal que altera o prazo de recolhimento da obrigação tributária não se sujeita ao princípio da anterioridade".

Súmula 112 STF: "O imposto de transmissão causa mortis é devido pela alíquota vigente ao tempo da abertura da sucessão".

Súmula 06/2003 TIT/SP: "A redução ou a relevação da multa, em decisão proferida por qualquer das Câmaras do Tribunal de Impostos e Taxas, por não caracterizar hipótese de divergência ou dissídio de interpretação da legislação, não viabiliza a interposição de recurso especial".

4. OBRIGAÇÃO TRIBUTÁRIA E FATO GERADOR

Súmula 38 CARF: "O fato gerador do Imposto sobre a Renda da Pessoa Física, relativo à omissão de rendimentos apurada a partir de depósitos bancários de origem não comprovada, ocorre no dia 31 de dezembro do ano-calendário".

Súmula 44 CARF: "Descabe a aplicação da multa por falta ou atraso na entrega da Declaração de Ajuste Anual do Imposto de Renda das Pessoas Físicas, quando o sócio ou titular de pessoa jurídica inapta não se enquadre nas demais hipóteses de obrigatoriedade de apresentação dessa declaração".

5. SUJEITOS, RESPONSABILIDADE, CAPACIDADE E DOMICÍLIO

Súmula 360 STJ: "O benefício da denúncia espontânea não se aplica aos tributos sujeitos a lançamento por homologação regularmente declarados, mas pagos a destempo".

Súmula 399 STJ: "Cabe à legislação municipal estabelecer o sujeito passivo do IPTU".

Súmula 430 STJ: "O inadimplemento da obrigação tributária pela sociedade não gera, por si só, a responsabilidade solidária do sócio-gerente".

Súmula 435 STJ: "Presume-se dissolvida irregularmente a empresa que deixar de funcionar no seu domicílio fiscal, sem comunicação aos órgãos competentes, legitimando o redirecionamento da execução fiscal para o sócio-gerente".

Súmula 509 STJ: "É lícito ao comerciante de boa-fé aproveitar os créditos de ICMS decorrentes de nota fiscal posteriormente declarada inidônea, quando demonstrada a veracidade da compra e venda".

Súmula 554 STJ: "Na hipótese de sucessão empresarial, a responsabilidade da sucessora abrange não apenas os tributos devidos pela sucedida, mas também as multas moratórias ou punitivas referentes a fatos geradores ocorridos até a data da sucessão".

Súmula 585 STJ: "A responsabilidade solidária do ex-proprietário, prevista no art. 134 do Código de Trânsito Brasileiro – CTB, não abrange o IPVA incidente sobre o veículo automotor, no que se refere ao período posterior à sua alienação".

Súmula 4 CARF: "A partir de 1º de abril de 1995, os juros moratórios incidentes sobre débitos tributários administrados pela Secretaria da Receita Federal são devidos, no período de inadimplência, à taxa referencial do Sistema Especial de Liquidação e Custódia – SELIC para títulos federais".

Súmula 9 CARF: "É válida a ciência da notificação por via postal realizada no domicílio fiscal eleito pelo contribuinte, confirmada com a assinatura do recebedor da correspondência, ainda que este não seja o representante legal do destinatário".

Súmula 14 CARF: "A simples apuração de omissão de receita ou de rendimentos, por si só, não autoriza a qualificação da multa de ofício, sendo necessária a comprovação do evidente intuito de fraude do sujeito passivo".

Súmula 25 CARF: "A presunção legal de omissão de receita ou de rendimentos, por si só, não autoriza a qualificação da multa de ofício, sendo necessária a comprovação de uma das hipóteses dos arts. 71, 72 e 73 da Lei nº 4.502/64".

Súmula 27 CARF: "É valido o lançamento formalizado por Auditor-Fiscal da Receita Federal do Brasil de jurisdição diversa da do domicílio tributário do sujeito passivo".

Súmula 47 CARF: "Cabível a imputação da multa de ofício à sucessora, por infração cometida pela sucedida, quando provado que as sociedades estavam sob controle comum ou pertenciam ao mesmo grupo econômico".

Súmula 49 CARF: "A denúncia espontânea (art. 138 do Código Tributário Nacional) não alcança a penalidade decorrente do atraso na entrega de declaração".

Súmula 65 CARF: "Inaplicável a responsabilidade pessoal do dirigente de órgão público pelo descumprimento de obrigações acessórias, no âmbito previdenciário, constatadas na pessoa jurídica de direito público que dirige".

Súmula 66 CARF: "Os Órgãos da Administração Pública não respondem solidariamente por créditos previdenciários das empresas contratadas para prestação de serviços de construção civil, reforma e acréscimo, desde que a empresa construtora tenha assumido a responsabilidade direta e total pela obra ou repasse o contrato integralmente".

Súmula 69 CARF: "A falta de apresentação da declaração de rendimentos ou a sua apresentação fora do prazo fixado sujeitará a pessoa física à multa de um por cento ao mês ou fração, limitada a vinte por cento, sobre o Imposto de Renda devido, ainda que integralmente pago, respeitado o valor mínimo".

Súmula 71 CARF: "Todos os arrolados como responsáveis tributários na autuação são parte legítima para impugnar e recorrer acerca da exigência do crédito tributário e do respectivo vínculo de responsabilidade".

Súmula 75 CARF: "A recuperação da espontaneidade do sujeito passivo em razão da inoperância da autoridade fiscal por prazo superior a sessenta dias aplica-se retroativamente, alcançando os atos por ele praticados no decurso desse prazo".

Súmula 88 CARF: "A Relação de Co-Responsáveis – CORESP", o "Relatório de Representantes Legais – RepLeg" e a "Relação de Vínculos – VÍNCULOS", anexos a auto de infração previdenciário lavrado unicamente contra pessoa jurídica, não atribuem responsabilidade tributária às pessoas ali indicadas nem comportam discussão no âmbito do contencioso administrativo fiscal federal, tendo finalidade meramente informativa".

Súmula 90 CARF: "Caracteriza infração às medidas de controle fiscal a posse e circulação de fumo, charuto, cigarrilha e cigarro de procedência estrangeira, sem documentação comprobatória da importação regular, sendo irrelevante, para tipificar a infração, a propriedade da mercadoria".

Súmula 93 CARF: "A falta de transcrição dos balanços ou balancetes de suspensão ou redução no Livro Diário não justifica a cobrança da multa isolada prevista no art. 44 da Lei nº 9.430, de 27 de dezembro de 1996, quando o sujeito passivo apresenta escrituração contábil e fiscal suficiente para comprovar a suspensão ou redução da estimativa".

Súmula 96 CARF: "A falta de apresentação de livros e documentos da escrituração não justifica, por si só, o agravamento da multa de oficio, quando essa omissão motivou o arbitramento dos lucros".

Súmula 102 CARF: "É válida a decisão proferida por Delegacia da Receita Federal de Julgamento – DRJ de localidade diversa do domicílio fiscal do sujeito passivo".

Súmula 105 CARF: "A multa isolada por falta de recolhimento de estimativas, lançada com fundamento no art. 44 § 1º, inciso IV da Lei nº 9.430, de 1996, não pode ser exigida ao mesmo tempo da multa de ofício por falta de pagamento de IRPJ e CSLL apurado no ajuste anual, devendo subsistir a multa de ofício".

6. CRÉDITO TRIBUTÁRIO (LANÇAMENTO, GARANTIAS, PRIVILÉGIOS, SUSPENSÃO)

Súmula vinculante 21: "É inconstitucional a exigência de depósito ou arrolamento prévios de dinheiro ou bens para admissibilidade de recursos administrativos".

Súmula 563 STF: "O concurso de preferência a que se refere o parágrafo único, do art. 187, do Código Tributário Nacional, é compatível com o disposto no art. 9º, inciso I, da Constituição Federal".

Súmula 626 STF: "A suspensão da liminar em mandado de segurança, salvo determinação em contrário da decisão que a deferir, vigorará até o trânsito em julgado da decisão definitiva de concessão da segurança ou, havendo recurso, até a sua manutenção pelo Supremo Tribunal Federal, desde que o objeto da liminar deferida coincida, total ou parcialmente, com o da impetração".

Súmula 112 STJ: "O depósito somente suspende a exigibilidade do crédito tributário se for integral e em dinheiro".

Súmula 212 STJ: "A compensação de créditos tributários não pode ser deferida em ação cautelar ou por medida liminar cautelar ou antecipatória".

Súmula 355 STJ: "É válida a notificação do ato de exclusão do programa de recuperação fiscal do Refis pelo Diário Oficial ou pela Internet".

Súmula 373 STJ: "É ilegítima a exigência de depósito prévio para admissibilidade de recurso administrativo".

Súmula 397 STJ: "O contribuinte do IPTU é notificado do lançamento pelo envio do carnê ao seu endereço".

Súmula 436 STJ: "A entrega de declaração pelo contribuinte reconhecendo débito fiscal constitui o crédito tributário, dispensada qualquer outra providência por parte do fisco".

Súmula 437 STJ: "A suspensão da exigibilidade do crédito tributário superior a quinhentos mil reais para opção pelo Refis pressupõe a homologação expressa do comitê gestor e a constituição de garantia por meio do arrolamento de bens".

Súmula 560 STJ: "A decretação da indisponibilidade de bens e direitos, na forma do art. 185-A do CTN, pressupõe o exaurimento das diligências na busca por bens penhoráveis, o qual fica caracterizado quando infrutíferos o pedido de constrição sobre ativos financeiros e a expedição de ofícios aos registros públicos do domicílio do executado, ao Denatran ou Detran".

Súmula 2 CARF: "O CARF não é competente para se pronunciar sobre a inconstitucionalidade de lei tributária".

Súmula 5 CARF: "São devidos juros de mora sobre o crédito tributário não integralmente pago no vencimento, ainda que suspensa sua exigibilidade, salvo quando existir depósito no montante integral".

Súmula 6 CARF: "É legítima a lavratura de auto de infração no local em que foi constatada a infração, ainda que fora do estabelecimento do contribuinte".

Súmula 7 CARF: "A ausência da indicação da data e da hora de lavratura do auto de infração não invalida o lançamento de ofício quando suprida pela data da ciência".

Súmula 8 CARF: "O Auditor Fiscal da Receita Federal é competente para proce-der ao exame da escrita fiscal da pessoa jurídica, não lhe sendo exigida a habilitação profissional de contador".

Súmula 10 CARF: "O prazo decadencial para constituição do crédito tributário relativo ao lucro inflacionário diferido é contado do período de apuração de sua efetiva realização ou do período em que, em face da legislação, deveria ter sido realizado, ainda que em percentuais mínimos".

Súmula 12 CARF: "Constatada a omissão de rendimentos sujeitos à incidência do imposto de renda na declaração de ajuste anual, é legítima a constituição do crédito tributário na pessoa física do beneficiário, ainda que a fonte pagadora não tenha procedido à respectiva retenção".

Súmula 21 CARF: "É nula, por vício formal, a notificação de lançamento que não contenha a identificação da autoridade que a expediu".

Súmula 46 CARF: "O lançamento de ofício pode ser realizado sem prévia intimação ao sujeito passivo, nos casos em que o Fisco dispuser de elementos suficientes à constituição do crédito tributário".

Súmula 48 CARF: "A suspensão da exigibilidade do crédito tributário por força de medida judicial não impede a lavratura de auto de infração".

Súmula 50 CARF: "É cabível a exigência de multa de ofício se a decisão judicial que suspendia a exigibilidade do crédito tributário perdeu os efeitos antes da lavratura do auto de infração".

Súmula 58 CARF: "As variações monetárias ativas decorrentes de depósitos judiciais com a finalidade de suspender a exigibilidade do crédito tributário devem compor o resultado do exercício, segundo o regime de competência, salvo se demonstrado que as variações monetárias passivas incidentes sobre o tributo objeto dos depósitos não tenham sido computadas na apuração desse resultado".

Súmula 59 CARF: "A tributação do lucro na sistemática do lucro arbitrado não é invalidada pela apresentação, posterior ao lançamento, de livros e documentos imprescindíveis para a apuração do crédito tributário que, após regular intimação, deixaram de ser exibidos durante o procedimento fiscal".

Súmula 67 CARF: "Em apuração de acréscimo patrimonial a descoberto a partir de fluxo de caixa que confronta origens e aplicações de recursos, os saques ou transferências bancárias, quando não comprovada a destinação, efetividade da despesa, aplicação ou consumo, não podem lastrear lançamento fiscal".

Súmula 73 CARF: "Erro no preenchimento da declaração de ajuste do imposto de renda, causado por informações erradas, prestadas pela fonte pagadora, não autoriza o lançamento de multa de ofício".

Súmula 78 CARF: "A fixação do termo inicial da contagem do prazo decadencial, na hipótese de lançamento sobre lucros disponibilizados no exterior, deve levar em consideração a data em que se considera ocorrida a disponibilização, e não a data do auferimento dos lucros pela empresa sediada no exterior".

Súmula 82 CARF: "Após o encerramento do ano-calendário, é incabível lançamento de ofício de IRPJ ou CSLL para exigir estimativas não recolhidas".

Súmula 86 CARF: É vedada a retificação da Declaração de Ajuste Anual do Imposto sobre a Renda da Pessoa Física que tenha por objeto a troca de forma de tributação dos rendimentos após o prazo previsto para a sua entrega.

Súmula 92 CARF: A DIPJ, desde a sua instituição, não constitui confissão de dívida, nem instrumento hábil e suficiente para a exigência de crédito tributário nela informado.

Súmula 97 CARF: O arbitramento do lucro em procedimento de ofício pode ser efetuado mediante a utilização de qualquer uma das alternativas de cálculo enumeradas no art. 51 da Lei nº 8.981, de 20 de janeiro de 1995, quando não conhecida a receita bruta.

Súmula 103 CARF: Para fins de conhecimento de recurso de ofício, aplica-se o limite de alçada vigente na data de sua apreciação em segunda instância.

Súmula 02/2003 TIT/SP: "É legítima a utilização da Unidade Fiscal do Estado de São Paulo – UFESP como índice de correção monetária do crédito tributário".

Súmula 08/2005 TIT/SP: "É legítima a aplicação aos débitos fiscais estaduais da taxa de juros de mora equivalente, ao mês, à taxa referencial do Sistema Especial de Liquidação e de Custódia – SELIC, conforme previsão legal".

7. EXTINÇÃO E EXCLUSÃO DO CRÉDITO TRIBUTÁRIO

Súmula vinculante 8: "São inconstitucionais o parágrafo único do artigo 5° do Decreto-Lei 1.569/1977 e os artigos 45 e 46 da Lei 8.212/1991, que tratam de prescrição e decadência de crédito tributário".

Súmula 71 STF: "Embora pago indevidamente, não cabe restituição de tributo indireto".

Súmula 544 STF: "Isenções tributárias concedidas, sob condição onerosa, não podem ser livremente suprimidas".

Súmula 546 STF: "Cabe a restituição do tributo pago indevidamente, quando reconhecido por decisão, que o contribuinte de jure não recuperou do contribuinte de facto o quantum respectivo".

Súmula 575 STF: "À mercadoria importada de país signatário do GATT, ou membro da ALALC, estende-se a isenção do imposto de circulação de mercadorias concedida a similar nacional".

Súmula 581 STF: "A exigência de transporte em navio de bandeira brasileira, para efeito de isenção tributária, legitimou-se com o advento do Decreto-lei 666, de 02.7.69".

Súmula 20 STJ: "A mercadoria importada de país signatário do GATT é isenta do ICM, quando contemplado com esse favor o similar nacional".

Súmula 162 STJ: "Na repetição de indébito tributário, a correção monetária incide a partir do pagamento indevido".

Súmula 188 STJ: "Os juros moratórios, na repetição do indébito tributário, são devidos a partir do trânsito em julgado da sentença".

Súmula 212 STJ: "A compensação de créditos tributários não pode ser deferida em ação cautelar ou por medida liminar cautelar ou antecipatória".

Súmula 213 STJ: "O mandado de segurança constitui ação adequada para a declaração do direito à compensação tributária".

Súmula 314 STJ: "Em execução fiscal, não localizados bens penhoráveis, suspende-se o processo por um ano, findo o qual se inicia o prazo da prescrição quinquenal intercorrente".

Súmula 409 STJ: "Em execução fiscal, a prescrição ocorrida antes da propositura da ação pode ser decretada de ofício (art. 219, § 5º, do CPC)".

Súmula 460 STJ: "É incabível o mandado de segurança para convalidar a compensação tributária realizada pelo contribuinte".

Súmula 461 STJ: "O contribuinte pode optar por receber, por meio de precatório ou por compensação, o indébito tributário certificado por sentença declaratória transitada em julgado".

Súmula 464 STJ: "A regra de imputação de pagamentos estabelecida no art. 354 do Código Civil não se aplica às hipóteses de compensação tributária".

Súmula 523 STJ: "A taxa de juros de mora incidente na repetição de indébito de tributos estaduais deve corresponder à utilizada para cobrança do tributo pago em atraso, sendo legítima a incidência da taxa Selic, em ambas as hipóteses, quando prevista na legislação local, vedada sua cumulação com quaisquer outros índices".

Súmula 555 STJ: "Quando não houver declaração do débito, o prazo decadencial quinquenal para o Fisco constituir o crédito tributário conta-se exclusivamente na forma do art. 173, I, do CTN, nos casos em que a legislação atribui ao sujeito passivo o dever de antecipar o pagamento sem prévio exame da autoridade administrativa".

Súmula 598 STJ: "É desnecessária a apresentação de laudo médico oficial para o reconhecimento judicial da isenção do imposto de renda, desde que o magistrado entenda suficientemente demonstrada a doença grave por outros meios de prova".

Súmula 11 CARF: "Não se aplica a prescrição intercorrente no processo administrativo fiscal".

Súmula 17 CARF: "Não cabe a exigência de multa de ofício nos lançamentos efetuados para prevenir a decadência, quando a exigibilidade estiver suspensa na forma dos incisos IV ou V do art. 151 do CTN e a suspensão do débito tenha ocorrido antes do início de qualquer procedimento de ofício a ele relativo".

Súmula 37 CARF: "Para fins de deferimento do Pedido de Revisão de Ordem de Incentivos Fiscais (PERC), a exigência de comprovação de regularidade fiscal deve se ater ao período a que se referir a Declaração de Rendimentos da Pessoa Jurídica na qual se deu a opção pelo incentivo, admitindo-se a prova da quitação em qualquer momento do processo administrativo, nos termos do Decreto nº 70.235/72".

Súmula 68 CARF: "A Lei n° 8.852, de 1994, não outorga isenção nem enumera hipóteses de não incidência de Imposto sobre a Renda da Pessoa Física".

Súmula 72 CARF: "Caracterizada a ocorrência de dolo, fraude ou simulação, a contagem do prazo decadencial rege-se pelo art. 173, inciso I, do CTN".

Súmula 84 CARF: "Pagamento indevido ou a maior a título de estimativa caracteriza indébito na data de seu recolhimento, sendo passível de restituição ou compensação".

Súmula 91 CARF: "Ao pedido de restituição pleiteado administrativamente antes de 9 de junho de 2005, no caso de tributo sujeito a lançamento por homologação, aplica-se o prazo prescricional de 10 (dez) anos, contado do fato gerador".

Súmula 99 CARF: "Para fins de aplicação da regra decadencial prevista no art. 150, § 4°, do CTN, para as contribuições previdenciárias, caracteriza pagamento antecipado o recolhimento, ainda que parcial, do valor considerado como devido pelo contribuinte na competência do fato gerador a que se referir a autuação, mesmo que não tenha sido incluída, na base de cálculo deste recolhimento, parcela relativa a rubrica especificamente exigida no auto de infração".

Súmula 100 CARF: "O Auditor-Fiscal da Receita Federal do Brasil tem competência para fiscalizar o cumprimento dos requisitos do regime de drawback na modalidade suspensão, aí compreendidos o lançamento do crédito tributário, sua exclusão em razão do reconhecimento de benefício, e a verificação, a qualquer tempo, da regular observação, pela importadora, das condições fixadas na legislação pertinente".

Súmula 101 CARF: "Na hipótese de aplicação do art. 173, inciso I, do CTN, o termo inicial do prazo decadencial é o primeiro dia do exercício seguinte àquele em que o lançamento poderia ter sido efetuado".

Súmula 104 CARF: "Lançamento de multa isolada por falta ou insuficiência de recolhimento de estimativa de IRPJ ou de CSLL submete-se ao prazo decadencial previsto no art. 173, inciso I, do CTN".

Súmula 106 CARF: "Caracterizada a ocorrência de apropriação indébita de contribuições previdenciárias descontadas de segurados empregados e/ou contribuintes individuais, a contagem do prazo decadencial rege-se pelo art. 173, inciso I, do CTN".

Súmula 107 CARF: "A receita da atividade própria, objeto da isenção da Cofins prevista no art. 14, X, c/c art. 13, III, da MP nº 2.158-35, de 2001, alcança as receitas obtidas em contraprestação de serviços educacionais prestados pelas entidades de educação sem fins lucrativos a que se refere o art. 12 da Lei nº 9.532, de 1997".

Súmula 04/2003 TIT/SP: "Não é admissível a prescrição intercorrente no processo administrativo tributário".

8. ADMINISTRAÇÃO TRIBUTÁRIA (FISCALIZAÇÃO, CERTIDÕES, DÍVIDA ATIVA)

Súmula 70 STF: "É inadmissível a interdição de estabelecimento como meio coercitivo para cobrança de tributo".

Súmula 323 STF: "É inadmissível a apreensão de mercadorias como meio coercitivo para pagamento de tributos".

Súmula 439 STF: "Estão sujeitos à fiscalização tributária ou previdenciária quaisquer livros comerciais, limitado o exame aos pontos objeto da investigação".

Súmula 542 STF: "Não é inconstitucional a multa instituída pelo Estado-membro, como sanção pelo retardamento do início ou da ultimação do inventário".

Súmula 547 STF: "Não é lícito à autoridade proibir que o contribuinte em débito adquira estampilhas, despache mercadorias nas alfândegas e exerça suas atividades profissionais".

Súmula 392 STJ: "A Fazenda Pública pode substituir a certidão de dívida ativa (CDA) até a prolação da sentença de embargos, quando se tratar de correção de erro material ou formal, vedada a modificação do sujeito passivo da execução".

Súmula 446 STJ: "Declarado e não pago o débito tributário pelo contribuinte, é legítima a recusa de expedição de certidão negativa ou positiva com efeito de negativa".

Súmula 569 STJ: "Na importação, é indevida a exigência de nova certidão negativa de débito no desembaraço aduaneiro, se já apresentada a comprovação da quitação de tributos federais quando da concessão do benefício relativo ao regime de drawback".

Súmula 26 CARF: "A presunção estabelecida no art. 42 da Lei nº 9.430/96 dispensa o Fisco de comprovar o consumo da renda representada pelos depósitos bancários sem origem comprovada".

Súmula 29 CARF: "Todos os co-titulares da conta bancária devem ser intimados para comprovar a origem dos depósitos nela efetuados, na fase que precede à lavratura do auto de infração com base na presunção legal de omissão de receitas ou rendimentos, sob pena de nulidade do lançamento".

Súmula 30 CARF: "Na tributação da omissão de rendimentos ou receitas caracterizada por depósitos bancários com origem não comprovada, os depósitos de um mês não servem para comprovar a origem de depósitos havidos em meses subsequentes".

Súmula 31 CARF: "Descabe a cobrança de multa de ofício isolada exigida sobre os valores de tributos recolhidos extemporaneamente, sem o acréscimo da multa de mora, antes do início do procedimento fiscal".

Súmula 32 CARF: "A titularidade dos depósitos bancários pertence às pessoas indicadas nos dados cadastrais, salvo quando comprovado com documentação hábil e idônea o uso da conta por terceiros".

Súmula 33 CARF: "A declaração entregue após o início do procedimento fiscal não produz quaisquer efeitos sobre o lançamento de ofício".

Súmula 34 CARF: "Nos lançamentos em que se apura omissão de receita ou rendimentos, decorrente de depósitos bancários de origem não comprovada, é cabível a qualificação da multa de ofício, quando constatada a movimentação de recursos em contas bancárias de interpostas pessoas".

Súmula 35 CARF: "O art. 11, § 3º, da Lei 9.311/96, com a redação dada pela Lei 10.174/2001, que autoriza o uso de informações da CPMF para a constituição do crédito tributário de outros tributos, aplica-se retroativamente".

9. PROCESSO TRIBUTÁRIO (ADMINISTRATIVO E JUDICIAL) E DIREITO PENAL TRIBUTÁRIO

Súmula vinculante 24: "não se tipifica crime material contra a ordem tributária, previstos no artigo 1°, incisos I a IV, da Lei 8.137/90, antes do lançamento definitivo do tributo".

Súmula vinculante 28: "É inconstitucional a exigência de depósito prévio como requisito de admissibilidade de ação judicial na qual se pretenda discutir a exigibilidade do crédito tributário".

Súmula vinculante 53: "A competência da Justiça do Trabalho prevista no art. 114, VIII, da Constituição Federal alcança a execução de ofício das contribuições previdenciárias relativas ao objeto da condenação constante das sentenças que proferir e acordos por ela homologados".

Súmula 71 STF: "Embora pago indevidamente, não cabe restituição de tributo indireto".

Súmula 101 STF: "O mandado de segurança não substitui a ação popular".

Súmula 248 STF: "É competente, originariamente, o Supremo Tribunal Federal, para mandado de segurança contra ato do Tribunal de Contas da União".

Súmula 266 STF: "Não cabe mandado de segurança contra lei em tese".

Súmula 267 STF: "Não cabe mandado de segurança contra ato judicial passível de recurso ou correição".

Súmula 268 STF: "Não cabe mandado de segurança contra decisão judicial com trânsito em julgado".

Súmula 269 STF: "O mandado de segurança não é substitutivo de ação de cobrança".

Súmula 270 STF: "Não cabe mandado de segurança para impugnar enquadramento da L. 3.780, de 12.7.60, que envolva exame de prova ou de situação funcional complexa".

Súmula 271 STF: "Concessão de mandado de segurança não produz efeitos patrimoniais em relação a período pretérito, os quais devem ser reclamados administrativamente ou pela via judicial própria".

Súmula 272 STF: "Não se admite como ordinário recurso extraordinário de decisão denegatória de mandado de segurança"

Súmula 304 STF: "Decisão denegatória de mandado de segurança, não fazendo coisa julgada contra o impetrante, não impede o uso da ação própria".

Súmula 330 STF: "O Supremo Tribunal Federal não é competente para conhecer de mandado de segurança contra atos dos Tribunais de Justiça dos Estados".

Súmula 392 STF: "O prazo para recorrer de acórdão concessivo de segurança conta-se da publicação oficial de suas conclusões, e não da anterior ciência à autoridade para cumprimento da decisão".

Súmula 405 STF: "Denegado o mandado de segurança pela sentença, ou no julgamento do agravo, dela interposto, fica sem efeito a liminar concedida, retroagindo os efeitos da decisão contrária".

Súmula 429 STF: "A existência de recurso administrativo com efeito suspensivo não impede o uso do mandado de segurança contra omissão da autoridade".

Súmula 430 STF: "Pedido de reconsideração na via administrativa não interrompe o prazo para o mandado de segurança".

Súmula 433 STF: "É competente o Tribunal Regional do Trabalho para julgar mandado de segurança contra ato de seu presidente em execução de sentença trabalhista".

Súmula 506 STF: "O agravo a que se refere o art. 4º da Lei nº 4.348, de 26.6.64, cabe, somente, do despacho do Presidente do Supremo Tribunal Federal que defere a suspensão da liminar, em mandado de segurança; não do que a denega".

Súmula 507 STF: "A ampliação dos prazos a que se refere o art. 32 do Código de Processo Civil aplica-se aos executivos fiscais".

Súmula 510 STF: "Praticado o ato por autoridade, no exercício de competência delegada, contra ela cabe o mandado de segurança ou a medida judicial".

Súmula 512 STF: "Não cabe condenação em honorários de advogado na ação de mandado de segurança".

Súmula 519 STF: "Aplica-se aos executivos fiscais o princípio da sucumbência a que se refere o art. 64 do Código de Processo Civil".

Súmula 546 STF: "Cabe a restituição do tributo pago indevidamente, quando reconhecido por decisão, que o contribuinte de jure não recuperou do contribuinte de facto o quantum respectivo".

Súmula 597 STF: "Não cabem embargos infringentes de acórdão que, em mandado de segurança decidiu, por maioria de votos, a apelação".

Súmula 623 STF: "Não gera por si só a competência originária do Supremo Tribunal Federal para conhecer do mandado de segurança com base no art. 102, I, "n", da Constituição, dirigir-se o pedido contra deliberação administrativa do tribunal de origem, da qual haja participado a maioria ou a totalidade de seus membros".

Súmula 624 STF: "Não compete ao Supremo Tribunal Federal conhecer originariamente de mandado de segurança contra atos de outros tribunais".

Súmula 625 STF: "Controvérsia sobre matéria de direito não impede concessão de mandado de segurança".

Súmula 626 STF: "A suspensão da liminar em mandado de segurança, salvo determinação em contrário da decisão que a deferir, vigorará até o trânsito em julgado da decisão definitiva de concessão da segurança ou, havendo recurso, até a sua manutenção pelo Supremo Tribunal Federal, desde que o objeto da liminar deferida coincida, total ou parcialmente, com o da impetração".

Súmula 627 STF: "No mandado de segurança contra a nomeação de magistrado da competência do Presidente da República, este é considerado autoridade coatora, ainda que o fundamento da impetração seja nulidade ocorrida em fase anterior do procedimento".

Súmula 629 STF: "A impetração de mandado de segurança coletivo por entidade de classe em favor dos associados independe da autorização destes".

Súmula 630 STF: "A entidade de classe tem legitimação para o mandado de segurança ainda quando a pretensão veiculada interesse apenas a uma parte da respectiva categoria".

Súmula 631 STF: "Extingue-se o processo de mandado de segurança se o impetrante não promove, no prazo assinado, a citação do litisconsorte passivo necessário".

Súmula 632 STF: "É constitucional lei que fixa o prazo de decadência para a impetração de mandado de segurança".

Súmula 701 STF: "No mandado de segurança impetrado pelo ministério público contra decisão proferida em processo penal, é obrigatória a citação do réu como litisconsorte passivo".

Súmula 41 STJ: "O Superior Tribunal de Justiça não tem competência para processar e julgar, originariamente, mandado de segurança contra ato de outros tribunais ou dos respectivos órgãos".

Súmula 58 STJ: "Proposta a execução fiscal, a posterior mudança de domicílio do executado não desloca a competência já fixada".

Súmula 66 STJ: "Compete à Justiça Federal processar e julgar execução fiscal promovida por conselho de fiscalização profissional".

Súmula 105 STJ: "Na ação de mandado de segurança não se admite condenação em honorários advocatícios".

Súmula 121 STJ: "Na execução fiscal o devedor deverá ser intimado, pessoalmente, do dia e hora da realização do leilão".

Súmula 128 STJ: "Na execução fiscal haverá segundo leilão, se no primeiro não houver lanço superior a avaliação".

Súmula 139 STJ: "Cabe à Procuradoria da Fazenda Nacional propor execução fiscal para cobrança de crédito relativo ao ITR".

Súmula 153 STJ: "A desistência da execução fiscal, após o oferecimento dos embargos, não exime o exequente dos encargos da sucumbência".

Súmula 162 STJ: "Na repetição de indébito tributário, a correção monetária incide a partir do pagamento indevido".

Súmula 169 STJ: "São inadmissíveis embargos infringentes no processo de mandado de segurança".

Súmula 177 STJ: "o Superior Tribunal de Justiça é incompetente para processar e julgar, originariamente, mandado de segurança contra ato de órgão colegiado presidido por ministro de estado".

Súmula 188 STJ: "Os juros moratórios, na repetição do indébito tributário, são devidos a partir do trânsito em julgado da sentença".

Súmula 189 STJ: "É desnecessária a intervenção do ministério público nas execuções fiscais".

Súmula 190 STJ: "Na execução fiscal, processada perante a Justiça Estadual, cumpre à Fazenda Pública antecipar o numerário destinado ao custeio das despesas com o transporte dos oficiais de justiça".

Súmula 202 STJ: "A impetração de segurança por terceiro, contra ato judicial, não se condiciona a interposição de recurso".

Súmula 212 STJ: "A compensação de créditos tributários não pode ser deferida em ação cautelar ou por medida liminar cautelar ou antecipatória".

Súmula 213 STJ: "O mandado de segurança constitui ação adequada para a declaração do direito à compensação tributária".

Súmula 251 STJ: "A meação só responde pelo ato ilícito quando o credor, na execução fiscal, provar que o enriquecimento dele resultante aproveitou ao casal".

Súmula 314 STJ: "Em execução fiscal, não localizados bens penhoráveis, suspende-se o processo por um ano, findo o qual se inicia o prazo da prescrição quinquenal intercorrente".

Súmula 333 STJ: "Cabe mandado de segurança contra ato praticado em licitação promovida por sociedade de economia mista ou empresa pública".

Súmula 392 STJ: "A Fazenda Pública pode substituir a certidão de dívida ativa (CDA) até a prolação da sentença de embargos, quando se tratar de correção de erro material ou formal, vedada a modificação do sujeito passivo da execução".

Súmula 393 STJ: "A exceção de pré-executividade é admissível na execução fiscal relativamente às matérias conhecíveis de ofício que não demandem dilação probatória".

Súmula 394 STJ: "É admissível, em embargos à execução, compensar os valores de imposto de renda retidos indevidamente na fonte com os valores restituídos apurados na declaração anual".

Súmula 400 STJ: "O encargo de 20% previsto no DL n. 1.025/1969 é exigível na execução fiscal proposta contra a massa falida".

Súmula 406 STJ: "A Fazenda Pública pode recusar a substituição do bem penhorado por precatório".

Súmula 409 STJ: "Em execução fiscal, a prescrição ocorrida antes da propositura da ação pode ser decretada de ofício (art. 219, § 5°, do CPC)".

Súmula 414 STJ: "A citação por edital na execução fiscal é cabível quando frustradas as demais modalidades".

Súmula 435 STJ: "Presume-se dissolvida irregularmente a empresa que deixar de funcionar no seu domicílio fiscal, sem comunicação aos órgãos competentes, legitimando o redirecionamento da execução fiscal para o sócio-gerente".

Súmula 451 STJ: "É legítima a penhora da sede do estabelecimento comercial".

Súmula 452 STJ: "A extinção das ações de pequeno valor é faculdade da Administração Federal, vedada a atuação judicial de ofício".

Súmula 460 STJ: "É incabível o mandado de segurança para convalidar a compensação tributária realizada pelo contribuinte".

Súmula 515 STJ: "A reunião de execuções fiscais contra o mesmo devedor constitui faculdade do Juiz".

Súmula 521 STJ: "A legitimidade para a execução fiscal de multa pendente de pagamento imposta em sentença condenatória é exclusiva da Procuradoria da Fazenda Pública".

Súmula 523 STJ: "A taxa de juros de mora incidente na repetição de indébito de tributos estaduais deve corresponder à utilizada para cobrança do tributo pago em atraso, sendo legítima a incidência da taxa Selic, em ambas as hipóteses, quando prevista na legislação local, vedada sua cumulação com quaisquer outros índices".

Súmula 558 STJ: "Em ações de execução fiscal, a petição inicial não pode ser indeferida sob o argumento da falta de indicação do CPF e/ou RG ou CNPJ da parte executada".

Súmula 559 STJ: "Em ações de execução fiscal, é desnecessária a instrução da petição inicial com o demonstrativo de cálculo do débito, por tratar-se de requisito não previsto no art. 6º da Lei n. 6.830/1980".

Súmula 583 STJ: "O arquivamento provisório previsto no art. 20 da Lei n. 10.522/2002, dirigido aos débitos inscritos como dívida ativa da União pela Procuradoria--Geral da Fazenda Nacional ou por ela cobrados, não se aplica às execuções fiscais movidas pelos conselhos de fiscalização profissional ou pelas autarquias federais".

Súmula 614 STJ: "O locatário não possui legitimidade ativa para discutir a relação jurídico-tributária de IPTU e de taxas referentes ao imóvel alugado nem para repetir indébito desses tributos".

Súmula 1 CARF: "Importa renúncia às instâncias administrativas a propositura pelo sujeito passivo de ação judicial por qualquer modalidade processual, antes ou depois do lançamento de ofício, com o mesmo objeto do processo administrativo, sendo cabível apenas a apreciação, pelo órgão de julgamento administrativo, de matéria distinta da constante do processo judicial".

Súmula 2 CARF: "O CARF não é competente para se pronunciar sobre a inconstitucionalidade de lei tributária".

Súmula 11 CARF: "Não se aplica a prescrição intercorrente no processo administrativo fiscal".

Súmula 28 CARF: "O CARF não é competente para se pronunciar sobre controvérsias referentes a Processo Administrativo de Representação Fiscal para Fins Penais".

Súmula 103 CARF: Para fins de conhecimento de recurso de ofício, aplica-se o limite de alçada vigente na data de sua apreciação em segunda instância.

Súmula 84 CARF: "Pagamento indevido ou a maior a título de estimativa caracteriza indébito na data de seu recolhimento, sendo passível de restituição ou compensação".

Súmula 106 CARF: "Caracterizada a ocorrência de apropriação indébita de contribuições previdenciárias descontadas de segurados empregados e/ou contribuintes individuais, a contagem do prazo decadencial rege-se pelo art. 173, inciso I, do CTN".

Súmula 04/2003 TIT/SP: "Não é admissível a prescrição intercorrente no processo administrativo tributário".

Direito Previdenciário

Adriana Menezes

TABELA DE INCIDÊNCIA DE QUESTÕES		
ASSUNTO	**NÚMERO DE QUESTÕES**	**PESO**
1. A SEGURIDADE SOCIAL – CONCEITO, EVOLUÇÃO, ORGANIZAÇÃO, DISPOSIÇÕES CONSTITUCIONAIS	7	3,33%
2. PRINCÍPIOS CONSTITUCIONAIS DA SEGURIDADE SOCIAL	15	7,14%
3. DIREITO PREVIDENCIÁRIO – LEGISLAÇÃO PREVIDENCIÁRIA	5	2,38%
4. DOS SEGURADOS DO REGIME GERAL DE PREVIDÊNCIA SOCIAL (RGPS) ENQUADRAMENTO, FILIAÇÃO E INSCRIÇÃO, MANUTENÇÃO E PERDA DA CONDIÇÃO DE SEGURADO	27	12,86%
5. DOS DEPENDENTES DO REGIME GERAL DA PREVIDÊNCIA SOCIAL – CONDIÇÃO, FILIAÇÃO E INSCRIÇÃO, PERDA DA CONDIÇÃO DE DEPENDENTE	11	5,24%
6. ACIDENTE DO TRABALHO	7	3,33%
7. DOS BENEFÍCIOS E SERVIÇOS DA PREVIDÊNCIA SOCIAL	60	28,57%
8. FINANCIAMENTO DA SEGURIDADE SOCIAL – REGRAS GERAIS	15	7,14%
9. SALÁRIO DE CONTRIBUIÇÃO	7	3,33%
10. CONTRIBUIÇÃO DOS SEGURADOS	2	0,95%
11. DAS CONTRIBUIÇÕES DAS EMPRESAS E DO EMPREGADOR DOMÉSTICO	3	1,43%
12. DA DECADÊNCIA E DA PRESCRIÇÃO DAS CONTRIBUIÇÕES DA SEGURIDADE SOCIAL	1	0,48%
13. AÇÕES PREVIDENCIÁRIAS	9	4,29%
14. BENEFÍCIO DE PRESTAÇÃO CONTINUADA DA ASSISTÊNCIA SOCIAL	4	1,90%
15. DA APOSENTADORIA E DA PENSÃO DO SERVIDOR PÚBLICO	22	10,48%
16. DA PREVIDÊNCIA COMPLEMENTAR	14	6,67%
17. DOS CRIMES PREVIDENCIÁRIOS	1	0,48%
TOTAL	**210**	**100%**

✦ QUESTÕES

1. A SEGURIDADE SOCIAL - CONCEITO, EVOLUÇÃO, ORGANIZAÇÃO, DISPOSIÇÕES CONSTITUCIONAIS

- Decreto Legislativo nº 4.682/1923 – Lei Eloy Chaves
- Lei nº 6.439/1977
- CF, título VIII, capítulo II, seções I a IV: arts. 194 ao 204.
- Lei n° 8.029/1990 (criou o INSS)
- Lei nº 8.080/1990 (criou o SUS)

01. (CESPE - Defensor Público - DPU/2017) - Acerca da seguridade social no Brasil, de sua evolução histórica e de seus princípios, julgue o item a seguir.

– A Lei Eloy Chaves, de 1923, foi um marco na legislação previdenciária no Brasil, pois unificou os diversos institutos de aposentadoria e criou o INPS.

COMENTÁRIOS

O item está errado. O Decreto Legislativo nº 4.682/1923, também conhecido como Lei Eloy Chaves, é considerado um marco do direito previdenciário brasileiro por ser o primeiro texto normativo a instituir, oficialmente, no Brasil, a Previdência Social, com a criação de caixas de aposentadorias e pensões para os empregados das empresas de estradas de ferro.

Os institutos de aposentadorias e pensões (IAP) foram unificados no Instituto Nacional de Previdência Social (INPS).

O INPS foi instituído por meio do Decreto-Lei nº 72/1966.

02. (CESPE - Procurador BACEN/2013) - Considerando a evolução histórico-legislativa e os princípios da seguridade social no Brasil, assinale a opção correta.

a) Com o advento da CF, a seguridade social foi adotada e disciplinada sistematicamente pela primeira vez no Brasil, sendo-lhe dedicado um capítulo integral no texto constitucional e implementadas, desde então, significativas mudanças na área, como, por exemplo, a progressiva extinção do critério de escala do salário-base, prevista na Lei de Custeio.

b) A seguridade social no Brasil é organizada com base em vários princípios constitucionais, entre os quais se inclui o princípio da equidade na forma de participação no custeio, segundo o qual é necessária a participação idêntica de todos, com alíquotas iguais, para garantir o atendimento ao princípio da igualdade.

c) A seguridade social é financiada diretamente por toda a sociedade, por meio de recursos provenientes dos orçamentos da União, do Distrito Federal, dos estados e dos municípios, que destinam parte do pagamento dos tributos a esse fim, e, indiretamente, por meio das contribuições do empregador, do empregado ativo e do empregado aposentado.

d) O INSS, importante órgão na estrutura da seguridade social brasileira, foi instituído no Brasil na década de noventa do século XX, como autarquia federal, mediante fusão do Instituto de Administração da Previdência e Assistência Social com o Instituto Nacional de Previdência Social.

e) Desde 1919, já havia legislação sobre acidente de trabalho no Brasil, entretanto, somente com a publicação da Lei Eloy Chaves, em 1946, foram implementadas as primeiras experiências previdenciárias, tendo a referida lei criado caixas de aposentadorias e pensões para os empregados das empresas ferroviárias e aeroferroviárias brasileiras.

COMENTÁRIOS

A assertiva correta: "d". O INSS, resultante da fusão do IAPAS e INPS com natureza jurídica autárquica foi instituído pelo Decreto nº 99.350, de 27/06/1990, autorizado pela Lei nº 8.029, de 12/04/1990.

Assertiva "a": incorreta. É certo que a seguridade social foi adotada e disciplinada sistematicamente pela primeira vez no Brasil com o advento da Constituição Federal de 1988, sendo-lhe dedicado um capítulo integral no texto constitucional.

No entanto, a extinção progressiva do salário-base, veio somente com a Lei nº 9.876/99.

Assertiva "b": incorreta. O princípio da equidade na forma de participação do custeio da seguridade social está intimamente atrelado aos preceitos da igualdade e da capacidade contributiva.

Aqueles contribuintes que apresentarem maior capacidade contributiva para o sistema da Seguridade Social arcarão com uma parcela maior de contribuição. O sistema de custeio da seguridade social será mais justo na medida em que aqueles que apresentarem maior capacidade econômica tiverem maior ônus com o financiamento do sistema de proteção social.

Assertiva "c": incorreta. A seguridade social será financiada por toda a sociedade, **de forma indireta**, mediante recursos provenientes dos orçamentos da União, do Distrito Federal, dos estados e dos municípios.

Em obediência ao disposto no art. 167, IV, da CF não se pode vincular a receita de impostos a órgão, fundo ou despesa, salvo as exceções dispostas pelo próprio texto constitucional. Assim, não se pode concordar com a assertiva ao afirmar que os entes federados irão destinar parte do pagamento de seus tributos para o financiamento da seguridade social.

O financiamento da seguridade social será feito, de **forma direta**, com os recursos provenientes das contribuições sociais instituídas pela União e discriminadas no art. 195 da Constituição Federal. No entanto, não cabe dizer que haverá financiamento por parte de contribuição dos aposentados. Isso porque o inciso II do art. 195 da Constituição Federal, veda a incidência de contribuição social sobre aposentadoria e pensão concedidas pelo regime geral de previdência social.

Assertiva "e": incorreta. O Decreto Legislativo nº 4.682/1923, também conhecido como Lei Eloy Chaves, é considerado um marco do direito previdenciário brasileiro por ser o primeiro texto normativo a instituir, oficialmente, no Brasil, a Previdência Social, com a criação de caixas de aposentadorias e pensões para os **ferroviários.**

A instituição da Lei Eloy Chaves deu-se em **1923.**

Nesse modelo, havia contribuições dos trabalhadores e dos empregadores, com direito à aposentadoria para o segurado e pensão por morte do segurado para os dependentes.

---

03. (CESPE – Juiz Federal Substituto 1ª Região/2013) – Assinale a opção correta no que se refere à saúde, à previdência e à assistência social.

a) A pessoa participante de regime próprio de previdência pode filiar-se, na qualidade de segurado facultativo, ao regime geral de previdência social (RGPS), se para ele contribuir.

b) O Sistema Único de Saúde é financiado com recursos do orçamento da seguridade social, da União, dos estados, do DF e dos municípios, sendo vedadas outras fontes de custeio.

c) Sendo organizada sob a forma de regime geral, de caráter contributivo e de filiação não obrigatória, a previdência social protege o trabalhador em situação de desemprego involuntário apenas se ele for filiado ao regime.

d) É de um salário mínimo e meio o valor do benefício assistencial, comumente denominado LOAS, pago mensalmente à pessoa portadora de deficiência e ao idoso que comprovem não possuir meios de prover a própria manutenção ou de tê-la provida por sua família.

e) Os objetivos da assistência social, que deve ser prestada a quem dela necessitar, independentemente de contribuição à seguridade social, incluem habilitar e reabilitar pessoas portadoras de deficiência, preparando-as para uma integração comunitária.

COMENTÁRIOS

Alternativa correta: "e". É o que se pode verificar pelo disposto no art. 203, inciso IV, da Constituição Federal. A assistência social será prestada a quem dela necessitar, não exigindo do seu beneficiário contribuição à seguridade social.

Alternativa "a": incorreta. A pessoa participante de regime próprio de previdência **não** poderá se filiar na qualidade de segurado facultativo ao regime geral de previdência social (RGPS). Essa vedação encontra-se disposta no art. 201, § 5º, da Constituição Federal.

Alternativa "b": incorreta. O Sistema Único de Saúde é financiado com recursos do orçamento da seguridade social, da União, dos estados, do DF e dos municípios, **além de outras fontes.** É o que verifica no disposto no art. 198, § 1º, da Constituição Federal.

Alternativa "c": incorreta. A proteção do trabalhador em situação de desemprego involuntário deve ser atendida pela previdência social, conforme previsão no art. 201, inciso III, da Constituição Federal.

O erro da assertiva está em afirmar que a previdência social terá filiação não obrigatória.

Conforme dispõe o art. 201, *caput*, da Constituição Federal, a previdência social será **organizada sob a forma de regime geral, terá caráter contributivo e filiação obrigatória.**

Alternativa "d": incorreta. É de 01 **(um) salário mínimo** o valor do benefício assistencial, comumente denominado BPC-LOAS, pago mensalmente à pessoa com deficiência e ao idoso que comprovem não possuir meios de prover a própria manutenção ou de tê-la provida por sua família.

---

04. (CESPE – Defensor Público – DF/2013) – Julgue o item a seguir, relativo à seguridade social e a acidente do trabalho.

Nos termos da CF, a seguridade social compreende um conjunto integrado de ações de iniciativa dos poderes públicos e da sociedade destinadas a assegurar, exclusivamente, os direitos relativos à previdência e à assistência social.

COMENTÁRIOS

O item está errado. A seguridade social compreende um conjunto integrado de ações de iniciativa dos poderes públicos e da sociedade destinadas a assegurar os direitos relativos **à saúde, à previdência e à assistência social.**

---

05. (CESPE – Defensor Público – ES/2012) – No tocante à seguridade social, julgue os itens subsequentes.

A publicação, em 1954, do Decreto nº 35.448, que aprovou o Regulamento Geral dos Institutos de Aposentadorias e Pensões, é considerada, pela doutrina majoritária, o marco inicial da previdência social brasileira.

COMENTÁRIOS

O item está errado.

A Lei Eloy Chaves (Decreto Legislativo nº 4.682/1923) foi o primeiro texto normativo a instituir oficialmente, no Brasil, a Previdência Social, com a criação de caixas de aposentadorias e pensões para os ferroviários.

Os Institutos de Aposentadorias e Pensões foram criados a partir da década de 30, sendo que em 1993 foi criado o Instituto de Aposentadoria e Pensão dos Marítimos (IAPM).

06. (CESPE – Defensor Público – ES/2012) – No tocante à seguridade social, julgue o item subsequente.

Contando com a participação de representantes da sociedade civil e do governo, o Conselho Nacional de Previdência Social, órgão superior de deliberação colegiada, é exemplo do caráter democrático e descentralizado da administração da seguridade social no Brasil.

COMENTÁRIOS

A assertiva está correta. O art. 194, parágrafo único, inciso VII, da Constituição Federal dispõe que a seguridade social terá como objetivo o caráter democrático e descentralizado da administração, mediante gestão quadripartite, com participação dos trabalhadores, dos empregadores, dos aposentados e do Governo nos órgãos colegiados.

07. (CESPE – Juiz Federal Substituto 5ª Região/2011) – A respeito da saúde, da assistência social, da manutenção e da perda da qualidade de segurado da previdência social, assinale a opção correta.

a) De acordo com a jurisprudência do STJ, no que se refere à tarifação legal de provas, o registro no Ministério do Trabalho e Emprego deve servir como o único meio de prova da condição de desempregado do segurado, o que representa exceção à prevalência do livre convencimento motivado do juiz.

b) O trabalhador que, em razão de estar incapacitado para o trabalho, deixar de contribuir para a previdência social por mais de doze meses consecutivos perderá a qualidade de segurado, pois incapacidade não é hipótese legalmente prevista para a manutenção da qualidade de segurado do trabalhador que deixe de exercer atividade remunerada.

c) Em razão da essencialidade do direito à saúde, o Estado não pode afastar-se do mandato, juridicamente vinculante, que lhe foi outorgado pela CF, embora as opções do poder público, tratando-se de proteção à saúde, possam ser exercidas com apoio em juízo de conveniência ou de oportunidade, razão pela qual é indevida a intromissão do Poder Judiciário quando atue positivamente para garantir direito dessa natureza.

d) Segundo a jurisprudência consolidada do STJ, a substituição de um medicamento por outro para tratar a mesma doença constituirá novo pedido, já que o objeto imediato será alterado, devendo a parte ajuizar nova medida caso necessite de novos medicamentos no curso da ação judicial inicialmente promovida para o fornecimento de fármaco que se tenha revelado ineficaz.

e) As ações governamentais na área da assistência social caracterizam-se pela descentralização político-administrativa, cabendo a coordenação e a edição de normas gerais à esfera federal e a coordenação e a execução dos respectivos programas às esferas estadual e municipal bem como a entidades beneficentes e de assistência social.

COMENTÁRIOS

✪ **Nota da Autora:** essa questão traz assertivas que tratam da seguridade social e da manutenção da qualidade de segurado da Previdência Social. Vai ser abordada nesse tópico por ter mais assertivas acerca da seguridade social.

Atualmente, tem-se Ministério do Trabalho e não mais Ministério do Trabalho e Emprego.

Alternativa correta: "e". É o que dispõe o art. 204, I, da Constituição Federal.

A alternativa "a" está incorreta. O STJ entende que a comprovação do desemprego involuntário poderá ser feita por outras provas admitidas em direito. Esse é, inclusive, o entendimento da súmula nº 27 da Turma Nacional de Uniformização de Jurisprudência (TNU):

"A ausência de registro em órgão do Ministério do Trabalho não impede a comprovação do desemprego por outros meios admitidos em Direito."

A alternativa "b" está incorreta. Essa assertiva está mal formulada. Enquanto estiver o segurado em gozo de benefício previdenciário, o seu vínculo com a Previdência Social fica mantido, sem limite de prazo. E, se o segurado ficar incapacitado para o trabalho e receber benefício em razão de incapacidade, ele permanecerá vinculado à Previdência Social por até 12 meses, após a cessação do benefício por incapacidade.

A alternativa "c" está incorreta. Quando o direito à saúde estiver sendo negligenciado pelo poder público, caberá ao Judiciário a indeclinável tarefa de, lastreado na parcela de soberania que lhe cabe no conceito da tripartição dos poderes, assegurar, pela via coativa, que o Executivo desincumba-se das prestações a ele constitucionalmente atribuídas, dentre as quais se destacam as prestações na área dos direitos sociais, em benefício da população a que deve servir. E, é por meio do Sistema Único de Saúde, que o Estado deve tornar efetivo este direito, proporcionando aos seus usuários um atendimento médico, hospitalar e farmacêutico integral e de qualidade.

A alternativa "d" está incorreta. O entendimento do STJ é justamente o oposto do afirmado na questão. Veja o julgado:

> *"ADMINISTRATIVO E PROCESSUAL CIVIL. AGRAVO REGIMENTAL NO RECURSO ESPECIAL. DIREITO À SAÚDE. FORNECIMENTO DE **MEDICAMENTOS**.*

*POSSIBILIDADE DE **ALTERAÇÃO** DO FÁRMACO POSTULADO **NA INICIAL**. INEXISTÊNCIA DE OFENSA AO ART. 264 DO CPC/1973. AGRAVO REGIMENTAL DO ESTADO DESPROVIDO.*

*1. De início, cumpre ressaltar que, **nos** termos do que decidido pelo Plenário do STJ, aos recursos interpostos com fundamento no CPC/1973 (relativos a decisões publicadas até 17 de março de 2016) devem ser exigidos os requisitos de admissibilidade na forma nele prevista, com as interpretações dadas até então pela jurisprudência do Superior Tribunal de Justiça (Enunciado Administrativo 2). 2. Esta Corte Superior tem firmada a jurisprudência de que a simples **alteração** de alguns **medicamentos postulados na inicial** não incorre em **modificação** do pedido, **nos** termos do art. 264 do CPC/1973. É comum durante um tratamento médico que haja **alteração** de medicações, bem como dos procedimentos adotados à garantia de saúde do paciente, o que não resulta, com isso, em qualquer ofensa ao referido dispositivo legal, pois a ação em comento encontra-se fulcrada no art. 196 da CF/1988, o qual garante o direito à saúde à população. Precedentes: AgRg no REsp. 1.496.397/RS, Rel. Min. ASSUSETE MAGALHÃES DJe 10.3.2015; AgRg no REsp. 1.222.387/RS, Rel. Min. HERMAN BANJAMIN, DJe 1.4.2011; AgRg no Ag 1.352.744/RS, Rel. Min. HAMILTON CARVALHIDO, DJe 18.2.2011; REsp. 1.062.960/RS, Rel. Min. FRANCISCO FALCÃO, DJe 29.10.2008. 3. Não tendo a parte Agravante trazido argumento novo capaz de infirmar os fundamentos da decisão recorrida, e estando pacificada a jurisprudência desta Corte Superior no sentido da decisão agravada, a decisão impugnada deve ser mantida. 4. Agravo Regimental do Estado desprovido.*

(AgRg no REsp 1377162/RS – Relator Min. Napoleão Nunes Maia Filho, DJ 28/03/2017 – DJe 07/04/2017).”

2. PRINCÍPIOS CONSTITUCIONAIS DA SEGURIDADE SOCIAL

- Constituição Federal: arts. 194, parágrafo único, 195, 196, 201, 203 e 204.
- Lei nº 8.213/91: art. 2º (Princípios da Previdência Social).

08. (Cespe – Defensor Público – DPU/2017) – Acerca da seguridade social no Brasil, de sua evolução histórica e de seus princípios, julgue o item a seguir.

Dado o princípio da universalidade de cobertura, a seguridade social tem abrangência limitada àqueles segurados que contribuem para o sistema.

COMENTÁRIOS

O item está errado. É certo que a seguridade social é conceituada como um conjunto integrado de ações de iniciativa do poder público e da sociedade destinadas a assegurar os direitos à saúde, à previdência e à assistência social.

A saúde e a assistência social serão prestadas independentemente de contribuição do beneficiário à seguridade social. A previdência social tem caráter contributivo, exigindo dos seus segurados contribuição para o sistema.

O princípio da universalidade da cobertura tem como objetivo cobrir todas as espécies de infortúnios sociais que possam ocorrer e atender a todos os residentes no Brasil, em termos de benefícios ou serviços da Seguridade Social (saúde, assistência e previdência social). É a busca pela seguridade social “ideal”.

Assim, não se pode concordar com o examinador que afirma ter a seguridade social abrangência limitada àqueles que contribuem para o sistema. Pessoas que não contribuem para a seguridade social poderão obter benefícios e serviços securitários.

09. (Cespe – Defensor Público – DPU/2017) – A respeito da condição de segurados e dependentes no RGPS e da fonte de custeio desse regime, julgue o item subsequente.

O princípio da equidade na forma de participação no custeio do RGPS não veda a existência de alíquotas de contribuições diferenciadas entre empregadores nem entre empregados.

COMENTÁRIOS

Item correto. O princípio da equidade na forma de participação do custeio da seguridade social está intimamente atrelado aos preceitos da igualdade e da capacidade contributiva. Aqueles contribuintes que apresentarem maior capacidade contributiva para o sistema da Seguridade Social arcarão com uma parcela maior de contribuição.

A Constituição Federal, no § 9º do art. 195, prevê a possibilidade de alíquotas ou bases de cálculo diferenciadas para as contribuições sociais das empresas em razão da atividade econômica, do uso intensivo de mão de obra, do porte da empresa e das condições estruturais do mercado de trabalho.

Com base no princípio da equidade na forma de participação do custeio, os empregados contribuem para o RGPS, aplicando-se as alíquotas de 8, 9 ou 11%, conforme tabela abaixo:

Salário de contribuição (R$)	Alíquota para fins de contribuição previdenciária do empregado, inclusive o doméstico, e do trabalhador avulso
até 1.693,72	8,00%
de 1.693,73 a 2.822,90	9,00%
de 2.822,91 a 5.645,80	11,00 %

10. (Cespe – Procurador do Estado – PGE – SE/2017) – O princípio que, norteando a CF quanto à seguridade social, tem extrema relevância para o cumprimento dos objetivos constitucionais de bem-estar e justiça social, por eleger as contingências sociais a serem acobertadas e os requisitos para a garantia da distribuição de renda, é o princípio da

a) diversidade da base de financiamento.
b) universalidade da cobertura e do atendimento.
c) uniformidade e equivalência dos benefícios e serviços prestados às populações urbanas e rurais.
d) seletividade e distributividade na prestação dos benefícios e serviços.
e) equidade na forma de participação no custeio.

COMENTÁRIOS

Alternativa correta: "d". O **princípio da seletividade** propicia ao legislador estudar as carências sociais, priorizando-as em relação às demais, viabilizando a promoção da Seguridade Social factível. Cobrem-se as necessidades mais essenciais e planeja-se, para o futuro, a cobertura das demais, visando alcançar a Seguridade Social ideal. **A distributividade** consagra que, após cada pessoa ter contribuído com o que podia, dá-se a cada um de acordo com suas necessidades.

Alternativa "a": incorreta. O **princípio da diversidade da base de financiamento** traz que a base de financiamento do sistema de seguridade social não se concentrará em uma só fonte de tributação, atingindo, em contrapartida, o maior número de pessoas capazes de contribuir e a maior constância de entradas. Isso pode ser verificado pelo disposto no art. 195 da Constituição Federal, que elenca a forma de financiamento da seguridade social de forma direta e indireta por toda a sociedade.

Alternativa "b": incorreta. O principio da universalidade da cobertura tem como objetivo cobrir todas as espécies de infortúnios sociais que possam ocorrer e atender a todos os residentes no Brasil, em termos de benefícios ou serviços da Seguridade Social (saúde, assistência e previdência social). É a busca pela seguridade social "ideal".

Alternativa "c": incorreta. O **princípio da uniformidade e equivalência dos benefícios e serviços às populações urbanas e rurais** ordena que as populações urbana e rural devam possuir os mesmos direitos a título de seguridade social. Os segurados e dependentes urbanos e rurais devem ter o mesmo tratamento.

Alternativa "e": incorreta. O princípio da equidade na forma de participação do custeio da seguridade social está intimamente atrelado aos preceitos da igualdade e da capacidade contributiva. Aqueles contribuintes que apresentarem maior capacidade contributiva para o sistema da Seguridade Social arcarão com uma parcela maior de contribuição.

11. (Cespe – Analista de Controle – Área Jurídica – TCE – PR/2016) – Acerca da seguridade social, que compreende um conjunto integrado de ações de iniciativa dos poderes públicos e da sociedade, assinale a opção correta.

a) Conforme jurisprudência do STF, em atenção ao princípio constitucional da universalidade do custeio, o aposentado que retorna às atividades laborais deve arcar com o custeio da seguridade social.
b) A seguridade social é um conceito universal que visa assegurar direitos relativos à saúde, à assistência e à previdência, independentemente de contribuição do beneficiário.
c) Para o STF, decorrem do princípio de irredutibilidade do valor dos benefícios tanto a garantia da manutenção de seu valor nominal quanto a impossibilidade de perda de seu poder aquisitivo.
d) Segundo entendimento do STF, insere-se no rol de benefícios da seguridade social o direito do idoso à gratuidade de transporte coletivo urbano.
e) Conforme a jurisprudência do STF, a União tem competência para instituir contribuições para custeio da seguridade social, e os estados e municípios para fazê-lo nas áreas de previdência e saúde.

COMENTÁRIOS

Alternativa correta: "a". O custeio da seguridade social é realizado por meio de várias fontes. Entre elas, as contribuições dos trabalhadores e demais segurados do RGPS (art. 195, II, CF).

De acordo com o que dispõe o art. 12, §4º, da Lei nº 8.212/91, o aposentado que estiver exercendo ou que voltar a exercer atividade abrangida pelo regime geral de previdência social é segurado obrigatório em relação a essa atividade, ficando sujeito às contribuições para custeio da seguridade social.

Alternativa "b": incorreta. É certo que a seguridade social é conceituada como um conjunto integrado de ações de iniciativa do poder público e da sociedade destinadas a assegurar os direitos à saúde, à previdência e à assistência social.

A saúde e a assistência social serão prestadas independentemente de contribuição do beneficiário à seguridade social. Mas, a previdência social tem caráter contributivo, exigindo dos seus segurados contribuição para o sistema.

Alternativa "c": incorreta. De acordo com a posição do STF, o princípio da irredutibilidade do valor dos benefícios da seguridade social, insculpido no art. 194, parágrafo único, inciso IV, da Constituição Federal, atinge apenas o valor nominal dos benefícios.

A preservação do valor real dos benefícios só atinge os benefícios previdenciários, conforme se depreende do princípio elencado no art. 201, §4º, do Texto Maior:

"É assegurado o reajustamento dos benefícios para preservar-lhes, em caráter permanente, o valor real, conforme critérios definidos em lei."

Alternativa "d": incorreta. O direito ao transporte é um direito social assegurado pelo art. 6º da Constituição Federal. No entanto, o direito do idoso ao transporte urbano gratuito não se encontra relacionado entre os direitos abarcados pelo sistema de seguridade social. O sistema de seguridade social assegura apenas os direitos à saúde, à previdência e à assistência social.

Alternativa "e": incorreta. A competência para legislar sobre seguridade social é privativa da União, conforme dispõe o art. 22, inciso XXIII, da Constituição Federal.

Compete à União, aos Estados e ao Distrito Federal legislar concorrentemente sobre previdência social, segundo o disposto no art. 24, inciso XII, da Constituição Federal.

Os Estados, o Distrito Federal e os Municípios, porém, estão autorizados a instituir contribuição cobrada de seus servidores, para o financiamento, em benefício destes, de regime próprio de previdência social.

No que diz respeito à saúde, afirma-se que os serviços e ações públicos de saúde serão prestados, independentemente de contribuição à seguridade social. Não podem os entes federados instituir contribuição para o custeio da saúde.

Quanto à competência dos entes federados, veja:

Competências	
Competência Privativa	- A União é o ente ao qual cabe a responsabilidade de legislar privativamente sobre a Seguridade Social (art. 22, XXIII, CF). Lei complementar poderá autorizar os Estados a legislar sobre questões específicas de seguridade social.
Competência Comum – União, Estados, Distrito Federal e Municípios	- Cuidar da saúde, da assistência pública, da proteção e garantia das pessoas portadoras de deficiência.
Competência Concorrente	- previdência social, proteção e defesa da saúde; - proteção e integração social das pessoas portadoras de deficiência; - proteção à infância e à juventude.

12. (CESPE/Juiz Federal Substituto/TRF – 1ª Região/ 2015) – Com base na CF e na legislação sobre seguridade social — saúde, previdência e assistência social —, assinale a opção correta.

a) Apesar de ser constitucionalmente previsto o caráter democrático da administração da seguridade social, de sua gestão não participam os trabalhadores e empregados.

b) A previdência está organizada sob a forma de regime geral, de caráter contributivo e de filiação facultativa, ainda que o trabalhador não esteja amparado por regime próprio de previdência.

c) Enquanto o acesso à saúde é universal e independe de qualquer retribuição financeira por parte do usuário, o acesso à previdência e à assistência social exige a contribuição direta do beneficiário ou do assistido.

d) A irredutibilidade do valor dos benefícios está elencada entre os princípios constitucionais da seguridade social.

e) Todas as entidades beneficentes são isentas de contribuição para a seguridade social.

COMENTÁRIOS

Alternativa correta: "d". A irredutibilidade do valor dos benefícios é um dos objetivos da seguridade social previstos no parágrafo único do art. 194 da Constituição Federal. Assegura que não haverá nenhuma redução efetiva dos valores nominais dos benefícios.

Alternativa "a": incorreta. A seguridade social deverá ser organizada segundo o princípio do caráter democrático e descentralizada da administração, mediante gestão quadripartite, com participação dos trabalhadores, empregadores, aposentados e Governo nos órgãos colegiados.

Alternativa "b": incorreta. A previdência social, conforme dispõe o caput do art. 201 da Constituição Federal, será organizada sob a forma de regime geral, de caráter contributivo e de filiação obrigatória. A filiação facultativa é característica da previdência complementar.

Alternativa "c": incorreta. A saúde e a assistência social serão prestadas sem que haja contribuição prévia do beneficiário. Somente a previdência social tem caráter contributivo.

Alternativa "e": incorreta. Não são todas as entidades beneficentes que estarão isentas de contribuição para a seguridade social. O art. 195, §7º, da Constituição Federal dispõe que são isentas da contribuição social as entidades beneficentes que atendam às exigências estabelecidas em lei.

13. (CESPE – Juiz do Trabalho Substituto 5ª Região/ 2013) – Excetuados determinados setores da economia, verifica-se, no financiamento da seguridade social, que os empregadores, em geral, pagam uma contribuição previdenciária incidente sobre folha de remuneração de pessoal, em percentual superior ao deduzido dos vencimentos dos trabalhadores respectivos. Essa diferenciação decorre

a) da igualdade de contribuintes.

b) da seletividade tributária.

c) da equivalência de benefícios.

d) da individuação das participações nos custos.

e) da equidade na forma de participação no custeio.

COMENTÁRIOS

✪ **Nota da Autora:** nesta questão, o candidato deve identificar o princípio da seguridade social que se amolda à situação apresentada.

Alternativa correta: "e". Princípio da equidade na forma de participação no custeio.

O princípio da equidade na forma de participação do custeio da seguridade social está intimamente atrelado aos preceitos da igualdade e da capacidade contributiva. Aqueles contribuintes que apresentarem maior capacidade contributiva para o sistema da Seguridade Social arcarão com uma parcela maior de contribuição. O sistema de custeio da seguridade social será mais justo na medida em que aqueles que apresentarem maior capacidade econômica terão maior ônus com o financiamento do sistema de proteção social[1].

A presença desse preceito se faz sentir quando o legislador optou por aplicar alíquotas diferenciadas para empresas e empregados sobre a remuneração paga, devida ou creditada a qualquer título pelos serviços prestados. As empresas por apresentarem maior capacidade contributiva recolherão sobre a folha de salários um percentual bem maior do que a alíquota aplicada para a contribuição previdenciária de seus empregados.

---

14. (CESPE - Juiz Federal Substituto 1ª Região/2013) - Com relação à seguridade social e seus princípios, assinale a opção correta.

a) A seguridade social compreende um conjunto integrado de ações de iniciativa dos poderes públicos e da sociedade destinadas a assegurar os direitos relativos ao trabalho, à saúde, à previdência e à assistência social.

b) A gestão tripartite do sistema previdenciário, com participação dos trabalhadores, dos empregadores e dos aposentados e decorrente do caráter democrático e descentralizado da administração, garante a segurança e a moralidade na administração desse sistema.

c) O equilíbrio financeiro e atuarial do sistema previdenciário consiste na observação dos critérios que preservem a sua solvência financeira, de modo a fornecer segurança e tranquilidade aos segurados e garantir o fomento público em situações de instabilidade econômica.

d) Constituem objetivos da seguridade social a universalidade e a uniformidade da cobertura e do atendimento e a inequidade na forma de participação no custeio.

e) Segundo a jurisprudência majoritária do STF, o princípio da irredutibilidade do valor dos benefícios refere-se apenas ao valor nominal desses benefícios, não resultando na garantia da concessão de reajustes periódicos, característica relativa à preservação do valor real.

COMENTÁRIOS

Alternativa correta: "e". É o princípio da preservação real do valor dos benefícios, previsto no art. 201, § 4º, da Constituição Federal, que garante o reajustamento dos benefícios previdenciários, segundo critérios dispostos em lei. Veja o julgado abaixo com a posição do STF a respeito do tema:

> *"EMENTA: - Previdência social. Irredutibilidade do benefício. Preservação permanente de seu valor real. - No caso não houve redução do benefício, porquanto já se firmou a jurisprudência desta Corte no sentido de que o princípio da irredutibilidade é garantia contra a redução do "quantum" que se recebe, e não daquilo que se pretende receber para que não haja perda do poder aquisitivo em decorrência da inflação. - De outra parte, a preservação permanente do valor real do benefício - e, portanto, a garantia contra a perda do poder aquisitivo - se faz, como preceitua o artigo 201, § 2º, da Carta Magna, conforme critérios definidos em lei, cabendo, portanto, a esta estabelecê-los. Recurso extraordinário não conhecido". (STF, RE 263252/PR, Rel. Min. Moreira Alves, 1ª T., DJ 23/06/2000)*

Alternativa "a": incorreta. A seguridade social compreende um conjunto integrado de ações de iniciativa dos poderes públicos e da sociedade destinadas a assegurar os direitos relativos **à saúde, à previdência e à assistência social.** Outros direitos sociais não foram abarcados pelo sistema de seguridade social, como o trabalho, a educação.

Alternativa "b": incorreta. O art. 194, parágrafo único, inciso VII, da Constituição Federal dispõe que a seguridade social será organizada com base no caráter democrático e descentralizado da administração, mediante **gestão quadripartite, com participação dos trabalhadores, dos empregadores, dos aposentados e do Governo** nos órgãos colegiados.

Como a previdência social é um dos pilares da seguridade social, deverá atender ao disposto acima, com gestão, também, quadripartite.

---

1 MENEZES. Adriana. Direito Previdenciário. 6. Ed. Salvador: *Jus*podivm, 2016.

Alternativa "c": incorreta. As contribuições previdenciárias não podem ser utilizadas para o fomento público em situações de instabilidade econômica. O art. 167, inciso XI, da Constituição Federal veda expressamente a utilização dos recursos provenientes das contribuições previdenciárias para outros fins que não seja para o pagamento dos benefícios do regime geral de previdência social.

O princípio do equilíbrio financeiro e atuarial visa a garantir a incolumidade das contas previdenciárias para as presentes e futuras gerações e o equilíbrio entre as receitas e despesa. Traça cenários futuros para a manutenção ou alcance do equilíbrio financeiro, considerando os riscos sociais.

Alternativa "d": incorreta. Entre os objetivos da seguridade social estão a universalidade da cobertura e do atendimento, a uniformidade e equivalência dos benefícios e serviços às populações urbanas e rurais e a **equidade** na forma de participação no custeio. Eles estão dispostos no art. 194, parágrafo único da Constituição Federal, devendo o leitor recorrer às DICAS DE ESTUDO para verificar o que eles preceituam.

---

15. (CESPE – Procurador Federal/2013) – Julgue o item a seguir, relativo à seguridade social.

- A seguridade social compreende um conjunto integrado de ações de iniciativa dos poderes públicos e da sociedade, destinadas a assegurar os direitos relativos à saúde, à previdência e à assistência social, sendo que a universalidade da cobertura e do atendimento, bem como a uniformidade e equivalência dos benefícios e serviços às populações urbanas e rurais estão entre os objetivos em que se baseia a organização da seguridade social no Brasil.

COMENTÁRIOS

O item está correto. De acordo com o disposto no art. 194, caput, da Constituição Federal, a seguridade social compreende um conjunto integrado de ações de iniciativa dos Poderes Públicos e da sociedade, destinado a assegurar os direitos relativos à saúde, à previdência e à assistência social.

A universalidade da cobertura e do atendimento, bem como a uniformidade e equivalência dos benefícios e serviços às populações urbanas e rurais estão entre os objetivos a serem observados para a organização da seguridade social no Brasil.

O que se pretende com o princípio da universalidade da cobertura e do atendimento é cobrir todas as espécies de infortúnios sociais que possam ocorrer e atender a todos os residentes no Brasil, em termos de benefícios ou serviços da Seguridade Social (saúde, assistência e previdência social).

O princípio da uniformidade e equivalência de prestações entre as populações urbanas e rurais ordena que as populações urbana e rural devem possuir os mesmos direitos a título de seguridade social. Os segurados e dependentes urbanos e rurais devem ter o mesmo tratamento, não sendo possível a criação de benefícios diferenciados que venham atender às peculiaridades de determinada população.

---

16. (CESPE – Defensor Público – DF/ 2013) – Julgue o item a seguir, relativo à seguridade social e a acidente do trabalho.

- Entre os objetivos em que se baseia a organização da seguridade social no Brasil inclui-se o caráter democrático e descentralizado da administração, mediante gestão tripartite, com participação dos trabalhadores, dos empregadores e do governo nos órgãos colegiados.

COMENTÁRIOS

O item está incorreto. O art. 194, parágrafo único, inciso VII, da Constituição Federal dispõe que a seguridade social será organizada com base no caráter democrático e descentralizado da administração, mediante **gestão quadripartite, com participação dos trabalhadores, dos empregadores, dos aposentados e do Governo** nos órgãos colegiados.

---

17. (CESPE – Analista Judiciário – Área Judiciária – TRT 10/2013) – Com base nas disposições emanadas do direito previdenciário, julgue o item abaixo.

- O princípio do caráter democrático da administração da seguridade social preconiza que sua gestão será quadripartite, com a participação da União, dos estados, dos municípios e do Distrito Federal.

COMENTÁRIOS

O item está incorreto. Reza o art. 194, parágrafo único, VII, da CF/88, que a seguridade social será organizada segundo "o caráter democrático e descentralizado da administração, mediante gestão quadripartite, com participação dos trabalhadores, dos empregadores, dos aposentados e do Governo nos órgãos colegiados".

Significa dizer que os diversos órgãos colegiados que compõem a estrutura da Seguridade Social terão **a participação** de segmentos da sociedade representada **pelo governo, pelos empregadores, pelos empregados e pelos aposentados.** Assim, a gestão quadripartite contempla a participação dos empregadores, trabalhadores, aposentados e governo nos órgãos colegiados da seguridade social.

---

18. (CESPE – Defensor Público – RR/2013) – Com base no que dispõe a CF sobre a seguridade social, assinale a opção correta.

a) A seguridade social é financiada por, entre outros recursos, os provenientes da contribuição social do empregador, da empresa e da entidade a ela equiparada na forma da lei, incidente sobre a folha de salários e demais rendimentos do trabalho pagos ou creditados, a qualquer título, à pessoa física que lhe preste serviço, mesmo sem vínculo empregatício.

b) Compete ao poder público, nos termos da lei, organizar a seguridade social com base na uniformidade da cobertura e do atendimento.

c) Compete ao poder público, nos termos da lei, organizar a seguridade social com base no seguinte objetivo: caráter democrático e descentralizado da administração, mediante gestão tripartite, com participação dos trabalhadores, dos empregadores e dos aposentados.

d) A seguridade social compreende um conjunto integrado de ações de iniciativa dos poderes públicos e da sociedade, destinadas a assegurar os direitos relativos à saúde, à previdência, à assistência social e à moradia.

e) A equidade na forma de participação no custeio não constitui objetivo expresso, mas implícito, a ser perseguido pelo poder público na organização da seguridade social.

COMENTÁRIOS

Alternativa correta: "a". É o que dispõe o art. 195, inciso I, alínea "a", da Constituição Federal. O princípio da solidariedade contributiva está expresso no art. 195, da Constituição Federal, *in verbis*:

> *"A seguridade social será financiada por toda a sociedade, de forma direta e indireta, nos termos da lei, mediante recursos provenientes dos orçamentos da União, dos Estados, do Distrito Federal e dos Municípios, e das seguintes contribuições sociais: (...)".*

Significa que a responsabilidade pela manutenção do sistema da seguridade social é compartilhada entre o Estado e a sociedade civil.

A sociedade, de forma direta ou indireta, será responsável pelo financiamento do Sistema de Seguridade Social, visto que o orçamento será composto pelos recursos provenientes dos orçamentos dos próprios entes federativos e por todas as contribuições sociais criadas pela União para custear o sistema. As contribuições sociais para financiamento da seguridade social estão elencadas no art. 195, da Constituição Federal.

A assertiva "b" está incorreta. Ao poder público compete, nos termos da lei, organizar a seguridade social com base na **universalidade da cobertura e do atendimento**, como determina o art. 194, parágrafo único, inciso I, da Constituição Federal.

A assertiva "c" está incorreta. Compete ao poder público, nos termos da lei, organizar a seguridade social com base no seguinte objetivo: caráter democrático e descentralizado da administração, mediante gestão **quadripartite**, com participação dos trabalhadores, dos empregadores, dos aposentados e do Governo, conforme dispõe o art. 194, parágrafo único, inciso VII, da Constituição Federal.

A assertiva "d" está incorreta. A seguridade social compreende um conjunto integrado de ações de iniciativa dos poderes públicos e da sociedade, destinadas a assegurar os direitos relativos à saúde, à previdência, à assistência social. A moradia, embora seja um direito social garantido pelo art. 6º da Constituição Federal, não está amparado pelo sistema de seguridade social.

A assertiva "e" está incorreta. O princípio da equidade na forma de participação do custeio da seguridade social encontra-se expresso no art. 194, parágrafo único, inciso V, da Constituição Federal. Está intimamente atrelado aos preceitos da igualdade e da capacidade contributiva. Aqueles contribuintes que apresentarem maior capacidade contributiva para o sistema da Seguridade Social arcarão com uma parcela maior de contribuição. O sistema de custeio da seguridade social será mais justo na medida em que aqueles que apresentarem maior capacidade econômica terão maior ônus com o financiamento do sistema de proteção social.

---

19. (CESPE – Defensor Público – TO/2013) – Considerando o conceito, a organização e os princípios da seguridade social no Brasil, assinale a opção correta.

a) Apesar de ser regida pelo princípio da universalidade da cobertura e do atendimento, a seguridade social só é acessível a brasileiros que residem no país.

b) A assistência social atende os hipossuficientes, por meio da concessão de benefícios, independentemente de contribuição.

c) No Brasil, a seguridade social é caracterizada por uma administração democrática e descentralizada, mediante gestão quadripartite, com participação, nos órgãos colegiados, dos trabalhadores, empregadores, pensionistas e do governo.

d) O princípio da uniformidade e equivalência dos benefícios e serviços às populações urbanas e rurais sempre norteou a seguridade social brasileira, e, desde a criação da previdência social no país, não há discriminação entre trabalhadores urbanos e rurais.

e) Para que o usuário possa usufruir dos serviços públicos de saúde será necessária a contribuição mensal ao SUS.

COMENTÁRIOS

Opção correta: "b". A assistência social será prestada a quem dela necessitar, independentemente de contribuição à seguridade social. É o que reza o art. 203, *caput*, da Constituição Federal.

Veja que para existir a prestação dos benefícios e serviços da Assistência Social não é exigida a contribuição direta do beneficiário para o sistema de seguridade social. A Assistência Social será prestada **independentemente de contribuição à seguridade social.**

Outra questão a ser observada é que a Assistência Social não vai contemplar todas as pessoas, como garante a Constituição Federal no caso da Saúde prestada pelo Poder Público. A Constituição Federal deixa claro que a Assistência Social será prestada a quem dela necessitar, colocando, nesse caso, o requisito necessidade.

A assertiva "a" está errada. O princípio da universalidade da cobertura significa que todas as espécies de infortúnios e riscos sociais básicos devem ser cobertas pelo sistema de seguridade social por meio de seus benefícios e serviços. Em relação à universalidade do atendimento, todas as pessoas residentes no território nacional, sem distinções, inclusive quanto aos estrangeiros residentes no país, vão fazer *jus* aos benefícios da Seguridade Social. Deve-se procurar atender a todos e cobrir todos os infortúnios sociais.

A assertiva "c" está errada. No Brasil, a seguridade social é caracterizada por uma administração democrática e descentralizada, mediante gestão quadripartite, com participação, nos órgãos colegiados, dos trabalhadores, dos empregadores, dos **aposentados** e do governo. É o que determina o art. 194, parágrafo único, inciso VII, da Constituição Federal.

A assertiva "d" está incorreta. O princípio da uniformidade e equivalência dos benefícios e serviços às populações urbanas e rurais veio introduzido na Constituição Federal de 1988. Antes disso, a título de exemplo, o tratamento dado pela Previdência Social aos trabalhadores urbanos e rurais era diferenciado, com regras e benefícios específicos para cada categoria.

A assertiva "e " está incorreta. A saúde é direito de todos e dever do Estado, garantido mediante políticas sociais e econômicas que visem à redução do risco de doença e de outros agravos e ao acesso universal e igualitário às ações e serviços para sua promoção, proteção e recuperação. Não há necessidade de contribuição prévia ao sistema de seguridade social para que o beneficiário possa usufruir das ações e serviços públicos de saúde.

20. (CESPE – Juiz Federal Substituto 2ª Região/2013) – A previdência social é regida por princípios que foram consolidados na Lei nº 8.212/1991. Entre esses princípios, encontra-se o princípio

a) do cálculo dos benefícios considerando-se os salários-de-contribuição nominais.

b) da preservação do valor real dos benefícios.

c) da previdência complementar facultativa, custeada por parcela das contribuições sociais previdenciárias.

d) da universalidade de participação nos planos previdenciários, independentemente de contribuição.

e) do valor da renda mensal dos benefícios, substitutos do salário-de-contribuição ou do rendimento do trabalho do segurado, superior ao valor do salário mínimo.

COMENTÁRIOS

✪ **Nota da Autora:** os princípios da previdência social estão delineados no art. 201 da CF/88 e na Lei nº 8.213/91. A Lei nº 8.212/91 trata, na verdade, da organização da seguridade social e institui o Plano de Custeio desse sistema.

Alternativa correta: "b". O art. 2º da Lei nº 8.213/91 dispõe que a Previdência Social rege-se pelos princípios:

I – universalidade de participação nos planos previdenciários;

II – uniformidade e equivalência dos benefícios e serviços às populações urbanas e rurais;

III – seletividade e distributividade na prestação dos benefícios;

IV – cálculo dos benefícios considerando-se os salários de contribuição corrigidos monetariamente;

V – irredutibilidade do valor dos benefícios de forma a preservar-lhes o poder aquisitivo;

VI – valor da renda mensal dos benefícios substitutos do salário de contribuição ou do rendimento do trabalho do segurado não inferior ao do salário mínimo.

O princípio do valor real dos benefícios reza que os benefícios não poderão sofrer perda real, devendo sofrer reajustes legais de modo a preservar-lhes o valor real. Está presente, também, no disposto no § 2º do art. 201 da Constituição Federal.

Alternativa "a": incorreta. Os salários de contribuição, utilizados para o cálculo dos benefícios previdenciários, deverão ser corrigidos monetariamente. Os índices de correção aplicados são os mesmos utilizados para o reajuste dos benefícios da previdência social.

Alternativa "c": incorreta. As contribuições sociais, denominadas previdenciárias, não podem ser utilizadas para outro fim que não seja o pagamento dos benefícios do regime geral de previdência social. É o que se verifica pelo disposto no art. 167, XI, da Constituição Federal:

> *"Art. 167. São vedados:*
>
> *XI – a utilização dos recursos provenientes das contribuições de que trata o art. 195, I, a e II, para a realização de despesas distintas do pagamento de benefícios do regime geral de previdência social de que trata o art. 201."*

Alternativa "d": incorreta. A universalidade de participação nos planos previdenciários é um dos princípios que rege a Previdência Social. Mas, não se pode jamais esquecer que a Previdência Social tem caráter contributivo, conforme previsão no art. 201 da Constituição Federal.

Alternativa "e": incorreta. O valor da renda mensal dos benefícios, substitutos do salário de contribuição ou do rendimento do trabalho do segurado, **não poderá ser inferior** ao valor do salário mínimo. Não há determinação legal a essa renda tenha que ser superior ao salário mínimo.

---

21. (CESPE - Defensor Público - RO/2012) – Com relação aos princípios e objetivos que norteiam a seguridade social no Brasil, assinale a opção correta.

a) Com relação à seletividade e distributividade na prestação dos benefícios e serviços, o legislador ordinário deve escolher os eventos que serão cobertos pela previdência social, levando em conta as possibilidades econômicas dos segurados.

b) As populações urbanas e rurais devem receber tratamento uniforme e equivalente com relação aos benefícios e serviços, de forma a reparar injustiça histórica com os trabalhadores rurais, porém, devido à reduzida capacidade de contribuição desses trabalhadores, a concessão dos benefícios deve exigir um maior período de carência.

c) A irredutibilidade do valor dos benefícios tem como escopo garantir que a renda dos benefícios previdenciários preserve seu valor real segundo critérios estabelecidos por lei, sem qualquer vinculação ao salário mínimo, dada a vedação de sua vinculação para qualquer fim.

d) No que concerne à diversidade da base de financiamento, a seguridade social deve ser financiada por toda a sociedade, de forma direta, mediante contribuições provenientes do trabalhador, da empresa e da entidade a ela equiparada, da União e dos demais segurados e aposentados da previdência social e, ainda, das contribuições sobre a receita de concursos de prognósticos.

e) O custeio da seguridade social deve ser equânime, dadas as possibilidades de cada um. Lei complementar garante às empresas o repasse do custo da contribuição aos preços praticados no mercado.

COMENTÁRIOS

Opção correta: "c". Perfeita a assertiva!

A previsão da irredutibilidade do valor dos benefícios no art. 194, parágrafo único, inciso IV, da Constituição Federal, preceitua que haverá nenhuma redução efetiva dos valores nominais dos benefícios. É importante destacar que, apesar desse princípio ter se preocupado com a irredutibilidade nominal dos benefícios securitários, o constituinte em outro dispositivo trouxe a preocupação em relação a preservação do valor real dos benefícios previdenciários. Isso restou evidenciado no art. 201, § 4º da CF/88, que assegura o reajustamento dos benefícios para preservar o valor real destes, conforme critérios fixados por lei ordinária. Cabe, então, ao legislador ordinário escolher e fixar o índice de reajustamento dos benefícios previdenciários de modo que eles mantenham o poder aquisitivo.

A Constituição não quis determinar e nem poderia, em razão da vedação contida no seu art. 7º, inciso IV, que o reajustamento dos benefícios estaria atrelado à variação do salário mínimo. O art. 7º, em seu inciso IV, veda a vinculação do salário mínimo para qualquer fim. **Não se pode vincular o valor do benefício ao número de salários mínimos, tampouco vincular o seu reajustamento com aquele praticado em relação ao salário mínimo. Esse entendimento, inclusive, já está pacificado perante o Supremo Tribunal Federal – STF.**

É muito importante destacar, no entanto, que houve um período em que os benefícios previdenciários foram expressos e pagos em números de salários mínimos. É o que determina o art. 58 do Ato das Disposições Transitórias da Constituição (ADCT), *in verbis:*

> *"Os benefícios de prestação continuada, mantidos pela previdência social na data da promulgação da Constituição, terão seus valores revistos, a fim de que seja restabelecido o poder aquisitivo, expresso em número de salários mínimos, que tinham na data de sua concessão, obedecendo-se a esse critério de atualização até a implantação do plano de custeio e benefícios...".*

Nesse caso particular, os benefícios concedidos até a promulgação da Constituição de 1988 seriam, após esta, pagos em números de salários mínimos correspondentes à época de sua concessão até que o Plano de Benefícios da Previdência Social fosse implantado e, a partir de então, sofreriam os reajustamentos de acordo com os índices escolhidos pelo legislador ordinário. Esse entendimento, inclusive, encontra-se pacificado pelo STF na súmula 687.

Alternativa "a": incorreta. Com relação à seletividade e distributividade na prestação dos benefícios e serviços, o legislador ordinário deve escolher os eventos que serão cobertos pela previdência social, considerando a necessidade do beneficiário. Cobrem-se as necessidades mais essenciais e planeja-se, para o futuro, a cobertura das demais, visando alcançar a Seguridade Social ideal. Ao eleger os benefícios e serviços mais fundamentais e necessários à população, o legislador define os requisitos que devem ser preenchidos para a obtenção do benefício e aquele que se enquadrar nos requisitos da lei poderá ter a proteção social.

Alternativa "b": incorreta. As populações urbanas e rurais devem receber tratamento uniforme e equivalente com relação aos benefícios e serviços, em obediência ao princípio da uniformidade e equivalência dos benefícios e serviços às populações urbanas e rurais. Na concessão de benefícios para os segurados urbanos e rurais não há diferença de tratamento quanto à carência exigida.

Alternativa "d": incorreta. O princípio da diversidade da base de financiamento preceitua que a seguridade social não terá apenas uma fonte de custeio. A seguridade social será financiada por toda a sociedade de forma direta e indireta. De forma direta, o financiamento da seguridade social será feito com recursos provenientes das contribuições sociais elencadas no art. 195 da Constituição Federal, como a dos trabalhadores e demais segurados da previdência social, da empresa e da entidade a ela equiparada, do importador e de quem a lei a ele equiparar e das contribuições sobre a receita de concursos de prognósticos. De acordo com o que dispõe o art. 195, II, da Constituição Federal não haverá incidência de contribuição da seguridade social sobre os proventos de aposentadoria e pensão concedidos pelo regime geral de previdência social.

O financiamento da seguridade ocorre de maneira indireta com os recursos provenientes dos orçamentos da União, dos Estados, do Distrito Federal e dos Municípios.

Alternativa "e": incorreta. As contribuições sociais que financiam a seguridade social são tributos diretos, ou seja, não comportam a transferência, de ordem jurídica, do respectivo encargo. (REsp1125550 / SP, DJe 29/04/2010).

---

22. (CESPE - Defensor Público - AC/2012) - Assinale a opção correta no que se refere à seguridade social.

a) A seguridade social compreende um conjunto de ações de proteção social custeado pelo Estado, conforme suas limitações orçamentárias, e organizado com base, entre outros objetivos, na irredutibilidade do valor das contribuições.

b) A previdência social estrutura-se como um sistema não contributivo, sendo os recursos para o financiamento de suas ações provenientes da arrecadação de tributos pelos entes estatais.

c) A dimensão subjetiva da universalidade de cobertura e atendimento do seguro social, relacionada às situações de risco social, adquire não apenas caráter reparador, mas também preventivo.

d) O princípio da equidade, que fundamenta a forma de participação no custeio da seguridade social, está associado aos princípios da capacidade contributiva e da isonomia fiscal.

e) São considerados direitos fundamentais de primeira geração ou dimensão os relativos à saúde, à previdência e à assistência social.

COMENTÁRIOS

Opção correta: "d". O princípio da equidade na forma de participação do custeio da seguridade social está intimamente atrelado aos preceitos da igualdade e da capacidade contributiva.

Aqueles contribuintes que apresentarem maior capacidade contributiva para o sistema da Seguridade Social arcarão com uma parcela maior de contribuição. O sistema de custeio da seguridade social será mais justo na medida em que aqueles que apresentarem maior capacidade econômica tiverem maior ônus com o financiamento do sistema de proteção social.

A alternativa "a" está incorreta. A seguridade social compreende um conjunto integrado de ações de iniciativa dos poderes públicos e da sociedade, destinadas a assegurar os direitos fundamentais à saúde, à previdência e à assistência social. Ela será organizada com base nos princípios insculpidos no art. 194, parágrafo único, da Constituição Federal, dentre eles, o da irredutibilidade do valor dos **benefícios.**

A alternativa "b" está incorreta. A Previdência Social, nos moldes traçados pelo art. 201 da Constituição Federal, será organizada sob a forma de regime geral, de caráter **contributivo** e de filiação obrigatória.

No que diz respeito ao financiamento da Previdência Social, não há determinação constitucional de que a arrecadação de tributos seja destinada para custear o sistema de previdência. E nem seria possível diante da vedação constitucional de que trata o art. 167, IV.

As contribuições previstas no art. 195, I, "a" e II, da Constituição Federal serão destinadas exclusivamente para o pagamento dos benefícios do regime geral de previdência social (RGPS).

A alternativa "c" está incorreta. A dimensão subjetiva da universalidade de cobertura e atendimento do seguro social, relaciona-se com os sujeitos que vão ter os benefícios e serviços da seguridade social. A dimensão objetiva da universalidade de cobertura e atendimento é que está relacionada às situações de risco social. Confira o leitor nas DICAS DE ESTUDO os comentários acerca deste princípio.

A alternativa "e" está incorreta. Os direitos relativos à saúde, à previdência e à assistência social são considerados como direitos fundamentais de segunda geração ou dimensão, devido à natureza coletiva dos mesmos.

3. DIREITO PREVIDENCIÁRIO - LEGISLAÇÃO PREVIDENCIÁRIA

---

23. (Cespe - Juiz Federal - TRF 5/2017) - Quanto à aplicação da lei previdenciária no tempo, assinale a opção correta.

a) Independentemente do benefício pretendido, aplica-se o princípio *tempus regit actum*: a lei do tempo em que se preencheram todos os requisitos para a concessão do benefício pretendido pelo segurado.

b) Com exceção das aposentadorias por tempo de contribuição e por idade, aplica-se a lei em vigor à época em que o segurado ingressou no sistema previdenciário.

c) Aplica-se o princípio *lex posterior derrogat* priori para os benefícios devidos aos segurados, independentemente de ser mais ou menos vantajoso; aplicando-se entretanto, a lei em vigor na data de ingresso do segurado no sistema previdenciário para os benefícios devidos aos dependentes.

d) Independentemente do benefício pretendido, será adotada a interpretação que mais se aproxima do ideal de justiça, pautado em princípio valorativo e finalístico, segundo o qual se aplica a lei mais vantajosa ao segurado.

e) Aplica-se o princípio *lex posterior derrogat priori*, com a ressalva de que havendo alteração da lei após o ingresso do trabalhador ao sistema previdenciário, será adotada a lei mais vantajosa ao beneficiário segurado ou dependente.

COMENTÁRIOS

Alternativa correta: **"a"**. As questões previdenciárias regem-se pelo princípio *tempus regit actum*.

A lei que deve ser aplicada para a concessão de um benefício previdenciário é aquela vigente na data do fato gerador do benefício, ou seja, na data em que a pessoa preencheu todos os requisitos necessários para obtê-lo.

Alternativas "b, c, d, e": **incorretas**. Conforme mencionado acima, as questões previdenciárias são regidas pelo princípio *tempus regit actum*.

Mesmo que uma lei posterior seja mais benéfica, ela não poderá ser aplicada, sob a alegação de que "lei benéfica retroage".

24. (CESPE – Juiz Federal Substituto 5ª Região/2013) – No que concerne aos princípios, à eficácia e à interpretação das normas de seguridade social, assinale a opção correta.

a) Embora não haja nas normas previdenciárias preceito equivalente ao previsto no CPC, segundo o qual o juiz somente se pode valer da equidade quando autorizado por lei, essa técnica tem sido utilizada na solução de conflitos que envolvam matéria previdenciária, como os casos de concessão de benefícios previdenciários nas relações homoafetivas.

b) De acordo com o princípio do equilíbrio financeiro e atuarial, o poder público, na execução das políticas relativas à saúde e à assistência social, assim como à previdência social, deve atentar sempre para a relação entre custo e pagamento de benefícios, a fim de manter o sistema em condições superavitárias.

c) Por adotar os princípios da seletividade e distributividade, o poder público pode averiguar a capacidade contributiva do indivíduo para fins de concessão dos benefícios e dos serviços da seguridade social.

d) Como as normas previdenciárias aplicam-se somente às pessoas que vivem no território nacional, o brasileiro ou estrangeiro domiciliado e contratado no Brasil para trabalhar como empregado em sucursal ou agência de empresa nacional no exterior não pode ser segurado da previdência social.

e) Os tratados, convenções e outros acordos internacionais de que Estado estrangeiro ou organismo internacional e o Brasil sejam partes e que versem sobre matéria previdenciária são interpretadas como leis ordinárias gerais.

COMENTÁRIOS

Alternativa correta: "a". O Poder Judiciário vinha aplicando a equidade nos casos de concessão de benefícios previdenciários nas relações homoafetivas.

Por força de decisão judicial na ação civil pública nº 2000.71.009347-0, o companheiro ou a companheira do mesmo sexo do segurado inscrito no RGPS passou a integrar o rol dos dependentes e, desde que comprovada a vida em comum, concorre, para fins de pensão por morte e de auxílio-reclusão, com os demais dependentes de 1ª classe. Esse entendimento foi de vez consolidado pela Portaria do antigo Ministério da Previdência Social (MPS)[2] nº 513/2010.

Alternativa "b": incorreta. O princípio do equilíbrio financeiro e atuarial deve ser aplicado para os benefícios e serviços da Previdência Social, conforme preceitua o art. 201, da Constituição Federal.

Alternativa "c": incorreta. A capacidade contributiva está atrelada ao princípio da equidade na forma de participação no custeio da seguridade social. Aqueles contribuintes que apresentarem maior capacidade contributiva para o sistema de seguridade social arcarão com uma parcela maior de contribuição.

Os princípios da seletividade e distributividade devem ser aplicados para a concessão dos benefícios e dos serviços da seguridade social, considerando a necessidade de cada um. Ao eleger os benefícios e serviços mais fundamentais e necessários à população, o legislador vai definir os requisitos que devem ser preenchidos para a obtenção do benefício e aquele que se enquadrar nos requisitos da lei poderá ter a proteção social.

Alternativa "d": incorreta. O brasileiro ou estrangeiro domiciliado e contratado no Brasil para trabalhar como empregado em sucursal ou agência de empresa nacional no exterior é enquadrado como segurado obrigatório da previdência social, na qualidade de empregado. Assim, será amparada pela Previdência Social do Brasil.

---

2 O Ministério da Previdência Social foi extinto pela Lei nº 13.266/2016. A Previdência Social foi incorporada ao Ministério da Fazenda por meio da Medida Provisória nº 726/2016, convertida na Lei nº 13.341/16.

Alternativa "e": incorreta. Os tratados, convenções e outros acordos internacionais de que Estado estrangeiro ou organismo internacional e o Brasil sejam partes e que versem sobre matéria previdenciária são interpretadas como leis especiais.

25. (CESPE - Juiz Federal Substituto 5ª Região/2011) - Em relação aos institutos de direito previdenciário, assinale a opção correta.

a) Não há inconstitucionalidade formal ou material em lei ordinária que vincule a simples condição de sócio à obrigação de responder solidariamente pelos débitos da sociedade limitada perante a seguridade social, visto que tal matéria não se inclui entre as normas gerais de direito tributário; além disso, unificar os patrimônios das pessoas jurídica e física, nesse caso, não compromete a garantia constitucional da livre iniciativa.

b) A justiça comum estadual não tem competência para processar e julgar ação de justificação judicial para habilitação de benefício previdenciário, mesmo na hipótese de o domicílio do justificante não ser sede de vara federal, uma vez que se trata de competência indelegável dos juízes federais.

c) É possível a aplicação imediata de novo teto previdenciário fixado por emenda constitucional aos benefícios pagos com base em limitador anterior, considerados os salários de contribuição utilizados para os cálculos iniciais, pois não se trata de majoração do valor do benefício sem a correspondente fonte de custeio, mas apenas da declaração do direito de o segurado ter a sua renda mensal de benefício calculada com base em limitador mais alto.

d) É de dez contribuições mensais o período de carência exigido para a concessão de salário-maternidade à empregada doméstica; à segurada da previdência social que adotar criança até um ano de idade será devido esse benefício por cento e vinte dias, à que adotar criança com idade entre um e quatro anos, por sessenta dias, e à que adotar criança com idade entre quatro a oito anos, por trinta dias.

e) No que se refere à concessão de benefícios, a legislação previdenciária deve ser interpretada de forma restrita, razão pela qual não é possível o reconhecimento do exercício de atividade especial em data anterior à legislação que a teria incluído no mundo jurídico, o que representaria a possibilidade de aplicação retroativa de lei nova, em violação ao princípio *tempus regit actum*.

COMENTÁRIOS

✪ Nota da Autora: essa questão aborda vários temas de direito previdenciário e poderia constar em outros capítulos de questões. No entanto, por haver duas assertivas bastante interessantes sobre legislação previdenciária, decidi comentá-las neste capítulo.

Alternativa correta: "c". Essa é a posição adotada pelo STF para revisar os benefícios concedidos antes das Emendas Constitucionais nº 20/1998 e 41/2003. As referidas emendas constitucionais trouxeram novo teto previdenciário, motivando os segurados a requererem a revisão de seus benefícios por terem contribuído com valores acima do limite máximo quando de sua concessão. Veja o julgado abaixo acerca da matéria:

> *"É possível a aplicação imediata do novo teto previdenciário trazido pela EC 20/98 e pela EC 41/2003 aos benefícios pagos com base em limitador anterior, considerados os salários de contribuição utilizados para os cálculos iniciais. Essa foi a orientação firmada pela maioria do Tribunal, ao negar provimento ao recurso extraordinário interposto contra acórdão de Turma Recursal da Seção Judiciária do Estado de Sergipe que determinara o pagamento do segurado com base no novo teto previdenciário, bem como dos valores devidos desde a entrada em vigor da referida emenda, observada a prescrição quinquenal. No caso, o ora recorrido - aposentado por tempo de serviço proporcional - ingressara com ação de revisão de benefício previdenciário, pleiteando a readequação de sua renda mensal, em razão do advento da EC 20/98, a qual reajustara o teto dos benefícios previdenciários, e de ter contribuído com valores acima do limite máximo quando de sua aposentadoria. No presente recurso, sustentava o Instituto Nacional do Seguro Social - INSS que o princípio tempus regit actum delimitaria a aplicação da lei vigente à época da formação do ato jurídico, somente sendo possível a incidência de uma lei posterior, quando expressamente disposta a retroação, o que não ocorreria na espécie. Alegava ofensa ao ato jurídico perfeito, bem como aos artigos 7º, IV e 195, § 5º, ambos da CF, e 14 da EC 20/98 e 5º da EC 41/2003.(RE 564354/SE, rel. Min. Cármen Lúcia, 8.9.2010).*

Alternativa "a": incorreta. A responsabilidade solidária dos sócios da sociedade limitada em relação aos débitos da seguridade social estava prevista no art. 13 da Lei nº 8.620/93, posteriormente revogado pela Lei nº 11.941/2009. Antes mesmo da revogação do mencionado artigo, o STJ afastava sua aplicação por entender que o instituto da solidariedade passiva é matéria afeta à lei complementar[3].

Mais tarde, o próprio **STJ editou a súmula nº 430**:

> *"O inadimplemento da obrigação tributária pela sociedade não gera, por si só, a responsabilidade solidária do sócio-gerente".*

Também o Supremo Tribunal Federal pronunciou pela inconstitucionalidade do referido artigo ao julgar o RE 562.276/PR. Entendeu o Pretório Excelso ser incons-

3 AGRESP 200700948767, de 20/09/2007.

titucional o art. 13 da Lei nº 8.620/93 por ofender o art. 146, III, b, da Constituição Federal[4].

Assim, pode-se concluir que a responsabilidade solidária dos sócios de sociedade limitada perante os débitos da seguridade social deve ser veiculada por lei complementar, não podendo ser tratada por lei ordinária, como foi pela Lei nº 8.620/93.

Alternativa "b": incorreta. A justiça comum estadual é competente para processar e julgar ação de justificação judicial para habilitação de benefício previdenciário nos casos em que o domicílio do justificante não seja sede de vara federal. Trata-se de competência delegada prevista no art. 109, § 3º, da Constituição Federal.

Alternativa "d": incorreta. Em relação à carência a ser cumprida para a concessão do salário-maternidade, tem-se que:

- no caso dos empregados, trabalhadores avulsos e empregados domésticos, não se exige tempo mínimo de contribuição para a Previdência Social;
- no caso dos segurados facultativos e contribuintes individuais, a exigência é de dez contribuições mensais;
- no caso do segurado especial, há que se comprovar o trabalho efetivo na atividade rural, ainda que de forma descontínua, por 10 meses anteriores à data do fato gerador do benefício.

No que diz respeito ao período de gozo do salário-maternidade nos casos de adoção e de guarda judicial para fins de adoção, é importante registrar que o segurado adotante receberá o benefício por 120 dias, independentemente da idade da criança adotada. Isso porque houve alteração na Lei nº 8.213/91 pela Lei nº 12.873/2013 que uniformizou o período de recebimento do salário-maternidade para a adoção ou guarda judicial para fins de adoção de criança, independentemente da idade da criança adotada.

Alternativa "e": incorreta. É possível o reconhecimento do exercício de atividade especial em data anterior à legislação que a teria incluído no mundo jurídico, a exemplo do que entendeu o STF no julgamento do AgRg no REsp 1015694/RS, Rel. Ministra Maria Thereza de Assis Moura, Sexta Turma, julgado em 16/12/2010, DJe 01/02/2011, *in verbis*:

> *"AGRAVO REGIMENTAL NO RECURSO ESPECIAL. PREVIDENCIÁRIO. TEMPO DE SERVIÇO. EXERCÍCIO DE ATIVIDADE ESPECIAL PARA FINS DE CONCESSÃO DE APOSENTADORIA ESPECIAL. LEI ORGÂNICA DA PREVIDÊNCIA SOCIAL. ARTIGO 162 DA LEI 3.807/1960 (LOPS). RETROATIVIDADE. POSSIBILIDADE. AGRAVO IMPROVIDO. I – A controvérsia a ser dirimida nos presentes autos está em saber se é possível o reconhecimento do exercício de atividade insalubre e perigosa, para fins de conversão do benefício de aposentadoria por tempo de contribuição em aposentadoria especial, em período anterior à edição da Lei Orgânica da Previdência Social, Lei nº 3.807/60, diploma legal que instituiu a mencionada aposentadoria. II – A Lei nº 3.807/60, em seu art. 162, traz determinação expressa no sentido de se assegurar aos beneficiários todos os direitos outorgados pelas respectivas legislações, levando, pois, à conclusão de ser possível o reconhecimento de tempo de serviço especial exercido antes do aludido diploma. III – Tal hipótese não diz respeito à concessão retroativa do benefício de aposentadoria especial, tampouco à possibilidade de aplicação retroativa de lei nova que estabeleça restrição ao cômputo do tempo de serviço, hipóteses nas quais prevalece a aplicação do princípio do tempus regit actum. IV – In casu, discute-se a possibilidade do reconhecimento do exercício de atividade especial em data anterior à legislação que teria trazido tal benefício ao mundo jurídico. V – Se de fato ocorreu a especialidade do tempo de serviço, com exercício em data anterior à legislação que criou a aposentadoria especial, é possível o reconhecimento da atividade especial em período anterior a legislação instituidora. (sem destaque no original) VI – Interpretação diversa levaria à conclusão de que o segurado, sujeito a condições insalubres de trabalho, só teria direito à aposentadoria especial após 15, 20 e 25 anos de trabalho exercido depois da Lei nº 3.807/60, desconsiderando, portanto, todo o período de labor, também exercido em tal situação, porém em data anterior à lei de regência. VII – Ademais, o objetivo da norma restaria prejudicado, pois tornaria a aposentadoria por tempo de contribuição ou por idade mais célere do que a especial, vez que o segurado preencheria, com menor lapso de tempo, os requisitos para a obtenção da aposentadoria comum. VIII – Agravo Regimental improvido."*

26. (CESPE – Juiz Federal Substituto 5ª Região/ 2011) – Em relação às fontes e princípios e à eficácia e interpretação das normas de seguridade, assinale a opção correta.

a) Com base no princípio constitucional de irredutibilidade do valor dos benefícios, não se admite redução do valor nominal do benefício previdenciário pago em atraso, exceto na hipótese de índice negativo de correção para os períodos em que ocorra deflação.

b) As fontes formais do direito previdenciário consistem nos fatores que interferem na produção de suas normas jurídicas, como, por exemplo, os fundamentos do surgimento e da manutenção dos seguros sociais e os costumes no âmbito das relações entre a autarquia previdenciária – no caso, o INSS – e o segurado.

4 Informativo STF nº 607.

c) Havendo antinomia entre norma principiológica e norma infraconstitucional, a questão se resolve pela sobreposição da norma constitucional à legal, razão pela qual o STF declarou a inconstitucionalidade formal da Lei nº 9.876/1999, na parte que estendeu o salário-maternidade às contribuintes individuais, sob o argumento de que a CF somente prevê o benefício expressamente às empregadas urbanas, rurais e domésticas e às trabalhadoras avulsas.

d) Diante de aparente antinomia entre normas principiológicas ou constitucionais, não é correto, segundo a doutrina dominante, falar-se em conflito, mas em momentâneo estado de tensão ou de mal-estar hermenêutico, cuja solução não se dá pela exclusão de uma norma do ordenamento jurídico, como ocorre com as regras em geral, mas pela ponderação entre os princípios, em cada caso concreto.

e) A interpretação teleológica das normas previdenciárias consiste na análise da norma no contexto desse ramo do direito ou do ordenamento jurídico como um todo, e não, isoladamente. Busca-se, com isso, a integração da norma com os princípios norteadores e demais institutos aplicáveis.

COMENTÁRIOS

Alternativa correta: "d". Perfeita a assertiva. Digna de memorizá-la.

Alternativa "a": errada. O valor dos benefícios não poderá sofrer redução nominal, mesmo que haja deflação.

Alternativa "b": errada. As fontes formais do direito previdenciário são a Constituição Federal, as leis e demais atos normativos, além da jurisprudência. Os costumes não são considerados fontes formais do direito, mas meios de integração da norma.

Alternativa "c": errada. Não é verdade que o STF declarou a inconstitucionalidade formal da Lei nº 9.876/1999, na parte que estendeu o salário-maternidade às contribuintes individuais. Tampouco é verdade que a Constituição somente prevê o benefício expressamente às empregadas urbanas, rurais e domésticas e às trabalhadoras avulsas. A Constituição Federal prevê como objetivo da Previdência Social a proteção à maternidade, especial à gestante.

Alternativa "e": errada. A interpretação teleológica consiste em apurar a finalidade objetivada pela norma jurídica. A interpretação teleológica da lei se faz perguntando o que o legislador quis buscar, atingir com a sua criação; qual seria o seu objetivo a alcançar com a nova lei.

Já a interpretação sistemática ou lógica consiste na análise da norma no contexto desse ramo do direito ou do ordenamento jurídico como um todo, e não, isoladamente.

27. (CESPE – Juiz Federal Substituto 3ª Região/2011) – Considerando a saúde, a assistência social, os princípios e a interpretação das normas da seguridade social, assinale a opção correta.

a) No cálculo da renda familiar per capita, para efeito de concessão do benefício assistencial de prestação continuada, é computado o benefício de mesma natureza já concedido a outro membro da família.

b) Caso o reajuste dos benefícios previdenciários, feito anualmente na mesma data do reajuste do salário mínimo, seja calculado em índice abaixo da inflação, haverá violação dos princípios constitucionais que garantem a irredutibilidade e a preservação do valor real dos benefícios.

c) O aposentado que continue a exercer atividade laborativa tem direito apenas ao salário-família e à reabilitação profissional, quando empregado; ainda assim, deve recolher contribuição previdenciária referente àquela atividade, o que se justifica no princípio constitucional da solidariedade.

d) Os tratados, convenções e outros acordos internacionais de que Estado estrangeiro ou organismo internacional e o Brasil sejam partes e que versem sobre matéria previdenciária serão interpretados como norma geral (*Lex generalis*).

e) A inscrição e a filiação são institutos que se aplicam a todas as áreas da seguridade social; por essa razão, somente o segurado e seus dependentes, nos termos da legislação previdenciária, têm direito aos serviços do Sistema Único de Saúde.

COMENTÁRIOS

✪ **Nota da Autora:** essa questão foi **anulada**, tendo a banca considerado a assertiva incompleta. Preliminarmente, o gabarito assinalou como opção correta a alternativa "c".

Alternativa "c": incompleta, segundo a banca que anulou a questão. Quando o aposentado continuar a exercer atividade laborativa que o filie obrigatoriamente ao RGPS, ele terá direito aos benefícios de salário-família e à reabilitação profissional, quando empregado ou trabalhador avulso. No entanto, terá direito ao salário-maternidade, o segurado ou a segurada de qualquer categoria que, mesmo aposentado, continuar a exercer atividade remunerada abrangida pelo RGPS, considerando-se a nova atividade exercida.

Alternativa "a": incorreta. Essa assertiva merece um pouco mais de atenção.

Se o benefício assistencial for para o idoso, o benefício de outro idoso, componente da mesma família, não é computado no cálculo da renda familiar per capita, em razão do disposto no art. 34, parágrafo único do Estatuto do Idoso (Lei nº 10.741/2003).

Há julgados que admitem que, também, o benefício de um salário mínimo recebido por pessoas maiores de 65 anos deve ser afastado da apuração da renda mensal familiar[5].

No caso do benefício de prestação continuada (BPC) da LOAS para a pessoa com deficiência, o entendimento da jurisprudência é no sentido de que não se pode computar na renda per capita familiar o benefício de mesma natureza já concedido a outro membro da família[6].

Alternativa "b": incorreta. Caso o reajuste dos benefícios previdenciários, feito anualmente na mesma data do reajuste do salário mínimo, seja calculado em índice abaixo da inflação, haverá violação dos princípios constitucionais que garantem a irredutibilidade e a preservação do valor real dos benefícios. Isso vai acontecer mesmo que o reajuste não seja feito na mesma data do reajuste do salário mínimo.

Alternativa "d": incorreta. Os tratados, convenções e outros acordos internacionais de que Estado estrangeiro ou organismo internacional e o Brasil sejam partes e que versem sobre matéria previdenciária serão interpretados como norma especial.

Alternativa "e": incorreta. Vários erros. Inscrição e filiação são institutos específicos da previdência social, embora haja inscrição para o recebimento de benefícios assistenciais. As ações e serviços públicos de saúde são concedidos a todos, independentemente de contribuição à seguridade social. A saúde é um direito de todos e um dever do Estado. Não há vinculação dos serviços de saúde somente aos filiados da previdência social.

5 Incidente de Uniformização nº 7203, de 10.08.2011, 3ª Seção do STJ.

6 A Instrução Normativa nº 02/AGU autoriza a não interposição de recurso nas ações de pedido de concessão de benefício assistencial da LOAS por idosos quando não for considerado na aferição: a) o benefício assistencial, no valor de um salário mínimo, recebido por outro idoso com 65 anos ou mais, que faça parte do mesmo núcleo familiar; b) o benefício assistencial, no valor de um salário mínimo, recebido por pessoa com deficiência, que faça parte do mesmo núcleo familiar; c) o benefício previdenciário consistente em aposentadoria ou pensão por morte instituída por idoso, no valor de um salário mínimo, recebido por outro idoso com 65 anos ou mais, que faça parte do mesmo núcleo familiar.
A mesma autorização é dada para as ações de pedido de LOAS, quando requerido por pessoa com deficiência, não for considerado na aferição da renda per capita familiar:

a) o benefício assistencial, no valor de um salário mínimo, recebido por idoso com 65 anos ou mais, que faça parte do mesmo núcleo familiar; b) o benefício assistencial, no valor de um salário mínimo, recebido por pessoa com deficiência, que faça parte do mesmo núcleo familiar.

4. DOS SEGURADOS DO REGIME GERAL DE PREVIDÊNCIA SOCIAL (RGPS) ENQUADRAMENTO, FILIAÇÃO E INSCRIÇÃO, MANUTENÇÃO E PERDA DA CONDIÇÃO DE SEGURADO

- Lei nº 8.212/91: arts. 12 ao 14.
- Lei nº 8.213/91: arts. 11 ao 13; 15 ao 17.
- Decreto nº 3.048/99: arts. 9º ao 11; 13 e 14; 18 ao 21.

28. (Cespe – Defensor Público – DPU/2017) – A respeito da condição de segurados e dependentes no RGPS e da fonte de custeio desse regime, julgue os itens subsequentes.

Em caso de morte do segurado seringueiro recrutado para a produção de borracha na região amazônica durante a Segunda Guerra Mundial, sua pensão especial vitalícia poderá ser transferida aos seus dependentes reconhecidamente carentes.

COMENTÁRIOS

Item correto.

É devida pensão mensal vitalícia aos seringueiros recrutados nos termos do Decreto-Lei 5.813/64 e que:

- tenham trabalhado durante a 2ª Guerra Mundial nos seringais da Região Amazônica ou
- tenham trabalhando como seringueiro na região amazônica atendendo ao apelo do governo brasileiro, contribuindo para o esforço de guerra na produção da borracha, durante a 2ª Guerra Mundial e
- não possuam meios para a sua subsistência e da sua família.

A pensão dos "soldados da borracha" é transferível aos seus dependentes que comprovem o estado de carência.

No entanto, o benefício não gera abono anual.

Na hipótese de o requerente residir em casa de outrem, parente ou não, ou de vivenciar a condição de internado ou de recolhido em instituição de caridade, não terá prejudicado o direito à pensão mensal vitalícia.

O início da pensão mensal vitalícia do seringueiro será fixado na data da entrada do requerimento e o valor mensal corresponderá a dois salários mínimos vigentes no País.

29. (CESPE – Procurador do MP junto ao TCU/2015) – Acerca de segurados, dependentes, filiação e carência, assinale a opção correta.

a) O menor aprendiz é enquadrado na categoria de segurado facultativo.

b) No que concerne ao concubinato, relação desenvolvida paralelamente ao casamento sem a separação dos cônjuges, o STJ admite a condição de dependente do concubino.

c) Para fins de prorrogação do período gratuito para o segurado desempregado, entende o STJ que a ausência de anotação laboral na CTPS do segurado não é suficiente para comprovar a sua situação de desemprego.

d) Situação hipotética: Pedro desenvolveu duas atividades laborais de modo concomitante: na primeira, manteve vínculo empregatício; na segunda, vendeu sorvete por conta própria em estádios de futebol aos finais de semana. Assertiva: Nessa situação, não é possível que ele seja filiado, ao mesmo tempo, como segurado empregado e contribuinte individual.

e) Durante o exercício do mandato eletivo, o dirigente sindical perde a filiação ao RGPS.

COMENTÁRIOS

Alternativa correta: "c". Embora o STJ entenda que outras provas admitidas em Direito possam servir para comprovar a situação de desemprego do segurado, esse Egrégio Tribunal firmou o posicionamento de que a ausência de anotação de contrato de trabalho na CTPS do segurado não é suficiente para comprovar sua situação de desemprego[7].

Alternativa "a": incorreta. O menor aprendiz é segurado obrigatório do RGPS, enquadrado na condição de empregado.

Alternativa "b": incorreta. Concubinato é a relação que se desenvolve paralelamente ao casamento sem a separação, de fato ou judicial, dos cônjuges.

A relação de concubinato não é protegida pelo Estado.

O STJ entende que no concubinato impuro a companheira não tem direito à pensão por morte, pois a condição de dependente é reservada com exclusividade ao cônjuge[8].

Alternativa "d": incorreta. Na situação apresentada, Pedro será filiado ao RGPS em relação a cada atividade exercida. Será filiado como empregado por manter vínculo empregatício e será filiado na condição de contribuinte individual relativamente à atividade de vendedor eventual de sorvetes. Veja o que dispõe o art. 11, §2º, da Lei nº 8.213/91:

> *"§2º. Todo aquele que exercer, concomitantemente, mais de uma atividade remunerada sujeita ao Regime Geral de Previdência Social é obrigatoriamente filiado em relação a cada uma delas."*

Alternativa "e": incorreta. A assertiva contraria o que dispõe o §4º do art. 11 da Lei nº 8.213/91:

> *"§4º. O dirigente sindical mantém, durante o exercício do mandato eletivo, o mesmo enquadramento no Regime Geral de Previdência Social- RGPS de antes da investidura."*

---

30. (CESPE/Defensor Público Federal/DPU/2015) – Em relação aos segurados do RGPS e seus dependentes, julgue o item subsecutivo.

O bolsista remunerado que se dedica em tempo integral à pesquisa e o segurado recolhido à prisão sob regime fechado — e que, nesta condição, exerça atividade artesanal por conta própria dentro da unidade prisional — são segurados obrigatórios do RGPS.

COMENTÁRIOS

Item incorreto. Ambos são segurados facultativos.

Mesmo que o presidiário venha a exercer atividade artesanal por conta própria dentro da unidade prisional, ele vai ser enquadrado como segurado facultativo do RGPS. É o que está disposto no art. 11, inciso XI do Decreto nº 3.048/99, incluído pelo Decreto nº 7.054/2008.

---

31. (CESPE/Defensor Público da União/2015) – Em relação aos segurados do RGPS e seus dependentes, julgue o item subsecutivo.

O fato de um dos integrantes do seu núcleo familiar desempenhar atividade urbana não implica, por si só, a descaracterização do trabalhador rural como segurado especial, devendo-se proceder à análise do caso concreto.

COMENTÁRIOS

A assertiva está correta. É o que entende a Turma Nacional de Uniformização de Jurisprudência dos Juizados Especiais Federais – TNU através do enunciado da Súmula nº 41:

> *"A circunstância de um dos integrantes do núcleo familiar desempenhar atividade urbana não implica, por si só, a descaracterização do trabalhador rural como segurado especial, condição que deve ser analisada no caso concreto."*

---

32. (CESPE/Juiz Federal Substituto/TRF – 1ª Região/2015) – Manterá a condição de segurado,

a) independentemente de contribuições, aquele que estiver em gozo de benefício.

7 REsp 1.338.295-RS, Rel. Min. Sérgio Kukina, julgado em 25/11/2014, DJe 1º/12/2014. (Informativo nº 553).

8 REsp 1633798/RS, Rel. Min. OG. Fernandes, julgado em 27/10/2016, DJe 07/11/2016

b) pelo máximo de até seis meses após a cessação das contribuições, o segurado que deixar de exercer atividade remunerada abrangida pela previdência social.

c) pelo máximo de até dezoito meses após cessar a segregação, o segurado acometido de doença de segregação compulsória.

d) pelo máximo de até dezoito meses após o livramento, o segurado retido ou recluso.

e) pelo máximo de até seis meses após o licenciamento, o segurado incorporado às Forças Armadas para prestar serviço militar.

COMENTÁRIOS

Alternativa correta: "a". O segurado permanece vinculado à previdência social, sem limite de prazo, quando estiver em gozo de benefício previdenciário.

Alternativa "b": incorreta. O segurado que deixar de exercer atividade remunerada abrangida pela previdência social permanecerá vinculado à Previdência Social pelo prazo de 12 meses.

Alternativa "c": incorreta. O segurado acometido de doença de segregação compulsória permanecerá na qualidade de segurado do RGPS até 12 meses após a cessação da segregação.

Alternativa "d": incorreta. O segurado detido ou recluso permanece na condição de segurado por até 12 meses após o livramento.

Alternativa "e": incorreta. O segurado incorporado às Forças Armadas para prestar serviço militar permanece vinculado ao RGPS por até 03 meses após o licenciamento.

---

33. (CESPE/Defensor Público da União/2015) – Em regra, mantêm a qualidade de segurado por até doze meses, independentemente de contribuições, o segurado empregado, o avulso, o doméstico e o facultativo.

COMENTÁRIOS

Assertiva errada. O segurado facultativo mantém a qualidade de segurado por até 06 meses, quando cessar suas contribuições.

---

34. (CESPE – Procurador do MP junto ao TCE-PB/2014) – A respeito do RGPS, assinale a opção correta.

a) Os pais do segurado são considerados dependentes preferenciais, motivo pelo qual ficam dispensados de comprovar a sua dependência econômica.

b) Aquele que presta serviço de natureza contínua a pessoa ou família, no âmbito residencial desta e em atividade sem fins lucrativos, não é considerado segurado obrigatório do RGPS.

c) O segurado empregado que, ininterruptamente, contribuir por doze anos e cinco meses para o RGPS e, voluntariamente, deixar de exercer atividade remunerada abrangida pela previdência social por vinte meses perderá a qualidade de segurado.

d) Independe de carência a concessão do salário-maternidade para as seguradas empregadas, empregadas domésticas e seguradas facultativas.

e) Nenhum benefício previdenciário concedido pelo INSS poderá ser inferior a um salário mínimo, nem superior ao do limite máximo do salário-de-contribuição na data de início do benefício.

COMENTÁRIOS

✪ **Nota da Autora:** a questão foi **anulada** pela banca examinadora. **Todas as alternativas estão incorretas.**

Alternativa "a": incorreta. Os pais do segurado são dependentes de 2ª classe e devem comprovar a sua dependência econômica em relação ao filho.

Os dependentes de 1ª classe (cônjuge, companheiro(a), filhos, de qualquer condição, não emancipados, menores de 21 anos ou inválidos ou que possuem deficiência intelectual ou mental ou deficiência grave) são os únicos que têm dependência econômica presumida.

Alternativa "b": incorreta. Aquele que presta serviço de natureza contínua a pessoa ou família, no âmbito residencial desta e em atividade sem fins lucrativos, é considerado segurado obrigatório do RGPS, na condição de empregado doméstico.

Com o advento da Lei Complementar nº 150/2015, o empregado doméstico é aquele que presta serviços de forma contínua, subordinada, onerosa e pessoal e de finalidade não lucrativa à pessoa ou à família, no âmbito residencial destas, por mais de 2 (dois) dias por semana.

Alternativa "c": incorreta. Nesta assertiva, o examinador leva o candidato a ficar confuso com as informações trazidas. Trata-se, na verdade, do período de graça previsto no art. 15 da Lei nº 8.213/91.

O segurado que deixar de exercer atividade remunerada abrangida pela previdência social, manterá seu vínculo com a previdência social por até 12 meses. Caso tenha pago mais de 120 contribuições mensais sem interrupção que acarrete a perda da qualidade de segurado, o período de graça passa a ser de 24 meses.

No caso apresentado na questão, como o segurado tem mais de 120 contribuições ininterruptas, ele perderá a qualidade de segurado após 24 meses, caso deixe de exercer atividade remunerada abrangida pela Previdência Social.

Alternativa "d": incorreta. Para a concessão do salário-maternidade para as seguradas empregadas, empregadas domésticas e trabalhadoras avulsas, **não se exige carência** mínima de contribuições à Previdência Social. No entanto, para as seguradas contribuinte individual e facultativa, a carência mínima exigida para a concessão do salário-maternidade é de 10 contribuições mensais.

Alternativa "e": incorreta. Os benefícios que não são substitutos do salário de contribuição ou do rendimento do trabalho do segurado poderão ter valor inferior ao salário mínimo. Como exemplos, podem ser citados os benefícios de salário-família e auxílio-acidente.

Os benefícios previdenciários de prestação continuada não terão valor superior ao do limite máximo do salário de contribuição, **exceto a aposentadoria por invalidez, no caso do aposentado necessitar da assistência permanente de outra pessoa.**

O valor da aposentadoria por invalidez do segurado que necessitar da assistência permanente de outra pessoa será acrescido de 25%, podendo o valor total recebido ultrapassar o limite máximo estabelecido para os benefícios do RGPS.

35. (CESPE - Cartório - TJ-DF/2014) – No que se refere à previdência social, assinale a opção correta.

a) É segurado obrigatório da previdência social, como empregado, o exercente de mandato eletivo estadual, desde que não vinculado a regime próprio de previdência social.

b) Consideram-se dependentes do segurado da previdência social os avós, na ausência de esposa ou marido inválido com direito às prestações.

c) A previdência social constitui a política social que visa atender necessidades básicas da população, traduzidas em proteção à família, à maternidade, à infância, à velhice e a riscos sociais, independentemente de contribuição à seguridade social.

d) A descentralização político-administrativa, conforme determinação legal, constitui diretriz a ser observada na organização da previdência social.

e) Os municípios estão dispensados de aportar recursos à previdência social.

COMENTÁRIOS

✪ **Nota da Autora:** a questão engloba assertivas relativas a diversos assuntos da previdência social. Mas, escolhi colocá-la no capítulo do segurado, em razão da assertiva correta trata deste tópico.

Alternativa correta: "a". O exercente de mandato eletivo federal, estadual ou municipal, desde que não vinculado a regime próprio de previdência social, é enquadrado como segurado obrigatório do regime geral de previdência social (RGPS), na condição de empregado.

Alternativa "b": incorreta. Os avós não estão elencados como dependentes do RGPS, como se pode verificar pelo quadro abaixo.

1ª classe	O cônjuge, o companheiro a companheira e o filho não emancipado, de qualquer condição, menor de 21 anos ou inválido ou que tenha deficiência intelectual ou mental ou deficiência grave;
2ª classe	os pais;
3ª classe	Irmão não emancipado, de qualquer condição, menor de 21 anos ou inválido ou que tenha deficiência intelectual ou mental ou deficiência grave.

Alternativa "c": incorreta. É a **assistência social** que constitui a política social que visa atender necessidades básicas da população, traduzidas em proteção à família, à maternidade, à infância, à velhice e a riscos sociais, independentemente de contribuição à seguridade social. É o que se verifica pelo disposto no art. 203, inciso I, da Constituição Federal.

Alternativa "d": incorreta. A descentralização político-administrativa constitui diretriz a ser observada na organização das ações governamentais na área da **assistência social,** cabendo a coordenação e as normas gerais à esfera federal e a coordenação e a execução dos respectivos programas às esferas estadual e municipal, bem como às entidades beneficentes e de assistência social. É o que determina o art. 204, inciso I, da Constituição Federal.

Alternativa "e": incorreta. A seguridade social, segundo dispõe o art. 195, *caput*, da Constituição Federal será financiada, de forma indireta, com recursos provenientes dos orçamentos da União, dos Estados, do Distrito Federal e dos Municípios.

Por outro lado, não se pode deixar de lembrar que os municípios são enquadrados como empresas pelos arts. 14 da Lei nº 8.213/91 e 15, da Lei nº 8.212/91. Sendo assim, quando contratarem serviços de pessoas físicas, mesmo que sem vínculo empregatício, estarão sujeitos ao pagamento de contribuição previdenciária, conforme previsão no art. 22, da Lei nº 8.212/91.

36. (CESPE - Procurador Federal/2013) – Julgue o item a seguir, relativo à seguridade social.

– O servidor público federal ocupante de cargo em comissão, sem vínculo efetivo com a União, autarquias ou fundações públicas federais, é segurado obrigatório do RGPS na condição de empregado.

COMENTÁRIOS

✪ **Nota da Autora:** a questão sofreu interposição de recurso por vários candidatos, à época do concurso, mas, infelizmente, a banca examinadora não acatou as razões expostas. Continuou entendendo que o item estava errado.

Pelo gabarito oficial o item está errado, embora a autora discorde da posição da banca examinadora.

O art. 11, inciso I, alínea "g", da Lei nº 8.213/91 dispõe:

> *"Art. 11. São segurados obrigatórios da Previdência Social as seguintes pessoas físicas:*
>
> *I* – **como empregado:**
>
> *g) o servidor público ocupante de cargo em comissão, sem vínculo efetivo com a União, Autarquias, inclusive em regime especial, e Fundações Públicas Federais."*

Entendo que o item deva ser considerado correto.

37. (CESPE – Defensor Público – DF/2013) – Acerca do RGPS, julgue o item a seguir.

Considere a seguinte situação hipotética.

Em julho de 2011, depois de pagar ininterruptamente por mais de dez anos contribuições mensais à previdência social, Maria foi demitida da empresa onde trabalhava como balconista e, desde então, ela não recolheu contribuições para a previdência social.

– Em face dessa situação hipotética, é correto afirmar que, em março de 2013, Maria ainda mantinha a qualidade de segurada.

COMENTÁRIOS

✪ **Nota da Autora:** a questão deve ser avaliada sob a ótica do art. 15 da Lei nº 8.213/91 que trata das hipóteses em que o segurado mantém seu vínculo com a Previdência Social, independentemente de contribuições.

O item está correto. Maria é segurada obrigatória do RGPS e deixou de contribuir para a Previdência social a partir de julho de 2011.

No entanto, como Maria já contava com mais de 120 contribuições ininterruptas à Previdência Social, ela manterá sua qualidade de segurada por até 24 meses, aplicando-se o disposto no art. 15, II, § 1º, da Lei nº 8.213/91.

Portanto, é correto afirmar que, em março de 2013, Maria ainda mantinha a qualidade de segurada.

O seu vínculo com o RGPS será mantido até julho de 2013.

E, caso, essa demissão seja involuntária e registrada perante o órgão do Ministério do Trabalho[9], Maria terá sua condição de segurada do RGPS mantida por até 36 meses (art. 15, II, §§ 1º e 2º, Lei nº 8.213/91).

9 O Ministério do Trabalho e Emprego foi transformado em Ministério do Trabalho e Previdência Social por meio da Lei nº 13.266/2016. Mais tarde, foi transformado em Ministério do Trabalho com a edição da Medida Provisória nº 726/2016, convertida na Lei nº 13.341/2016.

38. (CESPE – Defensor Público – DF/2013) – Acerca do RGPS, julgue o item a seguir.

É segurado obrigatório da previdência social o estrangeiro domiciliado e contratado no Brasil para trabalhar como empregado em sucursal de empresa nacional no exterior.

COMENTÁRIOS

O item está correto. Conforme dispõe o art. 11, inciso I, alínea "c", da Lei nº 8.213/91, o brasileiro ou o estrangeiro domiciliado e contratado no Brasil para trabalhar como empregado em sucursal ou agência de empresa nacional no exterior, é segurado obrigatório da Previdência Social.

39. (CESPE – Defensor Público – DF/2013) – Acerca do RGPS, julgue o item a seguir.

– Aquele que exerça, concomitantemente, duas atividades remuneradas sujeitas ao RGPS é obrigatoriamente filiado ao referido regime em relação a cada uma delas.

COMENTÁRIOS

O item está correto. É o que dispõe o art. 11, § 2º, da Lei nº 8.213/91.

40. (CESPE – Delegado de Polícia Federal – DPF/2013) – Acerca das normas que regem os segurados da previdência social, julgue o item abaixo.

– Caso um delegado da Polícia Federal eleito deputado no estado onde atue como delegado opte pelo exercício do mandato eletivo, ele não poderá se filiar ao RGPS dada a sua vinculação a regime próprio.

COMENTÁRIOS

O item está correto. O delegado da Polícia Federal é segurado do regime próprio de previdência social dos servidores públicos da União. Ele ocupa cargo público efetivo.

Sendo assim, não poderá se filiar ao RGPS, em razão da vedação constitucional prevista no art. 201, § 5º.

Mesmo exercendo mandato eletivo como deputado, ele não será enquadrado como segurado obrigatório do RGPS, pois ele possui vínculo efetivo com a União e a Lei nº 8.213/91 é clara ao dispor no art. 11, inciso I, alínea "g", que o exercente de mandato eletivo federal, estadual ou municipal, será enquadrado como segurado obrigatório da Previdência Social, **desde que não vinculado a regime próprio de previdência social.**

41. (CESPE – Juiz Federal Substituto 5ª Região/2013) – Em relação ao regime geral da previdência social, assinale a opção correta.

a) Não se requer prova de dependência econômica para que cônjuge, companheira, companheiro, filho não emancipado com menos de vinte e um anos de idade ou pais do segurado façam jus aos benefícios previdenciários na condição de seu dependente.

b) O menor de quatorze anos de idade pode ser segurado facultativo do regime geral da previdência social, desde que não esteja exercendo atividade remunerada que o enquadre como segurado obrigatório.

c) É permitida a filiação ao regime geral da previdência social, na qualidade de segurado facultativo, de pessoa participante de regime próprio previdenciário.

d) O segurado que deixa de exercer atividade remunerada abrangida pela previdência social mantém a qualidade de segurado até doze meses após a cessação das contribuições, independentemente do pagamento de novas contribuições.

e) O servidor público ocupante de cargo em comissão, sem vínculo efetivo com a União, suas autarquias ou fundações públicas, é considerado segurado facultativo da previdência social.

COMENTÁRIOS

Alternativa correta: "d". O Plano de Benefícios do Regime Geral, criado pela Lei nº 8.213/91, permite que o segurado, mesmo sem estar contribuindo para o RGPS, permaneça na qualidade de segurado por certo período. Esse período em que o segurado permanece vinculado ao RGPS mesmo sem estar contribuindo denomina-se período de graça. Período de graça porque nesse lapso de tempo ele não contribui, mas é considerado segurado do RGPS com direitos relativos às prestações e serviços que a Previdência Social oferece.

O período de graça para o segurado que deixa de exercer atividade remunerada abrangida pela previdência social é de até 12 meses.

Alternativa "a": incorreta. O cônjuge, o companheiro e a companheira e o filho não emancipado, menor de 21 anos, pertencem à 1ª classe de dependentes do RGPS. Eles não precisam comprovar dependência econômica em relação ao segurado para que sejam aceitos como dependentes. Já os pais do segurado precisam comprovar dependência econômica para fazer *jus* aos benefícios previdenciários na condição de seu dependente.

Alternativa "b": incorreta. Para ser segurado facultativo, é necessário que a pessoa tenha 16 anos ou mais. O menor de 14 anos não poderá ser segurado do RGPS em qualquer condição.

Alternativa "c": incorreta. Para que a pessoa física possa se filiar ao regime geral da previdência social, na qualidade de segurado facultativo, é necessário que ela não seja segurada obrigatória do RGPS ou participante de regime próprio previdenciário.

Alternativa "e": incorreta. O servidor público ocupante de cargo em comissão, sem vínculo efetivo com a União, suas autarquias ou fundações públicas, é considerado segurado **obrigatório** da previdência social, na condição de empregado.

42. (CESPE – Juiz Federal Substituto 2ª Região/2013) – A Lei nº 8.212/1991 prevê que tem a faculdade, e não a obrigatoriedade, de ser segurado da previdência social

a) o maior de quatorze anos de idade que se filiar ao RGPS mediante contribuição desde que não incluído em uma das hipóteses de segurado obrigatório.

b) o estrangeiro domiciliado e contratado no Brasil para trabalhar como empregado em sucursal ou agência de empresa nacional no exterior.

c) o estrangeiro que, com residência permanente no Brasil, preste serviço no Brasil a missão diplomática estrangeira.

d) o brasileiro civil domiciliado e contratado no exterior que trabalhe para a União, em organismos oficiais brasileiros localizados no exterior, e que não seja segurado na forma da legislação vigente do país do domicílio.

e) o empregado doméstico.

COMENTÁRIOS

✪ **Nota da Autora:** pelo enunciado da questão, verifica-se que o examinador requer que o candidato identifique o segurado facultativo.

O segurado facultativo é a pessoa física que não se enquadra na qualidade de segurado obrigatório do RGPS, tampouco figura como segurado obrigatório de regime próprio de previdência social e que, por vontade própria, filia-se ao RGPS a fim de obter proteção previdenciária do Estado.

Alternativa correta: "a". A banca considerou a alternativa "a" como correta, porque se pautou única e exclusivamente no que está disposto no art. 14 da Lei nº 8.212/91.

Não observou o disposto no art. 11 do Decreto nº 3.048/99 que dispõe que "é segurado facultativo o maior de dezesseis anos de idade que se filiar ao Regime Geral de Previdência Social, mediante contribuição, na forma do art. 199, desde que não esteja exercendo atividade remunerada que o enquadre como segurado obrigatório da previdência social."

O Decreto nº 3.048/99 foi alterado em razão da alteração que sofreu a Constituição Federal quanto à idade mínima para exercer atividade laborativa. Se os segurados obrigatórios vão se filiar ao RGPS somente a partir dos 16 anos, salvo o menor-aprendiz, nada mais justo e coerente que o segurado facultativo somente possa se filiar, também, a partir dos 16 anos de idade.

Alternativa "b": incorreta. O estrangeiro domiciliado e contratado no Brasil para trabalhar como empregado em sucursal ou agência de empresa nacional no exterior é segurado obrigatório do RGPS, na condição de empregado.

Alternativa "c": incorreta. O estrangeiro que, com residência permanente no Brasil, preste serviço no Brasil a missão diplomática estrangeira é segurado obrigatório do RGPS, na condição de empregado. Caso não tenha residência permanente no Brasil, não estará amparado pela Previdência Social brasileira.

Alternativa "d": incorreta. O brasileiro civil domiciliado e contratado no exterior que trabalhe para a União, em organismos oficiais brasileiros localizados no exterior, e que não seja segurado na forma da legislação vigente do país do domicílio, é segurado obrigatório do RGPS, na condição de empregado.

Alternativa "e": incorreta. O empregado doméstico é segurado obrigatório do RGPS.

---

43. (CESPE – Defensor Público – RR/2013) – É considerado segurado obrigatório da previdência social como

a) contribuinte individual o brasileiro civil que trabalhe no exterior para organismo oficial internacional de que o Brasil seja membro efetivo, ainda que lá domiciliado e contratado e coberto por regime próprio de previdência social.

b) trabalhador avulso quem preste, a diversas empresas, com vínculo empregatício, serviço de natureza urbana ou rural definidos em regulamento.

c) empregado aquele que preste serviço de natureza urbana ou rural à empresa, em caráter eventual ou não, sob sua subordinação e mediante remuneração.

d) empregado o brasileiro ou o estrangeiro domiciliado e contratado no exterior para trabalhar como empregado em sucursal ou agência de empresa nacional no exterior.

e) empregado doméstico aquele que preste serviço de natureza contínua a pessoa ou família, no âmbito residencial desta, em atividades sem fins lucrativos.

COMENTÁRIOS

Alternativa correta: "e". É o que está disposto no art. 11, II, da Lei nº 8.213/91.

Com o advento da Lei Complementar nº 150/2015, o empregado doméstico é aquele que presta serviços de forma contínua, subordinada, onerosa e pessoal e de finalidade não lucrativa à pessoa ou à família, no âmbito residencial destas, por mais de 2 (dois) dias por semana.

Alternativa "a": incorreta. O brasileiro civil que trabalhe no exterior para organismo oficial internacional de que o Brasil seja membro efetivo, ainda que lá domiciliado e contratado e **coberto** por regime próprio de previdência social **não é segurado do RGPS.** Ele seria enquadrado como contribuinte individual se fosse trabalhar no exterior para organismo oficial internacional de que o Brasil seja membro efetivo, ainda que lá domiciliado e contratado, sem amparo previdenciário do país do domicílio.

Alternativa "b": incorreta. O trabalhador avulso não possui vínculo empregatício com as empresas para a qual presta serviços.

Alternativa "c": incorreta. O empregado não presta serviço em caráter eventual. Uma das características do vínculo empregatício é a habitualidade na prestação do serviço.

Alternativa "d": incorreta. Para ser enquadrado como segurado empregado no RGPS, o brasileiro ou o estrangeiro tem que ser **domiciliado e contratado no Brasil** para trabalhar como empregado em sucursal ou agência de empresa nacional no exterior.

---

44. (CESPE – Defensor Público – TO/2013) – Com relação às normas que regem o RGPS, assinale a opção correta.

a) A idade mínima para a filiação no RGPS é dezesseis anos de idade, não prevendo a lei qualquer exceção.

b) Considera-se presumida, não necessitando, portanto, de comprovação, a dependência econômica do cônjuge, do companheiro, da companheira, dos pais e dos filhos não emancipados.

c) A perda da qualidade de segurado implica a perda automática das contribuições efetuadas no período anterior, para fins de carência.

d) Para efeito do cálculo do salário de benefício na aposentadoria por tempo de contribuição, o valor do fator previdenciário será inversamente proporcional ao tempo de contribuição.

e) Considere que, ao contratar um empregado doméstico, o empregador tenha recolhido sem atraso a primeira contribuição. Nessa situação, as contribuições referentes às competências posteriores serão sempre consideradas para efeito de carência, ainda que pagas com atraso.

COMENTÁRIOS

✪ **Nota da Autora:** embora a questão trate de temas diversos preferi abordá-la neste capítulo em razão de haver assertivas acerca do salário de benefício e da carência exigida para os benefícios.

Alternativa correta: "e". A carência mínima de contribuições exigida para a concessão de determinados benefícios previdenciários era computada, para o empregado doméstico, o contribuinte individual e o segurado facultativo, a partir da data do efetivo pagamento da primeira contribuição paga sem atraso. É o que determinava o art. 27 da Lei nº 8.213/91, antes da alteração trazida pela Lei Complementar nº 150/2015.

Com a nova redação do art. 27, I, da Lei de Benefícios o empregado doméstico passou a gozar de presunção de recolhimento como o empregado, o trabalhador avulso e o contribuinte individual que presta serviço à empresa.

Quando o segurado contribuinte individual tiver prestado serviço à empresa, cuja responsabilidade é de reter e recolher a contribuição do segurado, não se aplicará o disposto no 27, II, da Lei nº 8.213/91. Ele terá computada sua contribuição ainda que o recolhimento não tenha sido realizado pela empresa tomadora do serviço.

Para os segurados que possuem presunção de recolhimento da contribuição previdenciária não se há de falar de recolhimento em atraso, devendo a carência ser computada a contar do mês da filiação, independentemente do recolhimento. São eles: empregado, empregado doméstico, trabalhador avulso e contribuinte individual que presta serviços à empresa.

Alternativa "a": incorreta. A única exceção que se prevê para que a pessoa física filie-se ao RPGS antes de completar 16 anos de idade é a do menor-aprendiz. O menor-aprendiz poderá exercer atividade remunerada a partir dos 14 anos de idade, tendo sua filiação ao RGPS como empregado a partir dessa data.

Alternativa "b" está incorreta, uma vez que os pais precisam comprovar dependência econômica dos filhos segurados para se enquadrarem como seus dependentes no RGPS. A dependência econômica do cônjuge, do companheiro e dos filhos é presumida.

Alternativa "c": incorreta. A perda da qualidade de segurado não implica na perda automática das contribuições efetuadas no período anterior, para fins de carência.

No entanto, a Lei nº 13.457/2017 acrescentou à Lei nº 8.213/1991 o art. 27-A:

> *"Art. 27- A. No caso de perda da qualidade de segurado, para efeito de carência para a concessão dos benefícios de que trata esta Lei, o segurado deverá contar, a partir da nova filiação à Previdência Social, com metade dos períodos previstos nos incisos I e III do* ***caput*** *do art. 25."* (Incluído pela Lei nº 13.457, de 2017)

Desse modo, caso o segurado venha a perder o vínculo com o RGPS, ele somente passará a ter direito aos benefícios de auxílio-doença, de aposentadoria por invalidez e de salário-maternidade, quando cumprir a metade do número de contribuições exigido para fins de carência, contado a partir da nova filiação.

Alternativa "d" está incorreta. As variáveis que influenciam no fator previdenciário são: tempo de contribuição, idade do segurado ao se aposentar e sua expectativa de sobrevida. Pela fórmula do fator previdenciário abaixo, pode-se concluir que quanto maior o tempo de contribuição do segurado, maior será o valor do fator previdenciário.

Fator Previdenciário:

$$F = \frac{Tc \times a}{Es} \times [1 + \frac{(Id + Tc \times a)]}{100}$$

F = Fator Previdenciário

Tc = Tempo Contribuição até o momento da aposentadoria

a = Alíquota de contribuição correspondente a 0,31

Id = Idade no momento da aposentadoria

Es = Expectativa de sobrevida no momento da aposentadoria

Como o cálculo do salário de benefício na aposentadoria por tempo de contribuição, se faz pela média aritmética simples dos maiores salários de contribuição correspondentes a 80% do período contributivo, multiplicada pelo fator previdenciário, quanto maior o tempo de contribuição do segurado, maior será o seu salário de benefício.

O fator previdenciário somente será utilizado no cálculo da aposentadoria por tempo de contribuição do segurado com deficiência se for resultar numa renda mais elevada.

---

45. (CESPE - Defensor Público - TO/2013) - Acerca das normas que regulam os segurados e dependentes do RGPS, assinale a opção correta.

a) O defensor público estadual que assumir cargo de ministro de Estado será considerado, durante o período em que exercer o cargo em comissão, segurado obrigatório do RGPS, ficando temporariamente excluído do regime próprio de origem.

b) Apesar de não poder ser dependente, a pessoa jurídica, por contribuir para a previdência social, é considerada beneficiária na qualidade de segurado obrigatório.

c) O segurado que exerça mais de uma atividade abrangida pelo RGPS deve filiar-se como segurado obrigatório em relação a cada uma dessas atividades, não sendo possível, entretanto, que ostente, ao mesmo tempo, a qualidade de dependente.

d) Considere que uma empresa, durante as festividades de final de ano, contrate, pelo período de dois meses, trabalhadores para atender ao aumento extraordinário de serviço. Nessa situação, esses trabalhadores temporários serão filiados obrigatórios do RGPS na qualidade de segurado empregado.

e) Deputado federal será sempre filiado obrigatório do RGPS, na condição de segurado empregado.

COMENTÁRIOS

Alternativa correta: "d". É segurado obrigatório da Previdência Social, como empregado, aquele que, contratado por empresa de trabalho temporário, definida em legislação específica, presta serviço para atender a necessidade transitória de substituição de pessoal regular e permanente ou a acréscimo extraordinário de serviços de outras empresas.

Alternativa "a": errada. O defensor público estadual que assumir cargo de ministro de Estado, **não** será considerado segurado obrigatório do RGPS. Embora exerça o cargo em comissão, o defensor público ocupa cargo público efetivo que o vincula ao regime próprio de previdência do Estado.

Alternativa "b": errada. Somente as pessoas físicas poderão ser seguradas da Previdência Social.

Alternativa "c": errada. O segurado que exerça mais de uma atividade abrangida pelo RGPS deve filiar-se como segurado obrigatório em relação a cada uma dessas atividades.

A mesma pessoa física pode figurar no RGPS como segurada e como dependente. Basta que, em cada condição, ele preencha as condições para sua filiação como segurada e como dependente. Como exemplo, podemos citar uma pessoa que trabalha como empregada numa empresa e recebe pensão por morte de seu cônjuge. Como empregada é segurada e, como cônjuge, figura como dependente do RGPS.

Alternativa "e": errada. O exercente de mandato eletivo federal, estadual ou municipal é qualificado como segurado empregado no RGPS, **desde que não vinculado a regime próprio de previdência social.** Como a assertiva menciona que deputado federal sempre será segurado obrigatório do RGPS, ele está incorreta.

---

46. (CESPE – Analista Judiciário – Área Judiciária – TRT 10/2013) – Cada um dos itens a seguir apresenta uma situação hipotética, seguida de uma assertiva a ser julgada com base nas disposições do direito previdenciário.

– Marcelo, que é segurado especial da seguridade social, por ser, na forma da legislação especial, considerado pequeno produtor rural, foi eleito dirigente do sindicato representativo dos pequenos produtores rurais. Nessa situação, Marcelo passará a ser segurado na condição de contribuinte individual.

COMENTÁRIOS

A assertiva está errada. O fato de o segurado especial passar a ser dirigente de sindicato representativo dos pequenos produtores rurais, não descaracteriza a condição de segurado especial. Veja o que dispõe o art. 11, § 9º, IV, da Lei nº 8.213/91:

> *Art. 11.(...)*
>
> *§ 9º – Não é segurado especial o membro de grupo familiar que possuir outra fonte de rendimento, exceto se decorrente de: (...)*
>
> *IV – exercício de mandato eletivo de dirigente sindical de organização da categoria de trabalhadores rurais.*
>
> *Assim, continuará Marcelo ser qualificado como segurado especial no RGPS, embora exerça mandato eletivo como dirigente sindical representativo dos pequenos produtores rurais.*

---

47. (CESPE – Analista Judiciário – Área Judiciária – TRT 10/2013) – Cada um dos itens a seguir apresenta uma situação hipotética, seguida de uma assertiva a ser julgada com base nas disposições do direito previdenciário.

– Agnaldo, servidor público federal, foi licenciado do cargo efetivo, sem direito a remuneração, para servir em organismo oficial internacional do qual o Brasil é membro efetivo. Nessa situação, Agnaldo terá suspenso o seu vínculo com o regime do Plano de Seguridade Social do Servidor Público, durante o período em que durar a licença.

COMENTÁRIOS

✪ **Nota da Autora:** o servidor público filiado a regime próprio de previdência social (RPPS) que estiver licenciado sem direito a receber sua remuneração não permanece vinculado como segurado do RPPS. Veja o que dispõem os artigos 96 e 183, § 2º da Lei 8.112/90 que trata do plano de seguridade social dos servidores públicos federais:

> *"Art. 96: O afastamento de servidor para servir em organismo internacional de que o Brasil participe ou com o qual coopere dar-se-á com perda total da remuneração.*
>
> *Art. 183, § 2º: O servidor afastado ou licenciado do cargo efetivo, sem direito à remuneração, inclusive para servir em organismo oficial internacional do qual o Brasil seja membro efetivo ou com o qual coopere, ainda que contribua para regime de previdência social no exterior, terá suspenso o seu vínculo com o regime do Plano de Seguridade Social do Servidor Público enquanto durar o afastamento ou a licença, não lhes assistindo, neste período, os benefícios do mencionado regime de previdência."*

A assertiva está correta. O servidor público federal, licenciado do cargo efetivo, sem direito a remuneração, terá suspenso o seu vínculo com o regime de Plano de Seguridade Social do Servidor Público, durante o período em que durar a licença.

No caso apresentado, esse indivíduo irá prestar serviço em organismo internacional do qual o Brasil é membro efetivo. Ele será enquadrado como segurado obrigatório do regime geral de previdência social (RGPS) na qualidade de contribuinte individual, caso não esteja coberto por regime próprio de previdência social, com amparo do disposto no art. 11, inciso V, alínea "e" da Lei nº 8.213/91.

48. (CESPE – Defensor Público – ES/ 2012) – No que se refere aos regimes previdenciários, julgue o próximo item.

- É considerado segurado empregado da previdência social o brasileiro civil que trabalha para a União, no exterior, em organismos oficiais brasileiros ou internacionais dos quais o Brasil seja membro efetivo, ainda que domiciliado e contratado fora do Brasil, salvo se segurado na forma da legislação do país do domicílio.

COMENTÁRIOS

A assertiva está correta. É o que dispõe o art. 11, inciso I, "e", da Lei nº 8.213/91.

Não se pode qualificar como empregado o brasileiro civil que trabalha no exterior para organismo oficial internacional do qual o Brasil é membro efetivo, ainda que lá domiciliado e contratado, salvo quando coberto por regime próprio de previdência social. Este vai ser qualificado como contribuinte individual do RGPS.

Confira as diferenças que estão presentes no art. 11, inciso I, "e" e inciso V, "e", da Lei nº 8.213/91.

49. (CESPE – Defensor Público – ES/ 2012) – No que se refere aos regimes previdenciários, julgue o próximo item.

- Servidor público estadual que ocupe cargo efetivo no Poder Executivo do estado do Espírito Santo, além do cargo de professor em escola particular, mesmo sendo obrigado a contribuir tanto para o RPPS do estado quanto para o RGPS, só poderá se aposentar pelo regime próprio do estado.

COMENTÁRIOS

✪ **Nota da Autora:** a Previdência Social abrange o regime geral e os regimes próprios para os servidores que ocupam cargo público efetivo. O regime próprio de previdência dos servidores é instituído pelo ente federado a que está vinculado o servidor que ocupa cargo público efetivo.

Uma mesma pessoa pode exercer atividades que a enquadrem como segurada no regime próprio de previdência dos servidores e, também, como segurada obrigatória no RGPS. Nesse caso, terá que contribuir para cada regime de previdência e terá direito aos benefícios previdenciários previstos em cada um deles.

O item está errado. No caso, o indivíduo é servidor público do Estado do Espírito Santo e será enquadrado como segurado obrigatório no regime próprio de previdência dos servidores públicos estaduais. Em relação à atividade de professor em escola particular, ele é enquadrado como segurado obrigatório no regime geral de previdência social, na condição de empregado.

Deverá contribuir para ambos os regimes e terá direito a se aposentar tanto pelo RPPS quanto pelo RGPS, desde que preencha os requisitos para a aposentadoria em cada regime de previdência.

50. (CESPE – Defensor Público – RO/2012) – A CF, ao determinar os objetivos que devem nortear a seguridade social, estabelece a uniformidade e equivalência dos benefícios e serviços às populações urbanas e rurais, excluindo, a partir de então, a situação de discriminação em que se encontravam os trabalhadores rurais com relação à previdência social, notadamente os que trabalham por conta própria e(ou) com auxílio de seu grupo familiar. Dadas as especificidades desses trabalhadores, a legislação previdenciária instituiu um novo tipo e segurado obrigatório para o RGPS: o segurado especial. Com relação a esse segurado, assinale a opção correta.

a) O exercício de mandato eletivo de dirigente sindical de organização da categoria de trabalhadores rurais descaracteriza a condição de segurado especial caso o referido dirigente obtenha, por meio dessa atividade, ajuda de custo.

b) Diferentemente do que ocorre com a segurada contribuinte individual, para a segurada especial, o período de carência considerado para a concessão do salário-maternidade é igual a dez meses de efetivo exercício de atividade rural anteriores ao parto ou à adoção, ainda que de forma descontínua.

c) Entende-se como regime de economia familiar a atividade em que o trabalho dos membros da família seja indispensável à própria subsistência e ao desenvolvimento socioeconômico do núcleo familiar e seja exercido em condições de mútua dependência e colaboração, mesmo com a utilização de empregados permanentes.

d) É considerado segurado especial o produtor, seja ele proprietário, usufrutuário, possuidor, assentado, parceiro ou meeiro outorgado, comodatário ou arrendatário rural, e o empregado rural que explore atividade agropecuária em área contínua, ou não.

e) A esposa ou companheira do trabalhador rural, mesmo que não trabalhe diretamente nas atividades rurais exercidas pelos demais membros do grupo familiar, é considerada segurada especial.

COMENTÁRIOS

Alternativa correta: "b". O período de carência considerado para a concessão do salário-maternidade para a segurada especial é igual a dez meses de efetivo exercício de atividade rural anteriores ao parto ou à adoção, ainda que de forma descontínua. Já para a contribuinte individual o período de carência exigido é de 10 contribuições mensais anteriores ao evento gerador do salário-maternidade.

A alternativa "a" está errada, uma vez que a renda obtida pelo exercício de mandato eletivo de dirigente sindical de organização da categoria de trabalhadores rurais não descaracteriza a condição de segurado especial.

A alternativa "c" está errada, pois a utilização de empregados permanentes descaracteriza o exercício da atividade rural em regime de economia familiar. Mas, é bom registrar que o segurado especial poderá contratar empregados ou contribuintes individuais no período de até 120 pessoas/dia/ano. E, segundo alteração trazida pela Lei nº 12.873/2013, o período de 120 ao ano não precisa ser em períodos de safra. Além disso, não é computado nesse prazo de 120 dias ao ano, o período de afastamento do segurado em decorrência da percepção de auxílio-doença.

A alternativa "d" está errada. O empregado rural não é caracterizado como segurado especial. Ele figura como segurado obrigatório no RGPS como empregado mesmo.

A alternativa "e" está errada. Para que a esposa ou a companheira do trabalhador rural seja considerada segurada especial é necessário que ela trabalhe diretamente nas atividades rurais exercidas pelos demais membros do grupo familiar. Os membros que compõem a família do segurado especial só poderão ser enquadrados como segurados especiais se participarem ativamente das atividades.

---

51. (CESPE – Defensor Público – AC/2012) – É segurado obrigatório da previdência social, como empregado,

a) o trabalhador que presta serviço de natureza rural a diversas empresas sem vínculo empregatício.

b) a pessoa física que presta serviço de natureza eventual, no âmbito residencial da pessoa que contrate o serviço, em atividades sem fins lucrativos.

c) a pessoa física que presta, em caráter eventual, serviço de natureza rural a empresa.

d) o membro de instituto de vida consagrada, de congregação ou de ordem religiosa.

e) o servidor público federal ocupante de cargo em comissão, sem vínculo efetivo com a União.

COMENTÁRIOS

Alternativa correta: "e". Quando o servidor público federal exercer **exclusivamente cargo em comissão,** ele será enquadrado como empregado no RGPS. Agora, se ele tivesse vínculo efetivo com a União e viesse a exercer cargo em comissão, estaria vinculado ao regime próprio de previdência dos servidores públicos federais.

Alternativa "a": incorreta. Esse trabalhador vai ser enquadrado como contribuinte individual. Caso apresente as características de trabalhador avulso, poderá assim ser enquadrado.

Alternativa "b": incorreta. Trata-se de contribuinte individual, como a diarista, por exemplo. Para ser enquadrada como empregada doméstica, necessitaria que o serviço fosse prestado de maneira habitual, não eventual.

De acordo com o que dispõe o art. 1º da Lei Complementar nº 150/2015, considera-se empregado doméstico aquele que presta serviços de forma contínua, subordinada, onerosa e pessoal e de finalidade não lucrativa à pessoa ou à família, no âmbito residencial destas, por mais de 2 (dois) dias por semana.

Alternativa "c": incorreta. Esse trabalhador vai ser enquadrado como contribuinte individual. Caso apresente as características de trabalhador avulso, poderá assim ser enquadrado.

A questão não foi explícita em descrever as atividades do segurado.

Alternativa "d": incorreta. O membro de instituto de vida consagrada, de congregação ou de ordem religiosa é contribuinte individual.

---

52. (CESPE – Analista Judiciário – Área Judiciária – STJ/2012) – Julgue o item que se segue à luz das normas aplicáveis à seguridade social.

– Será segurado obrigatório da previdência social o indivíduo que, na condição de diretor, prestar serviços a uma fábrica de tecidos, em caráter não eventual, sob subordinação e mediante remuneração.

COMENTÁRIOS

A assertiva está correta. É o que dispõe o art. 11, inciso I, alínea "a", da Lei nº 8.213/91. Trata-se de conceito semelhante ao da legislação trabalhista previsto no art. 3º da CLT. É o trabalhador que executa uma tarefa com pessoalidade, subordinação, onerosidade e habitualidade.

---

53. (CESPE – Juiz Federal Substituto 2ª Região/2011) – Em relação ao denominado período de graça e à comprovação de tempo de serviço/contribuição no âmbito do RGPS, assinale a opção correta.

a) Mantém a qualidade de segurado, independentemente de contribuições, até doze meses após o licenciamento, o indivíduo incorporado às Forças Armadas para prestar serviço militar.

b) Para fins de reconhecimento de tempo de serviço, a sentença trabalhista será admitida como início de prova material quando corroborada pelo conjunto fático-probatório dos autos, ainda que o INSS não tenha integrado a lide.

c) Para fazer jus às vantagens garantidas em lei pelo período de graça, o segurado deve comprovar sua situação de desemprego por meio de registro em órgão do Ministério do Trabalho e Emprego.

d) É incabível ação declaratória para o mero reconhecimento de tempo de serviço para fins previdenciários.

e) A comprovação do tempo de serviço mediante justificação administrativa só produz efeito quando embasada em início de prova material; não se admite prova exclusivamente testemunhal, mesmo na hipótese de força maior ou caso fortuito.

COMENTÁRIOS

✪ **Nota da Autora:** nessa questão, o candidato deve ficar atento à posição da jurisprudência dominante.

Alternativa correta: "b". É o posicionamento da TNU na edição da súmula nº 31:

> *"A anotação na CTPS decorrente de sentença trabalhista homologatória constitui início de prova material para fins previdenciários."*

Veja recente julgado do STJ:

> *"PREVIDENCIÁRIO. PROCESSUAL CIVIL. BENEFÍCIO. AUXÍLIO-DOENÇA. SENTENÇA TRABALHISTA. INÍCIO DE PROVA MATERIAL. REEXAME DE FATOS E PROVAS. IMPOSSIBILIDADE. INCIDÊNCIA DA SÚMULA 7/STJ.*
>
> *1. Nos termos da jurisprudência do STJ, a sentença trabalhista, ainda que a autarquia previdenciária não tenha integrado a lide, poderá ser admitida como início de prova material para fins de reconhecimento de tempo de serviço, desde que fundada em elementos de prova.*
>
> *2. Hipótese em que o Tribunal de origem expressamente consignou que a sentença trabalhista está fundamentada em elementos probatórios suficientes para comprovação da condição de beneficiário.*
>
> *3. Desconstituir tal premissa requer, necessariamente, o reexame de fatos e provas, o que é vedado ao STJ, por esbarrar no óbice da Súmula 7/STJ.*
>
> *Agravo regimental improvido."*
>
> *(AgRg no AREsp 192672 / MG, 2ª Turma, Relator Ministro Humberto Martins, DJ em 26/11/2013 e DJE de 19/12/2013)*

Alternativa "a": incorreta. Mantém a qualidade de segurado, independentemente de contribuições, até **três meses** após o licenciamento, o indivíduo incorporado às Forças Armadas para prestar serviço militar.

Alternativa "c": incorreta. O segurado que deixar de exercer atividade remunerada abrangida pela Previdência Social terá mantido seu vínculo no RGPS por até 12 meses.

Caso seja demitido involuntariamente, o período de graça será prorrogado por mais 12 meses, se comprovar sua situação de desemprego por meio de registro em órgão do Ministério do Trabalho . Essa é a posição trazida pelo § 2º do art. 15, da Lei nº 8.213/91.

No entanto, quanto à comprovação da situação do desemprego, a TNU editou a súmula nº 27, com o entendimento de que:

> *"A ausência de registro em órgão do Ministério do Trabalho não impede a comprovação do desemprego por outros meios admitidos em Direito."*

Alternativa "d": incorreta. É cabível ação declaratória para o mero reconhecimento de tempo de serviço para fins previdenciários. Veja o julgado abaixo:

> *"PREVIDENCIÁRIO. AVERBAÇÃO DO TEMPO DE SERVIÇO. POSSIBILIDADE DE AJUIZAMENTO DE AÇÃO DECLARATÓRIA PARA RECONHECIMENTO DE TEMPO DE SERVIÇO. EXISTÊNCIA DE INÍCIO DE PROVA MATERIAL CORROBORADO POR PROVA TESTEMUNHAL. RECURSO ESPECIAL IMPROVIDO.*
>
> *1. A ação declaratória é meio processual adequado ao reconhecimento de tempo de serviço para fins previdenciários. Inteligência da Súmula 204/STJ.*
>
> *2. O razoável início de prova material, conjugado com provas testemunhais, é meio probatório apto ao reconhecimento do tempo de serviço urbano.*
>
> *3. Recurso especial a que se nega provimento."*
>
> *(REsp 232021 / PR, 6ª Turma, relatora Ministra Maria Thereza de Assis Moura, DJ em 28/06/2007, 28/06/2007).*

Alternativa "e": incorreta. A comprovação do tempo de serviço mediante justificação administrativa só produz efeito quando embasada em início de prova material, não se admitindo prova exclusivamente testemunhal, em regra.

Todavia, é bom registrar que, no caso de prova exigida para tempo de serviço ou contribuição, o início de prova material é dispensado quando houver ocorrência de motivo de força maior ou caso fortuito. E, o Decreto nº 3.048/99 define o que seria caso fortuito ou força maior no art. 143, § 2º:

> *"Caracteriza motivo de força maior ou caso fortuito a verificação de ocorrência notória, tais como incêndio, inundação ou desmoronamento, que tenha atingido a empresa na qual o segurado alegue ter trabalhado, devendo ser comprovada mediante registro da ocorrência policial feito em época própria ou apresentação de documentos contemporâneos dos fatos, e verificada a correlação entre a atividade da empresa e a profissão do segurado."*

54. (CESPE – Juiz Federal Substituto 5ª Região/2011) – Com relação aos segurados da previdência social e a seus dependentes, assinale a opção correta.

a) É segurado obrigatório da previdência social na qualidade de empregado aquele que presta serviço no Brasil a missão diplomática ou a repartição consular de carreira estrangeira e a órgãos a ela subordinados ou a membros dessas missões e repartições, ainda que o prestador desse tipo de serviço seja estrangeiro sem residência permanente no Brasil.

b) No que se refere à concessão de benefícios previdenciários, a condição de dependente é autônoma em relação à de segurado, de forma que, tendo o falecido, na data do óbito, perdido a condição de segurado e não tendo cumprido os requisitos necessários para a aposentadoria, seus dependentes farão jus à pensão por morte, em valor proporcional ao tempo de contribuição do instituidor do benefício.

c) Para a caracterização de segurado especial, considera-se regime de economia familiar a atividade laboral dos membros de uma família e, ainda, que a referida atividade seja indispensável à subsistência e ao desenvolvimento socioeconômico do núcleo familiar e exercida em condições de mútua dependência e colaboração, sem a utilização de empregados permanentes. O exercício de atividade remunerada por um membro da família, ainda que urbana, não descaracteriza a condição de segurado especial.

d) Entre os requisitos da condição de segurado obrigatório do RGPS, incluem-se o de ser o segurado pessoa física – sendo legalmente inaceitável a existência de segurado pessoa jurídica – e o de ele exercer atividade laboral, lícita ou ilícita, pois as contribuições ao sistema previdenciário são, de acordo com a jurisprudência do STF, espécies do gênero tributo.

e) Tratando-se de trabalhador rural informal, a exigência de início de prova material para a comprovação do exercício da atividade agrícola deve ser interpretada com temperamento, mas não pode ser dispensada, ainda que em casos extremos, sob pena de se contrariar o princípio do equilíbrio financeiro atuarial do sistema previdenciário.

COMENTÁRIOS

✪ **Nota da Autora:** a questão foi **anulada.** O gabarito preliminar considerou como correta a opção "c". A banca examinadora entendeu pela anulação da questão em razão do STJ considerar que o exercício de atividade remunerada por um dos membros da família, mesmo que urbana, não descaracteriza a condição de segurado especial dos demais.

Opção considerada preliminarmente correta: "c". Está correta a assertiva quando conceitua o regime de economia familiar para caracterizar a condição de segurado especial.

No entanto, o exercício de atividade remunerada por um membro da família, ainda que urbana, não descaracteriza a condição de segurado especial dos demais membros do grupo. Veja a súmula nº 41 da TNU:

> *"Súmula nº 41 – A circunstância de um dos integrantes do núcleo familiar desempenhar atividade urbana não implica, por si só, a descaracterização do trabalhador rural como segurado especial, condição que deve ser analisada no caso concreto."*

Alternativa "a": errada. É segurado obrigatório da previdência social na qualidade de empregado aquele que presta serviço no Brasil à missão diplomática ou à repartição consular de carreira estrangeira e a órgãos a ela subordinados ou a membros dessas missões e repartições, **excluídos o não brasileiro sem residência permanente no Brasil e o brasileiro amparado pela legislação previdenciária do país da respectiva missão diplomática ou repartição consular.** Assim, o estrangeiro sem residência permanente no Brasil não poderá ser qualificado como segurado obrigatório do RGPS na qualidade de empregado.

Alternativa "b": errada. Os dependentes são as pessoas físicas cujo vínculo jurídico com o segurado autoriza que a proteção previdenciária seja estendida de forma reflexa, quanto a algumas das prestações pecuniárias indicadas na lei. Isso resulta numa vinculação indireta ao RGPS[10].

Os dependentes terão direito à pensão por morte, quando, mesmo tendo o falecido perdido a condição de segurado do RGPS, havia, na data do óbito, preenchido todos os requisitos para obtenção da aposentadoria. É o que se pode depreender do disposto no art. 102, §§ 1º e 2º, da Lei nº 8.213/91.

Alternativa "d": errada. Somente as pessoas físicas poderão filiar-se ao RGPS. Em relação às atividades remuneradas exercidas, chama-se atenção que deverão ser atividades lícitas. A Previdência Social não ampara pessoas que exercem atividades ilícitas.

Alternativa "e": errada. De acordo com o que dispõe o art. 55, § 3º, da Lei nº 8.213/91, a comprovação do tempo de serviço só produzirá efeitos quando baseada em início de prova material, não sendo admitida prova exclusivamente testemunhal, **salvo na ocorrência de motivo de força maior ou caso fortuito.** Assim, em casos de ocorrência de motivo de força maior ou caso fortuito, o início de prova material poderá ser dispensado para comprovação de tempo de serviço.

10 MENEZES. Adriana. Direito Previdenciário. 5. Ed. Salvador: *Jus*podivm, 2015. P. 193.

5. DOS DEPENDENTES DO REGIME GERAL DA PREVIDÊNCIA SOCIAL – CONDIÇÃO, FILIAÇÃO E INSCRIÇÃO, PERDA DA CONDIÇÃO DE DEPENDENTE

- Lei nº 8.213/91: arts. 16 e 17.
- Decreto nº 3.048/99: arts. 16 e 17; 22 e 24.

55. (Cespe – Defensor Público – DPU/2017) – A respeito da condição de segurados e dependentes no RGPS e da fonte de custeio desse regime, julgue os item subsequente.

– Para efeito de concessão de benefício aos dependentes, a dependência econômica dos genitores do segurado é considerada presumida.

COMENTÁRIOS

Item errado. Os pais do segurado são classificados como dependentes de 2ª classe ou categoria. Deles é exigida a comprovação de dependência econômica.

A dependência econômica presumida é aplicada apenas para os dependentes de 1ª classe: cônjuge, companheiro, companheira e filhos, de qualquer condição, não emancipados, menores de 21 anos ou inválidos ou que possuem deficiência intelectual ou mental ou com deficiência grave.

56. (CESPE/Defensor Público Federal de Segunda Categoria/DPU/2015) – Em relação aos segurados do RGPS e seus dependentes, julgue o item subsecutivo.

– A lei de benefícios previdenciários prevê expressamente que o menor sob guarda do segurado filiado ao RGPS é seu dependente, havendo discussão jurisprudencial a respeito do tema, dada a existência de normas contrárias no ordenamento jurídico nacional.

COMENTÁRIOS

Assertiva incorreta. Não há previsão legal de que o menor sob guarda figura no rol dos dependentes do RGPS.

Veja o quadro:

Dependentes	1ª Classe:	- o cônjuge, o companheiro (a) e o filho não emancipado, de qualquer condição, menor de 21 anos ou inválido ou que tenha deficiência intelectual ou mental ou deficiência grave.
	2ª Classe:	os pais.
	3ª Classe:	o irmão não emancipado, de qualquer condição, menor de 21 anos ou inválido ou que tenha deficiência intelectual ou mental ou deficiência grave.

O STJ pacificou o entendimento de que "O menor sob guarda tem direito a receber o benefício de pensão por morte em caso de falecimento de seu tutor, uma vez que o Estatuto da Criança e do Adolescente (ECA) prevalece sobre a Lei Geral da Previdência Social."[11].

Segundo o entendimento da Corte Especial do STJ, o direito do menor sob guarda deve ser assegurado se o falecimento aconteceu após a modificação promovida pela Lei nº 9.528/97 na Lei nº 8.213/91. O art. 33 do ECA deve prevalecer sobre a modificação legislativa promovida na Lei Geral da Previdência, uma vez que, nos termos do **artigo 227** da Constituição Federal, "é norma fundamental o princípio da proteção integral e preferência da criança e do adolescente".

O menor sob tutela e o enteado equiparam-se ao filho, desde que comprovada dependência econômica do segurado.

57. (CESPE/Juiz Federal Substituto/TRF – 5ª Região/ 2015) – Com relação aos beneficiários do RGPS, assinale a opção correta.

a) Para efeitos previdenciários, presume-se que o filho e o enteado com menos de vinte e um anos são economicamente dependentes do segurado.

b) Para que o companheiro de segurado do mesmo sexo integre o rol de dependentes, de modo que faça jus aos mesmos direitos que os casais heterossexuais no que diz respeito ao recebimento de pensão por morte, é indispensável que se comprove, além da vida em comum, a dependência econômica.

c) O brasileiro civil que trabalhe fora do país para organismo oficial internacional do qual o Brasil seja membro efetivo, ainda que lá domiciliado e contratado, será segurado da previdência social como empregado.

d) De acordo com a jurisprudência pacificada do STJ, o trabalho urbano de um dos membros do grupo familiar não descaracteriza, por si só, os demais integrantes como segurados especiais.

e) A pessoa física que tiver deixado de exercer atividade remunerada abrangida pela previdência social manterá a qualidade de segurado, independentemente de contribuições, pelo período de até doze meses. Esse prazo será prorrogado por até

11 EResp 1141788/RS

dezoito meses, caso se comprove o pagamento de pelo menos cento e vinte contribuições mensais ininterruptas.

COMENTÁRIOS

Alternativa correta: "d". É, inclusive, o posicionamento da TNU no enunciado da Súmula nº 41:

> *"A circunstância de um dos integrantes do núcleo familiar desempenhar atividade urbana não implica, por si só, a descaracterização do trabalhador rural como segurado especial, condição que deve ser analisada no caso concreto."*

Alternativa "a": incorreta. O enteado do segurado não possui dependência econômica presumida. Para que figure como dependente no RGPS é necessário que comprove a sua dependência econômica em relação ao segurado.

Já o filho não emancipado, de qualquer condição e menor de vinte e um anos goza de presunção de dependência econômica.

Alternativa "b": incorreta. Os companheiros e companheiras não precisam comprovar dependência econômica do segurado falecido para terem direito ao benefício da pensão por morte. Devem comprovar apenas a união estável. Esta regra é aplicada para uniões hetero e homoafetivas.

Alternativa "c": incorreta. No caso apresentado, o brasileiro será enquadrado como contribuinte individual, desde que não seja coberto por regime próprio de previdência social. Confira o disposto no art. 11, inciso V, "e", da Lei nº 8.213/91.

Alternativa "e": incorreta. Caso o segurado comprove o pagamento de, pelo menos cento e vinte contribuições mensais ininterruptas, que não acarrete a perda da qualidade de segurado do RGPS, terá o período de graça prorrogado por 12 meses.

58. (CESPE – Juiz Federal Substituto 1ª Região/2013) – Com relação aos segurados e seus dependentes, assinale a opção correta.

a) As relações jurídicas de custeio previdenciário do dependente e do segurado são distintas, havendo previsão de alíquotas diferenciadas para ambos, razão por que não há carência em relação aos benefícios de que sejam titulares os dependentes.

b) Se o segurado não tiver nenhum dos dependentes expressamente elencados na lei como beneficiários do RGPS, poderá designar uma pessoa, independentemente de com ela manter grau de parentesco, como sua beneficiária, desde que essa pessoa seja menor de vinte e um anos de idade ou inválida.

c) Conforme previsto no Plano de Benefícios da Previdência Social, o segurado facultativo mantém a qualidade de segurado, independentemente de contribuição, até seis meses após a cessação das contribuições, espaço de tempo denominado período de graça pela doutrina.

d) De acordo com a Lei nº 8.213/1991, a companheira do segurado deve comprovar a união estável e a dependência econômica para receber eventual benefício da previdência.

e) Cabe ao segurado, quando de sua filiação ao sistema previdenciário, a inscrição do dependente, sendo vedado ao próprio dependente inscrever-se como tal após a morte do segurado.

COMENTÁRIOS

Alternativa correta: "c". Perfeito. O período em que o segurado mantém seu vínculo com a Previdência Social, independentemente de contribuições, conservando seus direitos perante o RGPS, é denominado período de graça.

No caso do segurado facultativo, o período de graça é de até 06 meses após a cessação das contribuições, conforme determina o disposto no art. 15, VI, da Lei nº 8.213/91.

Alternativa "a": incorreta. Os dependentes não contribuem para a Previdência Social, sendo devidas as contribuições previdenciárias apenas dos segurados.

Já em relação aos benefícios cujos titulares sejam os dependentes, não há que se falar em carência mínima de contribuições exigida para a sua concessão.

Alternativa "b": incorreta. Não pode o segurado designar pessoa para ser sua dependente no RGPS. Os dependentes estão taxativamente listados no art. 16 da Lei nº 8.213/, conforme abaixo:

1ª classe	o cônjuge, o companheiro e a companheira, o filho não emancipado, de qualquer condição, menor de 21 anos ou inválido ou que tenha deficiência intelectual ou mental ou deficiência grave;
2ª classe	os pais;
3ª classe	o irmão não emancipado, de qualquer condição, menor de 21 anos ou inválido ou que tenha deficiência intelectual ou mental ou deficiência grave.

Importante registrar o enunciado da súmula nº 04 da Turma Nacional de Uniformização de Jurisprudência dos Juizados Especiais Federais:

> *"Não há direito adquirido à condição de dependente de pessoa designada, quando o falecimento do segurado deu-se após o advento da Lei 9.032."*

Alternativa "d": incorreta. A companheira do segurado deve comprovar a união estável para receber eventual benefício da previdência. Todavia, sua **dependência econômica** em relação ao segurado companheiro **é presumida.**

Alternativa "e": incorreta. A inscrição do dependente **somente** será feita quando do requerimento do benefício a que estiver habilitado (art. 17, § 1º, Lei nº 8.213/91).

---

59. (CESPE – Defensor Público – RR/2013) – Assinale a opção correta no que se refere aos dependentes do RGPS.

a) A dependência econômica de todos os dependentes do segurado deve ser comprovada.

b) É considerado beneficiário do RGPS, na condição de dependente do segurado, o irmão não emancipado, de qualquer condição, com menos de vinte e cinco anos ou inválido ou que tenha deficiência intelectual ou mental que o torne absoluta ou relativamente incapaz.

c) Avós de segurado podem ser considerados beneficiários do RGPS, na condição de seus dependentes.

d) O enteado e o menor tutelado equiparam-se ao filho mediante apresentação de declaração pelo dependente e comprovação da dependência econômica, na forma estabelecida em regulamento.

e) São considerados beneficiários do RGPS, na condição de dependentes do segurado, o cônjuge, a companheira, o companheiro e o filho não emancipado inválido ou que tenha deficiência intelectual ou mental que o torne absoluta ou relativamente incapaz, assim declarado judicialmente.

COMENTÁRIOS

Alternativa correta: "e". A assertiva menciona os dependentes do RGPS de 1ª classe, conforme legislação vigente à época que a prova foi aplicada. No entanto, estaria **incorreta a assertiva, se se considerar a legislação vigente.** O filho com deficiência intelectual ou mental continua no rol dos dependentes do RGPS, mas não precisa ser declarado judicialmente que é incapaz para os atos da vida civil.

Alternativa "a": incorreta. A dependência econômica dos dependentes de 1ª classe é presumida. Para os demais dependentes do RGPS, a dependência econômica deverá ser comprovada.

Alternativa "b": incorreta. É considerado beneficiário do RGPS, na condição de dependente do segurado, o irmão não emancipado, de qualquer condição, **menor de vinte e um anos** ou inválido ou que tenha deficiência intelectual ou mental ou deficiência grave [12].

Alternativa "c": incorreta. Não há possibilidade dos avós serem dependentes no RGPS. A lista de dependentes prevista no art. 16 da Lei nº 8.213/91 é taxativa.

Alternativa "d": incorreta. O enteado e o menor tutelado equiparam-se ao filho mediante apresentação de declaração **do segurado** e comprovação da dependência econômica, na forma estabelecida em regulamento.

---

60. (CESPE – Analista Judiciário – Área Judiciária – STJ/2012) – Julgue o item que se segue à luz das normas aplicáveis à seguridade social.

– O cancelamento da inscrição do cônjuge como beneficiário do regime geral de previdência social, na condição de dependente do segurado, pode ocorrer nos casos de divórcio – se esse cônjuge tiver sido beneficiado com direito a alimentos – e de anulação de casamento comprovada por certidão.

COMENTÁRIOS

A assertiva está errada. O divórcio e a anulação do casamento são causas da perda da qualidade de dependente no regime geral de previdência social (RGPS). No entanto, nos casos de separação judicial e de divórcio, a perda da qualidade de dependente **somente ocorrerá** quando o cônjuge não for beneficiado com o direito à prestação alimentícia. Como no caso trazido pela assertiva o cônjuge foi beneficiado com direito a alimentos, não haverá perda da qualidade de dependente no RGPS e, consequentemente, não haverá cancelamento de sua inscrição. Essa é a posição prevista na legislação previdenciária.

No entanto, não podemos deixar de registrar que a súmula nº 336 do STJ, que entende que *a mulher que renunciou aos alimentos na separação judicial tem direito à pensão por morte do ex-marido, comprovada a dependência econômica superveniente.*

---

61. (CESPE – Analista Judiciário – Área Judiciária – TRT 10/2013) – Cada um dos itens a seguir apresenta uma situação hipotética, seguida de uma assertiva a ser julgada com base nas disposições do direito previdenciário.

– José, com dezesseis anos de idade, não emancipado, vive às expensas de seu irmão mais velho, João, que é segurado da previdência social. Nessa situação, José é considerado beneficiário do regime geral da previdência social, na condição de dependente de João.

COMENTÁRIOS

Assertiva está correta. Os irmãos não emancipados, de qualquer condição, menores de 21 anos ou inválidos ou que possuam deficiência intelectual ou mental ou deficiência grave enquadram-se na 3ª classe

---

12 Em 03/01/2016, o inciso III do art. 16 da Lei nº 8.213/91 passou a ter a seguinte redação:

III. o irmão não emancipado, de qualquer condição, menor de 21 (vinte e um) anos ou inválido ou que tenha deficiência intelectual ou mental ou deficiência grave;

de dependentes do RGPS. Os dependentes de 3ª classe precisam comprovar dependência econômica em relação ao segurado. No caso apresentado, sendo José menor de 21 anos e comprovando a dependência econômica em relação ao irmão, poderá ser enquadrado como dependente no RGPS.

62. (CESPE – Defensor Público – AC/ 2012) – Acerca do RGPS, assinale a opção correta.

a) O valor do salário de benefício não pode exceder em cinco vezes o limite máximo estabelecido para o salário de contribuição na data de concessão do benefício.

b) Considera-se beneficiário do RGPS, na condição de dependente do segurado, irmão com menos de vinte e um anos de idade, ainda que emancipado.

c) Compete ao dependente promover sua inscrição na previdência social quando do requerimento do benefício a que estiver habilitado.

d) Constitui infração administrativa o não cumprimento, pela empresa, das normas de segurança e higiene do trabalho.

e) A doença degenerativa e a inerente a grupo etário, desde que produzam incapacidade laborativa, são consideradas doenças do trabalho.

COMENTÁRIOS

✪ **Nota da Autora:** essa questão traz assertivas de diversos assuntos da previdência social. Escolhemos colocá-la nesse capítulo por haver duas assertivas que tratam da condição dos dependentes do RGPS.

Alternativa correta: "c". O dependente somente vai ser inscrito na previdência social no momento em que for requerer o benefício previdenciário a que estiver habilitado. É o que diz o § 1º do art. 17, da Lei nº 8.213/91.

A assertiva "a" está incorreta, uma vez que o valor do salário de benefício não será inferior ao de um salário mínimo, nem superior ao do limite máximo do salário de contribuição na data de início do benefício. É o que reza o § 2º do art. 29, da Lei nº 8.213/91.

A assertiva "b" está incorreta. Se o irmão menor de 21 anos for emancipado, não será possível enquadrá-lo como dependente no RGPS.

A assertiva "d" está incorreta, porque o não cumprimento, pela empresa, das normas de segurança e higiene do trabalho constitui contravenção penal, punível com multa.

A assertiva "e" está errada. A doença degenerativa e a inerente a grupo etário **não são consideradas como doenças do trabalho**. É o que dispõe o art. 20, § 1º, da Lei nº 8.213/91.

63. (CESPE – Defensor Público DF/2013) – Acerca do RGPS, julgue o item a seguir.

– De acordo com o disposto na Lei n° 8.213/1991, filho maior de vinte e um anos de idade não portador de invalidez ou qualquer deficiência mantém a condição de dependente do segurado do RGPS até completar vinte e quatro anos, desde que seja estudante universitário.

COMENTÁRIOS

O item está errado. O fato de estar cursando ensino universitário não faz prorrogar a condição de dependente do filho no RGPS.

Veja o enunciado da súmula nº 37 da TNU:

> *"A pensão por morte, devida ao filho até os 21 anos de idade, não se prorroga pela pendência do curso universitário."*

Veja, também, o julgado acerca do assunto:

> **"DIREITO PREVIDENCIÁRIO. PENSÃO POR MORTE NA HIPÓTESE DE FILHO MAIOR DE 21 ANOS. RECURSO REPETITIVO (ART. 543-C DO CPC E RES. 8/2008-STJ).**
>
> *O filho maior de 21 anos, ainda que esteja cursando o ensino superior, não tem direito à pensão por morte, ressalvadas as hipóteses de invalidez ou deficiência mental ou intelectual previstas no art. 16, I, da Lei 8.213/1991. O art. 16, I, da Lei 8.213/1991 é taxativo, não cabendo ao Poder Judiciário legislar positivamente, usurpando função do Poder Legislativo. Precedentes citados: MS 12.982-DF, Corte Especial, DJe 31/3/08; REsp 771.993-RS, Quinta Turma, DJ 23/10/06; e AgRg no Ag 1.076.512-BA, Sexta Turma, DJe 3/8/11."*
>
> *REsp 1.369.832-SP, Rel. Min. Arnaldo Esteves Lima, julgado em 12/6/2013. (Informativo nº 525).*

64. (CESPE – Defensor Público DF/2013) – Acerca do RGPS, julgue o item a seguir.

– É presumida a dependência econômica do filho com mais de dezoito anos e menos de vinte e um anos de idade em relação ao segurado da previdência social, não sendo necessária a comprovação dessa dependência para que ele se torne beneficiário do RGPS na condição de dependente do segurado.

COMENTÁRIOS

O item está correto. O filho menor de 21 anos é dependente de 1ª classe no RGPS. A dependência econômica das pessoas elencadas como dependentes de 1ª classe é presumida.

65. (CESPE – Juiz Federal Substituto 2ª Região/2011) – Em relação aos segurados do RGPS e aos seus dependentes, assinale a opção correta.

a) É devida a contribuição previdenciária sobre os valores recebidos a título de bolsa de estudo pelos médicos-residentes, dado que prestam serviço autônomo remunerado e enquadram-se, portanto, na qualidade de trabalhadores avulsos.

b) Para que o cônjuge separado judicialmente faça jus a pensão por morte, não é necessária a comprovação da dependência econômica entre o requerente e o falecido.

c) Não se exige início de prova material para comprovação da dependência econômica de mãe para com o filho, para o fim de percepção da pensão por morte.

d) Por expressa previsão na lei de benefícios previdenciários, o menor sob guarda é dependente de segurado do RGPS.

e) O tempo de estudante como aluno-aprendiz em escola técnica pode ser computado para fins de complementação de aposentadoria, independentemente de remuneração e da existência do vínculo empregatício.

COMENTÁRIOS

Alternativa correta: "c". O STJ entende que "a legislação previdenciária não exige início de prova material para comprovação da dependência econômica do segurado e sua genitora, sendo suficiente a prova testemunhal incontroversa". Veja o julgado abaixo:

> *"PROCESSUAL CIVIL E PREVIDENCIÁRIO. AGRAVO REGIMENTAL. AGRAVO DE INSTRUMENTO. RECURSO ESPECIAL. PENSÃO POR MORTE. DEPENDÊNCIA ECONÔMICA. MÃE EM RELAÇÃO AO FILHO. INÍCIO DE PROVA MATERIAL. DESNECESSIDADE. REEXAME DE MATÉRIA FÁTICO-PROBATÓRIA. IMPOSSIBILIDADE (SÚMULA 7/STJ).*
>
> *1. Conforme precedentes do Superior Tribunal de Justiça, não se exige início de prova material para comprovação da dependência econômica da mãe em relação ao filho para fins de concessão de pensão por morte.*
>
> *2. A análise das questões trazidas pela recorrente demanda o reexame de matéria fático-probatória, o que é obstado, em âmbito especial, pela Súmula 7/STJ.*
>
> *3. Agravo regimental improvido.*
>
> *(AgRg no Ag 1197628/RJ, Rel. Ministro SEBASTIÃO REIS JÚNIOR, SEXTA TURMA, julgado em 20/03/2012, DJe **09/04/2012**)"*

Alternativa "a": incorreta. Os médicos residentes são enquadrados como segurado obrigatório do RGPS na condição de contribuintes individuais, conforme dispõe o art. 9º, § 15, inciso X, do Decreto nº 3.048/99.

A alternativa "b" está incorreta, porque o cônjuge separado judicialmente vai ser considerado dependente do segurado se restar comprovado que havia determinação de pagamento de pensão alimentícia para ele pelo outro cônjuge. É importante, também, dizer que a posição adotada pelo Superior Tribunal de Justiça (STJ) na súmula nº 336, é de que mesmo a mulher tendo renunciado aos alimentos na separação judicial ou no divórcio, terá direito à pensão por morte se comprovada dependência econômica superveniente.

Assim, tanto a legislação previdenciária, quanto a jurisprudência dos tribunais superiores, entende que a comprovação da dependência econômica é necessária para que o cônjuge, separado judicialmente, possa ser dependente do RGPS para fins de pensão por morte.

A alternativa "d" está incorreta, uma vez que contraria o que dispõe o art. 16, § 2º, da Lei nº 8.213/91. O menor sob tutela equipara-se ao filho, figurando como dependente do RGPS, mediante declaração do segurado, e desde que comprovada a dependência econômica. O menor sob guarda não pode ser enquadrado como dependente do RGPS.

Alternativa "e": incorreta. Segundo entendimento adotado pela Turma Nacional de Uniformização de Jurisprudência dos Juizados Especiais Federais (TNU) na súmula nº 18, "provado que o aluno aprendiz de Escola Técnica Federal recebia remuneração, mesmo que indireta, a conta do orçamento da União, o respectivo tempo de serviço pode ser computado para fins de aposentadoria previdenciária.

6. ACIDENTE DO TRABALHO

- Lei nº 8.213/91: arts. 19 ao 23, 118 e 120.
- Decreto nº 3.048/99: arts. 336 ao 346.

66. (Cespe – Juiz Federal – TRF 5/2017) – Com relação a acidente de trabalho e benefícios acidentários no regime geral de previdência social, julgue os itens a seguir.

I – Para efeito de concessão de aposentadoria por invalidez equipara-se a acidente de trabalho aquele acidente sofrido pelo empregado no local de trabalho, por ocasião da satisfação das suas necessidades fisiológicas.

II – Independe de carência a concessão de aposentadoria por invalidez decorrente de acidente sofrido pelo empregado segurado no percurso entre o local de trabalho e a sua residência.

III – O valor do salário de benefício do segurado aposentado por invalidez que necessita da assistência permanente de outra pessoa poderá exceder o teto máximo do salário de benefício fixado em lei.

IV – O benefício do segurado contribuinte individual que permanecer em gozo de aposentadoria por invalidez por até cinco anos e recuperar totalmente sua capacidade de trabalho será cassado integral e imediatamente.

Estão certos apenas os itens

a) I e III.
b) I e IV.
c) II e IV.
d) I, II e III.
e) II, III e IV.

COMENTÁRIOS

Questão anulada pela banca examinadora após o recurso dos candidatos.

Preliminarmente, o gabarito considerado foi a letra "d".

Itens corretos: I e II.

Item I: correto. De acordo com o que dispõe o art. 21, inciso IV, alínea "d" da Lei nº 8.213/91:

> *"Equiparam-se também ao acidente do trabalho, para efeitos desta Lei:*
>
> *IV – o acidente sofrido pelo segurado ainda que fora do local e horário do trabalho:*
>
> *d) no percurso da residência para o local de trabalho ou deste para aquela, qualquer que seja o meio de locomoção, inclusive veículo de propriedade do segurado."*

Item II: correto. A aposentadoria por invalidez não exige o cumprimento de carência mínima de contribuições mensais quando a causa da incapacidade for acidente de qualquer natureza ou causa.

O acidente sofrido pelo empregado segurado no percurso entre o local de trabalho e a sua residência é equiparada a acidente do trabalho. Trata-se de acidente de trajeto.

Item III. Considerado errado após o recurso. Não é o valor do salário de benefício que pode exceder o teto máximo, e sim o valor da renda mensal da aposentadoria por invalidez.

Quando o aposentado por invalidez necessitar da assistência permanente de outra pessoa terá o direito de acréscimo de 25% no valor do seu benefício. A soma do benefício e o acréscimo de 25% poderá ultrapassar o limite máximo estabelecido para os benefícios do RGPS.

Item IV: errado. O benefício do segurado empregado que permanecer em gozo de aposentadoria por invalidez por até cinco anos e recuperar totalmente sua capacidade de trabalho será cassado integral e imediatamente.

Para os demais segurados na mesma situação, será paga uma mensalidade de recuperação, no valor da aposentadoria por invalidez, por tantos meses quantos forem os anos de gozo da aposentadoria por invalidez.

67. (CESPE/Juiz do Trabalho Substituto/TRT - 8ª Região/2015) – Sobre o acidente do trabalho, assinale a alternativa CORRETA:

a) Equipara-se ao acidente do trabalho, para efeitos da Lei nº 8.213/91, o acidente ligado ao trabalho que, como causa única, haja contribuído ainda que indiretamente para a morte do segurado, para redução ou perda da sua capacidade para o trabalho, ou produzido lesão que exija atenção médica para a sua recuperação.

b) Equipara-se ao acidente do trabalho o acidente sofrido pelo segurado no local e no horário do trabalho, em consequência de ato de agressão, sabotagem ou praticado por terceiro, este se estiver prestando serviço ao empregador, ou companheiro de trabalho.

c) Equipara-se também ao acidente do trabalho, para efeitos da Lei nº 8.213/91, o acidente sofrido pelo segurado ainda que fora do local e horário de trabalho, em viagem a serviço da empresa, inclusive para estudo quando financiada por esta dentro de seus planos para melhor capacitação da mão de obra, independentemente do meio de locomoção utilizado, inclusive veículo de propriedade do segurado.

d) Equipara-se ainda ao acidente do trabalho, para efeitos da Lei nº 8.213/91, o acidente sofrido pelo trabalhador ainda que fora do local e horário de trabalho, em consequência de ato de pessoa privada do uso da razão.

e) Também se equipara ao acidente do trabalho, para efeitos da Lei nº 8.213/91, o acidente sofrido pelo trabalhador mesmo que fora do local e horário de trabalho em consequência de ato de imprudência, negligência, desabamento, inundação, incêndio e outros casos fortuitos ou decorrentes de força maior.

COMENTÁRIOS

Alternativa correta: "c". É caso de acidente por equiparação, conforme dispõe o art. 21, inciso IV, alínea "c", da Lei nº 8.213/91.

Alternativa "a": errada. Equipara-se ao acidente do trabalho, para efeitos da Lei nº 8.213/91, o acidente ligado ao trabalho que, **embora não tenha sido a causa única**, haja contribuído **diretamente** para a morte do segurado, para redução ou perda da sua capacidade para o trabalho, ou produzido lesão que exija atenção médica para a sua recuperação. É o que dispõe o art. 21, inciso I, da Lei nº 8.213/91.

É necessário que o acidente tenha contribuído de forma direta para a redução ou perda da capacidade laborativa ou para a morte do segurado, mesmo que não tenha sido a causa única.

Alternativa "b": errada. Conforme interpretação do art. 21, inciso II, alínea "b", da Lei nº 8.213/91, será considerado acidente do trabalho, mesmo que o agressor não esteja prestando serviço para o empregador.

Alternativa "d": errada. Para que o acidente seja equiparado a acidente do trabalho é necessário que o acidente sofrido pelo trabalhador, em consequência de ato de pessoa privada do uso da razão, ocorra no local e no horário do trabalho. É o que se pode entender pelo disposto no art. 21, inciso II, alínea "d", da Lei nº 8.213/91.

Alternativa "e": errada. No caso apresentado, para que seja considerado acidente do trabalho, é necessário que o acidente ocorra dentro do local e do horário do trabalho. É o que se pode entender pelo disposto no art. 21, inciso II, alíneas "c" e "e", da Lei nº 8.213/91.

---

68. (CESPE – Defensor Público – DF/ 2013) – Julgue o item a seguir, relativo à seguridade social e a acidente do trabalho.

- De acordo com a Lei nº 8.213/1991, que dispõe sobre os planos de benefícios da previdência social, equipara-se ao acidente do trabalho o acidente sofrido pelo segurado do RGPS no local e no horário do trabalho, em consequência de ato de agressão praticado por terceiro.

COMENTÁRIOS

O item está correto. Trata-se de acidente do trabalho por equiparação.

Veja o que dispõe o art. 21, inciso II, alínea "a", da Lei nº 8.213/91:

> *"Equiparam-se também ao acidente do trabalho, para efeitos desta Lei:*
>
> *II – o acidente sofrido pelo segurado no local e no horário do trabalho, em consequência de:*
>
> *a) ato de agressão, sabotagem ou terrorismo praticado por terceiro ou companheiro de trabalho."*

---

69. (CESPE – Defensor Público – DF/ 2013) – Julgue o item a seguir, relativo à seguridade social e a acidente do trabalho.

- Caso um segurado do RGPS, conduzindo veículo de sua propriedade, sofra acidente de trânsito ao deslocar-se de sua residência para seu local de trabalho, esse acidente não se equiparará a acidente do trabalho.

COMENTÁRIOS

O item está errado. No caso apresentado, o acidente vai ocorrer no trajeto de casa para o trabalho e se equiparará a acidente do trabalho, conforme se verifica pelo disposto no art. 21, inciso IV, alínea "d", da Lei nº 8.213/91, *in verbis:*

> *"Equiparam-se também ao acidente do trabalho, para efeitos desta Lei:*
>
> *IV – o acidente sofrido pelo segurado ainda que fora do local e horário do trabalho:*
>
> *d) no percurso da residência para o local de trabalho ou deste para aquela, qualquer que seja o meio de locomoção, inclusive veículo de propriedade do segurado."*

---

70. (CESPE – Procurador Federal/2013) – Considerando os termos das Leis nº 8.212/1991 e nº 8.213/1991, bem como o que dispõem a LOAS e o Estatuto do Idoso, julgue o próximo item.

- Caso um segurado do RGPS, no local e no horário do trabalho, seja vítima de acidente em consequência de ato de terrorismo praticado por terceiro, tal fato não se equiparará a acidente do trabalho.

COMENTÁRIOS

O item está errado. O caso apresentado é considerado acidente do trabalho por equiparação.

Veja o que dispõe o art. 21, inciso II, alínea "a", da Lei nº 8.213/91:

> *"Equiparam-se também ao acidente do trabalho, para efeitos desta Lei:*
>
> *II – o acidente sofrido pelo segurado no local e no horário do trabalho, em consequência de:*
>
> *a) ato de agressão, sabotagem ou terrorismo praticado por terceiro ou companheiro de trabalho.*

---

71. (CESPE – Procurador Federal/2013) – Considerando os termos das Leis nº 8.212/1991 e nº 8.213/1991, bem como o que dispõem a LOAS e o Estatuto do Idoso, julgue o próximo item.

- Sobrevindo acidente do trabalho, nos casos em que seja identificada negligência quanto às normas padrão de segurança e higiene do trabalho relacionadas à proteção individual e coletiva, a previdência social proporá ação regressiva contra os responsáveis.

COMENTÁRIOS

O item está correto. É o que se verifica pelo disposto no art. 120 da Lei nº 8.213/91.

---

72. (CESPE – Procurador BACEN/2013) – No que se refere ao acidente de trabalho e ao auxílio-acidente, assinale a opção correta.

a) A jurisprudência facilitou bastante a colheita de provas nas ações decorrentes de acidente do trabalho ao determinar a competência da justiça estadual para julgar litígios dessa natureza e a imprescindibilidade do exaurimento da via administrativa.

b) Consideram-se acidentes em serviço o dano sofrido pelo servidor em atividade que se relacione direta ou indiretamente com as atribuições do cargo e o decorrente de agressão sofrida, desde que o servidor não a tenha provocado.

c) Quando o segurado receber auxílio-acidente, a renda mensal desse auxílio não integra o salário de contribuição para fins de cálculo do salário-de-benefício da aposentadoria.

d) Nas ações de acidente de trabalho, é evidente o interesse social incidente sobre o infortúnio que acomete o trabalhador, por isso é necessária a atuação do MP, que possui legitimidade para recorrer na demanda, desde que o assistido não tenha advogado constituído.

e) A origem histórica da tutela ao acidente de trabalho é atribuída à automação surgida com a Revolução Industrial. Atualmente, dado o progresso legislativo, todo segurado do RGPS e os servidores públicos têm direito ao auxílio-acidente.

COMENTÁRIOS

Alternativa correta: "b". Consideram-se acidentes em serviço o dano sofrido pelo servidor em atividade que se relacione direta ou indiretamente com as atribuições do cargo e o decorrente de agressão sofrida, desde que o servidor não a tenha provocado. É o que prevê o art. 212 da Lei nº 8.112/90, *in verbis:*

> *"Art. 212. Configura acidente em serviço o dano físico ou mental sofrido pelo servidor, que se relacione, mediata ou imediatamente, com as atribuições do cargo exercido.*
>
> *Parágrafo único. Equipara-se ao acidente em serviço o dano:*
>
> *I - decorrente de agressão sofrida e não provocada pelo servidor no exercício do cargo;*
>
> *II - sofrido no percurso da residência para o trabalho e vice-versa."*

Alternativa "a": incorreta. A competência para julgar litígios relativos aos benefícios previdenciários, decorrentes de acidente do trabalho, é da Justiça Estadual[13].

E, segundo a jurisprudência, não é necessário o exaurimento da via administrativa para ingressar com ação judicial. Veja o julgado do STJ:

> *"PREVIDENCIÁRIO. BENEFÍCIO. APOSENTADORIA RURAL. ACESSO À VIA JUDICIAL. PRÉVIO PEDIDO ADMINISTRATIVO. DESNECESSIDADE. FUNDAMENTO CONSTITUCIONAL. COMPETÊNCIA DO STF.*
>
> *1. Em que pese o STF tenha reconhecido a repercussão geral quanto ao tema da controvérsia, isso não se mostra idôneo a sobrestar os recursos especiais que tramitam nesta Corte de Justiça.*
>
> *2. Na instância extraordinária, compete exclusivamente à Suprema Corte a análise e interpretação de dispositivos específicos da Cartada República.*
>
> *3. O STJ pacificou o entendimento de que o esgotamento da instância administrativa não é condição para o ingresso na via judicial.*
>
> *4. Agravo regimental não provido."*
>
> *(AgRg no AREsp 166322 / PR, 2ª Turma, Relator Ministro Castro Meira, DJe de 12/03/2013)*

Alternativa "c": incorreta. Quando o segurado receber auxílio-acidente, a renda mensal deste auxílio **integra** o salário de contribuição para fins de cálculo do salário de benefício de qualquer aposentadoria. É o que se depreende do disposto no art. 31 da Lei nº 8.213/91.

Alternativa "d": incorreta. A legitimidade do Ministério Público para recorrer nas ações de acidente do trabalho existe, ainda que o segurado esteja assistido por advogado. É o que reza o enunciado da súmula nº 226 do STJ.

Alternativa "e": incorreta. O servidor público não tem direito ao auxílio-acidente. No caso dos segurados do RGPS apenas o empregado, o empregado doméstico, o trabalhador avulso e o segurado especial têm direito ao auxílio-acidente.

7. DOS BENEFÍCIOS E SERVIÇOS DA PREVIDÊNCIA SOCIAL

- Lei nº 8.213/91: arts. 18; 24 ao 117; 124; 142 ao 151.
- Lei nº 12.873/2013 (novo salário-maternidade)
- Decreto nº 3.048/99: arts. 25 ao 120;125 ao 181-B; 182 ao 192.

73. (Cespe - Juiz Federal - TRF 5/2017) - Assinale a opção que apresenta requisito(s) para o pagamento vitalício de pensão por morte à companheira de segurado do regime geral de previdência social falecido.

a) não exercício, pela companheira, na data do óbito, de atividade remunerada e comprovação de sua dependência econômica do segurado falecido.

b) convivência sob o mesmo teto por mais de dois anos e existência de filhos em comum.

c) invalidez da companheira e comprovação de sua dependência do segurado, independentemente do tempo de contribuição do segurado e da união estável.

d) mais de dezoito contribuições mensais, pelo segurado, na data do óbito, pelo menos dois anos de união estável, e idade mínima de quarenta e quatro anos para a companheira.

e) falecimento do segurado em decorrência de acidente de trabalho, independentemente do tempo de contribuição e do tempo de união estável.

13 AgRg no CC 107796 / SP, DJ de 28/04/2010

COMENTÁRIOS

Alternativa correta: "d". O cônjuge, o companheiro e a companheira terão direito ao benefício de pensão por morte:

> ***por 04 meses**, caso o segurado não tenha 18 contribuições mensais ou se o casamento ou a união estável tiverem sido iniciados há menos de 2 (dois) anos da data do óbito do segurado.*

Essa regra não é aplicada em caso de morte por acidente de qualquer natureza, doença profissional ou do trabalho.

> ***após o prazo estabelecido na tabela abaixo**, caso o segurado tenha 18 ou mais contribuições mensais e o casamento ou a união estável tiverem sido iniciados há, pelo menos, 02 anos da data do óbito.*

Essa regra, também, é aplicada nos casos em que a morte decorrer de acidente de qualquer natureza ou causa, mesmo que não tenha o segurado 18 ou mais contribuições e o casamento ou a união estável tenham sido iniciado há menos de 02 anos da data do óbito do segurado.

Idade x do cônjuge, companheiro ou companheira, em anos	Duração do benefício de pensão por morte (em anos)
menor que 21	3
entre 21 e 26	6
entre 27 e 29	10
entre 30 e 40	15
entre 41 e 43	20
44 anos ou mais	Vitalícia

Alternativa "a": incorreta. Muitos erros. Não é o fato de o cônjuge ou companheira não exercerem atividade remunerada que lhe dá a condição de receber pensão por morte do segurado do RGPS.

Outro erro, diz respeito à dependência econômica. Cônjuge e companheiro(a) não precisam comprovar dependência econômica para serem considerados dependentes do RGPS e terem direito à pensão por morte.

Alternativa "b": incorreta. A condição de ter filhos com o segurado não dá direito à companheira de receber pensão por morte vitalícia.

Alternativa "c": incorreta. Caso a companheira seja inválida, a pensão por morte será concedida até a cessação da invalidez. E, não há que se falar em comprovar dependência econômica, ela é presumida.

Alternativa "e": incorreta. No caso de falecimento do segurado em decorrência **de acidente de qualquer natureza ou causa**, independentemente do tempo de contribuição e do tempo de união estável, a companheira terá direito à pensão por morte vitalícia somente se tiver 44 anos ou mais na data do óbito de seu companheiro.

74. (Cespe – Defensor Público – DPU/2017) – Cada um dos itens seguintes, acerca de benefícios previdenciários, apresenta uma situação hipotética, seguida de uma assertiva a ser julgada.

- Carlos, contribuinte da previdência social por quatorze meses na condição de segurado empregado, faleceu vítima de latrocínio, deixando viúva a sua companheira de vinte e três anos de idade. Nessa situação, a companheira terá direito a receber o benefício da pensão por morte por um período de quatro meses.

COMENTÁRIOS

O item está errado. Considerou-se o latrocínio como acidente de qualquer natureza.

No caso de morte do segurado por acidente qualquer, a pensão por morte de cônjuge/companheiro(a) é concedida por determinados anos, de acordo com a idade do beneficiário na data do óbito do segurado.

Idade x do cônjuge, companheiro ou companheira, em anos	Duração do benefício de pensão por morte (em anos)
menor que 21	3
entre 21 e 26	6
entre 27 e 29	10
entre 30 e 40	15
entre 41 e 43	20
44 anos ou mais	Vitalícia

Assim, mesmo que Carlos não tenha 18 ou mais contribuições para o RGPS e, pelo menos, 02 anos de casamento ou união estável até a data de seu óbito, a pensão por morte será concedida a sua companheira por 06 anos.

75. (Cespe – Defensor Público – DPU/2017) – Cada um dos itens seguintes, acerca de benefícios previdenciários, apresenta uma situação hipotética, seguida de uma assertiva a ser julgada.

- Em maio de 2015, Antônio, ao completar cinquenta e nove anos de idade e trinta e cinco anos de contribuição para a previdência social na condição de contribuinte individual, deixou de contribuir e não requereu o benefício da aposentadoria por tempo de contribuição. Nessa situação, o direito de Antônio pleitear o benefício da aposentadoria e os proveitos econômicos dela decorrentes prescreverá em cinco anos a contar da data em que ele completou os trinta e cinco anos de contribuição.

COMENTÁRIOS

O item está errado. O direito de requerer o benefício previdenciário não prescreve. Antônio poderá a qualquer momento requerer o benefício de aposentadoria por tempo de contribuição, já que cumprira todos os requisitos para a sua concessão.

Antônio já completou 35 anos de contribuição e carência mínima de 180 contribuições mensais para o RGPS.

Mesmo que Antônio já não mais ostente a condição de segurado do RGPS, ele terá direito à aposentadoria por tempo de contribuição, devida a partir da data do requerimento.

---

76. (Cespe – Defensor Público – DPU/2017) – Cada um dos itens seguintes, acerca de benefícios previdenciários, apresenta uma situação hipotética, seguida de uma assertiva a ser julgada.

- Jânio, microempreendedor individual, tem uma única empregada. Ela se encontra grávida e em tempo de receber o benefício do salário-maternidade. Nessa situação, o benefício será pago diretamente pela previdência social.

COMENTÁRIOS

O item está correto. Na ocorrência de parto, as empregadas recebem o benefício de salário-maternidade diretamente da empresa que compensará os valores pagos com as contribuições previdenciárias vincendas.

Todavia, há uma exceção:

– a empregada do microempreendedor individual.

Essa empregada, mesmo no caso do parto, receberá o salário-maternidade diretamente do INSS.

---

77. (Cespe – Defensor Público – DPU/2017) – Cada um dos itens seguintes, acerca de benefícios previdenciários, apresenta uma situação hipotética, seguida de uma assertiva a ser julgada.

- Raul nunca havia contribuído para o RGPS. No entanto, após uma semana do início de atividade laboral em determinado emprego, um acidente de trabalho o tornou incapaz e insuscetível de reabilitação. Nessa situação, Raul não faz jus ao benefício da aposentadoria por invalidez porque não cumpriu o tempo de carência exigido.

COMENTÁRIOS

O item está errado. Em regra, a aposentadoria por invalidez exige o cumprimento da carência mínima de 12 contribuições mensais para o RGPS. Mas, no caso de a invalidez decorrer de acidente de qualquer natureza ou causa o segurado fica isento da carência mínima, podendo se aposentar por invalidez mesmo não tenho 12 contribuições para o RGPS.

No caso, Raul é segurado obrigatório do RGPS na condição de empregado e terá direito ao benefício por invalidez porque se tornou incapaz e insuscetível de reabilitação. Não precisará ter cumprido a carência mínima de 12 contribuições para a previdência social porque a causa da sua incapacidade foi um acidente.

É importante ressaltar que mesmo que Raul tivesse um acidente qualquer, não caracterizado como de trabalho, estaria isento do cumprimento da carência mínima de contribuições para obter a aposentadoria por invalidez.

---

78. (Cespe – Procurador do Estado – PGE – SE/2017) – Se um empregado de determinada empresa, filiado ao RGPS há dois anos, sofrer acidente de trânsito que o incapacite temporariamente para o exercício de atividade laboral, a ele será assegurado o direito

a) a aposentadoria por invalidez, que, por sua natureza, independerá de carência, e cujo valor será acrescido de 50% no caso de necessidade de assistência permanente.

b) ao auxílio-doença, que consiste em uma renda mensal correspondente a 91% do salário-de-benefício.

c) ao recebimento de auxílio-doença, desde o primeiro dia de afastamento da atividade e pelo período que durar a sua incapacidade.

d ao benefício do auxílio-acidente, de caráter vitalício, caso o acidente tenha ocorrido em horário de trabalho.

e) a receber benefício durante a licença pela incapacidade temporária, sendo esse período descontado do tempo de contribuição.

COMENTÁRIOS

Alternativa correta: "b". No caso de incapacidade temporária para o exercício do trabalho ou das atividades habituais, o segurado terá direito ao benefício de auxílio-doença.

A renda mensal do auxílio-doença corresponde a 91% do salário de benefício. O seu valor não poderá exceder a média aritmética simples dos últimos 12 salários de contribuição e, se não houver 12, dos salários de contribuição existentes.

Alternativa "a": incorreta. Não é possível conceder o benefício de aposentadoria por invalidez porque a incapacidade é temporária. O segurado precisaria comprovar que estava incapacitado para o exercício de atividade que lhe garantisse a sobrevivência.

Alternativa "c": incorreta. O auxílio-doença devido ao empregado é devido a partir do 16º dia do início da incapacidade para o trabalho ou de seu afastamento, cabendo à empresa pagar-lhe salário durante os 15 primeiros dias.

Alternativa "d": incorreta. Não seria possível conceder auxílio-acidente, vez que não houve redução da capacidade de trabalho do segurado empregado.

O auxílio-acidente não é um benefício vitalício. Ele cessa com a concessão de qualquer aposentadoria ao segurado ou com a morte deste.

Alternativa "e": incorreta. O benefício a quem tem direito o segurado é o auxílio-doença.

Se se tratar de um auxílio-doença não acidentário, o período de gozo do benefício será considerado como tempo de contribuição se for gozado entre períodos de atividades.

Se se tratar de um auxílio-doença acidentário (decorrente de acidente de trabalho), o período de gozo do benefício será sempre contado como tempo de contribuição.

---

79. (Cespe - Analista de Controle - Área Jurídica - TCE - PR/2016) - Com relação ao regime geral de previdência social (RGPS), assinale a opção correta, de acordo com a jurisprudência dos tribunais superiores.

a) Conforme entendimento do STF, aquele que, embora exerça atividades laborais consideradas nocivas à saúde, utilize equipamento de proteção que anula completamente a nocividade durante o desempenho de tais atividades não fará jus à percepção de aposentadoria especial.

b) Servidora pública ocupante de cargo efetivo no estado do Paraná pode filiar-se ao RGPS como segurado facultativo.

c) Aquele que preenche os requisitos legais para a concessão de benefício previdenciário adquire um direito fundamental, inexistindo prazo decadencial para a concessão ou a revisão de benefícios.

d) Para a concessão do benefício de auxílio-reclusão, deve-se considerar a renda da unidade familiar, já que o destinatário do benefício são os dependentes do segurado recluso.

e) Nos termos da jurisprudência do STJ, não tem direito à percepção de benefício de pensão por morte o cônjuge do falecido que, apesar de possuir os requisitos para aposentadoria antes do óbito, tenha perdido a qualidade de segurado.

COMENTÁRIOS

Alternativa correta: "a". Veja recente julgamento do STF:

> **"STF -APOSENTADORIA ESPECIAL E USO DE EQUIPAMENTO DE PROTEÇÃO**
>
> *O direito à aposentadoria especial pressupõe a efetiva exposição do trabalhador a agente nocivo à sua saúde, de modo que, se o Equipamento de Proteção Individual (EPI) for realmente capaz de neutralizar a nocividade, não haverá respaldo constitucional à concessão de aposentadoria especial. Ademais – no que se refere a EPI destinado a proteção contra ruído –, na hipótese de exposição do trabalhador a ruído acima dos limites legais de tolerância, a declaração do empregador, no âmbito do Perfil Profissiográfico Previdenciário (PPP), no sentido da eficácia do EPI, não descaracteriza o tempo de serviço especial para a aposentadoria. "ARE 664335/SC, repercussão geral, Rel. Min. Luiz Fux, 4.12.14. Pleno. (Informativo nº 770).*

Alternativa "b": incorreta. Os servidores públicos ocupantes de cargo efetivo, amparados por regime próprio de previdência social, não poderão se filiar ao regime geral de previdência social. É o que se verifica pelo disposto no §5º do art. 201 da Constituição Federal. Os Estados brasileiros já instituíram seus regimes de previdência para amparar os servidores ocupantes de cargo efetivo. Assim, uma servidora pública do estado do Paraná não poderá se filiar ao RGPS na condição de segurada facultativa.

Alternativa "c": incorreta. O art. 103, *caput*, da Lei nº 8.213/91 prevê o prazo decadencial para que o beneficiário pleiteia revisão do ato de concessão do benefício. Veja:

> *"Art. 103. É de dez anos o prazo de decadência de todo e qualquer direito ou ação do segurado ou beneficiário para a revisão do ato de concessão de benefício, a contar do dia primeiro do mês seguinte ao do recebimento da primeira prestação ou, quando for o caso, do dia em que tomar conhecimento da decisão indeferitória definitiva no âmbito administrativo."*

Alternativa "d": incorreta. A renda a ser analisada para a concessão do auxílio-reclusão é a do segurado recolhido à prisão. O auxílio-reclusão é devido somente ao conjunto de dependentes de segurado **de baixa renda** que for recolhido à prisão em regime fechado ou semiaberto, que não estiver recebendo auxílio-doença, aposentadoria por invalidez, abono de permanência em serviço ou remuneração da empresa.

Alternativa "e": incorreta. Pelo contrário. A súmula nº 416 do STJ traz:

> *"É devida a pensão por morte aos dependentes do segurado que, apesar de ter perdido essa qualidade, preencheu os requisitos legais para a obtenção de aposentadoria até a data do seu óbito."*

---

80. (Cespe - Analista de Controle - Área Jurídica - TCE - PR/2016) - O § 9.º do art. 201 da Constituição Federal de 1988, que estabelece um sistema geral de compensação, deve ser interpretado à luz dos princípios da solidariedade e da contributividade, que regem o atual sistema previdenciário brasileiro. Acerca da contagem recíproca de tempo de contribuição e compensação financeira, assinale a opção correta.

a) Lei estadual que assegure, para fins de aposentadoria, a contagem recíproca do tempo de contribuição na administração pública e na atividade privada pode restringir a contagem do tempo de serviço privado ao limite de dez anos, nos termos do entendimento do STF.

b Conforme o STF, admite-se, para fins de aposentadoria no serviço público, a contagem recíproca do tempo de serviço rural, ainda que não tenham sido recolhidas as contribuições previdenciárias correspondentes, por se tratar de atividade de natureza especial.

c) O benefício resultante da contagem recíproca de tempo de contribuição será concedido e pago pelo regime de previdência com o qual o segurado tenha contribuído o maior número de vezes.

d) A compensação financeira visa auxiliar o regime instituidor do benefício e é devida pelo regime de origem, que compartilha a obrigação de manutenção do benefício, considerando-se o tempo de contribuição do segurado para o referido regime.

e) No caso de servidor egresso do RGPS pretender aposentar-se pelo RPPS, atendidas as normas legais vigentes, só será considerado, para fins de cálculo da compensação financeira devida ao RGPS, o valor da renda mensal que o servidor faria jus no RPPS, multiplicado pelo percentual correspondente ao tempo de contribuição ao RGPS no tempo total de contribuição.

COMENTÁRIOS

Alternativa correta: "d". A Constituição Federal assegura a contagem recíproca do tempo de contribuição na administração pública e na atividade privada, rural e urbana, hipótese em que os diversos regimes de previdência social se compensarão financeiramente, segundo critérios estabelecidos em lei. O regime instituidor é aquele que vai suportar o ônus do benefício e o instituto de origem é aquele que recebeu contribuições do segurado, antes de ele migrar para o regime instituidor. Assim, o regime de origem vai compensar o regime instituidor pelas contribuições recebidas.

Alternativa "a": incorreta. O STF entende justamente o oposto aventado na assertiva "a". Veja o julgado:

> **"STF – CONTAGEM RECÍPROCA DE TEMPO DE SERVIÇO**
>
> *A imposição de restrições, por legislação local, à contagem recíproca do tempo de contribuição na Administração Pública e na atividade privada para fins de concessão de aposentadoria afronta o art. 202, § 2º, da CF, com redação anterior à EC 20/1998. Ao reafirmar a jurisprudência do STF, o Plenário reconheceu a existência de repercussão geral do tema e deu parcial provimento ao recurso extraordinário para determinar à municipalidade que examine o pedido de aposentadoria do recorrente, considerando a contagem recíproca do tempo de contribuição na Administração Pública e na atividade privada com o fim de sua concessão. Discutia-se pleito de aposentadoria proporcional do funcionalismo público formulado por então ocupante, sem vínculo efetivo, de cargo em comissão, anteriormente à EC 20/1998, que modificou o sistema de previdência social, estabeleceu normas de transição e deu outras providências. Na espécie, o serviço de previdência social de Franco da Rocha/SP indeferira o benefício pretendido sob o fundamento de que a Lei 1.109/1981, daquela localidade, exigiria dez anos de efetivo exercício para obtenção de direito à contagem recíproca do tempo de serviço público municipal e de atividade privada, com a finalidade de conceder aposentação — v. Informativo 652. O Tribunal consignou que, ao se cotejar a Constituição em face da norma local, a expressão "segundo critérios estabelecidos em lei", contida na Constituição, diria respeito às compensações, com a reciprocidade de distribuição financeira do ônus, e não com a contagem do tempo de serviço. Destacou que a lei municipal veicularia restrição a direito consagrado pela Constituição sem qualquer condicionante. Além do mais, referida norma local não teria sido recepcionada pela CF/1988. O Ministro Roberto Barroso destacou que o presente julgado ratificaria tese materializada no Enunciado 359 da Súmula do STF ("Ressalvada a revisão prevista em lei, os proventos da inatividade regulam-se pela lei vigente ao tempo em que o militar, ou o servidor civil, reuniu os requisitos necessários"). Asseverou, ainda, que a legislação local, mais restritiva, não poderia afetar os direitos à aposentadoria na forma como dispostos na Constituição. RE 650851 QO/SP, rel. Min. Gilmar Mendes, 1º.10.2014. (RE-650851) (Informativo nº 761, Plenário, Repercussão Geral).*

Alternativa "b": incorreta. Para fins de contagem recíproca no serviço público, fazendo-se computar tempo de serviço rural, é necessário que as contribuições previdenciárias sejam recolhidas ao RGPS.

Veja, também, súmula da Turma Nacional de Uniformização de Jurisprudência dos Juizados Especiais Federais (TNU):

> *Súmula nº 10 – "O tempo de serviço rural anterior à vigência da Lei nº 8.213/91 pode ser utilizado para fins de contagem recíproca, assim entendida aquela que soma tempo de atividade privada, rural ou urbana, ao de serviço público estatutário, desde que sejam recolhidas as respectivas contribuições previdenciárias."*

Alternativa "c": incorreta. O benefício resultante da contagem recíproca de tempo de contribuição será concedido e pago pelo regime de previdência instituidor – aquele que no qual está filiado o segurado no momento da concessão do benefício.

Alternativa "e": incorreta. No caso apresentado, o servidor veio do RGPS e vai se aposentar no RPPS.

Quando o Regime Próprio de Previdência do Servidor (RPPS) for o regime instituidor (que vai conceder e pagar o benefício, utilizando-se de contribuições feitas ao RGPS), ele é que terá direito de receber do RGPS compensação financeira. **A compensação financeira será devida ao RPPS e não ao RGPS.**

A compensação financeira devida pelo Regime Geral de Previdência Social, relativa ao primeiro mês de competência do benefício, será calculada com base no valor do benefício pago pelo regime instituidor, no caso o RPPS, ou na renda mensal do benefício calculada como se fosse concedida pelo RGPS, valendo o que for menor.

O valor da compensação financeira, então, será o valor correspondente à multiplicação do montante especificado acima pelo percentual correspondente ao tempo de contribuição ao Regime Geral de Previdência Social no tempo de serviço total do servidor público. Vale dizer, será o valor do benefício pago pelo RPPS ou a renda mensal do benefício calculada como se fosse concedida pelo RGPS (nos moldes da legislação do RGPS) pelo percentual correspondente ao tempo de contribuição ao RGPS no tempo de serviço total do servidor público.

---

81. (Cespe – Procurador do MP junto ao TCU/2015) – Acerca dos benefícios e serviços previdenciários em espécie, assinale a opção correta.

a) O auxílio-doença deve ser equivalente a uma renda mensal igual a 100% do salário de benefício.

b) Conforme a legislação previdenciária atual, a conversão da aposentadoria por invalidez em aposentadoria por idade ocorre de modo automático e sem quaisquer requisitos.

c) No cálculo do salário de benefício da aposentadoria por idade, a média aritmética simples dos maiores salários de contribuição correspondentes a 80% de todo o período contributivo poderá por opção do segurado, ser multiplicada pelo fator previdenciário quando resultar majoração do valor mensal da prestação, nos termos do entendimento do STJ.

d) Conforme entendimento do STJ, a averbação de tempo de serviço rural sem o recolhimento das contribuições previdenciárias prestado anteriormente à Lei n.º 8.213/1991 poderá ser computada para fins de elevação da renda da aposentadoria por idade, à razão de 1% por ano de atividade rural prestada.

e) De acordo com o STJ, para fins de aposentadoria especial, é taxativo o rol de agentes nocivos listados em regulamento.

COMENTÁRIOS

Alternativa correta: "c". Perfeita a assertiva, digna de memorização. Na aposentadoria por idade, o fator previdenciário somente será utilizado se resultar numa renda mais vantajosa para o segurado.

Alternativa "a": incorreta. A renda mensal do auxílio-doença corresponde a 91% do salário de benefício. O valor não poderá exceder a média aritmética simples dos últimos 12 salários de contribuição e, se não houver 12, dos salários de contribuição existentes.

Alternativa "b": incorreta. Não há mais previsão legal para a conversão da aposentadoria por invalidez em aposentadoria por idade.

Alternativa "d": incorreta. É bom conferir o enunciado da súmula nº 76 da TNU:

> *"A averbação de tempo de serviço rural não contributivo não permite majorar o coeficiente de cálculo da renda mensal inicial de aposentadoria por idade previsto no art. 50 da Lei nº 8.213/91."*

Assim, a averbação de tempo de serviço rural sem o recolhimento das contribuições previdenciárias prestado anteriormente à Lei nº 8.213/1991 **não** poderá ser computada para fins de elevação da renda da aposentadoria por idade, à razão de 1% por ano de atividade rural prestada.

Alternativa "e": incorreta. O rol de agentes nocivos que podem gerar a concessão de uma aposentadoria especial não é taxativa, no entendimento do STJ. Confira:

> **"STJ – DIREITO PREVIDENCIÁRIO. ARTS. 57 E 58 DA LEI nº 8.213/1991. ROL DE ATIVIDADES E AGENTES NOCIVOS. CARÁTER EXEMPLIFICATIVO. RECURSO REPETITIVO (ART. 543-C DO CPC E RES. nº 8/2008-STJ).**
>
> *É possível considerar como atividade especial para fins previdenciários o trabalho exposto à eletricidade, mesmo se exercido após a vigência do Dec. nº 2.172/1997, que suprimiu eletricidade do rol de agentes nocivos. À luz da interpretação sistemática, as normas regulamentadoras que estabelecem os casos de agentes e atividades nocivas à saúde do trabalhador são exemplificativas, podendo ser considerado especial o labor que a técnica médica e a legislação correlata considerarem como prejudiciais ao obreiro, desde que o trabalho seja permanente, não ocasional nem intermitente e em condições especiais (art. 57, § 3º, da Lei nº 8.213/1991). O extinto TFR também já havia sedimentado na Súm. nº 198 o entendimento acerca da não taxatividade das hipóteses legais de atividade especial. Precedentes citados: AgRg no REsp 1.168.455-RS, DJe 28/6/2012, e AgRg no REsp 1.147.178-RS, DJe 6/6/2012. REsp 1.306.113-SC<http://www.stj.jus.br/webstj/processo/justica/jurisprudencia. asp?-tipo=num_pro&valor=REsp+1306113>, Rel. Min. Herman Benjamin, julgado em 14/11/2012."(Informativo Nº: 509).*

82. (Cespe – Procurador do MP junto ao TCU/2015) – Ainda a respeito dos benefícios e serviços previdenciários em espécie, assinale a opção correta.

a) Para a concessão do auxílio-acidente, é imprescindível que a moléstia seja irreversível, de acordo com entendimento do STJ.

b) A pensão por morte, devida ao filho até os vinte e um anos de idade, prorroga-se pela pendência do curso universitário até os vinte e quatro anos de idade, conforme entendimento do STJ.

c) O salário-maternidade é um benefício previdenciário devido a toda segurada do RGPS, sem exceção, que, em razão do nascimento do seu filho ou da adoção de uma criança, visa substituir a sua remuneração.

d) No caso de segurada empregada e da trabalhadora avulsa, o valor do salário-maternidade não poderá superar o teto do RGPS, conforme entendimento do STF.

e) O segurado especial só terá direito a perceber o auxílio-acidente se efetuar recolhimentos sobre o salário de contribuição.

COMENTÁRIOS

Alternativa correta: "c". O benefício do salário-maternidade é concedido para todas as seguradas que preencherem os requisitos legais. Não é excluída qualquer categoria de segurada na concessão desse benefício.

O parto e a adoção de criança são fatos geradores do salário-maternidade.

Alternativa "a": incorreta. Pelo contrário. Veja a posição do STJ sobre o tema:

> **"AGRAVO REGIMENTAL – DIREITO PREVIDENCIÁRIO – AUXÍLIO-ACIDENTE - INCAPACIDADE PARCIAL - REVERSIBILIDADE – ENTENDIMENTO FIRMADO NO JULGAMENTO DO RESP 1.112.886/SP, REPRESENTATIVO DE CONTROVÉRSIA – HIPÓTESE QUE COADUNA COM O POSICIONAMENTO DESTA CORTE - APLICAÇÃO DA MULTA PREVISTA NO ART. 557, § 2°, DO CPC.**
>
> *1. Na esteira do que foi decidido no Recurso Especial nº 1.112.886/SP, representativo de controvérsia, a concessão do auxílio-acidente depende do reconhecimento do nexo causal entre a moléstia incapacitante e o trabalho exercido pelo segurado, sendo desnecessário investigar a irreversibilidade da doença.*
>
> *2. Hipótese em que reconhecido o nexo causal e a redução da capacidade laborativa, apesar de certificada no laudo pericial a possibilidade de reversão da moléstia acometida pelo autor.*
>
> *3. Agravo regimental em ataque ao mérito de decisão proferida com base no art. 543-C do CPC não provido, com aplicação de multa no percentual de 10% (dez por cento) sobre o valor da causa."*
>
> *AgRg no REsp 1328055 / RS. Relatora Desembargadora Convocada Diva Marlebi, Segunda Turma. DJ 07/03/2013, DJe 14/03/2013.*
>
> **"RECURSO ESPECIAL REPETITIVO. ART. 105, III, ALÍNEA A DA CF. DIREITO PREVIDENCIÁRIO. AUXÍLIO-ACIDENTE. REQUISITOS: COMPROVAÇÃO DO NEXO DE CAUSALIDADE E DA REDUÇÃO PARCIAL DA CAPACIDADE DO SEGURADO PARA O TRABALHO. DESNECESSIDADE DE QUE A MOLÉSTIA INCAPACITANTE SEJA IRREVERSÍVEL. NÃO INCIDÊNCIA DA SÚMULA 7/STJ. PARECER MINISTERIAL PELO PROVIMENTO DO RECURSO ESPECIAL. RECURSO ESPECIAL PROVIDO.**
>
> *1. Nos termos do art. 86 da Lei 8.213/91, para que seja concedido o auxílio-acidente, necessário que o segurado empregado, exceto o doméstico, o trabalhador avulso e o segurado especial (art. 18, §1o. da Lei 8.213/91), tenha redução permanente da sua capacidade laborativa em decorrência de acidente de qualquer natureza.*
>
> *2. Por sua vez, o art. 20, I da Lei 8.213/91 considera como acidente do trabalho a doença profissional, proveniente do exercício do trabalho peculiar à determinada atividade, enquadrando-se, nesse caso, as lesões decorrentes de esforços repetitivos.*
>
> *3. Da leitura dos citados dispositivos legais que regem o benefício acidentário, constata-se que não há nenhuma ressalva quanto à necessidade de que a moléstia incapacitante seja irreversível para que o segurado faça jus ao auxílio-acidente.*
>
> *4. Dessa forma, será devido o auxílio-acidente quando demonstrado o nexo de causalidade entre a redução de natureza permanente da capacidade laborativa e a atividade profissional desenvolvida, sendo irrelevante a possibilidade de reversibilidade da doença. Precedentes do STJ.*
>
> *5. Estando devidamente comprovado na presente hipótese o nexo de causalidade entre a redução parcial da capacidade para o trabalho e o exercício de suas funções laborais habituais, não é cabível afastar a concessão do auxílio-acidente somente pela possibilidade de desaparecimento dos sintomas da patologia que acomete o segurado, em virtude de tratamento ambulatorial ou cirúrgico.*
>
> *6. Essa constatação não traduz, de forma alguma, reexame do material fático, mas sim valoração do conjunto probatório produzido nos autos, o que afasta a incidência do enunciado da Súmula 7 desta Corte.*
>
> *7. Recurso Especial provido." Resp 1112886/SP. Relator Ministro Napoleão Nunes Maia Filho, Terceira Seção. DJ 25/11/2009. DJe 12/02/2010.*

Alternativa "b": incorreta. A pensão por morte não se prorroga para o filho maior de 21 anos que estiver cursando ensino superior. Esse é, inclusive, o entendimento adotado na súmula nº 37 da TNU.

Alternativa "d": incorreta. O valor do salário-maternidade da segurada empregada e da trabalhadora avulsa poderá superar o teto máximo estabelecido para os benefícios do RGPS. O limite, no caso, é o valor do subsídio do Ministro do STF.

Alternativa "e": incorreta. O segurado especial contribui para o RGPS sobre a receita bruta da comercialização da sua produção e terá os benefícios que a lei que concede. O benefício de auxílio-acidente não exige carência mínima de contribuições para os segurados que têm direito de recebê-lo.

83. (CESPE/ Defensor Público da União – DPU/2015) – Considere a seguinte situação hipotética.

– José, trabalhador urbano, preencheu o requisito da idade para requerer aposentadoria por idade no ano de 2005, mas, à época, não havia atingido o número mínimo de contribuições previsto na tabela progressiva de carência constante do art. 142 da Lei n.º 8.213/1991. Nessa situação hipotética, é correto afirmar que a carência foi definida, com base na tabela progressiva, em função do ano de 2005, no qual José completou a idade mínima para concessão do benefício, ainda que tal período de carência só tenha sido preenchido em 2009, por exemplo. Ocorreu, portanto, o denominado congelamento da carência.

COMENTÁRIOS

Corretíssima a assertiva. Para os segurados que já se encontravam inscritos na Previdência Social Urbana até 24 de julho de 1991, bem como para o trabalhador e o empregador rural, cobertos pela Previdência Social Rural, a carência das aposentadorias por idade, por tempo de serviço e especial obedecerá a tabela progressiva constante do art. 142 da Lei nº 8.213/91.

A interpretação que se dá no caso é que a carência a ser exigida é aquela prevista no ano em que o segurado preencheu as condições da aposentadoria. No caso da aposentadoria por idade, a carência exigida será aquela exigida no ano em que o segurado completar a idade mínima exigida pela lei previdenciária. A TNU editou súmula a respeito do tema:

> **Súmula nº 44** – *"Para efeito de aposentadoria por idade urbana a tabela progressiva de carência prevista no artigo 142 da Lei 8.213/91 deve ser aplicada em função do ano em que o segurado completa a idade mínima para a concessão do benefício, ainda que o período de carência só seja preenchido posteriormente."*

84. (CESPE/ Defensor Público da União – DPU/2015) – O fator previdenciário só incidirá na aposentadoria por idade quando a sua aplicação for mais vantajosa ao segurado.

COMENTÁRIOS

Correta a assertiva. O fator previdenciário só será aplicado no cálculo do salário de benefício da aposentadoria por idade se resultar numa renda mais vantajosa para o segurado.

O mesmo acontece com as aposentadorias por idade e por tempo de contribuição do segurado com deficiência.

Quando se tratar de aposentadoria por tempo de contribuição de segurado não portador de deficiência, o fator previdenciário será aplicado para o cálculo do salário de benefício.

Todavia, com a publicação da **Lei nº 13.183/2015**, o segurado que preencher o requisito para a aposentadoria por tempo de contribuição poderá optar pela não incidência do fator previdenciário no cálculo de sua aposentadoria, quando o total resultante da soma de sua idade e de seu tempo de contribuição, incluídas as frações, na data de requerimento da aposentadoria, for:

> *I – igual ou superior a noventa e cinco pontos, se homem, observando o tempo mínimo de contribuição de trinta e cinco anos; ou*
>
> *II – igual ou superior a oitenta e cinco pontos, se mulher, observado o tempo mínimo de contribuição de trinta anos.*

Veja o quadro:

Mulheres (soma do tempo de contribuição e da idade)*	Homens (soma do tempo de contribuição e da idade)*	Ano do requerimento
85	95	até 2018
86	96	de 2019 a 2020.
87	97	de 2021 a 2022.
88	98	de 2023 a 2024.
89	99	de 2025 a 2026.
90	100	a partir de 2027.

* Serão acrescidos cinco pontos à soma da idade com o tempo de contribuição do professor e da professora que comprovarem exclusivamente tempo de efetivo exercício de magistério na educação infantil e no ensino fundamental e médio.

Ao segurado que alcançar o requisito necessário ao exercício da opção pela não aplicação do fator previdenciário e deixar de requerer aposentadoria será assegurado o direito à opção com a aplicação da pontuação exigida na data do cumprimento do requisito previsto na tabela acima.

85. (CESPE/ Enfermeiro do trabalho/FUB/2015) – Com relação aos benefícios da Previdência Social, julgue o item subsecutivo.

– Os beneficiários de aposentadoria por invalidez do Regime Geral de Previdência Social devem se submeter a perícia médica anualmente, qualquer que seja a sua idade.

COMENTÁRIOS

Item errado. O art. 101 da Lei nº 8.213/91 teve sua redação alterada pela Lei nº 13.063, de 30 de dezembro de 2014, tendo-lhe acrescidos os parágrafos 1º e 2º. Mais tarde, esses parágrafos tiveram sua redação alterada pela Lei nº 13.457, de 2017

> *"Art. 101...*
>
> *§1º. O aposentado por invalidez e o pensionista inválido que não tenham retornado à atividade estarão isentos do exame de que trata o caput deste artigo:*
>
> *I – após completarem cinquenta e cinco anos ou mais de idade e quando decorridos quinze anos da data da concessão da aposentadoria por invalidez ou do auxílio-doença que a precedeu; ou*
>
> *II – após completarem sessenta anos de idade.*
>
> *§2º. A isenção de que trata o §1º não se aplica quando o exame tem as seguintes finalidades:*
>
> *I – verificar a necessidade de assistência permanente de outra pessoa para a concessão do acréscimo de 25% (vinte e cinco por cento) sobre o valor do benefício, conforme dispõe o art. 45;*
>
> *II – verificar a recuperação da capacidade de trabalho, mediante solicitação do aposentado ou pensionista que se julgar apto;*
>
> *III – subsidiar autoridade judiciária na concessão de curatela, conforme dispõe o art. 110."*

Assim, o aposentado por invalidez que preencher as condições acima não tem a obrigação de submeter-se a exame médico a cargo da Previdência Social.

86. (CESPE/Defensor Público/DPE-PE/2015) – Julgue o item abaixo, relativo a regimes previdenciários.

– Segundo a legislação, é vedado ao segurado receber mais de uma aposentadoria do RGPS. Entretanto, não há impedimento a que o segurado receba aposentadoria por idade desse regime e aposentadoria por tempo de contribuição do serviço público.

COMENTÁRIOS

Perfeita a assertiva!!!! É possível receber mais de uma aposentadoria, desde que os regimes sejam distintos. Uma pessoa física pode ser segurada obrigatória no RGPS e no RPPS. Isso vai depender das atividades que exercer.

Sendo assim, contribuirá para os dois regimes previdenciários e terá, por consequência, benefícios pagos pelos dois regimes, considerando, cada regime, as regras relativas ao seu enquadramento como segurado obrigatório e aos requisitos para concessão dos benefícios.

87. (CESPE/Defensor Público Federal/DPU/2015) – É vedada a cumulação da pensão por morte de trabalhador rural com o benefício da aposentadoria por invalidez, uma vez que ambos os casos apresentam pressupostos fáticos e fatos geradores análogos.

COMENTÁRIOS

Item **incorreto.** O entendimento que se dá em relação à cumulação de pensão por morte com aposentadoria é o inverso daquele descrito na assertiva.

A pensão por morte é concedida à pessoa física na condição de dependente de um segurado do RGPS.

A aposentadoria é concedida à pessoa física na condição de segurado do RGPS.

Veja o enunciado da súmula nº 36 da TNU:

> *"Não há vedação legal à cumulação da pensão por morte de trabalhador rural com o benefício da aposentadoria por invalidez, por apresentarem pressupostos fáticos e fatos geradores distintos."*

88. (CESPE – Procurador do MP junto ao TCE-PB/ 2014) – Assinale a opção correta no que se refere a contagem recíproca do tempo de contribuição para efeito previdenciário.

a) O segurado do RGPS que houver contribuído por nove anos e quatro meses para o INSS e houver perdido a qualidade de segurado não poderá ter esse tempo de contribuição averbado no serviço público.

b) O ordenamento jurídico brasileiro não admite a contagem recíproca dos tempos de contribuição prestada ao RGPS brasileiro e a institutos de previdência criados por outros países.

c) É admissível a contagem recíproca dos tempos de contribuição prestada ao regime de previdência privada complementar e ao RGPS.

d) Para efeito de aposentadoria, é admissível a contagem recíproca dos tempos de contribuição prestada ao RPSS/PB e ao RGPS, hipótese em que os esses regimes se compensarão financeiramente, segundo critérios estabelecidos em lei.

e) Se houver compatibilidade de horário, as atividades realizadas concomitantemente em empresa privada e no serviço público poderão ser reciprocamente consideradas, e os respectivos tempos de contribuição, averbados para efeito de aposentadoria.

COMENTÁRIOS

Alternativa correta: "d". O art. 201, § 9º, da Constituição Federal prevê que "para efeito de aposentadoria, é assegurada a contagem recíproca do tempo de contribuição na administração pública e na atividade privada, hipótese em que os diversos regimes se compensarão financeiramente, segundo critérios estabelecidos em lei".

Assim, é admissível a contagem recíproca dos tempos de contribuição prestada ao RPSS/PB e ao RGPS, hipótese em que os esses regimes se compensarão financeiramente, segundo critérios estabelecidos em lei.

Alternativa "a": incorreta. O segurado do RGPS que houver contribuído para a Previdência Social houver perdido a qualidade de segurado **poderá** ter esse tempo de contribuição averbado no serviço público. O tempo que houver contribuído para o RGPS poderá ser computado no regime próprio de previdência social, independentemente do tempo de contribuição.

Todavia, há situações em que lei veda a contagem recíproca de tempo de contribuição. Veja o que dispõe o art. 96 da Lei nº 8.213/91:

> *"Art. 96. O tempo de contribuição ou de serviço de que trata esta Seção será contado de acordo com a legislação pertinente, observadas as normas seguintes:*
>
> *I – não será admitida a contagem em dobro ou em outras condições especiais;*
>
> *II – é vedada a contagem de tempo de serviço público com o de atividade privada, quando concomitante;*
>
> *III – não será contado por um sistema o tempo de serviço utilizado para concessão de aposentadoria pelo outro;*
>
> *IV – o tempo de serviço anterior ou posterior à obrigatoriedade de filiação à Previdência Social só será contado mediante indenização da contribuição correspondente ao período respectivo, com acréscimo de juros moratórios de um por cento ao mês e multa de dez por cento."*

Alternativa "b": incorreta. O ordenamento jurídico brasileiro **admite** a contagem recíproca dos tempos de contribuição prestada ao RGPS brasileiro e a institutos de previdência criados por outros países. Isso vai ocorrer se houver tratado ou acordo internacional prevendo tal possibilidade.

Alternativa "c": incorreta. Não é admissível a contagem recíproca dos tempos de contribuição prestada ao regime de previdência privada complementar e ao RGPS. O art. 201, § 9º, da Constituição Federal permite a contagem recíproca de tempo de contribuição na administração pública e na atividade privada. Poderá haver a contagem do tempo de contribuição feita ao RGPS no RPPS, bem como a contagem do tempo de contribuição feita ao RPPS ao RGPS.

Alternativa "e": incorreta. De acordo com o que dispõe o art. 96, inciso II, da Lei nº 8.213/91, é vedada a contagem de tempo de serviço público com o de atividade privada, quando concomitante. Assim, a contagem recíproca de tempo de contribuição não será admitida quando o exercício da atividade na iniciativa privada e no serviço público for concomitante.

89. (CESPE – Procurador Federal/2013) – Acerca do RGPS, julgue o item a seguir.

– A aposentadoria especial será devida apenas ao segurado que tiver trabalhado por, pelo menos, vinte e cinco anos sujeito a condições especiais que lhe prejudiquem a saúde ou a integridade física.

COMENTÁRIOS

A assertiva está errada. A aposentadoria especial será devida ao segurado que tiver trabalhado sujeito a condições especiais que lhe prejudiquem a saúde ou a integridade física, pelo prazo de 15, 20 ou 25 anos. Lembre-se de que a aposentadoria especial somente será concedida aos segurados empregado, trabalhador avulso e cooperados de produção e de trabalho.

90. (CESPE – Procurador Federal/2013) – Acerca do RGPS, julgue o item a seguir.

– A concessão do benefício de auxílio-doença, em regra, exige período de carência de doze contribuições mensais. Todavia, a lei prevê casos em que a concessão do referido benefício independe de carência, entre os quais se inclui a situação na qual o segurado venha a ser vítima de moléstia profissional ou do trabalho.

COMENTÁRIOS

A assertiva está correta. Em caso de acidente de qualquer natureza ou causa e de doenças e afecções especificadas em lista elaborada pelos Ministérios da Saúde e da Previdência Social, atualizada a cada 3 (três) anos, de acordo com os critérios de estigma, deformação, mutilação, deficiência ou outro fator que lhe confira especificidade e gravidade que mereçam tratamento particularizado, o benefício de auxílio-doença será concedido sem que se exija carência mínima de contribuições.

Registre-se que o Ministério da Previdência Social foi extinto pela Lei nº 13.266/2016. A Previdência foi incorporada ao Ministério da Fazenda com o advento da Medida Provisória nº 726/2016, convertida na Lei nº

13.341/2016. O INSS passou a ser vinculado ao Ministério do Desenvolvimento Social e, quanto às questões previdenciárias, segue as diretrizes gerais estabelecidas pelo Conselho Nacional de Previdência, vinculado ao Ministério da Fazenda.

---

91. (CESPE – Procurador Federal/2013) – Acerca do RGPS, julgue o item a seguir.

– Segundo a atual jurisprudência do STF e STJ, a concessão do benefício previdenciário de pensão por morte aos dependentes do segurado deve ser disciplinada pela legislação em vigor ao tempo do fato gerador do benefício em questão, qual seja, a morte do segurado, por força da aplicação do princípio *lex tempus regitactum*.

COMENTÁRIOS

A assertiva está correta. A lei aplicável à concessão de pensão previdenciária por morte é aquela vigente na data do óbito do segurado. É o que diz a súmula 340 do STJ.

---

92. (CESPE – Procurador Federal/2013) – Acerca do RGPS, julgue o item a seguir.

– Se um segurado da previdência social falecer e deixar como dependentes seus pais e sua companheira, o benefício de pensão por sua morte deverá ser partilhado entre esses três dependentes, na proporção de um terço para cada um.

COMENTÁRIOS

A assertiva está errada. O benefício de pensão por morte será pago integralmente para a companheira do segurado por ser ela dependente de 1ª classe do RGPS.

Conforme dispõe o art. 16, § 1º, da Lei nº 8.213/91, "a existência de dependente de qualquer das classes deste artigo exclui do direito às prestações os das classes seguintes."

Assim, a mãe do falecido enquadraria como dependente de 2ª classe e só poderia receber benefício, caso não houvesse dependentes na 1ª classe e comprovasse dependência econômica em relação ao filho segurado na data do óbito.

Com a nova redação da Lei nº 8.213/91, trazida pela Lei nº 13.135/2015, no caso do cônjuge, do companheiro ou da companheira, o benefício será concedido:

a) por 04 meses, se o segurado não tiver 18 ou mais contribuições mensais ou se o casamento ou a união estável tiverem sido iniciados há menos de 02 anos da data do óbito/reclusão do segurado;

b) segundo a tabela abaixo, se o segurado **tiver** 18 ou mais contribuições e o casamento ou a união estável tiverem sido iniciados, há pelo menos, 02 anos da data do óbito do segurado, **ou então,** se a morte decorrer de acidente de qualquer natureza ou causa ou de doença profissional ou do trabalho, **mesmo não havendo 18 contribuições do segurado e 02 anos, pelo menos, de casamento ou união estável até a data do óbito.**

Idade cônjuge, companheiro ou companheira, em anos	Duração do benefício de pensão por morte (em anos)
Menos de 21	3
Entre 21 e 26	6
Entre 27 e 29	10
Entre 30 e 40	15
Entre 41 e 43	20
Com 44 ou mais	Vitalícia

c) até cessar a invalidez ou afastar a deficiência, quando se tratar de inválido ou deficiente, garantidos, no mínimo, os prazos mencionados nas letras "a" e "b".

---

93. (CESPE – Procurador Federal/2013) – Acerca do RGPS, julgue o item a seguir.

– Para fazer jus à aposentadoria por idade prevista no RGPS, como trabalhador urbano, deve o requerente comprovar, além da carência exigida em lei, ter completado sessenta e cinco anos de idade, se homem, e sessenta anos, se mulher.

COMENTÁRIOS

A assertiva está correta. E, lembre-se de que a carência mínima a cumprir é de 180 contribuições mensais.

É importante registrar que, após o advento da Lei Complementar nº 142/2013, o segurado portador de deficiência poderá ser aposentar por idade, aos sessenta anos, se homem e aos cinquenta e cinco anos, se mulher. A carência mínima exigida para a concessão desse benefício é de 180 contribuições na condição de deficiência.

---

94. (CESPE – Procurador Federal/2013) – Julgue o item a seguir:

– Para fins de concessão dos benefícios previstos no RGPS ou no serviço público é assegurada a contagem recíproca do tempo de contribuição na atividade privada e do tempo de serviço na administração pública, hipótese em que os diferentes sistemas de previdência social se compensarão financeiramente.

COMENTÁRIOS

O item está correto. O art. 201, § 9º, da Constituição Federal prevê que "para efeito de aposentadoria, é assegurada a contagem recíproca do tempo de contribuição na administração pública e na atividade privada, hipótese em que os diversos regimes se compensarão financeiramente, segundo critérios estabelecidos em lei".

95. (CESPE – Procurador Federal/2013) – Julgue o item a seguir:

– O termo inicial para a contagem do prazo decadencial para a previdência social anular o ato administrativo do qual decorram efeitos favoráveis para o beneficiário é de dez anos a partir da data em que for praticado o ato, ainda que se comprove má-fé do beneficiário.

COMENTÁRIOS

O item está incorreto. O termo inicial para a contagem do prazo decadencial para a previdência social anular o ato administrativo do qual decorram efeitos favoráveis para o beneficiário é de dez anos contados da data em que foram praticados, salvo comprovada má-fé. No caso de má-fé, não corre decadência, conforme previsão no Código Civil.

96. (CESPE – Juiz do Trabalho Substituto 5ª Região/2013) – Conforme a legislação vigente, o valor da maior parte dos benefícios de prestação continuada da Previdência Social deve ser calculado com base no salário-de-benefício. Tratando-se de aposentadoria por idade, esse salário-de-benefício equivale

a) à média aritmética simples dos salários de contribuição médios correspondentes a 80% de todo o período contributivo, multiplicada pelo fator previdenciário.

b) à média aritmética simples dos maiores salários de contribuição correspondentes a 80% de todo o período contributivo, dividida pelo fator previdenciário.

c) à média aritmética simples dos salários de contribuição médios correspondentes a 80% de todo o período contributivo, dividida pelo fator previdenciário.

d) à média aritmética simples dos salários de contribuição médios correspondentes a 80% de todo o período contributivo.

e) à média aritmética simples dos maiores salários de contribuição correspondentes a 80% de todo o período contributivo, multiplicada pelo fator previdenciário.

COMENTÁRIOS

✪ **Nota da Autora:** importante destacar o que trazem os arts. 28 da Lei nº 8.213/91 e 31 do Decreto nº 3.048/99, *in verbis:*

Lei nº 8.213/91	Decreto nº 3.048/99
Art. 28. O valor do benefício de prestação continuada, inclusive o regido por norma especial e o decorrente de acidente do trabalho, exceto o salário-família e o salário-maternidade, será calculado com base no salário de benefício.	Art. 31. Salário de benefício é o valor básico utilizado para cálculo da renda mensal dos benefícios de prestação continuada, inclusive os regidos por normas especiais, exceto o salário-família, a pensão por morte, o salário-maternidade e os demais benefícios de legislação especial.

Alternativa correta: "e". Para as aposentadorias por idade e por tempo de contribuição o salário de benefício é apurado pela média aritmética simples dos maiores salários de contribuição correspondentes a 80% de todo o período contributivo, multiplicada pelo fator previdenciário, consoante dispõe o art. 29, I, da Lei nº 8.213/91.

No entanto, chamo a atenção do leitor para o fato de que, no caso da aposentadoria por idade, a utilização do fator previdenciário somente é aplicada se apurar uma renda mensal inicial mais vantajosa para o segurado.

A utilização do fator previdenciário no cálculo do salário de benefício é, também, opcional, para as aposentadorias por idade e por tempo de contribuição do segurado com deficiência.

Com a entrada em vigor da Lei nº 13.183/2015, o segurado que preencher o requisito para a aposentadoria por tempo de contribuição poderá optar pela **não incidência do fator previdenciário**, no cálculo de sua aposentadoria, quando o total resultante da soma de sua idade e de seu tempo de contribuição, incluídas as frações, na data de requerimento da aposentadoria, for de acordo com a seguinte tabela:

MULHERES (soma do tempo de contribuição e da idade)*	HOMENS (soma do tempo de contribuição e da idade)*	ANO DO REQUERIMENTO
85	95	até 2018
86	96	2019 a 2020
87	97	2021 a 2022
88	98	2023 a 2024
89	99	2025 a 2026
90	100	a partir de 2027.

* Serão acrescidos cinco pontos à soma da idade com o tempo de contribuição do professor e da professora que comprovarem exclusivamente tempo de efetivo exercício de magistério na educação infantil e no ensino fundamental e médio.

97. (CESPE – Juiz do Trabalho Substituto 5ª Região/ 2013) – Em relação ao abono anual a ser pago aos segurados da Previdência Social, é correto afirmar que

a) ele é calculado mediante aplicação do fator previdenciário sobre a última remuneração recebida pelo trabalhador.

b) ele somente pode ser recebido cumulativamente com o benefício mensal e com a gratificação de natal.

c) ele é devido no início e no fim do recebimento de uma série de benefícios.

d) seu valor deve ser calculado da mesma forma que a gratificação de natal dos trabalhadores.

e) o valor base para seu cálculo consiste na remuneração do 1° mês do ano em que o trabalhador receber qualquer benefício.

COMENTÁRIOS

✪ **Nota da Autora:** o abono anual é o valor devido ao segurado e ao dependente que, durante o ano, recebeu benefício previdenciário. Todo beneficiário que recebeu, durante o ano, auxílio-doença, auxílio-acidente, aposentadoria, salário-maternidade, pensão por morte ou auxílio-reclusão terá direito de receber o chamado abono anual que será calculado da mesma forma que a gratificação natalina dos trabalhadores. É o valor equivalente "ao 13º salário" pago pelo INSS aos beneficiários do RGPS. Será calculado, da mesma forma que a Gratificação de Natal dos trabalhadores, tendo por base o valor da renda mensal do benefício do mês de dezembro de cada ano.

Imperioso chamar a atenção do leitor de que o benefício assistencial pago ao idoso e ao deficiente não gera direito ao recebimento de abono anual.

Afirmativa correta: "d". É o que dispõe o art. 4Ø, parágrafo único da Lei nº 8.213/91.

Afirmativa "a": incorreta. Não há que se falar em fator previdenciário no cálculo do abono anual. Ele será calculado tendo por base o valor da renda mensal do benefício no mês de dezembro de cada ano.

Afirmativa "b": incorreta. O abono anual é recebido da forma em que colocado na nota da autora. Ele já é a gratificação natalina dos beneficiários do RGPS.

Afirmativa "c": incorreta. O abono anual é pago aos beneficiários do RGPS em duas parcelas quando o benefício é pago durante todo o ano. Quando o segurado ou dependente tiver o seu benefício cessado antes da data prevista pela legislação previdenciária para o pagamento do abono anual, este será pago juntamente com a última parcela do benefício recebido.

Afirmativa "e": incorreta. A base de cálculo do abono anual é o valor da renda mensal do benefício do mês de dezembro de cada ano. E somente será devido para aqueles que receberam, durante o ano, auxílio-doença, auxílio-acidente, aposentadoria, salário-maternidade, pensão por morte ou auxílio-reclusão.

98. (CESPE – Juiz do Trabalho Substituto 5ª Região/ 2Ø13) – No que se refere à concessão de benefícios do regime geral de previdência social, assinale a opção correta.

a) O pedido de aposentadoria deve ser apresentado ao INSS, que, deferindo-o, efetuará o pagamento do benefício.

b) Nos estados, o pedido de aposentadoria deve ser apresentado ao instituto estadual de previdência social, devendo o valor do benefício, em caso de deferimento do pedido, ser igual ao pago pelo INSS, dado o princípio da equivalência.

c) Nos estados, o pedido de aposentadoria deve ser apresentado ao instituto estadual de previdência social, que, ao deferi-lo, deverá remeter o processo ao INSS, órgão responsável por executar a concessão do benefício.

d) O pedido de aposentadoria deve ser apresentado ao INSS, que, deferindo-o, encaminhará os recursos ao instituto estadual de previdência social, órgão responsável por efetuar o pagamento do benefício.

e) O pedido de aposentadoria deve ser apresentado à empresa em que trabalha o requerente, a qual encaminha os recursos, em caso de deferimento do pedido, ao INSS, órgão incumbido de efetuar o pagamento do benefício.

COMENTÁRIOS

Opção correta: "a". O INSS é a autarquia federal responsável pela concessão, manutenção e revisão dos benefícios do regime geral de previdência social. Os benefícios previdenciários devem ser requeridos junto ao INSS.

Opção "b": incorreta. Quando se tratar de regime próprio de previdência social no âmbito dos Estados, o pedido de qualquer benefício deve ser apresentado ao instituto estadual de previdência social. No entanto, o valor do benefício de aposentadoria deferido pelo estado não vai ser igual ao valor pago pelo INSS. O valor da aposentadoria do servidor público estadual que ocupa cargo efetivo vai levar em consideração as regras dispostas no art. 40 da Constituição Federal e nas leis estaduais acerca de previdência social.

Para aqueles servidores que ingressaram no serviço público antes da Emenda Constitucional nº 41/2003, seus proventos de aposentadoria serão integrais ou proporcionais ao tempo de contribuição, considerando como base de cálculo a remuneração do servidor quando se aposentar.

Para aqueles servidores que ingressaram no serviço público após da Emenda Constitucional nº 41/2003, seus proventos de aposentadoria serão integrais ou proporcionais ao tempo de contribuição, considerando a média aritmética simples dos maiores salários de contribuição a partir de julho 1994.

Para aqueles servidores que ingressaram no serviço público após a vigência do plano de previdência complementar para os servidores, seus proventos de aposentadoria serão limitados ao valor máximo estabelecido para os benefícios do RGPS.

Opção "c": incorreta. O INSS é a autarquia federal responsável pela concessão, manutenção e revisão dos benefícios do regime geral de previdência social. Não tem atribuição para cuidar dos regimes próprios de previdência social dos entes federados.

Opção "d": incorreta. Veja explicação acima

Opção "e": incorreta. O pedido de aposentadoria de um empregado deve ser feito junto ao INSS.

---

99. (CESPE – Delegado de Polícia Federal – DPF/2013) – Em virtude de agravamento de doença, Maria, que exerceu por vinte anos, como empregada de uma fábrica de roupas, a função de costureira, foi considerada incapaz para o trabalho e insuscetível de reabilitação para o exercício de qualquer atividade que lhe garantisse a subsistência, tendo sido aposentada por invalidez.

Com base nessa situação hipotética, julgue o item a seguir.

- Caso Maria comprove necessitar de assistência permanente de outra pessoa, ela fará jus ao valor da aposentadoria por ela recebida acrescido de 25%, ainda que ultrapasse o teto de pagamento de benefícios do RGPS, acréscimo que cessará com sua morte, visto que não é incorporável ao valor da pensão a ser paga a seus dependentes.

COMENTÁRIOS

O item está correto. Perfeita a assertiva. É o que prevê o art. 45 da Lei nº 8.213/91.

---

100. (CESPE–Delegado de Polícia Federal–DPF/2013) – Julgue o seguinte item, relativo à decadência dos benefícios previdenciários.

- O direito de requerer pensão por morte decai após dez anos da morte do segurado.

COMENTÁRIOS

O item está errado. O direito de requerer benefício previdenciário não é fulminado pela decadência. A qualquer tempo, pode-se requerer a concessão de um benefício previdenciário, devendo comprovar as condições exigidas para tal à época da ocorrência do fato gerador.

Importante, no entanto, estar atento aos prazos para o requerimento do benefício, bem como à época que o benefício começará a ser devido. Veja o que dispõe o art. 74 da Lei nº 8.213/91, com redação trazida pela Lei nº 13.183/2015:

> *"Art. 74. A pensão por morte será devida ao conjunto dos dependentes do segurado que falecer, aposentado ou não, a contar da data:*
>
> *I – do óbito, quando requerida até noventa dias depois deste;*
>
> *II – do requerimento, quando requerida após o prazo previsto no inciso anterior;*
>
> *III – da decisão judicial, no caso de morte presumida."*

---

101. (CESPE – Procurador BACEN/2013) – Assinale a opção correta acerca dos benefícios previdenciários do RGPS e da seguridade social do servidor público.

a) É vedada a percepção de mais de uma aposentadoria à conta do regime próprio de previdência do servidor público, exceto no caso de o servidor também exercer atividade remunerada abrangida pelo RGPS.

b) De acordo com a jurisprudência atual, é possível a concessão de pensão por morte a dependente de segurado falecido após a perda dessa qualidade, ainda que os requisitos legais para a obtenção da aposentadoria sejam obtidos após a morte do segurado.

c) O direito de pleitear os benefícios previdenciários de trato sucessivo é imprescritível, mas o de receber as parcelas vencidas está sujeito ao prazo prescricional quinquenário.

d) A aposentadoria por contribuição, o salário-família e o auxílio-doença só serão devidos ao segurado especial se ele contribuir facultativamente para a previdência social.

e) O auxílio-reclusão é um benefício pago tanto ao dependente do segurado do RGPS quanto à família do servidor ativo, no valor de um salário mínimo mensal, e, em se tratando de prisão indevida, ambos terão direito à integralização do salário ou da remuneração.

COMENTÁRIOS

✪ **Nota da Autora:** a questão foi **anulada** pela banca examinadora, por entender que as opções "a" e "c" estavam corretas.

Alternativa "a": correta. No regime próprio de previdência social, é possível a percepção de mais de uma aposentadoria no caso de o servidor exercer cargos públicos acumuláveis.

Caso o servidor exerça cargo público e, também, atividade abrangida pelo RGPS, ela poderá se aposentar à conta do RPPS e do RGPS, preenchidos os requisitos para o benefício em cada regime.

Alternativa "b": incorreta. É possível a concessão de pensão por morte a dependente de segurado falecido após a perda dessa qualidade, quando os requisitos legais para a obtenção da aposentadoria sejam preenchidos até a data do óbito do segurado.

Alternativa "c": correta. Prescreve em cinco anos, a contar da data em que deveriam ter sido pagas, toda e qualquer ação para haver prestações vencidas ou quaisquer restituições ou diferenças devidas pela Previdência Social, salvo o direito dos menores, incapazes e ausentes, na forma do Código Civil. É o que dispõe o parágrafo único do art. 103 da Lei nº 8.213/91.

Alternativa "d": incorreta. O segurado especial é segurado obrigatório do RGPS. Sua contribuição incide sobre a receita bruta da comercialização da produção.

Para os segurados especiais, fica garantida a concessão de:

- aposentadoria por idade ou por invalidez, de auxílio-doença, de auxílio-reclusão ou de pensão no valor de um salário mínimo, desde que comprove o exercício da atividade rural, ainda que de forma descontínua, no período imediatamente anterior ao requerimento do benefício, igual ao número de meses correspondentes à carência do benefício requerido.

Será garantido o benefício de salário-maternidade no valor de um salário mínimo, desde que comprove o exercício da atividade rural, ainda que de forma descontínua, nos 10 meses imediatamente anteriores ao início do benefício.

A aposentadoria por tempo de contribuição **somente** será concedida ao segurado especial se ele contribuir facultativamente para a Previdência Social, nos moldes do contribuinte individual.

Alternativa "e": incorreta. O auxílio-reclusão é um benefício pago aos dependentes do segurado de baixa renda do RGPS quando ele for recolhido à prisão para cumprir pena em regime fechado ou semiaberto. Seu valor corresponde a 100% da aposentadoria por invalidez que lhe é devida na data do seu recolhimento à prisão.

---

102. (CESPE – Juiz Federal Substituto 1ª Região/2013) – Com relação ao auxílio-doença, ao auxílio-acidente e à aposentadoria por invalidez, assinale a opção correta.

a) A lei exige, para a concessão de auxílio-doença aos segurados especiais, no valor de um salário mínimo, a comprovação de carência.

b) O empregado que tiver perdido a qualidade de segurado só fará jus ao recebimento de aposentadoria por invalidez se tiver voltado a contribuir para o sistema previdenciário, no mínimo, quatro meses antes do pedido de aposentadoria, caso em que as contribuições relativas à filiação anterior serão computadas para efeito de carência.

c) A aposentadoria por invalidez, inclusive a decorrente de acidente do trabalho, consistirá em uma renda mensal correspondente a 100% do valor do salário-de-benefício, mesmo que o segurado esteja no gozo de auxílio-doença.

d) O auxílio-acidente, de caráter indenizatório, será concedido apenas ao segurado vítima de acidente no trabalho, se houver diagnóstico que comprove que as sequelas do acidente implicam redução da capacidade para o trabalho habitualmente exercido por ele.

e) A legislação previdenciária, salvo no caso de direito adquirido, veda o recebimento de aposentadoria por invalidez cumulada com aposentadoria especial e o recebimento de seguro – desemprego cumulado com auxílio-acidente.

COMENTÁRIOS

✪ **Nota da Autora:** a questão foi **anulada** pela banca examinadora.

Inicialmente, a opção "b" foi apontada como correta. A banca examinadora deferiu os recursos interpostos, entendendo que "não há opção correta, pois, ao contrário do que afirma a opção apontada como gabarito, para que empregado que tenha perdido a qualidade de segurado faça jus ao recebimento de aposentadoria por invalidez não basta que ele tenha voltado a contribuir para o sistema previdenciário por no mínimo quatro meses. É preciso, também, que a incapacidade não seja pré-existente ao seu reingresso do segurado no Regime Geral de Previdência Social.

Importante destacar que o parágrafo único do art. 24 da Lei nº 8.213/91 foi revogado, mas foi incluído o art. 27-A pela Lei nº 13.457, de 2017:

> *"Art. 27-A. No caso de perda da qualidade de segurado, para efeito de carência para a concessão dos benefícios de que trata Esta Lei, o segurado deverá contar, a partir da nova filiação à Previdência Social, com metade dos períodos previstos nos incisos I e III do caput do art. 25." (Incluído pela Lei nº 13.457, de 2017)*

Desse modo, caso o segurado venha a perder o vínculo com o RGPS, ele somente passará a ter direito aos benefícios de auxílio-doença, de aposentadoria por invalidez e de salário-maternidade, quando cumprir a metade do número de contribuições exigido para fins de carência, contado a partir da nova filiação.

Alternativa "b": incorreta. Considerando a legislação vigente, com as alterações trazidas pela Lei nº 13.457/2017, o empregado que tiver perdido a qualidade de segurado só fará jus ao recebimento de aposentadoria por invalidez se tiver voltado a contribuir para o sistema previdenciário, no mínimo, com a metade da carência exigida pela Lei de Benefícios.

Alternativa "a": incorreta. Conforme dispõe o art. 26 da Lei nº 8.213/91, independe de carência a concessão dos benefícios de valor mínimo ao segurado especial, dentre eles, o auxílio-doença. No tanto, para que o segurado especial tenha direito ao benefício de auxílio-doença, no valor de um salário mínimo, é necessário que comprove o exercício da atividade rural, ainda que de forma descontínua, nos 12 meses imediatamente anteriores ao requerimento do benefício.

Alternativa "c": incorreta A aposentadoria por invalidez, inclusive a decorrente de acidente do trabalho, consistirá em uma renda mensal correspondente a 100% do valor do salário de benefício. Porém, quando o acidentado do trabalho estiver em gozo de auxílio-doença, o valor da aposentadoria por invalidez será igual ao do auxílio-doença se este, por força de reajustamento, for superior ao valor de 100% do salário de benefício.

Alternativa "d": incorreta. O auxílio-acidente, de caráter indenizatório, será concedido apenas aos segurados **empregado, empregado doméstico, trabalhador avulso e especial, vítimas de acidente de qualquer natureza,** se houver diagnóstico que comprove que as sequelas do acidente implicam redução da capacidade para o trabalho habitualmente exercido por ele. Portanto, não precisa que o acidente seja do trabalho para que o auxílio-acidente possa ser concedido.

Alternativa "e": incorreta. A legislação previdenciária, salvo no caso de direito adquirido, veda o recebimento de aposentadoria por invalidez acumulado com aposentadoria especial. Não é permitido o recebimento conjunto de mais de uma aposentadoria no RGPS.

Já o seguro-desemprego pode ser recebido conjuntamente com auxílio-acidente, pensão por morte e auxílio-reclusão.

---

103. (CESPE – Procurador do Ministério Público junto ao TCDF/2013) – Julgue o item seguinte, que versa sobre a previdência social.

– A renúncia à aposentadoria pelo RGPS, para fins de aproveitamento do tempo de contribuição e concessão de novo benefício, seja no mesmo regime, seja em regime diverso, não importa em devolução dos valores percebidos, pois, enquanto perdurar a aposentadoria pelo RGPS, os pagamentos de natureza alimentar serão indiscutivelmente devidos.

COMENTÁRIOS

✪ **Nota da Autora:** a assertiva trata do instituto da desaposentação.

O item está correto, considerando a época que foi aplicada a prova e a posição do STJ naquele momento. A desaposentação foi uma criação doutrinária, que preconizava o direito do segurado ao retorno à atividade remunerada com o desfazimento da aposentadoria por vontade do titular para fins de aproveitamento do tempo de filiação em contagem para nova aposentadoria, no mesmo ou em outro regime previdenciário.

O Superior Tribunal de Justiça entendia possível o deferimento da desaposentação sem a devolução dos valores percebidos, em razão de sua natureza alimentar.

A desaposentação não encontra respaldo na lei previdenciária.

O Supremo Tribunal Federal decidiu finalmente a questão, entendendo que "no âmbito do regime geral de previdência social – RGPS, somente lei pode criar benefícios e vantagens previdenciárias, não havendo, por ora, previsão legal do direito à "desaposentação", sendo constitucional a regra do art. 18, § 2º, da Lei 8.213/1991.

Com base nessa orientação, o Tribunal concluiu o julgamento conjunto de recursos extraordinários em que se discutia a possibilidade de reconhecimento da "desaposentação", consistente na renúncia a benefício de aposentadoria, com a utilização do tempo de serviço ou contribuição que fundamentara a prestação previdenciária originária, para a obtenção de benefício mais vantajoso em nova aposentadoria — v. Informativos 600, 762 e 765.

---

104. (CESPE – Procurador do Ministério Público junto ao TCDF/2013) – Julgue o item seguinte, que versa sobre a previdência social.

– Conforme a jurisprudência do STJ, no âmbito do RGPS, o termo inicial do auxílio-acidente será o dia seguinte ao da cessação do auxílio-doença.

COMENTÁRIOS

O item está correto. O auxílio-acidente será devido a partir do dia seguinte ao da cessação do auxílio-doença.

Caso o auxílio-acidente não tenha sido precedido do auxílio-doença, ele será devido a partir da data do requerimento.

---

105. (CESPE – Procurador do Ministério Público junto ao TCDF/2013) – Acerca de institutos diversos de direito previdenciário, julgue o item subsequente.

– Caso um professor uruguaio que desempenhe regularmente a função de professor de universidade privada em Brasília – DF queira aposentar-se por tempo de contribuição pelo RGPS, havendo acordo bilateral de previdência social com o Brasil, a responsabilidade financeira pelas contribuições previdenciárias referentes ao tempo de serviço prestado no Uruguai deverá ser suportada por aquele país, mediante compensação financeira, e, uma vez preenchidos os requisitos segundo a legislação brasileira, o benefício deverá ser concedido, ainda que não haja na legislação uruguaia benefício previdenciário dessa natureza, podendo haver a contagem recíproca do tempo de contribuição no estrangeiro.

COMENTÁRIOS

O item está errado. A Lei nº 8.213/91 prevê, no seu art. 94, que "para efeito dos benefícios previstos no Regime Geral de Previdência Social ou no serviço público é assegurada a contagem recíproca do tempo de contribuição na atividade privada, rural e urbana, e do tempo de contribuição ou de serviço na administração pública, hipótese em que os diferentes sistemas de previdência social se compensarão financeiramente."

Não poderá haver a contagem recíproca de tempo de contribuição para o caso em questão, uma vez que o Uruguai não prevê a aposentadoria por tempo de contribuição/serviço. Não poderá, portanto, o professor uruguaio que exerce atividade no Brasil se aposentar por tempo de contribuição/serviço.

Veja que a situação trazida na questão encaixa-se perfeitamente com o entendimento do STJ no julgamento do REsp 638630/RS:

> *"1. Na dicção do art. 94 da Lei de Benefícios: "Para efeito dos benefícios previstos no Regime Geral de Previdência Social ou no serviço público é assegurada a contagem recíproca do tempo de contribuição na atividade privada, rural e urbana, e do tempo de contribuição ou de serviço na administração pública, hipótese em que os diferentes sistemas de previdência social se compensarão financeiramente 2. Na eventual hipótese de concessão do benefício pretendido, a responsabilidade financeira pelas contribuições previdenciárias referentes ao tempo de serviço prestado no Uruguai deveria ser suportada por aquele país. Ao INSS incumbiria, tão somente, processar o pedido de averbação do período laboral, nos termos do art. III do Ajuste Administrativo para a Aplicação do Acordo Brasileiro-Uruguaio de Previdência Social. 3. O ordenamento jurídico uruguaio admite, apenas, a concessão de benefícios por velhice, invalidez, morte, natalidade e enfermidade. Incabível, portanto, a contagem recíproca do tempo de serviço, porquanto inexistente, na legislação previdenciária uruguaia, a previsão legal do benefício de aposentadoria por tempo de serviço. 4. Recurso especial provido."*
>
> *(REsp 638630 / RS – Ministro ARNALDO ESTEVES LIMA – STJ – DJe 02/02/2009)*

---

106. (CESPE - Juiz Federal Substituto 5ª Região/ 2013) – Com relação aos serviços da previdência social, aos benefícios previdenciários e à forma como são calculados, assinale a opção correta.

a) De acordo com a CF, nenhum benefício pago pela previdência social pode ter valor inferior a um salário mínimo.

b) Tratando-se de mulher, para aplicação do fator previdenciário, cujo cálculo baseia-se na idade, na expectativa de sobrevida e no tempo de contribuição do segurado ao se aposentar, adicionam-se ao tempo de contribuição cinco anos.

c) O segurado pelo regime geral de previdência social faz jus ao recebimento de auxílio-doença e auxílio-reclusão.

d) Havendo perda da qualidade de segurado, as contribuições anteriores a essa data não poderão ser computadas para efeito de carência.

e) Veda-se a acumulação de auxílio-acidente com proventos de aposentadoria, mesmo nos casos em que a manifestação da lesão incapacitante, ensejadora da concessão do auxílio, e o início da aposentadoria sejam anteriores ao ano de 1997.

COMENTÁRIOS

Alternativa correta: "b". É exatamente o que determina o art. 29, § 9º, inciso I, da Lei nº 8.213/91.

Alternativa "a": incorreta. Não se pode dizer que a CF vedou a concessão de benefício com valor inferior a um salário mínimo. Na verdade, o que a CF determinou, em seu art. 201, § 2º, é que os benefícios que substituírem o salário de contribuição ou o rendimento do trabalho não poderão ter valor inferior ao salário mínimo. Mas, existem benefícios previdenciários que não substituem o rendimento do trabalho, como por exemplo, o salário-família, podendo ter valor menor que um salário mínimo.

Alternativa "c": incorreta. O auxílio-reclusão é benefício previdenciário concedido aos dependentes e não aos segurados. Já o auxílio-doença é benefício previdenciário concedido aos segurados do RGPS.

Alternativa "d": incorreta, considerando a época que foi aplicada a prova.

De acordo com a legislação vigente, nos termos trazidos pela Lei nº 13.457 **está correta a alternativa "d".** A Medida Provisória nº 767/2017 revogou o parágrafo único do art. 24 da Lei nº 8.213/91 e incluiu na mesma Lei o art. 27-A:

> *"Art. 27-A. No caso de perda da qualidade de segurado, para efeito de carência para a concessão dos benefícios de que trata Esta Lei, o segurado deverá contar, a partir da nova filiação à Previdência Social, com metade dos períodos previstos nos incisos I e III do **caput** do art. 25."*
>
> *(Incluído pela Lei nº 13.457, de 2017)*

Desse modo, caso o segurado venha a perder o vínculo com o RGPS, ele somente passará a ter direito aos benefícios de auxílio-doença, de aposentadoria por invalidez e de salário-maternidade, quando cumprir a metade do número de contribuições exigido para fins de carência, contado a partir da nova filiação

Alternativa "e": incorreta. O auxílio-acidente, salvo direito adquirido, não poderá ser recebido conjuntamente com qualquer aposentadoria, conforme dispõe o art. 124, da Lei 8.213/91.

Com a Lei nº 9.528/97 não é mais possível acumular auxílio-acidente com qualquer aposentadoria. Ao se aposentar, o segurado que estava recebendo auxílio--acidente terá este benefício cessado. O seu valor, no entanto, integrará o cálculo do salário de benefício da aposentadoria.

Importante destacar o entendimento do STJ[14] e, também, da Advocacia Geral da União - AGU - em relação ao tema, através da Súmula nº 75:

> *"Para a acumulação do auxílio-acidente com proventos de aposentadoria, a consolidação das lesões decorrentes de acidentes de qualquer natureza, que resulte sequelas definitivas, nos termos do art. 86 da Lei nº 8.213/91, e a concessão da aposentadoria devem ser anteriores às alterações inseridas no art. 86, § 2º da Lei nº 8.213/91, pela Medida Provisória nº 1.596-14, convertida na Lei nº 9.528/97."*

Assim, o que se tem, atualmente, em relação à acumulação de auxílio-acidente com aposentadoria é:

1) se a consolidação das lesões incapacitantes decorrentes de acidentes de qualquer natureza, que resulte sequelas definitivas e a concessão da aposentadoria forem anteriores a 10 de novembro de 1997, poderá haver a acumulação do auxílio-acidente com a aposentadoria;

2) se a consolidação das lesões incapacitantes decorrentes de acidentes de qualquer natureza, que resulte sequelas definitivas for anterior a 10 de novembro de 1997, mas a aposentadoria for concedida após esta data, não poderá haver a acumulação do auxílio-acidente com a aposentadoria. O auxílio-acidente será cessado na data da concessão da aposentadoria;

3) se a consolidação das lesões incapacitantes decorrentes de acidentes de qualquer natureza, que resulte sequelas definitivas e a concessão da aposentadoria forem posteriores a 10 de novembro de 1997, não poderá haver a acumulação do auxílio-acidente com a aposentadoria. Haverá a cessação do auxílio-acidente no momento em que for concedida a aposentadoria.

Registre-se, ainda, que o segurado não poderá receber mais de um auxílio-acidente e nem receber auxílio--doença conjuntamente com o auxílio-acidente quando a causa que gerou os dois benefícios for a mesma.

---

107. (CESPE - Juiz Federal Substituto 5ª Região/ 2013) - A respeito dos auxílios previdenciários, assinale a opção correta.

a) O salário-família é devido apenas aos dependentes do segurado de baixa renda, inclusive do segurado doméstico, na proporção do número de filhos de até catorze anos de idade ou de filhos inválidos de qualquer idade.

b) Independe de carência a concessão de salário-maternidade para mulher que presta serviço de natureza urbana ou rural, em caráter eventual, a uma ou mais empresas, sem relação de emprego.

c) O auxílio-doença não será devido ao segurado que se filiar ao regime geral de previdência social com doença preexistente e a invocar para a concessão do benefício, mesmo que a incapacidade sobrevier por motivo de progressão da doença.

d) O salário-maternidade não pode ser acumulado com o benefício por incapacidade, de forma que, havendo incapacidade concomitante, o benefício pago em razão da incapacidade será suspenso enquanto durar o pagamento do salário-maternidade ou a data de seu início será adiada para o primeiro dia seguinte ao término do período de cento e vinte dias.

e) O auxílio-acidente é devido quando há redução da capacidade para o trabalho habitualmente exercido e equivale a 50% do salário de contribuição, desde que não inferior ao salário mínimo.

COMENTÁRIOS

Alternativa correta: "d". É o que dispõe o art. 102, parágrafo único do Decreto nº 3.048/99.

Alternativa "a": incorreta, considerando a legislação vigente à época em que foi aplicada a prova. O salário-família era devido aos **segurados empregados e trabalhadores avulsos** de baixa renda, na proporção do número de filhos de até 14 anos de idade ou de filhos inválidos de qualquer idade.

No entanto, com a nova redação do art. 65 da Lei nº 8.213/91, trazida pela Lei Complementar nº 150/2015, o salário-família passou a ser um direito, também, do empregado doméstico.

Assim, de acordo com a legislação vigente, o salário-família é devido aos segurados empregados, empregados domésticos e trabalhadores avulsos de baixa renda.

Alternativa "b": incorreta. A mulher que presta serviço de natureza urbana ou rural, em caráter eventual, a uma ou mais empresas, sem relação de emprego é qualificada como segurada contribuinte individual do RGPS. No caso das contribuintes individuais, há que se cumprir a carência mínima de 10 contribuições mensais para a concessão do salário-maternidade.

Alternativa "c": incorreta. O auxílio-doença não será devido ao segurado que se filiar ao regime geral de previdência social com doença pré-existente e a invocar para a concessão do benefício, **salvo se** a incapacidade sobrevier por motivo de progressão da

---

14 REsp nº 1.296.673/MG

doença. É o que prevê o parágrafo único do art. 59, da Lei nº 8.213/91.

Alternativa "e": incorreta. O auxílio-acidente é devido quando há redução da capacidade para o trabalho e equivale a **50% do salário de benefício**. O valor do auxílio-acidente poderá ser inferior ao salário mínimo, uma vez que não é considerado substituto do salário de contribuição ou do rendimento do trabalho. O segurado que recebe auxílio-acidente poderá exercer atividade remunerada sem que o benefício seja suspenso ou cessado.

---

108. (CESPE – Defensor Público – RR/2013) – Em relação aos benefícios previdenciários do RGPS, assinale a opção correta.

a) O auxílio-doença será devido ao segurado que, havendo cumprido, quando for o caso, o período de carência exigido por lei, ficar incapacitado para o seu trabalho ou para a sua atividade habitual por mais de dez dias consecutivos.

b) É vedada a acumulação do auxílio-acidente com qualquer aposentadoria.

c) A concessão de aposentadoria por invalidez depende da verificação da condição de incapacidade do segurado mediante exame médico-pericial a cargo da assistência social, podendo o segurado, às suas expensas, fazer-se acompanhar, durante a avaliação, de médico de sua confiança.

d) A aposentadoria por idade será devida ao segurado que, cumprida a carência exigida por lei, completar sessenta anos de idade, se homem, e cinquenta e cinco anos, se mulher.

e) A aposentadoria especial será devida aos segurados que trabalhem há dez, quinze ou vinte anos, conforme a atividade realizada, em condições especiais que prejudiquem a sua saúde ou integridade física.

COMENTÁRIOS

Alternativa correta: "b". É o que dispõe o art. 86, § 2º, da Lei nº 8.213/91. O auxílio-acidente será cessado no momento do óbito ou da aposentadoria do segurado ou quando da emissão de certidão para fins de contagem recíproca de tempo de contribuição.

Alternativa "a": incorreta. O auxílio-doença será devido ao segurado que, havendo cumprido, quando for o caso, o período de carência exigido por lei, ficar incapacitado para o seu trabalho ou para a sua atividade habitual por mais de **quinze** dias consecutivos.

Alternativa "c": incorreta. A concessão de aposentadoria por invalidez depende da verificação da condição de incapacidade do segurado mediante exame médico-pericial a cargo da **previdência social**, podendo o segurado, às suas expensas, fazer-se acompanhar, durante a avaliação, de médico de sua confiança.

Alternativa "d": incorreta. A aposentadoria por idade será devida ao segurado que, cumprida a carência exigida por lei, completar **sessenta e cinco** anos de idade, se homem, e **sessenta** anos, se mulher. No caso dos trabalhadores rurais, do garimpeiro que exerce a atividade em regime de economia familiar e dos segurados com deficiência, a idade mínima exigida para a aposentadoria por idade é reduzida em 05 anos. Esses segurados poderão se aposentar ao completarem 60 anos de idade, se homem, e 55 anos, se mulher.

A redução de cinco na idade mínima exigida é aplicada, também, para os segurados com deficiência.

Alternativa "e": incorreta. Para a concessão da aposentadoria especial são analisadas as condições nocivas ou agressivas que prejudicam a saúde ou a integridade física do segurado quando exposto de forma habitual e permanente durante 15, 20 ou 25 anos de contribuição. A concessão dessa aposentadoria não se dá em razão da categoria profissional do segurado, mas em razão das condições especiais de trabalho a que ele esteve exposto.

---

109. (CESPE – Defensor Público – TO/2013) – Acerca das normas que regulam os benefícios e as prestações do RGPS, assinale a opção correta.

a) Considere que Joana, casada com Marcos, segurado do RGPS, receba proventos relativos a aposentadoria por tempo de contribuição. Nessa situação, com a morte do esposo, Joana não poderá, de acordo com a lei, passar a receber cumulativamente a pensão por morte, devendo optar pelo benefício mais vantajoso.

b) Suponha que um segurado, em virtude de condenação pelo cometimento de crime, tenha sido recolhido à prisão para início do cumprimento de pena em regime fechado e solicitado auxílio-reclusão. Nessa situação, segundo a jurisprudência do STF, é necessária a comprovação de situação de necessidade, devendo-se utilizar como parâmetro a renda dos dependentes, sendo irrelevante a renda auferida pelo segurado preso.

c) O salário maternidade da segurada empregada consistirá sempre em renda mensal equivalente à sua remuneração integral.

d) O prazo para o primeiro pagamento do benefício da previdência social é estipulado em até quarenta e cinco dias contados da data da apresentação, pelo segurado, da documentação necessária à concessão do benefício.

e) O retorno do aposentado à atividade exercida não prejudica o recebimento de sua aposentadoria, que, em qualquer caso, será mantida no seu valor integral.

COMENTÁRIOS

Alternativa correta: "d". É o que dispõe o art. 41-A, § 5º, da Lei 8.213/91.

Alternativa "a": incorreta. Joana poderá acumular a aposentadoria que vinha recebendo com a pensão por morte de seu marido, uma vez que não há vedação legal que impeça o recebimento conjuntos desses benefícios. Verifica-se que, *in casu*, os pressupostos fáticos e fatos geradores da aposentadoria e da pensão são distintos.

Alternativa "b": incorreta. Segundo a jurisprudência do STF, é renda a ser analisada para fins de concessão do benefício de auxílio-reclusão é do segurado preso[15].

Alternativa "c": incorreta. O erro apontado na questão é a utilização do termo "sempre". Isso porque o salário-maternidade da segurada empregada equivalerá ao valor da sua remuneração, **limitado ao valor do subsídio do Ministro do Supremo Tribunal Federal.** Vê-se, portanto, que há uma limitação no valor desse benefício.

Alternativa "e": incorreta. Como a assertiva não disse qual seria o tipo de aposentadoria, não é possível aceitá-la como correta. No caso da aposentadoria por invalidez, o retorno voluntário do aposentado ao trabalho é causa de cancelamento imediato do benefício. Já no caso da aposentadoria especial, se o segurado retornar a exercer atividades sob condições nocivas ou agressivas à saúde ou à integridade física, terá o pagamento do seu benefício cancelado.

---

110. (CESPE – Analista Judiciário – Área Judiciária – TRT 10/2013) – Cada um dos itens a seguir apresenta uma situação hipotética, seguida de uma assertiva a ser julgada com base nas disposições do direito previdenciário.

– Pedro, segurado da previdência social, foi dado como incapaz e insuscetível de reabilitação para o exercício de atividade que lhe garanta a subsistência. Nessa situação, tendo sido cumprida a carência exigida, Pedro terá direito à aposentadoria por invalidez após o gozo de, no mínimo, dois anos de auxílio-doença.

COMENTÁRIOS

✪ Nota da Autora: a aposentadoria por invalidez é concedida a todo segurado que, após cumprida a carência mínima exigida, estiver incapaz e insuscetível de reabilitação para o exercício de qualquer atividade que lhe garanta a subsistência.

A assertiva está incorreta. A aposentadoria por invalidez não precisa, necessariamente, ser precedida do gozo de auxílio-doença. Não há na legislação previdenciária qualquer determinação no sentido de que para ter direito à aposentadoria por invalidez é necessário gozar do benefício de auxílio-doença por um determinado período. A aposentadoria por invalidez pode ser concedida mesmo sem ter o segurado recebido auxílio-doença, bastando que tenham sido preenchidos os requisitos exigidos pela lei previdenciária.

15 RE 587365, Relator(a): Min. RICARDO LEWANDOWSKI, Tribunal Pleno, julgado em 25/03/2009.

---

111. (CESPE – Analista Judiciário – Área Judiciária – TRT 10/2013) – Cada um dos itens a seguir apresenta uma situação hipotética, seguida de uma assertiva a ser julgada com base nas disposições do direito previdenciário.

– Jorge é sócio-gerente de sociedade limitada e recebe remuneração em decorrência dessa função e do trabalho que desempenha. Nessa situação, Jorge é considerado contribuinte individual da previdência social, e, como tal, não faz jus ao benefício denominado salário-família, em observância ao princípio da distributividade que rege a seguridade social.

COMENTÁRIOS

A assertiva está correta. O sócio de sociedade de responsabilidade limitada é enquadrado no RGPS como segurado obrigatório na qualidade de contribuinte individual. Não terá Jorge direito ao benefício do salário-família, uma vez que este benefício somente é concedido aos empregados, empregados domésticos e trabalhadores avulsos.

---

112. (CESPE – Defensor Público – RO/ 2012) – Luís, segurado contribuinte individual do RGPS, dois meses após ter obtido, junto ao cartório, declaração de união estável com seu companheiro, Batista, faleceu em consequência de grave acidente de trânsito. Luís era pai de Anita, de seis anos de idade, fruto do casamento com Luzia, de quem estava divorciado havia dez anos e a quem não pagava pensão alimentícia. Luís era, ainda, responsável pela manutenção de sua própria mãe, Marta, de sessenta e oito anos de idade, viúva, que não possui renda própria. Considerando a situação hipotética acima apresentada, assinale a opção correta acerca do direito à pensão por morte de acordo com o RGPS.

a) A pensão por morte será concedida somente a Marta, desde que prove a dependência financeira em relação a Luís.

b) Apenas a filha de Luís, Anita, menor de vinte e um anos de idade, faz jus à pensão por morte, visto que a ela não se exige prova de dependência econômica.

c) Fazem jus ao recebimento da pensão por morte, em igualdade de condições, Anita e Marta, únicas dependentes legais de Luís.

d) Luzia só faria jus à pensão por morte se fosse beneficiária de pensão alimentícia.

e) Fazem jus à pensão por morte em igualdade de condições João Batista e Anita, pois ambos integram a primeira classe de dependentes, para os quais se presume prova de dependência.

COMENTÁRIOS

✪ **Nota da Autora:** a questão foi **anulada** pela banca por entender que a utilização do termo "João Batista" na opção "e", apontada preliminarmente como gabarito, prejudicou o julgamento objetivo da questão.

Opção anteriormente considerada correta: "e". Na verdade, Batista e Anita fazem *jus* à pensão por morte de Luís, em igualdade de condições, pois ambos integram a primeira classe de dependentes. Os dependentes da mesma classe vão dividir o benefício em partes iguais e, no caso, por estarem na 1ª classe, não precisam comprovar dependência econômica do segurado falecido.

Batista é companheiro de Luís e figura na primeira classe de dependentes. A legislação previdenciária prevê a inscrição de companheiro do mesmo sexo como dependente do RGPS.

Anita, filha de Luís, menor de 21 anos, também figura na qualidade de dependente de 1ª classe do RGPS.

Luzia, ex-cônjuge de Luís não poderá figurar como dependente porque ela se separou sem o direito à prestação alimentícia.

Já Marta, mãe de Luís, não poderá figurar como seu dependente porque existem dependentes de 1ª classe. A existência de dependente de qualquer das classes exclui do direito às prestações os das classes seguintes. No caso, Batista e Anita são dependentes de 1ª classe e Marta é dependente de 2ª classe.

Alternativa "a": incorreta. A pensão por morte **não** poderá ser concedida a Marta porque, embora seja mãe de Luís e considerada sua dependente, caso comprovasse depender economicamente de seu filho, há dependentes de 1ª classe – Batista e Anita. A existência de dependente de qualquer das classes exclui do direito às prestações os das classes seguintes, conforme dispõe o art. 16, § 1º, da Lei nº 8.213/91.

Alternativa "b": incorreta. A filha de Luís, Anita, menor de vinte e um anos de idade, faz *jus* à pensão por morte, visto que a ela não se exige prova de dependência econômica. No entanto, existe outro dependente de 1ª classe – Batista – companheiro de Luís. Anita e Batista vão ter direito à pensão por morte de Luís, em igualdade de condições, dividindo em partes iguais o valor da pensão por morte.

Anita terá direito à pensão por morte até completar 21 anos e Batista terá direito à quota individual de pensão por determinado número de anos, dependendo da idade que ele tinha na data do óbito do segurado.

É que, segundo a legislação vigente, se o segurado falecer de acidente de qualquer natureza ou causa, o cônjuge, o companheiro ou a companheira têm direito à pensão por morte de acordo com a tabela abaixo:

Idade cônjuge, companheiro ou companheira, em anos	Duração do benefício de pensão por morte (em anos)
Menor de 21	3
Entre 21 e 26	6
Entre 27 e 29	10
Entre 30 e 40	15
Entre 41 e 43	20
Com 44 ou mais	Vitalícia

Alternativa "c": incorreta. Como já explicado na nota acima, têm direito à pensão por morte de Luís, apenas Batista e Anita.

Alternativa "d": incorreta. A assertiva "d" foi mal colocada pelo examinador e poderia dar margem à dúvida. É verdade que se Luzia, ex-cônjuge de Luís, fosse beneficiária de pensão alimentícia em razão do divórcio, figuraria como dependente do RGPS e teria direito à pensão por morte. Mas, se Luzia se enquadrasse na condição adotada pela súmula nº 336 do STJ poderia fazer *jus* à pensão por morte. Veja o enunciado da referida súmula:

> *"A mulher que renunciou aos alimentos na separação judicial tem direito à pensão previdenciária por morte do ex-marido, comprovada a necessidade econômica superveniente."*

---

113. (CESPE – Defensor Público – AC/2012) – Em cada opção abaixo, é apresentada uma situação hipotética acerca da contagem recíproca de tempo de contribuição e compensação financeira, seguida de uma assertiva a ser julgada.

Assinale a opção em que a assertiva está correta.

a) Um DP prestes a se aposentar requereu averbação de tempo de serviço rural para fins de aposentadoria no RPPS. Nessa situação, reconhecido e averbado o referido tempo de serviço rural, impõe-se ao DP o dever de indenizar a previdência social, para dar ensejo à compensação entre o RGPS e o RPPS, cujas fontes de custeio são apartadas.

b) Paula é DP e professora em faculdade particular, estando, dessa forma, vinculada ao RPPS e ao RGPS, contribuindo para ambos. Nessa situação, caso as atividades sejam desempenhadas de forma concomitante, Paula poderá efetuar a contagem recíproca de tempo de serviço para fins de aposentadoria.

c) Gabriel, após lograr aprovação em concurso público para DP, averbou, no RPPS, os anos em que contribuiu para o RGPS como advogado em escritório particular. Nessa situação, preenchidos os requisitos de idade e contribuição para que possa se aposentar voluntariamente, Gabriel deverá, ainda, cumprir dez anos ininterruptos no cargo efetivo em que se dará a referida aposentadoria.

d) Um advogado contribuiu por determinado tempo como contribuinte individual no RGPS e, posteriormente, tomou posse como DPE, em virtude de aprovação em concurso público. Nessa situação, o advogado poderá computar o tempo de contribuição anterior ao Instituto Nacional do Seguro Social no RPPS do estado ao qual estiver vinculado, sendo-lhe vedado, contudo, o inverso.

e) Rodrigo trabalhou, durante muitos anos, em determinada empresa privada, exercendo atividades especiais, sob condições insalubres. Nessa situação, caso passe em concurso público, Rodrigo terá direito à contagem diferenciada do tempo trabalhado sob as referidas condições, no período em que esteve filiado ao RGPS, quando da transferência para o RPPS dos servidores públicos.

COMENTÁRIOS

Alternativa correta: "a". É o que se pode verificar pelo disposto no art. 96, IV, da Lei nº 8.213/91. Confira a posição da TNU na edição da súmula nº 10:

> *"O tempo de serviço rural anterior à vigência da Lei nº 8.213/91 pode ser utilizado para fins de contagem recíproca, assim entendida aquela que soma tempo de atividade privada, rural ou urbana, ao de serviço público estatutário, desde que sejam recolhidas as respectivas contribuições previdenciárias."*

Alternativa "b": incorreta. Paula **não** poderá efetuar a contagem recíproca de tempo de serviço para fins de aposentadoria, porque as atividades foram exercidas no RGPS e no RPPS de forma concomitante. Paula é segurada obrigatória no RGPS na condição de professora particular e, no RPPS, na condição de servidora pública. Ela poderá, atendendo aos requisitos de cada regime, se aposentar em ambos.

Alternativa "c": incorreta. A exigência de tempo exercido no cargo em que se der a aposentadoria no RPPS é de **05 anos.** Veja o resumo dos requisitos para a aposentadoria voluntária com proventos integrais no RPPS:

- 35 (trinta e cinco) anos de contribuição e 60 (sessenta) anos de idade, se homem;
- 30 (trinta) anos de contribuição e 55 (cinquenta e cinco) anos de idade, se mulher;
- tempo mínimo de 10 (dez) anos de efetivo exercício no serviço público;
- 05 (cinco) anos no cargo efetivo em que se dará a aposentadoria.

Alternativa "d": incorreta. O erro da afirmativa "d" está em dizer que não se pode averbar tempo de contribuição feito no RPPS no RGPS. A CF permite justamente a contagem recíproca do tempo de contribuição entre os regimes de previdência social. O segurado poderá computar o tempo de contribuição do RGPS no RPPS ou, então, o tempo de contribuição do RPPS no RGPS.

Alternativa "e": incorreta. Rodrigo **não** terá direito à contagem diferenciada do tempo trabalhado sob as referidas condições, no período em que esteve filiado ao RGPS, quando da transferência para o RPPS dos servidores públicos, visto que o art. 96, inciso I, da Lei nº 8.213/91 veda expressamente essa contagem.

---

114. (CESPE – Advogado da União/2012) – À luz da jurisprudência do STF e do STJ, julgue o item seguinte, relativo ao RGPS.

– A concessão de pensão por morte, auxílio-reclusão e salário-família independe de carência.

COMENTÁRIOS

A assertiva está correta. Não exigem carência mínima de contribuições para o RGPS os benefícios e serviços:

SEM CARÊNCIA MÍNIMA (art. 26 da Lei nº 8.213/91)	• Auxílio-acidente • salário-família • pensão por morte • auxílio-reclusão • Auxílio-doença e aposentadoria por invalidez quando a incapacidade for decorrente de acidente de qualquer natureza ou causa e de doença profissional ou do trabalho, bem como nos casos do segurado que, após filiar-se ao Regime Geral de Previdência Social, for acometido de alguma das doenças e afecções especificadas em lista elaborada pelos Ministérios da Saúde e da Previdência Social de acordo com os critérios de estigma, deformação, mutilação, deficiência, ou outro fator que lhe confira especificidade e gravidade que mereçam tratamento particularizado nos casos de acidente de qualquer natureza ou causa e de doença profissional ou do trabalho e de doenças graves ou contagiosas relacionadas em Portaria dos Ministérios da Saúde e da Previdência Social. • salário-maternidade para as seguradas e segurados empregados, domésticos e trabalhadores avulsos • serviço social e reabilitação profissional

115. (CESPE – Advogado da União/2012) – À luz da jurisprudência do STF e do STJ, julgue o item seguinte, relativo ao RGPS:

– O fato de um empregado perceber, em decorrência de acidente de trabalho, benefício previdenciário pago pelo Instituto Nacional da Seguridade Social não constitui óbice ao ajuizamento, perante a Justiça do Trabalho, de ação de indenização por dano moral e(ou) material decorrente do mesmo acidente de trabalho contra o empregador que tenha agido com dolo ou culpa.

COMENTÁRIOS

✪ **Nota da Autora:** essa questão foi **anulada** pela banca examinadora sob a justificativa de que o nome acrescentado Instituto Nacional da Seguridade Social continha erro material, já que o nome correto seria Instituto Nacional do Seguro Social.

Inicialmente, o gabarito entendeu a assertiva como correta.

Na verdade, a única impropriedade da afirmativa é ter colocado o termo "Instituto Nacional da Seguridade Social".

O correto, então, seria: O fato de um empregado perceber, em decorrência de acidente de trabalho, benefício previdenciário pago pelo Instituto Nacional do Seguro Social não constitui óbice ao ajuizamento, perante a justiça do trabalho, de ação de indenização por dano moral e(ou) material decorrente do mesmo acidente de trabalho contra o empregador que tenha agido com dolo ou culpa.

Veja o julgado abaixo:

> *"RESPONSABILIDADE CIVIL SUBJETIVA. ACIDENTE DE TRABALHO. ÔNUS DA PROVA. EMPREGADOR. JULGAMENTO ULTRA PETITA.*
>
> *É subjetiva a responsabilidade do empregador por acidente do trabalho, cabendo ao empregado provar o nexo causal entre o acidente de que foi vítima e o exercício da atividade laboral. Porém, comprovado esse nexo de causalidade, torna-se presumida a culpa do empregador e sobre ele recai o ônus de provar alguma causa excludente de sua responsabilidade ou de redução do valor da indenização. No caso, reconheceu-se a responsabilidade do empregador e da tomadora de serviços pelo evento ocorrido por não terem cumprido sua obrigação de preservar a integridade física do empregado. Assim, a elas cabia comprovar algum fato impeditivo, modificativo ou extintivo do direito do autor. Quanto à fixação dos danos materiais, o tribunal a quo, ao proferir sua decisão, foi além do pedido na inicial.* ***As verbas indenizatórias de acidente de trabalho têm natureza diversa das oriundas de benefícios previdenciários****; sendo assim, não é obrigatória a dedução para o cálculo da pensão mensal. Nesse sentido, o Tribunal de Justiça concedeu a pensão com base na integralidade do salário do autor na época do acidente e com caráter vitalício, por entender que os danos eram irreversíveis. Entretanto, o empregado havia pleiteado o pagamento da indenização desde o acidente, mas somente até o dia em que recuperasse a aptidão laborativa e ainda requereu que essa pensão fosse baseada apenas na diferença entre a remuneração auferida e o valor a ser recebido do INSS. Dessa forma, a Turma entendeu que o acórdão recorrido, quanto ao critério de fixação da pensão mensal e o seu termo final, proferiu julgamento ultra petita, devendo ser reformado. Precedentes citados: REsp 316.058-RJ, DJ 7/10/2002, e REsp 1.067.738-GO, DJe 25/6/2009."*
>
> *REsp 876.144-SC, Rel. Min. Raul Araújo, julgado em 3/5/2012. (Informativo nº: 496) (grifei)*

116. (CESPE – Defensor Público – ES/2012) – No que se refere aos regimes previdenciários, julgue o próximo item.

– Caso um segurado empregado, em seu primeiro dia no emprego, em virtude de acidente, se torne definitivamente incapaz para o trabalho, ele terá direito à aposentadoria por invalidez, ainda que não tenha recolhido nenhuma contribuição para o RGPS, mas somente poderá exercer tal direito após o gozo de auxílio-doença prévio durante o período mínimo de quinze dias.

COMENTÁRIOS

A assertiva está errada. De fato, na situação apresentada, o segurado terá direito à aposentadoria por invalidez se ficar definitivamente incapaz para o trabalho. É porque apesar de ser seu primeiro dia no emprego, a incapacidade é decorrente de acidente, não exigindo o cumprimento de carência mínima para a concessão do benefício. No entanto, não é condição necessária para o deferimento da aposentadoria por invalidez o gozo prévio de auxílio-doença. A aposentadoria por invalidez poderá ser concedida, no caso do empregado, a partir do 16º dia do afastamento do trabalho.

117. (CESPE – Defensor Público – ES/2012) – No que se refere aos regimes previdenciários, julgue o próximo item

– O tempo de contribuição para o RGPS, na qualidade de trabalhador rural, pode ser aproveitado para a obtenção de aposentadoria no serviço público pelo RPPS. Nessa hipótese, os regimes de previdência social se compensarão financeiramente, segundo critérios estabelecidos em lei.

COMENTÁRIOS

Item correto. A questão trata do que se chama de contagem recíproca de tempo de contribuição. De acordo com o art. 201, § 9º, da Constituição Federal, para efeito de aposentadoria, é assegurada a contagem recíproca do tempo de contribuição na administração pública e na atividade privada, rural e urbana, hipótese em que os diversos regimes de previdência social se compensarão financeiramente, segundo critérios estabelecidos em lei.

118. (CESPE – Analista Judiciário – Área Judiciária – STJ/2012) – Julgue o item que se segue à luz das normas aplicáveis à seguridade social.

– Segundo a legislação sobre os planos de benefícios da previdência social, o período de carência é o número mínimo de contribuições mensais indispensáveis para que o beneficiário faça jus ao benefício.

COMENTÁRIOS

A assertiva está correta. É o que dispõe o art. 24, da Lei nº 8.213/91. Importante para o candidato atentar para a tabela de carência exigida para os benefícios do RGPS que está disposta nas DICAS DE ESTUDO.

119. (CESPE – Analista Judiciário – Área Judiciária – STJ/2012) – Julgue o item que se segue à luz das normas aplicáveis à seguridade social.

– A concessão do benefício previdenciário de aposentadoria por invalidez dependerá da verificação da condição de incapacidade mediante exame médico-pericial a cargo da previdência social, não sendo admissível ao requerente desse benefício fazer-se acompanhar, no momento do exame, de médico por ele remunerado.

COMENTÁRIOS

A assertiva está incorreta. Dispõe o art. 42, § 1º, da Lei nº 8.213/91, *in verbis:*

> *"A concessão de aposentadoria por invalidez dependerá da verificação da condição de incapacidade mediante exame médico pericial a cargo da Previdência Social, podendo o segurado, às suas expensas, fazer acompanhar de médico de sua confiança."*

Vê-se, portanto, que poderá o segurado ser acompanhado de médico da sua confiança no momento da perícia realizada pelo INSS. A autarquia previdenciária, todavia, não poderá arcar com as despesas do médico particular do segurado.

120. (CESPE – Analista Judiciário – Área Judiciária – STJ/2012) – Julgue o item que se segue à luz das normas aplicáveis à seguridade social.

– Considere a seguinte situação hipotética.

Davi, segurado da previdência social, após sofrer acidente, passou a receber auxílio-doença. Como as sequelas deixadas pelo acidente implicaram a redução da sua capacidade para o trabalho que habitualmente exercia, Davi pleiteou o auxílio-acidente.

Nessa situação, o auxílio-acidente será devido a partir do dia seguinte ao da cessação do auxílio-doença, independentemente de qualquer remuneração ou rendimento auferido por Davi.

COMENTÁRIOS

✪ **Nota da Autora:** o auxílio-acidente é um benefício devido aos segurados empregado, empregado doméstico, trabalhador avulso e especial que sofrerem um acidente de qualquer natureza e, após a reabilitação, apresentarem sequelas irreversíveis, acarretando uma redução na sua capacidade de trabalho.

A assertiva está correta. No caso de Davi, houve uma redução da capacidade laborativa em razão de um acidente sofrido. Ele terá direito de receber o auxílio-acidente a partir do dia seguinte ao da cessação do auxílio-doença que vinha recebendo. É importante registrar que o auxílio-acidente será pago até o momento em que o segurado se aposentar ou falecer. Outra possibilidade de cessação do benefício é a emissão de certidão de tempo de contribuição para fins de contagem recíproca. Assim, poderá Davi receber remuneração ou rendimento sem que seja cessado o seu auxílio-acidente.

No âmbito administrativo, o INSS passou a admitir a concessão do auxílio-acidente, mesmo que o segurado não tenha tido previamente o benefício de auxílio-doença[16]. Nesse caso, o termo inicial do benefício, se requerido administrativamente, será a data do requerimento.

121. (CESPE – Advogado da União/2012) – Com base na jurisprudência do STF, julgue o item a seguir, acerca da seguridade social.

– Apesar de a Emenda Constitucional nº 20/1998 ter estabelecido um limite máximo para o valor dos benefícios do RGPS, esse teto não se aplica ao salário-maternidade da segurada empregada, devendo o valor do benefício, nesse caso, corresponder à integralidade da remuneração da empregada, e cabendo à previdência social o seu pagamento, salvo no tocante à prorrogação por sessenta dias da licença-maternidade, cujo pagamento ficará a cargo do empregador.

COMENTÁRIOS

A assertiva está errada. O salário-maternidade da empregada será pago pela empresa, no caso de parto, exceto quando se tratar de empregada de MEI. A prorrogação da licença-maternidade por 60 dias não estende

16 Parecer nº 18/2013/CONJUR-MPS/CGU/AGU

o benefício do salário-maternidade. A empresa deverá arcar com a remuneração da empregada e poderá deduzir a despesa na declaração de imposto de renda pessoa jurídica.

---

122. (CESPE – Advogado da União/2012) – Com base na jurisprudência do STF, julgue o item a seguir, acerca da seguridade social.

– Em face do princípio constitucional da irredutibilidade do valor dos benefícios previdenciários, a aplicação de novos critérios de cálculo mais benéficos estabelecidos em lei deve ser automaticamente estendida a todos os benefícios cuja concessão tenha corrido sob regime legal anterior.

COMENTÁRIOS

O item está errado. Não há que se falar em estender a todos os benefícios concedidos sob a égide de regime legal anterior critérios trazidos por lei posterior mais benéfica. Esse entendimento, inclusive, é o adotado pelo Superior Tribunal de Justiça na súmula nº 340, no que diz respeito à pensão por morte:

> *"A lei aplicável à concessão de pensão previdenciária por morte é aquela vigente na data do óbito do segurado."*

---

123. (CESPE – Advogado da União/2012) – Com base na jurisprudência do STF, julgue o item a seguir, acerca da seguridade social.

– Como o direito à proteção da seguridade social, no Brasil, é garantido apenas aos segurados de um dos regimes previdenciários previstos em lei, o indivíduo que não contribui para nenhum desses regimes não faz jus à referida proteção.

COMENTÁRIOS

O item está errado. A proteção da seguridade social atinge os direitos à saúde, à assistência e à previdência social. Nos casos da saúde e da assistência social, a proteção se dará, independentemente de contribuição ao sistema de seguridade social.

Assim, não há que se falar que a seguridade social garantirá proteção apenas aos segurados da previdência.

---

124. (CESPE – Juiz Federal Substituto 2ª Região/2011) – Assinale a opção correta relativamente ao cálculo do valor dos benefícios previdenciários.

a) À segurada especial é garantida a concessão do salário-maternidade no valor de um salário mínimo, desde que se comprove o exercício de atividade rural de forma contínua, nos nove meses imediatamente anteriores ao do início do benefício.

b) O valor do benefício de prestação continuada, incluindo-se o regido por norma especial e o decorrente de acidente do trabalho e excetuando-se o salário-família e o salário-maternidade, será calculado com base no salário de benefício.

c) Serão considerados para cálculo do salário de benefício os ganhos habituais do segurado empregado, a qualquer título, sob forma de moeda corrente ou de utilidades, sobre os quais incidam contribuições previdenciárias, incluindo-se a gratificação natalina.

d) O valor mensal do auxílio-acidente não integra o salário de contribuição, para cálculo do salário de benefício de qualquer aposentadoria paga pelo RGPS.

e) Ao segurado contribuinte individual que, satisfazendo as condições exigidas para a concessão do benefício requerido, não comprovar o efetivo recolhimento das contribuições devidas será concedido o benefício de valor mínimo, devendo sua renda ser recalculada quando da apresentação da prova do recolhimento das contribuições.

COMENTÁRIOS

Alternativa correta: "b". É o que dispõe o art. 28 da Lei nº 8.213/91.

A alternativa "a" está errada. Para que a segurada especial tenha direito ao benefício de salário-maternidade é necessário que comprove o exercício de atividade rural, nos **dez** meses imediatamente anteriores ao do **requerimento** do benefício, ainda de que forma **descontínua.**

A alternativa "c" está incorreta. A gratificação natalina não integra o cálculo do salário de benefício, embora seja considerada como salário de contribuição. É a interpretação que se dá ao art. 28, § 7º, da Lei nº 8.212/91.

A assertiva "d" está incorreta. O valor mensal do auxílio-acidente **integra** o salário de contribuição, para cálculo do salário de benefício de qualquer aposentadoria paga pelo RGPS, conforme dispõe o art. 31 da Lei nº 8.213/91.

No entanto, é importante esclarecer que, antes do advento da Lei nº 9.528/1997 que trouxe nova redação para a Lei nº 8.213/91, era possível que o segurado acumulasse os benefícios de aposentadoria e auxílio-acidente. E, para dirimir dúvidas a respeito dessa acumulação, segue a súmula nº 75 da Advocacia Geral da União (AGU), de acordo com o novo entendimento adotado pelo STJ[17]:

> *"Para a acumulação do auxílio-acidente com proventos de aposentadoria, a consolidação das lesões decorrentes de acidentes de qualquer natureza, que*

---

17 REsp nº 1.296.673/MG

resulte sequelas definitivas, nos termos do art. 86 da Lei nº 8.213/91, e a concessão da aposentadoria devem ser anteriores às alterações inseridas no art. 86, § 2º da Lei nº 8.213/91, pela Medida Provisória nº 1.596-14, convertida na Lei nº 9.528/97".

A assertiva "e" está errada. No caso, o entendimento era aplicado para os empregados domésticos, conforme se pode verificar no disposto no art. 36 da Lei nº 8.213/91.

Esse artigo, no entanto, foi revogado tacitamente, em razão da nova redação dada ao art. 35 da Lei nº 8.213/91, pela Lei Complementar nº 150/2015.

Os empregados domésticos passaram a gozar de presunção de recolhimento da sua contribuição previdenciária, mesmo nos casos de salário de contribuição acima de um salário mínimo.

A redação atual do art. 35, da Lei nº 8.213/91 dispõe que "o segurado empregado, **inclusive o doméstico**, e ao trabalhador avulso que tenham cumprido todas as condições para a concessão do benefício pleiteado, mas não possam comprovar o valor de seus salários de contribuição no período básico de cálculo, será concedido o benefício de valor mínimo, **devendo esta renda ser recalculada quando da apresentação de prova dos salários de contribuição**".

---

125. (CESPE – Juiz Federal Substituto 2ª Região/2011) – A respeito da aposentadoria por invalidez no âmbito do RGPS, assinale a opção correta.

a) Configura julgamento *extra petita* a sentença que, reconhecendo o preenchimento dos requisitos necessários à concessão de auxílio-doença, defere-o ao segurado, quando tenha ele requerido, na petição inicial, aposentadoria por invalidez.

b) A jurisprudência do STJ reconhece que a concessão desse benefício deve considerar tão somente os elementos jurídicos previstos na Lei nº 8.213/1991 e abster-se da análise dos aspectos socioeconômicos, profissionais e culturais do segurado.

c) Para o segurado empregado, o termo inicial do benefício, caso não haja requerimento administrativo, é a data do início da incapacidade.

d) Mesmo que não comprovado que a suspensão das contribuições previdenciárias tenha ocorrido por moléstia incapacitante, mantém-se a condição de segurado do trabalhador inadimplente acometido de tais patologias.

e) Considere que, cinco anos depois de ser aposentada por invalidez pelo RGPS, uma segurada seja eleita prefeita de determinado município, tomando posse e passando a exercer as funções do cargo. Nessa situação hipotética, o benefício previdenciário deve ser cancelado.

COMENTÁRIOS

✪ Nota da Autora: a alternativa "e" foi, inicialmente, considerada correta. Mas, em razão de haver divergência na jurisprudência do STJ, **a questão foi anulada.** A 1ª Turma do STJ entende pela possibilidade da cumulação do benefício com o exercício da vereança[18]. Já a 5ª Turma do STJ se posicionou pela impossibilidade de cumulação do benefício com o exercício do mandato eletivo[19].

Veja posição a favor da cumulação do benefício de aposentadoria por invalidez com o exercício de mandato eletivo:

> ***"PREVIDENCIÁRIO. RECURSO ESPECIAL. APOSENTADORIA POR INVALIDEZ. CUMULAÇÃO COM SUBSÍDIO DECORRENTE DO EXERCÍCIO DE MANDATO ELETIVO. POSSIBILIDADE.***
>
> *1. É possível a percepção conjunta do subsídio decorrente do exercício de **mandato** eletivo (**vereador**), por tempo determinado, com o provento de **aposentadoria por invalidez**, por se tratarem de vínculos de natureza diversa, uma vez que a incapacidade para o trabalho não significa, necessariamente, **invalidez** para os atos da vida política.*
>
> *2. Recurso especial não provido."*
>
> *REsp 1377728 / CE. Relator Ministro Benedito Gonçalves, Primeira Turma. DJ 18/06/2013. DJe 02/08/2013.*

Alternativa "a": incorreta. Não se considera julgamento *extra petita* a sentença que, reconhecendo o preenchimento dos requisitos necessários à concessão de auxílio-doença, defere-o ao segurado, quando tenha ele requerido, na petição inicial, aposentadoria por invalidez ou vice-versa. Veja o julgado abaixo:

> *"PREVIDENCIÁRIO. AGRAVO REGIMENTAL NO RECURSO ESPECIAL. PEDIDO DE CONCESSÃO DE AUXÍLIO-DOENÇA. OBTENÇÃO DO BENEFÍCIO APOSENTADORIA POR INVALIDEZ. JULGAMENTO EXTRA PETITA. NÃO CARACTERIZAÇÃO. PRECEDENTES DO STJ. AGRAVO REGIMENTAL A QUE SE NEGA PROVIMENTO. 1. O STJ tem entendimento consolidado de que, em matéria previdenciária, deve-se flexibilizar a análise do pedido contido na petição inicial, não entendendo como julgamento extra ou ultra petita a concessão de benefício diverso do requerido na ini-*

---

18 REsp 1377728 / CE – RECURSO ESPECIAL 2012/0259096-0, Relator(a) Ministro BENEDITO GONÇALVES (1142) Órgão Julgador T1 – PRIMEIRA TURMA Data do Julgamento 18/06/2013

19 REsp 966736 / RS – RECURSO ESPECIAL 2007/0152846-0 Relator(a) Ministro NAPOLEÃO NUNES MAIA FILHO (1133) Órgão Julgador T5 – QUINTA TURMA Data do Julgamento 23/08/2007.

cial, desde que o autor preencha os requisitos legais do benefício deferido.

2. No caso, o Tribunal a quo, em sede de apelação, ao reconhecer a incapacidade definitiva da segurada para o desempenho de suas funções, reformou sentença concessiva do benefício auxílio-doença para conceder o benefício da aposentadoria por invalidez.

3. Agravo regimental a que se nega provimento."

AgRg no REsp 1305049 / RJ Agravo Regimental no Recurso Especial 2012/0007873-0 Relator(a) Ministro Mauro Campbell Marques (1141) Órgão Julgador – Segunda Turma Data do Julgamento 03/05/2012 Data da Publicação/Fonte DJe 08/05/2012.

Alternativa "b": incorreta. A assertiva "b" traz exatamente o entendimento contrário à posição do STJ. Para o STJ na concessão da aposentadoria por invalidez deve considerar não só os elementos jurídicos previstos na Lei nº 8.213/1991, mas analisar os aspectos socioeconômicos, profissionais e culturais do segurado:

"PREVIDENCIÁRIO. PROCESSUAL CIVIL. AUSÊNCIA DE VIOLAÇÃO DO ART. 535 DO CPC. APOSENTADORIA POR INVALIDEZ. INCAPACIDADE PARCIAL. CONSIDERAÇÃO DOS ASPECTOS SÓCIO-ECONÔMICOS, PROFISSIONAIS E CULTURAIS. POSSIBILIDADE. PRECEDENTES.

1. O Tribunal de origem deixou claro que, na hipótese dos autos, o autor não possui condições de competir no mercado de trabalho, tampouco desempenhar a profissão de operadora de micro-ônibus.

2. necessário consignar que o juiz não fica adstrito aos fundamentos e à conclusão do perito oficial, podendo decidir a controvérsia de acordo o princípio da livre apreciação da prova e do livre convencimento motivado. 3. A concessão da aposentadoria por invalidez deve considerar, além dos elementos previstos no art. 42 da Lei nº 8.213/91, os aspectos socioeconômicos, profissionais e culturais do segurado, ainda que o laudo pericial apenas tenha concluído pela sua incapacidade parcial para o trabalho. Precedentes das Turmas da Primeira e Terceira Seção. Incidência da Súmula 83/STJ. Agravo regimental improvido."

AgRg no AREsp 384337 / SP Agravo Regimental No Agravo em Recurso Especial 2013/0271311-6 Relator(a) Ministro Humberto Martins (1130) Órgão Julgador T2 – Segunda Turma Data do Julgamento 01/10/2013 Data da Publicação/Fonte DJe 09/10/2013.

Alternativa "c": incorreta. A data do início do benefício é a data da citação, conforme julgado abaixo:

"PREVIDENCIÁRIO. AGRAVO LEGAL (ART. 557, § 1º, DO CPC). APOSENTADORIA POR INVALIDEZ. TERMO INICIAL. DATA DA CITAÇÃO. 1. O termo inicial do benefício de aposentadoria por invalidez é a data da citação, quando não houver sido precedido por auxílio-doença, bem como na ausência de prévio requerimento administrativo. 2. Agravo legal provido."

(TRF-3 – AC: 12683 SP 0012683-40. 2011. 4.03.9999, Relator: DESEMBARGADORA FEDERAL LUCIA URSAIA, Data de Julgamento: 07/05/2013, DÉCIMA TURMA)

Há que se destacar que o Plenário do STF, no julgamento do RE 631.240, adotou a tese de que o prévio requerimento administrativo é condição de procedibilidade da ação judicial, sob pena de carência de interesse de agir e extinção do processo sem julgamento do mérito.

Alternativa "d": incorreta. O entendimento é de que o segurado continuará vinculado à Previdência Social se a falta de contribuição deu-se em razão da moléstia incapacidade. Nesse sentido, confira a súmula nº 26 da AGU:

"Para a concessão de benefício por incapacidade, não será considerada a perda da qualidade de segurado decorrente da própria moléstia incapacitante."

---

126. (CESPE – Juiz Federal Substituto 2ª Região/2011) – Acerca da aposentadoria por idade, assinale a opção correta.

a) Para a concessão desse benefício, o tamanho da propriedade rural não é capaz, por si só, de descaracterizar o regime de economia familiar do segurado especial, se preenchidos os demais requisitos.

b) O tempo de serviço rural anterior à vigência da Lei nº 8.213/1991 pode ser utilizado para contagem recíproca no serviço público estatutário, independentemente do recolhimento da contribuição previdenciária.

c) A lei previdenciária impede a cumulação dos proventos da aposentadoria por idade com a pensão por morte, haja vista serem benefícios com pressupostos fáticos e fatos geradores idênticos.

d) Conforme pacífica jurisprudência do STJ, para a concessão da aposentadoria por idade, é necessária a implementação simultânea dos requisitos legais.

e) Para concessão desse benefício, o rol de documentos descrito na Lei nº 8.213/1991 é meramente exemplificativo, mas não devem ser aceitas como início de prova material do tempo de serviço rural as certidões de óbito e de casamento.

COMENTÁRIOS

✪ **Nota da Autora:** a presente questão foi anulada pela banca examinadora em razão de divergência entre a posição do STJ e a nova redação da Lei nº 8.212/91. Confira abaixo.

Alternativa "a": inicialmente considerada correta. No entanto, em razão da divergência existente entre a jurisprudência do STJ e a nova redação das Leis 8.212 e 8.213, ambas de 1991, trazida pela Lei nº 11.7182008, a banca examinadora optou por anular a questão.

É que a jurisprudência do STJ alinhava-se no sentido de que o tamanho da propriedade não descaracterizava, por si só, o regime de economia familiar, caso estivessem comprovados os demais requisitos para a concessão da aposentadoria por idade rural. Nesse sentido: AgRg no REsp 1042401/DF, Rel. MIN. ARNALDO ESTEVES LIMA, QUINTA TURMA, julgado em 16/12/2008, DJe 16/02/2009.

A súmula 30 da TNU, ainda em vigor, entende que "tratando-se de demanda previdenciária, o fato de o imóvel ser superior ao módulo rural não afasta, por si só, a qualificação de seu proprietário como segurado especial, desde que comprovada, nos autos, a sua exploração em regime de economia familiar."

No entanto, em relação ao tamanho da propriedade rural e o seu modo de produção, a Lei nº 11.718/2008 trouxe importantes inovações. Com efeito, estabeleceu, expressamente, que a condição de segurado especial somente se caracteriza quando a atividade agropecuária é exercida em área de até 4 (quatro) módulos fiscais (art. 12, V, "a" e VII, "a", 1, da Lei nº 8.212/91 e art. 11, V, "a" e VII, "a", 1, da Lei nº 8.213/91).

Alternativa "b": incorreta. O tempo de serviço rural anterior à vigência da Lei nº 8.213/1991 pode ser utilizado para contagem recíproca no serviço público estatutário, **desde que sejam recolhidas as respectivas contribuições previdenciárias.** É a posição adotada pela TNU na súmula nº 10.

Caso o tempo de serviço rural anterior à vigência da Lei nº 8.213/1991 seja utilizado para a concessão de benefícios do RGPS, não se exige o recolhimento de contribuições previdenciárias, conforme entendimento da súmula nº 24 da TNU. É importante registrar que esse tempo, todavia, não pode ser computado para fins de carência.

Alternativa "c": incorreta. Não há impedimento legal para a cumulação dos proventos da aposentadoria por idade com a pensão por morte, haja vista serem benefícios com pressupostos fáticos e fatos geradores distintos. A aposentadoria é concedida para um segurado e a pensão por morte é concedida ao indivíduo por ser qualificado como dependente.

Essa posição pode ser identificada na súmula nº 36 da TNU:

> *"não há vedação legal à cumulação de pensão por morte de trabalhador rural com o benefício de aposentadoria por invalidez, por apresentarem pressupostos fáticos e fatos geradores distintos".*

Embora a súmula trate da aposentadoria por invalidez, esse entendimento pode ser estendido para análise de qualquer aposentadoria dos segurados do RGPS.

Alternativa "d": incorreta. A posição do STJ e, em especial, da TNU, na súmula nº 44 é de que para efeito de aposentadoria por idade é de que a carência a ser cumprida pelo segurado é aquela prevista para o ano em que o segurado completa a idade mínima para a obtenção do benefício, ainda que o período de carência somente seja preenchido posteriormente.

Alternativa "e": incorreta. Para comprovar o tempo de serviço rural, a lei previdenciária exige início de prova material. A jurisprudência entende que a certidão de casamento ou outro documento idôneo que evidencie a condição de trabalhador rural pode ser considerada início de prova material da atividade rurícola, podendo, inclusive, ser em nome do cônjuge.

---

127. (CESPE – Juiz Federal Substituto 1ª Região/2011) – A respeito da renda mensal dos benefícios do RGPS, assinale a opção correta.

a) Ao segurado trabalhador avulso que tenha cumprido todas as condições para a concessão do benefício pleiteado, mas não possa comprovar o valor dos seus salários de contribuição no período básico de cálculo, será concedido o benefício de valor mínimo, devendo esta renda ser recalculada quando da apresentação de prova dos salários de contribuição.

b) No cálculo do valor da renda mensal do benefício, com exceção do decorrente de acidente do trabalho, serão computados, para o segurado empregado e empregado doméstico, os salários de contribuição referentes aos meses de contribuições devidas, ainda que não recolhidas pelo empregador, sem prejuízo da respectiva cobrança e da aplicação das penalidades cabíveis.

c) A CF, em dispositivo dotado de autoaplicabilidade, inovou no ordenamento jurídico ao assegurar, para os benefícios concedidos após a sua vigência, a correção monetária de todos os salários de contribuição considerados no cálculo da renda mensal inicial.

d) É devida a inclusão de expurgos inflacionários na correção monetária dos salários de contribuição, quando do cômputo da renda mensal inicial dos benefícios de prestação continuada concedidos pela previdência social após a promulgação da CF.

e) É devido abono anual ao segurado que, durante o ano, tenha recebido auxílio-doença, auxílio-acidente ou aposentadoria, pensão por morte, auxílio-reclusão ou salário-família, devendo o abono ser calculado pela média dos proventos pagos durante o ano ao segurado.

COMENTÁRIOS

Alternativa correta: "a". É o que dispõe o art. 35 da Lei nº 8.213/91. Nesse caso, o dispositivo é aplicado ao segurado empregado, inclusive o doméstico e ao trabalhador avulso.

A alternativa "b" apresenta erro que pode ser identificado ao se verificar o disposto no art. 35 da Lei nº 8.213/91. No cálculo do valor da renda mensal do benefício, **inclusive** o decorrente de acidente do trabalho, serão computados, para o segurado empregado, inclusive o doméstico e para o **trabalhador avulso**, os salários de contribuição referentes aos meses de contribuições devidas, ainda que não recolhidas pelo empregador, sem prejuízo da respectiva cobrança e da aplicação das penalidades cabíveis.

Assim, o erro foi em dizer que não serão computados os salários de contribuição, no caso dos benefícios decorrentes de acidente do trabalho, quando as contribuições não tiverem sido recolhidas pelo empregador. A norma aplica-se, inclusive, para os benefícios acidentários.

Alternativa "c": incorreta. O art. 201, § 3º, da Constituição Federal não apresenta autoaplicabilidade. De acordo com o dispositivo constitucional, todos os salários de contribuição considerados para o cálculo de benefício serão devidamente atualizados, **na forma da lei.** Assim, é necessário que haja lei regulamentadora para definir como serão atualizados os salários de contribuição para o cálculo dos benefícios previdenciários.

Alternativa "d": incorreta. Os expurgos inflacionários não são computados na correção monetária dos salários de contribuição.

Alternativa "e": incorreta. O abono anual é devido ao segurado e ao dependente da Previdência Social que, durante o ano, recebeu auxílio-doença, auxílio-acidente ou aposentadoria, pensão por morte ou auxílio-reclusão. O recebimento de salário-família não gera a concessão de abono anual.

O abono anual será calculado, no que couber, da mesma forma que a gratificação de Natal dos trabalhadores, tendo por base o valor da renda mensal do benefício do mês de dezembro de cada ano.

---

128. (CESPE – Juiz Federal Substituto 1ª Região/2011) – A respeito da pensão por morte e do auxílio-acidente no âmbito do RGPS, assinale a opção correta.

a) Para concessão de auxílio-acidente fundamentado na redução da capacidade laboral pela perda de audição, não é necessário que a sequela decorra da atividade exercida nem que acarrete redução da capacidade para o trabalho habitualmente exercido.

b) Para fins de recebimento de pensão por morte, o menor sob guarda equipara-se ao filho do segurado falecido, sendo considerado seu dependente, sem que haja necessidade de comprovação da dependência econômica.

c) O entendimento de que a existência de impedimento para o matrimônio, por parte de um dos pretensos companheiros, embaraça a constituição da união estável não se aplica para fins previdenciários de percepção de pensão por morte.

d) A perda da qualidade de segurado impede a concessão do benefício de pensão por morte, ainda que o *de cujus*, antes de seu falecimento, tenha preenchido os requisitos para a obtenção de qualquer aposentadoria.

e) Na ausência de requerimento administrativo e prévia concessão do auxílio-doença, o termo inicial do auxílio-acidente pleiteado judicialmente deve ser fixado na citação.

COMENTÁRIOS

Alternativa correta: "e". Esse é o entendimento firmado pelo STJ:

> *"PREVIDENCIÁRIO. DISACUSIA. AUXÍLIO-ACIDENTE. REQUISITOS. NEXO CAUSAL E REDUÇÃO DA CAPACIDADE LABORATIVA. TABELA FOWLER. INAPLICABILIDADE. TERMO INICIAL. CITAÇÃO. (PRECEDENTES).*
>
> *1. De acordo com os precedentes deste Superior Tribunal de Justiça, para concessão de auxílio-acidente fundamentado na redução da capacidade laboral pela perda de audição, é necessário, somente, que a sequela decorra da atividade exercida e acarrete, de fato, uma redução da capacidade para o trabalho habitualmente exercido.*
>
> *2. Conforme jurisprudência desta Corte, na ausência de requerimento administrativo e prévia concessão do auxílio-doença, o termo inicial do auxílio-acidente deve ser fixado na citação.*
>
> *3. Agravo interno ao qual se nega provimento."*
>
> *AgRg no Ag 1364221 / SP Agravo Regimental no Agravo de Instrumento 2010/0189380-9 Relator(a) Ministro Celso Limongi (Desembargador Convocado do TJ/SP) (8175) Órgão Julgador T6 – SEXTA TURMA Data do Julgamento 10/05/2011 Data da Publicação/Fonte DJe 25/05/2011.*

Há que se destacar que o Plenário do STF, no julgamento do RE 631.240, adotou a tese de que o prévio requerimento administrativo é condição de procedibilidade da ação judicial, sob pena de carência de interesse de agir e extinção do processo sem julgamento do mérito.

Alternativa "a": incorreta. No caso de concessão de auxílio-acidente pela disacusia (perda de audição) é necessário que a sequela decorra da atividade exercida e que acarrete redução da capacidade para o trabalho habitualmente exercido. É o que se verifica pelo disposto no art. 86, § 4º, da Lei nº 8.213/91:

"§ 4º A perda da audição, em qualquer grau, somente proporcionará a concessão do auxílio-acidente, quando, além do reconhecimento de causalidade entre o trabalho e a doença, resultar, comprovadamente, na redução ou perda da capacidade para o trabalho que habitualmente exercia."

Alternativa "b": incorreta. O menor sob guarda não poderá ser equiparado a filho para fins de dependência no RGPS. O art. 16, § 2º, da Lei nº 8.213/91 equipara a filho apenas o enteado e o menor tutelado. Mas, a dependência econômica destes equiparados ao filho deve ser comprovada.

Recentemente, a Corte Especial do STJ decidiu:

"PREVIDENCIÁRIO. PENSÃO POR MORTE. MENOR SOB GUARDA. ALTERAÇÕES LEGISLATIVAS. ART. 16 DA LEI N. 8.213/90. MODIFICAÇÃO PELA MP N. 1.523/96, CONVERTIDA NA LEI N. 9.528/97. CONFRONTO COM O ART. 33, § 3º, DO ECA. ART. 227 DA CONSTITUIÇÃO. INTERPRETAÇÃO CONFORME. PRINCÍPIO DA PROTEÇÃO INTEGRAL E PREFERENCIAL DA CRIANÇA E DO ADOLESCENTE.

1. Ao menor sob guarda deve ser assegurado o direito ao benefício da pensão por morte mesmo se o falecimento se deu após a modificação legislativa promovida pela Lei n. 9.528/97 na Lei n. 8.213/90.

2. O art. 33, § 3º da Lei n. 8.069/90 deve prevalecer sobre a modificação legislativa promovida na lei geral da previdência social porquanto, nos termos do art. 227 da Constituição, é norma fundamental o princípio da proteção integral e preferência da criança e do adolescente.

3. Embargos de divergência acolhidos." EResp nº 1.141.788–RS, Relator Ministro João Otávio de Noronha. DJ 07/12/2016.

Alternativa "c": incorreta. Veja os entendimentos firmados pelo STJ:

"PREVIDENCIÁRIO. MORTE DO SEGURADO EM DECORRÊNCIA DE ACIDENTE DE TRABALHO. PRETENSÃO DA CONCUBINA AO RECEBIMENTO DA RESPECTIVA PENSÃO. UNIÃO ESTÁVEL NÃO CARACTERIZADA. CONCUBINATO IMPURO. AUSÊNCIA DA EXTINÇÃO DO ANTERIOR VÍNCULO CONJUGAL. IMPEDIMENTO AO NOVO MATRIMÔNIO. PRECEDENTES DO SUPERIOR TRIBUNAL DE JUSTIÇA. APELAÇÃO PROVIDA. SENTENÇA REFORMADA EM SEDE DE REEXAME NECESSÁRIO PARA SER JULGADA IMPROCEDENTE A AÇÃO.

1. A jurisprudência do STJ prestigia o entendimento de que a existência de impedimento para o matrimônio, por parte de um dos pretensos companheiros, embaraça a constituição da união estável, inclusive para fins previdenciários.

2. Afigura-se inviável, desse modo, reconhecer à recorrida o direito à percepção da pensão por morte em concurso com a viúva, haja vista que o de cujus, à época do óbito, permanecia casado com a recorrente"

(STJ, 5ª Turma, REsp. nº 1.114.490/RS, Rel. Min. Jorge Mussi, j. em 19.11.2009). TJ-PR – 5816262 PR 581626-2 (Acórdão) (TJ-PR) – Data de publicação: 19/06/2012.

"AGRAVO REGIMENTAL. PREVIDENCIÁRIO. PENSÃO POR MORTE. UNIÃO ESTÁVEL. RELAÇÃO SIMULTÂNEA AO CASAMENTO. CARACTERIZAÇÃO. IMPOSSIBILIDADE.

1. Não há como abrigar agravo regimental que não logra desconstituir os fundamentos da decisão atacada.

2. Segundo o entendimento firmado nesta Corte, a proteção conferida pelo Estado à união estável não alcança as situações ilegítimas, a exemplo do concubinato.

3. Agravo regimental a que se nega provimento."

(AgRg no REsp 1142584/SC, Rel. Ministro HAROLDO RODRIGUES (DESEMBARGADOR CONVOCADO DO TJ/CE), SEXTA TURMA, julgado em 01/12/2009, DJe 05/04/2010)

Alternativa "d": incorreta. A perda da qualidade de segurado não impede a concessão do benefício de pensão por morte, quando a pessoa, antes de seu falecimento, tenha preenchido os requisitos para a obtenção de qualquer aposentadoria. É o que vê pelo disposto no art. 102 da Lei nº 8.213/91.

---

129. (CESPE – Juiz Federal Substituto 1ª Região/2011) – Com relação a questões previdenciárias diversas no âmbito dos juizados especiais federais, assinale a opção correta.

a) Tratando-se de aposentadoria de trabalhador rurícola por idade, o tempo de serviço rural fica descaracterizado pelo exercício de atividade urbana, ainda que por curtos períodos e de forma intercalada com a atividade rural, dentro do período de carência.

b) Para a concessão do benefício de auxílio-doença, exige-se a impossibilidade total do segurado para qualquer atividade laborativa, não sendo suficiente que o trabalhador esteja temporariamente incapacitado para o exercício de sua atividade habitual por mais de quinze dias consecutivos.

c) Para a concessão de aposentadoria por idade, o tempo em gozo de auxílio-doença sempre pode ser computado para fins de carência, mas o tempo em gozo de aposentadoria por invalidez somente pode ser computado se intercalado com atividade.

d) Tratando-se de restabelecimento de benefício por incapacidade e sendo a incapacidade decorrente da mesma doença que tenha justificado a concessão do benefício cancelado, não há presunção de continuidade do estado incapacitante, devendo a data de início do benefício ser fixada a partir do requerimento administrativo.

e) Para fins de instrução do pedido de averbação de tempo de serviço rural, admite-se a apresentação de documentação pertinente e contemporânea à data dos fatos, desde que em nome do segurado, não se admitindo documentos em nome de terceiros.

COMENTÁRIOS

✪ **Nota da Autora:** para os dias atuais, não há assertiva correta. Isso porque o entendimento contido na alternativa "c" já foi alterado pela TNU. Veja abaixo os comentários

Alternativa correta: "c". A alternativa "c" não pode ser mais considerada correta. É que com a edição da súmula nº 73 da TNU, o entendimento é de que "o tempo de gozo de auxílio-doença ou de aposentadoria por invalidez não decorrentes de acidente de trabalho só pode ser computado como tempo de contribuição ou para fins de carência quando intercalado entre períodos nos quais houve recolhimento de contribuições para a previdência social."

Assim, conclui-se que:

- a TNU entende que tanto o tempo de gozo de auxílio-doença como o de aposentadoria por invalidez pode ser computado como tempo de contribuição e para fins de carência quando intercalados entre períodos que houve recolhimento de contribuições para a Previdência Social;
- a TNU exclui desse entendimento o tempo em gozo de benefício por incapacidade decorrente de acidente do trabalho, uma vez que a competência para julgar as ações previdenciárias acidentárias é da Justiça Estadual;
- a legislação previdenciária entende que o tempo de gozo de auxílio-doença ou de aposentadoria por invalidez não acidentários pode ser computado como tempo de contribuição, quando intercalados entre períodos de atividade, **mas não é computado para fins de carência.**

Alternativa "a": incorreta. Na aposentadoria por idade do trabalhador rural, o tempo de serviço rural é reconhecido, ainda que haja o exercício de atividade urbana, intercalada em curtos períodos e de forma intercalada com a atividade rural. No entanto, deve ser observado o entendimento da súmula nº 54 da TNU:

> *"Para a concessão de aposentadoria por idade de trabalhador rural, o tempo de exercício de atividade equivalente à carência deve ser aferido no período imediatamente anterior ao requerimento administrativo ou à data do implemento da idade mínima."*

Alternativa "b": incorreta. Para a concessão do benefício de auxílio-doença, exige-se incapacidade parcial ou total e temporária para o exercício das atividades habituais por mais de quinze dias. Veja, inclusive, o entendimento adotado pela Advocacia Geral da União (AGU) da súmula nº 25:

> *"Será concedido auxílio-doença ao segurado considerado temporariamente incapaz para o trabalho ou sua atividade habitual, de forma total ou parcial, atendidos os demais requisitos legais, entendendo-se por incapacidade parcial aquela que permita sua reabilitação para outras atividades laborais."*

Alternativa "d": incorreta. Tratando-se de restabelecimento de benefício por incapacidade e sendo a incapacidade decorrente da mesma doença que tenha justificado a concessão do benefício cancelado, **há** presunção de continuidade do estado incapacitante, devendo a data de início do benefício ser fixada a partir da cessação do último benefício. Veja o julgado:

> *"PREVIDENCIÁRIO. RESTABELECIMENTO. AUXÍLIO-DOENÇA. PERÍCIA JUDICIAL QUE NÃO CONSEGUIU ESPECIFICAR A DATA DE INÍCIO DA INCAPACIDADE (DII). PRESUNÇÃO DE CONTINUIDADE DO ESTADO INCAPACITANTE IDENTIDADE COM A DOENÇA OU LESÃO QUE JUSTIFICOU A CONCESSÃO DO AUXÍLIO-DOENÇA ANTERIOR. FIXAÇÃO DO TERMO INICIAL DA CONDENAÇÃO OU DATA DE INÍCIO DO BENEFÍCIO (DIB). PEDIDO DE UNIFORMIZAÇÃO PROVIDO.*
>
> *1. O enunciado da Súmula nº 22 da Turma Nacional se aplica aos casos em que a perícia judicial conseguiu especificar a data de início da incapacidade (DII), servindo de parâmetro inclusive em relação aos benefícios por incapacidade.*
>
> *2. Porém, quando a perícia judicial não conseguiu especificar a data de início da incapacidade (DII), e em se tratando de restabelecimento de auxílio-doença, em sendo a incapacidade atual decorrente da mesma doença ou lesão que justificou a concessão do benefício que se pretende restabelecer, presume-se a continuidade do estado incapacitante desde a datado cancelamento, que, sendo reputado indevido, corresponde ao termo inicial da condenação ou data de (re) início do benefício.*
>
> *3. Pedido de Uniformização provido."*
>
> *TNU – PEDIDO DE UNIFORMIZAÇÃO DE INTERPRETAÇÃO DE LEI FEDERAL PEDILEF 200772570036836 SC (TNU) – Data de publicação: 11/06/2010*

Alternativa "e": incorreta. No caso da incorreção da assertiva "e", devem ser observadas duas súmulas da TNU:

> *"Súmula nº 34: Para fins de comprovação do tempo de labor rural, o início de prova material deve ser contemporâneo à época dos fatos a provar."*
>
> *"Súmula nº 06: A certidão de casamento ou outro documento idôneo que evidencie a condição de trabalhador rural do cônjuge constitui início razoável de prova material da atividade rurícola."*

Assim, é possível, para fins de instrução do pedido de averbação de tempo de serviço rural, a apresentação de documentos em nome de terceiros, desde que pertinentes e contemporâneos à data dos fatos.

130. (CESPE – Juiz Federal Substituto 5ª Região/2011) – No que se refere aos litígios previdenciários nos juizados especiais federais e às aposentadorias, assinale a opção correta.

a) O tempo de serviço anterior à edição da Lei nº 8.213/1991 pode ser considerado para a concessão de benefício previdenciário do RGPS ao segurado trabalhador rural, inclusive para efeito de carência, ainda que não tenha havido, naquele tempo, recolhimento de contribuição previdenciária.

b) Para fins de aposentadoria por idade, é necessário que o trabalhador rural comprove atividade rurícola contínua, no período imediatamente anterior ao requerimento administrativo ou judicial, por período equivalente à metade do prazo de carência legalmente exigido aos demais trabalhadores.

c) O salário de benefício da aposentadoria por invalidez será igual a 91% do valor do salário de benefício do auxílio-doença anteriormente recebido, reajustado pelos índices de correção dos benefícios previdenciários.

d) É juridicamente aceitável a acumulação de pensão por morte com aposentadoria por invalidez, pois esses benefícios têm naturezas distintas e fatos geradores diferentes.

e) Tratando-se de demanda previdenciária, o fato de o imóvel ser superior ao módulo rural afasta, por si só, a qualificação de seu proprietário como segurado especial, ainda que comprovada, nos autos, a exploração em regime de economia familiar.

COMENTÁRIOS

✪ **Nota da Autora:** para analisar a maioria das assertivas contidas na presente questão, é necessário que o candidato esteja atento às súmulas da TNU.

Alternativa correta: "d". É o entendimento trazido pela súmula nº 36 da TNU:

> *"Não há vedação legal à cumulação da pensão por morte de trabalhador rural com o benefício da aposentadoria por invalidez, por apresentarem pressupostos fáticos e fatos geradores distintos."*

Alternativa "a": incorreta. O tempo de serviço **do segurado trabalhador rural** anterior à edição da Lei nº 8.213/1991 pode ser considerado para a concessão de benefício previdenciário do RGPS, **exceto para efeito de carência**, sem o recolhimento de contribuições previdenciárias. Veja que o examinador "misturou" os termos da súmula nº 24 da TNU para confundir o candidato. Na verdade, o tempo de serviço rural poderá ser utilizado para os segurados que passaram a ter outra categoria no RGPS para fins de obtenção de benefício, não necessitando de ter comprovar recolhimento previdenciário. No entanto, esse tempo de serviço rural não será utilizado para fins de carência.

Alternativa "b": incorreta. Para fins de aposentadoria por idade, é necessário que o **segurado especial** comprove atividade rurícola, **ainda que forma descontínua**, no período imediatamente anterior ao requerimento, **por período igual ao número de meses** correspondentes à carência do benefício requerido.

Alternativa "c": incorreta. O **valor** da aposentadoria por invalidez será igual a 100% do valor do salário de benefício do auxílio-doença anteriormente recebido, reajustado pelos índices de correção dos benefícios previdenciários. Na verdade, o salário de benefício do auxílio-doença e da aposentadoria por invalidez tem o mesmo cálculo, variando a renda mensal inicial.

Quando o acidentado do trabalho estiver em gozo de auxílio-doença, o valor da aposentadoria por invalidez será igual ao do auxílio-doença, se este, por força de reajustamento, for superior a 100% do salário de benefício calculado para a aposentadoria por invalidez. É o que prevê o art. 44, § 2º, da Lei nº 8.213/91.

Alternativa "e": incorreta. Tratando-se de demanda previdenciária, o fato de o imóvel ser superior ao módulo rural **não** afasta, por si só, a qualificação de seu proprietário como segurado especial, **desde** que comprovada, nos autos, a exploração em regime de economia familiar. É a posição adotada pela súmula nº 30 da TNU.

131. (CESPE – Juiz Federal Substituto 3ª Região/2011) – Acerca dos regimes especiais, assinale a opção correta.

a) A reparação econômica em prestação mensal, devida ao anistiado político no valor igual ao da remuneração que receberia se estivesse na ativa, não é isenta de contribuição previdenciária nem pode ser acumulada com outros benefícios de natureza previdenciária.

b) Somente o ferroviário admitido na Rede Ferroviária Federal S.A. pelo regime estatutário e que não tenha feito a opção pelo regime celetista tem direito à complementação de aposentadoria para equiparar os proventos da inatividade com a remuneração que receberia se em atividade estivesse.

c) A pensão especial aos portadores da síndrome da talidomida, cujo valor é calculado com base nos pontos indicadores da natureza e no grau da dependência resultante da deformidade física, não pode ser reduzida em razão da aquisição de capacidade laborativa ocorrida após a sua concessão.

d) O direito de reversão da pensão de ex-combatente da Segunda Guerra Mundial para a filha mulher, em razão do falecimento da própria mãe, que recebia a pensão especial, é regulado pelas normas em vigor na data do óbito da genitora.

e) Os seringueiros que contribuíram na produção da borracha durante a Segunda Guerra Mundial, conhecidos como "soldados da borracha", têm direito à pensão mensal vitalícia no valor de dois salários mínimos, intransferível aos dependentes.

COMENTÁRIOS

✪ **Nota da Autora:** questão interessante porque trata de benefícios especificados em legislação especial.

Alternativa correta: "c".

A Lei nº 7.707/82 dispõe sobre a pensão especial, de caráter indenizatório, para pessoas com deficiência física conhecida como "síndrome da Talidomida".

A correção da assertiva se dá em razão do disposto nos §§ 1º dos arts. 1º e 3º, da Lei nº 7.070/82:

> *"Art.1º, (...)*
>
> *§ 1º: O valor da pensão especial, reajustável a cada ano posterior à data da concessão segundo o índice de Variação das Obrigações Reajustáveis do Tesouro Nacional ORTN, será calculado, em função dos pontos indicadores da natureza e do grau da dependência resultante da deformidade física, à razão, cada um, de metade do maior salário mínimo vigente no País."*
>
> *"Art. 3º (...)*
>
> *§ 1º: O benefício de que trata esta Lei é de natureza indenizatória, não prejudicando eventuais benefícios de natureza previdenciária, e não poderá ser reduzido em razão de eventual aquisição de capacidade laborativa ou de redução de incapacidade para o trabalho, ocorridas após a sua concessão."*

Alternativa "a": incorreta. De acordo com o inciso III, do art. 1º da Lei nº 10.559/2002 que trata do Regime do Anistiado Político, é vedada a exigência de recolhimento de quaisquer contribuições previdenciárias relativas à contagem do tempo em que o anistiado político esteve compelido ao afastamento de suas atividades, em virtude de punição ou de fundada ameaça de punição, por motivo exclusivamente político.

Alternativa "b": incorreta. O direito à complementação de aposentadoria para equiparar os proventos da inatividade com a remuneração que receberia se em atividade estivesse não é apenas para o ferroviário admitido na Rede Ferroviária Federal S.A. pelo regime estatutário.

A Lei nº 10.748/2002, no seu art. 1º, estendeu o direito à complementação de aposentadoria aos ferroviários admitidos até 21 de maio de 1991.

A complementação de aposentadoria é devida aos ferroviários em face da existência, originalmente, de vínculo estatutário entre eles e a União. Com a criação da RFFSA, o regime de trabalho dos funcionários públicos que foram a ela incorporados, passou a ser o celetista. Para compensar, foi possibilitada a complementação das aposentadorias mantidas pelo RGPS. Esta complementação, instituída pelo Decreto-lei 956/69 (com precedente no Decreto-lei 3.769/41), reajustada pelos mesmos índices aplicáveis aos benefícios previdenciários do RGPS e, a partir da Lei 8.186/91, reajustada para manter a paridade entre ativos e inativos, tem pois fundamento na condição de servidores públicos que originalmente ostentavam alguns ferroviários.

Alternativa "d": incorreta. O direito de reversão da pensão de ex-combatente da Segunda Guerra Mundial para a filha mulher, em razão do falecimento da própria mãe, que recebia a pensão especial, é regulado pelas normas em vigor na data do óbito **do ex-combatente.** Confira o julgado abaixo:

> *"ADMINISTRATIVO. MILITAR. PENSÃO. FILHA DE EX-COMBATENTE. LEI DE REGÊNCIA. LEIS 4.242/63 e 3.765/60.*
>
> *1. "O direito à pensão de ex-combatente é regido pelas normas legais em vigor à data do evento morte. Tratando-se de reversão do benefício à filha mulher, em razão do falecimento da própria mãe que a vinha recebendo, consideram-se não os preceitos em vigor quando do óbito desta última, mas do primeiro, ou seja, do ex-combatente."*
>
> *(STF, MS 21.707/DF, rel. p/ acórdão Min. Marco Aurélio).(TRF – Terceira Região, Processo nº 200261000148840, UF: SP, Segunda Turma, Relator: Desembargador Federal Nelton dos Santos, DJU: 03/08/2007).*

Alternativa "e": incorreta. Os seringueiros que contribuíram na produção da borracha durante a Segunda Guerra Mundial, conhecidos como "soldados da borracha", têm direito à pensão mensal vitalícia no valor de dois salários mínimos, **quando carentes, sendo transferível aos dependentes reconhecidamente carentes.** É o que prevê o art. 54 do ADCT.

---

132. (CESPE – Juiz Federal Substituto 3ª Região/2011) – Assinale a opção correta, a respeito do RGPS.

a) Suponha que Mário seja titular de aposentadoria concedida em 20/11/1996. Nesse caso, não há prazo para o INSS revisar de ofício a renda mensal inicial do mencionado benefício, o que pode ser feito a qualquer tempo, desde que observado o prévio contraditório.

b) A comprovação do tempo de serviço para obtenção de benefício previdenciário exige início de prova material, sendo assim considerada a declaração prestada pelo ex-empregador, quando contemporânea aos fatos alegados.

c) Considere que João, carregador de bagagem em porto, preste, sem vínculo empregatício, serviços a diversas empresas por intermédio do sindicato da categoria. Nessa situação, João é segurado obrigatório na condição de contribuinte individual.

d) A dependência econômica dos pais em relação aos filhos não é presumida e deve ser comprovada com início de prova material, não sendo admitida a prova exclusivamente testemunhal, salvo na ocorrência de força maior ou caso fortuito.

e) Conforme jurisprudência do STF, a majoração do limite máximo do valor dos benefícios previdenciários (também conhecido como teto) efetivada por emenda constitucional não tem aplicação retroativa aos benefícios concedidos com limite no teto anterior.

COMENTÁRIOS

Alternativa correta: "b". A legislação previdenciária exige que, para comprovar tempo de serviço com o fim de obter benefício previdenciário, o segurado apresente início de prova material, não sendo admissível prova exclusivamente testemunhal, salvo na ocorrência de caso fortuito ou força maior. A TNU fixou o entendimento, em relação ao tempo de serviço rural na súmula nº 34, a saber:

> *"Para fins de comprovação do tempo de labor rural, o inicio de prova material deve ser contemporâneo à época dos fatos a provar."*

Veja o julgado do Tribunal Regional Federal da 1ª Região:

> *'PREVIDENCIÁRIO – CONCESSÃO DO BENEFÍCIO DE APOSENTADORIA POR INVALIDEZ – PERDA DA QUALIDADE DE SEGURADO – TRABALHADOR RURAL – PEDIDO IMPROCEDENTE.*
>
> *1. Perde o autor a qualidade de segurado se a incapacidade ocorre findo o período de graça. 2. Para fins de comprovação do tempo de labor rural, o início de prova material deve ser contemporâneo à época dos fatos a provar.*
>
> *3. Apelação não provida." Numeração Única: 0010681-73.2004.4.01.9199*
>
> *AC 2004.01.99.014141-4 / MG; Apelação Cível Relator Juiz Federal Mark Yshida Brandão Órgão 1ª Turma Suplementar Publicação 09/03/2011 e-DJF1 P. 101 Data Decisão 14/02/2011*

A alternativa "a" está incorreta. A Previdência Social deve observar o prazo decadencial previsto no art. 103-A da Lei nº 8.213/91 para revisar os atos administrativos de que decorram efeitos favoráveis para os seus beneficiários. No caso apresentado, em que há efeitos patrimoniais contínuos (concessão de aposentadoria), o prazo decadencial de dez anos contar-se-à da percepção do primeiro pagamento.

É importante registrar que, antes da MP 1.523-9/1997 (convertida na Lei n° 9.528/97), não havia previsão normativa de prazo de decadência do direito de revisão do ato concessivo de benefício previdenciário. Os Tribunais Superiores, então, firmaram o entendimento de que o prazo de dez anos para a revisão de benefícios previdenciários é aplicável aos benefícios concedidos antes da Medida Provisória (MP) 1.523-9/1997, que o instituiu. No caso, o prazo de dez anos para pedidos de revisão passa a contar a partir da vigência da MP, e não da data da concessão do benefício.

No caso da questão, aplica-se o entendimento jurisprudencial acima relatado e o direito de Maria revisar seu benefício já havia decaído 10 anos após a vigência da MP 1.523-9/1997.

A alternativa "c" está errada, uma vez que João vai se enquadrar como segurado obrigatório do RGPS na qualidade de trabalhador avulso.

Alternativa "d": incorreta. A legislação previdenciária entende que a dependência econômica dos pais em relação aos filhos não é presumida e deve ser comprovada com início de prova material, não sendo admitida a prova exclusivamente testemunhal. A exceção para os casos de ocorrência de força maior ou caso fortuito estão previstas apenas para a comprovação de tempo de serviço, conforme dispõe o art. 143, § 1º, do Decreto nº 3.048/99.

Alternativa "e": incorreta. A assertiva traz o entendimento diverso daquele adotado pelo STF. No caso, a majoração do limite máximo do valor dos benefícios previdenciários (também conhecido como teto) efetivada por emenda constitucional vai atingir os benefícios concedidos com limite no teto anterior. Confira o julgado abaixo:

> *"DIREITOS CONSTITUCIONAL E PREVIDENCIÁRIO. REVISÃO DE BENEFÍCIO. ALTERAÇÃO NO TETO DOS BENEFÍCIOS DO REGIME GERAL DE PREVIDÊNCIA. REFLEXOS NOS BENEFÍCIOS CONCEDIDOS ANTES DA ALTERAÇÃO. EMENDAS CONSTITUCIONAIS nº 20/1998 E 41/2003. DIREITO INTERTEMPORAL: ATO JURÍDICO PERFEITO. NECESSIDADE DE INTERPRETAÇÃO DA LEI INFRACONSTITUCIONAL. AUSÊNCIA DE OFENSA AO PRINCÍPIO DA IRRETROATIVIDADE DAS LEIS. RECURSO EXTRAORDINÁRIO A QUE SE NEGA PROVIMENTO.*
>
> *1. Há pelo menos duas situações jurídicas em que a atuação do Supremo Tribunal Federal como guardião da Constituição da República demanda interpretação da legislação infraconstitucional: a primeira respeita ao exercício do controle de constitucionalidade das normas, pois não se declara a constitucionalidade ou inconstitucionalidade de uma lei sem antes entendê-la; a segunda, que se dá na espécie, decorre da garantia constitucional da proteção ao ato jurídico perfeito contra lei superveniente, pois a solução de controvérsia sob essa perspectiva pressupõe sejam interpretadas as leis postas em conflito e determinados os seus alcances para se dizer da existência ou ausência da retroatividade constitucionalmente vedada.*

> *2. Não ofende o ato jurídico perfeito a aplicação imediata do art. 14 da Emenda Constitucional nº 20/1998 e do art. 5º da Emenda Constitucional nº 41/2003 aos benefícios previdenciários limitados a teto do regime geral de previdência estabelecido antes da vigência dessas normas, de modo a que passem a observar o novo teto constitucional.*
>
> *3. Negado provimento ao recurso extraordinário"*
>
> *(RE 564354 / SE – Recurso Extraordinário Relator(A): Min. Cármen Lúcia Julgamento: 08/09/2010 Órgão Julgador: Tribunal Pleno).*

133. (CESPE – Juiz Federal Substituto 3ª Região/2011) – Acerca de segurados, benefícios e serviços do RGPS, assinale a opção correta.

a) O salário-família é devido ao segurado empregado, exceto ao doméstico, e ao segurado trabalhador avulso, na proporção do número de filhos e independentemente da renda do segurado.

b) Suponha que José, segurado facultativo, tenha recolhido sua última contribuição previdenciária em janeiro de 2011 e falecido em 17/9/2011. Nesse caso, José perdera a qualidade de segurado antes da data do óbito.

c) A renda mensal inicial do auxílio-doença é de 91% do salário de benefício, que corresponde à média aritmética simples dos maiores salários de contribuição relativos a 80% de todo o período contributivo, multiplicada pelo fator previdenciário.

d) O serviço social, que compreende a orientação aos segurados e dependentes sobre seus direitos e deveres perante a previdência social, é prestado de forma gratuita e sem prioridade a qualquer beneficiário.

e) Todas as empresas estão obrigadas a preencher um percentual de seus cargos com trabalhadores reabilitados e só podem dispensar um trabalhador reabilitado após a contratação de substituto de condição semelhante.

COMENTÁRIOS

Alternativa correta: "b". O segurado facultativo mantém seu vínculo com a Previdência Social até 06 meses após a cessação das contribuições. No caso de José, ele faleceu após 08 meses do pagamento da última contribuição previdenciária, tendo já perdido a qualidade de segurado do RGPS. Nesse caso, seus dependentes não poderão ter a concessão da pensão por morte.

Alternativa "a": incorreta, considerando a data em que foi aplicada a questão. O salário-família era devido aos **segurados empregados e trabalhadores avulsos** de baixa renda, na proporção do número de filhos de até catorze anos de idade ou de filhos inválidos de qualquer idade. No entanto, com a nova redação do art. 65 da Lei nº 8.213/91, trazida pela Lei Complementar nº 150/2015, o salário-família passou a ser um direito, também, do empregado doméstico.

Assim, de acordo com a legislação vigente, o salário-família é devido aos segurados empregados, empregados domésticos e trabalhadores avulsos de baixa renda.

Alternativa "c": incorreta. A renda mensal inicial do auxílio-doença é de 91% do salário de benefício, que corresponde à média aritmética simples dos maiores salários de contribuição relativos a 80% de todo o período contributivo. No cálculo do salário de benefício do auxílio-doença, não se utiliza o fator previdenciário.

É importante chamar a atenção do leitor de que o valor do auxílio-doença não poderá exceder a média aritmética simples dos últimos 12 salários de contribuição, inclusive em caso de remuneração variável, ou, se não alcançado o número de 12, a média aritmética simples dos salários de contribuição existentes.

Alternativa "d": incorreta. O serviço social, que compreende a orientação aos segurados e dependentes sobre seus direitos e deveres perante a previdência social é prestado de forma gratuita. No entanto, será dada **prioridade** aos segurados em benefício por incapacidade temporária e atenção especial aos aposentados e pensionistas, conforme dispõe o § 1º, do art. 88, da Lei nº 8.213/91.

Alternativa "e": incorreta. Não são todas as empresas que têm a obrigação descrita na assertiva "e". Apenas as empresas com 100 ou mais empregados estão obrigadas a preencher de 2% a 5% dos seus cargos com beneficiários reabilitados ou pessoas com deficiência, habilitadas, na seguinte proporção:

I – até 200 empregados..2%;

II – de 201 a 500..3%;

III – de 501 a 1.000...4%;

IV – de 1.001 em diante..5%.

A dispensa de pessoa com deficiência ou de beneficiário reabilitado da Previdência Social ao final de contrato por prazo determinado de mais de 90 (noventa) dias e a dispensa imotivada em contrato por prazo indeterminado somente poderão ocorrer após a contratação de outro trabalhador com deficiência ou beneficiário reabilitado da Previdência Social.

8. FINANCIAMENTO DA SEGURIDADE SOCIAL – REGRAS GERAIS

- Constituição Federal: arts: 165, 167 e 195.
- Lei nº 8.212/91: arts. 8º ao 11; 16 ao 19; 26 e 27.

134. (Cespe – Procurador do Estado – PGE – SE/2017) – O sistema de custeio da seguridade social é

a) composto pela contribuição sobre a receita de concursos de prognósticos, mas não pela remuneração recebida por serviços de arrecadação prestados a terceiros.

b) composto, no âmbito da União, por recursos adicionais do orçamento fiscal fixados obrigatoriamente na lei orçamentária anual.

c) assegurado pela contribuição empresária, que é calculada, entre outras, sobre as remunerações pagas aos trabalhadores avulsos prestadores de serviços, deles excluídos os segurados contribuintes individuais.

d) composto, na esfera federal, somente por receitas da União e das contribuições sociais.

e) assegurado também pela participação do empregado, cujo salário-de-contribuição é reajustado anualmente pelos mesmos índices do salário mínimo vigente no país.

COMENTÁRIOS

Alternativa correta: "b". No âmbito federal, o orçamento da seguridade social é composto das seguintes receitas:

- receitas da União;
- receitas das contribuições sociais;
- receitas de outras fontes.

A contribuição da União é constituída de recursos adicionais do orçamento fiscal, fixados obrigatoriamente na lei orçamentária anual.

E, segundo o parágrafo único do art. 16 da Lei nº 8.212/91, a União é responsável pela cobertura de eventuais insuficiências financeiras da Seguridade Social, quando decorrentes do pagamento de benefícios de prestação continuada da Previdência Social, na forma da Lei Orçamentária Anual.

Assertiva "a": incorreta. A remuneração recebida por serviços de arrecadação prestados a terceiros constitui uma das fontes de receita da seguridade social.

Assertiva "c": incorreta. Como se pode verificar pelo disposto no art. 22 da Lei nº 8.213/91, a contribuição das empresas incide sobre a remuneração de empregados, trabalhadores avulsos e contribuintes que lhes prestam serviço.

Assertiva "d": incorreta. No âmbito federal, o orçamento da seguridade social é composto por receitas da União, das contribuições sociais e de receitas de outras fontes.

Assertiva "e": incorreta. O salário de contribuição dos segurados, bem como seus benefícios serão reajustados anualmente no mesmo mês de reajuste do salário mínimo, mas não com o mesmo índice. O índice de reajustamento aplicado é o índice nacional de preços ao consumidor (INPC).

135. (Cespe – Procurador do MP junto ao TCU/2015) Em relação ao custeio da seguridade social, assinale a opção correta.

a) A responsabilidade tributária pelo recolhimento da contribuição previdenciária de segurado empregado, trabalhador avulso e empregado doméstico será tanto dos segurados quanto das empresas, dos empregadores e de equiparados.

b) A contribuição dos segurados especiais para a previdência social é feita com base no salário de contribuição.

c) Conforme entendimento do STJ, a alíquota de contribuição para o Seguro Acidente do Trabalho, a cargo do empregador, é aferida apenas pelo grau de risco na atividade preponderante, ainda que a pessoa jurídica empregadora possua mais de um estabelecimento empresarial.

d) Não incide contribuição previdenciária sobre o adicional noturno pago pelo empregador.

e) De acordo com o STF, é legítima a cobrança da COFINS, do PIS e do FINSOCIAL sobre as operações relativas a energia elétrica, serviços de telecomunicações, derivados de petróleo, combustíveis e minerais do país.

COMENTÁRIOS

Alternativa correta: "e". É o posicionamento do Pretório Excelso com a edição da súmula nº 659:

> *"É legítima a cobrança da COFINS, do PIS e do FINSOCIAL sobre as operações relativas a energia elétrica, serviços de telecomunicações, derivados de petróleo, combustíveis e minerais do país."*

Alternativa "a": incorreta. A responsabilidade tributária pelo recolhimento da contribuição previdenciária de segurado empregado, trabalhador avulso e empregado doméstico não é dos segurados. A empresa é responsável pelo recolhimento das contribuições dos empregados e trabalhadores avulsos a seu serviço e o empregador doméstico tem a obrigação de reter e recolher a contribuição do empregado doméstico.

Alternativa "b": incorreta. A contribuição do segurado especial incide sobre a receita bruta da comercialização da sua produção.

Poderá o segurado especial contribuir, facultativamente, nos moldes do contribuinte individual. Nesse caso, poderá contribuir sobre o valor por ele declarado, observados os limites mínimo e máximo.

Alternativa "c": incorreta. É o entendimento disposto na súmula nº 351:

> *"A alíquota de contribuição para o Seguro de Acidente do Trabalho (SAT) é aferida pelo grau de risco desenvolvido em cada empresa, individualizada pelo seu CNPJ, ou pelo grau de risco da atividade preponderante quando houver apenas um registro."*

Alternativa "d": incorreta. O adicional noturno integra o conceito de salário de contribuição. Assim, incide contribuição previdenciária sobre o valor de adicional noturno pago, devido ou creditado ao empregado.

136. (CESPE/Juiz Federal Substituto 1ª Região/2015) – Assinale a opção correta no que se refere ao financiamento da seguridade social.

a) Em obediência ao princípio da isonomia, a CF veda a diferenciação entre alíquotas ou bases de cálculo de contribuição social devida por empresas de ramos distintos.

b) Não obstante a determinação constitucional de que a seguridade social seja financiada por toda a sociedade, a União é a responsável pela cobertura de eventuais insuficiências financeiras decorrentes do pagamento de benefícios de prestação continuada da previdência social.

c) As contribuições sociais destinadas ao financiamento da seguridade social não podem ser exigidas no mesmo exercício financeiro em que tiver sido publicada a lei que as instituir, visto que a elas se aplica o princípio da anterioridade constitucionalmente previsto para os tributos em geral.

d) As aposentadorias e o auxílio-doença concedidos pelo RGPS integram o salário de contribuição.

e) Caso opte pela exclusão do direito ao benefício de aposentadoria por tempo de contribuição, é dado ao segurado empregado, ao contribuinte individual e ao facultativo a opção de reduzir pela metade a alíquota de contribuição incidente sobre o seu salário de contribuição.

COMENTÁRIOS

Alternativa correta: "b". Perfeito. No âmbito federal, o orçamento da seguridade social é composto das seguintes receitas:

- receitas da União;
- receitas das contribuições sociais;
- receitas de outras fontes.

A contribuição da União é constituída de recursos adicionais do orçamento fiscal, fixados obrigatoriamente na lei orçamentária anual.

E, segundo o parágrafo único do art. 16 da Lei nº 8.212/91, a União é responsável pela cobertura de eventuais insuficiências financeiras da Seguridade Social, quando decorrentes do pagamento de benefícios de prestação continuada da Previdência Social, na forma da Lei Orçamentária Anual.

Alternativa "a": incorreta. Pelo contrário. O art. 195, §9º, da Constituição Federal dispõe que as contribuições das empresas, empregadores e entidades equiparadas à empresa, poderão ter alíquotas ou bases de cálculo diferenciadas, em razão da atividade econômica, da utilização intensiva de mão de obra, do porte da empresa ou da condição estrutural do mercado de trabalho.

Alternativa "c": incorreta. As contribuições para o financiamento da seguridade social NÃO respeitam a anterioridade anual, mas respeitam à anterioridade nonagesimal ou mitigada. Serão exigidas após decorridos noventa dias da data da publicação da lei que as houver instituído ou modificado, não se lhes aplicando o princípio da anterioridade comum.

Alternativa "d": incorreta. Os benefícios da previdência social não integram o salário de contribuição, **salvo o salário-maternidade.** No caso de proventos de aposentadoria e pensão pagos pelo RGPS, há imunidade prevista no art. 195, II, da CF. Em relação aos demais benefícios previdenciários, a previsão de que não integram o salário de contribuição encontra-se no §9º do art. 28 da Lei nº 8.212/91.

Alternativa "e": incorreta. A possibilidade de optar pela exclusão do direito à aposentadoria por tempo de contribuição, recolhendo alíquota menor de contribuição previdenciária é dada apenas aos segurados contribuinte individual e facultativo.

No entanto, a alíquota não será a metade da alíquota aplicada sobre o salário de contribuição.

O contribuinte individual e o segurado facultativo recolherão 11% sobre o valor de 01 salário mínimo.

O Microempreendedor individual (MEI), embora contribuinte individual, recolherá 5% sobre o valor de 01 salário mínimo.

O segurado facultativo, sem renda própria, que se dedique exclusivamente ao trabalho doméstico no âmbito de sua residência, desde que pertencente à família de baixa renda, recolherá 5% sobre o valor de 01 salário mínimo.

137. (CESPE – Juiz do Trabalho Substituto 5ª Região/2013) – Entre as receitas que custeiam a seguridade social incluem-se as provenientes das contribuições sociais devidas

a) pelos trabalhadores, incidentes sobre sua remuneração.

b) pelas empresas, incidentes sobre a sua participação no Programa de Integração na Seguridade Social.

c) pelas empresas, incidentes sobre o salário de contribuição dos empregados a seu serviço.

d) pelos trabalhadores, incidentes sobre o salário de contribuição.

e) pelas empresas, incidentes sobre a renda dos trabalhadores a seu serviço.

COMENTÁRIOS

✪ **Nota da Autora:** o legislador constituinte determinou no art. 195 da Carta Magna que o financiamento da Seguridade Social seja feito com recursos provenientes dos orçamentos dos entes federados e das contribuições sociais que forem instituídas pela União.

As contribuições sociais estão discriminadas abaixo:

Das Contribuições Sociais de Financiamento da Seguridade Social (art. 195,CF)	➡ Do empregador, da empresa e da entidade a ela equiparada (art.195, I,CF)	➡ Sobre a folha de salário e demais rendimentos pagos ou creditados, a qualquer título, à pessoa física que lhe preste serviço, mesmo sem vínculo empregatício (art. 195, I, a, CF).
		➡ Sobre a receita ou faturamento (art. 195, I, b, CF)
		➡ Sobre o lucro (art.195, I, c, CF)
	➡ Do trabalhador e dos demais segurados do Regime Geral de Previdência Social (art. 195, II, CF)	_
	➡ Sobre a receita de concursos de prognósticos (art. 195, III, CF)	
	➡ Do importador de bens ou serviços do exterior, ou de quem a lei a ele equiparar (art.195, IV, CF).	

Alternativa correta: "d". A contribuição dos segurados da previdência social recai sobre o seu salário de contribuição. A exceção à regra é o caso do segurado especial, cuja contribuição incide sobre a receita bruta da comercialização da sua produção.

Alternativa "a": incorreta. A contribuição dos segurados da previdência social **não** recai sobre a sua remuneração. A contribuição incide sobre o seu salário de contribuição, cujo conceito está previsto no art. 28, da Lei nº 8.212/91.

Veja a tabela abaixo:

SEGURADO	SALÁRIO DE CONTRIBUIÇÃO
Empregado e Trabalhador Avulso	A remuneração auferida em uma ou mais empresas, assim entendida a totalidade dos rendimentos pagos, devidos ou creditados a qualquer título, durante o mês, destinados a retribuir o trabalho, qualquer que seja a sua forma, inclusive as gorjetas, os ganhos habituais sob a forma de utilidades e os adiantamentos decorrentes de reajuste salarial, quer pelos serviços efetivamente prestados, quer pelo tempo à disposição do empregador ou tomador de serviços nos termos da lei ou do contrato ou, ainda, de convenção ou acordo coletivo de trabalho ou sentença normativa.
Empregado Doméstico	A remuneração registrada na Carteira de Trabalho e Previdência Social, observadas as normas a serem estabelecidas em regulamento para comprovação do vínculo empregatício e do valor da remuneração.
Contribuinte Individual	A remuneração auferida em uma ou mais empresas ou pelo exercício de sua atividade por conta própria, durante o mês, observados os limites mínimo e máximo estabelecidos por Portaria do Ministério da Fazenda*.
Segurado Facultativo	O valor por ele declarado, observados os limites mínimo e máximo estabelecidos por Portaria do Ministério da Fazenda*.
*A partir de 1º de janeiro de 2018, o salário de contribuição não poderá ser inferior a R$ 954,00 (novecentos e cinquenta e quatro), nem superior a 5.645,80 (cinco mil seiscentos e quarenta e cinco reais e oitenta centavos). Valor reajustado pela Portaria do Ministério Fazenda nº 15/2018.	

Alternativa "b": incorreta. Uma das contribuições para o financiamento da seguridade social é o PIS/PASEP cuja incidência recai sobre o faturamento da empresa.

Alternativa "c": incorreta. A contribuição das empresas recai sobre a sua remuneração paga, devida ou creditada, a qualquer título, a pessoas que lhe prestem serviço, mesmo sem vínculo empregatício.

Alternativa "e": incorreta. Conforme quadro apresentado acima, a contribuição das empresas para o financiamento da seguridade social recai sobre:

- sobre a folha de salário e demais rendimentos pagos ou creditados, a qualquer título, à pessoa física que lhe preste serviço, mesmo sem vínculo empregatício;
- sobre a receita ou o faturamento;
- sobre o lucro.

---

138. (CESPE – Juiz do Trabalho Substituto 5ª Região/ 2013) – Acerca da organização da seguridade social, assinale a opção correta.

a) Nos estados, a elaboração do orçamento da seguridade social deve ser realizada por um único órgão, que será também o responsável pela sua execução.

b) Apesar de a elaboração da proposta de orçamento da seguridade social ser efetuada de forma integrada pelos órgãos por ela responsáveis, a execução do orçamento é realizada por cada área separadamente.

c) No âmbito federal, não é necessária a submissão das propostas orçamentárias para a seguridade social à apreciação do Congresso Nacional, sendo suficiente sua aprovação pelo Ministério da Previdência Social.

d) Para a elaboração do orçamento nacional de seguridade social, devem-se integrar os recursos financeiros da seguridade social provenientes dos orçamentos dos estados, do Distrito Federal e dos municípios ao orçamento federal.

e) O orçamento nacional da seguridade social é constituído por recursos de natureza pública e privada.

COMENTÁRIOS

Alternativa correta: "b". Conforme dispõe o art. 195, § 2º, da Constituição Federal, a *proposta de orçamento da seguridade social será elaborada de forma integrada pelos órgãos responsáveis pela saúde, previdência social e assistência social, tendo em vista as metas e prioridades estabelecidas na lei de diretrizes orçamentárias, assegurada a cada área a gestão de seus recursos.*

Afirmativa "a" é incorreta. Conforme já mencionado no comentário da alternativa "b", a elaboração do orçamento terá a participação dos órgãos responsáveis pela previdência social, pela saúde e pela assistência social. A gestão dos recursos será feita por cada área.

É importante lembrar que, segundo dispõe o art. 195, § 1º, da Constituição Federal, *as receitas dos Estados, do Distrito Federal e dos Municípios destinadas à seguridade social constarão dos respectivos orçamentos, não integrando o orçamento da União.*

Afirmativa "c" é incorreta. De acordo com o que dispõe o art. 166, da Constituição Federal, *os projetos de lei relativos ao plano plurianual, às diretrizes orçamentárias, ao orçamento anual e aos créditos adicionais serão apreciados pelas duas Casas do Congresso Nacional, na forma do regimento comum.*

E, a Lei Orçamentária da União compreende:

> *I – o orçamento fiscal referente aos Poderes da União, seus fundos, órgãos e entidades da administração direta e indireta, inclusive fundações instituídas e mantidas pelo Poder Público;*
>
> *II – o orçamento de investimento das empresas em que a União, direta ou indiretamente, detenha a maioria do capital social com direito a voto;*
>
> *III –* ***o orçamento da seguridade social****, abrangendo todas as entidades e órgãos a ela vinculados, da administração direta ou indireta, bem como os fundos e fundações instituídos e mantidos pelo Poder Público.*

Afirmativa "d" é incorreta. Reza o art. 195, § 1º, da Constituição Federal que *as receitas dos Estados, do Distrito Federal e dos Municípios destinadas à seguridade social constarão dos respectivos orçamentos, não integrando o orçamento da União.* Assim, não vão integrar o orçamento da seguridade social, no âmbito federal, as receitas dos Estados, do Distrito Federal e dos Municípios.

Afirmativa "e" é incorreta. O orçamento da seguridade social provém de recursos dos orçamentos da União, dos Estados, dos Municípios e do Distrito Federal e das contribuições sociais que forem instituídas pela União, observando-se a competência outorgada pelo art. 195 da Constituição Federal. Não há recursos da iniciativa privada.

---

139. (CESPE – Juiz do Trabalho Substituto 5ª Região/ 2013) – Consoante a CF, a totalidade do financiamento da seguridade social provém de recursos

a) das contribuições previdenciárias e sociais.

b) das receitas das contribuições previdenciárias.

c) dos orçamentos da União, dos estados e dos municípios e das contribuições previdenciárias.

d) dos orçamentos da União, dos estados e dos municípios e das contribuições sociais.

e) dos orçamentos da União, dos estados e dos municípios, das contribuições previdenciárias e da iniciativa privada.

COMENTÁRIOS

Alternativa correta: "d". O legislador constituinte determinou no art. 195 da Carta Magna que o financiamento da Seguridade Social seja feito com recursos provenientes dos orçamentos dos entes federados e das contribuições sociais que forem instituídas pela União.

A seguridade social será financiada, de forma indireta, com recursos provenientes dos orçamentos da União, dos Estados, do Distrito Federal e dos Municípios. E, de forma direta, com recursos provenientes das contribuições sociais instituídas pela União, nos termos do art. 195, da Constituição Federal.

140. (CESPE – Procurador do Ministério Público junto ao TCDF/2013) – Acerca da seguridade social, julgue o item a seguir.

– Caso a declaração de inconstitucionalidade de textos normativos que estabelecessem distinção entre as alíquotas recolhidas, a título de contribuição social, das instituições financeiras e aquelas oriundas das empresas jurídicas em geral tivesse como consequência normativa a equiparação dos percentuais ou a sua supressão, tal pretensão não poderia ser acolhida em juízo, por impossibilidade jurídica do pedido, uma vez que o Poder Judiciário não pode atuar como legislador positivo nem conceder isenções tributárias.

COMENTÁRIOS

O item está correto. O art. 195, § 9º, da Constituição Federal prevê que as contribuições sociais previstas no inciso I do caput deste artigo poderão ter alíquotas ou bases de cálculo diferenciadas, em razão da atividade econômica, da utilização intensiva de mão de obra, do porte da empresa ou da condição estrutural do mercado de trabalho. Nesse caso, as contribuições das empresas, dos empregadores e das entidades equiparada às empresas incidentes sobre a folha de salários e demais rendimentos do trabalho pagos ou creditados, a qualquer título, à pessoa física que lhe preste serviço, mesmo sem vínculo empregatício, sobre a receita ou o faturamento e sobre o lucro, poderão ter alíquotas ou base de cálculo diferenciada.

No que diz respeito à concessão de isenções tributárias, não cabe o Poder Judiciário legislar, pois a isenção é matéria de reserva legal.

141. (CESPE – Procurador do Ministério Público junto ao TCDF/2013) – Acerca da seguridade social, julgue o item a seguir.

– Uma norma legal que apenas altere o prazo de recolhimento das contribuições sociais destinadas à previdência social não se sujeitará ao princípio da anterioridade.

COMENTÁRIOS

O item está correto. O prazo de recolhimento de tributos não é matéria afeta à reserva legal, tampouco deve atender ao princípio da anterioridade. Pode ser alterado a qualquer tempo.

É importante ressaltar, também, que as contribuições sociais destinadas à previdência social não estão sujeitas ao princípio da anterioridade. Devem obedecer, no entanto, ao princípio da noventena ou do prazo nonagesimal.

142. (CESPE – Procurador do Ministério Público junto ao TCDF/2013) – Acerca da seguridade social, julgue o item a seguir.

– O legislador comum, fora das hipóteses expressamente indicadas na CF, pode valer-se da progressividade na definição das alíquotas pertinentes à contribuição de seguridade social devida por servidores públicos em atividade, uma vez que a previsão constitucional das referidas hipóteses não é taxativa.

COMENTÁRIOS

O item está errado. Em relação à contribuição previdenciária dos servidores públicos, amparados por regime próprio de previdência social, a Constituição Federal não prevê a progressividade de alíquotas.

Prevê o § 18 do art. 40, da Constituição Federal que a contribuição previdenciária sobre os proventos de aposentadorias e pensões concedidas pelo regime próprio de previdência social terá percentual igual ao estabelecido para os servidores titulares de cargos efetivos.

142.1. (CESPE – Procurador do Ministério Público junto ao TCDF/2013) – Acerca da seguridade social, julgue o item a seguir.

– Conforme jurisprudência do STF fundamentada no princípio da seletividade, operações e bens relacionados à saúde são imunes a tributação.

COMENTÁRIOS

O item está errado. Não estão sujeitos à imunidade tributária as operações e bens relacionados à saúde, conforme se verifica no julgado abaixo:

> *"CONSTITUCIONAL. TRIBUTÁRIO. IMPOSTO DE IMPORTAÇÃO. IMPOSTO SOBRE PRODUTOS INDUSTRIALIZADOS. IMPORTAÇÃO. ARRENDAMENTO MERCANTIL (LEASING). INCIDÊNCIA.*
>
> *1. Recurso extraordinário em que se argumenta a não incidência do II e do IPI sobre operação de importação de sistema de tomografia computadorizada, amparada por contrato de arrendamento mercantil.*
>
> *2. Alegada insubmissão do arrendamento mercantil, que seria um serviço, ao fato gerador do imposto de importação (art. 153, I da Constituição). Inconsistência. Por se tratar de tributos diferentes, com hipóte-*

ses de incidência específicas (prestação de serviços e importação, entendida como a entrada de bem em território nacional – art. 19 do CTN), a incidência concomitante do II e do ISS não implica bitributação ou de violação de pretensa exclusividade e preferência de cobrança do ISS.

3. Violação do princípio da isonomia (art. 150, II da Constituição), na medida em que o art. 17 da Lei 6.099/1974 proíbe a adoção do regime de admissão temporária para as operações amparadas por arrendamento mercantil. Improcedência. A exclusão do arrendamento mercantil do campo de aplicação do regime de admissão temporária atende aos valores e objetivos já antevistos no projeto de lei do arrendamento mercantil, para evitar que o leasing se torne opção por excelência devido às virtudes tributárias e não em razão da função social e do escopo empresarial que a avença tem.

4. Contrariedade à regra da legalidade (art. 150, I da Constituição), porque a alíquota do imposto de importação foi definida por decreto, e não por lei em sentido estrito. O art. 153, § 1º da Constituição estabelece expressamente que o Poder Executivo pode definir as alíquotas do II e do IPI, observados os limites estabelecidos em lei.

5. Vilipêndio do dever fundamental de prestação de serviços de saúde (art. 196 da Constituição), pois o bem tributado é equipamento médico (sistema de tomografia computadorizada). Impossibilidade. Não há imunidade à tributação de operações ou bens relacionados à saúde. Leitura do princípio da seletividade. Recurso extraordinário conhecido, mas ao qual se nega provimento"

(RE 429.306, Rel. Min. Joaquim Barbosa, Segunda Turma, DJe 16.3.2011.

143. (CESPE – Juiz Federal Substituto 2ª Região/ 2013) – Conforme a CF, a seguridade social será financiada por toda a sociedade, de forma direta e indireta, nos termos da lei, mediante recursos provenientes dos orçamentos da União, dos estados, do Distrito Federal e dos municípios, e de determinadas contribuições. Nesse sentido, as contribuições sociais constitucionalmente previstas incluem a contribuição

a) sobre o domínio econômico incidente sobre a venda de petróleo e derivados.

b) do exportador de serviços para o exterior.

c) do aposentado pelo RGPS.

d) da pensionista de trabalhador falecido que se tenha aposentado pelo RGPS.

e) da entidade equiparada a empresa, na forma da lei, incidente sobre o faturamento.

COMENTÁRIOS

Alternativa correta: "e". O legislador constituinte determinou no art. 195 da Carta Magna que o financiamento da seguridade social seja feito com recursos provenientes dos orçamentos dos entes federados e das contribuições sociais que forem instituídas pela União.

As contribuições sociais estão discriminadas abaixo:

<table>
<tr><td rowspan="6">Das Contribuições Sociais de Financiamento da Seguridade Social (art. 195,CF)</td><td rowspan="3">➡ Do empregador, da empresa e da entidade a ela equiparada (art.195, I, CF)</td><td>➡ Sobre a folha de salário e demais rendimentos pagos ou creditados, a qualquer título, à pessoa física que lhe preste serviço, mesmo sem vínculo empregatício (art. 195, I, a, CF).</td></tr>
<tr><td>➡ Sobre a receita ou faturamento (art. 195, I, b, CF)</td></tr>
<tr><td>➡ Sobre o lucro (art.195, I, c, CF)</td></tr>
<tr><td>➡ Do trabalhador e dos demais segurados do Regime Geral de Previdência Social (art. 195, II, CF)</td><td rowspan="3"></td></tr>
<tr><td>➡ Sobre a receita de concursos de prognósticos (art. 195, III, CF)</td></tr>
<tr><td>➡ Do importador de bens ou serviços do exterior, ou de quem a lei a ele equiparar (art.195, IV, CF).</td></tr>
</table>

Assim, é certo afirmar que uma das contribuições que financiam a seguridade social é a da entidade equiparada à empresa, na forma da lei, incidente sobre o faturamento.

Alternativa "a": incorreta. A contribuição de intervenção no domínio econômico incidente sobre a venda de petróleo e derivados não está elencada entre as contribuições para o financiamento da seguridade social. Aliás, essa contribuição não é contribuição social.

Alternativa "b": incorreta. Não há previsão de contribuição social do exportador de serviços para o exterior para financiamento da seguridade social.

Mesmo porque o art. 149, § 2º, inciso I, da Constituição veda a incidência de contribuições sociais sobre as receitas de exportação.

Há previsão no art. 195, IV, da Constituição Federal, contribuição do importador de bens ou serviços do exterior para financiar o sistema de seguridade social.

Alternativas "c" e "d": incorretas. Não há a menor possibilidade de haver contribuição dos aposentados e pensionistas do RGPS para a seguridade social. O art. 195, II, da Constituição Federal veda a incidência de contribuição sobre os proventos de aposentadoria e pensão concedidos pelo regime geral de previdência social.

144. (CESPE - Delegado de Polícia Federal - DPF/ 2013) - De acordo com as normas constitucionais e legais acerca do financiamento da seguridade social, julgue o item seguinte.

- Para o custeio da seguridade social, a União, no exercício da competência residual, pode instituir, por meio de lei complementar, contribuições sociais não previstas na CF e cuja base de cálculo ou fato gerador sejam idênticos aos de outros impostos.

COMENTÁRIOS

✪ **Nota da Autora:** a questão foi **anulada** pela banca examinadora sob o entendimento de que o julgamento do item foi prejudicado em decorrência da assertiva não fazer menção ao fato de que esse deveria ser julgado com base no entendimento jurisprudencial do STF a respeito do assunto nele tratado.

Inicialmente, a assertiva foi considerada correta.

Na verdade, de acordo com o entendimento da jurisprudência do STF, as novas contribuições sociais para o custeio da seguridade social poderão ter base de cálculo ou fato gerador idêntico ao de outros impostos. O que não pode é a contribuição da seguridade social ter base de cálculo ou fato gerador idêntico ao de outras contribuições sociais. Veja o julgado a respeito da matéria:

> *"Contribuição social. Constitucionalidade do artigo 1º, I, da Lei Complementar nº 84/96. - O Plenário desta Corte, ao julgar o RE 228.321, deu, por maioria de votos, pela constitucionalidade da contribuição social, a cargo das empresas e pessoas jurídicas, inclusive cooperativas, incidente sobre a remuneração ou retribuição pagas ou creditadas aos segurados empresários, trabalhadores autônomos, avulsos e demais pessoas físicas, objeto do artigo 1º, I, da Lei Complementar nº 84/96,* **por entender que não se aplica às contribuições sociais novas a segunda parte do inciso I do artigo 154 da Carta Magna, ou seja, que elas não devam ter fato gerador ou base de cálculos próprios dos impostos discriminados na Constituição.** *- Nessa decisão está ínsita a inexistência de violação, pela contribuição social em causa, da exigência da não-cumulatividade, porquanto essa exigência - e é este, aliás, o sentido constitucional da cumulatividade tributária - só pode dizer respeito à técnica de tributação que afasta a cumulatividade em impostos como o ICMS e o IPI - e cumulatividade que, evidentemente, não ocorre em contribuição dessa natureza cujo ciclo de incidência é monofásico -, uma vez que a não-cumulatividade no sentido de sobreposição de incidências tributárias já está prevista, em caráter exaustivo, na parte final do mesmo dispositivo da Carta Magna, que proíbe nova incidência sobre fato gerador ou base de cálculo próprios dos impostos discriminados nesta Constituição. - Dessa orientação não divergiu o acórdão recorrido. Recurso extraordinário não conhecido."*
>
> *RE 258470 / RS - RIO GRANDE DO SUL RECURSO EXTRAORDINÁRIO Relator(a): Min. MOREIRA ALVES Julgamento: 21/03/2000 Órgão Julgador: Primeira Turma*

145. (CESPE - Defensor Público - ES/2012) - No tocante à seguridade social, julgue o item subsequente.

- Segundo a jurisprudência do STF, as novas contribuições para a seguridade social (contribuições residuais), apesar de só poderem ser criadas mediante lei complementar, poderão ter base de cálculo e fato gerador próprios de impostos, mas não das contribuições existentes.

COMENTÁRIOS

A assertiva está correta. É o que se verifica pelo disposto no art. 195, § 4º, da CF. As novas contribuições da seguridade poderão ter base de cálculo ou fato gerador de impostos, mas não das contribuições socais já discriminadas na Constituição Federal.

Veja o que deve ser observado na instituição de novas contribuições para a seguridade social:

Nova contribuição da Seguridade Social deve observar (art. 195, § 4º, CF)	Ser criada por lei complementar
	Ser não cumulativa
	Não ter fato gerador ou base de cálculo das contribuições sociais já discriminadas na CF.

146. (CESPE - Analista Judiciário - Área Judiciária - STJ/2012) - Julgue o item que se segue à luz das normas aplicáveis à seguridade social.

- Segundo a CF, as contribuições das entidades beneficentes de assistência social estão entre as fontes de recursos destinados ao financiamento da seguridade social, juntamente com os recursos provenientes dos orçamentos da União, dos estados, do Distrito Federal e dos municípios.

COMENTÁRIOS

✪ **Nota da Autora:** a Constituição Federal determina que o financiamento da seguridade social seja feito com recursos provenientes dos orçamentos da União, dos Estados, do Distrito Federal e dos municípios e das contribuições sociais que forem instituídas pela União.

A assertiva está errada. As entidades beneficentes de assistência social são imunes às contribuições da seguridade social. Registre-se que o art.195, § 7º, da Constituição Federal dispõe que *são isentas de contribuição para a seguridade social as entidades beneficentes de assistência social que atendam às exigências estabelecidas em lei.* Apesar de o constituinte ter utilizado o termo isenção, trata-se de imunidade tributária, uma vez que foi a Constituição Federal que determinou que não recaísse a contribuição para a seguridade social sobre entidades beneficentes de assistência social.

O financiamento da seguridade social se faz, **de forma indireta**, através dos recursos provenientes dos orçamentos da União, dos estados, do Distrito Federal e dos municípios, conforme se pode verificar pelo disposto no art. 195, *caput,* da Constituição Federal. O financiamento da seguridade social, **de forma direta,** é feito através dos recursos provenientes das contribuições sociais.

147. (CESPE - Defensor Público - RO/ 2012) - Acerca do custeio da seguridade social, assinale a opção correta.

a) Conforme decisão do STF, é ilegítima a incidência da contribuição previdenciária sobre o décimo terceiro salário.

b) Suponha que Mário, dono de escola particular, contrate Paulo para proferir palestra aos alunos e, em virtude de dificuldades financeiras, acorde com o prestador do serviço que o pagamento ocorrerá após seis meses da realização da palestra. Nesse caso, segundo entendimento do STF, o cálculo da contribuição destinada ao custeio da seguridade social a Paulo somente incidirá na data em que for efetivado o pagamento acordado.

c) O constituinte derivado extinguiu, por meio de emenda constitucional, a imunidade dos aposentados e pensionistas do RGPS, bem como a dos servidores públicos, ao estabelecer a incidência de contribuição previdenciária sobre as respectivas aposentadorias e pensões.

d) Na CF são previstas cinco espécies de contribuições sociais para o financiamento da seguridade social, vedada a instituição de outras formas de custeio, exceto por emenda constitucional.

e) As contribuições sociais possuem natureza jurídica de tributo e obedecem ao princípio da anterioridade mitigada, podendo ser exigida a sua cobrança após noventa dias da publicação da lei, ainda que no mesmo exercício financeiro, nos termos do que dispõe a CF.

COMENTÁRIOS

Opção correta: "e". As contribuições sociais da seguridade social têm natureza jurídica tributária e, conforme dispõe o art. 195, § 6º, da Constituição Federal, somente poderão ser exigidas após decorridos 90 dias da data da publicação da lei que as instituiu ou as modificou. Essa espécie tributária não obedece ao princípio da anterioridade comum.

Opção "a": incorreta. Sobre o 13º salário incide a contribuição previdenciária. É, também, o entendimento do STF na súmula nº 688.

Opção "b": incorreta. O fato gerador da contribuição incidente sobre a remuneração do segurado é a prestação de serviço, não importando se o pagamento por posterior. A CF dispõe que a contribuição da empresa incidirá sobre os rendimentos do trabalho, **pagos ou creditados, a qualquer título,** à pessoa que lhe preste serviço, mesmo sem vínculo empregatício. Assim, mesmo que o pagamento de Paulo ocorra 06 meses após ter ministrado a palestra na escola, a contribuição incide sobre o valor da remuneração no mês em que o serviço foi prestado.

Opção "c": incorreta. Os proventos de aposentadoria e pensão pagos pelo RGPS estão imunes à contribuição social da seguridade social, nos termos do disposto no art. 195, II, da Constituição Federal. É cláusula pétrea implícita na CF e não poderá ser suprimida por emenda constitucional. No caso dos servidores públicos, não havia essa imunidade, sendo o regime próprio dos servidores públicos um regime solidário. Com a Emenda Constitucional nº 41/2003, o constituinte derivado entendeu que caberia a incidência de contribuição previdenciária sobre os proventos de aposentadorias e pensões concedidas pelo RPPS que superem o limite máximo estabelecido para os benefícios do RGPS, com percentual igual ao estabelecido para os servidores titulares de cargos efetivos.

Opção "d": incorreta. As contribuições de financiamento da seguridade social estão discriminadas no art. 195, da CF. Mas, poderá a seguridade social expandir as fontes de custeio, conforme outorga o art. 195, § 4º, da CF. Nesse caso, há que se observar o quadro abaixo:

Nova contribuição da Seguridade Social deve observar (art. 195, § 4º, CF)	Ser criada por lei complementar
	Ser não cumulativa
	Não ter fato gerador ou base de cálculo das contribuições sociais já discriminadas na CF.

148. (CESPE – Juiz Federal Substituto 1ª Região/2011) – Assinale a opção correta com referência ao financiamento da seguridade social.

a) Aplica-se à tributação da pessoa jurídica, para as contribuições destinadas ao custeio da seguridade social, calculadas com base na remuneração, o regime de competência, de forma que o tributo incide no momento em que surge a obrigação legal de pagamento, não importando se este vai ocorrer em oportunidade posterior.

b) A CF autoriza a utilização dos recursos provenientes das contribuições sociais incidentes sobre a folha de salários e demais rendimentos dos segurados para custear as despesas com pessoal e administração geral do Instituto Nacional do Seguro Social.

c) Para fins de cálculo do salário de contribuição do segurado empregado, não se admite fracionamento, razão pela qual, quando a admissão, a dispensa, o afastamento ou a falta do segurado empregado ocorrer no curso do mês, o salário-de-contribuição será calculado considerando-se o número total de dias do mês.

d) Conforme previsão constitucional, nenhum benefício ou serviço da seguridade social ou de previdência privada poderá ser criado, majorado ou estendido sem a correspondente fonte de custeio total.

e) Integram a produção, para os efeitos de contribuição do empregador rural pessoa física, os produtos de origem vegetal submetidos a processos de beneficiamento ou industrialização rudimentar, excetuando-se os processos de lavagem, limpeza, descaroçamento, pilagem, descascamento, lenhamento, pasteurização, resfriamento, secagem, fermentação, embalagem, cristalização e fundição.

COMENTÁRIOS

Alternativa correta: "a". Veja o julgado do STF:

"Aplica-se à tributação da pessoa jurídica, para as contribuições destinadas ao custeio da seguridade social, calculadas com base na remuneração, o regime de competência. Assim, o tributo incide no momento em que surge a obrigação legal de pagamento, independentemente se este irá ocorrer em oportunidade posterior. Agravo regimental ao qual se nega provimento." (RE 419.612-AgR, Rel. Min. Joaquim Barbosa, julgamento em 1º-3-2011, Segunda Turma, DJE de 6-4-2011.)

Alternativa "b": incorreta. A Constituição Federal em seu art. 167, inciso XI, veda a utilização dos recursos provenientes das contribuições sociais de que trata o art. 195, I, a, e II, para a realização de despesas distintas do pagamento de benefícios do regime geral de previdência social de que trata o art. 201. As contribuições previstas no art. 195, I, a, e II da CF incidente sobre a folha de salários e demais rendimentos dos segurados não poderão ser utilizadas para despesas de pessoal do INSS e outras quaisquer, ficando atreladas ao pagamento dos benefícios do RGPS.

Alternativa "c": incorreta. Nos casos de admissão, de dispensa, de afastamento ou de falta do segurado empregado ocorrer no curso do mês, o salário de contribuição será proporcional ao número de dias de trabalho efetivo.

Alternativa "d": incorreta. O erro da assertiva consiste em aplicar o princípio da pré-existência do custeio nos benefícios de previdência privada. O art. 195, § 5º da Constituição Federal dispõe que nenhum benefício ou serviço da seguridade social poderá ser criado, majorado ou estendido sem a correspondente fonte de custeio total.

Alternativa "e": incorreta. Integram a produção, para os efeitos de contribuição do empregador rural pessoa física, os produtos de origem vegetal submetidos a processos de beneficiamento ou industrialização rudimentar, **assim compreendidos, entre outros,** os processos de lavagem, limpeza, descaroçamento, pilagem, descascamento, lenhamento, pasteurização, resfriamento, secagem, fermentação, embalagem, cristalização e fundição. É o que dispõe o art. 25, § 3º, da Lei nº 8.212/91.

9. SALÁRIO DE CONTRIBUIÇÃO

- Lei nº 8.212/91: art. 28.
- Decreto nº 3.048/99: art. 214.

149. (CESPE – Procurador do MP junto ao TCE-PB/ 2014) – Em relação ao custeio do RGPS, assinale a opção correta.

a) Segundo o princípio da equidade na participação do custeio previdenciário, poderá haver diferença de valores na contribuição previdenciária, já que aquele que possui renda maior contribui mais. Entretanto, diante do princípio da isonomia preconizado pelo art. 5° da CF, é vedado à previdência instituir alíquotas diferenciadas em função da renda auferida pelo trabalhador e(ou) da situação patrimonial do empregador.

b) Para efeito de contribuição previdenciária do segurado facultativo, considera-se salário-de-contribuição o valor por este declarado, sendo que o limite mínimo deve ser de um salário mínimo e o limite máximo será previsto em portaria do Ministério da Previdência e Assistência Social, sempre que ocorrer alteração do valor dos benefícios.

c) Na hipótese de as receitas provenientes do custeio da previdência social, a título de contribuição social, não serem suficientes para o pagamento dos benefícios de prestação continuada, o INSS poderá suspender temporariamente o pagamento desses benefícios, até que a arrecadação seja suficiente para cumprir tal déficit.

d) A empresa que contrata contribuinte individual, sem relação de emprego, para prestar serviço de natureza urbana, em caráter eventual, está obrigada a recolher 10% dos valores devidos ao contratado, a título de contribuição empresarial, bem como está obrigada a reter e repassar ao INSS o percentual de 10% do valor pago ao segurado.

e) A CF foi a primeira constituição republicana a estabelecer que a previdência social seria custeada de maneira tripartite, pela União, por empregadores e empregados. Antes dela, a União não participava do custeio, que contava com a participação exclusiva dos trabalhadores e empregadores.

COMENTÁRIOS

Alternativa correta: "b". É o que se depreende do disposto no art. 28, inciso IV, da Lei nº 8.213/91.

Importante ressaltar, todavia, que a fixação dos limites mínimo e máximo do salário de contribuição é feita através de Portaria do Ministério da Fazenda.

O Ministério da Previdência Social foi extinto por meio da Lei nº 13.266/2016. A Previdência Social foi incorporada ao Ministério da Fazenda com o advento da Medida Provisória nº 726/2016, convertida na Lei nº 13.341/16.

Alternativa "a": incorreta. Segundo o princípio da equidade na participação do custeio previdenciário, poderá haver diferença de valores na contribuição previdenciária, já que aquele que possui renda maior contribui mais.

A Constituição Federal em seu art. 195, § 9º, prevê a diferenciação de alíquotas e base de cálculo para as contribuições das empresas em razão da atividade econômica, do uso intensivo de mão de obra, do porte da empresa e da condição estrutural do mercado de trabalho.

O princípio da isonomia não está sendo afrontado quando se institui alíquotas diferenciadas em função do salário de contribuição do segurado ou da capacidade contributiva do empregador. Deve-se tratar igualmente as pessoas que se encontram em situação semelhante e, desigualmente, aqueles que se encontram em situações desiguais.

Alternativa "c": incorreta. O parágrafo único do art. 16, da Lei nº 8.212/91 prevê que a União é responsável pela cobertura de eventuais insuficiências financeiras da Seguridade Social, quando decorrentes do pagamento de benefícios de prestação continuada da Previdência Social, na forma da Lei Orçamentária Anual.

Alternativa "d": incorreta. A empresa que contrata contribuinte individual, sem relação de emprego, para prestar serviço de natureza urbana, em caráter eventual, está obrigada a recolher **20% sobre os valores pagos, devidos ou creditados ao contratado**, a título de contribuição empresarial, bem como está obrigada a reter e repassar à União o percentual de **11% do valor pago ao segurado.**

Após, a edição da Lei nº 11.457/2007, os créditos das contribuições previdenciárias passaram a ser da União e não mais do INSS.

Alternativa "e": incorreta. A forma tríplice de custeio da previdência social veio, pela primeira vez, na Constituição Federal de 1934. A previdência social passou a ser custeada de maneira tripartite, pela União, por empregadores e empregados.

---

150. (CESPE – Juiz do Trabalho Substituto 5ª Região/ 2013) – Assinale a opção correspondente a remuneração considerada para o cálculo do salário de contribuição.

a) importâncias recebidas a título de adicional constitucional de férias

b) importâncias recebidas a título de incentivo à demissão

c) salário-maternidade

d) benefícios da previdência social

e) importâncias recebidas a título de férias indenizadas

COMENTÁRIOS

✪ **Nota da Autora:** o tema salário de contribuição é muito explorado pelas bancas examinadoras. O leitor deverá recorrer à tabela de salário de contribuição nas DICAS DE ESTUDO.

Alternativa correta: "c". De acordo com o que dispõe o art. 28, § 2º, da Lei nº 8.212/91, o salário-maternidade é considerado salário de contribuição.

O STJ vinha entendendo que o salário-maternidade era parcela indenizatória e não sofria a incidência de contribuição previdenciária[20]. Porém, com o julgamento do REsp 1.230.957-RS[21] firmou-se o entendimento de que incide contribuição previdenciária a cargo da empresa sobre os valores pagos a título de salário-maternidade.

Entendeu-se, também, que a contribuição previdenciária incide sobre os valores pagos a título de salário-paternidade[22].

A alternativa "a" está incorreta. O terço constitucional de férias não é considerado salário de contri-

---

20 REsp 1322945 / DF. RECURSO ESPECIAL 2012/0097408-8 Relator(a) Ministro NAPOLEÃO NUNES MAIA FILHO (1133) Órgão Julgador: PRIMEIRA SEÇÃO Data do Julgamento 27/02/2013. Data da Publicação/Fonte DJe 08/03/2013.

21 Rel. Min. Mauro Campbell Marques, julgado em 26/2/2014. Informativo nº 536.

22 REsp 1.230.957-RS, Rel. Min.Mauro Campbell Marques, julgado em 26/2/2014. Informativo nº 536.

buição, ainda que estas férias sejam gozadas. Esse é o entendimento do STJ no julgamento do REsp 1.230.957-RS, julgado em 26/2/2014.

A alternativa "b" está incorreta. De acordo com o que dispõe o art. 28, § 9º, alínea "e", 5, da Lei nº 8.212/91, as parcelas recebidas a título de incentivo à demissão não são consideradas salário de contribuição.

A alternativa "d" está incorreta. Os benefícios do regime geral de previdência social são excluídos do conceito de salário de contribuição, com exceção do salário-maternidade. É o que dispõe o art. 28, § 9º, alínea "a", da Lei nº 8.212/91.

Cabe registrar que as aposentadorias e pensões concedidas pelo RGPS são imunes à incidência de contribuição social, por força do art. 195, II, da Constituição Federal.

A alternativa "e" está incorreta. Férias indenizadas, incluindo o terço constitucional de férias indenizadas não integram o conceito de salário de contribuição e, portanto, sobre elas não incide a contribuição previdenciária. É a interpretação que se dá ao disposto no art. 28, § 9º, alínea "d", da Lei nº 8.212/91. Esse também é o entendimento do STJ segundo o julgamento do Resp 1.230.957-RS em 26/2/2014.

151. (CESPE - Delegado de Polícia Federal - DPF/2013) - De acordo com as normas constitucionais e legais acerca do financiamento da seguridade social, julgue o item seguinte.

- Integram o salário de contribuição que equivale à remuneração auferida pelo empregado, as parcelas referentes ao salário e às férias, ainda que indenizadas.

COMENTÁRIOS

A assertiva está errada. As férias indenizadas não integram o salário de contribuição do segurado empregado, conforme dispõe o art. 28, § 9º, "d", da Lei nº 8.212/91.

Importante registrar que o STJ entendeu, recentemente, que o terço constitucional das férias gozadas não terá incidência de contribuição previdenciária[23].

152. (CESPE - Procurador Federal/2013) - Julgue o item a seguir:

- As gorjetas não integram o salário-de-contribuição do segurado empregado filiado ao RGPS, assim como também não o integra a parcela recebida a título de vale-transporte.

23 REsp 1.230.957-RS, Rel. Min. Mauro Campbell Marques, julgado em 26/2/2014. (Informativo nº 536).

COMENTÁRIOS

A assertiva está errada. As gorjetas integram o conceito de salário de contribuição, conforme dispõe o art. 28, I, da Lei nº 8.212/91. Já a parcela recebida a título de vale-transporte não sofre incidência de contribuição previdenciária, mesmo sendo pago em pecúnia[24].

153. (CESPE - Defensor Público - AC/ 2012) - Assinale a opção correta com relação ao custeio da seguridade social.

a) Os produtores rurais integrantes de consórcio simplificado de produtores rurais são responsáveis subsidiários em relação às obrigações previdenciárias.

b) O limite mínimo do salário de contribuição do menor aprendiz corresponde à sua remuneração mínima definida em lei.

c) Integram o salário de contribuição os valores recebidos em decorrência da cessão de direitos autorais e a importância recebida a título de bolsa de aprendizagem assegurada a adolescentes até quatorze anos de idade.

d) A alíquota de contribuição do segurado facultativo é de 30% sobre o respectivo salário de contribuição.

e) Constitui receita da seguridade social a renda bruta proveniente dos concursos de prognósticos.

COMENTÁRIOS

Alternativa correta: "b". O menor aprendiz é enquadrado como segurado obrigatório do RGPS na condição de empregado.

O salário de contribuição, conforme definição do art. 28, I, da Lei nº 8.212/91, corresponde à remuneração auferida em uma ou mais empresas, assim entendida a totalidade dos rendimentos pagos, devidos ou creditados a qualquer título, durante o mês, destinados a retribuir o trabalho, qualquer que seja a sua forma, inclusive as gorjetas, os ganhos habituais sob a forma de utilidades e os adiantamentos decorrentes de reajuste salarial, quer pelos serviços efetivamente prestados, quer pelo tempo à disposição do empregador ou tomador de serviços nos termos da lei ou do contrato ou, ainda, de convenção ou acordo coletivo de trabalho ou sentença normativa.

O limite mínimo do salário de contribuição do menor aprendiz corresponde à sua remuneração mínima definida em lei, conforme dispõe o § 4º, do art. 28, da Lei nº 8.212/91.

Alternativa "a": incorreta. Os produtores rurais integrantes de consórcio simplificado de produtores

24 Súmula 60 da AGU

rurais são responsáveis **solidários** em relação às obrigações previdenciárias. É o que prevê o art. 25, § 3º, da Lei nº 8.212/91.

Alternativa "c": incorreta. Os valores recebidos em decorrência da cessão de direitos autorais e a importância recebida a título de bolsa de aprendizagem assegurada a adolescentes até quatorze anos de idade não integram o conceito de salário de contribuição e, por conseguinte, não sofrem a incidência de contribuição previdenciária.

Alternativa "d": incorreta. A alíquota de contribuição do segurado facultativo é de **20%** sobre o respectivo salário de contribuição.

Alternativa "e": incorreta. Conforme dispõe o art. 26, da Lei nº 8.212/91, constitui receita da seguridade social a renda líquida dos concursos de prognósticos, excetuando-se os valores destinados ao Programa de Crédito Educativo.

---

154. (CESPE - Juiz Federal Substituto 2ª Região/2011) - Em referência ao custeio da seguridade social, assinale a opção correta.

a) O grau de risco - leve, médio ou grave - para a determinação da contribuição para o custeio da aposentadoria especial, partindo-se da atividade preponderante da empresa, deve ser definido por lei, sendo ilegítima a definição por mero decreto.

b) Para o contribuinte individual, estipula-se como salário de contribuição a remuneração auferida durante o mês em uma ou mais empresas ou pelo exercício de sua atividade por conta própria, sem limite, nesse último caso.

c) O salário-maternidade não tem natureza remuneratória, mas indenizatória, razão pela qual não integra a base de cálculo da contribuição previdenciária devida pela segurada empregada.

d) O abono recebido em parcela única e sem habitualidade pelo segurado empregado, previsto em convenção coletiva de trabalho, não integra a base de cálculo do salário de contribuição.

e) Constitui receita da seguridade social a renda bruta dos concursos de prognósticos, excetuando-se os valores destinados ao programa de crédito educativo.

COMENTÁRIOS

Alternativa correta: "d". Os ganhos e abonos eventuais (sem habitualidade) recebidos pelo segurado não integram o conceito de salário de contribuição.

Alternativa "a": incorreta. O grau de risco - leve, médio ou grave - para a determinação da contribuição para o custeio da aposentadoria especial, partindo-se da atividade preponderante da empresa, pode ser definido por decreto. É o entendimento STF:

> *"As Leis 7.787/1989, art. 3º, II, e 8.212/1991, art. 22, II, definem, satisfatoriamente, todos os elementos capazes de fazer nascer a obrigação tributária válida. O fato de a lei deixar para o regulamento a complementação dos conceitos de 'atividade preponderante' e 'grau de risco leve, médio e grave', não implica ofensa ao princípio da legalidade genérica, CF, art. 5º, II, e da legalidade tributária, CF, art. 150, I." (RE 343.446, Rel. Min. Carlos Velloso, julgamento em 20-3-2003, Plenário, DJ de 4-4-2003.)*

Alternativa "b": incorreta. O salário de contribuição do contribuinte individual é limitado ao teto máximo estabelecido pelo Ministério da Fazenda.

Alternativa "c": incorreta. O salário-maternidade é considerado salário de contribuição. Registra-se, no caso, que o STJ no julgamento do REsp 1.230.957-RS[25], firmou o entendimento de que incide contribuição previdenciária a cargo da empresa sobre os valores pagos a título de salário-maternidade. Entendeu-se, também, que a contribuição previdenciária incide sobre os valores pagos a título de salário-paternidade[26].

Alternativa "e": incorreta. Constitui receita da seguridade social a renda **líquida** dos concursos de prognósticos, excetuando-se os valores destinados ao programa de crédito educativo.

---

155. (CESPE - Juiz Federal Substituto 5ª Região/2011) - Com relação a custeio da previdência social e a benefícios previdenciários, assinale a opção correta.

a) O contrato de locação de automóveis firmado entre empregador e seus empregados configura salário-utilidade, não integrando, por conseguinte, para fins de incidência de contribuição tributária, o conceito de salário-de-contribuição, ainda que não caracterizada a gratuidade do benefício aos empregados.

b) Com fundamento no princípio do equilíbrio financeiro-atuarial, a jurisprudência do STJ firmou-se no sentido de que incide contribuição previdenciária sobre o terço constitucional de férias, a despeito de tal verba não se incorporar à remuneração para fins de aposentadoria.

c) O salário-maternidade tem natureza salarial, motivo pelo qual integra a base de cálculo da contribuição previdenciária; por outro lado, não tem natureza remuneratória a quantia paga a título de auxílio-doença e auxílio-acidente nos quinze primeiros dias do benefício.

d) De acordo com o entendimento do STJ, com fundamento no princípio da especialidade, os juros

---

25 Rel. Min. Mauro Campbell Marques, julgado em 26/2/2014. Informativo nº 536.

26 REsp 1.230.957-RS, Rel. Min. Mauro Campbell Marques, julgado em 26/2/2014. Informativo nº 536.

moratórios, na repetição do indébito tributário, são devidos a partir do trânsito em julgado da sentença, regime não aplicável à repetição de indébito de contribuições previdenciárias.

e) O valor do benefício de prestação continuada, exceto o regido por norma especial e o decorrente de acidente do trabalho, deve ser calculado com base no salário de benefício.

COMENTÁRIOS

Nota da Autora: a questão foi **anulada** pela banca examinadora. A opção restou prejudicada na medida em que concedeu idêntico tratamento a benefícios distintos (auxílio-doença e auxílio-acidente). Nos termos do art. 86 da Lei nº 8.213/91, o auxílio-acidente será concedido, como indenização, ao segurado quando, após consolidação das lesões decorrentes de acidente de qualquer natureza, resultarem sequelas que impliquem redução da capacidade para o trabalho que habitualmente exercia. Assim, não há, para esse benefício, o prazo prévio de quinze dias.

Inicialmente a alternativa "c" foi considerada correta.

O salário-maternidade é considerado salário de contribuição. Registra-se, no caso, que o STJ no julgamento do REsp 1.230.957-RS[27], firmou o entendimento de que incide contribuição previdenciária a cargo da empresa sobre os valores pagos a título de salário-maternidade. Entendeu-se, também, que a contribuição previdenciária incide sobre os valores pagos a título de salário-paternidade[28].

Com relação à importância paga a título de auxílio-doença nos quinze primeiros dias do benefício, o STJ entende que ela não é alcançada pela contribuição previdenciária, tendo em vista que tal verba não possui caráter remuneratório, pois inexiste prestação de serviço pelo empregado no período.[29]

Alternativa "a": incorreta. O contrato de locação de automóveis firmado entre empregador e seus empregados **não** configura salário-utilidade, não integrando, por conseguinte, para fins de incidência de contribuição tributária, o conceito de salário de contribuição. Nesse caso, não resta caracterizada a gratuidade do benefício aos empregados. Veja a posição da jurisprudência:

> *"ACÓRDÃO DENEGATÓRIO DE REEXAME NECESSÁRIO. PRECLUSÃO LÓGICA. INEXISTÊNCIA. POSSIBILIDADE DE INTERPOSIÇÃO DE RECURSO ESPECIAL. SALÁRIO DE CONTRIBUIÇÃO. TRANSPORTE ONEROSO. CONTRATO DE LOCAÇÃO ENTRE EMPREGADOR E EMPREGADO. NÃO INCIDÊNCIA DE CONTRIBUIÇÃO PREVIDENCIÁRIA.*
>
> *1. A Corte Especial, em 1.9.2010, no julgamento dos embargos de divergência 1.119.666/RS, da relatoria da Min. Eliana Calmon, reconheceu a possibilidade de interposição de recurso especial contra acórdão que decidiu reexame necessário. Ficou assentado que a ausência de apelação por parte do ente público não obsta a interposição do apelo extremo, não cabendo falar em preclusão lógica.*
>
> *2. In casu, o contrato de locação de automóveis firmado entre empregador e seus empregados não configura salário-utilidade e, por conseguinte, não integra o conceito de salário-contribuição para fins de incidência de contribuição tributária. Isto porque não ficou caracterizada a gratuidade do benefício aos empregados.*
>
> *3. "A jurisprudência da Corte tem entendido que o transporte, quando gratuitamente fornecido pelo empregador, sem compensação ou desconto, constitui-se salário in natura"*
>
> *(REsp 443.820/RS, Rel. Min. Eliana Calmon, Segunda Turma, julgado em 3.8.2004, DJ 4.10.2004 p. 232). Embargos de declaração acolhidos, com efeitos modificativos, para conhecer o recurso e negar-lhe provimento. EDcl no AgRg no REsp 729987 / MG, DJe 09/11/2010*

Alternativa "b": incorreta. A jurisprudência do STJ é firme no sentido de que **não incide contribuição previdenciária sobre o terço constitucional de férias**[30], a despeito de tal verba não se incorporar à remuneração para fins de aposentadoria.

Alternativa "d": incorreta. As contribuições previdenciárias ostentam natureza jurídica tributária. Desse modo, a posição do STJ em relação à aplicação dos juros de mora, na repetição do indébito tributário é aplicado, inclusive, para as contribuições previdenciárias. Veja o julgado abaixo:

> *"PROCESSUAL CIVIL E TRIBUTÁRIO. INEXISTÊNCIA DE OMISSÃO, CONTRADIÇÃO OU OBSCURIDADE NO ACÓRDÃO RECORRIDO. REPETIÇÃO DE INDÉBITO. CONTRIBUIÇÃO PREVIDENCIÁRIA. INATIVO. NATUREZA TRIBUTÁRIA. JUROS DE MORA. DIES A QUO. TRÂNSITO EM JULGADO. PRECEDENTE EM RECURSO REPRESENTATIVO DE CONTROVÉRSIA. DOCUMENTO INDISPENSÁVEL À PROPOSITURA DA AÇÃO. JUNTADA DE TODOS DEMONSTRATIVOS DE PAGAMENTO/RETENÇÃO DA EXAÇÃO. DESNECES-*

27 Rel. Min. Mauro Campbell Marques, julgado em 26/2/2014. Informativo nº 536.

28 REsp 1.230.957-RS, Rel. Min. Mauro Campbell Marques, julgado em 26/2/2014. Informativo nº 536.

29 REsp 942.365-SC, Rel. originário Min. Luiz Fux, Rel. para acórdão Min. Teori Albino Zavascki, julgado em 26/4/2010. Informativo nº 470.

30 REsp 1.230.957-RS, Rel. Min. Mauro Campbell Marques, julgado em 26/2/2014. Informativo nº 536.

SIDADE. SUFICIENTE A COMPROVAÇÃO DA QUALIDADE DE CONTRIBUINTE. APURAÇÃO DO QUANTUM DEBEATUR. FASE DE LIQUIDAÇÃO. PRECEDENTE EM RECURSO REPRESENTATIVO DE CONTROVÉRSIA.

1. Não havendo no acórdão omissão, contradição ou obscuridade capaz de ensejar o acolhimento da medida integrativa, tal não é servil para forçar a reforma do julgado nesta instância extraordinária. Com efeito, afigura-se despicienda, nos termos da jurisprudência deste Tribunal, a refutação da totalidade dos argumentos trazidos pela parte, com a citação explícita de todos os dispositivos infraconstitucionais que aquela entender pertinentes ao desate da lide.

*2. "***Nos termos do art. 167, parágrafo único do CTN e da Súmula188/STJ, 'Os juros moratórios, na repetição do indébito tributário, são devidos a partir do trânsito em julgado da sentença'. Tal regime é aplicável à repetição de indébito de contribuições previdenciárias, que também têm natureza tributária."** *(REsp1086935/SP, Rel. Min. Teori Albino Zavascki, Primeira Seção, DJe24.11.2008, sujeito ao regime do art. 543-C do CPC e da Resolução STJ 08/08).3. Em demanda voltada à repetição do indébito tributário é imprescindível apenas a comprovação da qualidade de contribuinte do autor, não sendo necessária a juntada de todos os demonstrativos de pagamento/retenção do tributo no momento da propositura da ação, por ser possível a sua postergação para a fase de liquidação, momento em que deverá ser apurado o quantum debeatur. Precedente: REsp1111003/PR, Rel. Min. Humberto Martins, Primeira Seção, DJe 25.5.2009, julgado pela sistemática do art. 543-C do CPC e da Res. STJ nº 8/08.4. Recurso especial parcialmente provido. REsp 1089241/MG, DJe 08/02/2011*

Alternativa "e": incorreta. O valor do benefício de prestação continuada, **inclusive** o regido por norma especial e o decorrente de acidente do trabalho, exceto o salário-família e o salário-maternidade, será calculado com base no salário de benefício. É o que dispõe o art. 28 da Lei nº 8.213/91.

10. CONTRIBUIÇÃO DOS SEGURADOS

- Lei nº 8.212/91: arts. 20, 21, 25 e 25-A
- Decreto nº 3.048/99: arts. 198, 199,199-A e 200.

156. (Cespe – Defensor Público – DPU/2017) – A respeito da condição de segurados e dependentes no RGPS e da fonte de custeio desse regime, julgue os itens subsequentes.

– O segurado aposentado pelo RGPS que passar a auferir renda na condição de trabalhador au-tônomo será segurado obrigatório em relação a essa atividade e participará do custeio da seguridade social.

COMENTÁRIOS

O item está correto. É o que se pode verificar pelo disposto no §4º do art. 12 da Lei nº 8.212/91:

> *"Art. 12. (...)*
>
> *§ 4º O aposentado pelo Regime Geral de Previdência Social-RGPS que estiver exercendo ou que voltar a exercer atividade abrangida por este Regime é segurado obrigatório em relação a essa atividade, ficando sujeito às contribuições de que trata esta Lei, para fins de custeio da Seguridade Social."*

157. (CESPE – Procurador Federal/2013) – Considerando os termos das Leis n° 8.212/1991 e n. 8.213/1991, bem como o que dispõem a LOAS e o Estatuto do Idoso, julgue o próximo item.

– Objetivando-se uma maior inclusão previdenciária, foi instituída a possibilidade de redução da alíquota de contribuição do segurado microempreendedor individual e do segurado facultativo sem renda própria que se dedique exclusivamente ao trabalho doméstico, restando claro do texto legal que tal redução é aplicável mesmo que este último não pertença à família de baixa renda.

COMENTÁRIOS

O item está errado. Pelo regime de inclusão previdenciária, o MEI e o segurado facultativo, sem renda própria que se dedica exclusivamente ao trabalho doméstico (dona de casa) vão recolher 5% sobre o valor de 01 (um) salário mínimo.

No caso da dona de casa, para que haja redução da contribuição previdenciária é necessário que:

– pertença à família de baixa renda com renda familiar total de até 02 salários mínimos;

– seja inscrita no Cadastro Único do Governo Federal para programas assistenciais – Cad Único.

11. DAS CONTRIBUIÇÕES DAS EMPRESAS E DO EMPREGADOR DOMÉSTICO

- Lei nº 8.212/91: arts. 22 ao 43.
- Decreto nº 3.048/99: arts. 201 ao 225.

158. (CESPE/Defensor Público – DPE/PE/2015) – Rita foi contratada para trabalhar na residência de Zuleica, em atividade sem fins lucrativos, mediante o recebimento de um salário mínimo por mês. Nessa situação hipotética, a contribuição destinada à seguridade social a cargo de Zuleica será de 20% sobre o total das remunerações pagas, devidas ou creditadas, a qualquer título, no decorrer do mês, à segurada.

COMENTÁRIOS

Assertiva errada. A contribuição do empregador doméstico **era** de 12% sobre o salário de contribuição do seu empregado.

Após a Lei Complementar nº 150/2015, essa contribuição passou a ser de 8% sobre o salário de contribuído empregado doméstico, acrescida de 0,8% sobre a mesma base de cálculo para financiamento do seguro contra acidentes do trabalho.

CONTRIBUIÇÃO DO EMPREGADOR DOMÉSTICO[31]

Contribuição Previdenciária do empregador doméstico	8% x salário de contribuição do empregado doméstico	Contribuição patronal
	0,8% x salário de contribuição do empregado doméstico	Contribuição patronal para financiamento do seguro contra acidentes de trabalho
	8, 9 ou 11% sobre o salário de contribuição do empregado doméstico	Contribuição do doméstico descontada pelo empregador e repassada para a União.

159. (CESPE - Juiz Federal Substituto 2ª Região/ 2013) – A Lei n° 8.212/1991, que institui o plano de custeio da seguridade social, distingue as pessoas que são consideradas empresas daquelas que se equiparam a empresas. Entre as que se equiparam a empresa encontram-se as

a) fundações públicas.

b) cooperativas.

c) firmas individuais.

d) sociedades que assumam o risco de atividade econômica rural com fins lucrativos.

e) autarquias.

COMENTÁRIOS

Alternativa correta: "b". O parágrafo único do art. 15, da Lei nº 8.212/91 elenca como entidades equiparadas à empresa:

- o contribuinte individual em relação a segurado que lhe presta serviço,
- a cooperativa,
- a associação ou entidade de qualquer natureza ou finalidade,
- a missão diplomática e
- a repartição consular de carreira estrangeiras.

As demais assertivas elencam pessoas que são enquadradas como empresas pelo art. 15, I, da Lei nº 8.213/91:

> *"Art. 15. Considera-se:*
>
> *I - empresa - a firma individual ou sociedade que assume o risco de atividade econômica urbana ou rural, com fins lucrativos ou não, bem como os órgãos e entidades da administração pública direta, indireta e fundacional;"*

160. (CESPE - Procurador do Ministério Público junto ao TCDF/2013) – Acerca de institutos diversos de direito previdenciário, julgue o item subsequente.

- Lei ordinária poderá determinar que sócios das empresas por cotas de responsabilidade limitada respondam, solidariamente, com seus bens pessoais, pelos débitos junto à seguridade social, uma vez que não se trata de matéria reservada a lei complementar.

COMENTÁRIOS

O item está errado. Previa a Lei nº 8.620/93, em seu art. 13, que os sócios das empresas de responsabilidade limitada e do titular de firma individual eram solidariamente responsáveis pelos débitos da seguridade social. O STJ, no entanto, afastava a aplicação desse artigo, sob a argumentação de que o instituto da solidariedade é matéria afeta à lei complementar. Em 2008, o art. 13 da Lei nº 6.820/93 foi revogado pela Medida Provisória nº 449/2008, convertida na Lei nº 11.941/09. E, mais tarde, o próprio STJ editou a súmula nº 430: "o inadimplemento da obrigação tributária pela sociedade não gera, por si só, a responsabilidade solidária do sócio-gerente". Também o Supremo Tribunal Federal pronunciou pela inconstitucionalidade do referido artigo, ao julgar o RE 562.276/PR. Entendeu o STF ser inconstitucional o art. 13 da Lei nº 8.620/93 por ofender o art. 146, III, b, da Constituição Federal.

12. DA DECADÊNCIA E DA PRESCRIÇÃO DAS CONTRIBUIÇÕES DA SEGURIDADE SOCIAL

- Lei nº 5.172/66 – CTN: arts. 173 e 174.
- Decreto nº 3.048/99: arts. 347.
- Lei nº 8.213/91: arts. 103, 103-A e 104.

161. (CESPE - Juiz do Trabalho Substituto 5ª Região/ 2013) – Considerando-se que determinado contribuinte tenha deixado de pagar uma contribuição

31 De acordo com a Lei Complementar nº 150/2015. As contribuições serão recolhidas mediante documento único de arrecadação (SIMPLES DOMÉSTICO).

previdenciária relativa ao mês de novembro de 2008 e que essa contribuição não tenha sido objeto de qualquer lançamento tributário, é correto afirmar que o direito de a administração pública constituir o respectivo crédito decairá em

a) janeiro de 2014.
b) novembro de 2018.
c) dezembro de 2018.
d) janeiro de 2019.
e) dezembro de 2013.

COMENTÁRIOS

✪ **Nota da Autora:** a questão trata do instituto da decadência tributária, previsto no art. 173 do Código Tributário Nacional e deve ser observado, inclusive, para o caso das contribuições que financiam a Seguridade Social.

Alternativa correta: "a". De início, registra-se que as contribuições previdenciárias ostentam natureza jurídica tributária, devendo observar os preceitos contidos no CTN.

Para que a Secretaria da Receita Federal do Brasil (SRFB) possa vir a constituir os créditos relativos a tais contribuições, deve-se observar **o prazo de 05 anos** contados a partir[32]:

- do primeiro dia do exercício seguinte àquele em que o crédito poderia ser constituído;
- da data em que se tornar definitiva a decisão que houver anulado, por vício formal, a constituição de crédito anteriormente efetuada.

Vê-se, desse modo, que a SRFB tem o prazo decadencial de 05 anos para constituir possíveis créditos da Seguridade Social.

No caso da questão, a SRFB teria até o dia 31/12/2013 para constituir o crédito da contribuição previdenciária devido na competência de 2008. Assim, a partir de janeiro de 2014 a SRFB perderá o direito de efetuar o lançamento do crédito relativo à contribuição previdenciária, em razão da ocorrência do instituto da decadência tributária.

13. AÇÕES PREVIDENCIÁRIAS

162. (Cespe – Procurador do Estado – PGE – SE/2017) – Fernando, beneficiário de aposentadoria por idade sob o RGPS desde janeiro de 2010, pretende ajuizar uma ação pleiteando a revisão do referido benefício em novembro de 2017.

Nessa situação hipotética,

a) Fernando poderá fundamentar o pedido de revisão de aposentadoria no direito à conversão do tempo de trabalho em condições especiais, como na hipótese do exercício de atividades rurais.
b) Fernando poderá pleitear o recálculo do benefício considerando as contribuições recolhidas entre fevereiro de 2010 e novembro de 2017.
c) se for impetrada, a ação será julgada extinta com resolução do mérito, em decorrência da prescrição do fundo de direito, que terá aniquilado o seu direito à revisão pretendida.
d) se for impetrada, a ação será julgada extinta com resolução do mérito, pois seu direito à revisão terá sido atingido pelo instituto da decadência.
e) Fernando não precisará comprovar o indeferimento, pelo INSS, de requerimento administrativo prévio sobre o assunto, salvo se a revisão depender da análise de matéria de fato ainda não apreciada pela previdência social.

COMENTÁRIOS

Alternativa correta: "e". O Plenário do STF, no julgamento do RE 631.240, adotou a tese de que o prévio requerimento administrativo é condição de procedibilidade da ação judicial, sob pena de carência de interesse de agir e extinção do processo sem julgamento do mérito.

No entanto, entende que a exigência de prévio requerimento administrativo não deve prevalecer quando o entendimento da Administração fosse notório e reiteradamente contrário à postulação do segurado.

Nas hipóteses de pretensão de revisão, restabelecimento ou manutenção de benefício anteriormente concedido – uma vez que o INSS teria o dever legal de conceder a prestação mais vantajosa possível – o pedido poderá ser formulado diretamente em juízo, porque nesses casos a conduta do INSS já configuraria o não acolhimento da pretensão[33].

Desse modo, como o pedido de revisão de aposentadoria, não se exige o prévio requerimento administrativo, salve se houver necessitar de analisar alguma matéria de fato não apreciada pela previdência social.

Alternativa "a": errada. Fernando é aposentado por idade. A conversão de tempo de trabalho em condições especiais em tempo comum é aplicada para a concessão da aposentadoria por tempo de contribuição. O que mesmo se pode dizer em relação à conversão do tempo de exercício de atividades rurais.

Alternativa "b": errada. As contribuições recolhidas por Fernando no período de fevereiro de 2010 a novembro de 2017 não poderão ser utilizadas para novo cálculo de aposentadoria.

32 Art. 173,CTN.

33 RE 631240/MG, Rel. Min. Roberto Barroso, 3.9.2014. Informativo 757.

A desaposentação era uma criação doutrinária, que preconizava o direito do segurado ao retorno à atividade remunerada com o desfazimento da aposentadoria por vontade do titular para fins de aproveitamento do tempo de filiação em contagem para nova aposentadoria, no mesmo ou em outro regime previdenciário.

Recentemente, o STF dirimiu qualquer dúvida sobre a questão, julgando não ser possível a desaposentação por não haver previsão legal[34].

Alternativa "c": errada. No caso apresentado, não ocorreu o instituto da decadência para pedir a revisão do ato de concessão do benefício.

Consoante dispõe o caput do art. 103 da Lei nº 8.213/91:

> *"É de dez anos o prazo de decadência de todo e qualquer direito ou ação do segurado ou beneficiário para a revisão do ato de concessão de benefício, a contar do dia primeiro do mês seguinte ao do recebimento da primeira prestação ou, quando for o caso, do dia em que se tomar conhecimento da decisão indeferitória definitiva no âmbito administrativo."*

Considerando que a concessão da aposentadoria deu-se em janeiro de 2010, não ocorreu a decadência para pedir a revisão do ato de concessão do benefício.

No tocante à prescrição relativa às parcelas devidas pela Previdência Social, dispõe o parágrafo único do art. 103 da Lei nº 8.213/91:

> *"Prescreve em cinco anos, a contar da data em que deveriam ter sido pagas, toda e qualquer ação para haver prestações vencidas ou quaisquer restituições ou diferenças devidas pela Previdência Social, salvo o direito dos menores, incapazes e ausentes, na forma do Código Civil."*

Fernando terá direito de receber as parcelas relativas aos últimos cinco anos anteriores ao ajuizamento da ação.

Alternativa "d": errada. O direito de pedir revisão do ato de concessão de benefício previdenciário decai em 10 anos.

---

163. (Cespe - Juiz Federal - TRF 5/2017) - A respeito do processo administrativo e da ação previdenciária, assinale a opção correta.

a) A falta de pleito administrativo com o objetivo de manter benefício previdenciário já concedido e cujos fatos já foram analisados pelo órgão administrativo inviabiliza o processamento da ação previdenciária por falta de interesse de agir.

b) Decisão judicial que extingue ação previdenciária sem resolução de mérito por falta de prévio pedido administrativo ofende o princípio da inafastabilidade da jurisdição.

c) A existência de requerimento administrativo pleiteando benefício previdenciário junto ao órgão administrativo impede o processamento de ação judicial que tenha por objeto o mesmo pleito administrativo, até que o requerimento seja decidido na primeira instância da via administrativa.

d) A interposição de recurso administrativo contra decisão do órgão previdenciário que indeferiu pedido de benefício inviabiliza a propositura de ação judicial com o mesmo objeto do pleito denegatório, enquanto não ficar decidido o referido recurso.

e) A existência de tese firmada administrativamente pelo órgão previdenciário contrário ao pleito do segurado não inviabiliza a propositura de ação judicial sem prévio requerimento administrativo.

COMENTÁRIOS

Alternativa correta: ""e". O Plenário do STF, no julgamento do RE 631.240, adotou a tese de que o prévio requerimento administrativo é condição de procedibilidade da ação judicial, sob pena de carência de interesse de agir e extinção do processo sem julgamento do mérito.

No entanto, entende que a exigência de prévio requerimento administrativo não deve prevalecer quando o entendimento da administração fosse notório e reiteradamente contrário à postulação do segurado.

Nas hipóteses de pretensão de revisão, restabelecimento ou manutenção de benefício anteriormente concedido – uma vez que o INSS teria o dever legal de conceder a prestação mais vantajosa possível – o pedido poderá ser formulado diretamente em juízo, porque nesses casos a conduta do INSS já configuraria o não acolhimento da pretensão[35].

Alternativa "a": incorreta. Nas hipóteses de pretensão de revisão, restabelecimento ou manutenção de benefício anteriormente concedido – uma vez que o INSS teria o dever legal de conceder a prestação mais vantajosa possível – o pedido poderá ser formulado diretamente em juízo, porque nesses casos a conduta do INSS já configuraria o não acolhimento da pretensão.

Alternativa "b": incorreta. Não ofende o princípio da inafastabilidade da jurisdição, uma vez que restou claro que não se comprovou a pretensão resistida da autarquia. Não lhe foi requerido qualquer benefício que levasse ao indeferimento pelo INSS.

---

34 RE 827833/SC, Rel. Min. Dias Toffoli, Repercussão Geral, Informativo nº 845.

35 RE 631240/MG, Rel. Min. Roberto Barroso, 3.9.2014. Informativo 757.

Alternativa "c": incorreta. É possível ingressar com a ação judicial, após o indeferimento pelo INSS do pedido administrativo. Não se exige o exaurimento da via administrativa para se ajuizar ação judicial.

Alternativa "d": incorreta. No caso, já houve o indeferimento do pedido pela Administração. Não há necessidade de aguardar o resultado final na instância recursal administrativa. Não se exige o exaurimento da via administrativa para se ajuizar ação judicial.

164. (Cespe – Procurador do MP junto ao TCU/2015) – No que diz respeito à prescrição e decadência, acumulação de benefícios e ações judiciais em matéria previdenciária, assinale a opção correta.

a) Conforme entendimento do STJ, o prazo de decadência decenal para a revisão de benefícios previdenciários se aplica aos casos em que o segurado postula a declaração do direito de renúncia e o consequente desfazimento de sua aposentadoria por tempo de contribuição, com a averbação do tempo de serviço prestado após a inativação, para aferir aposentadoria mais vantajosa no mesmo regime de previdência.

b) Na hipótese em que a ação revisional de benefício previdenciário se fundar em decisão da justiça do trabalho, o termo inicial da decadência decenal será a data da coisa julgada na seara trabalhista, de acordo com o STJ.

c) Não é possível a acumulação do benefício previdenciário de pensão por morte com a pensão civil ex delicto, nos termos do STJ.

d) Valores recebidos a título de benefício previdenciário podem, excepcionalmente, ser penhorados no patamar máximo de 30%.

e) Segundo o STJ, a propositura de ação coletiva pelo MP com vistas, por exemplo, à nulidade dos atos normativos expedidos no sentido de não admitir prova do tempo de serviço rural em nome de terceiros não interrompe a prescrição quinquenal em relação às demandas individuais propostas com a mesma finalidade.

COMENTÁRIOS

Alternativa correta: "b". Exatamente. Se houve reconhecimento de verbas em sentença trabalhista que vão influenciar no cálculo do benefício previdenciário, o prazo de decadência para pleitear a revisão do benefício somente poderá ser contado a partir da data da decisão transitada em julgado da decisão proferida na Justiça do Trabalho. Veja os julgados do STJ:

> **"PREVIDENCIÁRIO. RECURSO ESPECIAL. REVISÃO DE BENEFÍCIO. AÇÃO TRABALHISTA. DECADÊNCIA. TERMO INICIAL APÓS SENTENÇA DA JUSTIÇA DO TRABALHO. RECURSO ESPECIAL REPETITIVO. EFEITOS FINANCEIROS RETROATIVOS À DATA DE CONCESSÃO DO BENEFÍCIO.**
>
> *1. O STJ entende que, a despeito de decorridos mais de dez anos entre a data em que entrou em vigor a Medida Provisória 1.523-9 e o ajuizamento da ação, a recorrida teve suas verbas salariais majoradas em decorrência de ação trabalhista, o que ensejou acréscimos no seu salário de contribuição, momento no qual se iniciou novo prazo decadencial para pleitear a revisão da renda mensal do seu benefício. Tema julgado no REsp 1.309.529/PR, DJe 4/6/2013, e 1.326.114/SC, DJe 13/5/2013, ambos submetidos ao rito do Recurso Especial Repetitivo.*
>
> *2. O termo inicial dos efeitos financeiros da revisão deve retroagir à data da concessão do benefício, uma vez que o deferimento da ação revisional representa o reconhecimento tardio de direito já incorporado ao patrimônio jurídico do segurado, não obstante a comprovação posterior do salário de contribuição.*
>
> *3. Recurso Especial provido." REsp 1637856 / MG, Relator Ministro Herman Benjamim, 2ª Turma, DJ 13/12/2016. DJe 02/02/2017.*
>
> **"PROCESSUAL CIVIL E PREVIDENCIÁRIO. DECADÊNCIA PARA O SEGURADO REVISAR BENEFÍCIO PREVIDENCIÁRIO. PARCELAS REMUNERATÓRIAS RECONHECIDAS PERANTE A JUSTIÇA DO TRABALHO. TERMO INICIAL. PRAZO DECADENCIAL.TRÂNSITO EM JULGADO DA SENTENÇA TRABALHISTA.**
>
> *1, O STJ entende que, a despeito de decorridos mais de dez anos entre a data em que entrou em vigor a Medida Provisória 1.523-9 e o ajuizamento da ação, o recorrido teve suas verbas salariais majoradas em decorrência de ação trabalhista, o que ensejou acréscimos no seu salário de contribuição, momento a partir do qual se iniciou novo prazo decadencial para pleitear a revisão da renda mensal do seu benefício.*
>
> *2. Recurso Especial não provido." REsp 1552498/RS, Relator, Ministro Herman Benjamin, 2ª Turma, DJ 22/09/2015, DJe 03/02/2016.*

Alternativa "a": incorreta. Era entendimento do STJ de que o prazo de decadência decenal para a revisão de benefícios previdenciários não se aplicava aos casos em que o segurado postulasse a declaração do direito de renúncia e o consequente desfazimento de sua aposentadoria por tempo de contribuição, com a averbação do tempo de serviço prestado após a inativação, para aferir aposentadoria mais vantajosa no mesmo regime de previdência.

Mas, não se fala mais em desaposentação após a decisão final do STF acerca do tema. O Pretório Excelso julgou não haver previsão legal que ampare a desaposentação.

Alternativa "c": incorreta. O STJ entende o contrário do que está sendo afirmado na assertiva "c". **Veja o julgado:**

> **"RECURSO ESPECIAL. PROCESSUAL CIVIL E CIVIL. AÇÃO CIVIL EX DELICTO. INDENIZAÇÃO. PENSÃO MENSAL À VIÚVA (CC, ART. 1.537, II). PRÉVIO RECEBIMENTO DE PENSÃO ESPECIAL PREVIDENCIÁRIA. EXCLUSÃO DE OFÍCIO DA PENSÃO CIVIL. IMPOSSIBILIDADE. VIOLAÇÃO DOS ARTS. 128, 460, 512 E 515 DO CPC. CUMULAÇÃO DAS PENSÕES. POSSIBILIDADE. DANOS MORAIS. RAZOABILIDADE. RECURSO ESPECIAL PROVIDO.**
>
> *1 – Na hipótese, apesar de o réu, ora recorrido, no recurso de apelação, ter pretendido apenas a diminuição dos valores e do termo final do pensionamento, o v. aresto recorrido considerou, de ofício, que a cumulação da pensão civil ex delicto com aquela assegurada pela legislação especial (pensão previdenciária por morte paga pelo Exército à viúva) seria uma questão de ordem pública, tendo, por isso, excluído a pensão por ato ilícito, mantendo, sem modificação, a de índole previdenciária.*
>
> *2 – Nesses termos, ocorreu violação aos arts. 128, 460, 512 e 515 do CPC, na medida em que, no julgamento das apelações, foi introduzida e decidida questão nova, não suscitada nos recursos do réu e dos autores, transbordante, portanto, dos limites da lide e do efeito devolutivo do recurso.*
>
> *3 – A jurisprudência desta Corte é pacífica no sentido de que "o benefício previdenciário é diverso e independente da indenização por danos materiais ou morais, porquanto, ambos têm origens distintas. Este, pelo direito comum; aquele, assegurado pela Previdência. A indenização por ato ilícito é autônoma em relação a qualquer benefício previdenciário que a vítima receba" (AgRg no AgRg no REsp 1.292.983/AL, Rel. Min. HUMBERTO MARTINS, DJe de 7.3.2012).*
>
> *4 – Quanto ao valor da indenização por danos morais fixado pelo eg.Tribunal a quo no montante de cem (100) salários mínimos para cada autor, somente poderia ser reapreciado em sede de recurso especial se o valor arbitrado se mostrasse manifestamente excessivo ou irrisório, circunstância inexistente na espécie.*
>
> *5 – Recurso especial provido. REsp 776338 / SC; Ministro Raul Araújo, 4ª Turma, DJ 06/05/2014, DJe 06/06/2014.*

Alternativa "d": incorreta. Os benefícios previdenciários são impenhoráveis. Eles podem sofrem desconto apenas quando houver expressa previsão legal. Confira o disposto no art. 114 da Lei nº 8.213/91:

> *"Art. 114. Salvo quanto a valor devido à Previdência Social e a desconto autorizado por esta Lei, ou derivado da obrigação de prestar alimentos reconhecida em sentença judicial, o benefício não pode ser objeto de penhora, arresto ou seqüestro, sendo nula de pleno direito a sua venda ou cessão, ou a constituição de qualquer ônus sobre ele, bem como a outorga de poderes irrevogáveis ou em causa própria para o seu recebimento."*

Alternativa "e": incorreta. A posição do STJ é oposta ao que está afirmado na assertiva "e". Para melhor entendimento, eis o julgado do STJ:

> **"PREVIDENCIÁRIO E PROCESSUAL CIVIL. OFENSA AO ART. 535 DO CPC NÃO CONFIGURADA. APOSENTADORIA POR TEMPO DE SERVIÇO. REVISÃO. TEMPO RURAL. TEMPO ESPECIAL. INTERRUPÇÃO DO PRAZO PRESCRICIONAL. OCORRÊNCIA. PRECEDENTES.**
>
> *1. A solução integral da controvérsia, com fundamento suficiente, não caracteriza ofensa ao art. 535 do CPC. Os Embargos Declaratórios não constituem instrumento adequado para a rediscussão da matéria de mérito.*
>
> *2. Devidamente comprovado, nos termos da legislação aplicável, o tempo de serviço rural, procede o pedido de revisão de aposentadoria por tempo de serviço/contribuição, com o consequente recebimento das prestações vencidas.*
>
> *3. O STJ consolidou o entendimento de que a citação válida, excepcionando-se as causas do art. 267, II e III, do Código de Processo Civil, interrompe a prescrição.*
>
> *4. De acordo com a jurisprudência do STJ, a Ação Civil Pública ajuizada pelo Ministério Público objetivando a nulidade dos atos normativos expedidos no sentido de não admitir prova de tempo de serviço rural em nome de terceiros interrompeu a prescrição quinquenal das ações individuais propostas com a mesma finalidade (art. 219, caput e § 1º do CPC e art. 203 do CCB).*
>
> *5. Recurso Especial não provido." REsp 1449964/RS, Relator, Ministro Herman Benjamin, 2ª Turma, DJ 05/08/2014, DJe 13/10/2014.*

165. (CESPE – Procurador do MP junto ao TCE-PB/2014) – Assinale a opção correta com relação ao processamento das ações previdenciárias.

a) Denomina-se desaposentação a ação previdenciária proposta pela procuradoria federal previdenciária contra segurado que tenha obtido a aposentadoria de forma fraudulenta, sem cumprir as formalidades preconizadas pela legislação previdenciária.

b) Na falta ou insuficiência de provas que demonstrem fato ou circunstância de interesse dos beneficiários perante a previdência social, o segurado deverá fazer uso da justificação administrativa, a ser processada perante o INSS, não podendo se valer de ação previdenciária enquanto não for decidido o procedimento administrativo de justificação.

c) O companheiro que, até a data do óbito da sua companheira, não tiver efetuado a inscrição desta junto ao INSS, como dependente, não possuirá legitimidade ativa para propor ação previdenciária pleiteando pensão por morte.

d) Segundo o entendimento jurisprudencial dado pelo STF, nas ações previdenciárias para concessão de pensão por morte propostas contra o INSS, é inadmissível a concessão de liminar de antecipação de tutela.

e) A justiça comum estadual do foro do domicílio do segurado possuirá competência para processar e julgar ação previdenciária proposta contra o INSS se, na comarca em questão, não existir sede da justiça federal. Entretanto, nesse caso, o recurso cabível contra eventual decisão terá de ser dirigido ao tribunal regional federal na área de jurisdição do juiz de primeiro grau.

COMENTÁRIOS

Alternativa correta: "e". É o que determina o art. 109, §§ 3º e 4º, da Constituição Federal:

> *"Art. 109. Aos juízes federais compete processar e julgar:*
>
> *I – as causas em que a União, entidade autárquica ou empresa pública federal forem interessadas na condição de autoras, rés, assistentes ou oponentes, exceto as de falência, as de acidentes de trabalho e as sujeitas à Justiça Eleitoral e à Justiça do Trabalho;*
>
> *§ 3º – Serão processadas e julgadas na justiça estadual, no foro do domicílio dos segurados ou beneficiários, as causas em que forem partes instituição de previdência social e segurado, sempre que a comarca não seja sede de vara do juízo federal, e, se verificada essa condição, a lei poderá permitir que outras causas sejam também processadas e julgadas pela justiça estadual.*
>
> *§ 4º – Na hipótese do parágrafo anterior, o recurso cabível será sempre para o Tribunal Regional Federal na área de jurisdição do juiz de primeiro grau."*

Alternativa "a": incorreta. A desaposentação é uma criação doutrinária, que preconiza o direito do segurado ao retorno à atividade remunerada com o desfazimento da aposentadoria por vontade do titular para fins de aproveitamento do tempo de filiação em contagem para nova aposentadoria, no mesmo ou em outro regime previdenciário.

Recentemente, o STF dirimiu qualquer dúvida sobre a questão, julgando não ser possível a desaposentação por não haver previsão legal[36].

36 RE 827833/SC, Rel. Min. Dias Toffoli, Repercussão Geral, Informativo nº 845.

Alternativa "b": incorreta. Na falta ou insuficiência de provas que demonstrem fato ou circunstância de interesse dos beneficiários perante a previdência social, o segurado **poderá** fazer uso da justificação administrativa, a ser processada perante o INSS.

No entanto, não precisa aguardar a decisão final do procedimento administrativo de justificação para ingressar com ação judicial. Não se exige o exaurimento da via administrativa para se ajuizar ação judicial.

Alternativa "c": incorreta. O companheiro é dependente do segurado perante o RGPS. A sua inscrição somente poderá ser feita no momento do requerimento do benefício a que tiver direito.

Não há possibilidade de se inscrever um dependente do segurado junto ao INSS previamente ao momento do fato gerador do benefício a ser requerido.

Alternativa "d": incorreta. Segundo o entendimento jurisprudencial dado pelo STF, nas ações previdenciárias para concessão de pensão por morte propostas contra o INSS, é **admissível** a concessão de liminar de antecipação de tutela. Veja o julgado abaixo:

> *"O Plenário deste Supremo Tribunal fixou o entendimento de que a decisão prolatada no julgamento liminar da ADC nº 4-DF, Rel. Min. Sydney Sanches, referente à concessão de tutela antecipada contra a Fazenda Pública, não se aplica aos casos que tenham por objeto matéria de natureza previdenciária. Precedentes: Reclamações nºs 1.122 e 1.015, Rel. Min. Néri da Silveira; 1.014, Rel. Min. Moreira Alves. Reclamação julgada improcedente. Rcl 1067 / RS – RIO GRANDE DO SUL RECLAMAÇÃO Relator(a): Min. ELLEN GRACIE Julgamento: 05/09/2002 Órgão Julgador: Tribunal Pleno – Publicação DJ 14-02-2003 PP-00060 EMENT VOL-02098-01 PP-00115 Parte(s)*
>
> *RECLTE. : INSTITUTO DE PREVIDÊNCIA DO ESTADO DO RIO GRANDE DO SUL – IPERGS*
>
> *ADVDA. : PGE-RS KATIA ELISABETH WAWRICK*
>
> *RECLDO. : TRIBUNAL DE JUSTIÇA DO ESTADO DO RIO GRANDE DO SUL"*

---

166. (CESPE – Juiz Federal Substituto 1ª Região/2013) – Assinale a opção correta em relação às ações previdenciárias e ao juizado especial federal.

a) De acordo com a jurisprudência, para a concessão da aposentadoria por idade rural, não se exige que o início da prova material corresponda a todo o período equivalente à carência do benefício.

b) Em razão do princípio da celeridade do feito, aplicado ao trâmite dos juizados especiais federais, não é necessária a intimação do segurado ou da Defensoria Pública da União, caso o represente, em relação a sentença proferida depois da audiência de instrução e julgamento.

c) A comprovação do tempo de serviço, necessária para a concessão do benefício previdenciário, pode ser realizada mediante justificação administrativa, caso em que se considera a prova testemunhal, ou mediante ação judicial, caso em que se considera exclusivamente a prova documental.

d) Compete à justiça federal julgar os embargos declaratórios interpostos contra decisões de mérito da justiça estadual de primeira instância referentes a causas em que sejam parte o INSS e o segurado que resida em comarca que não seja sede de vara do juízo federal.

e) Negada, na via administrativa, a concessão de pagamento de diária, transporte e hospedagem ao segurado que deva se submeter, em local diverso do de sua residência, a exame médico-pericial ou a processo de reabilitação a cargo do INSS, o segurado poderá pleitear na justiça o referido pagamento, garantido por lei.

COMENTÁRIOS

✪ **Nota da Autora:** a questão foi **anulada** pela banca examinadora. Optou-se pela anulação da questão porque, além da opção apontada como gabarito ("e"), a opção que afirma que de acordo com a jurisprudência, para a concessão da aposentadoria por idade rural, não se exige que o início da prova material corresponda a todo o período equivalente à carência do benefício também está correta.

Alternativa "a": correta. É exatamente o entendimento firmado no julgamento abaixo:

> *"PROCESSUAL CIVIL E PREVIDENCIÁRIO. AGRAVO REGIMENTAL NO AGRAVO EM RECURSO ESPECIAL. APOSENTADORIA POR TEMPO DE SERVIÇO/CONTRIBUIÇÃO. CÔMPUTO DE TEMPO RURAL. REGIME DE ECONOMIA FAMILIAR. AUSÊNCIA DE INÍCIO DE PROVA MATERIAL. ALTERAÇÃO DO JULGADO. SÚMULA 7/STJ. AGRAVO REGIMENTAL NÃO PROVIDO. 1. O Tribunal a quo ao afirmar que não há início razoável de prova material devidamente corroborada pela prova testemunhal, aplicou a jurisprudência do STJ consolidada no sentido de que: 1) a prova testemunhal deve ser conjugada com início de prova material; 2) não é imperativo que o início de prova material diga respeito a todo período de carência estabelecido pelo artigo 143 da Lei 8.213/1991, desde que a prova testemunhal amplie sua eficácia probatória. 2. A revisão do entendimento firmado pelo Tribunal a quo, que afirmou a inexistência de um conjunto probatório harmônico acerca do efetivo exercício de atividade rural, encontra óbice na Súmula 7/STJ. 3. Agravo regimental não provido."*
>
> *AgRg no AREsp 585771 / SP AGRAVO REGIMENTAL NO AGRAVO EM RECURSO ESPECIAL 2014/0228259-9 Relator(a) Ministro MAURO CAMPBELL MARQUES (1141) Órgão Julgador T2 – SEGUNDA TURMA Data do Julgamento 25/11/2014 Data da Publicação/ Fonte DJe 02/12/2014.*

Alternativa "b": incorreta. Quando a sentença não por proferida em audiência, as partes serão intimadas da sentença por aviso de recebimento em mão própria. Veja o que reza o art. 8º da Lei nº 10.259/2001 que dispõe sobre a instituição dos Juizados Especiais Cíveis e Criminais no âmbito da Justiça Federal:

> *"Art. 8º – As partes serão intimadas da sentença, quando não proferida esta na audiência em que estiver presente seu representante, por ARMP (aviso de recebimento em mão própria)."*

Alternativa "c": incorreta. A comprovação do tempo de serviço, necessária para a concessão do benefício previdenciário, pode ser realizada mediante justificação administrativa, **com início de prova material. Não se pode comprovar tempo de serviço com prova exclusivamente testemunhal.**

Na ação judicial, a comprovação do tempo de serviço é feita com prova testemunha e início de prova material. Veja a súmula nº 149 do STJ:

> *"A prova exclusivamente testemunhal não basta à comprovação da atividade rurícola, para efeito da obtenção de benefício previdenciário."*

Alternativa "d": incorreta. Compete ao **juízo estadual** julgar os embargos declaratórios interpostos contra decisões de mérito da justiça estadual de primeira instância referentes a causas em que sejam partes o INSS e o segurado que reside em comarca que não seja sede de vara do juízo federal.

Alternativa "e": correta. É o que se verifica pelo disposto no art. 171 do Decreto nº 3.048/99:

> *"Art. 171. Quando o segurado ou dependente deslocar-se por determinação do Instituto Nacional do Seguro Social para submeter-se a exame médico-pericial ou a processo de reabilitação profissional em localidade diversa da de sua residência, deverá a instituição custear o seu transporte e pagar-lhe diária no valor de R$ 94,34[37] (noventa e quatro reais, e trinta e quatro centavos), ou promover sua hospedagem mediante contratação de serviços de hotéis, pensões ou similares."*

---

167. (CESPE – Defensor Público – RO/2012) – Maria de Fátima, empregada de confecção de roupas, após 15 anos de prestação de serviços ajuizou, em razão de acidente de trabalho de que fora vítima, dado que a empresa não adotou medidas legais de segurança no trabalho, ação judicial no juizado especial federal com o objetivo de reverter decisão do INSS que lhe negara a concessão de auxílio-doença por não ter ela cumprido o

37 Valor reajustado pela Portaria MF nº 15/2018.

período de carência exigido para o benefício. Considerando essa situação hipotética, assinale a opção correta à luz da legislação previdenciária.

a) O pedido de benefício por Maria de Fátima não obedeceu a requisito fundamental estabelecido pela legislação previdenciária para a concessão do auxílio-doença, qual seja, a comprovação da qualidade de segurado; por essa razão, a ação deve ser extinta sem julgamento do mérito.

b) Maria de Fátima deveria ter ajuizado sua ação perante a justiça do trabalho, dado que, na condição de responsável pela ocorrência do acidente de trabalho – pois não adotou as medidas legais de segurança e saúde no trabalho –, a empresa deve arcar com o pagamento do auxílio-doença.

c) Apresenta-se correta a decisão do INSS, dado que o cumprimento de carência é requisito fundamental para que os segurados façam jus aos benefícios por incapacidade previstos no RGPS.

d) O juizado especial federal não tem competência para processar e julgar a ação ajuizada por Maria de Fátima, visto que os litígios e medidas cautelares relativos a acidentes do trabalho são da competência da justiça estadual.

e) A ação ajuizada por Maria de Fátima deverá ser extinta sem julgamento do mérito, uma vez que ela deveria ter esgotado o procedimento administrativo recorrendo contra a decisão do INSS junto ao Conselho de Recursos da Previdência Social.

COMENTÁRIOS

Alternativa correta: "d". A incapacidade de Maria de Fátima decorreu de um acidente do trabalho sofrido e, portanto, terá ela o direito ao benefício de auxílio-doença acidentário.

As ações que envolvem a concessão/revisão de benefícios previdenciários, decorrentes de acidente do trabalho serão processadas e julgadas pela Justiça Estadual, ainda que o réu seja o INSS, uma autarquia federal. Trata-se de competência absoluta. A competência para julgar litígios relativos aos benefícios previdenciários, decorrentes de acidente do trabalho, é da Justiça Estadual[38].

O juizado especial federal, portanto, é incompetente para processar e julgar a ação ajuizada por Maria de Fátima.

Alternativa "a": incorreta. Para a concessão do benefício de auxílio-doença é necessário que se comprove a qualidade de segurado, a carência mínima, quando for o caso e a incapacidade temporária para o exercício do trabalho ou das atividades habituais.

No caso de Maria de Fátima, ela comprovou a qualidade de segurada, porque era empregada de uma empresa de confecção de roupas.

Não lhe pode ser exigido o cumprimento da carência, uma vez que a incapacidade decorreu de acidente.

Assim, a ação não poderá ser extinta por falta de qualidade de segurado, mas, sim por absoluta incompetência do juízo federal para processar e julgar a ação, conforme já explicado no item anterior.

Alternativa "b": incorreta. Maria de Fátima deveria ter ajuizado a ação perante a justiça estadual visto ser ela a competente para processar e julgar ações previdenciárias de natureza acidentária (acidente do trabalho).

O auxílio-doença é um benefício previdenciário e deve ser arcado pelo INSS e, não, pela empresa.

Alternativa "c": incorreta. A decisão do INSS foi incorreta. Não se exige o cumprimento de carência mínima de contribuições para a concessão do auxílio-doença quando a incapacidade for decorrente de acidente de qualquer natureza ou causa. Como a incapacidade de Maria de Fátima veio do acidente do trabalho por ela sofrido, não teria que cumprir a carência de 12 contribuições mensais.

Alternativa "e": incorreta. O ajuizamento de ação judicial não exige o exaurimento prévio do processo administrativo[39].

No entanto, o STF já decidiu que "a exigibilidade de prévio requerimento administrativo como condição para o regular exercício do direito de ação, para que se postule judicialmente a concessão de benefício previdenciário, não ofende o art. 5º, XXXV, da CF ("XXXV – a lei não excluirá da apreciação do Poder Judiciário lesão ou ameaça a direito"). Esse o entendimento do Plenário, que, em conclusão de julgamento e por maioria, proveu parcialmente recurso extraordinário em que discutida a possibilidade de propositura de ação judicial para pleitear aposentadoria rural por idade, por parte de segurada que não formulara prévio requerimento administrativo — v. Informativo 756. "Ressalvou que a exigência de prévio requerimento não se confundiria, entretanto, com o exaurimento das vias administrativas. Consignou, ainda, que a exigência de prévio requerimento administrativo não deveria prevalecer quando o entendimento da Administração fosse notório e reiteradamente contrário à postulação do segurado. Acresceu que, nas hipóteses de pretensão de revisão, restabelecimento ou manutenção de benefício anteriormente concedido — uma vez que o INSS teria o dever legal de conceder a prestação mais vantajosa possível — o pedido poderia ser formulado diretamente em juízo, porque nesses

38 AgRg no CC 107796 / SP, DJ de 28/04/2010

39 AgRg no AREsp 166322 / PR, 2ª Turma, Relator Ministro Castro Meira, DJe de 12/03/2013.

casos a conduta do INSS já configuraria o não acolhimento da pretensão[40].

168. (CESPE – Juiz Federal Substituto 1ª Região/2011) – Assinale a opção correta acerca das ações previdenciárias.

a) O cálculo da verba de honorários advocatícios nas ações previdenciárias incide apenas sobre as prestações vencidas até a prolação da sentença que julgar total ou parcialmente procedente o pedido, excluindo-se, assim, as vincendas.

b) Compete à justiça federal da capital do estado processar e julgar os litígios decorrentes de acidente do trabalho envolvendo segurado residente em município que não seja sede de vara federal.

c) O cômputo do prazo prescricional de um ano para o ajuizamento da ação, objetivando o recebimento de indenização securitária em favor do segurado, tem início a partir do requerimento em que se tenha pleiteado administrativamente a aposentadoria por invalidez.

d) O MP não tem legitimidade para propor ação civil pública que veicule pretensões relativas a benefícios previdenciários.

e) Compete à justiça federal julgar ação de complementação de aposentadoria em que se objetive a complementação de benefício previdenciário, caso o pedido e a causa de pedir decorram de pacto firmado com instituição de previdência privada.

COMENTÁRIOS

Alternativa correta: "a". É o entendimento editado pela súmula nº 111 do STJ:

> *"Os honorários advocatícios, nas ações previdenciárias, não incidem sobreprestações vincendas."*

Alternativa "b": incorreta. A competência para processar e julgar os litígios previdenciários, decorrentes de acidente do trabalho, é da justiça estadual. Trata-se de competência absoluta.

Alternativa "c": incorreta. A assertiva contraria o entendimento da súmula nº 278 do STJ:

> *"O termo inicial do prazo prescricional, na ação de indenização, é a data em que o segurado teve ciência inequívoca da incapacidade laboral."*

Confira, também, o julgado abaixo:

> *"AGRAVO REGIMENTAL. AÇÃO DE COBRANÇA DE INDENIZAÇÃO. SEGURO DE VIDA EM GRUPO. INVALIDEZ PERMANENTE. CÂNCER DE MAMA. INCIDÊNCIA DA PRESCRIÇÃO ÂNUA. TERMO INICIAL DA CONTAGEM. SÚMULA STJ/278. DATA DA CIÊNCIA INEQUÍVOCA DA INVALIDEZ. SUSPENSÃO DO PRAZO ATÉ RESPOSTA DEFINITIVA DA SEGURADORA EM REQUERIMENTO ADMINISTRATIVO. SÚMULA STJ/229. INAPLICABILIDADE.*
>
> *I – A ação de cobrança de indenização fundada em contrato de seguro, por ser inerente à relação entre segurado e segurador e não relacionada a defeito do serviço, sujeita-se ao prazo prescricional ânuo previsto no Código Civil e não ao de cinco anos, preconizado pelo art. 27 do Código de Defesa do Consumidor.*
>
> *II – Consoante a jurisprudência pacífica desta Corte, o termo inicial do prazo prescricional ânuo, na ação de indenização, é a data em que o segurado teve ciência inequívoca da incapacidade laboral (Súmula STJ/278), o que no presente caso ocorreu com a elaboração do laudo médico.*
>
> *III – Embora a Súmula 229 deste Tribunal disponha que "o pedido do pagamento de indenização à seguradora suspende o prazo de prescrição até que o segurado tenha ciência da decisão", é iniludível que tal regra só terá aplicação quando o requerimento administrativo for formulado ainda dentro do prazo prescricional, o que não se verifica, na hipótese. Agravo Regimental improvido." AgRg no REsp 1014747 / SC, Data do Julgamento 22/02/2011.*

Alternativa "d": incorreta. O entendimento do STJ é justamente o oposto, conforme julgado abaixo:

> *"PROCESSUAL CIVIL E PREVIDENCIÁRIO. AGRAVO REGIMENTAL NO RECURSO ESPECIAL. AÇÃO CIVIL PÚBLICA DESTINADA À TUTELA DE DIREITOS DE NATUREZA PREVIDENCIÁRIA. EXISTÊNCIA DE RELEVANTE INTERESSE SOCIAL. LEGITIMIDADE ATIVA AD CAUSAM DO MINISTÉRIO PÚBLICO. RECONHECIMENTO. PRECEDENTES DO STJ E DO STF. BENEFÍCIO ASSISTENCIAL. REQUISITO. ART. 20, § 3º, LEI nº 8.742/93. CUMPRIMENTO. AFERIÇÃO. REVISÃO DO CONJUNTO PROBATÓRIO. ÓBICE. SÚMULA nº 7 DO STJ. AGRAVO DESPROVIDO.*
>
> *1. Quando do julgamento do REsp 1.142.630/PR (5ª Turma, de minha relatoria, DJe de 1º/02/2011), restou proclamado o entendimento favorável à legitimidade do Ministério Público para figurar no polo ativo de Ação Civil Pública destinada à defesa de direitos de natureza previdenciária, tendo em vista, principalmente, a presença do inquestionável interesse social envolvido no assunto.*
>
> *2. O Supremo Tribunal Federal, apreciando a questão da legitimidade do Parquet para ajuizar Ação Civil Pública pertinente a benefício previdenciário, decidiu que "o Ministério Público detém legitimidade para propor ação civil pública em defesa de interesses individuais homogêneos, quando presente evidente relevo social, independentemente de os potenciais titulares terem a possibilidade de declinar a fruição do direito afirmado na ação." (AgRg no*

40 RE 631240/MG, Rel. Min. Roberto Barroso, 3.9.2014. Informativo 757.

AI516.419/PR, 2ª Turma, Rel. Min. GILMAR MENDES, DJe de 30/11/2010).

3. O cumprimento do comando inserto no art. 20, § 3º, da Lei nº8.742/93 não constitui condição sine qua non para a concessão do benefício assistencial.

4. É possível, ao magistrado, diante do caso concreto, aferir a carência e o estado de miserabilidade autorizadores do deferimento do benefício por outros meios legais de prova, sendo que a revisão de sua conclusão é inviável em sede de recurso especial, por forçado enunciado da Súmula nº 7 do STJ.5. Agravo regimental desprovido.

Processo AgRg no REsp 1213329 / RS – AGRAVO REGIMENTAL NO RECURSO ESPECIAL 2010/0178824-8, Relator(a) Ministra LAURITA VAZ (1120) – Órgão Julgador T5 – QUINTA TURMA – Data do Julgamento 15/09/2011 Data da Publicação/Fonte DJe 10/10/2011.

Alternativa "e": incorreta. Compete à justiça estadual julgar ação de complementação de aposentadoria em que se objetive a complementação de benefício previdenciário, caso o pedido e a causa de pedir decorram de pacto firmado com instituição de previdência privada.

Registra-se o enunciado da súmula nº 505 do STJ:

"A competência para processar e julgar as demandas que têm por objeto obrigações decorrentes dos contratos de planos de previdência privada firmados com a Fundação Rede Ferroviária de Seguridade Social – REFER é da Justiça estadual."

---

169. (CESPE – Juiz Federal Substituto 3ª Região/2011) – Assinale a opção correta no que se refere a benefícios do RGPS e contribuições sociais.

a) O adicional noturno e o referente à prestação de horas extras pagos habitualmente pelo empregador ao empregado têm natureza indenizatória e, por isso, não sofrem incidência de contribuição previdenciária.

b) Consoante jurisprudência do STF, compete à justiça estadual processar e julgar as ações em que se pleiteie a acumulação de aposentadoria por tempo de contribuição com auxílio-acidente decorrente de acidente de trabalho.

c) Consoante jurisprudência do STJ, compete à justiça federal processar e julgar as ações em que se pleiteie pensão por morte decorrente de falecimento do segurado em razão de acidente de trabalho.

d) A renda mensal referente a auxílio-acidente concedido em virtude de moléstia surgida em 2005 não integra o salário de contribuição para efeito de cálculo do salário de benefício da aposentadoria por idade requerida em 2011.

e) Incide contribuição previdenciária sobre a remuneração paga pelo empregador ao empregado durante os primeiros quinze dias de afastamento em virtude de incapacidade para o trabalho.

COMENTÁRIOS

Alternativa correta: "c", considerando a jurisprudência à época em que foi realizado o concurso. Esse entendimento foi firmado pela 3ª Seção do STJ. Veja, um dos julgados:

"PREVIDENCIÁRIO. CONFLITO NEGATIVO DE COMPETÊNCIA. JUSTIÇA ESTADUAL E JUSTIÇA FEDERAL. BENEFÍCIO DE PENSÃO POR MORTE. ACIDENTE DE TRABALHO. AÇÃO REVISIONAL. INAPLICABILIDADE DA SÚMULA 15/STJ. COMPETÊNCIA DA JUSTIÇA FEDERAL. PRECEDENTES.

– Conforme o entendimento firmado pela Terceira Seção desta Corte, compete à Justiça Federal processar e julgar as ações objetivando a concessão ou revisão dos benefícios de pensão por morte, ainda que decorrentes de acidente de trabalho.

– Conflito conhecido para declarar competente o Juízo Federal do Juizado Especial Cível e Criminal da Seção Judiciária do Estado do Amazonas, o suscitado."

(Conflito de Competência 119921/AM, Relatora Ministra Marilza Maynard, 3ª Seção, Data do Julgamento 10/10/2012, DJe 19/10/2012).

Na verdade, há que se destacar que, quando não há discussão sobre o acidente do trabalho, a competência para processar e julgar a ação que pleiteia pensão por morte decorrente de acidente de trabalho, é da Justiça Federal. Para isso, bom conferir o julgado abaixo:

"PROCESSUAL CIVIL. CONFLITO DE COMPETÊNCIA. PENSÃO POR MORTE DE APOSENTADO EM RAZÃO DE ACIDENTE DE TRABALHO. AUSÊNCIA DE DISCUSSÃO ACERCA DO ACIDENTE DE TRABALHO. COMPETÊNCIA DA JUSTIÇA FEDERAL. AGRAVO REGIMENTAL DESPROVIDO.

*1. Hipótese em que viúva de segurado aposentado em razão de **acidente de trabalho** pede ao INSS a concessão da respectiva pensão, benefício previdenciário estrito, devendo o pedido ser processado e julgado na Justiça Federal.*

*2. A fixação da **competência** da **Justiça Estadual**, nos termos da Súmula 15-STJ ("Compete à **Justiça Estadual** processar e julgar os litígios decorrentes de **acidente de trabalho**.") somente ocorre quando o pedido de pensão, a sua revisão ou outro benefício discutem, com causa de pedir, o próprio acidente de trabalho, ou quando há necessidade de prova pericial em derredor do próprio acidente (verificação da redução da capacidade de trabalho do segurado, v.g.), o que não ocorre na espécie.*

3. Não está em discussão, próxima ou remotamente, o acidente de trabalho que levou à aposentadoria do autor da pensão. Cuidando-se de pedido de pensão por morte, como benefício previdenciário estrito, não ostentam relevo as circunstâncias nas quais se deu o falecimento do segurado. (Cf. CC 62.531/ RJ, Rel. Min. Maria Thereza de Assis Moura, DJU 26/03/2007; AgRg no CC 112.710/MS, Rel. Ministro Og Fernandes, Terceira Seção, julgado em 28/09/2011, DJe 07/10/2011; e AgRg no CC 113.675/SP, Rel. Ministra Assusete Magalhães, Terceira Seção, julgado em 12/12/2012, DJe 18/12/2012.)

4. Agravo regimental desprovido."

AgRg no CC 139399/RJ. Relator Min OLINDO MENEZES (DESEMBARGADOR CONVOCADO DO TRF 1ª REGIÃO), Primeira Seção. DJ 25/02/2016, DJe 02/03/2016

Se se tratar de ações que se discute o acidente do trabalho como causa da morte, a competência é da Justiça Estadual. Confira:

"PREVIDENCIÁRIO. CONFLITO NEGATIVO DE COMPETÊNCIA. PENSÃO POR MORTE. ÓBITO DECORRENTE DE ASSALTO NO LOCAL E HORÁRIO DO TRABALHO. ACIDENTE DO TRABALHO IMPRÓPRIO OU ATÍPICO. PRESUNÇÃO LEGAL. ART. 21, II, 'A', DA LEI N. 8.213/91. COMPETÊNCIA DO JUÍZO DA JUSTIÇA ESTADUAL PARA O PROCESSAMENTO E JULGAMENTO DA PRETENSÃO.

1. Conflito negativo de competência em que se examina a qual Juízo compete o processamento e julgamento de pretensão por pensão por morte cujo óbito do trabalhador decorreu de assalto sofrido no local e horário de trabalho.

2. O assalto sofrido pelo de cujus no local e horário de trabalho equipara-se ao acidente do trabalho por presunção legal e o direito ao benefício decorrente do evento inesperado e violento deve ser apreciado pelo Juízo da Justiça Estadual, nos termos do que dispõe o artigo 109, I (parte final), da Constituição Federal combinado com o artigo 21, II, 'a', da Lei n. 8.213/91.

3. Conflito de competência conhecido para declarar competente o Juízo de Direito da 3ª Vara de Acidentes do Tra-balho de São Paulo -- SP."

CC 132034 / SP. Relator Min. Benedito Gonçalves. Primeira Seção. DJ 28/05/2014, DJe 02/06/2014.

"PROCESSUAL CIVIL E PREVIDENCIÁRIO. AGRAVO REGIMENTAL NO CONFLITO DE COMPETÊNCIA INSTAURADO ENTRE JUÍZOS ESTADUAL E FEDERAL. BENEFÍCIO PREVIDENCIÁRIO. PENSÃO POR MORTE DECORRENTE DE ACIDENTE DE TRABALHO. ENTENDIMENTO REFORMULADO PELA 1ª SEÇÃO. ART. 109, I, DA CONSTITUIÇÃO FEDERAL. SÚMULAS 501/STF E 15/STJ. PRECEDENTES DO STF E STJ. COMPETÊNCIA DA JUSTIÇA ESTADUAL. AGRAVO REGIMENTAL A QUE SE NEGA PROVIMENTO.

1. Compete à Justiça comum dos Estados apreciar e julgar as ações acidentárias, que são aquelas propostas pelo segurado contra o Instituto Nacional do Seguro Social, visando ao benefício, aos serviços previdenciários e respectivas revisões correspondentes ao acidente do trabalho. Incidência da Súmula 501 do STF e da Súmula 15 do STJ.

2. Agravo regimental a que se nega provimento."

AgRg no CC 122703/SP. Relator Ministro Mauro Campbell Marques, Primeira Seção, DJ 22/05/2013, DJe 05/06/2013.

Alternativa "a": incorreta. O adicional noturno e o referente à prestação de horas extras pagos habitualmente pelo empregador ao empregado têm natureza **salarial** e, por isso, **sofrem incidência** de contribuição previdenciária.

Alternativa "b": incorreta. No caso de ação previdenciária em que se discute a acumulação de aposentadoria com auxílio-acidente ou com auxílio-suplementar o entendimento firmado pelo STF é de que a questão não se enquadra na ressalva do art. 109, I, da CF, visto que não cuida exclusivamente de acidente do trabalho, cabendo a Justiça Federal julgar o feito[41].

Alternativa "d": incorreta. A renda mensal referente a auxílio-acidente concedido em virtude de moléstia surgida em 2005 **integra** o salário de contribuição para efeito de cálculo do salário de benefício da aposentadoria por idade requerida em 2011. Como, nesse caso, o auxílio-acidente e a aposentadoria foram concedidos após a Lei nº 9.528/97, não há possibilidade de acumular o recebimento dos dois benefícios, devendo-se aplicar o disposto no art. 34, inciso II, da Lei nº 8.213/91.

Alternativa "e": incorreta. A legislação previdenciária entende que incide contribuição previdenciária sobre a remuneração paga pelo empregador ao empregado durante os primeiros quinze dias de afastamento em virtude de incapacidade para o trabalho. **No entanto,** o STJ entende que se trata de parcela indenizatória e, portanto, não há incidência de contribuição previdenciária. Veja abaixo o julgado:

'STJ – DIREITO TRIBUTÁRIO E PREVIDENCIÁRIO. NÃO INCIDÊNCIA DE CONTRIBUIÇÃO PREVIDENCIÁRIA SOBRE A IMPORTÂNCIA PAGA NOS QUINZE DIAS QUE ANTECEDEM O AUXÍLIO-DOENÇA. RECURSO REPETITIVO (ART. 543-C DO CPC E RES. 8/2008-STJ). Não incide contribuição previdenciária a cargo

41 RE 461005 / SP – SÃO PAULO Recurso Extraordinário Relator(A): Min. Ricardo Lewandowski Julgamento: 08/04/2008 Órgão Julgador: Primeira Turma

da empresa sobre a importância paga nos quinze dias que antecedem o auxílio-doença. Inicialmente, no que se refere ao segurado empregado, durante os primeiros quinze dias consecutivos ao do afastamento da atividade por motivo de doença, incumbe ao empregador efetuar o pagamento do seu salário integral (art. 60, § 3º, da Lei 8.213/1991, com redação dada pela Lei 9.876/1999). Não obstante nesse período haja o pagamento efetuado pelo empregador, a importância paga não é destinada a retribuir o trabalho, sobretudo porque no intervalo dos quinze dias consecutivos ocorre a interrupção do contrato de trabalho, ou seja, nenhum serviço é prestado pelo empregado. Assim, a importância paga não se enquadra na hipótese de incidência da exação, que exige verba de natureza remuneratória. Com efeito, esse pagamento tem apenas o escopo de transferir o encargo da Previdência Social para o empregador que, evidentemente, não paga salário, mas sim um "auxílio" cujo pagamento lhe foi transferido pela Lei. Trata-se, pois, de política previdenciária destinada a desonerar os cofres da Previdência. Acrescente-se que a opção legislativa, de estabelecer regra própria para o segurado empregado, não tem o condão de alterar a natureza da verba paga durante o período de incapacidade. Ainda, ressalte-se que a incapacidade não se dá a partir do décimo sexto dia, de modo que não se pode confundir o início do pagamento do benefício pela Previdência Social com o início do período de incapacidade." Precedentes citados: AgRg no REsp 957.719-SC, Primeira Turma, DJe 2/12/2009; e AgRg no REsp 1.100.424-PR, Segunda Turma, DJe 18/3/2010.REsp 1.230.957-RS, Rel. Min. Mauro Campbell Marques, julgado em 26/2/2014. (Informativo nº 536).

---

170. (CESPE – Juiz Federal Substituto 3ª Região/2011) – Assinale a opção correta a respeito de ações previdenciárias no juizado especial federal.

a) O prévio requerimento administrativo de prorrogação de auxílio-doença é requisito para o ajuizamento de ação em que se pleiteie o restabelecimento do benefício previdenciário, importando sua ausência na extinção do processo sem resolução de mérito.

b) A relativização do formalismo processual nas ações previdenciárias, que têm nítido caráter social, permite que o segurado interponha recurso perante o juizado especial federal sem estar representado por advogado.

c) Em ação previdenciária no juizado especial federal, na qual o autor não seja beneficiário da justiça gratuita e haja necessidade de prova pericial médica, os honorários do perito nomeado pelo juiz serão antecipados à conta de verba orçamentária do respectivo tribunal.

d) Os valores de benefício previdenciário recebidos pelo segurado em razão de antecipação de tutela que, por ocasião da sentença, tenha sido cassada por improcedência do pedido, são considerados indevidos e, por isso, devem ser restituídos.

e) O MP federal deve intervir obrigatoriamente nas ações previdenciárias que envolvam interesse de menores incapazes ou de idosos, sob pena de nulidade da sentença proferida no juizado especial federal.

COMENTÁRIOS

Alternativas corretas: "c" e "d", considerando a posição atual do STJ.

Alternativa "c": correta. Nesse caso, aplica-se o disposto no § 1º do art. 12, da Lei nº 10.259/2001:

> *"Os honorários do técnico serão antecipados à conta de verba orçamentária do respectivo Tribunal e, quando vencida na causa a entidade pública, seu valor será incluído na ordem de pagamento a ser feita em favor do Tribunal."*

Alternativa "d": correta. Atualmente o posicionamento do STJ é pela restituição dos valores recebidos em sede de tutela posteriormente revogada. Confira:

> "PROCESSUAL CIVIL E PREVIDENCIÁRIO. AGRAVO REGIMENTAL NO AGRAVO EM RECURSO ESPECIAL. VALORES RECEBIDOS POR FORÇA DE **TUTELA ANTECIPADA**. CASSAÇÃO. DEVOLUÇÃO. POSSIBILIDADE. PRECEDENTES.
>
> *1. Registra-se que "aos recursos interpostos com fundamento no CPC/1973 (relativos a decisões publicadas até 17 de março de 2016) devem ser exigidos os requisitos de admissibilidade na forma nele prevista, com as interpretações dadas, até então, pela jurisprudência do Superior Tribunal de Justiça" (Enunciado Administrativo n. 2, aprovado pelo Plenário do Superior Tribunal de Justiça em 9/3/2016).*
>
> *2. A Primeira Seção desta Corte, no julgamento do REsp 1.401.560/MT, submetido à sistemática dos recursos repetitivos, pacificou o entendimento de que é possível a restituição de valores percebidos a título de benefício previdenciário, em virtude de decisão judicial precária posteriormente revogada, independentemente da natureza alimentar da verba e da boa-fé do segurado. Precedentes: AgInt no AREsp 389.426/RS, Rel. Min. Gurgel de Faria, Primeira Turma, DJe 13/02/2017; AgInt no REsp 1.566.724/PR, Rel. Min. Sergio Kukina, Primei-ra Turma, DJe 30/06/2016; REsp 1.593.120/RN, Rel. Min. Herman Benjamin, Segunda Turma, DJe 25/05/2016.*
>
> *3. Agravo regimental não provido."*
>
> *AgRg no AREsp 392726 / SC. Rel. Min. Benedito Gonçalves, Primeira Turma. DJ 27/04/2017, DJe 30/05/2017.*

Alternativa "a": incorreta. O prévio requerimento administrativo de prorrogação de auxílio-doença **não** é requisito para o ajuizamento de ação em que se pleiteie o restabelecimento do benefício previdenciário. Confira o julgado recente:

> *"PREVIDENCIÁRIO. AUXÍLIO-DOENÇA. CESSAÇÃO ADMINISTRATIVA. AÇÃO EM QUE SE POSTULA RESTABELECIMENTO. AJUIZAMENTO APÓS DOIS ANOS. JULGAMENTO SEM RESOLUÇÃO DO MÉRITO POR FALTA DE INTERESSE PROCESSUAL. NÃO OCORRÊNCIA. APLICAÇÃO DA SÚMULA 85/STJ. INCIDENTE CONHECIDO E PROVIDO. 1. Trata-se de pedido de uniformização de jurisprudência proposto por particular em face de acórdão proferido pela Turma Recursal da Seção Judiciária Federal do Estado de São Paulo, que confirmou a sentença por seus próprios fundamentos, extinguindo o processo sem julgamento do mérito, sob o entendimento da inexistência de interesse processual. 2. O aresto combatido considerou que a parte-autora era carecedora de ação, por ausência de interesse processual, na medida em que "deixou transcorrer período de tempo além do razoável para socorrer-se da via judicial", tendo em vista o transcurso de mais de dois anos entre a cessação do benefício e o ajuizamento da demanda. A parte-requerente suscitou divergência em face da Súmula 85 do STJ, alegando que, ao se ter como prescritas apenas as parcelas anteriores aos cinco anos que antecedem o ajuizamento da ação, resta implícito que "permite-se entrar com a ação a qualquer tempo, mas com a única ressalva de poder cobrar apenas os últimos 5 anos que a antecedem". 3. Na decisão de admissibilidade, proferida pela Presidência desta TNU, apontou-se que "O acórdão recorrido fundamenta-se na necessidade de prévio requerimento administrativo, devido ao transcurso de mais de dois anos do indeferimento, em sentido oposto aos paradigmas juntados". 4. A Lei nº 10.259/2001 prevê o incidente de uniformização quando "houver divergência entre decisões sobre questões de direito material proferidas por Turmas Recursais na interpretação da lei" (art. 14, caput). Caberá à TNU o exame de pedido de uniformização que envolva "divergência entre decisões de turmas de diferentes regiões ou da proferida em contrariedade a súmula ou jurisprudência dominante do STJ" (art. 14, § 4º). 5. No caso dos autos, a autora percebeu auxílio-doença até 12/12/1999, quando o benefício foi cessado administrativamente pelo INSS, tendo ela ingressado em juízo objetivando a sua concessão no ano de 2007. Tanto a sentença quanto o acórdão, que a confirmou pelos próprios fundamentos, escudaram-se no entendimento de que a segurada, em lugar de se insurgir, propondo as medidas necessárias ao afastamento do ato administrativo adverso, deixou transcorrer um período de tempo além do razoável para socorrer-se da via judicial. 6. Inicialmente, pertinentes algumas considerações sobre a admissibilidade do presente incidente de uniformização, com vistas a demonstrar a similitude entre a tese que repousa no acórdão recorrido e o tema objeto da súmula 85 do STJ, uma vez que, à primeira vista, cuida-se de institutos jurídicos diversos (ausência de interesse processual, de um lado, e prescrição, de outro). 7. Neste contexto, deve-se ter em perspectiva que o exame das regras de admissibilidade (dos recursos) e de propositura/desenvolvimento (das ações) demanda a observância da efetivação da norma constitucional de garantia do acesso ao Poder Judiciário (art. 5º, XXXV, da CF/88). 8. Assim, interpretar-se o caso de modo a inviabilizar materialmente a discussão da questão litigiosa é negar ao cidadão o direito à prestação jurisdicional por todos os meios elencados na estrutura processual. 9. Dito isso, observo que, na hipótese, é o caso de se conhecer do pedido, diante da singularidade da questão, pela originalidade dos fundamentos adotados na extinção do feito, sem resolução do mérito, de modo que, exigir-se da parte-requerente uma hipótese fática, em tudo e por tudo, idêntica, mas com solução jurisdicional divergente (ainda observadas as regras de distinção quanto ao órgão julgador, por região) seria dificultar, talvez até o ponto da impossibilidade, o atendimento às regras procedimentais que, por mais importantes que sejam, devem estar a serviço da efetivação do primado da Justiça. 10. Acresça-se, em prol do conhecimento do incidente, que o acórdão recorrido acolheu integralmente os fundamentos da sentença que, por sua vez, entendeu inexistir interesse processual no presente feito, sob o entendimento de que "transcorreu mais de dois anos do indeferimento administrativo" e que se "deixou transcorrer um período de tempo além do razoável para socorrer-se da via judicial". Portanto, centrando-se o reconhecimento da ausência de interesse processual apenas no decurso de tempo entre a alegada lesão ao direito e o ajuizamento da ação, entendo que há, na verdade, reconhecimento de um instituto que, embora caracterizado pela decisão recorrida como interesse processual, reveste-se de perfeita identidade com a prescrição do fundo do direito ou com a própria decadência, tal como prevista no art. 103, da Lei nº 8.213/91, a impedir o enfrentamento do pedido de restabelecimento do benefício previdenciário. 11. Desse modo, fundando-se a extinção na prescrição do fundo do direito, há a similitude fática e jurídica a permitir o conhecimento do pedido, uma vez identificar-se, ao menos indiretamente, ofensa à Súmula 85 do STJ, considerando-se que, ao se adotar o entendimento esposado pelo acórdão recorrido, não haverá, jamais, a ocorrência, na hipótese, de prescrição quinquenal, já que o transcurso do prazo de dois anos sempre fulminará o interesse processual e, consequentemente, a análise do pedido. 12. Adentrando, pois, o mérito da questão, tem-se que o acórdão recorrido, ao entender que falta ao autor interesse processual*

por ter deixado escoar prazo razoável para ajuizar a ação, findou por fixar verdadeiro óbice ao próprio reconhecimento da existência do direito material vindicado pelo recorrente, a fechar-lhe, em definitivo, as portas do Estado-Juiz, fulminando a sua pretensão ou seu próprio direito, em situação em tudo e por tudo análoga à decadência ou prescrição. A falta do interesse processual, em sua principal vertente, qual seja, necessidade, implica justamente no reconhecimento da desnecessidade de o autor valer-se do Judiciário para alcançar o direito que diz possuir. No caso dos autos, a "falta de interesse" que restou por se reconhecer diz respeito ao próprio desinteresse da parte pelo direito material invocado em juízo, ante o transcurso do tempo, ultrapassando, portanto, os limites da questão processual, para enveredar no próprio âmbito do direito objeto do litígio, que, inegavelmente, restou fulminado pelo acórdão recorrido. 13. Ad argumentandum, é de se ver que a lei estabelece prazos decadenciais e prescricionais, não havendo de se confundir estes casos com os de ausência de interesse processual, não se podendo, pois, entender carecedor do direito de ação, pela falta desse interesse, o beneficiário que ingressou em juízo dentro desse prazo. Do contrário, estar-se-ia fixando, sem previsão legal e sob a roupagem da falta de interesse processual (carência de ação), prazo que findaria por sempre impedir o enfrentamento do pedido, em julgamento com força de definitividade, portanto, de mérito. 14. É, pois, de se prover o recurso sob o entendimento que, no caso, não configura ausência de interesse processual o decurso de mais de dois anos entre o indeferimento administrativo ou cessação do benefício previdenciário e o ajuizamento da ação, prevalecendo o disposto na Súmula nº 85, anulando-se o acórdão e a sentença para que outra seja proferida, observados os termos desta decisão. 15. Incidente de Uniformização conhecido e provido.".

PEDILEF 00097601620074036302 PEDIDO DE UNIFORMIZAÇÃO DE INTERPRETAÇÃO DE LEI FEDERAL.

Relator(a) JUIZ FEDERAL SÉRGIO MURILO WANDERLEY QUEIROGA Sigla do órgão TNU – Data da Decisão 10/09/2014 – Data da Publicação DOU 24/10/2014.

Não se pode deixar de registrar a posição do STF quanto à necessidade do prévio requerimento administrativo:

"AÇÃO PERANTE O INSS E PRÉVIO REQUERIMENTO ADMINISTRATIVO

...4 – A exigibilidade de prévio requerimento administrativo como condição para o regular exercício do direito de ação, para que se postule judicialmente a concessão de benefício previdenciário, não ofende o art. 5º, XXXV, da CF ("XXXV – a lei não excluirá da apreciação do Poder Judiciário lesão ou ameaça a direito"). Esse o entendimento do Plenário, que, em conclusão de julgamento e por maioria, proveu parcialmente recurso extraordinário em que discutida a possibilidade de propositura de ação judicial para pleitear aposentadoria rural por idade, por parte de segurada que não formulara prévio requerimento administrativo — v. Informativo 756. Preliminarmente, por maioria, o Colegiado conheceu do recurso. Vencida, no ponto, a Ministra Rosa Weber, que entendia cuidar-se de ofensa meramente reflexa à Constituição. No mérito, o Colegiado asseverou que, na situação dos autos, para se caracterizar a presença de interesse em agir, seria preciso haver necessidade de ir a juízo. Reputou que a concessão de benefício previdenciário dependeria de requerimento do interessado, e não se caracterizaria ameaça ou lesão a direito antes de sua apreciação e eventual indeferimento pelo INSS, ou se o órgão não oferecesse resposta após 45 dias. Ressalvou que a exigência de prévio requerimento não se confundiria, entretanto, com o exaurimento das vias administrativas. Consignou, ainda, que a exigência de prévio requerimento administrativo não deveria prevalecer quando o entendimento da Administração fosse notório e reiteradamente contrário à postulação do segurado. **Acresceu que, nas hipóteses de pretensão de revisão, restabelecimento ou manutenção de benefício anteriormente concedido — uma vez que o INSS teria o dever legal de conceder a prestação mais vantajosa possível — o pedido poderia ser formulado diretamente em juízo, porque nesses casos a conduta do INSS já configuraria o não acolhimento da pretensão.**

5 – Em seguida, o Plenário ponderou que, tendo em vista a prolongada oscilação jurisprudencial na matéria, inclusive no STF, dever-se-ia estabelecer uma fórmula de transição, para lidar com as ações em curso. Quanto aos processos iniciados até a data da sessão de julgamento, sem que tivesse havido prévio requerimento administrativo nas hipóteses em que exigível, seria observado o seguinte: a) caso o processo corresse no âmbito de Juizado Itinerante, a ausência de anterior pedido administrativo não deveria implicar a extinção do feito; b) caso o INSS já tivesse apresentado contestação de mérito, estaria caracterizado o interesse em agir pela resistência à pretensão; c) caso não se enquadrassem nos itens "a" e "b" as demais ações ficariam sobrestadas. Nas ações sobrestadas, o autor seria intimado a dar entrada no pedido administrativo em 30 dias, sob pena de extinção do processo. Comprovada a postulação administrativa, o INSS seria intimado a se manifestar acerca do pedido em até 90 dias, prazo dentro do qual a Autarquia deveria colher todas as provas eventualmente necessárias e proferir decisão. Acolhido administrativamente o pedido, ou se não pudesse ter o seu mérito analisado por motivos imputáveis ao próprio requerente, extinguir-se-ia a ação. Do contrário, estaria caracterizado o interesse em agir e o feito deveria prosseguir. Em todas as situações descritas nos itens "a", "b" e "c", tanto a análise administrativa quanto a judicial deveriam levar em conta a data do início do processo como data de entrada do requerimento, para todos os efeitos legais. Vencidos os Ministros Marco Aurélio e Cármen Lúcia, que desproviam o recurso. Assinalavam que o art. 5º, XXXV, da CF, não poderia se submeter a condicionantes. Vencida, em menor extensão, a Ministra Rosa Weber, que não subscrevia a fórmula de transição proposta. RE 631240/MG, rel. Min. Roberto Barroso, 3.9.2014. (RE-631240) (Informativo nº 757, Plenário, Repercussão Geral).

Alternativa "b": incorreta. A relativização do formalismo processual nas ações previdenciárias, que têm nítido caráter social, **não** permite que o segurado interponha recurso perante o juizado especial federal sem estar representado por advogado, nos termos do art. 41, § 2º, da Lei nº 9.099/95.

Alternativa "e": incorreta. O MP federal deve intervir obrigatoriamente nas ações previdenciárias que envolvam interesse de menores incapazes, sob pena de nulidade da sentença proferida no juizado especial federal.

O só fato de ser pessoa idosa não denota parâmetro suficiente para caracterizar a relevância social a exigir a intervenção do Ministério Público. Deve haver comprovação da situação de risco, conforme os termos do art. 43 da Lei 10.741/03, sob pena de obrigatória intervenção do MP, de forma indiscriminada, como "custos legis" em toda em qualquer demanda judicial que envolva idoso[42].

14. BENEFÍCIO DE PRESTAÇÃO CONTINUADA DA ASSISTÊNCIA SOCIAL

171. (Cespe – Juiz Federal – TRF 5/2017) – O benefício de prestação continuada concedido a pessoa com deficiência será suspenso no caso de o beneficiário

a) receber a título de herança patrimônio capaz de prover sua manutenção.

b) ser acolhido por instituição assistencial pública ou particular,como, por exemplo, abrigo ou instituição congênere.

c) receber imóvel para fixação de residência, mediante doação de programa social concedido pelo poder público.

d) completar dois anos de recebimento do benefício.

e) passar a exercer atividade remunerada na condição de aprendiz.

42 . REsp 1.235.375, rel. Min. Gilson Dipp, 12.4.11. 5ª T. (Informativo nº 469).

COMENTÁRIOS

Alternativa correta: "a". O benefício de prestação continuada da assistência social é concedido ao idoso e à pessoa com deficiência que comprovem não terem condições de prover sua manutenção ou de tê-la provida por sua família.

No caso apresentado, a pessoa com deficiência deixará de ter necessidade do benefício assistencial por ter recebido patrimônio capaz de prover sua manutenção.

Alternativa "b": incorreta. O fato de o beneficiário do BPC-LOAS estar internado em abrigos ou instituições congêneres não impede que o idoso ou a pessoa com deficiência recebam esse benefício assistencial.

Alternativa "c": incorreta. O fato de receber imóvel para residência não configura condição necessária para a suspensão ou cessação do benefício assistencial.

Alternativa "d": incorreta. O benefício assistencial será pago enquanto durar as condições que ensejaram a sua concessão.

Alternativa "e": incorreta. A pessoa com deficiência que for exercer atividade remunerada na condição de aprendiz não terá o seu benefício assistencial suspenso ou cancelado imediatamente. Poderá ficar recebendo o benefício assistencial e a remuneração como aprendiz por até 02 anos. Ultrapassado esse prazo, se continuar a exercer a atividade como aprendiz, terá o benefício suspenso.

172. (Cespe – Defensor Público – RN/2015) – Em consonância com o entendimento do STJ, assinale a opção correta no que concerne à LOAS.

a) A aposentadoria no valor de um salário mínimo percebida por idoso integrante do grupo familiar deve ser incluída no cálculo da renda familiar per capita, para fins de apuração da condição de miserabilidade, a qual constitui requisito para a concessão do benefício assistencial previsto na LOAS.

b) O direito à concessão do benefício assistencial da LOAS pode ser exercido a qualquer tempo, não havendo prescrição do fundo de direito quando a autarquia previdenciária nega a concessão do benefício na via administrativa.

c) Caso questione em juízo o cancelamento unilateral de benefício previdenciário de pessoa hipossuficiente, a DP não agirá em consonância com a jurisprudência sobre o tema, pois, constatada a irregularidade na concessão do benefício, a autarquia previdenciária não estará obrigada a conceder a oportunidade para o exercício do contraditório e da ampla defesa.

d) A DP, ao questionar judicialmente o indeferimento da concessão do benefício de prestação continuada a pessoa com deficiência hipossuficiente, deve comprovar, por outros meios, que essa pessoa não tem condições de prover a própria manutenção, já que a comprovação da renda per capita inferior a um quarto do salário mínimo não é suficiente para presumir a miserabilidade.

e) Caso o salário de contribuição de um segurado supere o valor legalmente fixado como critério de baixa renda, eventual ação judicial movida pela DP para a obtenção do auxílio-reclusão não terá êxito, pois a jurisprudência não admite, para a concessão do referido benefício, que o julgador flexibilize o critério econômico para o deferimento do benefício.

COMENTÁRIOS

Alternativa correta: "b". Quando o benefício for concedido administrativamente, o benefício será devido a partir da entrada do requerimento. Se negado na via administrava e concedido judicialmente, será concedido com data de início a data em que foi requerido junto ao INSS, na data do requerimento administrativo.

Alternativa "a": incorreta. A aposentadoria no valor de um salário mínimo percebida por idoso integrante do grupo familiar **não será incluída** no cálculo da renda familiar per capita, para fins de apuração da condição de miserabilidade, a qual constitui requisito para a concessão do benefício assistencial previsto na LOAS.

O Estatuto do Idoso em seu art. 34, parágrafo único, veda a utilização do BPC concedido ao idoso no cálculo da renda familiar per capita a que se refere a LOAS.

O Decreto nº 6.214/2007 que regulamenta o BPC-LOAS dispõe sobre a questão no parágrafo único do art. 19:

> *"Parágrafo único. O valor do Benefício de Prestação Continuada concedido a idoso não será computado no cálculo da renda mensal bruta familiar a que se refere o inciso VI do art. 4º, para fins de concessão do Benefício de Prestação Continuada a outro idoso da mesma família."*

O STJ, por sua vez, estendeu esse entendimento quanto aos benefícios previdenciários de valor mínimo recebidos por idosos, vedando a sua inclusão no cálculo da renda familiar per capita, para fins de apuração da condição de miserabilidade do requerente do BPC-LOAS.

> **"PROCESSUAL CIVIL. PREVIDENCIÁRIO. AGRAVO REGIMENTAL NO AGRAVO EM RECURSO ESPECIAL.BENEFÍCIO ASSISTENCIAL. RENDA PER CAPITA FAMILIAR. EXCLUSÃO DO BENEFÍCIO PREVIDENCIÁRIO NO VALOR DE UM SALÁRIO MÍNIMO RECEBIDO POR IDOSO QUE FAÇA PARTE DO NÚCLEO FAMILIAR. APLICAÇÃO, POR ANALOGIA, DO ART. 34, PARÁGRAFO ÚNICO, DA LEI N. 10.741/03 (ESTATUTO DO IDOSO). ENTENDIMENTO ASSENTADO NO JULGAMENTO DO RESP N. 1.355.052/SP, JULGADO SOB O RITO DO ART. 543-C DO CPC.**
>
> *1. A Primeira Seção, no julgamento do REsp n. 1.355.052/SP, sob o regime dos recursos repetitivos do artigo 543-C do Código de Processo Civil, firmou o entendimento de que: "Aplica-se o parágrafo único do artigo 34 do Estatuto do Idoso (Lei n. 10.741/03), por analogia, a pedido de benefício assistencial feito por pessoa com deficiência a fim de que benefício previdenciário recebido por idoso, no valor de um salário mínimo, não seja computado no cálculo da renda per capita prevista no artigo 20, § 3º, da Lei n. 8.742/93".*
>
> *2. Agravo regimental não provido." AgRg no AREsp 332275/PR. Relator Ministro Benedito Gonçalves, 1ª Turma, DJ 24/11/2015, DJe 07/12/2015.*

Alternativa "c": incorreta. Caso questione em juízo o cancelamento unilateral de benefício previdenciário de pessoa hipossuficiente, a Defensoria Pública agirá em consonância com a jurisprudência sobre o tema, pois, constatada a irregularidade na concessão do benefício, a autarquia previdenciária está obrigada a conceder a oportunidade para o exercício do contraditório e da ampla defesa.

O benefício não poderá ser cancelado sem que o interessado tenha ciência e lhe seja dado prazo para apresentar defesa. O Decreto nº 6.214/2007 que regulamenta o BPC-LOAS define em seu art. 47 os procedimentos que devem ser tomados:

> *"Art. 47. O Benefício de Prestação Continuada será suspenso se identificada qualquer irregularidade na sua concessão ou manutenção, ou se verificada a não continuidade das condições que deram origem ao benefício.*
>
> *§ 1º Ocorrendo as situações previstas no **caput** será concedido ao interessado o prazo de dez dias, mediante notificação por via postal com aviso de recebimento, para oferecer defesa, provas ou documentos de que dispuser.*
>
> *§ 2º Na impossibilidade de notificação do beneficiário por via postal com aviso de recebimento, deverá ser efetuada notificação por edital e concedido o prazo de quinze dias, contado a partir do primeiro dia útil seguinte ao dia da publicação, para apresentação de defesa, provas ou documentos pelo interessado.*
>
> *§ 3º O edital a que se refere o § 2º deverá ser publicado em jornal de grande circulação na localidade do domicílio do beneficiário*
>
> *§ 4º Esgotados os prazos de que tratam os §§ 1º e 2º sem manifestação do interessado ou não sendo a defesa acolhida, será suspenso o pagamento do benefício e, notificado o beneficiário, será aberto o prazo de trinta dias para interposição de recurso à*

Junta de Recursos do Conselho de Recursos da Previdência Social[43].

§ 5º Decorrido o prazo concedido para interposição de recurso sem manifestação do beneficiário, ou caso não seja o recurso provido, o benefício será cessado, comunicando-se a decisão ao interessado."

Alternativa "d": incorreta. Pegadinha!!! A comprovação da renda familiar per capita inferior é critério objetivo, capaz de comprovar a condição de miserabilidade do interessado a obter o benefício de prestação continuada da LOAS no valor de 01 salário mínimo.

Alternativa "e": incorreta. Segundo entendimento recente do STJ, houve a flexibilização em relação à análise da renda do segurado para fins de concessão do benefício de auxílio-reclusão. Confira:

"DIREITO PREVIDENCIÁRIO. CRITÉRIO ECONÔMICO PARA CONCESSÃO DO AUXÍLIO-RECLUSÃO.

*Na análise de concessão do auxílio-reclusão a que se refere o art. 80 da Lei 8.213/1991, o fato de o recluso que mantenha a condição de segurado pelo RGPS (art. 15 da Lei 8.213/1991) estar desempregado ou sem renda no momento do recolhimento à prisão indica o atendimento ao requisito econômico da baixa renda, independentemente do valor do último salário de contribuição. Inicialmente, cumpre ressaltar que o Estado entendeu por bem amparar os que dependem do segurado preso e definiu como critério econômico para a concessão do benefício a baixa renda do segurado (art. 201, IV, da CF). Diante disso, a EC 20/1998 estipulou um valor fixo como critério de baixa renda que todos os anos é corrigido pelo Ministério da Previdência Social. De fato, o art. 80 da Lei 8.213/1991 determina que o auxílio-reclusão será devido quando o segurado recolhido à prisão "não receber remuneração da empresa". Da mesma forma, ao regulamentar a concessão do benefício, o § 1º do art. 116 do Decreto 3.048/1999 estipula que "é devido auxílio-reclusão aos dependentes do segurado quando não houver salário de contribuição na data do seu efetivo recolhimento à prisão, desde que mantida a qualidade de segurado". É certo que o critério econômico da renda deve ser constatado no momento da reclusão, pois é nele que os dependentes sofrem o baque da perda do provedor. Ressalte-se que a jurisprudência do STJ assentou posição de que os requisitos para a concessão do benefício devem ser verificados no momento do recolhimento à prisão, em observância ao princípio tempus regit actum ".(AgRg no REsp 831.251-RS, Sexta Turma, DJe 23/5/2011; REsp 760.767-SC, Quinta Turma, DJ 24/10/2005; e REsp 395.816-SP, Sexta Turma, DJ 2/9/2002).*REsp 1.480.461-SP, *Rel. Min. Herman Benjamin, julgado em 23/9/2014. (Informativo nº 550).*

43 Com a Lei nº 13.341/2016, passou a ser denominado de Conselho de Recursos do Seguro Social(CRSS).

---

173. (CESPE – Procurador Federal/2013) – Considerando os termos das Leis n° 8.212/1991 e n. 8.213/1991, bem como o que dispõem a LOAS e o Estatuto do Idoso, julgue o próximo item.

– Ao idoso que tenha, no mínimo, sessenta e cinco anos de idade e que não possua meios de prover sua subsistência ou de a ter provida por sua família, será assegurado o benefício de prestação continuada previsto na LOAS, no valor de um salário mínimo.

COMENTÁRIOS

O item está correto. O art. 203, inciso V, da Constituição Federal assim dispõe. A idade mínima de 65 anos é fixada pela Lei nº 8.742/93, com redação trazida pela Lei nº 12.435/2011.

---

174. (CESPE – Procurador Federal/2013) – Considerando os termos das Leis n° 8.212/1991 e n. 8.213/1991, bem como o que dispõem a LOAS e o Estatuto do Idoso, julgue o próximo item.

– Para fins de concessão do benefício de prestação continuada previsto na LOAS, a família é composta pelo requerente, o cônjuge ou companheiro, os pais, os irmãos solteiros e os filhos, ainda que eles não vivam sob o mesmo teto.

COMENTÁRIOS

O item está errado. O art. 20, § 1º, da LOAS assim dispõe:

"Para os efeitos do disposto no caput, a família é composta pelo requerente, o cônjuge ou companheiro, os pais e, na ausência de um deles, a madrasta ou o padrasto, os irmãos solteiros, os filhos e enteados solteiros e os menores tutelados, desde que vivam sob o mesmo teto."

Assim, é certo que pessoas da família que não vivem sob o mesmo teto com o idoso ou com o deficiente não integram o conceito de família.

15. DA APOSENTADORIA E DA PENSÃO DO SERVIDOR PÚBLICO

- Constituição Federal: arts: 40 e 149.
- Lei nº 9.717/98
- Lei nº 10.887/04
- Lei nº 12.618/2012.

---

175. (Cespe – Procurador do Estado – PGE – SE/2017) – De acordo com o RPPS, julgue os itens a seguir.

I – O tempo de serviço em atividade privada vinculada à previdência social será contado somente para efeito de aposentadoria e disponibilidade.

II – A concessão de aposentadoria por invalidez permanente ao servidor independe do cumprimento de tempo mínimo de efetivo exercício no serviço público.

III – Mesmo quando cumpridos os requisitos para o recebimento de aposentadoria no RPPS e no RGPS, é vedado o recebimento cumulativo de proventos oriundos dos dois regimes.

IV – Os proventos de aposentadorias e pensões concedidas pelo RPPS são sempre imunes à incidência de contribuição.

Estão certos apenas os itens

a) I e II.

b) I e III.

c) II e III.

d) II e IV.

e) III e IV.

COMENTÁRIOS

Alternativa correta: "a". Os itens I e II estão certos.

Item I: correto. É o que está previsto no art. 40, §9º, da Constituição Federal:

> *"O tempo de contribuição federal, estadual ou municipal será contado para efeito de aposentadoria e o tempo de serviço correspondente para efeito de disponibilidade."*

Item II: correto. Em caso de invalidez permanente, o servidor será aposentado por invalidez com proventos proporcionais ao tempo de contribuição.

Essa regra é abrandada quando a invalidez decorrer de acidente em serviço, moléstia profissional ou doença grave, contagiosa ou incurável, na forma da lei.

Item III: errado. Não é vedado o recebimento de aposentadorias pagas pelo RGPS e pelo RPPS. Basta que a pessoa seja segurada obrigatória nos dois regimes e cumpra os requisitos da aposentadoria nos dois regimes.

Item IV: errado. São os proventos de aposentadorias e pensões concedidas pelo RGPS que estarão sempre imunes à incidência de contribuição. É o que prevê o art, 195, II, da Constituição Federal.

Os regimes próprios de previdência social são custeados, também, com as contribuições de servidores inativos e pensionistas.

---

176. (Cespe – Juiz Federal – TRF 5/2017) – Armando, nascido em 10/8/1974, começou a trabalhar aos dez anos de idade, com seus pais e irmãos, em uma pequena propriedade rural, em regime de economia familiar, no interior do nordeste brasileiro. Em 1995, Armando mudou-se para Recife - PE e foi trabalhar como empregado em uma indústria alimentícia, até 2002. Posteriormente, Armando ingressou no serviço público federal, vinculando-se ao regime próprio de previdência social (RPPS).

Acerca do reconhecimento de filiação ao regime geral de previdência social (RGPS) do período trabalhado por Armando em regime de economia familiar, e da obtenção da contagem recíproca de tempo de serviço, assinale a opção correta.

a) Poderá ser reconhecida a filiação somente a partir dos quatorze anos e até os dezoito anos de idade, e poderá fazer uso da contagem recíproca de tempo de serviço independentemente do recolhimento da contribuição previdenciária referente ao período trabalhado em regime de economia familiar.

b) Poderá ser reconhecida a filiação somente a partir dos dezesseis anos e até os dezoito anos de idade, se comprovado o recolhimento da contribuição previdenciária do período em que exerceu o trabalho em regime de economia familiar, ou se promovido o seu recolhimento a qualquer tempo.

c) Poderá ser reconhecida a filiação somente a partir dos dezoito anos e até os vinte anos de idade, desde que comprovado o recolhimento da contribuição previdenciária no período em que trabalhava em regime de economia familiar.

d) Poderá ser reconhecida a filiação do período entre os dez e os dezoito anos de idade, enquanto exerceu atividade em regime de economia familiar, se comprovado o recolhimento contemporâneo da contribuição previdenciária do período em que exerceu o trabalho em regime de economia familiar.

e) Poderá ser reconhecida a filiação a partir dos doze anos de idade, enquanto exerceu atividade em regime de economia familiar, e poderá fazer uso da contagem recíproca de tempo de serviço caso promova o recolhimento das contribuições desse período a título de indenização.

COMENTÁRIOS

Alternativa correta: "e". A jurisprudência tem aceitado contar como tempo de exercício rural e sua conversão para tempo de contribuição, o trabalho rural desenvolvido por segurado especial a partir dos 12 anos de idade.

Se o tempo de trabalho rural for contado para fins de contagem recíproca em regime próprio de previdência social, terá que o servidor comprovar o recolhimento das contribuições.

Veja o que diz a súmula nº 10 da Turma Nacional de Jurisprudência dos Juizados Especiais Federais (TNU):

"O tempo de serviço rural anterior à vigência da Lei nº 8.213/91 pode ser utilizado para fins de contagem recíproca, assim entendida aquela que soma tempo de atividade privada, rural ou urbana, ao de serviço público estatutário, desde que sejam recolhidas as respectivas contribuições previdenciárias."

Confira, também, posição do STJ:

"AÇÃO RESCISÓRIA. PREVIDENCIÁRIO. AVERBAÇÃO DE TEMPO DE SERVIÇO RURAL PRESTADO EM REGIME DE ECONOMIA FAMILIAR ENTRE 12 E 14 ANOS DE IDADE PARA FINS PREVIDENCIÁRIOS. AUSÊNCIA DOS REQUISITOS LEGAIS PARA A RESCISÃO DO JULGADO. PEDIDO IMPROCEDENTE.

1. Conforme orientação jurisprudencial do STJ, na Ação Rescisória fundada no inciso V do art. 485 do CPC/73, vigente no momento da data da publicação do provimento jurisdicional impugnado, a violação de lei deve ser literal, direta, evidente, dispensando o reexame dos fatos da causa, sendo vedado, para tanto, qualquer tipo de inovação argumentativa.

2. A matéria relativa à necessidade de recolhimento das contribuições previdenciárias relativas ao período de exercício de labor rural para fins de contagem recíproca somente foi suscitada pelo INSS em alegações finais, após a apresentação da contestação, não tendo o réu consentido com essa inovação, motivo pelo qual é incabível a apreciação dessa alegação, nos termos do art. 264 do CPC/73, vigente no momento do ajuizamento da ação rescisória.

3. O STJ firmou o entendimento segundo o qual é admitido o cômputo do labor rural prestado em regime de economia familiar a partir dos 12 anos de idade para fins previdenciários.

4. Pedido rescisório improcedente." AR 3.554/RS, Rel. Ministro Antônio Saldanha Palheiro, STJ, 3ª Seção, jul. 28/09/2016, Dje 04/10/2016.

As demais alternativas estão incorretas, conforme explicação no comentário acima.

---

177. (Cespe – Procurador do Estado – PGE – SE/2017) – A respeito das reformas e regras atinentes ao RGPS e ao RPPS, assinale a opção correta.

a) No RPPS, apesar do advento de emendas constitucionais que reformaram regras de concessão e de cálculo de benefícios, ficou mantido o direito à paridade remuneratória entre ativos e inativos.

b) É viável a criação, majoração ou extensão, por lei, de benefícios e serviços da seguridade social, desde que apresentada a fonte de seu custeio total.

c) É vedada, em ambos os regimes previdenciários e sem ressalvas, a adoção de requisitos e critérios diferenciados para a concessão de aposentadorias.

d) É garantido, no âmbito do direito previdenciário, o direito adquirido a regime jurídico previdenciário.

e) A pensão por morte, no RGPS, passou a ser devida em caráter vitalício ao cônjuge/companheiro do segurado, independentemente do tempo de contribuição do falecido.

COMENTÁRIOS

Alternativa correta: "b". É o que se verifica pelo disposto no §5º do art. 195 da Constituição Federal. Trata-se do princípio da pré-existência do custeio ou princípio da contrapartida.

Alternativa "a": incorreta. O direito à paridade remuneratória entre os servidores ativos e inativos restou extinto para os servidores que ingressarem no serviço público após a publicação da Emenda Constitucional nº 41/2003.

Conforme dispõe o §3º do art. 40 da Constituição Federal, "para o cálculo dos proventos de aposentadoria, por ocasião da sua concessão, serão consideradas as remunerações utilizadas como base para as contribuições do servidor aos regimes de previdência" próprio e geral, na forma da lei.

Com o fim da paridade, restou assegurado o reajustamento dos benefícios para preservar-lhes, em caráter permanente, o valor real, conforme critérios estabelecidos em lei.

Alternativa "c": incorreta. A regra é que é vedada a adoção de requisitos diferenciados para a concessão de aposentadoria aos segurados do RGPS e dos regimes próprios de previdência social.

Em relação ao RGPS, há exceção prevista no §1º do art. 201 da Constituição Federal:

"É vedada a adoção de requisitos e critérios diferenciados para a concessão de aposentadoria aos beneficiários do regime geral de previdência social, ressalvados os casos de atividades exercidas sob condições especiais que prejudiquem a saúde ou a integridade física e quando se tratar de segurados portadores de deficiência, nos termos definidos em lei complementar."

No que diz respeito aos regimes próprios de previdência social, dispõe o § 4º do art. 40 da Constituição Federal:

> *"É vedada a adoção de requisitos e critérios diferenciados para a concessão de aposentadoria aos abrangidos pelo regime de que trata este artigo, ressalvados, nos termos definidos em leis complementares, os casos de servidores:*
>
> *I – portadores de deficiência;*
>
> *II – que exerçam atividades de risco;*
>
> *III – cujas atividades sejam exercidas sob condições especiais que prejudiquem a saúde ou a integridade física."*

Assim, nos casos de servidores com deficiência, que exerçam atividades de risco ou atividades sob condições especiais que prejudiquem a saúde ou a integridade física, poderão ser adotados requisitos e critérios diferenciados para a concessão de aposentadoria. Esses critérios devem ser definidos por lei complementar.

Alternativa "d": incorreta. No âmbito do direito previdenciário, não é garantido o direito adquirido a regime jurídico previdenciário. Aplica-se a lei vigente no momento que são preenchidos os requisitos para a obtenção do benefício.

Alternativa "e": incorreta. Pelo contrário, a pensão por morte concedida pelo RGPS deixou de ser vitalícia para todos os cônjuges e companheiros.

Com a nova redação da Lei nº 8.213/91, trazida pela Lei nº 13.135/2015, no caso do cônjuge, do companheiro ou da companheira, o benefício será concedido:

a) por 04 meses, se o segurado não tiver 18 ou mais contribuições mensais ou se o casamento ou a união estável tiverem sido iniciados há menos de 02 anos da data do óbito/reclusão do segurado;

b) segundo a tabela abaixo, se o segurado **tiver** 18 ou mais contribuições e o casamento ou a união estável tiverem sido iniciados, há pelo menos, 02 anos da data do óbito do segurado, **ou então**, se a morte decorrer de acidente de qualquer natureza ou causa ou de doença profissional ou do trabalho, **mesmo não havendo 18 contribuições do segurado e 02 anos, pelo menos, de casamento ou união estável até a data do óbito.**

Idade cônjuge, companheiro ou companheira, em anos	Duração do benefício de pensão por morte (em anos)
Menos de 21	3
Entre 21 e 26	6
Entre 27 e 29	10
Entre 30 e 40	15
Entre 41 e 43	20
Com 44 ou mais	Vitalícia

c) até cessar a invalidez ou afastar a deficiência, quando se tratar de inválido ou deficiente, garantidos, no mínimo, os prazos mencionados nas letras "a" e "b".

---

178. (Cespe – Analista de Controle – Área Jurídica – TCE – PR/2016) – O regime próprio de previdência social (RPPS) é o regime de previdência estabelecido para os servidores de cargo efetivo no âmbito da União, dos estados, do Distrito Federal e dos municípios. A respeito do RPPS, assinale a opção correta.

a) Se determinado município deixa de instituir o seu RPPS, seus servidores efetivos vinculam-se ao RPPS do estado.

b) Impôs o STF que o julgamento, pelo Tribunal de Contas, da ilegalidade de aposentadoria pelo RPPS importa a devolução dos valores recebidos, ainda que configurada a boa-fé.

c) Conforme o entendimento do STF, a vedação constitucional à percepção de mais de uma aposentadoria à conta do RPPS não se estende à percepção de duas pensões por morte em favor dos dependentes do servidor falecido.

d) A Constituição Federal de 1988 admite a incidência de contribuição previdenciária sobre a totalidade do benefício percebido por aposentado por invalidez pelo RPPS.

e) Pode-se instituir contribuição previdenciária sobre aposentadorias e pensões por meio de lei estadual, independentemente de previsão na Constituição do estado.

COMENTÁRIOS

Alternativa correta: "e". É que o art. 149, §2º, da Constituição Federal outorga a competência aos estados, ao Distrito Federal e aos Municípios para instituírem contribuição para custeio do regime próprio de previdência dos servidores públicos que ocupam cargo efetivo, nos temos do art. 40 Carta Magna.

A Constituição Federal permite que a contribuição previdenciária incida sobre os proventos de aposentadoria e pensão pagos pelo regime próprio de previdência social.

Alternativa "a": incorreta. Se determinado município deixa de instituir o seu RPPS, seus servidores efetivos vinculam-se ao regime geral de previdência social (RGPS).

Alternativa "b": incorreta. Quando se tratar de recebimento de boa-fé de aposentadoria paga pelo RPPS, não há que se falar em devolução dos valores recebidos quando o Tribunal de Constas reconhecer a ilegalidade da aposentadoria. Segundo entendimento do STF o julgamento, pelo Tribunal de Contas, da ilegalidade de aposentadoria pelo RPPS importa a devolução dos valores recebidos nos casos de comprovada **má-fé.**

> **"CONSTITUCIONAL E ADMINISTRATIVO. AGRAVOS REGIMENTAIS EM MANDADO DE SEGURANÇA. TRIBUNAL DE CONTAS DA UNIÃO. APOSENTADORIA. EXAME. DECADÊNCIA. NÃO CONFIGURAÇÃO. DIREITO AO PAGAMENTO DA UNIDADE DE REFERÊNCIA E PADRÃO – URP DE 26,05%, INCLUSIVE PARA O FUTURO, RECONHECIDO POR SENTENÇA TRANSITADA EM JULGADO. PERDA DA EFICÁCIA VINCULANTE DA DECISÃO JUDICIAL, EM RAZÃO DA SUPERVENIENTE ALTERAÇÃO DOS PRESSUPOSTOS FÁTICOS E JURÍDICOS QUE LHE DERAM SUPORTE. INEXISTÊNCIA DE OFENSA À GARANTIA DA COISA JULGADA, DA**

SEGURANÇA JURÍDICA, DA BOA-FÉ E DA SEPARAÇÃO DOS PODERES. DEVOLUÇÃO DAS VERBAS PERCEBIDAS. IMPOSSIBILIDADE.

1. Nos termos da jurisprudência do STF, o ato de concessão de aposentadoria é complexo, aperfeiçoando-se somente após a sua apreciação pelo Tribunal de Contas da União, sendo, desta forma, inaplicável o art. 54, da Lei nº 9.784/1999, para os casos em que o TCU examina a legalidade do ato de concessão inicial de aposentadoria, reforma e pensão.

2. Inexiste afronta ao princípio da separação de poderes quando o TCU não desconstitui decisão advinda do Poder Judiciário, mas apenas emite interpretação quanto à modificação das condições fáticas que justificaram a prolação da sentença, exercendo o seu poder-dever de fiscalizar a legalidade das concessões.

3. A eficácia temporal da sentença, cuidando-se de relação jurídica de trato continuado, circunscreve-se aos pressupostos fáticos e jurídicos que lhe serviram de fundamento, não se verificando ofensa ao princípio da coisa julgada quando o TCU verifica mudanças no conjunto fático que deu suporte à decisão.

4. Não se constata ofensa aos princípios da segurança jurídica e da boa-fé quando a alteração do contexto fático implica alteração dos fundamentos pelos quais o próprio direito se constituiu.

5. Esta Corte decidiu, quando do julgamento do MS 25.430, que as verbas recebidas a título de URP, que havia sido incorporado à remuneração dos servidores e teve sua ilegalidade declarada pelo Tribunal de Contas da União, até o momento do julgamento, não terão que ser devolvidas, em função dos princípios da boa-fé e da segurança jurídica, tendo em conta expressiva mudança de jurisprudência relativamente à eventual ofensa à coisa julgada de parcela vencimental incorporada à remuneração por força de decisão judicial.

6. Agravos regimentais a que se nega provimento." <u>MS 27965 AgR</u>*/DF. Relator* **Min. E***dson Fachin* , *DJ* **15/03/2016, Primeira Turma,** *DJe 11/04/2016.*

Alternativa "c": incorreta. Conforme o entendimento do STF, a vedação constitucional à percepção de mais de uma aposentadoria à conta do RPPS **se estende** à percepção de duas pensões por morte em favor dos dependentes do servidor falecido.

Há exceção quando se tratar de cargos públicos acumuláveis, previstos pela própria Constituição Federal.

"CONSTITUCIONAL. SERVIDOR PÚBLICO APOSENTADO. REINGRESSO NO SERVIÇO PÚBLICO ANTES DA EDIÇÃO DA EC 20/98 E FALECIMENTO POSTERIOR À EMENDA. DUPLA ACUMULAÇÃO DE PENSÕES POR MORTE. IMPOSSIBILIDADE. PRECEDENTES. RECURSO IMPROVIDO.

I – A Carta de 1988 veda a percepção simultânea de proventos de aposentadoria com remuneração de cargo, emprego ou função pública, ressalvadas hipóteses – inocorrentes na espécie – de cargos acumuláveis na forma da Constituição, cargos eletivos e cargos em comissão (art. 37, § 10, da Constituição).

II – Mesmo antes da EC 20/1998, a acumulação de proventos e vencimentos somente era admitida quando se tratasse de cargos, funções ou empregos acumuláveis na atividade, na forma permitida pela CF.

III – Com o advento da EC 20/98, que preservou a situação daqueles servidores que retornaram ao serviço público antes da sua promulgação, proibiu, em seu art. 11, a percepção de mais de uma aposentadoria pelo regime de previdência a que se refere o art. 40 da Constituição. IV – Se era proibida a percepção de dupla aposentadoria estatutária não há é possível cogitar-se de direito à segunda pensão, uma vez que o art. 40, § 7º, da Constituição subordinava tal benefício ao valor dos proventos a que o servidor faria jus. V – Recurso extraordinário conhecido e improvido." <u>RE 584388</u>**/SC – Relator Min***istro* **R***icardo* **L***ewandowski, DJ* **31/08/2011,Tribunal Pleno,** *DJe 27/09/2011. Repercussão Geral.*

Alternativa "d": incorreta. A contribuição previdenciária não incidirá sobre o valor total das aposentadorias e pensões pagas pelo RPPS. Incidirá sobre o valor que exceder o limite máximo estabelecido para os benefícios do regime geral de previdência social (RGPS). Caso o beneficiário seja portador de doença incapacitante, a contribuição incidirá sobre o valor que exceder o dobro do limite máximo estabelecido para os benefícios do RGPS.

---

179. (CESPE – Procurador do MP junto ao TCE-PB/2014) – Assinale a opção correta acerca dos regimes próprios de previdência dos servidores públicos e da previdência complementar.

a) O RPSS/PB está apto a instituir e conceder benefícios distintos daqueles previstos no RGPS, podendo tanto ampliar quanto suprimir benefícios.

b) Um dos critérios a serem observados pelos regimes próprios de previdência social dos servidores públicos dos estados da Federação é o da cobertura exclusiva a servidores públicos titulares de cargos efetivos e a militares, e a seus respectivos dependentes, vedado o pagamento de benefícios, mediante convênios ou consórcios, entre estados, entre estados e municípios e entre municípios.

c) A lei que limitou o valor dos benefícios previdenciários dos servidores públicos da União, dos estados, do DF e dos municípios instituiu o regime de previdência privada complementar obrigatório a esses servidores, que será organizado e mantido pelo respectivo ente estatal.

d) É vedado à União, aos estados, ao DF e aos municípios participar do custeio dos regimes próprios de previdência social dos seus segurados.

e) A Lei nº 9.717/1998 veda à União, aos estados, ao DF e aos municípios a alocação de recurso financeiro para cobrir eventuais insuficiências financeiras do respectivo regime próprio de previdência decorrentes do pagamento de benefícios previdenciários.

COMENTÁRIOS

Alternativa correta: "b". É exatamente o que dispõe o art. 1º, inciso V, da Lei nº 9.717/98, que trata sobre as regras gerais para a organização e o funcionamento dos regimes próprios de previdência social dos servidores públicos da União, dos Estados, do Distrito Federal e dos Municípios, dos militares e dos Estados e do Distrito Federal.

Alternativa "a": incorreta. Não poderá o RPSS/PB instituir e conceder benefícios distintos daqueles previstos no RGPS, uma vez que o art. 5º, da Lei 9.717/98 dispõe:

> *"Art. 5º Os regimes próprios de previdência social dos servidores públicos da União, dos Estados, do Distrito Federal e dos Municípios, dos militares dos Estados e do Distrito Federal não poderão conceder benefícios distintos dos previstos no Regime Geral de Previdência Social, de que trata a Lei nº 8.213, de 24 de julho de 1991, salvo disposição em contrário da Constituição Federal."*

Alternativa "c": incorreta. Não é a lei que limitou o valor dos benefícios previdenciários dos servidores públicos da União, dos estados, do DF e dos municípios ao valor máximo estabelecido para os benefícios do regime geral de previdência social. A Constituição Federal, no seu art. 40, § 14, é que traz essa possibilidade, desde que os entes federados instituam o regime de previdência complementar para os seus servidores.

O regime de previdência complementar, então, será instituído por lei de iniciativa do respectivo Poder Executivo, será facultativo e oferecerá aos respectivos participantes planos de benefícios somente na modalidade de contribuição definida. Será custeado com recursos dos servidores e do ente estatal, como patrocinador.

Alternativa "d": incorreta. O regime próprio de previdência social para os servidores ocupantes de cargo público efetivo da União, dos Estados, do Distrito Federal e dos Municípios, incluídas suas autarquias e fundações, possui caráter contributivo e solidário, mediante contribuição do respectivo ente público, dos servidores ativos e inativos e dos pensionistas. Assim, errado dizer que é vedado aos entes estatais participar do custeio do regime próprio de previdência social dos servidores.

Alternativa "e": incorreta. O art. 2º, § 1º, da Lei nº 9.717/1998 determina que a União, os Estados, o Distrito Federal e os Municípios são responsáveis pela cobertura de eventuais insuficiências financeiras do respectivo regime próprio, decorrentes do pagamento de benefícios previdenciários.

---

180. (CESPE - Procurador BACEN/2013) - Assinale a opção correta no que se refere à seguridade social do servidor público e ao RGPS.

a) O Programa de Integração Social (PIS) já existia, antes da promulgação da CF, como forma de custeio previdenciário incidente sobre o faturamento das empresas e, apesar de não ser previsto expressamente no texto constitucional, a jurisprudência o considera contribuição social.

b) Inclui-se na categoria de segurado facultativo do RGPS assessor contratado pelo BACEN para exercer cargo em comissão, visto que não possui vínculo efetivo com a administração pública nem integra regime próprio previdenciário.

c) O plano de seguridade social do servidor visa dar cobertura aos riscos a que ele e sua família estão sujeitos, compreendendo um conjunto de benefícios e ações que atendam a algumas finalidades, entre as quais, a proteção à adoção.

d) As ajudas de custo e as diárias recebidas durante a atividade laboral não são consideradas indenizações, mas remunerações, por isso integram o salário de contribuição para fins de custeio previdenciário.

e) Tão logo complete setenta anos de idade, o servidor público deverá procurar o setor de recursos humanos do órgão onde esteja lotado, para se manifestar sobre o desejo de aposentar-se imediatamente com proventos integrais, ou ser aposentado compulsoriamente com proventos proporcionais por ato declarado pela administração pública.

COMENTÁRIOS

✪ **Nota da Autora:** no que diz respeito à seguridade social do servidor público da União, deve-se atentar para o dispõe a Lei nº 8.112/90.

Alternativa correta: "c". Conforme dispõe o art. 184, da Lei nº 8.112/90, o Plano de Seguridade Social para os servidores públicos da União, suas autarquias e fundações visa a dar cobertura aos riscos a que estão sujeitos o servidor e sua família, e compreende um conjunto de benefícios e ações que atendam às seguintes finalidades:

> *"I - garantir meios de subsistência nos eventos de doença, invalidez, velhice, acidente em serviço, inatividade, falecimento e reclusão;*
>
> *II - proteção à maternidade, à adoção e à paternidade;*
>
> *III - assistência à saúde."*

Alternativa "a": incorreta. O Programa de Integração Social (PIS) já existia, antes da promulgação da CF,

mas não era para custear o sistema previdenciário. Ele foi recepcionado pela Constituição Federal, no seu art. 239, passando a financiar o programa do seguro-desemprego. O PIS ostenta, segundo a jurisprudência, natureza jurídica tributária, da espécie de contribuição da seguridade social[44].

Alternativa "b": incorreta. O assessor contratado pelo BACEN para exercer cargo em comissão e que não possui vínculo efetivo com a administração pública é enquadrado como segurado obrigatório no RGPS, na condição de empregado.

Alternativa "d": incorreta. As ajudas de custo e as diárias recebidas durante a atividade laboral são parcelas indenizatórias e, portanto, não integram o salário de contribuição para fins de custeio do sistema previdenciário.

Alternativa "e": incorreta. Conforme dispõe o art. 187, da Lei nº 8.112/90, **a aposentadoria compulsória será automática**, e declarada por ato, com vigência a partir do dia imediato àquele em que o servidor atingir a idade-limite de permanência no serviço ativo.

A aposentadoria compulsória dos servidores públicos ocorrerá aos 75 anos de idade, na forma de Lei Complementar nº 152/2015, com proventos proporcionais ao tempo de contribuição, sem exigir tempo mínimo de contribuição.

- Aos servidores do Serviço Exterior Brasileiro, regidos pela Lei nº 11.440, de 29 de dezembro de 2006, será aplicado progressivamente à razão de 1 (um) ano adicional de limite para aposentadoria compulsória ao fim de cada 2 (dois) anos, a partir da vigência desta Lei Complementar, até o limite de 75 (setenta e cinco) anos previsto no caput.
- A aposentadoria compulsória não exige tempo mínimo de contribuição, tampouco tempo mínimo de exercício efetivo no serviço público. Será concedida com proventos proporcionais ao tempo de contribuição.

---

181. (CESPE – Procurador do Ministério Público junto ao TCDF/2013) – Acerca de institutos diversos de direito previdenciário, julgue o item subsequente.

– É devida a conversão em pecúnia da licença-prêmio não gozada e não contada em dobro, quando da aposentadoria do servidor, sob pena de indevido locupletamento por parte da administração pública.

COMENTÁRIOS

O item está correto. Veja o julgado:

> *"De acordo com a orientação firmada neste Tribunal, o servidor que completou o tempo de serviço para usufruir da licença-prêmio em momento anterior à vigência da EC 20/1998, e não o fez, tem direito a computar em dobro o tempo correspondente à licença para fins de aposentadoria."*
>
> *(AI 725.444-AgR, Rel. Min. Joaquim Barbosa, julgamento em 7-2-2012, Segunda Turma, DJE de 23-2-2012.)*

---

182. (CESPE – Procurador do Ministério Público junto ao TCDF/2013) – Acerca de institutos diversos de direito previdenciário, julgue o item subsequente.

– É vedado o recebimento cumulado de dois benefícios de pensão por morte, mesmo no caso de benefícios por regimes de previdência distintos, devendo o beneficiário optar por um deles.

COMENTÁRIOS

O item está errado. Inicialmente, não pode o mesmo regime próprio de previdência conceder duas ou mais aposentadorias e pensões, salvo no caso de cargos acumuláveis.

Em relação a regimes previdenciários diversos – RGPS e RPPS – pode haver o recebimento cumulado de dois benefícios de pensão por morte, visto que há a possibilidade de um indivíduo ser segurado obrigatório nos dois regimes públicos de previdência, ao exercer atividade remunerada abrangida pelo RGPS e cargo público efetivo na União, Estado, Distrito Federal ou Município.

---

183. (CESPE – Procurador do Ministério Público junto ao TCDF/2013) – Acerca de institutos diversos de direito previdenciário, julgue o item subsequente.

– Considere que um servidor aposentado da Universidade de Brasília (UnB) ingresse em juízo, questionando o recolhimento, que entenda ser indevido, de contribuição previdenciária, a fim de suspender a cobrança e ter restituído o que lhe tiver sido descontado. Nesse caso, como a União é destinatária dos recursos referentes ao custeio das aposentadorias dos servidores públicos, caberá a ela, caso o autor tenha o pedido acolhido, restituir as parcelas indevidamente descontadas, e, devido ao fato de os descontos serem efetivados pela UnB, ambas deverão figurar no polo passivo da demanda, formando-se, assim, litisconsórcio necessário.

COMENTÁRIOS

Item correto. O regime próprio de previdência social da União abrange os servidores das autarquias federais. É a União a responsável pelo RPPS dos servidores públicos federais, sendo ela a destinatária dos recursos relativos ao custeio das aposentadorias.

Assim, caso o servidor aposentado da UnB ingresse com ação judicial para reaver os valores descontos a título de contribuição previdenciária que entende

---

44 RE 636941 / RS – RIO GRANDE DO SUL Recurso Extraordinário Relator(A): Min. Luiz Fux Julgamento: 13/02/2014 Órgão Julgador: Tribunal Pleno

indevidos, devem integrar o polo passivo da ação a União e a UnB.

184. (CESPE – Procurador do Ministério Público junto ao TCDF/2013) – Acerca de institutos diversos de direito previdenciário, julgue o item subsequente.

– Considere que um servidor do governo do DF tenha ingressado, mediante concurso público, na terceira classe do seu cargo e que, após cinco anos, tenha sido promovido à segunda classe, ocasião em que os requisitos de idade e tempo de contribuição para aposentadoria voluntária foram preenchidos. Nesse caso, o servidor não fará jus à aposentadoria com proventos relativos à segunda classe, pois se exige, ainda, o requisito mínimo de cinco anos na classe em que ele se encontra.

COMENTÁRIOS

✪ **Nota da Autora:** o servidor ocupante de cargo público efetivo poderá se aposentar voluntariamente, com proventos integrais ou proporcionais ao tempo de contribuição.

Para se aposentar com proventos proporcionais ao tempo de contribuição é necessário que o servidor cumpra:

- 65 (sessenta e cinco) anos de idade, se homem, e 60 (sessenta) anos, se mulher;
- tempo mínimo de 10 (dez) anos de efetivo exercício no serviço público;
- 05 (cinco) anos no cargo efetivo em que se dará a aposentadoria.

Para se aposentar com proventos integrais, é necessário que o servidor cumpra:

- 35 (trinta e cinco) anos de contribuição e 60 (sessenta) anos de idade, se homem;
- 30 (trinta) anos de contribuição e 55 (cinquenta e cinco) anos de idade, se mulher;
- tempo mínimo de 10 (dez) anos de efetivo exercício no serviço público;
- 05 (cinco) anos no cargo efetivo em que se dará a aposentadoria.

A assertiva está errada. Conforme os quadros acima, é necessário que o servidor tenha 05 anos no cargo efetivo em que se der a aposentadoria. Não é necessário que ele tenha 05 anos de serviço na classe em que se encontra no cargo.

No caso da questão, o servidor possui 05 anos no cargo em que se dará a aposentadoria e poderá ser aposentado com proventos relativos à segunda classe.

185. (CESPE – Procurador do Ministério Público junto ao TCDF/2013) – Acerca da seguridade social, julgue o item a seguir.

– A inclusão do cônjuge, pelo servidor público, como seu dependente para fins previdenciários independe da indicação de fonte de custeio.

COMENTÁRIOS

O item está correto. O cônjuge é dependente do servidor público para fins previdenciários, não havendo necessidade da indicação de fonte de custeio. Confira o julgado do STF:

> *"Servidor público. Associado obrigatório do instituto previdencial. Inclusão do cônjuge como dependente após a EC 20/1998. (...) Aplicabilidade direta e imediata do art. 201, V, da CF. (...) Independe da indicação de fonte de custeio, a inclusão do cônjuge, pelo servidor público, como seu dependente para fins previdenciários."*
>
> *(RE 207.282, Rel. Min. Cezar Peluso, julgamento em 2-3-2010, Segunda Turma, DJE de 19-3-2010.)*

186. (CESPE – Analista Judiciário – Área Judiciária – TRT 10/2013) – Cada um dos itens a seguir apresenta uma situação hipotética, seguida de uma assertiva a ser julgada com base nas disposições do direito previdenciário.

– Ana, que é servidora pública federal ocupante de cargo efetivo, no mês de dezembro de 2012, deu à luz de gêmeos. Nessa situação, Ana terá direito ao benefício denominado auxílio-maternidade, correspondente ao menor vencimento do serviço público federal por nascituro.

COMENTÁRIOS

✪ **Nota da Autora:** a servidora pública federal ocupante de cargo efetivo é segurada do regime próprio de previdência social da União e terá direito aos benefícios dispostos na legislação que rege a matéria. Os benefícios previdenciários dos servidores públicos federais estão dispostos no art. 185 da Lei nº 8.112/90 e podem ser identificados nas DICAS DE ESTUDO.

A assertiva está errada. De início, quando uma servidora pública federal der à luz ou adotar uma ou mais crianças, ela terá direito ao benefício chamado de licença à gestante ou à adotante, conforme o caso. Nesse caso, ela receberá durante a licença o valor equivalente a sua remuneração, conforme dispõe o art. 207 da Lei nº 8.112/90.

187. (CESPE – Juiz Federal Substituto 5ª Região/2013) – Acerca do regime previdenciário do servidor estatutário e de previdência complementar, assinale a opção correta.

a) O servidor público do sexo masculino que exerce o cargo de professor universitário tem direito de se aposentar aos cinquenta e cinco anos de idade e após trinta anos de contribuição, desde que cumprido tempo mínimo de dez anos de efetivo exercício no serviço público e de cinco anos no cargo efetivo em que se dará a aposentadoria.

b) É permitida a percepção de mais de uma aposentadoria à conta do regime de previdência, desde que decorrentes de cargos acumuláveis na atividade, não se aplicando aos servidores públicos nessa situação o teto salarial constitucionalmente previsto.

c) A concessão do benefício por morte será igual ao valor da totalidade dos proventos do servidor falecido, até o limite máximo estabelecido para os benefícios do regime geral de previdência social, acrescido de 70% do valor da parcela excedente a esse limite, caso o servidor esteja aposentado na data do óbito.

d) Incidirá contribuição sobre os proventos integrais de aposentadorias dos servidores públicos com percentual igual ao estabelecido para os servidores titulares de cargos efetivos, fazendo jus a um abono de permanência equivalente ao valor da sua contribuição previdenciária, porém, o servidor que, já tendo completado as exigências para aposentadoria voluntária, optar por permanecer em atividade.

e) Embora a CF permita que a União, os estados, o DF e os municípios instituam regime de previdência complementar para seus respectivos servidores titulares de cargo efetivo, ainda não foi editada lei, no âmbito do Poder Executivo federal, que regulasse a aplicação dessa norma aos novos servidores.

COMENTÁRIOS

Alternativa correta: "c". É o que dispõe o art. 40, § 7º, inciso I, da CF.

Alternativa "a": incorreta. O servidor público do sexo masculino que exercer o cargo de professor universitário não terá qualquer redução de tempo ou de idade para se aposentar. Ele terá direito de se aposentar aos **sessenta anos de idade** e após **trinta e cinco anos de contribuição**, desde que cumprido tempo mínimo de dez anos de efetivo exercício no serviço público e de cinco anos no cargo efetivo em que se dará a aposentadoria. Atendidos esses requisitos, poderá ter a aposentadoria voluntária com proventos integrais.

Alternativa "b": incorreta. É vedada a percepção de mais de uma aposentadoria à conta do regime próprio de previdência, exceto no caso de cargos acumuláveis permitidos pela Constituição Federal. No entanto, é aplicada em todos os casos, a limitação dos proventos ao teto salarial constitucionalmente previsto. Confira o que reza o art. 40, § 11, da CF, *in verbis:*

> *"§ 11 – Aplica-se o limite fixado no art. 37, XI, à soma total dos proventos de inatividade, inclusive quando decorrentes da acumulação de cargos ou empregos públicos, bem como de outras atividades sujeitas à contribuição para o regime geral de previdência social, e ao montante resultante da adição de proventos de inatividade com remuneração de cargo acumulável na forma desta Constituição, cargo em comissão declarado em lei de livre nomeação e exoneração, e de cargo eletivo."*

Alternativa "d": incorreta. O erro da afirmativa "d" está em dizer que a contribuição previdenciária incidirá sobre os proventos integrais de aposentadorias dos servidores públicos. O que de fato acontece, é que a contribuição previdenciária recairá somente sobre o valor que supera o limite máximo estabelecido para os benefícios do RGPS, com percentual igual ao estabelecido para os servidores titulares de cargos efetivos (art. 40, § 18, CF).

Em relação ao abono de permanência em serviço, o servidor tem direito a recebê-lo quando já tiver completado os requisitos para a aposentadoria voluntária com proventos integrais e optar por permanecer em atividade.

Alternativa "e": incorreta. A União, em observância ao disposto no art. 40, § 14 da Constituição Federal, instituiu o Plano de Previdência Complementar para os servidores públicos federais, titulares de cargo efetivo, por meio da Lei nº 12.618/2012.

---

188. (CESPE – Juiz Federal Substituto 2ª Região/ 2013) – Com base nas normas da Lei nº 8.112/1990, que dispõe sobre o regime jurídico dos servidores públicos civis da União, das autarquias e das fundações públicas federais, assinale a opção correspondente à situação em que o indivíduo que for servidor público civil federal efetivo, se atender apenas ao requisito descrito, poderá se aposentar com proventos integrais.

a) ao completar setenta anos de idade, independentemente do tempo de contribuição

b) ao completar trinta anos de efetivo exercício em funções de magistério, se for homem

c) ao completar sessenta e cinco anos de idade, se for homem

d) ao completar sessenta anos de idade, se for mulher

e) por invalidez permanente, se for acometido por qualquer doença grave incurável, independentemente do tempo de contribuição

COMENTÁRIOS

✪ **Nota da Autora:** o servidor público poderá se aposentar:

- por invalidez,
- por idade,
- por tempo de contribuição,
- de forma especial e
- compulsoriamente aos 75 anos, na forma da Lei Complementar nº 152/2015.

– **Alternativa correta: "b".** A questão se baseia nas normas contidas na Lei nº 8.112/90, sem considerar, todavia, as regras impostas pelo art. 40 da Constituição Federal.

Conforme dispõe o art. 186 da Lei nº 8.112/90, o servidor será aposentado:

> *" I – por invalidez permanente, sendo os proventos integrais quando decorrente de acidente em serviço, moléstia profissional ou doença grave, contagiosa ou incurável, especificada em lei, e proporcionais nos demais casos;*
>
> *II – compulsoriamente, aos setenta anos de idade, com proventos proporcionais ao tempo de serviço;*
>
> *III – voluntariamente:*
>
> *a) aos 35 (trinta e cinco) anos de serviço, se homem, e aos 30 (trinta) se mulher, com proventos integrais;*
>
> *b) aos 30 (trinta) anos de efetivo exercício em funções de magistério se professor, e 25 (vinte e cinco) se professora, com proventos integrais;*
>
> *c) aos 30 (trinta) anos de serviço, se homem, e aos 25 (vinte e cinco) se mulher, com proventos proporcionais a esse tempo;*
>
> *d) aos 65 (sessenta e cinco) anos de idade, se homem, e aos 60 (sessenta) se mulher, com proventos proporcionais ao tempo de serviço."*
>
> *Pelo que apresenta a questão, a única alternativa correta é a "b".*

No entanto, chamo a atenção do leitor para verificar as condições necessárias à aposentadoria do servidor público, previstas no art. 40 da Constituição Federal. As condições estão delineadas nas DICAS DE ESTUDO.

Alternativa "a": incorreta. Ao completar 75 anos de idade, o servidor será compulsoriamente aposentado com proventos proporcionais ao tempo de contribuição. É a regra trazida pelo art. 40, §1º, II, da Constituição Federal e pela Lei Complementar nº 152/2015.

Alternativa "c" e "d": incorretas. Ao completar sessenta e cinco anos de idade, se for homem, o servidor irá se aposentar com proventos proporcionais ao tempo de contribuição. E, a mulher, terá que ter 60 anos de idade.

Mas, além da idade deverá cumprir, segundo as regras do art. 40 da Constituição Federal:

- tempo mínimo de 10 (dez) anos de efetivo exercício no serviço público;
- 05 (cinco) anos no cargo efetivo em que se dará a aposentadoria.

Alternativa "e": incorreta. A aposentadoria por invalidez permanente terá proventos integrais se o servidor for acometido de acidente em serviço, moléstia profissional ou doença grave, contagiosa ou incurável, na forma da lei. Não é qualquer doença grave ou incurável que leva à aposentadoria por invalidez com proventos integrais.

---

189. (CESPE – Defensor Público – RR/2013) – Assinale a opção correta referente ao regime previdenciário dos servidores públicos.

a) Ao servidor titular de cargo efetivo da União, dos estados, do DF e dos municípios, excluídas suas autarquias e fundações, é assegurado regime de previdência de caráter contributivo e solidário, mediante contribuição do respectivo ente público, dos servidores ativos e inativos e dos pensionistas.

b) Dada recente alteração promovida na CF, a aposentadoria compulsória de servidor público em âmbito federal passou a ocorrer aos setenta e cinco anos de idade, com proventos proporcionais ao tempo de contribuição.

c) A aposentadoria voluntária com proventos proporcionais ao tempo de contribuição pode ser requerida por servidor que atenda aos seguintes requisitos: tempo mínimo de dez anos de efetivo exercício no serviço público e de cinco anos no cargo efetivo em que se dará a aposentadoria; e idade mínima de sessenta anos, se homem, e de cinquenta e cinco anos, se mulher.

d) Os proventos de aposentadoria e as pensões, por ocasião de sua concessão, poderão exceder a remuneração do respectivo servidor, no cargo efetivo em que se der a aposentadoria ou que servir de referência para a concessão da pensão.

e) Aplica-se o limite fixado no artigo 37, XI, da CF à soma total dos proventos de inatividade, inclusive quando decorrentes da acumulação de cargos ou empregos públicos, bem como de outras atividades sujeitas a contribuição para o RGPS, e ao montante resultante da adição de proventos de inatividade com remuneração de cargo acumulável na forma da CF, cargo em comissão declarado em lei de livre nomeação e exoneração, e de cargo eletivo.

COMENTÁRIOS

Alternativa correta: "e". É o que dispõe o art. 40, § 18, da CF. Observe que a limitação do teto constitucional atinge:

– o total dos proventos de inatividade no RPPS, incluindo aí, os cargos ou empregos públicos acumuláveis

– o total dos proventos de inatividade no RPPS e no RGPS;

– o total de proventos de inatividade com remuneração de cargo acumulável, cargo em comissão e exoneração e de cargo eletivo.

Alternativa "a": incorreta. O regime próprio de previdência dos servidores públicos titulares de cargo efetivo é assegurado ao servidores da União, dos estados, do DF e dos municípios, **incluídas** suas autarquias e fundações. O RPPS tem caráter contributivo e é solidário, mediante contribuição do respectivo ente público, dos servidores ativos e inativos e dos pensionistas.

Alternativa "b": incorreta. A aposentadoria compulsória do servidor público passou a ser quando ele completar 75 anos de idade.

Com o advento da Lei Complementar nº 152/2015, os servidores públicos irão ser compulsoriamente aposentados aos 75 anos de idade, com proventos proporcionais ao tempo de contribuição.

Aos servidores do Serviço Exterior Brasileiro, regidos pela Lei nº 11.440, de 29 de dezembro de 2006, será aplicado progressivamente à razão de 1 (um) ano adicional de limite para aposentadoria compulsória ao fim de cada 2 (dois) anos, a partir da vigência desta Lei Complementar, até o limite de 75 (setenta e cinco) anos.

Alternativa "c": incorreta. A idade exigida para a aposentadoria voluntária com proventos proporcionais ao tempo de contribuição é de 65 anos, se homem, e de 60 anos, se mulher. Os demais requisitos são: tempo mínimo de dez anos de efetivo exercício no serviço público e de cinco anos no cargo efetivo em que se dará a aposentadoria.

Alternativa "d": incorreta. Os proventos de aposentadoria e as pensões, por ocasião de sua concessão, **não** poderão exceder a remuneração do respectivo servidor, no cargo efetivo em que se der a aposentadoria ou que servir de referência para a concessão da pensão. É o que dispõe o art. 40, § 2º, da CF.

---

190. (CESPE – Procurador do Ministério Público junto ao TCDF/2013) – Julgue o item seguinte, que versa sobre a previdência social.

- Ressalvada a revisão prevista em lei, os proventos da inatividade regulam-se pela lei vigente ao tempo em que o militar, ou o servidor civil, tiver reunido os requisitos necessários, inclusive a apresentação do requerimento, quando a inatividade for voluntária.

COMENTÁRIOS

O item está errado. A assertiva trouxe a redação antiga da súmula nº 359 do STF. Essa súmula foi alterada, passando a ter a seguinte redação:

> *"Ressalvada a revisão prevista em lei, os proventos da inatividade regulam-se pela lei vigente ao tempo em que o militar, ou o servidor civil, reuniu os requisitos necessários."*

---

191. (CESPE – Procurador do Ministério Público junto ao TCDF/2013) – Acerca de institutos diversos de direito previdenciário, julgue o item subsequente.

- Em respeito ao princípio da autonomia dos entes federados, em regra, o regime próprio de previdência social dos servidores públicos do DF poderá conceder aos seus filiados benefícios distintos dos previstos no RGPS, de que trata a Lei n. 8.213/1991.

COMENTÁRIOS

O item está errado. A Lei nº 9.717/98, que dispõe sobre as regras gerais para a organização e o funcionamento dos regimes próprios de previdência social dos servidores públicos da União, dos Estados, do Distrito Federal e dos Municípios, dos militares dos Estados e do Distrito Federal, reza, em seu art. 5º que os RPPS não poderão conceder benefícios distintos dos previstos no Regime Geral de Previdência Social, salvo disposição em contrário da Constituição Federal.

---

192. (CESPE – Defensor Público – RO/ 2012) – A respeito do direito previdenciário, assinale a opção correta.

a) Segundo entendimento do STF, com o fim da paridade entre ativos e inativos, quaisquer vantagens pecuniárias decorrentes de reposicionamento de servidores ativos na carreira não mais se estendem aos inativos.

b) Para efeito dos benefícios previstos no RGPS ou no serviço público, é assegurada a contagem recíproca do tempo de contribuição na atividade privada, rural e urbana, e do tempo de contribuição ou de serviço na administração pública; entretanto, os diferentes sistemas de previdência social não se compensarão financeiramente.

c) Nos termos da legislação vigente, caso a soma do tempo de serviço da trabalhadora segurada na previdência social ultrapasse trinta anos e a do trabalhador segurado, trinta e cinco anos, o excesso poderá ser considerado para todos os efeitos legais.

d) O constituinte derivado vedou, por meio de emenda constitucional, todas as exceções anteriormente previstas para a percepção de mais de uma aposentadoria à conta do regime público de previdência social.

e) Com a instituição do novo regime de previdência complementar dos servidores públicos federais titulares de cargo efetivo, instituído pela Lei nº 12.618/2012, o servidor público que ingressou no serviço público em data anterior à vigência do referido normativo, terá o prazo de doze meses para optar pelo novo regime de previdência, e poderá realizar eventual retratação no prazo de cinco anos.

COMENTÁRIOS

Alternativa correta: "a". A paridade é o direito que o servidor tem de ver seus proventos de aposentadoria e pensão reajustados na mesma proporção e data em que se modificar a remuneração dos servidores em atividade. A Emenda Constitucional nº 41/2003 retirou essa possibilidade para os servidores que ingressarem no serviço público após a sua publicação.

Assim, os servidores que ingressarem no serviço público não terão seus proventos de aposentadoria e pensão reajustados na mesma proporção e data em que se modificar a remuneração dos servidores em atividade. Seus proventos serão reajustados de acordo com índice legal.

Alternativa "b": incorreta. Na contagem recíproca de tempo de contribuição, **os diversos regimes de previdência se compensarão financeiramente,** conforme dispõe o art. 201, § 9º, da CF. Deixo registrado que para haver a contagem do tempo de serviço rural no RPPS é necessário que sejam pagas as contribuições previdenciárias relativas ao período que se quer averbar. Veja o entendimento da súmula nº 10 da TNU:

> *"O tempo de serviço rural anterior à vigência da Lei nº 8.213/91 pode ser utilizado para fins de contagem recíproca, assim entendida aquela que soma tempo de atividade privada, rural ou urbana, ao de serviço público estatutário, desde que sejam recolhidas as respectivas contribuições."*

Alternativa "c": incorreta. O art. 98 da Lei nº 8.213/91 dispõe que "quando a soma dos tempos de serviço ultrapassar 30 (trinta) aos, se do sexo feminino, e 35 (trinta e cinco) anos, se do sexo masculino, o excesso não será considerado para qualquer efeito." Para fins de contagem recíproca, ele é aplicado.

No entanto, não se pode deixar de lembrar ao leitor que, com a instituição da aposentadoria por tempo de contribuição e do fator previdenciário, o tempo que ultrapassar os 35 ou 30 anos de contribuição, respectivamente para homens e mulheres será considerado para fins de cálculo do salário de benefício. É que na fórmula do fator previdenciário, uma das variáveis é o tempo de contribuição do segurado.

Alternativa "d": incorreta. É certo que o art. 40, § 6º, da CF veda a percepção de mais de uma aposentadoria à conta do regime próprio de previdência dos servidores públicos ocupantes de cargo efetivo. Mas, o próprio dispositivo constitucional excepciona a regra nos casos em que as aposentadorias forem decorrentes de cargos acumuláveis permitidos pela CF.

Alternativa "e": incorreta. No caso apresentado na questão, o servidor público que ingressou no serviço público em data anterior à vigência do plano de previdência complementar, terá o prazo de **vinte quatro** meses para optar pelo novo regime de previdência, contados a partir do início da vigência do regime de previdência complementar instituído pela Lei nº 12.618/2012.

---

193. (CESPE – Defensor Público – AC/2012) – Assinale a opção correta acerca do direito previdenciário.

a) Por emenda constitucional, determinou-se o fim da imunidade dos servidores ativos e pensionistas, devendo a contribuição previdenciária desses servidores incidir, de acordo com a nova norma, sobre os proventos de aposentadoria e pensões concedidas pelos RPPSs que superarem o limite máximo do RGPS.

b) Fazem jus ao abono de permanência, estímulo financeiro para que os servidores que já preenchem os requisitos da aposentadoria continuem trabalhando, todos os servidores que já preencheram os requisitos para se aposentar – por idade ou por tempo de contribuição.

c) Suponha que Maria pretenda averbar, no RPPS, o tempo de contribuição para o RGPS. Nesse caso, a certidão de tempo de contribuição, para fins de averbação do tempo em outros regimes de previdência, constitui direito constitucional e deverá, nos termos da legislação regente, ser expedida independentemente da quitação de todos os valores eventualmente devidos por Maria.

d) A CF prevê a possibilidade da existência de mais de um RPPS para os servidores públicos civis em cada ente estatal, condicionada à existência de unidades gestoras distintas.

e) O constituinte derivado vedou a adoção de requisitos e critérios diferenciados, sem exceção, para a concessão de aposentadorias por RPPS.

COMENTÁRIOS

A questão foi anulada, sob o argumento de que não há opção correta. A alternativa "a", indicada como correta no gabarito preliminar constou indevidamente o termo "ativos" e deveria ser "inativos".

Alternativa "a": incorreta. Por emenda constitucional, determinou-se o fim da imunidade dos servidores **INATIVOS** e pensionistas, devendo a contribuição previdenciária desses servidores incidir, de acordo com a nova norma, sobre os proventos de aposentadoria e pensões concedidas pelos regimes próprios de previdência social que superarem o valor máximo estabelecido para os benefícios do RGPS. A Emenda Constitucional nº 41/2003 deu nova redação ao art. 40 da CF:

> *"Art. 40. Aos servidores titulares de cargos efetivos da União, dos Estados, do Distrito Federal e dos Municípios, incluídas suas autarquias e fundações, é assegurado regime de previdência de caráter contributivo e solidário, mediante contribuição do respectivo ente público, dos servidores ativos e inativos e dos pensionistas, observados critérios que preservem o equilíbrio financeiro e atuarial e o disposto neste artigo."*

Alternativa "b": incorreta. O abono de permanência é concedido aos servidores que completarem as exigências para a aposentadoria voluntária por tempo de contribuição e que optem por permanecer em atividade. Para a aposentadoria voluntária por tempo de contribuição, o servidor deverá ter:

- 35 (trinta e cinco) anos de contribuição e 60 (sessenta) anos de idade, se homem;
- 30 (trinta) anos de contribuição e 55 (cinquenta e cinco) anos de idade, se mulher;
- tempo mínimo de 10 (dez) anos de efetivo exercício no serviço público;
- 05 (cinco) anos no cargo efetivo em que se dará a aposentadoria.

Alternativa "c": incorreta. A contagem recíproca de tempo de contribuição é assegurada pelo art. 201, § 9º, da Constituição Federal.

O legislador constituinte, todavia, estabeleceu que a forma de proceder à contagem e à compensação financeira entre os regimes deve ser de acordo com os critérios estabelecidos em lei.

A contagem do tempo de contribuição de Maria perante o RGPS com a expedição da certidão de tempo de contribuição somente poderá ser expedida se houve a prova da quitação de todos os valores eventualmente devidos a título de contribuição.

Alternativa "d": incorreta. A CF **veda** a possibilidade da existência de mais de um RPPS para os servidores públicos civis em cada ente estatal e de mais de uma unidade gestora do respectivo regime em cada ente estatal. É o que reza o § 20 do art. 40, da Constituição Federal.

Alternativa "e": incorreta. A regra trazida pelo art. 40, § 4º, da Constituição Federal é de que não poderá haver a adoção de requisitos e critérios diferenciados para a concessão de aposentadoria aos servidores abrangidos por regime próprio de previdência social. Porém, abre exceção, para os casos de servidores:

> *I – portadores de deficiência;*
>
> *II – que exerçam atividades de risco;*
>
> *III – cujas atividades sejam exercidas em condições especiais que prejudiquem a saúde ou a integridade física.*

194. (CESPE – Defensor Público – AC/ 2012) – Acerca do regime próprio de previdência dos servidores públicos, assinale a opção correta.

a) A aposentadoria especial dos professores da rede pública que atuam no ensino médio e no superior foi extinta por meio de emenda constitucional.

b) Ao servidor público que se aposentar por invalidez será concedido, sem ressalvas, o benefício da aposentadoria integral, com base nos princípios da universalidade e da proteção do Estado.

c) Conforme entendimento do STF, a contribuição previdenciária deverá incidir somente sobre as parcelas que possam ser incorporadas à remuneração do servidor para fins de aposentadoria.

d) O benefício do vale-alimentação, segundo o STF, por ter caráter indenizatório, é devido aos servidores inativos.

e) Para a aposentadoria compulsória do servidor público, além do requisito da idade (setenta anos completos), exige-se o cumprimento de tempo mínimo de dez anos de efetivo exercício no serviço público.

COMENTÁRIOS

Alternativa correta: "c". Essa posição pode ser verificada no julgado abaixo:

> *"Impossibilidade da incidência de contribuição previdenciária sobre o terço constitucional de férias. A jurisprudência do STF firmou-se no sentido de que somente as parcelas que podem ser incorporadas à remuneração do servidor para fins de aposentadoria podem sofrer a incidência da contribuição previdenciária." (AI 710.361-AgR, Rel. Min. Cármen Lúcia, julgamento em 7-4-2009, Primeira Turma, DJE de 8-5-2009.) No mesmo sentido: AI 712.880-AgR, Rel. Min. Ricardo Lewandowski, julgamento em 26-5-2009, Primeira Turma, DJE de 11-9-2009.*

Alternativa "a": incorreta. A aposentadoria dos professores não foi extinta. O que fez a Emenda Constitucional nº 20/98 foi determinar uma redução no tempo de contribuição e na idade para a aposentadoria voluntária com proventos integrais **apenas aos professores que se dedicarem exclusivamente ao ensino infantil, fundamental e médio.** Os professores que atuam no ensino superior vão se aposentar, considerando as mesmas regras dos demais servidores públicos, não havendo redução no tempo de contribuição e nem na idade.

Alternativa "b": incorreta. Conforme já explicado em questões anteriores, a aposentadoria por invalidez será concedida com proventos integrais ou proporcionais ao tempo de contribuição, dependendo da causa da incapacidade do servidor. E, ainda, temos regras específicas, quanto ao cálculo da aposentadoria para os servidores que ingressaram antes e após a publicação da EC nº 41/2003. Veja o quadro abaixo:

Servidor que ingressou no serviço público até a publicação da EC nº 41/03	Servidor que ingressou no serviço público após a publicação da EC nº 41/03
Será a aposentadoria por invalidez de **100% do valor da remuneração do cargo** que se der a aposentadoria caso o servidor se aposente por invalidez permanente decorrente de **acidente em serviço, moléstia profissional ou doença grave, contagiosa ou incurável na forma da lei.**	Terá direito à aposentadoria **com proventos integrais** à remuneração do servidor se a incapacidade for decorrente de **acidente em serviço, moléstia profissional ou doença grave, contagiosa ou incurável, na forma da lei.**

Servidor que ingressou no serviço público até a publicação da EC nº 41/03	Servidor que ingressou no serviço público após a publicação da EC nº 41/03
Será a aposentadoria por invalidez com proventos proporcionais ao tempo de contribuição, nos demais casos. Mas, a base de cálculo será a remuneração do servidor no cargo em que se der a aposentadoria.	Terá direito à aposentadoria por invalidez com proventos proporcionais ao tempo de contribuição, nos demais casos.
Terá direito à aposentadoria por invalidez com proventos **calculados com base na remuneração do cargo efetivo em que se der a aposentadoria.**	**A base de cálculo utilizada na aposentadoria por invalidez será a média aritmética simples das maiores remunerações utilizadas como base de cálculo para as contribuições do servidor aos regimes de previdência próprio e geral a partir de julho de 1994.**
Haverá o direito à paridade dos proventos. O benefício será reajustado na mesma proporção e na mesma data, sempre que se modificar a remuneração dos servidores em atividade.	**O benefício será reajustado conforme índice legal, não havendo paridade.**

Alternativa "d": incorreta. O vale-alimentação, segundo o STF, não é devido aos servidores inativos. Veja julgado sobre a matéria:

> *"O benefício do vale-alimentação, dada a sua natureza indenizatória, não integra a remuneração dos servidores públicos, não sendo devido, portanto, aos inativos." (AI 345.898-AgR, Rel. Min. Maurício Corrêa, julgamento em 26-2-2002, Segunda turma, DJE de 22-3-2002.) No mesmo sentido: AI 738.881, Rel. Min. Luiz Fux, decisão monocrática, julgamento em 29-2-2012, DJE de 6-3-2012.)*

E a súmula vinculante nº 55:

> *"O direito ao auxílio-alimentação não se estende aos servidores inativos."*

Alternativa "e": incorreta. Para a concessão da aposentadoria compulsória do servidor público **somente** é exigida a idade de 75 anos, para homem ou mulher. Não se exige tempo mínimo de efetivo exercício no serviço público.

Antes da edição da Lei Complementar nº 152/2015 a aposentadoria compulsória era imposta ao servidor público que completasse 70 anos de idade.

Com a nova redação dada ao inciso II do § 1º do art. 40 da Constituição Federal, pela Emenda Constitucional nº 88/2015, a idade para a aposentadoria compulsória do servidor público passou a ser de 75 anos, nos termos de lei complementar. Havia necessidade da regulamentação por meio de lei complementar.

Os Ministros do Supremo Tribunal Federal, dos Tribunais Superiores e do Tribunal de Contas da União já tiveram a aposentadoria compulsória aos 75 anos antes mesmo da Lei Complementar nº 152/2015, por força da Emenda Constitucional nº 88/2015.

Com a edição da Lei Complementar nº 152/2015, os servidores passaram a ser compulsoriamente aposentados aos 75 anos de idade.

---

195. (CESPE – Juiz Federal Substituto 5ª Região/ 2011) – Em 1º/1/1990, data em que completava trinta anos de idade, Jaime ingressou no serviço público federal para ocupar o cargo de técnico judiciário do TRF/5R. Antes disso, Jaime havia atuado como advogado em escritório na capital pernambucana por exatos oito anos, tendo sido este o seu primeiro emprego. O tempo de contribuição relativo a esse período foi averbado no departamento de recursos humanos do TRF/5R. Em 1995, Jaime tomou posse no cargo de oficial de justiça da mesma corte, para o qual havia sido aprovado em certame público. Em 1º/1/1997, passou a ocupar o cargo de juiz federal substituto, lotado na 9ª Vara Federal do Recife – PE. Jaime nunca se interessou pela titularização, pois isso implicaria a sua mudança da capital de Pernambuco, o que, por motivos pessoais, lhe era inviável. O juiz federal titular da vara onde Jaime fora lotado esteve licenciado por dois anos para participar de programa de doutorado na Espanha e, em seguida, por igual período, em razão de licença médica, que findou em dezembro de 2009. Em janeiro de 2010, o referido juiz federal titular foi convocado para desempenhar as funções de juiz do TRF/5R, tendo-as exercido até fevereiro de 2011. Durante todo esse tempo, Jaime exerceu a titularidade plena da 9ª Vara Federal do Recife, tendo contribuído para a previdência, nesse período, com base no subsídio pago aos juízes federais titulares. Todo o histórico funcional de Jaime transcorreu sem solução de continuidade e ele pretende aposentar-se voluntariamente.

A partir dessa situação hipotética, assinale a opção correta à luz da legislação pertinente.

a) Caso seja promovido ao cargo de juiz federal titular em 2018, Jaime poderá aposentar-se neste cargo, com proventos integrais e paridade, em 2019, ano em que estarão preenchidos todos os requisitos necessários para tal.

b) Jaime fará jus à aposentadoria no cargo de juiz federal substituto, com proventos integrais e paridade, no ano de 2012.

c) Jaime só poderá aposentar-se no cargo de juiz federal substituto – com proventos integrais, mas sem paridade – em 2020, ano em que estarão preenchidos todos os requisitos necessários para isso.

d) Jaime poderá aposentar-se no cargo de juiz federal substituto – com proventos integrais, mas sem paridade – em 2015, ano em que estarão preenchidos todos os requisitos necessários para tal.

e) As regras de aposentadoria da carreira dos magistrados são diversas das que regem a aposentadoria dos demais servidores titulares de cargos efetivos da União, dos estados, do DF e dos municípios.

COMENTÁRIOS

✪ **Nota da Autora:** essa questão é uma das mais interessantes que a banca trouxe acerca das regras de aposentadoria do servidor público. O candidato tem que conhecer as regras atuais e as de transição sobre as aposentadorias no RPPS.

Alternativa correta: "a". A regra geral para a concessão da aposentadoria voluntária com proventos integrais para o servidor público, homem, exige:

- 35 anos de contribuição;
- 60 anos de idade;
- 10 anos de exercício efetivo no serviço público;
- 05 anos de exercício no cargo em que se der a aposentadoria.

Analisando o caso, considerando as regras acima, Jaime poderia se aposentar em 2020, quando completaria:

- 36 anos de contribuição. Esse tempo de contribuição está considerando o tempo averbado do RGPS e todos os anos em que exerceu cargo público sem solução de continuidade – técnico, oficial de justiça e juiz federal.
- 60 anos de idade.
- Teria, também, preenchido o requisito de 10 anos de exercício efetivo no serviço público, porque completaria 28 anos de serviço público.
- Teria 06 anos no cargo de juiz federal titular, em razão de ter assumido a titularidade da vara federal por 04 anos, enquanto o juiz titular estava de licença capacitação e de licença médica; de ter, exercido o cargo como juiz titular entre 2010 e 2011 e, titularizado em 2018.

Acontece que, Jaime ingressou no serviço público antes da EC nº 20/98 e poderá se valer das regras trazidas pela EC nº 47/2005, se aposentando em 2019, mesmo com 59 anos de idade. Veja os requisitos que terá que cumprir:

- 35 (trinta e cinco) anos de contribuição, se homem; 30 (trinta) anos de contribuição, se mulher;
- tempo de efetivo exercício no serviço público = 25 anos;
- tempo de serviço na carreira = 15 anos;
- tempo de serviço no cargo = 5 anos;
- idade = variável. Idade mínima de 60 anos, se homem, e 55 anos, se mulher, reduzida de um ano para cada ano que exceder o tempo de contribuição necessário para se aposentar.

No caso, como Jaime terá, em 2019, 36 anos de contribuição ele poderá se aposentar, reduzindo um ano na idade exigida. Isso porque a cada ano que exceder o tempo de contribuição necessário para se aposentar (35 anos de contribuição) ele poderá reduzir na idade exigida (60 anos).

Desse modo, poderá se aposentar aos 59 anos de idade, em 2019, porque terá cumprido as regras impostas pela EC nº 47/2005.

Terá seus proventos calculados com base na remuneração do cargo em que se der a aposentadoria **(integralidade),** reajustados na mesma data e proporção sempre que se modificar a remuneração dos servidores ativos **(paridade).**

As demais alternativas estão incorretas e dispensam análise, tendo em vista o comentário acima.

196. (CESPE – Juiz Federal Substituto 3ª Região/ 2011) – Considerando o regime próprio de previdência social dos servidores públicos estatutários, assinale a opção correta.

a) O cômputo do tempo de atividade rural anterior a 1991, para fins de contagem recíproca com o período prestado na administração pública sob regime estatutário, visando à aposentadoria estatutária, só pode ser feito mediante o recolhimento das contribuições previdenciárias relativas ao tempo de atividade rural.

b) O pensionista portador de doença incapacitante é isento da contribuição sobre os proventos de pensão recebida no âmbito do regime próprio de previdência dos servidores públicos estatutários, ainda que os proventos superem o dobro do limite máximo estabelecido para os benefícios do RGPS.

c) O regime próprio de previdência social dos servidores públicos estatutários observa, assim como o RGPS, critérios que preservem o equilíbrio financeiro e atuarial, mas, por expressa disposição constitucional, não admite a aplicação subsidiária das normas do regime geral.

d) Suponha que João, procurador aposentado da fazenda nacional, seja convidado a ocupar o cargo em comissão de diretor de secretaria da Vara Federal de Execuções Fiscais do estado de São Paulo e aceite a proposta. Nessa situação, em relação à atividade de diretor de secretaria, João estará vinculado ao regime próprio de previdência dos servidores públicos federais.

e) O servidor público ex-celetista que tenha exercido atividade especial e passado para o regime estatutário por força da CF não tem direito a contar o tempo de serviço com o acréscimo legal, dada a vedação constitucional da contagem de tempo de serviço fictício, para fins de aposentadoria estatutária.

COMENTÁRIOS

Alternativa correta: "a". É o que se pode verificar pelo disposto no art. 96, IV, da Lei nº 8.213/91 e súmula nº 10 da TNU.

Alternativa "b": incorreta. Os portadores de doença incapacitante, aposentados e pensionistas, terão descontada dos seus benefícios a contribuição previdenciária para o RPPS incidente somente sobre o valor que superar o dobro do limite máximo estabelecido para os benefícios do RGPS. Sobre a parcela que não supera tal limite, não há incidência de contribuição previdenciária.

Alternativa "c": incorreta. A aplicação subsidiária das regras do RGPS pelo RPPS se faz quando há omissão legislativa. Citamos, por exemplo, o caso da aposentadoria do servidor que esteve exposto a condições nocivas à saúde ou à integridade física. Como a lei complementar que deveria tratar do assunto ainda não foi editada, o STF vem entendendo que devem ser aplicadas as regras da aposentadoria especial previstas no RGPS, naquilo que couber[45].

Veja o que dispõe a súmula vinculante nº 33 do STF:

> *"Aplicam-se ao servidor público, no que couber, as regras do Regime Geral de Previdência Social sobre aposentadoria especial de que trata o artigo 40, parágrafo 4º, inciso III, da Constituição Federal, até edição de lei complementar específica."*

Alternativa "d": incorreta. Nessa situação, em relação à atividade de diretor de secretaria, João estará vinculado ao regime geral de previdência social, na condição de empregado. Como é aposentado e vai exercer exclusivamente cargo em comissão, será enquadrado como segurado obrigatório no RGPS.

Alternativa "e": incorreta. A posição da TNU é contrária ao que se afirma na alternativa "e". Veja o que dispõe a súmula 66:

> *"O servidor público ex-celetista que trabalhava sob condições especiais antes de migrar para o regime estatutário tem direito adquirido à conversão do tempo de atividade especial em tempo comum com o devido acréscimo legal, para efeito de contagem recíproca no regime previdenciário próprio dos servidores públicos".*

16. DA PREVIDÊNCIA COMPLEMENTAR

- Constituição Federal: art. 202
- Lei Complementar nº 108/2001
- Lei Complementar nº 109/ 2001

197. (Cespe – Procurador do Estado – PGE – SE/2017) – O regime de previdência complementar pode ser constituído

a) por entidades abertas, que podem instituir planos de benefícios coletivos, garantidos aos empregados de um mesmo empregador, sem possibilidade de alcançar empresas àquele coligadas.

b) por entidades abertas e fechadas, que têm de assegurar aos participantes o direito à portabilidade, inclusive com a transferência de recursos financeiros entre os participantes.

c) sob o modelo de regime de repartição de reservas e tem caráter eminentemente facultativo.

d) por entidades abertas, estas sempre sob a forma de sociedade anônima, sendo acessível a quaisquer pessoas físicas.

e) por entidades fechadas, que devem prever os institutos do resgate e da portabilidade, mesmo se o participante não cessar o vínculo empregatício com o patrocinador.

COMENTÁRIOS

Alternativa correta: "d". A previdência complementar aberta é acessível a qualquer pessoa e a entidade será constituída sob a forma de sociedade anônima sempre.

Alternativa "a": errada. Os planos de benefícios instituídos por entidades abertas de previdência complementar poderão ser:

- individuais, quando acessíveis a quaisquer pessoas físicas; ou
- coletivos, quanto tenho por objetivo garantir benefícios previdenciários a pessoas físicas vinculadas direta ou indiretamente, a uma pessoa jurídica contratante.

O vínculo indireto refere-se aos casos em que uma entidade representativa de pessoas jurídicas contrate plano previdenciário coletivo para grupos de pessoas físicas vinculadas a suas filiadas.

45 "Os parâmetros alusivos à aposentadoria especial, enquanto não editada a lei exigida pelo texto constitucional, são aqueles contidos na Lei 8.213/1991, não cabendo mesclar sistemas para, com isso, cogitar-se de idade mínima." (MI 758-ED, Rel. Min. Marco Aurélio, julgamento em 8-4-2010, Plenário, DJE de 14-5-2010.) No mesmo sentido: MI 795, Rel. Min. Cármen Lúcia, julgamento em 15-4-2009, Plenário, DJE de 22-5-2009; MI 788, Rel. Min. Ayres Britto, julgamento em 15-4-2009, Plenário, DJE de 8-5-2009.

Esses grupos de pessoas poderão ser constituídos por uma ou mais categorias específicas de empregados de um mesmo empregador, podendo abranger empresas coligadas, controladas ou subsidiárias, e por membros de associações legalmente constituídas, de caráter profissional ou classista, e seus cônjuges ou companheiros e dependentes econômicos.

Alternativa "b": errada. Os planos de benefícios de previdência complementar devem contemplar a portabilidade do direito acumulado pelo participante para outro plano.

No entanto, é vedado que os recursos financeiros correspondentes transitem pelos participantes dos planos de benefícios, sob qualquer forma .

Alternativa "c": errada. O regime de previdência complementar é facultativo, baseado na constituição de reservas que garantam o benefício. Não poderá, portanto, ser constituído sob a forma de repartição simples.

Alternativa "e": errada. Nos planos de previdência complementar de entidades fechadas não é admitida a portabilidade na inexistência de cessação do vínculo empregatício do participante com o patrocinador.

---

198. (Cespe – Analista de Controle – Área Jurídica – TCE – PR/2016) – No que se refere ao regime de previdência complementar (RPC) e às entidades fechadas de previdência complementar (EFPC), assinale a opção correta.

a) O STF entende que não contraria o princípio da facultatividade a imposição no regulamento da EFPC de disposição que condicione ao consentimento do Conselho Deliberativo da EFPC a retirada do participante ou patrocinador.

b) O custeio das EFPC se dará por contribuições de participantes e patrocinadores, cabendo aos participantes o equacionamento de eventual déficit, uma vez que há vedação constitucional de que o patrocinador assuma contribuição distinta da ordinária.

c) No RPC, administrado por EFPC, incide o princípio da paridade contributiva, que obriga que o patrocinador, independentemente de sua natureza jurídica, contribua no mesmo percentual do participante.

d) Servidor público que tiver ingressado em determinada autarquia após a instituição do RPC para servidores e tiver optado por aderir a esse regime perceberá, à época de sua aposentadoria, uma aposentadoria limitada ao teto do RGPS e uma aposentadoria a ser paga pelo RPC.

e) Os regimes de previdência — RGPS, RPPS e RPC — integram a seguridade social, sendo o RPC complementar ao RGPS e ao RPPS, razão por que não goza de autonomia.

COMENTÁRIOS

Alternativa correta: "d". Todo servidor público que ingressar no serviço público após a instituição do regime de previdência complementar terá seus proventos de aposentadoria e pensão limitados ao valor máximo estabelecido para os benefícios do RGPS. Caso tenha aderido ao plano de previdência complementar, além do benefício pago pelo RPPS, limitado ao teto do RGPS, terá a aposentadoria paga pelo RPC.

Alternativa "a": incorreta. Uma das características da previdência complementar é a facultatividade. A imposição no regulamento da EFPC de disposição que condicione ao consentimento do Conselho Deliberativo da EFPC a retirada do participante ou patrocinador contraria o princípio da facultatividade.

Alternativa "b": incorreta. Além das contribuições normais, os planos poderão prever o aporte de recursos pelos participantes, a título de contribuição facultativa, **sem contrapartida do patrocinador.**

O resultado deficitário nos planos ou nas entidades fechadas será equacionado por patrocinadores, participantes e assistidos, na proporção existente entre as suas contribuições, sem prejuízo de ação regressiva contra dirigentes ou terceiros que deram causa a dano ou prejuízo à entidade de previdência complementar.

Alternativa "c": incorreta. A contribuição normal do patrocinador para plano de benefícios, em hipótese alguma, excederá a do participante, observado o disposto no art. 5º da Emenda Constitucional nº 20, de 15 de dezembro de 1998, e as regras específicas emanadas do órgão regulador e fiscalizador.

Alternativa "e": incorreta. O regime de previdência complementar é autônomo em relação ao RGPS e ao RPPS e goza de autonomia.

---

199. (Cespe – Procurador do MP junto ao TCU/2015) – Em relação ao RPPS dos servidores públicos, contagem recíproca e compensação financeira e previdência complementar, assinale a opção correta.

a) Permite-se a contagem de tempo de contribuição no serviço público com o de contribuição na atividade privada, mesmo quando concomitantes.

b) De acordo com o STF, é cabível a adoção da progressividade de alíquotas das contribuições previdenciárias do servidor público.

c) No âmbito do RPPS, não se admite, de modo absoluto, a adoção de requisitos e critérios diferenciados para a concessão de aposentadoria aos servidores.

d) De acordo com o STF, as entidades políticas que integram a Federação brasileira podem alterar livremente o limite de idade máximo da aposentadoria compulsória.

e) O regime de previdência complementar de cada unidade da Federação poderá ser instituído por lei de iniciativa do Poder Executivo e deverá oferecer aos servidores públicos titulares de cargo efetivo planos de benefícios somente na modalidade de contribuição definida.

COMENTÁRIOS

Alternativa correta: "e". É o que reza o art. 40, da Constituição Federal, em seu parágrafo 15:

> *"§ 15. O regime de previdência complementar de que trata o § 14 será instituído por lei de iniciativa do respectivo Poder Executivo, observado o disposto no art. 202 e seus parágrafos, no que couber, por intermédio de entidades fechadas de previdência complementar, de natureza pública, que oferecerão aos respectivos participantes planos de benefícios somente na modalidade de contribuição definida."*

Alternativa "a": incorreta. Na contagem recíproca de tempo de contribuição é vedada a contagem de tempo de contribuição no serviço público e na atividade privada, quando concomitantes. É o que dispõe o art. 96, inciso II, da Lei nº 8.213/91.

Alternativa "b": incorreta. Pelo contrário. Veja o julgado do STF:

> **"AGRAVO REGIMENTAL NO RECURSO EXTRAORDINÁRIO. PREVIDENCIÁRIO. SERVIDOR PÚBLICO. CONTRIBUIÇÃO PREVIDENCIÁRIA. ALÍQUOTA PROGRESSIVA. IMPOSSIBILIDADE. PRECEDENTES.**
>
> *Esta Corte já decidiu que a instituição de alíquotas progressivas para a contribuição previdenciária dos servidores públicos ofende o princípio da vedação à utilização de qualquer tributo com efeito de confisco (art. 150, IV, da CF)." AgRg no RE 346.197-DF. Rel. Min. Dias Toffoli. (Informativo nº 688, 2012).*

Alternativa "c": incorreta. Há exceção prevista no §4º do art. 40 da Constituição Federal:

> *"§ 4º É vedada a adoção de requisitos e critérios diferenciados para a concessão de aposentadoria aos abrangidos pelo regime de que trata este artigo, ressalvados, nos termos definidos em leis complementares, os casos de servidores:*
>
> *I portadores de deficiência;*
>
> *II que exerçam atividades de risco;*
>
> *III cujas atividades sejam exercidas sob condições especiais que prejudiquem a saúde ou a integridade física."*

Assim, nos casos de servidores com deficiência, que exerçam atividades de risco ou atividades sob condições especiais que prejudiquem a saúde ou a integridade física, poderão ser adotados requisitos e critérios diferenciados para a concessão de aposentadoria. Esses critérios devem ser definidos por lei complementar.

Alternativa "d": incorreta. A idade limite para a aposentadoria compulsória é matéria reservada à lei complementar nacional. Não podem as entidades políticas que integram a Federação brasileira alterar livremente o limite de idade máximo da aposentadoria compulsória para os servidores públicos[46].

---

200. (CESPE – Procurador BACEN/2013) – No que concerne à previdência complementar do servidor público federal, assinale a opção correta.

a) As entidades fechadas de previdência complementar estão sujeitas às normas de direito público, devendo observar os princípios norteadores da administração pública, da licitação e dos contratos administrativos e a realização de concurso público para contratação de seu pessoal sob o regime estatutário.

b) Em conformidade com a Lei nº 12.618/2012, a União, os estados, o Distrito Federal e os municípios poderão criar entidades fechadas de previdência complementar, com finalidade de administrar e executar planos de benefícios de caráter previdenciário, tais como a Fundação de Previdência Complementar do Servidor Público Federal do Poder Executivo, estruturadas na forma de fundação de natureza pública com personalidade jurídica de direito privado.

c) O caráter facultativo do regime complementar de previdência do servidor público garante a não aplicação das novas regras aos servidores que já ocupavam os cargos até a data anterior ao início da vigência do regime, dada a caracterização do direito adquirido; aos que adentraram no serviço público posteriormente é garantida a faculdade da escolha.

d) O TCU é o órgão responsável pela fiscalização sistemática das atividades da Fundação de Previdência Complementar do Servidor Público Federal do Poder Executivo, dada a natureza de fundação pública a ela inerente, a despeito de sua autonomia administrativa, financeira e gerencial.

e) O regulamento do plano de benefício da Fundação de Previdência Complementar do Servidor Público Federal do Poder Executivo poderá definir benefícios não programados, desde que assegurem pelo menos os benefícios decorrentes dos eventos invalidez e morte e, se for o caso, a cobertura de outros riscos atuariais.

COMENTÁRIOS

Alternativa correta: "e". É o que dispõe o art. 12, §3º da Lei nº 12.618/2012:

> *"Os benefícios não programados serão definidos nos regulamentos dos planos, observado o seguinte:*

46 ADI 5316 MC/**DF**, Relator Ministro Luiz Fux. Tribunal Pleno. DJ **21/05/2015**.

I – devem ser assegurados, pelo menos, os benefícios decorrentes dos eventos invalidez e morte e, se for o caso, a cobertura de outros riscos atuariais; e

II – terão custeio específico para sua cobertura."

Alternativa "a": incorreta. O único erro da afirmativa "a" é dizer que o pessoal das entidades fechadas de previdência complementar será contratado sob o regime estatutário. De acordo com o que dispõe o art. 7º da Lei nº 12.618/2012, o regime jurídico de pessoal das entidades fechadas de previdência complementar instituídas pela União será o previsto na legislação trabalhista.

Alternativa "b": incorreta. Com a finalidade de administrar e executar os planos de benefícios de caráter previdenciário, o art. 4º da Lei nº 12.618/2012 **autorizou a União** criar as seguintes entidades fechadas de previdência complementar:

- a Funpresp-Exe: Fundação de Previdência Complementar do Servidor Público Federal do Poder Executivo, para os servidores públicos titulares de cargo efetivo do Poder Executivo, por meio de ato do Presidente da República;
- a Funpresp-Leg: Fundação de Previdência Complementar do Servidor Público Federal do Poder Legislativo, para os servidores públicos titulares de cargo efetivo do Poder Legislativo e do Tribunal de Contas da União, por meio de ato conjunto dos Presidentes da Câmara dos Deputados e do Senado Federal;
- a Funpresp-Jud: Fundação de Previdência Complementar do Servidor Público do Poder Judiciário, para os servidores públicos titulares de cargo efetivo e membros do Poder Judiciário, por meio de ato do Presidente do Supremo Tribunal Federal.

Já foi criada a Funpresp-Exe que contempla, ainda, servidores públicos do Poder Legislativo Federal e do Tribunal de Contas da União, em razão do convênio de adesão à Funspresp-Exe. A Funpresp-Jud foi instituída pela Resolução nº 496/2012 do STF.

Alternativa "c": incorreta. O regime complementar de previdência do servidor público é sempre facultativo para qualquer servidor. Aquele servidor que já ocupava o cargo até a data anterior ao início da vigência do regime, poderá fazer a opção pelo novo regime e terá seus proventos de aposentadoria e pensão limitados ao valor máximo estabelecido para os benefícios do RGPS. Terá, também, direito ao benefício especial previsto na Lei nº 12.618/2012 pago pelo RPPS.

Aos servidores públicos federais que adentraram no serviço público posteriormente ao início da vigência do regime de previdência complementar é garantida a faculdade da escolha para participar do plano complementar, **mas seus proventos de aposentadoria e pensão, pagos pelo RPPS da União,** serão limitados ao valor máximo estabelecido para os benefícios do RGPS, independentemente da adesão ao regime complementar.

Com o advento da Lei nº 13.183/2015, os servidores públicos federais ocupantes de cargo efetivo, com remuneração superior ao limite máximo estabelecido para os benefícios do Regime Geral de Previdência Social, que venham a ingressar no serviço público a partir do início da vigência do regime de previdência complementar , serão automaticamente inscritos no respectivo plano de previdência complementar desde a data de entrada em exercício.

No entanto, fica assegurado ao participante o direito de requerer, a qualquer tempo, o cancelamento de sua inscrição, nos termos do regulamento do plano de benefícios.

Na hipótese do cancelamento ser requerido no prazo de até noventa dias da data da inscrição, fica assegurado o direito à restituição integral das contribuições vertidas, a ser paga em até sessenta dias do pedido de cancelamento, corrigidas monetariamente.

E, o cancelamento dessa inscrição não constitui resgate.

Alternativa "d": incorreta. A constituição, o funcionamento e a extinção da Funpresp-Exe, da Funprep-Leg e da Funpresp-Jud, a aplicação de seus estatutos, regulamentos dos planos de benefícios, convênios de adesão e suas respectivas alterações, assim como as retiradas dos patrocínios, dependerão de prévia e expressa autorização do órgão fiscalizador das entidades fechadas de previdência complementar[47].

Cabe à PREVIC, órgão fiscalizador das entidades fechadas de previdência complementar, a supervisão e fiscalização da Funpresp-Exe, da Funprep-Leg e da Funpresp-Jud e dos seus planos de benefícios, não eximindo os patrocinadores da responsabilidade pela supervisão e fiscalização sistemática das atividades das entidades de previdência complementar.

---

201. (CESPE – Procurador do Ministério Público junto ao TCDF/2013) – Julgue o item seguinte, que versa sobre a previdência social.

- O tratamento dado pelo STF à adesão do interessado a plano de previdência privada não se limita à liberdade de associação, pois, em razão do equilíbrio financeiro-atuarial do sistema, não é permitida a desfiliação mediante a simples vontade unilateral do interessado.

COMENTÁRIOS

O item está errado. A adesão à previdência complementar é **sempre** facultativa, conforme se verifica pelo disposto no art. 202, da Constituição Federal. É

47 Cabe à Superintendência Nacional de Previdência Complementar (PREVIC), criada pela Lei nº 12.154/2009, fiscalizar as entidades fechadas de previdência complementar.

possível, também, a desfiliação do participante ao regime de previdência complementar.

Veja o julgado recente do STF:

"A faculdade que tem os interessados de aderirem a plano de previdência privada decorre de norma inserida no próprio texto constitucional [art. 202 da CB/1988]. Da não obrigatoriedade de adesão ao sistema de previdência privada decorre a possibilidade de os filiados desvincularem-se dos regimes de previdência complementar a que aderirem, especialmente porque a liberdade de associação comporta, em sua dimensão negativa, o direito de desfiliação, conforme já reconhecido pelo Supremo em outros julgados. Precedentes."

(RE 482.207-AgR, Rel. Min. Eros Grau, julgamento em 12-5-2009, Segunda Turma, DJE de 29-5-2009.) No mesmo sentido: RE 603.891-AgR, rel. min. Joaquim Barbosa, julgamento em 26-6-2012, Segunda Turma, DJE de 13-8-2012; RE 600.392-ED, Rel. Min. Ricardo Lewandowski, julgamento em 8-11-2011, Segunda Turma, DJE de 29-11-2011.

202. (CESPE – Analista Judiciário – Área Judiciária – TRT 10/2013) – Cada um dos itens a seguir apresenta uma situação hipotética, seguida de uma assertiva a ser julgada com base nas disposições do direito previdenciário.

– Marina, servidora pública federal ocupante de cargo efetivo, é participante de plano de benefícios de entidade fechada patrocinado pela União. Nessa situação, além das contribuições mensais normais, o plano poderá prever que Marina realize facultativamente aporte de recursos sem a contrapartida da União.

COMENTÁRIOS

✪ **Nota da Autora:** o plano de previdência complementar para os servidores públicos federais foi instituído pela Lei nº 12.618/2012. Mas, é bom ressaltar que este plano deve observar o disposto na Lei Complementar nº 108/2001 que regula a relação dos entes políticos, suas autarquias, fundações, sociedades de economia mista e empresas controladas direta e indiretamente, enquanto patrocinadores de entidade fechada de previdência complementar. Assim, o candidato deve ficar atento às disposições da Lei Complementar nº 108/2001 e da Lei nº 12.618/2012.

A assertiva está correta. O plano de custeio das entidades fechadas de previdência complementar tratado pela Lei nº 12.618/12 discriminará o percentual da contribuição do participante (no caso, a servidora) e do patrocinador (União), conforme o caso, para cada um dos benefícios previstos no plano de benefícios, devendo observar o disposto no art. 6º da Lei Complementar nº 108/2001, *in verbis:*

"o custeio dos planos de benefícios será responsabilidade do patrocinador e dos participantes, inclusive dos assistidos.

§ 1º A contribuição normal do patrocinador para plano de benefícios, em hipótese alguma, excederá a do participante, observado o disposto no art. 5º da Emenda Constitucional nº 20, de 15 de dezembro de 1998 e as regras específicas emanadas do órgão regulador e fiscalizador.

§ 2º Além das contribuições normais, os planos poderão prever o aporte de recursos pelos participantes, a título de contribuição facultativa, sem contrapartida do patrocinador.

§ 3º É vedado ao patrocinador assumir encargos adicionais para o financiamento dos planos de benefícios, além daqueles previstos nos respectivos planos de custeio".

No caso, é importante frisar que o patrocinador público não poderá efetuar aportes adicionais de recursos, sendo permitidos somente aportes extraordinários pelos participantes.

203. (CESPE – Analista Judiciário – Área Judiciária – TRT 10/2013) – Cada um dos itens a seguir apresenta uma situação hipotética, seguida de uma assertiva a ser julgada com base nas disposições do direito previdenciário.

– Felipe, que é participante de plano de benefícios de entidades fechadas, em 2012 teve seu contrato de trabalho extinto com o patrocinador de seu plano de benefícios, não tendo sido cumpridos os requisitos de elegibilidade para a aquisição do direito ao benefício pleno. Nessa situação, Felipe não terá direito ao recebimento do benefício proporcional diferido.

COMENTÁRIOS

✪ **Nota da Autora:** o caso trazido na assertiva a ser analisada não trata de servidor público, mas de um participante de plano de benefícios de entidade fechada de previdência complementar. Por isso, o candidato deve estar atento às disposições trazidas pela Lei Complementar nº 109/2001.

A assertiva está errada. O participante de plano de previdência complementar fechada poderá ter o benefício proporcional diferido, em razão da cessação do vínculo empregatício com o patrocinador ou associativo com o instituidor antes da aquisição do direito ao benefício pleno. Nesse caso, o participante que deixar de ser empregado ou servidor do patrocinador ou associado do instituidor poderá optar por receber um benefício, no futuro, de renda programada, de acordo com as normas estabelecidas pelo plano de benefícios. Para isso, tem que ter cumprido as exigências mínimas para a obtenção do benefício. É o que determina o art. 14, inciso I, da Lei Complementar nº 109/2001.

204. (CESPE – Analista Judiciário – Área Judiciária – TRT 10/2013) – Cada um dos itens a seguir apresenta uma situação hipotética, seguida de uma assertiva a ser julgada com base nas disposições do direito previdenciário.

- Amaral, que é servidor público federal ocupante de cargo efetivo, participa de plano de benefícios de entidade fechada patrocinado pela União. Nessa situação, para que Amaral se torne elegível a um benefício de prestação continuada, terá de ter cumprido o prazo de carência mínima de sessenta contribuições mensais.

COMENTÁRIOS

✪ **Nota da Autora:** os planos de previdência complementar instituídos pelos entes políticos, suas autarquias, fundações, sociedades de economia mista e empresas controladas, direta e indiretamente, devem observar o disposto na Lei Complementar nº 108/2001 e, no que couber, a Lei Complementar nº 109/2001. O Plano de Previdência Complementar fechada instituído pela União através da Lei nº 12.618/2012 deve observar o que determinam as LC nº 108 e 109, ambas de 2001.

A assertiva está correta. Segundo o disposto no art. 3º, inciso I da Lei Complementar nº 108/2001, os planos de benefícios das entidades fechadas de previdência complementar, cujos patrocinadores sejam a União, os Estados, o Distrito Federal ou os Municípios, suas autarquias, fundações, empresas públicas e sociedades de economia mista, deverão atender à seguinte regra:

- **carência mínima de sessenta contribuições mensais** a plano de benefícios e cessação do vínculo com o patrocinador, para se tornar elegível a um benefício de prestação que seja programada e continuada.

205. (CESPE – Advogado da União/2012) – Considerando a jurisprudência do STF e do STJ, julgue o próximo item, referente à previdência privada.

- A CF prevê, como garantia do equilíbrio atuarial e financeiro, a possibilidade de, em caso de insuficiência financeira, a administração pública aportar recursos a entidades de previdência privada.

COMENTÁRIOS

A assertiva está errada. Conforme dispõe o art. 202, § 3º da Constituição Federal, "é vedado o aporte de recursos a entidade de previdência privada pela União, Estados, Distrito Federal e Municípios, suas autarquias, fundações, empresas públicas, sociedades de economia mista e outras entidades públicas, **salvo na qualidade de patrocinador,** situação na qual, em hipótese alguma, sua contribuição normal poderá exceder a do segurado" (negrito meu).

206. (CESPE – Advogado da União/2012) – Considerando a jurisprudência do STF e do STJ, julgue o próximo item, referente à previdência privada.

- O participante que exerça, em entidade fechada de previdência privada, no caso de perda parcial ou total da remuneração percebida, a faculdade de autopatrocínio não fará jus ao resgate dos valores pagos a título de recolhimento em substituição à entidade patrocinadora.

COMENTÁRIOS

✪ **Nota da Autora: a questão foi** anulada, **sob o argumento de que** "muito embora o STJ tenha decidido, no julgamento do REsp 1053644 (STJ, REsp 1053644, DJe 07.06.2010), que "Não é abusiva a cláusula que impede o ressarcimento dos valores pagos pelo beneficiário em substituição da patrocinadora, pois essa quantia, in casu, é convertida em favor de todo o grupo (equilíbrio atuarial) não ensejando vantagem ou desvantagem para qualquer das partes", a LC 109/2001, que prevê, em seu art. 14, IV, a faculdade de autopatrocínio, não determina que o resgate, nesses casos, não alcance os valores pagos em substituição à patrocinadora, estabelecendo apenas o desconto das parcelas de custeio administrativo. Verifica-se, portanto, que, via de regra, o participante que exerça a faculdade de autopatrocínio fará jus ao resgate dos valores pagos em substituição à entidade patrocinadora, salvo se houver cláusula específica em sentido contrário, o que, entretanto, não restou destacado no presente enunciado." Entendeu a banca examinadora que a ausência dessa especificidade pode ter comprometido a análise do candidato, razão pela qual optou pela anulação da questão.

O autopatrocínio é a faculdade que tem o participante de manter o valor de sua contribuição e a do patrocinador, no caso de perda parcial ou total da remuneração recebida, para assegurar a percepção dos benefícios nos níveis correspondentes àquela remuneração ou em outros definidos em normas regulamentares.

O entendimento recente do Superior Tribunal de Justiça, no julgamento do recurso especial 1.053.644 é de que não há direito ao resgate da contribuição em substituição ao patrocinador.

207. (CESPE – Advogado da União/2012) – Considerando a jurisprudência do STF e do STJ, julgue o próximo item, referente à previdência privada.

- Não poderá recair penhora sobre o saldo de depósito em fundo de previdência privada em nome de diretor de empresa falida suspeito de gestão fraudulenta, dado o nítido caráter alimentar de tal verba, advinda da remuneração mensal do diretor, especialmente se os referidos valores tiverem sido depositados antes de seu ingresso na diretoria da empresa.

COMENTÁRIOS

A afirmativa está errada. É possível recair penhora sobre o saldo de depósito em fundo de previdência privada em nome de diretor de empresa falida suspeito de gestão fraudulenta. Os depósitos não têm caráter alimentar.

Veja o julgado abaixo:

"RECURSO ESPECIAL. EX-DIRETOR DE BANCO. INTERVENÇÃO. POSTERIOR FALÊNCIA. INDISPONIBILIDADE DE TODOS OS BENS DOS ADMINISTRADORES (LEI nº 6.024/74, ART. 36). FUNDO DE PREVIDÊNCIA PRIVADA. PGBL. NATUREZA DE POUPANÇA PREVIDENCIÁRIA. IMPENHORABILIDADE (LEI N.6.024/74, ART. 36, § 3º; CPC, ART. 649, IV). INOCORRÊNCIA. VERBA QUE NÃO DETÉM NÍTIDO CARÁTER ALIMENTAR.

1. O art. 36 da Lei nº 6.024/74 estabelece que a indisponibilidade atinge todos os bens das pessoas nele indicadas, não fazendo distinção seja acerca da duração do período de gestão, seja entre os haveres adquiridos antes ou depois do ingresso na administração da instituição financeira sob intervenção ou liquidação extrajudicial ou em falência.

2. Essa rígida indisponibilidade, que, de lege ferenda, talvez esteja a merecer alguma flexibilização por parte do legislador, tem como fundamento a preservação dos interesses dos depositantes e aplicadores de boa-fé, que mantinham suas economias junto à instituição financeira falida, sobre a qual pairam suspeitas de gestão temerária ou fraudulenta.

3. Por outro lado, consoante se vê do § 3º do mesmo art. 36, os bens considerados impenhoráveis, como é o caso daqueles relacionados no art. 649, inciso IV, do CPC, não se incluem no severo regime de indisponibilidade de bens imposto pela Lei 6.024/74 aos administradores de instituição financeira falida.

4. ***O saldo de depósito em PGBL – Plano Gerador de Benefício Livre não ostenta nítido caráter alimentar, constituindo aplicação financeira de longo prazo, de relevante natureza de poupança previdenciária, porém susceptível de penhora****. O mesmo sucede com valores em caderneta de poupança e outros tipos de aplicações e investimentos, que, embora possam ter originalmente natureza alimentar, provindo de remuneração mensal percebida pelo titular, perdem essa característica no decorrer do tempo, justamente porque não foram utilizados para manutenção do empregado e de sua família no período em que auferidos, passando a se constituir em investimento ou poupança.*

5. ***Assim, a lei considera irrelevante o fato de os valores em fundo de plano de previdência privada terem sido depositados antes de o recorrente ter ingressado na gestão do Banco Santos, na qual permaneceu por apenas cinquenta e dois dias.***

6. Recurso especial a que se nega provimento."(REsp 1121719/SP, Rel. Ministro RAUL ARAÚJO, QUARTA TURMA, julgado em 15/03/2011, DJe 27/04/2011)

208. (CESPE – Advogado da União/2012) – Com base na lei que instituiu o regime de previdência complementar para os servidores públicos federais, julgue o item subsequente.

– O limite máximo estabelecido para os benefícios do RGPS deve ser aplicado às aposentadorias e pensões de todos os servidores públicos federais que ingressem no serviço público a partir do início da vigência do regime de previdência complementar, inclusos os detentores de cargo comissionado.

COMENTÁRIOS

A assertiva está errada. De fato, o art. 3º da Lei nº 12.618/12 dispõe que se aplicará o limite máximo estabelecido para os benefícios do regime geral de previdência social às aposentadorias e pensões dos servidores públicos federais que ingressem no serviço público a partir do início da vigência do regime de previdência complementar. A Lei atinge os servidores públicos titulares de cargo efetivo da União, suas autarquias e fundações, inclusive os membros do Poder Judiciário, do Ministério Público da União e do Tribunal de Contas da União.

Conforme dispõe o art. 40, § 13 da Constituição Federal, o servidor ocupante, exclusivamente, de cargo em comissão declarado de livre nomeação e exoneração é segurado do regime geral de previdência social e, portanto, não sendo servidor efetivo, não foi contemplado pela Lei nº 12.618/12.

209. (CESPE – Advogado da União/2012) – Com base na lei que instituiu o regime de previdência complementar para os servidores públicos federais, julgue o item subsequente.

– Os servidores públicos aposentados devem ser automaticamente inseridos no novo regime de previdência complementar.

COMENTÁRIOS

A assertiva está errada. Os aposentados não serão atingidos, de forma alguma, pelo novo regime de previdência complementar criado.

O regime de previdência complementar instituído pela Lei nº 12.618/12 atinge os servidores públicos titulares de cargo efetivo da União, suas autarquias e fundações, inclusive os membros do Poder Judiciário, do Ministério Público da União e do Tribunal de Contas da União que ingressarem no serviço público a partir do início da sua vigência, podendo os servidores efetivos que já se encontravam vinculados à União fazer adesão ao plano, na forma da lei.

---

210. (CESPE – Defensor Público – ES/ 2012) – No que concerne a previdência complementar, julgue o item subsecutivo.

– O ente federativo que instituir previdência complementar pública poderá fazer aporte de recursos à respectiva entidade, mas sua contribuição normal não poderá exceder à do segurado.

COMENTÁRIOS

A afirmativa está correta. Na condição de patrocinador, o ente federativo poderá fazer aporte de recursos à entidade de previdência complementar, desde que sua contribuição normal não exceda à do segurado (participante). É o que se depreende do disposto no art. 202, § 3º, da CF.

---

211. (CESPE – Defensor Público – ES/ 2012) – No que concerne a previdência complementar, julgue o item subsecutivo.

– Embora a filiação a plano de previdência complementar seja facultativa, se o empregado se filiar a um plano constituído pela empresa para a qual trabalhe, os benefícios contratados passarão a integrar seu contrato de trabalho.

COMENTÁRIOS

A afirmativa está incorreta. Veja o que dispõe o art. 68 da Lei Complementar nº 109/2001:

> *"Art. 68. As contribuições do empregador, os benefícios e as condições contratuais previstos nos estatutos, regulamentos e planos de benefícios das entidades de previdência complementar não integram o contrato de trabalho dos participantes, assim como, à exceção dos benefícios concedidos, não integram a remuneração dos participantes."*

17. DOS CRIMES PREVIDENCIÁRIOS

▸ Decreto-lei nº 2.848 – Código Penal: arts. 168-A, 297 e 337-A.

---

212. (CESPE – Delegado de Polícia Federal – DPF/2013) – José abriu uma pequena padaria no bairro onde reside e contratou dez funcionários. Durante os primeiros seis meses de funcionamento do estabelecimento comercial, José arrecadou as contribuições previdenciárias de seus empregados, descontando-as das respectivas remunerações, mas não recolheu esses valores aos cofres da previdência social.

Com base nessa situação hipotética e na legislação relativa aos crimes contra a previdência social, julgue os itens subsequentes.

– Nesse caso, mesmo que o valor não recolhido por José seja pequeno, não é possível, considerando-se a jurisprudência do STJ, a aplicação do princípio da insignificância, dado o bem jurídico tutelado (patrimônio da previdência social).

COMENTÁRIOS

✪ **Nota da Autora:** as empresas são responsáveis pela retenção e recolhimento das contribuições previdenciárias de seus empregados. Comete o crime de apropriação indébita previdenciária, previsto o art. 168-A do Código Penal, aquele que deixar de repassar à Previdência Social, no prazo legal, contribuição ou outra importância destinada à previdência social que tenha sido descontada de pagamento efetuado a segurados, a terceiros ou arrecadada do público.

A assertiva está errada. Quando o valor das contribuições previdenciárias não repassadas seja de valor ínfimo é possível ver a aplicação do princípio da significância pelos Tribunais Superiores. O STJ vem entendendo pela aplicação do princípio da bagatela quando o débito não ultrapassa o valor de R$ 10.000,00[48]. Esse limite era, à época do julgamento, utilizado pela Administração Pública como sendo o mínimo para o ajuizamento de suas execuções fiscais. Agora, o valor está limitado a R$ 20.000,00 para que a Fazenda Nacional ajuíze as execuções fiscais e poderá ser utilizado como parâmetro para os Tribunais Superiores aplicarem o princípio da insignificância.

Veja a posição recente do STJ:

> **"PENAL. RECURSO ESPECIAL. APROPRIAÇÃO INDÉBITA PREVIDENCIÁRIA. PRINCÍPIO DA INSIGNIFICÂNCIA. APLICABILIDADE. RECURSO NÃO PROVIDO.**
>
> *1. A jurisprudência do Superior Tribunal de Justiça é uníssona em reconhecer a aplicação do princípio da insignificância ao delito de apropriação indébita previdenciária, quando, na ocasião do delito, o valor do débito com a Previdência Social não ultrapassar o montante de R$ 10.000,00, descontados os juros e as multas. Precedentes. Ressalva do Relator.*
>
> *2. Recurso especial não provido."*
>
> *(REsp 1419836/RS, Rel. Ministro ROGERIO SCHIETTI CRUZ, SEXTA TURMA, julgado em 13/06/2017, DJe 23/06/2017)*
>
> **"PENAL. AGRAVO REGIMENTAL NO RECURSO ESPECIAL. APROPRIAÇÃO INDÉBITA PREVIDENCIÁRIA. PRINCÍPIO DA INSIGNIFICÂNCIA. PARÂMETRO DE 20 MIL REAIS. DESCABIMENTO. AGRAVO REGIMENTAL DESPROVIDO.**

---

48 REsp. 1171199/RS

> *1. O parâmetro de R$ 20.000,00 (vinte mil reais) para fins de incidência do princípio da insignificância não se aplica para o crime de apropriação indébita previdenciária, devendo ser observado o parâmetro de R$ 10.000,00 (dez mil reais). Precedentes.*
>
> *2. Agravo regimental desprovido."*
>
> *(AgRg no REsp 1477556/RS, Rel. Ministro JOEL ILAN PACIORNIK, QUINTA TURMA, julgado em 12/09/2017, DJe 18/09/2017)*

Se, até antes do início da ação fiscal, José confessar a dívida e efetuar espontaneamente o pagamento integral dos valores devidos, prestando as devidas informações ao órgão da previdência social, a punibilidade de sua conduta poderá ser extinta.

COMENTÁRIOS

A afirmativa está correta. No que diz respeito à **extinção da punibilidade**, prevista no art. 168-A, § 2º, CP, exige-se que o agente, espontaneamente, declare, confesse e efetue o pagamento das contribuições, importâncias ou valores e preste as informações devidas à Previdência Social, **antes do início da ação fiscal.** Para a exclusão, é necessário o recolhimento integral do devido antes da ação fiscal, que se inicia, em regra, pelo termo de início da ação fiscal (TIAF).

Ainda que não tivesse descontado das remunerações de seus empregados os valores relativos às contribuições previdenciárias, José responderia pela prática do delito de apropriação indébita previdenciária.

COMENTÁRIOS

A assertiva está errada. O art. 168-A do Código Penal deixa claro em seu § 1º, inciso II:

> *"§ 1º Nas mesmas penas incorre quem deixar de:*
>
> *I – recolher, no prazo legal, contribuição ou outra importância destinada à previdência social* ***que tenha sido descontada*** *de pagamento efetuado a segurados, a terceiros ou arrecadada do público;"*
>
> *(negrito meu).*

Assim, teria que ser comprovado o desconto das remunerações de seus empregados os valores relativos às contribuições previdenciárias para configurar o crime de apropriação indébita.

Direito Previdenciário

Adriana Menezes

✦ DICAS (RESUMO)

✪ **Nota da autora:** nas dicas de estudo, procuramos abordar todos os temas contidos nos diversos editais de concursos públicos. Não escolhemos colocar apenas os tópicos relativos às questões que já foram objeto das últimas provas, mas, também, outros assuntos que estão sendo requeridos nos últimos editais dos concursos.

Assim, abordamos os tópicos relacionados às questões trazidas, bem como os demais assuntos que a matéria de Direito Previdenciário trata e que poderão ser, no futuro próximo, objeto de questões de prova.

1. SEGURIDADE SOCIAL – CONCEITO E EVOLUÇÃO

- Apresenta-se, aqui, o histórico da evolução da Previdência Social no Mundo e no Brasil:

HISTÓRICO NO MUNDO	
Inglaterra, 1601	Poor Relief Act – primeiro ato relativo à assistência social. "Lei dos Pobres".
Alemanha, 1883	Chanceler Bismark obteve a aprovação do parlamento de seu projeto de seguro de doença, que foi seguido pelo seguro de acidentes de trabalho (1884) e pelo seguro de invalidez e velhice (1889).
1917	A primeira Constituição a mencionar o seguro social foi a do **MÉXICO**.
1919	A Constituição de Weimar, na Alemanha, traz vários dispositivos relativos à Previdência.
Estados Unidos, 1935	A partir do modelo Bismarkiano, esta técnica protetiva espalhou-se pelo mundo, sendo que, no período entre as duas grandes guerras, houve uma maior abrangência da técnica, atingindo um número cada vez maior de pessoas. Neste período, pode-se citar o Social Security Act.
Inglaterra, 1942	Relatório **BEVERIDGE**. Este relatório, responsável pelo surgimento do plano de mesmo nome, foi que deu origem à Seguridade Social, ou seja, a responsabilidade estatal não só do seguro social, mas também de ações na área de saúde e assistência social.
1952, Genebra	Aprovação da Convenção nº 102 da OIT que adota proposições relativas às normas mínimas para a seguridade social, sendo observada pelos países signatários, dentre eles, o Brasil. A Convenção nº 102 entrou em vigor no plano internacional em 27/04/1955. Foi aprovada, no Brasil, pelo Decreto Legislativo nº 269/2008 e ratificada em 15/06/2009.

1543	Exemplos mais antigos da proteção social brasileira – santas casas.
1808	Montepio para a guarda pessoal de D. João VI.
1824	A Constituição do Império tratou dos socorros públicos.
1835	Criação do **MONGERAL**, Montepio Geral dos Servidores do Estado.
1891	A Constituição de 1891 foi a primeira a conter a expressão "aposentadoria", que era concedida a funcionários públicos, em caso de invalidez permanente.
1923	**Ainda sob a égide da Constituição de 1891, foi editada a Lei Eloy Chaves (Decreto-Legislativo nº 4.682, de 24/01/1923), que criou caixas de aposentadorias e pensões para os ferroviários, por empresa.** Apesar de não ser o primeiro diploma legal sobre o assunto securitário (já havia o Decreto-Legislativo nº 3.724/19 sobre o seguro obrigatório de acidentes do trabalho), devido ao desenvolvimento posterior da previdência e à estrutura interna da "lei" Eloy Chaves, ficou esta conhecida como o **marco inicial da Previdência Social**.

1926/28	A Lei nº 5.109, de 20.12.1926, estendeu o regime da Lei Eloy Chaves aos portuários e marítimos; e pela Lei nº 5.485 de 30.06.1928, ele foi estendido ao pessoal das empresas de serviços telegráficos e radiotelegráficos.
1930	Criação do Ministério do Trabalho.
1933	Criação do primeiro Instituto de Aposentadoria e Pensão, o IAPM (Instituto de Aposentadoria e Pensão dos Marítimos). Os IAP atendiam às categorias de trabalhadores. Substituíram as CAP.
1934	A Constituição de 1934 foi a primeira a estabelecer a forma tríplice da fonte de custeio previdenciária, com contribuições do Estado, do empregador e do empregado. Foi, também, a primeira Constituição a utilizar a palavra "Previdência", sem o adjetivo "social".
1937	A Constituição de 1937 não traz novidades, a não ser o uso da palavra "seguro social" como sinônimo de previdência social.
1946	A Constituição de 1946 foi a primeira a utilizar a expressão "previdência social", substituindo a expressão "seguro social".
1960	A Lei nº 3.807, de 26/08/1960, unificou toda a legislação securitária e ficou conhecida como a Lei Orgânica da Previdência Social (LOPS).
1963	Instituição do Fundo de Assistência e Previdência do Trabalhador Rural (FUNRURAL), instituído pela Lei nº 4.214, de 02.03.1963.
1965	Ainda na CF/46, foi incluído, em 1965, parágrafo proibindo a prestação de benefício sem a correspondente fonte de custeio.
1966	**Institutos de Aposentadorias e Pensões (IAPs) foram unificados no Instituto Nacional da Previdência Social (INPS), por meio do Decreto-Lei nº 72, de 21.11.1966.**
1967	A Lei nº 5.316, de 14.09.1967, integrou o seguro de acidentes de trabalho à previdência social, fazendo assim desaparecer este seguro como ramo à parte.
1971	A Lei Complementar nº 11, de 25.05.1971, instituiu o Programa de Assistência ao Trabalhador Rural (PRORURAL), de natureza assistencial, cujo principal benefício era a aposentadoria por velhice, após 65 anos de idade, equivalente a 50% do salário mínimo de maior valor no País.
1977	A Lei nº 6.439/77 institui o Sistema Nacional de Previdência e Assistência Social (SINPAS). Faziam parte dele: – o INPS (Previdência Social), – o INAMPS (Assistência Médica), – o IAPAS (arrecadação, cobrança e fiscalização das contribuições previdenciárias), – a CEME (Central de Medicamentos), – a LBA (Legião Brasileira de Assistência), – a FUNABEM (Fundação Nacional do bem-estar do menor) e – a DATAPREV (Empresa Pública de Processamento de Dados da Previdência Social).
1988	A Constituição de 1988 tratou, **pela primeira vez no Brasil,** da Seguridade Social, entendida como um conjunto integrado de ações de iniciativa dos Poderes Públicos e da sociedade destinado a assegurar os direitos à Saúde, à Previdência e à Assistência Social.
1990	O SINPAS foi extinto em 1990. A Lei nº 8.029, de 12/04/1990, criou **o Instituto Nacional do Seguro Social (INSS),** , por meio da fusão do INPS com o IAPAS, autarquia federal, vinculada ao atual Ministério do Desenvolvimento Social. Nesse mesmo ano, foi aprovada a Lei Orgânica da Saúde – Lei nº 8.080/91 – que criou o SUS (Sistema Único de Saúde).
1991	Lei nº 8.212 (Plano de Custeio e Organização da Seguridade Social) e Lei nº 8.213 (Plano de Benefícios da Previdência Social).
1999	Decreto nº 3.048/99. Regulamento das Leis nº 8.212 e 8.213, ambas de 1991.
Emenda Constitucional nº 20/98	1ª Reforma da Previdência, transformando aposentadoria por tempo de serviço em aposentadoria por tempo de contribuição. Trouxe, também, regras de transição para as aposentadorias do RGPS e do servidor público.

Emenda Constitucional nº 41/03	2ª Reforma da Previdência, mudando regras de aposentadoria do servidor, com o fim da integralidade e da paridade. Permite, agora, a instituição de contribuição social para o custeio de regime próprio de previdência social dos servidores públicos, sobre aposentadorias e pensões. O custeio do regime próprio de previdência social dos servidores públicos virá, também, da contribuição de inativos e pensionistas.
Emenda Constitucional nº 47/05	Complementa a EC nº 41/03, trazendo mais uma regra transitória para a aposentadoria do servidor público.
MP 222/04, convertida na Lei nº 11.098/05.	Criação da Secretaria da Receita Previdenciária (SRP), vinculada ao Ministério da Previdência Social com atribuição de fiscalizar, cobrar e arrecadar as contribuições previdenciárias.
Lei nº 11.457/07	Extinção da Secretaria da Receita Previdenciária. A Secretaria da Receita Federal passa a ter a denominação de **Secretaria da Receita Federal do Brasil (SRFB),** com a atribuição, **a partir de maio/07,** de fiscalizar, arrecadar e cobrar as contribuições previdenciárias. Desde maio de 2007, o INSS não mais tem atribuição de arrecadar, fiscalizar e cobrar as contribuições previdenciárias. Terá a atribuição de conceder, manter e revisar os benefícios previdenciários do Regime Geral de Previdência Social (RGPS). Os créditos das contribuições previdenciárias pertencem à União.
Emenda Constitucional nº 70/2012	Traz redação do art. 6º-A para a Emenda Constituição nº 41/2003 e altera a forma de cálculo das aposentadorias por invalidez do servidor que ingressou no serviço público antes da data da publicação da EC nº 41/2003.
Lei nº 12. 618/12	A União, em observância ao disposto no art. 40, § 14 da Constituição Federal, instituiu o Plano de Previdência Complementar para os servidores públicos federais, titulares de cargo efetivo.
Decreto nº 7.808/12	Foi criada a Fundação de Previdência Complementar do Servidor Público Federal do Poder Executivo (Funpresp-Exe). Esse plano contempla, ainda, servidores públicos do Poder Legislativo Federal e do Tribunal de Contas da União, em razão do convênio de adesão à Funspresp-Exe.
Resolução do STF nº 496/2012	Foi criada a Fundação de Previdência Complementar do Servidor Público Federal do Poder Judiciário (Funpresp-Jud). A aprovação do Plano pela PREVIC deu-se em 14/10/13.
Emenda Constitucional nº 72/2013	Deu nova redação ao parágrafo único do art. 7º da Constituição Federal, estendendo ao empregado doméstico o direito ao salário-família, ao depósito de FGTS, ao seguro contra acidente do trabalho, dentre outros direitos trabalhistas e previdenciários.
Lei Complementar nº 142/2013	Regulamenta a concessão de aposentadoria para pessoa portadora com deficiência e segurado do RGPS.
Decreto nº 8.145/2013	Altera o Regulamento da Previdência Social (RPS), aprovado pelo Decreto nº 3.048, de 6 de maio de 1999, para dispor sobre a aposentadoria por tempo de contribuição e por idade da pessoa com deficiência.
Lei Complementar nº 144/2014	Trouxe novas regras para as aposentadorias do servidor policial civil
Lei Complementar nº 150/2015	Dispõe sobre o trabalho doméstico e traz alterações nas Leis 8.212 e 8.213, ambas de 1991.
Lei nº 13.135/2015	Converteu a Medida Provisória nº 664/2014, promovendo significativas mudanças para a concessão dos benefícios de pensão por morte e auxílio-reclusão para os beneficiários do RGPS e do regime de previdência dos servidores públicos federais.
LEI Nº 13.146/2015	Institui a Lei Brasileira de Inclusão da Pessoa com Deficiência (Estatuto da Pessoa com Deficiência).
LEI Nº 13.183/2015	Traz novas alterações nas Leis nº 8.212 e 8.213, ambas de 1991, inclusive estabelecendo regra de não incidência do fator previdenciário no cálculo da aposentadoria por tempo de contribuição.
Lei Complementar nº 152/2015	Regulamenta a aposentadoria compulsória do servidor público aos 75 anos de idade.

Lei Complementar nº 152/2015	Regulamentou a aposentadoria compulsória do servidor público aos 75 anos de idade.
Lei nº 13.457/2017	Alterou o prazo de carência para os benefícios de auxílio-doença, aposentadoria por invalidez e salário-maternidade quando o segurado reingressa ao RGPS.
Lei nº 13.467/2017	Trouxe a reforma trabalhista que repercutiu na esfera previdenciária.

- A Constituição Federal de 1988, pela primeira vez, trouxe o conceito de seguridade social. Conforme dispõe o art. 194, *caput* da CF, a Seguridade Social compreende um conjunto integrado de ações de iniciativa dos poderes públicos e da sociedade destinadas a assegurar os direitos à saúde, previdência e assistência social.
- Compete privativamente à União legislar sobre seguridade social.
- Lei complementar da União poderá autorizar os Estados e o Distrito Federal a legislar sobre questões de seguridade social.
- Não são todos os direitos sociais que são assegurados pelo sistema de seguridade social. Apenas os direitos à saúde, previdência e assistência social.
- A Saúde é um direito garantido a todos e dever do Estado. Será prestada independentemente de contribuição à seguridade social.
- As ações e serviços públicos de saúde integram uma rede regionalizada e hierarquizada e constituem um sistema único (SUS), organizado de acordo com as seguintes diretrizes:
  - descentralização, com direção única em cada esfera de governo;
  - atendimento integral, com prioridade para as atividades preventivas, sem prejuízo dos serviços assistenciais; e
  - participação da comunidade.
- São competências do SUS, além de outras atribuições, nos termos da lei:
  - controlar e fiscalizar procedimentos, produtos e substâncias de interesse para a saúde e participar da produção de medicamentos, equipamentos, imunobiológicos, hemoderivados e outros insumos;
  - executar as ações de vigilância sanitária e epidemiológica, bem como as de saúde do trabalhador;
  - ordenar a formação de recursos humanos na área de saúde;
  - participar da formulação da política e da execução das ações de saneamento básico;
  - incrementar, em sua área de atuação, o desenvolvimento científico e tecnológico e a inovação;
  - fiscalizar e inspecionar alimentos, compreendido o controle de seu teor nutricional, bem como bebidas e águas para consumo humano;
  - participar do controle e fiscalização da produção, transporte, guarda e utilização de substâncias e produtos psicoativos, tóxicos e radioativos;
  - colaborar na proteção do meio ambiente, nele compreendido o do trabalho.
- Em relação às ações judiciais para o fornecimento de medicamentos pela rede pública de saúde, o STJ entende que a substituição de um medicamento por outro para tratar a mesma doença não constitui novo pedido, pois os objetos imediatos e mediatos não foram alterados: a requerente busca provimento jurisdicional que condene o Estado a fornecer medicamentos, para tratar as sequelas de moléstia que lhe sucedeu, com vistas à manutenção de sua saúde para garantia de uma vida digna.
- As instituições privadas poderão participar de forma complementar do SUS, segundo diretrizes deste, mediante contrato de direito público ou convênio, tendo preferência as entidades filantrópicas e as sem fins lucrativos.
- A Constituição Federal determina que a União, os Estados, o Distrito Federal e os Municípios devam aplicar, anualmente, recursos mínimos em ações e serviços públicos de saúde.

- Os recursos mínimos a serem aplicados anualmente em ações e serviços públicos de saúde pela União serão calculados sobre a receita corrente líquida do respectivo exercício financeiro, não podendo ser inferior a 15% (quinze por cento)[1].
- Os percentuais mínimos sobre a arrecadação tributária que devem ser aplicados pelos Estados, Distrito Federal e Municípios em ações e serviços públicos de saúde são estabelecidos por lei complementar que será reavaliada pelo menos a cada cinco anos. Os percentuais mínimos estão fixados na Lei Complementar nº 141/2012.
- É vedada a participação direta ou indireta de empresas ou capitais estrangeiros na assistência à saúde no País, salvo nos casos previstos em lei.
- A Lei nº 13.097/2015 veio autorizar a participação direta ou indireta, inclusive o controle, de empresas ou de capital estrangeiro na assistência à saúde nos casos de:

  I – doações de organismos internacionais vinculados à Organização das Nações Unidas, de entidades de cooperação técnica e de financiamento e empréstimos;

  II – pessoas jurídicas destinadas a instalar, operacionalizar ou explorar:

  a) hospital geral, inclusive filantrópico, hospital especializado, policlínica, clínica geral e clínica especializada; e

  b) ações e pesquisas de planejamento familiar;

  III – serviços de saúde mantidos, sem finalidade lucrativa, por empresas, para atendimento de seus empregados e dependentes, sem qualquer ônus para a seguridade social.
- A Assistência Social é um dos subsistemas da Seguridade Social, mas não será prestada a todos, como é o caso da Saúde. A Assistência Social será prestada a quem dela necessitar, independentemente de contribuição à seguridade social.
- **Objetivos da Assistência Social**

Para o enfrentamento da pobreza, a assistência social realiza-se de forma integrada às políticas setoriais, garantindo mínimos sociais e provimento de condições para atender contingências sociais e promovendo a universalização dos direitos sociais.

I – a proteção social, que visa à garantia da vida, à redução de danos e à prevenção da incidência de riscos, especialmente:

a) a proteção à família, à maternidade, à infância, à adolescência e à velhice;

b) o amparo às crianças e aos adolescentes carentes;

c) a promoção da integração ao mercado de trabalho;

d) a habilitação e reabilitação das pessoas com deficiência e a promoção de sua integração à vida comunitária; e

e) a garantia de 1 (um) salário-mínimo de benefício mensal à pessoa com deficiência e ao idoso que comprovem não possuir meios de prover a própria manutenção ou de tê-la provida por sua família.

II – a vigilância socioassistencial, que visa a analisar territorialmente a capacidade protetiva das famílias e nela a ocorrência de vulnerabilidades, de ameaças, de vitimizações e danos;

III – a defesa de direitos, que visa a garantir o pleno acesso aos direitos no conjunto das provisões socioassistenciais.

- **Diretrizes da Assistência Social:**

I – **descentralização** político-administrativa para os Estados, o Distrito Federal e os Municípios, e comando único das ações em cada esfera de governo;

II – **participação da população**, por meio de organizações representativas, na formulação das políticas e no controle das ações em todos os níveis;

III – **primazia da responsabilidade do Estado** na condução da política de assistência social em cada esfera de governo.

---

1 Regra trazida pela Emenda Constitucional nº 86/2015.

- Cabe registrar que a Lei nº 12.435/2011 veio trazer alterações na Lei Orgânica da Assistência Social (LOAS), dispondo que a gestão das ações na área de assistência social ficará organizada sob a forma de sistema descentralizado e participativo, denominado Sistema Único de Assistência Social (SUAS), com os seguintes objetivos:

I. consolidar a gestão compartilhada, o cofinanciamento e a cooperação técnica entre os entes federativos que, de modo articulado, operam a proteção social não contributiva;

II. integrar a rede pública e privada de serviços, programas, projetos e benefícios de assistência social;

III. estabelecer as responsabilidades dos entes federativos na organização, regulação, manutenção e expansão das ações de assistência social;

IV. definir os níveis de gestão, respeitadas as diversidades regionais e municipais;

V. implementar a gestão do trabalho e a educação permanente na assistência social;

VI. estabelecer a gestão integrada de serviços e benefícios; e

VII. afiançar a vigilância socioassistencial e a garantia de direitos.

- As ações ofertadas no âmbito do SUAS têm por objetivo a proteção à família, à maternidade, à infância, à adolescência e à velhice e, como base de organização, o território. O SUAS é integrado pelos entes federativos, pelos respectivos conselhos de assistência social e pelas entidades e organizações de assistência social abrangidas pela LOAS.
- **Proteção social básica:** conjunto de serviços, programas, projetos e benefícios da assistência social que visa a prevenir situações de vulnerabilidade e risco social por meio do desenvolvimento de potencialidades e aquisições e do fortalecimento de vínculos familiares e comunitários;
- **Proteção social especial:** conjunto de serviços, programas e projetos que tem por objetivo contribuir para a reconstrução de vínculos familiares e comunitários, a defesa de direito, o fortalecimento das potencialidades e aquisições e a proteção de famílias e indivíduos para o enfrentamento das situações de violação de direitos.
- As proteções sociais, básica e especial, serão ofertadas precipuamente no Centro de Referência de Assistência Social (Cras) e no Centro de Referência Especializado de Assistência Social (Creas), respectivamente, e pelas entidades sem fins lucrativos de assistência social.
- **Os Cras e os Creas** são unidades públicas estatais instituídas no âmbito do Suas, que possuem interface com as demais políticas públicas e articulam, coordenam e ofertam os serviços, programas, projetos e benefícios da assistência social.
- **O Cras é a unidade pública municipal**, de base territorial, localizada em áreas com maiores índices de vulnerabilidade e risco social, destinada à articulação dos serviços socioassistenciais no seu território de abrangência e à prestação de serviços, programas e projetos socioassistenciais de proteção social básica às famílias.
- **O Creas é a unidade pública de abrangência e gestão municipal, estadual ou regional**, destinada à prestação de serviços a indivíduos e famílias que se encontram em situação de risco pessoal ou social, por violação de direitos ou contingência, que demandam intervenções especializadas da proteção social especial.
- A Constituição Federal assegura à pessoa com deficiência e ao idoso, que comprovem não possuir meios de prover a própria manutenção ou de tê-la provida por sua família, o benefício assistencial no valor de um salário mínimo, desde que atendam aos requisitos dispostos na lei. Nesse caso, os requisitos vão estar dispostos em lei ordinária, no caso, a Lei nº 8.742/93.
- O Estado e o Distrito Federal poderão vincular até 0,5% de sua receita tributária líquida a programa de apoio à inclusão e promoção social. No entanto, é vedada a aplicação destes recursos no pagamento de despesas com pessoal e encargos sociais, de serviço da dívida ou de qualquer despesa corrente não vinculada aos investimentos ou ações socais apoiadas.
- A Previdência Social será organizada sob a forma de regime geral, terá caráter contributivo e de filiação obrigatória, observados os critérios que preservem o equilíbrio financeiro e atuarial.
- O regime geral de previdência social (RGPS) utiliza o modelo de repartição simples.
- O regime de repartição simples flui do princípio da solidariedade, daí ser chamado, inclusive, de regime da solidariedade. As contribuições oriundas dos contribuintes em atividade vão custear as prestações dos beneficiários atuais. Não há acumulação de reservas para serem utilizadas no futuro, uma vez que todas as contribuições recolhidas formarão recursos a serem utilizados para o pagamento dos benefícios daquele ano.

  A Previdência Social atenderá:

  I – cobertura dos eventos de doença, invalidez, morte e idade avançada;

  II – proteção à maternidade, especialmente à gestante;

III – proteção ao trabalhador em situação de desemprego involuntário;

IV – salário-família e auxílio-reclusão para os dependentes dos segurados de baixa renda;

V – pensão por morte do segurado, homem ou mulher, ao cônjuge ou companheiro e dependentes.

SEGURIDADE SOCIAL (ARTS. 194/204, CF)		
Previdência Social	**Assistência Social**	**Saúde**
Organizada sob a forma de regime geral	Será prestada a quem dela necessitar;	Direito de todos e dever do Estado;
Caráter contributivo;	Independe de contribuição para a Seguridade Social	Independe de contribuição para a Seguridade Social.
Filiação obrigatória (art. 201, CF)	Será financiada com recursos do orçamento da Seguridade Social, além de outras fontes (arts. 203 e 204, CF)	Integra uma rede regionalizada e hierarquizada e constitui um sistema único (SUS) (arts. 196 a 200, CF)
Previdência Complementar de natureza facultativa (art. 202, CF)	A gestão das ações na área de assistência social ficará organizada sob a forma de sistema descentralizado e participativo, denominado Sistema Único de Assistência Social (SUAS).	–

- **Os regimes de previdência existentes:**

Para memorizar:

<table>
<tr><td rowspan="4">Previdência Social no Brasil</td><td rowspan="2">Planos básicos</td><td>▸ Regime Geral de Previdência Social</td></tr>
<tr><td>▸ Regimes Próprios de Previdência Social</td></tr>
<tr><td rowspan="2">Planos complementares</td><td>▸ Aberto</td></tr>
<tr><td>▸ Fechado</td></tr>
</table>

- O regime geral de previdência social (RGPS) foi instituído pela Lei nº 8.213/91, tem caráter contributivo e deve se preocupar com o equilíbrio financeiro e atuarial.
- Os regimes próprios de previdência social (RPPS) são instituídos por lei pela União, Estados, Distrito Federal e Municípios para amparar seus servidores ocupantes de cargo público efetivo. Têm caráter contributivo e solidário, mediante a contribuição do respectivo ente federativo, dos servidores ativos, inativos e pensionistas.
- A União tem competência para a edição de normas gerais sobre os RPPS, o que já foi feito através da publicação da Lei nº 9.717/1998. À União, também, cabe a criação do regime próprio de previdência para os seus servidores.
- Os servidores públicos titulares apenas de cargos em comissão são segurados do RGPS, sempre. Também são filiados obrigatórios do RGPS os agentes que trabalham para a Administração Pública, submetidos ao regime da CLT, e os temporários (contratados por tempo determinado para atenderem a necessidade temporária de excepcional interesse público, na forma do art. 37, IX, da CF). Não vão ser amparados pelo regime próprio de previdência social dos servidores públicos.
- O regime de previdência complementar possui natureza complementar e facultativa como forma de aumentar a renda do trabalhador. No entanto, segundo o art. 202 da CF, essa proteção é de natureza complementar e não obriga a pessoa física dela participar.
- O regime de previdência privada, firmado pelo art. 202 da Constituição Federal, tem caráter complementar, é organizado de forma autônoma em relação ao regime geral de previdência social e será facultativo, baseado na constituição de reservas que garantam o benefício contratado, além de regulado por lei complementar.
- No Brasil, os regimes de previdência privada adotam o regime de capitalização, não havendo em se falar de solidariedade.
- No regime de capitalização, a ideia fundamental é a formação de reservas de capital que possam garantir as prestações previdenciárias futuras aos beneficiários. As contribuições previdenciárias são acumuladas em fun-

dos de pensões ou em contas específicas e aplicadas no mercado financeiro e em outros ativos ao longo da vida ativa do segurado. Quando o segurado passa para a inatividade, terá de volta o que contribuiu acrescido dos rendimentos do capital, tudo mediante regras estabelecidas pelas normas que regem o sistema de previdência organizada sob o regime de capitalização.

2. CONSELHOS

2.1. O CONSELHO NACIONAL DE PREVIDÊNCIA (CNP[2])

- O Conselho Nacional de Previdência Social (CNP) demonstra a aplicação do princípio constitucional do caráter democrático e descentralizado na organização da seguridade social, previsto no art. 194, parágrafo único, inciso VII, da Constituição Federal.
- O Conselho Nacional de Previdência é órgão superior de deliberação colegiada cuja competência está delineada no art. 4º da Lei nº 8.213/91. Está vinculado ao Ministério da Fazenda.
- O CNP é composto por 15 membros entre representantes do Governo e da sociedade civil. São:

COMPOSIÇÃO DO CNP	
15 membros entre representantes dos quais:	
6 do Governo	9 da sociedade civil dos quais: • 3 dos aposentados e dos pensionistas; • 3 dos trabalhadores em atividade; • 3 dos empregadores.

- Os membros do CNP e seus respectivos suplentes serão nomeados pelo Presidente da República, tendo os representantes titulares da sociedade civil mandato de 2 (dois) anos, podendo ser reconduzidos, de imediato, uma única vez.
- Os representantes dos trabalhadores em atividade, dos aposentados, dos empregadores e seus respectivos suplentes serão indicados pelas centrais sindicais e confederações nacionais.
- O CNP reunir-se-á, ordinariamente, uma vez por mês, por convocação de seu Presidente, não podendo ser adiada a reunião por mais de 15 (quinze) dias se houver requerimento nesse sentido da maioria dos conselheiros.
- Poderá ser convocada reunião extraordinária por seu Presidente ou a requerimento de um terço de seus membros, conforme dispuser o regimento interno do CNP.
- As ausências ao trabalho dos representantes dos trabalhadores em atividade, decorrentes das atividades do Conselho, serão abonadas, computando-se como jornada efetivamente trabalhada para todos os fins e efeitos legais.
- Aos membros do CNP, enquanto representantes dos trabalhadores em atividade, titulares e suplentes, é assegurada a estabilidade no emprego, da nomeação até um ano após o término do mandato de representação, somente podendo ser demitidos por motivo de falta grave, regularmente comprovada através de processo judicial.
- É competência do CNP:

1) estabelecer diretrizes gerais e apreciar as decisões de políticas aplicáveis à Previdência Social;
2) participar, acompanhar e avaliar sistematicamente a gestão previdenciária;
3) apreciar e aprovar os planos e programas da Previdência Social;
4) apreciar e aprovar as propostas orçamentárias da Previdência Social, antes de sua consolidação na proposta orçamentária da Seguridade Social;
5) acompanhar e apreciar, através de relatórios gerenciais por ele definidos, a execução dos planos, programas e orçamentos no âmbito da Previdência Social;

2 Antes, era denominado CNPS (Conselho Nacional de Previdência Social).

6) acompanhar a aplicação da legislação pertinente à Previdência Social;

7) apreciar a prestação de contas anual a ser remetida ao Tribunal de Contas da União, podendo, se for necessário, contratar auditoria externa;

8) estabelecer os valores mínimos em litígio, acima dos quais será exigida a anuência prévia do Procurador-Geral ou do Presidente do INSS para formalização de desistência ou transigência judiciais;

9) elaborar e aprovar seu regimento interno.

2.2. CONSELHO NACIONAL DE ASSISTÊNCIA SOCIAL (CNAS)

- O Conselho Nacional de Assistência Social (CNAS) é órgão superior de deliberação colegiada, vinculado à estrutura do órgão da Administração Pública Federal responsável pela coordenação da Política Nacional de Assistência Social.
- O CNAS é composto por 18 membros e respectivos suplentes, cujos nomes são indicados ao órgão da Administração Pública Federal responsável pela coordenação da Política Nacional de Assistência Social. São:

COMPOSIÇÃO DO CNAS	
18 membros entre representantes dos quais:	
9 representantes governamentais, incluindo 1 (um) representante dos Estados e 1 (um) dos Municípios.	9 da sociedade civil dentre representantes dos usuários ou de organizações de usuários, das entidades e organizações de assistência social e dos trabalhadores do setor, escolhidos em foro próprio sob fiscalização do Ministério Público Federal.

- Os membros do CNAS serão nomeados pelo Presidente da República, com mandato de 2 (dois) anos, permitida uma única recondução por igual período.
- O CNAS é presidido por um de seus integrantes, eleito dentre seus membros, para mandato de 1 (um) ano, permitida uma única recondução por igual período.
- A competência do CNAS está delineada no art. 18 da Lei nº 8.742/93.

2.3. CONSELHO DE RECURSOS DO SEGURO SOCIAL (CRSS)

- O Conselho de Recursos do Seguro Social (CRSS) é um órgão colegiado integrante da estrutura do Ministério do Desenvolvimento Social[3], atuando como revisor das decisões administrativas do INSS nos processos de interesse dos beneficiários.
- O Conselho de Recursos do Seguro Social é composto por:

I. vinte e nove (29) Juntas de Recursos com a competência para julgar, em primeira instância, os recursos interpostos contra as decisões prolatadas pelos órgãos regionais do INSS, em matéria de interesse de seus beneficiários;

II. quatro (04) Câmaras de Julgamento com a competência para julgar, em segunda instância, os recursos interpostos contra as decisões proferidas pelas Juntas de Recursos que infringirem lei, regulamento, enunciado ou ato normativo ministerial;

III. Conselho Pleno com a competência para uniformizar a jurisprudência previdenciária mediante enunciados, podendo ter outras competências definidas no Regimento Interno do Conselho de Recursos do Seguro Social.

- O Conselho de Recursos do Seguro Social é presidido por representante do Governo, com notório conhecimento da legislação previdenciária, nomeado pelo Ministro do Desenvolvimento Social.
- As Juntas de Recursos e as Câmaras de Julgamento são, também, presididas por representantes do Governo. São compostas por quatro membros nomeados pelo Ministro do Desenvolvimento Social, sendo:

– dois representantes do Governo;

3 Antes, era denominado Conselho de Recursos da Previdência Social (CRPS) e estava vinculado ao Ministério da Previdência Social. Com o advento da Medida Provisória nº 726/2016, convertida na Lei nº 13.341/2016, a Previdência Social foi incorporada ao Ministério da Fazenda.

- um representante das empresas;
- um representante dos trabalhadores.

- Os representantes do Governo são escolhidos entre servidores federais, com curso superior em nível de graduação concluído e notório conhecimento da legislação previdenciária.
- Os representantes classistas (das empresas e dos trabalhadores) devem ter escolaridade de nível superior e serão escolhidos pelas entidades de classe ou sindicais. Os representantes dos trabalhadores rurais precisam, apenas, ter nível médio.
- O mandato dos conselheiros do CRSS é de dois anos, permitida a recondução.

3. PRINCÍPIOS CONSTITUCIONAIS

- O art. 194, parágrafo único da Constituição Federal elenca os objetivos a serem perseguidos na organização da Seguridade Social. São entendidos como verdadeiros princípios constitucionais da seguridade social.
- O **princípio da universalidade da cobertura e do atendimento** visa cobrir todas as espécies de infortúnios sociais que possam ocorrer e atender a todos os residentes no Brasil, em termos de benefícios e serviços da Seguridade Social.
- O **princípio da uniformidade e equivalência dos benefícios e serviços às populações urbanas e rurais** ordena que as populações urbana e rural devam possuir os mesmos direitos a título de seguridade social. Os segurados e dependentes urbanos e rurais devem ter o mesmo tratamento.
- O **princípio da seletividade** propicia ao legislador estudar as carências sociais, priorizando-as em relação às demais, viabilizando a promoção da Seguridade Social factível. Cobrem-se as necessidades mais essenciais e planeja-se, para o futuro, a cobertura das demais, visando alcançar a Seguridade Social ideal. **A distributividade** consagra que, após cada pessoa ter contribuído com o que podia, dá-se a cada um de acordo com suas necessidades.
- Como exemplos da aplicação concreta do princípio da seletividade e distributividade na prestação dos benefícios e serviços da seguridade social podem ser citados os benefícios salário-família e auxílio-reclusão.
- O **princípio da irredutibilidade do valor dos benefícios** preceitua que haverá nenhuma redução efetiva dos valores nominais dos benefícios. Não poderá, também, sofrer redução real o benefício da previdência social, nos termos do art. 201, § 4º, CF.
- **Não é possível a vinculação do valor dos benefícios ao número de salários mínimos.**
- **O princípio da equidade na forma de participação do custeio da seguridade social** está intimamente atrelado aos preceitos da igualdade e da capacidade contributiva. Aqueles contribuintes que apresentarem maior capacidade contributiva para o sistema da Seguridade Social arcarão com uma parcela maior de contribuição.
- Com base nesse princípio, vê-se a aplicação de alíquotas ou bases de cálculo diferenciadas para as contribuições sociais das empresas em razão da atividade econômica, do uso intensivo de mão de obra, do porte da empresa e das condições estruturais do mercado de trabalho (art. 195, § 9º, CF).
- O **princípio da diversidade de financiamento** traz que a base de financiamento do sistema de seguridade social não se concentrará em uma só fonte de tributação, atingindo, em contrapartida, o maior número de pessoas capazes de contribuir e a maior constância de entradas. Isso pode ser verificado pelo disposto no art. 195 da Constituição Federal, que elenca a forma de financiamento da seguridade social de forma direta e indireta por toda a sociedade.
- O **princípio da gestão democrática e descentralizada da seguridade social** deriva dos princípios superiores atinentes à origem democrática do poder e à participação popular. A Seguridade Social terá caráter democrático e descentralizado na administração, mediante gestão quadripartite, com participação dos trabalhadores, dos empregadores, dos aposentados e do Governo nos órgãos colegiados.
- O **princípio da solidariedade contributiva** está previsto no art. 195 da Constituição Federal, que preceitua que a sociedade, de forma direta ou indireta, será responsável pelo financiamento do Sistema de Seguridade Social, visto que o orçamento será composto pelos recursos provenientes dos orçamentos dos próprios entes federativos e por todas as contribuições sociais criadas pela União para custear o sistema.
- O princípio da solidariedade justifica a compulsoriedade do recolhimento das contribuições sociais de financiamento da seguridade social.

- Nenhum benefício ou serviço da seguridade social poderá ser criado, estendido ou majorado sem a correspondente fonte de custeio total. Esse é o **princípio da pré-existência do custeio ou princípio da contrapartida** (art. 195, § 5º, CF).

- **Princípio da proibição da proteção insuficiente:** visa assegurar um patamar mínimo existencial, que resguarde a dignidade da pessoa humana, sem olvidar a magnitude dos interesses coletivos.

  A proibição do excesso quanto da proteção insuficiente devem ser consideradas diante de aparentes antinomias de normas constitucionais, afigurando-se como parâmetros do postulado jurídico da proporcionalidade, em seu duplo viés (positivo e negativo), de modo a resguardar a força normativa da Constituição e a máxima efetividade dos direitos fundamentais por ela assegurados.

- **Princípio da dignidade da pessoa humana, mínimo existencial:** a dignidade humana é um valor moral prévio à própria organização social, uma qualidade imanente dos seres humanos que os coloca como destinatários de respeito e merecedores de igual atenção por parte do Estado e de seus semelhantes, de tal forma que não percam a possibilidade de exercer autonomia. A dignidade pressupõe consideração pela vida e pela integridade do ser humano, garantias de presença de condições básicas para uma existência na qual se possa exercer a liberdade e receber respeito como pessoa dotada de razão.

  A previdência é um direito social e fundamental assegurado pela Constituição Federal.

  Ela deve ter uma configuração mínima de garantia da dignidade da pessoa humana de modo a lhe garantir condições mínimas de sobrevivência.

  Os benefícios dos segurados devem ter um valor mínimo que possa garantir à manutenção do segurado em casos de infortúnios sociais. Deve ser garantido ao beneficiário o mínimo existencial.

- **Princípio da proibição do retrocesso social:** para alguns doutrinadores esse princípio é aplicado à Previdência Social que veda a redução da proteção previdenciária a fim de que seja preservado o mínimo existencial dos segurados.

  A vedação ao retrocesso social é mais uma característica geral dos direitos fundamentais, visando impedir o desfazimento de avanços sociais.

- **Princípio da reserva do possível:** os benefícios devem ser concedidos para garantir o mínimo existencial dos segurados e dependentes, atentando-se para as possibilidades orçamentárias.

  Conclui-se que, para além dessa configuração mínima, a proteção previdenciária depende da reserva das disponibilidades orçamentárias do Estado.

- **Princípios da Previdência Social**

- Não haverá incidência de contribuição social sobre os valores de aposentadoria e pensão pagos pelo regime geral de previdência social (RGPS). Trata-se de **imunidade tributária.**

- Os salários de contribuição utilizados para o cálculo da renda mensal dos benefícios previdenciários deverão ser corrigidos monetariamente. **Trata-se do princípio da recomposição monetária dos benefícios.**

- Nenhum benefício previdenciário que substitua o salário de contribuição ou o rendimento do trabalho do segurado terá valor inferior ao salário mínimo. **Trata-se do princípio do valor mínimo.**

- É assegurado o reajustamento dos benefícios previdenciários para preservar-lhes, em caráter permanente, o valor real, conforme critérios definidos em lei.

- O valor dos benefícios previdenciários não está vinculado ao número de salários mínimos.

- Os ganhos habituais do empregado, a qualquer título, serão incorporados ao salário para efeito de contribuição previdenciária e, consequente repercussão em benefícios, na forma da lei.

QUADRO RESUMO

Princípios da Seguridade Social (Art. 194, parágrafo único, CF)	• universalidade da cobertura e do atendimento (Art. 194, parágrafo único, I, CF) • uniformidade e equivalência dos benefícios e serviços às populações urbanas e rurais (Art. 194, parágrafo único, II, CF) • seletividade e distributividade dos benefícios e serviços. (Art. 194, parágrafo único, III, CF) • irredutibilidade do valor dos benefícios. (Art. 194, parágrafo único, IV, CF)

Princípios da Seguridade Social (Art. 194, parágrafo único, CF)	• equidade na forma de participação no custeio. (Art. 194, parágrafo único, V, CF) • diversidade da base de financiamento. (Art. 194, parágrafo único, VI, CF) • da gestão democrática e descentralizada da seguridade social (Art. 194, parágrafo único, VII, CF)
Outros Princípios da Seguridade Social	• Solidariedade (Art. 3º, I, CF) • Solidariedade contributiva (Art. 195, CF) • Pré-existência de custeio (Art. 195, § 5º, CF)
Alguns Princípios da Previdência Social	• da recomposição monetária (Art. 201, § 3º da CF) • do valor mínimo (Art. 201, § 2º, CF) • da preservação do valor real dos benefícios (Art. 201, § 4º, CF) • da universalidade de participação nos planos previdenciários (art. 2º, Lei nº 8.213/91) • da universalidade de participação nos planos previdenciários (art. 2º, Lei nº 8.213/91)

4. OS BENEFICIÁRIOS DO REGIME GERAL DE PREVIDÊNCIA SOCIAL

- Segundo o disposto no art. 201 da Constituição Federal, a Previdência Social será organizada sob a forma de regime geral.
- O Regime Geral de Previdência Social (RGPS) foi instituído pela Lei nº 8.213/91 e tem como beneficiários (credores das prestações previdenciárias) os segurados e os dependentes.

RELAÇÃO PREVIDENCIÁRIA:

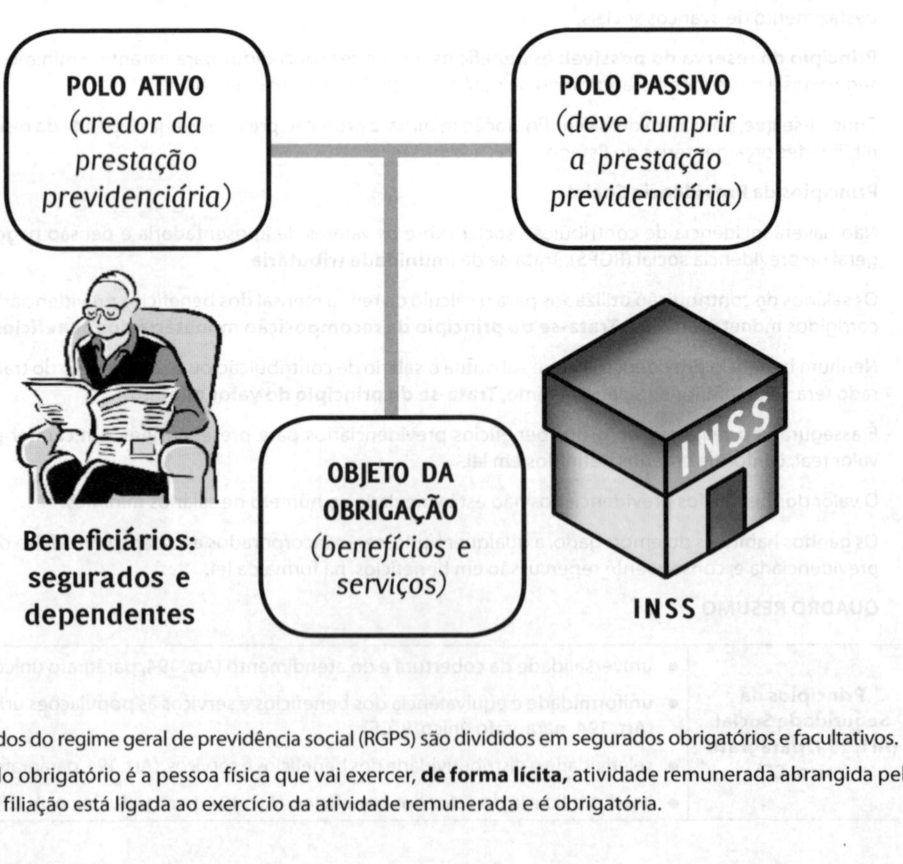

- Os segurados do regime geral de previdência social (RGPS) são divididos em segurados obrigatórios e facultativos.
- O segurado obrigatório é a pessoa física que vai exercer, **de forma lícita,** atividade remunerada abrangida pelo RGPS. Sua filiação está ligada ao exercício da atividade remunerada e é obrigatória.

- Os segurados obrigatórios estão qualificados em cinco categorias: empregado, empregado doméstico, trabalhador avulso, contribuinte individual e segurado especial.

Segurados Obrigatórios:	• Empregado • Empregado doméstico • Trabalhador Avulso • Contribuinte Individual • Especial

- Os segurados empregados estão elencados nos art. 11, I, da Lei nº 8.213/91.
- Entre outros, são empregados:

1) o menor aprendiz e o aprendiz;
2) o exercente de mandado eletivo municipal, estadual ou federal, desde que não amparado por regime próprio de previdência social;
3) o servidor que ocupa exclusivamente cargo em comissão na União, nos Estados, do Distrito Federal e nos Municípios, incluídas suas autarquias e fundações.
4) o brasileiro civil que trabalha para a União, no exterior, em organismos oficiais brasileiros ou internacionais dos quais o Brasil seja membro efetivo, ainda que lá domiciliado e contratado, salvo se segurado na forma da legislação vigente do país do domicílio;
5) aquele que presta serviço no Brasil a missão diplomática ou a repartição consular de carreira estrangeira e a órgãos a elas subordinados, ou a membros dessas missões e repartições, excluídos o não-brasileiro sem residência permanente no Brasil e o brasileiro amparado pela legislação previdenciária do país da respectiva missão diplomática ou repartição consular.

- Características do segurado **empregado doméstico**:

Empregado doméstico:	• Trabalho doméstico para pessoa física ou unidade familiar. • Caráter não eventual do serviço prestado. • Atividades sem fins lucrativos. • De acordo com a Lei Complementar nº 150/2015, é aquele que presta serviços de forma contínua, subordinada, onerosa e pessoal e de finalidade não lucrativa à pessoa ou à família, no âmbito residencial destas, por mais de 2 (dois) dias por semana.

- O **trabalhador avulso** presta serviço de natureza eventual a uma ou mais empresas e não precisa ser sindicalizado. Veja as principais características:

Trabalhador avulso:	• Trabalho de caráter eventual, sem vínculo empregatício. • Presta serviços para empresas urbanas ou rurais. • A intermediação é feita pelo sindicato (não portuário) ou órgão gestor de mão de obra (OGMO) (trabalhador avulso portuário). • NÃO precisa ser sindicalizado. • A lista de atividades do trabalhador avulso constantes no Decreto nº 3.048/99 é TAXATIVA. • Conforme dispõe o art. 7º, XXXIV, da CF, são garantidos ao trabalhador avulso os direitos trabalhistas assegurados aos empregados.

- O **segurado especial** vai exercer, individualmente ou em regime de economia familiar, atividade agropecuária, pesqueira, extrativista vegetal ou de seringueiro, conforme tabela abaixo.
- O segurado especial não precisa ser proprietário do imóvel rural onde exerce suas atividades. Pode ser meeiro, parceiro, arrendatário rural, usufrutuário, comodatário, etc. Não precisa, também, morar no imóvel rural. Ele pode residir em aglomerado urbano próximo ao imóvel rural.

- Veja a tabela abaixo:

<table>
<tr><th colspan="4">ENQUADRAMENTO COMO SEGURADO ESPECIAL</th></tr>
<tr><th>CONDIÇÃO</th><th>ATIVIDADE EXPLORADA</th><th>LIMITAÇÃO DA ÁREA EXPLORADA</th><th>EXTENSÃO DO ENQUADRAMENTO</th></tr>
<tr><td rowspan="2">Produtor que seja: proprietário, usufrutuário, possuidor, assentado, parceiro, meeiro, outorgados, comodatário ou arrendatário rurais.</td><td>Agropecuária</td><td>Até quatro módulos fiscais, independentemente da região do país.</td><td rowspan="3">Ao cônjuge ou companheiro, bem como filho maior de 16 anos de idade ou a este equiparado, do segurado enquadrado nas situações mencionadas anteriormente que, comprovadamente, tenham participação ativa nas atividades rurais ou pesqueiras artesanais, respectivamente, do grupo familiar.</td></tr>
<tr><td>Seringueiro ou extrativista vegetal, que exerça suas atividades nos termos da Lei nº 9.985, de 18 de julho de 2000, e faça dessas atividades o principal meio de vida.</td><td>Sem limitação de área.</td></tr>
<tr><td>Pescador artesanal ou assemelhado.</td><td>Que faça da pesca profissão habitual ou principal meio de vida. Pode utilizar embarcação com arqueação bruta até 20.</td><td>Sem limitação de área.</td></tr>
</table>

- O pescador artesanal é aquela pessoa física que, individualmente ou em regime de economia familiar, faz da pesca sua profissão habitual ou meio principal de vida desde que:

– não utilize embarcação ou;

– utilize embarcação de pequeno porte (com arqueação bruta igual ou menor a 20).

– Assemelha-se ao pescador artesanal aquele que realiza atividade de apoio a pesca artesanal, exercendo trabalhos de confecção e de reparos de artes e petrechos de pesca e de reparos em embarcações de pequeno porte ou atuando no processamento do produto da pesca artesanal.

- O segurado especial poderá contratar empregados ou contribuintes individuais no período de até 120 pessoas/dia/ano, não podendo ter empregados permanentes. **Esse período não precisa ser em épocas de safra e não será computado nesse prazo de até 120 dias o período de afastamento em decorrência da percepção de auxílio-doença.** Caso o limite legal seja superado, o segurado especial deixará de ser assim considerado e será qualificado como contribuinte individual.

- O segurado especial poderá exercer certas atividades sem que, com isso, perca a condição de especial. Veja a tabela abaixo:

ATIVIDADE PERMITIDA	CONDIÇÕES
Outorga de imóvel rural	Por meio de contrato escrito de parceria, meação ou comodato de até 50% de imóvel rural cuja área total não seja superior a 4 módulos fiscais; desde que outorgante e outorgado continuem a exercer a respectiva atividade, individualmente ou em regime de economia familiar.
Turismo, inclusive hospedagem rústica	Na propriedade rural; por não mais de 120 (cento e vinte) dias ao ano.
Participação em plano de previdência complementar	Instituído por entidade classista a que seja associado; em razão da condição de trabalhador rural ou de produtor rural em regime de economia familiar.
Programa assistencial oficial de governo	Ser beneficiário; ou fazer parte de grupo familiar em que algum componente seja beneficiário.
Beneficiamento ou industrialização artesanal	Utilizado pelo próprio grupo familiar, na exploração da atividade; considera-se processo de beneficiamento ou industrialização artesanal aquele realizado diretamente pelo próprio produtor rural, pessoa física, desde que não esteja sujeito à incidência do Imposto Sobre Produtos Industrializados (IPI).
Associação	Em cooperativa agropecuária ou de crédito rural.

ATIVIDADE PERMITIDA	CONDIÇÕES
Sociedade empresária, sociedade simples, como empresário individual ou como titular de empresa individual de responsabilidade limitada, considerada microempresa	• o objeto da sociedade deve ser agrícola, agroindustrial ou agroturístico; • o segurado deve manter o exercício de sua atividade rural como segurado especial; • a pessoa jurídica deve ser composta apenas de segurados de igual natureza (especiais) e sediar-se no mesmo município ou em município limítrofe àquele em que eles desenvolvam suas atividades.
Atividade sujeita à incidência de IPI sobre os produtos das atividades desenvolvidas.	• desde que seja a atividade desenvolvida nos moldes das sociedades descritas na coluna acima.

- O segurado especial poderá ter rendimentos, conforme tabela abaixo, que não o desqualificam como especial:

Outras fontes de rendimento permitidas ao segurado especial	• benefício de pensão por morte, auxílio-acidente ou auxílio-reclusão, cujo valor não supere o do menor benefício de prestação continuada da Previdência Social; • exercício de mandato eletivo de dirigente sindical de organização da categoria de trabalhadores rurais; • exercício de mandato de vereador do Município em que desenvolve a atividade rural ou de dirigente de cooperativa rural constituída, exclusivamente, por segurados especiais, observado o disposto no § 13 do art. 12 da Lei no 8.212, de 24 de julho de 1991; • atividade artesanal desenvolvida com matéria-prima produzida pelo respectivo grupo familiar, podendo ser utilizada matéria-prima de outra origem, desde que a renda mensal obtida na atividade não exceda ao menor benefício de prestação continuada da Previdência Social; e • atividade artística, desde que em valor mensal inferior ao menor benefício de prestação continuada da Previdência Social. • Sociedade empresária, sociedade simples, como empresário individual ou como titular de empresa individual de responsabilidade limitada, considerada microempresa: – o objeto da sociedade deve ser agrícola, agroindustrial ou agroturístico; – o segurado deve manter o exercício de sua atividade rural como segurado especial – a pessoa jurídica deve ser composta apenas de segurados de igual natureza (especiais) e estar sediada no mesmo município ou em município limítrofe àquele em que eles desenvolvam suas atividades • Atividade sujeita à incidência de IPI sobre os produtos das atividades desenvolvidas, desde que seja a atividade desenvolvida nos moldes das sociedades descritas na coluna acima.

- O segurado especial poderá ter sua inscrição *post mortem*.
- Os contribuintes individuais estão elencados no art. 11, V, da Lei nº 8.213/91.
- Entre outros contribuintes individuais estão:

1) o ministro de confissão religiosa;
2) o síndico de condomínio que recebe remuneração ou mesmo que seja isento da taxa condominial pelo encargo assumido;
3) o sócio de indústria, o sócio administrador e o sócio cotista que recebe remuneração;
4) aquele que exerce atividade agropecuária, proprietário ou não, em área superior a 04 módulos fiscais;
5) aquele que exerce atividade agropecuária, proprietário ou não, em área inferior ou igual a 04 módulos fiscais, com ajuda de prepostos ou empregados permanentes;
6) aquele que exerce atividade por conta própria;
7) o garimpeiro;
8) o microempreendedor individual (MEI).
9) o brasileiro civil que trabalha no exterior para organismo oficial internacional do qual o Brasil é membro efetivo, ainda que lá domiciliado e contratado, salvo quando coberto por regime próprio de previdência social.

- O segurado facultativo é a pessoa física que não se enquadra na qualidade de segurado obrigatório do RGPS, tampouco figura como segurado obrigatório de regime próprio de previdência social e que, por vontade própria, filia-se ao RGPS a fim de obter proteção previdenciária do Estado. Sua filiação poderá ocorrer para maiores de 16 anos, com a inscrição e o pagamento da primeira contribuição previdenciária sem atraso.

<table>
<tr><td rowspan="3">Segurado facultativo</td><td>a pessoa tem que ter mais de 16 anos;</td></tr>
<tr><td>não pode ser segurado obrigatório do RGPS ou de qualquer RPPS;</td></tr>
<tr><td>a sua filiação se dá por ato volitivo (de vontade) com sua inscrição e o pagamento da primeira contribuição previdenciária sem atraso.</td></tr>
</table>

- Como exemplos de segurados facultativos, podemos citar:
- a dona de casa;
- o síndico de condomínio, quando não remunerado;
- o estudante;
- o brasileiro que acompanha cônjuge que presta serviço no exterior;
- o presidiário;
- aquele que deixou de ser segurado obrigatório da previdência social.
- Todo aquele que exercer, concomitantemente, mais de uma atividade remunerada sujeita ao RGPS é obrigatoriamente filiado em relação a cada uma delas.
- O dirigente sindical mantém, durante o exercício do mandato eletivo, o mesmo enquadramento no RGPS de antes da investidura.
- O aposentado pelo RGPS que estiver exercendo ou que voltar a exercer atividade abrangida pelo RGPS é segurado obrigatório em relação a essa atividade, ficando sujeito às contribuições de que trata a Lei nº 8.212/91, para fins de custeio da Seguridade Social.
- O Plano de Benefícios do Regime Geral, criado por meio da Lei nº 8.213/91, permite que o segurado, mesmo sem estar contribuindo para o RGPS, permaneça na qualidade de segurado por certo período. Esse período em que o segurado permanece vinculado ao RGPS mesmo sem estar contribuindo denomina-se período de graça. Período de graça porque nesse lapso de tempo ele não contribui, mas é considerado segurado do RGPS com direitos relativos às prestações e serviços que a Previdência Social oferece.[4]
- O segurado mantém-se vinculado ao Regime Geral de Previdência Social, independentemente de contribuições:[5]

<table>
<tr><th colspan="2">PERÍODOS DE GRAÇA –
MANUTENÇÃO DA QUALIDADE DE SEGURADO</th></tr>
<tr><td>por até 3 meses:</td><td>• após o licenciamento, o segurado incorporado às Forças Armadas para prestar serviço militar.</td></tr>
<tr><td>por até 6 meses:</td><td>• após a cessação das contribuições, no caso do segurado facultativo.</td></tr>
<tr><td>por até 12 meses:</td><td>• após a cessação das contribuições para os segurados obrigatórios(1)(2);
• após a cessação dos benefícios por incapacidade para todos os tipos de segurados(1);
• após a cessação da segregação, do segurado acometido de doença de segregação compulsória;
• após o livramento condicional.</td></tr>
<tr><td colspan="2">(1) Pode ter acréscimo de 12 meses quando tiver mais de 120 contribuições ininterruptas que não acarretem a perda da qualidade de segurado.
(2) Pode ter acréscimo de 12 meses quando o empregado estiver desempregado de forma involuntária e comprovar tal situação por meio de registro no órgão do Ministério do Trabalho. A jurisprudência aceita para comprovar a situação de desemprego outros meios admitidos em direito (súmula nº 27, TNU).</td></tr>
</table>

4 MENEZES. Adriana. DIREITO PREVIDENCIÁRIO – COLEÇÃO TRIBUNAIS E MPU: Para Técnico e Analista de Tribunais e INSS. 6ªed. Salvador. Editora JusPodivm. 2016.

5 Ministério do Trabalho após a redação trazida pela Lei nº 13.341/2016.

- Os dependentes do RGPS são divididos em três classes dispostas no art. 16 da Lei nº 8.213/91, conforme tabela abaixo:

1ª classe	o cônjuge, o companheiro a companheira, o filho não emancipado, de qualquer condição, menor de 21 ou inválido ou que tenha deficiência intelectual ou mental ou deficiência grave.
2ª classe	os pais.
3ª classe	o irmão não emancipado, de qualquer condição, menor de 21 anos ou inválido ou que tenha deficiência intelectual ou mental ou deficiência grave.

- O companheiro ou a companheira do mesmo sexo do segurado inscrito no RGPS integra o rol dos dependentes e, desde que comprovada a união estável, concorre para fins de pensão por morte e de auxílio-reclusão com os dependentes de 1ª classe. A dependência, no caso, é presumida.
- Se na separação judicial, no divórcio ou na dissolução da união estável, restou determinado direito à pensão alimentícia, ex-cônjuges, ex-companheiros e ex-companheiras continuam como dependentes de1ªclasse do segurado do RGPS, concorrendo para fins de pensão por morte e de auxílio-reclusão.
- Na separação de fato, ex-cônjuges, ex-companheiros e ex-companheiras somente figuram como dependentes de 1ª classe se comprovarem dependência econômica.
- Posição do STF quanto à existência de união estável e casamento:

  "Não constitui requisito legal para a concessão de pensão por morte à companheira que a união estável seja declarada judicialmente, mesmo que vigente formalmente o casamento. Dessa forma, não é dado à Administração Pública negar o benefício apenas com base nesse fundamento, sem deixar, porém, de averiguar, no âmbito administrativo, a separação de fato e a união estável. "MS33008/DF, Rel. Min. Roberto Barroso, 3.5.2016. 1ªT. (Informativo nº 824).
- Os dependentes pertencentes à mesma classe vão concorrer em igualdade de condições, tendo o benefício dividido em partes iguais entre eles.
- A existência de dependente de uma classe superior exclui o direito dos dependentes pertencentes às classes seguintes.
- A dependência econômica dos dependentes de 1ª classe em relação ao segurado é presumida, e a dos demais deve ser comprovada.
- O enteado e o menor tutelado equiparam-se ao filho mediante declaração do segurado e desde que comprovada a dependência econômica na forma estabelecida no Regulamento.
- A lei previdenciária não prevê o menor sob guarda como integrante do rol de dependentes do RGPS.

  No entanto, o STJ pacificou o entendimento de que "O menor sob guarda tem direito a receber o benefício de pensão por morte em caso de falecimento de seu tutor, uma vez que o Estatuto da Criança e do Adolescente (ECA) prevalece sobre a Lei Geral da Previdência Social."[6]
- A condição de filho inválido deve ser atestada pela perícia médica da Previdência Social;
- **O cônjuge, o companheiro e a companheira terão sua cota individual de pensão por morte cessada**[7]:

a) após 04 meses, se o óbito ocorrer sem que o segurado tenha vertido 18 (dezoito) contribuições mensais ou se o casamento ou a união estável tiverem sido iniciados há menos de 02 (dois) anos da data do óbito do segurado;

- **Essa regra não é aplicada em caso de morte por acidente de qualquer natureza, doença profissional ou do trabalho.**

b) após o **prazo estabelecido na tabela abaixo**, caso o segurado tenha 18 ou mais contribuições mensais e o casamento ou a união estável tiverem sido iniciados há, pelo menos, 02 anos da data do óbito.

- **Essa regra, também, é aplicada nos casos em que a morte decorrer de acidente de qualquer natureza ou causa, mesmo que não tenha o segurado 18 ou mais contribuições e o casamento ou a união estável tenham sido iniciado há menos de 02 anos da data do óbito do segurado.**

---

6 EResp 1141788/RS.

7. Alteração trazida pela Lei nº 13.135/2015.

Idade cônjuge, companheiro ou companheira, em anos	Duração do benefício de pensão por morte (em anos)
Menor de 21	3
Entre 21 e 26	6
Entre 27 e 29	10
Entre 30 e 40	15
Entre 41 e 43	20
Com 44 ou mais	Vitalícia

- A idade do cônjuge, companheiro ou companheira na data do óbito do segurado vai determinar por quanto tempo lhes será paga a pensão por morte.
- Após o transcurso de pelo menos 3 (três) anos e desde que nesse período se verifique o incremento mínimo de um ano inteiro na média nacional única, para ambos os sexos, correspondente à expectativa de sobrevida da população brasileira ao nascer, poderão ser fixadas, em números inteiros, novas idades para a tabela acima, limitado o acréscimo na comparação com as idades anteriores ao referido incremento.

– **após a cessação da invalidez ou o afastamento da deficiência**, se forem inválidos ou com deficiência, respeitados os períodos mínimos de 04 meses ou da tabela acima.

- Em relação à perda da condição de dependente, veja a tabela abaixo:

<table>
<tr><td rowspan="5">Perda da qualidade de dependente</td><td>para o cônjuge, companheiro ou companheira:</td><td>a) por decurso de prazo:
– após 04 meses, se não tiver o segurado pelo menos 18 contribuições mensais OU se o casamento ou a união estável tiverem sido iniciados há menos de 02 anos do óbito/reclusão do segurado;
– após 03, 06, 10, 15, 20 anos ou vitalícia, conforme tabela já demonstrada acima, se o segurado tiver 18 contribuições E o casamento ou a união estável tiverem sido iniciados, há pelo menos, 02 anos da data do óbito/reclusão do segurado.
• mesmo não tendo 18 ou mais contribuições e, no mínimo, 02 anos de casamento ou união estável, se o segurado falecer em razão de acidente de qualquer natureza ou causa ou doença profissional ou do trabalho.
b) Pela cessação da invalidez ou pelo afastamento da deficiência, respeitados os períodos mínimos descrito na letra "a".
c) pela separação judicial ou divórcio sem direito à prestação de alimentos.</td></tr>
<tr><td>para o filho, pessoa a ele equiparada ou irmão, de ambos os sexos:</td><td>• Ao completar 21 anos de idade, salvo se for inválido ou tiver deficiência intelectual ou mental ou deficiência grave.</td></tr>
<tr><td>para o filho ou equiparado e o irmão inválidos:</td><td>• Com a cessação da invalidez.</td></tr>
<tr><td>para os pais:</td><td>• Quando vierem a falecer.</td></tr>
<tr><td>para todos os dependentes:</td><td>• Quando vierem a falecer.
• Com a perda da qualidade de segurado do qual eles eram dependentes.</td></tr>
</table>

5. FILIAÇÃO E INSCRIÇÃO

- A **filiação** é o vínculo jurídico estabelecido entre o segurado e o Regime Geral de Previdência Social. É, conforme dispõe o art. 20 do Decreto nº 3.048/99, "o vínculo que se estabelece entre pessoas que contribuem para a previdência social e esta, do qual decorrem direitos e obrigações."
- A filiação dos segurados obrigatórios na previdência social decorre automaticamente do exercício de atividade remunerada. Ela está intimamente ligada ao exercício da atividade remunerada.
- A filiação do segurado facultativo se dá somente após a sua inscrição no RGPS e o pagamento da primeira contribuição previdenciária sem atraso.

- A **inscrição** é o cadastramento do segurado ou do dependente perante o regime previdenciário. É o ato pelo qual o segurado é cadastrado no RGPS por meio de comprovação de dados pessoais e outros elementos necessários e úteis à sua caracterização.
- A inscrição do **empregado** é feita pelo preenchimento dos documentos que o habilitem ao exercício da atividade, formalizado pelo contrato de trabalho. Ela é **feita diretamente pela empresa** com sua inscrição no FGTS, na qual o trabalhador recebe a numeração de seu PIS. Essa mesma numeração é remetida à DATAPREV (empresa responsável pelo processamento de dados da Previdência Social) onde será feito o registro do trabalhador e alimentado o CNIS (Cadastro Nacional de Informações Sociais).
- O **trabalhador avulso** tem sua inscrição feita pelo preenchimento dos documentos que o habilitem ao exercício da atividade e pelo cadastramento e registro no sindicato ou órgão gestor de mão de obra. Acontece, também, quase que simultaneamente com a inscrição no FGTS, em que o trabalhador receberá um número de identificação.
- O **empregado doméstico** terá sua inscrição feita pelo empregador doméstico por meio do sistema e-social.
- O **contribuinte individual** será inscrito no RGPS pela apresentação de documentos que caracterizam a sua condição ou o exercício de sua atividade profissional. Essa inscrição é feita diretamente no INSS ou, mesmo, através da internet pelo site www.previdenciasocial.gov.br.
- É bom registrar que o contribuinte individual que prestar serviço a empresas ou for filiado a cooperativas de produção e de trabalho e tiver sido inscrito no RGPS terá sua inscrição feita pela empresa contratante[8] ou pelas cooperativas. Trata-se de uma obrigação acessória que a empresa deverá cumprir, procedendo à inscrição do segurado e à declaração na GFIP.
- A inscrição do **segurado especial** será feita de forma a vinculá-lo ao respectivo grupo familiar e conterá, além das informações pessoais, a identificação da propriedade em que desenvolve a atividade e a que título, se nela reside ou o Município onde reside e, quando for o caso, a identificação e inscrição da pessoa responsável pelo grupo familiar.
- O segurado especial integrante de grupo familiar que não seja proprietário ou dono do imóvel rural em que desenvolve sua atividade deverá informar, no ato da inscrição, conforme o caso, o nome do parceiro ou meeiro outorgante, arrendador, comodante ou assemelhado.
- O INSS, no ato de habilitação ou de concessão de benefício, deverá verificar a condição de segurado especial e, se for o caso, o pagamento da contribuição previdenciária, nos termos da Lei no 8.212, de 24 de julho de 1991, considerando, dentre outros, o que consta do Cadastro Nacional de Informações Sociais (CNIS).
- O INSS utilizará as informações constantes do cadastro dos segurados especiais para fins de comprovação do exercício da atividade e da condição do segurado especial e do respectivo grupo familiar. Havendo divergências de informações, para fins de reconhecimento de direito com vistas à concessão de benefício, o INSS poderá exigir a apresentação dos documentos que comprovem o exercício da atividade rural.
- O **segurado facultativo** promoverá sua inscrição perante o INSS ou através do site www.previdenciasocial.gov.br, com a apresentação de documento de identidade e declaração expressa de que não exerce atividade que o enquadre na categoria de segurado obrigatório. Não é demais lembrar que, para ser segurado facultativo, o indivíduo não pode estar enquadrado em atividade que o qualifique como segurado obrigatório do RGPS nem estar amparado por Regime Próprio de Previdência social (RPPS).
- A inscrição dos **dependentes** no RGPS só é feita no momento em que eles forem requerer o seu benefício. Não há previsão legal para inscrever os dependentes do segurado no RGPS antes do requerimento do benefício previdenciário.

6. DO ACIDENTE DO TRABALHO

- O **acidente do trabalho TÍPICO** é o que ocorre pelo exercício do trabalho a serviço da empresa ou do empregador doméstico ou pelo exercício do trabalho dos segurados especiais, provocando lesão corporal ou perturbação funcional que cause a morte ou a perda ou redução, permanente ou temporária, da capacidade para o trabalho.
- O acidente do trabalho somente contemplava os segurados empregados e trabalhadores avulsos e o segurado especial. Com a regulamentação do parágrafo único do art. 7º da Constituição Federal, restou garantido ao

8 As missões diplomáticas, as repartições consulares, os organismos internacionais e o contribuinte individual que contratam o serviço de um contribuinte individual não estão obrigados a inscrever o segurado no RGPS, tampouco reter sua contribuição previdenciária. Essas entidades equiparadas à empresa pela Lei nº 8.212/91 ficam eximidas da obrigação de inscrever os contribuintes individuais que lhes prestam serviços.

empregado doméstico o seguro contra acidente do trabalho. A Lei Complementar nº 150/2015 trouxe nova redação aos arts. 19, 21-A e 22 da Lei nº 8.213/91.

- Daí, conclui-se que somente empregados, empregados domésticos, trabalhadores avulsos e segurados especiais poderão ter seus benefícios caracterizados como de natureza acidentária.
- A Lei nº 8.213/91 estendeu o conceito de acidente do trabalho, considerando como tal as doenças profissionais e do trabalho. Essas doenças são deflagradas em virtude da atividade laborativa desempenhada pelo indivíduo. São os chamados **acidentes ATÍPICOS.**
- A **doença profissional** é aquela produzida ou desencadeada pelo exercício do trabalho peculiar a determinada atividade e constante da respectiva relação elaborada pela Previdência Social-MPS[9]. É chamada de tecnopatia.
- A **doença do trabalho** é aquela adquirida ou desencadeada em função de condições especiais em que o trabalho é realizado e com ele se relacione diretamente, constante da relação elaborada pela Previdência Social[10]. É chamada de mesopatia.
- Não são consideradas doenças do trabalho:

– a doença degenerativa;

– a doença inerente ao grupo etário;

– a doença que não produza incapacidade laborativa;

– a doença endêmica adquirida por segurado habitante de região em que ela se desenvolva, salvo comprovação de que é resultante de exposição ou contato direto determinado pela natureza do trabalho.

- Além dos acidentes do trabalho típicos e atípicos, a Lei nº 8.213/91 elenca situações que são equiparadas ao acidente do trabalho. É o que se chama de **ACIDENTES POR EQUIPARAÇÃO**, trazidos pelo art. 21 da Lei de Benefícios.
- A perícia médica do INSS considerará caracterizada a natureza acidentária da incapacidade quando constatar ocorrência de nexo técnico epidemiológico entre o trabalho e o agravo.
- O nexo técnico epidemiológico previdenciário (NTEP) **não** gera uma presunção absoluta de que a motivação determinante da inaptidão laboral decorre da atividade exercida pela empresa.
- A empresa ou o empregador doméstico poderão requerer a não aplicação do nexo técnico epidemiológico, de cuja decisão caberá recurso com efeito suspensivo, da empresa, do empregador doméstico ou do segurado, ao Conselho de Recursos do Seguro Social (CRSS).
- A empresa é responsável pela adoção e uso de medidas coletivas e individuais de proteção e segurança da saúde do trabalhador. É seu dever prestar informações pormenorizadas sobre os riscos da operação e do produto a manipular.
- Constitui contravenção penal, punível com multa, a empresa deixar de cumprir as normas de segurança e higiene do trabalho.
- A empresa ou o empregador doméstico deverão comunicar à Previdência Social a ocorrência de acidente de trabalho através da CAT (Comunicação de Acidente do Trabalho):

– até o primeiro dia útil seguinte ao da sua ocorrência;

– imediatamente no caso de morte à autoridade competente.

- O dia do acidente, no caso de doença profissional ou do trabalho, será considerado como sendo a data do início da incapacidade laborativa para o exercício da atividade habitual, ou o dia da segregação compulsória, ou o dia em que for realizado o diagnóstico, valendo para este efeito o que ocorrer primeiro.
- Na falta de comunicação por parte da empresa ou do empregador doméstico, poderão formalizar a CAT o próprio acidentado, seus dependentes, a entidade sindical competente, o médico que o assistiu ou qualquer autoridade pública. Estas pessoas não estão sujeitas aos prazos previstos para as empresas para a entrega da CAT.
- O segurado que sofreu acidente do trabalho tem garantida, pelo prazo mínimo de doze meses, a manutenção do seu contrato de trabalho, após a cessação do auxílio-doença acidentário, independentemente de percepção de auxílio-acidente.
- O reconhecimento do acidente do trabalho e, por conseguinte, a concessão de um benefício previdenciário de natureza, também, acidentária gera consequências importantes que merecem ser destacadas:

– na concessão dos benefícios de auxílio-doença e de aposentadoria por invalidez cuja incapacidade decorreu de acidente do trabalho, não se exigirá do segurado a carência mínima de contribuições para a Previdência Social. O cumprimento da carência, nesse caso, é dispensado;

9 O Ministério da Previdência Social foi extinto. A Previdência Social foi incorporada ao Ministério da Fazenda.

10 O Ministério da Previdência Social foi extinto. A Previdência Social foi incorporada ao Ministério da Fazenda.

- o segurado que receber auxílio-doença acidentário terá mantido o seu contrato de trabalho, pelo prazo mínimo de doze meses, após a cessação do referido benefício;
- o empregador do segurado em gozo de auxílio-doença acidentário está obrigado a depositar a importância de título de FGTS na conta do empregado, conforme determina o disposto no art. 15, § 15 da Lei nº 8.036/90;
- o evento do acidente do trabalho será considerado na estatística da empresa para fins de majoração da contribuição do SAT/RAT em até 100%, conforme dispõe o art. 10 da Lei nº 10.666/2003;
- as ações judiciais propostas em face do INSS que discutem acerca dos benefícios acidentários (em razão de acidente do trabalho) serão processadas e julgadas pela Justiça Estadual.

- Nos casos de negligência quanto às normas padrão de segurança e higiene do trabalho indicados para a proteção individual e coletiva, a Previdência Social proporá ação regressiva contra os responsáveis.
- O pagamento, pela Previdência Social, das prestações por acidente do trabalho não exclui a responsabilidade civil da empresa ou de outrem.

Segurados sujeitos a acidentes de trabalho	• Empregado. • Empregado doméstico. • Trabalhador avulso. • Segurado especial. • Empregado doméstico.
Acidente do Trabalho	• **Acidente típico:** Acidente pelo exercício do trabalho. (Art. 19, Lei nº 8.213/91) • **Acidente Atípico:** decorrente de doenças ocupacionais. (Art. 20, Lei nº 8.213/91) • **Acidente por equiparação:** O legislador equipara o evento ao acidente do trabalho. (Art. 21, Lei nº 8.213/91)
Doenças ocupacionais	• **Doenças profissionais:** produzidas ou desencadeadas pelo exercício do trabalho. Também chamadas de tecnopatias, ergopatias ou idiopatias. • **Doenças do trabalho:** adquiridas ou desencadeadas em função de condições especiais em que o trabalho é realizado. Chamadas de mesopatias.

7. DOS BENEFÍCIOS E SERVIÇOS PREVIDENCIÁRIOS

- O Regime Geral de Previdência Social (RGPS) compreende prestações expressas em benefícios e serviços.
- No atual Plano de Benefícios da Previdência Social (PBPS), os benefícios previdenciários em espécie são distribuídos em função da titularidade ativa, na respectiva relação jurídica de direito previdenciário, conforme tabela abaixo. Os serviços são prestados para segurados e dependentes, sem distinção.
- **QUADRO DOS BENEFÍCIOS E SERVIÇOS**

Prestações do RGPS		
Benefícios	**Para os segurados**	• Auxílio-doença • Auxílio-acidente • Aposentadoria por invalidez • Aposentadoria por idade • Aposentadoria por tempo de contribuição • Aposentadoria especial • Salário-família • Salário-maternidade
Benefícios	**Para os dependentes**	• Auxílio-reclusão • Pensão por morte
Serviços	**Para os segurados e dependentes**	• Reabilitação profissional • Serviço social

- **Benefícios que exigem carência mínima de contribuições à previdência social:**

COM CARÊNCIA – ART. 25 DA LEI Nº 8.213/91	
benefícios	**contribuições mensais**
auxílio-doença*	12
aposentadoria por invalidez*	12
aposentadoria por idade	180
aposentadoria por tempo de contribuição	180
aposentadoria especial	180
salário-maternidade para segurados e seguradas facultativos, contribuintes individuais e especiais.	10**
* Para o segurado ou a segurada especial será exigida a carência mínima de 10 meses de exercício efetivo na atividade rural, ainda de que forma descontínua, imediatamente anteriores à data do fato gerador do benefício. **. Se o parto antecipar o número mínimo de contribuições exigido será diminuído em número igual aos meses de antecipação do parto, comprovada por atestado médico. Assim, se o parto acontecer no 8º mês de gestação, a carência sofrerá a diminuição de 1 mês, sendo exigidas apenas 9 contribuições mensais.	

- **No caso de perda da qualidade de segurado, para efeito de carência para a concessão dos benefícios de auxílio-doença, de aposentadoria por invalidez e de salário-maternidade, o segurado deverá contar, a partir da nova filiação à Previdência Social, com a metade dos períodos previstos acima[11].**
- **BENEFÍCIOS QUE NÃO EXIGEM CARÊNCIA MÍNIMA DE CONTRIBUIÇÕES À PREVIDÊNCIA SOCIAL:**

Prestações previdenciárias que não exigem CARÊNCIA MÍNIMA de contribuições – Art. 25 e 26 da Lei nº 8.213/91	• Pensão por morte; • auxílio-reclusão; • auxílio-acidente; • salário-família; • Auxílio-doença e aposentadoria por invalidez nos casos de acidente de qualquer natureza ou causa e de doença profissional ou do trabalho e de doenças e afecções especificadas em lista elaborada pelos Ministérios da Saúde e da Previdência Social[13], atualizada a cada 3 (três) anos, de acordo com os critérios de estigma, deformação, mutilação, deficiência ou outro fator que lhe confira especificidade e gravidade que mereçam tratamento particularizado; • salário-maternidade para os segurados empregados, domésticos e trabalhadores avulsos; • serviço social e reabilitação profissional.

- **SALÁRIO DE BENEFÍCIO**

BENEFÍCIOS	SALÁRIO DE BENEFÍCIO (SB)
Aposentadoria por invalidez, aposentadoria especial, auxílio-doença e auxílio-acidente	Média aritmética simples dos maiores salários de contribuição correspondentes a 80% de todo o período contributivo.
Aposentadoria por idade e aposentadoria por tempo de contribuição	Média aritmética simples dos maiores salários de contribuição correspondentes a 80% de todo o período contributivo, multiplicada pelo fator previdenciário[1,2]. O fator previdenciário somente será aplicado se resultar em renda mensal mais elevada, nos casos de: • aposentadoria por idade para todos os segurados; • aposentadoria por tempo de contribuição para o segurado com deficiência.

11 Regra trazida por meio da Lei nº 13.457/2017.

BENEFÍCIOS	SALÁRIO DE BENEFÍCIO (SB)

1. Fator Previdenciário:

$$F = \frac{Tc \times a}{Es} \times \left\{1 + \frac{(Id + Tc \times a)}{100}\right\}$$

F = Fator Previdenciário;

Tc = Tempo de Contribuição até o momento da aposentadoria

a = Alíquota de contribuição correspondente a 0,31

Id = Idade no momento da aposentadoria

Es = Expectativa de sobrevida no momento da aposentadoria

2. O segurado que preencher o requisito para a aposentadoria por tempo de contribuição poderá optar pela não incidência do fator previdenciário existente, no cálculo de sua aposentadoria, quando o total resultante da soma de sua idade e de seu tempo de contribuição, incluídas as frações, na data de requerimento da aposentadoria, for de acordo com a seguinte tabela:

MULHERES (soma do tempo de contribuição e da idade)[1]	HOMENS (soma do tempo de contribuição e da idade)[1]	NO DO REQUERIMENTO
85	95	até 2018
86	96	2019 a 2020
87	97	2021 a 2022
88	98	2023 a 2024
89	99	2025 a 2026
90	100	a partir de 2027

[1] Serão acrescidos cinco pontos à soma da idade com o tempo de contribuição do professor e da professora que comprovarem exclusivamente tempo de efetivo exercício de magistério na educação infantil e no ensino fundamental e médio.

- O salário de benefício não poderá ter valor inferior ao mínimo estabelecido pela previdência social (01 salário mínimo) e nem superior ao teto fixado por Portaria do Ministro da Fazenda (R$ 5.645,80 para o ano de 2018).
- No cálculo do valor da renda mensal do benefício, inclusive o decorrente de acidente do trabalho, serão computados:

  I - para o segurado empregado, inclusive o doméstico, e o trabalhador avulso, os salários de contribuição referentes aos meses de contribuições devidas, ainda que não recolhidas pela empresa ou pelo empregador doméstico, sem prejuízo da respectiva cobrança e da aplicação das penalidades cabíveis;

  II - para o segurado empregado, inclusive o doméstico, o trabalhador avulso e o segurado especial, o valor mensal do auxílio-acidente, considerado como salário de contribuição para fins de concessão de qualquer aposentadoria;

  III - para os demais segurados, os salários de contribuição referentes aos meses de contribuições efetivamente recolhidas.
- **RENDA MENSAL INICIAL:** VALOR INICIAL DO BENEFÍCIO

BENEFÍCIOS	RENDA MENSAL INICIAL
Auxílio-doença	91% do salário de benefício. O valor do auxílio-doença não poderá exceder a média dos últimos 12 salários de contribuição ou, se não houver 12, a média dos salários de contribuição existentes.
Auxílio-acidente	50% do salário de benefício.
Aposentadoria por invalidez	100% do salário de benefício.

BENEFÍCIOS	RENDA MENSAL INICIAL
Aposentadoria por tempo de contribuição	100% do salário de benefício.
Aposentadoria especial	100% do salário de benefício.
Aposentadoria por idade	70% do salário de benefício, mais 1% para cada grupo de 12 contribuições mensais até o máximo de 30%, totalizando, no máximo, 100% do salário de benefício.

8. BENEFÍCIOS PREVIDENCIÁRIOS

- **AUXÍLIO-DOENÇA**

Beneficiários	Todos os segurados.
Requisitos	1) Incapacidade para o exercício do trabalho ou atividades habituais por mais de 15 dias consecutivos. Necessidade de perícia médica a cargo da previdência social. * A perícia médica poderá ser feita por órgãos e entidades públicos ou que integrem o SUS, com coordenação e supervisão do INSS. ** Não será devido auxílio-doença ao segurado que se filiar ao Regime Geral de Previdência Social já portador da doença ou da lesão invocada como causa para o benefício, salvo quando a incapacidade sobrevier por motivo de progressão ou agravamento dessa doença ou lesão. 2) Estar na qualidade de segurado na data de início da incapacidade. 3) Cumprimento da carência mínima de contribuições, quando exigida, antes do início da incapacidade.
Carência	12 contribuições mensais, exceto se a incapacidade decorrer de: – acidente de qualquer natureza ou causa ou – doenças ou afecções especificadas em lista elaborada pelos Ministérios da Saúde e da Previdência Social, segundo os critérios de estigma, deformação, mutilação, deficiência ou outro fator que lhe confira especificidade e gravidade que mereçam tratamento particularizado No caso do segurado especial, a carência é de 12 meses de efetivo exercício na atividade, imediatamente anteriores à data do requerimento do benefício. No caso de perda da qualidade de segurado, para efeito de carência para a concessão do benefício de auxílio-doença, o segurado deverá contar, a partir da nova filiação à Previdência Social, com a metade do período de carência exigido.
Salário de benefício (SB)	Média aritmética simples dos maiores salários de contribuição correspondentes a 80% de todo período contributivo, considerado a partir de julho de 1994.
Renda mensal inicial (RMI)	91% do salário de benefício. O valor do auxílio-doença não poderá ser superior a média aritmética simples dos últimos doze salários de contribuição, inclusive no caso de remuneração variável, ou, se não alcançado o número de doze, a média aritmética simples dos salários de contribuição existentes (art. 29, § 10, Lei nº 8.213/91)..
Data de início do benefício (DIB)	• **para o empregado:** a) a partir do 16º dia do afastamento, se requerido o benefício até o 30 dias da data do afastamento; b) a partir da data da entrada do requerimento, se o período entre o afastamento e a data de entrada do requerimento superar 30 dias.

12 A Previdência Social foi incorporada ao Ministério da Fazenda com o advento da Lei nº 13.341/2016..

Data de início do benefício (DIB)	• **para os demais segurados, incluído o empregado doméstico:** a) a partir da data do início da incapacidade, se requerido dentro de 30 dias do início da incapacidade; b) da data da entrada do requerimento, se requerido após 30 dias do início da incapacidade.
Divisão do auxílio-doença em acidentário ou previdenciário	**Acidentário** = incapacidade decorre de acidente do trabalho. Após a cessação do auxílio-doença acidentário o segurado mantém pelo prazo mínimo de doze meses o contrato de trabalho, independentemente do recebimento de auxílio-acidente. **Previdenciário** = incapacidade decorre de outros eventos exceto acidente do trabalho
Suspensão do benefício	Quando não comparecer à perícia médica ou à convocação do INSS ou recusar ao tratamento de reabilitação profissional.
Cessação do benefício	• quando cessar a incapacidade; • quando transformar-se em aposentadoria por invalidez; • quando conceder auxílio-acidente. • quando o segurado falecer. • Sempre que possível, o ato de concessão ou de reativação de auxílio-doença, judicial ou administrativo, deverá fixar o prazo estimado para a duração do benefício[13]. • Na ausência de fixação do prazo de cessação do benefício, ele cessará após 120 dias, contados da data de concessão ou de reativação, exceto se o segurado requerer a sua prorrogação junto ao INSS[14].
Não pode acumular com	• Aposentadoria, • salário-maternidade, • auxílio-acidente quando as causas forem idênticas , • BPC – LOAS, • seguro-desemprego.
Pontos importantes	• Nos casos de impossibilidade de realização de perícia médica pelo órgão ou setor próprio competente, assim como de efetiva incapacidade física ou técnica de implementação das atividades e de atendimento adequado à clientela da previdência social, o INSS poderá, sem ônus para os segurados, celebrar, nos termos do regulamento, convênios, termos de execução descentralizada, termos de fomento ou de colaboração, contratos não onerosos ou acordos de cooperação técnica para realização de perícia médica, por delegação ou simples cooperação técnica, sob sua coordenação e supervisão, com órgãos e entidades públicos ou que integrem o Sistema Único de Saúde (SUS). • O segurado que durante o gozo do auxílio-doença vier a exercer atividade que lhe garanta subsistência poderá ter o benefício cancelado a partir do retorno à atividade. • Caso o segurado, durante o gozo do auxílio-doença, venha a exercer atividade diversa daquela que gerou o benefício, deverá ser verificada a incapacidade para cada uma das atividades exercidas. • O segurado em gozo de auxílio-doença, insusceptível de recuperação para sua atividade habitual, deverá submeter-se a processo de reabilitação profissional. • O auxílio-doença será mantido até que o segurado seja considerado reabilitado para o desempenho de atividade que lhe garanta a subsistência ou, quando considerado não recuperável, for aposentado por invalidez. • O segurado empregado, inclusive o doméstico, em gozo de auxílio-doença será considerado pela empresa e pelo empregador doméstico como licenciado.

- **AUXÍLIO-ACIDENTE**

Beneficiários	Empregado, empregado doméstico, trabalhador avulso e segurado especial.
Natureza jurídica	CARÁTER INDENIZATÓRIO por redução na capacidade para o trabalho.

13 Regra trazida por meio da Medida Provisória nº 767/2017, convertida na Lei nº 13.457/2017.

14 Regra trazida por meio da Medida Provisória nº 767/2017, convertida na Lei nº 13.457/2017.

Requisitos	Ocorrência de acidente de qualquer natureza que implique: • redução da capacidade para o trabalho que habitualmente exercia; • redução da capacidade para o trabalho que habitualmente exercia e que exija maior esforço para o desempenho da mesma atividade que exercia à época do acidente; • impossibilidade de desempenho da atividade que exercia à época do acidente, porém que permita o desempenho de outra, após processo de reabilitação profissional, nos casos indicados pela perícia médica do INSS. * A perda da audição, em qualquer grau, somente proporcionará a concessão do auxílio-acidente quando, além do reconhecimento de causalidade entre o trabalho e a doença, resultar, comprovadamente, na redução ou perda da capacidade para o trabalho que habitualmente exercia.
Carência	NÃO EXIGE CARÊNCIA MÍNIMA.
Salário de benefício (SB)	Média aritmética simples dos maiores salários de contribuição correspondentes a 80% do período contributivo, considerado a partir de julho de 1994.
Renda mensal inicial (RMI)	50% do salário de benefício.
Data de início do benefício (DIB)	Dia seguinte ao da cessação do auxílio-doença. Da data do requerimento administrativo quando não precedido de auxílio-doença;
Classificação em auxílio-acidente acidentário e previdenciário	**Acidentário** = a perda parcial da capacidade laborativa, decorre de acidente do trabalho (típico, atípico ou por equiparação). **Previdenciário** = a perda parcial da capacidade laborativa, decorre de acidente de qualquer natureza. A causa não é acidente do trabalho.
Suspensão do benefício	Em caso de retornar incapacidade temporária cuja causa seja a mesma que originou o auxílio-acidente.
Cessação do benefício	• com a concessão de qualquer aposentadoria ao segurado; • com a morte do segurado; • com a emissão de certidão de tempo de contribuição (CTC) para averbação de tempo de serviço/contribuição em outro regime previdenciário.
Não pode acumular com	➢ Aposentadoria, ➢ auxílio-acidente (pode optar pelo mais vantajoso), ➢ auxílio-doença quando as causas forem idênticas, ➢ BPC – LOAS
Outros	– A percepção de salário, salário-maternidade ou seguro-desemprego não impede o recebimento do auxílio-acidente. – Pode ser concedido ainda que o segurado esteja desempregado, desde que o acidente ocorra em época que o indivíduo esteja na condição de segurado do RGPS. – Não se acumula com aposentadoria. – Não é possível condicionar a concessão de auxílio-acidente à percepção de auxílio-doença antecedente (Parecer nº 18/2013/CONJUR-MPS/CGU/AGU).

- **APOSENTADORIA POR INVALIDEZ**

Beneficiários	Todos os segurados
Requisitos	1) Incapacidade permanente para o exercício do trabalho e insuscetível de reabilitação para o exercício de atividade que lhe garanta a subsistência. * Necessidade de perícia médica a cargo da previdência social. ** A doença ou lesão de que o segurado já era portador ao filiar-se ao Regime Geral de Previdência Social não lhe conferirá direito à aposentadoria por invalidez, salvo quando a incapacidade sobrevier por motivo de progressão ou agravamento dessa doença ou lesão. 2) Estar na qualidade de segurado na data de início da incapacidade; 3) Cumprimento da carência mínima de contribuições, quando exigida, antes do início da incapacidade.

Carência	12 contribuições mensais, exceto se a incapacidade decorrer de: – acidente de qualquer natureza ou causa ou – doenças ou afecções especificadas em lista elaborada pelos Ministérios da Saúde e da Previdência Social, segundo os critérios de estigma, deformação, mutilação, deficiência ou outro fator que lhe confira especificidade e gravidade que mereçam tratamento particularizado.
Carência	No caso do segurado especial, a carência é de 12 meses de efetivo exercício efetivo na atividade rural, ainda que de forma descontínua, imediatamente anteriores à data do requerimento do benefício. No caso de perda da qualidade de segurado, para efeito de carência para a concessão do benefício de aposentadoria por invalidez, o segurado deverá contar, a partir da nova filiação à Previdência Social, com metade do período de carência exigido.
Salário de benefício (SB)	Média aritmética simples dos maiores salários de contribuição correspondentes a 80% de todo período contributivo, considerado a partir de julho de 1994.
Renda mensal inicial (RMI)	100% do salário de benefício. O valor da aposentadoria por invalidez do segurado que necessitar da assistência permanente de outra pessoa será acrescido de 25% e poderá ultrapassar o valor máximo estabelecido para os benefícios do RGPS. Em caso de morte do segurado aposentado por invalidez, o acréscimo de 25% não será incorporado ao valor da pensão por morte.
Data de início do benefício (DIB)	• Se for concedida pela transformação do auxílio-doença: a partir do dia seguinte ao da cessação do auxílio-doença; • Se for concedida de imediato: **A) para o empregado:** - a partir de 16º **dia do afastamento** da atividade, **se requerido até 30 dias** da data do seu afastamento; - a partir da data da **entrada do requerimento**, se o período entre o afastamento e a data de entrada do requerimento for superior a **trinta dias.** **B) para os demais segurados, incluído o empregado doméstico:** - a partir da data do início da incapacidade, se requerido dentro de 30 dias do início da incapacidade; - da data da entrada do requerimento, se requerido após 30 dias do início da incapacidade.
Classificada em acidentária ou previdenciária	**Acidentária**= incapacidade decorre de acidente do trabalho **Previdenciária** = incapacidade não decorre de acidente do trabalho. Decorre de outros eventos, exceto o acidente do trabalho.
Suspensão do benefício	Quando não comparecer à perícia médica ou à convocação do INSS ou recusar ao tratamento de reabilitação profissional. – O segurado aposentado por invalidez poderá ser convocado a qualquer momento para avaliação das condições que ensejaram o afastamento ou a aposentadoria, concedida judicial ou administrativamente.[15] – O aposentado por invalidez que não tenha retornado à atividade estará isento do exame médico pericial periódico: I – após completar 55 anos ou mais de idade e quando decorridos 15 anos da data da concessão da aposentadoria por invalidez ou do auxílio-doença que a precedeu; ou II – após completar 60 anos de idade.[16]
Cessação do benefício	• quando cessa a incapacidade; • quando o segurado falece; • quando o segurado retorna voluntariamente à atividade.

15 Regra trazida por meio da Lei nº 13.457/2017.

16 Regra trazida pela Lei nº 13.457/2017, que deu nova redação ao art. 101 da Lei nº 8.213/91.

Não pode acumular com	➢ Aposentadorias, ➢ auxílio-doença, ➢ auxílio-acidente, ➢ salário-maternidade, ➢ BPC – LOAS, ➢ seguro-desemprego.

Mensalidade de recuperação:	
Situação do aposentado por invalidez que se recuperar total ou parcialmente	**Procedimento**
I – Se a recuperação for total para o exercício de trabalho que o segurado habitualmente exercia **e ocorrer dentro de 5 (cinco) anos**, contados da data do início da aposentadoria por invalidez ou do auxílio-doença que a antecedeu sem interrupção.	a) Para o segurado empregado que tiver direito de retornar à empresa: o benefício será cessado imediatamente. b) Para os demais segurados: o benefício somente será cessado após tantos meses quantos forem os anos de duração do auxílio-doença e da aposentadoria por invalidez.
II – Se a recuperação for parcial em qualquer época, ou for **total após cinco anos do afastamento**, ou ainda quando o segurado for declarado **apto para o exercício de trabalho diverso do qual habitualmente exercia.**	Para todos os segurados será paga a aposentadoria por invalidez: • nos primeiros 6 meses no seu valor integral; • do 7º ao 12º mês pelo valor com redução de 50%; • do 13º ao 18º mês pelo valor com redução de 75%; • após o 18º mês cessará definitivamente.

<table>
<tr><th colspan="3">APOSENTADORIA POR IDADE</th></tr>
<tr><td>Beneficiários</td><td colspan="2">Todos os segurados.
Pode ser, inclusive, concedida àquele que perdeu a qualidade de segurado do RGPS, exigindo, nesse caso, o preenchimento da carência mínima de contribuições e idade.</td></tr>
<tr><td rowspan="2">Requisitos</td><td rowspan="2">IDADE:</td><td>Homem: 65 anos de idade.
Trabalhador rural e garimpeiro em regime de economia familiar = 60 anos de idade.</td></tr>
<tr><td>Mulher: 60 anos de idade.
Trabalhadora rural e garimpeira em regime de economia familiar = 55 anos de idade.</td></tr>
<tr><td>Carência</td><td colspan="2">180 contribuições mensais.
No caso do segurado especial, a carência é de 180 meses de efetivo exercício na atividade, imediatamente anteriores à data do requerimento do benefício.</td></tr>
<tr><td>Salário de Benefício (SB)</td><td colspan="2">Média aritmética simples dos maiores salários de contribuição correspondentes a 80% de todo o período contributivo, considerado a partir de julho de 1994, multiplicada pelo fator previdenciário.
A aplicação do fator previdenciário é utilizada somente se for mais vantajoso para o segurado.</td></tr>
<tr><td>Renda mensal inicial (RMI)</td><td colspan="2">70% do salário de benefício, acrescido de 1% para cada grupo de 12 contribuições, não podendo esse acréscimo ultrapassar o total de 30%.
No caso do segurado especial = valor de um salário mínimo.</td></tr>
<tr><td>Data de início do benefício (DIB)</td><td colspan="2">• para o empregado, incluído o doméstico:
• a partir da data do desligamento do emprego, quando requerida até 90 dias do desligamento;
• a partir da data do requerimento, quando requerido após o 90º dia do desligamento do emprego ou quando não se desligar do emprego.
• para os demais segurados:
• a partir da data do requerimento da aposentadoria.</td></tr>
<tr><td>Aposentadoria por idade híbrida</td><td colspan="2">• trabalhador rural não consegue comprovar carência de 180 meses de exercício efetivo na atividade rural;</td></tr>
</table>

APOSENTADORIA POR IDADE	
Aposentadoria por idade híbrida	• utiliza períodos de contribuição sob outras categorias do segurado para completar a carência de 180 meses de contribuição; • vai somar ao período como segurado especial e o exercido em categoria de segurado; • terá direito a aposentar-se ao completar 65 (sessenta e cinco) anos de idade, se homem, e 60 (sessenta) anos, se mulher; • o cálculo da renda mensal da aposentadoria será apurado de acordo com o disposto o disposto no art. 29, I, da Lei 8.213/91 considerando-se como salário de contribuição mensal do período como segurado especial, o limite mínimo de salário de contribuição da Previdência Social (Art. 48, §§ 3º e 4º, Lei nº 8.213/91).
Cessação do benefício	Com a morte do segurado.
Não pode acumular com	➢ Aposentadorias, ➢ auxílio-doença, ➢ auxílio -acidente, ➢ BPC – LOAS, ➢ seguro-desemprego.
Pontos importantes	• O professor e a professora de ensino infantil, fundamental e médio, **não têm** redução na idade para esse tipo de aposentadoria. Aposentam-se com 65 anos, se homem, e com 60 anos, se mulher. • Pode o segurado retornar à atividade remunerada sem perder o benefício da aposentadoria e deverá contribuir em relação à nova atividade. • A aposentada que retornar a exercer atividade terá direito ao salário-maternidade em relação à nova atividade.

APOSENTADORIA POR TEMPO DE CONTRIBUIÇÃO	
Beneficiários	**Os segurados, EXCETO:** • os contribuintes individuais e facultativos que optaram pelo regime simplificado de recolhimento das contribuições (inclusão previdenciária); • o segurado especial que não contribui facultativamente nos moldes do contribuinte individual e; • o microempreendedor individual (MEI). Pode ser, inclusive, concedida àquele que perdeu a qualidade de segurado do RGPS, exigindo, nesse caso, o preenchimento da carência mínima e do tempo mínimo de contribuição.
Requisitos	**Tempo de contribuição:** • Mulher: 30 anos de contribuição. • Homem: 35 anos de contribuição. • Professor de ensino infantil, fundamental e médio: 30 anos de contribuição, exclusivamente em efetivo exercício de magistério. • Professora de ensino infantil, fundamental e médio: 25 anos de contribuição, exclusivamente em efetivo exercício de magistério. O tempo de magistério inclui as funções de direção, coordenação e assessoramento pedagógico. Professores de nível superior não têm redução no tempo de contribuição.
Carência	180 contribuições mensais.
Salário de benefício (SB)	Média aritmética simples dos maiores salários de contribuição correspondentes a 80% de todo o período contributivo, considerado a partir de julho de 1994, multiplicada pelo fator previdenciário. O segurado que preencher o requisito para a aposentadoria por tempo de contribuição poderá optar pela não incidência do fator previdenciário existente*, no cálculo de sua aposentadoria,

<table>
<tr><th colspan="2">APOSENTADORIA POR TEMPO
DE CONTRIBUIÇÃO</th></tr>
<tr><td>Salário de benefício (SB)</td><td>quando o total resultante da soma de sua idade e de seu tempo de contribuição, incluídas as frações, na data de requerimento da aposentadoria, for de acordo com a seguinte tabela:
<table>
<tr><th>MULHERES
(soma do tempo de contribuição e da idade)*</th><th>HOMENS
(soma do tempo de contribuição e da idade)*</th><th>ANO DO REQUERIMENTO</th></tr>
<tr><td>85</td><td>95</td><td>até 2018</td></tr>
<tr><td>86</td><td>96</td><td>2019 a 2020</td></tr>
<tr><td>87</td><td>97</td><td>2021 a 2022</td></tr>
<tr><td>88</td><td>98</td><td>2023 a 2024</td></tr>
<tr><td>89</td><td>99</td><td>2025 a 2026</td></tr>
<tr><td>90</td><td>100</td><td>a partir de 2027</td></tr>
</table>
* Serão acrescidos cinco pontos à soma da idade com o tempo de contribuição do professor e da professora que comprovarem exclusivamente tempo de efetivo exercício de magistério na educação infantil e no ensino fundamental e médio.</td></tr>
<tr><td>Renda Mensal inicial (RMI)</td><td>100% do salário de benefício</td></tr>
<tr><td rowspan="2">Data de início do benefício (DIB)</td><td>Para o empregado, incluído o doméstico:
● a partir da data do desligamento do emprego, quando requerida até 90 dias do desligamento;
● a partir da data do requerimento, quando requerido após o 90º dia do desligamento do emprego ou quando não se desligar do emprego.</td></tr>
<tr><td>Para os demais segurados:
● a partir da data do requerimento da aposentadoria</td></tr>
<tr><td>Cessação do benefício</td><td>Com a morte do segurado.</td></tr>
<tr><td>Não pode acumular com</td><td>➢ Aposentadorias,
➢ auxílio-doença,
➢ auxílio-acidente,
➢ BPCLOAS,
➢ seguro-desemprego.</td></tr>
<tr><td>Pontos importantes</td><td>● O professor e a professora de ensino infantil, fundamental e médio, têm redução de cinco anos no tempo de contribuição exigido.
● Pode o segurado retornar à atividade remunerada sem perder o benefício da aposentadoria e deverá contribuir novamente para a previdência social.
● A aposentada que retornar a exercer atividade terá direito ao salário-maternidade em relação à nova atividade.</td></tr>
</table>

<table>
<tr><th colspan="2">APOSENTADORIAS PARA SEGURADOS
COM DEFICIÊNCIA</th></tr>
<tr><td>Beneficiários</td><td>Os segurados com deficiência: que possuem impedimento de longo prazo de natureza física, mental, intelectual ou sensorial, o qual com interação com diversas barreiras, pode obstruir sua participação plena e efetiva na sociedade em igualdade de condições com as demais pessoas.</td></tr>
<tr><td>Tipos de aposentadorias</td><td>– Aposentadoria por tempo de contribuição
– Aposentadoria por idade</td></tr>
</table>

<table>
<tr><th colspan="4">APOSENTADORIAS PARA SEGURADOS COM DEFICIÊNCIA</th></tr>
<tr><td rowspan="4">Requisitos Aposentadoria por tempo de contribuição</td><td>Grau de deficiência</td><td>Homem</td><td>Mulher</td></tr>
<tr><td>Leve</td><td>33 anos de contribuição</td><td>28 anos de contribuição</td></tr>
<tr><td>Moderada</td><td>29 anos de contribuição</td><td>24 anos de contribuição</td></tr>
<tr><td>grave</td><td>25 anos de contribuição</td><td>20 anos de contribuição</td></tr>
<tr><td rowspan="3">Requisitos Aposentadoria por idade</td><td colspan="2">Homem</td><td>Mulher</td></tr>
<tr><td colspan="2">60 anos de idade</td><td>55 anos de idade</td></tr>
<tr><td colspan="3">Independentemente do grau de deficiência</td></tr>
<tr><td>Carência</td><td colspan="3">180 contribuições mensais, sendo que na aposentadoria por idade a carência mínima tem que ser cumprida na condição de deficiente.</td></tr>
<tr><td>Salário de benefício (SB)</td><td colspan="3">Média aritmética simples dos maiores salários de contribuição correspondentes a 80% do período contributivo, multiplicada pelo fator previdenciário.
O fator previdenciário somente será utilizado se resultar em renda mensal de valor mais elevado.</td></tr>
<tr><td>Renda mensal inicial (RMI)</td><td colspan="3">100% do salário de benefício, no caso de aposentadoria por tempo de contribuição;
70% do salário de benefício, acrescido de 1% para cada grupo de 12 contribuições, não podendo esse acréscimo ultrapassar o total de 30%, no caso de aposentadoria por idade.</td></tr>
<tr><td rowspan="2">Data de início do benefício (DIB)</td><td>Para o empregado, incluído o doméstico:</td><td colspan="2">• a partir da data do desligamento do emprego, quando requerida até 90 dias do desligamento;
• a partir da data do requerimento, quando requerido após o 90º dia do desligamento do emprego ou quando não se desligar do emprego.</td></tr>
<tr><td>Para os demais segurados:</td><td colspan="2">• a partir da data do requerimento da aposentadoria</td></tr>
<tr><td>Cessação do benefício</td><td colspan="3">Com a morte do segurado.</td></tr>
<tr><td>Pontos importantes</td><td colspan="3">• O grau de deficiência será atestado por perícia própria do INSS.
• A comprovação de tempo de contribuição de segurado com deficiência em período anterior à entrada em vigor da Lei Complementar nº 142/13 não será admitida por meio de prova exclusivamente testemunhal.
• O tempo exercido pelo segurado com deficiência em condições especiais poderá ser convertido em tempo comum para a aposentadoria por tempo de contribuição, na condição de segurado com deficiência.
• O segurado com deficiência poderá escolher a aposentadoria que lhe for mais vantajosa, atendidos os requisitos para tal.</td></tr>
</table>

- **APOSENTADORIA ESPECIAL**

Beneficiários	Empregado, trabalhador avulso, cooperado de cooperativa de trabalho, cooperado de cooperativa de produção.
Requisitos	Exercício de trabalho sujeito à exposição permanente, não intermitente e nem ocasional a agentes nocivos ou agressivos à saúde ou integridade física, durante 15, 20 ou 25 anos de contribuição. Pode ser, inclusive, concedida àquele que perdeu a qualidade de segurado do RGPS, exigindo, nesse caso, o preenchimento da carência mínima de contribuições e do tempo de contribuição exercido em condições especiais.
Carência	180 contribuições mensais.

Salário de benefício (SB)	Média aritmética simples dos maiores salários de contribuição correspondentes a 80% de todo período contributivo, a partir de julho de 1994.	
Renda mensal inicial (RMI)	100% do salário de benefício.	
Data de início do benefício (DIB)	Para o empregado:	• a partir da data do desligamento do emprego, quando requerida até 90 dias do desligamento; • a partir da data do requerimento, quando requerido após o 90º dia do desligamento do emprego ou quando não se desligar do emprego.
Data de início do benefício (DIB)	Para os demais segurados (trabalhador avulso e cooperados do trabalho e de produção):	• a partir da data do requerimento da aposentadoria.
Cessação do benefício	• Com a morte do segurado. • Quando o segurado aposentado retornar ao trabalho que o exponha a agentes nocivos ou agressivos à saúde ou à integridade física. Não precisa ser a mesma condição especial anteriormente exposta, mas, sim, qualquer condição especial de trabalho na mesma ou outra empresa e sob qualquer forma de prestação de serviço ou categoria de segurado. O segurado será imediatamente notificado da cessação do pagamento de sua aposentadoria, no prazo de 60 dias contados da data da emissão da notificação.	
Não pode acumular com	➢ Aposentadorias, ➢ auxílio-doença, ➢ auxílio-acidente, ➢ BPCLOAS, ➢ seguro-desemprego.	
Pontos importantes	• Caso o segurado retorne a exercer atividade remunerada, sem que seja em condições especiais, não perderá o benefício da aposentadoria especial, devendo contribuir novamente para a Previdência Social em relação à nova atividade remunerada. • O (a) aposentado(a) que retornar a exercer atividade terá direito ao salário-maternidade em relação à nova atividade. • a empresa deverá fornecer cópia autêntica do PPP no prazo de 30 dias da rescisão do contrato de trabalho, sob pena de sujeição às sanções previstas na legislação aplicável.	

- **SALÁRIO-FAMÍLIA**

Beneficiários	Segurados: • empregado, empregado doméstico e trabalhador avulso em atividade; • empregado, empregado doméstico e trabalhador avulso em gozo de auxílio-doença ou aposentadoria por invalidez ou idade; • demais aposentados, desde que empregados, empregados domésticos ou trabalhadores avulsos, maiores de 65 anos, homem, e de 60 anos, mulher.
Carência	NÃO HÁ CARÊNCIA MÍNIMA DE CONTRIBUIÇÕES.
Requisitos	• possuir baixa renda = salário de contribuição igual ou inferior ao fixado por Portaria do Ministério da Fazenda.* • ter filhos menores de 14 anos ou inválidos
Data de início do benefício – DIB	A partir da apresentação da certidão de nascimento do filho ou da documentação do equiparado a filho e atestado de vacinação obrigatória para filho até 06 anos e frequência escolar a partir dos 7 anos de idade. O empregado doméstico somente deverá apresentar a certidão de nascimento do filho. No caso de invalidez de filho ou equiparado maior de 14 anos, deve ser feita perícia médica a cargo da previdência social.

Suspensão do benefício	• Na falta da entrega da renovação da documentação exigida para a concessão do benefício.
Cessação do benefício	• por morte do filho ou equiparado, a contar do mês seguinte ao do óbito, • quando o filho ou equiparada completar 14 anos de idade, salvo se inválido, a contar do mês seguinte ao da data do aniversário, • pela recuperação da capacidade do filho ou equiparado, a contar do mês seguinte ao da cessação da incapacidade ou • pelo desemprego do segurado.
Outras questões	• Quando mãe e pai são, ambos, segurados do RGPS e preencherem os requisitos do benefício, será pago salário-família para os dois, pai e mãe. • As cotas do salário-família serão pagas pela empresa ou pelo empregador doméstico, mensalmente, junto com o salário, efetivando-se a compensação quando do recolhimento das contribuições, conforme dispuser o Regulamento. • A empresa ou o empregador doméstico conservarão durante 10 (dez) anos os comprovantes de pagamento e as cópias das certidões correspondentes, para fiscalização da Previdência Social.
*. O valor da cota do salário família por filho ou equiparado de qualquer condição, até 14 (quatorze) anos de idade, ou inválido de qualquer idade, a partir de 1º de janeiro de 2018, é de: I – R$ 45,00 (quarenta e cinco reais) para o segurado com remuneração mensal superior a R$ 877,67 (oitocentos e setenta e sete reais e sessenta e sete centavos); II – R$ 31,71 (trinta e um reais e setenta e um centavos) para o segurado com remuneração mensal superior a R$877,67 e igual ou inferior a R$ 1.319,18 (um mil, trezentos e dezenove reais e dezoito centavos).	

- **SALÁRIO-MATERNIDADE**

Beneficiários	Todos os segurados e seguradas que preencherem os requisitos legais.
Requisitos	• PARTO, inclusive de natimorto. • ADOÇÃO OU GUARDA JUDICIAL PARA FINS DE ADOÇÃO de crianças. Nesse caso, o benefício poderá ser pago ao segurado ou segurada. • ABORTO NÃO CRIMINOSO. • Falecimento de segurado ou de segurado, cônjuge ou companheiro(a) que fazia *jus* ao salário-maternidade.
Carência	• **Empregados, empregados domésticos e trabalhadores avulsos** = NÃO HÁ CARÊNCIA MÍNIMA EXIGIDA. • Contribuinte individual, segurado facultativo = 10 contribuições mensais. • No caso do segurado especial, a carência é de 10 meses de efetivo exercício na atividade, ainda que de forma descontinua, imediatamente anteriores à data do fato gerador do benefício. • No caso de perda da qualidade de segurado, para efeito de carência para a concessão do benefício, o(a) segurado(a) deverá contar, a partir da nova filiação à Previdência Social, com a metade do período de carência exigido. Regra válida para os segurados contribuinte individual e facultativo.
Período de recebimento	• **Parto** = 120 dias, podendo iniciar 28 dias antes do parto. • **Aborto não criminoso** = duas semanas. • **Adoção ou guarda judicial para fins de adoção** = 120 dias, independentemente da idade da criança. • **Falecimento da segurada ou do segurado, cônjuge ou companheiro(a) no período da licença-maternidade** = período restante entre a data do óbito e o último dia do término do salário-maternidade originário.

Renda mensal inicial - (RMI)	• Para a empregada = valor da última remuneração, limitado ao teto do ministro do STF; • Para a trabalhadora avulsa = remuneração equivalente a um mês de trabalho, limitado ao teto do ministro do STF; • Para empregada doméstica = o último salário de contribuição, sujeito ao limite máximo correspondente; • Para a contribuinte individual e facultativa = 1/12 da soma dos últimos 12 salários de contribuição apurados em período não superior a quinze meses, limitado o valor ao teto máximo do salário de contribuição. Não poderá ser pago em valor inferior ao salário mínimo, • Para a segurada especial = um salário mínimo. • Para o cônjuge ou companheiro sobrevivente seguem-se as regras acima, considerando os salários de contribuição os salários de contribuição do segurado sobrevivente*.
Data de início do benefício (DIB)	• No caso de parto= 28 dias antes do parto OU a partir do dia do parto; • nos casos de aborto não criminoso e adoção = a partir da data do requerimento.
Responsável pelo pagamento	– para as empregadas, no caso de parto = a empresa pagará o benefício e será reembolsada do valor no momento do recolhimento de suas contribuições previdenciárias; – para a empregada do MEI, no caso de parto = o pagamento é feito diretamente pela Previdência Social; – para todos os segurados em razão dos demais fatos geradores, incluída a empregada = o pagamento é feito diretamente pela Previdência Social.
Cessação do benefício	• No caso de parto = após 120 dias do início do benefício; • no caso de aborto não criminoso = após duas semanas; • no caso de adoção ou guarda judicial para fins de adoção de criança = após 120 dias do início do benefício; • no caso de salário-maternidade remanescente = após último dia do término previsto para o salário-maternidade originário.
Não pode acumular com	• Auxílio-doença; • aposentadoria por invalidez; • BPCLOAS; • seguro-desemprego.
Pontos importantes	• Caso, ocorra nascimento de natimorto, HAVERÁ PAGAMENTO DE SALÁRIO-MATERNIDADE. • Se houver nascimento de um ou mais filhos, será pago apenas um salário-maternidade. • Se houver a adoção ou a guarda judicial para fins de adoção de mais de uma criança, será devido apenas um salário-maternidade. • Se a mãe biológica, segurada do RGPS, tiver recebido salário – maternidade, NÃO HÁ PROBLEMA para conceder o benefício ao segurado ou segurada adotante. • O salário-maternidade não pode ser acumulado com benefício por incapacidade (auxílio--doença e aposentadoria por invalidez). • Para que o cônjuge ou companheiro tenha direito ao salário-maternidade após o falecimento do segurado ou da segurada é necessário que ele seja segurado do RGPS e se afaste do trabalho ou das atividades desempenhadas para cuidar do filho. • A licença-maternidade de 120 dias pode ser prorrogada por mais 60 dias na hipótese de adesão da empresa ao Programa Empresa Cidadã nos termos da Lei nº 11.770/2008. • No caso de mães de crianças acometidas por sequelas neurológicas de doenças transmitidas pelo *Aedes Aegypti*, como a microcefalia, é assegurado o salário-maternidade pelo período de 180 dias.
*** Caso esteja desempregado a renda mensal inicial será apurada da mesma forma que para o contribuinte individual.**	

- **Salário-maternidade remanescente ou complementar – Arts. 72-B e 72-C da Lei nº 8.213/91**

Contemplados	▸ Cônjuge ou companheiro de segurado ou segurada que venha a falecer no período de licença-maternidade.
Requisitos	▸ Falecimento da segurada ou segurado que fizer jus ao recebimento do salário-maternidade. ▸ Cônjuge ou companheiro sobrevivente deverá ser, também, segurado da Previdência Social. ▸ Cônjuge ou companheiro sobrevivente deverá se afastar do seu trabalho ou da atividade desempenhada para cuidar do filho.
Requerimento	▸ Até o último dia do prazo previsto para o término do salário-maternidade originário.
Período de recebimento	▸ Entre a data do óbito da segurada e o último dia do término do salário-maternidade originário.
Renda mensal do benefício	▸ As regras são as mesmas que são previstas para as seguradas, em geral, mas a remuneração ou o salário de contribuição a ser considerado será a do segurado sobrevivente.

"Super salário-maternidade" – Reforma trabalhista
• A Lei nº 13.467/2017 (Reforma Trabalhista) criou nova hipótese de salário-maternidade. • A empregada deverá ser afastada de atividades consideradas insalubres em grau máximo, enquanto durar a gestação; • Nas atividades consideradas insalubres em grau médio ou mínimo, quando a empregada apresentar atestado de saúde, emitido por médico de confiança da mulher, que recomende seu afastamento durante a gestação, ela deverá ser afastada. • No período que a gestante ou a lactante estiver afastada do trabalho por não poder exercer atividade insalubre, e não for encaminhada para trabalhar em atividades salubres na empresa, o empregador pagará à empregada o seu salário-maternidade e compensará os valores quando do recolhimento das suas contribuições previdenciárias. • Quando não for possível que a gestante ou a lactante, afastada das atividades insalubres, exerça suas atividades em local salubre na empresa, a hipótese será considerada como gravidez de risco e ensejará a percepção de salário-maternidade, durante todo o período de afastamento.

- **PENSÃO POR MORTE**

Beneficiários	• Dependentes. • Dependentes da 1ª classe não precisam comprovar dependência econômica. • Equiparam-se ao filho, o menor sob tutela e o enteado, desde que comprovada dependência econômica em relação ao segurado.
Requisitos	• Óbito do segurado; • morte presumida declarada por decisão judicial.
Carência	• Não há carência mínima de contribuições exigida para qualquer dependente. • É devida para cônjuge/companheiro(a) ainda que tiver menos de 02 anos de casamento/ união estável até a data do óbito.
Renda Mensal inicial (RMI)	• Valor da aposentadoria = quando o segurado era aposentado; • 100% do valor da aposentadoria por invalidez que teria direito o segurado na data do óbito = quando o segurado encontrava-se em atividade.
Benefício devido a partir de	• Data do óbito, quando requerido até 90 dias deste; • Data da ocorrência, no caso de catástrofe, acidente ou desastre: se requerida até noventa dias desta. • Data do requerimento, quando superado o prazo acima mencionado. • Data da decisão judicial, quando se tratar de morte presumida.
Suspensão do benefício	• Quando o dependente inválido não comparecer à perícia médica ou à convocação do INSS ou não se submeter ao processo de reabilitação profissional quando prescrito pela previdência social. • O pensionista inválido que não tenha retornado à atividade estará isento do exame médico pericial periódico: I - após completar 55 anos ou mais de idade e quando decorridos 15 anos da data da sua invalidez; ou II - após completar 60 anos de idade.[18]

17 Regra trazida pela Lei nº 13.457/2017 que deu nova redação ao art. 101 da Lei nº 8.213/91.

Cessação do benefício	• pela morte do pensionista; • ao completar 21 anos , o filho, pessoa a ele equiparada ou irmão, salvo se inválido ou com deficiência intelectual ou mental ou deficiência grave; • pela cessação da invalidez do filho ou do irmão inválido; • pela adoção do filho que recebia pensão por morte dos pais biológicos, exceto se for adotado pelo cônjuge ou companheiro(a) do outro(a).
Cessação do benefício	• para o cônjuge, o companheiro ou a companheira: a) por decurso de prazo: - após 04 meses, se não tiver o segurado, pelo menos, 18 contribuições mensais ou se o casamento ou a união estável tiverem sido iniciados há menos de 02 anos da data do óbito do segurado, salvo se a morte decorrer de acidente de qualquer natureza ou doença profissional ou do trabalho; - após 03, 06, 10, 15, 20 anos ou de forma vitalícia, conforme tabela já demonstrada, se o segurado tiver 18 ou mais contribuições e o casamento ou a união estável tiverem sido iniciados há pelo menos 02 anos da data do óbito do segurado ou se a morte decorrer de acidente de qualquer natureza ou doença profissional ou do trabalho.; b) pela cessação da invalidez, respeitados os períodos mínimos descritos na letra "a".
Não se acumula com	• outra pensão de cônjuge/companheiro(a), podendo optar pela mais vantajosa; • BPC – LOAS.
Outras questões	• Perde o direito à pensão por morte, após o trânsito em julgado, o condenado pela prática de crime doloso de que tenha resultado a morte do segurado. • O cônjuge, o companheiro ou a companheira, perderá a pensão por morte se, comprovada, a qualquer tempo, simulação ou fraude no casamento ou na união estável, ou a formalização desses com o fim exclusivo de constituir benefício previdenciário, apuradas em processo judicial no qual será assegurado o direito ao contraditório e à ampla defesa. • O exercício de atividade remunerada, inclusive na condição de microempreendedor individual, não impede a concessão ou manutenção da parte individual da pensão do dependente com deficiência intelectual ou mental ou com deficiência grave*. • A pensão não se acumula com pensão deixada por cônjuge ou companheira, dando-se o direito à opção pela mais vantajosa. • O casamento do(a) cônjuge ou do(a) companheiro(a) após a concessão do benefício não faz cessar a pensão por morte. • Segundo entendimento do STJ, a mulher que renunciou aos alimentos na separação judicial ou divórcio, poderá ter direito à pensão por morte, se comprovada a dependência econômica superveniente (súmula nº 336). • O recebimento de pensão por morte não impede o pagamento de seguro-desemprego quando o dependente tiver direito.

- **AUXÍLIO-RECLUSÃO**

Beneficiários	• Dependentes. • Dependentes da 1ª classe não precisam comprovar dependência econômica. • Equiparam-se ao filho, o menor sob tutela e o enteado, desde que comprovada dependência econômica em relação ao segurado.
Requisitos	1) Recolhimento do segurado à prisão para cumprir pena em regime fechado ou semiaberto; 2) Não pode o segurado estar recebendo auxílio-doença, aposentadorias, abono de permanência em serviço ou remuneração de empresa; 3) O último salário de contribuição do segurado deve ser igual ou menor que R$ 1.319,18 a partir de janeiro de 2018 – Portaria MF nº 15/2018). – Pode ser concedido quando a prisão for provisória. – O cumprimento de pena em prisão domiciliar não impede o recebimento do benefício de auxílio-reclusão pelo(s) dependente(s) se o regime previsto for o fechado ou semiaberto. – Não cabe em caso de cumprimento de pena em regime aberto e de prisão civil.

Carência	• NÃO HÁ CARÊNCIA EXIGIDA, mesmo para cônjuge/companheiro(a) que tiver menos de 02 anos de casamento/união estável, o benefício poderá ser concedido.
Renda mensal inicial (RMI)	• 100% do valor da aposentadoria por invalidez que teria direito o segurado na data da sua reclusão.
Data de início do benefício (DIB)	• Data do recolhimento à prisão, quando requerido até 90 dias desta; • Data do requerimento, quando superado o prazo acima mencionado.
Suspensão do benefício	• Em caso de fuga. • Em caso de recebimento de auxílio-doença pelo segurado. Nesse caso, tem que haver a concordância do dependente. • no caso do dependente não apresentar o atestado trimestral emitido pela autoridade competente. • no caso do segurado deixar a prisão por livramento condicional ou para cumprir pena em regime aberto.
Cessação do benefício	• Quando o dependente perde essa qualidade de beneficiário; • quando o segurado passa a receber aposentadoria; • quando o segurado morre. Nesse caso, o valor do auxílio-reclusão se converte automaticamente em pensão por morte; • na data da soltura; • pela morte do beneficiário; • ao completar 21 anos , o filho, pessoa a ele equiparada ou irmão, salvo se inválido ou com deficiência intelectual ou mental ou com deficiência grave; • pela cessação da invalidez do filho ou do irmão inválido; • pela adoção do filho que recebia pensão por morte dos pais biológicos, exceto se for adotado pelo cônjuge ou companheiro(a) do outro(a). • para o cônjuge, o companheiro ou a companheira: a) por decurso de prazo: - após 04 meses, se não tiver o segurado, pelo menos, 18 contribuições mensais ou se o casamento ou a união estável tiverem sido iniciados há menos de 02 anos da data da reclusão do segurado; - após 03, 06, 10, 15, 20 anos, conforme tabela já demonstrada, se o segurado tiver 18 ou mais contribuições e o casamento ou a união estável tiverem sido iniciados há pelo menos 02 anos da data da reclusão do segurado. b) pela cessação da invalidez, respeitados os períodos mínimos descritos na letra "a". - Esses períodos de gozo do auxílio-reclusão serão observados, desde que não haja, **antes**, outra causa de cessação do benefício.
Pontos importantes	• Equipara-se à condição de recolhido à prisão a situação do maior de 16 e menor de 18 anos que se encontre internado em estabelecimento educacional ou congênere, sob custódia do Juizado da Infância e da Juventude, desde que, obviamente, segurado do RGPS. • O exercício de atividade remunerada, inclusive na condição de microempreendedor individual, não impede a concessão ou manutenção da parte individual da pensão do dependente com deficiência intelectual ou mental ou com deficiência grave.

- O abono anual é o valor devido ao segurado ao dependente que, durante o ano, recebeu benefício previdenciário. Todo beneficiário que recebeu, durante o ano, auxílio-doença, auxílio-acidente, aposentadoria, salário-maternidade, pensão por morte ou auxílio-reclusão terá direito de receber o chamado abono anual que será calculado da mesma forma que a gratificação natalina dos trabalhadores. É o valor equivalente "ao 13º salário" pago pelo INSS aos beneficiários do RGPS. Será calculado, da mesma forma que a Gratificação de Natal dos trabalhadores, tendo por base o valor da renda mensal do benefício do mês de dezembro de cada ano. Imperioso chamar a atenção do leitor de que o benefício assistencial pago ao idoso e ao deficiente não gera direito ao recebimento de abono anual.
- Aposentadoria espontânea (por idade ou por tempo de contribuição) não implica, por si só, extinção do contrato de trabalho.

<table>
<tr><td rowspan="7">Benefícios que não podem ser recebidos conjuntamente</td><td>• Auxílio-doença e aposentadoria[1];</td></tr>
<tr><td>• auxílio-doença e salário-maternidade[2];</td></tr>
<tr><td>• mais de uma aposentadoria do RGPS;</td></tr>
<tr><td>• aposentadoria e abono de permanência em serviço;</td></tr>
<tr><td>• mais de um auxílio-acidente[3];</td></tr>
<tr><td>• mais de uma pensão deixada por cônjuge ou companheiro, ressalvado o direito de opção pela mais vantajosa;</td></tr>
<tr><td>• salário-maternidade para segurado e segurada, ambos adotantes da mesma criança. Somente um deles poderá receber.</td></tr>
<tr><td colspan="2">1. Caso o aposentado retorne à atividade e fique incapacitado para o trabalho, não terá direito ao auxílio-doença.
2. Se o(a) segurado(a) estiver em gozo de auxílio-doença e tiver direito ao salário-maternidade, o auxílio-doença será suspenso enquanto for pago o salário-maternidade.
3. Pode o segurado optar pelo mais vantajoso.</td></tr>
</table>

- Os serviços assegurados pelo RGPS são o serviço social e a reabilitação profissional.
- As ações profissionais do serviço social do INSS visam esclarecer o usuário sobre seus direitos sociais e os meios de exercê-los, possibilitando a solução de problemas dentro ou fora do contexto previdenciário.
- A reabilitação profissional visa proporcionar aos beneficiários, incapacitados parcial ou totalmente para o trabalho, em caráter obrigatório, independentemente de carência, e às pessoas portadoras de deficiência, os meios indicados para proporcionar o reingresso no mercado de trabalho e no contexto em que vivem.
- A reabilitação profissional compreende:

a) o fornecimento de aparelho de prótese, órtese e instrumentos de auxílio para locomoção quando a perda ou redução da capacidade funcional puder ser atenuada por seu uso e dos equipamentos necessários à habilitação e reabilitação social e profissional;

b) a reparação ou a substituição dos aparelhos mencionados no inciso anterior, desgastados pelo uso normal ou por ocorrência estranha à vontade do beneficiário;

c) o transporte do acidentado do trabalho, quando necessário.

- Toda empresa com 100 ou mais empregados está obrigada a preencher 2 a 5% de seus cargos com beneficiários reabilitados ou pessoas portadoras de deficiência, habilitadas, na seguinte proporção:

Número de empregados	% obrigatória de reabilitados ou portadores de deficiência
de 100 a 200	2%
de 201 a 500	3%
de 501 a 1000	4%
acima de 1000	5%

- A dispensa de pessoa com deficiência ou de beneficiário reabilitado da Previdência Social ao final de contrato por prazo determinado de mais de 90 (noventa) dias e a dispensa imotivada em contrato por prazo indeterminado somente poderão ocorrer após a contratação de outro trabalhador com deficiência ou beneficiário reabilitado da Previdência Social.

9. PENSÕES ESPECIAIS

9.1. PENSÃO ESPECIAL AOS DEFICIENTES FÍSICOS PORTADORES DA SÍNDROME DA TALIDOMIDA

- É garantido o direito à Pensão Especial a pessoa com Síndrome da Talidomida nascidos a partir de 1º de março de 1958, data do início da comercialização da droga no Brasil, denominada "Talidomida".
- O benefício será devido sempre que ficar constatado que a deformidade física for consequência do uso da Talidomida, independentemente da época de sua utilização.
- A data do início da pensão especial será fixada na data da entrada do requerimento.

- A RMI será calculada mediante a multiplicação do número total de pontos indicadores da natureza e do grau de dependência resultante da deformidade física, constante do processo de concessão, pelo valor fixado em Portaria Ministerial que trata dos reajustamentos dos benefícios pagos pela Previdência Social.
- Sempre que houver reajustamento, o Sistema Único de Benefícios (SUB), multiplicará o valor constante em Portaria Ministerial, pelo número total de pontos de cada benefício, obtendo-se a renda mensal atualizada.
- O beneficiário da Pensão Especial Vitalícia da Síndrome da Talidomida, maior de 35 anos, que necessite de assistência permanente de outra pessoa e que tenha recebido a pontuação superior ou igual a seis pontos, fará jus a um adicional de 25% sobre o valor desse benefício.
- O beneficiário da Pensão Especial Vitalícia da Síndrome da Talidomida terá direito a mais um adicional de 35% sobre o valor do benefício, desde que, alternativamente, comprove:
  - 25 anos, se homem, e 20 anos, se mulher, de contribuição para a Previdência Social, independentemente do regime; ou
  - 55 anos de idade, se homem, ou cinquenta anos de idade, se mulher, e contar pelo menos quinze anos de contribuição para a Previdência Social, independentemente do regime.
- O benefício é vitalício e intransferível, não gerando pensão a qualquer eventual dependente ou resíduo de pagamento a seus familiares.
- É vedada a acumulação da Pensão Especial da Talidomida com qualquer rendimento ou indenização por danos físicos, inclusive os benefícios assistenciais da LOAS e Renda Mensal Vitalícia que, a qualquer título, venha a ser pago pela União, ressalvado o direito de opção.
- Essa pensão especial é acumulável com outro benefício do RGPS ou ao qual, no futuro, a pessoa com Síndrome possa vir a filiar-se, ainda que a pontuação referente ao quesito trabalho seja igual a dois pontos totais.
- Como o benefício tem natureza indenizatória, não poderá ser reduzido em razão de eventual aquisição de capacidade laborativa ou de redução de incapacidade para o trabalho, ocorridas após a sua concessão.

9.2. PENSÃO ESPECIAL DAS VÍTIMAS DE HEMODIÁLISE DE CARUARU-PE

- É garantido o direito à Pensão Especial Mensal ao cônjuge, companheiro ou companheira, descendentes, ascendentes e colaterais até segundo grau, das vítimas fatais de hepatite tóxica, por contaminação em processo de hemodiálise realizada no Instituto de Doenças Renais, com sede na cidade de Caruaru, no Estado de Pernambuco, no período de 1º de fevereiro de 1996 a 31 de março de 1996, mediante evidências clínico-epidemiológicas determinadas pela autoridade competente.
- A despesa decorrente da concessão da pensão especial será atendida com recursos alocados ao orçamento do INSS pelo Tesouro Nacional.
- São beneficiários da Pensão Especial Mensal:
  - o cônjuge, o companheiro ou companheira e o filho não emancipado, de qualquer condição, menor de 21 anos de idade ou inválido;
  - os pais;
  - o irmão não emancipado de qualquer condição, menor de 21 anos de idade ou inválido; e
  - os avós e o neto não emancipado de qualquer condição, menor de 21 anos de idade ou inválido.
- Havendo mais de um pensionista habilitado ao recebimento da Pensão Especial Mensal, o valor do benefício será rateado entre todos em partes iguais, sendo revertida em favor dos demais a parte daquele cujo direito à pensão cessar.
- A existência de dependentes de uma mesma classe exclui os dependentes das classes seguintes, quanto ao direito às prestações
- Para a concessão da Pensão Especial Mensal o dependente deverá apresentar:
  - certidão de óbito com o indicativo da causa mortis; e
  - prontuário médico em que fique evidenciado que a contaminação em processo de hemodiálise no Instituto de Doenças Renais de Caruaru/PE, ocorreu no período de 1º de fevereiro de 1996 a 31 de março de 1996, independentemente da data do óbito ter ocorrido após este período.

- A data de início da Pensão Especial Mensal será a data do óbito e o valor corresponderá 01 salário mínimo vigente no país .
- A Pensão Especial Mensal não gera abono anual e não se transmitirá aos sucessores, extinguindo com a morte do último beneficiário.
- É permitida a acumulação da Pensão Especial Mensal com qualquer outro benefício da Previdência Social ou de qualquer outro regime previdenciário, inclusive o Benefício Assistencial de Prestação Continuada da LOAS (BPC-LOAS).
- O pagamento da Pensão Especial Mensal será suspenso no caso de verificação de pagamento da indenização aos dependentes das vítimas pelos proprietários do Instituto de Doenças Renais.

9.3. A PENSÃO ESPECIAL HANSENÍASE

- A pensão especial hanseníase é devida às pessoas atingidas pela hanseníase e que foram submetidas a isolamento e internação compulsórios em hospitais-colônia até 31 de dezembro de 1986.
- A pensão especial hanseníase é vitalícia e personalíssima, não sendo transmissível a dependentes e herdeiros e é devida a partir 25 de maio de 2007.
- O valor originário da pensão especial hanseníase é de R$ R$ 1.459,17 (um mil quatrocentos e cinquenta e nove reais dezessete centavos) e é reajustado anualmente de acordo com os índices concedidos aos benefícios de valor superior ao piso do RGPS .
- A pensão especial hanseníase não gera direito ao abono anual.

9.4. BENEFÍCIO DE EX-COMBATENTES

- Aposentadoria prevista para os ex-combatentes que participaram da 2ª Guerra Mundial. São considerados ex-combatentes os segurados enquadrados nas seguintes situações:

  I – no Exército:
  – os que tenham integrado a Força Expedicionária Brasileira – FEB, servindo no teatro de operações de guerra da Itália, entre 1944 e 1945; e

  – os que tenham participado efetivamente de missões de vigilância e segurança do litoral, como integrantes da guarnição de ilhas oceânicas ou de unidades que se deslocaram de suas sedes para o cumprimento daquelas missões;

  II – na Aeronáutica:
  – os que tenham integrado a Força Aérea Brasileira – FAB, em serviço de comboios e patrulhamento durante a guerra no período de 1942 a 1945;

  – os que tenham sido tripulantes de aeronaves engajadas em missões de patrulha; e

  – os pilotos civis que, no período compreendido entre 22 de março de 1941 a 8 de maio de 1945, tenham comprovadamente participado, por solicitação de autoridade militar, de patrulhamento, busca, vigilância, localização de navios torpedeados e assistência aos náufragos;

  III – na Marinha:
  – os que tenham participado de comboio de transporte de tropas ou de abasteci- mento ou de missões de patrulhamento;

  – os que tenham participado efetivamente de missões de vigilância e segurança do litoral, como integrantes de guarnições de ilhas oceânicas;

  – os que tenham sido tripulantes de navios de guerra ou de mercantes atacados por inimigos ou destruídos por acidente; e

  – os que, como integrantes da Marinha Mercante Nacional, tenham participado pelo menos de duas viagens em zona de ataques submarinos, no período compreendido entre 22 de março de 1941 a 8 de maio de 1945;

  IV – em qualquer Ministério Militar: os que integraram tropas transportadas em navios escoltados por navios de guerra.
- Não é considerado ex-combatente, o brasileiro que tenha prestado serviço militar nas Forças Armadas Britânicas, durante a II Guerra Mundial.

- A aposentadoria por tempo de contribuição é devida ao segurado ex-combatente que contar com 25 de serviço efetivo, sendo a RMI igual a 100% do salário de benefício.
- O cálculo do salário de benefício do auxílio-doença, das aposentadorias por invalidez, por idade ou por tempo de contribuição do ex-combatente, inclusive no caso de múltiplas atividades, observará as mesmas regras estabelecidas para o cálculo dos benefícios do regime geral de previdência social.
- No caso de pensão por morte de segurado ex-combatente, a habilitação dos dependentes, bem como o cálculo, o rateio e a extinção de cotas, serão regidos pelas normas em vigor para os demais benefícios de pensão do RGPS.
- Para os benefícios concedidos até 31 de agosto de 1971, com base nas leis revogadas, a partir de 16 de dezembro 1998, o pagamento mensal não poderá ser superior à remuneração do cargo de Ministro de Estado e, a contar de 31 de dezembro de 2003, à remuneração de Ministro do STF.

9.5. BENEFÍCIO DOS SERINGUEIROS – PENSÃO MENSAL VITALÍCIA DO SERINGUEIRO E SEUS DEPENDENTES

- É devida pensão mensal vitalícia aos seringueiros recrutados nos termos do Decreto-Lei 5.813/64 e que:
  - tenham trabalhado durante a 2ª Guerra Mundial nos seringais da Região Amazônica ou
  - tenham trabalhando como seringueiro na região amazônica atendendo ao apelo do governo brasileiro, contribuindo para o esforço de guerra na produção da borracha, durante a 2ª Guerra Mundial e
  - não possuam meios para a sua subsistência e da sua família.
- A pensão dos "soldados da borracha" é transferível aos seus dependentes que comprovem o estado de carência.
- No entanto, o benefício não gera abono anual.
- Na hipótese de o requerente residir em casa de outrem, parente ou não, ou de vivenciar a condição de internado ou de recolhido em instituição de caridade, não terá prejudicado o direito à pensão mensal vitalícia.

  O início da pensão mensal vitalícia do seringueiro será fixado na data da entrada do requerimento e o valor mensal corresponderá a dois salários mínimos vigentes no País.

10. DA DECADÊNCIA E PRESCRIÇÃO EM RELAÇÃO AOS BENEFÍCIOS PREVIDENCIÁRIOS

- O direito ao benefício previdenciário não decai nem prescreve.
- É de dez anos o prazo de decadência de todo e qualquer direito ou ação do segurado ou beneficiário para a revisão do ato de concessão de benefício, a contar do dia primeiro do mês seguinte ao do recebimento da primeira prestação ou, quando for o caso, do dia em que tomar conhecimento da decisão indeferitória definitiva no âmbito administrativo.
- Prescreve em cinco anos, a contar da data em que deveriam ter sido pagas, toda e qualquer ação para haver prestações vencidas ou quaisquer restituições ou diferenças devidas pela Previdência Social, salvo o direito dos menores, incapazes e ausentes, na forma do Código Civil.

11. JUSTIFICAÇÃO

- A justificação administrativa constitui recurso utilizado para suprir a falta ou insuficiência de documento ou produzir prova de fato ou circunstância de interesse dos beneficiários perante a previdência social. É parte de processo antecedente, sendo vedada sua tramitação na condição de processo autônomo.
- Não será, porém, admitida a justificação administrativa quando o fato a ser comprovado exigir registro público de casamento, de idade ou de óbito, ou de qualquer ato jurídico para o qual a lei prescreva forma especial.
- A justificação administrativa, no caso de prova exigida para comprovar tempo de serviço ou de contribuição, dependência econômica, identidade e de relação de parentesco, somente produzirá efeito quando baseada em início de prova material, não sendo admitida prova exclusivamente testemunhal.
- No caso de prova exigida para tempo de serviço ou contribuição, o início de prova material é dispensado quando houver ocorrência de motivo de força maior ou caso fortuito.

12. TEMPO DE SERVIÇO E CONTAGEM RECÍPROCA

- Para efeito dos benefícios previstos no Regime Geral de Previdência Social ou no serviço público é assegurada a contagem recíproca do tempo de contribuição na atividade privada, rural e urbana, e do tempo de contribuição ou de serviço na administração pública, hipótese em que os diferentes sistemas de previdência social se compensarão financeiramente.
- O tempo de contribuição ou de serviço será contado de acordo com a legislação pertinente, observadas as normas seguintes:
  - não será admitida a contagem em dobro ou em outras condições especiais;
  - é vedada a contagem de tempo de serviço público com o de atividade privada, quando concomitantes;
  - não será contado por um sistema o tempo de serviço utilizado para concessão de aposentadoria pelo outro;
  - o tempo de serviço anterior ou posterior à obrigatoriedade de filiação à previdência social só será contado mediante indenização da contribuição correspondente ao período respectivo, com acréscimo de juros moratórios de zero vírgula cinco por cento ao mês, capitalizados anualmente, e multa de dez por cento.
- A Lei nº 9.796/99 veio tratar da compensação financeira entre o Regime Geral de Previdência Social e os regimes próprios de previdência social dos servidores da União, dos Estados, do Distrito Federal e dos Municípios, na hipótese de contagem recíproca de tempo de contribuição.
- O regime previdenciário ao qual o segurado ou servidor público esteve vinculado sem que dele receba aposentadoria ou tenha gerado pensão para seus dependentes é chamado de **regime de origem.**
- O regime previdenciário responsável pela concessão e pagamento de benefício de aposentadoria ou pensão dela decorrente a segurado ou servidor público ou a seus dependentes com cômputo de tempo de contribuição no âmbito do regime de origem é chamado **de regime instituidor.**
- **Quando o Regime Geral de Previdência Social(RGPS) for o regime instituidor** (que vai conceder e pagar o benefício, utilizando-se de contribuições feitas ao RPPS), ele terá direito de receber de cada regime de origem compensação financeira. Para isso, deverá apresentar a cada regime de origem os seguintes dados referentes a cada benefício concedido com cômputo de tempo de contribuição no âmbito daquele regime de origem:
  - dados pessoais e outros documentos necessários e úteis à caracterização do segurado e, se for o caso, do dependente;
  - a renda mensal inicial e a data de início do benefício e do pagamento;
  - o percentual do tempo de serviço total do segurado correspondente ao tempo de contribuição no âmbito daquele regime de origem;
  - cópia da Certidão de Tempo de Serviço ou de Tempo de Contribuição, fornecida pelo Estado, Distrito Federal ou Município, utilizada para o cômputo do tempo de contribuição no âmbito do regime próprio de previdência social respectivo (Decreto nº3.217/99).
- Cada regime de origem deve pagar ao Regime Geral de Previdência Social, para cada mês de competência do benefício, o valor resultante da multiplicação da renda mensal do benefício pelo percentual obtido com o tempo de serviço total do segurado correspondente ao tempo de contribuição no âmbito daquele regime de origem.
- A compensação financeira referente a cada benefício não poderá exceder o resultado da multiplicação do percentual do tempo de serviço total do segurado correspondente ao tempo de contribuição no âmbito daquele regime de origem pela renda mensal do maior benefício da mesma espécie pago diretamente pelo regime de origem. Para tanto, o regime de origem deve informar ao Regime Geral de Previdência Social, a maior renda mensal de cada espécie de benefício por ele pago diretamente.
- Os valores repassados serão reajustados nas mesmas datas e pelos mesmos índices de reajustamento do benefício pela Previdência Social, devendo o Regime Geral de Previdência Social comunicar a cada regime de origem o total por ele devido em cada mês como compensação financeira.
- Quando o **Regime Próprio de Previdência do Servidor (RPPS) for o regime instituidor** (que vai conceder e pagar o benefício, utilizando-se de contribuições feitas ao RGPS), ele terá direito de receber do RGPS compensação financeira. Para isso, o RPPS deverá apresentar ao Regime Geral de Previdência Social, os seguintes dados referentes a cada benefício concedido com cômputo de tempo de contribuição no âmbito do Regime Geral de Previdência Social:
  - identificação do servidor público e, se for o caso, de seu dependente;

- o valor dos proventos da aposentadoria ou pensão dela decorrente e a data de início do benefício e do pagamento;
- o tempo de serviço total do servidor e o correspondente ao tempo de contribuição ao Regime Geral de Previdência Social;
- cópia da Certidão de Tempo de Serviço ou de Tempo de Contribuição fornecida pelo INSS e utilizada para cômputo do tempo de contribuição no âmbito do Regime Geral de Previdência Social;
- cópia do ato expedido pela autoridade competente que concedeu a aposentadoria ou a pensão dela decorrente ,bem como o de homologação do ato concessório do benefício pelo Tribunal ou Conselho de Contas competente.

- A compensação financeira devida pelo Regime Geral de Previdência Social, relativa ao primeiro mês de competência do benefício, será calculada com base no valor do benefício pago pelo regime instituidor, no caso o RPPS, ou na renda mensal do benefício calculada como se fosse concedida pelo RGPS, valendo o que for menor.
- O valor da compensação financeira, então, será o valor correspondente à multiplicação do montante especificado acima pelo percentual correspondente ao tempo de contribuição ao Regime Geral de Previdência Social no tempo de serviço total do servidor público. Vale dizer, será o valor do benefício pago pelo RPPS ou a renda mensal do benefício calculada como se fosse concedida pelo RGPS (nos moldes da legislação do RGPS) pelo percentual correspondente ao tempo de contribuição ao RGPS no tempo de serviço total do servidor público.
- O valor da compensação financeira devida pelo Regime Geral de Previdência Social será reajustado nas mesmas datas e pelos mesmos índices de reajustamento dos benefícios da Previdência Social, mesmo que tenha prevalecido, no primeiro mês, o valor do benefício pago pelo regime instituidor.
- O Instituto Nacional do Seguro Social (INSS) manterá cadastro atualizado de todos os benefícios objeto de compensação financeira, totalizando o quanto deve para cada regime próprio de previdência dos servidores da União, dos Estados, do Distrito Federal e dos Municípios, bem como o montante devido por cada um deles para o Regime Geral de Previdência Social, como compensação financeira e pelo não recolhimento de contribuições previdenciárias no prazo legal.
- O INSS comunicará o total a ser desembolsado por cada regime de origem até o dia trinta de cada mês, devendo os desembolsos ser feitos até o quinto dia útil do mês subsequente.
- Os regimes instituidores devem comunicar de imediato aos regimes de origem qualquer revisão no valor do benefício objeto de compensação financeira ou sua extinção total ou parcial, cabendo ao INSS registrar as alterações no cadastro de todos os benefícios objeto de compensação financeira.
- Na hipótese de o regime previdenciário próprio dos servidores da União, dos Estados, do Distrito Federal e dos Municípios possuir personalidade jurídica própria, os respectivos entes federados respondem solidariamente pelas obrigações previstas na Lei que trata da compensação financeira.

13. AÇÕES JUDICIAIS EM MATÉRIA PREVIDENCIÁRIA

- As ações previdenciárias devem, em regra, ser julgadas pelos juízes federais. Veja o que dispõe o art. 109, I, da Constituição Federal:

> *"Aos juízes federais compete processar e julgar:*
>
> *I – as causas em que a União,* **entidade autárquica** *ou empresa pública federal forem interessadas na* **condição de autoras, rés, assistentes ou oponentes,** *exceto as de falência, as de acidentes de trabalho e as sujeitas à Justiça Eleitoral e à Justiça do Trabalho." (negrito meu).*

- A justiça comum estadual do foro do domicílio do segurado possuirá competência para processar e julgar ação previdenciária proposta contra o INSS se, na comarca em questão, não existir sede da justiça federal. Entretanto, nesse caso, o recurso cabível contra eventual decisão terá de ser dirigido ao tribunal regional federal na área de jurisdição do juiz de primeiro grau.
- É **da competência absoluta da justiça estadual** processar e julgar as ações previdenciárias de natureza acidentária (benefícios decorrentes de acidente do trabalho).
- O ajuizamento de ação judicial não exige o exaurimento prévio do processo administrativo[18].

18 AgRg no AREsp 166322 / PR, 2ª Turma, Relator Ministro Castro Meira, DJe de 12/03/2013.

- **O Plenário do STF, no julgamento do RE 631.240, adotou a tese de que o prévio requerimento administrativo é condição de procedibilidade da ação judicial, sob pena de carência de interesse de agir e extinção do processo sem julgamento do mérito.**
- Entende o STF que a exigência de prévio requerimento não se confundiria, entretanto, com o exaurimento das vias administrativas.
- Entende, também, que a exigência de prévio requerimento administrativo não deveria prevalecer quando o entendimento da Administração fosse notório e reiteradamente contrário à postulação do segurado. Nas hipóteses de pretensão de revisão, restabelecimento ou manutenção de benefício anteriormente concedido — uma vez que o INSS teria o dever legal de conceder a prestação mais vantajosa possível — o pedido poderia ser formulado diretamente em juízo, porque nesses casos a conduta do INSS já configuraria o não acolhimento da pretensão[19].
- As **ações de mandado de segurança** impetradas por beneficiários do RGPS contra atos de autoridades vinculadas ao INSS serão **sempre processadas e julgadas pelos juízes federais**, conforme dispõe o art. 109, VIII, da Constituição Federal.

  "Art. 109. Aos juízes federais compete processar e julgar:

  (...)

  VIII – os mandados de segurança e os "habeas-data" contra ato de autoridade federal, excetuados os casos de competência dos tribunais federais".
- **As ações regressivas ajuizadas pelo INSS** contra as empresas que não cumprem as normas padrões de segurança e higiene do trabalho indicadas para a proteção individual e coletiva, a fim de verem ressarcidas as prestações acidentárias pagas pela previdência social em razão de culpa do empregador, devem ser ajuizadas, processadas e julgadas pela **Justiça Federal**, não comportando qualquer exceção.
- A partir da publicação da Lei nº 13.043, de 13 de novembro de 2014, as **execuções fiscais** para cobrança dos créditos das contribuições da seguridade social devem ser ajuizadas perante o **juízo federal**, **sempre.**
- As ações de execução fiscal que já tinham sido ajuizadas na Justiça Estadual antes da publicação da Lei nº 13.043/2014, não vão ser remetidas para a Justiça Federal. Continuarão tramitando perante a Justiça Estadual.
- A **Justiça do Trabalho** tem a competência para processar e julgar *a* execução de ofício das contribuições sociais previstas no art. 195, I, a, e II, CF e seus acréscimos legais, decorrentes das sentenças que proferir. Vale dizer que cabe aos juízes do trabalho executar de ofício as contribuições previdenciárias decorrentes das sentenças que proferirem.
- Nos casos em não houver o reconhecimento do vínculo empregatício, permanecerá a competência da Justiça do Trabalho para executar as contribuições sociais devidas.
- Nas sentenças judiciais ou nos acordos homologados pelo juízo do trabalho em que não figurarem, discriminadamente, as parcelas legais relativas às contribuições sociais, estas incidirão sobre o valor total apurado em liquidação de sentença ou sobre o valor do acordo homologado.
- Em regra, o Ministério Público não atua nos processos judiciais previdenciários.
- Deverá intervir nos casos em que a parte por incapaz, na condição de *custos legis.*
- Segundo o STJ "o só fato de ser pessoa idosa não denota parâmetro suficiente para caracterizar a relevância social a exigir a intervenção do Ministério Público." [20].
- O Supremo Tribunal Federal, apreciando a questão da legitimidade do Parquet para ajuizar Ação Civil Pública pertinente a benefício previdenciário, decidiu que "o Ministério Público detém legitimidade para propor ação civil pública em defesa de interesses individuais homogêneos, quando presente evidente relevo social, independentemente de os potenciais titulares terem a possibilidade de declinar a fruição do direito afirmado na ação." (AgRg no AI516.419/PR, 2ª Turma, Rel. Min. GILMAR MENDES, DJe de 30/11/2010).
- O STJ é favorável à legitimidade do Ministério Público para figurar no polo ativo de Ação Civil Pública destinada à defesa de direitos de natureza previdenciária, tendo em vista, principalmente, a presença do inquestionável interesse social envolvido no assunto.

---

19 RE 631240/MG, Rel. Min. Roberto Barroso, 3.9.2014. Informativo nº 757.

20 REsp 1.235.375, de 12/04/2011.

- **É cabível ação declaratória** para o mero reconhecimento de tempo de serviço para fins previdenciários.
- Na hipótese em que a **ação revisional de benefício previdenciário** se fundar em decisão da justiça do trabalho, o termo inicial da decadência decenal será a data da coisa julgada na seara trabalhista, segundo entendimento do STJ (REsp 1637856 / MG, Relator Ministro Herman Benjamim, 2ª Turma, DJ 13/12/2016. DJe 02/02/2017).
- **Os créditos constituídos pelo INSS** em razão de benefício previdenciário ou assistencial pago indevidamente ou além do devido serão inscritos em dívida ativa pela Procuradoria-Geral Federal, hipótese em que se aplica o disposto na Lei nº 6.830, de 22 de setembro de 1980, para a execução[21]. A **execução fiscal** voltou a ser o meio adequado de cobrança.
- O Supremo Tribunal Federal decidiu finalmente a questão, entendendo que "no *âmbito* do regime geral de previdência social – RGPS, somente lei pode criar benefícios e vantagens previdenciárias, **não havendo, por ora, previsão legal do direito à 'desaposentação'**, sendo constitucional a regra do art. 18, § 2º, da Lei 8.213/1991."

Juizados Especiais Federais (JEFs)

- A grande maioria das ações ajuizadas em face do INSS que tramitam na Justiça Federal *é* de competência dos Juizados Especiais Federais.
- Os Juizados Especiais Federais foram criados por meio da Lei nº 10.259/2001, mas se aplica supletivamente, naquilo que for compatível, as regras da Lei dos Juizados Estaduais (Lei nº 9.099/95).
- As causas cujo valor forem até 60 salários mínimos serão da competência dos Juizados Especiais Federais. Caso o valor da causa supere a 60 salários mínimos os JEFs serão absolutamente incompetentes para o julgamento do feito.
- No rito dos Juizados Especiais Federais não haverá prazos diferenciados para as pessoas de direito público e nem reexame necessário.
- Os representantes judiciais da União, autarquias, fundações e empresas públicas federais estão autorizados a conciliar, transigir ou desistir nos processos de competência dos Juizados Especiais Federais.
- O recurso interposto contra sentença proferida por juízo do Juizado Especial Federal será analisado pela Turma Recursal dos Juizados Especiais Federais.
- Em primeira instância, a parte no polo ativo pode litigar sem a constituição de advogado.
- Para interpor recursos (a partir do recurso inominado), a parte autora tem que ter advogado para acompanhar a ação.

Prioridade na tramitação judicial

- O Novo Código de Processo Civil beneficia todas as ações que são disciplinadas pelo Direito Processual Civil que envolvam interesses:

  a) de pessoas idosas, assim consideradas as que tenham idade igual ou superior a 60 anos, homem ou mulher[22];

  b) de pessoas portadoras de doenças graves, catalogadas na Lei 7.713/1988, art. 6.º, inciso XIV – tuberculose ativa, alienação mental, esclerose múltipla, neoplasia maligna, cegueira, hanseníase, paralisia irreversível e incapacitante, cardiopatia grave, doença de Parkinson, espondiloartrose anquilosante, nefropatia grave, hepatopatia grave, estados avançados da doença de Paget (osteíte deformante), contaminação por radiação e síndrome da imunodeficiência adquirida – independentemente de idade ou sexo;

  c) de crianças e adolescentes que sejam parte nos procedimentos regulados no Estatuto da Criança e do Adolescente – ECA.
- A pessoa interessada na obtenção do benefício, juntando prova de sua condição, deverá requerê-lo à autoridade judiciária competente para decidir o feito, que determinará ao cartório do juízo as providências a serem cumpridas.
- Deferida a prioridade, os autos receberão identificação própria que evidencie o regime de tramitação prioritária.
- A tramitação prioritária independe de deferimento pelo órgão jurisdicional e deverá ser imediatamente concedida diante da prova da condição de beneficiário.

---

21 Alteração trazida pela Medida Provisória nº 780/2017, convertida na Lei nº 13.494/2017. Foi incluído o § 3º no art. 115 da Lei nº 8.213/91.

22 A Lei nº 13.466, de 12 de julho de 2017 alterou o Estatuto do Idoso, assegurando "prioridade especial aos maiores de oitenta anos, atendendo-se suas necessidades sempre preferencialmente em relação aos demais idosos."

14. FINANCIAMENTO DA SEGURIDADE SOCIAL – PARTE CONSTITUCIONAL

- As contribuições sociais que vão financiar a Seguridade Social ostentam natureza jurídica tributária.
- Observe o quadro esquematizado a respeito das contribuições da Seguridade Social que tem a União competência para instituir através de lei ordinária ou medida provisória:

<table>
<tr><td rowspan="6">Das Contribuições Sociais de Financiamento da Seguridade Social (art. 195,CF)</td><td rowspan="3">➧ Do empregador, da empresa e da entidade a ela equiparada (art.195, I, CF)</td><td>➧ Sobre a folha de salário e demais rendimentos pagos ou creditados, a qualquer título, à pessoa física que lhe preste serviço, mesmo sem vínculo empregatício (art. 195, I, a, CF).</td></tr>
<tr><td>➧ Sobre a receita ou faturamento (art. 195, I, b, CF)</td></tr>
<tr><td>➧ Sobre o lucro (art.195, I, c, CF)</td></tr>
<tr><td>➧ Do trabalhador e dos demais segurados do Regime Geral de Previdência Social (art. 195, II, CF)</td><td rowspan="3"></td></tr>
<tr><td>➧ Sobre a receita de concursos de prognósticos (art. 195,III, CF)</td></tr>
<tr><td>➧ Do importador de bens ou serviços do exterior, ou de quem a lei a ele equiparar (art.195, IV, CF).</td></tr>
</table>

- A União poderá, ainda, criar novas contribuições sociais além daquelas que já se encontram previstas no texto constitucional. Trata-se, no caso, da competência residual tributária e, por isso, as novas contribuições sócias são, muitas vezes, chamadas, de contribuições residuais da Seguridade Social.
- Para melhor compreensão, as contribuições residuais da seguridade social devem ser criadas, observando o disposto no art. 195, § 4º da CF:

<table>
<tr><td rowspan="3">Nova contribuição da Seguridade Social deve observar (art. 195, § 4º, CF)</td><td>Ser criada por lei complementar</td></tr>
<tr><td>Ser não cumulativa</td></tr>
<tr><td>Não ter fato gerador ou base de cálculo das contribuições sociais já discriminadas na CF.</td></tr>
</table>

- Todas as contribuições sociais de financiamento da Seguridade Social devem respeitar o **princípio da noventena ou prazo nonagesimal.** Suas cobranças somente serão legítimas após de decorridos noventa dias da data da publicação da lei que as instituiu ou as modificou.
- As contribuições sociais de financiamento da Seguridade Social não precisam respeitar o princípio da anterioridade. Assim, não é preciso aguardar o exercício financeiro seguinte para que sejam cobradas quando da sua instituição ou majoração.
- É possível a **diferenciação de alíquota ou base de cálculo** das contribuições das empresas sobre a folha de pagamento e demais rendimentos, sobre a receita e sobre o lucro, em razão da atividade econômica, da utilização intensiva de mão de obra, do porte da empresa ou da condição estrutural do mercado de trabalho (art. 195, § 9º, CF).
- A pessoa jurídica em débito com o sistema da Seguridade Social não poderá contratar com o Poder Público, nem dele receber benefícios ou incentivos fiscais ou creditícios (art.195, § 3º, CF).
- São isentas de contribuição para a seguridade social as entidades beneficentes de assistência social que atendam às exigências estabelecidas em lei. Trata-se de imunidade tributária por ser regramento constitucional.
- Os proventos de pensão e aposentadorias concedidos pelo RGPS não terão incidência de contribuição social.
- No âmbito federal, o orçamento da seguridade social é composto das seguintes receitas:

<table>
<tr><td rowspan="16">Orçamento da Seguridade Social</td><td>Receitas da União</td><td>Recursos adicionais do orçamento fiscal, fixados na Lei Orçamentária Anual.</td></tr>
<tr><td rowspan="6">Receitas das contribuições sociais</td><td>– das empresas, incidentes sobre a remuneração paga ou creditada aos segurados a seu serviço;</td></tr>
<tr><td>– dos empregadores domésticos;</td></tr>
<tr><td>– dos segurados e trabalhadores sobre o seu salário de contribuição;</td></tr>
<tr><td>– das empresas sobre o lucro e sobre a receita ou o faturamento;</td></tr>
<tr><td>– incidentes sobre a receita de concursos de prognósticos;</td></tr>
<tr><td>– do importador ou a quem a lei o equiparar.</td></tr>
<tr><td rowspan="9">Receitas de outras fontes</td><td>As multas, a atualização monetária e os juros moratórios;</td></tr>
<tr><td>A remuneração recebida por serviços de arrecadação, fiscalização e cobrança prestados a terceiros;</td></tr>
<tr><td>As receitas provenientes de prestação de outros serviços e de fornecimento ou arrendamento de bens;</td></tr>
<tr><td>As demais receitas patrimoniais, industriais e financeiras;</td></tr>
<tr><td>As doações, legados, subvenções e outras receitas eventuais;</td></tr>
<tr><td>50% (cinquenta por cento) dos valores obtidos e aplicados na forma do parágrafo único do art. 243 da Constituição Federal;</td></tr>
<tr><td>40% (quarenta por cento) do resultado dos leilões dos bens apreendidos pelo Departamento da Receita Federal;</td></tr>
<tr><td>Outras receitas previstas em legislação específica.</td></tr>
</table>

15. SALÁRIO DE CONTRIBUIÇÃO

- Salário de contribuição é a expressão que quantifica a base de cálculo da contribuição previdenciária dos segurados da previdência social.
- Veja o quadro abaixo acerca do conceito de salário de contribuição para cada tipo de segurado do RGPS:

SEGURADO	SALÁRIO DE CONTRIBUIÇÃO
Empregado e Trabalhador Avulso	A remuneração auferida em uma ou mais empresas, assim entendida a totalidade dos rendimentos pagos, devidos ou creditados a qualquer título, durante o mês, destinados a retribuir o trabalho, qualquer que seja a sua forma, inclusive as gorjetas, os ganhos habituais sob a forma de utilidades e os adiantamentos decorrentes de reajuste salarial, quer pelos serviços efetivamente prestados, quer pelo tempo à disposição do empregador ou tomador de serviços nos termos da lei ou do contrato ou, ainda, de convenção ou acordo coletivo de trabalho ou sentença normativa;
Empregado Doméstico	A remuneração registrada na Carteira de Trabalho e Previdência Social, observadas as normas a serem estabelecidas em regulamento para comprovação do vínculo empregatício e do valor da remuneração.
Contribuinte Individual	A remuneração auferida em uma ou mais empresas ou pelo exercício de sua atividade por conta própria, durante o mês, observado o limite máximo estabelecido por Portaria do Ministério da Fazenda*.
Segurado Facultativo	O valor por ele declarado, observado os limites mínimo e máximo estabelecido por Portaria do Ministério da Fazenda**.
* Limite máximo de R$ 5.645,80 (cinco mil seiscentos e quarenta e cinco reais e oitenta centavos). Valor reajustado pela Portaria do Ministério da Fazenda nº 15/2018. **. Desde 1º de janeiro de 2018, o salário de contribuição não poderá ser inferior a 954,00 (novecentos e cinquenta e quatro reais) , nem superior a R$ 5.645,80 (cinco mil, seiscentos e quarenta e cinco reais e oitenta centavos). Valor reajustado pela Portaria do Ministério da Fazenda nº 15/2018.	

- Considera-se gorjeta não só a importância espontaneamente dada pelo cliente ao empregado, como também o valor cobrado pela empresa, como serviço ou adicional, a qualquer título, e destinado à distribuição aos empregados[23].
- O segurado especial contribui sobre o valor da receita bruta da comercialização da produção e, não sobre o salário de contribuição. Poderá, no entanto, contribuir, facultativamente, nos moldes do contribuinte individual, sem se eximir da contribuição previdenciária obrigatória sobre a receita bruta da comercialização da sua produção.
- O 13º salário é considerado salário de contribuição e, sobre ele, em qualquer hipótese, recairá a contribuição previdenciária. Haverá a incidência da contribuição previdenciária sobre a parcela do 13º salário quando ele for pago no curso do contrato do trabalho ou, mesmo, sobre o 13º salário proporcional pago no momento do desligamento do emprego.
- O 13º salário não integra o cálculo do salário de benefício.
- Salário-maternidade é salário de contribuição.
- O STJ, com o julgamento do REsp 1.230.957-RS firmou o entendimento de que incide contribuição previdenciária a cargo da empresa sobre os valores pagos a título de salário-maternidade. Entendeu, também, que a contribuição previdenciária incide sobre os valores pagos a título de salário-paternidade.
- As diárias de viagem não mais integram o salário de contribuição, mesmo que o seu valor exceda 50% da remuneração do segurado[24].
- A verba relativa a "quebra de caixa" possui natureza salarial e sobre ela incide contribuição previdenciária[25].
- Observe a tabela abaixo acerca das parcelas integrantes e não integrantes do salário de contribuição, de forma exemplificativa:

Parcelas pagas, devidas ou creditadas, de acordo com a legislação(*)	**Salário de contribuição**	
	Sim	**Não**
Salário	X	
Horas extras	X	
Comissões e percentagens	X	
Gorjetas	X	
Gratificações legais e de função	X	
Adicional de insalubridade e de periculosidade	X	
Adicional noturno	X	
Adicional de tempo de serviço	X	
Adicional de transferência	X	
Férias gozadas	X	
"Venda" de 10 dias de férias		X
Adicional de 1/3 sobre as férias gozadas	X[1]	
Férias indenizadas		X

23 Conceito trazido pela Lei nº 13.419/2017 que trouxe alterações no art. 457 da CLT.

24 Alteração trazida pela Lei nº 13.467/2017 (Reforma Trabalhista).

25 EREsp 1.467.095-PR, Rel. Min. Mauro Campbell Marques, Rel. para acórdão Min. Og Fernandes, por maioria, julgado em 10/5/2017, DJe 6/9/2017 (Informativo STJ nº 610).

Parcelas pagas, devidas ou creditadas, de acordo com a legislação(*)	Salário de contribuição	
	Sim	Não
Adicional de 1/3 sobre as férias indenizadas		X
13º salário	X	
13º salário proporcional pago na rescisão	X	
13º salário referente a 1/12 do aviso prévio indenizado	X	
Aviso prévio trabalhado	X	
Aviso prévio indenizado	X[2]	
As importâncias, ainda que habituais, pagas a título de ajuda de custo		X
Diárias para viagens		X
Participação nos lucros ou resultados		X[3]
Distribuição de lucros e dividendos		X
Salário-maternidade	X[4]	
Aposentadorias e pensões pagas pelo RGPS		X[5]
Benefícios pagos pelo RGPS, exceto salário-maternidade		X
Vale-transporte		X[6]
Auxílio-alimentação, vedado o seu pagamento em dinheiro		X
Auxílio-creche ou auxílio-babá		X
Previdência privada complementar: valor das contribuições pago pela pessoa jurídica, desde que disponível à totalidade dos empregados e dos dirigentes da empresa		X
o valor relativo à assistência prestada por serviço médico ou odontológico, próprio da empresa ou por ela conveniado, inclusive o reembolso de despesas com medicamentos, óculos, aparelhos ortopédicos, próteses, órteses, despesas médico-hospitalares e outras similares.		X
Plano de saúde médico ou odontológico, desde que a cobertura abranja a totalidade dos empregados e dirigentes da empresa.		X[7]
Complemento de auxílio-doença, desde que extensivo à totalidade dos empregados da empresa.		X
Plano de educação		X
Bolsa de estágios		X
Bolsa de estudos		X
"Pró-labore" dos sócios	X	
Pagamento de 40% do FGTS nas despedidas		X
Ajuda de custo para mudança paga em única parcela		X

Parcelas pagas, devidas ou creditadas, de acordo com a legislação(*)	Salário de contribuição	
	Sim	**Não**
Seguro de vida em grupo		X
Abono do PIS		X
Programa de demissão voluntária		X
Direitos autorais		X
Valores despendidos com ministros de confissão religiosa		X
Vale-cultura		X
Prêmios e abonos, ainda que habituais.		X[8]

* Atualizada de acordo com a Lei nº 13.467/2017 (Reforma Trabalhista)

1. Jurisprudência do STJ e do STF no sentido de não incidir contribuição previdenciária sobre o 1/3 constitucional de férias gozadas. O STJ decidiu que as férias usufruídas são parcelas remuneratórias e sofrem incidência de contribuição previdenciária (Resp 1.230.957/RS, Rel, Ministro Mauro Campbell Marques, julgado em 26/02/2014; REsp 1495404/DF – 2014 / 0291244-2, Relator Ministro Herman Benjamin DJ-12/12/2014).

2. Segundo entendimento do STJ, o aviso prévio indenizado não tem natureza salarial e não sofre incidência de contribuição previdenciária (REsp 1.221.665-PR, Rel. Min. Teori Albino Zavascki, julgado em 8/2/2011. Informativo STJ nº 462). Mas o 13º salário proporcional devido sobre a parcela do aviso prévio indenizado terá incidência de contribuição previdenciária (AgInt no REsp1379545/SC, Rel. Min. Napoleão Nunes Maia Filho, julgado em 21/02/2017, DJe 09/03/0217).

3. Se a distribuição dos lucros não estiver de acordo com a legislação específica, haverá incidência da contribuição previdenciária. Se o pagamento de PLR for feito em periodicidade inferior a um trimestre civil ou mais de duas vezes no mesmo ano, os valores serão considerados parcelas integrantes do salário de contribuição.

4. Com o julgamento do REsp 1.230.957-RS (Rel. Min. Mauro Campbell Marques, julgado em 26/2/2014. Informativo nº 536), entendeu-se que incide contribuição previdenciária a cargo da empresa sobre os valores pagos a título de salário-maternidade e licença-paternidade.

5. Há imunidade tributária (art. 195, II, CF).

6. Segundo entendimento recente do STF e Súmula nº 60 da AGU, o vale-transporte, mesmo pago em dinheiro, não terá incidência de contribuição previdenciária.

7. Com a vigência da Lei nº 13.467/2017 (Reforma Trabalhista), não haverá mais a exigência de que a cobertura dos planos abranja a totalidade dos empregados e dirigentes da empresa.

8. Consideram-se prêmios as liberalidades concedidas pelo empregador em forma de bens, serviços ou valor em dinheiro a empregado ou a grupo de empregados, em razão de desempenho superior ao ordinariamente esperado no exercício de suas atividades.

16. DA CONTRIBUIÇÃO DOS SEGURADOS

16.1. CONTRIBUIÇÃO DOS EMPREGADOS, DOMÉSTICOS E TRABALHADORES AVULSOS

- A contribuição dos segurados empregado, empregado doméstico e trabalhador avulso segurados será calculada aplicando-se a alíquota de **8, 9 ou 11%, sobre o salário de contribuição,** observando a faixa de remuneração em que se encontra o segurado.
- Confira a tabela com valores atualizados a partir de 01 de janeiro de 2018, pela Portaria de nº 15/2018 do Ministério da Fazenda:

Salário de contribuição (R$)	Alíquota para fins de contribuição RECOLHIMENTO AO INSS
até 1.693,72	8,00%
de 1.693,73 a 2.822,90	9,00%
de 2.822,91 a 5.645,80	11,00 %

- O trabalhador rural contratado por produtor rural pessoa física por período de até dois meses em um ano é enquadrado como empregado e sua contribuição será de 8% sobre o salário de contribuição, independentemente da remuneração do trabalhador rural.
- Os empregados, os empregados domésticos e trabalhadores avulsos não têm a obrigação de recolher suas contribuições previdenciárias diretamente à União, embora sejam contribuintes. A contribuição será descontada (retida) pelos empregadores ou tomadores de serviços que ficarão com a responsabilidade de repassar aos cofres da União. Gozam de presunção de recolhimento das contribuições previdenciárias.

16.2. CONTRIBUIÇÃO DO CONTRIBUINTE INDIVIDUAL

- Veja o quadro abaixo com as principais formas de contribuição dos contribuintes individuais:

CONTRIBUINTE INDIVIDUAL	ALÍQUOTA	RESPONSÁVEL PELO RECOLHIMENTO
Contribuinte Individual que presta serviços por conta própria	20%*	Contribuinte individual
Contribuinte Individual que presta serviços a outro contribuinte individual equiparado a empresa ou a produtor rural ou a missão diplomática e repartição consular de carreira estrangeira.	20%	Contribuinte individual
Contribuinte individual que opta pelo regime especial de inclusão previdenciária (base de cálculo = 01 salário mínimo).	11%	Contribuinte individual
Contribuinte Individual que presta serviços às empresas em geral.	11%**	Contribuição a ser DESCONTADA (retida) pela EMPRESA.
Contribuinte Individual que presta serviços à entidade beneficente e assistência social isenta das contribuições sociais	20%	Contribuição a ser DESCONTADA (retida) pela ENTIDADE BENEFICENTE.
MEI – Microempreendedor Individual (base de cálculo = 01 salário mínimo)	5%	Recolhimento próprio

* A alíquota do transportador rodoviário autônomo, do auxiliar de condutor autônomo de veículo rodoviário, bem como do operador de máquinas é de 20% sobre o valor da nota fiscal, fatura ou recibo.

** O contribuinte individual contratado por pessoa jurídica obrigada a proceder à arrecadação e ao recolhimento da contribuição por ele devida, cuja remuneração recebida ou creditada no mês, por serviços prestados a ela, for inferior ao limite mínimo do salário de contribuição, é obrigado a complementar a sua contribuição mensal, diretamente, mediante a aplicação da alíquota de 20% sobre o valor resultante da seguinte diferença: (SALÁRIO MÍNIMO) – Remuneração mensal.

*** Com a declaração de inconstitucionalidade da contribuição da empresa de 15% sobre a nota fiscal ou fatura de serviço emitida pela cooperativa de trabalho no julgamento do RE 595.838, com repercussão geral, a Secretaria da Receita Federal do Brasil emitiu o Ato Declaratório Interpretativo RFB nº 5, de 05 de maio de 2015, entendendo que o contribuinte individual que presta serviço a empresa por intermédio de cooperativa de trabalho deve recolher a contribuição previdenciária de 20% (vinte por cento) sobre o montante da remuneração recebida ou creditada em decorrência do serviço, observados os limites mínimo e máximo do salário de contribuição.

- O contribuinte individual que optar por recolher 11% sobre o limite mínimo mensal do salário de contribuição (salário mínimo) fica excluído do direito ao benefício de aposentadoria por tempo de contribuição (opção pelo regime simplificado previdenciário).

16.3. CONTRIBUIÇÃO DO SEGURADO FACULTATIVO

- A contribuição do segurado facultativo será de 20% sobre seu salário de contribuição. O segurado poderá escolher, a cada mês, o valor do seu salário de contribuição, observando apenas que não poderá ser inferior ao valor do salário mínimo nem superior ao valor máximo fixado por Portaria do Ministério da Fazenda[26].
- Caso o segurado facultativo seja de baixa renda terá uma alíquota menor a título de contribuição, devendo observar a tabela abaixo:

Contribuição do segurado facultativo	Alíquota/base de cálculo
Contribuição básica	20% sobre o salário de contribuição declarado por ele, observados os limites mínimo e máximo estabelecidos pela Previdência Social.
Segurado facultativo que opta pelo regime especial de inclusão previdenciária	11% sobre o valor mínimo do salário de contribuição (01 salário mínimo).
Segurado facultativo, sem renda própria, que se dedica exclusivamente ao trabalho doméstico no âmbito de sua residência, pertencente à família de baixa renda (até 02 salários mínimos) e inscrito no cadastro único do Governo Federal	5% o valor mínimo do salário de contribuição (01 salário mínimo).

16.4. CONTRIBUIÇÃO DO SEGURADO ESPECIAL

- O produtor, o parceiro, o meeiro e o arrendatário rurais e o pescador artesanal, bem como os respectivos cônjuges, que exerçam suas atividades em regime de economia familiar, sem empregados permanentes, contribuirão para a seguridade social mediante a aplicação de uma alíquota sobre o resultado da comercialização da produção e farão jus aos benefícios nos termos da lei.
- A contribuição do segurado especial será de **1,3% sobre a receita bruta, proveniente da comercialização da sua produção.**

Discriminação da contribuição do segurado especial	Alíquota
Parcela básica incidente sobre a receita bruta proveniente da comercialização da produção rural	1,2%
SAT/GILRAT incidente sobre a receita bruta proveniente da comercialização da produção rural	0,1%

- O segurado especial poderá, facultativamente, recolher nos moldes do contribuinte individual. O exercício desta faculdade não o exime da obrigatoriedade da contribuição sobre a comercialização da produção.

26 Limite de R$ 5.645,80 (cinco mil e seiscentos e quarenta e cinco reais e oitenta centavos).

17. DA CONTRIBUIÇÃO DAS EMPRESAS E DO EMPREGADOR DOMÉSTICO

Contribuição Previdenciária do empregador doméstico	8% x salário de contribuição do empregado doméstico.	Contribuição patronal
	0,8% x salário de contribuição empregado doméstico.	Contribuição patronal para financiamento do seguro contra acidentes de trabalho
Contribuição do empregado doméstico	8, 9 ou 11% X o salário de contribuição do empregado doméstico, observados os valores mínimo e máximo do salário de contribuição.	Contribuição do doméstico descontada pelo empregador e repassada para a União.

- Para o Direito Previdenciário empresa é conceituada como "a firma individual ou sociedade que assume o risco da atividade econômica urbana e rural, com **fins lucrativos ou não**, bem como os órgãos e entidades da administração pública direta, indireta e fundacional".
- Equiparam-se a empresa, o contribuinte individual e a pessoa física na condição de proprietário ou dono de obra de construção civil, em relação a segurado que lhe presta serviço, bem como a cooperativa, a associação ou a entidade de qualquer natureza ou finalidade, a missão diplomática e a repartição consular de carreira estrangeiras.
- Em relação às contribuições previdenciárias das empresas, em geral, veja a tabela a seguir:

CONTRIBUIÇÕES SOCIAIS PREVIDENCIÁRIAS DAS EMPRESAS EM GERAL		
Contribuição	**Alíquota**	**Base de Cálculo**
Folha de salários e demais rendimentos	20%*	Remunerações pagas, devidas ou creditadas, a qualquer título, no decorrer do mês, aos segurados empregados e trabalhadores avulsos.
Remunerações pagas a Contribuintes Individuais.	20%*	Remunerações ou retribuições pagas, devidas ou creditadas no decorrer do mês ao segurado contribuinte individual.
SAT/GILRAT – segundo o grau de risco da empresa decorrente dos riscos ambientais do trabalho**	1% – leve 2% – médio 3% – grave	Remunerações pagas, devidas ou creditadas a qualquer título, no decorrer do mês, ao segurado empregado e trabalhador avulso.
Adicional de SAT/GILRAT – Empresas que possuem segurados expostos a condições de trabalho que ensejam a concessão do benefício aposentadoria especial.	12% – 15 anos de contribuição 9% – 20 anos de contribuição 6% – 25 anos de contribuição	Remunerações pagas, devidas ou creditadas, a qualquer título, no decorrer do mês, aos segurados expostos a riscos que ensejem a concessão de aposentadoria especial após quinze, vinte ou vinte e cincos anos de contribuição.

*. No caso de instituições financeiras a alíquota da contribuição é de 22,5%. O acréscimo de 2,5% na contribuição previdenciária das instituições financeiras foi considerado constitucional em razão do princípio da equidade na forma de participação do custeio.

**. Essa contribuição poderá ter sua alíquota diminuída em até 50% ou aumentada em até 100% dependendo do enquadramento da empresa no FAP (fator acidentário de prevenção).

- Conforme dispunha o art. 22, IV, da Lei nº 8.212/91, a contribuição a cargo da empresa destinada à Seguridade Social *era de quinze por cento sobre o valor bruto da nota fiscal ou fatura de prestação de serviços, relativamente a serviços que lhe são prestados por cooperados por intermédio de cooperativas de trabalho.* O STF, no julgamento do RE. 595.838 entendeu ser inconstitucional o inciso IV do art. 22 da Lei nº 8.212/91. Entendeu o Pretório Excelso que a contribuição das empresas, incidente sobre a nota fiscal ou fatura de serviços emitida pelas cooperativas de trabalho não poderia ter sido criada por lei ordinária. Concluiu que a contribuição destinada a financiar a seguridade social, que tivesse base econômica estranha àquelas indicadas no art. 195 da Constituição Federal, somente poderia ser legitimamente instituída por lei complementar, nos termos do art. 195, § 4º da CF.

- A Secretaria da Receita Federal do Brasil, por sua vez, publicou o Ato Declaratório Interpretativo RFB nº 5, de 25 de maio de 2015, dispondo que não constituirá crédito tributário decorrente da contribuição de que trata o § 1º do art. 1º da Lei nº 10.666, de 8 de maio de 2003, que instituiu contribuição adicional àquela prevista no inciso IV do art. 22 da Lei nº 8.212, de 1991, para fins de custeio de aposentadoria especial para cooperados filiados a cooperativas de trabalho.
- Vale dizer, os auditores fiscais da Receita Federal do Brasil não constituirão crédito tributário decorrente da contribuição adicional de RAT de 9, 7 ou 5% incidente sobre a remuneração dos cooperados de trabalho expostos em condições especiais que ensejam a aposentadoria especial.
- Pelo mesmo ato, restou estabelecido que a Procuradoria-Geral da Fazenda Nacional não mais contestará e recorrerá nas ações em que as empresas se insurgirem contra a contribuição de 15% incidente sobre a nota fiscal ou fatura de serviços emitidas pelas cooperativas de trabalho.
- **Em 31 de março de 2016, foi editada a Resolução nº 10, do Senado Federal, suspendendo a execução do inciso V, do art. 22, da Lei nº 8.212/91.**
- Na contratação de serviços de transporte rodoviário de carga ou de passageiro, de serviços prestados com a utilização de trator, máquina de terraplenagem, colheitadeira e assemelhados, a base de cálculo da contribuição da empresa corresponde a 20% (vinte por cento) do valor da nota fiscal, fatura ou recibo, quando esses serviços forem prestados por condutor autônomo de veículo rodoviário, auxiliar de condutor autônomo de veículo rodoviário, bem como por operador de máquinas.

COOPERATIVAS DE PRODUÇÃO

Discriminação da contribuição das cooperativas de produção		Alíquota
Remuneração básica dos cooperados		20 %
Adicional de aposentadoria especial dos cooperados quando expostos a condições especiais de trabalho	Tempo de contribuição	12%
	15 anos de contribuição	
	20 anos de contribuição	9%
	25 anos de contribuição	6%
Contribuição básica sobre a remuneração dos empregados		20%
SAT/GILRAT sobre a remuneração dos empregados		1%, 2% ou 3%
Remuneração sobre os contribuintes individuais não cooperados		20%

COOPERATIVAS DE TRABALHO

Discriminação da contribuição da cooperativa de trabalho		Alíquota
Remuneração básica dos cooperados		Não há
Adicional de aposentadoria especial dos cooperados* de trabalho expostos a condições especiais de trabalho	Tempo de contribuição	Não há
	15 anos	
	20 anos	Não há
	25 anos	Não há
Contribuição básica sobre a remuneração dos empregados		20%
SAT/GILRAT sobre a remuneração dos empregados		1%, 2% ou 3%
Remuneração sobre os contribuintes individuais não cooperados		20%

Discriminação da contribuição do produtor rural pessoa física	Alíquota
Parcela básica sobre a comercialização da produção rural	1,2 %[30]
SAT/GILRAT sobre a comercialização da produção rural	0,1%
SENAR sobre a comercialização da produção rural	0,2%
Contribuição sobre a remuneração de contribuintes individuais contratados	20%

AGROINDÚSTRIAS	
Discriminação da contribuição do produtor rural pessoa jurídica e das agroindústrias	**Alíquota**
Parcela básica sobre a comercialização da produção rural	2,5%
SAT/GILRAT sobre a comercialização da produção rural	0,1%
SENAR sobre a comercialização da produção rural	0,25%
Contribuição sobre a remuneração de contribuintes individuais contratados	20%

CONTRIBUIÇÃO DO MICROEMPREENDEDOR INDIVIDUAL (MEI)

Contribuição Previdenciária do MEI com empregado	Resultado da apuração das seguintes parcelas	
	3% x remuneração paga ao empregado	Patronal
	8% x remuneração paga ao empregado	Desconto do segurado
	5% sobre o valor de um salário mínimo	Contribuição própria

- Nas sentenças judiciais ou nos acordos homologados na Justiça do Trabalho, em que não figurarem, discriminadamente, as parcelas legais relativas às contribuições sociais, estas incidirão sobre o valor do acordo homologado.
- O fato gerador das contribuições socais ocorre na data da prestação do serviço.

18. DAS OBRIGAÇÕES ACESSÓRIAS

- As obrigações acessórias são obrigações positivas (de fazer) ou negativas (de não fazer) no interesse da arrecadação ou fiscalização dos tributos.
- O descumprimento da obrigação acessória está sujeita à imposição de multa.
- A empresa deve preparar a folha de pagamento mensal da remuneração paga, devida ou creditada a todos os segurados a seu serviço, de forma coletiva por estabelecimento, por obra de construção civil e por tomador de serviços, com a correspondente totalização e resumo geral.
- A empresa é obrigada a lançar mensalmente em títulos próprios de sua contabilidade, de forma discriminada, os fatos geradores de todas as contribuições sociais a cargo da empresa, as contribuições sociais previdenciárias descontadas dos segurados, as decorrentes de sub-rogação, as retenções e os totais recolhidos.
- Estão as empresas obrigadas a prestar à Secretaria da Receita Federal do Brasil todas as informações cadastrais, financeiras e contábeis de interesse da mesma, na forma por ela estabelecida, bem como os esclarecimentos necessários à fiscalização.
- A empresa é obrigada a declarar à Secretaria da Receita Federal do Brasil e ao Conselho Curador do Fundo de Garantia do Tempo de Serviço (FGTS), na forma, prazo e condições estabelecidos por esses órgãos, dados relacionados a fatos geradores, base de cálculo e valores devidos da contribuição previdenciária e outras informações de interesse do INSS ou do Conselho Curador do FGTS. Essa obrigação é feita através entrega da Guia de Recolhimento do Fundo de Garantia por Tempo de Serviço e Informações à Previdência Social (GFIP).
- A declaração de débito apresentada pelo devedor (GFIP) dispensa a formalização de procedimento administrativo pelo Fisco, com vista a constituir definitivamente o crédito tributário de contribuições previdenciárias.
- O não cumprimento da obrigação acessória de entregar a guia de recolhimento do FGTS e de informações à Previdência Social (GFIP), por si só, já impede a expedição de certidão negativa de débitos em favor do contribuinte.

- A empresa é obrigada a inscrever no RGPS os segurados empregados e os trabalhadores avulsos a seu serviço, bem como os contribuintes individuais que lhe prestarem serviços.
- A empresa é obrigada a arrecadar a contribuição previdenciária a cargo dos segurados empregados, trabalhadores avulsos e contribuintes individuais que lhe prestam serviços e repassar aos cofres da União.
- A empresa que contratar serviço através de cessão de mão de obra deverá reter 11% do valor da nota fiscal ou fatura de serviço emitida a título de contribuição previdenciária da empresa contratada.
- A empresa é obrigada a comunicar, mensalmente, aos empregados, por intermédio de documento a ser definido em regulamento, os valores recolhidos sobre o total de sua remuneração ao INSS.
- A empresa deverá elaborar e manter atualizado o perfil profissiográfico previdenciário (PPP) do trabalhador, contemplando as atividades desenvolvidas durante o período laboral, documento que a ele deverá ser fornecido, por cópia autêntica, **no prazo de trinta dias** da rescisão do seu contrato de trabalho, sob pena de sujeição às sanções previstas na legislação aplicável.
- O Município e o Distrito Federal, por intermédio do órgão competente, têm a obrigação de fornecer mensalmente à Secretaria da Receita Federal do Brasil, relação de alvarás para construção civil e documentos de "habite-se" concedidos.
- O Titular do Cartório de Registro Civil de Pessoas Naturais fica obrigado a comunicar ao INSS, até o dia 10 de cada mês, o registro dos óbitos ocorridos no mês imediatamente anterior, devendo na relação constar a filiação, a data e o local de nascimento da pessoa falecida.
- Com a publicação da Lei nº 13.114/2015, restou imposto ao oficial de registro civil comunicar o óbito à Receita Federal e à Secretaria de Segurança Pública da unidade da Federação que tenha emitido a cédula de identidade, exceto se, em razão da idade do falecido, essa informação for manifestamente desnecessária
- A empresa é obrigada a matricular a obra de construção civil executada sob sua responsabilidade, dentro do prazo de trinta dias contados do início da execução.
- É de responsabilidade do empregador o arquivamento de documentos comprobatórios do cumprimento das obrigações fiscais, trabalhistas e previdenciárias, enquanto essas não prescreverem.
- O empregador doméstico tem a obrigação de inscrever seu empregado perante a Previdência Social, recolher as contribuições previdenciárias a seu cargo e de seus empregados, no documento único de arrecadação (SIMPLES DOMÉSTICO).
- O empregador doméstico fornecerá, mensalmente, ao empregado doméstico cópia do documento único de arrecadação (SIMPLES DOMÉSTICO).

19. DOS PRAZOS DE RECOLHIMENTO DAS CONTRIBUIÇÕES PREVIDENCIÁRIAS

- Veja os quadros a seguir acerca dos prazos de recolhimento das contribuições previdenciárias:

PRAZO DE RECOLHIMENTO	CONTRIBUIÇÕES
Até o dia 20 do mês seguinte ao da competência, ou até o dia útil imediatamente anterior se não houver expediente bancário no dia 20 do mês.	• As contribuições a cargo da empresa incidentes sobre as remunerações de segurados empregado, trabalhador avulso e contribuinte individual. • As retenções de 11% sobre o valor dos serviços contidos em nota fiscal prestados mediante cessão de mão de obra ou empreitada. • As contribuições incidentes sobre a comercialização da produção rural adquirida de produtor rural, pessoa física, ou de segurado especial. • A contribuição de 5% incidente sobre patrocínio, licenciamento de uso de marcas e símbolos, publicidade, propaganda e transmissão de espetáculos. • As contribuições descontadas dos segurados empregados e trabalhadores avulsos. • As contribuições descontadas do contribuinte individual pela empresa (inclusive as descontadas do cooperado pela cooperativa de trabalho).

PRAZO DE RECOLHIMENTO	CONTRIBUIÇÕES
Até o dia 20 do mês seguinte ao da competência, ou até o dia útil imediatamente posterior se não houver expediente bancário no dia 20 do mês.	• A contribuição do microempreendedor individual (MEI) como segurado e como empregador.
Até 2 dias úteis após a realização do evento.	• A contribuição de 5% incidente sobre a receita bruta de espetáculos desportivos a ser recolhida pelo promotor do espetáculo.
Dia 15 do mês seguinte ao da competência, prorrogando-se para o dia útil imediatamente posterior quando não houver expediente bancário no dia 15 do mês.	• As contribuições do contribuinte individual, quando recolhidas pelo próprio segurado. • As contribuições do segurado facultativo.
Dia 20 de dezembro, antecipando-se para o dia útil imediatamente anterior quando não houver expediente bancário naquele dia.	• A contribuição incidente sobre o valor do 13º salário a ser paga pelas empresas. • No caso de rescisão de contrato de trabalho, as contribuições devidas serão recolhidas no dia 20 do mês seguinte ao da rescisão, computando-se em separado a parcela referente ao 13º salário.
Até o dia 20 do mês subsequente ao da competência.	• A contribuição do produtor rural pessoa física, quando tiver a obrigação de recolher a sua própria contribuição (parte patronal correspondente a 1,2% da receita bruta proveniente da comercialização da produção)*. • A contribuição do segurado especial que recolhe por conta própria.
Até o dia 07 do mês subsequente ao da competência, ou no dia útil imediatamente anterior quando não houver expediente bancário no dia 07 do mês*.	• O segurado especial, quando tiver a obrigação de recolher a sua própria contribuição (parte patronal correspondente a 1,2% da receita bruta da comercialização da produção) e as contribuições retidas das pessoas que lhes prestaram serviço durante o mês. Nesse caso, está-se aguardando regulamentação por ato conjunto dos Ministros da Fazenda e do Trabalho.
Até o dia 07 do mês subsequente ao da competência, devendo-se antecipar o pagamento para o dia útil imediatamente anterior se no dia 07 não houver expediente bancário.	• As contribuições descontadas do segurado empregado doméstico. • As contribuições a cargo do empregador doméstico.
*. Poderá ser até o dia 07 do mês subsequente se houver ato conjunto dos Ministros de Estado da Fazenda e do Trabalho.	

- As contribuições previdenciárias que não forem pagas dentro do prazo previsto pela legislação tributária, acarretam para os responsáveis à imposição de multa e juros de mora, incidentes sobre o valor principal devido:

MULTA DE MORA	
	• **Alíquota:** 0,33% ao dia • **Base para Incidência:** Valor da contribuição devido • **Temo Inicial:** 1º dia subsequente ao do vencimento do prazo previsto para o pagamento da contribuição • **Termo Final:** Dia em que ocorrer o seu pagamento • **Limite Máximo:** 20%

E

Juros de mora	=	Juros de Selic *(A contar do 1º dia do mês subsequente ao dia do vencimento)*	+	1% *(Mês do pagamento)*

20. DAS OUTRAS RECEITAS DA SEGURIDADE SOCIAL

- No âmbito federal, o orçamento da Seguridade Social é composto das seguintes receitas:

1) receitas da União;

2) receitas das contribuições sociais;
3) receitas de outras fontes.

- A contribuição da União é constituída por recursos adicionais do Orçamento Fiscal que estão fixados na Lei Orçamentária Anual.
- A contribuição social sobre a receita de concurso de prognóstico incide sobre as receitas de concursos que envolvem o sorteio de números ou símbolos, loterias e apostas, nas esferas federal, estadual ou municipal pelo Poder Público ou por sociedades comerciais ou civis.
- Quando os concursos de prognósticos forem realizados por órgãos do Poder Público a receita da Seguridade Social, para a esfera de governo que realizar o concurso, será a renda líquida, excetuando-se os valores destinados ao Programa de Crédito Educativo. E a renda líquida é definida como o valor total arrecadado, subtraídos o valor destinado ao pagamento de prêmios e impostos e às despesas com a administração.
- Algumas fontes de receita para a seguridade social que merecem destaque:
  - multas, juros moratórios, atualização monetária;
  - 40% (quarenta por cento) do resultado dos leilões dos bens apreendidos pela Secretaria da Receita Federal do Brasil;
  - 50% (cinquenta por cento) dos valores obtidos e aplicados na forma do parágrafo único do art. 243 da Constituição Federal;
  - 45% do valor do DPVAT destinado ao Sistema Único de Saúde (SUS) para custeio da assistência médico-hospitalar dos segurados vitimados em acidentes de trânsito.

21. DA RESPONSABILIDADE SOLIDÁRIA

- A responsabilidade solidária passiva tributária não comporta benefício de ordem.
- O proprietário, o incorporador, o dono da obra ou condômino da unidade imobiliária, qualquer que seja a forma de contratação da construção, reforma ou acréscimo, são solidários com o construtor, e estes com a subempreiteira, pelo cumprimento das obrigações para com a Seguridade Social.
- As empresas que integram grupo econômico de qualquer natureza respondem solidariamente pelas obrigações previdenciárias
- Os produtores rurais integrantes do consórcio simplificado de produtores rurais respondem, também, solidariamente pelas obrigações previdenciárias do consórcio.
- O operador portuário e o órgão gestor de mão de obra são solidariamente responsáveis pelo pagamento das contribuições previdenciárias e demais obrigações, inclusive as acessórias, devidas à Seguridade Social, arrecadadas pela SRFB, relativamente à requisição de mão de obra de trabalhador avulso.
- Não se pode deixar de registrar, no momento, a situação dos sócios das empresas de responsabilidade limitada e do titular de firma individual em relação aos débitos da seguridade social. Previa a Lei nº 8.620/93, em seu art. 13, que esses sócios eram solidariamente responsáveis pelos débitos da seguridade social. O STJ, no entanto, afastava a aplicação desse artigo, sob a argumentação de que o instituto da solidariedade é matéria afeta à lei complementar. Em 2008, o art. 13 da Lei nº 6.820/93 foi revogado pela Medida Provisória nº 449/2008, convertida na Lei nº 11.941/09. E, mais tarde, o próprio STJ editou a súmula nº 430: "o inadimplemento da obrigação tributária pela sociedade não gera, por si só, a responsabilidade solidária do sócio-gerente". Também o Supremo Tribunal Federal pronunciou pela inconstitucionalidade do referido artigo, ao julgar o RE 562.276/PR. Entendeu o STF ser inconstitucional o art. 13 da Lei nº 8.620/93 por ofender o art. 146, III, b, da Constituição Federal.

22. DA DECADÊNCIA E PRESCRIÇÃO DAS CONTRIBUIÇÕES DA SEGURIDADE SOCIAL

- O prazo de decadência para a constituição do crédito das contribuições da seguridade social é de 05 anos.
- Para que a Secretaria da Receita Federal do Brasil (SRFB) possa vir a constituir os créditos relativos a tais contribuições, deve-se observar **o prazo de 05 anos** contados a partir:
- do primeiro dia do exercício seguinte àquele em que o crédito poderia ser constituído;
- da data em que se tornar definitiva a decisão que houver anulado, por vício formal, a constituição de crédito anteriormente efetuada.
- O prazo prescricional a ser observado para a cobrança das contribuições da seguridade social é de 05 anos contados da data da constituição definitiva do crédito.

- Em relação às contribuições da seguridade social aplicam-se os prazos de decadência e prescrição dispostos no Código Tributário Nacional (CTN).

23. BENEFÍCIO DE PRESTAÇÃO CONTINUADA DA ASSISTÊNCIA SOCIAL – (BPC--LOAS)

- O benefício de prestação continuada da Assistência Social não carece de contribuição prévia do beneficiário para sua obtenção, bastando a comprovação da condição de necessitado exigida pela lei.
- **Não é um benefício previdenciário.**
- **Não gera direito à pensão por morte, tampouco abono anual.**
- A sua concessão é feita pelo INSS, dada a delegação a esta autarquia federal da responsabilidade pela operacionalização do BPC pelo Decreto n. 6.214/2007.
- A legitimidade passiva nas ações em que o indivíduo venha a reivindicar o benefício assistencial é do INSS, segundo entendimento pacificado pelo STJ.

Beneficiários	• Idoso • Pessoa com deficiência
Requisitos para o idoso	• ter 65 anos ou mais; • apresentar renda per capita familiar inferior a ¼ do salário mínimo; • inscrição no Cadastro de Pessoas Físicas (CPF) e no Cadastro Único para Programas Sociais do Governo Federal (CadÚnico). • Poderão ser utilizados outros elementos probatórios da condição de miserabilidade do grupo familiar e da situação de vulnerabilidade, conforme regulamento.
Requisitos para a pessoa com Deficiência	• ter impedimentos de longo prazo de natureza física, mental, intelectual ou sensorial, os quais, em interação com diversas barreiras, podem obstruir sua participação plena e efetiva na sociedade em igualdade de condições com as demais pessoas; • possuir renda per capita familiar inferior a ¼ do salário mínimo*; • inscrição no Cadastro de Pessoas Físicas (CPF) e no Cadastro Único para Programas Sociais do Governo Federal (CadÚnico). • Poderão ser utilizados outros elementos probatórios da condição de miserabilidade do grupo familiar e da situação de vulnerabilidade, conforme regulamento (redação trazida pela Lei nº 13.146/2015).
Carência	Não há, visto não ser benefício previdenciário.
Renda mensal	Um salário mínimo.
Data de início do benefício (DIB)	data da entrada do requerimento
Suspensão do benefício	Quando a pessoa com deficiência vier a exercer atividade remunerada, inclusive na condição de microempreendedor individual. A suspensão não ocorrerá se a pessoa com deficiência receber remuneração como aprendiz no prazo de até 02 anos. Quando o beneficiário que não realizar a inscrição ou a atualização no CadÚnico.
Cessação do benefício	• quando cessar as condições que levaram à sua concessão; • quando o beneficiário falecer.
Revisão do benefício	A cada 02 (dois) anos
Pontos importantes	• A condição de acolhimento em instituições de longa permanência ou asilos não impede que o idoso ou a pessoa com deficiência recebam o benefício. • Os rendimentos decorrentes de estágio supervisionado e de aprendizagem não serão computados para os fins de cálculo da renda familiar per capita.

* O STF decidiu pela inconstitucionalidade do § 3º do art. 20 da Lei nº 8.742/2003 ao julgar improcedente a reclamação nº 4374, proposta pelo INSS. Entendeu que a condição de miserabilidade poderá ser avaliada por outros critérios que não o critério objetivo de renda per capita inferior a ¼ do salário mínimo.

24. PREVIDÊNCIA DO SERVIDOR PÚBLICO

- Os servidores públicos da União, dos Estados, do Distrito Federal, dos Municípios, inclusive de suas autarquias e fundações **ocupantes de cargo público efetivo** poderão ser amparados por regime próprio de previdência criado pelos entes federados.

- Para ser considerado regime próprio de previdência, o plano deve contemplar, pelo menos, os benefícios de aposentadoria e pensão por morte.

- A instituição de Regime Próprio de Previdência Social (RPPS) é feita por lei do respectivo ente federativo (União, Estado, Distrito Federal, Município). A União tem competência para a edição de normas gerais sob a matéria.

- Apenas servidores públicos ocupantes de cargo efetivo podem ser amparados por regime próprio de previdência social. Caso o ente federativo não tenha criado seu regime próprio de previdência social, seus servidores serão amparados pelo RGPS.

- Os servidores titulares apenas de cargos em comissão são segurados do RGPS, sempre. Também são filiados obrigatórios do RGPS os agentes que trabalham para a Administração Pública submetidos ao regime da CLT e os temporários (contratados por tempo determinado para atenderem a necessidade temporária de excepcional interesse público, na forma do art. 37, IX, da CF).

- Pode ocorrer a contagem recíproca de tempo de contribuição que é a possibilidade de comunicabilidade dos tempos de contribuição na atividade privada, rural e urbana, com o do tempo de contribuição na administração pública para fins de concessão de benefício. Nesse caso, os diferentes regimes de previdência se compensarão financeiramente.

- Os entes federativos não podem adotar mais de um regime previdenciário para seus servidores.

REGIME PRÓPRIO DE PREVIDÊNCIA DOS SERVIDORES PÚBLICOS	- Instituído por **lei** do respectivo **ente da Federação** para amparar os servidores ocupantes de cargo público efetivo. - Caráter contributivo e solidário, mediante contribuição do respectivo ente público, dos servidores ativos e inativos e dos pensionistas, observados critérios que preservem o equilíbrio financeiro e atuarial. - Deve assegurar, pelo menos, a**posentadoria** e **pensão por morte.** - Não poderão ser concedidos benefícios distintos dos previstos no RGPS (Lei 8.213/91), salvo quando houver **exceção constitucional.** - **Lei 9.717/98** regulamenta a matéria e dispõe sobre regras gerais para a organização e funcionamento dos Regimes Próprios da Previdência Social dos Servidores Públicos.

- Pela regra atual da Constituição Federal, os servidores ocupantes de cargo público efetivo, vinculados ao regime próprio de previdência social, serão aposentados:

APOSENTADORIA DOS SERVIDORES OCUPANTES DE CARGO PÚBLICO EFETIVO	• por invalidez;
	• por idade;
	• por tempo de contribuição;
	• de forma especial, e
	• Compulsoriamente aos 75 anos de idade, nos termos da Lei Complementar nº 152/2015.

- O servidor público de um mesmo regime próprio de previdência, não poderá ter mais de uma aposentadoria, **salvo se os cargos ocupados forem acumuláveis.**

- A aposentadoria por invalidez permanente é assegurada ao servidor que ficar incapaz total e permanentemente para o trabalho, comprovado por perícia médica. Seus proventos serão proporcionais ao tempo de contribuição, **salvo se a incapacidade for decorrente de acidente em serviço, moléstia profissional ou doença grave, contagiosa ou incurável, na forma da lei.**

- O servidor será aposentado voluntariamente com **proventos integrais** se preencher:

Aposentadoria com proventos integrais	• 35 (trinta e cinco) anos de contribuição e 60 (sessenta) anos de idade, se homem; • 30 (trinta) anos de contribuição e 55 (cinquenta e cinco) anos de idade, se mulher; • tempo mínimo de 10 (dez) anos de efetivo exercício no serviço público; • 05 (cinco) anos no cargo efetivo em que se dará a aposentadoria.

- No entanto, para os professores que se dedicam exclusivamente às atividades de magistério do ensino infantil, fundamental e médio, a aposentadoria por tempo de contribuição do professor passou a exigir:

Aposentadoria voluntária dos professores[1]	• 30 (trinta) anos de contribuição e 55 (cinquenta e cinco) anos de idade, se homem; • 25 (vinte e cinco) anos de contribuição e 50 (cinquenta) anos de idade, se mulher; • tempo mínimo de 10 (dez) anos de efetivo exercício no serviço público; • 05 (cinco) anos no cargo efetivo em que se dará a aposentadoria;
[1] Segundo o art. 67 da Lei. 9.394, de 20 de dezembro de 1996, com redação dada pela Lei 11.301, de 10 de maio de 2006: "são consideradas funções de magistério as exercidas por professores e especialistas em educação no desempenho de atividades educativas, quando exercidas em estabelecimento de educação básica em seus diversos níveis e modalidades, incluídas, além do exercício da docência, as de direção de unidade escolar e as de coordenação e assessoramento pedagógico".	

- Será o servidor aposentado voluntariamente com proventos proporcionais ao tempo de contribuição se preencher:

Aposentadoria dos servidores públicos com proventos proporcionais	• 65 (sessenta e cinco) anos de idade, se homem e 60 (sessenta) anos de idade, se mulher; • tempo mínimo de 10 (dez) anos de efetivo exercício no serviço público; • 05 (cinco) anos no cargo efetivo em que se dará a aposentadoria.

- A aposentadoria compulsória dos servidores públicos ocorrerá aos 75 anos de idade, na forma de Lei Complementar nº 152/2015, com proventos proporcionais ao tempo de contribuição, sem exigir tempo mínimo de contribuição.
- Aos servidores do Serviço Exterior Brasileiro, regidos pela Lei nº 11.440, de 29 de dezembro de 2006, será aplicado progressivamente à razão de 1 (um) ano adicional de limite para aposentadoria compulsória ao fim de cada 2 (dois) anos, a partir da vigência da Lei Complementar nº 152/2015, até o limite de 75 (setenta e cinco) anos.
- Os policiais são servidores que exercem atividades de risco. Desse modo vão ter direito ao que se chama de aposentadoria especial, nos termos do art. 40, § 4º, II, da CF/88.
- As regras dessa aposentadoria vão estar dispostas nas Leis Complementares n° 51/85 e nº 144/2014, devidamente atualizadas, e não atingem os policiais militares, mas apenas os policiais civis.
- Confira os quadros abaixo acerca das regras atuais da aposentadoria especial dos policiais:

APOSENTADORIA VOLUNTÁRIA DO SERVIDOR POLICIAL	
HOMEM	**MULHER**
• Não há idade mínima para se aposentar; • **30 anos** de contribuição; • **20 anos** de exercício em cargo de natureza estritamente policial; • Proventos integrais.	• Não há idade mínima para se aposentar; • **25 anos** de contribuição; • **15 anos** de exercício em cargo de natureza estritamente policial; • Proventos integrais.

- Os proventos de aposentadoria e as pensões por ocasião de sua ocasião não poderão exceder a remuneração do respectivo servidor no cargo efetivo em que se deu a aposentadoria ou que serviu de referência para a concessão da pensão.
- Para o cálculo dos proventos de aposentadoria, por ocasião da sua concessão, serão consideradas as remunerações utilizadas como base para as contribuições do servidor aos regimes próprios de previdência e

geral, na forma da lei (regra aplicável aos servidores que ingressarem no serviço público após a data da publicação da EC n.41/2003).

- O valor da pensão por morte do servidor[27] será de:

VALOR DA PENSÃO POR MORTE DO SERVIDOR*	
O valor da totalidade dos proventos do servidor falecido,	O valor da totalidade da remuneração do servidor no cargo efetivo em que se deu o falecimento
até o limite máximo estabelecido para os benefícios do regime geral de previdência social de que trata o art. 201 da Constituição (RGPS), acrescido de setenta por cento da parcela excedente a este limite, caso aposentado à data do óbito; ou	até o limite máximo estabelecido para os benefícios do regime geral de previdência social de que trata o art. 201 da Constituição (RGPS), acrescido de setenta por cento da parcela excedente a este limite, caso em atividade na data do óbito.

- Incidirá contribuição sobre os proventos de aposentadorias e pensões concedidas pelo regime próprio de previdência social (RPPS) somente sobre os valores que superam o limite máximo estabelecido para os benefícios do regime geral de previdência social (RGPS) com percentual igual ao estabelecido para os servidores titulares de cargos efetivos.
- O servidor público federal cujo Plano de Seguridade Social é regido pela Lei nº 8.112/90, tem a garantia dos seguintes benefícios:

I – quanto ao servidor:	a) aposentadoria; b) auxílio-natalidade; c) salário-família; d) licença para tratamento de saúde; e) licença à gestante, à adotante e licença-paternidade; f) licença por acidente em serviço; g) assistência à saúde; h) garantia de condições individuais e ambientais de trabalho satisfatórias;
II – quanto ao dependente:	a) pensão por morte b) auxílio-funeral; c) auxílio-reclusão; d) assistência à saúde.

- A licença à servidora federal gestante será de 120 (cento e vinte) dias consecutivos, sem prejuízo da remuneração.
- A União, os Estados, o Distrito Federal e os Municípios, **desde que instituam regime de previdência complementar para os seus respectivos servidores titulares de cargo efetivo**, poderão fixar, para o valor das aposentadorias e pensões concedidas pelo regime próprio de previdência social, o limite máximo estabelecido para os benefícios do regime geral de previdência social (RGPS).
- A União, por meio da Lei nº 12.618/2012, criou o regime de previdência complementar para os servidores públicos federais ocupantes de cargo efetivo.
- A adesão ao plano de previdência complementar para os servidores federais é facultativa tanto para os aqueles que já haviam ingressado no serviço público antes da aprovação do plano de previdência complementar, quanto para os novos servidores.
- Os servidores públicos titulares de cargo efetivo da União, suas autarquias e fundações, inclusive os membros do Poder Judiciário, do Ministério Público da União e do Tribunal de Contas da União, com remuneração superior ao limite máximo estabelecido para os benefícios do Regime Geral de Previdência Social, que venham a ingressar

27 Essa regra é aplicada somente para os servidores que não têm a limitação de seus proventos de aposentadoria e pensão ao valor máximo estabelecido para os benefícios do RGPS, quando houver sido instituído o regime de previdência complementar para os servidores.

no serviço público a partir do início da vigência do regime de previdência complementar da União, serão automaticamente inscritos no respectivo plano de previdência complementar desde a data de entrada em exercício.

- Esses servidores participantes poderão requerer, a qualquer tempo, o cancelamento de sua inscrição, nos termos do regulamento do plano de benefícios.
- Na hipótese do cancelamento ser requerido no prazo de até noventa dias da data da inscrição, fica assegurado o direito à restituição integral das contribuições vertidas, a ser paga em até sessenta dias do pedido de cancelamento, corrigidas monetariamente.
- A contribuição dos servidores públicos federais para o RPPS e os benefícios de aposentadoria e pensão serão de acordo com a tabela abaixo:

Servidores que ingressaram nos Poderes Executivo e Legislativo e no Poder Judiciário antes da data do início da vigência do Regime de Previdência Complementar		**Servidores que ingressaram nos Poderes Executivo e Legislativo e, no Poder Judiciário, a partir data do início da vigência do Regime de Previdência Complementar**
não optantes pelo regime de previdência complementar da União	**optantes pelo regime de previdência complementar da União**	**optantes ou não pelo regime de previdência complementar da União**
- Contribuição de 11% sobre o valor da remuneração.	- Contribuição de 11% sobre o valor da remuneração, limitada ao valor máximo estabelecido para os benefícios do RGPS.	- Contribuição de 11% sobre o valor da remuneração, limitada ao valor máximo estabelecido para os benefícios do RGPS.
- Aposentadorias e pensões não limitadas ao valor máximo estabelecido para os benefícios do RGPS. - Valor dos benefícios segundo as regras da Emenda nº 41/2003 e/ou regras de transição.	- Aposentadorias e pensões limitadas ao valor máximo estabelecido para os benefícios do RGPS; - direito, também, ao benefício especial; - benefício da Previdência Complementar.	- Aposentadorias e pensões limitadas ao valor máximo estabelecido para os benefícios do RGPS; - benefício da Previdência Complementar, caso optante pela Previdência Complementar.

25. PREVIDÊNCIA DOS SERVIDORES MILITARES DA UNIÃO

- O sistema de previdência dos militares faz parte do regime próprio dos servidores da união, mas tem regras diferentes.
- Alguns doutrinadores defendem que não há regime de previdência dos servidores militares porque não há preocupação com equilíbrio atuarial.
- Os militares não se aposentam. Eles vão para inatividade (reserva ou reforma)
- Tecnicamente, quando eles vão para a reserva ainda podem ser convocados para servir à nação em situações de conflito. Ocorre quando atingem 30 anos de serviço.
- Quando são reformados não podem ser mais convocados para o serviço militar. Acontece quando atingem determinada idade.
- **Contemplados**: todos os militares das forças armadas: Exército, Marinha e Aeronáutica.
- Os militares não contribuem para o seu sistema de previdência como fazem os segurados do RGPS e os servidores públicos civis da União.
- A União paga integralmente a "aposentadoria" de quem trabalhou nas Forças Arma- das, como se fosse uma despesa de pessoal.
- A contribuição dos militares ocorre somente para garantir parte do pagamento de pensões a que seus familiares têm direito.
- Os dependentes dos militares têm direito à pensão por morte.

26. PREVIDÊNCIA COMPLEMENTAR

- O regime de previdência privada complementar é de natureza facultativa e organizado de forma autônoma em relação ao Regime Geral de Previdência Social.
- A previdência privada objetiva complementar a proteção oferecida pela previdência pública, por meio de organização autônoma e da adoção do regime de financiamento por capitalização, bem como contribuir para o fomento da poupança nacional.
- As entidades de previdência privada são constituídas sob a forma de fundação privada, sociedade civil (entidades fechadas) ou sociedade anônima (entidades abertas).
- A previdência complementar privada é regulada por lei complementar. A Lei Complementar nº 109/2001 traz as regras gerais sobre a previdência complementar e a Lei Complementar nº 108/2001 regula as relações jurídicas entre as entidades da Administração Pública com as entidades fechadas de previdência complementar, os chamados fundos de pensão.
- Assim, em relação aos planos de previdência para os servidores públicos há que se observar as regras dispostas nas Leis Complementares 108 e 109, ambas de 2001.
- **A previdência complementar aberta** é acessível a qualquer pessoa e a entidade será constituída sob a forma de sociedade anônima sempre.
- **Os planos de benefícios, regido pela Lei Complementar nº109/2001** deverão prever os seguintes institutos:

  I. benefício proporcional diferido, em razão da cessação do vínculo empregatício com o patrocinador ou associativo com o instituidor antes da aquisição do direito ao benefício pleno, a ser concedido quando cumpridos os requisitos de elegibilidade;

  II. portabilidade do direito acumulado pelo participante para outro plano;

  III. resgate da totalidade das contribuições vertidas ao plano pelo participante, descontadas as parcelas do custeio administrativo, na forma regulamentada; e

  IV. faculdade de o participante manter o valor de sua contribuição e a do patrocinador, no caso de perda parcial ou total da remuneração recebida, para assegurar a percepção dos benefícios nos níveis correspondentes àquela remuneração ou em outros definidos em normas regulamentares.

- **Os planos de benefícios instituídos por entidades abertas poderão ser:**

  I – individuais, quando acessíveis a quaisquer pessoas físicas; ou

  II – coletivos, quando tenham por objetivo garantir benefícios previdenciários a pessoas físicas vinculadas, direta ou indiretamente, a uma pessoa jurídica contratante.

- Observados os conceitos, a forma, as condições e os critérios fixados pelo órgão regulador, é assegurado aos participantes o direito à portabilidade, inclusive para plano de benefício de entidade fechada, e ao resgate de recursos das reservas técnicas, provisões e fundos, total ou parcialmente.
- **A entidade de previdência complementar fechada** é constituída sob a forma de fundação ou sociedade civil, sem finalidade lucrativa. Vai contemplar grupos fechados como empregados de empresas, servidores dos entes federativos, associados ou membros de pessoas jurídicas de caráter profissional, setorial ou classista.
- **PATROCINADORES** são as empresas e os entes federativos que instituem plano de previdência fechada para seus empregados ou servidores.
- **INSTITUIDORAS** são as associações que instituem plano de previdência fechada para seus membros associados.
- A pessoa física que aderir ao plano de benefício de previdência privada é denominada **PARTICIPANTE.**
- O participante ou seu beneficiário em gozo de benefício de prestação continuada é chamado de **ASSISTIDO.**
- Os planos de benefícios regidos pela Lei Complementar 108/2001 atenderão às seguintes regras:

  I – carência mínima de sessenta contribuições mensais a plano de benefícios e cessação do vínculo com o patrocinador, para se tornar elegível a um benefício de prestação que seja programada e continuada; e

  II – concessão de benefício pelo regime de previdência ao qual o participante esteja filiado por intermédio de seu patrocinador, quando se tratar de plano na modalidade benefício definido, instituído depois da publicação da Lei Complementar 108/2001.

- É vedado o aporte de recursos à entidade de previdência privada pela União, Estados, Distrito Federal e Municípios, suas autarquias, fundações, empresas públicas, sociedades de economia mista e outras entidades públicas, **salvo** na condição de patrocinador, situação na qual, em hipótese alguma, sua contribuição normal poderá exceder a do segurado.
- Além das contribuições normais, os planos poderão prever o aporte de recursos pelos participantes, a título de contribuição facultativa, sem contrapartida do patrocinador.
- É vedado ao patrocinador assumir encargos adicionais para o financiamento dos planos de benefícios, além daqueles previstos nos respectivos planos de custeio.
- As entidades fechadas devem ser organizadas sob a forma de fundação ou sociedade civil, **sem fins lucrativos.**
- As entidades de previdência complementar fechada têm como **órgão regulador** o Conselho Nacional de Previdência Complementar (CNPC) e, como **órgão fiscalizador,** a Superintendência Nacional de Previdência Complementar (PREVIC).
- A Superintendência Nacional de Previdência Complementar (PREVIC), autarquia federal vinculada ao Ministério da Fazenda[28], foi criada pela Lei nº 12.154/2009, dotada de autonomia administrativa, financeira, com patrimônio próprio e responsável pela:
  - fiscalização, autorização para constituição e funcionamento de planos de benefícios e de entidades fechadas de previdência;
  - apuração e julgamento das infrações, bem como da aplicação das penalidades;
  - promoção da mediação e conciliação dos interesses dos fundos de pensão, dos patrocinadores e dos participantes e assistidos.
- Ainda dentro da regulamentação dos entes fechados de previdência complementar, têm-se:
  - O Conselho Nacional de Previdência Complementar (CNPC) é o novo órgão com a função de regular o regime de previdência complementar operado pelas entidades fechadas de previdência complementar, nova denominação do Conselho de Gestão da Previdência Complementar;
  - a Câmara de Recursos da Previdência Complementar (CRPC) funciona como instância recursal e de julgamento das decisões relativas às penalidades aplicadas pela PREVIC.
  - A CRPC, órgão colegiado, que aprecia e julga os recursos interpostos contra decisões da Diretoria Colegiada da Superintendência Nacional de Previdência Complementar (Previc) referentes a autos de infração e aos lançamentos tributários da Taxa de Fiscalização e Controle da Previdência Complementar (Tafic).
- Os auditores fiscais da Secretaria da Receita Federal do Brasil têm atribuição de fiscalizar as entidades de previdência complementar fechada.
- As entidades fechadas não poderão solicitar concordata e não estão sujeitas a falência, mas somente a liquidação extrajudicial.
- A liquidação extrajudicial será decretada quando reconhecida a inviabilidade de recuperação da entidade de previdência complementar ou pela ausência de condição para seu funcionamento.
- Prescreve em cinco anos o direito a prestações não pagas nem reclamadas na época própria, resguardados os direitos dos menores dependentes, dos incapazes ou dos ausentes, na forma do Código Civil.

27. O PLANO DE PREVIDÊNCIA COMPLEMENTAR DOS SERVIDORES PÚBLICOS FEDERAIS

- A Constituição Federal prevê a possibilidade de a União, os Estados, o Distrito Federal e os Municípios fixarem o valor das aposentadorias e pensões pagas pelo seu regime próprio de previdência social ao valor do limite máximo estabelecido para os benefícios do regime geral de previdência social (RGPS). Para tanto, devem instituir o regime de previdência complementar para os seus servidores titulares de cargo efetivo. É o que se pode verificar no disposto no § 14 do art. 40 da CF.

28 Com o advento da Medida Provisória nº 726/16, convertida na Lei nº 13.341/16, a PREVIC foi transferida para o Ministério da Fazenda. Antes, era vinculada ao extinto Ministério da Previdência Social.

- A União instituiu o Plano de Previdência Complementar para os servidores públicos federais, titulares de cargo efetivo, suas autarquias e fundações, inclusive para os membros do Poder Judiciário, do Ministério Público da União e do Tribunal de Contas da União, por meio da Lei nº 12.618 de 30 de abril de 2012.

<table>
<tr><td rowspan="3">REGIME DE PREVIDÊNCIA COMPLEMENTAR DOS SERVIDORES PÚBLICOS FEDERAIS</td><td>Instituído por meio da Lei nº 12.618/2012.</td></tr>
<tr><td>Para os servidores públicos titulares de cargo efetivo da União, suas autarquias e fundações, inclusive para os membros do Poder Judiciário, do Ministério Público da União e do Tribunal de Contas da União.</td></tr>
<tr><td>A União passa a poder aplicar o limite máximo estabelecido para os benefícios do regime geral de previdência social (RGPS) às aposentadorias e pensões concedidas pelo seu regime próprio de previdência aos servidores que ingressarem no serviço público a partir do início da vigência do regime de previdência complementar.</td></tr>
</table>

- Com a finalidade de administrar e executar os planos de benefícios de caráter previdenciário, o art. 4º da Lei nº 12.618/2012 autorizou a União criar as seguintes entidades fechadas de previdência complementar:

<table>
<tr><td>FUNPRESP-EXE: Fundação de Previdência Complementar do Servidor Público Federal do Poder Executivo, para os servidores públicos titulares de cargo efetivo do Poder Executivo, por meio de ato do Presidente da República.
Instituída por meio do Decreto nº 7.808/2012.
O plano contempla, ainda, os servidores públicos do Poder Legislativo Federal e do Tribunal de Contas da União, em razão do convênio de adesão à Funspresp-Exe.</td></tr>
<tr><td>FUNPRESP-JUD: Fundação de Previdência Complementar do Servidor Público do Poder Judiciário, para os servidores públicos titulares de cargo efetivo e membros do Poder Judiciário, por meio de ato do Presidente do Supremo Tribunal Federal.
Criada por meio da Resolução nº 496 do STF.</td></tr>
<tr><td>FUNPRESP-LEG: Fundação de Previdência Complementar do Servidor Público Federal do Poder Legislativo, para os servidores públicos titulares de cargo efetivo do Poder Legislativo e do Tribunal de Contas da União, por meio de ato conjunto dos Presidentes da Câmara dos Deputados e do Senado Federal.
Não foi, ainda, instituída.</td></tr>
</table>

<table>
<tr><td rowspan="3">ESTRUTURA ORGANIZACIONAL DAS ENTIDADES DE PREVIDÊNCIA COMPLEMENTAR</td><td>Conselho Deliberativo: composição paritária, integrado por 06 (seis) membros.
Os membros do conselho deliberativo das entidades fechadas serão designados pelos Presidentes da República e do Supremo Tribunal Federal e por ato conjunto dos Presidentes da Câmara dos Deputados e do Senado Federal, respectivamente.
A presidência do conselho deliberativo será exercida pelos membros indicados pelos patrocinadores, na forma prevista no estatuto das entidades fechadas de previdência complementar.</td></tr>
<tr><td>Conselho Fiscal: composição paritária, integrado por 04 (quatro) membros.
Os membros do conselho fiscal das entidades fechadas serão designados pelos Presidentes da República e do Supremo Tribunal Federal e por ato conjunto dos Presidentes da Câmara dos Deputados e do Senado Federal, respectivamente.
A presidência será exercida pelos membros indicados pelos participantes e assistidos, na forma prevista no estatuto das entidades fechadas de previdência complementar.</td></tr>
<tr><td>Diretoria Executiva: composta, no máximo, por 06 (seis) membros, nomeados pelos conselhos deliberativos das entidades fechadas de previdência complementar.</td></tr>
</table>

- É de salientar, entretanto, que a adesão ao regime de previdência complementar é SEMPRE facultativa, à escolha do próprio servidor. Não há, em qualquer caso, a obrigatoriedade do servidor público federal ocupante de cargo efetivo ter que participar do regime de previdência complementar instituído pela União.

- **Os servidores públicos titulares de cargo efetivo da União, suas autarquias e fundações, inclusive os membros do Poder Judiciário, do Ministério Público da União e do Tribunal de Contas da União, com remuneração superior ao limite máximo estabelecido para os benefícios do Regime Geral de Previdência Social, que venham a ingressar no serviço público a partir do início da vigência do regime de previdência**

complementar da União, serão automaticamente inscritos no respectivo plano de previdência complementar desde a data de entrada em exercício.

- Esses servidores participantes poderão requerer, a qualquer tempo, o cancelamento de sua inscrição, nos termos do regulamento do plano de benefícios.

- Na hipótese do cancelamento ser requerido no prazo de até noventa dias da data da inscrição, fica assegurado o direito à restituição integral das contribuições vertidas, a ser paga em até sessenta dias do pedido de cancelamento, corrigidas monetariamente. (Alterações em vigor com a nova redação da Lei nº 12.618/2012, trazida pela Lei nº 13.183/2015)

- No atual panorama, tem-se 03 (três) situações

1) **Servidores que ingressarem no serviço público a partir da data da vigência do regime de previdência complementar instituído pela Lei nº 12.618/12**:

   - terão seus benefícios de aposentadoria e pensão concedidos pelo regime próprio de previdência da União, limitado o seu valor até o limite máximo estabelecido para os benefícios do RGPS, independentemente de sua adesão ao plano de benefício de previdência complementar.

2) **Servidores que ingressaram no serviço público até a data anterior ao início da vigência do regime de previdência complementar, que nele tenham permanecido sem perda do vínculo efetivo e venham optar por participar do regime de previdência complementar instituído pela Lei nº 12.618/12**:

   - poderão optar por participarem do regime de previdência complementar. Terão o prazo de 24 meses, contados a partir da vigência do plano de previdência complementar, para fazerem a opção. Se fizerem essa opção, terão seus benefícios de aposentadoria e pensão concedidos pelo regime próprio de previdência da União, limitado o seu valor até o limite máximo estabelecido para os benefícios do regime geral de previdência social. Terão, ainda, o direito a um benefício especial contemplado pela Lei nº 12.618/12.

O benefício especial será pago, pelo órgão competente da União, ao servidor público por ocasião da concessão de aposentadoria, inclusive por invalidez, ou pensão por morte pelo regime próprio de previdência da União, enquanto perdurar o benefício pago por esse regime, inclusive junto com a gratificação natalina.

O benefício especial será equivalente à diferença entre a média aritmética simples das maiores remunerações anteriores à data de mudança do regime, utilizadas como base para as contribuições do servidor ao regime de previdência da União, dos Estados, do Distrito Federal ou dos Municípios, atualizadas pelo Índice Nacional de Preços ao Consumidor Amplo (IPCA), divulgado pela Fundação Instituto Brasileiro de Geografia e Estatística (IBGE), ou outro índice que venha a substituí-lo, correspondentes a 80% (oitenta por cento) de todo o período contributivo desde a competência julho de 1994 ou desde a do início da contribuição, se posterior àquela competência, e o limite máximo estabelecido para os benefícios do RGPS, na forma regulamentada pelo Poder Executivo, multiplicada pelo fator de conversão.

FC = Tc/Tt
FC = fator de conversão;

Tc = quantidade de contribuições mensais efetuadas para o regime próprio de previdência da União, efetivamente pagas pelo servidor titular de cargo efetivo da União ou por membro do Poder Judiciário, do Tribunal de Contas e do Ministério Público da União até a data da opção;

Tt = 455, quando servidor titular de cargo efetivo da União ou membro do Poder Judiciário, do Tribunal de Contas e do Ministério Público da União, se homem;

Tt = 390, quando servidor titular de cargo efetivo da União ou membro do Poder Judiciário, do Tribunal de Contas e do Ministério Público da União, se mulher, ou professor de educação infantil e do ensino fundamental, se homem;

Tt = 325, quando servidor titular de cargo efetivo da União de professor de educação infantil e do ensino fundamental, se mulher.

3) **Servidores que ingressaram no serviço público até a data anterior ao início da vigência do regime de previdência complementar, que nele tenham permanecido sem perda do vínculo efetivo e não venham optar por participar do regime de previdência complementar instituído pela Lei nº 12.618/12**:

- terão seus benefícios de aposentadoria e pensão calculados na forma disposta no art. 40 da Constituição Federal e nas Emendas nº 20/98 e 41/03. Não poderão ter seus benefícios limitados ao valor máximo estabelecido para os benefícios do RGPS.

- Para melhor entendimento acerca da situação dos servidores públicos efetivos quanto ao regime de previdência complementar veja a tabela abaixo:

Regime de Previdência Complementar dos Servidores Públicos Federais	
Servidores que ingressaram no serviço público antes da data do início da vigência do regime de previdência complementar – Lei nº 12.618/2012	Servidores que ingressarem no serviço público a partir da data do início da vigência do regime de previdência complementar – Lei nº 12.618/2012
Só se submeterão ao teto máximo dos benefícios do RGPS e ao regime complementar por expressa opção. Com a opção pelo regime de previdência complementar terão: – benefícios pagos pelo regime próprio de previdência social, com valores limitados ao teto máximo do RGPS; – direito ao pagamento de benefício especial; – direito ao benefício de previdência complementar.	Seus benefícios estarão obrigatoriamente submetidos ao limite máximo estabelecido para os benefícios do RGPS. Poderão optar por ingressar no regime de previdência complementar. Mas, se não aderirem, continuam sendo obrigatoriamente submetidos à limitação dos seus benefícios ao teto do RGPS. Com a opção pelo regime de previdência complementar terão: – benefícios pagos pelo regime próprio de previdência social, com valores limitados ao teto máximo do RGPS; – direito ao benefício de previdência complementar.

- Acerca das contribuições ao regime próprio de previdência, observe a tabela abaixo:

Contribuição social do servidor público ativo da União	
11% incidentes sobre a	**Quando o servidor tiver ingressado no serviço público**
totalidade da base de contribuição.	até a data do início da vigência do regime de previdência complementar para os servidores públicos federais titulares de cargo efetivo e **não tiver optado por aderir a ele.**
parcela da base de contribuição que não exceder ao limite máximo estabelecido para os benefícios do RGPS.	até a data do início da vigência do regime de previdência complementar para os servidores públicos federais titulares de cargo efetivo e **tiver optado por aderir a ele.**
parcela da base de contribuição que não exceder ao limite máximo estabelecido para os benefícios do RGPS.	a partir da data do início da vigência do regime de previdência complementar para os servidores públicos federais titulares de cargo efetivo, **independentemente de adesão a ele.**

28. CRIMES PREVIDENCIÁRIOS

28.1. CRIME DE APROPRIAÇÃO INDÉBITA PREVIDENCIÁRIA

- Crime previsto no art. 168-A do Código Penal:

  "Deixar de repassar à previdência social as contribuições recolhidas dos contribuintes, no prazo e forma legal ou convencional:

  Pena – reclusão, de 2 (dois) a 5 (cinco) anos, e multa.

  § 1º Nas mesmas penas incorre quem deixar de:

  I – recolher, no prazo legal, contribuição ou outra importância destinada à previdência social que tenha sido descontada de pagamento efetuado a segurados, a terceiros ou arrecadada do público;

  II – recolher contribuições devidas à previdência social que tenham integrado despesas contábeis ou custos relativos à venda de produtos ou à prestação de serviços;

III – pagar benefício devido a segurado, quando as respectivas cotas ou valores já tiverem sido reembolsados à empresa pela previdência social.

§ 2º É extinta a punibilidade se o agente, espontaneamente, declara, confessa e efetua o pagamento das contribuições, importâncias ou valores e presta as informações devidas à previdência social, na forma definida em lei ou regulamento, antes do início da ação fiscal.

§ 3º É facultado ao juiz deixar de aplicar a pena ou aplicar somente a multa se o agente for primário e de bons antecedentes, desde que:

I – tenha promovido, após o início da ação fiscal e antes de oferecida a denúncia, o pagamento da contribuição social previdenciária, inclusive acessórios; ou

II – o valor das contribuições devidas, inclusive acessórios, seja igual ou inferior àquele estabelecido pela previdência social, administrativamente, como sendo o mínimo para o ajuizamento de suas execuções fiscais.

*§ **4o** A faculdade prevista no § 3o deste artigo não se aplica aos casos de parcelamento de contribuições cujo valor, inclusive dos acessórios, seja superior àquele estabelecido, administrativamente, como sendo o mínimo para o ajuizamento de suas execuções fiscais. (Incluído pela Lei nº 13.606, de 2018)"*

- **Extinção da punibilidade**: exige-se que o agente, espontaneamente, declare, confesse e efetue o pagamento das contribuições, importâncias ou valores e preste as informações devidas à Previdência Social, **antes do início da ação fiscal.**
- **Perdão judicial**: o juiz poderá aplicar apenas a pena de multa ou não aplicar pena alguma, nos casos em que o **agente seja primário e de bons antecedentes**, e:

a) tenha promovido, **após o início da ação fiscal e antes de oferecida a denúncia**, o pagamento da contribuição social previdenciária, inclusive acessórios. Essa hipótese resta, hoje, sem aplicação, diante do entendimento que o pagamento a qualquer tempo extingue a punibilidade do crime, ou

b) se o valor das contribuições devidas, inclusive acessórios, seja igual ou inferior àquele estabelecido pela Previdência Social[29], administrativamente, como sendo o mínimo para o ajuizamento de suas execuções fiscais.

28.2. CRIME DE SONEGAÇÃO PREVIDENCIÁRIA

- Previsto no art. 337-A do Código Penal:

"Suprimir ou reduzir contribuição social previdenciária e qualquer acessório, mediante as seguintes condutas:

I – omitir de folha de pagamento da empresa ou de documento de informações previsto pela legislação previdenciária segurados empregado, empresário, trabalhador avulso ou trabalhador autônomo ou a este equiparado que lhe prestem serviços;

II – deixar de lançar mensalmente nos títulos próprios da contabilidade da empresa as quantias descontadas dos segurados ou as devidas pelo empregador ou pelo tomador de serviços;

III – omitir, total ou parcialmente, receitas ou lucros auferidos, remunerações pagas ou creditadas e demais fatos geradores de contribuições sociais previdenciárias:

Pena – reclusão, de 2 (dois) a 5 (cinco) anos, e multa.

§ 1º É extinta a punibilidade se o agente, espontaneamente, declara e confessa as contribuições, importâncias ou valores e presta as informações devidas à previdência social, na forma definida em lei ou regulamento, antes do início da ação fiscal.

§ 2º É facultado ao juiz deixar de aplicar a pena ou aplicar somente a de multa se o agente for primário e de bons antecedentes, desde que:

I – (VETADO)

II – o valor das contribuições devidas, inclusive acessórios, seja igual ou inferior àquele estabelecido pela previdência social, administrativamente, como sendo o mínimo para o ajuizamento de suas execuções fiscais.

§ 3º Se o empregador não é pessoa jurídica e sua folha de pagamento mensal não ultrapassa R$ 4.984,35 (quatro mil novecentos e oitenta e quatro reais e trinta e cinco centavos, o juiz poderá reduzir a pena de um terço até a metade ou aplicar apenas a de multa.

29 Como a administração das contribuições sociais estão a cargo da Secretaria da Receita Federal do Brasil, há que se observar os valores estabelecidos pela SRFB ou Ministério da Fazenda para o ajuizamento de suas execuções fiscais.

§ 4º O valor a que se refere o parágrafo anterior será reajustado nas mesmas datas e nos mesmos índices do reajuste dos benefícios da previdência social"

- **Extinção da punibilidade**: exige-se que o agente, espontaneamente, declare, confesse as contribuições, importâncias ou valores e preste as informações devidas à Previdência Social[30], **antes do início da ação fiscal.**
- **Perdão judicial**: o juiz poderá aplicar apenas a pena de multa ou não aplicar pena alguma, no caso em que o **agente seja primário e de bons antecedentes** e se o valor das contribuições devidas, inclusive acessórios, seja igual ou inferior àquele estabelecido pela Previdência Social[31], administrativamente, como sendo o mínimo para o ajuizamento de suas execuções fiscais.
- **Causa de diminuição de pena:** o juiz poderá reduzir a pena de um terço até a metade ou aplicar apenas a pena de multa quando o empregador não for pessoa jurídica e sua folha de pagamento mensal não ultrapassar R$ 4.984,35 (quatro mil novecentos e oitenta e quatro reais e trinta e cinco centavos).[32].

28.3. ESTELIONATO PREVIDENCIÁRIO

- Previsto no art. 171, § 3º do Código Penal:

__Obter__, para si ou para outrem, __vantagem ilícita__, em prejuízo alheio, induzindo ou mantendo alguém em erro, mediante artifício, ardil, ou qualquer outro meio fraudulento: Pena – reclusão, de 1 (um) a 5 (cinco) anos, e multa. (...)

§ 3º __A pena aumenta-se de um terço, se o crime é cometido em detrimento de entidade de direito público ou de instituto de economia popular, assistência social ou beneficência__ (negrito meu).

28.4. FALSIFICAÇÃO DE DOCUMENTAÇÃO PREVIDENCIÁRIA

Previsto nos §§ 3º e 4º do art. 297 do Código Penal:

"Falsificar, no todo ou em parte, documento público, ou alterar documento público verdadeiro:

Pena – reclusão, de 2 (dois) a 6 (seis) anos, e multa.

§ 1º Se o agente é funcionário público, e comete o crime prevalecendo-se do cargo, aumenta-se a pena de sexta parte.

§ 2º Para os efeitos penais, equiparam-se a documento público o emanado de entidade paraestatal, o título ao portador ou transmissível por endosso, as ações de sociedade comercial, os livros mercantis e o testamento particular.

§ 3º Nas mesmas penas incorre quem insere ou faz inserir:

I – na folha de pagamento ou em documento de informações que seja destinado a fazer prova perante a previdência social, pessoa que não possua a qualidade de segurado obrigatório;

II – na Carteira de Trabalho e Previdência Social do empregado ou em documento que deva produzir efeito perante a previdência social, declaração falsa ou diversa da que deveria ter sido escrita;

III – em documento contábil ou em qualquer outro documento relacionado com as obrigações da empresa perante a previdência social, declaração falsa ou diversa da que deveria ter constado.

§ 4º Nas mesmas penas incorre quem omite, nos documentos mencionados no § 3º, nome do segurado e seus dados pessoais, a remuneração, a vigência do contrato de trabalho ou de prestação de serviços."

- Destaque o fato de que se o agente falsificar o documento para cometimento de estelionato, só responderá por estelionato, conforme entendimento que se extrai da **Súmula 17 do STJ:**

"Quando o falso se exaure no estelionato, sem potencialidade lesiva, é por este absorvido."

---

30 Como a administração das contribuições sociais estão a cargo da Secretaria da Receita Federal do Brasil, o agente deverá proceder à confissão à SRFB.

31 Como a administração das contribuições sociais estão a cargo da Secretaria da Receita Federal do Brasil, há que se observar os valores estabelecidos pela SRFB ou Ministério da Fazenda para o ajuizamento de suas execuções fiscais.

32. Valor atualizado pela Portaria MF nº 15/2018.

28.5. INSERÇÃO DE DADOS FALSOS EM SISTEMA DE INFORMAÇÕES

Previsto no art. 313-A do Código Penal, *in verbis:*

> *"Inserir ou facilitar, o funcionário autorizado, a inserção de dados falsos, alterar ou excluir indevidamente dados corretos nos sistemas informatizados ou bancos de dados da Administração Pública com o fim de obter vantagem indevida para si ou para outrem ou para causar dano."*

- **Pena** – reclusão, de 2 (dois) a 12 (doze) anos, e multa

Neste particular, é interessante registrar o novo conceito de funcionário público trazido pelo art. 327, § 1º do Código Penal:

> *"Considera-se funcionário público, para os efeitos penais, quem, embora transitoriamente ou sem remuneração, exerce cargo, emprego ou função pública.*
>
> *§ 1º Equipara-se a funcionário público quem exerce cargo, emprego ou função em entidade paraestatal, e quem trabalha para empresa prestadora de serviço contratada ou conveniada para a execução de atividade típica da Administração Pública."*

28.6. MODIFICAÇÃO OU ALTERAÇÃO NÃO AUTORIZADA DE SISTEMA DE INFORMAÇÕES

Previsto no art. 313-B do Código Penal, *in verbis:*

> *"Modificar ou alterar, o funcionário, sistema de informações ou programa de informática sem autorização ou solicitação de autoridade competente"*

- **Pena** – detenção, de 3 (três) meses a 2 (dois) anos, e multa.

Esta nova conduta é conhecida por data dilling.

✦ SÚMULAS APLICÁVEIS

1. DOS SEGURADOS DA PREVIDÊNCIA SOCIAL

1.1. DOS EMPREGADOS

- **TNU 27** – A ausência de registro em órgão do ministério do trabalho não impede a comprovação do desemprego por outros meios admitidos em direito.
- **TNU 31** – A anotação na CTPS decorrente de sentença trabalhista homologatória constitui início de prova material para fins previdenciários.

1.2. SEGURADOS ESPECIAIS

- **STJ 577** – É possível reconhecer o tempo de serviço rural anterior ao documento mais antigo apresentado, desde que aparado em convincente prova testemunhal colhida sob o contraditório.
- **STJ 272** – O trabalhador rural, na condição de segurado especial, sujeito à contribuição obrigatória sobre a produção rural comercializada, somente faz jus à aposentadoria por tempo de serviço, se recolher contribuições facultativas.
- **STJ 149** – A prova exclusivamente testemunhal não basta à comprovação da atividade rurícola, para efeito da obtenção de benefício previdenciário.
- **TNU 76** – A averbação de tempo de serviço rural não contributivo não permite majorar o coeficiente de cálculo da renda mensal inicial de aposentadoria por idade previsto no art. 50 da Lei nº 8.213/91.
- **TNU 46** – O exercício de atividade urbana intercalada não impede a concessão de benefício previdenciário de trabalhador rural, condição que deve ser analisada no caso concreto.
- **TNU 41** – A circunstância de um dos integrantes do núcleo familiar desempenhar atividade urbana não implica, por si só, a descaracterização do trabalhador rural como segurado especial, condição que deve ser analisada no caso concreto.
- **TNU 34** – Para fins de comprovação do tempo de labor rural, o início de prova material deve ser contemporâneo à época dos fatos a provar.
- **TNU 30** – Tratando-se de demanda previdenciária, o fato de o imóvel ser superior ao módulo rural não afasta, por si só, a qualificação de seu proprietário como segurado especial, desde que comprovada, nos autos, a sua exploração em regime de economia familiar.

- **TNU 24** – O tempo de serviço do segurado trabalhador rural anterior ao advento da Lei nº 8.213/91, sem o recolhimento de contribuições previdenciárias, pode ser considerado para a concessão de benefício previdenciário do Regime Geral de Previdência Social (RGPS), exceto para efeito de carência, conforme a regra do art. 55, § 2º, da Lei nº 8.213/91
- **TNU 14** – Para a concessão de aposentadoria rural por idade, não se exige que o início de prova material, corresponda a todo o período equivalente à carência do benefício.
- **TNU 10** – O tempo de serviço rural anterior à vigência da Lei nº 8.213/91 pode ser utilizado para fins de contagem recíproca, assim entendida aquela que soma tempo de atividade privada, rural ou urbana, ao de serviço público estatutário, desde que sejam recolhidas as respectivas contribuições previdenciárias.
- **TNU 06** – A certidão de casamento ou outro documento idôneo que evidencie a condição de trabalhador rural do cônjuge constitui início razoável de prova material da atividade rurícola
- **TNU 05** – A prestação de serviço rural por menor de 12 a 14 anos, até o advento da Lei 8.213, de 24 de julho de 1991, devidamente comprovada, pode ser reconhecida para fins previdenciários.

1.3. SEGURADOS CONTRIBUINTES INDIVIDUAIS

- **STF 466** – Não é inconstitucional a inclusão de sócios e administradores de sociedades e titulares de firmas individuais como contribuintes obrigatórios da previdência social.
- **TNU 62** – O segurado contribuinte individual pode obter reconhecimento de atividade especial para fins previdenciários, desde que consiga comprovar exposição a agentes nocivos à saúde ou à integridade física.
- **TNU 52** – Para fins de concessão de pensão por morte, é incabível a regularização do recolhimento de contribuições de segurado contribuinte individual posteriormente a seu óbito, exceto quando as contribuições devam ser arrecadadas por empresa tomadora de serviços.

2. DOS DEPENDENTES DO REGIME GERAL DE PREVIDÊNCIA SOCIAL

- **STJ 416** – É devida a pensão por morte aos dependentes do segurado que, apesar de ter perdido essa qualidade, preencheu os requisitos legais para a obtenção de aposentadoria até a data do seu óbito.
- **TNU 37** – A pensão por morte, devida ao filho até os 21 anos de idade, não se prorroga pela pendência do curso universitário.
- **TNU 04** – Não há direito adquirido à condição de dependente de pessoa designada, quando o falecimento do segurado deu-se após o advento da Lei 9.032/95.

3. DOS BENEFÍCIOS PREVIDENCIÁRIOS

3.1. AUXÍLIO-DOENÇA

- **TST 440 – Auxílio-doença acidentário. Aposentadoria por invalidez. Suspensão do contrato de trabalho. Reconhecimento do direito à manutenção de plano de saúde ou de assistência médica.** Assegura-se o direito à manutenção de plano de saúde, ou de assistência médica, oferecido pela empresa ao empregado, não obstante suspenso o contrato de trabalho em virtude de auxílio-doença acidentário ou de aposentadoria por invalidez.
- **TST 378 – Estabilidade provisória. Acidente do trabalho. Art. 118 da Lei nº 8. 213/1991. Constitucionalidade. Pressupostos.** I – É constitucional o artigo 118 da Lei nº 8.213/91 que assegura o direito à estabilidade provisória por período de 12 meses após a cessação do auxílio-doença ao empregado acidentado. II – São pressupostos para a concessão da estabilidade o afastamento superior a 15 dias e a consequente percepção do auxílio-doença acidentário, salvo se constatada, após a dispensa, doença profissional que guarde relação de causalidade com a execução do contrato de emprego. III – O empregado submetido a contrato de trabalho por tempo determinado goza da garantia provisória de emprego, decorrente de acidente de trabalho, prevista no art. 118 da Lei nº 8. 213/1991.
- **TST 371 – Aviso-prévio indenizado. Efeitos. Superveniência de auxílio-doença no curso deste.** A projeção do contrato de trabalho para o futuro, pela concessão do aviso-prévio indenizado, tem efeitos limitados às vantagens econômicas obtidas no período de pré-aviso, ou seja, salários, reflexos e verbas rescisórias. No caso de concessão de auxílio-doença no curso do aviso-prévio, todavia, só se concretizam os efeitos da dispensa depois de expirado o benefício previdenciário.
- **TST OJ nº 375 da SDI – I – Auxílio-doença. Aposentadoria por invalidez. Suspensão do contrato de trabalho. Prescrição. Contagem.** A suspensão do contrato de trabalho, em virtude da percepção do auxílio-doença ou da aposentadoria por invalidez, não impede a fluência da prescrição quinquenal, ressalvada a hipótese de absoluta impossibilidade de acesso ao Judiciário.
- **TST OJ nº 41 da SDI – I – Estabilidade. Instrumento normativo. Vigência. Eficácia.** Preenchidos todos os pressupostos para a aquisição de estabilidade decorrente de acidente ou doença pro-

fissional, ainda durante a vigência do instrumento normativo, goza o empregado de estabilidade mesmo após o término da vigência deste.

- **TST OJ nº 31 da SDC – Estabilidade do acidentado. Acordo homologado. Prevalência. Impossibilidade. Violação do art. 118 da lei nº 8. 213/91.** Não é possível a prevalência de acordo sobre legislação vigente, quando ele é menos benéfico do que a própria lei, porquanto o caráter imperativo dessa última restringe o campo de atuação da vontade das partes.
- **STJ 146** – O segurado, vítima de novo infortúnio, faz jus a um único benefício somado ao salário de contribuição vigente no dia do acidente.
- **STJ 44** – A definição, em ato regulamentar, de grau mínimo de disacusia, não exclui, por si só, a concessão do benefício previdenciário.
- **TNU 78** – Comprovado que o requerente de benefício é portador do vírus HIV, cabe ao julgador verificar as condições pessoais, sociais, econômicas e culturais, de forma a analisar a incapacidade em sentido amplo, em face da elevada estigmatização social da doença.
- **TNU 77** – O julgador não é obrigado a analisar as condições pessoais e sociais quando não reconhecer a incapacidade do requerente para a sua atividade habitual.
- **TNU 73** – O tempo de gozo de auxílio-doença ou de aposentadoria por invalidez não decorrentes de acidente de trabalho só pode ser computado como tempo de contribuição ou para fins de carência quando intercalado entre períodos nos quais houve recolhimento de contribuições para a previdência social.
- **TNU 72** – É possível o recebimento de benefício por incapacidade durante período em que houve exercício de atividade remunerada quando comprovado que o segurado estava incapaz para as atividades habituais na época em que trabalhou.
- **TNU 65** – Os benefícios de auxílio-doença, auxílio-acidente e aposentadoria por invalidez concedidos no período de 28/3/2005 a 20/7/2005 devem ser calculados nos termos da Lei nº 8.213/1991, em sua redação anterior à vigência da Medida Provisória nº 242/2005.
- **TNU 57** – O auxílio-doença e a aposentadoria por invalidez não precedida de auxílio-doença, quando concedidos na vigência da Lei nº 9.876/1999, devem ter o salário de benefício apurado com base na média aritmética simples dos maiores salários de contribuição correspondentes a 80% do período contributivo, independentemente da data de filiação do segurado ou do número de contribuições mensais no período contributivo.
- **TNU 53 – Não há direito a auxílio-doença ou a aposentadoria por invalidez quando a incapacidade para o trabalho é preexistente ao reingresso do segurado no Regime Geral de Previdência Social.3.2. Auxílio-acidente**
- **STJ 507** – A acumulação de auxílio-acidente com aposentadoria pressupõe que a lesão incapacitante e a aposentadoria sejam anteriores a 11/11/97, observado o critério do artigo 23 da lei 8.213/91 para definição do momento da lesão nos casos de doença profissional ou do trabalho.

- **TNU 65** – Os benefícios de auxílio-doença, auxílio-acidente e aposentadoria por invalidez concedidos no período de 28/3/2005 a 20/7/2005 devem ser calculados nos termos da Lei nº 8.213/1991, em sua redação anterior à vigência da Medida Provisória nº 242/2005.

3.2. APOSENTADORIA POR INVALIDEZ

- **TST 440 – Auxílio-doença acidentário. Aposentadoria por invalidez. Suspensão do contrato de trabalho. Reconhecimento do direito à manutenção de plano de saúde ou de assistência médica.** Assegura-se o direito à manutenção de plano de saúde, ou de assistência médica, oferecido pela empresa ao empregado, não obstante suspenso o contrato de trabalho em virtude de auxílio-doença acidentário ou de aposentadoria por invalidez.
- **TST OJ nº 375 da SDI – I – Auxílio-doença. Aposentadoria por invalidez. Suspensão do contrato de trabalho. Prescrição. Contagem.** A suspensão do contrato de trabalho, em virtude da percepção do auxílio-doença ou da aposentadoria por invalidez, não impede a fluência da prescrição quinquenal, ressalvada a hipótese de absoluta impossibilidade de acesso ao Judiciário.
- **STJ 576** – Ausente requerimento administrativo no INSS, o termo inicial para a implantação da aposentadoria por invalidez concedida judicialmente será a data da citação válida.

- **TNU 78** – Comprovado que o requerente de benefício é portador do vírus HIV, cabe ao julgador verificar as condições pessoais, sociais, econômicas e culturais, de forma a analisar a incapacidade em sentido amplo, em face da elevada estigmatização social da doença.
- **TNU 77** – O julgador não é obrigado a analisar as condições pessoais e sociais quando não reconhecer a incapacidade do requerente para a sua atividade habitual.
- **TNU 73** – O tempo de gozo de auxílio-doença ou de aposentadoria por invalidez não decorrentes de acidente de trabalho só pode ser computado como

tempo de contribuição ou para fins de carência quando intercalado entre períodos nos quais houve recolhimento de contribuições para a previdência social.

- **TNU 72** – É possível o recebimento de benefício por incapacidade durante período em que houve exercício de atividade remunerada quando comprovado que o segurado estava incapaz para as atividades habituais na época em que trabalhou.
- **TNU 65** – Os benefícios de auxílio-doença, auxílio-acidente e aposentadoria por invalidez concedidos no período de 28/3/2005 a 20/7/2005 devem ser calculados nos termos da Lei nº 8.213/1991, em sua redação anterior à vigência da Medida Provisória nº 242/2005.
- **TNU 57** – O auxílio-doença e a aposentadoria por invalidez não precedida de auxílio-doença, quando concedidos na vigência da Lei nº 9.876/1999, devem ter o salário de benefício apurado com base na média aritmética simples dos maiores salários de contribuição correspondentes a 80% do período contributivo, independentemente da data de filiação do segurado ou do número de contribuições mensais no período contributivo.
- **TNU 53** – Não há direito a auxílio-doença ou a aposentadoria por invalidez quando a incapacidade para o trabalho é preexistente ao reingresso do segurado no Regime Geral de Previdência Social.
- **TNU 47** – Uma vez reconhecida a incapacidade parcial para o trabalho, o juiz deve analisar as condições pessoais e sociais do segurado para a concessão de aposentadoria por invalidez.
- **TNU 36** – Não há vedação legal à cumulação da pensão por morte de trabalhador rural com o benefício da aposentadoria por invalidez, por apresentarem pressupostos fáticos e fatos geradores distintos.

3.3. APOSENTADORIA POR IDADE

- **TNU 76** – A averbação de tempo de serviço rural não contributivo não permite majorar o coeficiente de cálculo da renda mensal inicial de aposentadoria por idade previsto no art. 50 da Lei nº 8.213/91.
- **TNU 54** – Para a concessão de aposentadoria por idade de trabalhador rural, o tempo de exercício de atividade equivalente à carência deve ser aferido no período imediatamente anterior ao requerimento administrativo ou à data do implemento da idade mínima.
- **TNU 44** – Para efeito de aposentadoria por idade urbana a tabela progressiva de carência prevista no artigo 142 da Lei 8.213/91 deve ser aplicada em função do ano em que o segurado completa a idade mínima para a concessão do benefício, ainda que o período de carência só seja preenchido posteriormente.
- **TNU 14** – Para a concessão de aposentadoria rural por idade, não se exige que o início de prova material, corresponda a todo o período equivalente à carência do benefício.

3.4. APOSENTADORIA POR TEMPO DE CONTRIBUIÇÃO

- **TST OJ nº 361 da SDI – I. Aposentadoria espontânea. Unicidade do Contrato de trabalho. Multa de 40% do FGTS sobre todo o período.** A aposentadoria espontânea não é causa de extinção do contrato de trabalho se o empregado permanece prestando serviços ao empregador após a jubilação. Assim, por ocasião da sua dispensa imotivada, o empregado tem direito à multa de 40% do FGTS sobre a totalidade dos depósitos efetuados no curso do pacto laboral.
- **TNU 75** – A Carteira de Trabalho e Previdência Social (CTPS) em relação à qual não se aponta defeito formal que lhe comprometa a fidedignidade goza de presunção relativa de veracidade, formando prova suficiente de tempo de serviço para fins previdenciários, ainda que a anotação de vínculo de emprego não conste no Cadastro Nacional de Informações Sociais (CNIS).
- **TNU 33** – Quando o segurado houver preenchido os requisitos legais para concessão da aposentadoria por tempo de serviço na data do requerimento administrativo, esta data será o termo inicial da concessão do benefício.
- **TNU 18** – Provado que o aluno aprendiz de Escola Técnica Federal recebia remuneração, mesmo que indireta, à conta do orçamento da União, o respectivo tempo de serviço pode ser computado para fins de aposentadoria previdenciária.

3.5. APOSENTADORIA ESPECIAL

- **TNU 82** – O código 1.3.2 do quadro anexo ao Decreto nº 53.831/64, além dos profissionais da área da saúde, contempla os trabalhadores que exercem atividades de serviços gerais em limpeza e higienização de ambientes hospitalares.
- **TNU 75** – A Carteira de Trabalho e Previdência Social (CTPS) em relação à qual não se aponta defeito formal que lhe comprometa a fidedignidade goza de presunção relativa de veracidade, formando prova suficiente de tempo de serviço para fins previdenciários, ainda que a anotação de vínculo de emprego não conste no Cadastro Nacional de Informações Sociais (CNIS).
- **TNU 71** – O mero contato do pedreiro com o cimento não caracteriza condição especial de trabalho para fins previdenciários.

- **TNU 70** – A atividade de tratorista pode ser equiparada à de motorista de caminhão para fins de reconhecimento de atividade especial mediante enquadramento por categoria profissional.
- **TNU 68** – O laudo pericial não contemporâneo ao período trabalhado é apto à comprovação da atividade especial do segurado.
- **TNU 55** – A conversão do tempo de atividade especial em comum deve ocorrer com aplicação do fator multiplicativo em vigor na data da concessão da aposentadoria.
- **TNU 50** – É possível a conversão do tempo de serviço especial em comum do trabalho prestado em qualquer período.
- **TNU 49** – Para reconhecimento de condição especial de trabalho antes de 29/4/1995, a exposição a agentes nocivos à saúde ou à integridade física não precisa ocorrer de forma permanente.
- **TNU 26** – A atividade de vigilante enquadra-se como especial, equiparando-se à de guarda, elencada no item 2.5.7. do Anexo III do Decreto nº 53.831/64
- **TNU 09** – O uso de Equipamento de Proteção Individual (EPI), ainda que elimine a insalubridade, no caso de exposição a ruído, não descaracteriza o tempo de serviço especial prestado.

3.6. SALÁRIO-FAMÍLIA

- **TST 344 – Salário-família. Trabalhador rural.** O salário-família é devido aos trabalhadores rurais somente após a vigência da Lei nº 8. 213/91.
- **TST 254 – Salário-família. Termo inicial da obrigação.** O termo inicial do direito ao salário-família coincide com a prova da filiação. Se feita em juízo, corresponde à data de ajuizamento do pedido, salvo se comprovado que anteriormente o empregador se recusara a receber a respectiva certidão.

3.7. SALÁRIO-MATERNIDADE

- **TST 15: Justificação – Ausência no Trabalho – Doença – Atestado Médico.** A justificação da ausência do empregado motivada por doença, para a percepção do salário-enfermidade e da remuneração do repouso semanal, deve observar a ordem preferencial dos atestados médicos, estabelecida em lei.
- **TST OJ nº 44 da SDI – I – Gestante. Salário-maternidade.** É devido o salário-maternidade, de 120 dias, desde a promulgação da CF/1988, ficando a cargo do empregador o pagamento do período acrescido pela Carta.
- **TNU 45** – O salário-maternidade deve receber correção monetária desde a época do parto, independentemente da data do requerimento administrativo.

3.8. PENSÃO POR MORTE

- **STF 613** – Os dependentes de trabalhador rural não têm direito a pensão previdenciária, se o óbito ocorreu anteriormente à vigência da Lei Complementar 11/71.
- **STJ 416** – É devida a pensão por morte aos dependentes do segurado que, apesar de ter perdido essa qualidade, preencheu os requisitos legais para a obtenção de aposentadoria até a data do seu óbito.
- **STJ 340** – A lei aplicável à concessão de pensão previdenciária por morte é aquela vigente na data do óbito do segurado.
- **STJ 336** – A mulher que renunciou aos alimentos na separação judicial tem direito à pensão previdenciária por morte do ex-marido, comprovada a necessidade econômica superveniente.
- **TNU 63** – A comprovação de união estável para efeito de concessão de pensão por morte prescinde de início de prova material.
- **TNU 52** – Para fins de concessão de pensão por morte, é incabível a regularização do recolhimento de contribuições de segurado contribuinte individual posteriormente a seu óbito, exceto quando as contribuições devam ser arrecadadas por empresa tomadora de serviços.
- **TNU 37** – A pensão por morte, devida ao filho até os 21 anos de idade, não se prorroga pela pendência do curso universitário.
- **TNU 36** – Não há vedação legal à cumulação da pensão por morte de trabalhador rural com o benefício da aposentadoria por invalidez, por apresentarem pressupostos fáticos e fatos geradores distintos.

3.9. OUTRAS SÚMULAS ACERCA DE BENEFÍCIOS

- **STF 729** – A decisão na ação direta de constitucionalidade não se aplica à antecipação de tutela em causa de natureza previdenciária.
- **STF 689** – O segurado pode ajuizar ação contra a instituição previdenciária perante o juízo federal do seu domicílio ou nas varas federais da capital do estado-membro.
- **STF 688** – É legítima a incidência da contribuição previdenciária sobre o 13º salário.
- **STF 687** – A revisão de que trata o art. 58 do ADCT não se aplica aos benefícios previdenciários concedidos após a promulgação da Constituição de 1988.
- **TST 392 – DANO MORAL E MATERIAL. RELAÇÃO DE TRABALHO. COMPETÊNCIA DA JUSTIÇA DO TRABALHO (redação alterada na sessão do Tribunal Pleno realizada em 27.10.2015)** – Nos ter-

mos do art. 114, inc. VI, da Constituição da República, a Justiça do Trabalho é competente para processar e julgar ações de indenização por dano moral e material, decorrentes da relação de trabalho, inclusive as oriundas de acidente de trabalho e doenças a ele equiparadas, ainda que propostas pelos dependentes ou sucessores do trabalhador falecido.

- **TST OJ nº 421- SDI -. Honorários advocatícios. Ação de indenização por danos morais e materiais decorrentes de acidente de trabalho ou de doença profissional.** Ajuizamento perante a Justiça Comum antes da promulgação da Emenda Constitucional nº 45/2004. Posterior remessa dos autos à Justiça do Trabalho. Art. 85 do CPC de 2015. Art. 20 do CPC de 1973. Incidência. (atualizada em decorrência do CPC de 2015) – Res. 208/2016, DEJT divulgado em 22, 25 e 26.04.2016. A condenação em honorários advocatícios nos autos de ação de indenização por danos morais e materiais decorrentes de acidente de trabalho ou de doença profissional, remetida à Justiça do Trabalho após ajuizamento na Justiça comum, antes da vigência da Emenda Constitucional nº 45/2004, decorre da mera sucumbência, nos termos do art. 85 do CPC de 2015 (art. 20 do CPC de 1973), não se sujeitando aos requisitos da Lei nº 5.584/1970.
- **STJ 483** – O INSS não está obrigado a efetuar depósito prévio do preparo por gozar das prerrogativas e privilégios da Fazenda.
- **STJ 242** – Cabe ação declaratória para reconhecimento de tempo de serviço para fins previdenciários.
- **STJ 204** – Os juros de mora nas ações relativas a benefícios previdenciários incidem a partir da citação válida.
- **STJ 178** – O INSS não goza de isenção do pagamento de custas e emolumentos, nas ações acidentárias e de benefícios, propostas na justiça estadual.
- **STJ 175** – Descabe o depósito prévio nas ações rescisórias propostas pelo INSS.
- **STJ 148** – Os débitos relativos a benefício previdenciário, vencidos e cobrados em juízo após a vigência da Lei nº 6.899/1981, devem ser corrigidos monetariamente na forma prevista nesse diploma legal.
- **STJ 111** – Os honorários advocatícios, nas ações previdenciárias, não incidem sobreprestações vincendas.
- **STJ 110** – A isenção do pagamento de honorários advocatícios, nas ações acidentárias, é restrita ao segurado.
- **STJ 77** – A Caixa Econômica Federal é parte ilegítima para figurar no polo passivo das ações relativas às contribuições para o fundo PIS/Pasep.
- **STJ 65** – O cancelamento, previsto no art. 29 do Decreto-lei 2.303, de 21.11.86, não alcança os débitos previdenciários.
- **TNU 81** – Não incide o prazo decadencial previsto no art. 103, caput, da Lei nº 8.213/91, nos casos de indeferimento e cessação de benefícios, bem como em relação às questões não apreciadas pela Administração no ato da concessão.
- **TNU 74** – O prazo de prescrição fica suspenso pela formulação de requerimento administrativo e volta a correr pelo saldo remanescente após a ciência da decisão administrativa final.
- **TNU 19** – Para o cálculo da renda mensal inicial do benefício previdenciário, deve ser considerada, na atualização dos salários de contribuição anteriores a março de 1994, a variação integral do IRSM de fevereiro de 1994, na ordem de 39,67% (art. 21, § 1°, da Lei n° 8.880/94).

3.10. SEGURO-DESEMPREGO

- **TST 389 – Seguro-desemprego. Competência da Justiça do Trabalho. Direito à indenização por não liberação de guias** I – Inscreve-se na competência material da Justiça do Trabalho a lide entre empregado e empregador tendo por objeto indenização pelo não-fornecimento das guias do seguro-desemprego. II – O não-fornecimento pelo empregador da guia necessária para o recebimento do seguro-desemprego dá origem ao direito à indenização.

4. DO FINANCIAMENTO DA SEGURIDADE SOCIAL

4.1. DAS CONTRIBUIÇÕES SOCIAIS

- **STF – Súmula Vinculante nº 53** – A competência da Justiça do Trabalho prevista no art. 114, VIII, da Constituição Federal alcança a execução de ofício das contribuições previdenciárias relativas ao objeto da condenação constante das sentenças que proferir e acordos por ela homologados.
- **STF – Súmula Vinculante nº 50** – Norma legal que altera o prazo de recolhimento de obrigação tributária não se sujeita ao princípio da anterioridade.
- **STF 659** – É legítima a cobrança da COFINS, do PIS e do FINSOCIAL sobre as operações relativas a energia elétrica, serviços de telecomunicações, derivados de petróleo, combustíveis e minerais do país.
- **STJ 516** – A contribuição de intervenção no domínio econômico para o INCRA (Decreto-Lei nº 1.110/1970), devida por empregadores rurais e urbanos, não foi extinta pelas Leis ns. 7.787/1989,

8.212/1991 e 8.213/1991, não podendo ser compensada com a contribuição ao INSS.

- **STJ 508** – **A** *i*senção da COFINS concedida pelo artigo 6º, II, da LC 70/91 às sociedades civis de prestação de serviços profissionais foi revogada pelo artigo 56 da lei 9.430/96.
- **STJ 468** – A base de cálculo do PIS, até a edição da MP nº 1.212/1995, era o faturamento ocorrido no sexto mês anterior ao do fato gerador.
- **STJ 423** – A Contribuição para Financiamento da Seguridade Social – COFINS incide sobre as receitas provenientes das operações de locação de bens móveis.

4.2. DO SALÁRIO DE CONTRIBUIÇÃO

- **STF 688** – É legítima a incidência da contribuição previdenciária sobre o 13º salário.
- **STF 241** – A contribuição previdenciária incide sobre o abono incorporado ao salário.
- **STJ 458** – A contribuição previdenciária incide sobre a comissão paga ao corretor de seguros.
- **STJ 456** – É incabível a correção monetária dos salários-de-contribuição considerados no cálculo do salário-de-benefício de auxílio-doença, aposentadoria por invalidez, pensão ou auxílio-reclusão concedidos antes da vigência da CF/1988.
- **STJ 310** – O Auxílio-creche não integra o salário de contribuição.
- **TNU 83** – A partir da entrada em vigor da Lei n. 8.870/94, o décimo terceiro salário não integra o salário de contribuição para fins de cálculo do salário de benefício.
- **TNU 67** – O auxílio-alimentação recebido em pecúnia por segurado filiado ao Regime Geral da Previdência Social integra o salário de contribuição e sujeita-se à incidência de contribuição previdenciária.
- **TST 367. Utilidades "in natura". Habitação. Energia elétrica. Veículo. Cigarro. Não integração ao salário.** I – A habitação, a energia elétrica e o veículo fornecidos pelo empregador ao empregado, quando indispensáveis para a realização do trabalho, não têm natureza salarial, ainda que, no caso de veículo, seja ele utilizado pelo empregado também em atividades particulares. II – O cigarro não se considera salário-utilidade em face de sua nocividade à saúde.
- **TST. 354. Gorjetas. Natureza jurídica. Repercussões.** As gorjetas, cobradas pelo empregador na nota de serviço ou oferecidas espontaneamente pelos clientes, integram a remuneração do empregado, não servindo de base de cálculo para as parcelas de aviso-prévio, adicional noturno, horas extras e repouso semanal remunerado.
- **TST 247 – Quebra de caixa. Natureza jurídica.** A parcela paga aos bancários sob a denominação "quebra de caixa" possui natureza salarial, integrando o salário do prestador de serviços, para todos os efeitos legais.
- **TST 203 – Gratificação por tempo de serviço. Natureza salarial.** A gratificação por tempo de serviço integra o salário para todos os efeitos legais.
- **TST 139 – Adicional de insalubridade.** Enquanto percebido, o adicional de insalubridade integra a remuneração para todos os efeitos legais.
- **TST OJ nº 123 da SDI – I – Bancários. Ajuda alimentação.** A ajuda alimentação prevista em norma coletiva em decorrência de prestação de horas extras tem natureza indenizatória e, por isso, não integra o salário do empregado bancário.

4.3. DA CONTRIBUIÇÃO DAS EMPRESAS

- **STJ 425** – A retenção da contribuição para a seguridade social pelo tomador do serviço não se aplica às empresas optantes pelo Simples.
- **STJ 360** – O benefício da denúncia espontânea não se aplica aos tributos lançados por homologação regularmente declarados, mas pagos a destempo.
- **STJ 351** – A alíquota de contribuição para o Seguro de Acidente do Trabalho (SAT) é aferida pelo grau de risco desenvolvido em cada empresa, individualizada pelo seu CNPJ, ou pelo grau de risco da atividade preponderante quando houver apenas um registro.
- **TST – Súmula nº 454** – Competência da Justiça do Trabalho. Execução de ofício. Contribuição social referente ao seguro de acidente de trabalho (SAT). Arts. 114, VIII, e 195, I, "a", da Constituição da República. **(conversão da Orientação Jurisprudencial nº 414 da SBDI-1)** – Compete à Justiça do Trabalho a execução, de ofício, da contribuição referente ao Seguro de Acidente de Trabalho (SAT), que tem natureza de contribuição para a seguridade social (arts. 114, VIII, e 195, I, "a", da CF), pois se destina ao financiamento de benefícios relativos à incapacidade do empregado decorrente de infortúnio no trabalho (arts. 11 e 22 da Lei nº 8.212/1991).
- **TST – OJ nº 414 da SDI – I. Competência da Justiça do Trabalho. Execução de ofício. Contribuição social referente ao seguro de acidente de trabalho (SAT). Arts. 114, VIII, e 195, I, "a", da Constituição da República.** Compete à Justiça do Trabalho a execução, de ofício, da contribuição referente ao Seguro de Acidente de Trabalho (SAT), que

tem natureza de contribuição para a seguridade social (arts. 114, VIII, e 195, I, "a", da CF), pois se destina ao financiamento de benefícios relativos à incapacidade do empregado decorrente de infortúnio no trabalho (arts. 11 e 22 da Lei nº 8.212/1991).

- **TST – 401 – AÇÃO RESCISÓRIA. DESCONTOS LEGAIS. FASE DE EXECUÇÃO. SENTENÇA EXEQÜENDA OMISSA. INEXISTÊNCIA DE OFENSA À COISA JULGADA** (conversão da Orientação Jurisprudencial nº 81 da SBDI-II) – Res. 137/2005 – DJ 22, 23 e 24.08.2005 – Os descontos previdenciários e fiscais devem ser efetuados pelo juízo executório, ainda que a sentença exeqüenda tenha sido omissa sobre a questão, dado o caráter de ordem pública ostentado pela norma que os disciplina. A ofensa à coisa julgada somente poderá ser caracterizada na hipótese de o título exeqüendo, expressamente, afastar a dedução dos valores a título de imposto de renda e de contribuição previdenciária. (ex-OJ nº 81 da SBDI-II – inserida em 13.03.2002)

- **TST – Súmula nº 368 –DESCONTOS PREVIDENCIÁRIOS. IMPOSTO DE RENDA. COMPETÊNCIA. RESPONSABILIDADE PELO RECOLHIMENTO. FORMA DE CÁLCULO. FATO GERADOR (aglutinada a parte final da Orientação Jurisprudencial nº 363 da SBDI-I** à **redação do item II e incluídos os itens IV, V e VI em sessão do Tribunal Pleno realizada em 26.06.2017) – Res. 219/2017, republicada em razão de erro material – DEJT divulgado em 12, 13 e 14.07.2017** I – A Justiça do Trabalho é competente para determinar o recolhimento das contribuições fiscais. A competência da Justiça do Trabalho, quanto à execução das contribuições previdenciárias, limita-se às sentenças condenatórias em pecúnia que proferir e aos valores, objeto de acordo homologado, que integrem o salário de contribuição. (ex-OJ nº 141 da SBDI-1 – inserida em 27.11.1998). II – É do empregador a responsabilidade pelo recolhimento das contribuições previdenciárias e fiscais, resultantes de crédito do empregado oriundo de condenação judicial. A culpa do empregador pelo inadimplemento das verbas remuneratórias, contudo, não exime a responsabilidade do empregado pelos pagamentos do imposto de renda devido e da contribuição previdenciária que recaia sobre sua quota-parte. (ex-OJ nº 363 da SBDI-1, parte final) Súmulas A-114 SÚMULAS III – Os descontos previdenciários relativos à contribuição do empregado, no caso de ações trabalhistas, devem ser calculados mês a mês, de conformidade com o art. 276, § 4º, do Decreto n º 3.048/1999 que regulamentou a Lei nº 8.212/1991, aplicando-se as alíquotas previstas no art. 198, observado o limite máximo do salário de contribuição (ex-OJs nºs 32 e 228 da SBDI-1 – inseridas, respectivamente, em 14.03.1994 e 20.06.2001). IV – Considera-se fato gerador das contribuições previdenciárias decorrentes de créditos trabalhistas reconhecidos ou homologados em juízo, para os serviços prestados até 4.3.2009, inclusive, o efetivo pagamento das verbas, configurando-se a mora a partir do dia dois do mês seguinte ao da liquidação (art. 276, "caput", do Decreto nº 3.048/1999). Eficácia não retroativa da alteração legislativa promovida pela Medida Provisória nº 449/2008, posteriormente convertida na Lei nº 11.941/2009, que deu nova redação ao art. 43 da Lei nº 8.212/91. V – Para o labor realizado a partir de 5.3.2009, considera-se fato gerador das contribuições previdenciárias decorrentes de créditos trabalhistas reconhecidos ou homologados em juízo a data da efetiva prestação dos serviços. Sobre as contribuições previdenciárias não recolhidas a partir da prestação dos serviços incidem juros de mora e, uma vez apurados os créditos previdenciários, aplica-se multa a partir do exaurimento do prazo de citação para pagamento, se descumprida a obrigação, observado o limite legal de 20% (art. 61, § 2º, da Lei nº 9.430/96). VI – O imposto de renda decorrente de crédito do empregado recebido acumuladamente deve ser calculado sobre o montante dos rendimentos pagos, mediante a utilização de tabela progressiva resultante da multiplicação da quantidade de meses a que se refiram os rendimentos pelos valores constantes da tabela progressiva mensal correspondente ao mês do recebimento ou crédito, nos termos do art. 12-A da Lei nº 7.713, de 22/12/1988, com a redação conferida pela Lei nº 13.149/2015, observado o procedimento previsto nas Instruções Normativas da Receita Federal do Brasil.

- **TST OJ nº 398 da SDI – I. Contribuição previdenciária. Acordo homologado em juízo sem reconhecimento de vínculo de emprego. Contribuinte individual. Recolhimento da alíquota de 20% a cargo do tomador e 11% a cargo do prestador de serviços.** Nos acordos homologados em juízo em que não haja o reconhecimento de vínculo empregatício, é devido o recolhimento da contribuição previdenciária, mediante a alíquota de 20% a cargo do tomador de serviços e de 11% por parte do prestador de serviços, na qualidade de contribuinte individual, sobre o valor total do acordo, respeitado o teto de contribuição. Inteligência do § 4º do art. 30 e do inciso III do art. 22, todos da Lei nº 8.212, de 24.07.1991.

- **TST OJ nº 368 da SDI – I.** **Descontos previdenciários. Acordo homologado em juízo. Inexistência de vínculo empregatício. Parcelas indeniza-**

tórias. Ausência de discriminação. Incidência sobre o valor total. É devida a incidência das contribuições para a Previdência Social sobre o valor total do acordo homologado em juízo, independentemente do reconhecimento de vínculo de emprego, desde que não haja discriminação das parcelas sujeitas à incidência da contribuição previdenciária, conforme parágrafo único do art. 43 da Lei nº 8.212, de 24.07.1991, e do art. 195, I, "a", da CF/1988.

5. DAS OBRIGAÇÕES ACESSÓRIAS

- **STF 439** – Estão sujeitos à fiscalização tributária ou previdenciária quaisquer livros comerciais, limitado o exame aos pontos objeto da investigação.
- **STJ 352** – A obtenção ou a renovação do Certificado de Entidade Beneficente de Assistência Social (Cebas) não exime a entidade do cumprimento dos requisitos legais supervenientes.

6. DA CERTIDÃO NEGATIVA DE DÉBITO

- **STJ 446** – Declarado e não pago o débito tributário pelo contribuinte, é legítima a recusa de expedição de certidão negativa ou positiva com efeito de negativa.

7. DA DECADÊNCIA E PRESCRIÇÃO DAS CONTRIBUIÇÕES DA SEGURIDADE SOCIAL E DOS BENEFÍCIOS PREVIDENCIÁRIOS

- **Súmula Vinculante nº 8** – São inconstitucionais o parágrafo único do artigo 5º do Decreto-Lei nº 1.569/1977 e os artigos 45 e 46 da Lei nº 8.212/1991, que tratam de prescrição e decadência de crédito tributário.
- **TNU 81** – Não incide o prazo decadencial previsto no art. 103, caput, da Lei nº 8.213/91, nos casos de indeferimento e cessação de benefícios, bem como em relação às questões não apreciadas pela Administração no ato da concessão.
- **TNU 74** – O prazo de prescrição fica suspenso pela formulação de requerimento administrativo e volta a correr pelo saldo remanescente após a ciência da decisão administrativa final.

8. PREVIDÊNCIA DO SERVIDOR PÚBLICO

- **STF – Súmula Vinculante nº 55** – O direito ao auxílio-alimentação não se estende aos servidores inativos.
- **STF – Súmula Vinculante nº 44** – Só por lei se pode sujeitar a exame psicotécnico a habilitação de candidato a cargo público.
- **STF – Súmula Vinculante nº 43** – É inconstitucional toda modalidade de provimento que propicie ao servidor investir-se, sem prévia aprovação em concurso público destinado ao seu provimento, em cargo que não integra a carreira na qual anteriormente investido.
- **STF – Súmula Vinculante nº 42** – É inconstitucional a vinculação do reajuste de vencimentos de servidores estaduais ou municipais a índices federais de correção monetária.
- **STF – Súmula Vinculante nº 39** – Compete privativamente à União legislar sobre vencimentos dos membros das polícias civil e militar e do corpo de bombeiros militar do Distrito Federal.
- **STF – Súmula Vinculante nº 37** – Não cabe ao poder judiciário, que não tem função legislativa, aumentar vencimentos de servidores públicos sob o fundamento de isonomia.
- **STF – Súmula Vinculante nº 33** – Aplicam-se ao servidor público, no que couber, as regras do Regime Geral de Previdência Social sobre aposentadoria especial de que trata o artigo 40, parágrafo 4º, inciso III, da Constituição Federal, até edição de lei complementar específica.
- **TNU 66** – O servidor público ex-celetista que trabalhava sob condições especiais antes de migrar para o regime estatutário tem direito adquirido à conversão do tempo de atividade especial em tempo comum com o devido acréscimo legal, para efeito de contagem recíproca no regime previdenciário próprio dos servidores públicos.

9. PREVIDÊNCIA COMPLEMENTAR

- **STJ 590** – Constitui acréscimo patrimonial a atrair a incidência do imposto de renda, em caso de liquidação de entidade de previdência privada, a quantia que couber a cada participante, por rateio do patrimônio, superior ao valor das respectivas contribuições à entidade em liquidação, devidamente atualizadas e corrigidas.
- **STJ 505** – a competência para processar e julgar as demandas que têm por objeto obrigações decorrentes dos contratos de planos de previdência privada firmados com a fundação rede ferroviária de seguridade social – REFER é da justiça estadual.
- **STJ 427** – A ação de cobrança de diferenças de valores de complementação de aposentadoria prescreve em cinco anos contados da data do pagamento.
- **STJ 291** – A ação de cobrança de parcelas de complementação de aposentadoria pela previdência privada prescreve em cinco anos.
- **STJ 290** – Nos planos de previdência privada, não cabe ao beneficiário a devolução da contribuição efetuada pelo patrocinador.

- **STJ 289** – A restituição das parcelas pagas a plano de previdência privada deve ser objeto de correção plena, por índice que recomponha a efetiva desvalorização da moeda.
- **TST 288 – Complementação dos proventos da aposentadoria.** A complementação dos proventos da aposentadoria é regida pelas normas em vigor na data da admissão do empregado, observando-se as alterações posteriores desde que mais favoráveis ao beneficiário do direito.
- **TST 97 – Aposentadoria. Complementação.** Instituída complementação de aposentadoria por ato da empresa, expressamente dependente de regulamentação, as condições desta devem ser observadas como parte integrante da norma.
- **TST 92 – Aposentadoria.** O direito à complementação de aposentadoria, criado pela empresa, com requisitos próprios, não se altera pela instituição de benefício previdenciário por órgão oficial.
- **TST 87 – Previdência privada.** Se o empregado, ou seu beneficiário, já recebeu da instituição previdenciária privada, criada pela empresa, vantagem equivalente, é cabível a dedução de seu valor do benefício a que faz jus por norma regulamentar anterior.
- **TST 52. Tempo de serviço.** O adicional de tempo de serviço (quinquênio) é devido, nas condições estabelecidas no art. 19 da Lei nº 4. 345, de 26. 06. 1964, aos contratados sob o regime da CLT, pela empresa a que se refere a mencionada lei, inclusive para o fim de complementação de aposentadoria.
- **TST OJ nº 276 da SDI – I – Ação declaratória.** Complementação de aposentadoria É incabível ação declaratória visando a declarar direito à complementação de aposentadoria, se ainda não atendidos os requisitos necessários à aquisição do direito, seja por via regulamentar, ou por acordo coletivo.
- **TST OJ nº 129 da SDI – I – Prescrição. Complementação da pensão e auxílio funeral.** A prescrição extintiva para pleitear judicialmente o pagamento da complementação de pensão e do auxílio-funeral é de 2 anos, contados a partir do óbito do empregado.

10. OUTRAS

- **STF 687** – A revisão de que trata o art. 58 do ADCT não se aplica aos benefícios previdenciários concedidos após a promulgação da Constituição de 1988.
- **STJ 483** – O INSS não está obrigado a efetuar depósito prévio do preparo por gozar das prerrogativas e privilégios da Fazenda
- **STJ 468** – A base de cálculo do PIS, até a edição da MP nº 1.212/1995, era o faturamento ocorrido no sexto mês anterior ao do fato gerador.
- **STJ 456** – É incabível a correção monetária dos salários de contribuição considerados no cálculo do salário de benefício de auxílio-doença, aposentadoria por invalidez, pensão ou auxílio-reclusão concedidos antes da vigência da CF/1988.
- **STJ 242** – Cabe ação declaratória para reconhecimento de tempo de serviço para fins previdenciários.
- **STJ 226** – O Ministério Público tem legitimidade para recorrer na ação de acidente do trabalho, ainda que o segurado esteja assistido por advogado.
- **STJ 204** – Os juros de mora nas ações relativas a benefícios previdenciários incidem a partir da citação válida.
- **STJ 178** – O INSS não goza de isenção do pagamento de custas e emolumentos, nas ações acidentárias e de benefícios, propostas na justiça estadual.
- **STJ 175** – Descabe o depósito prévio nas ações rescisórias propostas pelo INSS.
- **STJ 111** – Os honorários advocatícios, nas ações previdenciárias, não incidem sobre prestações vincendas.
- **STJ 110** – A isenção do pagamento de honorários advocatícios, nas ações acidentárias, é restrita ao segurado.
- **STJ 148** – Os débitos relativos a benefício previdenciário, vencidos e cobrados em juízo após a vigência da Lei nº 6.899/1981, devem ser corrigidos monetariamente na forma prevista nesse diploma legal.
- **STJ 77** – A Caixa Econômica Federal é parte ilegítima para figurar no polo passivo das ações relativas às contribuições para o fundo PIS/Pasep.
- **TNU 74** – O prazo de prescrição fica suspenso pela formulação de requerimento administrativo e volta a correr pelo saldo remanescente após a ciência da decisão administrativa final.
- **STJ 65** – O cancelamento, previsto no art. 29 do Decreto-lei 2.303, de 21.11.86, não alcança os débitos previdenciários.

11. CRIMES PREVIDENCIÁRIOS

- **Súmula Vinculante nº 24** – Não se tipifica crime material contra a ordem tributária, previsto no art. 1º, incisos I a IV, da Lei nº 8.137/90, antes do lançamento definitivo do tributo.
- **STF 711** – A lei penal mais grave aplica-se ao crime continuado ou ao crime permanente, se a sua vigência é anterior à cessação da continuidade ou da permanência.
- **STJ 24** – Aplica-se ao crime de estelionato, em que figure como vítima entidade autárquica da previdência social, a qualificadora do § 3º, do art. 171 do código penal.

- **STJ 17** - Quando o falso se exaure no estelionato, sem mais potencialidade lesiva, e por este absorvido.

12. BENEFÍCIO DE PRESTAÇÃO CONTINUADA DA ASSISTÊNCIA SOCIAL (BPC)

- **TNU 80** - Nos pedidos de benefício de prestação continuada (LOAS), tendo em vista o advento da Lei 12.470/11, para adequada valoração dos fatores ambientais, sociais, econômicos e pessoais que impactam na participação da pessoa com deficiência na sociedade, é necessária a realização de avaliação social por assistente social ou outras providências aptas a revelar a efetiva condição vivida no meio social pelo requerente.
- **TNU 79** - Nas ações em que se postula benefício assistencial, é necessária a comprovação das condições socioeconômicas do autor por laudo de assistente social, por auto de constatação lavrado por oficial de justiça ou, sendo inviabilizados os referidos meios, por prova testemunhal.
- **TNU 48** - A incapacidade não precisa ser permanente para fins de concessão do benefício assistencial de prestação continuada.
- **TNU 29** - Para os efeitos do art. 20, § 2º, da Lei nº 8.742, de 1993, incapacidade para a vida independente não é só aquela que impede as atividades mais elementares da pessoa, mas também a impossibilita de prover ao próprio sustento.

Direito Processual Civil

Luciano Alves Rossato

TABELA DE INCIDÊNCIA DE QUESTÕES		
ASSUNTO	**NÚMERO DE QUESTÕES**	**PESO**
1. APLICAÇÃO DA LEI PROCESSUAL	1	0,54%
2. AÇÃO	3	1,63%
3. JURISDIÇÃO	4	2,17%
4. MEDIAÇÃO	1	0,54%
5. PRESSUPOSTOS PROCESSUAIS	6	3,26%
6. COMPETÊNCIA	16	8,70%
7. SUBSTITUIÇÃO PROCESSUAL	1	0,54%
8. LITISCONSÓRCIO	9	4,89%
9. INTERVENÇÃO DE TERCEIROS	10	5,43%
10. MINISTÉRIO PÚBLICO	7	3,80%
11. DEFENSORIA PÚBLICA	3	1,63%
12. ATOS PROCESSUAIS	12	6,52%
13. NULIDADES PROCESSUAIS	2	1,09%
14. TUTELA PROVISÓRIA	12	6,52%
15. PETIÇÃO INICIAL	1	0,54%
16. RESPOSTA DO RÉU	6	3,26%
17. JULGAMENTO ANTECIPADO DO MÉRITO	1	0,54%
18. PROVA	7	3,80%
19. SENTENÇA	12	6,52%
20. LIQUIDAÇÃO	1	0,54%
21. CUMPRIMENTO DE SENTENÇA E EXECUÇÃO	26	14,13%
22. ORDEM DOS PROCESSOS NOS TRIBUNAIS E RECURSOS	20	10,87%
23. FAZENDA PÚBLICA	8	4,35%
24. JUIZADOS ESPECIAIS	10	5,43%
25. LIQUIDAÇÃO EXTRAJUDICIAL DE INSTITUIÇÕES FINANCEIRAS	1	0,54%
26. AÇÕES COLETIVAS	4	2,17%
TOTAL	**184**	**100%**

✦ QUESTÕES COMENTADAS COM BASE NO CÓDIGO DE PROCESSO CIVIL DE 2015 (LEI Nº 13.105, DE 16 DE MARÇO DE 2015).

Como estudar a matéria de Direito Processual Civil segundo o CPC de 2015 no Revisaço?

Caríssimos leitores,

Para a análise das questões, ficam algumas instruções importantes:

a) o gabarito indicado seguiu aquilo que foi divulgado pela banca ou empresa examinadora;

b) dessa forma, não obstante a resposta tenha sido modificada em razão de alteração jurisprudencial ou legislativa, o gabarito não foi retificado;

c) para a solução das questões, no entanto, foram feitas observações que levarão o leitor a identificar, com precisão, se a alternativa, sob a luz do CPC de 2015, está correta ou incorreta; e,

d) nas dicas finais, foi dada ênfase ao aprofundamento dos principais pontos tratados nas questões solucionadas.

Bons estudos!

1. APLICAÇÃO DA LEI PROCESSUAL

01. (Cespe - Juiz de Direito Substituto - MA/ 2013) No que concerne à lei processual civil superveniente, assinale a opção correta.

a) Encontrando-se o processo em curso, é facultado ao juiz aplicar a lei nova ou a lei anterior que melhor atenda à rápida solução da lide, amparado no princípio constitucional da celeridade processual.

b) Nesse caso, aplica-se a regra do isolamento dos atos processuais, de modo que a lei nova é aplicada aos atos processuais pendentes, tão logo entre em vigor, respeitados os já praticados e seus efeitos.

c) Os efeitos dessa lei atingem os processos ajuizados após a edição da lei, não se aplicando a nova lei processual aos processos em curso.

d) A nova regra processual editada no curso do processo não se aplica no grau de jurisdição em que o processo tramita, repercutindo-se os seus efeitos nos graus de jurisdição subsequentes.

COMENTÁRIOS

✪ **Nota do autor:** a questão apresentada pelo CESPE refere-se ao problema da aplicabilidade da lei nova processual em relação aos processos que já se encontram em trâmite (intertemporalidade das leis). Questiona-se, nesse caso, se a lei nova processual é aplicável de imediato, ou somente aos processos iniciados após a sua vigência ou, ainda, se alcança os atos processuais praticados anteriormente. Tema certo de vários concursos. Deve ser lembrado que, em conformidade com o art. 1º da LINDB, a norma processual, uma vez ultrapassado o prazo de *vacatio legis*, aplica-se aos processos em curso, observando-se a irretroatividade da lei. Nesse passo, o art. 14 do CPC de 2015 determina que: "A norma processual não retroagirá e será aplicável imediatamente aos processos em curso, respeitados os atos processuais praticados e as situações jurídicas consolidadas sob a vigência da norma revogada". Como é possível de se verificar, o CPC de 2015 encampou o sistema de isolamento de atos processuais, de modo que: i) as leis processuais civis são de efeito imediato; ii) tais leis são aplicáveis de imediato, aproveitando-se já aos processos em trâmite; iii) os atos processuais já praticados devem ser respeitados.

Alternativa correta: letra "b". Consoante o que foi anteriormente apontado, deverá o magistrado promover ao isolamento dos atos processuais, chegando-se à seguinte operação: 1. quanto aos atos processuais já praticados, estes permanecerão inalterados, respeitando-se a lei processual vigente à época; 2. os atos praticados a partir da vigência da lei processual serão por esta guiados; 3.se o ato processual, quando da vigência da nova lei processual, contar com efeitos pendentes, a eficácia da lei processual continuará até a sua consolidação. Deve ser destacado que existem exceções a esse regramento, como é possível de se verificar em relação à possibilidade de que a coisa julgada abranger também a questão prejudicial, desde que decidida expressa e incidentalmente no processo, o que será aplicável exclusivamente aos processos iniciados após a vigência do Código de Processo Civil de 2015. A resposta a esta alternativa exclui, automaticamente, as demais.

2. AÇÃO

02. (Cespe - Promotor de Justiça - TO/2012) Acerca da ação declaratória, assinale a opção correta.

a) A ação declaratória é apropriada para se obter declaração de falsidade ideológica.

b) O direito subjetivo declarado pela sentença meramente declaratória constitui título executivo judicial.

c) Cabe o ajuizamento de ação declaratória para o reconhecimento de relações futuras meramente prováveis.

d) A ação declaratória pode ser extinta pela prescrição.

e) Admite-se o ajuizamento da ação declaratória mesmo quando já é possível ao autor ajuizar ação condenatória ou constitutiva.

COMENTÁRIOS

✪ **Nota do autor:** a ação declaratória terá por finalidade a declaração da existência, da inexistência ou do modo de ser de uma relação jurídica, da autenticidade ou falsidade de documento (art. 19 do CPC 2015). Admite-se a ação meramente declaratória, ainda eu tenha ocorrido a violação do direito (art. 20 CPC 2015).

Alternativa correta: letra "e". Por tempo considerável, discutiu-se se poderia ser admitido o ajuizamento de ação declaratória se ao autor já pudesse se valer da ação condenatória. Imagine-se, a título de exemplo, se o autor pudesse já buscar a condenação daquele que lhe causou prejuízo, mas, ao invés, requer em juízo a declaração da existência da relação jurídica existente. E o CPC de 2015 adotou posicionamento no sentido de permitir que o autor exerça a opção e ajuíze a ação meramente declaratória, ao invés de ser obrigado a ajuizar a ação condenatória.

Alternativa "a". Errada. Em conformidade com o art. 19, II, do CPC, o interesse do autor poderá limitar-se à declaração da autenticidade ou da falsidade de documento. Tal falsidade é a documental, não se estendendo à falsidade ideológica.

Alternativa "b". Errada. A banca examinadora entendeu que a sentença declaratória não constitui título executivo judicial. Muito questionável tal afirmação, pois há entendimento doutrinário em sentido contrário.

Alternativa "c". Errada. Não é cabível a ação declaratória para situações meramente prováveis. Ela é destina para a declaração da existência ou de inexistência de relação jurídica.

Alternativa "d". Errada. A pretensão declaratória é imprescritível.

---

03. (Cespe – Procurador BACEN/2013) Em relação à ação e ao processo, assinale a opção correta.

a) Considera-se substituto processual aquele que age na defesa e em nome de terceiro.

b) A assistência é forma de intervenção de terceiro possível sempre que fique demonstrado o interesse econômico ou jurídico daquele que pretende ingressar na relação jurídica já estabelecida em juízo.

c) A intervenção das pessoas jurídicas de direito público nas causas cuja decisão possa lhes trazer reflexos de natureza econômica depende da demonstração de interesse jurídico e, quando demonstrado, a admissão da intervenção poderá implicar descolamento de competência.

d) A sentença que coloca fim ao processo por ausência de uma das condições da ação tem natureza terminativa.

e) A legitimidade ad causam diz respeito à capacidade postulatória da parte que pretenda agir em juízo.

COMENTÁRIOS

✪ **Nota do autor:** a questão trata das condições da ação, da intervenção de terceiros e de outros institutos jurídicos. Em relação às condições da ação, deve ser enfatizado que há doutrinadores que defendem que o Código de Processo Civil de 2015 não encampou a categoria jurídica processual das condições da ação. Para outra parcela, porém, embora o CPC não tenha feito menção expressa à tal categoria, também não a aboliu do sistema, embora tenha a restringido a apenas duas, quais sejam, a legitimidade *ad causam* e o interesse processual. Por isso, a possibilidade jurídica do pedido deixou de ser tratada como condição da ação, para ser analisada como matéria de mérito.

Alternativa correta: letra "d". O CPC de 2015 inovou em relação à terminologia, abandonando o modelo anterior de mencionar que os *atos do juiz são sentença, decisões interlocutórias e despachos* para, atendendo-se aos reclamos doutrinários, indicar que os *pronunciamentos* do juiz serão a sentença, as decisões interlocutórias e os despachos, conforme se vê do art. 203 do CPC de 2015. Admite-se, ainda, que as sentenças e as decisões interlocutórias sejam proferidas com ou sem resolução de mérito. Nos dois pronunciamentos, será possível que haja a extinção total ou parcial do processo, respectivamente, qualificando-se como de natureza terminativa, pois apenas encerra a fase processual vigente ou, ao menos, exclui parcela do conjunto de pedidos da análise do juiz.

Alternativa "a". Errada. Substituto processual é aquele que age em seu nome na defesa de interesse de outrem. É o caso do alienante de bem litigioso que permanece como réu em processo em que é demandado. Neste caso, defenderá interesse de outrem, em seu próprio nome (art. 109, §§ CPC 2015).

Alternativa "b". Errada. A assistência é modalidade de intervenção de terceiro possível quando houver interesse jurídico. O mero interesse patrimonial não a justifica, embora admita a intervenção anômala ou anódina, conforme se vê abaixo.

Alternativa "c". Errada. Será admitida a intervenção de pessoas jurídica de direito público independente da demonstração de interesse jurídico, bastando o patrimonial. Trata-se da conhecida intervenção anômala ou anódina disciplinada pela Lei nº 9.469/1997, cujo artigo 5º dispõe que: "A União poderá intervir nas causas em que figurarem, como autoras ou rés, autarquias, fundações públicas, sociedades de economia mista e empresas públicas federais. Parágrafo único. As pessoas jurídicas de direito público poderão, nas causas cuja decisão possa ter reflexos, ainda que indiretos, de natureza econômica, intervir, independentemente da demonstração de interesse jurídico, para esclarecer questões de fato e de direito, podendo juntar documentos e memoriais reputados úteis ao exame da matéria e, se for o caso, recorrer, hipótese em que, para fins de deslocamento de competência, serão consideradas partes".

Alternativa "e". Errada. A legitimidade ad causam liga-se à pertinência subjetiva entre a parte litigante e a relação jurídica material tratada no processo.

04. (Cespe – Procurador do Ministério Público junto ao TCDF/2013) Acerca da trilogia estrutural, dos princípios gerais e das partes que podem atuar em um processo, julgue os itens a seguir.

Sindicatos possuem legitimação anômala, devido ao fato de agirem na defesa de direito alheio e em nome de terceiros.

COMENTÁRIOS

✪ **Nota do autor:** de acordo com o previsto no inciso III do art. 8º, da CF, ao *sindicato cabe a defesa dos direitos e interesses coletivos ou individuais da categoria, inclusive em questões judiciais ou administrativas*. A propósito, o STF já reafirmou entendimento de que os sindicatos possuem ampla legitimidade extraordinária para defender em juízo os direitos e interesses coletivos ou individuais dos integrantes da categoria que representam, até mesmo para as liquidações e execuções de sentença (RE 883.642). Sobre esta questão, a propósito, vigem três regras importantes, que podem ser assim enumeradas: a) associações – estas poderão representar os seus associados em juízo (trata-se de representação processual); b) sindicatos – substituirão os integrantes da categoria; c) mandado de segurança coletivo – as associações agirão em substituição processual.

Errado. Defendendo interesse de outrem em seu nome, o sindicato age como substituto processual.

3. JURISDIÇÃO

05. (Cespe – Procurador do MP junto ao TCU/2015) Acerca de princípios gerais do processo, ação, jurisdição e pressupostos processuais, assinale a opção correta.

a) Viola o princípio do juiz natural a criação, em tribunais de justiça, de câmaras para julgamento de ações no período de recesso forense.

b) A teoria da asserção só pode ser aplicada antes da apresentação da defesa pelo réu.

c) O substituto processual é aquele que está em juízo em nome alheio, defendendo interesse alheio.

d) É possível a propositura de ação de cunho declaratório para interpretar decisão judicial.

e) No âmbito do processo civil, a imputação de penalidades decorrentes da violação ao princípio da boa-fé limita-se ao autor e ao réu.

COMENTÁRIOS

✪ **Nota do autor:** como foi possível estudar anteriormente, a ação declaratória será aquela em que o interesse da parte se limitará à declaração da existência, da inexistência ou do modo de ser uma relação jurídica, ou da autenticidade ou a falsidade de documento (art. 19).

Alternativa Correta: letra D. Com a finalidade de declarar o modo de ser de uma relação jurídica, admite-se o ajuizamento de ação de natureza declaratória com a finalidade de interpretar decisão.

Alternativa Incorreta: letra A. O princípio do juiz natural acarreta na impossibilidade de ser criado Tribunal com a finalidade específica de julgar um caso específico. Isso, porém, não impede a criação de câmaras gerais para o recesso.

Alternativa Incorreta: letra B. De acordo com a *teoria da asserção*, a extinção do processo em razão da falta de condições da ação ocorrerá no início ou no limiar do processo. Posteriormente, não acarretará a extinção sem resolução do mérito, mas importará na análise do mérito e na formação da coisa julgada material.

Alternativa Incorreta: letra C. Diferentemente do que foi afirmado, o substituto processual é aquele que age em juízo em nome próprio, na defesa de interesse alheio.

Alternativa Incorreta: letra E. O dever de atuar em conformidade com a ética não é apenas do autor e do réu, como também dos demais atores do processo.

06. (Cespe – Juiz Federal Substituto 1ª região/2013) Acerca da jurisdição e dos equivalentes jurisdicionais, assinale a opção correta.

a) No exercício da jurisdição voluntária, o julgador poderá valer – se da equidade, buscando soluções fundadas em critérios de conveniência e oportunidade.

b) A autocomposição somente produzirá efeitos, como forma de solução de conflitos, quando obtida em processo jurisdicional.

c) As hipóteses de impedimento e suspeição do julgador, previstas na legislação processual civil, não se aplicam para o exercício da função em processo de jurisdição voluntária.

d) A autotutela é forma alternativa de solução de conflito caracterizada pela submissão voluntária de uma parte à pretensão manifestada pela outra.

e) A sentença arbitral, obtida por meio da técnica da heterocomposição, é considerada, por disposição expressa do Código de Processo Civil (CPC), título executivo extrajudicial.

COMENTÁRIOS

✪ **Nota do autor:** a jurisdição consiste no poder de dizer o direito. Pode ser pública (exercida por meio do Poder Judiciário) ou privada (arbitragem). Acionado o Poder Judiciário, abrem-se várias portas para a solução da demanda apresentada (*tribunal multiportas*). Devem ser tentadas a mediação ou a conciliação (ou as duas, se o caso), buscando-se a pacificação e a solução da demanda por meio de ajuste entre as partes. Vencida essa fase, abre-se oportunidade para a discussão judicial, seguindo-se o procedimento comum, ou o especial, se for o caso, ou, ainda, aquele ajustado pelas partes por meio de negócio processual celebrado, nas hipóteses em que tal negociação for permitida (art. 190 do CPC). Em todos os casos, deverão ser observadas as normas fundamentais do Novo Código de Processo Civil, que se constituem em princípios e regras que são responsáveis por orientar o trabalho no processo, bem como por garantir a unidade das disposições existentes.

Alternativa correta: letra "a". Em conformidade com o que dispõe o parágrafo único, do art. 723, do CPC de 2015, nos procedimentos de jurisdição voluntária, o juiz não é obrigado a observar critério de legalidade estrita, podendo adotar em cada caso a solução que considerar mais conveniente ou oportuna. Enfim, poderá adotar a equidade.

Alternativa "b". Errada. A autocomposição também poderá ser obtida fora do processo judicial, por meio de ajuste entre os interessados.

Alternativa "c". Errada. As hipóteses de impedimento (art. 144 do CPC) e de suspeição (art. 145 do CPC) incidirão nos casos de jurisdição contenciosa e voluntária. O juiz estará impedido ou será suspeito para uma ou para a outra jurisdição.

Alternativa "d". Errada. A autotutela importa na submissão da vontade de uma parte em favor da outra. Não se exige que seja voluntária. Verifica-se, por exemplo, na hipótese do desforço imediato.

Alternativa "e". Errada. A sentença arbitral é considerada título executivo judicial, não dependente de homologação judicial. Deriva do exercício de jurisdição (privada).

---

07. (Cespe – Procurador BACEN/2013) Acerca da jurisdição e da competência, assinale a opção correta.

a) Caso uma autarquia pretenda cobrar judicialmente tributo federal de contribuinte residente em comarca que não seja sede da justiça federal, a competência para o processamento e o julgamento da execução fiscal será da justiça estadual.

b) A jurisdição voluntária tem por objetivo compor lides para a obtenção da paz social.

c) Inexiste pretensão na jurisdição voluntária.

d) O reconhecimento da conexão, para fins de reunião de ações que tramitam em juízos diferentes, está condicionado à provocação da parte.

e) De acordo com o entendimento sumulado pelo STJ, a conexão é causa de reunião de processos, ainda que um deles já tenha sido julgado.

COMENTÁRIOS

✪ **Nota do autor:** a questão trata da jurisdição (poder de dizer o Direito) e a competência (delimitação da jurisdição).

Alternativa correta: letra "a". A alternativa se encontrava correta quando da aplicação da prova. Porém, atualmente, estaria incorreta. Explica-se: a competência da Justiça Federal está indicada no art. 109 da Constituição Federal. Contudo, a própria Constituição permite a delegação de tal competência, como fez com as demandas sobre benefícios previdenciários na comarca que não for sede da Justiça Federal, fosse delegada à Justiça Estadual em hipóteses previstas por lei. Nesse passo, o art. 15, I da Lei nº 5.010/1966, previa a possibilidade de tal delegação. Com efeito, se a comarca em que situado o domicílio do executado não fosse sede da Justiça Federal, seria possível ajuizar a execução fiscal perante a Justiça Estadual. Ocorre, no entanto, que o aludido inciso foi revogado, de modo que não mais persiste a regra da competência delegada para a hipótese, persistindo, porém, para os processos que já se encontravam em trâmite quando da alteração legislativa. Por esses motivos, tem-se que, hoje, a alternativa seria incorreta.

Alternativa "b". Errada. A jurisdição voluntária tem por finalidade efetivar maior controle sobre determinados negócios privados.

Alternativa "c". Errada. Na jurisdição voluntária também há pretensão a ser exercida pelo interessado.

Alternativa "d". Errada. O reconhecimento da conexão não está condicionado à provocação da parte, mas pode ser conhecido de ofício pelo juiz. O réu, por sua vez, poderá alegar tal matéria como preliminar, em contestação. Em decorrência da conexão, será possível a reunião dos processos para julgamento conjunto pelo juízo prevento, desde que atendidas as regras processuais pertinentes. Será prevento o juízo em que distribuída ou registrada a petição em primeiro lugar (art. 59 do CPC).

Alternativa "e". Errada. Para que ocorra a reunião dos processos, há necessidade de que determinados requisitos sejam observados, quais sejam: a) que o juízo prevento seja absolutamente competente para as duas demandas (a incompetência relativa não se revela óbice para tanto); b) que exista conexão suficiente entre as demandas que justifique a reunião dos processos; c) que um dos processos não tenha sido sentenciado (Súmula 235 do STJ); e, d) compatibilidade procedimental.

08. (Cespe – Juiz Federal – TRF 5/2017) Após ser demitido de um órgão federal, Afonso ajuizou ação contra a União, pelo procedimento comum, pedindo sua reintegração à administração pública, sob o argumento de que o ato de sua demissão havia sido nulo. Seu processo foi distribuído a uma vara federal comum. Posteriormente, Afonso ajuizou nova demanda, em sede de juizado especial federal, buscando a condenação da União no valor de vinte mil reais, a título de danos morais, em razão dos mesmos fatos que deram ensejo à sua demissão.

Nessa situação hipotética, os dois processos

A) deverão ser reunidos na vara federal comum, para que se evitem decisões contraditórias, ainda que não haja conexão pela causa de pedir.

B) poderão ser reunidos apenas se o juiz da vara federal entender que a reunião não comprometerá a razoável duração do primeiro processo.

C) não deverão ser reunidos, e o processo distribuído ao juizado especial federal deverá ser extinto sem resolução do mérito.

D) não poderão ser reunidos para julgamento conjunto, e, por esse motivo, não haverá modificação de competência.

E) deverão ser reunidos, em razão da conexão pela causa de pedir, salvo se um deles já houver sido sentenciado.

COMENTÁRIOS

✪ **Notas do autor:** em consonância com o art. 55, caput, do CPC, reputam-se conexas duas ou mais ações quando lhes for comum o pedido ou a causa de pedir. Tratam-se estas de hipóteses mínimas de conexão, pois também poderá ocorrer em outras situações. Verificada a ocorrência de conexão entre duas ou mais ações, impõe-se a reunião dos processos para julgamento conjunto (art. 55, § 1º), desde que presentes os seguintes requisitos: i) o juízo for absolutamente competente para todas as ações; ii) houver conexidade suficiente entre as demandas, que justifique a reunião dos processos; iii) uma das ações não houver sido sentenciada; iv) que o procedimento seja adequado. Tem-se, ainda, a possibilidade de reunião de processos, ainda que não haja conexão entre eles, quando existir o risco de prolação de decisões conflitantes ou contraditórias caso decididos separadamente (art. 55, § 3º). A reunião dos processos ocorrerá em favor do juízo prevento, observando-se o que dispõe o art. 59, no sentido de que o registro ou a distribuição da petição inicial torna prevento o juízo.

Alternativa correta: letra D. Como foi dito nas notas, a reunião dos processos exigirá que o juízo seja absolutamente competente para o julgamento das demandas. No problema proposto, tem-se que uma ação tramita perante a Vara Federal, enquanto a outra perante o Juizado Especial Federal, que tem competência absoluta. Tais processos não poderão ser reunidos para julgamento conjunto. No primeiro caso, por tratar a demanda de demissão de servidor público civil, tem-se a inviabilidade de que tramite perante o Juizado Especial da Fazenda Pública (art. 3º, § 1º, IV da Lei nº 10.259/2001); no segundo caso, a demanda obrigatoriamente deverá tramitar perante o Juizado Especial Federal, por se tratar de pedido de valor inferior a sessenta salários mínimos e não incidir qualquer causa de exclusão da competência. Assim, como a competência dos Juizados Especiais Federais é absoluta, tem-se a inviabilidade de reunião dos processos. Exclui automaticamente as demais alternativas.

4. MEDIAÇÃO

09. (Cespe – Procurador BACEN/2013) Considerando a importância dos meios alternativos de resolução de conflitos como forma de diminuir os processos judiciais e de garantir a celeridade da resolução da controvérsia, inclusive para as hipóteses que envolvam interesse da administração pública federal, e tendo em vista, ainda, a correta representação judicial de agentes públicos, assinale a opção correta.

a) A câmara de conciliação e arbitragem não tem competência para promover a celebração de termo de ajustamento de conduta nos casos submetidos à conciliação.

b) A autorização conferida à Advocacia-Geral da União para representação judicial dos titulares de cargos de direção e assessoramento superiores por atos praticados no exercício de suas atribuições constitucionais, legais ou regulamentares, no interesse público, abrange a possibilidade de impetração de habeas corpus e de mandado de segurança.

c) Para obter dos órgãos e entidades da administração pública federal informações para subsidiar sua atuação, a câmara de conciliação e arbitragem deverá solicitar a intervenção do advogado-geral da União.

d) A competência da câmara de conciliação e arbitragem para a conciliação de controvérsias de natureza jurídica entre os órgãos e entidades públicas da administração pública federal não se estende aos conflitos já judicializados.

e) Não obtida a conciliação, a câmara de conciliação e arbitragem deverá propor ao advogado-geral da União o arbitramento da controvérsia de natureza jurídica estabelecida entre os órgãos e entidades públicas da administração pública federal.

COMENTÁRIOS

✪ **Nota do autor:** a Lei nº 13.140/2015 tratou da mediação entre particulares e da autocomposição dos conflitos da administração pública.

Alternativa correta: letra "b". Em conformidade com a Lei nº 9.028/1995, art. 22, é permitida à AGU e os seus órgãos vinculados, representar judicialmente os titulares e os membros dos Poderes da República, das Instituições Federais referidas no Título IV, Capítulo IV, da Constituição, bem como os titulares dos Ministérios e demais órgãos da Presidência da República, de autarquias e fundações públicas federais, e de cargos de natureza especial, de direção e assessoramento superiores e daqueles efetivos, inclusive promovendo ação penal privada ou representando perante o Ministério Público, quando vítimas de crime, quanto a atos praticados no exercício de suas atribuições constitucionais, legais ou regulamentares, no interesse público, especialmente da União, suas respectivas autarquias e fundações, ou das Instituições mencionadas, podendo, ainda, quanto aos mesmos atos, impetrar **habeas corpus** e mandado de segurança em defesa dos agentes públicos de que trata este artigo.

Alternativa "a". Errada. A Câmara de Conciliação e Arbitragem da Administração Federal (CCAF) foi instituído pelo Ato Regimental nº 5, de 27 de setembro de 2007, posteriormente alterado. Sua estrutura está definida pelo Decreto nº 7.392, de 13 de dezembro de 2010, que teve a sua redação alterada pelo Decreto nº 7.526, de 15 de julho de 2011. Em conformidade com o art. 18, compete à Câmara de Conciliação e Arbitragem da Administração Federal, entre outras atribuições, (inciso V) promover, quando couber, a celebração de Termo de Ajustamento de Conduta nos casos submetidos a procedimento conciliatório.

Alternativa "c". Errada. Nos termos do mesmo artigo 18, a Câmara de Conciliação e Arbitragem da Administração Federal requisitará as informações, sem necessidade de intervenção do advogado-geral da União.

Alternativa "d". Errada. A competência se estende aos conflitos já judicializados, nos casos remetidos pelos Ministros dos Tribunais Superiores e demais membros do Judiciário, ou por proposta dos órgãos de direção superior que atuam no contencioso judicial;

Alternativa "e". Errada. A proposta deve ser feita ao Consultor-Geral da União (art. 18, VI).

5. PRESSUPOSTOS PROCESSUAIS

10. (Cespe – Juiz de Direito Substituto – AM/2016) A respeito da ação e dos pressupostos processuais, assinale a opção correta.

a) Segundo a teoria da asserção, a análise das condições da ação é feita pelo juiz com base nas alegações apresentadas na petição inicial.

b) Na ação de alimentos contra o pai, o menor de dezesseis anos de idade tem legitimidade para o processo, mas não goza de legitimidade para a causa.

c) O direito a determinada prestação jurisdicional se esgota com o simples exercício do direito de ação.

d) Conforme a teoria concreta da ação, o direito de agir é autônomo e independe do reconhecimento do direito material supostamente violado.

e) Na hipótese de legitimidade extraordinária, a presença e a higidez dos pressupostos processuais serão examinadas em face da parte substituída.

COMENTÁRIOS

✪ **Nota do autor:** a questão trata dos institutos processuais das condições da ação e dos pressupostos processuais.

Alternativa Correta: letra A. Em conformidade com a teoria da asserção, a análise da presença das condições da ação ocorrerá assim que se iniciar o processo. Posteriormente, a falta de uma das condições da ação não acarretará a extinção sem a análise de mérito, mas a própria improcedência (e, portanto, sentença com resolução do mérito).

Alternativa Incorreta: letra B. Diferentemente do que está registrado, na ação de alimentos contra o pai, o menor de dezesseis anos tem legitimidade para a causa, posto que é titular da relação jurídica existente, sendo credor dos alimentos, com dever de pagamento imposto pela lei ao pai. De outro lado, o filho que possui dezesseis anos carece de legitimação processual, pois necessitará da assistência de outro genitor para a propositura da ação. A legitimação processual também é um pressuposto processual e demanda a análise específica e individualizada, sendo que, no caso, existe em razão da necessidade de assistência do *relativamente incapaz*.

Alternativa Incorreta: letra C. O direito a determinada prestação jurisdicional não se esgota simplesmente com o exercício do direito de ação, mas com a própria entrega da decisão de mérito justa e efetiva.

Alternativa Incorreta: letra D. A teoria concreta assegurou a autonomia do direito de ação, mas não a sua independência, pois considerava que o direito dependia do direito material.

Alternativa Incorreta: letra E. Na hipótese de legitimidade extraordinária, a presença dos pressupostos processuais será examinada tendo em vista a pessoa do substituto, e não do substituído, conforme afirmado.

11. (Cespe – Promotor de Justiça – TO/2012) Assinale a opção correta com referência à capacidade processual.

a) A incapacidade processual superveniente implica a imediata extinção do processo.

b) A incapacidade processual não sanada pelo autor após a oportunidade para fazê-lo é caso de nulidade do processo.

c) Para se ter legitimidade como parte é necessário ter capacidade processual.

d) Para se ter capacidade processual é necessário ter capacidade postulatória.

e) O membro do MP poderá ingressar com ação em nome do interdito a quem tenha sido nomeado curador.

COMENTÁRIOS

✪ **Nota do autor:** a questão trata da capacidade processual, pressuposto processual que consiste na aptidão para a prática de atos no processo.

Alternativa correta: letra "b". A incapacidade processual é um vício sanável e o CPC adota a regra da sanabilidade dos vícios como regra, independentemente de sua gravidade. Assim, a parte deverá ser intimada para saná-lo e, se não o fizer, o processo será extinto sem resolução do mérito (art. 485 CPC). Poderá ser sanado independentemente da fase do processo, ainda que se encontre nos Tribunais Superiores para julgamento de recurso, o que acarreta uma modificação significativa na jurisprudência (defensiva).

Alternativa "a". Errada. A incapacidade processual superveniente não implica na imediata extinção do processo. Pelo contrário, deverá a parte ser intimada para sanar o vício.

Alternativa "c". Errada. Para se ter legitimidade como parte, há de ser verificada a pertinência subjetiva entre a parte e a relação jurídica existente.

Alternativa "d". Errada. Capacidade processual e capacidade postulatória não se confundem. Capacidade processual equipara-se a capacidade para agir. Agora, para anto, também é necessária a capacidade postulatória, esta exclusiva do advogado.

Alternativa "e". Errada. Sendo nomeado curador ao interdito, competirá a este promover a ação para as defesas do interdito, e não o Ministério Público.

12. (Cespe – Defensor Público – TO/2013) Com relação à representação processual, assinale a opção correta.

a) O menor de dezesseis anos de idade órfão de pai e mãe deve ser representado em juízo por seu curador.

b) Em juízo, o condomínio é representado pelo síndico ou pelo administrador.

c) Os estados e os municípios são representados em juízo pelos respectivos chefes do Poder Executivo.

d) O espólio de pessoa casada será representado em juízo pelo cônjuge supérstite e o de pessoa solteira ou viúva, por qualquer dos herdeiros legítimos, observada a ordem de vocação hereditária.

e) Independentemente de previsão contratual, a sociedade limitada pode ser representada, em juízo, por qualquer dos seus sócios proprietários.

COMENTÁRIOS

✪ **Nota do autor:** a questão trata da representação processual.

Alternativa correta: letra "b". Em conformidade com o art. 75, XI, o condomínio será representado pelo síndico ou pelo administrador.

Alternativa "a". Errada. O menor de dezesseis anos deverá ser representado em juízo por seu tutor.

Alternativa "c". Errada. Os Estados serão representados por seus procuradores. E os Municípios por seus prefeitos ou procuradores.

Alternativa "d". Errada. O espólio será representado pelo seu inventariante.

Alternativa "e". Errada. A sociedade será representada por quem os seus atos constitutivos fizerem previsão.

13. (Cespe – Juiz de Direito Substituto – MA/ 2013) Com relação aos pressupostos processuais, à legitimação ad causam e à representação em juízo nas ações coletivas, assinale a opção correta.

a) O ajuizamento da ação coletiva pelas entidades legalmente autorizadas configura legitimação concorrente e disjuntiva, ou seja, qualquer legitimado pode ajuizar a ação, independentemente dos outros, sem prevalência alguma entre eles.

b) A legitimação extraordinária conferida pela CF aos sindicatos, nas ações coletivas em defesa de direitos individuais homogêneos, no interesse da categoria, não se estende à execução do julgado, devendo o sindicato, para tanto, obter a autorização expressa de cada filiado interessado.

c) No mandado de segurança coletivo impetrado na defesa dos interesses da categoria, o sindicato atua como substituto processual, mas, mesmo assim, é indispensável, para o ajuizamento da ação, a autorização expressa dos filiados.

d) Para a configuração da legitimação ad causam da entidade de classe no que se refere ao ajuizamento de ação coletiva, é prescindível a pertinência temática.

COMENTÁRIOS

✪ **Nota do autor:** a questão trata dos pressupostos processuais (que podem ser de existência ou de validade da relação processual), legitimação ad causam e representação em juízo nas ações coletivas.

Alternativa correta: letra "a". As ações coletivas podem ser ajuizadas por aqueles que forem indicados na lei, por se tratar de situação de substituição processual.

Alternativa "b". Errada. De acordo com orientação do STJ, a legitimação se estende também à execução do julgado, independentemente da autorização de cada filiado.

Alternativa "c". Errada. Não há necessidade de autorização expressa dos filiados para o ajuizamento do mandado de segurança coletivo (art. 21 da Lei 12.016/2009).

Alternativa "d". Errada. As entidades de classe devem guardar pertinência temática, ou seja, o objetivo almejado na ação coletiva deve corresponder àquele da entidade.

---

14. (Cespe – Juiz de Direito Substituto – MA/ 2013) Assinale a opção correta no que se refere à capacidade processual, à representação das partes em juízo e à capacidade postulatória.

a) A capacidade postulatória decorre da legitimação para a causa.

b) A capacidade postulatória é exercida exclusivamente pelo advogado regularmente inscrito na OAB e pelos membros do MP.

c) Ente sem personalidade jurídica pode ter capacidade processual.

d) São nulos e insuscetíveis de regularização os atos processuais praticados por advogado excluído dos quadros da OAB.

COMENTÁRIOS

✪ **Nota do autor:** a questão trata da capacidade processual e postulatória, bem como da representação das partes em juízo.

Alternativa correta: letra "c". Um ente sem personalidade jurídica pode estar em juízo, como ocorre, por exemplo, com a massa falida.

Alternativa "a". Errada. A capacidade postulatória não decorre da legitimação para a causa.

Alternativa "b". Errada. Em situações excepcionais, admite-se a dispensa da presença do advogado, como ocorre, por exemplo, nas ações de alimentos.

Alternativa "d". Errada. Praticado um ato processual por advogado excluído dos quadros da OAB, admite-se que o mesmo seja sanado (art. 76 do CPC).

---

15. (Cespe – Procurador BACEN/2013) Considere que tenha sido distribuída a determinado juízo cível ação de indenização por danos morais proposta por Mário contra Paulo e, após verificar a regularidade e a existência das condições da ação e pressupostos processuais, o juiz tenha determinado a citação da parte requerida. Com base nessa situação hipotética, assinale a opção correta.

a) Se a ação de indenização por danos morais tivesse sido proposta contra a fazenda pública, o prazo para defesa seria computado em dobro.

b) Caso Paulo seja regularmente citado por oficial de justiça e não apresente defesa no prazo legal, e, em seguida, o autor emende a inicial para incluir novo pedido, a emenda deverá ser recebida sem necessidade de nova citação ou de concordância de Paulo, dada a configuração da revelia.

c) Realizados, sem êxito, atos de diligência pelo oficial de justiça para a localização de Paulo, a citação por hora certa prescinde de determinação do juiz.

d) Se Mário fosse menor incapaz, a ação teria de ser proposta por seu representante legal e Paulo não poderia reconvir para postular direito que julgasse ter contra Mário.

e) Regularmente citado, Paulo poderá apresentar contestação e reconvenção, em peças autônomas, ainda que em datas diferentes, desde que respeitado o prazo previsto para defesa.

COMENTÁRIOS

✪ **Nota do autor:** a questão trata de diversos institutos, como a capacidade processual, defesa do réu e ato processual.

Alternativa correta: letra "c". A citação com hora certa não necessita de determinação do juiz. Verificando o oficial de justiça que o réu se oculta para não ser encontrado, deverá, de ofício, promover o ato.

Alternativa "a". Errada. De acordo com o CPC de 1973, o prazo processual para a fazenda pública oferecer resposta era contado em quádruplo. Havendo outro litisconsorte passivo com, naturalmente, procurador diverso, o prazo, ainda assim, para a fazenda pública, seria contado em quádruplo. No CPC, contudo, a fazenda pública terá prazo em dobro para a prática de todo e qualquer ato processual.

Alternativa "b". Errada. Havendo emenda depois de ter sido o réu citado, deverá ser promovida nova citação.

Alternativa "d". Errada. A ação deve ser proposta pelo próprio incapaz, devidamente representado.

Alternativa "e". Errada. No que tange à resposta do réu, o CPC 2015 promoveu a uma significativa simplificação. Sendo assim, deverá, na mesma peça (e não mais de forma separada), apresentar a sua contestação e reconvenção. Se optar por não contestar, poderá apenas reconvir. Em suma: a reconvenção não será apresentada em peça separada.

6. COMPETÊNCIA

---

16. (Cespe – Juiz de Direito Substituto – PA/ 2012) Caso determinado juiz acate a incompetência absoluta alegada pela parte ré após a audiência de instrução e julgamento, então, nessa hipótese,

a) deve ser aplicada à parte ré multa de até 10% do valor da causa.
b) o juiz deve declarar de ofício a nulidade de todos os atos praticados.
c) o juiz deve suspender o processo de imediato e ouvir o juízo indicado como competente.
d) não seria adequada a extinção do processo por ausência de condições da ação.
e) o juiz deve suscitar ao tribunal o conflito de competência.

COMENTÁRIOS

✪ **Nota do autor:** a incompetência absoluta deverá ser alegada como preliminar de contestação, aliás, como também deverá ocorrer em relação à incompetência relativa. No entanto, há diferença importante entre as duas situações pois, enquanto a incompetência absoluta poderá ser alegada a qualquer tempo, a relativa, se não alegada na contestação, não poderá ser posteriormente indicada, em decorrência da automática prorrogação de competência.

Alternativa correta: letra "d". Reconhecendo a incompetência absoluta, deverá o magistrado determinar o encaminhamento dos autos ao Juízo competente e não extinguir o processo. Deve ser lembrado a norma fundamental segundo a qual deve haver o esforço para o julgamento do mérito do processo.

Alternativa "a". Errada. Não há previsão da aplicação da multa nesse sentido.

Alternativa "b". Errada. Nos termos do art. 64, § 4º, do CPC, "salvo decisão judicial em sentido contrário, conservar-se-ão os efeitos de decisão proferida pelo juízo incompetente até que outra seja proferida, se for o caso, pelo juízo competente". Portanto, não há nulidade automática.

Alternativa "c". Errada. Alegada a incompetência absoluta, a parte contrária deverá ser ouvida e, posteriormente, acolhendo a matéria, deverão os autos serem encaminhados ao juízo competente.

Alternativa "e". Errada. O juiz não deve suscitar o conflito, mas decidir a respeito da alegada incompetência absoluta. Porém, tal conflito poderá ser suscitado pelo juízo que receber os autos.

---

17. (Cespe – Juiz Federal Substituto 5ª região/2013) Em relação à competência, assinale a opção correta.

a) O STJ não admite a existência de conexão entra a ação de execução fiscal, com ou sem embargos, e a ação anulatória de débito fiscal.
b) De acordo com o princípio kompetenz kompetenz, é correto afirmar que o órgão jurisdicional, mesmo sem competência, tem jurisdição.
c) O juiz declarará nula a cláusula de eleição de foro, determinando a remessa do processo ao foro do domicílio do réu, somente nos casos de contrato de adesão firmado no âmbito consumerista.
d) A alegação da competência absoluta pode ser realizada de diversas formas, exceto mediante exceção de incompetência.
e) Segundo o entendimento dominante no STJ, a simples presença de indígena como parte na demanda é o suficiente para assegurar a competência da justiça federal.

COMENTÁRIOS

✪ **Nota do autor:** a competência é a delimitação da jurisdição.

Alternativa correta: letra "b". Pelo princípio kompetenz kompetenz, o juiz é o primeiro a analisar a sua própria competência. Ou seja, ele tem competência para analisar a própria competência.

Alternativa "a". Errada. Ao contrário do afirmado, o Superior Tribunal de Justiça admite a conexão entre a execução fiscal e a ação anulatória de débito fiscal. Tal fato se justifica na medida em que há relação direta entre tais ações. A propósito, vide a seguinte ementa: "PROCESSO CIVIL. EXECUÇÃO FISCAL. AÇÃO ANULATÓRIA DE DÉBITO FISCAL. CONEXÃO. JULGAMENTO SIMULTÂNEO. COMPETÊNCIA. Havendo conexão entre execução fiscal e ação anulatória de débito fiscal, impõe-se a reunião dos processos, de modo a evitar decisões conflitantes; espécie em que, ajuizada primeiro a execução fiscal, o respectivo juízo deve processar e julgar ambas as ações. Agravo regimental não provido. (AgRg no AREsp 129.803/DF, Rel. Ministro ARI PARGENDLER, PRIMEIRA TURMA, julgado em 06/08/2013, DJe 15/08/2013)". Reconhecida a conexão, haverá a reunião dos processos. Porém, isso somente ocorrerá se o juízo for competente para ambas as ações. Vide também: "PROCESSUAL CIVIL. AGRAVO REGIMENTAL. TRIBUTÁRIO. EXECUÇÃO FISCAL E AÇÃO ANULATÓRIA. CONEXÃO. NÃO APLICAÇÃO. EXISTÊNCIA DE VARA ESPECIALIZADA EM RAZÃO DA MATÉRIA. COMPETÊNCIA ABSOLUTA. 1. "A reunião de ações, por conexão, não é possível quando implicar em alteração de competência absoluta" (AgRg no Ag 1385227/MS, Rel. Ministro BENEDITO GONÇALVES, PRIMEIRA TURMA, DJe de 26.10.2012). 2. Agravo regimental não provido. (AgRg no REsp 1463148/SE, Rel. Ministro MAURO CAMPBELL MARQUES, SEGUNDA TURMA, julgado em 02/09/2014, DJe 08/09/2014)". Da mesma forma o CPC de 2015, conforme se vê do art. 55, § 2º do CPC 2015.

Alternativa "c". Errada. Em conformidade com o art. 63, § 3º, do CPC, "antes da citação, a cláusula de eleição de foro, se abusiva, pode ser reputada ineficaz de ofício pelo juiz, que determinará a remessa dos autos ao juízo do foro de domicílio do réu". Como se vê, não se trata de hipótese restrita aos contratos ligados ao direito do consumidor.

Alternativa "d". Errada. A incompetência absoluta, assim como a relativa, de acordo com o CPC, deverá ser alegada como preliminar de contestação. Essa regra, contudo, não impede que a parte alegue a incompetência absoluta posteriormente.

Alternativa "e". Errada. A simples presença do indígena não é suficiente para que se fixe a competência da Justiça Federal. A propósito: AGRAVO REGIMENTAL NO CONFLITO DE COMPETÊNCIA. AÇÃO INDENIZATÓRIA. MORTE DE INDÍGENA DECORRENTE DE ACIDENTE DE TRÂNSITO. SÚMULA 140/STJ. INCIDÊNCIA. COMPETÊNCIA DA JUSTIÇA COMUM ESTADUAL. 1. Compete à Justiça federal processar e julgar as causas referentes a disputa sobre direitos indígenas, entre eles a organização social dos índios, seus costumes, línguas, crenças e tradições, além dos direitos sobre as terras que tradicionalmente ocupam, conforme o disposto nos arts. 109, XI, e 231 da Constituição Federal. 2. Desse modo, verifica-se que é necessária uma efetiva lesão ou ameaça aos direitos indígenas coletivamente considerados. 3. No entanto, a hipótese em discussão se trata de pedido de indenização por danos morais e materiais decorrentes da morte de índio num acidente de trânsito. 4. Aplica-se, portanto, o disposto na Súmula nº 140/STJ: "Compete à Justiça Comum Estadual processar e julgar crime em que o indígena figure como autor ou vítima". 5. Agravo regimental não provido. (AgRg no CC 133.565/MS, Rel. Ministro RICARDO VILLAS BÔAS CUEVA, SEGUNDA SEÇÃO, julgado em 24/06/2015, DJe 01/07/2015).

18. (Cespe – Juiz Substituto da Justiça Militar da União – STM/2013) Em razão de seu carro ter sido abalroado por dois veículos, um com o logotipo do DF e outro com o do Ministério da Fazenda, Aldo propôs, na justiça federal, demanda contra o DF e contra a União, pleiteando a condenação solidária dos réus ao pagamento do valor de oitenta salários mínimos, correspondente ao prejuízo por ele sofrido com o acidente sendo esse o valor dado à causa. Na audiência de instrução e julgamento, o DF informou que o carro com o logotipo do Ministério da Fazenda lhe havia sido doado e era dirigido por um servidor do governo distrital. Sustentou, ainda, não ter havido culpa do servidor. Aldo, então, à vista da contestação, desistiu da ação contra a União, que, por erro cartorário, não havia sido citada. O juiz homologou o pedido de desistência, prosseguiu na instrução e julgou procedente o pedido contra o DF, condenando-o a pagar a Aldo a quantia equivalente a quarenta salários mínimos, valor dos danos efetivamente apurados.

Nessa situação hipotética,

a) o juiz deveria enviar os autos ao tribunal regional federal competente para o reexame necessário.

b) o juiz, ao verificar o valor dos danos, deveria remeter os autos para o juizado especial federal, que tem competência absoluta para julgamento de causas até quarenta salários mínimos.

c) o juiz agiu corretamente ao prosseguir no processo, pois, no caso, aplica-se o princípio da perpetuatio jurisdicionis.

d) o juiz não poderia homologar o pedido de desistência da ação contra a União, já que não houve anuência da ré.

e) o juiz deveria homologar a desistência da ação contra a União e remeter os autos ao Tribunal de Justiça do Distrito Federal e Territórios.

COMENTÁRIOS

✪ **Nota do autor:** a competência da Justiça Federal está restrita às hipóteses indicadas no art. 109 da Constituição Federal. Sem prejuízo, há hipóteses de delegação da competência para a Justiça Estadual, como ocorre, por exemplo, com as ações previdenciárias, se o domicílio do autor não contar com Vara da Justiça Federal. A Lei 5.010/66, art. 15, I, também previa uma hipótese de delegação, ao permitir que as execuções fiscais promovidas pela União tramitassem perante a Justiça Estadual, se o local não contasse com Vara da Justiça Federal, sendo que o dispositivo foi revogado. Por esse motivo, as execuções fiscais promovidas pela União deverão, sempre, serem ajuizadas perante a Justiça Federal. O CPC também contém uma hipótese de delegação da competência, prevista no § 4º do art. 381: "O juízo estadual tem competência para produção antecipada de prova requerida em face da União, de entidade autárquica ou de empresa pública federal se, na localidade, não houver vara federal".

Alternativa correta: letra "e". Sendo julgada a demanda em face da União e de outro ente, a competência será da Justiça Federal. Compete exclusivamente ao juízo federal a análise da existência de interesse da União no feito. Sendo assim, se há exclusão da União do feito, quer por vontade das partes, quer por decidir o juiz nesse sentido, a competência deixa de ser da Justiça Federal e passa para a Justiça Estadual. Exclui automaticamente as demais alternativas.

19. (Cespe – Juiz de Direito Substituto – PI/ 2012) Acerca de competência, assinale a opção correta.

a) A competência para o julgamento da ação de interdição é o foro do domicílio do interditando, de forma que, se este mudar de domicílio, o processo deverá ser deslocado.

b) A superveniente criação de vara federal no município onde tenha sido ajuizada e julgada a ação, na época da execução do julgado, não acarretará nova fixação de competência.

c) Se, ajuizada a ação de alimentos, o filho menor do autor mudar de domicílio, haverá, por força de lei, modificação da competência de foro.

d) Caso o réu cujo domicílio tenha servido de base para fixação da competência seja julgado parte ilegítima, impor-se-á o reconhecimento da incompetência do juízo.

e) Intervindo a União, como assistente, em ação indenizatória em curso na justiça estadual, em fase de liquidação, a competência se deslocará para o foro federal.

COMENTÁRIOS

✪ **Nota do autor:** a questão trata do instituto da competência, com várias regras pertinentes.

Alternativa correta: letra "e". Havendo interesse da União em intervir como assistente, ainda que na fase de liquidação, haverá o deslocamento da competência para a Justiça Federal. Esse deslocamento não ocorrerá, contudo, se for o caso de intervenção anômala ou anódina, aquela prevista no art. 5º, da Lei 9.469/1997.

Alternativa "a". Errada. Uma vez fixada a competência, as alterações de fato deverão ser desconsideradas para fins de modificação de competência. Trata-se do princípio da perpetuatio jurisdicionis, encampado no art. 43 do CPC, que é excepcionado nos casos de ações que tramitem perante a Vara da Infância e da Juventude, se o superior interesse da criança o justificar, como decorrência da aplicação do princípio do juízo imediato (art. 147, I e II do ECA).

Alternativa "b". Errada. Alterada regra de competência absoluta, como ocorreu na hipótese, pois houve a criação de Vara da Justiça Federal na localidade, deverá haver o deslocamento da ação.

Alternativa "c". Errada. A modificação do estado de fato não importará no deslocamento da competência.

Alternativa "d". Errada. Uma vez distribuída a petição inicial, fixa-se a competência para o julgamento. Se o réu for considerado parte ilegítima, ainda assim, não haverá o deslocamento para outro juízo.

20. (Cespe - Juiz de Direito Substituto - CE/ 2012) Acerca da modificação de competência pela conexão, assinale a opção correta.

a) Conexão entre causas distintas não gera conexão entre os recursos interpostos.

b) Esse fato deve ser alegado por meio de exceção de incompetência.

c) A alegação de conexão suspende o prazo para o oferecimento de contestação.

d) Acolhida a alegação, os autos devem ser remetidos ao juiz competente.

e) Tal modificação deve ser alegada pelas partes, podendo o juiz conhecê-la de ofício.

COMENTÁRIOS

✪ **Nota do autor:** a conexão entre duas ou mais ações decorre da existência de uma ligação entre elas. A lei se refere à comunhão entre o pedido ou a causa de pedir (art. 55), mas essas são hipóteses mínimas de conexão. Ocorrendo a conexão entre duas demandas, verifica-se se é possível a reunião dos processos para julgamento conjunto ou se uma das demandas pode ser suspensa aguardando-se o julgamento da outra.

Alternativa correta: letra "e". A conexão poderá importar na reunião dos processos para julgamento conjunto. Nesse caso, deverão ser observadas as seguintes regras: a) juízo com competência absoluta para julgamento das duas demandas; b) não ter sido proferida sentença em uma delas; e, c) conexão suficiente para justificar tal reunião. Assim ocorrendo, será possível a reunião dos processos, que se fará em prol do juízo prevento, que será aquele em que ocorrer o registro ou a distribuição da petição inicial em primeiro lugar (art. 59 CPC). A conexão poderá ser alegada pela parte ou mesmo conhecida de ofício pelo juiz. O interesse no julgamento conjunto advém principalmente pelo fato de serem evitadas decisões contraditórias.

Alternativa "a". Errada. É possível que haja a conexão entre os recursos interpostos, a justificar eventualmente o julgamento conjunto.

Alternativa "b". Errada. A existência de conexão será alegada como preliminar de contestação.

Alternativa "c". Errada. Não haverá tal suspensão.

Alternativa "d". Errada. Acolhida a alegação de conexão, deverá o juiz verificar se é o caso de reunião de processos para julgamento conjunto. Sendo positiva a resposta, deverá a ação ser encaminhada para o juízo prevento. A regra de prevenção, no CPC de 2015, está prevista no art. 59, segundo o qual: "O registro ou a distribuição da petição inicial torna prevento o juízo".

21. (Cespe – Defensor Público – RR/2013) No que concerne à competência no processo civil, assinale a opção correta.

a) Conforme entendimento sumulado pelo STJ, prevalece o conflito de competência ainda que exista sentença transitada em julgado proferida por um dos juízos conflitantes.

b) O conflito de competência poderá ser suscitado pelo MP, ainda que esse intervenha no processo apenas como fiscal da lei.

c) A regra da perpetuação da competência concorre para que o processo seja itinerante.

d) Em caso de ações conexas que correm perante juízos com a mesma competência territorial, a prevenção será determinada pela data da primeira distribuição.

e) A reunião dos processos, em caso de conexão, não pode ser determinada de ofício pelo magistrado, por envolver regra de modificação de competência de foro, de natureza relativa.

COMENTÁRIOS

✪ **Nota do autor:** a examinadora se utiliza de muitas questões sobre a competência e a sua solução depende do conhecimento da jurisprudência resultante de julgados do STJ.

Alternativa correta: letra "b". O Ministério Público, consoante o CPC 2015, agirá como fiscal da ordem jurídica, em uma indicação mais aproximada ao seu papel previsto na Constituição Federal. Atuando como tal, o MP poderá também suscitar o conflito de competência.

Alternativa "a". Errada. Consoante a Súmula 59 do STJ, não há conflito de competência se já existe sentença com trânsito em julgado, proferida por um dos juízos conflitantes.

Alternativa "c". Errada. A perpetuação da competência justamente para o que o processo se estabilize em um determinado juízo e não seja itinerante.

Alternativa "d". Errada. O CPC alterou a questão da fixação do juízo prevento. Enquanto o CPC de 1973 fazia distinção se os juízos eram ou não de mesma competência territorial, o CPC 2015 fez previsão de uma única regra, consoante se vê do art. 59: "O registro ou a distribuição da petição inicial torna prevento o juízo".

Alternativa "e". Errada. A reunião dos processos poderá ser determinada de ofício pelo juízo, quando for reconhecida a conexão. Trata-se de regra que tem a finalidade de evitar a existência de sentenças conflitantes.

22. (Cespe – Juiz de Direito Substituto – MA/ 2013) No que se refere à competência, cabe à justiça estadual

a) julgar, como foro optativo, as causas trabalhistas ajuizadas por servidor público municipal com vínculo empregatício conforme a CLT, mesmo que na localidade funcione vara da justiça do trabalho.

b) julgar as ações de execução fiscal de tributo federal, nas comarcas do interior, quando não houver, na localidade do foro competente, vara da justiça federal.

c) exercer a competência eleitoral quando não houver, na localidade do foro competente, vara da justiça federal.

d) julgar, por delegação constitucional, as ações previdenciárias ajuizadas nas comarcas do interior.

COMENTÁRIOS

✪ **Nota do autor:** a competência da justiça estadual é residual, ou seja, será para aqueles casos que não são de competência das demais.

Alternativa correta: letra "b". O art. 15, I, da Lei 5.010/1966, fazia previsão de uma hipótese de delegação da competência da Justiça Federal para a Estadual, qual seja, de que, se o domicílio do executado não for sede da Federal, a execução fiscal tramitaria perante a Justiça Estadual. Porém, o inciso foi revogado, de modo que está cessada a delegação da competência. Em resumo: execução fiscal proposta pela União sempre tramitará perante a Justiça Federal, salvo aqueles casos que já tramitavam perante a Justiça Estadual, pois lá continuarão. Assim, atualmente, a assertiva estaria incorreta.

Alternativa "a". Errada. As ações trabalhistas obrigatoriamente serão julgadas pela Justiça do Trabalho.

Alternativa "c". Errada. A competência eleitoral será exercida pelo Juiz Eleitoral que, via de regra, será escolhido entre os Juízes estaduais.

Alternativa "d". Errada. A Justiça Estadual julgará as ações previdenciárias se, unicamente, a comarca não for sede da Justiça Federal.

23. (Cespe – Juiz Substituto da Justiça Militar da União – STM/2013) A água escoada em decorrência do rompimento da tubulação da rede de água do município X causou o desmoronamento de parte do muro que cercava a casa de João, danificou, ao alagar a sala da casa de Maria, sua televisão e seu sofá e inundou o quintal da casa de Pedro, o que provocou a morte, por afogamento, de seu cachorro. Considerando a situação hipotética acima, assinale a opção correta.

a) Formado o litisconsórcio entre João, Maria e Pedro, o município, réu na ação, não poderá solicitar ao juiz a separação dos processos por ser o litisconsórcio, no caso, irrecusável.

b) Formado o litisconsórcio entre João, Maria e Pedro, se for julgado procedente o pedido de João e improcedentes os pedidos de Maria e Pedro, na hipótese de Pedro recorrer, o provimento do recurso aproveitará à Maria.

c) Propostas as demandas de João, Maria e Pedro em juízos separados, poderá haver a reunião dos respectivos processos em um só juízo para julgamento conjunto.

d) Por não haver identidade entre os danos, não poderá ser formado litisconsórcio entre João, Maria e Pedro.

e) A formação do litisconsórcio entre João, Maria e Pedro é obrigatória, dado que a sentença deverá ser idêntica para as partes – mesmo fundamento de fato – e tendo em vista a responsabilidade objetiva da empresa de água, prestadora de serviço público – mesmo fundamento de direito.

COMENTÁRIOS

✪ **Nota do autor:** a questão trata dos institutos da competência, conexão e litisconsórcio.

Alternativa correta: letra "c". Propostas as demandas em juízos separados, é possível que seja determinada a reunião dos processos, uma vez que é flagrante a conexão entre as demandas. Tal medida proporcionará que não existam decisões conflitantes.

Alternativa "a". Errada. O litisconsórcio, no caso, é facultativo e não necessário. Dessa maneira, entendendo a parte que o número de litisconsortes poderá ser prejudicial, poderá requerer a limitação.

Alternativa "b". Errada. Na hipótese tem-se litisconsórcio simples e não unitário. Dessa maneira, não há necessidade de uniformidade da decisão e, consequentemente, o recurso por um interposto ao outro não aproveitará.

Alternativa "d". Errada. O litisconsórcio é viável, uma vez que há conexão entre as demandas (art. 113 do CPC).

Alternativa "e". Errada. Trata-se de hipótese de litisconsórcio facultativo.

24. (Cespe – Juiz Federal Substituto 2ª região/2013) Tendo em vista que a competência da justiça federal é definida pela CF e em leis especiais, assinale a opção correta.

a) Na ação civil pública ajuizada por autarquia federal com o objetivo de proteger bem imóvel público, o juízo competente será o juiz de primeiro grau da justiça estadual, se na localidade do imóvel não houver vara federal.

b) A delegação da competência da justiça federal à justiça estadual de primeiro grau, mesmo encontrando-se autorizada pela CF para outras situações, somente se tem observado com relação às causas previdenciárias.

c) A competência dos juizados especiais federais cíveis será absoluta em relação às causas em que a União seja parte como demandante ou demandada e que tenham valor de até sessenta salários mínimos.

d) O valor da causa, no litisconsórcio ativo, deve ser definido dividindo-se seu montante pelo número de autores para fins de definição de competência do juizado especial federal cível.

e) TRF, ao decidir, em agravo de instrumento, sobre a competência da justiça federal, não poderá pronunciar-se de modo diverso em grau de recurso de apelação na mesma ação.

COMENTÁRIOS

✪ **Nota do autor:** conforme já indicado, a competência da Justiça Federal está delimitada no art. 109 da Constituição Federal.

Alternativa correta: letra "d". A competência dos Juizados Especiais Federais é para ações de até sessenta salários mínimos. Para tanto, de acordo com orientação do Fórum Nacional dos Juizados Especiais Federais, deve ser levado em consideração o valor para cada um dos litisconsortes e não a quantia derivada da soma de todos eles.

Alternativa "a". Errada. A delegação da competência não alcança situações de ações que digam respeito a bens imóveis. Estas deverão ser ajuizadas perante a Justiça Federal.

Alternativa "b". Errada. Havia também essa delegação prevista para as execuções fiscais (art. 15, I, Lei 5.010/1966). Porém, essa hipótese foi revogada. O CPC contém situação de previsão de delegação para os casos de produção antecipada de prova, se a localidade não for sede de Justiça Federal.

Alternativa "c". Errada. A União não poderá funcionar como demandante nos Juizados Especiais Federais.

Alternativa "e". Errada. É possível que, em juízo sumário, o juiz não possa afastar a União da demanda, fato esse confirmado em sede de agravo, motivo pelo qual estará mantida a competência da Justiça Federal. Ocorre que, quando do julgamento do recurso de apelação, a causa estará melhor instruída e, diante dos elementos, é possível que o tribunal entenda não ser o caso de competência da Justiça Federal, por ser a União parte ilegítima.

25. (Cespe – Juiz Federal Substituto 1ª região/2013) Assinale a opção correta no que se refere à competência.

a) As ações acidentárias em que autarquia federal figure no polo passivo serão processadas e julgadas perante a justiça estadual apenas quando a comarca não for sede de justiça federal, cabendo ao respectivo tribunal regional federal o julgamento dos recursos interpostos.

b) Entendimento sumulado pelo STJ estabelece que compete primeiramente ao juiz estadual em cujo juízo tramita a ação decidir se há interesse da União a justificar a remessa dos autos à justiça federal, podendo ele indeferir o pedido quando não estiver acompanhado de fundamentação juridicamente razoável.

c) Perpetuada a jurisdição pela citação válida no processo, não é mais possível a posterior modificação da competência pela conexão.

d) Nas hipóteses de competência concorrente entre a justiça brasileira e a justiça estrangeira, o ajuizamento de ação perante a justiça nacional, quando já existente ação de mesma natureza em andamento no exterior e ainda não julgada, acarretará a litispendência a impedir que a autoridade judiciária brasileira conheça da mesma causa.

e) A justiça brasileira é competente para o processamento e julgamento de ação promovida contra réu domiciliado no Brasil, ainda que ambas as partes sejam comprovadamente estrangeiras.

COMENTÁRIOS

✪ **Nota do autor:** a questão trata do tema competência e de vários subitens pertinentes.

Alternativa correta: letra "e". Questiona-se se é admitida que determinado caso seja decidido pelo Judiciário estrangeiro, ou somente pelo brasileiro. A respeito, divide-se a jurisdição internacional em concorrente (quando se admite que a decisão estrangeira produza efeitos no Brasil) ou exclusiva (quando somente o Judiciário brasileiro poderá decidir a respeito). No primeiro caso, a decisão somente produzirá efeito no Brasil se devidamente homologada pelo Superior Tribunal de Justiça e ocorrerá nas hipóteses indicadas no art. 21 do CPC 2015, entre elas, se o réu, qualquer que seja a sua nacionalidade, estiver domiciliado no Brasil (inciso I).

Alternativa "a". Errada. As ações acidentárias serão processadas perante a Justiça Estadual, sendo ou não a localidade sede da Justiça Federal.

Alternativa "b". Errada. A análise da existência de interesse da União compete à Justiça Federal, a quem a ação deverá ser encaminhada.

Alternativa "c". Errada. A perpetuação da jurisdição, no CPC, não ocorrerá com a citação, mas com a distribuição (art. 59). E, mesmo que ocorrida a perpetuação, admite-se a modificação da competência pela conexão. Na verdade, não se trata propriamente de situação de modificação, mas de fixação de competência.

Alternativa "d". Errada. Na hipótese de competência concorrente, a existência de ação no estrangeiro não importará em litispendência, de modo que se admitirá a ação no território nacional. Para todos os fins, prevalecerá aquela que transitar em julgado em primeiro lugar. No caso da sentença estrangeira, ela somente produzirá efeitos depois de homologada pelo STJ.

---

26. (Cespe – Analista Judiciário – Área Judiciária – TJ – CE/2014) Assinale a opção correta a respeito da competência.

a) A competência em razão do valor é regida pelas normas estabelecidas na CF.

b) Compete à justiça estadual julgar causas entre consumidor e concessionárias de serviço público de telefonia, ainda que a Agência Nacional de Telecomunicações figure no polo passivo na qualidade de litisconsorte necessário, assistente ou opoente.

c) Ocorrerá a conexão sempre que houver identidade de partes ou da causa de pedir.

d) Admite-se a arguição de incompetência absoluta, por meio de exceção, mesmo após o trânsito em julgado da sentença.

e) A competência da justiça estadual é residual.

COMENTÁRIOS

✪ **Nota do autor:** a questão trata do instituto da competência e da conexão.

Alternativa correta: letra "e". A competência da justiça estadual é residual, de modo que prevalecerá se não houver outra regra especial.

Alternativa "a". Errada. A competência em razão do valor é regida pela lei processual.

Alternativa "b". Errada. Figurando a Agência Nacional de Telecomunicações no polo passivo, a competência será da Justiça Federal, pois aquela tem natureza jurídica de autarquia de natureza especial.

Alternativa "c". Errada. Ocorrerá a conexão quando lhes for comum o pedido ou a causa de pedir (art. 55 do CPC).

Alternativa "d". Errada. Após o trânsito em julgado, será possível arguir a incompetência absoluta exclusivamente por meio de ação rescisória, o que não ocorrerá com a incompetência relativa.

---

27. (Cespe – Procurador do Ministério Público junto ao TCDF/2013) Com referência aos parâmetros definidos no CPC para os procedimentos a serem realizados em razão de direito material de sujeito de direito, julgue os próximos itens.

Considere que um brasileiro tenha se casado com uma mulher argentina em solo francês e que ambos residam atualmente em Belo Horizonte. Caso queira divorciar-se, o brasileiro pode propor a ação de divórcio na jurisdição brasileira.

COMENTÁRIOS

✪ **Nota do autor:** Como dito acima, competirá exclusivamente ao Poder Judiciário brasileiro decidir sobre a matéria. Será admitida decisão de tribunal estrangeiro (do Poder Judiciário ou de quem faça as vezes, como o Tribunal Administrativo francês), desde que homologada pelo Superior Tribunal de Justiça.

Certo. No caso narrado, trata-se de competência concorrente, pois as partes residem no Brasil, independentemente de sua nacionalidade. Se, contudo, existir bem imóvel no território nacional a ser partilhado, a competência será exclusiva do Judiciário brasileiro (art. 23, III, CPC).

28. (Cespe – Procurador do Ministério Público junto ao TCDF/2013) Com referência aos parâmetros definidos no CPC para os procedimentos a serem realizados em razão de direito material de sujeito de direito, julgue os próximos itens.

A arguição de incompetência absoluta deve ser realizada por meio de exceção e provoca a suspensão do processo.

COMENTÁRIOS

✪ **Nota do autor:** A incompetência absoluta deve ser alegada por meio de preliminar na contestação. Porém, por ser matéria de ordem pública, poderá ser alegada posteriormente, até mesmo em ação rescisória, se for o caso. A incompetência relativa, de acordo com o CPC 2015, também será alegada em preliminar de contestação, não sendo mais necessária a exceção de incompetência.

Errado. Dessa maneira, a incompetência absoluta é alegada em preliminar e não provocará a suspensão do processo.

29. (Cespe – Procurador do DF/ 2013) Juan, de nacionalidade argentina, faleceu em Brasília – DF, deixando dois herdeiros, um residente e domiciliado em Porto Alegre – RS e outro, na Argentina. À época do óbito, Juan, que era residente e domiciliado no município do Rio de Janeiro – RJ, possuía bens no Brasil, todos localizados no município de São Paulo – SP, sobre os quais não havia consenso entre os herdeiros quanto ao modo de divisão.

A partir dessa situação hipotética, julgue os itens a seguir.

No procedimento judicial de inventário e partilha, somente poderão ser resolvidas questões de direito e questões de fato em que o convencimento do magistrado possa se formar com base em provas documentais.

COMENTÁRIOS

✪ **Nota do autor:** no procedimento do inventário não serão decididas questões de alta indagação, as quais serão decididas em processo autônomo.

Certo. No caso, havendo provas documentais suficientes, não haverá necessidade de instauração de complexo debate sobre o fato, de modo que o juiz poderá decidir no próprio procedimento judicial do inventário.

30. (Cespe – Delegado de Polícia Federal – DPF/2013) A respeito de competência, julgue os itens subsecutivos.

No que se refere ao processamento e ao julgamento de guarda e alimentos de menor de idade residente no Brasil, a competência será concorrente entre a jurisdição brasileira e a estrangeira se o pai do menor, réu no processo, residir em outro país.

COMENTÁRIOS

✪ **Nota do autor:** como dito acima, a competência internacional será exclusiva e concorrente. No caso, a competência será concorrente.

Certo. Será concorrente a competência, uma vez que o credor tem domicilio ou residência no Brasil (art. 22, I, do CPC).

31. (Cespe – Delegado de Polícia Federal – DPF/2013) A respeito de competência, julgue os itens subsecutivos.

Em regra, a competência da justiça federal decorre da identidade das partes envolvidas na relação processual, de modo que a natureza da lide pode não ser fator determinante para a fixação da competência.

COMENTÁRIOS

✪ **Nota do autor:** a competência da Justiça Federal, como se verifica do art. 109 da Constituição Federal, verifica-se, principalmente, em razão da parte envolvida no processo, como ocorre com a União.

Certo. Assim, independentemente da natureza da lide (ressalvada as hipóteses da competência da Justiça do Trabalho e Eleitoral), estando a União presente, a competência será da Justiça Federal.

7. SUBSTITUIÇÃO PROCESSUAL

32. (Cespe – Juiz de Direito Substituto – PA/ 2012) Após a contestação, o réu, percebendo que será vencido no processo, decide vender a terceiro o veículo automotor cuja titularidade discute com o autor. Nesse caso,

a) requerendo o autor, o juiz deverá declarar a nulidade da alienação do bem.

b) a alienação do veículo não será válida quanto ao autor.

c) o adquirente poderá suceder o réu se o autor o permitir expressamente.

d) o juiz deverá indeferir eventual pedido de substituição processual.

e) os efeitos da sentença alcançarão o adquirente.

COMENTÁRIOS

✪ **Nota do autor:** a alienação da coisa ou do direito litigioso por ato entre vivos, a título particular, não importará na alteração da legitimidade das partes. Pelo contrário, estas permanecerão tal como quando da propositura da ação e réu funcionará como substituto processual do adquirente. Este, por sua vez, poderá intervir no processo como assistente litisconsorcial do alienante ou cedente. Porém, se houver concordância do autor, poderá suceder ao réu. Vide, a propósito, o art. 109 do CPC.

Alternativa correta: letra "e". A sentença proferida tem efeito "ultra partes", ou seja, vai além das partes do processo, para alcançar também o adquirente do bem litigioso.

Alternativa "a". Errada. Não há razão para a declaração de nulidade da alienação.

Alternativa "b". Errada. A alienação do bem é válida, tanto é que o adquirente do bem sofrerá os efeitos da sentença.

Alternativa "c". Errada. O silêncio será interpretado como concordância com a substituição da parte ré pelo adquirente do bem.

Alternativa "d". Errada. Eventual pedido de substituição será deferido se houver concordância da parte autora.

8. LITISCONSÓRCIO

33. (Cespe – Juiz de Direito – PR/2017) Com referência ao litisconsórcio e à intervenção de terceiros, assinale a opção correta.

A) No incidente de desconsideração da personalidade jurídica, estará sempre presente interesse público que torne obrigatória a intervenção do MP como fiscal da ordem jurídica.

B) O magistrado deve indeferir o requerimento de ingresso de amicus curiae em processo que esteja em primeira instância, porque essa hipótese de intervenção de terceiro somente pode ocorrer em causa que tramite no tribunal.

C) Na hipótese de desmembramento do litisconsórcio multitudinário, a interrupção da prescrição deve retroagir à data de propositura da demanda original, inclusive para os autores que forem compor um novo processo.

D) A sentença de mérito, quando proferida sem a integração do contraditório pelo litisconsorte necessário, será nula de pleno direito, não importando que o litisconsórcio seja simples ou unitário.

COMENTÁRIOS

✪ **Notas do autor:** a questão trata do litisconsórcio e da intervenção de terceiros.

Alternativa correta: letra C. Litisconsórcio facultativo multitudinário é aquele que o número de litisconsortes pode comprometer a rápida solução do litígio ou dificultar a defesa ou o cumprimento da sentença (art. 113, § 1º do CPC). O requerimento de limitação interrompe o prazo para manifestação ou resposta, que recomeçará da intimação da decisão que o solucionar. Poderá ser determinado o desmembramento do processo, de modo que alguns autores deixaram de fazer parte da ação originária, para integrar um novo processo. Nesse caso, tem-se que a interrupção da prescrição deverá retroagir à data da propositura da primeira ação, sob pena destes sofrerem prejuízo. Com efeito, a prescrição é interrompida com o despacho do juiz e retroage à data da propositura da ação. Contudo, como os autores tiveram desmembrado o processo e, por isso, deixaram de fazer parte da ação originária para integrar a nova ação, devem ter a data de interrupção da prescrição fixada a partir daquela demanda.

Alternativa "A": incorreta. No incidente de desconsideração da personalidade jurídica haverá a intervenção do Ministério Público unicamente nas hipóteses indicadas no art. 178 do CPC.

Alternativa "B": incorreta. A intervenção do *amicus curiae* poderá ser requerida ou determinada na fase de conhecimento ou, ainda, na fase recursal. Dessa maneira, admite-se a participação de pessoa natural ou jurídica, órgão ou entidade especializada, com representatividade adequada, no prazo de quinze dias de sua intimação (art. 138, *caput*).

Alternativa "D": incorreta. O art. 115 do CPC trata das consequências derivadas da inobservância do litisconsórcio necessário. Nesse sentido, a sentença de mérito, quando proferida sem a integração do contraditório, será: (I) nula, se a decisão deveria ser uniforme em relação a todos que deveriam ter integrado o processo; (II) ineficaz, nos outros casos, apenas para os que não forem citados.

34. (Cespe – Analista Judiciário – Área **Judiciária – TRF 1/2017)** Conforme o Código de Processo Civil vigente, julgue os itens seguintes, a respeito da função jurisdicional, dos deveres das partes e de procuradores, do litisconsórcio e da assistência.

É lícito ao juiz limitar o litisconsórcio facultativo quanto ao número de litigantes na fase de conhecimento, mas não por ocasião da execução da sentença.

COMENTÁRIOS

✪ **Notas do autor:** a doutrina denomina de litisconsórcio facultativo multitudinário aquele em que o número de litigantes poderá comprometer a rápida solução do litígio ou pode dificultar a defesa ou o cumprimento da sentença (art. 113, § 2º do CPC).

Assertiva Errada. O requerimento de limitação do litisconsórcio multitudinário poderá ser formulado na fase de conhecimento, na liquidação ou na execução. Uma vez apresentado, tem-se a interrupção do prazo para manifestação ou resposta, que recomeçará da intimação da decisão que o solucionar.

35. (Cespe – Analista de Controle – Área Jurídica – TCE – PR/2016) Maria e Fernanda são servidoras de determinado órgão público e, em litisconsórcio ativo, propuseram demanda judicial para a obtenção de vantagem pecuniária supostamente devida em razão do cargo que cada uma delas ocupa. Nessa situação hipotética, tem-se um litisconsórcio classificado como

a) facultativo e comum.

b) facultativo e unitário.

c) multitudinário.

d) necessário e comum.

e) necessário e unitário.

COMENTÁRIOS

✪ **Nota do autor:** configura-se o litisconsórcio com a reunião de partes em um ou nos dois polos da ação. Comporta várias classificações e, a depender do critério, poderá ser: i) facultativo ou necessário; ii) simples ou unitário; iii) ativo, passivo ou misto.

Alternativa Correta: letra A. O litisconsórcio será facultativo quando não houver a obrigatoriedade de que determinadas pessoas figurem em um dos polos da ação, podendo o indivíduo ser demandado sozinho. De outro lado, o litisconsórcio será comum (ou simples) quando a decisão a ser proferida não necessitar ser uniforme para todos os litisconsortes, o que não ocorre com o litisconsórcio unitário. Extremamente importante que o candidato tenha pleno conhecimento sobre as consequências de se estar diante do regime formado no litisconsórcio simples e no unitário. No primeiro, cada litisconsorte é considerado como um litigante distinto, de modo que os atos e as omissões de um não prejudicará aos demais. Em relação ao litisconsórcio unitário, em que há necessidade de uniformidade da decisão em relação a todos os litisconsortes. Em razão dessas observações, as demais alternativas estão excluídas.

---

36. (Cespe - Juiz de Direito Substituto - AM/2016) Com relação ao litisconsórcio, à assistência e à intervenção de terceiros, assinale a opção correta.

a) Não cabe a ação de oposição nas ações pessoais mobiliárias.

b) Contra a decisão que soluciona o pedido de nomeação à autoria cabe recurso de apelação.

c) Formado o litisconsórcio passivo necessário unitário, a contestação oferecida pelo corréu não obsta a incidência dos efeitos materiais da revelia em relação ao revel.

d) No incidente de chamamento ao processo, extromissão da parte é o procedimento processual empregado para a substituição da parte ré pelo chamado.

e) Se dois ou mais dos litisconsortes representados por advogado comum sucumbirem, não se contará o prazo em dobro para recorrer.

COMENTÁRIOS

✪ **Nota do autor:** Os litisconsortes que tiverem diferentes procuradores, de escritórios de advocacia distintos, terão prazos contados em dobro para todas as suas manifestações, em qualquer juízo ou tribunal, independentemente de requerimento. Entretanto, essa regra não se aplica aos processos em autos eletrônicos, e ainda, cessa a contagem do prazo em dobro se, havendo apenas dois réus, é oferecida defesa por apenas um deles (CPC, art. 229, *caput*, § 1º e § 2º).

Alternativa Correta: letra E. A alternativa retrata hipótese em que os litisconsortes são representados pelo mesmo advogado, motivo pelo qual não haverá a incidência de prazo dobrado para a prática de ato processual (CPC, art. 229, *caput*). Outrossim, destaque-se a Súmula 642 do STF que leciona: "Não se conta em dobro o prazo para recorrer, quando só um dos litisconsortes haja sucumbido".

Alternativa A. No Código de Processo Civil de 2015, a oposição foi inserida dentre os procedimentos especiais, razão pela qual deixou de ser tratada como forma típica de intervenção de terceiros (CPC, arts. 682 e seguintes). Ademais, não há proibição da oposição nas ações pessoais mobiliárias.

Alternativa B. A nomeação à autoria como intervenção de terceiros foi excluída da redação do Código de Processo Civil de 2015, devendo a questão ser agora suscitada em preliminar de contestação (CPC, arts. 337 e 338). Destaque-se ainda, que é o agravo de instrumento o recurso cabível contra a decisão que versa sobre a admissão ou não de intervenção de terceiros (CPC, art. 1.015, IX).

Alternativa C. A revelia não produz seus efeitos se, havendo pluralidade de réus, algum deles contestar a ação (CPC, art. 345).

Alternativa D. A extromissão, sob a vigência do Código de Processo Civil de 1973, dizia respeito ao acolhimento do pedido de nomeação à autoria, com a exclusão do réu originário e a inclusão do nomeado. Entretanto, vale relembrar que a nomeação à autoria não é mais modalidade de intervenção de terceiros pela atual lei processual (vide item b.).

---

37. (Cespe - Defensor Público - RR/2013) Com relação à formação do litisconsórcio e à intervenção de terceiro no processo civil, assinale a opção correta.

a) A concordância de uma das partes quanto ao pedido formulado por terceiro é suficiente para autorizar a sua assistência em demanda em curso.

b) A intervenção de terceiros, na hipótese de nomeação à autoria, poderá alterar a relação jurídica processual, podendo ampliá-la na hipótese de denunciação da lide.

c) O mandado de segurança, conforme entendimento sumulado pelo STF, dada sua natureza de remédio constitucional, não será extinto se o impetrante deixar de promover a citação do litisconsorte passivo necessário.

d) A formação de litisconsórcio impõe a prolação de sentença que garanta igual resultado aos litisconsortes.

e) A oposição poderá ser oferecida em sede de recurso e caberá ao juízo a quo a primeira avaliação de admissibilidade e ao tribunal ad quem a análise final do processamento da intervenção.

COMENTÁRIOS

✪ **Nota do autor:** a questão trata do litisconsórcio e da intervenção de terceiros.

Alternativa correta: letra "b". A nomeação à autoria não é mais uma modalidade de intervenção de terceiros, não encampada pelo CPC. Em contrapartida, o art. 338 do CPC 2015 permite ao réu alegar a ilegitimidade ou que não foi responsável pelo prejuízo em sua contestação, quando então o autor poderá pugnar pela substituição do polo passivo, excluindo-se o réu originário.

Alternativa "a". Errada. A assistência exige que o assistente tenha interesse jurídico na demanda.

Alternativa "c". Errada. O mandado de segurança será extinto se não houver a citação do litisconsorte passivo necessário. Exemplo: se um funcionário ingressa com mandado de segurança em face da Administração, por conta de um ato de autoridade, que exclui determinada pessoa da posse, colocando outra em seu lugar. Em eventual mandado de segurança, a prejudicada por possível decisão judicial deve ser citada.

Alternativa "d". Errada. O litisconsórcio poderá importar em igual resultado aos litisconsortes (unitário) ou não (simples).

Alternativa "e". Errada. A oposição deixou de ser indicada como modalidade interventiva, estando prevista entre os procedimentos especiais. Poderá ser apresentada antes da sentença, não sendo admitida em grau recursal.

---

38. (Cespe – Juiz Federal Substituto 1ª região/2013) No que concerne ao processo e aos procedimentos, assinale a opção correta.

a) Para que o magistrado julgue antecipadamente improcedentes causas repetitivas, é necessário que a matéria controvertida seja unicamente de direito e que, no juízo, já tenha sido proferida sentença de improcedência em casos idênticos, sendo, portanto, imprescindível a prévia citação da parte contrária.

b) A existência de união estável não reconhecida judicialmente configura questão preliminar de mérito que deve ser apreciada por juiz federal na sentença a ser proferida em demanda proposta contra o INSS para obtenção de pensão por morte de companheiro. Nessa hipótese, o reconhecimento da união estável fará coisa julgada material se os demais herdeiros do segurado participarem da relação processual.

c) Nas ações materialmente dúplices, a defesa do réu corresponde ao exercício de uma pretensão.

d) De acordo com a classificação doutrinária fundada na relação jurídica substancial posta em juízo, o litisconsórcio comum é aquele que impõe decisão judicial idêntica para todos os litisconsortes.

e) A denunciação à lide requerida pelo réu é forma de intervenção de terceiro que objetiva corrigir a legitimidade passiva ad causam.

COMENTÁRIOS

Alternativa correta: letra "c". Na ação materialmente dúplice, a própria defesa do réu já corresponderá ao exercício de uma pretensão. Não há necessidade de formulação de pedido, pois ele será inerente.

Alternativa "a". No julgamento de improcedência liminar do pedido, o réu somente será intimado do trânsito em julgado da sentença, caso não seja interposta apelação. Assim, para o julgamento liminar em si, não há necessidade da prévia citação da parte contrária (CPC, art. 332).

Alternativa "b". Errada. A fundamentação não fará coisa julgada, de modo que o reconhecimento da união estável não estará acobertado pela coisa julgada.

Alternativa "d". Errada. Tal é o litisconsórcio unitário.

Alternativa "e". Errada. A denunciação da lide consiste na apresentação de ação regressiva em face do denunciado.

À luz da jurisprudência do STJ, julgue o item a seguir.

Constitui exemplo de litisconsórcio necessário unitário uma ação de anulação de casamento proposta pelo MP. Nesse caso, o marido e a mulher formam um litisconsórcio necessário, e, se a sentença julgar procedente o pedido, o casamento será nulo para ambos.

COMENTÁRIOS

✪ **Nota do autor:** o litisconsórcio poderá ser simples (se não houver necessidade de uniformidade da decisão em relação a todos os litisconsortes) e unitário (se a uniformidade for inerente).

Certo. A anulação de casamento é uma hipótese de litisconsórcio necessário unitário, devendo figurar no polo passivo os cônjuges (se não foi um deles quem ajuizou), sendo a decisão uniforme para os dois.

39. (Cespe - Procurador do DF/ 2013) À luz da jurisprudência do STJ, julgue os seguintes itens, referentes ao litisconsórcio e à intervenção de terceiros.

Um estado da Federação que seja demandado judicialmente para fornecer medicamentos a um cidadão poderá chamar a União ao processo, hipótese em que ocorrerá deslocamento de competência para a justiça federal.

COMENTÁRIOS

✪ **Nota do autor:** de acordo com o STJ, não será admitido o chamamento ao processo na hipótese.

Errado. A obrigação de entregar medicamentos poderá ser cumprida por qualquer um dos entes (União, Estado e Município), sendo não admitido o chamamento na hipótese.

40. (Cespe - Procurador do DF/ 2013) À luz da jurisprudência do STJ, julgue os seguintes itens, referentes ao litisconsórcio e à intervenção de terceiros.

De acordo com a interpretação dada à legislação vigente, é facultada ao DF a possibilidade de intervir em demandas em que tiver interesse econômico, independentemente da demonstração de interesse jurídico.

COMENTÁRIOS

✪ **Nota do autor:** o art. 5º, parágrafo único, da Lei 9.469/1997, autoriza a intervenção anômala das pessoas jurídicas, quando tiverem interesse econômico.

Certo. A intervenção anômala se baseia no interesse econômico, sendo desnecessário o interesse jurídico.

41. (Cespe - Procurador do DF/ 2013) À luz da jurisprudência do STJ, julgue os seguintes itens, referentes ao litisconsórcio e à intervenção de terceiros.

Na hipótese de os litisconsortes passarem a ter procuradores distintos no curso do processo, quando já iniciado o prazo recursal, somente se aplicará o benefício do prazo em dobro à parte do prazo ainda não transcorrida até aquele momento.

COMENTÁRIOS

✪ **Nota do autor:** Em conformidade com o CPC, os litisconsortes com diversos procuradores, sendo estes de escritórios diferentes, não se tratando de processo eletrônico, farão jus ao prazo dobrado (art. 229). Consoante entendimento do STJ, constituindo-se novos procuradores no curso do prazo processual, o prazo dobrado se inicia a partir de quando juntada a nova procuração.

Certo. A propósito do assentado, vide: "Processual civil. Agravo no agravo de instrumento. Formação do agravo. Intempestividade. Ônus do agravante. Constituição de advogados distintos pelos litisconsortes. Momento de incidência do prazo em dobro. O prazo para interposição do recurso especial é de 15 (quinze) dias a contar da publicação do acórdão recorrido. É inadmissível o recurso especial interposto intempestivamente. Se os litisconsortes passam a ter procuradores distintos no curso do processo, a partir daí é que têm o prazo em dobro à sua disposição. O momento processual da aplicação do art. 191 do CPC, é, portanto, o de quando demonstrada a existência de litisconsórcio com diferentes procuradores. Agravo não provido. (AgRg no Ag 957.830/MG, Rel. Ministra NANCY ANDRIGHI, TERCEIRA TURMA, julgado em 04/11/2008, DJe 18/11/2008). A nova procuração deve ser apresentada anteriormente ao final do prazo simples para o recurso.

9. INTERVENÇÃO DE TERCEIROS

42. Cespe - Analista de Controle - Área Jurídica - TCE - PR/2016) Com referência ao processo, ao procedimento comum e à intervenção de terceiros, assinale a opção correta de acordo com o Código de Processo Civil (CPC).

a) De acordo com o CPC, sentença é o pronunciamento do magistrado que, com ou sem resolução do mérito, extingue o processo em primeiro grau. Os demais atos decisórios do juiz singular possuem natureza interlocutória.

b) A impugnação da parte principal ao requerimento de ingresso do assistente dá ensejo à suspensão do processo principal até que sobrevenha decisão do juiz quanto ao incidente processual relativo ao ingresso do assistente.

c) No procedimento comum, a ausência injustificada do réu à audiência de conciliação acarreta a decretação de sua revelia e a consequente presunção de veracidade dos fatos alegados pelo autor na petição inicial.

d) No procedimento comum, contestação e reconvenção devem ser apresentadas em uma única peça processual, ressalvada ao réu a possibilidade de apresentar reconvenção isoladamente caso não deseje contestar.

e) O pedido de desconsideração da personalidade jurídica deve ser formulado no momento da propositura da ação, sendo vedado o ingresso superveniente do sócio no processo após a estabilização da demanda.

COMENTÁRIOS

✪ **Nota do autor:** Em relação ao item "a", o Código de Processo Civil de 2015 inovou ao destacar as sentenças, decisões interlocutórias e os despachos como pronunciamentos do juiz (CPC, art. 203), e não somente como atos, pois além daqueles, o juiz poderá praticar outros atos, como exemplo, uma tentativa de conciliação.

Alternativa Correta: letra D. Na contestação, é lícito ao réu propor reconvenção para manifestar pretensão própria, conexa com a ação principal ou com o fundamento da defesa. Contudo, destaque-se que é garantido ao réu a possibilidade de reconvir independentemente de contestar a ação (CPC, art. 343, *caput* e § 6º).

Alternativa A. Os pronunciamentos do juiz poderão ser sentenças, decisões interlocutórias ou despachos. Sentença, por sua vez, ressalvadas as disposições expressas dos procedimentos especiais, é o pronunciamento por meio do qual o juiz põe fim à fase cognitiva do procedimento comum, bem como extingue a execução. Já a decisão interlocutória é todo pronunciamento judicial de natureza decisórias que não se enquadre no âmbito das sentenças (CPC, art. 203, *caput*, § 1º e § 2º).

Alternativa B. No que tange à impugnação do pedido de ingresso do assistente, esta não suspende o processo, vez que alegando a parte que falta ao requerente interesse jurídico para intervir, caberá ao juiz decidir o incidente (CPC, art. 120, parágrafo único).

Alternativa C. O não comparecimento injustificado do autor ou do réu à audiência de conciliação é considerado ato atentatório à dignidade da justiça e será sancionado com multa de até dois por cento da vantagem econômica pretendida ou do valor da causa, revertida em favor da União ou do Estado (CPC, art. 334, § 8º).

Alternativa E. O incidente de desconsideração de desconsideração da personalidade jurídica é cabível em todas as fases do processo de conhecimento, no cumprimento de sentença e na execução, sendo dispensada sua instauração, se for requerida na petição inicial, hipótese em que será citado o sócio ou a pessoa jurídica (CPC, art. 134, *caput* e § 2º).

---

43. (Cespe – Juiz de Direito Substituto – CE/ 2012) Tendo o réu promovido a denunciação da lide,

a) se o denunciado, em resposta, apenas negar a qualidade que lhe foi atribuída, sofrerá os efeitos da revelia.

b) o juiz não poderá recusar a denunciação de uma quarta pessoa pelo denunciado, sob pena de ferir os princípios da ampla defesa e do contraditório.

c) vencido o réu, a sentença será citra petita se não dispuser sobre a relação entre denunciante e denunciado.

d) o requerimento de denunciação com pedido de citação do denunciado suspende o prazo para resposta até a manifestação do denunciado.

e) caso o denunciado confesse os fatos alegados pelo autor, o juiz promoverá o julgamento antecipado da lide.

COMENTÁRIOS

✪ **Nota do autor:** a denunciação da lide é espécie de intervenção de terceiros, por meio da qual o autor ou o réu inauguram ação regressiva em face do denunciado.

Alternativa correta: letra "c". A denunciação da lide poderá ser oferecida pelo autor ou pelo réu. Sendo por este oferecida e admitida a denunciação, sendo o próprio réu sucumbente, deverá o juiz passar à análise da ação regressiva. Se não o fizer, julgou aquém do pedido e, por isso, a sentença padece de vício (sentença *cita petita)*.

Alternativa "a". Errada. Sobre a denunciação da lide pelo réu, dispõem os incisos do art. 128 do CPC: I – se o denunciado contestar o pedido formulado pelo autor, o processo prosseguirá tendo, na ação principal, em litisconsórcio, denunciante e denunciado; II – se o denunciado for revel, o denunciante pode deixar de prosseguir com sua defesa, eventualmente oferecida, e abster-se de recorrer, restringindo sua atuação à ação regressiva; III – se o denunciado confessar os fatos alegados pelo autor na ação principal, o denunciante poderá prosseguir com sua defesa ou, aderindo a tal reconhecimento, pedir apenas a procedência da ação de regresso.

Alternativa "b". Errada. É admitida a denunciação sucessiva, pela qual o denunciado também instaura ação regressiva. Contudo, o CPC restringiu a possibilidade da denunciação sucessiva a apenas uma no processo (art. 125, § 2º CPC).

Alternativa "d". Errada. Tratando-se de denunciação pelo autor, não se realizará a citação do réu. Antes, deverá ocorrer a citação do denunciado. Somente depois de possibilitada a manifestação do denunciado, é que será possível a citação do réu.

Alternativa "e". Errada. O fato de o denunciado confessar os fatos não impõe o julgamento do processo no estado em que se encontra, pois deve ser analisada a ação principal.

---

44. (Cespe – Analista Judiciário – Área Judiciária – TJ – CE/2014) No que tange ao litisconsórcio, à assistência e à intervenção de terceiros, assinale a opção correta.

a) Cabe denunciação da lide àquele que for obrigado a indenizar, em ação regressiva, o que se despendeu em juízo, mesmo quando isso demandar a análise de fato diverso dos envolvidos na ação principal.

b) Na ação em que o fiador for réu, a nomeação do devedor à autoria poderá ser requerida em qualquer fase do procedimento.

c) Contar-se-á em dobro o prazo para recorrer quando só um dos litisconsortes for sucumbente.

d) O assistente simples, em nome próprio, atua no processo como legitimado extraordinário, auxiliando na defesa de direito alheio.

e) A oposição pode ser oferecida antes ou depois da audiência, cabendo ao juiz decidi-la sempre simultaneamente com a ação principal e desta primeiro conhecer.

COMENTÁRIOS

✪ **Nota do autor:** a questão trata dos institutos do litisconsórcio e da intervenção de terceiros. Registre-se, desde já, que o CPC corrigiu a falha antes existente e inseriu a assistência entre as hipóteses de intervenção de terceiros.

Alternativa correta: letra "d". O legitimado extraordinário atua em seu nome para a defesa de outrem. E assim ocorrerá com o assistente simples.

Alternativa "a". Errada. A denunciação da lide é hipótese de intervenção de terceiros pela qual o denunciante exerce ação regressiva. É cabível nas hipóteses indicadas no art. 125 do CPC, quais sejam: Art. 125. É admissível a denunciação da lide, promovida por qualquer das partes: I – ao alienante imediato, no processo relativo à coisa cujo domínio foi transferido ao denunciante, a fim de que possa exercer os direitos que da evicção lhe resultam; II – àquele que estiver obrigado, por lei ou pelo contrato, a indenizar, em ação regressiva, o prejuízo de quem for vencido no processo. Tal como na ordem anterior, não é possível a análise de fatos diversos descritos na ação principal.

Alternativa "b". Errada. Não há mais previsão da nomeação à autoria. De acordo com o art. 338, se o réu alegar, na contestação, ser parte ilegítima ou não ser o responsável pelo prejuízo invocado, será facultado ao autor, em 15 dias, a alteração da petição inicial para substituição do réu.

Alternativa "c". Errada. O art. 229 do CPC aduzi que os litisconsortes que tiverem diferentes procuradores, de escritórios de advocacia distintos, terão prazos contados em dobro para todas as suas manifestações, em qualquer juízo ou tribunal, independentemente de requerimento. Portanto, foi reiterada a regra do prazo dobrado para os litisconsortes com diferentes procuradores, mas foi feita a ressalva de que devam ser de escritórios distintos. Se do mesmo escritório, por óbvio, o prazo não será dobrado, alterando-se a sistemática anterior. Não deve ser alterada a regra segundo a qual se apenas um dos litisconsortes sucumbir, o prazo não será contado em dobro (Súmula 641 STF).

Alternativa "e". Errada. A oposição deixou de ser prevista como hipótese de intervenção de terceiros no CPC, mas está indicada entre os procedimentos especiais. Foi mantida a classificação anterior, pela qual a oposição pode ser interventiva e autônoma, consoante se vê do art. 685: "Admitido o processamento, a oposição será apensada aos autos e tramitará simultaneamente à ação originária, sendo ambas julgadas pela mesma sentença. Parágrafo único. Se a oposição for proposta após o início da audiência de instrução, o juiz suspenderá o curso do processo ao fim da produção das provas, salvo se concluir que a unidade da instrução atende melhor ao princípio da duração razoável do processo". Na oposição interventiva, ação principal e oposição serão decididas na mesma sentença. De outro lado, na autônoma, decidirá separadamente.

---

45. (Cespe – Juiz Substituto da Justiça Militar da União – STM/2013) Nas opções a seguir, são apresentadas situações hipotéticas seguidas de uma assertiva a ser julgada a respeito da intervenção de terceiros no processo. Assinale a opção em que a assertiva apresentada está correta.

a) Carlos adquiriu um veículo da montadora X e, após usar o carro por aproximadamente 100 km, a barra de direção do veículo se quebrou, o que provocou a colisão do carro com a pilastra do prédio onde Carlos vive, causando diversos danos. Por isso, Carlos propôs ação contra a empresa, tendo sido adotado, pelo valor da causa, o procedimento sumário. Nessa situação, será lícito à montadora proceder ao chamamento de sua seguradora ao processo, caso em que, havendo condenação de ambas, a responsabilidade será solidária.

b) Joana e Marta são fiadoras do contrato de locação de Rafael, que deixou de pagar os aluguéis, razão por que foi pedida a condenação de Joana ao pagamento do valor correspondente. Nessa situação, Joana poderá, na contestação, proceder à nomeação à autoria de Marta, com a finalidade de estabelecer sua responsabilidade pela dívida.

c) Pedro propôs contra o DF demanda fundada em ato culposo de servidor público que lhe causou dano. Nessa situação, o DF deve denunciar o servidor à lide, sob pena de perda do direito de regresso.

d) Ao construir uma cerca na fazenda de Manoel, onde é empregado responsável por cuidar da propriedade, Nelson invadiu a fazenda de Antônio, que, em razão disso, entrou com ação possessória contra ele. Nessa situação, por ser apenas detentor do imóvel, Nelson, ao ser citado, deverá proceder ao chamamento ao processo de Manoel.

e) Daniel propôs ação reivindicatória de imóvel contra Paulo, que, em sua defesa, alegou ser o proprietário do imóvel, e Jorge, afirmando ser o possuidor do imóvel, ofereceu oposição contra ambos. Nessa situação, caso a oposição tenha sido proposta depois da audiência de instrução, o procedimento do processo de Daniel contra Paulo deverá ficar sobrestado até que a oposição possa ser julgada em conjunto com ele.

COMENTÁRIOS

✪ **Nota do autor:** a questão traz diferentes situações relacionadas ao tema intervenção de terceiros.

Alternativa correta: letra "a". No CPC, adotou-se como regra o procedimento comum, paralelamente aos procedimentos especiais. Não há mais previsão do rito sumário, de modo que a questão, neste item, está prejudicada. Contudo, deve ser registrado que pretende o réu ver chamada ao processo a segurada. A propósito, prevê o art. 101, II, do Código de Defesa do Consumidor uma nova possibilidade de chamamento ao processo, que poderá valer-se o réu que houver contratado seguro de responsabilidade, quando poderá chamar ao processo o segurador. Portanto, sob a luz do CPC, como também o era o CPC anterior, será cabível o chamamento ao processo na hipótese.

Alternativa "b". Errada. A nomeação à autoria é modalidade de intervenção de terceiros não mais admitida no CPC. De toda forma, na presente hipótese, não seria cabível tal modalidade, mas o chamamento ao processo.

Alternativa "c". Errada. De acordo com entendimento do STJ, a denunciação da lide, na hipótese, não é obrigatória, de modo que estará preservada a pretensão reparatória do poder público.

Alternativa "d". Errada. O CPC de 1973 previa, para a hipótese, a nomeação à autoria, que tinha por objetivo a correção do polo passivo da demanda. Atualmente, em conformidade com o art. 338, há possibilidade de o réu alegar tal ilegitimidade na própria contestação, quando então o autor poderá requerer a substituição do polo passivo, que não dependerá de concordância do novo réu. Também poderá optar o autor, ao invés, de promover a inclusão do indicado no polo passivo, sem excluir o réu originário, formando-se litisconsórcio passivo ulterior.

Alternativa "e". Errada. A alternativa trata da oposição enquanto intervenção de terceiros. No CPC, a oposição, diferentemente, é considerada como um procedimento especial. No mais, permanece a diferenciação entre oposição interventiva (proposta antes de iniciada a audiência de instrução) e oposição autônoma (proposta após iniciada a audiência de instrução), sendo que nesta não há obrigatoriedade de sobrestamento do processo principal.

---

46. (Cespe – Juiz de Direito Substituto – PI/ 2012) Proposta ação de conhecimento em face de apenas um dos devedores solidários pelo pagamento total do débito,

a) o réu poderá promover o chamamento dos demais devedores.
b) os demais devedores somente poderão ingressar no feito como assistentes.
c) o juiz deverá determinar a citação dos demais devedores.
d) o réu deverá nomear à autoria os demais devedores.
e) o réu deverá denunciar à lide os demais devedores.

COMENTÁRIOS

✪ **Nota do autor:** na hipótese indicada, o interesse do réu é promover a responsabilização também dos demais devedores solidários.

Alternativa correta: letra "a" (responde as demais alternativas): em razão disso, a intervenção admita é de chamamento ao processo (art. 130, III, CPC).

---

47. (Cespe – Juiz de Direito Substituto – CE/ 2012) Considere que um credor ajuíze ação de anulação de contrato de compra e venda em face do devedor e do adquirente do bem, fundado em fraude contra credor. Nessa situação,

a) configura-se litisconsórcio necessário unitário.
b) o adquirente passará a ter a posição de assistente litisconsorcial.
c) o adquirente será tratado como assistente simples.
d) o adquirente não é parte legítima para integrar o polo passivo da lide.
e) há cúmulo subjetivo, mas não afinidade de direito entre os réus.

COMENTÁRIOS

✪ **Nota do autor:** a questão trata do litisconsórcio, especialmente de sua classificação. A propósito, tem-se que, a partir da classificação, é possível estabelecer-se o regime jurídico do litisconsórcio. Assim, no litisconsórcio simples, os litisconsortes serão considerados integrantes distintos, pois a decisão proferida poderá ser diferenciada em relação a eles. Diferentemente, no litisconsórcio unitário, os litisconsortes serão considerados como integrantes de um bloco único, uma vez que a decisão precisa ser uniforme.

Alternativa correta: letra "a". Na ação fundada na fraude contra credores, pretende o credor ver invalidado o contrato celebrado entre o devedor e o terceiro. Dessa maneira, a decisão deverá ser uniforme em relação a estes, pois não é possível invalidar o negócio jurídico em relação a um e não fazê-lo em relação ao outro. Assim, se está diante do litisconsórcio unitário. Responde as demais alternativas, excluindo-as.

---

48. (Cespe – Promotor de Justiça – PI/2012) Assinale a opção correta a respeito da intervenção de terceiros no processo.

a) A modalidade de intervenção de terceiros consistente no chamamento ao processo pode ser determinada de ofício pelo juiz.

b) O autor pode suscitar o chamamento ao processo, enquanto o réu pode provocar a denunciação da lide, a nomeação à autoria e o chamamento ao processo.

c) No procedimento sumário, são admissíveis, em regra, a denunciação da lide, a oposição, a nomeação à autoria, a assistência e o recurso de terceiro prejudicado.

d) A oposição, cujo objetivo é corrigir vício de legitimidade passiva, determina a extinção do processo sem resolução de mérito, por falta de condição da ação.

e) A nomeação à autoria, a denunciação da lide e o chamamento ao processo constituem espécies de intervenção de terceiros forçadas ou impositivas.

COMENTÁRIOS

✪ **Nota do autor:** a questão trata da intervenção de terceiros, que sofreu modificações consideráveis no CPC.

Alternativa correta: letra "e". As modalidades de intervenção de terceiros podem ser classificadas em forçadas ou impositivas e espontâneas. São forçadas: a denunciação da lide, o chamamento ao processo, o incidente de desconsideração da personalidade jurídica. A nomeação à autoria não é mais prevista no CPC. É modalidade espontânea, por exemplo, a assistência.

Alternativa "a". Errada. O chamamento ao processo somente poderá ocorrer se houver requerimento da parte ré e não de ofício pela autoridade judiciária.

Alternativa "b". Errada. O chamamento ao processo é de uso exclusivo do réu. A denunciação da lide poderá ser utilizada pelo autor e pelo réu.

Alternativa "c". Errada. No CPC não contempla o procedimento sumário.

Alternativa "d". Errada. O objetivo da oposição não é corrigir o polo passivo da ação, mas o de demandar contra aqueles que litigam sobre bem ou direito que é disputado em outro processo.

49. (Cespe – Promotor de Justiça – AC/2014) Acerca do litisconsórcio, da assistência e da intervenção de terceiros, assinale a opção correta.

a) Se o autor recusar a nomeação à autoria pleiteada pela ré, esta não terá direito à abertura de novo prazo para contestação.

b) O regime do litisconsórcio necessário assegura decisão unitária para todos os litisconsortes.

c) O direito do evicto de indenizar-se do pagamento indevido em face do anterior alienante não se condiciona à denunciação da lide em ação de terceiro reivindicante.

d) A alienação do objeto litigioso não altera a legitimidade processual das partes, de forma que o legitimado superveniente não poderá, como parte, ingressar no feito como assistente litisconsorcial.

e) De acordo com o STJ, o cabimento do chamamento ao processo em fase de execução evidencia a aplicação dos princípios da economicidade e celeridade processual.

COMENTÁRIOS

✪ **Nota do autor:** a questão trata das modalidades de intervenção de terceiros, bem como do litisconsórcio, dando-se ênfase aos precedentes sobre o tema.

Alternativa correta: letra "c". De acordo com entendimento consolidado no STJ, é possível que o evicto se valha da denunciação da lide em face do alienante para ver-se ressarcido. Contudo, o exercício da denunciação não é condicionante para buscar-se a indenização regressiva, podendo a parte valer-se de processo autônomo para tanto. Aliás, este foi o entendimento adotado pelo CPC (art. 125, caput e § 1º).

Alternativa "a". Errada. Prejudicada, pois o CPC não prevê a figura da nomeação à autoria.

Alternativa "b". Errada. O litisconsórcio será necessário quando for obrigatória a sua formação, o que deverá ser fiscalizado pelo juiz. Porém, o litisconsórcio necessário não será obrigatoriamente unitário, pois, é possível que haja necessidade de figurarem no processo mais de um réu, por exemplo, e a decisão ser diferenciada em relação a cada um deles. Exemplos típicos disso são as ações de usucapião e popular.

Alternativa "d". Errada. De fato, foi preservada a regra segundo a qual a alienação do objeto litigioso não importará na necessidade de alteração do polo passivo. Ao contrário, se não houver manifestação de interesse pelo adquirente e o autor não concordar, permanecerá o alienante no polo passivo da ação, como substituto processual, uma vez que defenderá interesse de outrem em seu nome. Neste caso, porém, admite-se que o adquirente do bem ingresse no processo como assistente litisconsorcial, pois demonstra que há relação de interesses entre a sua pessoa e do adversário do assistido.

Alternativa "e". Errada. O chamamento ao processo é admitido exclusivamente na fase de conhecimento. A propósito: "COMERCIAL E PROCESSUAL CIVIL. AGRAVO REGIMENTAL. AGRAVO DE INSTRUMENTO. CERCEAMENTO DE DEFESA. INOCORRÊNCIA. DUPLICATA. PROTESTO. ENTREGA DE MERCADORIA. EXIGIBILIDADE DO TÍTULO EXECUTIVO. INCIDÊNCIA DA SÚMULA N° 7/ STJ. RECURSO NÃO PROVIDO. 1 – Se a questão trazida à discussão foi dirimida, pelo Tribunal de origem, valendo-se de fundamentação idônea e suficiente à solução da controvérsia, deve ser afastada a alegada ofensa ao art. 535 do Código de Processo Civil. 2 - Este Superior Tribunal tem se posicionado no sentido de não ser cabível o chamamento ao processo em fase de execução. Precedentes do STJ. 3 - Honorários advocatícios fixados de forma razoável e de acordo com os parâmetros previstos no art. 20, §§ 3° e 4°, do CPC. 4 - Agravo regimental a que se nega provimento. (AgRg no Ag 703.565/RS, Rel. Ministra MARIA ISABEL GALLOTTI, QUARTA TURMA, julgado em 20/11/2012, DJe 04/12/2012).

50. (Cespe - Juiz de Direito Substituto - DFT/2014) No que se refere às hipóteses de intervenção de terceiros, assinale a opção correta.

a) Quando um terceiro apresenta oposição, pretendendo a coisa ou o direito sobre o qual controvertem autor e réu, antes da audiência de instrução e julgamento, forma-se novo processo, mediante petição inicial que deve respeitar os requisitos previstos na legislação processual civil.

b) Se, em ação de despejo, for requerida a intervenção de terceiro na modalidade de assistência simples, mediante a demonstração de interesse exclusivamente econômico, o juiz deverá admitir a intervenção, pois, para a admissão do assistente simples, basta a demonstração do interesse meramente econômico.

c) Considere que pessoa com sessenta e cinco anos de idade tenha ingressado com oposição interventiva em ação sob o rito ordinário e tenha requerido o benefício da prioridade na tramitação processual. Nessa situação, o juiz rejeitará o pedido de prioridade, pois o benefício é concedido ao idoso com mais de sessenta e cinco anos nos processos em que figura como parte, não se estendendo às hipóteses de intervenção de terceiros.

d) Considere que no prazo de resposta o réu tenha nomeado à autoria determinada pessoa e que o juiz, considerando ausentes os pressupostos previstos na legislação processual, tenha indeferido o pedido. Nessa situação, o juiz deverá assinar ao nomeante novo prazo para contestar o pedido do autor.

e) Caso o réu tenha deixado de denunciar à lide aquele que estava obrigado, pelo contrato, a indenizar em ação regressiva o prejuízo decorrente de sua perda na demanda, não será possível o exercício do direito de regresso em ação autônoma.

COMENTÁRIOS

✪ **Nota do autor:** a questão trata da aplicação prática do tema intervenção de terceiros.

Alternativa correta: letra "d". Está prejudicada a alternativa, uma vez que não mais cabível a nomeação à autoria, segundo o CPC. Porém, é possível examinar o problema sob a ótica do art. 338 do CPC, de acordo com o qual se o réu considerar-se parte ilegítima, ou então, que não é responsável pelo prejuízo invocado, deverá alegar isso em contestação e o autor, por sua vez, poderá requerer a substituição do polo passivo por aquele que for indicado pelo réu originário.

Alternativa "a". Errada. A oposição, enquanto agora modalidade de procedimento especial, e não mais de intervenção de terceiro, poderá ser apresentada antes da sentença. Se oferecida antes da audiência de instrução e julgamento, será considerada como interventiva, caracterizando-se como nova ação em processo já existente. Diferentemente, se autônoma a oposição, inaugurará novo processo (art. 685, parágrafo único, CPC).

Alternativa "b". Errada. A assistência pressupõe interesse jurídico, afastando-se a sua possibilidade no caso de simples interesse econômico.

Alternativa "c". Errada. Naturalmente que o benefício também será aplicado nos casos de intervenção de terceiros, notadamente porque instaurada nova ação.

Alternativa "e". Errada. Conforme foi reiterado no CPC, o exercício da denunciação da lide não é obrigatório para o ressarcimento regressivo.

51. (Cespe - Procurador do Ministério Público junto ao TCDF/2013) Tendo em vista que os atos processuais podem estabelecer arranjos necessários ao prosseguimento da ação entre as partes envolvidas no processo, gerando consórcios e(ou) a intervenção de terceiros, entre outros, assim como podem levar à produção de repercussões de comunicação ou até de nulidade dos atos, julgue os itens que se seguem.

Em uma situação de evicção, o adquirente, para exercer o direito de ser ressarcido que da evicção lhe resulta, deverá denunciar o alienante à lide.

COMENTÁRIOS

✪ **Nota do autor:** a questão da evicção e a necessidade de que a pretensão regressiva fosse exercida obrigatoriamente pela denunciação da lide, sempre foi objeto de discussão no meio acadêmico e também nos tribunais, principalmente pela redação do art. 70 do CPC de 1973. Em um primeiro momento, decidiu o STJ que a denunciação da lide seria obrigatória, exclusivamente, no caso da evicção. Posteriormente, caminhou em sentido diverso, para decidir que nem mesmo nesta situação é obrigatória. Com o CPC, porém, a redação do caput do art. 125, bem como o seu parágrafo primeiro, não deixam mais dúvida: a denunciação da lide não será obrigatória em qualquer situação.

Errado. Dessa maneira, em uma situação de evicção, o adquirente não necessitará exercer a denunciação da lide obrigatoriamente.

10. MINISTÉRIO PÚBLICO

52. (Cespe – Procurador do MP junto ao TCU/2015) Em relação à ação popular, à ação civil pública e à ação de improbidade administrativa, assinale a opção correta.

a) Admite-se a decretação de perda da função pública de membro do MP em decorrência de sentença em ação de improbidade administrativa.

b) Em caso de ação popular visando a condenação por desvio de dinheiro público, o prejuízo ao erário poderá ser presumido.

c) Em se tratando de ação civil pública sobre interesses individuais homogêneos de consumidores julgada procedente pelo Poder Judiciário, a coisa julgada material somente poderá ser rediscutida contra colegitimado que não tiver sido parte do processo.

d) O MP não integra o rol de legitimados para propor ação civil pública que tenha por objeto a anulação de ato do poder público concessivo de benefício fiscal.

e) Basta a conduta culposa em sentido estrito por parte do agente público para que seja caracterizado o ato de improbidade administrativa na modalidade de atentado contra os princípios da administração pública.

COMENTÁRIOS

✪ **Nota do autor:** No que tange aos efeitos da sentença, o Código de Defesa do Consumidor estabelece que, nas ações coletivas de que ele trata haverá coisa julgada: *erga omnes*, exceto se o pedido for julgado improcedente por insuficiência de provas, hipótese em que qualquer legitimado poderá intentar outra ação, com idêntico fundamento valendo-se de nova prova; *ultra partes*, mas limitadamente ao grupo, categoria ou classe, salvo improcedência por insuficiência de provas; ou *erga omnes*, apenas no caso de procedência do pedido, para beneficiar todas as vítimas e seus sucessores (CDC, art. 103, I, II e III).

Alternativa Correta: letra A. Segundo o STJ, é possível que o membro do Ministério Público perca sua função em decorrência de sentença em ação de improbidade administrativa (Lei 8.429/92, art. 12 – Info 560 – REsp 1.191.613/MG – STJ).

Alternativa B. De acordo com a jurisprudência do STJ, na ação popular por desvio de dinheiro público, o prejuízo ao erário não poderá ser presumido, ou seja, nessa ação é impossível o pedido de ressarcimento aos cofres públicos sem comprovação do efetivo prejuízo (Info 577 REsp 1.447.237/MG – STJ).

Alternativa C. O Código de Defesa do Consumidor estatui que nas ações coletivas nele previstas, a sentença fará coisa julgada *erga omnes*, apenas no caso de procedência do pedido, para beneficiar todas as vítimas e seus sucessores. Assim sendo, a coisa julgada material não poderá ser rediscutida, uma vez que houve julgamento de procedência do pedido (CDC, art. 103, III).

Alternativa D. Pelo entendimento do STJ, o Ministério Público tem legitimidade para ajuizar ação civil pública cujo pedido seja a condenação por improbidade administrativa de agente público que tenha cobrado taxa por valor superior ao custo do serviço prestado, ainda que a causa de pedir envolva questões tributárias (Info 543 – REsp 1.387.960/SP – STJ).

Alternativa E. O STJ entende que a configuração do ato de improbidade por ofensa a princípio da administração depende da demonstração do chamado dolo genérico (REsp: 1383649/SE – STJ).

53. (Cespe – Promotor de Justiça – TO/2012) Com relação às causas em que o MP é chamado a intervir como custos legis, assinale a opção correta.

a) O fato de a fazenda pública ser parte caracteriza o interesse público justificador da intervenção do MP.

b) Em causa na qual a parte seja incapaz, a intervenção do MP não poderá contrariar os interesses daquele.

c) O MP tem legitimidade processual para alegar a incompetência relativa.

d) A intervenção obrigatória do MP se satisfaz com sua intimação, ainda que não haja sua expressa manifestação nos autos.

e) É necessária a atuação do MP como custos legis mesmo quando este já atue como parte.

COMENTÁRIOS

✪ **Nota do autor:** de acordo com a nomenclatura utilizada no CPC, o Ministério Público, no processo civil, agirá como parte ou como fiscal da ordem jurídica. Note-se a alteração de fiscal da lei para fiscal da ordem jurídica, terminologia mais adequada ao modelo constitucional, até porque, em sua atuação, o Ministério Público fiscaliza a aplicação do Direito como um todo. A propósito, determina o art. 178: Art. 178. O Ministério Público será intimado para, no prazo de 30 (trinta) dias, intervir como fiscal da ordem jurídica nas hipóteses previstas em lei ou na Constituição Federal e nos processos que envolvam: I – interesse público ou social; II – interesse de incapaz; III – litígios coletivos pela posse de terra rural ou urbana. Parágrafo único. A participação da Fazenda Pública não configura, por si só, hipótese de intervenção do Ministério Público. Para a sua atuação, o Ministério Público conta com determinadas prerrogativas.

Alternativa correta: letra "d". Chamado a intervir como fiscal da ordem jurídica, o Ministério Público deverá ser intimado pessoalmente para manifestar-se.

Porém, se não o fiz, o processo prosseguirá, pois foi oportunizada a manifestação (art. 180, § 1º, CPC).

Alternativa "a". Errada. Como visto no parágrafo único do art. 178, o fato de haver a participação da Fazenda Pública, por si só, não justifica a necessidade de intervenção do Ministério Público. Podem ser dados dois exemplos: i) ação de reparação de danos promovida pela Fazenda Pública em face daquele que tenha proporcionado prejuízo em decorrência de um acidente envolvendo viatura estatal: neste caso, verifica-se que não há qualquer motivo para a intervenção do Ministério Público; ii) ação para cobrança de multa aplicada pelo Tribunal de Contas: neste caso, é possível vislumbrar que haja a intervenção em razão do interesse público em tal cobrança.

Alternativa "b". Errada. A atuação do Ministério Público não estará vinculada aos interesses do incapaz, tanto que pode se manifestar contrariamente aos seus interesses. Porém, não terá o Ministério Público interesse processual para recorrer em desfavor do incapaz que justificou a sua intervenção.

Alternativa "c". Errada. A alternativa considerou incorreta a possibilidade de o Ministério Público alegar a incompetência territorial. Ocorre, no entanto, que o CPC expressamente prevê expressamente essa possibilidade, sendo desnecessário, tal como a nova regra, o oferecimento de exceção. Vide, a respeito, o parágrafo único do art. 65.

Alternativa "e". Errada. Atuando o Ministério Público não seja necessária a sua intervenção como fiscal da ordem jurídica.

---

54. (Cespe – Promotor de Justiça – TO/2012) É nulo o processo quando o MP não é intimado para se manifestar nos casos em que deveria intervir. A respeito dessa nulidade, assinale a opção correta.

a) A intervenção do MP em segundo grau não supre a ausência de sua intimação em primeiro grau, quando for obrigatória, implicando a nulidade do processo.

b) A manifestação do MP como custos legis não enseja o direito ao contraditório pelas partes, ainda que haja manifesta contrariedade à tese jurídica defendida por uma delas.

c) O fato de o parecer apresentado pelo MP estar sem assinatura implicará a impossibilidade de aproveitamento da referida manifestação.

d) Se, regularmente intimado, o MP não se fizer presente a audiência, essa ausência acarretará a nulidade do ato.

e) Julgada a causa em benefício de incapaz, sem a intervenção do MP, mesmo assim deve ser reconhecida a nulidade do processo.

COMENTÁRIOS

✪ **Nota do autor:** a questão trata da situação em que, embora exista a necessidade da intervenção do Ministério Público como fiscal da ordem jurídica, tal providência não foi tomada. A respeito, disciplina o art. 279 do CPC: Art. 279. É nulo o processo quando o membro do Ministério Público não for intimado a acompanhar o feito em que deva intervir. § 1º Se o processo tiver tramitado sem conhecimento do membro do Ministério Público, o juiz invalidará os atos praticados a partir do momento em que ele deveria ter sido intimado. § 2º A nulidade só pode ser decretada após a intimação do Ministério Público, que se manifestará sobre a existência ou a inexistência de prejuízo".

Alternativa correta: letra "b". A manifestação do Ministério Público como fiscal da ordem jurídica ocorre posteriormente à manifestação das partes. No CPC de 1973, havendo parecer do MP nessa condição, não havia determinação para retorno dos autos às partes para debaterem o que foi apresentado. No CPC de 2015, porém, em vista do contraditório dinâmico, sendo alegada uma matéria de ordem pública ou qualquer tese inovadora, para que o juiz sobre ela decida, deverá dar oportunidade para que as partes se manifestem sobre ela. Assim, entende-se que a alternativa, atualmente, estaria incorreta, muito embora somente com o decorrer do tempo será possível verificar como a jurisprudência decidirá essa questão.

Alternativa "a". Errada. A intervenção do MP em segundo grau supre a ausência de sua intimação em primeiro grau, se não houver qualquer prejuízo em razão da falta de manifestação.

Alternativa "c". Errada. Estando o parecer sem assinatura, deve-se dar oportunidade para que o MP ratifique a manifestação.

Alternativa "d". Errada. Somente haverá a nulidade se houver prejuízo. Deve ser lembrado que o CPC contém regra segundo a qual adotou-se o formalismo constitucional, segundo o qual somente será reconhecida a nulidade de houver prejuízo.

Alternativa "e". Errada. Como não houve qualquer prejuízo, não há motivo para o reconhecimento da nulidade processual.

---

55. (Cespe – Promotor de Justiça – TO/2012) Tendo em vista que o membro do MP está sujeito às mesmas regras de impedimento e suspeição dos juízes, assinale a opção correta.

a) Na ação rescisória, estará impedido de intervir o membro do que tiver atuado no processo do acórdão rescindendo.

b) A participação de membro do MP em inquérito civil não impede a sua atuação na ACP.

c) As causas de impedimento e suspeição somente se aplicam ao MP quando este atua como parte.

d) A suspeição de membro do MP pode ser alegada mesmo por quem não é parte no processo.

e) O rol de hipóteses de suspeição de membro do MP previsto no CPC não é taxativo, admitindo-se sua extensão.

COMENTÁRIOS

✪ **Nota do autor:** o membro do Ministério Público, para atuar no processo, também não poderá ser impedido ou suspeito.

Alternativa correta: letra "b". A participação do membro do Ministério Público em inquérito civil não impedirá que este atue em ação civil pública, até porque foi essa proximidade lhe permitirá uma atuação melhor. Registre-se que o Promotor ou Procurador não está obrigado a promover a ação se não existirem indícios suficientes para tanto.

Alternativa "a". Errada. Não há o impedimento de que o membro do Ministério Público, que tenha atuado no acórdão rescindendo, se manifeste na ação rescisória.

Alternativa "c". Errada. As causas de impedimento e de suspeição também se aplicam nas situações em que o órgão do MP atue como fiscal da ordem jurídica.

Alternativa "d". Errada. A suspeição do membro do MP somente poderá ser alegada por quem é parte no processo. Se estes não se manifestarem oportunamente a respeito, a suspeição não poderá ser posteriormente alegada.

Alternativa "e". Errada. O rol previsto nos artigos 144 e 145 do CPC é taxativo.

---

56. (Cespe - Promotor de Justiça - TO/2012) Se o prefeito de um município desviar, para fins particulares, verba pública federal incorporada ao patrimônio da municipalidade, o MP poderá pleitear a condenação do prefeito pelo referido ilícito administrativo. Nesse caso, para encaminhar seu pleito, o MP deverá ajuizar

a) ACP por improbidade administrativa na justiça federal.

b) mandado de segurança na justiça estadual de primeiro grau.

c) mandado de segurança no respectivo tribunal de justiça estadual.

d) ação popular na justiça estadual de primeiro grau.

e) ACP por improbidade administrativa na justiça estadual.

COMENTÁRIOS

✪ **Nota do autor:** a questão trata da competência para a ação de improbidade administrativa que pode ser proposta pelo Ministério Público.

Alternativa correta: letra "e" (responde as demais alternativas). De acordo com entendimento do STJ, tendo ocorrido a incorporação da verba ao município, a competência para a ação de improbidade administrativa será da Justiça Estadual. A propósito: "(...) 2. No mais, esta Corte Superior, decidindo inúmeros conflitos de competência, entende que, uma vez incorporada a verba advinda de convênios firmados com a União ao patrimônio municipal, a competência para apreciação e julgamento do feito é da Justiça Estadual, pois a União perde interesse no controle da destinação e uso da verba pública. A este propósito, inclusive, vieram as Súmula nº 208 e 209 do Superior Tribunal de Justiça. (...). (REsp 1070067/RN, Rel. Ministro MAURO CAMPBELL MARQUES, SEGUNDA TURMA, julgado em 02/09/2010, DJe 04/10/2010).

---

57. (Cespe - Juiz de Direito Substituto - MA/ 2013) Com relação à coisa julgada, à transação judicial, à ação regressiva, à denunciação à lide, à prescrição e à intervenção do MP, assinale a opção correta.

a) Em ação ajuizada com fundamento na responsabilidade civil objetiva do Estado, é obrigatória a denunciação da lide ao agente público causador do dano, visto que a relação jurídica com este é fundada na culpa subjetiva.

b) A ação de investigação de paternidade em que se tenha operado a coisa julgada, com julgamento de mérito, tendo sido a prova produzida com os meios técnicos cabíveis, à exceção do exame DNA, inexistente à época, pode ser novamente ajuizada, de modo que a produção de provas possa valer-se do referido exame para a descoberta da verdade dos fatos.

c) A realização de acordo homologado judicialmente impossibilita à parte demandada ajuizar ação regressiva para reaver do responsável pelo dano o valor suportado pelo acordo.

d) É legítima a intervenção do MP para questionar transação das partes em ação de cobrança contra a massa falida, para pagamento de honorários de advogado, e na qual a demandada, por transação judicial, admita pagar aquele crédito já prescrito.

COMENTÁRIOS

✪ **Nota do autor:** a questão trata de vários institutos, como da intervenção de terceiros, transação judicial, ação regressiva, atuação do MP no processo, entre outros.

Alternativa correta: letra "d". O Ministério Público tem legitimidade para questionar as transações que serão cumpridas pela massa falida. Para tanto, ajuizará a respectiva ação (artigos 130 e 132 da Lei de Falências).

Alternativa "a". Errada. De acordo com precedente do STJ, não é necessária a denunciação da lide do servidor, podendo ser exercido o regresso em ação própria.

Alternativa "b". Errada. A alternativa foi indicada como incorreta, seguindo orientação do Superior Tribunal de Justiça vigente à época. Contudo, há de ser registrado que o Supremo Tribunal Federal posteriormente adotou posicionamento diverso, importando na modificação de orientação do próprio STJ. Nesse passo, foi firmado precedente segundo o qual não implica ofensa à coisa julgada material o ajuizamento de nova ação para investigar a paternidade mediante a utilização de exame de DNA, quando não tiver sido excluída a possibilidade da paternidade. Vide a seguinte ementa: "RECURSO ESPECIAL. INVESTIGAÇÃO DE PATERNIDADE. PEDIDO EM AÇÃO ANTERIOR JULGADO IMPROCEDENTE. FALTA DE PROVAS. SENTENÇA REFORMADA POR MAIORIA. RECONHECIMENTO COISA JULGADA. EMBARGOS INFRINGENTES. NÃO CABIMENTO. RENOVAÇÃO DA AÇÃO. POSSIBILIDADE. EXAME DE DNA. 1. Não são cabíveis embargos infringentes contra acórdão que, por maioria, reforma sentença de mérito, reconhecendo a existência de coisa julgada, o que ensejou a extinção do processo sem exame do mérito. Precedentes. 2. Não implica ofensa à coisa julgada material o ajuizamento de nova ação para investigar a paternidade mediante a utilização de exame de DNA, nas hipóteses em que a ação anterior teve o pedido julgado improcedente por falta ou insuficiência de provas, sem que tenha sido excluída a possibilidade de existência de vínculo genético. Precedentes deste Tribunal e do STF (RE 363.889/DF). 3. Recurso especial conhecido em parte e, nesta parte, provido. (REsp 1223610/RS, Rel. Ministra MARIA ISABEL GALLOTTI, QUARTA TURMA, julgado em 06/12/2012, DJe 07/03/2013).

Alternativa "c". Errada. A celebração de acordo não importa na impossibilidade de ser ajuizada ação regressiva.

---

58. (Cespe – Procurador do Ministério Público junto ao TCDF/2013) Acerca da trilogia estrutural, dos princípios gerais e das partes que podem atuar em um processo, julgue os itens a seguir.

As causas relacionadas ao estado da pessoa são exemplo de causas nas quais o MP deve atuar como custos legis.

COMENTÁRIOS

✪ **Nota do autor:** O Ministério Público atuará como fiscal da ordem jurídica nas hipóteses indicadas no art. 178 do CPC.

Certo. A alternativa era tida como correta, em razão do que estava previsto no CPC de 1973. Porém, de acordo com o CPC de 2015, estaria incorreta. Com efeito, entre as hipóteses previstas no art. 178 do CPC, não estão as causas relacionadas ao estado da pessoa. Assim, o CPC de 2015 excluiu tal hipótese de atuação, de modo que o MP atuará nas causas relacionadas ao estado da pessoa se houver interesse de incapaz, consoante o art. 698 do CPC.

11. DEFENSORIA PÚBLICA

59. (Cespe – Defensor Público – DF/ 2013) Julgue os próximos itens de acordo com a jurisprudência dominante acerca da atuação da DP no processo civil.

Segundo entendimento do STJ, é necessária a intervenção da DP como curadora especial do menor em ação de destituição de poder familiar ajuizada pelo MP.

COMENTÁRIOS

✪ **Nota do autor:** sobre as ações de destituição do poder familiar proposta pelo Ministério Público, foi aberta discussão sobre a necessidade ou não da atuação da Defensoria Pública como curadora especial.

Errado. Prevaleceu o entendimento de que não há necessidade de tal atuação, uma vez que o Ministério Público, a um só tempo, funcionará como parte, mas também fará com os que os direitos da criança ou do adolescente prevalecem. A propósito: "PROCESSUAL CIVIL E CIVIL. AGRAVO REGIMENTAL. CRIANÇA ABANDONADA PELOS PAIS EM HOSPITAL PÚBLICO. ACOLHIMENTO INSTITUCIONAL. NOMEAÇÃO DE DEFENSOR PÚBLICO PARA ATUAR COMO CURADOR ESPECIAL EM SITUAÇÃO NA QUAL O MINISTÉRIO PÚBLICO JÁ TENHA PROVIDENCIADO AS MEDIDAS CABÍVEIS EM FAVOR DO MENOR. DESNECESSIDADE. 1. No julgamento do Recurso Especial 1.296.155/RJ, a Segunda Seção deixou preconizado que a Defensoria Pública não deve atuar como substituto processual, agindo de ofício em casos nos quais o Ministério Público já tenha providenciado as medidas cabíveis em favor do menor abrigado. No caso, o Parquet já até mesmo ajuizou ação de destituição de poder familiar. 2. Agravo regimental não provido. (AgRg no REsp 1478366/RJ, Rel. Ministro LUIS FELIPE SALOMÃO, QUARTA TURMA, julgado em 04/12/2014, DJe 11/12/2014)".

---

60. (Cespe – Defensor Público – DF/ 2013) Julgue os próximos itens de acordo com a jurisprudência dominante acerca da atuação da DP no processo civil.

É prerrogativa da DP a intimação pessoal dos seus membros de todos os atos e termos do processo. A presença do DP na audiência de instrução e julgamento na qual seja proferida a sentença não retira o ônus da sua intimação pessoal, que somente se concretiza com a entrega dos autos com abertura de vistas, em homenagem ao princípio constitucional da ampla defesa.

COMENTÁRIOS

✪ **Nota do autor:** como regra, as partes consideram-se intimadas na audiência das decisões nesta oportunidade tomadas.

Certo. Porém, em relação ao Defensor Público, como tem a prerrogativa da intimação pessoal mediante a remessa dos autos com carga, nem mesmo a presença em audiência dispensará aquela formalidade. A propósito:

> *HABEAS CORPUS SUBSTITUTIVO DE RECURSO ESPECIAL. NÃO CABIMENTO. APELAÇÃO. INTEMPESTIVIDADE. CONSTRANGIMENTO ILEGAL CONFIGURADO. HABEAS CORPUS CONCEDIDO DE OFÍCIO.*
>
> *1. Ressalvada pessoal compreensão diversa, o Superior Tribunal de Justiça, alinhando-se à nova orientação jurisprudencial do Supremo Tribunal Federal (HC 104.045/RJ, Rel. Ministra Rosa Weber, PRIMEIRA TURMA DJe de 06/09/2012), firmou o entendimento pela inadequação do writ para substituir recursos especial e ordinário ou revisão criminal, reafirmando que o remédio constitucional não pode ser utilizado indistintamente, sob pena de desvirtuamento do instituto e de subversão da lógica recursal. Possibilidade de impetração, contudo, em caso de flagrante ilegalidade, abuso de poder ou teratologia.*
>
> *2. Embora por maioria compreenda a douta Turma julgadora que a intimação pessoal do Defensor Público pode dar-se diretamente em audiência, havendo neste momento manifestação de recurso pelo assistido e assim tendo-se como desde então já interposto, para a elaboração das razões necessita não obstante a defensoria acesso aos autos, de modo que somente com a carga do processo é que se pode computar o prazo para tanto.*
>
> *3. Habeas corpus não conhecido, mas, de ofício, concedida a ordem para anular o acórdão prolatado, determinando-se o conhecimento da apelação interposta pelo paciente, com o consequente julgamento de seu mérito.*
>
> *(HC 286.921/SP, Rel. Ministro NEFI CORDEIRO, SEXTA TURMA, julgado em 19/08/2014, DJe 03/09/2014).*

61. (Cespe – Defensor Público – DF/ 2013) Julgue os próximos itens de acordo com a jurisprudência dominante acerca da atuação da DP no processo civil.

A contagem dos prazos para a interposição de recursos pelo MP ou pela DP começa a fluir da data do recebimento dos autos com vista no respectivo órgão, e não da ciência do respectivo membro no processo.

COMENTÁRIOS

✪ **Nota do autor:** tendo o Ministério Público e a Defensoria Pública a prerrogativa da intimação pessoal, questiona-se se o prazo se abre com o recebimento dos autos com vista, ou quando da oportunidade em que o Promotor de Justiça ou o Defensor registram tal ciência.

Certo. Prevaleceu a tese de que o prazo se abre a partir do recebimento dos autos com vista. A respeito, prevê o art. 231, VIII, do CPC de 2015, que o prazo se inicia no dia da carga, quando a intimação se der por meio da retirada dos autos, em carga, do cartório ou da secretaria.

12. ATOS PROCESSUAIS

62. (Cespe – Analista Judiciário – Oficial de Just. Avaliador – TRF 1/2017) A respeito da formação do processo, da penhora e do cumprimento de sentença, julgue os itens que se seguem.

De acordo com o Novo Código de Processo Civil, considera-se proposta a ação quando a petição inicial for protocolada, sendo que o efeito da prevenção está vinculado à distribuição ou ao registro da petição inicial.

COMENTÁRIOS

✪ **Notas do autor:** o Código de Processo Civil de 2015 alterou importante regra de fixação do juízo prevento. Nesse passo, abandonando-se o regramento anterior sobre a matéria, o CPC determinou que estará prevento o juízo em que distribuída a ação (o que registrada a petição inicial). Sendo o caso de reunião dos processos para julgamento conjunto, tal se dará em favor do juízo prevento, observando-se a regra prevista no artigo 55 do CPC.

Assertiva correta. De fato, considera-se proposta a ação quando a petição inicial for protocolada, estando prevento o juízo a que for distribuída a demanda (ou a inicial for protocolada, se não for o caso de distribuição).

63. (Cespe – Analista Judiciário – Oficial de Just. Avaliador – TRF 1/2017) Acerca dos atos processuais, julgue os itens subsequentes.

Se o oficial de justiça verificar que o réu que reside em condomínio edilício está se ocultando para não receber a citação, o juiz deverá intimar o funcionário da portaria a informar o citando sobre o dia e o horário que o oficial de justiça retornará para efetuar a citação.

COMENTÁRIOS

✪ **Notas do autor:** o oficial de justiça deverá procurar o réu e, quando encontrá-lo, promover a respectiva citação. No entanto, para o resguardo de determinados bens jurídicos, a lei processual exclui a possibilidade de prática de certos atos processuais em determinado período.

Assertiva incorreta. Se o oficial de justiça verificar que o réu está se ocultando, deverá promover a citação por hora certa, de ofício, sem a necessidade de prévia determinação pelo juízo, motivo pelo qual a assertiva se encontra incorreta.

---

64. (Cespe – Analista Judiciário – Oficial de Just. Avaliador – TRF 1/2017) Acerca dos atos processuais, julgue os itens subsequentes.

O interesse social é um critério utilizado para determinar que o processo judicial tramite em segredo de justiça.

COMENTÁRIOS

✪ **Notas do autor:** para certos processos, há o interesse em excepcionar o princípio da publicidade para a defesa de interesses tutelados pelo legislador.

Assertiva correta. Consoante prevê o art. 189, do CPC, tramitarão em segredo de justiça os processos: I) em que o exija o interesse público ou social; II) que versem sobre casamento, separação de corpos, divórcio, separação, união estável, filiação, alimentos e guarda de crianças e adolescentes; III) em que constem dados protegidos pelo direito constitucional à intimidade; IV) que versem sobre arbitragem, inclusive sobre cumprimento de carta arbitral, desde que a confidencialidade estipulada na arbitragem seja comprovada perante o juízo. Logo, como se vê, o interesse social é critério utilizado para determinar que o processo judicial tramite em segredo de justiça.

---

65. (Cespe – Analista Judiciário – Oficial de Just. Avaliador – TRF 1/2017) Acerca dos atos processuais, julgue os itens subsequentes.

O oficial de justiça poderá realizar penhora durante as férias forenses, desde que esteja autorizado judicialmente.

COMENTÁRIOS

✪ **Notas do autor:** durante as férias forenses, como regra, não serão praticados atos processuais. Contudo, há certos atos que excepcionam a regra.

Assertiva incorreta. Independentemente de autorização judicial, nos termos do art. 212, § 2º, do CPC, as citações, intimações e penhoras poderão realizar-se no período de férias forenses, onde as houver, e nos feriados ou dias úteis fora das 6h às 20 horas.

---

66. (Cespe – Analista Judiciário – Oficial de Just. Avaliador – TRF 1/2017) Acerca dos atos processuais, julgue os itens subsequentes.

O administrador do imóvel locado, quando a ação se originar de atos por ele praticados, poderá receber citação em ação movida cauxílioontra o locador, se este estiver ausente.

COMENTÁRIOS

✪ **Notas do autor:** a citação deverá ser praticada, como regra, na pessoa do requerido. Excepcionalmente, a lei admite que seja feita por meio de outra pessoa.

Assertiva correta. Conforme dispõe o art. 242, § 2º, do CPC, o locador que se ausentar do Brasil sem cientificar o locatário de que deixou, na localidade onde estiver situado o imóvel, procurador com poderes para receber citação será citado na pessoa do administrador do imóvel encarregado do recebimento dos aluguéis, que será considerado habilitado para representar o locador em juízo.

---

67. (Cespe – Defensor Público – TO/2013) À luz da legislação e da jurisprudência do STF, assinale a opção correta acerca dos prazos processuais.

a) Nas ações reivindicatórias propostas contra um casal, ainda que os cônjuges estejam representados por procuradores diferentes, o prazo para os litisconsortes apresentarem contestação é de quinze dias, contados da juntada aos autos do último aviso de recebimento ou mandado citatório cumprido.

b) Se, em uma ação contra dois demandados representados por advogados diferentes, apenas um deles sucumbir, o prazo para o sucumbente recorrer será contado em dobro.

c) Em ações em que atue apenas como fiscal da lei, o MP terá dez dias para interpor agravo de instrumento.

d) Nas ações em que a parte se encontra assistida pela DP, o prazo para contestar será computado em quádruplo e o prazo para recorrer será computado em dobro.

e) Se, proposta ação em desfavor de diversos litisconsortes facultativos e representados por diferentes procuradores, um deles requerer, no prazo da contestação, a limitação no número de demandados, o prazo para contestar deverá ser computado em dobro a partir da intimação da decisão do pedido de limitação.

COMENTÁRIOS

✪ **Nota do autor:** o CPC, naturalmente, também adotou o sistema de preclusões, mediante o qual as partes dispõem de prazo para a prática de atos processuais. Não obstante, poderá ser celebrado entre as partes um ajuste em relação a esses prazos, por meio de negócio processual (art. 190 CPC), ou, ainda, em conjunto com o juiz, estabelecer um calendário processual (art. 191 do CPC). De toda forma, poderá o juiz também dilatar os prazos processuais, adequando-os às necessidades do conflito de modo a conferir maior efetividade à tutela do direito (art. 139, VI, CPC). Dessa maneira, é possível verificar a existência de prazos: i) legais; ii) judiciais; e, iii) consensuais.

Alternativa correta: letra "e". Em caso de litisconsórcio multitudinário, qual seja, aquele em que o número de litisconsortes pode comprometer a rápida solução do litígio ou dificultar a defesa ou o cumprimento de sentença, poderá o juiz, na fase de conhecimento, na liquidação de sentença ou na execução, limitar o litisconsórcio facultativo. Note-se que tal limitação somente é possível no litisconsórcio facultativo, sendo inviável no necessário. Alega a existência de litisconsórcio multitudinário, interrompe-se o curso do prazo para o oferecimento de resposta, que será retomado, por inteiro, quando da intimação da decisão a ser proferida, tudo em conformidade com o art. 113, §§ 1º e 2º, do CPC. Essa interrupção não fica restrita àquele que requereu a limitação, mas se estende também aos demais litisconsortes, aplicando-se o prazo em dobro se tiverem diferentes procuradores, sendo estes de escritórios diferentes, não se aplicando a regra se o processo for eletrônico (art. 229 do CPC).

Alternativa "a". Errada. Sendo os cônjuges representados por advogados de escritórios diferentes, será aplicada a regra da aplicação do prazo dobrado.

Alternativa "b". Errada. De acordo com entendimento sumulado no STF (Súmula 641 STF), se apenas um dos litisconsortes sucumbir, não haverá a incidência do prazo dobrado. O CPC encampou essa regra, ao prever que não se aplica o prazo dobrado se apenas um dos réus oferecer resposta (§ 1º, do art. 229).

Alternativa "c". Errada. De acordo com a nova nomenclatura adotada pelo CPC, mais adequada ao perfil constitucional de atuação, o MP poderá agir no processo civil como parte ou como fiscal da ordem jurídica. Para as duas situações, contará com prazo em dobro para a interposição de recurso.

Alternativa "d". Errada. Para os assistidos da Defensoria Pública, é assegurado o prazo em dobro para a prática de atos processuais. Trata-se de prerrogativa do cargo de Defensor Público.

---

68. (Cespe - Defensor Público - TO/2013) Vítor, menor de idade, representado por sua genitora, ingressou com ação de investigação de paternidade cumulada com alimentos contra Roberto. Após a realização de inúmeras diligências citatórias frustradas, o juiz deferiu a citação editalícia, que foi realizada conforme as formalidades legais. O requerido, entretanto, não apresentou resposta no prazo legal.

Nessa situação hipotética, o juiz deve, imediatamente,

a) determinar a intimação do autor, para que especifique as provas que pretenda produzir em audiência.

b) determinar a realização de novas diligências citatórias, sob pena de nulidade do processo, já que a lei exige a citação pessoal do réu nesse tipo de ação.

c) decretar a revelia do réu e considerar verdadeiros os fatos articulados pelo autor, proferindo desde logo sentença que confira total procedência ao pedido.

d) nomear curador especial ao réu, encargo que poderá recair sobre a DP.

e) determinar a intimação pessoal do representante do MP e, em seguida, com ou sem pronunciamento, decidir quanto à aplicação dos efeitos da revelia.

COMENTÁRIOS

✪ **Nota do autor:** a curadoria especial é atribuição institucional da Defensoria Pública, conforme previsto na LC nº 80/94.

Alternativa correta: letra "d". O CPC manteve a necessidade de nomeação de curador especial ao réu revel citado por edital, enquanto não for constituído advogado (art. 72, II). Exclui automaticamente as demais alternativas.

---

69. (Cespe - Defensor Público - RR/2013) No que se refere aos atos processuais no processo civil, assinale a opção correta.

a) Se, iniciado o prazo para a prática de determinado ato, houver suspensão desse prazo por obstáculo criado por uma das partes, o prazo por inteiro deverá ser restituído à parte prejudicada.

b) Na classificação dos atos processuais, considera-se próprio o prazo previsto para apresentação de contestação pela DP e reputa-se impróprio o prazo para apresentação do parecer final pelo MP, ao atuar como fiscal da lei.

c) Sempre que verificada a revelia do réu, caberá ao DP exercer a curadoria especial.

d) No exercício da curadoria do revel, a apresentação de contestação por negativa geral constitui violação do princípio da ampla defesa.

e) Viola a proteção conferida pela lei – e, por isso, não é admitida no processo civil – a concessão a terceiros de certidão do dispositivo da sentença proferida em processos que tramitam em segredo de justiça.

COMENTÁRIOS

✪ **Nota do autor:** a questão trata de várias particularidades sobre os atos processuais. Deve ser lembrado que, quanto à formalidade, o CPC adotou o formalismo constitucional, segundo o qual o ato processual somente será considerado inválido se, apesar de contar com nulidade absoluta, houver prejuízo à parte. Assim, se o ato processual atingir a sua finalidade, não será decretada a sua nulidade. Em outras palavras, as nulidades que puderem ser desconsideradas, assim o serão, assim como deverá ser determinado saneamento daqueles que o comportarem.

Alternativa correta: letra "b". Pelo CPC, prazos próprios são aqueles previstos para a prática de atos processuais, cuja inobservância poderá gerar consequências no âmbito processual. Assim, não oferecida resposta no prazo de 15 dias, por exemplo, tem-se a revelia. Prazos impróprios, por sua vez, são aqueles cuja inobservância não gera efeitos processuais, como é, por exemplo, o prazo para que o Ministério Público apresente o seu parecer final, como fiscal da ordem jurídica. Os prazos próprios, de acordo com o CPC, poderão ser alterados pelas partes, por meio de negócio processual, ou mesmo pelo Juiz, adequando-os às necessidades do conflito de modo a conferir maior efetividade à tutela do direito (art. 139, VI, CPC). Dessa maneira, é possível verificar a existência de prazos: i) legais; ii) judiciais; e, iii) consensuais.

Alternativa "a". Errada. A suspensão do processo é uma situação denominada por Cândido Rangel Dinamarco como crise processual. No caso de obstáculo criado em detrimento da parte ou ocorrendo qualquer das hipóteses do art. 313, deverá o prazo ser restituído por tempo igual ao que faltava para sua complementação (art. 221 CPC).

Alternativa "c". Errada. Somente haverá a necessidade de atuação de Defensor Público como curador especial se o réu, citado por edital ou com hora certa, ou ainda, ou sendo preso, não oferecer resposta.

Alternativa "d". Errada. No exercício da curadoria especial, o Defensor Público deverá apresentar resposta. Trata-se de um dever. Porém, o CPC também prevê a possibilidade de que o faça por negativa geral, não sendo aplicado o ônus da impugnação especificada.

Alternativa "e". Errada. O segredo de justiça no processo brasileiro não é absoluto, admitindo-se que as partes e seus advogados tenham acesso a processos com essa característica. Do mesmo modo, poderá o terceiro que demonstrar interesse jurídico requerer ao juiz certidão do dispositivo da sentença, bem como de inventário e de partilha resultantes de divórcio ou separação (art. 189, § 2º).

---

70. (Cespe – Juiz de Direito Substituto – MA/ 2013) Em relação aos atos processuais, assinale a opção correta.

a) Para o início da contagem de prazo processual, é imprescindível a intimação da parte por publicação no órgão oficial, independentemente do fato de o advogado da parte ter feito carga dos autos, com ciência inequívoca a respeito, quando ainda pendente aquela publicação.

b) A validade da transação extrajudicial realizada pelas partes quanto ao objeto da lide depende da anuência de seus advogados.

c) A preclusão lógica, que se caracteriza pela impossibilidade da prática de um ato processual em razão da prática de um outro ato incompatível com aquele que se pretendia realizar, atinge, quanto aos atos que poderiam praticar, as partes e o juiz.

d) O acesso aos autos em cartório é assegurado somente aos advogados e às partes; nos casos que envolvam segredo de justiça, somente é permitido o acesso aos advogados constituídos e às partes.

COMENTÁRIOS

✪ **Nota do autor:** em relação aos prazos para a prática dos atos processuais, deve ser destacado que foi alterada a forma de sua contagem. Assim, em conformidade com o art. 219, na contagem de prazo em dias, estabelecido por lei ou pelo juiz, computar-se-ão somente os úteis.

Alternativa correta: letra "c". Há três espécies de preclusão: a temporal, a lógica e a consumativa. A preclusão lógica decorre da prática de ato processual incompatível com o que se pretende, agora, praticar. Se cumprida a sentença, não pode a parte interpor recurso, por conta da preclusão lógica. Se proferida a sentença, não pode o juiz decidir questão incidental anterior existente no processo. Dessa maneira, alcança as partes e também o próprio juízo.

Alternativa "a". Errada. Se o advogado fez carga do processo, iniciado está o curso do prazo processual.

Alternativa "b". Errada. A transação extrajudicial independente da concordância de seus advogados.

Alternativa "d". Errada. Do mesmo modo, poderá o terceiro que demonstrar interesse jurídico requerer ao juiz certidão do dispositivo da sentença, bem como de inventário e de partilha resultantes de divórcio ou separação (art. 189, § 2º).

---

71. (Cespe – Procurador BACEN/2013) Assinale a opção correta no que se refere ao tempo razoável do processo.

a) A existência de convenção de arbitragem é causa de suspensão do processo e poderá ser conhecida de ofício pelo juiz.

b) O recebimento da inicial pelo julgador é ato processual de reconhecimento da existência dos pressupostos processuais e condições da ação e acarreta a preclusão pro judicato, impedindo o reexame de tais questões por ocasião da prolação da sentença.

c) A cumulação de pedidos contra determinado réu em uma única ação independe da comprovação de conexão entre eles.

d) A citação por edital somente se completa com o posterior envio ao réu de carta, telegrama ou radiograma, dando-lhe de tudo ciência.

e) É possível, mediante expresso consentimento do réu, a modificação do pedido ou da causa de pedir em qualquer fase do processo.

COMENTÁRIOS

✪ **Nota do autor:** a respeito do tempo razoável do processo, dispõe o CPC, em seu art. 4º, que "as partes têm o direito de obter em prazo razoável solução integral do mérito, incluída a atividade satisfativa". Adotou-se, então, o princípio da primazia do julgamento do mérito. A questão, porém, trata também de outros temas.

Alternativa correta: letra "c". É possível a cumulação de pedidos. No caso de cumulação própria, tais pedidos devem guardar conexão. De outro lado, na imprópria, não se exige esta conexão.

Alternativa "a". Errada. De acordo com o CPC, há duas preliminares que não podem ser conhecidas de ofício pelo juiz: a incompetência relativa e a convenção de arbitragem. Em relação a esta última, porque a parte poderá abrir mão da jurisdição privada em favor da jurisdição pública.

Alternativa "b". Errada. A existência dos pressupostos processuais e das condições da ação constitui matéria de ordem pública, que poderá ser conhecida de ofício pelo juiz.

Alternativa "d". Errada. A citação por edital não depende da remessa de carta ou telegrama para a parte citada.

Alternativa "e". Errada. Somente é possível a modificação do pedido antes do saneamento do processo. Se já citado o réu, se houver o seu consentimento.

72. (Cespe – Analista Judiciário – Área Judiciária – TJ – CE/2014) Acerca das decisões e comunicações e dos atos processuais, assinale a opção correta.

a) A lei classifica expressamente os atos do juiz em sentenças, decisões interlocutórias e despachos.

b) Em regra, no julgamento da lide, cabe ao juiz recorrer à analogia, aos costumes, à equidade e aos princípios gerais do direito.

c) Documento redigido em língua estrangeira prescinde de formalidades para ser juntado aos autos.

d) As partes podem, de comum acordo, reduzir ou prorrogar o prazo peremptório quando o pedido fundar-se em motivo legítimo.

e) A citação é o ato pelo qual se dá ciência a alguém dos atos e termos do processo.

COMENTÁRIOS

✪ **Nota do autor:** a questão tem como fundo o tema ato processual, sendo cobradas várias regras inerentes.

Alternativa correta: letra "a". O art. 203 do CPC corrigiu a impropriedade existente no art. 162 do CPC de 1973, ao prever que os pronunciamentos do juiz consistirão em sentenças, decisões interlocutórias e despachos. A correção se deve principalmente ao fato de que o juiz pode praticar muitos outros atos, estando, entre eles, os pronunciamentos judiciais.

Alternativa "b". Errada. A equidade somente poderá ser utilizada quando houver expressa autorização legal. Na omissão da lei, poderá aplicar os demais critérios indicados.

Alternativa "c". Errada. Documento escrito em língua estrangeira deverá ser acompanhado de versão para a língua portuguesa tramitada por via diplomática ou pela autoridade central, ou firmada por tradutor juramentado (art. 192, parágrafo único, CPC).

Alternativa "d". Errada. O prazo peremptório, segundo o CPC de 1973, não poderia ser reduzido ou prorrogado pelas partes. O juiz, no entanto, em situações excepcionalíssimas (comarca de difícil transporte e em caso de calamidade pública). O CPC traz regramento diferenciado. Em primeiro lugar, registra que na comarca onde for difícil o transporte, o juiz poderá prorrogar os prazos por até dois meses e, havendo calamidade pública poderá exceder esse prazo (art. 222). Porém, deve ser registrado que o juiz também poderá dilatar os prazos processuais, adequando-os às necessidades do conflito de modo a conferir maior efetividade à tutela do direito (art. 139, VI). Importante ainda salientar que as próprias partes poderão ajustar prazos diferenciados para a prática de atos processuais, por meio da celebração de negócio processual, ou estabelecer, em conjunto com o juiz, um calendário processual (art. 191).

Alternativa "e". Errada. Em conformidade com o art. 238 do CPC, "citação é o ato pelo qual são convocados o réu, o executado ou o interessado para integrar a relação processual".

73. (Cespe – Procurador do Ministério Público junto ao TCDF/2013) Acerca da trilogia estrutural, dos princípios gerais e das partes que podem atuar em um processo, julgue os itens a seguir.

O juiz não deverá declarar-se impedido quando for órgão de direção ou de administração de pessoa jurídica parte na causa, em processos de jurisdição voluntária.

COMENTÁRIOS

✪ **Nota do autor:** Para que o processo se constitua de modo válido, deverá o juiz ser imparcial. Presume-se a parcialidade nos casos de impedimento, ao passo que também há as situações em que o juiz é suspeito.

Errado. Sendo membro de administração de pessoa jurídica parte no processo, será o juiz impedido de atuar no processo (art. 144, V, CPC).

13. NULIDADES PROCESSUAIS

74. (Cespe – Defensor Público – RR/2013) No que concerne às nulidades no processo civil, assinale a opção correta.

a) A proibição do venire contra factum proprium é aplicada em caso de nulidade relativa de algum ato.

b) A ausência de alegação de nulidade relativa, no primeiro momento em que a parte deva falar nos autos, impossibilita o seu conhecimento, de ofício, pelo juiz e gera a preclusão consumativa.

c) A ausência da data da realização da penhora no correspondente auto de diligência constitui causa de nulidade absoluta, que deverá ser reconhecida de ofício pelo juiz.

d) O juiz anulará, desde a citação, todos os atos do processo que tenha corrido sem conhecimento do MP, se sua intervenção for obrigatória.

e) O princípio da causalidade prevê que, anulado o ato, reputam – se automaticamente sem efeito todos os atos subsequentes.

COMENTÁRIOS

✪ **Nota do autor:** o estudo das nulidades processuais parte do princípio de que o CPC adotou o formalismo constitucional, segundo o qual somente será reconhecida a nulidade, ainda que absoluta, se houver prejuízo.

Alternativa correta: letra "a". Pela proibição do venire contra factum proprium não se admite comportamento contraditório. Desse modo, a parte que deu causa à nulidade não poderá alega-la.

Alternativa "b". Errada. A nulidade relativa não pode ser conhecida de ofício e deverá ser alegada no primeiro momento que a parte deva falar nos autos, sob pena de preclusão temporal.

Alternativa "c". Errada. A ausência da data da realização da penhora não importa em nulidade absoluta, mas em ato que poderá ser sanado.

Alternativa "d". Errada. Sendo a sua intervenção obrigatória, o juiz invalidará os atos praticados a partir do momento em que ele deveria ter sido intimado. Porém, tal nulidade só pode ser decretada após a intimação do MP, que se manifestará sobre a existência ou a inexistência do prejuízo.

Alternativa "e". Errada. Anulado o ato, consideram-se de nenhum efeito todos os subsequentes que dele dependam.

75. (Cespe – Juiz de Direito Substituto – DFT/2014) Acerca da invalidade e das comunicações dos atos processuais, assinale a opção correta.

a) O juiz não poderá aplicar o princípio da instrumentalidade das formas nas hipóteses de nulidade absoluta.

b) São nulos os atos processuais praticados mediante a ausência do MP nas hipóteses em que sua participação era necessária, presumindo-se o prejuízo.

c) Ao contrário do que ocorre na nulidade, o reconhecimento da inexistência do ato processual independe de declaração judicial.

d) Uma vez expedida a carta precatória, é vedado ao juízo deprecado recusar o cumprimento da solicitação nela constante.

e) O pedido de declaração de nulidade relativa deve ser feito exclusivamente por quem detenha legítimo interesse.

COMENTÁRIOS

✪ **Nota do autor:** a questão trata das nulidades processuais.

Alternativa correta: letra "e". O juiz não poderá reconhecer de ofício a nulidade relativa. Deverá ser alegada pela parte prejudicada.

Alternativa "a". Errada. Pelo CPC, mesmo a nulidade absoluta poderá ser sanada, se não houver prejuízo para a defesa.

Alternativa "b". Errada. O prejuízo não é presumido. Deve ser demonstrado.

Alternativa "c". Errada. O reconhecimento da inexistência do ato processual também depende da declaração judicial (vide a ação declaratória de inexistência da relação jurídica processual).

Alternativa "d". Errada. É possível ao juízo deprecado negar o cumprimento, consoante dispõe o art. 267 do CPC: Art. 267. O juiz recusará cumprimento a carta precatória ou arbitral, devolvendo-a com decisão motivada quando: I – a carta não estiver revestida dos requisitos legais; II – faltar ao juiz competência em razão da matéria ou da hierarquia; III – o juiz tiver dúvida acerca de sua autenticidade. Parágrafo único. No caso de incompetência em razão da matéria ou da hierarquia, o juiz deprecado, conforme o ato a ser praticado, poderá remeter a carta ao juiz ou ao tribunal competente.

14. TUTELA PROVISÓRIA

76. (Cespe – Juiz de Direito – PR/2017) Ao receber a petição inicial de processo eletrônico que tramita pelo procedimento comum, o magistrado, postergando o contraditório, deferiu liminarmente a tutela provisória de evidência requerida e intimou o réu para cumprimento no prazo de cinco dias. Considerou o juiz que as alegações do autor foram comprovadas documentalmente e que havia tese firmada em julgamento de casos repetitivos que amparava a medida liminar. Posteriormente, o réu apresentou manifestação alegando a incompetência absoluta do juízo e equívoco do magistrado na concessão da tutela provisória. Acerca dessa situação hipotética, assinale a opção correta.

A) O magistrado cometeu error in procedendo, porque viola a ampla defesa a concessão de tutela da evidência antes da manifestação do réu.

B) Ainda que venha a ser reconhecida a incompetência absoluta do juízo, os efeitos da decisão serão conservados até que outra seja proferida pelo órgão jurisdicional competente.

C) O magistrado agiu de forma equivocada, porque o CPC não autoriza a concessão de tutela provisória da evidência pelos motivos indicados pelo juiz.

D) Se reconhecer sua incompetência absoluta, o juiz deverá extinguir o processo sem resolução do mérito, justificando a medida na impossibilidade técnica em remeter os autos eletrônicos para o juízo competente.

COMENTÁRIOS

✪ **Notas do autor:** de acordo com o CPC 2015, a tutela provisória poderá ter por fundamentos a urgência ou a evidência. No primeiro caso, exige-se a presença dos requisitos do *fumus boni iuris* e do *periculum in mora*, podendo ser concedida de forma antecedente ou incidentalmente. No segundo caso, não se exige o *periculum in mora*, podendo ser deferida nos casos indicados no art. 311 do CPC, que encampa rol exemplificativo.

Alternativa correta: letra B. Nos termos do art. 311, II do CPC, autoriza-se o deferimento da tutela da evidência quando as alegações de fato puderem ser comprovadas apenas documentalmente e houver tese firmada em julgamento de casos repetitivos ou em súmula vinculante. Para tanto, poderá ser requerida a medida, que conservará os seus efeitos até que outra seja proferida, se for o caso, pelo juízo competente (art. 64, § 4º do CPC).

Alternativa "A": incorreta. O art. 311, do CPC, autoriza a concessão de tutela da evidência, sem a oitiva da parte contrária, em duas hipóteses, quais sejam, as narradas nos incisos II e III.

Alternativa "C": incorreta. A hipótese está narrada no inciso II do art. 311 do CPC. Além deste caso, também se admite o seu deferimento em outras situações que não as narradas no artigo mencionado.

Alternativa "D": incorreta. O reconhecimento da incompetência absoluta não acarreta a extinção do processo sem a resolução do mérito, mas a sua remessa ao juízo competente.

---

77. (Cespe – Juiz Federal – TRF 5/2017) Com base na jurisprudência do Superior Tribunal de Justiça (STJ), julgue os seguintes itens, no que concerne à tutela provisória, à competência e ao cumprimento de sentença.

I Mesmo após o comparecimento espontâneo do réu em juízo, é indispensável sua intimação formal para que se inicie o prazo para a impugnação na fase de cumprimento de sentença.

II A justiça federal possui competência para julgar demanda proposta por estudante acerca de credenciamento de instituição privada de ensino superior junto ao Ministério da Educação, com vistas à expedição de diploma de ensino a distância ao autor.

III Em demanda previdenciária, os valores recebidos por força de tutela provisória de urgência antecipada posteriormente revogada serão irrepetíveis, em razão da natureza alimentar e da boa-fé no seu recebimento.

Assinale a opção correta.

A) Nenhum item está certo.

B) Apenas o item I está certo.

C) Apenas o item II está certo.

D) Apenas o item III está certo.

E) Todos os itens estão certos.

COMENTÁRIOS

Alternativa correta: letra C.

Assertiva I: incorreta. Em observância ao princípio do devido processo legal, o réu deverá ser citado para oferecer resposta, oportunidade em que poderá impugnar todos os fatos articulados na petição inicial. Para tanto, pode se valer da contestação e o seu oferecimento se trata de um ônus. A falta de resposta gera a revelia, que produz efeitos jurídico material e processual. De acordo com aquele, presumem-se verdadeiros os fatos apresentados pelo autor na petição inicial. Pelo efeito processual, o réu deixará de ser intimado dos demais atos praticados. Não obstante, o réu poderá comparecer a qualquer momento, assumindo o processo no estado em que se encontrar. Sendo proferida sentença e formada a coisa julgada, o credor poderá dar início à fase de cumprimento de obrigação consubstanciada em título executivo judicial, apresentando o respectivo cálculo. Nesta hipótese, considerando-se que o réu compareceu no processo, a sua intimação na fase de cumprimento ocorrerá na pessoa do próprio advogado, observando-se o art. 523 e seguintes do CPC. Assim, em conclusão, tendo o réu constituído advogado nos autos, na pessoa deste ocorrerá a intimação para o cumprimento voluntário da obrigação, sendo desnecessária a *intimação formal*, assim entendida a intimação pessoal do executado.

Assertiva II: correta. Consoante prevê o art. 109 da Constituição Federal, existindo interesse da União, suas autarquias e empresa pública federal, haverá a competência da Justiça Federal. No caso em questão, há interesse da União, pois se trata de registro de diploma perante o órgão competente, incluindo o credenciamento junto ao Ministério da Educação. De outro lado, não há tal interesse se a demanda disser respeito a questões privadas concernentes ao contrato de prestação de serviço firmado entre essas instituições e seus alunos, sendo processadas e julgadas perante a Justiça Estadual (AgInt no REsp 1697874/RS, Rel. Ministra REGINA HELENA COSTA, PRIMEIRA TURMA, julgado em 08/02/2018, DJe 21/02/2018).

Assertiva III: incorreta. Como sabido, os valores recebidos a título de *verba alimentar*, ainda que descabidos, sem que tenha concorrido má-fé, são irrepetíveis. Assim, se recebida verba previdenciária de forma incorreta, sem que o segurado tenha concorrido com má-fé, este não terá o dever de devolver a respectiva quantia. Reservada esta informação, passa-se a analisar outra questão. Os efeitos da revogação da tutela antecipada devem ser suportados pela parte que a requereu, de modo que cassada a decisão, os efeitos retroagem, fazendo desconstituir a situação conferida de forma provisória. Assim, os efeitos da revogação são imediatos e *ex tunc*, impondo-se à parte que se beneficiou da liminar o ônus de recompor o *status quo ante* ao deferimento da medida (AgInt no AREsp 1100564/RS, Rel. Ministro RICARDO VILLAS BÔAS CUEVA, TERCEIRA TURMA, julgado em 20/02/2018, DJe 26/02/2018).

---

78. (Cespe – Juiz de Direito Substituto – AM/2016) A respeito do procedimento cautelar e das medidas cautelares específicas, assinale a opção correta.

a) Conforme o entendimento pacificado do STJ, a medida cautelar de produção antecipada de provas torna prevento o juízo para ação principal.

b) Mesmo no processo cautelar de natureza preparatória para ação principal, a ausência de defesa técnica pode conduzir à aplicação dos efeitos da revelia.

c) O CPC permite, a título de antecipação de provas, a inquirição de testemunhas e o exame pericial, mas não o interrogatório das partes.

d) Consoante entendimento sumulado pelo STJ, a falta de ajuizamento da ação principal dentro do prazo decadencial de trinta dias acarreta a perda da eficácia da liminar concedida, mas não impede o regular prosseguimento da ação cautelar.

e) O arresto cautelar tem por finalidade preservar bem determinado, objeto de litígio, que corra risco e que, por isso, deva ser apreendido, com vistas à garantia de satisfação de obrigação de entrega de coisa certa.

COMENTÁRIOS

✪ **Nota do autor:** deve ser lembrado que o CPC de 2015 não trata do processo cautelar, mas da tutela cautelar como espécie da tutela de urgência que, por sua vez, é fundamento da *tutela* provisória.

Alternativa B. Atualmente, não haverá o ajuizamento de *ação cautelar preparatória* para, posteriormente, haver o ajuizamento da ação principal. Com efeito, em conformidade com o CPC 2015, o autor poderá requerer o deferimento da tutela de urgência antecedente (cautelar ou antecipatória de tutela) e, posteriormente, apresentar a petição complementar na mesma ação.

Alternativa A. O Código de Processo Civil de 2015 expressamente indicou que a produção antecipada da prova não previne a competência do juízo para a ação que venha a ser proposta (CPC, art. 381, § 3º).

Alternativa C. O Código de Processo Civil de 1973 previa que a produção antecipada da prova poderia consistir em interrogatório da parte, inquirição de testemunhas e exame pericial (CPC/73, art. 846), e embora tal dispositivo não tenha sido expressamente recepcionado pelo Código de Processo Civil de 2015, entende-se que tais espécies probatórias ainda poderão ser utilizadas, até mesmo outras.

Alternativa D. O Código de Processo Civil de 2015 estabeleceu também que efetivada a tutela cautelar, o pedido principal terá de ser formulado pelo autor no prazo de 30 (trinta) dias, e se assim não ocorrer, será cessada a eficácia da medida (CPC, arts. 308 e 309).

Alternativa E. Na vigência do Código de Processo Civil de 1973, a medida cautelar de arresto recebia tratamento em capítulo específico e tinha lugar para preservar bens que o executado estivesse tentando alienar ou na tentativa desse esquivar-se (CPC/73, art. 813). Contudo, o Código de Processo Civil de 2015 não reservou à medida trato diferenciado, inserindo-a em meio as demais reservadas ao poder geral de cautela do juiz (CPC, art. 301).

---

79. (Cespe – Defensor Público – RN/2015) Com relação a processo cautelar, mandado de segurança, sentença e coisa julgada, assinale a opção correta segundo o entendimento do STJ.

a) O direito líquido e certo postulado no mandado de segurança tem caráter personalíssimo e intransferível, não sendo possível a sucessão de partes.

b) O arresto é medida destinada à apreensão de bens determinados com o objetivo de assegurar a futura efetivação de provimento judicial que os tenha como objeto.

c) A sentença é ultra petita quando aprecia matéria estranha ao pedido formulado pelo autor.

d) No caso de improcedência do pedido formulado na ação principal, será exigível a multa cominatória fixada em ação cautelar destinada a resguardar o objeto da ação principal.

e) A alteração de juros de mora na fase de execução ofende a coisa julgada, mesmo quando realizada para adequar o percentual aplicado à legislação civil.

COMENTÁRIOS

✪ **Nota do autor:** O Código de Processo Civil de 2015 simplificou o procedimento cautelar, de modo que não disciplina mais separada e especificamente medidas como o arresto e o sequestro, as quais, porém, ainda poderão ser utilizadas como formas de efetivação do Poder Geral de Cautela do Juiz. Assim, a tutela de urgência de natureza cautelar pode ser efetivada mediante arresto, sequestro, arrolamento de bens, registro de protesto contra alienação de bem e qualquer outra medida idônea para a asseguração do direito (CPC, art. 301).

Alternativa Correta: letra A. O STJ entende que o mandado de segurança é hipótese de ação personalíssima, cujo direito não é passível de transmissão aos herdeiros (REsp: 703594/MG – STJ).

Alternativa B. De acordo com o disposto no Código de Processo Civil de 1973, o sequestro é a medida destinada à apreensão de bens determinados, e não o arresto. (CPC/73, arts. 813 e 822). O CPC admite o sequestro como medida que pode ser deferida em tutela cautelar. Ocorre, porém, que não diferenciou tal medida cautelar das demais.

Alternativa C. A sentença *extra petita* é aquela que aprecia matéria estranha ao pedido formulado pelo autor. A sentença *ultra petita* aprecia matéria além do pedido, e a *citra petita* aquém do pedido. Todas são vedadas por lei (CPC, art. 492).

Alternativa D. Tendo sido julgado improcedente o pedido da ação principal, não há que se falar em multa, vez que ela é meio utilizado pelo juiz para assegurar a obtenção da tutela (CPC, art. 497).

Alternativa E. O STJ decidiu em sentido contrário, ou seja, que a alteração de juros de mora na fase de execução não ofende a coisa julgada (REsp 1112746/DF – STJ).

80. (Cespe – Defensor Público – RN/2015) Assinale a opção correta no que diz respeito a recursos.

a) Admite-se o cabimento dos embargos infringentes para impugnar acórdão não unânime que anule sentença em razão de vício na citação.

b) Conforme entendimento do STJ, a pena de deserção deve ser aplicada a recurso interposto contra julgado que indeferir o pedido de justiça gratuita.

c) De acordo com o entendimento do STF, são intempestivos os embargos declaratórios interpostos antes da publicação do acórdão embargado.

d) Segundo o entendimento do STJ, na apelação, admite-se a juntada de documentos indispensáveis ou não à propositura da ação, desde que garantidos o contraditório e a ampla defesa.

e) Concedida a antecipação dos efeitos da tutela em recurso adesivo, não se admite a desistência do recurso principal de apelação, ainda que a petição de desistência seja apresentada antes do julgamento dos recursos.

COMENTÁRIOS

✪ **Nota do autor:** No que tange ao item "a", insta salientar que o Código de Processo Civil de 2015 retirou os embargos infringentes de suas espécies recursais, porém, acrescentou que quando o resultado da apelação for não unânime, o julgamento terá prosseguimento em sessão a ser designada com a presença de outros julgadores, que serão convocados nos termos previamente definidos no regimento interno, em número suficiente para garantir a possibilidade de inversão do resultado inicial, assegurado às partes e a eventuais terceiros o direito de sustentar oralmente suas razões perante os novos julgadores (CPC, art. 942).

Alternativa Correta: letra E. Pela jurisprudência do STJ, a concessão de tutela antecipada em recurso adesivo vedava a desistência do recurso principal de apelação, mesmo que requerida antes do julgamento deste (REsp 1.285.405-SP – STJ).

Alternativa A. Segundo o STJ, não eram cabíveis embargos infringentes para impugnar acórdão não unânime que se limitasse a anular a sentença em razão de vício na citação, uma vez que tal recurso, previsto no artigo 530 do Código de Processo Civil de 1973, exigia a presença de sentença de mérito, sendo incabível em matéria eminentemente processual (Info 519 – REsp 1.320.558/PE – STJ). Tal recurso deixou de existir, substituído pela possibilidade de ampliação do número de julgadores, consoante o art. 942 do CPC 2015.

Alternativa B. Entendia o STJ que não se aplicava a pena de deserção a recurso interposto contra julgado que indeferiu o pedido de justiça gratuita (AgRg no AREsp: 600215/RS – STJ). Destaque-se, todavia, o que dispõe o Código de Processo Civil de 2015 sobre o tema, que contra a decisão que indeferir a gratuidade ou a que acolher pedido de sua revogação caberá agravo de instrumento, exceto quando a questão for resolvida na sentença, contra a qual caberá apelação (CPC, art. 101, caput).

Alternativa C. De acordo com o STF, admite-se a interposição de embargos declaratórios oferecidos antes da publicação do acórdão embargado e dentro do prazo recursal (Info 776 – AI 703269 AgR-ED-ED-EDv-ED/MG – STF).

Alternativa D. O STJ decidiu no sentido de que a juntada de documentos, em fase de apelação, que não se enquadram naqueles indispensáveis à propositura da ação e apresentam cunho exclusivamente probatório, com o nítido caráter de esclarecer os eventos narrados, é admitida, desde que garantido o contraditório e ausente qualquer indício de má-fé, sob pena de se sacrificar a apuração dos fatos sem uma razão ponderável (REsp: 1176440/RO – STJ). Assim, tal juntada não poderá ocorrer em se tratando de documentos indispensáveis à propositura da ação.

---

81. (Cespe – Juiz Substituto da Justiça Militar da União – STM/2013) A respeito da antecipação dos efeitos da tutela, assinale a opção correta.

a) No que diz respeito à obrigação com prestação de fazer ou não fazer, a comprovação do periculum in mora é desnecessária para efeito de antecipação de tutela.

b) A decisão fundada na incontrovérsia de um dos pedidos – devendo o processo prosseguir em relação ao outro ou aos outros – tem natureza de julgamento definitivo de mérito, podendo transitar em julgado; contra essa decisão é cabível propositura de ação rescisória.

c) Antecipado o efeito da tutela em demanda fundada em ato ilícito em que se reclame prestação alimentar, caberá o levantamento de dinheiro até o limite de sessenta salários mínimos, sem a prestação de caução, não sendo necessária, nessa hipótese, a demonstração de necessidade do requerido.

d) É incabível, de acordo com a doutrina majoritária, a justificação prévia para a colheita de prova testemunhal com vistas à obtenção de prova inequívoca dos fatos que autorizariam a antecipação.

e) A responsabilidade de quem obtém a tutela antecipada, por eventuais danos causados pelo cumprimento, deve ser apurada subjetivamente.

COMENTÁRIOS

✪ **Nota do autor:** como visto no quadro acima, o CPC contemplou a tutela provisória, esta dividida em **tutela de urgência e tutela da evidência**. A tutela de urgência, por sua vez, **em tutela cautelar e tutela satisfativa**.

A tutela cautelar corresponde às medidas cautelares que, no CPC 1973, poderiam ser deferidas em processos cautelares (preparatórios ou incidentais) ou mesmo no próprio processo. Note-se que não existirá mais um processo cautelar propriamente dito. A tutela satisfativa, por sua vez, corresponde à antecipação de tutela do CPC de 1973. Ambas (cautelar e satisfativa) poderão ser **antecedentes** (pleiteada antes da dedução em juízo do pedido principal) ou **incidentais** (requeridas quando em trâmite o pedido principal) e fundam-se nos requisitos do *fumus boni iuris* e *periculum in mora*.

Necessário diferenciar a tutela cautelar da satisfativa. A primeira tem a sua existência dependente do procedimento, enquanto a satisfativa antecipa-se a tutela que seria obtida ao final. Esta (satisfativa), se não impugnada pela parte (por meio do respectivo recurso), poderá ser estabilizada, conservando-se no tempo até que haja ajuizamento de ação pela parte interessada para revê-la, embora, em razão da provisoriedade, não forme a coisa julgada.

A tutela da evidência, por sua vez, funda-se não na situação de perigo. Pelo contrário, baseia-se no fato de que já exista um juízo de certeza em favor de uma das partes. Em outras palavras, o direito material da parte está devidamente comprovado.

Alternativa correta: letra "b". O CPC de 1973 já tratava da tutela da evidência, porém, sob a forma de tutela antecipada. O CPC, porém, como apontado acima, fez a devida diferenciação, inserindo a tutela da evidência como espécie da tutela provisória, ao lado da tutela de urgência. Ora, para a concessão da tutela da evidência, não há necessidade de comprovação da urgência, bastando que se comprove que o direito material é certo, que se encontra devidamente comprovado. A propósito, dispõe o art. 311 do CPC: "A tutela da evidência será concedida, independentemente da demonstração de perigo de dano ou de risco ao resultado útil do processo, quando: I – ficar caracterizado o abuso do direito de defesa ou o manifesto propósito protelatório da parte; II – as alegações de fato puderem ser comprovadas apenas documentalmente e houver tese firmada em julgamento de casos repetitivos ou em súmula vinculante; III – se tratar de pedido reipersecutório fundado em prova documental adequada do contrato de depósito, caso em que será decretada a ordem de entrega do objeto custodiado, sob cominação de multa; IV – a petição inicial for instruída com prova documental suficiente dos fatos constitutivos do direito do autor, a que o réu não oponha prova capaz de gerar dúvida razoável. Parágrafo único. Nas hipóteses dos incisos II e III, o juiz poderá decidir liminarmente". Note-se que, diante da alegação apresentada pelo autor e da comprovação do fato, poderá o juiz deferir tutela provisória, pois é evidente o direito do autor. De toda forma, a medida é provisória. Não se pode confundir esta hipótese de tutela provisória com o julgamento parcial de mérito, que é definitivo. Assim, o CPC permitiu tal julgamento, consoante se vê dos incisos do caput do art. 356: "Art. 356. O juiz decidirá parcialmente o mérito quando um ou mais dos pedidos formulados ou parcela deles: I – mostrar-se incontroverso; II – estiver em condições de imediato julgamento, nos termos do art. 355". O juiz, em vista da incontrovérsia e da comprovação documental dos fatos apresentados, por exemplo, entendendo que não é o caso de julgamento parcial do mérito, poderá deferir a tutela da evidência, em uma decisão que é provisória, que pode ser modificada. Porém, verificando que a hipótese comporta julgamento de mérito parcial antecipado, proferirá decisão que, se não impugnada, fará coisa julgada material. Tanto a tutela da evidência, quanto o julgamento parcial do mérito, serão proferidos em decisão interlocutória, que poderá ser impugnada pelo recurso de agravo de instrumento.

Alternativa "a". Errada. Para a concessão da tutela satisfativa, quer seja antecedente ou incidental, independentemente da obrigação a ser imposta, haverá necessidade da comprovação do *fumus boni iuris* e do *periculum in mora.*

Alternativa "c". Errada. Concedida tutela satisfativa, será permitido ao credor promover o cumprimento provisório da obrigação. Se o valor for fixado em julgamento parcial antecipado de mérito, será iniciada a execução definitiva. No cumprimento provisório da obrigação, o levantamento de valores será promovido independentemente de caução no caso de obrigação alimentar (art. 521, I CPC).

Alternativa "d". Errada. Admite-se a audiência de justificação, para que o juiz possa inquirir testemunhas.

Alternativa "e". Errada. A responsabilidade de quem obtém tutela provisória, que venha a ser posteriormente modificada e que tenha gerado prejuízos à parte contrária, será objetiva.

---

82. (Cespe - Juiz Substituto da Justiça Militar da União - STM/2013) No que concerne à tutela cautelar, assinale a opção correta.

a) Para o deferimento do arresto, é necessário que o requerente disponha de título executivo.

b) Não é cabível sequestro de bem imóvel.

c) As hipóteses de cabimento de sequestro previstas no CPC são meramente exemplificativas.

d) Julgado procedente o pedido cautelar, não poderá o juiz modificar a medida deferida, haja vista ter esgotado o seu ofício jurisdicional.

e) Enquanto tramitar, em primeiro grau, o recurso contra a sentença, o juízo respectivo será o competente para julgar as medidas cautelares.

COMENTÁRIOS

✪ **Nota do autor:** a tutela antecedente (tutela antecipada) poderá ser requerida de forma antecedente à formulação do pedido contra o réu, ou incidentalmente, quando já apresentado. Se apresentado de forma antecedente, deverá o autor, posteriormente, nos mesmos autos, formular o respectivo pedido, sob pena de extinção do processo e revogação da medida antes concedida.

Alternativa correta: letra "c". O CPC não estipula os requisitos específicos para a concessão de medidas cautelares, muito especifique que a cautela poderá ser efetivada mediante arresto, sequestro, arrolamento de bens, registro de protesto contra alienação de bem e qualquer outra medida idônea para asseguração do direito (art. 301).

Alternativa "a". Errada. Para o deferimento da medida cautelar, não é necessário que a parte disponha de título judicial.

Alternativa "b". Errada. É possível que a medida cautelar incida sobre bem imóvel.

Alternativa "d". Errada. Deferida a medida cautelar, havendo motivos suficientes, poderá o juiz modificar a tutela cautelar antes concedida.

Alternativa "e". Errada. Nos termos do art. 299, parágrafo único, tratando-se de recurso, a tutela provisória deverá ser requerida diretamente no tribunal competente para julgar o mérito do recurso, cabendo ao relator decidi-la.

---

83. (Cespe - Juiz de Direito Substituto - PA/ 2012) Embora beneficiado por duas medidas deferidas em ação cautelar preparatória, João não obteve sucesso na ação principal que propôs contra José, tendo o juiz julgado improcedentes todos os seus pedidos. Em razão dessa decisão, José pretende que João repare os danos supostamente ocorridos em razão das medidas cautelares. Com base nessa situação hipotética, assinale a opção correta.

a) A reparação devida a José independe da execução das medidas cautelares, decorrendo tão somente de seu deferimento.

b) A indenização pretendida por José só será viável se o juiz tiver sido expresso quanto à responsabilidade de João na sentença que julgou improcedente o pedido principal.

c) A responsabilidade processual de João pelos danos decorrentes da execução das medidas cautelares é apurada independentemente de culpa.

d) Por ser objetiva a responsabilidade imputada a João, a reparação devida a José não carece da prova do dano.

e) Cabe a José o ônus de comprovar que João atuou de modo imprudente quando ajuizou cautelar sem a certeza de seu direito.

COMENTÁRIOS

✪ **Nota do autor:** a responsabilidade daquele que requer a tutela provisória pelos prejuízos causados à parte contrária, na hipótese de haver reversão quando julgamento da causa, será objetiva, ou seja, independerá da comprovação de culpa.

Alternativa correta: letra "c". Sobre a apuração de tal responsabilidade, dispõe o CPC: "Art. 302. Independentemente da reparação por dano processual, a parte responde pelo prejuízo que a efetivação da tutela de urgência causar à parte adversa, se: I – a sentença lhe for desfavorável; II – obtida liminarmente a tutela em caráter antecedente, não fornecer os meios necessários para a citação do requerido no prazo de 5 (cinco) dias; III – ocorrer a cessação da eficácia da medida em qualquer hipótese legal; IV – o juiz acolher a alegação de decadência ou prescrição da pretensão do autor. Parágrafo único. A indenização será liquidada nos autos em que a medida tiver sido concedida, sempre que possível". Exclui automaticamente as demais alternativas.

84. (Cespe – Juiz de Direito Substituto – MA/ 2013) Acerca dos processos cautelares e dos procedimentos especiais, assinale a opção correta.

a) A medida liminar deferida em processo cautelar pode ser rediscutida por meio de agravo de instrumento, de recurso especial e de recurso extraordinário.

b) A ação demarcatória não comporta pedido cumulativo com o de reintegração de posse.

c) Em ação de consignação em pagamento, o réu deve ajuizar reconvenção para obter condenação do autor no montante devido.

d) O não acolhimento da alegação de decadência ou prescrição do direito do autor no processo cautelar não impede que o juiz reconheça aquelas ocorrências no processo principal vinculado àquela cautelar.

COMENTÁRIOS

✪ **Nota do autor:** o CPC promoveu a uma simplificação procedimental. São previstos o procedimento comum, que é o geral, e os procedimentos especiais.

Alternativa correta: letra "d". A alternativa só tem razão de ser analisada se for levado em consideração a tutela cautelar antecedente. Neste caso, o juiz, em análise não exauriente, poderá afastar a alegação da prescrição ou da decadência. Porém, será possível que ocorra o indeferimento da tutela cautelar com fundamento no reconhecimento da prescrição ou de decadência, hipótese em que estará obstada a formulação do pedido principal (art. 310).

Alternativa "a". Errada. De acordo com entendimento sumulado, não é possível discutir a medida liminar em recurso extraordinário ou recurso especial, por conta da necessidade de análise de fatos.

Alternativa "b". Errada. Consoante o parágrafo único do art. 581, a sentença proferida na ação demarcatória determinará a restituição da área invadida, se houver, declarando o domínio ou a posse do prejudicado, ou ambos.

Alternativa "c". Errada. Na ação de consignação em pagamento, o réu não necessita oferecer reconvenção para que se condene o autor ao pagamento do montante devido. A propósito, dispõe o § 2º do art. 545: "A sentença que concluir pela insuficiência do depósito determinará, sempre que possível, o montante devido e valerá como título executivo, facultado ao credor promover-lhe o cumprimento nos mesmos autos, após liquidação, se necessária".

85. (Cespe – Procurador do MP junto ao TCE-PB/2014) Quanto ao instituto da tutela antecipada, assinale a opção correta.

a) O pedido de antecipação dos efeitos da tutela não poderá ser concedido no período de suspensão do processo.

b) Na hipótese de o juiz conceder tutela antecipada ao proferir sentença de mérito, eventual interposição de apelação não suspenderá os efeitos da sentença em relação aos efeitos antecipados.

c) Mesmo quando um ou mais dos pedidos cumulados, ou parcelas deles, mostrar-se incontroverso, a antecipação de tutela, para ser concedida, depende de requerimento da parte.

d) O pedido de antecipação de tutela é facultado exclusivamente ao autor.

e) A função precípua da tutela antecipada é assegurar o resultado prático do processo.

COMENTÁRIOS

✪ **Nota do autor:** trata-se de mais uma questão em que devem ser levadas em considerações as argumentações antes apresentadas.

Alternativa correta: letra "b". Sendo concedida tutela provisória e sendo ela confirmada em sentença, eventual apelação, neste ponto, será recebida exclusivamente em seu efeito devolutivo.

Alternativa "a". Errada. Sendo uma medida de urgência, poderá ser requerida durante a suspensão do processo.

Alternativa "c". Errada. A concessão da tutela provisória depende de requerimento expresso da parte nesse sentido. Não obstante, tem o juiz o poder geral de cautela, de modo que poderá deferir medidas cautelares que entender necessárias. Nos Juizados Especiais da Fazenda Pública e Federal admite-se regra em sentido contrário, no sentido de que independem de requerimento, podendo ser deferidas de ofício.

Alternativa "d". Errada. O réu também poderá requerer a medida provisória antecedente, como ocorrerá se oferecer reconvenção na própria contestação (ou, se não contestar, apresentar apenas a reconvenção).

Alternativa "e". Errada. Assegurar o resultado prático do processo é finalidade da tutela cautelar.

86. (Cespe - Juiz de Direito Substituto - DFT/2014) Acerca das cautelares específicas, assinale a opção correta.

a) Na produção antecipada de provas, caso o juiz constate que a prova foi regularmente colhida, proferirá sentença constitutiva, contra a qual caberá recurso de apelação.

b) Ao contrário do arresto cautelar, no sequestro o juiz não poderá deferir a liminar de plano, inaudita altera parte.

c) Na produção antecipada de provas, não é cabível a reconvenção.

d) Quando a obrigação for de fazer ou de não fazer, não será cabível o arresto cautelar, ainda que na hipótese de conversão da obrigação em perdas e danos.

e) A iliquidez da dívida configura causa impeditiva do arresto.

COMENTÁRIOS

✪ **Nota do autor:** como já afirmado anteriormente, o CPC não especifica cada uma das medidas cautelares e nem prevê requisitos específicos para cada uma delas. Ao contrário, trata de forma genérica da tutela de urgência, muito embora indique que tal tutela pode importar no sequestro, arresto etc.

Alternativa correta: letra "c". O CPC aboliu as cautelares nominadas, entre elas aquelas que têm a finalidade de produção de provas. Previu, de outro lado, a tutela do direito autônomo à prova, de modo que se permite ao interessado buscar a produção antecipada da prova não só para utilizar o comprovado em futura ação, como também para viabilizar a tentativa de conciliação, ou mesmo para que a parte possa avaliar a viabilidade de nova ação. Nesse procedimento, não será permitido o oferecimento de resposta e nem mesmo a interposição de recurso, salvo se o juiz indeferir totalmente a produção da prova pleiteada (art. 382 e parágrafos).

Alternativa "a". Errada. Respondida na letra c.

Alternativa "b". Errada. Permite-se que o juiz defira liminar sem prévia oitiva das partes em qualquer cautelar.

Alternativa "d". Errada. Não há previsão de requisito específico para o arresto.

Alternativa "e". Errada. Não há previsão de requisito específico para o arresto.

87. (Cespe - Juiz de Direito Substituto - DFT/2014) A respeito do processo cautelar, assinale a opção correta.

a) Como o processo cautelar possui a fase instrutória, caso o autor não indique na petição inicial as provas que serão produzidas, o juiz deverá indeferir a petição inicial, por ser inepta.

b) Na ação cautelar, o réu poderá apresentar, em sua resposta, além da contestação, a impugnação ao valor da causa, a reconvenção e as exceções.

c) Caso o juiz julgue conjuntamente os pedidos da ação principal e da ação cautelar, a apelação interposta contra a sentença terá efeito suspensivo também com relação à pretensão cautelar.

d) Caso seja ajuizada ação cautelar preparatória de exibição de documento que possa ser exibido no decorrer da ação principal, o juiz poderá reconhecer a falta de interesse de agir e julgar extinto o processo cautelar sem resolução do mérito.

e) De acordo com a jurisprudência, a cessação da eficácia da medida cautelar depende do trânsito em julgado da ação principal.

COMENTÁRIOS

✪ **Nota do autor:** a questão também trata da tutela de urgência cautelar.

Alternativa correta: letra "d". O fato de o documento ou coisa estar em posse da parte contrária ou de terceiro não pode ser um óbice para a comprovação de fatos por parte daquele que assim necessita. Dessa maneira, tal como no anterior, o CPC também fez previsão da "exibição de documento ou coisa", que pode ser incidental ou autônoma. Será incidental quando o documento ou coisa estiver em posse da parte contrária, quando então ela será intimada. Se recusar-se a apresentar e apresentar justificativa, não sendo esta acolhida, o juiz dará por comprovado o fato que a parte contrária pretendia demonstrar. De outro lado, será autônoma quando o documento ou coisa estiver em posse de terceiro. Neste caso, o terceiro deverá ser citado para oferecer resposta no prazo de quinze dias. Ao final, se o juiz entender que a recusa não é legítima, determinará a busca e apreensão. Vide, a propósito, o artigo 396 e seguintes. Porém, deve ser feito um registro relevante. Se ainda não proposta a ação em que se poderão vir a alegar os fatos, deverá a parte ajuizar a ação probatória autônoma (art. 381 e seguintes).

Alternativa "a". Errada. No CPC, não haverá propriamente uma ação cautelar e, mas, será possível que a parte requeira a tutela de urgência antecedente e, posteriormente, deverá apresentar o pedido na mesma ação.

Alternativa "b". Errada. Respondida na alternativa a.

Alternativa "c". Errada. Se na sentença o juiz confirmar a tutela de urgência antes deferida, eventual apelação será recebida somente em seu efeito devolutivo nesse ponto.

Alternativa "e". Errada. A cessação da medida liminar não depende do trânsito em julgado da ação, mas será imediata em razão da decisão proferida.

15. PETIÇÃO INICIAL

88. (Cespe – Analista Judiciário – Área Judiciária – TJ – CE/2014) Assinale a opção correta acerca do processo e do procedimento.

a) As obrigações periódicas exigem pedido expresso na petição inicial.

b) As ações relativas ao estado e à capacidade das pessoas obedecem ao procedimento sumário.

c) A atividade jurisdicional de execução sempre depende da fase cognitiva para exaurir a prestação jurisdicional.

d) O processo independe da existência do direito substancial da parte que o invoca, de modo que a função jurisdicional atua sem se subordinar à procedência ou não das razões de mérito arguidas pela parte requerente.

e) Nas ações de revogação de doação, as partes podem convencionar a substituição do procedimento sumário pelo ordinário.

COMENTÁRIOS

✪ **Nota do autor:** a questão diz respeito a vários temas, que serão abordados na sequência.

Alternativa correta: letra "d". O CPC, assim como o anterior, encampou a teoria da substanciação, pela qual o autor deve indicar os fatos e os fundamentos jurídicos de seu pedido. Não há necessidade de apresentar o direito vigente aplicável ao caso concreto e, se o fizer, o juiz não estará vinculado a ele para o deferimento do pedido.

Alternativa "a". Errada. Consoante o art. 323 do CPC, na ação que tiver por objeto cumprimento de obrigação em prestações sucessivas, essas serão consideradas incluídas no pedido, ainda que não haja requerimento do autor. Trata-se de mais uma hipótese de pedido implícito.

Alternativa "b". Errada. O CPC não trata do procedimento sumário. Houve uma simplificação procedimental, de modo que há apenas o procedimento comum e os procedimentos especial.

Alternativa "c". Errada. A atividade de execução pode basear-se em título extrajudicial e, portanto, sem que existe fase anterior de conhecimento.

Alternativa "e". Errada. Como dito acima, o CPC não mais prevê o rito sumário.

16. RESPOSTA DO RÉU

89. (Cespe – Analista Judiciário – Área **Judiciária – TRE – TO/2017)** Após ter sido citado em demanda que tramita pelo procedimento comum, Celso, além de se defender quanto ao mérito das alegações, deseja alegar incompetência relativa e incorreção quanto ao valor da causa, bem como apresentar reconvenção. Nessa situação hipotética, de acordo com o CPC, devem ser apresentadas

A) a defesa de mérito, a incompetência relativa e a incorreção do valor da causa, na contestação; e a reconvenção, em peça distinta.

B) a defesa de mérito, a alegação de incompetência relativa e a reconvenção, na peça de contestação; e a alegação de incorreção do valor da causa, em peça distinta.

C) a defesa de mérito, a alegação de incompetência relativa, a alegação de incorreção do valor da causa e a reconvenção, em uma única peça processual de contestação.

D) a defesa de mérito, na contestação; a alegação de incompetência relativa, por meio de exceção; a alegação de incorreção do valor da causa e a reconvenção, em peças distintas.

E) a defesa de mérito e a incompetência relativa, na contestação; a alegação de incorreção do valor da causa e a reconvenção, em peças distintas.

COMENTÁRIOS

✪ **Notas do autor:** o CPC de 2015 acarretou na concentração da matéria a ser alegada pelo réu na contestação.

Alternativa correta: letra C. A defesa do réu poderá ser processual e de mérito. No primeiro caso, tem-se as preliminares. Entre tais, podem ser apontadas a incompetência relativa (como também a absoluta) e a alegação de incorreção do valor da causa. Além disso, admite-se que o réu também apresente, na própria contestação, a reconvenção (art. 343, *caput*). Exclui automaticamente as demais alternativas.

90. (Cespe – Defensor Público – RN/2015) No tocante a competência, atos processuais, petição inicial, revelia e resposta do réu, assinale a opção correta conforme o entendimento do STJ.

a) A contagem dos prazos para a interposição de recursos pela DP começa a fluir da data da ciência do defensor no processo.

b) é peremptório, não podendo ser reduzido ou ampliado por convenção das partes ou por determinação do juiz.

c) O prazo remanescente para contestar, suspenso com o recebimento da exceção de incompetência, volta a fluir a partir da decisão que acolhe a exceção.

d) No rito sumário, a não apresentação de contestação na audiência de conciliação, quando presidida por conciliador auxiliar, implica revelia do réu.

e) O foro competente para processar e julgar ação declaratória de nulidade de escritura pública de cessão e transferência de direitos possessórios é o do domicílio do réu.

COMENTÁRIOS

✪ **Nota do autor:** A presente questão deverá ser resolvida sob a ótica do Código de Processo Civil de 1973, até mesmo porque, com a entrada em vigor do Código de Processo Civil de 2015, a incompetência, absoluta ou relativa, será alegada como questão preliminar de contestação, e não exceção como dito no item "c" (CPC, art. 64), e o procedimento comum reuniu os antigos ordinário e sumário do item "d" (CPC, art. 318).

Alternativa Correta: letra E. Pelo entendimento jurisprudencial, o foro do domicílio do réu é competente para processar e julgar ação declaratória de nulidade, por razões formais, de escritura pública de cessão e transferência de direitos possessórios de imóvel, ainda que esse seja diferente do da situação do imóvel, uma vez que o litígio analisado não versa sobre nenhum direito real imobiliário, mas sobre eventual nulidade da escritura de cessão de posse de imóvel, por razões formais (Info 543 – CC 111.572-SC – STJ).

Alternativa A. O Plenário do Supremo Tribunal Federal, quando do julgamento do HC 83.255-5/SP, consolidou entendimento no sentido de considerar como termo inicial da contagem dos prazos, seja em face da Defensoria Pública, seja em face do Ministério Público, o dia útil seguinte à data da entrada dos autos no órgão público ao qual é dada a vista (AgRg no REsp: 1500613/DF –STJ).

Alternativa B. De acordo com o STJ, o prazo destinado para o autor emendar ou completar a petição inicial não é peremptório, mas dilatório, ou seja, pode ser reduzido ou ampliado por convenção das partes ou por determinação do juiz (REsp 1133689/PE – STJ).

Alternativa C. É da intimação, realizada no julgamento dos autos do incidente, que passa a correr o prazo remanescente para contestar, no caso de ter ocorrido a suspensão pelo recebimento da exceção de incompetência (AgRg no REsp 1461297/MG – STJ).

Alternativa D. A questão trata do rito sumário, não mais adotado por falta de previsão no CPC 2015.

91. (Cespe – Juiz de Direito Substituto – AC/ 2012) Acerca dos requisitos de petição inicial, da contestação e das medidas cautelares, assinale a opção correta.

a) Considere que João, citado a apresentar-se em juízo para se defender em ação ordinária proposta por Carlos, deixe escoar o prazo sem apresentar qualquer manifestação processual, e que, quatro dias após o encerramento do termo, protocole contestação por meio de defensor público. Nessa situação hipotética, sendo concedido à defensoria pública prazo dobrado para responder, a defesa do réu deverá ser aceita como tempestiva.

b) No que se refere aos requisitos intrínsecos e extrínsecos da petição inicial, prevalece o entendimento de que, no CPC, se adota a teoria da substanciação, ou seja, exige-se que o autor formule sua pretensão ao juízo de forma clara, narrando o fato gerador do seu alegado direito e os fundamentos jurídicos do pedido.

c) O pedido, como requisito essencial da petição inicial, revela aquilo que a parte deseja obter com a demanda; por essa razão, não se deve extraí-lo de tudo que se argumentou na inicial, mas, exclusivamente, do capítulo especial comumente denominado dos pedidos.

d) Considere que Maria e Décio, companheiros por vários anos, com dois filhos em comum, resolvam propor ação de reconhecimento e dissolução da união estável, e que depois, inconformado com o fim do relacionamento e com a provável partilha do patrimônio comum, Décio passe a estragar os bens da família, como móveis, eletrodomésticos e obras de arte. Nessa situação hipotética, Maria poderá utilizar-se do provimento cautelar denominado arresto para tolher as atitudes de Décio.

e) Dada a busca da simplicidade e celeridade processual, é vedado ao réu, no rito sumaríssimo dos juizados especiais, deduzir pedido contra o autor.

COMENTÁRIOS

✪ **Nota do autor:** em relação às modalidades de resposta do réu, deve ser registrado que o CPC promoveu a uma simplificação, de modo que, na contestação, o réu deverá: i) apresentar a sua defesa; ii) apresentar reconvenção; iii) impugnar ao valor da causa; iv) impugnar a assistência judiciária; v) alegar a incompetência territorial, que não necessita de exceção.

Alternativa correta: letra "b". A petição inicial conta com requisitos intrínsecos, que devem estar contidos na própria peça, e também requisitos extrínsecos, consistentes em documentos que devem acompanhar a peça. Importante registrar que o CPC de 1973 e o CPC encamparam a teoria da substanciação, segundo a qual o autor deve os fatos dos quais se extrai as consequências jurídicas do pedido.

Alternativa "a". Errada. Muito discutível a alternativa dada como incorreta. Isso porque o Defensor Público conta com prazo dobrado para manifestar-se, especialmente para oferecimento da resposta. Sendo assim, ainda que ultrapassado o prazo de 15 dias, deveria ser considerada tempestiva a contestação apresentada com observância do prazo dobrado.

Alternativa "c". Errada. Pelo contrário do que foi afirmado, o pedido deve ser extraído do todo da petição inicial.

Alternativa "d". Errada. O CPC não elenca as medidas cautelares cabíveis e, consequentemente, não traz os requisitos pertinentes a cada uma delas. Trata da tutela provisória, que pode ser classificada em tutela de urgência (satisfativa e cautelar) e tutela de evidência. De toda forma, a tutela de urgência de natureza cautelar pode ser efetivada mediante arresto, sequestro, arrolamento de bens, registro de protesto contra alienação de bem e qualquer outra medida idônea para asseguração do direito (art. 301), observando-se os requisitos do *fumus boni iuris* e do *periculum in mora*. No caso narrado, a autora pode pugnar pela medida cautelar para efetivação mediante arrolamento de bens.

Alternativa "e". Errada. Nos Juizados Especiais poderá o réu apresentar pedido contraposto na própria contestação.

---

92. (Cespe – Cartório – TJ – DF/2014) No que se refere às modalidades de resposta do réu e suas especificidades legais, assinale a opção correta.

a) A decisão que julga o incidente de exceção deverá ser desafiada por recurso de apelação.

b) A arguição de questões preliminares de litispendência, coisa julgada e defeito de representação constituem modalidades de defesa de natureza dilatória, apresentadas sempre no bojo da contestação.

c) Aplica-se o ônus da impugnação especificada, inerente ao instrumento petitório da contestação, ao advogado dativo, ao curador especial e ao órgão do MP.

d) O meio adequado para que se combata eventual incompetência do juízo, independentemente de sua natureza, é a oposição de exceção de incompetência, que necessariamente deverá ser fundamentada e devidamente instruída, indicando-se o juízo para o qual ela se declina.

e) Conforme a jurisprudência do STJ, caso a parte apresente incidente de exceção, o processo será suspenso no momento em que a exceção for oposta.

COMENTÁRIOS

✪ **Nota do autor:** como dito acima, o CPC promoveu a uma simplificação da resposta do réu.

Alternativa correta: letra "e". No CPC, a incompetência territorial será alegada como preliminar de contestação e não mais por meio de exceção. Sendo assim, estará prejudicada a discussão sobre a suspensão do processo se ofertada a exceção.

Alternativa "a". Errada. A incompetência territorial será alegada como preliminar de contestação, e não mais em exceção.

Alternativa "b". Errada. A litispendência e a coisa julgada constituem defesa processual peremptória. O defeito de representação constitui defesa dilatória, pois poderá ser ajustado.

Alternativa "c". Errada. De acordo com o CPC, o ônus da impugnação especificada não se aplica ao defensor público, ao advogado dativo e ao curador especial (art. 341, parágrafo único). Note-se que há referência ao defensor público, de modo que o assistido por ele será beneficiado por essa regra.

Alternativa "d". Errada. No CPC a incompetência absoluta ou relativa serão alegadas como preliminares de contestação e não como exceção.

---

93. (Cespe – Procurador do Ministério Público junto ao TCDF/2013) Com referência aos parâmetros definidos no CPC para os procedimentos a serem realizados em razão de direito material de sujeito de direito, julgue os próximos itens.

As ações dúplices admitem reconvenção.

COMENTÁRIOS

✪ **Nota do autor:** como regra, na ação dúplice não há necessidade de apresentação de pedido por meio de reconvenção.

Errado. Na ação de exigir contas, por exemplo, a fixação do valor devido ao requerido independerá de apresentação de requerimento em reconvenção, decorrendo da própria análise da ação. A propósito: "Art. 552. A sentença apurará o saldo e constituirá título executivo judicial".

---

94. (Cespe – Procurador do Ministério Público junto ao TCDF/2013) Com relação às espécies e às fases de um processo, julgue os itens subsecutivos.

Para o réu evitar os efeitos da revelia, não lhe será bastante defender-se; deverá ele impugnar os fatos narrados na petição inicial, sob pena de estes serem presumidos verdadeiros.

COMENTÁRIOS

✪ **Nota do autor:** a contestação é regida pelos princípios da concentração e o da impugnação especificada. De acordo com este último, deverá o réu impugnar todos os fatos apresentados, sob pena de os mesmos serem considerados verdadeiros.

Errado. Ocorre que, considerando-se a defesa em seu todo, será possível afastar-se o efeito material da revelia (art. 341, III, CPC).

17. JULGAMENTO ANTECIPADO DO MÉRITO

95. (Cespe – Juiz de Direito Substituto – PA/ 2012) Considerando-se que, em determinada demanda em curso, com partes maiores e capazes, haja a regular citação do réu, haverá o julgamento antecipado do mérito se

a) a contestação apresentada pelo réu limitar-se a negar as consequências jurídicas afirmadas na inicial.

b) o réu apresentar apenas defesa de mérito indireta, mas, por incompatibilidade lógica, aceitar tacitamente os fatos alegados pelo autor.

c) o réu deixar de apresentar defesa, ainda que tenha sido regularmente citado para fazê-lo, e a citação contiver o mandado e todos os requisitos legais.

d) um fato alegado pelo autor for apenas implicitamente negado pela resposta apresentada pelo réu em contestação, ainda que considerada como um todo.

e) a controvérsia sobre o fato alegado pelo réu quando da apresentação da contestação for pertinente, mas não relevante.

COMENTÁRIOS

✪ **Nota do autor:** nos termos do art. 355 do CPC, será possível ao juiz julgar antecipadamente o pedido, proferindo sentença com resolução de mérito, se não houver necessidade de produção de outras provas, ou, sendo o réu revel, incidir o efeito material da revelia e não houver requerimento de prova.

Alternativa correta: letra "a". No caso indicado será possível o julgamento antecipado do pedido, pois não houve impugnação dos fatos apresentados na inicial e, por isso, será desnecessária a produção de provas.

Alternativa "b". Errada. A defesa de mérito indireta consiste em o réu apresentar fatos modificativos, impeditivos ou extintivos do direito do autor.

Alternativa "c". Errada. Ainda que o réu não conteste, será possível, em casos específicos, que não incidam os efeitos materiais da revelia, como é o caso de estar em litígio um direito indisponível.

Alternativa "d". Errada. Sendo o fato negado pela resposta, ainda que considerada a defesa em seu todo, é suficiente para a sua impugnação, não permitindo o julgamento do processo no estado em que se encontra.

Alternativa "e". Errada. Controvertido o fato na contestação, estará afastada a incidência do efeito material da revelia e, havendo necessidade de produção de prova, estará afastada a possibilidade de julgamento antecipado do processo.

18. PROVA

96. (Cespe – Procurador do MP junto ao TCU/2015) A respeito do procedimento ordinário e das provas, assinale a opção correta.

a) Em ação cujo objeto seja obrigação decorrente de empréstimo, o autor deverá indicar, na petição inicial, as obrigações contratuais que pretende controverter e quantificar o valor incontroverso.

b) O juiz não pode, sem pedido da parte interessada, determinar o comparecimento pessoal das partes para interrogá-las sobre os fatos da causa.

c) A revelia, embora não acarrete a procedência automática dos pedidos iniciais, enseja presunção absoluta de veracidade dos fatos narrados na inicial.

d) Nas causas submetidas ao procedimento sumário, a desistência da ação em relação a corréu não citado altera o prazo para o comparecimento dos demais réus à audiência de conciliação, conforme entendimento do STJ.

e) Por se tratar de ato personalíssimo, a confissão espontânea não pode ser feita por mandatário com poderes especiais.

COMENTÁRIOS

✪ **Nota do autor:** Com a entrada em vigor do Código de Processo Civil de 2015, foi extinta a antiga divisão entre os procedimentos como sumário e ordinário, reunidos agora em um único procedimento comum (CPC, art. 318), ao qual se aplicam todas as causas, salvo disposição em contrário (procedimentos especiais).

Alternativa Correta: letra A. Nas ações que tenham por objeto a revisão de obrigação decorrente de empréstimo, de financiamento ou de alienação de bens, o autor terá de, sob pena de inépcia, discriminar na petição inicial, dentre as obrigações contratuais, aquelas que pretende controverter, além de quantificar o valor incontroverso do débito (CPC, art. 330, § 2º).

Alternativa B. O juiz dirigirá o processo conforme as disposições previstas na lei processual, incumbindo-lhe determinar, a qualquer tempo, o comparecimento pessoal das partes, para inquiri-las sobre os fatos da causa, hipótese em que não incidirá a pena de confesso (CPC, art. 139, VIII).

Alternativa C. Se o réu não contestar a ação, será considerado revel e presumir-se-ão verdadeiras as alegações de fato formuladas pelo autor (CPC, art. 334), contudo, tal presunção é relativa, uma vez que admite prova em contrário, a ser determinada pelo juiz (CPC, art. 370, *caput*), ou ainda, requerida pelo próprio revel (CPC, art. 349; Súmula 231 do STF: "o revel, em processo civil, pode produzir provas desde que compareça em tempo oportuno").

Alternativa D. A questão tratava do rito sumário, não mais previsto pelo sistema.

Alternativa E. A confissão espontânea pode ser feita pela própria parte ou por representante com poder especial.

97. (Cespe – Juiz Federal Substituto 2ª região/2013) Assinale a opção correta com relação às provas no processo.

a) O descumprimento de decisão judicial que determine a apresentação de documento pela fazenda pública não implica confissão quanto ao conteúdo da prova material que se buscava produzir.

b) As provas obtidas por autorização judicial cujo juízo posteriormente seja reconhecido como incompetente devem ser invalidadas.

c) Não se admite a prova emprestada, mesmo quando observado o contraditório e a ampla defesa no processo em que ela tiver sido produzida.

d) Na valoração das provas pelo juiz, a prova pericial deve prevalecer sobre as demais.

e) É direito processual da parte ser ouvida em depoimento pessoal quando assim o requerer.

COMENTÁRIOS

✪ **Nota do autor:** a questão trata de vários aspectos do direito probatório.

Alternativa correta: letra "a". A exibição de documento ou de coisa poderá ser requerida incidentalmente no processo, quando estiver de posse da parte contrária. Se esta se recusar a entregar e o juiz não acolher a recusa, considerará comprovado o fato que a parte pretendia demonstrar com o documento. Contudo, como, geralmente, a fazenda pública defende interesse público e, portanto, indisponíveis, a recusa não importará em confissão (não se admite a confissão em interesses indisponíveis).

Alternativa "b". Errada. Não necessariamente devem ser invalidadas, podendo haver o seu aproveitamento.

Alternativa "c". Errada. Admite-se a prova emprestada, desde que observados os princípios inerentes à matéria. A propósito, dispõe o art. 372 do CPC: O juiz poderá admitir a utilização de prova produzida em outro processo, atribuindo-lhe o valor que considerar adequado, observado o contraditório.

Alternativa "d". Errada. Não há uma prova que deva prevalecer frente às demais. Deverá o juiz valorá-las de acordo com o seu livre convencimento, motivando a decisão.

Alternativa "e". Errada. A parte somente poderá requerer o depoimento pessoal do adversário, e não o próprio.

98. (Cespe – Juiz Substituto da Justiça Militar da União – STM/2013) No que se refere à prova no processo civil, assinale a opção correta.

a) Juntada em processo, a escritura pública na qual se declare relação de união estável há mais de dez anos faz prova plena não só da formação do documento, mas dos fatos declarados, haja vista a fé pública do tabelião que a lavrou.

b) O uso de prova exclusivamente testemunhal para comprovar que houve simulação em contrato é possível, ainda que o valor deste seja superior a dez salários mínimos.

c) O juiz pode determinar, de ofício ou a requerimento de uma das partes ou do MP, a acareação entre as próprias partes.

d) A confissão verbal extrajudicial feita a terceiro não tem valor probatório no direito brasileiro.

e) Por aplicação da distribuição dinâmica do ônus probatório, em um suposto processo por erro médico, cabe ao médico demandado para ressarcimento de danos sofridos pelo paciente o ônus de provar os fatos constitutivos do direito alegado, haja vista ter o médico melhor condição técnica e científica de fazê-lo.

COMENTÁRIOS

✪ **Nota do autor:** a questão trata de vários meios de prova, que serão tratados abaixo.

Alternativa correta: letra "b". Em conformidade com o art. 446, I, do CPC, é lícito à parte provar com testemunhas a divergência entre a vontade real e a vontade declarada, quando for o caso de contratos simulados.

Alternativa "a". Errada. A escritura pública fará prova unicamente da declaração da partes, e não do fato em si.

Alternativa "c". Errada. Será possível ser decretada a acareação entre duas ou mais testemunhas e não entre duas ou mais partes.

Alternativa "d". Errada. A confissão verbal feita a terceiro é admitida como prova no direito brasileiro.

Alternativa "e". Errada. Pela carga estática do ônus probatório, divide-se o que compete ao autor e ao réu provarem. Porém, pela carga dinâmica do ônus probatório, o juiz verificará quem tiver mais condições de provar determinado fato. Ocorre que a questão indica que, havendo a aplicação da carga dinâmica do ônus probatório, competiria ao réu provar os fatos constitutivos do direito do autor, o que se encontra equivocado. Aplicando a carga estática, competirá ao réu demonstrar os fatos modificativos, impeditivos ou extintivos do direito do autor.

99. (Cespe – Juiz de Direito Substituto – PI/ 2012) Em ação na qual se discute a existência de negócio de compra e venda de veículo ao preço de R$ 15.000,00, as testemunhas ouvidas na instrução afirmaram ter ouvido do réu, em evento no qual não estava presente o autor, a confissão de que efetivamente adquirira o veículo pelo valor mencionado. Acerca dessa situação hipotética, assinale a opção correta.

a) A confissão não tem os efeitos próprios desse meio de prova, porque o negócio em tela exige prova qualificada.

b) A confissão, em qualquer circunstância, exige a forma escrita, de modo que a realizada na hipótese não adquire valor.

c) Por ter sido endereçada a terceiro, a confissão só poderá ser apreciada como meio de prova se assumir a forma escrita.

d) Houve confissão extrajudicial, que tem, para todos os fins, considerados os fatos confessados, a mesma eficácia da judicial.

e) Diante da confissão realizada a terceiro, fica o juiz impedido de decidir de modo diverso do apontado pela prova.

COMENTÁRIOS

✪ **Nota do autor:** a questão trata da confissão e da prova testemunhal.

Alternativa correta: letra "a". A quitação somente poderá ser comprovada mediante recibo, sendo inadmitida a prova exclusivamente testemunhal na hipótese. Exclui automaticamente as demais alternativas.

100. (Cespe – Juiz de Direito Substituto – DFT/2014) No que se refere à fase instrutória do procedimento ordinário, assinale a opção correta.

a) Uma vez realizada a prova testemunhal, não pode o juiz embasar sua convicção em declarações de uma única testemunha.

b) Se, no curso do processo, a parte anexar aos autos cópias de acórdãos proferidos em outros processos, o juiz deverá ouvir a parte contrária a respeito, por se tratar de documento novo.

c) O ordenamento jurídico nacional veda a inversão do ônus da prova pelo juiz.

d) Caso o juiz tenha determinado, de ofício, que terceiro exiba documento que esteja em seu poder, terá agido em consonância com a legislação aplicável, que confere ao juiz o poder de ordenar não somente à parte, como também a terceiro, que exiba documento ou coisa que esteja em seu poder, de ofício.

e) Considere que a parte tenha solicitado a realização de prova pericial e que o juiz tenha indeferido o pedido, reputando-a desnecessária, julgando antecipadamente a lide. Nessa situação hipotética, agiu errado o juiz, pois, uma vez formalizado o pedido de prova pericial, é vedado ao juiz proceder ao julgamento antecipado da lide, por implicar cerceamento de defesa da parte.

COMENTÁRIOS

✪ **Nota do autor:** deve ser lembrado que o Novo Código de Processo Civil não contará com a dualidade rito ordinário/sumário. Em verdade, terá apenas o processo comum, que é a regra, e os procedimentos especiais. Para todos os fins, será considerada a instrução no processo comum.

Alternativa correta: letra "d".

Alternativa "a". Errada. O magistrado é livre na formação de sua convicção, devendo fundamentar a sua sentença. Assim, não há óbice que o magistrado decida levando em consideração o afirmado por uma única testemunha.

Alternativa "b". Errada. Consoante dispõe o § 1º do art. 437 do CPC, sempre que uma das partes requerer a juntada de documento aos autos, o juiz ouvirá, a seu respeito, a outra parte, que disporá do prazo de 15 dias para: I – impugnar a admissibilidade da prova documental; II – impugnar sua autenticidade; III – suscitar sua falsidade, com ou sem deflagração do incidente de arguição de falsidade; IV – manifestar-se sobre seu conteúdo.

Alternativa "c". Errada. A inversão do ônus da prova é admitida pelo ordenamento jurídico nacional, conforme se depreende, por exemplo, do Código de Defesa do Consumidor. O CPC admite também a inversão, quer seja convencionada, quer seja a partir de uma determinação judicial. A propósito, o art. 357, III, indica que o juiz decidirá sobre o ônus probatório na decisão saneadora, podendo invertê-lo nos casos previstos em lei ou diante de peculiaridades da causa relacionadas à impossibilidade ou à excessiva dificuldade de cumprir o encargo ou à maior facilidade de obtenção da prova do fato contrário, poderá o juiz atribuir o ônus da prova de modo diverso, desde que o faça por decisão fundamentada, caso em que deverá dar à parte a oportunidade de se desincumbir do ônus que lhe foi atribuído (parágrafo primeiro).

Alternativa "e". Errada. Reputando desnecessária a produção da prova pericial, poderá o magistrado dispensá-la de forma fundamentada.

101. (Cespe – Juiz de Direito Substituto – DFT/2014) Em ação sob o rito ordinário, o juiz que presidiu a instrução do processo se declarou suspeito antes de proferir a sentença. O juiz que assumiu a condução do feito após a declaração de suspeição indeferiu o pedido da parte de repetição das provas, julgando-as adequadamente colhidas e suficientes à formação do seu livre convencimento.

Diante dessa situação hipotética, assinale a opção correta à luz do entendimento do STJ.

a) Os atos de instrução são nulos de pleno direito e deverão ser repetidos exclusivamente se o magistrado tiver se declarado suspeito por ser amigo íntimo de uma das partes.

b) Caso o magistrado não se declarasse suspeito nem a parte suscitasse o tema por via de exceção, a suspeição poderia ser alegada em qualquer tempo e grau de jurisdição, ensejando, inclusive, o posterior ajuizamento de ação rescisória.

c) A declaração de suspeição gera automaticamente a nulidade de todos os atos de instrução, já que a instrução foi presidida por juiz suspeito.

d) O juiz que assumiu a condução do feito pode manter os atos de instrução já praticados, caso constate a ausência de violação aos princípios da imparcialidade e da paridade de armas.

e) A declaração de suspeição do magistrado não gera a nulidade dos atos decisórios praticados no curso do processo e, tampouco, dos atos de instrução.

COMENTÁRIOS

✪ **Nota do autor:** em atenção ao princípio da primazia do julgamento de mérito e do máximo aproveitamento dos atos processuais, tem-se que será reconhecida a nulidade tão somente se houver efeito prejuízo à parte. Caso contrário, o vício será desconsiderado ou mesmo sanado em tempo.

Alternativa correta: letra "d". No caso tratado na questão, como não houve violação aos princípios da imparcialidade e da paridade de armas, tem-se a absoluta inexistência de prejuízo à parte, motivo pelo qual poderá o juiz manter os atos de instrução. Exclui automaticamente as demais alternativas.

---

102. (Cespe – Procurador do Ministério Público junto ao TCDF/2013) Com referência aos parâmetros definidos no CPC para os procedimentos a serem realizados em razão de direito material de sujeito de direito, julgue os próximos itens.

Em uma audiência, se ausente a parte que deveria prestar depoimento pessoal, desde que intimada de modo regular, por requerimento da parte contrária, a ela será aplicada, pelo juiz, a pena de confissão.

COMENTÁRIOS

✪ **Nota do autor:** o depoimento pessoal é um dos meios de prova tipificados na lei (art. 385-388 CPC). Pode ser classificado como depoimento pessoal em sentido estrito e interrogatório. Pelo primeiro, a parte é pessoalmente intimada para comparecimento, importando a ausência na aplicação da pena de confesso. Deve ser produzida na audiência de instrução e julgamento a pedido de uma das partes. De outro lado, o interrogatório poderá ser produzido a qualquer momento, independentemente de requerimento formulado pela parte e o não comparecimento não importará na aplicação da pena de confesso.

Certo. A questão apresentada trata do depoimento pessoal em sentido estrito e, diante da ausência da parte, apesar de devidamente intimada, estará sujeita à pena de confissão.

19. SENTENÇA

103. (Cespe – Juiz de Direito – PR/2017) Determinada sociedade empresária ajuizou demanda contra pequeno município localizado no interior do Paraná e, indicando como causa de pedir o inadimplemento contratual do município, apresentou dois pedidos de indenização: um por danos emergentes no valor de trezentos mil reais; outro por lucros cessantes no valor de duzentos mil reais. Apresentada a defesa pelo ente público e tomadas as providências preliminares, o magistrado julgou procedente o pedido referente aos danos emergentes em decisão interlocutória. Após a produção de outras provas, o juiz prolatou sentença em que julgou procedente também o pedido pertinente aos lucros cessantes, tendo ainda apreciado expressamente questão prejudicial de mérito relativa à validade do contrato. Nenhuma das decisões foi objeto de interposição de recurso pelo município.

Nessa situação hipotética,

A) o magistrado não poderia julgar o mérito em decisão interlocutória e, portanto, a decisão interlocutória deverá ser considerada nula quando o tribunal apreciar o processo em sede de remessa necessária.

B) a remessa necessária incidirá apenas em relação à sentença, não podendo recair sobre a decisão interlocutória, mesmo ante o fato de essa decisão ter resolvido o mérito de forma parcial.

C) a decisão interlocutória que versou sobre o mérito da demanda não faz coisa julgada material, porque essa é uma situação jurídica exclusiva das sentenças de mérito, quanto às decisões que são prolatadas em primeiro grau.

D) a coisa julgada sobre a questão prejudicial incidental dependerá de remessa necessária, observados ainda os demais pressupostos para a incidência do duplo grau obrigatório.

COMENTÁRIOS

✪ **Notas do autor:** é possível verificar que o magistrado, inicialmente, proferiu decisão interlocutória de mérito, por meio da qual acolheu um dos pedidos do autor. Posteriormente, agora em sentença, acolheu outros pedidos pendentes. Neste último pronunciamento, o juízo decidiu sobre questão prejudicial incidental e também sobre a questão principal. De acordo com o art. 503, § 1º, do CPC, a questão prejudicial decidida expressa e incidentemente no processo fará coisa julgada material se (I) dessa resolução depender o julgamento do mérito, (II) a seu respeito tiver havido contraditório prévio e efetivo, não se aplicando no caso de revelia e, (III) o juízo tiver competência em razão da matéria e da pessoa para resolvê-la como questão principal. Ocorre, contudo, que a formação da coisa julgada, no caso narrado, não se formará, pois pendente a remessa necessária, condição de eficácia do julgado, impondo que o processo seja remetido para que a sentença seja submetida ao duplo grau de jurisdição. A remessa necessária incidirá nas hipóteses indicadas no art. 496 do CPC, sendo dispensada quando a condenação ou o proveito econômico objetivo na causa for de valor certo e líquido inferior a: I – 1.000 salários mínimos para a União e as respectivas autarquias e fundações de direito público; II – 500 salários mínimos para os Estados, o Distrito Federal e as respectivas autarquias e fundações de direito público e os Municípios que constituam capitais dos Estados; III – 100 salários mínimos para todos os demais Municípios e respectivas autarquias e fundações de direito público. Porém, tratando-se de condenação ilíquida, independentemente do valor da causa, haverá a incidência de remessa necessária.

Alternativa correta: letra D. A questão prejudicial não importou em condenação em valor certo, mas na declaração de validade do contrato. Neste caso, por não existir condenação em valor líquido, há a incidência da remessa necessária e, por isso, também incidente condição suspensiva de eficácia do pronunciamento jurisdicional.

Alternativa "A": incorreta. Diferentemente do que foi dito, admite-se a *decisão interlocutória de mérito*, também denominada de *decisão interlocutória imprópria*, a qual fará coisa julgada material, se não for impugnada adequadamente.

Alternativa "B": incorreta. Se houver a decisão de mérito na interlocutória proferida, admite-se a incidência da remessa necessária, desde que preenchidos os demais requisitos constantes do art. 496 do CPC.

Alternativa "C": incorreta. A decisão interlocutória de mérito, não impugnada, fará coisa julgada material, impedindo-se que ocorra a rediscussão da causa posteriormente.

---

104. (Cespe – Analista Judiciário – Oficial de Just. Avaliador – TRF 1/2017) A respeito da formação do processo, da penhora e do cumprimento de sentença, julgue os itens que se seguem.

Decisão judicial incidente a respeito de parcela incontroversa de dívida observará o rito do cumprimento provisório da sentença.

COMENTÁRIOS

✪ **Notas do autor:** o CPC de 2015 admitiu a decisão interlocutória de mérito, qual seja, aquela em que o juízo decida o mérito da questão. A falta de interposição de recurso contra tal decisão acarretará na formação da coisa julgada material, admitindo-se o início imediato da fase de cumprimento de obrigação, apesar da continuidade da relação processual para a obtenção da futura sentença.

Assertiva incorreta. A decisão judicial incidente a respeito de parcela incontroversa da dívida observará o rito do cumprimento definitivo da sentença. Com efeito, trata-se de caso em que se admite a decisão interlocutória de mérito, que forma coisa julgada pela não interposição de recursos.

---

105. (Cespe – Juiz Federal – TRF 5/2017) De acordo com as regras do Código de Processo Civil (CPC) que tratam da cooperação jurídica internacional, o denominado auxílio direto passivo

A) depende, para que seja cumprido, da concessão de exequatur, exceto quando tiver por objeto ato de instrução processual.

B) deve ser, caso dependa de medida judicial, pleiteado em juízo pelo Ministério Público, independentemente de quem atue como autoridade central no caso.

C) deve ser encaminhado, pelo Estado estrangeiro interessado, diretamente a órgão do Poder Judiciário brasileiro.

D) pode ser utilizado para qualquer medida judicial ou extrajudicial, desde que não vedada pela lei brasileira e não sujeita a juízo de delibação no Brasil.

E) somente pode ser utilizado nos casos previstos em tratados internacionais ratificados pelo Brasil, dependendo a sua efetivação de homologação no STJ.

COMENTÁRIOS

✪ **Notas do autor:** o CPC não é responsável por regulamentar a cooperação jurídica internacional. A propósito, tal cooperação será regida por tratado ou, não havendo, com fundamento na reciprocidade, manifestada pela via diplomática. Não obstante, o art. 26 trata de algumas regras gerais sobre o assunto, indicando algumas regras específicas. A cooperação poderá ser realizada de três maneiras: auxílio direto, carta rogatória e homologação de sentença estrangeira. Terá por objeto: I – a citação, intimação e notificação judicial e extrajudicial; II – colheita de provas e obtenção de informações; III – homologação e cumprimento de decisão; IV – concessão de medida judicial de urgência; V- assistência jurídica internacional; VI – qualquer outra medida judicial ou extrajudicial não proibida pelam lei brasileira. O auxílio direto estará afastado nas hipóteses em que se depender de uma homologação nacional (homologação de sentença estrangeira), ou ainda da análise de suas formalidades (art. 28).

Alternativa correta: letra D. Consoante previsto no art. 28, caberá "auxílio direto quando a medida não decorrer diretamente de decisão de autoridade jurisdicional estrangeira a ser submetida a juízo de delibação no Brasil".

Alternativa "A": incorreta. Competirá ao juízo federal do lugar em que deva ser executada a medida apreciar pedido de auxílio direto passivo que demanda prestação de atividade jurisdicional (art. 34 do CPC).

Alternativa "B": incorreta. A solicitação de auxílio direto será encaminhada pelo órgão estrangeiro interessado à autoridade central, competindo ao Estado requerente assegurar a autenticidade e a clareza do pedido (art. 29 do CPC). Também responde a alternativa C.

Alternativa "E": incorreta. O auxílio direto não depende de homologação pelo Superior Tribunal de Justiça.

---

106. (Cespe – Defensor Público – RN/2015) No que se refere ao termo de ajustamento de conduta, à medida liminar e à sentença em ações coletivas, assinale a opção correta à luz da jurisprudência do STJ.

a) Mesmo com a previsão de multa diária no termo de ajustamento de conduta para o caso de descumprimento de ajuste, o juiz estará autorizado a aumentar o valor pactuado, quando, no caso concreto, esse valor mostrar-se insuficiente para surtir o efeito esperado.

b) O termo de ajustamento de conduta é título executivo extrajudicial, mas somente poderá embasar a execução quando for assinado por duas testemunhas.

c) A superveniência de acórdão que julgue improcedente pedido veiculado em ACP implica a revogação da medida antecipatória conferida pelo juiz de primeiro grau, desde que haja manifestação judicial expressa a esse respeito.

d) A realização de termo de ajustamento de conduta na esfera extrajudicial impede a propositura de demanda coletiva a respeito do objeto transigido.

e) Em ACP, a ausência de publicação do edital destinado a possibilitar a intervenção de interessados como litisconsortes não impede, por si só, a produção de efeitos erga omnes de sentença de procedência relativa a direitos individuais homogêneos.

COMENTÁRIOS

✪ **Nota do autor:** Os órgãos públicos, legitimados à propositura das ações civis públicas, poderão tomar dos interessados compromisso de ajustamento de sua conduta (TAC – Termo de Ajustamento de Conduta) às exigências legais, mediante cominações, que terá eficácia de título executivo extrajudicial (Lei 7.347/85, art. 5º, § 6º).

Alternativa Correta: letra E. A falta da publicação do edital, destinado a possibilitar a intervenção de interessados como litisconsortes em ação civil pública, não obsta sozinha a produção de efeitos *erga omnes* de sentença de procedência relativa a direitos individuais homogêneos (Inf. 536 – REsp 1.377.400/SC – STJ).

Alternativa A. Segundo entendimento do STJ, sendo o termo de ajustamento de conduta um título executivo extrajudicial, levando-se em consideração que ao juiz só é permitido reduzir o valor da multa, caso este se apresente excessivo, e não aumenta-lo (REsp: 859857/PR – STJ).

Alternativa B. Pelo que se depreende da jurisprudência do STJ, o termo de compromisso de ajustamento de conduta é título executivo extrajudicial, podendo embasar execução, mesmo não assinado por testemunhas (Inf. 43 – REsp 213.947/MG – STJ).

Alternativa C. De acordo com o STJ, a decisão final de improcedência do pedido em ação civil pública acarreta, por si só, independentemente de menção expressa a respeito, a revogação da medida antecipatória (AgRg no MS 11798/DF – STJ).

Alternativa D. Pelo que se pode obter de decisão proferida pelo STJ, a assinatura do termo de ajustamento de conduta, firmado na esfera administrativa, não impede a propositura de demanda coletiva com o mesmo objeto (REsp: 1294980/MG – STJ).

---

107. (Cespe – Juiz de Direito Substituto – AC/ 2012) A respeito da legitimidade ativa, da sentença e do reexame necessário, assinale a opção correta.

a) Considere que Frederico e Josias, réus em determinada ação ordinária, atuem como litisconsortes com diferentes advogados, utilizando-se de prazo dobrado por todo o rito ordinário, e que, em determinado momento procedimental, o juiz proferira decisão interlocutória apenas em desfavor de Frederico, excluindo qualquer ônus de Josias. Nessa situação hipotética, o réu prejudicado poderá valer-se de agravo no prazo duplicado.

b) Suponha que o estado do Acre proponha ação indenizatória contra Caio, requerendo danos materiais na ordem de R$ 100.000,00, e que, na sentença, na qual seja julgado procedente o pedido, o réu seja condenado a indenizar apenas R$ 60.000,00. Considere, ainda, que, sem recurso voluntário, a causa suba ao tribunal competente por homenagem ao reexame necessário, dado o entendimento de ter a fazenda pública sido sucumbente em R$ 40.000,00. Nessa situação hipotética, é correto afirmar que o TJAC só poderá reexaminar, no mérito da causa, aquilo em que o estado sucumbiu, nada podendo fazer caso detecte ausência de pressuposto processual ou condição da ação.

c) A lei prevê a prolação de sentença condicional em que o juiz reconheça direito sujeito a evento futuro, certo (termo) ou incerto (condição), fazendo-se necessário, para a execução da sentença, que o credor prove que se perpetrou o termo ou a condição.

d) Suponha que José e Carlos proponham ação ordinária contra Terêncio e que, ao apreciar a petição inicial, o juiz a indefira em relação a José, sob o argumento de ilegitimidade ativa para a causa, e a admita em relação a Carlos. Nessa situação hipotética, o recurso de José deverá ser o de apelação, visto que, em seu caso específico, o processo foi extinto sem resolução de mérito, por indeferimento da inicial.

e) A publicação de uma sentença, se não prolatada em audiência, ocorre quando seu teor é publicado em jornal oficial ou quando as partes comparecem em cartório e tomam conhecimento de seu conteúdo.

COMENTÁRIOS

✪ **Nota do autor:** a questão trata, entre outros temas, da remessa necessária, que é condição de eficácia da sentença proferida contra o poder público, que, em determinados casos, somente produzirá efeitos depois de confirmada pelo tribunal. O Novo Código de Processo Civil a manteve, com algumas restrições. Com efeito, a remessa oficial ocorrerá tão somente se a sentença for desfavorável à fazenda pública e lhe impuser condenação superior aos limites indicados no § 3º do art. 496, se for ilíquida ou se não colidir com precedente vinculativo.

Alternativa correta: letra "c". É possível que o juiz resolva relação jurídica condicional, o que, contudo, não lhe retira o dever de proferir sentença certa (art. 492, parágrafo único, CPC). Para o cumprimento da sentença, deverá o credor demonstrar que está cumprida a condição ou observado o termo.

Alternativa "a". Errada. A alternativa trata do prazo dobrado para a prática de ato processual pela parte, em razão de estarem presentes litisconsortes com diversos procuradores. A regra no CPC foi objeto de alteração. Com efeito, os litisconsortes com diversos procuradores e que atuem em escritórios distintos, farão jus ao prazo dobrado para a prática de ato processual, ressalvado se apenas um deles pode praticar o ato ou se for processo eletrônico. No caso da alternativa, não houve indicação se os advogados são de escritórios diferenciados. Porém, indicou-se que apenas um dos réus sucumbiu, de modo que não se aplica o prazo dobrado em favor do recorrente (Súmula 641 do STF).

Alternativa "b". Errada. Por meio da remessa necessária, devolve-se ao tribunal o conhecimento integral do que foi discutido na ação. Dessa maneira, no caso, naquilo que sucumbiu o poder público, estará o exame que poderá ser realizado em sede de reexame necessário, sendo vedado piorar a sua situação. Ora, sem a interposição de recurso voluntário pela parte, não pode pretender o tribunal piorar a situação do poder público quando da remessa oficial. Porém, o tribunal poderá conhecer da matéria de ordem pública, que pode ser conhecida de ofício em qualquer juízo ou tribunal. Assim, em sede de remessa necessária, poderá o tribunal até reformar a sentença contrariamente aos interesses da fazenda, desde de que faça exame restrito à análise dos pressupostos processuais e das condições da ação.

Alternativa "d". Errada. A sentença é o ato pelo qual o juiz pratica uma das hipóteses indicadas nos artigos 485 e 487 do Novo Código de Processo Civil, finalizando uma fase procedimental, ou extinguindo o processo de execução. Sendo assim, o ato impugnado não é sentença, pois, embora tenha extinguido o processo sem resolução do mérito, determinou o prosseguimento do processo em relação ao outro réu.

Alternativa "e". Errada. A sentença se torna pública (é publicada) quando lida em audiência, ou quando entregue ao serventuário.

---

108. (Cespe – Defensor Público – TO/2013) De acordo com o art. 128 do Código de Processo Civil, o juiz deve decidir a lide nos limites em que ela tiver sido proposta, sendo-lhe defeso conhecer de questões não suscitadas a cujo respeito a lei exija a iniciativa da parte e, conforme o art. 460 do mesmo diploma legal, é defeso ao juiz proferir sentença *extra, ultra e citra petita*. A partir dessas informações, assinale a opção correta.

a) Nas obrigações de dar, fazer e não fazer, se tornar-se difícil o cumprimento da tutela desejada, o juiz deve convertê-la em perdas e danos.

b) Apenas sobre questões de ordem processual não suscitadas pela parte pode o juiz conhecer de ofício.

c) O juiz pode conhecer e declarar de ofício a convenção de arbitragem, e, em consequência, determinar a extinção do processo sem resolução de mérito.

d) Havendo foro de eleição em contrato firmado entre duas pessoas físicas e tendo o autor ajuizado a ação em foro diverso daquele indicado no contrato, o juiz poderá conhecer e declinar da incompetência territorial de ofício.

e) Em uma ação de cobrança, mesmo que a parte vencedora não tenha requerido expressamente, o juiz deve condenar o vencido ao pagamento de honorários sucumbenciais.

COMENTÁRIOS

✪ **Nota do autor:** a questão trata de diversos temas, motivo pelo qual cada um deles será estudado nas alternativas que seguem.

Alternativa correta: letra "e". O autor deve precisar a causa de pedir e o pedido na sua petição inicial, vinculando, desde já, o juiz, pois a sua sentença deverá guardar correlação com aqueles elementos. Trata-se do princípio da correlação ou da adstrição da sentença ao pedido, ou, ainda, da congruência. A inobservância a tal requisito fará com que a sentença conte com vício, que poderá ser indicado como *citra petita*, pois não foi analisado todo o pedido (ocorre nas hipóteses de cumulação de pedidos e o juiz aprecia apenas uma parte deles), *ultra petita*, uma vez que o juiz foi além do pedido do autor, ou, ainda, *extra petita*, em razão de ter concedido aquilo que não foi pleiteado. O Novo Código de Processo Civil reiterou a necessidade da observância da correlação (art. 141). O descumprimento de tal dever importará em ser reconhecida a nulidade da sentença, admitindo-se que o vício seja reconhecido quando do julgamento da apelação e, estando em condições, ser ainda analisado o mérito (art. 1.013, § 3º, II e III do CPC). Dessa forma, sendo possível, não será determinado o retorno do processo à origem.

Alternativa "a". Errada. A conversão da obrigação de fazer em perdas e danos ocorrerá se o credor assim o requerer, ou se houver impossibilidade absoluta de cumprimento.

Alternativa "b". Errada. O juiz também poderá conhecer de questões de ordem material, excepcionalmente, de ofício, como ocorre com a prescrição e a decadência.

Alternativa "c". Errada. O juiz não pode conhecer de ofício da convenção de arbitragem. O autor, ao propor a ação perante o Poder Judiciário, abriu mão da jurisdição privada e o mesmo poderá fazer o réu. Dessa forma, se este o não se manifestar contrariamente, o processo prosseguirá normalmente perante o Poder Judiciário.

Alternativa "d". Errada. A incompetência territorial, como regra, não poderá ser conhecida de ofício pelo juiz, devendo ser alegada pela parte oportunamente.

---

109. (Cespe – Defensor Público – RR/2013) No que diz respeito a ação, jurisdição, sentença e coisa julgada em matéria cível, assinale a opção correta.

a) A sentença que condena à prestação de alimentos contém, implícita, a cláusula rebus sic stantibus.

b) A necessidade configura aspecto da possibilidade jurídica do pedido, condição sem a qual não se pode obter o provimento jurisdicional pretendido.

c) Pelo princípio da inevitabilidade da jurisdição, entende-se que a lei não excluirá lesão ou ameaça de lesão da apreciação do Poder Judiciário.

d) O relatório, a fundamentação e o dispositivo consubstanciam os capítulos de sentença, partes que ideologicamente compõem esse tipo de manifestação judicial.

e) A fundamentação concernente às questões prejudiciais que repercutem no teor da decisão alcança a qualidade de coisa julgada.

COMENTÁRIOS

✪ **Nota do autor:** a questão trata de vários pontos, entre eles, a fundamentação da sentença.

Alternativa correta: letra "a". A cláusula rebus stantibus consiste na necessidade de levar em consideração as alterações ocorridas posteriormente à sentença, que podem permitir a sua revisão. A sentença que condena ao pagamento de alimentos é um exemplo típico. Baseada no binômio necessidade-possibilidade, alterado apenas um desses elementos, a parte prejudicada poderá ingressar com o pedido de revisão.

Alternativa "b". Errada. A necessidade configura aspecto do interesse de agir. No CPC de 2015, há questionamento sobre a subsistência das condições da ação enquanto categoria processual própria. De toda maneira, ainda que se admita tal subsistência, a possibilidade jurídica do pedido não é mais considerada uma condição da ação, sendo matéria que deverá ser discutida no próprio mérito.

Alternativa "c". Errada. Pelo princípio da inevitabilidade da jurisdição, as partes não podem recusar o juiz que lhes é dado, salvo nos casos de impedimento e de suspeição.

Alternativa "d". Errada. O relatório, a fundamentação e o dispositivo são elementos da sentença. Para cada pedido formulado, haverá um respectivo capítulo da sentença. O CPC encampou também a teoria dos capítulos de sentença, admitindo-se, até, a execução imediata do capítulo não impugnado (recurso parcial).

Alternativa "e". Errada. O CPC de 2015 persistiu no entendimento de que a fundamentação não faz coisa julgada, mas tão somente a parte dispositiva da sentença. Assim, a questão incidental decidida no processo não fará coisa julgada, salvo se a parte o requerer, o juiz for competente e assim o declarar na sentença. Note-se, dessa maneira, que, independentemente de ação declaratória incidental, mas a partir de requerimento da parte no próprio processo, haverá ampliação da coisa julgada, que abrangera a questão incidental e o dispositivo.

---

110. (Cespe – Juiz Federal Substituto 5ª região/2013) No que concerne ao processo de conhecimento, assinale a opção correta.

a) Para que determinada decisão fique imune à coisa julgada material, não é necessário que o mérito da causa seja analisado em cognição exauriente.

b) Devido ao regime constitucional do precatório, como regra, nos casos de obrigações de fazer, não fazer e dar coisa, não é possível a concessão de tutela antecipada em face do poder público.

c) No ato em que declarar saneado o processo, o juiz, quando for o caso, designará, em seguida, a data e a hora da audiência de instrução e julgamento, não sendo essa designação considerada ato pessoal do juiz.

d) Por ocasião da audiência de instrução e julgamento, se o advogado se ausentar sem justo motivo, o juiz deverá, obrigatoriamente, dispensar as provas requeridas pela parte.

e) São objetivamente complexas as decisões cujo dispositivo possa ser fracionado em capítulos.

COMENTÁRIOS

✪ **Nota do autor:** a questão trata das sentenças objetivamente complexas.

Alternativa correta: letra "e". Uma mesma sentença, geralmente, tem mais de um capítulo. Assim, a sentença que acolhe o pedido do autor e declara a inexistência de relação jurídica (capítulo i), também condena o réu ao pagamento de verba honorária (capítulo ii). Tais sentenças que têm mais de um capítulo, são consideradas objetivamente complexas.

Alternativa "a". As sentenças de mérito farão coisa julgada material, ao passo que as extintivas ou processais farão coisa julgada apenas formal. Na sentença de mérito, há cognição exauriente.

Alternativa "b". Errada. Admite-se a concessão da tutela de urgência satisfativa em face do Poder Público, levando-se em consideração a presença dos requisitos, bem como observando-se os limites legais.

Alternativa "c". Errada. O CPC de 2015 promoveu a uma simplificação de procedimentos, ao prever, como regra geral, o procedimento comum, admitindo-se procedimentos especiais para os casos que especifica. Em conformidade com o procedimento comum, inicialmente, não sendo o caso de indeferimento da inicial ou de improcedência liminar, será tentada a composição das partes por meio da conciliação ou da mediação. Se não obtida, inicia-se o prazo para o oferecimento de resposta. Após encerradas as providências necessárias, o juiz proferirá decisão saneadora, designando-se audiência de instrução e julgamento se o caso. Ou seja, tal designação é ato privativo do juiz.

Alternativa "d". Errada. Por ocasião da audiência de instrução e julgamento, o advogado, se ausentar sem justo motivo, o juiz poderá dispensar a produção da prova requerida. O art. 362, § 2º, CPC, especifica que o defensor público e o representante do Ministério Público estão sujeitos a mesma regra.

111. (Cespe – Juiz de Direito Substituto – RN/2013) A respeito do procedimento de liquidação da sentença proferida em ação coletiva, assinale a opção correta.

a) O procedimento de liquidação enseja a habilitação das vítimas e sucessores, de modo a transformar a condenação pelos prejuízos globalmente causados em indenizações pelos prejuízos individualmente sofridos, devendo ser apurados não só a quantificação dos prejuízos, mas também a existência dos danos particulares e o nexo causal com o dano geral reconhecido na sentença.

b) A legitimidade para a propositura de liquidação, execução e cumprimento de sentença é restrita das vítimas do dano e seus sucessores.

c) Em ACP ajuizada para a defesa do meio ambiente e dos valores urbanísticos, artísticos e culturais, não havendo habilitação de interessados no procedimento de liquidação, o valor genérico da indenização será revertido ao ente público do local do dano para ser aplicado em projetos de restauração e recuperação dos bens lesados.

d) Não promovida a liquidação ou a execução da sentença no prazo de sessenta dias pelo autor coletivo, a pessoa jurídica de direito público interno do local do dano e a União Federal, se o dano alcançar mais de uma unidade da Federação, deverão ser intimadas para o cumprimento da sentença.

e) A sentença condenatória coletiva deve ser certa e líquida quanto à extensão dos danos causados e à indenização destinada ao respectivo fundo, remanescendo a liquidação apenas em relação às pretensões individuais pelos prejuízos sofridos.

COMENTÁRIOS

✪ **Nota do autor:** como regra, a liquidação será uma fase no processo sincrético, na qual se define o quanto é devido pela parte que foi anteriormente condenada ao pagamento de quantia certa (art. 509 CPC). Como exceção, há também a liquidação autônoma, pois não houve anterior fase ou processo de conhecimento em trâmite perante o Judiciário brasileiro. É exemplo a sentença penal condenatória transitada em julgado.

Alternativa correta: letra "a". A alternativa trata da questão da liquidação imprópria ou, para alguns, pedido de habilitação. Proferida sentença condenatória genérica, compete posteriormente à vítima promover à demonstração, em liquidação, de que se enquadra na situação narrada na sentença e, por isso, faz jus à indenização. No mesmo ato, promove a apuração do quanto que lhe é devido.

Alternativa "b". Errada. A liquidação e o cumprimento da sentença não são restritos às vítimas e seus sucessores. Podem ser promovidos também pelo próprio autor da ação coletiva, ou, ainda, por meio dos demais legitimados coletivos.

Alternativa "c". Errada. O valor será revertido para o Fundo de Interesses Difusos – FID.

Alternativa "d". Errada. Transcorrido o prazo de sessenta dias sem que a execução seja promovida, deverá fazê-lo o Ministério Público (art. 15 da Lei 7.347/1985).

Alternativa "e". Errada. A sentença condenatória genérica poderá ser ilíquida, competindo às vítimas promover à devida liquidação, ou mesmo aos demais legitimados à ação coletiva.

---

112. (Cespe – Analista Judiciário – Área Judiciária – TJ – CE/2014) Assinale a opção correta em relação à sentença e à coisa julgada.

a) Quando o autor tiver formulado pedido certo, será permitido ao juiz proferir sentença ilíquida.

b) A sentença proferida na ação de jurisdição graciosa produz a coisa julgada material após o seu trânsito em julgado.

c) No procedimento comum ordinário, o relatório, os fundamentos e o dispositivo são requisitos essenciais da sentença.

d) Será definitiva a sentença que resolva o processo por falta de pressuposto processual.

e) A coisa julgada formal consiste no fenômeno da imutabilidade da sentença, que adquire força de lei para as partes e para todos os juízos.

COMENTÁRIOS

✪ **Nota do autor:** a sentença é um pronunciamento judicial pelo qual o juiz pratica um dos atos indicados nos artigos 485 ou 487 do CPC, bem como encerra a fase cognitiva do procedimento comum, bem como extingue a execução (art. 203, § 1º do CPC).

Alternativa correta: letra "c". São elementos da sentença: o relatório, a fundamentação e o dispositivo. O CPC adotou a fundamentação analítica, de modo que, segundo o art. 489, § 1º, não se considera fundamentada a sentença que: I – se limitar à indicação, à reprodução ou à paráfrase de ato normativo, sem explicar sua relação com a causa ou a questão decidida; II – empregar conceitos jurídicos indeterminados, sem explicar o motivo concreto de sua incidência no caso; III – invocar motivos que se prestariam a justificar qualquer outra decisão; IV – não enfrentar todos os argumentos deduzidos no processo capazes de, em tese, infirmar a conclusão adotada pelo julgador; V – se limitar a invocar precedente ou enunciado de súmula, sem identificar seus fundamentos determinantes nem demonstrar que o caso sob julgamento se ajusta àqueles fundamentos; e, VI – deixar de seguir enunciado de súmula, jurisprudência ou precedente invocado pela parte, sem demonstrar a existência de distinção no caso em julgamento ou a superação do entendimento.

Alternativa "a". Errada. Na ação relativa à obrigação de pagar quantia certa, mesmo que formulado pedido genérico, deverá o juiz proferir julgamento líquido, definindo desde logo a extensão da obrigação e seus acessórios, salvo se não for possível determinar, de modo definitivo, o montante devido, ou se a apuração do valor devido depender da produção de prova de realização demorada ou excessivamente dispendiosa, se assim for reconhecido na sentença (art. 491, incisos I e II).

Alternativa "b". Errada. A sentença proferida em jurisdição voluntária não produz coisa julgada material.

Alternativa "d". Errada. Trata-se, ao invés, de sentença processual.

Alternativa "e". Errada. Em conformidade com o art. 502 do CPC, denomina-se coisa julgada material "a autoridade que torna imutável e indiscutível a decisão de mérito não mais sujeita a recurso". Estarão vinculadas as partes do processo e nenhum juiz decidirá novamente as questões já decididas, salvo se for o caso de relação jurídica de trato continuado, com modificação do estado de fato ou de direito, ou, ainda, em outros casos previstos em lei.

---

113. (Cespe – Juiz de Direito Substituto – DFT/2014) Acerca da suspensão e da extinção do processo de conhecimento, assinale a opção correta.

a) Caso seja celebrada transação após a prolação da sentença, a situação jurídica posterior das partes será regida pelos termos do acordo, e não pelo que ficar decidido pelo juiz.

b) De acordo com a jurisprudência, não é possível a fixação de honorários advocatícios nos casos de extinção do processo sem resolução do mérito.

c) A suspensão do processo pela convenção das partes ou pela perda da capacidade do representante legal da parte não opera de pleno direito, pois, nas duas situações, a suspensão depende de decisão judicial.

d) De acordo com a legislação aplicável, quando a sentença de mérito não puder ser proferida senão depois de produzida certa prova, requisitada a outro juízo, o juiz deverá suspender o processo, em decisão que terá eficácia retroativa à data em que a prova for requisitada ao juízo.

e) A sentença de extinção do processo sem resolução de mérito não produz o efeito de afastar a natureza litigiosa da coisa que era objeto da ação, de modo que, assim, sua alienação posterior ainda se dará em fraude à execução.

COMENTÁRIOS

✪ **Nota do autor:** a suspensão e a extinção do processo, sem resolução do mérito, geram o que se convencionou chamar de crise do processo. Com efeito, a ordem lógica da gestão processual conduz à análise do mérito. Enfatize-se que o Novo Código de Processo Civil adotou, entre as suas normas fundamentais, o princípio da primazia do julgamento de mérito.

Alternativa correta: letra "a". Proferida sentença com resolução do mérito, o juiz encerra a sua participação na fase de conhecimento. Contudo, isso não subtrai das partes o princípio da autonomia, de modo que estas podem ainda convencionar de modo diverso daquele estabelecido no pronunciamento judicial. Por esse motivo, admite-se que as partes entabulem acordo, mesmo após ter sido proferida sentença.

Alternativa "b". Errada. Ainda que proferida sentença sem resolução do mérito, será possível ao magistrado fixar, na sentença, o montante devido a título de honorários advocatícios, observando-se o princípio da causalidade.

Alternativa "c". Errada. Passa-se à análise separada de cada uma das situações. Na primeira, as partes entabulam um negócio processual típico, por meio do qual ajustam a suspensão do processo. Considerando-se a autonomia da vontade das partes sobre o tema, não há motivo para a recusa da homologação, muito embora ela produza efeitos a partir de sua convenção. Na segunda situação, a lei impõe a suspensão do processo em razão da perda da perda da capacidade do representante processual da parte, permanecendo o processo paralisado para a devida regularização.

Alternativa "d". Errada. O CPC de 1973 tratava da questão do efeito suspensivo à carta precatória expedida o art. 338. No CPC de 2015, determina o parágrafo único do art. 377 que a carta precatória, a carta rogatória e o auxílio direto suspenderão o julgamento da causa quando, tendo sido requeridos antes da decisão de saneamento, a prova neles solicitada for imprescindível.

Alternativa "e". Errada. A sentença sem resolução do mérito tem o condão de afastar a incidência do efeito da citação de tornar litigiosa a coisa, até porque estará terminada a relação processual existente.

---

114. (Cespe – Procurador do Ministério Público junto ao TCDF/2013) Com referência aos parâmetros definidos no CPC para os procedimentos a serem realizados em razão de direito material de sujeito de direito, julgue os próximos itens.

Se, em uma ação reivindicatória, o réu se defender e arguir a prescrição aquisitiva, a sentença que apreciar os fundamentos do pedido sem se manifestar sobre a usucapião será ultra petita.

COMENTÁRIOS

✪ **Nota do autor:** a usucapião poderá ser alegada como matéria de defesa. Ocorre que, sendo assim alegada, questiona-se se a sentença a ser proferida poderá declarar a propriedade em favor do réu e ser levada a registro no Serviço de Registro Imobiliário.

Errado. A propósito do assunto, à exceção das modalidades de usucapião previstas no Estatuto da Cidade, o juiz conhecerá da matéria – prescrição aquisitiva – como um fundamento da sentença. Como tal, não haverá a formação da coisa julgada material em relação à usucapião que, consequentemente, não poderá ser levada a registro no Serviço de Registro Imobiliário. Contudo, nas modalidades de usucapião previstas no Estatuto da Cidade (urbana constitucional e coletiva), a usucapião alegada como matéria de defesa poderá ser declarada pelo juiz, levando-se a sentença a registro. Note-se, assim, que a sentença judicial proferida e que não se manifesta sobre a usucapião não será ultra petita, pois o juiz não foi além do pedido apresentado pelo autor. Se admitido o registro da sentença para fins imobiliários, será a sentença *citra petita*. O Novo Código de Processo Civil não tratou do procedimento judicial da ação de usucapião, que seguirá o rito comum. Sem prejuízo, o art. 216-A da Lei dos Registros Públicos, com a redação determinada pela Lei 13.105/2015, prevê a possibilidade da usucapião ser reconhecida no âmbito extrajudicial.

20. LIQUIDAÇÃO

---

115. (Cespe – Juiz de Direito Substituto – PA/ 2012) A respeito da liquidação de sentença, assinale a opção correta.

a) Caso o juiz infira que os cálculos do processo de liquidação excedem os da execução, deverá determinar ao credor a elaboração de novos cálculos.

b) Se, no processo de liquidação por arbitramento, houver impugnação do laudo pericial, o juiz deverá designar audiência de instrução e julgamento.

c) Sendo omissa a sentença quanto a juros e correção monetária, devem incidir, na liquidação, somente os juros legais e a correção monetária, ficando afastados os juros de mora.

d) Se os dados necessários ao cálculo do valor da condenação estiverem em poder do devedor, a parte deverá requerer ao juiz, de forma incidente, que intime o devedor a apresentá-los.

e) A liquidação de sentença deve ser realizada por meio de incidente processual, mediante requerimento, devendo a parte contrária ser intimada pessoalmente.

COMENTÁRIOS

✪ **Nota do autor:** se a sentença condenar ao pagamento de quantia ilíquida, deverá o credor ou mesmo o devedor promover à sua liquidação (art. 509). Há dois procedimentos diferenciados de liquidação: i) por arbitramento, quando determinado pela sentença, convencionado pelas partes ou exigido pela natureza do objeto da liquidação, quando o juiz intimará as partes para a apresentação de pareceres ou documentos elucidativos, no prazo que fixar, e, caso não possa decidir de plano, nomeará perito, observando-se, no que couber, o procedimento da prova pericial; ii) pelo procedimento comum, quando houver necessidade de alegar e provar fato novo. Nesse caso, o juiz determinará a intimação do requerido, na pessoa de seu advogado ou da sociedade de advogados a que estiver vinculado, para, querendo, apresentar contestação no prazo de 15 (quinze) dias.

Alternativa correta: letra "d". Quando a complementação do demonstrativo depender de dados adicionais em poder do executado, o juiz poderá, a requerimento do exequente, requisitá-los, fixando prazo de até 30 (trinta) dias para o cumprimento da diligência. Se tais dados não forem apresentados pelo executado, sem justificativa, no prazo designado, reputar-se-ão corretos os cálculos apresentados pelo exequente apenas com base nos dados de que dispõe (art. 524, §§ 4º e 5º).

Alternativa "a". Errada. Se o valor apontado no demonstrativo apresentado pelo credor aparentemente exceder os limites da condenação, não será o exequente intimado para apresentar novo cálculo, como apontado. O correto, segundo o art. 524 do CPC, será dar-se início à execução pelo valor pretendido, porém, a penhora (entenda-se: a garantia) terá por base a importância que o juiz entender adequada.

Alternativa "b". Errada. É prescindível a audiência de instrução e julgamento.

Alternativa "c". Errada. Da petição inicial deverá constar o pedido (que é um dos elementos da ação). O pedido deve ser certo, compreendendo-se no principal os juros legais, a correção monetária e as verbas de sucumbência. Ainda que se admita o pedido genérico (art. 322 CPC), a decisão definirá a extensão da obrigação, fixando-se o índice de correção monetária, a taxa de juros, o termo inicial de ambos e a periodicidade da capitalização dos juros. Havendo omissão, não cabe a fixação dos juros na liquidação. A propósito, já decidiu o Superior Tribunal de Justiça: DIREITO CIVIL. RECURSO ESPECIAL REPRESENTATIVO DE CONTROVÉRSIA. ART. 543-C DO CPC. AÇÃO CIVIL PÚBLICA. EXPURGOS INFLACIONÁRIOS. PLANO VERÃO (JANEIRO DE 1989). EXECUÇÃO INDIVIDUAL. INCLUSÃO DE JUROS REMUNERATÓRIOS E DE EXPURGOS SUBSEQUENTES. OMISSÃO DO TÍTULO. 1. Na execução individual de sentença proferida em ação civil pública que reconhece o direito de poupadores aos expurgos inflacionários decorrentes do Plano Verão (janeiro de 1989): 1.1. Descabe a inclusão de juros remuneratórios nos cálculos de liquidação se inexistir condenação expressa, sem prejuízo de, quando cabível, o interessado ajuizar ação individual de conhecimento; (...). (REsp 1392245/DF, Rel. Ministro LUIS FELIPE SALOMÃO, SEGUNDA SEÇÃO, julgado em 08/04/2015, DJe 07/05/2015).

Alternativa "e". Errada. A liquidação de sentença é uma fase no processo sincrético, devendo o réu ser intimado na pessoa de seu advogado, salvo se for o caso de liquidação autônoma, quando então será citado pessoalmente.

21. CUMPRIMENTO DE SENTENÇA E EXECUÇÃO

116. (Cespe – Analista Judiciário – Oficial de Just. Avaliador – TRF 1/2017) A respeito da formação do processo, da penhora e do cumprimento de sentença, julgue os itens que se seguem.

São insuscetíveis de penhora os instrumentos necessários ao exercício da profissão do executado, desde que seja profissão reconhecida pelo Ministério do Trabalho.

COMENTÁRIOS

✪ **Notas do autor:** a penhora é ato constritivo praticado no processo de execução (ou na fase de cumprimento de obrigação). Em obediência ao princípio da dignidade da pessoa humana, tem-se que, de todo o possível patrimônio do executado, alguns bens não podem ser objeto de constrição, garantindo-se o mínimo necessário para que se possa viver e obter-se o sustento. Por esse motivo, a lei elenca os bens que são impenhoráveis, estando fora do alcance da penhora. A impenhorabilidade, por sua vez, poderá ser absoluta, de modo que o bem não poderá ser constrito em nenhuma hipótese, ou relativa, quando então os bens somente poderão ser penhorados à falta de outros.

Assertiva incorreta. Em conformidade com o artigo 833, V do Código de Processo Civil, são impenhoráveis os bens necessários para o exercício de profissão, pois, a constrição e a posterior expropriação poderão retirar a possibilidade de obtenção de sustento pelo executado. Porém, para que se tenha a impenhorabilidade, não há necessidade de que a ocupação seja reconhecida pelo Ministério do Trabalho como tal.

117. (Cespe – Juiz Federal – TRF 5/2017) Contra pronunciamento de magistrado que, em primeiro grau, decida pela impugnação ao cumprimento de sentença, caberá recurso de

A) apelação, se o processo for extinto, ou de agravo de instrumento, se o processo prosseguir.

B) agravo de instrumento, em qualquer caso.

C) agravo de instrumento, apenas se o recorrente demonstrar urgência.

D) apelação, em qualquer caso.

E) apelação, sempre que o juiz acolher a impugnação do executado.

COMENTÁRIOS

✪ **Notas do autor:** consoante o art. 523 do CPC, uma vez executado para cumprir voluntariamente a obrigação, o devedor terá o prazo de quinze dias para fazê-lo. Ultrapassado esse prazo, inicia-se o lapso de tempo por meio do qual será possível o oferecimento de *impugnação*, que se apresenta como uma defesa do executado.

Alternativa correta: letra A. A impugnação ao cumprimento de sentença será decidida por meio de pronunciamento jurisdicional com natureza de sentença, se acaso o seu acolhimento acarretar na extinção da execução. De outro lado, se não houver tal extinção, o pronunciamento terá natureza de decisão interlocutória, pois tem carga decisória. Assim, considerando-se a natureza dos pronunciamentos, tem-se serem cabíveis os recursos de apelação e de agravo de instrumento. Exclui automaticamente as demais alternativas.

---

118. (Cespe – Juiz Federal – TRF 5/2017) Maria, credora de um título de crédito, ingressou com um processo de execução somente contra o avalista João, já que o devedor principal, José, empresário individual, não possuía bens disponíveis para uma eventual constrição judicial. No curso do processo de execução, sobreveio a recuperação judicial de José, o que motivou o executado João a solicitar, com esse fundamento, que o juiz proferisse decisão que impedisse o prosseguimento do processo de execução e habilitasse o crédito no feito da recuperação judicial. Nessa situação hipotética, considerando o entendimento jurisprudencial sumulado a respeito da matéria, o juiz da causa executiva deverá

A) solicitar informações sobre a fase em que se encontra a recuperação judicial.

B) extinguir o processo de execução, devendo o credor se habilitar no processo de recuperação judicial.

C) solicitar a reserva, na recuperação judicial, do valor correspondente ao título executado.

D) suspender a ação de execução pelo prazo máximo e improrrogável de cento e oitenta dias.

E) indeferir o pedido e prosseguir normalmente a execução.

COMENTÁRIOS

✪ **Notas do autor:** o advento da falência ou o deferimento da recuperação judicial acarreta na suspensão de todas as ações e execuções em face do devedor, inclusive aquelas dos credores particulares do sócio solidário (art. 6º, *caput*, da Lei nº 11.101/2005).

Alternativa correta: letra E. De fato, conforme já indicado, o advento da recuperação judicial importa na suspensão das ações e execuções que estão tramitando em face do devedor. Contudo, no presente caso, a execução não foi movida em face do empresário individual, mas em face do avalista João. Por esse motivo, não se sustenta o pedido de suspensão da execução. Exclui automaticamente as demais alternativas.

---

119. (Cespe – Juiz de Direito – PR/2017) Determinado indivíduo ajuizou ação de indenização por danos morais contra empresa de comunicação e apontou como causa de pedir a publicação de reportagem que alega ter violado sua dignidade.

Com referência a essa situação hipotética e a aspectos processuais a ela pertinentes, assinale a opção correta.

A) Havendo incorreção na atribuição do valor da causa pelo autor, poderá o réu impugnar tal valor por meio de petição autônoma a ser oferecida no mesmo prazo de contestação.

B) Na petição inicial de ação indenizatória fundada em dano moral, o autor deve sempre apresentar pedido genérico, porque a iliquidez do pedido decorre da natureza do dano sofrido.

C) Caberá ao magistrado corrigir de ofício o valor da causa se entender que o proveito econômico perseguido pelo autor está em desacordo com o valor atribuído na petição inicial.

D) Em ação indenizatória fundada em dano moral, o autor terá sempre interesse recursal para majorar a indenização, seja qual for o valor fixado na sentença.

COMENTÁRIOS

✪ **Notas do autor:** a toda causa será atribuído um valor, ainda que ela não tenha conteúdo econômico imediatamente aferível (art. 291). O art. 292 indica os critérios que devem ser utilizados para a fixação do valor da causa, admitindo-se a correção de ofício pelo juiz (§ 3º), bem como que o réu o impugne na própria contestação (e não mais em peça separada) (art. 293).

Alternativa correta: letra C. Verificando o juiz que o valor da causa foi indicado sem a observância dos critérios definidos no art. 292 do CPC, determinará, de ofício, a sua correção. O réu, por sua vez, também poderá impugnar ao valor da causa, desde que o faça em preliminar da contestação (art. 293).

Alternativa "A": incorreta. Ao contrário do que foi dito, deverá o réu impugnar o valor da causa na própria contestação, como matéria preliminar.

Alternativa "B": incorreta. Em tal demanda, deverá o autor apresentar pedido líquido, sendo lícito apenas apresentar pedido genérico nas hipóteses narradas no § 1º, do art. 334 do CPC.

Alternativa "D": incorreta. Diferentemente do que foi aludido, o autor terá interesse recursal se tiver formulado pedido genérico quando da interposição

---

120. (Cespe – Procurador do MP junto ao TCU/2015) A respeito da execução, assinale a opção correta com base na jurisprudência do STJ.

a) É admissível a execução provisória de multa por descumprimento de obrigação de fazer, fixada por decisão interlocutória que antecipe os efeitos da tutela, desde que ocorra a sua confirmação por acórdão, em razão de recurso interposto contra ela.

b) A falta de lavratura do auto da penhora em dinheiro realizada por meio eletrônico, na fase de cumprimento de sentença, configura nulidade procedimental absoluta.

c) Com o propósito de estimular o devedor a cumprir a decisão judicial, o valor da multa cominatória pode ser fixado em montante superior ao da obrigação principal.

d) Para a configuração da fraude de execução, é indispensável a citação válida, inclusive na hipótese de alienação ou oneração de bens efetuada após a averbação da penhora na matrícula do imóvel.

e) O sequestro é uma medida de caráter cautelar consubstanciada na constrição de bens do executado com o intuito de assegurar a efetivação de futura penhora.

COMENTÁRIOS

✪ **Nota do autor:** A questão destacada no item "c" não é pacífica, uma vez que o próprio STJ já havia decidido anteriormente no sentido de que, tendo em vista a finalidade da multa em constranger o devedor ao efetivo cumprimento da obrigação de fazer, tal penalidade não pode vir a se tornar mais atraente para o credor do que a própria satisfação do encargo principal, de modo a proporcionar o seu enriquecimento sem causa (AgRg no AREsp 580.478/TO – STJ, julgado em 23/10/2014).

Alternativa Correta: letra C. O valor de multa cominatória pode ser exigido em montante superior ao da obrigação principal (Inf. 562 – REsp 1.352.426/GO – STJ – Maio/2015).

Alternativa A. Segundo o entendimento do STJ, a multa diária prevista no § 4º do art. 461 do revogado Código de Processo Civil de 2015, devida desde o dia em que configurado o descumprimento, quando fixada em antecipação de tutela, somente poderia ser objeto de execução provisória após a sua confirmação pela sentença de mérito e desde que o recurso eventualmente interposto não fosse recebido com efeito suspensivo (REsp 1.200.856/RS – STJ).

Alternativa B. O STJ entendeu ser desnecessária a lavratura de auto ou termo de penhora em dinheiro realizada por meio eletrônico, justamente por servir como documento comprobatório da feitura do bloqueio, produzindo os mesmos efeitos (REsp 1.220.410 – STJ).

Alternativa D. O reconhecimento da fraude à execução depende do registro da penhora do bem alienado ou da prova de má-fé do terceiro adquirente (Súmula 375 do STJ), e assim ocorrendo, dispensa-se a citação, na hipótese de alienação ou oneração de bens efetuada após a averbação, pois presume-se a referida fraude à execução (CPC, art. 828, § 4º).

Alternativa E. De acordo com o artigo 813 do Código de Processo Civil de 2015, o arresto é a medida de caráter cautelar que consiste na constrição de bens do executado com o intuito de assegurar a efetivação de futura penhora.

---

121. (Cespe – Procurador do MP junto ao TCU/2015) No tocante aos recursos, assinale a opção correta à luz da jurisprudência do STJ.

a) A aplicação da multa prevista para a hipótese de interposição de embargos de declaração com intuito manifestamente protelatório não impede a condenação por litigância de má-fé.

b) É possível a juntada de documentos no bojo da apelação, inclusive aqueles considerados indispensáveis à propositura da ação, desde que garantidos à parte contrária o contraditório e a ampla defesa.

c) A pendência de julgamento no STF acerca da modulação dos efeitos de decisão proferida em ADI enseja o sobrestamento de recurso especial que verse sobre a mesma matéria perante o STJ.

d) A sentença que reconhecer a improcedência da ação de improbidade administrativa estará sujeita ao reexame necessário.

e) A cópia da certidão de intimação da decisão agravada é peça obrigatória na formação do instrumento, de forma que a sua ausência acarretará o não conhecimento do recurso.

COMENTÁRIOS

✪ **Nota do autor:** Os embargos de declaração não possuem efeito suspensivo e interrompem o prazo para a interposição de recurso, porém, quando manifestamente protelatórios, o juiz ou o tribunal, em decisão fundamentada, condenará o embargante a pagar ao embargado multa não excedente a dois por cento sobre o valor atualizado da causa (CPC, art. 1.026, caput e § 2º).

Alternativa Correta: letra A. A multa pela interposição de embargos de declaração com intuito manifestamente protelatório tem caráter eminentemente administrativo, punindo conduta que ofende a dignidade do tribunal e a função pública do processo, sendo possível sua cumulação com a condenação por litigância de má-fé, de natureza reparatória (Inf. 541 – REsp 1.250.739/PA – STJ).

Alternativa B. Segundo o STJ, em sede de apelação, é possível a juntada de documentos que não sejam indispensáveis à propositura da ação, desde que garantido o contraditório e ausente qualquer indício de má-fé (Inf. 533 – REsp 1.176.440/RO – STJ). Portanto, isso só se aplica aos documentos dispensáveis à propositura da ação.

Alternativa C. De acordo com o decidido pelo STJ, a pendência de julgamento no STF, de ação em que se discute a constitucionalidade de lei, não enseja o sobrestamento dos recursos que tramitam no STJ (REsp: 1489479/PR – STJ).

Alternativa D. O STJ entende que, por ser o reexame necessário instrumento de exceção no sistema processual, devendo, portanto, ser interpretado restritivamente, não se aplica à ação de improbidade administrativa, até mesmo porque, deve-se assegurar ao Ministério Público, nessas ações, a prerrogativa de recorrer ou não das decisões nelas proferidas (REsp: 1553124/SC – STJ).

Alternativa E. Na falta da cópia de qualquer peça ou no caso de algum outro vício que comprometa a admissibilidade do agravo de instrumento, deve o relator, antes de considerar inadmissível o recurso, conceder prazo de 5 (cinco) dias ao agravante para complementar a documentação exigível (CPC, art. 1.017, § 3º).

---

122. (Cespe – Juiz de Direito Substituto – AM/2016) Considerando a legislação processual, a doutrina e a jurisprudência dominante nos tribunais superiores, assinale a opção correta quanto à defesa do devedor no processo de execução e na fase de cumprimento de sentença.

a) Consoante o entendimento pacificado pelo STJ, é cabível o oferecimento de reconvenção em embargos à execução.

b) Em se tratando de execução de título extrajudicial, a competência para o julgamento dos embargos do devedor é funcional absoluta do juízo da execução, mas, se a constrição for feita por carta precatória, o juízo deprecado poderá julgar os embargos que versem unicamente sobre vícios ou defeitos da penhora.

c) A garantia do juízo é dispensada para a impugnação ao cumprimento de sentença e somente interessa para fins de concessão de efeito suspensivo.

d) Na execução de alimentos pelo rito do art. 733 do CPC, o acolhimento da justificativa do devedor acerca da impossibilidade de efetuar o pagamento das prestações alimentícias desautoriza a decretação de sua prisão e acarreta a extinção da execução, que deverá ser renovada em observância ao rito da penhora.

e) Para fins de cobrança da multa pelo descumprimento da obrigação de fazer ou não fazer, é necessária a prévia intimação do devedor, que poderá ser feita por meio de publicação oficial se houver advogado previamente constituído.

COMENTÁRIOS

✪ **Nota do autor:** Sobre os embargos à execução, destaque-se que estes serão distribuídos por dependência, autuados em apartado e instruídos com cópias das peças processuais relevantes, que poderão ser declaradas autênticas pelo próprio advogado, sob sua responsabilidade pessoal (CPC, art. 914, § 1º).

Alternativa Correta: letra B. Na execução por carta, os embargos do devedor serão decididos no Juízo deprecante, salvo se versarem unicamente vícios ou defeitos da penhora, avaliação ou alienação dos bens (Súmula 46 – STJ; CPC, art. 914, § 2º).

Alternativa A. Segundo o STJ, não é cabível o oferecimento de reconvenção em embargos à execução, pois estes não ostentam natureza condenatória, e deste modo, caso o embargante entenda ser credor do exequente, deverá cobrar o débito noutra demanda, ou ainda, alegar, em sede dos embargos, a compensação, a fim de extinção da obrigação (REsp: 1085689/RJ – STJ).

Alternativa C. Sob a égide do Código de Processo Civil de 1973, o STJ entendia no sentido de que a garantia do juízo era requisito necessário à admissão da impugnação ao cumprimento de sentença (REsp 1455937/SP – STJ). Contudo, com a entrada em vigor do Código de Processo Civil de 2015, sedimentou-se que o executado, independentemente de penhora, depósito ou caução, poderá se opor à execução por meio de embargos (CPC, art. 914).

Alternativa D. De acordo com o STJ, o acolhimento da justificativa da impossibilidade de efetuar o pagamento das prestações alimentícias executadas desautoriza a decretação da prisão do devedor, mas não acarreta a extinção da execução (Inf. 573 – REsp 1.185.040/SP – STJ).

Alternativa E. A prévia intimação pessoal do devedor constitui condição necessária para a cobrança de multa pelo descumprimento de obrigação de fazer ou não fazer (Súmula 410 – STJ).

---

123. (Cespe – Juiz Federal Substituto 5ª região/2013) Assinale a opção correta com referência à execução civil.

a) Não há preclusão no pedido de arbitramento de verba honorária no curso do processo executivo, mesmo que a referida verba não tenha sido pleiteada no início do processo e já tenha ocorrido o pagamento do valor requerido, dada a inexistência de dispositivo legal que determine o momento processual para o pleito.

b) Apurado o quantum debeatur no curso da execução, somente em caso de juntada de novos documentos, admitem-se, por iniciativa da parte, a elaboração de novos cálculos e a sua consequente homologação pelo juiz.

c) Em embargos à execução, a base de cálculo dos honorários advocatícios corresponde, necessariamente, ao montante total executado.

d) O imóvel destinado à moradia de síndico pode ser penhorado em caso de indenização decorrente de prática de ilícito civil consistente na concessão, como responsável legal pelo condomínio, de isenções relativas a multas e encargos incidentes sobre contribuições condominiais em atraso.

e) A decisão judicial que autoriza a penhora sobre o faturamento da empresa viola o princípio da menor onerosidade para o devedor e o princípio da função social da empresa, ainda que o percentual fixado não torne inviável o exercício da atividade empresarial.

COMENTÁRIOS

✪ **Nota do autor:** a questão trata do cumprimento de obrigação de pagar quantia certa consubstanciada em título executivo judicial, bem como na execução da obrigação da mesma natureza fundada em título extrajudicial.

Alternativa correta: letra "a". O CPC de 2015 trata expressamente da questão dos honorários no processo de execução. A propósito, o art. 827, caput, segundo o qual, ao despachar a inicial, o juiz fixará, de plano, os honorários advocatícios de dez por cento, a serem pagos pelo executado, montante esse que será reduzido de metade se houver pagamento imediato (§ 1º), ou que poderá ser elevado até vinte por cento, quando rejeitados os embargos à execução, podendo a majoração, caso não opostos os embargos, ocorrer ao final do procedimento executivo, levando-se em conta o trabalho realizado pelo advogado do exequente (§ 2º). Defende-se que, se eventualmente o percentual não for fixado inicialmente no processo executivo, será possível que o juiz o fixe posteriormente, pois se trata de situação de mera omissão. Além disso, deve ser considerado que, segundo novo regramento do CPC 2015, os honorários que não forem eventualmente fixados na fase de conhecimento, poderão ser cobrados posteriormente, por meio de ação autônoma. Dessa maneira, se os honorários, em razão da nova sistemática, podem ser cobrados até mesmo posteriormente, com muito mais razão podem ser cobrados no mesmo processo.

Alternativa "b". Errada. Apurado o quantum debeatur no curso da ação, é possível a correção do valor de imediato, para que a execução prossiga de acordo com o valor apurado.

Alternativa "c". Errada. Ao ser proposta a execução, o juiz fixará o percentual de verba honorária. Esses honorários compreenderão não só o processo executivo, como também eventuais embargos. Ocorre que, sendo rejeitados os embargos oferecidos, poderá o juiz majorar os honorários. Sendo eles procedentes, o juiz verificará o a vantagem econômica obtida, quando então será possível calcular os honorários (art. 85, § 2º, CPC 2015).

Alternativa "d". Errada. O imóvel do síndico é impenhorável, mesmo em relação a tais verbas.

Alternativa "e". Errada. A penhora sobre o faturamento de empresa, de acordo com o STJ, não viola o aludido princípio, podendo ser adotado tão somente se esgotados os meios restantes para a constrição, ou se, tendo-os, esses forem de difícil alienação ou insuficientes para saldar o crédito executado (art. 866 CPC).

124. (Cespe - Juiz de Direito Substituto - CE/ 2012) Considere que, transitada em julgado sentença de condenação para pagamento de quantia certa, o réu comece a dissipar seu patrimônio. Nessa situação, o autor, sabendo do ocorrido e com o intuito de assegurar a efetividade de futura execução para o cumprimento da decisão judicial, poderá ajuizar

a) exibição de coisas para conhecimento dos bens restantes.

b) produção antecipada de provas para comprovar a dissipação do patrimônio.

c) sequestro para evitar o desaparecimento de bens penhoráveis.

d) busca e apreensão para evitar o desvio de bens.

e) arresto para evitar a diminuição do patrimônio do réu.

COMENTÁRIOS

✪ **Nota do autor:** a tutela de urgência de natureza cautelar pode ser efetivada mediante arresto, consoante requerimento formulado no próprio processo já pendente (art. 301 do CPC). Não existirão requisitos específicos, senão o do *fumus boni iuris* ou do *periculum in mora*.

Alternativa correta: letra "e". Ao contrário do afirmado na questão, com a nova sistemática, o arresto poderá ser alcançado com simples requerimento apresentado no próprio processo em trâmite, sendo desnecessária a propositura de nova ação. Exclui automaticamente as demais alternativas.

125. (Cespe - Defensor Público - RN/2015) A respeito de execução, assinale a opção correta.

a) Nos casos de fraude à execução, inexistindo registro da penhora na matrícula do imóvel, cabe ao credor o ônus de provar que o terceiro adquirente tinha conhecimento de demanda capaz de levar o alienante à insolvência.

b) Segundo entendimento do STJ, permite-se o arbitramento de honorários advocatícios em benefício do exequente no âmbito da execução provisória.

c) É possível ao juiz conhecer de suposto excesso de execução alegado pelo executado após o momento próprio para a oposição dos embargos à execução, por se tratar de matéria de ordem pública.

d) A quantia depositada em caderneta de poupança é impenhorável, independentemente do seu valor.

e) O bloqueio de ativos financeiros do executado por meio do sistema Bacen Jud independe de requerimento expresso do exequente.

COMENTÁRIOS

✪ **Nota do autor:** A chamada penhora *on line*, de que trata o item "e," é contemplada pela lei processual no sentido de que, para possibilitar a penhora de dinheiro em depósito ou em aplicação financeira, o juiz, a requerimento do exequente, sem dar ciência prévia do ato ao executado, determinará às instituições financeiras, por meio de sistema eletrônico gerido pela autoridade supervisora do sistema financeiro nacional, que torne indisponíveis ativos financeiros existentes em nome do executado, limitando-se a indisponibilidade ao valor indicado na execução (CPC, art. 854).

Alternativa Correta: letra A. O reconhecimento da fraude à execução depende do registro da penhora do bem alienado ou da prova de má-fé do terceiro adquirente (Súmula 375 – STJ).

Alternativa B. Consoante o previsto no art. 520, § 2º do CPC 2015, incidirão honorários também no cumprimento provisório. Trata-se de alteração do posicionamento que então vigia.

Alternativa C. Estatui a jurisprudência do STJ, que não é possível ao juiz conhecer de suposto excesso de execução alegado pelo executado somente após a oposição dos embargos à execução, isso porque eventual excesso de execução é típica matéria de defesa, e não de ordem pública, devendo ser arguida pelo executado por meio de embargos à execução, sob pena de preclusão (Inf. 523 – AgRg no AREsp 150.035/DF – STJ).

Alternativa D. A quantia depositada em caderneta de poupança é impenhorável somente até o limite de 40 (quarenta) salários mínimos (CPC, art. 833, X).

Alternativa E. A constrição de ativos financeiros do executado pelo referido sistema depende de requerimento expresso do exequente, não podendo ser determinada de ofício pelo magistrado.

126. (Cespe – Juiz de Direito Substituto – CE/ 2012) No que diz respeito à fraude à execução, disciplinada no CPC, assinale a opção correta.

a) A renúncia do usufruto por parte do devedor, na pendência de processo executivo, presume a fraude à execução.

b) Verificada a fraude à execução, o credor deverá ajuizar ação própria em face do devedor, a qual suspenderá o processo executivo até a decisão final.

c) De acordo com o STJ, a alienação de bem penhorado realizada pelo devedor demandado não dispensa a demonstração da insolvência.

d) A alienação pelo devedor do bem que garanta a execução será eficaz caso não haja a intimação da penhora.

e) Para que a fraude à execução seja configurada, deve haver prova do dano e pendência de processo executivo contra o devedor.

COMENTÁRIOS

✪ **Nota do autor:** considera-se em fraude à execução a alienação ou oneração de bens nas hipóteses indicadas no art. 792 do CPC, quais sejam: I – quando sobre o bem pender ação fundada em direito real ou com pretensão reipersecutória, desde que a pendência do processo tenha sido averbada no respectivo registro público, se houver; II – quando tiver sido averbada, no registro do bem, a pendência do processo de execução, na forma do art. 828; III – quando tiver sido averbado, no registro do bem, hipoteca judiciária ou outro ato de constrição judicial originário do processo onde foi arguida a fraude; IV – quando, ao tempo da alienação ou da oneração, tramitava contra o devedor ação capaz de reduzi-lo à insolvência; V – nos demais casos expressos em lei. Verificada a fraude à execução, será considerada ineficaz a alienação ou oneração havida para o processo.

Alternativa correta: letra "c". O entendimento do STJ não deve ser modificado, pois haverá interesse na declaração da fraude à execução se, de fato, o executado estiver insolvente, ou seja, sem patrimônio para garantir a execução.

Alternativa "a". Errada. A renúncia ao usufruto, por si só, não presume a fraude à execução.

Alternativa "b". Errada. Verificada a fraude à execução, o juiz declarará ineficaz a alienação em relação ao exequente, por meio de decisão no próprio processo execução.

Alternativa "d". Errada. Para a configuração da fraude à execução, por conta de alienação posterior à penhora, é desnecessária a prévia intimação da constrição. A propósito: "EMBARGOS DE DECLARAÇÃO NO RECURSO ORDINÁRIO EM MANDADO DE SEGURANÇA – CARÁTER INFRINGENTE – RECEBIMENTO COMO AGRAVO REGIMENTAL – FUNGIBILIDADE RECURSAL – POSSIBILIDADE – FRAUDE DE EXECUÇÃO – CONFIGURAÇÃO – PENHORA DE IMÓVEL DO TERCEIRO-ADQUIRENTE – PRÉVIA INTIMAÇÃO – DESNECESSIDADE – RECURSO IMPROVIDO. (EDcl no RMS 24.293/RJ, Rel. Ministro MASSAMI UYEDA, TERCEIRA TURMA, julgado em 05/04/2011, DJe 27/04/2011)".

Alternativa "e". Errada. Para a configuração, não há necessidade de comprovação do dano, podendo, ainda, ser deferida em processo diverso do de execução.

127. (Cespe – Juiz de Direito Substituto – AC/ 2012) Em cada uma das opções a seguir, é apresentada uma situação hipotética, seguida de uma assertiva acerca da atuação profissional do juiz. Assinale a opção que apresenta a assertiva correta.

a) Juca, credor de Márcio, propôs, contra este, ação de execução baseada em cheque prescrito. Ao apreciar a inicial, o juiz da causa converteu, de ofício, a pretensão executória em ação monitória. Nessa situação, a manifestação judicial tem natureza de despacho, uma vez que não lesou, em momento algum, qualquer interesse do autor.

b) Arnaldo, professor de uma faculdade estadual de economia, impetrou mandado de segurança contra ato administrativo que lhe negara progressão na carreira, fazendo-o quarenta dias após ter sido oficialmente cientificado. Tendo sido a autoridade coatora indicada erroneamente no processo, o juízo extinguiu o mandamus sem resolução de mérito e a publicação dessa sentença ocorreu sessenta dias após a impetração do mandado. Inconformado com o equívoco de seu advogado, Arnaldo contratou, no dia seguinte, outro causídico, que, trinta dias após a contratação, impetrou novo mandado de segurança, indicando, dessa vez, a correta autoridade coatora. Nessa situação, cabe ao juiz dar prosseguimento ao rito, pois o prazo decadencial da segunda ação mandamental começaria a contar da data de extinção do primeiro mandado de segurança.

c) Gisele, servidora pública estadual, ajuizou ação com o fim de assegurar o gozo de tratamento de saúde que lhe fora administrativamente negado pela fazenda pública, tendo juntado os devidos documentos comprobatórios da referida decisão administrativa. Após a citação, e antes de apresentada qualquer defesa, a própria autora peticionou a extinção do feito, dada retratação, de ofício, da administração pública, que lhe deferiu o afastamento outrora negado; a fazenda pública se limitou a apresentar petição concordando com a desistência. Nessa situação, haja vista a perda superveniente do interesse de agir, caberá ao juiz extinguir o feito sem resolução de mérito e, na sentença, impor condenação à ré sobre honorários advocatícios.

d) A Fox Leasing S.A. ajuizou, contra Lúcio, ação por descumprimento contratual. Dois dias depois de promulgada a sentença de procedência da ação, as partes solicitaram ao juízo a homologação de um acordo que haviam firmado entre si. Nessa situação, deverá o juiz rejeitar a homologação do acordo por já ter prolatado a sentença de mérito.

e) Jonas, credor de um título executivo extrajudicial prescrito, propôs ação de execução em face do devedor. Nesse caso, ao juiz não cabe extinguir, de ofício, o processo, devendo aguardar a arguição da parte, por se tratar de direitos patrimoniais.

COMENTÁRIOS

✪ **Nota do autor:** a questão trata de vários institutos, que serão analisados na sequência.

Alternativa correta: letra "c". Como regra, aquele que desiste do prosseguimento da ação arca com os honorários advocatícios da parte contrária. No presente caso, porém, a ré deu causa ao ajuizamento da ação e, por conta disso, atendendo-se ao princípio da causalidade, responderá pelos honorários.

Alternativa "a". Errada. A natureza do pronunciamento jurisdicional é de decisão interlocutória, uma vez que possui carga decisória.

Alternativa "b". Errada. O prazo de 120 dias – decadencial – para o ajuizamento do mandado de segurança se conta a partir da ciência do ato impugnado.

Alternativa "d". Errada. Ainda que proferida sentença, deverá o magistrado homologar o acordo celebrado entre as partes.

Alternativa "e". Errada. A prescrição é matéria que pode ser conhecida de ofício pelo juiz, não dependendo de requerimento do executado. O CPC, contudo, determina que se colha prévia manifestação antes de ser a matéria ser conhecida pelo juiz, atendendo-se ao princípio do contraditório dinâmico.

128. (Cespe – Promotor de Justiça – PI/2012) No que se refere à tutela jurisdicional específica e à tutela do processo de execução, assinale a opção correta.

a) Na hipótese de obrigação de entregar coisa fundada em título extrajudicial, aplica-se o procedimento de tutela específica.

b) A exceção de pré-executividade enseja ao executado apresentação de defesa, sem necessidade de oposição de embargos ou impugnação, mas circunscrita às matérias de ordem pública ligadas à admissibilidade da execução.

c) A execução de sentença arbitral pressupõe homologação judicial para a formação de título apto à instauração de processo executivo.

d) A conversão de obrigação de fazer e de entrega de coisa certa em perdas e danos substitui a tutela específica somente na hipótese de impossibilidade de cumprimento da obrigação.

e) Em se tratando de obrigações de fazer e não fazer estabelecidas em título judicial, os embargos do executado consubstanciam instrumento processual idôneo para a defesa ou discussão de excessos de execução e nulidades dos atos processuais.

COMENTÁRIOS

✪ **Nota do autor:** a questão trata do cumprimento de obrigação de fazer, de pagar, da execução autônoma e da defesa do executado.

Alternativa correta: letra "b". A defesa do executado poderá ser classificada em: i) incidental – embargos à execução; ii) endoprocessual – exceção de pré-executividade; e, iii) heterotópica – várias ações que podem ser ajuizadas. No caso da alternativa, foi questionado sobre a exceção de pré-executividade, que pode ser apresentada por meio de petição no próprio processo de execução, porém, adstrita a matérias de ordem pública, que podem ser conhecidas de ofício pelo juiz.

Alternativa "a". Errada. Aplica-se, em verdade, o previsto para o processo de execução fundado em título extrajudicial, com procedimento que exige a citação para cumprimento da obrigação e outros atos.

Alternativa "c". Errada. A decisão arbitral constitui-se em título executivo judicial, de modo que é desnecessária a prévia homologação judicial.

Alternativa "d". Errada. Também haverá a conversão no caso de requerimento do credor.

Alternativa "e". Errada. Tratando-se de obrigação de fazer e não fazer consubstanciada em título judicial não será cabível àquele que deve cumpri-la opor embargos. Aliás, tal não será possível nem mesmo na obrigação de pagar quantia certa também fundada em título judicial.

---

129. (Cespe – Defensor Público – TO/2013) Antônio ingressou em juízo com ação de execução para entrega de coisa certa, contra Silva & Silva Ltda., que, citada para cumprir a obrigação no prazo legal, permaneceu inerte.

Com base nessa situação hipotética, assinale a opção correta.

a) O juiz poderá, desde logo, determinar a penhora de tantos bens quantos forem necessários para satisfazer a obrigação exequenda.
b) O juiz poderá, a requerimento de Antônio, determinar, imediatamente, a indisponibilidade de ativos existentes em nome da Silva & Silva Ltda. em qualquer instituição bancária.
c) Antônio poderá requerer desde logo a conversão da obrigação desejada em perdas e danos.
d) O juiz determinará a expedição de mandado de imissão de posse ou de busca e apreensão, conforme se trate de bem imóvel ou móvel, independentemente de requerimento do exequente.
e) Para que o juiz efetive o provimento jurisdicional, Antônio deverá indicar a providência a ser tomada pelo juízo, sem a qual o processo será extinto.

COMENTÁRIOS

✪ **Nota do autor:** a questão trata do procedimento de execução de obrigação de entregar coisa certa. O CPC trata do procedimento a partir do art. 806, determinando-se a citação do executado para que, no prazo de 15 dias, cumprir a obrigação.

Alternativa correta: letra "d". Do mandado de citação constará ordem para imissão na posse ou busca e apreensão, conforme se tratar de bem imóvel ou móvel, cujo cumprimento se dará de imediato, se o executado não satisfizer a obrigação no prazo que lhe foi designado (art. 806, § 2º, CPC).

Alternativa "a". Errada. A penhora será realizada na execução por quantia certa.

Alternativa "b". Errada. Trata-se de providência a ser requerida na execução por quantia certa.

Alternativa "c". Errada. Somente será possível se houver a deterioração da coisa, se esta não lhe for entregue, não for encontrada ou não for reclamada do poder de terceiro adquirente (art. 809 CPC).

Alternativa "e". Errada. Não há necessidade da formulação do requerimento.

---

130. (Cespe – Defensor Público – RR/2013) A respeito de medidas de execução no processo civil, assinale a opção correta.

a) O requerimento de conversão em perdas e danos da condenação em obrigação de fazer é faculdade conferida ao credor, que poderá ser exercida, a qualquer tempo, ainda que o devedor manifeste o desejo de cumprir a obrigação específica.
b) Sobrevindo a penhora, a parte devedora, na fase de cumprimento de sentença, poderá oferecer impugnação, cujas hipóteses constam de rol exemplificativo no CPC.
c) A exceção de pré-executividade ou objeção de pré – executividade encontra-se expressamente referida no direito positivo brasileiro.
d) O débito alimentar autorizador da prisão civil do alimentante compreende as três prestações anteriores à citação e as que vencerem no curso do processo.
e) O juiz, para o cumprimento de sentença condenatória de obrigação de fazer, poderá fixar multa ou alterar o seu valor, ainda que na fase de execução ou sem requerimento da parte.

COMENTÁRIOS

✪ **Nota do autor:** a questão trata dos atos executivos e medidas coercitivas que poderão ser adotadas no processo de execução, bem como no cumprimento de obrigação de pagar quantia certa fundada em título judicial.

Alternativa correta: letra "e". Tratando-se de sentença que fixe obrigação de fazer, o juiz não estará adstrito à medida coercitiva requerida pela parte, podendo ser adotada outra que for mais conveniente para que a tutela jurisdicional seja efetivada.

Alternativa "a". Errada. Manifestado o desejo de ser cumprida a obrigação específica, não pode o credor pretender a conversão em perdas e danos.

Alternativa "b". Errada. A impugnação poderá ser oferecida pelo executado. As matérias, porém, constam de rol taxativo previsto no art. 525, § 1º do CPC.

Alternativa "c". Errada. Não se encontra expressamente prevista, tratando-se de construção doutrinária e jurisprudencial.

Alternativa "d". Errada. Nos termos do § 7º, do art. 528, do CPC, autoriza a prisão civil o não pagamento da obrigação alimentar correspondente às três parcelas anteriores ao ajuizamento da ação (e não à citação) e, também, as devidas no curso do processo.

131. (Cespe – Juiz Federal Substituto 2ª região/2013) Assinale a opção correta a respeito da execução do julgado.

a) Não é cabível a execução provisória de obrigação de fazer.

b) Na execução provisória em ação popular, o autor da ação estará sujeito a prestar caução.

c) Uma associação pode promover, como representante de seus associados, a execução de título executivo judicial extraído de ação coletiva na qual tenha figurado como substituta processual.

d) O MP não tem legitimidade para promover a execução do título judicial decorrente de sentença em ação civil pública ajuizada para proteção do patrimônio público, pois tal legitimidade cabe à fazenda pública interessada.

e) As execuções de título judicial dos julgados na justiça federal iniciam-se com a citação do devedor para embargar.

COMENTÁRIOS

✪ **Nota do autor:** a questão trata da execução a ser promovida em vários procedimentos.

Alternativa correta: letra "c". O STJ admitiu que a associação inicie a execução de sentença condenatória proferida em ação coletiva na qual figure como substituta processual (tenha agido em seu nome na defesa de interesse de outrem).

Alternativa "a". Errada. Tratando-se de obrigação de fazer, é possível o cumprimento provisório da sentença, se ainda sujeita a recurso recebida só com efeito devolutivo. Não é sem propósito que o art. 520, do CPC, prevê que o cumprimento provisório de sentença (...), sem, dessa forma, indicar a obrigação.

Alternativa "b". Errada. Nos termos do § 4º, do art. 14, o executado estará sujeito a penhora, desde a prolação da sentença condenatória. Como se vê, não foi inserida qualquer condição de caução para dar-se continuidade ao cumprimento provisório. Além disso, como substituto da coletividade, não se pode exigir do cidadão que preste caução. A propósito: "RECURSO ORDINÁRIO. MANDADO DE SEGURANÇA. ATO JUDICIAL. PRESSUPOSTOS DE CABIMENTO. AÇÃO POPULAR. EXECUÇÃO PROVISÓRIA. INTELIGÊNCIA DE CAUÇÃO. 1. OS ATOS MERAMENTE PREPARATÓRIOS DA EXECUÇÃO PROVISÓRIA NÃO TRAZEM GRAVAME AO EXECUTADO, NÃO LHE CAUSANDO DANO IRREPARÁVEL OU DE DIFÍCIL REPARAÇÃO. 2. COMO SUBSTITUTO DO PODER PUBLICO, O AUTOR DA AÇÃO POPULAR NÃO ESTA OBRIGADO A PRESTAR CAUÇÃO AO REQUERER A EXECUÇÃO PROVISÓRIA DO JULGADO. (...). (RMS 2.366/MG, Rel. Ministro FRANCISCO PEÇANHA MARTINS, SEGUNDA TURMA, julgado em 02/10/1995, DJ 11/03/1996, p. 6599)

Alternativa "d". Errada. Ao contrário do afirmado, o Ministério Público tem legitimidade para dar início à fase de execução na defesa do patrimônio público.

Alternativa "e". Errada. Não há qualquer diferença do procedimento da execução entre a Justiça Estadual e a Justiça Federal.

132. (Cespe – Juiz Federal Substituto 1ª região/2013) Assinale a opção correta com relação ao processo de execução.

a) Na execução por quantia certa fundada em título extrajudicial, é de quinze dias o prazo para que o executado ofereça embargos do devedor, contados da juntada, aos autos, da intimação da penhora realizada.

b) A regra de que a competência para julgamento dos embargos do devedor, na execução por carta precatória, deva ocorrer pelo juiz deprecante é excepcionada para a hipótese de embargos, apresentados no juízo deprecado, que versem unicamente sobre vícios da penhora.

c) Se o julgador verificar que os bens penhorados são suficientes para a satisfação integral do crédito da parte exequente, poderá valer-se do poder geral de cautela e determinar, de ofício, a adjudicação dos bens em favor do credor.

d) A fixação de multa como meio de coerção para o cumprimento de obrigação de fazer (astreintes) é possível exclusivamente na hipótese de execução de título judicial.

e) Na execução por quantia certa contra a fazenda pública, o juiz requisitará o pagamento por intermédio do presidente do tribunal. Feita a requisição, competirá ao juiz da execução, após ouvido o MP, determinar o sequestro de bens quando preterida a ordem de pagamento dos precatórios.

COMENTÁRIOS

✪ **Nota do autor:** a questão trata do processo de execução por quantia certa.

Alternativa correta: letra "b". Os embargos à execução constituem-se em defesa incidental do executado. Como regra, serão julgados pelo juízo em que se processa a execução, a quem serão distribuídos por dependência. Na execução por carta, contudo, devem ser feitas algumas observações. Os embargos poderão ser apresentados no juízo deprecante ou no juízo deprecado. Como regra, serão julgados pelo primeiro. Porém, serão de competência do segundo quando os embargos versarem unicamente sobre vícios ou defeitos da penhora, da avaliação ou da alienação dos bens efetuadas no juízo deprecado (art. 914, § 2º CPC).

Alternativa "a". Errada. O prazo para o oferecimento de embargos será de quinze dias contados da juntada do mandado de citação (art. 915 do CPC). Se houver mais de um executado, o prazo para cada um deles embargar conta-se a partir da juntada do respectivo comprovante da citação, salvo no caso de cônjuges ou de companheiros, quando será contado a partir da juntada do último. Tratando-se de execução por carta, o prazo será contado da juntada, na carta, da certificação da citação, quando versarem unicamente sobre vícios ou defeitos da penhora, da avaliação ou da alienação dos bens; ou, da juntada, nos autos de origem, da comunicação de cumprimento da precatória, ou, da própria juntada da carta devidamente cumprida, quando versarem sobre questões diversas das mencionadas acima.

Alternativa "c". Errada. A adjudicação será determinada exclusivamente a partir de requerimento do credor, não podendo ser realizada de ofício pelo juiz.

Alternativa "d". Errada. A fixação de multa é possível também no caso de título executivo extrajudicial.

Alternativa "e". Errada. Em caso de não cumprimento da ordem de inscrição de precatório, poderá ser formulado requerimento de sequestro de verba pública, que será analisado pelo Presidente do Tribunal e não pelo juiz da causa. Este, por sua vez, poderá determinar tal medida se não houver o cumprimento da obrigação de pequeno valor.

---

133. (Cespe – Juiz Federal Substituto 1ª região/2013) A União propôs ação com pedido de execução de crédito tributário contra a XYZ Sociedade Ltda., do que resultou a penhora dos bens da sociedade. Julgados improcedentes os embargos opostos pela devedora, foi designada hasta pública para a venda dos bens penhorados. Após a alienação dos referidos bens, sobreveio, nos autos da execução, notícia da falência da XYZ Sociedade Ltda., cuja decretação ocorreu uma semana antes da data da hasta pública.

Neste caso, o juiz federal deve

a) determinar a entrega à massa falida do dinheiro obtido com a venda, para que seja rateado entre os credores.

b) determinar a entrega à União do dinheiro obtido com a venda, já que o crédito tributário não está sujeito a qualquer espécie de concurso de credores.

c) decretar a nulidade da arrematação e determinar a entrega dos bens penhorados ao administrador judicial.

d) decretar a nulidade da arrematação e designar outra hasta pública, com a intimação do administrador judicial.

e) decretar a nulidade da arrematação, determinar a entrega dos bens penhorados ao administrador judicial e requerer ao juiz da falência a penhora no rosto dos autos.

COMENTÁRIOS

✪ **Nota do autor:** a decretação da falência não importa na modificação da competência para o processamento da execução fiscal, que permanecerá no mesmo juízo. Ocorre que, se já realizada a penhora, a execução prosseguirá e, havendo a alienação de bens, o produto será revertido em favor da massa. Contudo, se não houve penhora, a constrição não mais será realizada, determinando-se a reserva de valores pelo síndico.

Alternativa correta: letra "a". Como a penhora é prévia à sentença de falência, eventual valor apurado quando da alienação será revertido em favor da massa falida. Exclui todas as demais alternativas.

---

134. (Cespe – Juiz Federal Substituto 1ª região/2013) Tendo Maria deixado de pagar as parcelas referentes a contrato de financiamento com alienação fiduciária em garantia de um apartamento localizado em Brasília – DF, firmado entre ela e determinado banco, o banco solicitou ao oficial do registro de imóveis a notificação de Maria para quitar as prestações. A pedido desse oficial, a notificação foi realizada pelo oficial do registro de títulos e documentos de Brasília. Intimada, Maria, que havia realizado benfeitorias úteis no imóvel, não quitou as prestações, tendo, então, o oficial do registro de imóveis averbado na matrícula do imóvel a consolidação em favor do banco, que procedeu a um leilão público para a venda do apartamento. Nesse leilão, o maior lance dado ao imóvel foi em valor inferior ao seu valor. O banco, então, realizou outro leilão, tendo o maior lance dado ao imóvel, nessa ocasião, sido de valor inferior ao valor da dívida e demais acréscimos legais.

Com base na situação hipotética acima, assinale a opção correta.

a) Dado o valor do lance feito no segundo leilão, o banco está dispensado de pagar a Maria as benfeitorias feitas no imóvel.

b) Sendo exclusivamente do oficial de registro de imóveis onde o bem está matriculado a competência para a notificação do devedor, para efeito de constituí-lo em mora, a intimação de Maria deve ser considerada inválida.

c) A averbação da consolidação da propriedade do imóvel em favor do banco só poderia ter sido realizada se não tivesse havido lance nos leilões realizados, razão por que é inválida.

d) O segundo leilão é inválido, pois só poderia ter sido realizado, de acordo com a lei, se o maior lance dado no primeiro leilão não tivesse alcançado o valor da dívida.

e) Tendo sido o valor do lance, no segundo leilão, inferior ao valor total da dívida e dos acréscimos, o banco poderia propor ação de execução do saldo, já que o contrato tem eficácia de título executivo extrajudicial se comprovado o lance feito no segundo leilão.

COMENTÁRIOS

✪ Nota do autor: a Lei 9.5414/1997 trata da alienação fiduciária de bens imóveis, estabelecendo-se o procedimento para a consolidação da propriedade em favor da credora e a cobrança de eventuais valores. Nos termos do art. 27, uma vez consolidada a propriedade em seu nome, o fiduciário, no prazo de trinta dias, promoverá público leilão para a alienação do imóvel. Se, no primeiro público leilão, o maior lance oferecido for inferior ao valor do imóvel, será realizado o segundo leilão, nos quinze dias seguintes. No segundo leilão, será aceito o maior lance oferecido, desde que igual ou superior ao valor da dívida, das despesas, dos prêmios de seguro, dos encargos legais, inclusive tributos, e das contribuições condominiais. Porém, se, no segundo leilão, o maior lance oferecido não for igual ou superior ao valor referido, considerar-se-á extinta a dívida e exonerado o credor da obrigação de indenização das benfeitorias.

Alternativa correta: letra "a". Como demonstrado acima, não haverá necessidade de indenização das benfeitorias. Exclui automaticamente as demais alternativas.

---

135. (Cespe – Analista Judiciário – Área Judiciária – TJ – CE/2014) Acerca do processo de execução e da liquidação e cumprimento de sentença, assinale a opção correta.

a) A liquidação da sentença somente poderá ser requerida após o trânsito em julgado do recurso impugnatório.

b) Na liquidação por cálculo, o executado poderá impugná-lo via embargos à execução.

c) A decisão que puser fim à liquidação de sentença poderá ser impugnada por agravo de instrumento.

d) No processo de execução, a inexistência do interesse de agir implica a extinção do feito, com resolução do mérito, por falta de pressuposto processual.

e) No cumprimento provisório da sentença, o exequente deverá instruir a petição inicial com a certidão de interposição do recurso recebido com efeito suspensivo.

COMENTÁRIOS

✪ Nota do autor: a questão trata do cumprimento de sentença e da liquidação.

Alternativa correta: letra "c". De acordo com o princípio da correspondência, uma vez identificado o pronunciamento jurisdicional, tem-se qual o recurso adequado. Como será visto na parte dos recursos, o CPC adotou a regra segundo a qual as questões incidentais decididas na fase de conhecimento não serão sujeitas à preclusão e poderão ser impugnadas nas razões ou nas contrarrazões ao recurso de apelação, salvo em relação às hipóteses em que está previsto o cabimento do agravo de instrumento. E, a propósito, o art. 1.015 do CPC, parágrafo único, prevê o cabimento de tal recurso no caso de pronunciamento que decide a liquidação.

Alternativa "a". Errada. Admite-se a liquidação de sentença transitada em julgado ou sujeita a recurso, independentemente do efeito em que recebido. Porém, estando pendente julgamento de recurso, a liquidação será processada em apartado no juízo de origem (art. 512 do CPC).

Alternativa "b". Errada. Havendo excesso de execução, competirá ao executado alegá-lo em impugnação ao cumprimento de sentença.

Alternativa "d". Errada. A inexistência do interesse de agir implicará na extinção do processo, sem resolução do mérito, por falta de condição da ação. Porém, há parcela da doutrina que indica que o CPC não encampou as condições da ação como categoria processual, analisando a legitimidade e o interesse no contexto dos pressupostos processuais. Para aqueles que entendem que o CPC ainda encampa aquela categoria, deve ser feita a ressalva de que são condições da ação a legitimidade de agir e o interesse processual, excluindo-se a possibilidade jurídica do pedido, que passa a ser analisada como matéria de mérito.

Alternativa "e". Errada. Sendo o recurso recebido com efeito suspensivo, não caberá o cumprimento provisório da sentença, somente admitido nas hipóteses em que o recurso tem só efeito devolutivo.

---

136. (Cespe – Promotor de Justiça – AC/2014) A respeito da liquidação, do cumprimento de sentença e da execução no âmbito do processo civil, assinale a opção correta.

a) A execução de honorários advocatícios estipulados sobre percentual de condenação em demanda judicial prescinde de anterior liquidação da sentença condenatória no que diz respeito à liquidez do título executivo.

b) Em fase de cumprimento de sentença, que se caracteriza como mera fase complementar do processo de cognição, no qual já foi fixada a verba honorária, somente serão cabíveis honorários advocatícios se houver impugnação.

c) De acordo com o STJ, o MP não detém legitimidade para, sob a alegação de defesa do patrimônio público, promover a execução de título executivo extrajudicial emanado do tribunal de contas estadual, ainda que com o fim de ressarcir ao erário.

d) Embora a natureza da execução de sentença corresponda a mera fase complementar do processo de cognição, e não processo autônomo, a garantia do juízo é pressuposto para o processamento da impugnação ao cumprimento de sentença.

e) As entidades associativas, na qualidade de substitutos processuais, detêm legitimidade para atuar nas fases de conhecimento e liquidação; na de execução da sentença, entretanto, necessitam de prévia autorização dos interessados.

COMENTÁRIOS

Nota do autor: a questão trata da liquidação, do cumprimento de sentença e dos honorários advocatícios.

Alternativa correta: letra "d". No processo sincrético, tem-se a unificação dos processos de conhecimento e de execução. Há, portanto, uma fase de conhecimento e uma fase de execução ou de cumprimento da sentença. E o CPC de 2015 manteve a sistemática do processo sincrético, estendendo-lhe à execução contra a fazenda pública. Por muito tempo, sob a vigência do CPC de 1973, discutiu-se se para a oferecimento de impugnação ao cumprimento de sentença, haveria necessidade da prévia garantia do juízo, tendo prevalecido a tese em sentido positivo. Portanto, a prévia garantia passou a ser condição de admissibilidade da impugnação. Porém, o CPC de 2015 promoveu alteração na sistemática, ao prever que a impugnação poderá ser oferecida independentemente de penhora. Dessa maneira, sob a vigência do CPC de 2015, a prévia garantia não mais será condição de admissibilidade da impugnação, mas simplesmente uma das condições para a concessão de efeito suspensivo (§ 4º, do art. 525 do CPC).

Alternativa "a". Errada. Para a execução dos honorários, há necessidade de prévia liquidação da obrigação.

Alternativa "b". Errada. Iniciada a fase de execução e não sendo efetuado o cumprimento voluntário da obrigação, incidirá verba honorária na execução, ainda que não seja impugnada a execução (art. 523, § 3º, CPC).

Alternativa "c". Errada. O STJ defendia que o Ministério Público tinha legitimidade para efetuar tal cobrança à bem do patrimônio público. Contudo, o Supremo Tribunal Federal, no ano de 2014, em julgamento de recurso submetido ao rito de repercussão geral, estabeleceu que a execução de multa aplicada pelo Tribunal de Contas pode ser proposta apenas pelo ente público beneficiário da condenação, bem como expressamente afastou a legitimidade ativa do Ministério Público para a referida execução (ARE 823.347 RG/MA, Tribunal Pleno, Rel. Min. GILMAR MENDES, DJe de 28.10.2014).

Alternativa "e". Errada. O entendimento do STJ é no sentido de que os sindicatos também podem atuar na fase de execução.

137. (Cespe – Juiz de Direito Substituto – DFT/2014) No que se refere ao processo de execução, assinale a opção correta.

a) Na execução por quantia certa contra devedor solvente, é admitida a formação de litisconsórcio, o qual será sempre facultativo.

b) Caso constate, na execução, que o cumprimento específico da obrigação é inviável e que a obtenção do resultado prático equivalente também não será possível, o juiz deverá julgar extinta a execução.

c) É requisito para a execução de título executivo judicial que a sentença condenatória tenha transitado em julgado.

d) Se, em execução ainda não embargada, o credor apresentar pedido de desistência da penhora sobre determinado bem, o juiz deverá rejeitar o pedido, já que a desistência deve abranger toda a execução e não apenas algumas medidas executivas.

e) Caso a ação de conhecimento tenha sido ajuizada apenas contra o devedor principal, tal fato não impedirá que a execução do título judicial dela decorrente seja movida contra o devedor e o fiador.

COMENTÁRIOS

Nota do autor: a questão trata do processo de execução e suas particularidades.

Alternativa correta: letra "a". É possível a formação de litisconsórcio na execução por quantia certa. Como já há título judicial estabelecido, não há possibilidade de que ocorra litisconsórcio necessário.

Alternativa "b". Errada. Pelo contrário, determinará o prosseguimento do processo, permitindo-se que a parte requeira a conversão da obrigação em perdas e danos.

Alternativa "c". Errada. É possível o cumprimento provisório de sentença, que seguirá o disposto no art. 520 do CPC.

Alternativa "d". Errada. O credor poderá desistir da penhora sobre um determinado bem, até porque ele pode dispor da continuidade da própria execução.

Alternativa "e". Errada. Para que o fiador seja demandado na execução, é necessário que tenha figurado como parte na fase de conhecimento. Caso contrário, não foi formado título judicial no qual ele conste como devedor.

---

138. (Cespe – Juiz de Direito Substituto – DFT/2014) Com base no entendimento do STJ, assinale a opção correta acerca de aspectos inerentes ao processo de execução.

a) A suspensão do processo de execução por ausência de bens penhoráveis não impede a decretação da prescrição intercorrente.

b) A decisão exarada pelo juiz que defere o processamento do pedido de recuperação judicial não produz o efeito de suspender as execuções individuais em trâmite contra o devedor.

c) Considere que o executado tenha oposto embargos à execução, com fundamento em excesso de execução, sem apontar na petição inicial o valor que considerava correto e sem apresentar memória de cálculo, fato que levou o magistrado a rejeitar liminarmente os embargos. Nessa situação hipotética, a decisão do magistrado foi correta, pois competia ao executado indicar o valor que entendia ser o correto, juntamente com a memória do cálculo, não cabendo ao juiz, diante do fato, determinar a emenda à inicial.

d) Caso a fazenda pública ajuíze ação de execução fiscal e o juiz, ao apreciar o pedido, constate a ocorrência da prescrição antes da propositura da ação, será indispensável a oitiva prévia da fazenda pública para que a prescrição possa ser decretada de ofício pelo juiz.

e) Se, em execução fiscal, for apresentada exceção de pré - executividade, por meio da qual o excipiente questione o momento da constituição do crédito tributário e afirme que o depósito por ele realizado seria suficiente para suspender a exigibilidade do referido crédito, o juiz deverá admitir a exceção de pré-executividade, instrumento adequado para a discussão das matérias nela veiculadas.

COMENTÁRIOS

✪ **Nota do autor:** a questão trata do processo de execução, dos embargos à execução e de precedentes do STJ sobre os temas.

Alternativa correta: letra "c". Quando o executado alegar excesso de execução, deverá indicar o valor do débito que entende ser o correto. De acordo com o § 4º do art. 917, se isso não for realizado, os embargos serão liminarmente rejeitados se acaso o excesso de execução for a única matéria alegada. Note-se que a expressão "liminarmente" indica a desnecessidade de se oportunizar à parte a indicação do excesso.

Alternativa "a". Errada. De acordo com o entendimento do Superior Tribunal de Justiça, não corre o prazo prescricional durante a suspensão do processo de execução por falta de bens penhoráveis (AgRg no AREsp 566.178/MG, Rel. Ministro LUIS FELIPE SALOMÃO, QUARTA TURMA, julgado em 10/02/2015, DJe 19/02/2015).

Alternativa "b". Errada. A recuperação judicial importará na suspensão das execuções individuais.

Alternativa "d". Errada. De acordo com orientação do STJ, a prescrição ocorrida antes da propositura da ação poderá ser conhecida de ofício pelo juiz. De toda maneira, em razão do contraditório substancial adotado pelo CPC, haverá necessidade de prévia manifestação da parte prejudicada, salvo se o juiz conhecer quando do ajuizamento da ação.

Alternativa "e". Errada. Na exceção de pré-executividade podem ser conhecidas exclusivamente matérias de ordem públicas e que, por isso, seriam conhecidas de ofício, o que não é o caso narrado na alternativa.

---

139. (Cespe – Procurador do DF/ 2013) No que se refere aos títulos executivos, ao regime de cumprimento de sentença e à execução contra a fazenda pública, julgue os itens subsecutivos.

É possível a execução fundada em título extrajudicial de um ente público contra outro. Nesse caso, deverão ser observadas as regras procedimentais previstas no CPC para a execução contra a fazenda pública.

COMENTÁRIOS

✪ **Nota do autor:** no caso de execução de um ente público contra o outro, como, por exemplo, não houve o pagamento de uma taxa, será observado o procedimento da execução contra a fazenda pública.

Certo. Adotando-se o procedimento da execução contra a fazenda pública, tem-se que não haverá penhora, sendo o valor satisfeito mediante precatório ou requisitado nos casos em que a obrigação seja de pequeno valor.

---

140. (Cespe – Procurador do DF/ 2013) No que se refere aos títulos executivos, ao regime de cumprimento de sentença e à execução contra a fazenda pública, julgue os itens subsecutivos.

As decisões de tribunal de contas de que resultem imputação de débito ou multa terão eficácia de título executivo extrajudicial, independentemente de sua inscrição em dívida ativa.

COMENTÁRIOS

✪ **Nota do autor:** a decisão do Tribunal de Contas que resulte em imputação de débito ou multa somente poderá ser cobrada por meio da Fazenda Pública, sendo inadmitido, conforme decidido pelo STF, que o Ministério Público o faça.

Certo. Nos termos do artigo 23, III, "b" da Lei nº 8.443/92, o acórdão do Tribunal de Contas da União constitui título executivo bastante para cobrança judicial da dívida decorrente do débito ou da multa, se não recolhida no prazo pelo responsável. Desse modo, não há necessidade de inscrição por Termo de Dívida Ativa para obter-se a respectiva Certidão prevista na Lei de Execução Fiscal, ensejando ação de cobrança por quantia certa (REsp 1059393/RN, Rel. Ministro CASTRO MEIRA, SEGUNDA TURMA, julgado em 23/09/2008, DJe 23/10/2008).

---

141. (Cespe - Procurador do DF/ 2013) No que se refere aos títulos executivos, ao regime de cumprimento de sentença e à execução contra a fazenda pública, julgue os itens subsecutivos.

Caso, em fase de execução de título judicial proposta contra particular (cumprimento de sentença), o executado ofereça depósito do valor executado dentro do prazo de quinze dias para o adimplemento da obrigação, ocorrerá, segundo o entendimento do STJ, a denominada penhora automática e, portanto, da data do depósito se iniciará o prazo para oferecimento de impugnação pelo executado.

COMENTÁRIOS

✪ **Nota do autor:** como dito algumas questões acima, o STJ, sob a luz do CPC de 1973, consolidou entendimento de que, para o oferecimento de impugnação ao cumprimento de sentença, haveria a necessidade de prévia garantia do juízo.

Certo. Ocorre que o CPC de 2015 modificou consideravelmente o entendimento, ao prever que, para o oferecimento da impugnação, não haverá necessidade de prévia garantia do juízo. Esta será imprescindível apenas para a concessão de efeito suspensivo.

22. ORDEM DOS PROCESSOS NOS TRIBUNAIS E RECURSOS

---

142. (Cespe - Juiz de Direito - PR/2017) Assinale a opção correta no que concerne a ordem dos processos, incidentes e causas de competência originárias dos tribunais.

A) Em razão de seu caráter vinculante, o mérito do incidente de resolução de demandas repetitivas deve ser julgado pelo plenário ou órgão especial do tribunal de justiça em que tramite a causa que der ensejo ao incidente.

B) Na hipótese de estabilização da tutela provisória antecipada em razão da não interposição de recurso, será cabível ação rescisória para rever, reformar ou invalidar a tutela concedida, sendo de dois anos o prazo para tal, contados da decisão que extinguir o processo.

C) O incidente de assunção de competência pode ter por objeto a solução de relevante questão de direito material ou processual em hipótese em que não caiba julgamento de casos repetitivos.

D) Para o preenchimento do requisito do prequestionamento, a matéria suscitada no recurso especial deve ter sido debatida no voto condutor do acórdão recorrido e não apenas no voto vencido, porque este não compõe o acórdão para fins de impugnação.

COMENTÁRIOS

✪ **Notas do autor:** o art. 927 do CPC elenca os pronunciamentos jurisdicionais que devem ser observados pelos juízes ou pelo tribunal no julgamento de casos futuros. Dessa maneira, o rol ali contido se refere aos precedentes.

Alternativa correta: letra C. Entre os precedentes, exige o incidente de assunção de competência, que não exige a presença de casos repetitivos para ser julgado. Diferentemente, será instaurado quando houver interesse na solução de relevante questão de direito material ou processual, existindo interesse público em seu julgamento (art. 947 do CPC).

Alternativa "A": incorreta. O julgamento do incidente de resolução de demandas repetitivas ocorrerá pelo órgão indicado pelo regimento interno dentre aqueles responsáveis pela uniformização de jurisprudência do tribunal (art. 978, *caput*).

Alternativa "B": incorreta. Para tanto não será cabível a ação rescisória, mas ação própria para se buscar a revogação, reforma ou invalidação da tutela provisória anteriormente concedida (art. 304, § 2º). Tal ação deverá ser ajuizada no prazo de dois anos.

Alternativa "D": incorreta. Anteriormente à vigência do CPC 2015, era consolidado o entendimento no STJ no sentido de exigir que a matéria fosse discutida no voto condutor do acórdão recorrido, não bastando que o fosse no voto vencido. Atualmente, porém, de acordo com o art. 941, § 3º, CPC, o "voto vencido será necessariamente declarado e considerado parte integrante do acórdão para todos os fins legais, inclusive de pré-questionamento".

---

143. (Cespe - Juiz de Direito - PR/2017) Júlio ajuizou ação indenizatória contra Manoel, tendo formalizado pedido único de indenização por danos morais no valor de cem mil reais. Na fase de produção de provas, o juiz indeferiu o pedido de prova pericial feito por Júlio. Ao final da fase de conhecimento, o magistrado julgou integralmente procedente o pedido de indenização. Nessa situação hipotética, de acordo com as regras previstas no CPC, eventual pretensão recursal de Júlio com a finalidade de permitir a realização da perícia

A) poderá ser apresentada em contrarrazões, caso Manoel apele da sentença.

B) estará preclusa caso não tenha sido interposto recurso de agravo de instrumento da decisão que indeferiu a prova.

C) deverá ser rejeitada em qualquer hipótese por falta de interesse recursal.

D) poderá ser alcançada mediante a interposição de recurso de apelação, quando o autor for intimado da sentença de procedência.

COMENTÁRIOS

✪ **Notas do autor:** o pronunciamento jurisdicional que indeferiu o pedido de prova pericial tem a natureza de decisão interlocutória, pois não encerrou a fase de conhecimento. Em tal hipótese, perquire-se se seria cabível a interposição do recurso de agravo de instrumento, o que deve ser afastado em razão de não estar a matéria elencada no art. 1.015 do CPC, estando sujeita à chamada preclusão elástica. E isso porque o interessado deverá impugnar a decisão judicial quando da interposição do recurso de apelação ou, ainda, nas contrarrazões de apelação. No caso em tela, sendo o réu sucumbente, compete a este interpor o recurso de apelação e o autor, por sua vez, oferecer as respectivas contrarrazões, oportunidade em que poderá impugnar a decisão que indeferiu a produção da prova. Afasta, automaticamente, as demais alternativas.

Alternativa correta: letra A.

---

144. (Cespe – Analista de Controle – Área Jurídica – TCE – PR/2016) Rafael ajuizou ação, pelo procedimento comum, contra determinado ente federativo, pedindo anulação de decisão de tribunal de contas. Durante a instrução processual, o juiz indeferiu pedido de juntada superveniente de documento feito por Rafael.

Nessa situação hipotética, a decisão que indeferiu o requerimento de juntada de documento feito pelo autor

a) será irrecorrível, mas poderá ser impugnada por mandado de segurança.

b) poderá ser objeto de agravo de instrumento que terá de ser interposto diretamente no tribunal.

c) poderá ser objeto de agravo retido, sob pena de preclusão da decisão interlocutória.

d) poderá ser objeto de recurso em apelação ou contrarrazões de apelação.

e) não poderá ser impugnada por recurso nem por ação autônoma de impugnação.

COMENTÁRIOS

✪ **Nota do autor:** a questão relata importante modificação encampada pelo Código de Processo Civil de 2015, referente à recorribilidade das decisões interlocutórias proferidas, sendo rompida a tradição anterior no sentido de que tais pronunciamentos jurisdicionais seriam recorríveis de imediato. Com efeito, de acordo com a atual sistemática, as decisões interlocutórias não serão recorríveis de imediato, podendo as questões decididas serem impugnadas quando da interposição do recurso de apelação ou nas contrarrazões, em preliminar. Se nesta oportunidade não ocorrer a impugnação, por não haver constado da apelação ou das contrarrazões do mesmo recurso, ocorrerá a preclusão, que vem sendo denominada pela doutrina de elástica, que existe paralelamente às modalidades de preclusão temporal, consumativa e lógica. A preliminar de impugnação de decisão interlocutória consolida, na verdade, a interposição de um recurso. Não se pode deixar de apontar um importante registro da doutrina a respeito do interesse recursal nesta hipótese. Com efeito, conforme enfatizado por Carolina Uzeda Libardoni, no sentido de que para quem "o interesse recursal do vencedor para impugnar as decisões interlocutórias não recorríveis por agravo de instrumento ou por apelação autônoma é, portanto, complexo e condicionado".[1] A propósito, exemplifica a autora partindo da situação em que o autor tenha requerido a produção de prova pericial, que foi indeferida, sendo a sentença de procedência de seu pedido. Em razão disso, o réu apela e o autor, por sua vez, em preliminar de apelação, pode aduzir à prova pericial indeferida. Nesta situação: "sendo provida a apelação do vencido, para a improcedência do pedido, o autor tem total interesse em ver a decisão anulada em virtude da não realização da perícia, razão pela qual seu recurso deverá ser analisado pelo tribunal. Há formação do interesse complexo e condicionado, com a sucumbência na primeira decisão, mais o risco de ver a sentença alterada, mais a reforma ou anulação da sentença. Apenas nessas hipóteses o recurso do vencedor apresentado nas contrarrazões poderá ser conhecido, até mesmo para ser evitada a esdrúxula possibilidade de o recurso interposto pelo vencedor levar à anulação da sentença.[2] Portanto, haverá necessidade de interesse recursal complexo e condicionado para o julgamento

---

1 LIBARDONI, Carolina Uzeda. Interesse recursal complexo e condicionado quanto às decisões interlocutórias não agraváveis no novo Código de Processo Civil – segundas impressões sobre a apelação autônoma do vencedor. *Revista de Processo*, vol. 249. Ano 40, p. 239. São Paulo: RT, nov. 2015.

2 LIBARDONI, Carolina Uzeda. Interesse recursal complexo e condicionado quanto às decisões interlocutórias não agraváveis no novo Código de Processo Civil – segundas impressões sobre a apelação autônoma do vencedor.

do recurso interposto como preliminar em apelação, que deverá ser analisado pelo Tribunal. Aliás, "o tribunal avaliará ambos os recursos, mas apenas conhecerá e julgará o recurso do vencedor caso pretenda prover o recurso do vencido e modificar a sentença".[3] Porém, ainda persistem situações em que deverá haver a interposição imediata de recurso com a finalidade de impugnação da decisão. Tais situações encontram-se previstas no art. 1.015 do CPC, entre outros dispositivos. Para estes, não havendo a interposição imediata de recurso, ocorrerá a preclusão temporal, pois não impugnada a questão decidida no tempo correto, haverá a preclusão temporal.

Alternativa Correta: letra D. Considerando-se tratar de recurso próprio, contido na própria apelação ou nas contrarrazões, conforme acima aventado, a não apresentação no tempo certo gerará a preclusão. Exclui as demais alternativas.

---

145. (Cespe – Juiz de Direito Substituto – DFT/2014) Assinale a opção correta a respeito da ação rescisória, de acordo com a jurisprudência.

a) Para que seja comprovada a decadência da ação rescisória, não é suficiente o trânsito em julgado da última decisão proferida no processo de conhecimento, mas da certidão do aludido trânsito.

b) Será cabível ação rescisória contra o acórdão que anular processo de execução fiscal.

c) Cabe ação rescisória, com fundamento em violação a literal dispositivo de lei, ainda que a decisão rescindenda tenha se fundado em texto legal de interpretação controvertida nos tribunais.

d) A ação rescisória tem cabimento contra decisão homologatória de cálculos.

e) Não se admite ação rescisória para discutir a fixação de verbas honorárias, ainda quando o acórdão rescindendo aplique indevidamente os limites percentuais estabelecidos na legislação processual civil.

COMENTÁRIOS

✪ **Nota do autor:** por meio da ação rescisória, instala-se nova relação jurídica processual com a finalidade de rescindir decisão de mérito transitada em julgado, ou mesmo, em situações excepcionais, decisão que não seja de mérito.

Alternativa correta: letra "d". O Superior Tribunal de Justiça admite a ação rescisória contra decisão homologatória de cálculo, uma vez que se refere ao mérito do direito material. Exemplo: execução promovida por A versus B. Após já expropriados bens, aponta o credor, ainda, valor a receber. O executado, por sua vez, impugna tal valor, aduzindo a cobrança de acessórios indevidos. O juiz profere decisão interlocutória que, por sua vez, é objeto de agravo de instrumento. Contra o decidido no agravo, não se interpõe qualquer recurso. Forma-se, assim, decisão de mérito, pois quantifica a obrigação, de modo que será cabível a ação rescisória. A propósito: "ADMINISTRATIVO E PROCESSUAL CIVIL. AÇÃO RESCISÓRIA. DECISÃO QUE DETERMINA O REFAZIMENTO DOS CÁLCULOS PARA EXCLUIR DO CÔMPUTO JUROS COMPENSATÓRIOS E MORATÓRIOS. SENTENÇA DE MÉRITO CARACTERIZADA. CABIMENTO. 1. Nos termos da jurisprudência do STJ, é cabível a ação rescisória contra decisão homologatória de cálculos, mas não contra a decisão de natureza interlocutória que apenas determina a atualização dos cálculos. 2. Todavia, na hipótese dos autos, não se trata de simples decisão determinando a atualização dos cálculos, mas de sentença de mérito que determina o retorno dos autos ao Setor de Cálculo para refazimento, excluindo-se do cômputo os juros moratórios e compensatórios. 3. Em se tratando de sentença de mérito transitada em julgado, é cabível ação rescisória. Agravo regimental provido. (AgRg no REsp 1352015/BA, Rel. Ministro HUMBERTO MARTINS, SEGUNDA TURMA, julgado em 08/10/2013, DJe 18/10/2013).

Alternativa "a". Errada. Para o ajuizamento de ação rescisória, deve-se comprovar o trânsito em julgado, contando-se a partir daí o início do prazo para seu ajuizamento.

Alternativa "b". Errada. O acórdão que anular processo de execução fiscal não será objeto de ação rescisória, pois não analisou o mérito. Contudo, se de tal acórdão surtirem efeitos, como, por exemplo, condenatório, será possível a rescisão da coisa julgada formada. Imagine-se, a título de exemplo, que o acórdão condene a exequente ao pagamento de honorários advocatícios. Nesse caso, com a preclusão, admite-se que busque rescindir a coisa julgada formada, impedindo-se que ocorra a execução de tal verba.

Alternativa "c". Errada. Em conformidade com a Súmula 343 do STF, não será cabível a ação rescisória por ofensa à literal disposição de lei (ou, de acordo com o inciso V, do art. 966, do CPC, se violar manifestamente norma jurídica), quando, a respeito do tema, houver interpretação controvertida nos tribunais, admitindo-se qualquer uma delas como sendo razoável (ou interpretação razoável). Porém, havendo ofensa à Constituição Federal, há de prevalecer a melhor interpretação, que é aquela proveniente do STF a respeito, ou, considerando-se o disposto nos incisos III e IV do art. 927, do CPC, proveniente também do próprio Superior Tribunal de

---

Revista de Processo, vol. 249. Ano 40, p. 240. São Paulo: RT, nov. 2015.

3 LIBARDONI, Carolina Uzeda. Interesse recursal complexo e condicionado quanto às decisões interlocutórias não agraváveis no novo Código de Processo Civil – segundas impressões sobre a apelação autônoma do vencedor. *Revista de Processo*, vol. 249. Ano 40, p. 240. São Paulo: RT, nov. 2015.

Justiça quando do julgamento de recursos repetitivos ou se fixada súmula a respeito.

Alternativa "e". Errada. Admite-se que a rescisória busque rescindir a coisa julgada exclusivamente em relação à verba honorária.

146. (Cespe – Procurador do MP junto ao TCE-PB/2014) Acerca dos recursos e da ação rescisória, assinale a opção correta.

a) Serão julgados pelo STF, em recurso ordinário, os mandados de segurança decididos em única instância pelos tribunais regionais federais se a decisão for denegatória.

b) Segundo entendimento predominante do STJ, o direito à rescisão do julgado é extinto se, esgotado o prazo de dois anos, verificar-se a falta de formação de litisconsórcio passivo necessário.

c) Conforme entendimento atual do STF, não cabe ação rescisória por ofensa a literal disposição de lei no caso de a decisão rescindenda estar baseada em texto legal de interpretação controvertida nos tribunais, ainda que trate de matéria constitucional.

d) O prazo prescricional de dois anos da ação rescisória somente tem início quando não for cabível nenhum recurso do último pronunciamento judicial.

e) São cabíveis embargos de divergência contra decisão proferida em embargos de divergência.

COMENTÁRIOS

✪ **Nota do autor:** a ação rescisória e os recursos foram tratados, entre outros assuntos, no Livro III da Parte Especial do CPC.

Alternativa correta: letra "b". A alternativa deve ser estudada sob dois enfoques diferentes. Em primeiro lugar, em conformidade com o CPC de 1973. A propósito, o STJ tem consolidada a regra segundo a qual o direito à rescisão do julgado é extinto quando esgotado o prazo de dois anos, verificar-se a falta de formação do litisconsórcio passivo necessário. A propósito: A propositura de ação rescisória sem a presença, no polo passivo, de litisconsorte necessário somente comporta correção até o prazo de dois anos disciplinado pelo art. 495 do CPC. Após essa data, a falta de citação do litisconsorte implica a decadência do direito de pleitear a rescisão, conduzindo à extinção do processo sem resolução do mérito" (EREsp 676159/MT, Rel. Ministra Nancy Andrighi, Corte Especial, DJe de 30/03/2011). Da mesma forma, decide-se que a incompetência absoluta importa na extinção da ação rescisória e não na remessa dos autos ao tribunal competente. Analisando-se a questão sob as normas fundamentais do CPC, contudo, vê-se que aquela não pode ser a solução. E isso, pois, adotou-se, entre outras normas fundamentais, a da primazia do julgamento do mérito, de modo que deve ser admitida a regularização do processo para que haja o julgamento do mérito. Além disso, o CPC admitiu a regularização da inicial tendo em vista a incompetência do tribunal, afastando o precedente da impossibilidade de remessa dos autos ao tribunal competente (art. 968, § 5º), independentemente de já ultrapassado o prazo de dois anos. Ora, apesar de não indicada na lei, a regra também poderá alcançar a situação daquele que inclui litisconsorte passivo necessário após decorrido o prazo de dois anos.

Alternativa "a". Errada. Serão julgados em recurso ordinário pelo Supremo Tribunal Federal, os mandados de segurança, os *habeas data* e os mandados de injunção decididos em única instância pelos tribunais superiores, quando denegatória a decisão;

Alternativa "c". Errada. Em conformidade com a Súmula 343 do STF, não caberá a ação rescisória por violação manifesta de norma jurídica se a respeito houver interpretação controvertida pelos Tribunais. Contudo, essa interpretação cede espaço ao que é denominado de melhor intepretação, que é proveniente do STF.

Alternativa "d". Errada. O prazo para o ajuizamento da ação rescisória é decadencial e não prescricional. Erro número um. Agora há uma interessante questão sobre o termo inicial do prazo para o ajuizamento da ação rescisória, quando houver capítulos diferentes. Segundo o STF, em entendimento mais atual, a aplicação da executoriedade imediata dos capítulos de sentença não impugnados implica que o prazo para o ajuizamento da ação rescisória se conta, com eventual capítulo não abrangido pelo recurso, da data em que tenha ocorrido o trânsito em julgado em relação a este capítulo. O STJ, contudo, tinha entendimento diferenciado, no sentido de que o prazo se iniciaria no momento em que não pudesse ser interposto qualquer recurso contra o último pronunciamento do processo. A questão deve ser resolvida em definitivo com o CPC. Com efeito, dispõe o art. 975, caput, que o prazo se conta da última decisão proferida no processo.

Alternativa "e". Errada. Não são cabíveis embargos de divergência contra decisão proferida em embargos de divergência.

147. (Cespe – Juiz de Direito Substituto – PI/ 2012) Intimado da interposição de apelação pela parte contrária, o réu apresentou contrarrazões no décimo dia e, no décimo quarto, apresentou petição na qual declarou intenção de apelar de forma adesiva, mencionando que juntaria as razões em momento adequado. Considerando a situação hipotética acima, assinale a opção correta.

a) Houve interposição intempestiva da apelação na forma adesiva, pois as contrarrazões já haviam sido apresentadas.

b) A apelação na forma adesiva só poderá ser conhecida se as razões forem juntadas até o décimo quinto dia da intimação para contrarrazões.

c) Não será possível conhecer da apelação na forma adesiva, por afronta expressa aos princípios da consumação e da dialeticidade.

d) Como o prazo para apresentação de recurso na forma adesiva é de dez dias, a apelação, no caso, foi intempestiva.

e) A interposição da apelação na forma adesiva está de acordo com a legislação, sendo as razões necessárias apenas se for positivo o juízo de admissibilidade da principal.

COMENTÁRIOS

✪ **Nota do autor:** o recurso adesivo também foi previsto no Novo Código de Processo Civil, consoante se vê nos parágrafos do art. 997 e será admitido nos recursos de apelação, extraordinário e especial. Deverá ser interposto no prazo de que a parte dispõe para responder ao recurso.

Alternativa correta: letra "c". Os princípios da consumação e da dialeticidade são muito importantes para entender a dinâmica dos recursos. Pelo primeiro, deverá a parte, ao interpor o seu recurso, já apresentar os motivos pelos quais entende que a decisão judicial deva ser modificada. Pelo segundo, tais razões devem guardar pertinência com a decisão judicial e os motivos para a modificação. Assim, o oferecimento do recurso no prazo adequado, acompanhado das razões recursais, é derivado da observância do princípio da consumação, ao passo que, a pertinência de tais razões decorre do princípio da dialeticidade.

Alternativa "a". Errada. O recurso adesivo deve ser interposto já acompanhado das razões recursais, motivo pelo qual não poderá ser admitido da forma como apresentada na questão.

Alternativa "b". Errada. As razões devem ser apresentadas juntamente com a própria interposição da apelação adesiva. Não pode ocorrer posteriormente.

Alternativa "d". Errada. O recurso adesivo observa os requisitos do recurso principal. No que se refere à tempestividade, deve ser apresentado no prazo das contrarrazões. Logo, deve ser apresentado em 15 dias.

Alternativa "e". Errada. A apresentação das razões é obrigatória quando da interposição da apelação adesiva.

148. (Cespe – Juiz de Direito Substituto – PA/ 2012) Acerca dos prazos para a interposição de recursos, assinale a opção correta.

a) No curso do prazo, se a parte contrária criar obstáculo, o prazo recursal será integralmente restituído à outra parte.

b) Partes sucumbentes representadas por advogados do mesmo escritório não têm direito à duplicação do prazo recursal.

c) A duplicação do prazo recursal prevista para a Defensoria Pública não se estende a escritórios que prestem assistência gratuita.

d) Esses prazos podem ser suspensos ou interrompidos por acordo expresso das partes, celebrado na audiência em que tenha sido proferida a decisão recorrível.

e) Em situação em que haja litisconsórcio, caso mais de uma pessoa sucumba, o prazo será em dobro.

COMENTÁRIOS

✪ **Nota do autor:** o Novo Código de Processo Civil uniformizou os prazos para a interposição dos recursos. Em regra, a interposição deverá ocorrer no prazo de 15 dias, salvo nos embargos declaratórios, que serão interpostos em 05 dias.

Alternativa correta: letra "c" (ATUALMENTE INCORRETA). Como é sabido, a Lei Complementar nº 80/94 assegura à Defensoria Pública o prazo em dobro para a prática de atos processuais. Desde então, questiona-se se o advogado particular que, no caso concreto, faça as vezes da Defensoria Pública, faz jus ou não à benesse do prazo diferenciado. O STJ entendia que não havia essa extensão. O CPC, no entanto, encampou entendimento diferenciado, conforme se vê do § 3º, do art. 186, segundo o qual o prazo em dobro aplica-se aos escritórios que prestam assistência jurídica gratuita em razão de convênios firmados com a Defensoria Pública. Desse modo, a alternativa, atualmente, estaria INCORRETA.

Alternativa "a". Errada. Consoante o art. 221 do CPC, suspende-se o curso do prazo por obstáculo criado em detrimento da parte, quando então o prazo deverá ser restituído por tempo igual ao que faltava para sua complementação.

Alternativa "b". Errada (ATUALMENTE SERÁ CORRETA). O entendimento do CPC de 1973 era o de que os litisconsortes com diversos procuradores, ainda que do mesmo escritório, tinham prazos diferenciados para a prática de atos processuais. Assim entendia o STJ. Contudo, o CPC inovou na questão, ao determinar, em seu art. 229, que o prazo em dobro não incidirá se os advogados forem do mesmo escritório.

Alternativa "d". Errada (ATUALMENTE SERÁ CORRETA). Em conformidade com o CPC de 1973, os prazos peremptórios não poderiam ser reduzidos ou aumentados pelas partes. E assim é o prazo para a interposição de recursos. No CPC, contudo, admite-se a prorrogação de tais prazos em comum acordo (negócio processual).

Alternativa "e". Errada. O prazo será dobrado apenas se os litisconsortes tiverem diferentes procuradores, tratando-se de escritórios diferentes.

149. (Cespe – Analista Judiciário – Área Judiciária – TJ – CE/2014) Em relação aos recursos, à execução, aos procedimentos cautelares específicos e à produção antecipada de provas, assinale a opção correta.

a) O recurso interposto após o expediente bancário exige o recolhimento antecipado do preparo, sob pena de deserção.

b) Nos embargos à execução de título judicial, será permitido ao executado alegar qualquer matéria que lhe seria lícito deduzir como defesa em processo de conhecimento.

c) O princípio da consumação consiste na exigência de que a decisão seja impugnada pelo recurso previsto na legislação como adequado ao ataque.

d) A tutela antecipada poderá ser concedida quando um ou mais dos pedidos cumulados, ou parcela deles, mostrar-se incontroverso.

e) Não se admitirá o arresto de bens penhoráveis na modalidade online quando o executado não for localizado para a citação.

COMENTÁRIOS

✪ **Nota do autor:** a questão trata de vários institutos processuais, que ostentam novas regras no CPC.

Alternativa correta: letra "d". O CPC se refere à tutela provisória, que é constituída pela tutela de urgência e a tutela da evidência. A propósito desta, prevê o seu artigo 311 que "a tutela da evidência será concedida, independentemente da demonstração de perigo de dano ou de risco ao resultado útil do processo", quando, entre outras situações, "a petição inicial for instruída com prova documental suficiente dos fatos constitutivos do direito do autor, a que o réu não oponha prova capaz de gerar dúvida razoável". Portanto, havendo a incontrovérsia, será possível a concessão de tal tutela.

Alternativa "a". Errada. O preparo recursal é condição objetiva de admissibilidade dos recursos. O CPC traz as seguintes regras a respeito: a) o recurso deve ser comprovado no ato de sua interposição; b) se o valor comprovado for insuficiente, deverá o recorrente ser intimado para complementação; c) se, porém, não houver depósito de qualquer valor, em atenção ao princípio da primazia do julgamento do recurso e aproveitamento dos atos processuais, o recorrente será intimado para recolhê-lo, porém, deverá efetuar o pagamento em dobro. A propósito, dispõe o art. 1.007. Discute-se como ficará a situação em vista da Súmula nº 484 do STJ. A respeito, propõe-se que, se interposto recurso tempestivamente, porém, após o fechamento do expediente bancário, poderá o recorrente comprovar o seu recolhimento no dia útil seguinte, quando então poderá recolher o respectivo valor.

Alternativa "b". Errada. Tratando-se de título judicial, não poderá o executado oferecer embargos à execução, mas sim impugnação ao cumprimento de sentença. Nesta, poderá alegar exclusivamente as matérias indicadas no art. 523 do CPC, quais sejam: I – falta ou nulidade da citação se, na fase de conhecimento, o processo correu à revelia; II – ilegitimidade de parte; III – inexequibilidade do título ou inexigibilidade da obrigação; IV – penhora incorreta ou avaliação errônea; V – excesso de execução ou cumulação indevida de execuções; VI – incompetência absoluta ou relativa do juízo da execução; VII – qualquer causa modificativa ou extintiva da obrigação, como pagamento, novação, compensação, transação ou prescrição, desde que supervenientes à sentença.

Alternativa "c". Errada. Vários são os princípios que regem os recursos. Entre eles, destacam-se o princípio da correspondência, segundo o qual, identificado o pronunciamento jurisdicional é possível verificar qual o recurso adequado para o caso. Pelo princípio da consumação, de outro lado, uma vez praticado o ato processual, não poderá ele ser renovado. Assim, por exemplo, se a parte interpôs o seu recurso de apelação (parcial), não poderá interpor recurso adesivo diante das contrarrazões oferecidas pela parte contrária.

Alternativa "e". Errada. Não sendo o executado encontrado para citação, poderá o Oficial de Justiça promover ao arresto de tantos bens quantos bastem para garantir a execução (art. 830 CPC). Contudo, é possível que tal providência seja requerida ao Juiz da execução, quando então será possível o bloqueio online.

---

150. (Cespe – Juiz de Direito Substituto – AC/ 2012) A respeito das condições de ação, da competência e dos recursos, assinale a opção correta.

a) Considere a seguinte situação hipotética.

Márcio, servidor público estadual, inconformado com ato tido por ilegal de secretário de Estado, que, sem justificativa, indeferiu o seu pedido de férias, resolveu impetrar, no tribunal de justiça competente, mandado de segurança contra essa decisão administrativa. Nesse colegiado, houve acórdão acolhendo a preliminar, de forma que a ação mandamental se extinguiu sem resolução de mérito. Inconformado, o impetrante propôs recurso ordinário, oportunidade em que o STJ superou a preliminar e adentrou ao mérito do pedido. Nessa situação hipotética, agiu acertadamente o STJ, com base em previsão do CPC, segundo a qual, nos casos de extinção do processo sem julgamento de mérito, o tribunal pode julgar desde logo a lide, se a causa versar sobre questão exclusivamente de direito e estiver em condições de imediato julgamento.

b) Como regra, a legitimação ativa para a ação popular é do cidadão, exigindo a lei específica que o ajuizamento se faça acompanhar, necessariamente, do título de eleitor ou de documento equivalente do autor; a jurisprudência pretoriana, entretanto, já tende a aceitar a proposição do eleitor com menos de dezoito anos de idade, sem assistência ou suprimento judicial, assim como a da pessoa jurídica e a do português equiparado.

c) Haja vista a previsão constitucional da competência dos juizados especiais cíveis para causas de menor complexidade, turma do STF definiu a incompetência desses juizados para causas em que tabagistas habituais proponham ações indenizatórias em face de empresas produtoras de cigarros, pugnando ressarcimento pela utilização do produto por anos, por estarem em jogo valores a gerar complexidade que extravasa a simplicidade buscada na CF.

d) Na atual fase de evolução da lei processual brasileira, nos termos da teoria da asserção, deve-se considerar, na aferição das condições da ação, tanto o que foi alegado pelo autor na inicial quanto o que foi apurado, em concreto, após a instrução da causa.

e) Considere que Paulo, proprietário de um lote na zona rural de Cruzeiro do Sul – AC, tenha proposto ação real reivindicatória em face de Raimundo, sob o argumento de este deter o imóvel de forma injusta, e que Raimundo, citado, tenha apresentado contestação, alegando jamais ter ocupado o imóvel e nem mesmo nunca ter estado na referida zona rural. Considere, ainda, que, tendo o juiz determinado, por cautela, que o oficial de justiça fosse ao local, tenha sido comprovado que o bem se encontrava sem nenhum sinal de ocupação recente ou edificações. Nessa situação hipotética, caberá ao juiz anunciar o julgamento antecipado e prolatar sentença de improcedência da ação.

COMENTÁRIOS

Nota do autor: a questão trata de vários institutos, que exigem conhecimento teórico e jurisprudencial. Aliás, o CESPE sempre cobra dos candidatos conhecimentos sobre os precedentes, de modo que a leitura dos informativos do STF e do STJ é fundamental para a realização de qualquer prova.

Alternativa correta: letra "c". Os juizados especiais são competentes para o julgamento de causas de menor complexidade, assim entendida segundo os critérios indicados na Lei nº 9.099/1995. A menor complexidade também poderá ser aferida em razão da prova a ser produzida no processo, de modo que, tratando-se de prova complexa, ante a simplicidade do procedimento, não poderá a demanda processar-se perante os Juizados. A propósito, já decidiu o Supremo Tribunal Federal: "COMPETÊNCIA – JUIZADOS ESPECIAIS – CAUSAS CÍVEIS. A excludente da competência dos juizados especiais – complexidade da controvérsia (artigo 98 da Constituição Federal) – há de ser sopesada em face das causas de pedir constantes da inicial, observando-se, em passo seguinte, a defesa apresentada pela parte acionada. COMPETÊNCIA – AÇÃO INDENIZATÓRIA – FUMO – DEPENDÊNCIA – TRATAMENTO. Ante as balizas objetivas do conflito de interesses, a direcionarem a indagação técnico-pericial, surge complexidade a afastar a competência dos juizados especiais. (RE 537427, Relator(a): Min. MARCO AURÉLIO, Tribunal Pleno, julgado em 14/04/2011, DJe-157).

Alternativa "a". Errada (em conformidade com o CPC, estaria correta). Há duas questões envolvidas na alternativa. A primeira, a de que nem sempre a competência para o julgamento do mandado de segurança impetrado em face de ato praticado pelo Secretário de Estado é de competência originária do Tribunal de Justiça, dependendo de previsão expressa na Constituição do Estado. Se não houver essa indicação, deve a demandar processar-se normalmente em primeiro grau. Além disso, de acordo com o STJ, não se aplica a teoria da causa madura no âmbito do recurso ordinário. Em outras palavras, prevalece no STF e no STJ a tese segundo a qual o art. 515, § 3º do CPC de 1973 não é aplicável ao recurso ordinário (AgRg no RMS 41.489/CE, Rel. Ministro Humberto Martins, Segunda Turma, DJe 3.2.2014). Contudo, esse entendimento será modificado em razão do CPC, em razão da previsão, no art. 1.027, § 2º, de que haverá a incidência do § 3º, do art. 1.013. De acordo com este último dispositivo, deverá o tribunal decidir desde logo o mérito quando o processo estiver em condições de imediato julgamento em várias hipóteses, como, por exemplo, houver reforma de sentença proferida sem resolução do mérito.

Alternativa "b". Errada. Não se admite o ajuizamento de ação popular por pessoa jurídica, consoante antigo posicionamento dos Tribunais Superiores. Considera-se cidadão o brasileiro nato ou naturalizado, bem como o português equiparado, todos em pleno gozo de seus direitos políticos.

Alternativa "d". Errada. Em conformidade com a teoria da asserção, haverá análise da presença das condições quando da análise preambular da petição inicial.

Alternativa "e". Errada. Verifica-se, na hipótese, que não há qualquer pertinência lógica entre a pessoa do réu e a relação jurídica apresentada na inicial, de modo que a ação deveria ser extinta, sem resolução do mérito, por falta de legitimidade. Discute-se doutrinariamente se o CPC encampou ou não a categoria jurídica das condições da ação. Admitindo-se que tenha encampado, é certo que somente duas condições estão abrangidas: a legitimidade e o interesse processual.

151. (Cespe – Juiz de Direito Substituto – AC/ 2012) Assinale a opção correta acerca da competência, da prescrição, dos títulos executivos, dos recursos e de procedimentos ordinários.

a) No processamento do agravo de instrumento, há situações em que o relator profere decisão monocraticamente, e não de forma colegiada. Assim, da decisão monocrática do relator que converte o agravo de instrumento em agravo retido, a parte inconformada poderá interpor agravo para a turma.

b) Nos termos do art. 285-A do CPC, havendo precedentes no juízo, e mesmo sem que o réu seja ouvido, é possível o acolhimento do pedido, inaudita altera pars, desde que a questão jurídica apresentada pelo autor seja exclusivamente de direito.

c) Considere que Felício, residente em Rio Branco – AC, firme contrato de adesão com instituição bancária de nível nacional, sendo eleita a cidade de Brasília – DF como foro. Considere, ainda, que, por inadimplência contratual alegada, o banco promova ação contra Felício no foro eleito. Nessa situação hipotética, o juiz, em Brasília, verificando as peculiaridades do contrato de adesão e julgando que o foro eleito irá prejudicar em demasia o réu, poderá, de acordo com a legislação em vigor, decretar de ofício a nulidade da cláusula de eleição de foro e remeter a ação para o foro de residência de Felício.

d) De acordo com o que dispõe o CPC, o juiz só poderá declarar, de ofício, a prescrição se for para beneficiar menor de idade ou incapaz.

e) Para terem eficácia no território brasileiro, os títulos executivos extrajudiciais estrangeiros devem ser homologados, satisfazer os requisitos de formação exigidos pela lei do país onde se constituíram e, ainda, conter a indicação do Brasil como lugar de cumprimento da obrigação.

COMENTÁRIOS

✪ **Nota do autor:** nesta questão são tratados vários temas de uma só vez. Nas explicações abaixo, cada um deles será abordado com profundidade.

Alternativa correta: letra "c". Em conformidade com o art. 63, § 3º, do CPC, antes da citação, a cláusula de eleição de foro, se abusiva, pode ser reputada ineficaz de ofício pelo juiz, que determinará a remessa dos autos ao juízo do foro de domicílio do réu.

Alternativa "a". Errada. Em conformidade com o CPC de 1973, a decisão monocrática proferida pelo relator, que converte o agravo de instrumento em retido, será irrecorrível. No CPC de 2015, não haverá tal decisão na medida em que haverá previsão do agravo retido.

Alternativa "b". Errada. Em conformidade com o CPC de 1973, art. 285-A, será possível a improcedência liminar, quando o juízo já tiver decidido questão idêntica (entenda-se, semelhante). Diferentemente, no CPC de 2015, será admitida a improcedência liminar, nos termos do art. 332, se o pedido contrariar precedentes vinculativos, bem como se verificar, desde logo, a decadência ou a prescrição.

Alternativa "d". Errada. O juiz sempre poderá conhecer de ofício da prescrição.

Alternativa "e". Errada. Não dependem de homologação os títulos extrajudiciais oriundos do estrangeiro. A mesma regra continuará a viger com o CPC de 2015 (art. 515, § 2º).

---

152. (Cespe – Juiz de Direito Substituto – AC/ 2012) Em relação a procuração, assistência, nomeação à autoria, desistência da ação e prazos processuais, assinale a opção correta.

a) No âmbito da jurisdição civil, a lei permite que o MP desista de ação civil pública que tenha proposto, ou mesmo renuncie ao direito de interpor recursos.

b) A fazenda pública dispõe de prazo em quádruplo para contestar e em dobro para recorrer, podendo o Estado estrangeiro que figure como parte beneficiar-se, igualmente, dessa regra processual, em face do princípio constitucional da igualdade entre os Estados.

c) A legislação processual civil prevê, como regra geral, que a procuração para o foro, denominada ad judicia, seja outorgada por instrumento público ou particular; entretanto, caso o outorgante seja pessoa incapaz, a procuração só poderá ser outorgada mediante instrumento público.

d) Considere que João ajuíze, contra José, ação de cobrança por falta de quitação de dívida no prazo de vencimento. Considere também que José tenha uma segunda dívida, com Maria. Nessa situação hipotética, a lei permite que Maria ingresse no feito como assistente simples de José, no interesse de manter o patrimônio do réu sem nenhum desfalque, visando, com o seu auxílio, uma sentença de improcedência na dita ação de cobrança proposta pelo primeiro credor.

e) Suponha que a BS Arrendamento Mercantil mova ação de cobrança contra Paulo e que este, ao se defender, apresente nomeação à autoria, sob o argumento de que, de fato, negociara um veículo com a autora, mas o fizera em nome de seu patrão, que, por utilizar o veículo, se encarregara de quitar as prestações mensais. Nessa situação hipotética, é correta a aceitação da nomeação à autoria, por ter sido formulada por réu que se declara parte ilegítima.

COMENTÁRIOS

✪ **Nota do autor:** a questão, mais uma vez, refere-se a vários institutos jurídicos, que serão tratados nas alternativas.

Alternativa correta: letra "a". Entendendo ser o pedido infundado, poderá o Ministério Público desistir do prosseguimento da ação, ou mesmo desistir do recurso. A questão não é unânime.

Alternativa "b". Errada. Em conformidade com o CPC de 1973, a Fazenda Pública dispunha de prazo em quádruplo para oferecer contestação, bem como em dobro para a interposição de recursos. Essa regra será modificada com o CPC, segundo o qual a Fazenda Pública terá prazo dobrado para a prática de qualquer ato processual. Em outras palavras, prazo em dobro para contestar, recorrer e para a prática de outros atos, salvo se houver previsão de prazo específico para a própria Fazenda Pública. De acordo com o STJ, tal prerrogativa não se aplica aos estados estrangeiros.

Alternativa "c". Errada. Não havendo forma específica exigida para a procuração ad judicia na hipótese (ao contrário do que ocorre na *ad negotia*), é válido o instrumento particular.

Alternativa "d". Errada. Somente será admitida a assistência se houver interesse jurídico e não ser houver simples interesse patrimonial.

Alternativa "e". Errada. O CPC não admite a nomeação à autoria.

---

153. (Cespe – Promotor de Justiça – TO/2012) Assinale a opção correta com referência a recursos.

a) O reconhecimento expresso da sentença, pela parte, impede o recurso de apelação do MP na qualidade de custos legis.

b) O princípio da unirrecorribilidade – unicidade ou singularidade recursal – é a regra geral e implica a impossibilidade de interposição de mais de um recurso, simultaneamente, contra a mesma decisão.

c) O recurso interposto pode ser aditado, desde que isso seja feito no próprio prazo recursal.

d) Para que o recurso adesivo seja conhecido, é necessário que o recorrente tenha apresentado contrarrazões ao recurso principal.

e) O MP não poderá desistir do recurso que interpuser na qualidade de fiscal da lei.

COMENTÁRIOS

✪ **Nota do autor:** a questão trata dos recursos, meios de impugnação que impedem a formação da coisa julgada. É imprescindível que o aluno leve em conta os princípios que regem os recursos no CPC, com o que poderá entender melhor a dinâmica a respeito.

Alternativa correta: letra "b". Como regra, de cada pronunciamento judicial será possível a interposição de um único recurso. Esse é o significado do princípio da singularidade. Como exceção, tem-se a necessidade da interposição conjunta do recurso extraordinário e do especial contra a mesma decisão.

Alternativa "a". Errada. O interesse processual do Ministério Público para a interposição de recurso, como fiscal da ordem jurídica, não estará prejudicado se houver reconhecimento expresso da sentença.

Alternativa "c". Errada. Em atenção ao princípio da consumação, uma vez interposto o recurso, não se admitirá a sua complementação.

Alternativa "d". Errada. A parte poderá apresentar recurso adesivo, ainda que não oferece resposta ao recurso interposto pela parte contrária.

Alternativa "e". Errada. O Ministério Público poderá desistir do recurso interposto, ainda que esteja na condição de fiscal da ordem jurídica.

---

154. (Cespe – Defensor Público – RR/2013) Acerca dos recursos admitidos no direito processual civil brasileiro, assinale a opção correta.

a) A falta de recolhimento, na origem, do porte de remessa e retorno, quando devidamente recolhido o preparo do recurso, não constitui causa de deserção.

b) A apresentação de contrarrazões e de recurso adesivo pela mesma parte, em momentos distintos, é inadmissível no sistema recursal, dada a ocorrência da preclusão consumativa decorrente da interposição primeira de um deles.

c) Não se admite recurso adesivo no recurso extraordinário nem no recurso especial.

d) Na hipótese de litisconsórcio unitário, o recurso interposto por apenas um dos litisconsortes terá efeito expansivo subjetivo.

e) Constitui supressão de instância, não sendo, por isso, admitido no sistema processual, o fato de o Tribunal ad quem, ao apreciar recurso contra sentença que extinguiu o processo sem julgamento do mérito, julgar desde logo a lide.

COMENTÁRIOS

✪ **Nota do autor:** a questão trata dos recursos, cuja sistemática sofreu alterações significativas com o CPC.

Alternativa correta: letra "d". Na hipótese de litisconsórcio unitário, a decisão judicial deverá ser uniforme para todos os litisconsortes. Desse modo, todos são considerados como integrantes de um bloco único e, por isso, os atos de um não prejudicarão os demais, porém, poderão beneficiá-los. Assim, se um dos litisconsortes interpuser recurso, os efeitos da decisão serão estendidos aos demais. Por isso, diz-se que se está diante do efeito expansivo subjetivo. Tal efeito poderá ser objetivo e subjetivo. Pelo primeiro, a decisão proferida importará na modificação de outro capítulo do mesmo julgado, ou então na modificação de outro pronunciamento. Já em relação ao segundo, tem-se a extensão do julgamento para outras partes, ainda que não tenham recorrido.

Alternativa "a". Errada. O preparo recursal é uma condição objetiva de admissibilidade dos recursos. E a falta de seu recolhimento importa em deserção. Deve ser lembrado que o CPC de 2015 modificou consideravelmente a regra segundo a qual a admissibilidade dos recursos será feita exclusivamente perante o juízo ad quem, ao invés de ser desdobrado. Assim, a ausência ou não do preparo será apreciada pelo órgão ad quem. Deve ser registrado, também, que a falta do preparo recursal não importará automaticamente em ser o recurso considerado deserto, na medida em que a parte recorrente poderá ser intimada para comprovar o recolhimento do dobro do valor a título de preparo.

Alternativa "b". Errada (CPC: estaria correta). De acordo com a sistemática do CPC de 1973, as contrarrazões e o recurso adesivo devem ser interpostos na mesma oportunidade, sob pena de preclusão consumativa. Contudo, se o recurso for interposto pela Fazenda Pública, será observado o prazo em dobro para o adesivo, enquanto que para as contrarrazões o prazo será simples. Ou seja, excepcionalmente, seria possível a interposição do adesivo e das contrarrazões em momentos distintos. Ocorre que, de acordo com o CPC de 2015, embora permaneça a regra da exigência do oferecimento conjunto do adesivo e das contrarrazões, tem-se que a Fazenda Pública contará com prazo em dobro para a prática de todos os atos processuais, notadamente a interposição de recursos, bem como as contrarrazões. Em razão disso, não haverá exceção.

Alternativa "c". Errada. Admite-se o recurso adesivo na apelação, no recurso extraordinário e no recurso especial.

Alternativa "e". Errada. É admissível que ocorra a análise de mérito, conforme era previsto no art. 515, § 3º, do CPC de 1973, bem como no CPC (art. 1.013, § 3º).

---

155. (Cespe – Defensor Público – TO/2013) Em ação de obrigação de fazer cumulada com indenização por danos materiais e morais por ele ajuizada contra Judite e Tiago, Matias requereu, após a apresentação da defesa, antecipação de tutela quanto à obrigação de fazer, tendo o juiz se reservado o direito de apreciar o pedido após a instrução processual. Ao proferir sentença, o juiz acolheu parcialmente os pedidos de dano material e moral formulados pelo autor, tendo condenado os réus solidariamente, e acolheu o pedido de obrigação de fazer, concedendo a antecipação de tutela requerida por Matias. Contra a sentença, penas Judite interpôs recurso de apelação contra a sentença, alegando prescrição do direito de ação.

Com base nessa situação hipotética, assinale a opção correta.

a) Provido o recurso de Judite e, portanto, declarada a prescrição, os efeitos dessa decisão se estendem a Tiago.

b) Tiago poderá interpor recurso adesivo, desde que o faça no prazo de que Matias dispõe para responder o recurso interposto por Judite.

c) Matias não poderá interpor recurso adesivo, já que a sentença foi-lhe favorável.

d) O juiz não poderia antecipar os efeitos da tutela quando da prolação da sentença, fase essa inadequada para a concessão de liminar antecipatória, por ter a sentença decidido o próprio mérito da causa.

e) Enquanto não for julgado o recurso de apelação, Matias não poderá, ainda que parcialmente, executar provisoriamente a sentença.

COMENTÁRIOS

✪ **Nota do autor:** a questão se refere ao efeito expansivo subjetivo, pelo qual se analisa se o pronunciamento jurisdicional proferido quando do julgamento do recurso alcançará aos demais participantes do processo. Além disso, trata também do recurso adesivo, que poderá ser apresentado nos casos de apelação, recurso extraordinário e recurso especial, se houver sucumbência recíproca.

Alternativa correta: letra "a". Tratando-se a prescrição de matéria de ordem pública, poderá ser conhecida de ofício pelo tribunal, estendendo-se os seus efeitos à parte que não interpôs o recurso em decorrência do efeito expansivo subjetivo.

Alternativa "b". Errada. Tiago poderá oferecer recurso adesivo, desde que o faça no prazo de que dispõe para responder ao recurso.

Alternativa "c". Errada. Como há sucumbência recíproca, admite-se que Mathias apresente recurso adesivo.

Alternativa "d". Errada. A antecipação da tutela poderá ser feita na própria sentença, até porque neste momento o juiz reúne mais elementos para analisar se os requisitos estão ou não presentes. Na nomenclatura do CPC, o magistrado poderá conceder tutela provisória na própria sentença.

Alternativa "e". Errada. Como em relação à tutela antecipada a sentença terá exclusivamente efeito devolutivo, será possível ao autor promover o seu cumprimento provisório. Note-se que o CPC adotou a nomenclatura cumprimento provisório à execução provisória.

---

156. (Cespe – Defensor Público – RR/2013) Acerca dos procedimentos e da efetividade da tutela jurisdicional, assinale a opção correta.

a) A apelação contra a sentença que julga improcedentes os embargos recebidos sem efeito suspensivo torna provisória a execução fundada em título extrajudicial.

b) A prisão civil por alimentos afigura-se, no direito civil pátrio, como método de remissão da dívida exequenda.

c) A intimação pessoal do devedor é necessária para início do prazo para cumprimento da obrigação de fazer fixada em sentença transitada em julgado.

d) O julgamento imediato das causas repetitivas poderá ocorrer quando a matéria controvertida for unicamente de direito e no juízo já tiver sido proferida sentença de total improcedência em processos idênticos, caso em que o julgador poderá reproduzir o teor do decisum, desde que com prévia citação do réu.

e) A concessão de tutela antecipada contra a fazenda pública é inadmissível, dada a necessidade do trânsito em julgado para a expedição de precatório.

COMENTÁRIOS

✪ **Nota do autor:** a solução da questão exige conhecimento de vários institutos, que serão abordados em cada alternativa.

Alternativa correta: letra "c". Em consonância com o entendimento consolidado na Súmula 410 do STJ, a fim de que seja possível a incidência de multa por descumprimento de obrigação de fazer ou não fazer, será necessária a intimação pessoal do devedor.

Alternativa "a". Errada. A alternativa tem por base o art. 587 do CPC de 1973, segundo o qual, se estiver pendente de julgamento de recurso de apelação interposto contra sentença que julgou improcedente os embargos à execução. Ocorre que, no CPC de 2015, não conta com artigo correspondente.

Alternativa "b". Errada. A prisão não é um instrumento de remissão de dívida, tanto que o executado, apesar de ter permanecido preso, ainda persistirá a obrigação de pagar.

Alternativa "d". Errada. No art. 285-A, CPC 73, admitia-se a improcedência liminar independente de citação do réu. O art. 332 CPC 2015 também a admite nas causas que dispensem a fase instrutória, se o pedido contrariar precedente vinculante ou reconhecer a prescrição ou a decadência. Note-se a grande diferença, no CPC 1973 admitia-se apenas se o juiz já tivesse julgado demanda semelhante. Tal requisito não é necessário no CPC de 2015, que admite a improcedência liminar do pedido nas hipóteses dos incisos do art. 332.

Alternativa "e". Errada. É admitida a tutela antecipada contra a fazenda pública.

157. (Cespe – Juiz Federal Substituto 2ª região/2013) Admitida pelo STF a repercussão geral em recurso extraordinário, a providência correta a ser tomada pelo juiz de primeiro grau com relação aos processos que tenham por objeto matéria idêntica à que foi alcançada pela repercussão geral será

a) sobrestar os processos após concluída a instrução processual e aguardar a solução definitiva do STF.

b) proferir sentença após julgamento do mérito do recurso extraordinário em conformidade com a solução dada pelo STF à matéria.

c) dar andamento regular aos processos, inclusive proferindo sentença, independentemente da solução da repercussão geral pelo STF.

d) dar prosseguimento regular aos processos dos Juizados Especiais Federais, pois, contra os acórdãos de suas turmas recursais não é possível a interposição de recurso extraordinário.

e) sobrestar os processos na fase em que se encontrem e aguardar a solução definitiva do STF.

COMENTÁRIOS

✪ **Nota do autor:** com o CPC, o relator do recurso extraordinário em que se estiver discutindo a presença ou não da repercussão geral, bem como nos casos de recursos extraordinário e especial repetitivos, poderá determinar a suspensão de todos os processos individuais ou coletivos sobre o tema.

Alternativa correta: letra "c". O juiz, por sua vez, não poderá determinar a suspensão do processo. Deverá, assim, determinar a continuidade do processo e decidir a questão, salvo se houver determinação do relator do recurso extraordinário. Exclui automaticamente as demais alternativas.

158. (Cespe – Juiz Federal Substituto 1ª região/2013) No que tange aos recursos no sistema processual civil, assinale a opção correta.

a) Se o STF admitir a repercussão geral em recurso extraordinário (RE), deve o juiz de primeiro grau, independentemente de determinação do relator do RE, sobrestar todos os processos que tenham por objeto matéria idêntica à tratada na repercussão geral, aguardando a solução definitiva pelo STF.

b) A interposição de embargos de declaração gera, apenas para a parte que os interpôs, a interrupção do prazo para outros recursos.

c) Os embargos infringentes são admissíveis contra todo acórdão não unânime proferido em apelação ou ação rescisória, sendo que, quando o desacordo for parcial, os embargos serão restritos à matéria objeto da divergência.

d) A possibilidade de apresentação de recurso adesivo pela parte que já apresentou recurso autônomo no prazo legal é uma exceção à regra da preclusão consumativa.

e) O reconhecimento pelo tribunal ad quem de erro in procedendo na sentença recorrida acarretará a sua cassação.

COMENTÁRIOS

✪ **Nota do autor:** a questão trata dos recursos, sendo que muitas alterações serão tratadas quando dos comentários das alternativas.

Alternativa correta: letra "e". A alternativa refere-se ao erro in procedendo, bem como se será o caso de ser a sentença cassada ou não. No regime do CPC, reconhecido tal erro, porém, se o processo estiver em condições de imediato julgamento, o tribunal deve decidir desde logo o mérito. Assim, por exemplo, se reconhecida a falta de fundamentação, deverá reconhecer a nulidade da sentença e, sendo possível, proferir de imediato o julgamento do mérito. Trata-se de uma consequência do princípio da primazia do julgamento do mérito, também aplicável aos recursos.

Alternativa "a". Errada. O sobrestamento de todos os processos poderá ser determinado pelo relator do recurso extraordinário e não pelo juiz de primeiro grau em que se processam os processos.

Alternativa "b". Errada. Os embargos declaratórios interrompem o curso do prazo para a parte que os interpôs, assim como para as demais, Ministério Público e, também para terceiros prejudicados.

Alternativa "c". Errada. Os embargos infringentes não serão admissíveis no CPC.

Alternativa "d". Errada. Se a parte já interpôs recurso, não poderá oferecer recurso adesivo posteriormente. Isso em razão da preclusão ou em decorrência do princípio da consumação.

---

159. (Cespe – Procurador BACEN/2013) Em relação a recursos e a reexame necessário, assinale a opção correta.

a) Considere que julgado recurso interposto contra sentença de juiz de primeiro grau, o acórdão do tribunal contenha julgamento por maioria de votos e julgamento unânime. Nessa hipótese, caso não sejam interpostos embargos infringentes contra o julgamento por maioria, o prazo para interposição dos recursos cabíveis contra a parte unânime terá como dia de início aquele em que transitar em julgado a decisão por maioria.

b) Nos recursos especiais repetitivos, a decisão proferida pelo STJ no recurso representativo da controvérsia terá efeito vinculante quanto ao mérito para os recursos suspensos na origem. Cópia do acórdão com o entendimento do STJ deverá ser encaminhada aos tribunais para que profiram novo julgamento em conformidade com o paradigma.

c) A repercussão geral é requisito de admissibilidade do recurso extraordinário e sua existência deverá ser examinada pelo juízo a quo e pelo STF.

d) O duplo grau de jurisdição obrigatório é aplicável sempre que houver decisão proferida contra a fazenda pública.

e) É vedada a retenção do recurso especial e do recurso extraordinário, interpostos contra acórdão de agravo de instrumento manejado contra decisão proferida em ação cautelar.

COMENTÁRIOS

✪ **Nota do autor:** a questão trata dos recursos e da remessa necessária, esta ainda mantida pelo CPC, porém, incidente em hipóteses bem mais restritas.

Alternativa correta: letra "a". A alternativa está prejudicada, uma vez que não é mais cabível a interposição de embargos infringentes, excluído do rol dos recursos. Admite-se a técnica de julgamento que importa na ampliação do número de julgadores, conforme se vê do art. 942 do CPC.

Alternativa "b". Errada. De acordo com o regime do CPC de 1973, a decisão proferida em recurso repetitivo não tem efeito vinculante. Porém, no CPC de 2015, contudo, o precedente formado será de observância obrigatória, conforme se vê do art. 927.

Alternativa "c". Errada. Há duas questões interessantes. A admissibilidade do recurso extraordinário será feita exclusivamente pelo STF e não haverá mais o juízo de admissibilidade desdobrado. Além disso, a análise da repercussão geral já era de exclusividade do STF, o que, logicamente, será mantido pelo CPC.

Alternativa "d". Errada. O CPC contempla a remessa necessária, incidente sempre que houver sentença proferida contra a Fazenda Pública, devendo, contudo, serem observados alguns requisitos para tanto. Um desses requisitos é a observância de que a condenação ou o proveito econômico devem ser superiores a determinados valores, cujo montante variará se a vencida for a União, o Distrito Federal, os Estados ou os Municípios.

Alternativa "e". Errada. Interessante a alternativa se analisada de acordo com as novas regras do CPC. Em primeiro lugar, não haverá mais processo cautelar. Pelo contrário, há previsão da tutela de urgência, que não necessitará ser requerida por meio de um processo próprio. Em segundo lugar, a regra que era encampada no art. 542, § 3º, do CPC de 1973, não foi repetida no CPC, de modo que não há previsão da retenção do recurso extraordinário ou do especial quanto interposto contra decisão interlocutória em processo de conhecimento.

---

160. (Cespe – Analista Judiciário – Área Judiciária – TJ – CE/2014) Em relação aos recursos, à execução, aos procedimentos cautelares específicos e à produção antecipada de provas, assinale a opção correta.

a) O recurso interposto após o expediente bancário exige o recolhimento antecipado do preparo, sob pena de deserção.

b) Nos embargos à execução de título judicial, será permitido ao executado alegar qualquer matéria que lhe seria lícito deduzir como defesa em processo de conhecimento.

c) O princípio da consumação consiste na exigência de que a decisão seja impugnada pelo recurso previsto na legislação como adequado ao ataque.

d) A tutela antecipada poderá ser concedida quando um ou mais dos pedidos cumulados, ou parcela deles, mostrar-se incontroverso.

e) Não se admitirá o arresto de bens penhoráveis na modalidade online quando o executado não for localizado para a citação.

COMENTÁRIOS

✪ **Nota do autor:** a questão trata de vários institutos processuais, que ostentam novas regras no CPC.

Alternativa correta: letra "d". O CPC se refere à tutela provisória, que é constituída pela tutela de urgência e a tutela da evidência. A propósito desta, prevê o seu artigo 311 que "a tutela da evidência será concedida, independentemente da demonstração de perigo de dano ou de risco ao resultado útil do processo", quando, entre outras situações, "a petição inicial for instruída com prova documental suficiente dos fatos constitutivos do direito do autor, a que o réu não oponha prova capaz de gerar dúvida razoável". Portanto, havendo a incontrovérsia, será possível a concessão de tal tutela.

Alternativa "a". Errada. O preparo recursal é condição objetiva de admissibilidade dos recursos. O CPC traz as seguintes regras a respeito: a) o recurso deve ser comprovado no ato de sua interposição; b) se o valor comprovado for insuficiente, deverá o recorrente ser intimado para complementação; c) se, porém, não houver depósito de qualquer valor, em atenção ao princípio da primazia do julgamento do recurso e aproveitamento dos atos processuais, o recorrente será intimado para recolhê-lo, porém, deverá efetuar o pagamento em dobro. A propósito, dispõe o art. 1.007. Discute-se como ficará a situação em vista da Súmula nº 484 do STJ. A respeito, propõe-se que, se interposto recurso tempestivamente, porém, após o fechamento do expediente bancário, poderá o recorrente comprovar o seu recolhimento no dia útil seguinte, quando então poderá recolher o respectivo valor.

Alternativa "b". Errada. Tratando-se de título judicial, não poderá o executado oferecer embargos à execução, mas sim impugnação ao cumprimento de sentença. Nesta, poderá alegar exclusivamente as matérias indicadas no art. 523 do CPC, quais sejam: I – falta ou nulidade da citação se, na fase de conhecimento, o processo correu à revelia; II – ilegitimidade de parte; III – inexequibilidade do título ou inexigibilidade da obrigação; IV – penhora incorreta ou avaliação errônea; V – excesso de execução ou cumulação indevida de execuções; VI – incompetência absoluta ou relativa do juízo da execução; VII – qualquer causa modificativa ou extintiva da obrigação, como pagamento, novação, compensação, transação ou prescrição, desde que supervenientes à sentença.

Alternativa "c". Errada. Vários são os princípios que regem os recursos. Entre eles, destacam-se o princípio da correspondência, segundo o qual, identificado o pronunciamento jurisdicional é possível verificar qual o recurso adequado para o caso. Pelo princípio da consumação, de outro lado, uma vez praticado o ato processual, não poderá ele ser renovado. Assim, por exemplo, se a parte interpôs o seu recurso de apelação (parcial), não poderá interpor recurso adesivo diante das contrarrazões oferecidas pela parte contrária.

Alternativa "e". Errada. Não sendo o executado encontrado para citação, poderá o Oficial de Justiça promover ao arresto de tantos bens quantos bastem para garantir a execução (art. 830 CPC). Contudo, é possível que tal providência seja requerida ao Juiz da execução, quando então será possível o bloqueio online.

---

161. (Cespe – Procurador do MP junto ao TCE-PB/2014) No momento da entrega do veículo automotivo adquirido por João, este percebeu que o bem era, na verdade, de modelo inferior àquele que seria o objeto da compra. Diante da inércia da concessionária em solucionar a questão, João ajuizou ação pleiteando a entrega do veículo contratado ou, eventualmente, se julgado improcedente esse pedido, o abatimento proporcional do preço pago.

Tendo como referência essa situação hipotética, assinale a opção correta.

a) Se julgado procedente o segundo pedido, será extinto o interesse recursal de João para apelar da sentença.

b) O juiz deve indeferir liminarmente a petição inicial quanto a um dos pedidos, dada sua incompatibilidade para formulação cumulada.

c) Os pedidos cumulados por João devem possuir fundamentos jurídicos idênticos.

d) A sentença que não analisa detalhadamente os fundamentos do segundo pedido não será, necessariamente, citra petita.

e) João deduziu cumulação de pedidos imprópria e sucessiva.

COMENTÁRIOS

✪ **Nota do autor:** a questão trata do interesse recursal na interposição de eventual recurso contra a sentença proferida, bem como da possibilidade de cumulação de pedidos e, ainda, da observância do princípio da adstrição.

Alternativa correta: letra "d". O autor, na hipótese, cumulou dois pedidos de forma subsidiária. Trata-se da cumulação imprópria subsidiária, pela qual apresenta os seus pedidos, mas requer o acolhimento de apenas um deles, estabelecendo-se uma ordem de preferência. No caso, se acolhido o primeiro pedido, não deverá o juiz analisar o segundo, até porque restará prejudicado.

Alternativa "a". Errada. Se o juiz não acolher o primeiro, mas sim o segundo pedido, persistirá o interesse recursal em interpor recurso de apelação pelo autor, na medida em que ele pleiteará a modificação da sentença. Isso não seria possível se houvesse cumulação alternativa de pedidos.

Alternativa "b". Errada. A incompatibilidade dos pedidos não prejudica a possibilidade de cumulação deles, no caso de haver requerimento subsidiário ou alternativo.

Alternativa "c". Errada. Não há necessidade de que os pedidos tenham o mesmo fundamento jurídico.

Alternativa "e". Errada. Em verdade, ele deduziu cumulação imprópria, mas subsidiária. A cumulação dos pedidos poderá ser própria (simples e sucessiva) e imprópria (alternativa e subsidiária).

23. FAZENDA PÚBLICA

162. (Cespe – Juiz Federal – TRF 5/2017) Em um processo administrativo instaurado com a finalidade de separar terras devolutas da União de imóveis particulares, a comissão especial responsável pela instauração do procedimento realizou, na forma da lei, convocação dos interessados para a apresentação de título e documentos. Entretanto, diversos interessados não atenderam nem ao edital de convocação, nem à notificação para celebrar termo com a União.

Nessa situação hipotética, de acordo com a legislação vigente, para que ocorra a devida identificação do imóvel da União, com efeito de registro como título de propriedade,

A) deverá ser proposta ação de divisão e demarcação de terras, conforme procedimento previsto no CPC.

B) o Instituto Nacional de Colonização e Reforma Agrária deverá ajuizar ação discriminatória.

C) deverá ser proposta ação reivindicatória de propriedade, porque a lei presume que os imóveis pertencem ao particular convocado.

D) a União deverá propor ação, pelo procedimento comum, com pedido de tutela provisória, já que não há procedimento especial previsto para esse caso.

E) será dispensável o ajuizamento de ação judicial, porque se presume a renúncia em razão da inércia dos interessados.

COMENTÁRIOS

✪ **Notas do autor: a** Lei nº 6.383/1976 dispõe sobre o *Processo Discriminatório de Terras Devolutas da União"*, admitindo-se que tal processo será *administrativo* ou *judicial*.

Alternativa correta: letra B. A ação discriminatória será ajuizada pelo Instituto Nacional de Colonização e Reforma Agrária – INCRA, que fica investido de poderes de representação da União (art. 18). Tal processo será promovido quando o processo administrativo for dispensado ou interrompido por presumida ineficácia, contra aqueles que não atenderem ao edital de convocação ou à notificação e, quando configurado o atentado (alteração das divisas da área). O objetivo de tal ação será o de promover a demarcação das terras, de modo a separar as áreas públicas e as privadas. Exclui automaticamente as demais alternativas.

163. (Cespe – Juiz Federal – TRF 5/2017) No que concerne ao processo de execução contra a fazenda pública, à tutela provisória, ao direito processual intertemporal e aos deveres das partes, assinale a opção correta.

A) Os preceitos sobre direito probatório do atual CPC se aplicam às provas requeridas em data anterior a sua vigência nos casos em que a produção da prova não havia sido concluída no momento em que a Lei n.º 13.105/2015 entrou em vigor.

B) Em caso de ação condenatória com pedido único de obrigação de fazer proposta em face da fazenda pública, se o ente público reconhecer a procedência do pedido e cumprir a obrigação, os honorários deverão ser reduzidos pela metade.

C) Cancelamento de precatório, sob qualquer fundamento, em razão de requerimento da administração pública, deverá ser examinado pelo presidente do tribunal responsável pela requisição de pagamento.

D) Caso seja concedida tutela antecipada requerida em caráter antecedente, em sede de ação rescisória, a decisão do magistrado se estabilizará se não for interposto recurso ou impugnação pela parte interessada.

E) Em caso de processo sobrestado no tribunal em razão de afetação de caso paradigma em regime repetitivo, é vedada a apreciação de novo requerimento de tutela provisória de natureza antecipada.

COMENTÁRIOS

✪ **Notas do autor:** a questão trata de vários temas, motivo pelo qual os esclarecimentos serão prestados quando da análise das alternativas.

Alternativa correta: letra B. O cumprimento de sentença que reconhecer a exigibilidade de obrigação de fazer ou de não fazer se processará de uma única forma, sendo a Fazenda Pública demandada ou não.

Alternativa "A": incorreta. Consoante o art. 1.047 do CPC, as disposições de direito probatório adotadas no CPC 2015 aplicam-se apenas às provas requeridas ou determinadas de ofício a partir da data de início de sua vigência.

Alternativa "C": incorreta. O cancelamento de precatório deverá ser requerido ao juízo da execução, competindo ao Presidente do Tribunal, unicamente, avaliar pedido referente a necessidade de retificação por conta de erro material, como regra. Note-se que a atuação da Presidência se circunscreve à atividade que não tem natureza jurisdicional.

Alternativa "D": incorreta. A estabilização da tutela provisória antecedente, justificada pela não impugnação por recurso, não ocorrerá em determinadas situações, notadamente nesta narrada na alternativa, visto que é preciso discutir o mérito da ação para rescindir a coisa julgada formada.

Alternativa "E": incorreta. Ainda que o processo esteja sobrestado, aguardando-se o julgamento do caso paradigma, será possível requerer e, se o caso, deferir, tutela provisória, para o resguardo dos interesses em jogo.

---

164. (Cespe – Juiz Federal – TRF 5/2017) Caio impetrou mandado de segurança no STJ apresentando dois pedidos cumulados de reconhecimento de nulidade de dois atos praticados por ministro de Estado. O STJ, em decisão colegiada final, concedeu parcialmente a segurança para reconhecer a nulidade apenas de um dos atos praticados pelo ministro. Para impugnar essa decisão, Caio apresentou recurso ordinário, e a União interpôs recurso extraordinário.

Considerando as normas jurídicas e a jurisprudência dos tribunais superiores, assinale a opção correta a respeito dessa situação hipotética.

A) Pedido de concessão de efeito suspensivo a qualquer um dos recursos, se feito entre a interposição e a publicação da decisão de admissão de tal recurso, deverá ser dirigido ao presidente ou ao vice-presidente do STJ.

B) Se o Supremo Tribunal Federal negar provimento ao recurso interposto por Caio e der provimento ao recurso da União, deverão ser fixados honorários de sucumbência em grau recursal.

C) A admissibilidade dos recursos apresentados será examinada na origem, sendo ainda possível que o tribunal recorrido determine o sobrestamento dos recursos.

D) Caso o recurso de Caio verse apenas sobre matéria constitucional, o STJ deverá aplicar o princípio da fungibilidade e receber o recurso como extraordinário.

E) Na hipótese de o presidente ou vice-presidente do STJ determinar, erroneamente, sobrestamento do recurso da União, a União deverá interpor recurso de agravo em recurso extraordinário.

COMENTÁRIOS

✪ **Notas do autor:** o CPC de 2015 tratou da concessão de efeito suspensivo nos recursos extraordinário e especial no art. 1.029, § 5º. De acordo com tal dispositivo, como tais recursos não têm efeito suspensivo automático, deverá ser formulado requerimento para a obtenção daquele efeito, o qual será dirigido: I) ao próprio tribunal superior respectivo, no período compreendido entre a publicação da decisão de admissão do recurso e sua distribuição; II) ao relator, se já distribuído o recurso; III) ao presidente ou ao vice-presidente do tribunal recorrido, no período compreendido entre a interposição do recurso e a publicação da decisão de admissão, assim como no caso de o recurso ter sido sobrestado para aguardar o julgamento de caso paradigma.

Alternativa correta: letra "A". Para a obtenção do efeito suspensivo em relação ao recurso extraordinário, tem-se a competência do próprio Superior Tribunal de Justiça, se feito no período mencionado, regra extensível ao recurso ordinário, conforme prevê o art. 1.027, § 2º do CPC.

Alternativa "B": incorreta. Não são devidos honorários advocatícios em sede de mandado de segurança, independentemente de ser caso de competência originária dos tribunais.

Alternativa "C": incorreta. Haverá, no recurso extraordinário, a observância do tribunal origem para a admissibilidade de tal recurso. De outro lado, em relação ao recurso ordinário, aplica-se a ele o que se encontra previsto nos tribunais superiores.

Alternativa "D": incorreta. Como o recurso de Caio deverá ser o ordinário, não se admite a fungibilidade para que se receba recurso extraordinário como se ordinário fosse.

Alternativa "E": incorreta. Na hipótese de ter sido determinado, erroneamente, o sobrestamento de processo em sede de Superior Tribunal de justiça, não competirá à recorrente a interposição de agravo em recurso especial, visto que este será admitido quando negado o juízo de prelibação dos recursos extraordinário e especial.

---

165. (Cespe – Procurador do Estado – PGE – SE/2017) Julgue os itens a seguir, referentes à ação civil pública, ao mandado de segurança, à ação popular e à reclamação.

I De acordo com o STJ, as empresas públicas e as sociedades de economia mista, prestadoras de serviço público, possuem legitimidade para propositura de pedido de suspensão de segurança, notadamente, quando atuam na defesa do interesse público primário.

II Segundo a jurisprudência do STJ, a legitimidade para a defensoria pública propor ação civil pública se restringe às hipóteses em que haja proteção de interesse de hipossuficientes econômicos.

III Conforme entendimento majoritário da doutrina, o cidadão-eleitor de dezesseis anos possui plena capacidade processual para o ajuizamento de ação popular.

IV O CPC assegura, na sessão de julgamento de reclamação, o direito à sustentação oral das partes e do MP, nos casos de intervenção deste.

Estão certos apenas os itens

A) I e II.

B) I e III.

C) II e IV.

D) I, III e IV.

E) II, III e IV.

COMENTÁRIOS

✪ **Notas do autor:** a questão trata de vários institutos processuais, conforme se verá adiante.

Alternativa correta: letra D. Estão corretas as assertivas I, III e IV.

Assertiva I: correta. O incidente de suspensão de eficácia poderá ser utilizado com a finalidade de suspender os efeitos de pronunciamento judicial que possa produzir efeitos jurídicos imediatos. Poderá ser deferido com a finalidade de tutelar o interesse público, que será caracterizado com a possibilidade de grave lesão à ordem, segurança, saúde ou economia públicas. Poderá ser utilizado, como regra, pelas pessoas jurídicas de direito público e também pelo Ministério Público, tendo como regime jurídico geral aquele previsto no art. 4º, da Lei nº 8.437/1992. Como visto, podem dele se valer as pessoas jurídicas de direito público. Contudo, também se admite que determinas pessoas jurídicas de direito privado integrantes da administração indireta se valham deste importante instrumento, notadamente diante da necessidade de defesa do interesse público. Mais uma vez, os Tribunais se utilizam da dimensão material do conceito de Fazenda Pública, de modo que se considera a efetiva atuação e necessidade de defesa do interesse público, ao invés de se verificar a mera forma de constituição da pessoa jurídica pela lei.

Assertiva II: incorreta. Conforme já identificou a doutrina, a legitimidade da Defensoria Pública para a propositura da ação civil pública não está restrita à defesa da coletividade que tenha em comum a hipossuficiência econômica, designados como economicamente necessitados, mas também aos necessitados do ponto de vista organizacional (conforme defendido por Ada Pelegrini).

Assertiva III: correta. A ação popular poderá ser ajuizada pelo cidadão, assim entendido aquele que está em gozo de seus direitos políticos. Nesse sentido, reconhece-se que a pessoa maior de dezesseis anos poderá ajuizar tal ação, independentemente da assistência de seus representantes legais, pois já poderá estar em gozo de tais direitos, apesar de não haver completado a maioridade civil.

Assertiva IV: correta. Na sessão de julgamento será admitida a sustentação oral em várias hipóteses, entre elas, na reclamação (art. 937, VI do CPC).

---

166. (Cespe – Analista Judiciário – Oficial de Just. Avaliador – TRF 1/2017) A respeito do mandado de segurança, da ação popular, da ação civil pública e da ação de improbidade administrativa, julgue os itens a seguir.

Na ação de improbidade administrativa, caso o réu seja primário, o Ministério Público poderá propor transação, desde que o ato praticado não tenha sido lesivo ao patrimônio público e não tenha importado enriquecimento ilícito.

COMENTÁRIOS

✪ **Notas do autor:** a ação de improbidade administrativa é espécie de *ação coletiva*, por meio da qual o representante do Ministério Público ou a pessoa jurídica de direito público lesada poderão buscar a aplicação das sanções previstas na Lei nº 8.429/1992. Tal ação tem por finalidade a apuração da prática de um ato de improbidade (*uma imoralidade qualificada*). A lei não autoriza a transação em ação de improbidade administrativa. Assertiva errada.

---

167. (Cespe – Analista Judiciário – Oficial de Just. Avaliador – TRF 1/2017) A respeito do mandado de segurança, da ação popular, da ação civil pública e da ação de improbidade administrativa, julgue os itens a seguir.

Se o mandado de segurança não for conhecido, será possível a renovação do pedido, desde que observado o prazo decadencial do remédio constitucional.

COMENTÁRIOS

✪ **Notas do autor:** para que o mandado de segurança seja conhecido, além das condições gerais da ação (legitimidade ad causam e interesse de agir), também se exige a observância de uma condição específica, qual seja, direito líquido e certo.

Assertiva correta. O direito líquido e certo consiste em requisito específico do mandado de segurança, por meio do qual as alegações de fato devem estar comprovadas por meio de documentos. Não se admite a produção de outro tipo de prova no mandado de segurança, mas unicamente a prova documental. Como se vê, utiliza-se da técnica da coisa julgada *secundum eventum probationis*, de modo que a parte poderá, em momento posterior, ajuizar novo mandado de segurança, desde que se valha de novas provas (documentais).

---

168. (Cespe – Juiz Federal Substituto 5ª região/2013) Considerando o entendimento do STJ acerca de temas diversos do direito processual civil, assinale a opção correta.

a) A intimação dos procuradores dos estados deverá ser realizada pessoalmente, mesmo inexistindo previsão legal para tal.

b) No caso de processo eletrônico, é inválida a petição eletrônica se não houver identidade entre o titular do certificado digital utilizado para assinar o documento e os advogados indicados como autores da petição.

c) No procedimento de homologação de sentença estrangeira, admite-se impor as regras previstas na legislação brasileira para a citação praticada fora do país.

d) Não é possível, pela via do mandado de segurança, declarar incidentalmente a inconstitucionalidade de lei ou ato normativo do poder público.

e) Na hipótese em que estiver em litígio uma obrigação de direito privado firmada pela administração pública, e não um contrato genuinamente administrativo, incidirão os efeitos materiais da revelia contra o poder público, se, devidamente citado, o ente público deixar de contestar o pedido do autor.

COMENTÁRIOS

✪ **Nota do autor:** a questão trata de vários temas, entre eles, das prerrogativas da Advocacia Pública.

Alternativa correta: letra "e". A alternativa trata da incidência ou não do efeito material da revelia, na hipótese de ser demanda uma pessoa jurídica de direito público. Como sabido, estas pessoas defendem direitos indisponíveis em juízo, motivo pelo qual não há a incidência daquele efeito, como regra. Contudo, conforme já reconheceu o Superior Tribunal de Justiça, aplicando-se a dimensão material do conceito de Fazenda Pública, se a pessoa jurídica de direito público estiver sendo demandada em processo que tem por objeto contrato que não seja genuinamente administrativo, incidirão os efeitos da revelia, como uma exceção à regra.

Alternativa "a". Errada (atualmente, parcialmente correta). No regime do CPC de 1973, somente os integrantes da AGU tinham a prerrogativa da intimação pessoal em todos os processos, ao passo que os procuradores dos estados e dos municípios tinham a prerrogativa exclusivamente nas execuções fiscais. Porém, o CPC alterará consideravelmente essa dinâmica, ao prever, como prerrogativa dos integrantes da Administração Pública, a intimação pessoal (art. 183 do CPC). Portanto, independentemente da carreira a que vinculado, bem como do processo que acompanha, o advogado público fará jus à intimação pessoal.

Alternativa "b". Errada. Na verdade, não necessariamente no processo eletrônico, mas havendo a opção da utilização do meio eletrônico de peticionamento em processo, ocorre a vinculação do advogado titular do certificado digital ao documento chancelado, que será considerado, para todos os efeitos, o subscritor da peça, não tendo valor eventual assinatura digitalizada de outro advogado que venha a constar da peça encaminhada eletrônica (AgRg na APn 675/GO, Rel. Ministra Nancy Andrighi, DJe de 12/12/2014). 2. Embargos não conhecidos. (EDcl no AgRg nos EDcl no Ag 1401242/RS, Rel. Ministro BENEDITO GONÇALVES, PRIMEIRA TURMA, julgado em 24/03/2015, DJe 07/04/2015).

Alternativa "c". Errada. Não é admitida a imposição de regras da lei brasileira para a citação, muito embora o ato em si seja exigido.

Alternativa "d". Errada. Não há óbice ao reconhecimento, incidental, de inconstitucionalidade de lei ou de ato normativo no mandado de segurança.

---

169. (Cespe – Promotor de Justiça – AC/2014) Considere que, por ocasião do reexame necessário de sentença proferida em processo de conhecimento, o tribunal decida por maioria. Nessa hipótese,

a) cabe a interposição de recurso especial ou extraordinário da parte unânime da decisão e de embargos infringentes da não unânime.

b) caso não sejam opostos embargos infringentes da parte não unânime da decisão, esta transitará em julgado, não cabendo recurso especial ou extraordinário.

c) a parte interessada deve opor embargos infringentes da parte não unânime da decisão e, após, interpor recurso especial ou extraordinário, conforme o caso.

d) cabe tão somente a interposição de recurso especial ou extraordinário, conforme o caso, após esgotado o prazo dos embargos infringentes.

e) cabe a interposição, desde logo, pela parte interessada na reforma da decisão, de recurso especial ou extraordinário, conforme o caso.

COMENTÁRIOS

✪ **Nota do autor:** o reexame necessário, identificado no CPC como remessa necessária, é condição de eficácia da sentença naqueles casos em que se determina o reexame pelo Tribunal. Não havendo vedação, incidirá havendo ou não recurso voluntário interposto pela parte.

Alternativa correta: letra "e". Para a interposição de recurso extraordinário ou de recurso especial, deve a parte recorrente esgotar previamente todas as vias recursais existentes. Assim, no regime do CPC de 1973, devia, presentes os requisitos legais, interpor embargos infringentes, se houvesse modificação da sentença por maioria de votos. Ocorre que tal recurso não é mais previsto no CPC, que determinou a adoção de técnica de julgamento que importe na ampliação do número de julgadores nas hipóteses do art. 942. Assim, prevalece o precedente segundo o qual havendo o reexame de sentença por conta de remessa necessária, não incidirá a preclusão capaz de impedir a interposição dos recursos extraordinário e especial, desde que preenchidos os demais requisitos de admissibilidade pertinentes.

Alternativa "a", "b", "c" e "d". (Prejudicadas – CPC). As alternativas estão prejudicadas, uma vez que no CPC não há previsão dos embargos infringentes como recurso, mas como técnica de julgamento para determinados casos.

24. JUIZADOS ESPECIAIS

170. (Cespe – Juiz de Direito – PR/2017) Jorge ajuizou ação no juizado especial cível, com o objetivo de receber indenização no valor de vinte mil reais por dano causado por pessoa jurídica. Considerando essa situação hipotética, assinale a opção correta.

A) Havendo necessidade de expedição de carta precatória, Jorge deverá custear despesa de cumprimento.

B) A competência para julgar o processo será deslocada em caso de necessidade de desconsideração da personalidade jurídica da empresa ré.

C) A extinção do processo por ausência de Jorge em audiência dependerá de sua prévia intimação pessoal.

D) A ausência de contestação, ainda que a empresa ré esteja presente na audiência de conciliação, acarretará a revelia.

COMENTÁRIOS

✪ **Notas do autor:** a revelia decorre da falta de apresentação de contestação. No caso dos Juizados Especiais, porém, também importará em revelia a ausência do réu na audiência de conciliação. Estando presente, mas sem oferecer a resposta, tem-se também a contumácia.

Alternativa correta: letra D. A ausência de oferecimento de resposta ou a falta de comparecimento do réu à audiência importarão na revelia.

Alternativa "A": incorreta. Jorge não custeará tal despesa, em razão da gratuidade dos atos processuais em primeiro grau nos Juizados Especiais.

Alternativa "B": incorreta. A desconsideração da personalidade jurídica não acarretará no deslocamento da competência para o julgamento do processo.

Alternativa "C": incorreta. Tratando-se de processo que tramita perante o Juizado, a ausência do autor acarreta na sua extinção (art. 51, Lei n. 9.099/1995).

---

171. (Cespe – Juiz de Direito – PR/2017) No que concerne aos procedimentos especiais previstos no CPC e nas leis extravagantes, assinale a opção correta à luz da legislação e do entendimento dos tribunais superiores.

A) Em se tratando de ação de reintegração de posse, deve-se observar o procedimento comum, se for ajuizada após o prazo de ano e dia do esbulho, caso em que não terá as características inerentes às ações possessórias, como, por exemplo, a fungibilidade.

B) Em observância ao princípio da celeridade, o procedimento dos juizados especiais cíveis é incompatível com qualquer uma das modalidades de intervenção de terceiros previstas no CPC.

C) A utilização do procedimento de arrolamento para o inventário quando o valor dos bens do espólio for igual ou inferior a mil salários mínimos será expressamente proibida se houver interessado incapaz.

D) Tratando-se de tutela provisória que determina a indisponibilidade de bens do réu em ACP por ato de improbidade administrativa, dispensa-se a comprovação de periculum in mora.

COMENTÁRIOS

✪ **Notas do autor:** a questão trata da tutela provisória e também dos procedimentos especiais.

Alternativa correta: letra D. A Lei nº 8.429/1992 prevê hipótese de admissibilidade de tutela provisória em ação civil pública por ato de improbidade administrativa, na qual, de acordo com o Superior Tribunal de Justiça, está dispensada a prova do *periculum in mora*. Na verdade, ao analisar os seus requisitos, tem-se que se está diante de hipótese de tutela da evidência (extraindo-se a regra de que a tutela da evidência vai além das hipóteses indicadas no art. 311 do CPC).

Alternativa "A": incorreta. A diferenciação entre ação possessória ajuizada com mais ou menos de ano e dia reflete unicamente na liminar. Com efeito, tratando-se de ação de posse nova, a liminar de tutela possessórias será deferida se o autor provar a sua posse, a turbação ou o esbulho praticado pelo réu, a data da turbação ou do esbulho e a continuação da posse, embora turbada, na ação de manutenção, ou a perda da posse, na ação de reintegração (art. 561 do CPC). Dessa forma, a fungibilidade entre as ações possessórias não estará prejudicada se tratar-se de posse velha (Art. 554, *caput*).

Alternativa "B": incorreta. Com o CPC, admitiu-se uma única modalidade de intervenção de terceiros no âmbito dos juizados especiais, qual seja, a desconsideração da personalidade jurídica.

Alternativa "C": incorreta. O arrolamento será utilizado quando o valor dos bens for igual ou inferior a 1.000 salários mínimos, quando então o procedimento será mais célere se comparado ao inventário (art. 664). Assim, caberá ao inventariante nomeado, independentemente da assinatura de termo de compromisso, apresentar, com suas declarações, a atribuição de valor aos bens do espólio e o plano de partilha.

---

172. (Cespe – Juiz Federal Substituto 5ª região/2013) Assinale a opção correta acerca dos juizados especiais federais.

a) A turma nacional de uniformização admite incidente de uniformização que verse sobre honorários advocatícios.

b) No âmbito da turma nacional de uniformização, é possível o não conhecimento do pedido de uniformização por decisão monocrática se o acordão recorrido não guardar similitude fática e jurídica com o acórdão paradigma.

c) É cabível recurso adesivo no rito dos juizados especiais federais.

d) De acordo com entendimento firmado pelo STF, as restrições em relação à concessão de medidas liminares contra o poder público, previstas em lei específica, também se aplicam às demandas previdenciárias.

e) O principal critério de competência previsto no rito dos juizados especiais federais é o valor da causa, fixado em até sessenta salários mínimos, sendo possível a renúncia tácita sobre parcelas vincendas para fins de fixação de competência.

COMENTÁRIOS

✪ **Nota do autor:** os Juizados Especiais Federais são competentes para as causas de menor complexidade, que têm o seu procedimento indicado pela Lei nº 10.259/2001, aplicando-se subsidiariamente a Lei nº 9.099/1995.

Alternativa correta: letra "b". O Conselho de Justiça Federal, na ausência de regras específicas indicadas na Lei nº 10.259/2001, disciplina a Turma Nacional de Uniformização, bem como as Turmas Regionais de Uniformização, por meio de Resoluções, sendo que são vigentes as de nº 345 e 347, de 2015. De acordo com o art. 9º, IX, da Resolução nº 345, é possível ao relator negar seguimento monocraticamente ao incidente, se o entender manifestamente improcedente. Se o acórdão recorrido não guardar similitude fática e jurídica com o acórdão paradigma, não é possível valer-se do incidente de uniformização de interpretação de lei, pois o paradigma baseia-se em elementos diferenciados.

Alternativa "a". Errada. A Turma Nacional de Uniformização não admite o incidente que tratar de honorários advocatícios, pois as questões que podem ser tratadas são exclusivamente de direito material, sendo vedada a discussão sobre a aplicabilidade da lei processual.

Alternativa "c". Errada. Não é admitido o recurso adesivo no âmbito dos Juizados Especiais, por falta de previsão legal específica.

Alternativa "d". Errada. A Lei nº 9.494/1997 possui restrição à concessão de liminares contra o Poder Público, cuja constitucionalidade foi reconhecida pela ADC nº 04. Porém, a Súmula 729 do STF encampou o entendimento segundo o qual aquelas restrições não são aplicadas em relação às ações de natureza previdenciária, de modo que, por exemplo, é possível a concessão de tutela de urgência, ainda que se esgote todo o mérito.

Alternativa "e". Errada. No âmbito dos Juizados Especiais Federais, não se admite a renúncia tácita, consoante o enunciado nº 16 do Fórum Nacional dos Juizados Especiais Federais.

---

173. (Cespe – Juiz Federal Substituto 5ª região/2013) Assinale a opção correta acerca dos procedimentos especiais.

a) É admissível a conversão da ação de execução em ação monitória, de ofício ou a requerimento das partes, após a citação, em razão da estabilização da relação processual, que ocorre a partir do referido ato.

b) A jurisprudência do STJ não admite embargos preventivos de terceiros, mesmo se houver ameaça de turbação ou esbulho à propriedade.

c) O STJ limita a admissibilidade das reclamações contra decisões de turmas recursais dos juizados especiais estaduais às hipóteses que afrontem julgados proferidos por aquele tribunal em sede de recurso repetitivo.

d) Não é possível propor ação cautelar de atentado no curso do procedimento de jurisdição voluntária.

e) O ajuizamento de execução hipotecária, por não interromper o prazo prescricional da usucapião, não constitui resistência à posse ad usucapionem de quem pleiteia a prescrição aquisitiva, não se caracterizando, nesse caso, falta de justo título e boa-fé do usucapiente.

COMENTÁRIOS

✪ **Nota do autor:** a questão trata de vários procedimentos especiais, tratados no CPC e também em leis extravagantes, como ocorre nas leis dos Juizados Especiais.

Alternativa correta: letra "e". Aquele que exerce posse, em conformidade com os requisitos legais, poderá reclamar seja declarada a sua propriedade, por meio da ação de usucapião. Nesta, o juiz proferirá sentença declaratória. Discute-se se o ajuizamento de execução hipotecária teria o condão de caracterizar resistência à posse capaz de impedir a declaração da propriedade. A propósito, vide o Informativo nº 496 do STJ, que noticiou: **USUCAPIÃO. PROMITENTE COMPRADOR. IMÓVEL HIPOTECADO.** Em preliminar, não há óbice ao conhecimento do recurso especial quando o artigo indicado como violado é do Código Civil de 2002, mas a controvérsia se restringe a artigo do Código Civil de 1916, desde que aquele reproduza, em essência, a antiga legislação. No mérito, julgou-se procedente o REsp para declarar a prescrição aquisitiva – **usucapião** – de imóvel em favor do promitente comprador, mesmo havendo penhora e hipoteca constituída sobre o empreendimento em benefício do agente financeiro, por empréstimo contraído pelo promitente vendedor. No entendimento da Turma, o ajuizamento de **execução hipotecária** pelo recorrido contra o recorrente, por não interromper o prazo prescricional da **usucapião,** não constitui resistência à posse *ad usucapionem* de quem pleiteia a prescrição aquisitiva, não se podendo falar em falta de justo título e boa-fé do usucapiente. Este terá a propriedade originária do imóvel de forma livre e desembaraçada de quaisquer gravames. **REsp 941.464-SC, Rel. Min. Luis Felipe Salomão, julgado em 24/4/2012".**

Alternativa "a". Errada. Em conformidade com precedente formado no STJ, não se admite a aludida conversão. A propósito: AGRAVO REGIMENTAL. DECISÃO EM RECURSO ESPECIAL. CONTRATO DE ABERTURA DE CRÉDITO EM CONTA-CORRENTE. EXECUÇÃO. AUSÊNCIA DE TÍTULO EXECUTIVO. CONVERSÃO EM AÇÃO MONITÓRIA. IMPOSSIBILIDADE. MATÉRIA DEFINIDA EM RECURSO REPETITIVO. 1. "Para fins do art. 543-C, do Código de Processo Civil, é inadmissível a conversão, de ofício ou a requerimento das partes, da execução em ação monitória após ter ocorrido a citação, em razão da estabilização da relação processual a partir do referido ato;". Entendimento pacificado pela Segunda Seção, em sede de recurso repetitivo, com o julgamento do REsp 1.129.938/PE (2ª Seção, Rel. Ministro Massami Uyeda, unânime, DJe de 28.3.2012). 2. Características como a executividade do título, que é requisito essencial para a possibilidade jurídica da execução, constituem matéria de direito, não de fato. 3. Agravo regimental a que se nega provimento. (AgRg no REsp 1235799/SP, Rel. Ministra MARIA ISABEL GALLOTTI, QUARTA TURMA, julgado em 25/11/2014, DJe 10/12/2014).

Alternativa "b". Errada. Ao contrário do afirmado, são admitidos embargos de terceiro preventivos, tutelando-se o direito em razão da ameaça.

Alternativa "c". Errada. De acordo com reiteradas decisões do STJ, admite-se a reclamação (Resolução nº 12/2009), quando a decisão proferida contrariar jurisprudência consolidada daquele Tribunal Superior.

Alternativa "d". Errada. No CPC não há a especificação de medidas cautelares típicas. A propósito, dispõe a nova ordem processual sobre a tutela provisória, que compreende a tutela de urgência e a tutela da evidência.

---

174. (Cespe – Juiz Federal Substituto 1ª região/2013) Relativamente aos juizados especiais cíveis e considerando as disposições constantes da Lei dos Juizados Especiais Cíveis e Criminais e da Lei dos Juizados Especiais Cíveis e Criminais no âmbito da Justiça Federal, assinale a opção correta.

a) Quando o autor, na fase de conhecimento, formular pedido em valor superior ao fixado para a competência dos juizados federais, o julgador, em face de disposição expressa contida na Lei dos Juizados Especiais Cíveis e Criminais no âmbito da Justiça Federal, deverá considerar que a opção pelo juizado importa em renúncia tácita ao crédito excedente ao limite estabelecido na lei, excetuada a hipótese de conciliação.

b) Se, ao analisar a inicial de ação distribuída para a vara do juizado especial federal, o julgador verifica que a pretensão do autor versa acerca de obrigações vincendas, ele deverá considerar, para fins de análise da competência do juizado federal, o valor de cada parcela, que não poderá exceder o montante de sessenta salários mínimos.

c) Nas comarcas onde não houver vara do juizado especial federal, a causa poderá ser proposta no juizado especial estadual, aplicando-se a lei dos juizados especiais Cíveis e Criminais no âmbito da Justiça Federal no juízo estadual, com observância de que eventual recurso contra a sentença definitiva será apreciado pela Turma Recursal Federal.

d) O incidente de uniformização, quando fundado em divergência entre decisões de turmas recursais de diferentes regiões, terá cabimento quando visar interpretação de lei federal relativamente a questões de direito material. Nessa hipótese, a competência para o processamento e o julgamento será da Turma Nacional de Uniformização da Jurisprudência dos Juizados Especiais Federais.

e) Assim como ocorre na legislação referente aos juizados especiais cíveis estaduais, a Lei dos Juizados Especiais Cíveis e Criminais no âmbito da Justiça Federal veda expressamente a atuação do incapaz como parte autora nos feitos de sua competência.

COMENTÁRIOS

✪ **Nota do autor:** a questão trata propriamente do Sistema dos Juizados Especiais, composto pelos Juizados Especiais Cíveis e Criminais, Juizados Especiais da Fazenda Pública e Juizados Especiais Federais.

Alternativa correta: letra "d". O incidente de uniformização de interpretação de lei tem natureza recursal, que pode ter por objeto exclusivamente a uniformização em torno da aplicação do direito material. Portanto, a matéria processual não poderá ser objeto de tal recurso. Há previsão das Turmas Regionais de Uniformização, que serão competentes para julgar o recurso quando houver divergência entre turmas da mesma região. Será competente, de outro lado, a Turma Nacional de Uniformização, quando houver divergência entre turmas de diferentes regiões, ou com a jurisprudência da TNU ou mesmo do STJ.

Alternativa "a". Errada. Não se admite a renúncia tácita no âmbito dos Juizados Especiais Federais.

Alternativa "b". Errada. Ao contrário do afirmado, deverá o julgador, em relação às parcelas vincendas, considerar, para fins de competência, o valor correspondente a doze parcelas (art. 3º, § 2º, da LJEF).

Alternativa "c". Errada. Não se admite que a demanda se processe perante o Juizado Especial Cível mas, exclusivamente, perante a Justiça Estadual Cível se na localidade não contar com Vara da Justiça Federal. Trata-se da competência que não é delegada aos Juizados Especiais.

Alternativa "e". Errada. Diferentemente do que é previsto para os Juizados Especiais Cíveis, é admitido que incapazes sejam parte nos Juizados Especiais Federais.

---

175. (Cespe – Juiz de Direito Substituto – RN/2013) Acerca do procedimento dos juizados especiais estaduais, assinale a opção correta.

a) A sentença condenatória que, proferida no âmbito dos juizados especiais cíveis, exceder o valor da alçada estabelecida na lei, em razão de atualização monetária e aplicação de juros legais, após o ajuizamento da ação, será ineficaz no que se refere à parte excedente.

b) Compete às turmas recursais o julgamento de ação rescisória contra decisão transitada em julgado proferida nos juizados especiais cíveis.

c) O não comparecimento do demandado à audiência de conciliação e de instrução e julgamento induz os efeitos da revelia, reputando-se verdadeiras as alegações contidas na petição inicial, de modo que se deve julgar procedente o pedido.

d) No procedimento dos juizados especiais, o magistrado pode determinar a inversão do ônus da prova, em julgamento de equidade e com fundamento nas regras de experiência comum, se configurada a verossimilhança da alegação ou limitação do autor na produção da prova.

e) No que diz respeito à audiência de instrução e julgamento, aplicam-se as normas do CPC relativas ao prazo de apresentação de quesitos e do rol de testemunhas, de modo a viabilizar a intimação pessoal, bem como a oportunizar à parte contrária eventual contradita, e a indicação de assistente técnico à prova pericial.

COMENTÁRIOS

✪ **Nota do autor:** a questão trata dos Juizados Especiais Cíveis, cujo procedimento está disciplinado pela Lei nº 9.099/1995.

Alternativa correta: letra "d". O admitido é julgamento por equidade em situações específicas, expressamente previstas em lei, tal como ocorre no âmbito dos Juizados Especiais Cíveis (art. 6º). Neste procedimento, também é possível o julgamento com fundamento nas regras de experiência comum e, ainda, a inversão do ônus probatório. A propósito, dispõe o art. 5º: "O Juiz dirigirá o processo com liberdade para determinar as provas a serem produzidas, para apreciá-las e para dar especial valor às regras de experiência comum ou técnica".

Alternativa "a". Errada. Se o excesso ao limite máximo da competência dos Juizados Especiais decorrer de atualização monetária e aplicação de juros legais, após o ajuizamento da ação, não há qualquer óbice à sua execução, de modo que não será considerado ineficaz no que se refere à parte excedente.

Alternativa "b". Errada. Não é cabível a ação rescisória no âmbito dos Juizados Especiais (art. 59, da Lei nº 9.099/1995).

Alternativa "c". Errada. O não comparecimento induz às audiências induz, de fato, à revelia, de modo que se presumem verdadeiros os fatos articulados pelo autor. Contudo, tal efeito não gera, automaticamente, a procedência do pedido.

Alternativa "e". Errada. Os quesitos e o rol de testemunhas devem ser apresentados na inicial ou na contestação, de modo que não são aplicados os prazos previstos no CPC.

176. (Cespe – Procurador BACEN/2013) Nonato, servidor público federal, ajuizou ação de reparação por danos morais contra a União, reclamando que, após regular processo de sindicância administrativa contra ele instaurado, o procedimento fora arquivado por meio de decisão que concluíra que, embora a conduta do servidor tivesse sido desapropriada, não configurara ilicitude suficiente a se enquadrar em infração disciplinar. Afirmou, ainda, o autor que a decisão de arquivamento com menção à conduta desapropriada fora publicada em boletim divulgado pela intranet, acessível aos demais servidores de seu ambiente de trabalho, o que lhe causara dor e sofrimento, passíveis de indenização. Em face dessa situação hipotética, assinale a opção correta.

a) Processada a ação perante o Juizado Especial Cível da Justiça Federal, a sentença que condena a União ao pagamento de indenização por danos morais estará sujeita ao reexame necessário.

b) A produção de prova técnica é incompatível com o rito célere dos juizados especiais da justiça federal.

c) Se o pedido de indenização for de condenação da União ao pagamento de valor correspondente a quarenta e dois salários mínimos, a ação não poderá ser processada perante o Juizado Especial Cível da Justiça Federal.

d) Processada a ação perante o Juizado Especial Cível da Justiça Federal, ainda que o julgador entenda que a manutenção do boletim na intranet possa acarretar dano de difícil reparação a Nonato, ele somente poderá deferir medidas cautelares para sua retirada do meio virtual quando houver requerimento do autor.

e) Processada a ação perante o Juizado Especial Cível da Justiça Federal e designada audiência de conciliação, o representante judicial da União está autorizado a transigir com Nonato.

COMENTÁRIOS

✪ **Nota do autor:** a questão traça relação entre a situação de servidor público federal, que pretende ser indenizado pela União, promovendo ação perante o Juizado Especial Cível Federal.

Alternativa correta: letra "e". No âmbito do Juizado Especial Federal, admite-se que o representante judicial da União firme transação com a parte contrária (art. 10, parágrafo único, Lei 10.259/2001).

Alternativa "a". Errada. Não há a incidência do reexame necessário no âmbito dos Juizados Especiais Federais.

Alternativa "b". Errada. Não há óbice à produção da prova técnica, desde que não seja complexa.

Alternativa "c". Errada. A competência dos Juizados Especiais Cíveis Federais é de demandas de até sessenta salários mínimos.

Alternativa "d". Errada. Admite-se a tomada de medidas de urgência atendendo-se a requerimento da parte, ou mesmo de ofício pelo juiz (art. 4º da Lei 10.259/2001).

177. (Cespe – Procurador do DF/ 2013) Paulo ajuizou ação de cobrança no valor de R$ 3.000,00 contra o DF. A ação foi distribuída a um juizado especial da fazenda pública. Em sua defesa, o DF alegou que já havia pago integralmente a dívida. Realizada a instrução processual, o juiz proferiu sentença acolhendo parcialmente o pedido, no tocante a R$ 2.000,00, sob o fundamento de que, em relação à outra parte, se verificara o pagamento. Considerando essa situação hipotética, julgue os itens que se seguem.

Se, no julgamento do recurso interposto contra a sentença, a decisão colegiada da turma recursal do juizado especial da fazenda pública contrariar entendimento adotado, na sistemática dos recursos repetitivos (art. 543-C, CPC), pelo STJ, a parte prejudicada poderá ajuizar reclamação nesta corte.

COMENTÁRIOS

✪ **Nota do autor:** a questão trata do cabimento ou não da reclamação diante da não observância de precedente formado em julgamento de recurso repetitivo.

Errado. Sob a ótica do CPC de 1973, bem como da lei que rege o Juizado Especial da Fazenda Pública, não se admitiria a reclamação diante de julgado proferido na sistemática dos recursos repetitivos. No entanto, considerando-se a divergência existente em relação à jurisprudência consolidada, é admissível o incidente de uniformização de interpretação de lei diretamente ao Superior Tribunal de Justiça. O CPC de 2015, porém, contém a seguinte previsão: "Art. 988. Caberá reclamação da parte interessada ou do Ministério Público para: (...) IV – garantir a observância de enunciado de súmula vinculante e de precedente proferido em julgamento de casos repetitivos ou em incidente de assunção de competência". Vê-se, logo, que a aplicação do precedente formado em recurso julgado sob o regime dos recursos repetitivos poderá ser reclamado pela parte prejudicada ou pelo Ministério Público, que proporá a reclamação. Não há motivo para não admitir a reclamação no âmbito dos Juizados Especiais por ofensa a precedente, pois, é previsto até o incidente de resolução de demandas repetitivas.

178. (Cespe – Procurador do DF/ 2013) Paulo ajuizou ação de cobrança no valor de R$ 3.000,00 contra o DF. A ação foi distribuída a um juizado especial da fazenda pública. Em sua defesa, o DF alegou que já havia pago integralmente a dívida. Realizada a instrução processual, o juiz proferiu sentença acolhendo parcialmente o pedido, no tocante a R$ 2.000,00, sob o fundamento de que, em relação à outra parte, se verificara o pagamento. Considerando essa situação hipotética, julgue o item que se segue.

Para interpor recurso contra a sentença, Paulo não precisará estar representado por advogado.

COMENTÁRIOS

✪ **Nota do autor:** o sistema recursal a ser utilizado contra as decisões proferidas no âmbito dos Juizados Especiais leva em consideração o constante da Lei 9.099/1995, aplicando-se subsidiariamente o CPC.

Errado. Para a interposição de recursos, as partes deverão, obrigatoriamente, estar representada por advogado.

179. (Cespe – Procurador do DF/ 2013) Paulo ajuizou ação de cobrança no valor de R$ 3.000,00 contra o DF. A ação foi distribuída a um juizado especial da fazenda pública. Em sua defesa, o DF alegou que já havia pago integralmente a dívida. Realizada a instrução processual, o juiz proferiu sentença acolhendo parcialmente o pedido, no tocante a R$ 2.000,00, sob o fundamento de que, em relação à outra parte, se verificara o pagamento. Considerando essa situação hipotética, julgue os itens que se seguem.

Caso somente Paulo recorra, poderá o tribunal reformar a sentença para julgar o pedido totalmente improcedente, se entender, pelas provas constantes dos autos, estar demonstrado o pagamento integral do débito.

COMENTÁRIOS

✪ **Nota do autor:** contra a sentença proferida, será cabível o recurso inominado, que também segue a proibição da *reformatio in pejus*. Portanto, o recorrente não poderá ter a sua situação piorada em decorrência de recurso por ele interposto, salvo se isso decorrer de questão de ordem pública conhecida de ofício.

Errado. Como demonstrado acima, não será possível a reforma da sentença para julgar o pedido totalmente improcedente, uma vez que o recurso foi interposto pelo autor.

25. LIQUIDAÇÃO EXTRAJUDICIAL DE INSTITUIÇÕES FINANCEIRAS

180. (Cespe – Juiz Federal – TRF 5/2017) Os efeitos imediatos da decretação da liquidação extrajudicial de instituição financeira incluem

A) a inexigibilidade das cláusulas penais dos contratos unilaterais antecipadamente vencidos em virtude da decretação da liquidação extrajudicial.

B) o impedimento da instituição para ajuizar, enquanto durar a liquidação, ações sobre direitos e interesses relativos ao acervo da entidade liquidanda, embora as que se encontram em tramitação possam continuar.

C) o vencimento antecipado das obrigações da liquidanda, com continuidade de contagem do prazo prescricional das obrigações de responsabilidade da instituição.

D) a incorporação nas dívidas principais das penas pecuniárias por infração de leis penais e administrativas.

E) a fluência de juros estipulados contra a massa, enquanto não integralmente pago o passivo.

COMENTÁRIOS

✪ **Notas do autor:** a intervenção e a liquidação extrajudicial de instituições financeiras são reguladas pela Lei nº 6.024/1974.

Alternativa correta: letra A. Tal como previsto no art. 6º, "c", da aludida lei, a intervenção produzirá, desde a sua decretação, a inexigibilidade dos depósitos já existentes à data de sua decretação.

Alternativa "B": incorreta. Diferentemente do que foi afirmado, não há o impedimento para o ajuizamento das ações. Porém, a liquidação extrajudicial será executada por liquidante nomeado pelo Banco Central do Brasil, com amplos poderes de administração e liquidação, podendo, entre outras atribuições, propor ações e representar a massa em juízo ou fora dele (art. 16, *caput*).

Alternativa "C": incorreta. Entre os efeitos da decretação da liquidação extrajudicial, tem-se o vencimento antecipado das obrigações da liquidanda, havendo a interrupção da prescrição relativa a obrigações de responsabilidade da instituição (art. 18, "b" e "e").

Alternativa "D": incorreta. Decretada a liquidação extrajudicial, não haverá possibilidade de reclamação de correção monetária de quaisquer divisas passivas, nem de penas pecuniárias por infração de leis penais ou administrativas (art. 18, "f").

Alternativa "E": incorreta. Pelo contrário, não há a fluência de juros, mesmo que estipulados, contra a massa, enquanto não integralmente pago o passivo (art. 18, "d").

26. AÇÕES COLETIVAS

181. (Cespe – Analista Judiciário – Área **Judiciária – TRF 1/2017)** A respeito de mandado de segurança, ação popular, ação civil pública e ação de improbidade administrativa, julgue os itens a seguir.

Ainda que a prática de ato que configure improbidade administrativa não cause prejuízo ao erário ou não implique enriquecimento ilícito, estará o responsável sujeito à perda da função pública.

COMENTÁRIOS

✪ **Notas do autor:** assertiva correta. Há quatro modalidades distintas de atos de improbidade administrativa, indo além do prejuízo ao erário e o enriquecimento ilícito, como ocorre, também, com a ofensa a princípios da administração pública e também atos decorrentes de concessão ou aplicação indevida de benefício financeiro ou tributário. Tratando-se de ato que atenta aos princípios da Administração Pública, está prevista como sanção a perda da função pública, suspensão dos direitos políticos de três a cinco anos, pagamento de multa civil de até cem vezes o valor da remuneração percebida pelo agente e proibição de contratar com o Poder Público ou receber benefícios ou incentivos fiscais ou creditícios, direta ou indiretamente, ainda que por intermédio de pessoa jurídica da qual seja sócio majoritário, pelo prazo de três anos (art. 12, III, Lei nº 8.429/1992).

182. (Cespe – Analista Judiciário – Área **Judiciária – TRF 1/2017)** A respeito de mandado de segurança, ação popular, ação civil pública e ação de improbidade administrativa, julgue os itens a seguir.

Na ação popular, o juiz determina a intimação do Ministério Público somente após a apresentação da defesa do réu.

COMENTÁRIOS

✪ **Notas do autor:** assertiva incorreta. A ação popular será ajuizada pelo cidadão, oportunidade em que o magistrado determinará, concomitantemente, a citação dos réus e a intimação do Ministério Público (art. 7º, I, "a", da Lei nº 4.717/1965).

183. (Cespe – Analista Judiciário – Área **Judiciária – TRF 1/2017)** A respeito de mandado de segurança, ação popular, ação civil pública e ação de improbidade administrativa, julgue os itens a seguir.

Na hipótese de abandono de ação civil pública proposta por associação, poderá a Defensoria Pública assumir a titularidade ativa.

COMENTÁRIOS

✪ **Notas do autor:** Assertiva correta. A legitimidade para a propositura da ação está prevista no art. 5º, da Lei nº 7.347/1985. Trata-se de hipótese de substituição processual, em que o autor agirá, em seu nome, na defesa de interesse de outrem. Por isso, se abandonar a ação, qualquer outro legitimado poderá assumi-la.

184. (Cespe – Analista Judiciário – Área **Judiciária – TRF 1/2017)** A respeito de mandado de segurança, ação popular, ação civil pública e ação de improbidade administrativa, julgue os itens a seguir.

Situação hipotética: Um juiz de primeiro grau indeferiu petição inicial de mandado de segurança após o autor ter apresentado duas emendas previamente rejeitadas. Assertiva: Nessa situação, contra o indeferimento poderá o autor interpor agravo de instrumento.

COMENTÁRIOS

✪ **Notas do autor:** Assertiva errada. Uma vez indeferida a petição inicial, o magistrado terá proferido pronunciamento com natureza de sentença, salvo se tal indeferimento fosse parcial. Assim, o recurso adequado a ser interposto será o de apelação (e não de agravo de instrumento).

Direito Processual Civil

Luciano Alves Rossato

✦ DICAS SOBRE O NOVO CÓDIGO DE PROCESSO CIVIL

1. NOVO CÓDIGO DE PROCESSO CIVIL – LEI FEDERAL Nº 13.105/2015 E ALTERAÇÕES E LEGISLAÇÕES ESPECIAIS

Todo o estudo que se seguirá é voltado exclusivamente para **o Novo Código de Processo Civil (Lei 13.105/2015), suas alterações e a legislação especial**), de forma sistematizada e em conformidade com ensinamentos doutrinários e posições jurisprudenciais dominantes.

2. PRINCÍPIOS GERAIS DO PROCESSO CIVIL

2.1. AS NORMAS FUNDAMENTAIS DO PROCESSO CIVIL

Sem qualquer dúvida, o ponto de partida para o estudo do Direito Processual Civil brasileiro consiste na análise das "Normas Fundamentais do Processo Civil", até porque "a percepção do uso cada vez mais recorrente de princípios como fundamento da aplicação do direito foi um dos pilares da elaboração do Novo CPC".[1]

A utilização dos princípios no Direito brasileiro é uma realidade desde a Constituição Federal de 1988 e que compreendeu todos os ramos da ciência jurídica, em especial, o processual.

O Novo Código de Processo Civil, instituído pela Lei n. 13.105, de 16.03.2015, determina que **o processo civil** será **ordenado, disciplinado e interpretado** conforme os valores e as normas fundamentais estabelecidos na Constituição Federal, observando-se o quanto é constante do próprio Código. A propósito, já se registrou que o Novo CPC há de ser interpretado como "um conjunto de normas orgânico e coerente", aplicando-se o "postulado interpretativo da unidade do código", tal como a lição de Eros Grau para as normas constitucionais.[2]

1 THEODORO JÚNIOR, Humberto. NUNES, Dierle. BAHIA, Alexandre Melo Franco. PEDRON, Flávio Quinaud. Novo CPC – Fundamentos e Sistematização. Rio de Janeiro: GEN-Forense, 2015, p. 35.

2 Registro feito por Fredie Didier Júnior, que estendeu os estudos sobre a interpretação constitucional ao direito processual civil. DIDIER JR, Fredie. Curso de Direito Processual Civil. Salvador: Juspodivm, 17a. ed. 2015, p. 151-152.

2.2. PRINCÍPIOS EXPRESSOS NA CONSTITUIÇÃO FEDERAL

2.2.1. PRINCÍPIO DO DEVIDO PROCESSO LEGAL

Os princípios fundamentais decorrem de um núcleo comum, que é o princípio do devido processo legal.

Encontra-se previsto no art. 5º, LIV, da Constituição Federal e, genericamente, é caracterizado pelo trinômio vida-liberdade-propriedade.

O devido processo legal se caracteriza de duas formas: **material** (devido processo legal em sentido material) e **processual** (devido processo legal em sentido processual). No primeiro sentido, busca-se evitar o arbítrio do legislador e a discricionariedade do Poder Público, exigindo-se a edição de normas que observem a razoabilidade e a proporcionalidade. Em sentido processual, concretiza-se com a possibilidade efetiva de acesso à justiça, apresentando pretensão e defendendo-se da forma mais ampla possível.

2.2.2. PRINCÍPIO DA ISONOMIA

O princípio da isonomia importará na necessidade de que os litigantes recebam o mesmo tratamento no processo.

2.2.3. PRINCÍPIO DO JUIZ NATURAL

O princípio do juiz natural é tridimensional, pois significa que: a) não haverá juízo ou tribunal *ad hoc*; b) todos têm o direito de submeter-se ao juiz competente; c) que o juiz competente deve ser imparcial.

Para preservar essa imparcialidade do juiz, a Constituição Federal concede garantias (incisos I, II, e III, do art. 95), prevê vedações (parágrafo único do art. 95) e proíbe juízo ou tribunais de exceção (inciso XXXVII, do art. 5º – órgão julgadores criados posteriormente ao caso *sob judice*).

Ada Pellegrini Grinover, da mesma maneira, defende o triplo desdobramento do princípio, em três conceitos: "só são órgãos jurisdicionais os instituídos pela Constituição;

Os autores desta obra, a propósito, rendem as suas homenagens e o parabenizam por todo o esforço empreendido durante o trâmite legislativo do Novo Código de Processo Civil e pela organização dos Fóruns Permanentes de Processualistas Civis.

ninguém pode ser julgado por órgão constituído após a ocorrência do fato; entre os juízes pré-constituídos vigora uma ordem taxativa de competências, que exclui qualquer alternativa deferida à discricionariedade de quem quer que seja".[3]

2.2.4. PRINCÍPIO DA INAFASTABILIDADE DO CONTROLE JURISDICIONAL

Não é possível que o legislador ou qualquer indivíduo impeça o jurisdicionado de ir ao juízo apresentando a sua pretensão. Por esse motivo, assegura-se o direito de ação, que se revela como um direito subjetivo à sentença, desde que observadas as condições da ação. Consectário deste princípio, deve-se garantir a assistência jurídica e integral aos necessitados, abrangendo a consultoria e a assistência extrajudicial. Da mesma maneira, não é possível impor valor da taxa judiciária sem que o seu cálculo leve em conta o valor da causa.

2.2.5. PRINCÍPIO DO CONTRADITÓRIO

Em consonância com o disposto no art. 5º, LV, da Constituição Federal, "aos litigantes, em processo judicial ou administrativo, e aos acusados em geral são assegurados o contraditório e ampla defesa, com os meios e recursos a ela inerentes".

Esse princípio tem ligação com a igualdade das partes e do direito de ação, que são manifestações do princípio do contraditório.

2.2.6. PRINCÍPIO DA PROIBIÇÃO DA PROVA ILÍCITA

Em conformidade com o art. 5º, XII, CF, são inadmissíveis, no processo, as provas obtidas por meios ilícitos.

2.2.7. PRINCÍPIO DA PUBLICIDADE DOS ATOS PROCESSUAIS

Em conformidade com o art. 5º, LX, "a lei só poderá restringir a publicidade dos atos processuais quando a defesa da intimidade ou o interesse social o exigirem", enquanto o art. 93, IX, dispõe que "todos os julgamentos dos órgãos do Poder Judiciário serão públicos".

2.2.8. PRINCÍPIO DA MOTIVAÇÃO DAS DECISÕES JUDICIAIS

Os pronunciamentos judiciais devem ser necessariamente motivados, sob pena de serem considerados nulos. No Novo CPC, houve sensível alteração do alcance da motivação, evoluindo para a fundamentação analítica.

2.2.9. PRINCÍPIO DO DUPLO GRAU DE JURISDIÇÃO

Pelo princípio do duplo grau de jurisdição, a matéria decidida pode ser objeto de reexame por meio de recurso, para possibilitar ao prejudicado nova chance de êxito e eventuais correções das ilegalidades e injustiças cometidas pelo julgador. Não é previsto expressamente pela Constituição Federal, embora o seja no Pacto de San José da Costa Rica, ratificado em 1992 pelo Brasil. A Constituição, contudo, disciplina a competência dos órgãos jurisdicionados e o sistema recursal, na Constituição Federal e normas infraconstitucionais.

2.3. NORMAS FUNDAMENTAIS CONTIDAS NO NOVO CPC

As Normas Fundamentais do Novo Código de Processo Civil compreendem princípios e regras jurídicas.

Sendo assim, será apresentado um quadro em que é possível relacionar o artigo do Novo CPC ao princípio ou regra respectivo.

Artigo	Princípio ou Regra
2º	Regras da instauração do processo por iniciativa da parte e do desenvolvimento processual por impulso processual.
3º	Princípio do Acesso à Justiça e Tribunal Multiportas.
4º	Princípio da Duração Razoável do Processo.
4º	Princípio da Preferência do Julgamento de Mérito.
4º	Princípio da Eficiência
5º	Princípio da Boa-fé Processual
6º	Princípio da Efetividade
6º	Princípio da Cooperação
7º	Princípio da Paridade
7º, 9º e 10	Princípio do Contraditório Dinâmico
	Princípio da Adequação
11	Princípio da Publicidade
11	Princípio da Fundamentação Analítica
12	Regra Jurídica da Preferência da Observância da Ordem Cronológica.
190 e 191	Princípio do Respeito ao Autorregramento Processual

3. FONTES

O ordenamento jurídico conta com fontes, **designadas como fontes jurídicas**, objeto de análise da Teoria Geral do Direito, definidas por Bobbio como "aqueles fatos e aqueles atos dos quais o ordenamento jurídico faz depender a produção de normas jurídicas".[4] Correspon-

3 GRINOVER, Ada Pellegrini. Doutrinas. Wambier, vol. 1, p. 116.

4 BOBBIO, Norberto. *Teoria do ordenamento jurídico*. São Paulo: Edipro, 2016, p. 55.

dem à origem primária do direito, equiparada à sua fonte real ou material. Também se emprega a expressão para externar a forma de expressão, utilizando-se de modelos de manifestação, como fontes formais.[5]

As fontes formais são classificadas em estatais e não estatais. As primeiras subdividem-se em legislativas e jurisprudenciais, enquanto as não estatais abrangem o direito consuetudinário, a doutrina e as convenções em geral. As fontes formais não são normas, mas formas de tradução da norma em palavras.

As fontes do Direito Processual Civil seguem os parâmetros do direito em geral e são: a lei e os costumes (**fontes imediatas**), a doutrina e a jurisprudência (**fontes mediatas**).

4. LEI PROCESSUAL CIVIL

4.1. EFICÁCIA E APLICAÇÃO

O Código de Processo Civil em vigor foi aprovado pela Lei n. 13.105/2015, posteriormente modificado pelas Leis n. 13.257/2016 e 13.363/2016. Aquela é uma das leis processuais civis em vigência no Brasil.

A Lei Processual Civil constitui toda aquela que "disciplina a função jurisdicional desenvolvida pelos juízes e tribunais, quando convocados pelos titulares de interesses jurídicos em conflito na órbita civil *lato sensu*".[6]

Em conformidade com o art. 13 do NCPC, a "jurisdição civil será regida pelas normas processuais brasileiras, ressalvadas as disposições específicas previstas em tratados, convenções ou acordos internacionais de que o Brasil seja parte".

A lei processual terá eficácia imediata aos processos em curso, respeitando-se os atos processuais praticados e as situações jurídicas consolidadas sob a vigência da norma revogada.

4.2. DIREITO PROCESSUAL INTERTEMPORAL. CRITÉRIOS

As leis processuais civis, como dito anteriormente, são de efeito imediato, aplicando-se aos processos em andamento, respeitando-se, de outro lado, os atos já praticados.

O Novo Código de Processo Civil fez importantes previsões de direito intertemporal nos artigos 1.046, §§ 1º e 5º, 1.047, 1.054, 1.056 e 1.057, das quais se extrai que foi encampado o sistema de isolamento de atos processuais.

O CPC encampou o sistema de isolamento de atos processuais.

IMPORTANTE!

A coisa julgada **abrangerá apenas a questão principal**. Porém, de acordo com o Novo CPC, poderá abranger também a questão prejudicial, desde que seja decidida expressa e incidentalmente no processo, observando-se os incisos do § 1º do art. 503 (independentemente de ação declaratória incidental, abolida no Novo CPC).

Esta regra, contudo, somente será aplicada aos processos iniciados após a vigência do Novo Código de Processo Civil. Aos anteriores, será necessário que a parte tenha se valido da ação declaratória incidental para que a questão prejudicial decidida faça coisa julgada.

Por esse sistema, aplicam-se de imediato as normas processuais, sendo proibida a retroatividade da lei para os atos já praticados.

Se praticado o ato processual sob a vigência do CPC de 1973 e este contar com efeitos pendentes, a eficácia do Código anterior continua até a sua consolidação. Por isso, iniciado anteriormente um prazo para interposição de recurso (10 dias para o agravo de instrumento), este será o prazo a ser contado, ainda que tenha ocorrido o advento de um novo CPC.

ATENÇÃO! DISPOSIÇÕES DE DIREITO PROBATÓRIO E DIREITO INTERTEMPORAL.

Tais disposições previstas no Novo CPC serão aplicadas **apenas às provas requeridas ou determinadas** de ofício a **partir da data de início de sua vigência**.

Portanto: ainda que em trâmite o processo, mas se a prova tiver sido requerida anterior ao Novo CPC, segue-se a sistemática do CPC de 1973 em relação às disposições de direito probatório.

5. JURISDIÇÃO

5.1. CONCEITO

A Jurisdição é o poder que detém o Estado de fazer atuar as regras jurídicas de forma concreta. Frise-se: só diante de casos concretos é que atuará a função jurisdicional. Essa atividade apresenta-se como secundária, instrumental, declarativa, desinteressada e provocada.

A jurisdição voluntária consiste na administração pública de negócios privados. Trata-se de uma atividade heterogênea do Poder Judiciário, pois não há propriamente um conflito de interesses a ser solucionado, mas o controle de determinados atos. Não obstante, é possível que ocorra

5 Maria Helena Diniz prefere a expressão "fonte jurídica" ao invés de fonte do direito, uma vez que esta seria empregada "metaforicamente, pois em sentido próprio *fonte* é a nascente de onde brota uma corrente de água. Justamente, por ser uma expressão figurativa tem mais de um sentido". DINIZ, Maria Helena. *Compêndio de Introdução à Ciência do Direito*. 24ª. ed. São Paulo: Saraiva, 2013, p. 301.

6 THEODORO JÚNIOR, Humberto. Curso de Direito Processual Civil. 56a. ed. Vol. I. Rio de Janeiro: Gen-Forense, 2015, p. 33.

litigiosidade no procedimento, como ocorre no caso de um dos interessados não concordar com a providência reclamada.

5.2. CARACTERÍSTICAS

Podem ser apontadas como características da jurisdição:

a) substitutividade: o Estado-Juiz substitui a vontade das partes, aplicando o direito ao caso concreto;

b) imparcialidade: o magistrado não poderá ter qualquer interesse no resultado do litígio;

c) lide: embora questionada atualmente, a doutrina clássica defendia que a lide era característica da jurisdição, na medida em que o seu papel seria solucioná-las;

d) monopólio do Estado: a atividade jurisdicional é monopólio do Estado. Não obstante, permite-se que as partes, em determinados casos, elejam pessoa que possa solucionar a lide que lhes é apresentada, ajustando a convenção de arbitragem;

e) inércia: não haverá atividade do Estado-Juiz sem a devida provocação pela parte interessada. Somente em casos excepcionalíssimos admite-se que a jurisdição atue sem ser previamente provocada;

f) unidade: o poder jurisdicional, embora possa ser repartido, é uno;

g) definitividade: o exercício da jurisdição implicará em se alcançar a decisão definitiva sobre o assunto.

5.3. NATUREZA JURÍDICA

Há várias teorias que tentam explicar a natureza jurídica da jurisdição.

- **Teoria organicista ➔** que os atos jurisdicionais teriam essa natureza em razão do órgão de que provêm. Ocorre que mesmo tais órgãos também emitem atos administrativos, motivo pelo qual não pode ser aceita.
- **Teoria subjetiva ➔** considera-se que a jurisdição tem a finalidade de tutelar direitos e aplicar a lei ao caso concreto. É criticável na medida em que é possível que haja necessidade da tutela ainda que não exista direito subjetivo violado.
- **Teoria objetiva ➔** a jurisdição asseguraria a vigência do direito, que é aplicável ao caso concreto. Não é capaz de separar os atos administrativos dos atos judiciais e, por isso, também criticável.
- **Teoria da substituição ➔** o Estado-Juiz substitui a vontade das partes por meio da atividade de seus órgãos jurisdicionais, fazendo com que haja a atuação da vontade concreta da lei.

Atualmente, a jurisdição já vem sendo vista como uma forma de inclusão social.

5.4. PRINCÍPIOS

A Jurisdição é informada por três princípios basilares:

(i) Princípio do Juiz Natural: somente exercerá a Jurisdição aquele devidamente investido na forma prevista pela Constituição Federal;

(ii) A Jurisdição é improrrogável: os limites do poder jurisdicional são traçados pela Constituição Federal;

(iii) A Jurisdição é indeclinável: não pode o Poder Jurisdicional recusar-se a cumprir a sua função, e nem delegá-la a quem quer que seja.

5.5. LIMITES DA JURISDIÇÃO NACIONAL

O CPC 2015 corrigiu a imprecisão conceitual existente anteriormente, ao modificar o tratamento da antiga competência internacional para "limites da jurisdição nacional e da cooperação internacional". De fato, não se trata de um problema que envolva a competência, mas de jurisdição, porque se verifica quais são as causas ou que deverão ser submetidas à jurisdição nacional.

Dessa maneira, algumas matérias somente poderão ser submetidas à jurisdição brasileira, como ocorre, por exemplo, com aquelas relativas a imóveis situados no Brasil. Não será admissível decisão estrangeira a respeito desse tema.

Para outras matérias, no entanto, será admissível que haja decisão por jurisdição estrangeira, produzindo efeitos em território nacional se a decisão for homologada pelo Superior Tribunal de Justiça, por meio de procedimento específico.

Tem-se, então, hipóteses de **jurisdição exclusiva** e outras de **jurisdição concorrente**, consoante o seguinte quadro:

EXCLUSIVA	CONCORRENTE
Somente podem ser decididas pela jurisdição brasileira. Eventuais decisões estrangeiras não serão homologadas pelo Superior Tribunal de Justiça.	Podem ser decididas tanto pelo tribunal estrangeiro quanto pela jurisdição nacional, ressalvadas disposições em contrário de tratados internacionais e acordos bilaterais. Eventual decisão estrangeira deverá ser homologada pelo Superior Tribunal de Justiça. A ação proposta perante o Tribunal estrangeiro não induz litispendência.

As hipóteses de jurisdição exclusiva estão previstas no art. 23 do Novo Código de Processo Civil, segundo o qual compete à autoridade judiciária brasileira, com exclusão de qualquer outra: i) conhecer de ações relativas a imóveis situados no Brasil; ii) em matéria de sucessão hereditária, proceder à confirmação de testamento particular e ao inventário e à partilha de bens situados no Brasil, ainda que o autor da herança seja de nacionalidade estrangeira ou tenha domicílio fora do território nacional; iii) em divórcio, separação judicial ou dissolução de união estável, proceder à partilha de bens situados no Brasil, ainda que o titular seja de nacionalidade estrangeira ou tenha domicílio fora do território nacional.

O juízo estrangeiro poderá decretar o divórcio, hipótese em que estará dispensada a homologação da sentença no Brasil (art. 961 CPC). Porém, a decisão sobre a partilha somente poderá ser proferida pela autoridade judicial brasileira.

> **O divórcio poderá ser decretado pelo juiz estrangeiro, mas a partilha de bens somente pela autoridade brasileira.**

De outro lado, determinadas matérias poderão ser objeto de decisão pela autoridade jurisdicional brasileira ou pela estrangeira. No caso de haver concomitância de ações, prevalecerá aquela que transitar em julgado em primeiro lugar.

Para todos os efeitos, transitará em julgado a decisão estrangeira tão somente após a sua homologação pelo Superior Tribunal de Justiça.

Como é possível verificar, o fato de existir uma demanda em trâmite perante a autoridade judiciária estrangeira não induz litispendência em relação à ação movida em território nacional, admitindo-se a concomitância de trâmite de ações.

Admite-se à autoridade judiciária brasileira processar e julgar as seguintes ações em que: i) o réu, qualquer que seja a sua nacionalidade, estiver domiciliado no Brasil; ii) no Brasil tiver de ser cumprida a obrigação; iii) o fundamento seja fato ocorrido ou ato praticado no Brasil; iv) de alimentos, se o credor tiver domicílio ou residência no Brasil ou o réu mantiver vínculos no Brasil, tais como posse ou propriedade de bens, recebimento de renda ou obtenção de benefícios econômicos; v) decorrentes de relações de consumo, quando o consumidor tiver domicílio ou residência no Brasil; vi) em que as partes, expressa ou tacitamente, se submeteram à jurisdição nacional.

Nas ações de jurisdição concorrente, se houver cláusula de eleição de foro exclusivo estrangeiro em contrato internacional e tal for arguido na contestação, não poderá a decisão ser proferida pela autoridade judiciária brasileira.

> Admite-se a cooperação jurídica internacional que tenha por objeto: i) citação, intimação e notificação judicial e extrajudicial; ii) colheita de provas e obtenção de informações; iii) homologação e cumprimento de decisão; iv) concessão de medida judicial de urgência; v) assistência jurídica internacional; vi) qualquer outra medida judicial ou extrajudicial não proibida pela lei brasileira.

6. COMPETÊNCIA

6.1. CRITÉRIOS DETERMINADORES

6.1.1. COMPETÊNCIA EM RAZÃO DA MATÉRIA

Analisando-se a causa de pedir e o pedido chega-se à definição da **competência em razão da matéria,** e leva em consideração a repartição do trabalho por conta da previsão de especialização.

Nesse sentido, podem existir varas especializadas em falência, família, direito do consumidor e outras, todas com competência absoluta para o conhecimento da matéria proposta.

A competência determinada em razão da matéria, da pessoa ou da função **é inderrogável por convenção das partes**.

6.1.2. COMPETÊNCIA EM RAZÃO DO VALOR E DO TERRITÓRIO

Admite-se a modificação da competência determinada em razão do valor e do território, **elegendo** foro onde será proposta ação oriunda de direitos e obrigações. Trata-se de negócio processual celebrado entre as partes, conhecido como foro de eleição.

Obrigatoriamente, **a sua celebração deverá ser por escrito e indicar expressamente a determinado negócio jurídico**.

> *Não se admite foro de eleição fixado de forma genérica sem especificação do negócio jurídico a que relacionado.*

Admite-se que o magistrado reconheça, de ofício, ser abusiva a cláusula de eleição de foro, antes de ser o réu citado. Nesse caso, será determinada a remessa dos autos ao juízo do foro do domicílio do réu.

Porém, se o réu já tiver sido citado, o juízo dependerá de alegação do réu para que reconheça a ineficácia da cláusula em razão de suposta abusividade.

Portanto, se o réu não a alegar, a matéria estará preclusa.

6.1.3. COMPETÊNCIA FUNCIONAL

O critério funcional considera a função do órgão jurisdicional e tem como subdivisões a vertical e a horizontal.

Em conformidade com a distribuição vertical, compete ao juízo de primeiro grau processar a demanda e sentenciá-la, enquanto ao Tribunal conhecer dos recursos inerentes. De outro lado, a distribuição horizontal não considera qualquer hierarquia entre os juízos, como ocorre na vertical, como ocorre com a hipótese de ser deprecada a prática de um ato processual.

6.1.4. COMPETÊNCIA TERRITORIAL

Como já visto, a competência territorial, em regra, será relativa, pois prevista no interesse das partes, que podem modificá-la por convenção (foro de eleição) ou por não terem apresentado a respectiva preliminar no tempo oportuno.

Constituem-se exceções à regra as ações fundadas em direito real sobre imóveis e ações possessórias, que devem ser processadas perante o foro da situação da coisa.

Admite-se que o autor opte pelo foro de domicílio do réu ou pelo foro de eleição se o litígio não recair sobre direito de propriedade, vizinhança, servidão, divisão e demarcação de terras e de nunciação de obra nova.

Questão interessante surge na hipótese de a demanda situar-se em localidade em que não há instalada vara da Justiça Federal e houver interesse da União. Nessa hipótese, prevalecerá a competência da Justiça Federal ou então a do foro da situação da coisa e, portanto, da Justiça Estadual?

Em conformidade com o Superior Tribunal de Justiça, a competência será da Justiça Federal, regra que predomina, pois não se está diante de competência delegada. A propósito, vide a Súmula 218 STJ: "é competente o juízo da fazenda nacional da capital do Estado, e não o da situação da coisa, para a desapropriação promovida por empresa de energia elétrica e a União intervém como assistente".

a) Regra geral: foro do domicílio do réu

A ação fundada em direito pessoal e a ação fundada em direito real sobre bens móveis serão propostas, em regra, no foro do domicílio do réu. Tendo este mais de um domicílio, poderá ser demandado em qualquer um deles. Essa é a regra geral, sem prejuízo da existência de regras subsidiárias, se acaso aquela não puder ser aplicada.

Assim, sendo incerto ou desconhecido o domicílio do réu, ele será demandado onde for encontrado ou no foro do domicílio do autor. Ou, se o réu não tiver domicílio nem residência no Brasil, a ação será proposta no foro do domicílio do autor. Se este também residir fora do Brasil, a ação será proposta em qualquer foro.

Havendo dois ou mais réus com diferentes domicílios, serão demandados no foro de qualquer deles, à escolha do autor.

O foro do domicílio do autor da herança, no Brasil, é o competente para o inventário, a partilha, a arrecadação, o cumprimento de disposições de última vontade, a impugnação ou anulação de partilha extrajudicial e para todas as ações em que o espólio for réu, ainda que o óbito tenha ocorrido no estrangeiro.

A ação em que o incapaz for réu será proposta no foro de seu representante ou assistente.

As causas movidas pela União serão processadas perante o foro do domicílio do réu. Se a União for a demanda, será competente o foro do domicílio do autor, no de ocorrência do ato ou fato que originou a demanda, no de situação da coisa ou no Distrito Federal.

b) Hipóteses de foro especial

As hipóteses de foro especial sobrepõem-se à regra geral, segundo a qual a ação deve ser ajuizada perante o domicílio do réu.

Ação de divórcio, separação, anulação de casamento e reconhecimento ou dissolução de união estável	a) de domicílio do guardião de filho incapaz; b) do último domicílio do casal, caso não haja filho incapaz; c) de domicílio do réu, se nenhuma das partes residir no antigo domicílio do casal;
Ação de alimentos	Domicílio ou residência do alimentando.
Ré for pessoa jurídica	Lugar onde está a sede.
Quanto às obrigações assumidas pela pessoa jurídica	Lugar da agência ou sucursal
Ré pessoa jurídica ou associação sem personalidade jurídica	Lugar onde forem exercidas as suas atividades.
Ação em que for exigido o cumprimento	Lugar onde a obrigação deve ser satisfeita.
Direito previsto no Estatuto do Idoso	Residência do idoso.
Ação de reparação de dano praticado em razão de ofício notarial.	Local da sede da serventia notarial ou registral.
Reparação de dano e ação em que for réu administrador ou gestor de negócios.	Lugar do ato ou fato
Ação de reparação de dano sofrido em razão de delito ou acidente de veículos, inclusive aeronaves.	Domicílio do autor ou do local do fato.

6.1.5. COMPETÊNCIA DA JUSTIÇA FEDERAL

A competência da Justiça Federal está prevista na Constituição Federal, sendo admitida a delegação da competência à Justiça Estadual em determinadas hipóteses.

> *Serão julgadas pela Justiça Federal as causas em que a União, a entidade autárquica ou empresa pública federal forem interessadas na condição de autoras, rés, assistentes ou opoentes, salvo nos casos de recuperação judicial, falência, insolvência civil e acidente de trabalho e aquelas sujeitas à justiça eleitoral e à justiça do trabalho (art. 45 do CPC).*

Além disso, compete à Justiça Federal julgar as causas fundadas em contratos internacionais ou tratados firmados pela União, que digam respeito a grave violação a direitos humanos, sobre disputas de terras indígenas e referentes à nacionalidade e à naturalização.

Assim, o critério "em razão das pessoas", leva em consideração o fato de atuarem nos processos, como parte ou interveniente, a União, entidades autárquicas federais (autarquias, agências reguladoras e fundações autárquicas), empresas públicas federais (excluídas as sociedades de economia mista), os Conselhos de fiscalização profissional, o Ministério Público Federal.

Também devem tramitar as causas envolvendo pessoa residente no Brasil ou município brasileiro em face de Estado estrangeiro ou organismo internacional.

É de competência da Justiça Federal julgar os mandados de segurança e *habeas data* contra ato de autoridade federal, salvo se for o caso de competência originária de tribunal.

IMPORTANTE

As execuções fiscais federais serão processadas perante a Justiça Federal. Até o ano de 2014, se o domicílio do executado não contasse com sede da Justiça Federal, a ação tramitaria perante a Justiça Estadual. Tratava-se de hipótese de delegação da competência. Porém, em virtude de alteração da Lei n. 5.021/1966, esta delegação foi revogada, de modo que todas aquelas ações tramitarão perante a Justiça Federal, **salvo aquelas que já tinham sido ajuizadas**.

Verificando existir interesse da União, de suas entidades autárquicas ou de suas empresas públicas, deverá o Juízo Estadual remeter os autos à Justiça Federal, competindo a esta fiscalizar a existência deste interesse.

Se o Juízo federal verificar que não há interesse da União ou de outras entidades que justificariam a competência da Justiça Federal, promoverá à devida exclusão do processo e encaminhará os autos à Justiça Estadual, sem suscitar conflito de interesse.

6.1.6. COMPETÊNCIA ORIGINÁRIA DOS TRIBUNAIS SUPERIORES

A competência do Supremo Tribunal Federal e do Superior Tribunal de Justiça está prevista na Constituição Federal, consoante prevê respectivamente os artigos 102 e 105.

Aproveita-se a oportunidade para analisar alguns órgãos da estrutura judiciária nacional.

INTEGRANTES DO JUDICIÁRIO NACIONAL	NORMAS CONSTITUCIONAIS RESPECTIVAS
Supremo Tribunal Federal	arts. 101 a 103-A
Conselho Nacional de Justiça	art. 103-B
Superior Tribunal de Justiça	arts. 104 a 105
Tribunais Regionais Federais e Juízes Federais	arts. 106 a 110
Tribunais e Juízes do Trabalho	arts. 111 a 117
Tribunais e Juízes Eleitorais	arts. 118 a 121
Tribunais e Juízes Militares	arts. 122 a 124
Tribunais e Juízes dos Estados e do Distrito Federal e Territórios	arts. 125 a 126
Juizados Especiais	art.98, inc. I e § 1º
Justiça de Paz	art.98, inc. II

6.2. COMPETÊNCIA ABSOLUTA E RELATIVA

As regras de competência podem existir para atendimento do interesse público, quando então se diz que se está diante da **competência absoluta**, ou para comodidade das partes, hipótese em que será **relativa**.

A competência absoluta é um pressuposto de validade da relação processual, configurando-se matéria que pode ser conhecida de ofício pelo juiz. Aliás, em consonância com o **princípio da competência sobre a competência**, admite-se que o juiz analise se tem ou não competência para decidir sobre determinada questão que lhe foi apresentada. Admite-se que a parte alegue o vício da incompetência absoluta até mesmo após o trânsito em julgado, por meio da ação rescisória.

Diferentemente, a competência relativa não é um pressuposto de validade da relação processual. Não poderá ser conhecida de ofício pelo juiz, devendo ser alegada oportunamente pela parte interessada, na própria contestação, como preliminar.

A INCOMPETÊNCIA ABSOLUTA E A RELATIVA DEVEM SER ALEGADAS COMO PRELIMINARES, NA PRÓPRIA CONTESTAÇÃO.

COMPETÊNCIA ABSOLUTA	COMPETÊNCIA RELATIVA
Regras de interesse público	Conveniência das partes
São inderrogáveis	Podem ser modificadas pela vontade das partes
Pressuposto processual de validade	Não é pressuposto processual
Pode ser conhecida de ofício	Não pode ser conhecida de ofício.
Pode ser alegada a qualquer momento, mesmo após o trânsito em julgado (na ação rescisória).	Não pode ser alegada a qualquer momento.

Com o registro ou a distribuição da petição inicial estará fixada a competência, sendo irrelevantes as modificações do estado de fato ou de direito ocorridas posteriormente, salvo quando suprimirem órgão judiciário ou alterarem a competência absoluta.

Assim, as alterações supervenientes do estado de fato ou de direito são irrelevantes, de modo que não importarão na modificação da competência. A essa manutenção da competência deu-se o nome de *perpetuatio jurisdicionis*, prevista no art. 43 do NCPC.

A *perpetuatio jurisdicionais* (ou perpetuação da competência, como seria mais adequado) não prevalecerá em quaisquer situações, conforme a própria ressalva do Código. Assim, se houver supressão do órgão judiciário ou alteração da competência da competência absoluta em decorrência das modificações do estado de fato ou de direito, haverá a alteração da competência.

Por esse motivo, se uma Subseção da Justiça Federal for extinta, a ação passará a tramitar perante a Subseção que absorveu os processos daquela.

6.3. MODIFICAÇÕES DA COMPETÊNCIA

A competência poderá ser alterada em decorrência de **previsão legal** (como ocorre com a conexão, por exemplo) ou por **vontade das partes** (foro de eleição ou não formulação de preliminar na contestação).

Prevê o art. 54 que a **competência relativa** poderá ser modificada pela conexão ou pela continência.

É possível estabelecer uma relação de afinidade entre ações, o que pode gerar vários efeitos práticos, como a reunião de processos para julgamento conjunto, a suspensão de um processo para se aguardar o julgamento de outro etc.

Consideram-se **conexas** duas ações quando lhes for comum o **pedido ou a causa de pedir**. Trata-se de hipótese mínima em que as causas serão conexas, porque é possível que exista esta relação muito embora não seja comum o pedido ou a causa de pedir.

EXISTIRÁ CONEXÃO ENTRE CAUSAS
Se houver comunhão entre elas em relação ao pedido <u>OU</u> a causa de pedir.

Para que não ocorram decisões conflitantes e se gere injustiça, determina o Código que, havendo conexão entre as causas, sejam elas reunidas para decisão conjunta. Dessa maneira, será proferida uma única sentença, solucionando as duas ações.

A reunião dos processos será feita em favor do juízo prevento, que os decidirá. A prevenção do juízo será estabelecida **pelo registro ou pela distribuição**. Não mais se trata de efeito da citação válida.

A prevenção não mais se trata de efeito da citação válida. O juízo prevento será estabelecido em razão do registro ou da distribuição.

Para que ocorra a reunião dos processos haverá a necessidade de observância dos seguintes requisitos: i) juízo absolutamente competente para decidir as causas; ii) existência de liame entre as causas; iii) que as causas não tenham sido sentenciadas.

A reunião dos processos para julgamento conjunto também será possível à execução de título executivo extrajudicial e à ação de conhecimento relativa ao mesmo ato jurídico, bem como às execuções fundadas no mesmo título executivo.

Admite o CPC, ainda, **a reunião de processos para julgamento conjunto, ainda que não haja conexão**. Isso será permitido em relação aos processos que possam gerar risco de prolação de decisões conflitantes ou contraditórias caso decididas separadamente.

ADMITE-SE A REUNIÃO DE PROCESSOS, AINDA QUE NÃO HAJA CONEXÃO ENTRE AS DEMANDAS.

Ocorrerá a **continência** entre duas ou mais ações quando houver identidade quanto às partes e à causa de pedir, mas o pedido de uma, por ser mais amplo, abrange o das demais (art. 57).

RELAÇÃO ENTRE CAUSAS { **CONEXÃO** / **CONTINÊNCIA** } { REUNIÃO PROCESSOS / SUSPENSÃO DEPENDENTE }

⇩

HARMONIZAÇÃO, SEGURANÇA JURÍDICA E ECONOMIA

Havendo continência e a ação continente tiver sido proposta anteriormente, no processo relativo à ação contida será proferida sentença sem resolução de mérito. Caso contrário, as ações serão necessariamente reunidas. Assim, se a ação A (mais ampla – continente) for proposta anteriormente à ação B (menos ampla – contida), nesta (ação B) será proferida sentença sem resolução de mérito.

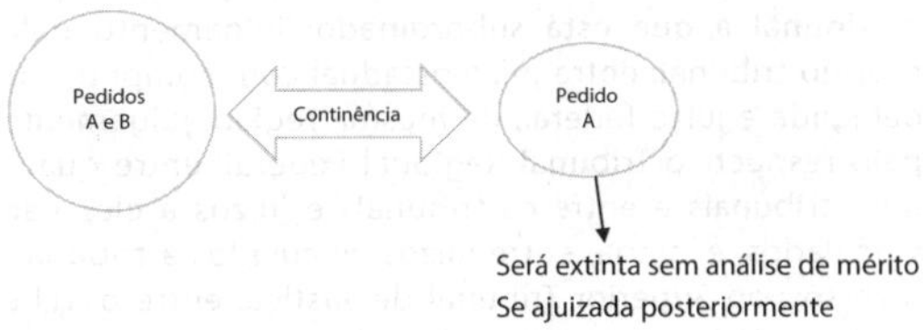

6.4. MEIOS DE DECLARAÇÃO DE INCOMPETÊNCIA

A incompetência absoluta e a relativa poderão ser alegadas como preliminar em contestação. Não mais se admite (ou exige) que a incompetência relativa seja alegada por meio de exceção.

Estarão preservados os efeitos da decisão proferida pelo juízo incompetente até que outra seja proferida, se for o caso, pelo juízo competente, salvo se houver decisão judicial em sentido contrário.

Reiterando, em razão da importância: a incompetência relativa deverá ser alegada como preliminar na contestação. Se o réu não o fizer, o juízo passa a ser competente. Trata-se da **prorrogação da competência.**

6.5. CONFLITOS DE COMPETÊNCIA E DE ATRIBUIÇÕES

Será possível que, entre dois Juízos, haja divergência quanto à competência para o julgamento de determinada demanda, quando se está diante do **conflito de competência**, que poderá ser positivo ou negativo.

Conflito de competência { Positivo / Negativo }

O **conflito positivo de competência** ocorrerá quando dois juízos se derem por competentes. Diferentemente, haverá o **conflito negativo** se houver a recusa entre eles, por entenderem não ser competentes, o que será possível se um atribuir ao outro a competência, ou se surgir controvérsia sobre a reunião ou separação de processos.

Se excluído do feito o ente federal, cuja presença foi fator preponderante para que o juízo estadual declinasse de sua competência, deverá o juízo federal restituir os autos e não suscitar o conflito (Súmula 224 STJ), não podendo o juízo estadual discutir sobre o interesse do ente federal.

O juiz que não acolher a competência declinada deverá **suscitar o conflito**, salve se a atribuir a outro juízo.

O conflito poderá ser suscitado por qualquer das partes, pelo Ministério Público ou pelo juiz. A parte, contudo, não poderá suscitá-lo se já alegou a incompetência relativa.

A competência para o julgamento do conflito segue as seguintes regras: – entre dois juízos do mesmo Tribunal: julgamento pelo próprio Tribunal; – entre dois juízos federais da mesma Região: julgamento pelo respectivo Tribunal Regional Federal; entre juízo de primeiro grau e tribunal a que está subordinado: julgamento pelo próprio tribunal; entre juízo estadual com competência delegada e juízo federal, da mesma região: julgamento pelo respectivo Tribunal Regional Federal; entre quaisquer tribunais e entre os tribunais e juízos a eles não vinculados, e, ainda, entre juízos vinculados a tribunais diversos: ao Superior Tribunal de Justiça; entre o STJ e quaisquer tribunais, entre tribunais superiores ou entre esses e qualquer outro tribunal: ao Supremo Tribunal Federal.

O conflito poderá ser decidido por decisão monocrática ou pelo colegiado.

Permite-se ao relator julgar de plano o conflito quando sua decisão estiver baseada em súmula do STF, do STJ ou do próprio tribunal, ou se a tese estiver firmada em julgamento de casos repetitivos ou em incidente de assunção de competência.

Ao decidir o conflito, o Tribunal não só reconhecerá o juízo competente (que poderá ser até um terceiro, que não tenha participado do conflito), como também se pronunciará sobre a validade dos atos do juiz incompetente.

O conflito de atribuições entre o Ministério Público Federal e o Ministério Público Estadual será decidido pelo Procurador Geral da República e não pelo STF.

Trata-se de matéria administrativa e não jurisdicional.

7. DIREITO DE AÇÃO

7.1. O DIREITO DE AÇÃO OU DIREITO À JURISDIÇÃO

- Como o Estado-juiz é o detentor do monopólio jurisdicional, o cidadão possui o direito à jurisdição ou o direito de ação, que se apresenta como um direito subjetivo distinto.
- Trata-se de um direito que não é vinculado ao direito material da parte, motivo pelo qual o direito de ação é abstrato, tal como prevalece doutrinariamente na atualidade.
- A ação é um direito público subjetivo, abstrato, autônomo e instrumental.
- Direito público subjetivo → pode ser exercitado pela parte.
- **Abstrato** → há o direito à prestação jurisdicional, independentemente de seu resultado.
- **Autônomo** → não necessita de um direito subjetivo material.
- **Instrumental** → há o exercício da pretensão para a obtenção de uma decisão.

7.2. ELEMENTOS

Os elementos da ação proporcionam a sua individualização. São três: partes, pedido e causa de pedir.

7.3. CONDIÇÕES DA AÇÃO

A Constituição Federal assegura o direito de ação, mas é a lei processual que estabelece as condições necessárias para a devida prestação jurisdicional necessitada. No modelo de Liebman, adotado pelo CPC de 1973, para que se obtivesse a sentença de mérito, deveriam estar presentes as condições da ação, indicadas como sendo três: interesse processual, legitimidade de agir e possibilidade jurídica do pedido.

Dividiu-se a doutrina ao interpretar o Novo Código de Processo Civil, sendo possível vislumbrar a existência de dois posicionamentos principais. Pelo primeiro, ainda persiste a categoria jurídica processual das condições da ação, sendo, porém, limitada a duas, quais sejam, **interesse de agir e a legitimidade ad causam**. Pelo segundo, não mais persiste esta categoria processual, sendo o interesse processual e a legitimidade tratadas entre os pressupostos processuais.

Dessa maneira, deve ser novamente enfatizado que as condições da ação, por essa concepção, **resumem-se a duas, que são o interesse de agir e a legitimidade ad causam. A possibilidade jurídica do pedido deixou de ser tratada como condição da ação para ser enfrentada como matéria de mérito.**

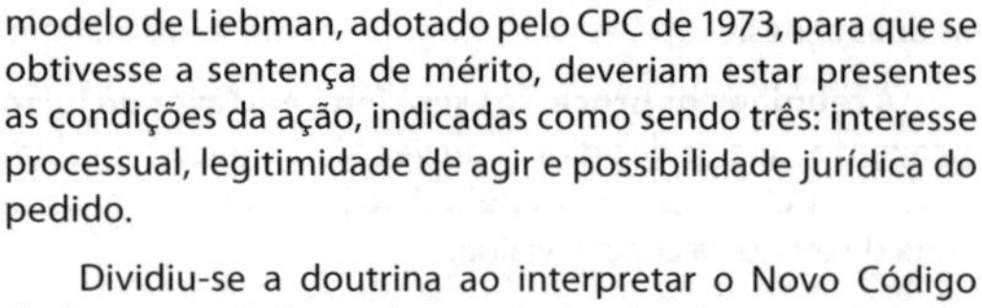

Legitimidade *ad causam*: deve haver nexo subjetivo entre a relação jurídica material e as partes no processo. O autor, em princípio, deve ser o titular da situação jurídica, e o réu deve estar em uma situação de sujeição. Portanto, o autor é aquele que se apresenta como titular da relação jurídica afirmada em juízo. Quando não houver essa correspondência, estar-se-á diante da legitimidade extraordinária.

Pela **Teoria da Asserção**, o magistrado verifica se estão presentes as condições da ação no momento em que a demanda é proposta. Nesta oportunidade, é possível a extinção do processo. Posteriormente, já estando adiantado o procedimento, se verificada a ausência de uma das condições, o magistrado não mais promoveria a extinção sem análise de mérito, mas julgaria o pedido improcedente justamente pela falta da condição. Parcela considerável da doutrina rejeita tal teoria, seguindo entendimento capitaneado por Dinamarco.

Interesse de agir: compreende dois aspectos, representados pelo binômio necessidade-utilidade (ou necessidade-adequação). A provocação da atividade jurisdicional deve ser necessária para a obtenção do resultado pretendido. Isso decorre de lei ou de ato do réu. Ademais, o instrumento deve ser adequado (útil) à obtenção do resultado.

Deve haver a diferenciação entre **o interesse processual (ou secundário) do interesse substancial (primário)**.

O interesse substancial é aquele que o autor afirma ser o titular. É o interesse resistido, que não foi satisfeito pela parte contrária. Em decorrência da necessidade de proteção desse interesse, surge o interesse processual ou secundário.

Retoma-se aqui o tema da legitimidade ordinária e extraordinária. Como visto, a parte exercerá o seu direito de ação para tutelar a satisfação de um interesse substancial. Terá interesse processual para amparar um direito que afirma ser titular. Visto dessa maneira, tem-se a legitimidade ordinária, prevista no art. 18, *caput* do NCPC nos seguintes termos: "Ninguém poderá pleitear direito alheio em nome próprio, salvo quando autorizado pelo ordenamento jurídico".

Ocorre que, por vezes, a lei admite que alguém, embora não seja o titular do interesse substancial, tem o interesse processual (secundário), de modo que lhe é facultado assegurar o direito. Tem-se como exemplo a propositura de ação civil pública para a proteção ambiental pelo Ministério Público.

> *Portanto, na legitimação extraordinária, terá legitimidade aquele que não é titular do interesse substancial, embora a lei lhe confira interesse processual.*

Dessa maneira, o substituído deve ser parte legítima, bem como o substituto deverá atuar somente em virtude de autorização legal. Admite-se, de toda forma, a intervenção do substituído como assistente litisconsorcial.

Caso típico de substituição processual: Tício e Mévio litigam, aduzindo aquele que é o proprietário de um imóvel e, por isso, busca a tutela da propriedade. Mévio aliena o imóvel no curso da ação a Maria. Se Tício não concordar com o ingresso de Maria e exclusão de Mévio, este continuará no polo passivo da ação. Maria, por sua vez, poderá atuar como assistente litisconsorcial. Note-se que, neste caso, Maria será a titular do interesse substancial, ao passo que Mévio terá interesse processual.

O interesse do autor poderá consistir no exercício de uma pretensão com preponderância declaratória. Nesse sentido, indica o art. 19 que o interesse do autor pode limitar-se à declaração: i) da existência, da inexistência ou do modo de ser de uma relação jurídica, ou ii) da autenticidade ou da falsidade de documento. Tem-se, então, a ação meramente declaratória. Como é possível dessumir, não será pertinente ingressar com uma ação apenas para que haja uma consulta jurídica. Não se pode buscar a declaração de fatos, salvo relativos à autenticidade ou falsidade documental.

De toda forma, admite o Superior Tribunal de Justiça o ajuizamento de ação declaratória para obtenção de certeza quanto à exata interpretação de cláusula contratual (Súmula 181 STJ).

O Novo Código de Processo Civil foi enfático no sentido de dirimir uma velha questão: admite-se a ação meramente declaratória, ainda que tenha ocorrido a violação do direito. Admite-se a ação para declaração da existência de obrigação de pagar. Vide art. 20.

7.4. CLASSIFICAÇÃO E CRITÉRIOS IDENTIFICADORES

A ação poderá ser declaratória, condenatória, constitutiva e, encampando-se a teoria quinária, pode ser também mandamental e executiva lato sensu. Para evitar repetição, sugere-se que seja vista a classificação das sentenças, quando o tema foi abordado com mais profundidade.

7.5. CONCURSO E CUMULAÇÃO DE AÇÕES

Como regra, tem-se a cumulação de ações se, em um único processo, forem exercidas várias pretensões.

A cumulação poderá ocorrer desde o início do processo, já na petição inicial, quando o autor apresentar vários pedidos. Ou também poderá ser ulterior, se o réu apresenta pedido na reconvenção.

Também poderá englobar terceiros, como ocorre na denunciação da lide, em que o denunciante exerce sua pretensão regressiva em face do denunciado.

8. CONEXÃO E CONTINÊNCIA

Foi tratada anteriormente no item 6.3.

9. PROCESSO

9.1. NOÇÕES GERAIS

Há várias teorias sobre a natureza jurídica do processo, podendo ser destacadas:

a) Processo como contrato: haveria um contrato entre as partes no sentido de se submeter à decisão judicial;

b) Processo como quase-contrato: as obrigações são determinadas com base na lei, pressupondo-se a existência de um acordo entre as partes;

c) Processo como relação jurídica: identifica-se uma relação jurídica entre as partes e o Estado-Juiz, chamada de relação jurídica processual. Esta relação se caracteriza quanto aos sujeitos, objeto e pelos seus pressupostos.

d) Processo como situação jurídica;

e) Processo como instituição;

f) Processo como mero procedimento;

g) Processo como categoria complexa;

h) Processo como categoria jurídica autônoma.

Para todos os fins, deve-se considerar como adequada a teoria que considera o processo como uma relação jurídica.

9.2. RELAÇÃO JURÍDICA PROCESSUAL

Antes de ingressar propriamente no estudo dos pressupostos processuais, há necessidade de ser analisada a relação jurídica processual.

Essa relação jurídica é estabelecida entre autor, juiz e réu. Esse é o entendimento atual doutrinário, que entende essa relação jurídica como sendo triangular ou trilateral.

Em contrapartida, há aqueles que entendem ser a relação processual angular, estabelecendo-se relações entre autor e juiz, e réu e juiz.

É certo que, antes da citação, a relação jurídica processual não está completada e não há, propriamente, o processo. Tanto é assim que a citação vem sendo considerada como pressuposto processual de existência.

Essa ideia de relação processual surgiu na segunda metade do século XIX, a partir dos estudos da doutrina alemã. Antes disso, não se concebia o direito processual como uma ciência autônoma, mas como um apêndice do direito material.

Diante dessas observações, percebe-se que a relação processual possui as seguintes características: **é autônoma, trilateral, pública, complexa e dinâmica**.

Percebe-se, então, que os estudos da doutrina alemã, o direito processual foi concebido como uma ciência autônoma, com princípios e requisitos próprios, verificando-se a existência dos pressupostos processuais.

Estes pressupostos processuais, ao lado das condições da ação, compõem os pressupostos de admissibilidade da atividade jurisdicional.

9.3. PRESSUPOSTOS PROCESSUAIS

Várias são as **classificações** dos pressupostos processuais existentes em sede doutrinária.

Registre-se que o processo existirá ainda que faltem os pressupostos processuais. Assim, é no próprio processo que há o exame da existência ou inexistência deles.

Focando o estudo na relação processual, formada a partir do vínculo trilateral autor, réu e juiz, percebe-se a existência de pressupostos processuais que estão dentro dessa relação, ou seja, que são intrínsecos a ela, e pressupostos processuais que estão fora dessa relação.

Os primeiros são os pressupostos intrínsecos, que alguns doutrinadores indicam como sendo pressupostos de constituição e de desenvolvimento válido da relação processual. Devem estar presentes para que aquela relação processual exista e se desenvolva validamente.

Paralelamente, há os **pressupostos externos à relação processual (extrínsecos)**. Estes não devem incidir, chamados, por isso, de **negativos**.

Para que o processo exista (no mundo jurídico) devem estar presentes os pressupostos de existência:

JUIZ	➔	JURISDIÇÃO
AUTOR	➔	PETIÇÃO INICIAL
RÉU	➔	CITAÇÃO

Jurisdição: deve existir um órgão jurisdicional devidamente investido consoante determinam as normas constitucionais pertinentes.

Petição inicial: o processo civil começa por iniciativa da parte. Não se inicia a relação processual sem a provocação do autor, por meio do instrumento adequado, denominado petição inicial. Entende-se por demanda a provocação do Estado Juiz e a petição inicial é o instrumento da demanda. Excepcionalmente, verifica-se que existem processos que se iniciam sem a petição inicial.

Citação: é o ato pelo qual são convocados o réu, o executado ou o interessado para integrar a relação processual.

9.4. PRESSUPOSTOS PROCESSUAIS DE DESENVOLVIMENTO (OU DE VALIDADE)

Partindo-se da hipótese em que a relação processual existe (porque presentes os pressupostos de existência), verifica-se se estão presentes os pressupostos de desenvolvimento válido do processo (ou só de desenvolvimento ou só de validade). Esses pressupostos completam os de existência.

São pressupostos de validade ou de desenvolvimento válido: competência (absoluta), imparcialidade, capacidade e legitimidade processual, petição inicial válida e citação válida.

9.5. PRESSUPOSTOS PROCESSUAIS NEGATIVOS

Os pressupostos processuais negativos estão fora da relação processual. Não podem estar presentes, sob pena de extinção do processo, sem resolução do mérito.

Será reconhecida a existência da litispendência quando for proposta ação idêntica a outra já pendente, considerando essa identidade a partir dos elementos da ação.

A coisa julgada impede a repropositura da mesma ação quando já existir sentença transitada em julgado a respeito.

A perempção importará na extinção quando o autor der causa ao abandono da ação por três vezes. Na quarta, não poderá ser proposta a demanda.

Também se aponta a convenção de arbitragem como um dos pressupostos negativos, muito embora não possa ser a matéria conhecida de ofício pelo juiz.

10. PROCESSO E PROCEDIMENTO

10.1. O PROCESSO SINCRÉTICO

Já com o Código de Processo Civil de 1973, adotou-se o princípio do sincretismo, pelo qual houve a fusão dos processos de conhecimento e de execução. Concebeu-se, então, o processo sincrético, com a fase de conhecimento e a fase de cumprimento sentença. Houve continuidade do modelo no Novo Código de Processo Civil, com algumas particularidades, que serão examinadas adiante.

Deve ser registrado que o processo sincrético, no Código de Processo Civil de 2015, também alcança as demandas promovidas em face da Fazenda Pública.

Por esse motivo, o Livro I da Parte Especial do NCPC trata do "Processo de Conhecimento e do Cumprimento de Sentença". A rigor científico, o tema deveria ser tratado em um único capítulo, mas, para fins didáticos, haverá a cisão em dois. Um para o processo de conhecimento e outro para o cumprimento de sentença.

Por meio do processo de conhecimento (ou fase de conhecimento), buscará a parte que o juiz profira uma sentença declaratória, constitutiva (ou desconstitutiva), condenatória, mandamental e/ou executiva. Trata-se da oportunidade em que se busca a certificação do direito. Para tanto, deverá ser observada a Norma Fundamental da primazia do julgamento do mérito (art. 4º), por meio da qual têm as partes direito à solução integral do mérito.

Desse modo, iniciado o processo por atividade da parte, aquele se desenvolverá por impulso oficial do juiz, buscando-se a solução de mérito, incluída a atividade satisfativa. Encerrada a fase de certificação do direito, passa-se ao cumprimento da sentença.

A adoção do processo sincrético não significa a extinção do processo de execução autônomo. Este ainda persevera em relação aos títulos executivos extrajudiciais, que darão ensejo ao início de novo processo. Excepcionalmente também será admitida a execução autônoma para alguns títulos executivos judiciais, como será visto oportunamente.

10.2. DO PROCEDIMENTO

O procedimento corresponde ao rito, ao conjunto de atos que devem ser seguidos para se alcançar a solução da demanda apresentada.

O Novo Código de Processo Civil, de um modo geral, fez previsão dos procedimentos COMUM e ESPECIAIS, rompendo-se com o modelo constante do CPC de 1973, que previa os procedimentos comum ordinário e sumário, além dos especiais. Dessa maneira, atualmente, aplicam-se a todas as causas o procedimento comum, salvo disposição em contrário do Código ou prevista em outras leis. Da mesma forma, as suas disposições também serão aplicadas de forma subsidiária aos procedimentos especiais e também ao processo de execução.

O CPC não prevê o procedimento sumário, tal como fazia o CPC de 1973. Porém, para as ações propostas antes do Novo CPC, continuarão em vigência aquelas indicadas no CPC anterior em relação a tal procedimento.

10.3. DO PROCEDIMENTO COMUM

Como é enfatizado no art. 318, o procedimento comum é aplicado a todas as causas, salvo disposição em contrário prevista no CPC ou em outra lei. Aplica-se, ainda, de forma subsidiária, aos demais procedimentos especiais e ao processo de execução.

A previsão de procedimentos especiais decorre da necessidade de proporcionar a tutela jurisdicional diferenciada, justificada em razão do bem jurídico que é tutelado. A depender do bem jurídico, justifica-se a previsão de um procedimento mais célere, com fases processuais que se concentram. A título de exemplo, tem-se a ação de alimentos, que conta com um procedimento com atos processuais concentrados em audiência e, por isso, mais célere. Tal celeridade se justifica em razão da própria natureza da obrigação.

É possível identificar a seguintes fases no procedimento comum: i) postulatória; ii) saneadora; iii) instrutória; e, iv) decisória.

É interessante notar que, embora cada fase tenha alguns atos que lhe são específicos, nem sempre essa ordem será observada.

Será possível, por exemplo, que o magistrado determine que o autor emende a petição inicial, quando então estará determinando o saneamento do processo, embora ainda na fase postulatória. Então, embora existam atos que são característicos de uma fase, é possível que eles sejam praticados também em outro momento.

Um outro exemplo, é a possibilidade de ser proferida decisão interlocutória de mérito, em julgamento antecipado parcial da lide, prosseguindo-se o processo de conhecimento em relação a outros pedidos. Verifica-se que o magistrado poderá, então, na fase de saneamento, deferir a produção futura de provas em relação a um dos pedidos, e desde já julgar outro que esteja em condições de fazê-lo.

10.4. ESPÉCIES DE PROCESSOS E DE PROCEDIMENTOS

Diante do que foi exposto, conclui-se pela existência de duas espécies de tutela. Uma a ser proporcionada pelo processo de conhecimento (sincrético), no qual são desenvolvidas várias fases (entre elas, a de cumprimento de sentença) e a relativa ao processo de execução.

A tutela provisória deixou de ser objeto de um processo autônomo, tal como ocorria no CPC de 1973. Atualmente, será requerida de forma antecedente ou incidentalmente no processo de conhecimento ou de execução.

Em relação ao procedimento, remete-se o(a) leitor(a) às observações acima.

10.5. OBJETO DO PROCESSO

O objeto do processo **é a prestação jurisdicional.** Trata-se de um ponto que distingue a relação jurídica processual da relação jurídica de direito material.

11. MÉRITO. QUESTÃO PRINCIPAL, QUESTÕES PRELIMINARES E PREJUDICIAIS

O magistrado proferirá pronunciamento com resolução do mérito nas hipóteses mencionados no art. 487 do CPC e que serão individualmente tratadas quando do estudo dos pronunciamentos do juiz.

Não obstante, tem-se que a resolução do mérito poderá ocorrer por meio de decisão interlocutória, como ocorre no julgamento antecipado parcial da lide, ou por meio de sentença e acórdão. Tanto é assim que o art.487 simplesmente se refere à resolução de mérito sem dar destaque à natureza do pronunciamento jurisdicional.

A **questão prejudicial** é aquela que **influenciará no próprio resultado do mérito**. Percebe-se a existência da **questão principal** (dependente) e da **questão prejudicial** (condicionante).

A **prejudicialidade poderá ser externa** (a questão prejudicial será decidida em outro processo, quando haverá a possibilidade de suspensão do processo principal), **ou interna** (a ser decidida no mesmo processo).

> **NOVIDADE**: somente a questão principal fará coisa julgada, já que os fundamentos da sentença não estão abrangidos.
>
> Porém, admite-se que a questão prejudicial também faça coisa julgada quando decidida expressa e incidentemente no processo, se:
>
> i) dessa resolução depender o julgamento do mérito;
>
> ii) a seu respeito tiver havido contraditório prévio e efetivo, não se aplicando no caso de revelia;
>
> iii) o juízo tiver competência em razão da matéria e da pessoa para resolvê-la como questão principal.

A questão preliminar, por sua vez, é aquela que deve ser decidida antes do mérito. Refere-se às preliminares, que serão analisadas com mais atenção no item dedicado à contestação.

12. SUJEITOS PROCESSUAIS

12.1. OBSERVAÇÕES PRELIMINARES

Os sujeitos principais do processo são as partes e o juiz, que fazem parte da relação jurídica trilateral estabelecida.

Para que o juiz possa realizar as suas atribuições ele conta com os auxiliares do juízo, que podem ser permanentes (como o escrivão ou chefe de secretaria) e os eventuais (como geralmente o são o perito e o intérprete).

12.2. JUIZ

O juiz atuará como presidente do processo, sendo de sua atribuição dirigi-lo (princípio do impulso oficial), como um verdadeiro gestor para a garantia da ampla defesa, contraditório e com o objetivo de ser alcançada uma sentença de mérito justa e efetiva.

Para tanto, terá as incumbências indicadas no art. 139, além de outras. Entre elas, destaca-se a possibilidade de dilatar quaisquer prazos processuais e alterar a ordem de produção dos meios de prova, adequando-os às necessidades do conflito de modo a conferir maior efetividade à tutela jurisdicional.

12.3. MEDIADORES E CONCILIADORES

Os mediadores e os conciliadores foram incluídos como auxiliares do juízo, constando do Código alguns dispositivos que regulam a sua atividade.

O Novo CPC enfatizou o princípio do tribunal multiportas, por meio do qual, uma vez provocado o Poder Judiciário, admitem-se outros meios de solução do conflito que não só por meio de decisão adjudicada pelo juiz. Admite-se a mediação e a conciliação como meios alternativos de resolução, a serem presididos por mediadores ou conciliadores.

A conciliação ocorrerá, preferencialmente, nos casos em que não houver vínculo anterior entre as partes, podendo ser sugeridas soluções para o litígio, sendo não admitida a utilização de qualquer tipo de constrangimento ou intimidação para que as partes se conciliem.

A mediação, por sua vez, atuará preferencialmente nos casos em que houver vínculo anterior entre as partes, auxiliando aos interessados a compreender as questões e os interesses em conflito, de modo que eles possam, pelo restabelecimento da comunicação, identificar, por si próprios, soluções consensuais que gerem benefícios mútuos.

A conciliação e a mediação são informadas pelos princípios da independência, da imparcialidade, da autonomia de vontade, da confidencialidade, da oralidade, da informalidade e da decisão informada.

Os conciliadores e mediadores judiciais cadastrados, se advogados, estarão impedidos de exercer a advocacia nos juízos em que desempenhem suas funções.

O conciliador e o mediador ficam impedidos, pelo prazo de um ano, contado do término da última audiência em que atuaram, de assessorar, representar ou patrocinar qualquer das partes.

12.4. PRINCÍPIOS. PODERES. DEVERES. RESPONSABILIDADES DO JUIZ

O exercício da judicatura observará a Lei Orgânica da Magistratura, o Novo CPC e outras leis pertinentes.

Não se admite o *non liquet*, devendo o magistrado decidir, ainda que exista lacuna ou obscuridade no ordenamento jurídico.

A decisão judicial deverá observar o princípio da congruência, tratado com mais vagar quando do estudo dos pronunciamentos jurisdicionais.

O juiz responderá civil e regressivamente por perdas e danos quando: i) no exercício de suas funções, proceder com dolo ou fraude; ii) recusar, omitir ou retardar, sem justo motivo, providência que deva ordenar de ofício ou a requerimento da parte (art. 143).

12.5. IMPEDIMENTOS E SUSPEIÇÃO

A imparcialidade é essencial para a validade da relação processual. Porém, esta imparcialidade poderá estar comprometida em determinadas situações.

No art. 144 há a previsão do impedimento do juiz, sendo-lhe vedado exercer suas funções no processo nas hipóteses mencionadas nos incisos. Para estes casos, o impedimento poderá ser conhecido de ofício pelo magistrado ou alegado pelas partes. Como regra, deverão fazê-lo no prazo de 15 dias contados da ciência do fato, muito embora se admita a alegação posterior. Poderá ser objeto até mesmo de ação rescisória.

De outro lado, o art. 145 prevê as hipóteses de suspeição, que poderão ser conhecidas de ofício pelo juiz e as partes poderão alegá-las no prazo de 15 dias contados da ciência. Porém, se não o fizerem, ocorre a preclusão.

O impedimento e a suspeição poderão ser apresentados por meio de petição que será juntada aos autos, **não havendo mais a exigência da exceção.**

12.6. ORGANIZAÇÃO JUDICIÁRIA FEDERAL E ESTADUAL

Este subitem já foi analisado anteriormente quando do estudo da competência dos Tribunais Superiores.

12.7. PARTES E PROCURADORES

Há dois sentidos para o conceito parte: sentido material e o sentido processual. Por meio do primeiro, traça-se correlação para com o negócio jurídico de direito material discutido em juízo. Porém, é possível que o demandante ou demandado não seja esse titular, mas ainda assim possa postular ou ser postulado. Tem-se aqui o conceito de parte em sentido processual, pois não se identifica com a lide.

A titularidade, como regra, será daquele que tem relação com o direito material em discussão. Nesse sentido, "ninguém poderá pleitear direito alheio em nome próprio, salvo quando autorizado pelo ordenamento jurídico" (art. 18). Terá, então, a legitimação ordinária.

Porém, como ressalvado na lei, há certas hipóteses em que o legislador autoriza que terceiro possa demandar ou ser demandado em nome próprio, mas para a defesa de direito de terceiro. Ou seja, a parte não é titular do direito material em jogo, ocorrendo a substituição processual.

A substituição processual não se confunde com a sucessão de parte. Naquela, terceiro demanda em seu nome na defesa de direito de outrem. Na sucessão, de outro lado, altera-se o polo da ação (por exemplo, o cessionário do crédito na execução).

12.8. CAPACIDADE PROCESSUAL E LEGITIMAÇÃO

O entendimento do que seja a capacidade processual parte da diferenciação entre **capacidade civil de direito** e **capacidade civil de exercício.**

CAPACIDADE CIVIL DE DIREITO ➔ APTIDÃO PARA TER DIREITOS CAPACIDADE CIVIL DE EXERCÍCIO ➔ POSSIBILIDADE DE PRATICAR ATOS DA VIDA CIVIL CAPACIDADE DE AGIR NO PROCESSO ➔ CAPACIDADE CIVIL DE EXERCÍCIO

Alguns exemplos ajudarão no entendimento:

➔ Não tem personalidade jurídica. Logo, não tem capacidade civil de direitos e, naturalmente, possibilidade de praticar atos da vida civil. Não tem capacidade processual.

➔ Tem personalidade jurídica. Tem aptidão para ter direitos, mas não pode exercê-los. Logo, **tem capacidade civil de direito, mas não tem capacidade civil de exercício. Não tem capacidade processual.**

➔ Tem personalidade jurídica. Tem aptidão para ter direitos e pode exercê-los. Logo, **tem capacidade civil de direito e capacidade civil de exercício. Tem capacidade processual.**

Como se vê, as pessoas físicas maiores (salvo as emancipadas) e as pessoas jurídicas possuem capacidade civil de direito e de ser parte. Tem aptidão para ter direitos e podem praticar os atos da vida civil. Tendo possibilidade de exercício, terão capacidade processual.

Nesse sentido, o art. 70 do CPC: "toda pessoa que se encontre no **exercício** de seus direitos tem capacidade para estar em juízo".

Se o indivíduo, embora tenha capacidade civil de direito, não puder exercê-la, deve ter a capacidade de agir ou processual integrada. Por isso, o incapaz será representado ou assistido por seus pais, por tutor ou por curador, na forma da lei.

LEGITIMAÇÃO PROCESSUAL também é um pressuposto processual de desenvolvimento regular. Verifica-se se está presente a **partir de uma situação específica**. Exemplo: cada um dos conviventes poderá ter capacidade processual para acionar o Poder Judiciário e promover ação sobre direitos reais imobiliários, em conformidade com a lei civil. Porém, para que tenham legitimidade processual, deverão agir em conjunto, não individualmente.

12.9. REGULARIZAÇÃO DO VÍCIO

Na esteira do que decorre do **princípio da primazia do julgamento do mérito**, o magistrado deverá oportunizar à parte a regularização do vício decorrente da falta de capacidade processual.

Para tanto, deverá o juiz suspender o processo e designar prazo razoável para que o vício seja sanado. Se tal correção não ocorrer, se o processo estiver na instância originária (e não em grau recursal), deverá ser extinto, se a providência competir ao autor, o réu será considerado revel, se a providência lhe couber ou o terceiro será considerado revel ou excluído do processo, dependendo do polo que se encontre no processo.

De outro lado, se a não correção verificar-se na fase recursal, o relator não conhecerá do recurso, se a providência não foi realizada pelo recorrente, ou determinará o desentranhamento das contrarrazões, se a providência for de atribuição do recorrido.

12.10. CURATELA ESPECIAL

Prevê a lei que, em certas ocasiões, deverá o juiz nomear **curador especial**:

i) ao incapaz, se não tiver representante legal ou se os interesses deste colidirem com os daquele, enquanto durar a incapacidade, bem como

ii) ao réu preso revel, bem como ao réu revel citado por edital ou com hora certa, enquanto não constituído advogado.

A curatela especial será exercida pela Defensoria Pública (que tem essa atribuição institucional). O curador especial tem a obrigatoriedade de oferecer a resposta, o que poderá fazer por negativa geral, não lhe sendo aplicado o ônus da impugnação especificada. De outro lado, não estará obrigado a recorrer.

12.11. REPRESENTAÇÃO DE PESSOAS JURÍDICAS E DE ENTES DESPERSONALIZADOS

O artigo 75 trata da representação em juízo, ativa e passivamente, de determinadas pessoas jurídicas e também de entes despersonalizados. Não se trata de buscar suprir a capacidade processual, mas tornar possível a atuação dessas pessoas.

Nesse sentido, serão representados em juízo, ativa e passivamente:

I – a União, pela Advocacia-Geral da União, diretamente ou mediante órgão vinculado;

II – o Estado e o Distrito Federal, por seus procuradores;

III – o Município, por seu prefeito ou procurador;

IV – a autarquia e a fundação de direito público, por quem a lei do ente federado designar;

V – a massa falida, pelo administrador judicial;

VI – a herança jacente ou vacante, por seu curador;

VII – o espólio, pelo inventariante;

VIII – a pessoa jurídica, por quem os respectivos atos constitutivos designarem ou, não havendo essa designação, por seus diretores;

IX – a sociedade e a associação irregulares e outros entes organizados sem personalidade jurídica, pela pessoa a quem couber a administração de seus bens;

X – a pessoa jurídica estrangeira, pelo gerente, representante ou administrador de sua filial, agência ou sucursal aberta ou instalada no Brasil;

XI – o condomínio, pelo administrador ou síndico.

12.12. REPRESENTAÇÃO E SUBSTITUIÇÃO PROCESSUAL

Tratam-se de institutos jurídicos diversos, cada qual com o seu significado.

O representante age em nome alheio defendendo direito alheio. De outro lado, o substituto processual age em nome próprio defendendo direito alheio.

13. LITISCONSÓRCIO

13.1. CONCEITO E CLASSIFICAÇÃO

Tem-se o litisconsórcio quando duas ou mais pessoas litigarem em conjunto, no mesmo processo, em um dos polos da ação. Todos integrarão a relação jurídica processual na condição de **partes**.

O litisconsórcio comporta diversas classificações, com suas consequências práticas.

a) Quanto à posição dos sujeitos

A reunião de pessoas poderá ocorrer no polo ativo, no polo passivo, ou até nos dois. Desse modo, identifica-se o litisconsórcio ativo, passivo e misto.

b) Quanto ao momento de sua formação

Em relação ao **momento** de sua formação, tem-se o litisconsórcio inicial, quando o autor, na sua postulação, já indica a existência de mais de um componente do polo ativo, ou mais de um réu.

Porém, se tal indicação ocorrer supervenientemente, por determinação do juiz ou pela própria vontade da parte, tem-se o litisconsórcio ulterior.

c) Quanto à obrigatoriedade de sua formação

A formação do litisconsórcio poderá ser uma opção do autor ou uma necessidade imposta pela lei. Tem-se, dessa maneira, o litisconsórcio facultativo e o necessário.

O litisconsórcio **facultativo** decorre exclusivamente da iniciativa do autor, que ao invés de propor várias ações contra réus diferentes, apresenta uma única demanda. Poderá ocorrer nas hipóteses indicadas no art. 113: **I – entre elas houver comunhão de direitos ou de obrigações relativamente à lide; II – entre as causas houver conexão pelo pedido ou pela causa de pedir; III – ocorrer afinidade de questões por ponto comum de fato ou de direito (litisconsórcio impróprio).**

Ocorre, contudo, que o número de litisconsortes poderá comprometer a rápida solução do litígio ou dificultar a defesa ou o cumprimento da sentença, hipótese em que se admite a sua limitação. Trata-se do que foi denominado de litisconsórcio facultativo multitudinário.

> *Litisconsórcio facultativo multitudinário é aquele em que o número de litisconsortes poderá comprometer a rápida solução do litígio ou dificultar a defesa ou o cumprimento da sentença. Poderá ser determinada a sua limitação pelo juízo, de ofício, ou atendendo a requerimento da parte contrária.*

A parte poderá requerer a limitação do litisconsórcio multitudinário, quando então o prazo para manifestação ou resposta será interrompido, retomando-se da intimação do pronunciamento que decidir o requerimento.

Se, apresentado o requerimento de limitação do litisconsórcio, não for o mesmo acolhido pelo magistrado, poderá o prejudicado interpor recurso de agravo de instrumento (art. 1.015, VII).

Paralelamente, o litisconsórcio também poderá ser obrigatório ou necessário, quer em razão de disposição legal ou por conta da natureza da relação jurídica. Para tais hipóteses, a eficácia da sentença depende da citação de todos os litisconsortes.

A formação do litisconsórcio necessário deverá ser fiscalizada pelo juiz que, detectando a falha, determinará a regularização pelo autor, indicando prazo para tanto, sob pena de extinção do processo.

Note-se que o Código elencou consequências diferentes para a inobservância do litisconsórcio necessário, a depender se a decisão deveria ou não ser uniforme em relação a todos os que deveriam ter integrado o processo.

Como adiante se verá, o litisconsórcio será unitário se a decisão for obrigatoriamente uniforme em relação a todos os litisconsortes e será simples se tal uniformidade não for obrigatória.

Adianta-se tal informação justamente para que seja possível analisar, com mais precisão, a consequência advinda da inobservância da citação de todos os litisconsortes. Não se pode, com essa informação, confundir as modalidades de litisconsórcio.

Com efeito, litisconsórcio necessário não é a mesma coisa que unitário. No primeiro, há obrigatoriedade de sua formação. Por este, a formação do litisconsórcio não é obrigatória, mas, se ocorrer, a decisão deverá ser uniforme para todos os litisconsortes, não se admitindo pronunciamentos de teor diferentes.

Nesse sentido, tratando-se de litisconsórcio necessário e unitário, ao mesmo tempo, proferida sentença de mérito sem a citação de todos os litisconsortes, tem-se que esta é nula. Por outro lado, não havendo necessidade de tal uniformidade, a sentença não produzirá efeitos em relação àqueles que não foram citados.

Consequências decorrentes da não citação de todos os litisconsortes	
Litisconsórcio necessário e unitário	**Litisconsórcio necessário e simples**
Sentença nula	Ineficaz em relação aos litisconsortes não citados

d) Quanto à uniformidade da decisão

Analisa-se, nesse ponto, se a decisão proferida deverá ser uniforme para todos os litisconsortes, ou se não há essa necessidade de identidade (muito embora ela possa ocorrer).

A propósito de tal critério, tem-se o litisconsórcio simples e o unitário, cada qual com seu regime jurídico.

No litisconsórcio simples, a decisão não precisa necessariamente uniforme em relação a todos os litisconsortes, sendo tratados como litigantes distintos. Consequentemente, os atos e omissões não beneficiarão ou prejudicarão os demais litisconsortes.

No litisconsórcio simples, a contestação apresentada por um dos litisconsortes não afastará a incidência do efeito material da revelia em relação aos demais.

Diferentemente, no litisconsórcio unitário, a decisão há de ser uniforme em relação a todos os litisconsortes. Por essa razão, estes serão considerados como integrantes de um bloco único, motivo pelo qual o ato praticado por um deles a todos aproveitará, embora as omissões não prejudicarão aos demais.

No litisconsórcio unitário, a contestação apresentada por um dos litisconsortes afastará a incidência do efeito material da revelia em relação aos demais.

A propósito, dispõem os artigos 116 e 117 do NCPC:

Art. 116. O litisconsórcio será unitário quando, pela natureza da relação jurídica, o juiz tiver de decidir o mérito de modo uniforme para todos os litisconsortes.

Art. 117. Os litisconsortes serão considerados, em suas relações com a parte adversa, como litigantes distintos, exceto no litisconsórcio unitário, caso em que os atos e as omissões de um não prejudicarão os outros, mas os poderão beneficiar.

13.2. LITISCONSÓRCIO EVENTUAL, ALTERNATIVO E SUCESSIVO

Deve-se diferenciar, ainda, as figuras do litisconsórcio eventual, alternativo e sucessivo.

Litisconsórcio eventual: são colocadas em juízo duas pessoas, estabelecendo-se uma **ordem de preferência entre elas**. Ocorre, por exemplo, na desconsideração da personalidade jurídica.

Litisconsórcio alternativo: o autor postula contra dois réus, pois se encontra em dúvida sobre quem deve ocupar o polo passivo. Exemplo típico é o da ação de consignação em pagamento. E outro exemplo é o do pedido postulado em face da seguradora e do intermediário do seguro, pois, se aquele se livrar da responsabilização, requer que este seja obrigado a reparar.

Litisconsórcio sucessivo: o segundo litisconsorte somente terá reconhecido o seu direito se, antes, o primeiro também o tiver. É o exemplo da ação de alimentos com indenização de ressarcimento de despesas do parto.

14. DA INTERVENÇÃO DE TERCEIROS

14.1. NOÇÕES GERAIS

A intervenção de terceiros é caracterizada pelo ingresso de um sujeito em processo pendente. Ele não participava do processo, sendo provocado para tanto, ou comparecendo e requerendo o seu ingresso espontaneamente.

O CPC 2015 trouxe algumas alterações em relação ao tema. A primeira delas foi incluir a assistência entre as modalidades interventivas, corrigindo falha do CPC de 1973. Pode ser citada, ainda, a exclusão da nomeação à autoria, enquanto modalidade interventiva, bem como da oposição. Foram inseridos, entretanto, o incidente de desconsideração de personalidade jurídica e a intervenção do *amicus curiae*.

A nomeação à autoria foi excluída. A oposição, por sua vez, foi prevista como modalidade de procedimento especial.

Dessa maneira, o CPC de 2015 fez previsão das seguintes modalidades de intervenção de terceiros:

i)	Assistência (art. 119 ao 124);
ii)	Denunciação da lide (art. 125 ao 129);
iii)	Chamamento ao processo (art. 130 ao 132);
iv)	Incidente de desconsideração da personalidade jurídica (art. 133 ao 137);
v)	*Amicus Curiae* (art. 138);
vi)	Recurso de terceiro prejudicado (art. 996, parágrafo único).

Além dessas modalidades interventivas, é possível também indicar a intervenção anômala, que poderá ser requerida pelas pessoas jurídicas de direito público, desde que portem interesse econômico (art. 5º, parágrafo único, da Lei n. 9.469/1997).

14.2. CLASSIFICAÇÃO: INTERVENÇÃO VOLUNTÁRIA E PROVOCADA

Algumas modalidades de intervenção são **voluntárias**, ingressando o terceiro por vontade própria, sob o crivo do juiz, enquanto em outras o terceiro é chamado ao processo, citado para compor o processo, motivo porque são denominadas de **provocadas**.

No quadro a seguir, pretende-se distinguir as modalidades interventivas:

Forma de Intervenção	Modalidade
Assistência	Modalidade voluntária, pois o assistente requer o ingresso no processo, demonstrando que possui interesse jurídico. Há entendimento no sentido de que é possível a assistência provocada, denominada de intervenção *iussu iudicis*. Ocorre na hipótese em que o juiz determina a intimação de terceiro que tenha interesse na causa, a fim de que participe na condição de assistente.
Denunciação da lide	Modalidade provocada, tendo em vista que o terceiro é citado para compor a ação de regresso (ação secundária) instaurada pelo denunciante.
Chamamento ao processo	Modalidade provocada pelo réu.
Incidente de desconsideração da personalidade jurídica	Modalidade de intervenção provocada pelo autor.
Amicus curiae	Modalidade de intervenção que poderá ser voluntária ou provocada, seja a requerimento ou de ofício pelo juiz.
Recurso de terceiro prejudicado	Modalidade de intervenção voluntária.

Embora o art. 109, I, da Constituição Federal não tenha feito referência à denunciação da lide e ao chamamento ao processo, o Superior Tribunal de Justiça entende que, havendo provocação para incluir na demanda a União, suas autarquias ou empresas públicas, competirá à Justiça Federal examinar se há interesse que justifique o seu ingresso.[7]

O benefício da prioridade na tramitação processual, em que figure como parte ou interessado pessoa com idade igual ou superior a 60 anos, ou portadora de doença grave, abrange também a intervenção de terceiros.[8]

14.3. DA ASSISTÊNCIA

14.3.1. APONTAMENTOS GERAIS

A assistência é uma modalidade de intervenção de terceiros. Por meio dela, tem-se o ingresso voluntário de terceiro que demonstra possuir um interesse jurídico.

7 (...). 3. Muito embora o art. 109, I, da Constituição Federal não faça referência à denunciação da lide, à nomeação à autoria e ao chamamento ao processo, a jurisprudência do STJ se firmou no sentido de que, havendo provocação para incluir na demanda a União, suas autarquias ou empresas públicas, à Justiça Federal cumpre examinar se há interesse que justifique o seu ingresso, aplicando-se, por analogia, a Súmula 150/STJ. (..). (REsp 1181954/PR, Rel. Ministra NANCY ANDRIGHI, TERCEIRA TURMA, julgado em 27/08/2013, DJe 04/09/2013).

8 PROCESSUAL CIVIL – PRIORIDADE NA TRAMITAÇÃO PROCESSUAL – IDOSOS (MAIORES DE 65 ANOS) – ABRANGÊNCIA DO BENEFÍCIO – INTERVENÇÃO DE TERCEIRO – ASSISTÊNCIA. 1. O art. 1.211-A do CPC, acrescentado pela Lei nº 10.173/2001, contemplou, com o benefício da prioridade na tramitação processual, todos os idosos com idade igual ou superior a sessenta e cinco anos que figurem como parte ou interveniente nos procedimentos judiciais, abrangendo a intervenção de terceiros na forma de assistência, oposição, nomeação à autoria, denunciação da lide ou chamamento ao processo. 2. Recurso especial provido. (REsp 664.899/SP, Rel. Ministra ELIANA CALMON, SEGUNDA TURMA, julgado em 03/02/2005, DJ 28/02/2005, p. 307).

Como se vê, não é qualquer interesse que justifica a intervenção como assistente, mas somente o **interesse jurídico**, que não se confunde com o econômico.

A assistência não importa na ampliação do objeto do processo, sendo que o juiz julgará a demanda inicial do autor.

Ingressando no processo, o assistente estará impedido de discutir a justiça da decisão (art. 123 CPC 2015), vinculando-se a ela por conta da eficácia da intervenção atribuída pela lei. Nesse sentido, dispõe o Código que, transitada em julgado a sentença no processo em que interveio o assistente, este não poderá, em processo ulterior, discutir a justiça da decisão.

Contudo, não estará vinculado à justiça da decisão se alegar e provar que: i) pelo estado em que recebeu o processo ou pelas declarações e pelos atos do assistido, foi impedido de produzir provas suscetíveis de influir na sentença; e, ii) desconhecia a existência de alegações ou de provas das quais o assistido, por dolo ou culpa, não se valeu.

Tal modalidade de intervenção será admitida em qualquer procedimento e em todos os graus de jurisdição, recebendo o assistente o processo no estado em que se encontre.

14.3.2. MODALIDADES DE ASSISTÊNCIA

Há duas modalidades de assistência: **simples** e **litisconsorcial**.

Na assistência simples, o terceiro intervém no processo para auxiliar o assistido, uma vez que sua esfera jurídica será afetada de forma reflexa. Deve demonstrar a existência de **interesse jurídico**. O assistente, ao ingressar na ação, não poderá manifestar-se contrariamente aos interesses do assistido.

Nessa hipótese, sendo revel o assistido, o assistente será considerado seu substituto processual.

A assistência simples não obsta que a parte principal reconheça a procedência do pedido, desista da ação ou transija sobre direito controvertido, estando a atividade do assistente subordinada à vontade do assistido.

Em princípio, os poderes do assistente são os mesmos do assistido. Porém, não terá eficácia o que fizer o assistente em contraste com a vontade manifesta do assistido.

De outro lado, há assistência litisconsorcial (ou qualificada) quando a sentença houver de influir na relação jurídica entre ele o adversário do assistido. Nessa hipótese, o assistente poderia ser parte no processo.

Os seus poderes são os mesmos de um litisconsorte. Ainda que o assistido renuncie à pretensão ou transija, pode o assistente litisconsorcial atuar de forma contrária a essas atitudes. Somente com anuência do assistente litisconsorcial terá efeito a desistência da ação, transação, renúncia etc. O direito discutido é de todos, ao mesmo tempo.

Como é possível de se ver, na assistência simples, se o assistido manifestar-se no sentido da desistência da ação, não poderá se opor o assistente, pois estará vinculado à vontade deste. Porém, na assistência litisconsorcial, o assistente poderá até mesmo manifestar-se contrariamente aos interesses de seu assistido.

14.3.3. PROCEDIMENTO DE INGRESSO DO ASSISTENTE

O procedimento para ingresso do assistente tem o mesmo trâmite, independentemente de sua modalidade.

Assim, havendo o requerimento de ingresso de terceiro como assistente, as partes serão ouvidas. Se qualquer delas alegar que falece ao assistente interesse jurídico para intervir a bem do assistido, o juiz decidirá o incidente, sem suspensão do processo.

14.3.4. REQUERIMENTO DE ASSISTÊNCIA FORMULADO PELA UNIÃO

Tramitando o processo perante a Justiça Estadual e requerendo a União, suas autarquias, fundações e empresas públicas, o seu ingresso como assistente, deverá o juiz determinar a remessa dos autos à Justiça Federal, oportunidade em que será decidido se a União possui, de fato, interesse jurídico.

14.4. DA DENUNCIAÇÃO DA LIDE

14.4.1. CONSIDERAÇÕES INICIAIS

Tem-se a denunciação da lide quando uma das partes promove, no mesmo processo, ação regressiva contra terceiro, dito denunciado. Pressupõe-se que o denunciante tenha uma pretensão própria contra o denunciado.

São requisitos indispensáveis para o deferimento da denunciação: a) pretensão própria do denunciante *versus* o denunciado; e b) existência de direito de regresso do denunciante frente ao denunciado.

Trata-se de espécie de intervenção de terceiros provocada, que possui natureza jurídica de ***ação condenatória eventual***. Diz-se que é eventual, pois somente será julgada se o responsável pela denunciação (denunciante) for vencido no mérito da ação principal. Nesse sentido, dispôs o parágrafo único do art. 129: "Se o denunciante for vencedor, a ação de denunciação não terá o seu pedido examinado, sem prejuízo da condenação do denunciante ao pagamento das verbas de sucumbência em favor do denunciado".

Percebe-se que a denunciação da lide cria uma nova relação jurídica processual, com lide própria.

14.4.2. A PROVOCAÇÃO DA DENUNCIAÇÃO DA LIDE

Têm legitimidade à denunciação as partes da ação principal (autor e réu, além dos que já figurem como denunciados), desde que exista uma **pretensão de regresso**.

DENUNCIAÇÃO DA LIDE PELO AUTOR	DENUNCIAÇÃO DA LIDE PELO RÉU
O autor requer a denunciação na própria petição inicial. Ela somente será julgada se a ação principal, movida em face do réu, for julgada improcedente.	O réu a requer no prazo de resposta. Somente será julgada se a ação principal, movida em face do denunciante, for julgada procedente.
Requerida a citação do denunciado, o processo principal permanecerá paralisado. Realizada a citação, poderá o denunciado assumir a posição de litisconsorte do denunciante e acrescentar novos argumentos à petição inicial, procedendo-se em seguida à citação do réu.	Oferecida a denunciação, podem surgir três situações distintas: i) se o denunciado contestar o pedido formulado pelo autor, o processo prosseguirá tendo, na ação principal, em litisconsórcio, denunciante e denunciado; ii) se o denunciado for revel, o denunciante pode deixar de prosseguir com a sua defesa e abster-se de recorrer, restringindo sua atuação à ação regressiva; iii) se o denunciado confessar os fatos alegados pelo autor, o denunciante poderá prosseguir com sua defesa ou, aderindo a tal reconhecimento, pedir apenas a procedência da ação de regresso.

Independentemente da modalidade de denunciação – requerida pelo autor ou pelo réu –, será a ação regressiva julgada na mesma sentença em que analisada a ação principal.

De toda maneira, estando prejudicada a denunciação da lide por conta de ser a ação principal favorável ao denunciante, deverá este ser condenado ao pagamento dos honorários devidos ao advogado do denunciado.

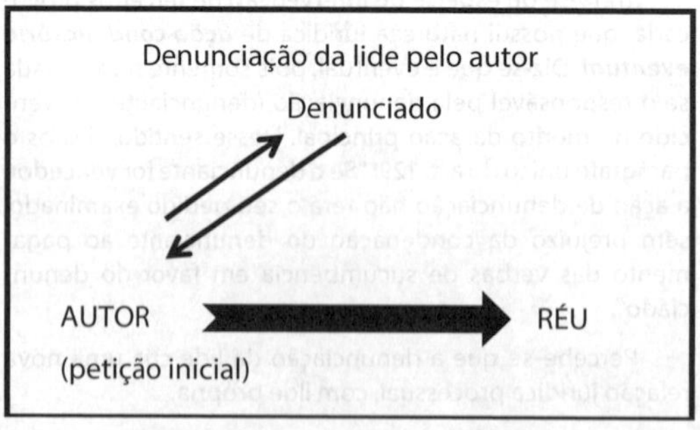

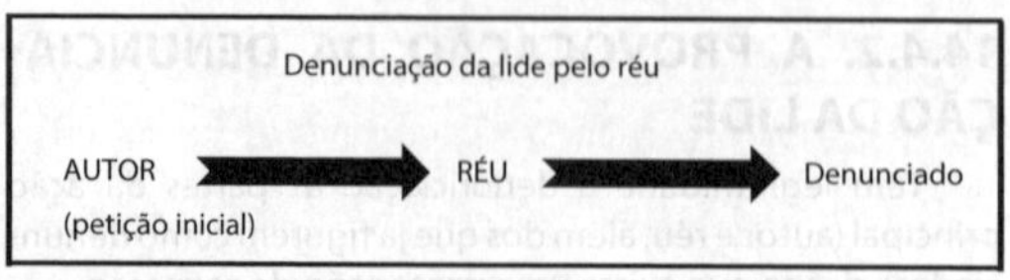

14.4.3. CABIMENTO DA DENUNCIAÇÃO DA LIDE

Será **admissível** a denunciação da lide, promovida por qualquer das partes:

I – ao alienante imediato, no processo relativo à coisa cujo domínio foi transferido ao denunciante, a fim de que possa exercer os direitos que da evicção lhe resultam;

II – àquele que estiver obrigado, por lei ou pelo contrato, a indenizar, em ação regressiva, o prejuízo de quem for vencido no processo.

Em primeiro lugar, deve ser destacado que, **em nenhuma hipótese, a denunciação da lide será obrigatória**. Já não o era no CPC de 1973, de acordo com último entendimento do Superior Tribunal de Justiça, e não o será agora por conta da expressão "admissível", contida no art. 125 do CPC 2015.

Assim, a parte poderá exercer o seu direito de regresso por meio da denunciação da lide, ou, optando diferentemente, ou pela sua inaplicabilidade, o fará por meio de ação autônoma.

Passa-se à análise das particularidades em relação a cada uma das modalidades interventivas.

a) Denunciação para exercício do direito que da evicção resulta

A hipótese do inciso I do art. 125, traz duas importantes alterações.

A primeira delas é constar que será admitida a denunciante exclusivamente ao alienante imediato, de modo que não poderá ser escolhido qualquer integrante da cadeia contratual, mas unicamente aquele que alienou o bem ao denunciante.

Também é digno de nota que houve a revogação do art. 456 do Código Civil e, como mencionado expressamente no § 2º do art. 125, somente será admitida uma única denunciação sucessiva, promovida pelo denunciado, contra seu antecessor imediato na cadeia dominial ou quem seja responsável por indenizá-lo, não podendo o denunciado sucessivo promover nova denunciação, hipótese em que eventual direito de regresso será exercido por ação autônoma.

> *Portanto, não se admite a denunciação per saltum, permitindo-se apenas uma denunciação sucessiva para com o alienante imediato.*

b) Denunciação àquele que estiver obrigado a indenizar em ação regressiva

A segunda hipótese de admissibilidade da denunciação da lide é em relação àquele que estiver obrigado, por lei ou pelo contrato, a indenizar, em ação regressiva, o prejuízo de quem for vencido no processo. Trata-se de hipótese típica do contrato de seguro.

A inadmissibilidade da denunciação *per saltum* e a possibilidade apenas uma denunciação sucessiva também se aplica a esta hipótese.

14.4.4. CUMPRIMENTO DA OBRIGAÇÃO DE PAGAR EXIGIDO DIRETAMENTE PELO AUTOR EM FACE DO DENUNCIADO

Como dito acima, a denunciação da lide poderá ser exercida pelo autor ou pelo réu, promovendo-se ação de regresso em face do denunciado.

Interessa, neste momento, trazer um detalhe interessante em relação à denunciação promovida pelo réu.

Imagine-se o seguinte exemplo: João promoveu ação reparatória em face de Pedro. Este, por sua vez, tem contrato de seguro em relação à Companhia de Seguros Jesus. Neste caso, o réu denunciará à lide a empresa de seguros, exercendo, de imediato, a sua pretensão regressiva.

Têm-se, então, no mesmo processo, duas ações: a principal e a secundária.

Ao final do processo, o pedido apresentado por João, na ação principal, é acolhido e o juiz, na mesma sentença, já analisa a pretensão regressiva, também acolhida, para que a seguradora responda pelo montante total da condenação.

Nesse caso, o autor, no momento oportuno, é claro, poderá exigir o cumprimento da obrigação consubstanciada na sentença em face do réu, ou, se preferir, diretamente em face do denunciado, nos limites da condenação deste na ação regressiva (art. 128, parágrafo único).

Tal possibilidade já era admitida, pelo Superior Tribunal de Justiça, nos contratos de seguro, mas, agora, foi ampliada para outras situações.

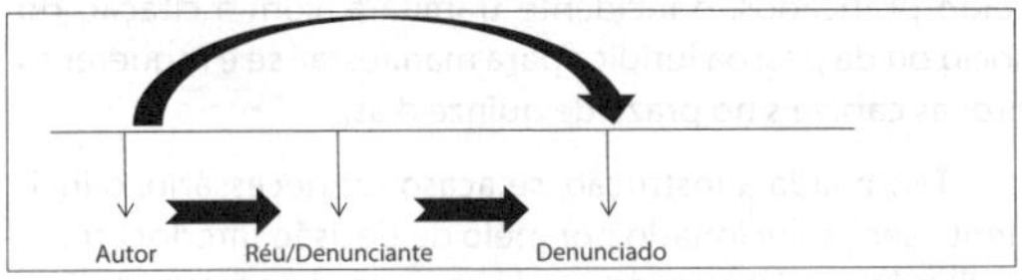

14.4.5. VEDAÇÃO DA DENUNCIAÇÃO DA LIDE NO CÓDIGO DE DEFESA DO CONSUMIDOR LIGADA À INDENIZAÇÃO POR FATO DO PRODUTO

O Código de Defesa do Consumidor vedou a possibilidade da denunciação da lide no seu art. 88, que assim se pronuncia: "Na hipótese do art. 13, parágrafo único deste código, a ação de regresso poderá ser ajuizada em processo autônomo, facultada a possibilidade de prosseguir-se nos mesmos autos, vedada a denunciação da lide". O art. 13, parágrafo único, por sua vez, determina que "aquele que efetivar o pagamento ao prejudicado poderá exercer o direito de regresso contra os demais responsáveis, segundo sua participação na causação do evento danoso".

Nesse passo, e isso é importante, o fornecedor não poderá exercer direito de regresso no processo que demandado. Não obstante, permite-lhe o mesmo Código de Defesa do Consumidor, em seu art. 101, II, ampliar o polo passivo da ação, formando-se litisconsórcio entre ele e o segurador, na hipótese de existir contrato de seguro, vedada a integração do contraditório pelo Instituto de Resseguros do Brasil.

Ocorre que a vedação à denunciação da lide está restrita às hipóteses da existência de fato do produto, não se aplicando em relação ao fato de serviço.

Portanto, ***não está vedada a denunciação da lide nos casos de defeito na prestação de serviços.***

14.5. DO CHAMAMENTO AO PROCESSO

14.5.1. CONSIDERAÇÕES INICIAIS E NATUREZA JURÍDICA

O chamamento ao processo é modalidade de intervenção de terceiros provocada pelo réu, que deverá exercer tal direito na contestação.

Existem **duas teses** a respeito da natureza do chamamento ao processo.

a) Trata-se de **ação condenatória** requerida pelo devedor solidário que, acionado sozinho para responder pela totalidade da dívida, pretende acertar, na ação secundária de chamamento, a responsabilidade do devedor principal ou dos demais codevedores solidários, na proporção de suas cotas. De acordo com os autores adeptos desta teoria, tese contrária ofenderia a opção do litisconsórcio facultativo para o autor nos casos de solidariedade.

b) Outros autores defendem tratar-se de forma de ampliação subjetiva passiva da relação processual.

O Novo CPC, ao que parece, adotou a segunda tese, como se pode extrair do que está previsto no art. 131, *caput*, ao mencionar que "a citação daqueles que devam figurar em litisconsórcio passivo (...)".

14.5.2. DA ADMISSIBILIDADE DO CHAMAMENTO AO PROCESSO

O chamamento ao processo poderá ser requerido réu, na sua contestação, quando: i) o fiador for réu, hipótese em que chamará o afiançado; ii) os demais fiadores, na ação proposta contra um ou alguns deles; iii) os demais devedores solidários, quando o credor exigir de um ou de alguns o pagamento da dívida comum.

Nessas hipóteses, o réu foi citado para responder sozinho pela obrigação. Então, buscando fixar a responsabilidade do devedor principal ou dos demais devedores, poderá chamá-los ao processo, com quem formará litisconsórcio passivo.

Após requerer a citação do chamado e sendo a intervenção deferida pelo juiz, o réu deverá providenciar a sua citação, disponibilizando o que for necessário. Deverá tomar tal providência no prazo de trinta dias, sob pena de ficar sem efeito o chamamento. Porém, se o chamado residir em outra comarca, seção ou subseção judiciária, ou ainda em lugar incerto, o prazo será de dois meses.

14.5.3. DA SENTENÇA DE PROCEDÊNCIA

O réu, ao promover o chamamento ao processo, tem o interesse, como já foi dito, de ver reconhecida a responsabilidade do chamado em responder total ou parcialmente pela dívida. E, em conformidade com o art. 132 do CPC 2015, a sentença de procedência valerá como título executivo judicial em favor do réu que satisfizer a dívida, a fim de que possa exigi-la, por inteiro, do devedor principal, ou de cada um dos codevedores, na proporção que lhes tocar.

14.5.4. CHAMAMENTO AO PROCESSO E O CÓDIGO DE DEFESA DO CONSUMIDOR

O Código de Defesa do Consumidor prevê uma hipótese de chamamento ao processo no art. 101, II, indicando que, nas ações de responsabilidade do fornecedor de produtos e serviços, o réu que houver contratado seguro de responsabilidade poderá chamar ao processo o segurador, vedada a integração do contraditório pelo Instituto de Resseguros do Brasil.

Sendo o réu falido, será o administrador intimado para indicar se há contrato de seguro de responsabilidade e, sendo positiva a resposta, poderá o autor demandar diretamente à seguradora, sendo novamente vedada a denunciação da lide ao Instituto de Resseguros.

14.6. DO INCIDENTE DE DESCONSIDERAÇÃO DA PERSONALIDADE JURÍDICA

14.6.1. CONSIDERAÇÕES INICIAIS

Com a finalidade de resguardar os princípios do contraditório dinâmico e da ampla defesa, o legislador fez previsão do incidente de desconsideração da personalidade jurídica, por meio do qual o sócio ou a própria pessoa jurídica (desconsideração invertida) serão previamente ouvidos, antes de se decidir pela possibilidade de desconsiderá-la.

A lei processual não fez previsão das hipóteses em que será admitida a desconsideração, reservando tal regulação para o direito material, como é possível verificar no Código Civil, Código de Defesa do Consumidor etc.

Trata-se de novidade inserida pelo Novo CPC, pois, embora o ordenamento jurídico admitisse a desconsideração em algumas hipóteses, não se preocupava com aspectos processuais.

14.6.2. A DESCONSIDERAÇÃO REQUERIDA NA PRÓPRIA INICIAL

O pedido de desconsideração da personalidade jurídica não depende propriamente da instauração de um incidente próprio, pois poderá ser requerido na própria petição inicial, ou em reconvenção (apresentada na contestação).

Optando por tal procedimento, o demandante requererá a formação de litisconsórcio passivo entre a pessoa jurídica e o sócio (ou, o sócio e a pessoa jurídica, no caso da desconsideração invertida).

14.6.3. LEGITIMIDADE PARA REQUERER A INSTAURAÇÃO DO INCIDENTE

O incidente de desconsideração da personalidade jurídica será instaurado a pedido da parte ou do Ministério Público, quando lhe couber intervir no processo.

Aquele que demandar no processo poderá requerer a instauração do incidente de desconsideração da personalidade jurídica. Nesse sentido, poderão fazê-lo: i) autor; ii) o réu, por meio de reconvenção; iii) o autor ou o réu, quando requererem a denunciação da lide; iv) o réu, quando valer-se do chamamento ao processo; v) o assistente litisconsorcial também poderá requerer, até porque poderia ser parte na relação processual.

O Ministério Público também poderá fazê-lo, atuando como parte no processo, ou como fiscal da ordem jurídica.

14.6.4. ADMISSIBILIDADE DO INCIDENTE

O incidente de desconsideração da personalidade jurídica é cabível em todas as fases do processo de conhecimento, no cumprimento de sentença ou na execução fundada em título executivo extrajudicial.

14.6.5. PROCEDIMENTO

O incidente será requerido por meio do interessado, em petição dirigida ao juízo. Uma vez instaurado, haverá comunicação ao distribuidor para as anotações devidas, acarretando a imediata suspensão do processo.

Trata-se, como se vê, de suspensão imprópria, na medida em que, enquanto outros atos processuais não serão praticados, o incidente tramitará, com a citação do sócio ou da pessoa jurídica para manifestar-se e requerer as provas cabíveis no prazo de quinze dias.

Terminada a instrução, se acaso for necessário, o incidente será solucionado por meio de decisão interlocutória, podendo ser impugnada pelo recurso de agravo de instrumento. Se a decisão for proferida pelo relator, caberá o recurso de agravo interno.

Sendo acolhido o incidente, o juiz determinará que os bens do sócio ou da pessoa jurídica também responderão pela dívida. Além disso, a alienação ou a oneração de bens, havida em fraude de execução, será ineficaz em relação ao requerente.

14.7. INTERVENÇÃO DO *AMICUS CURIAE*

14.7.1. QUEM É O *AMICUS CURIAE*?

O *amicus curiae* não é parte no processo, pois não tem qualquer interesse no resultado da ação. Tem unicamente interesse em auxiliar o órgão judicial. Terá legitimidade recursal limitada, pois somente poderá recorrer para opor embargos declaratórios e para impugnar o pronunciamento que julgar o incidente de resolução de demandas repetitivas (art. 138, § 3º do Novo CPC).

14.7.2. LIMITAÇÃO À LEGITIMAÇÃO RECURSAL DO *AMICUS CURIAE*

Se, de um lado, o Novo CPC prevê a intervenção do *amicus curiae* em quatro dispositivos, restringe a possibilidade de interposição de recurso a apenas um deles – incidente de resolução de demandas repetitivas – e admite a apresentação de embargos declaratórios em todos (art. 138, §§ 1º e 3º).

15. ADVOGADO, MINISTÉRIO PÚBLICO E ADVOCACIA PÚBLICA. PRERROGATIVAS DA FAZENDA PÚBLICA EM JUÍZO

15.1. ADVOGADO

A parte será representada em juízo por advogado regularmente inscrito na OAB.

Para que o advogado possa postular, há de apresentar a respectiva procuração, salvo se estiver postulando em causa própria, ou, ainda, para evitar preclusão, decadência ou prescrição, ou para praticar ato considerado urgente.

Nestas últimas situações deverá o advogado apresentar procuração no prazo de 15 dias, prorrogável por igual período por despacho do juiz.

Se não for ratificado o ato será considerado ineficaz relativamente àquele em cujo nome foi praticado, respondendo o advogado pelas despesas e por perdas e danos.

Poderá o advogado examinar, ainda que sem procuração, autos de qualquer processo, salvo na hipótese de segredo de justiça.

Nas causas de segredo de justiça, somente o advogado constituído poderá ter acesso aos autos.

Sendo comum o prazo processual, poderá o advogado retirar os autos para obter cópias, pelo prazo de duas a seis horas, independentemente de ajuste e sem prejuízo da continuidade do prazo.

Admite-se que o procurador renuncie ao mandato a qualquer tempo, devendo comunicar o mandante. Durante os dez dias seguintes, o advogado continuará a representar o mandante, desde que necessário para lhe evitar prejuízo.

Estará dispensada a comunicação se a procuração for firmada em benefício de vários advogados e a parte continuar a ser representada por outro.

15.2. DO MINISTÉRIO PÚBLICO

O Ministério Público atuará na defesa da ordem jurídica, do regime democrático e dos interesses e direitos sociais e individuais indisponíveis, conforme determina a Constituição Federal, a sua Lei Orgânica e o art. 176 do CPC.

Atuação do Ministério Público no Processo Civil
- Parte
- Fiscal da Ordem Jurídica

Atuará como fiscal da ordem jurídica nas hipóteses previstas na Constituição e na lei e, também nos processos: i) que envolvam interesse público ou social; ii) interesse de incapaz; iii) litígios coletivos pela posse de terra rural ou urbana.

> É de se ter atenção com a mudança ocorrida. O Ministério Público não mais atuará nas causas de divórcio, por exemplo, se não existir interesse de incapaz. Além disso, a participação da Fazenda Pública (pessoa jurídica de direito público) não importa na necessidade de participação do MP.

O Ministério Público, no exercício de suas funções, contará com determinadas prerrogativas. Dessa maneira, gozará de prazo em dobro para manifestar-se nos autos e fará jus à intimação pessoal.

O Ministério Público será civil e regressivamente responsável quando agir com dolo ou fraude no exercício de suas funções.

15.3. ADVOCACIA PÚBLICA

É missão da Advocacia Pública a defesa e promoção dos interesses públicos da União, dos Estados, do Distrito Federal e dos Municípios, por meio de representação judicial, em todos os âmbitos federativos, das pessoas jurídicas de direito público que integram a administração direta e indireta.

É integrada por profissionais que ingressam por meio de concurso.

Para a observância do interesse público em juízo há a previsão de determinadas prerrogativas, que serão examinadas na sequência.

15.4. PRERROGATIVAS DA FAZENDA PÚBLICA EM JUÍZO

15.4.1. O PRINCÍPIO CONSTITUCIONAL DA ISONOMIA E O INTERESSE PÚBLICO

As prerrogativas processuais da Fazenda Pública se legitimam na aplicação do princípio constitucional da isonomia que reclama tratamento instrumental condizente com a defesa do interesse público em juízo. Assim, mesmo que a norma não identifique todos os destinatários das prerrogativas processuais, elas são extensíveis se o direito material em litígio for de interesse público, conforme já decidiu o Supremo Tribunal Federal (v.g. RE n.º 220.906, Relator Ministro MAURÍCIO CORRÊA, Plenário, sessão de 17.11.2000).

O princípio constitucional da isonomia previsto no caput e inciso I, do art.5º, da Constituição Federal fora reforçado e especializado sob o enfoque processual no inciso I do art.139, do Novo Código de Processo Civil, e consiste no dever do legislador e do aplicador do direito (juiz) assegurarem às partes tratamento condizente com suas necessidades, com o fito de possibilitar igualdade de condições e instrumentos pertinentes para construção de elementos probatórios a serem utilizados em decisões mais justas reclamadas pelos bens jurídicos tutelados.

15.4.2. A CITAÇÃO DO ESTADO PARA COMPOR A RELAÇÃO PROCESSUAL

A citação da União, dos Estados, do Distrito Federal, dos Municípios e de suas respectivas autarquias e fundações de direito público, será realizada perante o órgão de Advocacia Pública responsável por sua representação judicial (CPC/15, art.242, §3º).

15.4.3. PRAZOS DIFERENCIADOS PARA A PRÁTICA DE ATOS PROCESSUAIS

Inicialmente, será apresentado quadro comparativo entre os artigos 188 do CPC 73 e 183 do CPC 2015:

QUADRO COMPARATIVO	
CPC/73	**CPC/15**
Art. 188. Computar-se-á em quádruplo o prazo para contestar e em dobro para recorrer quando a parte for a Fazenda Pública ou o Ministério Público.	Art. 183. A União, os Estados, o Distrito Federal, os Municípios e suas respectivas autarquias e fundações de direito público gozarão de prazo em dobro para todas as suas manifestações processuais, cuja contagem terá início a partir da intimação pessoal. § 1º A intimação pessoal far-se-á por carga, remessa ou meio eletrônico. § 2º Não se aplica o benefício da contagem em dobro quando a lei estabelecer, de forma expressa, prazo próprio para o ente público.

Como se vê, o Novo CPC inseriu como regra geral o prazo em dobro para todas as manifestações processuais da União, dos Estados, do Distrito Federal, dos Municípios e de suas respectivas autarquias e fundações de direito público. Já o CPC/73 delimitava o prazo diferenciado para certo ato (v.g. contestar, recorrer, defesa em execução etc.) se fosse a Fazenda Pública, não especificando quais pessoas jurídicas ou entidades que estariam incluídas neste conceito e diferenciando o lapso temporal do prazo diferenciado.

EXCEÇÕES AO PRAZO EM DOBRO NO NOVO CPC
Art. 535. A Fazenda Pública será intimada na pessoa de seu representante judicial, por carga, remessa ou meio eletrônico, para, querendo, no prazo de 30 (trinta) dias e nos próprios autos, impugnar a execução, podendo arguir: (...)
Art. 629. A Fazenda Pública, no prazo de 15 (quinze) dias, após a vista de que trata o art. 627, informará ao juízo, de acordo com os dados que constam de seu cadastro imobiliário, o valor dos bens de raiz descritos nas primeiras declarações.
Art. 910. Na execução fundada em título extrajudicial, a Fazenda Pública será citada para opor embargos em 30 (trinta) dias.

Além das exceções elencadas no quadro acima, se outras leis previrem prazos próprios para o ente público se manifestar nos autos, não se aplica a regra de multiplicação em dobro do lapso temporal para a prática do ato, nos termos do § 2º, do art. 183, do CPC/15.

A intimação do órgão de representação do ente público será sempre pessoal e far-se-á por meio de: a) carga ou remessa dos autos físicos; b) intimação eletrônica nos autos digitais. O CPC/73 não tinha igual previsão, e os Procuradores dos Estados e Municípios não tinham a prerrogativa de intimação pessoal (salvo em execuções fiscais), que era concedida aos integrantes da Advocacia Geral da União.

15.4.4. DO NÃO ADIANTAMENTO DE DESPESAS PROCESSUAIS E DOS HONORÁRIOS ADVOCATÍCIOS

De acordo com o que dispõe o art. 91 do CPC/2015, "as despesas dos atos processuais praticados a requerimento da Fazenda Pública, do Ministério Público ou da Defensoria Pública serão pagas ao final pelo vencido".

Por despesas processuais devem ser entendidos "todos os itens do custo do processo que de algum modo e em algum momento serão devidos aos agentes estatais (Poder Judiciário, auxiliares da Justiça), mas não abrange os honorários advocatícios".[9]

A regra geral do nosso regime processual é que as partes adiantem as despesas dos atos realizados a seu requerimento, ao longo do processo e "até a sentença final" (art. 82, *caput*, CPC/2015), sendo certo que, ao final, a parte sucumbente será responsabilizada pelo pagamento, total ou parcial, das despesas processuais e honorários advocatícios, ainda que pela via do ressarcimento da parte contrária, tal como deflui do parágrafo 2º do dispositivo antes citado, combinado com o artigo 85, *caput*.

No tocante à especial condição da Fazenda Pública, o citado art. 91 do CPC/2015, prevê que esta não deve arcar com o pagamento de tais despesas, a não ser ao final, se vencida na demanda. Ou seja, o Estado não está obrigado a *adiantar* o pagamento de tais despesas, e apenas nesse ponto reside a prerrogativa em questão.

Se sucumbente, ao final do processo, a Fazenda Pública efetuará o pagamento das despesas, como qualquer pessoa, não estando obrigada unicamente a adiantá-las no curso do processo.

Os honorários sucumbenciais fixados contra a Fazenda Pública também foram objeto de regulamentação específica (e bastante detalhada), em novo modelo, reduzindo a esfera de atuação discricionária dos magistrados nesse particular.

A distinção vem na determinação de que serão observados percentuais diversos daquele limite fixo de 10% a 20%, aplicado o escalonamento previsto nos incisos desse mesmo parágrafo 3º, da seguinte forma:

Percentual incidente sobre o valor da condenação ou do proveito econômico obtido.	Limites.
Mínimo de 10% e máximo de 20%.	Até 200 salários-mínimos
Mínimo de 8% e máximo de 10%.	Acima de 200 até 2.000 salários mínimos .

9 DINAMARCO, Candido Rangel. *Instituições de Direito Processual Civil*. v. II. 6ª ed. Malheiros: São Paulo, 2009, p. 651.

Mínimo de 5% e máximo de 8%.	Acima de 2.000 até 20.000 salários mínimos.
Mínimo de 3% e máximo de 5%.	Acima de 20.000 até 100.000 salários mínimos.
Mínimo de 1% e máximo de 3%.	Acima de 100.000 salários mínimos.

A fixação, que pode ocorrer desde logo (se líquida a sentença), ou posteriormente, quando liquidada, em qualquer caso observado o valor do salário mínimo então em vigor (§ 4º, I, II e IV), é feita de modo *escalonado*, variando o percentual dos honorários advocatícios de acordo com a extensão de sua base de cálculo, que pode ser o valor da causa se não houver condenação e não for possível mensurar o total do proveito econômico obtido (§ 4º, III).

Além disso, o CPC/2015 impõe a possibilidade de fixação *fracionada*, pois sendo o conteúdo econômico da demanda muito alto "a fixação do percentual de honorários deve observar a faixa inicial e, naquilo que a exceder, a faixa subsequente, e assim sucessivamente" (§ 5º).

15.4.5. DA REMESSA NECESSÁRIA

A remessa necessária é condição de eficácia da sentença proferida contra o Poder Público, de modo que, neste caso, aquela não produzirá efeitos depois de revista pelo tribunal.

De acordo com o art. 496 do Novo Código de Processo Civil, existem algumas regras importantes quanto à incidência ou não da remessa necessária, assim enumeradas:

i) Incidência da remessa necessária quando o valor da condenação ou o proveito econômico obtido na causa for de valor certo e líquido superior a 1.000 salários mínimos para a União; 500 salários mínimos para os Estados e o Distrito Federal e os Municípios que forem capitais; e, 100 salários mínimos para os demais municípios. A mesma regra vale para as respectivas autarquias e fundações públicas.

ii) Aplicação dos precedentes:

Também não haverá a remessa oficial se a sentença proferida estiver em conformidade com súmula de tribunal superior, acórdão proferido pelo Supremo Tribunal Federal ou pelo Superior Tribunal de Justiça em julgamento de recursos repetitivos, ou, ainda, entendimento firmado em incidente de resolução de demandas repetitivas ou assunção de competência.

Ora, não se mostra razoável exigir-se que a sentença seja revista pelo Tribunal a que o juízo estiver vinculado, se o pronunciamento jurisdicional de primeiro grau já for fundado em precedente obrigatório, principalmente pela observância da coerência da jurisprudência.

iii) Entendimento coincidente com orientação vinculante firmada no âmbito administrativo do próprio ente público, consolidada em manifestação, parecer ou súmula administrativa:

No âmbito da Advocacia Geral da União, está a Procuradoria-Geral da Fazenda Nacional dispensada a interpor recurso em determinadas situações, prestigiando os precedentes e a própria orientação emanada da Administração Federal (Lei 10.522/2002, art. 19).

O Novo CPC, ao referir-se à dispensa da remessa necessária quando a sentença estiver fundada em súmula de tribunal superior, acórdão proferido pelo STF ou STJ, também deve estar incluído o Tribunal Superior do Trabalho, guardando-se o devido paralelismo.

16. FATOS E ATOS PROCESSUAIS

16.1. CONCEITO DE ATOS PROCESSUAIS

São **atos processuais** aqueles que se destinam à criação, modificação, conservação ou extinção da ***relação jurídica processual***.[10] Podem ser praticados pelas partes, pelos auxiliares do juízo e pelo magistrado.

Diferenciam-se dos fatos processuais, que são fatos humanos ou não que tenham repercussão no processo.

16.2. FORMA

Os atos processuais não dependem de prova determinada, salvo quando a lei expressamente o exigir.

Princípio da instrumentalidade das formas: consideram-se válidos os atos processuais que, embora realizados de outro modo, tenham preenchido a finalidade essencial.

Deve ser observado, ainda, os princípios da primazia do julgamento do mérito e do máximo aproveitamento do ato processual.

Como regra, os atos processuais são públicos. Porém, correrão em segredo de justiça: i) aqueles em que se exija o interesse público ou social; ii) que versem sobre casamento, separação de corpos, divórcio, separação, união estável, filiação, alimentos e guarda de crianças e adolescentes; iii) em que constem dados protegidos pelo direito constitucional à intimidade; iv) que versem sobre arbitragem, inclusive sobre cumprimento de carta arbitral, desde que a confidencialidade estipulada na arbitragem seja comprovada perante o juízo.

16.3. DO TEMPO DOS ATOS PROCESSUAIS

Os atos processuais serão praticados em horário autorizado por lei, qual seja, das 6 às 20 horas. Se iniciados antes, podem ser concluídos após as 20 horas, se o adiamento prejudicar a diligência ou causar grave dano.

As citações, intimações e as penhoras podem ser realizadas no período de férias forenses, nos feriados ou dias úteis fora do horário estabelecido, desde que se observe a impossibilidade de ingresso em domicílio em horário noturno sem a autorização do morador.

O ato eletrônico poderá ser praticado até as 24 horas do último dia do prazo.

Durante as férias forenses e nos feriados não serão praticados atos processuais, salvo as citações, intimações e penhoras, como acima afirmado, bem como a tutela de urgência.

---

10 WAMBIER, Luiz Rodrigues. TALAMINI, Eduardo. ALMEIDA. Flávio Renato Correia. *Curso Avançado de Processo Civil.* VOL. 1. 10ª ed. São Paulo: RT, 2008.

Citação, intimação e penhora poderão ser praticadas nas férias, nos feriados e após as 20 horas, desde que se observe que o domicílio é o asilo inviolável do indivíduo.

A tutela de urgência é uma espécie da **tutela provisória**. Há o fundamento urgência, o que a distingue da tutela da evidência (de alta probabilidade). Comporta a **tutela antecipada** (em que se antecipa o mérito que seria analisado ao final) e a **tutela cautelar** (com análise do *fumus boni iuris* e do *periculum in mora*).

Logo, poderão ser praticados atos processuais relacionados à tutela antecipada e à tutela cautelar. Não estão abrangidos os que disserem respeito à tutela da evidência.

Durante as férias serão processuais determinadas demandas, continuando o trâmite ainda pela que pela superveniência delas: i) os procedimentos de jurisdição voluntária e os necessários à conservação de direitos, quando puderem ser prejudicados pelo adiamento; ii) a ação de alimentos e os processos de nomeação ou remoção de tutor e curador; iii) os processos que a lei determinar.

Consideram-se feriados, para efeito forense, os sábados, domingos, os dias em que não haja expediente forense, bem como os declarados por lei.

16.4. LUGAR

Os atos processuais, como regra, serão praticados na sede do juízo. Excepcionalmente, poderão ser praticados em outro lugar em razão de deferência, interesse da justiça, da natureza do ato ou de obstáculo arguido pelo interessado e acolhido pelo juiz.

16.5. DOS PRAZOS PROCESSUAIS

A lei prescreverá os prazos em que serão realizados os atos processuais. Prazo pode ser entendido como o período de tempo entre um termo inicial e um termo final.

Se a lei não fizer previsão do prazo, o juiz o fixará, levando em consideração a sua complexidade.

CONTAGEM DOS PRAZOS PROCESSUAIS NO PROCESSO CIVIL: SOMENTE SERÃO CONTADOS OS DIAS ÚTEIS!

Suspende-se o prazo processual no período de 20 de dezembro a 20 de janeiro, inclusive, o que não retira a necessidade de exercício da atribuição pelos juízes, membros do MP, Defensoria Pública, Advocacia Pública e os auxiliares da Justiça.

Entende-se por prazo peremptório, em conformidade com o Novo CPC, aqueles nos quais o juiz não poderá diminuir sem a concordância das partes. Verifica-se que o juiz poderá dilatar quaisquer prazos, ainda que processuais, como ocorre com o prazo para oferecimento de contestação. Ele poderá ser aumentado por decisão judicial. Porém, para diminuí-lo, deverá o magistrado contar com a concordância das partes.

O MAGISTRADO PODERÁ DILATAR QUAISQUER PRAZOS.

PARA DIMINUÍ-LOS, PORÉM, PRECISA DA CONCORDÂNCIA DAS PARTES.

Na esteira do **princípio da preclusão**, o CPC repetiu que decorrido o prazo extingue-se o direito de praticar ou de emendá-lo.

A preclusão comporta as seguintes espécies: i) temporal; ii) lógica; iii) consumativa; iv) elástica.

A preclusão temporal decorre do escoamento do prazo para a prática do ato processual, com o que se extingue o direito de praticá-lo ou de emendá-lo. Deve ser levada em consideração a possibilidade de se verificar a justa causa decorrente de evento alheio à vontade da parte e que a impediu de praticar o ato por si ou por mandatário.

A preclusão lógica, por sua vez, decorre da prática de ato incompatível. Exemplo: pagamento da obrigação reconhecida em sentença condenatória. Tem-se a preclusão lógica em relação à possibilidade de interpor recurso.

A preclusão consumativa decorre da prática do ato processual. Uma vez praticado, não poderá ser renovado. Se oferecida contestação, não poderá ser posteriormente apresentada outra defesa. Se interposto recurso de apelação, não poderá ser ampliado o objeto recursal. Isso não significa vedar-se o aperfeiçoamento do ato processual em decorrência do princípio do máximo aproveitamento dos atos processuais e da primazia do julgamento do mérito.

A preclusão elástica decorre da necessidade de se aguardar para verificar se determinado ato será praticado em período posterior. Exemplo: a impugnação de questão incidental decidida por meio de decisão interlocutória quando da interposição do recurso de apelação, em que será necessário apresentar preliminar nas razões recursais. Se esta não for apresentada, tem-se a preclusão.

Para todos os fins, os prazos serão contados excluindo o dia do começo e incluindo o dia do vencimento. Tais dias serão prorrogados para o primeiro dia útil seguinte, se coincidirem com dia em que o expediente forense for encerrado antes ou iniciado depois da hora normal ou houver indisponibilidade da comunicação eletrônica.

Se a intimação do ato processual se der pelo Diário da Justiça eletrônico, considera-se como data de publicação o primeiro dia útil seguinte ao da disponibilização da informação.

O magistrado contará com prazo impróprio para a prática de atos processuais. A sua inobservância não acarretará em consequência processual, mas disciplinar. Dessa maneira, deverá o juiz proferir os despachos em cinco dias, as decisões interlocutórias em dez dias e as sentenças em trinta dias.

PRONUNCIAMENTO	PRAZO
DESPACHO	5 DIAS
DECISÃO INTERLOCUTÓRIA	10 DIAS
SENTENÇA	30 DIAS

O escrivão, por sua vez, deverá remeter os autos conclusos no prazo de um dia e executar os atos processuais em cinco dias.

Em certas hipóteses o prazo processual será contado de forma diferenciada. Podem ser citados: i) para os litisconsortes com diversos procuradores; ii) para o Ministério Público, Defensor Público e integrantes da Advocacia Pública.

Litisconsortes: serão litisconsortes aqueles que litigarem lado a lado em um dos polos da ação. Tais pessoas podem contar com um único advogado, ou então cada um deles poderá ter o patrocínio de um causídico. Neste último caso, têm-se os litisconsortes com diversos procuradores, que contarão com o prazo em dobro para a prática de atos processuais desde que preenchidos determinados requisitos, resumidos no quadro a seguir.

Requisitos para a contagem em dobro do prazo para os litisconsortes com diversos procuradores:

i) serem os Advogados dos litisconsortes integrantes de escritórios de advocacia distintos;

ii) que não se trate de processo eletrônico.

A contagem em dobro cessará se, havendo apenas dois réus, for oferecida defesa apenas por um deles.

EXERCÍCIO DE CONTAGEM DE PRAZO PROCESSUAL

A propôs ação em face de "B" e de "C". Os dois foram citados. B ofereceu contestação, mas C permaneceu revel. Nesse caso, será contado em dobro o prazo para que B pratique os atos processuais? E para a contestação?

Em primeiro lugar, para a contestação o prazo será contado em dobro, porque ainda havia a expectativa de que os réus teriam procuradores diversos. Contudo, após oferecida a resposta por apenas um dos réus, o prazo não mais será contado em dobro.

O Código **disciplina o dia do começo do prazo**, que será, salvo disposição em sentido contrário:

I – a data de juntada aos autos do aviso de recebimento, quando a citação ou a intimação for pelo correio;

II – a data de juntada aos autos do mandado cumprido, quando a citação ou a intimação for por oficial de justiça;

III – a data de ocorrência da citação ou da intimação, quando ela se der por ato do escrivão ou do chefe de secretaria;

IV – o dia útil seguinte ao fim da dilação assinada pelo juiz, quando a citação ou a intimação for por edital;

V – o dia útil seguinte à consulta ao teor da citação ou da intimação ou ao término do prazo para que a consulta se dê, quando a citação ou a intimação for eletrônica;

VI – a data de juntada do comunicado de que trata o art. 232 (comunicação de cumprimento da carta precatória) ou, não havendo esse, a data de juntada da carta aos autos de origem devidamente cumprida, quando a citação ou a intimação se realizar em cumprimento de carta;

VII – a data de publicação, quando a intimação se der pelo Diário da Justiça impresso ou eletrônico;

VIII – o dia da carga, quando a intimação se der por meio da retirada dos autos, em carga, do cartório ou da secretaria.

O prazo da intimação será contado individualmente. De outro lado, no caso de citação, o prazo se iniciará com a última das datas, ressalvado se houver pedido de dispensa da realização da audiência de conciliação ou de mediação, quando então será contado de cada protocolo de petição.

16.6. DA COMUNICAÇÃO DOS ATOS PROCESSUAIS

Citação é o ato pelo qual são convocados o réu, o executado ou o interessado para integrar a relação processual. Para que a relação processual seja válida, é imprescindível a citação do réu ou do executado, salvo nas hipóteses de indeferimento da petição inicial ou de improcedência liminar do pedido.

→ Atenção ao conceito de citação.

Portanto, o réu, o executado e o interessado serão convocados para integrar a relação processual por meio da citação. Não obstante, é possível que haja o comparecimento espontâneo, quando então o prazo para resposta ou embargos se inicia desta data.

Poderá o réu/executado/interessado comparecerem unicamente para alegar a nulidade da citação. Se rejeitada a alegação, o réu será considerado revel, no processo de conhecimento, ou a execução prosseguirá.

Decorrem certos efeitos da citação válida, ainda que o ato tenha sido ordenado por juiz incompetente.

Efeitos da citação válida

i) induzir litispendência;

ii) tornar litigiosa a coisa;

iii) constituir em mora o devedor, ressalvadas excepcionalidades previstas no Código Civil.

→ Tornar prevento o juízo não é mais efeito da citação válida.

A interrupção da prescrição ocorrerá por força do despacho judicial, conforme prevê o art.202, I do Código Civil. Tal interrupção vai retroagir à data da propositura da ação, desde que o autor providencie as providências necessárias para viabilizar a citação. Se isso não ocorrer, não irá retroagir.

O efeito retroativo aplica-se à prescrição, decadência e também a outros prazos extintivos.

A citação poderá ser realizada: por correio; por oficial de justiça; pelo escrivão ou chefe de secretaria, se o citando comparecer em cartório; por edital; por meio eletrônico.

Deverão as empresas públicas e privadas manter cadastro nos sistemas de processo em autos eletrônicos, para efeito de recebimento de citações e intimações, que serão realizadas de forma preferencial por este meio. Tal regra se aplica às pessoas jurídicas de direito público e também de direito privado integrantes da Administração Pública. Estão excluídas as microempresas e as empresas de pequeno porte.

Como regra, a citação será realizada pelo correio. Contudo, em determinadas situações, será realizada por oficial de justiça nas seguintes hipóteses: nas ações de estado, quando o citando for incapaz, quando o citando for pessoa jurídica de direito público, quando o citando residir em local não atendido pela entrega domiciliar de correspondência e quanto o autor, justificadamente, a requerer de outra forma.

IMPORTANTE:

No caso de condomínio edilícios ou nos loteamentos com controle de acesso, admite-se como válida a entrega do mandado a funcionário da portaria responsável pelo recebimento de correspondência. Admite-se, porém, a recusa, se o funcionário atestar, por escrito, que o destinatário da correspondência está ausente.

Citação com hora certa: poderá ser realizada pelo oficial de justiça quando, tendo procurador o citando em seu domicílio ou residência sem o encontrar, por duas vezes, havendo suspeita de ocultação, deverá intimar qualquer pessoa da família ou, em sua falta, qualquer vizinho de que, no dia útil imediato, voltará a fim de efetuar a citação, na hora que designar. Será admitida a entrega a funcionário de portaria nos condomínios ou nos loteamentos com controle de acesso.

No dia e hora designados, o oficial de justiça, de ofício (sem precisar de decisão judicial), comparecerá ao domicílio ou à residência do citando a fim de realizar a diligência. Estando este não presente, será apurado o motivo da ausência, dando por feita a citação, ainda que a ocultação tenha ocorrido em outra comarca.

A citação com hora certa será feita ainda que a pessoa anteriormente intimada não esteja presente, ou se esta se recursar a receber o mandado.

Uma vez efetivada tal citação, o escrivão enviará ao réu, executado ou interessado, em dez dias, carta, telegrama ou correspondência eletrônica, dando-lhe de tudo ciência.

Nas comarcas contínuas, de fácil comunicação ou na mesma região metropolitana, o oficial de justiça poderá efetuar, em qualquer delas, citações, intimações, notificações, penhoras e quaisquer outros atos executivos.

Será feita a citação por edital quando desconhecido ou incerto o citando, quando ignorado, incerto ou inacessível o lugar em que se encontrar o citando e nos casos expressos em lei.

Intimação é o ato pelo qual se dá ciência a alguém dos atos e dos termos do processo.

As intimações do Ministério Público, da Defensoria Pública e da Advocacia Pública são pessoais.

As intimações, sempre que possível, serão realizadas por meio eletrônico, na forma da lei.

Presumem-se válidas as intimações dirigidas ao endereço constante dos autos, ainda que não recebidas pessoalmente pelo interessado, se a modificação temporária ou definitiva não tiver sido comunicada em juízo.

16.7. DAS NULIDADES

O Código de Processo Civil encampou a Norma Fundamental do máximo aproveitamento processual e da primazia do julgamento do mérito, bem como o princípio da instrumentalidade, de modo que o vício somente importará em nulidade se houver prejuízo. Em outros termos, o ato não será repetido nem sua falta será suprida quando não prejudicar a parte. Dá-se o aproveitamento dos atos praticados desde que não resulte prejuízo à defesa de qualquer parte.

A primazia do julgamento do mérito e o máximo aproveitamento do ato processual impõem que, **quando puder decidir o mérito a favor da parte a quem aproveite a decretação da nulidade, o juiz não a pronunciará nem mandará repetir o ato ou suprir-lhe a falta.**

Ou seja, o juiz poderá até desconsiderar o vício existente e decidir o mérito em favor da parte a quem se aproveite a decretação da nulidade.

O prejuízo é exigido na nulidade absoluta e também na relativa.

A nulidade absoluta é aquela que pode ser conhecida de ofício pelo juízo e as partes podem alegá-la a qualquer tempo. Na nulidade relativa, por sua vez, haverá a necessidade de que seja alegada na primeira oportunidade em que couber à parte falar nos autos, sob pena de preclusão.

Reconhecida a nulidade do ato, consideram-se sem efeito aqueles que forem atingidos, por serem dependentes.

17. PROCEDIMENTO COMUM

17.1. ASPECTOS GERAIS

Já tratados quando da análise do procedimento.

17.2. FASES

São identificadas as seguintes fases do procedimento comum: i) postulatória; ii) saneadora e de organização; iii) instrutória; iv) decisória, que serão adiante esmiuçadas.

17.3. DA PETIÇÃO INICIAL

17.3.1. INSTRUMENTO DA DEMANDA

Em observância ao princípio da inércia da jurisdição (ou princípio da ação), o Estado-Juiz somente poderá agir se for devidamente provocado, ressalvadas exceções especialmente previstas, como ocorre a arrecadação de bens de ausentes.

Portanto, o Estado-Juiz não poderá agir de ofício. Carecerá de provocação da parte, que exercerá a demanda. Demanda é o ato de ir a juízo e provocar a atividade jurisdicional. E o instrumento da demanda é a petição inicial.

Portanto, a petição inicial é o meio pelo qual a parte provoca a atividade jurisdicional. Constitui-se em um pressuposto processual de existência da relação processual e, em razão dessa importância vital, carece de observar alguns requisitos específicos.

17.3.2. REQUISITOS DA PETIÇÃO INICIAL

É possível a identificação de requisitos intrínsecos e extrínsecos da petição inicial. Aqueles devem estar constantes do próprio corpo da petição inicial, ao passo que estes se revelam como documentos que devem acompanhar a peça, por serem imprescindíveis à propositura da ação.

A falta dos requisitos intrínsecos acarretará a necessidade de emenda da petição inicial. De outro lado, a inobservância dos requisitos extrínsecos importará em atividade da parte para completá-la.

Classificação dos Requisitos da Petição Inicial	
Intrínsecos	**Extrínsecos**
Contidos no corpo da petição inicial	Documentos indispensáveis à propositura da ação
Ausência: o juiz determinará a emenda.	Ausência: o juiz determinará que a peça seja completada

Ausentes os requisitos intrínsecos e/ou extrínsecos, ou ainda se o juiz verificar que a petição inicial apresenta defeitos e irregularidades capazes de dificultar o julgamento de mérito, determinará ao autor que, no prazo de 15 dias, promova a emenda ou a complete, indicando com precisão o que deverá ser corrigido ou completado.

Importante é a previsão contida na parte final do *caput* do art. 321 do Código de Processo Civil, por meio da qual se determina ao juiz que indique com precisão o que deve ser corrigido ou completado. Trata-se de uma consequência da aplicação dos princípios processuais da primazia do julgamento do mérito, do máximo aproveitamento dos atos processuais, do contraditório dinâmico e da fundamentação analítica.

Por isso, não poderá o magistrado determinar que a parte emende ou complete a petição inicial, de forma genérica, sem indicar com precisão o que precisa ser ajustado. Ora, isso é natural de toda reforma ocorrida, pois o que se pretende é o julgamento do mérito, com celeridade, ao invés da simples extinção e deixar que a parte percorra todo o caminho processual novamente.

Porém, embora tenha o magistrado indicado com precisão o que precisa ser corrigido ou emendado, e a parte não o fizer, então não restará outra alternativa ao juiz senão a de indeferir a petição inicial.

O art. 319 do CPC indica quais são os requisitos intrínsecos da petição inicial. São eles:

I – o juízo a que é dirigida;

II – os nomes, os prenomes, o estado civil, a existência de união estável, a profissão, o número de inscrição no Cadastro de Pessoas Físicas ou no Cadastro Nacional da Pessoa Jurídica, o endereço eletrônico, o domicílio e a residência do autor e do réu;

Caso não disponha das informações previstas neste inciso, poderá o autor, na petição inicial, requerer ao juiz diligências necessárias a sua obtenção. A petição inicial não será indeferida se, a despeito da falta destas informações, for possível a citação do réu. O indeferimento por esse motivo também não ocorrerá se a obtenção de tais informações tornar impossível ou excessivamente oneroso o acesso à justiça.

III – o fato e os fundamentos jurídicos do pedido;

IV – o pedido com as suas especificações;

V – o valor da causa;

VI – as provas com que o autor pretende demonstrar a verdade dos fatos alegados;

VII – a opção do autor pela realização ou não de audiência de conciliação ou de mediação.

Podem ser apontadas, como novidades, as previsões contidas no inciso II, como a exigência da indicação da existência de união estável, por exemplo, e a opção do autor pela realização ou não da audiência de conciliação ou de mediação.

O Código indica, em seu artigo 320, que a petição inicial será instruída com os documentos indispensáveis à propositura da ação. Portanto, refere-se aos requisitos extrínsecos. Entre estes documentos, tem-se a procuração *ad judicia*, pela qual a parte outorga poderes ao Advogado para representá-la em juízo, podendo patrocinar a sua causa.

Retornando aos requisitos intrínsecos, pela sua própria importância e extensão, passa-se à análise do pedido.

17.3.3. DO PEDIDO

O pedido corresponde ao objeto do processo. A parte, ao provocar a atividade jurisdicional, pretende ver proferida uma decisão declaratória, condenatória, constitutiva (ou desconstitutiva), mandamental e/ou executiva. Essa é a primeira face do pedido. Pede-se a tutela jurisdicional. Além disso, naturalmente, também é de seu interesse obter o bem da vida perseguido. Não lhe interessa apenas a condenação, como também a quantia em dinheiro. Não lhe interessa apenas a sentença executiva de reintegração de posse, como mais ainda o próprio bem esbulhado.

Verifica-se, então, a existência do PEDIDO IMEDIATO, que é a providência jurisdicional pretendida. Paralelamente, há o PEDIDO MEDIATO, que é o bem da vida perseguido.

O juiz estará atrelado ao pedido apresentado pela parte, por força do princípio da inércia. Estará adstrito ao que foi requerido pelo demandante. A essa adstrição correspondente o princípio da congruência, da correlação ou da adstrição.

Deve-se verificar que o princípio da inércia é a justificativa do princípio da adstrição. Como o magistrado deverá ser provocado, sem o que não poderá exercer da jurisdição, ressalvadas situações excepcionalíssimas.

A inobservância ao princípio da adstrição gerará a nulidade da sentença, que poderá ser sanada em grau recursal, se houver possibilidade de análise do mérito.

VÍCIOS DA INOBSERVÂNCIA DO PRINCÍPIO DA ADSTRIÇÃO SENTENÇA		
ULTRA PETITA	***EXTRA PETITA***	***CITRA PETITA***
Vai além do pedido. Exemplo: o autor pede a condenação do réu em R$ 100,00 e o juiz defere R$ 200,00.	O magistrado defere pedido diverso do que foi requerido.	A sentença não analisa todos os pedidos apresentados.

Portanto, o pedido da parte deverá ser certo. Admite-se, contudo, o pedido implícito em algumas situações.

Por pedido implícito deve-se entender aquele que, muito embora não tenha constado da petição inicial, pode ser deferido pelo juiz. Por isso, o § 1º do art. 322 indica que se compreende no principal os juros legais, a correção monetária e as verbas de sucumbência, inclusive os honorários advocatícios.

Os honorários advocatícios, então, além de algumas verbas específicas, podem ser deferidos ainda que não haja pedido nesse sentido na petição inicial. Anteriormente ao Novo CPC, via a regra jurisprudencial que, embora admitisse a condenação dos honorários sem pedido expresso, não permitia a cobrança posterior se, uma vez transitada em julgado a sentença, a condenação ao pagamento dos honorários não constasse da sentença. Essa regra, contudo, foi alterada, conforme se vê do art. 85, § 18 do Código de Processo, que permite seja ajuizada ação de cobrança específica para tal fim.

O pedido apresentado na petição inicial deverá ser interpretado. Esta interpretação seguirá alguns parâmetros. Em primeiro lugar, deverá ser observado o conjunto da postulação e não de forma isolada. Além disso, ser observado o princípio da boa-fé processual, que, aliás, deve reger todos os atos do processo.

Surge a questão das prestações sucessivas, como ocorre, por exemplo, na ação para fixação de valor a título de alimentos por conta da prática de ato ilícito. Nesse caso, a parte requer que o magistrado certifique a obrigação de pagar os alimentos, bem como o seu respectivo valor. O pagamento de tal parcela prosseguirá nos meses seguintes e, por isso, constituem-se em prestações sucessivas.

Estas prestações sucessivas serão consideradas como incluídas no pedido. Não há necessidade de que haja pedido de condenação das prestações posteriores. Por isso, estará incluída na condenação, enquanto durar a obrigação, se o devedor, no curso do processo, deixar de pagá-las ou de consigná-las.

Além de certo, o pedido também deve ser determinado. Isso significa que deve estar bem delimitado. Não se pode pugnar pela condenação, há de ser indicado o seu valor.

Admite o Código que haja a formulação de pedido genérico em certas situações, o que se aplica também à reconvenção. Nestes casos, a sentença poderá ser ilíquida e, oportunamente, haverá a respectiva liquidação.

Poderá ser formulado pedido genérico nas seguintes situações (art. 324, § 1º): I – nas ações universais, se o autor não puder individuar os bens demandados; II – quando não for possível determinar, desde logo, as consequências do ato ou do fato; III – quando a determinação do objeto ou do valor da condenação depender de ato que deva ser praticado pelo réu.

Em casos como estes, em que formulado pedido genérico, na ação relativa à obrigação de pagar quantia certa, **deverá a decisão judicial definir desde logo a extensão da obrigação, o índice de correção monetária, a taxa de juros, o termo inicial e a periodicidade da capitalização dos juros** (art. 491), a não ser que: i) não for possível determinar, de modo definitivo, o montante devido; ii) a apuração do valor devido depender da produção de prova de realização demorada ou excessivamente dispendiosa, assim reconhecida na sentença.

Portanto, pode-se extrair a seguinte sequência:

➔ PEDIDO DETERMINADO

➔ EXCEPCIONALMENTE: PEDIDO GENÉRICO. Mesmo neste caso, na ação relativa à obrigação de pagar quantia certa, deve **a sentença definir desde logo** a extensão da obrigação, salvo se: i) não for possível determinar de imediato o valor da obrigação; ii) a apuração do valor depende da produção da prova de realização demorada ou excessivamente dispendiosa.

Em resumo, deverá o pedido ser: **CERTO e DETERMINADO**.

Poderá o autor apresentar PEDIDO ALTERNATIVO, quando, pela natureza da obrigação, o devedor puder cumprir a prestação de mais de um modo.

A escolha do modo de cumprimento da prestação poderá competir ao autor ou ao réu. No primeiro caso, o autor já fará tal indicação na inicial. Competindo ao réu, de outro lado, o juiz lhe facultará o direito de cumprir a prestação de um ou de outro modo, ainda que o autor não tenha formulado pedido alternativo.

A petição inicial poderá contar com um único pedido, ou com mais de um pedido. Neste último caso, tem-se a cumulação de pedidos.

A cumulação de pedidos comporta a seguinte classificação:

CUMULAÇÃO DE PEDIDOS	
PRÓPRIA	**IMPRÓPRIA**
Haverá a formulação de mais de um pedido e o demandante requer que todos eles sejam acolhidos.	Haverá a formulação de mais de um pedido e o demandante requer que apenas um deles seja acolhido.
Poderá ser simples e sucessiva.	Poderá ser subsidiária e alternativa.

Na cumulação própria, como afirmado, o demandante apresenta mais de um pedido na petição inicial e requer que todos eles sejam acolhidos. É o caso, por exemplo, do pedido de condenação ao pagamento de indenização por dano moral e também à entrega de determinado bem. Também pode ser citada a ação de investigação de paternidade cumulada com alimentos.

Na cumulação própria simples, o autor requer que mais de um pedido seja acolhido e a improcedência de um não refletirá diretamente no outro pedido. No caso de pedido de condenação ao pagamento de indenização em virtude de danos materiais e morais, o juiz poderá não acolher o primeiro pedido, pois não comprovados os danos, mas condenar a parte contrária em virtude do dano moral, por reconhecer que o seu ato causou sofrimento à parte.

De outro lado, na cumulação própria sucessiva, para que o juiz possa analisar o segundo pedido, deverá ter acolhido o primeiro. Na investigação de paternidade, como regra, o magistrado condenará ao pagamento de alimentos, se for reconhecida a paternidade do réu. Se improcedente este pedido (paternidade), não haverá a condenação ao pagamento de alimentos.

Por sua vez, na sua cumulação imprópria, o autor apresentará mais de um pedido, mas não requererá que todos eles sejam acolhidos.

O *caput* do art. 327 do Código de Processo Civil determina que é possível a cumulação de vários pedidos, contra o mesmo réu, em um único processo, ainda que entre eles não haja conexão. Para tanto, deverão os pedidos serem compatíveis entre si, o juízo ser competente para deles conhecer (competência absoluta) e o procedimento seja também adequado.

Duas observações são importantes para o art. 327, exigindo-se a máxima atenção do leitor. A compatibilidade dos pedidos deve ocorrer na cumulação própria, pois não é possível ao juiz deferir pedidos incompatíveis. De outro lado, aquela compatibilidade não é exigida para a cumulação imprópria, quer seja alternativa, quer seja subsidiária.

A COMPATIBILIDADE DOS PEDIDOS NÃO É REQUISITO NA CUMULAÇÃO SUBSIDIÁRIA E NA ALTERNATIVA.

Quando, para cada pedido, corresponder tipo diverso de procedimento, será admitida a cumulação se o autor empregar o **procedimento comum**, podendo ser empregadas as técnicas processuais diferenciadas previstas nos procedimentos especiais a que se sujeitam um ou mais pedidos cumulados, que não forem incompatíveis com as disposições sobre o procedimento comum.

Será subsidiária quando o autor formular mais de um pedido e estipular uma ordem entre eles. Assim, requererá o acolhimento do primeiro e, se acaso for improcedente o pedido, que se passe à análise do segundo e assim por diante. Pede-se a anulação do contrato e, se não for possível, a invalidade de uma das cláusulas.

A cumulação imprópria será alternativa na hipótese em que forem apresentados mais de um pedido e a parte não estipular uma ordem entre eles, podendo o juiz acolher o que entender correto. Nesse passo, o autor apresenta os pedidos 1 e 2 e pede que o magistrado julgue procedente um deles, sem estabelecer qualquer ordem de preferência. Se o magistrado julgar procedente o de número 1, não poderá o réu recorrer posteriormente.

Trata o Código de Processo Civil da pluralidade de credores de obrigação indivisível, em que um ou mais não tenham participado do processo. Um exemplo poderá auxiliar no entendimento. Imagine-se que existam dois credores de uma obrigação de entregar, consistente na entrega de uma máquina de colher grãos. No contrato estabelecido, firmou-se que se tratam de credores solidários, de modo que qualquer um deles poderá exigir o cumprimento da obrigação, sem necessidade da participação do outro. Em tal situação, aquele que não participou do processo deverá receber sua parte, mas serão abatidas as despesas de forma proporcional.

17.3.4. ALTERAÇÃO DO PEDIDO OU DA CAUSA DE PEDIR

Até a citação do réu, poderá o autor aditar ou alterar o pedido ou a causa de pedir (que correspondem aos elementos objetivos da ação), independentemente de concordância daquele.

Posteriormente à citação, as alterações dependerão da concordância do réu e somente poderão ser requeridas até o **saneamento do processo**, assegurando-se o contraditório e o requerimento de prova suplementar.

Em razão disso, diz-se que com o saneamento ocorre a estabilização do processo, não podendo mais haver a modificação do pedido ou da causa de pedir.

Estas regras se aplicam também à reconvenção.

17.3.5. INDEFERIMENTO DA PETIÇÃO INICIAL

O indeferimento da petição inicial consiste na manifestação do juiz no sentido de que, a partir dos elementos indicados naquela peça, a ação não poderá prosseguir. Poderá ocorrer de forma parcial, com relação a algum dos pedidos, ou total, o que refletirá na natureza do pronunciamento jurisdicional (decisão interlocutória ou sentença).

Houve uma sensível diferença no tratamento da matéria pelo Novo Código de Processo Civil. No CPC anterior, o indeferimento da inicial poderia consistir em um pronunciamento com ou sem análise de mérito. No CPC 2015, por sua vez, **o indeferimento decorrerá de pronunciamento sem análise de mérito.**

INDEFERIMENTO DA INICIAL (CPC 2015)
PRONUNCIAMENTO SEM ANÁLISE DE MÉRITO

Há de ser lembrado que, em razão do princípio da primazia do julgamento do mérito, o ideal é que não ocorra o indeferimento da petição inicial. Esta medida somente ocorrerá se eventual vício não puder ser sanado, ou se a parte, intimada, não promoveu ao devido ajuste.

A petição inicial será indeferida quando: I – for inepta; II – a parte for manifestamente ilegítima; III – o autor carecer de interesse processual; IV – não atendidas as prescrições dos arts. 106 e 321.

A inépcia da inicial decorrerá de algum problema em relação ao discorrer dos fatos ou da causa de pedir. Nesse sentido, prevê o art. 301, § 1º, que se considera inepta a petição quando: I – lhe faltar pedido ou causa de pedir; II – o pedido for indeterminado, ressalvadas as hipóteses legais em que se permite o pedido genérico; III – da narração dos fatos não decorrer logicamente a conclusão; IV – contiver pedidos incompatíveis entre si.

17.3.6. DA IMPROCEDÊNCIA LIMINAR DO PEDIDO

Entende-se por liminar o pronunciamento proferido no início do processo, no seu limiar. A liminar poderá consistir em uma decisão interlocutória (tutela antecipada), em uma sentença (sentença de indeferimento da inicial), decisão monocrática proferida por relator e, porque não, até por decisão colegiada em Tribunal.

Como regra, uma vez iniciado o procedimento, haverá a citação da parte contrária e o andamento regular dos atos processuais, para que o magistrado possa, ao final, proferir a sentença de mérito.

Contudo, como visto no item anterior, será possível que o magistrado entenda que a petição inicial não reúne condições para que haja o desenrolar do processo, hipótese em que poderá indeferir a petição inicial, com pronunciamento sem análise de mérito.

Em outros casos, faculta o Novo CPC que o juiz analise o mérito desde já, independentemente de citação da parte contrária, **proferindo pronunciamento de improcedência liminar do pedido**.

Há uma diferenciação a ser feita que é vital para o entendimento. Na improcedência liminar, o magistrado analisa o mérito. Julga-o desde já, com possibilidade de formação da coisa julgada material, se não houver a interposição de recurso. No indeferimento da inicial, contudo, não há análise de mérito.

Assim, o autor postula os seus pedidos e o magistrado, quando da análise da inicial, profere julgamento de improcedência liminar.

O Novo CPC permite que tal julgamento ocorra, em suma, quando a pretensão apresentada pela parte contrária encampar tese jurídica contrária ao já decidido em determinados precedentes, quais sejam: I – enunciado de súmula do Supremo Tribunal Federal ou do Superior Tribunal de Justiça; II – acórdão proferido pelo Supremo Tribunal Federal ou pelo Superior Tribunal de Justiça em julgamento de recursos repetitivos; III – entendimento firmado em incidente de resolução de demandas repetitivas ou de assunção de competência; IV – enunciado de súmula de tribunal de justiça sobre direito local.

Nestes casos, o magistrado funcionará como porta-voz do Tribunal e, considerando que os juízes e tribunais devem observar os precedentes (art. 927 do NCPC), autoriza-se que o pedido seja julgado improcedente desde já.

É claro que a procedência do pedido não será admitida de imediato, havendo necessidade da formação do contraditório e da ampla defesa. Tal julgamento somente será admitido na improcedência.

Também será admitida a improcedência liminar se o magistrado verificar, desde logo, **a prescrição e a decadência.**

Vale a pena enfatizar que a prescrição e a decadência, no CPC anterior, eram causas de indeferimento da inicial. Atualmente, não são mais motivos de indeferimento, mas justificam a liminar improcedência.

17.4. RESPOSTA DO RÉU

17.4.1. PRINCÍPIOS QUE REGEM A CONTESTAÇÃO

Alinhado com a ideia de exercício da ampla defesa e do contraditório, o polo passivo da ação será devidamente citado e, no tempo oportuno, poderá oferecer resposta. E o exercício da defesa pelo réu será efetivado por meio de um instrumento específico, denominado contestação, a ser oferecido de forma escrita.

Será na contestação que o réu concentrará toda a sua matéria de defesa, sob pena de preclusão. Uma vez apresentada, não será possível complementá-la, como regra.

O NOVO CPC AUMENTOU A QUANTIDADE DE MATÉRIAS QUE PODEM SER ALEGADAS NA CONTESTAÇÃO

Alegação de incompetência territorial, impugnação ao valor da causa, impugnação à assistência judiciária (pelo réu) e a reconvenção **constarão da própria contestação**, como preliminares, e não mais em separado.

A contestação é regida pelos seguintes princípios:

a) concentração: deverá o réu concentrar em sua defesa toda a matéria de defesa, ainda que contraditória. Trata-se do momento oportuno para que isso seja feito. Uma vez apresentada, não poderá ser posteriormente complementada, uma vez que verificada a preclusão consumativa.

Há, porém, matérias que o réu poderá alegar posteriormente. Estão elencadas no art. 342 do CPC: i) relativas a direito ou a fato superveniente; ii) competir ao juiz conhecer delas de ofício; iii) por expressa autorização legal, puderem ser formuladas em qualquer tempo e grau de jurisdição.

Nestes casos, admite-se que a matéria seja alegada posteriormente. Imagine-se, por exemplo, o tema prescrição. Como sabido, dele o juiz poderá conhecer, de ofício, a qualquer momento. Por isso, o réu poderá alegá-la posteriormente, ainda que já oferecida contestação. A decadência contém uma particularidade, em razão de suas duas espécies. A decadência legal poderá ser alegada e conhecida a qualquer momento. De outro lado, a decadência convencional poderá ser alegada a qualquer tempo, muito embora somente poderá ser conhecida se houver requerimento nesse sentido. O juiz não poderá dela conhecer de ofício.

A regra, portanto, é de que toda a matéria de defesa seja alegada na contestação, ainda que ela seja contraditória.

b) ônus da impugnação especificada: a contestação é a oportunidade para que o réu impugne os fatos apresentados pelo autor na petição inicial. Algumas explicações preliminares são importantes para o entendimento correto deste princípio.

Na petição inicial, o autor apresenta os fatos dos quais extrai determinadas consequências jurídicas. O réu, ao ser citado, terá oportunidade de impugnar cada um destes fatos por meio da contestação, quando, então, passa-se a ter uma questão controvertida sobre a qual incidirá a prova. De outro lado, se o fato não for impugnado, será presumida a sua veracidade. Trata-se do ônus da impugnação especificada.

Porém, não haverá a presunção de veracidade, se não for admissível, a seu respeito, a confissão; se a petição inicial não estiver acompanhada de instrumento que a lei considerar da substância do ato; se os fatos estiverem em contradição com a defesa, considerada em seu conjunto.

Tal ônus não será aplicado ao defensor público, ao advogado dativo e ao curador especial. Dessa maneira, pela previsão contida no art. 341, parágrafo único do CPC, se a parte for assistida por Defensor Público, ainda que não apresente resposta, tem-se que não serão presumidos como verdadeiros os fatos articulados na petição inicial.

17.4.2. DA FORMA E DO PRAZO DA CONTESTAÇÃO

A contestação deverá ser apresentada por meio de petição, no prazo de 15 dias, sendo aplicáveis os prazos especiais previstos na lei.

> **Têm prazos especiais**: *Ministério Público, Defensoria Pública, Fazenda Pública e litisconsortes com diversos procuradores, que não sejam do mesmo escritório jurídico e não seja processo eletrônico.*

No CPC de 1973, o prazo para o oferecimento de resposta era contado da juntada do mandado de citação aos autos. No CPC de 2015, porém, como houve previsão da necessidade de ser designada a audiência de conciliação ou de mediação, o prazo de resposta terá outro termo inicial.

Nesse sentido, prevê o art. 335 do Código de Processo Civil que o termo inicial será a data:

i) da audiência de conciliação ou de mediação, ou da última sessão de conciliação, quando qualquer parte não comparecer ou, comparecendo, não houver autocomposição: uma vez designada a audiência para tentativa conciliação ou de mediação, deverão as partes comparecer para a composição. Se esta ocorrer, será o ajuste homologado por sentença judicial. Porém, se a composição não ocorrer e houver necessidade de continuação do procedimento, será iniciado o prazo para que o réu possa apresentar a sua contestação. Importante que o (a) candidato(a) esteja bem atento à forma de contagem deste prazo, pois é possível que haja questionamento para indicação de seu termo final em um determinado problema. A título de exemplo, examina-se a seguinte hipótese.

> *O autor propôs ação de cobrança. Foi designada audiência de conciliação. As partes compareceram à audiência, oportunidade em que foi tentada a composição entre elas, que restou infrutífera. Nesse caso, haverá necessidade de continuidade do processo, abrindo-se prazo para que o réu ofereça resposta. Considerando-se que a audiência foi realizada no dia 23.09.2016, assinale o prazo final para que o réu possa oferecer resposta.*

ii) do protocolo do pedido de cancelamento da audiência de conciliação ou de mediação apresentado pelo réu, quando ocorrer a hipótese do art. 334, § 4º, inciso I: poderá o autor ter indicado na petição inicial que não pretende conciliar-se, tendo o réu feito o mesmo no prazo legal. Dessa maneira, não há motivo para que seja realizada a audiência, que será dada como prejudicada. Nesse caso, o prazo para que o réu possa oferecer a sua resposta será na data do protocolo do pedido de cancelamento apresentado pelo réu.

Se houver litisconsórcio passivo, o prazo será contado a partir de cada pedido de cancelamento da audiência. Registre-se que, nesta hipótese, o prazo não será iniciado conjuntamente para todos os réus. Será contado de uma maneira para aqueles que requererem o cancelamento da audiência e da audiência para os demais, se ela ainda assim for realizada.

iii) prevista no art. 231, de acordo com o modo como foi feita a citação, nos demais casos: no inciso III estão incluídas várias situações, como, por exemplo, o caso em que o magistrado vislumbrou, de imediato, que não deverá ser designada audiência de conciliação ou de mediação, uma vez que o direito é indisponível. Dessa forma, desde já, dispensa a audiência e determina a citação do réu para oferecer resposta. Assim, o prazo para a contestação será iniciado: a) da data de juntada aos autos do aviso de recebimento, quando a citação for pelo correio; b) da data de juntada aos autos do mandado cumprido, quando a citação for por oficial de justiça; c) da data da citação, se esta for promovida pelo escrivão ou chefe de secretaria; d) do dia útil seguinte ao fim da dilação assinada pelo juiz, quando a citação for por edital; e) do dia seguinte à consulta ao teor da citação ou ao término do prazo para que a consulta se dê, quando a citação for eletrônica; f) da data da juntada do comunicado de que houve a citação pelo juízo deprecado, ou, não havendo tal, da data de juntada da carta aos autos de origem devidamente cumprida.

Tratando-se de prazo processual, naturalmente, o prazo de resposta será contado em dias úteis.

17.4.3. CONTEÚDO DA RESPOSTA

O Código de Processo Civil de 2015 acarretou na concentração das matérias que podem ser alegadas na contestação, se comparado com o Código anterior.

Nesse sentido, podem ser alegadas e apresentadas as seguintes matérias processuais e substanciais. Além disso, será também possível apresentar pedido na própria contestação, como adiante será visto.

CONTEÚDO DA CONTESTAÇÃO		
DEFESA PROCESSUAL	DEFESA DE MÉRITO	EXERCÍCIO DE PRETENSÃO

Defesa processual: poderá o réu alegar determinadas matérias, que são indicadas como processuais, por não se referirem ao mérito. Tratam-se das preliminares, que podem ser ainda classificadas em dilatória ou peremptórias.

A defesa processual dilatória importa no prolongamento da relação processual, como ocorre com a incompetência absoluta. Nesse caso, o juiz não encerra o processo, mas determina o seu encaminhamento para o juízo competente, o que importa em uma demora na solução da questão.

De outro lado, a defesa processual peremptória importará na extinção do processo, como ocorre com o reconhecimento da existência de coisa julgada.

O art. 337 do Código de Processo Civil elenca as preliminares. Em comum, já poderiam ser conhecidas de ofício pelo juiz, ou seja, independentemente de serem alegadas na contestação, com exceção da incompetência relativa e da convenção de arbitragem, que dependem de ser alegadas pela parte.

> *Há duas preliminares que tratam de matérias que* **não podem ser conhecidas de ofício pelo juiz.** *São elas:* **incompetência relativa e a convenção de arbitragem.**

São preliminares:

i) inexistência ou nulidade da citação: a realização da citação é de suma importância para a relação processual, bem como seu desenvolvimento válido. Por isso, poderá o réu alegar que a citação não ocorreu, ou que o ato foi inválido.

ii) incompetência absoluta e relativa: como já foi afirmado, a competência é a delimitação da jurisdição. É a divisão do trabalho entre os juízes. É a lei quem define qual juízo será competente para conhecer determinada matéria. As regras de competência podem ser fixadas tendo em vista o interesse público, ou apenas o interesse (comodidade) das partes. A inobservância de tais regras poderá ser alegada na própria contestação, o que se observa para a incompetência absoluta, como também para a relativa. Note-se que o Novo CPC não mais exige a chamada exceção para que a incompetência relativa seja alegada. Ela poderá ser mencionada como preliminar na contestação. Como se trata da inobservância de regra vinculada ao interesse das partes, não poderá ser conhecida de ofício pelo juiz. Não alegada, ocorrerá a preclusão e o juízo, antes incompetente, passa a ser competente. Havendo incompetência absoluta ou relativa, a contestação poderá ser protocolada no foro do domicílio do réu, fato que será imediatamente comunicado ao juiz da causa, preferencialmente por meio eletrônico. Neste caso, a contestação será submetida a livre distribuição ou, se o réu houver sido citado por meio de carta precatória, juntada aos autos dessa carta, seguindo-se a sua imediata remessa para o juízo da causa. Se reconhecida a competência do foro indicado pelo réu, o juízo para o qual for distribuída a contestação ou a carta precatória será considerado prevento. Alegada a incompetência, nesses termos, será suspensa a realização da audiência de conciliação ou de mediação, se tiver sido designada.

iii) incorreção do valor da causa: o valor da causa é um dos requisitos da petição inicial. A toda causa, ainda que não tenha conteúdo econômico imediato, será atribuído um valor da causa, que se apresenta como importante por vários aspectos, como, por exemplo, para a fixação da verba honorária devida. Se o valor da causa for indicado de forma incorreta, poderá o réu impugná-lo como preliminar na contestação. De toda forma, também poderá o juiz determinar a correção de ofício.

iv) inépcia da petição inicial: as causas de inépcia da petição inicial já foram vistas e, uma vez presentes, poderão ser arguidas na própria contestação. Mas é preciso ter cuidado com um detalhe: o indeferimento da inicial, ante a inépcia, somente ocorrerá quando do juízo de admissibilidade da ação. Posteriormente, o juízo poderá extinguir o processo, mas não será caso de indeferimento da inicial. Por isso, se o réu alegar a inépcia da petição inicial na contestação e o juiz conhecer dessa alegação, tem-se que será possível a extinção sem o indeferimento da inicial.

v) perempção: trata-se de um dos pressupostos negativos e consiste na perda do direito de demandar sobre determinado objeto. Persiste a pretensão, muito embora ela não possa ser exercida por meio de ação. Isso não prejudica a possibilidade de que seja alegada como matéria de defesa. Nesse sentido, dispõe o § 3º do art. 486: "se o autor der causa, por três vezes, a sentença fundada em abandono da causa, não poderá propor nova ação contra o mesmo réu com o mesmo objetivo, ficando-lhe ressalvada, entretanto, a possibilidade de alegar em defesa o seu direito".

vi) litispendência: a litispendência é um pressuposto negativo. Poderá ser alegada quando se reproduzir uma ação anteriormente ajuizada e que estiver em curso, o que ocorrerá quando possuir as mesmas partes, a mesma causa de pedir e o mesmo pedido.

vii) coisa julgada: também se trata de um pressuposto negativo. Poderá ser alegada quando se reproduzir uma ação anteriormente ajuizada e que já foi decidida por decisão transitada em julgado.

O estudo da litispendência, da coisa julgada e também da conexão pode ser objeto de infindáveis páginas, sobretudo diante de sua complexidade e das suas consequências. Por ora, deve ser ressaltado que pressupõem uma ligação entre duas ou mais demandas. Entre a litispendência e a coisa julgada verifica-se um aspecto em comum, qual seja, que ocorre a repetição de ajuizamento de uma ação antes já proposta. Porém, na litispendência, a ação está em trâmite, ao passo que na coisa julgada, já houve o trânsito em julgado. As duas hipóteses acarretarão na extinção do processo sem análise de mérito. Diferenciam-se da conexão, como será visto, porque nesta, embora haja relação, não se repete ação já ajuizada, por faltar identidade ao menos com um dos elementos da ação.

viii) conexão: entre duas ou mais demandas é possível de se estabelecer a existência de uma relação ou afinidade, que pode justificar, por exemplo, o julgamento em conjunto a fim de que não haja decisões contraditórias. Imagine-se, por exemplo, uma ação de cobrança proposta por uma das partes e outra ação de desconstituição de negócio jurídico proposta pela outra parte. Verifica-se que há relação entre as demandas, podendo ser identificada, então, a conexão. De acordo com o Código de Processo Civil, haverá a conexão quando entre duas ações for comum o pedido ou a causa de pedir (art. 113, II). O réu poderá alegar a existência de conexão na contestação, como preliminar, e requerer que ocorra o julgamento conjunto dos processos, ou, a suspensão de um deles, aguardando-se a análise do outro.

ix) incapacidade da parte, defeito de representação ou falta de autorização: havendo vício nesse sentido, poderá o réu alegá-lo na contestação;

x) convenção de arbitragem: a jurisdição poderá ser pública ou privada. No primeiro caso, tem-se que o conflito será solucionado pelo Poder Judiciário. Na jurisdição privada, porém, as partes entenderam por bem escolher um árbitro para resolvê-lo. Não obstante tenha ocorrido a convenção, é possível que uma das partes opte por propor ação perante o Poder Judiciário, abrindo mão da jurisdição privada. Feito isso, o magistrado não poderá negar o recebimento da ação e a continuidade do processo, aguardando-se a manifestação pelo réu. Se este, por sua vez, nada alegar a respeito, tem-se que a ação prosseguirá, estando preclusa a oportunidade de requerer que a demanda seja julgada pelo árbitro. Diferentemente, poderá o réu alegar a matéria como preliminar, na contestação, o que acarretará na impossibilidade de análise do mérito pelo juiz. Como se vê, trata-se de uma preliminar que não poderá ser conhecida de ofício pelo juiz.

xi) ausência de legitimidade ou de interesse processual: parcela considerável da doutrina Código de Processo Civil encampou as condições da ação como categoria processual. Para esta, porém, as condições da ação resumem-se a duas (ao contrário do que ocorria anteriormente), quais sejam: a legitimidade ad causam e o interesse de agir. A possibilidade jurídica do pedido deixou de ser uma das condições da ação para ser alegada como matéria de mérito. Para outra parcela, porém, as condições da ação não mais existem. De uma forma ou de outra, o fato é que o réu poderá alegar a falta de legitimidade ou de interesse processual como matéria preliminar, ao passo que a impossibilidade jurídica do pedido deverá ser tratada como matéria de mérito. Alegada a ilegitimidade, deverá o réu indicar o sujeito passivo da relação jurídica discutida sempre que tiver conhecimento, sob pena de arcar com as despesas processuais e de indenizar o autor pelos prejuízos decorrentes da falta de indicação.

xii) falta de caução ou de outra prestação que a lei exige como preliminar: para o exercício de determinadas pretensões, poderá a lei exigir que o autor preste caução ou efetue o depósito de determinada quantia. Assim ocorre, por exemplo, para o ajuizamento da ação rescisória, quando deverá ser depositado o valor correspondente a 5% do valor da causa.

xiii) indevida concessão do benefício da gratuidade de justiça: por vezes, a parte não terá condições de demandar e efetuar o pagamento das custas processuais sem prejuízo para o seu próprio sustento e o de sua família. Por isso, admite-se a concessão da gratuidade de justiça pelo juiz. Esta gratuidade poderá ser deferida ao autor e ao réu. Se requerida pelo autor, na petição inicial, competirá ao réu impugná-la na própria contestação. Verifica-se, mais uma vez, uma mudança considerável em relação ao CPC anterior, uma vez que tal alegação dependia de apresentação de peça em separado.

Defesa de mérito:

Além das preliminares, naturalmente, também será na contestação que o réu alegará a sua defesa de mérito, quando então apresentará os motivos que entende que o pedido do autor não poderá ser acolhido. A defesa de mérito, por sua vez, poderá ser dividida em defesa direta e defesa indireta.

Por meio da defesa de mérito direta, o réu nega os fatos alegados pelo autor na petição inicial. De outro lado, na defesa de mérito indireta, o réu não nega tais fatos, mas apresenta outros modificativos, suspensivos ou impeditivos do direito do autor. Consiste em defesa de mérito indireta a alegação da prescrição da pretensão do autor.

Exercício de pretensão: poderá o réu, ainda na contestação, exercer pretensão em face do autor, ou mesmo de terceiro. E assim ocorrerá na reconvenção ou mesmo na denunciação da lide.

17.5. DA RECONVENÇÃO

17.5.1. CONCEITO

A reconvenção é o contra-ataque exercido pelo réu (identificado como réu-reconvinte), ou, no mínimo este e mais pessoas, em face do autor ou também autor e outras pessoas. Trata-se de ação promovida no mesmo processo, que será exercida na própria contestação, quando então deverá o réu indicar o valor da causa (art. 292, *caput* CPC), devendo o pedido ser certo e determinado, admitindo-se também o pedido genérico nas hipóteses legais (art. 324 § 2º).

Por ser ação autônoma, a desistência da ação principal ou a ocorrência de causa extintiva que impeça o exame de seu mérito não obsta ao prosseguimento do processo quanto à reconvenção.

Oferecida a reconvenção, o magistrado determinará que se proceda à respectiva anotação pelo distribuidor (art. 286, parágrafo único).

Na reconvenção não se exigirá caução para que o brasileiro ou estrangeiro, que resida fora do Brasil ou que deixar de residir no país ao longo da tramitação de processo, ainda que não tenha bens imóveis no Brasil que assegure o pagamento das custas e dos honorários de advogado da parte contrária (art. 83, III do CPC).

17.5.2. MOMENTO PARA O EXERCÍCIO

Como visto, diferentemente do CPC anterior, a reconvenção será exercida na própria contestação. Se o réu optar por não apresentar a contestação, poderá oferecer reconvenção no prazo de que dispõe para protocolar a defesa.

A reconvenção poderá ser apresentada para o exercício de pretensão própria, conexa com a ação principal ou com o fundamento da defesa.

17.5.3. PARTES NA RECONVENÇÃO

A reconvenção contará com, no mínimo, as partes da relação processual. O polo ativo será ocupado pelo réu da ação inicial, enquanto o polo passivo pelo seu autor. Não obstante, é possível que ocorra a acréscimo de partes, sendo permitida a formação de litisconsórcio.

Assim, se A propõe ação em face de B, tem-se que B poderá oferecer reconvenção em face de A.

Porém, admite-se também que B ofereça reconvenção em face de A e também de C, assim como, também é possível que B e D ofereçam reconvenção em face de A.

Enfim, é possível o acréscimo subjetivo do processo na reconvenção. Porém, esta deverá contar, no mínimo, com as partes originárias do processo inicial (principal).

Sendo o autor substituto processual, ou seja, demandando em seu nome para a defesa de interesses de outrem, em virtude de permissivo legal, será admitida a reconvenção se o reconvinte afirmar ser titular de direito em face do substituído, figurando o réu-reconvindo como substituto processual.

Admite-se a ampliação subjetiva na reconvenção!!

17.5.4. FORMAÇÃO DO CONTRADITÓRIO NA RECONVENÇÃO

O contraditório na reconvenção será formado a partir de intimação do autor, na pessoa de seu advogado, para apresentar resposta no prazo de 15 dias. Não há necessidade de citação do autor, conforme previsto no art. 343, § 1º.

17.5.5. A DECISÃO DA RECONVENÇÃO

Como regra, a ação inicial e a reconvenção serão julgadas pela mesma sentença. Trata-se de hipótese de cumulação objetiva de demandas. Haverá um capítulo para a ação inicial e outro para a reconvenção.

Contudo, é possível verificar hipóteses excepcionais, como pode ocorrer, a título de exemplo, com o julgamento antecipado em relação à ação inicial e a continuidade do processo no que toca à ação reconvencional.

17.5.6. HONORÁRIOS ADVOCATÍCIOS NA RECONVENÇÃO

Em conformidade com o art. 85, § 1º, do CPC, serão devidos honorários advocatícios na reconvenção, cumulativamente. Constituem-se em direito do advogado e têm natureza alimentar, com os mesmos privilégios dos créditos oriundos da legislação do trabalho, sendo vedada a compensação em caso de sucumbência parcial.

17.5.7. RECONVENÇÃO À RECONVENÇÃO

É admitida, como regra, a reconvenção à reconvenção. Assim, o réu apresenta o seu contra-ataque, o que também será exercido agora pelo autor-reconvindo, em razão da existência de conexão com o fundamento da defesa ou com a ação principal.

Porém, por expressa disposição legal, não se admite a reconvenção à reconvenção na ação monitória (art. 702 § 6º).

17.6. IMPULSO PROCESSUAL

O processo é desenvolvido por impulso oficial do magistrado, conforme já analisado nos princípios processuais.

17.7. PRAZOS E PRECLUSÃO

Os prazos e a preclusão já foram examinados anteriormente por conta do estudo dos atos processuais.

17.8. PRESCRIÇÃO

A prescrição é matéria de mérito, que pode ser conhecida de ofício pelo juiz depois de garantido o contraditório dinâmico. Admite-se o seu conhecimento de ofício, liminarmente, como hipótese de improcedência liminar.

17.9. INÉRCIA PROCESSUAL: CONTUMÁCIA E REVELIA

17.9.1. CONTUMÁCIA

A contumácia advém da inércia processual do autor ou do réu.

Assim, se o autor não comparecer à audiência designada de conciliação ou de mediação, haverá a sua contumácia.

17.9.2. DA REVELIA

A revelia é um fato e decorre da falta de oferecimento de resposta. Como visto anteriormente, para que o réu possa oferecer contestação, deverá observar o prazo previsto em lei.

Desse fato extraem-se determinados efeitos, conhecidos como efeitos material e processual da revelia.

É efeito material da revelia a presunção de veracidade dos fatos articulados pelo autor na inicial. Não decorre a lógica procedência do pedido, mas apenas a presunção de que os fatos indicados na petição inicial são verdadeiros.

Porém, não haverá a produção deste efeito se: i) havendo pluralidade de réus, algum deles contestar a ação; ii) o litígio versar sobre direitos indisponíveis; iii) a petição inicial não estiver acompanhada de instrumento que a lei considere indispensável à prova do ato; iv) as alegações de fato formuladas pelo autor forem inverossímeis ou estiverem em contradição com a prova constante dos autos.

Como é visto, não é sempre que haverá a incidência do efeito material da revelia. Este não se produzirá nas hipóteses mencionadas no art. 345 do CPC.

Entre as hipóteses, destaca-se a primeira prevista, no sentido de que, havendo pluralidade de réus, algum deles contestar a ação. A situação requer muito cuidado.

O litisconsórcio constitui-se na reunião de partes em um dos polos ou nos dois polos da ação. Admite várias classificações do litisconsórcio, sendo a mais importante a que se refere ao simples e ao unitário.

Pelo litisconsórcio simples, a decisão judicial a ser proferida não precisa ser uniforme para todos os litisconsortes. Poderá até ocorrer de ser, mas não é obrigatória a situação. Neste caso, cada litisconsorte é considerado como um litigante distinto.

No litisconsórcio unitário, por sua vez, a decisão a ser proferida obrigatoriamente deverá ser uniforme para todos os litisconsortes. Neste caso, todos eles são considerados como integrantes de um bloco único.

Pois bem. No litisconsórcio simples, uma vez apresentada a resposta por um dos litisconsortes, como eles são considerados como litigantes distintos, os demais não serão beneficiados ou prejudicados. Porém, no litisconsórcio unitário, como há necessidade de que a demanda seja julgada de modo uniforme para todos os litisconsortes, o ato processual praticado por um deles a todos se aproveita, ao passo que as omissões não prejudicam aos demais.

Por isso, a previsão contida no art. 345, I do CPC, refere-se exclusivamente ao litisconsórcio unitário, pois, apresentada a resposta por um dos litisconsortes, afasta-se a incidência do efeito material da revelia em relação aos demais, o que, contudo, não ocorrerá no litisconsorte simples.

Mas, muito cuidado ao resolver a questão, porque o examinador poderá não fazer qualquer distinção e exigir apenas conhecimento sobre o texto legal.

Também é digna de nota a situação das ações promovidas em face da Fazenda Pública (pessoas jurídicas de direito público). Nesses casos, questiona-se se esta estará sujeito ao efeito material da revelia. A questão vem sendo solucionada da seguinte maneira: como estas pessoas defendem interesses indisponíveis em juízo, a falta de resposta não acarretará a incidência de efeito material da revelia. Contudo, se a pessoa jurídica de direito público estiver defendendo interesse privado em juízo, então incidirá este efeito. Trata-se, em síntese, do posicionamento do Superior Tribunal de Justiça a respeito do tema.

Consiste o efeito processual da revelia na desnecessidade de intimação do réu dos demais atos processuais praticados no processo. A propósito, prevê o art. 346, caput do CPC, que, contra o revel que não tenha patrono constituído nos autos, os prazos fluirão da data de publicação do ato decisório no órgão oficial.

Portanto, revel o réu, este não será intimado dos demais atos processuais, salvo se constituir posteriormente advogado, caso em que este poderá interver em qualquer fase, recebendo-o no estado em que se encontrar.

Na fase de cumprimento de sentença, contudo, sendo o réu citado por edital e não oferecer resposta, será intimado também por edital para cumprir a sentença (art. 513, § 2º, IV CPC).

17.10. DA FORMAÇÃO, DA SUSPENSÃO E DA EXTINÇÃO DO PROCESSO

17.10.1. DA FORMAÇÃO DO PROCESSO

A ação será considerada proposta quando a petição inicial for protocolada, ou seja, quando der entrada perante o Poder Judiciário, ainda que seja posteriormente distribuída e despachada.

17.10.2. DA SUSPENSÃO DO PROCESSO

Como regra, o processo será iniciado por iniciativa da parte e desenvolvido por impulso oficial do juiz. O ideal é que tenha início e se desenvolva até o seu encerramento. Porém, em determinadas situações, o trâmite processual será suspenso, deixando de tramitar por certo lapso de tempo.

Nesse sentido, o art. 313 do CPC indica, em rol exemplificativo, as hipóteses de suspensão do processo. A partir delas, o prazo deixa de correr para que, posteriormente, seja retomado pelo que faltava. São elas:

I. Morte ou pela perda da capacidade processual de qualquer das partes, de seu representante legal ou de seu procurador:

Havendo a morte de qualquer uma das partes, será necessária a regularização da relação processual, com a habilitação dos respectivos herdeiros, salvo em relação às ações personalíssimas, em que haverá a extinção do processo. Nesse sentido, em uma ação de divórcio, se houver o falecimento do autor, em razão da natureza personalíssima, tem-se a extinção, ao invés da suspensão do processo.

Ocorrente também o falecimento de qualquer um dos Advogados, o processo será suspenso para que haja a regularização da representação processual, com a constituição de novo causídico.

II. Pela convenção das partes:

Poderão as partes ajustar a suspensão do processo. Trata-se de direito subjetivo das partes, motivo pelo qual não poderá ser indeferido pelo juiz. Há a celebração de negócio processual.

III. Pela arguição de impedimento ou de suspeição:

Para que o juiz possa julgar a causa, a sua imparcialidade não poderá estar comprometida. Nesse sentido, não poderá atuar se for suspeito ou impedido. Tais causas não mais serão alegadas por meio de exceção, mas por simples petição, que será juntada aos autos. Ao receber a petição, automaticamente estará suspenso o processo.

A petição em que se alega impedimento e a suspeição será juntada aos autos. O magistrado analisará as razões e, concordando, encaminhará os autos ao seu substituto legal. Se discordar, mandará desentranhá-la e, após manifestar-se, encaminhará para o tribunal.

No tribunal será designado relator que, por sua vez, poderá atribuir o efeito suspensivo ou, então, determinar o processamento sem tal efeito.

IV. Pela admissão do incidente de resolução de demandas repetitivas

O incidente de resolução de demandas repetitivas se processa diretamente no tribunal e tem por finalidade a uniformização da jurisprudência daquele órgão e de seus juízes em torno de uma tese jurídica. Uma vez admitido o incidente, será possível que o relator determine a suspensão dos processos que digam respeito a mesma tese jurídica, a fim de que se aguarde o seu julgamento.

V. Quando a sentença de mérito:

a) depender do julgamento de outra causa ou da declaração de existência ou da inexistência de relação jurídica que constitua o objeto principal de outro processo pendente: nesse caso, há necessidade de se suspender o processo e aguardar-se o julgamento de questão prejudicial. A questão prejudicial é aquela que influenciará no mérito da ação.

b) tiver de ser proferida somente após a verificação de determinado fato ou a produção de certa prova, requisitada a outro juízo: tendo sido expedida carta de ordem ou carta precatória, será possível a suspensão do processo para aguardar o seu retorno.

VI. Por motivo de força maior;

VII. Quando se discutir em juízo questão decorrente de acidentes e fatos da navegação de competência do Tribunal Marítimo;

VIII. Em outros casos regulados pelo Código.

IX – pelo parto ou pela concessão de adoção, quando a advogada responsável pelo processo constituir a única patrona da causa;

X – quando o advogado responsável pelo processo constituir o único patrono da causa e tornar-se pai.

ATENÇÃO: os dois últimos incisos foram inseridos pela Lei n. 13.363/2016.

Pelo parto ou pela concessão de adoção, quando a advogada responsável pelo processo constituir a única patrona da causa, o período de suspensão será de 30 dias, contado a partir da data do parto ou da concessão da adoção.

Quando o advogado responsável pelo processo constituir o único patrono da causa e tornar-se pai, o período de suspensão será de oito dias.

17.10.3. DA EXTINÇÃO DO PROCESSO

A extinção do processo se dará por sentença, uma vez que encerrada a fase de conhecimento, o cumprimento de sentença ou a execução.

Não são todas as hipóteses de sentença que acarretam na extinção do processo.

A extinção ocorrerá em sentenças com ou sem análise de mérito. Ver, a propósito, os artigos 485 e 487 do CPC.

Antes de proferir decisão sem resolução do mérito, em atenção ao princípio do máximo aproveitamento dos atos processuais e também da primazia do julgamento do mérito, e ainda ao contraditório dinâmico, deverá o magistrado conceder à parte oportunidade para, se possível, corrigir o vício.

17.11. CONTESTAÇÃO. RECONVENÇÃO

Temas já tratados nos itens 17.4 e 17.5.

17.12. DAS DISPOSIÇÕES PRELIMINARES

Tendo o réu apresentado a sua resposta, poderá o magistrado tomar algumas providências, indicadas como preliminares. E assim são identificadas, porque objetivam preparar o processo para a fase processual seguinte.

Nesse sentido, verificando o magistrado que o réu não ofereceu resposta, mas que não haverá a incidência do efeito material da revelia, abrirá oportunidade para que o autor possa especificar as provas que pretende produzir, se ainda não as tiver indicado (art. 348).

Poderá o réu, que não ofereceu resposta, também requerer a produção de provas, desde que se faça representar nos autos a tempo de praticar os atos processuais indispensáveis a essa produção.

Também deverá o magistrado dar oportunidade para que o autor se manifeste, no prazo de 15 dias, se o réu oferecer defesa de mérito indireta, ou seja, se alegar fato impeditivo, modificativo ou extintivo do direito do autor (art. 350).

Ou, então, se o réu alegar qualquer uma das preliminares (defesa processual), deverá o juiz também oportunizar a manifestação pelo autor, no prazo de 15 dias.

Como preparação, verificando o magistrado que existem vícios sanáveis, determinará a sua correção em no máximo 30 dias.

Se o magistrado entender que não é o caso de extinção do processo ou de promover ao julgamento antecipado do mérito, então, deverá proferir decisão de saneamento e de organização do processo, por meio da qual: i) resolverá as questões processuais pendentes, se houver; ii) delimitará as questões de fato sobre as quais recairá a atividade probatória, especificando os meios de prova admitidos; iii) definirá a distribuição do ônus probatório; iv) delimitará as questões de direito relevantes para a decisão do mérito; v) designará, se necessário, audiência de instrução e julgamento.

Uma vez saneado o feito, poderão as partes pedir esclarecimentos ou mesmo pedir ajustes, no prazo comum de cinco dias, a partir do que a decisão se torna estável.

As questões de fato e de direito poderão ser delimitadas pelas partes, por meio de convenção consensual, o que, se homologado, as vinculará, assim como também ao juiz.

Por vezes, a causa poderá apresentar complexidade em matéria de fato ou de direito, quando então o magistrado designará audiência para que o saneamento seja feito em cooperação com as partes, oportunidade em que o juiz, se for o caso, convidará as partes a integrar ou esclarecer suas alegações. Trata-se do saneamento compartilhado.

Se for realizada a produção de prova testemunhal, o magistrado fixará prazo para que as partes arrolem as suas testemunhas, não superior a quinze dias.

17.13. JULGAMENTO CONFORME O ESTADO DO PROCESSO

Verificando o magistrado que poderá proferir pronunciamento sem a análise de mérito por incidir uma das hipóteses do art. 485, ou então, ser possível a análise de mérito com fundamento nos incisos II e III do art. 487 do CPC, proferirá sentença e extinguirá o processo (se decidir sobre a decadência ou a prescrição, ou, ainda, se homologar o reconhecimento da procedência do pedido formulado na ação ou na reconvenção, a transação ou a renúncia à pretensão formulada ou na reconvenção).

Admite-se também pronunciamento sobre parcela do processo, quando então proferirá decisão interlocutória, impugnável pelo recurso de agravo de instrumento.

> *Portanto:*
>
> *A extinção do processo poderá ocorrer por meio de sentença, ou, se for parcial, de agravo de instrumento.*

Se não for o caso de promover a extinção do processo, com ou sem decisão de mérito, poderá o magistrado julgar antecipadamente o pedido, proferindo sentença com resolução de mérito, quando não houver necessidade de produção de outras provas, ou, sendo o réu revel, incidir o efeito material da revelia e não houver requerimento de prova.

Admite-se, também, o julgamento antecipado parcial do mérito, quando então apenas um ou parcela dos pedidos será decidido, prosseguindo-se o processo em relação aos demais. Trata-se de decisão interlocutória de mérito, que poderá ser impugnada por meio do recurso de agravo de instrumento.

Será admitido o julgamento antecipado parcial do mérito quando um ou mais dos pedidos formulados ou parcela deles apresentar-se incontroverso (não impugnado), ou se não houver necessidade de produção de outras provas, ou, ainda, se o réu for revel, incidir o efeito material da revelia e não houver requerimento de prova.

O julgamento antecipado parcial do mérito dependerá, como dito, de decisão interlocutória de mérito e, por isso, se não impugnada, formará a coisa julgada material, podendo ser objeto de cumprimento de sentença. A sua impugnação, contudo, poderá ser realizada por meio do recurso de agravo de instrumento.

Proferido o julgamento antecipado parcial do mérito, se ilíquida a decisão, admite-se desde já a sua liquidação e, também, a suja execução, independentemente de caução.

Note-se que a lei menciona a possibilidade do cumprimento provisório de decisão interlocutória de mérito, embora o condicione, para a sentença, que eventual apelação tenha apenas efeito devolutivo. E isso ocorre porque o agravo, como regra, tem apenas o efeito devolutivo, podendo o relator conceder o efeito suspensivo.

Se o magistrado entender que não é o caso de extinção do processo ou de promover ao julgamento antecipado do mérito, então, deverá proferir decisão de saneamento e de organização do processo, por meio da qual: i) resolverá as questões processuais pendentes, se houver; ii) delimitará as questões de fato sobre as quais recairá a atividade probatória, especificando os meios de prova admitidos; iii) definirá a distribuição do ônus probatório; iv) delimitará as questões de direito relevantes para a decisão do mérito; v) designará, se necessário, audiência de instrução e julgamento.

Uma vez saneado o feito, poderão as partes pedir esclarecimentos ou mesmo pedir ajustes, no prazo comum de cinco dias, a partir do que a decisão se torna estável.

As questões de fato e de direito poderão ser delimitadas pelas partes, por meio de convenção consensual, o que, se homologado, as vinculará, assim como também ao juiz.

Por vezes, a causa poderá apresentar complexidade em matéria de fato ou de direito, quando então o magistrado designará audiência para que o saneamento seja feito em cooperação com as partes, oportunidade em que o juiz, se for o caso, convidará as partes a integrar ou esclarecer suas alegações. Trata-se do saneamento compartilhado.

Se for realizada a produção de prova testemunhal, o magistrado fixará prazo para que as partes arrolem as suas testemunhas, não superior a quinze dias.

17.14. DAS PROVAS

17.14.1. APONTAMENTOS GERAIS

A doutrina prevê o direito constitucional à prova como decorrência do acesso à justiça. A parte também tem o direito de provar os fatos alegados.

Por meios de prova compreendem-se os procedimentos adequados para a obtenção da informação e o seu registro. Há vários meios de prova, como a pericial, a testemunhal. Não se confunde com fonte de prova.

A prova é extraída de uma fonte de prova. Uma pessoa pode ser uma fonte de prova, sendo aquela examinada por um perito médico, por exemplo. Tem-se, então, uma fonte de prova, que não se confunde com os meios de prova.

Serão admitidos todos os meios de prova moralmente legítimos, ainda que atípicos.

Admite-se, também, que o magistrado determine a produção da prova que entenda pertinente como decorrência do dever-poder instrutório do juiz (art. 370 do CPC).

Em consonância com o princípio da comunhão das provas, uma vez sendo produzida, poderá qualquer uma das partes dela se aproveitar, ainda que não tenha a requerido. A prova não pertence à parte que a produziu.

Ônus probatório: a propósito do tema, deve haver prévia análise da carga estática e da carga dinâmica do ônus probatório. Pela carga estática do ônus probatório, que ainda é a regra, há a prévia distribuição daquilo que cada parte no processo deverá comprovar. Desse modo, incumbe ao autor o ônus da prova quanto ao fato constitutivo de seu direito e ao réu, por sua vez, quanto ao fato impeditivo, modificativo ou extintivo do direito do autor.

Admite-se que as partes, por convenção, modifiquem o ônus da prova. Contudo, tal convenção não será admitida quando recair sobre direito indisponível da parte ou se tornar excessivamente difícil a uma parte o exercício do direito (art. 373, § 3º).

O NCPC inovou ao prever, também, a carga dinâmica do ônus probatório. Diferentemente do que foi anteriormente analisado, será possível que o juiz atribua o ônus da prova de modo diverso, desde que o faça por decisão fundamentada, justificada nos casos previstos em lei ou diante de peculiaridades da causa decorrentes da excessiva dificuldade de cumprir o encargo. Enfim, terá o ônus de provar aquele que tiver melhores condições de fazê-lo.

O objeto da prova são os fatos. Estes devem ser demonstrados. Porém, não dependem de prova os fatos notórios, afirmados por uma parte e confessados pela parte contrária, admitidos no processo como incontroversos ou em cujo favor milita presunção legal de existência ou de veracidade.

O direito não precisa ser demonstrado (*iura novit curia*). Ocorre que, se a parte alegar direito municipal, estadual, estrangeiro ou consuetudinário, poderá o juiz determinar que se prove o teor e a vigência.

Como já foi visto, poderá a carta precatória ou a carta de ordem importarem em suspender o processo. E isso ocorrerá quando for atribuído efeito suspensivo ao documento. Para tanto, deverão ser requeridas antes da decisão de saneamento, bem como que a prova nela produzida seja imprescindível.

O Código fez previsão da denominada **ação probatória, que tem por finalidade exclusiva a produção antecipada de prova que poderá ser utilizada posteriormente em procedimento arbitral, judicial ou administrativo. Será admitida se:** houver fundado receio de que venha a tornar-se impossível ou muito difícil a verificação de certos fatos na pendência da ação; a prova a ser produzida seja suscetível de viabilizar a autocomposição ou outro meio adequado de solução de conflito; o prévio conhecimento dos fatos possa justificar ou evitar o ajuizamento de ação.

Note-se que nem sempre haverá necessidade do elemento urgência.

A ação probatória não admitirá defesa ou recurso, salvo contra decisão que indeferir totalmente a produção da prova pleiteada pelo requerente originário.

Uma vez deferida e produzida a prova, os autos permanecerão aguardando durante um mês para extração de cópias e certidões.

Admite-se a arguição de falsidade documentação na própria contestação, na réplica no prazo de 15 dias, contado a partir da intimação da juntada. Uma vez arguida, dessa maneira, a falsidade, constando como questão principal, constará da parte dispositiva da sentença e sobre ela incidirá também a autoridade da coisa julgada.

17.14.2. DISTRIBUIÇÃO DO ÔNUS DA PROVA

Ônus probatório: a propósito do tema, deve haver prévia análise da carga estática e da carga dinâmica do ônus probatório. Pela carga estática do ônus probatório, que ainda é a regra, há a prévia distribuição daquilo que cada parte no processo deverá comprovar. Desse modo, incumbe ao autor o ônus da prova quanto ao fato constitutivo de seu direito e ao réu, por sua vez, quanto ao fato impeditivo, modificativo ou extintivo do direito do autor.

Admite-se que as partes, por convenção, modifiquem o ônus da prova. Contudo, tal convenção não será admitida quando recair sobre direito indisponível da parte ou se tornar excessivamente difícil a uma parte o exercício do direito (art. 373, § 3º).

O NCPC inovou ao prever, também, a carga dinâmica do ônus probatório. Diferentemente do que foi anteriormente analisado, será possível que o juiz atribua o ônus da prova de modo diverso, desde que o faça por decisão fundamentada, justificada nos casos previstos em lei ou diante de peculiaridades da causa decorrentes da excessiva dificuldade de cumprir o encargo. Enfim, terá o ônus de provar aquele que tiver melhores condições de fazê-lo.

O objeto da prova são os fatos. Estes devem ser demonstrados. Porém, não dependem de prova os fatos notórios, afirmados por uma parte e confessados pela parte contrária, admitidos no processo como incontroversos ou em cujo favor milita presunção legal de existência ou de veracidade.

O direito não precisa ser demonstrado (*iura novit cúria*). Ocorre que, se a parte alegar direito municipal, estadual, estrangeiro ou consuetudinário, poderá o juiz determinar que se prove o teor e a vigência.

Como já foi visto, poderá a carta precatória ou a carta de ordem importarem em suspender o processo. E isso ocorrerá quando for atribuído efeito suspensivo ao documento. Para tanto, deverão ser requeridas antes da decisão de saneamento, bem como que a prova nela produzida seja imprescindível.

17.14.3. FATOS QUE INDEPENDEM DE PROVA

As provas buscam demonstrar os fatos. Porém, nem todos os fatos precisam ser demonstrados.

Nesse sentido, o art. 374 dispensa a prova dos fatos: i) notórios; ii) afirmados por uma parte e confessados pela parte contrária; iii) admitidos no processo como incontroversos; iv) em cujo favor milita presunção legal de existência ou de veracidade.

17.14.4. DEPOIMENTO PESSOAL

O depoimento pessoal é um meio de prova consistente na colheita do depoimento do autor e do réu. Será produzido na audiência de instrução e julgamento, com possibilidade de que haja a formulação de reperguntas pelo advogado da parte contrária.

Não obstante, admite-se que, se a parte residir em comarca, seção ou subseção judiciária diversa daquela onde tramita o processo poderá ser colhida por meio de videoconferência ou outro recurso tecnológico de transmissão de sons e imagens em tempo real, o que poderá ocorrer, inclusive, durante a realização da audiência de instrução e julgamento.

Se a parte não comparecer, apesar de pessoalmente intimada, ser-lhe-á aplicada a pena de confesso. Da mesma forma, se recusar a depor.

A parte não é obrigada a depor sobre fatos criminosos ou torpes que lhe forem imputados, a cujo respeito, por estado ou profissão, deva guardar sigilo, acerca dos quais não possa responder sem desonra própria, de seu cônjuge, de seu companheiro ou de parente em grau sucessível, que coloquem em perigo a vida do depoente ou das pessoas antes indicadas. Esta regra, contudo, não se aplica às ações de estado e de família.

Difere o depoimento pessoal do interrogatório, que poderá ser colhido a qualquer momento. Porém, no interrogatório a parte não está obrigada a depor e, se deixar de fazê-lo, não lhe será aplicada a pena de confesso.

17.14.5. CONFISSÃO

Haverá a confissão quando a parte admite a verdade de fato contrário ao seu interesse e favorável ao do adversário.

Ela poderá ocorrer no âmbito judicial ou extrajudicial. Pode ainda ser espontânea ou provocada.

A confissão é irrevogável, mas poderá ser anulada se decorreu de erro de fato ou de coação. A legitimidade para a propositura desta ação é exclusiva do confitente e pode ser transferida a seus herdeiros se ele falecer após a propositura.

17.14.6. PROVA DOCUMENTAL

De todos os aspectos da prova documental, merecem ser destacados pela própria incidência em provas e concursos, alguns aspectos importantes.

O réu manifestar-se-á na contestação sobre os documentos anexos à inicial, e o autor na réplica sobre os documentos anexados na contestação.

A parte poderá requerer a juntada de documento aos processos e a outra poderá arguir a sua falsidade na contestação, na réplica ou no prazo de 15 dias contados da intimação da juntada dos documentos aos autos.

Arguida a falsidade como questão incidental, assim será decidida e não fará coisa julgada. Porém, poderá ser resolvida como questão principal, desde que haja requerimento da parte e seja o juiz competente, hipótese em que fará coisa julgada.

A propósito, indica o art. 433: "A declaração sobre a falsidade do documento, quando suscitada como questão principal, constará da parte dispositiva da sentença e sobre ela incidirá também a autoridade da coisa julgada".

Em regra, a prova documental deve ser apresentada juntamente com a petição inicial e contestação, sendo lícito às partes, porém, em qualquer momento, juntar aos autos documentos novos, se destinados a fazer prova de fatos ocorridos depois dos alegados, ou para contrapô-los aos que foram produzidos nos autos.

Sendo assim, se o réu apresenta fatos modificativos do direito do autor, poderá o autor apresentar novos documentos, afastando as alegações trazidas.

Os documentos podem ser públicos ou privados.

Competirá à parte impugnar a autenticidade da assinatura e a veracidade do contexto, o que presumir-se-á tendo em vista o seu silêncio. Tal eficácia cessa, contudo, se o documento foi obtido por erro, dolo ou coação, que podem ser alegados em momento posterior.

17.14.7. EXIBIÇÃO DE DOCUMENTOS OU COISAS

A exibição poderá ser determinada pelo juiz, estando o documento ou coisa sob poder da parte ou de terceiro.

Se estiver em poder da parte contrária, esta será intimada para responder no prazo de cinco dias contados de sua intimação. Instaura-se um incidente processual. Poderá o requerido afirmar que não possui o documento. Se o juiz não admitir a sua recusa, admitirá como verdadeiros os fatos que, por meio do documento ou da coisa, a parte pretendia provar se: i) o requerido não efetuar a exibição e nem fizer nenhuma declaração no prazo de cinco dias; ii) a recusa for havida por ilegítima.

Estando o documento ou coisa em poder de terceiro, será instaurado processo incidente. Nesse sentido, o terceiro será citado para responder no prazo de 15 dias. Não havendo motivo justo, o juiz ordenará o depósito em cartório, podendo haver a expedição de mandado de busca e apreensão.

17.14.8. PROVA TESTEMUNHAL

A testemunha é a fonte da prova testemunhal. É a pessoa que, não sendo parte, será chamada a depor sobre fatos tratados no processo, sendo indeferida a sua oitiva sobre fatos já provados por documento ou confissão da parte, ou que só por documento ou por exame pericial puderem ser provados.

Todas as pessoas podem ser acionadas como testemunhas, havendo ressalva, contudo, em relação às incapazes, impedidas e suspeitas.

Sendo necessário, o magistrado poderá ouvir as testemunhas menores, impedidas ou suspeitas, sem tomar-lhes o compromisso de dizer a verdade.

A testemunha é obrigada a depor e a dizer a verdade, sob pena de praticar o crime de falso testemunho. Porém, não é obrigada a depor sobre fatos: (i) que lhe acarretem grave dano, bem como ao seu cônjuge e aos seus parentes consanguíneos ou afins, em linha reta, ou na colateral em segundo grau; (ii) a cujo respeito, por estado ou profissão, deva guardar sigilo.

Nos casos em que a lei exigir prova escrita da obrigação, é admissível a prova testemunhal quando houver começo de prova por escrito, emanado da parte contra a qual se pretende produzir a prova.

Também se admite a prova testemunhal quando o credor não pode ou não podia, moral ou materialmente, obter a prova escrita da obrigação, em casos como o de parentesco, de depósito necessário ou de hospedagem em hotel ou em razão das práticas comerciais do local onde contraída a obrigação.

O juiz fixará, na decisão saneadora, o prazo comum não superior a 15 dias para que as partes apresentem rol de testemunhas. No caso de saneamento compartilhado, as partes devem levar consigo o rol de testemunhas.

O número de testemunhas não pode ser superior a dez, sendo 03 no máximo para a prova de cada fato.

Admite-se que o juiz limite o número de testemunhas levando em conta a complexidade da causa e dos fatos individualmente considerados.

17.14.9. PROVA PERICIAL

A prova pericial consiste em exame, vistoria ou avaliação. Trata-se de meio de prova em que se necessita dos conhecimentos de *expert* nomeado pelo Juízo.

A prova pericial poderá ser substituída pela prova técnica simplificada, se o ponto controvertido for de menor complexidade, consistindo apenas na inquirição de especialista pelo juiz.

Ao nomear o perito, o juiz fixará prazo para a entrega do laudo.

Uma vez intimada, a parte terá o prazo de quinze dias para arguir o impedimento ou a suspeição do perito, indicar assistente técnico ou apresentar quesitos.

Ciente da notificação, o perito apresentará proposta de honorários, currículo com comprovação de especialização e contatos profissionais, sendo as partes intimadas, podendo manifestar-se a respeito em cinco dias.

Ultrapassado o prazo, com ou sem manifestação, o juiz arbitrará o valor, intimando-se as partes.

É admissível a apresentação de quesitos suplementares durante a diligência, que poderão ser respondidos pelo perito previamente ou na audiência de instrução e julgamento.

É admissível também que as partes escolham o perito, indicando-o mediante requerimento, desde que sejam plenamente capazes e a causa possa ser resolvida por autocomposição.

17.14.10. INSPEÇÃO JUDICIAL

A inspeção judicial consiste na possibilidade de o juiz, sem intermediários, constatar determinado fato indicado na inicial ou na contestação.

Assim, o juiz, de ofício ou a requerimento da parte, poderá, em qualquer fase do processo, inspecionar pessoas ou coisas, com a finalidade de esclarecer sobre fato.

Realizada a inspeção, será lavrado auto circunstanciado.

17.14.11. EXAME E VALORAÇÃO DA PROVA

Deverá o magistrado apreciar a prova constante dos autos, independentemente do sujeito que a tiver promovido, e indicará na decisão as razões da formação de seu convencimento (art. 371).

17.14.12. PRODUÇÃO ANTECIPADA DE PROVAS

O Código fez previsão da denominada **ação probatória, que tem por finalidade exclusiva a produção antecipada de prova que poderá ser utilizada posteriormente em procedimento arbitral, judicial ou administrativo. Será admitida se:** houver fundado receio de que venha a tornar-se impossível ou muito difícil a verificação de certos fatos na pendência da ação; a prova a ser produzida seja suscetível de viabilizar a autocomposição ou outro meio adequado de solução de conflito; o prévio conhecimento dos fatos possa justificar ou evitar o ajuizamento de ação.

Note-se que nem sempre haverá necessidade do elemento urgência.

A ação probatória não admitirá defesa ou recurso, salvo contra decisão que indeferir totalmente a produção da prova pleiteada pelo requerente originário.

Uma vez deferida e produzida a prova, os autos permanecerão aguardando durante um mês para extração de cópias e certidões.

17.15. AUDIÊNCIAS

17.15.1. DA AUDIÊNCIA DE CONCILIAÇÃO OU DE MEDIAÇÃO

O Novo Código de Processo Civil encampou o que foi denominado de Tribunal Multiportas (art. 3º), de modo que será verificada a possibilidade de solução da questão por meio da composição via conciliação ou mediação. Resultando infrutífera a tentativa, o processo será decidido por meio de sentença judicial.

Por esse motivo, foi enfatizada esta audiência de conciliação ou de mediação, bem como incluídos os conciliadores e mediadores no rol dos auxiliares do juízo, conforme adiante será visto.

É preciso bem entender a dinâmica do processo (ou o procedimento comum) para visualizar o momento em que se insere a audiência.

PETIÇÃO INICIAL → Distribuição → Juiz →
- Emendada/Completada
- Improcedência liminar
- Citação e audiência
- Citação para resposta

Portanto, estando a petição inicial em ordem e não entendendo o magistrado ser o caso de ser proferida sentença de improcedência liminar, será designada audiência de conciliação ou de mediação com **antecedência mínima de 30 dias**, devendo o réu ser citado com pelo menos **vinte dias de antecedência**.

No entanto, esta audiência não será realizada se ambas as partes manifestarem, expressamente, **desinteresse na composição consensual ou se o litígio não admitir a autocomposição**.

O autor poderá manifestar o seu desinteresse na realização da audiência já na petição inicial. O réu, por sua vez, terá oportunidade para fazê-lo por meio de petição, que deverá ser apresentada com dez dias de antecedência, contados da data da audiência.

Se houver mais de um autor ou réu (litisconsórcio), o desinteresse deverá ser manifestado por todos os litisconsortes.

Se não houver a dispensa da realização da audiência, o comparecimento da parte será obrigatório, importando a ausência injustificada em ato atentatório à dignidade da justiça

17.16. DA AUDIÊNCIA DE INSTRUÇÃO E JULGAMENTO

Tem a audiência de instrução e julgamento a finalidade de ser colhida a prova oral a ser produzida.

Esta prova será produzida com observância da seguinte ordem: i) oitiva do perito e de assistentes técnicos, que responderão a quesitos de esclarecimentos previamente apresentados; ii) o autor e o réu em depoimentos pessoais; iii) as testemunhas arroladas pelo autor e pelo réu, que serão inquiridas.

Admite-se a flexibilização dessa ordem, de modo que o juiz poderá alterá-la (art. 139, VI).

A audiência será adiada por convenção das partes, se não puder comparecer qualquer pessoa que dela necessariamente deveria participar, por motivo justiçado, e por atraso injustificado de seu início em tempo superior a 30 minutos do horário marcado.

Se acaso o advogado da parte que requereu a prova não comparecer, o juiz poderá dispensar a sua produção.

Terminada a instrução, será aberta oportunidade para as alegações finais, abrindo-se a palavra aos autos advogados e Ministério Público, se for necessária a sua intervenção. Tais alegações podem ser substituídas por razões finais escritas, a ser apresentadas no prazo sucessivo de 15 dias.

A audiência de instrução é una e contínua, podendo ser cindida se houver concordância das partes.

Terminados os debates, o juiz proferirá sentença, ou o fará em 30 dias.

18. DA TUTELA PROVISÓRIA: TUTELAS DE URGÊNCIA E DE EVIDÊNCIA

18.1. FUNGIBILIDADE

A fungibilidade, na atualidade, é tratada como tema ligado à teoria geral do processo. Fala-se em fungibilidade de meios, de modo que o ato é recebido como ato, passando a gerar os mesmos efeitos.

Se requerida a tutela cautelar quando cabível a antecipada, por ser mais apropriada, poderá o magistrado deferir esta última.

18.2. PRINCÍPIOS GERAIS

ALTERAÇÕES IMPORTANTES	
CPC 1973	**CPC 2015**
Previsão do Processo Cautelar Autônomo	Não há mais previsão do Processo Cautelar
Tutela da evidência não era prevista como tal. Tratada como tutela antecipada.	Tutela da evidência foi sistematizada
Não havia previsão expressa da possibilidade de ser deferida a tutela antecipada em caráter antecedente, embora admitida na prática.	A tutela de urgência – antecipada ou cautelar – poderá ser deferida de forma antecedente ou incidental, sempre na mesma relação processual.
Havia uma sentença para decidir-se o processo cautelar.	Haverá decisão interlocutória para decidir sobre a tutela cautelar, pois proferido o pronunciamento na própria relação processual em que haverá o acertamento da situação subjetiva (solução do mérito).

O Código de Processo Civil de 2015 denominou de **provisória** a tutela sumária, revogável, que pode ser deferida para em razão da existência de fundamentos relevantes e de risco de dano grave ou de difícil reparação, ou por conta da alta probabilidade de acolhimento da pretensão, não se justificando a necessidade de aguardar-se pelo final da caminhada processual.

Para tanto, tentou abreviar o procedimento para deferimento dessa medida.

Portanto, diferentemente do modelo anterior, o Novo Código de Processo Civil, ao mesmo tempo em que bem diferenciou a tutela satisfativa, cautelar e da evidência, as inseriu em dois grandes grupos: **i) tutela de urgência; ii) tutela da evidência, conforme o seu fundamento.**

Tutela Provisória ➔ Fundamentos ➔ { Urgência / Evidência }

A tutela provisória sob o fundamento da **urgência** (antecipada e cautelar) poderá ser requerida de forma **antecedente ou de forma incidental**. Explica-se o significado de cada uma dessas situações.

Por vezes, pode ser difícil para a parte já apresentar a sua petição inicial completa, demandando mais tempo para que isso ocorra. Ocorre que, não obstante, a parte não pode aguardar por mais prazo para que tenha deferida uma medida de urgência, motivo pelo qual o Código admite a tutela provisória de urgência antecedente.

Entenda-se bem o sentido da palavra **antecedente**. Note-se que, neste caso, não se trata da instauração de relação processual para, unicamente, conhecer e deferir a tutela provisória. Pelo contrário, a parte provoca o Poder Judiciário e requer que haja o deferimento da tutela provisória de forma imediata, por exemplo, suspendendo-se a possibilidade de protesto de título, **apresentando a petição inicial antecedente que, posteriormente, será complementada**. As duas petições são apresentadas no mesmo processo. A primeira implica na provocação do Poder Judiciário, em conformidade com o princípio da ação e já pleiteia o deferimento de tutela provisória. Posteriormente, para a continuidade do processo e possibilidade de exercício pleno da pretensão, o autor completa a sua inicial, apresentando a petição complementar.

Nesses casos, a tutela provisória será requerida ao juízo competente para conhecer o **pedido** principal (e não a causa principal), que será apresentado posteriormente. Como regra, será o mesmo juízo, salvo se for reconhecida a incompetência absoluta e remetidos os autos ao juízo competente enquanto não completada a inicial.

Não obstante, se a parte já apresentou a petição inicial completa, sem que haja necessidade de posterior complementação, a **tutela provisória se apresenta como incidental** (ou, então, contemporânea à inicial e, se requerida posteriormente, como incidental), que independerá do pagamento de custas.

Independentemente de seu fundamento, a tutela provisória conservará a sua eficácia na pendência do processo, mas poderá ser revogada ou modificada a qualquer tempo. Até por conta disso, diz-se que é provisória.

18.3. DA TUTELA DE URGÊNCIA

18.3.1. REQUISITOS COMUNS PARA A TUTELA DE URGÊNCIA

Independentemente do fundamento, a tutela de urgência será concedida quando houver elementos que evidenciem a probabilidade do direito (*fumus boni iuris*) e o perigo de dano ou o risco ao resultado útil do processo (*periculum in mora*).

Como visto, o Novo CPC não diferencia os requisitos para o deferimento da tutela antecipada ou da tutela cautelar, exigindo-se a probabilidade do direito e a urgência da medida para os dois. Nos casos concretos, deverá ser identificada a providência necessária, que pode consistir em antecipar o mérito que seria acolhido apenas ao final da fase de conhecimento (antecipação dos efeitos da tutela), quando o magistrado proferirá pronunciamento que versa sobre o mérito (ou mesmo de mérito, se o fizer concomitantemente à sentença), ou então em servir como instrumento para o sucesso do processo (tutela cautelar).

Sem dúvida nenhuma, houve significativa facilitação, uma vez que não há mais necessidade de, nas hipóteses de tutelas cautelares, verificar se estavam ou não presentes os requisitos específicos. Agora, para todas elas, bastam o *periculum in mora* e o *fumus boni iuris*.

18.3.2. PRÉVIA GARANTIA PARA A TUTELA PROVISÓRIA DE URGÊNCIA DE CARÁTER ANTECEDENTE

Considerando-se que o deferimento da tutela provisória poderá ocasionar prejuízos à parte que dela suportará, há previsão da responsabilidade objetiva em indenizar a parte contrária pelos prejuízos ocasionados se a sentença lhe for desfavorável, se obtida a medida em caráter antecedente, não forem fornecidos os meios necessários para a citação do requerido em cinco dias, ocorrer a cessação da eficácia da medida ou for acolhida a alegação de decadência ou prescrição da pretensão autoral (art. 302 do NCPC).

Tal indenização será liquidada nos autos em que a medida tiver sido concedida, sempre que foi possível, não havendo necessidade de que se dê em ação autônoma, muito embora não haja propriamente a vedação.

Assim, com a finalidade de garantir eventual prejuízo, bem como a efetividade da reparação decorrente da responsabilidade objetiva, garante o § 1º, do art. 300, a possibilidade de que o magistrado, para o deferimento da tutela de urgência, exija caução real ou fidejussória idônea para ressarcir os danos que a outra parte possa vir a sofrer, podendo, no entanto, ser dispensada a garantia se a parte economicamente hipossuficiente não puder oferecê-la.

Há de ser considerado que, em certas hipóteses, não se pode exigir que a parte preste a caução, até por não ter meios econômicos para tanto. Nesse caso, a razoabilidade há de prevalecer no sentido de que determinados direitos não estejam condicionados à existência de recursos para a sua satisfação.

18.3.3. COMPROVAÇÃO DOS REQUISITOS DA TUTELA DE URGÊNCIA

Para o deferimento da tutela de urgência, o seu requerente deverá demonstrar que se encontram presentes os seus requisitos. Para tanto, poderá valer-se de justificação prévia, que consiste em oportunidade na qual serão inquiridas testemunhas.

A justificação prévia será deferida nos próprios autos em que pleiteada a concessão da tutela provisória.

18.3.4. CONDIÇÃO PARA O DEFERIMENTO DA TUTELA PROVISÓRIA

É condição para o deferimento da tutela provisória que não haja perigo de irreversibilidade dos efeitos da decisão.

De fato, não é possível que a parte suporte os efeitos da tutela provisória, se há possibilidade de que os mesmos não possam ser posteriormente revertidos. Da mesma forma, não é possível que a parte suporte os efeitos da tutela se tais são desproporcionais para com os benefícios por ela obtidos por aquele que a requereu.

Tem-se, então, como condição para o deferimento da tutela provisória a reversibilidade dos efeitos da decisão. E, também existe a proibição da concessão da tutela provisória se houver o *periculum in mora* invertido, em que a tutela é deveras onerosa para a parte que deve suportá-la, em total descompasso com aquilo que se beneficiará a parte contrária.

É verdade que tal condição dever ser analisada casuisticamente, verificando-se aspectos relativos à sua razoabilidade e proporcionalidade. Há situações em que a tutela deve ser deferida, apesar de os efeitos da tutela serem totalmente irreversíveis.

O exemplo clássico é a tutela antecipada que determina ao Estado o fornecimento de medicamento de altíssimo custo, a ser importado, em benefício de pessoa desprovida de qualquer recurso financeiro que possa suportar arcar com reembolso financeiro se acaso fosse desacolhido o seu pedido ao final.

Nesses termos, faz-se ponderação entre os bens jurídicos envolvidos: de um lado, a segurança jurídica, de outro lado, a vida, entre outros bens. A partir dessa ponderação, calcula-se se é possível ou não deferir de imediato a medida.

18.3.5. FUNDAMENTOS, REQUISITOS E CONDIÇÃO PARA O DEFERIMENTO DA TUTELA DE URGÊNCIA

Levando-se em consideração tudo o que foi até aqui dito, há condição para uma tentativa de sistematização do tema tutela provisória de urgência, fechando um quadro em que se apresente os seus fundamento, requisitos e condição.

Tutela Provisória de Urgência	**Fundamento**: **risco** de dano grave/difícil reparação
	Requisitos: *fumus boni iuris* e *periculum in mora*
	Condição: reversibilidade dos efeitos da decisão

18.3.6. A TUTELA ANTECIPADA REQUERIDA DE FORMA ANTECEDENTE

Inovou o Novo Código de Processo Civil ao permitir que a tutela antecipada seja requerida de forma antecedente à instauração da relação processual.

Diferentemente do CPC de 1973, as medidas requeridas de forma antecedente não serão objeto de processo próprio, mas importarão na própria provocação do Poder Judiciário, que aguardará a vinda de futura complementação, a ser juntada nos próprios autos.

Dessa maneira, não haverá uma ação para a tutela de urgência e outra para análise do pedido principal. Tudo será analisado em um único processo, no contexto de uma única relação processual.

Ocorre que, na tutela de urgência satisfativa requerida de forma antecedente, o Poder Judiciário será provocado por meio de uma petição que, muito embora possua importantes elementos, ainda poderá ser completada futuramente.

Nesse passo, o autor apresenta a sua petição inicial, que poderá ser limitada ao requerimento da tutela antecipada e à indicação do pedido de tutela final, com a exposição da lide, do direito que se busca realizar e do perigo de dano ou do risco ao resultado útil do processo.

Se o autor já puder apresentar a sua petição inicial de forma integral, naturalmente, não haveria necessidade de pleitear a tutela antecipada antecedente.

Deverá o autor observar a necessidade de fazer a petição inicial estar acompanhada dos requisitos extrínsecos necessários, como a comprovação do recolhimento das custas, bem como da procuração.

A petição inicial será distribuída (observando-se as regras de competência) e o juízo analisará se estão presentes os requisitos para a concessão da tutela antecipada requerida.

Em caso negativo, o juiz determinará que o autor emende a inicial no prazo de cinco dias, sob pena de extinção e arquivamento. Diferentemente, em caso positivo, o magistrado deferirá a medida de urgência e determinará o prosseguimento do processo.

Competirá ao autor, então, completar a inicial, deixando-a apta à compreensão de seus argumentos e ao exercício do direito de defesa do réu, que será citado.

Concomitantemente à citação para comparecimento à audiência de conciliação, o réu será também intimado dos termos da liminar concedida, abrindo-se o prazo para que possa interpor o seu recurso **de agravo de instrumento** (art. 1.015, I do NCPC).

18.3.7. DA ESTABILIZAÇÃO DA MEDIDA

Como regra, é possível afirmar que a parte procura o Poder Judiciário para dele obter o acertamento de uma situação subjetiva, ou seja, que seja certificado o seu direito, formada a coisa julgada e efetivada a tutela jurisdicional pretendida.

E justamente para essa efetividade, a parte conta com a tutela provisória, que, como o próprio nome indica, não é definitiva, podendo ser modificada ou revogada se não mais estiverem presentes os seus requisitos.

Pode a parte pretender, no entanto, apenas uma decisão com utilidade prática. Basta-lhe o deferimento da tutela provisória para que a sua vida se altere, para que haja a sua satisfação. Não lhe é preciso aguardar por todo o desenrolar do processo e obter uma solução do litígio.

Pensando em tal ponto, o Novo Código de Processo Civil importou uma técnica já prevista em outros ordenamentos jurídicos, no sentido de buscar abreviar o andamento processual e, ao invés de sujeitar as partes ao longo debate processual, resumir a atividade processual ao deferimento da tutela de urgência, que já contém providência prática que atendará às necessidades do jurisdicionado.

O exemplo a seguir poderá elucidar melhor a questão. Imagine-se que a parte requeira, em tutela antecipada antecedente, que o magistrado defira a tutela provisória para determinar que o plano de saúde custeie o tratamento de seu consumidor. Uma vez efetivada a medida, não é de interesse da parte que ocorra o acertamento da situação substancial. Em outras palavras, não interessa ao autor que seja proferida sentença de acolhimento do pleito inicial. Bastou-lhe, em termos práticos, a tutela provisória efetivada. Não é necessário que este autor se sujeite a todos os custos decorrentes da continuidade do processo, o que pode ocorrer também em relação ao réu e, indiretamente, ao próprio Poder Judiciário.

Pensando nessa situação, o Novo Código de Processo Civil previu a **estabilização da tutela provisória,** conforme se vê do *caput* do art. 304, **que é restrita à tutela antecipada concedida em caráter antecedente**.

A estabilização da tutela antecipada concedida em caráter antecedente a torna irrevogável no mesmo processo, exigindo que a parte ajuíze **nova ação** para o fim de rever, reformar ou invalidá-la.

Perceba-se que a estabilização da tutela não forma a coisa julgada. A propósito, não houve sentença de mérito sobre a questão, de modo que o magistrado não emitiu juízo de acertamento da situação subjetiva. Em outras palavras, não analisou se o pedido é procedente ou improcedente. Desse modo, o mérito continuará em aberto. De outro lado, foi estabilizada a tutela provisória, que permanecerá viva, mas somente modificável por meio de outra ação.

Haverá a estabilização da tutela se o réu não impugnar, por meio do recurso de agravo de instrumento (art. 1.015, I do NCPC), a decisão interlocutória que, versando sobre o mérito, deferir a medida.

Fernando da Fonseca Gajardoni defende que "não haverá a estabilização se adotado pelo interessado qualquer expediente processual tendente a cassar a decisão que deferiu a tutela antecipada".[11] Por isso, defende-se

---

11 GAJARDONI, Fernando da Fonseca. DELLORE, Luiz. ROQUE, Andre Vasconcelos. OLIVEIRA JR., Zulmar Duarte de. Teoria Geral do Processo Comentários ao CPC de 2015. Parte Geral. São Paulo: Forense, 2015, p. 899.

que a interposição de embargos declaratórios com efeitos infringentes, por exemplos, possa afastar a estabilização.

Não interessa saber se o recurso foi ou não conhecido. O simples fato de recorrer, por si só, já afasta a estabilização, salvo, naturalmente, se o recurso for intempestivo. O recurso não precisa ser interposto exclusivamente pelo réu. Também poderá ser oferecido pelo terceiro prejudicado ou pelo próprio Ministério Público, importando, em verdade, tão somente que o ato judicial seja atacado de forma conveniente.

18.3.8. AÇÃO PARA REVER, REFORMAR OU INVALIDAR A TUTELA ANTECIPADA ESTABILIZADA

Conforme já foi dito, a revisão, reforma ou invalidação da tutela antecipada estabilizada somente ocorrerá por meio de **ação própria**, estando o juízo que a proferiu prevento para o seu julgamento. A ação deverá ser proposta no prazo de dois anos, contados da intimação do ato que julgar extinto o processo.

18.3.9. DECISÕES QUE NÃO PODEM SER ESTABILIZADAS (FAMÍLIA, PARCIAIS ETC.)

Há medidas antecipatórias que tratam de situações que não comportam estabilização, ao nosso ver.

Imagine-se, por exemplo, se a parte requerer, em tutela antecipada antecedente, a suspensão de poder familiar dos genitores em relação a determinada criança, indicando que o seu pedido será o de destituição do poder familiar cumulado com adoção. Deferida a medida, a parte contrária é intimada e não interpõe qualquer recurso.

A despeito de não ser tratada essa situação no Novo Código de Processo Civil, tem-se que em situações como essa não se pode dizer que é possível deixar a situação sem o acertamento, sem a solução da situação subjetiva, de modo que é de se impor a continuidade do processo e que o juízo proferira sentença, decidindo a situação da criança e afastando qualquer possibilidade de prejuízo ao seu superior interesse.

Por isso, para determinadas situações, sobretudo ligadas a questões familiares, de interesses de crianças e adolescentes, defende-se que não há a estabilização da tutela.

Não é atingida pela estabilização as tutelas antecipadas antecedentes parciais, nas quais a tutela não corresponde ao pedido total. Assim, por exemplo, se a parte requerer, em caráter antecedente, a concessão de tutela antecipada para suspender a exigibilidade de crédito tributário, e já indicar que o seu pedido será a declaração da inexistência da relação jurídica tributária, ainda que a parte contrária não recorra, não haverá a estabilização.

A tutela estabilizada projeta os seus efeitos no tempo, ainda que o processo seja extinto, sem resolução do mérito e sem formação da coisa julgada material.

18.4. DA TUTELA CAUTELAR

18.4.1. MEDIDAS CAUTELARES TÍPICAS E ATÍPICAS

Muito embora o Novo CPC não tenha indicado requisitos específicos para as medidas cautelares, que podem ser deferidas se presentes os *fumus boni iuris* e o *periculum in mora*, menciona que a "tutela de urgência de natureza cautelar pode ser efetivada mediante arresto, sequestro, arrolamento de bens, registro de protesto contra alienação de bem e qualquer outra medida idônea para asseguração do direito". Ou seja, de um lado, tipifica algumas medidas, mas deixa aberta a possibilidade da adoção de qualquer medida atípica para salvaguardar o direito.

E, como o Novo CPC não se aprofunda de forma específica em qualquer medida cautelar, é necessário tomar emprestado do Código Revogado (1973) a finalidade de cada uma das medidas mencionadas, o que será apresentado no quadro seguinte:

MEDIDA CAUTELAR	FINALIDADE
Arresto	É medida cautelar de apreensão de bens que tem por fim garantir execução por quantia certa. Quaisquer bens penhoráveis podem ser objeto de arresto. Tem como efeito imediato a afetação do bem apreendido.
Sequestro	É medida cautelar específica para assegurar execução para entrega de coisa certa, ou para garantir a eficácia de uma sentença executiva. Consiste na apreensão de objeto determinado.
Arrolamento de Bens	É a medida cautelar a ser utilizada quando ocorra fundado receio de extravio ou dissipação dos bens e interesse na sua conservação. Ou seja: conservação dos bens existentes. Pode ter por objeto somente coisas corpóreas de valor econômico.
Registro de Protesto contra Alienação de Bem	Dar publicidade geral à comunidade contra a alienação de bem específico.

18.4.2. TUTELA CAUTELAR ANTECEDENTE

O procedimento da tutela cautelar requerida em caráter antecedente segue o disposto no art. 305 e seguintes do Novo Código de Processo Civil.

A parte apresentará petição inicial antecedente, na qual indicará a lide e seu fundamento, a exposição sumária do direito que se objetiva assegurar e o perigo de dano ou o risco ao resultado útil do processo.

Entendendo o magistrado que a situação demanda tutela antecipada, aplicará a fungibilidade e processará o requerimento com observância das regras pertinentes.

Apresentado o pedido, o réu será citado para, no prazo de cinco dias, contestar o pedido e indicar as provas que entender pertinentes.

Não contestado o pedido, presumem-se verdadeiros os fatos articulados pelo autor e o juiz decidirá. De outro lado, oferecida contestação, será observado o procedimento comum. Muito embora o art. 307 CPC 2015 indique que o juiz decidirá após oportunizar que o réu se manifeste, tem-se a possibilidade de que a medida cautelar seja deferida liminarmente, postergando-se o contraditório.

Concedida e efetivada a medida cautelar, o pedido principal deverá ser formulado pelo autor no prazo de trinta dias, nos próprios autos, sendo possível o aditamento da causa de pedir.

Uma vez apresentado o pedido principal, as partes serão intimadas para a audiência de conciliação ou de mediação, seguindo-se o procedimento em seus ulteriores termos.

Cessará a eficácia da tutela cautelar concedida em caráter antecedente: i) se o autor não apresentar o pedido principal no prazo legal; ii) se a medida não for efetiva em trinta dias; iii) se o juiz julgar improcedente o pedido principal formulado pelo autor ou extinguir o processo sem resolução do mérito (art. 309 do NCPC).

É de ser destacado que não será possível que a parte apresente o seu pedido principal no prazo legal em alguns casos. Com efeito, se apresente pedido de tutela cautelar antecedente para o arresto de bens do devedor e a dívida somente vencer-se em sessenta dias, o pedido principal não poderá ser apresentado de imediato, de modo que a regra deve ser ponderada no caso concreto.

Da mesma forma, se deferida medida cautelar antecedente em caso que envolva Direito de Família, por certo, o magistrado não reconhecerá que a tutela perdeu a eficácia, em razão do interesse envolvido.

Ainda que indeferida a tutela cautelar, como o juízo realizado foi exclusivamente da presença dos seus requisitos, não haverá prejuízo para a análise do mérito da questão, salvo se o juiz reconhecer a decadência ou a prescrição.

18.5. TUTELA DA EVIDÊNCIA

18.5.1. DIFERENCIAÇÃO PARA COM A TUTELA DE URGÊNCIA

Para o deferimento da tutela de urgência, deve haver a demonstração da probabilidade do direito, de modo que tutela provisória, nesses casos, exige-se a urgência.

Porém, em outras situações, é evidente o direito, de modo que não é necessário aguardar-se todo o trâmite processual para antecipar a tutela requerida pelo autor.

Em casos como este, admite o sistema uma hipótese de antecipação de tutela em que o requisito urgência é desnecessário. Não se trata de novidade legislativa, pois o CPC de 1973 já o previa. No entanto, o CPC de 2015 inova ao sistematizar a tutela da evidência, que somente poderá ser deferida nas hipóteses legais.

18.5.2. HIPÓTESES LEGAIS DE TUTELA DA EVIDÊNCIA

A tutela da evidência – antecipação de tutela sem o requisito exigência – poderá ser deferida nas hipóteses indicadas **no art. 311, 558, 563, 678 e 701 do CPC 2015, bem como na indisponibilidade de bens na ação de improbidade administrativa e liminar de busca e apreensão de bem alienado fiduciariamente (DL nº 911/69).**

O art. 311 do NCPC demonstra a **ampliação das hipóteses** em que a tutela da evidência poderá ser deferida, se comparada com o regime anterior. São elas:

I – se ficar caracterizado o abuso do direito de defesa ou o manifesto propósito protelatório da parte: a tutela da evidência, na hipótese, é concedida em razão do comportamento abusivo da parte, contrário à boa-fé processual;

II – se as alegações de fato puderem ser comprovadas apenas documentalmente e houver tese em julgamento de casos repetitivos ou em súmula vinculante: se os fatos puderem ser comprovados por meio de documentos, não haverá necessidade de produção de outras provas. Além disso, a pretensão tem amparo jurídico em precedente que pode ser extraído de julgamento de casos repetitivos ou em súmula vinculante, o que permite afirmar que está em conformidade com precedente vinculante, conforme orienta o art. 927 do NCPC;

III – se tratar de pedido reipersecutório fundado em prova documental adequada de contrato de depósito, caso em que será decretada a ordem de entrega do objeto custodiado, sob cominação de multa: é ação reipersecutória aquela em que se reivindica a posse ou a propriedade de uma coisa. Em tais ações, havendo prova documental adequada do contrato de depósito, será decretada a ordem de entrega do objeto custodiado, independentemente de urgência;

IV – se petição inicial for instruída com prova documental suficiente dos fatos constitutivos do direito do autor, a que o réu não oponha prova capaz de gerar dúvida razoável: neste caso, a contestação não é suficiente para provocar qualquer dúvida no juízo. Note-se que é desnecessário que a tese esteja embasada em entendimento consubstanciado em precedente.

Nas hipóteses dos incisos II e III, o juiz poderá deferir liminarmente a tutela da evidência, pois, nesses casos, não há que se esperar pela conduta do réu.

18.6. PROTESTO, NOTIFICAÇÃO E INTERPELAÇÃO. ARRESTO. SEQUESTRO. CAUÇÃO. BUSCA E APREENSÃO. EXIBIÇÃO. JUSTIFICAÇÃO

Em conformidade com o art. 301 do NCPC, "a tutela de urgência de natureza cautelar pode ser efetivada mediante arresto, sequestro, arrolamento de bens, registro de protesto contra alienação e qualquer outra medida idônea para assegurar o direito".

Muito embora haja essa previsão, o Código não esmiúça cada uma das medidas mencionadas, de modo que a finalidade de cada uma é obtida a partir do conhecimento herdado do CPC de 1973, conforme tratado no item 18.4.1.

Como foi visto, não há mais previsão da existência de um processo apenas para a obtenção da tutela cautelar. Esta será requerida de forma antecedente ou incidente no próprio processo. Ocorre que, para alguns casos, ainda será possível ter-se a cautelar satisfativa, como ocorre com o protesto, a notificação e a interpelação, que são medidas consertivas de direito.

A exibição de documento pode ser compreendida como uma ação probatória, ajuizada exclusivamente com a finalidade de garantir a lisura na produção da prova. A atividade do juiz será a de fiscalizar que a prova foi produzida de forma lícita.

19. SENTENÇA

19.1. CONCEITO

Embora o conceito de sentença já tenha sido trabalhado quando da análise dos pronunciamentos judiciais, vale à pena reiterá-lo para aprofundar os seus demais aspectos.

O Código de Processo Civil de 1973 elencava, entre os atos praticados pelos órgãos judiciais, as sentenças, as decisões interlocutórias, os despachos e acórdãos (arts. 162 e 163).

Os dispositivos que elencavam tais atos eram objeto de crítica da doutrina, pelo fato de que os atos do juiz não se resumiam unicamente aos indicados. Na verdade, o órgão judicial pratica outros, como a condução da audiência, a colheita de depoimentos, a inspeção judicial, por exemplo. Assim, os atos indicados se tratavam de pronunciamentos judiciais e não dos atos do juiz.[12]

O Novo Código de Processo Civil corrigiu a imprecisão terminológica, conforme se vê do art. 203, ao prever que os "os pronunciamentos do juiz consistirão em sentenças, decisões interlocutórias e despachos" (*caput*), e que acórdão é "o julgamento colegiado proferido pelos tribunais".

Conforme dispõe o parágrafo primeiro do art. 203, "ressalvadas as disposições expressas dos procedimentos especiais, sentença é o pronunciamento por meio do qual o juiz, com fundamento nos arts. 485 e 487, põe fim à fase cognitiva do procedimento comum, bem como extingue a execução".

A definição adotada pelo legislador levou em consideração os reclamos da doutrina, para o fim de unir os critérios de conteúdo e de efeito do ato.

O conceito, então, adotado pelo Novo CPC, leva em conta os **critérios do conteúdo,** de modo que será sentença o ato judicial que incidir em uma das hipóteses indicadas nos arts. 485 e 487, **bem como do efeito, pois propiciará o encerramento de uma fase procedimental do procedimento comum, ou mesmo da execução.**

CONCEITO DE SENTENÇA ➔ Critérios { ⇨ Conteúdo / ⇨ Finalidade }

Relevante foi a ressalva levada a cabo na parte inicial do parágrafo primeiro do art. 203, no sentido de ser levada em consideração as particularidades dos procedimentos especiais.

E isso, pois: "há procedimentos especiais em que haverá sentenças não correspondentes, exatamente, ao conceito do artigo 203, § 1º, do CPC/2015, pois não terão o condão de pôr fim à fase cognitiva do procedimento comum, ou de extinguir a execução. É o caso da ação de exigir contas (artigo 550, §§ 4º e 5º, CPC/2015), cuja sentença que julga a 1ª. fase (apelável) e reconhece a obrigação de prestar as contas, não impede a 2ª fase (julgamento das contas), haja nova cognição, inclusive para eventual declaração de saldo (art. 552 do CPC/2015)".[13]

Da mesma forma, Fredie Didier também exemplifica: "A ressalva do § 1º do art. 203 teve por objetivo chamar atenção de que alguns processos que tramitam sob rito especial estão divididos em mais de uma fase. O procedimento de demarcação de terras, por exemplo, prevê que, considerando procedente o pedido, o juiz proferirá sentença determinando o traçado da linha demarcanda (art. 581, CPC); transitada em julgado, a linha demarcanda será, então, efetivamente demarcada; após, será proferida nova sentença homologatória da demarcação (art. 587, CPC)".[14]

O Novo Código de Processo Civil também dividiu as **sentenças em terminativas e definitivas.**

As sentenças terminativas são aquelas em que, além de não haver a resolução do mérito, também ocorreu a extinção da fase procedimental.

A sentença terminativa enseja o que Dinamarco denominou de extinção anômala, em que não houve "a produção do provimento para o qual ele foi instaurado e, portanto, sem oferta de tutela jurisdicional plena e nenhuma das partes (...)".[15] Tal pronunciamento conduz à crise do processo[16] e está na contramão de direção do sentido do princípio da primazia do julgamento do mérito (art. 4º do Novo CPC). A depender da hipótese extintiva, também vai de encontro com o contraditório efetivo, uma vez que é

12 "Em verdade, dentre os atos que o juiz pratica no processo, há muitos outros – alguns de superlativa importância – que não consistem nem em sentenças, nem em decisões interlocutórias, nem em despachos: por exemplo, a inquirição de testemunha (art. 416) ou da parte (art. 344), a inspeção de pessoa ou coisa (art. 440), a tentativa de conciliação das partes (art. 331 e 448, *principio*), a audiência dos cônjuges sobre os motivos da separação consensual (art. 1.122, *caput*, com a redação dada pelo art. 39 da Lei nº 6.515), a abertura de testamento cerrado (art. 1.125), a arrecadação dos bens da herança jacente (art. 1.145), o exame do interditando (art. 1.181) e assim por diante". MOREIRA, José Carlos Barbosa. *Comentários ao Código de Processo Civil.* 13. ed. Forense: Rio de Janeiro, 2006, p. 241.

13 GAJARDONI, Fernando da Fonseca; DELLORE, Luiz; ROQUE, Andre Vasconcelos; OLIVEIRA JR., Zulmar Duarte de Oliveira. *Teoria Geral do Processo Comentários ao CPC de 2015. Parte Geral.* São Paulo: Método, 2015, p. 663.

14 DIDIER JÚNIOR, Fredie. BRAGA, Paula Sarno. OLIVEIRA, Rafael Alexandria de. *Curso de Direito Processual Civil.* Vol. II. 10. ed. Salvador: Juspodivm, 2015, p. 305.

15 DINAMARCO, Cândido Rangel. *Instituições de Direito Processual Civil.* 6. ed. Vol. II. São Paulo: Malheiros, 2009, p. 646.

16 DINAMARCO, Cândido Rangel. *Instituições de Direito Processual Civil.* 6. ed. Vol. II. São Paulo: Malheiros, 2009, p. 644.

dever do magistrado indicar às partes o que for necessário para o aperfeiçoamento dos atos processuais, conforme adiante será visto.

A sentença extintiva importará em desgaste da máquina judiciária, pois haverá um processo com utilidade reduzida (ou nenhuma), que ocupou o tempo e recursos necessários para a análise de outros casos relevantes, em que se deve buscar a tutela jurisdicional adequada.

Muito embora não seja um fim em si mesma (e, muitas vezes, até dispensáveis porque uma decisão sem cognição exauriente pode ter utilidade prática à parte), o procedimento tramita com a finalidade de que, em primeiro lugar, tenha-se a sentença de mérito, bem como de que tal sentença seja efetiva.

A sentença de mérito acarretará o encerramento de uma fase procedimental ou da execução e será proferida nas hipóteses indicadas no art. 487 do Novo CPC. Com o trânsito em julgado, formará a coisa julgada material.

Em atenção ao princípio da correlação, deverá a sentença observar os limites que foram impostos pelos pedidos apresentados no processo.

A decisão interlocutória é todo pronunciamento judicial de natureza decisória que não se enquadre nas hipóteses de sentença (art. 203, § 2º do NCPC). Comparando-se a definição do Novo CPC com a do CPC de 1973, não se tem impactante mudança, até porque "os pronunciamentos judiciais não sentenciais, mas com carga decisória, continuarão sendo os que, no curso do processo, resolvem as questões apresentadas pelas partes".[17]

Admitem-se **decisões interlocutórias (portanto, com carga decisória) com ou sem análise de mérito**. Pode-se dizer que serão com análise de mérito todas as decisões proferidas e que, muito embora não encerrem uma fase procedimental, tenham como conteúdo uma das hipóteses indicadas no art. 487 do Novo Código de Processo Civil. A interlocutória que prefere julgamento antecipado parcial da lide é uma hipótese de decisão interlocutória de mérito.

Desse modo, admitem-se as **decisões interlocutórias típicas**, em que não há análise de mérito, e **decisões interlocutórias atípicas**, que dizem respeito ao próprio mérito.

Serão interlocutórias típicas aquelas, como foi dito, em que não há análise de mérito. Mesmo essas poderão ter conteúdo de sentença (embora sejam interlocutórias), como ocorre, por exemplo, com a exclusão de um dos litisconsortes.

As decisões interlocutórias atípicas, por sua vez, comportam a seguinte divisão: i) **decisões interlocutórias que versam sobre o mérito; e, ii) interlocutórias de mérito, com conteúdo de sentença**. Para explicar a diferença entre as duas situações, parte-se do exemplo da decisão antecipatória de mérito (tutela provisória de urgência antecipatória). Neste caso, profere-se "**decisão *sobre o mérito*,** embora **não seja decisão de mérito**, no sentido do art. 485 do NCPC. É decisão *sobre o mérito* e, quando se afirma isto, se leva em conta o objeto sobre o qual recai a cognição do juiz".[18]

Portanto, a decisão antecipatória de tutela, ou mesmo a decisão que defere a tutela da evidência, são **decisões interlocutórias que versam sobre o mérito**, mas não propriamente interlocutórias de mérito.

Será **decisão interlocutória de mérito (com conteúdo de sentença)** a que, por exemplo, promover o julgamento antecipado parcial da lide (art. 356 do Novo CPC), ou então julgar improcedente liminarmente um dos pedidos (art. 332 do NCPC). Nestes casos, a decisão resolve o mérito, mas não coloca fim ao procedimento. Nesse sentido, "haverá decisões – que sempre consideramos serem verdadeiras sentenças – que a nova lei chama de **interlocutórias**, mas que **transitam em julgado** e podem, eventualmente, ser **rescindidas**".[19]

Em conformidade com o art. 203, § 3º, do Novo Código de Processo Civil, são despachos todos os demais pronunciamentos do juiz praticados no processo, de ofício ou a requerimento da parte.

O acórdão é o julgamento colegiado proferido pelos tribunais.

19.2. CLASSIFICAÇÕES

Em primeiro lugar, tem-se que as sentenças poderão ser terminativas (sem resolução do mérito) ou definitivas (com resolução do mérito).

Quanto à espécie de tutela jurisdicional concedida à parte, tem-se que as sentenças podem ser declaratórias, constitutivas e condenatórias. Para os adeptos da teoria quinária da ação, também podem ser mandamentais e executivas lato sensu.

- **Sentença declaratória ➔** tem a finalidade de declarar a existência, a inexistência ou o modo de ser de uma relação jurídica. De se lembrar que toda sentença possui uma carga declaratória, mas há algumas em que isso prevalece. A improcedência de qualquer pedido gera uma sentença declaratória.
- **Sentença condenatória ➔** neste pronunciado, será certificado o direito da parte vencedora. Por meio dela, verifica-se a existência do direito e impõe o seu cumprimento.
- **Sentença constitutiva ➔** por meio dela, o pronunciamento criará, modificará ou extinguirá um estado ou uma relação jurídica. Exemplo: sentença de divórcio.

É possível que uma sentença encampe uma multiplicidade de efeitos. Poderá ter predominância em relação a um dos efeitos, mas imponha também outro.

17 GAJARDONI, Fernando da Fonseca; DELORE, Luiz; RQOUE, Andre Vasconcelos; OLIVEIRA JR, Zulmar Duarte de. *Teoria Geral do Processo. Comentários ao CPC de 2015. Parte Geral.* São Paulo: Método, 2015, p. 664.

18 WAMBIER, Teresa Arruda Alvim; CONCEIÇÃO, Maria Lúcia Lins; RIBEIRO, Leonardo Ferres da Silva; MELLO, Rogério Licastro Torres de. *Primeiros Comentários ao Novo Código de Processo Civil. Artigo por Artigo.* São Paulo: RT, 2015, p. 370.

19 WAMBIER, Teresa Arruda Alvim; CONCEIÇÃO, Maria Lúcia Lins; RIBEIRO, Leonardo Ferres da Silva; MELLO, Rogério Licastro Torres de. *Primeiros Comentários ao Novo Código de Processo Civil. Artigo por Artigo.* São Paulo: RT, 2015, p. 369.

- **Sentenças mandamental e executiva lato sensu** ➔ para aqueles que defendem a sua existência, tem-se que na primeira haverá a imposição de uma ordem, de um mandamento, a ser cumprido pelo próprio obrigado. Diferentemente, na executiva lato sensu, impõe-se uma ordem que será cumprida independentemente da vontade daquele que tem o dever de fazê-lo. Exemplo: mandado de reintegração de posse. A ordem será cumprida ainda que o ocupante não concorde ou não o permita.

Também se admite outra classificação, que relaciona a tutela pretendida com o ilícito e a necessidade de reparação do dano. Assim, tem-se:

Tutela	Ilícito	Dano
Inibitória	Visa impedir a ocorrência do ilícito	Não pressupõe o dano.
Remoção do ilícito	Visa remover o ilícito. O dano ainda não ocorreu.	
Reparatória		Tem a finalidade de reparar o dano. Não pressupõe que tenha ocorrido o ilícito.

19.3. REQUISITOS

Os pronunciamentos do juiz em que houve ou não a resolução do mérito já foram analisados anteriormente, quando do estudo dos pronunciamentos judiciais.

A sentença possui uma estrutura orgânica, devendo ser composta pelo relatório, pelos fundamentos e pelo dispositivo.

- **Relatório** ➔ conterá os nomes das partes, a identificação do caso, com a suma do pedido e da contestação, e o registro das principais ocorrências havidas no andamento do processo;
- **Fundamentação** ➔ por meio dos fundamentos o juiz analisará as questões de fato e de direito.
- **Dispositivo** ➔ o juiz resolverá as questões principais que as partes lhe submeterem.

Em observância ao princípio da fundamentação analítica, não será considerada fundamentada qualquer decisão judicial, seja ela interlocutória, sentença ou acórdão, que: I – se limitar à indicação, à reprodução ou à paráfrase de ato normativo, sem explicar sua relação com a causa ou a questão decidida; II – empregar conceitos jurídicos indeterminados, sem explicar o motivo concreto de sua incidência no caso; III – invocar motivos que se prestariam a justificar qualquer outra decisão; IV – não enfrentar todos os argumentos deduzidos no processo capazes de, em tese, infirmar a conclusão adotada pelo julgador; V – se limitar a invocar precedente ou enunciado de súmula, sem identificar seus fundamentos determinantes nem demonstrar que o caso sob julgamento se ajusta àqueles fundamentos; VI – deixar de seguir enunciado de súmula, jurisprudência ou precedente invocado pela parte, sem demonstrar a existência de distinção no caso em julgamento ou a superação do entendimento.

19.4. EFEITOS

Podem ser apontados os seguintes efeitos da sentença em que ocorra a análise de mérito:

i) colocar fim à fase cognitiva e na execução;

ii) a sentença que impuser obrigação se constituirá em título executivo judicial;

iii) a hipoteca judiciária, como previsto no art. 495: "a decisão que condenar o réu ao pagamento de prestação consistente em dinheiro e a que determinar a conversão de prestação de fazer, de não fazer ou de dar coisa em prestação pecuniária valerão como título constitutivo de hipoteca judiciária". Por isso, a decisão (pode ser sentença ou mesmo decisão interlocutória de mérito) produzirá hipoteca judiciária: a) ainda que a condenação seja genérica, exigindo futura liquidação; b) ainda que submetida a cumprimento provisório apenas; c) ainda que impugnada com recurso com efeito suspensivo.

> *A possibilidade de interposição de recurso com efeito suspensivo não retira a possibilidade da hipoteca judiciária.*

A hipoteca judiciária, uma vez constituída, implicará, para o credor hipotecário, o direito de preferência, quanto ao pagamento, em relação a outros credores, observada a prioridade no registro. Responderá a parte de forma objetiva (sem necessidade de demonstração de dolo ou culpa) pelos prejuízos causados se acaso houver reforma ou invalidação da decisão que impôs o pagamento de quantia. Os danos serão apurados no próprio processo, onde também serão executados.

A hipoteca judiciária constitui efeito secundário da sentença.

19.5. PUBLICAÇÃO, INTIMAÇÃO, CORREÇÃO E INTEGRAÇÃO DA SENTENÇA

Constitui a publicação o ato de tornar pública a sentença. Trata-se da entrega do pronunciamento ao escrivão. A partir de então, o magistrado somente poderá alterar a sentença para corrigir-lhe, de ofício ou a requerimento da parte, inexatidões materiais ou erros de cálculo ou por meio dos embargos de declaração.

Para a correção de inexatidões materiais ou erros de cálculo, como foi dito, a correção poderá se dar de ofício, a qualquer tempo.

Tem os embargos declaratórios natureza mista, na medida em que se constituem em recursos, mas também em meio de correção e integração da sentença.

Uma vez publicada a sentença (tornada pública), providenciará o escrivão (e os demais agentes – auxiliares da justiça) a intimação das partes, seguindo-se as regras gerais para tanto.

20. DO CUMPRIMENTO DA SENTENÇA

Para fins didáticos, o cumprimento da sentença será tratado mais adiante.

21. COISA JULGADA

21.1. CONCEITO E ESPÉCIES

Quer seja por ter decorrido o prazo para interposição de recursos, quer seja porque houve o esgotamento das vias recursais possíveis, a sentença passa a conter uma qualidade especial, da *res judicata*, garantia constitucional (art. 5º, XXXVI, CF), que impede a discussão eterna da questão, propiciando segurança jurídica. É gerada, assim, a imutabilidade da sentença.

A coisa julgada, no entanto, não é uma garantia absoluta, devendo conviver com outras garantias e bens jurídicos de igual importância. Sendo assim, muito embora presente a coisa julgada, a lei permite, em casos excepcionais, a rescisão de tal qualidade, por meio da ação rescisória, apta a ser ajuizada nos casos mencionados no art. 966, do Código de Processo Civil.

Formada a coisa julgada, não se permitirá a rediscussão da sentença.

Porém, é preciso verificar se essa impossibilidade de rediscussão ocorrerá no mesmo ou em outro processo.

E a resposta a essa indagação variará consoante tenha ocorrido ou não a resolução do mérito.

Com efeito, **se proferida sentença extintiva processual, será permitido ao autor repropor a demanda em outra oportunidade**, motivo pelo qual se diz que foi formada a coisa julgada exclusivamente formal. Trata-se da chamada preclusão máxima.

De outro lado, porém, se proferida **sentença com resolução do mérito, será formada não só a coisa julgada formal, mas também a material**, impedindo-se a sua rediscussão não só no mesmo, mas também em outro processo, tendo a sentença força de lei nos limites da lei e das questões decididas.

Nestas sentenças com resolução do mérito, a coisa julgada formal e a material formam-se no mesmo momento, que é o do trânsito em julgado. Ou seja, somente depois de decidido o último recurso interposto é que será formada, ainda que ele seja intempestivo.

21.2. EFEITOS DA COISA JULGADA

A coisa julgada produz três efeitos distintos: **negativo, positivo e preclusivo**.

Em razão do **efeito negativo**, impede-se que a questão seja decidida novamente em outro processo.

Por conta do **efeito positivo**, porém, havendo necessidade de retorno da questão principal ao Poder Judiciário, esta não poderá ser decidida de maneira diversa. Por esse motivo, por exemplo, havendo necessidade de liquidação da sentença, não poderá o magistrado decidir pela desnecessidade da indenização porque o autor não praticou o ato ilícito que lhe foi imputado. Estará impedido de fazê-lo, pois, deverá respeitar a coisa julgada formada.

Note-se, porém, que não há impedimento para a revisão da sentença pelo magistrado, desde que provocado por processo próprio, nas causas em que a modificação do estado das coisas poderá importar na alteração da própria obrigação, como ocorre na ação revisional de alimentos. Ou seja, um julgamento *rebus sic stantibus*, encampado em sentença determinativa, permite que a questão seja reanalisada, porque projeta a sua eficácia à frente.

Por conta do **efeito preclusivo**, reputam-se **deduzidas e repelidas todas as alegações e defesas** que a parte poderia opor assim ao acolhimento como à rejeição do pedido. A coisa julgada, dessa maneira, abrangerá aquilo que foi deduzido e aquilo que era deduzível, o que não afasta a possibilidade de ajuizamento de nova ação, fundada em elementos diversos.

Nelson Nery Júnior aponta a existência de um **efeito especial, que é o substitutivo**. Segunda ensina, "a sentença de mérito transitada em julgado substitui todas as atividades das partes e do juiz praticadas no processo, de sorte que as nulidades e anulabilidades porventura ocorridas durante o procedimento terão sido substituídas pela sentença, que as abarca".[20]

O estudo do regime jurídico da coisa julgada compreende a análise de seus **limites objetivos**, **limites subjetivos** e também de seu **modo de produção**.

a) *Limites objetivos*: verifica-se o que é atingido pela coisa julgada material, se toda a sentença, ou se parte dela.

Como sabido, a sentença é constituída por três elementos essenciais: *o relatório, a fundamentação e a parte dispositiva (dispositivo)*, mas somente a última é atingida pela coisa julgada, excluindo-se os motivos, ainda que importantes para determinar o alcance da parte dispositiva da sentença, assim como também a verdade dos fatos, estabelecida como fundamento da sentença.

Por esse motivo, "a decisão que declara indevida a cobrança do imposto em determinado exercício não faz coisa julgada em relação aos posteriores" (súmula 239, do Supremo Tribunal Federal).

A questão prejudicial, decidida incidentalmente no processo, também não fará coisa julgada material. Trata-se de antecedente lógico da sentença e, por isso, não abrangida pela coisa julgada. Porém, se a parte o requerer por meio da ação declaratória incidental, apresentará a eficácia de coisa julgada material.

Questão interessante refere-se à sentença omissa em relação à condenação ao pagamento de honorários advocatícios. Como tal condenação não constou do dispositivo da sentença, não será possível que tal verba seja posteriormente incluída na execução do julgado, e nem mesmo cobrada em outro processo.

b) *Limites subjetivos*: nesse ponto, verifica-se quem será atingido pela coisa julgada formada.

Em um primeiro momento, a coisa julgada estará adstrita às partes do processo e, por isso, é denominada de ***inter-partes***.

Contudo, admitem-se exceções.

Na primeira, verifica-se a coisa julgada ***ultra partes***, que vai além das partes do processo, para atingir também determinados terceiros. É o que ocorre nos casos de substituição processual, em que o substituído, apesar de não ter participado do processo, terá sua esfera jurídica atingida.

20 Nery, princípios, p. 40-41.

Outra exceção é a **coisa julgada *erga omnes***, que atingirá a todos os jurisdicionados, sendo eles partes ou não. A ação de usucapião é um exemplo, assim como a procedência da ação civil pública para a tutela de interesses difusos.

c) Quanto ao modo de produção: de acordo com esse critério, a coisa julgada será *pro et contra*, *secundum eventum litis* e *secundum eventum probationis*.

Em regra, a coisa julgada forma-se independentemente do resultado do processo. Sendo o pedido procedente ou improcedente, havendo ou não o esgotamento das provas, haverá a coisa julgada.

Portanto, se o autor propuser a sua demanda e o magistrado julgá-la improcedente em decorrência da ausência de comprovação dos fatos apresentados na inicial, ainda assim, será formada a coisa julgada.

Nesse contexto, surgem as técnicas que se passa a expor.

Haverá a coisa julgada *secundum eventum litis* (segundo o resultado do processo), em casos específicos e previstos em lei. Assim, na procedência da ação civil pública em que se busca a tutela de interesses difusos, poderão as vítimas buscar, individualmente, a liquidação do julgado.

Já a coisa julgada *secundum eventum probationis* (segundo a prova produzida) existirá quando houver o esgotamento das provas. Assim, se a ação popular, por exemplo, for julgada improcedente, porém, sem o esgotamento das provas, admite-se a nova ação sobre a mesma matéria. Note-se que se trata de exceção à regra.

22. REMESSA NECESSÁRIA

A remessa necessária constitui em condição de eficácia da sentença proferida contra a fazenda pública, que somente produzirá efeitos depois de revista pelo Tribunal. Foi tratada no item relativo às prerrogativas da fazenda pública.

23. MEIOS DE IMPUGNAÇÃO À SENTENÇA

Constituem-se em meios de impugnação das decisões judiciais: i) os recursos; ii) os sucedâneos recursais; e, iii) as ações impugnativas.

- Recursos ➔ prolongam a relação processual e impedem a formação da coisa julgada. Somente serão assim considerados se previstos na lei processual como tal.
- Sucedâneos recursais ➔ não estão elencados como recursos, mas fazem as vezes destes.
- Ações impugnativas ➔ estabelece-se nova relação processual para impugnar uma decisão judicial.

24. AÇÃO RESCISÓRIA

24.1. CONCEITO

A **coisa julgada** é uma garantia assegurada pela Constituição Federal, fundada na necessidade de proporcionar a **segurança jurídica**. Com efeito, como decorrência da soberania de um país, compete ao seu Poder competente a aplicação da ordem jurídica vigente, dirimindo os conflitos existentes.

Não obstante, a coisa julgada não é um bem jurídico intangível, pois deve ser harmonizado com outros bens de igual de grandeza equivalente ao da segurança jurídica.

Por esse motivo, a mesma ordem jurídica assegura a possibilidade de o interessado valer-se de um importante instrumento, que busca rescindir a coisa julgada formada, a fim de que possa não se submeter ao seu derivado comando.

E esse instrumento é a ação rescisória, que pode ser definida como a **ação que tem por finalidade a rescisão da coisa julgada formada, bem como e, se o caso, que a demanda seja rejulgada pelo mesmo órgão jurisdicional rescindente**.

24.2. OBJETO DA AÇÃO RESCISÓRIA

Por **objeto** da ação rescisória, busca-se definir o seu **pedido**, que sempre será o de **rescindir** a coisa julgada formada, bem como, em alguns casos, o de ser **rejulgada** a causa. Diz-se, então, que há o **juízo rescindente (rescindir)** e o **juízo rescisório (rejulgamento da causa)**.

OBJETO DA AÇÃO RESCISÓRIA { Pedido rescindente; Pedido rescisório }

Tem-se, então, a possibilidade de cumulação desses pedidos, que pode ser classificada como **cumulação própria sucessiva de pedidos**, na medida em que o segundo pedido somente será analisado se o primeiro for procedente. Devem ambos constarem expressamente da petição inicial da ação rescisória, observando-se que o acórdão deverá observar o princípio da congruência.

Passa-se, inicialmente, à análise do pedido **rescindente**, sugerindo-se que tal estudo parta do seguinte quadro:

DECISÃO A SER RESCINDIDA (Quadro 1 – Novo CPC)

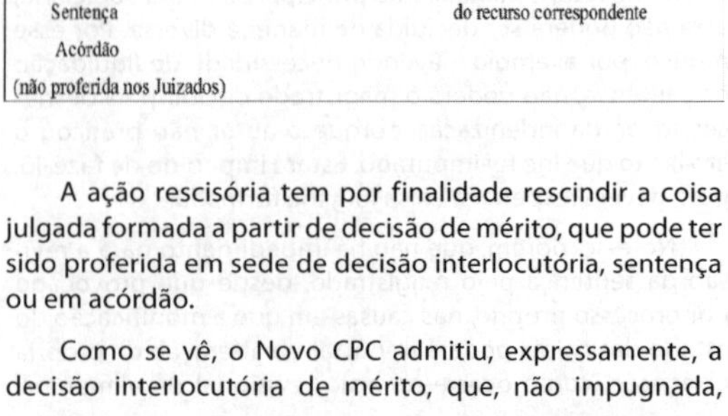

A ação rescisória tem por finalidade rescindir a coisa julgada formada a partir de decisão de mérito, que pode ter sido proferida em sede de decisão interlocutória, sentença ou em acórdão.

Como se vê, o Novo CPC admitiu, expressamente, a decisão interlocutória de mérito, que, não impugnada, ou esgotados os recursos pertinentes, fará coisa julgada material.

> *A propôs ação em face de B, formulando dois pedidos. O juiz, na decisão inicial, indefere a petição inicial em relação ao primeiro pedido, por conta da prescrição, proferindo decisão interlocutória de mérito. No mesmo ato, determina o prosseguimento da ação em relação ao outro pedido.*
>
> *Não sendo a decisão interlocutória atacada por recurso (ou esgotados os recursos pertinentes), tem-se a formação da coisa julgada material parcial.*

Não importa o motivo da formação da coisa julgada, se decorrente da falta de impugnação, ou por conta do esgotamento dos recursos pertinentes (Súmula 514 do STF).

Porém, a ação rescisória não se destina unicamente à rescisão da coisa julgada material, ao contrário da impressão que poderia surgir a partir da leitura do art. 966 do NCPC.

Ao contrário, também pode buscar rescindir a coisa julgada formal, conforme prevê o inciso I, do parágrafo segundo, do art. 966 do NCPC, segundo o qual será rescindível a decisão transitada que, embora não seja de mérito, **impeça nova propositura da demanda.**

> **EXEMPLO:**
>
> O juiz julga extinto o processo, sem resolução do mérito, mas impõe condenação do autor ao pagamento de elevada verba honorária. Nesse caso, será possível ao autor, tendo em vista o trânsito em julgado, verificando-se a flagrante desproporcionalidade, ajuizar a respectiva ação rescisória, com a finalidade de reduzir o montante de verba honorária. É de se ver que foi proferida sentença sem análise de mérito, mas tal *decisum* irradia efeitos que somente podem ser rescindidos pela ação rescisória.

Além dessas situações, a ação rescisória pode ter por objeto **decisão que impeça a admissibilidade do recurso correspondente. Trata-se de inovação inserida no Novo CPC** (art. 966, § 2º, II Novo CPC), voltada exclusivamente a rescindir tal decisão em que tenha sido proferido juízo negativo de admissibilidade de recurso (juízo de prelibação).

Por esse motivo, se o Tribunal de Justiça negar a subida de recurso extraordinário, proferindo juízo negativo de admissibilidade, com trânsito em julgado, poderá esta decisão ser objeto da ação rescisória, com a finalidade de, sendo rescindida, seja determinada a remessa dos autos ao Supremo Tribunal Federal.

Não se pretende, com tal remédio, **que o mérito do recurso antes interposto seja julgado na ação rescisória, mas que simplesmente a matéria seja devolvida ao Tribunal *ad quem* para análise.** Portanto, o pedido da ação rescisória, nesse caso, é o de dar plena efetividade ao efeito devolutivo, para que o tribunal competente possa conhecer do recuso antes interposto.

> ***Em suma:*** *tem-se que a ação rescisória poderá rescindir:*
>
> *i) a coisa julgada material (formada por meio de decisão interlocutória, sentença ou acórdão);*
>
> *ii) a coisa julgada formal, desde que haja impedimento à propositura de nova ação;*
>
> *iii) decisão que não admita recurso, desde que já transcorrido o prazo para que tal decisum seja impugnado pelo meio adequado.*

Passa-se, agora, ao estudo do **pedido rescisório.**

A parte, ao mesmo tempo em que busca rescindir a coisa julgada formada, também pode pretender que seja proferida nova decisão em seu lugar. Trata-se do **pedido rescisório**, que não estará presente em todas as situações.

Por exemplo, se o autor ajuíza a ação rescisória com fundamento em ofensa à coisa julgada, é porque ele pretende que a primeira decisão transitada em julgado prevaleça. Portanto, nesse caso, não há motivo para o pedido rescisório.

Ingressando no juízo rescisório, o Tribunal estará adstrito ao pedido formulado pelo autor, observando-se a princípio da congruência. Mas tal adstrição deve referir-se quer ao pedido constante da petição inicial da ação rescisória, quanto à vestibular da própria ação em que formada a coisa julgada que se pretende rescindir.

O NCPC encampou a ideia dos capítulos de decisão, admitindo-se a coisa julgada parcial. Assim, se a sentença contar com dois capítulos e apenas um deles for impugnado, tem-se a formação da coisa julgada em relação ao capítulo recorrido e, nesse passo, a possibilidade de rescisão por meio da ação rescisória.

Nesse sentido, previu o Novo CPC que a ***"ação rescisória pode ter por objeto apenas 1 (um) capítulo da decisão"*** (art. 966, § 3º).

Na hipótese de coisa julgada parcial, tal como o tratado no dispositivo mencionado, o prazo para o ajuizamento da ação rescisória somente terá termo inicial a **data do trânsito em julgado da última decisão proferida nos autos**, não sendo encampada a orientação do Supremo Tribunal Federal vigente anteriormente ao Novo Código de Processo Civil.

24.3. COMPETÊNCIA PARA JULGAMENTO

Para a fixação da competência do Tribunal competente para o julgamento da ação rescisória, devem ser observadas **três regras cumulativas**:

> *i) trata-se de ação originária dos tribunais;*
>
> *ii) cada tribunal é competente para o julgamento das rescisórias de seus próprios julgados;*
>
> *iii) Aplicação das Súmulas 249 e 515 do STF.*

i) Trata-se de ação originária dos tribunais:

Somente os tribunais possuem competência para o julgamento de ações rescisória. Nesse sentido, poderão fazê-lo os Tribunais de Justiça, Tribunais Regionais Federais, Tribunais Regionais do Trabalho, Superior Tribunal de Justiça, Supremo Tribunal Federal, entre outros.

Cabe aqui registrar que a Turma Recursal não se equivale a Tribunal, de modo que não poderá julgar ação rescisória (aliás, o art. 59 da Lei 9.099/1995 veda a possibilidade de ser ajuizada ação rescisória em sede de juizados especiais[21]).

ii) Cada tribunal é competente para o julgamento das rescisórias de seus próprios julgados:

Excluída automaticamente a competência dos juízos de primeiro grau, deve-se saber quais tribunais são competentes para conhecer e julgar tal ação. Nesse passo, os Tribunais de Justiça serão competentes para tais demandas quando a coisa julgada for formada a partir de sentença ou de recurso por eles julgado.

Se interposto recurso especial, sendo ele conhecido, por conta do efeito substitutivo, prevalecerá a decisão do Superior Tribunal de Justiça, de modo que este será o competente para conhecer da ação.

Da mesma maneira, se conhecido o recurso extraordinário, será o Supremo Tribunal Federal o competente para o julgamento da rescisória.

Essa competência dos Tribunais Superiores, contudo, não ocorrerá, se os recursos não tiverem sido conhecidos, **pois não houve substituição da decisão anterior**;

iii) Súmulas 249 e 515 do Supremo Tribunal Federal:

Se o Supremo Tribunal Federal ou o Superior Tribunal de Justiça, **embora não tenham conhecido do recurso extraordinário ou especial**, ou havendo negado provimento ao agravo, **tiverem apreciado a questão constitucional ou federal controvertidas**, serão competentes para o julgamento da ação rescisória (Súmula 249 do STF).

E, **se a matéria discutida na rescisória não foi objeto de análise quando dos recursos** extraordinário ou especial, a competência para o julgamento da ação rescisória não será do STF ou do STJ, mas dos Tribunais de Justiça ou Tribunais Regionais Federais (Súmula 515 do STF).

Da junção das duas súmulas do Supremo Tribunal Federal, tem-se que:

> *O Supremo Tribunal Federal e o Superior Tribunal de Justiça **somente serão competentes para o julgamento da ação rescisória** se, tendo conhecido ou não do recurso da decisão que transitou em julgado, apreciaram a questão constitucional ou federal respectiva.*

24.4. AJUIZAMENTO DA AÇÃO PERANTE TRIBUNAL INCOMPETENTE

Na linha do princípio da primazia do julgamento do mérito, determina o Novo Código de Processo Civil (art. 968, § 5º), que, reconhecida a incompetência do tribunal para julgar a ação rescisória, **o autor será intimado para emendar a petição inicial**, a fim de adequar o objeto da ação rescisória, quando a decisão apontada como rescindenda:

a) não tiver apreciado o mérito e não se tratar de decisão que impeça nova propositura da demanda ou a admissibilidade do recurso correspondente: nesses casos, o legislador permitiu que o autor da rescisória ajuste a inicial, uma vez que o objeto indicado não a admite.

b) tiver sido substituída por decisão posterior:

Nestes casos, após a emenda da inicial, será permitido ao réu complementar os fundamentos da defesa, e, em seguida, os autos serão remetidos ao Tribunal competente. Note-se que, nestes casos, permitiu-se a adequação da inicial e da defesa, pois o conteúdo das mesmas poderá ser modificado. De toda forma, admite-se que o Tribunal reconheça a incompetência absoluta e determine a remessa dos autos ao competente, de ofício.

24.5. REQUISITOS DE ADMISSIBILIDADE DA AÇÃO RESCISÓRIA

Por importar no nascedouro de uma nova relação jurídica processual, devem ser atendidos requisitos gerais (de toda e qualquer demanda) e também requisitos específicos de admissibilidade.

São requisitos específicos:

(i) decisão (de mérito) transitada em julgado (já analisado quando do estudo do objeto da ação rescisória);

(ii) observância do prazo legal;

(iii) depósito da multa de 5%;

(iv) presença de uma das hipóteses do art. 966 do NCPC.

• Observância do prazo decadencial

Sobre o prazo para o ajuizamento da ação rescisória, devem ser observadas as seguintes regras:

a) Regra geral: extinção do direito no prazo de dois anos contados do trânsito em julgado da última decisão proferida no processo.

Como regra geral, tem-se que o **direito** ao ajuizamento da ação rescisória se extingue (demonstrando-se a natureza de prazo decadencial) no prazo de **dois anos do trânsito em julgado** da última decisão proferida no processo (art. 975 NCPC).

Foi solucionada discussão existente no âmbito jurisprudencial, que admitia soluções diferentes pelo Supremo Tribunal Federal e pelo Superior Tribunal de Justiça, no sentido de que, apesar de formada a coisa julgada parcial (em decorrência de decisão interlocutória de mérito ou em razão de capítulo não impugnado), **o direito ao ajuizamento da ação rescisória se extingue em um único momento, qual seja, do trânsito em julgado da última decisão proferida nos autos.**

Se o termo final cair durante as férias forenses, recesso, feriados ou em dia em que não houver expediente forense, **o prazo será prorrogado até o primeiro dia útil imediatamente subsequente.**

b) Termo inicial na data de descoberta da prova nova:

---

21 Leonardo Greco sustenta, se acaso o procedimento do juizado for insuficiente para a cognição adequada da causa, a sentença poderá ser atacada por ação autônoma de anulação, competindo ao interessado demonstrar o cerceamento à prova ou a inobservância de algum aspecto do devido processo legal. In Os Juizados Especiais Como tutela Diferenciada: Theodoro Júnior, Humberto; LAUAR, Maira Terra. Tutelas Diferenciadas como Meio de incrementar a efetividade da prestação jurisdicional. Rio de Janeiro: GZ, 2010, p. 711 e s.

Se a ação rescisória tiver por fundamento a existência de prova cuja falsidade tenha sido apurada em processo criminal ou venha a ser demonstrada na própria ação rescisória, **o termo inicial será a da data da descoberta da prova nova**, observado o prazo de cinco anos, contado do trânsito em julgado da última decisão proferida no processo.

Trata-se, sem dúvida, de exceção à regra geral, pois o termo inicial, para fins de contagem do prazo, **não é a data do trânsito em julgado, mas a da descoberta da prova nova**.

Porém, esse direito não é eterno, tendo a lei feito a restrição para o prazo de cinco anos, contado do trânsito em julgado da última decisão proferida no processo.

c) Termo Inicial no Caso de Simulação ou Colusão das Partes

Se a ação rescisória tiver por fundamento a simulação ou a colusão das partes, o prazo começa a contar, para o terceiro prejudicado e para o Ministério Público, que não interveio no processo, a partir do momento em que têm ciência da simulação ou da colusão (art. 975, § 3º NCPC).

Para esta exceção à regra geral, o prazo para o ajuizamento da ação rescisória se inicia quando da **ciência da simulação ou da colusão, pois somente a partir deste momento é que se teve possibilidade de exercício da pretensão rescindente**. Podem valer-se do termo inicial diferenciado o terceiro prejudicado e o Ministério Público, que não interveio no processo.

d) Termo Inicial com a Declaração de Inconstitucionalidade pelo Supremo Tribunal Federal

Poderá o executado, na fase de cumprimento de decisão que reconheça a exigibilidade de obrigação, alegar, em impugnação, a sua inexigibilidade por ser fundada em lei ou ato normativo considerado inconstitucional pelo Supremo Tribunal Federal, ou fundado em aplicação ou interpretação da lei ou do ato normativo tido pelo STF como incompatível com a Constituição Federal, em controle de constitucionalidade concentrado ou difuso.

Para tanto, no entanto, a decisão do Supremo Tribunal Federal deverá ter sido anterior à decisão exequenda.

E isso porque, se a decisão proveniente do STF for posterior ao trânsito em julgado da decisão exequenda, caberá ação rescisória, com fundamento no art. 966, V do NCPC (violar manifestamente norma jurídica), **cujo prazo será contado do trânsito em julgado da decisão proferida pelo Supremo Tribunal Federal**.

Portanto, o termo inicial para essa hipótese, não será o trânsito em julgado da decisão que se pretende rescindir, mas do trânsito da decisão em que realizado o controle de constitucionalidade pelo Supremo Tribunal Federal.

É óbvio que, se o fundamento da ação rescisória for outro, então o termo inicial observará qualquer uma das demais regras apresentadas.

e) Depósito do valor correspondente a 5% do valor da causa

Deverá o autor da ação rescisória providenciar o depósito de 5% do valor da causa, a título de multa, caso a ação seja, por unanimidade de votos, declarada inadmissível ou improcedente. Se por decisão monocrática, o valor será devolvido ao autor.

Será também, obviamente, devolvido ao autor, se a demanda for julgada procedente ou se não acolhida (ou não conhecida) por maioria de votos.

O Novo CPC reiterou a necessidade do depósito de 5% sobre o valor da causa, limitando-o, porém, a mil salários mínimos.

A comprovação do recolhimento do valor é requisito da petição inicial, devendo a parte, em caso de omissão, ser devidamente intimada para demonstração do pagamento.

Estarão isentos de recolhimento as pessoas jurídicas de direito público, o Ministério Público, a Defensoria Pública e os beneficiários da gratuidade processual.

24.6. HIPÓTESES INDICADAS NO ART. 966, CPC

O cabimento da ação rescisória está adstrito às hipóteses indicadas no art. 966, ou seja, se a decisão:

I – se verificar que foi proferida por força de prevaricação, concussão ou corrupção do juiz: não é necessário que exista processo criminal em que fique reconhecida a autoria das ações delituosas pelo juiz, pois a prova poderá ser produzida nos próprios autos da ação rescisória;

II – proferida por juiz impedido ou absolutamente incompetente: comprometida a parcialidade do juiz por conta do impedimento, tem-se que a coisa julgada poderá ser rescindida, ainda que tal matéria não tenha sido alegada anteriormente. O mesmo ocorre em relação à incompetência absoluta do juiz. De outro lado, a sentença proferida por juiz suspeito ou relativamente incompetente não comprometerá a coisa julgada formada.

III – resultar de dolo ou coação da parte vencedora em detrimento da parte vencida, ou, ainda, de simulação ou colusão entre as partes, a fim de fraudar a lei: nesse caso, o resultado final da demanda deve-se ao dolo, coação, simulação ou colusão;

IV – ofender a coisa julgada: se a sentença ofendeu coisa julgada formada, poderá ser rescindida por meio da ação rescisória.

V – violar manifestamente norma jurídica: a expressão "norma jurídica" é bem mais ampla do que lei, antes prevista no inciso V do art. 485 do CPC de 1973, e se refere a ato normativo em sentido geral, bem como a princípios.

A propósito do tema, a súmula 343 do STF dispõe que "não cabe ação rescisória por ofensa a literal disposição de lei, quando a decisão rescindenda se tiver baseado em texto legal de interpretação controvertida nos tribunais".

Assim, havendo sobre a aplicação da lei interpretação controvertida nos tribunais, há de prevalecer a interpretação razoável oferecida, de modo que não será cabível a ação rescisória.

De outro lado, porém, se a ofensa for à Constituição Federal (ou à interpretação oferecida pelo Supremo Tribunal Federal), será admitida a ação rescisória, com fundamento na melhor interpretação (proveniente do STF).

VI – for fundada em prova cuja falsidade tenha sido apurada em processo criminal ou venha a ser demonstrada na própria ação: deve existir um nexo entre a falsidade da prova e o resultado do processo.

VII – obtiver o autor, posteriormente ao trânsito em julgado, prova nova cuja existência ignorava ou de que não pôde fazer uso, capaz, por si só, de lhe assegurar pronunciamento favorável: o documento novo, de que a parte não dispunha, deve ser capaz de alterar o resultado do processo.

VIII – for fundada em erro de fato verificável do exame dos autos: há erro de fato quando a sentença admitir um fato inexistente, ou quando considerar inexistente um fato efetivamente ocorrido.

24.7. LEGITIMIDADE PARA A PROPOSITURA DA AÇÃO RESCISÓRIA

Possuem **legitimidade** para a propositura da ação rescisória quem foi parte no processo ou seu sucessor a título universal ou singular, o terceiro juridicamente interessado, o Ministério Público e aquele que não foi ouvido no processo em que lhe era obrigatória a intervenção.

i) Parte no processo ou seu sucessor

Qualquer um que tenha figurado como parte no processo poderá ingressar com a ação rescisória, ainda que revel.

ii) Terceiro juridicamente interessado

O terceiro deverá demonstrar o interesse jurídico na rescisão da coisa julgada.

iii) Ministério Público

O Ministério Público poderá ingressar com a ação rescisória quando não foi ouvido no processo em que lhe era obrigatória a intervenção, quando a decisão rescindenda é o efeito de simulação ou de colusão das partes, a fim de fraudar a lei e em outros casos em que se imponha sua atuação.

iv) Aquele que não foi ouvido no processo em que lhe era obrigatória a intervenção:

Há processos em que a oitiva de determinadas entidades é obrigatória, como ocorre, por exemplo, com o CADE e a Comissão de Valores Mobiliários (art. 118, da Lei nº 12.529/2011 e art. 31 da Lei nº 6.385/1976).

Se tal oitiva não ocorreu no processo originário, terão as entidades legitimidade para o ajuizamento de ação rescisória.

24.8. POLO PASSIVO

O polo passivo da ação rescisória será ocupado por todos aqueles que participaram da relação processual oriunda da ação cuja coisa julgada se pretende rescindir. Forma-se, então, litisconsórcio passivo necessário, que, em parte, será unitário (juízo rescindente), em parte, será simples (juízo rescisório).

24.9. NÃO IMPEDIMENTO À EXECUÇÃO

Ressalvada a concessão de tutela provisória, o ajuizamento da rescisória não constitui óbice à execução do julgado.

24.10. INDEFERIMENTO DA PETIÇÃO INICIAL

A petição inicial da ação rescisória será indeferida nas hipóteses dos artigos 330, se não comprovado o depósito exigido.

24.11. IMPROCEDÊNCIA LIMINAR DO PEDIDO

Admite-se, também na ação rescisória, a improcedência liminar do pedido nas hipóteses indicadas no art. 332.

24.12. RESPOSTA DO RÉU

O relator fixará prazo que variará entre 15 e 30 dias para o oferecimento de resposta, não havendo que se falar em revelia. A partir daí, será observado o procedimento comum.

24.13. PRESCRIÇÃO INTERCORRENTE

Consoante indicado na súmula 264, do STF, se a ação rescisória permanecer parada por mais de 5 anos, verifica-se a prescrição intercorrente. Ressalte-se que o prazo, atualmente, não é de cinco, mas de dois anos.

25. RECURSOS

25.1. DISPOSIÇÕES GERAIS

Os requisitos, pressupostos ou condições de admissibilidade são aqueles necessários para que seja analisado o mérito do recurso. Constituem-se em matéria de ordem pública, que pode ser conhecida de ofício. Trata-se do objeto do juízo de admissibilidade ou de prelibação.

Os requisitos intrínsecos "são aqueles que dizem respeito à decisão recorrida em si mesma considerada".[22] Consideram "o conteúdo e a forma da decisão impugnada. De tal modo que, para proferir o juízo de admissibilidade, toma-se o ato judicial impugnado no momento e da maneira como foi prolatado".[23] Constituem-se requisitos intrínsecos de admissibilidade: o cabimento, a legitimação para recorrer e o interesse recursal.

a) Cabimento

A recorribilidade e a adequação são dois fatores que compõem o requisito do cabimento. Para que seja cabível, o "recurso precisa estar previsto na lei processual contra

22 NERY JÚNIOR, Nelson. *Teoria Geral dos Recursos*. 7. ed. São Paulo: RT, 2013, p. 266.

23 NERY JÚNIOR, Nelson. *Teoria Geral dos Recursos*. 7. ed. São Paulo: RT, 2013, p. 266.

determinada decisão judicial"[24], bem como que seja o correto para impugnar o pronunciamento judicial.

O Novo CPC elenca os recursos no art. 994. São eles: I – apelação; II – agravo de instrumento; III – agravo interno; IV – embargos de declaração; V – recurso ordinário; VI – recurso especial; VII – recurso extraordinário; VIII – agravo em recurso especial ou extraordinário; e, IX – embargos de divergência.

Além destes recursos, merece registro a previsão de outros em leis especiais, como os recursos inominados (art. 49, da Lei 9.099/95), os incidentes de uniformização de interpretação de lei (Leis n. 10.259/2001 e 12.153/2009) e os embargos infringentes de alçada (art. 34 da Lei n. 6.830/1980).

Encampou-se, assim, o princípio da taxatividade dos recursos, por meio do qual somente serão recursos aqueles assim previstos em lei federal.

b) Legitimidade para recorrer

Para a admissibilidade do recurso, deverá o recorrente ter legitimidade para a sua interposição, prevista de forma genérica. Nesse sentido, o art. 996 do NCPC dispõe que tem legitimidade a parte, o terceiro prejudicado e o Ministério Público, como parte ou como fiscal da ordem jurídica.

c) Interesse Recursal

Passa-se ao exame do interesse em recorrer.

Haverá interesse em recorrer quando presentes os requisitos do binômio necessidade e utilidade.

Para que haja a necessidade recursal, deverá o recorrente demonstrar que o recurso é o único meio de obter "o que pretende contra a decisão impugnada".[25]

Em relação à utilidade, o recurso será útil se puder importar em situação de melhora ao recorrente, em decorrência da sucumbência ou prejuízo imposto pelo pronunciamento jurisdicional.

d) Tempestividade

Os requisitos extrínsecos referem-se a fatores externos ao pronunciamento judicial impugnado. São eles: tempestividade, a regularidade formal, a inexistência de fato impeditivo ou extintivo do poder de recorrer e o preparo recursal.

Se o CPC de 1973 já importou em unificação da maioria dos prazos, o CPC de 2015 avançou ainda mais neste ponto, ao prever expressamente que, excetuados os embargos de declaração, o prazo para interpor os recursos e para responder-lhes é de quinze dias (art. 1.003, § 5º do Novo CPC).

Ainda persistem prazos especiais para alguns recursos, em razão de previsão contida em lei extravagante. Em comum entre eles, o recurso deverá ser interposto no prazo de dez dias e a diferenciação decorre da aplicação do princípio da especialidade. É o que acontece com os recursos de: i) apelação e agravo de instrumento nos procedimentos que tramitam perante a Vara da Infância e da Juventude, com exceção das ações coletivas (art. 198, II do Estatuto da Criança e do Adolescente); ii) recurso inominado, previsto na Lei dos Juizados Especiais (art. 42, *caput*, da Lei n. 9.099/95); iii) incidente de uniformização de interpretação de lei para a Turma Regional de Uniformização dos Juizados Especiais Federais (art. 2º, § 1º da Resolução n. 347/2015); iv) embargos infringentes de alçada em processo de execução fiscal (art. 34, § 2º da Lei n. 6.830/80).

e) Regularidade formal

Outro requisito extrínseco é a regularidade formal, exigindo-se que o recorrente observe a forma prevista pela lei, como imprescindível para que o recurso seja conhecido.

A primazia do julgamento do mérito e o máximo aproveitamento dos atos processuais são princípios encampados pelo Novo Código de Processo Civil (art. 283), no contexto do formalismo constitucional democrático.

Por esse motivo, sempre que possível, deverá o julgador determinar a regularização de vício formal, mas, ao fazê-lo, não poderá comprometer a sua imparcialidade ou substituir a atividade que deveria ser praticada pela parte recorrente.

f) Inexistência de fato impeditivo ou extintivo do poder de recorrer

Constitui requisito intrínseco dos recursos a inexistência de fato impeditivo ou extintivo do poder de recorrer.

São fatos impeditivos a desistência do recurso (art. 998), o reconhecimento jurídico do pedido e a renúncia ao direito sobre o que se funda a ação. De outro lado, são fatos extintivos a renúncia e a aquiescência da parte.

A desistência do recurso interposto é negócio jurídico unilateral não receptício, pois, poderá ser manifestado unilateralmente pela parte, sem necessidade de concordância da parte contrária, produzindo efeitos desde que é efetuada.

O parágrafo único do art. 998 do NCPC prevê que a desistência do recurso não impede a análise da questão cuja repercussão geral já tenha sido reconhecida e daquela objeto de julgamento de recursos extraordinário ou especiais repetitivos.

g) Preparo recursal

Por fim, o último requisito extrínseco é da exigência de comprovação do recolhimento de preparo recursal, que compreendem custas e também as despesas processuais com o porte e o retorno dos autos processuais.

De acordo com o Novo CPC, o pagamento do preparo recursal, incluindo-se o porte e o retorno (dispensado em autos eletrônicos), deverá ser comprovado quando da interposição do recurso. Se, posteriormente, for provado justo impedimento, o relator poderá relevar a pena de deserção, fixando-se prazo de cinco dias para efetuar o preparo. Admite-se, ainda, muito embora não previsto legalmente, a continuidade do entendimento encampado na súmula 484 do STJ, de modo que, se interposto o recurso fora do horário do expediente bancário, será possível comprovar o seu recolhimento no primeiro dia útil seguinte.

Sendo insuficiente o valor recolhido, será o recorrente intimado para regularizar o vício, compreendendo-se tanto

---

24 NERY JÚNIOR, Nelson. *Teoria Geral dos Recursos*. 7. ed. São Paulo: RT, 2013, p. 267.

25 NERY JUNIOR, Nelson; NERY, Rosa Maria de Andrade. *Comentários ao Código de Processo Civil. Novo CPC – Lei 13.105/2015*. São Paulo: RT, p. 300.

as custas, quanto a própria despesa de porte e retorno. Se não o fizer, tem-se a deserção.

Como novidade, tem-se a previsão de que, independentemente de justo motivo, é possível ao recorrer livrar-se da deserção advinda da não comprovação do recolhimento do preparo recursal, impondo-lhe, como sanção e condição de admissibilidade, o recolhimento em dobro (art. 1.007, § 4º).

Assegura-se a dispensa de preparo, inclusive porte de remessa e de retorno, aos recursos interpostos pelo Ministério Público, pela União, pelo Distrito Federal, pelos Estados, pelos Municípios, e pelas respectivas autarquias, e pelos que gozam de isenção legal.

No âmbito da Justiça Federal, em razão da alteração do inciso II do art. 14 da Lei n. 9.289/1996, ao interpor o recurso, o recorrente deverá comprovar o recolhimento do preparo recursal (e este consistirá no pagamento da outra metade das custas devidas).

25.2. EFEITOS DOS RECURSOS

Estudo importante para entender-se a dinâmica dos recursos compreende a análise de seus efeitos.

(i) **Efeito devolutivo:** o efeito devolutivo é aquele em virtude do qual a matéria é devolvida ao órgão judicante, seja ele superior àquele que proferiu a decisão, seja ao próprio órgão prolator da decisão. Compreende o princípio do *tantum devolutum quantum appellatum*. Todo recurso conta com esse efeito.

Tal efeito deve ser analisado quanto à sua extensão e quanto à sua profundidade.

Sob o primeiro aspecto (quanto à extensão), tem-se a delimitação da matéria objeto do recurso. Trata-se da ***dimensão horizontal*** do efeito devolutivo.

Assim, se o réu é condenado ao pagamento de indenização por danos materiais e morais e somente recorre em relação a estes últimos, ele delimita o seu recurso, a sua irresignação, e o Tribunal estará vinculado a essa vontade.

Sob o segundo aspecto (quanto à profundidade), tem-se que ficam devolvidas todas as questões suscitadas e discutidas no processo, ainda que a sentença não as tenha julgado por inteiro, desde que relativas ao capítulo impugnado. Trata-se da ***dimensão vertical*** do efeito devolutivo.

Em decorrência da preferência pelo julgamento do mérito, se o processo estiver em condições de imediato julgamento, o tribunal deve decidir desde logo o mérito quando: I – reformar sentença fundada no art. 485; II – decretar a nulidade da sentença por não ser ela congruente com os limites do pedido ou da causa de pedir; III – constatar a omissão no exame de um dos pedidos, hipótese em que poderá julgá-lo; IV – decretar a nulidade de sentença por falta de fundamentação.

(ii) Efeito translativo: apesar do efeito devolutivo, algumas matérias, poderão ser conhecidas de ofício, independentemente de requerimento ou arguição da parte. São as matérias de ordem pública.

(iii) Efeito suspensivo: pelo efeito suspensivo, impede-se a produção imediata de efeitos da decisão, situação essa que durará até o julgamento do recurso. Essa suspensividade não advém da interposição do recurso, mas da simples previsão de que terá tal efeito por força de lei.

O efeito suspensivo poderá existir por força de lei (*ope legis*) ou em razão de decisão judicial a respeito (*ope judicis*).

A apelação, como regra, tem duplo efeito – devolutivo e suspensivo. Terão somente efeito devolutivo a sentença que: I – homologa divisão ou demarcação de terras; II – condena a pagar alimentos; III – extingue sem resolução do mérito ou julga improcedentes os embargos do executado; IV – julga procedente o pedido de instituição de arbitragem; V – confirma, concede ou revoga tutela provisória; VI – decreta a interdição.

Em tais situações, o apelado poderá promover o pedido de cumprimento provisório de sentença.

Não obstante, o apelante poderá pleitear a concessão de efeito suspensivo em tais casos, se for demonstrada a probabilidade de provimento do recurso ou se, sendo relevante a fundamentação, houver risco de dano grave ou de difícil reparação. Este requerimento será dirigido ao: I – tribunal, no período compreendido entre a interposição da apelação e sua distribuição, ficando o relator designado para seu exame prevento para julgá-la; II – relator, se já distribuída a apelação.

Da mesma forma, os recursos extraordinário e especial também não são dotados de efeito suspensivo. Tal efeito, contudo, poderá ser requerido ao tribunal superior, no período compreendido entre a publicação da decisão de admissão do recurso e sua distribuição, ficando o relator designado para seu exame prevento para julgá-lo; ao relator, se já distribuído o recurso; ou, então, ao presidente ou ao vice-presidente do tribunal recorrido, no período compreendido entre a interposição do recurso e a publicação da decisão de admissão do recurso, assim como no caso de recurso ter sido sobrestado.

(iv) Efeito expansivo ou extensivo: em decorrência desse efeito, consideram-se sem efeito os atos ou decisões dependentes da decisão recorrida, naquilo em que forem incompatíveis com o julgamento do recurso. Se o julgamento do recurso afetar outras decisões que não a recorrida, estar-se-á diante do **efeito expansivo externo**; se, porém, o recurso fizer referência apenas a um dos capítulos da decisão, que examina questão preliminar ou prejudicial, e o acolhimento do recurso repercutir no capítulo relacionado à questão subordinada, estar-se-á diante de **efeito expansivo interno**.

(v) Efeito substitutivo: o julgamento proferido pelo tribunal substituirá a sentença ou a decisão recorrida no que tiver sido objeto de recurso.

Portanto, não existirão dois atos ou decisões sobre a mesma matéria, mas apenas um, fato esse que é relevante para se saber a competência para conhecimento da ação rescisória, como adiante será visto.

26. APELAÇÃO

26.1. CABIMENTO

O recurso de apelação será cabível com a finalidade de reformar sentença.

Porém, nem todas as sentenças são apeláveis.

Nesse sentido, a sentença proferida no âmbito dos Juizados Especiais não será impugnada pelo recurso de apelação, mas pelo recurso inominado. Também a sentença proferida nas execuções fiscais de valor inferior ao de alçada será objeto dos embargos infringentes de alçada.

26.2. FORMA

A apelação será interposta por petição dirigida ao juízo da causa, acompanhada das respectivas razões recursais, nas quais o apelante poderá alegar vício da atividade (*error in procedendo*), assim como vícios de juízo (*error in judicando*). Trata-se, portanto, de um recurso de cognição ampla e não vinculada.

26.3. EFEITO

A apelação é dotada de efeitos devolutivo e suspensivo, de modo que a sentença não produzirá efeitos enquanto não julgado o recurso.

Contudo, em determinadas situações, a apelação será recebida somente em seu efeito devolutivo, permitindo-se o cumprimento provisório da sentença. Assim, a apelação será recebida apenas em seu efeito devolutivo quando interposta de sentença que: homologar a divisão ou a demarcação de terras, condenar a pagar alimentos, extingue sem resolução do mérito ou julga improcedentes os embargos do executado, julga procedente o pedido de instituição de arbitragem, confirma, concede ou revoga tutela provisória e decreta a interdição.

Ainda nestes casos, será possível buscar-se a concessão do efeito suspensivo junto ao tribunal, por meio de petição específica, que se apresentada anteriormente à distribuição do recurso, tornará prevento o relator.

26.4. JUÍZO DE ADMISSIBILIDADE

A admissibilidade do recurso de apelação será realizada exclusivamente perante o Tribunal (juízo ad quem). Houve alteração nesse sentido, de modo que o seu juízo de admissibilidade não é mais desdobrado, mas único, no tribunal.

26.5. JUÍZO DE RETRATAÇÃO

Admite-se que, uma vez interposta a apelação, o juízo se retrate. Isso ocorrerá se o juiz proferir pronunciamento sem resolução do mérito, bem como nos casos de improcedência liminar.

27. AGRAVOS (AGRAVO DE INSTRUMENTO E AGRAVO INTERNO)

27.1. AGRAVO DE INSTRUMENTO

O Novo CPC, inovando em relação ao anterior, fixou a regra de que as questões decididas por meio de decisões interlocutória não são recorríveis de imediato, salvo quando admitido o agravo de instrumento para a hipótese.

Constitui-se o agravo de instrumento no recurso apropriado para impugnar decisão interlocutória que versar sobre matérias específicas elencadas no art. 1.015 e em outros dispositivos.

Nesse sentido, caberá a interposição de agravo de instrumento quando a decisão interlocutória versar sobre: i) tutela provisória; ii) mérito do processo; iii) rejeição da alegação de convenção de arbitragem; iv) incidente de desconsideração da personalidade jurídica; v) rejeição do pedido de gratuidade da justiça ou acolhimento do pedido de sua revogação; vi) exibição ou posse de documento ou coisa; vii) exclusão de litisconsorte; viii) rejeição do pedido de limitação do litisconsórcio; ix) admissão ou inadmissão de intervenção de terceiros; x) concessão, modificação ou revogação do efeito suspensivo aos embargos à execução; xi) redistribuição do ônus probatório (carga dinâmica) e em outros casos admitidos na lei.

Também será cabível o agravo contra decisões interlocutórias proferidas na fase de liquidação de sentença ou de cumprimento de sentença, no processo de execução e no processo de inventário. A lógica, nesses casos, é a de que não haverá sentença em um espaço curto de tempo, de modo que não se poderia aguardar por tanto tempo.

O recurso de agravo de instrumento deverá ser interposto no prazo de 15 dias, diretamente no Tribunal, acompanhado das peças obrigatórias e facultativas. Admite-se também que o seu protocolo seja feito na própria comarca, seção ou subseção judiciária, por postagem, sob registro, com aviso de recebimento ou por meio de transmissão de dados tipo fac-símile, ou ainda de acordo com outra forma prevista na lei.

Uma vez recebido o agravo de instrumento, poderá o relator decidi-lo monocraticamente nas hipóteses do art. 932, III e IV. Se não for o caso, mandará intimar o agravado e, oportunamente, solicitará prazo para julgamento.

27.2. AGRAVO INTERNO

Contra as decisões proferidas pelo relator será cabível a interposição do agravo interno, nos termos do regimento interno do tribunal.

É vedado ao relator limitar-se à reprodução dos fundamentos da decisão agravada para julgar improcedente o agravo interno.

Se o agravo interno for declarado manifestamente inadmissível ou improcedente em votação unânime, o órgão colegiado, em decisão fundamentada, condenará o agravante a pagar ao agravado multa fixada entre um e cinco por cento do valor atualizado da causa, estando a interposição de outro recurso condicionada ao seu recolhimento, salvo em relação à Fazenda Pública e dos beneficiários da gratuidade da justiça.

28. EMBARGOS DE DECLARAÇÃO

Os embargos de declaração possuem natureza mista ou híbrida. Reconhece-se a natureza de recurso, porque é previsto do Código de Processo Civil. Ao mesmo tempo, também é um meio de integração e de correção de omissão e de contradição da decisão proferida.

Cabem embargos de declaração quando: I – esclarecer obscuridade ou eliminar contradição; ii – suprir omissão de ponto ou questão sobre o qual devia se pronunciar o juiz de ofício ou a requerimento; iii- corrigir erro material.

Os embargos de declaração devem ter a petição dirigida ao juízo que proferiu a decisão, que terá competência para o seu julgamento. Podem ser interpostos em face de qualquer pronunciamento jurisdicional (decisões interlocutórias, sentenças e acórdãos).

A interposição dos embargos de declaração interrompe o curso do prazo para a interposição de outros recursos. Essa interrupção alcança todas as partes do processo, e não só o recorrente, muito embora não albergue o prazo para interposição dos embargos declaratórios.

Poderão opor os embargos não só a parte sucumbente, mas também o vencedor da ação e o Ministério Público.

São isentos de preparo recursal, muito embora se admita a fixação de multa para os embargos manifestamente protelatórios (e assim não são considerados aqueles que têm a finalidade de prequestionamento), não excedente a 1% sobre o valor da causa. Na reiteração de embargos protelatórios, a multa é elevada a até 10%, ficando condicionada a interposição de qualquer outro recurso ao depósito do valor respectivo.

29. EMBARGOS DE DIVERGÊNCIA

O recurso de embargos de divergência tem a finalidade de buscar a uniformização de entendimento nos tribunais superiores. Assim, poderão ser interpostos contra acórdão de órgão fracionário do STF ou do STJ que: i) em recurso extraordinário ou em recurso especial, divergir do julgamento de qualquer outro órgão do mesmo tribunal, sendo os acórdãos embargado e paradigma, de mérito; ii) em recurso extraordinário ou em recurso especial divergir do julgamento de qualquer outro órgão do mesmo tribunal, sendo um acórdão de mérito e outro que não tenha conhecido do recurso, embora tenha apreciado a controvérsia.

A divergência que justifica a interposição dos embargos de divergência pode ser de direito material e de direito processual.

Ainda que proveniente da mesma turma, serão cabíveis os embargos de divergência quando a sua composição tiver sofrido alteração em mais da metade de seus membros.

30. RECURSOS ORDINÁRIO, ESPECIAL E EXTRAORDINÁRIO

30.1. RECURSO ORDINÁRIO

DOS RECURSOS PARA O STF E PARA O STJ (Art. 1.027 e seguintes)

Recursos cabíveis	Recurso ordinário
	Recursos extraordinário e especial
	Agravo nos recursos extraordinário e especial
	Embargos de divergência

Será cabível o recurso ordinário ao: i) I – pelo Supremo Tribunal Federal, os mandados de segurança, os *habeas data* e os mandados de injunção decididos em única instância pelos tribunais superiores, quando denegatória a decisão; II – pelo Superior Tribunal de Justiça: a) os mandados de segurança decididos em única instância pelos tribunais regionais federais ou pelos tribunais de justiça dos Estados e do Distrito Federal e Territórios, quando denegatória a decisão; b) os processos em que forem partes, de um lado, Estado estrangeiro ou organismo internacional e, de outro, Município ou pessoa residente ou domiciliada no País.

Nos processos referidos no inciso II, alínea "b", contra as decisões interlocutórias caberá agravo de instrumento dirigido ao Superior Tribunal de Justiça, nas hipóteses do art. 1.015.

Aplica-se também ao recurso ordinário. Por isso, estando o processo em condições de imediato julgamento, o tribunal deve decidir desde logo o mérito quando: i- reforma sentença proferida sem análise de mérito; ii- decretar a nulidade da sentença por não ser ela congruente com os limites do pedido ou da causa de pedir; iii-contestar a omissão no exame de um dos pedidos, hipótese em que poderá julgá-lo; iv-decretar a nulidade de sentença por falta de fundamentação.

Contra sentença proferida pelo Juízo Federal de 1º grau (art. 1.027, II, b): ao invés de ser impugnada por meio do recurso de apelação, será cabível o recurso ordinário, observando-se, em tudo, as regras de admissibilidade e de procedimento da própria apelação, bem como o Regimento Interno do Superior Tribunal de Justiça.

30.2. DISPOSIÇÕES GERAIS QUANTO AO RECURSO EXTRAORDINÁRIO E RECURSO ESPECIAL

O recurso extraordinário e o recurso especial, nos casos previstos na Constituição Federal, serão interpostos perante o presidente ou o vice-presidente do tribunal recorrido, em petições distintas que conterão:

I – a exposição do fato e do direito;

II – a demonstração do cabimento do recurso interposto;

III – as razões do pedido de reforma ou de invalidação da decisão recorrida.

Quando o recurso fundar-se em dissídio jurisprudencial, o recorrente fará a prova da divergência com a certidão, cópia ou citação do repositório de jurisprudência, oficial ou credenciado, inclusive em mídia eletrônica, em que houver sido publicado o acórdão divergente, ou ainda com a reprodução de julgado disponível na rede mundial de computadores, com indicação da respectiva fonte, devendo-se, em qualquer caso, mencionar as circunstâncias que identifiquem ou assemelhem os casos confrontados.

Quando o recurso estiver fundado em dissídio jurisprudencial, é vedado ao tribunal inadmiti-lo com base em fundamento genérico de que as circunstâncias fáticas são diferentes, sem demonstrar a existência da distinção.

O Supremo Tribunal Federal ou o Superior Tribunal de Justiça poderá desconsiderar vício formal de recurso tempestivo ou determinar sua correção, desde que não o repute grave.

I - ao tribunal superior respectivo, no período compreendido entre a publicação da decisão de admissão do recurso e sua distribuição, ficando o relator designado para seu exame prevento para julgá-lo; II - ao relator, se já distribuído o recurso; III - ao presidente ou ao vice-presidente do tribunal recorrido, no período compreendido entre a interposição do recurso e a publicação da decisão de admissão do recurso, assim como no caso de o recurso ter sido sobrestado, nos termos do art. 1.037.

O juízo de admissibilidade será desdobrado. Diferentemente do que ocorre em relação à apelação.

Na hipótese de interposição conjunta de recurso extraordinário e recurso especial, os autos serão remetidos ao Superior Tribunal de Justiça. Concluído o julgamento do recurso especial, os autos serão remetidos ao Supremo Tribunal Federal para apreciação do recurso extraordinário, se este não estiver prejudicado. Se o relator do recurso especial considerar prejudicial o recurso extraordinário, em decisão irrecorrível, sobrestará o julgamento e remeterá os autos ao Supremo Tribunal Federal. Se o relator do recurso extraordinário, em decisão irrecorrível, rejeitar a prejudicialidade, devolverá os autos ao Superior Tribunal de Justiça para o julgamento do recurso especial.

Questão constitucional constatada pelo Superior Tribunal de Justiça: se o relator, no Superior Tribunal de Justiça, entender que o recurso especial versa sobre questão constitucional, deverá conceder prazo de 15 (quinze) dias para que o recorrente demonstre a existência de repercussão geral e se manifeste sobre a questão constitucional.

Ofensa reflexa à Constituição: se o Supremo Tribunal Federal considerar como reflexa a ofensa à Constituição afirmada no recurso extraordinário, por pressupor a revisão da interpretação de lei federal ou de tratado, remetê-lo-á ao Superior Tribunal de Justiça para julgamento como recurso especial.

Efeito devolutivo no recurso extraordinário ou no especial: admitido o recurso extraordinário ou o recurso especial, o Supremo Tribunal Federal ou o Superior Tribunal de Justiça julgará o processo, aplicando o direito.

30.3. RECURSOS EXTRAORDINÁRIO E ESPECIAL REPETITIVOS

Multiplicidade de recursos extraordinários ou especiais: sempre que houver multiplicidade de recursos extraordinários ou especiais com fundamento em idêntica questão de direito, haverá afetação para julgamento de acordo com as disposições desta Subseção, observado o disposto no Regimento Interno do Supremo Tribunal Federal e no do Superior Tribunal de Justiça.

A escolha dos recursos representativos da controvérsia: o presidente ou o vice-presidente de tribunal de justiça ou de tribunal regional federal selecionará 2 (dois) ou mais recursos representativos da controvérsia, que serão encaminhados ao Supremo Tribunal Federal ou ao Superior Tribunal de Justiça para fins de afetação, **determinando a suspensão do trâmite** de todos os processos pendentes, individuais ou coletivos, que tramitem no Estado ou na região, conforme o caso.

Decisão de afetação: selecionados os recursos, **o relator, no tribunal superior**, constatando a presença do pressuposto do *caput* do art. 1.036, **proferirá decisão de afetação**, na qual: I - identificará com precisão a questão a ser submetida a julgamento; II - determinará a suspensão do processamento de todos os processos pendentes, individuais ou coletivos, que versem sobre a questão e tramitem no território nacional; III - poderá requisitar aos presidentes ou aos vice-presidentes dos tribunais de justiça ou dos tribunais regionais federais a remessa de um recurso representativo da controvérsia.

Requerimento de destravamento - caso distinto: demonstrando distinção entre a questão a ser decidida no processo e aquela a ser julgada no recurso especial ou extraordinário afetado, a parte poderá requerer o prosseguimento do seu processo. O requerimento será dirigido: I - ao juiz, se o processo sobrestado estiver em primeiro grau; II - ao relator, se o processo sobrestado estiver no tribunal de origem; III - ao relator do acórdão recorrido, se for sobrestado recurso especial ou recurso extraordinário no tribunal de origem; IV - ao relator, no tribunal superior, de recurso especial ou de recurso extraordinário cujo processamento houver sido sobrestado.

Extensão da decisão proferida nos recursos afetados: decididos os recursos afetados, os órgãos colegiados declararão prejudicados os demais recursos versando sobre idêntica controvérsia ou os decidirão aplicando a tese firmada.

Parágrafo único. Negada a existência de repercussão geral no recurso extraordinário afetado, serão considerados automaticamente inadmitidos os recursos extraordinários cujo processamento tenha sido sobrestado.

30.4. AGRAVO EM RECURSO ESPECIAL E EM RECURSO EXTRAORDINÁRIO

Cabe agravo contra decisão do presidente ou do vice-presidente do tribunal recorrido que inadmitir recurso extraordinário ou recurso especial, salvo quando fundada na aplicação de entendimento firmado em regime de repercussão geral ou em julgamento de recursos repetitivos.

31. RECLAMAÇÃO

A reclamação possui natureza jurídica de ação e poderá ser ajuizada para preservar a competência de tribunal, garantir a autoridade das decisões do tribunal, garantir a observância de enunciado de súmula vinculante e de decisão do Supremo Tribunal Federal em controle concentrado de constitucionalidade e para garantir a observância de acórdão proferido em julgamento de incidente de resolução de demandas repetitivas ou de incidente de assunção de competência.

Não será cabível a reclamação se a decisão já tiver transitado em julgado. Também não será admissível para garantir a observância de acórdão de recurso extraordinário com repercussão geral reconhecida ou de acórdão proferido em julgamento de recursos extraordinário ou especial repetitivos, quando não esgotadas as vias ordinárias.

Sendo julgada procedente a reclamação, o tribunal cassará a decisão exorbitante de seu julgado ou determinará medida adequada à solução da controvérsia.

32. REPERCUSSÃO GERAL

A Emenda Constitucional n. 45/2004, entre outras importantes alterações, inseriu o requisito da repercussão geral para a admissibilidade do recurso extraordinário, de modo a preservar a função da Corte Suprema como garantidora da unidade do direito. No mesmo sentido, o CPC 2015 indicou que o STF não conhecerá, em decisão irrecorrível, de recurso extraordinário quando a questão constitucional nele versada não tiver repercussão geral (art. 1.035, *caput*).

Como corolário da repercussão geral, exige-se que a questão reflita conteúdo relevante do ponto de vista econômico, político, social ou jurídico que ultrapasse os interesses subjetivos das partes do processo (art. 1.035, § 1º do NCPC).

Diante desses dados, reconhece-se relevância e transcendência aos julgados proferidos pelo STF em controle difuso, motivo pelo qual emite a Corte precedentes constitucionais de eficácia vinculante.[26]

33. SÚMULA VINCULANTE

Os incisos II e IV do art. 927 do NCPC estabelecem que os juízes e Tribunais devem observar as súmulas vinculantes, bem como as súmulas do STF em matéria constitucional e do STJ em matéria infraconstitucional.

As súmulas foram introduzidas no Brasil com a finalidade de facilitar o trabalho do Tribunal, sem preocupação com a coerência da ordem jurídica ou mesmo de buscar a segurança jurídica.[27]

Não há propriamente uma diferenciação, em sua substância, entre as súmulas vinculantes e as demais súmulas. A real diferença entre elas consiste na admissibilidade, na súmula vinculante, da reclamação contra os atos da Administração Pública e das decisões judiciais (art. 103-A, § 3º, da CF/88).

Importante verificar, no entanto, que as súmulas, geralmente, foram editadas após a formação de um precedente. Estão ligadas diretamente a ele. Ou, como afirmado doutrinariamente, "observar tais enunciados é observar a *ratio decidendi* dos precedentes que os originaram".[28]

Portanto, enquanto a súmula se apresenta como uma condensação da tese jurídica, sem demonstração dos elementos fáticos e desenvolvimento da argumentação que conduzisse a uma determinada concepção, tem-se que ela não se constitui propriamente em um precedente. Este consistirá, na verdade, no pronunciamento jurisdicional emitido no caso concreto, cuja regra jurídica pode ser aplicada aos casos futuros, desde que haja coerência fática entre eles.

Por isso, no sentir de Marinoni, as súmulas não se constituem em precedentes, mas em "mero guia de interpretação", desprovidas de qualquer compromisso com a unidade do direito.[29] De outro lado, Fredie Didier, Rafael Alexandria de Oliveira e Paula Sarno Braga, embora também afirmem que a vinculação existe para com o precedente, destacam que se fala em "observância do enunciado apenas por uma opção pela brevidade e pela facilitação do discurso".[30]

34. RECURSOS REPETITIVOS

Para os fins do Código, considera-se julgamento de casos repetitivos a decisão proferida em: i) incidente de resolução de demandas repetitivas; ii) recursos especial e extraordinário repetitivos. Tais casos podem ter por objeto questão de direito material ou processual.

35. LIQUIDAÇÃO DE SENTENÇA – ESPÉCIES E PROCEDIMENTO

35.1. OS PRONUNCIAMENTOS ILÍQUIDOS QUE RECONHECEM A EXISTÊNCIA DE OBRIGAÇÃO

O pronunciamento jurisdicional que reconhece a existência de obrigação e impõe o seu cumprimento, como regra, deverá indicar a sua **extensão**, o índice de correção monetária, a taxa de juros, o termo inicial de ambos e a periodicidade da capitalização dos juros, se for o caso.

Ocorre, porém, que se o juiz não puder determinar, **de modo definitivo, o montante devido, ou a apuração depender da produção de prova demorada ou excessivamente dispendiosa**, assim reconhecida no pronunciamento, poderá proferir **sentença ilíquida**.

EXEMPLO:

Em razão de acidente automobilístico, ao qual o réu deu causa, o autor sofreu determinados danos materiais e morais. Ocorre que, de imediato, não é possível precisar a extensão da obrigação, havendo necessidade de se averiguar se o autor terá sequelas definitivas ou não.

Como se vê, o pronunciamento judicial ilíquido é aquele que, embora certifique a existência de uma obrigação, não delimita a sua extensão, **carecendo-se de nova manifestação do Poder Judiciário para complementação.**

E, a partir da liquidação, a obrigação passa a preencher o requisito da **liquidez, passível, então, de ter início a respectiva fase de cumprimento de sentença.**

A esta atividade de individualização do objeto dá-se o nome de liquidação, e deve estar adstrita aos limites do comando judicial, sendo proibido discutir de novo a lide ou mesmo a sentença. Esta permanece incólume, restando à liquidação apenas **complementá-la,** devendo haver **fidelidade** ao título executivo formado (princípio da fidelidade ao título).

26 MARINONI, Luiz Guilherme. *Precedentes obrigatórios. Op. Cit.*, p. 307.

27 MARINONI, Luiz Guilherme. *Precedentes obrigatórios. Op. Cit.*, p. 309.

28 DIDIER JÚNIOR, Fredie. BRAGA, Paula Sarno. OLIVEIRA, Rafael Alexandria de. *Op. Cit.*, p. 464.

29 MARINONI, Luiz Guilherme. *Precedentes obrigatórios. Op. Cit.*, p. 310.

30 DIDIER JÚNIOR, Fredie. BRAGA, Paula Sarno. OLIVEIRA, Rafael Alexandria de. *Op. Cit.*. 464.

Sendo assim, a liquidação não poderá impor obrigação não contida na sentença. Se esta foi silente em relação à verba honorária, não se poderá buscar tal condenação na via da liquidação, sob pena de ofensa à coisa julgada.

Isso não quer dizer que não possa a liquidação seguir método diferente daquele determinado na sentença, consoante a **súmula 344 do STJ**. Ou seja, não foi porque a sentença determinou a liquidação por artigos que não se possa optar pela liquidação por arbitramento, sendo esta a mais adequada. O que se proíbe é a inserção de obrigações novas, estendendo-se o comando judicial além dos limites fixados na sentença, sendo que a discussão sobre fatos impeditivos, modificativos ou extintivos supervenientes à sentença devem dar-se na impugnação e não na liquidação.[31]

> ***Súmula 344, STJ****: A liquidação por forma diversa da estabelecida na sentença não ofende a coisa julgada.*

Não obstante, apesar de não indicados na condenação, devem ser incluídos os juros moratórios na liquidação, assim como outros acessórios devidos, ainda que não pedidos na inicial (como a correção monetária).[32]

> ***Súmula 254, STF****: Incluem-se os juros moratórios na liquidação, embora omisso o pedido inicial ou a condenação.*

35.2. LIQUIDAÇÃO PROVISÓRIA E DEFINITIVA

A liquidação **poderá ser iniciada** apesar de estar pendente de julgamento o recurso interposto para impugnar o pronunciamento judicial, ainda que tenha efeito suspensivo.

Trata-se da **liquidação provisória**, que será processada em autos apartados, em que o credor busca adiantar-se. Poderia aguardar o julgamento do recurso, mas prefere já buscar delimitar o valor devido.

Não havendo modificação da decisão em execução, será iniciada a fase de cumprimento de sentença, bastando ao credor atualizar os cálculos. De outro lado, se houver modificação do pronunciamento, o valor da obrigação deverá ser ajustado ao novo desenho traçado com o julgamento do recurso.

35.3. CONCOMITANTES LIQUIDAÇÃO E CUMPRIMENTO DE SENTENÇA EM RELAÇÃO AO MESMO TÍTULO

É possível que o mesmo título executivo judicial contenha uma parte líquida, permitindo-se o cumprimento de sentença imediato, e outra parte ilíquida, a exigir a devida apuração do valor. Nesse caso, poderá o credor, de imediato, iniciar a fase de cumprimento, em relação à primeira, e promover a liquidação no que tange à segunda.

35.4. APURAÇÃO DO VALOR DEPENDENTE DE CÁLCULOS ARITMÉTICOS

Não carecerá de liquidação o cumprimento de pronunciamento que reconheça obrigação, cujo montante poderá ser delimitado com a apresentação **de cálculos aritméticos**.

Tais cálculos deverão ser apresentados pelo credor ao requerer o início da fase de cumprimento de sentença, observando-se estritamente o que foi fixado no título judicial, sendo vedado discutir de novo a lide ou modificar a sentença que a julgou.

A propósito, o Superior Tribunal de Justiça admite a utilização da ação rescisória para **rescindir** a sentença que homologa a liquidação, **se esta não respeitar a coisa julgada**.[33]

35.5. FIXAÇÃO DE HONORÁRIOS NA LIQUIDAÇÃO PROPOSTA EM FACE DA FAZENDA PÚBLICA

O Novo CPC inovou ao fixar uma série de regras para a fixação dos honorários devidos pela Fazenda Pública nas ações em que for vencida.

Para tanto, estabelece faixas de valores, estabelecidos em salários mínimos, bem como os respectivos percentuais máximos e mínimos. Por meio de tal regra, por exemplo, se o valor da condenação sofrida pela Fazenda Pública corresponder a 150 salários mínimos, os honorários serão fixados no percentual de 10 a 20%.

Ocorre, no entanto, que nem sempre será possível fixar, de imediato, o montante da condenação. Em tal hipótese, poderá o montante devido a título de honorários advocatícios ser fixado na **própria liquidação**.

35.6. LIQUIDAÇÃO INCIDENTAL E AUTÔNOMA

Inicialmente, deve ser lembrado que o Código de Processo Civil adota a ideia do processo sincrético.

Nesse contexto, insere-se a liquidação como integrante de tal processo, uma fase específica para a delimitação do valor da obrigação.

Existem outras situações em que a liquidação não ocorre como fase no processo sincrético. Em verdade, o processo se inicia com a própria liquidação (incisos VI a IX, do art. 515 do CPC/2015), quando o devedor será citado no

---

31 REsp 1312526/SP, Rel. Ministro BENEDITO GONÇALVES, Rel. p/ Acórdão Ministro FRANCISCO FALCÃO, PRIMEIRA TURMA, julgado em 07/08/2012, DJe 03/10/2012.

32 REsp 1423027/PR, Rel. Ministro HUMBERTO MARTINS, SEGUNDA TURMA, julgado em 06/02/2014, DJe 17/02/2014)

33 REsp 1513261/RS, Rel. Ministro PAULO DE TARSO SANSEVERINO, TERCEIRA TURMA, julgado em 22/09/2015, DJe 28/09/2015.

juízo cível para o cumprimento da sentença ou para a liquidação no prazo de 15 dias.

E assim ocorre nas seguintes hipóteses: a) sentença penal condenatória transitada em julgado; b) sentença arbitral; c) sentença estrangeira homologada pelo Superior Tribunal de Justiça; e, d) decisão interlocutória estrangeira, após a concessão do exequatur à carta rogatória pelo STJ.

A sentença penal condenatória transitada em julgado configura-se como título executivo judicial apto à execução. Porém, em regra, a sentença circunscreve-se à condenação do réu pela prática criminosa, bem como na fixação da pena a ser cumprida.

É certo que Código de Processo Penal determina que o juiz fixe, sempre que possível, o valor da reparação devida em razão da prática delituosa. Contudo, tal valor configura-se em um mínimo, e nada impede que a parte busque, em processo autônomo, a complementação. Na maioria dos casos, simplesmente não há essa fixação de valor, porque o juiz, no processo penal, não possui elementos suficientes para a sua fixação.

Diante disso, compete à vítima ingressar no juízo cível e buscar executar o título executivo, passando, antes, pela liquidação da obrigação.

Dessa maneira, como a liquidação não se processará perante o juízo criminal, haverá necessidade da formação de nova relação processual, que tramitará no juízo cível competente para a execução.

Também enseja a liquidação autônoma a sentença arbitral, aquela decorrente da convenção de arbitragem, desde que, obviamente, não tenha sido fixado o objeto devido, o mesmo ocorrendo com os casos que exigem homologação pelo STJ.

Note-se que, neste caso, não houve anterior processo civil de conhecimento em trâmite no Poder Judiciário brasileiro, exigindo-se o início de uma ação para a apuração do valor, na qual, posteriormente, correrá o cumprimento de sentença.

35.7. INICIATIVA DA LIQUIDAÇÃO

A liquidação poderá ser iniciada pelo próprio **credor** ou pelo **devedor** (liquidação invertida).

O credor, tendo-se em vista o pronunciamento judicial que lhe é favorável, requer a apuração do valor, fixando-se a extensão da obrigação.

Ocorre que o devedor, por sua vez, também terá interesse em requerer a liquidação, principalmente para ver-se livre o mais rápido possível daquela obrigação, propiciando o seu cumprimento imediato, sem precisar aguardar pelas diligências do credor.

35.8. PROCEDIMENTOS PARA APURAÇÃO DO VALOR

O valor poderá ser apurado de duas formas: ou por **arbitramento**, ou por meio do **procedimento comum**.

35.8.1. LIQUIDAÇÃO POR ARBITRAMENTO

Quando determinado pelo pronunciamento, convencionado pelas partes ou exigido pela natureza do objeto, esta poderá ser realizada por **arbitramento**.

É certo que, embora fixado na sentença que a liquidação deva ocorrer de uma determinada maneira, não há óbice à utilização de técnica diversa se isso for adequado ao procedimento.

Na liquidação por arbitramento, o juiz intimará as partes para a apresentação de seus **pareceres ou documentos elucidativos**, no prazo que fixar e, no caso de não poder decidir de plano, **nomeará perito**, observando-se, no que couber, o procedimento da prova pericial.

35.8.2. LIQUIDAÇÃO PELO PROCEDIMENTO COMUM

Admite-se, também, que a liquidação pelo procedimento comum, quando houver necessidade de alegar e provar fato novo. Trata-se da já conhecida liquidação por artigos.

Nesta modalidade de liquidação, o juiz determinará a intimação do requerido, na pessoa de seu advogado ou de sociedade de advogados, para, querendo, oferecer **contestação no prazo de 15 dias**.

35.9. NATUREZA DO PRONUNCIAMENTO QUE JULGA DA LIQUIDAÇÃO

A liquidação será decidida por meio de **decisão interlocutória**, que poderá ser impugnada pelo **recurso de agravo de instrumento** (art. 1.015, parágrafo único do CPC de 2015).

35.10. CONDENAÇÃO EM VERBA HONORÁRIA NA LIQUIDAÇÃO

Neste último item, deve ser analisado se o juiz deverá condenar o devedor ao pagamento de verba honorária em sede de apuração do valor devido (liquidação).

A propósito, já decidiu o Superior Tribunal de Justiça que são cabíveis honorários advocatícios em sede de liquidação de sentença por arbitramento, quando houver resistência da parte ré.[34]

O Novo Código de Processo Civil silencia a respeito, indicando o § 1º, do art. 85, que serão devidos honorários advocatícios na reconvenção, no cumprimento de sentença, provisório ou definitivo, na execução, resistida ou não, e nos recursos interpostos, cumulativamente. Não há menção à liquidação de sentença.

Ocorre, porém, que o silêncio não foi propositado, devendo ser considerado o trabalho adicional do causídico ao pleitear a liquidação da obrigação, motivo pelo qual, havendo oposição da parte contrária, serão devidos honorários advocatícios.

---

34 AgRg no REsp 1155885/SP, Rel. Ministro MARCO BUZZI, QUARTA TURMA, julgado em 16/02/2016, DJe 24/02/2016.

35.11. INVIABILIDADE DAS SENTENÇAS ILÍQUIDAS NO ÂMBITO DOS JUIZADOS

Nos Juizados Especiais Cíveis não se admite sentença condenatória por quantia ilíquida, ainda que tenha a parte formulado pedido genérico.

O mesmo se aplica, por extensão, aos Juizados Especiais Federais e aos Juizados Especiais da Fazenda Pública.

35.12. LIQUIDAÇÃO IMPRÓPRIA

Nas ações coletivas, é possível que ocorra a condenação genérica, competindo a cada uma das vítimas ajuizar as respectivas liquidações e execuções individuais. Trata-se, como dito acima, da liquidação imprópria, por meio da qual não se apura tão somente a extensão da obrigação, como também deverá o requerente demonstrar que pode se aproveitar do comando condenatório existente.

Ocorre, por exemplo, na ação civil pública em que é proferida sentença condenatória genérica. Nesse caso, a vítima poderá valer-se da sentença e promover a liquidação do valor que lhe é devido, demonstrando, em juízo, que faz jus ao recebimento do valor.[35]

Importante salientar que, nestes casos, o devedor será citado, correndo a liquidação como autônoma. E, a partir da citação, haverá a incidência dos juros moratórios.

A liquidação (e também a execução individual) de sentença condenatória genérica proferida em ação civil coletiva pode ser ajuizada no foro do domicílio do beneficiário.[36]

36. CUMPRIMENTO DA SENTENÇA – PROCEDIMENTO E IMPUGNAÇÃO

36.1. TÍTULOS EXECUTIVOS

São títulos executivos judiciais:

Títulos executivos judiciais
I – as decisões proferidas no processo civil que reconheçam a exigibilidade de obrigação de pagar quantia, de fazer, de não fazer ou de entregar coisa;
II – a decisão homologatória de autocomposição judicial;
III – a decisão homologatória de autocomposição extrajudicial de qualquer natureza;
IV – o formal e a certidão de partilha, exclusivamente em relação ao inventariante, aos herdeiros e aos sucessores a título singular ou universal;
V – o crédito de auxiliar da justiça, quando as custas, emolumentos ou honorários tiverem sido aprovados por decisão judicial; [**antes previstos como título executivo extrajudicial**].
VI – a sentença penal condenatória transitada em julgado;
VII – a sentença arbitral;
VIII – a sentença estrangeira homologada pelo Superior Tribunal de Justiça; e,
IX – a decisão interlocutória estrangeira, após a concessão do exequatur à carta rogatória pelo Superior Tribunal de Justiça.

36.2. CUMPRIMENTO DE SENTENÇA ENQUANTO FASE DO CUMPRIMENTO DE SENTENÇA

Adotando-se o princípio do sincretismo, tem-se que, como regra, o cumprimento da sentença se apresenta como uma fase do processo de execução.

Portanto, **o título executivo judicial acarretará no início da fase de cumprimento de sentença, com a intimação do devedor**. Nos casos dos incisos VI a IX, o devedor será citado no juízo cível para o cumprimento da sentença ou para a liquidação no prazo de 15 (quinze) dias (execução autônoma).

Regra (pressupõe-se anterior fase de conhecimento perante o Poder Judiciário brasileiro): intimação do devedor
Situações excepcionais: citação do devedor

A intimação do devedor se dará:

I – pelo Diário da Justiça, na pessoa de seu advogado constituído nos autos, salvo se o requerimento de início da fase de execução ocorrer após um ano do trânsito em julgado, quando a intimação será realizada na pessoa do devedor;

> *Como regra, o devedor será intimado na pessoa de seu advogado, que o representou na fase de conhecimento ou que ingressou nos autos posteriormente. Porém, se já transcorrido prazo de um ano do trânsito em julgado, a intimação será realizada diretamente na pessoa do devedor e não mais do advogado.*

II – por carta com aviso de recebimento, quando representado pela Defensoria Pública ou quando não tiver procurador constituído nos autos, ressalvada a hipótese do inciso IV;

---

35 "(...). 1. "A sentença de procedência na ação coletiva tendo por causa de pedir danos referentes a direitos individuais homogêneos, nos moldes do disposto no artigo 95 do Código de Defesa do Consumidor, será, em regra, genérica, de modo que depende de superveniente liquidação, não apenas para apuração do *quantum debeatur*, mas também para aferir a titularidade do crédito, por isso denominada pela doutrina 'liquidação imprópria'" (AgRg no REsp 1.348.512/DF, Relator o Ministro LUIS FELIPE SALOMÃO, QUARTA TURMA, DJe de 4/2/2013). 2. Com relação ao termo inicial dos juros moratórios, a jurisprudência desta Corte perfilha entendimento de que, em caso de cumprimento de sentença oriunda de ação civil pública, os juros de mora devem incidir a partir da citação na liquidação de sentença. (...). AgRg no REsp 1374761/MS, Rel. Ministro RAUL ARAÚJO, QUARTA TURMA, julgado em 20/02/2014, DJe 26/03/2014)".

36 REsp 1243887/PR, Rel. Ministro LUIS FELIPE SALOMÃO, CORTE ESPECIAL, julgado em 19/10/2011, DJe 12/12/2011.

Se o devedor será intimado por meio de carta com aviso de recebimento e não na pessoa do Defensor Público.

III – por meio eletrônico, quando, no caso do § 1o do art. 246, não tiver procurador constituído nos autos;

IV – por edital, quando, citado na forma do art. 256, tiver sido revel na fase de conhecimento.

Tendo sido o réu ***revel na fase de conhecimento****, o* ***devedor será intimado por edital*** *na fase de execução.*

A obrigação certificada em título executivo judicial poderá ser de pagar quantia certa, de fazer e de entregar.

36.3. COMPETÊNCIA

O cumprimento da sentença efetuar-se-á perante: I – os tribunais, nas causas de sua competência originária; II – o juízo que decidiu a causa no primeiro grau de jurisdição; III – o juízo cível competente, quando se tratar de sentença penal condenatória, de sentença arbitral, de sentença estrangeira ou de acórdão proferido pelo Tribunal Marítimo. Nas hipóteses dos incisos II e III, o exequente poderá optar pelo juízo do atual domicílio do executado, pelo juízo do local onde se encontrem os bens sujeitos à execução ou pelo juízo do local onde deva ser executada a obrigação de fazer ou de não fazer, casos em que a remessa dos autos do processo será solicitada ao juízo de origem.

36.4. CUMPRIMENTO DE SENTENÇA QUE RECONHECE O DEVER DE PAGAR QUANTIA CERTA

Esta fase de cumprimento de sentença será iniciada por meio de requerimento do exequente, o que não veda a chamada execução invertida (iniciada pelo devedor).

Cumprimento de sentença por iniciativa do devedor: poderá o devedor, antes de ser intimado para o cumprimento da sentença, comparecer em juízo e oferecer em pagamento o valor que entender devido, apresentando memória discriminada do cálculo. O autor será ouvido no prazo de 5 (cinco) dias, podendo impugnar o valor depositado, sem prejuízo do levantamento do depósito a título de parcela incontroversa. Concluindo o juiz pela insuficiência do depósito, sobre a diferença incidirão multa de dez por cento e honorários advocatícios, também fixados em dez por cento, seguindo-se a execução com penhora e atos subsequentes. Se o autor não se opuser, o juiz declarará satisfeita a obrigação e extinguirá o processo.

Cumprimento de sentença por iniciativa do credor: o credor apresentará o respectivo requerimento, acompanhado de cálculo pormenorizado do valor da dívida, individualizado para cada devedor.

A fase de cumprimento de sentença será direcionada em face do devedor. Não poderá ser promovida em face do fiador, do coobrigado ou do corresponsável que não tiver participado da fase de conhecimento.

A decisão judicial transitada em julgado poderá ser levada a protesto, nos termos da lei, depois de transcorrido o prazo para pagamento voluntário.

36.5. CUMPRIMENTO PROVISÓRIO

Se a decisão judicial for impugnada por recurso desprovido de efeito suspensivo, será admissível o cumprimento provisório da sentença, que seguirá algumas regras.

Cumprimento provisório*: não ocorreu o trânsito em julgado da sentença e pende de julgamento recurso que possui apenas efeito devolutivo.*

Cumprimento definitivo*: sentença com trânsito em julgado.*

Será realizada da mesma forma que o cumprimento definitivo, sujeitando-se ao seguinte regime: I – corre por iniciativa e responsabilidade do exequente (responsabilidade objetiva); II – fica sem efeito, sobrevindo decisão que modifique ou anule a sentença objeto da execução, restituindo-se as partes ao estado anterior e liquidando-se eventuais prejuízos nos mesmos autos; III – se a sentença objeto de cumprimento provisório for modificada ou anulada apenas em parte, somente nesta ficará sem efeito a execução; IV – o levantamento de depósito em dinheiro e a prática de atos que importem transferência de posse ou alienação de propriedade ou de outro direito real, ou dos quais possa resultar grave dano ao executado, dependem de caução suficiente e idônea, arbitrada de plano pelo juiz e prestada nos próprios autos.

36.6. PROCEDIMENTO DO CUMPRIMENTO DEFINITIVO DA SENTENÇA QUE RECONHECE A EXIGIBILIDADE DE OBRIGAÇÃO DE PAGAR QUANTIA CERTA

O credor apresentará requerimento para o início da fase de cumprimento de sentença, acompanhado de cálculo.

O devedor será intimado para pagar o débito, no prazo de **quinze dias**, acrescido de custas, de houver.

Intimação do Devedor	➔ Pagamento = Extinção. ➔ **Sem pagamento**: valor é acrescido de multa e de honorários advocatícios, ambos de 10%, com expedição de mandado de penhora e avaliação. Será iniciado prazo para a apresentação de impugnação ao cumprimento de sentença.

36.7. IMPUGNAÇÃO AO CUMPRIMENTO DE SENTENÇA

O devedor poderá apresentar impugnação ao cumprimento de sentença. Constitui-se em defesa endoprocessual (apresentada na própria execução).

Pontos importantes sobre a impugnação

Prazo	Decorridos os 15 dias para o cumprimento de sentença, inicia-se o prazo para o oferecimento de impugnação.
Garantia	O oferecimento de impugnação não depende de prévia garantia.

Efeito suspensivo	Como regra, a impugnação não suspenderá a prática de atos na fase de execução. O juiz poderá conceder efeito suspensivo se seus fundamentos forem relevantes e se o prosseguimento da execução for manifestamente suscetível de causar ao executado grave dano de difícil ou incerta reparação. A concessão de efeito suspensivo não impedirá a efetivação dos atos de substituição, de reforço ou de redução da penhora e de avaliação dos bens.
Matérias alegáveis:	O devedor poderá alegar na impugnação: I – falta ou nulidade da citação se, na fase de conhecimento, o processo correu à revelia; II – ilegitimidade de parte; III – inexequibilidade do título ou inexigibilidade da obrigação; IV – penhora incorreta ou avaliação errônea; V – excesso de execução ou cumulação indevida de execuções; VI – incompetência absoluta ou relativa do juízo da execução; VII – qualquer causa modificativa ou extintiva da obrigação, como pagamento, novação, compensação, transação ou prescrição, desde que supervenientes à sentença.

Inexigibilidade da obrigação em decorrência da coisa julgada inconstitucional

Se a sentença em execução estiver fundada em lei ou ato normativo tido pelo Supremo Tribunal Federal como incompatível com a Constituição Federal, em controle de constitucionalidade concentrado ou difuso, será possível que o devedor alegue a inexigibilidade da obrigação.

Diferentemente será a situação se a decisão do Supremo Tribunal Federal for posterior à sentença exequenda. Neste caso, não é possível alegar-se a inexigibilidade em sede de impugnação ao cumprimento de sentença, podendo o interessado buscar a sua rescisão por meio de ação rescisória, cujo biênio será iniciado com a decisão do STF.

Há necessidade de análise de dois dispositivos conjuntamente: artigos 518 e 525 § 11.

As questões supervenientes ao término do prazo para a apresentação de impugnação, bem como aquelas relativas à validade e à adequação da penhora, da avaliação e dos atos executivos posteriores, poderá ser arguida por meio de simples petição, no prazo de 15 dias da ciência do fato ou da intimação do ato.

A alegação de avaliação errônea ocorrerá no prazo de 15 dias contados da intimação do ato ou da sua ciência.

37. PROCESSO DE EXECUÇÃO. PRINCÍPIOS GERAIS E ESPÉCIES

37.1. ATOS EXECUTIVOS

Na execução de obrigação de pagar quantia certa: o juiz despachará a inicial, fixando os honorários advocatícios em 10%, a serem pagos pelo executado. Este será citado para que dê integral cumprimento ao pagamento no prazo de três dias. Se o fizer, a verba honorária será reduzida de metade.

A penhora é o ato executivo destinado à apreensão de bens do devedor, vinculando-os à execução. Com a penhora, o credor também passa a ter preferência em relação a outros credores, da mesma categoria, que futuramente penhorem o mesmo bem. Trata-se do **direito de prelação ou de preferência**.

O auto de penhora é considerado ato complexo, pois engloba tanto a apreensão dos bens, sua avaliação, descrição e nomeação de depositário, como a intimação do devedor.

A intimação do devedor constitui formalidade essencial do ato de penhora, tanto para lhe dar conhecimento do ato como para lhe proporcionar oportunidade para que a impugne ou solicite a substituição do bem penhorado.

Chama-se de expropriação a fase da execução em que se praticam atos destinados à transferência da propriedade ou da posse do bem penhorado ao credor ou visando à conversão em dinheiro do bem penhorado, sempre buscando a satisfação do credor.

O executado poderá oferecer embargos à execução, independentemente de penhora, depósito ou caução. O prazo para tanto será de quinze dias.

No prazo de embargos, poderá o devedor reconhecer o crédito do exequente e comprovando o depósito de 30% do valor em execução, acrescido de custas e de honorários do advogado, requerer que lhe seja permitido pagar o restante em até seis parcelas mensais, acrescidas de correção monetária e de juros de um por cento ao mês.

Os embargos à execução não terão efeito suspensivo. Poderá o juiz concedê-lo, no entanto, a requerimento do embargante, quando verificados os requisitos para a concessão da tutela provisória e desde que a execução já esteja garantida por penhora, depósito ou caução suficientes.

Admite-se que o executado ou outros legitimados pugnem pela adjudicação do bem penhorado, observando-se o valor da avaliação.

A penhora consiste em um ato executivo, por meio do qual se concentra a execução em um bem específico do executado. Em razão do princípio da dignidade da pessoa humana, há determinados bens que não podem ser objeto de constrição.

São absolutamente impenhoráveis:

I – os bens inalienáveis e os declarados, por ato voluntário, não sujeitos à execução;

II – os móveis, os pertences e as utilidades domésticas que guarnecem a residência do executado, salvo os de elevado valor ou os que ultrapassem as necessidades comuns correspondentes a um médio padrão de vida;

III – os vestuários, bem como os pertences de uso pessoal do executado, salvo se de elevado valor;

IV – os vencimentos, os subsídios, os soldos, os salários, as remunerações, os proventos de aposentadoria, as pensões, os pecúlios e os montepios, bem como as quantias recebidas por liberalidade de terceiro e destinadas ao sustento do devedor e de sua família, os ganhos de trabalhador autônomo e os honorários de profissional liberal, ressalvado o § 2º;

V – os livros, as máquinas, as ferramentas, os utensílios, os instrumentos ou outros bens móveis necessários ou úteis ao exercício da profissão do executado;

VI – o seguro de vida;

VII – os materiais necessários para obras em andamento, salvo se essas forem penhoradas;

VIII – a pequena propriedade rural, assim definida em lei, desde que trabalhada pela família;

IX – os recursos públicos recebidos por instituições privadas para aplicação compulsória em educação, saúde ou assistência social;

X – a quantia depositada em caderneta de poupança, até o limite de 40 (quarenta) salários-mínimos;

XI – os recursos públicos do fundo partidário recebidos por partido político, nos termos da lei;

XII – os créditos oriundos de alienação de unidades imobiliárias, sob regime de incorporação imobiliária, vinculados à execução da obra.

- Obrigação de pagar alimentos: admite-se a penhora em alguns casos, como, por exemplo, da caderneta de poupança.
- Haverá a impenhorabilidade relativa em relação aos frutos e os rendimentos dos bens inalienáveis, à falta de outros bens.
- Poderá ocorrer a alienação do bem por iniciativa particular ou em leilão judicial eletrônico ou presencial.

37.2. MEIOS EXPROPRIATÓRIOS

A execução por quantia certa será realizada por meio da expropriação de bens do executado, salvo as execuções especiais (como, por exemplo, a execução de alimentos, em que será possível a prisão do executado).

A expropriação consistirá em: i) adjudicação; **ii) alienação**; iii) apropriação de frutos e rendimentos de empresa ou de estabelecimentos e de outros bens, conforme o quadro a seguir:

Meios Expropriatórios
- Adjudicação
- Alienação
  - Iniciativa Particular
  - Leilão judicial eletrônico ou presencial
- Apropriação de frutos e rendimentos

A expressão adjudicação é utilizada em vários ramos da ciência jurídica. Em comum a todos eles, tem o significado de atribuição.

Por meio da **adjudicação** (enquanto modalidade de expropriação na execução por quantia certa) atribui-se determinado bem ao credor ou a terceiros legitimados. Não se trata de transferir de imediato a propriedade, mas de atribui-la, levando o título (auto de adjudicação) a registro no Serviço de Registro de Imóveis ou sendo expedido mandado de entrega. Efetuado o registro ou entregue o bem (respectivamente), ocorrerá a transferência da propriedade.

São legitimados a requerê-la: o credor e determinados terceiros.

O credor poderá manifestar-se no sentido de que pretende a adjudicação do bem, para que o mesmo lhe seja atribuído, observando-se, para todos os fins, o **valor da avaliação**. Se o valor do bem for superior ao da dívida, deverá depositar em juízo a diferença. De outro lado, se for inferior, a execução prosseguirá em relação a outros bens.

Também poderão requerer a adjudicação aqueles indicados nos incisos II a VII do art. 889 e, ainda, credores concorrentes que tenham penhorado o mesmo bem, cônjuge, companheiro, descendentes e ascendentes do executado. Havendo mais de um interessado, abre-se licitação entre eles, sendo vencedor o que estiver disposto a pagar o maior valor, havendo preferência assegurada ao cônjuge, ao companheiro, ao descendente e ao ascendente, nesta ordem.

A sogra não tem preferência! ☺

Na adjudicação deferida em favor de terceiro, este efetuará o depósito do valor que o bem foi avaliado, cuja quantia será revertida, como regra, ao credor. Propicia-se a liquidez de valor para a satisfação do direito do credor. Por isso, é denominada de adjudicação liquidativa.

Adjudicação liquidativa: deferida em favor de terceiro que, ao efetuar o depósito do valor do bem, promove a satisfação do direito do credor.

A adjudicação será requerida pelo credor ou pelo terceiro e, na sequência, o executado será intimado para se manifestar. Essa intimação será realizada: i) pelo Diário da Justiça, na pessoa do advogado constituído nos autos; ii) por carta com aviso de recebimento, se acaso representado por Defensor Público ou se não tiver advogado constituído nos autos; iii) por meio eletrônico aqueles que podem receber tal intimação não tiverem advogado constituído nos autos (art. 246, § 1º).

O prazo para manifestação do executado será de cinco dias. Decididas eventuais questões, o magistrado determinará que haja a lavratura do auto de adjudicação.

No caso de penhora de bem hipotecado, admite-se ao executado remi-lo até a assinatura do auto de adjudicação, desde que ofereça preço igual ao da avaliação, se não tiver havido licitantes, ou ao do maior lance ofertado. No caso de falência ou insolvência do devedor hipotecário, tal direito será deferido à massa ou aos credores em concurso, não podendo o exequente recusar o preço da avaliação do imóvel.

Feitas as intimações de praxe e decorrido o prazo de cinco dias, o juiz decidirá e determinará a lavratura do auto de adjudicação.

Considera-se perfeita e acabada a adjudicação com a assinatura do auto pelo juiz, pelo adjudicatário, pelo escrivão ou chefe de secretaria e, se estiver presente, o executado.

Se não for efetivada a adjudicação de bens, admite-se que seja requerida a sua alienação por **iniciativa particular** ou em **leilão judicial eletrônico ou presencial**.

O Novo CPC não fez diferenciação entre leilão ou praça. Pelo contrário, refere-se apenas ao leilão, que pode ser (i) judicial eletrônico ou (ii) judicial presencial.

A alienação do bem penhorado poderá ocorrer por meio de **iniciativa do próprio credor, ou por meio de corretor ou leiloeiro público credenciado perante o órgão judiciário.**

Dá-se preferência para que o credor possa providenciar a alienação do bem penhorado, o que se fará por sua própria iniciativa, podendo valer-se de corretor ou leiloeiro público, que devem estar credenciados, exigindo-se, no mínimo, três anos de exercício profissional.

Percebe-se que a utilização de leiloeiro pode ocorrer quer seja na alienação por iniciativa particular ou em leilão judicial eletrônico ou presencial.

Nesta situação, a autoridade judiciária fixará as condições mínimas para a alienação (prazo em que a alienação deverá ser efetivada, a forma de publicidade, o preço mínimo, as condições de pagamento, as garantias e, se for o caso, a comissão de corretagem).

Se acaso a localidade não contar com leiloeiro público credenciado, admite-se corretor de livre escolha do exequente, motivo pelo qual se defende que a inobservância da regra do prévio cadastramento apenas ensejará a nulidade se houver prejuízo demonstrado.

A alienação judicial poderá ser realizada por dois meios: de forma eletrônica ou de forma presencial, no local designado pelo juiz. Compete ao magistrado designar o leiloeiro público, que poderá ser indicado pelo exequente.

Competirá ao juiz da execução fixar o preço mínimo, as condições de pagamento e as garantias que deverão ser prestadas pelo arrematante. **Se o juiz não fixar aquele valor, a arrematação não poderá se realizar por quantia inferior a 50% do valor da avaliação.** A propósito, o Novo CPC assim definiu o preço vil:

Preço Vil = valor inferior ao estipulado pelo juiz e constante do edital ou, no silêncio, preço inferior a 50% do valor da avaliação.

➔ Gerará **a invalidade de eventual arrematação**, a ser alegada no prazo de 10 dias, contados do aperfeiçoamento da alienação.

De se registrar que não será admitido lance que ofereça preço vil.

Pode ser indicada como uma **sequência lógica que vai culminar no sucesso da alienação judicial**:

i) requerimento do credor;

ii) deferimento da realização da alienação judicial, com a fixação das condições;

iii) publicidade por meio da publicação de edital (art. 886), com antecedência mínimo de cinco dias e indicação, entre outros pontos, a indicação do dia e hora do segundo leilão presencial, para a hipótese de não haver interessado no primeiro;

iv) cientificação de pessoas e entes específicos indicados no art. 889, entre eles o executado;

v) oferecimento de propostas para aquisição do bem em prestações;

vi) realização do primeiro leilão, com apresentação dos lances, não podendo a arrematação ocorrer por valor inferior ao da avaliação;

vii) realização do segundo leilão, podendo a arrematação ocorrer por valor inferior ao da avaliação, desde que não seja preço vil;

viii) análise das propostas apresentadas e decisão do juiz;

ix) lavratura do auto de arrematação;

x) pagamento do preço pelo arrematante;

xi) prazo de 10 dias para que se alegue que a arrematação é inválida, ineficaz ou resolvida;

xii) decisão do magistrado e expedição da carta de arrematação ou mandado de entrega.

Passa-se à explicação sucinta de todas essas providências.

Requerida a alienação judicial pelo credor, o magistrado deferirá que tal ato ocorra e, concomitantemente, fixará as condições para que a efetivação da medida. Nesse sentido, estabelecerá o preço mínimo, as condições de pagamento e as garantias que poderão ser prestadas pelo arrematante. Também designará o leiloeiro público, que poderá ser indicado pelo exequente e será remunerado pela comissão estabelecida em lei ou arbitrada pelo juiz.

Incumbirá ao leiloeiro público publicar o edital, anunciando a alienação, como requisito prévio para a alienação judicial. Para que tal ato se efetive, há necessidade de que se promova ampla publicidade. Esta publicação deve ocorrer com antecedência mínima de cinco dias à data da alienação, pela rede mundial de computadores, podendo o juiz, atendendo às particularidades existentes, determinar que o edital seja afixado em local de costume e publicado de forma resumida, por uma vez, em jornal de ampla circulação local.

Deverão ser cientificados, com antecedência mínima de cinco dias, entre outros, o executado, por meio de seu advogado ou, não tendo constituído advogado nos autos, por carta registrada, mandado, edital ou outro meio idôneo. Admite-se que esta cientificação do executado se realize no próprio edital de leilão se for revel, não tiver constituído advogado nos autos, não constando dos autos o seu endereço atual.

A União, o Estado e o Município, no caso de alienação de bem tombado, deverão ser cientificados com antecedência mínima de cinco dias, tendo, na ordem indicada, preferência na arrematação, em igualdade de oferta.

Até a data do leilão, será admitida a apresentação de lances para pagamento parcelado, o que não importará na suspensão do ato, já que se prefere a alienação com pagamento à vista.

No dia e hora designados, serão colhidos os lances. Procedida a análise, o magistrado fixará prazo para o pagamento do preço pelo oferecedor do lance vencedor e determinará a lavratura do auto de arrematação.

A arrematação constará de auto que será lavrado de imediato, **podendo abranger bens penhorados em mais de uma execução.**

Auto de Arrematação poderá abranger mais de um processo executivo.

Como será visto mais adiante, sabe-se que o executado poderá ter oferecido os seus embargos à execução e que estes não possuem efeito suspensivo automático. Tal efeito deverá ser deferido pela autoridade judiciária.

Se o efeito suspensivo não for deferido, admite-se que a execução prossiga normalmente, com a prática de atos executivos e até de atos expropriatórios, como a alienação judicial.

Para que seja assegurada a segurança jurídica, principalmente em relação a eventuais lançadores e arrematantes, registrou o Novo CPC que assinado o auto, considera-se a arrematação perfeita, acabada e irretratável, ainda que pendente de julgamento os embargos à execução e estes venham a ser acolhidos.

Dessa maneira, ainda que julgados procedentes os embargos à execução, a alienação ocorrida permanecerá íntegra, resolvendo-se a questão em perdas e danos.

Não obstante seja considerada perfeita, acabada e irretratável com a assinatura do auto de arrematação, poderão ser alegadas, no prazo de dez dias, as situações indicadas no art. 903, § 1º do CPC. Nesse passo, a arrematação poderá ser **invalidada, considerada ineficaz ou resolvida**, conforme explicado no seguinte quadro:

Invalidação	Se realizada por preço vil ou com outro vício.
Ineficácia em relação a determinadas pessoas.	Alienação sem a intimação prévia: i) dos respectivos credores pignoratício, hipotecário e anticrético; ii) do promitente comprador ou do cessionário de bem objeto de promessa de compra e venda ou de cessão registrada; iii) concedente ou concessionário de direito de superfície; iv) enfiteuta ou concessionário na alienação de imóvel sobre o qual tenha sido instituída a enfiteuse, concessão de uso especial para fins de moradia ou concessão de direito real de uso; do proprietário do imóvel no caso de alienação de direitos do enfiteuta, do concessionário de direito real de uso ou do concessionário de uso especial para fins de moradia; titular do direito de usufruto, uso ou habitação.
Resolvida	Se não for pago o preço ou não for prestada a caução.

Não será expedida a carta de arrematação nesse período e a alegação dessas matérias será óbice para tanto até que a questão seja solucionada pela autoridade judiciária.

É importante notar que o Novo CPC não mais admite os chamados embargos de segunda fase, ou embargos à arrematação, que eram previstos no CPC de 1973. Na atualidade, eventuais nulidades ou matérias posteriores aos embargos poderão ser alegadas na própria execução.

Porém, os vícios inerentes à arrematação poderão ser alegados pelo executado no prazo de dez dias contados do aperfeiçoamento do ato.

Se antes de expedida a carta ou a ordem de entrega, o executado alegar que a arrematação é inválida, ineficaz ou que deve ser resolvida, poderá o arrematante desistir da arrematação, sendo-lhe devolvido o depósito que tiver feito.

Expedida a carta de arrematação, **ocorre a preclusão**, de modo que a invalidação não poderá ser requerida nos próprios autos.

Com a expedição da carta de arrematação ou da ordem de entrega, tem-se a inviabilidade de que o executado possa alegar a invalidação da arrematação nos próprios autos. Opera-se **a preclusão.**

Esta preclusão, contudo, inviabiliza o exercício desse direito nos próprios autos, podendo o executado fazê-lo em ação autônoma.

Por esse motivo, admite-se o ajuizamento da ação com pedido de invalidação da arrematação, figurando o arrematante como litisconsórcio necessário.

Como foi dito anteriormente, os lançadores necessitam de que lhes seja garantida a segurança jurídica necessária para a participação em tais atos, de modo a ser preservados de eventuais questões surgidas no processo.

Assim, muito embora se diga que o executado poderá ajuizar a **ação autônoma para a invalidação da arrematação**, tem-se que o ato expropriatório será considerado **perfeito, acabado e irretratável pelo magistrado**, ainda que venha a ser julgada aquela ação, aduzindo o Código que deve ser **"assegurada a possibilidade de reparação pelos prejuízos sofridos"** (art. 903, caput do CPC).

Deverá haver análise do caso concreto pelo juiz, mas é possível vislumbrar o reconhecimento da invalidade e ser determinado o desfazimento da arrematação nos casos em que o vício for muito grave, como, por exemplo, se o arrematante é uma das pessoas indicadas nos incisos do caput do art. 890, que são aqueles proibidos de fazê-lo por questões éticas.

De outro lado, em decorrência dos princípios da segurança jurídica, boa-fé processual e máximo aproveitamento dos atos processuais, é possível que o juiz reconheça existir a situação que poderia gerar a invalidade, mas, ainda assim, reconheça que deve permanecer preservada a arrematação, assegurando ao executado a possibilidade de reparação dos prejuízos sofridos.

De toda forma, poderá o arrematante desistir da arrematação quando citado para responder à ação autônoma referida, desde que o faça no prazo de resposta da ação.

> Uma vez citado na ação autônoma proposta pelo executado, poderá o arrematante, no prazo de resposta, desistir da arrematação.

Tem o executado, então, o direito de desistir da arrematação, desde que o faça no prazo de resposta da ação autônoma ajuizada pelo executado.

Também poderá desistir da arrematação se provar, nos dez dias seguintes, a existência de ônus real ou gravame não mencionado no edital.

> Portanto, poderá o arrematante desistir da arrematação em três situações:
>
> i) se provar, no prazo de 10 dias, a existência de ônus real ou gravame não mencionado no edital;
>
> ii) se, antes de expedida a carta de arrematação ou a ordem de entrega, o executado alegar que a arrematação deve ser invalidada, é ineficaz ou que foi resolvida;
>
> iii) se citado para a ação autônoma, faça o requerimento de desistência no prazo de que dispõe para responder à ação.

37.3. SUSPENSÃO E EXTINÇÃO DO PROCESSO DE EXECUÇÃO

A execução será suspensa:

i) nas hipóteses gerais de suspensão do processo;

ii) no todo ou em parte, quando recebidos com efeito suspensivo os embargos à execução;

III – quando o executado não possuir bens penhoráveis, pelo prazo de um ano, durante o qual se suspenderá a prescrição. Ultrapassado esse prazo, inicia-se a prescrição intercorrente.

IV – se a alienação dos bens penhorados não se realizar por falta de licitantes e o exequente, em 15 (quinze) dias, não requerer a adjudicação nem indicar outros bens penhoráveis;

V – quando concedido o parcelamento judicial.

Uma vez suspensa a execução, não serão praticados atos processuais, podendo o juiz, entretanto, salvo no caso de arguição de impedimento ou de suspeição, ordenar providências urgentes.

A execução será extinta:

I – a petição inicial for indeferida;

II – a obrigação for satisfeita;

III – o executado obtiver, por qualquer outro meio, a extinção total da dívida;

IV – o exequente renunciar ao crédito;

V – ocorrer a prescrição intercorrente.

A extinção só produz efeito quando declarada por sentença.

37.4. EMBARGOS À EXECUÇÃO

Natureza Jurídica

Os embargos à execução possuem natureza jurídica de ação. Também são mencionados com defesa incidental (por meio de ação incidental), que pode ser apresentada pelo executado.

Como sabido, existem três tipos de defesa disponíveis ao executado: i) endoprocessual (nos próprios autos, como a impugnação ao cumprimento de sentença, já vista), a incidental (ação incidente – embargos) e a defesa heterotópica (que consiste no ajuizamento de outras ações, uma via diferente, paralela, que pode ser utilizada, como a ação anulatória de título, por exemplo).

Requisitos para a Admissibilidade dos Embargos

Vários são os requisitos para a admissibilidade dos embargos. Podem ser assim destacados, em particular:

Regularidade formal: os embargos à execução serão oferecidos de forma escrita, por meio de petição (que deverá observar os requisitos da petição inicial), instruída com as cópias das peças processuais relevantes, que poderão ser declaradas autênticas pelo próprio advogado, sob sua responsabilidade pessoal. Sendo alegado excesso de execução, deverá o embargante declarar o valor que entende correto. A petição deverá ser distribuída por dependência. Será competente o juízo da execução, ainda que se trata de execução por carta, quando a competência será do juízo deprecante, salvo se a matéria alegada versar sobre vícios ou defeitos da penhora, da avaliação ou da alienação dos bens efetuadas no juízo deprecado, quando então por este serão julgados. Tais procedimentos, porém, não impedem que os embargos sejam oferecidos no juízo deprecante ou no juízo deprecado, mas a competência para julgá-lo observará as regras acima.

> É interessante que o art. 914, § 2º do CPC aluda à competência do juízo deprecado para conhecer de embargos em que se alegue vícios ou defeitos da alienação de bens efetuadas no juízo deprecado, pois, **quando da expropriação de bens, não mais haverá oportunidade para se oferecer embargos**. Como foi dito anteriormente, não mais se admitem os embargos à arrematação.
>
> Dessa maneira, **é possível extrair que o pedido de invalidação da arrematação será julgado pelo juízo deprecado, se perante este foi praticada a alienação. Da mesma forma, será competente para julgar eventual ação autônoma em que se pede a invalidação do ato.**

O art. 917 do CPC há indicação das matérias que podem ser alegadas pelo executado, como, por exemplo, a incompetência absoluta ou relativa.

Portanto, a incompetência relativa, na execução, deve ser alegada nos embargos à execução e, decorrido o prazo sem que isso tenha acontecido, prorroga-se a competência do juízo relativamente incompetente.

Indica o CPC que a incorreção da penhora ou da avaliação poderá ser impugnada por simples petição, **no prazo de 15 dias, contado da ciência do ato.**

Tempestividade: os embargos poderão ser oferecidos no prazo de **quinze dias**, contado da juntada do mandado (ou observando-se a regra do art. 231 em relação a todos os meios de citação possíveis). O prazo será contado individualmente para cada executado, salvo no caso de cônjuges ou companheiros, quando então será contada a partir da juntada do último. Tratando-se de execução por carta precatória, o prazo será contado da juntada, na carta, da cientificação da citação, se versarem apenas sobre vícios ou defeitos da penhora, da avaliação ou da alienação dos bens, ou, versando sobre outras matérias, da data da juntada da comunicação da citação expedida pelo juízo deprecado.

Admissibilidade ou não dos embargos

O juiz poderá rejeitar liminarmente os embargos se intempestivos, nos casos de indeferimento da petição inicial e de improcedência liminar do pedido e se forem manifestamente protelatórios.

Se admitidos, porém, decidirá sobre a concessão de efeito suspensivo, se requerido, e determinará a oitiva do exequente, para se manifestar no prazo de 15 dias, podendo, na sequência, julgar o pedido ou designar audiência e, encerrada a instrução, proferir sentença.

Efeito Suspensivo

Os embargos não importarão automaticamente na concessão de efeito suspensivo. Para que isso ocorra, há necessidade de que haja requerimento da parte, bem com o que estejam presentes os requisitos para a concessão da tutela provisória e ainda que a execução esteja garantida.

Portanto, a garantia da execução não é condição de sua admissibilidade, mas é para a concessão de efeito suspensivo.

Dessa maneira, o efeito suspensivo poderá ter por fundamento a urgência (relevantes fundamentos e risco de dano grave) ou a evidência (alta probabilidade de acolhimento da pretensão em razão de comportamento da parte contrária ou se aquela estiver fundada em tese em conformidade com precedente), o que ensejará, como regra, que seja proferida decisão interlocutória.

Como o efeito suspensivo é uma medida fundada em tutela provisória, poderá ser modificada ou revogada, por decisão fundamentada, desde que se reconheça que cessaram as circunstâncias que a motivaram.

A concessão do efeito suspensivo importará na impossibilidade de prosseguimento da execução, salvo em relação a **atos de substituição, reforço ou redução de penhora, ou, ainda, de avaliação de bens**, que poderão ser praticados.

Da mesma forma, também poderão ser praticados em relação à parte da execução que não for abrangida pelo efeito suspensivo, bem como em relação àqueles que não embargaram a execução, se a matéria alegada disser respeito exclusivamente ao embargante.

Pronunciamento que decide os embargos

Os embargos à execução, como regra, serão decididos por meio de sentença, impugnável por apelação.

As decisões interlocutórias não serão objeto de recurso de agravo de instrumento, salvo se a questão decidida estiver referida no art. 1.015 do CPC, como, por exemplo, a concessão, modificação ou revogação do efeito suspensivo aos embargos à execução (art. 1.015, X).

38. EXECUÇÃO CONTRA A FAZENDA PÚBLICA. REGIME DE PRECATÓRIOS. REQUISIÇÕES DE PEQUENO VALOR

Em conformidade com o Novo CPC, há necessidade de diferenciar a execução contra a fazenda pública fundada em título executivo judicial da fundada em título extrajudicial.

Título judicial: segue-se a regra do processo sincrético, tendo-se a fase de cumprimento de sentença. A fazenda pública será intimada, na pessoa de seu advogado público, para, querendo, oferecer impugnação (e não mais embargos). A impugnação consiste em defesa endoprocessual, que poderá ser oferecida, com alegação de uma das matérias indicadas no art. 535 do CPC, conforme já tratado no item das Prerrogativas da Fazenda Pública.

Título extrajudicial: a fazenda pública será citada para, no prazo de 30 dias, opor embargos à execução. Neste caso, ainda estará preservada a possibilidade de ajuizamento dos embargos.

Se não houver o oferecimento de impugnação ou de embargos, ou se estes já tiverem sido julgados, será expedida a documentação necessária para a formação do precatório ou ocorrerá a expedição da requisição de pequeno valor.

Precatório: será formado no âmbito da Presidência do Tribunal, que exercerá atividade de natureza administrativa. Haverá a inscrição em ordem cronológica de inscrição. Os débitos inscritos até o mês de julho devem ser pagos no exercício financeiro seguinte.

Requisição de pequeno valor: lei do ente devedor fixará o montante da obrigação considerada de pequeno valor. Para estes casos, uma vez requisitada, a fazenda pública deverá cumprir a obrigação no prazo de 60 dias, independentemente de observância de ordem cronológica de inscrição, como ocorre no precatório. Não havendo o cumprimento da obrigação, haverá o sequestro de verba pública, determinada pelo próprio juízo da execução.

39. EXECUÇÃO DE OBRIGAÇÃO DE ENTREGAR, DE FAZER E DE NÃO FAZER

Obrigação de entregar: o executado será citado para, em 15 dias, satisfazer a obrigação.

Obrigação de fazer: o juiz fixará multa por período de atraso no cumprimento da obrigação e a data a partir da qual será devida.

40. EMBARGOS DE TERCEIROS

Destinam-se os embargos de terceiro a levantar constrição ou ameaça de constrição de bens que possua ou sobre os quais tenha direito incompatível com o ato constritivo.

Poderão ser ajuizados por terceiro proprietário, inclusive fiduciário, ou possuidor. Também é admissível o ajuizamento por cônjuge ou companheiro quando defender a posse de bens próprios ou de sua meação, o adquirente de bens cuja constrição decorreu de decisão que declara a ineficácia da alienação realizada em fraude à execução, quem sofre constrição judicial de seus bens por força de desconsideração da personalidade jurídica, de cujo incidente não fez parte e o credor com garantia real para obstar expropriação judicial do objeto do direito real de garantia, caso não tenha sido intimado.

O terceiro poderá ajuizar os embargos a qualquer tempo no processo de conhecimento enquanto não transitada em julgado a sentença e, no cumprimento de sentença ou no processo de execução até cinco dias depois da adjudicação, da alienação por iniciativa particular ou da arrematação.

No polo passivo figurará o sujeito a quem o ato de constrição aproveita, como também o seu adversário no processo principal quando for sua a indicação do bem para a constrição judicial.

Uma vez ajuizados, os embargos serão distribuídos por dependência ao juízo que determinou a constrição e autuados em apartado.

O polo passivo poderá oferecer resposta no prazo de quinze dias e, se for acolhido o pedido final, o ato de constrição será cancelado, com o reconhecimento do domínio, da manutenção da posse ou da reintegração definitiva do bem ou do direito ao embargante.

41. EXCEÇÃO DE PRÉ-EXECUTIVIDADE

Consiste em defesa endoprocessual que poderá ser apresentada pelo executado para alegar matéria de ordem pública que não dependa da produção de provas.

42. REMIÇÃO

Antes de adjudicados ou alienados os bens, o executado pode, a todo tempo, remir a execução, pagando ou consignando a importância atualizada da dívida, acrescida de juros, custas e honorários advocatícios.

Na hipótese de:

– penhora de bem hipotecado, o executado poderá remi-lo até a assinatura do auto de adjudicação, oferecendo preço igual ao da avaliação, se não tiver havido licitantes, ou ao do maior lance oferecido;

– de falência ou de insolvência do devedor hipotecário, o direito de remição será deferido à massa ou aos credores em concurso, não podendo o exequente recusar o preço da avaliação do imóvel.

43. SUSPENSÃO E EXTINÇÃO DO PROCESSO DE EXECUÇÃO

A execução será suspensa:

I – nas hipóteses gerais de suspensão do processo;

II – no todo ou em parte, quando recebidos com efeito suspensivo os embargos à execução;

III – quando o executado não possuir bens penhoráveis, pelo prazo de um ano, durante o qual se suspenderá a prescrição. Ultrapassado esse prazo, inicia-se a prescrição intercorrente.

IV – se a alienação dos bens penhorados não se realizar por falta de licitantes e o exequente, em 15 (quinze) dias, não requerer a adjudicação nem indicar outros bens penhoráveis;

V – quando concedido o parcelamento judicial.

Uma vez suspensa a execução, não serão praticados atos processuais, podendo o juiz, entretanto, salvo no caso de arguição de impedimento ou de suspeição, ordenar providências urgentes.

A execução será extinta:

I – a petição inicial for indeferida;

II – a obrigação for satisfeita;

III – o executado obtiver, por qualquer outro meio, a extinção total da dívida;

IV – o exequente renunciar ao crédito;

V – ocorrer a prescrição intercorrente.

A extinção só produz efeito quando declarada por sentença.

44. PROCEDIMENTOS ESPECIAIS

44.1. GENERALIDADES, CARACTERÍSTICAS E ESPÉCIES

O processo civil moderno é um processo que exige resultados. Não adianta apenas conseguir o acertamento da situação subjetiva por meio de uma sentença de mérito. O que a parte precisa é que tal sentença seja efetiva e justa. Em outras palavras, seja proferida em tempo adequado e possa corrigir o desvio causado que justifica a atuação do Poder Judiciário.

E, para que o acesso à Justiça seja pleno, o ordenamento jurídico tipifica procedimentos especiais, diferenciados do comum, que contam com a celeridade e efetividade e que podem ser utilizados em casos específicos.

Nesse passo, o Novo Código de Processo Civil, paralelamente ao procedimento comum, também fez previsão dos procedimentos especiais, cada qual com suas particularidades, tendo-se em vista a situação de direito material tutelada.

Da mesma forma, também existem procedimentos especiais previstos em leis especiais, como ocorre com a ação popular, ação civil pública, ação de alimentos etc.

Os procedimentos especiais são de jurisdição contenciosa e também de jurisdição voluntária, conforme, aliás, se viu quando do estudo da jurisdição.

45. DA AÇÃO DE CONSIGNAÇÃO EM PAGAMENTO

45.1. FINALIDADE DO PROCEDIMENTO

O Novo Código de Processo Civil se preocupa com o processo de consignação em pagamento e não propriamente com as hipóteses em que ele é cabível. De tanto, ocupa-se o Código Civil em seu artigo 335.

Tem a ação de consignação em pagamento a finalidade de proporcionar ao devedor ou a terceiro liberar-se de determinada obrigação de pagar ou de entregar coisa. Para tanto, deverá depositar o respectivo valor ou coisa e pleitear que seja proferida **sentença de natureza declaratória**, pela qual o juiz declara extinta a obrigação.

Em outros termos: como o devedor ou o terceiro não conseguiram efetuar o pagamento, meio ordinário de cumprimento da obrigação, valem-se da ação de consignação.

45.2. INTERRUPÇÃO DA PRESCRIÇÃO

O ajuizamento da ação consignatória importará na interrupção da prescrição da respectiva **ação de cobrança,** pois acarreta no reconhecimento inequívoco, por parte do devedor, do direito do credor em relação às prestações consignadas.

45.3. CONSIGNAÇÃO EXTRAJUDICIAL

Permite o Novo CPC que, tratando-se de obrigação em dinheiro, poderá o valor ser depositado em estabelecimento bancário, oficial onde houver, situado no lugar do pagamento, **cientificando-se o credor por carta com aviso de recebimento**, assinado o prazo de dez dias para a manifestação de recusa. Trata-se da **consignação extrajudicial**, buscada diretamente junto à instituição financeira, que não é obrigatória.

*A **consignação extrajudicial** somente tem cabimento para **depósito de dinheiro** e não é obrigatória.*

Como foi dito, uma vez notificado o credor, aguarda-se pelo prazo de dez dias, contados do retorno do aviso de recebimento.

Decorrido o prazo, sem manifestação de recusa, estará o devedor liberado da obrigação, permanecendo o valor à disposição do credor. De outro lado, havendo manifestação de recusa, que deverá ser por escrito, **poderá ser proposta ação de consignação**, no prazo de um mês, instruindo-se a inicial com a prova do depósito e da recusa.

Ajuizada a ação, deverá o autor comprovar o ajuizamento à instituição financeira, para que a correção monetária tenha índice diverso. Com efeito, os depósitos extrajudiciais são atualizados pela TR, ao passo que os judiciais seguem as regras da caderneta de poupança (art. 6º, parágrafo único, da Resolução n. 2.814 do Bacen).

Se não ajuizada a ação no prazo de um mês, ficará sem efeito o depósito, podendo levantar o valor o depositante.

Embora a Lei de Locações não faça qualquer previsão a respeito da consignação extrajudicial, prevaleceu a tese segundo a qual poderá ser buscada a liberação do cumprimento da obrigação por esse meio.[37]

45.4. LEGITIMIDADE

Poderá propor a ação de consignação o devedor, que busca liberar-se da obrigação. Também poderá fazê-lo o terceiro, independentemente de ser interessado, como admite a lei civil.

45.5. COMPETÊNCIA TERRITORIAL

A ação consignatória deverá ser ajuizada no lugar do pagamento, consoante preveem os artigos 540 CPC/2015 e art. 337 do Código Civil. Tratando-se, de outro lado, de consignação de alugueres, será competente o foro da situação da coisa.

Conforme noticiado no Informativo n. 543 do STJ, contudo, competirá ao foro do local em que situado o imóvel o julgamento de ação consignatória e de ação de rescisão de contrato cumulada com retificação de escritura pública, reunidas para julgamento conjunto por conexão.

45.6. EFEITOS DA CONSIGNAÇÃO

Efetuada a consignação, cessará para o devedor, à data do depósito, os juros e os riscos, se acolhido o pedido ao final, com a prolação de sentença declaratória. Contudo, se o pedido for julgado improcedente, naturalmente, não haverá a liberação.

45.7. DEPÓSITO DAS PRESTAÇÕES SUCESSIVAS

Tratando-se de prestações sucessivas, consignada uma delas, permite-se ao autor continuar a depositar as que forem vencendo, no mesmo processo, observando-se o prazo de cinco dias contados do vencimento. O inadimplemento de uma das parcelas, contudo, não levará à improcedência da ação.

A previsão contida no art. 541 do NCPC (que correspondia ao art. 892 do CPC 1973), no sentido de permitir que o depósito se faça em até cinco dias contados da data do respectivo vencimento, não é aplicável à consignatória tributária, pois, para a extinção de tal obrigação, o crédito deverá ser depositado dentro do prazo de vencimento.[38]

45.8. PETIÇÃO INICIAL: REQUISITOS INTRÍNSECOS

Os requisitos intrínsecos são aqueles que devem estar contidos, indicados, na própria petição inicial. Existem aqueles de ordem geral, previstos nos artigos 319 e 320 do NCPC, bem como específicos para cada procedimento.

Nesse sentido, dispõe o art. 542 do NCPC, que, na petição inicial, o autor **requererá**: I – o depósito da quantia ou da coisa devida, a ser efetivado no prazo de cinco dias contados do deferimento, ressalvada a hipótese de prévia consignação extrajudicial; e, II – a citação do réu para levantar o depósito ou oferecer contestação.

37 LOCAÇÃO. ALUGUÉIS. CONSIGNAÇÃO EXTRAJUDICIAL. CREDOR. NOTIFICAÇÃO. PESSOAL. I- O depósito extrajudicial dos aluguéis tem o efeito de desonerar o locatário da obrigação. II – É necessário que o locatário comprove o efetivo conhecimento do depósito pelo locador, o que se perfaz com a notificação pessoal deste. Interpretação sistemática do §1º do art. 890 com o art. 223, parágrafo único do CPC. Recurso especial desprovido. (REsp 618.295/DF, Rel. Ministro FELIX FISCHER, QUINTA TURMA, julgado em 06/06/2006, DJ 01/08/2006, p. 514).

38 AgRg no Ag 1.239.917-SP, Segunda Turma, DJe 17/5/2010.

Uma vez sendo deferido o depósito pelo juiz, deverá o autor da consignatória promovê-lo em **cinco dias**, sob pena de extinção do processo sem resolução do mérito. Tratando-se de consignatória de aluguéres, **o prazo para efetuar o depósito é de vinte e quatro horas (art. 67, II da Lei n. 8.245/1991)**.

Admite-se que haja a cumulação de pedidos, no sentido de se permitir a discussão sobre o débito, especialmente o exame de validade de cláusulas contratuais, bem como a própria consignação do valor que entende ser devido.

45.9. CONSIGNAÇÃO DE COISA INDETERMINADA

Se o autor buscar a liberação de cumprimento de coisa indeterminada, competindo a escolha ao credor, deverá requerer a sua citação para exercer tal direito no prazo de cinco dias, salvo se houver outro prazo previsto em lei ou em contrato, ou para que aceite eventual escolha pelo devedor.

Competindo a escolha ao devedor, pelo não exercício pelo credor, o juiz designará dia e hora em que se fará a entrega, sob pena de depósito.

45.10. CONTESTAÇÃO

Sendo o credor citado, poderá, no prazo de quinze dias, oferecer a sua contestação, que compreenderá defesa processual e de mérito.

Como se nota, há de se admitir a possibilidade de o réu apresentar as suas preliminares, como, por exemplo, a falta de interesse de agir. E, apesar da especificidade do procedimento, permite-se que o réu alegue as matérias indicadas no art. 544 CPC/2015, além de outras.

Deve ser notado que o procedimento da consignatória diferenciará conforme a matéria alegada. Se indicada uma das hipóteses dos incisos I a III, seguirá a ação um caminho. Alegada a matéria indicada no inciso IV, outro será o percurso a ser seguido.

Em conformidade com o art. 544, aludido, poderá o réu alegar que:

> *I – não houve recusa ou mora em receber a quantia ou a coisa devida;*
>
> *II – foi justa a recusa;*
>
> *III – o depósito não se efetuou no prazo ou no lugar do pagamento.*

Indicadas essas matérias, o processo seguirá, sem maiores novidades, em conformidade com o procedimento comum.

Porém, o artigo 544 também permite seja alegado que:

> *IV – o depósito não é integral.*

E complementa no parágrafo único, que tal alegação somente será admissível se o réu indicar o montante que entende devido.

Uma vez alegado que o depósito não é integral, permite-se ao autor complementá-lo, no prazo de dez dias, a não ser que corresponda à prestação cujo inadimplemento acarrete a rescisão do contrato.

De toda maneira, aceita-se que o réu promova ao levantamento da quantia ou da coisa depositada, com a consequente liberação parcial do autor, prosseguindo-se o processo em relação à parte incontroversa.

Alegado que o depósito não é integral, a discussão no processo se dirigirá a especificar o montante suficiente para a liberação da obrigação, o que refletirá na sentença.

Dessa forma, a sentença: i) ou reconhecerá que o depósito inicial é suficiente, liberando-se o devedor (sentença declaratória), condenando-se o réu ao pagamento de custas e honorários advocatícios; ii) ou reconhecerá que o depósito não é integral e condenará o autor ao pagamento do valor restante, formando-se título executivo judicial, com possibilidade de exigir-se o cumprimento da obrigação nos próprios autos (cumprimento de sentença).

45.11. RECONVENÇÃO EM CONSIGNATÓRIA DE ALUGUERES

Consoante o disposto no inciso VI, do art. 67, da Lei de Locações, além de contestar, **o réu poderá, em reconvenção**, pedir o despejo e a cobrança dos valores objeto da consignatória ou da diferença do depósito inicial, na hipótese de ter sido alegado não ser o mesmo integral.

Note-se que, consoante o § 2º do art. 545 do NCPC, a consignatória é ação de natureza dúplice. Portanto, tendo sido apurada a diferença entre o valor efetivamente devido e o consignado, o juízo proferirá sentença condenatória, cujo cumprimento poderá ser exigido nos próprios autos. Assim, tal condenação independerá de reconvenção, apesar do disposto na Lei de Locações.

No entanto, será possível a reconvenção para que se determine o despejo. Por isso, poderá o réu, na sua própria contestação, como determina o NCPC, além de alegar as matérias de defesa, pugnar também pelo decreto de despejo do autor.

45.12. LITISCONSÓRCIO PASSIVO ALTERNATIVO

Como regra, o autor formula o seu pedido e espera que o mesmo seja acolhido para acertamento da situação subjetiva ligada a um réu específico. Porém, existem situações em que o autor pode apresentar o pedido e deixar que o juiz escolha em face de qual dos litisconsortes passivos ele será acolhido.

> *O autor deste capítulo já teve oportunidade de, em nome de autarquia estadual, demandar dois sindicatos de trabalhadores, rogando que a Justiça do Trabalho declarasse em face de qual deles haveria a existência de relação jurídica decorrente da representatividade da categoria de empregados públicos. Trata-se de hipótese de litisconsórcio passivo alternativo, pois não importava ao autor em face de quem o pedido seria acolhido.*

A consignatória, nesse passo, poderá ser ajuizada em face de possíveis titulares do crédito, pois há dúvida de quem tem legitimidade para receber o pagamento.

Em tal caso, se, uma vez citados, não comparecer pretendente algum, converter-se-á o depósito em arrecadação de coisas vagas. De outro lado, comparecendo apenas um, o juiz decidirá de plano. E, por fim, comparecendo mais de um, o magistrado poderá declarar efetuado o depósito e extinta a obrigação, continuando o processo a correr unicamente entre os presuntivos credores, segundo o procedimento comum.

45.13. CONSIGNATÓRIA DE ALUGUEL E FÉRIAS FORENSES

Por força do disposto no art. 58, I, da Lei n. 8.245/1991, nas ações de despejo, consignação em pagamento de aluguel e acessório da locação, revisionais de aluguel e renovatórias de locação, os processos tramitam durante as férias forenses e não se suspendem pela superveniência delas.

46. AÇÃO MONITÓRIA

46.1. FINALIDADE

Poderá valer-se da ação monitória aquele que afirmar ter o direito de exigir do devedor capaz, com base em prova escrita sem eficácia de título executivo, pagamento de quantia em dinheiro, a entrega de coisa fungível ou infungível ou de bem móvel ou imóvel ou o adimplemento de obrigação de fazer ou de não fazer.

O objetivo deste procedimento especial é o de constituir um título executivo judicial, de modo que o credor, com prova documental (ainda que seja testemunhal documentada), busca satisfazer a obrigação que lhe é devida.

46.2. PROVA ORAL DOCUMENTADA

Note-se uma importante novidade. A possibilidade de valer-se o autor da prova oral documentada, produzida antecipadamente.

46.3. POLO PASSIVO

Diante de tais documentos, será requerida a citação do polo passivo. O juiz deferirá a expedição de mandado de pagamento, de entrega de coisa ou para execução de obrigação de fazer ou de não fazer, concedendo ao réu o prazo de 15 dias para cumprimento e o pagamento de honorários advocatícios de 5% do valor atribuído à causa.

46.4. CONSTITUIÇÃO DE TÍTULO EXECUTIVO JUDICIAL

Se não oferecidos os embargos, haverá a constituição do título executivo judicial, hábil ao cumprimento de sentença, sendo cabível ação rescisória para rescindir a sentença.

Poderá a ação ser promovida também em face da Fazenda Pública.

46.5. EMBARGOS À AÇÃO MONITÓRIA

Poderá o réu apresentar embargos à ação monitória, alegando matéria que poderia ser aduzida em defesa no procedimento comum. Alegando excesso de execução, deverá declarar de imediato o valor que entende correto, apresentando demonstrativo discriminado e atualizado da dívida.

Uma vez apresentados os embargos, estará suspensa a eficácia da decisão monitória até o julgamento em primeiro grau. O autor será intimado, podendo apresentar reconvenção, sendo vedada a reconvenção da reconvenção.

Da sentença que acolhe ou rejeita os embargos caberá o recurso de apelação.

47. DA AÇÃO DE EXIGIR CONTAS

47.1. FIM DA AÇÃO DE PRESTAR CONTAS

Ao iniciar-se o estudo deste procedimento especial, nota-se, de antemão, a alteração da denominação em relação ao paradigma previsto no CPC de 1973. Com efeito, o art. 550 e seguintes do CPC 2015 trata do procedimento de **exigir contas, pois não mais se admite que o devedor preste contas em juízo**.

Por isso, de acordo com as novas disposições, a ação poderá ser prestada unicamente pelo **credor** pugnando pela imposição do dever de prestá-las em juízo por aquele que administrou interesses alheios.

Há de se verificar a legitimidade para a propositura da ação. Nesse sentido, o condômino não pode, isoladamente, ajuizar ação de exigir contas em face do condomínio. E isso, pois, nos termos do art. 22, §1º, *f*, da Lei 4.591/1964, o condomínio, representado pelo síndico, não tem obrigação de prestar contas a cada um dos condôminos, mas a todos, perante a assembleia dos condôminos. No mesmo sentido, o art. 1.348, VIII, do CC dispõe que compete ao síndico, dentre outras atribuições, prestar contas à assembleia, anualmente e quando exigidas.[39]

Tal direito transmite-se aos herdeiros do credor, como pode ocorrer, por exemplo, com os herdeiros do mandante.[40]

O advogado poderá ser réu na ação de exigir contas.

47.2. PROCEDIMENTO DA AÇÃO DE EXIGIR CONTAS

*Procedimento com **duas fases**, encerradas cada qual por **SENTENÇA**, que pode ser objeto de **APELAÇÃO**.*

***Primeira fase**: verifica-se o dever de prestar contas.*

***Segunda fase**: apura-se se existe saldo.*

39 REsp 1.046.652-RJ, *R*el. Min. Ricardo Villas Bôas Cueva, julgado em 16/9/2014.

40 REsp 1.122.589-MG, Rel. Min. Paulo de Tarso Sanseverino, julgado em 10/4/2012.

O autor, em sua petição inicial, deverá especificar as razões pelas quais exige as contas, instruindo-a com documentos comprobatórios dessa necessidade.

O réu será citado e, no prazo de quinze dias, poderá prestar as contas ou contestar o pedido. O exercício de uma das opções, automaticamente, exclui a outra, por conta da preclusão lógica.

Prestadas as contas, o autor terá quinze dias para se manifestar, competindo-lhe, se o caso, impugná-las de forma precisa, seguindo-se a produção das provas.

Poderá o réu, no entanto, contestar o dever de prestar as contas, o que será objeto de análise pelo magistrado.

A ação de exigir contas conta com **duas fases distintas**, cada qual encerrada por **sentença** (note-se a exceção prevista na primeira parte do § 1º do art. 203 do NCPC, pois se terá sentença sem encerramento da fase cognitiva), que pode ser impugnada pelo recurso de **apelação**.

Dessa maneira, **na primeira fase do procedimento, será analisado se existe ou não o dever de prestar contas.** Convencido disso, o magistrado proferirá sentença, que poderá ser impugnada pelo recurso de apelação, que contará com duplo efeito.

Assim, apenas após o trânsito em julgado, poderá ser exigida coercitivamente a prestação de contas, a partir do cumprimento de sentença.

Nesse passo, competirá ao réu prestar as contas no prazo de quinze dias, seguindo-se a apuração do valor devido. Se não o fizer, o autor poderá apresentá-las, sem possibilidade de o réu impugná-las.

Na segunda fase, porém, as contas serão julgadas e, se apurado saldo, será constituído título executivo judicial, a ser exigido em cumprimento de sentença, nos próprios autos.

47.3. CONTAS DO INVENTARIANTE, TUTOR, CURADOR, DEPOSITÁRIO E DE QUALQUER OUTRO ADMINISTRADOR

As contas do inventariante, tutor, curador, depositário e de qualquer outro administrador serão prestadas em apenso aos autos do processo em que tiver sido nomeado.

48. DAS AÇÕES POSSESSÓRIAS

48.1. A FUNGIBILIDADE DAS AÇÕES POSSESSÓRIAS

A fungibilidade não é matéria restrita aos recursos, mas, em verdade, aplica-se à teoria geral do processo. Consiste na admissão de um meio ao invés de outro, que seria o mais adequado.

Em relação às ações possessórias, o Novo CPC prevê a aplicabilidade do princípio da fungibilidade, de modo que a propositura de uma ação possessória em vez de outra não obsta a que o juiz defira a proteção necessária.

Dessa maneira, se ajuizada ação com pedido de interdito proibitório, porém, já verificado que houve o esbulho, deverá ser deferida à medida que conferir a tutela necessária – reintegração de posse.

48.2. ESPÉCIES DE AÇÕES POSSESSÓRIAS

A depender da proteção necessária, admite-se três tipos diferentes de ações possessórias: i) o interdito proibitório – que tem finalidade preventiva, em razão ser iminente a invasão; ii) a reintegração de posse – que pressupõe a perda total da posse (esbulho); iii) a manutenção de posse – que pressupõe a inexistência de privação integral.

Há de ser relembrado, porém, que o erro na indicação da ação ou a alteração dos fatos no transcorrer do processo, não acarreta a inviabilidade do deferimento da tutela possessória adequada, em razão do princípio da fungibilidade.

INTERDITO PROIBITÓRIO	REINTEGRAÇÃO DE POSSE	MANUTENÇÃO DE POSSE
Natureza Preventiva	Esbulho	Turbação

48.3. AÇÕES POSSESSÓRIAS E INVASÕES COLETIVAS

Não é incomum que existam ações possessórias de áreas ocupadas por uma coletividade, geralmente com a finalidade de fixar residência, em comunidades de baixa renda, embora não necessariamente.

Há uma preocupação constante nestas ações, notadamente diante do interesse social presente. Por isso, para estas ações a intervenção do Ministério Público, na condição de fiscal da ordem jurídica, é imprescindível. Envolvendo pessoas em situação de hipossuficiência econômica, ainda, deverá ser intimada a Defensoria Pública, para o cumprimento de sua missão institucional.

Proposta ação nessas condições, serão feitas a citação pessoal dos ocupantes que forem encontrados no local e a citação por edital dos demais. Para tais demandas, o juiz deverá determinar que se dê ampla publicidade de sua existência.

Ainda como diferencial, prevê o Novo CPC, em seu artigo 565, requisito para o deferimento de liminar na ação com posse de força velha, conforme se verá adiante.

48.4. PEDIDOS NA AÇÃO POSSESSÓRIA

Além da tutela possessória (inibitória, reintegratória ou de manutenção), poderá o autor cumular outros pedidos. São eles: i) condenação em perdas e danos; ii) indenização dos frutos. Trata-se de cumulação própria de pedidos, pois se requer o acolhimento de todos eles, lembrando que o rol do art. 555 do CPC 2015 é exemplificativo.

Além disso, poderá solicitar, ainda, a imposição de medida necessária para evitar-se nova turbação ou novo esbulho, bem como para cumprir-se a tutela provisória ou final.

48.5. CONTESTAÇÃO

Poderá o réu, em sua contestação, **pugnar a proteção possessória** e a indenização pelos prejuízos resultantes da turbação ou do esbulho cometido pelo autor, **independentemente de reconvenção**.

Dessa forma, a mesma sentença que nega o pedido do autor, reconhece a legitimidade da pretensão apresentada pelo réu.

48.6. INVIABILIDADE DE AJUIZAMENTO DE AÇÃO PETITÓRIA DURANTE O CURSO DE AÇÃO POSSESSÓRIA

Uma vez ajuizada a ação possessória, está vedado o ajuizamento de ação petitória destinada ao reconhecimento do domínio, salvo se for proposta em face de terceira pessoa (que não o autor da possessória).

48.7. PROCEDIMENTO DA AÇÃO POSSESSÓRIA: POSSE NOVA

Se a ação for proposta dentro do prazo de ano e dia a partir da turbação ou do esbulho, adota-se procedimento especial tratado no artigo 560 e seguintes do CPC 2015. No entanto, tratando-se de posse velha, será adotado o procedimento comum.

Como característica principal do procedimento especial, tem-se a possibilidade de deferimento de medida liminar *inaudita altera parte*, sem que se comprove o elemento urgência. Regendo-se pelo procedimento comum, no entanto, embora se admita – e como não poderia deixar de ser – a tutela provisória, deverão ser observados os seus requisitos (tutela provisória com fundamento na urgência, com comprovação do *periculum in mora,* ou tutela da evidência nas hipóteses do art. 311).

48.8. EXIGÊNCIA DE CAUÇÃO

Se o réu provar que o autor provisoriamente mantido ou reintegrado na posse não tem idoneidade financeira para, no caso de sucumbência, responder por perdas e danos, o juiz lhe concederá o prazo de cinco dias para requerer caução, real ou fidejussória, sob pena de ser depositada a coisa litigiosa, salvo a impossibilidade da parte economicamente hipossuficiente.

48.9. POSSE COM FORÇA NOVA E OS REQUISITOS DA TUTELA POSSESSÓRIA

Em conformidade com o art. 561, para o deferimento da tutela possessória na posse com força nova, competirá ao autor provar a sua posse, a turbação ou o esbulho e a sua data, a continuação da posse, embora turbada, na ação de manutenção, ou a perda da posse, na ação de reintegração.

Tais requisitos serão exigidos quer para o deferimento da tutela provisória e para o acolhimento da pretensão ao final.

Estando a petição inicial em ordem, o juiz deferirá a tutela possessória. Contudo, sendo necessária a comprovação de qualquer fato, designará audiência de justificação.

48.10. CONTRADITÓRIO PRÉVIO E AS LIMINARES CONTRA AS PESSOAS JURÍDICAS DE DIREITO PÚBLICO

Em conformidade com o princípio do contraditório dinâmico, evita-se a decisão surpresa, de modo que deve ser permitido às partes influenciarem o magistrado, a partir de suas alegações.

Contudo, em determinadas situações, como para o deferimento da tutela provisória, permite-se que o contraditório seja exercido posteriormente, de modo que o juiz poderá deferir a liminar sem ouvir a parte contrária.

Ocorre, no entanto, que, em relação às pessoas jurídicas, considerando-se o impacto que a medida poderá causar à Administração Pública, exige-se que não será deferida a manutenção ou a reintegração liminar sem prévia audiência dos respectivos representantes judiciais.

48.11. CITAÇÃO DO REQUERIDO E PRAZO PARA RESPOSTA

O réu deverá ser citado para oferecer resposta no prazo de quinze dias, contados da juntada do mandado de citação.

Porém, se o juiz designar audiência de justificação prévia, deverá o réu ser citado para comparecer ao ato judicial, contando-se o prazo de 15 dias para oferecimento de defesa da intimação da decisão que deferir ou não a medida liminar.

48.12. POSSE VELHA E LITÍGIO COLETIVO

Tratando-se de litígio coletivo pela posse de imóvel, quando o esbulho ou a turbação afirmado na petição inicial houver ocorrido há mais de ano e dia, deverá o juiz **preocupar-se em equacionar a questão consensualmente**, **evitando-se conflitos**. Para tanto, impõe o art. 565 que o juiz designe audiência de mediação, com a participação do Ministério Público, da Defensoria Pública e dos órgãos responsáveis pela política agrária e pela política urbana, como providência prévia à concessão de liminar.

Se deferida a medida liminar, se essa não for executada no prazo de um ano, a contar da distribuição, deverá o magistrado designar audiência de mediação, considerando que o fator tempo poderá alterar o ânimo das pessoas envolvidas, bem como poderão existir particularidades antes não constatadas.

48.13. OCUPAÇÃO INDEVIDA DE BEM PÚBLICO

Consoante jurisprudência do Superior Tribunal de Justiça, restando configurada ocupação indevida de bem público, não há que se falar de posse, mas de mera detenção, afastando-se o direito de retenção por benfeitorias.[41]

41 AgRg no AREsp 824.129/PE, Rel. Ministro MAURO CAMPBELL MARQUES, SEGUNDA TURMA, julgado em 23/02/2016, DJe 01/03/2016.

48.14. EXERCÍCIO DO DIREITO DE RETENÇÃO

Também consoante jurisprudência do STJ, o exercício do direito de retenção deve ser exercido na própria contestação, sob pena de preclusão.[42]

49. RESTAURAÇÃO DE AUTOS

Destina-se este procedimento à restauração de autos desaparecidos, quer sejam físicos ou eletrônicos.

Constatando o desaparecimento, se existirem autos suplementares, nestes haverá a continuidade do processo.

Requerida a instauração do procedimento, a parte contrária será citada para contestar o pedido no prazo de cinco dias e, se houver concordância, será lavrado auto. Havendo discordância, será observado o procedimento comum.

Se acaso o desaparecimento ocorrer no âmbito do tribunal, nele tramitará o procedimento de restauração.

50. AÇÃO POPULAR

50.1. DEFINIÇÃO

Trata-se de ***remédio constitucional*** que tem por finalidade **corrigir atos lesivos ao patrimônio público ou de entidade de que o Estado participe, à moralidade administrativa, ao meio ambiente e ao patrimônio histórico e cultural.**

A Constituição Federal foi responsável pela ampliação de seu objeto, voltando-se também **à defesa de interesses metaindividuais, dentre eles, o meio ambiente.**

A ação popular pode ser estudada sob três enfoques: constitucional, administrativo e processual. Isto porque, a um só tempo, é uma ***garantia constitucional***, que efetiva o ***controle*** dos atos administrativos pelo cidadão, sendo uma *ação civil*.

50.2. LEGITIMAÇÃO PARA A PROPOSITURA DA AÇÃO POPULAR

A legitimação para a propositura da ação popular é constante da Constituição Federal (art. 5º, LXXIII) e nos arts. 1º e 4º, da Lei 4.717/65. Portanto, somente o ***brasileiro*** (nato ou naturalizado), que ostente a condição de ***eleitor***, poderá ajuizá-la.

O autor popular agirá como substituto processual da coletividade e, por isso, se acaso abandonar a causa, poderá o polo ativo ser ocupado por outro legitimado. Supletivamente, poderá o Ministério Público assumir o polo ativo, se nenhum outro legitimado o fizer.[43]

Exclui-se a possibilidade de ser ajuizada por pessoa jurídica (súmula 365, STF). Somente poderá ser ajuizada por aquele que se encontre no exercício pleno do direito político de eleger os representantes do povo.

O Superior Tribunal de Justiça também admite que a ação popular seja ajuizada pelo **Ministério Público**, legitimando-o a toda e qualquer demanda que vise à defesa dos interesses difusos e coletivos, sob ângulo material ou imaterial.[44]

50.3. POLO PASSIVO

De acordo com o art. 6º, da Lei 4.717/65, o polo passivo da ação popular é bem abrangente, devendo constar: a pessoa jurídica lesada, o agente causador ou produtor direto do ato sindicado e ainda o beneficiado direto. O polo passivo é subjetivamente complexo.

Trata-se, portanto, de ***litisconsórcio necessário*** e, pelo menos em um ponto, *unitário*, na medida em que a desconstituição do ato alcançará a todos.

A Administração Pública, embora conste necessariamente no polo passivo da ação como ré, poderá, a seu critério: i) contestar; ii) não contestar e assistir o autor; iii) quedar-se inerte. Fator determinante da escolha: ***o interesse público.***

O STJ já decidiu pela possibilidade da modificação da situação da Administração.[45]

50.4. DO PROCEDIMENTO DA AÇÃO POPULAR

O polo passivo será citado para oferecer resposta no prazo comum de vinte dias. Tal prazo será contado em dias úteis. Ainda que existam litisconsortes com diversos procuradores de escritórios distintos e não se trate de processo eletrônico, o prazo para oferecimento de resposta não será contado em dobro. Porém, o prazo diferenciado será aplicado para o caso de recurso.

A pessoa jurídica de direito público lesada será citada em litisconsórcio passivo necessário (não unitário). Nesse caso, tal como ocorre na ação de improbidade administrativa, poderá escolher o polo da ação que ocupará.

Nesse passo, poderá defender o ato administrativo praticado, quando permanecerá no polo passivo da ação. De outro lado, poderá optar por integrar o polo ativo da demanda, para que o pleito apresentado seja acolhido. Ou, então, permanecerá inerte.

A escolha compete ao representante da Administração Pública e terá por fundamento o interesse público. Uma vez ocorrida a escolha, porém, será possível modificá-la posteriormente.

---

42 REsp 1278094/SP, Rel. Ministra NANCY ANDRIGHI, TERCEIRA TURMA, julgado em 16/08/2012, DJe 22/08/2012.

43 REsp 638.011/RJ, Rel. Ministro LUIZ FUX, PRIMEIRA TURMA, julgado em 25/04/2006, DJ 18/05/2006, p. 182.

44 AgRg no AREsp 746.846/RJ, Rel. Ministro HERMAN BENJAMIN, SEGUNDA TURMA, julgado em 15/12/2015, DJe 05/02/2016.

45 STJ, 2ª T., REsp 1185928/SP, Rel. Ministro Castro Meira, j. 15.06.2010, DJe 28.06.2010.

Uma vez citados os réus e apresentadas as respostas, determinará o magistrado a produção de provas, se necessário for.

Admite-se na ação popular o julgamento antecipado parcial da lide, hipótese em que o magistrado acolherá, de imediato, por meio de decisão interlocutória de mérito, um dos pedidos, prosseguindo-se a demanda em relação aos demais. Tem-se, também, a possibilidade do julgamento antecipado da lide (total).

Sendo desnecessária a prova, ou, se já produzida, proferirá o magistrado a sua sentença, acolhendo ou rejeitando o pedido formulado pelo autor popular.

50.5. DA SENTENÇA NA AÇÃO POPULAR

A sentença de procedência desconstituirá o ato administrativo praticado e determinará que o Erário Público seja ressarcido dos prejuízos sofridos, se houver danos.

50.6. DA COISA JULGADA

A sentença de procedência fará coisa julgada erga omnes, podendo ser executada pelo próprio autor popular, outro legitimado ou, ainda, pelo Ministério Público. Trata-se de coisa julgada *secundum eventum litis*.

Em relação à sentença de improcedência, por sua vez, deve ser verificado o seu fundamento. Como se vê, constitui-se exceção à regra da coisa julgada, que é *pro et contra*. Desse modo, se a sentença reconhecer a ausência de provas, será admitido o ajuizamento de nova ação popular, desde que existam outras provas. De outro lado, se reconhecido que houve o esgotamento das provas, em tese, não é possível o ajuizamento de nova ação popular.

Defende-se que, independentemente da manifestação do juiz na sentença, a análise quanto à existência ou não de prova nova seja feita em um segundo processo, quando será possível fazer uma comparação entre a prova já produzida e aquela proposta no novo processo ajuizado.

50.7. REMESSA NECESSÁRIA

Como já foi visto, a remessa necessária é condição de eficácia da sentença proferida contra as pessoas jurídicas de direito público. O Novo CPC alterou de forma significativa os valores das condenações que ensejarão a remessa obrigatória aos Tribunais, o que reduzirá, e muito, a sua incidência.

Ocorre, porém, que a remessa necessária não ocorrerá somente nos casos mencionados no NCPC, mas também nas hipóteses indicadas na legislação esparsa. Nesse sentido, o art. 14, da Lei do Mandado de Segurança, indica que, no caso de concessão de ordem, estará a sentença sujeita a remessa necessária.

Também ocorre essa previsão na ação popular. Assim, no caso de reconhecimento de carência ou de improcedência desta ação, será obrigatória a remessa dos autos ao Tribunal, para reanálise da questão.

Note-se que, nesse caso, a remessa necessária não é justificada por ser a sentença proferida contra a pessoa jurídica de direito público, mas porque o interesse público não foi amparado, na medida em que a ação popular não foi conhecida ou foi julgada improcedente.

Amparado nesse entendimento e aplicando-se o Sistema Único Coletivo, derivado do complexo de leis que tratam das ações coletivas, já se aplicou o entendimento às ações civis públicas. Por isso, reconhecida a falta de condição da ação ou a improcedência da ação civil pública, estará a sentença sujeita à remessa necessária, ainda que não tenha o poder público em um dos polos da ação. A ideia, nesse caso, é que o interesse metaindividual pode não ter sido tutelado.

51. AÇÃO CIVIL PÚBLICA

51.1. DENOMINAÇÃO DE AÇÃO CIVIL PÚBLICA E INTERESSES TUTELADOS PELA LEI DA AÇÃO CIVIL PÚBLICA

Sustenta Teori Albino Zavascki que Ação Civil Pública é a denominação para o procedimento instituído pela Lei 7.347/1985, que tem por finalidade promover a tutela de direitos transindividuais,[46] que podem ser compreendidos como difusos, coletivos e individuais homogêneos.

Nos termos do art. 81, parágrafo único, I, do Código de Defesa do Consumidor, direitos ou interesses difusos são aqueles "transindividuais, de natureza indivisível, de que sejam titulares pessoas indeterminadas e ligadas por circunstâncias de fato". Compreendem grupos menos determinados de pessoas, sendo que entre elas não existe vínculo jurídico preciso.[47] O objeto desses interesses é indivisível, de modo que não é possível ser dividido entre os membros da coletividade.[48]

A expressão *interesses coletivos* possui mais de um significado. Em sentido amplo, encampado pelo art. 129, III, da Constituição Federal, os interesses coletivos são aqueles transindividuais, de grupos, classes ou categorias de pessoas.[49] Em sentido restrito, os interesses coletivos referem-se aos *interesses transindividuais indivisíveis de um grupo determinado ou determinável de pessoas, reunidas por uma relação jurídica básica comum*, conforme definição constante do art. 81, II, do Código de Defesa do Consumidor.

Os interesses individuais homogêneos, por sua vez, "são aqueles de grupo, categoria ou classe de pessoas determinadas ou determináveis, que compartilhem prejuízos divisíveis, de origem comum, normalmente oriundos da mesma circunstância de fato" (art. 82, III, CDC).

Sobre a relação entre tais interesses, Hugo Nigro Mazzilli apresenta didático quadro para compreensão:[50]

46 ZAVASCKI, Teori Albino. *Processo Coletivo – Tutela de Direitos Coletivos e Tutela Coletiva de Direitos*. 3ª ed. São Paulo: RT, 2008, p. 63.

47 MAZZILLI, Hugo Nigro. *A Defesa dos Interesses Difusos em Juízo*. São Paulo: Saraiva, 2006, p. 50-51.

48 Idem, ibidem, p. 52.

49 MAZZILLI, Hugo Nigro. Op. cit., p. 52.

50 MAZZILLI, Hugo Nigro. Op. cit., p. 58.

Interesses	Grupo	Objeto	Origem
Difusos	Indeterminável	Indivisível	Situação de fato
Coletivos	Determinável	Indivisível	Relação jurídica
Ind. Homog.	Determinável	Divisível	Origem comum

51.2. DOS ENTES LEGITIMADOS

A legitimação para a defesa dos interesses metaindividuais de crianças e adolescentes decorre da integração da Lei da Ação Civil Pública, do Código de Defesa do Consumidor, do Estatuto da Criança e do Adolescente, entre outras leis.

Nesse sentido, possuem legitimação para a propositura da ação civil pública:

> *I – o Ministério Público;*
>
> *II – a Defensoria Pública;*
>
> *III – a União, os Estados, o Distrito Federal e os Municípios;*
>
> *IV – a autarquia, empresa pública, fundação ou sociedade de economia mista;*
>
> *V – a associação que, concomitantemente: a) esteja constituída há pelo menos um ano e, b) inclua entre suas finalidades institucionais a proteção ao meio ambiente, ao consumir, à ordem econômica, à livre concorrência ou ao patrimônio artístico, estético, histórico, turístico e paisagístico.*

O Ministério Público tem missão especial em relação à ação civil pública, competindo-lhe a tutela dos interesses difusos, coletivos e individuais homogêneos, além de direitos individuais indisponíveis.

A Defensoria Pública é indicada na Constituição Federal como instituição essencial à função jurisdicional do Estado, cabendo-lhe a orientação jurídica e a defesa, em todos os graus, dos necessitados, na forma do seu art. 5º, LXXIV. A expressão "necessitados" não está adstrita ao plano econômico, abrangendo, também, os necessitados do ponto de vista organizacional, que são os socialmente vulneráveis.[51]

Esse foi o entendimento encampado pelo Superior Tribunal de Justiça, conforme se vê do voto proferido pela Ministra Nancy Andrighi:

> *A esse respeito, de se notar, ainda, que, ao contrário do que afirmam as recorridas (F.F.C.LTDA e S.N.F.C.LTDA), nos respectivos memoriais a mim apresentados, não é pelo fato dos seus consumidores terem adquirido automóveis que não podem ser considerados necessitados para fins do art. 134 da CF; porquanto o conceito jurídico de necessitado, contido no parágrafo único do artigo 2º, da Lei 1.060/50, é mais amplo do que o de "pobre" ou "miserável", não está vinculado a determinado limite de valor de renda mensal ou de patrimônio e, sim, à impossibilidade de pagamento das despesas processuais sem prejuízo do próprio sustento ou da família.*[52]

51 Disponível em http://www.anadep.org.br/wtksite/cms/conteudo/4820/Documento10.pdf

52 STJ, Resp 555.111-RJ, rel. Ministro Castro Filho, j. 05.09.2006, DJ 18.12.2006.

Valendo-se de sentido ainda mais amplo, sustenta Marina Mezzavilla Verri que a legitimação da Defensoria Pública para o ajuizamento das ações civis públicas é universal, não restrita à defesa de interesses dos necessitados, possuindo legitimidade para atuar frente a quaisquer direitos transindividuais,[53] surgindo para a Defensoria uma nova demanda, baseada no exercício das ações coletivas, conforme já pregava Boaventura de Souza Santos.[54]

Reconhecendo-se a importância das Defensorias Públicas, no contexto de defesa dos direitos fundamentais individuais e coletivos, o legislador inseriu esse órgão dentre os legitimados à propositura da ação civil pública, conforme se vê da atual redação do art. 5º, da Lei 7.347/1985. Do mesmo modo, a Lei Complementar 80/1994, com redação alterada pela Lei Complementar 132/2009, enfatizou a atuação das Defensorias Públicas para a tutela dos interesses individuais e coletivos (no art. 4º, VII e VIII).

No que tange à União, os Estados, o Distrito Federal, os Municípios e seus órgãos paraestatais, legitimados ao ajuizamento da ação civil pública, tem-se que paulatinamente vêm assumindo, na esfera da tutela coletiva, o seu papel de gestores de interesses coletivos, não existindo qualquer dúvida sobre a possibilidade de buscarem a tutela dos interesses metaindividuais de crianças e adolescentes, principalmente em assuntos relacionados às políticas públicas gerais, ao redirecionamento de verbas públicas e a outros fatores estruturais.

A legitimação das associações para a defesa de interesses metaindividuais deve ser entendida no contexto como "participação popular na boa gestão da coisa pública, sob a égide da democracia participativa, incentivada pela Constituição Federal (art. 1º, parágrafo único), como se dá com a defesa do meio ambiente (art. 225, *caput*) e do patrimônio cultural (art. 216 e § 1º)".[55]

De acordo com Mancuso, com suporte em balizada doutrina, podem ser identificados três mecanismos de intervenção popular.[56] Transportando a lição para as questões afetas à infância e à juventude, podem ser assim identificados: a) nos processos de criação do direito da criança e do adolescente; b) na participação popular na formulação e execução de políticas públicas; e, c) na participação judicial, que se concretiza por intermédio do Poder Judiciário.

As associações, ao promoverem a defesa de interesses metaindividuais, colocam-se, na expressão de Mancuso, como uma *longa manus* da coletividade.[57]

53 VERRI, Marina Mezzavilla. *Legitimidade da Defensoria Pública na Ação Civil Pública: limites*. Ribeirão Preto: Ribeirão Gráfica e Editora, 2008, p. 126.

54 SANTOS, Boaventura de Souza. Introdução à sociologia da administração da justiça. *In*: *Revista de Processo*. São Paulo, n. 37, jan-mar. 1985, p. 150.

55 MANCUSO, Rodolfo de Camargo. *Ação Civil Pública – Em defesa do meio ambiente, do patrimônio cultural e dos consumidores*. 10ª ed. São Paulo: RT, 2006, p. 138-139.

56 Idem, ibidem, p. 139.

57 Idem, ibidem, p. 139.

Dentre os legitimados à propositura da ação civil pública, estão enumerados órgãos despersonalizados, que podem defender não só os direitos dos consumidores, como também qualquer direito difuso, coletivo e individual homogêneo (art. 82, III, do CDC e art. 2º, da Lei 7.347/1985),[58] ostentando personalidade judiciária.[59]

51.3. COISA JULGADA

O Código de Defesa do Consumidor disciplinou a coisa julgada nas ações coletivas, relacionando-a ao interesse tutelado, o que pode ser resumido no seguinte quadro:

Interesse	Coisa julgada
Difuso	*Erga omnes*, salvo se a improcedência decorrer da falta de provas.
Coletivo	*Ultra partes*, limitada ao grupo, categoria ou classe de lesados, salvo se a improcedência se der por falta de provas.
Individuais homogêneos	*Erga omnes* em caso de procedência, beneficiando vítimas e sucessores.

Como é possível observar do quadro, identifica-se também a coisa julgada segundo o resultado o processo, destacando-se a técnica da coisa julgada *secundum eventum litis*.

Desse modo, **no caso de sentença de procedência**, todos os lesados são beneficiados, salvo se tratar de interesses coletivos em sentido estrito, quando o aproveitamento estará restrito ao grupo, categoria ou classe de pessoas atingidas.

De outro lado, **na sentença de improcedência**, há de ser feita uma importante distinção, segundo haja ou não esgotamento das provas.

Por falta de provas	Outros legitimados poderão propor a ação civil pública, desde que fundada em nova prova.
Por outro motivo	Outros legitimados não poderão propor a ação civil pública, ainda que fundada em nova prova.

52. MANDADO DE SEGURANÇA (LEI N. 12.016/2009)

52.1. INTRODUÇÃO

O mandado de segurança é um remédio constitucional, por meio do qual o impetrante buscará proteger direito líquido e certo, não amparado por habeas corpus ou habeas data, sempre que, ilegalmente ou com abuso de poder, qualquer pessoa física ou jurídica sofrer violação ou houver justo receio de sofrê-lo por parte de autoridade, seja de que categoria for e sejam quais forem as funções que exerça.

Independentemente da competência para o seu julgamento, o mandado de segurança se tratará de uma ação de natureza civil, como ocorre com aquelas ações em que se discute matéria eleitoral.

Na atualidade, o mandado de segurança é regido pela Lei 12.016/09, que prevê um procedimento diferenciado das ações de conhecimento em geral, tipificando uma via rápida para a obtenção da tutela jurisdicional. Essa lei teve como mérito fundir o tratamento legislativo do *writ*, incorporando-se posicionamentos doutrinários e jurisprudenciais existentes, sem prejuízo da inserção de inovações.

Ao procedimento do mandado de segurança serão aplicáveis as normas fundamentais estabelecidas na Constituição Federal e no Código de Processo Civil de 2015, como ocorre com qualquer procedimento judicial, sem prejuízo da aplicabilidade subsidiária das regras existentes no Novo CPC.

52.2. PRAZO PARA O AJUIZAMENTO

> *O direito de requerer mandado de segurança extinguir-se-á decorridos 120 (cento e vinte) dias, contados da ciência, pelo interessado, do ato impugnado. A contagem será de forma contínua e não em dias úteis.*

Por se tratar de uma ação de rito célere, previsto para correção de ato ilegal ou praticado com abuso de poder por autoridade, o impetrante somente poderá se utilizar dessa via se não transcorrido período superior a cento e vinte dias contados da ciência do fato impugnado. Vide o art. 23 da Lei n. 12.016/2009 e a Súmula n. 632 do STF.

Se impugnada lei de efeito concreto, o prazo de cento e vinte dias se inicia com a publicação da norma, ante a configuração de ato comissivo, único e de efeitos permanentes, afastando-se a tese de que se trata de relação jurídica de trato sucessivo.

O prazo, como tem natureza decadencial, será contado **em dias corridos** e não em dias úteis.

Se impugnado ato omissivo, não é necessária a observância do prazo de cento e vinte dias.

52.3. LEGITIMIDADE ATIVA

A legitimidade é ampla, podendo ser ajuizada por pessoas físicas e jurídicas, nacionais ou estrangeiras. Essa legitimação estende-se, também, a entes desprovidos de personalidade jurídica, muito embora possuam personalidade judiciária, como ocorre com a Câmara de Vereadores, condomínios, o Conselho Municipal do Meio Ambiente. As próprias pessoas jurídicas de direito público podem ingressar com o mandado de segurança.

58 GOMES JUNIOR, Luiz Manoel. *Curso de Direito Processual Civil Coletivo*. 2ª ed. São Paulo: SRS Editora, 2008, p. 133.

59 NERY JUNIOR, Nelson. O Processo Civil no Código de Defesa do Consumidor. *In: Revista de Processo*. n.º 61. São Paulo: RT, 1991, p. 29.

Os art. 1º, § 3º, e 3º, da Lei 12.016/09, encerram hipóteses de substituição processual, pois o impetrante postulará direito, em seu nome, porém, em favor de terceiro. Não obstante, há uma particularidade: concomitantemente, o impetrante também postula interesse seu.

Registra o art. 24 da nova lei que são aplicados ao mandado de segurança, o disposto nos artigos 46 a 49, do Código de Processo Civil de 1973, que correspondem aos artigos 113, 114, 115, 117 e 118 do Novo Código de Processo Civil.

52.4. O POLO PASSIVO NO MANDADO DE SEGURANÇA

O polo passivo no mandado de segurança é ocupado pela pessoa jurídica de direito público, que tem interesse imediato na composição da lide e no resultado do julgamento, pois será quem arcará com as consequências patrimoniais advindas da decisão judicial.

De fato, não é correto afirmar que o polo passivo é ocupado pela autoridade apontada como coatora, até porque esta não arcará com quaisquer ônus ou efeitos decorrentes da sentença judicial. Todos os ônus serão suportados pela pessoa jurídica de direito público que deverá figurar no polo passivo da ação.

52.5. A AUTORIDADE APONTADA COMO COATORA

A autoridade é a aquela que tenha praticado o ato impugnado ou da qual emane a ordem para a sua prática (art. 6º, § 3º, da Lei n. 12.016/2009) e que ocupa determinado cargo ou função, quer em pessoa jurídica de direito público, quer em pessoa jurídica de direito privado. Não se confunde com o mero executor do ato.

Se a parte indicar, de forma incorreta, a autoridade apontada como coatora, deve ser determinada a emenda da petição inicial e, se o caso, determinada a remessa dos autos ao juízo ou Tribunal que for competente. Não mais prevalece o antigo entendimento – que aos poucos já estava sendo superado – no sentido de que a indicação errônea da autoridade apontada como coatora importava na extinção do processo, notadamente diante do princípio da preferência pelo julgamento de mérito (art. 4º do Novo CPC).

O § 1º, do art. 1º, da Lei n.º 12.016/2009, equipara às autoridades, para os efeitos da lei, os representantes ou órgãos de partidos políticos e os administradores de entidades autárquicas, bem como os dirigentes de pessoas jurídicas ou as pessoas naturais, no exercício de atribuições do poder público, somente no que disser respeito a essas atribuições.

Os representantes ou órgãos de partidos políticos são equiparados a autoridade para fins de correção do ato por mandado de segurança.

Conforme dispõe a letra "e", do inciso I, do art. 22, do Código Eleitoral, compete ao Tribunal Superior Eleitoral processar e julgar originariamente mandado de segurança, em matéria eleitoral, relativos a atos do Presidente da República.

52.6. O DIREITO LÍQUIDO E CERTO COMO REQUISITO ESPECÍFICO DE ADMISSIBILIDADE

O mandado de segurança tem um requisito específico de admissibilidade que é o direito líquido e certo.

Trata-se de condição da ação do *writ* que, se ausente, inviabiliza o exame do mérito. O direito líquido e certo não se refere ao direito subjetivo da parte, mas se refere à comprovação dos fatos.

Estando ausente o direito líquido e certo, o juiz não concederá a ordem pleiteada. Porém, poderá o impetrante ajuizar outro mandado de segurança, desde que o faça com observância do prazo decadencial (art. 6º, § 6º, da Lei n. 12.016/2009) e valer-se de outros meios de prova para a demonstração dos fatos.

Ausente direito líquido e certo, a ordem será denegada, podendo a matéria ser discutida em outro processo, com fundamento em novas provas.

***Ementa de julgado importante**: MANDADO DE SEGURANÇA – "WRIT" MANDAMENTAL IMPETRADO COM O OBJETIVO DE ASSEGURAR, AO SEGUNDO SUPLENTE, A INVESTIDURA NO MANDATO DE SENADOR – ALEGADA OCORRÊNCIA "DE SIMULAÇÃO E FRAUDE NO PROCESSO ELEITORAL DE 2006" – SITUAÇÃO DE CONTROVÉRSIA OBJETIVA E ILIQUIDEZ DOS FATOS – IMPETRAÇÃO QUE BUSCA, AINDA, REDISCUTIR ATO TORNADO IRRECORRÍVEL CONCERNENTE AO FUNDO DA CONTROVÉRSIA QUE JÁ FOI OBJETO DE RESOLUÇÃO JUDICIAL, COM TRÂNSITO EM JULGADO, NO ÂMBITO DO TRIBUNAL SUPERIOR ELEITORAL – IMPOSSIBILIDADE – O MANDADO DE SEGURANÇA NÃO CONSTITUI SUCEDÂNEO DA AÇÃO RESCISÓRIA – SÚMULA 268/STF – PRECEDENTES – PARECER DA PROCURADORIA-GERAL DA REPÚBLICA PELO NÃO PROVIMENTO – RECURSO DE AGRAVO IMPROVIDO. – Refoge, aos estreitos limites da ação mandamental, o exame de fatos despojados da necessária liquidez, não se revelando possível a instauração, no âmbito do processo de mandado de segurança, de fase incidental de dilação probatória. Precedentes. – A noção de direito líquido e certo ajusta-se, em seu específico sentido jurídico-processual, ao conceito de situação decorrente de fato incontestável e inequívoco, suscetível de imediata demonstração mediante prova literal pré-constituída. Precedentes. – **A simples existência de matéria de fato controvertida revela-se bastante para tornar inviável a utilização do mandado de segurança, que pressupõe, sempre, direito líquido e certo resultante de fato incontestável, passível de comprovação de plano pelo impetrante**. – O remédio constitucional do mandado de segurança não tem cabimento quando utilizado com o objetivo de desconstituir a autoridade da coisa julgada. O ordenamento jurídico brasileiro contempla, para esse efeito, um meio processual específico: a ação rescisória. (MS 30523 AgR, Relator(a): Min. CELSO DE MELLO, Tribunal Pleno, julgado em 09/10/2014, PROCESSO ELETRÔNICO DJe-216 DIVULG 03-11-2014 PUBLIC 04-11-2014).*

52.7. VEDAÇÃO DA UTILIZAÇÃO DO MANDADO DE SEGURANÇA

Não se concederá mandado de segurança quando se tratar: I – de ato do qual caiba recurso administrativo com efeito suspensivo, independentemente de caução; II – de decisão judicial da qual caiba recurso com efeito suspensivo; III – de decisão judicial transitada em julgado.

52.8. VEDAÇÃO DA CONCESSÃO DE LIMINAR

Não será concedida medida liminar que tenha por objeto a compensação de créditos tributários, a entrega de mercadorias e bens provenientes do exterior, a reclassificação ou equiparação de servidores públicos e a concessão de aumento ou a extensão de vantagens ou pagamento de qualquer natureza.

52.9. COMPETÊNCIA PARA O JULGAMENTO DO MANDADO DE SEGURANÇA

O quadro a seguir sintetiza as regras de competência para o julgamento de mandado de segurança, que variará conforme a autoridade impetrada.

Esta competência poderá ser originária dos Tribunais.

Autoridade impetrada	Competência	Fundamento e referências
Presidente da República Ministro do STF Presidente da Mesa da Câmara Presidente da Mesa do Senado Presidente do Tribunal de Contas da União Procurador-geral da República	Supremo Tribunal Federal	Art. 102, I, d, CF Súmula 623 do STF[60]
Ministro de Estado (salvo se for ato de órgão colegiado, Súmula 177 do STJ)[61] Comandante da Marinha, Aeronáutica e Exército Ministro do STJ	Superior Tribunal de Justiça	Art. 105, I, b, da CF Súmula 624 do STF[62]
Desembargador federal ou estadual (membro de Tribunal)	Competência do próprio Tribunal a que pertence o magistrado	Súmula 41 do STJ[63]
Juiz de primeira instância	Competência do Tribunal ao qual o magistrado estiver vinculado	
Governador de Estado Mesa de Assembleia Legislativa Procurador-geral de Justiça	Tribunal de Justiça do Estado	Como regra, nas Constituições dos Estados Por exemplo, art. 74, III da Constituição de SP
Atos relacionados com a jurisdição da Justiça do Trabalho	Justiça do Trabalho	Art. 114, IV, da CF
Autoridade federal – ato suportado pela União ou entidade por ela controlada	Juízo Federal	Art. 109, VIII da CF
Ato de presidente ou de órgão de partido político	Justiça Eleitoral, desde que a decisão puder afetar direitos políticos	

60 Súmula 623 do STF – NÃO GERA POR SI SÓ A COMPETÊNCIA ORIGINÁRIA DO SUPREMO TRIBUNAL FEDERAL PARA CONHECER DO MANDADO DE SEGURANÇA COM BASE NO ART. 102, I, "N", DA CONSTITUIÇÃO, DIRIGIR-SE O PEDIDO CONTRA DELIBERAÇÃO ADMINISTRATIVA DO TRIBUNAL DE ORIGEM, DA QUAL HAJA PARTICIPADO A MAIORIA OU A TOTALIDADE DE SEUS MEMBROS.

61 Súmula 177 do STJ – O SUPERIOR TRIBUNAL DE JUSTIÇA É INCOMPETENTE PARA PROCESSAR E JULGAR, ORIGINARIAMENTE, MANDADO DE SEGURANÇA CONTRA ATO DE ÓRGÃO COLEGIADO PRESIDIDO POR MINISTRO DE ESTADO.

62 Súmula 630 do STF – NÃO COMPETE AO SUPREMO TRIBUNAL FEDERAL CONHECER ORIGINARIAMENTE DE MANDADO DE SEGURANÇA CONTRA ATOS DE OUTROS TRIBUNAIS.

63 Súmula 41 do STJ – O SUPERIOR TRIBUNAL DE JUSTIÇA NÃO TEM COMPETENCIA PARA PROCESSAR E JULGAR, ORIGINARIAMENTE, MANDADO DE SEGURANÇA CONTRA ATO DE OUTROS.

Autoridade impetrada	Competência	Fundamento e referências
Autoridade estadual ou municipal	Juízo de Direito (Justiça estadual)	Constituições Estaduais
Juiz do Juizado Especial	Colégio Recursal ou Turma recursal	Súmula 376 do STJ, com observação da RE n.º 576.847, no sentido do não cabimento de MS contra ato judicial dos Juizados.
Ato do Juizado contestando a competência desse órgão jurisdicional	Tribunal de Justiça do Estado	REsp 17.524/BA

52.10. SENTENÇA PROFERIDA NO MANDADO DE SEGURANÇA

A sentença poderá ser concessiva de ordem, quando o mérito terá obrigatoriamente sido analisado, ou denegatória de ordem. Neste último caso, o mérito poderá ou não ter sido analisado.

SENTENÇA
- CONCESSIVA DE ORDEM.
- DENEGATÓRIA DE ORDEM.
  - COM RESOLUÇÃO MÉRITO.
  - SEM RESOLUÇÃO MÉRITO.

52.11. COISA JULGADA E CUMPRIMENTO DE SENTENÇA

Em conformidade com o art. 19, da Lei 12.016/09, "a sentença ou o acórdão que denegar mandado de segurança, sem decidir o mérito, não impedirá que o requerente, por ação própria, pleiteie os seus direitos e os respectivos efeitos patrimoniais".

Formando-se a coisa julgada, é possível o cumprimento do julgado, especialmente com relação **aos seus efeitos patrimoniais**, podendo ser objeto de execução, contra a pessoa jurídica, nos próprios autos do mandado de segurança, seguindo-se o regime de cumprimento de obrigação consubstanciada em título executivo judicial (art. 535 e seguintes do Novo CPC).

A propósito, sempre prevaleceu o entendimento de que poderiam ser englobadas no cumprimento de sentença unicamente as prestações que vencessem após a data de ajuizamento da inicial, não englobando valores anteriores, que deverão ser objeto de ação de conhecimento própria (art. 14, § 4º). Porém, este entendimento também está sendo modificado, admitindo-se o cumprimento de sentença em relação aos valores devidos anteriormente ao ajuizamento da ação.

Informativo n. 578 do Superior Tribunal de Justiça:

Em mandado de segurança impetrado contra redução do valor de vantagem integrante de proventos ou de remuneração de servidor público, os efeitos financeiros da concessão da ordem retroagem à data do ato impugnado. *Não se desconhece a orientação das Súmulas n. 269 e 271 do STF, à luz das quais caberia à parte impetrante, após o trânsito em julgado da sentença mandamental concessiva, ajuizar nova demanda de natureza condenatória para reivindicar os valores vencidos em data anterior à impetração do mandado de segurança. Essa exigência, contudo, não apresenta nenhuma utilidade prática e atenta contra os princípios da justiça, da efetividade processual, da celeridade e da razoável duração do processo. Ademais, essa imposição estimula demandas desnecessárias e que movimentam a máquina judiciária, de modo a consumir tempo e recursos de forma completamente inútil, e enseja inclusive a fixação de honorários sucumbenciais, em ação que já se sabe destinada à procedência. Corroborando esse entendimento, o STJ firmou a orientação de que, nas hipóteses em que o servidor público deixa de auferir seus vencimentos ou parte deles em razão de ato ilegal ou abusivo do Poder Público, os efeitos financeiros da concessão de ordem mandamental devem retroagir à data do ato impugnado, violador do direito líquido e certo do impetrante. Isso porque os efeitos patrimoniais são mera consequência da anulação do ato impugnado que reduz o valor de vantagem nos proventos ou remuneração do impetrante (MS 12.397-DF, Terceira Seção, DJe 16/6/2008). Precedentes citados: EDcl no REsp 1.236.588-SP, Segunda Turma, DJe 10/5/2011; e AgRg no REsp 1.090.572-DF, Quinta Turma, DJe 1º/6/2009. EREsp 1.164.514-AM, Rel. Min. Napoleão Nunes Maia Filho, julgado em 16/12/2015, DJe 25/2/2016.*

52.12. MANDADO DE SEGURANÇA COLETIVO

O mandado de segurança também poderá ser espécie de ação coletiva para a tutela de determinados interesses.

Nesse sentido, assegura-se a possibilidade de ajuizamento do mandado de segurança coletivo por partido político com representação no Congresso Nacional ou por organização sindical, entidade de classe ou associação legalmente constituída e em funcionamento há pelo menos um ano, em defesa dos interesses de seus membros ou associados (art. 5º, LXX, da Constituição Federal).

O Superior Tribunal de Justiça também admite a legitimação ativa do Ministério Público para ao ajuizamento de mandado de segurança coletivo, defendendo-se que o Parquet pode valer-se da ação necessária para a defesa de interesses metaindividuais.

A Lei n. 12.016/2009, em seu artigo 21, regulamenta tal possibilidade, contudo, restringe o seu alcance à defesa de direitos líquidos e certos da totalidade, ou de parte, dos membros ou associados, na forma dos seus estatutos e desde que pertinentes às suas finalidades, dispensada, para tanto, autorização especial.

A partir de tal redação, defendeu-se, não sem críticas, que o mandado de segurança coletivo não tutela interesse difusos, estando restrito aos interesses coletivos e individuais homogêneos. As críticas a tal entendimento são várias e podem ser resumidas no fato de que a lei importaria em restringir o alcance da própria Constituição Federal.

O entendimento, porém, foi objeto de análise do julgamento da medida cautelar em mandado de segurança nº 34.070-DF, Relatoria do Ministro Gilmar Mendes, quando se reconheceu que o mandado de segurança coletivo poderá ser utilizado para a tutela de interesses difusos, sendo que, até o lançamento desta obra, o mérito do writ não havia sido julgado.

53. MANDADO DE INJUNÇÃO

53.1. OBSERVAÇÕES PRÉVIAS

Em conformidade com o art. 5º, LXXI, da Constituição Federal, conceder-se-á mandado de injunção sempre que a falta de norma regulamentadora torne inviável o exercício dos direitos e liberdades constitucionais e das prerrogativas inerentes à nacionalidade, à soberania e à cidadania.

A Lei n. 13.300/2016 disciplina o processo e o julgamento dos mandados de injunção individual e coletivo, propiciando celeridade ao controle constitucional de omissões normativas do poder público.

O advento desta lei era há muito esperado, notadamente depois que o Supremo Tribunal Federal reconheceu o caráter normativo-concretizados da ação, notadamente após o julgamento dos MI n. 670, 708 e 712, quando a Corte tutelou direito subjetivo até então de exercício impossibilitado.

Vê-se que o mandado de injunção é remédio constitucional destinado a sanar a ausência de norma regulamentadora que torne inviável o exercício dos direitos e liberdades constitucionais e das prerrogativas inerentes à nacionalidade, à soberania e à cidadania.

53.2. LEGITIMIDADE

São partes legítimas as pessoas naturais ou jurídicas que se afirmarem titulares dos direitos, das liberdades ou das prerrogativas e, como impetrado, o Poder, o órgão ou a autoridade com atribuição para editar a norma regulamentadora.

53.3. RECONHECIMENTO DA MORA LEGISLATIVA

Uma vez reconhecida a mora legislativa, será deferida a injunção para: i) determinar prazo razoável para que o impetrado promova a edição da norma regulamentadora; ii) estabelecer as condições em que se dará o exercício dos direitos, das liberdades ou das prerrogativas reclamados ou, se for o caso, as condições em que poderá o interessado promover ação própria visando a exercê-los, caso não seja suprida a mora legislativa no prazo determinado.

53.4. EFEITOS DA DECISÃO

A decisão gerará efeitos limitados à parte. Contudo, terá eficácia *ultra partes* ou *erga omnes* quando isso for inerente ou indispensável ao exercício do direito, da liberdade ou da prerrogativa objeto da impetração.

Admite-se que a decisão transitada em julgado estenda os seus efeitos aos casos análogos por decisão monocrática do relator.

A norma regulamentadora superveniente produzirá efeitos ex nunc em relação aos beneficiados por decisão transitada em julgado, a não ser que a aplicação da norma editada lhes for mais favorável.

53.5. MANDADO DE INJUNÇÃO COLETIVO

O mandado de injunção coletivo pode ser promovido: I – pelo Ministério Público, quando a tutela requerida for especialmente relevante para a defesa da ordem jurídica, do regime democrático ou dos interesses sociais ou individuais indisponíveis; II – por partido político com representação no Congresso Nacional, para assegurar o exercício de direitos, liberdades e prerrogativas de seus integrantes ou relacionados com a finalidade partidária; III – por organização sindical, entidade de classe ou associação legalmente constituída e em funcionamento há pelo menos 1 (um) ano, para assegurar o exercício de direitos, liberdades e prerrogativas em favor da totalidade ou de parte de seus membros ou associados, na forma de seus estatutos e desde que pertinentes a suas finalidades, dispensada, para tanto, autorização especial; IV – pela Defensoria Pública, quando a tutela requerida for especialmente relevante para a promoção dos direitos humanos e a defesa dos direitos individuais e coletivos dos necessitados, na forma do inciso LXXIV do art. 5o da Constituição Federal.

53.6. APLICAÇÃO SUBSIDIÁRIA DO PROCEDIMENTO DO MANDADO DE SEGURANÇA

Aplicam-se subsidiariamente ao mandado de injunção as normas do mandado de segurança disciplinado na Lei n. 12.016/2009 e do CPC.

54. *HABEAS DATA*

54.1. PREVISÃO CONSTITUCIONAL E REGULAMENTAÇÃO PROCEDIMENTAL

O *habeas data* foi previsto na Constituição Federal como um remédio constitucional destinado a (i) assegurar o conhecimento de informações relativas à pessoa do impetrante, constantes de registros ou bancos de dados de entidades governamentais ou de caráter público, ou, então (ii) para a retificação de dados, quando não se prefira fazê-lo por processo sigiloso, judicial ou administrativo.

Como se pode ver, tem a ação a função de conhecimento, retificação ou assentamento, que podem estar concentradas em uma única ação.[64]

O seu procedimento está regulado pela Lei 9.507/97.

---

64 AGRA, Welber de Moura. *Comentários à Constituição Federal.* (Org. CANOTILHO, JJ. Gomes e outros), p. 486. São Paulo: Saraiva, 2014.

54.2. LEGITIMIDADE

Podem propor o *habeas data* as pessoas físicas, nacionais e estrangeiras, bem como as pessoas jurídicas.

No polo passivo figurarão as instituições públicas e as privadas que tenham caráter público (assim identificadas aquelas que disponibilizam informações a terceiros).

54.3. CONDIÇÕES ESPECÍFICAS PARA A AÇÃO

Há uma condição específica para o ajuizamento do *habeas data*: a necessidade de provar a negativa da Administração Pública ou da pessoa jurídica de direito privado quanto ao pleito do autor.

Além disso, tal como ocorre com o mandado de segurança, também há necessidade do direito líquido e certo, conforme discorreu Walber de Moura Angra:

> *Uma especificidade do instituto ora analisado é a exigência de direito líquido e certo como requisito para a sua admissão, implicando que o direito pleiteado deve ser certo na sua existência e limitado em seu conteúdo, sem possibilidade de dilação probatória. Mesmo a Lei 9.507/97 não expressamente a prevendo, o motivo maior não é de razão positiva, mas de razão lógica, em decorrência de que o procedimento célere previsto nesse dispositivo não comporta produção de prova.*[65]

54.4. ASPECTOS PROCEDIMENTAIS

A petição inicial deve ser instruída com a (i) recusa ao acesso às informações ou do decurso do prazo de **10 dias** sem decisão; (ii) recusa em fazer-se a retificação ou do decurso de mais de **15 dias**, sem decisão; (iii) ou, então, da recusa em fazer-se a anotação possibilitada pelo assentamento ou o decurso do prazo de **15 dias**.

Ajuizada a ação, a autoridade impetrada será notificada para apresentar informações no prazo de 10 dias, seguindo-se o parecer do Ministério Público em 05 dias, proferindo o magistrado a sentença.

Sendo de procedência a sentença, eventual apelação será recebida apenas em seu efeito devolutivo.

54.5. COMPETÊNCIA

Em conformidade com o art. 20, da Lei 9.507/97, o julgamento do *habeas data* compete:

> *I – originariamente:*
>
> *a) ao Supremo Tribunal Federal, contra atos do Presidente da República, das Mesas da Câmara dos Deputados e do Senado Federal, do Tribunal de Contas da União, do Procurador-Geral da República e do próprio Supremo Tribunal Federal;*
>
> *b) ao Superior Tribunal de Justiça, contra atos de Ministro de Estado ou do próprio Tribunal;*
>
> *c) aos Tribunais Regionais Federais contra atos do próprio Tribunal ou de juiz federal;*
>
> *d) a juiz federal, contra ato de autoridade federal, excetuados os casos de competência dos tribunais federais;*
>
> *e) a tribunais estaduais, segundo o disposto na Constituição do Estado;*
>
> *f) a juiz estadual, nos demais casos;*
>
> *II – em grau de recurso:*
>
> *a) ao Supremo Tribunal Federal, quando a decisão denegatória for proferida em única instância pelos Tribunais Superiores;*
>
> *b) ao Superior Tribunal de Justiça, quando a decisão for proferida em única instância pelos Tribunais Regionais Federais;*
>
> *c) aos Tribunais Regionais Federais, quando a decisão for proferida por juiz federal;*
>
> *d) aos Tribunais Estaduais e ao do Distrito Federal e Territórios, conforme dispuserem a respectiva Constituição e a lei que organizar a Justiça do Distrito Federal;*
>
> *III – mediante recurso extraordinário ao Supremo Tribunal Federal, nos casos previstos na Constituição.*

55. O PROCESSO CIVIL NOS SISTEMAS DE CONTROLE DA CONSTITUCIONALIDADE. AÇÃO DIRETA DE INCONSTITUCIONALIDADE. AÇÃO DECLARATÓRIA DE CONSTITUCIONALIDADE. MEDIDA CAUTELAR. DECLARAÇÃO INCIDENTAL DE INCONSTITUCIONALIDADE

55.1. OBSERVAÇÕES GERAIS

A Lei n. 9.868/1999 dispõe sobre o processo e julgamento da ação direta de inconstitucionalidade e da ação declaratória de constitucionalidade perante o STF.

55.2. PROCEDIMENTO DA AÇÃO DIRETA DE INCONSTITUCIONALIDADE

A petição inicial indicará: I – o dispositivo da lei ou do ato normativo impugnado e os fundamentos jurídicos do pedido em relação a cada uma das impugnações; II – o pedido, com suas especificações.

Competirá ao relator indeferir a petição inicial inepta, não fundamentada ou manifestamente improcedente, cabendo agravo da decisão.

Não se admite a desistência da ação direta de inconstitucionalidade. Também não se admite a intervenção de terceiros, muito embora seja admita a manifestação de outros órgãos ou entidades como *amicus curiae*.

Serão requisitadas informações à autoridade, ouvidos o Advogado-Geral da União e o Procurador-Geral da República. Ao final, o relator lançará seu voto e pedirá dia para julgamento.

65 AGRA, Welber de Moura. *Comentários à Constituição Federal*. CANOTILHO, JJ. Gomes e outros (orgs.). São Paulo: Saraiva, 2014, p. 488.

55.3. MEDIDA CAUTELAR

Com exceção do período de recesso, a medida cautelar na ação direta de inconstitucionalidade poderá ser concedida apenas por decisão da maioria absoluta dos membros do Tribunal, após a audiência dos órgãos ou autoridades dos quais emanou a lei ou o ato normativo impugnado (salvo em caso de excepcional urgência).

A medida cautelar torna aplicável a legislação anterior acaso existente, salvo expressa manifestação em sentido contrário. Além disso, tem efeito ex nunc, salvo se o Tribunal deliberar de maneira diversa.

55.4. AÇÃO DECLARATÓRIA DE CONSTITUCIONALIDADE

A petição inicial indicará: I – o dispositivo da lei ou do ato normativo impugnado e os fundamentos jurídicos do pedido em relação a cada uma das impugnações; II – o pedido, com suas especificações; III – a existência de controvérsia judicial relevante sobre a aplicação da disposição objeto da ação declaratória.

Competirá ao relator indeferir a petição inicial inepta, não fundamentada ou manifestamente improcedente, cabendo agravo da decisão.

Não se admite a desistência da ação direta de inconstitucionalidade. Também não se admite a intervenção de terceiros, muito embora seja admita a manifestação de outros órgãos ou entidades como *amicus curiae*.

Serão requisitadas informações à autoridade, ouvidos o Advogado-Geral da União e o Procurador-Geral da República. Ao final, o relator lançará seu voto e pedirá dia para julgamento.

A decisão sobre a constitucionalidade ou a inconstitucionalidade da lei ou do ato normativo somente será tomada se presentes na sessão pelo menos oito Ministros. Proclamada a constitucionalidade, julgar-se-á improcedente a ação direta ou procedente eventual ação declaratória; e, proclamada a inconstitucionalidade, julgar-se-á procedente a ação direta ou improcedente eventual ação declaratória.

A decisão que declara a constitucionalidade ou a inconstitucionalidade da lei ou do ato normativo em ação direta ou em ação declaratória é irrecorrível, ressalvada a interposição de embargos declaratórios, não podendo, igualmente, ser objeto de ação rescisória.

Admite-se a modulação dos efeitos ou atribuir-lhe efeitos prospectivos por decisão da maioria de dois terços de seus membros.

55.5. AÇÕES CIVIS CONSTITUCIONAIS

Dá-se o nome de ações civis constitucionais aos instrumentos previstos na Constituição: mandado de segurança, mandado de injunção, Habeas Data, ação popular, Habeas Corpus e a ação civil pública.

55.6. ARGUIÇÃO DE DESCUMPRIMENTO DE PRECEITO FUNDAMENTAL

A Lei n. 9.882/1999 dispõe sobre o processo e julgamento da arguição de descumprimento de preceito fundamental (art. 102, § 1º da CF).

A petição inicial será indeferida liminarmente pelo relator quando não for o caso de arguição de descumprimento de preceito fundamental, faltar algum dos requisitos prescritos na lei ou for inepta. Desta decisão caberá agravo, no prazo de cinco dias.

O pedido de liminar poderá ser deferido por decisão de maioria absoluta dos membros do STF, o que também será admissível ao relator, de forma monocrática, em caso de extrema urgência ou perigo de lesão grave, ou, ainda, em período de recesso.

Após apreciado o pedido de liminar, serão requisitadas informações às autoridades responsáveis pela prática do ato questionado, no prazo de 10 dias.

A decisão sobre a arguição de descumprimento de preceito fundamental somente será tomada se presentes na sessão pelo menos dois terços dos Ministros.

Ao declarar a inconstitucionalidade de lei ou ato normativo, no processo de arguição de descumprimento de preceito fundamental, e tendo em vista razões de segurança jurídica ou de excepcional interesse social, poderá o Supremo Tribunal Federal, por maioria de dois terços de seus membros, restringir os efeitos daquela declaração ou decidir que ela só tenha eficácia a partir de seu trânsito em julgado ou de outro momento que venha a ser fixado.

A decisão que julgar procedente ou improcedente o pedido em arguição de descumprimento de preceito fundamental é irrecorrível, não podendo ser objeto de ação rescisória.

56. AÇÃO DE IMPROBIDADE ADMINISTRATIVA

56.1. ASPECTOS DE DIREITO MATERIAL

Os atos de improbidade administrativa poderão implicar na "suspensão dos direitos políticos, a perda da função pública, a indisponibilidade dos bens e o ressarcimento ao erário, na forma e gradação previstas em lei, sem prejuízo da ação penal cabível" (art. 37, § 4º, CF).

Para tanto, há necessidade da instauração de uma ação própria, a fim de que haja a apuração da autoria desses atos, aplicando o juiz, ao final, a respectiva sanção prevista. Trata-se, em verdade, de uma espécie de ação coletiva, com rito específico.

O disposto no § 4º do art. 37 foi regulamentado pela Lei 8.429/1992, ato normativo este que dispôs, basicamente, de quatro aspectos: a) sujeitos do ato de improbidade; b) tipologia; c) sanções; d) procedimento administrativo e judicial.[66]

a) Sujeitos do ato de improbidade

Podem ser apontados os sujeitos ativos e passivos do ato de improbidade administrativa, assim identificados pelo art. 3º, da LIA: (i) agentes públicos, servidores ou não; (ii) terceiros que, mesmo não sendo agentes públicos, induzam ou

66 DONIZETTI, Elpídio. CERQUEIRA, Marcelo Malheiros. *Curso de processo coletivo*. São Paulo: Atlas, 2010, p. 497.

concorram para a prática do ato ou dele se beneficiem sob qualquer forma direta ou indireta.[67]

No que tange aos **agentes políticos**, registre-se a problemática envolvendo a possibilidade ou não de estarem sujeitos ao regime da improbidade administrativa, ou aos crimes de responsabilidade, **prevalecendo a tese de que tais agentes estão sujeitos aos dois regimes, concomitantemente.**[68]

Tema que ainda não possui uma diretriz segura nos Tribunais Superiores[69] é o de se saber a **competência para o julgamento da ação de improbidade administrativa quando acionados agentes políticos.**

Em regra, a competência será do juízo de primeira instância, havendo ou não foro privilegiado para a ação penal.

No entanto, a questão, em relação aos agentes políticos, não é tão simples.

De acordo com atual posição do STF, firmada na PET 3240, o foro por prerrogativa de função previsto na Constituição Federal não é extensível às ações de improbidade administrativa.

Sujeitos passivos dos atos de improbidade administrativa são as pessoas jurídicas lesadas: União, Estados, Distrito Federal, Municípios, autarquias, fundações, empresas públicas e sociedades de economia mista, entidades para cuja criação ou custeio o erário haja concorrido ou concorra com mais de 50% do patrimônio ou da receita anual, bem como entidades que recebam subvenção, benefício ou incentivo, fiscal ou creditício, entidades para cuja criação ou custeio o erário haja concorrido ou concorra com menos de 50% do patrimônio ou da receita anual.

b) tipologia

São atos de improbidade administrativa aqueles que:

(i) importem em enriquecimento ilícito do autor;

(ii) causem prejuízo ao erário;

(iii) atentem contra os princípios da Administração Pública.

(IV) Decorrentes de concessão ou aplicação indevida de benefício financeiro ou tributário.

c) sanções

O art. 12, da Lei de Improbidade, estabelece as seguintes sanções:

Tipo	Sanção
Atos que importem em enriquecimento ilícito	Perda dos bens ou valores acrescidos ilicitamente ao patrimônio, ressarcimento integral do dano, quando houver, perda da função pública, suspensão dos direitos políticos de oito a dez anos, pagamento de multa civil de até três vezes o valor do acréscimo patrimonial e proibição de contratar com o Poder Público ou receber benefícios ou incentivos fiscais ou creditícios, direta ou indiretamente, ainda que por intermédio de pessoa jurídica da qual seja sócio majoritário, pelo prazo de dez anos.
Atos que causem prejuízo ao erário	Ressarcimento integral do dano, perda dos bens ou valores acrescidos ilicitamente ao patrimônio, se concorrer essa circunstância, perda da função pública, suspensão dos direitos políticos de cinco a oito anos, pagamento de multa civil de até duas vezes o valor do dano e proibição de contratar com o Poder Público ou receber benefícios ou incentivos fiscais ou creditícios, direta ou indiretamente, ainda que por intermédio de pessoa jurídica da qual seja sócio majoritário, pelo prazo de cinco anos;

67 Op. cit., p. 498

68 Administrativo. Ação de improbidade. Lia. Aplicabilidade a agentes políticos.

1. O STJ firmou entendimento no sentido de que os agentes políticos se submetem aos ditames da Lei de Improbidade Administrativa, sem prejuízo da responsabilização política e criminal estabelecida no Decreto-Lei 201/1967.

2. Agravo Regimental não provido.

(STJ, 2ª T., AgRg no AREsp 426.418/RS, Rel. Min. Herman Benjamin, j. 06.02.2014, DJe 06.03.2014).

E também: Agravo regimental no agravo de instrumento. Prequestionamento implícito. Impossibilidade. Alegada existência de ofensa direta a normas constitucionais, a permitir o conhecimento do recurso. Decisão atacada que apreciou adequada e exaustivamente as questões em debate nos autos. Eventuais ofensas concernentes ao plano infraconstitucional. Precedentes. 1. Não admite a Corte a existência de prequestionamento implícito. Se a análise das alegadas violações às normas constitucionais em que fundamentado o recurso extraordinário depende, para sua verificação, da apreciação de normas infraconstitucionais e dos fatos em debate nos autos, tal como aqui ocorre, cuida-se de ofensa meramente reflexa, de insuscetível constatação, em recurso extraordinário. 2. A ação de improbidade administrativa, com fundamento na Lei nº 8.429/92, também pode ser ajuizada em face de agentes políticos. Precedentes. 3. A análise da legalidade de ato administrativo pelo Poder Judiciário não implica a violação do princípio da separação de poderes, sendo certo que a apreciação de contas de detentor de mandato eletivo pelo órgão do Poder Legislativo competente não impede o ajuizamento de ação civil pública com vistas ao ressarcimento de danos eventualmente decorrentes desses mesmos fatos. Precedentes. 4. Agravo regimental não provido". (STJ, 1ª T., AI 809338 AgR, rel. Min. Dias Toffoli, j. 29.10.2013, DJe 21.03.2014)

69 "Devemos admitir que o tema ainda não possui uma diretriz segura nos Tribunais Superiores, mas a tendência é admitir, a nosso ver, o foro por prerrogativa de função em se tratando de agentes públicos submetidos à jurisdição originária dos Tribunais Superiores em outras situações, como em ações penais". GAJARDONI, Fernando da Fonseca. CRUZ, Luana Pedrosa de Figueiredo. CERQUEIRA, Luís Otávio Sequeira. GOMES JÚNIOR, Luiz Manoel. FAVRETO, Rogério. *Comentários à Lei de Improbidade Administrativa.* São Paulo: RT, 2014, p. 265.

Tipo	Sanção
Atos que atentem contra os princípios da Administração Pública	Ressarcimento integral do dano, se houver, perda da função pública, suspensão dos direitos políticos de três a cinco anos, pagamento de multa civil de até cem vezes o valor da remuneração percebida pelo agente e proibição de contratar com o Poder Público ou receber benefícios ou incentivos fiscais ou creditícios, direta ou indiretamente, ainda que por intermédio de pessoa jurídica da qual seja sócio majoritário, pelo prazo de três anos.

56.2. LEGITIMIDADE

Podem propor a ação de improbidade administrativa o **Ministério Público e a pessoa jurídica interessada** (art. 17, *caput*, da LIA).

Proposta a demanda pelo Ministério Público, a pessoa jurídica lesada será citada para, segundo o interesse público o exigir, contestar o pedido ou decidir se atua ao lado do autor. Trata-se do que foi denominado de **intervenção móvel**.[70]

56.3. PROCEDIMENTO DE IMPROBIDADE ADMINISTRATIVA

a) Procedimento administrativo

Qualquer pessoa poderá representar à autoridade administrativa competente para que seja instaurada investigação apta a apurar ato de improbidade administrativa.

Havendo conhecimento de ato de improbidade, a comissão processante disciplinar deverá dar conhecimento de tal fato ao Ministério Público e também ao Tribunal de Contas, representando àquele ou à procuradoria jurídica do órgão para que requeira a decretação do arresto de bens.

b) Procedimento judicial

O procedimento judicial é iniciado a partir de petição inicial apresentada pelo Ministério Público ou pela pessoa jurídica, que deve ser ajuizada no prazo de 30 dias contados da efetivação de eventual medida cautelar preparatória.

Estando a inicial em termos, o magistrado promoverá uma cognição prévia. Para tanto, o juiz ordenará a notificação do réu para, no prazo de 15 dias, oferecer manifestação escrita e apresentar documentos.

Recebida a manifestação – ou decorrido o prazo para o seu oferecimento – o magistrado fará a análise e, convencido da inexistência do ato improbidade administrativa, de improcedência do pedido ou da inadequação da via eleita, poderá, em decisão fundamentada, analisar ou não o mérito. Porém, convencido da verossimilhança das alegações, receberá a inicial e determinará a citação do réu para oferecimento de resposta. Tal decisão poderá ser impugnada pelo recurso de agravo de instrumento.

Ofertada a contestação, inicia-se a fase instrutória e ao final o juiz proferirá sentença.

56.4. A IMPOSSIBILIDADE DE CELEBRAR TRANSAÇÃO EM AÇÃO DE IMPROBIDADE ADMINISTRATIVA

O § 1º, do art. 17, da Lei n. 8.429/1992, veda a transação, acordo ou conciliação nas ações de improbidade administrativa.

56.5. SEQUESTRO E ARRESTO DE BENS

Em conformidade com o art. 16 da Lei nº 8.429/1992, será possível requerer o sequestro dos bens do agente ou terceiro que tenha enriquecido ilicitamente ou causado dano ao patrimônio público. Tal pedido, em consonância com o dispositivo legal, será processado de acordo com o previsto nos artigos 822 e 825 do CPC de 1973.

Algumas observações são importantes a respeito do dispositivo.

Em primeiro lugar, que poderá ser deferido não somente o sequestro, mas também o arresto, a depender da providência necessária.

E, também, de que deve ser compreendida a medida no regime da tutela provisória do Novo Código de Processo Civil.

Com efeito, conforme já foi visto, a tutela provisória (que pode ser revogada) poderá ter dois fundamentos: i) urgência, em que há necessidade de demonstração da existência de fundamentos relevantes e de risco de dano grave ou de difícil reparação, podendo ser deferida como tutela antecipada ou tutela cautelar; ii) evidência, em que não há necessidade do elemento "risco".

As tutelas de urgência poderão ser deferidas em caráter antecedente ou incidental. Em outras palavras, embora na mesma relação processual, poderá o autor requerê-la por meio de petição antecedente, que será posteriormente completada no mesmo processo, ou, então, poderá ser requerida quando já iniciado o processo.

A medida cautelar de arresto apresenta-se como uma hipótese de tutela de urgência cautelar, a ser requerida em caráter antecedente ou incidentalmente no processo.

Tratando-se de medida em caráter antecedente, devem ser observadas as regras constantes dos artigos 305 a 310 do Novo Código de Processo Civil, que podem ser assim resumidas:

a) será apresentada petição inicial antecedente, com indicação da lide e seu fundamento, a exposição sumária do direito que se objetiva assegurar e o perigo de dano ou o risco ao resultado útil do processo;

b) o réu será citado para, no prazo de cinco dias, contestar o pedido e indicar as provas que pretende produzir;

c) o juiz decidirá, sem prejuízo de, ante a urgência, já haver deferido a medida em caráter liminar;

70 DONIZETTI, Elpídio. CERQUEIRA, Marcelo Malheiros. *Curso de Processo Coletivo*. São Paulo: Atlas, 2010, p. 505.

d) uma vez efetivada a tutela cautelar, o pedido principal terá de ser formulado no prazo de 30 dias, nos mesmos autos.

56.6. AFASTAMENTO PROVISÓRIO

Será possível, também, determinar o **afastamento provisório** do agente público do exercício do cargo, emprego ou função, sem prejuízo da remuneração, quando a medida se fizer necessária **à instrução processual** (art. 20, parágrafo único, da Lei n. 8.429/1992).

É possível refletir: qual a natureza de tal afastamento? Trata-se de medida cautelar, pois tem a finalidade de assegurar o resultado útil do processo.

Assim sendo, questiona-se: se a prova for produzida em ação ajuizada exclusivamente para a sua colheita (ação probatória). Nesse caso, seria possível o afastamento do agente se isso for necessário à instrução processual?

É de ser registrado, inicialmente, que a produção antecipada de prova poderá ser deferida em sede de ***ação probatória autônoma***, que não prevenirá o juízo (artigos 381 a 383 do Novo CPC).

Nesse caso, a pretensão é unicamente a de produzir antecipadamente a prova, não havendo discussão quanto, por exemplo, ao ato de improbidade administrativa.

Por isso, segundo aqui se defende, ao menos em tese, apresenta-se temeroso que o magistrado defira o afastamento provisório do agente, ainda que tal medida seja necessária à instrução processual, quando sequer houve admissibilidade da inicial da ação de improbidade administrativa, devendo ser levado em consideração o aspecto excepcional do afastamento.

56.7. INDISPONIBILIDADE DE BENS

A Lei n. 8.429/1992, como visto nos dois últimos subitens, prevê a possibilidade de mais de uma hipótese de tutela provisória. E também o fez em relação à decretação da indisponibilidade de bens do autor do ato de improbidade.

Nesse sentido, indica o art. 7º que, quando o ato de improbidade causar lesão ao patrimônio público ou ensejar enriquecimento ilícito, caberá a autoridade administrativa responsável pelo inquérito representar ao Ministério Público, para a indisponibilidade dos bens do indiciado.

Tal indisponibilidade recairá sobre bens que assegurem o integral ressarcimento do dano, ou sobre o acréscimo patrimonial resultante do enriquecimento ilícito, e pode ser considerada uma hipótese de **tutela provisória da evidência**, sendo desnecessária a comprovação da dilapidação do patrimônio.[71]

56.8. PREVENÇÃO DO JUÍZO

A propositura da ação prevenirá a jurisdição para todas as ações posteriormente ajuizadas e que disserem respeito ao mesmo pedido ou causa de pedir. Note-se que o disposto no § 5º, do art. 17, da Lei n. 8.429/1992, está em consonância com o previsto no art. 59 do NCPC (o registro ou a distribuição da petição inicial torna prevento o juízo).

56.9. DA SENTENÇA

A sentença que julgar procedente a ação civil de reparação de danos ou decretar a perda dos bens havidos ilicitamente determinará o pagamento ou a reversão dos bens, conforme o caso, em favor da pessoa jurídica prejudicada pelo ilícito.

56.10. DA PRESCRIÇÃO

As ações destinadas a levar a efeitos as sanções previstas na Lei de Improbidade Administrativas prescreverão: i) em cinco anos após o término de mandato, de cargo em comissão ou de função de confiança, prevalecendo a tese de que tal prazo se conta do término do segundo mandato no caso de reeleição do agente[72]; ii) dentro do prazo prescricional previsto em lei específica para faltas disciplinares puníveis com demissão a bem do serviço público, nos casos de cargo efetivo ou emprego; iii) cinco anos da data da apresentação à administração pública da prestação de contas final pelas entidades que tenham tal obrigação.

Questiona-se em relação à prescrição da pretensão de ressarcimento do erário público, em razão do que é previsto no § 5º do art. 37 da Constituição Federal, segundo o qual "a lei estabelecerá os prazos de prescrição para ilícitos praticados por qualquer agente, servidor ou não, que causem prejuízo ao erário, ressalvadas as respectivas ações de ressarcimento".

A partir de tal disposição constitucional, defende-se a tese da imprescritibilidade de tal reparação.

O Supremo Tribunal Federal analisou a tese da imprescritibilidade sob o viés da pretensão de reparação geral, chegando à conclusão de que não se trata de pretensão imprescritível. E assim o fez no Recurso Extraordinário n. RE 669069/MG, rel. Min. Teori Zavascki, 3.2.2016, do qual é possível extrair o precedente da prescritibilidade da pretensão indenizatória a ser exercida pela Fazenda Pública. Porém, conforme se verifica da fundamentação e dos debates, o Supremo não se manifestou em relação à pretensão de reparação para as ações de improbidade administrativa e decorrentes de ilícitos penais.

---

71 "(...) A Primeira Seção desta Corte Superior firmou a orientação no sentido de que a decretação de indisponibilidade de bens em improbidade administrativa dispensa a demonstração de dilapidação do patrimônio para a configuração de periculum in mora, o qual estaria implícito ao comando normativo do art. 7º da Lei 8.429/92, bastando a demonstração do fumus boni iuris que consiste em indícios de atos ímprobos. (...). (AgRg no REsp 1541598/RJ, Rel. Ministro MAURO CAMPBELL MARQUES, SEGUNDA TURMA, julgado em 05/11/2015, DJe 13/11/2015).

72 STJ, AgRg no AREsp 161.420/TO, Rel. Ministro HUMBERTO MARTINS, SEGUNDA TURMA, DJe de 14/04/2014). No mesmo sentido: STJ, AgRg no REsp 1.510.969/SP, Rel. Ministra REGINA HELENA COSTA, PRIMEIRA TURMA, DJe de 11/11/2015; STJ, Resp .414.757/RN, Rel. Ministro HUMBERTO MARTINS, SEGUNDA TURMA, DJe de 16/10/2015; STJ, REsp 1.290.824/MG, Rel. Ministra ELIANA CALMON, SEGUNDA TURMA, DJe de 29/11/2013.

Nesse sentido, por ora, ainda prevalece o precedente que pode ser extraído da jurisprudência do Superior Tribunal de Justiça, segundo o qual a pretensão reparatória na ação de improbidade é imprescritível (AREsp 79268/MS, Rel. Ministra Eliana Calmon).

✦ SÚMULAS

NORMAS FUNDAMENTAIS DO PROCESSO CIVIL E APLICAÇÃO DAS NORMAS PROCESSUAIS

- **Súmula 242 STJ.** Cabe ação declaratória para reconhecimento de tempo de serviço para fins previdenciários.
- **Súmula 181 STJ.** É admissível ação declaratória, visando a obter certeza quanto à exata interpretação de cláusula contratual.

COMPETÊNCIA INTERNA

- **Súmula vinculante 27.** Compete à justiça estadual julgar causas entre consumidor e concessionária de serviço público de telefonia, quando a Anatel não seja litisconsorte passiva necessária, assistente, nem oponente.
- **Súmula vinculante 22.** A Justiça do Trabalho é competente para processar e julgar as ações de indenização por danos morais e patrimoniais decorrentes de acidente de trabalho propostas por empregado contra empregador, inclusive aquelas que ainda não possuíam sentença de mérito em primeiro grau quando da promulgação da Emenda Constitucional nº 45/04.
- **Súmula 556 STF.** É competente a justiça comum para julgar as causas em que é parte sociedade de economia mista.
- **Súmula 517 STF.** As sociedades de economia mista só têm foro na justiça federal, quando a união intervém como assistente ou opoente.
- **Súmula 508 STF.** Compete à justiça estadual, em ambas as instâncias, processar e julgar as causas em que for parte o Banco do Brasil S.A.
- **Súmula 501 STF.** Compete à justiça ordinária estadual o processo e o julgamento, em ambas as instâncias, das causas de acidente do trabalho, ainda que promovidas contra a união, suas autarquias, empresas públicas ou sociedades de economia mista.
- **Súmula 343 STF.** Não cabe ação rescisória por ofensa a literal dispositivo de lei, quando a decisão rescindenda se tiver baseado em texto legal de interpretação controvertida nos tribunais.
- **Súmula 570 STJ.** Compete à Justiça Federal o processo e julgamento de demanda em que se discute a ausência de ou o obstáculo ao credenciamento de instituição particular de ensino superior no Ministério da Educação como condição de expedição de diploma de ensino a distância aos estudantes.
- **Súmula 540 STJ.** Na ação de cobrança do seguro DPVAT, constitui faculdade do autor escolher entre os foros do seu domicílio, do local do acidente ou ainda do domicílio do réu.
- **Súmula 505 STJ.** A competência para processar e julgar as demandas que têm por objeto obrigações decorrentes dos contratos de plano de previdência privada firmados com a Fundação Rede Ferroviária de Seguridade Social – REFER é da Justiça estadual.
- **Súmula 489 STJ.** Reconhecida a *continência*, devem ser reunidas na Justiça Federal as ações civis públicas propostas nesta e na Justiça estadual.
- **Súmula 480 STJ.** O juízo da recuperação judicial *não* é competente para decidir sobre a constrição de bens não abrangidos pelo plano de recuperação da empresa.
- **Súmula 428 STJ.** Compete ao Tribunal Regional Federal decidir os conflitos de competência entre juizado especial federal e juízo federal da mesma seção judiciária.
- **Súmula 383 STJ.** A competência para processar e julgar as ações conexas de interesse de menor é, em princípio, do foro do domicílio do detentor de sua guarda.
- **Súmula 381 STJ.** Nos contratos bancários, é vedado ao julgador conhecer, de ofício, da abusividade das cláusulas.
- **Súmula 368 STJ.** Compete à Justiça comum estadual processar e julgar os pedidos de retificação de dados cadastrais da Justiça Eleitoral.
- **Súmula 367 STJ.** A competência estabelecida pela EC nº 45/2004 não alcança os processos já sentenciados.
- **Súmula 363 STJ.** Compete à Justiça estadual processar e julgar a ação de cobrança ajuizada por profissional liberal contra cliente.
- **Súmula 270 STJ.** O protesto pela preferência de crédito, apresentado por ente federal em execução que tramita na Justiça Estadual, não desloca a competência para a Justiça Federal.
- **Súmula 254 STJ.** A decisão do Juízo Federal que exclui da relação processual ente federal não pode ser reexaminada no Juízo Estadual.
- **Súmula 235 STJ.** A conexão não determina a reunião dos processos, se um deles já foi julgado.
- **Súmula 206 STJ.** A existência de vara privativa, instituída por lei estadual, não altera a competência territorial resultante das leis de processo.
- **Súmula 161 STJ.** É da competência da Justiça Estadual autorizar o levantamento dos valores relativos ao PIS/PASEP e FGTS, em decorrência do falecimento do titular da conta.
- **Súmula 62 TFR.** Compete à Justiça Federal processar e julgar ação de desapropriação promovida por concessionária de energia elétrica, se a União intervém como assistente.
- **Súmula 33 STJ.** A incompetência relativa não pode ser declarada de ofício.
- **Súmula 11 STJ.** A presença da União ou de qualquer de seus entes, na ação de usucapião especial, não afasta a competência do foro da situação do imóvel.

- **Súmula 1 STJ.** O foro do domicílio ou da residência do alimentando é o competente para a ação de investigação de paternidade, quando cumulada com a de alimentos.

CAPACIDADE PROCESSUAL

- **Súmula 256 STF.** É dispensável pedido expresso para condenação do réu em honorários, com fundamento nos arts. 63 ou 64 do Código de Processo Civil (art. 20, § 3º, e seguintes do CPC de 1973).
- **Súmula 453 STJ.** Os honorários sucumbenciais, quando omitidos em decisão transitada em julgado, não podem ser cobrados em execução ou em ação própria.
- **Súmula 421 STJ.** Os honorários advocatícios não são devidos à Defensoria Pública quando ela atua contra a pessoa jurídica de direito público à qual pertença.

GRATUIDADE DA JUSTIÇA

- **Súmula 481 STJ.** Faz jus ao benefício da justiça gratuita a pessoa jurídica com ou sem fins lucrativos que demonstrar sua impossibilidade de arcar com os encargos processuais.

ATOS PROCESSUAIS – FORMA, TEMPO, LUGAR E COMUNICAÇÃO

- **Súmula 310 STF.** Quando a intimação tiver lugar na sexta-feira, ou a publicação com efeito de intimação for feita nesse dia, o prazo judicial terá início na segunda-feira imediata, salvo se não houver expediente, caso em que começará no primeiro dia útil que se seguir.
- **Súmula 429 STJ.** A citação postal, quando autorizada por lei, exige o aviso de recebimento.

FORMAÇÃO, SUSPENSÃO E EXTINÇÃO DO PROCESSO

- **Súmula 452 STJ.** A extinção das ações de pequeno valor é faculdade da Administração Federal, vedada a atuação judicial de ofício.
- **Súmula 240 STJ.** A extinção do processo, por abandono da causa pelo autor, depende de requerimento do réu.
- **Súmula 106 STJ.** Proposta a ação no prazo fixado para o seu exercício, a demora na citação, por motivos inerentes ao mecanismo da Justiça, não justifica o acolhimento da arguição de prescrição ou decadência.

RESPOSTA DO RÉU

- **Súmula 258 STF.** É admissível reconvenção em ação declaratória.
- **Súmula 292 STJ.** A reconvenção é cabível na ação monitória, após a conversão do procedimento em ordinário.

PROVAS

- **Súmula 390 STF.** A exibição judicial de livros comerciais pode ser requerida como medida preventiva.
- **Súmula 261 STF.** Para a ação de indenização, em caso de avaria, é dispensável que a vistoria se faça judicialmente.
- **Súmula 260 STF.** O exame de livros comerciais, em ação judicial, fica limitado as transações entre os litigantes.
- **Súmula 231 STF.** O revel, em processo cível, pode produzir provas, desde que compareça em tempo oportuno.

SENTENÇA E COISA JULGADA

- **Súmula 500 STF.** Não cabe a ação cominatória para compelir-se o réu a cumprir obrigação de dar.
- **Súmula 423 STF.** Não transita em julgado a sentença por haver omitido o recurso "ex-oficio", que se considera interposto "ex-lege".
- **Súmula 490 STJ.** A dispensa de reexame necessário, quando o valor da condenação ou do direito controvertido for inferior a sessenta salários mínimos, não se aplica a sentenças ilíquidas.
- **Súmula 487 STJ.** O parágrafo único do art. 741 do CPC não se aplica às sentenças transitadas em julgado em data anterior à da sua vigência.
- **Súmula 410 STJ.** A prévia intimação pessoal do devedor constitui condição necessária para a cobrança de multa pelo descumprimento de obrigação de fazer ou não fazer.
- **Súmula 325 STJ.** A remessa oficial devolve ao Tribunal o reexame de todas as parcelas da condenação suportadas pela Fazenda Pública, inclusive dos honorários de advogado.
- **Súmula 253 STJ.** O art. 557 do CPC, que autoriza o relator a decidir o recurso, alcança o reexame necessário.
- **Súmula 45 STJ.** No reexame necessário, é defeso, ao Tribunal, agravar a condenação imposta à Fazenda Pública.

LIQUIDAÇÃO DE SENTENÇA

- **Súmula 254 STF.** Incluem-se os juros moratórios na liquidação, embora omisso o pedido inicial ou a condenação.

PROCEDIMENTOS ESPECIAIS

AÇÕES POSSESSÓRIAS

- **Súmula 487 STF.** Será deferida a posse a quem, evidentemente, tiver o domínio, se com base neste for ela disputada.
- **Súmula 228 STJ.** É inadmissível o interdito proibitório para a proteção do direito autoral.

INVENTÁRIO E PARTILHA

- **Súmula 542 STF.** Não é inconstitucional a multa instituída pelo Estado-Membro, como sanção pelo retardamento do início ou da ultimação do inventário.

EMBARGOS DE TERCEIROS

- **Súmula 303 STJ.** Em embargos de terceiro, quem deu causa à constrição indevida deve arcar com os honorários advocatícios.
- **Súmula 195 STJ.** Em embargos de terceiro não se anula ato jurídico, por fraude contra credores.
- **Súmula 134 STJ.** Embora intimado da penhora em imóvel do casal, o cônjuge do executado pode opor embargos de terceiro para defesa de sua meação.
- **Súmula 84 STJ.** É admissível a oposição de embargos de terceiro fundados em alegação de posse advinda de compromisso de compra e venda de imóvel, ainda que desprovido do registro.

AÇÃO MONITÓRIA

- **Súmula 531 STJ.** Em ação monitória fundada em cheque prescrito ajuizada contra o emitente, é dispensável a menção ao negócio jurídico subjacente à emissão da cártula.
- **Súmula 504 STJ.** O prazo para ajuizamento de ação monitória em face do emitente de nota promissória sem força executiva é quinquenal, a contar do dia seguinte ao vencimento do título.
- **Súmula 503 STJ.** O prazo para ajuizamento de ação monitória em face do emitente de cheque sem força executiva é quinquenal, a contar da do dia seguinte à data de emissão estampada na cártula.
- **Súmula 339 STJ.** É cabível ação monitória contra a Fazenda Pública.
- **Súmula 299 STJ.** É admissível a ação monitória fundada em cheque prescrito.
- **Súmula 292 STJ.** A reconvenção é cabível na ação monitória, após a conversão do procedimento em ordinário.
- **Súmula 282 STJ.** Cabe a citação por edital em ação monitória.
- **Súmula 247 STJ.** O contrato de abertura de crédito em conta-corrente, acompanhado do demonstrativo de débito, constitui documento hábil para o ajuizamento de ação monitória.

PROCEDIMENTOS ESPECIAIS NA LEGISLAÇÃO EXTRAVAGANTE

MANDADO DE SEGURANÇA

- **Súmula 632 STF.** É constitucional lei que fixa o prazo de decadência para a impetração de mandado de segurança.
- **Súmula 631 STF.** Extingue-se o processo de mandado de segurança se o impetrante não promove, no prazo assinado, a citação do litisconsorte passivo necessário.
- **Súmula 630 STF.** A entidade de classe tem legitimação para o mandado de segurança ainda quando a pretensão veiculada interesse apenas a uma parte da respectiva categoria.
- **Súmula 629 STF.** A impetração de mandado de segurança coletivo por entidade de classe em favor dos associados independe da autorização destes.
- **Súmula 626 STF.** A suspensão da liminar em mandado de segurança, salvo determinação em contrário da decisão que a deferir, vigorará até o trânsito em julgado da decisão definitiva de concessão da segurança ou, havendo recurso, até a sua manutenção pelo Supremo Tribunal Federal, desde que o objeto da liminar deferida coincida, total ou parcialmente, com o da impetração.
- **Súmula 625 STF.** Controvérsia sobre matéria de direito não impede concessão de mandado de segurança.
- **Súmula 430 STF.** Pedido de reconsideração na via administrativa não interrompe o prazo para o mandado de segurança.
- **Súmula 271 STF.** Concessão de mandado de segurança não produz efeitos patrimoniais, em relação a período pretérito, os quais devem ser reclamados administrativamente ou pela via judicial própria.
- **Súmula 269 STF.** O mandado de segurança não é substitutivo de ação de cobrança.
- **Súmula 268 STF.** Não cabe mandado de segurança contra decisão judicial com trânsito em julgado.
- **Súmula 267 STF.** Não cabe mandado de segurança contra ato judicial passível de recurso ou correição.
- **Súmula 266 STF.** Não cabe mandado de segurança contra lei em tese.
- **Súmula 101 STF.** O mandado de segurança não substitui a ação popular.
- **Súmula 376 STJ.** Compete a turma recursal processar e julgar o mandado de segurança contra ato de juizado especial.
- **Súmula 333 STJ.** Cabe mandado de segurança contra ato praticado em licitação promovida por sociedade de economia mista ou empresa pública.
- **Súmula 169 STJ.** São inadmissíveis embargos infringentes no processo de mandado de segurança.

AÇÕES COLETIVAS

- **Súmula 490 STJ.** A dispensa de reexame necessário, quando o valor da condenação ou do direito controvertido for inferior a 60 salários mínimos, não se aplica a sentenças ilíquidas.

AÇÃO POPULAR

- **Súmula 365 STJ.** Pessoa jurídica não tem legitimidade para propor ação popular.

AÇÕES E OUTROS PROCEDIMENTOS CONSTITUCIONAIS

- **Súmula vinculante 10.** Viola a cláusula de reserva de plenário (CF, art. 97) a decisão de órgão fracionário de Tribunal que, embora não declare expressamente a inconstitucionalidade de lei ou ato normativo do poder público, afasta sua incidência, no todo em parte.

PROCESSO DE EXECUÇÃO

- **Súmula 519 STJ.** Na hipótese de rejeição da impugnação ao cumprimento de sentença, não são cabíveis honorários advocatícios.
- **Súmula 478 STJ.** Na execução de crédito relativo a cotas condominiais, este tem preferência sobre o hipotecário.
- **Súmula 410 STJ.** A prévia intimação pessoal do devedor constitui condição necessária para a cobrança de multa pelo descumprimento de obrigação de fazer ou não fazer.
- **Súmula 196 STJ.** Ao executado que, citado por edital ou por hora certa, permanecer revel, será nomeado curador especial, com legitimidade para apresentação de embargos.
- **Súmula 46 STJ.** Na execução por carta, os embargos do devedor serão decididos no juízo deprecante, salvo se versarem unicamente vícios ou defeitos da penhora, avaliação ou alienação dos bens.

PARTES

- **Súmula 268 STJ.** O fiador que não integrou a relação processual na ação de despejo não responde pela execução do julgado.

TÍTULO EXECUTIVO

- **Súmula 387 STF.** A cambial emitida ou aceita com omissões, ou em branco, pode ser completada pelo credor de boa-fé antes da cobrança ou do protesto.
- **Súmula 300 STJ.** O instrumento de confissão de dívida, ainda que originário de contrato de abertura de crédito, constitui título executivo extrajudicial.
- **Súmula 258 STJ.** A nota promissória vinculada a contrato de abertura de crédito não goza de autonomia em razão da iliquidez do título que a originou.
- **Súmula 233 STJ.** O contrato de abertura de crédito, ainda que acompanhado de extrato da conta-corrente, não é título executivo.
- **Súmula 27 STJ.** Pode a execução fundar-se em mais de um título extrajudicial relativos ao mesmo negócio.

RESPONSABILIDADE PATRIMONIAL

- **Súmula 375 STJ.** O reconhecimento da fraude à execução depende do registro da penhora do bem alienado ou da prova de má-fé do terceiro adquirente.

PENHORA

- **Súmula 549 STJ.** É válida a penhora de bem de família pertencente a fiador de contrato de locação.
- **Súmula 497 STJ.** Os créditos das autarquias federais preferem aos créditos da Fazenda estadual desde que coexistam penhoras sobre o mesmo bem.
- **Súmula 486 STJ.** É impenhorável o único imóvel residencial do devedor que esteja locado a terceiros, desde que a renda obtida com a locação seja revertida para a subsistência ou a moradia da sua família.
- **Súmula 478 STJ.** Na execução de crédito relativo a cotas condominiais, este tem preferência sobre o hipotecário.
- **Súmula 451 STJ.** É legítima a penhora da sede do estabelecimento comercial.
- **Súmula 417 STJ.** Na execução civil, a penhora de dinheiro na ordem de nomeação de bens não tem caráter absoluto.
- **Súmula 364 STJ.** O conceito de impenhorabilidade de bem de família abrange também o imóvel pertencente a pessoas solteiras, separadas e viúvas.
- **Súmula 328 STJ.** Na execução contra instituição financeira, é penhorável o numerário disponível, excluídas as reservas bancárias mantidas no Banco Central.
- **Súmula 205 STJ.** A Lei nº 8.009-90 aplica-se à penhora realizada antes de sua vigência.

EXECUÇÃO DE ALIMENTOS

- **Súmula 358 STJ.** O cancelamento de pensão alimentícia de filho que atingiu a maioridade está sujeito à decisão judicial, mediante contraditório, ainda que nos próprios autos.
- **Súmula 309 STJ.** O débito alimentar que autoriza a prisão civil do alimentante é o que compreende as três prestações anteriores ao ajuizamento da execução e as que vencerem no curso do processo.

EXECUÇÃO CONTRA A FAZENDA PÚBLICA

- **Súmula 655 STF.** A exceção prevista no art. 100, *caput*, da Constituição, em favor dos créditos de natureza alimentícia, não dispensa a expedição de precatório, limitando-se a isentá-los da observância da ordem cronológica dos precatórios decorrentes de condenações de outra natureza.
- **Súmula vinculante 17.** Durante o período previsto no parágrafo 1º do artigo 100 da Constituição, não incidem juros de mora sobre os precatórios que nele sejam pagos.
- **Súmula 487 STJ.** O parágrafo único do art. 741 do CPC não se aplica às sentenças transitadas em julgado em data anterior à da sua vigência.
- **Súmula 279 STJ.** É cabível execução por título extrajudicial contra a Fazenda Pública.

EXECUÇÃO FISCAL

- **Súmula 521 STJ.** A legitimidade para a execução fiscal de multa pendente de pagamento imposta em sentença condenatória é exclusiva da Procuradoria da Fazenda Pública.
- **Súmula 515 STJ.** A reunião de execuções fiscais contra o mesmo devedor constitui faculdade do Juiz.
- **Súmula 435 STJ.** Presume-se dissolvida irregularmente a empresa que deixar de funcionar no seu domicílio fiscal, sem comunicação aos órgãos competentes, legitimando o redirecionamento da execução fiscal para o sócio-gerente.

- **Súmula 430 STJ.** O inadimplemento da obrigação tributária pela sociedade não gera, por si só, a responsabilidade solidária do sócio-gerente.
- **Súmula 414 STJ.** A citação por edital na execução fiscal é cabível quando frustradas as demais modalidades.
- **Súmula 409 STJ.** Em execução fiscal, a prescrição ocorrida antes da propositura da ação pode ser decretada de ofício (art. 219, § 5º, do CPC).
- **Súmula 406 STJ.** A Fazenda Pública pode recusar a substituição do bem penhorado por precatório.
- **Súmula 394 STJ.** É admissível, em embargos à execução fiscal, compensar os valores de imposto de renda retidos indevidamente na fonte com os valores restituídos apurados na declaração anual.
- **Súmula 393 STJ.** A exceção de pré-executividade é admissível na execução fiscal relativamente às matérias conhecíveis de ofício que não demandem dilação probatória.
- **Súmula 392 STJ.** A Fazenda Pública pode substituir a certidão de dívida ativa (CDA) até a prolação de sentença de embargos, quando se tratar de correção de erro material ou formal, vedada a modificação do sujeito passivo da execução.
- **Súmula 345 STJ.** São devidos honorários advocatícios pela Fazenda Pública nas execuções individuais de sentença proferida em ações coletivas, ainda que não embargadas.
- **Súmula 314 STJ.** Em execução fiscal, não localizados bens penhoráveis, suspende-se o processo por um ano, findo o qual se inicia o prazo da prescrição quinquenal intercorrente.
- **Súmula 251 STJ.** A meação só responde pelo ato ilícito quando o credor, na execução fiscal, provar que o enriquecimento dele resultante aproveitou ao casal.
- **Súmula 190 STJ.** Na execução fiscal, processada perante a Justiça Estadual, cumpre à Fazenda Pública antecipar o numerário destinado ao custeio das despesas com o transporte dos oficiais de justiça.
- **Súmula 189 STJ.** É desnecessária a intervenção do Ministério Público nas execuções fiscais.
- **Súmula 153 STJ.** A desistência da execução fiscal, após o oferecimento dos embargos, não exime o exequente dos encargos da sucumbência.
- **Súmula 128 STJ.** Na execução fiscal haverá segundo leilão, se no primeiro não houver lanço superior à avaliação.
- **Súmula 121 STJ.** Na execução fiscal o devedor deverá ser intimado, pessoalmente, do dia e hora da realização do leilão.
- **Súmula 66 STJ.** Compete à Justiça Federal processar e julgar execução fiscal promovida por Conselho de fiscalização profissional.
- **Súmula 58 STJ.** Proposta a execução fiscal, a posterior mudança de domicílio do executado não desloca a competência já fixada.

AÇÃO RESCISÓRIA

- **Súmula 515 STF.** A competência para a ação rescisória não é do Supremo Tribunal Federal, quando a questão federal, apreciada no recurso extraordinário ou no agravo de instrumento, seja diversa da que foi suscitada no pedido rescisório.
- **Súmula 514 STF.** Admite-se ação rescisória contra sentença transitada em julgado, ainda que contra ela não se tenha esgotado todos os recursos.
- **Súmula 343 STF.** Não cabe ação rescisória por ofensa a literal dispositivo de lei, quando a decisão rescindenda se tiver baseado em texto legal de interpretação controvertida nos tribunais.
- **Súmula 252 STF.** Na ação rescisória, não estão impedidos juízes que participaram do julgamento rescindendo.
- **Súmula 249 STF.** É competente o Supremo Tribunal Federal para a ação rescisória quando, embora não tendo conhecido do recurso extraordinário, ou havendo negado provimento ao agravo, tiver apreciado a questão federal controvertida.
- **Súmula 401 STJ.** O prazo decadencial da ação rescisória só se inicia quando não for cabível qualquer recurso do último pronunciamento judicial.

Direito Empresarial

Daniel Messias da Trindade

TABELA DE INCIDÊNCIA DE QUESTÕES		
ASSUNTO	**NÚMERO DE QUESTÕES**	**PESO**
1. EVOLUÇÃO HISTÓRICA DO DIREITO EMPRESARIAL	1	0,91%
2. DIREITO DE EMPRESA	3	2,73%
3. EMPRESÁRIO	11	10,00%
4. EMPRESA INDIVIDUAL DE RESPONSABILIDADE LIMITADA	1	0,91%
5. MICROEMPRESA E EMPRESA DE PEQUENO PORTE	1	0,91%
6. ESTABELECIMENTO EMPRESARIAL	4	3,64%
7. NOME EMPRESARIAL	2	1,82%
8. OBRIGAÇÕES EMPRESARIAIS	0	0,00%
8.1. REGISTRO EMPRESARIAL	4	3,64%
8.2. ESCRITURAÇÃO	1	0,91%
9. PREPOSTOS	1	0,91%
10. PROPRIEDADE INDUSTRIAL	0	0,00%
10.1. PATENTE	2	1,82%
10.2. INVENÇÕES E MODELOS DE UTILIDADE	4	3,64%
10.3. CRIMES CONTRA A PROPRIEDADE INDUSTRIAL	1	0,91%
11. DIREITO SOCIETÁRIO	0	0,00%
11.1. SOCIEDADES NÃO PERSONIFICADAS	4	3,64%
11.2. SOCIEDADE SIMPLES	2	1,82%
11.3. SOCIEDADE LIMITADA	4	3,64%
11.4. SOCIEDADE ANÔNIMA	10	9,09%
11.5. SOCIEDADE EM COMANDITA POR AÇÕES	1	0,91%
11.6. SOCIEDADE EM NOME COLETIVO	1	0,91%
11.7. SOCIEDADE COOPERATIVA	1	0,91%
11.8. SOCIEDADES DEPENDENTES DE AUTORIZAÇÃO	1	0,91%
11.9. OPERAÇÕES SOCIETÁRIAS	6	5,45%
11.10. DESCONSIDERAÇÃO DA PERSONALIDADE JURÍDICA	2	1,82%
12. FALÊNCIA E RECUPERAÇÃO DE EMPRESAS	0	0,00%

TABELA DE INCIDÊNCIA DE QUESTÕES		
ASSUNTO	**NÚMERO DE QUESTÕES**	**PESO**
12.1. ASPECTOS GERAIS	1	0,91%
12.2. RECUPERAÇÃO JUDICIAL	5	4,55%
12.3. FALÊNCIA	8	7,27%
13. TÍTULOS DE CRÉDITO	0	0,00%
13.1. ASPECTOS GERAIS	3	2,73%
13.2. ENDOSSO	4	3,64%
13.3. AVAL	1	0,91%
13.4. PROTESTO	1	0,91%
13.5. TÍTULOS EM ESPÉCIE	5	4,55%
14. CONTRATOS EMPRESARIAIS	0	0,00%
14.1. COMISSÃO MERCANTIL	1	0,91%
14.2. REPRESENTAÇÃO EMPRESARIAL	2	1,82%
14.3. FRANQUIA	1	0,91%
14.4. SEGURO	2	1,82%
14.5. ARRENDAMENTO MERCANTIL (LEASING)	2	1,82%
14.6. CONTRATOS BANCÁRIOS	3	2,73%
15. DIREITO CONCORRENCIAL	0	0,00%
15.1. INFRAÇÕES DA ORDEM ECONÔMICA	1	0,91%
16. DIREITO EMPRESARIAL E O CÓDIGO DE DEFESA DO CONSUMIDOR	1	0,91%
17. OUTROS TEMAS	1	0,91%
TOTAL	**110**	**100%**

✦ QUESTÕES

1. EVOLUÇÃO HISTÓRICA DO DIREITO EMPRESARIAL

01. (Cespe – Delegado de Polícia Federal – DPF/2013) Julgue os itens seguintes, relativos ao direito empresarial.

Apesar de os gregos e os fenícios serem historicamente associados a atividades de compra e troca, o surgimento do direito comercial de forma organizada corresponde à ascensão da classe burguesa na Idade Média. À medida que artesãos e comerciantes europeus se reuniam em corporações de ofícios, surgiam normas destinadas a disciplinar os usos e costumes comerciais da época.

COMENTÁRIOS

✪ **Nota do autor:** a questão exigia do candidato conhecimentos doutrinários sobre a evolução histórica do Direito Comercial.

Correta. Segundo Fábio de Ulhôa Coelho, "alguns povos da Antiguidade, como os fenícios, destacaram-se intensificando as trocas e, com isto, estimularam a produção de bens destinados especificamente à venda. Esta atividade de fins econômicos, o *comércio*, expandiu-se com extraordinário vigor. Graças a ela, estabeleceram-se intercâmbios entre culturas distintas, desenvolveram-se tecnologias e meios de transporte, fortaleceram-se os estados, povoou-se o planeta de homens e mulheres (...). Na Idade Média, o comércio já havia deixado de ser atividade característica só de algumas culturas ou povos. Difundiu-se por todo o mundo civilizado. Durante o Renascimento Comercial, na Europa, artesãos e comerciantes europeus reuniam-se em corporações de ofício, poderosas entidades burguesas (isto é, sediadas em burgos) que gozavam de significativa autonomia em face do poder real e dos senhores feudais. Nas corporações de ofício, como expressão dessa autonomia, foram paulatinamente surgindo normas destinadas a disciplinar as relações entre os seus filiados. Na Era Moderna estas normas pseudosistematizadas serão chamadas de Direito Comercial." (*Manual de Direito Comercial*. 18. ed. São Paulo: Saraiva, 2007, p. 5-6).

2. DIREITO DE EMPRESA

02. (Cespe – Procurador do Ministério Público junto ao TCDF/2013) Considerando que o atual Código Civil, instituído em 2002, inaugurou no ordenamento jurídico brasileiro o que a doutrina denomina de unificação do direito privado, passando a disciplinar tanto a matéria civil quanto a comercial, julgue os itens a seguir.

Com o advento do novo Código Civil (de 2002), houve a substituição da teoria dos atos de comércio pela teoria da empresa, que se define pelo conceito de atividade.

COMENTÁRIOS

✪ **Nota do autor:** a questão exigia do candidato conhecimentos doutrinários sobre a evolução do Direito Empresarial no Brasil.

Certo. Quanto a evolução histórica no mundo, podemos elencar quatro grandes fases do direito empresarial: **a)** fase das Corporações de Ofício; **b)** fase dos Estados Nacionais; **c)** fase da Codificação Napoleônica; e **b)** fase da Teoria da Empresa. Por outro lado, no Brasil, o direito comercial teve dois grandes momentos: **a)** momento da teoria dos atos de comércio; e **b)** momento da teoria da empresa. O Código Comercial de 1850 adotava a **Teoria dos Atos de Comércio**, originada no **Direito Francês.** Referida teoria tratava do comerciante (pessoa física) e da sociedade comercial (pessoa jurídica) como sendo aqueles que praticavam atos de comércio com habitualidade e finalidade lucrativa. O Direito Comercial regulava, portanto, as relações jurídicas decorrentes da prática de alguns atos tipificados como atos de comércio. Importante lembrar que a primeira parte do Código Comercial foi expressamente revogada pelo art. 2.045 do CC/02 e a terceira parte foi revogada pela Lei nº 11.101/05 (nova lei de falência). No entanto, a segunda parte (Comércio Marítimo) do Código Comercial ainda está em vigor. Já o Código Civil de 2002 passou a adotar a **Teoria da Empresa**, originada no **Direito Italiano**, de autoria de Alberto Asquini, em substituição a antiga teoria dos atos de comércio. Agora, não se fala mais em comerciante, assim entendido como aquele que pratica atos de comércio, mas, sim, em empresário, como sendo aquele que exerce profissionalmente atividade econômica organizada para a produção ou a circulação de bens ou de serviços (CC, art. 966).

03. (Cespe – Procurador do Ministério Público junto ao TCDF/2013) Considerando que o atual Código Civil, instituído em 2002, inaugurou no ordenamento jurídico brasileiro o que a doutrina denomina de unificação do direito privado, passando a disciplinar tanto a matéria civil quanto a comercial, julgue os itens a seguir.

Instituído em 1850, o Regulamento 737 que então definiu os atos de mercancia, embora já tenha sido revogado há muito tempo, ainda é albergado pela doutrina e tem aplicação subsidiária na nova ordem do direito empresarial calcada na teoria da empresa.

COMENTÁRIOS

Errada. A assertiva está errada, na medida em que o Regulamento nº 737, que elencava os atos de comércio, foi revogado com a entrada em vigor do novo Código Civil de 2002. O Código Civil de 2002 passou a adotar a **Teoria da Empresa**, originada no **Direito Italiano**, de autoria de Alberto Asquini, em substituição a antiga teoria dos atos de comércio. Agora, não se fala mais em comerciante, assim entendido como aquele que pratica atos de comércio, mas, sim, em empresário, como sendo aquele que exerce profissionalmente atividade econômica organizada para a produção ou a circulação de bens ou de serviços (CC, art. 966).

04. (Cespe – Procurador do Ministério Público junto ao TCDF/2013) Considerando que o atual Código Civil, instituído em 2002, inaugurou no ordenamento jurídico brasileiro o que a doutrina denomina de unificação do direito privado, passando a disciplinar tanto a matéria civil quanto a comercial, julgue os itens a seguir.

Assumindo o seu perfil subjetivo, a empresa confunde-se com o empresário – assim compreendidos os sócios de uma pessoa jurídica que se reúnem para o exercício da atividade empresarial –, e com o estabelecimento – a universalidade de bens empenhada no desenvolvimento da atividade.

COMENTÁRIOS

✪ **Nota do autor:** a questão exigia do candidato conhecimento doutrinários sobre os conceitos básicos do Direito Empresarial.

Errado. Todos os conceitos mencionados na assertiva estão errados. Senão vejamos. Os conceitos de empresa, empresário e estabelecimento não se confundem. *Empresário* é a pessoa física (empresário individual) ou jurídica (sociedade empresária ou empresa individual de responsabilidade limitada) que exerce profissionalmente uma atividade econômica organizada para a produção ou circulação de bens ou de serviços. *Empresa* é a atividade econômica organizada exercida pelo empresário. Os conceitos podem ser extraídos do art. 966 do Código Civil, que dispõe: "Considera-se empresário quem exerce profissionalmente atividade econômica organizada para a produção ou a circulação de bens ou de serviços". Por fim, *estabelecimento empresarial* é todo o complexo de bens organizados pelo empresário (individual, sociedade empresária ou empresa individual de responsabilidade limitada) para o exercício da empresa (atividade empresarial). O estabelecimento tem natureza de universalidade de fato (*universitas factum*) formada por bens materiais e imateriais. O conceito está no art. 1.142 do CC ("Considera-se estabelecimento todo complexo de bens organizado, para exercício da empresa, por empresário, ou por sociedade empresária.").

3. EMPRESÁRIO

05. (Cespe - Juiz de Direito - PR/2017) Com relação a empresário e atividade de empresa, assinale a opção correta.

A) Para instituir sucursal em lugar sujeito à competência de outro registro público de empresas mercantis, bastará ao empresário averbar a constituição do estabelecimento secundário no registro público de empresas mercantis da respectiva sede.

B) A empresária casada sob o regime de comunhão universal não precisa da outorga conjugal para alienar os imóveis que integrem o patrimônio da empresa.

C) A continuidade do exercício de empresa por quem era capaz e deixou de sê-lo prescinde de autorização judicial.

D) É vedada a transformação de registro de empresário individual em registro de sociedade empresária.

COMENTÁRIOS

✪ **Nota do autor:** a questão exigia do candidato conhecimento do texto da lei. Vale lembrar o conceito de empresário. Vejamos. *Empresário* é a pessoa física (empresário individual) ou jurídica (sociedade empresária ou empresa individual de responsabilidade limitada) criada para a exploração de atividade mercantil.

Alternativa correta: letra "b". A empresária casada sob o regime de comunhão universal não precisa da outorga conjugal para alienar os imóveis que integrem o patrimônio da empresa. É o que dispõe o art. 978 do Código Civil: "O empresário casado pode, sem necessidade de outorga conjugal, qualquer que seja o regime de bens, alienar os imóveis que integrem o patrimônio da empresa ou gravá-los de ônus real." Assim, no caso de empresário casado, aplica-se a regra do art. 978 do CC, que é uma exceção ao art. 1647, I, do CC ("O empresário casado pode, sem necessidade de outorga conjugal, qualquer que seja o regime de bens, alienar os imóveis que integrem o patrimônio da empresa ou gravá-los de ônus real").

Alternativa "a": incorreta. Na verdade, para instituir sucursal em lugar sujeito à competência de outro registro público de empresas mercantis, o empresário, neste deverá também inscrevê-la, com a prova da inscrição originária. A segunda providência a ser tomada pelo empresário é averbar a constituição do estabelecimento secundário na Junta Comercial da respectiva sede. É o que determina o art. 969 do Código Civil: "**O empresário que instituir sucursal**, filial ou agência, **em lugar sujeito à jurisdição de outro Registro Público de Empresas Mercantis, neste deverá também inscrevê-la, com a prova da inscrição originária**. Parágrafo único. **Em qualquer caso, a constituição do estabelecimento secundário deverá ser averbada no Registro Público de Empresas Mercantis da respectiva sede**."

Alternativa "c": incorreta. Na verdade, a continuidade do exercício de empresa por quem era capaz e deixou de sê-lo **imprescinde** (não dispensa) de autorização judicial. De fato, poderá o incapaz, por meio de representante ou devidamente assistido, continuar a empresa antes exercida por ele enquanto capaz, por seus pais ou pelo autor de herança. No entanto, de acordo com o § 1º do art. 974 do Código Civil: "Nos casos deste artigo (*continuidade da empresa pelo incapaz – grifo nosso*), **precederá autorização judicial**, após exame das circunstâncias e dos riscos da empresa, bem como da conveniência em continuá-la, podendo a autorização ser revogada pelo juiz, ouvidos os pais, tutores ou representantes legais do menor ou do interdito, sem prejuízo dos direitos adquiridos por terceiros."

Alternativa "d": incorreta. **Não é vedada** a transformação de registro de empresário individual em registro de sociedade empresária. O § 3º do art. 968 do Código Civil admite expressamente essa transformação, ao dispor que: "Caso venha a admitir sócios, o empresário individual **poderá** solicitar ao Registro Público de Empresas Mercantis a transformação de seu registro de empresário para registro de sociedade empresária, observado, no que couber, o disposto nos arts. 1.113 a 1.115 deste Código."

06. (Cespe - Procurador do Estado - PGE - SE/2017) Com relação ao empresário e aos prepostos, assinale a opção correta de acordo com a legislação pertinente.

A) A inscrição do empresário na junta comercial é requisito para a sua caracterização.

B) A lei prevê cobrança de multa do incapaz que exercer diretamente atividade própria de empresário.

C) O gerente de empresa poderá delegar poderes de representação, uma vez que as prerrogativas a ele conferidas, embora pessoais, são transferíveis.

D) No exercício de suas funções, os prepostos são pessoalmente responsáveis, perante terceiros, pelos atos culposos.

E) O empresário casado pode alienar os bens imóveis que integram o patrimônio da empresa sem outorga conjugal.

COMENTÁRIOS

✪ **Nota do autor:** a questão exigia do candidato conhecimento do texto da lei.

Alternativa correta: letra "e". O empresário casado pode alienar os bens imóveis que integram o patrimônio da empresa sem outorga conjugal. É o que dispõe o art. 978 do Código Civil: "O empresário casado pode, sem necessidade de outorga conjugal, qualquer que seja o regime de bens, alienar os imóveis que integrem o patrimônio da empresa ou gravá-los de ônus real". Vale lembrar o teor do Enunciado n. 58 da Jornada de Direito Empresarial do CJF: "O empresário individual casado é o destinatário da norma do art. 978 do CCB e não depende da outorga conjugal para alienar ou gravar de ônus real o imóvel utilizado no exercício da empresa, desde que exista prévia averbação de autorização conjugal à conferência do imóvel ao patrimônio empresarial no cartório de registro de imóveis, com a consequente averbação do ato à margem de sua inscrição no registro público de empresas mercantis."

Alternativa "a": incorreta. A inscrição do empresário na junta comercial é requisito para a sua **regularidade**. O empresário é obrigado a efetuar seu registro na Junta Comercial antes de iniciar sua atividade. Prevalece o entendimento no sentido de que o registro do empresário na Junta Comercial tem natureza declaratória, sendo uma condição de regularidade. Vale lembrar o teor do Enunciado n. 199 do CJF, aprovado na III Jornada de Direito Civil: "a inscrição do empresário ou sociedade empresária é requisito delineador de sua regularidade, e não da sua caracterização".

Alternativa "b": incorreta. Não há qualquer previsão na lei acerca da cobrança de multa do incapaz que exercer diretamente atividade própria de empresário. Em prestígio ao princípio da continuidade da empresa, há duas hipóteses em que o incapaz poderá ser empresário: *a)* continuação da empresa no caso de incapacidade superveniente; e *b)* continuação da empresa no caso de sucessão hereditária. O incapaz deverá estar representado (no caso de incapacidade absoluta) ou assistido (no caso de incapacidade relativa) e deverá haver prévia autorização judicial (o juiz deve analisar a pertinência da continuação da empresa). Vale lembrar, também, que não ficam sujeitos ao resultado da empresa os bens que o incapaz já possuía ao tempo da sucessão ou da interdição, desde que estranhos ao acervo daquela, devendo tais fatos constar do alvará que conceder a autorização.

Alternativa "c": incorreta. *Prepostos* são os trabalhadores que desempenham tarefas sob a coordenação do empresário. São exemplos de propostos, o *gerente* e o *contabilista*. Segundo o art. 1.169 do Código Civil: "O preposto não pode, sem autorização escrita, fazer-se substituir no desempenho da preposição, sob pena de responder pessoalmente pelos atos do substituto e pelas obrigações por ele contraídas."

Alternativa "d": incorreta. Os atos praticados pelos prepostos obrigam o empresário preponente, que terá direito à ação de regresso se o ato foi praticado com culpa do primeiro. Caso o ato tenha sido praticado com dolo, o preposto responde perante o terceiro em solidariedade com o empresário. É o que dispõe o parágrafo único do art. 1.177 do Código Civil: "No exercício de suas funções, **os prepostos são pessoalmente responsáveis, <u>perante os preponentes</u>, pelos <u>atos culposos</u>**; e, **<u>perante terceiros</u>, solidariamente com o preponente, pelos <u>atos dolosos</u>**."

07. (Cespe – Analista Judiciário – Área Judiciária – TRF 1/2017) Julgue os itens a seguir, considerando o entendimento legal e doutrinário acerca da figura jurídica do empresário e das pessoas jurídicas.

Faculta-se ao empresário a decisão de tornar público o seu objeto social.

COMENTÁRIOS

Errado. Não se faculta ao empresário a decisão de tornar público o seu objeto social. É **obrigatória** a inscrição do empresário na Junta Comercial da respectiva sede, antes do início de sua atividade, nos termos do art. 967 do Código Civil. Além disso, conforme se extrai dos artigos 1º e 17 da Lei 6.015/1973, o registro público tem por função assegurar a autenticidade, a segurança, eficácia e a **publicidade** dos atos jurídicos.

08. (Cespe – Analista Judiciário – Área Judiciária – TRF 1/2017) Julgue os itens a seguir, considerando o entendimento legal e doutrinário acerca da figura jurídica do empresário e das pessoas jurídicas.

As associações são consideradas pessoas jurídicas de direito privado e, por esse motivo, elas devem ser regularmente inscritas no registro de empresas.

COMENTÁRIOS

Errado. As associações são consideradas pessoas jurídicas de direito privado (CC, art. 44, I), devendo seus atos constitutivos ser inscritos no Registro Civil de Pessoas Jurídicas (CC, art. 1.150). Começa a existência legal das pessoas jurídicas de direito privado com a inscrição do ato constitutivo no respectivo registro (CC, art. 45). Constituem-se as associações pela união de pessoas que se organizem para fins não empresariais (CC, art. 53). De acordo com o art. 1.150 do Código Civil: "O empresário e a sociedade empresária vinculam-se ao Registro Público de Empresas Mercantis a cargo das Juntas Comerciais, **e a sociedade simples ao Registro Civil das Pessoas Jurídicas**, o qual deverá obedecer às normas fixadas para aquele registro, se a sociedade simples adotar um dos tipos de sociedade empresária."

09. (Cespe – Analista Judiciário – Área Judiciária – TRF 1/2017) Julgue os itens a seguir, considerando o entendimento legal e doutrinário acerca da figura jurídica do empresário e das pessoas jurídicas.

O empresário, para iniciar suas atividades formalmente, deve se inscrever no registro público de empresas mercantis.

COMENTÁRIOS

Certo. De fato, o empresário, para iniciar suas atividades formalmente, deve se inscrever no registro público de empresas mercantis (Junta Comercial). É o que dispõe o art. 967 do Código Civil: "É obrigatória a inscrição do empresário no Registro Público de Empresas Mercantis da respectiva sede, antes do início de sua atividade." A inscrição do empresário na junta comercial é requisito para a sua regularidade.

---

10. (Cespe – Procurador do MP junto ao TCU/2015) Acerca das sociedades empresárias, assinale a opção correta.

a) Conforme o Código Civil, empresa é a pessoa jurídica que atua profissionalmente em atividade econômica organizada para a produção ou a circulação de bens ou de serviços.

b) Quanto à sua composição, as sociedades empresárias classificam-se em contratuais – por exemplo, a sociedade limitada – ou institucionais – por exemplo, a sociedade anônima.

c) De acordo com a teoria maior, é suficiente que haja prejuízo ao credor não negocial para que seja cabível a desconsideração da personalidade jurídica da sociedade empresária.

d) Se uma cooperativa exercer atividade própria de empresário, essa cooperativa será considerada sociedade empresária e ficará sujeita a registro na junta comercial.

e) Profissionais liberais não são considerados empresários, salvo se a organização dos fatores de produção for mais importante que a atividade pessoal desenvolvida.

COMENTÁRIOS

✪ **Nota do autor:** a questão exigia do candidato conhecimentos doutrinários sobre os conceitos elementares do Direito Empresarial.

Alternativa correta: letra "e". De fato, os profissionais liberais não são considerados empresários, mas o Código civil abre exceção, exatamente quando o exercício da profissão constituir elemento de empresa. Senão vejamos. *Empresário* é a pessoa física (empresário individual) ou jurídica (sociedade empresária ou empresa individual de responsabilidade limitada) que exerce profissionalmente uma atividade econômica organizada para a produção ou circulação de bens ou de serviços. O conceito está no art. 966, CC ("Considera-se empresário quem exerce profissionalmente atividade econômica organizada para a produção ou a circulação de bens ou de serviços"). No entanto, o parágrafo único do art. 966 do CC, exclui alguns agentes econômicos conceito de empresário, ao dispor que: "**Não se considera empresário quem exerce profissão intelectual, de natureza científica, literária ou artística, ainda com o concurso de auxiliares ou colaboradores, salvo se o exercício da profissão constituir elemento de empresa**". Quando a profissão intelectual de natureza científica, literária ou artística **constituir elemento de empresa**, ela passará a ter natureza empresarial. Isso porque, nesse caso, a atividade profissional intelectual será apenas um dos elementos dentro do complexo de atividades oferecidos pela sociedade. Além disso, o Enunciado 194 da III Jornada de Direito Civil do CJF/STJ, dispõe que: "**Os profissionais liberais não são considerados empresários, salvo se a organização dos fatores da produção for mais importante que a atividade pessoal desenvolvida.**"

Alternativa "a": Os conceitos de empresa e empresário não se confundem. *Empresário* é a pessoa física (empresário individual) ou jurídica (sociedade empresária ou empresa individual de responsabilidade limitada) que exerce profissionalmente uma atividade econômica organizada para a produção ou circulação de bens ou de serviços. *Empresa* é a atividade econômica organizada exercida pelo empresário. Os conceitos podem ser extraídos do art. 966 do Código Civil, que dispõe: "Considera-se empresário quem exerce profissionalmente atividade econômica organizada para a produção ou a circulação de bens ou de serviços".

Alternativa "b": incorreta. A assertiva trata da classificação das sociedades e o erro nela previsto era bastante sutil. Com efeito, quanto a **constituição**, as sociedades são classificadas em *contratuais* e *institucionais*, conforme o ato constitutivo seja um contrato social (sociedades limitadas) ou um estatuto social (sociedades anônimas), respectivamente. Por outro lado, quanto a composição, as sociedades são classificadas como de pessoas ou de capital. *Sociedade de pessoas* é aquela em que a característica subjetiva, o atributo pessoal do sócio é indispensável para o desenvolvimento da atividade social. Já a sociedade de capital é aquela em que não importam os atributos subjetivos do sócio, mas sim o capital que será investido por ele.

Alternativa "c": incorreta. De acordo com a **teoria menor** (e não maior), é suficiente que haja prejuízo ao credor não negocial para que seja cabível a desconsideração da personalidade jurídica da sociedade empresária. A *teoria menor* é aquela que dispensa motivo para que seja decretada a desconsideração da personalidade jurídica, bastando a insuficiência patrimonial da pessoa jurídica. A *teoria menor* transforma os sócios e administradores da pessoa jurídica em **responsáveis subsidiários** por suas dívidas. **Diplomas legais que adotam a teoria menor: a)** Código de Defesa do Consumidor; **b)** Consolidação das Leis do Trabalho; **c)** Código Tributário Nacional; **d)** Lei dos Crimes Ambientais (Lei 9.605/98); **e)** Nova Lei Antitruste, também conhecida como Lei do CADE (Lei 12.529/11). **Atenção!** Há quem entenda que o CDC adota tanto a teoria maior quanto a teoria menor.

Alternativa "d": incorreta. *Cooperativa* é uma associação de pessoas (pessoa jurídica intersubjetiva) com interesses comuns, organizadas de forma democrática e sem fins lucrativos. Por expressa determinação legal, as sociedades cooperativas serão **sempre** sociedades simples. De acordo com o parágrafo único do art. 982 do Código Civil: "Independentemente de seu objeto, considera-se empresária a sociedade por ações; e, simples, a cooperativa". As sociedades cooperativas são reguladas pela Lei 5.764/71, bem como pelo Código Civil (arts. 1.093 a 1.096). **Atenção!** Importante regra envolve as cooperativas, qual seja o registro de seu ato constitutivo é levado a efeito perante a Junta Comercial. Embora o ato constitutivo das sociedades cooperativas deva ser levado a registro na Junta Comercial, elas nunca serão consideradas empresárias.

---

11. (Cespe – Juiz de Direito Substituto – MA/2013) Assinale a opção correta referente ao direito de empresa.

a) O adquirente de um estabelecimento responde pelo pagamento dos débitos anteriores à transferência do bem, desde que regularmente contabilizados, continuando o devedor primitivo solidariamente obrigado, pelo prazo de seis meses, a pagar os créditos vencidos a partir da publicação, e os demais, a partir da data do vencimento.

b) De acordo com disposição expressa do novo Código Civil, o incapaz não pode exercer atividade empresarial.

c) De acordo com o Código Civil, considera-se empresário quem exerce profissionalmente atividade econômica organizada para a produção ou a circulação de bens ou serviços. Segundo a doutrina, organização é entendida como a cumulação necessária de capital, mão de obra, insumos e tecnologia.

d) O Código Civil reconhece a figura da empresa individual de responsabilidade limitada, constituída por uma única pessoa natural titular da totalidade do capital social subscrito, que deverá ser igual ou superior a cem vezes o maior salário mínimo vigente no país.

COMENTÁRIOS

✪ **Nota do autor:** a questão exigia do candidato conhecimento do texto legal.

Alternativa correta: letra "c". *Empresário* é a pessoa física (empresário individual) ou jurídica (sociedade empresária ou empresa individual de responsabilidade limitada) que exerce profissionalmente uma atividade econômica organizada para a produção ou circulação de bens ou de serviços. O conceito está no art. 966, CC ("Considera-se empresário quem exerce profissionalmente atividade econômica organizada para a produção ou a circulação de bens ou de serviços"). São elementos do conceito de empresário: **a)** profissionalmente (habitualidade/continuidade); **b)** atividade econômica (finalidade lucrativa); **c)** organizada (reunião dos quatro fatores de produção, quais sejam a mão de obra, a matéria prima, o capital e a tecnologia). Na ausência de qualquer um dos fatores de produção não há falar em atividade empresarial. Quanto aos elementos do conceito de empresário, a doutrina de Fábio Ulhôa Coelho se posiciona no seguinte sentido: *"Organizada. A empresa é atividade organizada no sentido de que nela se encontram articulados, pelo empresário, os quatro fatores de produção: capital, mão de obra, insumos e tecnologia. Não é empresário quem explora atividade de produção ou circulação de bens ou serviços sem alguns desses fatores. O comerciante de perfumes que leva ele mesmo, à sacola, os produtos até os locais de trabalho ou residência dos potenciais consumidores explora atividade de circulação de bens, fá-lo com intuito de lucro, habitualidade e em nome próprio, mas não é empresário, porque em seu mister não contrata empregado, não organiza mão de obra."* (*Manual de Direito Comercial*. 18. ed. São Paulo: Saraiva, 2007, p. 14). Interessante notar a posição mais moderna de André Luiz Santa Cruz Ramos (a qual nos filiamos), para quem a "ideia fechada de que a *organização* dos fatores de produção é absolutamente imprescindível para a caracterização do empresário vem perdendo força no atual contexto da economia capitalista. Com efeitos, basta citar o caso dos microempresários, os quais, não raro, exercem atividade empresarial única ou preponderantemente com trabalho próprio. Pode-se citar também o caso dos *empresários virtuais*, que muitas vezes atuam completamente sozinhos, resumindo-se sua atividade à intermediação de produtos ou serviços por meio da *internet*" (*Direito Empresarial Esquematizado*. 4 ed. Rio de Janeiro: Forense; São Paulo: Método, 2014, p. 38).

Alternativa "a": incorreta. *Trespasse* é o nome que se dá ao contrato de compra e venda do estabelecimento empresarial. Trata-se, portanto, de um negócio jurídico translativo. O adquirente responde pelas dívidas anteriores, desde que estas dívidas estejam regularmente contabilizadas. O alienante responde solidariamente pelas dívidas anteriores pelo prazo de **1 (um) ano**, nos termos do art. 1.146 do CC. Se a dívida está vencida, conta-se um ano da data da publicação do trespasse na imprensa oficial. Por outro lado, se a dívida é vincenda, conta-se um ano da data do vencimento. "CC, art. 1.146. O adquirente do estabelecimento responde pelo pagamento dos débitos anteriores à transferência, desde que regularmente contabilizados, continuando o devedor primitivo solidariamente obrigado pelo prazo de um ano, a partir, quanto aos créditos vencidos, da publicação, e, quanto aos outros, da data do vencimento."

Alternativa "b": incorreta. Há duas hipóteses em que o incapaz poderá exercer a empresa: **a)** continuação da empresa no caso de incapacidade superveniente; ou **b)** continuação da empresa no caso de sucessão hereditária. Trata-se de prestígio ao princípio da continuação da empresa. Lembrando que, nesses casos, o incapaz deve estar devidamente representado (no caso de incapacidade absoluta) ou assistido (no caso de incapacidade relativa), bem como deve haver prévia autorização judicial (o juiz deve analisar a pertinência da continuação da empresa). A regra está consolidada no art. 974 do Código Civil, que dispõe: "**Poderá** o incapaz, por meio de **representante** ou devidamente **assistido**, **continuar** a empresa antes exercida por ele enquanto capaz, por seus pais ou pelo autor de herança." **Não se esqueça:** embora o incapaz não possa iniciar a atividade empresarial, no caso de incapacidade superveniente ou sucessão hereditária, poderá continuar a empresa já existente.

Alternativa "d": incorreta. O erro da assertiva está em afirmar que somente a pessoa natural pode constituir EIRELI. Com a devida vênia, entendemos que esta questão poderia ser objeto de anulação, porquanto há divergência doutrinária se uma pessoa jurídica também pode constituir EIRELI. A corrente favorável sustenta o seu entendimento no art. 980-A do CC, que somente fala em "única pessoa", sem designar se se trata de pessoa física e/ou jurídica. "Art. 980-A. A empresa individual de responsabilidade limitada será constituída **por uma única pessoa** titular da totalidade do capital social, devidamente integralizado, que não será inferior a 100 (cem) vezes o maior salário-mínimo vigente no País." Por outro lado, de acordo com o Enunciado nº 468 do CJF/STJ: "A empresa individual de responsabilidade limitada só poderá ser constituída por pessoa natural".

---

12. (Cespe - Delegado de Polícia Federal - DPF/2013) Julgue os itens seguintes, relativos ao direito empresarial.

O delegado, no desempenho de sua função institucional de investigação de infração legal, deve diferenciar se o ato ilegal foi praticado por pessoa jurídica empresa ou por pessoa física ou jurídica empresário, pois a empresa não se confunde com a pessoa que a compõe, tendo personalidade jurídica distinta da de seus sócios.

COMENTÁRIOS

Anulada. Segundo o Cespe, a assertiva foi anulada, porque a utilização do termo "pessoa jurídica empresa" prejudicou o julgamento do item. Concordamos com a anulação, porquanto a assertiva não seguiu o rigor técnico do Direito Empresarial. Como sabido e ressabido, a *empresa* designa a atividade realizada pelo empresário, nos termos do art. 966 do Código Civil ("Considera-se empresário quem exerce profissionalmente **atividade econômica organizada para a produção ou a circulação de bens ou de serviços**"). Dito de outro modo, a *empresa* corresponde à própria atividade empresarial (produção ou circulação de bens ou de serviços), não se confundindo com o conceito de empresário pessoa jurídica (sociedade empresária).

---

13. (Cespe - Delegado de Polícia Federal - DPF/2013) No que concerne ao empresário e às sociedades empresárias, julgue o próximo item.

13.1. Ao empresário individual não é permitida a realização da atividade-fim *intuitu personae*, uma vez que ele é o organizador da atividade empresarial. Por isso, ele deve contratar pessoas para desempenhar esse tipo de atividade.

COMENTÁRIOS

✪ **Nota do autor:** a questão foi anulada pela banca. De acordo com o CESPE, a assertiva deveria ser anulada, pois apesar de estar de acordo com o Código Civil, havia discordância doutrinária sobre o tema.

Anulada. O conceito de empresário está contido no art. 966, *caput*, do Código Civil, que dispõe: "Considera-se empresário quem exerce profissionalmente atividade econômica organizada para a produção ou a circulação de bens ou de serviços". Nesse passo, empresário é a pessoa física (empresário individual) ou jurídica (sociedade empresária ou empresa individual de responsabilidade limitada) que exerce profissionalmente uma atividade econômica organizada para a produção ou circulação de bens ou de serviços. **Elementos do conceito de empresário: a)** profissionalmente (habitualidade/continuidade); **b)** atividade econômica (finalidade lucrativa); **c)** organizada (reunião dos quatro fatores de produção, quais sejam a mão de obra, a matéria prima, o capital e a tecnologia). Na ausência de qualquer um dos fatores de produção não há falar em atividade empresarial. Quanto aos elementos do conceito de empresário, a doutrina de Fábio Ulhôa Coelho se posiciona no seguinte sentido: *"Organizada. A empresa é atividade organizada no sentido de que nela se encontram articulados, pelo empresário, os quatro fatores de produção: capital, mão de obra, insumos e tecnologia. Não é empresário quem explora atividade de produção ou circulação de bens ou serviços sem alguns desses fatores. O comerciante de perfumes que leva ele mesmo, à sacola, os produtos até os locais de trabalho ou residência dos potenciais consumidores explora atividade de circulação de bens, fá-lo com intuito de lucro, habitualidade e em nome próprio, mas não é empresário, porque em seu mister não contrata empregado, não organiza mão de obra."* (*Manual de Direito Comercial*. 18. ed. São Paulo: Saraiva, 2007, p. 14). Interessante notar a posição mais moderna de André Luiz Santa Cruz Ramos (a qual nos filiamos), para quem a "ideia fechada de que a *organização* dos fatores de produção é absolutamente imprescindível para a caracterização do empresário vem perdendo força no atual contexto da economia capitalista. Com efeitos, basta citar o caso dos microempresários, os quais, não raro, exercem atividade empresarial única ou preponderantemente com trabalho próprio. Pode-se citar também o caso dos *empresários virtuais*, que muitas vezes atuam completamente sozinhos, resumindo-se sua atividade à intermediação de produtos ou serviços por meio da *internet*" (*Direito Empresarial Esquematizado*. 4 ed. Rio de Janeiro: Forense; São Paulo: Método, 2014, p. 38).

14. (Cespe – Defensor Público – TO/2013) Assinale a opção correta acerca da caracterização, inscrição e capacidade do empresário e da sociedade empresária.

a) Filial consiste em estabelecimento empresarial acessório e distinto do estabelecimento principal e cuja atividade abranja o tratamento de negócios do estabelecimento principal e a cuja administração esteja ligada, não havendo autonomia diante da lei e do público.

b) Os pactos e as declarações antenupciais do empresário, o título de doação, a herança ou o legado de bens clausulados de incomunicabilidade ou inalienabilidade devem ser arquivados e averbados no registro público de empresas mercantis.

c) A sociedade empresária que tenha um incapaz em seu quadro de sócios deve ter mais de 50% do capital social integralizado, estando o sócio incapaz impedido de exercer a administração da sociedade.

d) Um renomado escultor que, auxiliado por colaboradores, adquira espaço para a venda de suas obras de arte é considerado empresário, de acordo com a legislação de regência.

e) A pessoa cuja principal atividade profissional seja a rural deve necessariamente promover sua inscrição no registro público de empresas mercantis da respectiva sede.

COMENTÁRIOS

✪ **Nota do autor:** a questão exigia do candidato conhecimento do texto legal, bem como da jurisprudência do STJ.

Alternativa correta: letra "b". A assertiva reproduz o art. 979 do Código Civil, que dispõe: "Além de no Registro Civil, serão arquivados e averbados, no Registro Público de Empresas Mercantis, os pactos e declarações antenupciais do empresário, o título de doação, herança, ou legado, de bens clausulados de incomunicabilidade ou inalienabilidade."

Alternativa "a": incorreta. As filiais "são uma representação da própria sociedade empresária, estabelecida em local diverso e subordinada à administração da matriz" (*Código Civil para Concursos – Doutrina, Jurisprudência e Questões de Concursos*. 2. ed. Salvador: Juspodivm, 2014, p. 668). Segundo André Luiz Santa Cruz Ramos, "pode-se definir *filial*, juridicamente, como a sociedade empresária que atua sob direção e administração de outra, chamada matriz, mas mantém sua personalidade jurídica e o seu patrimônio, bem como preserva sua autonomia diante da lei e do público." (*Direito Empresarial Esquematizado*. 4 ed. Rio de Janeiro: Forense; São Paulo: Método, 2014, p. 65). Com efeito, a incorreção da assertiva está em afirmar que a filial não tem autonomia diante da lei e do público. Apesar de serem uma representação da própria sociedade empresária matriz, as filiais possuem personalidade jurídica e autonomia em suas ações.

Alternativa "c": incorreta. Nos termos do art. 974 do Código Civil: "**Poderá o incapaz, por meio de representante ou devidamente assistido, continuar a empresa antes exercida por ele enquanto capaz, por seus pais ou pelo autor de herança**. (...) § 3º O Registro Público de Empresas Mercantis a cargo das Juntas Comerciais deverá registrar contratos ou alterações contratuais de sociedade que envolva sócio incapaz, desde que atendidos, de forma conjunta, os seguintes pressupostos: I – **o sócio incapaz não pode exercer a administração da sociedade**; II – **o capital social deve ser totalmente integralizado**."

Alternativa "d": incorreta. A atividade de escultor enquadra-se no conceito de profissão intelectual de natureza artística, portanto, o escultor não é considerado empresário. O parágrafo único do art. 966 do CC, exclui alguns agentes econômicos conceito de empresário, ao dispor que: "Não se considera empresário quem exerce profissão intelectual, de natureza científica, literária ou **artística**, ainda com o concurso de auxiliares ou colaboradores, salvo se o exercício da profissão constituir elemento de empresa". **Atenção!** Quando a profissão intelectual de natureza científica, literária ou artística **constituir elemento de empresa**, ela passará a ter natureza empresarial. Isso porque, nesse caso, a atividade profissional intelectual será apenas um dos elementos, dentro do complexo de atividades oferecidos pela sociedade.

Alternativa "e": incorreta. Para o empresário rural o registro é **facultativo**. Caso o empresário rural efetue o registro, ficará equiparado ao empresário comum, tendo as mesmas obrigações deste. O registro do empresário rural tem natureza constitutiva. "CC, Art. 971. **O empresário, cuja atividade rural** constitua sua principal profissão, **pode,** observadas as formalidades de que tratam o art. 968 e seus parágrafos, **requerer inscrição no Registro Público de Empresas Mercantis** da respectiva sede, caso em que, depois de inscrito, ficará equiparado, para todos os efeitos, ao empresário sujeito a registro."

15. (Cespe – Juiz Federal Substituto 5ª região/2013) De acordo com o Código Civil, o exercício da atividade empresarial por pessoa legalmente impedida

a) implica a nulidade dos atos praticados.

b) implica a anulabilidade dos atos praticados.

c) resulta no dever de responder pelas obrigações contraídas.

d) consiste em crime contra a fé pública.

e) consiste em crime contra a administração da justiça.

COMENTÁRIOS

✪ **Nota do autor:** a questão exigia do candidato conhecimento do texto legal. Importante relembrar também acerca das pessoas legalmente impedidas de serem empresários individuais, a saber: **a)** funcionários públicos civis da União, dos Estados, dos Municípios e do Distrito Federal; **b)** magistrados; **c)** membros do Ministério Público; **d)** falidos, enquanto não houverem sido reabilitados; **e)** estrangeiros não residentes no País; **f)** corretores e leiloeiros; **g)** cônsules, salvo os não remunerados; **h)** médicos, para o exercício simultâneo da medicina e farmácia, drogaria ou laboratório; **i)** militares da ativa das Forças Armadas (Exército, Marinha e Aeronáutica) e da Polícia Militar. Casos estas pessoas exerçam atividade própria de empresário, haverá responsabilidade ilimitada pelas dívidas decorrentes da exploração da atividade empresarial (art. 973, CC). **Atenção!** Essa proibição não impede que tais pessoas sejam **sócios** (acionistas ou quotistas) de sociedade empresária.

Alternativa correta: letra "c". A assertiva reproduz o art. 973 do Código Civil, que dispõe: "A pessoa legalmente impedida de exercer atividade própria de empresário, se a exercer, responderá pelas obrigações contraídas."

Alternativa "a": incorreta. O ordenamento jurídico não dispõe de regra sobre a nulidade dos atos praticados pelas pessoas legalmente impedidas.

Alternativa "b": incorreta. O ordenamento jurídico não dispõe de regra sobre a anulabilidade dos atos praticados pelas pessoas legalmente impedidas.

Alternativa "d" (responde, também, a alternativa "e"): incorreta. O ordenamento jurídico não tipifica como crime a conduta de exercer atividade empresarial pelas pessoas legalmente impedidas.

4. EMPRESA INDIVIDUAL DE RESPONSABILIDADE LIMITADA

16. (Cespe – Procurador do Ministério Público junto ao TCDF/2013) Acerca dos diversos tipos societários previstos legalmente, julgue os itens que se seguem.

É inviável no ordenamento jurídico brasileiro a limitação de responsabilidade na empresa individual, respondendo o empresário de maneira solidária e ilimitada pelas dívidas sociais.

COMENTÁRIOS

✪ **Nota do autor:** a questão exigia do candidato conhecimento do texto legal.

Incorreta. A empresa individual de responsabilidade limitada (EIRELI) foi trazida pela Lei 12.441/11, que acrescentou o art. 980-A ao Código Civil. *Empresa individual de responsabilidade limitada* é a pessoa jurídica de direito privado, composta por um único titular da totalidade do capital social, devidamente integralizado, que não será inferior a 100 (cem) vezes o maior salário mínimo vigente no País. A responsabilidade do seu único sócio é limitada (as dívidas sociais não alcançam os bens particulares do titular, mas apenas os bens da pessoa jurídica). "CC, art. 980-A. A empresa individual de responsabilidade limitada será constituída por uma única pessoa titular da totalidade do capital social, devidamente integralizado, que não será inferior a 100 (cem) vezes o maior salário-mínimo vigente no País." Além disso, nos termos do enunciado 470 da V Jornada de Direito Civil do CJF/STJ: "O patrimônio da empresa individual de responsabilidade limitada responderá pelas dívidas da pessoa jurídica, não se confundindo com o patrimônio da pessoa natural que a constitui, sem prejuízo da aplicação do instituto da desconsideração da personalidade jurídica." Não há, portanto, responsabilidade solidária.

5. MICROEMPRESA E EMPRESA DE PEQUENO PORTE

17. (Cespe – Defensor Público – TO/2013) Assinale a opção correta de acordo com as normas que regem as microempresas e as empresas de pequeno porte.

a) A pessoa jurídica que opte pelo regime do SIMPLES Nacional será enquadrada na condição de microempresa e empresa de pequeno porte de acordo com o estabelecido em ato do Comitê Gestor SIMPLES Nacional, sendo plenamente retratável, a qualquer tempo.

b) O desenquadramento da pessoa jurídica da condição de microempresa ou empresa de pequeno porte não implicará alteração, denúncia ou qualquer restrição em relação a contratos por ela anteriormente firmados.

c) A pessoa jurídica que, no último ano calendário, tenha apresentado receita bruta de R$ 400.000, 00 enquadra-se na condição de microempresa, considerando-se receita bruta o produto da venda de bens e serviços nas operações de conta própria, o preço dos serviços prestados e o resultado nas operações em conta alheia.

d) A lei admite o enquadramento, na condição de microempresa ou empresa de pequeno porte, de pessoa jurídica que participe do capital social de outra pessoa jurídica, desde que todo esse capital social esteja investido no Brasil.

e) Os órgãos municipais envolvidos na abertura e fechamento de empresas deverão exigir documento de propriedade ou contrato de locação do imóvel onde esteja instalada a sede da microempresa ou empresa de pequeno porte.

COMENTÁRIOS

✪ **Nota do autor:** a questão exigia do candidato o conhecimento do texto da Lei Complementar 123/06, que dispõe sobre o Estatuto Nacional da Microempresa e da Empresa de Pequeno Porte.

Alternativa correta: letra "b". A assertiva reproduz o disposto no § 3º do art. 3º da Lei Complementar 123/06: "O enquadramento do empresário ou da sociedade simples ou empresária como microempresa ou empresa de pequeno porte bem como o seu desenquadramento não implicarão alteração, denúncia ou qualquer restrição em relação a contratos por elas anteriormente firmados."

Alternativa "a": incorreta. Ao contrário do afirmado, a opção pelo sistema simplificado de tributação (SIMPLES Nacional) não é retratável a qualquer tempo. Nos termos do art. 16 da Lei Complementar 123/06: "A opção pelo Simples Nacional da pessoa jurídica enquadrada na condição de microempresa e empresa de pequeno porte dar-se-á na forma a ser estabelecida em ato do Comitê Gestor, **sendo irretratável para todo o ano-calendário**."

Alternativa "c": incorreta. Nos termos do art. 3º da Lei Complementar 123/06: "Para os efeitos desta Lei Complementar, consideram-se microempresas ou empresas de pequeno porte, a sociedade empresária, a sociedade simples, a empresa individual de responsabilidade limitada e o empresário a que se refere o art. 966 da Lei nº 10.406, de 10 de janeiro de 2002 (Código Civil), devidamente registrados no Registro de Empresas Mercantis ou no Registro Civil de Pessoas Jurídicas, conforme o caso, desde que: I – no caso da microempresa, aufira, em cada ano-calendário, **receita bruta igual ou inferior a R$ 360.000,00 (trezentos e sessenta mil reais)**; e II – no caso de empresa de pequeno porte, aufira, em cada ano-calendário, receita bruta superior a R$ 360.000,00 (trezentos e sessenta mil reais) e igual ou inferior a R$ 4.800.000,00 (quatro milhões e oitocentos mil reais).

Alternativa "d": incorreta. Nos termos do § 4º do art. 3º da Lei Complementar 123/06: "**Não poderá** se beneficiar do tratamento jurídico diferenciado previsto nesta Lei Complementar, incluído o regime de que trata o art. 12 desta Lei Complementar, para nenhum efeito legal, a pessoa jurídica: I – **de cujo capital participe outra pessoa jurídica**;".

Alternativa "e": incorreta. Nos termos do art. 10 da Lei Complementar 123/06: "**Não poderão** ser exigidos pelos órgãos e entidades envolvidos na abertura e fechamento de empresas, dos três âmbitos de governo: (...) II – **documento de propriedade ou contrato de locação do imóvel onde será instalada a sede, filial ou outro estabelecimento, salvo para comprovação do endereço indicado**."

6. ESTABELECIMENTO EMPRESARIAL

18. (Cespe – Delegado de Polícia – PE/2016) A respeito de estabelecimento empresarial, aviamento e clientela, assinale a opção correta.

a) Estabelecimento empresarial corresponde a um complexo de bens corpóreos organizados ao exercício de determinada empresa.

b) O estabelecimento empresarial não é suscetível de avaliação econômica e, por consequência, não pode ser alienado.

c) Aviamento refere-se à aptidão que determinado estabelecimento empresarial possui para gerar lucros.

d) De acordo com a doutrina, aviamento e clientela são sinônimos.

e) Na legislação vigente, não há mecanismos de proteção legal à clientela.

COMENTÁRIOS

✪ **Nota do autor:** a questão exigia do candidato conhecimentos doutrinários sobre o estabelecimento empresarial. O *estabelecimento empresarial* é o complexo de bens materiais ou imateriais organizados pelo empresário para o exercício da empresa. Quanto à sua natureza jurídica, o estabelecimento empresarial é uma universalidade de fato.

Alternativa correta: letra "c". De fato, o aviamento refere-se à aptidão que o estabelecimento empresarial possui para gerar lucros. Dito de outro modo, o *aviamento* é o potencial de lucratividade do estabelecimento empresarial. A articulação dos bens que compõem o estabelecimento empresarial na exploração de uma atividade agrega-lhe um valor que o mercado empresarial conhece como aviamento. Quanto à natureza jurídica, importante lembrar que o aviamento não é elemento integrante do estabelecimento, mas sim um atributo do estabelecimento.

Alternativa "a": incorreta. A questão exigia o conhecimento do texto do art. 1.142 do Código Civil. "Art. 1.142. Considera-se estabelecimento todo complexo de bens organizado, para exercício da empresa, por empresário, ou por sociedade empresária." O estabelecimento empresarial tem natureza de universalidade de fato formada por bens materiais (corpóreos) e imateriais (incorpóreos). Segundo o STJ: "O estabelecimento comercial é composto por patrimônio material e imaterial, constituindo exemplos dos primeiros os bens corpóreos essenciais à exploração comercial, como mobiliários, utensílios e automóveis, e, do segundo, os bens e direitos industriais, como patente, nome empresarial, marca registrada, desenho industrial e o ponto" *(REsp 633.179/MT, Rel. Min. Luis Felipe Salomão, Quarta Turma, j. 02.12.2010).*

Alternativa "b": incorreta. O estabelecimento empresarial tem natureza jurídica de *universalidade de fato* (*universitas facti*). Com efeito, o estabelecimento pode ser objeto de negócio jurídico translativo (ex: alienação) ou constitutivo (ex: hipoteca). Não por outro motivo, o art. 1.143, do CC, dispõe que: "Pode o estabelecimento ser objeto unitário de direitos e de negócios jurídicos, translativos ou constitutivos, que sejam compatíveis com a sua natureza". Importa lembrar que *trespasse* é o nome que se dá ao contrato de compra e venda do estabelecimento empresarial.

Alternativa "d": incorreta. O conceito de *clientela* se relaciona com a qualidade que gera a fidelidade do consumidor aos produtos ou serviços prestados ou postos em circulação pelo empresário. Essa relação de fidelidade é que acarreta a possibilidade de continuação dos negócios do empresário. Por este motivo, a doutrina majoritária é no sentido de que a clientela é um atributo incorpóreo do estabelecimento empresarial (e não do aviamento). Como dito anteriormente, o aviamento refere-se à aptidão que o estabelecimento empresarial possui para gerar lucros.

Alternativa "e": incorreta, na medida em que a clientela é tutelada pelo ordenamento jurídico. A clientela é objeto de tutela pela Lei 12.529/11, que estrutura o Sistema Brasileiro de Defesa da Concorrência. Importante lembrar também sobre a proteção que se dá ao ponto empresarial, pois através dela também se tutela a clientela. Senão vejamos. Ponto empresarial é o local utilizado pelo empresário para exploração de sua atividade. Trata-se, portanto, de um bem incorpóreo que integra o conceito de estabelecimento empresarial. O empresário pode explorar sua atividade tanto num imóvel de sua propriedade como também poderá explorar a sua atividade em imóvel por ele locado. Nas duas situações, o ponto empresarial será protegido pelo ordenamento jurídico. Quando o empresário explora a sua atividade em imóvel próprio, a proteção do ponto se dará pelo direito de propriedade. Por outro lado, quando o empresário explora a sua atividade em imóvel locado, a proteção ao ponto se dá pela Lei 8.245/91, através da ação renovatória de aluguel. O que justifica a ação renovatória é a proteção ao ponto. O ordenamento jurídico busca proteger o ponto comercial por um único motivo, qual seja, a tutela da clientela que, para o empresário locatário, possui imenso valor.

---

19. (Cespe – Juiz de Direito Substituto – AM/2016) Acerca da teoria do estabelecimento comercial, assinale a opção correta.

a) Se não houver vedação expressa no contrato de trespasse, o alienante poderá constituir nova sociedade para explorar o mesmo ramo de atividade imediatamente após a alienação do estabelecimento.

b) A ação renovatória de locação é uma proteção especial ao estabelecimento comercial e será julgada procedente mesmo que o locador não queira a renovação, desde que o locatário tenha no máximo um mês de inadimplência no contrato cuja renovação deseja.

c) O estabelecimento empresarial, por ser o local onde o empresário exerce sua atividade empresarial, é impenhorável.

d) É condição de eficácia perante terceiros o registro do contrato de trespasse na junta comercial e sua posterior publicação.

e) O adquirente do estabelecimento comercial é responsável pelos débitos anteriores à transferência que não estejam contabilizados, pois estes seguem a coisa (*in propter rem*).

COMENTÁRIOS

✪ **Nota do autor:** a questão exigia do candidato o conhecimento do texto legal.

Alternativa correta: letra "d". De fato, é condição de eficácia perante terceiros o registro do contrato de trespasse na junta comercial e sua posterior publicação. "CC, art. 1.144. O contrato que tenha por objeto a **alienação**, o usufruto ou arrendamento do estabelecimento, **só produzirá efeitos quanto a terceiros depois de averbado** à margem da inscrição do empresário, ou da sociedade empresária, no Registro Público de Empresas Mercantis, **e de publicado na imprensa oficial.**"

Alternativa "a": incorreta. "CC, art. 1.147. Não havendo autorização expressa, o alienante do estabelecimento não pode fazer concorrência ao adquirente, nos cinco anos subsequentes à transferência. Parágrafo único. No caso de arrendamento ou usufruto do estabelecimento, a proibição prevista neste artigo persistirá durante o prazo do contrato." Vale a pena destacar recente julgado do STJ sobre o tema: "É abusiva a vigência, por prazo indeterminado, da cláusula de "não restabelecimento" (art. 1.147 do CC), também denominada "cláusula de não concorrência". *(REsp 680.815-PR, Rel. Min. Raul Araújo, julgado em 20/3/2014, DJe 3/2/2015. Informativo 554).*

Alternativa "b": incorreta. Quando o empresário decide explorar a sua atividade em imóvel locado, a proteção ao ponto comercial se dará pela Lei 8.245/91 (art. 51) através da chamada *ação renovatória de aluguel*. O que justifica a renovatória é a proteção ao ponto comercial. Os requisitos para a propositura da ação renovatória são os seguintes: **a)** o contrato a renovar tenha sido celebrado por escrito e com prazo determinado; **b)** o prazo mínimo do contrato a renovar ou a soma dos prazos ininterruptos dos contratos escritos seja de cinco anos; **c)** o locatário esteja explorando seu comércio, no mesmo ramo, pelo prazo mínimo e ininterrupto de três anos. Quanto ao momento para o ajuizamento, esta deve ser proposta durante a vigência do contrato no interregno de 1 (um) ano, no máximo, a 6 (seis) meses, no mínimo, do término de vigência do contrato. A não propositura no prazo legal acarretará na decadência (perda do direito a renovação do contrato), conforme art. 51, § 5º da Lei 8.245/91.

Alternativa "c": incorreta. O enunciado da Súmula 451 do STJ, dispõe que: "É legítima a penhora da sede do estabelecimento comercial." O CPC/15 também tratou do tema no art. 862, dispondo que: "**Quando a penhora recair em estabelecimento comercial**, industrial ou agrícola, bem como em semoventes, plantações ou edifícios em construção, o juiz nomeará administrador-depositário, determinando-lhe que apresente em 10 (dez) dias o plano de administração. § 1º Ouvidas as partes, o juiz decidirá. § 2º É lícito às partes ajustar a forma de administração e escolher o depositário, hipótese em que o juiz homologará por despacho a indicação. § 3º Em relação aos edifícios em construção sob regime de incorporação imobiliária, a penhora somente poderá recair sobre as unidades imobiliárias ainda não comercializadas pelo incorporador. § 4º Sendo necessário afastar o incorporador da administração da incorporação, será ela exercida pela comissão de representantes dos adquirentes ou, se se tratar de construção financiada, por empresa ou profissional indicado pela instituição fornecedora dos recursos para a obra, devendo ser ouvida, neste último caso, a comissão de representantes dos adquirentes."

Alternativa "d": incorreta. O adquirente responde pelas dívidas anteriores, **desde que estas dívidas estejam regularmente contabilizadas**. O alienante responde solidariamente pelas dívidas anteriores pelo prazo de 1 (um) ano, nos termos do art. 1.146 do CC. Se a dívida está vencida, conta-se um ano da data da publicação do trespasse na imprensa oficial. Por outro lado, se a dívida é vincenda, conta-se um ano da data do vencimento. "CC, art. 1.146. O adquirente do estabelecimento responde pelo pagamento dos débitos anteriores à transferência, desde que regularmente contabilizados, continuando o devedor primitivo solidariamente obrigado pelo prazo de um ano, a partir, quanto aos créditos vencidos, da publicação, e, quanto aos outros, da data do vencimento."

---

20. (Cespe – Juiz do Trabalho Substituto 5ª região/ 2013) Em relação ao estabelecimento comercial, assinale a opção correta.

a) Conforme a doutrina majoritária, a natureza jurídica do estabelecimento comercial é de uma universalidade de fato.

b) Para que seja válido em relação a terceiros eventualmente prejudicados por sua celebração, o trespasse deve ser registrado à margem da inscrição do empresário ou da sociedade empresária no Registro Público de Empresas.

c) Para a garantia de terceiros, o nome do empresário individual ou da sociedade empresária deve coincidir com o título do estabelecimento comercial.

d) O estabelecimento comercial não pode ser objeto de penhora se utilizado para a exploração de empresa de empresário individual, por ser, nesse caso, necessário ao exercício da profissão de empresário, dada a definição de empresário contida no art. 966 do Código Civil.

e) O estabelecimento comercial compõe-se dos bens necessários ao exercício da empresa e dos débitos do empresário, inclusive dos que não estejam contabilizados no momento de eventual trespasse.

COMENTÁRIOS

✪ **Nota do autor:** a questão exigia do candidato o conhecimento do texto legal, bem como da jurisprudência do STJ.

Alternativa correta: letra "a". De fato, o estabelecimento empresarial tem natureza jurídica de universalidade de fato (*universitas facti*). Segundo a doutrina de André Luiz Santa Cruz Ramos, "a doutrina brasileira majoritária, seguindo mais uma vez as ideias suscitadas pela doutrina italiana sobre o tema, sempre considerou o estabelecimento empresarial uma universalidade de fato, uma vez que os elementos que o compõem formam uma coisa unitária exclusivamente em razão da destinação que o empresário lhes dá, e não em virtude de disposição legal" (*Direito Empresarial Esquematizado*. 4 ed. Rio de Janeiro: Forense; São Paulo: Método, 2014, p. 496). **Alternativa "b":** incorreta. "CC, art. 1.144. O contrato que tenha por objeto a alienação, o usufruto ou arrendamento do estabelecimento, só produzirá efeitos quanto a terceiros depois de averbado à margem da inscrição do empresário, ou da sociedade empresária, no Registro Público de Empresas Mercantis, e de publicado na imprensa oficial."

Alternativa "c": incorreta. O nome empresarial e o título do estabelecimento são conceitos que não se confundem. *Nome empresarial* é o elemento de identificação do empresário (individual, sociedade empresária ou empresa individual de responsabilidade limitada) no meio empresarial. Já o título do estabelecimento, também chamado de insígnia, nada mais é que o nome fantasia. Para facilitar a compreensão do tema, confira o quadro sinótico:

Nome empresarial	Marca	Título de estabelecimento
Identifica o empresário no meio empresarial.	Identifica o produto ou serviço no meio empresarial.	Identifica o estabelecimento empresarial.
É protegido a partir do momento em que o empresário registra os seus atos constitutivos na Junta Comercial, que é um órgão estadual. A proteção é de âmbito estadual.	É protegida a partir do momento em que é registrada no INPI (Instituto Nacional de Propriedade Industrial), que é um órgão federal. A proteção é de âmbito federal.	Não precisa ser registrado.
Não pode ser alienado.	Pode ser alienada.	Pode ser alienado.

Alternativa "d": incorreta. O enunciado da Súmula 451 do STJ, dispõe que: "É legítima a penhora da sede do estabelecimento comercial." O CPC/15 também tratou do tema no art. 862, dispondo que: "**Quando a penhora recair em estabelecimento comercial**, industrial ou agrícola, bem como em semoventes, plantações ou edifícios em construção, o juiz nomeará administrador-depositário, determinando-lhe que apresente em 10 (dez) dias o plano de administração. § 1º Ouvidas as partes, o juiz decidirá. § 2º É lícito às partes ajustar a forma de administração e escolher o depositário, hipótese em que o juiz homologará por despacho a indicação. § 3º Em relação aos edifícios em construção sob regime de incorporação imobiliária, a penhora somente poderá recair sobre as unidades imobiliárias ainda não comercializadas pelo incorporador. § 4º Sendo necessário afastar o incorporador da administração da incorporação, será ela exercida pela comissão de representantes dos adquirentes ou, se se tratar de construção financiada, por empresa ou profissional indicado pela instituição fornecedora dos recursos para a obra, devendo ser ouvida, neste último caso, a comissão de representantes dos adquirentes."

Alternativa "e": incorreta, uma vez que, sendo o estabelecimento empresarial uma universalidade de fato, ele **não** compreende os débitos da empresa, os créditos e o contratos.

21. (Cespe – Juiz de Direito Substituto – MA/2013) Considerando o direito de empresa, assinale a opção correta.

a) É vedado ao alienante de um estabelecimento empresarial fazer concorrência ao adquirente nos cinco anos posteriores à transferência, salvo mediante expressa autorização.

b) Os profissionais liberais não são considerados empresários, mesmo nos casos em que a organização dos fatores da produção seja mais importante que a atividade pessoal desenvolvida.

c) É obrigatória a inscrição do empresário na junta comercial, para sua caracterização, antes do início de sua atividade, não se admitindo o exercício da empresa sem tal providência.

d) Tratando-se de sociedade limitada, a denominação deve ser composta com o nome de um ou mais sócios, desde que estes sejam pessoas jurídicas, de modo a designar a atividade empresarial desenvolvida.

COMENTÁRIOS

✪ **Nota do autor:** a questão exigia do candidato o conhecimento do texto legal.

Alternativa correta: letra "a". "CC, art. 1.147. Não havendo autorização expressa, o alienante do estabelecimento não pode fazer concorrência ao adquirente, nos cinco anos subsequentes à transferência. Parágrafo único. No caso de arrendamento ou usufruto do estabelecimento, a proibição prevista neste artigo persistirá durante o prazo do contrato."

Alternativa "b": incorreta. De acordo com o Enunciado 194 da III Jornada de Direito Civil do SJF/STJ: "Os profissionais liberais não são considerados empresários, **salvo** se a organização dos fatores da produção for mais importante que a atividade pessoal desenvolvida". Ainda, o parágrafo único do art. 966 do Código Civil: "Não se considera empresário quem exerce profissão intelectual, de natureza científica, literária ou artística, ainda com o concurso de auxiliares ou colaboradores, **salvo** se o exercício da profissão constituir elemento de empresa."

Alternativa "c": incorreta. De fato, o empresário é obrigado a efetuar seu registro no Registro Público de Empresas Mercantis, antes de iniciar sua atividade (CC, art. 967). No entanto, "a inscrição do empresário na Junta Comercial não é requisito para a sua caracterização, admitindo-se o exercício da empresa sem tal providência. O empresário irregular reúne os requisitos do art. 966, sujeitando-se às normas do Código Civil e da legislação comercial, salvo naquilo em que forem incompatíveis com a sua condição ou diante de expressa disposição em contrário." (Enunciado 198 da III Jornada de Direito Civil do CJF). "A inscrição do empresário ou sociedade empresária é requisito delineador de sua regularidade, e não da sua caracterização" (Enunciado 199 da III Jornada de Direito Civil do CJF).

Alternativa "d": incorreta. "CC, art. 1.158. Pode a sociedade limitada adotar firma ou denominação, integradas pela palavra final "limitada" ou a sua abreviatura.

§ 1º A firma será composta com o nome de um ou mais sócios, desde que pessoas físicas, de modo indicativo da relação social. § 2º A denominação deve designar o objeto da sociedade, sendo permitido nela figurar o nome de um ou mais sócios."

7. NOME EMPRESARIAL

22. (Cespe – Defensor Público – DPU/2017) Considerando que tenha sido decretada a falência de Roma & Cia. Ltda., sociedade de André Roma e Bruno Silva, administrada apenas por André, julgue os itens seguintes.

O nome empresarial Roma & Cia. Ltda. é classificado como denominação social.

COMENTÁRIOS

Errado. O nome empresarial Roma & Cia. Ltda. é classificado como **firma** (e não denominação social). A *firma* é constituída pelo nome civil do empresário, completo ou abreviado (firma social) ou pelo sobrenome dos sócios da sociedade empresária (razão social). Vale lembrar que o nome empresarial abrange duas espécies: a firma e a denominação.

Firma (ou razão social)	O nome empresarial Roma & Cia. Ltda. é classificado como firma social (e não denominação social). A firma social é constituída pelo nome civil do empresário, completo ou abreviado (firma social) ou pelo sobrenome dos sócios da sociedade empresária (razão social). A inclusão do ramo de atividade é facultativa.
Denominação	A denominação deve (obrigatoriamente) ser constituída pelo ramo de atividade, sendo permitido (faculdade) a inclusão de elemento/nome fantasia.

23. (Cespe – Juiz de Direito Substituto – AM/2016) No que se refere às espécies de empresário, seus auxiliares e colaboradores e aos nomes e livros empresariais, assinale a opção correta.

a) É suficiente autorização verbal do empresário para que seu preposto possa fazer-se substituir no desempenho da preposição.

b) Caso crie o chamado caixa dois, falsificando a escrituração do empresário preponente, o contabilista responderá subsidiariamente ao empresário pelas consequências de tal conduta.

c) São livros empresariais todos os exigidos do empresário por força das legislações empresarial, trabalhista, fiscal e previdenciária.

d) A empresa individual de responsabilidade limitada será constituída por uma única pessoa e seu nome empresarial será necessariamente a firma seguida da sigla EIRELI.

e) Em observância ao princípio da veracidade, o nome do sócio que falecer não pode ser conservado na firma social.

COMENTÁRIOS

✪ **Nota do autor:** o nome empresarial é uma cláusula pétrea, nos termos do art. 5º, XXIX, da CF ("a lei assegurará aos autores de inventos industriais privilégio temporário para sua utilização, bem como proteção às criações industriais, à propriedade das marcas, aos nomes de empresariais e a outros signos distintivos, tendo em vista o interesse social e o desenvolvimento tecnológico e econômico do País;").

Alternativa correta: letra "e". A assertiva reproduz o art. 1.165 do Código Civil, que dispõe: "O nome de sócio que vier a falecer, for excluído ou se retirar, não pode ser conservado na firma social." Segundo o mestre André Luiz Santa Cruz Ramos, "de acordo com o princípio da veracidade, o nome empresarial não poderá conter nenhuma informação falsa. Sendo a expressão que identifica o empresário nas suas relações como tal, é imprescindível que o nome empresarial só forneça dados verdadeiros àquele que negocia com o empresário." (*Direito Empresarial Esquematizado.* 4 ed. Rio de Janeiro: Forense; São Paulo: Método, 2014, p. 88).

Alternativa "a": incorreta, pois a autorização deve ser escrita. "CC, art. 1.169. O preposto não pode, sem autorização escrita, fazer-se substituir no desempenho da preposição, sob pena de responder pessoalmente pelos atos do substituto e pelas obrigações por ele contraídas."

Alternativa "b": incorreta. O parágrafo único do art. 1.177 do Código Civil, dispõe que: "No exercício de suas funções, **os prepostos são pessoalmente responsáveis, perante os preponentes, pelos atos culposos**; e, perante terceiros, solidariamente com o preponente, pelos atos dolosos."

Alternativa "c": incorreta. "CC, art. 1.180. Além dos demais livros exigidos por lei, é indispensável o Diário, que pode ser substituído por fichas no caso de escrituração mecanizada ou eletrônica." André Luiz Santa Cruz Ramos explica que "outros livros também poderão ser exigidos do empresário, por força de legislação fiscal, trabalhista ou previdenciária. Todavia, eles não podem ser considerados livros empresariais. Só recebem essa qualificação os livros que o empresário escritura em razão do disposto na legislação empresarial." (*Direito Empresarial Esquematizado.* 4 ed. Rio de Janeiro: Forense; São Paulo: Método, 2014, p. 77).

Alternativa "d": incorreta. O erro está na segunda parte da assertiva. Vejamos. "CC, art. 980-A. A empresa individual de responsabilidade limitada será constituída por uma única pessoa titular da totalidade do capital social, devidamente integralizado, que não será inferior a 100 (cem) vezes o maior salário-mínimo vigente no País. § 1º O nome empresarial deverá ser formado pela inclusão da expressão 'EIRELI' após a **firma ou a denominação** social da empresa individual de responsabilidade limitada."

8. OBRIGAÇÕES EMPRESARIAIS

8.1. REGISTRO EMPRESARIAL

24. (Cespe - Procurador do Ministério Público junto ao TCDF/2013) Considerando que o atual Código Civil, instituído em 2002, inaugurou no ordenamento jurídico brasileiro o que a doutrina denomina de unificação do direito privado, passando a disciplinar tanto a matéria civil quanto a comercial, julgue os itens a seguir.

Exatamente porque a atividade rural pode se enquadrar na teoria da empresa, o atual Código Civil facultou àqueles que a exercem a possibilidade de requerimento de sua inscrição no registro público de empresas mercantis, ocasião em que tais atividades adquirem nítidos contornos de atividade empresária.

COMENTÁRIOS

✪ **Nota do autor:** a questão exigia do candidato conhecimentos doutrinários, bem como o conhecimento do texto da lei.

Certo. *Empresário* é a pessoa física (empresário individual) ou jurídica (sociedade empresária ou empresa individual de responsabilidade limitada) que exerce profissionalmente uma atividade econômica organizada para a produção ou circulação de bens ou de serviços. O conceito está no art. 966, CC ("Considera-se empresário quem exerce profissionalmente atividade econômica organizada para a produção ou a circulação de bens ou de serviços"). Quanto a inscrição, o empresário é obrigado a efetuar seu registro no Registro Público de Empresas Mercantis, antes de iniciar sua atividade. O art. 967 do CC dispõe que "é obrigatória a inscrição do empresário no Registro Público de Empresas Mercantis da respectiva sede, antes do início de sua atividade". O registro do empresário tem natureza jurídica de condição de regularidade. No entanto, para o empresário rural, o registro é facultativo (art. 971, CC). Caso o empresário rural efetue o registro, ficará equiparado ao empresário comum, tendo as mesmas obrigações deste. **Atenção:** o registro do empresário rural é facultativo e tem natureza constitutiva.

25. (Cespe - Defensor Público - TO/2013) A respeito do registro público de empresas, assinale a opção correta.

a) Aquele que desejar consultar os assentamentos existentes em juntas comerciais e obter certidões deve demonstrar o legítimo interesse e pagar o preço devidamente fixado pela respectiva junta comercial.

b) O arquivamento dos atos referentes à transformação, incorporação, fusão e cisão de empresas mercantis está sujeito ao regime de decisão singular por servidor designado pelo presidente da junta comercial.

c) As juntas comerciais carecem de competência para decidir sobre a criação de delegacias, órgãos locais do registro do comércio.

d) No Brasil, todas as juntas comerciais são subordinadas administrativa e tecnicamente ao Departamento Nacional de Registro do Comércio.

e) A lei veda o arquivamento de atos relacionados à prorrogação de contrato social, após o prazo nele fixado, bem como de atos de sociedades empresárias com nome idêntico ou semelhante a outro já existente.

COMENTÁRIOS

✪ **Nota do autor:** a questão exigia do candidato conhecimento do texto da Lei 8.934/94, que dispõe sobre o Registro Público de Empresas Mercantis.

Alternativa correta: letra "e". A assertiva trata das proibições de arquivamento. Nos termos do art. 35 da Lei 8.934/94: "Não podem ser arquivados: (...) IV – **a prorrogação do contrato social, depois de findo o prazo nele fixado**; V – os atos de empresas mercantis com nome idêntico ou semelhante a outro já existente; (...)".

Alternativa "a": incorreta, na medida em que qualquer pessoa poderá consultar os assentamentos existentes nas Juntas Comerciais. Nos termos do art. 29 da Lei 8.934/94: "**Qualquer pessoa**, sem necessidade de provar interesse, poderá consultar os assentamentos existentes nas juntas comerciais e obter certidões, mediante pagamento do preço devido."

Alternativa "b": incorreta, na medida em que a hipótese exige decisão colegiada (e não decisão singular). Nos termos do art. 41 da Lei 8.934/94: "Estão sujeitos ao regime de **decisão colegiada** pelas juntas comerciais, na forma desta lei: I – o arquivamento: (...) b) dos atos referentes à transformação, incorporação, fusão e cisão de empresas mercantis;".

Alternativa "c": incorreta, na medida em que as Juntas Comerciais podem sim decidir pela criação de delegacias e órgãos locais. Nos termos do § 2º do art. 9º da Lei 8.934/94: "As juntas comerciais, por seu plenário, **poderão** resolver pela criação de delegacias, órgãos locais do registro do comércio, nos termos da legislação estadual respectiva."

Alternativa "d": incorreta, na medida nem todas as Juntas Comerciais estão subordinadas administrativa e tecnicamente ao Departamento Nacional de Registro do Comércio (DNRC), mas apenas a Junta do Distrito Federal. "Lei 8.934/94, art. 6º. As juntas comerciais subordinam-se administrativamente ao governo da unidade federativa de sua jurisdição e, tecnicamente, ao DNRC, nos termos desta lei. Parágrafo único. **A Junta Comercial do Distrito Federal é subordinada administrativa e tecnicamente ao DNRC.**"

26. (Cespe – Juiz Federal Substituto 2ª região/ 2013) Os sócios majoritários da empresa mercantil X, detentores de 80% do capital dessa empresa, pretendem levar à junta comercial do respectivo estado certos documentos da empresa X para arquivamento.

Nessa situação hipotética, em conformidade com a Lei de Registro de Empresas Mercantis e Atividades Afins, a junta comercial poderá promover o arquivamento

a) da prorrogação do contrato social, depois de findo o prazo nele fixado.

b) dos documentos que obedecerem às prescrições legais, mesmo que eles contenham matéria contrária aos interesses dos sócios minoritários.

c) dos documentos de alteração contratual da empresa, ainda que neles figure como titular pessoa que esteja condenada pela prática de crime cuja pena vede o acesso à atividade mercantil.

d) dos atos constitutivos da empresa que não designem o respectivo capital.

e) dos atos constitutivos da empresa que não contenham declaração precisa de seu objeto.

COMENTÁRIOS

✪ **Nota do autor:** a questão exigia do candidato conhecimento do texto da Lei 8.934/94, que dispõe sobre o Registro Público de Empresas Mercantis.

Alternativa correta: letra "b". De fato, a junta comercial poderá promover o arquivamento dos documentos que obedecerem às prescrições legais, mesmo que eles contenham matéria contrária aos interesses dos sócios minoritários. Isso porque, a hipótese não está arrolada dentre as proibições de arquivamento elencadas no art. 35 da Lei 8.934/94.

Alternativa "a": incorreta. Nos termos do art. 35 da Lei 8.934/94: "Não podem ser arquivados: (...) IV – a prorrogação do contrato social, depois de findo o prazo nele fixado;".

Alternativa "c": incorreta. Nos termos do art. 35 da Lei 8.934/94: "Não podem ser arquivados: (...) II – os documentos de constituição ou alteração de empresas mercantis de qualquer espécie ou modalidade em que figure como titular ou administrador pessoa que esteja condenada pela prática de crime cuja pena vede o acesso à atividade mercantil;".

Alternativa "d" (responde, também, a alternativa "e"): incorreta. Nos termos do art. 35 da Lei 8.934/94: "Não podem ser arquivados: (...) III – os atos constitutivos de empresas mercantis que, além das cláusulas exigidas em lei, não designarem o respectivo capital, bem como a declaração precisa de seu objeto, cuja indicação no nome empresarial é facultativa;".

27. (Cespe – Procurador do Ministério Público junto ao TCDF/2013) Acerca dos diversos tipos societários previstos legalmente, julgue os itens que se seguem.

O registro da sociedade empresária no órgão de registro competente é meramente declaratório, razão pela qual a pessoa jurídica empresária adquire personalidade com a formalização do seu contrato social, verdadeiro acordo de vontades convergentes com o objeto societário.

COMENTÁRIOS

Incorreta. A personalidade jurídica das pessoas jurídicas inicia-se com a inscrição dos seus atos constitutivos no respectivo registro. O ato constitutivo a ser levado a registro pode ser um contrato social (sociedades contratuais) ou um estatuto social (sociedades estatutárias). O órgão competente para o registro é a Junta Comercial, se se tratar de uma sociedade empresária. Por outro lado, se se tratar de uma sociedade simples, o registro deverá ser feito no Registro Civil de Pessoas Jurídicas. A sociedade empresária é obrigada a efetuar seu registro no Registro Público de Empresas Mercantis (Junta Comercial), antes de iniciar sua atividade. O registro do empresário tem natureza jurídica de mera condição de regularidade. "CC, art. 985. A sociedade adquire personalidade jurídica com a inscrição, no registro próprio e na forma da lei, dos seus atos constitutivos (arts. 45 e 1.150)." O registro dos atos constitutivos da sociedade no Registro Público de Empresas Mercantis (Junta Comercial) tem efeitos declaratórios quanto a caracterização da sociedade empresária ou empresário individual. No entanto, o registro tem natureza constitutiva quanto a personalidade jurídica da sociedade, pois somente a partir dele é que começa a existência legal do ente.

8.2. ESCRITURAÇÃO

28. (Cespe – Juiz do Trabalho Substituto 5ª região/ 2013) No que se refere à disciplina jurídica da escrituração do empresário, assinale a opção correta.

a) Ainda que regularmente escriturados, os livros empresariais podem fazer prova plena contra o empresário, sendo permitida a este, no entanto, a produção de prova para demonstrar a inexatidão dos lançamentos.

b) O juiz pode determinar, em qualquer tipo de litígio, a exibição integral dos livros do empresário.

c) Conforme previsto no Código Civil, a escrituração do livro diário e do livro caixa é obrigatória para todos os empresários.

d) Estando regularmente escriturados, os livros do empresário têm eficácia probatória plena em favor do empresário, seja em litígio com outro empresário, seja em litígio com o consumidor.

e) É obrigatória, para todo empresário que se dedica a compra e venda mercantil e a prestação de serviços, a escrituração do livro de registro de duplicatas.

COMENTÁRIOS

✪ **Nota do autor:** a questão exigia do candidato conhecimento do texto legal.

Alternativa correta: letra "a" (responde, também, a alternativa "d"). Nos termos do art. 226 do Código Civil: "Os livros e fichas dos empresários e sociedades provam contra as pessoas a que pertencem, e, em seu favor, quando, escriturados sem vício extrínseco ou intrínseco, forem confirmados por outros subsídios. Parágrafo único. A prova resultante dos livros e fichas não é bastante nos casos em que a lei exige escritura pública, ou escrito particular revestido de requisitos especiais, e pode ser ilidida pela comprovação da falsidade ou inexatidão dos lançamentos."

Alternativa "b": incorreta. Os livros comerciais são sigilosos ("CC, art. 1.190. Ressalvados os casos previstos em lei, nenhuma autoridade, juiz ou tribunal, sob qualquer pretexto, poderá fazer ou ordenar diligência para verificar se o empresário ou a sociedade empresária observam, ou não, em seus livros e fichas, as formalidades prescritas em lei"). De acordo com o art. 1.191 do CC: "O juiz só poderá autorizar a exibição integral dos livros e papéis de escrituração quando necessária para resolver questões relativas a sucessão, comunhão ou sociedade, administração ou gestão à conta de outrem, ou em caso de falência." Ainda, determina o art. 420 do CPC/15, que: "O juiz pode ordenar, a requerimento da parte, a exibição integral dos livros empresariais e dos documentos do arquivo: I – na liquidação de sociedade; II – na sucessão por morte de sócio; III – quando e como determinar a lei."

Alternativa "c": incorreta, uma vez que somente a escrituração do livro Diário é obrigatória para todos os empresários. Nos termos do art. 1.180 do Código Civil: "Além dos demais livros exigidos por lei, é indispensável o Diário, que pode ser substituído por fichas no caso de escrituração mecanizada ou eletrônica." **Atenção!** O livro Diário pode ser substituído por fichas no caso de o empresário adotar escrituração mecanizada ou eletrônica. Além disso, o livro Diário pode ser substituído pelo livro Balanço no caso de o empresário adotar o sistema de fichas de lançamentos. "CC, Art. 1.185. O empresário ou sociedade empresária que adotar o sistema de fichas de lançamentos poderá substituir o livro Diário pelo livro Balancetes Diários e Balanços, observadas as mesmas formalidades extrínsecas exigidas para aquele."

Alternativa "e": incorreta. Segundo a doutrina de André Luiz Santa Cruz Ramos, "a duplicata é título causal, ou seja, só pode ser emitida para documentar determinadas relações jurídicas preestabelecidas pela sua lei de regência, quais sejam: (i) uma compra e venda mercantil, ou (ii) um contrato de prestação de serviços. Nenhum outro negócio jurídico, portanto, admite a emissão de duplicata." (*Direito Empresarial Esquematizado*. 4 ed. Rio de Janeiro: Forense; São Paulo: Método, 2014, p. 480). O conceito legal está no art. 1º da Lei 5.474/68 (Lei da Duplicata): "Em todo o contrato de compra e venda mercantil entre partes domiciliadas no território brasileiro, com prazo não inferior a 30 (trinta) dias, contado da data da entrega ou despacho das mercadorias, o vendedor extrairá a respectiva fatura para apresentação ao comprador." Segue o art. 2º do diploma legal em comento: "No ato da emissão da fatura, dela poderá ser extraída uma duplicata para circulação como efeito comercial, não sendo admitida qualquer outra espécie de título de crédito para documentar o saque do vendedor pela importância faturada ao comprador." Conclui o art. 19, que: "A adoção do regime de vendas de que trata o art. 2º desta Lei obriga o vendedor a ter e a escriturar o Livro de Registro de Duplicatas."

9. PREPOSTOS

29. (Cespe – Procurador do Estado – PGE – SE/2017) Com relação ao empresário e aos prepostos, assinale a opção correta de acordo com a legislação pertinente.

A) A inscrição do empresário na junta comercial é requisito para a sua caracterização.

B) A lei prevê cobrança de multa do incapaz que exercer diretamente atividade própria de empresário.

C) O gerente de empresa poderá delegar poderes de representação, uma vez que as prerrogativas a ele conferidas, embora pessoais, são transferíveis.

D) No exercício de suas funções, os prepostos são pessoalmente responsáveis, perante terceiros, pelos atos culposos.

E) O empresário casado pode alienar os bens imóveis que integram o patrimônio da empresa sem outorga conjugal.

COMENTÁRIOS

✪ **Nota do autor:** a questão exigia do candidato conhecimento do texto da lei.

Alternativa correta: letra "e". O empresário casado pode alienar os bens imóveis que integram o patrimônio da empresa sem outorga conjugal. É o que dispõe o art. 978 do Código Civil: "O empresário casado pode, sem necessidade de outorga conjugal, qualquer que seja o regime de bens, alienar os imóveis que integrem o patrimônio da empresa ou gravá-los de ônus real". Vale lembrar o teor do Enunciado n. 58 da Jornada de Direito Empresarial do CJF: "O empresário individual casado é o destinatário da norma do art. 978 do CCB e não depende da outorga conjugal para alienar ou gravar de ônus real o imóvel utilizado no exercício da empresa, desde que exista prévia averbação de autorização conjugal à conferência do imóvel ao patrimônio empresarial no cartório de registro de imóveis, com a consequente averbação do ato à margem de sua inscrição no registro público de empresas mercantis."

Alternativa "a": incorreta. A inscrição do empresário na junta comercial é requisito para a sua **regularidade**. O empresário é obrigado a efetuar seu registro na Junta Comercial antes de iniciar sua atividade. Prevalece o entendimento no sentido de que o registro do empresário na Junta Comercial tem natureza declaratória, sendo uma condição de regularidade. Vale lembrar o teor do Enunciado n. 199 do CJF, aprovado na III Jornada de Direito Civil: "a inscrição do empresário ou sociedade empresária é requisito delineador de sua regularidade, e não da sua caracterização".

Alternativa "b": incorreta. Não há qualquer previsão na lei acerca da cobrança de multa do incapaz que exercer diretamente atividade própria de empresário. Em prestígio ao princípio da continuidade da empresa, há duas hipóteses em que o incapaz poderá ser empresário: *a)* continuação da empresa no caso de incapacidade superveniente; e *b)* continuação da empresa no caso de sucessão hereditária. O incapaz deverá estar representado (no caso de incapacidade absoluta) ou assistido (no caso de incapacidade relativa) e deverá haver prévia autorização judicial (o juiz deve analisar a pertinência da continuação da empresa). Vale lembrar, também, que não ficam sujeitos ao resultado da empresa os bens que o incapaz já possuía ao tempo da sucessão ou da interdição, desde que estranhos ao acervo daquela, devendo tais fatos constar do alvará que conceder a autorização.

Alternativa "c": incorreta. *Prepostos* são os trabalhadores que desempenham tarefas sob a coordenação do empresário. São exemplos de propostos, o *gerente* e o *contabilista*. Segundo o art. 1.169 do Código Civil: "O preposto não pode, sem autorização escrita, fazer-se substituir no desempenho da preposição, sob pena de responder pessoalmente pelos atos do substituto e pelas obrigações por ele contraídas."

Alternativa "d": incorreta. Os atos praticados pelos prepostos obrigam o empresário preponente, que terá direito à ação de regresso se o ato foi praticado com culpa do primeiro. Caso o ato tenha sido praticado com dolo, o preposto responde perante o terceiro em solidariedade com o empresário. É o que dispõe o parágrafo único do art. 1.177 do Código Civil: "No exercício de suas funções, **os prepostos são pessoalmente responsáveis, perante os preponentes, pelos atos culposos**; e, **perante terceiros, solidariamente com o preponente, pelos atos dolosos**."

10. PROPRIEDADE INDUSTRIAL

10.1. PATENTE

30. (Cespe - Juiz Federal Substituto 2ª região/ 2013) A Lei da Propriedade Industrial determina o que é ou não patenteável. Consoante essa norma, os itens passíveis de patenteamento incluem

a) uma nova teoria científica capaz de demonstrar as razões da falta de eficiência energética de determinados geradores.

b) novos programas de computadores.

c) novos métodos cirúrgicos para aplicação ao corpo humano.

d) um esquema de novo método publicitário.

e) um objeto de uso prático suscetível de aplicação industrial, que apresente nova forma, envolvendo ato inventivo que resulte em melhoria funcional em sua fabricação.

COMENTÁRIOS

✪ Nota do autor: a questão exigia do candidato conhecimento do texto da lei. O Direito Industrial é regulado pela Lei 9.279/96 (LPI), em conformidade com o art. 5º, XXIX, da Constituição Federal.

Alternativa correta: letra "e". De acordo com o art. 9º da LPI: "É patenteável como modelo de utilidade o objeto de uso prático, ou parte deste, suscetível de aplicação industrial, que apresente nova forma ou disposição, envolvendo ato inventivo, que resulte em melhoria funcional no seu uso ou em sua fabricação."

Alternativa "a" (responde, também, as demais alternativas): incorreta. O art. 10 da LPI arrola as hipóteses que não podem ser considerados invenção nem modelo de utilidade. Vejamos: "Art. 10. **Não se considera invenção nem modelo de utilidade**: I - **descobertas, teorias científicas e métodos matemáticos**; II - concepções puramente abstratas; III - **esquemas, planos, princípios ou métodos comerciais, contábeis, financeiros, educativos, publicitários, de sorteio e de fiscalização**; IV - as obras literárias, arquitetônicas, artísticas e científicas ou qualquer criação estética; V - **programas de computador em si**; VI - apresentação de informações; VII - regras de jogo; VIII - **técnicas e métodos operatórios ou cirúrgicos, bem como métodos terapêuticos ou de diagnóstico, para aplicação no corpo humano ou animal**; e IX - o todo ou parte de seres vivos naturais e materiais biológicos encontrados na natureza, ou ainda que dela isolados, inclusive o genoma ou germoplasma de qualquer ser vivo natural e os processos biológicos naturais."

31. (Cespe - Juiz do Trabalho Substituto 5ª região/ 2013) A respeito da disciplina jurídica da patente de invenção e(ou) de modelo de utilidade, assinale a opção correta.

a) O direito de utilização exclusiva decorrente da patente tem eficácia *erga omnes*, inclusive em relação a terceiros que se utilizem da invenção ou do modelo de utilidade para pesquisas tecnológicas.

b) Compete à justiça estadual ou do Distrito Federal, salvo no caso de intervenção do Instituto Nacional de Propriedade Industrial, o processamento de demanda que vise à declaração de nulidade da patente.

c) O prazo de eficácia do direito de utilização exclusiva da invenção ou do modelo de utilidade, de 20 e de 15 anos, respectivamente, é contado da data do deferimento da patente pelo Instituto Nacional de Propriedade Industrial.

d) Não se considera estado da técnica, o que poderia afastar o requisito da novidade, e, portanto, impedir a concessão da patente, a divulgação da invenção, pelo próprio inventor, no período de 12 meses antes da data do depósito do pedido de patente.

e) Pode ser patenteada invenção ou modelo de utilidade cuja fabricação dependa da invenção de outro componente que se presume, pela evolução da técnica, que poderá ocorrer em futuro próximo.

COMENTÁRIOS

✪ **Nota do autor:** a questão exigia do candidato o conhecimento do texto da lei e da jurisprudência do STJ.

Alternativa correta: letra "d". A assertiva traduz o disposto no art. 12 da LPI: "Não será considerada como estado da técnica a divulgação de invenção ou modelo de utilidade, quando ocorrida durante os 12 (doze) meses que precederem a data de depósito ou a da prioridade do pedido de patente, se promovida: I – pelo inventor; II – pelo Instituto Nacional da Propriedade Industrial – INPI, através de publicação oficial do pedido de patente depositado sem o consentimento do inventor, baseado em informações deste obtidas ou em decorrência de atos por ele realizados; ou III – por terceiros, com base em informações obtidas direta ou indiretamente do inventor ou em decorrência de atos por este realizados. Parágrafo único. O INPI poderá exigir do inventor declaração relativa à divulgação, acompanhada ou não de provas, nas condições estabelecidas em regulamento."

Alternativa "a": incorreta. De acordo com o art. 42 da LPI: "A patente confere ao seu titular o direito de impedir terceiro, sem o seu consentimento, de produzir, usar, colocar à venda, vender ou importar com estes propósitos: I – produto objeto de patente; II – processo ou produto obtido diretamente por processo patenteado. § 1º Ao titular da patente é assegurado ainda o direito de impedir que terceiros contribuam para que outros pratiquem os atos referidos neste artigo." No entanto, o art. 43 do mesmo diploma legal, estabelece que: "**O disposto no artigo anterior não se aplica**: (...) II – **aos atos praticados por terceiros não autorizados, com finalidade experimental, relacionados a estudos ou pesquisas científicas ou tecnológicas**".

Alternativa "b": incorreta. A competência da Justiça Federal se firma somente naqueles casos em que a União, suas autarquias ou suas fundações efetivamente participem como autoras, rés, assistentes ou opoentes (CF, art.109). O INPI é uma autarquia federal. A competência é da Justiça Federal, uma vez que a ação de nulidade de registro de marca ou patente deverá ser proposta contra o titular do registro e o INPI, já que se trata de autarquia federal responsável pela concessão do registro de marcas e patentes. **Segundo o STJ:** "O art. 175 da Lei n. 9.279/96 prevê que, na ação de nulidade do registro de marca, o INPI, quando não for autor, intervirá obrigatoriamente no feito, sob pena de nulidade, sendo que a definição da qualidade dessa intervenção perpassa pela análise da causa de pedir da ação de nulidade. O intuito da norma, ao prever a intervenção da autarquia, foi, para além do interesse dos particulares (em regra, patrimonial), o de preservar o interesse público, impessoal, representado pelo INPI na execução, fiscalização e regulação da propriedade industrial. **No momento em que é chamado a intervir no feito em razão de vício inerente ao próprio registro, a autarquia federal deve ser citada na condição de litisconsórcio passivo necessário.** Se a causa de pedir da anulatória for a desconstituição da própria marca, algum defeito intrínseco do bem incorpóreo, não havendo questionamento sobre o vício do processo administrativo de registro propriamente dito, o INPI intervirá como assistente especial, numa intervenção *sui generis*, em atuação muito similar ao *amicus curiae*, c**om presunção absoluta de interesse na causa**. No tocante aos honorários, não sendo autor nem litisconsorte passivo, mas atuando na condição da intervenção sui generis, não deverá o INPI responder pelos honorários advocatícios, assim como ocorre com o assistente simples." *(REsp 1.264.644/RS, Rel. Min. Luis Felipe Salomão, Quarta Turma, julgado em 28/06/2016, DJe 09/08/2016)*

Alternativa "c": incorreta. De acordo com o art. 40 da LPI: "A patente de invenção vigorará pelo prazo de 20 (vinte) anos e a de modelo de utilidade pelo prazo 15 (quinze) anos contados da data de depósito." **Obs.:** é muito comum as bancas examinadoras cobrarem os prazos de vigência da patente. Para facilitar a memorização, segue um quadro comparativo com os prazos previstos na Lei 9.279/96 (LPI):

Patente de invenção	Patente de modelo de utilidade	Patente de desenho industrial	Registro de marca
20 anos	15 anos	10 anos	10 anos
Art. 40	Art. 40	Art. 108	Art. 133

Alternativa "e": incorreta. De acordo com o art. 8º da LPI: "É patenteável a invenção que atenda aos requisitos de novidade, atividade inventiva e aplicação industrial." Além disso, o art. 10 do mesmo diploma legal, estabelece que: "Não se considera invenção nem modelo de utilidade: I – descobertas, teorias científicas e métodos matemáticos; II – concepções puramente abstratas;".

10.2. INVENÇÕES E MODELOS DE UTILIDADE

32. (Cespe – Juiz de Direito – PR/2017) Caso dois autores tenham realizado a mesma invenção de forma independente,

A) qualquer um deles poderá requerer a patente, mediante nomeação e qualificação do outro.

B) aquele que comprovar a data de invenção mais antiga terá direito ao privilégio temporário para a utilização.

C) aquele que primeiro obtiver o registro usufruirá do privilégio temporário para a utilização da invenção.

D) aquele que provar o depósito mais antigo terá direito a obter a patente.

COMENTÁRIOS

✪ Nota do autor: a questão exigia do candidato conhecimento do texto da lei. Os direitos decorrentes da propriedade industrial têm vocação constitucional (art. 5º, XXIX). A propriedade industrial é disciplinada pela Lei n. 9.279/1996 (LPI). São 4 os bens imateriais protegidos pelo Direito Industrial: **a)** patente de invenção; **b)** patente de modelo de utilidade; **c)** registro de desenho industrial; **d)** registro de marca. O empresário que titulariza tais bens (patentes ou registro) possui o direito de explorar economicamente, com exclusividade, o respectivo objeto. Consideram-se bens móveis, para os efeitos legais, os direitos de propriedade industrial. O INPI, autarquia federal, é o ente encarregado de proteger os direitos do empresário relativos à propriedade industrial. Por fim, vale lembrar que os direitos

Alternativa correta: letra "d" (responde, também, as demais alternativas). A assertiva reflete o disposto no art. 7º da LPI: "Se dois ou mais autores tiverem realizado a mesma invenção ou modelo de utilidade, de forma independente, o direito de obter patente será assegurado **àquele que provar o depósito mais antigo, independentemente das datas de invenção ou criação.**"

33. (Cespe – Procurador do Estado – PGE – SE/2017) É atividade que pode ser considerada invenção e, assim, passível de patenteamento

A) o desenvolvimento de técnicas e métodos operatórios ou cirúrgicos.

B) a indicação do genoma ou germoplasma dos seres vivos naturais.

C) a produção de obras literárias, arquitetônicas, artísticas e científicas.

D) a formulação de regras de jogo.

E) a produção de fármacos com a anuência prévia da autoridade sanitária.

COMENTÁRIOS

✪ Nota do autor: a questão exigia do candidato conhecimento do texto da lei. A proteção dos direitos relativos à propriedade industrial, considerado o seu interesse social e o desenvolvimento tecnológico e econômico do País, efetua-se mediante: **a)** concessão de patentes de invenção e de modelo de utilidade; **b)** concessão de registro de desenho industrial; **c)** concessão de registro de marca; **d)** repressão às falsas indicações geográficas; **e)** repressão à concorrência desleal.

Alternativa correta: letra "e. A produção de fármacos com a anuência prévia da autoridade sanitária é atividade que pode ser considerada invenção, sendo possível o patenteamento. Isso porque, de acordo com o art. 229-C da LPI, "a concessão de patentes para produtos e processos farmacêuticos dependerá da prévia anuência da Agência Nacional de Vigilância Sanitária – ANVISA."

Alternativa "a" (responde, também, as demais alternativas): incorretas. As atividades descritas nas alternativas "a" a "d" não são consideradas invenção nem modelo de utilidade, motivo pelo qual não são passíveis de patenteamento. De acordo com o art. 10 da LPI: "**Não** se considera invenção nem modelo de utilidade: I – descobertas, teorias científicas e métodos matemáticos; II – concepções puramente abstratas; III – esquemas, planos, princípios ou métodos comerciais, contábeis, financeiros, educativos, publicitários, de sorteio e de fiscalização; IV – **as obras literárias, arquitetônicas, artísticas e científicas** ou qualquer criação estética; V – programas de computador em si; VI – apresentação de informações; VII – **regras de jogo**; VIII – **técnicas e métodos operatórios ou cirúrgicos**, bem como métodos terapêuticos ou de diagnóstico, para aplicação no corpo humano ou animal; e IX – o todo ou parte de seres vivos naturais e materiais biológicos encontrados na natureza, ou ainda que dela isolados, **inclusive o genoma ou germoplasma de qualquer ser vivo natural e os processos biológicos naturais.**"

34. (Cespe – Juiz Federal Substituto 5ª região/2013) Em caso de invenção de um produto, a legitimidade para requerer a patente caberá, entre outros,

a) à União.

b) à empresa em que o inventor trabalhe, independentemente de previsão contratual.

c) aos interessados em explorar economicamente a patente.

d) aos cessionários dos direitos de patente, quando cedidos.

e) aos empregados do inventor que colaborarem na invenção.

COMENTÁRIOS

✪ **Nota do autor:** a questão exigia do candidato conhecimento do texto da lei.

Alternativa correta: letra "d". A assertiva traduz o disposto no § 2º do art. 6º da Lei 9.279/96 (LPI): "A patente poderá ser requerida em nome próprio, pelos herdeiros ou sucessores do autor, **pelo cessionário** ou por aquele a quem a lei ou o contrato de trabalho ou de prestação de serviços determinar que pertença a titularidade."

Alternativa "a": incorreta. A Lei 9.279/96 (LPI) não confere essa legitimidade a União.

Alternativa "b" (responde, também, a alternativa "e"): incorreta. A Lei 9.279/96 (LPI) não confere essa legitimidade ao empregador do inventor, nem mesmo se colaborarem na invenção

Alternativa "c": incorreta. A Lei 9.279/96 (LPI) não confere essa legitimidade aos interessados em explorar economicamente a patente.

---

35. (Cespe – Defensor Público – TO/2013) Com relação ao direito de propriedade industrial, assinale a opção correta, considerando que INPI corresponde ao Instituto Nacional da Propriedade Industrial.

a) A marca de produto ou serviço deve atestar a qualidade de determinado produto ou serviço em conformidade com normas técnicas previamente estabelecidas por institutos próprios, de natureza governamental.

b) Sendo o INPI uma autarquia federal, a ação em que se discute o pagamento do valor da remuneração pelo uso de patente deve ser proposta perante a justiça federal.

c) A invenção que atenda aos requisitos da novidade, atividade inventiva e aplicação industrial poderá ser patenteada e a legitimidade para requerê-la ao INPI cabe ao próprio autor, bem como aos seus herdeiros ou sucessores.

d) Cabe ao INPI conceder patentes de novas técnicas e métodos operatórios ou cirúrgicos, bem como métodos terapêuticos ou de diagnóstico, para aplicação no corpo animal.

e) Considera-se desenho industrial o objeto de uso prático que, suscetível de aplicação industrial, apresente nova forma ou disposição e envolva ato inventivo que resulte em melhoria funcional.

COMENTÁRIOS

✪ **Nota do autor:** a questão exigia do candidato o conhecimento do texto da lei e da jurisprudência do STJ.

Alternativa correta: letra "c". A assertiva traduz o disposto no art. 18 da Lei 9.279/96 (LPI): "É patenteável a invenção que atenda aos requisitos de novidade, atividade inventiva e aplicação industrial."

Alternativa "a": incorreta. De acordo com o art. 123 da LPI: "Para os efeitos desta Lei, considera-se: I – marca de produto ou serviço: aquela usada para distinguir produto ou serviço de outro idêntico, semelhante ou afim, de origem diversa;".

Alternativa "b": incorreta. Segundo o STJ: "Na ação em que se discute apenas o pagamento do valor da remuneração pelo uso da patente, relação de interesse estritamente privado, não é necessária a intervenção do INPI, razão pela qual é competente para o julgamento do feito a **Justiça Estadual**" (*REsp 1.046.324/RJ, Rel. Min. Sidnei Beneti, Terceira Turma, julgado em 14/09/2010*).

Alternativa "d": incorreta, na medida em que os métodos operatórios ou cirúrgicos não podem ser patenteados. De acordo com o art. 10 da LPI: "Não se considera invenção nem modelo de utilidade: VIII – técnicas e métodos operatórios ou cirúrgicos, bem como métodos terapêuticos ou de diagnóstico, para aplicação no corpo humano ou animal;".

Alternativa "e": incorreta. O conceito de desenho industrial está no art. 95 da LPI, que prescreve: "Considera-se desenho industrial a forma plástica ornamental de um objeto ou o conjunto ornamental de linhas e cores que possa ser aplicado a um produto, proporcionando resultado visual novo e original na sua configuração externa e que possa servir de tipo de fabricação industrial."

10.3. CRIMES CONTRA A PROPRIEDADE INDUSTRIAL

---

36. (Cespe – Juiz de Direito Substituto – AM/2016) Acerca da concorrência empresarial, assinale a opção correta.

a) A concorrência com abuso de poder ocorre mediante violação do segredo de empresa ou mediante publicidade enganosa, ensejando responsabilização administrativa objetiva.

b) A expressão mercado relevante refere-se à importância econômica da atividade analisada.

c) Se houver condenação por crime de concorrência desleal genérica, haverá necessariamente condenação à reparação por danos na esfera cível, pelos mesmos fatos.

d) A concorrência desleal é reprimida nas esferas civil, penal e administrativa.

e) Constitui crime de concorrência desleal imitar expressão de propaganda alheia, de modo a criar confusão entre os produtos, estando o agente sujeito a pena de detenção.

COMENTÁRIOS

✪ **Nota do autor:** a questão exigia do candidato conhecimentos sobre os crimes contra a propriedade industrial.

Alternativa correta: letra "e". De fato, constitui crime de concorrência desleal imitar expressão de propaganda alheia, de modo a criar confusão entre os produtos, estando o agente sujeito a pena de detenção. A conduta está tipificada no art. 195 da LPI: "Comete crime de concorrência desleal quem: (...); IV – usa expressão ou sinal de propaganda alheios, ou os imita, de modo a criar confusão entre os produtos ou estabelecimentos;").

Alternativa "a": incorreta. Em verdade trata-se de concorrência desleal. Segundo Fábio Ulhôa Coelho, "A concorrência desleal classifica-se em duas modalidades: a específica, quando merece ser punida civil e penalmente, se concretiza através de violação do segredo de empresa ou pela indução do consumidor a erro, bem como a espionagem econômica, a publicidade enganosa etc. (Lei da Propriedade Industrial 9.279/96, art. 195); e a genérica, que não são tipificadas como penalmente puníveis, mas sim civilmente com o emprego da indenização por perdas e danos, se concretiza quando é utilizado meio imoral, desonesto ou condenado pelas práticas cotidianas dos empresários (LPI, art. 209)" (*Curso de Direito Comercial.* 12. ed. São Paulo: Saraiva, 2008. 1 v., p. 192 a 196).

Alternativa "b": incorreta. De acordo com o Guia para Análise Econômica de Atos de Concentração Horizontal (Portaria Conjunta SEAE/SDE nº 50, de 1º de agosto de 2001, temos que: "Mercado relevante é definido como o menor grupo de produtos e a menor área geográfica necessários para que um suposto monopolista esteja em condições de impor um 'pequeno porém significativo e não transitório' aumento de preços." (Guia-H, §29) [SSNIP].

Alternativa "c": incorreta. Nos termos do art. 207, da LPI: "Independentemente da ação criminal, o prejudicado poderá intentar as ações cíveis que considerar cabíveis na forma do Código de Processo Civil."

Alternativa "d": incorreta, na medida em que a concorrência desleal sofre uma dupla responsabilização, precisamente nas esferas civil e penal. Por outro lado, o abuso do poder sofre uma tripla responsabilização, precisamente nas esferas penal, civil e administrativa.

11. DIREITO SOCIETÁRIO

11.1. SOCIEDADES NÃO PERSONIFICADAS

37. (Cespe – Juiz Federal – TRF 5/2017) Considerando-se os dispositivos legais pertinentes, em caso de dívida assumida por ente despersonalizado,

A) os sócios responderão de forma limitada, e o ente de forma ilimitada.

B) os sócios responderão de forma subsidiária, desde que não tenham praticado atos contrários ao estatuto ou ao contrato social.

C) os sócios responderão de forma solidária e ilimitada pelas obrigações assumidas pelo grupamento.

D) o sócio administrador responderá solidariamente pelos ilícitos praticados.

E) o sócio gestor responderá de forma subsidiária e limitada pelo ato de má gestão.

COMENTÁRIOS

✪ **Nota do autor:** a questão exigia do candidato conhecimento do texto da lei. Ente despersonalizado é aquele que não possui personalidade jurídica. As sociedades despersonificadas classificam-se em: **a)** sociedades em comum; e **b)** sociedades em conta de participação. A sociedade em comum é gênero que abrange a *sociedade irregular* (aquela que possui contrato social, mas este não foi levado a registro) e a *sociedade de fato* (aquela que sequer possui contrato social).

Alternativa correta: letra "c" (responde, também, as demais alternativas). Considerando-se os dispositivos legais pertinentes, em caso de dívida assumida por ente despersonalizado, os sócios responderão de forma solidária e ilimitada pelas obrigações assumidas pelo grupamento. É o que se extrai do art. 990 do Código Civil, que está inserido em Subtítulo que disciplina a sociedade não personificada (despersonificada). Vejamos: "Art. 990. **Todos os sócios respondem solidária e ilimitadamente pelas obrigações sociais,** excluído do benefício de ordem, previsto no art. 1.024, aquele que contratou pela sociedade."

---

38. (Cespe – Defensor Público – DPU/2017) Uma senhora procurou a DP para ajuizar ação de alimentos contra o pai de seu filho menor de idade. Ela informou que o genitor não possuía bens em seu nome, mas exercia atividade empresarial em sociedade com um amigo: a venda de quentinhas. Apresentou cópia do contrato social, que, contudo, não era inscrito no órgão de registro próprio.

Considerando essa situação hipotética e a necessidade de se obter o pagamento da pensão, julgue os itens a seguir.

O maquinário utilizado para a produção das quentinhas é classificado como patrimônio especial, do qual os dois sócios são titulares em comum.

COMENTÁRIOS

Certo. Nas sociedades despersonificadas, os bens e dívidas sociais constituem patrimônio especial, do qual os sócios são titulares em comum (CC, art. 988). O patrimônio é chamado de "especial", exatamente porque ele não pertence à pessoa jurídica, mas sim aos próprios sócios. Com efeito, o maquinário utilizado para a produção das quentinhas é classificado como patrimônio especial, do qual os dois sócios são titulares em comum.

39. (Cespe - Defensor Público - DPU/2017) Uma senhora procurou a DP para ajuizar ação de alimentos contra o pai de seu filho menor de idade. Ela informou que o genitor não possuía bens em seu nome, mas exercia atividade empresarial em sociedade com um amigo: a venda de quentinhas. Apresentou cópia do contrato social, que, contudo, não era inscrito no órgão de registro próprio.

Considerando essa situação hipotética e a necessidade de se obter o pagamento da pensão, julgue os itens a seguir.

O contrato social apresentado, mesmo sem registro no órgão competente, servirá como prova da existência da sociedade, seja para a finalidade pretendida na ação de alimentos, seja para eventual discussão entre os sócios acerca da titularidade dos bens sociais.

COMENTÁRIOS

Certo. De fato, o contrato social apresentado, mesmo sem registro no órgão competente (sociedade irregular), servirá como prova da existência da sociedade, seja para a finalidade pretendida na ação de alimentos, seja para eventual discussão entre os sócios acerca da titularidade dos bens sociais. Isso porque o art. 987 do Código Civil, determina que: "Os sócios, nas relações entre si ou com terceiros, somente por escrito podem provar a existência da sociedade, **mas os terceiros podem prová-la de qualquer modo**."

40. (Cespe - Promotor de Justiça - MPE - RR/2017) A respeito da sociedade empresarial cujo contrato social não tenha ainda sido inscrito no órgão próprio, assinale a opção correta conforme a legislação pertinente.

A) Bens particulares do sócio que não tiver contratado em nome da sociedade só poderão ser executados por dívidas da sociedade depois de executados os bens sociais.

B) À situação em apreço é aplicável a teoria da desconsideração da personalidade jurídica, razão por que os patrimônios pessoais dos sócios poderão ser alcançados por dívidas da sociedade.

C) Os bens e as dívidas sociais não constituem patrimônio especial, pois não há de se cogitar de patrimônio em comum dos sócios.

D) Devido ao fato de ainda não estar inscrito no órgão próprio, o referido contrato não será considerado válido como prova de existência da sociedade.

COMENTÁRIOS

✪ **Nota do autor:** a questão exigia do candidato conhecimento do texto da lei. A sociedade empresarial cujo contrato social não tenha ainda sido inscrito no órgão próprio é considerada sociedade irregular, espécie do gênero sociedade em comum.

Alternativa correta: letra "a". Conforme revela o enunciado, estamos a tratar de uma sociedade irregular, na medida em que o contrato social existia, mas não havia sido inscrito no órgão próprio (junta comercial). Em se tratando, portanto, de uma espécie de sociedade em comum, os bens particulares do sócio que não tiver contratado em nome da sociedade só poderão ser executados por dívidas da sociedade depois de executados os bens sociais. É o que determina o art. 990 do Código Civil: "Todos os sócios respondem solidária e ilimitadamente pelas obrigações sociais, excluído do benefício de ordem, previsto no art. 1.024, aquele que contratou pela sociedade." Perceba que o dispositivo em comento exclui do benefício de ordem apenas aquele que contratou pela sociedade.

Alternativa "b": incorreta. O pressuposto para a desconsideração é exatamente a existência de personalidade jurídica. Como a sociedade em comum é um ente despersonalizado, não há falar em desconsideração.

Alternativa "c": incorreta. Nas sociedades em comum, os bens e dívidas sociais **constituem** patrimônio especial, do qual os sócios são titulares em comum, nos termos do art. 988 do Código Civil. O patrimônio é chamado de "especial", porque ele não pertence à pessoa jurídica, mas sim aos próprios sócios.

Alternativa "d": incorreta. Ainda que não esteja inscrito no órgão próprio, o referido contrato poderá ser utilizado como prova de existência da sociedade. De acordo com o art. 987 do Código Civil: "Os sócios, nas relações entre si ou com terceiros, somente por escrito podem provar a existência da sociedade, mas os terceiros podem prová-la de qualquer modo." Perceba que o dispositivo traz duas regras: **1)** os sócios, nas relações entre si ou com terceiros, somente por escrito podem provar a existência da sociedade; e **2)** os terceiros podem provar a existência da sociedade de qualquer modo.

11.2. SOCIEDADE SIMPLES

41. (Cespe - Delegado de Polícia - PE/2016) Assinale a opção que apresenta, respectivamente, as espécies societárias que somente podem ser consideradas, a primeira, como sociedade empresária e, a segunda, como sociedade simples, em razão de expressa imposição legal.

a) sociedade comandita por ações / sociedade comandita simples

b) sociedade anônima / sociedade cooperativa

c) sociedades estatais / associações

d) sociedade anônima / sociedade limitada

e) sociedade em nome coletivo / sociedade limitada

COMENTÁRIO

✪ **Nota do autor:** a questão exigia o conhecimento do texto da lei.

Alternativa incorreta: letra "b" (responde, também, as demais alternativas). Considera-se empresária a sociedade que tem por objeto o exercício de atividade própria de empresário sujeito a registro acordo com o (art. 982, *caput*, CC), ou seja, aquela que exerce profissionalmente uma atividade econômica organizada para a produção ou circulação de bens ou de serviços (art. 966, CC). O parágrafo único do art. 982, do Código Civil, orienta, ainda, que: "Independentemente do seu objeto, considera-se empresária a sociedade por ações; e, simples, a cooperativa." Dito de outro modo, por expressa determinação legal, as sociedades por ações (sociedade anônima e comandita por ações) serão sempre empresárias e as cooperativas, sociedades simples. Importante lembrar que as sociedades empresárias devem se constituir mediante um dos seguintes tipos societários: a) sociedade em nome coletivo; b) sociedade em comandita simples; c) sociedade em comandita por ações; d) sociedade limitada; e) sociedade anônima.

42. (Cespe – Defensor Público – RN/2015) Em relação ao direito de empresa, assinale a opção correta à luz do Código Civil de 2002.

a) Na sociedade em comum, os sócios, nas relações entre si, podem comprovar a existência da sociedade por qualquer meio.

b) Na sociedade simples, o cedente responde solidariamente com o cessionário, perante terceiros, pelas obrigações que tinha como sócio, até dois anos depois de averbada a modificação do contrato social.

c) Na sociedade limitada, permite-se a contribuição em serviços para o contrato social.

d) Os cônjuges podem contratar sociedade entre si, seja qual for o regime de bens do casamento.

e) A cooperativa poderá ser sociedade simples ou empresária, a depender do seu objeto.

COMENTÁRIOS

✪ **Nota do autor:** a questão exigia do candidato o conhecimento do texto legal.

Alternativa correta: letra "b". A assertiva reproduz o parágrafo único do art. 1.003 do Código Civil, que dispõe: "Até dois anos depois de averbada a modificação do contrato, responde o cedente solidariamente com o cessionário, perante a sociedade e terceiros, pelas obrigações que tinha como sócio."

Alternativa "a": incorreta. Na sociedade em comum, os sócios, nas relações entre si, **somente por escrito** podem provar a existência da sociedade (CC, art. 987).

Alternativa "c": incorreta. Na sociedade limitada, por expressa vedação legal, não se admite a contribuição em serviços para o contrato social. "CC, art. 1.055. O capital social divide-se em quotas, iguais ou desiguais, cabendo uma ou diversas a cada sócio. (...) § 2º **É vedada contribuição que consista em prestação de serviços.**

Alternativa "d": incorreta. "CC, art. 977. Faculta-se aos cônjuges contratar sociedade, entre si ou com terceiros, **desde que não tenham casado no regime da comunhão universal de bens, ou no da separação obrigatória**.

Alternativa "e": incorreta. Por expressa determinação legal, as cooperativas são sociedades simples (e não empresárias). O parágrafo único do art. 982 do Código Civil, dispõe que: "Independentemente de seu objeto, considera-se empresária a sociedade por ações; **e, simples, a cooperativa**."

11.3. SOCIEDADE LIMITADA

11.3.1. ASPECTOS GERAIS

43. (Cespe – Juiz Federal Substituto 5ª região/2013) Aldo, Bruna e Carla criaram uma sociedade limitada cujo capital foi integralizado da seguinte forma: Aldo contribuiu com 10 mil reais em espécie; Bruna, com um veículo no valor de 30 mil; e Carla, com um imóvel no valor de 60 mil reais. Nessa situação hipotética, até que se cumpra o prazo de cinco anos da abertura da empresa, a responsabilidade dos sócios sobre a estimação dos bens conferidos será

a) solidária entre Bruna e Carla, e subsidiária de Aldo, já que ele integralizou o capital em dinheiro.

b) pessoal de Bruna, pelo valor do veículo, e pessoal de Carla, pelo valor do imóvel.

c) solidária dos três sócios.

d) pessoal de Bruna e subsidiária de Carla, no que se refere ao valor do veículo, e pessoal de Carla e subsidiária de Bruna, em relação ao valor do imóvel.

e) solidária entre Bruna e Carla, sem qualquer responsabilidade de Aldo, já que ele integralizou o capital em dinheiro.

COMENTÁRIOS

✪ **Nota do autor:** a sociedade limitada rege-se pelos arts. 1.052 e seguintes do CC (Capítulo das Sociedades

Limitadas). Nas omissões deste Capítulo, aplicam-se, subsidiariamente, as normas aplicáveis às sociedades simples. **Exceção:** o contrato social poderá prever a regência supletiva da sociedade limitada pelas normas da sociedade anônima.

Alternativa correta: letra "c" (responde, também, as demais alternativas). Nas sociedades limitadas, o capital social se divide em quotas, iguais ou desiguais, cabendo uma ou diversas a cada sócio. Os sócios podem integralizar as quotas que subscreveram de diversas formas: **a)** dinheiro; **b)** bens móveis ou imóveis (lembrando que quem integraliza com bens responde pela evicção); **c)** créditos (lembrando que quem integraliza com créditos responde pela solvência). No entanto, pela exata estimação de bens conferidos ao capital social **respondem solidariamente todos os sócios**, até o prazo de cinco anos da data do registro da sociedade (CC, art. 1.055, § 1º). **Atenção!** Aproveitamos para lembrar o leitor que é vedada a integralização com prestação de serviços.

11.3.2. RESPONSABILIDADE DOS SÓCIOS

44. (Cespe – Delegado de Polícia – PE/2016) Considerando a legislação em vigor a respeito da responsabilidade dos sócios nos diversos tipos societários, assinale a opção correta.

a) Nas sociedades cooperativas, o contrato social deverá prever, necessariamente, a responsabilidade ilimitada aos sócios.

b) O acionista responde ilimitadamente com o próprio patrimônio no que se refere às obrigações assumidas pela sociedade anônima.

c) Nas sociedades anônimas, os acionistas respondem solidariamente pela integralização do capital social.

d) Nas sociedades limitadas, os sócios respondem solidariamente pela integralização do capital social.

e) Na sociedade comandita por ações, todos os sócios respondem ilimitadamente pelos débitos societários.

COMENTÁRIOS

✪ **Nota do autor:** a questão exigia o conhecimento do texto da lei.

Alternativa correta: letra "d". Nas sociedades limitadas, a responsabilidade do sócio é limitada, estando restrita ao valor de suas quotas, mas todos os sócios respondem de forma solidária pelo que falta para a integralização do capital social. A regra está prevista no art. 1.052, CC, que dispõe: "Na sociedade limitada, a responsabilidade de cada sócio é restrita ao valor de suas quotas, mas todos respondem solidariamente pela integralização do capital social."

Alternativa "a": incorreta, na medida em que, na sociedade cooperativa, a responsabilidade dos sócios pode ser limitada ou ilimitada, nos termos do art. 1.095, do Código Civil. "Art. 1.095. Na sociedade cooperativa, a responsabilidade dos sócios pode ser limitada ou ilimitada. § 1º É limitada a responsabilidade na cooperativa em que o sócio responde somente pelo valor de suas quotas e pelo prejuízo verificado nas operações sociais, guardada a proporção de sua participação nas mesmas operações. § 2º É ilimitada a responsabilidade na cooperativa em que o sócio responde solidária e ilimitadamente pelas obrigações sociais."

Alternativa "b" (responde, também, a alternativa "c"): estão incorretas as alternativas "b" e "c". Nos termos do art. 1.088 do Código Civil: "Na sociedade anônima ou companhia, o capital divide-se em ações, *obrigando-se cada sócio ou acionista somente pelo preço de emissão das ações que subscrever ou adquirir.* A regra também é estampada no art. 1º da Lei n. 6.404/76 (Lei da Sociedade Anônima), que dispõe: "A companhia ou sociedade anônima terá o capital dividido em ações, *e a responsabilidade dos sócios ou acionistas será limitada ao preço de emissão das ações subscritas ou adquiridas.*" Com efeito, na sociedade anônima, a responsabilidade do acionista é limitada ao valor das ações subscritas (adquiridas mas não integralizadas) ou adquiridas (já integralizadas).

Alternativa "e": incorreta, na medida em que, na sociedade em comandita por ações, apenas os sócios comanditados podem administrar a sociedade, respondendo, nessa qualidade, ilimitadamente pelas dívidas sociais. A regra está insculpida no art. 1.091, do Código Civil, que dispõe: "Somente o acionista tem qualidade para administrar a sociedade e, como diretor, responde subsidiária e ilimitadamente pelas obrigações da sociedade. Importante lembrar também que, havendo mais de um diretor, serão solidariamente responsáveis, depois de esgotados os bens sociais.

11.3.3. CONSELHO FISCAL

45. (Cespe – Juiz de Direito Substituto – MA/2013) Acerca das sociedades limitadas, assinale a opção correta.

a) As deliberações societárias sobre as modificações no contrato social devem ocorrer em reunião ou em assembleia nos casos em que o número de sócios seja superior a dez.

b) É vedada a propriedade de uma quota societária sob a forma de condomínio entre pessoas físicas e jurídicas.

c) O conselho fiscal, caso esteja previsto no contrato social, deverá ser composto de três ou mais membros e respectivos suplentes, sócios ou não, residentes no Brasil e eleitos em assembleia anual.

d) A administração da sociedade, caso atribuída, no contrato social, a todos os sócios, deverá estender-se automaticamente aos que posteriormente adquirirem essa qualidade.

COMENTÁRIOS

✪ **Nota do autor:** a questão exigia do candidato o conhecimento do texto da lei.

Alternativa correta: letra "c". A assertiva reproduz o art. 1.066 do Código Civil, que dispõe: "Sem prejuízo dos poderes da assembleia dos sócios, pode o contrato instituir conselho fiscal composto de três ou mais membros e respectivos suplentes, sócios ou não, residentes no País, eleitos na assembleia anual prevista no art. 1.078."

Alternativa "a": incorreta. Isso porque, as deliberações societárias sobre as modificações no contrato social devem ocorrer em *assembleia* (e não reunião) nos casos em que o número de sócios seja superior a dez. De acordo com o § 1º do art. 1.072 do CC: "A deliberação em **assembleia** será obrigatória se o número dos sócios for superior a dez."

Alternativa "b": incorreta, uma vez que não existe tal proibição. Consoante o § 1º do art. 1.056 do CC: "No caso de condomínio de quota, os direitos a ela inerentes somente podem ser exercidos pelo condômino representante, ou pelo inventariante do espólio de sócio falecido."

Alternativa "d": incorreta, nos termos do parágrafo único do art. 1.060 do Código Civil, que dispõe: "A administração atribuída no contrato a todos os sócios **não** se estende de pleno direito aos que posteriormente adquiram essa qualidade."

11.3.4. LIQUIDAÇÃO

46. (Cespe – Juiz Federal Substituto 2ª região/2013) Supondo que faleça certo sócio de determinada sociedade limitada, a regra geral inserta no Código Civil será a da liquidação de suas cotas. Todavia, de acordo com excepcionalidades também insertas no Código Civil, essa regra será afastada se

a) o sócio falecido deixar registrado em testamento seu desejo de não liquidação das suas cotas ou se o contrato dispuser diferentemente.

b) o contrato dispuser diferentemente ou se os sócios remanescentes optarem pela dissolução da sociedade.

c) os sócios remanescentes optarem pela dissolução da sociedade ou se o sócio falecido tiver função de administração na sociedade.

d) o sócio falecido tiver participação superior a 50% do capital social ou se o contrato dispuser diferentemente.

e) o sócio falecido tiver função de administração na sociedade ou se ele tiver participação societária superior a 50% do capital social.

COMENTÁRIOS

✪ **Nota do autor:** a questão exigia do candidato o conhecimento do texto legal.

Alternativa correta "b" (responde, também, as demais alternativas). A questão reproduz o art. 1.028 do Código Civil, que dispõe: "No caso de morte de sócio, liquidar-se-á sua quota, salvo: I – se o contrato dispuser diferentemente; II – se os sócios remanescentes optarem pela dissolução da sociedade; III – se, por acordo com os herdeiros, regular-se a substituição do sócio falecido." As hipóteses previstas nas alternativas "c", "d" e "e" não são elencadas no dispositivo em comento, faltando-lhes amparo legal.

11.4. SOCIEDADE ANÔNIMA

11.4.1. ASPECTOS GERAIS

47. (Cespe – Delegado de Polícia – PE/2016) Assinale a opção que apresenta, respectivamente, as espécies societárias que somente podem ser consideradas, a primeira, como sociedade empresária e, a segunda, como sociedade simples, em razão de expressa imposição legal.

a) sociedade comandita por ações / sociedade comandita simples

b) sociedade anônima / sociedade cooperativa

c) sociedades estatais / associações

d) sociedade anônima / sociedade limitada

e) sociedade em nome coletivo / sociedade limitada

COMENTÁRIO

✪ **Nota do autor:** a questão exigia o conhecimento do texto da lei.

Alternativa incorreta: letra "b" (responde, também, as demais alternativas). Considera-se empresária a sociedade que tem por objeto o exercício de atividade própria de empresário sujeito a registro acordo com o (art. 982, *caput*, CC), ou seja, aquela que exerce profissionalmente uma atividade econômica organizada para a produção ou circulação de bens ou de serviços (art. 966, CC). O parágrafo único do art. 982, do Código Civil, orienta, ainda, que: "Independentemente do seu objeto, considera-se empresária a sociedade por ações; e, simples, a cooperativa." Dito de outro modo, por expressa determinação legal, as sociedades por ações (sociedade anônima e comandita por ações) serão sempre empresárias e as cooperativas, sociedades simples. Importante lembrar que as sociedades empresárias devem se constituir mediante um dos seguintes tipos societários: **a)** sociedade em nome coletivo; **b)** sociedade em comandita simples; **c)** sociedade em comandita por ações; **d)** sociedade limitada; **e)** sociedade anônima.

11.4.2. AÇÕES

48. (Cespe – Juiz Federal Substituto 2ª região/2013) Na criação de certa sociedade por ações de capital fechado, o estatuto pode estabelecer que a empresa tenha ações ordinárias e preferenciais. Suas ações ordinárias podem, por sua vez, estar distribuídas em classes, criadas em razão de alguns critérios. Nesse caso, os critérios válidos para a criação de ações ordinárias na empresa incluem a

a) prioridade no reembolso do capital e a conversibilidade em ações preferenciais.

b) prioridade na distribuição de dividendos e o direito de voto em separado para o preenchimento de determinados cargos de órgãos administrativos.

c) exigência de nacionalidade brasileira do acionista e a prioridade no reembolso do capital.

d) conversibilidade em ações preferenciais e a exigência de nacionalidade brasileira do acionista.

e) prioridade na distribuição de dividendos e a conversibilidade em ações preferenciais.

COMENTÁRIOS

✪ **Nota do autor:** a questão exigia do candidato o conhecimento da Lei 6.404/76 (Lei da Sociedade Anônima – LSA). ***Valores mobiliários*** são títulos de investimento que uma sociedade anônima pode emitir para obtenção dos recursos que necessita. São títulos de valores mobiliários: **a)** ações; **b)** debêntures; **c)** *comercial papers*; **d)** bônus de subscrição; **e)** partes beneficiárias. ***Ações*** são frações do capital social que conferem ao titular o direito de sócio de uma sociedade anônima. De acordo com o art. 15 da LSA: "As ações, conforme a natureza dos direitos ou vantagens que confiram a seus titulares, são ordinárias, preferenciais, ou de fruição." ***Ações ordinárias*** são aquelas que conferem direitos comuns ao acionista (ex. direito de fiscalização, direito de participação nos lucros), bem como o direito de voto em assembleia. ***Ações preferenciais*** são aquelas conferem vantagens econômicas/preferências econômicas ao titular, tais como a prioridade de recebimento (LSA, art. 17). "Art. 15. As ações, conforme a natureza dos direitos ou vantagens que confiram a seus titulares, são ordinárias, preferenciais, ou de fruição. § 1º As ações ordinárias da companhia fechada e as ações preferenciais da companhia aberta e fechada poderão ser de uma ou mais classes. § 2º O número de ações preferenciais sem direito a voto, ou sujeitas a restrição no exercício desse direito, não pode ultrapassar 50% (cinquenta por cento) do total das ações emitidas." ***Ações de fruição*** são aquelas que conferem meros direitos de gozo e fruição, sendo emitidas para substituir as ações ordinárias e preferenciais que já foram amortizadas.

Alternativa correta: letra "d" (responde, também, as demais alternativas). A assertiva traduz o disposto no art. 17, § 5º, da LSA: "As ações ordinárias de companhia fechada poderão ser de classes diversas, em função de: I – **conversibilidade em ações preferenciais**; II – **exigência de nacionalidade brasileira do acionista**; ou III – **direito de voto em separado para o preenchimento de determinados cargos de órgãos administrativos**. Parágrafo único. A alteração do estatuto na parte em que regula a diversidade de classes, se não for expressamente prevista, e regulada, requererá a concordância de todos os titulares das ações atingidas."

49. (Cespe – Procurador do Ministério Público junto ao TCDF/2013) A respeito da disciplina jurídica das sociedades por ações, julgue os itens que se seguem.

O estatuto social da companhia não pode excluir ou restringir o direito dos acionistas preferenciais de participar dos aumentos de capital decorrentes da capitalização de reservas ou lucros, salvo no caso de acionistas portadores de ações com dividendo fixo.

COMENTÁRIOS

✪ **Nota do autor:** a questão exigia do candidato o conhecimento da Lei 6.404/76 (Lei da Sociedade Anônima – LSA). **Correta**. A assertiva traduz o disposto no art. 17, § 5º, da Lei 6.404/76: "Salvo no caso de ações com dividendo fixo, o estatuto não pode excluir ou restringir o direito das ações preferenciais de participar dos aumentos de capital decorrentes da capitalização de reservas ou lucros"

50. (Cespe – Procurador do Ministério Público junto ao TCDF/2013) A respeito da disciplina jurídica das sociedades por ações, julgue os itens que se seguem.

O reembolso é a operação pela qual, nos casos previstos em lei, a companhia paga aos acionistas dissidentes de deliberação da assembleia geral o valor de suas ações, ao passo que o resgate consiste no pagamento do valor das ações para retirá-las definitivamente de circulação.

COMENTÁRIOS

✪ **Nota do autor:** a questão exigia do candidato o conhecimento da Lei 6.404/76 (Lei da Sociedade Anônima – LSA).

Correta. O conceito de *reembolso* está no art. 45 da Lei 6.404/76 ("O reembolso é a operação pela qual, nos casos previstos em lei, a companhia paga aos acionistas dissidentes de deliberação da assembleia-geral o valor de suas ações."). Já o *resgate* está conceituado no parágrafo único do art. 44 ("O resgate consiste no pagamento do valor das ações para retirá-las definitivamente de circulação, com redução ou não do capital social, mantido o mesmo capital, será atribuído, quando for o caso, novo valor nominal às ações remanescentes.").

51. (Cespe – Procurador do Ministério Público junto ao TCDF/2013) A respeito da disciplina jurídica das sociedades por ações, julgue os itens que se seguem.

As ações preferenciais são reconhecidas como valores mobiliários que outorgam ao seu titular vantagens e outras preferências, tais como a prioridade na distribuição de dividendo fixo ou mínimo, de reembolso de capital e de direito a voto.

COMENTÁRIOS

✪ **Nota do autor:** a questão exigia do candidato o conhecimento da Lei 6.404/76 (Lei da Sociedade Anônima – LSA).

Incorreta. *Ações* são frações do capital social que conferem ao titular o direito de sócio de uma sociedade anônima. *Ações preferenciais* são aquelas conferem vantagens econômicas/preferências econômicas ao titular, tais como a prioridade de recebimento (LSA, art. 17). Quanto ao direito ao voto, a LSA é expressa em admitir que o estatuto social deixe de conferir às ações preferenciais algum ou alguns dos direitos reconhecidos às ações ordinárias, inclusive o de voto, ou conferi-lo com restrições. Neste sentido, o art. 111 da LSA: "O estatuto **poderá** deixar de conferir às ações preferenciais algum ou alguns dos direitos reconhecidos às ações ordinárias, **inclusive o de voto, ou conferi-lo com restrições**, observado o disposto no artigo 109. § 1º As ações preferenciais **sem** direito de voto adquirirão o exercício desse direito se a companhia, pelo prazo previsto no estatuto, não superior a 3 (três) exercícios consecutivos, deixar de pagar os dividendos fixos ou mínimos a que fizerem jus, direito que conservarão até o pagamento, se tais dividendos não forem cumulativos, ou até que sejam pagos os cumulativos em atraso. § 2º Na mesma hipótese e sob a mesma condição do § 1º, as ações preferenciais com direito de voto restrito terão suspensas as limitações ao exercício desse direito. § 3º O estatuto poderá estipular que o disposto nos §§ 1º e 2º vigorará a partir do término da implantação do empreendimento inicial da companhia."

11.4.3. ADMINISTRAÇÃO

52. (Cespe – Procurador do MP junto ao TCU/2015) Fiscais do TCU constataram que um administrador, descumprindo dever imposto por lei referente ao funcionamento normal dos negócios, celebrou contratos com excesso de poder e fora do objeto social em nome de sociedade de economia mista fechada. Na ocasião, não foi possível concluir se os referidos contratos geraram benefício ou prejuízo financeiro à sociedade em questão. Um procurador do TCU foi chamado para emitir parecer sobre a validade dos contratos, a responsabilização interna corporis e a análise da ocorrência de prejuízo ou de lucro para a referida sociedade devido à celebração dos contratos.

Tendo como referência essa situação hipotética, assinale a opção correta.

a) Caso se constate que houve prejuízo na celebração dos contratos, poderá ocorrer responsabilização solidária dos demais administradores de maneira mais extensa do que ocorreria se a companhia fosse aberta.

b) A responsabilização do administrador perante a companhia dependerá da comprovação de que agiu com dolo ou culpa na celebração dos contratos.

c) Se ficar constatado que, na celebração dos contratos, a sociedade em questão sofreu prejuízo, esses contratos deverão ser anulados, mesmo quanto a terceiros de boa-fé, em razão da prevalência do interesse público.

d) Caso a assembleia geral delibere pela não propositura de ação de responsabilidade, os acionistas ficarão impedidos de ajuizá-la em nome próprio.

e) Se ficar comprovado que os contratos geraram lucro para a referida sociedade, uma eventual ação de responsabilidade será julgada improcedente devido ao fato de o administrador ter cumprido sua obrigação de resultado.

COMENTÁRIOS

✪ **Nota do autor:** a questão exigia do candidato o conhecimento da Lei 6.404/76 (Lei da Sociedade Anônima – LSA), bem como da jurisprudência do STJ.

Alternativa correta: letra "a". De fato, caso se constate que houve prejuízo na celebração dos contratos, poderá ocorrer responsabilização solidária dos demais administradores de maneira mais extensa do que ocorreria se a companhia fosse aberta. A regra é extraída do § 3º do art. 158 da Lei 6.404/76, que determina: "Nas companhias abertas, a responsabilidade de que trata o § 2º ficará restrita, ressalvado o disposto no § 4º, aos administradores que, por disposição do estatuto, tenham atribuição específica de dar cumprimento àqueles deveres."

Alternativa "b": incorreta. Art. 158, § 2º, Lei 6.404/76: "Os administradores são solidariamente responsáveis pelos prejuízos causados em virtude do não cumprimento dos deveres impostos por lei para assegurar o funcionamento normal da companhia, ainda que, pelo estatuto, tais deveres não caibam a todos eles."

Alternativa "c": incorreta. Segundo o STJ: "As limitações estatutárias ao exercício de atos por parte da

Diretoria da Sociedade Anônima, em princípio, são, de fato, matéria *interna corporis*, inoponíveis a terceiros de boa-fé que com a sociedade venham a contratar" (*REsp 887.277/SC, Rel. Min. Luis Felipe Salomão, Quarta Turma, julgado em 04/11/2010, DJe 09/11/2010*).

Alternativa "d": incorreta. Cabe à Assembleia Geral deliberar, previamente, sobre eventual ação de responsabilidade civil contra o administrador, pelos prejuízos causados ao patrimônio da companhia. No entanto, qualquer acionista poderá promover a ação, se não for proposta no prazo de 3 (três) meses da deliberação da Assembleia Geral (LSA, § 3º do art. 159). Ademais, caso a Assembleia delibere por não promover a ação, os acionistas individualmente prejudicados **poderão** propor ação contra o administrador, desde que representem, pelo menos, 5% (cinco por cento) do capital social (LSA, § 4º do art. 159).

Alternativa "e": incorreta, uma vez que o juiz poderá reconhecer a exclusão da responsabilidade do administrador, **se convencido de que este agiu de boa-fé e visando ao interesse da companhia** (LSA, art. 159, § 6º).

11.4.4. ASSEMBLEIA GERAL

53. (Cespe – Juiz Federal – TRF 5/2017) Conforme a Lei das Sociedades Anônimas, as competências privativas da assembleia geral incluem a

A) autorização para emissão de debêntures e para a contratação de empréstimos.

B) solicitação ao conselho de administração para que providencie em dez dias a eleição ou a destituição de liquidantes.

C) fixação de orientação geral dos negócios da companhia.

D) indicação de lista tríplice ao conselho de administração para eleição, a qualquer tempo, de administradores e fiscais da companhia.

E) deliberação sobre as demonstrações financeiras e contas apresentadas anualmente pelos administradores.

COMENTÁRIOS

✪ **Nota do autor:** a questão exigia do candidato conhecimento do texto da Lei n. 6.404/76 (Lei das Sociedades Anônimas – LSA). As atribuições da assembleia geral estão previstas no rol do art. 122 da LSA. São órgãos da sociedade anônima: a assembleia geral, o conselho de administração, a diretoria e o conselho fiscal.

Alternativa correta: letra "e". De fato, as competências privativas da assembleia geral incluem a deliberação sobre as demonstrações financeiras e contas apresentadas anualmente pelos administradores. Conforme a LSA: "Art. 122. Compete privativamente à assembleia geral: (...) III – **tomar, anualmente, as contas dos administradores e deliberar sobre as demonstrações financeiras por eles apresentadas**;"

Alternativa "a": incorreta. De fato, dentre as competências privativas da assembleia geral está a autorização para a emissão de debêntures. Conforme a LSA: "art. 122. Compete privativamente à assembleia geral: (...) IV – **autorizar a emissão de debêntures**, ressalvado o disposto no § 1º do art. 59." No entanto, não compete à assembleia geral a autorização para a contratação de empréstimos, pois essa atribuição não está prevista no rol do art. 122 da LSA.

Alternativa "b": incorreta. As competências privativas da assembleia geral incluem eleger e destituir liquidantes e julgar-lhes as contas (art. 122, VIII, LSA). Para que isso ocorra não é necessário fazer qualquer solicitação ao conselho de administração. Conforme a LSA: "Art. 122. **Compete privativamente à assembleia geral**: (...) VIII – deliberar sobre transformação, fusão, incorporação e cisão da companhia, sua dissolução e liquidação, **eleger e destituir liquidantes e julgar-lhes as contas**;".

Alternativa "c": incorreta. As competências privativas do **conselho de administração** (e não da assembleia geral) incluem a fixação de orientação geral dos negócios da companhia. Conforme a LSA: "Art. 142. **Compete ao conselho de administração**: I – **fixar a orientação geral dos negócios da companhia**;".

Alternativa "d": incorreta. Compete privativamente à *assembleia geral* eleger ou destituir, a qualquer tempo, os **administradores e fiscais da companhia** (LSA, art. 122, II). Para que isso ocorra não é necessário fazer qualquer indicação de lista tríplice ao conselho de administração. De qualquer modo, vale lembrar que ao *conselho de administração* compete eleger e destituir os **diretores da companhia** e fixar-lhes as atribuições (LSA, art. 142, II).

54. (Cespe – Juiz de Direito Substituto – AM/2016) Com a finalidade de reduzir o montante de impostos devidos, o administrador de determinada sociedade anônima simulou a ocorrência de prejuízos à companhia. Após alguns anos de êxito, sua conduta foi descoberta e, devido ao recolhimento a menor, foi necessário complementar os impostos pagos, tendo incidido multa e havido outras despesas decorrentes de honorários de advogados, contadores e outros profissionais requeridos para a correção do equívoco. Ao final, os valores pagos para corrigir a falha superaram em muito o valor que deveria ter sido pago inicialmente, conforme a lei.

Com base nessa situação hipotética, assinale a opção correta.

a) O administrador não poderá ser responsabilizado pessoalmente por eventuais prejuízos causados a terceiros, pois agiu em nome da sociedade.

b) Os acionistas individualmente prejudicados não poderão propor ação contra o administrador, devendo-se subordinar à deliberação da assembleia geral.

c) É necessária a aplicação da teoria da desconsideração da personalidade jurídica da empresa para que se obtenha a responsabilização pessoal do administrador.

d) Se a referida simulação decorrer de exercício abusivo do poder de controle, o controlador poderá ser responsabilizado pelos prejuízos, desde que comprovado dolo na atuação.

e) Caberá à assembleia geral da companhia deliberar pelo ajuizamento, ou não, da ação de responsabilidade civil contra o administrador pelos prejuízos causados.

COMENTÁRIOS

✪ **Nota do autor:** a questão exigia do candidato o conhecimento da Lei 6.404/76 (Lei da Sociedade Anônima – LSA).

Alternativa correta: letra "e". A assertiva reproduz o art. 159 da LSA: "Compete à companhia, mediante prévia deliberação da assembleia-geral, a ação de responsabilidade civil contra o administrador, pelos prejuízos causados ao seu patrimônio."

Alternativa "a": incorreta. O administrador não é pessoalmente responsável pelas obrigações que contrair em nome da sociedade e em virtude de ato regular de gestão. Responde, porém, civilmente, pelos prejuízos que causar, quando proceder: **a)** dentro de suas atribuições ou poderes, com culpa ou dolo; **b)** com violação da lei ou do estatuto (LSA, art. 158).

Alternativa "b": incorreta. Cabe à Assembleia Geral deliberar, previamente, sobre eventual ação de responsabilidade civil contra o administrador, pelos prejuízos causados ao patrimônio da companhia. No entanto, qualquer acionista poderá promover a ação, se não for proposta no prazo de 3 (três) meses da deliberação da Assembleia Geral (LSA, § 3º do art. 159). Ademais, caso a Assembleia delibere por não promover a ação, os acionistas individualmente prejudicados **poderão** propor ação contra o administrador, desde que representem, pelo menos, 5% (cinco por cento) do capital social (LSA, § 4º do art. 159).

Alternativa "c": incorreta. Não é necessária a aplicação da teoria da desconsideração da personalidade jurídica da empresa para que se obtenha a responsabilização pessoal do administrador, tendo em vista os arts. 158, I e II e 159, ambos da LSA.

Alternativa "d": incorreta, uma vez que não é imprescindível a comprovação do dolo do controlador para a sua responsabilização, bastando a prática de uma das modalidades de exercício abusivo do poder de controle, elencadas no § 1º do art. 117 da LSA.

11.4.5. CONSELHO FISCAL

55. (Cespe – Procurador do Ministério Público junto ao TCDF/2013) A respeito da disciplina jurídica das sociedades por ações, julgue os itens que se seguem.

O conselho fiscal é órgão da companhia responsável pela missão precípua de fiscalização, sendo, portanto, órgão de existência facultativa.

COMENTÁRIOS

✪ **Nota do autor:** a questão exigia do candidato o conhecimento da Lei 6.404/76 (Lei da Sociedade Anônima – LSA).

Incorreta. O Conselho Fiscal tem existência obrigatória, mas seu funcionamento é facultativo, dependendo de convocação – quando o funcionamento não for permanente – por acionista com, pelo menos, 5% do capital social. "LSA, art. 161. A companhia terá um conselho fiscal e o estatuto disporá sobre seu funcionamento, de modo permanente ou nos exercícios sociais em que for instalado a pedido de acionistas. § 1º O conselho fiscal será composto de, no mínimo, 3 (três) e, no máximo, 5 (cinco) membros, e suplentes em igual número, acionistas ou não, eleitos pela assembleia-geral. § 2º O conselho fiscal, quando o funcionamento não for permanente, será instalado pela assembleia-geral a pedido de acionistas que representem, no mínimo, 0,1 (um décimo) das ações com direito a voto, ou 5% (cinco por cento) das ações sem direito a voto, e cada período de seu funcionamento terminará na primeira assembleia-geral ordinária após a sua instalação. (...)". **Exceção:** na sociedade de economia mista, o funcionamento do Conselho Fiscal é obrigatório (Lei 13.303/16, art. 13, IV).

11.4.6. SUBSIDIÁRIA INTEGRAL

56. (Cespe – Juiz de Direito Substituto – MA/2013) Com relação às sociedades anônimas, assinale a opção correta.

a) É lícita a constituição de uma companhia, por escritura pública, cujo único acionista seja uma sociedade brasileira.

b) A sociedade por subscrição pública do capital deve ser constituída por deliberação dos subscritores em assembleia geral ou por escritura pública.

c) As ações escriturais, cuja propriedade presume-se pela declaração do nome do acionista, podem ser transferidas mediante termo lavrado no livro de registro de ações escriturais e emissão de certificado.

d) Conforme a forma de constituição e o objeto social, as sociedades anônimas podem ser simples ou empresárias.

COMENTÁRIOS

✪ **Nota do autor:** a questão exigia do candidato o conhecimento da Lei 6.404/76 (Lei da Sociedade Anônima – LSA) e do art. 982 do Código Civil.

Alternativa correta: letra "a". A assertiva traduz o disposto no art. 251 da LSA: "**A companhia pode ser constituída, mediante escritura pública, tendo como única acionista sociedade brasileira.**" Dito de outro modo, a sociedade anônima pode ser unipessoal quando se tratar de empresa pública (quando o Poder Público que a criou for seu único acionista) ou subsidiária integral. A Administração Pública indireta compreende as Autarquias, as Fundações Públicas, as Empresas Públicas e as Sociedades de Economia Mista. *Empresas públicas* são pessoas jurídicas de direito privado, integrantes da Administração indireta, criadas por meio de lei específica autorizatária, para a prestação de serviços públicos ou para a exploração de atividades econômicas, contando com capital exclusivamente público, podendo ser constituídas sob qualquer modalidade empresarial.

Alternativa "b": incorreta, na medida em que a subscrição pública do capital exige a intermediação de instituição financeira, não bastando a deliberação em assembleia geral ou por escritura pública. "LSA, art. 82. A constituição de companhia por subscrição pública depende do prévio registro da emissão na Comissão de Valores Mobiliários, e a subscrição somente poderá ser efetuada **com a intermediação de instituição financeira**."

Alternativa "c": incorreta. A presunção de propriedade das ações escriturais depende do registro na conta de depósito das ações, não bastando a mera declaração do nome do acionista. "LSA, art. 35. **A propriedade da ação escritural presume-se pelo registro na conta de depósito das ações**, aberta em nome do acionista nos livros da instituição depositária. § 1º A transferência da ação escritural opera-se **pelo lançamento efetuado pela instituição depositária em seus livros**, a débito da conta de ações do alienante e a crédito da conta de ações do adquirente, à vista de ordem escrita do alienante, ou de autorização ou ordem judicial, em documento hábil que ficará em poder da instituição."

Alternativa "d": incorreta. Por expressa determinação legal e independentemente do seu objeto, as sociedades por ações (sociedade anônima e sociedade em comandita por ações) serão sempre empresárias, nos termos do parágrafo único do art. 982 do CC ("**independentemente de seu objeto, considera-se empresária a sociedade por ações**; e, simples, a cooperativa").

11.5. SOCIEDADE EM COMANDITA POR AÇÕES

57. (Cespe – Procurador do Ministério Público junto ao TCDF/2013) Acerca dos diversos tipos societários previstos legalmente, julgue os itens que se seguem.

Em uma sociedade em comandita por ações, um indivíduo que dela não seja acionista poderá assumir cargo de administração, desde que ele seja eleito por meio de deliberação de assembleia válida e regularmente convocada.

COMENTÁRIOS

✪ **Nota do autor:** a questão exigia do candidato o conhecimento do texto legal.

Incorreta. Em uma sociedade em comandita por ações, **somente o acionista tem qualidade para administrar a sociedade** e, como diretor, responde subsidiária e ilimitadamente pelas obrigações da sociedade (CC, art.1.091).

11.6. SOCIEDADE EM NOME COLETIVO

58. (Cespe – Procurador do Ministério Público junto ao TCDF/2013) Acerca dos diversos tipos societários previstos legalmente, julgue os itens que se seguem.

A sociedade em nome coletivo configura espécie de sociedade personalizada e os seus sócios respondem sempre de maneira ilimitada e solidária pelas obrigações sociais.

COMENTÁRIOS

✪ **Nota do autor:** a questão exigia do candidato o conhecimento do texto legal.

Correta. A assertiva reproduz o art. 1.039 do Código Civil, que dispõe: "Somente pessoas físicas podem tomar parte na sociedade em nome coletivo, respondendo todos os sócios, solidária e ilimitadamente, pelas obrigações sociais."

11.7. SOCIEDADE COOPERATIVA

59. (Cespe – Delegado de Polícia – PE/2016) Assinale a opção que apresenta, respectivamente, as espécies societárias que somente podem ser consideradas, a primeira, como sociedade empresária e, a segunda, como sociedade simples, em razão de expressa imposição legal.

a) sociedade comandita por ações / sociedade comandita simples
b) sociedade anônima / sociedade cooperativa
c) sociedades estatais / associações
d) sociedade anônima / sociedade limitada
e) sociedade em nome coletivo / sociedade limitada

COMENTÁRIO

✪ **Nota do autor:** a questão exigia o conhecimento do texto da lei.

Alternativa incorreta: letra "b" (responde, também, as demais alternativas). Considera-se empresária a sociedade que tem por objeto o exercício de atividade própria de empresário sujeito a registro acordo com o (art. 982, *caput*, CC), ou seja, aquela que exerce profissionalmente uma atividade econômica organizada para a produção ou circulação de bens ou de serviços (art. 966, CC). O parágrafo único do art. 982, do Código Civil, orienta, ainda, que: "Independentemente do seu objeto, considera-se empresária a sociedade por ações; e, simples, a cooperativa." Dito de outro modo, por expressa determinação legal, as sociedades por ações (sociedade anônima e comandita por ações) serão sempre empresárias e as cooperativas, sociedades simples. Importante lembrar que as sociedades empresárias devem se constituir mediante um dos seguintes tipos societários: a) sociedade em nome coletivo; b) sociedade em comandita simples; c) sociedade em comandita por ações; d) sociedade limitada; e) sociedade anônima.

11.8. SOCIEDADES DEPENDENTES DE AUTORIZAÇÃO

60. (Cespe - Delegado de Polícia Federal - DPF/2013) Julgue os itens seguintes, relativos ao direito empresarial.

Uma sociedade estrangeira não pode funcionar no Brasil sem autorização do governo do estado onde será instalada e sem certidão de nada consta emitida pela Polícia Federal, por meio de sua superintendência local.

COMENTÁRIOS

Errado. A assertiva está errada, na medida em que é facultado ao **Poder Executivo Federal** tal atribuição, nos termos do art. 1.134, do Código Civil ("A sociedade estrangeira, qualquer que seja o seu objeto, não pode, sem autorização do Poder Executivo, funcionar no País, ainda que por estabelecimentos subordinados, podendo, todavia, ressalvados os casos expressos em lei, ser acionista de sociedade anônima brasileira."). A sociedade estrangeira interessada em instalar-se no Brasil deve elaborar requerimento dirigido ao Ministério de Estado da Indústria, do Comércio e do Turismo, protocolizado no Departamento Nacional de Registro do Comércio - DNRC. Ao requerimento de autorização devem juntar (CC, art. 134, § 1º): I - prova de se achar a sociedade constituída conforme a lei de seu país; II - inteiro teor do contrato ou do estatuto; III - relação dos membros de todos os órgãos da administração da sociedade, com nome, nacionalidade, profissão, domicílio e, salvo quanto a ações ao portador, o valor da participação de cada um no capital da sociedade; IV - cópia do ato que autorizou o funcionamento no Brasil e fixou o capital destinado às operações no território nacional; V - prova de nomeação do representante no Brasil, com poderes expressos para aceitar as condições exigidas para a autorização; VI - último balanço. Em suma: "*Sociedade estrangeira* é aquela constituída e organizada em conformidade com a legislação do país de origem, onde também mantém sua sede administrativas. Estas empresas estão sujeitas a autorização do **Governo Federal** para funcionarem no território nacional. Convém lembrar que as sociedades dependentes de autorização estão nos arts. 1.123 a 1.141, do CC. **Para facilitar a compreensão do tema, indagamos:** É necessária a prévia aprovação do Poder Executivo para a constituição de pessoa jurídica? Em regra, não. Dispensa-se prévia autorização do Poder Executivo, em razão do princípio da livre iniciativa, que é um dos fundamentos da República Federativa do Brasil (art. 1º, IV, CF) e um princípio da Ordem Econômica (art. 170, IV, CF). **Exceções:** o art. 45 do CC, ressalva que, em algumas situações, será necessária prévia autorização ou aprovação do Poder Executivo. **Precisam de prévia autorização do Poder Executivo para começarem a funcionar: i) entidades financeiras:** dependem de prévia autorização do Banco Central; **ii) operadoras de planos de seguros privados:** dependem de prévia autorização da Superintendência de Seguros Privados - SUSEP; **iv) operadoras de planos de saúde; v) empresas de segurança e de transporte de valores; vi) sociedade estrangeira.**" (*Revisão Final Delegado de Polícia - Polícia Civil do Estado de Goiás*. Salvador: Juspodivm, 2017, p. 719).

11.9. OPERAÇÕES SOCIETÁRIAS

61. (Cespe - Juiz de Direito - PR/2017) Acerca de ligações societárias, assinale a opção correta.

A) A subsidiária integral é uma sociedade limitada ou anônima unipessoal.

B) Devido à sua natureza legal, as cooperativas não podem ser sócias de qualquer tipo societário.

C) Restringem-se às companhias os conceitos de sociedade controladora e controlada.

D) No consórcio para a execução de determinado empreendimento, a falência de uma consorciada não se estende às demais, subsistindo o consórcio com as demais contratantes.

COMENTÁRIOS

✪ **Nota do autor:** a questão exigia do candidato conhecimento do texto da Lei n. 6.404/76 (Lei das Sociedades Anônimas - LSA).

Alternativa correta: letra "d". De fato, no consórcio para a execução de determinado empreendimento, a falência de uma consorciada não se estende às demais, subsistindo o consórcio com as demais contratantes. É o que dispõe o § 2º do art. 278 da LSA: "**A falência de uma consorciada não se estende às demais, subsistindo o consórcio com as outras contratantes**; os créditos que porventura tiver a falida serão apurados e pagos na forma prevista no contrato de consórcio."

Alternativa "a": incorreta. A subsidiária integral é uma sociedade anônima unipessoal (e não uma sociedade limitada unipessoal). A sociedade anônima pode ser unipessoal quando se tratar de *empresa pública* (quando o Poder Público que a criou for seu único acionista) ou de *subsidiária integral*. A subsidiária integral é um tipo de sociedade anônima que admite um único acionista que, necessariamente, será uma sociedade nacional. É o que dispõe o art. 251 da LSA: "A companhia pode ser constituída, mediante escritura pública, tendo como único acionista, a sociedade brasileira".

Alternativa "b": incorreta. Por expressa determinação legal, as sociedades cooperativas serão sempre sociedades simples (CC, art. 982, *in fine*). No entanto, de acordo com o Enunciado n. 207 do CJF, aprovado na III Jornada de Direito Civil: "**A natureza de sociedade simples da cooperativa, por força legal, não a impede de ser sócia de qualquer tipo societário**, tampouco de praticar ato de empresa."

Alternativa "c": incorreta. Não se estringem às companhias (sociedades anônimas) os conceitos de sociedade controladora e controlada, na medida em que outros tipos societários também podem se coligar. Consideram-se coligadas as sociedades que, em suas relações de capital, são controladas, filiadas, ou de simples participação (art. 1.097, CC). As sociedades coligadas, portanto, podem ser de 3 tipos: **1) sociedade filiada ou coligada:** é a sociedade de cujo capital outra sociedade participa com dez por cento ou mais, do capital da outra, sem controlá-la; **2) sociedade de simples participação:** é a aquela de cujo capital outra sociedade possua menos de dez por cento, do capital da outra, com direito de voto; e **3) sociedade controladora e controlada:** sociedade controladora é aquela que possui a maioria de votos da outra sociedade, bem como o poder de eleger a maioria dos administradores da outra sociedade. Por outro lado, é controlada: **a)** a sociedade de cujo capital outra sociedade possua a maioria dos votos nas deliberações dos quotistas ou da assembleia geral e o poder de eleger a maioria dos administradores; **b)** a sociedade cujo controle esteja em poder de outra, mediante ações ou quotas possuídas por sociedades ou sociedades por esta já controladas. Vale lembrar que a sociedade controladora deve ser brasileira.

---

62. (Cespe - Juiz de Direito - PR/2017) No que se refere a direito societário, assinale a opção correta.

A) O Código Civil regula a fusão e a incorporação de sociedades, mas não se aplica às sociedades anônimas nesse particular.

B) O CDC aplica-se às relações entre acionistas e a sociedade anônima.

C) Perdas comerciais, ainda que irreparáveis, não autorizam a redução do capital social depois que ele já esteja integralizado.

D) Desde que haja previsão no contrato social da sociedade limitada, poderão ser-lhe aplicáveis supletivamente as regras da sociedade simples.

COMENTÁRIOS

✪ **Nota do autor:** a questão exigia do candidato conhecimento do texto da lei.

Alternativa correta: letra "a". De fato, o Código Civil regula a fusão e a incorporação de sociedades, mas não se aplica às sociedades anônimas nesse particular. Isso porque a fusão e a incorporação das companhias são reguladas pela Lei n. 6.404/1976 (Lei das Sociedades Anônimas). De acordo com o Enunciado n. 230 do CJF, aprovado na III Jornada de Direito Civil: "**A fusão e a incorporação de sociedade anônima continuam reguladas pelas normas previstas na Lei n. 6.404/76, não revogadas pelo CC (art. 1.089), quanto a esse tipo societário.**" Aliás, vale lembrar que, de acordo com o art. 1.089 do Código Civil: "A sociedade anônima rege-se por lei especial, aplicando-se-lhe, nos casos omissos, as disposições deste Código." A "lei especial" a que o dispositivo faz referência é exatamente a Lei n. 6.404/76 (Lei das Sociedades Anônimas).

Alternativa "b": incorreta. O CDC não se aplica às relações entre acionistas e a sociedade anônima. Reforçando este entendimento, o Enunciado n. 19 do CJF, aprovado na I Jornada de Direito Comercial, orienta que: "Não se aplica o CDC às relações entre sócios e acionistas ou entre eles e a sociedade." A jurisprudência do STJ é no mesmo sentido. No entanto, há um julgado do STJ no sentido de que "não basta que o consumidor seja rotulado de sócio e formalmente anexado a uma sociedade anônima para que seja afastado o vínculo de consumo" (REsp 600.784/RS, julgado em 16/06/2005). Neste caso concreto, o STJ reconheceu a relação de consumo entre os acionistas minoritário e a Brasil Telecom, adquirentes em condomínio de assinaturas telefônicas. No entanto, frise-se, prevalece o entendimento de que o CDC não se aplica às relações entre acionistas e a sociedade anônima.

Alternativa "c": incorreta. Perdas comerciais irreparáveis autorizam sim a redução do capital social, mesmo depois que ele já esteja integralizado. De acordo com o art. 1.082 do Código Civil: "Pode a sociedade reduzir o capital, mediante a correspondente modificação do contrato: I – depois de integralizado, se houver perdas irreparáveis;".

Alternativa "d": incorreta. A sociedade limitada rege-se pelos arts. 1.052 e seguintes do Código Civil (Capítulo das Sociedades Limitadas). Nas omissões deste Capítulo, aplicam-se subsidiariamente as normas das sociedades simples. No entanto, desde que haja previsão no contrato social da sociedade limitada, poderão ser-lhe aplicáveis supletivamente as regras da **sociedade anônima** (e não da sociedade simples). É o que dispõe o parágrafo único do art. 1.053 do Código

Civil: "O contrato social poderá prever a regência supletiva da sociedade limitada pelas normas da **sociedade anônima.**"

63. (Cespe – Procurador do MP junto ao TCU/2015) Assinale a opção correta acerca de operações societárias, dissolução, liquidação e extinção de sociedades.

a) Caso ocorra falência da sociedade transformada, seus efeitos poderão excepcionalmente ser estendidos aos sócios do tipo anterior em benefício de credores do tipo atual.

b) Compete aos sócios votar o laudo de avaliação do patrimônio da sociedade de que façam parte a fim de viabilizar a fusão desta com outra sociedade à qual tenha pretensão de fundir-se.

c) Compete à sociedade incorporada, após serem aprovados os atos de incorporação, declarar a sua própria extinção e promover a respectiva averbação no registro próprio.

d) Ocorrerá a dissolução total da sociedade seguradora que tiver sido apenada pelo BCB com cassação de sua autorização para funcionar.

e) A conversão de uma companhia em subsidiária integral de outra companhia brasileira mediante incorporação de todas as ações será submetida à deliberação da assembleia geral de ambas.

COMENTÁRIOS

✪ **Nota do autor:** a questão exigia do candidato o conhecimento do texto da lei.

Alternativa correta: letra "e". A assertiva reproduz o art. 252 da Lei 6.404/76: "A incorporação de todas as ações do capital social ao patrimônio de outra companhia brasileira, para convertê-la em subsidiária integral, será submetida à deliberação da assembleia-geral das duas companhias mediante protocolo e justificação, nos termos dos artigos 224 e 225." *Subsidiária integral* é um tipo de sociedade anônima que admite um único acionista que, necessariamente, será uma sociedade nacional. Ex: Transpetro (possui um único sócio que é a Petrobrás).

Alternativa "a": incorreta. De acordo com o parágrafo único do art. 1.115 do CC: "A falência da sociedade transformada somente produzirá efeitos em relação aos sócios que, no tipo anterior, a eles estariam sujeitos, se o pedirem os titulares de créditos anteriores à transformação, e somente a estes beneficiará."

Alternativa "b": incorreta. De acordo com o § 3º do art. 1.120 do CC: "É **vedado** aos sócios votar o laudo de avaliação do patrimônio da sociedade de que façam parte."

Alternativa "c": incorreta. De acordo com o art. 1.118 do CC: "Aprovados os atos da incorporação, **a incorporadora declarará extinta a incorporada**, e promoverá a respectiva averbação no registro próprio."

Alternativa "d": incorreta. O ato de cassação da autorização para funcionar não acarreta a dissolução total da seguradora. De acordo com o art. 98 do Decreto-Lei 73/66, o ato da cassação produzirá os seguintes efeitos: "**a)** suspensão das ações e execuções judiciais, excetuadas as que tiveram início anteriormente, quando intentadas por credores com privilégio sobre determinados bens da Sociedade Seguradora; **b)** vencimento de todas as obrigações civis ou comerciais da Sociedade Seguradora liquidanda, incluídas as cláusulas penais dos contratos; **c)** suspensão da incidência de juros, ainda que estipulados, se a massa liquidanda não bastar para o pagamento do principal; **d)** cancelamento dos poderes de todos os órgãos de administração da Sociedade liquidanda."

64. (Cespe – Juiz do Trabalho Substituto 5ª região/ 2013) No que concerne a transformação, incorporação, fusão e cisão, assinale a opção correta.

a) Na transformação, ocorre novação das obrigações anteriores, pela modificação do antigo devedor.

b) De acordo com o disposto no Código Civil, na incorporação há, em regra, sucessão universal, pela sociedade incorporadora, dos direitos e obrigações da sociedade incorporada, sendo possível, apenas quanto às obrigações, a exclusão contratual da responsabilidade da incorporadora.

c) Conforme o Código Civil, os credores podem requerer ao juízo falimentar a separação dos patrimônios da sociedade primitiva e da sociedade transformada, no caso de falência desta, em até 90 dias após a publicação da transformação.

d) Conforme previsão da Lei das Sociedades Anônimas, no caso de a cisão não resultar extinção da sociedade cindida, a responsabilidade das sociedades é solidária em relação a dívidas transferidas da sociedade primitiva, salvo pacto em contrário, hipótese em que se faculta aos credores notificarem as sociedades, dentro de determinado prazo, para manifestar interesse na manutenção da solidariedade.

e) De acordo com a Lei das Sociedades Anônimas, o protocolo que antecede a incorporação, a fusão e a cisão tem natureza jurídica de pré-contrato, podendo, portanto, ser especificamente executado no caso de descumprimento.

COMENTÁRIOS

✪ **Nota do autor:** a questão exigia do candidato o conhecimento da Lei 6.404/76 (Lei da Sociedade Anônima – LSA) e do Código Civil.

Alternativa correta: letra "d". A assertiva traduz o disposto no art. 233 da LSA: "Na cisão com extinção da companhia cindida, as sociedades que absorverem parcelas do seu patrimônio responderão solidariamente pelas obrigações da companhia extinta. **A companhia cindida que subsistir e as que absorverem parcelas do seu patrimônio responderão solidariamente pelas obrigações da primeira anteriores à cisão.** Parágrafo único. O ato de cisão parcial poderá estipular que as sociedades que absorverem parcelas do patrimônio da companhia cindida serão responsáveis apenas pelas obrigações que lhes forem transferidas, sem solidariedade entre si ou com a companhia cindida, mas, nesse caso, qualquer credor anterior poderá se opor à estipulação, em relação ao seu crédito, desde que notifique a sociedade no prazo de 90 (noventa) dias a contar da data da publicação dos atos da cisão."

Alternativa "a": incorreta. Nos termos do art. 1.115 do Código Civil: "A transformação não modificará nem prejudicará, em qualquer caso, os direitos dos credores."

Alternativa "b": incorreta. O Código Civil não prevê tal exclusão de responsabilidade. De acordo com o art. 1.116 do Código Civil: "Na incorporação, uma ou várias sociedades são absorvidas por outra, que lhes sucede em todos os direitos e obrigações, devendo todas aprová-la, na forma estabelecida para os respectivos tipos."

Alternativa "c": incorreta. O Código Civil não prevê prazo para o requerimento de separação de patrimônios da sociedade primitiva e da sociedade transformada, restringindo-se a estipular que, no caso de falência dentro de noventa dias da publicação da transformação, os credores poderão requerer a separação dos patrimônios. "CC, art. 1.122. Até noventa dias após publicados os atos relativos à incorporação, fusão ou cisão, o credor anterior, por ela prejudicado, poderá promover judicialmente a anulação deles. (...) § 3º Ocorrendo, no prazo deste artigo, a falência da sociedade incorporadora, da sociedade nova ou da cindida, qualquer credor anterior terá direito a pedir a separação dos patrimônios, para o fim de serem os créditos pagos pelos bens das respectivas massas."

Alternativa "e": incorreta, na medida em que a Lei da Sociedade Anônima não confere força executiva ao protocolo. Sobre o protocolo, determina o art. 224 da LSA, que: "As condições da incorporação, fusão ou cisão com incorporação em sociedade existente constarão de protocolo firmado pelos órgãos de administração ou sócios das sociedades interessadas, que incluirá: I – o número, espécie e classe das ações que serão atribuídas em substituição dos direitos de sócios que se extinguirão e os critérios utilizados para determinar as relações de substituição; II – os elementos ativos e passivos que formarão cada parcela do patrimônio, no caso de cisão; III – os critérios de avaliação do patrimônio líquido, a data a que será referida a avaliação, e o tratamento das variações patrimoniais posteriores; IV – a solução a ser adotada quanto às ações ou quotas do capital de uma das sociedades possuídas por outra; V – o valor do capital das sociedades a serem criadas ou do aumento ou redução do capital das sociedades que forem parte na operação; VI – o projeto ou projetos de estatuto, ou de alterações estatutárias, que deverão ser aprovados para efetivar a operação; VII – todas as demais condições a que estiver sujeita a operação. Parágrafo único. Os valores sujeitos a determinação serão indicados por estimativa."

65. (Cespe – Defensor Público – TO/2013) Assinale a opção correta acerca do direito societário.

a) A sociedade em nome coletivo será constituída por pessoas físicas ou jurídicas e a responsabilidade de cada sócio é restrita ao valor de suas quotas.

b) A sociedade anônima será considerada simples ou empresária, conforme a atividade desenvolvida.

c) A sociedade controladora é titular de direitos de sócio que lhe assegurem preponderância nas deliberações sociais e o poder de eleger a maioria dos administradores da sociedade controlada.

d) As sociedades limitadas adquirem personalidade jurídica no momento em que todos os sócios assinam o contrato social, devidamente elaborado e discutido em assembleia geral.

e) Dissolve-se uma sociedade empresária sempre que à falta de pluralidade de sócios, esta não seja reconstituída no prazo de sessenta dias.

COMENTÁRIOS

✪ **Nota do autor:** a questão exigia do candidato o conhecimento do texto da lei.

Alternativa correta: letra "c". Consideram-se *coligadas* as sociedades que em suas relações de capital, são controladas, filiadas, ou de simples participação (art. 1.097, CC). As sociedades coligadas podem ser de três tipos: *sociedade filiada* (CC, art. 1.099), *sociedade de simples participação* (CC, art. 1.100) e *sociedade controladora* (CC, art. 1.098). *Sociedade filiada ou coligada* é a sociedade de cujo capital outra sociedade participa com *dez por cento ou mais*, do capital da outra, *sem controlá-la*. *Sociedade de simples participação* é a sociedade de cujo capital outra sociedade possua *menos de dez por cento*, do capital da outra, *com direito de voto*. *Sociedade controladora* é a sociedade que possui a maioria de votos da outra sociedade, bem como o poder de eleger a maioria dos administradores da outra sociedade. É controlada: **a)** a sociedade de cujo capital outra sociedade possua a maioria dos votos nas deliberações dos quotistas ou da assembleia geral e o poder de eleger a maioria dos administradores; e **b)** a sociedade cujo controle esteja em poder de outra, mediante ações ou quotas possuídas por sociedades ou sociedades por esta já controladas. **Atenção:** A sociedade controladora deve ser brasileira.

Alternativa "a": incorreta. De acordo com o art. 1.039 do Código Civil: "**Somente pessoas físicas podem tomar parte na sociedade em nome coletivo, respondendo todos os sócios, solidária e**

ilimitadamente, pelas obrigações sociais. Parágrafo único. Sem prejuízo da responsabilidade perante terceiros, podem os sócios, no ato constitutivo, ou por unânime convenção posterior, **limitar entre si a responsabilidade de cada um.**"

Alternativa "b": incorreta. Por expressa determinação legal e independentemente do seu objeto, as sociedades por ações (sociedade anônima e sociedade em comandita por ações) serão sempre empresárias, nos termos do parágrafo único do art. 982 do CC (**"independentemente de seu objeto, considera-se empresária a sociedade por ações**; e, simples, a cooperativa").

Alternativa "d": incorreta. As sociedades adquirem personalidade jurídica com o seu registro no órgão competente. "CC, art. 45. **Começa a existência legal das pessoas jurídicas de direito privado com a inscrição do ato constitutivo no respectivo registro**, precedida, quando necessário, de autorização ou aprovação do Poder Executivo, averbando-se no registro todas as alterações por que passar o ato constitutivo." O órgão competente para o registro é a junta comercial se se tratar de uma sociedade empresária (ex. sociedade limitada). Por outro lado, se se tratar de uma sociedade simples, o registro se dará no Registro Civil de Pessoas Jurídicas. **Exceção:** as sociedades de advogados adquirem personalidade jurídica quando o contrato social é levado a registro na Ordem dos Advogados do Brasil. Interessante relembrar também que quando uma sociedade adquire personalidade jurídica ela passa a ter três atributos: **a)** titularidade negocial (aptidão para realizar negócios jurídicos); **b)** titularidade processual (aptidão para demandar e ser demandada em juízo); e **c)** autonomia patrimonial (a sociedade tem patrimônio próprio, distinto do patrimônio dos sócios).

Alternativa "e": incorreta. De acordo com o art. 1.033 do Código Civil: "Dissolve-se a sociedade quando ocorrer: (...) IV – **a falta de pluralidade de sócios, não reconstituída no prazo de 180 (cento e oitenta) dias**; (...)".

66. (Cespe – Procurador do Ministério Público junto ao TCDF/2013) Acerca dos diversos tipos societários previstos legalmente, julgue os itens que se seguem.

Se, por hipótese, 15% do capital da empresa B pertencer à empresa A, mas esta última não exercer controle sobre aquela, então a empresa B será coligada ou filiada à empresa A.

COMENTÁRIOS

✪ **Nota do autor:** a questão exigia do candidato conhecimento do texto da lei sobre as sociedades coligadas, também conhecidas como ligações ou coligações societárias.

Correta. Nos termos do art. 1.099 do Código Civil: "Diz-se coligada ou filiada a sociedade de cujo capital outra sociedade participa com dez por cento ou mais, do capital da outra, sem controlá-la." Consideram-se *coligadas* as sociedades que, em suas relações de capital, são controladas, filiadas, ou de simples participação (art. 1.097, CC). As sociedades coligadas podem ser de três tipos, a saber: *sociedade filiada* (CC, art. 1.099), *sociedade de simples participação* (CC, art. 1.100) e *sociedade controladora* (CC, art. 1.098). *Sociedade filiada ou coligada* é a sociedade de cujo capital outra sociedade participa com *dez por cento ou mais*, do capital da outra, *sem controlá-la*. *Sociedade de simples participação* é a sociedade de cujo capital outra sociedade possua *menos de dez por cento*, do capital da outra, *com direito de voto*. *Sociedade controladora* é a sociedade que possui a maioria de votos da outra sociedade, bem como o poder de eleger a maioria dos administradores da outra sociedade. É controlada: **a)** a sociedade de cujo capital outra sociedade possua a maioria dos votos nas deliberações dos quotistas ou da assembleia geral e o poder de eleger a maioria dos administradores; e **b)** a sociedade cujo controle esteja em poder de outra, mediante ações ou quotas possuídas por sociedades ou sociedades por esta já controladas. **Atenção!** A sociedade controladora deve ser brasileira.

11.10. DESCONSIDERAÇÃO DA PERSONALIDADE JURÍDICA

67. (Cespe – Defensor Público – DPU/2017) Uma senhora procurou a DP para ajuizar ação de alimentos contra o pai de seu filho menor de idade. Ela informou que o genitor não possuía bens em seu nome, mas exercia atividade empresarial em sociedade com um amigo: a venda de quentinhas. Apresentou cópia do contrato social, que, contudo, não era inscrito no órgão de registro próprio.

Considerando essa situação hipotética e a necessidade de se obter o pagamento da pensão, julgue os itens a seguir.

Se o pai não pagar os alimentos espontaneamente e não forem encontrados bens de sua titularidade, caberá à DP invocar a teoria da desconsideração da personalidade jurídica contra a sociedade empresária.

COMENTÁRIOS

Errado. Isso porque o pressuposto da desconsideração é exatamente a existência de personalidade jurídica. Sem personalidade jurídica não há o que se desconsiderar. No caso, trata-se de sociedade irregular (aquela que possui contrato social, mas este não foi levado a registro). Nas sociedades em comum, os bens e dívidas sociais constituem patrimônio especial, do qual os sócios são titulares em comum (CC, art. 988). O patrimônio é chamado de "especial", porque ele não pertence à pessoa jurídica, mas sim aos próprios sócios.

68. (Cespe - Procurador do Estado - PGE - SE/2017) Considerando a teoria da personalização da sociedade empresária e a da desconsideração da personalidade jurídica, julgue os itens a seguir.

I - O incidente de desconsideração da personalidade jurídica será instaurado a pedido da parte ou do MP e acarretará a dissolução ou liquidação da pessoa jurídica.

II - O incidente de desconsideração é cabível em todas as fases do processo de conhecimento, no cumprimento de sentença e na execução fundada em título executivo extrajudicial.

III - O administrador que tenha contribuído culposamente, de forma ilícita, para lesar a coletividade de credores de uma instituição financeira, mas sem auferir benefício pessoal, não poderá ser atingido propriamente pela desconsideração da personalidade jurídica.

IV - O contrato social das sociedades limitadas estabelecerá à sociedade uma natureza personalista caso determine que a cessão ou a alienação de quotas não será condicionada à audiência prévia dos demais sócios.

Estão certos apenas os itens

A) I e II.

B) I e III.

C) II e III.

D) III e IV.

E) I, II e IV.

COMENTÁRIOS

✪ **Nota do autor:** a questão exigia do candidato conhecimento do texto da lei e da jurisprudência.

Alternativa correta: letra "c". Estão certos apenas os itens II e III.

Item I: errado. O incidente de desconsideração da personalidade jurídica será instaurado a pedido da parte ou do Ministério Público, mas **não** acarretará a dissolução ou liquidação da pessoa jurídica. De acordo com o art. 133 do CPC/2015: "O incidente de desconsideração da personalidade jurídica será instaurado a pedido da parte ou do Ministério Público, quando lhe couber intervir no processo." O instituto da desconsideração, embora não determine a despersonalização da sociedade – visto que aplicável a certo ou determinado negócio e que impõe apenas a ineficácia da pessoa jurídica frente ao lesado –, constitui restrição ao princípio da autonomia patrimonial (STJ, EREsp 1.306.553-SC).

Item II: certo. Assertiva correta, nos termos do art. 134 do CPC/2015: "O incidente de desconsideração é cabível em todas as fases do processo de conhecimento, no cumprimento de sentença e na execução fundada em título executivo extrajudicial."

Item III: certo. Segundo o STJ: "- A desconsideração não é regra de responsabilidade civil, não depende de prova da culpa, deve ser reconhecida nos autos da execução, individual ou coletiva, e, por fim, **atinge aqueles indivíduos que foram efetivamente beneficiados com o abuso da personalidade jurídica, sejam eles sócios ou meramente administradores.** - O administrador, mesmo não sendo sócio da instituição financeira liquidada e falida, responde pelos eventos que tiver praticado ou omissões em que houver incorrido, nos termos do art. 39, Lei 6.024/74, e, solidariamente, pelas obrigações assumidas pela instituição financeira durante sua gestão até que estas se cumpram, conforme o art. 40, Lei 6.024/74. A responsabilidade dos administradores, nestas hipóteses, é subjetiva, com base em culpa ou culpa presumida, conforme os precedentes desta Corte, dependendo de ação própria para ser apurada. - **A responsabilidade do administrador sob a Lei 6.024/74 não se confunde a desconsideração da personalidade jurídica**. A desconsideração exige benefício daquele que será chamado a responder. A responsabilidade, ao contrário, não exige este benefício, mas culpa. Desta forma, **o administrador que tenha contribuído culposamente, de forma ilícita, para lesar a coletividade de credores de uma instituição financeira, sem auferir benefício pessoal, sujeita-se à ação do art. 46, Lei 6.024/74, mas não pode ser atingido propriamente pela desconsideração da personalidade jurídica**. Recurso Especial provido." (REsp 1.036.398-RS, Rel. Min. Nancy Andrighi, Terceira Turma, julgado em 16/12/2008, DJe 03/02/2009).

Item IV: errado. O contrato social das sociedades limitadas estabelecerá à sociedade uma natureza personalista caso determine que a cessão ou a alienação de quotas **será** condicionada à audiência prévia dos demais sócios. Quando a sociedade limitada assume um caráter personalista a cessão ou a alienação de quotas ao cessionário deve ser submetida à aceitação dos demais sócios. É o que se extrai do art. 1.057 do Código Civil: "Na omissão do contrato, o sócio pode ceder sua quota, total ou parcialmente, a quem seja sócio, independentemente de audiência dos outros, ou a estranho, se não houver oposição de titulares de mais de um quarto do capital social."

12. FALÊNCIA E RECUPERAÇÃO DE EMPRESAS

12.1. ASPECTOS GERAIS

69. (Cespe - Juiz Federal Substituto 2ª região/2013) A Lei n. 11.101/2005, que regula as recuperações judicial e extrajudicial e a falência do empresário e da sociedade empresária, se aplicaria

a) a uma empresa pública, como a ECT.

b) a um indivíduo qualquer que, conforme o Código Civil, se enquadre no conceito de empresário.

c) a uma instituição financeira, como o Banco do Brasil S.A.

d) a uma entidade de previdência complementar operadora de planos de saúde.

e) a uma empresa de economia mista, como a PETROBRAS.

COMENTÁRIOS

✪ **Nota do autor:** a questão exigia do candidato conhecimento do texto da Lei 11.101/05 (Lei de Falência e Recuperação de Empresas).

Alternativa correta: letra "b" (responde, também, as demais alternativas). A lei de falência e recuperação de empresas se aplica ao devedor *empresário individual*, à *sociedade empresária* e a *empresa individual de responsabilidade limitada* (Eireli). Por expressa previsão legal, alguns agentes econômicos estão excluídos da falência, a saber (LF, art. 2º): empresas estatais (empresa pública e sociedade de economia mista); instituição financeira pública ou privada; cooperativa de crédito; consórcio; entidade de previdência complementar; sociedade operadora de plano de assistência à saúde; sociedade seguradora; sociedade de capitalização e outras entidades legalmente equiparadas. **Cuidado!** De acordo com o dispositivo legal em comento, alguns empresários estão excluídos da incidência da Lei de Falência. No entanto, importante lembrar que há aqueles totalmente excluídos, bem como aqueles parcialmente excluídos.

Totalmente excluídos da lei de falência	Parcialmente excluídos da lei de falência
▸ Empresas públicas; e ▸ Sociedade de economia mista.	▸ Instituições financeiras públicas ou privadas; ▸ Consórcios; ▸ Cooperativas de crédito; ▸ Seguradoras; ▸ Operadoras de planos de saúde; ▸ Entidades de previdência complementar; ▸ Sociedades de capitalização; e ▸ Outras entidades legalmente equiparadas à estas, como, por exemplo, as sociedades administradoras de cartão de crédito e as sociedades de arrendamento mercantil (*leasing*).

12.2. RECUPERAÇÃO JUDICIAL

12.2.1. ASPECTOS GERAIS

70. (Cespe – Juiz do Trabalho Substituto 5ª região/2013) João, engenheiro civil, iniciou sua carreira profissional fazendo projetos de reformas de apartamentos. Dois anos depois, combinou com Joaquim e Rivaldo, mestre de obras e pedreiro, respectivamente, que eles executariam os projetos para os quais ele fosse contratado, sendo pagos diretamente por quem contratasse os serviços. João, então, adquiriu as ferramentas e máquinas que seriam usadas por Joaquim e Rivaldo na execução dos projetos e locou um imóvel para receber os clientes e guardar o maquinário. Na única vez que esteve na junta comercial de seu município, João procurava o endereço de uma sociedade comercial para quem executara um trabalho e cujo cheque, entregue a ele em pagamento, não havia sido pago pelo banco por falta de fundos. A situação econômico-financeira de João não estava boa, não tendo ele pagado a duplicata extraída pelo vendedor de uma betoneira.

Com base nessa situação hipotética, assinale a opção correta.

a) João não tem direito de requerer recuperação judicial.

b) João pode requerer a falência da sociedade que lhe passou o cheque em pagamento.

c) João deveria ter registrado sua atividade na junta comercial antes de começar a fazer projetos de engenharia.

d) João, Joaquim e Rivaldo celebraram uma sociedade em conta de participação.

e) Em eventual processo de falência iniciado pela sacadora da duplicata, João poderá alegar, em sua defesa, não ser parte legítima para nele figurar, já que não é registrado como empresário.

COMENTÁRIOS

✪ **Nota do autor:** a questão exigia do candidato conhecimento do texto da Lei 11.101/05 (Lei de Falência e Recuperação de Empresas). A recuperação judicial tem por finalidade viabilizar a superação da crise pela qual a empresa vem passando, para que se tenha a manutenção da fonte produtora, manutenção dos empregos, manutenção dos interesses dos credores e do recolhimento de impostos.

Alternativa correta: letra "a". João não tem direito de requerer recuperação judicial, uma vez que, no momento do pedido, não exercia regularmente suas atividades há mais de dois anos. Nos termos do art. 48, da LF: "**Poderá requerer recuperação judicial o devedor** que, no momento do pedido, **exerça regularmente suas atividades há mais de 2 (dois) anos e que atenda aos seguintes requisitos, cumulativamente**: (...)".

Alternativa "b": incorreta. João **não pode** requerer a falência da sociedade que lhe passou o cheque em pagamento. Isso porque, por não ter levado a registro os seus atos constitutivos na Junta Comercial, João não tem capacidade processual para requerer a falência do devedor, sendo considerado empresário irregular. Neste sentido, a Lei 11.101/05: "Art. 97. Podem requerer a falência do devedor: IV – qualquer credor. § 1º **O credor empresário apresentará certidão do Registro Público de Empresas que comprove a regularidade de suas atividades.**" Não é demasiado lembrar as consequências da ausência do registro: **a)** responsabilidade ilimitada; **b)** impossibilidade de requerer falência de terceiros (mas pode pedir a própria falência); **c)** impossibilidade de requerer a própria recuperação judicial; **d)** impossibilidade de participar de licitação.

Alternativa "c": incorreta. João como engenheiro é um agente econômico excluído do conceito de empresário. Senão vejamos. *Empresário* é a pessoa física (empresário individual) ou jurídica (sociedade empresária ou empresa individual de responsabilidade limitada) que exerce profissionalmente uma atividade econômica organizada para a produção ou circulação de bens ou de serviços. O conceito está no art. 966, CC ("Considera-se empresário quem exerce profissionalmente atividade econômica organizada para a produção ou a circulação de bens ou de serviços"). No entanto, o parágrafo único do art. 966 do CC, exclui alguns agentes econômicos conceito de empresário, ao dispor que: "Não se considera empresário quem exerce profissão intelectual, de natureza científica, literária ou artística, ainda com o concurso de auxiliares ou colaboradores, salvo se o exercício da profissão constituir elemento de empresa". **Atenção!** Quando a profissão intelectual de natureza científica, literária ou artística **constituir elemento de empresa**, ela passará a ter natureza empresarial. Isso porque, nesse caso, a atividade profissional intelectual será apenas um dos elementos, dentro do complexo de atividades oferecidos pela sociedade. Assim, a João como engenheiro não se aplica o art. 967 do Código Civil, que determina ser obrigatória a inscrição do empresário no Registro Público de Empresas Mercantis da respectiva sede, antes do início de sua atividade.

Alternativa "d": incorreta. Nos termos do art. 991 do Código Civil, na sociedade em conta de participação, a atividade constitutiva do objeto social é exercida unicamente pelo sócio ostensivo (o que não acontece no presente caso), em seu nome individual e sob sua própria e exclusiva responsabilidade, participando os demais dos resultados correspondentes. Obriga-se perante terceiro tão-somente o sócio ostensivo; e, exclusivamente perante este, o sócio participante, nos termos do contrato social.

Alternativa "e": incorreta. Embora o empresário irregular não possa pedir a falência de terceiros, poderá sofrer o processo de falência. É bom sempre lembrar que as consequências da ausência do registro são: **a)** responsabilidade ilimitada; **b)** impossibilidade de requerer falência de terceiros (mas pode pedir a própria falência, bem como ter a sua falência decretada por pedido de terceiros); **c)** impossibilidade de requerer a própria recuperação judicial; **d)** impossibilidade de participar de licitação. "LF, art. 97. Podem requerer a falência do devedor: (...) IV – qualquer credor."

---

71. (Cespe – Juiz de Direito Substituto – MA/ 2013) Em 2012, duas pessoas físicas e uma pessoa jurídica decidiram constituir uma sociedade, a Alfa Serviços Gerais Ltda., para atuar no ramo de prestação de serviços de limpeza e conservação. Adquiriram um imóvel para instalação da sede da empresa e compraram automóveis para o transporte de empregados e de materiais. Em reunião, os sócios deliberaram sobre a elaboração do contrato social, que, aprovado por unanimidade e assinado por todos, não foi registrado perante a junta comercial competente. Em face dessa situação hipotética, e considerando as normas que regem o direito societário, assinale a opção correta.

a) A sociedade constituída tem capacidade processual para requerer a falência de eventual devedor, desde que seja devidamente representada.

b) A sociedade constituída não preenche os requisitos legais para requerer sua recuperação judicial, ainda que demonstre situação de crise econômico-financeira.

c) Os sócios da Alfa Serviços Gerais, nas relações entre si ou com terceiros, podem provar a existência da sociedade de qualquer modo.

d) A denominação Alfa Serviços Gerais goza de proteção conferida pela lei.

COMENTÁRIOS

✪ **Nota do autor:** a questão exigia do candidato conhecimentos gerais sobre sociedades no Código Civil, bem como conhecimentos do texto da Lei 11.101/05 (Lei de Falência e Recuperação de Empresas). A questão versa sobre a denominada *sociedade em comum*, gênero que abrange a *sociedade irregular* (aquela que possui contrato social, mas não foi levado a registro) e a *sociedade de fato* (aquela que sequer possui contrato social). O empresário é obrigado a efetuar seu registro no Registro Público de Empresas Mercantis. O art. 967 do CC dispõe que "é obrigatória a inscrição do empresário no Registro Público de Empresas Mercantis da respectiva sede, antes do início de sua atividade". O registro do empresário tem natureza jurídica de *condição de regularidade*. São consequências da falta de registro: **a)** responsabilidade ilimitada dos sócios; **b)** impossibilidade de requerer falência de terceiros (mas pode pedir a própria falência); **c)** impossibilidade de requerer a própria recuperação judicial; **d)** impossibilidade de participar de licitação.

Alternativa correta: letra "b". De fato, a sociedade constituída não preenche os requisitos legais para requerer sua recuperação judicial, ainda que demonstre situação de crise econômico-financeira. Isso porque, tratando-se de sociedade em comum, ela não está exercendo regularmente as suas atividades. Neste sentido, dispõe o art. 48, da LF: "Poderá requerer recuperação judicial o devedor que, no momento do pedido, **exerça regularmente suas atividades** há mais de 2 (dois) anos e que atenda aos seguintes requisitos, cumulativamente: (...)."

Alternativa "a": incorreta, uma vez que tal sociedade, por não ter levado a registro os seus atos constitutivos na Junta Comercial, não tem capacidade processual para requerer a falência do devedor. Neste sentido, a Lei 11.101/05: "Art. 97. Podem requerer a falência do devedor: IV – qualquer credor. § 1º **O credor empresário apresentará certidão do Registro Público de Empresas que comprove a regularidade de suas atividades**."

Alternativa "c": incorreta. Nos termos do art. 987, do Código Civil: "Os sócios, nas relações entre si ou com terceiros, **somente por escrito** podem provar a existência da sociedade, mas os terceiros podem prová-la de qualquer modo."

Alternativa "d": incorreta. Tratando-se de sociedade irregular (aquela que possui contrato social, mas não foi levado a registro), o nome empresarial não gozará de proteção legal. Isso porque, a proteção do nome empresarial ocorre automaticamente do registro do empresário. Nos termos do art. 33, da Lei 8.934/94: "A proteção ao nome empresarial decorre automaticamente do arquivamento dos atos constitutivos de firma individual e de sociedades, ou de suas alterações." A mesma conclusão pode ser extraída do art. 1.116, do Código Civil: "A inscrição do empresário, ou dos atos constitutivos das pessoas jurídicas, ou as respectivas averbações, no registro próprio, asseguram o uso exclusivo do nome nos limites do respectivo Estado."

---

72. (Cespe – Juiz do Trabalho Substituto 5ª região/ 2013) A respeito do instituto da recuperação judicial, assinale a opção correta.

a) Deferido o processamento da recuperação judicial, suspendem-se pelo prazo de 180 dias todas as ações e execuções, inclusive as trabalhistas que demandem quantia ilíquida, podendo ser realizada, entretanto, a busca e apreensão de proprietários fiduciários de bens móveis e imóveis, a quem cabe reaver os respectivos bens, ainda que sejam essenciais à atividade do recuperando.

b) Ao juiz responsável pela recuperação judicial compete decidir a respeito da constrição de bens, ainda que não façam parte do respectivo plano recuperação.

c) As cooperativas podem requerer a recuperação judicial.

d) Se um dos sócios da sociedade tiver sido condenado por crime contra a economia popular, a recuperação judicial não pode ser a ela deferida.

e) O processamento e o julgamento de ação proposta pelo MP para retificar crédito admitido na recuperação judicial compete à justiça do trabalho, se o crédito tiver sido por ela definido.

COMENTÁRIOS

✪ **Nota do autor:** a questão exigia do candidato conhecimento do texto da Lei 11.101/05 (Lei de Falência e Recuperação de Empresas).

Alternativa correta: letra "e". Em regra, a ação de retificação de créditos deve ser ajuizada no juízo da recuperação judicial ou falimentar. No entanto, o crédito trabalhista é uma exceção. O processamento e o julgamento de ação proposta pelo Ministério Público para retificar crédito admitido na recuperação judicial compete à Justiça do Trabalho, se o crédito tiver sido por ela definido. Nos termos do art. 19 da LF: "O administrador judicial, o Comitê, qualquer credor ou o **representante do Ministério Público poderá**, até o encerramento da recuperação judicial ou da falência, observado, no que couber, o procedimento ordinário previsto no Código de Processo Civil, **pedir a exclusão, outra classificação ou a retificação de qualquer crédito**, nos casos de descoberta de falsidade, dolo, simulação, fraude, erro essencial ou, ainda, documentos ignorados na época do julgamento do crédito ou da inclusão no quadro-geral de credores. § 1º A ação prevista neste artigo será proposta exclusivamente perante o juízo da recuperação judicial ou da falência **ou, nas hipóteses previstas no art. 6º, §§ 1º e 2º, desta Lei, perante o juízo que tenha originariamente reconhecido o crédito**." De acordo com o art. 6º do mesmo diploma legal: "A decretação da falência ou o deferimento do processamento da recuperação judicial suspende o curso da prescrição e de todas as ações e execuções em face do devedor, inclusive aquelas dos credores particulares do sócio solidário. (...) § 2º É permitido pleitear, perante o administrador judicial, habilitação, exclusão ou modificação de créditos derivados da relação de trabalho, **mas as ações de natureza trabalhista, inclusive as impugnações a que se refere o art. 8º desta Lei, serão processadas perante a justiça especializada** até a apuração do respectivo crédito, que será inscrito no quadro-geral de credores pelo valor determinado em sentença."

Alternativa "a": incorreta, na medida as ações ilíquidas não serão suspensas. Além disso, as ações trabalhistas terão seu curso até a apuração do crédito. Nos termos do § 1º do art. 6º da LF: "Terá prosseguimento no juízo no qual estiver se processando a ação que demandar quantia ilíquida." Ainda o § 2º do dispositivo legal em comento, determina que: "É permitido pleitear, perante o administrador judicial, habilitação, exclusão ou modificação de créditos derivados da relação de trabalho, **mas as ações de natureza trabalhista, inclusive as impugnações a que se refere o art. 8º desta Lei, serão processadas perante a justiça especializada até a apuração do respectivo crédito**, que será inscrito no quadro-geral de credores pelo valor determinado em sentença."

Alternativa "b": incorreta, uma vez que, nos termos do enunciado da Súmula 480 do STJ, "o juízo da recuperação judicial **não é competente** para decidir sobre a constrição de bens não abrangidos pelo plano de recuperação da empresa".

Alternativa "c": incorreta, na medida em que lei de falências não se aplica às cooperativas. Isso porque, as cooperativas são sociedades simples (e não empresárias), por expressa previsão legal. De acordo com o parágrafo único do art. 982 do Código Civil: "Independentemente de seu objeto, considera-se empresária a sociedade por ações; **e, simples, a cooperativa**."

A lei de falência e recuperação de empresas se aplica ao devedor *empresário individual*, à *sociedade empresária* e a *empresa individual de responsabilidade limitada* (Eireli), nos termos do art. 1º da Lei 11.101/05, que dispõe: "Esta Lei disciplina a recuperação judicial, a recuperação extrajudicial e a falência do empresário e da sociedade empresária, doravante referidos simplesmente como devedor." Ademais, o art. 2º, inciso II da Lei de Falência exclui as cooperativas de crédito do âmbito de sua incidência. "LF, art. 2º Esta Lei não se aplica a: (...); II – instituição financeira pública ou privada, **cooperativa de crédito**, consórcio, entidade de previdência complementar, sociedade operadora de plano de assistência à saúde, sociedade seguradora, sociedade de capitalização e outras entidades legalmente equiparadas às anteriores."

Alternativa "d": incorreta, nos termos do art. 48, inciso IV, da Lei 11.101/05. "Art. 48. **Poderá requerer recuperação judicial** o devedor que, no momento do pedido, exerça regularmente suas atividades há mais de 2 (dois) anos e que atenda aos seguintes requisitos, cumulativamente: (...) IV – não ter sido condenado ou não ter, como administrador ou sócio controlador, **pessoa condenada por qualquer dos crimes previstos nesta Lei**." Imprescindível notar que, somente as pessoas que foram condenadas por crimes definidos na Lei 11.101/05 é que não poderão se valer do instituto da recuperação judicial. Como o crime de economia popular não está tipificado pela Lei de Falência, a recuperação judicial pode ser deferida.

12.2.2. PROCESSAMENTO DA RECUPERAÇÃO JUDICIAL

73. (Cespe – Juiz de Direito Substituto – AM/2016) Considerando que determinado juiz tenha concedido a recuperação judicial a um devedor, após a aprovação do plano de recuperação em assembleia geral de credores, assinale a opção correta.

a) O juiz é competente para decidir sobre a constrição de bens do devedor, mesmo que não tenham sido abrangidos pelo plano de recuperação da empresa.

b) As execuções individuais ajuizadas contra o próprio devedor devem ser extintas, diante da novação resultante da concessão da recuperação judicial.

c) Um dos efeitos da referida decisão judicial é interromper a prescrição de todas as ações e execuções em face do devedor.

d) Se, decorridos mais de dois anos da referida decisão judicial, o devedor inadimplir obrigação prevista no plano, o juiz deverá convolar a recuperação em falência.

e) É correto afirmar que o devedor beneficiado pela decisão nunca faliu antes.

COMENTÁRIOS

✪ **Nota do autor:** a questão exigia do candidato conhecimento do texto da Lei 11.101/05, bem como da jurisprudência. A *recuperação judicial* tem por finalidade viabilizar a superação da crise pela qual a empresa vem passando, para que se tenha a manutenção da fonte produtora, manutenção dos empregos, manutenção dos interesses dos credores e do recolhimento de impostos.

Alternativa correta: letra "b". O STJ, sem prever nenhuma condicionante, definiu a tese de que: "A novação resultante da concessão da recuperação judicial após aprovado o plano em assembleia é *sui generis*, e as execuções individuais ajuizadas contra a própria devedora devem ser extintas, e não apenas suspensas" (REsp 1272697/DF, Rel. Min. Luis Felipe Salomão, Quarta Turma, julgado em 02/06/2015, DJe 18/06/2015; REsp 1212243/SP, Rel. Min. Luis Felipe Salomão, Quarta Turma, julgado em 01/09/2015, DJe 29/09/2015)

Alternativa "a": incorreta, nos termos do enunciado da Súmula 480 do STJ, que dispõe: "O juízo da recuperação judicial **não é competente** para decidir sobre a constrição de bens não abrangidos pelo plano de recuperação da empresa."

Alternativa "c": incorreta, na medida em que um dos efeitos da referida decisão judicial é **suspender** (e não interromper) a prescrição de todas as ações e execuções em face do devedor. "LF, art. 6º. A decretação da falência ou o deferimento do processamento da recuperação judicial **suspende** o curso da prescrição e de todas as ações e execuções em face do devedor, inclusive aquelas dos credores particulares do sócio solidário."

Alternativa "d": incorreta, nos termos do art. 61, § 1º da LF. "Art. 61. Proferida a decisão prevista no art. 58 desta Lei, o devedor permanecerá em recuperação judicial até que se cumpram todas as obrigações previstas no plano que se vencerem até 2 (dois) anos depois da concessão da recuperação judicial. § 1º **Durante o período estabelecido no caput deste artigo, o descumprimento de qualquer obrigação prevista no plano acarretará a convolação da recuperação em falência, nos termos do art. 73 desta Lei.** § 2º Decretada a falência, os credores terão reconstituídos seus direitos e garantias nas condições originalmente contratadas, deduzidos os valores eventualmente pagos e ressalvados os atos validamente praticados no âmbito da recuperação judicial".

Alternativa "e": Incorreta. Nada impede que o devedor seja beneficiado com a recuperação judicial ainda que tenha falido antes, mas desde que as suas obrigações tenham sido declaradas extintas por sentença judicial transitada em julgado. Confira o disposto no art. 48, inciso I, da LF: "Poderá requerer recuperação judicial o devedor que, no momento do pedido, exerça regularmente suas atividades há mais de 2 (dois) anos e que atenda aos seguintes requisitos, cumulativamente: I – **não ser falido e, se o foi, estejam declaradas extintas, por sentença transitada em julgado, as responsabilidades daí decorrentes**".

74. (Cespe – Procurador do MP junto ao TCU/2015) Considerando que uma sociedade empresária tenha protocolado pedido de recuperação judicial que esteja pendente de apreciação, assinale a opção correta.

a) A requerente poderá ser uma administradora de consórcio e, nesse caso, se o pedido for deferido, os consorciados integrarão a assembleia geral de credores como titulares de créditos quirografários com privilégio especial.

b) A viabilidade do pedido independe da análise do tempo de atividade do devedor.

c) O foro competente para o referido pedido é o foro da sede administrativa da empresa.

d) O devedor, caso logre êxito na negociação com seus credores, poderá requerer homologação do plano extrajudicial enquanto estiver pendente a apreciação do pedido de recuperação judicial.

e) Na situação considerada, o prazo para apresentar o plano de recuperação judicial ainda não está em curso.

COMENTÁRIOS

✪ **Nota do autor:** a questão exigia do candidato conhecimento do texto da Lei 11.101/05 (Lei de Falência e Recuperação de Empresas).

Alternativa correta: letra "e". De fato, o prazo para apresentar o plano de recuperação judicial ainda não está em curso, uma vez que o pedido de recuperação ainda não foi deferido. O art. 53 da LF, dispõe que: "O plano de recuperação será apresentado pelo devedor em juízo no prazo improrrogável de 60 (sessenta) dias da publicação da decisão que deferir o processamento da recuperação judicial, sob pena de convolação em falência, e deverá conter: (...)".

Alternativa "a": incorreta, na medida em que a administradora de consórcio não está legitimada a requerer a recuperação judicial de empresa consorciada. No entanto, poderá ser requerida pelo próprio devedor (LF, art. 48, *caput*), bem como pelo cônjuge sobrevivente, herdeiros do devedor, inventariante ou sócio remanescente (LF, art. 48, § 1º).

Alternativa "b": incorreta, uma vez que a viabilidade do pedido **depende** da análise do tempo de atividade do devedor. O art. 48 da Lei de Falências, dispõe que: "Poderá requerer recuperação judicial o devedor que, no momento do pedido, **exerça regularmente suas atividades há mais de 2 (dois) anos** e que atenda aos seguintes requisitos, cumulativamente: (...)".

Alternativa "c": incorreta, uma vez que o foro competente para o pedido de recuperação judicial é o do juízo do local do principal estabelecimento. Nos termos do art. 3º da LF: "É competente para homologar o plano de recuperação extrajudicial, deferir a recuperação judicial ou decretar a falência o **juízo do local do principal estabelecimento** do devedor ou da filial de empresa que tenha sede fora do Brasil". *Principal estabelecimento* é aquele onde o comerciante tem a sede administrativa dos seus negócios, onde é feita a contabilidade geral, onde estão os livros exigidos pela lei, onde partem as ordens que mantêm a empresa em funcionamento, ainda que o documento de registro da empresa indique que a sede fique em outro local. Importante destacar também o enunciado n. 465 do CJF/STJ, dispõe: "Para fins do Direito Falimentar, o local do principal estabelecimento é aquele de onde partem as decisões empresariais, e não necessariamente a sede indicada no registro público".

Alternativa "d": incorreta, nos termos do art. 161, § 3º, da LF, que dispõe: "O devedor **não poderá** requerer a homologação de plano extrajudicial, se estiver pendente pedido de recuperação judicial ou se houver obtido recuperação judicial ou homologação de outro plano de recuperação extrajudicial há menos de 2 (dois) anos".

12.3. FALÊNCIA

12.3.1. ASPECTOS GERAIS

75. (Cespe – Promotor de Justiça – MPE – RR/2017) Foi decretada a falência de determinada sociedade limitada. No curso do processo, o MP foi intimado e se manifestou nos autos. A falida insurgiu-se contra a intimação do MP e sua posterior manifestação, argumentando ser incabível a primeira e nula a segunda.

Nessa situação hipotética, conforme as disposições da Lei n.º 11.101/2005 e a jurisprudência do STJ,

A) se, intimado da decretação da falência, o MP não se manifestasse, tornar-se-ia dispensável a sua intimação para atos posteriores.

B) havendo determinação para a alienação de bens do ativo, a intimação pessoal do MP será obrigatória.

C) se fosse considerada incabível a intimação, a manifestação do MP poderia anular o processo falimentar ou as ações conexas, independentemente da demonstração de prejuízo.

D) não se pode falar em nulidade: o MP é intimado como *custos legis* para todos os atos do processo falimentar e ações conexas e se manifesta caso haja interesse público.

COMENTÁRIOS

✪ **Nota do autor:** a questão exigia do candidato conhecimento do texto da lei.

Alternativa correta: letra "b". De fato, por expressa previsão legal, havendo determinação para a alienação de bens do ativo, a intimação pessoal do Ministério Público será sempre obrigatória. É o que determina o § 7º do art. 142 da Lei n. 11.101/05: "**Em qualquer modalidade de alienação, o Ministério Público será intimado pessoalmente, sob pena de nulidade.**"

Alternativa "a": incorreta. Sob pena de nulidade, a sentença que decretar a falência do devedor, dentre outras determinações, deverá ordenar a intimação pessoal do Ministério Público para que tome conhecimento da falência (art. 99, XIII, da Lei n. 11.101/2005). Nos casos em que a lei determinar, é sempre **indispensável** a intimação pessoal do membro do Ministério Público, ainda que este não se manifeste após a decretação da falência.

Alternativa "c": incorreta. Segundo decidiu o STJ: "(...) 3. **Tendo em vista o princípio da instrumentalidade das formas, a anulação do processo falimentar ou de ações conexas por ausência de intervenção ou pela atuação indevida do Ministério Público somente se justifica quando for caracterizado efetivo prejuízo à parte**" (REsp 1.230.431-SP, Rel. Min. Nancy Andrighi, Terceira Turma, julgado em 18/10/2011).

Alternativa "d": incorreta. O Ministério Público não precisa ser intimado como *custos legis* para todos os atos do processo falimentar. Em regra, não há participação do Ministério Público na fase pré-falimentar, restando obrigado apenas a atuar após a sentença declaratória de falência. No entanto, vale lembrar que o membro do Ministério Público poderá intervir como fiscal da ordem jurídica, ainda na fase pré-falimentar, se presente interesse público a justificar sua atuação no caso concreto. Portanto, essa atuação na fase pré-falimentar é facultativa e decorre da ampla autorização que a lei dá ao Ministério Público para requerer o que for necessário ao interesse da justiça. Sobre a atuação do Ministério Público no processo falimentar, decidiu o STJ que: "1. Na vigência do DL 7.661/45 (antiga lei de falências – grifo nosso) era possível a intervenção do Ministério Público durante todo o procedimento de quebra, inclusive em sua fase pré-falimentar, alcançando também as ações conexas. 2. Com o advento da Lei 11.101/05, houve sensível alteração desse panorama, sobretudo ante a constatação de que o número excessivo de intervenções do Ministério Público vinha assoberbando o órgão e embaraçando o trâmite das ações falimentares. Diante disso, vetou-se o art. 4º da Lei 11.101/05, que mantinha a essência do art. 210 do DL 7.661/45, ficando a atuação do Ministério Público, atualmente, restrita às hipóteses expressamente previstas em lei. (...)" (REsp 1.230.431-SP).

76. (Cespe – Procurador do Estado – PGE – SE/2017) No que se refere ao direito falimentar, é correto afirmar que

A) o juízo competente para julgar o pedido de falência é o do local do domicílio do credor.

B) a sentença declaratória é pressuposto material objetivo da falência.

C) cabe ao juiz analisar se o empresário se encontra em estado de insolvência.

D) as sociedades cooperativas estão sujeitas à falência.

E) o sujeito ativo da falência deverá ser, necessariamente, empresário.

COMENTÁRIOS

✪ **Nota do autor:** a questão exigia do candidato conhecimento do texto da lei.

Alternativa correta: letra "c". De fato, cabe ao juiz analisar se o empresário se encontra em estado de insolvência. A insolvência do devedor empresário é o pressuposto material objetivo da falência. Como sabido e ressabido, esta insolvência é a jurídica, e não a econômica. Nesse passo, a insolvência do devedor empresário se consubstancia em fundamento jurídico para a falência, estando as hipóteses previstas nos incisos do art. 94 da Lei n. 11.101/2005, a saber: **a)** impontualidade injustificada (inciso I); **b)** execução frustrada (inciso II); e **c)** atos de falência (inciso III).

Alternativa "a": incorreta. O juízo competente para julgar o pedido de falência é o do local do **principal estabelecimento** (e não o do local do domicílio do credor). De acordo com o art. 3º da Lei n. 11.101/05, o foro competente para recuperação e decretação de falência é o do juízo do local do principal estabelecimento do devedor, assim considerado o local mais importante da atividade empresária, o do maior volume de negócios. Vale lembrar o teor do Enunciado n. 466 do CJF, aprovado na V Jornada de Direito Civil: "Para fins do Direito Falimentar, o local do principal estabelecimento é aquele de onde partem as decisões empresariais, e não necessariamente a sede indicada no registro público." Segundo o STJ: "A competência para o processo e julgamento do pedido de falência é do Juízo onde o devedor tem o seu principal estabelecimento, o local onde a atividade se mantém centralizada, não sendo, de outra parte, aquele a que os estatutos conferem o título principal, mas o que forma o corpo vivo, o centro vital das principais atividades do devedor" (CC 27.835-DF).

Alternativa "b": incorreta. Na verdade, a sentença que decreta a falência é um pressuposto **formal**. A doutrina identifica três pressupostos da falência: **a) pressuposto material subjetivo:** devedor empresário; **b) pressuposto material objetivo:** insolvência jurídica do devedor empresário; **c) pressuposto formal:** sentença que decreta a falência. Sobre a natureza jurídica da sentença falimentar, filiamo-nos à corrente que entende tratar-se de uma sentença constitutiva. Sobre o tema, o Professor André Luiz Santa Cruz Ramos ensina que: "A legislação falimentar anterior e boa parte da doutrina comercialista se referem à sentença que decreta a falência como sentença declaratória da falência, o que também não corresponde, tecnicamente, à realidade. De fato, as sentenças declaratórias são aquelas que apenas declaram a existência de determinada relação jurídica ou apenas atestam a falsidade ou autenticidade de determinado documento. Seus efeitos, portanto, são retroativos. Já as sentenças constitutivas são aquelas que criam, modificam ou extinguem certa relação jurídica. **Diante disso, não há como negar que a sentença que decreta a falência possui natureza constitutiva, conforme entendimento majoritário na doutrina, dado que é ela que constitui o devedor em estado falimentar e instaura o regime de execução concursal do seu patrimônio.**" (*Direito Empresarial Esquematizado*. 6. ed. rev., atual. e ampl. – Rio de Janeiro: Forense; São Paulo: Método, 2016).

Alternativa "d": incorreta. As cooperativas são **sociedades simples**, por expressa determinação legal. É o que determina o art. 982, parágrafo único, *segunda parte*, do Código Civil: "Independentemente de seu objeto, considera-se empresária a sociedade por ações; **e, simples, a cooperativa**." As sociedades cooperativas **não** estão sujeitas à falência, porque não são empresárias. Aliás, de acordo com o art. 1º da Lei n. 11.101/2005: "Esta Lei disciplina a recuperação judicial, a recuperação extrajudicial e a falência do empresário e da **sociedade empresária**, doravante referidos simplesmente como devedor."

Alternativa "e": incorreta. O sujeito **passivo** da falência deverá ser, necessariamente, empresário ou sociedade empresária. É o que dispõe o art. 1º da Lei n. 11.101/05: "Esta Lei disciplina a recuperação judicial, a recuperação extrajudicial e a falência do empresário e da sociedade empresária, doravante referidos simplesmente como devedor." A legitimidade **ativa** para a falência está no art. 97 da Lei n. 11.101/05, que dispõe: "Podem requerer a falência do devedor: I – o próprio devedor, na forma do disposto nos arts. 105 a 107 desta Lei; II – o cônjuge sobrevivente, qualquer herdeiro do devedor ou o inventariante; III – o cotista ou o acionista do devedor na forma da lei ou do ato constitutivo da sociedade; IV – qualquer credor."

---

77. (Cespe – Defensor Público – DPU/2017) Considerando que tenha sido decretada a falência de Roma & Cia. Ltda., sociedade de André Roma e Bruno Silva, administrada apenas por André, julgue os itens seguintes.

Na situação apresentada, os sócios deverão ser citados individualmente para apresentar contestação acerca dos termos da ação falimentar.

COMENTÁRIOS

Errado. Conforme se vê do enunciado, André Roma e Bruno Silva são sócios quotistas de uma sociedade empresária do tipo limitada. Na sociedade limitada, a responsabilidade de cada sócio é restrita ao valor de suas quotas, mas todos respondem solidariamente pela integralização do capital social (CC, art. 1.052). Portanto, não se aplica a regra do art. 81 da Lei de Falência (LF) para a situação apresentada na questão. Note: "Art. 81. A decisão que decreta a falência da sociedade com sócios **ilimitadamente** responsáveis também acarreta a falência destes, que ficam sujeitos aos mesmos efeitos jurídicos produzidos em relação à sociedade falida e, por isso, **deverão ser citados para apresentar contestação, se assim o desejarem**." Vamos destrinchar a questão um pouco mais. De acordo com o art. 1º da LF: "Esta Lei disciplina a recuperação judicial, a recuperação extrajudicial e a falência do empresário e da **sociedade empresária** doravante referidos simplesmente como **devedor**." O art. 98 da Lei de Falência, determina que apenas o devedor (e não os sócios) deverá ser citado para apresentar contestação. Como visto no art. 1º, a palavra "devedor" refere-se à sociedade empresária devedora, e não aos seus sócios. Assim é que determina o art. 98 da Lei n. 11.101/2005: "Citado, o **devedor** poderá apresentar contestação no prazo de dez dias."

---

78. (Cespe – Defensor Público – DPU/2017) Considerando que tenha sido decretada a falência de Roma & Cia. Ltda., sociedade de André Roma e Bruno Silva, administrada apenas por André, julgue os itens seguintes.

Eventual responsabilidade pessoal de Bruno deverá ser apurada mediante ação própria, a ser proposta no próprio juízo da falência, no prazo prescricional de dois anos, contados do trânsito em julgado da sentença que encerrar a falência.

COMENTÁRIOS

Certo. Conforme se vê do enunciado, André Roma e Bruno Silva são sócios quotistas de uma sociedade empresária do tipo limitada. Na sociedade limitada, a responsabilidade de cada sócio é restrita ao valor de suas quotas, mas todos respondem solidariamente pela integralização do capital social (CC, art. 1.052). A Lei de Falência determina que a responsabilidade pessoal dos sócios de responsabilidade limitada deve ser apurada no próprio juízo da falência, dentro do prazo prescricional de dois anos, contados do trânsito em julgado da sentença que encerra a falência. É o que dispõe o art. 82, *caput*, da LF: "**A responsabilidade pessoal dos sócios de responsabilidade limitada**, dos controladores e dos administradores da sociedade falida, estabelecida nas respectivas leis, **será apurada no próprio juízo da falência**, independentemente da realização do ativo e da prova da sua insuficiência para cobrir o passivo, observado o procedimento ordinário previsto no Código de Processo Civil." Já o prazo prescricional está previsto no § 1º do art. 82 da LF: "**Prescreverá em 2 anos, contados do trânsito em julgado da sentença de encerramento da falência, a ação de responsabilização prevista no caput deste artigo.**"

79. (Cespe – Procurador do MP junto ao TCU/2015) A falência de uma empresa X foi decretada e ela recorreu da sentença. Em seguida, foi ajuizada contra a referida empresa uma execução fiscal; no entanto, a demanda executiva foi extinta *in limine*, sob o argumento de ilegitimidade passiva devido à sentença declaratória de falência.

Com referência a essa situação hipotética, assinale a opção correta.

a) A execução fiscal deveria ter sido ajuizada contra a massa falida, contudo foi incorreta sua extinção *in limine*.
b) A extinção da execução fiscal, cujos autos deveriam apenas ser remetidos ao juízo universal da falência, foi incorreta.
c) A sentença de decretação da quebra implica extinção da personalidade jurídica da sociedade falida, razão por que está correta a extinção in limine da execução.
d) Há argumentos para apelar contra a sentença extintiva da execução fiscal, embora tal recurso tenha apenas efeito devolutivo, assim como a apelação contra a sentença que decretou a falência.
e) É possível que a ré na execução fiscal e requerida no processo de falência seja sociedade de economia mista, visto que estas são sujeitas ao mesmo regime das empresas privadas.

COMENTÁRIOS

✪ **Nota do autor:** a questão exigia do candidato conhecimento do texto da Lei 11.101/05 (Lei de Falência e Recuperação de Empresas) e da jurisprudência do STJ.

Alternativa correta: letra "a". De fato, a execução fiscal deveria ter sido ajuizada contra a massa falida, contudo foi incorreta sua extinção *in limine*. Segundo o STJ: "(...) **O simples fato de não ter sido incluído ao lado do nome da empresa executada o complemento 'massa falida' não gera nulidade nem impõe a extinção do feito por ilegitimidade passiva *ad causam*.** A massa falida não é pessoa diversa da empresa contra a qual foi decretada a falência. Não há que se falar em redirecionamento nem mesmo em substituição da CDA. Trata-se de mera irregularidade formal, passível de saneamento até mesmo de ofício pelo juízo da execução. 5. No caso dos autos, a impossibilidade de extinção do feito é ainda mais patente porque a execução fiscal foi ajuizada apenas 20 dias após o decreto de falência, ou seja, é possível, e mesmo provável, que a Fazenda Pública exequente nem tivesse ciência desse fato" (REsp 1.359.041-SE).

Alternativa "b": incorreta. A execução fiscal não é atraída pelo juízo universal da falência. Segundo o STJ: "as execuções fiscais não são atraídas pelo juízo universal da falência. Iniciada a execução fiscal antes de decretada a falência, ela transcorrerá normalmente até a liquidação das constrições efetivadas anteriormente à quebra. Não obstante, nessas hipóteses, os valores auferidos pela alienação deverão ser revertidos em favor da massa, para que integrem o montante a ser rateado em conformidade com o quadro geral de credores" (AgRg no CC 108.465/RJ). Ainda segundo o STJ: "pode a execução fiscal ajuizada em face da massa falida ser processada normalmente **no foro onde foi proposta**, mesmo que o Juízo Falimentar seja em outra circunscrição" (CC 63.919/PE).

Alternativa "c": incorreta. Segundo o STJ: "**a mera decretação da quebra não implica extinção da personalidade jurídica do estabelecimento empresarial.**" (REsp 1.192.210/RJ)

Alternativa "d": incorreta, na medida em que o recurso cabível para a hipótese é o agravo, nos termos do art. 100, da LF ("Da decisão que decreta a falência cabe **agravo**, e da sentença que julga a improcedência do pedido cabe apelação.")

Alternativa "e": incorreta, na medida em que as empresas públicas e as sociedades de economia mista estão absolutamente excluídas da incidência da Lei de Falência e Recuperação de Empresas. Vejamos: "LF, art. 2º. Esta Lei não se aplica a: I – empresa pública e sociedade de economia mista".

12.3.2. SENTENÇA DE FALÊNCIA E SEUS EFEITOS

80. (Cespe – Juiz de Direito – PR/2017) Uma sociedade limitada, cujo único sócio administrador era João Rios, sofreu algumas condenações judiciais ao pagamento de dívidas e, em uma execução, não pagou, não depositou e não nomeou bens à penhora. A pedido de um credor, foi decretada a falência da sociedade.

Nessa situação hipotética,

A) com a decretação da falência, João Rios perdeu o direito de administrar e dispor de seus bens e não poderá viajar sem prévia comunicação ao juiz.

B) a decretação da falência fundamentou-se no fato de que o passivo da sociedade era maior que seu ativo.

C) são quirografários os créditos decorrentes das condenações judiciais, tanto os principais quanto os de honorários advocatícios.

D) como efeito da decretação da falência, haverá a inabilitação empresarial de todos os sócios.

COMENTÁRIOS

✪ **Nota do autor:** a questão exigia do candidato conhecimento do texto da lei.

Alternativa correta: letra "a". De fato, com a decretação da falência, João Rios perdeu o direito de administrar e dispor de seus bens. É que o art. 103 da Lei de Falência, determina que: "Desde a decretação da falência ou do sequestro, o devedor perde o direito de administrar os seus bens ou deles dispor." De todo modo, ainda assim, o falido poderá fiscalizar a administração da falência, requerer as providências necessárias para a conservação de seus direitos ou dos bens arrecadados e intervir nos processos em que a massa falida seja parte ou interessada, requerendo o que for de direito e interpondo os recursos cabíveis. Além disso, João Rios não poderá viajar sem prévia comunicação ao juiz. É que o art. 104 da Lei de Falência estabelece que: "**A decretação da falência impõe ao falido os seguintes deveres**: (...) III – **não se ausentar do lugar onde se processa a falência sem motivo justo e comunicação expressa ao juiz**, e sem deixar procurador bastante, sob as penas cominadas na lei."

Alternativa "b": incorreta. A decretação da falência fundamentou-se na **execução frustrada**, insolvência jurídica que ocorre quando o devedor é executado e não paga, não deposita e não nomeia bens à penhora dentro do prazo legal. De acordo com o art. 94 da LF: "Será decretada a falência do devedor que: (...) II – executado por qualquer quantia líquida, não paga, não deposita e não nomeia à penhora bens suficientes dentro do prazo legal;".

Alternativa "c": incorreta. De acordo com o STJ: "**Os créditos resultantes de honorários advocatícios têm natureza alimentar e equiparam-se aos trabalhistas para efeito de habilitação em falência**, recuperação judicial e privilégio geral em concurso de credores nas execuções fiscais (AgRg no REsp 1.539.760/PR, Rel. Min. Herman Benjamin, Segunda Turma, julgado em 22/09/2015).

Alternativa "d": incorreta. Como efeito da decretação da falência, haverá a inabilitação empresarial do **falido** (empresário individual ou sociedade empresária), mas não dos sócios. A única forma de fazer recair a inabilitação empresarial sobre o sócio, seria no caso de sócio de sociedade de responsabilidade *ilimitada*. Destaca-se, no entanto, que a presente questão versa sobre uma sociedade **limitada**, cujo único sócio administrador era João Rio. Sobre o tema, vale destacar os ensinamentos do Professor André Luiz Santa Cruz Ramos: "Uma das regras mais importantes acerca dos efeitos da falência quanto à pessoa do devedor é a que prevê a sua *inabilitação empresarial*, prevista no art. 102 da LRE, segundo o qual 'o falido fica inabilitado para exercer qualquer atividade empresarial a partir da decretação da falência e até a sentença que extingue suas obrigações, respeitado o disposto no § 1º do art. 181 desta Lei'. Mais uma vez é importante destacar a diferença entre o empresário individual e a sociedade empresária. **Se a falência atinge um empresário individual, é ele, obviamente, que sofrerá o efeito específico do dispositivo legal em comento.** No entanto, **se a falência atinge uma sociedade empresária, a situação é diferente, uma vez que quem faliu foi a própria sociedade, e não seus sócios**. Assim, o empresário individual que vai à falência ou o sócio de responsabilidade ilimitada de uma sociedade que tem sua falência decretada, por exemplo, ficam impedidos de exercer qualquer atividade empresarial até que suas obrigações sejam consideradas extintas por sentença transitada em julgado. Ressalte-se que essa inabilitação é automática, iniciando-se com a decretação da falência e terminando com a sentença de encerramento do processo falimentar (art. 156 da LRE). No entanto, deve-se ressalvar a hipótese de o falido ser condenado por crime falimentar, caso em que referida condenação também lhe impõe a pena acessória de inabilitação empresarial, e nesse caso essa inabilitação só cessará cinco anos após a extinção da punibilidade, nos termos do art. 181 da LRE." (*Direito Empresarial Esquematizado*. 7. ed. rev. e atual. – Rio de Janeiro: Forense; São Paulo: MÉTODO, 2017).

81. (Cespe – Procurador do MP junto ao TCU/2015) Acerca do regime jurídico dos atos e dos contratos do falido e de seus credores, assinale a opção correta.

a) A citação dos sócios, após ser ajuizada ação de falência contra sociedade na qual a responsabilidade desses sócios seja ilimitada, somente ocorrerá se a pessoa jurídica não realizar o depósito elisivo.

b) Os contratos do devedor falido extinguem-se de pleno direito em razão da decretação da falência, devendo o administrador judicial interpelar os contratantes para a resolução em perdas e danos.

c) A decretação da falência suspende o exercício do direito de retenção pelos credores sobre bens sujeitos à arrecadação, os quais deverão ser entregues ao administrador judicial.

d) O falido perderá o direito de administrar seus bens até que seja proferida sentença que extinga suas obrigações; no entanto, como é inconstitucional privá-lo de trabalho, ele não poderá ser impedido de exercer atividade empresarial durante o período em questão.

e) O juiz pode autorizar, após serem arrecadados os bens do falido, que quaisquer interessados, em razão dos custos e no interesse da massa falida, adquiram esses bens, de imediato, pelo valor da avaliação.

COMENTÁRIOS

✪ **Nota do autor:** a questão exigia do candidato conhecimento acerca do texto da Lei 11.101/05 (Lei de Falência e Recuperação de Empresas).

Alternativa correta: letra "c". Alternativa correta nos termos do art. 116, I, da LF. Vejamos: "Art. 116. A decretação da falência suspende: I – **o exercício do direito de retenção sobre os bens sujeitos à arrecadação, os quais deverão ser entregues ao administrador judicial**; II – o exercício do direito de retirada ou de recebimento do valor de suas quotas ou ações, por parte dos sócios da sociedade falida."

Alternativa "a": incorreta, na medida em que o sócio com responsabilidade ilimitada deve ser citado para apresentar contestação, nos termos do art. 81, *caput*, da LF ("A decisão que decreta a falência da sociedade com sócios ilimitadamente responsáveis também acarreta a falência destes, que ficam sujeitos aos mesmos efeitos jurídicos produzidos em relação à sociedade falida e, por isso, deverão ser citados para apresentar contestação, se assim o desejarem.")

Alternativa "b": incorreta, na medida em que os contratos do devedor falido não se extinguem pela falência, podendo ser cumpridos pelo administrador judicial se o cumprimento reduzir ou evitar o aumento do passivo da massa falida ou for necessário à manutenção e preservação de seus ativos, mediante autorização do Comitê. Confira a redação do art. 117, *caput*, da LF: "Os contratos bilaterais não se resolvem pela falência e podem ser cumpridos pelo administrador judicial se o cumprimento reduzir ou evitar o aumento do passivo da massa falida ou for necessário à manutenção e preservação de seus ativos, mediante autorização do Comitê."

Alternativa "d": incorreta, na medida em que a partir da decretação da falência até a sentença que extingue as suas obrigações, o falido estará proibido de exercer qualquer atividade empresarial. Confira a redação do art. 102, da LF: "O falido fica inabilitado para exercer qualquer atividade empresarial a partir da decretação da falência e até a sentença que extingue suas obrigações, respeitado o disposto no § 1º do art. 181 desta Lei. Parágrafo único. Findo o período de inabilitação, o falido poderá requerer ao juiz da falência que proceda à respectiva anotação em seu registro."

Alternativa "e": incorreta, na medida em que a alienação dos bens do falido não é permitida a quaisquer interessados, mas sim aos credores, de forma individual ou coletiva, nos termos do art. 111, da LF ("O juiz poderá autorizar os **credores**, de forma individual ou coletiva, em razão dos custos e no interesse da massa falida, a adquirir ou adjudicar, de imediato, os bens arrecadados, pelo valor da avaliação, atendida a regra de classificação e preferência entre eles, ouvido o Comitê.").

82. (Cespe – Delegado de Polícia Federal – DPF/2013) De acordo com a legislação empresarial vigente, julgue os itens a seguir.

Em caso de falência de sociedades, diretor e gerente equiparam-se ao falido para todos os efeitos penais, na medida da culpabilidade de cada um dos envolvidos, estando sujeitos, em caso de condenação, à inabilitação para o exercício da atividade empresarial, que deve ser certificada pelo delegado que tenha acompanhado o inquérito.

COMENTÁRIOS

✪ **Nota do autor:** a questão exigia o conhecimento do texto da lei.

Errado. A primeira parte da assertiva está correta nos termos dos art. 179 da Lei de Falência (Lei 11.101/05), estando errada a segunda parte, consoante os arts. 180 e 181, I e § 1º, da referida lei. Isso porque, não é o delegado que certifica os efeitos da condenação, mas, sim, o **juiz**. "Art. 179. Na falência, na recuperação judicial e na recuperação extrajudicial de sociedades, **os seus sócios, diretores, gerentes, administradores e conselheiros, de fato ou de direito, bem como o administrador judicial, equiparam-se ao devedor ou falido para todos os efeitos penais decorrentes desta Lei, na medida de sua culpabilidade**." "Art. 180. A **sentença** que decreta a falência concede a recuperação judicial ou concede a recuperação extrajudicial de que trata o art. 163 desta Lei e é condição objetiva de punibilidade das infrações penais descritas nesta Lei." "Art. 181. São efeitos da condenação por crime previsto nesta Lei: I – a inabilitação para o exercício de atividade empresarial; (...) § 1º Os efeitos de que trata este artigo não são automáticos, **devendo ser motivadamente declarados na <u>sentença</u>**, e perdurarão até 5 (cinco) anos após a extinção da punibilidade, podendo, contudo, cessar antes pela reabilitação penal."

13. TÍTULOS DE CRÉDITO

13.1. ASPECTOS GERAIS

83. (Cespe – Juiz Federal – TRF 5/2017) Em relação aos títulos de crédito, assinale a opção correta.

A) A duplicata tem prazo prescricional de execução estipulado em seis meses, contados do pagamento, para os coobrigados exercerem o direito de regresso.

B) A cláusula "sem garantia" pode ser aposta em qualquer fase da circulação do título e proíbe a realização de endosso a partir do momento de sua introdução no título.

C) A duplicata e o cheque são classificados como causais, e a nota promissória e a letra de câmbio como não causais.

D) A cláusula "não aceitável" é cabível somente nos títulos de crédito com vencimento a certo termo de vista.

E) A cláusula "sem despesas" transforma em facultativo o protesto necessário contra quaisquer devedores.

COMENTÁRIOS

✪ **Nota do autor:** a questão exigia do candidato um conhecimento aprofundado sobre os aspectos gerais dos títulos de crédito, possuindo um alto nível de dificuldade.

Alternativa correta: letra "e". De fato, a cláusula "sem despesas" transforma em facultativo o protesto necessário contra quaisquer devedores. A chamada cláusula "sem despesas" dispensa o protesto contra os coobrigados ou parte deles. De acordo com o Professor Fábio Ulhoa Coelho, "a inserção desta cláusula pelo sacador dispensa o protesto para a conservação do direito de crédito cambiário contra qualquer devedor do título (...)" (*Manual de Direito Comercial*. 28. ed. – São Paulo: Editora Revista dos Tribunais, 2016).

Alternativa "a": incorreta. A duplicata tem prazo prescricional de execução estipulado em **1 (um) ano**, contado do pagamento, para os coobrigados exercerem o direito de regresso. É o que dispõe o art. 18 da Lei n. 5.474/1968: "A pretensão à execução da duplicata prescreve: I – contra o sacado e respectivos avalistas, em três anos, contados da data do vencimento do título; II – contra endossante e seus avalistas, em um ano, contado da data do protesto; III – **de qualquer dos coobrigados contra os demais, em um ano, contado da data em que haja sido efetuado o pagamento do título.**" Para facilitar a compreensão, segue o nosso quadro sinótico sobre os prazos prescricionais da duplicata:

Ação contra o sacado e seus avalistas	Ação contra o endossante e seus avalistas	Ação de qualquer dos coobrigados contra os demais
3 anos contados da data de vencimento do título.	1 ano contado da data do protesto.	1 ano, contado da data em que haja sido efetuado o pagamento do título.

Alternativa "b": incorreta, uma vez que a cláusula "sem garantia" **não proíbe** a realização de novo endosso. *Endosso* é o ato cambiário que põe o título de crédito em circulação. Através do endosso, o endossante transfere o seu direito de receber o crédito documentado no título ao endossatário. O endosso garante a existência da obrigação e o pagamento. A inserção da cláusula "sem garantia" exclui do endossante a responsabilidade pela obrigação constante do título de crédito. Segundo o Professor André Luiz Santa Cruz Ramos, "o endosso produz dois efeitos, basicamente: a) transfere a titularidade do crédito; e b) responsabiliza o endossante, passando este a ser codevedor do título (se o devedor principal não pagar, o endossatário poderá cobrar do endossante). O endosso, portanto, não transfere apenas o crédito, mas também a efetiva garantia do seu pagamento. Pode o endosso, todavia, conter a chamada 'cláusula sem garantia', que exonera expressamente o endossante de responsabilidade pela obrigação constante do título." (*Direito Empresarial Esquematizado*. 6. ed. rev., atual. e ampl. – Rio de Janeiro: Forense; São Paulo: Método, 2016).

Alternativa "c": incorreta. A duplicata não é um título de saque obrigatório. No entanto, sua emissão está condicionada a existência de um contrato de compra e venda ou de um contrato de prestação de serviços (causas específicas previstas na Lei n. 5.474/68). A duplicata, portanto, é um título causal, pois sua emissão depende de uma causa específica. Por outro lado, o cheque, a nota promissória e a letra de câmbio são títulos abstratos (não causais), pois a emissão destas cártulas independe de causa específica.

Alternativa "d": incorreta. A cláusula "não aceitável" proíbe o tomador de procurar o sacado para o aceite antes da data do vencimento. Assim, a cláusula "não aceitável" **não** é cabível nos títulos de crédito a certo termo de vista, uma vez que nestes, o prazo de vencimento apenas se inicia a partir do aceite.

84. (Cespe – Defensor Público – TO/2013) Assinale a opção correta acerca das normas relativas aos títulos de crédito e ao protesto de títulos e outros documentos da dívida.

a) O protesto de um título de crédito por falta de aceite somente poderá ser efetuado após o vencimento da obrigação e do decurso do prazo legal para o aceite ou a devolução.

b) Cabe ao devedor requerer o cancelamento do registro do protesto diretamente ao tabelionato de protesto de títulos, mediante apresentação do documento original protestado, e, na ausência do documento original, só se admite o cancelamento do registro do protesto por ordem judicial.

c) Caso um título de crédito tenha sido emitido sem a indicação do lugar da emissão e de pagamento e sem a indicação de vencimento, considera-se que o lugar da emissão e de pagamento seja o domicílio do emitente e que o pagamento do título deva ser feito à vista.

d) O avalista se obriga pelo avalizado, e sua responsabilidade subsiste ainda que nula a obrigação daquele a quem se equipara, mesmo que a nulidade decorra de vício de forma.

e) É vedado ao sacado, em qualquer caso, lançar e assinar, no verso do cheque não ao portador e ainda não endossado, visto, certificação ou outra declaração equivalente, datada e por quantia igual à indicada no título.

COMENTÁRIOS

✪ **Nota do autor:** a questão exigia do candidato conhecimento do texto da lei. Atenção para a legislação aplicável aos títulos de crédito: **a)** arts. 887 a 923 do Código Civil (regras gerais aplicáveis nos casos de omissão ou lacuna na legislação especial correspondente a cada título de crédito); **b)** Lei 5.474/68 (Lei da Duplicata); **c)** Lei 7.357/85 (Lei do Cheque); **d)** Decreto 57.663/66 (Lei Uniforme de Genebra – LUG) e Decreto 2.044/08 (aplicável nas omissões da LUG), aplicáveis às letras de câmbio e notas promissórias. **Importante:** as disposições do Código Civil relativas aos títulos de crédito, aplicam-se àqueles regulados por leis especiais apenas nos casos de omissão ou lacuna. "Art. 903, CC. Salvo disposição diversa em lei especial, regem-se os títulos de crédito pelo disposto neste Código." **Dica:** sempre que o examinador não especificar o título de crédito, o candidato deve responder à questão com base nas regras gerais do Código Civil. Por outro lado, se o examinador especificar o título de crédito, o examinando deve responder com base na legislação respectiva.

Alternativa correta: letra "c". A assertiva traduz o disposto no art. 899 do Código Civil: "Deve o título de crédito conter a data da emissão, a indicação precisa dos direitos que confere, e a assinatura do emitente. § 1º **É à vista o título de crédito que não contenha indicação de vencimento.** § 2º **Considera-se lugar de emissão e de pagamento, quando não indicado no título, o domicílio do emitente.**" O documento, para ser título de crédito, deve preencher os requisitos essenciais previstos na lei especial de cada título de crédito (ex. o art. 1º da Lei do Cheque prevê os requisitos essenciais do cheque). Os requisitos essenciais são aqueles que a ausência não pode ser suprida. Há, pelo menos, três requisitos essenciais comuns a todos os títulos de crédito, a saber: **a)** denominação (nome do título de crédito); **b)** data da emissão; e **c)** assinatura do emitente ou a assinatura do mandatário com poderes especiais.

Alternativa "a": incorreta. A Lei 9.492/1997 regulamenta o protesto de títulos e documentos.

De acordo com o art. 21 da referida lei: "O protesto será tirado por falta de pagamento, de aceite ou de devolução. § 1º **O protesto por falta de aceite somente poderá ser efetuado antes do vencimento da obrigação** e após o decurso do prazo legal para o aceite ou a devolução."

Alternativa "b": incorreta. De acordo com o art. 26 da Lei 9.492/1997: "O cancelamento do registro do protesto será solicitado diretamente no Tabelionato de Protesto de Títulos, **por qualquer interessado**, mediante apresentação do documento protestado, cuja cópia ficará arquivada."

Alternativa "d": incorreta. Quando a nulidade decorrer de vício de forma, não subsistirá a responsabilidade do avalista. "CC, art. 899. O avalista equipara-se àquele cujo nome indicar; na falta de indicação, ao emitente ou devedor final. (...) § 2º Subsiste a responsabilidade do avalista, ainda que nula a obrigação daquele a quem se equipara, **a menos que a nulidade decorra de vício de forma.**"

Alternativa "e": incorreta. De acordo com o art. 7º da Lei 7.357/85 (Lei do Cheque): "**Pode** o sacado, a pedido do emitente ou do portador legitimado, lançar e assinar, no verso do cheque não ao portador e ainda não endossado, visto, certificação ou outra declaração equivalente, datada e por quantia igual à indicada no título."

---

85. (Cespe – Juiz de Direito Substituto – MA/2013) No que se refere a títulos de crédito, assinale a opção correta.

a) A nota promissória vinculada a um contrato de abertura de crédito apresenta características como literalidade, autonomia e cartularidade.

b) O cheque em que o próprio banco sacado declara a suficiência de fundos, durante o prazo de apresentação, é considerado cheque garantido ou especial.

c) É vedada a inserção nos títulos de crédito de cláusula de juros, de proibitiva de endosso e de excludente de responsabilidade pelo pagamento ou por despesas.

d) Os títulos de crédito causais ou impróprios como a duplicata, a nota promissória e a letra de câmbio estão vinculados à sua origem.

COMENTÁRIOS

✪ **Nota do autor:** a questão exigia do candidato conhecimento do texto da lei. Atenção para a legislação aplicável aos títulos de crédito: **a)** arts. 887 a 923 do Código Civil (regras gerais aplicáveis nos casos de omissão ou lacuna na legislação especial correspondente a cada título de crédito); **b)** Lei 5.474/68 (Lei da Duplicata); **c)** Lei 7.357/85 (Lei do Cheque); **d)** Decreto 57.663/66 (Lei Uniforme de Genebra – LUG) e Decreto 2.044/08 (aplicável nas omissões da LUG), aplicáveis às letras de câmbio e notas promissórias. **Importante!** As disposições do Código Civil relativas aos títulos de crédito, aplicam-se àqueles regulados por leis especiais apenas nos casos de omissão ou lacuna. "Art. 903, CC. Salvo disposição diversa em lei especial, regem-se os títulos de crédito pelo disposto neste Código." **Dica!** Sempre que o examinador não especificar o título de crédito, o examinando deve responder à questão com base nas regras gerais do Código Civil. Por outro lado, se o examinador especificar o título de crédito, o examinando deve responder com base na legislação respectiva.

Alternativa correta: letra "c". A assertiva traduz o disposto no art. 890 do Código Civil: "Art. 890 CC. Consideram-se não escritas no título a cláusula de juros, a proibitiva de endosso, a excludente de responsabilidade pelo pagamento ou por despesas, a que dispense a observância de termos e formalidade prescritas, e a que, além dos limites fixados em lei, exclua ou restrinja direitos e obrigações." **Exceção:** a Lei Uniforme de Genebra (LUG), em relação às letras de câmbio emitidas à vista ou a certo termo da vista, admite a estipulação de cláusulas de juros remuneratórios. Por não ter apresentado a exceção, nem indicado o parâmetro legislativo que o candidato deveria utilizar para a resposta, entendemos que a presente questão deveria ter sido anulada pela Banca.

Alternativa "a": incorreta. De acordo com o enunciado da Súmula 258 do STJ: "A nota promissória vinculada a contrato de abertura de crédito **não goza de autonomia em razão da iliquidez do título que a originou.**"

Alternativa "b": incorreta, na medida em que a assertiva conceitua o *cheque visado*. De acordo com a doutrina de Fábio Ulhôa Coelho, o "cheque visado é aquele em que o banco sacado lança declaração de suficiência de fundos, a pedido do emitente ou do portador legitimado" (*Manual de Direito Comercial*. 18. ed. São Paulo: Saraiva, 2007, p. 275). O chamado cheque especial é, na verdade, uma modalidade de contrato bancário. Por oportuno, André Luiz Santa Cruz Ramos ensina que: "Outra modalidade típica de contrato bancário é a abertura de crédito. Por meio desse contrato, o banco põe à disposição do cliente uma quantia determinada em dinheiro, que ele poderá utilizar, caso necessite. (...) Enfim, a abertura de crédito é o contrato que, no linguajar comum, chamamos de *cheque especial*" (*Direito Empresarial Esquematizado*. 4 ed. Rio de Janeiro: Forense; São Paulo: Método, 2014, p. 580).

Alternativa "d": incorreta, na medida em que a duplicata, a letra de cambio e a nota promissória não são títulos impróprios. *Títulos de crédito próprios* são aqueles que se submetem aos princípios cambiários da cartularidade, autonomia e literalidade e criam uma relação cambial entre credor e devedor, possuindo executividade. Já os *títulos impróprios* se assemelham aos títulos de crédito próprios, mas que não se submetem a todos os princípios cambiários. Os títulos impróprios são classificados em: **a)** títulos representativos; **b)** títulos de financiamento; e **c)** títulos de investimento. Para facilitar a compreensão, segue quadro sinótico:

Títulos de crédito próprios	▸ Letra de câmbio; ▸ Cheque; ▸ Nota promissória; ▸ Duplicata.

Títulos de crédito impróprios	**Títulos representativos** ▸ Títulos representativos de mercadorias depositadas; ▸ Títulos representativos de mercadorias transportadas **Títulos de financiamento** ▸ Cédulas de crédito rural; ▸ Cédula de credito industrial. **Títulos de investimento** ▸ Letra de cambio financeira (Lei 4.728/65); ▸ Certificados de depósitos bancários (Lei 4.728/65); ▸ Certificado de recebíveis imobiliários (Lei 9.514/97, art.6°); e ▸ Letra de crédito imobiliário (Lei 10.193/04, art.12).

13.2. ENDOSSO

86. (Cespe – Juiz de Direito – PR/2017) O ato cambiário pelo qual o credor transmite a outrem seus direitos sobre título nominal à ordem é denominado

A) aceite.

B) aval.

C) endosso.

D) cessão civil de crédito.

COMENTÁRIOS

✪ Nota do autor: A questão exigia do candidato conhecimento sobre os atos cambiários, precisamente, o endosso.

Alternativa correta: letra "c" (responde, também, as demais alternativas). O ato cambiário pelo qual o credor transmite a outrem os seus direitos sobre título nominal à ordem é denominado **endosso**. O endosso é o ato cambiário que põe o título de crédito em circulação. Através dele, o endossante transfere o direito de receber o crédito documentado no título ao endossatário. Este ato cambiário garante a existência da obrigação e o pagamento. Segundo o Professor André Luiz Santa Cruz Ramos, "o endosso é o ato cambiário mediante o qual o credor do título de crédito (endossante) transmite seus direitos a outrem (endossatário). É ato cambiário, pois, que põe o título em circulação. Os títulos 'não à ordem', registre-se, são transmitidos mediante cessão civil de crédito (...). Os títulos de crédito típicos, nominados ou próprios (letra de cambio, nota promissória, cheque, duplicata etc.) circulam mediante endosso porque todos eles possuem implícita a cláusula 'à ordem'. Somente quando for inserida, expressamente, a cláusula 'não à ordem' num título de crédito é que ele não poderá circular por endosso, e sim por mera cessão civil de crédito. O endosso produz dois efeitos, basicamente: a) transfere a titularidade do crédito; e b) responsabiliza o endossante, passando este a ser codevedor do título (se o devedor principal não pagar, o endossatário poderá cobrar do endossante)" (*Direito Empresarial Esquematizado*. 6. ed. rev., atual. e ampl. – Rio de Janeiro: Forense; São Paulo: Método, 2016).

87. (Cespe – Delegado de Polícia – PE/2016) Com referência às disposições do Código Civil acerca de endosso e aval, assinale a opção correta.

a) É válido o aval parcial de títulos de crédito.

b) O Código Civil veda o aval parcial e, por se tratar de norma posterior, revogou o dispositivo da Lei Uniforme de Genebra que permite o aval parcial em notas promissórias.

c) O Código Civil veda tanto o aval parcial quanto o endosso parcial.

d) Dado o princípio da autonomia, caso o avalista pague o título, não haverá possibilidade de ação de regresso contra os demais coobrigados.

e) É válido o endosso parcial de títulos de crédito.

COMENTÁRIO

✪ **Nota do autor:** atenção para a legislação aplicável aos títulos de crédito: **a)** arts. 887 a 923 do Código Civil (regras gerais aplicáveis nos casos de omissão ou lacuna na legislação especial correspondente a cada título de crédito); **b)** Lei 5.474/68 (lei da duplicata); **c)** Lei 7.357/85 (lei do cheque); **d)** Decreto nº 57.663/66 (Lei Uniforme de Genebra – LUG) e Decreto nº 2.044/08 (aplicável nas omissões da LUG), aplicável às letras de câmbio e nota promissória. **Importante:** as disposições do Código Civil relativas aos títulos de crédito, aplicam-se àqueles regulados por leis especiais, nos casos de omissão ou lacuna. "Art. 903, CC. Salvo disposição diversa em lei especial, regem-se os títulos de crédito pelo disposto neste Código." **Dica:** sempre que o examinador não especificar o título de crédito, responder à questão com base nas regras gerais do Código Civil. Por outro lado, se o examinador especificar o título de crédito, responder com base na legislação respectiva. Importante lembrar também as diferenças entre o endosso e o aval.

Endosso	Aval
▸ É um instituto cambial. ▸ É uma declaração unilateral de vontade. ▸ Partes: endossante e endossatário. ▸ Garante a existência da obrigação e o pagamento. ▸ Diz respeito ao título nominal à ordem, porquanto somente estes circulam por endosso. ▸ Transfere um direito puro, originário, sem vícios. O endosso tem efeito purificador.	▸ É um instituto cambiário. ▸ É uma declaração unilateral de vontade. ▸ Partes: avalista e avalizado. ▸ É uma obrigação autônoma e independente (princípio da autonomia). ▸ É uma obrigação solidária.

Alternativa correta: letra "c" (responde, também, a alternativa "e"). As alternativas exigiam apenas o conhecimento do texto da lei. Nos termos do parágrafo único do art. 897 do Código Civil: "É vedado o aval parcial." No mesmo passo, o parágrafo único do art. 912 do Código Civil, dispõe que: "É nulo o endosso parcial."

Alternativa "a": incorreta. Nos termos do parágrafo único do art. 897 do Código Civil: "É vedado o aval parcial".

Alternativa "b": incorreta. O Código Civil não revogou o dispositivo da Lei Uniforme de Genebra que permite o aval parcial em notas promissórias. As disposições do Código Civil relativas aos títulos de crédito, aplicam-se àqueles regulados por leis especiais, nos casos de omissão ou lacuna. "Art. 903, CC. Salvo disposição diversa em lei especial, regem-se os títulos de crédito pelo disposto neste Código."

Alternativa "d": incorreta. Pelo princípio da autonomia, o aval é uma obrigação autônoma e independente. Nos termos do art. 899, § 1º, do Código Civil: "Pagando o título, *tem* o avalista ação de regresso contra o seu avalizado e demais coobrigados anteriores."

88. (Cespe – Delegado de Polícia Federal – DPF/2013) Com relação aos títulos de crédito, julgue o item abaixo.

O devedor que, como forma de pagamento de um negócio celebrado, transfere ao credor, por simples tradição, títulos de crédito emitidos por terceiros, sem endossá-los, não possui responsabilidade solidária pelo pagamento da cártula.

COMENTÁRIOS

Certo. Somente com a realização do endosso (que, em regra, se dá com a assinatura no verso do título), é que haverá responsabilidade pelo pagamento da obrigação líquida e certa constante no título. A transferência do título por mera tradição tem efeitos de cessão, não respondendo o cedente pela solvência do devedor, nos termos do art. 296 do Código Civil ("Salvo estipulação em contrário, o cedente não responde pela solvência do devedor").

89. (Cespe – Juiz do Trabalho Substituto 5ª região/ 2013) Assinale a opção correta a respeito de títulos de créditos.

a) O portador de duplicata aceita, devolvida e não paga pelo sacado perde o direito de regresso contra endossantes e respectivos avalistas, salvo com relação ao sacador endossante, se não protestá-la no prazo de 30 dias contado de seu vencimento.

b) Citado para pagar, o avalista poderá requerer que, antes de efetuar o pagamento, sejam excutidos os bens do avalizado, valendo-se, portanto, do denominado benefício de ordem.

c) O Código Civil, ao tratar genericamente dos títulos de créditos, comina com a nulidade o endosso parcial.

d) Não tem eficácia de cheque o documento ao qual falte a indicação do lugar do pagamento.

e) O Código Civil, ao tratar genericamente dos títulos de créditos, permite a prestação de aval para garantia de pagamento de apenas parte do valor do título de crédito.

COMENTÁRIOS

✪ **Nota do autor:** a questão exigia do candidato conhecimento do texto da lei.

Alternativa correta: letra "c". A assertiva traduz o disposto no parágrafo único do art. 912 do Código Civil: "É nulo o endosso parcial."

Alternativa "a": incorreta. Nos termos do § 4º do art. 13 da Lei 5.474/68 (Lei da Duplicata): "O portador que não tirar o protesto da duplicata, em forma regular e dentro do prazo de trinta dias, contado de seu vencimento, perderá o direito de regresso contra os endossantes e respectivos avalistas."

Alternativa "b": incorreta. O aval não admite o benefício de ordem, motivo pelo qual o avalista pode ser acionado juntamente com o avalizado.

Alternativa "d": incorreta. Tem eficácia de cheque o documento ao qual falte a indicação do lugar do pagamento. Neste caso, considera-se emitido o cheque no lugar indicado junto ao nome do emitente. De acordo com o art. 2º da Lei 7.357/85 (Lei do Cheque): "O título, a que falte qualquer dos requisitos enumerados no artigo precedente não vale como cheque, **salvo nos casos determinados a seguir**: (...) II – **não indicado o lugar de emissão, considera-se emitido o cheque no lugar indicado junto ao nome do emitente**."

Alternativa "e": incorreta. O Código Civil veda o aval parcial. De acordo com o parágrafo único do art. 897 do Código Civil: "É vedado o aval parcial."

13.3. AVAL

90. (Cespe – Delegado de Polícia – PE/2016) Com referência às disposições do Código Civil acerca de endosso e aval, assinale a opção correta.

a) É válido o aval parcial de títulos de crédito.

b) O Código Civil veda o aval parcial e, por se tratar de norma posterior, revogou o dispositivo da Lei Uniforme de Genebra que permite o aval parcial em notas promissórias.

c) O Código Civil veda tanto o aval parcial quanto o endosso parcial.

d) Dado o princípio da autonomia, caso o avalista pague o título, não haverá possibilidade de ação de regresso contra os demais coobrigados.

e) É válido o endosso parcial de títulos de crédito.

COMENTÁRIO

✪ **Nota do autor:** atenção para a legislação aplicável aos títulos de crédito: **a)** arts. 887 a 923 do Código Civil (regras gerais aplicáveis nos casos de omissão ou lacuna na legislação especial correspondente a cada título de crédito); **b)** Lei 5.474/68 (lei da duplicata); **c)** Lei 7.357/85 (lei do cheque); **d)** Decreto nº 57.663/66 (Lei Uniforme de Genebra – LUG) e Decreto nº 2.044/08 (aplicável nas omissões da LUG), aplicável às letras de câmbio e nota promissória. **Importante!** As disposições do Código Civil relativas aos títulos de crédito, aplicam-se àqueles regulados por leis especiais, nos casos de omissão ou lacuna. "Art. 903, CC. Salvo disposição diversa em lei especial, regem-se os títulos de crédito pelo disposto neste Código."

Alternativa correta: letra "c" (responde, também, a alternativa "e"). As alternativas exigiam apenas o conhecimento do texto da lei. Nos termos do parágrafo único do art. 897 do Código Civil: "É vedado o aval parcial." No mesmo passo, o parágrafo único do art. 912 do Código Civil, dispõe que: "É nulo o endosso parcial."

Alternativa "a": incorreta. Nos termos do parágrafo único do art. 897 do Código Civil: "É vedado o aval parcial".

Alternativa "b": incorreta. O Código Civil não revogou o dispositivo da Lei Uniforme de Genebra que permite o aval parcial em notas promissórias. As disposições do Código Civil relativas aos títulos de crédito, aplicam-se àqueles regulados por leis especiais, nos casos de omissão ou lacuna. "Art. 903, CC. Salvo disposição diversa em lei especial, regem-se os títulos de crédito pelo disposto neste Código."

Alternativa "d": incorreta. Pelo princípio da autonomia, o aval é uma obrigação autônoma e independente. Nos termos do art. 899, § 1º, do Código Civil: "Pagando o título, *tem* o avalista ação de regresso contra o seu avalizado e demais coobrigados anteriores."

13.4. PROTESTO

91. (Cespe – Procurador do MP junto ao TCU/2015) Com relação à responsabilidade civil, aos títulos de crédito e aos privilégios creditórios, assinale a opção correta.

A) Caso o título de crédito esteja em circulação, tanto ele quanto os direitos e as mercadorias que ele representa podem ser dados, separadamente, em garantia.

B) Não produz efeitos jurídicos válidos a aquisição de título à ordem por meio diverso do endosso.

C) De acordo com o Código Civil, o privilégio especial compreende os bens sujeitos, por disposição de lei ou por vontade das partes interessadas, ao pagamento do crédito que o privilégio especial favorece.

D) Segundo a jurisprudência, o protesto indevido de título de crédito gera, por si só, o dever de indenizar, hipótese em que o dano moral se configura *in re ipsa*, prescindindo de prova.

E) O furto de veículo sofrido por cliente em estacionamento oferecido por estabelecimento comercial caracteriza caso fortuito, que afasta o dever de indenizar.

COMENTÁRIOS

✪ **Nota do autor:** a questão exigia do candidato o conhecimento do texto da lei e da jurisprudência do STJ.

Alternativa correta: letra "d". De fato, segundo a jurisprudência, o protesto indevido de título de crédito gera, por si só, o dever de indenizar, hipótese em que o dano moral se configura *in re ipsa*, prescindindo de prova. Segundo o STJ: "Nos casos de protesto indevido de título ou inscrição irregular em cadastros de inadimplentes, o dano moral se configura *in re ipsa*, isto é, prescinde de prova, ainda que a prejudicada seja pessoa jurídica. (*REsp 1.059.663/MS, Rel. Min. Nancy Andrighi, Terceira Turma, julgado em 02/12/2008*)

Alternativa "a": incorreta. De acordo com o art. 895 do Código Civil: "Enquanto o título de crédito estiver em circulação, só ele poderá ser dado em garantia, ou ser objeto de medidas judiciais, e não, separadamente, os direitos ou mercadorias que representa."

Alternativa "b": incorreta. *Endosso* é o ato cambiário que põe o título de crédito em circulação. Através do endosso, o endossante transfere o seu direito de receber o crédito documentado no título ao endossatário. O endosso garante a existência da obrigação e o pagamento. Segundo André Luiz Santa Cruz Ramos, "o endosso é o ato cambiário mediante o qual o credor do título de crédito (endossante) transmite seus direitos a outrem (endossatário). É ato cambiário, pois, que põe o título em circulação. **Os títulos 'não à ordem', registre-se, são transmitidos mediante cessão civil de crédito** (...). Os títulos de crédito típicos, nominados ou próprios (letra de cambio, nota promissória, cheque, duplicata etc.) circulam mediante endosso porque todos eles possuem implícita a cláusula 'à ordem'. Somente quando for inserida, expressamente, a cláusula 'não à ordem' num título de crédito é que ele não poderá circular por endosso, e sim por mera cessão civil de crédito. O endosso produz dois efeitos, basicamente: a) transfere a titularidade do crédito; e b) responsabiliza o endossante, passando este a ser codevedor do título (se o devedor principal não pagar, o endossatário poderá cobrar do endossante)" (Direito Empresarial Esquematizado. 4 ed. Rio de Janeiro: Forense; São Paulo: Método, 2014, p. 490).

Registre-se, ainda, o disposto no art. 919 do Código Civil, que dispõe: "A aquisição de título à ordem, por meio diverso do endosso, tem efeito de cessão civil."

Alternativa "c": incorreta. De acordo com o art. 963 do Código Civil: "O privilégio especial só compreende os bens sujeitos, **por expressa disposição de lei**, ao pagamento do crédito que ele favorece; e o geral, todos os bens não sujeitos a crédito real nem a privilégio especial."

Alternativa "e": incorreta. De acordo com o enunciado da Súmula 130 do STJ: "A empresa **responde**, perante o cliente, pela reparação de dano ou furto de veículo ocorridos em seu estacionamento." Ainda, segundo o STJ: "Em se tratando de estacionamento de veículos oferecido por estabelecimento comercial, o roubo sofrido pelo cliente, **não caracteriza caso fortuito apto a afastar o dever de indenizar**. Aplica-se, ao caso, a Súmula 130 desta Corte, segundo a qual os estabelecimentos comerciais respondem, perante os clientes, pela reparação dos danos ou furtos de veículos ocorridos em seu estacionamento, atraindo a incidência do óbice da Súmula 83/STJ" *(AgRg no REsp 1.235.168/SP, Rel. Min. Luis Felipe Salomão, Quarta Turma, julgado em 04/08/2015, DJe 13/08/2015)*

13.5. TÍTULOS EM ESPÉCIE

13.5.1. DUPLICATA

92. (Cespe – Juiz Federal Substituto 2ª região/2013) Considerando que determinada empresa emita uma duplicata contra um comprador, assinale a opção correta.

a) Se o credor não enviar a duplicata para aceite e o devedor não pagá-la até o vencimento, não poderá o credor obter o registro de protesto por falta de pagamento.

b) Se o credor enviar a duplicata para aceite e o devedor não pagá-la até o vencimento, o credor deverá, inicialmente, promover o protesto do título por falta de aceite.

c) Caso a empresa envie o título para aceite do devedor e este não o devolva, o credor somente poderá requerer o registro de protesto motivado por falta de aceite após o vencimento da obrigação.

d) Caso a empresa envie o título para aceite do devedor e este o devolva ao credor sem aceite e antes de decorrido o prazo legal para aceite, o credor passa a ter, a partir do recebimento da duplicata, o direito ao registro do protesto.

e) Se o credor não enviar a duplicata para aceite, não poderá protestá-la por falta de pagamento antes do vencimento.

COMENTÁRIOS

✪ **Nota do autor:** a questão exigia do candidato o conhecimento da Lei 5.474/68 (Lei da Duplicata).

Alternativa correta: letra "e". De fato, se o credor não enviar a duplicata para aceite, não poderá protestá-la por falta de pagamento antes do vencimento. Nos termos do art. 13 da Lei 5.474/68: "**A duplicata é protestável por falta de aceite de devolução ou pagamento.**"

Alternativa "a": incorreta. Se o credor não enviar a duplicata para aceite e o devedor não pagá-la até o vencimento, **poderá** o credor obter o registro de protesto por falta de pagamento. De acordo com o art. 13, § 2º da Lei 5.474/68: "O fato de não ter sido exercida a faculdade de protestar o título, por falta de aceite ou de devolução, **não elide a possibilidade de protesto por falta de pagamento**."

Alternativa "b": incorreta. A falta de aceite não impede o protesto por falta de pagamento. Dito de outro modo, o credor não precisa, inicialmente, promover o protesto do título por falta de aceite, para depois promover o protesto por falta de pagamento, podendo fazê-lo diretamente.

Alternativa "c": incorreta, uma vez que não há sentido em promover o protesto por falta de aceite se já esgotou o prazo para pagamento do título. Ora, após o vencimento da obrigação, deve o credor promover o protesto por falta de pagamento.

Alternativa "d": incorreta. Como o título foi devolvido pelo devedor antes do prazo para o aceite, o credor precisará aguardar o transcurso do prazo legal para o aceite, a fim de promover o protesto por falta de aceite. Poderá também, o credor, promover o protesto por falta de pagamento após o vencimento da obrigação constante no título. **Observação:** a Banca não trouxe elementos suficientes para que pudéssemos extrair a ocorrência do chamado "aceite presumido".

13.5.2. CHEQUE

93. (Cespe – Delegado de Polícia Federal – DPF/2013) De acordo com a legislação empresarial vigente, julgue os itens a seguir.

O denominado cheque pré-datado, apesar de usual no comércio brasileiro, não está previsto na legislação, segundo a qual o cheque é uma ordem de pagamento à vista, estando a instituição bancária obrigada a pagá-lo no ato de sua apresentação, de modo que a instituição não pode ser responsabilizada pelo pagamento imediato de cheques datados com lembrete de desconto para data futura.

COMENTÁRIOS

✪ **Nota do autor:** a questão exigia do candidato o conhecimento do conceito de cheque, da legislação correlata (Lei 7.357/85) e da Súmula 370 do Superior Tribunal de Justiça sobre o cheque pós-datado ("pré-datado").

Certo. O cheque é uma **ordem de pagamento à vista**. Vejamos o que determina o art. 32 da Lei 7.357/85: "O cheque é pagável à vista. Considera-se não escrita qualquer menção em contrário. Parágrafo único. O cheque apresentado para pagamento antes do dia indicado como data de emissão é pagável no dia da apresentação." Como visto, embora haja previsão legal que proíba cheque a prazo, convencionou-se (costume) que entre o emitente e o credor do título existe uma obrigação de não fazer (obrigação de não depositar antes do prazo). Tal convenção foi sumulada pelo STJ no enunciado 370: "Caracteriza dano moral a apresentação antecipada de cheque pré-datado".

13.5.3. NOTA PROMISSÓRIA

94. (Cespe – Defensor Público – DPE – AC/2017) Com relação à nota promissória, assinale a opção correta.

A) Para que a cartularidade dessa nota seja garantida, é necessário aceite.

B) É vedada, nesse tipo de título, a utilização de cláusula não à ordem.

C) A obrigação constante desse título deve ficar sujeita a uma condicionante.

D) A referida nota é uma promessa de pagamento.

E) A emissão dessa nota exige vinculação a um negócio jurídico.

COMENTÁRIOS

✪ **Nota do autor:** a questão exigia do candidato o conhecimento das características gerais relativas às notas promissórias.

Alternativa correta: letra "d". De fato, a nota promissória é uma promessa de pagamento.

Alternativa "a": incorreta. Não há aceite na nota promissória.

Alternativa "b": incorreta. Não há qualquer tipo de vedação para a utilização de cláusula não à ordem nas notas promissórias.

Alternativa "d": incorreta. A obrigação constante desse título não fica sujeita a uma condicionante, em razão do princípio da abstração. As obrigações cambiárias são autônomas e independentes. Em outras palavras, havendo mais de um devedor no título, cada devedor tem uma obrigação autônoma. O princípio da autonomia - pelo qual as obrigações cambiárias são autônomas e independentes - se desdobra em dois subprincípios: o da *abstração* e o da *inoponibilidade das exceções pessoais*. **O princípio da abstração orienta que quando o título de crédito circula, há uma desvinculação com à causa que deu origem à sua emissão.** Como as obrigações cambiárias são autônomas e independentes, pelo princípio da inoponibilidade das exceções pessoais, eventuais vícios na relação que originou a emissão do título de crédito não são oponíveis ao terceiro de boa-fé que recebeu o título.

Alternativa "e": incorreta. A emissão dessa nota **não exige** vinculação a um negócio jurídico. A nota promissória é um título **abstrato** (e não causal), pois sua emissão independe de causa específica.

95. (Cespe - Juiz Federal Substituto 5ª região/2013) Conforme o Código Civil, a assinatura de nota promissória cuja data de vencimento não tenha sido previamente definida acarreta

a) a definição do vencimento como sendo trinta dias após a data da emissão.

b) a impossibilidade de cobrança de juros, ainda que tenham sido pactuados no título.

c) a definição do vencimento como sendo à vista.

d) a impossibilidade de cobrança do título até que se acorde a data do vencimento.

e) a invalidade do negócio jurídico que deu origem ao título.

COMENTÁRIOS

✪ **Nota do autor:** a questão exigia do candidato conhecimento do texto de lei.

Alternativa correta: letra "c" (responde, também, as demais alternativas). De acordo com o art. 889 do Código Civil: "Deve o título de crédito conter a data da emissão, a indicação precisa dos direitos que confere, e a assinatura do emitente. § 1º **É à vista o título de crédito que não contenha indicação de vencimento.**" Importa lembrar que o regime jurídico das letras de câmbio e das notas promissórias está regulado no Decreto 57.663/66 (Lei Uniforme de Genebra - LUG) e no Decreto 2.044/08 (aplicável nas omissões da LUG). Nesse passo, de acordo § 2º do art. 54 do Decreto 2.044/08: "**Será pagável à vista a nota promissória que não indicar a época do vencimento.** Será pagável no domicílio do emitente a nota promissória que não indicar o lugar do pagamento."

13.5.4. LETRA DE CÂMBIO

96. (Cespe - Procurador do Ministério Público junto ao TCDF/2013) Cláudio sacou letra de câmbio contra Mauro e em favor de Ruy, com vencimento a certo termo de vista estipulado para cinco dias após o aceite. Ato sequente, Ruy endossou o referido título para Bruno, que o endossou para Sílvia.

Com referência a essa situação hipotética, julgue os itens subsequentes.

96.1. Se, por hipótese, Sílvia endossar a letra para instituição financeira exclusivamente para fins de cobrança da dívida ali contida, os endossatários, caso sejam instados ao pagamento, poderão invocar exceções pessoais que eventualmente a possuam em face da endossante.

COMENTÁRIOS

✪ **Nota do autor:** a questão exigia do candidato o conhecimento do texto da lei.

Correta. A assertiva diz respeito ao chamado endosso-mandato (ou endosso-procuração), uma das espécies de endosso impróprio (aquele que não produz efeitos). O endosso-mandato tem previsão no art. 18 da LUG e no art. 917 do CC. Segundo a doutrina de André Luiz Santa Cruz Ramos, por meio do endosso-mandato, "o endossante confere poderes ao endossatário - por exemplo, uma instituição financeira - para agir como seu legítimo representante, exercendo em nome daquele os direitos constantes do título, podendo cobrá-lo, protestá-lo, executá-lo, etc. Faz-se o endosso-mandato, segundo a Lei Uniforme, mediante a colocação, junto ao endosso, das expressões 'para cobrança', 'valor a cobrar' ou 'por procuração'." (*Direito Empresarial Esquematizado*. 4 ed. Rio de Janeiro: Forense; São Paulo: Método, 2014, p. 492). Quanto a invocação das exceções pessoais em face da endossante, ela é perfeitamente possível. Nos termos do § 3º do art. 917 do CC: "Pode o devedor opor ao endossatário de endosso-mandato somente as exceções que tiver contra o endossante." No mesmo sentido o art. 18 da LUG, quando trata do endosso-mandato: "(...). Os coobrigados, neste caso, só podem invocar contra o portador as exceções que eram oponíveis ao endossante. (...)".

96.2. A recusa do aceite pelo sacado determinará o vencimento antecipado do título, ocasião em que o portador, para conservar o seu direito de ação contra os demais coobrigados, deverá, necessariamente, promover o seu protesto.

COMENTÁRIOS

✪ **Nota do autor:** a questão exigia do candidato o conhecimento do texto da lei.

Correta. De fato, no caso de recusa total ou parcial do aceito haverá o vencimento antecipado do título, autorizando o portador da letra exercer os seus direitos de ação contra os endossantes, sacador e outros coobrigados (LUG, art. 43). A recusa do aceite deve ser comprovada por um ato formal (protesto por falta de aceite ou falta de pagamento), consoante o art. 44 da LUG.

96.3. Caso a letra seja aceita e não paga e Sílvia exija de Ruy, judicialmente, o pagamento integral da dívida inserida nesse título, Ruy não poderá recusá-lo sob o argumento de que a transferência do título para Bruno teria se dado para liquidação de dívida de jogo ilegalmente contraída.

COMENTÁRIOS

✪ **Nota do autor:** a questão exigia do candidato os conhecimentos doutrinários sobre os princípios aplicáveis aos títulos de crédito.

Correta. Uma das principais características dos títulos de crédito é a *autonomia*. Havendo mais de um devedor no título, cada devedor tem uma obrigação autônoma, completamente desvinculada da relação que lhe deu origem. Dito de outro modo, as obrigações cambiárias são autônomas e independentes. A inoponibilidade das exceções pessoais em matéria de títulos de créditos é corolário da autonomia dos títulos de crédito.

96.4. Se a letra for aceita e não paga e Sílvia exigir de Ruy, judicialmente, o pagamento integral da dívida inserida nesse título, este poderá recusá-lo, caso a portadora do título o tenha recebido por meio de endosso lançado após o decurso do prazo para protesto por falta de pagamento, sob o argumento de que a transferência do título para Bruno teria se dado para liquidação de dívida de jogo ilegalmente contraída.

COMENTÁRIOS

✪ **Nota do autor:** a questão exigia do candidato o conhecimento do texto da lei.

Correta. *Endosso* é o ato cambiário que põe o título de crédito em circulação. Através do endosso, o endossante transfere o seu direito de receber o crédito documentado no título ao endossatário. De acordo com o art. 20 da LUG: "O endosso posterior ao vencimento tem os mesmos efeitos que o endosso anterior. Todavia, o endosso posterior ao protesto por falta de pagamento, ou feito depois de expirado o prazo fixado para se fazer o protesto, produz apenas os efeitos de uma cessão ordinária de créditos. Salvo prova em contrário, presume-se que um endosso sem data foi feito antes de expirado o prazo fixado para se fazer o protesto". O presente caso, portanto, trata-se de cessão civil, que não possui os mesmos efeitos do endosso, não garantindo, o cedente, a solvência do devedor. Além disso, após o decurso do prazo do protesto por falta de pagamento, os coobrigados não poderão mais ser acionados.

96.5. Caso realmente não se verifique o aceite da cártula e o sacador seja obrigado ao seu pagamento após o cumprimento de todas as formalidades legais bem como o ajuizamento de ação própria, Mauro estará obrigado, regressivamente, a repará-lo.

COMENTÁRIOS

Incorreta. Na letra de câmbio, as partes são o sacador (aquele que dá a ordem de pagamento), o sacado (aquele que recebe a ordem de pagamento) e o credor/ tomador (beneficiário da ordem de pagamento). Na letra de câmbio o aceite deve ser expresso, mas não é obrigatório. No presente caso, Mauro é o sacado (devedor), que somente terá alguma obrigação cambial se aceitar a letra. Sem o aceite de Mauro, este somente poderá ser acionado pelas vias ordinárias. Segundo o STJ, "a letra de cambio sem aceite obsta a cobrança pela via executiva. Pois a recusa do aceite traz como única consequência o vencimento antecipado da letra de cambio (art. 43 da LUG), pode, então, o tomador cobrá-la imediatamente do sacador." *(REsp 511.387/GO, Rel. Min. Nancy Andrighi, j. 21.06.2005, Informativo 252).*

14. CONTRATOS EMPRESARIAIS

14.1. COMISSÃO MERCANTIL

97. (Cespe - Juiz de Direito Substituto - MA/2013) Assinale a opção correta referente a contratos empresariais.

a) Pelo contrato de representação comercial, uma pessoa assume, em caráter eventual, a obrigação de promover a realização de certos negócios, tendo o representante poderes para concluir os negócios em nome do representado.

b) No contrato de comissão mercantil, a estipulação da cláusula *del credere* atrai para o comissário a responsabilidade solidária perante as pessoas com quem houver tratado em nome do comitente.

c) O contrato de alienação fiduciária em garantia assegura ao locatário a prerrogativa de adquirir o bem alugado ao final da avença, pagando o valor residual garantido.

d) Tratando-se de mandato mercantil, o mandante é obrigado a pagar ao mandatário a remuneração ajustada e as despesas da execução do mandato, mediante comprovação de que a avença cumpriu os efeitos esperados.

COMENTÁRIOS

✪ **Nota do autor:** a questão exigia do candidato conhecimentos sobre a doutrina e o texto de lei.

Alternativa correta: letra "b". A assertiva traduz o disposto no art. 698 do Código Civil: "Se do contrato de comissão constar a cláusula *del credere*, **responderá o comissário solidariamente com as pessoas com que houver tratado em nome do comitente**, caso em que, salvo estipulação em contrário, o comissário tem direito a remuneração mais elevada, para compensar o ônus assumido."

Alternativa "a": incorreta. Segundo a doutrina de André Luiz Santa Cruz Ramos, a representação comercial (ou contrato de agência) "é modalidade especial de contrato de colaboração em que o colaborador, chamado de representante, assume a incumbência de obter pedidos de compra e venda para os produtos comercializados pelo colaborado, chamado de representado. (Direito Empresarial Esquematizado. 4 ed. Rio de Janeiro: Forense; São Paulo: Método, 2014, p. 553). De acordo com o art. 1º da Lei 4.886/65: "Exerce a representação comercial autônoma a pessoa jurídica ou a pessoa física, sem relação de emprego, que desempenha, **em caráter não eventual** por conta de uma ou mais pessoas, a mediação para a realização de negócios mercantis, agenciando propostas ou pedidos, para, transmiti-los aos representados, praticando ou não atos relacionados com a execução dos negócios."

Alternativa "c": incorreta. O contrato de **arrendamento mercantil (*leasing*)** é que assegura ao locatário a prerrogativa de adquirir o bem alugado ao final da avença, pagando o valor residual garantido. Segundo Fábio Ulhôa Coelho, "por alienação fiduciária entende-se aquele negócio em que uma das partes (fiduciante), proprietário de um bem, aliena-o em confiança para a outra (fiduciário), a qual se obriga a devolver-lhe a propriedade do mesmo bem nas hipóteses delineadas em contrato" *(Manual de Direito Comercial. 18 ed. São Paulo: Saraiva, 2007, p. 14)*. Por outro lado, "em um definição doutrinária, pode-se dizer que o arrendamento mercantil é a locação caracterizada pela faculdade conferida ao locatário de, ao seu término, optar pela compra do bem locado." (*Manual de Direito Comercial.* 18 ed. São Paulo: Saraiva, 2007, p. 14)

Alternativa "d": incorreta. Nos termos do art. 676 do Código Civil: "É obrigado o mandante a pagar ao mandatário a remuneração ajustada e as despesas da execução do mandato, ainda que o negócio não surta o esperado efeito, salvo tendo o mandatário culpa."

14.2. REPRESENTAÇÃO EMPRESARIAL

98. (Cespe – Juiz Federal Substituto 2ª região/ 2013) José é representante comercial da empresa X, com exclusividade de zona para o território do estado do Rio de Janeiro estabelecida em contrato.

Nessa situação hipotética, José terá direito de receber as comissões dos negócios realizados no estado Rio de Janeiro, entre a representada e compradores domiciliados nesse estado, nos casos em que os negócios tenham sido realizados com a intermediação

a) dele ou de terceiros, apenas.

b) dele ou nos casos em que os negócios tenham sido realizados diretamente pela empresa X, apenas.

c) dele ou de algum preposto seu, apenas.

d) dele ou de terceiros ou nos casos em que os negócios tenham sido realizados diretamente pela empresa X.

e) dele, apenas.

COMENTÁRIOS

✪ **Nota do autor:** a questão exigia do candidato o conhecimento do texto da Lei 4.886/65 (Lei da Representação Comercial). Segundo a doutrina de André Luiz Santa Cruz Ramos, a representação comercial (ou contrato de agência) "é modalidade especial de contrato de colaboração em que o colaborador, chamado de *representante*, assume a incumbência de obter pedidos de compra e venda para os produtos comercializados pelo colaborado, chamado de *representado*. (Direito Empresarial Esquematizado. 4 ed. Rio de Janeiro: Forense; São Paulo: Método, 2014, p. 553).

Alternativa correta: letra "d" (responde, também, as demais alternativas). A questão traduz o disposto no art. 31 da Lei 4.886/65: "Prevendo o contrato de representação a exclusividade de zona ou zonas, ou quando este for omisso, fará jus o representante à comissão pelos negócios aí realizados, ainda que diretamente pelo representado ou por intermédio de terceiros."

99. (Cespe – Juiz do Trabalho Substituto 5ª região/ 2013) No início deste ano, a ABC Representações Ltda., empresa não registrada no conselho regional dos representantes comerciais, celebrou com a DEF Biscoitos Ltda. contrato de representação comercial, no território do município X, para o agenciamento da venda de biscoitos produzidos pela DEF. **O contrato foi celebrado por escrito**, nos termos da Lei nº 4.886/1965 e de acordo com as instruções e condições estabelecidas pela DEF. No contrato, cujo término corresponde ao dia do primeiro jogo da Copa do Mundo de Futebol no Brasil, **não há cláusula de exclusividade de zona**. A maioria dos contratos agenciados pela ABC não se concretizou. Outro representante da DEF na mesma zona agenciou negócios que se efetivaram.

Considerando a situação hipotética acima, assinale a opção correta.

a) No caso de a DEF Biscoitos Ltda. denunciar o contrato antes do início da Copa do Mundo, não será necessário indenizar a ABC.

b) O contrato firmado entre a DEF e a ABC tem características de contrato de trabalho, dada a subordinação desta àquela, comprovada pelo fato de o contrato ter sido celebrado de acordo com as instruções e condições estabelecidas pela DEF.

c) Como a ABC não era registrada no órgão regulador, a DEF não está obrigada remunerá-la pela intermediação, conforme dispositivo da Lei nº 4.886/1965 validado pela jurisprudência.

d) Presume-se, por falta de disposição contratual expressa em contrário, a exclusividade da representação à ABC, que deve, portanto, ser remunerada pelas vendas agenciadas pelo outro representante da DEF.

e) É devida remuneração à ABC por todos os pedidos que agenciou, mesmo aqueles que não resultaram na celebração de contrato.

COMENTÁRIOS

✪ **Nota do autor:** com a devida vênia, entendemos que a questão deveria ser anulada, porquanto não há resposta correta. Senão vejamos.

Alternativa correta: letra "d". A Lei 4.886/65 é expressa em afirmar que a cláusula de exclusividade de representação não se presume. De acordo com o parágrafo único do art. 31 da Lei 4.886/65: "A exclusividade de representação **não** se presume na ausência de ajustes expressos". Além disso, segundo o STJ: "A exclusividade de representação não se presume (Lei 4.886/65, art. 31, parágrafo único); o ajuste de exclusividade numa praça, só a esta se aplica, pouco importando que a representação tenha se estendido a outra praça, salvo aditamento expresso a respeito – no caso, inexistente." *(REsp 229.761/ES, Rel. Min. Waldemar Zveiter, Rel. p/ Acórdão Min. Ari Pargendler, Terceira Turma, julgado em 05/12/2000).* Nesse passo, a alternativa dada como correta pelo CESPE, está equivocada."

Alternativa "a": incorreta. De acordo com o §1º do art. 27 da Lei 4.886/65: "Na hipótese de contrato a prazo certo, a indenização corresponderá à importância equivalente à média mensal da retribuição auferida até a data da rescisão, multiplicada pela metade dos meses restantes."

Alternativa "b": incorreta. A representação comercial autônoma tem natureza empresaria, não gerando vínculo empregatício. De acordo com o art. 1º da Lei 4.886/65: "Exerce a representação comercial autônoma a pessoa jurídica ou a pessoa física, **sem relação de emprego**, que desempenha, em caráter não eventual por conta de uma ou mais pessoas, a mediação para a realização de negócios mercantis, agenciando propostas ou pedidos, para, transmiti-los aos representados, praticando ou não atos relacionados com a execução dos negócios."

Alternativa "c": incorreta. De acordo com o art. 5º da Lei 4.886/65: "Somente será devida remuneração, como mediador de negócios comerciais, a representante comercial devidamente registrado". No entanto, este dispositivo é considerado inconstitucional pela doutrina e jurisprudência.

Alternativa "e": incorreta. Nos termos do art. 32 da Lei 4.886/65: "O representante comercial adquire o direito às comissões quando do pagamento dos pedidos ou propostas"

14.3. FRANQUIA

100. (Cespe – Juiz Federal – TRF 5/2017) A respeito dos contratos empresariais, assinale a opção correta.

A) No contrato de franquia, o franqueador deve fornecer aos interessados a Circular de Oferta de Franquia contendo, obrigatoriamente, as informações essenciais da operação, conforme a legislação específica, sob pena de anulabilidade do contrato.

B) No contrato de fomento mercantil, as empresas faturizadoras não são obrigadas a manter sigilo sobre as suas operações ativas e passivas e sobre os serviços prestados.

C) No contrato de arrendamento mercantil, só pode ter por objeto bem imóvel ou móvel de produção nacional.

D) No contrato de distribuição, o distribuidor ou agente serão obrigatoriamente remunerados pelos negócios realizados fora do seu espaço, em razão do desrespeito à cláusula de territorialidade.

E) No contrato de compra e venda mercantil, o vendedor deve transferir o domínio da coisa vendida, mas não se compromete a responder por evicção e por vício redibitório.

COMENTÁRIOS

✪ **Nota do autor:** a questão exigia do candidato conhecimento do texto da lei.

Alternativa correta: letra "a". De fato, no contrato de franquia, o franqueador deve fornecer aos interessados a Circular de Oferta de Franquia contendo, obrigatoriamente, as informações essenciais da operação, conforme a legislação específica, sob pena de anulabilidade do contrato. Franquia ou *franchising* é o contrato mercantil de colaboração, pelo qual um franqueador cede ao franqueado o direito de uso de marca ou patente, associado ao direito de distribuição exclusiva ou semi-exclusiva de produtos ou serviços e, eventualmente, também ao direito de uso de tecnologia de implantação e administração de negócio ou sistema operacional desenvolvidos ou detidos pelo franqueador, mediante remuneração direta ou indireta, sem que, no entanto, fique caracterizado vínculo empregatício. Sempre que o franqueador tiver interesse na implantação de sistema de franquia empresarial, deverá fornecer ao interessado em tornar-se franqueado uma "circular de oferta de franquia", por escrito e em linguagem clara e acessível, contendo os dados essenciais do negócio que se pretende realizar. A circular oferta de franquia deve ser entregue ao candidato a franqueado no mínimo 10 (dez) dias antes da assinatura do contrato ou pré-contrato de franquia ou ainda do pagamento de qualquer tipo de taxa pelo franqueado ao franqueador ou a empresa ou pessoa ligada a este. Na hipótese do não cumprimento dessa regra, o franqueado poderá arguir a anulabilidade do contrato e exigir devolução de todas as quantias que já houver pago ao franqueador ou a terceiros por ele indicados, a título de taxa de filiação e royalties, devidamente corrigidas, mais perdas e danos.

Alternativa "b": incorreta. No contrato de fomento mercantil, as empresas faturizadoras **são** obrigadas a manter sigilo sobre as suas operações ativas e passivas e sobre os serviços prestados. De acordo com o art. 1º da Lei Complementar n. 105/2001: "As instituições financeiras conservarão sigilo em suas operações ativas e passivas e serviços prestados". Por sua vez, o § 2º do mesmo artigo, determina que essa regra também se aplica às empresas de fomento mercantil (*factoring*).

Alternativa "c": incorreta. O erro da assertiva está em afirmar que o contrato de arrendamento mercantil, somente pode ter por objeto bem imóvel ou móvel de produção nacional. A lei que regula a matéria não faz essa ressalva. De acordo com o parágrafo único do art. 1º da Lei n. 6.099/1974: "Considera-se arrendamento mercantil, para os efeitos desta Lei, o negócio jurídico realizado entre pessoa jurídica, na qualidade de arrendadora, e pessoa física ou jurídica, na qualidade de arrendatária, **e que tenha por objeto o arrendamento de bens adquiridos pela arrendadora**, segundo especificações da arrendatária e para uso próprio desta". Nada impede que o arrendamento mercantil de bens importados. Aliás, é o que se extrai do art. 10 da Lei n. 6.099/1974: "Somente poderão ser objeto de arrendamento mercantil os bens de produção estrangeira que forem enumerados pelo Conselho Monetário Nacional, que poderá, também, estabelecer condições para seu arrendamento a empresas cujo controle acionário pertencer a pessoas residentes no exterior."

Alternativa "d": incorreta. No contrato de distribuição, salvo ajuste em sentido contrário, o distribuidor terá direito à remuneração correspondente aos negócios concluídos **dentro de sua zona, ainda que sem a sua interferência** (art. 714 do Código Civil).

Alternativa "e": incorreta. Segundo o Professor Fábio Ulhoa Coelho, "A compra e venda é mercantil quanto comprador e vendedor são empresários. Trata-se do contrato elementar da atividade empresarial. Numa esquematização simples, o comércio pode ser explicado como a sucessão de contratos de compra e venda. O importador compra o produto do fabricante sediado no exterior e o revende ao atacadista, que o revende ao varejista e assim por diante." (*Manual de Direito Comercial*. 18 ed. São Paulo: Saraiva, 2007, p. 422). Como visto, o contrato de compra e venda mercantil é o contrato de compra e venda do Código Civil, mas celebrado entre dois empresários. Com efeito, é perfeitamente aplicável ao contrato de compra e venda mercantil as mesmas regras incidentes sobre os contratos em geral, como às relativas aos vícios redibitórios e à evicção. "Art. 441, CC. A coisa recebida em virtude de contrato comutativo pode ser enjeitada por vícios ou defeitos ocultos, que a tornem imprópria ao uso a que é destinada, ou lhe diminuam o valor." "Art. 447, CC. Nos contratos onerosos, o alienante responde pela evicção. Subsiste esta garantia ainda que a aquisição se tenha realizado em hasta pública."

14.4. SEGURO

101. (Cespe – Procurador do Estado – PGE – SE/2017) Acerca dos contratos de seguro, é correto afirmar que

A) a diminuição do risco no curso do contrato de seguro, em regra, acarreta a redução do prêmio estipulado.

B) o segurador poderá pagar em títulos o prejuízo resultante do risco assumido, hipótese na qual o prêmio será pago em dobro.

C) a recondução tácita do contrato pelo mesmo prazo, mediante expressa cláusula contratual, só poderá operar uma única vez.

D) o segurado poderá comunicar à seguradora o sinistro a qualquer tempo.

E) a mora do segurador no pagamento do sinistro obriga à atualização monetária, mas não aos juros moratórios.

COMENTÁRIOS

✪ **Nota do autor:** a questão exigia do candidato conhecimento do texto da lei.

Alternativa correta: letra "c". A assertiva está correta, nos termos do art. 774 do Código Civil, que dispõe: "A recondução tácita do contrato pelo mesmo prazo, mediante expressa cláusula contratual, **não poderá operar mais de uma vez.**"

Alternativa "a": incorreta. A diminuição do risco no curso do contrato de seguro, em regra, **não acarreta** a redução do prêmio estipulado. É o que dispõe o art. 770 do Código Civil: "**Salvo disposição em contrário**, a diminuição do risco no curso do contrato **não acarreta** a redução do prêmio estipulado; mas, se a redução do risco for considerável, o segurado poderá exigir a revisão do prêmio, ou a resolução do contrato."

Alternativa "b": incorreta. O segurador **é obrigado a pagar em dinheiro** o prejuízo resultante do risco assumido, salvo se convencionada a reposição da coisa (art. 776 do Código Civil).

Alternativa "d": incorreta. O segurado, sob pena de perder o direito à indenização, **deverá comunicar à seguradora o sinistro, logo que saiba**, e deverá tomar as providências imediatas para minorar-lhe as consequências (art. 771 do Código Civil).

Alternativa "e": incorreta. A mora do segurador no pagamento do sinistro obriga à atualização monetária da indenização, bem como aos juros moratórios (art. 772 do Código Civil).

102. (Cespe – Procurador do Estado – PGE – SE/2017) Em relação aos contratos mercantis, julgue os itens a seguir.

I – O atraso longo e habitual no pagamento das parcelas do prêmio ajustado em contrato de seguro é suficiente para a constituição da mora, ainda que não haja notificação prévia da seguradora.

II – A cobrança antecipada do valor residual garantido não descaracteriza o contrato de arrendamento mercantil.

III – As cláusulas de exclusividade e de territorialidade são típicas de um contrato de factoring.

IV – Na hipótese de inadimplemento no contrato de alienação fiduciária em garantia, o credor poderá vender a coisa a terceiros, independentemente de leilão, hasta pública, avaliação prévia ou medida judicial.

Estão certos apenas os itens

A) I e II.

B) I e III.

C) II e III.

D) III e IV.

E) I, II e IV.

COMENTÁRIOS

✪ **Nota do autor:** a questão exigia do candidato conhecimento da jurisprudência. No entanto, com a devida vênia, não concordamos com o gabarito oficial. A questão deveria ter sido anulada, uma vez que não há resposta correta para a questão. Vejamos.

Alternativa correta: letra "e": estão certos apenas os itens I, II e IV.

Item I: certo (de acordo com a Banca). Entendemos que o item I está errado, uma vez que contraria entendimento do Superior Tribunal de Justiça, segundo o qual **"o atraso no pagamento de prestações do prêmio do seguro não determina a resolução automática do contrato de seguro, exigindo-se prévia constituição em mora do contratante pela seguradora, mostrando-se indevida a negativa de pagamento da indenização correspondente**" (AgRg no Ag 1.381.183-SP, Rel. Min. Marco Buzzi, Quarta Turma, julgado em 03/10/2017, DJe 11/10/2017). No mesmo sentido: "**É pacífica a jurisprudência da Segunda Seção no sentido de que o atraso no pagamento de parcela do prêmio do contrato de seguro não acarreta a sua extinção automática, porquanto imprescindível a prévia notificação específica do segurado para a sua constituição em mora**" (STJ, AgInt no AREsp 1.079.821/RS, Rel. Min. Marco Aurélio Bellizze, Terceira Turma, julgado em 15/08/2017, DJe 25/08/2017).

Item II: certo. De fato, a cobrança antecipada do valor residual garantido não descaracteriza o contrato de arrendamento mercantil. Foi superado o entendimento jurisprudencial segundo o qual a cobrança antecipada do valor residual garantido descaracterizaria o contrato de arrendamento mercantil, transformando-o em compra e venda a prestação. De acordo com a atual jurisprudência dos tribunais superiores, a possibilidade de antecipação de pagamento a título de valor residual garantido não desvirtua a natureza jurídica do contrato de arrendamento mercantil (*leasing*). Isso porque deve-se prevalecer a vontade das partes, prestigiando o princípio da liberdade de contratar. Além disso, não há qualquer dispositivo legal que proíba esta prática. Segundo o enunciado da Súmula 293 do STJ: "A cobrança antecipada do Valor Residual Garantido (VRG) não descaracteriza o contrato de arrendamento mercantil."

Item III: errado. O erro da assertiva está em afirmar que a cláusula de territorialidade é típica de um contrato de *factoring*. O contrato de *factoring* tem por cláusulas típicas: **a)** cláusula de exclusividade; **b)** cláusula de totalidade; **c)** cláusula de globalidade; e **d)** cláusula de aprovação prévia pelo faturizador. Como visto, a cláusula de territorialidade não é típica de um contrato de *factoring*.

Item IV: certo. De fato, na hipótese de inadimplemento no contrato de alienação fiduciária em garantia, o credor poderá vender a coisa a terceiros, independentemente de leilão, hasta pública, avaliação prévia ou medida judicial. É o que dispõe o art. 2º do Decreto-Lei n. 911/1969, com redação dada pela Lei n. 13.043/2014: "No caso de inadimplemento ou mora nas obrigações contratuais garantidas mediante alienação fiduciária, o proprietário fiduciário ou credor poderá vender a coisa a terceiros, independentemente de leilão, hasta pública, avaliação prévia ou qualquer outra medida judicial ou extrajudicial, salvo disposição expressa em contrário prevista no contrato, devendo aplicar o preço da venda no pagamento de seu crédito e das despesas decorrentes e entregar ao devedor o saldo apurado, se houver, com a devida prestação de contas."

14.5. ARRENDAMENTO MERCANTIL (LEASING)

103. (Cespe – Defensor Público – DPE – AC/2017) O contrato de arrendamento mercantil

A) é um contrato de natureza acessória, pois fica vinculado à aquisição de bens para uma atividade empresarial de cunho mercantil desempenhada pelo arrendatário.

B) possibilita que, concluído o prazo contratual estipulado, o arrendatário adquira a coisa arrendada pelo pagamento de valor residual.

C) é um contrato especial de venda e compra a prazo por meio do qual a arrendadora assume a promessa de readquirir o objeto da transação, após a quitação do contrato, mediante pagamento do preço integral em parcela única.

D) é um instrumento jurídico destinado a atender exclusivamente à necessidade das pessoas jurídicas que exercem atividade mercantil, por meio da aquisição de equipamentos e veículos destinados a sua atividade empresarial.

E) possibilita que o bem arrendado possa ser alienado no curso do contrato sem a anuência da arrendadora, hipótese na qual o adquirente assumirá a condição de arrendatário.

COMENTÁRIOS

✪ **Nota do autor:** sobre o contrato de arrendamento mercantil, também chamado de *leasing*, vale lembrar o teor do enunciado da Súmula n. 293 do STJ: "A cobrança antecipada do Valor Residual Garantido (VRG) não descaracteriza o contrato de arrendamento mercantil".

Alternativa correta: letra "b". De fato, o contrato de arrendamento mercantil (*leasing*) possibilita que, concluído o prazo contratual estipulado, o arrendatário adquira a coisa arrendada pelo pagamento de valor residual (VRG – valor residual garantido).

Alternativa "a" (responde, também, as alternativas "c", "d" e "e"): incorreta. Segundo o Professor André Luiz Santa Cruz Ramos, "pode-se definir o contrato de arrendamento mercantil, também chamado de *leasing*, como um **contrato especial de locação que assegura ao locatário a prerrogativa de adquirir o bem alugado ao final da avença, pagando, nesse caso, uma diferença chamada de valor residual**. Em síntese: o *leasing* ou arrendamento mercantil é um contrato de locação em que se asseguram ao arrendatário três opções ao final do aluguel: (i) renovar a locação; (ii) encerrar o contrato, não mais renovando a locação; (iii) comprar o bem alugado, pagando-se o valor residual. O leasing não pode ser considerado um contrato típico: a Lei 6.099/1974 regula apenas o seu aspecto tributário." (*Direito Empresarial Esquematizado*. 6. ed. rev., atual. e ampl. – Rio de Janeiro: Forense; São Paulo: Método, 2016). O conceito legal de arrendamento mercantil está no parágrafo único do art. 1º da Lei nº 6.099/74: "Considera-se arrendamento mercantil, para os efeitos desta Lei, o negócio jurídico realizado entre pessoa jurídica, na qualidade de arrendadora, e pessoa física ou jurídica, na qualidade de arrendatária, e que tenha por objeto o arrendamento de bens adquiridos pela arrendadora, segundo especificações da arrendatária e para uso próprio desta."

104. (Cespe – Procurador do Estado – PGE – SE/2017) Em relação aos contratos mercantis, julgue os itens a seguir.

I – O atraso longo e habitual no pagamento das parcelas do prêmio ajustado em contrato de seguro é suficiente para a constituição da mora, ainda que não haja notificação prévia da seguradora.

II – A cobrança antecipada do valor residual garantido não descaracteriza o contrato de arrendamento mercantil.

III – As cláusulas de exclusividade e de territorialidade são típicas de um contrato de factoring.

IV – Na hipótese de inadimplemento no contrato de alienação fiduciária em garantia, o credor poderá vender a coisa a terceiros, independentemente de leilão, hasta pública, avaliação prévia ou medida judicial.

Estão certos apenas os itens

A) I e II.

B) I e III.

C) II e III.

D) III e IV.

E) I, II e IV.

COMENTÁRIOS

✪ **Nota do autor:** a questão exigia do candidato conhecimento da jurisprudência. No entanto, com a devida vênia, não concordamos com o gabarito oficial. A questão deveria ter sido anulada, uma vez que não há resposta correta para a questão. Vejamos.

Alternativa correta: letra "e": estão certos apenas os itens I, II e IV.

Item I: certo (de acordo com a Banca). Entendemos que o item I está errado, uma vez que contraria entendimento do Superior Tribunal de Justiça, segundo o qual "**o atraso no pagamento de prestações do prêmio do seguro <u>não</u> determina a resolução automática do contrato de seguro, <u>exigindo-se</u> prévia constituição em mora do contratante pela seguradora, mostrando-se indevida a negativa de pagamento da indenização correspondente**" (AgRg no Ag 1.381.183-SP, Rel. Min. Marco Buzzi, Quarta Turma, julgado em 03/10/2017, DJe 11/10/2017). No mesmo sentido: "**É pacífica a jurisprudência da Segunda Seção no sentido de que o atraso no pagamento de parcela do prêmio do contrato de seguro <u>não</u> acarreta a sua extinção automática, porquanto <u>imprescindível</u> a prévia notificação específica do segurado para a sua constituição em**

mora" (STJ, AgInt no AREsp 1.079.821/RS, Rel. Min. Marco Aurélio Bellizze, Terceira Turma, julgado em 15/08/2017, DJe 25/08/2017).

Item II: certo. De fato, a cobrança antecipada do valor residual garantido não descaracteriza o contrato de arrendamento mercantil. Foi superado o entendimento jurisprudencial segundo o qual a cobrança antecipada do valor residual garantido descaracterizaria o contrato de arrendamento mercantil, transformando-o em compra e venda a prestação. De acordo com a atual jurisprudência dos tribunais superiores, a possibilidade de antecipação de pagamento a título de valor residual garantido não desvirtua a natureza jurídica do contrato de arrendamento mercantil (*leasing*). Isso porque deve-se prevalecer a vontade das partes, prestigiando o princípio da liberdade de contratar. Além disso, não há qualquer dispositivo legal que proíba esta prática. Segundo o enunciado da Súmula 293 do STJ: "A cobrança antecipada do Valor Residual Garantido (VRG) não descaracteriza o contrato de arrendamento mercantil."

Item III: errado. O erro da assertiva está em afirmar que a cláusula de territorialidade é típica de um contrato de *factoring*. O contrato de *factoring* tem por cláusulas típicas: **a)** cláusula de exclusividade; **b)** cláusula de totalidade; **c)** cláusula de globalidade; e **d)** cláusula de aprovação prévia pelo faturizador. Como visto, a cláusula de territorialidade não é típica de um contrato de *factoring*.

Item IV: certo. De fato, na hipótese de inadimplemento no contrato de alienação fiduciária em garantia, o credor poderá vender a coisa a terceiros, independentemente de leilão, hasta pública, avaliação prévia ou medida judicial. É o que dispõe o art. 2º do Decreto-Lei n. 911/1969, com redação dada pela Lei n. 13.043/2014: "No caso de inadimplemento ou mora nas obrigações contratuais garantidas mediante alienação fiduciária, o proprietário fiduciário ou credor poderá vender a coisa a terceiros, independentemente de leilão, hasta pública, avaliação prévia ou qualquer outra medida judicial ou extrajudicial, salvo disposição expressa em contrário prevista no contrato, devendo aplicar o preço da venda no pagamento de seu crédito e das despesas decorrentes e entregar ao devedor o saldo apurado, se houver, com a devida prestação de contas."

14.6. CONTRATOS BANCÁRIOS

14.6.1. ASPECTOS GERAIS

105. (Cespe – Defensor Público – RN/2015) A respeito de títulos de crédito e de contratos bancários, assinale a opção correta.

a) Atualmente, ainda é válida a pactuação das tarifas de abertura de crédito e de emissão de carnê na cobrança por serviços bancários, segundo o entendimento do STJ.

b) Conforme entendimento do STJ, o ajuizamento isolado de ação revisional de contrato bancário é capaz de descaracterizar a mora do devedor.

c) A omissão de qualquer requisito legal que retire a validade do título de crédito implica também a invalidade do negócio jurídico que lhe deu origem.

d) O pagamento do título de crédito pode ser garantido por aval dado de forma parcial.

e) De acordo com o STJ, a estipulação de juros remuneratórios superiores a 12% ao ano, por si só, não indica abusividade.

COMENTÁRIOS

✪ **Nota do autor:** a questão exigia do candidato conhecimento do texto da Lei 11.101/05 (Lei de Falência e Recuperação de Empresas).

Alternativa correta: letra "e". Nos termos do enunciado da Súmula 382 do STJ: "A estipulação de juros remuneratórios superiores a 12% ao ano, por si só, não indica abusividade".

Alternativa "a": incorreta. Nos termos do enunciado da Súmula 565 do STJ: "A pactuação das tarifas de abertura de crédito (TAC) e de emissão de carnê (TEC), ou outra denominação para o mesmo fato gerados, é válida apenas nos contratos bancários anteriores ao início da vigência da Resolução –CMN nº 3.518/2007, em 30/04/2008." Além disso: "A cobrança das Tarifas de Abertura de Crédito (TAC) e de Emissão de Carnê (TEC) somente é permitida em contratos firmados até 30.04.2008, ressalvada a demonstração de onerosidade excessiva no caso concreto a ser considerada como base objetiva a média mensal divulgada pelo BACEN. *(STJ, AREsp 699.864-RS 2015/0090318-0, Rel. Min. João Otávio De Noronha, DJ 26/06/2015).*

Alternativa "b": incorreta. Nos termos do enunciado da Súmula 380 do STJ: "A simples propositura da ação de revisão de contrato não inibe a caracterização da mora do autor."

Alternativa "c": incorreta. Nos termos do art. 888 do Código Civil: "A omissão de qualquer requisito legal, que tire ao escrito a sua validade como título de crédito, não implica a invalidade do negócio jurídico que lhe deu origem."

Alternativa "d": incorreta, uma vez que, de acordo com o parágrafo único do art. 897 do Código Civil, é vedado o aval parcial. **Cuidado!** Atenção para a legislação aplicável aos títulos de crédito: **a)** arts. 887 a 923 do Código Civil (regras gerais aplicáveis nos casos de omissão ou lacuna na legislação especial correspondente a cada título de crédito); **b)** Lei 5.474/68 (Lei da Duplicata); **c)** Lei 7.357/85 (Lei do Cheque); **d)** Decreto 57.663/66 (Lei Uniforme de Genebra – LUG) e Decreto 2.044/08 (aplicável nas omissões da LUG), aplicáveis às letras de câmbio e notas promissórias. As disposições do Código Civil relativas aos títulos de crédito, aplicam-se àqueles regulados por leis especiais apenas nos casos de omissão ou lacuna. "CC, art. 903. Salvo disposição diversa em lei especial, regem-se os títulos de crédito pelo disposto neste Código." **Dica!** Sempre que o examinador não especificar o título de crédito, o examinando deve responder à questão com base nas regras gerais do Código Civil. Por outro lado, se o examinador especificar o título de crédito, o examinando deve responder com base na legislação respectiva.

14.6.2. DEPÓSITO BANCÁRIO

106. (Cespe – Juiz de Direito Substituto – AM/2016) Em relação aos contratos bancários, assinale a opção correta.

a) No contrato de abertura de crédito, é abusivo cobrar do cliente comissão pela simples disponibilização do montante, ainda que este não venha a ser utilizado.

b) O contrato de alienação fiduciária em garantia não pode ter por objeto bem que já integrava o patrimônio do devedor.

c) Denomina-se *leasing* o contrato de fomento mercantil.

d) O depósito bancário é contrato real.

e) O mútuo bancário é uma operação passiva dos bancos.

COMENTÁRIOS

✪ **Nota do autor:** a questão exigia do candidato conhecimentos doutrinários sobre o tema.

Alternativa correta: letra "d". De fato, o depósito bancário é classificado como um contrato real. Sobre o tema, André Luiz Santa Cruz Ramos ensina que "O depósito bancário é contrato real, isto é, somente se aperfeiçoa com a entrega do dinheiro à instituição financeira depositária." (*Direito Empresarial Esquematizado*. 4 ed. Rio de Janeiro: Forense; São Paulo: Método, 2014, p. 577).

Alternativa "a": incorreta. Tomando por base os ensinamentos de André Luiz Santa Cruz Ramos: "Outra modalidade típica de contrato bancário é a abertura de crédito. Por meio desse contrato, o banco põe à disposição do cliente uma quantia determinada de dinheiro, que ele poderá utilizar, caso necessite. O ganho econômico do banco nessa operação está, basicamente, nos juros cobrados do cliente caso ele use a quantia disponibilizada. **Na verdade, os bancos também podem cobrar do cliente uma comissão pela simples disponibilização do crédito, mas não costumam fazê-lo, por mera liberalidade que, na verdade, traduz-se em política negocial para atrair clientes**. Assim, os bancos só costumam cobrar do cliente os juros e encargos a partir da efetiva utilização dos recursos disponibilizados, havendo casos até de bancos que, como sabemos, oferecem esse crédito sem nenhuma cobrança de juros nos primeiros dias. Enfim, a abertura de crédito é o contrato que, no linguajar comum, chamamos de cheque especial." (*Direito Empresarial Esquematizado*. 4 ed. Rio de Janeiro: Forense; São Paulo: Método, 2014, p. 580).

Alternativa "b": incorreta. Nos termos do enunciado da Súmula 28 do STJ: "O contrato de alienação fiduciária em garantia pode ter por objeto bem que já integrava o patrimônio do devedor."

Alternativa "c": incorreta. De acordo com André Luiz Santa Cruz Ramos: "Pode-se definir o contrato de arrendamento mercantil, também chamado de leasing, como um contrato especial de locação que assegura ao locatário a prerrogativa de adquirir o bem alugado ao final da avença, pagando, nesse caso, uma diferença chamada de valor residual." (*Direito Empresarial Esquematizado*. 4 ed. Rio de Janeiro: Forense; São Paulo: Método, 2014, p. 587).

Alternativa "e": incorreta. Ainda de acordo com o mestre André Luiz Santa Cruz Ramos, "Trata-se o mútuo bancário (também chamado de empréstimo bancário), ao contrário do depósito, de uma operação ativa dos bancos, ou seja, nesse contrato o banco assume o polo ativo da relação contratual, tornando-se credor." (*Direito Empresarial Esquematizado*. 4 ed. Rio de Janeiro: Forense; São Paulo: Método, 2014, p. 578).

14.6.3. CONTA-CORRENTE

107. (Cespe – Promotor de Justiça – MPE – RR/2017)

I. Tendo aberto uma conta corrente no banco comercial X e nela depositado R$ 10.000, determinado consumidor recebeu talão de cheques e cartão de débito para movimentá-la.

II. Também no banco comercial X, uma sociedade empresária, para expandir suas atividades, tomou empréstimo a ser quitado em vinte parcelas, com a incidência de juros.

Tendo como referência os dois contratos celebrados nas situações hipotéticas anteriormente apresentadas, assinale a opção correta.

A) Em ambas situações, os contratos referem-se a operações bancárias típicas: passiva, na abertura da conta corrente, e ativa, no empréstimo da sociedade empresária, ambas tributadas por imposto federal.

B) Na situação I, o banco comercial é detentor da custódia dos R$ 10.000 e deverá restituí-los quando solicitado pelo correntista.

C) Na situação II, se o contrato for silente, a sociedade empresária poderá antecipar o pagamento das parcelas referentes ao empréstimo tomado e obter redução proporcional de juros.

D) No mútuo bancário, os juros ficarão limitados à taxa SELIC para negociação dos títulos da dívida pública federal.

COMENTÁRIOS

✪ **Nota do autor:** a questão exigia do candidato conhecimento do conceito de contrato de conta corrente.

Alternativa correta: letra "a" (responde, também, as demais alternativas). *Conta corrente* é a espécie de contrato bancário pelo qual um banco se obriga a receber valores monetários do correntista ou de terceiros, bem como utilizar esses recursos para proceder pagamentos por ordem do correntista. Com efeito, em ambas situações descritas, os contratos referem-se a operações bancárias típicas: *passiva*, na abertura da conta corrente (item I), e *ativa*, no empréstimo da sociedade empresária, ambas tributadas por imposto federal (item II).

15. DIREITO CONCORRENCIAL

15.1. INFRAÇÕES DA ORDEM ECONÔMICA

108. (Cespe – Juiz Federal – TRF 5/2017) A respeito do dumping, assinale a opção correta.

A) É permitido ao Conselho de Política Aduaneira celebrar com o exportador ou o governo do país exportador acordo que elimine os efeitos prejudiciais decorrentes da prática de dumping.

B) É vedada a aplicação de direitos provisórios durante a fase de investigação, salvo se envolver a concessão de subsídios à indústria agrícola.

C) O combate a essa prática destina-se à proteção do setor da economia global atingido pela discriminação interna de preços.

D) Os direitos compensatórios e os direitos antidumping serão cobrados independentemente de quaisquer obrigações de natureza tributária relativas à importação de produtos afetados.

E) Considera-se dumping a introdução de um produto em mercado estrangeiro a preço superior a seu valor normal, se comparado a preço de produto similar praticado no país exportador.

COMENTÁRIOS

✪ **Nota do autor:** a questão exigia do candidato conhecimento do texto da Lei n. 9.019/1995, que dispõe sobre a aplicação dos direitos previstos no Acordo Antidumping e no Acordo de Subsídios e Direitos Compensatórios. Vale lembrar a conceituação do Professor Fabiano Del Masso: "O dumping consiste na conduta dos agentes econômicos que vendem os seus produtos fora do país abaixo do custo de produção e também por preço inferior aos cobrados no país de origem." (*Direito Econômico Esquematizado*. São Paulo: Método, 2ª ed., p. 283). Por outro lado, "as medidas antidumping têm como objetivo evitar que os produtores nacionais sejam prejudicados por importações realizadas a preços de dumping." (PETTER, Lafayete Josué. *Direito Econômico*. Porto Alegre: Verbo Jurídico, 2014, p. 239).

Alternativa correta: letra "d". De fato, os direitos compensatórios e os direitos antidumping serão cobrados independentemente de quaisquer obrigações de natureza tributária relativas à importação de produtos afetados. É o que dispõe o parágrafo único do art. 1º da Lei n. 9.019/1995: "Os direitos antidumping e os direitos compensatórios serão cobrados independentemente de quaisquer obrigações de natureza tributária relativas à importação dos produtos afetados."

Alternativa "a": incorreta. É permitido à **Secretaria de Comércio Exterior – SECEX**, celebrar com o exportador ou o governo do país exportador acordo que elimine os efeitos prejudiciais decorrentes da prática de dumping. É o que dispõe a Lei n. 9.019/1995: "Art. 4º Poderá ser celebrado com o exportador ou o governo do país exportador compromisso que elimine os efeitos prejudiciais decorrentes da prática de dumping ou de subsídios. § 1º O compromisso a que se refere este artigo será celebrado perante a **Secretaria de Comércio Exterior – SECEX, do Ministério do Desenvolvimento, Indústria e Comércio Exterior**, **submetido a homologação da CAMEX**."

Alternativa "b": incorreta. **Não é vedada** a aplicação de direitos provisórios durante a fase de investigação, salvo se envolver a concessão de subsídios à indústria agrícola. É o que dispõe o art. 2º da Lei 9.019/1995: "**Poderão** ser aplicados direitos provisórios durante a investigação, quando da análise preliminar verificar-se a existência de indícios da prática de dumping ou de concessão de subsídios, e que tais práticas causam dano, ou ameaça de dano, à indústria doméstica, e se julgue necessário impedi-las no curso da investigação."

Alternativa "c": incorreta. Na verdade, o combate ao *dumping* destina-se à proteção do país que tenha sua economia atingida (e não setor da economia global) pela discriminação interna de preços.

Alternativa "e": incorreta. A introdução de um produto em mercado estrangeiro a preço superior a seu valor normal, por si só, se comparado a preço de produto similar praticado no país exportador, não se considera automaticamente como *dumping*. Para que essa prática seja considerada *dumping* é necessário que a economia do país seja efetivamente lesada ou ameaçada de lesão. O Professor Lafayete Josué Petter ensina que: "É importante notar que o dumping, por si só, não é considerado uma prática comercial desleal, mas será condenado sempre que a discriminação de preços estiver **causando, ou ameaçando causar, dano material à indústria nacional do produto similar ao produto importado (grifo nosso)**. Nesse caso, o Estado cuja indústria está sendo prejudicada ou ameaçada, poderá valer-se de uma sobretaxa na alíquota de importação, denominada medida antidumping, objetivando proteger sua indústria". (PETTER, Lafayete Josué. *Direito Econômico*. Porto Alegre: Verbo Jurídico, 2014, p. 239).

16. DIREITO EMPRESARIAL E O CÓDIGO DE DEFESA DO CONSUMIDOR

109. (Cespe – Juiz do Trabalho Substituto 5ª região/ 2013) Acerca de publicidade empresarial, assinale a opção correta à luz do Código de Defesa do Consumidor.

a) É do MP o ônus da prova em ação civil pública por ele proposta para responsabilizar anunciante por publicidade abusiva ou enganosa, sendo aplicável a inversão se presentes os pressupostos que a justifiquem.

b) Considere que determinada agência de turismo promova a distribuição de panfletos anunciando a venda de pacotes de turismo, a preços baixos, para praias do México, nos meses de janeiro a março, mas omita que esse período corresponde à temporada de furacões na região. Nesse caso, a publicidade é considerada simulada por omissão.

c) Considere que, em jornal de circulação nacional, seja publicada, com aparência de matéria jornalística desse jornal e sem indicação de se tratar de publicidade, publicidade relativa a determinado automóvel em que esse automóvel é avaliado como excelente. Nesse caso, a referida publicidade é considerada enganosa.

d) Compete exclusivamente ao Poder Executivo impor a realização de contrapropaganda ao anunciante que tenha feito anúncio publicitário abusivo ou enganoso.

e) Considere que, em anúncio televisivo, protagonizado por médico de renome por fazer reportagens televisivas e por ser escritor, se afirme que determinado sabonete elimina 90% das bactérias presentes na pele das crianças e que se apure que, na verdade, o referido sabonete elimina apenas 10% das bactérias. Nessa situação, o anúncio é publicidade abusiva.

COMENTÁRIOS

✪ **Nota do autor:** a questão exigia do candidato o conhecimento do Código de Defesa do Consumidor.

Alternativa correta: letra "d". Quanto às infrações administrativas, somente o Poder Executivo poderá impor a contrapropaganda como sanção administrativa, nos termos do art. 56 do CDC ("As infrações das normas de defesa do consumidor ficam sujeitas, conforme o caso, às seguintes sanções administrativas, sem prejuízo das de natureza civil, penal e das definidas em normas específicas: (...) XII – **imposição de contrapropaganda.** Parágrafo único. As sanções previstas neste artigo serão aplicadas pela **autoridade administrativa**, no âmbito de sua atribuição, podendo ser aplicadas cumulativamente, inclusive por medida cautelar, antecedente ou incidente de procedimento administrativo."

Alternativa "a": incorreta. Trata-se da chamada inversão do ônus da prova na publicidade, que ocorre de forma *ope legis*, segundo o disposto no art. 38 do CDC ("O ônus da prova da veracidade e correção da informação ou comunicação publicitária **cabe a quem as patrocina.**")

Alternativa "b": incorreta. Trata-se de **publicidade enganosa por omissão**, prevista no § 3º do art. 37 do CDC ("Para os efeitos deste Código, a publicidade é enganosa por omissão quando deixar de informar sobre dado essencial do produto ou serviço.").

Alternativa "c": incorreta. Trata-se de violação ao princípio da identificação obrigatória da mensagem como publicitária, que está prevista no 36 do CDC ("A publicidade deve ser veiculada de tal forma que o consumidor, fácil e imediatamente, a identifique como tal."). Ademais, o caso apresentado na assertiva refere-se à publicidade enganosa, que está prevista no § 1º do art. 37 do CDC ("É enganosa qualquer modalidade de informação ou comunicação de caráter publicitário, inteira ou parcialmente falsa, ou, por qualquer outro modo, mesmo por omissão, capaz de induzir em erro o consumidor a respeito da natureza, características, qualidade, quantidade, propriedades, origem, preço e quaisquer outros dados sobre produtos e serviços.").

Alternativa "e": incorreta. Trata-se de publicidade enganosa, nos termos do § 1º do art. 37 do CDC (acima reproduzido).

17. OUTROS TEMAS

110. (Cespe – Delegado de Polícia – PE/2016) De acordo com as disposições do CTN, é causa de extinção da exigibilidade do crédito tributário

a) a consignação em pagamento.

b) as reclamações e os recursos, nos termos das leis reguladoras do processo tributário administrativo.

c) a concessão de medida liminar ou de tutela antecipada, em outras espécies de ação judicial.

d) o parcelamento.

e) a concessão de medida liminar em mandado de segurança.

COMENTÁRIOS

✪ **Nota do autor:** a questão exigia o conhecimento do texto da lei.

Alternativa correta: letra "a". Nos termos do art. 156 do Código Tributário Nacional: "Extinguem o crédito tributário: I – o pagamento; II – a compensação; III – a transação; IV – remissão; V – a prescrição e a decadência; VI – a conversão de depósito em renda; VII

– o pagamento antecipado e a homologação do lançamento nos termos do disposto no artigo 150 e seus §§ 1º e 4º; VIII – **a consignação em pagamento, nos termos do disposto no § 2º do artigo 164**; IX – a decisão administrativa irreformável, assim entendida a definitiva na órbita administrativa, que não mais possa ser objeto de ação anulatória; X – a decisão judicial passada em julgado; XI – a dação em pagamento em bens imóveis, na forma e condições estabelecidas em lei.

Alternativas "b", "c", "d" e "e": incorretas. Nos termos do art. 151 do Código Tributário Nacional: "Suspendem a exigibilidade do crédito tributário: I – moratória; II – o depósito do seu montante integral; III – as reclamações e os recursos, nos termos das leis reguladoras do processo tributário administrativo; IV – a concessão de medida liminar em mandado de segurança; V – a concessão de medida liminar ou de tutela antecipada, em outras espécies de ação judicial; VI – o parcelamento.

Direito Empresarial

Daniel Messias da Trindade

✦ DICAS (RESUMO)

1. DIREITO COMERCIAL

1.1. ORIGEM

NO MUNDO

O Direito Comercial tem origem na **Idade Média**.

Muito embora os gregos e fenícios sejam historicamente associados às atividades de compra e troca, fato é que o surgimento do direito comercial de forma organizada se relaciona com à ascensão da classe burguesa na Idade Média. À medida que artesãos e comerciantes europeus se reuniam em corporações de ofícios, surgiam normas destinadas a disciplinar os usos e costumes comerciais da época.

André Luiz Santa Cruz Ramos ensina que: "Ao estudarmos a história do direito comercial, logo percebemos uma coisa: o comércio é muito mais antigo do que ele. De fato, o comércio existe desde a Idade Antiga. As civilizações mais antigas de que temos conhecimento, como os fenícios, por exemplo, destacaram-se no exercício da atividade mercantil. No entanto, nesse período histórico – Idade Antiga, berço das primeiras civilizações –, a despeito de até já existirem algumas leis esparsas para a disciplina do comércio, ainda não se pode falar na existência de um direito comercial, entendido este como um regime jurídico sistematizado com regras e princípios próprios. Mesmo em Roma não se pode afirmar a existência de um direito comercial, uma vez que na civilização romana as eventuais regras comerciais existentes faziam parte do direito privado comum, ou seja, do direito civil (*jus privatorum ou jus civile*). **Durante a Idade Média, todavia, o comércio já atingira um estágio mais avançado, e não era mais uma característica de apenas alguns povos, mas de todos eles. É justamente nessa época que se costuma apontar o surgimento das raízes do direito comercial, ou seja, do surgimento de um regime jurídico específico para a disciplina das relações mercantis**. Fala-se, então, na primeira fase desse ramo do direito. É a época do ressurgimento das cidades (burgos) e do Renascimento Mercantil, sobretudo em razão do fortalecimento do comércio marítimo." (*Direito Empresarial Esquematizado*. 7 ed. rev. e atual. Rio de Janeiro: Forense; São Paulo: MÉTODO, 2017).

Fabio de Ulhoa Coelho, com a mesma maestria, acrescenta que: "**Na Idade Média, o comércio já havia deixado de ser atividade característica só de algumas culturas ou povos. Difundiu-se por todo o mundo civilizado**. Durante o Renascimento Comercial, na Europa, artesãos e comerciantes europeus reuniam-se em corporações de ofício, poderosas entidades burguesas (isto é, sediadas em burgos) que gozavam de significativa autonomia em face do poder real e dos senhores feudais. Nas corporações de ofício, como expressão dessa autonomia, foram paulatinamente surgindo normas destinadas a disciplinar as relações entre os seus filiados. Na Era Moderna, estas normas pseudossistematizadas serão chamadas de Direito Comercial. Nesta sua primeira fase de evolução, ele é o direito aplicável aos membros de determinada corporação dos comerciantes. Os usos e costumes de cada praça ou corporação tinham especial importância na sua aplicação." (*Manual de Direito Comercial*. 28. ed. rev. e ampl. São Paulo: Editora Revista dos Tribunais, 2016).

NO BRASIL

Considera-se o marco inicial do direito comercial brasileiro a Lei de Abertura dos Portos, em 1808, por determinação do rei Dom João VI.

1.2. EVOLUÇÃO HISTÓRICA

No mundo	No Brasil
No mundo, a doutrina identifica 4 fases de evolução do Direito Empresarial: **1.** Fase das Corporações de Ofício; **2.** Fase dos Estados Nacionais; **3.** Fase da Codificação Napoleônica; **4.** Fase da Teoria da Empresa.	No Brasil, a doutrina identifica 2 fases de evolução do Direito Empresarial: **1.** Fase da Teoria dos Atos de Comércio; **2.** Fase da Teoria da Empresa.

1.3. TEORIA DOS ATOS DE COMÉRCIO

O Código Comercial de 1850 adotava a Teoria dos Atos de Comércio, originada no Direito Francês. A teoria falava em *comerciante* (pessoa física) e *sociedade comercial* (pessoa jurídica), como sendo aqueles que praticavam *atos de comércio*, com habitualidade e finalidade lucrativa. O Direito Comercial regulava as relações jurídicas decorrentes da prática de apenas alguns atos tipificados como atos de comércio.

ATENÇÃO!

A Teoria dos Atos de Comércio foi adotada pelo Código Comercial de 1850, que foi dividido em três partes: **1)** Do Comércio em Geral; **2)** Do Comércio Marítimo; **3)** Das quebras.

A primeira parte do Código Comercial foi expressamente revogada pelo art. 2.045 do Código Civil, de 2002. Já a terceira parte, foi revogada pela Lei n. 11.101, de 2005 (Lei de Falência e Recuperação de Empresas). No entanto, a segunda parte do Código Comercial, que trata do Comércio Marítimo, ainda está em vigor.

O Código Civil de 2002 passou a adotar a Teoria da Empresa, originada no Direito Italiano, de autoria de Alberto Asquini, em substituição a antiga teoria dos atos de comércio.

1.4. AUTONOMIA

O Direito Empresarial é autônomo em relação aos outros ramos do Direito.

Embora o Direito Empresarial seja um ramo autônomo do direito privado, ele mantém íntima relação com outros ramos do Direito, como, por exemplo, o Direito Civil, Direito do Consumidor, Direito Tributário, Direito do Trabalho, Direito Econômico, Direito Penal e o Direito Processual Penal. Vejamos alguns exemplos dessa relação: aplicação da teoria geral dos contratos aos contratos empresariais; responsabilidade do fornecedor por fato e vício do produto e do serviço nas relações de consumo; responsabilidade tributária por sucessão empresarial na venda do estabelecimento empresarial (trespasse); habilitação dos créditos trabalhistas na falência; disciplina da concorrência desleal; crimes contra a ordem tributária, econômica, relações de consumo e falimentares; prisão cautelar do falido.

Com relação à autonomia no direito comercial, a doutrina destaca a **autonomia formal** (e não substancial), uma vez que não existe um corpo legislativo codificado sobre esse ramo do direito.

1.5. FONTES

As fontes do Direito Empresarial são classificadas em primárias e secundárias.

Fontes Primárias	Fontes Secundárias
1. Constituição Federal;	**1.** Analogia;
2. Código Civil de 2002;	**2.** Costumes;
3. Código Comercial de 1850, quanto ao Comércio Marítimo;	**3.** Princípios gerais do direito.
4. Tratados internacionais;	
5. Leis especiais.	

1.6. CARACTERÍSTICAS

As características mais importantes do Direito Empresarial são: o *cosmopolitismo*, a *onerosidade*, o *informalismo*, a *fragmentariedade* e a *elasticidade*.

1) **Cosmopolitismo.** O cosmopolitismo deu origem aos usos e costumes comuns a todos os comerciantes, independentemente de sua nacionalidade, a exemplo da criação, pela Convenção de Genebra, de uma lei uniforme para a letra de câmbio e a nota promissória (LUG).

2) **Onerosidade.** A onerosidade significa que a finalidade intrínseca das atividades mercantis desempenhadas pelo empresário é a obtenção de lucro. O empresário exerce as suas atividades mercantis visando o lucro.

3) **Informalismo.** O Direito Empresarial é constantemente renovado pela dinâmica econômica mundial e nacional, exigindo meios ágeis e flexíveis para a realização das atividades mercantis.

4) **Fragmentariedade.** A fragmentariedade significa que o Direito Empresarial possui sub-ramos com características próprias, como, por exemplo, o Direito Cambiário, o Direito Falimentar e Recuperacional, o Direito de Propriedade Industrial, o Direito Concorrencial.

5) **Elasticidade.** Em razão da constantemente renovação das práticas mercantis pela dinâmica econômica mundial e nacional, o Direito Empresarial também precisa ser constantemente renovado.

Sobre o tema, o Professor André Luiz Santa Cruz Ramos ensina que: "São características fundamentais do direito empresarial, que o distinguem sobremaneira do direito civil: **a)** o *cosmopolitismo*, uma vez que o comércio, historicamente, foi fator fundamental de integração entre os povos, razão pela qual o seu desenvolvimento propicia, até os dias de hoje, uma intensa inter-relação entre os países (note-se que em matéria de direito empresarial há diversos acordos internacionais em vigor, muitos dos quais o Brasil é signatário, tais como a Convenção de Genebra, que criou uma legislação uniforme sobre títulos de crédito, e a Convenção da União de Paris, que estabelece preceitos uniformes sobre propriedade industrial); **b)** a *onerosidade*, dado o caráter econômico e especulativo das atividades mercantis, que faz com que o intuito de lucro seja algo intrínseco ao exercício da atividade empresarial; **c)** o *informalismo*, em função do dinamismo da atividade empresarial, que exige meios ágeis e flexíveis para a realização e a difusão das práticas mercantis; **d)** o *fragmentarismo*, pelo fato de o direito empresarial possuir uma série de sub-ramos com características específicas (direito falimentar, direito cambiário, direito societário, direito de propriedade industrial etc.); **e)** a *elasticidade*, porque o direito empresarial é um regime jurídico que permanece em constante processo de mudança, para melhor se adequar ao dinamismo das atividades econômicas." (*Direito Empresarial Esquematizado*. 7 ed. rev. e atual. Rio de Janeiro: Forense; São Paulo: MÉTODO, 2017).

2. DIREITO DE EMPRESA

O Código Civil de 2002 passou a adotar a Teoria da Empresa, originada no Direito Italiano, de autoria de Alberto Asquini, em substituição a antiga teoria dos atos de comércio.

A teoria da empresa não fala mais em comerciante, assim entendido como aquele que pratica atos de comércio, mas sim em empresário, como sendo aquele que exerce profissionalmente atividade econômica organizada para a produção ou a circulação de bens ou de serviços (CC, art. 966).

LEMBRE-SE:

- A teoria da empresa foi desenvolvida na **Itália**, sendo um de seus expoentes **Alberto Asquini**.
- Para a Teoria da Empresa, adotada no Brasil com o Código Civil de 2002, é empresarial a atividade econômica organizada para a produção ou a circulação de bens ou de serviços. Será empresário, pois, aquele que exercer profissionalmente essa atividade.

2.1. TEORIA DA EMPRESA E SEUS PERFIS

Como objeto de estudos, a empresa possui quatro perfis, de acordo com seus quatro aspectos distintos, que são o perfil ou aspecto ***subjetivo***, o perfil ou aspecto ***objetivo***, o perfil ou aspecto ***funcional*** e o perfil ou aspecto ***corporativo***.

Pelo conceito poliédrico, desenvolvido por Alberto Asquini, a empresa possui quatro perfis: ***a) perfil subjetivo:*** o empresário; ***b) perfil objetivo:*** o estabelecimento empresarial; ***c) perfil funcional:*** a atividade empresarial; e ***d) perfil corporativo ou institucional:*** existência de empregados que auxiliam o empresário no cumprimento dos objetivos empresariais.

Waldirio Bulgarelli define empresa como "atividade econômica organizada de produção e circulação de bens e serviços para o mercado, exercida pelo empresário, em caráter profissional, através de um complexo de bens" (Direito Comercial. 12. ed. São Paulo: Atlas, 1997).

Com efeito, para Bulgarelli, são considerados indispensáveis para a existência de uma empresa os perfis ***subjetivo*** (empresário), ***objetivo*** (estabelecimento empresarial) e ***funcional*** (atividade empresarial). Trata-se de um perfil reducionista da Teoria Poliédrica da Empresa desenvolvido por Asquini.

LEMBRE-SE:

Teoria Poliédrica da Empresa: a empresa possui quatro perfis, de acordo com seus quatro aspectos distintos, que são o perfil subjetivo, o perfil objetivo, o perfil funcional e o perfil corporativo.

Teoria Triédrica da Empresa: no direito brasileiro, o perfil corporativo submete-se ao regramento do Direito do Trabalho, daí por que Waldirio Bulgarelli prefere dizer que a Teoria Poliédrica da Empresa é reduzida, no Brasil, à Teoria Triédrica da Empresa, abrangendo tão somente os *perfis subjetivo, objetivo e funcional*, que interessam à legislação civil.

O aspecto funcional se refere à dinâmica empresarial, ou seja, à atividade própria do empresário ou da sociedade empresária, em seu cotidiano negocial, que nada mais é do que o complexo de atos que compõem a vida empresarial.

2.2. NOÇÃO ECONÔMICA E JURÍDICA DA EMPRESA

Pela noção econômica, a *empresa* é um **organismo econômico que se assenta sobre uma organização fundada em princípios técnicos e leis econômicas.**

Por outro lado, pela noção jurídica, a *empresa* é a **atividade econômica organizada exercida pelo empresário.**

Vale lembrar que *atividade econômica organizada* **é aquela que reúne os quatro os fatores de produção** (mão de obra + matéria prima + capital + tecnologia).

Para a doutrina majoritária, faltando qualquer um dos fatores de produção, não há falar em atividade empresarial.

A doutrina de Fabio Ulhôa Coelho se posiciona no seguinte sentido: "A empresa é atividade organizada no sentido de que nela se encontram articulados, pelo empresário, os quatro fatores de produção: capital, mão de obra, insumos e tecnologia. Não é empresário quem explora atividade de produção ou circulação de bens ou serviços sem alguns desses fatores. O comerciante de perfumes que leva ele mesmo, à sacola, os produtos até os locais de trabalho ou residência dos potenciais consumidores explora atividade de circulação de bens, fá-lo com intuito de lucro, habitualidade e em nome próprio, mas não é empresário, porque em seu mister não contrata empregado, não organiza mão de obra. A tecnologia, ressalte-se, não precisa ser necessariamente de *ponta*, para que caracterização da empresarialidade. Pressupõe-se apenas que o empresário, ao estruturar a organização econômica, detenha e use os conhecimentos próprios aos bens ou serviços que pretende oferecer ao mercado, sejam estes sofisticados ou de amplo conhecimento." (*Manual de Direito Comercial*. 28. ed. rev. e ampl. São Paulo: Editora Revista dos Tribunais, 2016).

No entanto, nos filiamos à uma corrente mais moderna, explicada pelo Professor André Luiz Santa Cruz Ramos: "Fábio Ulhoa Coelho, ao analisar o requisito da *organização* para a caracterização da empresa, chega a afirmar que não se deve considerar como empresário aquele que não organiza nenhum dos fatores de produção. Parece-nos que essa ideia fechada de que a organização dos fatores de produção é absolutamente imprescindível para a caracterização do empresário vem perdendo força no atual contexto da economia capitalista. Com efeito, basta citar o caso dos microempresários, os quais, não raro, exercem atividade empresarial única ou preponderantemente com trabalho próprio. Pode-se citar também o caso dos *empresários virtuais*, que muitas vezes atuam completamente sozinhos, resumindo-se sua atividade à intermediação de produtos ou serviços por meio da *internet*." (*Direito Empresarial Esquematizado*. 7 ed. rev. e atual. Rio de Janeiro: Forense; São Paulo: MÉTODO, 2017).

3. EMPRESÁRIO

3.1. CONCEITO

Empresário é a pessoa física (empresário individual) ou jurídica (sociedade empresária) que exerce profissionalmente atividade econômica organizada para a produção ou circulação de bens ou de serviços.

ATENÇÃO!

O sócio de sociedade empresária não é empresário.

3.2. CARACTERIZAÇÃO

Considera-se empresário quem exerce profissionalmente atividade econômica organizada para a produção ou a circulação de bens ou de serviços (CC, art. 966).

A expressão "profissionalmente" designa a necessidade de **habitualidade.**

Já a expressão "atividade econômica organizada" designa a necessidade de **presença dos quatro fatores de produção** (mão-de-obra, matéria-prima, capital e tecnologia).

Não se considera empresário quem exerce profissão intelectual, de natureza científica, literária ou artística, ainda com o concurso de auxiliares ou colaboradores, salvo se o exercício da profissão constituir elemento de empresa (CC, art. 966, parágrafo único).

Com efeito, se a profissão intelectual de natureza científica, literária ou artística constituir elemento de empresa, ela passará a ter natureza empresarial. Isso porque, neste caso, a atividade profissional intelectual será apenas um dos elementos dentro do complexo de atividades oferecidos pela sociedade.

LEMBRE-SE:

Não se considera empresário quem exerce profissão intelectual, de natureza científica, literária ou artística, mesmo que com o concurso de auxiliares ou colaboradores, a não ser que o exercício da profissão constitua elemento de empresa.

- **ENUNCIADOS DO CJF APLICÁVEIS:**

III Jornada de Direito Civil

- **Enunciado 193.** O exercício das atividades de natureza exclusivamente intelectual está excluído do conceito de empresa.
- **Enunciado 194.** Os profissionais liberais não são considerados empresários, salvo se a organização dos fatores de produção for mais importante que a atividade pessoal desenvolvida.
- **Enunciado 195.** A expressão "elemento de empresa" demanda interpretação econômica, devendo ser analisada sob a égide da absorção da atividade intelectual, de natureza científica, literária ou artística, como um dos fatores da organização empresarial.

3.3. INSCRIÇÃO

- **Regra:** o empresário é obrigado a efetuar seu registro no Registro Público de Empresas Mercantis (Junta Comercial) antes de iniciar sua atividade. O registro do empresário é uma condição de *regularidade*. **Exceção:** para o empresário rural o registro na Junta Comercial é facultativo. Caso faça o registro, o empresário rural fica equiparado ao empresário comum, tendo os mesmos direitos e deveres deste (CC, art. 971).
- **Natureza do registro:** o registro do empresário na Junta Comercial é obrigatório e de natureza *declaratória* da sua qualidade de empresário. **Exceção:** o registro do empresário rural na Junta Comercial é facultativo e de natureza *constitutiva*, sujeitando-o ao regime jurídico empresarial.
- **Consequências da ausência do registro:**

a) Responsabilidade ilimitada pelas obrigações sociais;

b) Impossibilidade de requerer a própria recuperação judicial;

c) Impossibilidade de requerer falência de terceiros (**pode pedir a autofalência*);

d) Impossibilidade de participar de procedimentos licitatórios.

3.4. CAPACIDADE

- **Regra:** Podem exercer a atividade de empresário os que estiverem em pleno gozo da capacidade civil e não forem legalmente impedidos (CC, art. 972).
- **Menor emancipado:** o menor emancipado pode perfeitamente ser empresário, porque a emancipação antecipa a capacidade civil plena.
- **Continuação da empresa pelo incapaz.** O incapaz não poderá *iniciar* a atividade empresarial, mas no caso de sucessão hereditária ou de incapacidade superveniente, ele poderá *continuar* a empresa já existente. Com efeito, em razão do *princípio da continuidade da empresa*, há duas situações em que o incapaz poderá ser empresário: **a)** continuação da empresa no caso de sucessão hereditária; ou **b)** continuação da empresa no caso de incapacidade superveniente.
- **Requisitos para a continuação da empresa pelo incapaz.** Para que o incapaz possa continuar a empresa ele deve estar *representado* – no caso de incapacidade absoluta – ou *assistido* – no caso de incapacidade relativa. Além disso, deve haver *prévia autorização judicial*, ocasião em que o juiz analisa a pertinência da continuação da empresa.
- **Bens que o incapaz já possuía.** Não ficam sujeitos ao resultado da empresa os bens que o incapaz já possuía ao tempo da sucessão ou da interdição, desde que estranhos ao acervo daquela, devendo tais fatos constar do alvará que conceder a autorização.

LEMBRE-SE:

Por meio de representação ou assistência, o menor não emancipado pode continuar a atividade empresarial exercida por seus pais.

3.5. EMPRESÁRIO CASADO

- Os cônjuges **podem** contratar sociedade entre si ou com terceiros, **desde que não tenham casado sob o regime de comunhão universal ou no de separação obrigatória** (art. 977 do CC).

- O empresário casado **pode, sem necessidade de outorga conjugal, qualquer que seja o regime de bens**, alienar os imóveis que integrem o patrimônio da empresa ou gravá-los de ônus real. Essa regra está prevista no art. 978 do Código Civil, que é uma exceção à regra prevista no art. 1647, inciso I, do mesmo código.
- Os pactos e declarações antenupciais do empresário, o título de doação, herança ou legado, de bens clausulados de inalienabilidade ou incomunicabilidade, **devem** ser arquivados e averbados na Junta Comercial.
- Também **devem** ser levados a arquivamento e averbação na Junta Comercial para que possam ser opostos a terceiros, a sentença que decretar ou homologar a separação judicial do empresário, bem como o ato de reconciliação.
- **ENUNCIADOS DO CJF APLICÁVEIS:**

  I Jornada de Direito Comercial

  - **Enunciado 6.** O empresário individual regularmente inscrito é o destinatário da norma do art. 978 do Código Civil, que permite alienar ou gravar de ônus real o imóvel incorporado à empresa, desde que exista, se for o caso, prévio registro de autorização conjugal no Cartório de Imóveis, devendo tais requisitos constar do instrumento de alienação ou de instituição do ônus real, com a consequente averbação do ato à margem de sua inscrição no Registro Público de Empresas Mercantis.

  II Jornada de Direito Comercial

  - **Enunciado 58.** O empresário individual casado é o destinatário da norma do art. 978 do CCB e não depende da outorga conjugal para alienar ou gravar de ônus real o imóvel utilizado no exercício da empresa, desde que exista prévia averbação de autorização conjugal à conferência do imóvel ao patrimônio empresarial no cartório de registro de imóveis, com a consequente averbação do ato à margem de sua inscrição no registro público de empresas mercantis.

  III Jornada de Direito Civil

  - **Enunciado 203.** O exercício da empresa por empresário incapaz, representado ou assistido, somente é possível nos casos de incapacidade superveniente ou incapacidade do sucessor na sucessão por morte.

  V Jornada de Direito Civil

  - **Enunciado 489.** No caso da microempresa, da empresa de pequeno porte e do microempreendedor individual, dispensados de publicação dos seus atos (art. 71 da Lei Complementar n. 123/2006), os prazos estabelecidos no Código Civil contam-se da data do arquivamento do documento (termo inicial) no registro próprio.

  VI Jornada de Direito Civil

  - **Enunciado 562.** Aos casos do art. 931 do Código Civil aplicam-se as excludentes da responsabilidade objetiva.

3.6. IMPEDIMENTOS LEGAIS

São legalmente impedidos de ser empresários: **a)** funcionários públicos da União, Estados, Distrito Federal e Municípios; **b)** magistrados; **c)** membros do Ministério Público; **d)** falido não reabilitado; **e)** corretores; **f)** leiloeiros; **g)** cônsules, salvo os não remunerados; **h)** militares da ativa das Forças Armadas e da Polícia Militar.

A pessoa legalmente impedida de exercer atividade própria de empresário, se a exercer, responderá pelas obrigações contraídas (art. 973 do CC).

Vale lembrar, ainda, que quando uma pessoa pratica atividade empresarial sem o cumprimento dos requisitos exigidos por lei (ex: impedimentos legais), além da consequência empresarial de responsabilidade ilimitada, isso também configura contravenção penal (arts. 47 e 49 do Decreto-Lei n. 3.688/1941 – Lei das Contravenções Penais).

4. EMPRESA INDIVIDUAL DE RESPONSABILIDADE LIMITADA

- **Origem.** A empresa individual de responsabilidade limitada – EIRELI, foi trazida pela Lei n. 12.441, de 2011, que acrescentou o art. 980-A ao Código Civil.
- **Conceito.** A empresa individual de responsabilidade limitada é uma pessoa jurídica de direito privado, composta por um único titular da totalidade do capital social, devidamente integralizado, que não será inferior a 100 vezes o maior salário mínimo vigente no País.
- **Natureza jurídica.** A empresa individual de responsabilidade limitada não é uma sociedade unipessoal, mas sim um **novo ente jurídico personificado**, distinto do empresário e da sociedade empresária.

- **Titularidade.** De acordo com o § 2º do art. 980-A do Código Civil, a empresa individual de responsabilidade limitada só pode ser constituída por pessoa física. Aliás, esse é o entendimento extraído do Enunciado n. 468 do CJF, aprovado na V Jornada de Direito Civil ("A empresa individual de responsabilidade limitada só poderá ser constituída por pessoa natural."). No entanto, o Departamento de Registro Empresarial e Incorporação – DREI, por meio da Instrução Normativa n. 38/2017, alterou seu entendimento sobre o tema, sendo que pela nova redação do item 1.2.5 ("Capacidade para ser titular de Eireli") do Manual de Registro, na alínea "c", admite-se expressamente que o titular de Eireli pode ser uma pessoa jurídica nacional ou estrangeira. De qualquer modo, vale lembrar que o titular **não** pode constituir mais de uma empresa individual de responsabilidade limitada ("uma Eireli por CPF").

- **Registro.** O registro empresarial da empresa individual de responsabilidade limitada ocorre na Junta Comercial, sendo um ato **constitutivo**.

- **Capital mínimo.** O capital social da empresa individual de responsabilidade limitada **não pode ser inferior a 100 vezes o valor do salário mínimo.**

- **Integralização.** O capital social da empresa individual de responsabilidade limitada **deve estar totalmente integralizado**. A integralização pode ser feita com dinheiro e bens, mas não pode ser feita com prestação de serviços, por aplicação subsidiária de regra da sociedade limitada (art. 1.055 da CC). Vale lembrar também que a imagem, o nome ou a voz não podem ser utilizados para a integralização do capital da empresa individual de responsabilidade limitada.

- **Responsabilidade.** A responsabilidade do titular da empresa individual de responsabilidade limitada é **limitada**. As dívidas sociais alcançam apenas os bens da pessoa jurídica. **Obs:** sempre que o titular da Eireli agir contra a lei ou o ato constitutivo, ele responderá ilimitadamente pelas obrigações sociais, por aplicação subsidiária de regra da sociedade limitada (art. 1.080 do CC).

- **Administrador.** O administrador da empresa individual de responsabilidade limitada pode ser **tanto o titular quanto um terceiro contratado**. Essa informação pode aparecer no próprio contrato social ou em documento separado, desde que este esteja igualmente registrado na Junta Comercial. Essa regra decorre da aplicação subsidiária das disposições da sociedade limitada.

- **Nome empresarial.** A empresa individual de responsabilidade limitada pode adotar **firma** ou **denominação**. No entanto, em ambos os casos, é necessária a inclusão da expressão "Eireli" no final do nome empresarial.

- **Desconsideração da personalidade jurídica.** Sendo um novo ente jurídico personificado, nada impede a desconsideração da personalidade jurídica da empresa individual de responsabilidade limitada, desde que preenchidos os requisitos legais.

- **Reorganização societária.** Nada impede que uma sociedade empresária, qualquer que seja o tipo societário, seja transformada em EIRELI, desde que as quotas estejam concentradas num único sócio. Também é possível o caminho inverso, ou seja, que uma EIRELI seja transformada em sociedade empresária ou até mesmo em empresário individual.

- **Regime jurídico subsidiário.** Aplicam-se, subsidiariamente à empresa individual de responsabilidade limitada, as regras da **sociedade limitada**. Ex: o administrador da empresa individual de responsabilidade limitada pode ser tanto o titular quanto um terceiro contratado.

- **ENUNCIADOS DO CJF APLICÁVEIS:**

I Jornada de Direito Comercial

- **Enunciado 3.** A empresa individual de responsabilidade limitada não é sociedade unipessoal, mas um novo ente, distinto da pessoa do empresário e da sociedade empresária.
- **Enunciado 4.** Uma vez subscrito e efetivamente integralizado, o capital da empresa individual de responsabilidade limitada não sofrerá nenhuma influência decorrente de ulteriores alterações no salário mínimo."

II Jornada de Direito Comercial

- **Enunciado 62.** O produtor rural, nas condições mencionadas do art. 971 do CC, pode constituir empresa individual de responsabilidade limitada.

V Jornada de Direito Civil

- **Enunciado 468.** A empresa individual de responsabilidade limitada só poderá ser constituída por pessoa natural.
- **Enunciado 469.** A empresa individual de responsabilidade limitada não é sociedade, mas novo ente jurídico personificado.

- **Enunciado 470.** O patrimônio da empresa individual de responsabilidade limitada responderá pelas dívidas da pessoa jurídica, não se confundindo com o patrimônio da pessoa natural que a constitui, sem prejuízo da aplicação do instituto da desconsideração da personalidade jurídica.
- **Enunciado 471.** Os atos constitutivos da empresa individual de responsabilidade limitada devem ser arquivados no registro competente (Junta Comercial – *grifo nosso*), para fins de aquisição de personalidade jurídica. A falta de arquivamento ou de registro de alterações dos atos constitutivos configura **irregularidade** superveniente.
- **Enunciado 472.** É inadequada a utilização da expressão "social" para as empresas individuais de responsabilidade limitada.
- **Enunciado 473.** A imagem, o nome ou a voz não podem ser utilizados para a integralização do capital da empresa individual de responsabilidade limitada.

5. MICROEMPRESA E EMPRESA DE PEQUENO PORTE

- **Tratamento diferenciado e favorecido.** Por mandamento constitucional (art. 179 da CF), a União, os Estados, o Distrito Federal e os Municípios *devem* dispensar às microempresas e empresas de pequeno porte, assim definidas em lei, tratamento jurídico diferenciado, visando a incentivá-las pela simplificação de suas obrigações administrativas, tributárias, previdenciárias e creditícias, ou pela eliminação ou redução destas por meio de lei.
- **Simples Nacional.** O Simples Nacional, regido pela Lei Complementar n. 123/2006, surgiu da premente necessidade de se fazer com que o sistema tributário nacional concretizasse as diretrizes constitucionais do favorecimento às microempresas e empresas de pequeno porte.
- **Microempreendedor Individual (MEI) *vs.* Microempresa (ME) *vs.* Empresa de Pequeno Porte (EPP):**

	Quem pode ser?	Qual a receita bruta anual?
Microempreendedor individual	Só o empresário individual.	Até 81.000 reais
Microempresa	• Empresário individual; • Sociedade empresária; • EIRELI; e • Sociedade simples.	Até 360.000 reais
Empresa de Pequeno Porte	• Empresário individual; • Sociedade empresária; • EIRELI; e • Sociedade simples.	De 360.000 até 4.800.000 reais[1]

[1] (*) Valores atualizados conforme a LC n. 155, de 2016, que deu nova redação ao inciso II do art. 3º da LC n. 123/2006.

- **Objeto.** As microempresas e empresas de pequeno porte podem ter por objeto quaisquer atividades econômicas de natureza empresarial (empresário individual, sociedade empresária ou empresa individual de responsabilidade limitada) ou intelectual (no caso de sociedade simples).
- **Registro.** A microempresa ou empresa de pequeno porte abrange a sociedade empresária, a sociedade simples e o empresário, assim definido no Código Civil, devidamente registrados no Registro de Empresas Mercantis ou no Registro Civil de Pessoas Jurídicas, conforme o caso e preenchidos os demais requisitos legais.

ATENÇÃO!

- As **sociedades por ações** (sociedade anônima e sociedade em comandita por ações) não se incluem no regime diferenciado das microempresas e empresas de pequeno porte (art. 3º, § 4º, LC 123/06).
- As **sociedades de cujo capital participe outra pessoa jurídica** não se incluem no regime diferenciado das microempresas e empresas de pequeno porte (art. 3º, § 4º, LC 123/06).
- As **sociedades cooperativas**, salvo as de consumo, não se incluem no regime diferenciado das microempresas e empresas de pequeno porte (art. 3º, § 4º, LC 123/06).
- As **sociedades que exerçam atividade de banco comercial, de investimentos e de desenvolvimento, de caixa econômica, de sociedade de crédito, financiamento e investimento ou de crédito imobiliário, de corretora ou de distribuidora de títulos, valores mobiliários e câmbio, de empresa de arrendamento mercantil, de seguros privados e de capitalização ou de previdência complementar**, não se incluem no regime diferenciado das microempresas e empresas de pequeno porte (art. 3º, § 4º, LC 123/06).

- **ENUNCIADOS DO CJF APLICÁVEIS:**

  II Jornada de Direito Comercial

  – **Enunciado 61.** Em atenção ao princípio do tratamento favorecido à microempresa e à empresa de pequeno porte, é possível a representação de empresário individual, sociedade empresária ou EIRELI, quando enquadrados nos respectivos regimes tributários, por meio de preposto, perante os juizados especiais cíveis, bastando a comprovação atualizada do seu enquadramento.

  V Jornada de Direito Civil

  – **Enunciado 489.** No caso da microempresa, da empresa de pequeno porte e do microempreendedor individual, dispensados de publicação dos seus atos (art. 71 da Lei Complementar n. 123/2006), os prazos estabelecidos no Código Civil contam-se da data do arquivamento do documento (termo inicial) no registro próprio.

6. ESTABELECIMENTO EMPRESARIAL

- **Conceito.** O estabelecimento empresarial compreende o complexo (conjunto) de bens, corpóreos e incorpóreos, organizados pelo empresário para o exercício da atividade empresarial.
- **Sinônimo:** fundo de comércio. O CESPE utiliza a expressão "fundo de comércio" como sinônimo de "estabelecimento empresarial". No concurso da AGU, em 2012, o CESPE deu como correta a seguinte assertiva: "O adquirente de um fundo de comércio é subsidiariamente responsável, juntamente com o alienante que continue a exercer a atividade comercial em outro estado, pelos tributos devidos até a data da venda desse fundo."
- **Sujeito de direitos?** O estabelecimento empresarial não é sujeito de direitos e obrigações, uma vez que não possui personalidade jurídica. O estabelecimento empresarial é objeto de direito, porquanto possui proteção legal.
- **Elementos.** O estabelecimento empresarial é formado por elementos corpóreos e incorpóreos.

Elementos corpóreos ou materiais	Elementos incorpóreos ou imateriais
• Bens móveis (ex: mercadorias em estoque); • Bens imóveis (ex: imóvel utilizado como armazém para depósitos das mercadorias; prédios apropriados para instalação de usinas; estacionamentos para cargas, etc.)	• Ponto empresarial; • Nome empresarial; • Propriedade industrial (patente de invenção e de modelo de utilidade; registro de marca e de desenho industrial).

1ª OBSERVAÇÃO:

- **Mercadorias em estoque.** Segundo o STJ, as mercadorias em estoque constituem elementos materiais do estabelecimento empresarial, pois são bens corpóreos utilizados pelo empresário na exploração da atividade econômica (REsp 1.079.781/RS).
- **Nome de domínio.** Nome de domínio é o nome indicativo do *website* do empresário. O nome de domínio constitui elemento imaterial do estabelecimento empresarial, pois é bem incorpóreo utilizado pelo empresário na exploração da atividade econômica.

2ª OBSERVAÇÃO:

- **Aviamento.** O aviamento é a potencialidade do estabelecimento de gerar lucros. O aviamento não compõe o conceito de estabelecimento. Ou seja, o aviamento não é elemento do estabelecimento, mas **atributo** deste, que corresponde a sua capacidade de gerar lucros.
- **Clientela.** A clientela é conjunto de pessoas que mantém relação de fidelidade com o empresário, adquirindo seus produtos e serviços. Está diretamente relacionada ao aviamento, pois, quanto maior a clientela, tanto maior será o aviamento. A clientela não compõe o conceito de estabelecimento. Ou seja, a clientela não é um elemento do estabelecimento, mas **atributo** deste, que corresponde a sua capacidade de gerar lucros.

- **Atributos.** O estabelecimento empresarial possui dois atributos: o *aviamento* e a *clientela*.
- **Natureza jurídica:** prevalece que o estabelecimento empresarial tem natureza jurídica de *universalidade de fato* (bens que estão juntos por vontade do titular). O estabelecimento é uma universalidade de fato, formada por bens corpóreos e incorpóreos, porque os elementos que o compõe formam uma coisa unitária por destinação do próprio empresário.
- **Penhora.** Segundo o STJ, é *legítima* a penhora do estabelecimento comercial (Súmula 451).

- **ENUNCIADO DO CJF APLICÁVEL:**

  I Jornada de Direito Comercial

  – **Enunciado 7.** O nome de domínio integra o estabelecimento empresarial como bem incorpóreo para todos os fins de direito.

6.1. TRESPASSE

- **Conceito.** Trespasse é o nome que se dá ao contrato de compra e venda do estabelecimento empresarial. Trata-se de um *negócio jurídico translativo.*
- **Trespasse *vs.* Cessão de quotas.** O trespasse não se confunde com a cessão de quotas. No trespasse ocorre a **transferência da titularidade do estabelecimento**. Já na cessão de cotas ocorre a **modificação do quadro societário**, mas não a transferência da titularidade do estabelecimento.
- **Formalidades.** Averbação + publicação na imprensa oficial. O contrato de trespasse só produz efeitos quanto a terceiros, depois de averbado à margem da inscrição do empresário, ou da sociedade empresária, no Registro Público de Empresas Mercantis (Junta Comercial) e de publicado na Imprensa Oficial. **Exceção:** as microempresas e empresas de pequeno porte estão desobrigadas do requisito de publicação na imprensa oficial (art. 71 da LC n. 123/2006).
- **Formalidade adicional.** Se o alienante não tiver bens suficientes para saldar as dívidas do estabelecimento, é necessária uma formalidade adicional, que é a **notificação dos credores**, que terão prazo de 30 dias para concordar de forma expressa ou tácita com a alienação.
- **E se os credores não concordarem com a venda do estabelecimento?** Caso não concordem com a venda do estabelecimento, o alienante ainda poderá fazê-lo, mas desde que pague todos os credores. É o que diz o art. 1.145 do Código Civil: "Se ao alienante não restarem bens suficientes para solver o seu passivo, a eficácia da alienação do estabelecimento depende do pagamento de todos os credores, ou do consentimento destes, de modo expresso ou tácito, em trinta dias a partir de sua notificação."

ATENÇÃO!

- **E se a alienação for feita sem a notificação dos credores?** Caso a alienação seja feita sem a notificação de todos os credores, o contrato de trespasse será *ineficaz.*
- **E se todos os credores foram notificados, mas não consentiram com a alienação?** Caso a alienação seja feita sem o pagamento de todos os credores, o contrato de trespasse será *ineficaz.*
- **Como o credor pode pleitear a ineficácia da alienação?** O credor pode pleitear a ineficácia do contrato de trespasse tanto em ação ordinária como em ação de falência. Na falência, reconhecida a ineficácia ou julgada procedente a ação revocatória, as partes retornarão ao estado anterior, e o contratante de boa-fé terá direito à restituição dos bens ou valores entregues ao devedor.

- **Responsabilidade do alienante:**
  1. **Dívidas anteriores ao trespasse.** O alienante responde solidariamente com o adquirente pelas dívidas anteriores, pelo prazo de *um ano.* **Obs:** se a dívida estiver vencida, conta-se um ano da data da publicação do trespasse na imprensa oficial. Se a dívida é vincenda, conta-se um ano da data do vencimento.
- **Responsabilidade do adquirente:**
  1. **Dívidas posteriores ao trespasse.** Após o trespasse, todas as dívidas sociais correm por conta do adquirente.
  2. **Dívidas anteriores ao trespasse.** O adquirente responde pelas dívidas anteriores, desde que regularmente contabilizadas. **Exceção:** se a compra do estabelecimento ocorreu no processo de falência ou de recuperação judicial, o adquirente não responde pelas dívidas anteriores, inclusive as tributárias e trabalhistas.
  3. **Dívidas tributárias anteriores ao trespasse.** O adquirente que continua explorando a atividade empresarial antes desenvolvida pelo alienante, responde pelos tributos do estabelecimento adquirido devidos até a data do trespasse: **a) integralmente:** se o alienante cessar a exploração do comércio, indústria ou atividade; **b) subsidiariamente com o alienante:** se o alienante prosseguir na exploração ou iniciar dentro de 6 meses, a contar da data da alienação, nova atividade no mesmo ou em outro ramo de comércio, indústria ou profissão. **Exceção:** se a compra do estabelecimento ocorreu no processo de falência ou de recuperação judicial, o adquirente não responde pelas dívidas anteriores, inclusive as tributárias e trabalhistas.

- **Cláusula de não restabelecimento ou de não concorrência.** A cláusula de não restabelecimento é uma cláusula **implícita** do contrato de trespasse, pois decorre da própria lei (art. 1.147 do CC). Por se tratar de uma cláusula implícita, se não houver autorização expressa no contrato de trespasse, o alienante não poderá fazer concorrência ao adquirente nos **cinco anos** subsequentes à transferência do estabelecimento.
- **Abusividade da cláusula de não concorrência sem limitação de tempo.** Segundo o STJ, é abusiva a vigência, por prazo indeterminado, da cláusula de não restabelecimento, também denominada cláusula de não concorrência.
- **Sub-rogação do adquirente nos contratos de exploração atinentes ao estabelecimento adquirido:** desde que não possuam caráter pessoal, é a regra geral, incluindo o contrato de locação. É o que dispõe o art. 1.148 do CC: "Salvo disposição em contrário, a transferência importa a sub-rogação do adquirente nos contratos estipulados para exploração do estabelecimento, se não tiverem caráter pessoal, podendo os terceiros rescindir o contrato em 90 dias a contar da publicação da transferência, se ocorrer justa causa, ressalvada, neste caso, a responsabilidade do alienante."
- **Cessão de créditos referentes ao estabelecimento transferido:** produzirá efeito em relação aos respectivos devedores, desde o momento da publicação da transferência na Imprensa Oficial, mas o devedor ficará exonerado se de boa-fé pagar ao cedente (art. 1.149 do CC).
- **ENUNCIADOS DO CJF APLICÁVEIS:**

  I Jornada de Direito Comercial

  - **Enunciado 8.** A sub-rogação do adquirente nos contratos de exploração atinentes ao estabelecimento adquirido, desde que não possuam caráter pessoal, é a regra geral, incluindo o contrato de locação.

  II Jornada de Direito Comercial

  - **Enunciado 59.** A mera instalação de um novo estabelecimento, em lugar antes ocupado por outro, ainda que no mesmo ramo de atividade, não implica responsabilidade por sucessão prevista no art. 1.146 do CC.

  III Jornada de Direito Civil

  - **Enunciado 233.** A sistemática do contrato de trespasse delineada pelo Código Civil nos arts. 1.142 e ss., especialmente seus efeitos obrigacionais, aplica-se somente quando o conjunto de bens transferidos importar a transmissão da funcionalidade do estabelecimento empresarial.
  - **Enunciado 234.** Quando do trespasse do estabelecimento empresarial, o contrato de locação do respectivo ponto não se transmite automaticamente ao adquirente.

  IV Jornada de Direito Civil

  - **Enunciado 393.** A **validade** da alienação do estabelecimento empresarial não depende de forma específica, observado o regime jurídico dos bens que a exijam.

7. NOME EMPRESARIAL

- **Conceito.** Nome empresarial é o elemento que identifica o empresário no meio empresarial.
- **Exclusividade.** A proteção do nome empresarial ocorre automaticamente do registro do empresário na Junta Comercial. Em regra, essa proteção tem âmbito tem **âmbito estadual**, ou seja, se restringe ao Estado/DF de competência da Junta Comercial. No entanto, a proteção poderá ter **âmbito nacional**, sendo estendida a todo o território nacional, desde que o empresário faça pedido complementar de arquivamento nas demais Juntas Comerciais.
- **Princípios.** O nome empresarial deve obedecer aos princípios da veracidade e da novidade.

Veracidade	Novidade
O nome empresarial deve ser novo/original, devendo distinguir-se de outro já inscrito no mesmo registro.	O nome empresarial deve corresponder à verdade, não podendo conter informação falsa.

- **Inalienabilidade.** O nome empresarial não pode ser objeto de alienação (CC, art. 1.164). O nome empresarial é personalíssimo e inalienável, porque envolve direitos da personalidade que também são assegurados às pessoas jurídicas.
- **Espécies.** O nome empresarial abrange duas espécies, quais sejam a firma e a denominação.

Firma	O nome empresarial Roma & Cia. Ltda. é classificado como firma social (e não denominação social). A firma social é constituída pelo nome civil do empresário, completo ou abreviado (firma social) ou pelo sobrenome dos sócios da sociedade empresária (razão social). A inclusão do ramo de atividade é facultativa. Ex.: Daniel Messias da Trindade; Daniel M. da Trindade Materiais de Construção. **Obs.:** O nome de sócio que vier a falecer, for excluído ou se retirar, não pode ser conservado na firma social.
Denominação	A denominação deve (obrigatoriamente) ser constituída pelo ramo de atividade, sendo permitido (faculdade) a inclusão de elemento/nome fantasia. Ex.: Divina Delícia Pizzaria; Doce Festa Doceria; Escola Aprender S/A. Excepcionalmente, admite-se a inclusão de nome de sócio, a fim de prestar-lhe homenagem. **Obs.:** nas sociedades anônimas, excepcionalmente, pode constar da denominação o nome do fundador, acionista, ou pessoa que haja concorrido para o bom êxito da formação da empresa.

- **Aplicabilidade do nome empresarial em cada tipo societário:**

Firma	• Empresário individual; • Sociedade em nome coletivo; • Sociedade em comandita simples.
Denominação	• Sociedade anônima; • Sociedade cooperativa.
Firma ou denominação	• Sociedade limitada; • Empresa individual de responsabilidade limitada; • Sociedade comandita por ações;

- **Nome empresarial x Marca registrada x Título de estabelecimento:**

Nome empresarial	Marca registrada	Título de estabelecimento
Identifica o empresário no meio empresarial.	Identifica o produto ou serviço no meio empresarial.	Identifica o estabelecimento empresarial.
Protegido a partir do registro dos seus atos constitutivos na Junta Comercial, que é um órgão estadual. A proteção tem âmbito estadual.	Protegida a partir do registro no INPI, que é um órgão federal. A proteção tem âmbito federal.	Não precisa ser registrado.
Não pode ser alienado.	Pode ser alienada.	Pode ser alienado.

- **ENUNCIADOS DO CJF RELACIONADOS:**

I Jornada de Direito Comercial

- **Enunciado 1.** Decisão judicial que considera ser o nome empresarial violador do direito de marca não implica a anulação do respectivo registro no órgão próprio nem lhe retira os efeitos, preservado o direito de o empresário alterá-lo.
- **Enunciado 2.** A vedação de registro de marca que reproduza ou imite elemento característico ou diferenciador de nome empresarial de terceiros, suscetível de causar confusão ou associação (art. 124, V, da Lei n. 9.279/1996), deve ser interpretada restritivamente e em consonância com o art. 1.166 do Código Civil.
- **Enunciado 7.** O nome de domínio integra o estabelecimento empresarial como bem incorpóreo para todos os fins de direito.

V Jornada de Direito Civil

- **Enunciado 491.** A proteção ao nome empresarial, limitada ao Estado-Membro para efeito meramente administrativo, estende-se a todo o território nacional por força do art. 5º, XXIX, da Constituição da República e do art. 8º da Convenção Unionista de Paris.

8. PONTO EMPRESARIAL

Ponto empresarial nada mais é que o local escolhido pelo empresário para a exploração da sua atividade econômica.

O ponto empresarial constitui elemento imaterial do estabelecimento empresarial, pois é bem incorpóreo utilizado pelo empresário na exploração da atividade econômica.

O empresário pode explorar sua atividade econômica em imóvel de sua propriedade, bem como em imóvel por ele locado. Nas duas situações, haverá proteção do ordenamento jurídico, já que o ponto empresarial representa um valor ao empresário.

Quando o empresário explora sua atividade em imóvel próprio, a proteção do ponto se dá pelo regime jurídico atinente ao **direito de propriedade.**

Noutro passo, quando o empresário decide explorar sua atividade em imóvel locado, a proteção do ponto se dá pela **ação renovatória de aluguel**, que está prevista na Lei de Locações (Lei n. 8.245/1991).

- **ENUNCIADO DO CJF APLICÁVEL:**

I Jornada de Direito Comercial

- **Enunciado 8.** A sub-rogação do adquirente nos contratos de exploração atinentes ao estabelecimento adquirido, desde que não possuam caráter pessoal, é a regra geral, incluindo o contrato de locação.

III Jornada de Direito Civil

- **Enunciado 234.** Quando do trespasse do estabelecimento empresarial, o contrato de locação do respectivo ponto não se transmite automaticamente ao adquirente.

8.1. AÇÃO RENOVATÓRIA DE ALUGUEL

- **Conceito.** A ação renovatória é a medida processual adequada a ser manejada pelo empresário, tendo por finalidade a proteção do ponto empresarial, assim entendido como o local por ele escolhido para a exploração da sua atividade econômica.
- **Requisitos.** Para que possa ser proposta, a ação renovatória de aluguel deve preencher os seguintes requisitos:
  - **a)** o contrato a renovar deve ter sido celebrado por **escrito**;
  - **b)** o contrato a renovar deve ter sido celebrado com **prazo determinado**;
  - **c)** o prazo mínimo a renovar ou a soma dos prazos ininterruptos dos contratos escritos deve ser de **5 anos**;
  - **d)** o empresário locatário deve estar explorando sua atividade no mesmo ramo, pelo prazo mínimo e ininterrupto de **3 anos**.
- **Prazo.** A ação renovatória deve ser ajuizada durante a vigência do contrato de locação: **a)** no máximo, 1 ano antes do término de vigência do contrato; ou **b)** no mínimo, 6 meses antes do término de vigência do contrato. **Obs:** a não propositura da ação dentro do prazo legal acarretará a decadência, ou seja, a perda do direito de renovação do contrato de locação (art. 51, § 5º da Lei n. 8.245/1991).
- **Defesa (exceções).** Ao ser citado, o locador pode apresentar algumas exceções para a retomada do imóvel, que estão previstas nos arts. 52 a 72 da Lei de Locações, em rol exemplificativo. Exemplos de exceções do locador:
  - **a)** Uso próprio;
  - **b)** Insuficiência do valor do aluguel;
  - **c)** Realização de obras no imóvel por determinação do Poder Público ou para fazer modificações de tal natureza que aumentará o valor do negócio ou da propriedade;
  - **d)** Melhor proposta de terceiro. **Obs:** neste caso, o locatário terá oportunidade de permanecer no imóvel, mas desde que aceite pagar o mesmo valor de aluguel ofertado pelo terceiro;
- **E se o locador não der ao imóvel a destinação alegada em sua exceção?** Se o locador não der ao imóvel a destinação alegada em sua exceção no prazo de até 3 meses a contar de sua entrega ou quando a exceção para retomada do imóvel consistir na melhor proposta de terceiro, o locatário deverá ser indenizado para o ressarcimento dos danos emergentes e lucros cessantes decorrentes de sua mudança, perda do ponto e desvalorização do estabelecimento empresarial.

9. OBRIGAÇÕES EMPRESARIAIS

9.1. REGISTRO EMPRESARIAL

- **Regra:** o empresário é obrigado a efetuar seu registro no Registro Público de Empresas Mercantis (Junta Comercial) antes de iniciar sua atividade. **Exceção:** para o empresário rural o registro na Junta Comercial é facultativo. Caso efetue o registro, ficará equiparado ao empresário comum, tendo os mesmos direitos e deveres deste (CC, art. 971).
- **Natureza do registro:** o registro do empresário é obrigatório e de natureza *declaratória*, sendo uma condição para a sua *regularidade*. **Exceção:** o registro do empresário rural é facultativo e de natureza constitutiva, sujeitando-o ao regime jurídico empresarial.
- **Consequências da ausência do registro:**
  - **a)** responsabilidade ilimitada pelas obrigações sociais;
  - **b)** impossibilidade de requerer recuperação judicial;
  - **c)** impossibilidade de requerer falência de terceiros (*pode pedir a autofalência);
  - **d)** impossibilidade de participar de licitação.
- **Órgãos do registro de empresa:** os serviços do Registro Público de Empresas Mercantis e Atividades Afins serão exercidos pelo *Sistema Nacional de Registro de Empresas Mercantis* – SINREM, composto pelos seguintes órgãos:
  - **a) Departamento Nacional de Registro do Comércio (DNRC):** órgão central do SINREM, com funções supervisora, orientadora, coordenadora e normativa, no plano técnico; e supletiva, no plano administrativo; e
  - **b) Juntas Comerciais:** como órgãos locais do SINREM, com funções executora e administradora dos serviços de registro.
- **Em síntese:**

DREI (antigo DNRC)	Junta Comercial
É um órgão federal, vinculado ao Ministério do Desenvolvimento, Indústria e Comércio Exterior. Tem atribuição normativa (traçar as diretrizes a serem cumpridas pela Junta Comercial). O DREI é o órgão normatizador e fiscalizador, de âmbito federal.	É um órgão estadual. No âmbito técnico, a junta comercial está subordinada ao DREI; no âmbito administrativo, está subordinada ao Estado em que se encontra. A JC é o órgão executor, de âmbito estadual. **Obs.:** a Junta Comercial do Distrito Federal é subordinada administrativa e tecnicamente ao DREI (Lei 8.934/84, art. 6º, parágrafo único).

ATENÇÃO!

- O DNRC foi substituído pelo DREI.
- O Departamento de Registro Empresarial e Integração (DREI) é o órgão que substituiu o Departamento Nacional de Registro do Comércio (DNRC) em 2003. **Crítica:** o DNRC foi criado pela Lei 4.048/1961, sendo extinto por um Decreto (nº 8.001/2013), apesar de o art. 84, VI, "a", da CF, ser taxativo no sentido de que compete ao Presidente da República dispor, mediante decreto, sobre a organização e funcionamento da administração federal, quando não implicar aumento de despesa nem criação ou extinção de órgãos públicos. A outra crítica que recai sobre essa substituição é a de que a Lei 4.048/61 não poderia ter sido modificada por um Decreto, uma vez que "a lei terá vigor até que outra a modifique ou revogue" (LINDB, art. 2º).

- **Atos de registro de empresa:** o registro de empresa compreende a matrícula, o arquivamento e a autenticação na Junta Comercial.
  - **a) Matrícula.** O registro compreende a matrícula dos leiloeiros, tradutores públicos e intérpretes comerciais, trapicheiros e administradores de armazéns-gerais.
  - **b) Arquivamento.** O registro compreende o arquivamento: **a)** dos documentos relativos à constituição, alteração, dissolução e extinção dos empresários individuais, sociedade empresária, Eireli e cooperativas; **b)** dos atos relativos a consórcio e grupo de sociedade; **c)** dos atos concernentes a sociedades empresárias estrangeiras autorizadas pelo Poder Executivo federal a funcionar no Brasil; **d)** das declarações de microempresa; **e)** de atos ou documentos que, por determinação legal, sejam atribuídos ao Registro Público de Empresas Mercantis e Atividades Afins ou daqueles que possam interessar ao empresário e às empresas mercantis.
  - **c) Autenticação.** O registro compreende a autenticação dos instrumentos de escrituração das sociedades empresárias, como os livros empresariais.

- **Processo decisório do registro de empresa:**

Regra (decisão singular)	Exceção (decisão colegiada)
Os atos próprios do Registro Público de Empresas Mercantis e Atividades Afins serão objeto de decisão singular proferida pelo Presidente da Junta Comercial, por vogal ou servidor que possua comprovados conhecimentos de Direito Comercial e de Registro de Empresas Mercantis.	Estão sujeitos ao regime de decisão colegiada pelas Juntas Comerciais o: 1) Arquivamento: **a)** dos atos de constituição de sociedades anônimas, bem como das atas de assembleias gerais e demais atos, relativos a essas sociedades, sujeitos ao Registro Público de Empresas Mercantis e Atividades Afins; **b)** dos atos referentes à transformação, incorporação, fusão e cisão de empresas mercantis; **c)** dos atos de constituição e alterações de consórcio e de grupo de sociedades. 2) Julgamento do recurso previsto no art. 46 da Lei 8.934/94 (recurso ao Plenário).

- **Mandado de segurança contra ato do Presidente da Junta Comercial.** O mandado de segurança impetrado contra ato técnico do Presidente da Junta Comercial é de competência da *Justiça Federal* (STF, RE 199.793).
- **Inatividade da empresa.** O empresário que não proceder a qualquer arquivamento no período de dez anos consecutivos deverá comunicar à junta comercial que deseja manter-se em funcionamento. Na ausência dessa comunicação, a empresa será considerada inativa, promovendo a junta comercial o cancelamento do registro, com a perda automática da proteção ao nome empresarial. O empresário deverá ser notificado previamente pela junta comercial, mediante comunicação direta ou por edital. A partir daí a junta comercial fará comunicação do cancelamento às autoridades arrecadadoras.
- **Reativação da empresa.** A reativação da empresa deve obedecer aos mesmos procedimentos requeridos para sua constituição.
- **Empresário irregular.** Diz-se irregular o empresário que não levou seus atos constitutivos à registro na Junta Comercial. Neste caso, a responsabilidade pelas obrigações sociais é ilimitada.
- **Lei nº 8.934/1994 e suas Alterações.** A Lei n. 8.934/94 dispõe sobre o Registro Público de Empresas Mercantis e Atividades Afins, sendo regulada, ainda, pelo Decreto n. 1.800/96, que sofreu algumas alterações no ano de 2016, pelo Decreto n. 8.815, de 2016. Dentre outras alterações, chama atenção aquelas relativas ao processo revisional das decisões do registro da empresa. Vejamos.
- **Processo revisional das decisões do registo de empresa.** O processo revisional das decisões da Junta Comercial dar-se-á mediante: **a)** pedido de reconsideração; **b)** recurso ao plenário; e **c)** recurso ao Ministro de Estado Chefe da Casa Civil da Presidência da República.

Pedido de Reconsideração	O pedido de reconsideração terá por objeto obter a revisão de despachos singulares ou de Turmas que formulem exigências para o deferimento do arquivamento e o seu procedimento iniciar-se-á com a protocolização de petição dirigida ao Presidente da Junta Comercial dentro do prazo de trinta dias concedidos para cumprimento da exigência.
Recurso ao Plenário	Das decisões definitivas, singulares ou de Turmas, cabe recurso ao Plenário da Junta Comercial, cujo procedimento compreenderá as fases de instrução e julgamento.
Recurso ao Ministro de Estado Chefe da Casa Civil da Presidência da República ** inciso III do art. 64 do Decreto 1.800/96 com redação dada pelo Decreto nº 8.815, de 2016.*	Das decisões do Plenário cabe recurso ao Ministro de Estado Chefe da Casa Civil da Presidência da República, como última instância administrativa, nos termos do art. 69, *caput*, do Decreto 1.800/96 com redação dada pelo Decreto nº 8.815, de 2016.

9.2. ESCRITURAÇÃO

- Todo empresário (salvo o pequeno empresário) tem obrigação de escriturar os livros empresariais. Isso porque os empresários são obrigados a manter um sistema de contabilidade. A escrituração dos livros materializa a higidez da empresa e do sistema contábil, trazendo vantagens ao empresário, porque os livros fornecem subsídios para a escolha de estratégias de gestão e atuação no mercado. Para que sejam considerados regulares e tenham eficácia probatória em favor do empresário, os livros empresariais devem preencher requisitos intrínsecos e extrínsecos.

ATENÇÃO!

O pequeno empresário está dispensado da escrituração de livros.

- **Requisitos da escrituração dos livros empresariais:**
  - **a) Requisitos intrínsecos:** os livros empresariais devem ser escriturados em idioma nacional, moeda corrente e forma contábil, ordem cronológica e sem rasura.
  - **b) Requisitos extrínsecos:** se relacionam com a segurança e autenticidade, que ocorre quando o livro empresarial possui contiver termos de abertura e de encerramento, e estiver autenticado pela Junta Comercial.
- **Livro obrigatório:** Livro Diário. O livro diário pode ser datilografado (escrituração mecânica) ou informatizado.
- **Consequências da ausência de escrituração:**
  - **a)** ineficácia probatória dos livros comerciais;
  - **b)** ilegitimidade ativa para requerer a recuperação judicial;
  - **c)** configuração de crime falimentar (Lei 11.101/05, art. 178).
- **Sigilosidade.** Os livros empresariais são sigilosos. No entanto, há exceções:
  - **a)** Súmula 260 do STF ("O exame de livros comerciais, em ação judicial, fica limitado às transações entre os litigantes");
  - **b)** O juiz poderá autorizar a exibição integral dos livros e papéis de escrituração quando necessária para resolver questões relativas a sucessão, comunhão ou sociedade, administração ou gestão à conta de outrem, ou em caso de falência;
  - **c)** A sigilosidade dos livros comerciais não se aplica às autoridades fazendárias, quando no exercício da fiscalização de impostos;
  - **d)** Arts. 420 e 421 do CPC/2015.

ATENÇÃO!

O procedimento de exibição judicial está no art. 396 do CPC/2015 e depende da apresentação de justo motivo, a saber: questões sucessórias, questões societárias, questões sobre a administração/gestão e falência.

- **Força probatória dos livros empresariais.** Os livros empresariais provam contra seu autor, sendo lícito ao empresário, todavia, demonstrar, por todos os meios permitidos em direito, que os lançamentos não correspondem à verdade dos fatos. Os livros empresariais que preencham os requisitos exigidos por lei provam a favor de seu autor no litígio entre empresários. Além disso, como a escrituração contábil é indivisível, se dos fatos que resultam dos lançamentos, uns são favoráveis ao interesse de seu autor e outros lhe são contrários, ambos serão considerados em conjunto, como unidade.
- **Falsificação de livro mercantil.** A falsificação de livro mercantil configura o crime de falsificação de documento público, nos termos do art. 297 do Código Penal.

9.3. CONTABILIDADE

- **Obrigação de demonstrativos contábeis periódicos.** O empresário e a sociedade empresária são obrigados a seguir um sistema de contabilidade, mecanizado ou não, com base na escrituração uniforme de seus livros, em correspondência com a documentação respectiva, e a levantar anualmente o balanço patrimonial e o de resultado econômico.

10. PREPOSTOS

- Os prepostos do empresário estão previstos nos arts. 1.169 a 1.178 do Código Civil.
- Prepostos são trabalhadores que desempenham tarefas sob a coordenação do empresário, como o gerente (facultativo) e o contabilista (obrigatório).

ATENÇÃO!

Os atos praticados pelos prepostos obrigam o empresário preponente, que terá direito à ação de regresso se o ato foi praticado com culpa do primeiro. Caso o ato tenha sido praticado com dolo, o preposto responde perante o terceiro em solidariedade com o empresário.

11. DIREITO SOCIETÁRIO

11.1. TEORIA GERAL DO DIREITO SOCIETÁRIO

11.1.1. CONCEITO DE SOCIEDADE

Sociedades são pessoas jurídicas de direito privado formadas por um conjunto de pessoas (pessoa jurídica intersubjetiva) e com finalidade lucrativa. Em outras palavras, as sociedades são pessoas jurídicas intersubjetivas com finalidade lícita e lucrativa.

11.1.2. PERSONALIZAÇÃO DA SOCIEDADE

A personalidade jurídica das pessoas jurídicas inicia-se com a inscrição dos seus atos constitutivos no respectivo registro. O ato constitutivo a ser levado a registro pode ser um contrato social (sociedades contratuais) ou um estatuto social (sociedades estatutárias).

Sociedades simples	Sociedades empresárias
A sociedade simples adquire personalidade jurídica com o arquivamento de seu ato constitutivo no Cartório de Registro Civil de Pessoas Jurídicas.	A sociedade empresária adquire personalidade jurídica com o arquivamento de seu ato constitutivo no Registro Público de Empresas.

11.1.3. CLASSIFICAÇÃO DAS SOCIEDADES

1) Quanto a responsabilidade dos sócios pelas obrigações sociais:

Sociedade ilimitada	Sociedade mista	Sociedade limitada
• Sociedade em nome coletivo	• Sociedade em comandita simples; • Sociedade em comandita por ações.	• Sociedade limitada; • Sociedade anônima.
Todos os sócios respondem ilimitadamente pelas obrigações sociais.	Uma parte dos sócios tem responsabilidade ilimitada e outra parte tem responsabilidade limitada.	Todos os sócios respondem de forma limitada pelas obrigações sociais.

2) Quanto ao regime de constituição e dissolução:

Sociedades contratuais	Sociedades institucionais
• Sociedade em nome coletivo; • Sociedade em comandita simples; • Sociedade limitada.	• Sociedade anônima; • Sociedade em comandita por ações.
O ato constitutivo é um *contrato social.*	O ato constitutivo é um *estatuto social.*

3) Quanto às condições para a alienação da participação societária:

Sociedade de pessoas	Sociedade de capital
As sociedades contratuais podem ser "de pessoas" ou "de capital".	As sociedades institucionais serão sempre "de capital".
As sociedades de pessoas são aquelas em que a realização do objeto social depende mais dos atributos individuais dos sócios. Assim, a entrada de pessoas estranhas no quadro societário dependerá do consentimento dos demais sócios.	As sociedades de capital são aquelas em que a contribuição material é o que mais importa com relação aos sócios. Assim, a entrada de pessoas estranhas no quadro societário não dependerá do consentimento dos demais sócios.

4) As sociedades podem ser, ainda, simples ou empresárias:

Sociedades Simples	Sociedades Empresárias
Sociedades simples são aquelas que exploram o seu objeto sem empresarialidade, ou seja, sem a organização profissional dos fatores de produção. Em outras palavras, são aquelas que não exercem atividade empresarial.	São aquelas que têm por objeto o exercício de atividade própria de empresário sujeito a registro (CC, art. 966). Em outras palavras, são aquelas que exercem atividade empresarial.
O ato constitutivo deve ser levado a registro no Cartório de Registro Civil de Pessoas Jurídicas. **Exceção!** A sociedade de advogados e a sociedade unipessoal de advogados são sociedades simples, mas que adquirem personalidade jurídica com o registro aprovado dos seus atos constitutivos no Conselho Seccional da OAB em cuja base territorial tiver sede.	O ato constitutivo deve ser levado a registo na Junta Comercial.
A sociedade simples pode se constituir segundo os seguintes tipos: a) sociedade cooperativa; b) sociedade em comandita simples; c) sociedade limitada.	As sociedades empresárias devem se constituir mediante um dos seguintes tipos societários: a) sociedade em nome coletivo; b) sociedade em comandita simples; c) sociedade em comandita por ações; d) sociedade limitada; e) sociedade anônima.
ATENÇÃO! Por expressa previsão legal, as sociedades cooperativas serão sempre sociedades simples.	**ATENÇÃO!** Por expressa previsão legal, as sociedades por ações – sociedade anônima e sociedade em comandita por ações – serão sempre sociedades empresárias.

11.1.4. SOCIEDADES NÃO PERSONIFICADAS: SOCIEDADE EM COMUM E SOCIEDADE EM CONTA DE PARTICIPAÇÃO

- **Sinônimo:** sociedades despersonalizadas.
- **Conceito:** sociedades não personificadas são aquelas que não possuem personalidade jurídica.
- **Patrimônio especial:** Nas sociedades não personificadas, os bens e dívidas sociais constituem patrimônio especial, do qual os sócios são titulares em comum (CC, art. 988). Tal patrimônio é chamado de "especial", porque ele não pertence à pessoa jurídica, mas sim aos sócios.
- **Espécies:** A sociedade não personificadas pode ser: **a)** sociedade em comum; e **b)** sociedade em conta de participação.
- **Sociedade em comum:** a sociedade em comum é gênero que abrange a sociedade irregular (possui contrato social, mas não foi levado a registro) e a sociedade de fato (sequer possui contrato social). Assim:
  - **a) Sociedade irregular:** é aquela cujo contrato social não está inscrito no registro próprio, ou, estando inscrito, o está de forma irregular.
  - **b) Sociedade de fato:** é aquela que nem mesmo possui contrato social escrito.
- **Responsabilidade dos sócios nas sociedades em comum:**

Perante terceiros	Perante os demais sócios	Perante a sociedade empresária
A responsabilidade dos sócios é ilimitada (CC, art. 990).	Entre os sócios, a responsabilidade é solidária.	Perante a pessoa jurídica, a responsabilidade do sócio é subsidiária (CC, art. 1.024).

- **Sociedade em conta de participação:**
  1) **Previsão legal:** está prevista a partir do art. 991 do CC.
  2) **Conceito:** sociedade em conta de participação é aquela que possui um *sócio oculto ou participante* e um *sócio ostensivo*, em nome do qual são realizadas todas as atividades. A atividade constitutiva do objeto social

é exercida unicamente pelo sócio ostensivo, em seu nome individual e sob sua própria e exclusiva responsabilidade, participando os demais dos resultados correspondentes. Obriga-se perante terceiro tão-somente o sócio ostensivo; e, exclusivamente perante este, o sócio participante, nos termos do contrato social.

3) **Sócios:** na sociedade em comandita simples tomam parte sócios de duas categorias:
   a) **os comanditados:** pessoas físicas, responsáveis solidária e ilimitadamente pelas obrigações sociais; e
   b) **os comanditários:** pessoas físicas ou jurídicas, obrigados somente pelo valor de sua quota.

ATENÇÃO!

O contrato social deve obrigatoriamente discriminar os comanditados e os comanditários.

4) **Características do sócio ostensivo:**
   a) exerce o objeto social;
   b) possui responsabilidade exclusiva (é ele que responde perante terceiros); e
   c) age em seu nome próprio (e não em nome da sociedade).
5) **Sócio oculto ou participante:** participa dos resultados. Sem prejuízo da faculdade de participar das deliberações da sociedade e de lhe fiscalizar as operações, não pode o comanditário praticar qualquer ato de gestão, nem ter o nome na firma social, sob pena de ficar sujeito às responsabilidades de sócio comanditado. No entanto, pode o comanditário ser constituído procurador da sociedade, para negócio determinado e com poderes especiais.
6) Por expressa determinação legal, a sociedade em conta de participação será sempre despersonificada. Ainda que se leve a registro o seu ato constitutivo, a sociedade em conta de participação nunca adquirirá personalidade jurídica (CC, art. 993).
7) A sociedade em comandita simples opera sob firma composta com o nome completo ou abreviado de um ou mais sócios. A inclusão do ramo de atividade é facultativa.

11.1.5. SOCIEDADES PERSONIFICADAS

11.1.5.1. SOCIEDADE SIMPLES

- **Conceito:** sociedades simples são aquelas que exploram o seu objeto sem empresarialidade, ou seja, sem a organização profissional dos fatores de produção. Em outras palavras, são aquelas que não exercem atividade empresarial.
- **Personalização:** o ato constitutivo deve ser levado a registro no Cartório de Registro Civil de Pessoas Jurídicas.

EXCEÇÃO!

A sociedade de advogados e a sociedade unipessoal de advogados são sociedades simples, mas que adquirem personalidade jurídica com o registro aprovado dos seus atos constitutivos no Conselho Seccional da OAB em cuja base territorial tiver sede.

- **Tipos societários:** a sociedade simples pode se constituir segundo os seguintes tipos:
  a) sociedade cooperativa;
  b) sociedade em comandita simples;
  c) sociedade limitada.

ATENÇÃO!

Por expressa previsão legal, as sociedades cooperativas serão sempre sociedades simples.

- **Sociedade simples x Sociedade empresária:**

Sociedade simples	Sociedade empresária
É a aquela que explora o seu objeto sem empresarialidade, ou seja, sem a organização profissional dos fatores de produção.	É aquela que tem por objeto o exercício de atividade própria de empresário sujeito a registro (CC, art. 966).

Sociedade simples	Sociedade empresária
O ato constitutivo deve ser levado a registro no Cartório de Registro Civil de Pessoas Jurídicas. **Exceções:** a) a sociedade de advogados é uma sociedade simples, mas seu ato constitutivo deve ser levado a registro na OAB; b) a sociedade cooperativa é uma sociedade simples, mas seu ato constitutivo deve ser levado a registro na junta comercial.	O ato constitutivo deve ser levado a registro na Junta Comercial.
A sociedade simples pode se constituir segundo os seguintes tipos: a) cooperativa; b) sociedade em comandita simples; c) sociedade limitada. **Atenção!** Por expressa previsão legal, as sociedades cooperativas serão sempre sociedades simples.	As sociedades empresárias devem se constituir mediante um dos seguintes tipos societários: a) sociedade em nome coletivo; b) sociedade em comandita simples; c) sociedade em comandita por ações; d) sociedade limitada; e) sociedade anônima.

- **ENUNCIADOS DO CJF RELACIONADOS:**

I Jornada de Direito Comercial

- **Enunciado 10:** "Nas sociedades simples, os sócios podem limitar suas responsabilidades entre si, à proporção da participação no capital social, ressalvadas as disposições específicas."

I Jornada de Direito Civil

- **Enunciado 57:** "A opção pelo tipo empresarial não afasta a natureza simples da sociedade."
- **Enunciado 58:** "A sociedade em comum compreende as figuras doutrinárias da sociedade de fato e da irregular."
- **Enunciado 69:** "As sociedades cooperativas são sociedades simples sujeitas à inscrição nas juntas comerciais."

III Jornada de Direito Civil

- **Enunciado 196:** "A sociedade de natureza simples não tem seu objeto restrito às atividades intelectuais."
- **Enunciado 206:** "A contribuição do sócio exclusivamente em prestação de serviços é permitida nas sociedades cooperativas (art. 1.094, I) e nas sociedades simples propriamente ditas (art. 983, 2ª parte)."
- **Enunciado 207:** "A natureza de sociedade simples da cooperativa, por força legal, não a impede de ser sócia de qualquer tipo societário, tampouco de praticar ato de empresa."
- **Enunciado 208:** "As normas do Código Civil para as sociedades em comum e em conta de participação são aplicáveis independentemente de a atividade dos sócios, ou do sócio ostensivo, ser ou não própria de empresário sujeito a registro (distinção feita pelo art. 982 do Código Civil entre sociedade simples e empresária)."
- **Enunciado 213:** "O art. 997, inc. II, não exclui a possibilidade de sociedade simples utilizar firma ou razão social."
- **Enunciado 214:** "As indicações contidas no art. 997 não são exaustivas, aplicando-se outras exigências contidas na legislação pertinente, para fins de registro."
- **Enunciado 222:** "Não se aplica o art. 997, V, à sociedade limitada na hipótese de regência supletiva pelas regras das sociedades simples."
- **Enunciado 223:** "O parágrafo único do art. 1.053 não significa a aplicação em bloco da Lei n. 6.404/76 ou das disposições sobre a sociedade simples. O contrato social pode adotar, nas omissões do Código sobre as sociedades limitadas, tanto as regras das sociedades simples quanto as das sociedades anônimas."

IV Jornada de Direito Civil

- **Enunciado 382:** "Nas sociedades, o registro observa a natureza da atividade (empresarial ou não – art. 966); as demais questões seguem as normas pertinentes ao tipo societário adotado (art. 983). São exceções as sociedades por ações e as cooperativas (art. 982, parágrafo único)."

V Jornada de Direito Civil

- **Enunciado 474:** "Os profissionais liberais podem organizar-se sob a forma de sociedade simples, convencionando a responsabilidade limitada dos sócios por dívidas da sociedade, a despeito da responsabilidade ilimitada por atos praticados no exercício da profissão."

- **Enunciado 475:** "Considerando ser da essência do contrato de sociedade a partilha do risco entre os sócios, não desfigura a sociedade simples o fato de o respectivo contrato social prever distribuição de lucros, rateio de despesas e concurso de auxiliares."
- **Enunciado 476:** "Eventuais classificações conferidas pela lei tributária às sociedades não influem para sua caracterização como empresárias ou simples, especialmente no que se refere ao registro dos atos constitutivos e à submissão ou não aos dispositivos da Lei n. 11.101/2005."
- **Enunciado 477:** "O art. 983 do Código Civil permite que a sociedade simples opte por um dos tipos empresariais dos arts. 1.039 a 1.092 do Código Civil. Adotada a forma de sociedade anônima ou de comandita por ações, porém ela será considerada empresária."
- **Enunciado 479:** "Na sociedade simples pura (art. 983, parte final, do CC/2002), a responsabilidade dos sócios depende de previsão contratual. Em caso de omissão, será ilimitada e subsidiária, conforme o disposto nos arts. 1.023 e 1.024 do CC/2002."

11.1.5.2. SOCIEDADE EM NOME COLETIVO

- Somente pessoas físicas podem tomar parte na sociedade em nome coletivo.
- Os sócios respondem solidária e ilimitadamente, pelas obrigações sociais.
- Sem prejuízo da responsabilidade perante terceiros, podem os sócios, no ato constitutivo, ou por unânime convenção posterior, limitar entre si a responsabilidade de cada um.
- A administração da sociedade compete exclusivamente a sócios.
- A sociedade em nome coletivo opera sob firma composta com o nome completo ou abreviado de um ou mais sócios. A inclusão do ramo de atividade é facultativa.
- A sociedade em nome coletivo se dissolve de pleno direito por qualquer das causas enumeradas no art. 1.033 e, se empresária, também pela declaração da falência.

11.1.5.3. SOCIEDADE EM COMANDITA SIMPLES

- Na sociedade em comandita simples tomam parte sócios de duas categorias:

a) **os comanditados** (pessoas físicas, responsáveis solidária e ilimitadamente pelas obrigações sociais); e

b) **os comanditários** (pessoas físicas ou jurídicas, obrigados somente pelo valor de sua quota).

ATENÇÃO!

O contrato social deve obrigatoriamente discriminar os comanditados e os comanditários.

- A sociedade em comandita simples opera sob firma composta com o nome completo ou abreviado de um ou mais sócios. A inclusão do ramo de atividade é facultativa.
- Sem prejuízo da faculdade de participar das deliberações da sociedade e de lhe fiscalizar as operações, não pode o comanditário praticar qualquer ato de gestão, nem ter o nome na firma social, sob pena de ficar sujeito às responsabilidades de sócio comanditado. No entanto, pode o comanditário ser constituído procurador da sociedade, para negócio determinado e com poderes especiais.

11.1.5.4. SOCIEDADE EM COMANDITA POR AÇÕES

- Na sociedade em comandita por ações o capital social é divido em ações, sendo os sócios denominados acionistas.
- Na sociedade em comandita por ações a responsabilidade é mista, pois:

a) acionistas respondem limitadamente pelo preço das ações subscritas ou adquiridas; e

b) acionista diretor responde solidária e ilimitadamente pelas obrigações sociais.

11.1.5.5. SOCIEDADE LIMITADA

- **Legislação aplicável:** a sociedade limitada rege-se pelos arts. 1.052 e seguintes do CC (Capítulo das Sociedades Limitadas). Nas omissões deste Capítulo, aplicam-se, subsidiariamente, as normas aplicáveis às sociedades simples. **Exceção:** o contrato social da sociedade limitada poderá prever a regência supletiva da sociedade limitada pelas normas da sociedade anônima.

- **Constituição:** a sociedade limitada pode ser constituída por um instrumento público ou particular, devendo em todo caso ter o visto de um advogado, sob pena de nulidade (art. 1º, § 2º, EOAB). **Exceção:** quando se tratar de microempresa e empresa de pequeno porte não se exige que o instrumento particular tenha o visto de um advogado.
- **Pressupostos de existência:**
  a) pluralidade de sócios (dois ou mais sócios); e
  b) *affectio societatis* (vontade comum entre os sócios).
- **Responsabilidade do sócio:** a responsabilidade do sócio é limitada, estando restrita ao valor de suas quotas, mas todos os sócios respondem de forma solidária pelo que falta para a integralização do capital social (art. 1.052, CC).
- **Exceções quanto à responsabilidade limitada dos sócios:**
  a) dívidas trabalhistas;
  b) dívidas com o INSS;
  c) casos de desconsideração da personalidade jurídica.
- **Capital social:** o capital social divide-se em quotas, iguais ou desiguais, cabendo uma ou diversas a cada sócio.
- **Quotas sociais:** conferem ao titular o direito de sócio de uma sociedade limitada. O sócio pode integralizar as quotas que subscreveu de diversas formas, a saber:
  a) dinheiro;
  b) bens móveis ou imóveis (lembrando que quem integraliza com bens responde pela evicção);
  c) créditos (lembrando que quem integraliza com créditos responde pela solvência).

ATENÇÃO!

É vedada a integralização com prestação de serviços, em razão do art. 1.055, § 2º do CC.

- **Transferência de quotas:** se o contrato for omisso quanto à possibilidade de transferência de quotas, aplica-se a regra do art. 1.057 do CC. Assim, se o sócio quiser transferir sua quota para outro sócio não é necessária autorização de ninguém. No entanto, caso o sócio pretenda transferir suas quotas para um terceiro estranho à sociedade, somente poderá fazê-lo se não houver a oposição de mais de um quarto do capital social.
- **Direitos dos quotistas:**
  a) direito de participar nos resultados;
  b) direito de deliberar sobre os assuntos da sociedade;
  c) direito de retirada (direito de recesso);
  d) direito de fiscalização.
- **Administração:** o administrador da sociedade limitada pode ser tanto um sócio como um não sócio. No entanto, se se tratar de não sócio, deve-se observar o art. 1.061 do CC: "Se o contrato permitir administradores não sócios, a designação deles dependerá de aprovação da unanimidade dos sócios, enquanto o capital não estiver totalmente integralizado, e de dois terços, no mínimo, após a integralização."
- **ENUNCIADOS DO CJF RELACIONADOS:**

  I Jornada de Direito Comercial

  – **Enunciado 17:** "Na sociedade limitada com dois sócios, o sócio titular de mais da metade do capital social pode excluir extrajudicialmente o sócio minoritário desde que atendidas as exigências materiais e procedimentais previstas no art. 1.085, caput e parágrafo único, do CC."

  III Jornada de Direito Civil

  – **Enunciado 216:** "O quórum de deliberação previsto no art. 1.004, parágrafo único, e no art. 1.030 é de maioria absoluta do capital representado pelas quotas dos demais sócios, consoante a regra geral fixada no art. 999 para as deliberações na sociedade simples. Esse entendimento aplica-se ao art. 1.058 em caso de exclusão de sócio remisso ou redução do valor de sua quota ao montante já integralizado."

  IV Jornada de Direito Civil

  – **Enunciado 280:** "Por força do art. 44, § 2º, consideram-se aplicáveis às sociedades reguladas pelo Livro II da Parte Especial, exceto às limitadas, os arts. 57 e 60, nos seguintes termos: a) em havendo previsão contratual, é possível aos sócios deliberar a exclusão de sócio por justa causa, pela via extrajudicial, cabendo ao contrato disciplinar o procedimento de exclusão, assegurado o direito de defesa, por aplicação analógica do art. 1.085; b) as deliberações sociais poderão ser convocadas por iniciativa de sócios que representem 1/5 (um quinto) do capital social, na omissão do contrato. A mesma regra aplica-se na hipótese de criação, pelo contrato, de outros órgãos de deliberação colegiada."

11.1.5.6. SOCIEDADE ANÔNIMA

- **Legislação:** a sociedade anônima é regida pela Lei nº 6.404/76 (Lei da S.A.).
- **Sinônimo:** a sociedade anônima é também chamada de companhia (Cia).
- **Espécies:** as sociedades anônimas podem ser abertas ou fechadas (art. 4º, LSA):
  - **a) S/A aberta:** é aquela em que seus valores mobiliários (papéis, títulos, ações) são admitidos à negociação no Mercado de Valores Mobiliários (Bolsa de Valores). Dito de outro modo, a sociedade anônima aberta é aquela que pode negociar os seus valores mobiliários na Bolsa de Valores.
  - **b) S/A fechada:** É aquela em que seus valores mobiliários não são admitidos à negociação no mercado de valores mobiliários. Isso não significa que a sociedade anônima fechada não possa negociar os seus valores mobiliários, mas apenas que estes valores não poderão ser negociados na Bolsa de Valores.
- **Constituição:** a constituição de uma sociedade anônima passa, preliminarmente, pelo preenchimento de três requisitos:
  - **a)** subscrição das ações por, no mínimo, duas pessoas;
  - **b)** realização, como entrada, de 10% (dez por cento), no mínimo, do preço de emissão das ações subscritas em dinheiro. **Obs.:** tratando-se de instituição financeira, a realização mínima é de 50%;
  - **c)** depósito no Banco do Brasil S.A. ou em outro estabelecimento bancário autorizado pela Comissão de Valores Mobiliários (CVM), da parte do capital realizado em dinheiro.
- **Autorização da Comissão de Valores Mobiliários (CVM):** a sociedade anônima aberta precisa, ainda, da autorização da CVM para ser constituída. Trata-se do que a doutrina denomina de *subscrição pública*, também chamada de subscrição sucessiva.

ATENÇÃO!

A sociedade anônima fechada não precisa da autorização da CVM para ser constituída.

- **Estatuto social:** a sociedade anônima, quanto ao regime jurídico, é uma sociedade institucional. Logo, seu ato constitutivo é o estatuto social (e não o contrato social).
- **Capital social:** o capital social da sociedade anônima é dividido em *ações*, sendo os seus sócios chamados de *acionistas*. A principal obrigação do acionista é a de pagar o preço de emissão das ações que subscreveu ou adquiriu. O acionista que descumprir esse dever será considerado remisso.
- **Penhora de ações:** as ações da sociedade anônima (aberta ou fechada) podem ser penhoradas. Isso porque as sociedades anônimas são classificadas como sociedades de capital (e não de pessoas).
- **Objeto social:** por expressa determinação legal, as sociedades anônimas serão sempre empresárias. Logo, o único objeto social a ser explorado por sociedade anônima é a atividade empresarial e/ou a participação em outras sociedades (art. 2º, § 3º, LSA).
- **Responsabilidade dos acionistas:** responsabilidade limitada. A responsabilidade do acionista é limitada ao valor das ações subscritas (adquiridas, mas não integralizadas) ou adquiridas (já integralizadas). A regra está no art. 1.088 do Código Civil: "Na sociedade anônima ou companhia, o capital divide-se em ações, obrigando-se cada sócio ou acionista somente pelo preço de emissão das ações que subscrever ou adquirir." A regra está também descrita no art. 1º da LSA: "A companhia ou sociedade anônima terá o capital dividido em ações, e a responsabilidade dos sócios ou acionistas será limitada ao preço de emissão das ações subscritas ou adquiridas."
- **Órgãos da sociedade anônima:** Assembleia Geral, Conselho de Administração, Diretoria e Conselho Fiscal.
  - **a) Assembleia Geral**: a principal função é a tomada de decisão sobre determinados assuntos, quais sejam: alteração de estatuto social; aprovação de balanço (uma vez por ano); eleição de administradores e membros do Conselho Fiscal; avaliação das contas dos administradores; autorização do Conselho de Administração a pedir a autofalência ou a recuperação da empresa.

b) **Conselho de Administração:** os membros são eleitos pela Assembleia Geral. O Conselho de Administração é composto por, no mínimo, três pessoas físicas, acionistas ou não acionistas (antes de 2011 havia exigência de que fossem acionistas). Trata-se do órgão que toma as decisões que não são de atribuição específica da assembleia geral. O Conselho de Administração é obrigatório na sociedade aberta (SA aberta), na sociedade de capital autorizado e na sociedade de economia mista (LSA, art. 168). Os membros do Conselho de Administração são eleitos pela Assembleia Geral, sendo composto por, no mínimo, três pessoas físicas, acionistas ou não acionistas (antes de 2011 havia exigência de que fossem acionistas), nos termos do art. 140, da Lei 6.404/76. **Exceção:** nas sociedades de economia mista, o Conselho de Administração é composto por, no mínimo, 7 e no máximo 11 membros (Lei 13.303/16, art. 13, I).

c) **Diretoria:** normalmente o diretor é responsável pela ação ou omissão própria, mas será responsável solidariamente por atos ou omissões de terceiros se sabia do ato ou omissão e deixou de fazer constar em ata a sua divergência. A Diretoria é composta por, no mínimo, duas pessoas físicas e domiciliadas no Brasil. A diretoria é o órgão que representa e executa as decisões da S.A. Como regra, são eleitos pelo Conselho de Administração ou, se este não existir, são eleitos pela assembleia geral.

d) **Conselho Fiscal:** é composto de três a cinco pessoas físicas, mesmo que existam auditores independentes. O Conselho Fiscal tem existência obrigatória, mas seu funcionamento depende de convocação (por acionista com pelo menos 5% do capital social). **Exceção:** na sociedade de economia mista o funcionamento do Conselho Fiscal é obrigatório (Lei 13.303/16, art. 13, IV).

- **Direitos do acionista (art. 109, LSA):**

a) direito de participação nos lucros;
b) direito de participação no acervo da sociedade anônima no caso de liquidação;
c) direito de retirada (direito de recesso);
d) direito de fiscalização;

ATENÇÃO!

O direito de voto não é um direito essencial.

- **Mercado de capitais (Bolsa de Valores):** é o sistema de distribuição dos valores mobiliários cuja finalidade é a de proporcionar liquidez aos títulos de emissão de empresas e viabilizar seu processo de capitalização.
- **Valores mobiliários:** são títulos de investimento que uma sociedade anônima pode emitir para obtenção dos recursos que necessita. Os títulos de valores mobiliários são os seguintes: ações, debêntures, *comercial papers*, bônus de subscrição e partes beneficiárias.

Ações	• **Conceito:** *Ações* são frações do capital social, que conferem ao titular o direito de sócio de uma sociedade anônima. • **Classificação das ações (LSA, art. 15): a)** ações ordinárias; **b)** ações preferenciais; **c)** ações de fruição. • **Ações ordinárias:** são aquelas que conferem direitos comuns ao acionista (ex. direito de fiscalização, direito de participação nos lucros), bem como o direito de voto em assembleia. **Atenção!** A sociedade anônima é obrigada a emitir as ações ordinárias. • **Ações preferenciais:** são aquelas que conferem vantagens econômicas/preferências econômicas ao titular. Ex: art. 17, LSA (prioridade de recebimento). **Atenção!** A emissão das ações preferenciais é facultativa. • **Ações de fruição (LSA, art. 44, § 5º):** são aquelas que conferem meros direitos de gozo e fruição, sendo emitidas para substituir as ações ordinárias e preferenciais que já foram amortizadas. • **Acionista controlador:** é aquele que tem a maioria das ações com direito de voto e o poder de eleger a maioria dos administradores. • **Limite máximo de ações preferenciais sem voto que a sociedade anônima pode emitir:** até 50% (cinquenta por cento) do total de ações (art. 15, § 2º, LSA).
Debêntures	• **Conceito:** *Debêntures* são títulos representativos de um contrato de mútuo, em que a sociedade anônima é a mutuaria e o debenturista é o mutuante.
Comercial papers	• **Conceito:** *Comercial papers* são títulos de curto prazo, emitidas pelas sociedades anônimas, visando captar recursos para financiar seu capital de giro.

Bônus de subscrição	• **Conceito:** *Bônus de subscrição* nada mais é que o direito de preferência. Antes da sociedade anônima ofertar as ações ao público ela as oferece em primeiro lugar para quem tem o bônus de subscrição.
Partes beneficiárias	• **Conceito:** *Partes beneficiárias* são títulos negociáveis, sem valor nominal e estranhos ao capital social. Logo, os titulares de partes beneficiárias não são os sócios. As partes beneficiárias conferem aos titulares, direito de crédito eventual (participação dos lucros anuais).

- ***Holding***: é a sociedade anônima constituída com o objetivo de participar de outras sociedades.

ATENÇÃO!

Tanto a sociedade limitada como a sociedade anônima podem ser *holding*.

- **Espécies de *holding*:**

***Holding* pura**	***Holding* mista**
É a sociedade anônima ou sociedade limitada que tem por único objeto participar de outras sociedades.	É a sociedade anônima ou sociedade limitada que tem por objeto participar de outras sociedades, bem como exercer qualquer outra atividade empresarial com finalidade lucrativa.

- **Unipessoalidade:** a sociedade anônima pode ser unipessoal quando se tratar de empresa pública (quando o Poder Público que a criou for seu único acionista) ou subsidiária integral. A companhia pode ser constituída, mediante escritura pública, tendo como único acionista, a sociedade brasileira (LSA, art. 251).
- **Subsidiária Integral:** é um tipo de sociedade anônima que admite um único acionista que, necessariamente, será uma sociedade nacional.

11.1.5.7. SOCIEDADE COOPERATIVA

- **Sinônimo:** sociedade cooperada.
- **Direito fundamental:** a criação de associações e, na forma da lei, a de cooperativas independem de autorização, sendo vedada a interferência estatal em seu funcionamento (CF, art. 5º, XVIII).
- **Natureza jurídica:** por expressa determinação legal, as sociedades cooperativas serão sempre sociedades simples.

ATENÇÃO!

O ato constitutivo das cooperativas deve ser levado à registro perante a Junta Comercial. Embora o ato constitutivo das sociedades cooperativas deva ser levado a registro na Junta Comercial, elas nunca serão consideradas empresárias.

- **Conceito:** as cooperativas são sociedades de pessoas, com forma e natureza próprias, de natureza civil, não sujeitas à falência, constituídas para prestar serviços aos associados, distinguindo-se das demais sociedades pelas seguintes características:
  - **a)** variabilidade, ou dispensa do capital social;
  - **b)** concurso de sócios em número mínimo necessário a compor a administração da sociedade, sem limitação de número máximo;
  - **c)** limitação do valor da soma de quotas do capital social que cada sócio poderá tomar;
  - **d)** intransferibilidade das quotas do capital a terceiros estranhos à sociedade, ainda que por herança;
  - **e)** quórum, para a assembleia geral funcionar e deliberar, fundado no número de sócios presentes à reunião, e não no capital social representado;
  - **f)** direito de cada sócio a um só voto nas deliberações, tenha ou não capital a sociedade, e qualquer que seja o valor de sua participação (*"one man, one vote"*);

g) distribuição dos resultados, proporcionalmente ao valor das operações efetuadas pelo sócio com a sociedade, podendo ser atribuído juro fixo ao capital realizado;

h) indivisibilidade do fundo de reserva entre os sócios, ainda que em caso de dissolução da sociedade.

- **Responsabilidade dos sócios:** na sociedade cooperativa, a responsabilidade dos sócios pode ser limitada ou ilimitada.

11.1.5.8. SOCIEDADES COLIGADAS

- **Conceito:** consideram-se coligadas as sociedades que, em suas relações de capital, são controladas, filiadas, ou de simples participação (art. 1.097, CC).
- **Espécies:** as sociedades coligadas podem ser de 3 tipos:

1) Sociedade filiada ou coligada: é a sociedade de cujo capital outra sociedade participa com dez por cento ou mais, do capital da outra, sem controlá-la.

2) Sociedade de simples participação: é a aquela de cujo capital outra sociedade possua menos de dez por cento, do capital da outra, com direito de voto.

3) Sociedade controladora e controlada: Sociedade controladora é aquela que possui a maioria de votos da outra sociedade, bem como o poder de eleger a maioria dos administradores da outra sociedade. Por outro lado, é controlada:

a) a sociedade de cujo capital outra sociedade possua a maioria dos votos nas deliberações dos quotistas ou da assembleia geral e o poder de eleger a maioria dos administradores;

b) a sociedade cujo controle esteja em poder de outra, mediante ações ou quotas possuídas por sociedades ou sociedades por esta já controladas.

ATENÇÃO!

A sociedade controladora deve ser brasileira.

- **Responsabilidade civil:** a responsabilidade civil nas ligações societárias é disciplinada pelo art. 28, §§ 2º e 3º do CDC, que pode ser assim resumida:

a) Grupos societários e sociedades controladas: a responsabilidade é subsidiária.

b) Sociedades consorciadas: a responsabilidade é solidária.

c) Sociedades coligadas: a responsabilidade é subjetiva, dependendo de culpa em sentido amplo (culpa ou dolo).

11.1.6. SOCIEDADES DEPENDENTES DE AUTORIZAÇÃO

- **Conceito:** sociedades dependentes de autorização são aquelas que precisam de prévia autorização do Poder Executivo para começarem a funcionar.
- **Princípio da livre iniciativa:** É assegurado a todos o livre exercício de qualquer atividade econômica, independentemente de autorização de órgãos públicos, salvo nos casos previstos em lei (CF, art. 170, p.u.). Em regra, dispensa-se prévia autorização do Poder Executivo para a constituição de pessoa jurídica, considerando que a livre iniciativa é fundamento da República Federativa do Brasil (CF, art. 1º, IV) e princípio da Ordem Econômica (CF, art. 170, IV). Assim, as sociedades dependentes de autorização são exceção à regra geral.
- **Dependem de autorização do Poder Executivo para funcionar:**

a) as instituições financeiras (dependem de prévia autorização do Banco Central);

b) as operadoras de planos de seguros privados (dependem de prévia autorização da SUSEP);

c) as operadoras de planos de saúde;

d) as empresas de segurança e de transporte de valores;

e) as sociedades estrangeiras

ATENÇÃO!

A sociedade estrangeira, qualquer que seja o seu objeto, não pode, sem autorização do Poder Executivo, funcionar no País, ainda que por estabelecimentos subordinados, podendo, todavia, ressalvados os casos expressos em lei, ser acionista de sociedade anônima brasileira (CC, art. 1.134).

11.1.7. LIQUIDAÇÃO DAS SOCIEDADES

- Ocorrido o ato de dissolução da sociedade, ela não perde automaticamente a personalidade jurídica. Para tanto, o ato de dissolução deve ser levado a registro no Registro Público de Empresas Mercantis. A partir daí a sociedade inicia a sua liquidação, ocasião em que será acrescido ao seu nome empresarial a expressão "em liquidação". Dissolvida a sociedade, é nomeado um liquidante. A liquidação é conduzida com a finalidade de atingir dois objetivos primordiais: a realização do ativo e a satisfação do passivo.
- **Perda da autorização para funcionamento:** no caso de dissolução decorrente da perda da autorização, dispõe o art. 1.037 do CC, que: "Ocorrendo a hipótese prevista no inciso V do art. 1.033, o Ministério Público, tão logo lhe comunique a autoridade competente, promoverá a liquidação judicial da sociedade, se os administradores não o tiverem feito nos trinta dias seguintes à perda da autorização, ou se o sócio não houver exercido a faculdade assegurada no parágrafo único do artigo antecedente. Parágrafo único. Caso o Ministério Público não promova a liquidação judicial da sociedade nos quinze dias subsequentes ao recebimento da comunicação, a autoridade competente para conceder a autorização nomeará interventor com poderes para requerer a medida e administrar a sociedade até que seja nomeado o liquidante.

11.1.8. OPERAÇÕES SOCIETÁRIAS

11.1.8.1. TRANSFORMAÇÃO

- Transformação é a modificação do tipo societário. Ex.: sociedade limitada se transforma em sociedade anônima (ou vice-versa).
- Na transformação não ocorre a extinção da pessoa jurídica ("só há uma mudança de roupagem").
- A transformação não prejudica e nem modifica os direitos dos credores. Isso porque ocorre apenas a mudança do tipo societário, sem a dissolução ou liquidação da pessoa jurídica.
- A transformação deve obedecer às formalidades para a constituição da sociedade do tipo resultante.

ATENÇÃO!

A deliberação acerca da transformação exige, em regra, votação unânime, salvo nos casos em que o ato constitutivo da sociedade transformada já contenha disposição expressa prevendo a transformação. No caso de previsão contratual ou estatutária da transformação, os sócios dissidentes poderão exercer o direito de retirada (LSA, art. 221).

- **ENUNCIADO DO CJF RELACIONADO:**

  V Jornada de Direito Civil

  – **Enunciado 465:** "A 'transformação de registro' prevista no art. 968, § 3º, e no art. 1.033, parágrafo único, do Código Civil não se confunde com a figura da 'transformação de pessoa jurídica'."

11.1.8.2. INCORPORAÇÃO

- Na incorporação, uma ou mais sociedades (incorporadas) são absorvidas/incorporadas por outra (incorporadora).
- A sociedade incorporadora sucederá as demais quanto aos direitos e obrigações sociais.

ATENÇÃO!

Na incorporação, apenas a sociedade incorporada será extinta, continuando em pleno funcionamento, a incorporadora. Não há, portanto, a criação de nova sociedade.

11.1.8.3. FUSÃO

- Fusão é a união de duas ou mais sociedades para formar uma nova, extinguindo-se as sociedades que se uniram.
- A nova sociedade sucederá as demais quanto aos direitos e obrigações sociais.

ATENÇÃO!

Na fusão, todas que se uniram são extintas, sendo criada uma nova sociedade. Ex.: sociedade "X" se une com sociedade "Y", dando origem a sociedade "Z". "X" e "Y" serão extintas.

11.1.8.4. CISÃO

- Na cisão, a sociedade transfere (total ou parcialmente) seu patrimônio para uma ou mais sociedades (constituídas para esta finalidade ou já existentes), extinguindo-se a sociedade cindida (no caso de transferência de todo o seu patrimônio) ou dividindo-se o seu capital (no caso de transferência de parcela do seu patrimônio).
- Em suma, cisão é a transferência (total ou parcial) do patrimônio de uma sociedade para outra.
- A cisão implica a venda de patrimônio (e não da empresa).
- **Cisão parcial:** transferência de parcela do patrimônio para outra sociedade, implicando a divisão do capital.
- **Cisão total:** transferência da totalidade do patrimônio para outra sociedade, implicando em extinção da sociedade cindida.

11.2. DESCONSIDERAÇÃO DA PERSONALIDADE JURÍDICA

- **Sinônimos:** *disregard of legal entity* (desconsideração da entidade legal); *lifting the corporate veil* (levantamento do véu corporativo); *teoria de la penetración* (teoria da penetração); *superamento della personalitá giuridica* (superação da pessoa jurídica).
- **Conceito:** *desconsideração da personalidade jurídica* é a medida processual que tem por objetivo a inclusão dos sócios ou administradores da pessoa jurídica no polo passivo da demanda para que respondam com o seu patrimônio pessoal pelas dívidas da pessoa jurídica.
- A desconsideração não acarreta a extinção, dissolução, liquidação ou anulação da pessoa jurídica. A pessoa jurídica continua existindo.
- A desconsideração deve atingir apenas o patrimônio dos sócios ou administradores que praticaram o ato irregular.
- **Excepcionalidade:** a desconsideração da personalidade jurídica é sempre uma medida excepcional.
- **Teorias:** a desconsideração funda-se em duas teorias, a maior e a menor.

Teoria maior	Teoria menor
Pela teoria maior, além da insuficiência patrimonial da pessoa jurídica exige-se também outros motivos para a desconsideração.	Pela teoria menor basta a insuficiência patrimonial da pessoa jurídica, dispensando-se outros motivos para a desconsideração.
É adotada pelo Código Civil (art. 50).	É adotada pelo CDC (art. 28) e pela Lei dos Crimes Ambientais (Lei 9.605/98, art. 4º). Obs.: há quem entenda que o CDC adota a teoria maior e a menor.

- Há, ainda, quem classifique a teoria maior em subjetiva e objetiva.

Teoria maior subjetiva	Teoria maior objetiva
É aquela fundamentada na noção de fraude e ato ilícito praticados pelos sócios. A teoria maior objetiva é pautada em requisitos que independem do elemento volitivo dos sócios.	Para que ocorra a desconsideração, basta o desvio de função. O *desvio de função* se caracteriza quando ocorre confusão patrimonial entre o controlador (administrador) controlado (pessoa jurídica).

- **A desconsideração da personalidade jurídica pode ser decretada pelo juiz de ofício?** No CC e no CPC/15, o juiz não pode decretar de ofício, dependendo de requerimento da parte interessada ou do Ministério Público, quando lhe couber intervir no feito. Já no CDC o juiz pode desconsiderar de ofício, considerando que as normas consumeristas são de ordem pública e interesse social.
- **Pode haver a desconsideração da personalidade jurídica de pessoa jurídica sem finalidade lucrativa?** Sim. A desconsideração também pode ser decretada em face de pessoas jurídicas de direito privado sem intuito lucrativo. Neste caso, a desconsideração deverá atingir os administradores que praticaram os atos irregulares.
- **Desconsideração inversa ou invertida:** a desconsideração inversa da personalidade jurídica caracteriza-se pelo afastamento da autonomia patrimonial da sociedade, para, contrariamente do que ocorre na desconsideração da personalidade propriamente dita, atingir, então, o ente coletivo e seu patrimônio social, de modo a responsabilizar a pessoa jurídica por obrigações de seus sócios ou administradores (STJ, REsp 948.117).

- **Exemplo clássico de desconsideração inversa:** sobre o tema, merece registro os ensinamentos de Rolf Madaleno: *"Quando o marido transfere para sua empresa o rol mais significativo dos bens matrimoniais, sentença final de cunho declaratório haverá de desconsiderar este negócio específico, flagrada a fraude ou o abuso, havendo, em consequência, como matrimoniais esses bens, para ordenar sua partilha no ventre da separação judicial, na fase destinada a sua divisão, já considerados comuns e comunicáveis"* (*Direito de Família. Aspectos polêmicos*. 2. Ed. Porto Alegre: Livraria do Advogado, 1999, p. 31).

- **Desconsideração inversa no CPC/2015:** o novo Código de Processo Civil admite expressamente a desconsideração inversa. CPC, art. 133: "O incidente de desconsideração da personalidade jurídica será instaurado a pedido da parte ou do Ministério Público, quando lhe couber intervir no processo. § 1o O pedido de desconsideração da personalidade jurídica observará os pressupostos previstos em lei. § 2o **Aplica-se o disposto neste Capítulo à hipótese de desconsideração inversa da personalidade jurídica**".

- **A desconsideração da personalidade jurídica no CPC/2015 (art. 133 a 137):** o novo Código de Processo Civil prevê o incidente de desconsideração da personalidade jurídica como uma modalidade de intervenção de terceiro. O novo CPC não tratou das hipóteses de desconsideração, considerando que este assunto cabe ao direito material. A desconsideração por ser feita até a fase recursal.

- **Desconsideração da personalidade jurídica como incidente processual:** A desconsideração da personalidade jurídica, como incidente processual, pode ser decretada sem a prévia citação dos sócios atingidos, os quais se garante o exercício postergado ou diferido do contraditório e da ampla defesa.

- **Encerramento irregular das atividades empresariais:** O encerramento das atividades da sociedade ou sua dissolução, ainda que irregulares, não são causas, por si sós, para a desconsideração da personalidade jurídica a que se refere o art. 50 do CC (STJ, EREsp 1.306.553-SC).

- **ENUNCIADOS DO CJF RELACIONADOS:**

  I Jornada de Direito Civil

  - **Enunciado 7:** "Só se aplica a desconsideração da personalidade jurídica quando houver a prática de ato irregular e, limitadamente, aos administradores ou sócios que nela hajam incorrido."
  - **Enunciado 51:** "A teoria da desconsideração da personalidade jurídica – *disregard doctrine* – fica positivada no novo Código Civil, mantidos os parâmetros existentes nos microssistemas legais e na construção jurídica sobre o tema."

  III Jornada de Direito Civil

  - **Enunciado 146:** "Nas relações civis, interpretam-se restritivamente os parâmetros de desconsideração da personalidade jurídica previstos no art. 50 (desvio de finalidade social ou confusão patrimonial)."

  IV Jornada de Direito Civil

  - **Enunciado 281:** "A aplicação da teoria da desconsideração, descrita no art. 50 do Código Civil, prescinde da demonstração de insolvência da pessoa jurídica."
  - **Enunciado 282:** "O encerramento irregular das atividades da pessoa jurídica, por si só, não basta para caracterizar abuso da personalidade jurídica."
  - **Enunciado 283:** "É cabível a desconsideração da personalidade jurídica denominada "inversa" para alcançar bens de sócio que se valeu da pessoa jurídica para ocultar ou desviar bens pessoais, com prejuízo a terceiros."
  - **Enunciado 284:** "As pessoas jurídicas de direito privado sem fins lucrativos ou de fins não-econômicos estão abrangidas no conceito de abuso da personalidade jurídica."
  - **Enunciado 285:** "A teoria da desconsideração, prevista no art. 50 do Código Civil, pode ser invocada pela pessoa jurídica, em seu favor."

  V Jornada de Direito Civil

  - **Enunciado 406:** "A desconsideração da personalidade jurídica alcança os grupos de sociedade quando estiverem presentes os pressupostos do art. 50 do Código Civil e houver prejuízo para os credores até o limite transferido entre as sociedades."
  - **Enunciado 487:** "Na apuração de haveres de sócio retirante (art. 1.031 do CC), devem ser afastados os efeitos da diluição injustificada e ilícita da participação deste na sociedade."

  I Jornada de Direito Processual Civil

  - **Enunciado 11:** "Aplica-se o disposto nos arts. 133 a 137 do CPC às hipóteses de desconsideração indireta e expansiva da personalidade jurídica."

- **Enunciado 42:** "É cabível a concessão de tutela provisória de urgência em incidente de desconsideração da personalidade jurídica."

- **ENUNCIADOS DA ESCOLA NACIONAL DE FORMAÇÃO E APERFEIÇOAMENTO DE MAGISTRADOS – ENFAM:**
  - **Enunciado 52:** "A citação a que se refere o art. 792, § 3º, do CPC/2015 (fraude à execução) é a do executado originário, e não aquela prevista para o incidente de desconsideração da personalidade jurídica (art. 135 do CPC/2015)."
  - **Enunciado 53:** "O redirecionamento da execução fiscal para o sócio-gerente prescinde do incidente de desconsideração da personalidade jurídica previsto no art. 133 do CPC/2015."

- **ENUNCIADOS DO FÓRUM PERMANENTE DE PROCESSUALISTAS CIVIS:**
  - **Enunciado 123:** "(art. 133) É desnecessária a intervenção do Ministério Público, como fiscal da ordem jurídica, no incidente de desconsideração da personalidade jurídica, salvo nos casos em que deva intervir obrigatoriamente, previstos no art. 178. (Grupo: Litisconsórcio e Intervenção de Terceiros)."
  - **Enunciado 124:** "(art. 133; art. 15) A desconsideração da personalidade jurídica no processo do trabalho deve ser processada na forma dos arts. 133 a 137, podendo o incidente ser resolvido em decisão interlocutória ou na sentença. (Grupo: Impacto do CPC no Processo do Trabalho)."
  - **Enunciado 125:** "(art. 134) Há litisconsórcio passivo facultativo quando requerida a desconsideração da personalidade jurídica, juntamente com outro pedido formulado na petição inicial ou incidentemente no processo em curso. (Grupo: Litisconsórcio e Intervenção de Terceiros)."
  - **Enunciado 126:** "(art. 134; art. 15) No processo do trabalho, da decisão que resolve o incidente de desconsideração da personalidade jurídica na fase de execução cabe agravo de petição, dispensado o preparo. (Grupo: Impacto do CPC no Processo do Trabalho)."
  - **Enunciado 247:** "(art. 133) Aplica-se o incidente de desconsideração da personalidade jurídica no processo falimentar. (Grupo: Impactos do CPC nos Juizados e nos procedimentos especiais de legislação extravagante)."
  - **Enunciado 248:** "(art. 134, § 2º; art. 336) Quando a desconsideração da personalidade jurídica for requerida na petição inicial, incumbe ao sócio ou a pessoa jurídica, na contestação, impugnar não somente a própria desconsideração, mas também os demais pontos da causa. (Grupo: Petição inicial, resposta do réu e saneamento)."
  - **Enunciado 390:** "(arts. 136, caput, 1.015, IV, 1.009, §3º) Resolvida a desconsideração da personalidade jurídica na sentença, caberá apelação. (Grupo: Litisconsórcio e intervenção de terceiros)."

12. DIREITO FALIMENTAR E RECUPERACIONAL

12.1. ASPECTOS GERAIS

12.1.1. APLICABILIDADE DA LEI

- A Lei 11.101/05 se aplica ao devedor empresário individual, sociedade empresária e à empresa individual de responsabilidade limitada.
- **Agentes econômicos excluídos da falência:** empresa pública e sociedade de economia mista; instituição financeira pública ou privada; cooperativa de crédito; consórcio; entidade de previdência complementar; sociedade operadora de plano de assistência à saúde; sociedade seguradora; sociedade de capitalização e outras entidades legalmente equiparadas.

Totalmente excluídos da lei de falência	Parcialmente excluídos da lei de falência
• Empresas públicas; e • Sociedade de economia mista.	• Instituições financeiras públicas ou privadas; • Consórcios; • Cooperativas de crédito; • Seguradoras; • Operadoras de planos de saúde; • Entidades de previdência complementar; • Sociedades de capitalização; e • Outras entidades legalmente equiparadas à estas, como, por exemplo, as sociedades administradoras de cartão de crédito e as sociedades de arrendamento mercantil (*leasing*).

12.1.2. COMPETÊNCIA

O foro competente para recuperação e decretação de falência é o do juízo do local do principal estabelecimento do devedor (art. 3º da Lei 11.101/2005), assim considerado o local mais importante da atividade empresária, o do maior volume de negócios. Para fins do Direito Falimentar, o local do principal estabelecimento é aquele de onde partem as decisões empresariais, e não necessariamente a sede indicada no registro público (CJF, enunciado 466).

ATENÇÃO!

Ajuizada a ação de falência em juízo incompetente, não deve ser aplicada a teoria do fato consumado e tornar prevento o juízo inicial, considerando que a competência para processar e julgar falência é funcional e, portanto, absoluta (STJ, CC 116.743-MG).

12.1.3. INTERVENÇÃO DO MINISTÉRIO PÚBLICO

A Lei 11.101/05 não exige a atuação geral e obrigatória do Ministério Público na fase pré-falimentar, determinando a sua intervenção, apenas nas hipóteses que enumera, a partir da sentença que decreta a falência. No entanto, convém lembrar que presente alguma das hipóteses do art. 178 do CPC/2015, é possível a atuação do Parquet na fase pré-falimentar como fiscal da ordem jurídica.

12.1.4. VERIFICAÇÃO E HABILITAÇÃO DOS CRÉDITOS CONCURSAIS

A verificação dos créditos é realizada pelo administrador judicial, com base nos livros contábeis e documentos comerciais e fiscais do devedor e nos documentos que lhe forem apresentados pelos credores, podendo contar com o auxílio de profissionais ou empresas especializadas.

Os credores devem habilitar seus créditos no prazo de 15 dias contados da publicação do edital. Encerrado o prazo de 15 dias para a habilitação dos créditos dos credores, inicia-se, automaticamente, novo prazo de 45 dias para o administrador judicial publicar uma nova relação de credores.

12.1.5. ADMINISTRADOR JUDICIAL

Administrador judicial é o agente nomeado pelo juiz no processo falimentar ou de recuperação judicial.

A presidência da administração da falência é feita pelo juiz competente, com o auxílio do administrador judicial.

Cabe ao administrador judicial a representação legal da massa falida subjetiva.

O administrador judicial deve ser profissional idôneo, preferencialmente advogado, economista, administrador de empresas ou contador, ou pessoa jurídica especializada.

Se o administrador judicial nomeado for pessoa jurídica, deve-se declarar o nome de profissional responsável pela condução do processo de falência ou de recuperação judicial, que não poderá ser substituído sem autorização do juiz. As atribuições do administrador judicial são indelegáveis.

12.1.6. COMITÊ DE CREDORES

O comitê dos credores é um órgão facultativo, cuja atribuição é, basicamente, fiscalizar o trabalho do administrador judicial e auxiliar o juiz no processo falimentar ou de recuperação.

No caso de ausência, as atribuições do comitê serão exercidas pelo administrador judicial.

ATENÇÃO!

O comitê de credores não é um órgão obrigatório nos processos falimentares ou de recuperação.

12.1.7. ASSEMBLEIA DE CREDORES

- A assembleia dos credores é, em suma, o órgão colegiado responsável por representar a vontade predominante dos credores sujeitos aos efeitos do plano de recuperação judicial do devedor.
- Compete à assembleia geral de credores:
  a) aprovar, rejeitar e revisar o plano de recuperação;

b) aprovar a instalação do comitê e eleger seus membros;

c) manifestar-se sobre o pedido de desistência da recuperação;

d) eleger gestor judicial, quando afastados os diretores da sociedade empresária requerente;

e) deliberar sobre qualquer outra matéria de interesse dos credores.

12.2. RECUPERAÇÃO JUDICIAL

- **Conceito:** A recuperação judicial tem por finalidade viabilizar a superação da crise pela qual a empresa vem passando, para que se tenha a manutenção da fonte produtora, manutenção dos empregos, manutenção dos interesses dos credores e do recolhimento de impostos. A recuperação privilegia o <u>princípio da manutenção ou da conservação da empresa</u>.
- **Legitimidade:** Poderá requerer recuperação judicial o devedor que, no momento do pedido, exerça regularmente suas atividades há mais de 2 anos e que atenda aos seguintes requisitos, cumulativamente:

  a) não ser falido e, se o foi, estejam declaradas extintas, por sentença transitada em julgado, as responsabilidades daí decorrentes;

  b) não ter, há menos de 5 anos, obtido concessão de recuperação judicial;

  c) não ter, há menos de 8 anos, obtido concessão de recuperação judicial especial;

  d) não ter sido condenado ou não ter, como administrador ou sócio controlador, pessoa condenada por crime falimentar.

ATENÇÃO!

A recuperação judicial também poderá ser requerida pelo cônjuge sobrevivente, herdeiros do devedor, inventariante ou sócio remanescente.

- **Créditos sujeitos à recuperação:** podem ser incluídos no plano de recuperação judicial todos os créditos existentes na data do pedido, ainda que não estejam vencidos.
- **Créditos não sujeitos à recuperação:** por expressa vedação legal, não podem ser incluídos no plano de recuperação judicial:

  a) créditos posteriores ao pedido de recuperação judicial;

  b) créditos tributários;

  c) créditos do art. 49, § 3º da LF;

  d) créditos decorrentes de propriedade fiduciária;

  e) créditos decorrentes de arrendamento mercantil (*leasing*);

  f) créditos decorrentes de contrato de compra e venda com reserva de domínio;

  g) créditos decorrentes de contratos de compra e venda de imóvel com cláusula de irrevogabilidade ou irretratabilidade; e

  h) créditos decorrentes de adiantamento de contrato de câmbio.

- **Fases do processo de recuperação judicial:**

  1. **Petição inicial com os requisitos do art. 51** (exposição das causas concretas que provocaram a crise; apresentação de demonstrativos contábeis dos últimos três exercícios sociais; relação nominal completa dos credores);
  2. Despacho de processamento. Verificando que a inicial preenche os requisitos, o juiz autoriza o <u>processamento da recuperação judicial</u>. A decisão que defere o processamento da recuperação judicial é irrecorrível, por aplicação analógica da Súmula 264-STJ: "É irrecorrível o ato judicial que apenas manda processar a concordata preventiva". O despacho de processamento da recuperação acarreta: a) suspensão de todas as ações e execuções que correm contra o devedor pelo prazo de 180 dias; e b) a nomeação do administrador judicial.
  3. **Publicação do edital.** Deferido o processamento da recuperação, haverá a publicação de edital que conterá: o pedido do autor; os termos da decisão que deferiu o processamento da recuperação; a relação de credores (mesma relação apresentada na petição inicial);
  4. **Apresentação do plano.** No prazo improrrogável de 60 dias, contados da publicação da decisão que deferiu o <u>processamento</u>, o devedor deve apresentar o plano de recuperação judicial, sob pena de conversão (convolação) em falência;

5. **Habilitação dos créditos** (os credores devem habilitar seus créditos no prazo de 15 dias contados da publicação do edital);
6. **Nova relação de credores.** Encerrado o prazo de 15 dias para a habilitação dos créditos dos credores, inicia-se, automaticamente, novo prazo de 45 dias para o administrador judicial publicar uma nova relação de credores;
7. **Abertura de prazo para objeção.** A objeção só ocorre quando os credores habilitados não concordarem com o plano de recuperação apresentado. O prazo para a apresentação da objeção é de 30 dias, contados da publicação da nova relação de credores. Se, durante esse prazo, algum credor apresentar objeção, o juiz deve convocar Assembleia Geral de Credores, que poderá aprovar ou reprovar o plano de recuperação judicial. Caso a Assembleia Geral de Credores reprove o plano, o juiz deve decretar a falência do empresário;
8. **Decisão concessiva da recuperação judicial.** Se os credores concordaram com o plano o juiz defere a recuperação judicial. Tem-se admitido a recuperação mesmo quando o devedor não apresenta a certidão negativa de débitos fiscais. Encerrado o prazo de 30 dias sem objeção, presume-se que os credores concordaram com o plano apresentado pelo devedor, ocasião em que o juiz também defere a recuperação judicial.

- **Convolação da recuperação em falência:** o juiz decretará a falência durante o processo de recuperação judicial: **a)** por deliberação da assembleia-geral de credores, na forma do art. 42 da LF; **b)** pela não apresentação, pelo devedor, do plano de recuperação no prazo do art. 53 da LF; **c)** quando houver sido rejeitado o plano de recuperação, nos termos do § 4º do art. 56 da LF; **d)** por descumprimento de qualquer obrigação assumida no plano de recuperação, na forma do § 1º do art. 61 da LF. Na convolação (conversão) da recuperação em falência, os atos de administração, endividamento, oneração ou alienação praticados durante a recuperação judicial presumem-se válidos.
- **Apresentação do plano de recuperação judicial:** no prazo improrrogável de 60 dias, contados da publicação da decisão que deferiu o processamento, o devedor deve apresentar o plano de recuperação judicial, sob pena de convolação em falência.
- **Descumprimento de obrigação prevista no plano:** o plano de recuperação judicial implica novação dos créditos anteriores ao pedido. O descumprimento de qualquer obrigação prevista no plano acarretará a convolação da recuperação em falência, com o que os credores terão reconstituídos seus direitos e garantias nas condições originalmente contratadas, deduzidos os valores eventualmente pagos e ressalvados os atos validamente praticados no âmbito da recuperação judicial (STJ, REsp 1.260.301-DF).

12.3. RECUPERAÇÃO JUDICIAL ESPECIAL

- **Conceito:** A recuperação judicial especial é assim chamada, porque só ela se aplica às microempresas e às empresas de pequeno porte.
- Vejamos algumas de suas peculiaridades:
  1) **Créditos abrangidos:** Até o ano de 2014, o plano de recuperação judicial especial só abrangia os *créditos quirografários*. No entanto, a LC 147/14, deu nova redação ao inciso I do art. 71 da Lei 11.101/05, passando a prever que o plano de recuperação judicial especial abrangerá todos os créditos existentes na data do pedido, ainda que não vencidos, excetuados os decorrentes de repasse de recursos oficiais, os fiscais e os previstos nos parágrafos 3º e 4º do art. 49.
  2) **Fases do processo da recuperação judicial especial:**
     1. **Petição inicial;**
     2. **Despacho de processamento da recuperação.** O pedido de recuperação judicial com base em plano especial não acarreta a suspensão do curso da prescrição nem das ações e execuções por créditos não abrangidos pelo plano;
     3. **Publicação de edital;**
     4. **Apresentação do plano.** Na recuperação judicial especial, o plano já está pronto pela lei:
        a) parcelamento em até 36 parcelas mensais, iguais e sucessivas, acrescidas de juros equivalentes à taxa SELIC, podendo conter ainda a proposta de abatimento do valor das dívidas;
        b) pagamento da 1ª parcela no prazo máximo de 180 dias, contado da distribuição do pedido de recuperação judicial. Não será convocada assembleia-geral de credores para deliberar sobre o plano, e o juiz concederá a recuperação judicial se atendidas as exigências legais;
     5. **Habilitação dos créditos;**
     6. **Nova relação de credores;**

7. **Abertura de prazo para eventual objeção (30 dias, contados da publicação da nova relação de credores).** Mesmo com a objeção dos credores, o juiz pode deferir o plano de recuperação. No entanto, se os credores titulares de mais da metade de qualquer de uma das classes de créditos previstos no art. 83 apresentarem objeção, o juiz deve decretar a falência do devedor;
8. **Decisão concessiva da recuperação judicial especial. Obs.:** da decisão concessiva da recuperação judicial especial cabe agravo de instrumento, que poderá ser interposto por qualquer credor ou pelo Ministério Público.

12.4. RECUPERAÇÃO EXTRAJUDICIAL

- **Conceito:** recuperação extrajudicial é o acordo privado que o devedor realiza diretamente com seus credores fora do âmbito judicial. Se o acordo não for cumprido pelo devedor, não haverá conversão automática em falência exatamente por se tratar de recuperação extrajudicial.
- **Créditos excluídos da recuperação extrajudicial:**

a) créditos tributários;

b) créditos trabalhistas e de acidente do trabalho;

c) créditos fiscais;

d) créditos previdenciários;

e) pagamento antecipado de dívida;

f) arrendamento mercantil;

g) adiantamento de contrato de câmbio.

- **Legitimidade:** poderá requerer recuperação extrajudicial o devedor que, no momento do pedido, exerça regularmente suas atividades há mais de 2 anos e que atenda aos seguintes requisitos, cumulativamente:

a) não ser falido e, se o foi, estejam declaradas extintas, por sentença transitada em julgado, as responsabilidades daí decorrentes;

b) não ter, há menos de 5 anos, obtido concessão de recuperação judicial;

c) não ter, há menos de 5 anos, obtido concessão de recuperação judicial com base no plano especial;

d) não ter sido condenado ou não ter, como administrador ou sócio controlador, pessoa condenada por qualquer dos crimes previstos nesta Lei.

ATENÇÃO!

A recuperação judicial também poderá ser requerida pelo cônjuge sobrevivente, herdeiros do devedor, inventariante ou sócio remanescente.

- **Órgãos da recuperação extrajudicial:**

a) não exige nomeação de administrador judicial;

b) não há comitê de credores nem assembleia geral de credores;

c) não é obrigatória a participação do Ministério Público.

ATENÇÃO!

Como visto acima, pode-se dizer que o único órgão da recuperação extrajudicial é a autoridade judiciária. No entanto, aqui, a função do juiz é a de homologar o plano, não tendo competência para atrair outras questões de caráter econômico.

- **Efeitos da recuperação extrajudicial:**

a) não suspende a prescrição de outras ações e execuções do devedor e dos participantes do plano;

b) não suspende a prescrição da rescisão de contratos bilaterais;

c) o credor não incluído no plano de recuperação pode pedir a falência do devedor, assim como os demais participantes do plano, quando descumprida as obrigações;

d) a homologação do plano de recuperação extrajudicial não afeta os bens do devedor nem o funcionamento da empresa. No entanto, acarreta a vedação do pagamento antecipado de dívida e do tratamento desfavorável aos credores.

12.5. FALÊNCIA

- **Sujeitos à lei de recuperações e falências:** a Lei 11.101/05 se aplica ao devedor empresário individual, sociedade empresária e à empresa individual de responsabilidade limitada.

ATENÇÃO:

Alguns agentes econômicos estão excluídos, total ou parcialmente, da falência. São eles:

Totalmente excluídos da lei de falência	Parcialmente excluídos da lei de falência
• Empresas públicas; e • Sociedade de economia mista.	• Instituições financeiras públicas ou privadas; • Consórcios; • Cooperativas de crédito; • Seguradoras; • Operadoras de planos de saúde; • Entidades de previdência complementar; • Sociedades de capitalização; e • Outras entidades legalmente equiparadas à estas, como, por exemplo, as sociedades administradoras de cartão de crédito e as sociedades de arrendamento mercantil (*leasing*).

- **Competência:** O foro competente para recuperação e decretação de falência é o do juízo do local do principal estabelecimento do devedor (art. 3º da Lei 11.101/2005), assim considerado o local mais importante da atividade empresária, o do maior volume de negócios. Para fins do Direito Falimentar, o local do principal estabelecimento é aquele de onde partem as decisões empresariais, e não necessariamente a sede indicada no registro público (CJF, enunciado 466).

ATENÇÃO!

Ajuizada a ação de falência em juízo incompetente, não deve ser aplicada a teoria do fato consumado e tornar prevento o juízo inicial, considerando que a competência para processar e julgar falência é funcional e, portanto, absoluta (STJ, CC 116.743-MG, julgado em 10/10/2012).

- **Legitimidade passiva:** o sujeito passivo da falência deverá ser, necessariamente, empresário ou sociedade empresária. É o que dispõe o art. 1º da Lei n. 11.101/05: "Esta Lei disciplina a recuperação judicial, a recuperação extrajudicial e a falência do empresário e da sociedade empresária, doravante referidos simplesmente como devedor."
- **Legitimidade ativa:** a legitimidade ativa para a falência está no art. 97 da Lei n. 11.101/05, que dispõe: "Podem requerer a falência do devedor: I – o próprio devedor, na forma do disposto nos arts. 105 a 107 desta Lei; II – o cônjuge sobrevivente, qualquer herdeiro do devedor ou o inventariante; III – o cotista ou o acionista do devedor na forma da lei ou do ato constitutivo da sociedade; IV – qualquer credor."
- **Pressupostos da falência:** a doutrina identifica três pressupostos da falência: **1) pressuposto material subjetivo:** devedor empresário; **2) pressuposto material objetivo:** insolvência do devedor empresário; **3) pressuposto formal:** sentença que decreta a falência.
- **Intervenção do Ministério Público:** a Lei 11.101/05 não exige a atuação geral e obrigatória do MP na fase pré-falimentar, determinando a sua intervenção, apenas nas hipóteses que enumera, a partir da sentença que decreta a falência (REsp 996.264/DF). No entanto, convém lembrar que presente alguma das hipóteses do art. 178 do CPC/2015, é possível a atuação do Parquet na fase pré-falimentar como fiscal da ordem jurídica.
- **Fundamentos jurídicos para a falência: a)** impontualidade injustificada; **b)** execução frustrada; e **c)** atos de falência. Vale lembrar que estes não são fundamentos cumulativos (presente ao menos uma das hipóteses arroladas, já será possível requerer a falência do empresário).
  - **a) Impontualidade injustificada:** trata-se da falta de pagamento sem relevante razão de direito. A obrigação deve ser líquida e materializada em título executivo extrajudicial ou judicial. O protesto do título é indispensável para o pedido de falência com base na impontualidade injustificada. Ainda, o valor da obrigação deve ser superior a 40 salários mínimos. A LF permite o litisconsórcio de credores para que, somados, completem este requisito para o pedido de falência.

b) **Execução frustrada:** ocorre quando o devedor é executado e não paga, não deposita e não nomeia bens à penhora dentro do prazo legal. Aqui não há limite de valor para o pedido de falência, bastando a frustração da execução.

c) **Atos de falência (atos de bancarrota):** atos de falência são comportamentos previstos em lei que, caso praticados, acarretarão a presunção do estado de insolvência do empresário. Os principais atos de falência estão nas alíneas "a" a "g" do inciso III do art. 94 da LF.

- **Órgãos da falência:**

1) **Administrador judicial:** trata-se de agente nomeado pelo juiz, no processo falimentar. Ao juiz compete a presidência da administração da falência, com o auxílio do administrador judicial. Assim, o administrador judicial (antigo síndico), é o agente criado por lei para desempenhar atribuições relacionadas com a administração da falência, auxiliando o magistrado. Além disso, o cabe ao administrador judicial a representação legal da massa falida subjetiva. O administrador judicial será profissional idôneo, preferencialmente (e não obrigatoriamente) advogado, economista, administrador de empresas ou contador, ou pessoa jurídica especializada.

ATENÇÃO!

- O administrador judicial pode ser pessoa jurídica. Se o administrador judicial nomeado for pessoa jurídica, deve-se declarar o nome de profissional responsável pela condução do processo de falência ou de recuperação judicial, que não poderá ser substituído sem autorização do juiz.
- As atribuições do administrador judicial são indelegáveis.

2) **Assembleia dos credores:** de acordo com o art. 35, II da LF, no processo falimentar, a assembleia geral de credores possui as seguintes atribuições: **a)** a constituição do Comitê de Credores, a escolha de seus membros e sua substituição; **b)** a adoção de outras modalidades de realização do ativo, na forma do art. 145 da lei; **c)** qualquer outra matéria que possa afetar os interesses dos credores.

3) **Comitê dos credores:** o comitê de credores é um órgão facultativo, sendo que a sua atribuição é, basicamente, fiscalizar o trabalho do administrador judicial e auxiliar o juiz no processo falimentar ou de recuperação.

ATENÇÃO!

Vale lembrar que o comitê de credores não é um órgão obrigatório nos processos falimentares ou de recuperação. No caso de ausência, as atribuições do comitê serão exercidas pelo administrador judicial.

- **Atitudes que podem ser tomadas pelo devedor após a citação:** citado, o devedor-empresário pode tomar uma das seguintes atitudes: **a)** apresentar contestação no prazo de 10 dias; **b)** fazer o depósito elisivo; **c)** fazer o depósito elisivo e apresentar contestação; e **d)** pleitear recuperação judicial, dentro do prazo para a contestação.
- **Depósito elisivo:** quando o devedor efetua o depósito elisivo, o juiz fica impedido de decretar a falência. O depósito elisivo deve ser feito no prazo da contestação e deve compreender o valor principal, mais juros, correção monetária e honorários advocatícios.
- **Sentença denegatória da falência:** é a sentença de improcedência, ou seja, que rejeita o pedido de falência. Da sentença denegatória da falência cabe recurso de apelação pelo devedor, pelo Ministério Público e pelo credor.
- **Sentença declaratória da falência:** é a sentença de procedência, ou seja, que decreta a falência. Da sentença que decreta a falência cabe recurso de agravo de instrumento pelo devedor, pelo Ministério Público, ou pelo credor.
- **Sentença de falência e seus efeitos:**

Efeitos em relação aos credores:	• incidência da universalidade do juízo falimentar; • suspensão de todas as ações e execuções contra o falido (salvo ações trabalhistas, fiscais, ações que demandarem quantia ilíquida e ações não reguladas pela LF, em que o falido ou a massa falida seja autor ou litisconsorte ativo); • suspensão da fluência de juros; • vencimento antecipado de todas as dívidas do falido; • suspensão do curso da prescrição das obrigações do falido.

Efeitos em relação ao falido e aos administradores e liquidantes:	• inabilitação do empresário; • indisponibilidade dos bens; • dissolução total da sociedade; • extinção de concessão de serviço público, se houver.
Efeitos em relação aos bens do falido e dos sócios da sociedade falida:	**A decretação da falência suspende:** • o exercício do direito de retenção sobre os bens sujeitos à arrecadação, os quais deverão ser entregues ao administrador judicial; • o exercício do direito de retirada ou de recebimento do valor de suas quotas ou ações, por parte dos sócios da sociedade falida. **Obs.:** no caso de sócio com responsabilidade ilimitada, aplica-se o art. 190 da LF: "Todas as vezes que esta Lei se referir a devedor ou falido, compreender-se-á que a disposição também se aplica aos sócios ilimitadamente responsáveis." Em outras palavras, todos os efeitos aplicáveis ao falido aplicam-se também ao sócio ilimitadamente responsável.
Efeitos em relação aos contratos:	Os contratos bilaterais não se resolvem pela falência e podem ser cumpridos pelo administrador judicial se o cumprimento reduzir ou evitar o aumento do passivo da massa falida ou for necessário à manutenção e preservação de seus ativos, mediante autorização do Comitê.

- **Administração:** ao juiz compete a presidência da administração da falência, com o auxílio do administrador judicial.
- **Arrecadação:** cabe ao administrador judicial a arrecadação e a realização dos bens do falido. Após a arrecadação dos bens do falido, será dada a realização do ativo, que deverá obedecer a uma determinada ordem de preferência definida pela lei.
- **Realização do ativo:** o juiz, ouvido o administrador judicial e atendendo à orientação do Comitê (se houver), ordenará que se proceda à alienação do ativo em uma das seguintes modalidades: **a)** leilão, por lances orais; **b)** propostas fechadas; e **c)** pregão.

ATENÇÃO!

Em qualquer modalidade de realização do ativo, o Ministério Público deve ser intimado pessoalmente, sob pena de nulidade.

- **Ordem preferencial na realização do ativo:** a alienação dos bens será realizada de uma das seguintes formas, observada a seguinte ordem de preferência: **a)** alienação da empresa, com a venda de seus estabelecimentos em bloco; **b)** alienação da empresa, com a venda de suas filiais ou unidades produtivas isoladamente; **c)** alienação em bloco dos bens que integram cada um dos estabelecimentos do devedor; **d)** alienação dos bens individualmente considerados. **Obs.:** na alienação conjunta ou separada de ativos, inclusive da empresa ou de suas filiais, o objeto da alienação estará livre de quaisquer ônus e não haverá sucessão do arrematante nas obrigações do devedor, inclusive as de natureza tributária, as derivadas da legislação do trabalho e as decorrentes de acidentes de trabalho. Isso significa que o sujeito adquire os bens do falido sem quaisquer ônus, nem mesmo débitos tributários ou trabalhistas. O valor pago pelo adquirente é destinado à massa falida, e lá os créditos tributários e trabalhistas serão satisfeitos. **Exceção:** a fim de evitar fraudes, essa regra não se aplica quando o arrematante for: **a)** sócio da sociedade falida, ou sociedade controlada pelo falido; **b)** parente, em linha reta ou colateral até o quarto grau, consanguíneo ou afim, do falido ou de sócio da sociedade falida; ou **c)** identificado como agente do falido com o objetivo de fraudar a sucessão.
- **Pedidos de restituição:** estão disciplinados a partir do art. 85 da LF:
  1) **Restituição dos bens alienados que não eram do falido, mas de terceiros:** o proprietário de bem arrecadado no processo de falência ou que se encontre em poder do devedor na data da decretação da falência poderá pedir sua *restituição* (pedido de restituição). Também pode ser pedida a restituição de coisa vendida a crédito e entregue ao devedor nos 15 dias anteriores ao requerimento de sua falência, se ainda não alienada.
  2) **Restituição em dinheiro dos bens alienados que não eram do falido, mas de terceiros:** a restituição proceder-se-á em *dinheiro*: **a)** se a coisa não mais existir ao tempo do pedido de restituição, hipótese em

que o requerente receberá o valor da avaliação do bem, ou, no caso de ter ocorrido sua venda, o respectivo preço, em ambos os casos no valor atualizado; **b)** da importância entregue ao devedor, em moeda corrente nacional, decorrente de adiantamento a contrato de câmbio para exportação, desde que o prazo total da operação, inclusive eventuais prorrogações, não exceda o previsto nas normas específicas da autoridade competente; e **c)** dos valores entregues ao devedor pelo contratante de boa-fé na hipótese de revogação ou ineficácia do contrato. Por fim, cumpre lembrar que, nos casos em que não couber pedido de restituição, fica resguardado o direito dos credores de propor embargos de terceiros, nos termos do NCPC.

3) **Ineficácia e da revogação de atos praticados antes da falência:**

Ação revocatória nas hipóteses de ineficácia objetiva	Ação revocatória nas hipóteses de ineficácia subjetiva
Art. 129 da LF.	Art. 130 da LF.
Hipóteses de ineficácia objetiva	Hipóteses de ineficácia subjetiva
Não precisa provar o conluio fraudulento	Precisa provar o conluio fraudulento e o dano.
Pode ser declarada pelo juiz de ofício	Não pode ser declarada pelo juiz de ofício

- **Pagamento do passivo:** realizadas as restituições, pagos os créditos extraconcursais (na ordem do art. 94), e consolidado o quadro geral de credores, as importâncias recebidas com a realização do ativo serão destinadas ao pagamento dos credores, atendendo a classificação do art. 83 da LF.

- **Classificação e pagamento dos credores:**

Créditos extraconcursais	Créditos extraconcursais são aqueles que surgem no curso do processo falimentar, e que são pagos com precedência sobre todos os créditos acima citados, na ordem prevista no art. 84 da LF: 1º) remunerações devidas ao administrador judicial e seus auxiliares, e créditos derivados da legislação do trabalho ou decorrentes de acidentes de trabalho relativos a serviços prestados após a decretação da falência; 2º) quantias fornecidas à massa pelos credores; 3º) despesas com arrecadação, administração, realização do ativo e distribuição do seu produto, bem como custas do processo de falência; 4º) custas judiciais relativas às ações e execuções em que a massa falida tenha sido vencida; 5º) obrigações resultantes de atos jurídicos válidos praticados durante a recuperação judicial, nos termos do art. 67 da Lei, ou após a decretação da falência, e tributos relativos a fatos geradores ocorridos após a decretação da falência, respeitada a ordem estabelecida no art. 83 da Lei.
Créditos concursais	O pagamento dos créditos concursais obedece à ordem do art. 83 da LF: 1º) créditos derivados da legislação do trabalho, limitados a 150 salários-mínimos por credor, e os decorrentes de acidentes de trabalho. Aqui, entram também os créditos equiparados a trabalhistas (ex.: créditos relacionados ao FGTS) e os devidos ao representante comercial (art. 44 da Lei 4.886/65); 2º) créditos com garantia real até o limite do valor do bem gravado; 3º) créditos tributários, independentemente da sua natureza e tempo de constituição, excetuadas as multas tributárias; 4º) créditos com privilégio especial (os previstos no art. 964 do CC; os assim definidos em outras leis civis e comerciais, salvo disposição contrária desta Lei; e aqueles a cujos titulares a lei confira o direito de retenção sobre a coisa dada em garantia; aqueles em favor dos microempreendedores individuais e das microempresas e empresas de pequeno porte); 5º) créditos com privilégio geral (os previstos no art. 965 do CC; os previstos no parágrafo único do art. 67 da LF; os assim definidos em outras leis civis e comerciais, salvo disposição contrária da LF);

Créditos concursais	6º) créditos quirografários (aqueles não previstos nos demais incisos deste artigo; os saldos dos créditos não cobertos pelo produto da alienação dos bens vinculados ao seu pagamento; os saldos dos créditos derivados da legislação do trabalho que excederem o limite estabelecido no inciso I do *caput* deste artigo; 7º) multas contratuais e penas pecuniárias por infração das leis penais ou administrativas, inclusive as multas tributárias; 8º) créditos subordinados (os assim previstos em lei ou em contrato; os créditos dos sócios e dos administradores sem vínculo empregatício)

- **Encerramento da falência:**

1) **Julgamento das contas do administrador judicial:** concluída a realização de todo o ativo (venda dos bens), e distribuído o produto entre os credores, o administrador judicial apresentará suas contas, que serão julgadas pelo juiz. Julgadas as contas do administrador judicial, ele apresentará o relatório final da falência no prazo de 10 (dez) dias, indicando o valor do ativo e o do produto de sua realização, o valor do passivo e o dos pagamentos feitos aos credores, e especificará justificadamente as responsabilidades com que continuará o falido.

2) **Sentença de encerramento:** apresentado o relatório final, o juiz encerrará a falência por sentença, que será publicada por edital e dela caberá apelação.

- **Sentença de extinção das obrigações do falido:** extingue as obrigações do falido:

a) o pagamento de todos os créditos;

b) o pagamento, depois de realizado todo o ativo, de mais de 50% dos créditos quirografários, sendo facultado ao falido o depósito da quantia necessária para atingir essa porcentagem se para tanto não bastou a integral liquidação do ativo;

c) o decurso do prazo de 5 anos, contado do encerramento da falência, se o falido não tiver sido condenado por prática de crime previsto nesta Lei;

d) o decurso do prazo de 10 anos, contado do encerramento da falência, se o falido tiver sido condenado por prática de crime previsto nesta Lei.

12.6. PRISÃO DO FALIDO

A Lei 11.101/05 trata da prisão do falido: "Art. 99. A sentença que decretar a falência do devedor, dentre outras determinações: VII – determinará as diligências necessárias para salvaguardar os interesses das partes envolvidas, podendo ordenar a prisão preventiva do falido ou de seus administradores quando requerida com fundamento em provas da prática de crime definido nesta Lei;".

A prisão do falido trata-se de uma prisão preventiva que pode ser decretada pelo juiz falimentar, portanto, por um juiz cível. Neste ponto, a doutrina diverge sobre a constitucionalidade da prisão do falido prevista na Lei 11.101/05.

Para Renato Brasileiro de Lima (corrente a qual nos filiamos): "o art. 99, inciso VII, da Lei 11.101/05, é incompatível com o art. 5º, incisos LXI e LXVII, da Constituição Federal, porquanto permite que, no cível, o juiz determine a prisão preventiva do falido como efeito da sentença que decreta a falência, sem que haja ação penal, pois esta será oferecida no juízo criminal e não perante o Juízo da falência (Lei 11.101/05, art. 187, caput). Tendo em conta que a prisão preventiva é espécie de prisão cautelar que visa assegurar a eficácia das investigações ou do processo criminal, não se pode admitir que essa medida cautelar seja decretada por autoridade judiciária desprovida de competência criminal para processar e julgar os crimes falimentares supostamente praticados pelo falido ou pelo administrador. Portanto, pensamos que subsiste a possibilidade de decretação da prisão preventiva, mas desde que decretada pela autoridade judiciária competente para processar e julgar os crimes falimentares" (Manual de Processo Penal. 2 ed. Salvador: Juspodivm, 2014, p. 807).

12.7. CRIMES FALIMENTARES E PROCEDIMENTOS PENAIS

- **Competência:** no caso de crimes falimentares, o foro competente é o do lugar onde foi decretada a falência, concedida a recuperação judicial ou homologado o plano de recuperação extrajudicial. Trata-se de exceção ao art. 70 do CPP, que estabelece a teoria do resultado como critério para a fixação da competência territorial.
- **Ação penal:** os crimes previstos na Lei 11.101/05 são de ação penal pública incondicionada
- **Ação penal privada subsidiária da pública (LF, art. 184):** qualquer credor habilitado pode oferecer queixa subsidiária no caso de inércia do membro do MP em oferecer a denúncia.

- **Procedimento (LF, art. 185):** os crimes falimentares seguem o rito sumário.
- **Condição objetiva de punibilidade (LF, art. 180):** a sentença que decreta a falência, concede a recuperação judicial ou concede a recuperação extrajudicial é condição objetiva de punibilidade dos crimes falimentares.
- **Efeitos extrapenais da condenação por crimes falimentares (LF, art. 181): a)** inabilitação para o exercício de atividade empresarial; **b)** impedimento para o exercício de cargo ou função em conselho de administração, diretoria ou gerência das sociedades sujeitas a esta Lei; **c)** impossibilidade de gerir empresa por mandato ou por gestão de negócio. Tais efeitos não são automáticos, devendo ser motivadamente declarados na sentença, e perdurarão até 5 anos após a extinção da punibilidade, podendo, contudo, cessar antes pela reabilitação penal.
- **Prescrição dos crimes falimentares (LF, art. 182):** segue a mesma regra da prescrição do CP. No entanto, com relação aos crimes falimentares, o prazo prescricional começa a correr do dia da decretação da falência, da concessão da recuperação judicial ou da homologação do plano de recuperação extrajudicial.
- **Causa interruptiva da prescrição (LF, art. 182, p.u.):** a decretação da falência do devedor interrompe a prescrição cuja contagem tenha iniciado com a concessão da recuperação judicial ou com a homologação do plano de recuperação extrajudicial.

12.7.1. COMPETÊNCIA

Nos termos do art. 183, da Lei 11.101/05, no caso de crimes falimentares, o foro competente é o do lugar onde foi decretada a falência, concedida a recuperação judicial ou homologado o plano de recuperação extrajudicial. Trata-se de uma exceção ao art. 70 do Código de Processo Penal, que estabelece a teoria do resultado como critério para a fixação da competência territorial.

12.7.2. AÇÃO PENAL PRIVADA SUBSIDIÁRIA DA PÚBLICA

Regra geral, não cabe ação penal privada subsidiária da pública nos chamados "crimes vagos", assim entendidos como aqueles cujo sujeito passivo é uma coletividade sem personalidade jurídica. Assim, em regra, para que seja possível a queixa subsidiária, deve o crime possuir um ofendido individualizado. Com efeito, não cabe ação penal privada subsidiária da pública, por exemplo, no crime de tráfico de drogas, no crime de porte de arma de fogo, nos crimes de trânsito, etc.

No entanto, os crimes falimentares são uma exceção à esta regra. Isso porque, por expressa autorização legal, o art. 184, da Lei nº 11.101/2005, prevê que qualquer credor habilitado pode oferecer queixa subsidiária no caso de inércia do membro do Ministério Público em oferecer a denúncia dentro do prazo legal.

13. DIREITO CAMBIÁRIO

13.1. TEORIA GERAL DOS TÍTULOS DE CRÉDITOS

- **Legislação aplicável:**
  - **a)** Arts. 887 a 923 do Código Civil (regras gerais);
  - **b)** Lei nº 5.474/1968 (Lei da Duplicata);
  - **c)** Lei nº 7.357/1985 (Lei do Cheque);
  - **d)** Decreto nº 57.663/66 (Lei Uniforme de Genebra – LUG, aplicável às letras de câmbio e nota promissória) e Decreto nº 2.044/08 (aplicável nas omissões da LUG).

ATENÇÃO!

- As disposições do Código Civil relativas aos títulos de crédito, aplicam-se àqueles regulados por leis especiais apenas nos casos de omissão ou lacuna.
- Se o examinador não especificar o título de crédito o candidato deve responder a questão com base nas regras gerais do Código Civil. Por outro lado, caso seja especificado o título de crédito, o candidato deve responder com base na legislação respectiva.

- **Princípios:** três princípios informam o regime jurídico cambial:
  - **a) princípio da cartularidade:** a exigibilidade do crédito representado no título depende da apresentação do documento original. Pelo princípio da cartularidade, o direito exigível está incorporado num documento formal e original, qual seja o título de crédito.

b) **princípio da literalidade:** as relações jurídicas que podem interferir com o crédito adquirido são apenas aquelas que constam, expressamente, do título de crédito. Os títulos de crédito são formais devendo todos os requisitos essenciais estarem previstos na cártula (documento), valendo apenas o que nele está escrito.

c) **princípio da autonomia:** as obrigações cambiárias são autônomas e independentes. Em outras palavras, havendo mais de um devedor no título, cada devedor tem uma obrigação autônoma. Os princípios da ***abstração*** e da ***inoponibilidade das exceções pessoais*** em matéria de títulos de créditos são subprincípios da autonomia dos títulos de crédito.

- **Formalismo:** o documento, para ser título de crédito, deve preencher os requisitos essenciais previstos na lei especial de cada título de crédito (p.ex.: o art. 1º da Lei do Cheque prevê os requisitos essenciais do cheque). Requisitos essenciais são aqueles que a ausência não pode ser suprida. Há, pelo menos, três requisitos essenciais comuns a todos os títulos de crédito:

a) denominação (nome do título de crédito);

b) data da emissão; e

c) assinatura do emitente ou a assinatura do mandatário com poderes especiais.

ATENÇÃO!

Súmula 387 do STF: "A cambial emitida ou aceita com omissões, ou em branco, pode ser completada pelo credor de boa-fé, antes da cobrança ou do protesto."

A Súmula 387 do STF não mitiga o formalismo dos títulos de crédito. Na verdade, mitiga tão somente o momento de preenchimento dos requisitos essenciais do título, desde que os requisitos essenciais sejam preenchidos antes do momento da cobrança ou do protesto.

- **Obrigação querable, quesível, ou não *portable*:** todo título de crédito documenta uma obrigação *querable*, ou seja, cabe ao credor ir até o devedor e exigir o pagamento da obrigação.
- **Obrigação certa, líquida e exigível:** todo título de crédito documenta uma obrigação certa (existente), líquida (o valor inserido no título é determinado), e exigível (não pode ter havido prescrição da pretensão executória).
- **Título executivo extrajudicial:** os títulos de crédito são títulos executivos extrajudiciais, desde que executados dentro do seu prazo prescricional previsto na lei especial de cada título.

ATENÇÃO!

Após o decurso do prazo prescricional, o título de crédito perde a força executória, mas o titular poderá ajuizar ação monitória. Veja:

- **Súmula 299-STJ:** "É admissível a ação monitória fundada em cheque prescrito."
- **Súmula 503-STJ:** "O prazo para ajuizamento de ação monitória em face do emitente de cheque sem força executiva é quinquenal, a contar do dia seguinte à data de emissão estampada na cártula."
- **Súmula 504-STJ:** "O prazo para ajuizamento de ação monitória em face do emitente de nota promissória sem força executiva é quinquenal, a contar do dia seguinte ao vencimento do título."

- **Títulos de resgate:** os títulos de crédito são títulos de resgate, porque há sempre um momento determinado (data) para o cumprimento da obrigação. Se o documento não tiver data de vencimento, considerar-se-á que o pagamento é à vista.
- **Título *pro solvendo*:** os títulos de crédito são *pro solvendo*, porque a emissão de um novo título de crédito não gera a novação da dívida. Dito de outro modo, a emissão de um novo título de crédito não extingue a dívida anterior.
- **Solidariedade cambiária ou legal:** havendo mais de um devedor no título, todos eles serão sempre solidários. Ex.: art. 51 da Lei do Cheque; art. 47 da LUG.
- **Circulabilidade:** os títulos de crédito são passíveis de circulação. A circulação dos títulos de crédito não pode ser obstaculizada. O endosso é uma das formas de pôr em circulação o título de crédito.

- **Classificação dos títulos de crédito quanto à circulabilidade:**

Título ao portador	• *Título ao portador* é aquele que não identifica o credor, podendo circular pela simples tradição. • A maioria dos títulos de crédito não pode ser ao portador, porque na maioria das leis especiais, exige-se que se identifique o credor (a maioria dos títulos de crédito, portanto, são nominais, ou seja, devem indicar o credor). • Cheque: b) o cheque pode ser ao portador, desde que o valor seja inferior a cem reais; b) o cheque acima de cem reais deve ser nominal (deve indicar o credor).
Título nominal	• *Título nominal* é aquele que identifica o credor (o nome do credor consta da cártula). • O título nominal pode ser à ordem ou não à ordem. • *Título nominal à ordem* é aquele que pode circular por endosso (assinatura no verso do título, ou designação e assinatura no anverso). A cláusula à ordem pode ser expressa. No caso de omissão, o título será considerado à ordem. O título de crédito só circula por endosso se for à ordem. • *Título nominal não à ordem* é aquele que não pode circular por endosso. Se o emitente consignar expressamente na cártula a cláusula não à ordem, o título não poderá circular por endosso, mas poderá circular por cessão de crédito.

13.2. TÍTULOS DE CRÉDITOS EM ESPÉCIE

13.2.1. LETRA DE CÂMBIO

- A letra de cambio está prevista nos arts. 1º a 74 da Lei Uniforme de Genebra – LUG (Decreto nº 57.663/1966).
- A letra de câmbio é uma ordem de pagamento.
- A letra de câmbio é um título abstrato (e não causal), pois sua emissão independe de uma causa específica.
- A letra de câmbio é um título nominal, podendo ser à ordem ou não à ordem, quando houver cláusula expressa.
- Na letra de câmbio o aceite deve ser expresso, mas não é obrigatório.
- A letra de câmbio admite aval total ou parcial.
- A letra de câmbio não admite o endosso parcial. O endosso parcial é nulo.
- Quanto ao vencimento, a letra de câmbio pode ser à vista ou a prazo.
- Na letra de câmbio, as partes são o sacador (aquele dá a ordem de pagamento), o sacado (aquele que recebe a ordem de pagamento) e o credor/tomador (beneficiário da ordem de pagamento). Os devedores cambiários diretos da letra de câmbio são o aceitante e seu avalista. Já os devedores cambiários indiretos são o endossante e seu avalista, e o sacador e seu avalista.
- **Prazos prescricionais:**

Ação contra o aceitante	Ação do portador contra o endossante e sacador	Ação dos endossantes uns contra os outros e contra o sacador
3 anos a partir do vencimento.	1 ano da data do protesto ou vencimento do título com cláusula sem despesas.	6 meses do dia em que o endossante pagou a letra e ele próprio foi acionado.

- **Aceite.** "A letra de cambio sem aceite obsta a cobrança pela via executiva. Pois a recusa do aceite traz como única consequência o vencimento antecipado da letra de cambio (art. 43 da LUG), pode, então, o tomador cobrá-la imediatamente do sacador." (REsp 511.387/GO, Rel. Min. Nancy Andrighi, julgado em 21/06/2005 (Informativo n. 252)).

13.2.2. CHEQUE

- O cheque está previsto na Lei nº 7.357/1985.
- O cheque é uma ordem de pagamento à vista.
- O cheque é um título abstrato, pois sua emissão independe de causa específica.

- As partes são o emitente (devedor do cheque), o sacado (banco) e o credor/beneficiário (terceira pessoa ou o próprio emitente).
- No cheque não há aceite.
- O cheque admite aval total ou parcial.
- O cheque não admite endosso parcial. O endosso parcial no cheque é nulo.
- Quanto ao vencimento, o cheque é à vista, considerando não escrita qualquer menção em contrário.

ATENÇÃO!

Embora o cheque seja uma ordem de pagamento à vista, convencionou-se (costume), no caso de cheque pós--datado ("pré-datado") que entre o emitente e o credor existe uma obrigação de não fazer (não depositar antes do prazo). Isso estimulou o STJ a editar a súmula n. 370, que dispõe: "Caracteriza dano moral a apresentação antecipada de cheque pré-datado."

- Quanto à circulação, o cheque pode ser ao portador, nominal à ordem ou nominal não à ordem. Vejamos:

Ao portador	Nominal à ordem	Nominal não à ordem
Não identifica o credor.	Identifica o credor.	Identifica o credor.
Admissível somente para cheques de valor inferior a R$ 100 reais. Cheques acima de cem reais devem ser nominais.	Admissível para cheques de qualquer valor.	Admissível para cheques de qualquer valor.
Circula por tradição.	Circula via endosso.	Não se transfere via endosso, mas sim via cessão.

- **Prazo para apresentação (art. 33):** O cheque deve ser apresentado para pagamento, a contar do dia da emissão, no prazo de 30 dias, quando emitido no lugar onde houver de ser pago; e de 60 dias, quando emitido em outro lugar do País ou no exterior.
- **Prazos prescricionais (arts. 33/47/59):** 6 meses da data da expiração do prazo para apresentação.

13.2.3. NOTA PROMISSÓRIA

- A nota promissória está prevista nos arts. 75 a 78 da LUG (Decreto nº 57.663/66).
- A nota promissória é uma promessa de pagamento.
- A nota promissória é um título abstrato (e não causal), pois sua emissão independe de causa específica.
- A nota promissória é um título nominal, podendo ser à ordem ou não à ordem, quando houver cláusula expressa.
- As partes são o emitente (aquele que promete pagar) e o credor (beneficiário do pagamento).
- Na nota promissória não há aceite.
- A nota promissória admite aval total ou parcial.
- A nota promissória não admite o endosso parcial. O endosso parcial é nulo.
- Quanto ao vencimento, a nota promissória pode ser à vista ou a prazo.
- **Prazos prescricionais:**

Ação contra o devedor direto	Ação contra o devedor indireto
3 anos.	1 ano.

13.2.4. DUPLICATA

- A duplicata está prevista na Lei nº 5.474/1968.
- A duplicata é uma ordem de pagamento.
- A duplicata é necessariamente um título nominal e à ordem.

- A duplicata é um título causal, pois sua emissão depende de uma causa específica (compra e venda mercantil).
- A duplicata não é título de saque obrigatório. No entanto, para sacar uma duplicata, deve haver necessariamente um contrato de compra e venda ou um contrato de prestação de serviços (causas específicas previstas na Lei da Duplicata). A duplicata, portanto, é um título causal (sua emissão depende de uma causa específica).
- As partes são o sacador (é autor da ordem de pagamento e ao mesmo tempo o credor), o sacado (recebe a ordem de pagamento) e o credor/beneficiário (é o próprio sacador).
- Na duplicata há a figura do aceite, que pode ser expresso ou tácito.
- A duplicata admite o aval total ou parcial.
- A duplicata não admite o endosso parcial. O endosso parcial na duplicata é nulo.
- Quanto ao vencimento a duplicata pode ser à vista ou a prazo.
- **Prazos prescricionais:**

Ação contra o sacado e seus avalistas	Ação contra o endossante e seus avalistas	Ação de qualquer dos coobrigados contra os demais
3 anos contados da data de vencimento do título.	1 ano contado da data do protesto.	1 ano, contado da data em que haja sido efetuado o pagamento do título.

13.2.5. TÍTULOS DE CRÉDITO PRÓPRIOS E IMPRÓPRIOS

Títulos de crédito próprios são aqueles que se submetem aos princípios cambiários da cartularidade, autonomia e literalidade e criam uma relação cambial entre credor e devedor, possuindo executividade. Por outro lado, os títulos impróprios se assemelham aos títulos de crédito próprios, mas não se submetem a todos os princípios cambiários.

Os títulos impróprios são classificados em representativos, de financiamento e de investimento. Vejamos o quadro sinótico para facilitar a compreensão:

<table>
<tr><td>Títulos de crédito próprios</td><td colspan="2">• Letra de câmbio;
• Cheque;
• Nota promissória;
• Duplicata.</td></tr>
<tr><td rowspan="3">Títulos de crédito impróprios</td><td>Títulos representativos</td><td>• Títulos representativos de mercadorias depositadas;
• Títulos representativos de mercadorias transportadas</td></tr>
<tr><td>Títulos de financiamento</td><td>• Cédulas de crédito rural;
• Cédula de credito industrial.</td></tr>
<tr><td>Títulos de investimento</td><td>• Letra de cambio financeira (Lei 4.728/65);
• Certificados de depósitos bancários (Lei 4.728/65);
• Certificado de recebíveis imobiliários (Lei 9.514/97, art.6°); e
• Letra de crédito imobiliário (Lei 10.193/04, art.12).</td></tr>
</table>

13.2.6. CÉDULA DE CRÉDITO RURAL

O financiamento rural concedido pelos órgãos integrantes do sistema nacional de crédito rural à pessoa física ou jurídica poderá efetivar-se por meio das células de crédito rural.

A cédula de crédito rural é promessa de pagamento em dinheiro, com ou sem garantia real cedularmente constituída, sob as seguintes denominações e modalidades:

a) cédula rural pignoratícia;

b) cédula rural hipotecária;

c) cédula rural pignoratícia e hipotecária;

d) nota de crédito rural.

13.2.7. CÉDULA DE CRÉDITO INDUSTRIAL

A cédula de crédito industrial é promessa de pagamento em dinheiro, com garantia real, cedularmente constituída. Trata-se de título líquido e certo, exigível pela soma dela constante ou do endosso, além dos juros, da comissão de fiscalização, se houver, e demais despesas que o credor fizer para segurança, regularidade e realização de seu direito creditório.

Importa em vencimento antecipado da dívida resultante da cédula, independentemente de aviso ou de interpelação judicial, a inadimplência de qualquer obrigação do eminente do título ou, sendo o caso, do terceiro prestante da garantia real.

Dentre outros requisitos, a cédula de crédito industrial deve conter a taxa de juros a pagar, comissão de fiscalização, se houver, e as épocas em que serão exigíveis, podendo ser capitalizadas.

13.2.8. TÍTULO DE FINANCIAMENTO COMERCIAL

Títulos de financiamento comercial são títulos de crédito impróprios, pois, embora se assemelhem aos títulos próprios, não se submetem a todos os princípios cambiários.

Os títulos de financiamento comercial podem ser constituídos sob às seguintes modalidades:

a) letra de câmbio financeira (Lei nº 4.728/65);

b) certificado de depósito bancário (Lei nº 4.728/65);

c) certificado de recebíveis imobiliários (Lei nº 9.514/97, art. 6º); e

d) letra de crédito imobiliário (Lei nº 10.193/04, art.12).

13.2.9. TÍTULO DE GARANTIA IMOBILIÁRIA

Os títulos de garantia imobiliária podem ser constituídos sob às seguintes modalidades: a) letras imobiliárias (Lei 4.380/64): b) cédulas hipotecárias (Decreto 70/66): c) letra hipotecária (Lei 7.684/88); d) letras de crédito imobiliário (Lei 10.931/2004); e) cédulas de crédito imobiliárias (Lei 10.931/04); f) certificado de recebíveis imobiliários.

13.2.10. CONHECIMENTO DE DEPÓSITO E *WARRANT*

Segundo Fábio Ulhôa Coelho, "o conhecimento de depósito e o warrant gerais são títulos de emissão de armazéns gerais, representativos de mercadorias neles depositadas (Decreto nº 1.102/2003). Sua emissão depende de solicitação do depositante e substituem o recibo de depósito." (Manual de Direito Comercial. 18 ed. São Paulo: Saraiva, 2007, p. 195)

13.3. ATOS CAMBIÁRIOS

13.3.1. ACEITE

Letra de câmbio	Cheque	Nota promissória	Duplicata
O aceite deve ser expresso, mas não é obrigatório.	Não há aceite.	Não há aceite.	O aceite pode ser expresso ou tácito.

13.3.2. AVAL

- **Conceito:** *aval* é o ato cambiário pelo qual uma pessoa (avalista) se compromete a pagar título de crédito, nas mesmas condições que um devedor desse título (avalizado). A grande característica do aval é que o avalista é um garantidor. Segundo André Luiz Santa Cruz Ramos, o aval é o "ato cambiário pelo qual um terceiro (o avalista) se responsabiliza pelo pagamento da obrigação constante no título" (*Direito Empresarial Esquematizado*. 4 ed. Rio de Janeiro: Forense; São Paulo: Método, 2014, p. 496).

- **Aval x Fiança:**

Aval	Fiança
• É um instituto cambiário. • É uma declaração unilateral de vontade. • É uma obrigação autônoma e independente (princípio da autonomia). • É uma obrigação solidária. • Partes: avalista e avalizado. • O aval não admite o benefício de ordem, motivo pelo qual o avalista pode ser acionado juntamente com o avalizado.	• É um instituto civilista. • É um contrato, portanto, uma declaração bilateral de vontade. • É uma obrigação acessória. • É uma obrigação subsidiária (há benefício de ordem, benefício de excussão). • Partes: fiador e afiançado. • A fiança admite o benefício de ordem, assegurando ao fiador, a prerrogativa de ser acionado somente após o afiançado. Logo, a responsabilidade do fiador é subsidiária.

13.3.3. ENDOSSO

- **Conceito:** *endosso* é o ato cambiário que põe o título de crédito em circulação. Através do endosso, o endossante transfere o seu direito de receber o crédito documentado no título ao endossatário. O endosso garante a existência da obrigação e o pagamento. Segundo André Luiz Santa Cruz Ramos, "o endosso é o ato cambiário mediante o qual o credor do título de crédito (*endossante*) transmite seus direitos a outrem (*endossatário*). É ato cambiário, pois, que põe o título em circulação. Os títulos 'não à ordem', registre-se, são transmitidos mediante cessão civil de crédito (...). Os títulos de crédito típicos, nominados ou próprios (letra de cambio, nota promissória, cheque, duplicata etc.) circulam mediante endosso porque todos eles possuem implícita a cláusula 'à ordem'. Somente quando for inserida, expressamente, a cláusula 'não à ordem' num título de crédito é que ele não poderá circular por endosso, e sim por mera cessão civil de crédito. O endosso produz dois efeitos, basicamente: a) *transfere a titularidade do crédito*; e b) *responsabiliza o endossante*, passando este a ser codevedor do título (se o devedor principal não pagar, o endossatário poderá cobrar do endossante)" (*Direito Empresarial Esquematizado*. 4 ed. Rio de Janeiro: Forense; São Paulo: Método, 2014, p. 490).

- **Endosso-mandato ou endosso-procuração:** é uma das espécies de endosso impróprio. O endosso-mandato tem previsão no art. 18 da LUG e no art. 917 do CC. Segundo a doutrina de André Luiz Santa Cruz Ramos, por meio do endosso-mandato, "o endossante confere poderes ao endossatário – por exemplo, uma instituição financeira – para agir como seu legítimo representante, exercendo em nome daquele os direitos constantes do título, podendo cobrá-lo, protestá-lo, executá-lo, etc. Faz-se o endosso-mandato, segundo a Lei Uniforme, mediante a colocação, junto ao endosso, das expressões 'para cobrança', 'valor a cobrar' ou 'por procuração'." (*Direito Empresarial Esquematizado*. 4 ed. Rio de Janeiro: Forense; São Paulo: Método, 2014, p. 492).

- **Normas gerais do Código Civil:** as disposições do Código Civil relativas aos títulos de crédito, aplicam-se àqueles regulados por leis especiais, nos casos de omissão ou lacuna. O art. 903 do CC, dispõe que: "Salvo disposição diversa em lei especial, regem-se os títulos de crédito pelo disposto neste Código." Sempre que o examinador não especificar o título de crédito, responder à questão com base nas regras gerais do Código Civil. Por outro lado, se o examinador especificar o título de crédito, responder com base na legislação respectiva.

- **Regras especiais decorrentes da legislação regente de cada título de crédito:**

Letra de câmbio	Cheque	Nota promissória	Duplicata
Admite aval total ou parcial.	Admite aval total ou parcial.	Admite aval total ou parcial.	Admite aval total ou parcial.
O endosso parcial é nulo.	O endosso parcial é nulo.	O endosso parcial é nulo.	O endosso parcial é nulo.

- **Endosso x Cessão civil de crédito:**

Endosso	Cessão de crédito
• É um instituto cambial. • É uma declaração unilateral de vontade. • Partes: endossante e endossatário.	• É um instituto civilista. • É uma declaração bilateral de vontade (é um negócio jurídico).

Endosso	Cessão de crédito
• Garante a existência da obrigação e o pagamento. • Diz respeito ao título nominal à ordem, porquanto somente estes circulam por endosso. • Transfere um direito puro, originário, sem vícios. O endosso tem efeito purificador.	• Partes: cedente e cessionário. • Garante a existência da obrigação, mas o cedente ao ceder não garante o pagamento do título, salvo previsão expressa. • Utilizada tanto para os negócios jurídicos previstos no Código Civil como para o título nominal não à ordem. • Transfere um direito derivado, ou seja, transfere o título com eventuais vícios. A cessão não tem efeito purificador.

- **Endosso x Aval:**

Endosso	Aval
• É um instituto cambiário. • É uma declaração unilateral de vontade. • Partes: endossante e endossatário. • Garante a existência da obrigação e o pagamento. • Diz respeito ao título nominal à ordem, porquanto somente estes circulam por endosso. • Transfere um direito puro, originário, sem vícios. O endosso tem efeito purificador. • O endosso é feito através de uma assinatura no verso. É possível que ele seja feito no anverso do título. Nesse caso, deverá ser feita uma assinatura acompanhada de uma expressão identificadora do ato (ex.: "endosso a"; "pague-se a").	• É um instituto cambiário. • É uma declaração unilateral de vontade. • Partes: avalista e avalizado. • É uma obrigação autônoma e independente (princípio da autonomia). • É uma obrigação solidária. • O aval é feito através de uma assinatura no anverso do título. É possível que ele seja feito no verso do título. Nesse caso, deverá ser feita uma assinatura acompanhada de uma expressão identificadora do ato (ex.: "avalizo a", "por aval a").

13.3.4. PROTESTO

- **Legislação:** A Lei nº 9.492/1997 regulamenta o protesto de títulos e documentos.
- **Conceito:** Protesto é o ato formal e solene pelo qual se prova a inadimplência e o descumprimento de uma obrigação originada em títulos e outros documentos de dívida. Assim, um credor pode pedir o protesto de qualquer título representativo de uma dívida líquida e certa. O protesto possui duas finalidades: provar a mora do devedor e resguardar o direito do crédito.
- **Modalidades**:
  1) Protesto por falta de pagamento;
  2) Protesto por falta de aceite;
  3) Protesto por falta de devolução;
  4) Protestos especiais:
    a) para comprovação da data de aceite;
    b) de cópia do título;
    c) para fins falimentares;
    d) do contrato de câmbio;
    e) da conta de profissional liberal.
- **Procedimento do protesto:**

Protocolização	• Todos os títulos e documentos de dívida protocolizados serão examinados em seus caracteres formais e terão curso se não apresentarem vícios, não cabendo ao Tabelião de Protesto investigar a ocorrência de prescrição ou caducidade. • Qualquer irregularidade formal observada pelo Tabelião obstará o registro do protesto. • Poderão ser protestados títulos e outros documentos de dívida em moeda estrangeira, emitidos fora do Brasil, desde que acompanhados de tradução efetuada por tradutor público juramentado

Intimação	• O protesto será registrado dentro de 3 (três) dias úteis contados da protocolização do título ou documento de dívida. • Na contagem do prazo, exclui-se o dia da protocolização e inclui-se o do vencimento. • Quando a intimação for efetivada excepcionalmente no último dia do prazo ou além dele, por motivo de força maior, o protesto será tirado no primeiro dia útil subsequente. • Protocolizado o título ou documento de dívida, o Tabelião expedirá a intimação ao devedor, no endereço fornecido pelo apresentante do título ou documento, considerando-se cumprida quando comprovada a sua entrega no mesmo endereço. • A remessa da intimação poderá ser feita por portador do próprio tabelião, ou por qualquer outro meio, desde que o recebimento fique assegurado e comprovado através de protocolo, aviso de recebimento (AR) ou documento equivalente. **Obs.:** A notificação do protesto, para requerimento de falência da empresa devedora, exige a identificação da pessoa que a recebeu (Súmula 361-STJ). • A intimação deverá conter nome e endereço do devedor, elementos de identificação do título ou documento de dívida, e prazo limite para cumprimento da obrigação no Tabelionato, bem como número do protocolo e valor a ser pago. • A intimação será feita por edital se a pessoa indicada para aceitar ou pagar for desconhecida, sua localização incerta ou ignorada, for residente ou domiciliada fora da competência territorial do Tabelionato, ou, ainda, ninguém se dispuser a receber a intimação no endereço fornecido pelo apresentante. O edital será afixado no Tabelionato de Protesto e publicado pela imprensa local onde houver jornal de circulação diária. • Aquele que fornece endereço incorreto, agindo de má-fé, responderá por perdas e danos, sem prejuízo de outras sanções civis, administrativas ou penais.
Sustação	• Antes da lavratura do protesto, poderá o apresentante retirar o título ou documento de dívida, pagos os emolumentos e demais despesas. • Permanecerão no Tabelionato, à disposição do Juízo respectivo, os títulos ou documentos de dívida cujo protesto for judicialmente sustado. • O título do documento de dívida cujo protesto tiver sido sustado judicialmente só poderá ser pago, protestado ou retirado com autorização judicial. • Revogada a ordem de sustação, não há necessidade de se proceder a nova intimação do devedor, sendo a lavratura e o registro do protesto efetivados até o primeiro dia útil subsequente ao do recebimento da revogação, salvo se a materialização do ato depender de consulta a ser formulada ao apresentante, caso em que o mesmo prazo será contado da data da resposta dada. • Tornada definitiva a ordem de sustação, o título ou o documento de dívida será encaminhado ao Juízo respectivo, quando não constar determinação expressa a qual das partes o mesmo deverá ser entregue, ou se decorridos trinta dias sem que a parte autorizada tenha comparecido no Tabelionato para retirá-lo. • As dúvidas do Tabelião de Protesto serão resolvidas pelo Juízo competente.
Pagamento	• O pagamento do título ou do documento de dívida apresentado para protesto será feito diretamente no Tabelionato competente, no valor igual ao declarado pelo apresentante, acrescido dos emolumentos e demais despesas. • Não poderá ser recusado pagamento oferecido dentro do prazo legal, desde que feito no Tabelionato de Protesto competente e no horário de funcionamento dos serviços. • No ato do pagamento, o Tabelionato de Protesto dará a respectiva quitação, e o valor devido será colocado à disposição do apresentante no primeiro dia útil subsequente ao do recebimento. • Quando for adotado sistema de recebimento do pagamento por meio de cheque, ainda que de emissão de estabelecimento bancário, a quitação dada pelo Tabelionato fica condicionada à efetiva liquidação. • Quando do pagamento no Tabelionato ainda subsistirem parcelas vincendas, será dada quitação da parcela paga em apartado, devolvendo-se o original ao apresentante.

<table>
<tr><td>Registro</td><td>

• Não ocorrendo pagamento, desistência ou sustação, o Tabelião lavrará e registrará o protesto, sendo o respectivo instrumento entregue ao apresentante.

• Como visto anteriormente, o protesto será tirado por falta de pagamento, de aceite ou de devolução.

a) **Protesto por falta de aceite:** o protesto por falta de aceite somente poderá ser efetuado antes do vencimento da obrigação e após o decurso do prazo legal para o aceite ou a devolução.

b) **Protesto por falta de pagamento:** após o vencimento, o protesto sempre será efetuado por falta de pagamento, vedada a recusa da lavratura e registro do protesto por motivo não previsto na lei cambial. **Obs.:** não se poderá tirar protesto por falta de pagamento de letra de câmbio contra o sacado não aceitante.

c) **Protesto por falta de devolução:** quando o sacado retiver a letra de câmbio ou a duplicata enviada para aceite e não proceder à devolução dentro do prazo legal, o protesto poderá ser baseado na segunda via da letra de câmbio ou nas indicações da duplicata, que se limitarão a conter os mesmos requisitos lançados pelo sacador ao tempo da emissão da duplicata, vedada a exigência de qualquer formalidade não prevista na Lei que regula a emissão e circulação das duplicatas.

• Os devedores, assim compreendidos os emitentes de notas promissórias e cheques, os sacados nas letras de câmbio e duplicatas, bem como os indicados pelo apresentante ou credor como responsáveis pelo cumprimento da obrigação, não poderão deixar de figurar no termo de lavratura e registro de protesto.

</td></tr>
</table>

- **Efeitos:** Como bem ensina o Professor Waldo Fazzio Júnior, "O protesto como instrumento de conservação de interesses e positivação de atos e fatos jurídicos produz diversos efeitos jurídicos relevantes para o direito comercial, a saber: •torna público o título; •atesta a inexecução da obrigação cambial; •obsta a mora do credor e comprova que diligenciou a cobrança do título; •pode impedir, conforme o caso, a recuperação judicial; •prova a impontualidade; •constitui o devedor em mora; •serve como critério para a fixação do termo legal da falência." (*Manual de Direito Comercial. e-book*. 17. ed. rev., atual. e ampl. – São Paulo: Atlas, 2016, pg. 411).

13.4. PRESCRIÇÃO

<table>
<tr><td>Letra de câmbio</td><td>
<table>
<tr><th>Ação contra o aceitante</th><th>Ação do portador contra o endossante e sacador</th><th>Ação dos endossantes uns contra os outros e contra o sacador</th></tr>
<tr><td>3 anos a partir do vencimento.</td><td>1 ano da data do protesto ou vencimento do título com cláusula sem despesas.</td><td>6 meses do dia em que o endossante pagou a letra e ele próprio foi acionado.</td></tr>
</table>
</td></tr>
<tr><td>Cheque</td><td>6 meses da data da expiração do prazo para apresentação.</td></tr>
<tr><td>Nota promissória</td><td>
<table>
<tr><th>Ação contra o devedor direto</th><th>Ação contra o devedor indireto</th></tr>
<tr><td>3 anos.</td><td>1 ano.</td></tr>
</table>
</td></tr>
<tr><td>Duplicata</td><td>
<table>
<tr><th>Ação contra o sacado e seus avalistas</th><th>Ação contra o endossante e seus avalistas</th><th>Ação de qualquer dos coobrigados contra os demais</th></tr>
<tr><td>3 anos contados da data de vencimento do título.</td><td>1 ano contado da data do protesto.</td><td>1 ano, contado da data em que haja sido efetuado o pagamento do título.</td></tr>
</table>
</td></tr>
</table>

13.5. AÇÕES CAMBIAIS

- **Conceito:** ação cambial é o instrumento processual adequado para a cobrança do título de crédito em juízo. Desde que dentro do prazo prescricional, o titular do título de crédito vencido e não pago, poderá ajuizar, em face dos devedores, a competente ação de execução. Isso porque, os títulos de crédito são considerados títulos executivos extrajudiciais.

- **Espécies de ações cambiais:** há duas espécies de ações cambiais: a *ação direta* e a *ação de regresso.* A ação direta é intentada contra o aceitante e seus avalistas. A ação de regresso é intentada contra todos os demais coobrigados do título (sacador, endossantes e avalistas). Pela ação de regresso, o signatário que paga o título de crédito pode acionar, na execução, os devedores coobrigados.

14. DIREITO DE PROPRIEDADE INDUSTRIAL

14.1. NOÇÕES GERAIS

- **Abrangência do Direito Industrial:** são 4 os bens imateriais protegidos pelo Direito Industrial: **a)** patente de invenção; **b)** patente de modelo de utilidade; **c)** registro de desenho industrial; **d)** registro de marca. O empresário que titulariza tais bens (patentes ou registro) possui o direito de explorar economicamente, com exclusividade, o respectivo objeto.
- **Instituto Nacional de Propriedade Industrial – INPI:** o INPI, autarquia federal, é o ente encarregado de proteger os direitos do empresário relativos à propriedade industrial.
- **Formas de proteção dos direitos de propriedade industrial:** a proteção dos direitos relativos à propriedade industrial, considerado o seu interesse social e o desenvolvimento tecnológico e econômico do País, efetua-se mediante:
  - **a)** concessão de patentes de invenção e de modelo de utilidade;
  - **b)** concessão de registro de desenho industrial;
  - **c)** concessão de registro de marca;
  - **d)** repressão às falsas indicações geográficas; e
  - **e)** repressão à concorrência desleal.
- **Patente:**
  1) **Requisitos da patenteabilidade (A.N.A):**
     - **a)** atividade inventiva;
     - **b)** novidade;
     - **c)** aplicação industrial.
  2) **Efeito da patente:** é a concessão de propriedade do bem, garantindo o direito de exploração com exclusividade. Em outras palavras, a patente confere ao seu titular o direito de impedir terceiro, sem o seu consentimento, de produzir, usar, colocar à venda, vender ou importar com estes propósitos:
     - **a)** produto objeto de patente;
     - **b)** processo ou produto obtido diretamente por processo patenteado.
  3) **Cessão da patente:** o pedido de patente ou a patente, ambos de conteúdo indivisível, poderão ser concedidos, total ou parcialmente.
  4) **Vigência da patente:** é muito comum as bancas examinadoras cobrarem os seguintes prazos, todos previstos na Lei 9.279/96:

Patente de invenção	Patente de modelo de utilidade	Registro de desenho industrial	Registro de marca
20 anos	15 anos	10 anos	10 anos
Art. 40	Art. 40	Art. 108	Art. 133

- **Prescrição:** prescreve em 5 (cinco) anos a ação para reparação de dano causado ao direito de propriedade industrial (art. 225 da LPI).

14.2. REGIME JURÍDICO

- A propriedade industrial está sujeita às normas constantes da Lei nº 9.279/1996 (Lei da Propriedade Industrial – LPI).
- **Natureza dos direitos de propriedade industrial:** consideram-se bens <u>móveis</u>, para os efeitos legais, os direitos de propriedade industrial.

14.3. INVENÇÃO

- A patente se relaciona com à invenção ou ao modelo de utilidade.
- **Conceito:** "Invenção é o ato original do gênio humano. Toda vez que alguém projeta algo que desconhecia, estará produzindo uma invenção. Embora toda invenção seja, assim, original, nem sempre será nova, ou seja, desconhecida das demais pessoas. E a novidade, conforme se verá em seguida, é condição de patenteabilidade da invenção." (Coelho, Fábio Ulhoa. *Manual de Direito Comercial.* 28 ed. – São Paulo: Editora Revista dos Tribunais, 2016).
- **Requisitos para a patente de invenção:** é patenteável a invenção que atenda aos requisitos de novidade, atividade inventiva e aplicação industrial.
  a) **Novidade:** a invenção é considerada nova, quando não compreendida no estado da técnica. Em outras palavras, a invenção deve ser desconhecida da comunidade científica, técnica ou industrial.
  b) **Atividade inventiva:** a invenção é dotada de atividade inventiva sempre que, para um técnico no assunto, não decorra de maneira evidente ou óbvia do estado da técnica.
  c) **Aplicação industrial:** a invenção é considerada suscetível de aplicação industrial quando possa ser utilizado ou produzida em qualquer tipo de indústria.
- **Vigência da patente de invenção:** 20 anos.
- **Não se considera invenção (art. 10 da LPI):**
  a) descobertas, teorias científicas e métodos matemáticos;
  b) concepções puramente abstratas;
  c) esquemas, planos, princípios ou métodos comerciais, contábeis, financeiros, educativos, publicitários, de sorteio e de fiscalização;
  d) obras literárias, arquitetônicas, artísticas e científicas ou qualquer criação estética;
  e) programas de computador em si;
  f) apresentação de informações;
  g) regras de jogo;
  h) técnicas e métodos operatórios ou cirúrgicos, bem como métodos terapêuticos ou de diagnóstico, para aplicação no corpo humano ou animal; e
  i) o todo ou parte de seres vivos naturais e materiais biológicos encontrados na natureza, ou ainda que dela isolados, inclusive o genoma ou germoplasma de qualquer ser vivo natural e os processos biológicos naturais.
- **Não são patenteáveis (art. 18 da LPI):**
  a) o que for contrário à moral, aos bons costumes e à segurança, à ordem e à saúde públicas;
  b) substâncias, matérias, misturas, elementos ou produtos de qualquer espécie, bem como a modificação de suas propriedades físico-químicas e os respectivos processos de obtenção ou modificação, quando resultantes de transformação do núcleo atômico; e
  c) o todo ou parte dos seres vivos, exceto os microrganismos transgênicos que atendam aos três requisitos de patenteabilidade – novidade, atividade inventiva e aplicação industrial – previstos no art. 8º e que não sejam mera descoberta. **Obs.:** microorganismos transgênicos são organismos, exceto o todo ou parte de plantas ou de animais, que expressem, mediante intervenção humana direta em sua composição genética, uma característica normalmente não alcançável pela espécie em condições naturais.

14.4. DESENHO INDUSTRIAL

- O registro se relaciona com o desenho industrial e com a marca.
- **Conceito:** considera-se desenho industrial a forma plástica ornamental de um objeto ou o conjunto ornamental de linhas e cores que possa ser aplicado a um produto, proporcionando resultado visual novo e original na sua configuração externa e que possa servir de tipo de fabricação industrial.
- **Requisitos para o registro do desenho industrial:** o desenho industrial pode ser registrado quando atenda aos requisitos da novidade, originalidade e desimpedimento:
  a) **Novidade:** o desenho industrial é considerado novo quando não compreendido no estado da técnica. O desenho industrial deve resultar em visual inédito, desconhecido dos técnicos do setor.
  b) **Originalidade:** o desenho industrial é considerado original quando dele resulte uma configuração visual distintiva, em relação a outros objetos anteriores. **Obs.:** O resultado visual original poderá ser decorrente da combinação de elementos já conhecidos.
  c) **Desimpedimento:** o desenho industrial não pode incorrer em nenhuma das situações do art. 100 da LPI.

- **Não é registrável como desenho industrial (art. 100 da LPI):**
  - **a)** o que for contrário à moral e aos bons costumes ou que ofenda a honra ou imagem de pessoas, ou atente contra liberdade de consciência, crença, culto religioso ou ideia e sentimentos dignos de respeito e veneração;
  - **b)** a forma necessária comum ou vulgar do objeto ou, ainda, aquela determinada essencialmente por considerações técnicas ou funcionais.
- **Vigência do registro do desenho industrial:** 10 anos.

14.5. MODELO DE UTILIDADE

- A patente se relaciona com à invenção ou ao modelo de utilidade.
- **Conceito:** "Desenho industrial diz respeito à forma dos objetos, e serve tanto para conferir-lhe um ornamento harmonioso como para distingui-los de outros do mesmo gênero. Lembre-se, por exemplo, a cadeira *Hill House*, projetada pelo arquiteto Charles Mackintosh em 1902, cuja forma (desenho industrial, design) tem especificidades que permitem sua imediata identificação. A marca, por sua vez, é o signo que identifica produtos e serviços, como Coca-Cola, RT, Itaú." (Coelho, Fábio Ulhoa. Manual de Direito Comercial. 28 ed. – São Paulo: Editora Revista dos Tribunais, 2016).
- **Requisitos para a patente de modelo de utilidade:** é patenteável o modelo de utilidade que atenda aos requisitos de novidade, atividade inventiva e aplicação industrial.
  - **a) Novidade:** o modelo de utilidade é considerado novo, quando não compreendido no estado da técnica. Em outras palavras, o modelo de utilidade deve ser desconhecido da comunidade científica, técnica ou industrial.
  - **b) Atividade inventiva:** o modelo de utilidade é dotado de ato inventivo sempre que, para um técnico no assunto, não decorra de maneira comum ou vulgar do estado da técnica.
  - **c) Aplicação industrial:** o modelo de utilidade é considerado suscetível de aplicação industrial quando possa ser utilizado ou produzido em qualquer tipo de indústria.
- **Vigência da patente de modelo de utilidade:** 15 anos.
- **Não se considera modelo de utilidade (art. 10 da LPI):**
  - **a)** descobertas, teorias científicas e métodos matemáticos;
  - **b)** concepções puramente abstratas;
  - **c)** esquemas, planos, princípios ou métodos comerciais, contábeis, financeiros, educativos, publicitários, de sorteio e de fiscalização;
  - **d)** obras literárias, arquitetônicas, artísticas e científicas ou qualquer criação estética;
  - **e)** programas de computador em si;
  - **f)** apresentação de informações;
  - **g)** regras de jogo;
  - **h)** técnicas e métodos operatórios ou cirúrgicos, bem como métodos terapêuticos ou de diagnóstico, para aplicação no corpo humano ou animal; e
  - **i)** o todo ou parte de seres vivos naturais e materiais biológicos encontrados na natureza, ou ainda que dela isolados, inclusive o genoma ou germoplasma de qualquer ser vivo natural e os processos biológicos naturais.
- **Não são patenteáveis (art. 18 da LPI):**
  - **a)** o que for contrário à moral, aos bons costumes e à segurança, à ordem e à saúde públicas;
  - **b)** as substâncias, matérias, misturas, elementos ou produtos de qualquer espécie, bem como a modificação de suas propriedades físico-químicas e os respectivos processos de obtenção ou modificação, quando resultantes de transformação do núcleo atômico; e
  - **c)** o todo ou parte dos seres vivos, exceto os microrganismos transgênicos que atendam aos três requisitos de patenteabilidade – novidade, atividade inventiva e aplicação industrial – previstos no art. 8º e que não sejam mera descoberta. **Obs.:** microorganismos transgênicos são organismos, exceto o todo ou parte de plantas ou de animais, que expressem, mediante intervenção humana direta em sua composição genética, uma característica normalmente não alcançável pela espécie em condições naturais.

ATENÇÃO!

Não se considera modelo de utilidade e, portanto, não podem ser patenteados:

I – as descobertas, teorias científicas e métodos matemáticos;

II – concepções puramente abstratas;

III – esquemas, planos, princípios ou métodos comerciais, contábeis, financeiros, educativos, publicitários, de sorteio e de fiscalização;

IV – as obras literárias, arquitetônicas, artísticas e científicas ou qualquer criação estética;

V – programas de computador em si;

VI – apresentação de informações;

VII – regras de jogo;

VIII – técnicas e métodos operatórios ou cirúrgicos, bem como métodos terapêuticos ou de diagnóstico, para aplicação no corpo humano ou animal; e

IX – o todo ou parte de seres vivos naturais e materiais biológicos encontrados na natureza, ou ainda que dela isolados, inclusive o genoma ou germoplasma de qualquer ser vivo natural e os processos biológicos naturais.

14.6. MARCA

- O registro se relaciona com o desenho industrial e com a marca.
- **Conceito:** marca é o signo que identifica produtos e serviços, produzidos ou colocados em circulação pelo empresário.
- **Requisitos do registro de marca:** é registrável a marca que atenta aos requisitos da *novidade relativa*, *não colidência com marca notória* e *não impedimento*.
- **Sinais registráveis como marca:** são suscetíveis de registro como marca os sinais distintivos visualmente perceptíveis, não compreendidos nos impedimentos legais do art. 124 da LPI.
- **Não são registráveis como marca (art. 124 da LPI):**

  a) brasão, armas, medalha, bandeira, emblema, distintivo e monumento oficiais, públicos, nacionais, estrangeiros ou internacionais, bem como a respectiva designação, figura ou imitação;

  b) letra, algarismo e data, isoladamente, salvo quando revestidos de suficiente forma distintiva;

  c) expressão, figura, desenho ou qualquer outro sinal contrário à moral e aos bons costumes ou que ofenda a honra ou imagem de pessoas ou atente contra liberdade de consciência, crença, culto religioso ou ideia e sentimento dignos de respeito e veneração;

  d) designação ou sigla de entidade ou órgão público, quando não requerido o registro pela própria entidade ou órgão público;

  e) reprodução ou imitação de elemento característico ou diferenciador de título de estabelecimento ou nome de empresa de terceiros, suscetível de causar confusão ou associação com estes sinais distintivos;

  f) sinal de caráter genérico, necessário, comum, vulgar ou simplesmente descritivo, quando tiver relação com o produto ou serviço a distinguir, ou aquele empregado comumente para designar uma característica do produto ou serviço, quanto à natureza, nacionalidade, peso, valor, qualidade e época de produção ou de prestação do serviço, salvo quando revestidos de suficiente forma distintiva;

  g) sinal ou expressão empregada apenas como meio de propaganda;

  h) cores e suas denominações, salvo se dispostas ou combinadas de modo peculiar e distintivo;

  i) indicação geográfica, sua imitação suscetível de causar confusão ou sinal que possa falsamente induzir indicação geográfica;

  j) sinal que induza a falsa indicação quanto à origem, procedência, natureza, qualidade ou utilidade do produto ou serviço a que a marca se destina;

  k) reprodução ou imitação de cunho oficial, regularmente adotada para garantia de padrão de qualquer gênero ou natureza;

  l) reprodução ou imitação de sinal que tenha sido registrado como marca coletiva ou de certificação por terceiro, observado o disposto no art. 154;

m) nome, prêmio ou símbolo de evento esportivo, artístico, cultural, social, político, econômico ou técnico, oficial ou oficialmente reconhecido, bem como a imitação suscetível de criar confusão, salvo quando autorizados pela autoridade competente ou entidade promotora do evento;

n) reprodução ou imitação de título, apólice, moeda e cédula da União, dos Estados, do Distrito Federal, dos Territórios, dos Municípios, ou de país;

o) nome civil ou sua assinatura, nome de família ou patronímico e imagem de terceiros, salvo com consentimento do titular, herdeiros ou sucessores;

p) pseudônimo ou apelido notoriamente conhecidos, nome artístico singular ou coletivo, salvo com consentimento do titular, herdeiros ou sucessores;

q) obra literária, artística ou científica, assim como os títulos que estejam protegidos pelo direito autoral e sejam suscetíveis de causar confusão ou associação, salvo com consentimento do autor ou titular;

r) termo técnico usado na indústria, na ciência e na arte, que tenha relação com o produto ou serviço a distinguir;

s) reprodução ou imitação, no todo ou em parte, ainda que com acréscimo, de marca alheia registrada, para distinguir ou certificar produto ou serviço idêntico, semelhante ou afim, suscetível de causar confusão ou associação com marca alheia;

t) dualidade de marcas de um só titular para o mesmo produto ou serviço, salvo quando, no caso de marcas de mesma natureza, se revestirem de suficiente forma distintiva;

u) a forma necessária, comum ou vulgar do produto ou de acondicionamento, ou, ainda, aquela que não possa ser dissociada de efeito técnico;

v) objeto que estiver protegido por registro de desenho industrial de terceiro; e

w) sinal que imite ou reproduza, no todo ou em parte, marca que o requerente evidentemente não poderia desconhecer em razão de sua atividade, cujo titular seja sediado ou domiciliado em território nacional ou em país com o qual o Brasil mantenha acordo ou que assegure reciprocidade de tratamento, se a marca se destinar a distinguir produto ou serviço idêntico, semelhante ou afim, suscetível de causar confusão ou associação com aquela marca alheia.

- **Espécies de marca:**

a) **marca de produto ou serviço:** aquela usada para distinguir produto ou serviço de outro idêntico, semelhante ou afim, de origem diversa;

b) **marca de certificação:** aquela usada para atestar a conformidade de um produto ou serviço com determinadas normas ou especificações técnicas, notadamente quanto à qualidade, natureza, material utilizado e metodologia empregada; e

c) **marca coletiva:** aquela usada para identificar produtos ou serviços provindos de membros de uma determinada entidade.

- **Marca de alto renome:** à marca registrada no Brasil considerada de alto renome será assegurada proteção especial, em todos os ramos de atividade.

ATENÇÃO!

As marcas de alto renome dependem de registro no Brasil para terem a respectiva proteção.

- **Legitimidade para o requerer o registro da marca:** podem requerer registro de marca as pessoas físicas ou jurídicas de direito público ou de direito privado.

ATENÇÃO!

As pessoas de direito privado só podem requerer registro de marca relativo à atividade que exerçam efetiva e licitamente, de modo direto ou através de empresas que controlem direta ou indiretamente, declarando, no próprio requerimento, esta condição, sob as penas da lei.

- **Aquisição dos direitos sobre a marca:** a propriedade da marca adquire-se pelo registro validamente expedido, conforme as disposições desta Lei, sendo assegurado ao titular seu uso exclusivo em todo o território nacional.

ATENÇÃO!

Toda pessoa que, de boa-fé, na data da prioridade ou depósito, usava no País, há pelo menos 6 (seis) meses, marca idêntica ou semelhante, para distinguir ou certificar produto ou serviço idêntico, semelhante ou afim, terá direito de precedência ao registro.

- **Vigência do registro da marca:** 10 anos.
- **Contrato de cessão de marca:** a cessão de marca é o instrumento apto a transferir os direitos de propriedade da marca transacionada, legitimando o cessionário ao uso, fruição, disposição e reivindicação e, por consequência, a opor-se, ainda que preventivamente, à pretensão de registro por terceiro, inclusive o próprio cedente (STJ, REsp 1.532.206/RJ).
- **Distinção:** Nome empresarial x Marca x Título de estabelecimento:

Nome empresarial	Marca	Título de estabelecimento
Identifica o empresário no meio empresarial.	Identifica o produto ou serviço no meio empresarial.	Identifica o estabelecimento empresarial.
É protegido a partir do momento em que o empresário registra os seus atos constitutivos na Junta Comercial, que é um órgão estadual. A proteção é de âmbito estadual.	É protegida a partir do momento em que é registrada no INPI (Instituto Nacional de Propriedade Industrial), que é um órgão federal. A proteção é de âmbito federal.	Não precisa ser registrado.
Não pode ser alienado.	Pode ser alienada.	Pode ser alienado.

- **Princípio da especialidade:** pelo princípio da especialidade, a proteção da marca é assegurada no âmbito da sua classe de produtos ou serviços, e não em todos os ramos de atividade. É possível, portanto, que produtos ou serviços tenham marcas semelhantes.
- **Marca de alto renome x Marca notoriamente conhecida:** A marca de alto renome é uma exceção ao princípio da especialidade. Isso porque, desde que devidamente registrada e assim declarada pelo INPI, a marca de alto renome terá proteção especial em todos os ramos de atividade no território nacional. Por outro lado, a marca notória, independentemente de registro, terá proteção no seu ramo específico de atividade. Por fim, vale ressaltar que, independentemente de estar registrada no Brasil, a marca notória possui proteção em todos os países signatários da Convenção da União de Paris.

Marca de alto renome	Marca notória
Depende de registro no Brasil para ser protegida.	Não depende de registro no Brasil para ser protegida.
A marca de alto renome terá proteção especial em todos os ramos de atividade no território nacional.	A marca notória, independentemente de registro, terá proteção no seu ramo específico de atividade. Possui também proteção em todos os países signatários da Convenção da União de Paris.

- **ENUNCIADOS DO CJF RELACIONADOS:**

  I Jornada de Direito Comercial

  – **Enunciado 1.** Decisão judicial que considera ser o nome empresarial violador do direito de marca não implica a anulação do respectivo registro no órgão próprio nem lhe retira os efeitos, preservado o direito de o empresário alterá-lo.

  – **Enunciado 2.** A vedação de registro de marca que reproduza ou imite elemento característico ou diferenciador de nome empresarial de terceiros, suscetível de causar confusão ou associação (art. 124, V, da Lei n. 9.279/1996), deve ser interpretada restritivamente e em consonância com o art. 1.166 do Código Civil.

15. CONTRATOS EMPRESARIAIS

15.1. ASPECTOS GERAIS

- **Conceito:** contratos mercantis são aqueles em que ambos os contratantes são empresários.
- **Classificação:** os contratos mercantis classificam-se em: **a) cíveis:** são aqueles regidos pelo CC e ocorrem quando ambos os contratantes empresários estiverem em posição de igualdade do ponto de vista econômico; **b) de relação de consumo:** são aqueles regidos pelo CDC e ocorrem quando um dos contratantes empresários está em posição de desigualdade (vulnerabilidade) frente ao outro. Ex.: um empresário adquire produto ou serviço como destinatário final; aplicação da teoria finalista mitigada.

15.2. COMPRA E VENDA MERCANTIL

A compra e venda é mercantil quanto comprador e vendedor são empresários. Trata-se do contrato elementar da atividade empresarial. Numa esquematização simples, o comércio pode ser explicado como a sucessão de contratos de compra e venda. O importador compra o produto do fabricante sediado no exterior e o revende ao atacadista, que o revende ao varejista e assim por diante." (Coelho, Fábio Ulhoa. Manual de Direito Comercial. 18 ed. São Paulo: Saraiva, 2007, p. 422).

15.3. COMISSÃO

- O contrato de comissão tem por objeto a aquisição ou a venda de bens pelo comissário, em seu próprio nome, à conta do comitente.
- O comissário fica diretamente obrigado para com as pessoas com quem contratar, sem que estas tenham ação contra o comitente, nem este contra elas, salvo se o comissário ceder seus direitos a qualquer das partes.
- Se do contrato de comissão constar a cláusula *del credere*, responderá o comissário solidariamente com as pessoas com que houver tratado em nome do comitente, caso em que, salvo estipulação em contrário, o comissário tem direito a remuneração mais elevada, para compensar o ônus assumido.
- Para reembolso das despesas feitas, bem como para recebimento das comissões devidas, tem o comissário direito de retenção sobre os bens e valores em seu poder em virtude da comissão.

15.4. REPRESENTAÇÃO COMERCIAL

- Exerce representação comercial autônoma a pessoa física ou jurídica, sem relação de emprego, que desempenha, em caráter não eventual, por conta de uma ou mais pessoas, a mediação para a realização de negócios mercantis, agenciando propostas ou pedidos, para, transmiti-los aos representados, praticando ou não atos relacionados com a execução dos negócios. Em suma, cabe ao representante comercial expandir os negócios do representado e promover os seus produtos.
- É obrigatório o registro dos que exerçam a representação comercial autônoma nos Conselhos Regionais dos Representantes Comerciais, aos quais incumbe a fiscalização do exercício da profissão.
- O contrato de representação comercial deve obrigatoriamente indicar o prazo (determinado ou indeterminado), bem como a zona(s) em que será exercida a representação.
- No caso de contrato a prazo certo, a indenização corresponderá à importância equivalente à média mensal da retribuição auferida até a data da rescisão, multiplicada pela metade dos meses resultantes do prazo contratual.
- Salvo autorização expressa, o representante não poderá conceder abatimentos, descontos ou dilações, nem agir em desacordo com as instruções do representado.
- **Exclusividade de zona.** Prevendo o contrato de representação a exclusividade de zona(s), ou quando este for omisso, fará jus o representante à comissão pelos negócios aí realizados, ainda que diretamente pelo representado ou por intermédio de terceiros. A exclusividade de representação não se presume na ausência de ajustes expressos.
- **Remuneração.** O representante comercial adquire o direito às comissões quando do pagamento dos pedidos ou propostas. No caso de falência do representado, as importâncias por ele devidas ao representante comercial, inclusive comissões vencidas e vincendas, indenização e aviso prévio, serão considerados créditos da mesma natureza dos créditos trabalhistas.

15.5. CONCESSÃO COMERCIAL

- A Lei nº 6.729/1979, conhecida como "Lei Renato Ferrari", que dispõe sobre a concessão comercial entre produtores e distribuidores de veículos automotores de via terrestre.
- *Concessão comercial* é o contrato pelo qual um empresário (concessionário) se obriga a comercializar, com ou sem exclusividade, com ou sem cláusula de territorialidade, os produtos fabricados por outro empresário (concedente).

15.6. FRANQUIA (*FRANCHISING*)

- **Previsão legal:** a franquia está prevista na Lei nº 8.955/1994.
- **Conceito:** franquia (franchising) é o contrato mercantil de colaboração pelo qual um franqueador cede ao franqueado o direito de uso de marca ou patente, associado ao direito de distribuição exclusiva ou semi-exclusiva

de produtos ou serviços e, eventualmente, também ao direito de uso de tecnologia de implantação e administração de negócio ou sistema operacional desenvolvidos ou detidos pelo franqueador, mediante remuneração direta ou indireta, sem que, no entanto, fique caracterizado vínculo empregatício.

- **Circular de Oferta de Franquia:** sempre que o franqueador tiver interesse na implantação de sistema de franquia empresarial, deverá fornecer ao interessado em tornar-se franqueado uma "circular de oferta de franquia", por escrito e em linguagem clara e acessível, contendo os dados essenciais do negócio que se pretende realizar. A circular oferta de franquia deve ser entregue ao candidato a franqueado no mínimo 10 dias antes da assinatura do contrato ou pré-contrato de franquia ou ainda do pagamento de qualquer tipo de taxa pelo franqueado ao franqueador ou a empresa ou pessoa ligada a este. Na hipótese do não cumprimento dessa regra, o franqueado poderá arguir a anulabilidade do contrato e exigir devolução de todas as quantias que já houver pago ao franqueador ou a terceiros por ele indicados, a título de taxa de filiação e royalties, devidamente corrigidas, mais perdas e danos.
- **Formalismo:** o contrato de franquia deve ser sempre escrito e assinado na presença de 2 testemunhas e terá validade independentemente de ser levado a registro perante cartório ou órgão público.

15.7. AGÊNCIA E DISTRIBUIÇÃO

Pelo contrato de "agência", uma pessoa assume, em caráter não eventual e sem vínculos de dependência, a obrigação de promover, à conta de outra, mediante retribuição, a realização de certos negócios, em zona determinada, caracterizando-se a "distribuição" quando o agente tiver à sua disposição a coisa a ser negociada.

Salvo ajuste, o proponente não pode constituir, ao mesmo tempo, mais de um agente, na mesma zona, com idêntica incumbência; nem pode o agente assumir o encargo de nela tratar de negócios do mesmo gênero, à conta de outros proponentes.

15.8. ALIENAÇÃO FIDUCIÁRIA EM GARANTIA

De acordo com André Luiz Santa Cruz Ramos: "O contrato de alienação fiduciária em garantia é um contrato instrumental em que uma das partes, em confiança, aliena a outra a propriedade de determinado bem, móvel ou imóvel, ficando esta parte (uma instituição financeira, em regra) obrigada a devolver àquela o bem que lhe foi alienado quando verificada a ocorrência de determinado fato. Diz-se que é contrato instrumental porque, em regra, é formalizado como um meio para a concretização de um outro negócio principal. Assim, geralmente está associada a um mútuo, servindo-lhe de garantia." (*Direito Empresarial Esquematizado*. 6. ed. rev., atual. e ampl. – Rio de Janeiro: Forense; São Paulo: Método, 2016).

15.9. FATURIZAÇÃO (*FACTORING*)

- **Sinônimos:** *factoring* ou fomento mercantil.
- **Conceito:** Faturização "é o contrato pelo qual uma sociedade empresária se obriga a cobrar os devedores de exercente de atividade econômica, empresária ou não (faturizado), prestando a este serviços de administração de crédito. (Coelho, Fábio Ulhoa. Manual de Direito Comercial. 18 ed. São Paulo: Saraiva, 2007, p. 464).
- **Factoring não é instituição financeira.** As empresas de factoring desempenham atividades de fomento mercantil, de cunho meramente comercial, em que se ajusta a compra de créditos vencíveis, mediante preço certo e ajustado, e com recursos próprios, não podendo ser caracterizadas como instituições financeiras (STJ, CC 98.062/SP).

15.10. ARRENDAMENTO MERCANTIL (*LEASING*)

- **Conceito:** "Pode-se definir o contrato de arrendamento mercantil, também chamado de leasing, como um contrato especial de locação que assegura ao locatário a prerrogativa de adquirir o bem alugado ao final da avença, pagando, nesse caso, uma diferença chamada de valor residual. Em síntese: o leasing ou arrendamento mercantil é um contrato de locação em que se asseguram ao arrendatário três opções ao final do aluguel: (i) renovar a locação; (ii) encerrar o contrato, não mais renovando a locação; (iii) comprar o bem alugado, pagando-se o valor residual. O leasing não pode ser considerado um contrato típico: a Lei 6.099/1974 regula apenas o seu aspecto tributário." (Ramos, André Luiz Santa Cruz. Direito Empresarial Esquematizado. 6. ed. rev., atual. e ampl. – Rio de Janeiro: Forense; São Paulo: Método, 2016).

15.11. LOCAÇÃO EMPRESARIAL

- Por ter valor econômico, o estabelecimento empresarial pode ser objeto de negócios jurídicos translativos (ex: alienação, arrendamento) ou constitutivos (ex: hipoteca), desde que compatíveis com a sua natureza.
- O contrato que tenha por objeto a alienação, o usufruto ou arrendamento do estabelecimento, só produzirá efeitos quanto a terceiros depois de averbado à margem da inscrição do empresário, ou da sociedade empresária, no Registro Público de Empresas Mercantis, e de publicado na imprensa oficial.
- **Ação renovatória de aluguel:**

Finalidade	A ação renovatória de aluguel visa proteger o ponto comercial.
Requisitos	Contrato a renovar deve ter sido celebrado por escrito e com prazo determinado + prazo mínimo do contrato a renovar ou a soma dos prazos ininterruptos dos contratos escritos deve ser de 5 anos + o locatário deve estar explorando seu comércio, no mesmo ramo, pelo prazo mínimo e ininterrupto de 3 anos.
Momento	A ação deve ser ajuizada durante a vigência do contrato no interregno de 1 ano, no máximo, a 6 meses, no mínimo, do término de vigência do contrato. A não propositura no prazo legal acarreta a decadência (perda do direito a renovação do contrato).
Exceções	Ao ser citado, o locador poderá apresentar as exceções exemplificativamente previstas nos arts. 52 e 72 da Lei 8.245/91.
Indenização	O locatário fará jus à indenização para o ressarcimento de seus prejuízos e lucros cessantes decorrentes de sua mudança, perda do ponto e desvalorização do seu fundo de comércio quando o locador não der ao imóvel a destinação alegada em sua exceção no prazo de até 3 meses a contar de sua entrega ou quando a exceção para retomada do imóvel consistir na melhor proposta de terceiro.

15.12. SEGURO

- **Conceito:** Pelo contrato de seguro, o segurador se obriga, mediante o pagamento do prêmio, a garantir interesse legítimo do segurado, relativo a pessoa ou a coisa, contra riscos predeterminados. Somente pode ser parte, no contrato de seguro, como segurador, entidade para tal fim legalmente autorizada. O contrato de seguro prova-se com a exibição da apólice ou do bilhete do seguro, e, na falta deles, por documento comprobatório do pagamento do respectivo prêmio. A emissão da apólice deverá ser precedida de proposta escrita com a declaração dos elementos essenciais do interesse a ser garantido e do risco.

15.13. CONTRATOS BANCÁRIOS

15.13.1. CONCEITO

Contratos bancários são aqueles em que, necessariamente, uma das partes é um Banco e o objeto seja algum serviço ligado à atividade bancária, como a coleta, a intermediação ou aplicação de recursos financeiros próprios ou de terceiros, a custódia de valores.

15.13.2. DEPÓSITO BANCÁRIO

Depósito bancário é contrato pelo qual uma pessoa (depositante) entrega valores monetários a um banco, que por sua vez se obriga a restituí-los quando solicitados pelo depositante. A entrega dos valores monetários e a sua restituição ao depositante são registrados em conta corrente.

15.13.3. CONTA-CORRENTE

Conta corrente é o contrato pelo qual um banco se obriga a receber valores monetários do correntista ou de terceiros, bem como utilizar esses recursos para proceder pagamentos por ordem do correntista.

15.13.4. APLICAÇÃO FINANCEIRA

Aplicação financeira é o contrato pelo qual uma pessoa (depositante) autoriza um banco a empregar/aplicar o valor monetário mantido na conta de depósito em determinados investimentos, como ações, títulos da dívida pública, etc. O depositante terá direito à remuneração decorrente do valor investido.

O contrato de aplicação financeira, normalmente, está relacionado aos fundos de investimento.

15.13.5. MÚTUO BANCÁRIO

Mútuo bancário é o contrato pelo qual um Banco empresta ao cliente certa quantia em dinheiro. O cliente, por sua vez, assume as obrigações de restituir-lhe o valor emprestado, de acordo com correção monetária, juros, encargos e demais taxas previstas no ajuste, além de amortizar o valor emprestado, de acordo com as condições e prazos estabelecidos.

15.13.6. DESCONTO

Desconto bancário é o contrato pelo qual o banco antecipa o pagamento de um título de crédito ao cliente. O cliente, por sua vez, cede ao banco um determinado crédito não vencido, contra ele mesmo ou contra terceiro. Normalmente, este crédito cedido ao banco é representado por um título de crédito, respondendo o cliente pelo seu pagamento.

No desconto bancário de cheque, havendo cessão de crédito do beneficiário ao banco, a cessão só terá eficácia se o emitente do cheque dela for notificado.

15.13.7. ABERTURA DE CRÉDITO

Abertura de crédito é o contrato pelo qual o banco disponibiliza determinada quantia em dinheiro ao cliente, que pode ou não fazer uso deste recurso. Caso utilize o valor monetário disponibilizado, o cliente se obriga a pagar juros e encargos ao banco. Normalmente, costuma-se designar o contrato de abertura de crédito de "cheque especial".

15.13.8. CRÉDITO DOCUMENTÁRIO

Crédito documentário é o contrato pelo qual um banco assume a obrigação, perante o seu cliente (ordenante), de efetuar pagamentos em favor de terceiro (beneficiário), contra a apresentação de documentos que se relacionem com o negócio celebrado pelo ordenante e o beneficiário. O contrato de crédito documentário é muito utilizado no comércio internacional.

16. SISTEMA FINANCEIRO NACIONAL – SFN

A organização e as funções das diversas entidades do mercado financeiro compõem o chamado Sistema Financeiro Nacional – SFN.

O Sistema Financeiro Nacional, estruturado de forma a promover o desenvolvimento equilibrado do País e a servir aos interesses da coletividade, em todas as partes que o compõem, abrangendo as cooperativas de crédito, será regulado por leis complementares que disporão, inclusive, sobre a participação do capital estrangeiro nas instituições que o integram (CF, art. 192).

16.1. CONSTITUIÇÃO E COMPETÊNCIA DAS ENTIDADES INTEGRANTES DO SFN

Os integrantes do Sistema Financeiro Nacional se desdobram em uma série de órgãos e instituições cujo objetivo é manter operativo o sistema. O SFN é estruturado em órgãos normativos, entidades supervisoras e operadores.

Órgãos normativos	• **Constituição:** a) Conselho Monetário Nacional – CMN; b) Conselho Nacional de Seguros Privados – CNSP; c) Conselho Nacional de Previdência Complementar – CGPC; • **Competência:** os órgãos normativos têm a competência de disciplinar, regulamentar e estabelecer as políticas públicas para o Sistema Financeiro Nacional, sem exercerem funções executivas.
Entidades supervisoras	• **Constituição:** a) Banco Central do Brasil – BACEN; b) Comissão de Valores Mobiliários – CVM; c) Superintendência de Seguros Privados – SUSEP; d) Institutos de Resseguros do Brasil – IRB; e) Secretaria da Previdência Complementar – SPC.

Entidades supervisoras	• **Competência:** as entidades supervisoras têm a competência de fiscalizar as entidades operadoras, bem como realizar e executar as atividades de regulação estatal do SFN.
Entidades operadoras	• **Constituição:** entidades operadoras são todas as instituições privadas que atuam no SFN, devendo respeito ao poder de regulação dos órgãos normativos, bem como ao poder de fiscalização pelas entidades supervisoras, a saber: a) Bolsa de Valores; b) Bolsa de Mercadorias e Futuros; c) Sociedades Seguradoras; d) Sociedades de Capitalização; e) Entidades Abertas de Previdência Complementar; f) Entidades Fechadas de Previdência Complementar; g) Instituições Financeiras Captadoras de Depósitos à Vista: **i)** Bancos Múltiplos; **ii)** Bancos Comerciais; **iii)** Caixa Econômica Federal; **iv)** Cooperativas de Crédito.

16.2. INSTITUIÇÕES FINANCEIRAS PÚBLICAS E PRIVADAS

- **Conceito:** consideram-se instituições financeiras, as pessoas jurídicas públicas ou privadas, que tenham como atividade principal ou acessória a coleta, intermediação ou aplicação de recursos financeiros próprios ou de terceiros, em moeda nacional ou estrangeira, e a custódia de valor de propriedade de terceiros.
- **Sociedades dependentes de autorização:** as instituições financeiras somente poderão funcionar no País mediante prévia autorização do Banco Central do Brasil – BACEN ou decreto do Poder Executivo, quando forem estrangeiras.
- **Classificação:**
  1) **Instituições financeiras captadoras de depósitos à vista:**
     - **a)** Bancos comerciais;
     - **b)** Bancos múltiplos com carteira comercial;
     - **c)** Caixa Econômica Federal;
     - **d)** Cooperativas de Crédito.
  2) **Instituições financeiras não captadoras de depósitos à vista (operam apenas com captação de depósitos a prazo e depósito de poupança):**
     - **a)** Associações de Poupança e Empréstimo;
     - **b)** Bancos de Desenvolvimento e de Investimento;
     - **c)** Banco Nacional de Desenvolvimento Econômico e Social (BNDES);
     - **d)** Companhias Hipotecárias;
     - **e)** Cooperativas Centrais de Crédito;
     - **f)** Sociedades de Crédito, Financiamento e Investimento;
     - **g)** Sociedades de Crédito Imobiliário;
     - **h)** Sociedades de Crédito ao Microempreendedor.

16.3. REGIME DE INTERVENÇÃO EM INSTITUIÇÕES FINANCEIRAS

- **Previsão legal:** Lei 6.024/74.
- **Conceito:** a intervenção é uma medida administrativa cautelar que visa evitar a continuidade de irregularidade ou o agravamento da situação de risco patrimonial de instituição financeira. Exemplos de irregularidades: a entidade estiver sofrendo prejuízo, decorrente da má administração, que sujeite a riscos os seus credores; forem verificadas reiteradas infrações a dispositivos da legislação bancária não regularizadas após as determinações do Banco Central (BC), no uso das suas atribuições de fiscalização.
- **Legitimidade:** a intervenção pode ser decretada de ofício pelo Banco Central ou por solicitação dos administradores da instituição (se o respectivo estatuto lhes conferir esta competência).

- **Duração:** a intervenção pode perdurar até 6 meses, prorrogáveis, uma única vez, por decisão do BC por até mais 6 meses.
- **Efeitos:** a intervenção produzirá, desde sua decretação, os seguintes efeitos:

a) suspensão da exigibilidade das obrigações vencidas;

b) suspensão da fluência do prazo das obrigações vincendas anteriormente contraídas;

c) inexigibilidade dos depósitos já existentes à data de sua decretação.

- **Encerramento:** a intervenção cessará:

a) se os interessados, apresentando as necessárias condições de garantia, julgadas a critério do BC, tomarem a si o prosseguimento das atividades econômicas da empresa;

b) quando, a critério do BC, a situação da entidade se houver normalizado;

c) se decretada a liquidação extrajudicial pelo BC, ou a falência decretada pelo Poder Judiciário, após o BC autorizar ajuizamento do pedido de autofalência, diante das hipóteses do art. 12, "d", da Lei n. 6.024/74.

16.4. REGIME DE ADMINISTRAÇÃO ESPECIAL TEMPORÁRIA DE INSTITUIÇÕES FINANCEIRAS

- **Previsão legal:** Dec.-Lei 2.321/87.
- **Conceito:** o Regime de Administração Especial Temporária (RAET) é uma medida administrativa de caráter cautelar, que não interrompe nem suspende as atividades da instituição financeira privadas e públicas não federais, sendo gerida por Conselho Diretor nomeado pelo Banco Central para afastar a irregularidade que a motivou.
- **Hipóteses de incidência do RAET:** prática reiterada de operações contrárias às diretrizes de política econômica ou financeira traçadas em lei federal; existência de passivo a descoberto; gestão temerária ou fraudulenta; situações passíveis de intervenção.

16.5. LIQUIDAÇÃO EXTRAJUDICIAL DE INSTITUIÇÕES FINANCEIRAS

- **Previsão legal:** arts. 15 a 35 da Lei 6.024/74.
- **Conceito:** As instituições financeiras estão sujeitas a um regime de execução concursal extrajudicial, na forma prevista pela Lei nº 6.024/74 (LILE). Liquidação extrajudicial é uma modalidade de execução concursal aplicável às instituições financeiras, visando à preservação do patrimônio da empresa no interesse de seus credores e do próprio sistema financeiro.
- **Exemplos de hipóteses de incidência da liquidação extrajudicial:**

a) sério comprometimento da situação econômica ou financeira;

b) violação grave das normas legais e estatutárias, bem como das determinações do CMN e do Banco Central;

c) cassação da autorização, quando não se iniciar a liquidação ordinária em 90 dias;

d) a morosidade do procedimento ordinário causar prejuízo aos credores.

- **Efeitos liquidação extrajudicial:** a decretação da liquidação extrajudicial produzirá, de imediato, os seguintes efeitos:

a) suspensão das ações e execuções iniciadas sobre direitos e interesses relativos ao acervo da entidade liquidanda, não podendo ser intentadas quaisquer outras, enquanto durar a liquidação;

b) vencimento antecipado das obrigações da liquidanda;

c) não atendimento das cláusulas penais dos contratos unilaterais vencidos em virtude da decretação da liquidação extrajudicial;

d) não fluência de juros, mesmo que estipulados, contra a massa, enquanto não integralmente pago o passivo;

e) interrupção da prescrição relativa a obrigações de responsabilidade da instituição;

f) não reclamação de correção monetária de quaisquer divisas passivas, nem de penas pecuniárias por infração de leis penais ou administrativas.

- **Encerramento (art. 19 da Lei 6.024/74 com redação dada pela Medida Provisória 784, de 7 de junho de 2017):** a liquidação extrajudicial será encerrada:

1) por decisão do Banco Central, nas seguintes hipóteses:

   a) pagamento integral dos credores quirografários;

b) mudança de objeto social da instituição para atividade econômica não integrante do SFN;

c) transferência do controle societário da instituição;

d) convolação em liquidação ordinária;

e) exaustão do ativo da instituição, mediante a sua realização total e a distribuição do produto entre os credores, ainda que não ocorra o pagamento integral dos créditos;

f) iliquidez ou difícil realização do ativo remanescente na instituição, reconhecidas pelo BC.

2) pela decretação de falência da instituição.

17. SISTEMA FINANCEIRO DA HABITAÇÃO – SFH

- Visando assegurar o direito social à moradia, o Sistema Financeiro de Habitação – SFH destina-se a facilitar e promover a construção e a aquisição da casa própria ou moradia, especialmente pelas classes de menor renda da população.
- **Constituição:** de acordo com o art. 8º da Lei nº 4.380/64, integram o SFH:

a) os bancos múltiplos;

b) os bancos comerciais;

c) as caixas econômicas;

d) as sociedades de crédito imobiliário;

e) as associações de poupança e empréstimo;

f) as companhias hipotecárias;

g) os órgãos federais, estaduais e municipais, inclusive sociedades de economia mista em que haja participação majoritária do poder público, que operem no financiamento de habitações e obras conexas;

h) as fundações, cooperativas e outras formas associativas para construção ou aquisição da casa própria sem finalidade de lucro, que se constituirão de acordo com as diretrizes desta Lei;

i) as caixas militares;

j) as entidades abertas de previdência complementar;

k) as companhias securitizadoras de crédito imobiliário; e

l) outras instituições que venham a ser consideradas pelo Conselho Monetário Nacional como integrantes do Sistema Financeiro da Habitação.

18. DIREITO CONCORRENCIAL

18.1. SISTEMA BRASILEIRO DE DEFESA DA CONCORRÊNCIA – SBDC

- **Sistema Brasileiro de Defesa da Concorrência:** o SBDC é formado pelo Conselho Administrativo de Defesa Econômica – CADE e pela Secretaria de Acompanhamento Econômico do Ministério da Fazenda.
- **Conselho Administrativo de Defesa Econômica:** o CADE é entidade judicante com jurisdição em todo o território nacional, que se constituiu em autarquia federal, vinculada ao Ministério da Justiça, com sede e foro no Distrito Federal (LAT, art. 4º).
- **Ministério Público Federal perante o CADE:** o PGR, ouvido o Conselho Superior, designará membro do MPF para, nesta qualidade, emitir parecer, nos processos administrativos para imposição de sanções administrativas por infrações à ordem econômica, de ofício ou a requerimento do Conselheiro-Relator.

18.2. LIVRE INICIATIVA E LIVRE CONCORRÊNCIA

- **Princípio fundamental:** A livre iniciativa é um princípio fundamental da República Federativa do Brasil (CF, art. 1º, IV).
- **Princípio geral da Ordem Econômica:** A ordem econômica, fundada na valorização do trabalho humano e na livre iniciativa, tem por fim assegurar a todos existência digna, conforme os ditames da justiça social, observado, dentre outros princípios, a livre concorrência (CF, art. 170, IV).
- **Modelo econômico híbrido ou eclético:** O Brasil adota o modelo econômico híbrido na medida em que a Ordem Econômica deve harmonizar a livre iniciativa e os valores sociais do trabalho. A livre iniciativa é expressão de liberdade titulada não apenas pela empresa, mas também pelo trabalho (STF, ADI 1.950).
- **Defesa do consumidor:** O princípio da livre iniciativa não pode ser invocado para afastar regras de regulamentação do mercado e de defesa do consumidor (STF, AI 636.883).

18.3. CONCORRÊNCIA EMPRESARIAL

- **Disciplina jurídica da concorrência:** a Lei 12.529/11, conhecida como Lei de Defesa da Concorrência ou Lei Antitruste, estrutura o Sistema Brasileiro de Defesa da Concorrência – SBDC e dispõe sobre a prevenção e a repressão às infrações contra a ordem econômica, sendo orientada pelos ditames constitucionais de liberdade de iniciativa, livre concorrência, função social da propriedade, defesa dos consumidores e repressão ao abuso do poder econômico.
- **Incidência:** a Lei Antitruste (LAT) aplica-se às pessoas físicas ou jurídicas de direito público ou privado, bem como a quaisquer associações de entidades ou pessoas, constituídas de fato ou de direito, ainda que temporariamente, com ou sem personalidade jurídica, mesmo que exerçam atividade sob regime de monopólio legal.

18.4. INFRAÇÕES DA ORDEM ECONÔMICA

- **Responsabilidade:** a infração da ordem econômica implica a responsabilidade da empresa e a responsabilidade individual de seus dirigentes ou administradores, solidariamente.
- **Infrações da ordem econômica:** constituem infração da ordem econômica, independentemente de culpa, os atos sob qualquer forma manifestados, que tenham por objeto ou possam produzir os seguintes efeitos, ainda que não sejam alcançados:
  - **a)** limitar, falsear ou de qualquer forma prejudicar a livre concorrência ou a livre iniciativa;
  - **b)** dominar mercado relevante de bens ou serviços;
  - **c)** aumentar arbitrariamente os lucros; e
  - **d)** exercer de forma abusiva posição dominante.
- **Compromisso de cessação:** trata-se de ato discricionário do CADE. Pelo compromisso de cessação, o infrator da ordem econômica se compromete a cessar a prática lesiva em troca da suspensão do procedimento administrativo instaurado para investigar os atos ilícitos praticados.
- **Programa de leniência ou "acordo de brandura ou de doçura":** o CADE, por intermédio da Superintendência-Geral, pode celebrar acordo de leniência, com a extinção da ação punitiva da administração pública ou a redução de um a dois terços da penalidade aplicável, com pessoas físicas e jurídicas que forem autoras de infração à ordem econômica, desde que colaborem efetivamente com as investigações e o processo administrativo e que dessa colaboração resulte na identificação dos demais envolvidos na infração e na obtenção de informações e documentos que comprovem a infração noticiada ou sob investigação.
- **Impossibilidade de oposição do sigilo do acordo de leniência ao Judiciário:** O sigilo do acordo de leniência celebrado com o CADE não pode ser oposto ao Poder Judiciário para fins de acesso aos documentos que instruem o respectivo procedimento administrativo (STJ, REsp 1.554.986).

✦ SÚMULAS APLICÁVEIS

1. SÚMULAS DO STF

1.1. DIREITO CAMBIÁRIO

- **28.** O estabelecimento bancário é responsável pelo pagamento de cheque falso, ressalvadas as hipóteses de culpa exclusiva ou concorrente do correntista.
- **387.** A cambial emitida ou aceita com omissões, ou em branco, pode ser completada pelo credor de boa-fé antes da cobrança ou do protesto.
- **600.** Cabe ação executiva contra o emitente e seus avalistas, ainda que não apresentado o cheque ao sacado no prazo legal, desde que não prescrita a ação cambiária

1.2. DIREITO FALIMENTAR E RECUPERACIONAL

- **265.** Na apuração de haveres não prevalece o balanço não aprovado pelo sócio falecido, excluído ou que se retirou.
- **417.** Pode ser objeto de restituição, na falência, dinheiro em poder do falido, recebido em nome de outrem, ou do qual, por lei ou contrato, não tivesse ele a disponibilidade.

1.3. CONTRATOS EMPRESARIAIS

- **Súmula vinculante 7.** A norma do § 3º do artigo 192 da Constituição, revogada pela Emenda Constitucional nº 40/2003, que limitava a taxa de juros reais a 12% ao ano, tinha sua aplicação condicionada à edição de lei complementar.

- **Súmula vinculante 25.** É ilícita a prisão civil de depositário infiel, qualquer que seja a modalidade do depósito.
- **151.** Prescreve em um ano a ação do segurador sub-rogado para haver indenização por extravio ou perda de carga transportada por navio.
- **596.** As disposições do Decreto 22.626/1933 não se aplicam às taxas de juros e aos outros encargos cobrados nas operações realizadas por instituições públicas ou privadas, que integram o sistema financeiro nacional.

1.4. DIREITO CONCORRENCIAL

- **Súmula vinculante 49.** Ofende o princípio da livre concorrência lei municipal que impede a instalação de estabelecimentos comerciais do mesmo ramo em determinada área.
- **419.** Os Municípios têm competência para regular o horário do comércio local, desde que não infrinjam leis estaduais ou federais válidas.
- **645.** É competente o Município para fixar o horário de funcionamento de estabelecimento comercial.
- **646.** Ofende o princípio da livre concorrência lei municipal que impede a instalação de estabelecimentos comerciais do mesmo ramo em determinada área.

2. SÚMULAS DO STJ

2.1. ESTABELECIMENTO EMPRESARIAL

- **451.** É legítima a penhora da sede do estabelecimento comercial.

2.2. DIREITO SOCIETÁRIO

- **227.** A pessoa jurídica pode sofrer dano moral.
- **554.** Na hipótese de sucessão empresarial, a responsabilidade da sucessora abrange não apenas os tributos devidos pela sucedida, mas também as multas moratórias ou punitivas referentes a fatos geradores ocorridos até a data da sucessão.
- **584.** As sociedades corretoras de seguros, que não se confundem com as sociedades de valores mobiliários ou com os agentes autônomos de seguro privado, estão fora do rol de entidades constantes do art. 22, § 1º, da Lei n. 8.212/1991, não se sujeitando à majoração da alíquota da Cofins prevista no art. 18 da Lei n. 10.684/2003.

2.3. DIREITO CAMBIÁRIO

2.3.1. CHEQUE

- **299.** É admissível a ação monitória fundada em cheque prescrito.
- **370.** Caracteriza dano moral a apresentação antecipada de cheque pré-datado.
- **388.** A simples devolução indevida de cheque caracteriza dano moral.
- **503.** O prazo para ajuizamento de ação monitória em face do emitente de cheque sem força executiva é quinquenal, a contar do dia seguinte à data de emissão estampada na cártula.
- **531.** Em ação monitória fundada em cheque prescrito ajuizada contra o emitente, é dispensável a menção ao negócio jurídico subjacente à emissão da cártula.
- **572.** O Banco do Brasil, na condição de gestor do Cadastro de Emitentes de Cheques sem Fundos (CCF), não tem a responsabilidade de notificar previamente o devedor acerca da sua inscrição no aludido cadastro, tampouco legitimidade passiva para as ações de reparação de danos fundadas na ausência de prévia comunicação.

2.3.2. NOTA PROMISSÓRIA

- **60.** É nula a obrigação cambial assumida por procurador do mutuário vinculado ao mutuante, no exclusivo interesse deste.
- **258.** A nota promissória vinculada a contrato de abertura de crédito não goza de autonomia em razão da iliquidez do título que a originou.

2.3.3. DUPLICATA

- **248.** Comprovada a prestação dos serviços, a duplicata não aceita, mas protestada, é título hábil para instruir pedido de falência.

2.3.4. CÉDULA DE CRÉDITO RURAL

- **16.** A legislação ordinária sobre crédito rural não veda a incidência da correção monetária.
- **93.** A legislação sobre cédulas de crédito rural, comercial e industrial admite o pacto de capitalização de juros.

2.3.5. AVAL

- **26.** O avalista do título de crédito vinculado a contrato de mútuo também responde pelas obrigações pactuadas, quando no contrato figurar como devedor solidário.

- **475.** Responde pelos danos decorrentes de protesto indevido o endossatário que recebe por endosso translativo título de crédito contendo vício formal extrínseco ou intrínseco, ficando ressalvado seu direito de regresso contra os endossantes e avalistas.

2.3.6. ENDOSSO

- **475.** Responde pelos danos decorrentes de protesto indevido o endossatário que recebe por endosso translativo título de crédito contendo vício formal extrínseco ou intrínseco, ficando ressalvado seu direito de regresso contra os endossantes e avalistas.
- **476.** O endossatário de título de crédito por endosso-mandato só responde por danos decorrentes de protesto indevido se extrapolar os poderes de mandatário.

2.3.7. PROTESTO

- **475.** Responde pelos danos decorrentes de protesto indevido o endossatário que recebe por endosso translativo título de crédito contendo vício formal extrínseco ou intrínseco, ficando ressalvado seu direito de regresso contra os endossantes e avalistas.
- **476.** O endossatário de título de crédito por endosso-mandato só responde por danos decorrentes de protesto indevido se extrapolar os poderes de mandatário.

2.3.8. DIREITO FALIMENTAR E RECUPERACIONAL

- **25.** Nas ações da lei de falências o prazo para a interposição de recurso conta-se da intimação da parte.
- **29.** No pagamento em juízo para elidir falência, são devidos correção monetária, juros e honorários de advogado.
- **36.** A correção monetária integra o valor da restituição, em caso de adiantamento de câmbio, requerida em concordata ou falência.
- **248.** Comprovada a prestação dos serviços, a duplicata não aceita, mas protestada, é título hábil para instruir pedido de falência.
- **361.** A notificação do protesto, para requerimento de falência da empresa devedora, exige a identificação da pessoa que a recebeu.
- **480.** O juízo da recuperação judicial não é competente para decidir sobre a constrição de bens não abrangidos pelo plano de recuperação da empresa.
- **581.** A recuperação judicial do devedor principal não impede o prosseguimento das ações e execuções ajuizadas contra terceiros devedores solidários ou coobrigados em geral, por garantia cambial, real ou fidejussória.

2.4. CONTRATOS EMPRESARIAIS

2.4.1. COMPRA E VENDA

- **76.** A falta de registro do compromisso de compra e venda de imóvel não dispensa a prévia interpelação para constituir em mora o devedor.
- **239.** O direito à adjudicação compulsória não se condiciona ao registro do compromisso de compra e venda no cartório de imóveis.
- **308.** A hipoteca firmada entre a construtora e o agente financeiro, anterior ou posterior à celebração da promessa de compra e venda, não tem eficácia perante os adquirentes do imóvel.

2.4.2. LOCAÇÃO

- **335.** Nos contratos de locação, é válida a cláusula de renúncia à indenização das benfeitorias e ao direito de retenção.

2.4.3. FIANÇA

- **332.** A fiança prestada sem autorização de um dos cônjuges implica a ineficácia total da garantia.
- **549.** É válida a penhora de bem de família pertencente a fiador de contrato de locação.

2.4.4. ALIENAÇÃO FIDUCIÁRIA EM GARANTIA

- **28.** O contrato de alienação fiduciária em garantia pode ter por objeto bem que já integrava o patrimônio do devedor.
- **239.** O direito à adjudicação compulsória não se condiciona ao registro do compromisso de compra e venda no cartório de imóveis.
- **245.** A notificação destinada a comprovar a mora nas dívidas garantidas por alienação fiduciária dispensa a indicação do valor do débito.
- **586.** A exigência de acordo entre o credor e o devedor na escolha do agente fiduciário aplica-se, exclusivamente, aos contratos não vinculados ao Sistema Financeiro da Habitação – SFH.

2.4.5. ARRENDAMENTO MERCANTIL (*LEASING*)

- **138.** O ISS incide na operação de arrendamento mercantil de coisas moveis.
- **293.** A cobrança antecipada do valor residual garantido (VRG) não descaracteriza o contrato de arrendamento mercantil.
- **369.** No contrato de arrendamento mercantil (leasing), ainda que haja cláusula resolutiva expressa, é necessária a notificação prévia do arrendatário para constituí-lo em mora.

- **564.** No caso de reintegração de posse em arrendamento mercantil financeiro, quando a soma da importância antecipada a título de valor residual garantido (VRG) com o valor da venda do bem ultrapassar o total do VRG previsto contratualmente, o arrendatário terá direito de receber a respectiva diferença, cabendo, porém, se estipulado no contrato, o prévio desconto de outras despesas ou encargos pactuados.

2.4.6. DEPÓSITO

- **419.** Descabe a prisão civil do depositário judicial infiel.

2.4.7. SEGURO

- **402.** O contrato de seguro por danos pessoais compreende os danos morais, salvo cláusula expressa de exclusão.
- **465.** Ressalvada a hipótese de efetivo agravamento do risco, a seguradora não se exime do dever de indenizar em razão da transferência do veículo sem a sua prévia comunicação.
- **473.** O mutuário do SFH não pode ser compelido a contratar o seguro habitacional obrigatório com a instituição financeira mutuante ou com a seguradora por ela indicada.
- **529.** No seguro de responsabilidade civil facultativo, não cabe o ajuizamento de ação pelo terceiro prejudicado direta e exclusivamente em face da seguradora do apontado causador do dano.
- **537.** Em ação de reparação de danos, a seguradora denunciada, se aceitar a denunciação ou contestar o pedido do autor, pode ser condenada, direta e solidariamente junto com o segurado, ao pagamento da indenização devida à vítima, nos limites contratados na apólice.
- **584.** As sociedades corretoras de seguros, que não se confundem com as sociedades de valores mobiliários ou com os agentes autônomos de seguro privado, estão fora do rol de entidades constantes do art. 22, § 1º, da Lei n. 8.212/1991, não se sujeitando à majoração da alíquota da Cofins prevista no art. 18 da Lei n. 10.684/2003.

2.4.8. TRANSPORTE DE PESSOAS E COISAS

- **145.** No transporte desinteressado, de simples cortesia, o transportador só será civilmente responsável por danos causados ao transportado quando incorrer em dolo ou culpa grave.
- **161.** Em contrato de transporte, é inoperante a cláusula de não indenizar.
- **187.** A responsabilidade contratual do transportador, pelo acidente com o passageiro, não é elidida por culpa de terceiro, contra o qual tem ação regressiva.

2.4.9. CONSÓRCIO

- **35.** Incide correção monetária sobre as prestações pagas, quando de sua restituição, em virtude da retirada ou exclusão do participante de plano de consórcio.
- **538.** As administradoras de consórcio têm liberdade para estabelecer a respectiva taxa de administração, ainda que fixada em percentual superior a dez por cento.

2.4.10. CONTRATOS BANCÁRIOS

2.4.11. ASPECTOS GERAIS

- **30.** A comissão de permanência e a correção monetária são inacumuláveis.
- **79.** Os bancos comerciais não estão sujeitos a registro nos conselhos regionais de economia.
- **259.** A ação de prestação de contas pode ser proposta pelo titular de conta corrente bancária.
- **271.** A correção monetária dos depósitos judiciais independe de ação específica contra o banco depositário.
- **285.** Nos contratos bancários posteriores ao Código de Defesa do Consumidor incide a multa moratória nele prevista.
- **286.** A renegociação de contrato bancário ou a confissão da dívida não impede a possibilidade de discussão sobre eventuais ilegalidades dos contratos anteriores.
- **287.** A Taxa Básica Financeira (TBF) não pode ser utilizada como indexador de correção monetária nos contratos bancários.
- **288.** A Taxa de Juros de Longo Prazo (TJLP) pode ser utilizada como indexador de correção monetária nos contratos bancários.
- **294.** Não é potestativa a cláusula contratual que prevê a comissão de permanência, calculada pela taxa média de mercado apurada pelo Banco Central do Brasil, limitada à taxa do contrato.
- **295.** A Taxa Referencial (TR) é indexador válido para contratos posteriores à Lei nº 8.177/91, desde que pactuada.
- **296.** Os juros remuneratórios, não cumuláveis com a comissão de permanência, são devidos no período de inadimplência, à taxa média de mercado estipulada pelo Banco Central do Brasil, limitada ao percentual contratado.
- **297.** O Código de Defesa do Consumidor é aplicável às instituições financeiras.
- **328.** Na execução contra instituição financeira, é penhorável o numerário disponível, excluídas as reservas bancárias mantidas no Banco Central.

- **332.** A fiança prestada sem autorização de um dos cônjuges implica a ineficácia total da garantia.
- **379.** Nos contratos bancários não regidos por legislação específica, os juros moratórios poderão ser convencionados até o limite de 1% ao mês.
- **380.** A simples propositura da ação de revisão de contrato não inibe a caracterização da mora do autor.
- **381.** Nos contratos bancários, é vedado ao julgador conhecer, de ofício, da abusividade das cláusulas.
- **382.** A estipulação de juros remuneratórios superiores a 12% ao ano, por si só, não indica abusividade.
- **472.** A cobrança de comissão de permanência – cujo valor não pode ultrapassar a soma dos encargos remuneratórios e moratórios previstos no contrato – exclui a exigibilidade dos juros remuneratórios e da multa contratual.
- **477.** A decadência do art. 26 do CDC não é aplicável à prestação de contas para obter esclarecimentos sobre cobrança de taxas, tarifas e encargos bancários.
- **530.** Nos contratos bancários, na impossibilidade de comprovar a taxa de juros efetivamente contratada (por ausência de pactuação ou pela falta de juntada do instrumento aos autos), aplica-se a taxa média de mercado, divulgada pelo Bacen, praticada nas operações da mesma espécie, salvo se a taxa cobrada for mais vantajosa para o devedor.
- **539.** É permitida a capitalização de juros com periodicidade inferior à anual em contratos celebrados com instituições integrantes do Sistema Financeiro Nacional a partir de 31/3/2000 (MP 1.963-17/00, reeditada como MP 2.170-36/01), desde que expressamente pactuada.
- **541.** A previsão no contrato bancário de taxa de juros anual superior ao duodécuplo da mensal é suficiente para permitir a cobrança da taxa efetiva anual contratada.
- **550.** A utilização de escore de crédito, método estatístico de avaliação de risco que não constitui banco de dados, dispensa o consentimento do consumidor, que terá o direito de solicitar esclarecimentos sobre as informações pessoais valoradas e as fontes dos dados considerados no respectivo cálculo.
- **565.** A pactuação das tarifas de abertura de crédito (TAC) e de emissão de carnê (TEC), ou outra denominação para o mesmo fato gerados, é válida apenas nos contratos bancários anteriores ao início da vigência da Resolução –CMN nº 3.518/2007, em 30/04/2008.
- **566.** Nos contratos bancários posteriores ao início da vigência da Resolução-CMN nº 3.518/2007, em 30/04/2008, pode ser cobrada a tarifa de cadastro no início do relacionamento entre o consumidor e a instituição financeira.
- **571.** A taxa progressiva de juros não se aplica às contas vinculadas ao FGTS de trabalhadores qualificados como avulsos.

2.4.12. CONTA-CORRENTE

- **233.** O contrato de abertura de crédito, ainda que acompanhado de extrato da conta-corrente, não é título executivo.
- **247.** O contrato de abertura de crédito em conta corrente, acompanhado do demonstrativo de débito, constitui documento hábil para o ajuizamento da ação monitória.
- **259.** A ação de prestação de contas pode ser proposta pelo titular de conta corrente bancária.
- **322.** Para a repetição de indébito, nos contratos de abertura de crédito em conta corrente, não se exige a prova do erro.

2.4.13. MÚTUO BANCÁRIO

- **26.** O avalista do título de crédito vinculado a contrato de mútuo também responde pelas obrigações pactuadas, quando no contrato figurar como devedor solidário.
- **473.** O mutuário do SFH não pode ser compelido a contratar o seguro habitacional obrigatório com a instituição financeira mutuante ou com a seguradora por ela indicada.

2.4.14. CARTÃO DE CRÉDITO

- **283.** As empresas administradoras de cartão de crédito são instituições financeiras e, por isso, os juros remuneratórios por elas cobrados não sofrem as limitações da Lei de Usura.
- **532.** Constitui prática comercial abusiva o envio de cartão de crédito sem prévia e expressa solicitação do consumidor, configurando-se ato ilícito indenizável e sujeito à aplicação de multa administrativa.

2.5. DIREITO DE PROPRIEDADE INDUSTRIAL

- **143.** Prescreve em cinco anos a ação de perdas e danos pelo uso de marca comercial.

2.6. OUTROS TEMAS

- **19.** A fixação do horário bancário, para atendimento ao público, é da competência da União.
- **130.** A empresa responde, perante o cliente, pela reparação de dano ou furto de veículo ocorridos em seu estacionamento.
- **479.** As instituições financeiras respondem objetivamente pelos danos gerados por fortuito interno relativo a fraudes e delitos praticados por terceiros no âmbito de operações bancárias.

Direito Financeiro

Lucas de Souza Lehfeld

TABELA DE INCIDÊNCIA DE QUESTÕES		
ASSUNTO	**NÚMERO DE QUESTÕES**	**PESO**
1. DAS FINANÇAS PÚBLICAS E DO ORÇAMENTO	33	40,24%
2. DAS RECEITAS E DESPESAS PÚBLICAS	19	23,17%
3. DA LEI DE RESPONSABILIDADE FISCAL (LEI COMPLEMENTAR Nº 101/2000)	30	36,59%
TOTAL	**82**	**100%**

✦ QUESTÕES

1. DAS FINANÇAS PÚBLICAS E DO ORÇAMENTO

01. (Cespe – Juiz Federal – TRF 5/2017) O orçamento moderno, diferentemente do orçamento tradicional, é instrumento de planejamento governamental e necessário para a consecução das políticas públicas. A respeito desse assunto, que envolve o conceito de orçamento e princípios orçamentários, assinale a opção correta.

a) O orçamento moderno trabalha com a ideia central de que os recursos a serem arrecadados devem servir à aquisição de meios para fazer face exclusivamente às despesas contingenciais.

b) O orçamento público é um instrumento que confere ao Poder Executivo poder discricionário para a reformulação de políticas públicas, sem a necessidade de autorização legislativa para tanto.

c) O orçamento público moderno deve garantir o equilíbrio fiscal, por meio do cumprimento das metas de resultados fiscais estipuladas.

d) O orçamento moderno, assim como o tradicional, exige que as receitas sejam matematicamente iguais às despesas.

e) A concepção moderna de orçamento público enfatiza seu aspecto contábil e gerencial, distanciando-se da avaliação de eficiência e efetividade.

COMENTÁRIOS

✪ **Nota do autor:** Exige-se do candidato conhecimento sobre conceito e tipos de orçamento, princípios orçamentários, Lei de Responsabilidade Fiscal e Constituição Federal (Capítulo II do Título VI)

Alternativa correta "C": A Lei de Responsabilidade Fiscal (Lei Complementar nº 101/2000) estabelece normas de finanças públicas voltadas para a responsabilidade na gestão fiscal, que pressupõe a ação planejada e transparente, em que se previnem riscos e corrigem desvios capazes de afetar o equilíbrio das contas públicas, mediante o cumprimento de metas de resultados entre receitas e despesas (art. 1º e § 1º). Assim, o orçamento moderno tem por característica o planejamento e busca desempenho organizacional (eficiência e efetividade) e gestão fiscal, diferentemente do orçamento tradicional, focado em aspectos contábeis e desvinculado de qualquer planejamento.

Alternativa "A": incorreta, pois pelo princípio da universalidade, o orçamento deve conter todas as receitas e todas as despesas da Administração, nos termos do art. 165, § 5º, da CF/88. A Súmula 66 do STF é tida por alguns como exceção a esse princípio, visto que admite a possibilidade de arrecadar tributos mesmo não previstos na Lei Orçamentária Anual. Ademais, em regra, pelo princípio não afetação das receitas dos impostos, é da natureza destes não terem a sua receita vinculada a algum órgão, fundo ou despesa, visto que devem ter os recursos livres para a aplicação, pelo Executivo, do seu programa de governo, idealizado politicamente.

Alternativa "B": incorreta, pois pelo princípio da legalidade, todas as finanças públicas devem ser manejadas por meio de autorização legal. A legalidade permeia toda a atividade financeira do Estado, seja para arrecadar os tributos, seja para efetuar os gastos. A lei do orçamento é quem permite a realização dos gastos públicos, sendo que nada pode ser despendido sem a previsão nesta lei. Quanto aos gastos com políticas públicas, a discricionariedade do Poder Executivo tem sua previsão e limite na lei orçamentária. De acordo com o art. 167, I, da CF/88: "São vedados: I – o início de programas e projetos não incluídos na lei orçamentária anual".

Alternativa "D": incorreta. Pelo orçamento moderno, não obstante o princípio do equilíbrio orçamentário, o qual busca assegurar que as despesas autorizadas na lei orçamentária não serão superiores à previsão das receitas, em virtude da crise financeira do Estado brasileiro nos últimos anos, foi criado o novo Regime Fiscal com a Emenda Constitucional nº 95/2016, no sentido de proibir o crescimento das despesas primárias acima do crescimento da inflação pelos próximos 20 anos. Importante ressaltar que a Lei de Responsabilidade Fiscal não impede a existência de déficits públicos. Exige-se, no entanto, que haja metas fiscais sempre buscando o pretendido equilíbrio das contas públicas.

Alternativa "E": incorreta, pois o orçamento moderno enfatiza o desempenho organizacional e gestão fiscal voltada para o cumprimento de metas e resultados (efetividade e eficácia).

---

02. (Cespe - Juiz Federal - TRF 5/2017) A respeito dos princípios orçamentários, assinale a opção correta.

a) O princípio do equilíbrio orçamentário foi alterado para considerar a possibilidade da previsão de déficit nas contas públicas, desde que mantido em níveis controláveis e nos parâmetros impostos pela legislação.

b) O princípio da transparência orçamentária diz respeito à necessidade de divulgação anual do orçamento para conhecimento, pelos cidadãos, da estimação de receita e despesa.

c) O princípio da não afetação refere-se à impossibilidade de vinculação de impostos a determinadas despesas, salvo se a vinculação se referir exclusivamente ao pagamento de dívida pública.

d) O princípio da especialidade ou especificação do orçamento define que somente o orçamento pode tratar de matéria orçamentária, podendo conter autorização para a abertura de créditos suplementares e operações de crédito.

e) O princípio participativo orçamentário refere-se à possibilidade de o cidadão fazer representações perante os órgãos de controle interno e externo e de fiscalização para a apuração de fatos relacionados ao cumprimento do orçamento.

COMENTÁRIOS

✪ **Nota do autor:** exige conhecimento sobre os princípios orçamentários, Lei de Responsabilidade Fiscal e fundamento constitucional a respeito das finanças públicas.

Alternativa correta "A": correta. Não obstante o princípio do equilíbrio orçamentário, o qual busca assegurar que as despesas autorizadas na lei orçamentária não serão superiores à previsão das receitas, em virtude da crise financeira do Estado brasileiro nos últimos anos, foi criado o novo Regime Fiscal com a Emenda Constitucional nº 95/2016, no sentido de proibir o crescimento das despesas primárias acima do crescimento da inflação pelos próximos 20 anos. Importante ressaltar que a Lei de Responsabilidade Fiscal não impede a existência de déficits públicos. Exige-se, no entanto, que haja metas fiscais sempre buscando o pretendido equilíbrio das contas públicas (vide Capítulo VII da Lei de Responsabilidade Fiscal).

Alternativa "B": incorreta. Conforme o art. 165, § 3º, da CF/88 e art. 53 da Lei de Responsabilidade Fiscal, o Poder Executivo deverá publicar, até trinta dias após o encerramento de cada bimestre, o relatório resumido da execução orçamentária.

Alternativa "C": incorreta. Em regra, pelo princípio da não-afetação das receitas dos impostos, essas não podem ter vinculação com órgão, fundo ou despesa, ressalvadas a repartição constitucional dos impostos, destinação de recursos para a saúde, para o desenvolvimento do ensino, destinação de recursos para a atividade de administração tributária, prestação de garantias às operações de crédito por antecipação de receita, e outras hipóteses previstas no art. 167, IV, da CF/88.

Alternativa "D": incorreta. O princípio da especificação veda que se consigne no orçamento dotações globais para atender indiferentemente as despesas nele previstas, no intuito de facilitar a sua análise por parte das pessoas. Como exceções a referida regra, ressaltamos os programas especiais de trabalho (Art. 20, Parágrafo Único da Lei nº 4.320/64) e reserva de contingência (art. 5º, III, da Lei de Responsabilidade Fiscal). Ademais, o art. 167, II e V, da CF/88 determina que é vedada a realização de operações de créditos que excedam o montante das despesas de capital, ressalvadas as autorizadas mediante créditos suplementares ou especiais com finalidade precisa, aprovados pelo Poder Legislativo por maioria absoluta, ou seja, por prévia autorização legislativa e com indicação dos recursos correspondentes.

Alternativa "E": incorreta. Pelo princípio participativo orçamentário, o cidadão tem papel fundamental não só no controle e fiscalização dos gastos públicos, mas também quais deverão ser prioridades e constantes, portanto, do projeto da lei orçamentária (orçamento-participativo, consistente na necessária consulta prévia feita aos cidadãos a respeito das despesas consideradas essenciais, uma vez que há um plexo de demandas pela sociedade).

03. (Cespe – Analista Judiciário – Área Administrativa – TRF 1/2017) Os princípios orçamentários norteiam a elaboração e a execução do orçamento público e são válidos para todos os poderes e todos os níveis de governo. A respeito desses princípios, julgue os itens subsequentes.

A Constituição Federal prevê exceções a alguns princípios orçamentários, entre elas, a autorização para abertura de créditos suplementares na lei orçamentária anual.

Os princípios orçamentários surgiram com a necessidade de se estabelecer regras para a instituição orçamentária, e alguns deles foram incorporados à legislação brasileira há mais de cinco décadas.

O princípio da totalidade surgiu em razão da necessidade de se reformular o princípio da unidade, o qual substituiu, tornando possível a elaboração de múltiplos orçamentos, que devem ser consolidados para a apreciação legislativa.

O princípio da exatidão determina que o orçamento público deva ser apresentado em linguagem compreensível a todas as pessoas que precisem ou desejem acompanhá-lo.

Em decorrência da inconstância na publicação dos instrumentos orçamentários legais, o princípio da publicidade não tem sido formalmente cumprido pela administração pública federal.

COMENTÁRIOS

✪ **Nota do autor:** exige conhecimento dos princípios orçamentários e normas constitucionais sobre finanças públicas.

Primeira Assertiva: correta, de acordo com o 165, § 8º, da CF/88.

Segunda Assertiva: correta, uma vez que o país conta com uma Lei federal que estabeleceu as normas gerais de direito financeiro para elaboração e controle dos orçamentos e balanços da União, Estados, dos Municípios e do Distrito Federal (Lei nº 4.320/1964, em especial, seu art. 2º, que determina a observância quanto à elaboração da lei orçamentária, dos princípios da unidade, universalidade e anualidade).

Terceira Assertiva: incorreta, pois embora o princípio da totalidade tenha surgido a partir de uma reformulação do princípio da unidade, diz respeito a viabilidade de coexistências de diversos orçamentos, os quais, entretanto, deverão receber consolidação para que o governo tenha uma visão geral do conjunto das finanças públicas A CF/88, em seu art. 165, § 5º, estabelece que a Lei Orçamentária Anual respeito o referido princípio, pois os três orçamentos – fiscal, seguridade social e investimento das empresas estatais – são elaborados de forma independente, seno no entanto, consolidados para que o próprio Poder Público (Governo) tenha conhecimento do desempenho global das finanças públicas (e não para apreciação especificamente do legislativo).

Quarta Assertiva: incorreta, pois a assertiva em análise diz respeito ao princípio da clareza e não o da exatidão, segundo o qual as estimativas orçamentárias devem ser tão exatas quanto possível, para fins de dar consistência necessária ao orçamento como verdadeiro instrumento de gerência, programação e controle das contas públicas.

Quinta Assertiva: incorreta, pois trata-se na verdade de um princípio constitucional, tanto previsto no art. 37 da CF/88, como no seu art. 165, § 3º, que impõe ao Poder Executivo a publicação, até 20 dias após o encerramento de cada bimestre, de relatório resumido da execução orçamentária.

04. (Cespe – Analista Judiciário – Área Administrativa – TRE – TO/2017) A técnica orçamentária que visa ao controle, prevê a receita, autoriza a despesa, enfatizando os objetos de gasto sem, contudo, detalhar os objetivos econômicos e sociais aos quais se destina, denomina-se

a) orçamento tradicional.

b) orçamento base zero.

c) orçamento-programa.

d) orçamento flexível.

e) orçamento participativo.

COMENTÁRIOS

✪ **Nota do autor:** exige conhecimento doutrinário da parte geral do direito financeiro, em especial sobre espécies de orçamento.

Alternativa correta "A": correta. De acordo com o Tesouro Nacional, o orçamento tradicional consiste no "processo orçamentário em que apenas uma dimensão do orçamento é explicitada, qual seja, o objeto de gasto. Também conhecido como orçamento clássico".

Alternativa "B": incorreta, pois de acordo com o Tesouro Nacional, trata-se de uma "abordagem orçamentária desenvolvida nos Estados Unidos da América, pela Texas Instruments Inc., durante o ano de 1969. Foi adotada pelo estado de Geórgia (gov. Jimmy Carter), com vistas ao ano fiscal de 1973. Principais características: análise, revisão e avaliação de todas as despesas propostas e não apenas das solicitações que ultrapassam o nível de gasto já existente; todos os programas devem ser justificados cada vez que se inicia um novo ciclo orçamentário".

Alternativa "C": incorreta, pois se trata de, originalmente, um "sistema de planejamento, programação e orçamentação, introduzido nos Estados Unidos da América, no final da década de 50, sob a denominação de PPBS (Planning Programming Budgeting System). Principais características: integração, planejamento, orçamento; quantificação de objetivos e fixação de metas; relações insumo-produto; alternativas programáticas; acompanhamento físico-financeiro; avaliação de resultados; e gerência por objetivos". (Tesouro Nacional).

Alternativa "D": incorreta, pois a flexibilidade pode se referir ao processo de gestão orçamentária, tendo em vista a possibilidade de remanejamento de dotações orçamentárias, sendo que a elaboração do orçamento, por outro lado, é rígida, devendo seguir o denominado "ciclo de elaboração orçamentária", com prazos determinados na Constituição Federal de 1988 (art. 165 e seguintes).

Alternativa "E": incorreta, pois segundo Harrison Leite, o orçamento-participativo, "fruto de experiência que deu certo no Estado do Rio Grande do Sul, [...] consiste na necessária consulta prévia feita aos cidadãos acerca dos gastos públicos que querem ver realizados, antes que aludido projeto vá ao Legislativo para o debate e aprovação".

---

05. (Cespe – Analista Judiciário – Área Administrativa – TRE – BA/2017) Na elaboração do orçamento público, devem-se respeitar determinados princípios. Um deles, previsto no caput do artigo n.° 37 da Constituição Federal de 1988, é basilar e refere-se à obrigação de fixação do orçamento em lei que autorize os poderes a executar a despesa, para o fim específico de torná-lo conhecido dos interessados. Esse princípio é o da

a) exclusividade.

b) periodicidade.

c) publicidade.

d) legalidade.

e) transparência.

COMENTÁRIOS

✪ **Nota do autor:** Exige do candidato conhecimento dos princípios orçamentários e da Administração Pública.

Alternativa correta "C": correta, de acordo com o art. 37 da Constituição Federal.

Alternativa "A": incorreta, pois o princípio da exclusividade consiste no fato de que a lei orçamentária anual não deve conter dispositivos estranhos à previsão das receitas e fixação das despesas.

Alternativa "B": incorreta, pois o princípio da periodicidade, ou também conhecido como da anualidade, determina que o orçamento deve ser elaborado e autorizado para um determinado período de tempo, em regra de um ano.

Alternativa "D": incorreta, pois o princípio da legalidade refere-se à estrita observância da lei pela Administração Pública, em especial quanto à gestão orçamentária. Assim, as finanças públicas não podem ser manejadas sem autorização da lei.

Alternativa "E": incorreta, pois embora seja um subprincípio da publicidade, não se encontra previsto no art. 37 da CF/88. Cabe no entanto ressaltar que a Lei de Responsabilidade Fiscal trata da transparência da gestão fiscal nos seus arts. 48 e 48-A, estes incluídos pela Lei Complementar nº 156/2016).

---

06. (Cespe – Analista Judiciário – Área Administrativa – TRE – BA/2017) O ciclo orçamentário é o período de tempo em que se processam as atividades típicas do orçamento público. Em sua concepção ampliada — adotada pela Constituição Federal de 1988 —, tal ciclo desdobra-se em oito fases. Uma dessas fases corresponde à elaboração da proposta de orçamento pelo Poder Executivo e a sua submissão ao Poder Legislativo. Essa fase ocorre

a) juntamente com a proposição de metas e prioridades para a administração pelo Poder Executivo.

b) logo após a aprovação pelo Poder Legislativo da política de alocação de recursos proposta pelo Poder Executivo.

c) logo após a apreciação e a adequação da lei de diretrizes orçamentárias pelo Poder Legislativo.

d) imediatamente antes da execução do orçamento pelo Poder Executivo.

e) imediatamente após a apreciação e a aprovação do plano plurianual pelo Poder Legislativo.

COMENTÁRIOS

✪ **Nota do autor:** Exige do candidato conhecimento sobre o ciclo orçamentário ampliado, nos termos da Constituição Federal.

Alternativa correta "C": correta, pois nos termos da CF/1988, o ciclo orçamentário ampliado desdobrar-se em oito fases, quais sejam: formulação do planejamento plurianual, pelo Executivo; apreciação e adequação do plano, pelo Legislativo; proposição de metas e prioridades para a administração e da política de alocação de recursos pelo Executivo; apreciação e adequação da Lei de Diretrizes Orçamentárias (LDO) pelo Legislativo; ***elaboração da proposta de orçamento, pelo Executivo; apreciação, adequação e autorização legislativa***; execução dos orçamentos aprovados e avaliação da execução e julgamento das contas.

Alternativas "A", "B", "D" e "E": incorretas, conforme ciclo orçamentário apresentado no comentário da alternativa correta "C".

07. (Cespe – Analista Judiciário – Área Administrativa – TRE – BA/2017) Um dos principais objetivos da Lei de Responsabilidade Fiscal (LRF) é auxiliar a sociedade no controle e na avaliação do uso que os agentes públicos fazem dos recursos orçamentários. Para tanto, a LRF exige a divulgação de uma série de instrumentos de transparência da gestão fiscal pelo poder público. Essa exigência inclui a divulgação

a) do balanço financeiro.

b) do balanço patrimonial.

c) do balanço orçamentário.

d) da demonstração das variações patrimoniais.

e) das prestações de contas e dos respectivos pareceres prévios.

COMENTÁRIOS

✪ **Nota do autor:** Exige do candidato conhecimento sobre a transparência na gestão fiscal prevista na Lei Complementar nº 101/2000; e também da Lei nº 4.320/64.

Alternativa correta "E": correta, conforme o *caput* do artigo 48 da Lei Complementar n. 101/00, in verbis: "Art. 48. "São instrumentos de transparência da gestão fiscal, aos quais será dada ampla divulgação, inclusive em meios eletrônicos de acesso público: os planos, orçamentos e leis de diretrizes orçamentárias; **as prestações de contas e o respectivo parecer prévio**; o Relatório Resumido da Execução Orçamentária e o Relatório de Gestão Fiscal; e as versões simplificadas desses documentos."

Alternativas "A", "B", "C" e "D": incorretas, conforme art. 48 da Lei Complementar n. 101/2000. Cabe ressaltar que a exigência dos referidos documentos (balanço financeiro, patrimonial, orçamentário e das demonstrações das variações patrimoniais) têm disciplina na Lei nº 4.320/64, em seus arts. 101 a 105.

08. (Cespe – Procurador do Estado – PGE – SE/2017) Afonso, que tem débito com a fazenda pública de seu estado e possui precatório a receber de empresa pública desse estado, a qual presta atividades típicas de Estado, terá cinquenta e cinco anos de idade no momento da execução do referido débito.

Nessa situação hipotética,

a) o abatimento do débito de Afonso do valor do precatório poderá ser promovido pela fazenda pública estadual independentemente de lei específica sobre o ato.

b) Afonso não poderá ter preferência na ordem de pagamento do precatório em razão de sua idade quando da expedição do precatório.

c) será possível o fracionamento de precatório, caso Afonso venha a cumprir o requisito etário previsto na CF.

d) caso seja feita a cessão de crédito do precatório, o cessionário poderá gozar da preferência etária eventualmente concedida a Afonso.

e) o retardamento em determinar a inclusão do precatório no orçamento ensejará recurso à corte especial do tribunal, tendo em vista se tratar de ato judicial do presidente do órgão.

COMENTÁRIOS

✪ **Nota do autor:** A questão foi anulada pela banca por não apresentar alternativa correta, conforme abaixo comentado.

Alternativa "A": incorreta, pois a regra da compensação forçada pela Fazenda Pública, prevista no art. 100, § 9º, da CF/88, incluído pela Emenda Constitucional nº 62/2009, foi considerada inconstitucional pelo STF na ADI 4425. Assim, não é mais possível a Fazenda Pública promover a compensação obrigatória. Ademais, de acordo com o art. 105 do ADCT (EC nº 94/2016), há necessidade de lei específica.

Alternativa "B": incorreta, pois na ADI 4425/DF, o STF entendeu que a expressão "nada data de expedição do precatório", constante do art. 100, § 2º, da CF/88, redação dada pela EC nº 62/2009, enquanto parâmetro temporal para aplicação da preferência no pagamento de pessoas idosas, fere a isonomia prevista no art. 5º da CF/88 entre os credores da Fazenda Pública, uma vez que discrimina aqueles cidadãos que venham a alcançar a idade de 60 anos não da data expedição do precatório, mas sim posteriormente, enquanto ainda pendente (sem pagamento).

Alternativa "C": incorreta, pois no entendimento do STF na ADI 4425/DF, caso Afonso seja detentor de crédito alimentar, por exemplo, e venha a completar 60 anos no curso do processo, poderá ter preferência no pagamento. Ademais, segundo o art. 100, § 2º, da CF/88, com a redação dada pela Emenda Constitucional n. 94/2016, in verbis: "2º Os débitos de natureza alimentícia cujos titulares, originários ou por sucessão hereditária, tenham 60 (sessenta) anos de idade, ou sejam portadores de doença grave, ou pessoas com deficiência, assim definidos na forma da lei, serão pagos com preferência sobre todos os demais débitos, até o valor equivalente ao triplo fixado em lei para os fins do disposto no § 3º deste artigo, **admitido o fracionamento para essa finalidade**, sendo que o restante será pago na ordem cronológica de apresentação do precatório".

Alternativa "D": incorreta, pois de acordo com o art. 100, § 13, da CF/88, o credor poderá ceder seus créditos a terceiros, não se aplicando as regras de preferência.

Alternativa "E": incorreta, pois o retardamento não enseja recurso, bem como não se trata de ato judicial, mas sim administrativo. Conforme o art. 100, § 7º, da CF/88, o "Presidente do Tribunal competente que, por ato comissivo ou omissivo, retardar ou tentar frustrar a liquidação regular de precatórios incorrerá em crime de responsabilidade e responderá, também, perante o Conselho Nacional de Justiça".

09. (Cespe – Analista de Controle – Área Jurídica – TCE – PR/2016) A respeito de finanças públicas, assinale a opção correta de acordo com a jurisprudência do STF.

a) A vinculação da receita oriunda de impostos ao custeio de finalidades específicas é excepcionada na hipótese de a dotação se destinar a programa de assistência integral à criança e ao adolescente.

b) A regra que veda a vinculação das receitas oriundas de impostos ao custeio de finalidades específicas alcança, por analogia, os recursos arrecadados com o pagamento de taxas.

c) Por possuírem efeitos predominantemente concretos, as normas orçamentárias escapam ao controle abstrato de constitucionalidade.

d) A concessão de benefícios fiscais a contribuintes que invistam em determinadas atividades, como o esporte, não viola a regra que veda a vinculação das receitas oriundas de impostos ao custeio de finalidades específicas.

e) A exigência constitucional de que as disponibilidades de caixa sejam depositadas em bancos oficiais não obsta que o crédito em folha de pagamento de servidores públicos ocorra em bancos privados.

COMENTÁRIOS

✪ **Nota do autor:** exige conhecimento das normas constitucionais e da jurisprudência do STF a respeito de finanças públicas.

Alternativa correta: "e", de acordo com a jurisprudência do STF, o depósito de salário ou de remuneração de servidor público em instituição financeira privada não afronta o art. 164, § 3º, da CF, pois não se enquadra no conceito de disponibilidade de caixa. Precedentes: AI 837677 AgR, Rcl 3872 AgR.

Alternativa "a": incorreta, pois o inciso IV do art. 167 da CF veda a vinculação de receita de impostos a órgão, fundo ou despesa, com ressalva expressa apenas das hipóteses tratadas nos arts. 198, § 2º (Sistema Único de Saúde) e 212 (para manutenção e desenvolvimento do ensino). A vedação é afastada, portanto, apenas nas hipóteses expressamente ressalvadas, que não abrangem os programas de assistência integral à criança e ao adolescente. Neste sentido o ADI 1.689.

Alternativa "b": incorreta, pois não existe analogia para aplicar a vedação de vinculação das receitas de impostos, prevista no art. 167, IV, da CF, às taxas. A Constituição é clara ao vedar a vinculação de receitas de impostos apenas.

Alternativa "c": incorreta, no julgamento da ADI nº 4048/08, analisando a possibilidade de criação de créditos extraordinários da Lei 11.685/08, fora das hipóteses do art. 167, § 3º, da CF, o STF alterou radicalmente a posição anterior, passando a entender, com fundamento em sua função precípua de fiscalização da constitucionalidade das leis e dos atos normativos, pelo cabimento do controle abstrato sobre a lei em sentido formal, independentemente de se perquirir o caráter concreto ou abstrato do seu objeto.

Alternativa "d": incorreta, pois, no entendimento do STF, é inconstitucional a lei que cria programa de incentivo às atividades esportivas mediante concessão de benefício fiscal a contribuintes que patrocinem, façam doações e investimentos em favor de atletas ou pessoas jurídicas, justamente por violar a regra que veda a vinculação das receitas oriundas de impostos ao custeio de finalidades específicas. Neste sentido a ADI nº 1750/DF.

10. (Cespe – Analista de Controle – Área Jurídica – TCE – PR/2016) Considerando as normas constitucionais relativas ao orçamento público, assinale a opção correta.

a) O texto constitucional assegura o princípio do equilíbrio orçamentário, segundo o qual a lei orçamentária não poderá dispor de matéria distinta à fixação de despesa e à previsão de receita anuais.

b) Se a execução do investimento ultrapassar um exercício financeiro, tal investimento só poderá ser iniciado após prévia inclusão no plano plurianual (PPA) ou em lei que autorize a sua inclusão.

c) Cabe à lei ordinária dispor sobre a gestão financeira e patrimonial da administração pública direta e indireta.

d) Recebido o projeto de lei orçamentária pelo Congresso Nacional, cabe às comissões de cada casa legislativa receber as emendas apresentadas.

e) Em hipótese de calamidade pública ou comoção interna, o Congresso Nacional poderá, por resolução, delegar ao presidente da República a competência para editar leis orçamentárias.

COMENTÁRIOS

✪ **Nota do autor:** exige conhecimento sobre as normas constitucionais relativas ao orçamento público.

Alternativa correta: "b", nos termos do art. 167, § 1º, da CF, "Nenhum investimento cuja execução ultrapasse um exercício financeiro poderá ser iniciado sem prévia inclusão no plano plurianual, ou sem lei que autorize a inclusão, sob pena de crime de responsabilidade."

Alternativa "a": incorreta, pois a assertiva trata do princípio da exclusividade, previsto no art. 165, § 8º, da CF. O princípio do equilíbrio orçamentário está previsto no art. 167, III, da CF, "São vedados: a realização de operações de créditos que excedam o montante das despesas de capital, ressalvadas as autorizadas mediante créditos suplementares ou especiais com finalidade precisa, aprovados pelo Poder Legislativo por maioria absoluta."

Alternativa "c": incorreta, pois cabe à lei complementar, e não à lei ordinária, estabelecer normas de gestão financeira e patrimonial da administração direta e indireta bem como condições para a instituição e funcionamento de fundos, de acordo com o art. 165, § 9º, da CF.

Alternativa "d": incorreta, pois as emendas aos projetos de leis orçamentárias serão apresentadas na Comissão mista, que sobre elas emitirá parecer, e apreciadas, na forma regimental, pelo Plenário das duas Casas do Congresso Nacional, de acordo com o art. 166, § 2º, da CF.

Alternativa "e": incorreta, nos termos do art. 68, § 1º, III, da CF, "Não serão objeto de delegação os atos de competência exclusiva do Congresso Nacional, os de competência privativa da Câmara dos Deputados ou do Senado Federal, a matéria reservada à lei complementar, nem a legislação sobre: planos plurianuais, diretrizes orçamentárias e orçamentos."

---

11. (Cespe – Analista de Controle – Área Jurídica – TCE – PR/2016) A respeito das espécies legislativas que tratam do orçamento, assinale a opção correta.

a) Cabe ao presidente da República propor o projeto de lei do PPA, que deve observar as diretrizes, objetivos e metas da administração federal em programas de ação continuada e considerar as peculiaridades regionais do país.

b) A vigência do PPA é de quatro anos e coincide com a vigência do mandato do chefe do Poder Executivo.

c) O repasse dos recursos orçamentários derivados de emendas individuais constantes da lei orçamentária anual não poderá ser realizado se o ente federativo destinatário do recurso estiver inadimplente com a União.

d) As disposições aprovadas na lei de diretrizes orçamentárias (LDO) criam direitos e obrigações orçamentárias do Estado perante terceiros, salvo se ocorrer mudança na legislação tributária.

e) Não poderão ser utilizados os recursos não autorizados em virtude de veto ou rejeição do projeto de lei orçamentária anual, ainda que haja posterior e específica autorização legal.

COMENTÁRIOS

✪ **Nota do autor:** exige conhecimento das normas constitucionais que versam sobre o orçamento público.

Alternativa correta: "a", consoante o disposto no art. 165, I, da CF, cabe ao Poder Executivo propor o projeto de lei do plano plurianual que, nos termos do § 1º, "[...] estabelecerá, de forma regionalizada, as diretrizes, objetivos e metas da administração pública federal para as despesas de capital e outras delas decorrentes e para as relativas aos programas de duração continuada."

Alternativa "b": incorreta, embora a vigência do PPA seja de quatro anos, ele começa a produzir efeitos a partir do segundo exercício financeiro do mandato do chefe do Executivo até o final do primeiro exercício do mandato subsequente, nos termos do artigo 35, § 2ª do ADCT e, portanto, não coincidirá com o mandato do Executivo.

Alternativa "c": incorreta, pois o repasse dos recursos orçamentários derivados de emendas individuais constantes da lei orçamentária anual independerá da adimplência do ente federativo destinatário, caso a verba seja destinada para a execução de programação de ações e serviços públicos de saúde, de acordo com o art. 166, §§ 9º, 11 e 13, da CF.

Alternativa "d": incorreta, nos termos do art. 165, § 2º, da CF, "A lei de diretrizes orçamentárias compreenderá as metas e prioridades da administração pública federal, incluindo as despesas de capital para o exercício financeiro subsequente, orientará a elaboração da lei orçamentária anual, disporá sobre as alterações na legislação tributária e estabelecerá a política de aplicação das agências financeiras oficiais de fomento."

Alternativa "e": incorreta, nos termos do art. 166, § 8º, da CF, "Os recursos que, em decorrência de veto, emenda ou rejeição do projeto de lei orçamentária anual, ficarem sem despesas correspondentes poderão ser utilizados, conforme o caso, mediante créditos especiais ou suplementares, com prévia e específica autorização legislativa."

---

12. (Cespe – Analista de Controle – Área Jurídica – TCE – PR/2016) Considerando o entendimento do Supremo Tribunal Federal sobre as normas gerais de direito financeiro e orçamento público, assinale a opção correta.

a) Não se admite o controle de constitucionalidade de medida provisória que autoriza a abertura de crédito extraordinário, pois os requisitos de relevância e urgência sujeitam-se à ampla discricionariedade do presidente da República.

b) Desde a edição da Emenda Constitucional n.º 62/2009, é inconstitucional a aplicação dos índices de remuneração da caderneta de poupança em correção monetária no regime de precatórios.

c) A vedação constitucional à vinculação da receita de impostos não se estende às taxas e contribuições instituídas por estados e municípios.

d) É constitucional norma estadual que atribui à assembleia legislativa a competência para aprovar acordos, convênios ou contratos que importem ônus não previsto na lei orçamentária.

e) A LDO disporá sobre as alterações na legislação tributária, excluídos os decretos e as resoluções que tratem de isenções, anistias ou remissões.

COMENTÁRIOS

✪ **Nota do autor:** exige conhecimento das normas constitucionais e da jurisprudência do STF sobre normas gerais de direito financeiro e orçamento público.

Alternativa correta: "c", nos termos do art. 167, IV, da CF.

Alternativa "a": incorreta, pois Medida Provisória é um ato normativo primário com força de lei e, por isso, está sujeita ao controle de constitucionalidade. Vale ressaltar que os requisitos "relevância e urgência" para edição de medida provisória comum, do art. 62, da CF, submetem-se a uma ampla margem de discricionariedade, motivo pelo qual, salvo em caso de notório abuso, o Poder Judiciário não deve se imiscuir na análise dos requisitos da MP. Neste sentido: "Examinar se uma MP tem relevância e urgência consiste, em regra, em um juízo político (escolha política/discricionária)" (INFO 764, STF).

Alternativa "b": incorreta, o art. 100, § 12, da CF determina que a atualização de valores de requisitórios, após sua expedição, até o efetivo pagamento, independentemente de sua natureza, seja feita pelo índice oficial de remuneração básica da caderneta de poupança. No entanto, o STF, no julgamento das ADIs 4425 e 4357, considerou inconstitucional o uso da taxa de remuneração básica da caderneta de poupança (TR) para fins de correção de débitos do Poder Público pagos por meio de precatórios, determinando a utilização do Índice de Preços ao Consumidor Amplo Especial (IPCA-E) para fins de correção monetária. No entanto, a Corte conferiu eficácia prospectiva à declaração de inconstitucionalidade dessa expressão, ou seja, o Supremo afirmou que essa inconstitucionalidade não teria efeitos retroativos ("ex tunc") (INFO 779).

Alternativa "d": incorreta, de acordo com a jurisprudência do STF, é inconstitucional norma estadual que subordina convênios, acordos, contratos e atos de Secretários de Estado à aprovação da Assembleia Legislativa, porque ofensiva ao princípio da independência e harmonia dos Poderes (ADI 676/RJ).

Alternativa "e": incorreta, nos termos do art. 165, § 2º, da CF, "A lei de diretrizes orçamentárias compreenderá as metas e prioridades da administração pública federal, incluindo as despesas de capital para o exercício financeiro subsequente, orientará a elaboração da lei orçamentária anual, disporá sobre as alterações na legislação tributária e estabelecerá a política de aplicação das agências financeiras oficiais de fomento."

13. (Cespe – Procurador do MP junto ao TCU/2015) A CF estabeleceu, de modo definitivo, a conectividade entre planejamento e orçamento-programa como linha fundamental de atuação do Estado na execução da política governamental. Assim, há a exigência de vinculação do orçamento ao plano plurianual. Desse modo, o orçamento deixa de ser apenas o rol das despesas e receitas e transforma-se em instrumento de planos de desenvolvimento nacional, regional e setorial, visando, especialmente, a redução das desigualdades inter-regionais.

Carlos Valder do Nascimento. Tratado de direito financeiro.

Vol. 1. São Paulo: Saraiva, 2013, p. 297 (com adaptações).

Tendo o texto acima como referência inicial, assinale a opção correta a respeito do orçamento público.

a) O princípio do equilíbrio orçamentário encontra-se expresso na CF e impõe a precisa e necessária identidade entre os valores realizados de receita e de despesa na LOA.

b) Decorre do princípio da anualidade orçamentária a exigência de que a LOA autorize a arrecadação de determinado tributo de modo a assegurar a previsibilidade das relações sociais e a segurança jurídica.

c) Em virtude do princípio da simetria, a matriz constitucional do orçamento público deverá ser adotada pelos estados, pelo DF e pelos municípios, o que se revela como hipótese excepcional de supressão da autonomia legislativa e administrativa desses entes federativos para dispor em suas respectivas Constituições e leis orgânicas sobre planejamento, orçamento e gestão financeira.

d) A característica essencial do orçamento público reside na sua finalidade instrumental de planejamento e direção da ação governamental e controle da administração pública, uma vez que o orçamento público se integra ao processo de planificação do desenvolvimento econômico e social, adotando um sistema concentrado ou centralizado de planejamento e elaboração de programas de ação e desconcentração ou descentralização de sua execução, no âmbito de cada ente público.

e) O STF mantém o entendimento de que o conteúdo do orçamento público é político e não normativo, sendo, assim, ato de efeito concreto, específico e individual, o que impede o exercício do controle concentrado de constitucionalidade com relação às suas disposições.

COMENTÁRIOS

✪ **Nota do autor:** questão complexa, que exige conhecimento das normas constitucionais e legais, bem como da jurisprudência do STF sobre matéria orçamentária.

Alternativa correta: "d", de acordo com o princípio da programação ou do planejamento, o orçamento deve evidenciar os programas de trabalho do governo, servindo como instrumento da administração pública para facilitar o planejamento, o gerenciamento e a fiscalização das ações e programas governamentais. De acordo com esse princípio, os programas regionais devem estar em consonância com o Plano Plurianual (PPA).

Alternativa "a": incorreta, embora a finalidade do princípio do equilíbrio orçamentário, previsto no art. 167, III, da CF, seja impedir o déficit orçamentário, ao determinar que a receita prevista na LOA deva ser igual à despesa nela fixada, a própria Constituição faz uma ressalva às despesas autorizadas mediante créditos suplementares ou especiais com finalidade precisa, aprovados pelo Poder Legislativo por maioria absoluta.

Alternativa "b": incorreta, de acordo com o princípio da anualidade, uma LOA vigora dentro de um exercício financeiro que, no Brasil, coincide com o ano civil (art. 34 da Lei nº 4.320/1964). Ademais, a LOA não autoriza a arrecadação de tributo, matéria concernente ao Direito Tributário, mas apenas discrimina a previsão de receita gerada pela arrecadação dos tributos.

Alternativa "c": incorreta, de acordo com o princípio da unidade, previsto no art. 165, § 5º, da CF, no âmbito de cada ente político (União, Estados, Distrito Federal e Municípios), deve existir somente uma única LOA em cada exercício financeiro. Assim, cada esfera do governo deverá elaborar seu próprio orçamento, segundo as normas constitucionais e legais concernentes.

Alternativa "e": incorreta, houve uma revisão da jurisprudência do STF sobre este assunto. À época do julgamento da ADI 1.640, o STF considerava o orçamento uma lei forma, mas de natureza e efeitos político-administrativos concretos, hipótese em que descabia o controle concentrado de constitucionalidade. Esse entendimento começou a ser revisto com o julgamento da ADI 2.925, quando o STF admitiu ação ajuizada contra dispositivos da LOA da União para o exercício financeiro de 2003 (Lei 10.640/03). No entanto, a orientação da Corte só mudou, de fato, a partir da decisão proferida na ADI 4.048, em 2008: "II. CONTROLE ABSTRATO DE CONSTITUCIONALIDADE DE NORMAS ORÇAMENTÁRIAS. REVISÃO DE JURISPRUDÊNCIA. O Supremo Tribunal Federal deve exercer sua função precípua de fiscalização da constitucionalidade das leis e dos atos normativos quando houver um tema ou uma controvérsia constitucional suscitada em abstrato, independente do caráter geral ou específico, concreto ou abstrato de seu objeto. Possibilidade de submissão das normas orçamentárias ao controle abstrato de constitucionalidade."

---

14. (Cespe – Procurador do MP junto ao TCU/2015) Tendo em vista que, conforme a CF, o orçamento público é integrado pelo PPA, pela LDO e pela LOA, assinale a opção correta no que diz respeito às normas que regulam o âmbito material das leis orçamentárias.

a) As leis orçamentárias são de iniciativa privativa do chefe do Poder Executivo, que, conjuntamente ao projeto de lei orçamentária, deverá apresentar demonstrativo regionalizado do efeito sobre as receitas e despesas decorrente de isenções, anistias, remissões, subsídios e benefícios de natureza financeira, tributária e creditícia.

b) A LDO exerce a função de planejamento da atividade financeira para o exercício subsequente, incumbindo-lhe dispor sobre o equilíbrio entre receitas e despesas, bem como sobre a avaliação dos passivos contingentes e outros riscos capazes de afetar as contas públicas, por meio do anexo de metas fiscais.

c) A LOA é integrada por três peças orçamentárias distintas: o orçamento fiscal, o orçamento da previdência social e o orçamento de investimento das empresas de ente federativo, direta ou indiretamente, detenha a maioria do capital social com direito a voto.

d) A LOA não conterá dispositivo estranho à previsão da receita e à fixação da despesa, não se incluindo na proibição a autorização para abertura de créditos especiais e para a contratação de operações de crédito, inclusive por antecipação de receita; nessa hipótese, a antecipação somente poderá ser realizada a partir da inauguração da sessão legislativa.

e) A lei do PPA estabelecerá, de forma regionalizada, as diretrizes, os objetivos e as metas da administração pública federal para as despesas de capital, disporá sobre as alterações na legislação tributária e estabelecerá a política de aplicação das agências financeiras oficiais de fomento.

COMENTÁRIOS

✪ **Nota do autor:** exige conhecimento das normas constitucionais a respeito de finanças públicas.

Alternativa correta: "a", nos termos do art. 165, I a III, e § 6º, da CF.

Alternativa "b": incorreta, pois a LDO deve conter Anexo de Riscos Fiscais, e não de metas fiscais, onde serão avaliados os passivos contingentes e outros riscos capazes de afetar as contas públicas, informando as providências a serem tomadas, caso se concretizem, nos termos do art. 4ª, § 3º, da LRF.

Alternativa "c": incorreta, pois não existe orçamento da previdência social, e sim da seguridade social, nos termos do art. 165, § 5º, I, II e III, da CF.

Alternativa "d": incorreta, pois a LOA não conterá dispositivo estranho à previsão da receita e à fixação da despesa, não se incluindo na proibição a autorização para abertura de créditos suplementares, e não especiais, nos termos do art. 167, § 8º, da CF.

Alternativa "e": incorreta, pois as duas últimas funções descritas na assertiva são da LDO. Deste modo, cabe à PPA, nos termos do art. 165, § 1º, da CF, estabelecer, de forma regionalizada, as diretrizes, objetivos e metas da administração pública federal para as despesas de capital e outras delas decorrentes e para as relativas aos programas de duração continuada. E a LDO, nos termos do art. 165, § 2º, da CF, compreenderá as metas e prioridades da administração pública federal, incluindo as despesas de capital para o exercício financeiro subsequente, orientará a elaboração da lei orçamentária anual, disporá sobre as alterações na legislação tributária e estabelecerá a política de aplicação das agências financeiras oficiais de fomento.

15. (Cespe – Procurador do MP junto ao TCU/2015) Considerando que a CF estabelece rito legislativo específico para a elaboração, proposta e aprovação das leis orçamentárias, assinale a opção correta acerca do processo legislativo orçamentário.

a) À comissão mista permanente de senadores e deputados cabe apreciar as emendas ao projeto de LOA, estando a sua aprovação condicionada à compatibilidade com o PPA e a LDO e à indicação dos recursos necessários à satisfação do novo elemento de despesa, admitidos apenas aqueles decorrentes de anulação de despesa anteriormente indicada, ressalvando-se apenas o serviço da dívida.

b) As emendas individuais ao projeto de lei orçamentária serão aprovadas no limite de 1,2% da receita corrente líquida prevista no projeto encaminhado pelo Poder Executivo, devendo a realização das despesas direcionar-se integralmente à saúde e educação e observar a programação financeira e o cronograma de execução mensal de desembolso estabelecidos pelo Poder Executivo.

c) Admite-se alteração da LOA já aprovada pelo Poder Legislativo por medida provisória, desde que para a abertura de créditos especiais e extraordinários.

d) A elaboração do projeto da LOA conta com a participação dos Poderes Executivo, Legislativo e Judiciário, além do MP e da defensoria pública, que ofertarão as respectivas propostas de orçamento para consolidação e apresentação do projeto de lei de iniciativa privativa do chefe do Poder Executivo em até quatro meses antes do encerramento do exercício financeiro.

e) No exercício da atribuição conferida constitucionalmente ao Poder Executivo de reunir as propostas orçamentárias dos órgãos dotados de autonomia para consolidação e envio para a análise do Poder Legislativo, admite-se a adequação das propostas orçamentárias enviadas, ainda que compatíveis com a LDO, para atendimento de passivos contingentes e outros riscos e eventos fiscais imprevistos.

COMENTÁRIOS

✪ **Nota do autor:** questão complexa, que exige conhecimento de leis específicas, que dispõe sobre diretrizes para elaboração e execução de LOA da União.

Alternativa correta: "d", nos termos do art. 22 da Lei nº 13.080/2015, que dispõe sobre as diretrizes para a elaboração e execução da Lei Orçamentária de 2015 e dá outras providências.

Alternativa "a": incorreta, pois o serviço da dívida ativa não é a única ressalva prevista no art. 166, II, da CF, "[...] serão excluídas as que incidam sobre: a) dotações para pessoal e seus encargos; b) serviço da dívida; c) transferências tributárias constitucionais para Estados, Municípios e Distrito Federal; ou [...]".

Alternativa "b": incorreta, não é integralmente, mas metade do percentual de 1,2% da receita corrente líquida prevista no projeto encaminhado pelo Poder Executivo e reservada às emendas individuais, que será destinada a ações e serviços públicos de saúde, ou seja, 0,6% (art. 52, § 1º, da Lei nº 12.919/2013, que dispõe sobre as diretrizes para a elaboração e execução da Lei Orçamentária de 2014 e dá outras providências).

Alternativa "c": incorreta, pois a abertura de crédito por Medida Provisória somente será admitida para créditos extraordinários (arts. 62, § 1º, I, d, c/c 167, § 3º, ambos da CF); os créditos suplementares e especiais serão autorizados por lei e abertos por decreto executivo (art. 42 da Lei nº 4.320/1964).

Alternativa "e": incorreta, de acordo com o art. 99, § 4º, da CF, o Poder Executivo somente está autorizado a promover ajustes se as propostas orçamentárias enviadas pelos demais poderes estiverem em desacordo com os limites estipulados pela lei de diretrizes orçamentárias. Neste sentido: "Inexistindo incompatibilidade, não há amparo no ordenamento jurídico para a sua alteração, ainda que sob o pretexto de promover o equilíbrio orçamentário ou obtenção de superávit primário. Ainda, eventual adequação nos orçamentos de outros poderes e órgãos autônomos deve ser conduzida pelo Poder Legislativo." (MS – STF 33186 e 33193).

16. (Cespe – Procurador do Estado – BA/2014) Suponha que, em decorrência da apresentação de emendas ao projeto de lei orçamentária anual, alguns recursos tenham ficado sem as respectivas despesas. Em face dessa situação hipotética, julgue os itens subsequentes.

✪ **Nota do autor**: exige conhecimento dos procedimentos a serem realizados diante da existência de recursos sem as despesas correspondentes.

16.1. Os recursos sem despesas correspondentes podem ser utilizados desde que haja prévia e específica autorização legislativa.

COMENTÁRIOS

Alternativa correta: nos termos do artigo 166, § 8º da Constituição Federal.

16.2. Admite-se a aprovação de emendas ao projeto de lei orçamentária anual relacionadas à correção desse erro.

COMENTÁRIOS

Alternativa correta: nos termos do artigo 166, § 3º, inciso III, alínea "A" da Constituição Federal.

16.3. Os recursos sem as correspondentes despesas podem ser utilizados mediante créditos extraordinários.

COMENTÁRIOS

Alternativa incorreta: nos termos do artigo 166, § 8º da Constituição Federal, os recursos sem as correspondentes despesas poderão ser utilizados mediante créditos especiais ou suplementares e não, extraordinários.

17. (Cespe – Procurador do Estado – BA/2014) No que concerne ao projeto de lei orçamentária anual, julgue os próximos itens.

✪ **Nota do autor**: exige conhecimento sobre emendas ao projeto de lei orçamentária.

17.1. Para ser aprovada, a emenda ao projeto de lei orçamentária anual deve ser também compatível com o plano plurianual.

COMENTÁRIOS

Alternativa correta: nos termos do artigo 166, §§ 3º e 4º da Constituição Federal.

17.2. Somente é possível a apresentação de emendas sobre projetos que nunca tenham tramitado pelo parlamento.

COMENTÁRIOS

Alternativa incorreta: além de não constar tal requisito no artigo 166, §§ 3º e 4º da Constituição Federal, o § 5º determina que o Presidente da República poderá enviar mensagem ao Congresso Nacional para propor modificação nos projetos a que se refere este artigo enquanto não iniciada a votação, ou seja, se o projeto aguarda votação é porque está tramitando no Parlamento.

17.3. Admite-se a apresentação de emenda ao projeto de lei orçamentária anual, com a indicação de recursos necessários, mediante a anulação de despesa referente a dotações para pessoal e seus encargos.

COMENTÁRIOS

Alternativa incorreta: o artigo 166, § 3º, inciso II, alínea "A" da Constituição Federal impede que haja anulação de despesas referentes a dotações para pessoa e seus encargos.

18. (Cespe – Procurador do Estado – BA/2014) No que se refere ao direito financeiro, julgue os próximos itens.

✪ **Nota do autor**: exige conhecimento sobre competência para legislar sobre direito financeiro.

18.1. O instrumento legislativo exigido pela CF, na esfera federal, para dispor sobre normas de finanças públicas é sempre a lei complementar.

COMENTÁRIOS

Alternativa correta: nos termos do artigo 163, inciso I da Constituição Federal.

18.2. Suponha que o estado X tenha editado norma ordinária acerca de matéria de direito financeiro, e que, logo após, tenha sido editada lei complementar federal contrária ao disposto na lei estadual. Nessa situação, a eficácia da lei estadual será suspensa no momento em que passar a viger a norma federal.

COMENTÁRIOS

ANULADA: a questão foi anulada pela banca do concurso. O gabarito considerava a assertiva correta, porém, de acordo com o artigo 24, § 4º da Constituição Federal, a superveniência de lei federal sobre normas gerais suspende a eficácia da lei estadual, apenas no que lhe for contrário.

18.3. De acordo com a CF, os municípios podem legislar sobre direito financeiro, de forma concorrente com os demais entes da Federação.

COMENTÁRIOS

Alternativa correta: a assertiva foi considerada correta pela banca do concurso, porém, em nosso entendimento, apenas a União, os Estados e o Distrito Federal possuem competência concorrente em matéria de direito financeiro, nos termos do artigo 24, inciso I da Constituição Federal. Os Municípios, de acordo com o artigo 30, inciso II da Constituição, possuem competência suplementar a legislação federal e a estadual. De qualquer modo, a questão não foi anulada.

18.4. Os estados podem legislar sobre direito financeiro e, sempre que o fizerem, estarão revogando qualquer norma preexistente, ainda que editada pela União.

COMENTÁRIOS

Alternativa incorreta: os Estados exercerão a competência legislativa plena apenas quando não existir lei federal sobre normas gerais de direito financeiro – a superveniência desta lei suspende a eficácia da lei estadual, naquilo que lhe for contrária, nos termos do artigo. 24, §§ 3º e 4º da Constituição Federal.

19. (Cespe – Juiz Federal Substituto 2ª região/ 2013) No que tange ao SFN e a finanças públicas, assinale a opção correta.

a) O Banco Central do Brasil poderá comprar e vender títulos de emissão do Tesouro Nacional, com o objetivo de regular a oferta de moeda ou a taxa de juros, bem como conceder empréstimos a qualquer órgão ou entidade que não seja instituição financeira.

b) Segundo o princípio da legalidade, a lei orçamentária anual não poderá conter dispositivos estranhos à previsão da receita e à fixação das despesas, incluindo-se nessa proibição a autorização para a abertura de crédito suplementar.

c) A abertura de crédito extraordinário somente será admitida para atender a despesas imprevisíveis e urgentes, como as decorrentes de guerra, comoção ou calamidade pública, porém não caberá ao Poder Judiciário a análise desses requisitos.

d) O plano plurianual, as diretrizes orçamentárias e os orçamentos anuais integram o sistema orçamentário, sendo que as leis que versem sobre esses temas serão de iniciativa do Poder Executivo.

e) Embora o SFN deva ser regulado por lei complementar, o STF sumulou o entendimento de que a norma que limitava a taxa de juros reais a 12% ao ano tinha eficácia plena.

COMENTÁRIOS

✪ **Nota do autor:** exige conhecimento de normas constitucionais sobre o Sistema Financeiro Nacional e finanças públicas, bem como da jurisprudência e súmulas do STF.

Alternativa correta "D": correta, de acordo com o artigo 165 da Constituição Federal.

Alternativa "A": incorreta, nos termos do artigo 164, § 1º da Constituição Federal, "é vedado ao banco central conceder, direta ou indiretamente, empréstimos ao Tesouro Nacional e a qualquer órgão ou entidade que não seja instituição financeira."

Alternativa "B": incorreta, segundo o artigo 165, § 8º da Constituição Federal, "a lei orçamentária anual não conterá dispositivo estranho à previsão da receita e à fixação da despesa, não se incluindo na proibição a autorização para abertura de créditos suplementares e contratação de operações de crédito, ainda que por antecipação de receita, nos termos da lei." Além disto, trata-se do princípio da exclusividade e não, da legalidade.

Alternativa "C": incorreta, nos termos do artigo 5º, inciso XXXV, c/c o artigo 167, § 3º da Constituição Federal. O entendimento do STF sobre esta matéria é que, além dos requisitos de relevância e urgência (art. 62), a Constituição exige que a abertura do crédito extraordinário seja feita apenas para atender a despesas imprevisíveis e urgentes decorrentes de guerra, comoção interna e calamidade pública. Precedente: Med. Caut. em ADI nº 4.048-DF. Informativo 506/STF.

Alternativa "E": incorreta, consoante teor da Súmula Vinculante nº 7: "A norma do § 3º do artigo 192 da Constituição, revogada pela Emenda Constitucional nº 40/2003, que limitava a taxa de juros reais a 12% ao ano, tinha sua aplicação condicionada à edição de Lei Complementar."

20. (Cespe – Juiz Federal Substituto 2ª região/ 2013) Quando, no decorrer da execução orçamentária, uma dotação se revelar insuficiente, o Poder Executivo poderá lançar mão da abertura de

a) crédito suplementar, após autorização legislativa.

b) crédito especial, independentemente da existência de recursos disponíveis para a realização da despesa.

c) créditos especiais ou suplementares, por meio de medidas provisórias.

d) crédito especial, após aprovação legal.

e) crédito extraordinário, por meio de decreto.

COMENTÁRIOS

✪ **Nota do autor:** exige conhecimento da classificação dos créditos adicionais.

Alternativa correta "A": correta, nos termos do artigo 41, inciso I, da Lei nº 4.320/1964.

Alternativa "B": incorreta, nos termos do artigo 41, inciso II, da Lei nº 4.320/1964, os créditos especiais são aqueles destinados a despesas para as quais não haja dotação orçamentária específica, e, de acordo com o artigo 43, caput, desta lei, a abertura de créditos suplementares e especiais depende da existência de recursos disponíveis.

Alternativa "C": incorreta, pois o artigo 42 da Lei nº 4.320/1964 exige que os créditos suplementares e especiais sejam autorizados por lei e abertos por decreto executivo.

Alternativa "D": incorreta, conforme justificativa da **Alternativa "B"**.

Alternativa "E": incorreta, nos termos do artigo 41, inciso III, da Lei nº 4.320/1964, os créditos extraordinários são aqueles destinados a despesas urgentes e imprevistas, em caso de guerra, comoção interna ou calamidade pública.

21. (Cespe – Juiz Federal Substituto 2ª região/ 2013) No Brasil, o órgão que tem competência exclusiva para julgar anualmente as contas prestadas pelo presidente da República é

a) o Congresso Nacional.

b) STF.

c) a Comissão Mista de Senadores e Deputados.

d) TCU.

e) o Senado Federal.

COMENTÁRIOS

✪ **Nota do autor:** exige conhecimento sobre atribuições de órgãos públicos em matéria de finanças públicas.

Alternativa correta "A": correta, nos termos do artigo 49, inciso IX da Constituição Federal.

Alternativa "B": incorreta, nos termos do artigo 49, inciso IX da Constituição Federal. Sobre a competência do Supremo Tribunal Federal, veja o artigo 102 da Constituição Federal.

Alternativa "C": incorreta, nos termos do artigo 49, inciso IX da Constituição Federal.

Alternativa "D": incorreta, nos termos do artigo 49, inciso IX da Constituição Federal. Sobre a competência do Tribunal de Contas da União, veja o artigo 71 da Constituição Federal.

Alternativa "E": incorreta, nos termos do artigo 49, inciso IX da Constituição Federal. Sobre a competência privativa do Senado Federal, veja o artigo 52 da Constituição Federal.

22. (Cespe – Juiz Federal Substituto 2ª região/ 2013) A competência privativa para fixar limites globais para o montante da dívida consolidada da União, dos estados, do DF e dos municípios pertence

a) STF.

b) TCU.

c) ao Senado Federal.

d) ao Congresso Nacional.

e) à Câmara dos Deputados.

COMENTÁRIOS

✪ **Nota do autor:** exige conhecimento sobre atribuições de órgãos públicos em matéria de finanças públicas.

Alternativa correta "C": correta, de acordo com o artigo 52, inciso VI da Constituição Federal.

Alternativa "A": incorreta, de acordo com o artigo 52, inciso VI da Constituição Federal.

Alternativa "B": incorreta, de acordo com o artigo 52, inciso VI da Constituição Federal.

Alternativa "C": incorreta, de acordo com o artigo 52, inciso VI da Constituição Federal.

Alternativa "D": incorreta, de acordo com o artigo 52, inciso VI da Constituição Federal.

23. (Cespe – Juiz Federal Substituto 5ª região/2013) À luz da CF, das normas gerais de direito financeiro e da jurisprudência do STF sobre a matéria, assinale a opção correta.

a) A prerrogativa da autonomia financeira dos poderes visa impedir o Poder Executivo de causar, em desfavor do Poder Judiciário, do Poder Legislativo e do MP, um estado de subordinação financeira capaz de comprometer, pela gestão arbitrária do orçamento, a independência político-jurídica dessas instituições.

b) Compete ao Congresso Nacional estabelecer os limites globais e as condições para o montante da dívida mobiliária dos estados, do DF e dos municípios.

c) As despesas empenhadas, não liquidadas e não pagas até 31 de dezembro são consideradas restos a pagar processados.

d) Caso não receba a proposta orçamentária no prazo fixado pela CF, o Poder Legislativo não poderá considerar como proposta a lei do orçamento vigente.

e) A CF não possui vedação expressa às chamadas caudas orçamentárias.

COMENTÁRIOS

✪ **Nota do autor:** exige conhecimento de normas e da jurisprudência sobre aspectos da lei orçamentária.

Alternativa correta "A": correta, de acordo com o entendimento jurisprudencial do STF. Precedente: MSAQO 21.291-DF. RJT 159/454.

Alternativa "B": incorreta, pois, nos termos do artigo 52, inciso IX da Constituição Federal, se trata de competência privativa do Senado Federal e não, do Congresso Nacional.

Alternativa "C": incorreta, segundo o artigo 36 da Lei nº 4.320/1964, "consideram-se restos a pagar as despesas empenhadas, mas não pagas até o dia 31 de dezembro, distinguindo-se as processadas das não processadas."

Alternativa "D": incorreta, pois o artigo 32 da Lei nº 4.320/1964 estabelece que o Poder Legislativo, se não receber a proposta orçamentária no prazo fixado nas Constituições ou nas Leis Orgânicas dos Municípios, considerará como proposta a Lei de Orçamento vigente.

Alternativa "E": incorreta, o termo "cauda orçamentária" refere-se a matérias estranhas à receita e à despesa, que eram juntadas aos projetos de lei orçamentária, em tempos idos. Os responsáveis pela junção dessas matérias pretendiam aproveitar-se do rápido processo legislativo para concretizar seus interesses. Com a consagração do princípio orçamentário da exclusividade no artigo 165, § 8º da Constituição Federal, as caudas orçamentárias passaram a ser expressamente proibidas.

24. (Cespe – Procurador do Ministério Público junto ao TCDF/2013) Acerca das normas jurídicas que regem a atividade financeira estatal, cada um dos próximos itens apresenta uma situação hipotética, seguida de uma assertiva a ser julgada.

COMENTÁRIOS

✪ **Nota do autor:** exige conhecimento sobre aspectos relativos à lei orçamentária.

As despesas de capital de um estado brasileiro somam R$ 2, 5 bilhões. Nessa situação, conforme a CF, existe possibilidade jurídica de o referido ente federado contrair empréstimo de R$ 3 bilhões, ao longo daquele exercício financeiro.

Alternativa correta: nos termos do artigo 167, inciso III da Constituição Federal, é possível a realização de operações de créditos que excedam o montante das despesas de capital, desde que autorizadas mediante créditos suplementares ou especiais com finalidade precisa, aprovados pelo Poder Legislativo por maioria absoluta. Neste sentido, o STF, na ADI 2.238-5, deferiu medida cautelar para conferir ao artigo 12, § 2º, da LC 101/2000 (LRF) interpretação conforme ao artigo. 167, inciso III, da CF.

O Fundo de Combate à Pobreza, legalmente instituído por determinado estado brasileiro, apresenta déficit de R$ 150 milhões. Nessa situação, admite-se que o governo estadual utilize recursos do orçamento fiscal, com vistas à cobertura do referido déficit, bastando, para isso, que haja específica autorização legislativa.

Alternativa correta: de acordo com o artigo 167, inciso VIII da Constituição Federal.

Um estado da federação incluiu no seu orçamento de 2011 precatórios judiciais de R$ 10 milhões, dos quais 25% foram pagos naquele exercício financeiro. Nessa situação, a parcela não paga integra a chamada dívida flutuante, para fins de aferição dos limites de endividamento.

Alternativa incorreta: segundo o artigo 30, § 7º, da LC 101/2000 (LRF), os precatórios judiciais não pagos durante a execução do orçamento em que houverem sido incluídos integram a dívida consolidada e não, a dívida flutuante. Esta compreende, nos termos do artigo 92 da Lei nº 4.320/1964, os restos a pagar, excluídos os serviços da dívida; os serviços da dívida a pagar; os depósitos; e os débitos de tesouraria.

Um estado brasileiro pretende reorganizar seu sistema de finanças públicas, para melhorar a eficiência do planejamento e do gasto público; para isso, deverá, entre outras ações, modificar o aparato jurídico que ordena a matéria. Entretanto, o referido estado não poderá editar norma geral dispondo sobre orçamentos, diretrizes orçamentárias e plano plurianual.

Alternativa correta: de acordo com o artigo 48, inciso II, da Constituição Federal cabe ao Congresso Nacional com a sanção do Presidente da República, dispor sobre plano plurianual, diretrizes orçamentárias e orçamento anual. Ademais, compete à União estabelecer normas gerais em relação à matéria orçamentária, nos termos do artigo 24, inciso II e § 1º da Constituição Federal.

Um município empenhou e liquidou R$ 2, 5 milhões, referentes à aquisição de vacinas e medicamentos, mas não efetuou o respectivo pagamento no exercício financeiro. Isso pode contribuir para aumentar a dívida flutuante do município.

Alternativa correta: segundo o artigo 92, inciso I, c/c o artigo 36 da Lei nº 4.320/1964, a dívida flutuante compreende os restos a pagar, isto é, as despesas empenhadas, mas não pagas até o dia 31 de dezembro.

25. (Cespe – Juiz Federal Substituto 1ª região/2013) No que se refere às disposições constitucionais relativas às finanças públicas, assinale a opção correta. **ANULADA**

a) Em respeito à autonomia da autoridade monetária, é vedado ao Banco Central do Brasil comprar e vender títulos de emissão do Tesouro Nacional, mesmo que essa operação objetive regular a oferta de moeda na economia.

b) Havendo risco de não cumprimento de meta fiscal prevista na lei de diretrizes orçamentárias, o Tesouro Nacional poderá obter empréstimo junto ao Banco Central do Brasil.

c) No âmbito federal, a lei de diretrizes orçamentárias poderá estabelecer a política de aplicação, pelo Banco do Brasil, dos recursos destinados ao fortalecimento da agricultura nacional.

d) A redução das desigualdades inter-regionais, de acordo com critério populacional, inclui-se entre as funções obrigatórias do orçamento da seguridade social.

e) Em situações de grave desequilíbrio na política monetária, admite-se que bancos estatais federais exerçam a competência de emissão de moeda, se assim deliberar o Conselho Monetário Nacional.

COMENTÁRIOS

✪ **Nota do autor:** a questão foi anulada pela banca do concurso, sob a seguinte justificativa: "não há opção correta, uma vez que a utilização da expressão 'poderá estabelecer' na opção apontada como gabarito (**Alternativa "C"**) prejudicou o julgamento objetivo da questão. Por esse motivo, opta-se por sua anulação."

Alternativa "A": incorreta, de acordo com o artigo 164, § 2º da Constituição Federal, o BACEN poderá comprar e vender títulos de emissão do Tesouro Nacional, com o objetivo de regular a oferta de moeda ou a taxa de juros.

Alternativa "B": incorreta, nos termos do artigo 164, § 1º da Constituição Federal, "é vedado ao banco central conceder, direta ou indiretamente, empréstimos ao Tesouro Nacional e a qualquer órgão ou entidade que não seja instituição financeira."

Alternativa "C": incorreta, conforme justificativa da banca do concurso.

Alternativa "D": incorreta, de acordo com o artigo 165, § 7º da Constituição Federal, a redução das desigualdades inter-regionais, de acordo com critério populacional, inclui-se entre as funções obrigatórias do orçamento fiscal e do orçamento de investimento, previstos, respectivamente, nos incisos I e II do § 5º do artigo 165 da Constituição.

Alternativa "E": incorreta, segundo o artigo 164 da Constituição Federal, "a competência da União para emitir moeda será exercida exclusivamente pelo banco central."

26. (Cespe – Procurador BACEN/2013) Assinale a opção correta no que diz respeito ao regramento constitucional dos créditos adicionais ao orçamento público.

a) A abertura de crédito extraordinário serve para atender à necessidade de recursos de programas continuados do governo federal, ou seja, que ultrapassem um exercício financeiro.

b) Os recursos que, em decorrência de veto do projeto de lei orçamentária anual, ficarem sem despesas correspondentes poderão ser utilizados, conforme o caso, mediante créditos especiais ou suplementares, com prévia e específica autorização legislativa.

c) Os créditos especiais são destinados a despesas relacionadas a acontecimentos que impliquem a decretação de estado de calamidade pública, como enchentes e desabamentos.

d) O crédito suplementar serve para complementar recurso orçamentário, portanto sua abertura não requer autorização legislativa.

e) Embora seja necessária autorização legislativa para a abertura dos créditos especiais, seu caráter emergencial dispensa a indicação dos recursos correspondentes.

COMENTÁRIOS

✪ **Nota do autor:** exige conhecimento acerca dos créditos adicionais.

Alternativa correta "B": nos termos do artigo 166, § 8º da Constituição Federal.

Alternativa "A": incorreta, de acordo com o artigo 167, § 3º da Constituição Federal, a abertura de crédito extraordinário somente será admitida para atender a despesas imprevisíveis e urgentes, como as decorrentes de guerra, comoção interna ou calamidade pública.

Alternativa "C": incorreta, nos termos do artigo 41, inciso II, da Lei nº 4.320/1964, os créditos especiais são aqueles destinados a despesas para as quais não haja dotação orçamentária específica.

Alternativa "D": incorreta, segundo o artigo 42 da Lei nº 4.320/1964, os créditos suplementares devem ser autorizados por lei e abertos por decreto executivo.

Alternativa "E": incorreta, de acordo com o artigo 43, caput, da Lei º 4.320/1964, a abertura de créditos especiais depende da existência de recursos disponíveis.

27. (Cespe – Procurador BACEN/2013) Em relação às normas relativas às finanças públicas, assinale a opção correta.

a) A Lei nº 4.320/1964, ainda vigente, permanece como única referência, entre as normas de finanças públicas, de responsabilização na gestão fiscal.

b) A LRF revogou a Lei nº 4.320/1964 no que se refere a normas gerais de elaboração e controle dos orçamentos e balanços.

c) A Lei nº 4.320/1964 continua vigente, sendo sua aplicação obrigatória no que se refere ao estabelecimento do conceito de dívida fundada e operações de crédito.

d) A LRF estabelece normas gerais sobre conceitos que, embora indeterminados, se aplicam a todas as esferas do poder público.

e) A LRF atribui à contabilidade pública um caráter mais gerencial e de transparência, que passou a ser prevalente sobre a Lei nº 4.320/1964, mesmo sabendo que esta foi recepcionada como lei complementar pela CF.

COMENTÁRIOS

✪ **Nota do autor:** exige conhecimento sobre vigência e aplicabilidade da legislação fiscal.

Alternativa correta "E": correta. A Lei nº 4.320/1964, ainda que ordinária, foi recepcionada como lei complementar pela atual Constituição que, em seu artigo 24, § 1º, estabelece ser de competência da União a edição de normas gerais sobre direito tributário e financeiro. Assim, nos termos de seu artigo 1º, a Lei nº 4.320/1964 estabelece normas gerais de direito financeiro para elaboração e controle dos orçamentos e balanços, à medida que a LC 101/2000 (LRF) preocupa-se mais com a ação planejada e transparente na gestão fiscal, visando prevenir riscos e corrigir desvios capazes de afetar o equilíbrio das contas públicas, conforme o disposto em seu artigo 1º, § 1º.

Alternativa "A": incorreta, a LC 101/2000 (LRF) também estabelece normas de finanças públicas voltadas para a responsabilidade na gestão fiscal, nos termos de seu artigo 1º.

Alternativa "B": incorreta, pois ambas continuam vigentes.

Alternativa "C": incorreta. O conceito de dívida fundada vem prescrito no artigo 98 da Lei nº 4.320/1964, compreendendo os compromissos de exigibilidade superior a doze meses, contraídos para atender a desequilíbrio orçamentário ou financeiro de obras e serviços públicos. Embora a Lei nº 4.320/1964 também trate das operações de crédito em alguns artigos, a matéria sofreu importantes alterações com a edição da LC 101/2000 (LRF), que dedicou toda uma seção para tratar das operações de crédito (artigo 32 a 39).

Alternativa "D": incorreta, embora seja correto afirmar que suas disposições obriguem a União, os Estados, o Distrito Federal e os Municípios, nos termos do artigo 1º, § 2º da LC 101/2000 (LRF), não é certo que seus conceitos sejam indeterminados, ao contrário, há uma preocupação constante na lei em esclarecer o sentido dos termos que utiliza, sendo bem detalhada e explícita em seus comandos.

---

28. (Cespe – Procurador do DF/ 2013) Tendo em vista que as operações de crédito que excedam o montante das despesas de capital poderão ser autorizadas, desde que tenham finalidade precisa e sejam autorizadas por lei, julgue os itens que se seguem, relativos a crédito orçamentário e operações de crédito.

✪ **Nota do autor**: exige conhecimento sobre créditos adicionais.

28.1. As operações de crédito não podem ser confundidas com a abertura de créditos adicionais nem com operação de crédito por antecipação de receita, uma vez que esta tem a finalidade de cobrir déficit orçamentário.

COMENTÁRIOS

Alternativa incorreta: as operações de crédito por antecipação de receita, nos termos do artigo 38 da LC 101/2000 (LRF), destinam-se a atender insuficiência de caixa durante o exercício financeiro e não, a cobrir o déficit orçamentário, que é o saldo negativo apurado ao final do exercício financeiro, indicando que as despesas foram maiores do que as receitas.

28.2. Segundo a Lei nº 4.320/1964, não há necessidade da indicação de recursos quando os créditos adicionais servirem para adicionar valor à dotação anterior.

COMENTÁRIOS

Alternativa incorreta: os créditos adicionais são autorizações de despesa não computadas ou insuficientemente dotadas na Lei de Orçamento e dividem-se em: suplementares (destinados a reforço de dotação orçamentária); especiais (destinados a despesas para as quais não haja dotação orçamentária específica); e extraordinários (destinados a despesas urgentes e imprevistas, em caso de guerra, comoção intestina ou calamidade pública), conforme artigos 40 e 41 da Lei nº 4.320/1964. A abertura dos créditos suplementares e especiais depende da existência de recursos disponíveis, por expressa previsão legal (artigo 43 da Lei nº 4.320/1964), ao passo que a indicação de recursos é facultativa para a abertura de créditos extraordinários.

28.3. Os créditos extraordinários são espécie de créditos especiais e, por isso, sua criação independe de autorização legal.

COMENTÁRIOS

Alternativa incorreta: os créditos extraordinários são espécie de créditos adicionais e dependem de autorização legislativa, nos termos do artigo 42 da Lei nº 4.320/1964.

28.4. Os créditos suplementares são os destinados a reforçar dotações orçamentárias e que constam da LOA.

COMENTÁRIOS

Alternativa correta: nos termos do artigo 41, inciso I da Lei nº 4.320/1964, os créditos suplementares são destinados a reforçar dotações orçamentárias que já constam da LOA, mas que se revelaram insuficientes. Caso não houvesse dotação orçamentária específica na LOA, os créditos seriam especiais, consoante artigo 42, inciso II da Lei nº 4.320/1964.

---

29. (Cespe – Delegado de Polícia Federal – DPF/2013) No que concerne ao direito financeiro, julgue os seguintes itens.

✪ **Nota do autor**: exige conhecimento sobre a atuação do Congresso Nacional no que tange a orçamentos e gastos públicos.

29.1. Exige-se, para a aprovação de emendas que acrescentem despesas a projeto de lei orçamentária anual, além da compatibilidade com o plano plurianual e com a lei de diretrizes orçamentárias, a indicação dos recursos necessários para custeá-las, que podem provir, por exemplo, da anulação de despesas, independentemente de sua natureza.

COMENTÁRIOS

Alternativa incorreta: de acordo com o artigo 166, § 3º, inciso II da Constituição Federal, a anulação de despesas não poderá incidir sobre dotações para pessoal e seus encargos, serviço da dívida e transferências tributárias constitucionais para Estados, Municípios e Distrito Federal.

29.2. Cabe à comissão mista permanente de senadores e deputados federais examinar e emitir parecer sobre as contas apresentadas pelo presidente da República.

COMENTÁRIOS

Alternativa correta: nos termos do artigo 166, § 1º, inciso I da Constituição Federal.

---

30. (Cespe – Procurador do MP junto ao TCE-PB/2014) Tendo em vista que, em diversos aspectos, a dívida pública está vinculada à atividade orçamentária, assinale a opção correta à luz dos preceitos constitucionais e infraconstitucionais pertinentes.

a) Os créditos adicionais somente poderão ser aprovados se houver uma operação de crédito que lhe dê a contrapartida para o gasto.

b) As operações de crédito federais, estaduais e municipais têm de se submeter aos limites estabelecidos em lei federal.

c) Ao pagar uma dívida contraída por meio de operação de crédito, o governo deverá registrar tal desembolso como despesa de capital.

d) Uma operação de crédito de longo prazo, apesar de não configurar receita orçamentária, somente poderá ser contratada se houver expressa autorização na lei orçamentária respectiva.

e) Uma operação de crédito por antecipação de receita, apesar de não configurar receita orçamentária, somente poderá ser contratada se houver expressa autorização na lei orçamentária respectiva.

COMENTÁRIOS

✪ **Nota do autor**: exige conhecimento sobre os conceitos de créditos adicionais, operação de crédito e operação de crédito por antecipação de receita.

Alternativa correta "C": de acordo com o artigo 13 da Lei nº 4.320/1964, a amortização da dívida pública é considerada uma despesa de capital, na modalidade "transferências de capital".

Alternativa "A": incorreta, pois a abertura dos créditos suplementares e especiais (espécies de créditos adicionais) depende da existência de recursos disponíveis, por expressa previsão legal (artigo 43 da Lei nº 4.320/1964), ao passo que a indicação de recursos é facultativa para a abertura de créditos extraordinários (outra espécie de créditos adicionais).

Alternativa "B": incorreta, pois os limites em questão são estabelecidos por resolução do Senado Federal, nos termos do artigo 52, inciso VII da Constituição Federal.

Alternativa "D": incorreta, o artigo 57 da Lei nº 4.320/1964 classifica como "receita orçamentária" todas as receitas arrecadadas, inclusive as provenientes de operações de crédito, ainda que não previstas no orçamento.

Alternativa "E": incorreta, apesar da primeira parte da questão estar correta, nos termos do artigo 3º e parágrafo único da Lei nº 4.320/1964 (não se consideram receitas orçamentárias as operações de crédito por antecipação de receita), a contratação de uma operação de crédito pode se dar por autorização de lei orçamentária, em créditos adicionais ou em lei específica, a teor do artigo 32, § 1º, inciso I da Lei nº 4.320/1964.

---

31. (Cespe – Procurador do MP junto ao TCE-PB/2014) Uma relação obrigacional será classificada como dívida ativa quando, entre outros requisitos,

a) sua origem tiver natureza estritamente tributária.

b) tiver sido ajuizada ação de cobrança para sua constituição.

c) qualquer das partes for órgão público, autarquia ou fundação pública.

d) o credor for um ente público.

e) o devedor for um ente público.

COMENTÁRIOS

✪ **Nota do autor**: exige conhecimento sobre o conceito de dívida ativa.

Alternativa correta "D": correta, nos termos do artigo 39, § 2º da Lei nº 4.320/1964, "Dívida Ativa Tributária é o crédito da Fazenda Pública dessa natureza, proveniente de obrigação legal relativa a tributos e respectivos adicionais e multas, e Dívida Ativa não Tributária são os demais créditos da Fazenda Pública, tais como os provenientes de empréstimos compulsórios, contribuições estabelecidas em lei, multa de qualquer origem ou natureza, exceto as tributárias, foros, laudêmios, alugueis ou taxas de ocupação, custas processuais, preços de serviços prestados por estabelecimentos públicos, indenizações, reposições, restituições, alcances dos responsáveis definitivamente julgados, bem assim os créditos decorrentes de obrigações em moeda estrangeira, de sub-rogação de hipoteca, fiança, aval ou outra garantia, de contratos em geral ou de outras obrigações legais."

Alternativa "A": incorreta, nos termos do artigo 39, § 2º da Lei nº 4.320/1964.

Alternativa "B": incorreta, nos termos do artigo 39, § 2º da Lei nº 4.320/1964.

Alternativa "D": incorreta, nos termos do artigo 39, § 2º da Lei nº 4.320/1964.

Alternativa "E": incorreta, nos termos do artigo 39, § 2º da Lei nº 4.320/1964.

---

32. (Cespe – Procurador Federal/2013) A respeito de finanças públicas na CF, julgue os próximos itens.

✪ **Nota do autor**: exige conhecimento de normas constitucionais sobre finanças públicas e orçamento.

32.1. A lei orçamentária anual deve contemplar apenas dispositivos relacionados à previsão da receita e à fixação da despesa, ressalvada, nos termos da lei, a autorização para a abertura de créditos suplementares e a contratação de operações de crédito, ainda que por antecipação de receita.

COMENTÁRIOS

Alternativa correta: nos termos do artigo 165, § 8º da Constituição Federal.

32.2. A competência da União para dispor sobre limites à emissão de moeda é exercida exclusivamente pelo Banco Central do Brasil.

COMENTÁRIOS

Alternativa incorreta: de acordo com o artigo 164 da Constituição Federal, a competência da União para emitir moeda será exercida exclusivamente pelo BACEN, ao passo que cabe ao Congresso Nacional dispor sobre limites à emissão de moeda, conforme artigo 48, inciso XIV da Constituição Federal.

32.3. De acordo com o princípio orçamentário da universalidade, o orçamento deve conter a totalidade das receitas e das despesas estatais. Decorre desse princípio o dispositivo constitucional que determina que a lei orçamentária anual compreenderá o orçamento de investimentos das empresas em que a União detenha qualquer participação no capital social.

COMENTÁRIOS

Alternativa incorreta: embora a primeira parte da questão esteja correta, nos termos do artigo 6º da Lei nº 4.360/1964, a lei orçamentária anual deve compreender, nos termos do artigo 165, § 5º, inciso II da Constituição Federal, o orçamento de investimento das empresas em que a União, direta ou indiretamente, detenha a maioria do capital social com direito a voto e não, qualquer participação no capital social.

---

33. (Cespe – Procurador Federal/2013) No que tange a normas gerais de direito financeiro, julgue os itens que se seguem.

✪ **Nota do autor**: exige conhecimento da jurisprudência do STF a respeito de aspectos relativos a leis orçamentárias e precatórios, bem como da legislação acerca de despesas e créditos adicionais.

33.1. De acordo com entendimento do STF, é inadmissível a edição de medida provisória pelo Poder Executivo federal que determine a abertura de crédito extraordinário em favor de órgãos componentes desse poder, caso não estejam configuradas situações de guerra, comoção interna ou calamidade pública.

COMENTÁRIOS

Alternativa correta: nos termos da ADI 4048 MC-DF, cuja transcrição é oportuna. III. LIMITES CONSTITUCIONAIS À ATIVIDADE LEGISLATIVA EXCEPCIONAL DO PODER EXECUTIVO NA EDIÇÃO DE MEDIDAS PROVISÓRIAS PARA ABERTURA DE CRÉDITO EXTRAORDINÁRIO. Interpretação do art. 167, § 3º c/c o art. 62, § 1º, inciso I, alínea "D", da Constituição. Além dos requisitos de relevância e urgência (art. 62), a Constituição exige que a abertura do crédito extraordinário seja feita apenas para atender a despesas imprevisíveis e urgentes. Ao contrário do que ocorre em relação aos requisitos de relevância e urgência (art. 62), que se submetem a uma ampla margem de discricionariedade por parte do Presidente da República, os requisitos de imprevisibilidade e urgência (art. 167, § 3º) recebem densificação normativa da Constituição. Os conteúdos semânticos das expressões "guerra", "comoção" interna" e "calamidade pública" constituem vetores para a interpretação/aplicação do art. 167, § 3º c/c o art. 62, § 1º, inciso I, alínea "D", da Constituição. "Guerra", "comoção interna" e "calamidade pública" são conceitos que representam realidades ou situações fáticas de extrema gravidade e de consequências imprevisíveis para a ordem pública e a paz social, e que dessa forma requerem, com a devida urgência, a adoção de medidas singulares e extraordinárias. A leitura atenta e a análise interpretativa do texto e da exposição de motivos da MP nº 405/2007 demonstram que os créditos abertos são destinados a prover despesas correntes, que não estão qualificadas pela imprevisibilidade ou pela urgência. A edição da MP nº 405/2007 configurou um patente desvirtuamento dos parâmetros constitucionais que permitem a edição de medidas provisórias para a abertura de créditos extraordinários.

33.2. O STF não admite ação direta de inconstitucionalidade que tenha por objeto lei orçamentária, ainda que fique comprovado que a lei questionada possua certo grau de abstração e generalidade.

COMENTÁRIOS

Alternativa incorreta: nos termos da ADI 4048 MC-DF, cuja transcrição é oportuna. II. CONTROLE ABSTRATO DE CONSTITUCIONALIDADE DE NORMAS ORÇAMENTÁRIAS. REVISÃO DE JURISPRUDÊNCIA. O Supremo

Tribunal Federal deve exercer sua função precípua de fiscalização da constitucionalidade das leis e dos atos normativos quando houver um tema ou uma controvérsia constitucional suscitada em abstrato, independente do caráter geral ou específico, concreto ou abstrato de seu objeto. Possibilidade de submissão das normas orçamentárias ao controle abstrato de constitucionalidade.

33.3. Considere a seguinte situação hipotética.

Lauro, que é credor de precatório de natureza alimentícia, cedeu parcela desse crédito a Júlio, sem a concordância da entidade devedora. Júlio requereu, em juízo, a garantia de preferência da parcela do crédito de natureza alimentar a ele cedida, mas o presidente do tribunal indeferiu-lhe o pedido. Nessa situação, o ato do presidente do tribunal foi ilegal, pois tanto o crédito em questão quanto a preferência a ele garantida podem ser objeto de transação.

COMENTÁRIOS

Alternativa incorreta: embora o credor possa ceder, total ou parcialmente, seus créditos em precatórios a terceiros, independentemente da concordância do devedor, nos termos do artigo 100, § 13 da Constituição Federal, o ato do presidente do tribunal que indeferiu o pedido de garantia de preferência do crédito de natureza alimentar cedido não pode ser considerado ilegal, pois a matéria está pendente de julgamento no STF, que declarou a repercussão geral no RE 631537-RS a fim de analisar a controvérsia sobre a possibilidade de a cessão de direito creditório alterar a natureza alimentar do precatório.

33.4. De acordo com a Lei nº 4.320/1964, classificam-se como transferências correntes as dotações para despesas às quais corresponda contraprestação direta em bens e serviços, inclusive para atender à manifestação de outras entidades de direito público ou privado, o que inclui as despesas com pessoal civil.

COMENTÁRIOS

Alternativa incorreta: o artigo 12, § 2º da Lei nº 4.320/1964 prescreve que se classificam como Transferências Correntes as dotações para despesas as quais não corresponda contraprestação...

33.5. De acordo com dispositivo constante da Lei nº 4.320/1964, os créditos adicionais são autorizações de despesas não computadas ou insuficientemente dotadas na lei orçamentária, classificando-se em suplementares os direcionados a reforço orçamentário; em especiais, os destinados a despesas para as quais não haja dotação orçamentária específica; e em extraordinários, os que se destinem a despesas urgentes e imprevistas, em casos de guerra, comoção intestina ou calamidade pública.

COMENTÁRIOS

Alternativa correta: nos termos dos artigos 40 e 41 da Lei nº 4.320/1964.

2. DAS RECEITAS E DESPESAS PÚBLICAS

34. (Cespe – Juiz Federal – TRF 5/2017) A respeito de receita pública, assinale a opção correta.

a) Os valores provenientes de empréstimos compulsórios têm natureza de receitas públicas, em virtude de ingressarem no caixa de forma efetiva.

b) A cobrança de preços públicos, entrada de recursos no caixa com natureza de perenidade, é considerada ingresso público, e não receita pública.

c) A receita proveniente de impostos tem a mesma classificação que a proveniente do pagamento de caução, dado que acabam ingressando no caixa do governo, mesmo que a caução seja eventualmente devolvida.

d) São receitas públicas originárias as provenientes de atividade exclusiva estatal, como, por exemplo, a cobrança de tributos.

e) Os ingressos de recursos no caixa do governo, que constem dos valores previstos no orçamento, têm caráter permanente.

COMENTÁRIOS

✪ **Nota do autor:** exige conhecimento sobre o conceito e classificações de receita pública.

Alternativa correta "E": correta, uma vez que se trata de receita ordinária (quanto à periodicidade) e orçamentária (constante do orçamento), portanto, permanente.

Alternativa "A": incorreta, pois pelo conceito restrito, a receita pública é o ingresso de numerário aos cofres públicos que servirá como fonte para fazer face às despesas públicas. Integra ao patrimônio público sem reserva, **não havendo qualquer necessidade de devolvê-la**. O empréstimo compulsório, previsto no art. 148 da CF/88, é um tributo restituível, uma vez que se refere a um contrato (mútuo) em que se entrega aos cofres públicos recursos financeiros (prestação pecuniária – art. 3º do Código Tributário Nacional) para atender despesas extraordinárias, decorrentes de calamidade pública, de guerra externa ou sua iminência; ou para investimento público de caráter urgente e de relevante interesse nacional. A lei complementar que o instituir fixará obrigatoriamente o prazo de sua cobrança e as condições de seu resgate.

Alternativa "B": incorreta, uma vez que preço público não é tributo, logo a receita dele advinda não é tributária. Tem natureza contratual, portanto com prazo determinado, sendo cobrado somente pelo uso efetivo da atividade desempenhada pela Estado, que o faz como se fosse particular. Não tem caráter de perenidade.

Alternativa "C": incorreta, pois a caução é considerada uma receita originária, ou seja, cuja produção está no patrimônio do Estado. Ou seja, são receitas oriundas, por exemplo, além da caução, de alienações, indenizações, doações, legados, preço público ou tarifas, aforamento, explorações empresariais (v.g. Banco do Brasil, Petrobrás, Caixa Econômica Federal), serviços industriais, dentre outras. Já a receita proveniente de impostos é considerada uma receita derivada, obtida pelo poder de império do Estado, arrecadada coercitivamente dos particulares, com a observância da legalidade.

Alternativa "D": incorreta, pois as receitas provenientes de tributos na realidade são consideradas, quanto às fontes, de receitas derivadas, e não originárias (conforme supramencionado).

---

35. (Cespe - Analista Judiciário - Área Administrativa - TRE - TO/2017) Em função de fortes chuvas ocorridas no Tocantins, uma ponte de determinado município do estado ruiu, ficando os moradores isolados. Devido ao desastre, o acesso a água e a alimentos ficou limitado, pois a distribuição passou a se dar unicamente por via aérea. Esses fatos levaram à decretação do estado de calamidade.

Nessa situação hipotética, o governo do estado do Tocantins, para agir com celeridade, deverá

a) empregar, mediante ato executivo, um crédito especial.

b) abrir, por ato executivo, um crédito extraordinário.

c) usar os créditos ordinários disponíveis.

d) utilizar os créditos suplementares previamente previstos na lei do orçamento.

e) solicitar ao Poder Legislativo a abertura de créditos suplementares.

COMENTÁRIOS

✪ **Nota do autor:** Conhecimento das normas constitucionais sobre finanças públicas e da Lei nº 4.320/64, em especial quanto aos conceitos e classificações de créditos.

Alternativa correta "B": correta, de acordo com o art. 167, § 3º, da CF/88.

Alternativa "A": incorreta, pois o crédito especial somente pode ser aberto por meio de prévia autorização legislativa, nos ternos do art. 166, § 8º, da CF/88.

Alternativa "C": incorreta, pois o presente caso, nos termos do art. 167, § 3º, da CF/88 (ou seja, crédito extraordinário para atender despesas imprevisíveis e urgentes, como as decorrentes de guerra, comoção interna ou calamidade pública).

Alternativa "D": incorreta, pois o crédito suplementar destina-se ao reforço de dotação orçamentária já existente. É utilizado quando os créditos orçamentários são ou se tornam insuficientes. Cabe ressaltar que a sua abertura depende da prévia existência de recursos para a efetivação da despesa, autorização legal e decreto do Poder Executivo, nos termos do arts. 42 e 43 da Lei nº 4.320/64 e arts. 165, § 8º, e 167, III, da CF/88.

Alternativa "E": incorreta, conforme a finalidade do crédito suplementar prevista na Lei nº 4.320/64, em seus arts. 42 e 43, supramencionada no comentário a respeito da alternativa D.

---

36. (Cespe - Analista Judiciário - Área Administrativa - TRE - TO/2017) O planejamento da despesa orçamentária abrange a análise para a formulação do plano e das ações do governo, além de servir de base para diversos procedimentos. Entre esses procedimentos, inclui-se a descentralização dos créditos orçamentários, utilizada para

a) ajustar ou transformar os objetivos originalmente previstos por determinado programa de trabalho.

b) atribuir a outra unidade administrativa a execução da despesa orçamentária, mantendo-se sua classificação institucional, funcional, programática e econômica.

c) alterar a unidade detentora do crédito orçamentário.

d) modificar a programação orçamentária ou o montante de suas dotações.

e) realizar uma transferência ou uma transposição de créditos orçamentários.

COMENTÁRIOS

✪ **Nota do autor:** Conhecimento de institutos do direito financeiro, como processo de descentralização dos créditos orçamentários.

Alternativa correta "B": correta. De acordo com o Tesouro Nacional, descentralização de crédito ocorre "quando uma unidade orçamentária ou administrativa transfere para outra o poder de utilizar créditos orçamentários ou adicionais que estejam sob a sua supervisão, ou lhe tenham sido dotados ou transferidos. São operações descentralizadoras de crédito: o destaque e a provisão".

Alternativa "A": incorreta, conforme explicado no comentário da alternativa B.

Alternativa "C": incorreta, pois pela descentralização dos créditos orçamentários não há altera**ção da unidade detentora, mas sim há uma transferência do poder de utilizar o crédito orçamentário ou adicional à outra unidade orçamentária ou administrativa.**

Alternativa "D": incorreta, pois a alternativa refere-se à flexibilidade orçamentária, e não à descentralização de créditos.

Alternativa "E": incorreta, pois o que se transfere é o poder de utilizar créditos orçamentários ou adicionais que estejam sob a supervisão da unidade orçamentária ou administrativa transferente, ou que lhe tenham sido dotados ou transferidos.

37. (Cespe – Analista Judiciário – Área Administrativa – TRE – TO/2017) Com relação às receitas públicas, julgue os próximos itens.

I Receita orçamentária efetiva, sob a ótica contábil, é precedida pelo registro do reconhecimento do direito correspondente.

II As operações de crédito por antecipação de receita orçamentária (ARO) não integram a lei orçamentária anual.

III A alienação, por um órgão governamental, de uma balança utilizada na pesagem de commodities agropecuárias é uma receita de capital intraorçamentária.

Assinale a opção correta.

a) Apenas o item I está certo.

b) Apenas o item II está certo.

c) Apenas os itens I e III estão certos.

d) Apenas os itens II e III estão certos.

e) Todos os itens estão certos.

COMENTÁRIOS

✪ **Nota do autor:** Exige do candidato conhecimento da classificação das receitas públicas, bem como das normas constitucionais sobre finanças públicas e da Lei nº 4.320/64.

Alternativa correta "D": correta, pois as operações de crédito por antecipação de receita orçamentária (ARO) não integram a lei orçamentária anual (Parágrafo Único do art. 3º da Lei nº 4.320/64, e art. 165, § 8º, da CF/88); e a alienação, por um órgão governamental, de uma balança utilizada na pesagem de commodities agropecuárias é uma receita de capital intraorçamentária, pois segundo Harrison Leite (*Revisaço – Carreiras Jurídicas – Magistratura Federal*), as receitas de capital são às oriundas de operações em que há aumento do patrimônio do Estado, como alienação de bens. Neste caso, trata-se de receita intraorçamentária uma vez que a receita proveniente da alienação da balança utilizada na pesagem de commodities agropecuárias deu-se por um órgão governamental (ou seja, que faz parte da própria estrutura do Estado), e não de um terceiro (contribuinte ou qualquer pessoa que não faça parte do orçamento do Estado).

Alternativa "A": incorreta, pois segundo Harrison Leite, receita orçamentária é a que consta no orçamento e o gestor pode contar com ela para fazer face às despesas públicas, sem necessidade de haver registro prévio de reconhecimento do direito correspondente (Item I).

Alternativa "B": incorreta, conforme comentário da alternativa D, supramencionado.

Alternativa "C": incorreta, conforme comentários das alternativas D e A, supracitados.

Alternativa "E": incorreta, uma vez que o item I está errado, conforme demonstrado no comentário da alternativa A.

38. (Cespe – Analista Judiciário – Área Administrativa – TRE – BA/2017) Na classificação funcional de despesa orçamentária, a função "encargos especiais" engloba despesas orçamentárias que expressem

a) um bem ou um serviço específico.

b) uma função sem subfunções típicas.

c) juros, taxas e comissões de financiamentos.

d) diversos serviços.

e) uma agregação neutra.

COMENTÁRIOS

✪ **Nota do autor:** Exige do candidato conhecimento específico da classificação das despesas públicas.

Alternativa correta "E": correta. De acordo com a Controladoria Geral da União, os encargos especiais referem-se a uma das funções previstas na classificação funcional da despesa. Nos termos do Manual Técnico de Orçamento – MTO, a função "encargos especiais" engloba portanto as despesas em relação às quais não se pode associar um bem ou serviço a ser gerado no processo produtivo corrente, tais como dívidas, ressarcimentos, indenizações e outras afins, representando, portanto, uma agregação neutra.

Alternativa "A": incorreta, pois conforme o conceito apresentado no comentário anterior da alternativa correta E, os encargos especiais não se referem a bem ou serviço específico.

Alternativa "B": incorreta, pois função refere-se ao maior nível de agregação das diversas áreas de atuação do setor público, segundo a Controladoria Geral da União. Categoria que reflete a competência institucional do órgão, como exemplo, cultura, educação, saúde etc., guardando, portanto, relação com os respectivos Ministérios (em nível federal) ou Secretarias (nível estadual e municipal). A subfunção, por sua vez, trata-se de um nível de agregação imediatamente inferior à função. Não está relacionada à competência institucional do órgão, mas sim à finalidade da ação governamental em si. Cada função possui subfunções associadas. Ex.: a função educacional está ligada, dentre outras, à subfunção "ensino médio".

Alternativa "C": incorreta, pois conforme o conceito apresentado no comentário anterior da alternativa correta E, os encargos especiais não se referem a bem ou serviço específico, ou mesmo juros, taxas ou comissões de financiamentos.

Alternativa "D": incorreta, pois conforme o conceito apresentado no comentário anterior da alternativa correta E, os encargos especiais não se referem a bem ou serviço específico.

CÓDIGO COMPLETO*			10.	39.	252.	26.	782.	2075.	7M64.	0043.	9999.	0.	100.	4490.
QUALITATIVA	esfera: orçamento fiscal		10											
	CLASSIFICAÇÃO INSTITUCIONAL	órgão: Ministério dos Transportes		39										
		unidade orçamentária: Departamento Nacional de Infraestrutura de Transportes – (DNIT)			252									
	CLASSIFICAÇÃO FUNCIONAL	função: transporte				26								
		subfunção: transporte rodoviário					782							
	CLASSIFICAÇÃO PROGRAMÁTICA	programa: transporte terrestre						2075						
		ação: construção de trecho rodoviário							7M64					
		subtítulo: Rio Grande do Sul								0043				

MTO 2017, 1.ª ed. versão de 6/7/2016.

39. (Cespe – Analista Judiciário – Área Administrativa – TRE – BA/2017) Na figura apresentada, o número 39 corresponde à resposta a uma das perguntas a serem consideradas para a programação do orçamento de despesas. Assinale a opção que apresenta a pergunta respondida por meio desse número.

a) A quem se destina a receita?

b) Onde está o beneficiário do gasto?

c) A qual orçamento se refere o recurso?

d) Quem é o responsável por fazer as ações?

e) Onde a ação será realizada?

COMENTÁRIOS

✪ **Nota do autor:** Exige do candidato interpretação do quadro, bem como conhecimento de despesas públicas.

Alternativa correta "D": correta, uma vez que o órgão responsável é o Ministério dos Transportes.

Alternativa "A": incorreta, pois a figura apresenta a programação do orçamento de despesas, e não receitas.

Alternativa "B": incorreta, pois o número 39 refere-se ao órgão responsável pela despesa. Não há como verificar na planilha quem é o beneficiário do gasto.

Alternativa "C": incorreta, pois o número 39 refere-se ao órgão responsável pela despesa, e não a natureza do orçamento (fiscal).

Alternativa "D": incorreta, pois para esse questionamento deve-se observar o número 0043 (Rio Grande do Sul).

etapas da receita orçamentária

MTO 2017, 1ª ed. versão de 6/7/2016.

40. (Cespe – Analista Judiciário – Área Administrativa – TRE – BA/2017) A figura precedente representa as etapas da receita orçamentária. Com relação a esse assunto, julgue os itens a seguir.

I. O princípio da unidade de tesouraria está relacionado à etapa da arrecadação.

II. A etapa que precede a fixação da despesa é a previsão da receita.

III. Uma doação em espécie é uma receita sem lançamento.

Assinale a opção correta.

a) Apenas o item I está certo.

b) Apenas o item II está certo.

c) Apenas os itens I e III estão certos.

d) Apenas os itens II e III estão certos.

e) Todos os itens estão certos.

COMENTÁRIOS

✪ **Nota do autor:** Exige do candidato conhecimento dos princípios orçamentários, estágios da receita e sua classificação

Alternativa correta "D": correta, uma vez que no estágio da previsão há estimativa das receitas e fixação das despesas (art. 12 da Lei de Responsabilidade Fiscal) (item II). Ademais, a doação por não ser considerada receita tributária, não há necessidade de lançamento (fase em que se individualiza o montante a ser arrecadado, etapa mais nítida quando se trata de receita tributária) (item III).

Alternativa "A": incorreta, pois o princípio da unidade está relacionado com a fase de previsão (planejamento), e não de arrecadação.

Alternativa "B": incorreta, conforme comentário realizado sobre a alternativa correta D.

Alternativa "C": incorreta, conforme comentários realizados nas alternativas D e A.

Alternativa "E": incorreta, conforme comentários realizados nas alternativas D e A.

---

41. (Cespe – Procurador do Estado – PGE – SE/2017) As subvenções econômicas, sob a ótica da lei orçamentária Lei n.º 4.320/1964 —, são classificadas como

a) inversões financeiras.

b) despesas de custeio.

c) transferências de capital.

d) transferências correntes.

e) despesas de capital.

COMENTÁRIOS

✪ **Nota do autor:** Exige conhecimento sobre a Lei n. 4320/64.

Alternativa correta "C": de acordo com a Seção I – Das Despesas Correntes, Subseção Única – Das transferências correntes, do Capítulo III – Da Despesa, da Lei n. 4320/64, as transferências correntes classificam-se em duas: das subseções sociais artigo 16 e 17 e das Subvenções Econômicas artigo 18.

Alternativa "A": incorreta, pois trata-se de uma espécie de transferência corrente nos termos do artigo 18 da lei n. 4320/64.

Alternativa "B": incorreta, incorreta, pois trata-se de uma espécie de transferência corrente nos termos do artigo 18 da lei n. 4320/64.

Alternativa "C": incorreta, incorreta, pois trata-se de uma espécie de transferência corrente nos termos do artigo 18 da lei n. 4320/64.

Alternativa "E": incorreta, incorreta, pois trata-se de uma espécie de transferência corrente nos termos do artigo 18 da lei n. 4320/64.

---

42. (Cespe – Analista de Controle – Área Jurídica – TCE – PR/2016) No tocante à disciplina da dívida ativa, assinale a opção correta.

a) Na apuração da dívida ativa serão incluídos os juros, a multa e os demais encargos estabelecidos em lei, o que confere à certidão a liquidez e a presunção absoluta de exigibilidade.

b) A cobrança de dívida recairá sobre o responsável tributário apenas quando a empresa for dissolvida regularmente.

c) Não se incluem entre os créditos passíveis de inscrição na dívida ativa da União as dívidas derivadas de cédulas de crédito rural.

d) Não se inclui na dívida ativa não tributária o valor devido à fazenda pública em decorrência da concessão fraudulenta de benefício previdenciário.

e) A cobrança de dívida reconhecida em acórdão do Tribunal de Contas da União torna-se exigível após a inscrição e a emissão da certidão de dívida ativa.

COMENTÁRIOS

✪ **Nota do autor:** questão complexa, que exige conhecimento tanto da legislação, como da jurisprudência e súmulas do STJ em matéria de dívida ativa.

Alternativa correta: "d", a jurisprudência do STJ firmou o entendimento no sentido de que é inviável o ajuizamento de ação de execução fiscal para fins de cobrança de créditos decorrentes de benefícios previdenciários recebidos mediante fraude, por não serem eles incluídos no conceito de dívida ativa não tributária, o que não permite a sua inscrição em dívida ativa. Precedentes: REsp 1405121/PR, REsp n. 1350804/PR, REsp 1322051/RO.

Alternativa "a": incorreta, de acordo com o art. 204 e parágrafo único do CTN, a dívida regularmente inscrita goza da presunção relativa de certeza e liquidez, além de ter o efeito de prova pré-constituída.

Alternativa "b": incorreta, pois a cobrança de dívida recairá sobre o responsável tributário apenas quando a empresa for dissolvida irregularmente. Nos termos da Súmula nº 435, do STJ, "Presume-se dissolvida irregularmente a empresa que deixar de funcionar no seu domicílio sem comunicação aos órgãos competentes, legitimando o redirecionamento da execução fiscal para o sócio-gerente."

Alternativa "c": incorreta, de acordo com a jurisprudência do STJ, "os créditos rurais originários de operações financeiras, alongadas ou renegociadas (cf. Lei nº 9.138/1995), cedidos à União por força da Medida Provisória nº 2.196-3/2001, estão abarcados no conceito de Dívida Ativa da União para efeitos de execução fiscal – não importando a natureza pública ou privada dos créditos em si -, conforme dispõe o art. 2º e § 1º da Lei nº 6.830/1990". Precedentes: REsp 1103176/RS, REsp 1086169/SC, AgRg no REsp 1082039/RS, REsp 1086848/RS.

Alternativa "e": incorreta, de acordo com o art. 1º da Lei nº 6.822/1980, "As decisões do Tribunal de Contas da União condenatórias de débitos para com a Fazenda Pública tornam a dívida líquida e certa e têm força executiva". Portanto, o débito oriundo das decisões do TCU já é dotado, por lei específica e inclusive em decorrência de preceito constitucional (art. 71 , II , § 3º , da CF), de certeza, liquidez e exequibilidade

43. (Cespe – Procurador do MP junto ao TCU/2015) A atividade financeira do Estado é caracteristicamente instrumental, pois destina-se à obtenção dos recursos necessários à satisfação das necessidades públicas e, por isso, envolve a arrecadação, a gestão e a aplicação desses recursos. Tendo como referência essas informações, assinale a opção correta no que diz respeito às normas que regem a aplicação de recursos públicos.

a) Os elementos da despesa pública decorrem da tipologia de gastos previstos nas peças orçamentárias e constituem a especificação mínima de cada despesa conforme a sua categoria econômica, atendendo, assim, o princípio orçamentário da exclusividade.

b) Despesa pública de caráter continuado é a despesa corrente oriunda de norma jurídica que impõe a sua execução por um período superior a dois exercícios.

c) Despesa pública irrelevante é aquela definida pela lei orçamentária anual e constitui exceção à exigência de estimativa trienal de impacto orçamentário-financeiro e declaração de sua adequação e compatibilidade com as leis orçamentárias.

d) Em virtude da adoção do orçamento-programa pela CF, as despesas públicas passaram a ser classificadas conforme um critério funcional, dividindo-se em despesas correntes e despesas de capital.

e) A realização da despesa pública, considerada um ato concreto de dispêndio, deve observar um procedimento especificamente delineado pelas normas gerais de direito financeiro e que compreende as seguintes fases: empenho, emissão da nota de empenho, liquidação, ordem de pagamento e pagamento.

COMENTÁRIOS

✪ **Nota do autor:** exige conhecimento da LC 101/2000 e da Lei nº 4.320/1964.

Alternativa correta: "b", nos termos do art. 17 da LRF, "Considera-se obrigatória de caráter continuado a despesa corrente derivada de lei, medida provisória ou ato administrativo normativo que fixem para o ente a obrigação legal de sua execução por um período superior a dois exercícios."

Alternativa "a": incorreta, pois se trata do princípio da especificidade, previsto no art. 5º da Lei nº 4.320/1964, segundo o qual é vedado que se consignem no orçamento dotações globais para atender indiferentemente a despesas de pessoal, material, serviços de terceiros transferências ou quaisquer outras, exceto os programas especiais de trabalho (art. 20, parágrafo único da Lei nº 4.320/1964) e a reserva de contingência (art. 5º, III, da LRF). O princípio da exclusividade, por sua vez, está previsto no art. 165, § 8º, da CF, segundo o qual "A lei orçamentária anual não conterá dispositivo estranho à previsão da receita e à fixação da despesa, não se incluindo na proibição a autorização para abertura de créditos suplementares e contratação de operações de crédito, ainda que por antecipação de receita, nos termos da lei."

Alternativa "c": incorreta, pois o critério utilizado para conceituar despesa pública irrelevante deve ser estabelecido na Lei de Diretrizes Orçamentárias de casa ente, consoante o que dispõe o art. 16, § 3º, da LRF. Ademais, a lei nada menciona sobre a possibilidade de excepcionar a exigência de estimativa trienal de impacto orçamentário-financeiro e da declaração de sua adequação e compatibilidade com as leis orçamentárias em se tratando de despesa pública irrelevante.

Alternativa "d": incorreta, de acordo com o art. 12 da Lei nº 4.320/1964, despesas correntes e despesas de capital constituem a classificação das despesas públicas quanto à categoria econômica, e não quanto a um critério funcional. Ademais, os termos despesas correntes e de capital não surgiram em virtude da adoção do orçamento-programa pela CF, mas sim com a Lei nº 4.320/1964.

Alternativa "e": incorreta, de acordo com a Lei nº 4.320/1964, são fases da despesa pública: i. empenho: ato emanado pela autoridade competente que cria para o Estado obrigação de pagamento pendente ou não de implemento ou condição. Todas as despesas demanda prévio empenho; ii. liquidação: verificação do direito adquirido pelo credor tendo por base os títulos e documentos comprobatório do respectivo crédito; iii. pagamento: é o ato pelo qual a Administração, percebendo que o credor faz jus ao recebimento do numerário, o entrega recebendo a devida quitação.

44. (Cespe – Procurador do MP junto ao TCU/2015) Em relação ao regime de pagamento de despesas decorrentes de decisões judiciais, assinale a opção correta.

a) Em relação à atualização monetária dos créditos de precatórios federais, o STF determinou a aplicação do Índice de Preços ao Consumidor Amplo Especial (IPCA-E), exceto para os precatórios tributários, que deverão observar os mesmos critérios pelos quais a fazenda pública corrige seus créditos tributários.

b) A jurisprudência do STF orienta a aplicação do regime de precatórios e requisições de pequeno valor às empresas públicas e sociedades de economia mista, uma vez que tais entidades integram a administração pública e submetem-se ao orçamento de investimento dos entes federativos.

c) No exercício da competência de gestão, controle e liquidação dos precatórios, o presidente do tribunal exerce função jurisdicional, pois é sua incumbência determinar o sequestro da verba necessária à liquidação do valor em virtude do preterimento do direito de precedência ou de não alocação orçamentária do valor necessário à satisfação do débito, além de responder por crime de responsabilidade.

d) Independentemente de regulamentação, admite-se na atualidade a compensação do crédito consubstanciado em precatório com o valor correspondente aos débitos líquidos e certos, inscritos ou não em dívida ativa e constituídos contra o credor original pela fazenda pública devedora, incluídas as parcelas vincendas de parcelamentos, ressalvados aqueles cuja execução esteja suspensa em virtude de contestação administrativa ou judicial.

e) O precatório de natureza alimentar cedido a pessoa com mais de sessenta anos de idade passa a ter prioridade de pagamento sobre todos os demais débitos, até o valor equivalente ao triplo do fixado em lei, admitido o fracionamento para essa finalidade, sendo o restante pago na ordem cronológica de apresentação do precatório.

COMENTÁRIOS

✪ **Nota do autor:** exige conhecimento das normas constitucionais e da jurisprudência do STF sobre precatórios.

Alternativa correta: "a", o entendimento do STF é no sentido de que a correção monetária dos precatórios se perfaz com a utilização do IPCA-E, enquanto que a correção de precatórios oriundos de créditos tributários do contribuinte, vale-se da SELIC, a mesma usada pela Fazenda Nacional para corrigir os créditos que cobra em execuções fiscais.

Alternativa "b": incorreta, a jurisprudência do STF é no sentido de que os privilégios da Fazenda Pública não são extensivos às empresas públicas e sociedades de economia mista, que executam atividades em regime de concorrência ou que tenham como objetivo distribuir lucros aos seus acionistas (RE 599628/ DF). Portanto, não poderiam se beneficiar do regime de precatórios e requisições de pequeno valor para pagamento de valores por foça de decisão judicial.

Alternativa "c": incorreta, de acordo com a jurisprudência do STF, a atividade do Presidente do Tribunal de Justiça desenvolvida no processamento de precatório tem natureza administrativa, e não jurisdicional. Precedentes: ADI 1.098, AI 409.331-AgR, RE 309.103.

Alternativa "d": incorreta, de acordo com o art. 100, § 9º, da CF, não é necessário que o crédito a ser compensado esteja consubstanciado em precatório.

Alternativa "e": incorreta, de acordo com o art. 100, § 13º, da CF, não se aplica o benefício da preferência de pagamento sobre todos os demais débitos, concedido a pessoa com mais de 60 anos de idade, quanto ao pagamento de precatório de natureza alimentar (art. 100, § 2º, da CF), quando houver cessão de créditos em precatórios a terceiros.

45. (Cespe – Procurador do MP junto ao TCU/2015) Assinale a opção correta a respeito de receitas públicas.

a) As receitas públicas são do gênero entrada, distinguindo-se dos ingressos públicos em virtude da sua origem, uma vez que as receitas são sempre derivadas.

b) A renúncia de receita decorrente de benefício de natureza tributária deverá estar acompanhada de declaração sobre a estimativa da renúncia na proposta orçamentária, demonstrando-se que não serão afetadas as metas de resultados fiscais, bem como a adoção concomitante e obrigatória de instrumentos para aumento de receita.

c) A arrecadação é o estágio final do processamento da receita pública e corresponde à entrada efetiva dos recursos nos cofres públicos, sendo antecedida pelas fases previsão da receita e recolhimento.

d) A estimativa da receita terá por base demonstrações mensais da receita arrecadada durante os dois últimos exercícios, bem como as circunstâncias de ordem conjuntural que possam afetar a arrecadação total de cada fonte de receita, admitida a reestimativa por parte do Poder Executivo.

e) As operações de crédito por antecipação de receita são classificadas como receitas extraorçamentárias, pois não se encontram previstas no orçamento público e são arrecadadas pelo ente público com a condição de devolução no mesmo exercício.

COMENTÁRIOS

✪ **Nota do autor:** exige conhecimento doutrinário e legislativo das normas que versam sobre receita pública.

Alternativa correta: "e", nos termos dos arts. 3º, parágrafo único da Lei nº 4.320/1964 e 38, II, da LRF.

Alternativa "a": incorreta, pois as receitas públicas (entradas definitivas) poderão ser "originárias", quando provenham da exploração pelo Estado de seus próprios bens ou serviços, ou do uso de seu poder de constranger os submetidos à sua força ao concurso compulsório; ou "derivadas", quando provém do constrangimento sobre o patrimônio particular.

Alternativa "b": incorreta, pois a renúncia de receita decorrente de benefício de natureza tributária deverá estar acompanhada de estimativa do impacto orçamentário-financeiro no exercício em que deva iniciar sua vigência e nos dois seguintes, de acordo com o "caput" do art. 14 da LRF. Ademais, não é necessária a adoção concomitante e obrigatória de instrumentos para aumento de receita, uma vez que a lei permite que se cumpra, pelo menos, uma das seguintes condições: "I – demonstração pelo proponente de que a renúncia foi considerada na estimativa de receita da lei orçamentária, na forma do art. 12, e de que não afetará as metas de resultados fiscais previstas no anexo próprio da lei de diretrizes orçamentárias; II – estar acompanhada de medidas de compensação, no período mencionado no caput, por meio do aumento de receita, proveniente da elevação de alíquotas, ampliação da base de cálculo, majoração ou criação de tributo ou contribuição."

Alternativa "c": incorreta, pois a arrecadação corresponde à entrega dos recursos devidos pelos contribuintes ou devedores ao Tesouro, por meio dos agentes arrecadadores ou instituições financeiras autorizadas pelo ente; enquanto o recolhimento é a transferência dos valores arrecadados à conta específica do Tesouro, logo, apenas com o recolhimento que há a entrada efetiva dos recursos nos cofres públicos.

Alternativa "d": incorreta, pois a estimativa da receita terá por base demonstrações mensais da receita arrecadada durante os três últimos anos, e não dois últimos anos, da projeção para os dois seguintes àquele a que se referirem, e da metodologia de cálculo e premissas utilizadas, consoante o que dispõe o art. 12 da LRF.

46. (Cespe – Procurador do MP junto ao TCE-PB/2014) Determinados dispositivos legais podem afetar o comportamento da receita ou da despesa pública prevista no projeto de lei orçamentária anual (LOA). Com vistas a dar ao Poder Legislativo uma visão desse efeito, a CF determina que, junto ao projeto de LOA, seja encaminhado ao Poder Legislativo um demonstrativo dos efeitos

a) das remissões, de forma nacionalizada.

b) dos subsídios, de forma funcional.

c) das transferências, de forma municipalizada.

d) das isenções, de forma regionalizada.

e) das anistias, de forma setorizada.

COMENTÁRIOS

✪ **Nota do autor:** exige conhecimento sobre aspectos de receitas e despesas, previstos na Constituição Federal.

Alternativa correta "D": nos termos do artigo 165, § 6º da Constituição Federal, "O projeto de lei orçamentária será acompanhado de demonstrativo regionalizado do efeito, sobre as receitas e despesas, decorrente de isenções, anistias, remissões, subsídios e benefícios de natureza financeira, tributária e creditícia."

Alternativa "A": incorreta, nos termos do artigo 165, § 6º da Constituição Federal.

Alternativa "B": incorreta, nos termos do artigo 165, § 6º da Constituição Federal.

Alternativa "C": incorreta, nos termos do artigo 165, § 6º da Constituição Federal.

Alternativa "E": incorreta, nos termos do artigo 165, § 6º da Constituição Federal.

47. (Cespe – Procurador do MP junto ao TCE-PB/2014) Em consonância com o disposto na Lei nº 4.320/1964, quando um ente público previr em sua lei orçamentária despesa com subvenções sociais e despesa com inativos, deverá classificá-las como

a) despesas de investimento, tanto uma como a outra.

b) despesa de custeio e de transferência corrente, respectivamente.

c) despesa de investimento e de custeio, respectivamente.

d) despesas de custeio, tanto uma como a outra.

e) despesas de transferência corrente, tanto uma como a outra.

COMENTÁRIOS

✪ **Nota do autor:** exige conhecimento sobre a classificação das despesas públicas.

Alternativa correta "E": nos termos do artigo 13 da Lei nº 4.320/1964. Complementando a resposta, as transferências correntes, nos termos do artigo 12, § 2º da referida lei, são as dotações para despesas as quais não corresponda contraprestação direta em bens ou serviços, inclusive para contribuições e subvenções destinadas a atender à manifestação de outras entidades de direito público ou privado. Já as subvenções sociais são as transferências que se destinem a instituições públicas ou privadas de caráter assistencial ou cultural, sem finalidade lucrativa, de acordo com o artigo 12, § 3º, inciso I da mencionada lei.

Alternativa "A": incorreta, nos termos do artigo 13 da Lei nº 4.320/1964.

Alternativa "B": incorreta, nos termos do artigo 13 da Lei nº 4.320/1964.

Alternativa "C": incorreta, nos termos do artigo 13 da Lei nº 4.320/1964.

Alternativa "D": incorreta, nos termos do artigo 13 da Lei nº 4.320/1964.

48. (Cespe – Juiz Federal Substituto 2ª região/ 2013) As despesas que caracterizam inversão financeira incluem a dotação para

a) pagamento de juros da dívida pública.

b) aquisição de material permanente.

c) amortização da dívida pública.

d) obra pública.

e) aquisição de títulos representativos do capital de empresas em funcionamento.

COMENTÁRIOS

✪ **Nota do autor:** exige conhecimento a respeito da classificação de receitas e despesas públicas.

Alternativa correta "E": correta, de acordo com o artigo 12, § 5º, inciso II da Lei º 4.320/1964, classificam-se como inversões financeiras as dotações destinadas a aquisição de títulos representativos do capital de empresas ou entidades de qualquer espécie, já constituídas, quando a operação não importe aumento do capital.

Alternativa "A": incorreta, de acordo com o artigo 13 da Lei nº 4.320/1964, o pagamento de juros da dívida pública caracteriza-se como despesa corrente, na modalidade transferências correntes.

Alternativa "B": incorreta, de acordo com o artigo 13 da Lei nº 4.320/1964, a aquisição de material permanente caracteriza-se como despesa de capital, na modalidade investimentos.

Alternativa "C": incorreta, de acordo com o artigo 13 da Lei nº 4.320/1964, a amortização da dívida pública caracteriza-se como despesa de capital, na modalidade transferências de capital.

Alternativa "D": incorreta, de acordo com o artigo 13 da Lei nº 4.320/1964, obra pública caracteriza-se como despesa de capital, na modalidade investimentos.

49. (Cespe – Juiz Federal Substituto 2ª região/ 2013) A verificação do direito adquirido pelo credor, tendo por base os títulos e documentos comprobatórios do respectivo crédito, constitui

a) o pagamento da despesa.

b) a nota de extinção de obrigação.

c) a liquidação da despesa.

d) o empenho.

e) a ordem de pagamento.

COMENTÁRIOS

✪ **Nota do autor:** exige conhecimento sobre o empenho e liquidação de despesa pública.

Alternativa correta "C": correta, de acordo com o artigo 63 da Lei nº 4.320/1964.

Alternativa "A": incorreta, nos termos do artigo 63 da Lei nº 4.320/1964.

Alternativa "B": incorreta, nos termos do artigo 63 da Lei nº 4.320/1964.

Alternativa "D": incorreta, segundo o artigo 58 da Lei nº 4.320/1964, "o empenho de despesa é o ato emanado de autoridade competente que cria para o Estado obrigação de pagamento pendente ou não de implemento de condição."

Alternativa "E": incorreta, consoante o artigo 64 da Lei nº 4.320/1964, "a ordem de pagamento é o despacho exarado por autoridade competente, determinando que a despesa seja paga."

50. (Cespe – Procurador BACEN/2013) Em relação à multa de trânsito arrecadada e que gera uma receita pública, assinale a opção correta. **ANULADA**

a) Tem a mesma natureza da caução recebida em função de obrigação contratual e, posteriormente, devolvida.

b) É uma entrada de recursos é, como tal, uma receita pública orçamentária.

c) É um ingresso de recursos e, como tal, um ingresso orçamentário.

d) É uma receita derivada e um ingresso extraorçamentário.

e) É um ingresso de recursos públicos e uma receita originária.

COMENTÁRIOS

✪ **Nota do autor:** a questão foi anulada pela banca do concurso, sob a seguinte justificativa: "A opção apontada como correta pelo gabarito preliminar (**Alternativa "E"**) não merece prosperar, pois a multa de trânsito arrecadada que gera uma receita pública não é receita originária. Dessa forma, opta-se pela anulação da questão."

Alternativa "A": incorreta, pois caução e multa têm naturezas jurídicas diversas. Enquanto a primeira constitui uma entrada provisória, uma vez que o depósito ingressa nos cofres públicos, mas, uma vez adimplido o contrato, ele é devolvido ao proponente; a segunda implica numa penalidade imposta ao sujeito que cometeu uma infração e, por este motivo, é compelido ao pagamento de uma sanção pecuniária que, por sua vez, ingressa nos cofres públicos, podendo neles permanecer ou não (a depender de o sujeito passivo recorrer da imposição da multa e obter êxito em seu recurso administrativo ou judicial).

Observa-se que são inúmeras e, muitas vezes, divergentes as classificações a respeito de um determinado tema e que não podemos julgá-las certas ou erradas, mas apenas úteis ou inúteis para identificarmos melhor o objeto em análise. Deste modo, alguns autores distinguem "ingresso" (que seria a entrada provisória) de "entrada", ao passo que outros as tratam como sinônimos.

A doutrina também classifica as entradas como "provisórias", quando se destinam a serem devolvidas, e "definitivas", quando permanecem em definitivo nos cofres públicos, recebendo o nome de "receita". As receitas públicas (entradas definitivas) poderão ser "originárias" (quando provenham da exploração pelo Estado de seus próprios bens ou serviços, ou do uso de seu poder de constranger os submetidos à sua força ao concurso compulsório[1]) ou "derivadas" (quando pro-

1 ATALIBA, Geraldo. **Apontamentos da ciência das finanças, direito financeiro e tributário.** São Paulo: Revista dos Tribunais, 1969. p. 26.

vém do constrangimento sobre o patrimônio particular). Assim, alguns autores[2] afirmam que as multas são espécies de receitas originárias, enquanto outros[3] que se trata de receitas derivadas.

Há, ainda, aqueles que classificam as multas como "receitas extraordinárias", isto é, que não entram regularmente nos cofres públicos, não podendo o Estado contar com estes recursos para programar suas despesas. Daí, serem recursos extraorçamentários.

A nosso ver, foi acertada a decisão de anular a questão, pois não há consenso a respeito deste tema.

Alternativa "B": incorreta, conforme justificativa acima.

Alternativa "C": incorreta, conforme justificativa acima.

Alternativa "D": incorreta, conforme justificativa acima.

---

51. (Cespe – Procurador BACEN/2013) Assinale a opção correta a respeito da despesa pública.

a) A primeira etapa para a realização de despesa pública é a autorização dada pelo Poder Legislativo ao Poder Executivo, que deve constar na lei de diretrizes orçamentárias.

b) O empenho, segunda etapa para a realização de despesa pública, é ato jurídico e administrativo de natureza orçamentária, ainda que pendente de implemento de condição.

c) O empenho não pode ser feito por meio de créditos adicionais.

d) Qualquer despesa pública deve ser precedida de nota de empenho.

e) Os estágios da despesa pública, de forma geral, podem ser alterados desde que todos sejam cumpridos.

COMENTÁRIOS

✪ **Nota do autor:** exige conhecimento sobre as etapas da despesa orçamentária, previstas em normas infra-legais.

Alternativa correta "B": correta, segundo o Manual de Despesa Nacional, editado pela Portaria nº 03/2008 da Secretaria do Tesouro Nacional (STN) e da Secretaria do Orçamento Federal (SOF), visando à padronização de regras e procedimentos relacionados com as despesas públicas, a despesa orçamentária pode ser classificada em três etapas: planejamento, execução, e controle e avalição.

A primeira etapa abrange a fixação da despesa orçamentária, a descentralização e/ou movimentação de créditos, a programação orçamentária e financeira e o processo de licitação. A segunda etapa da despesa orçamentária pública, na forma prevista na Lei nº 4.320/1964, compreende: o empenho, a liquidação e o pagamento. E a terceira etapa engloba a fiscalização realizada pelos órgãos de controle e pela sociedade.

O empenho, nos termos do artigo 58 da Lei nº 4.320/1964, é o ato emanado de autoridade competente que cria para o Estado obrigação de pagamento pendente ou não de implemento de condição. Por ser uma ordem de pagamento a um serviço, obra ou fornecimento ao Poder Público, o empenho gera justa expectativa de recebimento do montante devido e, portanto, além de ato administrativo, caracteriza-se também como um ato jurídico.

Alternativa "A": incorreta, de acordo com a justificativa acima.

Alternativa "C": incorreta, segundo o Manual de Despesa Nacional acima mencionado, quando o valor empenhado for insuficiente para atender à despesa a ser realizada, o empenho poderá ser reforçado por meio de créditos adicionais. Caso o valor do empenho exceda o montante da despesa realizada, o empenho deverá ser anulado parcialmente; será anulado totalmente quando o objeto do contrato não tiver sido cumprido, ou ainda, no caso de ter sido emitido incorretamente. No entanto, a nosso ver, a questão estaria correta a teor do artigo 59, da Lei nº 4.320/1964, que dispõe: "O empenho da despesa não poderá exceder o limite dos créditos concedidos."

Alternativa "D": incorreta de acordo com a banca do concurso, porém, a teor do artigo 60, da Lei nº 4.320/1964, "É vedada a realização de despesa sem prévio empenho." O que a lei dispensa é a emissão da nota de empenho em casos especiais, previstos na legislação especifica (artigo 60, § 1º, da Lei nº 4.320/1964).

Alternativa "E": incorreta, pois os estágios da despesa pública seguem não apenas uma ordem cronológica, mas uma sequência lógica e operacional que deve ser observada.

---

52. (Cespe – Procurador do DF/ 2013) A respeito das normas que regem o direito financeiro e orçamentário, julgue os itens a seguir.

✪ **Nota do autor:** exige conhecimento sobre o campo de atuação da Lei nº 4.320/1964 e da Lei de Responsabilidade Fiscal.

52.1. O cumprimento de condições e limites para a concessão de renúncia de receita é um postulado da LRF inserido no conceito de gestão fiscal responsável.

---

2 NASCIMENTO, Carlos Vander do. **Curso de direito financeiro.** Rio de Janeiro: Forense, 1999. p. 107-108.

3 OLIVEIRA, Regis Fernandes de. **Curso de Direito Financeiro.** São Paulo: Revista dos Tribunais, 2010. p. 122-123.

COMENTÁRIOS

Alternativa correta: nos termos do artigo 1º, § 1º da LC 101/2000 (LRF).

52.2. O DF tem competência exclusiva para dispor sobre normas gerais de direito financeiro apenas por lei complementar distrital.

COMENTÁRIOS

Alternativa incorreta: a competência para dispor sobre normas gerais de Direito Financeiro é da União, nos termos do artigo 24, § 1º, da Constituição Federal, por meio de lei complementar nacional (artigo 163, inciso I, da CF). O Distrito Federal tem competência suplementar em matéria de direito financeiro, de acordo com o artigo 24, § 2º, da CF.

52.3. A LRF não derrogou a Lei nº 4.320/1964, mas alterou alguns conceitos e regras desta, como ocorreu no caso do conceito de operações de crédito e do tratamento dado aos restos a pagar.

COMENTÁRIOS

ANULADA. A justificativa para anular a questão foi a seguinte: "A utilização do termo 'mas alterou alguns conceitos e regras' prejudicou o julgamento do item. Por esse motivo, opta-se por sua anulação."

52.4. Diferentemente da Lei nº 4.320/1964, que tem hoje status de lei complementar, a LRF procura estabelecer normas gerais sobre orçamento e balanços.

COMENTÁRIOS

Alternativa incorreta: pois a LC 101/2000 (LRF) estabelece normas de finanças públicas voltadas para a responsabilidade na gestão fiscal, nos termos de seu artigo 1º, e a Lei nº 4.320/1964 estatui normas gerais de direito financeiro para elaboração e controle dos orçamentos e balanços da União, dos Estados, dos Municípios e do Distrito Federal, nos termos de seu artigo 1º.

3. DA LEI DE RESPONSABILIDADE FISCAL (LEI COMPLEMENTAR Nº 101/2000)

---

53. (Cespe – Analista Judiciário – Área Administrativa – TRF 1/2017) De acordo com a Lei Complementar n.º 101/2000 (Lei de Responsabilidade Fiscal – LRF), julgue os itens a seguir.

I. Apesar da previsão de disponibilização em tempo real das informações relativas à execução orçamentária e financeira, o conhecimento sobre a aplicação de recursos públicos por parte da sociedade fica prejudicado devido à fixação de prazo de até um ano para que a União torne públicas essas informações.

II. Para que a sociedade possa acompanhar a aplicação dos recursos públicos, os entes federativos devem disponibilizar as informações relativas a bens adquiridos e serviços contratados, incluindo-se dados do fornecedor, valores e, quando pertinente, o procedimento licitatório realizado.

III. A LRF incentiva a realização de audiências públicas com o objetivo de fomentar a participação popular na elaboração do orçamento anual, mas, em razão dos aspectos técnicos envolvidos, no desenvolvimento da lei de diretrizes orçamentárias, essa participação não é incentivada.

IV. Para todos os poderes da União, a aplicação de recursos públicos em despesas de pessoal é limitada pela LRF. No caso do Poder Judiciário, o limite percentual da receita corrente líquida é rateado de forma proporcional à participação de cada órgão judiciário, excetuando-se o STF e o Conselho Nacional de Justiça, no limite total desse poder.

V. Se, na elaboração da lei de diretrizes orçamentárias, forem constatados fatores que possam afetar o equilíbrio das finanças públicas, a administração pública deverá incluir não somente as informações acerca desses possíveis fatores, mas também as medidas que serão adotadas caso as previsões se concretizem.

COMENTÁRIOS

✪ **Nota do autor:** exige conhecimento da Lei de Responsabilidade Fiscal (Lei Complementar nº 101/2000).

Primeira Assertiva: correta, de acordo com o art. 73-B combinado com o art. 48, Parágrafo Único, Incisos II e III; e art. 48-A da Lei de Responsabilidade Fiscal.

Segunda Assertiva: correta, de acordo com o art. 48-A, I, da Lei de Responsabilidade Fiscal.

Terceira Assertiva: incorreta, de acordo com o art. 48, § 1º, da Lei de Responsabilidade Fiscal, que incentiva a participação popular para participar da elaboração e discussão dos planos, lei de diretrizes orçamentárias e orçamentos.

Quarta Assertiva: incorreta, pois o art. 20, § 2º, III, a, da Lei de Responsabilidade Fiscal considera Poder Judiciário, para fins de limite das despesas com pessoal, em nível federal, todos os tribunais referidos no art. 92 da Constituição Federal, que inclui, portanto, o STF e o CNJ (Art. 92, I e I-A, da CF/88).

Quinta Assertiva: correta, de acordo com o art. 4º, § 3º, da Lei de Responsabilidade Fiscal.

---

54. (Cespe – Analista Judiciário – Área Administrativa – TRE – TO/2017) O instrumento de planejamento orçamentário público que estabelece, por região, as diretrizes, os objetivos e as metas para as despesas dos programas de duração continuada é

a) o relatório resumido da execução orçamentária.

b) o plano plurianual.

c) o anexo de metas fiscais.

d) a lei orçamentária anual.

e) a lei de diretrizes orçamentárias.

COMENTÁRIOS

✪ **Nota do autor:** Exige conhecimento de normas constitucionais e também da Lei de Responsabilidade Fiscal.

Alternativa correta "B": correta, nos termos do art. 165, § 1º, da CF/88.

Alternativa "A": incorreta, de acordo com o art. 165, § 3º, da CF/88, e art. 52 da Lei de Responsabilidade Fiscal. Trata-se de um relatório que abrange todos os Poderes e o Ministério Público, sendo publicado até 30 dias após o encerramento de cada bimestre e composto de balanço orçamentário e demonstrativos da execução das receitas e despesas.

Alternativa "C": incorreta, pois de acordo com o art. 4º, § 1º, da Lei de Responsabilidade Fiscal (LC nº 101/2000), "Integrará o projeto de lei de diretrizes orçamentárias Anexo de Metas Fiscais, em que serão estabelecidas metas anuais, em valores correntes e constantes, relativas a receitas, despesas, resultados nominal e primário e montante da dívida pública, para o exercício a que se referirem e para os dois seguintes".

Alternativa "D": incorreta, de acordo com o art. 165, § 5º, da CF/88.

Alternativa "E": incorreta, de acordo com o art. 165, § 2º, da CF/88, in verbis: "A lei de diretrizes orçamentárias compreenderá as metas e prioridades da administração pública federal, incluindo as despesas de capital para o exercício financeiro subseqüente, orientará a elaboração da lei orçamentária anual, disporá sobre as alterações na legislação tributária e estabelecerá a política de aplicação das agências financeiras oficiais de fomento."

55. (Cespe - Analista Judiciário - Área Administrativa - TRE - TO/2017) A compreensão do orçamento público requer o conhecimento de sua estrutura e de sua organização, desenvolvidas por meio de um sistema estruturado de classificação. Acerca desse assunto, julgue os itens a seguir.

I Uma despesa empenhada e não paga até o fim do exercício fiscal passa a integrar a dívida ativa pública.

II Na programação orçamentária do ente público, a identificação qualitativa do órgão ou da unidade orçamentária responsável pelo uso do recurso público é feita mediante classificação institucional.

III Segundo a Lei Complementar n.º 101/2000 — Lei de Responsabilidade Fiscal —, as operações de crédito contraídas pelo ente público que apresentem prazo de amortização superior a doze meses integram a dívida pública fundada.

Assinale a opção correta.

a) Apenas o item I está certo.

b) Apenas o item II está certo.

c) Apenas os itens I e II estão certos.

d) Apenas os itens II e III estão certos.

e) Todos os itens estão certos.

COMENTÁRIOS

✪ **Nota do autor:** Exige do candidato conhecimento da Lei nº 4.320/64 e da Lei de Responsabilidade Fiscal (Lei Complementar nº 101/2000).

Alternativa correta "D": correta. Classificação institucional refere-se à classificação de despesas por órgão e unidade orçamentária (item I). Ademais, pela Lei de Responsabilidade Fiscal, nos termos do art. 29, I, dívida pública consolidada ou fundada trata-se do montante total, apurado sem duplicidade, das obrigações financeiras do ente da Federação, assumidas em virtude de leis, contratos, convênios ou tratados e da realização de operações de crédito para amortização em prazo superior a 12 meses (item II).

Alternativa "A": incorreta, pois de acordo com o art. 36 da Lei nº 4.32/64, as despesas empenhadas mas não pagas até dia 31 de dezembro (ano civil) são consideradas Restos a Pagar.

Alternativa "B": incorreta, conforme comentário da alternativa D, supramencionado.

Alternativa "C": incorreta, conforme comentários das alternativas D e A, supracitados.

Alternativa "E": incorreta, uma vez que o item I está errado, conforme demonstrado no comentário da alternativa A.

56. (Cespe - Analista Judiciário - Área Administrativa - TRE - TO/2017) A receita pública passa por diversos estágios desde seu planejamento até o seu ingresso nos cofres públicos. Ao longo desse processo, ocorre a constituição do crédito tributário, que se dá no estágio de

a) planejamento.

b) previsão.

c) lançamento.

d) arrecadação.

e) recolhimento.

COMENTÁRIOS

✪ **Nota do autor:** Exige do candidato conhecimento dos estágios da Receita, previstos no Código Tributário Nacional e Lei de Responsabilidade Fiscal

Alternativa correta "C": correta, de acordo com o art. 142 do Código Tributário Nacional.

Alternativa "A": incorreta, pois o planejamento refere-se ao plano plurianual, à Lei de Diretrizes Orçamentárias, e à Lei Orçamentária Anual, nos termos do Capítulo II da Lei de Responsabilidade Fiscal.

Alternativa "B": incorreta, pois a previsão diz respeito à estimação das receitas e a fixação das despesas (art. 12 da Lei de Responsabilidade Fiscal).

Alternativa "D": incorreta, pois se trata de fase que, antecedendo o recolhimento do tributo, o contribuinte ou o devedor liquida suas obrigações perante o Estado.

Alternativa "E": incorreta, pois nesta fase há entrega dos valores arrecadados aos cofres públicos.

---

57. (Cespe – Analista Judiciário – Área Administrativa – TRE – TO/2017) À luz da Lei de Responsabilidade Fiscal, julgue os itens seguintes.

I As receitas de empresas estatais dependentes integram o rol de receitas do orçamento fiscal.

II Projeto de lei que estabeleça limites para o montante da dívida mobiliária federal deve ser elaborado pela Presidência da República e submetido à aprovação do Senado Federal.

III O sistema de execução orçamentária e financeira, em função da autonomia dos poderes, deve ser específico para cada esfera de poder bem como mantido e gerenciado pelo nível hierárquico mais alto dentro de cada poder.

Assinale a opção correta.

a) Apenas o item I está certo.
b) Apenas o item II está certo.
c) Apenas os itens I e II estão certos.
d) Apenas os itens II e III estão certos.
e) Todos os itens estão certos.

COMENTÁRIOS

✪ **Nota do autor:** Exige do candidato conhecimento da Lei de Responsabilidade Fiscal (Lei Complementar nº 101/2000).

Alternativa correta "A": correta, nos termos do art. 1º, § 3º, I, "a"; e art .26, § 1º, da Lei de Responsabilidade Fiscal.

Alternativa "B": incorreta, pois o Presidente da República deverá submeter ao Congresso Nacional, e não apenas ao Senado Federal, o projeto de lei que estabeleça limites para o montante da dívida mobiliária federal, nos termos do art. 30, II, da Lei de Responsabilidade Fiscal.

Alternativa "C": incorreta, de acordo com os comentários das alternativas A e B supramencionados.

Alternativa "D": incorreta, uma vez que o item III está equivocado. De acordo com o art. 48, § 6º, da Lei de Responsabilidade Fiscal, uma vez que os sistemas de execução orçamentária e financeira devem ser mantidos e gerenciados pelo Poder Executivo, resguardada a autonomia dos Poderes da República, Ministério Público e Tribunais de Contas.

Alternativa "E": incorreta, uma vez que os itens II e III estão incorretos, conforme comentários das alternativas anteriores.

---

58. (Cespe – Procurador do Estado – PGE – SE/2017) Determinado estado da Federação promulgou sua lei orçamentária anual, a qual teve sua constitucionalidade contestada em sede de controle abstrato de constitucionalidade, sob o argumento de que ela não teria dado oportunidade, na fase de elaboração do seu texto, de participação aos cidadãos, bem como que teria desrespeitado os marcos temporais do ciclo orçamentário estabelecidos pela lei estadual a que deu aplicação.

Quanto à situação hipotética apresentada, assinale a opção correta.

a) É admissível, segundo entendimento do STF, o controle abstrato de constitucionalidade de lei orçamentária anual, independentemente do caráter abstrato ou concreto do seu objeto.
b) A constitucionalidade da lei em questão não poderia ter sido questionada, uma vez que o orçamento participativo não tem previsão legal.
c) A constitucionalidade da lei em apreço foi corretamente questionada, pois os estados devem cumprir o prazo de envio e devolução do projeto de lei orçamentária, sendo impedidos de fixar outros marcos temporais.
d) A participação popular é prevista apenas na fase de discussão do projeto de lei orçamentária, não sendo extensiva à fase de elaboração do texto legal.
e) A declaração de inconstitucionalidade da lei possibilitará a aplicação de lei municipal suplementar que verse sobre direito financeiro, mesmo que inexista interesse local.

COMENTÁRIOS

✪ **Nota do autor:** Exige conhecimento sobre controle de constitucionalidade e da Lei de Responsabilidade Fiscal.

Alternativa correta "A": "O Supremo Tribunal Federal deve exercer sua função precípua de fiscalização da constitucionalidade das leis e dos atos normativos quando houver um tema ou uma controvérsia constitucional suscitada em abstrato, independente do caráter geral ou específico, concreto ou abstrato de seu objeto." Precedentes: ADI 4.048-MC/DF; ADI 5.449-MC.

Alternativa "B": incorreta, pois o orçamento participativo possui previsão legal no art. 48, § 1º, I e II, da Lei de Responsabilidade Fiscal.

Alternativa "C": incorreta, pois a inconstitucionalidade não é consequência de descumprimentos de prazos estabelecidos no ADCT da Constituição Federal para envio e devolução de Lei Orçamentaria.

Alternativa "D": incorreta, pois, conforme art. 48, § 1º, I da LRF, a participação popular envolve os processos de elaboração e discussão das leis orçamentárias.

Alternativa "E": incorreta, Eventual declaração de inconstitucionalidade de uma lei estadual não permite que o Estado aplique lei municipal.

---

59. (Cespe - Procurador do Estado - PGE - SE/2017) Considerando as previsões constitucionais e legais relativas a despesas de pessoal, assinale a opção correta.

a) Para a concessão de aumento na remuneração aos servidores públicos, é suficiente previsão na lei orçamentária anual.

b) O percentual que limita as despesas de pessoal ativo somente poderá ser alterado por emenda constitucional.

c) A exoneração de servidores públicos estáveis poderá ser executada apenas após a exoneração de todos os cargos em comissão e funções de confiança.

d) O pagamento dos proventos de aposentados é classificado como despesas correntes de custeio.

e) De acordo com a LRF, há diferença classificatória e de planejamento entre mão de obra terceirizada que substitua servidores e mão de obra da área-meio.

COMENTÁRIOS

✪ **Nota do autor:** exige conhecimento sobre a Lei de Responsabilidade Fiscal e da Lei nº 4.320/64.

Alternativa correta "E": correta, a Lei de Responsabilidade Fiscal, em seu art. 18, § 1º, determina que os valores dos contratos de terceirização de mão-de-obra que se referem à substituição de servidores e empregados públicos serão contabilizados como "Outras Despesas de Pessoal". Mão de obra da área-meio, sem que gere substituição de servidores, são classificadas como despesas de custeio. Vide também o art. 13 da Lei nº 4.320/64.

Alternativa "A": incorreta, nos termos do art. 169, § 1º, da CF/88, a concessão de aumento de remuneração deve conter autorização na Lei de Diretrizes Orçamentárias, não bastando, portanto, a previsão na Lei Orçamentária Anual.

Alternativa "B": incorreta, O caput do art. 169, da CF/88, delega à lei complementar a fixação dos percentuais de despesa de pessoal, o que ocorreu no art. 19 da Lei Complementar n. 101/2000 (Lei de Responsabilidade Fiscal). Portanto, os percentuais estabelecidos no referido dispositivo poderão ser alterados por Lei Complementar.

Alternativa "C": incorreta, pois termos do art. 169, § 3º, I, da CF, suficiente a redução em pelo menos 20% das despesas com cargos em comissão e funções de confiança. "**§ 3º Para o cu**mprimento dos limites estabelecidos com base neste artigo, durante o prazo fixado na lei complementar referida no caput, a União, os Estados, o Distrito Federal e os Municípios adotarão as seguintes providências: I – redução em pelo menos vinte por cento das despesas com cargos em comissão e funções de confiança; II – exonera**ção dos servidores não estáveis**".

Alternativa "D": incorreta, conforme artigos 12 e 13 da Lei nº 4.320/64. Assim, as despesas correntes são classificadas em duas: a) Despesas de Custeio e b) Transferências Correntes. O pagamento de inativos é classificado como despesas correntes na modalidade "transferências correntes".

---

60. (Cespe - Procurador do Estado - PGE - SE/2017) Com relação às transferências voluntárias, assinale a opção correta.

a) As exigências estabelecidas na lei de diretrizes orçamentárias são suficientes para a realização de tais transferências.

b) Essas transferências podem destinar-se ao pagamento de pessoal inativo do beneficiário.

c) Um cadastro nacional possibilita a consulta de dados sobre restrições relativas aos beneficiários dessas transferências.

d) As referidas transferências podem ser utilizadas para finalidade diversa da pactuada, caso haja fundado interesse público.

e) Trata-se de repasses impositivos por força de dispositivo constitucional.

COMENTÁRIOS

✪ **Nota do autor:** Conhecimento da Lei de Responsabilidade Fiscal e das normas constitucionais sobre finanças públicas.

Alternativa correta "C": correta, de acordo com o art. 25, § 1º, IV, a, da LRF.

Alternativa "A": incorreta, de acordo com o § 1º do art. 25 da Lei de Responsabilidade Fiscal (LRF), pois além das exigências estabelecidas na Lei de Diretrizes Orçamentárias, a realização de transferência voluntária depende da existência de dotação específica; observância do art. 167, X, da CF/88 e comprovação de diversos requisitos por parte do beneficiário determinado no inciso IV do § 1º do art. 25 da LRF

Alternativa "B": incorreta, de acordo com o art. 167, X, da CF/88, em que são vedadas as transferências voluntárias de recursos e a concessão de empréstimos, inclusive por antecipação de receita, pelos Governos Federal e Estaduais e suas instituições financeiras, para pagamento de despesas com pessoal ativo, inativo e pensionista, dos Estados, do Distrito Federal e dos Municípios.

Alternativa "D": incorreta, de acordo com o art. 25, § 2º, da LRF.

Alternativa "E": incorreta, conforme o *caput* do art. 25 da LRF, *in fine*.

---

61. (Cespe - Procurador do Estado - PGE - SE/2017) Quando decorrentes de operações de antecipação de receita orçamentária, as entradas de valores que integram o orçamento público

a) são lançamentos dos juros que o Estado aufere como credor de empréstimos a terceiros.

b) geram, em contrapartida, lançamento no passivo.

c) são classificadas como receitas tributárias.

d) podem ser consideradas receita, mas não ingresso.

e) são classificadas como receita em sentido estrito.

COMENTÁRIOS

✪ **Nota do autor:** Conhecimento da Lei de Responsabilidade Fiscal e também da Lei nº 4.320/64.

Alternativa correta "B": correta, de acordo com o art. 38, II, da Lei de Responsabilidade Fiscal, uma vez que a operação de crédito por antecipação de receita orçamentária (ARO) destina-se a atender insuficiência de caixa durante o exercício financeiro e portanto gera um lançamento contábil no passivo, uma vez que esse empréstimo deverá ser pago até o dia 10 de dezembro de cada ano.

Alternativa "A": incorreta, uma vez que ao antecipar uma receita orçamentária, na realidade o Estado está fazendo um empréstimo. Ou seja, paga os juros relacionados à operação, e não os aufere (art. 38 da Lei de Responsabilidade Fiscal).

Alternativa "C": incorreta, pois a antecipação de receita orçamentária é na realidade um empréstimo, e não considerada receita tributária. Vide também o art. 3º, Parágrafo Único, da Lei nº 4.320/64.

Alternativa "D": incorreta, pois a antecipação de receita orçamentária é considerada pela doutrina como ingresso, uma vez que se trata de uma receita que deve ser restituída, com caráter temporário. Diferentemente, a receita conta com o atributo da definitividade da entrada nos cofres públicos.

Alternativa "E": incorreta, pois receita em sentido estrito refere-se à entrada de caráter definitivo. Como a antecipação de receita orçamentária é temporária, por se tratar de um empréstimo a ser pago, tem caráter provisório (vide art. 38, II, da Lei de Responsabilidade Fiscal). Cabe ressaltar que a ARO pode ser considerada receita em sentido amplo, gênero que envolve também o ingresso.

---

62. (Cespe - Procurador do Estado - PGE - SE/2017) Do ponto de vista orçamentário, os empréstimos compulsórios com prazo de devolução superior a doze meses

a) são classificados, quanto à entrada orçamentária, como receita corrente, por configurarem tributo.

b) auferem valores que integram a dívida pública mobiliária.

c) geram créditos exigíveis que integrarão a dívida ativa não tributária.

d) são classificados como créditos públicos voluntários.

e) integram o montante da dívida pública flutuante.

COMENTÁRIOS

✪ **Nota do autor:** exige conhecimento sobre a Lei de responsabilidade Fiscal, Constituição Federal e Lei nº 4.320/64.

Alternativa correta "C": correta, de acordo com o art. 39, § 2º, da CF/88.

Alternativa "A": incorreta, pois não se trata de receita corrente, mas sim de capital, nos termos do art. 11, § 4º, da Lei 4.320/64. Vide também art. 39, § 2º, da Lei nº 4.320/64, art. 148 da CF/88 e art. 15 do Código Tributário Nacional.

Alternativa "B": incorreta, pois a dívida pública mobiliária, de acordo com o art. 29 da Lei de Responsabilidade Fiscal (LC nº 101/2000) consiste em dívida pública representada por títulos emitidos pela União, inclusive os do Banco Central do Brasil, Estados e Municípios.

Alternativa "D": incorreta, uma vez que os empréstimos compulsórios são considerados na verdade créditos públicos forçados, para atender despesas extraordinárias decorrentes de situações conjunturais excepcionais, nos termos do art. 148 da CF/88.

Alternativa "E": incorreta, pois conforme determina o art. 92 da Lei nº 4.320/64, a dívida pública flutuante compreende "I - os restos a pagar, excluídos os serviços da dívida; II - os serviços da dívida a pagar; III - os depósitos; IV - os depósitos de tesouraria".

---

63. (Cespe - Procurador do Estado - PGE - SE/2017) Acerca dos limites da despesa total de gastos com pessoal, assinale a opção correta.

a) Os percentuais desses limites previstos na legislação incidem sobre a receita corrente nominal.

b) Os percentuais de gastos para o MPU e o Poder Judiciário são equivalentes.

c) Estão previstos na CF os percentuais referentes a esses limites.

d) Os percentuais previstos para esses limites são os mesmos para cada ente federativo.

e) São excluídas desses limites as despesas com indenização por demissão de servidores.

COMENTÁRIOS

✪ **Nota do autor:** Exige conhecimento sobre a Lei de responsabilidade Fiscal.

Alternativa correta "E": correta, de acordo com o artigo 19, § 1º, I da Lei de Responsabilidade Fiscal.

Alternativa "A": incorreta, pois de acordo com o artigo 19 da Lei de Responsabilidade Fiscal a receita corrente é líquida e não nominal.

Alternativa "B": incorreta, de acordo com o artigo 20, I, b e d, da Lei de Responsabilidade Fiscal. A repartição dos limites globais do art. 19 não poderá exceder os seguintes percentuais de, na esfera federal, 6% para o Judiciário; e 2% para o Ministério Público dos Estados.

Alternativa "C": incorreta, pois referidos limites estão previstos na Lei de responsabilidade Fiscal.

Alternativa "D": incorreta, pois de acordo com o artigo 19, I, II e III, da Lei de Responsabilidade Fiscal a despesa total com pessoal, em cada período de apuração e em cada ente da Federação, não poderá exceder os percentuais da receita corrente líquida, a seguir discriminados: I – União: 50%; II – Estados: 60%; e III – Municípios: 60%.

---

64. (Cespe – Analista de Controle – Área Jurídica – TCE – PR/2016) À luz do que dispõe a Lei Complementar nº 101/2000 (Lei de Responsabilidade Fiscal), assinale a opção correta.

a) A autorização legislativa para a renúncia de receita poderá ser conferida desde que previstas as medidas de compensação durante a vigência da renúncia e demonstrada a ausência de impacto para as metas fixadas.

b) Se um estado ultrapassar o limite com as despesas de pessoal, ficará impedido de receber transferências voluntárias no primeiro bimestre do último ano de mandato do titular do Poder Executivo.

c) Em municípios com menos de cinquenta mil habitantes, a verificação do cumprimento dos limites de despesas com pessoal deve ser feita até trinta dias após o encerramento do exercício financeiro.

d) A estimativa de receita considerada para fins de alteração legislativa será acompanhada de sua demonstração evolutiva dos dois anos anteriores, além da projeção para os três anos seguintes, independentemente da metodologia de cálculo e das premissas utilizadas.

e) A lei veda o repasse correspondente às transferências voluntárias ao ente federado que não inclua na própria gestão fiscal a previsão e a efetiva arrecadação de taxas e contribuições.

COMENTÁRIOS

✪ **Nota do autor:** exige conhecimento mais aprofundado da LRF, pois as questões transcendem a mera literalidade da lei, exigindo do candidato a interpretação sistemática de seus dispositivos.

Alternativa correta: "b", a questão, certamente, foi redigida de modo a confundir o candidato e, a nosso ver, não está correta, pois o art. 23, § 4º, da LRF prescreve que, se o ente ultrapassar os limites com gasto de pessoal no primeiro quadrimestre, e não no bimestre, do último ano do mandato dos titulares do Poder Executivo, ficará impedido de receber as transferências voluntárias. Como a verificação do cumprimento dos limites estabelecidos nos arts. 19 e 20 da LRF é realizada apenas no final de cada quadrimestre, conforme dispõe o art. 22 da referida lei, seria irrelevante se a despesa com pessoal ultrapassar aquele percentual no bimestre, pois o que importa é que não ultrapasse no quadrimestre.

Alternativa "a": incorreta, de acordo com o art. 14 da LRF, a autorização legislativa para a renúncia de receita poderá ser conferida desde que esteja acompanhada de estimativa do impacto orçamentário-financeiro no exercício em que deva iniciar sua vigência e nos dois seguintes, atenda ao disposto na lei de diretrizes orçamentárias e a pelo menos uma das seguintes condições:

> *"I – demonstração pelo proponente de que a renúncia foi considerada na estimativa de receita da lei orçamentária, na forma do art. 12, e de que não afetará as metas de resultados fiscais previstas no anexo próprio da lei de diretrizes orçamentárias;*
>
> *II – estar acompanhada de medidas de compensação, no período mencionado no caput, por meio do aumento de receita, proveniente da elevação de alíquotas, ampliação da base de cálculo, majoração ou criação de tributo ou contribuição."*

Alternativa "c": incorreta, de acordo com o art. 63, I, da LRF, é facultado aos municípios com população inferior a cinquenta mil habitantes proceder à verificação do cumprimento dos limites de despesas com pessoal ao final do semestre, e não até trinta dias após o encerramento do exercício financeiro. Vale lembrar que "se ultrapassados os limites relativos à despesa total com pessoal ou à dívida consolidada, enquanto perdurar esta situação, o Município ficará sujeito aos mesmos prazos de verificação e de retorno ao limite definidos para os demais entes." (art. 63, § 2º).

Alternativa "d": incorreta, nos termos do art. 12 da LRF, "As previsões de receita observarão as normas técnicas e legais, considerarão os efeitos das alterações na legislação, da variação do índice de preços, do crescimento econômico ou de qualquer outro fator relevante e serão acompanhadas de demonstrativo de sua evolução nos últimos três anos, da projeção para os dois seguintes àquele a que se referirem, e da metodologia de cálculo e premissas utilizadas."

Alternativa "e": incorreta, de acordo com o art. 11 da LRF, é vedada a realização de transferências voluntárias para o ente que não inclua na própria gestão fiscal a previsão e a efetiva arrecadação apenas no que se refere aos impostos, e não às taxas e contribuições.

---

65. (Cespe – Analista de Controle – Área Jurídica – TCE – PR/2016) Acerca do regime jurídico do crédito público, assinale a opção correta.

a) Ultrapassado o limite de endividamento fixado pelo Senado Federal para o quadrimestre, o ente federado estará proibido de realizar operação de crédito, salvo por antecipação de receita.

b) Incluem-se na dívida flutuante os restos a pagar, os depósitos judiciais e os títulos vincendos derivados de operações de crédito.

c) As obrigações contraídas entre os entes federados e seus respectivos fundos, autarquias e fundações são classificadas como dívida consolidada.

d) Os títulos da dívida pública dos estados e dos municípios poderão ser oferecidos em caução para a garantia de empréstimos.

e) Depende de autorização da câmara de vereadores a abertura de processo contra o prefeito que contrair empréstimo sem previsão legal.

COMENTÁRIOS

✪ **Nota do autor:** exige conhecimento da LC 101/2000, da Lei nº 4.320/1964 e do Decreto-lei nº 201/1967.

Alternativa correta: "d", embora a assertiva não corresponda exatamente aos termos do art. 61 da LRF, "Os títulos da dívida pública, desde que devidamente escriturados em sistema centralizado de liquidação e custódia, poderão ser oferecidos em caução para garantia de empréstimos, ou em outras transações previstas em lei, pelo seu valor econômico, conforme definido pelo Ministério da Fazenda."

Alternativa "a": incorreta, de acordo com o art. 31, § 1º, I, da LRF, se a dívida consolidada de um ente da Federação ultrapassar o respectivo limite ao final de um quadrimestre, enquanto perdurar o excesso, o ente que nele houver incorrido estará proibido de realizar operação de crédito interna ou externa, inclusive por antecipação de receita, ressalvado o refinanciamento do principal atualizado da dívida mobiliária.

Alternativa "b": incorreta, nos termos do art. 92 da Lei nº 4.320/1964, "A dívida flutuante compreende: I – os restos a pagar, excluídos os serviços da dívida; II – os serviços da dívida a pagar; III – os depósitos; IV – os débitos de tesouraria."

Alternativa "c": incorreta, nos termos do art. 35 da LRF, "É vedada a realização de operação de crédito entre um ente da Federação, diretamente ou por intermédio de fundo, autarquia, fundação ou empresa estatal dependente, e outro, inclusive suas entidades da administração indireta, ainda que sob a forma de novação, refinanciamento ou postergação de dívida contraída anteriormente."

Alternativa "e": incorreta, de acordo com o art. 1º, VIII, do Decreto-lei nº 201/1967, independe de autorização da Câmara e de afastamento de suas funções, a abertura de processo contra o prefeito que contrair empréstimo, emitir apólices, ou obrigar o Município por títulos de crédito, sem autorização da Câmara, ou em desacordo com a lei.

---

66. (Cespe – Analista de Controle – Área Jurídica – TCE – PR/2016) Assinale a opção correta, a respeito da execução do orçamento e da fiscalização financeira e orçamentária.

a) Conforme o entendimento do STF, as Constituições estaduais podem prever a possibilidade de interposição de recurso para o tribunal de contas do estado contra decisões no processo administrativo tributário.

b) Deverá ser considerada constitucional a norma estadual que incluir entre as competências do tribunal de contas local a realização de exame prévio da validade de contratos administrativos.

c) Mesmo que não tenham sido criadas por lei, as sociedades de economia mista sujeitam-se à fiscalização do tribunal de contas.

d) Aplica-se o prazo decadencial geral do processo administrativo para a revisão do ato da administração pública que conceder aposentadoria.

e) Sendo de competência da Controladoria-Geral da União a fiscalização da aplicação de recursos da União em quaisquer entes da Federação, a sua atividade se insere na fiscalização externa.

COMENTÁRIOS

✪ **Nota do autor:** exige conhecimento das normas constitucionais e da jurisprudência do STF sobre fiscalização financeira e orçamentária.

Alternativa correta: "c", a sociedade de economia mista é entidade da administração indireta, cuja instituição deve ser autorizada por lei específica, nos termos do art. 37, XIX, da CF. Não é necessário que seja criada por lei, mesmo assim, sujeita-se à fiscalização do Tribunal de Contas, nos termos do art. 70 da CF, "A fiscalização contábil, financeira, orçamentária, operacional e patrimonial da União e das entidades da administração direta e indireta, quanto à legalidade, legitimidade, economicidade, aplicação das subvenções e renúncia de receitas, será exercida pelo Congresso Nacional, mediante controle externo, e pelo sistema de controle interno de cada Poder."

Alternativa "a": incorreta, conforme o entendimento do STF, não cabe ao Poder Legislativo apreciar recursos interpostos contra decisões tomadas em processos administrativos nos quais se discuta questão tributária (ADI 523/PR).

Alternativa "b": incorreta, de acordo com a jurisprudência do STF, o art. 71 da Constituição não insere na competência do TCU a aptidão para examinar, previamente, a validade de contratos administrativos celebrados pelo Poder Público. Trata-se, pois, de atividade que se insere no acervo de competência da função executiva (ADI 916/MT).

Alternativa "d": incorreta, de acordo com a jurisprudência do STF, o prazo para que o servidor público proponha ação contra a Administração Pública pedindo a revisão do ato de sua aposentadoria é de 5 anos, com base no art. 1º do Decreto 20.910/1932. Após esse período ocorre a prescrição do próprio fundo de direito (Pet 9.156-RJ – Info 542). Assim, o prazo é prescricional, e não decadencial.

Alternativa "e": incorreta, pois a Controladoria-Geral da União realiza o controle interno, enquanto o Tribunal de Contas é responsável pelo controle externo, consoante o que dispõe o art. 71 da CF.

67. (Cespe – Procurador do MP junto ao TCU/2015) Em relação às disposições da LRF (Lei Complementar n.° 101/2000), assinale a opção correta.

a) No caso de crescimento real baixo ou negativo do produto interno bruto nacional, regional ou estadual por período igual ou superior a três trimestres, será admitida a recondução da despesa total com pessoal aos limites previstos na LRF no prazo de doze meses.

b) É vedado, em qualquer hipótese, ao titular do Poder Executivo, realizar empenhos nos últimos dois quadrimestres do mandato cujas despesas não possam ser integralmente liquidadas no exercício financeiro corrente.

c) Entende-se por transferência voluntária a entrega de recursos correntes ou de capital a outro ente da Federação, às entidades da administração indireta e às pessoas jurídicas de direito privado sem fins lucrativos, a título de cooperação, auxílio ou assistência financeira, exigindo-se, como contrapartida, a comprovação de sua regularidade fiscal.

d) Será considerada lesiva ao patrimônio público a destinação de recursos para cobrir déficit de uma empresa privada, se não houver compatibilidade com a LDO.

e) Na pendência de situação de calamidade pública reconhecida pela câmara municipal, o município estará dispensado de cumprir as metas fiscais estabelecidas na LDO, bem como de cumprir limitação de empenho e movimentação financeira.

COMENTÁRIOS

✪ **Nota do autor:** exige conhecimento da LC 101/2000.

Alternativa correta: "d", nos termos do art. 26 da LRF, "A destinação de recursos para, direta ou indiretamente, cobrir necessidades de pessoas físicas ou déficits de pessoas jurídicas deverá ser autorizada por lei específica, atender às condições estabelecidas na lei de diretrizes orçamentárias e estar prevista no orçamento ou em seus créditos adicionais."

Alternativa "a": incorreta, pois o prazo para aferição do crescimento real baixo ou negativo do PIB nacional, regional ou estadual é o período igual ou superior a quatro trimestres (art. 66, "caput", da LRF), podendo o prazo para a recondução da despesa total com pessoal ser duplicado, passando de dois quadrimestres (art. 23 da LRF) para quatro quadrimestres (16 meses, e não 12 meses conforme consta na assertiva).

Alternativa "b": incorreta, nos termos do art. 42 da LRF, "É vedado ao titular de Poder ou órgão referido no art. 20, nos últimos dois quadrimestres do seu mandato, contrair obrigação de despesa que não possa ser cumprida integralmente dentro dele, ou que tenha parcelas a serem pagas no exercício seguinte sem que haja suficiente disponibilidade de caixa para este efeito."

Alternativa "c": incorreta, nos termos do art. 25 da LRF, "[...] entende-se por transferência voluntária a entrega de recursos correntes ou de capital a outro ente da Federação, a título de cooperação, auxílio ou assistência financeira, que não decorra de determinação constitucional, legal ou os destinados ao Sistema Único de Saúde."

Alternativa "e": incorreta, pois a situação de calamidade pública em Municípios deve ser reconhecida pela Assembleia Legislativa, e não pela Câmara Municipal, consoante o disposto no art. 65 da LRF.

68. (Cespe – Procurador do MP junto ao TCU/2015) Assinale a opção correta a respeito de dívida pública e de endividamento do Estado.

a) Na hipótese de o ente federativo ultrapassar os limites da dívida pública consolidada, a LRF exige a recondução da dívida aos parâmetros admitidos no prazo máximo de doze meses, sendo que, no primeiro quadrimestre, a redução do endividamento deverá ser de, no mínimo, 15% do excesso constatado.

b) Na hipótese de se verificarem mudanças drásticas na condução das políticas monetária e cambial, reconhecidas pelo presidente da República, o prazo de recondução da dívida pública consolidada aos limites de endividamento poderá ser ampliado em até quatro quadrimestres, conforme resolução do Senado Federal.

c) Com o intuito de estabilizar o montante da dívida pública em relação ao produto interno bruto, a LRF estabeleceu limites rígidos de endividamento dos entes federativos, e determinou, inclusive, que o refinanciamento do valor principal da dívida fundada não poderá exceder, ao término de cada exercício financeiro, o montante do final do exercício anterior acrescido do valor total das operações de crédito consignadas no orçamento devidamente atualizadas.

d) A LRF objetiva a concretização do equilíbrio fiscal, compatibilizando o montante da dívida pública com a capacidade de pagamento dos entes federativos, sendo decorrência lógica desse desiderato a vedação de realização de operações de crédito que excedam o montante das despesas de capital indicadas na LOA.

e) É competência do Congresso Nacional estabelecer, mediante decreto legislativo, e observados os parâmetros indicados em proposta do presidente da República, os limites globais para a dívida pública consolidada da União, dos estados e dos municípios, cuja verificação será realizada ao final de cada exercício financeiro.

COMENTÁRIOS

✪ **Nota do autor:** exige conhecimento das normas constitucionais e da LC 101/2000 sobre orçamento e dívida pública e endividamento do Estado.

Alternativa correta: "d", nos termos do art. 167, III, da CF, que preconiza o princípio do equilíbrio orçamentário, segundo o qual as operações de crédito devem ser menor ou igual à somatória de todas as despesas de capital.

Alternativa "a": incorreta, de acordo com o art. 31 da LRF, a redução do excedente, no primeiro quadrimestre, deverá ser de pelo menos 25% (vinte e cinco por cento), e não de 15% (quinze por cento).

Alternativa "b": incorreta, de acordo com o art. 66, § 4º, da LRF, as mudanças drásticas na condução das políticas monetária e cambial devem ser reconhecidas pelo Senado Federal, e não pelo presidente da República.

Alternativa "c": incorreta, de acordo com o art. 29, § 4º, da LRF, é o refinanciamento do valor principal da dívida mobiliária, e não da dívida fundada, que não poderá exceder, ao término de cada exercício financeiro, o montante do final do exercício anterior, somado ao das operações de crédito autorizadas no orçamento para este efeito e efetivamente realizadas, acrescido de atualização monetária.

Alternativa "e": incorreta, de acordo com o art. 30, I, da LRF, é de competência do Senado Federal, e não do Congresso Nacional, estabelecer, observados os parâmetros indicados em proposta do presidente da República, os limites globais para a dívida pública consolidada da União, dos estados e dos municípios, cuja verificação será realizada ao final de cada exercício financeiro.

---

69. (Cespe – Procurador do MP junto ao TCU/2015) Com base nas disposições da Lei n.º 4.320/1964, da LRF e da Lei Complementar n.º 148/2014, assinale a opção correta acerca de crédito público e operações de crédito.

a) É vedada a realização de operação de crédito entre um ente da Federação e outro, diretamente ou por entidades da administração indireta, ainda que sob a forma de novação, refinanciamento ou postergação de dívida contraída anteriormente, inclusive sob a forma de compra de títulos da dívida da União como aplicação das disponibilidades de caixa dos estados e municípios.

b) Os entes federativos poderão conceder garantia em operações de crédito internas ou externas, desde que ofertada contragarantia pelo beneficiário, em valor igual ou superior à garantia a ser concedida, exigível inclusive das entidades da administração direta e indireta do próprio ente garantidor.

c) A atribuição a sujeito passivo de obrigação tributária da condição de responsável pelo pagamento de imposto ou contribuição cujo fato gerador deva ocorrer posteriormente é hipótese equiparada a operação de crédito e expressamente vedada pela LRF.

d) Além das hipóteses de excesso de arrecadação e superávit financeiro, admite-se a abertura de créditos suplementares e especiais com amparo em operações de crédito devidamente autorizadas, incumbindo-se à instituição financeira que contratar operação de crédito com ente da Federação a avaliação técnica sobre os limites e condições relativos à operação a ser realizada, observados os critérios estabelecidos pelo Ministério da Fazenda em ato normativo.

e) Com a edição da LRF, o BCB assumiu a competência exclusiva para emissão de títulos da dívida pública para refinanciamento da dívida mobiliária federal, sendo-lhe, todavia, vedada a concessão de garantia aos entes da Federação.

COMENTÁRIOS

✪ **Nota do autor:** exige conhecimento das normas constitucionais e infralegais sobre crédito público e operações de crédito.

Alternativa correta: "d", nos termos do art. 99, § 5º, da CF e dos arts. 32 e 33 da LRF.

Alternativa "a": incorreta, de acordo com o art. 35, § 2º, da LRF, é permitido aos Estados e Municípios comprar títulos da dívida da União como aplicação de suas disponibilidades.

Alternativa "b": incorreta, de acordo com o art. 40, § 1º, I, da LRF, não será exigida contragarantia de órgãos e entidades do próprio ente.

Alternativa "c": incorreta, a hipótese é expressamente permitida pela Constituição em seu art. 150, § 7º. Ademais, não se trata de hipótese equiparada a operação de crédito, que, nos termos do art. 29, III, da LRF, é "compromisso financeiro assumido em razão de mútuo, abertura de crédito, emissão e aceite de título, aquisição financiada de bens, recebimento antecipado de valores provenientes da venda a termo de bens e serviços, arrendamento mercantil e outras operações assemelhadas, inclusive com o uso de derivativos financeiros;"

Alternativa "e": incorreta, dois anos após a edição da LRF, passou a ser vedado ao BCB emitir títulos da dívida pública, consoante o disposto no art. 34 da referida lei. Deste modo, o BCB somente poderá comprar diretamente títulos emitidos pela União para refinanciar a dívida mobiliária federal que estiver vencendo na sua carteira, consoante o disposto no art. 39, § 2º, da LRF.

---

70. (Cespe – Procurador do MP junto ao TCU/2015) No que diz respeito à execução orçamentária e à dívida ativa, assinale a opção correta.

a) Ao final de cada exercício financeiro, o BCB apresentará à Comissão Mista de Orçamento a avaliação do cumprimento dos objetivos e metas das políticas monetária, creditícia e cambial, de modo a evidenciar o impacto e o custo fiscal de suas operações e os resultados demonstrados nos balanços.

b) A programação financeira compreende as atividades de planejamento e controle do fluxo previsto de recursos financeiros e o desenvolvimento da execução orçamentária, de modo que, constatada a incompatibilidade entre as receitas arrecadadas e as despesas programadas no quadrimestre com o consequente descumprimento das metas fiscais, o Poder Executivo deverá, por ato próprio, limitar a realização de empenho e movimentação financeira, vinculando os demais poderes e órgão autônomos.

c) A dívida ativa tributária compreende os créditos de natureza tributária dotados de liquidez, certeza e exigibilidade, sendo inscritos em registro próprio.

d) Os recursos correspondentes às dotações orçamentárias destinadas aos órgãos dos Poderes Legislativo e Judiciário, do MP e da defensoria pública serão entregues a eles integralmente até o dia vinte de janeiro do exercício corrente, sob pena de sequestro dos valores.

e) A dívida ativa abrange atualização monetária, juros e multa de mora e demais encargos previstos em lei ou contrato e, quando regularmente inscrita, goza da presunção absoluta de certeza e liquidez.

COMENTÁRIOS

✪ **Nota do autor:** exige conhecimento da LC 101/2000, da Lei nº 4.320/1964 e da CF a respeito da execução orçamentária e da dívida ativa.

Alternativa correta: "c", nos termos do art. 39, § 1º, da Lei nº 4.320/1964.

Alternativa "a": incorreta, de acordo com o art. 9º, § 5º, da LRF, o BCB deverá apresentar à Comissão Mista de Orçamento a avaliação do cumprimento dos objetivos e metas das políticas monetária, creditícia e cambial no prazo de noventa dias após o encerramento de cada semestre, e não ao final de cada exercício financeiro.

Alternativa "b": incorreta, de acordo com o art. 9º da LRF, os Poderes e o Ministério Público (e não apenas o Poder Executivo) promoverão, por ato próprio e nos montantes necessários, nos trinta dias subsequentes, limitação de empenho e movimentação financeira, segundo os critérios fixados pela lei de diretrizes orçamentárias.

Alternativa "d": incorreta, de acordo com o art. 168 da CF, os recursos correspondentes às dotações orçamentárias destinadas aos órgãos dos Poderes Legislativo e Judiciário, do MP e da defensoria pública serão entregues a eles até o dia 20 de cada mês, em duodécimos, e não integralmente até o dia 20 de janeiro do exercício corrente.

Alternativa "e": incorreta, de acordo com o art. 39, § 1º, da Lei nº 4.320/1964, a dívida ativa, ainda que regularmente inscrita em registro próprio, não goza de presunção absoluta de certeza e liquidez, que devem ser apuradas.

---

71. (Cespe – Procurador do MP junto ao TCU/2015) Assinale a opção correta em relação à gestão patrimonial.

a) É nulo de pleno direito o ato de desapropriação de imóvel urbano expedido sem a previsão de recursos que assegurem o prévio pagamento da indenização em dinheiro, ou o prévio depósito judicial do valor da indenização.

b) A empresa controlada que firmar contrato de gestão em que se estabeleçam objetivos e metas de desempenho, na forma da lei, disporá de autonomia gerencial, orçamentária e financeira, sendo automaticamente excluída do orçamento de investimento dos entes federados.

c) A lei orçamentária só incluirá novos projetos após serem adequadamente atendidos aqueles que estejam em execução e contempladas as despesas de conservação do patrimônio público, nos termos em que dispuser o PPA, admitindo-se a previsão de investimentos com prazo superior a um exercício.

d) As disponibilidades de caixa da União serão depositadas em instituições financeiras públicas ou privadas autorizadas pelo BCB e escolhidas após prévia concorrência pública.

e) As disponibilidades de caixa do RGPS e RPPSs dos servidores públicos ficarão depositadas em conta separada das demais disponibilidades de cada ente e aplicadas nas condições de mercado, inclusive em títulos da dívida pública federal, estadual e municipal, bem como em ações e outros papéis relativos às empresas controladas pelos entes da Federação.

COMENTÁRIOS

✪ **Nota do autor:** exige conhecimento da LC 101/2000 e das normas constitucionais sobre gestão patrimonial.

Alternativa correta: "a", nos termos do art. 46 da LRF.

Alternativa "b": incorreta, de acordo com o art. 47 da LRF, a empresa controlada (isto é, a empresa em que a União, direta o indiretamente, detiver a maioria do capital social com direito a voto), que firmar contrato de gestão deverá ser incluída no orçamento de investimento da União, consoante disposto no art. 165, § 5º, II, da CF.

Alternativa "c": incorreta, de acordo com o art. 45 da LRF, a lei orçamentária e as de créditos adicionais só incluirão novos projetos após adequadamente atendidos os em andamento e contempladas as despesas de conservação do patrimônio público, nos termos em que dispuser a LDO, e não o PPA.

Alternativa "d": incorreta, nos termos do art. 164, § 3º, da CF, "As disponibilidades de caixa da União serão depositadas no banco central; as dos Estados, do Distrito Federal, dos Municípios e dos órgãos ou entidades do Poder Público e das empresas por ele controladas, em instituições financeiras oficiais, ressalvados os casos previstos em lei."

Alternativa "e": incorreta, de acordo com o art. 43, § 2º, da LRF, "É vedada a aplicação das disponibilidades de que trata o § 1º em: I – títulos da dívida pública estadual e municipal, bem como em ações e outros papéis relativos às empresas controladas pelo respectivo ente da Federação;"

---

72. (Cespe – Procurador do MP junto ao TCE-PB/2014) Em conformidade com a Lei de Responsabilidade Fiscal (LRF), se uma instituição financeira estiver sofrendo risco de falência, a prevenção de sua insolvência caberá

a) aos bancos públicos, mediante a emissão de títulos.

b) à União, mediante a concessão de empréstimos de recuperação.

c) a fundos e outros mecanismos constituídos pelas instituições integrantes do Sistema Financeiro Nacional (SFN).

d) à Secretaria do Tesouro Nacional, mediante a constituição de fundo especial.

e) ao Banco Central do Brasil (BACEN), mediante a concessão de empréstimos de curto prazo.

COMENTÁRIOS

✪ **Nota do autor:** exige conhecimento sobre prevenção de insolvência.

Alternativa correta "C": nos termos do artigo 28, § 1º da LC 101/2000 (LRF).

Alternativa "A": incorreta, nos termos do artigo 28, § 1º da LC 101/2000 (LRF).

Alternativa "B": incorreta, nos termos do artigo 28, § 1º da LC 101/2000 (LRF).

Alternativa "D": incorreta, nos termos do artigo 28, § 1º da LC 101/2000 (LRF).

Alternativa "E": incorreta, nos termos do artigo 28, § 1º da LC 101/2000 (LRF).

---

73. (Cespe – Procurador do Estado – BA/2014) Com base no disposto na Lei de Responsabilidade Fiscal, julgue os seguintes itens.

✪ **Nota do autor:** exige conhecimento sobre aspectos relativos à renúncia de receitas.

73.1. Suponha que determinado ente da Federação aja com negligência no dever de arrecadar os impostos de sua competência devidamente instituídos e previstos. Nesse caso, fica vedada a realização de transferências voluntárias ao referido ente, no que se refere aos referidos impostos.

COMENTÁRIOS

Alternativa correta: nos termos do parágrafo único do artigo 11 da LC 101/2000 (LRF), que veda a realização de transferências voluntárias para o ente que deixe de instituir e efetivamente arrecadar os impostos de sua competência constitucional.

73.2. A previsão da receita pública deve ser acompanhada de demonstrativo de sua evolução nos últimos três anos e de projeção para os dois seguintes àquele a que se refira.

COMENTÁRIOS

Alternativa correta: nos termos do artigo 12 da LC 101/2000 (LRF).

73.3. Os requisitos essenciais da responsabilidade na gestão fiscal incluem a instituição, a previsão e a efetiva arrecadação de todos os tributos da competência constitucional do ente da Federação.

COMENTÁRIOS

Alternativa correta: nos termos do artigo 11 da LC 101/2000 (LRF).

73.4. Admite-se a reestimativa da previsão da receita pública, desde que promovida pelo Poder Legislativo, mediante aprovação de lei ordinária, por quaisquer motivos.

COMENTÁRIOS

Alternativa incorreta: o artigo 12, § 1º da LC 101/2000 (LRF) admite a reestimativa de receita por parte do Poder Legislativo apenas se comprovado erro ou omissão de ordem técnica ou legal.

73.5. Para a renúncia de receitas concedidas na modalidade de anistia a contribuintes que tenham suprimido tributo até o valor de R$ 10.000, 00, não se exige que o valor esteja compatível com a lei de diretrizes orçamentárias ou que a renúncia de receitas seja objeto de compensação.

COMENTÁRIOS

Alternativa incorreta: de acordo com o artigo 14 e o inciso II da LC 101/2000 (LRF), a renúncia de receita deverá estar acompanhada de estimativa do impacto orçamentário-financeiro no exercício em que deva iniciar sua vigência e nos dois seguintes, atender ao disposto na lei de diretrizes orçamentárias, bem como estar acompanhada de medidas de compensação, por meio do aumento de receita, proveniente da elevação de alíquotas, ampliação da base de cálculo, majoração ou criação de tributo ou contribuição.

74. (Cespe – Juiz Federal Substituto 5ª região/2013) Com base na CF, na LRF, na interpretação doutrinária da legislação financeira e na Jurisprudência do STF sobre a matéria, assinale a opção correta.

a) Conforme entendimento do STF, um estado pode receber transferências voluntárias da União mesmo que uma de suas entidades da administração indireta esteja inadimplente e inscrita em um dos cadastros restritivos federais, em respeito ao princípio da intranscendência das medidas restritivas de direito.

b) Não havendo suficiente dotação orçamentária ou autorização específica na respectiva lei de diretrizes orçamentárias, serão anuláveis, nos termos da LRF, os atos que impliquem aumento da despesa com pessoal.

c) As receitas originárias, obtidas pelo Estado mediante seu poder de autoridade (*ius imperii*), são captadas coercitivamente de particulares, ao passo que as receitas derivadas decorrem da exploração do patrimônio do Estado, que participa da atividade econômica explorando atividades privadas e cobrando tarifa ou preço público.

d) O Poder Legislativo não pode rejeitar o projeto de lei orçamentária.

e) No Brasil, adota-se expressamente o regime contábil misto, sendo o regime de caixa aplicado às despesas públicas e o de competência, às receitas públicas.

COMENTÁRIOS

✪ **Nota do autor:** exige conhecimento da legislação financeira e da jurisprudência a respeito de aspectos relacionados à receitas e despesas públicas.

Alternativa correta "A": correta, de acordo com o entendimento do STF, o princípio da intranscendência impede que sanções e restrições de ordem jurídica superem a dimensão estritamente individual do infrator. Deste modo, as limitações jurídicas que derivam da inscrição de suas entidades da administração indireta não podem atingir os Estados-membros ou o Distrito Federal, projetando, sobre eles, consequências jurídicas desfavoráveis e gravosas, pois o inadimplemento obrigacional – por revelar-se unicamente imputável aos entes menores integrantes da administração descentralizada – só a estes pode afetar. Precedente: Med. Caut. em AC nº 2094-RR.

Alternativa "B": incorreta, pois os atos que impliquem aumento da despesa com pessoal, sem prévia dotação orçamentária suficiente ou autorização específica na lei de diretrizes orçamentárias, serão nulos e não, anuláveis, nos termos do artigo 21 da Lei Complementar nº 101/2000 (Lei de Responsabilidade Fiscal) c/c o artigo 169, § 1º da Constituição Federal.

Alternativa "C": incorreta, pois as receitas derivadas é que são obtidas pelo Estado mediante seu poder de autoridade e captadas coercitivamente de particulares, como por exemplo, os tributos; ao passo que as receitas originárias decorrem da exploração do patrimônio do Estado, que participa da atividade econômica explorando atividades privadas, como por exemplo, a cobrança de tarifa ou preço público.

Alternativa "D": incorreta, pois o artigo 166, § 8º da Constituição estatui que os recursos que, em decorrência de veto, emenda ou rejeição do projeto de lei orçamentária anual, ficarem sem despesas correspondentes poderão ser utilizados, mediante créditos especiais ou suplementares, com prévia e específica autorização legislativa.

Alternativa "E": incorreta, conforme o artigo 50, inciso II da LC 101/2000 (LRF), "a despesa e a assunção de compromisso serão registradas segundo o regime de competência, apurando-se, em caráter complementar, o resultado dos fluxos financeiros pelo regime de caixa". Logo, o regime de competência será aplicado às despesas públicas e o regime de caixa, às receitas.

75. (Cespe – Procurador do Ministério Público junto ao TCDF/2013) Houve um grande alvoroço quando os parlamentares da Comissão Mista de Orçamento do Congresso Nacional elevaram a previsão de receita da União para 2011 em R$ 22, 8 bilhões. Muitos consideraram a estimativa irrealista e destinada unicamente a acomodar o aumento de gastos que deputados e senadores fizeram no orçamento. Esse "exagero" na reestimativa da receita foi um dos argumentos utilizados pelo governo para "contingenciar" R$ 50, 1 bilhões nas despesas orçamentárias e, dessa forma, garantir a obtenção da meta de superávit primário deste ano.

Valor Econômico, 22/9/2011 (com adaptações).

A respeito dos temas abordados na matéria jornalística acima, julgue os itens a seguir.

✪ **Nota do autor:** exige conhecimento sobre atribuições do Congresso Nacional em matéria fiscal e sobre contingenciamento de despesas públicas.

75.1. Além de emitir parecer sobre planos setoriais previstos na CF, cabe à comissão mista de que trata o texto examinar as contas apresentadas anualmente pelo presidente da República.

COMENTÁRIOS

Alternativa correta: nos termos do artigo 166, § 1º da Constituição Federal.

75.2. A meta de superávit, mencionada no texto, deve constar da LDO, conforme determinação explícita da Lei de Responsabilidade Fiscal.

COMENTÁRIOS

Alternativa correta: nos termos do artigo 4º, § 1º da LC 101/2000 (LRF), integrará o projeto de lei de diretrizes orçamentárias o Anexo de Metas Fiscais, em que serão estabelecidas metas anuais, em valores correntes e constantes, relativas a receitas, despesas, resultados nominal e primário e montante da dívida pública, para o exercício a que se referirem e para os dois seguintes. O superávit e o déficit primários equivalem, respectivamente, ao resultado positivo e ao resultado negativo na apuração do resultado primário, calculado pelo Banco Central para todo o setor público pela subtração de todas as despesas não financeiras do montante de receitas não financeiras.

75.3. Em face do caráter autorizativo da LOA, não há obrigatoriedade de recomposição das despesas contingenciadas, na hipótese de restabelecimento da receita prevista no orçamento.

COMENTÁRIOS

Alternativa incorreta: de acordo com o artigo 9º, § 1º da LC 101/2000 (LRF), a recomposição das dotações cujos empenhos foram limitados, neste caso, é obrigatória e dar-se-á de forma proporcional às reduções efetivadas.

75.4. O contingenciamento a que se refere o texto não pode atingir despesas que estejam ressalvadas pela LOA, a exemplo das transferências constitucionais e das despesas destinadas ao pagamento do serviço da dívida.

COMENTÁRIOS

Alternativa incorreta: de acordo com o artigo 9º, § 2º da LC 101/2000 (LRF), as despesas que constituam obrigações constitucionais e legais do ente, inclusive aquelas destinadas ao pagamento do serviço da dívida, e as ressalvadas pela lei de diretrizes orçamentárias (e não, pela LOA), não podem ser alvo de contingenciamento.

76. (Cespe – Juiz Federal Substituto 1ª região/2013) No que concerne à Lei de Responsabilidade Fiscal, assinale a opção correta.

a) O município que instituir taxa, realizar as estimativas da receita associada, mas não efetivar a sua arrecadação, não poderá receber transferências voluntárias da União, por ausência de requisito essencial da gestão fiscal responsável.

b) O Poder Executivo federal pode, para fins de cumprimento de metas fiscais, limitar, mediante decreto de contingenciamento, a execução de despesas decorrentes de obrigação constitucional, dado o caráter meramente autorizativo da lei orçamentária anual.

c) A lei orçamentária anual de um estado da Federação deve, obrigatoriamente, indicar todas as despesas referentes à sua dívida pública, mobiliária ou contratual.

d) Um município poderá, em sua lei de orçamento, consignar dotação ilimitada para despesas de programas voltados à superação de grave problema de mobilidade urbana.

e) Sendo a realização da receita prevista no orçamento incompatível com as metas fiscais da lei de diretrizes orçamentárias, conforme apuração bimestral, o MP e o Poder Judiciário não estarão sujeitos às regras de limitação de empenho da despesa e de movimentação financeira.

COMENTÁRIOS

✪ **Nota do autor:** exige conhecimento a respeito de aspectos relacionados a receitas e despesas públicas, previstos na Lei de Responsabilidade Fiscal.

Alternativa correta "C": nos termos do artigo 5º, § 1º da LC 101/2000 (LRF).

Alternativa "A": incorreta, o parágrafo único do artigo 11 da LC 101/2000 (LRF) veda a realização de transferências voluntárias para o ente que não efetivar a arrecadação de impostos de sua competência e não, de taxa.

Alternativa "B": incorreta, conforme o § 2º do artigo 9º da LC 101/2000 (LRF), não serão objeto de limitação as despesas que constituam obrigações constitucionais e legais do ente, além daquelas destinadas ao pagamento do serviço da dívida, e as que possuem ressalva na LDO.

Alternativa "D": incorreta, segundo o § 4º do artigo 5º da LC 101/2000 (LRF), é vedado consignar na LOA crédito com finalidade imprecisa ou com dotação ilimitada.

Alternativa "E": incorreta, de acordo com o artigo 9º da LC 101/2000 (LRF), se ao final de um bimestre, a realização da receita não comportar o cumprimento das metas de resultado primário ou nominal, os Poderes e o Ministério Público deverão promover, por ato próprio e nos montantes necessários, limitação de empenho e movimentação financeira, segundo os critérios fixados pela lei de diretrizes orçamentárias.

---

77. (Cespe – Procurador BACEN/2013) Com base no que dispõe a LRF, assinale a opção correta.

a) É vedado às instituições financeiras deficitárias o recebimento de recursos do BACEN, por serem recursos públicos, ainda que observado o regramento legal e orçamentário.

b) É prevista a destinação de recursos públicos para o setor privado mediante a edição de lei complementar federal.

c) Os recursos públicos destinados à iniciativa privada devem estar previstos no plano plurianual ou em créditos adicionais.

d) O BACEN está autorizado a conceder financiamento para mudança de controle acionário de instituição do sistema financeiro nacional.

e) Ao BACEN não é vedada a concessão de empréstimos com prazo inferior a trezentos e sessenta dias às instituições financeiras.

COMENTÁRIOS

✪ **Nota do autor:** exige conhecimento de aspectos relacionados à destinação de recursos públicos para o setor privado.

Alternativa correta "E": de acordo com o § 2º do artigo 28 da LC 101/2000 (LRF).

Alternativa "A": incorreta, de acordo com o artigo 26 da LC 101/2000 (LRF), é permitida a destinação de recursos públicos para cobrir déficits de pessoas jurídicas, desde que autorizada por lei específica, que atenda às condições estabelecidas na lei de diretrizes orçamentárias e que esteja prevista no orçamento ou em seus créditos adicionais.

Alternativa "B": incorreta, nos termos do artigo 26 da LC 101/2000 (LRF), não é necessária a edição de lei complementar federal; basta lei ordinária.

Alternativa "C": incorreta, nos termos do artigo 26 da LC 101/2000 (LRF), a destinação de recursos públicos à iniciativa privada deve estar prevista na lei de diretrizes orçamentárias e não, no plano plurianual.

Alternativa "D": incorreta, de acordo com o caput do artigo 28 da LC 101/2000 (LRF), o BACEN não pode conceder financiamento para mudança de controle acionário de instituição do Sistema Financeiro Nacional, exceto se houver autorização por lei específica.

---

78. (Cespe – Procurador BACEN/2013) Assinale a opção correta a respeito da dívida pública, regulamentada na LRF.

a) A emissão e o aceite de título não são considerados operações de crédito.

b) A emissão de títulos para pagamento do principal da dívida pública acrescido de juros é considerada operação de garantia para a instituição financeira.

c) A concessão de garantia cabe a instituições financeiras sem vinculação com ente federativo.

d) Inclui-se na dívida pública consolidada ou fundada a realização de operações de crédito para amortização em prazo inferior a doze meses.

e) A dívida pública mobiliária é representada por títulos emitidos pela União, inclusive os do BACEN, estados e municípios.

COMENTÁRIOS

✪ **Nota do autor:** exige conhecimento sobre a dívida pública.

Alternativa correta "E": correta, consoante artigo 29 da LC 101/2000 (LRF).

Alternativa "A": incorreta, o artigo 29, inciso III da LC 101/2000 (LRF) considera operação de crédito a emissão e o aceite de título.

Alternativa "B": incorreta, a emissão de títulos para pagamento do principal acrescido da atualização monetária (e não de juros) é considerada refinanciamento da dívida mobiliária, nos termos do artigo 29, inciso V, da LC 101/2000 (LRF).

Alternativa "C": incorreta, de acordo com o artigo 29, inciso IV da LC 101/2000 (LRF), a concessão de garantia é o compromisso de adimplência de obrigação financeira ou contratual assumida por ente da Federação ou entidade a ele vinculada.

Alternativa "D": incorreta, conforme o artigo 29, inciso I da LC 101/2000 (LRF), o prazo deve ser superior a doze meses e não, inferior.

79. (Cespe – Procurador BACEN/2013) Na LRF, é prevista a possibilidade de o BACEN, nas suas relações com entes da Federação,

a) comprar diretamente títulos emitidos pela União para refinanciar a dívida mobiliária federal que estiver vencendo na sua carteira.
b) vender títulos ao Tesouro Nacional existentes em sua carteira, ainda que com cláusula de reserva.
c) comprar títulos da dívida estadual, na data de sua colocação no mercado.
d) comprar e vender, a termo, título da dívida estadual, cujo efeito final seja semelhante à permuta.
e) permutar título da dívida estadual, por intermédio de instituição financeira ou não, por título da dívida pública federal.

COMENTÁRIOS

✪ **Nota do autor:** exige conhecimento de aspectos relacionados à atuação do Banco Central do Brasil.

Alternativa correta "A": correta, nos termos do artigo 39, § 2º da LC 101/2000 (LRF).

Alternativa "B": incorreta, de acordo com o artigo 39, § 4º da LC 101/2000 (LRF), "é vedado ao Tesouro Nacional adquirir títulos da dívida pública federal existentes na carteira do Banco Central do Brasil, ainda que com cláusula de reversão, salvo para reduzir a dívida mobiliária."

Alternativa "C": incorreta, nos termos do artigo 39, inciso I, é vedado ao BACEN comprar título da dívida, na data de sua colocação no mercado, exceto a compra de títulos emitidos pela União para refinanciar sua dívida mobiliária que estiver vencendo na carteira do Banco.

Alternativa "D": incorreta, de acordo com o artigo 39, inciso II, da LC 101/2000 (LRF), "é vedada permuta, ainda que temporária, por intermédio de instituição financeira ou não, de título da dívida de ente da Federação por título da dívida pública federal, bem como a operação de compra e venda, a termo, daquele título, cujo efeito final seja semelhante à permuta."

Alternativa "E": incorreta, nos termos do artigo 39, inciso II da LC 101/2000 (LRF).

80. (Cespe – Procurador do DF/ 2013) Considerando que lei editada no DF tenha concedido crédito presumido para os contribuintes do ICMS, de acordo com convênio aprovado no âmbito do Conselho Nacional de Política Fazendária, julgue os próximos itens.

COMENTÁRIOS

✪ **Nota do autor:** exige conhecimento sobre renúncia de receita.

80.1. A necessidade de adequação orçamentária com a LDO e a LOA, ou, se isso não ocorrer, a adoção de medidas de compensação com aumento de tributos, por exemplo, somente se aplica para renúncias de receita referentes ao tributo de ICMS.

COMENTÁRIOS

Alternativa incorreta: o artigo 14, § 1º da LC 101/2000 (LRF) não se limita ao ICMS, isto é, a renúncia de receita que implique redução discriminada de quaisquer tributos ou contribuições e outros benefícios que correspondam a tratamento diferenciado devem obedecer aos requisitos previstos no artigo 14, caput e incisos I e II daquela lei.

80.2. O benefício concedido por lei entrará em vigor na data de sua publicação, em caso de alteração de alíquota do ICMS, mesmo que não esteja previsto na LOA e não promova a compensação.

COMENTÁRIOS

Alternativa incorreta: de acordo com o artigo 14, § 2º da LC 101/2000 (LRF), a concessão ou ampliação de incentivo ou benefício de natureza tributária da qual decorra renúncia de receita só entrará em vigor quando implementadas as medidas de compensação por meio do aumento de receita, proveniente da elevação de alíquotas, ampliação da base de cálculo, majoração ou criação de tributo ou contribuição.

80.3. Aos cancelamentos de débitos cujo montante seja inferior ao dos respectivos custos de cobrança não se aplicam as regras exigidas para a renúncia de receita prevista na LRF.

COMENTÁRIOS

Alternativa correta: de acordo com o artigo 14, § 3º, inciso II da LC 101/2000 (LRF).

80.4. A concessão desse crédito presumido é uma das modalidades de renúncia de receita.

COMENTÁRIOS

Alternativa correta: nos termos do artigo 14, § 1º da LC 101/2000 (LRF).

80.5. Caso sejam necessárias medidas de compensação para a validade da renúncia de receita, o benefício somente entrará em vigor após a efetiva implementação dessas medidas.

COMENTÁRIOS

Alternativa correta: conforme o artigo 14, § 2º, inciso II da LC 101/2000 (LRF).

81. (Cespe – Procurador do DF/ 2013) Com relação aos indicadores da saúde financeira dos entes públicos para a gestão financeira equilibrada, julgue os itens seguintes.

COMENTÁRIOS

✪ **Nota do autor:** exige conhecimento sobre os conceitos de resultado primário e resultado nominal.

81.1. O resultado primário é item que deve constar obrigatoriamente da LOA, conforme prevê a LRF.

COMENTÁRIOS

Alternativa incorreta: o resultado primário deverá constar do Anexo de Metas Fiscais que, por sua vez, integra a LDO, nos termos do artigo 4º, § 1º c/c artigo 9º, ambos da LC 101/2000 (LRF).

81.2. O anexo de metas fiscais que integra a LDO deve estabelecer metas anuais para o exercício a que se referirem e para os dois seguintes.

COMENTÁRIOS

Alternativa correta: nos termos do artigo 4º, § 1º da LC 101/2000 (LRF).

81.3. O resultado primário é um bom indicador da solvência do setor público, pois indica a necessidade, ou não, de utilização de recursos de terceiros para a cobertura das suas despesas.

COMENTÁRIOS

Alternativa correta: o resultado primário corresponde à diferença entre as receitas não financeiras e as despesas não financeiras, e é considerado um dos melhores indicadores da saúde financeira dos entes públicos, pois indica se os níveis de gastos orçamentários dos entes federativos são compatíveis com sua arrecadação, ou seja, se as Receitas Primárias são capazes de suportar as Despesas Primárias.

81.4. O resultado nominal, que também é um bom indicador da saúde financeira do estado, refere-se ao valor da receita bruta diminuído dos juros líquidos.

COMENTÁRIOS

Alternativa incorreta: o resultado nominal, ao contrário do resultado primário, inclui as despesas com juros e correção monetária na somatória, isto é, corresponde à diferença entre as receitas não financeiras acrescidas das receitas de juros e das despesas não financeiras acrescidas de juros. Se o resultado nominal for positivo, o Governo poderá reduzir o endividamento público ou aplicar o excedente em novos investimentos; se o resultado for negativo, terá que recorrer a novos empréstimos para atender aos compromissos assumidos.

82. (Cespe – Procurador do DF/ 2013) Julgue os itens a seguir, referentes ao controle do endividamento e a operações de crédito.

COMENTÁRIOS

✪ **Nota do autor:** exige conhecimento sobre dívida pública e vedações de conduta quanto a operações de crédito.

82.1. Um conceito fundamental no que se refere a endividamento é o de dívida consolidada líquida, que é o montante total das obrigações financeiras do estado deduzidas as disponibilidades de caixa, as aplicações financeiras e os demais haveres financeiros.

COMENTÁRIOS

Alternativa correta: nos termos do artigo 2º, inciso V, da Resolução nº 43 do Senado Federal, dívida consolidada líquida é a dívida consolidada, deduzidas as disponibilidades de caixa, as aplicações financeiras e os demais haveres financeiros, e, conforme o artigo 29, inciso I da LC 101/2000 (LRF), dívida pública consolidada ou fundada é o montante total, apurado sem duplicidade, das obrigações financeiras do ente da Federação, assumidas em virtude de leis, contratos, convênios ou tratados e da realização de operações de crédito, para amortização em prazo superior a doze meses.

82.2. É vedada a captação de recursos a título de antecipação de receita de contribuição cujo fato gerador ainda não tenha ocorrido.

COMENTÁRIOS

Alternativa correta: nos termos do artigo 37, inciso I da LC 101/2000 (LRF).

82.3. É considerado operação de crédito o recebimento antecipado de lucros e dividendos de empresa cujo capital social com direito a voto esteja, direta ou indiretamente, sob o domínio do poder público.

COMENTÁRIOS

Alternativa incorreta: nos termos do artigo 37, inciso II da LC 101/2000 (LRF).

82.4. O Senado Federal estabeleceu o limite global de endividamento para os estados, o DF e os municípios.

COMENTÁRIOS

Alternativa correta: conforme artigo 52, inciso IX da Constituição Federal.

82.5. É vedada operação de crédito entre entes da Federação, bem como em relação a quaisquer instituições a eles vinculadas.

COMENTÁRIOS

Alternativa incorreta: a primeira parte da questão está correta de acordo com o artigo 35 da LC 101/2000 (LRF), porém é permitida a realização de operações entre instituição financeira estatal e outro ente da Federação, inclusive suas entidades da administração indireta, desde que não se destinem a financiar, direta ou indiretamente, despesas correntes ou a refinanciar dívidas não contraídas junto à própria instituição concedente, nos termos do § 1º do referido artigo.

Direito Financeiro

Lucas de Souza Lehfeld

✦ DICAS (RESUMO)

1. DAS FINANÇAS PÚBLICAS E DO ORÇAMENTO

1.1. DOS PRINCÍPIOS ORÇAMENTÁRIOS

Legalidade	O ordenador de despesas só pode fazer aquilo que as respectivas leis lhe permitem e limitam. Exige obediência estrita às normas da constituição orçamentária.
Totalidade	Todas as receitas e despesas públicas devem concentrar-se na lei orçamentária proposta pelo Poder Executivo, e aprovadas pelo Legislativo. No entanto, atualmente, a elaboração orçamentária acabou por esvaziar o princípio da unidade, dando origem a outro mais condizente com o que efetivamente ocorre, **o princípio da totalidade,** pelo qual se admite a presença de orçamentos setoriais, desde que eles se consolidem em um documento que permita ao governo ter uma visão sistêmica das finanças públicas. (art. 165, § 5º)
Universalidade	O orçamento deve compreender todas as receitas e despesas estatais, permitindo o seu controle pelo Poder Legislativo, e com isso a sua legitimação.
Orçamento bruto	As receitas e despesas, na lei orçamentária, devem aparecer em seus valores brutos, sem quaisquer deduções.
Anualidade ou periodicidade	A lei orçamentária é de vigência ou periodicidade anual. As receitas e as despesas nela previstas haverão de realizar-se no decurso do exercício financeiro, que poderá ou não coincidir com o ano civil, conforme dispuser a lei complementar prevista no art. 195, § 9º, inciso I, da Constituição. Hodiernamente, o exercício financeiro coincide com o ano civil, nos termos do art. 34 da Lei nº 4.320/64. O princípio da anualidade ou periodicidade, na Constituição Federal, encontra-se expresso nos arts. 48, II, 165, § 5º e 166.
Equilíbrio	Princípio clássico das finanças públicas, não mais vigora no Brasil, pelo menos como norma constitucional. O texto constitucional em vigor, perante a questão do déficit público, preferiu incorporá-lo nas operações de crédito.
Exclusividade	Determina que o orçamento contenha apenas matéria orçamentária e não se refira a qualquer outro assunto. Está previsto no artigo 165, § 8º da CF/88.

- **IMPORTANTE: DAS ESCOLHAS TRÁGICAS** - Denominação para escolhas alocatícias feitas pelo Estado, em razão da limitação de recursos e grande número de demandas que a sociedade possui, em especial quando se tratar de salvar vidas em desastres ou acidentes ocasionais. Isso não significaria redução do valor da vida como direito fundamental. Simplesmente não haveria por parte do Poder Público atender ou solucionar todos os problemas, razão pela qual em determinados momentos opta-se por proteger um determinado direito, adiando outro, às vezes tão importante quanto o escolhido (escolhas trágicas).

1.2. DA COMPETÊNCIA EM MATÉRIA FISCAL E ORÇAMENTÁRIA

- A Constituição Federal estabelece **competência concorrente da União, dos Estados e do Distrito Federal para legislar sobre direito financeiro e orçamento** (art. 24, I e II), por meio de **lei complementar** (art. 163).
- À **União** cabe estabelecer **normas gerais** sobre esta matéria e aos **Estados, normas suplementares** – apenas diante da inexistência de normas gerais, é que os Estados poderão exercer a competência legislativa plena (art. 24, §§ 1º, 2º e 3º).
- No entanto, a superveniência de lei federal sobre normas gerais de direito financeiro suspende a eficácia da lei estadual, apenas naquilo que lhe for contrária (art. 24, § 4º).
- A **Lei nº 4.320/1964**, que estabelece normas gerais de direito financeiro para elaboração e controle dos **orçamentos e balanços**, embora ordinária, foi recepcionada como lei complementar pela atual Constituição e não foi revogada pela **Lei**

Complementar nº 101/2000 (Lei de Responsabilidade Fiscal), que passou a complementá-la, estabelecendo normas de finanças públicas voltadas para a **responsabilidade na gestão fiscal**.

- O **Congresso Nacional** também poderá dispor sobre matéria fiscal e orçamentária, de competência da União, porém a Constituição exige sanção presidencial para validar suas decisões em alguns casos e a dispensa em outros, a saber:

a) **Mediante sanção presidencial:** o Congresso Nacional poderá dispor sobre plano plurianual, diretrizes orçamentárias, orçamento anual, operações de crédito, dívida pública e emissões de curso forçado (art. 48, II, da CF); matéria financeira, cambial e monetária, instituições financeiras e suas operações (art. 48, XIII, da CF); e moeda, seus limites de emissão, e montante da dívida mobiliária federal (art. 48, XV, da CF).

b) **Competência exclusiva:** o Congresso Nacional poderá julgar anualmente as contas prestadas pelo Presidente da República e apreciar os relatórios sobre a execução dos planos de governo (art. 49, X, da CF).

- Importante ressaltar, ainda, as **atribuições privativas do Senado Federal** em matéria fiscal e orçamentária (art. 52 da CF):

- autorizar operações externas de natureza financeira, de interesse da União, dos Estados, do Distrito Federal, dos Territórios e dos Municípios;
- fixar, por proposta do Presidente da República, **limites globais para o montante da dívida consolidada da União, dos Estados, do Distrito Federal e dos Municípios**;
- dispor sobre **limites globais e condições para as operações de crédito externo e interno** da União, dos Estados, do Distrito Federal e dos Municípios, de suas autarquias e demais entidades controladas pelo Poder Público federal;
- dispor sobre **limites e condições para a concessão de garantia da União em operações de crédito externo e interno**;
- estabelecer **limites globais e condições para o montante da dívida mobiliária dos Estados, do Distrito Federal e dos Municípios.**

1.3. DO BANCO CENTRAL DO BRASIL

- A **competência para emissão de moeda é da União** (art. 21, VII, da CF) e será exercida exclusivamente pelo **banco central** (art. 164 da CF).
- O BACEN poderá **comprar e vender títulos de emissão do Tesouro Nacional**, com o objetivo de regular a oferta de moeda ou a taxa de juros (art. 164, § 2º da CF), porém **não poderá conceder, direta ou indiretamente, empréstimos ao Tesouro Nacional e a qualquer órgão ou entidade que não seja instituição financeira** (art. 164, § 1º da CF).
- É **permitida a destinação de recursos públicos**, através da concessão de **empréstimos, financiamentos e refinanciamentos,** concessão de **subvenções** e **participação em constituição ou aumento de capital**, para cobrir necessidades de **pessoas físicas** ou déficits de **pessoas jurídicas, EXCETO de instituições financeiras e do BACEN,** desde que autorizada por **lei específica**, que atenda às condições estabelecidas na **lei de diretrizes orçamentárias** e que esteja prevista no **orçamento** ou em seus **créditos adicionais** (art. 26 e parágrafos da LRF).
- É **proibida a destinação de recursos públicos para socorrer instituições do Sistema Financeiro Nacional,** ainda que seja mediante a concessão de empréstimos de recuperação ou de financiamentos para a mudança de controle acionário, **EXCETO se houver lei autorizativa específica** (art. 28 da LRF). Deste modo, o BACEN está autorizado a conceder às instituições financeiras operações de redesconto e de empréstimos de prazo inferior a trezentos e sessenta dias (art. 28, § 2º da LRF).
- **Vedações do BACEN nas suas relações com ente da Federação** (art. 39 da LRF):

a) comprar título da dívida, na data de sua colocação no mercado, EXCETO se comprar diretamente títulos emitidos pela União para refinanciar a dívida mobiliária federal que estiver vencendo na sua carteira (inciso I c/c o § 2º);

b) permutar, ainda que temporariamente, por intermédio de instituição financeira ou não, título da dívida de ente da Federação por título da dívida pública federal, bem como realizar a operação de compra e venda, a termo, daquele título, cujo efeito final seja semelhante à permuta (inciso II);

c) conceder garantia (inciso III).

1.4. ESPÉCIES DE ORÇAMENTO

- TRADICIONAL: centrado nos aspectos contábeis, desvinculado de qualquer planejamento.
- DESEMPENHO OU REALIZAÇÕES: Voltado para o desempenho organizacional, com desvinculação entre planejamento e orçamento.
- PROGRAMA: vinculado ao planejamento. Busca atender aspectos administrativos da gestão.
- BASE ZERO: No início de cada ciclo orçamento, deve-se justiçar todo programa orçamentário

- MODERNO: Busca garantir o equilíbrio fiscal, por meio do cumprimento de metas de resultados fiscais determinadas..

1.5. DO ORÇAMENTO PARTICIPATIVO

- Consiste na necessária consulta prévia feita aos cidadãos a respeito dos gastos públicos que desejam ver realizados, antes que o referido projeto vá ao Legislativo para o debate e aprovação. Trata-se de uma espécie de democracia representativa, aproximando os cidadãos aos gastos públicos e da gestão orçamentária em virtude das limitações econômico-financeiras do Estado. Tem origem no Estado do Rio Grande do Sul e atualmente é considerado princípio democrático.

1.6. CICLO ORÇAMENTÁRIO AMPLIADO

- Em análise constitucional, o ciclo orçamentário ampliado compreende as seguintes fases:

  Formulação do planejamento plurianual pelo Executivo → apreciação e adequação do plano pelo Legislativo → proposição de metas e prioridades para a administração e da política de alocação de recursos pelo Executivo → apreciação e adequação da Lei de Diretrizes Orçamentárias (LDO) pelo Legislativo → elaboração da proposta de orçamento pelo Executivo → adequação e autorização legislativa → execução dos orçamentos aprovados → avaliação da execução e julgamento das contas.

1.7. DA NATUREZA JURÍDICA DO ORÇAMENTO

- Para a maioria da doutrina, trata-se de **lei formal (ato condição)** (STF, RE 34581-DF; RE 75908-PR e ADI 1.716).
- Orçamento é autorizativo e não impositivo. Entretanto, na ADI 4663, o Min. Luis Fux, em posicionamento isolado, aponta para uma possível mudança de entendimento do STF quanto à natureza jurídica do orçamento, o qual passa a ter um caráter vinculante, ainda que mínimo, obrigando o Executivo justificar o porquê do não cumprimento das normas orçamentárias como aprovadas pelo Poder Legislativo.
- IMPORTANTE: Alteração do §11 do art. 166 pela recente Emenda Constitucional n. 86/2015: "§11. É obrigatória a execução orçamentária e financeira das programações a que se refere o § 9º deste artigo, em montante correspondente a 1,2% (um inteiro e dois décimos por cento) da receita corrente líquida realizada no exercício anterior, conforme os critérios para a execução equitativa da programação definidos na lei complementar prevista no § 9º do art. 165". Pela inclusão do referido dispositivo, as emendas individuais dos parlamentares se tornaram impositivas, até o limite de 1,2% da receita corrente líquida.
- CONTROLE DE CONSTITUCIONALIDADE DO ORÇAMENTO PÚBLICO: No passado, o STF tinha entendimento que o orçamento público era lei de natureza concreta, não podendo, portanto, ser objeto de controle concentrado de constitucionalidade. Entretanto, em 2008, quando do julgamento das ADIs 4048 e 4049, a referida Corte alterou o seu posicionamento, admitindo ser possível o controle por via direta das normas orçamentárias.

1.8. DAS LEIS ORÇAMENTÁRIAS

- **PPA**: Plano Plurianual – lei que estabelece o planejamento estratégico governamental de longo prazo. Assim, estabelece as diretrizes, objetivos e metas da Administração Pública Federal com relação às despesas de capital e outras delas decorrentes, bem como para às despesas de duração continuada (Art. 165, §1º, da CF/88)
- **LDO**: A Lei de Diretrizes Orçamentárias compreende as metas e prioridades da Administração Pública Federal, incluindo as despesas de capital para o exercício financeiro subsequente. Serve de parâmetro para a Lei Orçamentária Anual. Disporá sobre as alterações na legislação tributária, bem como estabelecerá a política de aplicação das agências financeiras oficiais de fomento. (Art. 165, §2º, da CF/88).
- **LOA:** A Lei Orçamentária Anual compreenderá o orçamento fiscal referente aos Poderes da União, seus fundos, órgãos e entidades da administração direta e indireta, inclusive fundações instituídas e mantidas pelo Poder Público; o orçamento de investimentos das empresas em que a União, direta ou indiretamente, detenha a maioria do capital social com direito a voto; e o orçamento da seguridade social, abrangendo todas as entidades e órgãos a ela vinculados, da administração direta ou indireta, bem como os fundos e fundações instituídos e mantidos pelo Poder Público (Art. 165, §5º, da CF/88). Cabe ressaltar que o projeto de lei orçamentária não conterá dispositivo estranho à previsão da receita e à fixação das despesas, não se incluindo na proibição a autorização para abertura de créditos suplementares e contratação de operações de crédito, ainda que por antecipação de receita, nos termos da lei. (§8º da art. 165).

2. DAS RECEITAS E DESPESAS PÚBLICAS

RECEITA PÚBLICA	DESPESA PÚBLICA
Conjunto dos recursos financeiros que ingressam nos cofres públicos, conforme lei orçamentária. Compreende as rendas – recursos provenientes dos tributos e preços privativos da entidade estatal – e demais ingressos decorrentes, por exemplo, de tributos partilhados, fundos, financiamentos, empréstimos, doações e subvenções.	Trata-se de parte orçamentária que autoriza a execução de gastos para remunerar servidores, adquirir bens, executar obras e empreendimentos. Indica também a destinação de quantia certa de dinheiro em prol do interesse público pela autoridade competente

- As **Receitas Públicas** são subdivididas em:

a) **Receitas Correntes:** previstas no artigo 11, § 1º da Lei nº 4.320/64, ao dispor que "São Receitas Correntes as receitas tributária, de contribuições, patrimonial, agropecuária, industrial, de serviços e outras e, ainda, as provenientes de recursos financeiros recebidos de outras pessoas de direito público ou privado, quando destinadas a atender despesas classificáveis em Despesas Correntes."

b) **Receitas de Capital:** previstas no artigo 11, § 2º da Lei nº 4.320/64, ao dispor que "São Receitas de Capital as provenientes da realização de recursos financeiros oriundos de constituição de dívidas; da conversão, em espécie, de bens e direitos; os recursos recebidos de outras pessoas de direito público ou privado, destinados a atender despesas classificáveis em Despesas de Capital e, ainda, o superávit do Orçamento Corrente."

- Quanto à classificação das receitas, vide art. 11, §4º, da Lei 4.320/64, com redação dada pelo Decreto-Lei nº 1.939/82.
- **IMPORTANTE**: Na Lei de Responsabilidade Fiscal (Lei Complementar nº 101/2000), há a denominada Receita Corrente Líquida, cujo conceito está no seu art. 2º., IV. Assim, trata-se do somatório das receitas tributárias, de contribuições, patrimoniais, industriais, agropecuárias e outras receitas também correntes, com as deduções previstas nas alíneas a, b, c do inciso IV do art. 2º.

2.1. ESTÁGIOS DA RECEITA

ESTÁGIOS DA RECEITA	
PREVISÃO	Art. 12 da Lei de Responsabilidade Fiscal e Súmula 66 do STF. Previsão na Lei Orçamentária Anual, em que as receitas são sempre previstas ou estimadas, e as despesas são fixadas.
LANÇAMENTO	Art. 142 do Código Tributário Nacional. Após a previsão, a receita é lançada, para seu ingresso. É a individualização do montante a ser arrecadado.

ESTÁGIOS DA RECEITA	
ARRECADAÇÃO (OU PAGAMENTO)	Antecedendo o recolhimento do tributo, o contribuinte ou devedor liquida suas obrigações perante os órgãos arrecadadores
RECOLHIMENTO	Entrega dos valores arrecadados aos cofres públicos.

2.2. DA DRU

- Criada pela Emenda Constitucional n. 10/96, a Desvinculação da Receita da União – DRU consiste em medida de liberação de receitas vinculadas, como os provenientes das contribuições e parte dos impostos, dando maior liberdade ao Poder Executivo na realização dos gastos públicos em outras áreas, a exemplo do pagamento de juros (serviços da dívida). Embora criada em 1996, vem sendo sucessivamente prorrogada (Emendas Constitucionais 17, 27, 42, 56, 68, 93/2016). De acordo com o art. 76 do ADCT, "São desvinculados de órgão, fundo ou despesa, até 31 de dezembro de 2023, 30% (trinta por cento) da arrecadação da União relativa às contribuições sociais, sem prejuízo do pagamento das despesas do Regime Geral da Previdência Social, às contribuições de intervenção no domínio econômico e às taxas, já instituídas ou que vierem a ser criadas até a referida data".

2.3. TAXA E PREÇO PÚBLICO OU TARIFA

- **Tarifa ou preço**: Não é considerado tributo, razão pela qual a receita proveniente não é considerada tributária. Decorre de atividade estatal desempenhada pela Administração Pública como particular fosse. Em regra, remunera serviços públicos não-essenciais, sendo sua prescrição disciplina pelo Código Civil.
- **Taxa**: É considerado tributo, razão pela qual a receita advinda é tributária. Decorre do exercício do poder de polícia ou de serviço público específico ou divisível. Remunera serviço público diretamente relacionado à soberania do país e serviços públicos essenciais ao interesse público.

2.4. DA DÍVIDA ATIVA

- Conforme determina o art. 39, §2º, da Lei nº 4.320/64, a **Dívida Ativa Tributária** é o crédito da Fazenda Pública dessa natureza proveniente de obrigação legal relativa a tributos e respectivos adicionais e multas; e a **Dívida Ativa não Tributária** são os demais créditos da Fazenda Pública, como os decorrentes de empréstimos compulsórios (art. 148 da CF/88 e art. 15 do Código Tributário Nacional) e suas multas; contribuições especiais e suas multas e multas de qualquer origem (exceto as tributárias)

2.5. DESPESAS PÚBLICAS

- Já as **Despesas Públicas** são subdivididas em:

a) **Despesas Correntes:** previstas no artigo 12, § 1º e § 2º da Lei nº 4.320/64. Classificam-se como *Despesas de Custeio* (§ 1º Classificam-se como Despesas de Custeio as dotações para manutenção de serviços anteriormente criados, inclusive as destinadas a atender a obras de conservação e adaptação de bens imóveis.) e *Transferências Correntes* (§ 2º Classificam-se como Transferências Correntes as dotações para despesas as quais não corresponda contraprestação direta em bens ou serviços, inclusive para contribuições e subvenções destinadas a atender à manifestação de outras entidades de direito público ou privado).

b) **Despesas de Capital:** previstas no artigo 12, § 4º, § 5º e § 6º da Lei nº 4.320/64. Classificam-se como *Investimentos* (§ 4º Classificam-se como investimentos as dotações para o planejamento e a execução de obras, inclusive as destinadas à aquisição de imóveis considerados necessários à realização destas últimas, bem como para os programas especiais de trabalho, aquisição de instalações, equipamentos e material permanente e constituição ou aumento do capital de empresas que não sejam de caráter comercial ou financeiro.), *Inversões Financeiras* (§ 5º Classificam-se como Inversões Financeiras as dotações destinadas a: I – aquisição de imóveis, ou de bens de capital já em utilização; II – aquisição de títulos representativos do capital de empresas ou entidades de qualquer espécie, já constituídas, quando a operação não importe aumento do capital; III – constituição ou aumento do capital de entidades ou empresas que visem a objetivos comerciais ou financeiros, inclusive operações bancárias ou de seguros.); e *Transferências de Capital* (§ 6º São Transferências de Capital as dotações para investimentos ou inversões financeiras que outras pessoas de direito público ou privado devam realizar, independentemente de contraprestação direta em bens ou serviços, constituindo essas transferências auxílios ou contribuições, segundo derivem diretamente da Lei de Orçamento ou de lei especialmente anterior, bem como as dotações para amortização da dívida pública).

2.6. DOS ESTÁGIOS DA DESPESA PÚBLICA

ESTÁGIOS DA DESPESA PÚBLICA ("EMLIPA")	
Empenho	Toda despesa demanda prévio empenho. Cria-se a obrigação para o Estado de pagamento pendente ou não de implemento de condição. O empenho se classifica em: a) Ordinário (realizado para despesas normais, em que o montante é conhecido e o pagamento deva ocorrer de uma só vez; b) Estimativa (hipóteses em que não é possível determinar com precisão o valor da despesa); c) Global (assemelha-se ao empenho ordinário. No entanto, em virtude do objeto contratado, o seu pagamento é realizado em parcelas geralmente, uma vez que se espera a conclusão das fases de obras ou entrega de bens).
Liquidação	Verificação do direito adquirido pelo credor com base nos títulos e documentos comprobatórios.
Pagamento	Ato da Administração pelo qual entrega o numerário ao credor que faz jus ao recebimento, recebendo a devida quitação.

2.7. DAS VEDAÇÕES CONSTITUCIONAIS

A despesa pública liga-se diretamente com o princípio da legalidade. Neste sentido, são vedados (art. 167 da CF):
I – o início de programas ou projetos não incluídos na lei orçamentária anual;
II – a realização de despesas ou a assunção de obrigações diretas que excedam os créditos orçamentários ou adicionais;
III – a realização de operações de créditos que excedam o montante das despesas de capital, ressalvadas as autorizadas mediante créditos suplementares ou especiais com finalidade precisa, aprovados pelo Poder Legislativo por maioria absoluta;
IV – a vinculação de receita de impostos a órgão, fundo ou despesa, ressalvadas a repartição do produto da arrecadação dos impostos a que se referem os arts. 158 e 159, a destinação de recursos para as ações e serviços públicos de saúde, para manutenção e desenvolvimento do ensino e para realização de atividades da administração tributária, como determinado, respectivamente, pelos arts. 198, § 2º, 212 e 37, XXII, e a prestação de garantias às operações de crédito por antecipação de receita, previstas no art. 165, § 8º, bem como o disposto no § 4º deste artigo;

A despesa pública liga-se diretamente com o princípio da legalidade. Neste sentido, são vedados (art. 167 da CF):
V – a abertura de crédito suplementar ou especial sem prévia autorização legislativa e sem indicação dos recursos correspondentes;
VI – a transposição, o remanejamento ou a transferência de recursos de uma categoria de programação para outra ou de um órgão para outro, sem prévia autorização legislativa;
VII – a concessão ou utilização de créditos ilimitados;
VIII – a utilização, sem autorização legislativa específica, de recursos dos orçamentos fiscal e da seguridade social para suprir necessidade ou cobrir déficit de empresas, fundações e fundos, inclusive dos mencionados no art. 165, § 5º;
IX – a instituição de fundos de qualquer natureza, sem prévia autorização legislativa.
X – a transferência voluntária de recursos e a concessão de empréstimos, inclusive por antecipação de receita, pelos Governos Federal e Estaduais e suas instituições financeiras, para pagamento de despesas com pessoal ativo, inativo e pensionista, dos Estados, do Distrito Federal e dos Municípios.
XI – a utilização dos recursos provenientes das contribuições sociais de que trata o art. 195, I, a, e II, para a realização de despesas distintas do pagamento de benefícios do regime geral de previdência social de que trata o art. 201.

- **IMPORTANTE:** Fundamental a leitura dos parágrafos do art. 167 (§§1º ao 5º). Ressalta-se a inclusão do §5º pela Emenda Constitucional nº 85/2015, *in verbis:* "§ 5º A transposição, o remanejamento ou a transferência de recursos de uma categoria de programação para outra poderão ser admitidos, no âmbito das atividades de ciência, tecnologia e inovação, com o objetivo de viabilizar os resultados de projetos restritos a essas funções, mediante ato do Poder Executivo, sem necessidade da prévia autorização legislativa prevista no inciso VI deste artigo".

2.8. DAS EMENDAS AO PROJETO DE LEIS ORÇAMENTÁRIAS

- Serão apresentadas na Comissão mista, à qual compete emitir parecer. Na forma regimental, após parecer, as emendas serão apreciadas pelo Plenário das duas Casas do Congresso Nacional (art. 166, § 2º).
- Essas emendas, no entanto, submetem-se a condicionamentos previstos no texto constitucional, podendo ser aprovadas somente quando houver:

a) **compatibilidade com o plano plurianual e com a lei de diretrizes orçamentárias** (art. 166, § 3º, I);

b) **indicarem os recursos necessários, admitidos apenas os provenientes de anulação de despesas, excluídas as que incidam sobre dotações para pessoal e seus encargos, serviço da dívida, transferência tributárias constitucionais para Estado Municípios e Distrito Federal** (§ 3º, II, **"A"** ao **"C"**);

c) **sejam relacionadas com a correção de erros ou omissões** (§ 3º, III, **"A"**), **ou com os dispositivos do texto do projeto de lei** (alínea **"B"**).

- Quanto às emendas para modificação do projeto de lei de diretrizes orçamentárias, "não poderão ser aprovadas quando incompatíveis com o plano plurianual" (art. 166, § 4º).
- Para realizar mudanças formais no projeto da lei plurianual não deverá ser admitido qualquer aumento de despesa prevista nos projetos de iniciativa exclusiva do Presidente da República, com a ressalva das hipóteses inseridas nos §§ 3º e 4º do art. 166, conforme orienta o art. 63, I, da Constituição Federal.

  Também chamada emenda do orçamento impositivo, a EC 86/2015, alterou os arts. 165, 166 e 198 da Constituição Federal, para tornar obrigatória a execução da programação orçamentária, de maneira a dispor sobre critérios para a execução equitativa, além de procedimentos que serão adotados quando houver impedimentos legais e técnicos, cumprimento de restos a pagar e limitação das programações de caráter obrigatório, para a realização do disposto no § 11, do art. 166, incluído pela emenda e que dispõe: " § 11. É obrigatória a execução orçamentária e financeira das programações a que se refere o § 9º deste artigo, em montante correspondente a 1,2% (um inteiro e dois décimos por cento) da receita corrente líquida realizada no exercício anterior, conforme os critérios para a execução equitativa da programação definidos na lei complementar prevista no § 9º do art. 165."

2.9. DO SISTEMA DE PRECATÓRIOS

- Os precatórios podem ser divididos em duas espécies: os de **natureza alimentícia** e os de **natureza não-alimentícia.** Os primeiros serão pagos preferencialmente, com a ressalva prevista no § 2° do art. 100 da Constituição Federal, que obedecerão a uma ordem própria, como informam o art. 6º, § 1º, da Lei nº 9.469/97 e Súmula do STF nº 655.
- "Os débitos de natureza alimentícia compreendem aqueles decorrentes de salários, vencimentos, proventos, pensões e suas complementações, benefícios previdenciários e indenizações por morte ou por invalidez, fundadas em responsabilidade civil, em virtude de sentença judicial transitada em julgado [...]" (art. 100, § 1º).

- "Os débitos de natureza alimentícia cujos titulares, originários ou por sucessão hereditária, tenham 60 (sessenta) anos de idade, ou sejam portadores de doença grave, ou pessoas com deficiência, assim definidos na forma da lei, serão pagos com preferência sobre todos os demais débitos, até o valor equivalente ao triplo fixado em lei para os fins do disposto no § 3º deste artigo, admitido o fracionamento para essa finalidade, sendo que o restante será pago na ordem cronológica de apresentação do precatório." (art. 100, §2º, da CF/88, com redação dada pela Emenda Constitucional nº 94/2016),
- O rol apresentado não é exaustivo. Os **honorários advocatícios**, por exemplo, em razão do arts. 22 e 23 da Lei nº 8.906/94, incluídos na condenação são considerados prestação alimentícia paga em precatório pela Fazenda Pública, levando-se em conta a ordem especial restrita aos créditos dessa natureza.
- **O pagamento de obrigações de pequeno valor**, definidas em lei, que deverá ser realizado pela Fazenda Pública em virtude do trânsito em julgado de sentença judicial **não se submete à obrigatoriedade da expedição de precatórios** (art. 100, § 3º). Entretanto, veda-se a expedição de precatórios complementares ou suplementares de valor pago, bem como o fracionamento, repartição ou quebra do valor da execução para fins de enquadramento de parcela do total ao montante que seria considerado como de "pequeno valor" (art. 100, § 8º).
- **Na quantificação dessas obrigações definidas como de pequeno valor**, o art. 100, § 4º dispõe que poderão ser fixados, por leis próprias valores distintos às entidades de direito público, segundo as diferentes capacidades econômicas, sendo o mínimo igual ao valor do maior benefício do regime geral da previdência social.
- Se a referida lei não estiver publicada em até 180 dias, contados da data de publicação da EC nº 62/2009, será considerado o **valor de 40 salários mínimos** para **Estados e Distrito Federal**; e **30 salários mínimos para os Municípios,** segundo o art. 87 do ADCT.
- A Súmula Vinculante 47 do STF, publicada no D.O.U de 02 de junho de 2015, reconhece a natureza alimentar dos honorários em sede de precatórios, e aprovou em sessão plenária de 27 de maio de 2015, de forma a antecipar a vigência do novo CPC, decidindo e afastando divergência a respeito de que em sede de precatórios também há natureza alimentar.

O REGIME CONSTITUCIONAL DE PRECATÓRIOS TAMBÉM DISPÕE	
Compensação de precatórios com débitos tributários	"No momento de expedição dos precatórios, independentemente de regulamentação, deles deverá ser abatido, a título de compensação, valor correspondente aos débitos líquidos e certos, inscritos ou não em dívida ativa e constituídos contra o credor original pela Fazenda Pública devedora, incluídas parcelas vincendas de parcelamentos, ressalvados aqueles cuja execução esteja suspensa em virtude de contestação administrativa ou judicial". (art. 100, § 9º). Antes da expedição dos precatórios, os débitos passíveis de compensação serão informados pela Fazenda Pública, por meio de solicitação do Tribunal, no prazo de 30 dias (§ 10). O STF, quanto aos §§9º e 10º, da CF/88 e o art. 97, II, do ADCT, declarou na ADIs 4357 e 4425 a inconstitucionalidade, sem modulação dos seus efeitos, uma vez que considerou que esse critério beneficiaria exclusivamente o devedor público, ofendendo portanto o princípio da isonomia de tratamento com relação ao cidadão, cujos débitos perante o Poder Público sequer poderiam ser compensados com as dívidas fazendárias. A disciplina infraconstitucional da matéria encontra-se na Lei nº 12.431, de 24.06.2011.
Compra de imóveis	Conforme estabelecido em lei da entidade federativa devedora, é facultada ao credor a entrega de créditos em precatórios para compra de imóveis públicos do respectivo ente federado (art. 100, § 11).
Atualização de valores de requisitórios	A partir da promulgação da EC nº 62/2009, "a atualização de valores de requisitórios, após sua expedição, até o efetivo pagamento, independentemente de sua natureza, será feita pelo índice oficial de remuneração básica da caderneta de poupança, e, para fins de compensação da mora, incidirão juros simples no mesmo percentual de juros incidentes sobre a caderneta de poupança, fincando excluída a incidência de juros compensatórios" (art. 100, § 12). Cabe ressaltar que o STF, quanto à expressão "índice oficial de remuneração básica da caderneta", declarou inconstitucional, atribuindo efeitos ex-nunc, a partir da data do julgamento da questão de ordem, qual seja, 25/03/2015, ressalvando-se os requisitórios expedidos pela União, com base nos arts. 27 das LDO da União de 2014 e 2015, que fixam o IPCA-E como índice de correção monetária. Assim entendeu que aos precatórios de natureza tributária deveriam ser aplicados os mesmos juros de mora incidentes sobre o crédito tributário (taxa SELIC). Assim, aos precatórios pagos antes de 25/03/2015, aplicável o índice da poupança (TR). Após a referida data, o Índice de Preço ao Consumidor Amplo Especial (IPCA-E) (ADIs 4357 e 4425).

O REGIME CONSTITUCIONAL DE PRECATÓRIOS TAMBÉM DISPÕE	
Assunção de débitos pela União	A União poderá assumir débitos, a seu critério e na forma da lei, oriundos de precatórios, de Estados, Distrito Federal e Municípios, refinanciando-os diretamente (art. 100, § 16).
Cessão de créditos em precatório a terceiros	Segundo o art. 100, § 13, o credor poderá ceder, total ou parcialmente, seus créditos em precatórios a terceiros, independentemente da concordância do devedor, não se aplicando ao cessionário o privilégio dos créditos de natureza alimentícia para maiores de 60 anos de idade ou nas hipóteses de doença grave (art. 100, § 2º), ou a não obrigatoriedade do pagamento por meio de precatório daquelas obrigações de pequeno valor assim consideradas pela lei (§ 3º). A cessão de precatórios "somente produzirá efeito após comunicação, por meio de petição protocolizada, ao tribunal de origem e à entidade devedora" (art. 100, § 14). Observa-se, no entanto, que ficam convalidadas todas as cessões efetuadas antes da promulgação da EC nº 62/2009, conforme seu art. 5º, independentemente da concordância da entidade devedora.
Regime especial para pagamento de crédito de precatórios	Lei complementar poderá estabelecer regime especial para pagamento de crédito de precatórios de Estado, Distrito Federal e Municípios, dispondo sobre vinculações à receita corrente líquida e forma e prazo de liquidação (art. 100, § 15). O STF, quanto ao art. 100, §15, da CF/88 e todo o art. 97 do ADCT, declarou a inconstitucionalidade da EC n. 62/2009 que os incluiu no texto constitucional (ADIs 4357 e 4425), no entanto modulou os seus efeitos, dando sobrevida ao regime especial de pagamentos de precatórios determinado pela EC nº 62/2009, por 5 exercícios financeiros a contar de 1º de janeiro de 2016. Assim, as compensações, os leilões e os pagamentos à vista por ordem crescente de crédito previstos na referida Emenda foram considerados válidos, desde que realizados até 25 de março de 2015, a partir da qual não seria possível a quitação de precatórios por essas modalidades. Ficou inalterada a possibilidade de realizações de acordos diretos, com observância da ordem de preferencia dos credores e também de acordo com legislação própria da entidade devedora, com redução máxima de 40% do valor do crédito atualizado. Até 31 de dezembro de 2020, o STF manteve a vinculação de percentuais mínimos de receita corrente líquida ao pagamento dos precatórios, como também as sanções para o caso de não liberação de recursos, de forma tempestiva, destinados ao pagamento de precatórios (art. 97, §10, do ADCT).

- **IMPORTANTE:** Deve-se ler atentamente os §§ 17 ao 20, acrescentados pela Emenda Constitucional nº 94/2016.
- **NOVO REGIME DE PAGAMENTO DOS PRECATÓRIOS:** A Emenda Constitucional nº 99, de 14/12/2017 estendeu de 2020 para 2024 o prazo para Estados e Municípios quitarem precatórios. A referida Emenda alterou a redação dos arts. 101 a 105 do ADCT (a leitura é imprescindível pelo candidato).

2.10. NOVO REGIME FISCAL ("PEC DOS GASTOS")

- Regra temporária estabelecida pela **Emenda Constitucional nº 95/2016**, de limitação dos gastos primários da União ao valor efetivamente gasto no ano anterior, com a correção pela inflação. Pela referida EC, foram acrescidos os arts. 106 a 114 no ADCT. Cabe ressaltar que o Novo Regime Fiscal alcança apenas as despesas primárias, ou seja, aquelas sem relação com os juros e a dívida pública, como despesas de pessoal, de manutenção, de investimentos dentre outras (despesas financeiras), sendo de observância obrigatória de todos os Poderes da União, nos termos do art. 107 do ADCT.
- Exceções constitucionais ao novo regime fiscal: Art. 20, §1º; Art. 146, Parágrafo Único; Art. 153, §5º; Art. 157; Art. 158, incisos I e II; Art. 159; e Art. 212, §6º, da CF/88.

3. DA LEI DE RESPONSABILIDADE FISCAL (LEI COMPLEMENTAR Nº 101/2000)

- A Lei de Responsabilidade Fiscal estabelece normas de finanças públicas voltadas para a **responsabilidade na gestão fiscal**, que pressupõe a **ação planejada e transparente**, em que se **previnem riscos e corrigem desvios capazes de afetar o equilíbrio das contas públicas**, mediante o **cumprimento de metas de resultados** entre receitas e despesas e a **obediência a limites e condições** no que tange a renúncia de receita, geração de despesas com pessoal, da seguridade social e outras, dívidas consolidada e mobiliária, operações de crédito, inclusive por antecipação de receita, concessão de garantia e inscrição em Restos a Pagar (art. 1º e § 1º).

Trata-se de lei complementar que obriga a União, os Estados, o Distrito Federal e os Municípios (art. 1º, § 2º).

3.1. DOS LIMITES DAS DESPESAS COM PESSOAL

LIMITES DAS DESPESAS COM PESSOAL (ART. 169 DA CF/88 C/C ART. 19 DA LC Nº 101/2000)	
Art. 19. Para os fins do disposto no *caput* do art. 169 da Constituição, a despesa total com pessoal, em cada período de apuração e em cada ente da Federação, não poderá exceder os percentuais da receita corrente líquida, a seguir discriminados:	
UNIÃO (inciso I)	50%
ESTADOS (inciso II)	60%
MUNICÍPIOS (inciso III)	60%
DISTRITO FEDERAL	60% (em razão de ter as mesmas competências dos Estados e Municípios – art. 32 da CF/88)

3.2. DA TRANSPARÊNCIA DA GESTÃO FISCAL

Instrumentos de transparência da gestão fiscal, aos quais será dada ampla divulgação, inclusive em meios eletrônicos de acesso público (art. 48):	▸ Planos
	▸ Orçamentos
	▸ Leis de diretrizes orçamentárias
	▸ Prestações de contas e o respectivo parecer prévio
	▸ Relatório Resumido da Execução Orçamentária
	▸ Relatório de Gestão Fiscal
A transferência será assegurada, nos termos do parágrafo único do art. 48, Também por meio do(a):	▸ Incentivo à participação popular e realização de audiências públicas, durante os processos de elaboração e discussão dos planos, lei de diretrizes orçamentárias e orçamentos.
	▸ Liberação ao pleno conhecimento e acompanhamento da sociedade, em tempo real, de informações pormenorizadas sobre a execução orçamentária e financeira, em meios eletrônicos de acesso público.
	▸ Adoção de sistema integrado de administração financeira e controle, que atenda a padrão mínimo de qualidade estabelecido pelo Poder Executivo da União e ao disposto no art. 48-A.

3.3. DA GESTÃO FISCAL

- Constituem requisitos essenciais da responsabilidade na gestão fiscal a **instituição, previsão e efetiva arrecadação** de todos os tributos da competência do ente federativo (art. 11 da Lei de Responsabilidade Fiscal).
- Agir, portanto, de forma negligente na arrecadação de tributo ou renda consubstancia-se em ato de improbidade administrativa, nos termos do art. 10, X, da Lei nº 8.429/92.
- Protesto da Certidão de Dívida Ativa (CDA): importante mecanismo para a eficiência na arrecadação. Salutar ressaltar que o próprio STF, em ADI 5135, o considerou constitucional (julgamento em 09.11.2016).
- CF/88, art. 162: "A União, os Estados, o Distrito Federal e os Municípios divulgarão, até o último dia do mês subseqüente ao da arrecadação, os montantes de cada um dos tributos arrecadados, os recursos recebidos, os valores de origem tributária entregues e a entregar e a expressão numérica dos critérios de rateio".

3.4. LEI DE RESPONSABILIDADE FISCAL E DESPESAS PÚBLICAS

- Limitação de Empenho: "Se verificado, ao final de um bimestre, que a realização da receita poderá não comportar o cumprimento das metas de resultado primário ou nominal estabelecidas no Anexo de Metas Fiscais, os Poderes e o Ministério Público promoverão, por ato próprio e nos montantes necessários, nos trinta dias subsequentes, limitação de empenho e movimentação financeira, segundo os critérios fixados pela lei de diretrizes orçamentárias" (art. 9º da LRF). Observação: Inconstitucionalidade do §3º do art. 9º (ADI 2238-5).
- Geração de despesas: Conforme o art. 16 da LRF, "a criação, expansão ou aperfeiçoamento de ação governamental que acarrete aumento da despesa será acompanhado de: I – estimativa do impacto orçamentário-financeiro no exercício em que deva entrar em vigor e nos dois subsequentes; II – declaração do ordenador da despesa de que o aumento tem adequação orçamentária e financeira com a lei orçamentária anual e compatibilidade com o plano plurianual e com a lei de diretrizes orçamentárias".

- Despesa Obrigatória de Caráter Continuado: considera-se como tal "a despesa corrente derivada de lei, medida provisória ou ato administrativo normativo que fixem para o ente a obrigação legal de sua execução por um período superior a dois exercícios" (art. 17 da Lei de Responsabilidade Fiscal).

✦ SÚMULAS APLICÁVEIS

1. SÚMULAS DO STF

1.1. DO ORÇAMENTO E DO EXERCÍCIO FINANCEIRO

- **Súmula 66 do STF:** É legítima a cobrança do tributo que houver sido aumentado após o orçamento, mas antes do início do respectivo exercício financeiro.
- **Súmula 67 do STF:** É inconstitucional a cobrança do tributo que houver sido criado ou aumentado no mesmo exercício financeiro.
- **Súmula 703 do STF**: A extinção do mandato do prefeito não impede a instauração de processo pela prática dos crimes previstos no art. 1º do DL 201/1967.
- **Súmula Vinculante 7 do STF:** A norma do § 3º do artigo 192 da Constituição, revogada pela Emenda Constitucional nº 40/2003, que limitava a taxa de juros reais a 12% ao ano, tinha sua aplicação condicionada à edição de Lei Complementar.

1.2. DA RECEITA PÚBLICA

- **Súmula 545 do STF**: Preços de serviços públicos e taxas não se confundem, porque estas, diferentemente daqueles, são compulsórias e têm sua cobrança condicionada à prévia autorização orçamentária, em relação à lei que as instituiu.
- **Súmula 578 do STF:** Não podem os Estados, a título de ressarcimento de despesas, reduzir a parcela de 20% do produto da arrecadação do imposto de circulação de mercadorias, atribuída aos Municípios pelo art. 23, § 8º, da Constituição Federal.

1.3. DA DESPESA PÚBLICA

- **Súmula Vinculante 17 do STF:** Durante o período previsto no parágrafo 1º do artigo 100 da Constituição, não incidem juros de mora sobre os precatórios que nele sejam pagos.
- **Súmula 647 do STF:** Compete privativamente à União legislar sobre vencimentos dos membros das polícias civil e militar do Distrito Federal.
- **Súmula 655 do STF:** A exceção prevista no art. 100, caput, da Constituição, em favor dos créditos de natureza alimentícia, não dispensa a expedição de precatório, limitando-se a isentá-los da observância da ordem cronológica dos precatórios decorrentes de condenações de outra natureza.
- **Súmula 733 do STF**: Não cabe recurso extraordinário contra decisão proferida no processamento de precatórios

1.4. DOS PRECATÓRIOS

- **Súmula 655 do STF:** A exceção prevista no art. 100, *caput*, da Constituição, em favor dos créditos de natureza alimentícia, não dispensa a expedição de precatório, limitando-se a isentá-los da observância da ordem cronológica dos precatórios decorrentes de condenações de outra natureza.
- **Súmula 733 do STF:** Não cabe recurso extraordinário contra decisão proferida no processamento de precatórios.
- **Súmula Vinculante 17 do STF:** Durante o período previsto no parágrafo 1º do art. 100 da Constituição, não incidem juros de mora sobre os precatórios que nele sejam pagos.
- **Súmula Vinculante 47 STF:** Os honorários advocatícios incluídos na condenação ou destacados do montante principal devido ao credor consubstanciam verba de natureza alimentar cuja satisfação ocorrerá com a expedição de precatório ou requisição de pequeno valor, observada ordem especial restrita aos créditos dessa natureza.

1.5. DA TRANSPARÊNCIA DA GESTÃO FISCAL

- **Súmula 347 do STF:** O Tribunal de Contas, no exercício de suas atribuições, pode apreciar a constitucionalidade das leis e dos atos do poder público.

1.6. DO CONTROLE DO ORÇAMENTO PÚBLICO

- **Súmula Vinculante 03 do STF:** Nos processos perante o Tribunal de Contas da União asseguram-se o contraditório e a ampla defesa quando da decisão puder resultar anulação ou revogação de ato administrativo que beneficie o interessado, excetuada a apreciação da legalidade do ato de concessão inicial de aposentadoria, reforma e pensão.
- **Súmula 6 do STF:** A revogação ou anulação, pelo Poder Executivo, de aposentadoria, ou qualquer outro ato aprovado pelo Tribunal de Contas, não produz efeitos antes de aprovada por aquele tribunal, ressalvada a competência revisora do Judiciário.
- **Súmula 42 do STF** É legítima a equiparação de juízes do Tribunal de Contas, em direitos e garantias, aos membros do Poder Judiciário.

- **Súmula 248 do STF:** É competente, originariamente, o Supremo Tribunal Federal, para mandado de segurança contra ato do Tribunal de Contas da União.
- **Súmula 347 do STF:** O Tribunal de Contas, no exercício de suas atribuições, pode apreciar a constitucionalidade das leis e dos atos do Poder Público.
- **Súmula 653 do STF:** No Tribunal de Contas Estadual, composto por sete conselheiros, quatro devem ser escolhidos pela Assembleia Legislativa e três pelo chefe do Poder Executivo estadual, cabendo a este indicar um dentre auditores e outro dentre membros do Ministério Público, e um terceiro a sua livre escolha.

2. SÚMULAS DO STJ

2.1. DO CONTROLE DO ORÇAMENTO PÚBLICO

- **Súmula 164 do STJ**: O prefeito municipal, após a extinção do mandato, continua sujeito a processo por crime previsto no art. 1º do Decreto-Lei nº 201, de 27.02.67.

2.2. DA RECEITA PÚBLICA

- **Súmula 447 do STJ**: Os Estados e o Distrito Federal são partes legítimas na ação de restituição de imposto de renda retido na fonte proposta por seus servidores.
- **Súmula 452 do STJ**: A extinção das ações de pequeno valor é faculdade da Administração Federal, vedada a atuação judicial de ofício

2.3. DA DESPESA PÚBLICA

- **Súmula 144 do STJ**: Os créditos de natureza alimentícia gozam de preferencia, desvinculados os precatórios da ordem cronológica dos créditos de natureza diversa.
- **Súmula 311 do STJ**: Os atos do presidente do tribunal que disponham sobre processamento e pagamento de precatório não têm caráter jurisdicional
- **Súmula 406 do STJ:** Fazenda Pública pode recusar a substituição do bem penhorado por precatório
- **Súmula 461 do STJ**: O contribuinte pode optar por receber, por meio de precatório ou por compensação, o indébito tributário certificado por sentença declaratória transitada em julgado.

2.4. DO CONTROLE DO ORÇAMENTO PÚBLICO

- **Súmula 150 do STJ**: Compete à Justiça Federal decidir sobre a existência de interesse jurídico que justifique a presença, no processo, da União, suas autarquias ou empresas públicas.
- **Súmula 208 do STJ**: Compete a Justiça Federal processar e julgar prefeito municipal por desvio de verba sujeita a prestação de contas perante órgão federal.
- **Súmula 209 de STJ**: Compete a Justiça Estadual processar e julgar prefeito por desvio de verba transferida e incorporada ao patrimônio municipal.

2.5. DOS PRECATÓRIOS

- **Súmula 144 do STJ:** Os créditos de natureza alimentícia gozam de preferência, desvinculados os precatórios da ordem cronológica dos créditos de natureza diversa.
- **Súmula 311 do STJ:** Os atos do presidente do tribunal que disponha sobre processamento e pagamento de precatório não têm caráter jurisdicional
- **Súmula 406 do STJ:** A Fazenda Pública pode recusar a substituição do bem penhorado por precatório.
- **Súmula 461 do STJ:** O contribuinte pode optar por receber, por meio de precatório ou por compensação, o indébito tributário certificado por sentença declaratória transitada em julgado.

Direito Econômico

Lucas de Souza Lehfeld

TABELA DE INCIDÊNCIA DE QUESTÕES		
ASSUNTO	**NÚMERO DE QUESTÕES**	**PESO**
1. DA ORDEM ECONÔMICA E FINANCEIRA	5	15,63%
1.1. DOS PRINCÍPIOS GERAIS DA ATIVIDADE ECONÔMICA	4	12,50%
2. DA INTERVENÇÃO DO ESTADO NO DOMÍNIO ECONÔMICO	5	15,63%
3. DO SISTEMA FINANCEIRO NACIONAL – LEI Nº 4.595/1964	4	12,50%
4. DO SISTEMA DE PAGAMENTOS BRASILEIRO – LEI Nº 10.214/2001	1	3,13%
5. DO SISTEMA BRASILEIRO DE DEFESA DA CONCORRÊNCIA (SBDC) – LEI Nº 12.539/2011	3	9,38%
5.1. DAS INFRAÇÕES DA ORDEM ECONÔMICA	4	12,50%
5.2. DO CONTROLE DOS ATOS DE CONCENTRAÇÃO ECONÔMICA	5	15,63%
5.3 ACORDO DE LENIÊNCIA	1	3,13%
TOTAL	**32**	**100%**

✦ QUESTÕES

1. DA ORDEM ECONÔMICA E FINANCEIRA

01. (Cespe – Procurador do MP junto ao TCE-PB/2014) A respeito do conceito de direito econômico e da evolução histórica desse direito, assinale a opção correta. **ANULADA**

a) O direito econômico surgiu como disciplina autônoma após a Segunda Guerra Mundial, diante da necessidade do Estado de se dedicar a dirigir a economia.

b) A CF não elenca o direito econômico como disciplina autônoma.

c) Entende-se de modo pacífico que a ideologia integra o conceito finalístico do direito econômico.

d) O direito econômico tem por objeto as relações entre os agentes produtivos e o Estado, não se preocupando com o estudo da política econômica.

e) O direito econômico confunde-se com o direito penal econômico, operando primordialmente com sanções e penalidades pelo descumprimento de suas normas.

COMENTÁRIOS

✪ **Nota do autor:** a questão foi anulada pela banca sob a justificativa de que "Não há opção correta, uma vez que há divergência doutrinária a respeito do assunto tratado na opção apontada como gabarito da questão. Por esse motivo, opta-se por sua anulação." O gabarito preliminar apontava como correta a alternativa "A".

Alternativa "B": incorreta, pois o direito econômico é tratado de forma autônoma pela Constituição Federal, ao prescrever, em seu artigo 24, inciso I, que compete à União, aos Estados e ao Distrito Federal legislar concorrentemente sobre direito tributário, financeiro, penitenciário, econômico e urbanístico.

Alternativa "C": incorreta, pois também não há consenso doutrinário se a ideologia integra ou não o conceito de direito econômico. A ideologia adotada na ordem jurídica de determinado Estado, em um dado momento de sua história, é demonstrada pelo conjunto de princípios, fundamentos e regras constitucionalmente dispostos. Pela análise da Constituição Federal de 1988, podemos afirmar que ela é classificada como social e dirigente, vinculada ao modelo do constitucionalismo dirigente matizado, eis que visa a elaboração de um projeto econômico-social a ser concretizado pelo Estado.

Alternativa "D": incorreta, pois o Direito Econômico tem por objeto a regulamentação da política econômica (isto é, o conjunto de prioridades, medidas e metas econômicas traçadas e executadas, de forma a se atingirem os objetivos da ideologia vigente), e tem como sujeito os agente econômicos (ou seja, os indivíduos, o Estado, as empresas, os órgãos nacionais, internacionais e comunitários, bem como os titulares de direitos difusos e coletivos).

Alternativa "E": incorreta, pois o Direito Econômico é um ramo autônomo da Ciência Jurídica, que tem como conteúdo específico de suas normas, as atividades econômicas ocorrentes no mercado, sejam elas provenientes do setor privado ou público.

---

02. (Cespe - Procurador do MP junto ao TCE-PB/2014) Conforme a jurisprudência do STF, o serviço postal é caracterizado como: **ANULADA**

a) serviço público prestado em regime de exclusividade na situação de privilégio.

b) serviço público prestado em regime de competitividade mediante concessão.

c) atividade econômica prestada em regime de exclusividade na situação de monopólio.

d) atividade econômica prestada em regime de competitividade aberta livremente à iniciativa privada.

e) serviço público prestado em regime de exclusividade na situação de monopólio.

COMENTÁRIOS

✪ **Nota do autor:** a questão foi anulada pela banca do concurso, sob o argumento de que "Não há opção correta, uma vez que há divergência jurisprudencial a respeito do assunto tratado na opção apontada como gabarito da questão. Por esse motivo, opta-se por sua anulação." O gabarito preliminar apontava como correta a alternativa "A". A nosso ver, não há mais divergência jurisprudencial após o julgamento pelo STF da ADPF 46, em que restou consignado que serviço postal constitui serviço público (e não, atividade econômica em sentido estrito), cuja prestação é desenvolvida sob privilégios, como o da exclusividade na exploração da atividade econômica. A controvérsia gira em torno do regime de exclusividade que, em linguagem técnica, denomina-se situação de privilégio e, em linguagem corrente, regime de monopólio – o que poderia levar o candidato a assinalar a alternativa "E" como correta. Segue abaixo a íntegra da decisão:

> *EMENTA: ARGÜIÇÃO DE DESCUMPRIMENTO DE PRECEITO FUNDAMENTAL. EMPRESA PÚBLICA DE CORREIOS E TELÉGRAFOS. PRIVILÉGIO DE ENTREGA DE CORRESPONDÊNCIAS. SERVIÇO POSTAL. CONTROVÉRSIA REFERENTE À LEI FEDERAL 6.538, DE 22 DE JUNHO DE 1978. ATO NORMATIVO QUE REGULA DIREITOS E OBRIGAÇÕES CONCERNENTES AO SERVIÇO POSTAL. PREVISÃO DE SANÇÕES NAS HIPÓTESES DE VIOLAÇÃO DO PRIVILÉGIO POSTAL. COMPATIBILIDADE COM O SISTEMA CONSTITUCIONAL VIGENTE. ALEGAÇÃO DE AFRONTA AO DISPOSTO NOS ARTIGOS 1º, INCISO IV; 5º, INCISO XIII, 170, CAPUT, INCISO IV E PARÁGRAFO ÚNICO, E 173 DA CONSTITUIÇÃO DO BRASIL. VIOLAÇÃO DOS PRINCÍPIOS DA LIVRE CONCORRÊNCIA E LIVRE INICIATIVA. NÃO-CARACTERIZAÇÃO. ARGUIÇÃO JULGADA IMPROCEDENTE. INTERPRETAÇÃO CONFORME À CONSTITUIÇÃO CONFERIDA AO ARTIGO 42 DA LEI nº 6.538, QUE ESTABELECE SANÇÃO, SE CONFIGURADA A VIOLAÇÃO DO PRIVILÉGIO POSTAL DA UNIÃO. APLICAÇÃO ÀS ATIVIDADES POSTAIS DESCRITAS NO ARTIGO 9º, DA LEI. 1. O serviço postal – conjunto de atividades que torna possível o envio de correspondência, ou objeto postal, de um remetente para endereço final e determinado – não consubstancia atividade econômica em sentido estrito. Serviço postal é serviço público. 2. A atividade econômica em sentido amplo é gênero que compreende duas espécies, o serviço público e a atividade econômica em sentido estrito. Monopólio é de atividade econômica em sentido estrito, empreendida por agentes econômicos privados. A exclusividade da prestação dos serviços públicos é expressão de uma situação de privilégio. Monopólio e privilégio são distintos entre si; não se os deve confundir no âmbito da linguagem jurídica, qual ocorre no vocabulário vulgar. 3. A Constituição do Brasil confere à União, em caráter exclusivo, a exploração do serviço postal e o correio aéreo nacional [artigo 20, inciso X]. 4. O serviço postal é prestado pela Empresa Brasileira de Correios e Telégrafos – ECT, empresa pública, entidade da Administração Indireta da União, criada pelo decreto-lei nº 509, de 10 de março de 1.969. 5. É imprescindível distinguirmos o regime de privilégio, que diz com a prestação dos serviços públicos, do regime de monopólio sob o qual, algumas vezes, a exploração de atividade econômica em sentido estrito é empreendida pelo Estado. 6. A Empresa Brasileira de Correios e Telégrafos deve atuar em regime de exclusividade na prestação dos serviços que lhe incumbem em situação de privilégio, o privilégio postal. 7. Os regimes jurídicos sob os quais em regra são prestados os serviços públicos importam em que essa atividade seja desenvolvida sob privilégio, inclusive, em regra, o da exclusividade. 8. Arguição de descumprimento de preceito fundamental julgada impro-*

cedente por maioria. O Tribunal deu interpretação conforme à Constituição ao artigo 42 da Lei nº 6.538 para restringir a sua aplicação às atividades postais descritas no artigo 9º desse ato normativo.

---

03. (Cespe – Procurador BACEN/2013) A entidade Y, associação civil de empresas de vendas a varejo, criou um mecanismo de pagamentos mediante a emissão de notas impressas pela associação, chamadas "valor", que funcionam como meio de pagamento entre os associados e seus clientes. Tendo essa prática se tornado comum no mercado informal, o estado X editou uma lei dispondo sobre a obrigatoriedade de recebimento do "valor" nas relações comerciais entabuladas no âmbito do seu território. Nessa situação hipotética, a referida lei é

a) ilegal, pois a União, valendo-se de lei complementar de caráter geral, estabeleceu o real como moeda obrigatória, não cabendo a estado da Federação tratar a moeda nacional de forma diversa.

b) inconstitucional, pois compete privativamente à União legislar sobre o sistema monetário.

c) inconstitucional, pois compete privativamente à União legislar sobre o direito econômico.

d) constitucional, pois o estabelecimento de moeda constitui matéria de direito econômico, de competência legislativa concorrente entre União, Estados e Distrito Federal.

e) constitucional, pois a legislação sobre moeda é de competência comum entre todos os entes federados.

COMENTÁRIOS

✪ **Nota do autor:** exige conhecimento das normas constitucionais sobre competência legislativa em matéria econômica.

Alternativa correta "B": correta, nos termos do artigo 22, inciso VI da Constituição Federal.

Alternativa "A": incorreta, pois se trata de ofensa à norma constitucional sobre competência legislativa, o que é mais grave do que a ofensa à norma legal e, por isso, acaba por englobá-la.

Alternativa "C": incorreta, pois o estabelecimento de moeda constitui matéria relativa ao sistema monetário.

Alternativa "D": incorreta, nos termos do artigo 22, inciso VI da Constituição Federal.

Alternativa "E": incorreta, nos termos do artigo 22, inciso VI da Constituição Federal.

---

04. (Cespe – Procurador BACEN/2013) Breno ajuizou ação de indenização por danos morais, visando à condenação, de forma solidária, do BACEN e do Banco W, por ter sido seu nome incluído no Sistema de Informações de Crédito (SCR), sem comunicação prévia, entre os inadimplentes, em razão de operação de crédito firmada com o Banco W. Como fundamento do pedido, o autor argumentou que, de acordo com o Código de Defesa do Consumidor (CDC), a abertura de cadastro, ficha ou registro com dados pessoais e de consumo deveria ser comunicada por escrito ao consumidor, quando não solicitada por ele. No curso da instrução processual, ficou, de fato, comprovado que o consumidor não recebera do Banco W qualquer informação da inserção de seu nome como inadimplente. Nessa situação hipotética, a referida ação é

a) improcedente, pois o CDC não se aplica às relações bancárias.

b) improcedente, pois, apesar de o CDC ser aplicável às relações bancárias, a regulamentação específica do SCR dispensa a autorização ou a comunicação dos clientes.

c) procedente, devendo ambas as instituições ser responsabilizadas pelos danos morais causados ao consumidor.

d) procedente apenas em relação ao BACEN, pois a responsabilidade pelos dados inseridos no SCR é exclusiva da autarquia.

e) procedente apenas em relação do Banco W, sendo a responsabilidade pelos dados inseridos no SCR exclusiva das instituições financeiras, às quais compete colher autorização específica ou comunicar seus clientes a respeito da inclusão de seus dados.

COMENTÁRIOS

✪ **Nota do autor:** exige conhecimento sobre as normas consumeristas que tratam dos bancos de dados e cadastros de consumidores, bem como da responsabilidade das instituições financeiras pelo seu uso indevido.

Alternativa "E": correta, a ação seria improcedente em relação ao BACEN e procedente quanto ao Banco W, pois o artigo 43, § 2º da Lei nº 8.078/1990 exige que a abertura de cadastro, ficha, registro e dados pessoais e de consumo seja comunicada por escrito ao consumidor, quando não solicitada por ele. No entanto, a responsabilidade pelos dados inseridos no SCR não é exclusiva das instituições financeiras; prescreve a Súmula 359 do STJ que: "Cabe ao órgão mantenedor do Cadastro de Proteção ao Crédito a notificação do devedor antes de proceder à inscrição." Assim, os órgãos mantenedores de cadastros possuem legitimidade passiva para as ações que buscam a reparação dos danos morais e materiais decorrentes da inscrição, sem prévia notificação, de nome de devedor em seus cadastros restritivos (REsp 1.061.134/RS). De qualquer forma, a alternativa foi mantida como correta pela banca do concurso, já que a questão não mencionava qualquer órgão mantenedor do Cadastro de Proteção ao Crédito.

Alternativa "A": incorreta, de acordo com a Súmula 297 do STJ: "O Código de Defesa do Consumidor é aplicável às instituições financeiras".

Alternativa "B": incorreta, nos termos do artigo 43, § 2º da Lei nº 8.078/1990. Neste sentido também é a jurisprudência do STJ (REsp 373219/RJ e REsp 992168/RS), que exige a comunicação prévia do consumidor antes da inscrição de seu nome no cadastro do SERASA ou de outros bancos de dados privados.

Alternativa "C": incorreta, de acordo com a justificativa da alternativa "A".

Alternativa "D": incorreta, de acordo com a justificativa da alternativa "A".

05. (Cespe – Procurador Federal/2013) À luz da CF, julgue o próximo item, referente à ordem econômica.

COMENTÁRIOS

✪ **Nota do autor:** exige conhecimento sobre os fundamentos da ordem econômica.

A CF, como Constituição diretiva, anuncia programas e fins a serem concretizados pelo Estado e pela sociedade, o que legitima a intervenção estatal por direção, estando tal característica evidenciada na determinação de que a ordem econômica tem como fundamento a valorização do trabalho humano e a livre iniciativa e objetiva assegurar a todos existência digna, conforme os ditames da justiça social.

Alternativa correta: nos termos do artigo 170 da Constituição Federal. Nossa Constituição é considerada programática, dirigente ou diretiva, pois consagra inúmeras normas programáticas, isto é, normas que enunciam diretrizes, programas e fins a serem realizados pelo Estado e pela sociedade.

1.1. DOS PRINCÍPIOS GERAIS DA ATIVIDADE ECONÔMICA

06. (Cespe – Juiz Federal – TRF 5/2017) Julgue os itens a seguir, acerca dos princípios constitucionais relativos à atividade econômica.

I Agente privado poderá instituir empresa que explore pesquisas sobre nanotecnologia, independentemente de autorização de órgãos públicos, desde que atenda às exigências de planificação estatal para o setor.

II O aproveitamento dos potenciais de energia elétrica será realizado por brasileiros ou por empresa constituída sob as leis brasileiras com sede e administração no país.

III Estatuto jurídico de sociedade de economia mista que explore atividade econômica de prestação de serviços, além de estar sujeito ao regime jurídico próprio das empresas privadas, deverá dispor, entre outros, sobre as formas de fiscalização pela sociedade.

IV É vedada a concessão de benefício fiscal a empresas do ramo de reciclagem, para coibir tratamento jurídico e econômico diferenciado e garantir a aplicação do princípio da isonomia.

Estão certos apenas os itens

a) I e II.

b) I e III.

c) I e IV.

d) II e III.

e) III e IV.

COMENTÁRIOS

✪ **Nota do autor:** exige conhecimento sobre os princípios gerais da atividade econômica.

Alternativa correta "D": A afirmativa II esta correta de acordo com o artigo 176, § 1º, da Constituição Federal, que determina, *in verbis:* "As jazidas, em lavra ou não, e demais recursos minerais e os potenciais de energia hidráulica constituem propriedade distinta da do solo, para efeito de exploração ou aproveitamento, e pertencem à União, garantida ao concessionário a propriedade do produto da lavra. § 1º A pesquisa e a lavra de recursos minerais e o aproveitamento dos potenciais a que se refere o "caput" deste artigo somente poderão ser efetuados mediante autorização ou concessão da União, no interesse nacional, por brasileiros ou empresa constituída sob as leis brasileiras e que tenha sua sede e administração no País, na forma da lei, que estabelecerá as condições específicas quando essas atividades se desenvolverem em faixa de fronteira ou terras indígenas. **A afirmativa III também esta correta** de acordo com o artigo 173, §1º, I, da Constituição Federal: "Ressalvados os casos previstos nesta Constituição, a exploração direta de atividade econômica pelo Estado só será permitida quando necessária aos imperativos da segurança nacional ou a relevante interesse coletivo, conforme definidos em lei: § 1º A lei estabelecerá o estatuto jurídico da empresa pública, da sociedade de economia mista e de suas subsidiárias que explorem atividade econômica de produção ou comercialização de bens ou de prestação de serviços, dispondo sobre: I - sua função social e formas de fiscalização pelo Estado e pela sociedade [...]".

Alternativa "A": incorreta, uma vez que a alternativa I não condiz com o previsto no parágrafo único do artigo 170 da Constituição Federal: "É assegurado a todos o livre exercício de qualquer atividade econômica, independentemente de autorização de órgãos públicos, salvo nos casos previstos em lei". Ademais, a pesquisa científica pode ser desenvolvida pela iniciativa privada, com autonomia (art. 207, §2º, da CF/88), respeitando os limites legais, devendo ser promovida e incentivada pelo Estado (arts. 218 da CF/88),

Alternativa "B": incorreta, pois a afirmativa I, de acordo com o comentário anterior referente à alternativa A, está equivocada. Quanto à afirmativa III, vide comentário anterior referente a alternativa correta D.

Alternativa "C": incorreta. A afirmativa I, de acordo com o comentário anterior referente à alternativa A, está errada. Quanto à afirmativa IV, também está incorreta, pois, de acordo com o artigo 152 da Constituição Federal "É vedado aos Estados, ao Distrito Federal e aos Municípios estabelecer diferença tributária entre bens e serviços, de qualquer natureza, em razão de sua procedência ou destino"..

Alternativa "E": incorreta, uma vez que a embora a afirmativa III esteja correta (vide comentário realizado na alternativa D), a afirmativa IV está equivocada, pois em desacordo com o art. 152 da Constituição Federal.

---

07. (Cespe – Procurador do MP junto ao TCE-PB/2014) Com relação à ordem econômica e aos princípios gerais da atividade econômica previstos na CF, assinale a opção correta.

a) A ordem econômica deve buscar o atendimento do princípio da dignidade humana.

b) O princípio da livre iniciativa se aplica ao Estado.

c) Pelo princípio da livre concorrência, garante-se que o Estado não deve intervir no mercado.

d) Lei municipal não pode prever o horário de funcionamento de farmácia, pois isso violaria o princípio da livre iniciativa.

e) A ordem econômica está prevista apenas no título da CF que dispõe sobre a ordem econômica e financeira.

COMENTÁRIOS

✪ **Nota do autor:** exige conhecimento acerca dos princípios gerais constitucionais da atividade econômica.

Alternativa correta "A": nos termos do artigo 170 da Constituição Federal.

Alternativa "B": incorreta. O princípio da livre iniciativa, previsto no caput do artigo 170 da Constituição, aplica-se à iniciativa privada, que desempenha papel fundamental na produção e circulação de bens e serviços. O Estado só poderá exercer a exploração direta de atividade econômica quando necessária aos imperativos da segurança nacional ou a relevante interesse coletivo, conforme definidos em lei, ou ainda, nos casos previstos na Constituição, a teor do artigo 173 da Constituição.

Alternativa "C": incorreta. O princípio da livre concorrência, previsto no inciso IV do artigo 170 da Constituição, é desdobramento do princípio da livre iniciativa, e exige a atuação estatal para reprimir o abuso do poder econômico que vise à dominação de mercados, à eliminação da concorrência e ao aumento arbitrário dos lucros, a teor do artigo 173, § 4º da Constituição.

Alternativa "D": incorreta, pois a Súmula 645 do STF estabelece que "É competente o município para fixar o horário de funcionamento de estabelecimento comercial."

Alternativa "E": incorreta, pois existem artigos ao longo de todo o texto constitucional que tratam de assuntos relacionados à ordem econômica, tais como o artigo 1º, inciso IV; artigo 3º, inciso III; artigo 4º, parágrafo único; artigo 5º, incisos XXII, XXIII e XXXII etc.

---

08. (Cespe – Procurador do Ministério Público junto ao TCDF/2013) Julgue os itens que se seguem, em consonância com as normas constitucionais sobre direito econômico.

COMENTÁRIOS

✪ **Nota do autor:** exige conhecimento das normas constitucionais sobre a ordem econômica e os princípios gerais da atividade econômica.

08.1. Se decidir criar uma indústria bélica que, conforme definido em lei, se enquadre como necessária à segurança nacional, mas que não se caracterize como de relevante interesse coletivo, o Estado não encontrará permissão constitucional para tanto.

COMENTÁRIOS

Alternativa incorreta: de acordo com o artigo 173 da Constituição, o Estado poderá explorar diretamente atividade econômica quando necessária aos imperativos da segurança nacional OU a relevante interesse coletivo, conforme definidos em lei.

08.2. Compete exclusivamente à União instituir contribuições de intervenção no domínio econômico, as quais podem incidir, por exemplo, sobre as receitas decorrentes da exportação ou sobre os valores pagos nas importações.

COMENTÁRIOS

Alternativa incorreta: embora a primeira parte da questão esteja correta, nos termos do artigo 149 da Constituição, eis que a competência para instituir contribuições de intervenção no domínio econômico é exclusiva da União, ela não poderá incidir sobre receitas decorrentes de exportação nem sobre a importação de produtos estrangeiros ou serviços, conforme o § 2º do referido artigo.

08.3. Sob o aspecto doutrinário, o Estado pode ser considerado um dos sujeitos econômicos, pois também desenvolve atividade econômica.

COMENTÁRIOS

Alternativa correta: o Estado pode desempenhar atividades econômicas em sentido estrito em duas hipóteses – quando houver autorização constitucional e quando assim o permitir a lei fundada em motivo de segurança nacional ou relevante interesse público, nos termos do artigo 173 da Constituição.

08.4. O proprietário de determinado terreno em cujo subsolo haja uma jazida de manganês que esteja sendo legalmente explorada por um terceiro, concessionário, não deterá a propriedade da jazida nem do produto da lavra, que pertencerão, ambos, à União.

COMENTÁRIOS

Alternativa incorreta: embora as jazidas, em lavra ou não, bem como os recursos minerais e os potenciais de energia hidráulica pertençam à União, a Constituição Federal garante ao concessionário o produto da lavra e ao proprietário do solo, a participação nos seus resultados, na forma e no valor que dispuser a lei, conforme dispõe o artigo 176 e § 2º da Constituição.

08.5. Uma lei que conceda proteção especial temporária para que uma empresa brasileira desenvolva atividades consideradas estratégicas para a defesa nacional somente estará de acordo com as atuais regras constitucionais caso essa empresa seja classificada como de capital nacional.

COMENTÁRIOS

Alternativa incorreta: por força da revogação do artigo 171 da Constituição, pela Emenda Constitucional nº 06 de 1995, não se admite mais a concessão de quaisquer benefícios, tampouco de reserva de mercado a empresa brasileira de capital nacional. Segundo o referido artigo, empresa brasileira de capital nacional seria aquela cujo controle efetivo estaria em caráter permanente sob a titularidade direta ou indireta de pessoas físicas domiciliadas e residentes no País ou de entidades de direito público interno, entendendo-se por controle efetivo da empresa a titularidade da maioria de seu capital votante e o exercício, de fato e de direito, do poder decisório para gerir suas atividades (inciso II).

08.6. Quando, por meio de instrumentos de planejamento público, a União, no exercício de sua função reguladora da atividade econômica, planeja e destina, por meio da LOA, recursos para a construção de determinada obra, tal intervenção assume, em conformidade com a ordem constitucional, caráter determinante.

COMENTÁRIOS

Alternativa correta: nos termos do artigo 174 da Constituição, o Estado, como agente normativo e regulador da atividade econômica, ao exercer sua função de planejamento, o torna determinante para o setor público e indicativo para o setor privado.

09. (Cespe – Juiz Federal Substituto 1ª região/2013) Considerando a ordem constitucional econômica e os princípios gerais da atividade econômica dispostos na CF, assinale a opção correta.

a) As atividades que envolvam hidrocarbonetos fluidos, salvo o petróleo e o gás natural, por constituírem monopólio da União, não podem ser objeto de contrato entre ela e empresas privadas.

b) A CF prevê tratamento favorecido para as empresas de pequeno porte que tenham sede e administração no país, independentemente de terem sido constituídas sob as leis estrangeiras, com base no interesse nacional.

c) A Empresa Brasileira de Correios e Telégrafos, empresa pública federal prestadora de serviço público, sujeita-se ao regime jurídico próprio das empresas privadas, inclusive no que se refere aos direitos e obrigações civis, comercias, trabalhistas e tributários.

d) A fiscalização, o incentivo e o planejamento, exercidos pelo Estado como agente normativo e regulador da atividade econômica, são determinantes para os setores públicos e privados.

e) As empresas estatais ou privadas que lavrem jazidas de petróleo, mediante acordo firmado com a União, não podem ser denominadas concessionárias, ante a natureza da propriedade da qual são titulares.

COMENTÁRIOS

✪ **Nota do autor:** exige conhecimento sobre a ordem constitucional econômica e os princípios gerais da atividade econômica previstos na Constituição Federal.

Alternativa correta "E": correta, pois as empresas estatais ou privadas são titulares de um tipo de propriedade diverso daquele do qual são titulares os concessionários das jazidas e recursos minerais, mencionadas no artigo 176 da Constituição Federal, ou seja, os preceitos veiculados pelos §§ 1º e 2º do artigo 177 da Constituição Federal são específicos em relação ao artigo 176, de modo que as empresas estatais ou privadas a que se refere o § 1º não podem ser chamadas de "concessionárias". Precedentes: STF ADI 3.273 e ADI 3.366.

Alternativa "A": incorreta, pois tanto o petróleo e o gás natural, como outros hidrocarbonetos fluidos constituem monopólio da União, sem ressalvas pelo artigo 177, inciso I da Constituição Federal.

Alternativa "B": incorreta, uma vez que é necessário que a empresa seja constituída sob as leis brasileiras, nos termos do artigo 170, inciso IX da Constituição Federal.

Alternativa "C": incorreta, pois a Empresa Brasileira de Correios e Telégrafos não se sujeita ao regime jurídico próprio das empresas privadas, inclusive no que se refere aos direitos e obrigações civis, comercias, trabalhistas e tributários. Precedentes: RE 230.051-ED, RE 220.699 e RE 393.032-AgR.

Alternativa "D": incorreta, conforme o artigo 174 da Constituição Federal, "como agente normativo e regulador da atividade econômica, o Estado exercerá, na forma da lei, as funções de fiscalização, incentivo e planejamento, sendo este determinante para o setor público e indicativo para o setor privado."

2. DA INTERVENÇÃO DO ESTADO NO DOMÍNIO ECONÔMICO

10. (Cespe – Procurador BACEN/2013) O município X instituiu, mediante lei municipal, a proibição de instalação de mais de uma agência bancária, ainda que de diferentes instituições financeiras, na mesma localização, delimitando distâncias mínimas entre as agências, a fim de que todos os bairros fossem devidamente atendidos por serviços bancários. Como justificativa para a proibição, o município considerou a existência de regiões fartamente atendidas por agências bancárias e outras, sobretudo carentes, desassistidas de serviços bancários.

Nessa situação hipotética, a lei municipal é

a) inconstitucional, por violação ao princípio da livre concorrência.

b) constitucional, pois incumbe ao poder público reduzir as desigualdades sociais, em consideração ao princípio da dignidade humana.

c) constitucional, pois compete ao município delimitar a zona urbana e disciplinar o uso do solo urbano.

d) constitucional, pois se trata de serviço de âmbito local, de competência dos municípios.

e) inconstitucional, pois se trata de serviço de âmbito regional, de competência dos estados federados.

COMENTÁRIOS

✪ **Nota do autor:** exige conhecimento das normas constitucionais sobre competência legislativa, bem como sobre regras de interpretação.

Alternativa correta "A": correta. Embora seja dos Municípios a competência para legislar sobre assuntos de interesse local (artigo 30, inciso I, da Constituição), bem como para promover, no que couber, o adequado ordenamento territorial, mediante planejamento e controle do uso, parcelamento e ocupação do solo urbano (artigo 30, inciso VIII), o artigo 170, inciso IV estabelece como um dos princípios fundamentais da ordem econômica a livre concorrência. Como a Constituição deve ser interpretada em sua globalidade, de modo que aparentes antinomias sejam afastadas, entende-se que os Municípios podem exercer suas competências constitucionais, desde que respeitem os princípios e demais regras previstas no texto constitucional.

Alternativa "B": incorreta, de acordo com a justificativa acima.

Alternativa "C": incorreta, de acordo com a justificativa acima.

Alternativa "D": incorreta, de acordo com a justificativa acima.

Alternativa "E": incorreta, de acordo com a justificativa acima.

11. (Cespe – Procurador BACEN/2013) Considere que os Estados-partes do MERCOSUL e os Estados associados do MERCOSUL (Bolívia, Chile, Colômbia, Equador e Peru) tenham firmado protocolo denominado MOEDASUL como parte complementar dos acordos de integração celebrados no âmbito do MERCOSUL e se comprometido a constituir e a implementar moeda oficial comum, denominada SULAMÉRICO, no território dos respectivos Estados a partir de 2018. Nessa situação hipotética, de acordo com a jurisprudência do STF, o protocolo assinado

a) é autoaplicável no território nacional, pois os acordos celerados pelo Brasil no âmbito do MERCOSUL não estão sujeitos à mesma disciplina que rege o processo de incorporação no direito brasileiro dos tratados e convenções internacionais em geral.

b) só poderá ser executado no plano interno após aprovação e promulgação pelo Congresso Nacional.

c) só poderá ser executado no território nacional após aprovação por decreto legislativo do Congresso Nacional e promulgação por decreto do Poder Executivo.

d) só poderá ser executado no território nacional mediante o depósito da aprovação de ao menos um Estado-parte.

e) só poderá ser executado no território nacional mediante o depósito da aprovação do número de Estados signatários previsto no protocolo.

COMENTÁRIOS

✪ **Nota do autor:** exige conhecimento da jurisprudência do STF sobre recepção de tratados celebrados no âmbito do MERCOSUL.

Alternativa correta "C": correta, de acordo com o entendimento do STF, na ADI 1.480-DF, a recepção de acordos celebrados pelo Brasil no âmbito do MERCOSUL está sujeita à mesma disciplina constitucional que rege o processo de incorporação, à ordem positiva interna brasileira, dos tratados ou convenções internacionais em geral. Portanto, cabe ao Congresso Nacional aprová-los mediante decreto legislativo, nos moldes do artigo 49, inciso I, da Constituição, e ao Presidente da República, além de poder celebrar esses atos de direito internacional, nos termos do artigo 84, inciso VIII, também compete, enquanto chefe de Estado, promulgá-los mediante decreto.

Alternativa "A": incorreta, conforme justificativa acima.

Alternativa "B": incorreta, conforme justificativa acima.

Alternativa "D": incorreta, conforme justificativa acima.

Alternativa "E": incorreta, conforme justificativa acima.

12. (Cespe – Procurador Federal/2013) Acerca da intervenção do estado no domínio econômico e às parcerias público-privadas, julgue os seguintes itens.

COMENTÁRIOS

✪ **Nota do autor:** exige conhecimento sobre as normas legais relativas à parceria público-privada, bem como das normas constitucionais sobre política urbana.

12.1. Antes da celebração de contrato de parceria público-privada, deve ser constituída sociedade de propósito específico para implantar e gerir o objeto da parceria.

COMENTÁRIOS

Alternativa correta: nos termos do artigo 9º da Lei nº 11.079/2004, que institui normas gerais para licitação e contratação de parceria público-privada no âmbito da administração pública.

12.2. De acordo com dispositivo constitucional, pode o ente municipal, mediante lei específica para área incluída no plano diretor, passar a exigir, dos proprietários de solo não edificado, edificações ou parcelamentos compulsórios ou, sucessivamente, impor imposto sobre a propriedade predial e territorial urbana progressivo no tempo.

COMENTÁRIOS

Alternativa correta: nos termos do artigo 182, § 4º da Constituição Federal.

13. (Cespe – Juiz Federal Substituto 1ª região/2013) No que se refere à intervenção do Estado no domínio econômico, assinale a opção correta.

a) As reservas do setor público, modalidade de atuação governamental, compreendem a edição de normas de conteúdo financeiro ou fiscal por meio das quais o Estado impulsiona medidas de fomento ou de dissuasão da atividade econômica.

b) Na regulação cultural, um dos tipos de atuação estatal nos diversos setores da economia, o Estado intervém no interesse público definindo padrões para a segurança e desestimulando a exploração de fatores de produção potencialmente poluentes.

c) No Estado intervencionista socialista, a ingerência estatal na atividade econômica visa garantir a efetivação de políticas de caráter assistencialista na sociedade, de modo que os notadamente hipossuficientes sejam providos em suas necessidades básicas.

d) As falhas de mercado que ensejam a regulação estatal das atividades econômicas, como forma de intervenção indireta, incluem a assimetria informativa.

e) Constitui intervenção indireta a atuação do Estado como empresário, situação em ele se compromete com a atividade produtiva e assume a gestão de empresas privadas, conforme os interesses de ordem social.

COMENTÁRIOS

✪ **Nota do autor:** exige conhecimento sobre assimetria informativa.

Alternativa correta "D": correta, uma vez que a assimetria informativa coloca tanto o Estado como o consumidor em situação de risco perante o mercado, devendo o Estado tomar providência de regulação das atividades econômicas.

Alternativa "A": incorreta, tendo em vista que a modalidade de atuação governamental descrita não se refere às reservas do setor público, mas sim à modalidade de atuação governamental chamada "atuação fiscal e financeira".

Alternativa "B": incorreta, pois, na regulação cultural, o Estado visa manter a identidade nacional do povo com sua pátria, protegendo a nação brasileira de invasões de valores estrangeiros.

Alternativa "C": incorreta, pois no Estado intervencionista socialista não há mera ingerência estatal na atividade, mas o Estado passa a ser o centro exclusivo para as deliberações referentes à economia. De outro lado, não basta a provisão das necessidades básicas, principalmente dos hipossuficientes, mas de toda a coletividade.

Alternativa "E": incorreta, uma vez que a atuação do Estado como empresário nessa hipótese seria direta.

A intervenção direta do Estado como empresário só é permitida nas hipóteses previstas no artigo 173 da Constituição Federal.

14. (Cespe – Juiz Federal Substituto 1ª região/2013) Quanto ao MERCOSUL, ao acordo geral de tarifas e comércio (GATT) e à Organização Mundial do Comércio (OMC), assinale a opção correta.

a) Em seu sistema de defesa comercial, o MERCOSUL dispõe do marco normativo, espécie de regulamento que contempla procedimentos comuns de investigação e tomada de decisão a serem adotados por seus signatários na defesa de seus interesses.

b) Os particulares, sejam pessoas físicas ou jurídicas, que se sintam prejudicados em decorrência da aplicação, por qualquer dos Estados-partes do MERCOSUL, de medidas administrativas de efeito restritivo, em infração ao Tratado de Assunção, deverão formalizar suas reclamações ante a seção nacional do Grupo Mercado Comum do país sede de seus negócios ou onde tenham sua residência habitual.

c) Conforme o princípio da proteção transparente, os bens importados devem receber o mesmo tratamento concedido a produto equivalente de origem nacional, visando-se coibir, no âmbito da OMC, que os países estabeleçam tratamento privilegiado e protecionista não evidenciado para sua indústria nacional, em detrimento dos concorrentes estrangeiros.

d) As restrições quantitativas à importação são muito utilizadas, atualmente, pelos países desenvolvidos como medida de caráter protecionista, principalmente no que se refere a produtos de informática.

e) No sistema de solução de controvérsias adotado pela OMC, as decisões proferidas são vinculantes, tendo o ESC (*Dispute Settlement Undestanding*), que representa grande avanço em face do antigo procedimento adotado pelo GATT, introduzido um modelo mais claro, razoável e organizado de solução de controvérsias.

COMENTÁRIOS

✪ **Nota do autor:** exige conhecimento de questões gerais sobre o Mercado Comum do Sul (MERCOSUL), o *General Agreement on Tariffs and Trade* (GATT) e a Organização Mundial do Comércio (OMC).

Alternativa correta "B": correta, conforme interpretação que se extrai do artigo 6º, inciso VIII da MERCOSUL/CCM/DIR Nº 5/96, que trata do Regulamento Interno da Comissão de Comércio do MERCOSUL.

Alternativa "A": incorreta, pois o marco normativo não é um Regulamento, uma vez que não possui procedimentos comuns de investigação nem tampouco processo decisório comum.

Alternativa "C": incorreta, uma vez que o princípio da proteção transparente, na verdade, se refere à permissão a regime de proteção por meio de tarifa, ou seja, o Acordo não proíbe a proteção a setores econômicos nacionais. A tarifa é considerada uma forma transparente de divulgação do grau de proteção que determinado país dispensa a seus produtos.

Alternativa "D": incorreta, uma vez que o artigo XI do GATT 1994 impede o uso de restrições quantitativas (proibições e quotas) como meio de proteção. O único meio de proteção admitido é a tarifa, por ser o mais transparente.

Alternativa "E": incorreta, pois, no sistema de solução de controvérsias adotado pela OMC, as decisões proferidas não são vinculantes.

3. DO SISTEMA FINANCEIRO NACIONAL – LEI Nº 4.595/1964

15. (Cespe – Procurador BACEN/2013) O Conselho Monetário Nacional

a) tem competência para emitir papel-moeda.

b) tem capacidade normativa de conjuntura, sendo suas resoluções normas que vinculam as instituições financeiras.

c) tem por função a fiscalização do mercado de ações.

d) funciona como última instância recursal das decisões emitidas pelo Conselho de Recursos do Sistema Financeiro Nacional.

e) é órgão do BACEN, formulador da política econômica, monetária, bancária e creditícia.

COMENTÁRIOS

✪ **Nota do autor:** exige conhecimento das atribuições do Conselho Monetário Nacional e da Comissão de Valores Mobiliários.

Alternativa correta "B": correta. Segundo a jurisprudência do STF (ADI 2591-DF), o Conselho Monetário Nacional é titular de capacidade normativa de conjuntura, no exercício da qual lhe incumbe regular, além da constituição e fiscalização, o funcionamento das instituições financeiras, isto é, o desempenho de suas atividades no plano do sistema financeiro, nos termos do artigo 4º, inciso VIII, da Lei nº 4.595/1964, que dispõe sobre a Política e as Instituições Monetárias, Bancárias e Creditícias, e cria o Conselho Monetário Nacional.

Alternativa "A": incorreta, de acordo com o artigo 164 da Constituição Federal, a competência da União para emitir moeda será exercida exclusivamente pelo banco central.

Alternativa "C": incorreta, conforme o artigo 8º, inciso III da Lei nº 6.385/1976, que dispõe sobre o mercado de valores mobiliários e cria a Comissão de Valores Mobiliários, compete à CVM fiscalizar permanentemente as atividades e os serviços do mercado de valores mobiliários, bem como a veiculação de informações relativas ao mercado, às pessoas que dele participem, e aos valores nele negociados.

Alternativa "D": incorreta, o Conselho Monetário Nacional tem a finalidade de formular a política da moeda e do crédito, objetivando o progresso econômico e social do País, nos termos do artigo 2º da Lei nº 4.595/1964.

Alternativa "E": incorreta, o Conselho Monetário Nacional, juntamente com o Banco Central do Brasil (BACEN), o Banco do Brasil S.A., o Banco Nacional do Desenvolvimento Econômico (BNDS) e as demais instituições financeiras públicas e privadas compõem o Sistema Financeiro Nacional, nos termos do artigo 1º da Lei nº 4.595/1964.

---

16. (Cespe - Procurador BACEN/2013) A instituição financeira YZX vem apresentando problemas de desequilíbrio na estrutura de ativos e passivos, com reflexos negativos em sua situação econômica e financeira, decorrentes, em grande parte, do deferimento de operações que, no tempo, se mostraram de difícil realização. Diante disso, a instituição não tem conseguido honrar suas obrigações, pondo em risco o recebimento de créditos por pequenos depositantes e investidores. Em razão desses problemas, requereu ao BACEN empréstimo com a finalidade específica de recuperar sua situação econômico - financeira. Nesse caso, o referido pleito deve ser

a) indeferido, pois é vedada a utilização de recursos públicos, inclusive de operações de crédito, para recuperação ou financiamento para mudança de controle acionário, a fim de socorrer instituições financeiras, salvo mediante lei específica.

b) indeferido, pois, na ausência de óbice legal para o deferimento do pleito, somente poderia o BACEN conceder empréstimos nas situações descritas taxativamente na lei, em função do princípio da legalidade.

c) deferido, pois cabe, nos termos da lei, ao BACEN a concessão de empréstimos para recuperação financeira de instituições financeiras.

d) deferido, pois, na ausência de permissivo legal, cabe ao BACEN a proteção de pequenos investidores contra o risco sistêmico imposto pela falência de instituições financeiras.

e) deferido, pois cabe ao BACEN conceder às instituições financeiras operações de redesconto e de empréstimos de prazo superior a trezentos e sessenta dias.

COMENTÁRIOS

✪ **Nota do autor:** exige conhecimento da Lei de Responsabilidade Fiscal, no que tange à destinação de recursos públicos ao setor privado.

Alternativa correta "A": correta, nos termos do artigo 28 da Lei Complementar nº 101/2000 (Lei de Responsabilidade Fiscal). A prevenção de insolvência e outros riscos, neste caso, ficarão a cargo de fundos, e outros mecanismos, constituídos pelas instituições do Sistema Financeiro Nacional, nos termos do § 1º do referido artigo.

Alternativa "B": incorreta, nos termos da justificativa acima.

Alternativa "C": incorreta, nos termos da justificativa acima.

Alternativa "D": incorreta, nos termos da justificativa acima.

Alternativa "E": incorreta, conforme o § 2º do artigo 28 da LC 101/2000 (LRF), a lei permite que o BACEN conceda às instituições financeiras operações de redesconto e de empréstimos de prazo inferior a trezentos e sessenta dias e não, superior.

---

17. (Cespe - Procurador BACEN/2013) No regime de administração especial temporária, de que trata o Decreto-lei nº 2.321/1987, a pessoa jurídica Fundo Garantidor de Créditos

a) pode determinar a transferência do controle acionário da instituição financeira para assegurar a normalidade da economia pública e resguardar os interesses dos depositantes, mesmo antes da decretação do referido regime, desde que presentes os requisitos autorizadores.

b) pode promover a desapropriação das ações do capital social da instituição.

c) pode decretar a cessação do regime de administração especial temporária, quando a situação que o motivou houver normalizado.

d) responde solidariamente com os ex-administradores da instituição pelas obrigações por esta assumidas, após decretado o regime de administração especial temporária, independentemente de vínculo de controle com a instituição.

e) pode ser nomeado pelo BACEN como administrador especial temporário de instituição financeira.

COMENTÁRIOS

✪ **Nota do autor:** exige conhecimento sobre as atribuições do BACEN, no que tange ao regime de administração especial temporária.

Alternativa correta "E": correta, nos termos do artigo 1º c/c o artigo 8º do Decreto-lei nº 2.321/1987, o

BACEN poderá atribuir a pessoas jurídicas com especialização na área, a administração especial temporária de instituições financeiras privadas e públicas não federais, nos casos em que constatar prática reiterada de operações contrárias às diretrizes de política econômica ou financeira traçadas em lei federal; existência de passivo a descoberto; descumprimento das normas referentes à conta de Reservas Bancárias mantida no BACEN; gestão temerária ou fraudulenta de seus administradores; ou ocorrência de qualquer das situações descritas no artigo 2º da Lei nº 6.024/1974.

Alternativa "A": incorreta, de acordo com o artigo 11, alínea a do Decreto-lei nº 2.321/1987, cabe ao BACEN, à vista de relatório ou de proposta do conselho diretor, autorizar a transformação, a incorporação, a fusão, a cisão ou a transferência do controle acionário da instituição, em face das condições de garantia apresentadas pelos interessados.

Alternativa "B": incorreta, de acordo com o artigo 11, alínea b do Decreto-lei nº 2.321/1987, cabe ao BACEN propor a desapropriação, por necessidade ou utilidade pública ou por interesse social, das ações do capital social da Instituição.

Alternativa "C": incorreta, conforme o artigo 14, alínea c do Decreto-lei nº 2.321/1987, cabe ao BACEN decretar a cessação do regime de administração especial temporária quando a situação da instituição se houver normalizado.

Alternativa "D": incorreta, segundo o artigo 15 do Decreto-lei nº 2.321/1987, só respondem solidariamente com os ex-administradores da instituição pelas obrigações por esta assumidas, após a decretação do regime de administração especial temporária, as pessoas naturais ou jurídicas que com ela mantenham vínculo de controle, independentemente da apuração de dolo ou culpa.

---

18. (Cespe - Procurador BACEN/2013) O chefe do Departamento de Organização do Sistema Financeiro Nacional do BACEN descredenciou a sociedade corretora de títulos e valores mobiliários Y para operar no mercado de câmbio, em razão da abertura de inquérito policial para investigar um dos sócios da empresa por suspeitas de fraude no mercado de capital, tendo Y impetrado mandado de segurança, na seção judiciária do Distrito Federal, contra o chefe do referido departamento, com vistas à anulação do ato de descredenciamento, invocando o princípio da presunção da inocência e o direito adquirido de continuar a operar no mercado de câmbio. Nessa situação hipotética,

a) o mandado de segurança deve ser denegado, visto que o ato de credenciamento é precário e discricionário, cuja escolha é inspirada na credibilidade do agente autorizado a operar no mercado de câmbio.

b) o ato de descredenciamento deve ser anulado, em razão da incompetência do BACEN para praticá-lo.

c) o ato de descredenciamento deve ser anulado visto que, em razão do princípio da presunção da inocência, o inquérito policial instaurado em face de sócio não constitui justa causa para o descredenciamento da impetrante.

d) o ato de descredenciamento deve ser anulado, visto que, por ser vinculado, gera direito adquirido à continuidade das operações do impetrante.

e) não cabe o descredenciamento da instituição, devendo ter sido aplicada ao caso, pelo Conselho Monetário Nacional, após proposta do BACEN, a pena de cassação de autorização de funcionamento.

COMENTÁRIOS

✪ **Nota do autor:** exige conhecimento sobre a atuação do BACEN na fiscalização do mercado de câmbio, de acordo com a previsão legal e o entendimento jurisprudencial.

Alternativa correta "A": correta, segundo a jurisprudência do STJ, o ato de credenciamento e descredenciamento dos agentes para operarem no mercado de câmbio é ato administrativo discricionário e precário (Lei 4.595/64), embasando-se a escolha na credibilidade do agente junto ao mercado de câmbio, autorizado, fiscalizado e regulamentado pelo BACEN. Se um dos sócios de empresa credenciada envolve-se em fatos pertinentes ao mercado financeiro de câmbio, independentemente do desfecho do processo penal, podem tais fatos macular a credibilidade da pessoa jurídica (MS 11057/DF). Neste sentido, veja também a elucidativa decisão do TRF – 2ª Região, cuja transcrição é oportuna:

> *"DIREITO CONSTITUCIONAL, ECONÔMICO E ADMINISTRATIVO. OPERAÇÕES DE CÂMBIO. CREDENCIAMENTO DE PARTICULARES. COMPETÊNCIA. NATUREZA DO ATO. CASSAÇÃO. HIPÓTESES. DEVIDO PROCESSO LEGAL. I – Nos termos do art. 22, IV da Constituição da República, em interpretação conjunta com os arts. 10 e 11 da Lei 4.595-64, compete ao Banco Central do Brasil fiscalizar e regular as instituições financeiras credenciadas à operarem no mercado de câmbio. II – Equiparam-se às instituições financeiras, nestes casos, as pessoas jurídicas, públicas ou privadas, que exercem atividades relacionadas à compra e venda de títulos ou que realizam operações no mercado financeiro e de capitais, incluídas neste rol, portanto, as operadoras de câmbio (arts. 17 e 18 da Lei 4.595-64). III – Por se tratar de atribuição que é corolário do poder de polícia inerente e que visa a atender ao que preceitua o art. 174 da CRFB – intervenção do Estado no domínio econômico –, verdadeira limitação à liberdade e propriedade privadas, o ato de credenciamento tem a natureza de autorização e, portanto, precário (item 42 do Capítulo 2 da Consolidação das Normas Cambiárias), sob pena de restar frustrada a função reguladora do Estado, que tem na discricionariedade o seu fundamento primário.*

(...) TRF 2ª R., 6ª T., AGT 93488/RJ, Rel. Juiz André Fontes, DJ 04/09/2002.

Alternativa "B": incorreta, conforme justificativa acima.

Alternativa "C": incorreta, conforme justificativa acima.

Alternativa "D": incorreta, conforme justificativa acima.

Alternativa "E": incorreta, conforme justificativa acima.

4. DO SISTEMA DE PAGAMENTOS BRASILEIRO – LEI Nº 10.214/2001

19. (Cespe – Procurador BACEN/2013) Com relação ao sistema de pagamentos brasileiro, instituído pela Lei nº 10.214/2001, assinale a opção correta.

a) Os bens oferecidos em garantia no âmbito dos sistemas de compensação e de liquidação somente podem ser penhorados por dívidas de caráter alimentar.

b) A atuação das câmaras e dos prestadores de serviços de compensação e de liquidação deverá ser obrigatoriamente garantida por um patrimônio especial, separado do patrimônio geral da câmara ou do prestador de serviço.

c) O sistema de pagamentos brasileiro é estruturado de acordo com as recomendações feitas, isolada ou conjuntamente, pelo *Bank for International Settlements* e pela *International Organization of Securities Commissions*, nos relatórios denominados *Core Principles for Systemically Important Payment Systems* e *Recommendations for Securities Settlement Systems*.

d) Compete ao Conselho Monetário Nacional definir os sistemas de compensação e de liquidação considerados sistemicamente importantes.

e) Não se admite compensação multilateral de obrigações no âmbito de um sistema de compensação e de liquidação.

COMENTÁRIOS

✪ **Nota do autor:** exige conhecimento das normas relativas aos serviços de compensação e liquidação de pagamentos, previstas na Lei nº 10.214/2001.

Alternativa correta "C": correta por exclusão das demais.

Alternativa "A": incorreta, nos termos do artigo 6º da Lei nº 10.214/2001, que dispõe sobre a atuação das câmaras e dos prestadores de serviços de compensação e de liquidação, no âmbito do sistema de pagamentos brasileiro, os bens e direitos oferecidos em garantia no âmbito de atuação das câmaras e dos prestadores de serviços de compensação e de liquidação são impenhoráveis, e não poderão ser objeto de arresto, sequestro, busca e apreensão ou qualquer outro ato de constrição judicial, exceto para o cumprimento das obrigações assumidas pela própria câmara ou prestador de serviços de compensação e de liquidação na qualidade de parte contratante, nos termos do disposto no caput do artigo 4º desta Lei.

Alternativa "B": incorreta, segundo o artigo 5º da Lei nº 10.214/2001, apenas as câmaras e os prestadores de serviços de compensação e de liquidação responsáveis por um ou mais ambientes sistemicamente importantes deverão, obedecida a regulamentação baixada pelo Banco Central do Brasil, separar patrimônio especial, formado por bens e direitos necessários a garantir exclusivamente o cumprimento das obrigações existentes em cada um dos sistemas que estiverem operando. Segundo o § 1º do referido artigo, os bens e direitos integrantes do patrimônio especial, bem como seus frutos e rendimentos, não se comunicarão com o patrimônio geral ou outros patrimônios especiais da mesma câmara ou prestador de serviços de compensação e de liquidação, e não poderão ser utilizados para realizar ou garantir o cumprimento de qualquer obrigação assumida pela câmara ou prestador de serviços de compensação e de liquidação em sistema estranho àquele ao qual se vinculam.

Alternativa "D": incorreta, nos termos do artigo 4º da Lei nº 1.214/2001, é o BACEN, e não o CMN, que define os sistemas de compensação e de liquidação considerados sistemicamente importantes, isto é, aqueles em que o volume e a natureza dos negócios forem capazes de oferecer risco à solidez e ao normal funcionamento do sistema financeiro.

Alternativa "E": incorreta, segundo o artigo 3º da Lei nº 10.214/2001, é admitida a compensação multilateral de obrigações no âmbito de uma mesma câmara ou prestador de serviços de compensação e de liquidação. O parágrafo único do referido artigo define como "compensação multilateral de obrigações" o procedimento destinado à apuração da soma dos resultados bilaterais devedores e credores de cada participante em relação aos demais.

5. DO SISTEMA BRASILEIRO DE DEFESA DA CONCORRÊNCIA (SBDC) – LEI Nº 12.539/2011

20. (Cespe – Procurador Federal/2013) Com relação à Lei de Defesa da Concorrência – Lei nº 12.529/2011 –, julgue os itens a seguir.

COMENTÁRIOS

✪ **Nota do autor:** exige conhecimento da Lei nº 12.529/2011, especialmente sobre as funções do CADE, posição dominante, atos de concentração, monopólio legal etc.

20.1. As funções do CADE de consultoria, assessoramento jurídico e promoção da execução judicial das decisões e julgados são efetuadas pelo representante do Ministério Público Federal junto a esse conselho.

COMENTÁRIOS

Alternativa incorreta: nos termos do artigo 15 da Lei nº 12.529/2011, tais funções competem à Procuradoria Federal Especializada, que atuará junto ao CADE. Além disto, o artigo 129, inciso IX da Constituição Federal veda ao Ministério Público a representação judicial e a consultoria jurídica de entidades públicas.

20.2. A presunção de posição dominante é elemento bastante para a caracterização de infração à ordem econômica.

COMENTÁRIOS

Alternativa incorreta: de acordo com o artigo 36, inciso IV da Lei nº 12.529/2011, é necessário que a posição dominante seja exercida de forma abusiva.

20.3. As fusões e aquisições, nominadas na lei em apreço como atos de concentração, não podem ser consumadas antes de apreciadas pelo CADE, sob pena de nulidade, de imposição de multa pecuniária e de abertura de processo administrativo para a imposição de sanções administrativas por infração à ordem econômica.

COMENTÁRIOS

Alternativa correta: nos termos do artigo 88 da Lei nº 12.529/2011. O artigo 90 da referida lei considera ato de concentração, dentre outros, quando duas ou mais empresas anteriormente independentes se fundem (inciso I); e uma ou mais empresas adquirem o controle ou partes de uma ou outras empresas, seja direta ou indiretamente, por compra ou permuta de ações, quotas, títulos ou valores mobiliários conversíveis em ações, ou ativos, tangíveis ou intangíveis, por via contratual ou por qualquer outro meio ou forma (inciso II). Deste modo, as fusões e aquisições que se enquadrem nos requisitos do supramencionado artigo 88 (incisos I e II), devem ser submetidas ao CADE pelas partes envolvidas na operação, sob pena de nulidade, sendo ainda imposta multa pecuniária, de valor não inferior a R$ 60.000, 00 (sessenta mil reais) nem superior a R$ 60.000.000, 00 (sessenta milhões de reais), a ser aplicada nos termos da regulamentação, sem prejuízo da abertura de processo administrativo, nos termos do § 3º do artigo 88 da referida lei.

20.4. A lei em apreço prevê um programa de leniência com disposição expressa quanto à suspensão do prazo prescricional e ao impedimento do oferecimento da denúncia com relação ao agente beneficiário da leniência, na hipótese de sua celebração.

COMENTÁRIOS

ANULADA: a questão foi anulada pela banca do concurso, sob o argumento de que "Onde se lê 'prescricionado', deveria ler-se 'prescricional'. Por este motivo, opta-se pela anulação." Conforme o artigo 87 da Lei nº 12.529/2011, nos crimes contra a ordem econômica, tipificados na Lei nº 8.137/1990, e nos demais crimes diretamente relacionados à prática de cartel, a celebração de acordo de leniência determina a suspensão do curso do prazo prescricional (e não, prescricionado) e impede o oferecimento da denúncia com relação ao agente beneficiário da leniência.

20.5. Considere a seguinte situação hipotética.

A ANVISA apresentou à Superintendência Geral do CADE representação contra a empresa X, que atua no segmento de sementes e detém legítimos direitos patentários referentes ao desenvolvimento de semente geneticamente modificada. Segundo a ANVISA, a empresa X cometeu conduta anticompelitiva ao incluir, nos contratos de licenciamento da semente geneticamente modificada que celebra com outras empresas, a imposição de que, nas pesquisas e no cultivo da semente, é obrigatório o uso exclusivo de seu fertilizante e herbicida, sem que houvesse qualquer comprovação de que esse uso exclusivo do fertilizante e do herbicida traria melhorias ao desempenho das sementes. No processo administrativo inaugurado após o inquérito administrativo, a empresa X alegou que o assunto, por estar relacionado a sementes e por deter patente, não seria da competência do CADE, e que por não ter sido adotado o procedimento preparatório de inquérito administrativo, deveria ser declarada sua nulidade.

20.6. Nessa situação, o argumento da empresa X não deve ser acolhido, pois o rol de infrações à ordem econômica contido na Lei nº 12.529/2011 é exemplificativo e a detenção legítima da patente pela empresa X caracteriza sua posição dominante no mercado.

COMENTÁRIOS

ANULADA: a questão foi anulada pela banca do concurso, sob o argumento de que "Onde se lê 'anticompelitiva', deveria ler-se 'anticompetitiva'. Por este motivo, opta-se pela anulação." De qualquer forma, a atuação da empresa X caracteriza infração da ordem econômica, nos termos do artigo 36 da Lei nº 12.529/2011, eis que prejudica a livre concorrência (inciso I) e demonstra que a empresa exerce de forma abusiva sua posição dominante (inciso IV).

20.7. A lei em questão excepciona de seu alcance atividades exercidas sob o regime de monopólio legal, ainda que estas sejam exercidas por empresas privadas.

COMENTÁRIOS

Alternativa incorreta: o artigo 31 da Lei nº 12.529/2011 determina sua aplicação às pessoas físicas ou jurídicas de direito público ou privado, bem como a quaisquer associações de entidades ou pessoas, constituídas de fato ou de direito, ainda que temporariamente, com ou sem personalidade jurídica, mesmo que exerçam atividade sob regime de monopólio legal.

21. (Cespe – Juiz Federal Substituto 5ª região/2013) Com base na legislação antitruste brasileira, assinale a opção correta.

a) O ordenamento pátrio permite que hipóteses de isenção à lei antitruste sejam fixadas em lei complementar.

b) Os mercados de telefonia fixa e de telefonia celular pertencem ao mesmo mercado relevante.

c) Considera-se que o varejo tradicional e o mercado de vendas a distância pertencem ao mesmo mercado relevante.

d) O mercado de venda de espaço virtual para publicidade é isolado, não se reconhecendo um mercado relevante de vendas de espaços publicitários em geral.

e) Não se consideram, na delimitação de mercado relevante geográfico, os custos de transportes, os incentivos de autoridades locais e a taxa de câmbio.

COMENTÁRIOS

✪ **Nota do autor:** exige conhecimento sobre mercado relevante.

Alternativa correta "D": correta, tendo em vista que o mercado de venda de espaço virtual para publicidade, por ser isolado, não substitui o mercado de vendas de espaços publicitários em geral.

Alternativa "A": incorreta, não havendo previsão legal nesse sentido.

Alternativa "B": incorreta, uma vez que os mercados de telefonia fixa e de telefonia celular não pertencem ao mesmo mercado relevante, pois, embora sejam utilizados para a mesma finalidade, não podem ser substituídos um pelo outro sem desvincular a qualidade e o preço.

Alternativa "C": incorreta, pois os referidos mercados não podem ser substituídos um pelo outro na mesma área.

Alternativa "E": incorreta, pois não se considera a taxa de câmbio na delimitação de mercado relevante geográfico.

22. (Cespe – Juiz Federal Substituto 5ª região/2013) Com relação às normas brasileiras de proteção à livre iniciativa e à livre concorrência, assinale a opção correta.

a) O abuso de posição dominante não implica, necessariamente, restrição à livre concorrência e à livre iniciativa ou aumento arbitrário de lucros.

b) Estão sujeitos à Lei Antitruste brasileira pessoas físicas ou jurídicas de direito público ou privado, associações de entidades ou de pessoas, desde que suas atividades tenham fins lucrativos.

c) As condutas passíveis de caracterizar infração à ordem econômica são apenas as descritas expressamente na Lei Antitruste.

d) É possível que um ato que não tenha chegado a existir no mundo jurídico configure infração à ordem econômica.

e) Toda restrição à livre concorrência ou à livre iniciativa é domínio de mercado ou abuso de posição dominante.

COMENTÁRIOS

✪ **Nota do autor:** exige conhecimento sobre as normas brasileiras de proteção à livre iniciativa e à livre concorrência.

Alternativa correta "D": correta, segundo o artigo 36 da Lei nº 12.529/11, os atos nele mencionados configuram infração à ordem econômica, ainda que não sejam alcançados os efeitos pretendidos.

Alternativa "A": incorreta, uma vez que todo abuso de posição dominante implica em restrição aos princípios da livre iniciativa e da livre concorrência, bem como o aumento arbitrário dos lucros.

Alternativa "B": incorreta, já que a Lei nº 12.529/11, em seu artigo 31, não exige que as pessoas que se sujeitam à referida lei exerçam atividades com fins lucrativos.

Alternativa "C": incorreta, tendo em vista que também há previsão de crimes contra a ordem econômica Capítulo II da Lei nº 8.137/90.

Alternativa "E": incorreta, já que nem toda restrição à concorrência ou à livre iniciativa é domínio de mercado ou abuso de posição dominante, podendo haver outras condutas que configurem restrição à concorrência ou à livre iniciativa.

5.1. DAS INFRAÇÕES DA ORDEM ECONÔMICA

23. (Cespe – Procurador do MP junto ao TCE-PB/2014) Nos termos da lei, a infração da ordem econômica é configurada

a) independentemente de culpa.

b) quando houver dolo ou culpa.

c) somente quando houver dolo.

d) somente quando houver culpa.

e) somente quando houver culpa grave.

COMENTÁRIOS

✪ **Nota do autor:** exige conhecimento da Lei nº 12.539/2011 a respeito de infrações à ordem econômica.

Alternativa correta "A": correta, nos termos do artigo 36 da Lei nº 12.529/2011, in verbis "Art. 36. Constituem infração da ordem econômica, independentemente de culpa, os atos sob qualquer forma manifes-ta-dos, que tenham por objeto ou possam produzir os seguintes efeitos, ainda que não alcançados: I – limitar, falsear ou de qualquer forma prejudicar a livre concorrência ou a livre iniciativa; II – dominar mercado relevante de bens ou serviços; III – aumentar arbitrariamente os lucros; e IV – exercer de forma abusiva posição dominante".

Alternativa "B": incorreta, nos termos do artigo 36 da Lei nº 12.529/2011.

Alternativa "C": incorreta, nos termos do artigo 36 da Lei nº 12.529/2011.

Alternativa "D": incorreta, nos termos do artigo 36 da Lei nº 12.529/2011.

Alternativa "E": incorreta, nos termos do artigo 36 da Lei nº 12.529/2011.

24. (Cespe – Procurador do Ministério Público junto ao TCDF/2013) Relativamente à defesa da concorrência no ordenamento jurídico brasileiro, julgue os itens que se seguem.

COMENTÁRIOS

✪ **Nota do autor:** exige conhecimento da Lei nº 12.539/2011 a respeito de infrações da ordem econômica, bem como das atribuições do CADE.

24.1. Praticará infração da ordem econômica a empresa de serviços de comunicação por televisão que exigir do promotor de determinado evento a exclusividade para a divulgação de publicidade desse evento.

COMENTÁRIOS

Alternativa correta: segundo o artigo 36, § 3º, inciso VI da Lei nº 12.529/2011, que estrutura o Sistema Brasileiro de Defesa da Concorrência (SBDC) e, também, dispõe sobre a prevenção e repressão às infrações contra a ordem econômica, constitui infração da ordem econômica, independentemente de culpa, a conduta de exigir ou conceder exclusividade para divulgação de publicidade nos meios de comunicação de massa.

24.2. Se determinada empresa infringir a ordem econômica, caberá ao Conselho Administrativo de Defesa Econômica (CADE) decidir pela existência ou não da infração, cabendo ao Poder Judiciário a aplicação das penalidades previstas em lei.

COMENTÁRIOS

Alternativa incorreta: de acordo com o artigo 5º da Lei nº 12.529/2011, o CADE é composto por um Tribunal Administrativo de Defesa Econômica, por uma Superintendência-Geral e por um Departamento de Estudos Econômicos. O Tribunal Administrativo é um órgão judicante (artigo 6º), cujo plenário tem competência para decidir sobre a existência de infração à ordem econômica e aplicar as penalidades legais, nos termos do artigo 9º da referida lei. Todavia, nada obsta a provocação do Poder Judiciário, sob pena de violação do artigo 5º, inciso XXXV da Constituição (princípio da inafastabilidade do Poder Judiciário).

24.3. A empresa que, mesmo sem culpa, praticar ato que tenha por objetivo produzir aumento arbitrário de seus lucros cometerá uma infração da ordem econômica.

COMENTÁRIOS

Alternativa correta: conforme o artigo 36 da Lei nº 12.529/2011, as infrações à ordem econômica independem de culpa, porque, mesmo que não se alcance o resultado visado ou possível, a simples prática da conduta prevista em lei já terá caracterizado a infração administrativa. Neste caso, o artigo 36, inciso III prevê como infração da ordem econômica a conduta de aumentar arbitrariamente os lucros.

25. (Cespe – Juiz Federal Substituto 2ª região/ 2013) A respeito de infrações contra a ordem econômica, assinale a opção correta. **ANULADA**

a) Se duas empresas do ramo de alimentos efetivamente planejarem e desenvolverem ações para dominar mercado relevante, mas não obtiverem êxito, não haverá, nessa hipótese, infração contra a ordem econômica.

b) Empresa que forneça bebidas a bares e restaurantes em uma grande capital brasileira poderá fixar preços diferenciados para adquirentes de seus produtos com base no desempenho de vendas desses adquirentes.

c) Uma indústria que produza aparelhos eletrônicos poderá condicionar a venda de alguns produtos à aquisição de serviços por ela prestados.

d) Admite-se que um grupo empresarial retenha determinados bens de consumo, na hipótese de que a comercialização desses bens não garanta a cobertura dos respectivos custos de produção.

e) Uma empresa produtora de bolsas e sapatos, no âmbito de grande campanha de publicidade, poderá determinar ao segmento varejista que seja concedido desconto de 5% nos preços praticados nas vendas à vista.

COMENTÁRIOS

✪ **Nota do autor:** a questão foi anulada, porque nenhuma alternativa está correta.

Alternativa "A": incorreta, tendo em vista que o fato de as empresas planejarem e desenvolverem ações para dominar mercado relevante já constitui infração à ordem econômica, independente de obterem êxito ou não, de acordo com o disposto no artigo 36, inciso II da Lei nº 12.529/2011.

Alternativa "B": incorreta, pois se a empresa fornecedora de bebidas fixar preços diferenciados com base no desempenho de vendas, cometerá infração à ordem econômica, de acordo com o disposto no artigo 36, § 3º, inciso X da Lei nº 12.529/2011.

Alternativa "C": incorreta, pois tal prática constituirá infração à ordem econômica, de acordo com o disposto no artigo 36, § 3º, inciso X da Lei nº 12.529/2011.

Alternativa "D": incorreta. O artigo 36, § 3º, inciso XVI da Lei nº 12.529/2011, prevê a retenção de bens de produção e consumo apenas para garantir os custos de produção. Porém, a alternativa deveria informar que a conduta teve como objeto os efeitos indicados nos incisos I, II, III e IV do mesmo artigo 36, já que o § 3º do mesmo artigo prevê que: "As seguintes condutas, além de outras, na medida em que configurem hipótese prevista no *caput* deste artigo e seus incisos, caracterizam infração da ordem econômica."

Alternativa "E": incorreta, pois tal prática constituirá infração à ordem econômica, de acordo com o disposto no artigo 36, § 3º, inciso IX da Lei nº 12.529/2011.

---

26. (Cespe – Juiz Federal Substituto 1ª região/2013) Quanto às infrações da ordem econômica dispostas na Lei Antitruste, assinale a opção correta.

a) A reiteração de atos que configurem infração da ordem econômica, após decisão do tribunal determinando sua cessão, sujeita o responsável à proibição de exercer o comércio em nome próprio pelo prazo de até cinco anos.

b) A retenção de bens de produção ou de consumo, sob qualquer pretexto, dada a gravidade social que representa, caracteriza infração à ordem econômica.

c) O estado de insolvência provocado por má administração, que implique inatividade da pessoa jurídica, não pode acarretar, por si só, a desconsideração da personalidade jurídica do responsável.

d) Apenas no caso de comprovação de culpa, a prática de atos que tenham por objetivo o aumento arbitrário de lucros caracterizará infração à ordem econômica.

e) Nas relações comerciais de prazo indeterminado, o rompimento da continuidade em razão de recusa da outra parte em submeter-se a cláusulas anticoncorrenciais caracteriza infração à ordem econômica.

COMENTÁRIOS

✪ **Nota do autor:** exige conhecimento sobre as infrações à ordem econômica.

Alternativa correta "E": correta, nos termos do artigo 36, § 3º, inciso XII da Lei nº 12.529/11.

Alternativa "A": incorreta, uma vez que essa pena deve ser aplicada a depender do caso, quando assim exigir a gravidade dos fatos ou o interesse público geral, nos termos do artigo 38, *caput* e inciso VI da Lei nº 12.529/11.

Alternativa "B": incorreta, uma vez que não se configura a infração se houver retenção para garantir a cobertura dos custos de produção, conforme prevê a segunda parte do inciso XVI, do § 3º, do artigo 36 da Lei nº 12.529/11.

Alternativa "C": incorreta, conforme artigo 34, parágrafo único da Lei nº 12.529/11.

Alternativa "D": incorreta, pois, o aumento arbitrário de lucros configura infração à ordem econômica ainda que independentemente de culpa, conforme artigo 36, *caput* e inciso III da Lei nº 12.529/11.

5.2. DO CONTROLE DOS ATOS DE CONCENTRAÇÃO ECONÔMICA

---

27. (Cespe – Procurador do MP junto ao TCU/2015) À luz da legislação concorrencial brasileira, assinale a opção correta.

a) Não existe distinção de fundo entre o preço predatório e o chamado dumping, razão pela qual as duas hipóteses são puníveis à luz da legislação concorrencial.

b) A existência de altas barreiras à entrada de novos concorrentes torna improvável o exercício de poder de mercado, razão suficiente para descaracterizar a ocorrência de prática restritiva da concorrência.

c) O fato de determinada empresa ter posição dominante em certo mercado relevante, independentemente de culpa, de per se, constitui prática restritiva da concorrência, razão de sua ilicitude perante o direito concorrencial.

d) Estabelecer acordos e combinações e realizar manipulações ou ajustes com concorrentes no que se refere a preços de bens ou serviços ofertados individualmente constitui prática restritiva da concorrência classificada como unilateral e horizontal.

e) O acordo de cooperação com vista à atuação coordenada, se firmado por pequenos comerciantes incapazes de exercer, ainda que de forma coordenada, poder de mercado, não constitui infração à Lei n.° 12.529/2011 (Lei de Defesa da Concorrência).

COMENTÁRIOS

✪ **Nota do autor:** exige conhecimento do controle dos atos de concentração econômica, previsto na Lei nº 12.529/2011.

Alternativa correta: "e", nos termos do art. 36, § 2º da Lei nº 12.529/2011, os acordos de cooperação somente constituirão infração à legislação concorrencial se, de sua assinatura, uma empresa ou grupo de empresas for capaz de alterar unilateral ou coordenadamente as condições de mercado ou quando controlar 20 % (vinte por cento) ou mais do mercado relevante, podendo este percentual ser alterado pelo CADE para setores específicos da economia. Se os pequenos comerciantes são incapazes de exercer poder de mercado, não há que se falar em infração à ordem econômica.

Alternativa "a": incorreta, pois se tratam de institutos distintos. De acordo com o CADE, preço predatório é a prática deliberada de preços abaixo do custo visando eliminar concorrentes para, posteriormente, explorar o poder de mercado angariado com a prática predatória. Como a venda de produtos abaixo do custo significa prejuízo para a empresa que adota preços predatórios, do ponto de vista econômico, essa prática só faz sentido se a empresa puder recuperar tal prejuízo em um segundo momento, ou seja, se tiver como obter lucros no médio/longo prazo. *Dumping,* por sua vez, é um termo utilizado no comércio internacional, quando um agente econômico pratica um preço internamente inferior ao praticado no país de origem do produto. (Fonte: http://www.cade.gov.br/servicos/perguntas-frequentes/perguntas-sobre-infracoes-a-ordem-economica).

Alternativa "b": incorreta, o poder de mercado, por si só, não é considerado ilegal, mas quando uma empresa ou um grupo de empresas abusa desse poder, adotando uma conduta que fere a livre concorrência, a prática configura-se em abuso de poder econômico. O art. 36 da Lei 12.529/11 elenca algumas condutas que podem caracterizar infração à ordem econômica, na medida em que tenham por objeto ou possam produzir efeitos anticoncorrenciais (§ 3°). Como o rol é exemplificativo, não exclui outras condutas que possam caracterizar a prática restritiva da concorrência, como, por exemplo, criar dificuldades ao concorrente.

Alternativa "c": incorreta, nos termos do art. 36, § 1º da Lei nº 12.562/2011, "a conquista de mercado resultante de processo natural fundado na maior eficiência de agente econômico em relação a seus competidores não caracteriza o ilícito previsto no inciso II do caput deste artigo."

Alternativa "d": incorreta, a conduta de acordar, combinar, manipular ou ajustar com concorrente, sob qualquer forma os preços de bens ou serviços ofertados individualmente, descrita no art. 36, § 3º, alínea *a* da Lei nº 12.562/2011, constitui prática restritiva da concorrência classificada apenas como horizontal. Apesar de ambas visarem reduzir ou eliminar a concorrência no mercado relevante, a conduta horizontal é um acordo celebrado entre concorrentes que atuam no mesmo mercado relevante, tanto geográfica como materialmente. Já as condutas unilaterais são aquelas em que o detentor de posição dominante no mercado atua de forma a excluir unilateralmente seus concorrentes do mercado relevante.

---

28. (Cespe – Procurador do MP junto ao TCE-PB/2014) Após autorização legislativa, o estado da Paraíba publicou edital de abertura de procedimento licitatório para a concessão de serviço local de gás canalizado. Após regular trâmite, o consórcio formado pelas empresas A, B e C, com o objetivo único e específico de participar na licitação, sagrou-se vencedor no certame, adjudicando o objeto da licitação e assinando o contrato de concessão com o estado. O consórcio e o contrato de concessão não foram analisados previamente pelo Conselho Administrativo de Defesa Econômico (CADE). A Procuradoria junto ao Ministério Público do TCE/PB foi instada a se pronunciar sobre o procedimento licitatório. Com base nessa situação hipotética, assinale a opção correta.

a) Na hipótese considerada, o contrato de concessão foi irregular, pois a operação deveria ter sido analisada pelo CADE antes de sua assinatura.

b) Na hipótese em questão, não houve qualquer irregularidade seja na licitação, seja na operação.

c) O certame em apreço foi irregular, uma vez que o serviço não pode ser concedido à iniciativa privada.

d) O referido certame foi irregular, pois, na hipótese, se trata de serviço a ser prestado pelo município.

e) A adjudicação em apreço foi irregular, haja vista que a operação deveria ter sido analisada pelo CADE antes da constituição do consórcio.

COMENTÁRIOS

✪ **Nota do autor:** exige conhecimento das normas relativas aos atos de concentração, bem como da disciplina constitucional dos bens e serviços dos entes federados.

Alternativa correta "B": correta, de acordo com o parágrafo único do artigo 90 da Lei nº 12.529/2011, não é considerado ato de concentração, sujeito ao controle prévio do CADE, o fato de duas ou mais empresas celebrarem consórcio para participar de licitações promovidas pela administração pública direta e indireta, e cumprir os contratos delas decorrentes. Portanto, nem o contrato de concessão, nem a adjudicação foram irregulares, já que não era necessária a análise prévia da operação pelo CADE.

Alternativa "A": incorreta, conforme argumentado na alternativa "A".

Alternativa "C": incorreta, pois o artigo 25, § 2º da Constituição permite aos Estados federados explorarem diretamente, ou mediante concessão, os serviços locais de gás canalizado, na forma da lei.

Alternativa "D": incorreta, conforme argumentado na alternativa "C".

Alternativa "E": incorreta, conforme argumentado na alternativa "A".

---

29. (Cespe – Procurador BACEN/2013) No direito antitruste brasileiro, a regra da razão ou da razoabilidade (*rule of reason*) significa

a) a aplicação do princípio da proporcionalidade no direito econômico, de acordo com seus subprincípios: adequação, necessidade e proporcionalidade em sentido estrito.

b) a aplicação da norma com base na racionalidade do agente econômico, que responde a estímulos por meio de estratégias que avaliam o comportamento dos demais agentes de acordo com a teoria dos jogos.

c) o abrandamento da ilicitude dos atos de concentração e das práticas anticompetitivas, visto que algumas operações e condutas, ainda que restrinjam a concorrência, podem trazer efeitos benéficos ou ganhos de eficiência.

d) o abrandamento da ilicitude somente dos atos de concentração, visto que algumas operações, ainda que restrinjam a concorrência, podem trazer efeitos benéficos ou ganhos de eficiência.

e) o abrandamento da ilicitude somente das práticas anticompetitivas, visto que algumas condutas, ainda que restrinjam a concorrência, podem trazer efeitos benéficos ou ganhos de eficiência.

COMENTÁRIOS

✪ **Nota do autor:** embora a questão mencionasse conceitos bem específicos do direito econômico, era possível chegar à resposta correta pelo conhecimento das exceções legais à vedação dos atos de concentração, previstas na Lei nº 12.529/2011.

Alternativa correta "C": correta. A "regra da razão" ou "da razoabilidade", utilizada como regra de julgamento pela jurisprudência estadunidense (*rule of reason*) no tratamento de práticas relativas ao direito antitruste, implica na ponderação entre os possíveis efeitos anticompetitivos e os efeitos benéficos ou ganhos de eficiência, para só então se concluir acerca da ilegalidade ou não da operação ou conduta. Um exemplo de sua aplicação em nosso ordenamento jurídico seria o artigo 88, § 6º da Lei nº 12.529/2011, ao permitir atos de concentração que impliquem a eliminação da concorrência em parte substancial de mercado, que possam criar ou reforçar uma posição dominante, ou que possam resultar na dominação de mercado relevante de bens ou serviços, desde que sejam observados os limites estritamente necessários para, cumulada ou alternativamente, aumentar a produtividade ou a competitividade; melhorar a qualidade de bens ou serviços; ou propiciar a eficiência e o desenvolvimento tecnológico ou econômico (inciso I, alíneas a, b, c); e, ainda, que sejam repassados aos consumidores parte relevante dos benefícios decorrentes (inciso II).

Alternativa "A": incorreta, de acordo com a justificativa supra.

Alternativa "B": incorreta, de acordo com a justificativa supra.

Alternativa "D": incorreta, de acordo com a justificativa supra.

Alternativa "E": incorreta, de acordo com a justificativa supra.

---

30. (Cespe – Procurador BACEN/2013) A instituição financeira X e a sociedade de crédito imobiliário Y, pessoas jurídicas que participam do mesmo conglomerado empresarial, firmaram acordo prévio de cooperação com o objetivo de compartilhar seus ativos e clientes, com previsão de assinar um acordo definitivo para a fusão das suas atividades. Nessa situação hipotética, a referida operação

a) deve ser analisada pelo BACEN para avaliação do potencial lesivo à concorrência no respectivo mercado relevante.

b) é irrelevante para o acionamento dos mecanismos de controle estrutural de mercado, pois, sendo o ato empresarial lícito, ele não atrai a atuação do controle dos atos de concentração.

c) é irrelevante para o direito da concorrência, pois somente a operação definitiva de fusão acarreta concentração com potencial lesivo, que atrai a atuação do controle dos atos de concentração.

d) deve ser remetida à análise direta do CADE, para a avaliação do potencial lesivo à concorrência no respectivo mercado relevante.

e) deve ser remetida à análise do CADE, após manifestação da Secretaria de Assuntos Econômicos do Ministério da Fazenda.

COMENTÁRIOS

✪ **Nota do autor:** exige conhecimento das normas relativas à defesa da concorrência e aos atos de concentração, previstos na Lei nº 4.595/1964.

Alternativa correta "B": correta. O artigo 88, § 8º da Lei nº 12.529/2011 determina que as mudanças de controle acionário de companhias abertas e os registros de fusão, sem prejuízo da obrigação das partes envolvidas, devem ser comunicados ao CADE pela Comissão de Valores Mobiliários e pelo Departamento Nacional do Registro do Comércio do Ministério do Desenvolvimento, Indústria e Comércio Exterior, respectivamente, no prazo de cinco dias úteis para, se for o caso, serem examinados. Isto porque o artigo 90, inciso I da referida lei prescreve que haverá ato de concentração econômica quando duas ou mais empresas, anteriormente independentes, se fundem.

No entanto, na questão em tela, as duas empresas, embora independentes, pertencem ao mesmo conglomerado empresarial e, por este motivo, enquadram-se no artigo 1º, § 2º da Circular do BACEN nº 3.590/2012, que dispõe sobre a análise de atos de concentração no Sistema Financeiro Nacional e sobre a remessa de informações pelas instituições financeiras e pelas demais instituições autorizadas a funcionar pelo Banco Central do Brasil, que dispensa da análise sob o ponto de vista de seus efeitos sobre a concorrência as operações de fusão que envolvam duas ou mais instituições financeiras ou demais instituições autorizadas a funcionar pelo Banco Central do Brasil, quando elas pertençam ao mesmo conglomerado.

A nosso ver, a questão induziu o candidato a erro, eis que a alternativa "D" estaria aparentemente correta, se não fosse a hipótese prevista na normativa infralegal sobre o tema, que nem sempre é de conhecimento do candidato.

Alternativa "A": incorreta, pois não se trata de atribuição do BACEN, mas do CADE.

Alternativa "C": incorreta, pois a lei não faz qualquer distinção entre a operação provisória e a definitiva de fusão.

Alternativa "D": incorreta, conforme a justificativa acima.

Alternativa "E": incorreta, pois a lei não exige a manifestação da Secretaria de Assuntos Econômicos do Ministério da Fazenda.

---

31. (Cespe – Juiz Federal Substituto 5ª região/2013) No que se refere aos atos de concentração, assinale a opção correta. **ANULADA**

a) Práticas de concentração podem ser realizadas se autorizadas pelo CADE e desde que isso acarrete mais benefícios que prejuízos à concorrência.

b) A concentração efetivada, mas não autorizada, configura infração à ordem econômica, independentemente de implicar domínio de mercado, abuso de posição dominante ou prejuízo concorrencial.

c) Quando o faturamento de um dos grupos partícipes do negócio for inferior a vinte milhões de reais, não há necessidade de o CADE autorizar previamente o ato de concentração; basta que a autoridade antitruste seja informada do negócio.

d) Todos os negócios que geram concentração dependem de autorização do CADE.

e) A autorização regularmente concedida pelo CADE só pode ser revista se houver comprovação de má-fé dos agentes econômicos.

COMENTÁRIOS

✪ **Nota do autor:** questão anulada pela banca examinadora.

Alternativa correta "A": *essa questão poderia ser a mais correta, mas foi mal formulada e dificulta a compreensão pelo candidato.*

Alternativa "B": incorreta, pois, por má formulação, dificultou a compreensão do candidato. Talvez a banca examinadora quisesse trazer à análise a parte final do artigo 36 da Lei nº 12.529/11, que prevê: "Configuram infração à ordem econômica os atos que tenham por objeto ou possam produzir os nele previstos, **ainda que não sejam alcançados**".

Alternativa "C": incorreta, não havendo previsão legal nesse sentido.

Alternativa "D": incorreta, uma vez que só dependem de autorização do CADE os atos de concentração que se enquadrem nos os requisitos cumulativos dos incisos I e II, do artigo 88 da Lei nº 12.529/11.

Alternativa "E": incorreta, uma vez que a autorização do ato de concentração poderá ser revista se a decisão for baseada em informações falsas ou enganosas prestadas pelo interessado, se ocorrer o descumprimento de quaisquer das obrigações assumidas ou não forem alcançados os benefícios visados, conforme artigo 91 da Lei nº 12.529/11.

5.3. ACORDO DE LENIÊNCIA

---

32. (Cespe – Procurador do MP junto ao TCU/2015) Acerca do acordo de leniência firmado nos termos da Lei de Defesa da Concorrência, assinale a opção correta.

a) Na hipótese de não reunir as condições para a celebração do acordo de leniência em relação a uma primeira infração, a empresa infratora poderá firmar acordo relacionado a uma segunda infração, da qual o CADE não tenha conhecimento prévio, com a finalidade de obter redução de um terço na pena que lhe seria aplicável, sem prejuízo dos benefícios do acordo em relação à segunda infração.

b) O acordo de leniência é pessoal e não pode ser estendido às empresas do mesmo grupo econômico ou mesmo em benefício dos sócios ou administradores da empresa.

c) O acordo de leniência firmado com o CADE por intermédio da Superintendência-Geral desse órgão não tem efeitos sobre a punibilidade dos crimes relacionados ao mesmo fato.

d) Na hipótese de se frustrar a tentativa de firmar o acordo de leniência, o CADE poderá continuar a investigar os fatos e até mesmo utilizar os documentos e as informações fornecidas pela empresa proponente do acordo durante a negociação do acordo.

e) Para firmar o acordo de leniência, não se pode exigir que a empresa confesse sua participação na infração, pois ninguém pode ser obrigado a produzir prova contra si.

COMENTÁRIOS

✪ **Nota do autor:** exige conhecimento sobre as normas relativas ao acordo de leniência, previsto na Lei nº 12.529/2011.

Alternativa correta: "a", nos termos do art. 86, § 7º da Lei nº 12.529/2011, "A empresa ou pessoa física que não obtiver, no curso de inquérito ou processo administrativo, habilitação para a celebração do acordo de que trata este artigo, poderá celebrar com a Superintendência-Geral, até a remessa do processo para julgamento, acordo de leniência relacionado a uma outra infração, da qual o Cade não tenha qualquer conhecimento prévio." Assim, o infrator se beneficiará da redução de 1/3 (um terço) da pena que lhe for aplicável naquele processo, sem prejuízo da obtenção dos benefícios de que trata o inciso I do § 4º do art. 86 em relação à nova infração denunciada (art. 86, § 8º da Lei nº 12.529/2011).

Alternativa "b": incorreta, de acordo com o art. 86, § 6º da Lei nº 12.529/2011, os efeitos do acordo de leniência podem ser estendidos às empresas do mesmo grupo, de fato ou de direito, e aos seus dirigentes, administradores e empregados envolvidos na infração, desde que o firmem em conjunto, respeitadas as condições impostas.

Alternativa "c": incorreta, de acordo com o art. 87 da Lei nº 12.529/2011, nos crimes contra a ordem econômica e nos demais crimes diretamente relacionados à prática de cartel, a celebração de acordo de leniência determina a suspensão do curso do prazo prescricional e impede o oferecimento da denúncia com relação ao agente beneficiário da leniência. Ademais, prescreve o parágrafo único do referido artigo que, cumprido o acordo de leniência pelo agente, extingue-se automaticamente a punibilidade dos crimes a que se refere o "caput" do artigo.

Alternativa "d": incorreta, nos termos do art. 86, § 10 da Lei nº 12.529/2011, "Não importará em confissão quanto à matéria de fato, nem reconhecimento de ilicitude da conduta analisada, a proposta de acordo de leniência rejeitada, da qual não se fará qualquer divulgação." Ademais, reforça este entendimento o art. 205, § 3º do Regimento Interno do CADE (RICADE), "As informações e documentos apresentados pelo proponente durante a negociação do acordo leniência subsequentemente frustrado não poderão ser utilizados para quaisquer fins pelas autoridades que a eles tiveram acesso."

Alternativa "e": incorreta, consoante o art. 86, § 1º, inciso IV da Lei nº 12.529/2011, para firmar o acordo de leniência, é necessário que sejam preenchidos cumulativamente certos requisitos, como a empresa confessar sua participação no ilícito e cooperar plena e permanentemente com as investigações e o processo administrativo, comparecendo, sob suas expensas, sempre que solicitada a todos os atos processuais, até seu encerramento.

Direito Econômico

Lucas de Souza Lehfeld

✦ DICAS (RESUMO)

1. DOS PRINCÍPIOS FUNDAMENTAIS DO DIREITO ECONÔMICO

- **Princípio da Economicidade:** é oriundo do direito financeiro, com previsão expressa no art. 170, *caput,* da CF. Significa que o Estado deve focar suas políticas públicas de planejamento para a ordem econômica em atividades economicamente viáveis, tanto a curto quanto a longo prazo, garantindo, assim, o desenvolvimento econômico sustentável do País.
- **Princípio da Eficiência:** com previsão expressa no art. 37, *caput,* da CF, determina que o Estado, ao estabelecer suas políticas públicas, deve pautar sua conduta com o fim de viabilizar e maximizar a produção de resultados da atividade econômica, conjugando os interesses privados dos agentes econômicos com os interesses da sociedade, permitindo a obtenção de efeitos que melhor atendam aos interesses públicos, garantido, assim, o êxito de sua ordem econômica.
- **Princípio da Generalidade:** a economia é algo dinâmico, passando por constantes transformações, o que se revela incompatível com a lentidão de um processo legislativo. O princípio da generalidade orienta o legislador a editar normas de direito econômico com alto grau de abstração e generalidade, para que elas possam de adequar às constantes mudanças na economia.

2. DOS SUJEITOS INTEGRANTES DA POLÍTICA ECONÔMICA

Estado:	não é agente econômico propriamente dito, mas considera-se sujeito de direito econômico em virtude da responsabilidade pela edição das normas que viabilizam a política econômica e de sua prerrogativa de intervir no domínio econômico, nos termos do art. 173 da CF.
Os indivíduos:	em razão da condição de consumidores de bens e serviços, são classificados como agentes econômicos.
As empresas:	são unidades produtoras de bens e serviços, além de se enquadrarem como consumidoras, sendo, portanto, agentes econômicos.
A coletividade:	representada pelos sujeitos titulares de direitos difusos, coletivos e individuais homogêneos.

3. DOS FUNDAMENTOS DA ORDEM ECONÔMICA (ART. 170,"CAPUT", CF)

Valorização do trabalho humano:	mais trabalho, melhor trabalho e um tratamento isonômico aos trabalhadores na busca pelo piso vital mínimo que garanta uma vida com dignidade.
Livre iniciativa:	direito dos indivíduos se lançarem ao mercado econômico, sem encontrar obstáculos impostos pelo Estado. **Este princípio não é absoluto**, de modo que o interesse coletivo fala mais alto, sendo o papel do Estado impor limites à livre iniciativa.

4. DOS PRINCÍPIOS DA ORDEM ECONÔMICA (ART. 170, INCISOS I A IX, CF)

Soberania nacional:	orienta o Estado a adotar uma posição de soberania interdependente dos demais países, pois o constituinte tem consciência que o Estado, nas relações econômicas, se relaciona com outras nações, sempre pautado pela igualdade e reciprocidade, sem subordinação de um país para o outro.
Propriedade privada:	orienta o Estado a garantir ao indivíduo o direito de uso, gozo e disposição dos bens próprios. **A ideia de propriedade absoluta não cabe em nosso ordenamento jurídico, pois o texto constitucional limita a propriedade.**

Função social da propriedade:	é a exigência de que o proprietário não exerça o seu direito em detrimento de outro, bem como obriga que esse direito seja usufruído atendendo aos interesses da coletividade.
Livre concorrência:	visa garantir aos agentes econômicos uma atuação no mercado pautada na **concorrência justa**, garantindo que possam competir, onde se sobressaia o mais competente, com a melhor estratégia.
Defesa do Consumidor:	o consumidor está em situação de vulnerabilidade em relação ao fornecedor. Reconhecendo esta situação, é imposto ao Estado o dever de buscar o equilíbrio desta situação, criando normas que tutelem os consumidores, diminuindo, assim, a desigualdade de forças.
Defesa do meio ambiente:	impõe ao Estado a tarefa de compatibilizar o desenvolvimento econômico com a preservação do meio ambiente, ou seja, um desenvolvimento sustentável.
Redução das desigualdades regionais e sociais:	adoção de políticas econômicas visando maior igualdade material entre as diferentes regiões do País.
Busca do pleno emprego:	exige do Estado um movimento no sentido de propiciar trabalho a todos quanto estejam em condições de exercer uma atividade produtiva.
Tratamento favorecido para as empresas de pequeno porte:	princípio que orienta o Estado a favorecer a atividade econômica de empresas de pequeno porte, pois abrigam a maior parte da mão de obra do País. Lei Complementar 123/2006.
Livre exercício da atividade econômica assegurado a todos	o dispositivo consiste em norma constitucionais de eficácia jurídica contida, sendo possível restrição à livre iniciativa por imposição legal. Ex. alvará de funcionamento de estabelecimento comercial.

5. DA INTERVENÇÃO DO ESTADO NO DOMÍNIO ECONÔMICO

- **A intervenção e atuação do Estado no domínio econômico tem sentido amplo** e compreende tanto a esfera de atividades que pertencem ao Estado, quanto as que pertencem aos particulares.
- As atividades econômicas em sentido estrito são dos particulares, mas o **Estado pode, excepcionalmente**, atuar em sentido estrito, nos casos de **imperativo de segurança nacional, relevante interesse coletivo e criação de monopólios** *(art. 173 da CF/88).*
- Nas hipóteses em que o Estado não intervém diretamente na economia, atua de forma a **regulamentar, fiscalizar e planejar a atividade econômica**, com objetivo de efetivar as políticas econômicas Estatais, conforme previsão do art. 174 da Constituição Federal: **"Como agente normativo e regulador da atividade econômica, o Estado exercerá, na forma da lei, as funções de fiscalização, incentivo e planejamento, sendo este determinante para o setor público e indicativo para o setor privado".**
- Na atuação Estatal, ganha destaque a defesa da livre concorrência, previsto no parágrafo 4º do art. 173 da CF: **"A lei reprimirá o abuso do poder econômico que vise à dominação dos mercados, à eliminação da concorrência e ao aumento arbitrário dos lucros".** Concorrência que é uma ação de disputa saudável, visando um espaço em determinado mercado, realizada entre agentes competidores.

A INTERVENÇÃO DO ESTADO NO DOMÍNIO ECONÔMICO VISA COMBATER	
Dominação de mercados:	o abuso que visa à dominação de mercados implica em atos do agente que visam impedir a manutenção e o ingresso de outros agentes no mercado – o famoso monopólio.
Eliminação da concorrência:	são atos que levam à supressão de participação isonômica dos agentes no mercado. A economia deve ter condições igualitárias.
Abuso de poder econômico visando o aumento arbitrário dos lucros:	que gera atos de enriquecimento abusivo do agente, configurando a extração de renda do consumidor.

6. DO SISTEMA BRASILEIRO DE DEFESA DA CONCORRÊNCIA (SBDC)

- O Estado tem o dever de reprimir os abusos, na forma da lei, e para atender este dever que lhe foi imposto pelo constituinte, não só editou uma lei (Lei nº 8.884/94, revogada pela Lei nº 12.529/11), como criou todo um sistema de proteção da concorrência – Sistema Brasileiro de Defesa da Concorrência (SBDC) – que é um conjunto de órgãos e normas que visam à defesa da concorrência.

COMPOSIÇÃO DO SISTEMA BRASILEIRO DE DEFESA DA CONCORRÊNCIA (Art. 3º da Lei nº 12.529/2011)
▸ **Secretaria de Acompanhamento Econômico (SAE):** de caráter consultivo, vinculada ao Ministério da Fazenda. ▸ **Competência:** promover a concorrência em órgãos de governo e perante a sociedade (vide art. 19).
▸ **Conselho Administrativo de Direito Econômico (CADE):** de caráter judicante (tribunal), vinculado ao Ministério da Justiça. ▸ **Natureza jurídica:** *autarquia federal.*

6.1. CADE

ÓRGÃOS QUE COMPÕEM O CADE (Art. 5º, I, II e III da Lei nº 12.529/11)
Tribunal Administrativo de Defesa Econômica
Superintendência Geral
Departamento de Estudos Econômicos

PRINCIPAIS COMPETÊNCIAS DO PLENÁRIO DO TRIBUNAL ADMINISTRATIVO DE DEFESA ECONÔMICA (Art. 9º, I ao XIX)
I – zelar pela observância desta Lei e seu regulamento e do regimento interno;
II – decidir sobre a existência de infração à ordem econômica e aplicar as penalidades previstas em lei;
III – decidir os processos administrativos para imposição de sanções administrativas por infrações à ordem econômica instaurados pela Superintendência-Geral;
IV – ordenar providências que conduzam à cessação de infração à ordem econômica, dentro do prazo que determinar;
V – aprovar os termos do compromisso de cessação de prática e do acordo em controle de concentrações, bem como determinar à Superintendência-Geral que fiscalize seu cumprimento;
VI – apreciar, em grau de recurso, as medidas preventivas adotadas pelo Conselheiro-Relator ou pela Superintendência-Geral;
VII – intimar os interessados de suas decisões;
VIII – requisitar dos órgãos e entidades da administração pública federal e requerer às autoridades dos Estados, Municípios, do Distrito Federal e dos Territórios as medidas necessárias ao cumprimento desta Lei;
IX – contratar a realização de exames, vistorias e estudos, aprovando, em cada caso, os respectivos honorários profissionais e demais despesas de processo, que deverão ser pagas pela empresa, se vier a ser punida nos termos desta Lei;
X – apreciar processos administrativos de atos de concentração econômica, na forma desta Lei, fixando, quando entender conveniente e oportuno, acordos em controle de atos de concentração;
XI – determinar à Superintendência-Geral que adote as medidas administrativas necessárias à execução e fiel cumprimento de suas decisões;
XII – requisitar serviços e pessoal de quaisquer órgãos e entidades do Poder Público Federal;
XIII – requerer à Procuradoria Federal junto ao CADE a adoção de providências administrativas e judiciais;
XIV – instruir o público sobre as formas de infração da ordem econômica;
XV – elaborar e aprovar regimento interno do CADE, dispondo sobre seu funcionamento, forma das deliberações, normas de procedimento e organização de seus serviços internos;
XVI – propor a estrutura do quadro de pessoal do CADE, observado o disposto no inciso II do caput do art. 37 da Constituição Federal;
XVII – elaborar proposta orçamentária nos termos desta Lei;
XVIII – requisitar informações de quaisquer pessoas, órgãos, autoridades e entidades públicas ou privadas, respeitando e mantendo o sigilo legal quando for o caso, bem como determinar as diligências que se fizerem necessárias ao exercício das suas funções; e
XIX – decidir pelo cumprimento das decisões, compromissos e acordos.

6.2. DAS INFRAÇÕES DA ORDEM ECONÔMICA

RESPONSABILIDADE OBJETIVA
Quem pratica infração de ordem econômica, nos termos do “caput” do art. 36, responde de forma objetiva, independentemente de culpa e ainda que os resultados não tenham sido alcançados.

CONSTITUEM INFRAÇÃO DA ORDEM ECONÔMICA (Art. 36, I AO IV):
Atos sob qualquer forma manifestados, que tenham por objeto ou possam produzir os seguintes efeitos, ainda que não sejam alcançados:
a) limitar, falsear ou de qualquer forma prejudicar a livre concorrência ou a livre iniciativa;
b) dominar mercado relevante de bens ou serviços;
c) exercer de forma abusiva posição dominante.

- **Monopólio natural – não constitui ilícito:** o monopólio natural seria a conquista de mercado resultante de processo natural fundado na maior eficiência de agente econômico em relação a seus competidores, nos termos do § 1º do art. 36 da Lei nº 12.529/2011.
- **Matéria importante para estudo: conceito de mercado relevante.** No entendimento da autoridade concorrencial brasileira, mercado relevante é o "espaço da concorrência. Diz respeito aos diversos produtos ou serviços que concorrem entre si, em determinada área, em razão da sua substitutibilidade naquela área". E ainda, "mercado relevante é aquele representado pela soma dos produtos que podem ser razoavelmente substituídos, quando utilizados nos fins para os quais são produzidos, sem desvincular a qualidade, a finalidade, e de maneira especial, do preço."
- **Presunção legal de posição dominante:** "Presume-se posição dominante sempre que uma empresa ou grupo de empresas for capaz de alterar unilateral ou coordenadamente as condições de mercado ou quando controlar 20% (vinte por cento) ou mais do mercado relevante, podendo este percentual ser alterado pelo CADE para setores específicos da economia." (art. 36, § 2º, da Lei nº 12.529/2011).
- **IMPORTANTE: há outras medidas que também configuram infração da ordem econômica.** Por isso, recomenda-se a leitura atenta do **§ 3º do art. 36.**

6.3. LENIÊNCIA

- **Conceito:** o acordo de leniência é um ajuste entre órgão de defesa da concorrência com a pessoa física ou jurídica envolvida na prática de infração da ordem econômica que confessar o ilícito, bem como apresentar provas bastantes para a condenação de outros envolvidos na infração. Em contraprestação, a legislação atribui ao agente benefícios, como extinção da ação punitiva estatal ou redução da penalidade.
- **Competência:** o CADE, por intermédio da Superintendência-Geral, poderá celebrar acordo de leniência, com a extinção da ação punitiva da administração pública ou a redução de 1 (um) a 2/3 (dois terços) da penalidade aplicável, nos termos deste artigo, com pessoas físicas e jurídicas que forem autoras de infração à ordem econômica, desde que colaborem efetivamente com as investigações e o processo administrativo e que dessa colaboração resulte, nos termos do art. 86, incisos I e II:

a) **Identificação dos demais envolvidos na infração; e**

b) **A obtenção de informações e documentos que comprovem a infração noticiada ou sob investigação**

CELEBRAÇÃO DO ACORDO DE LENIÊNCIA (Art. 86, § 1º)
Somente poderá ser celebrado se preenchidos cumulativamente os seguintes requisitos:
I – a empresa seja a primeira a se qualificar com respeito à infração noticiada ou sob investigação;
II – a empresa cesse completamente seu envolvimento na infração noticiada ou sob investigação a partir da data de propositura do acordo;
III – a Superintendência-Geral não disponha de provas suficientes para assegurar a condenação da empresa ou pessoa física por ocasião da propositura do acordo; e
IV – a empresa confesse sua participação no ilícito e coopere plena e permanentemente com as investigações e o processo administrativo, comparecendo, sob suas expensas, sempre que solicitada, a todos os atos processuais, até seu encerramento.

- **EXTENSÃO DOS EFEITOS DO ACORDO DE LENIÊNCIA:** às empresas do mesmo grupo, de fato ou de direito, e aos seus dirigentes, administradores e empregados envolvidos na infração, desde que o firmem em conjunto, respeitadas as condições impostas (Art. 86, § 6º).

- **A proposta de acordo de leniência rejeitada** não importará em confissão quanto à matéria de fato, nem reconhecimento de ilicitude da conduta analisada (art. 86, § 10).
- **DESCUMPRIMENTO DO ACORDO DE LENIÊNCIA:** o beneficiário ficará impedido de celebrar novo acordo pelo prazo de 3 (três) anos, contado da data de seu julgamento (art. 86, § 12).
- **SUSPENSÃO DO CURSO DO PRAZO PRESCRICIONAL E IMPEDIMENTO DO OFERECIMENTO DA DENÚNCIA:** uma vez celebrado o acordo, suspende-se o prazo prescricional nos crimes contra a ordem econômica, bem como impede o oferecimento da denúncia com relação ao agente beneficiário da leniência (art. 87).

6.4. DOS ATOS DE CONCENTRAÇÃO ECONÔMICA

CARACTERIZAÇÃO DOS ATOS DE CONCENTRAÇÃO ECONÔMICA (Art. 90 da Lei nº 12.529/2011)
I – quando duas ou mais empresas anteriormente independentes se fundem;
II – uma ou mais empresas adquirem, direta ou indiretamente, por compra ou permuta de ações, quotas, títulos ou valores mobiliários conversíveis em ações, ou ativos, tangíveis ou intangíveis, por via contratual ou por qualquer outro meio ou forma, o controle ou partes de uma ou outras empresas;
III – uma ou mais empresas incorporam outra ou outras empresas; ou
IV – duas ou mais empresas celebram contrato associativo, consórcio ou joint venture.
Parágrafo único. **Não serão considerados atos de concentração,** para os efeitos do disposto no art. 88 desta Lei, **os descritos no inciso IV do caput, quando destinados às licitações promovidas pela administração pública direta e indireta e aos contratos delas decorrentes.**

ATOS DE CONCENTRAÇÃO QUE DEVEM SE SUBMETER À ANÁLISE DO CADE (Art. 88 da Lei nº 12.529/2011)
I – pelo menos um dos grupos envolvidos na operação tenha registrado, no último balanço, faturamento bruto anual ou volume de negócios total no País, no ano anterior à operação, equivalente ou superior a R$ 400.000.000, 00 (quatrocentos milhões de reais); e, **CUMULATIVAMENTE,**
II – pelo menos um outro grupo envolvido na operação tenha registrado, no último balanço, faturamento bruto anual ou volume de negócios total no País, no ano anterior à operação, equivalente ou superior a R$ 30.000.000, 00 (trinta milhões de reais).

✦ SÚMULAS APLICÁVEIS

1. SÚMULAS DO STF

- **Súmula 725:** É constitucional o § 2º do art. 6º da Lei 8024/1990, resultante da conversão da medida provisória 168/1990, que fixou o BTN fiscal como índice de correção monetária aplicável aos depósitos bloqueados pelo Plano Collor I.
- **Súmula 665:** É constitucional a taxa de fiscalização dos mercados de títulos e valores mobiliários, instituída pela Lei 7940/1989.
- **Súmula 646:** Ofende o princípio da livre concorrência Lei Municipal que impede a instalação de estabelecimentos comerciais do mesmo ramo em determinada área.
- **Súmula 638:** A controvérsia sobre a incidência, ou não, de correção monetária em operações de crédito rural é de natureza infraconstitucional, não viabilizando recurso extraordinário.
- **Súmula 596:** As disposições do Decreto 22626/1933 não se aplicam às taxas de juros e aos outros encargos cobrados nas operações realizadas por instituições públicas ou privadas, que integram o Sistema Financeiro Nacional.
- **Súmula nº 556:** É competente a justiça comum para julgar as causas em que é parte sociedade de economia mista.
- **Súmula Vinculante nº 49:** Ofende o princípio da livre concorrência lei municipal que impede a instalação de estabelecimentos comerciais do mesmo ramo em determinada área.
- **Súmula Vinculante 7:** A norma do § 3º do art. 192 da Constituição, revogada pela Emenda Constitucional 40/2003, que limitava a taxa de juros reais a 12% ao ano, tinha sua aplicabilidade condicionada à edição de lei complementar.

2. SÚMULAS DO STJ

- **Súmula 472:** A cobrança de comissão de permanência – cujo valor não pode ultrapassar a soma dos encargos remuneratórios e moratórios previstos no contrato – exclui a exigibilidade dos juros remuneratórios, moratórios e da multa contratual.

- **Súmula 457:** Os descontos incondicionais nas operações mercantis não se incluem na base de cálculo do ICMS.
- **Súmula 382:** A estipulação de juros remuneratórios superiores a 12% ao ano, por si só, não indica abusividade.
- **Súmula 381:** Nos contratos bancários, é vedado ao julgador conhecer, de ofício, da abusividade das cláusulas.
- **Súmula 379:** Nos contratos bancários não regidos por legislação específica, os juros moratórios poderão ser convencionados até o limite de 1% ao mês.
- **Súmula 328:** Na execução contra instituição financeira, é penhorável o numerário disponível, excluídas as reservas bancárias mantidas no Banco Central.
- **Súmula 298:** O alongamento de dívida originada de crédito rural não constitui faculdade da instituição financeira, mas, direito do devedor nos termos da lei.
- **Súmula 297:** O Código de Defesa do Consumidor é aplicável às instituições financeiras.
- **Súmula 296:** Os juros remuneratórios, não cumuláveis com a comissão de permanência, são devidos no período de inadimplência, à taxa média de mercado estipulada pelo Banco Central do Brasil, limitada ao percentual contratado.
- **Súmula 295:** A Taxa Referencial (TR) é indexador válido para contratos posteriores à Lei nº 8.177/91, desde que pactuada.
- **Súmula 294:** Não é potestativa a cláusula contratual que prevê a comissão de permanência, calculada pela taxa média de mercado apurada pelo Banco Central do Brasil, limitada à taxa do contrato.
- **Súmula 288:** A Taxa de Juros de Longo Prazo (TJLP) pode ser utilizada como indexador de correção monetária nos contratos bancários.
- **Súmula 287:** A Taxa Básica Financeira (TBF) não pode ser utilizada como indexador de correção monetária nos contratos bancários.
- **Súmula 286:** A renegociação de contrato bancário ou a confissão da dívida não impede a possibilidade de discussão sobre eventuais ilegalidades dos contratos anteriores.
- **Súmula 283:** As empresas administradoras de cartão de crédito são instituições financeiras e, por isso, os juros remuneratórios por elas cobrados não sofrem as limitações da Lei de Usura.
- **Súmula 271:** A correção monetária dos depósitos judiciais independe de ação específica contra o banco depositário.
- **Súmula 179:** O estabelecimento de crédito que recebe dinheiro, em depósito judicial, responde pelo pagamento da correção monetária relativa aos valores recolhidos.
- **Súmula 176:** É nula a cláusula contratual que sujeita o devedor a taxa de juros divulgada pela ANBID/CETIP.
- **Súmula 79:** Os bancos comerciais não estão sujeitos a registro nos Conselhos Regionais de Economia.
- **Súmula 30:** A comissão de permanência e a correção monetária são inacumuláveis.
- **Súmula 23:** O Banco Central do Brasil é parte legítima nas ações fundadas na Resolução 1154, de 1986.
- **Súmula 19:** A fixação do horário bancário, para atendimento ao público, é da competência da União.

Direito do Trabalho

Marcelo Chaim Chohfi

TABELA DE INCIDÊNCIA DE QUESTÕES		
ASSUNTO	**NÚMERO DE QUESTÕES**	**PESO**
1. PRINCÍPIOS E FONTES DO DIREITO DO TRABALHO	5	7,04%
2. RELAÇÃO DE EMPREGO E CONTRATOS AFINS	5	7,04%
3. CONTRATOS POR PRAZO DETERMINADO	1	1,41%
4. TERCEIRIZAÇÃO DE MÃO DE OBRA	1	1,41%
5. REMUNERAÇÃO E SALÁRIO	5	7,04%
6. FÉRIAS	2	2,82%
7. FUNDO DE GARANTIA POR TEMPO DE SERVIÇO	4	5,63%
8. JORNADA DE TRABALHO	11	15,49%
9. INSALUBRIDADE E PERICULOSIDADE	4	5,63%
10. TRABALHO DA MULHER E DO MENOR	2	2,82%
11. ALTERAÇÃO, INTERRUPÇÃO E SUSPENSÃO DO CONTRATO DE TRABALHO	4	5,63%
12. PRESCRIÇÃO E DECADÊNCIA	2	2,82%
13. GARANTIAS PROVISÓRIAS DE EMPREGO	4	5,63%
14. AVISO PRÉVIO E RUPTURA DO CONTRATO DE TRABALHO	5	7,04%
15. DIREITO SINDICAL E COLETIVO DO TRABALHO	16	22,54%
TOTAL	**71**	**100%**

✦ QUESTÕES

1. PRINCÍPIOS E FONTES DO DIREITO DO TRABALHO

01. (Cespe – AGU – 2015) Julgue os itens que se seguem, concernentes a duração do trabalho, remuneração, FGTS e contratos especiais de trabalho.

01.1. Segundo decisão recente do STF, o prazo prescricional relativo aos valores não depositados no FGTS é quinquenal, haja vista esse fundo ser crédito de natureza trabalhista; entretanto, caso o prazo prescricional já esteja em curso, deverá ser aplicado o que ocorrer primeiro: trinta anos, contados do termo inicial, ou cinco anos, a partir do referido julgado.

COMENTÁRIOS

✪ **Nota do autor:** O regime do FGTS foi disciplinado pela Lei 8.036/90 e regulamentado pelo Decreto 99.684/90. É constituído pelo saldo das contas vinculadas dos trabalhadores, sendo passível de movimentação em situações específicas previstas no artigo 20 da referida Lei. Lembramos também, de questão sempre abordada em provas objetivas, acerca do prazo prescricional diferenciado para cobrança das parcelas diretas de FGTS (que era 30 anos para a prescrição parcial, desde que observado o prazo de 2 anos da prescrição total). Atualmente, porém, o E. STF entendeu que o prazo prescricional aplicável às parcelas de FGTS é também o de cinco anos (julgamento ocorrido em 13.11.14 – ARE 709.212/DF). Houve modulação dos efeitos desta decisão, para que o prazo de cinco anos atinja apenas as pretensões posteriores a data da decisão em comento.

Certo: Está correta a questão, já que reflete a nova redação da súmula 362 do TST, modificada para adequação ao que restou decidido pelo E. STF: "FGTS. PRESCRIÇÃO (nova redação) – Res. 198/2015, republicada em razão de erro material – DEJT divulgado em 12, 15 e 16.06.2015. I – Para os casos em que a ciência da lesão ocorreu a partir de 13.11.2014, é quinquenal a prescrição do direito de reclamar contra o não-recolhimento de contribuição para o FGTS, observado o prazo de dois anos após o término do contrato; II – Para os casos em que o prazo prescricional já estava em curso em 13.11.2014, aplica-se o prazo prescricional que se consumar primeiro: trinta anos, contados do termo inicial, ou cinco anos, a partir de 13.11.2014 (STF-ARE-709212/DF)."

01.2. A aprendizagem é um contrato de trabalho especial que não gera vínculo empregatício entre as partes que o celebram, uma vez que o seu intento não é o exercício profissional em si, mas a formação educativa do menor.

COMENTÁRIOS

✪ **Nota do autor:** É oportuno tecer comentários sobre o contrato de aprendizagem, previsto no artigo 428 da CLT. É um contrato de natureza especial, necessariamente escrito, que pode vigorar por dez anos (entre os 14 e os 24 anos, salvo portadores de deficiência, que não se sujeitam a este limite máximo). O trabalho e a aprendizagem devem conviver harmonicamente. É por este motivo que a duração do trabalho não poderá ultrapassar 6 horas diárias, salvo para os aprendizes com ensino fundamental completo, que poderão ter jornada de até 8 horas diárias.

Errado: O contrato de aprendizagem gera vínculo de emprego, devidamente anotado em CTPS (ao contrário do que sugere a questão), possuindo a finalidade central de propiciar a formação técnico-profissional do menor. Não se pode confundir a aprendizagem aqui abordada, com o estágio regulamentado pela Lei 11.788/08, já que este último não gera vínculo de emprego e representa um ato educativo escolar supervisionado, que faz parte do projeto pedagógico do curso e do itinerário formativo do educando.

01.3. Embora a CF preveja a jornada de seis horas no trabalho realizado em turnos ininterruptos de revezamento, havendo permissão de trabalho de até oito horas por meio de negociação coletiva, o TST entende que os empregados abrangidos pela referida negociação não terão direito ao pagamento da sétima e da oitava hora como extras.

COMENTÁRIOS

✪ **Nota do autor:** A Constituição Federal autorizou, de forma explícita, a flexibilização negocial de alguns direitos trabalhistas, através da autonomia coletiva privada. São três os incisos do artigo 7º da Constituição Federal que trazem tal possibilidade de flexibilização por negociação coletiva: irredutibilidade salarial (inciso V), compensação de jornada (inciso XIII) e turnos ininterruptos de revezamento (inciso XIV). A jornada reduzida prevista para a hipótese de turnos ininterruptos de revezamento, como regra, decorre da alternância de horários, que tem potencial de causar prejuízos físicos e sociais ao empregado.

Certo: A validade da negociação coletiva que majora para oito horas diárias a jornada, mesmo no regime de turnos ininterruptos de revezamento, está em consonância com o entendimento sedimentado na súmula 423 do TST, de seguinte teor: "TURNO ININTERRUPTO DE REVEZAMENTO. FIXAÇÃO DE JORNADA DE TRABALHO MEDIANTE NEGOCIAÇÃO COLETIVA. VALIDADE. (conversão da Orientação Jurisprudencial nº 169 da SBDI-1) Res. 139/2006 – DJ 10, 11 e 13.10.2006. Estabelecida jornada superior a seis horas e limitada a oito horas por meio de regular negociação coletiva, os empregados submetidos a turnos ininterruptos de revezamento não têm direito ao pagamento da 7ª e 8ª horas como extras."

02. (Cespe – Procurador do Estado – BA/2014) Acerca dos direitos constitucionais dos trabalhadores, do Fundo de Garantia do Tempo de Serviço (FGTS), da prescrição e decadência e de assuntos correlatos, julgue os itens que se seguem.

02.1. Pode ser exigido da mulher, para a admissão ou para a permanência no emprego, atestado ou exame de qualquer natureza para a comprovação de esterilidade ou de gravidez, dado o direito do empregador de ser informado da situação da mulher para eventual concessão de benefícios relacionados à condição de gravidez.

COMENTÁRIOS

✪ **Nota do autor:** Sobre a proteção à mulher, é importante lembrar que o artigo 373-A da CLT traz vedações expressas relativas à discriminação da mulher, em relação a publicação de anúncios de empregos (salvo quando a natureza da atividade assim o exigir); recusa de emprego; promoção e dispensa; diferença remuneratória, ou mesmo a adoção de critérios subjetivos para inscrição ou aprovação em concursos. Veda, ainda, a exigência de atestado ou exame de gravidez, na admissão ou permanência no emprego, bem como a realização de revistas íntimas em funcionárias.

Errado: Em relação à questão específica em análise, a Lei 9.029/95 proíbe a exigência de atestados de gravidez e esterilização, e outras práticas discriminatórias, para efeitos admissionais ou de permanência da relação jurídica de trabalho.

02.2. O exercício do direito de greve em serviços essenciais exige da entidade sindical ou dos trabalhadores, conforme o caso, a prévia comunicação da paralisação dos trabalhos ao empregador e, ainda, aos usuários dos serviços, no prazo mínimo de setenta e duas horas, sob pena de movimento grevista ser considerado abusivo.

COMENTÁRIOS

✪ **Nota do autor:** A greve, segundo definição do artigo 2º da Lei 7.783/89, é a suspensão coletiva, temporária e pacífica, total ou parcial, da prestação dos serviços, visando pressionar por melhoria de direitos. Cabe a categoria a definição, por assembleia, da oportunidade de seu exercício, bem como os interesses que por meio dela pretendem defender (artigo 9º da Constituição Federal).

Certo: O aviso prévio de greve (48 horas para atividades normais e 72 horas para essenciais), assim como a garantia dos serviços essenciais e inadiáveis, são obrigações impostas aos grevistas, conforme artigos 3º, 11 e 13 da Lei 7.783/89. A ideia é de evitar prejuízos à sociedade (serviços essenciais) ou mesmo que a greve proporcione danos irreparáveis ao patrimônio da empresa (atividades inadiáveis). Daí porque a previsão de que sindicatos, empregadores e trabalhadores ajustem, de comum acordo, uma manutenção mínima de serviços nestes casos. Em não havendo consenso, o Judiciário poderá ser instado a fixar este patamar mínimo de serviços essenciais ou inadiáveis.

02.3. O direito de o empregado discutir, em juízo, a falta de contribuição para o FGTS pelo empregador prescreve em trinta anos, observado o prazo máximo de dois anos após a extinção do contrato de trabalho para a propositura da reclamação trabalhista.

COMENTÁRIOS

✪ **Nota do autor:** A prescrição trabalhista pode ser total ou parcial. A total é, como regra, de dois anos, contados da ruptura do contrato de trabalho (ultrapassado tal biênio, a pretensão estará totalmente fulminada). A parcial é de cinco anos, ou seja, uma vez ajuizada a ação no biênio legal, não estarão prescritas as pretensões inseridas nos cinco anos anteriores à data da distribuição da ação. Algumas observações: a) em relação às parcelas diretas de FGTS prevalecia o entendimento de que a prescrição parcial seria trintenária, desde que respeitado o ajuizamento da ação no prazo de dois anos (súmula 362, TST); atualmente, porém, o E. STF entendeu que o prazo prescricional aplicável às parcelas de FGTS é também o de cinco anos (julgamento ocorrido em 13.11.14 – ARE 709.212/DF); houve modulação dos efeitos desta decisão, para que o prazo de cinco anos atinja apenas as pretensões posteriores a data da decisão em comento; b) as ações meramente declaratórias do vínculo de emprego, que visam anotações em CTPS para prova do tempo de serviço junto ao INSS, não estão sujeitas à prescrição (artigo 11, § 1º da CLT); c) em caso de ação que envolva pedido de prestações sucessivas, decorrente de alteração contratual, a prescrição é total e tem prazo de cinco anos, salvo quando o direito à parcela esteja também assegurado em lei (súmula 294, TST).

Certo: A questão está correta, pois à época, prevalecia o entendimento sobre a constitucionalidade da prescrição trintenária, em relação às parcelas diretas de FGTS pleiteadas, desde que observado o prazo de dois anos da prescrição total.

02.4. As horas extraordinárias e as horas noturnas devem ser remuneradas com adicional mínimo de 50% sobre o valor da hora normal de trabalho.

COMENTÁRIOS

✪ **Nota do autor:** O adicional de horas extras mínimo será de 50% (artigo 7º, XVI da Constituição Federal). Sobre as horas noturnas, devem ser remuneradas com adicional de 20%, pelo menos, sobre a hora diurna, nos termos do artigo 73 da CLT. É comum a majoração destes percentuais legais, através de negociações coletivas (convenções ou acordos coletivos de trabalho).

Errado: A questão considera o adicional mínimo de 50%, próprio das horas extras, também para o adicional noturno. Ignora, portanto, a fixação de percentual menor (20%) para o trabalho noturno, contrariando regra expressa da CLT.

02.5. O empregado afastado do emprego não tem direito às vantagens concedidas, durante a sua ausência, à categoria que integra na empresa.

COMENTÁRIOS

✪ **Nota do autor:** O afastamento do trabalho pode ocorrer por diversos motivos e, portanto, pode gerar consequências também diferentes no contrato de trabalho. Basta imaginar, por exemplo, que nas interrupções do contrato de trabalho a contraprestação devida pelo empregador continua sendo obrigatória; ao passo que, na suspensão contratual típica, não há esta obrigação contraprestativa.

Errado: Além das ponderações acima, que por si já indicariam a incorreção da assertiva, também merece destaque o disposto no artigo 471 da CLT, que garante ao empregado afastado, por ocasião de seu retorno, todas as vantagens que, em sua ausência, tenham sido atribuídas à categoria. Podemos pensar, ainda, que a questão contraria entendimento já sedimentado na jurisprudência, por exemplo, o da súmula 440 do TST (que garante a manutenção do convênio médico durante o afastamento acidentário).

03. (Cespe - Procurador do Estado - BA/2014) Em relação aos direitos dos trabalhadores, julgue os itens seguintes, com base no disposto na CF, na Consolidação das Leis do Trabalho (CLT) e na jurisprudência sumulada do Tribunal Superior do Trabalho (TST).

03.1. O repouso semanal deve ser remunerado e concedido, preferencialmente, aos domingos.

COMENTÁRIOS

✪ **Nota do autor:** O repouso semanal remunerado é direito do trabalhador previsto no artigo 7º, XV da CRFB, 66 e seguintes da CLT, e na Lei 605/49, devendo ser concedido preferencialmente aos domingos. O trabalho em dias que seriam destinados à folga (DSR's ou feriados) implica no pagamento integral das respectivas horas, em dobro.

Certo: A concessão da folga semanal, preferencialmente aos domingos, coincide perfeitamente com a previsão constitucional sobre o tema.

03.2. À empregada gestante é assegurada estabilidade desde a confirmação da gravidez até cento e vinte dias após o parto.

COMENTÁRIOS

✪ **Nota do autor:** O tema da garantia provisória de emprego da gestante remete o candidato a leitura da Súmula 244 do TST. Dentre os principais pontos deste verbete, destacamos: que o desconhecimento do estado gravídico pelo empregador não afasta o direito ao pagamento da indenização estabilitária; que a reintegração somente pode ser concedida durante o período de estabilidade, de modo que, se restar ultrapassado tal prazo, a garantia ficará restrita aos salários e consectários contratuais do período; e que a garantia de emprego da gestante prevalece mesmo nos contratos firmados por prazo determinado (experiência, por exemplo).

Errado: A Constituição Federal garante a licença gestante pelo prazo de 120 dias (7º, XVIII). Há, por outro lado, no artigo 10, II, b, do ADCT, a previsão de garantia de emprego, desde a confirmação da gravidez, até cinco meses após o parto. A assertiva está errada, por atribuir à estabilidade provisória, o prazo de instituto diverso (licença gestante).

03.3. A cada doze meses de vigência do contrato individual de trabalho, o empregado adquire o direito a férias, a ser concedido, no período dos doze meses seguintes, com adicional de um terço, por trinta dias, exceto se reduzido o gozo em razão de faltas havidas durante o período aquisitivo.

COMENTÁRIOS

✪ **Nota do autor:** Sobre as férias, é importante lembrar que o gozo após o período concessivo próprio, acarreta seu pagamento em dobro (artigo 137 da CLT). Se parte das férias usufruídas extrapolarem o período concessivo, apenas os dias excedentes serão devidos em dobro (súmula 81 do TST).

Anulada: A concessão de férias deve realmente ocorrer nos doze meses seguintes à aquisição do direito (artigo 134 da CLT). Porém, além da redução do período de 30 dias em razão de faltas, o empregado pode converter uma parte do período em dinheiro (abono pecuniário de férias, de 1/3 do período, conforme artigo 143 da CLT). A questão não especifica se está a se referir sobre a concessão dos 30 dias em descanso. Assim, pode gerar interpretação divergente. De qualquer forma, é oportuno lembrar que a Lei 13.467/17 excluiu o § 3º do artigo 143 da CLT, que vedava aos empregados sob o regime de tempo parcial esta conversão em abono pecuniário.

03.4. O salário mínimo deve ser fixado em lei estadual, consideradas as peculiaridades locais, com vistas ao atendimento das necessidades básicas do trabalhador e de sua família com moradia, alimentação, educação, saúde, lazer, vestuário, higiene, transporte e previdência social, com reajustes semestrais que lhe preservem o poder aquisitivo, vedada a vinculação salarial para qualquer fim.

COMENTÁRIOS

✪ **Nota do autor:** O salário mínimo, fixado em lei, nacionalmente unificado, deverá atender às necessidades vitais básicas especificadas no artigo 7º, VI da Constituição Federal.

Errado: A assertiva está incorreta, pois lança aos Estados o que está atribuído à esfera federal, no artigo 7º, VI da Constituição Federal. A previsão, no âmbito dos Estados, de salário mínimo diferenciado, não se confunde com a previsão da Constituição Federal em comento. Lembre-se que o enunciado da questão fez expressa referência à Constituição Federal, CLT e jurisprudência sumulada perante o TST, o que deve sempre ser observado pelo candidato.

03.5. O salário do trabalhador pode ser reduzido por convenção ou acordo coletivo de trabalho.

COMENTÁRIOS

✪ **Nota do autor:** A Constituição Federal autorizou, de forma explícita, a flexibilização negocial de alguns direitos trabalhistas, através da autonomia coletiva privada. São três os incisos do artigo 7º da Constituição Federal que trazem tal possibilidade de flexibilização por negociação coletiva: irredutibilidade salarial (inciso V), compensação de jornada (inciso XIII) e turnos ininterruptos de revezamento (inciso XIV). **Com a lei 13.467/17 (Reforma Trabalhista) prevaleceu a concepção de "prevalência do negociado sobre o legislado", com a positivação do "princípio da intervenção mínima na autonomia da vontade coletiva" na nova redação do artigo 8º da CLT.**

Certo: Alternativa coincidente com a redução salarial autorizada no inciso V do artigo 7º da Constituição Federal, sempre por negociação coletiva.

---

04. (Cespe – Analista Judiciário – Área Judiciária – TRT 10/2013) Acerca dos poderes do empregador no contrato de trabalho, julgue os itens subsequentes.

04.1. Ao empregador é vedado descontar as faltas do empregado ao serviço do período de férias.

COMENTÁRIOS

✪ **Nota do autor:** Os poderes do empregador são classificados, pela doutrina, em diretivo, disciplinar, regulamentar e fiscalizatório. De outra parte, o artigo 130, § 1º da CLT estatui que "é vedado descontar, do período de férias, as faltas do empregado ao serviço". O texto celetista deu margem a divergências interpretativas, que foram dirimidas pela jurisprudência sedimentada perante o TST. Por exemplo, a súmula 89 do TST fixou que apenas as faltas injustificadas autorizam o desconto em comento.

Anulada: A questão é dúbia. Em primeiro lugar, o desconto de faltas nas férias decorre diretamente de previsão legal e, portanto, não se insere no âmbito dos poderes do empregador (não implica em decisão subjetiva do empregador atrelada à direção, punição, regulamentação ou fiscalização da prestação dos serviços). Além disso, nos termos do artigo 130 da CLT, apenas as faltas injustificadas têm potencial de afetar o período de gozo de férias, conforme súmula 89 do TST. O problema, no entanto, não faz qualquer diferenciação ou esclarecimento neste específico. Daí a necessária anulação.

04.2. Em caso de necessidade de serviço, o empregador pode transferir o empregado para localidade diversa da que resultar do contrato, ficando, nesse caso, obrigado a pagamento suplementar, nunca inferior a 25% dos salários que o empregado recebia naquela localidade, enquanto durar essa situação.

COMENTÁRIOS

✪ **Nota do autor:** Nos termos do artigo 469 da CLT, a transferência do empregado é vedada, como regra, sem a anuência deste. Não se considera transferência aquela que não implique em mudança de domicílio do empregado. A proibição não se aplica aos que exerçam de função de confiança, nem aos que tenham tal possibilidade prevista (explícita ou implicitamente) no contrato, quando a transferência decorrer de real necessidade de serviço. Também será lícita a transferência do empregado em caso de extinção de estabelecimento. Nos casos de transferência autorizada, é devido o adicional de 25% do salário do empregado. Apenas a transferência provisória autoriza o pagamento do referido adicional.

Certo: A assertiva reproduz exatamente o parágrafo 3º do artigo 469 da CLT, já que, nas hipóteses excepcionais de transferências autorizadas, ao empregado é garantido o pagamento do adicional de 25% sobre seu salário.

---

05. (Cespe – Procurador Federal/2013) Julgue os itens a seguir, relativos ao direito do trabalho.

05.1. Segundo entendimento recente do TST, os benefícios definidos em convenção coletiva de trabalho podem ser estendidos ao companheiro de empregado com o qual aquele mantenha união homoafetiva.

COMENTÁRIOS

✪ **Nota do autor:** Os benefícios negociados no âmbito de uma convenção coletiva de trabalho são devidos para toda a categoria. O respeito às normas negociadas decorre de previsão expressa do artigo 7º, XXVI da Constituição Federal. Quando estes benefícios atingem a família do trabalhador, cabe a análise da extensão do direito, interpretando o instituto da "família", segundo parâmetros da sociedade atual e da vontade do constituinte.

Certo: Em consonância com o entendimento do STF, o TST realmente estendeu os benefícios da convenção coletiva de trabalho ao companheiro de empregado (em união homoafetiva), conforme julgamento providenciado no RO-20424-81.2010.5.04.0000, ocorrido em 2013, pela sua Seção Especializada em Dissídios Coletivos – SDC. Trata-se de privilegiar não só a isonomia, mas de forma mais direta a não discriminação, no âmbito da aplicação dos direitos fundamentais dos trabalhadores. É oportuno destacar o julgamento emblemático da ADI 4277, pelo STF, que reconheceu a união estável para casais do mesmo sexo, e que serviu de paradigma para o TST.

05.2. Na forma da regulamentação aprovada pelo Ministério do Trabalho e Emprego, são consideradas perigosas as atividades ou operações que, por sua natureza ou métodos de trabalho, impliquem risco acentuado em virtude de exposição permanente do trabalhador a roubos ou outras espécies de violência física nas atividades profissionais de segurança pessoal ou patrimonial.

COMENTÁRIOS

✪ **Nota do autor:** É importante lembrar que, além da periculosidade atrelada ao risco da atividade do vigilante, foi instituído, de forma mais recente, o mesmo adicional para os trabalhadores em motocicleta (artigo 193, § 4º da CLT, introduzido pela Lei 12.997/14).

Certo: A nova redação do artigo 193 da CLT, dada pela Lei 12.740/12, incluiu o vigilante patrimonial, exposto a risco de roubos ou outras violências, como titular do direito ao adicional em comento. Tal direito foi regulamentado pela Portaria do Ministério do Trabalho e Emprego 1.885/2013, publicada no dia 03/12/2013. Portanto, o adicional passou a ser efetivamente devido apenas a partir desta regulamentação ministerial.

05.3. Conforme entendimento pacificado pelo TST, o servidor público celetista da administração direta, autárquica ou fundacional é beneficiário do regime de estabilidade previsto na CF aos servidores nomeados para cargo de provimento efetivo.

COMENTÁRIOS

✪ **Nota do autor:** Para os empregados públicos de empresas públicas e sociedades de economia mista, não se aplica a estabilidade prevista no artigo 41 da Constituição Federal. Porém, as dispensas devem ser sempre motivadas, conforme entendimento sedimentado pelo STF, a partir do julgamento do recurso extraordinário (RE) 589998, em 2013.

Certo: A súmula 390, I do TST preceitua que o servidor público celetista da administração direta, autárquica ou fundacional é beneficiário da estabilidade prevista no art. 41 da CF/1988.

05.4. Categoria profissional diferenciada é a que se forma dos empregados que exerçam profissões ou funções diferenciadas em consequência de condições de vida singulares, podendo tais categorias ser reconhecidas mediante lei ou decisão judicial.

COMENTÁRIOS

✪ **Nota do autor:** A regra da representação sindical brasileira é o critério de categoria (artigo 511, *caput* da CLT). De forma excepcional, o § 3º do artigo celetista citado autoriza a representação sindical por profissões diferenciadas, assim entendidas as que possuam condições de vida singulares ou diferenciadas por força de estatuto profissional.

Errado: Apesar de indicar corretamente a conceituação de categoria diferenciada, a questão peca ao indicar o reconhecimento de tais categorias por lei ou decisão judicial. Admitir tal interferência do Estado na organização sindical, implicaria em ofender diretamente o disposto no artigo 8º, I, parte final, da Constituição Federal. Cabe a própria categoria a criação de sindicatos (inclusive de profissão) e ao Ministério do Trabalho a concessão da certidão de registro sindical, quando observados os requisitos legais próprios.

2. RELAÇÃO DE EMPREGO E CONTRATOS AFINS

06. (Cespe – Procurador do Estado – PGE – SE/2017) Com o desmembramento do município X, foi criado o município Y. Nessa situação hipotética, segundo o TST, a responsabilidade trabalhista quanto aos empregados municipais deverá ser suportada

A) pelo município Y, que deverá suceder os empregados do município X contratados antes da criação do novo município.

B) pelo estado-membro a que os municípios pertencem.

C) por cada um dos municípios pelo período em que cada um deles figurar como real empregador.

D) pelos dois municípios, solidariamente, independentemente do período de vinculação dos empregados.

E) pelo município X, subsidiariamente, em relação aos empregados contratados pelo município Y.

COMENTÁRIOS

✪ **Nota do autor:** Como regra, a sucessão trabalhista implica em responsabilidade apenas do sucessor diante dos direitos dos trabalhadores contratados pela empresa. Apenas no caso de sucessão com fraude é que ambos – sucessor e sucedido – responderão solidariamente. Tais parâmetros estão hoje positivados no artigo 448-A e § único da CLT, introduzido pela Lei 13.467/17. No caso de desmembramento de Municípios, a situação é diferenciada e não pode ser equiparada a uma sucessão empresarial típica. Daí porque o tratamento peculiar sedimentado na jurisprudência do E. TST.

Alternativa correta: letra "c": Segundo Orientações Jurisprudencial 92 do TST, "em caso de criação de novo município, por desmembramento, cada uma das novas entidades responsabiliza-se pelos direitos trabalhistas do empregado no período em que figurarem como real empregador". Correta, portanto.

Alternativa "a": Incorretas, pois não há, nesta situação jurídica peculiar de desmembramento de municípios, o instituto da sucessão trabalhista. Além disso, a limitação de responsabilidade ao período em que cada um figurou como empregador atende aos preceitos próprios da administração pública, inclusive no que toca à responsabilidade de gestão e fiscal.

Alternativa "b": Não há fundamentação legal que remeta, ao Estado, a responsabilidade trabalhista nesta situação de desmembramento de municípios, até em respeito à autonomia administrativa e financeira destes.

Alternativa "d": Ainda que se pudesse aplicar o mesmo regramento da sucessão trabalhista privada (típica), a responsabilidade solidária dependeria da configuração de fraude. Não é esta a situação fática lançada na questão.

Alternativa "e": A responsabilidade subsidiária está hoje sedimentada, perante o TST, apenas para os casos de terceirização de mão de obra. Hipótese, portanto, inadequada à situação fática do problema apresentado.

07. (Cespe – Procurador do MP junto ao TCE-PB/2014) Com relação ao contrato individual de trabalho, assinale a opção correta.

a) O contrato por prazo determinado corresponde àquele cuja vigência dependa de termo prefixado ou da execução de serviços especificados ou ainda da realização de certo acontecimento suscetível de previsão aproximada.

b) O contrato por prazo determinado não poderá ser estipulado por mais de noventa dias.

c) O empregador pode exigir do candidato a emprego a comprovação de experiência prévia, na mesma atividade objeto do contrato, por tempo superior a um ano.

d) A alteração das condições do contrato individual de trabalho, ainda que haja mútuo consentimento e que dela não resultem prejuízos ao empregado, só será lícita se for firmada em sede de convenção ou acordo coletivo de trabalho que a autorize ou declare.

e) O contrato individual de trabalho envolve o acordo pertinente à relação de emprego, devendo ser ajustado de forma expressa, escrito em carteira de trabalho, constando ser por prazo determinado ou por prazo indeterminado.

COMENTÁRIOS

✪ **Nota do autor:** Em razão do princípio da continuidade da relação de emprego, a contratação por prazo indeterminado é presumida. Segundo a mesma linha de raciocínio, a contratação por prazo determinado é excepcional e exige ajuste expresso entre as partes. Não se admite a fixação de termo no contrato, por ajuste tácito. As características de cada espécie de contrato por prazo determinado, bem como os entendimentos do TST sobre as respectivas divergências e questões polêmicas, são os questionamentos preferenciais em provas objetivas de concursos públicos.

Alternativa correta: letra "a": Alternativa coincidente com a definição de contrato por prazo determinado, fixada no § 1º do artigo 443 da CLT.

Alternativa "b": O prazo máximo do contrato por prazo determinado é de dois anos, conforme artigo 445, *caput*, da CLT. O prazo máximo de 90 dias é aplicável apenas ao contrato de experiência (parágrafo único do citado dispositivo celetista).

Alternativa "c": O artigo 442-A da CLT proíbe, para fins de contratação, a exigência de experiência prévia por tempo superior a seis meses, no mesmo tipo de atividade. Incorreto o prazo de um ano mencionado na questão.

Alternativa "d": Reputa-se ilícita a alteração do contrato, prejudicial ao trabalhador, ainda que conte com seu consentimento (artigo 468 da CLT). Além disso, a negociação coletiva não se presta para a precarização das condições de trabalho.

Alternativa "e": Segundo regra do artigo 442 da CLT, o contrato de trabalho pode ser formado por condições expressas e tácitas. Não se limita, portanto, às hipóteses expressamente formalizadas em CTPS.

08. (Cespe – Procurador do MP junto ao TCE-PB/2014) Acerca dos sujeitos da relação de trabalho e dos seus poderes relativamente ao contrato de emprego, da caracterização de grupos econômicos e das responsabilidades trabalhistas, assinale a opção correta à luz da Consolidação das Leis do Trabalho (CLT).

a) As empresas integrantes do mesmo grupo econômico respondem, subsidiariamente, pelas obrigações trabalhistas assumidas por quaisquer delas.

b) A aquisição de uma empresa por outra não transfere ao adquirente as obrigações trabalhistas dos empregados contratados pela adquirida, pois os direitos trabalhistas envolvem relação de caráter personalíssimo.

c) É empregado toda pessoa física que preste serviços eventuais ou habituais a um mesmo sujeito, seja pessoa física ou jurídica, definido como empregador, mediante contraprestação em pecúnia e sob subordinação.

d) Para os fins da relação de emprego, conceitua-se como empregador tanto a pessoa física como a pessoa jurídica que, assumindo os riscos da atividade econômica, admite, assalaria e dirige a prestação dos serviços pelo trabalhador contratado como empregado, a tanto se equiparando, ainda, os empregadores domésticos, os profissionais liberais, as instituições de beneficência, as associações recreativas e outras instituições sem fins lucrativos.

e) Para a caracterização do grupo econômico, basta que as empresas detenham, em seus quadros, acionistas comuns ou que possuam ações para participação na direção ou no conselho deliberativo uma da outra, ainda que assim não exerçam o poder diretivo que lhes seja permitido pelo tipo de ações detidas pela empresa que se pretenda qualificar como controladora.

COMENTÁRIOS

✪ **Nota do autor:** O grupo econômico, previsto no artigo 2º, § 2º da CLT, segundo a jurisprudência atual, não exige que uma delas seja controladora das demais, bastando a coordenação de interesses administrativos ou a identidade societária. A responsabilidade das empresas do grupo é solidária (solidariedade passiva). Alertamos para a atual redação do artigo 2º, §§ 2º e 3º da CLT, dada pela Lei 13.467/17, que tornou mais complexa a comprovação do grupo econômico trabalhista. A súmula 129 do TST sedimentou a tese do "empregador único", já que a prestação de serviços para mais de uma empresa do mesmo grupo econômico não caracteriza a existência de mais de um contrato de emprego (solidariedade ativa).

Alternativa correta: letra "d": Trata-se do conceito legal de empregador, coincidente com o texto do artigo 2º, § 1º da CLT. Destaca-se, no conceito, o princípio da alteridade, segundo o qual o empregador deve assumir os riscos da atividade econômica.

Alternativa "a": Assertiva incorreta. A responsabilidade das empresas integrantes do mesmo grupo econômico é solidária (e não subsidiária). Não se pode confundir a responsabilidade do grupo empresarial (solidária), com a fixada, na súmula 331 do TST, para o tomador de serviços na terceirização lícita (subsidiária). Lembre-se que o responsável subsidiário pode valer-se do benefício de ordem (execução prioritária de bens do devedor principal). Na responsabilidade solidária, não há esta ordem de constrição.

Alternativa "b": Segundo artigos 10 e 448 da CLT, a alteração na estrutura do empregador não prejudicará os direitos dos trabalhadores. A assertiva colide com o conceito de sucessão empresarial, adotado na legislação trabalhista. **Recomendamos a leitura dos novos artigos 10-A e 448-A da CLT, introduzidos pela Lei 13.467/17.**

Alternativa "c": A eventualidade não é característica do empregado, prevista no artigo 3º da CLT. O trabalhador eventual não é empregado, já que a prestação de serviços não é habitual. Em verdade, o empregado é o que presta serviços pessoais, subordinados, onerosos, com habitualidade (de forma não eventual)

Alternativa "e": A coordenação administrativa exigida para a formação do grupo econômico não se prende, apenas, na identidade societária. Também não se exige que uma das empresas figure como controladora, como está no texto do artigo 2º, § 2º da CLT. Esta exigência foi relativizada, bastando a comprovação da comunhão de propósitos administrativos. **Tais parâmetros, vigentes à época da questão, foram modificados com as alterações introduzidas pela Lei 13.467/17, nos termos do já esclarecido na nota do autor.**

09. (Cespe – Juiz do Trabalho Substituto 5ª região/2013) Com referência à atividade de mãe social, assinale a opção correta.

a) Cada mãe social poderá cuidar de, no máximo, oito crianças.

b) Devido ao tipo de atividade por ela exercida, a mãe social não tem direito a férias de trinta dias.

c) A mãe social deverá receber meio salário mínimo por criança que esteja sob seus cuidados.

d) Inexiste legislação expressa que trate da atividade em apreço, para a qual são utilizados dispositivos da CLT inerentes ao trabalho da mulher.

e) O trabalho da mãe social é desenvolvido no sistema de casas – lares, as quais são isoladas, formando, quando agrupadas, uma aldeia assistencial ou vila de menores.

COMENTÁRIOS

✪ **Nota do autor:** A Lei 7.644/87 regulamenta a atividade de "mãe social", assim entendida a trabalhadora que se dedica à assistência do menor abandonado, dentre do sistema de casas-lares. Os direitos assegurados em tal contato especial de trabalho estão especificados no artigo 5º da referida lei, dentre os quais, destaca-se a anotação em CTPS, salário mínimo, DSR, férias, 13º salários, FGTS e previdência social.

Alternativa correta: letra "e": Assertiva coincidente com o disposto no artigo 3º, § 1º da Lei 7.644/87. É possível o trabalho da mãe social em casas lares isoladas ou em agrupamento destas (aldeia assistencial ou vila de menores).

Alternativa "a": O número máximo de menores abrigados em uma casa lar e tutelado pela respectiva mãe social responsável será de dez (e não oito, como constou da assertiva), conforme artigo 3º, da Lei 7.644/87.

Alternativa "b": O direito às férias, na forma da CLT, está assegurado para as mães sociais no artigo 5º, V da Lei 7.644/87.

Alternativa "c": A remuneração total da mãe social não poderá ser superior ao salário mínimo (artigo 5º, II da Lei 7.644/87). Não há previsão para pagamento de um salário mínimo por cada menor sob sua responsabilidade.

Alternativa "d": A atividade da mãe social está regulamentada pela Lei 7.644/87. Incorreta, portanto.

10. (Cespe – Advogado da União/2012) Com base na CLT, julgue os itens seguintes, a respeito da relação de emprego e do contrato individual de trabalho.

10.1. As cooperativas de trabalhadores, quando regulares, não estabelecem com os respectivos associados relação de emprego, nem assim entre estes e os tomadores dos serviços contratados da cooperativa.

COMENTÁRIOS

✪ **Nota do autor:** Notas importantes sobre as cooperativas de trabalho. O artigo 442, § único da CLT, ao excluir a possibilidade de vínculo entre a cooperativa e seus associados, ou entre estes e os tomadores de serviços, parte da premissa de um cooperativismo lícito. Lembre-se que a cooperativa, no caso das relações de trabalho, deve servir para reunir trabalhadores autônomos e, em decorrência de tal união, propiciar melhores condições de trabalho, do que se estivessem sozinhos, ou mesmo numa relação de emprego típica (princípio da retribuição diferenciada). Além disso, o cooperativismo válido também deve atender ao princípio da dupla qualidade, segundo o qual a cooperativa deve servir não só os terceiros que lhe contratam, mas também aos próprios cooperados. A lei 12.690/12 incorporou tais princípios, dentre os demais itens de disciplina sobre a organização e funcionamento das cooperativas.

Certo: A assertiva reproduz exatamente o parágrafo 1º do artigo 442 da CLT, afastando a configuração do vínculo de emprego no cooperativismo legítimo e validamente firmado.

10.2. A lei considera empregado a pessoa física que, em caráter não eventual e mediante relação de subordinação e contraprestação salarial, presta serviços a outrem, denominado empregador.

COMENTÁRIOS

✪ **Nota do autor:** As características do vínculo de emprego estão fixadas no artigo 3º da CLT. São elas o trabalho pessoal, subordinado, oneroso e não eventual. Lembre-se que, para os domésticos, o requisito da não eventualidade dá espaço para o da "continuidade" dos serviços, neste caso, prestados sem a finalidade lucrativa, conforme artigo 1º da Lei 5.859/72. A recente Lei Complementar 150/15 fixou que a continuidade estará configurada com o trabalho por mais de dois dias na semana.

Certo: Questão coincidente com as características da relação de emprego fixadas pelo artigo 3º da CLT. Em relação à subordinação jurídica, a doutrina entende que é possível sua configuração de forma subjetiva (ordens diretas dadas de prepostos do empregador ao empregado, voltadas a determinação do tempo, modo e lugar da prestação de serviços); ou de forma objetiva (como ocorre no trabalho em domicílio disciplinado no artigo 6º da CLT – subordinação jurídica por meios telemáticos e informatizados).

10.3. O contrato individual deve necessariamente ser escrito, não se admitindo forma tácita de contratação.

COMENTÁRIOS

✪ **Nota do autor:** Segundo o artigo 442 da CLT, o contrato individual de trabalho é o acordo tácito ou expresso, correspondente á relação de emprego. É negócio jurídico de natureza privada (pressupõe vontade), apesar do necessário respeito à parcela estatutária de direitos trabalhistas mínimos e indisponíveis. É comutativo e sinalagmático por contemplar obrigações recíprocas, que se repetem no tempo (trato sucessivo). A onerosidade é requisito essencial para o contrato de emprego (artigo 3º da CLT).

Errado: Não se exige, para a configuração da relação de emprego, contrato escrito. A simples não oposição do empregador, diante de determinada condição do contrato de trabalho implementada no cotidiano da relação laboral, faz como que esta integre, de forma tácita, o contrato de trabalho, não podendo, por exemplo, ser suprimida do trabalhador, em seu prejuízo. A questão, portanto, contraria característica expressamente fixada pelo artigo 442 da CLT.

3. CONTRATOS POR PRAZO DETERMINADO

11. (Cespe – Analista Judiciário – Área Judiciária TRT 10/2013) Julgue os próximos itens, a respeito do trabalho temporário.

11.1. O contrato de trabalho temporário pode ser acordado tácita ou expressamente, verbalmente ou por escrito.

COMENTÁRIOS

✪ **Nota do autor:** A contratação de trabalhadores temporários está regulamentada na Lei nº 6.019/74. Trata-se de uma das únicas regulamentações de intermediação de mão de obra (terceirização). Dentre os direitos garantidos ao temporário (à época da questão), destacamos os seguintes: piso salarial isonômico em relação ao dos empregados contratados diretamente pelo tomador dos serviços; prazo de 3 meses, salvo prorrogação autorizada pelo Ministério do Trabalho; e a proibição de cláusula contratual que impeça a contratação sequencial do trabalhador pela tomadora dos serviços. Recomendamos a leitura da Lei 6.019/74, com especial atenção às alterações introduzidas pela Lei 13.429/17 (prazo da contratação temporária passou para 120 dias, prorrogáveis por mais 90 dias, por exemplo).

Errado: O artigo 9º da Lei nº 6.019/74 exige que tal contrato seja obrigatoriamente escrito. Dele deverá constar expressamente o motivo justificador da demanda de trabalho temporário, assim como as modalidades de remuneração da prestação de serviço. Não se admite, assim, que o contrato com esta natureza seja firmado de forma tácita ou verbal.

11.2. O contrato temporário só será válido em se tratando de serviço cuja natureza ou transitoriedade justifique a predeterminação do prazo, de atividades empresariais de caráter transitório e de contrato de experiência.

COMENTÁRIOS

✪ **Nota do autor:** O artigo 443, § 2º da CLT fixa a possibilidade de o empregador firmar contratos por prazo determinado em três situações básicas: serviços de natureza transitória, atividade empresarial transitória e contrato de experiência. O contrato de experiência (ou contrato de prova) é, portanto, modalidade de contrato por prazo determinado, expressamente autorizada no dispositivo celetista citado. Já a contratação de trabalhadores temporários não é feita diretamente pelo tomador dos serviços, mas sim através de empresa terceirizada especializada, nos moldes da Lei 6.019/74.

Errado: Duas são as hipóteses autorizadoras da contratação de mão de obra temporária, sempre através de empresa especializada, devidamente registrada pelo Ministério do Trabalho. Segundo o artigo 2º da Lei nº 6.019/74, tal contratação pode ocorrer: a) para atender a necessidade transitória de substituição de seu pessoal regular e permanente; ou b) em razão de acréscimo extraordinário de serviço. A Lei 13.429/17 menciona, atualmente, a hipótese de "demanda complementar de serviços". O contrato de experiência, portanto, não se confunde com a contratação temporária, até porque é firmado pelo próprio tomador dos serviços, sem a figura de uma empresa intermediadora da mão de obra.

4. TERCEIRIZAÇÃO DE MÃO DE OBRA

12. (Cespe – Procurador BACEN/2013) Com base no entendimento sumulado do TST, assinale a opção correta.

a) O inadimplemento do empregador em relação às obrigações trabalhistas implica a responsabilidade solidária do tomador dos serviços quanto a tais obrigações, inclusive quanto aos órgãos da administração direta, desde que hajam participado da relação processual e constem também do título executivo judicial.

b) A contratação de trabalhadores por empresa interposta é ilegal, formando-se o vínculo diretamente com o tomador dos serviços, mesmo na hipótese de trabalho temporário.

c) A contratação irregular de trabalhador pela administração pública direta indireta ou fundacional, mediante empresa interposta, gera vínculo de emprego com o poder público, desde que existentes os pressupostos caracterizadores do vínculo laboral.

d) A responsabilidade subsidiária do tomador de serviços abrange apenas os salários e parcelas do FGTS que se refiram ao período da prestação laboral.

e) Caso sejam inexistentes a subordinação direta e a pessoalidade, a contratação de serviço de vigilância, de conservação e limpeza e de serviços especializados ligados à atividade-meio do tomador não forma vínculo entre este e os prestadores de tais serviços.

COMENTÁRIOS

✪ **Nota do autor:** É importante o estudo detido dos parâmetros sumulados perante o TST acerca da terceirização de mão de obra (súmula 331). A terceirização lícita, além da prevista na Lei 6.019/74, é aquela ligada a atividades-meio do tomador (como vigilância e limpeza), gerando responsabilidade subsidiária ao tomador dos serviços. A terceirização ilícita é aquela relacionada à atividade-fim do tomador ou quando este exerce diretamente a subordinação jurídica em face dos trabalhadores, formando-se o vínculo de emprego forma-se diretamente com o tomador. Neste caso, a responsabilidade das empresas é solidária, em razão da fraude. Recomendamos a leitura da Lei 6.019/74, em razão da recente regulamentação da terceirização de serviços dada pelas Leis 13.429/17 e 13.467/17. Esta última, por exemplo, alterou o artigo 4º-A da Lei 6.019/74, para autorizar a terceirização de serviços em qualquer atividade do empregador, inclusive a chamada "atividade-fim".

Alternativa correta: letra "e": A questão reflete exatamente a hipótese de terceirização considerada lícita pela súmula 331 do TST. Neste sentido, não há subordinação jurídica exercida pelo tomador de serviços e os serviços não são ligados à sua atividade fim. A responsabilidade, portanto, é apenas subsidiária, em relação à tomadora dos serviços.

Alternativa "a": A responsabilidade solidária apenas surge na hipótese de terceirização ilícita (ligada a atividade fim do tomador de serviços, ou com subordinação jurídica exercida por este diante do empregado). Não pode, portanto, ser generalizada a toda hipótese de terceirização.

Alternativa "b": A contratação de mão de obra temporária, através de empresa interposta, é a hipótese legal de terceirização lícita, vinculada à atividade fim do tomador dos serviços. Não há ilicitude, neste caso, conforme previsão da Lei 6.019/74 e ressalva da própria súmula 331 do TST.

Alternativa "c": O vínculo direto com a administração pública encontra óbice na exigência de concurso público, fixada no artigo 37, II da Constituição Federal. A responsabilidade do ente público na terceirização, atualmente, ocorre apenas em caso de comprovada culpa na fiscalização da empresa contratada. Trata-se de entendimento extraído do item IV da Súmula 331 do

TST, em sua atual redação, alterada em razão do julgamento da ADC 16, pelo STF, que considerou constitucional do artigo 71 da Lei 8.666/93.

Alternativa "d": A responsabilidade subsidiária do tomador de serviços abrange todas as verbas decorrentes da condenação, referentes ao período da prestação laboral, conforme item VI da súmula 331 do TST. Incorreta a limitação sugerida na questão.

5. REMUNERAÇÃO E SALÁRIO

13. (Cespe – Procurador do Estado – PGE – SE/2017) No que concerne à equiparação salarial, julgue os seguintes itens à luz do entendimento do TST.

I Desde que observados os requisitos legais, a equiparação salarial alcança os trabalhos intelectuais desenvolvidos pelos trabalhadores.

II Para efeito de equiparação de salários em caso de trabalho igual, conta-se o tempo de serviço no emprego.

III A equiparação salarial só é possível se o empregado e o paradigma exercerem a mesma função, desempenhando as mesmas tarefas, não importando a denominação dada aos cargos.

IV Para configurar-se a equiparação, é imprescindível que, ao tempo da reclamação sobre a equiparação salarial, reclamante e paradigma estejam a serviço do estabelecimento.

Estão certos apenas os itens

A) I e II.

B) I e III.

C) II e III.

D) III e IV.

E) I, II e IV.

COMENTÁRIOS

Nota do autor: Com a chamada reforma trabalhista, o instituto da equiparação salarial sofreu significativas mudanças. Antes da vigência da Lei 13.467/17 era excludente da equiparação a diferença de tempo superior a 2 anos na mesma função. Agora, tal diferença passou a ser de dois anos na mesma função e, também, de quatro anos para o mesmo empregador. A questão será analisada segundo a regra vigente na época da prova.

Alternativa correta: letra "b": Estão corretos os itens I e III.

Item I. Certo: A assertiva I está correta: É possível a equiparação salarial, mesmo no trabalho intelectual, diante de critérios objetivos de aferição da perfeição técnica do trabalho (item VII da súmula 6 do TST).

Item II. Errado: A alternativa diverge do entendimento já pacificado na súmula 6, item II, do TST. Os dois anos de diferença entre os empregados, suficientes a afastar a equiparação salarial, não se referem ao tempo de "emprego" (datas de admissões), mas sim de trabalho na mesma "função" objeto da equiparação.

Item III. Certo: A assertiva III está certa e reflete princípio da primazia da realidade, tal como já sedimentado no item III da Súmula 6 do TST.

Item IV. Errado: Os empregados, ainda que vinculados a estabelecimentos distintos do mesmo empregador, desde que situados na mesma região metropolitana, tem direito à equiparação salarial, se atendidos os requisitos legais (item X da Súmula 6 do TST).

14. (Cespe – Juiz do Trabalho Substituto 5ª região/2013) No tocante a salário e remuneração, assinale a opção correta.

a) As gorjetas cobradas pelo empregador na nota de serviço ou oferecidas espontaneamente pelos clientes servem de base de cálculo do aviso prévio.

b) As gorjetas cobradas pelo empregador na nota de serviço ou oferecidas espontaneamente pelos clientes não fazem parte da base de cálculo do repouso semanal remunerado.

c) Por constituírem ajuda de custo, as diárias para viagem não integram o salário do empregado.

d) O valor correspondente ao vale cultura integra o salário do empregado.

e) O valor da alimentação fornecida como salário utilidade não poderá exceder 25% do salário contratual.

COMENTÁRIOS

✪ **Nota do autor:** Em se tratando de questionamento sobre a remuneração e verbas que a compõem, é importante verificar que os questionamentos são, como regra, baseados em textos diretos de lei, de uso recorrente nas relações trabalhistas. Sem prejuízo da leitura atenta dos demais dispositivos legais que versam sobre salário e remuneração, sugerimos a memorização de todas as hipóteses dos artigos 457 e 458 da CLT. Tais dispositivos sofreram alterações de conteúdo com as Leis 13.419/17 e 13.467/17 e, ainda, com a posterior Medida Provisória 808/17. Lembramos, ainda, sobre o prazo de vigência de tal Medida Provisória (até 23.04.18). Sem conversão em lei, voltarão a vigorar os preceitos originais da Lei 13.467/17.

Alternativa correta: letra "b": A CLT, em seu artigo 457, entende que salário é aquele pago diretamente pelo empregador como contraprestação aos serviços. Remuneração englobaria, também, as gorjetas pagas por terceiros. Sobre as gorjetas, é bom lembrar que, apesar de seu caráter salarial, os reflexos que produz são limitados (não servem para base de cálculo de aviso prévio, adicional noturno, horas extras e DSR), conforme súmula 354 do TST. Correta, portanto.

Alternativa "a": Nos termos do esclarecido no item anterior, as gorjetas também não integram a base de cálculo do aviso prévio.

Alternativa "c": Cumpre distinguir ajuda de custo de diária. A primeira é parcela indenizatória e corresponde ao ressarcimento de gastos do empregado com o trabalho. A segunda reflete um valor pré-fixado pelo empregador, não sujeito à prestação de contas pelo empregado. Para a diária, a CLT (artigo 457, § 2º) fixava, à época da questão, a presunção relativa da natureza salarial, quando ultrapassar o percentual de 50% do salário. Atualmente, a nova redação do dispositivo citado exclui a configuração salarial do pagamento, ainda que habitual, da ajuda de custo (limitada a 50% da remuneração mensal) e das diárias para viagem.

Alternativa "d": O valor relativo ao vale cultura não integra o salário do empregado, conforme artigo 458, § 2º, VIII da CLT.

Alternativa "e": O artigo 458, § 3º da CLT limita o salário utilidade a 25% para a habitação e 20% para a alimentação (incorreção, portanto, no percentual indicado na questão). Ao que parece, o legislador visualizou que os gastos com habitação são sensivelmente maiores do que com alimentação.

---

15. (Cespe – Procurador do Ministério Público junto ao TCDF/2013) Com referência ao contrato de trabalho, julgue os itens subsequentes.

15.1. As gorjetas integram a remuneração do empregado, mas não integram a base de cálculo de aviso prévio, adicional noturno, horas extras e repouso semanal remunerado.

COMENTÁRIOS

✪ **Nota do autor:** A CLT, em seu artigo 457, entende que salário é aquele pago diretamente pelo empregador como contraprestação aos serviços. Remuneração englobaria, também, as gorjetas pagas por terceiros. Destacamos que as gueltas também refletem exemplo de remuneração paga por terceiros (por exemplo, prêmios oferecidos pelo fabricante de determinado produto, como incentivo ao bom desempenho de um vendedor de determinada loja). Neste caso, a jurisprudência dá às gueltas, o mesmo tratamento jurídico das gorjetas (considera remuneração, com limitação dos reflexos).

Certo: Apesar de seu caráter salarial, os reflexos que a gorjeta produz são limitados pela jurisprudência (não servem para base de cálculo de aviso prévio, adicional noturno, horas extras e DSR), conforme súmula 354 do TST. Assertiva correta.

15.2. Se um empregado for contratado para cumprir um regime de trabalho reduzido, ou seja, inferior a oito horas diárias ou a quarenta e quatro semanais, será lícito o pagamento do piso salarial ou do salário mínimo proporcional ao tempo trabalhado.

COMENTÁRIOS

✪ **Nota do autor:** O pagamento de salário proporcional ao tempo da jornada é regular e, também justo. Interpretação em sentido contrário implicaria em ofender o princípio da isonomia, considerando o tratamento diferenciado que receberia, nesta hipótese, aquele que cumpre a jornada integral. Lembre-se, por exemplo que a CLT autoriza, em seu artigo 58-A, o trabalho em regime de tempo parcial, assim considerado o que não exceda 30 horas semanais (sem a possibilidade de sobrejornada) e 26 horas semanais (com possibilidade de até 6 horas extras semanais), conforme nova redação dada pela Lei 13.467/17. O salário, neste caso, é proporcional ao daqueles que cumprem jornada integral.

Certo: A assertiva apresentada coincide com a hipótese sedimentada pela OJ 358 da SDI-1 do TST. Diante da pactuação de jornada inferior aos limites legais de 8 horas diárias e 44 semanais, o salário mínimo ou o piso da categoria poderá ser pago de forma proporcional à esta jornada inferior.

15.3. A cessação da atividade da empresa, com o pagamento da indenização correspondente, exclui o direito do empregado ao aviso prévio.

COMENTÁRIOS

✪ **Nota do autor:** Sobre o aviso prévio, o artigo 7º, XXI garante aos empregados o aviso prévio proporcional ao tempo de serviço, no mínimo de 30 dias, nos termos da lei. Oportuno lembrar que a Lei 12.506/11 regulamentou o dispositivo constitucional, fixando que o aviso prévio de 30 dias será acrescido de 3 dias por ano trabalhado a mesma empresa, até o máximo de 60 dias, perfazendo um total de 90 dias.

Errado: Segundo entendimento da súmula 44 do TST, a cessação da atividade da empresa, com o pagamento de indenização, simples ou em dobro, não exclui, por si só, o direito do empregado ao aviso prévio. A questão está errada, portanto.

15.4. O acordo individual pactuado entre empregado e empresa, para a compensação de horas, somente será válido se não houver norma coletiva em sentido contrário.

COMENTÁRIOS

✪ **Nota do autor:** Em relação ao tema horas extras e compensação de jornada, sugerimos a leitura atenta da súmula 85 do TST. Dentre suas previsões, estão a possibilidade de compensação de jornada por acordo individual ou coletivo; a validade da compensação por acordo individual, salvo disposição contrária em norma coletiva; pagamento apenas do adicional para as horas extras compensadas indevidamente, já que, neste caso, a hora normal já está quitada com o salário; descaracterização do acordo de compensação de horas pela prática habitual de sobrejornada; a necessidade de negociação coletiva para a compensação através do sistema de banco de horas; e a invalidade do acordo de compensação de jornada em atividade insalubre (ainda que estipulado em norma coletiva).

Certo: A validade do acordo individual para compensação de horas, salvo disposição em normas coletiva em sentido contrário, coincide com a previsão da súmula 85, II do TST.

15.5. Na interrupção do contrato de trabalho, o empregado perde o direito a receber o salário.

COMENTÁRIOS

✪ **Nota do autor:** Questões sobre interrupção e suspensão do contrato de trabalho são recorrentes. Não é demais reiterar as semelhanças e diferenças dos institutos: a) nos dois casos não há trabalho; b) na suspensão, não há obrigação de pagamento de salários e o tempo de afastamento não é contado para fins contratuais; c) na interrupção, o empregado recebe normalmente salário e o tempo do afastamento conta-se para fins contratuais.

Errado: A questão confunde os institutos da suspensão e interrupção do contrato de trabalho. Ao contrário do que consta da assertiva, a interrupção do contrato de trabalho não prejudica o recebimento de salários pelo empregado.

15.6. No afastamento do empregado para a prestação de serviço militar, o empregador deverá continuar efetuando os depósitos do Fundo de Garantia do Tempo de Serviço (FGTS).

COMENTÁRIOS

✪ **Nota do autor:** O artigo 4º da CLT traz duas hipóteses de suspensão contratual atípica, quais sejam, o afastamento em razão de serviço militar obrigatório e por motivo de acidente de trabalho. Nestes casos, a suspensão contratual autoriza, excepcionalmente, o cômputo do tempo de serviço, sendo também devidos os recolhimentos de FGTS do período.

Certo: Não é devido o FGTS durante o período de suspensão do contrato de trabalho, ressalva feita, apenas, ao afastamento para prestação de serviço militar obrigatório e por auxílio doença acidentário (artigo 15, § 5º da Lei 8.036/90 e 28 do Decreto 99.684/90).

15.7. Exclusividade, onerosidade e não eventualidade são requisitos que ensejam a relação de emprego.

COMENTÁRIOS

✪ **Nota do autor:** As características do vínculo de emprego estão fixadas no artigo 3º da CLT. São elas o trabalho pessoal, subordinado, oneroso e não eventual.

Errado: A exclusividade não é requisito legal para a configuração do vínculo de emprego. Aliás, é plenamente possível a manutenção de mais de um vínculo de emprego, de forma concomitante, pelo trabalhador. Basta, para tanto, que as jornadas de trabalho sejam compatíveis entre si.

---

16. (Cespe – Procurador do DF/ 2013) Julgue os seguintes itens, com base na legislação e no entendimento jurisprudencial dominante do TST.

16.1. O afastamento da atividade laboral que enseja recebimento de auxílio-doença previdenciário caracteriza hipótese de suspensão do contrato de trabalho. Cessado o prazo de vigência desse benefício e não havendo prorrogação, o empregado deverá se apresentar nas quarenta e oito horas seguintes ao término desse prazo, ou justificar sua impossibilidade de retorno ao empregador, sob pena de se caracterizar justa causa para demissão.

COMENTÁRIOS

✪ **Nota do autor:** Com a alta previdenciária, o empregado tem o dever de retornar imediatamente ao trabalho. Não há prazo legal de tolerância ou retardamento do retorno. A ausência de trabalho no dia sequencial à alta previdenciária já será considerada falta injustificada. A súmula 32 do TST trata, de forma específica, sobre a aplicação de justa causa por abandono de emprego, na hipótese do empregado não retornar ao trabalho após a alta previdenciária. Fixou, então, a configuração do abandono após transcorridos 30 dias da alta, sem retorno do trabalhador.

Errado: A questão está errada, pois menciona o prazo de 48 horas para retorno ao trabalho, após a alta, sem que exista, contudo, qualquer base legal ou jurisprudencial para tal tolerância.

16.2. A gratificação paga em virtude do exercício de determinada função para a qual o empregado tiver sido designado será devida enquanto este permanecer no exercício da função, possuindo natureza salarial. Assim, caso um empregado tivesse assumido função gratificada em abril de 2001 e sido imotivadamente revertido a seu cargo anterior em novembro de 2012, ele deveria deixar de receber o respectivo importe pecuniário da gratificação.

COMENTÁRIOS

✪ **Nota do autor:** O artigo 468 da CLT, em seu parágrafo único, não considera alteração unilateral ilícita a reversão do empregado alçado à função de confiança, para sua função efetiva anterior. Segundo súmula 372, I do TST, percebida a gratificação de função por dez anos ou mais pelo empregado, se o empregador, sem justo motivo, revertê-lo ao cargo efetivo, não poderá retirar-lhe a gratificação, tendo em vista o princípio da estabilidade financeira. É importante ressalvar que a Lei 13.467/17 introduziu o novo § 2º ao artigo 468 da CLT, que afastou qualquer possibilidade de manutenção da gratificação de função, independentemente do tempo de exercício da função de confiança.

Errado: A assertiva contraria o entendimento sumulado acima citado, já que a gratificação de função foi recebida, pelo trabalhador, por período superior a dez anos. Note-se que a questão é anterior à vigência da Lei 13.467/17.

16.3. Considere a seguinte situação hipotética.

Em determinado município, o sindicato das empresas de transportes coletivos e o sindicato dos empregados do sistema de transporte coletivo firmaram convenção coletiva da categoria em que, entre várias cláusulas, se autorizou a compensação de jornada de trabalho, sempre mediante acordo coletivo.

Nessa situação hipotética, será lícito o acordo individual escrito entabulado entre uma empresa de transporte coletivo do referido município e alguns de seus empregados para a compensação de jornada laborada em dias de domingo.

COMENTÁRIOS

✪ **Nota do autor:** Em relação ao tema horas extras e compensação de jornada, sugerimos a leitura atenta da súmula 85 do TST. Dentre suas previsões, estão a possibilidade de compensação de jornada por acordo individual ou coletivo; a validade da compensação por acordo individual, salvo disposição contrária em norma coletiva; pagamento apenas do adicional para as horas extras compensadas indevidamente, já que, neste caso, a hora normal já está quitada com o salário; descaracterização do acordo de compensação de horas pela prática habitual de sobrejornada; a necessidade de negociação coletiva para a compensação através do sistema de banco de horas; e a invalidade do acordo de compensação de jornada em atividade insalubre (ainda que estipulado em norma coletiva).

Errado: A súmula 85, II do TST fixa a validade do acordo individual para compensação de horas, salvo disposição em normas coletiva em sentido contrário. No caso em comento, a convenção coletiva de trabalho exigiu a compensação por acordo coletivo de trabalho (negociação entre empresa e sindicato profissional).

16.4. O jus variandi é poder do empregador intimamente ligado ao poder diretivo e voltado a situações em que unilateralmente este possa proceder a pequenas alterações no contrato de trabalho, como, por exemplo, o fornecimento e a exigência do uso de equipamento de proteção individual pelo empregado após um ano de labor, uma vez constatado ser insalubre a atividade exercida pelo empregado.

COMENTÁRIOS

✪ **Nota do autor:** O empregador suporta todos os riscos de sua atividade econômica (artigo 2º da CLT). Trata-se do princípio da alteridade, que veda a transferência, ao empregado, destes riscos. Tal situação, contudo, justifica que o empregador tenha poderes na direção e controle do contrato de trabalho mantido com seus empregados. O *jus variandi* reflete a possibilidade de alteração das condições contratuais, visando o atendimento dos fins pretendidos pelo empregador. Os limites estão fixados no artigo 468 da CLT.

Certo: Não se considera alteração ilícita do contrato de trabalho, a imposição do empregador de uso de equipamentos de proteção individual. Trata-se, aliás, de obrigação conjunta do empregador e dos empregados, voltada a proteção do meio ambiente de trabalho.

16.5. Conforme a CLT, a mudança na propriedade da empresa não afetará os contratos de trabalho, no entanto, em caso de falência, não se aplicará tal regra, porque a compra de empresa falida não obriga o arrematante nas obrigações do devedor. Assim, se determinada empresa alienar seus ativos em virtude de processo de falência, sendo o arrematante primo do sócio da sociedade falida, não haverá sucessão do arrematante nas obrigações trabalhistas do devedor.

COMENTÁRIOS

✪ **Nota do autor:** Segundo o artigo 10 da CLT, qualquer alteração na estrutura da empresa não afetará os direitos adquiridos por seus empregados. Na mesma linha, o artigo 448 da CLT fixa que a mudança na propriedade ou na estrutura jurídica da empresa não afetará os contratos de trabalho dos respectivos empregados. Tais dispositivos fundamentam a responsabilização trabalhista no caso de sucessão de empregadores. Recomendamos a leitura dos artigos 10-A e 448-A da CLT, introduzidos pela Lei 13.467/17.

Errado: Há previsão, na lei de recuperação e falência, que exclui a configuração da sucessão empresarial no caso de venda de ativos da falida (artigo 141, II da Lei 11.101/05). Porém, no § 1º, II do mesmo dispositivo legal, há expressa ressalva de que a arrematação feita por parente do falido, em linha reta ou colateral, até o 4º grau, consanguíneo ou afim, torna possível a configuração da sucessão empresarial.

16.6. Caso a Secretaria de Estado da Fazenda do DF tenha sob suas ordens, mediante contrato, empresa de prestação de serviços de vigilância armada em suas agências, para proteção de seu patrimônio, o DF poderá ser subsidiariamente responsável pelo pagamento do adicional de periculosidade aos vigilantes da empresa contratada, se ficar evidenciada a ausência de fiscalização do referido órgão no cumprimento de tal obrigação.

COMENTÁRIOS

✪ **Nota do autor:** Não é demais reiterar os parâmetros sumulados perante o TST acerca da terceirização (súmula 331). A terceirização lícita, além da prevista na Lei 6.019/74, é aquela ligada a atividades-meio do tomador (como vigilância e limpeza), gerando responsabilidade subsidiária ao tomador dos serviços. A terceirização ilícita é aquela relacionada à atividade-fim do tomador ou quando este exerce diretamente a subordinação jurídica em face dos trabalhadores, formando-se o vínculo de emprego forma-se diretamente com o tomador. Neste caso, a responsabilidade das empresas é solidária, em razão da fraude. Recomendamos a leitura da atual redação da Lei 6.019/74, diante das alterações introduzidas pelas Leis 13.429/17 e 13.467/17.

Certo: Assertiva reflete exatamente o item IV da Súmula 331 do TST, em sua atual redação, alterada em razão do julgamento da ADC 16, pelo STF, que considerou constitucional do artigo 71 da Lei 8.666/93. A responsabilidade do ente público tomador de serviços ocorre apenas em caso de culpa sua, devidamente comprovada, principalmente em relação ao cumprimento das obrigações contratuais e legais da empresa terceirizada.

17. (Cespe – Advogado da União/2012) Julgue os itens a seguir, acerca de remuneração e salário.

17.1. Integram o salário não apenas o valor fixo estipulado pela prestação laboral, mas também as comissões, os percentuais, as gratificações, os abonos, as diárias de viagem e as ajudas de custo.

COMENTÁRIOS

✪ **Nota do autor:** Cumpre distinguir ajuda de custo de diária. A primeira é parcela indenizatória e corresponde ao ressarcimento de gastos do empregado com o trabalho. A segunda reflete um valor pré-fixado pelo empregador, não sujeito à prestação de contas pelo empregado. **Lembramos que a Lei 13.467/17 e a sequencial Medida provisória 808/17 alteraram a disciplina sobre a ajuda de custo e a diária.** Lembramos, ainda, sobre o prazo de vigência de tal Medida Provisória (até 23.04.18). Sem conversão em lei, voltarão a vigorar os preceitos originais da Lei 13.467/17.

Errado: A questão reproduz, de forma parcial, as regras dos parágrafos do artigo 457 da CLT (redação vigente à época da questão). A incorreção está relacionada às diárias de viagem e ajuda de custo. Segundo parágrafo 1º do dispositivo celetista citado, não se incluem nos salários as ajudas de custo, assim como as diárias para viagem que não excedam 50% do salário do empregado. Novamente alertamos que a disciplina atual de tais institutos é diversa. Daí porque a necessária leitura da atual redação dos dispositivos.

17.2. A remuneração do trabalhador compreende, além do salário, também as gorjetas que perceber entre os valores cobrados pela empresa de seus clientes, como adicional nas contas e a destinada à distribuição entre os empregados, não integrando a remuneração, entretanto, as gorjetas dadas espontaneamente pelos clientes ao empregado.

COMENTÁRIOS

✪ **Nota do autor:** A CLT, em seu artigo 457, entende que salário é aquele pago diretamente pelo empregador como contraprestação aos serviços. Remuneração englobaria, também, as gorjetas pagas por terceiros.

Errado: Sobre as gorjetas, é bom lembrar que, apesar de seu caráter salarial, os reflexos que produz são limitados (não servem para base de cálculo de aviso prévio, adicional noturno, horas extras e DSR), conforme súmula 354 do TST. Incorreta a assertiva, portanto, ao excluir a integração das gorjetas no salário (e, portanto, a incidência reflexa respectiva).

17.3. O pagamento do salário, qualquer que seja a modalidade do contrato de emprego, não deve ser estipulado por período superior a um mês, salvo no que concerne à apuração de comissões, percentagens e gratificações, observada a garantia mínima correspondente ao valor do salário mínimo mensal para os que percebam valores variáveis.

COMENTÁRIOS

✪ **Nota do autor:** A fixação de periodicidade máxima para pagamento de salários atende a parâmetro também previsto na Convenção 95 da OIT, para observância do pagamento salarial em intervalos regulares. Oportuno relembrar que o prazo para pagamento de salários, previsto no parágrafo 1º do artigo 459 da CLT, foi fixado para até o quinto dia útil do mês subsequente ao vencido. Tal previsão influenciou a regra de correção monetária aplicável aos salários em atraso, na forma do sedimentado na súmula 381 do TST (não há correção dos salários pagos até o quinto dia útil).

Certo: A questão traz enunciado coincidente com a regra expressa do artigo 459 da CLT. A periodicidade máxima do salário é o mês, ressalvando-se apenas as comissões, percentagens e gratificações.

17.4. O salário mínimo é fixado por lei federal, em caráter nacional, de modo a garantir as necessidades vitais do trabalhador e de sua família com moradia, alimentação, educação, saúde, vestuário, higiene, transporte e previdência social, devendo os valores ser reajustados periodicamente para preservar o seu poder aquisitivo, vedada sua vinculação como indexador financeiro ou outro qualquer fim, podendo o valor ser declarado por decreto do presidente da República, se assim autorizado pela lei que fixar o modo de reajuste ou aumento.

COMENTÁRIOS

✪ **Nota do autor:** Em relação ao salário mínimo, é importante a memorização de todas as necessidades vitais básicas que este instituto buscou atender, segundo comando expresso do artigo 7º, IV da Constituição Federal. Também não se pode esquecer que é vedada a vinculação do salário mínimo para qualquer fim, o que inclusive motivou a aprovação da Súmula Vinculante 4 do STF ("Salvo os casos previstos na Constituição Federal, o salário mínimo não pode ser usado como indexador de base de cálculo de vantagem de servidor público ou de empregado, nem ser substituído por decisão judicial").

Certo: As necessidades vitais do trabalhador e sua família, que o salário mínimo deve garantir são a moradia, alimentação, educação, saúde, lazer, vestuário, higiene, transporte e previdência social. A possibilidade de fixação do reajuste do salário mínimo por decreto está fixada no artigo 3º, da Lei 12.382/11.

6. FÉRIAS

18. (Cespe – Procurador do MP junto ao TCE-PB/2014) Com relação às férias, assinale a opção correta.

a) A concessão das férias terá de ser avisada ao empregado, por escrito, com antecedência de, no mínimo, sessenta dias.

b) A época de concessão das férias deverá ser a que melhor atenda aos interesses do empregado.

c) É facultado ao empregado converter dois terços do período de férias a que tiver direito em abono pecuniário, no valor da remuneração que lhe seria devida nos dias correspondentes, com o acréscimo pertinente de um terço de adicional de férias previsto na CF.

d) O tempo de trabalho anterior à apresentação do empregado para o serviço militar obrigatório será computado no período aquisitivo de férias, desde que ele compareça ao estabelecimento onde trabalhe dentro de noventa dias da data em que se verificar a respectiva baixa.

e) As férias serão concedidas por ato do empregador, em um só período, nos vinte e quatro meses subsequentes à data em que o empregado houver adquirido o direito, podendo, excepcionalmente, os períodos serem fracionados em dois, um dos períodos não podendo ser inferior a dez dias corridos, exceto em relação aos menores de 18 anos e aos maiores de 50 anos de idade, para os quais as férias devem sempre ser concedidas de uma só vez.

COMENTÁRIOS

✪ **Nota do autor:** Sobre as férias, além da leitura atenta dos artigos 129 a 153 da CLT, destacamos também os seguintes posicionamentos jurisprudenciais sedimentados: a) as faltas justificadas pela lei não serão descontadas para o cálculo de férias (súmula 89 do TST); b) no caso de férias concedidas apenas parcialmente fora do prazo legal, somente os dias de férias gozados após tal prazo deverão ser remunerados em dobro (súmula 81); c) salvo na justa causa, as férias proporcionais são devidas em todas as demais formas de extinção do contrato de trabalho (súmula 171 do TST). A Lei 13.467/17 alterou alguns dispositivos relacionados às férias. Por exemplo, revogou o artigo 130-A da CLT (que tratava das férias no regime de tempo parcial); e autorizou a fruição de férias em até 3 períodos, desde que haja concordância do empregado, um deles não inferior a 14 dias e os demais não inferiores a 5 dias (artigo 134 e §§ da CLT).

Alternativa correta: letra "d": Assertiva coincidente com o texto do artigo 132 da CLT, sobre o aproveitamento do tempo de trabalho anterior à apresentação ao serviço militar, desde que compareça ao estabelecimento no prazo de 90 dias contados da respectiva baixa.

Alternativa "a": As férias devem ser comunicadas ao empregado com antecedência mínima de 30 dias (artigo 135 da CLT) – e não 60 dias, como indicado na questão

Alternativa "b": Errada a questão. As férias serão concedidas no momento que melhor atenda os interesses do empregador (artigo 136 da CLT). Trata-se de opção patronal, portanto.

Alternativa "c": A conversão do período de férias em abono pecuniário, nos termos do artigo 143 da CLT, será de no máximo 1/3 do período total das férias – e não 2/3, como consta da alternativa.

Alternativa "e": O período concessivo de férias corresponde aos 12 meses sequenciais ao período aquisitivo de férias (artigo 134 da CLT) – e não 24 meses, como sugerido no texto da prova.

19. (Cespe – Analista do MPU/2013) O item a seguir apresenta uma situação hipotética, seguida de uma assertiva a ser julgada, referente às férias do trabalhador.

Uma empregada que completou 50 anos de idade no dia 5/3/2013 programou o gozo de suas férias em dois períodos, a seu pedido, da seguinte forma: os primeiros 15 dias, de 1.º a 15/5/2013, e o segundo período, de 1.º a 15/9/2013. Nessa situação, de acordo com a CLT, é lícito o fracionamento das férias como solicitado pela empregada.

COMENTÁRIOS

✪ **Nota do autor:** Vale relembrar alguns aspectos importantes sobre as férias, que são reiteradamente questionados: a) as **férias individuais** são comunicadas diretamente ao empregado, por escrito, com 30 dias de antecedência – artigo 135 da CLT); b) já nas **férias coletivas** a comunicação é feita ao órgão local Ministério do Trabalho, com antecedência mínima de 15 dias, com as informações sobre os períodos de gozo, bem como sobre os estabelecimentos ou setores atingidos (artigo 139, § 2º da CLT); c) no mesmo prazo de 15 dias a empresa deverá comunicar os sindicatos de trabalhadores sobre as férias coletivas e afixar aviso nos locais de trabalho; d) o artigo 139 da CLT prevê a possibilidade de concessão de férias coletivas a todos os empregados da empresa ou a determinados estabelecimentos ou setores dela; e) nas férias coletivas, os empregados com menos de um ano de serviço gozarão de férias proporcionais, iniciando-se, então, novo período aquisitivo (artigo 140 da CLT).

Errado: As férias dos menores de 18 anos e dos maiores de 50 anos, na época da questão, deveriam ser concedidas de uma só vez. Não era possível a concessão fracionada, em mais de um período (artigo 134, § 2º da CLT). Porém, a Lei 13.467/17 revogou expressamente o § 2º do artigo 134 da CLT. Atualmente, portanto, não há qualquer impedimento legal ao fracionamento, para esta parcela de trabalhadores.

7. FUNDO DE GARANTIA POR TEMPO DE SERVIÇO

20. (Cespe – Procurador do Estado – PGE – SE/2017) Tendo em vista que a contribuição para o FGTS incide sobre a remuneração mensal devida ao empregado, mas não sobre as parcelas de natureza indenizatória, assinale a opção que apresenta parcela de natureza remuneratória.

A) participação do empregado nos lucros ou nos resultados da empresa

B) alimentação decorrente do Programa de Alimentação do Trabalhador

C) vale-transporte

D) diárias de viagem excedentes a 50% do salário do empregado

E) abono pecuniário concernente à conversão de um terço do período de férias

COMENTÁRIOS

✪ **Nota do autor:** As parcelas de natureza salarial integram a base de cálculo para o recolhimento do FGTS. Estão previstas, em resumo, nos artigos 457 e 458 da CLT. No § 2º deste último dispositivo, estão explicitadas as parcelas que não têm natureza salarial. Recomendamos a leitura das alterações introduzidas em tais dispositivos, com a Lei 13.467/17 (reforma trabalhista) e com a alteração sequencial dada pela MP 808/17. O § 2º do artigo 457 da CLT, ficou com a seguinte redação: "As importâncias, ainda que habituais, pagas a título de ajuda de custo, limitadas a cinquenta por cento da remuneração mensal, o auxílio-alimentação, vedado o seu pagamento em dinheiro, as diárias para viagem e os prêmios não integram a remuneração do empregado, não se incorporam ao contrato de trabalho e não constituem base de incidência de encargo trabalhista e previdenciário." Lembramos, ainda, sobre o prazo de vigência de tal Medida Provisória (até 23.04.18). Sem conversão em lei, voltarão a vigorar os preceitos originais da Lei 13.467/17.

Alternativa correta: letra "d": as diárias para viagens, excedentes a 50% do salário, segundo o disposto no artigo 458, § 2º da CLT (redação vigente à época da prova) não possuíam natureza salarial.

Alternativa "a": Incorreta, pois a Lei 10.101/00, em seu artigo 3º, fixa que a PLR não servirá de base para qualquer encargo trabalhista.

Alternativa "b": Incorreta, pois a Lei 6.321/76, em seu artigo 3º, fixa que o benefício vinculado ao PAT não deve ser incluído no salário de contribuição.

Alternativa "c": O vale transporte, concedido nos moldes da lei 7.418/85, não tem natureza remuneratória. Serve apenas como meio a viabilizar o trabalho do empregado.

Alternativa "e": As férias não trabalhadas, como ocorre com as convertidas em pecúnia, não tem natureza salarial (contraprestativa).

21. (Cespe – Juiz do Trabalho Substituto 5ª região/2013) À luz da legislação laboral, assinale a opção correta com referência à estabilidade e suas consequências.

a) Embora a comissão interna de prevenção de acidentes seja paritária, representada por empregados e empregadores, somente os representantes dos empregados eleitos e seus suplentes serão detentores de estabilidade.

b) Não há possibilidade de aplicar-se estabilidade decenal nos dias de hoje.

c) Caso, durante a vigência de seu contrato de trabalho, uma empregada que trabalhe como balconista tenha dado à luz um filho na data de 12/1/2013, e o empregador pretenda dispensá-la sem justa causa no primeiro momento em que isso seja possível, o aviso prévio somente poderá ser apresentado à empregada em questão no dia 12/6/2013.

d) O empregado que, porventura, tenha se acidentado no trabalho terá estabilidade a partir do momento do ocorrido.

e) O empregado submetido a contrato de trabalho por prazo determinado não goza de garantia decorrente de acidente de trabalho.

COMENTÁRIOS

✪ **Nota do autor:** Segundo o artigo 492 da CLT, o empregado que contasse com mais de 10 anos de serviço para a mesma empresa, apenas poderia ser dispensado por motivo de falta grave ou força maior. Tratava-se do regime da estabilidade decenal. Neste contexto, o FGTS foi instituído pela Lei 5.107/66 como uma alternativa ao sistema celetista da estabilidade decenal, apresentando-se como uma opção oferecida ao empregado. Com o advento da CRFB/88 (artigo 7º, III), o regime do FGTS passou a ser instituído como garantia social fundamental e obrigatória, tanto para trabalhadores urbanos, quanto para os rurais. Assim, a expressão "opção pelo FGTS" hoje ainda usada, o é de forma imprópria e ultrapassada.

Alternativa correta: letra "a": A garantia de emprego do cipeiro eleito, prevista no artigo 165 da CLT, estende-se ao suplente, conforme súmula 339, I do TST. Os representantes patronais não são eleitos, mas apenas indicados pela empresa, motivo pelo qual não gozam da mesma garantia de emprego.

Alternativa "b": Apesar do sistema obrigatório de FGTS ter suplantado o regime da estabilidade decenal do artigo 492 da CLT, tal situação não altera as situações pretéritas (de quem já adquiriu este direito, em sua época de vigência). Errada, portanto, a assertiva.

Alternativa "c": O artigo 10, II, *b*, do ADCT prevê a garantia de emprego da gestante, desde a confirmação da gravidez, até cinco meses após o parto. Nascida a criança em 12/1/2013, o último dia de garantia de emprego será em 12/6/13. O aviso prévio apenas poderá ser entregue à empregada no dia seguinte, 13/6/13.

Alternativa "d": Nos termos do artigo 118, da lei 8.213/91, a garantia de emprego do empregado acidentado apenas surge com a alta médica previdenciária. Ou seja, pressupõe (como regra) a suspensão do contrato de trabalho. Acidentes com afastamento de poucos dias, geram mera interrupção do contrato de trabalho e, portanto, não atraem a aplicação da garantia de emprego legal.

Alternativa "e": Questão sedimentada pela súmula 378, III do TST. A contratação por prazo determinado não impede a garantia de emprego prevista no artigo 118, da lei 8.213/91.

22. (Cespe - Procurador do DF/ 2013) Conforme a jurisprudência dominante do TST, a CF e a legislação pertinente, julgue os itens que se seguem.

22.1. Não há incidência do fundo de garantia do tempo de serviço sobre o valor pago a título de ajuda de custo, participação em lucros ou resultados e férias indenizadas. Por outro lado, há manutenção da incidência dessa contribuição em algumas hipóteses de suspensão do contrato de trabalho, como, por exemplo, em caso de afastamento para a prestação do serviço militar obrigatório.

COMENTÁRIOS

✪ **Nota do autor:** O sistema obrigatório do FGTS é hoje regido pela Lei 8.036/90, com regulamentação respectiva dada pelo Decreto 99.684/80. O empregador é o sujeito da obrigação de depósito do FGTS, que deve ser realizado até o dia 7 de cada mês, em conta vinculada perante a Caixa Econômica Federal, em percentual de 8% sobre a remuneração paga ou devida no mês anterior. Todas as parcelas de natureza salarial integram sua base de cálculo.

Certo: A ajuda de custo é parcela indenizatória e corresponde ao ressarcimento de gastos do empregado com o trabalho (artigo 457, § 1º da CLT – redação vigente à época da prova, mas alterada pela Lei 13.467/17 e pela sequencial Medida Provisória 808/17). Lembramos, ainda, sobre o prazo de vigência de tal Medida Provisória (até 23.04.18). Sem conversão em lei, voltarão a vigorar os preceitos originais da Lei 13.467/17. As férias indenizadas também não correspondem a contraprestação ao trabalho, sendo também considerada verba indenizatória. A participação nos lucros ou resultados não integra a remuneração do trabalhador, nem serve de base de cálculo para encargos trabalhistas (artigo 3º, da lei 10.101/00), ressalvando-se apenas a tributação para efeito de imposto de renda (alteração introduzida pela lei 12.832/13). Por fim, não é devido o FGTS durante o período de suspensão do contrato de trabalho, ressalva feita, apenas, ao afastamento para prestação de serviço militar obrigatório e por auxílio doença acidentário (artigo 15, parágrafo 5º da Lei 8.036/90 e 28 do Decreto 99.684/90).

22.2. De acordo com a CF, a associação sindical é livre e a lei não poderá exigir autorização do Estado para a fundação de sindicato, razão por que ocorreu a ratificação da Convenção 87 da Organização Internacional do Trabalho no Brasil, que trata da liberdade sindical e proteção do direito de sindicalização.

COMENTÁRIOS

✪ **Nota do autor:** Os sindicatos têm suas regras básicas fixadas pelo artigo 8º da Constituição Federal, destacando-se a liberdade sindical, seja da entidade em relação ao governo (não interveniência), seja do membro da categoria ou profissão em relação à entidade (liberdade de associação). Há um controle do Estado em relação à fundação de sindicatos, sendo que através da concessão do registro sindical (antiga carta sindical), é feito o controle da unicidade sindical, que veda a existência de mais de uma entidade sindical, representativa da mesma categoria, numa mesma base territorial.

Errado: O Brasil não ratificou a Convenção 87 da Organização Internacional do Trabalho, que prevê a ampla liberdade de fundação de sindicatos. A ratificação desta Convenção implicaria na adoção da chamada pluralidade sindical, incompatível como o sistema de unicidade sindical, positivado em nosso sistema jurídico através de previsão expressa do artigo 8º, II da Constituição Federal.

23. (Cespe – Analista Judiciário – Área Judiciária – TRT 10/2013) Julgue os próximos itens, relativos ao Fundo de Garantia do Tempo de Serviço (FGTS).

23.1. Considere a seguinte situação hipotética.

Júlio, que é empregado contratado pela empresa Y, foi considerado apto e será incorporado ao Exército Brasileiro para a prestação de serviço militar obrigatório. Nessa situação hipotética, durante o período de afastamento de Júlio para a prestação do referido serviço, seu contrato de trabalho será suspenso, razão por que a empresa Y será dispensada, no citado período, tanto do pagamento de salários quando do recolhimento de depósitos na conta vinculada de Júlio.

COMENTÁRIOS

✪ **Nota do autor:** Não é devido o FGTS durante o período de suspensão do contrato de trabalho, ressalva feita, apenas, ao afastamento para prestação de serviço militar obrigatório e por auxílio doença acidentário (artigo 15, parágrafo 5º da Lei 8.036/90 e 28 do Decreto 99.684/90). Em tais hipóteses, também de forma excepcional, o período de afastamento é considerado na contagem do tempo de serviço do empregado, conforme disciplina expressa do artigo 4º, § 1º, da CLT.

Anulada: Numa primeira leitura, a questão poderia ser considerada como incorreta, já que não há obrigação de recolhimento de depósitos em conta vinculação de FGTS. Porém, a parte final do texto proposto usou a palavra "quando", por claro equívoco de redação ou digitação, já que pretendia claramente usar "quanto". Tal erro, contudo, muda o sentido da assertiva e pode gerar dúvidas quanto ao que foi questionado. Correta a anulação.

23.2. É devido o depósito do FGTS na conta vinculada do trabalhador cujo contrato de trabalho seja declarado nulo por ele não ser aprovado em concurso público, quando mantido o direito ao salário.

COMENTÁRIOS

✪ **Nota do autor:** O artigo 37, II da Constituição Federal obriga que a investidura em cargo ou emprego público mediante concurso público de provas ou de provas e títulos, ressalvadas apenas as nomeações para cargos em comissão declarado em lei, de livre nomeação e exoneração. O § 2º do mesmo dispositivo constitucional fixa a nulidade dos contratos firmados sem tal requisito.

Certo: O TST, em sua súmula 363, pacificou entendimento de que é nula a contratação de servidor público, após a Constituição de 1988, sem concurso público, garantindo apenas o direito ao pagamento da contraprestação pactuada e do FGTS. O direito ao FGTS, mesmo nos contratos declarados nulos em razão da inobservância do artigo 37, § 2º da CLT, está garantido, nestes moldes, pelo artigo 19-A da Lei 8.036/90.

8. JORNADA DE TRABALHO

24. (Cespe – Procurador do Estado – PGE – SE/2017) Segundo o TST, a concessão parcial ou a não concessão do intervalo intrajornada mínimo, para repouso e alimentação, obriga o empregador ao pagamento

A) do período suprimido, com acréscimo de, no mínimo, 50% sobre o valor da remuneração da hora normal de trabalho.

B) do período suprimido, com acréscimo de, no mínimo, 50% sobre o valor do salário básico da hora normal de trabalho.

C) total do período correspondente ao repouso, sem acréscimo remuneratório.

D) total do período correspondente ao repouso, com acréscimo de, no mínimo, 50% sobre o valor da remuneração da hora normal de trabalho.

E) do período suprimido, sem acréscimo remuneratório.

COMENTÁRIOS

✪ **Nota do autor:** O tema intervalo intrajornada sofreu profundas alterações com a chamada reforma trabalhista (Lei 13.467/17). Segundo nova redação do artigo 71, § 4º da CLT, o intervalo para refeição e descanso suprimido deve ser pago pelo empregador como indenização (sem natureza salarial, portanto) e, ainda assim, apenas com base no tempo efetivamente suprimido (e não a hora integral). É necessário, portanto, acompanhar o posicionamento do TST, em relação à sua súmula 437, que prevê o pagamento da hora integral (ainda que suprimido apenas parte do intervalo), bem como a natureza salarial da verba. A questão deve ser analisada com base em tal verbete, em razão da data da realização da prova.

Alternativa correta: letra "d": Assertiva coincidente com a súmula 437 do TST em seus itens I e III. A supressão, ainda que de parte da pausa legal intrajornada, implica no pagamento da hora integral, com adicional de 50%, no mínimo, ainda assim com reflexos nas demais verbas do contrato, dada sua natureza salarial.

Alternativas "a", "b" e "e": Incorreta, já que a súmula 437 do TST prega o pagamento da hora integral do intervalo, mesmo quando apenas parte do período de fruição foi suprimido.

Alternativa "c": Incorreta diante da previsão do artigo 71, § 4º da CLT, de pagamento da hora suprimida com adicional de 50%, no mínimo. Tal adicional foi mantido mesmo após a reforma trazida pela Lei 13.467/17.

25. (Cespe – Procurador do Estado – PGE – SE/2017) Segundo o TST, o regime de compensação de jornada de trabalho terá validade garantida apenas se for ajustado mediante

A) acordo individual tácito ou escrito, acordo coletivo ou convenção coletiva.

B) acordo individual tácito ou escrito, acordo coletivo, convenção coletiva ou arbitragem.

C) convenção coletiva.

D) acordo coletivo ou convenção coletiva.

E) acordo individual escrito, acordo coletivo ou convenção coletiva.

COMENTÁRIOS

✪ **Nota do autor:** O acordo para compensação de horas é viável apenas mediante ajuste particular direto entre empregado e empregador, desde que a concessão da folga compensatória ocorra numa mesma semana. É comum, por exemplo, o trabalho de segunda a sexta-feira, com jornada diária de 8 horas e 48 minutos, o que totaliza 44 horas semanais. Neste caso, os 48 minutos diários prorrogados de segunda a sexta-feira são compensados pela folga concedida no sábado (que seria dia trabalhado, com jornada de 4 horas). Para outras compensações maiores (que extrapolam o período de uma semana), é necessário que exista autorização em negociação coletiva, geralmente acordo ou convenção coletiva de trabalho.

Alternativa correta: letra "e": A exigência de que a compensação de jornada seja ajustada por acordo individual escrito, acordo ou convenção coletiva de trabalho, está coincidente com os termos do sedimentado pelo item I da Súmula 85 do TST.

Alternativas "a" e "b": O acordo tácito para compensação de jornada não é admitido pela jurisprudência do TST. Trata-se de situação excepcional e, portanto, demanda ajuste expresso.

Alternativas "c" e "d": Incorretas, pois excluem a possibilidade de ajuste individual para compensação, como pode acontecer, de forma lícita, nas compensações dentro da própria semana.

26. (Cespe – Procurador do Estado – PGE – SE/2017) De acordo com o TST, nos casos permitidos em lei, havendo convocação do empregado para trabalhar no domingo ou feriado, a empresa deverá remunerar o empregado

A) em valor correspondente ao dia de trabalho, sem perda da remuneração relativa ao repouso semanal.

B) em valor correspondente ao dia de trabalho.

C) em dobro ou conceder-lhe outro dia de folga para compensar o trabalho prestado.

D) em dobro ou conceder-lhe dois dias de folga.

E) em dobro, com perda da remuneração relativa ao repouso semanal.

COMENTÁRIOS

✪ **Nota do autor:** O repouso semanal remunerado é direito do trabalhador previsto no artigo 7º, XV da CRFB, 66 e seguintes da CLT, e na Lei 605/49, devendo ser concedido preferencialmente aos domingos. O trabalho em dias que seriam destinados à folga (DSR´s ou feriados) implica no pagamento integral das respectivas horas, em dobro. Tal dobra não será devida quando for concedida uma folga compensatória ao empregado, ou seja, em caso de concessão de um dia extra de descanso na mesma semana. Em outras palavras, se o empregado tem folga regular no domingo e trabalhou no feriado da segunda-feira, não será devido o pagamento em dobro das horas do feriado se, em compensação, puder folgar também na sexta-feira, por exemplo.

Alternativa correta: letra "c": Segundo súmula 146 do TST, o trabalho prestado em domingos e feriados, não compensado, deve ser pago em dobro, sem prejuízo da remuneração relativa ao repouso semanal.

Alternativas "a" e "b": Incorretas, pois contrariam a previsão legal e o entendimento jurisprudencial de pagamento em dobro de tais dias trabalhados.

Alternativa "d": Incorreta, pois basta uma folga compensatória (concessão de um dia – além da folga normal prevista na jornada) para isentar o empregador do pagamento da dobra legal.

Alternativa "e": O trabalho em domingos e feriados é considerado prejudicial ao trabalhador e, portanto, não pode implicar em perda do direito ao recebimento do DSR legal. Ao contrário, se é exigido tal trabalho, o empregado recebe a dobra do dia respectivo.

27. (Cespe – Procurador do MP junto ao TCE-PB/2014) Assinale a opção correta acerca da duração do trabalho.

a) Os gerentes, assim considerados os exercentes de cargos de gestão ou equiparados, quando o salário do cargo de confiança for, pelo menos, 30% superior ao salário efetivo, não são abrangidos pelo regime de horas extras.

b) Se o intervalo intrajornada destinado a repouso e alimentação não for concedido pelo empregador, este ficará obrigado a remunerar o período correspondente com um acréscimo de, no mínimo, 100% do valor da remuneração da hora normal de trabalho.

c) O trabalho noturno ensejador da percepção de adicional noturno de 20%, pelo menos, sobre a hora diurna é aquele executado entre as vinte e uma horas de um dia e as seis horas do dia seguinte.

d) Considera-se trabalho em regime de tempo parcial aquele cuja duração não exceda a vinte e cinco horas semanais.

e) A duração normal do trabalho poderá ser regularmente acrescida de horas suplementares, em número de horas não excedentes a quatro diárias, mediante acordo escrito entre empregador e empregado.

COMENTÁRIOS

✪ **Nota do autor:** A questão envolve vários temas de jornada. Destacamos, aqui, alguns conceitos importantes sobre a excludente do artigo 62, II da CLT. Para a aplicação deste dispositivo, não basta o exercício da função de confiança, exigindo-se, também, o pagamento de gratificação de função, correspondente a no mínimo 40% do salário do cargo efetivo (parágrafo único do dispositivo citado), requisito objetivo do instituto em estudo. São funções de gestão as exercidas por gerentes, diretores, chefes de departamentos ou filiais, devendo, em síntese, representar a autoridade máxima no seu âmbito de atuação, a própria figura do empregador perante seus subordinados, de modo que não exista quem, em termos práticos, fixe ou controle sua jornada de trabalho. Por exemplo, no caso dos bancos, apenas o gerente geral da agência pode ser enquadrado, como regra, na excludente em comento (súmula 287 do TST). Lembramos, por fim, que a Lei 13.467/17 incluiu o inciso III ao artigo 62 da CLT, para também excluir das regras do capítulo de jornada, os empregados em regime de teletrabalho.

Alternativa correta: letra "d": A CLT autoriza, em seu artigo 58-A, o trabalho em regime de tempo parcial, que era assim considerado (na época da prova) o que não exceda 25 horas semanais. Atualmente, tal dispositivo foi alterado pela Lei 13.467/17, de modo que tal regime abarca as jornadas de até 30 horas semanais (sem sobrejornada autorizada) ou 26 horas semanais (autorizadas até 6 horas extras semanais). O salário, neste caso, é proporcional ao daqueles que cumprem jornada integral. É vedada a prática de horas extras em tal contratação parcial (artigo 59, § 4º da CLT), o que visa, naturalmente, evitar a utilização fraudulenta do instituto para redução salarial.

Alternativa "a": Incorreta, pois a gratificação de função a que se refere o § único do artigo 62 da CLT tem o percentual mínimo de 40% sobre o valor do salário efetivo.

Alternativa "b": O artigo 71, § 4º da CLT fixava (antes da nova redação dada pela Lei 13.467/17) o pagamento da hora do intervalo intrajornada suprimido com adicional de 50%, no mínimo, o que também está sedimentado pela súmula 437 do TST. Incorreto o adicional maior apontado na questão.

Alternativa "c": Sobre as horas noturnas, consideram-se as trabalhadas entre 22:00 e 5:00 horas, nos termos do artigo 73 da CLT. O adicional para o trabalho noturno será de 20%, pelo menos, sobre a hora diurna. Cumprida integralmente a jornada no período noturno, e prorrogada esta no período diurno, para além das 5:00 horas, o adicional noturno também será pago sobre as horas prorrogadas (artigo 73 da CLT, § s 1º e 5º e súmula 60 do TST). Incorreta a alternativa, ao mencionar o adicional noturno legal até às 6:00 horas.

Alternativa "e": A sobrejornada legal tolerada, em casos excepcionais, é de apenas duas horas, conforme artigo 59 da CLT. Incorreta a referência à possibilidade de prorrogação da jornada por mais quatro horas.

---

28. (Cespe – Juiz do Trabalho Substituto 5ª região/2013) Assinale a opção correta com relação a horário de trabalho e compensação de jornada.

a) O acordo de compensação de jornada pode ser firmado de forma verbal.

b) O empregador terá de pagar como extras as horas que ultrapassarem de oito horas diárias se o acordo de compensação de jornada não cumprir as exigências formais.

c) O trabalho executado em escala de doze horas de trabalho por trinta e seis horas de descanso pode ser firmado por meio de instrumento individual de trabalho.

d) A compensação da jornada de trabalho somente pode ser pactuada por meio de instrumento coletivo de trabalho.

e) As horas inerentes ao banco de horas podem ser compensadas em até um ano.

COMENTÁRIOS

✪ **Nota do autor:** Em relação ao tema horas extras e compensação de jornada, sugerimos a leitura das alterações introduzidas pela Lei 13.467/17. Por exemplo, as horas de percurso (*in itinere*) não mais integram a jornada de trabalho, em nenhuma hipótese; o contrato em tempo parcial teve o número de horas limite aumentado (artigo 58-A da CLT); dentre várias outras novas regras.

Alternativa correta: letra "e": O banco de horas está regulamentado no artigo 59, § 2º da CLT. Previsto necessariamente em acordo ou convenção coletiva de trabalho, implica na compensação das horas extras realizadas, dentre do período máximo de um ano. A Lei 13.467/17 trouxe a possibilidade de tal compensação por acordo individual escrito, porém, desde que a compensação corre no prazo máximo de 6 meses. Ressalvamos que, com a sequencial MP 808/17, tal possibilidade (de ajuste individual do banco de horas) foi excluída, retornando a necessidade de negociação coletiva. Ficou autorizada apenas a compensação individual da jornada 12 por 36, por ajuste individual, na área da saúde. Lembramos, ainda, sobre o prazo de vigência de tal Medida Provisória (até 23.04.18). Sem conversão em lei, voltarão a vigorar os preceitos originais da Lei 13.467/17.

Alternativa "a": Assertiva incorreta. A jurisprudência discute a validade do acordo individual ou coletivo (escritos), nas diversas hipóteses de compensação de jornada. O acordo verbal (não escrito) não é válido para este fim.

Alternativa "b": Segundo súmula 85, III do TST, no caso de vício no acordo de compensação de horas extras, estas serão remuneradas apenas com o adicional de hora extra, já que a hora normal já está quitada com o salário.

Alternativa "c": Conforme súmula 444 do TST, a compensação da jornada de trabalho em escala de 12 por 36 horas de trabalho deve sempre ser feita por negociação coletiva (acordo ou convenção coletiva de trabalho).

Alternativa "d": A compensação da jornada de trabalho, dentro da mesma semana, pode ser pactuada por instrumento particular. É o caso, por exemplo, da compensação do trabalho do sábado, pelo acréscimo proporcional da jornada a ser praticada de segunda a sexta-feira. Não se exige, neste caso, negociação coletiva.

---

29. (Cespe – Juiz do Trabalho Substituto 5ª região/2013) Acerca de horas in itinere, assinale a opção correta.

a) As horas in itinere são computadas na jornada de trabalho, podendo ou não constituir horas extras.

b) O fato de o empregador oferecer ao empregado condução de sua residência até o trabalho e vice-versa é suficiente para caracterizar a ocorrência de hora in itinere.

c) A hora in itinere ocorre quando o empregador instala-se em local distante da residência do empregado e oferece transporte a este.

d) A insuficiência de transporte público para o local de trabalho enseja a hora in itinere.

e) Caso os empregados X e Y embarquem, respectivamente, às 6 h 30 min e às 7 h 30 min, nas imediações de suas residências, em condução fornecida pelo empregador para levá-los ao seu local de trabalho, o empregado X deverá receber maior valor pelas horas in itinere.

COMENTÁRIOS

✪ **Nota do autor:** O cômputo do tempo de percurso do empregado – de sua residência ao trabalho, bem como o respectivo retorno – não era regra nas relações laborais, mas apenas exceção condicionada a alguns requisitos legais e jurisprudenciais hoje muito claros. O artigo 58, § 2º da CLT fixava (na época da questão) que tal percurso seria computado como trabalho apenas em se tratando de locais de difícil acesso ou não servido por transporte público e, ainda assim, quando o empregador fornecer a condução. Atualmente, o artigo 58, § 2º da CLT exclui qualquer possibilidade de computar as horas de percurso na jornada (redação dada pela Lei 13.467/17).

Alternativa correta: letra "a": Realmente o tempo de percurso, segundo o que prevalecia na época da questão, poderia, ou não, integrar o tempo de jornada, o que dependeria do enquadramento nas hipóteses do artigo 58, § 2º da CLT, então vigente.

Alternativas "b" e "c": Incorretas, pois o fornecimento de condução pelo empregador é apenas um dos requisitos para a configuração das horas *in itinere*. Deve ficar evidenciado, também, o local de difícil acesso, ou não servido por transporte público regular (artigo 58, § 2º da CLT). Em relação a estes últimos requisitos, não se confundem com a simples moradia do empregado, longe do local de trabalho.

Alternativa "d": A súmula 90 do TST deu interpretação ampliativa ao dispositivo celetista – bastante razoável, diga-se – para considerar também horas *in itinere* os casos em que há transporte público regular, mas os horários respectivos são incompatíveis com os de início e término da jornada do empregado. Em casos de existência de transporte público apenas em parte do percurso, o mesmo verbete jurisprudencial sedimentou entendimento de que será considerado como jornada trabalhada, apenas o tempo gasto no trecho em que tal transporte não existir. Porém, novamente não se trata de requisito único, pois também depende do fornecimento de transporte pelo empregador.

Alternativa "e": O pagamento das horas *in itinere* será maior para quem percorreu maior tempo de percurso. Porém, como já dito, o fornecimento de condução pelo empregador não é requisito único para a configuração deste tempo, como integrante da jornada.

30. (Cespe – Procurador BACEN/2013) Antônio labora diariamente como vigilante, cumprindo jornada que se inicia às 20 h de um dia e finda às 7 h do dia seguinte, com intervalo de 1 h às 2 h, com direito ao respectivo adicional noturno.

Considerando a situação hipotética acima, assinale a opção correta.

a) Devem ser consideradas horas noturnas, às quais deve ser acrescido o percentual de 20%, as horas trabalhadas das 22 h de um dia às 7 h do dia seguinte.

b) Consideram-se horas noturnas, cada uma a ser computada como de cinquenta e cinco minutos, as realizadas entre as 22 h de um dia e as 6 h do dia seguinte.

c) Caso Antônio passe a trabalhar no turno da noite em escala de revezamento semanal ou quinzenal, ele continuará fazendo jus ao recebimento do adicional noturno.

d) Todas as horas laboradas na hipótese em comento devem ser acrescidas do adicional noturno de 20%.

e) Apenas as horas laboradas entre as 20 h e as 5 h do dia seguinte devem ser consideradas horas noturnas, às quais deve ser acrescido o percentual de 20%.

COMENTÁRIOS

✪ **Nota do autor:** Em relação ao adicional noturno, previsto no artigo 73 da CLT, várias peculiaridades merecem ser lembradas. O adicional noturno, pago com habitualidade, integra o salário do empregado para todos os efeitos (súmula 60, I do TST), integrando também a base de cálculo das horas extras prestadas no período noturno (OJ 97, SDI-1 do TST). O adicional de periculosidade deve compor a base de cálculo do adicional noturno, já que também neste horário o trabalhador permanece sob as condições de risco (OJ 259, SDI-1 do TST). Também neste tema, o estudo da jurisprudência sedimentada perante o TST é importante.

Alternativa correta: letra "a": A jornada noturna ordinária, para o trabalhador urbano, vai das 22:00 às 5:00 horas. Quando o trabalhador cumpre tal turno da noite e trabalhada em continuidade, após às 5:00 horas, entende-se que ocorreu a prorrogação da jornada noturna. Neste caso, as horas trabalhadas após às 5:00 horas também devem ser remuneradas com o adicional noturno legal (artigo 73, § 5º da CLT e Súmula 60, II do TST).

Alternativa "b": Como já observado na alternativa anterior, se houve trabalho integral no turno da noite, com prorrogação após às 5:00 horas, todas as horas em continuidade são consideradas noturnas. Assim, não há motivo para limitar o pagamento do adicional noturno até às 6:00 horas, se houve trabalho até às 7:00 horas.

Alternativa "c": É lícita a transferência do trabalhador do turno da noite para o do dia. Ao contrário do que consta da assertiva, o empregado não tem direito à preservação do adicional noturno (súmula 265 do TST). Entende-se que o empregado está saindo de um trabalho mais penoso (o noturno) e que os benefícios à saúde e ao seu convívio social suplantam os prejuízos financeiros da supressão do adicional.

Alternativa "d": Está errada a questão ao mencionar que "todas" as horas trabalhadas são noturnas. A prorrogação legal da hora noturna atinge apenas as horas trabalhadas ao final da jornada, em continuidade. No caso, houve trabalho antes das 22:00 horas, sendo que tal parcela é considerada diurna.

Alternativa "e": Assertiva incorreta, pois não observa a prorrogação da jornada noturna, prevista em lei e ratificada pela jurisprudência trabalhista (artigo 73, § 5º da CLT e Súmula 60, II do TST).

31. (Cespe – Procurador BACEN/2013) Deusdete trabalha realizando o descarregamento de carne transportada em caminhão frigorífico, cujo sistema de refrigeração só se mantém ativo com o veículo em funcionamento. Durante o período da última entrega, o veículo ficou parado devido a uma pane no motor, situação que somente foi solucionada quatro horas depois. Consequentemente, a entrega da carne iniciou-se quando já havia encerrado o horário de trabalho de Deusdete.

Nessa situação hipotética,

a) caso haja outro descarregador trabalhando com Deusdetee sendo ele menor de idade, pode o empregador exigir do menor, se imprescindível o seu trabalho, sobrejornada além de doze horas.

b) caso Deusdete trabalhe no período noturno, sua jornada não poderá exceder o estipulado no contrato de trabalho.

c) a jornada de trabalho de Deusdete não poderá exceder a oito horas, sob pena de multa ao empregador.

d) como Deusdete trabalha com alimento perecível, seu empregador pode exigir que o trabalho seja realizado além da jornada legal, independentemente de acordo ou contrato coletivo.

e) o tempo que o veículo ficou parado não pode ser computado como horário de trabalho.

COMENTÁRIOS

✪ **Nota do autor:** Prevê o artigo 59, *caput* da CLT que são permitidas horas suplementares, porém, desde que sejam exigidas em número não excedente de duas diárias, o que deverá sempre ser providenciado mediante acordo escrito entre empregador e empregado, ou através de previsão coletiva. As hipóteses legais de prorrogação de jornada são, de forma bastante objetiva, a necessidade imperiosa (força maior ou conclusão de serviços inadiáveis), a recuperação de horas de trabalho perdidas, bem como a compensação de horário (artigo 59, § 2º da CLT).

Alternativa correta: letra "d": A CLT, em seu artigo 61, autoriza a realização excepcional de horas extras, além dos limites legais, na hipótese de necessidade imperiosa, seja em razão de força maior, seja para conclusão de serviços inadiáveis para evitar prejuízo manifeste. O permissivo legal coincide perfeitamente com a hipótese de trabalho prorrogado por força de pane inesperada no veículo de transporte, com carga perecível (carne) que pode ser perdida caso o trabalho não seja executado naquele mesmo dia.

Alternativa "a": A sobrejornada do trabalhador menor de idade também pode ser exigida apenas em situações excepcionais, como a força maior. O limite, neste caso, é de 12 horas diárias (artigo 413, II da CLT). Está incorreta, portanto, a indicação de possibilidade de trabalho além deste limite.

Alternativa "b": Não há vedação, na CLT, para prorrogação da jornada noturna. Em verdade, aplicam-se os limites legais comuns, inclusive para limitação da sobrejornada. Deve-se observar, contudo, a contagem especial que contempla a redução legal da hora noturna.

Alternativa "c": A prorrogação de jornada, em casos excepcionais (como a força maior) está autorizada pelo artigo 61 da CLT. Não há ilegalidade, portanto, que autorize a aplicação de penalidades administrativas.

Alternativa "e": Assertiva incorreta, pois no período em que o veículo ficou parado a empregada permaneceu à disposição do empregador. Trata-se, pois, de tempo de serviço, nos termos do artigo 4º da CLT.

---

32. (Cespe – Analista do MPU/2013) A respeito do descanso semanal remunerado, julgue os itens que se seguem.

32.1. O empregado que faltar ao trabalho em um dia da semana ou que não for pontual perderá o direito ao pagamento do descanso semanal remunerado.

COMENTÁRIOS

✪ **Nota do autor:** O repouso semanal remunerado é direito do trabalhador previsto no artigo 7º, XV da CRFB, 66 e seguintes da CLT, e na Lei 605/49, devendo ser concedido preferencialmente aos domingos. O trabalho em dias que seriam destinados à folga (DSR´s ou feriados) implica no pagamento integral das respectivas horas, em dobro.

Errado: O artigo 6º da Lei 605/49 prevê que não será devida a remuneração do descanso semanal remunerado para o empregado que não tiver trabalhado, sem motivo justificado, durante toda a semana anterior, cumprindo integralmente o horário trabalhado. Por outras palavras, o empregado que falta injustificadamente durante a semana é descontado pelo dia de falta e, também, perde a remuneração do DSR. O erro da questão reside na ausência de ressalva quanto às faltas justificadas.

32.2. Um empregado que trabalhe como balconista desde 5/8/1996 e que, entre 1.º/4/2013 (segunda-feira) e 14/4/2013, tenha trabalhado sem ter nenhum dia de descanso terá direito a receber remuneração em dobro relativamente aos domingos trabalhados (7 e 14/4/2013).

COMENTÁRIOS

✪ **Nota do autor:** Dois verbetes do TST são de interesse para a solução da questão. A súmula 146 do TST indica o necessário pagamento, em dobro, dos domingos e feriados trabalhados, sem compensação, sem prejuízo da remuneração relativa ao repouso semanal. Já a OJ 410 da SDI-1 do TST reconheceu que a concessão do descanso, após o sétimo dia consecutivo de trabalho, também implica no pagamento em dobro do repouso semanal remunerado.

Certo: Na hipótese em comento, houve trabalho por 14 dias consecutivos, envolvendo dois domingos, sem qualquer compensação, motivo pelo qual o pagamento dominical dobrado deve ser observado, em consonância com o disposto na Lei 605/49 e, também, com o sedimentado perante o TST.

---

33. (Cespe – Analista do MPU/2013) Julgue o item abaixo, acerca da duração da jornada de trabalho e sua compensação.

O sistema de banco de horas somente poderá ser implantado na empresa por meio de instrumento coletivo de trabalho.

COMENTÁRIOS

✪ **Nota do autor:** Em relação ao tema horas extras e compensação de jornada, sugerimos a leitura atenta da súmula 85 do TST. Recomendável, também, que as súmulas e Orientações Jurisprudenciais do TST sejam acompanhadas, diante da necessidade de atualização em razão das várias alterações introduzidas pela Lei 13.467/17 (a chamada reforma trabalhista).

Certo: O banco de horas está regulamentado no artigo 59, § 2º da CLT. Previsto necessariamente em acordo ou convenção coletiva de trabalho, implica na compensação das horas extras realizadas, dentre do período máximo de um ano. Apenas com a Lei 13.467/17, foi incluído o § 5º do referido dispositivo legal, de modo que passou a ser possível o ajuste particular escrito de banco de horas, desde que a compensação ocorra em até 6 meses. Porém, com a sequencial MP 808/17, tal possibilidade (de ajuste individual do banco de horas) foi excluída, retornando a necessidade de negociação coletiva. Ficou autorizada apenas a compensação individual da jornada 12 por 36, por ajuste individual, na área da saúde. Lembramos, ainda, sobre o prazo de vigência de tal Medida Provisória (até 23.04.18). Sem conversão em lei, voltarão a vigorar os preceitos originais da Lei 13.467/17.

---

34. (Cespe – Juiz do Trabalho Substituto 5ª região/2013) Assinale a opção correta no que se refere ao horário de trabalho e aos seus adicionais.

a) As horas noturnas do empregado rural são computadas da mesma forma que aquelas devidas ao empregado urbano.

b) Caso labore das vinte e duas às dez horas da manhã, o empregado terá direito ao pagamento das horas noturnas computadas até o final de seu expediente.

c) Cada hora noturna trabalhada pelo empregado deverá ser paga considerando-se o valor de cinquenta e sete minutos e trinta segundos.

d) A hora noturna do empregado rural inicia-se às vinte e duas horas.

e) O empregado doméstico tem direito a remuneração pela hora noturna, que deve ser paga com adicional de 25%.

COMENTÁRIOS

✪ **Nota do autor:** Os questionamentos sobre o adicional noturno são reiterados. Algumas peculiaridades do instituto merecem ser lembradas. O adicional noturno, pago com habitualidade, integra o salário do empregado para todos os efeitos (súmula 60, I do TST), integrando também a base de cálculo das horas extras prestadas no período noturno (OJ 97, SDI-1 do TST). O adicional de periculosidade deve compor a base de cálculo do adicional noturno, já que também neste horário o trabalhador permanece sob as condições de risco (OJ 259, SDI-1 do TST). Também neste tema, o estudo da jurisprudência sedimentada perante o TST é importante.

Alternativa correta: letra "b": A jornada noturna ordinária, para o trabalhador urbano, vai das 22:00 às 5:00 horas. Quando o trabalhador cumpre tal turno da noite e trabalhada em continuidade, após às 5:00 horas, entende-se que ocorreu a prorrogação da jornada noturna. Neste caso, as horas trabalhadas após às 5:00 horas também devem ser remuneradas com o adicional noturno legal (artigo 73, § 5º da CLT e Súmula 60, II do TST).

Alternativas "a" e "d": O trabalhador rural tem o horário noturno fixado de forma diferenciada do urbano. Segundo o artigo 7º da Lei 5.889/73, na lavoura, o trabalho noturno vai das 21:00 às 5:00 horas; já na pecuária, tal trabalho noturno via das 20:00 às 4:00 horas. Incorretas, portanto.

Alternativa "c": Não se pode confundir a ficção legal da hora noturna reduzida (uma hora noturna, corresponde a 52 minutos e 30 segundos, conforme artigo 73, § 1º da CLT), com a remuneração do trabalho noturno, que terá acréscimo do adicional de no mínimo 20% sobre a hora normal.

Alternativa "e": O adicional noturno foi direito reconhecido aos trabalhadores domésticos pela Emenda Constitucional 72/13. Porém, a exigência deste direito estava condicionada a regulamentação, ainda não aprovada pelo poder legislativo, na época da prova. Não havia, portanto, base legal que sustentasse o adicional mencionado na questão. Importante ressaltar que, de forma mais recente, tal direito foi regulamentado pelo artigo 14 da Lei Complementar 150/15, com previsão compatível com a dos trabalhadores urbanos. Manteve-se o período noturno entre 22:00 e 5:00 horas, a redução da hora noturna (52 minutos e 30 segundos), e o adicional de no mínimo 20%.

9. INSALUBRIDADE E PERICULOSIDADE

---

35. (Cespe – Juiz do Trabalho Substituto 5ª região/2013) Assinale a opção correta relativa ao adicional de periculosidade.

a) O adicional de periculosidade incide apenas sobre o salário básico e não sobre este acrescido de outros adicionais. Relativamente aos eletricitários, o cálculo do referido adicional deverá ser efetuado sobre a totalidade das parcelas de natureza salarial.

b) O adicional de periculosidade somente será devido se o empregado trabalhar com produtos inflamáveis ou explosivos.

c) Na ação movida por empregado que, incontroversamente, preste serviço como frentista em um posto de combustíveis, se, na peça exordial, houver o pedido de pagamento do referido adicional, necessário será que o julgador determine a realização de perícia.

d) Somente profissional com especialização em engenharia do trabalho estará apto a realizar a perícia para apuração de trabalho em condições perigosas.

e) O adicional de periculosidade pode equivaler a 10%, 20% ou 40% do salário do empregado.

COMENTÁRIOS

✪ **Nota do autor:** Sem prejuízo da análise dos itens da questão (que foi anulada), cumpre, aqui, tecer alguns comentários sobre o adicional de periculosidade, em especial quanto às recentes modificações do instituto. Com a Lei 12.740/12, o artigo 193 da CLT passou a contemplar a periculosidade para as hipóteses de risco acentuado em virtude de exposição permanente do trabalhador a inflamáveis, explosivos e energia elétrica (inciso I) e, também, a roubos e outras espécies de violência física nas atividades profissionais de segurança patrimonial ou pessoal (inciso II). Já com a Lei 12.997/14, o dispositivo celetista em comento teve o § 4º acrescido ao seu texto, com previsão de pagamento do adicional de periculosidade às atividades do trabalhador em motocicleta.

Alternativa "a": A assertiva reproduz o teor da súmula 191 do TST. Porém, tal verbete não mais se coaduna com a alteração introduzida pela lei 12.740/12, que igualou a base de cálculo do adicional de periculosidade dos eletricitários, para o padrão celetista do artigo 193, § 2º. Em razão da nova previsão legislativa, o verbete sumular teve sua redação alterada e atualizada, no final de 2016. Esta divergência, por si, sustenta a anulação da questão.

Alternativa "b": Conforme já observado anteriormente, as hipóteses de configuração da periculosidade são maiores. Por exemplo, a eletricidade e o risco de vida do vigilante não estão mencionados na questão. Errada.

Alternativa "c": A configuração do adicional de periculosidade realmente exige, como regra, prova pericial. Porém, há exceções, como no caso de incontroverso pagamento do adicional respectivo, o que dispensa a prova pericial (súmula 453 do TST). A questão pode gerar dúvida, já que não há, ali, reconhecimento do trabalho em ambiente insalubre, ou pagamento do adicional respectivo, como mencionado na súmula citada. Neste caso, a conduta correta do juiz seria realmente a designação de perícia técnica.

Alternativa "d": Segundo o pacificado pela OJ 165 da SDI-1 do TST, o artigo 195 da CLT não faz qualquer distinção entre o médico e o engenheiro, para efeito de caracterização e classificação da insalubridade e periculosidade, bastando que seja profissional devidamente qualificado. Errada, portanto.

Alternativa "e": O adicional de periculosidade tem percentual único de 30%. Não se pode confundir com os três níveis que são próprios do adicional de insalubridade (10%, 20% e 40%, conforme graus mínimo, médio e máximo, previstos no artigo 192 da CLT).

---

36. (Cespe – Juiz do Trabalho Substituto 5ª região/2013) A respeito do adicional de insalubridade, assinale a opção correta.

a) Se o empregador fornece ao empregado o equipamento aprovado pela autoridade competente, e este não o utiliza ou o faz de forma incorreta, aquele não estará eximido do pagamento do adicional de insalubridade, pois cabe ao empregador fiscalizar a utilização correta do equipamento.

b) Na hipótese de o empregado receber por dez anos ou mais o adicional de insalubridade, mesmo que não esteja mais laborando em condições insalubres, deve ser integrado ao seu salário o adicional em questão.

c) De acordo com súmula vinculante do STF, a partir de 9/5/2008 o adicional de insalubridade terá de ser calculado sobre o salário básico, salvo se um critério mais vantajoso for fixado em instrumento coletivo de trabalho.

d) Caso seja reclassificada ou descaracterizada a insalubridade por ato da autoridade competente, somente os empregados admitidos após tal ato não receberão o adicional em questão, respeitando-se o direito adquirido quanto aos demais que o recebiam antes da reclassificação.

e) Tanto o empregado rural quanto o empregado doméstico têm direito ao adicional de insalubridade, caso laborem em ambiente insalubre.

COMENTÁRIOS

✪ **Nota do autor:** A CLT regulamentou os direitos e deveres relativos as atividades insalubres nos artigos 189 e seguintes. A NR-15, por sua vez, especifica e detalha os procedimentos relativos às Atividades e Operações Insalubres. Traz, inclusive, vários anexos, cada qual definindo o respectivo agente insalubre e metodologia de avaliação – critérios qualitativos ou quantitativos. A exposição intermitente a agentes insalubres não retira do empregado, só por esta circunstância, o direito ao adicional de insalubridade (Súmula 47, TST). Para que seja devido o adicional de insalubridade não basta a constatação através de perícia, mas também que exista classificação na relação oficial do Ministério do Trabalho (súmulas 460, STF e 448 do TST).

Alternativa correta: letra "a": A súmula 289 do TST sugere a correção da alternativa em comento. Lá está sedimentado que a mera entrega do EPI não afasta o direito à insalubridade. Há se de comprovar o efetivo afastamento da nocividade do ambiente de trabalho, inclusive com o dever patronal de fiscalizar o uso correto de EPI.

Alternativa "b": O uso de EPC ou EPI pode isentar o empregador do pagamento do adicional de insalubridade, desde que seja suficiente a neutralizar ou diminuir a nocividade do agente existente no ambiente de trabalho, adequando-o aos limites de tolerância. A Súmula 80 do TST deixa claro o entendimento de que a eliminação da insalubridade pelo uso de EPI torna indevido o adicional de insalubridade. Não se aplica, aqui, o princípio da estabilidade financeira, a que se refere a súmula 372, I do TST, ao tratar da supressão da gratificação de função (verbete, aliás, incompatível com a atual redação do artigo 468, § 2º da CLT – redação dada pela Lei 13.467/17).

Alternativa "c": Hoje, com a Súmula Vinculante 4 do STF, não há mais espaço para sustentar o pagamento do referido adicional com outra base de cálculo que não o salário mínimo previsto no artigo 192 da CLT.

Alternativa "d": A questão está disciplinada na súmula 248 do TST. A reclassificação ou descaracterização da insalubridade, por órgão oficial competente, afeta o pagamento do adicional de insalubridade, sem que isto implique em ofensa ao direito adquirido e à irredutibilidade salarial. Trata-se de típico "salário condição". O erro está na atribuição do novo direito apenas aos empregados admitidos após a alteração.

Alternativa "e": O adicional de insalubridade, fixado pelo artigo 7º, XXIII da Constituição Federal, aplica-se aos trabalhadores urbanos e rurais, tal como fixado no caput do referido dispositivo. Tal direito, contudo, não foi estendido aos trabalhadores domésticos, nem mesmo com a EC 72/04.

37. (Cespe – Procurador do Ministério Público junto ao TCDF/2013) A respeito de segurança e medicina do trabalho, julgue os itens seguintes.

37.1. O adicional de periculosidade não é acumulável com o de insalubridade, devendo o empregado optar por um deles.

COMENTÁRIOS

✪ **Nota do autor:** A vedação de cumulação dos adicionais de insalubridade e periculosidade está prevista expressamente na CLT (artigo 193, § 2º). É importante consignar uma tendência jurisprudencial crescente em se considerar tal proibição inconstitucional, já que promoveria uma restrição indevida da tutela protetiva do meio ambiente de trabalho, que tem força de direito fundamental constitucional. Matéria ainda controvertida e de necessário estudo e acompanhamento jurisprudencial.

Certo: Cabe ao candidato analisar o questionamento a partir das previsões legais vigentes e, também, dos entendimentos jurisprudenciais sedimentados perante o TST (principalmente). Assim, a assertiva deve ser considerada como correta, por coincidente com o texto celetista. Lembre-se que a discussão jurisprudencial de inconstitucionalidade ainda não está respaldada por súmula ou orientação jurisprudencial do TST.

37.2. A CF veda a dispensa arbitrária ou sem justa causa do empregado eleito para cargo de direção de comissão interna de prevenção de acidentes (CIPA), desde o registro de sua candidatura, até um ano após o final do seu mandato. Essa garantia é também extensiva ao respectivo suplente.

COMENTÁRIOS

✪ **Nota do autor:** A garantia de emprego do cipeiro, prevista no artigo 165 da CLT, é mais amena do que as estabilidades provisórias em geral (por exemplo, do acidentado e da gestante), pois veda apenas a dispensa arbitrária (simplesmente não justificada ou fundamentada), admitindo, no entanto, ruptura do vínculo fundada em motivo disciplinar, técnico, econômico ou financeiro.

Certo: O gabarito oficial considerou a assertiva como correta. Porém, registramos aqui uma crítica a esta conclusão, pois há diferença entre a dispensa arbitrária e a dispensa sem justa causa. A primeira, não tem qualquer justificativa ou fundamento explicitado pelo empregador, decorre de seu arbítrio. A segunda tem uma causa explicitada, que apesar de não configurar justa causa, serviu de motivação para a despedida. No caso do cipeiro, a dispensa arbitrária (injustificada) não é autorizada, mas a dispensa sem justa causa é, desde que fundamentada em motivo disciplinar, técnico, econômico ou financeiro.

37.3. A base de cálculo para o adicional de insalubridade é o valor do salário mínimo vigente na época da concessão.

COMENTÁRIOS

✪ **Nota do autor:** Em relação ao valor, o artigo 192 da CLT fixa o adicional de insalubridade em 10%, 20% ou 40% (graus mínimo, médio e máximo) do "salário mínimo da região". A fixação do salário mínimo como base de cálculo do adicional de insalubridade é de adoção obrigatória, diante da Súmula Vinculante 4 do STF.

Anulada: Na época da prova, a problemática questionada ainda era objeto de muita polêmica. A súmula 17 do TST, que previa o cálculo de adicional de insalubridade sobre o "salário profissional", foi cancelada, restaurada 2003, e novamente cancelada em 2008. Mesmo depois da aprovação da súmula vinculante 4 do STF, houve discussão sobre a sua aplicabilidade à controvérsia em comento, o que foi solucionado apenas após o julgamento reclamações constitucionais. Hoje, está pacificada a aplicação do salário mínimo como base de cálculo do adicional de insalubridade, nos termos da súmula vinculante.

37.4. A eliminação da insalubridade devido à adoção de medidas gerais de proteção não exclui a percepção do adicional de insalubridade, pois, uma vez concedido, esse adicional incorpora-se ao salário do empregado.

COMENTÁRIOS

✪ **Nota do autor:** O direito ao adicional de insalubridade requer o enquadramento da situação do empregado, segundo as normas do Ministério do Trabalho (NR-15), através de perícia a cargo de médico do trabalho ou engenheiro do trabalho (artigo 194 da CLT). Não basta a constatação pericial de insalubridade, sem o devido enquadramento regulamentar oficial da atividade como tal.

Errado: O uso de EPC ou EPI pode isentar o empregador do pagamento do adicional de insalubridade, desde que seja suficiente a neutralizar ou diminuir a nocividade do agente existente no ambiente de trabalho, adequando-o aos limites de tolerância. A Súmula 80 do TST deixa claro o entendimento de que a eliminação da insalubridade pelo uso de EPI torna indevido o adicional de insalubridade.

38. (Cespe – Procurador BACEN/2013) A respeito do adicional de insalubridade, assinale a opção correta.

a) Conforme a CLT, os efeitos pecuniários decorrentes do trabalho em condições de insalubridade ou periculosidade serão devidos a contar da data do ajuizamento da reclamação trabalhista.

b) O adicional de insalubridade não integra o salário para o cálculo do FGTS.

c) O direito ao pagamento do adicional de insalubridade é verba salarial, não podendo ser suprimido ainda que se torne ausente o agente insalubre.

d) O adicional de insalubridade é fixado, por lei, no percentual de 10%, 20% ou 30%, conforme o grau mínimo, médio ou máximo atribuído ao agente insalubre.

e) Desaparecendo o agente insalubre, o pagamento do adicional de insalubridade pode ser cessado.

COMENTÁRIOS

✪ **Nota do autor:** Não é demais relembrar de algumas peculiaridades legais e jurisprudenciais sobre o adicional de insalubridade. Por exemplo, a exposição intermitente a agentes insalubres não retira do empregado, só por esta circunstância, o direito ao adicional de insalubridade (Súmula 47, TST). Para que seja devido o adicional de insalubridade não basta a constatação através de perícia, mas também que exista classificação na relação oficial do Ministério do Trabalho (súmulas 460 do STF e 448 do TST).

Alternativa correta: letra "e": Conforme súmula 80 do TST, a eliminação da insalubridade, mediante fornecimento de EPI aprovado pelo órgão competente, exclui a percepção do respectivo adicional. Correta, portanto, a alternativa.

Alternativa "a": Não há fundamento legal para limitar a pretensão ao adicional de insalubridade ao período posterior à distribuição da ação. A verba pode ser pleiteada, no período retroativo, observada eventual prescrição arguida pela parte contrária.

Alternativa "b": O adicional de insalubridade é verba tipicamente salarial, produzindo reflexos em FGTS. É inegável o seu caráter de contraprestação a um trabalho em condições nocivas à saúde.

Alternativa "c": Está correta a assertiva ao apontar a verba como salarial. Está incorreta, no entanto, em relação à sua supressão. Conforme súmula 80 do TST, eliminada a insalubridade, não será mais devido o adicional. Interpretação em sentido contrário, serviria de desestímulo às ações preventivas do empregador.

Alternativa "d": Não há previsão para pagamento do percentual de 30%, cogitado na questão. O adicional de insalubridade terá seu adicional fixado em 10%, 20% ou 40%, sobre o salário mínimo, a depender do grau mínimo, médio e máximo, respectivamente, conforme restar apurado em perícia no ambiente de trabalho, conforme previsão em norma regulamentadora. Hoje, com a Súmula Vinculante 4 do STF, não há mais espaço para sustentar o pagamento do referido adicional com outra base de cálculo que não o salário mínimo previsto no artigo 192 da CLT.

10. TRABALHO DA MULHER E DO MENOR

39. (Cespe – Procurador do Estado – PGE – SE/2017) Uma lei estadual ampliou para cento e oitenta dias a licença-maternidade para as servidoras gestantes submetidas ao regime estatutário. Com base nisso, uma empregada pública celetista do mesmo estado da Federação requereu para si, em juízo, a extensão do referido benefício.

Nessa situação hipotética, conforme o entendimento do TST, o requerimento de extensão do benefício

A) deverá ser atendido, pois não pode haver discriminação entre as mulheres no ambiente laboral.

B) não poderá ser atendido, visto que a requerente está submetida a regime jurídico diverso daquele do grupo que lhe serviu de paradigma.

C) não poderá ser atendido, porque a CLT proíbe equiparação de qualquer espécie remuneratória para efeito de remuneração de pessoal do serviço público.

D) deverá ser atendido, visto que, nesse caso, se deve aplicar o princípio da isonomia.

E) deverá ser atendido, porque o real beneficiário do direito à licença-maternidade é o nascituro.

COMENTÁRIOS

✪ **Nota do autor:** Segundo o artigo 7º, "c" e "d" da CLT, os funcionários públicos estatutários estão excluídos das regras trabalhistas dos empregados celetistas. O E. STF fixou entendimento de que as lides de tais trabalhadores estatutários, em interpretação constitucional do artigo 114, I da Constituição Federal, sequer estão inseridos na competência material da Justiça do Trabalho.

Alternativa correta: letra "b": A equiparação de benefícios decorre da quebra da isonomia e, de forma mais específica, da tutela da não discriminação. E, em se tratando de trabalhadores sujeitos a regimes diversos, com benefícios e obrigações também díspares, não há o que se falar em quebra da isonomia.

Alternativa "a" e "d": Não há discriminação ou quebra da isonomia entre trabalhadores sujeitas a regimes jurídicos distintos (celetistas e estatutárias).

Alternativa "c": Não há regra que equipare a trabalhadora estatutária à celetista. São regimes distintos e com obrigações e direitos igualmente distintos.

Alternativa "e": A proteção do nascituro, em relação aos empregados celetistas, está prevista no artigo 10, II, "b" do ADCT da Constituição Federal e não se vincula às previsões legais direcionadas à empregada gestante estatutária, que está sujeita a regime jurídico administrativo.

---

40. (Cespe – Analista do MPU/2013) Acerca do trabalho da mulher e da estabilidade da gestante, julgue os itens subsequentes.

40.1. Para o empregado do sexo feminino, a empresa deverá conceder um intervalo de 15 minutos antes de iniciado o trabalho em horas extras. Esse procedimento não se aplica ao caso de trabalho em horário extraordinário do empregado do sexo masculino.

COMENTÁRIOS

✪ **Nota do autor:** O artigo 384 da CLT fixa a necessidade de concessão de intervalo de 15 minutos, antes do início do período laborativo extraordinário, previsão esta também existente para o menor. A discussão sobre a constitucionalidade deste dispositivo (em razão de possível ofensa à isonomia de gênero) restou superada, diante da decisão do STF (RE 658312), com repercussão geral, que reconheceu a recepção do dispositivo celetista pela Constituição Federal. De forma mais recente ainda, a Lei 13.467/17 revogou expressamente o artigo 384 da CLT.

Certo: Está correta a assertiva, pois o texto do artigo 384 da CLT (vigente à época da questão) garantia esta pausa diferenciada apenas para a mulher e para o menor. Não havia previsão legal para sua aplicabilidade extensiva aos homens e, também, não havia margem para interpretação neste sentido, diante do julgamento da questão pelo STF, já abordado acima.

40.2. No caso de aborto não criminoso, comprovado por atestado médico oficial, a empregada terá direito a repouso remunerado de quatro semanas, ficando-lhe assegurado o direito de retornar à função que ocupava antes do afastamento.

COMENTÁRIOS

✪ **Nota do autor:** A questão aborda uma das espécies de interrupção típica do contrato de trabalho, atrelada ao vínculo de emprego mantido com a mulher. Assim, é oportuno lembrar de outros exemplos de interrupção contratual: as férias; as hipóteses do artigo 473 da CLT; o repouso semanal remunerado previsto no artigo 67 da CLT e na Lei 605/49; os primeiros dias de afastamento por doença; no caso de aborto não criminoso comprovado por atestado médico oficial (artigo 395 da CLT); o afastamento do dirigente sindical, para reunião de organismo internacional do qual o Brasil seja membro, conforme previsto no artigo 473, IX da CLT; o dirigente sindical que comete falta grave tem seu contrato suspenso e, a partir do início desta suspensão, o empregador tem o prazo decadencial de 30 dias para o ajuizamento do inquérito para apuração de falta grave.

Errado: A interrupção do contrato de trabalho ("repouso remunerado"), por duas semanas, no caso de aborto não criminoso comprovado por atestado médico oficial, está prevista no artigo 395 da CLT. Está errada a questão, ao mencionar o prazo maior de quatro semanas.

40.3. A empregada que tiver dado à luz seu filho no dia 12/1/2013 será considerada estável até o dia 12/5/2013, podendo o empregador, caso queira dispensá-la, dar-lhe ciência do aviso prévio no dia 13/5/2013.

COMENTÁRIOS

✪ **Nota do autor:** O tema da garantia provisória de emprego da gestante remete o candidato à leitura da Súmula 244 do TST. Houve recente mudança de seu texto, em 2012, porém relacionada ao contrato a termo, sendo que tal contratação não impede o reconhecimento de sua estabilidade provisória. Lembre-se, por exemplo, que o desconhecimento do estado gravídico, pelo empregador, não afasta o direito à estabilidade provisória da gestante. Há um interesse público em garantir o emprego da mãe durante a gestação e nos primeiros meses de vida da criança. Hipótese sedimentada na súmula 244, I do TST.

Errado: O artigo 10, II, *b*, do ADCT, a previsão de garantia de emprego, desde a confirmação da gravidez, até cinco meses após o parto. Assim, se o parto ocorreu em 12/1/2013, o fim da garantia provisória de emprego ocorrerá apenas em 12/6/2013. A questão considera o fim da estabilidade provisória um mês antes do prazo legal.

40.4. A empresa que contratar uma mulher grávida que esteja na oitava semana de gestação não terá responsabilidade inerente à estabilidade da gestante, pois a concepção ocorreu antes do início do referido contrato de trabalho.

COMENTÁRIOS

✪ **Nota do autor:** O candidato deve ficar atento a questões que indiquem uma restrição dos direitos reconhecidos à gestante, pois os posicionamentos sedimentos na jurisprudência caminham no sentido de ampliação de tal proteção. Por exemplo, hoje não mais se admite que o término do contrato a termo seja óbice para a garantia provisória de emprego (súmula 244, III do TST).

Errado: Para a aquisição do direito a garantia de emprego do artigo 10, II, *b*, do ADCT, basta que se verifique a gravidez, no curso do contrato de trabalho, não importando se a data da concepção foi anterior à contratação. Não seria razoável interpretação em sentido contrário, pois implicaria em indesejada desproteção do emprego da trabalhadora grávida.

11. ALTERAÇÃO, INTERRUPÇÃO E SUSPENSÃO DO CONTRATO DE TRABALHO

41. (Cespe – Defensor Público – DPU/2017) Com referência a duração do trabalho, interrupção do contrato de trabalho, férias e insalubridade, julgue os itens que se seguem.

41.1. No período em que houver paralisação do serviço por culpa da empresa, ficará configurada a interrupção dos contratos de trabalho, de modo que não terão direito a férias os empregados que, no curso do período aquisitivo, deixarem de trabalhar — com percepção do salário — por mais de trinta dias devido à referida paralisação.

COMENTÁRIOS

✪ **Nota do autor:** Na interrupção do contrato de trabalho, conta-se o tempo de serviço para todos os efeitos e, também, mantém-se o pagamento da contraprestação salarial ao trabalhador. As hipóteses previstas na CLT estão no artigo 473 da CLT.

Certo: Uma das hipóteses de perda do direito às férias, está prevista no artigo 133, II da CLT e refere-se exatamente ao empregado que, no curso de período aquisitivo, permanecer em gozo de licença, com percepção de salários (entenda-se, interrupção contratual), por mais de 30 dias.

41.2. De acordo com a jurisprudência do TST, será possível a cumulação de adicionais de insalubridade quando o empregado estiver sujeito a mais de um agente insalubre agressivo.

COMENTÁRIOS

✪ **Nota do autor:** Há, na CLT, vedação para cumulação dos adicionais de insalubridade e periculosidade (artigo 193, § 2º). Vem crescendo, paulatinamente, a corrente que sustenta a inconstitucionalidade deste dispositivo, para que se autorize o deferimento cumulativo dos adicionais.

Errado: A situação questionada, porém, não se confunde com a cumulação de adicionais distintos. Refere-se, em verdade, à cumulação do mesmo adicional (pagamento de dois ou mais adicionais de insalubridade, por exemplo), de acordo com o número de agentes insalubres constatados no ambiente de trabalho. Neste ponto, o item 15.3 da NR 15 estabelece que, diante de múltiplos agentes, será considerado apenas o de grau mais elevado, sendo vedada a percepção cumulativa.

41.3. Conforme o entendimento do TST, estará de acordo com a lei a concessão de repouso semanal remunerado após o sétimo dia consecutivo de trabalho, desde que a empresa pague o valor correspondente a um dia de trabalho do empregado.

COMENTÁRIOS

✪ **Nota do autor:** O repouso semanal remunerado é direito do trabalhador previsto no artigo 7º, XV da Constituição Federal, 66 e seguintes da CLT, e na Lei 605/49, devendo ser concedido preferencialmente aos domingos. O trabalho em dias que seriam destinados à folga (DSR´s ou feriados) implica no pagamento integral das respectivas horas, em dobro.

Errado: O TST, através de sua OJ 410 da SDI-1, reconheceu que viola o artigo 7º, XV da Constituição Federal a concessão de repouso semanal remunerado após o sétimo dia de trabalho, importando no seu pagamento em dobro. A questão apresentada indicava o pagamento do dia, de forma simples.

42. (Cespe – Procurador do MP junto ao TCE-PB/2014) Com relação às suspensões e interrupções do contrato de trabalho, é correto afirmar que o empregado pode deixar de comparecer ao serviço, sem prejuízo do salário, por

a) até seis meses, para o cumprimento do serviço militar obrigatório, ainda que seja maior o tempo de convocação para o referido serviço.

b) três dias consecutivos, em caso de falecimento de cônjuge ou companheiro, ascendente, descendente, irmão ou pessoa declarada como seu dependente econômico.

c) sete dias consecutivos, em virtude de casamento.

d) um dia, a cada seis meses de trabalho, em caso de doação voluntária de sangue comprovada.

e) dois dias, consecutivos ou não, para o fim de alistamento eleitoral.

COMENTÁRIOS

✪ **Nota do autor:** Recomendamos a leitura detida dos artigos celetistas que disciplinam as hipóteses de suspensão e interrupção do contrato de trabalho (artigos 471 e seguintes da CLT). Importante, também, compreender as hipóteses de suspensão atípica previstas no artigo 4º da CLT, que garantem, excepcionalmente, o cômputo do período de afastamento no tempo de serviço do empregado e, ainda, o recolhimento do FGTS.

Alternativa correta: letra "e": A ausência, por até dois dias, consecutivos ou não, para se alistar eleitor, nos termos da lei respectiva, está autorizada no artigo 473, VII da CLT (hipótese de interrupção contratual).

Alternativa "a": A suspensão contratual, para cumprimento do serviço militar obrigatório, é hipótese de suspensão atípica do contrato de trabalho, em razão das características peculiares fixadas no artigo 4º da CLT. Não há, na lei, o prazo de seis meses mencionado na alternativa.

Alternativa "b": A interrupção do contrato, em caso de falecimento dos parentes indicados no artigo 473, I da CLT, é de até dois dias (e não três, como constou da questão).

Alternativa "c": A interrupção do contrato, em caso de casamento, conforme regra do artigo 473, II da CLT, é de até três dias (e não sete, como constou da questão).

Alternativa "d": A cada doze meses (e não seis meses), o empregado pode faltar por uma vez para doar sangue (artigo 473, III da CLT).

---

43. (Cespe – Procurador Federal/2013) Julgue os itens subsecutivos, referentes a suspensão, interrupção e rescisão do contrato de trabalho.

43.1. Segundo entendimento consolidado pelo TST, mesmo que concedidas as férias nos doze meses subsequentes à data em que o empregado tiver adquirido o direito, será devido o pagamento em dobro da remuneração de férias, incluído o terço constitucional, quando o empregador não efetuar o pagamento da remuneração das férias até dois dias antes do início do respectivo período de gozo.

COMENTÁRIOS

✪ **Nota do autor:** Sobre as férias, além da leitura atenta dos artigos 129 a 153 da CLT, destacamos também os seguintes posicionamentos jurisprudenciais sedimentados: a) as faltas justificadas pela lei não serão descontadas para o cálculo de férias (súmula 89 do TST); b) no caso de férias concedidas apenas parcialmente fora do prazo legal, apenas os dias de férias gozados após tal prazo deverão ser remunerados em dobro (súmula 81); c) salvo na justa causa, as férias proporcionais são devidas em todas as demais formas de extinção do contrato de trabalho (súmula 171 do TST).

Certo: A súmula 450 do TST coincide plenamente com o enunciado da questão. Descumprido o prazo do artigo 145 da CLT, as férias serão devidas em dobro, ainda que gozadas na época própria.

43.2. O empregado poderá deixar de comparecer ao serviço sem prejuízo do salário por até dois dias consecutivos para se alistar como eleitor. Nesse caso, como o obreiro permanece recebendo sua remuneração, ocorre a interrupção do contrato de trabalho.

COMENTÁRIOS

✪ **Nota do autor:** Questões sobre interrupção e suspensão do contrato de trabalho são recorrentes. Não é demais reiterar as semelhanças e diferenças dos institutos: a) nos dois casos não há trabalho; b) na suspensão, não há obrigação de pagamento de salários e o tempo de afastamento não é contado para fins contratuais; c) na interrupção, o empregado recebe normalmente salário e o tempo do afastamento conta-se para fins contratuais.

Certo: O afastamento por até dois dias, consecutivos ou não, para alistamento eleitoral, sem prejuízo dos salários, está garantido no artigo 473, V da CLT. É típica interrupção contratual.

43.3. A não utilização injustificada pelo empregado dos equipamentos de proteção individual fornecidos pelo empregador caracteriza situação ensejadora da rescisão ou despedida indireta, que ocorre quando o empregado comete falta grave que justifica a ruptura do liame empregatício.

COMENTÁRIOS

✪ **Nota do autor:** A rescisão indireta do contrato de trabalho é causa de resolução contratual, por falta grave contratual do empregador. Suas hipóteses estão previstas no artigo 483 da CLT. Os requisitos são praticamente os mesmos da justa causa, principalmente quanto à tipicidade e a gravidade. Para sua configuração não é relevante a presença de dolo ou culpa do empregador. Também a imediatidade deve ser vista com ressalvas, pois é normal que o empregado, necessitado daquele emprego para sua subsistência pessoal e familiar, tolere e retarde a iniciativa de rompimento motivado do vínculo.

Errado: A não utilização de EPI fornecido pelo empregador configura falta grave do empregado, passível de punição disciplinar, inclusive resolução contratual por justa causa. Se o empregador forneceu o EPI e o empregado não usou, a falta grave é do empregado (autorizando justa causa) e não do empregador (o que exclui a possibilidade de rescisão indireta do contrato).

43.4. Suspenso o contrato de trabalho em virtude de aposentadoria por invalidez, o empregado perde o direito à manutenção de plano de saúde ou de assistência médica a ele oferecido pela empresa.

COMENTÁRIOS

✪ **Nota do autor:** Reiteramos as semelhanças e diferenças dos institutos da suspensão e interrupção do contrato de trabalho: a) nos dois casos não há trabalho; b) na suspensão, não há obrigação de pagamento de salários e o tempo de afastamento não é contado para fins contratuais; c) na interrupção, o empregado recebe normalmente salário e o tempo do afastamento conta-se para fins contratuais.

Errado: Segundo entendimento da súmula 440 do TST, suspenso o contrato por auxílio doença acidentário, ou mesmo em razão de aposentadoria por invalidez, assegura-se o direito à manutenção do plano de saúde ou de assistência médica ao empregado.

44. (Cespe – Advogado da União/2012) No que se refere a alteração, suspensão, interrupção e extinção do contrato de trabalho, julgue os próximos itens.

44.1. A jurisprudência do TST tem orientação firme no sentido de que, excetuados os empregados da Empresa Brasileira de Correios e Telégrafos, por ser esta equiparada à fazenda pública, os demais empregados públicos de empresas públicas e de sociedades de economia mista, ainda que concursados, podem ter seus contratos de trabalho rescindidos por demissão sem justa causa, por não haver necessidade de motivação do ato de demissão.

COMENTÁRIOS

✪ **Nota do autor:** Na época da questão, o STF ainda não havia se pronunciado sobre este polêmico assunto. Em março de 2013, o plenário do STF julgou o RE 589998 e assentou entendimento sobre a obrigatoriedade da motivação da dispensa unilateral de empregado de empresa pública e sociedade de economia mista. Manteve-se o entendimento de inaplicabilidade, a tais funcionários, da estabilidade prevista no artigo 41 da Constituição Federal. A decisão teve repercussão geral reconhecida. Este entendimento buscou preservar a impessoalidade, decorrente da aprovação do trabalhador em concurso público.

Certo: A questão coincide com o teor da OJ 247 da SDI-1 do TST, que não exige, em seu texto, a motivação da dispensa de empregados de empresas públicas e sociedades de economia mista, mesmo aprovados por concurso público. Na época, não havia a decisão do STF com repercussão geral.

44.2. Nos contratos individuais de trabalho, apenas é lícita a alteração empreendida por mútuo consentimento, ainda que possa resultar prejuízo ao trabalhador, considerada a caracterização de renúncia recíproca, em que o prejuízo se compensa com promessa futura de melhoria na condição salarial ou de trabalho.

COMENTÁRIOS

✪ **Nota do autor:** O artigo 468 da CLT reputa nula qualquer alteração contratual prejudicial ao trabalhador, ainda que por ele anuída. Trata-se do que a doutrina chamou de princípio da inalterabilidade contratual lesiva. Ressalte-se que o seu parágrafo único não considera alteração unilateral ilícita a reversão do empregado alçado à função de confiança, para sua função efetiva anterior. Segundo súmula 372, I do TST, percebida a gratificação de função por dez anos ou mais pelo empregado, se o empregador, sem justo motivo, revertê-lo ao cargo efetivo, não poderá retirar-lhe a gratificação, tendo em vista o princípio da estabilidade financeira. **Este posicionamento colide com a atual previsão expressa do § 2° do artigo 468 da CLT, que veda qualquer incorporação da gratificação, independentemente do tempo de exercício da função de confiança (Lei 13.467/17).**

Errado: A assertiva está incorreta em relação a possibilidade de prejuízo ao trabalhador e, também, de caracterização da renúncia recíproca como lícita. Há, não só contrariedade a vedação expressa do artigo 468 da CLT (que considera ilícita qualquer alteração prejudicial ao trabalhador), mas também ao princípio da irrenunciabilidade, que serve de alicerce ao direito material do trabalho.

44.3. A suspensão do contrato de trabalho importará na rescisão indireta do contrato de trabalho apenas se for decretada por período superior a sessenta dias.

COMENTÁRIOS

✪ **Nota do autor:** Não se pode confundir a suspensão do empregado, com a suspensão do contrato de trabalho do empregado. Segundo artigo 474 da CLT, a suspensão do empregado (medida punitiva aplicada pelo empregador) por período superior a 30 dias consecutivos importa na rescisão injusta do contrato de trabalho.

Errado: A questão está errada, pois a suspensão do contrato de trabalho não importa na rescisão indireta do contrato de trabalho, até porque não há, neste caso, falta grave cometida pelo empregador.

12. PRESCRIÇÃO E DECADÊNCIA

45. (Cespe – Procurador do MP junto ao TCE-PB/2014) No que se refere à prescrição e à decadência aplicáveis ao direito do trabalho, assinale a opção correta.

a) Conta-se da extinção de cada contrato de trabalho a prescrição do direito de ação em que se objetive a soma dos períodos descontínuos de trabalho.

b) Respeitado o biênio subsequente à cessação contratual para a propositura da ação trabalhista, a prescrição trabalhista atinge as parcelas anteriores ao quinquênio da data da rescisão do contrato de trabalho.

c) A prescrição para postular do empregador o recolhimento do FGTS é vintenária, observado o prazo de dois anos após o término do contrato de trabalho.

d) A prescrição apenas pode ser arguida até o momento da contestação.

e) A prescrição do direito de reclamar a concessão das férias ou o pagamento da respectiva remuneração é contada do término do prazo do período concessivo ou, quando for o caso, da cessação do contrato de trabalho.

COMENTÁRIOS

✪ **Nota do autor:** Nas questões envolvendo os institutos da prescrição e da decadência, cumpre observar o seguinte: a prescrição decorre sempre de previsão de lei; a decadência pode ser legal ou convencional; em regra, as pretensões condenatórias sujeitam-se a prazos prescricionais; já as constitutivas, com prazo de ajuizamento determinado em lei, sujeitam-se a prazos decadenciais; os prazos prescricionais estão sujeitos às causas de interrupção e suspensão previstas no artigo 202 do Código Civil (salvo nas hipóteses excepcionais legais do artigo 208 do mesmo Código), o que não ocorre com os prazos decadenciais, por expressa vedação do artigo 207 do Código Civil; o Juiz deve conhecer de ofício apenas da decadência estabelecida em lei, mas não da convencional (artigo 210 do Código Civil).

Alternativa correta: letra "e": Realmente o prazo prescricional para reclamar das férias é computado a partir do término do período concessivo ou, se o caso, da rescisão do contrato (artigo 149 da CLT).

Alternativa "a": A súmula 156 do TST fixou que apenas a partir do término do último contrato de trabalho é que se conta a prescrição da pretensão relacionada a soma de períodos contratuais descontínuos.

Alternativa "b": Assertiva incorreta, pois não observa, por exemplo, a imprescritibilidade das ações meramente declaratórias (artigo 11 da CLT).

Alternativas "c": A prescrição relacionada às parcelas diretas de FGTS é trintenária. Ressalvamos, contudo, que recente decisão do STF entendeu como aplicável ao caso a prescrição quinquenal, modulando, contudo, os efeitos da declaração de inconstitucionalidade. Vide, neste sentido, a atual redação da súmula 362 do TST.

Alternativa "d": A prescrição pode ser arguida na instância ordinária. Segundo a súmula 153 do TST, não será conhecida a prescrição arguida fora desta instância. Incorreta, portanto, a assertiva.

---

46. (Cespe – Procurador do Ministério Público junto ao TCDF/2013) Julgue os itens a seguir, relativos a prescrição e grupo econômico.

46.1. O integrante do grupo econômico que não tiver participado da relação processual não poderá ser sujeito passivo na execução.

COMENTÁRIOS

✪ **Nota do autor:** O artigo 2º, § 2º da CLT fixa a responsabilidade solidária das empregas que integram um mesmo grupo econômico. Para sua configuração, segundo a jurisprudência atual, não se exige que uma delas seja controladora das demais, bastando a coordenação de interesses administrativos ou a identidade societária. **A Lei 13.467/17 trouxe modificações no texto celetista citado, com maiores exigências probatórias para o reconhecimento de tal grupo econômico.**

Errado: Já houve, na jurisprudência do TST (súmula 205), entendimento que vedava a inclusão de empresa integrante do grupo econômico, que não participou da relação processual, no polo passivo da execução. Porém, tal verbete sumular foi cancelado em 2003, de modo que é possível a realização de tal ampliação subjetiva da lide, mesmo na fase de execução. Não é necessário, portanto, que a empresa incluída, tenha participado do feito na fase de conhecimento.

46.2. No caso de cumulação de pedidos de natureza declaratória e condenatória na mesma ação, somente o pedido condenatório estará sujeito aos prazos prescricionais previstos na CF.

COMENTÁRIOS

✪ **Nota do autor:** A prescrição trabalhista pode ser total ou parcial. A total é, como regra, de dois anos, contados da ruptura do contrato de trabalho (ultrapassado tal biênio, a pretensão estará totalmente fulminada). A parcial é de cinco anos, ou seja, uma vez ajuizada a ação no biênio legal, não estarão prescritas as pretensões inseridas nos cinco anos anteriores à data da distribuição da ação. Algumas observações: a) em relação às parcelas diretas de FGTS prevalecia o entendimento de que a prescrição parcial seria trintenária, desde que respeitado o ajuizamento da ação no prazo de dois anos (súmula 362, TST); atualmente, porém, o E. STF entendeu que o prazo prescricional aplicável às parcelas de FGTS é também o de cinco anos (julgamento ocorrido em 13.11.14 – ARE 709.212/DF); houve modulação dos efeitos desta decisão, para que o prazo de cinco anos atinja apenas as pretensões posteriores a data da decisão em comento; b) as ações meramente declaratórias do vínculo de emprego, que visam anotações em CTPS para prova do tempo de serviço junto ao INSS, não estão sujeitas à prescrição (artigo 11, § 1º da CLT); c) em caso de ação que envolva pedido de prestações sucessivas, decorrente de alteração contratual, a prescrição é total e tem prazo de cinco anos, salvo quando o direito à parcela esteja também assegurado em lei (súmula 294, TST).

Certo: A questão está correta, pois a prescrição é aplicável às pretensões de cunho condenatório, mas não o é em relação aos pedidos meramente declaratórios (artigo 11, § 1º da CLT).

13. GARANTIAS PROVISÓRIAS DE EMPREGO

47. (Cespe – Procurador do Estado – PGE – SE/2017) De acordo com o entendimento do TST, se determinada empresa, que conta com cento e cinquenta empregados, dispensar, sem justa causa, trabalhador com deficiência e não fizer, nos termos da legislação pertinente, a contratação de outro empregado nas mesmas condições, tal dispensa será considerada

A) legal, porque não há obrigação legal de o empregador contratar trabalhadores com deficiência.

B) legal, desde que a empresa mantenha o percentual mínimo legal de cargos preenchidos por trabalhadores com deficiência.

C) ilegal, devido ao fato de não haver justo motivo.

D) ilegal, porque os trabalhadores com deficiência possuem garantia de emprego por tempo indeterminado.

E) ilegal, ainda que não interfira no atendimento ao percentual mínimo legal de cargos preenchidos por trabalhadores com deficiência.

COMENTÁRIOS

✪ **Nota do autor:** O empregado portador deficiência não possui garantia de emprego. A proteção legal não é para o trabalhador, mas sim para a cota de trabalhadores. Neste sentido, o artigo 93 da Lei 8.213/91: Os percentuais de contratação são direcionados apenas para a empresa com 100 (cem) ou mais empregados, e variam de 2% (dois por cento) a 5% (cinco por cento) dos seus cargos com beneficiários reabilitados ou pessoas portadoras de deficiência, habilitadas, na seguinte proporção: 1) até 200empregados2%; 2) de 201 a 500 3%; 3) de 501 a 1.000, 4%; 4) de 1.001 em diante 5 %.

Alternativa correta: letra "b": A empresa que mantiver a cota legal prevista do artigo 93 da Lei 8.213/91 pode dispensar os empregados portadores de deficiência que não estiverem inseridos nela, sem qualquer ilegalidade, já que tais trabalhadores não possuem estabilidade no emprego. A ilegalidade estará configurada apenas se a empresa não contratar outro trabalhador com deficiência e, assim, deixar de atender a cota legal.

Alternativas "c", "d" e "e": Incorretas, já que a dispensa do trabalhador com deficiência, desde que não incluído na cota citada, é perfeitamente legal.

Alternativa "a": Incorreta, pois existe obrigação legal de contratação de trabalhadores com deficiência, observada a cota fixada pelo artigo 93 da Lei 8.213/91.

48. (Cespe – Defensor Público – DPU/2017) A respeito da estabilidade no trabalho e da terceirização trabalhista, julgue os itens a seguir, tendo como referência o entendimento dos tribunais superiores.

48.1. A administração pública tomadora de serviços terceirizados será automaticamente responsável pelo pagamento de verbas trabalhistas que não forem adimplidas pela empresa prestadora, em razão da culpa presumida in vigilando do órgão público: a falta de fiscalização da execução do contrato de prestação de serviços.

COMENTÁRIOS

✪ **Nota do autor:** Sobre a terceirização, é importante atentar à eventual modificação da súmula 331 do TST, que pode ser provocada pelas recentes alterações legislativas. É que a terceirização dos serviços em geral foi regulamentada pela Lei 13.429/17, que alterou vários dispositivos da Lei 6.019/74, incluindo, também, novos parâmetros para a intermediação de mão de obra. Em seguida, a partir da vigência da Lei 13.467/17, a nova redação do artigo 4º-A da Lei 6.019/74 ratificou a possibilidade de terceirização de mão de obra, inclusive na atividade principal da empresa.

Errado: Após o julgamento da ADC 16, pelo STF, que considerou constitucional do artigo 71 da Lei 8.666/93, a responsabilidade do ente público tomador de serviços ocorre apenas em caso de culpa sua, devidamente comprovada, principalmente em relação ao cumprimento das obrigações contratuais e legais da empresa terceirizada.

48.2. Situação hipotética: Em acordo coletivo de trabalho, foi incluída cláusula que aumenta o prazo de estabilidade provisória das empregadas gestantes admitidas por prazo indeterminado, de cento e oitenta dias para duzentos e dez dias. Assertiva: Nessa situação, a cláusula será válida, mesmo resultando em tratamento diferenciado entre as empregadas admitidas por prazo indeterminado e as admitidas por prazo determinado.

COMENTÁRIOS

✪ **Nota do autor:** A Súmula 244 do TST pacificou entendimento que prevalece a garantia provisória de emprego da gestante (artigo 10, II, "b" do ADCT), mesmo em se tratando de contrato por prazo determinado.

Certo: A autonomia coletiva privada é instrumento adequado à chamada flexibilização da legislação trabalhista heterônoma. Porém, encontra limite nas garantias fundamentais mínimas (normalmente matéria de ordem pública indisponível, tutela de grupos especiais ou da saúde e segurança do trabalhador). Neste caso, o benefício legal foi majorado, apenas para um grupo de empregadas. A possibilidade de diferenciação entre as empregadas admitidas por prazo indeterminado ou determinado não implica em quebra da isonomia, já que são situações jurídicas distintas, que autorizam também opção negocial de tratamento distinto. Além disso, a cláusula foi fruto de aprovação em assembleia dos próprios trabalhadores. Tal situação já foi apreciada pela Seção Especializada em Dissídios Coletivos do TST (TST-RO-422-69.2016.5.08.0000, SDC, rel. Min. Maria de Assis Calsing, 5.6.2017) e divulgada no informativo 160 daquele Tribunal.

48.3. Em razão do princípio constitucional de proteção ao nascituro, assegura-se à empregada pública grávida, mesmo que ela tenha sido contratada sem prévia aprovação em concurso público, a continuidade laboral em razão da garantia de emprego à gestante.

COMENTÁRIOS

✪ **Nota do autor:** O artigo 37, II da Constituição Federal obriga que a investidura em cargo ou emprego público ocorra mediante concurso público de provas ou de provas e títulos, ressalvadas apenas as nomeações para cargos em comissão declarado em lei, de livre nomeação e exoneração. O parágrafo 2º do mesmo dispositivo constitucional fixa a nulidade dos contratos firmados sem tal requisito. O TST, em sua súmula 363, pacificou entendimento de que a contratação de servidor público, após a Constituição de 1988, sem concurso público, é nula, garantindo apenas o direito ao pagamento da contraprestação pactuada e do FGTS.

Errado: O entendimento que prevalece no TST é de nulidade da contratação para cargo ou emprego público sem concurso, com a única ressalva da contraprestação pactuada e do FGTS. O STF, em julgamento do RE 705140, ratificou o posicionamento sumulado perante o TST. Não há espaço, neste contexto, para também garantir, de forma excepcional, a estabilidade provisória da gestante.

49. (Cespe – Procurador BACEN/2013) Cecília assinou, em 10/10/2009, com a empresa XYZ, contrato de trabalho por prazo indeterminado e, em 10/10/2012, estando com dois meses de gestação, foi sumariamente demitida, sem justa causa e sem receber qualquer valor rescisório ou indenizatório. Inconformada, Cecília procurou o conselho de um advogado em relação ao ajuizamento de reclamação trabalhista.

Com base nessa situação hipotética, assinale a opção correta.

a) Ajuizada a reclamatória trabalhista após o período da estabilidade, Cecília não terá direito a qualquer rubrica referente ao referido período.

b) Caso o contrato de trabalho de Cecília tivesse sido por prazo determinado ela não teria direito à estabilidade conferida à gestante.

c) Cecília não terá direito a qualquer indenização decorrente da estabilidade garantida à gestante caso fique comprovado o fato de ela não ter informado o seu estado de gravidez no ato de demissão.

d) Sendo a reclamatória trabalhista ajuizada no último dia do prazo prescricional, Cecília garantirá o direito de reintegração ao emprego.

e) Ajuizando Cecília reclamatória trabalhista no último dia do prazo prescricional, ela terá direito tão somente aos salários e demais direitos correspondentes ao período de estabilidade garantida à gestante.

COMENTÁRIOS

✪ **Nota do autor:** O tema da garantia provisória de emprego da gestante remete o candidato a leitura da súmula 244 do TST. Houve mudança de seu texto, em 2012, porém relacionada ao contrato a termo, sendo que tal contratação não impede o reconhecimento de sua estabilidade provisória.

Alternativa correta: letra "e": O item II da súmula 244 do TST fixa que, na impossibilidade de reintegração, por já restar ultrapassado o prazo da garantia de emprego, a empregada terá direito apenas aos salários e demais direitos do período de estabilidade provisória. Correta, portanto.

Alternativas "a" e "d": O ajuizamento da ação trabalhista, após o prazo da garantia de emprego, apenas impede a reintegração, mas não afasta o direito aos salários e demais direitos do período, como sugerido nas alternativas em comento.

Alternativa "b": Mesmo na contratação a termo (contrato de experiência, por exemplo), a garantia de emprego da gestante deve ser respeitada, conforme súmula 244, III do TST. A tutela do emprego da mãe, durante a gestação e nos primeiros meses de vida da criança, reflete interesse público, que suplanta os interesses dos particulares.

Alternativa "c": O desconhecimento do estado gravídico pelo empregador não afasta o direito ao pagamento da indenização decorrente da estabilidade provisória (súmula 244, I do TST). Incorreta a alternativa.

50. (Cespe – Analista Judiciário – Área Judiciária – TRT 10/2013) Julgue os itens que se seguem, relativos a estabilidade e garantias provisórias de emprego.

50.1. Segundo o Tribunal Superior do Trabalho (TST), o empregado de categoria diferenciada eleito dirigente sindical só gozará de estabilidade se exercer na empresa atividade pertinente à categoria profissional do sindicato para o qual tiver sido eleito dirigente.

COMENTÁRIOS

✪ **Nota do autor:** A garantia provisória de emprego do dirigente sindical está prevista no texto definitivo da Constituição Federal (artigo 8º, VIII), sendo que tal situação a difere das demais garantias de emprego e, também, justifica que a dispensa motivada seja necessariamente ultimada através de ajuizamento de inquérito para apuração de falta grave. Lembre que a súmula 369 do TST, em sua atual redação, limita tal estabilidade a sete dirigentes sindicais e igual número de suplentes (artigo 522 da CLT).

Certo: Conforme já sedimentado pelo TST, no item III de sua súmula 369, o empregado de categoria diferenciada eleito dirigente sindical só gozará de estabilidade no emprego, se exercer atividade pertinente à categoria profissional do sindicato para o qual foi eleito dirigente. Tal entendimento parece bastante acertado, pois a proteção está atrelada à proteção da atuação do dirigente sindical, nos atos de defesa dos interesses de classe. Se o empregado não exerce, na empresa, a profissão própria de seu sindicato de classe, não há justificativa para a garantia de emprego.

50.2. É vedada a dispensa dos membros de comissão de conciliação prévia até um ano após o final do mandato, salvo se cometerem falta, nos termos da lei.

COMENTÁRIOS

✪ **Nota do autor:** As comissões de conciliação prévia foram introduzidas no ordenamento jurídico trabalhista através da Lei 9.958/00, que incluiu os artigos 625-A a 625-H da CLT. É bom lembrar que o STF, em interpretação dada ao artigo 625-D da CLT, afastou a obrigatoriedade de submissão obrigatória da demanda à CCP, como requisito essencial para interposição da ação judicial.

Errado: A garantia de emprego dos membros da comissão de conciliação prévia foi garantia apenas aos "representantes dos empregados" (artigo 625-B, III da CLT). Incorreta, portanto, a questão, que estende a garantia de emprego a todos os membros de tal comissão.

14. AVISO PRÉVIO E RUPTURA DO CONTRATO DE TRABALHO

---

51. (Cespe – Defensor Público – DPU/2017) Julgue os itens a seguir, relativos a rescisão do contrato de trabalho e seguro-desemprego.

51.1. Se um empregado com mais de um ano de serviço firmar pedido de demissão do seu emprego, a validade desse pedido condicionar-se-á à assistência do respectivo sindicato ou da autoridade do Ministério do Trabalho, podendo essa assistência ser prestada por um DP em caso de inexistência desses órgãos na localidade.

COMENTÁRIOS

✪ **Nota do autor:** A homologação sindical era exigida nos contratos de trabalho superiores a um ano de vigência. Em razão disso, a súmula 330 do TST pacificou entendimento que a homologação sindical garante apenas a quitação das parcelas expressamente consignadas no TRCT, observando-se, ainda, as ressalvas realizadas pelo sindicato assistente. Diante da reforma trabalhista trazida pela Lei 13.467/17, a homologação sindical não é mais necessária nas rescisões contratuais (artigo 477 da CLT). Atualmente, basta que o empregador anote a rescisão na CTPS e comunique a dispensa aos órgãos competentes, devendo ainda realizar o pagamento das verbas rescisórias no prazo de 10 dias (prazo unificado para todas as formas de ruptura do contrato).

Certo: À época da prova prevalecia a regra celetista de homologação das rescisões dos contratos de trabalho superiores a um ano, como requisito de validade do ato. Naquela redação do artigo 477 da CLT, a homologação deveria ocorrer junto ao sindicato ou perante a autoridade do Ministério do Trabalho. A Instrução normativa 3/02 do Ministério do Trabalho fixou que "na falta das entidades sindicais ou da autoridade prevista no inciso II, são competentes: I – o representante do Ministério Público ou, onde houver, o Defensor Público; e II – o Juiz de Paz, na falta ou impedimento das autoridades referidas na alínea anterior."

51.2. Situação hipotética: Em determinado órgão público, constatado o aumento excessivo das despesas com pessoal, além do previsto na dotação orçamentária, anulou-se de ofício a nomeação de empregado público concursado que cumpria estágio probatório. Assertiva: Nessa situação, de acordo com o TST, a dispensa será nula, devendo-se determinar o retorno do empregado ao trabalho, uma vez que não houve o regular procedimento administrativo para assegurar o devido processo legal e a ampla defesa.

COMENTÁRIOS

✪ **Nota do autor:** O artigo 41 da Constituição Federal trata da estabilidade do servidor público concursado e nomeado para cargo de provimento efetivo, após três anos de efetivo exercício. O parágrafo 4º do referido dispositivo constitucional fixou, como condição para aquisição da estabilidade, a obrigatória avaliação especial de desempenho, realizada por comissão instituída para esta finalidade.

Certo: O artigo 21 da Lei Complementar 101/00 considera nulo o ato que provoque aumento de despesa com pessoal fora dos parâmetros da citada lei de responsabilidade fiscal. Porém a dispensa de funcionário concursado encontra limites constitucionais, como a motivação (analisada em conjunto com a publicidade e impessoalidade), ampla defesa e contraditório, por exemplo. O TST, em sua súmula 20, já pacificou entendimento sobre a necessidade de processo administrativo, com ampla defesa, para demissão de funcionário admitido por concurso. Já a súmula 21 do TST especificou que, funcionário em estágio probatório não pode ser exonerado nem demitido sem inquérito ou sem as formalidades legais de apuração de sua capacidade.

51.3. Caso se identifique, em ação de fiscalização do Ministério do Trabalho, situação em que trabalhadores estejam reduzidos a condição análoga à de escravo, esses trabalhadores deverão ser resgatados e terão direito ao recebimento do seguro-desemprego.

COMENTÁRIOS

✪ **Nota do autor:** A definição de trabalho em condições análogas à de escravo está na Convenção 29 da OIT, ratificada pelo Brasil, e é mais ampla do que a tipificação existente no artigo 149 do nosso Código Penal (que engloba o trabalho forçado e, também, em condições degradantes). A tutela buscada em relação a este tema preceitos está atrelada à dignidade da pessoa humana.

Certo: O artigo 7º, II da Constituição Federal, que garantiu aos trabalhadores o direito ao seguro-desemprego, foi regulamentado pela Lei 7.998/90, que em seu artigo 2º, estendeu o benefício ao trabalhador comprovadamente resgatado de regime de trabalhou forçado ou da condição análoga a de escravo. O artigo 2º-C da mesma Lei fixou que, neste resgate, o direito equivale a parcelas de um salário mínimo cada.

51.4. O empregado doméstico que for dispensado terá direito ao benefício do seguro-desemprego se a dispensa se der sem justa causa, mas não terá esse direito se a dispensa se der por justa causa ou por rescisão indireta.

COMENTÁRIOS

✪ **Nota do autor:** Com a regulamentação da Emenda Constitucional 72/13, través da Lei Complementar 150/15, o regime do FGTS e o direito ao seguro desemprego passaram a ser obrigatórios ao doméstico (antes era mera opção do empregador).

Errado: A rescisão indireta do contrato de trabalho (decorrente de falta grave do empregador) é equiparada, para todos os efeitos jurídicos, à dispensa sem justa causa. O artigo 2º da Lei 7.998/90 fixou, dentre as finalidades do instituto do seguro desemprego, prover assistência financeira temporária do trabalhador desempregado em virtude da dispensa sem justa causa, "inclusive a indireta".

52. (Cespe – Procurador do MP junto ao TCE--PB/2014) Assinale a opção correta a respeito da rescisão do contrato individual de trabalho.

a) As situações que constituem justa causa para a rescisão do contrato de trabalho por iniciativa do empregador incluem a prática de ato de improbidade; a condenação criminal do empregado, ainda que sem trânsito em julgado; e a violação de segredo empresarial.

b) O empregado pode considerar rescindido o contrato quando o empregador não cumprir com as obrigações contratuais, assim podendo pleitear o pagamento das respectivas indenizações, permanecendo ou não no serviço até a decisão do processo.

c) No ato da rescisão contratual, a compensação de eventuais valores devidos pelo empregado em relação aos valores que receber não poderá exceder ao equivalente a dois meses de remuneração do empregado.

d) O pagamento das parcelas constantes do termo de rescisão contratual ou do recibo de quitação deve ser efetuado até o primeiro dia útil imediato ao término do contrato ou, quando da ausência de aviso prévio, indenização deste ou dispensa de seu cumprimento, até o décimo dia útil contado da notificação da demissão.

e) Nos contratos que tenham termo estipulado, o empregador que, sem justa causa, despedir o empregado será obrigado a pagar – lhe, a título de indenização, o valor integral da remuneração a que este faria jus até o término do contrato.

COMENTÁRIOS

✪ **Nota do autor:** Segundo a doutrina, a justa causa válida exige, em linhas gerais, a previsão legal (tipicidade), a atualidade (imediatidade, para que não se configure o perdão tácito), bem como a gravidade (suficiente à quebra de confiança entre as partes). Por fim, é relevante que sejam analisadas as circunstâncias que nortearam os fatos concretos, o que representa um juízo de proporcionalidade diante do caso específico e suas características peculiares. **Cumpre registrar, ainda, que a Lei 13.467/17 trouxe nova hipótese de justa causa, qual seja, a perda da habilitação ou dos requisitos estabelecidos em lei para o exercício da profissão, em decorrência de conduta dolosa do empregado (artigo 482, "m" da CLT).**

Alternativa correta: letra "b": A resolução do contrato de trabalho, por descumprimento das obrigações do contrato (artigo 483, "d" da CLT), autoriza o pleito de rescisão indireta do contrato de trabalho, permanecendo ou não no serviço, até final decisão do processo (§ 3º do referido dispositivo legal).

Alternativa "a": Assertiva errada, ao se referir à hipótese de condenação criminal, pois o artigo 482, "d" da CLT exige o trânsito em julgado da decisão condenatória, ressalvando, ainda, a não suspensão da execução da pena.

Alternativa "c": O artigo 477 da CLT, ao autorizar a compensação de valores no ato do pagamento da rescisão contratual, limitou tal possibilidade ao teto de um mês de remuneração do empregado. Errada, portanto.

Alternativa "d": A assertiva repete, quase que perfeitamente os prazos fixados pelo artigo 477, § 6º da CLT. Porém, ao se referir ao aviso prévio não trabalhado ou indenizado, mencionou dez dias "úteis", quando o correto é apenas "dez dias". Lembre-se que tais prazos foram alterados a partir da vigência da Lei 13.467/17, diante da nova redação do artigo 477 da CLT (unificação em 10 dias, a partir do término do contrato, independentemente da modalidade de aviso prévio).

Alternativa "e": A indenização pelo término antecipado do contrato a termo, nos termos o artigo 479 da CLT, correspondente a metade da remuneração que o empregado teria direito até o termo do contrato. Errada.

---

53. (Cespe – Juiz do Trabalho Substituto 5ª região/2013) Assinale a opção correta quanto às modalidades de dispensa do trabalhador e suas consequências.

a) O empregado que tenha sido admitido em 26/5/2000, dispensado sem justa causa em 3/9/2011 e apresentado reclamação trabalhista em 8/11/2012 terá assegurado o recebimento de aviso prévio proporcional ao tempo de serviço.

b) O aviso prévio é indevido nas dispensas decorrentes de culpa recíproca.

c) Na hipótese de dispensa ocorrida por factum principis, não será devido ao empregado o pagamento do aviso prévio.

d) No caso de massa falida, restam aplicáveis as penalidades relativas às parcelas rescisórias incontroversas não pagas na primeira audiência, bem como a multa pelo atraso no pagamento das verbas rescisórias.

e) Presume-se discriminatória a despedida de empregado portador do vírus HIV ou de outra doença grave que suscite estigma ou preconceito. Se ocorrer a dispensa em tais casos, o empregado terá direito à reintegração.

COMENTÁRIOS

✪ **Nota do autor:** A doutrina classifica a ruptura do contrato de trabalho da seguinte maneira: resilição, quando há manifestação de vontade de uma das partes; resolução, quando há falta grave, seja do empregado, seja do empregador; e rescisão, quando há vício grave que implique na nulidade contratual.

Alternativa correta: letra "e": Hipótese coincidente com a redação da súmula 443 do TST. A dispensa do empregado portador do vírus HIV, ou de outra doença grave, presume-se discriminatória e autoriza a reintegração. O entendimento buscou suprir as dificuldades de prova que o empregado doente enfrentava, para comprovar sua alegação de motivação discriminatória da dispensa (aplicação do princípio da aptidão da prova). A presunção é apenas relativa.

Alternativa "a": A Lei 12.506/11, que regulamentou o aviso prévio proporcional previsto no artigo 7º, XXI da Constituição Federal, entrou em vigência em outubro de 2011. Não atinge, pois, situações pretéritas, como o caso do empregado dispensado em setembro/11. A data da distribuição da demanda em nada altera o critério de aplicação da lei material no tempo.

Alternativa "b": A chamada culpa recíproca, prevista no artigo 484 da CLT, também é enquadrada como resolução do contrato, pela falta contratual cometida por ambos os sujeitos do pacto. Sua configuração apenas autoriza a redução, pela metade, da indenização que seria devida em caso de culpa exclusiva do empregador. Errada, portanto.

Alternativa "c": Assertiva incorreta, pois no caso de fato do príncipe, o ente público responsável arca integralmente com o pagamento das verbas rescisórias (artigo 486 da CLT).

Alternativa "d": A questão contraria o entendimento sedimentado pela súmula 388 do TST, de inaplicabilidade de tais multas rescisórias à massa falida. A premissa é bastante razoável, já que os bens estão vinculados ao juízo universal e, portanto, não há atraso ou inadimplência voluntária do empregador.

---

54. (Cespe – Analista do MPU/2013) Julgue os seguintes itens, referentes ao aviso prévio.

54.1. De acordo com entendimento assente do TST, o aviso prévio tem de ser computado a partir do dia seguinte àquele em que o empregado dele tomar ciência.

COMENTÁRIOS

✪ **Nota do autor:** O artigo 7º, XXI da Constituição Federal garante aos empregados o aviso prévio proporcional ao tempo de serviço, no mínimo de 30 dias, nos termos da lei. A Lei 12.506/11 regulamentou o dispositivo constitucional, fixando que o aviso prévio de 30 dias será acrescido de 3 dias por ano trabalhado a mesma empresa, até o máximo de 60 dias, perfazendo um total de 90 dias.

Certo: Conforme já sedimentado pelo TST, em sua súmula 380, o início da contagem do prazo do aviso prévio seque a regra do artigo 132 do Código Civil, ou seja, exclui-se o dia do começo (entenda-se, o da ciência pelo empregado) e inclui-se o dia do vencimento. O início da contagem do prazo, portanto, ocorrerá no dia seguinte ao que o empregado for cientificado do ato.

54.2. Considere que um empregado tenha trabalhado por onze meses e que, em 26/3/2013, tenha tomado ciência do aviso prévio, de cujo cumprimento foi dispensado. Nesse caso, o empregador deveria ter-lhe pagado as verbas rescisórias no dia 27/3/2013, sob pena de ter de arcar com multa pelo atraso no pagamento dessas verbas.

COMENTÁRIOS

✪ **Nota do autor:** Na época da prova, a CLT, em seu artigo 477 da CLT, fixava o prazo para pagamento das verbas rescisórias, segundo dois parâmetros: a) na hipótese de aviso prévio trabalhado, o pagamento deverá ocorrer no primeiro dia útil imediato ao término do contrato; b) quando da ausência de aviso prévio (indenização ou dispensa de seu cumprimento), o prazo passa a ser de até dez dias após o término do contrato. Atualmente, com as alterações introduzidas pela Lei 13.467/17, não se exige mais a homologação da rescisão contratual, bastando que o empregador dê baixa em CTPS, comunique a dispensa aos órgãos competentes, efetuando o pagamento das verbas rescisórias no prazo (agora unificado) de 10 dias a partir do término do contrato.

Errado: O TST já pacificou a questão. Segundo a OJ 14, da SDI-1 do TST, no caso de aviso prévio cumprido em casa (dispensa de seu cumprimento), o prazo de pagamento das verbas rescisórias será até o décimo dia da notificação da despedida. A questão aplica o prazo legal menor (vigente à época), que apenas poderia ser utilizado na hipótese de efetivo trabalho no período de aviso prévio.

55. (Cespe – Procurador do Ministério Público junto ao TCDF/2013) Julgue os próximos itens, acerca das estabilidades e da rescisão contratual.

55.1. Caso um empregado seja surpreendido furtando bens da empresa em que trabalhe, seu empregador, antes que possa demiti-lo por justa causa, deverá advertir ou suspender o empregado, a fim de observar a gradação na aplicação da penalidade.

COMENTÁRIOS

✪ **Nota do autor:** Segundo a doutrina, a justa causa válida exige, em linhas gerais, a previsão legal (tipicidade), a atualidade (imediatidade, para que não se configure o perdão tácito), bem como a gravidade (suficiente à quebra de confiança entre as partes). Por fim, é relevante que sejam analisadas as circunstâncias que nortearam os fatos concretos, o que representa um juízo de proporcionalidade diante do caso específico e suas características peculiares.

Errado: A aplicação de punições gradativas e progressivas não é regra para as despedidas por justa causa. Quando a falta grave cometida é muito grave, suficiente para autorizar a quebra da fidúcia necessária à manutenção do vínculo de emprego, a justa causa pode ser imediatamente aplicada, independentemente de prévia advertência ou suspensão. O furto de bens do empregador é situação típica de improbidade grave, que é compatível com a aplicação imediata de justa causa.

55.2. O empregado que pede demissão antes de completar doze meses de serviço perde o direito às férias proporcionais.

COMENTÁRIOS

✪ **Nota do autor:** As férias, inclusive as proporcionais, são devidas em quase todas as modalidades de ruptura do contrato, inclusive no pedido de demissão. Ressalva-se apenas a justa causa aplicada ao empregado, que afasta tal direito (súmula 171 do TST).

Errado: A questão está pacificada pela súmula 261 do TST. Segundo tal verbete, mesmo nos contratos inferiores a um ano, com pedido de demissão formalizado pelo empregado, fica a este garantido o direito às férias proporcionais.

55.3. O contrato de experiência pode ser prorrogado por apenas um período, e não pode exceder os noventa dias.

COMENTÁRIOS

✪ **Nota do autor:** O contrato de experiência (ou contrato de prova) é modalidade de contrato por prazo determinado, expressamente autorizada no artigo 443, § 2º da CLT. Não se pode confundir o prazo máximo dos contratos a termo (dois anos – artigo 445 da CLT), com o prazo específico da experiência, que não pode ultrapassar 90 dias (parágrafo único do artigo 445 da CLT).

Certo: O contrato de experiência admite prorrogação (apenas uma). No entanto, mesmo com tal prorrogação, não pode ser ultrapassado o prazo máximo e total de 90 dias (súmula 188 do TST). Atenção: é praxe em questões objetivas a referência (errada) ao prazo de 3 meses do contrato de experiência.

55.4. A condenação criminal do empregado, mesmo antes de transitar em julgado, configura justa causa para sua dispensa.

COMENTÁRIOS

✪ **Nota do autor:** É importante lembrar da presunção de inocência que beneficia o acusado, mesmo no curso do processo criminal. De qualquer forma, a hipótese celetista questionada não pressupõe que o empregador seja a vítima do crime imputado ao empregado (o delito pode não ter relação com o trabalho).

Errado: Nos termos do artigo 482, "d" da CLT, a condenação criminal transitada em julgado, caso não seja concedida a suspensão condicional da pena, autoriza a aplicação de justa causa pelo empregador. O trânsito em julgado da condenação é, portanto, requisito expresso da hipótese legal de falta grave.

55.5. O delegado sindical não é beneficiário da estabilidade provisória prevista na CF.

COMENTÁRIOS

✪ **Nota do autor:** A garantia provisória de emprego do dirigente sindical está prevista no texto definitivo da Constituição Federal (artigo 8º, VIII), sendo que tal situação a difere das demais garantias de emprego. Daí porque a necessidade de ajuizamento de inquérito para apuração de falta grave. Lembre-se que a súmula 369 do TST, em sua atual redação, limita tal estabilidade a sete dirigentes sindicais e igual número de suplentes (artigo 522 da CLT).

Certo: O delegado sindical não é considerado dirigente sindical e, nos termos do já reconhecido pela OJ 369 da SDI-1 do TST, não tem direito à garantia provisória de emprego prevista no artigo 8º, VIII da Constituição Federal. Correta a assertiva.

15. DIREITO SINDICAL E COLETIVO DO TRABALHO

56. (Cespe – Procurador do Estado – PGE – SE/2017) O sistema sindical brasileiro foi estabelecido para manter a correspondência entre a classe trabalhadora e a empresarial, de modo que, para cada sindicato representativo da categoria profissional, deve existir um sindicato representativo da categoria econômica correspondente. Essa regra, que não se aplica à categoria profissional diferenciada, denomina-se

A) dissociação sindical.

B) desmembramento sindical.

C) paralelismo simétrico sindical.

D) adequação setorial negociada.

E) unicidade sindical.

COMENTÁRIOS

✪ **Nota do autor:** O enquadramento sindical é definido, como regra, pela categoria econômica preponderante do empregador. O sindicato profissional correspondente será definido como o "dos trabalhadores desta mesma categoria econômica preponderante". Por exemplo, uma indústria química, será representada pelo sindicato das indústrias químicas. Seus empregados serão representados pelo sindicato "dos trabalhadores em indústrias químicas" (note-se que não se relevou, para o enquadramento sindical dos trabalhadores, a profissão destes. Apenas em situações excepcionais (a chamada categoria profissional diferenciada – artigo 511, § 3º da CLT – em razão do regramento próprio da profissão, ou das condições de vida singulares, é que tais trabalhadores serão representados por sindicato de profissão, independentemente da categoria econômica do empregador.

Alternativa correta: letra "c": O próprio nome do princípio do paralelismo simétrico sindical sugere a resposta correta. As categorias econômica e profissional são simétricas e definidas a partir da atividade econômica do empregador. São paralelas, já que não se cruzam, não se coincidem nas representações, mas convivem paralelamente para defender os interesses respectivos, solucionando seus conflitos, às vezes negociando, outras litigando. De qualquer forma, considerando os demais itens da questão, a resposta também poderia ser atingida por exclusão.

Alternativa "a": Dissociação sindical implica na criação de uma categoria mais específica, a partir de um sindicato com representação mais abrangente. Por exemplo, um sindicato pode representar atividades ou profissões "similares ou conexas" (artigo 511, caput, da CLT). Com o passar do tempo, esta representação pode ser dissociada em dois sindicatos mais específicos. Apenas para elucidar, um sindicato do comércio (em geral) pode, por decisão dos representados, pretender a dissociação em dois sindicatos (o do comércio varejista e o do comércio atacadista).

Alternativa "b": O desmembramento também implica na criação de um novo sindicato. Porém, ao contrário da dissociação (que torna mais específica a categoria representada), no desmembramento, a divisão está atrelada à base sindical. Assim, um sindicato de base que represente todo o estado, pode ser desmembrado em sindicatos com representação mais específica (cidades ou regiões menores), respeitada a representação mínima do município.

Alternativa "d": O princípio da adequação setorial negociada retrata a finalidade própria da negociação coletiva, que é a flexibilização da legislação heterônoma, para atender as peculiaridades de cada setor da economia ou de cada atividade econômica ou profissional, através da autonomia coletiva privada.

Alternativa "e": A unicidade sindical é princípio constitucional, segundo o qual não pode existir mais de um sindicato representando a mesma categoria, na mesma base territorial. Como é noção corrente, o Brasil não ratificou a Convenção 87 da OIT (que prevê a pluralidade sindical), exatamente em razão desta previsão constitucional de unicidade.

57. (Cespe – Defensor Público – DPU/2017) A respeito do FGTS e do direito de greve, julgue os itens seguintes.

57.1. Para o TST, a greve realizada com motivação política explícita, ainda que seja de curta duração, é abusiva.

COMENTÁRIOS

✪ **Nota do autor:** A greve é direito fundamental dos trabalhadores que, por assembleia, decidem a oportunidade de sua realização e o interesse que pretendem defender. Lembre-se que é um meio de pressão para suplantar uma pretensão justa, recusada pelo empregador. Daí porque a limitação, na jurisprudência, das motivações alheias à realidade trabalhista ou que fujam à qualquer possibilidade de atendimento patronal.

Certo: A Seção de Dissídios Coletivos do TST já apreciou situação de greve política e a considerou abusiva. Foi ponderado, por exemplo, que a reivindicação coletiva não poderia ser atendida através de convenção, acordo coletivo ou mesmo decisão em dissídio coletivo. A notícia foi divulgada oficialmente pelo TST, com referência ao RO-51534-84.2012.5.02.0000.

57.2. O empregado com deficiência poderá movimentar sua conta vinculada ao FGTS quando, por prescrição médica, necessitar adquirir órtese ou prótese para favorecer sua acessibilidade e inclusão social.

COMENTÁRIOS

✪ **Nota do autor:** O saque do FGTS é possível apenas em hipóteses legais específicas, fixadas no artigo 20 da Lei 8.036/90, dentre as quais: a despedida sem justa causa; rescisão indireta; culpa recíproca; força maior; extinção ou fechamento da empresa; aposentadoria; falecimento do empregado; financiamento habitacional; conta inativa por três anos ininterruptos; extinção normal do contrato a termo; trabalhador ou dependente com neoplasia maligna, HIV ou doença grave em estágio terminal.

Certo: A partir da vigência da Lei 13.145/15, nova hipótese de movimentação da conta vinculada do FGTS foi introduzida, exatamente para aquisição de órtese ou prótese, por prescrição médica, visando promover a acessibilidade e a inclusão social.

---

58. (Cespe – AGU – 2015) Acerca de direito coletivo do trabalho e segurança no trabalho, julgue os próximos itens.

58.1. De acordo com a CLT, caso seja demonstrado grave e iminente risco para o trabalhador, o auditor-fiscal do trabalho deverá interditar o estabelecimento ou embargar a obra.

COMENTÁRIOS

✪ **Nota do autor:** A possibilidade de interdição de estabelecimento ou de embargo da obra está prevista no artigo 161 da CLT: "O Delegado Regional do Trabalho, à vista do laudo técnico do serviço competente que demonstre grave e iminente risco para o trabalhador, poderá interditar estabelecimento, setor de serviço, máquina ou equipamento, ou embargar obra, indicando na decisão, tomada com a brevidade que a ocorrência exigir, as providências que deverão ser adotadas para prevenção de infortúnios de trabalho." É oportuno registrar, também, que o agente de inspeção do trabalho ou a entidade sindical poderão apenas requerer à Delegacia Regional do Trabalho o embargo ou a interdição, consoante § 2º do dispositivo celetista já citado.

Errado: O auditor fiscal do trabalho não tem competência para interditar estabelecimento ou embargar obra, pois conforme texto expresso da CLT, apenas o Delegado Regional do Trabalho pode fazê-lo. Daí a incorreção da questão. Lembramos, ainda, que a função central do auditor fiscal do trabalho é de fiscalização e, se o caso, autuação diante do descumprimento da legislação trabalhista (artigo 626 e seguintes da CLT). Destacamos, por fim, que a regulamentação das atividades de inspeção do trabalho está disposta no Decreto 4.552/02.

58.2. É assegurado ao aposentado o direito de votar e ser votado nas organizações sindicais, além da possibilidade de exercer cargo de administração sindical ou de representação profissional.

COMENTÁRIOS

✪ **Nota do autor:** O direito do aposentado de votar e ser votado nas organizações sindicais tem envergadura constitucional, diante da garantia expressa fixada no artigo 8º, VII da Constituição Federal. Há, no entanto, várias regras na CLT que disciplinam a organização sindical. Entende-se que vários destes dispositivos foram recepcionados pela Constituição Federal de 1988, desde que compatíveis com a autonomia administrativa que os sindicatos gozam, diante de atos do Estado. Recomendamos, portanto, a leitura atenta dos artigos 511 e seguintes da CLT, que tratam da organização sindical.

Errado: A questão está errada ao mencionar a possibilidade de exercício de cargo de administração sindical ou representação profissional pelo aposentado, já que vigora a regra proibitiva do § 2º do artigo 540 da CLT, de seguinte teor: "Os associados de sindicatos de empregados, agentes ou trabalhadores autônomos e de profissões liberais que forem aposentados, estiverem em desemprego ou falta de trabalho ou tiverem sido convocados para prestação de serviço militar, não perderão os respectivos direitos sindicais e ficarão isentos de qualquer contribuição, não podendo, entretanto, exercer cargo de administração sindical ou de representação econômica ou profissional."

---

59. (Cespe – Juiz do Trabalho Substituto 5ª região/2013) Com relação ao modelo sindical brasileiro, às funções das organizações sindicais e às contribuições a elas destinadas, assinale a opção correta.

a) É permitido a qualquer federação, para o fim de lhes coordenar os interesses, agrupar os sindicatos de determinado município ou região a ela filiados, não tendo a união direito de representação das atividades ou profissões agrupadas.

b) A constituição de centrais sindicais coaduna-se com o modelo sindical corporativista.

c) Nas empresas com mais de cem empregados, é assegurada a eleição de um representante dos trabalhadores com a finalidade exclusiva de promover-lhes o entendimento direto com os empregadores.

d) Conforme as reivindicações apresentadas pelos trabalhadores e o número de empregados da empresa, poderá ser constituída, entre os empregados, uma comissão para firmar instrumento coletivo de trabalho diretamente com a direção da empresa.

e) Deve ser fixada por lei a contribuição que, em se tratando de categoria profissional, é descontada em folha, para custeio do sistema confederativo da representação sindical respectiva.

COMENTÁRIOS

✪ **Nota do autor:** Questão que sempre gera enormes debates é o financiamento dos sindicatos, na medida em que a fixação de contribuições dos representados representa a principal fonte de recursos das referidas entidades. Podemos sintetizar, atualmente, as seguintes espécies de contribuições: a contribuição sindical (artigos 578 a 610 da CLT); a contribuição confederativa (artigo 8º, IV da CF/88); a contribuição assistencial (artigo 513, e da CLT); e a mensalidade do associado (art. 548, b da CLT). Houve anulação desta questão, em razão da dubiedade existente nas alternativas apresentadas. Registramos, ainda, que a partir da vigência da Lei 13.467/17, a contribuição sindical deixou de ser obrigatória e sujeita-se à prévia autorização de desconto firmada pelos empregados. Neste específico, vide alterações providenciadas no artigo 545, 578 e 579 da CLT.

Alternativa "a": Enunciado coincidente com o previsto no artigo 534, § 3º da CLT. Correta, portanto.

Alternativa "b": Há muita polêmica, na doutrina, sobre a caracterização do corporativismo nas instituições sindicais. A interferência estatal nas organizações sindicais, por mais que seja veda na Constituição Federal, ainda persiste em vários pontos (como na arrecadação de parte da contribuição sindical e no controle da unicidade). Nas centrais sindicais, a discussão ganhou mais relevância, diante do viés político de tais entidades e, também, da participação na arrecadação da contribuição sindical. Questão polêmica, sem resposta direta ou isenta de divergências.

Alternativa "c": O artigo 11 da Constituição Federal faculta, nas empresas com mais de duzentos empregados, a eleição de um representante dos trabalhadores para promover o entendimento direto com o empregador. Errada a questão, ao apontar o número de 100 empregados. Novamente é oportuno registrar que a Lei 13.467/17 introduziu os artigos 510-A a 510-D da CLT, que regulamentaram a garantia provisória de emprego dos integrantes da comissão de representantes dos empregados (nos mesmos moldes da garantia já prevista para o cipeiro eleito).

Alternativa "d": Apenas no caso da participação nos lucros ou resultados é possível a constituição de uma comissão de empregados para firmar negociação coletiva direta com a empresa (artigo 2º, I da Lei 10.101/00). Não há, porém, vinculação ao número de funcionários da empresa.

Alternativa "e": A contribuição para custeio do sistema confederativo deve ser fixada por assembleia, conforme artigo 8º, IV da Constituição Federal.

60. (Cespe – Juiz do Trabalho Substituto 5ª região/2013) Acerca dos meios de solução dos conflitos coletivos de trabalho, assinale a opção correta.

a) A negociação coletiva não pode ocorrer após o ajuizamento de dissídio coletivo.

b) As convenções e os acordos coletivos de trabalho não podem conter cláusula que disponha sobre a constituição e o funcionamento de comissões mistas de consulta e colaboração no plano da empresa.

c) As convenções e os acordos coletivos de trabalho devem ser celebrados por escrito, sem emendas nem rasuras, em tantas vias quantos forem os sindicatos convenentes ou as empresas acordantes, além de uma destinada a registro.

d) Não há previsão legal de quórum mínimo de comparecimento e votação para validação de instrumento coletivo de trabalho por associados de entidade sindical.

e) Presidente de sindicato pode celebrar, em caráter de urgência, instrumento coletivo de trabalho.

COMENTÁRIOS

✪ **Nota do autor:** Pode-se dizer que há quatro formas básicas de solução de um conflito coletivo de trabalho. Duas delas estão na chamada "autocomposição" (conciliação e mediação), onde as partes chegam a um consenso negocial (resolvem, por si e amigavelmente, seus conflitos). As outras duas estão na chamada "heterocomposição" (arbitragem e o judiciário), onde as partes acabem não logrando êxito na conciliação (acordo), obrigando que um terceiro decida e imponha a solução do conflito.

Alternativa correta: letra "c": O artigo 613, § único da CLT está em perfeita consonância com o enunciado proposto nesta alternativa (aos instrumentos negociais coletivos devem ser escritos, sem emendas ou rasuras, em tantas vias quanto forem os convenentes, além de uma via destinada ao registro).

Alternativa "a": A negociação coletiva poderá ocorrer a qualquer momento, mesmo quando já está em trâmite o dissídio coletivo de trabalho. Basta lembrar que, ajuizado o dissídio coletivo, a tentativa conciliatória é buscada, de forma prioritária, pelo Tribunal competente.

Alternativa "b": A possibilidade de instituição de cláusulas sobre a constituição e funcionamento de comissões mistas de consulta e colaboração no plano da empresa está autorizada de forma explícita no artigo 621 da CLT.

Alternativa "d": O artigo 612 da CLT fixa o quórum mínimo de validade das assembleias necessárias para a elaboração de acordos e convenções coletivas de trabalho. Alternativa incorreta, portanto.

Alternativa "e": Não é possível, nem mesmo em caso de urgência, que o presidente do sindicato celebre, sozinho, acordo ou convenção coletiva de trabalho. A autorização da assembleia do sindicato é sempre exigida.

61. (Cespe – Juiz do Trabalho Substituto 5ª região/2013) No que se refere à atuação das entidades sindicais, assinale a opção correta com base no disposto na CF.

a) A base territorial mínima dos sindicatos brasileiros é de três municípios, distantes, no máximo, 100 km um do outro.

b) Embora haja previsão constitucional de jornada máxima de seis horas para o empregado que exerça suas atividades em turnos ininterruptos de revezamento, os sindicatos, por meio de negociação coletiva de trabalho, podem estabelecer jornada de oito horas para esses empregados, sem o pagamento da sétima e da oitava hora como extras.

c) Não é necessária negociação coletiva para instituição de banco de horas em empresas em que a jornada seja de doze horas de trabalho por trinta e seis horas de descanso.

d) Ao sindicato não cabe negociar questões inferiores às previstas em lei.

e) Os sindicatos representantes de todas as categorias dos empregados podem negociar intervalo intrajornada menor que o legalmente previsto, uma vez que esse intervalo não é computado na jornada de trabalho dos empregados.

COMENTÁRIOS

✪ **Nota do autor:** A estrutura sindical englobava, até pouco tempo atrás, três níveis de organização: os sindicatos de base (1º grau de representação), as federações (2º grau de representação), e as confederações (3º grau de representação). Com o advento da Lei 11.648/08, as Centrais Sindicais ganharam legitimidade sindical e passaram a figurar como um quarto nível organizacional.

Alternativa correta: letra "b": A Constituição Federal autorizou, de forma explícita, a flexibilização negocial de alguns direitos trabalhistas, através da autonomia coletiva privada. São três os incisos do artigo 7º da Constituição Federal que trazem tal possibilidade de flexibilização por negociação coletiva: irredutibilidade salarial (inciso V), compensação de jornada (inciso XIII) e turnos ininterruptos de revezamento (inciso XIV). Correta, portanto, a assertiva, em razão desta última previsão citada. **Lembramos que a Lei 13.467/17 (reforma trabalhista) ampliou tais possibilidades negociais, através do princípio da intervenção mínima na autonomia da vontade coletiva, inserido no artigo 8º da CLT.**

Alternativa "a": A base territorial mínima do sindicato é o município (artigo 8º, II da Constituição Federal). Não há limite máximo, sendo admitido, por exemplo, sindicato com representação nacional.

Alternativa "c": Segundo regra do artigo 59, § 2º da CLT, a compensação da sobrejornada pelo sistema de banco de horas apenas é possível através de formalização de acordo ou convenção coletiva de trabalho. A Lei 13.467/17 incluiu o § 5º ao referido dispositivo legal, autorizando o banco de horas por acordo individual escrito, desde que a compensação ocorra no período máximo de seis meses. Porém, com a sequencial MP 808/17, tal possibilidade (de ajuste individual do banco de horas) foi excluída, retornando a necessidade de negociação coletiva. Ficou autorizada apenas a compensação individual da jornada 12 por 36, por ajuste individual, na área da saúde. Lembramos, ainda, sobre o prazo de vigência de tal Medida Provisória (até 23.04.18). Sem conversão em lei, voltarão a vigorar os preceitos originais da Lei 13.467/17.

Alternativa "d": Em uma negociação coletiva é possível que, em alguns pontos, sejam fixados benefícios menores do que os previstos em lei. No entanto, em outros pontos, a negociação deverá contemplar benefícios que justifiquem esta opção. Ao final o instrumento coletivo deverá propiciar a melhoria das condições sociais dos envolvidos, através da análise de suas cláusulas, no conjunto (teoria do conglobamento). Exatamente em razão desta premissa (baseada em previsão constitucional e em normas internacionais ratificadas pelo Brasil) é que o novo artigo 611-A da CLT,, em seu § 2º, vem sendo muito criticado, ao validar a negociação coletiva mesmo sem contrapartidas recíprocas explícitas.

Alternativa "e": A súmula 437, II do TST sedimentou a impossibilidade de se negociar coletivamente a redução do intervalo intrajornada legal. A justificativa foi a natureza da norma que se buscou flexibilizar, que diz respeito à tutela da saúde e segurança dos trabalhadores, indisponível aos particulares. Também neste ponto a Lei 13.467/17 alterou a redação do artigo 71 da CLT, para fixar a natureza indenizatória da hora de intervalo suprimida, limitando ainda seu pagamento apenas ao tempo de pausa efetivamente suprimido.

62. (Cespe – Juiz do Trabalho Substituto 5ª região/2013) Considerando a negociação coletiva, sua função e o efeito dos instrumentos normativos coletivos de trabalho, assinale a opção correta.

a) As condições de trabalho alcançadas por força de sentença normativa, convenção ou acordos coletivos de trabalho vigem durante o prazo estipulado nesses instrumentos normativos e não podem ser integradas aos contratos individuais de trabalho.

b) Ao sindicato cabe a defesa, em âmbito judicial, dos direitos e interesses coletivos da categoria econômica ou profissional que representa, sendo-lhe vedada a atuação em área administrativa.

c) A CF determina expressamente o reconhecimento das convenções e acordos coletivos de trabalho.

d) As convenções coletivas de trabalho podem conter no máximo quarenta cláusulas.

e) Os acordos coletivos de trabalho podem conter no máximo trinta cláusulas.

COMENTÁRIOS

✪ **Nota do autor:** Sobre os conflitos coletivos de trabalho, os mais comuns são os "econômicos", onde há a reivindicação de novas e melhores condições na relação de trabalho (do lado dos empregados) e de regras mais maleáveis e adequadas à realidade econômica e a competitividade (pelo lado patronal). Outra espécie de conflito coletivo existente, porém verificada na prática com menor frequência, é o conflito jurídico (que dá margem a interposição do dissídio coletivo de natureza jurídica), onde não se discutem direitos, mas apenas qual seria a correta interpretação e aplicação da norma jurídica já existente.

Alternativa correta: letra "c": Realmente está fixado, dentre os direitos fundamentais sociais do artigo 7º da Constituição Federal, de forma específica em seu inciso XXVI, o reconhecimento dos acordos e convenções coletivas de trabalho.

Alternativa "a": A regra das negociações coletivas (e, também, das sentenças normativas proferidas pelos Tribunais) é a da vigência. Porém, de forma mais recente, a súmula 277 do TST fixou a possibilidade de ultratividade das regras negociais, caso não substituídas por nova negociação coletiva sequencial. Assim, esta integração pode ocorrer excepcionalmente. É oportuno registrar que a ultratividade prevista na súmula citada, está sub judice perante o E. STF (ADPF 323). De forma mais recente, o artigo 613, § 3o da CLT (redação dada pela Lei 13.467/17) vedou expressamente a possibilidade de tal ultratividade.

Alternativa "b": Assertiva incorreta, pois o artigo 8º, III da Constituição Federal fixou a prerrogativa sindical de defesa dos interesses individuais e coletivos da categoria, tanto em questões judiciais, quanto em administrativas.

Alternativas "d" e "e": Não há previsão, em lei, de qualquer limite para o número de cláusulas dos acordos ou convenções coletivas de trabalho. Incorretas, portanto.

63. (Cespe – Juiz do Trabalho Substituto 5ª região/2013) Assinale a opção correta a respeito das centrais sindicais e contribuições sindicais em geral.

a) Somente as centrais sindicais podem baixar instruções para disciplinar os procedimentos necessários à aferição dos requisitos de sua representatividade, bem como para alterá-los com base na análise dos índices de sindicalização dos sindicatos a ela filiados.

b) Da importância da arrecadação da contribuição sindical devem ser feitos pelos empregadores créditos, no percentual de 10%, destinados à confederação correspondente.

c) A aferição dos requisitos inerentes à atuação das centrais sindicais cabe ao Ministério do Trabalho e Emprego.

d) As centrais sindicais passaram a ser legalmente reconhecidas após edição de lei específica, que permitiu a tais entidades associativas participar de negociações de trabalho relativas às categorias profissionais e econômicas por elas representadas.

e) As centrais sindicais, para que possam exercer suas atribuições e prerrogativas, devem obter a filiação de no mínimo oitenta sindicatos distribuídos nas cinco regiões do país.

COMENTÁRIOS

✪ **Nota do autor:** As centrais sindicais ganharam legitimidade sindical com o advento da Lei 11.648/08. São organizações complexas, intercategoriais e com base territorial nacional, com atribuições e prerrogativas expressamente fixadas na referida legislação, cuja leitura é essencial.

Alternativa correta: letra "c": O artigo 4º da Lei 11.648/08 atribui ao Ministério do Trabalho a competência para verificação dos requisitos de representatividade exigidos das centrais sindicais.

Alternativa "a": Os índices de filiação e representatividade estão fixados no artigo 2º da Lei 11.648/08 e são fiscalizados pelo Ministério do Trabalho. Não se trata de prerrogativa das centrais, portanto.

Alternativa "b": O artigo 589 da CLT fixa os percentuais devidos para cada entidade sindical, diante da arrecadação da contribuição sindical. São 5% para a confederação, 15% para a federação, 60% para o sindicato e 20% para a "conta especial emprego e salário". No caso de sindicatos profissionais, destes 20% da "conta especial emprego e salário", 10% são destinados às centrais sindicais.

Alternativa "d": Dentre as prerrogativas das centrais sindicais, não está a possibilidade de participarem de negociações coletivas de trabalho. Trata-se de prerrogativa dos sindicatos de classe e, apenas no caso de categorias inorganizadas, a negociação coletiva pode ser realizada pelas federações e confederações, respectivamente.

Alternativa "e": O artigo 2º, I da Lei 11.648/08 exige que a Central tenha filiação de, no mínimo, 100 sindicatos distribuídos nas cinco regiões do país.

---

64. (Cespe – Juiz do Trabalho Substituto 5ª região/2013) Acerca de atuação sindical e formas de negociação, assinale a opção correta.

a) O prazo máximo de vigência da convenção coletiva de trabalho é de dois anos, ao passo que o do acordo coletivo de trabalho é de um ano.

b) Acordo coletivo de trabalho resulta de negociação pactuada entre dois ou mais sindicatos que representam categorias econômicas e profissionais.

c) Convenção coletiva de trabalho resulta de negociação pactuada entre sindicato de empregados e uma ou mais empresas.

d) As federações e as confederações, dado seu âmbito de atuação, não podem firmar convenções coletivas de trabalho.

e) Tanto a convenção coletiva de trabalho quanto o acordo coletivo de trabalho deve conter cláusula que estipule sua vigência.

COMENTÁRIOS

✪ **Nota do autor:** O tema das negociações coletivas exige a leitura atenta dos artigos 611 e seguintes da CLT, que fixam as regras básicas das convenções e acordos coletivos de trabalho, assim como dos principais verbetes sumulados perante o TST. Atualmente, a reforma trabalhista (Lei 13.467/17) trouxe a ideia de prevalência do negociado sobre o legislado. Assim, recomendamos também a leitura dos artigos 661-A e 661-B da CLT, que especificam os temas autorizados e vedados à negociação coletiva.

Alternativa correta: letra "e": O artigo 613 da CLT fixa os requisitos obrigatórios dos acordos e convenções coletivas de trabalho. A vigência é um de tais pontos obrigatórios de tais instrumentos negociados (inciso II).

Alternativa "a": O prazo máximo de vigência das negociações coletivas foi fixado em dois anos pelo artigo 614, § 3º da CLT. O prazo vale tanto para acordo coletivo de trabalho, quanto para convenção coletiva de trabalho, não havendo distinção, neste específico. A intenção foi de claro incentivo à negociação coletiva periódica visando o aperfeiçoamento das condições de trabalho.

Alternativa "b": A hipótese desta alternativa coincide com o conceito de convenção coletiva de trabalho, que é a "norma da categoria", firmada entre dois sindicatos, o patronal e o profissional (artigo 511, *caput*, da CLT).

Alternativa "c": O acordo coletivo de trabalho é firmado entre o sindicato de empregados e uma ou mais de uma empresa (artigo 611, § 1º da CLT). Errada a questão, ao apontar tal situação como configuradora de uma convenção coletiva de trabalho.

Alternativa "d": O artigo 611, § 2º da CLT permite, excepcionalmente, que as federações e confederações firmem convenções coletivas de trabalho, quando a categoria a elas vinculadas estiverem inorganizadas em sindicatos.

---

65. (Cespe – Juiz do Trabalho Substituto 5ª região/2013) Assinale a opção em que é apresentada regra internacional aplicada ao direito coletivo do trabalho brasileiro.

a) Não se podem estabelecer condições restritivas para que organizações de trabalhadores e de empregadores, federações e confederações adquiram personalidade jurídica.

b) Todo país-membro da OIT deve comprometer-se a tomar todas as medidas necessárias e apropriadas para assegurar aos trabalhadores e empregadores o livre exercício do direito sindical.

c) Todo país-membro OIT deve apresentar, por meio da direção geral da OIT, à Conferência Geral relatório sobre a aplicação, em seu território, da Convenção nº 87, relativa à liberdade sindical e à proteção do direito de sindicalização, no qual também avalie a conveniência de incluir na pauta da Conferência revisão total ou parcial das propostas constantes da referida convenção.

d) Trabalhadores e empregadores, sem distinção de qualquer espécie, têm o direito de constituir, sem prévia autorização, organizações sindicais e de a elas se filiarem, com a única condição de observar seus estatutos.

e) As organizações de trabalhadores e de empregadores, devidamente registradas perante o órgão competente, têm o direito de elaborar seus estatutos e regimentos, eleger livremente seus representantes e organizar sua administração e atividades.

COMENTÁRIOS

✪ **Nota do autor:** Os sindicatos têm suas regras básicas fixadas pelo artigo 8º da Constituição Federal, destacando-se a liberdade sindical, seja da entidade em relação ao governo (não interveniência), seja do membro da categoria ou profissão em relação à entidade (liberdade de associação). Há um controle do Estado em relação à fundação de sindicatos, sendo que através da concessão do registro sindical (antiga carta sindical), é feito o controle da unicidade sindical, que veda a existência de mais de uma entidade sindical, representativa da mesma categoria, numa mesma base territorial.

Alternativa correta: letra "e": Uma das vertentes da liberdade sindical está atrelada à liberdade administrativa, consubstanciada na livre elaboração de seus estatutos e regimentos, sem interferência do Estado.

Alternativas "a", "b" e "c": O Brasil não ratificou a convenção 87 da OIT, que prega a liberdade sindical plena. A ausência de restrição sugerida no problema não é compatível, por exemplo, com a unicidade sindical prevista na Constituição Federal e controlada pelo Estado. A simples não ratificação da convenção referida, mostra que não há uma vinculação obrigatória às diretrizes de liberdade sindical da CLT e, tampouco um controle obrigatório, por relatórios, de sua aplicação.

Alternativa "d": As características desta assertiva coincidem com a pluralidade sindical, pregada pela Convenção 87 da OIT, não ratificada pelo Brasil e, portanto, incompatível com a unicidade adotada em nossa Constituição Federal.

---

66. (Cespe – Juiz do Trabalho Substituto 5ª região/2013) No que diz respeito a conflitos coletivos de trabalho e movimentos paredistas, assinale a opção correta.

a) Serviço funerário é considerado serviço essencial, para fins de movimento paredista.

b) A categoria profissional que preste serviço considerado essencial deve informar sua decisão de suspender suas atividades ao empregador e à sociedade com antecedência mínima de quarenta e oito horas do início previsto para a paralisação.

c) A deflagração de movimento paredista não configura conflito coletivo de trabalho.

d) Movimento paredista pode ser considerado ilegal.

e) Admite-se o movimento paredista iniciado por empregador.

COMENTÁRIOS

✪ **Nota do autor:** Questão anulada, conforme será comentado em cada um de seus itens. Sem prejuízo, lembramos que a greve, segundo definição do artigo 2º da Lei 7.783/89, é a suspensão coletiva, temporária e pacífica, total ou parcial, da prestação dos serviços, visando pressionar por melhoria de direitos. Cabe a categoria a definição, por assembleia, da oportunidade de seu exercício, bem como os interesses que por meio dela pretendem defender (artigo 9º da Constituição Federal). O prazo do aviso prévio de greve é de 48 horas para atividades normais e 72 horas para essenciais.

Alternativa "a": O serviço funerário está relacionado no artigo 10 da Lei 7.783/89 dentre os considerados essenciais, para efeito de greve. Correta.

Alternativa "b": A comunicação prévia sobre o movimento paredista, no caso das atividades essenciais, deverá observar a antecedência de 72 horas (artigo 13 da Lei 7.783/89). Incorreta.

Alternativa "c": O conflito coletivo de trabalho configura-se pela mera pretensão coletiva resistida. Dentre as formas de solução deste conflito estão a autocomposição (solução pelas próprias partes, normalmente negociada), a heterocomposição (solução por terceiros – arbitragem ou judicial), ou mesmo a autotutela (greve, segundo doutrina majoritária). A questão é dúbia, pois a deflagração do movimento paredista pressupõe o conflito coletivo de trabalho. Porém, o conflito já existia em fase anterior a tal deflagração.

Alternativa "d": O artigo 14 da Lei 7.783/89 fixa que a inobservância das normas sobre a greve, configura "abuso" do direito de greve. Daí porque a divergência surgida sobre a impossibilidade de se reconhecer a greve como ilegal. Porém, há, ainda, quem sustente a possibilidade das duas configurações (abuso e ilegalidade da greve). Questão divergente, portanto.

Alternativa "e": O movimento paredista iniciado pelo empregador é chamado de *lockout*, representando prática vedada (artigo 17 da lei 7.783/89).

---

67. (Cespe – Juiz do Trabalho Substituto 5ª região/2013) No que se refere à estrutura sindical brasileira, assinale a opção correta.

a) No Brasil, uma empresa pode constituir seu próprio sindicato em município onde haja organização representante da mesma categoria econômica a que se vincula.

b) Os sindicatos de trabalhadores constituem entidades associativas permanentes, que representam trabalhadores vinculados por laços profissionais e laborativos comuns, visando tratar dos problemas coletivos das bases por eles representadas, mediante a defesa de seus interesses trabalhistas e conexos, com o objetivo de obter-lhes melhores condições de trabalho e vida.

c) As federações constituem órgãos de grau intermediário entre os sindicatos e as confederações, sendo formadas pela conjugação de pelo menos oito sindicatos da mesma categoria profissional, diferenciada ou econômica.

d) As confederações correspondem a associações sindicais de grau superior, sendo formadas pela conjugação de pelo menos cinco federações.

e) A função básica do sindicato é a representação de categoria profissional, especificamente no momento da elaboração de norma jurídica heterônoma.

COMENTÁRIOS

✪ **Nota do autor:** Os sindicatos têm suas regras básicas fixadas pelo artigo 8º da Constituição Federal, destacando-se a liberdade sindical, seja da entidade em relação ao governo (não interveniência), seja do membro da categoria ou profissão em relação à entidade (liberdade de associação). Há um controle do Estado em relação à fundação de sindicatos, sendo que através da concessão do registro sindical (antiga carta sindical), é feito o controle da unicidade sindical, que veda a existência de mais de uma entidade sindical, representativa da mesma categoria, numa mesma base territorial. É importante, também, a leitura dos dispositivos celetistas respectivos, bem como os entendimentos sedimentados perante o TST.

Alternativa correta: letra "b": Os sindicatos são constituídos como verdadeira associação civil, ou seja, possuem natureza jurídica de direito privado. Tal característica está evidenciada pelo artigo 8º, I da Constituição Federal, que veda qualquer interferência do Estado na organização sindical. A comunhão de interesses, a similitude de condições de vida, oriundos da profissão ou trabalho em comum, são características coincidentes com o artigo 511 da CLT. Correta, portanto.

Alternativa "a": A fundação de sindicato, em local onde já há outra entidade constituída regularmente, feriria o princípio da unicidade sindical (artigo 8º, II da Constituição Federal).

Alternativa "c": Para a constituição de uma federação, é necessário o número de no mínimo cinco sindicatos, conforme artigo 534 da CLT. Incorreta a referência, no problema, ao número mínimo de oito sindicatos.

Alternativa "d": Para a constituição de uma confederação, é necessário o número de no mínimo três federações, conforme artigo 535 da CLT. Incorreta a referência, no problema, ao número mínimo de cinco federações.

Alternativa "e": A representação da categoria não se limita ao momento da negociação coletiva. O artigo 8º, III da Constituição Federal, por exemplo, eleva à categoria de direitos fundamentais a defesa, pelo sindicato, dos direitos e interesses coletivos ou individuais da categoria, inclusive em questões judiciais ou administrativas. Destacam-se, também, por exemplo, o oferecimento de denúncias administrativas, o ajuizamento de ações coletivas como substituto processual, além da prestação da assistência judiciária gratuita.

---

68. (Cespe – Juiz do Trabalho Substituto 5ª região/2013) Acerca das garantias sindicais e suas consequências, assinale a opção correta.

a) O registro da candidatura do empregado a cargo de dirigente sindical durante o período de aviso prévio trabalhado assegura a ele, caso seja eleito, estabilidade até um ano após o final de seu mandato.

b) Fica limitada, por dispositivo legal, a estabilidade sindical a sete dirigentes sindicais e igual número de suplentes, ainda que, consoante a CF, não seja permitida a interferência do Estado na criação e no funcionamento dos sindicatos.

c) A estabilidade assegurada ao empregado eleito dirigente sindical é mantida mesmo que ele solicite à empresa, ou aceite formalmente, sua transferência para outra localidade.

d) A estabilidade é concedida a empregado de categoria diferenciada eleito dirigente sindical, independentemente da atividade por ele exercida na empresa.

e) O empregador deverá efetuar o pagamento do salário do empregado eleito dirigente sindical durante todo o período em que ele se afastar do trabalho para o exercício de atividades sindicais.

COMENTÁRIOS

✪ **Nota do autor:** A garantia provisória de emprego do dirigente sindical está prevista no texto definitivo da Constituição Federal (artigo 8º, VIII), sendo que tal situação a difere das demais garantias de emprego e justifica a dispensa motivada necessariamente através de inquérito para apuração de falta grave.

Alternativa correta: letra "b": A súmula 369 do TST, em sua atual redação, limita tal estabilidade a sete dirigentes sindicais e igual número de suplentes (artigo 522 da CLT).

Alternativa "a": O registro da candidatura do dirigente sindical, durante o prazo do aviso prévio (indenizado ou trabalhado), não lhe assegura a estabilidade provisória constitucional. Neste caso, a dispensa imotivada já se aperfeiçoou e apenas os efeitos pecuniários da projeção do aviso prévio devem ser respeitados. Entendimento pacificado no item V da Súmula 369 do TST.

Alternativa "c": O pedido, ou a aceitação voluntária, pelo dirigente sindical, de transferência de seu local de trabalho, para outra localidade, implica em renúncia à sua estabilidade provisória, nos termos do artigo 543, § 1º da CLT.

Alternativa "d": O empregado de categoria diferenciada, eleito dirigente sindical, somente gozará de estabilidade provisória se exercer, na empresa, atividade pertinente à categoria profissional de seu sindicato (súmula 369, III do TST). Incorreta, portanto.

Alternativa "e": A regra celetista (artigo 543, § 2º) dita que o afastamento para o desempenho de atividades sindicais, pelo dirigente, configura licença não remunerada, salvo assentimento da empresa ou cláusula contratual em sentido contrário.

---

69. (Cespe – Juiz do Trabalho Substituto 5ª região/2013) Assinale a opção correta no que diz respeito à flexibilização.

a) A fixação do adicional de periculosidade em percentual inferior ao legal e proporcional ao tempo de exposição ao risco deve ser respeitada, desde que seja pactuada em acordos ou convenções coletivos de trabalho.

b) É possível flexibilizar a jornada relativa ao turno ininterrupto de revezamento de seis horas, prevista na CF, por meio de instrumento coletivo de trabalho, convertendo-se a duração do labor em oito horas diárias, sem o pagamento das horas adicionais como extras.

c) Por meio de instrumento coletivo de trabalho, é possível flexibilizar o intervalo para alimentação e descanso, de modo a reduzi-lo.

d) A CF não prevê, de forma clara, a possibilidade de flexibilização dos direitos dos empregados.

e) É possível flexibilizar o valor do adicional de horas extras para valor inferior ao previsto em lei, desde que esse procedimento seja objeto de instrumento coletivo de trabalho.

COMENTÁRIOS

✪ **Nota do autor:** Questão anulada, pelos motivos que serão delineados nos comentários de seus itens. De qualquer forma, lembramos que a Constituição Federal autorizou, de forma explícita, a flexibilização negocial de alguns direitos trabalhistas, através da autonomia coletiva privada. São três os incisos do artigo 7º da Constituição Federal que trazem tal possibilidade de flexibilização por negociação coletiva: irredutibilidade salarial (inciso V), compensação de jornada (inciso XIII) e turnos ininterruptos de revezamento (inciso XIV). A flexibilização de outros temas sempre gerou polêmica na jurisprudência, cabendo a análise, caso a caso, das hipóteses admitidas. Com a Lei 13.467/17 a negociação coletiva foi privilegiada e a intervenção na autonomia da vontade coletiva ficou restringida. Neste sentido, as previsões inseridas nos artigos 8º, 611-A e 611-B da CLT.

Alternativa "a": O item II da súmula 364 do TST autorizava a fixação do adicional de insalubridade em percentual inferior ao legal e proporcional ao tempo de exposição ao risco. Em 2013 (ano da prova em análise) o TST cancelou o referido item II, da súmula 364, alterando o entendimento de antes. A mudança foi adequada, segundo nosso entendimento, pois a matéria está atrelada a normas de saúde e segurança do trabalho e, portanto, não pode ser modificada pelos particulares. Correto o cancelamento, pela abordagem de questões polêmicas e que geravam dúvida, à época.

Alternativas "b": A flexibilização da jornada de trabalho, no caso dos turnos interruptos de revezamento, está autorizada expressamente no artigo 7º, XIV da Constituição Federal. Correta, portanto.

Alternativa "c": A súmula 437, II do TST sedimentou a impossibilidade de se negociar coletivamente a redução do intervalo intrajornada legal. A justificativa foi, novamente, a natureza da norma que se buscou flexibilizar, que diz respeito à tutela da saúde e segurança dos trabalhadores, indisponível aos particulares. O artigo 611-A, III da CLT (inserido pela Lei 13.467/17) modificou tal entendimento e autorizou expressamente a redução do intervalo intrajornada por negociação coletiva, respeitado o limite mínimo de 30 minutos.

Alternativa "d": Assertiva dúbia. A previsão constitucional de flexibilização está restrita às três hipóteses do artigo 7º, da Constituição Federal. Porém, não está claro se este rol é exaustivo. A discussão jurisprudencial sobre a possibilidade de flexibilização de outros temas, bem demonstra a incerteza sobre os limites dados pela Carta Magna.

Alternativa "e": A sobrejornada deve ser excepcional, seja pelos prejuízos causados ao trabalhador, seja pela necessária observância do pleno emprego constitucional. A redução do adicional de horas extras implicaria em incentivo à prática de horas extras. Assim, esta pretensão negocial esbarra em um dos limites fixados à negociação coletiva, qual seja, o que veda a alteração das regras atreladas a matéria de interesse público indisponível.

---

70. (Cespe – Procurador do DF/ 2013) Com relação ao direito coletivo do trabalho, ao direito individual do trabalho e aos princípios do direito do trabalho, julgue os itens a seguir.

70.1. O contrato de trabalho temporário e a terceirização são formas de contratação por interposta pessoa mediante a constituição de um relacionamento triangular: contratante, intermediário e contratado. Para a validade de ambas, o trabalho realizado pelo empregado não deve destinar-se à atividade fim da empresa.

COMENTÁRIOS

✪ **Nota do autor:** Na terceirização lícita, atrelada a atividade-meio da tomadora (serviços de apoio), a responsabilidade desta será apenas subsidiária. Porém, na terceirização ilícita, assim considerada aquela ligada à atividade-fim da tomadora, forma-se o vínculo diretamente com esta (salvo entes públicos, em razão da exigência de concurso) e a responsabilidade das empresas envolvidas será solidária. Situação pacificada pela súmula 331 do TST. Recomendamos, contudo, a leitura da Lei 6.019/74, recentemente alterada pelas Leis 13.429/17 e 13.467/17, já que passou a vigorar a autorização para a terceirização de serviços em qualquer atividade da empresa, mesmo as essenciais.

Errado: A assertiva está incorreta na medida em que sugere a absoluta impossibilidade de terceirização no âmbito da atividade fim da empresa. Em verdade, a contratação de trabalhadores temporários é também espécie de terceirização, ligada a atividade fim do tomador, devidamente autorizada pela lei 6.019/74, mesmo antes das alterações legais acima citadas.

70.2. Greve é causa de suspensão do contrato de trabalho e somente pode ser utilizada após ser frustrada a negociação ou a arbitragem direta e pacífica, sob pena de ser considerada abusiva. Ademais, a comunicação acerca de sua decisão, no caso de atividade essencial, deve ser previamente feita aos empregadores e usuários do serviço no prazo mínimo de setenta e duas horas.

COMENTÁRIOS

✪ **Nota do autor:** Sobre o tema "greve", perguntado de forma recorrente nas provas objetivas, remetemos o candidato à leitura da Lei 7.783/89. Em especial, recomendamos o conhecimento sobre a definição da greve (artigo 2º) e os serviços essenciais (artigo 10).

Certo: A greve é meio de pressão excepcional, a ser utilizado apenas após o esgotamento das tentativas negociais. Cabe a categoria a definição, por assembleia, da oportunidade de seu exercício, bem como os interesses que por meio dela pretendem defender (artigo 9º da Constituição Federal). O aviso prévio de greve (48 horas para atividades normais e 72 horas para essenciais), assim como a negociação prévia para garantia dos serviços essenciais e inadiáveis, devem ser observados pelos grevistas, conforme artigos 3º, 11 e 13 da Lei 7.783/89.

70.3. O princípio da norma mais favorável, componente do núcleo basilar de princípios especiais do direito do trabalho, em sua visão mais ampla, opera em tríplice dimensão: informadora, interpretativa/normativa e hierarquizante.

COMENTÁRIOS

✪ **Nota do autor:** O princípio da proteção, segundo a classificação doutrinária tradicional, já citada, subdivide-se em três vertentes: a regra *in dubio pro operario*; a regra da norma mais favorável; e a regra da condição mais benéfica. A superioridade econômica do empregador, ou mesmo a simples subordinação jurídica que é imposta nas relações de emprego, justifica o favorecimento jurídico dado pelo princípio da proteção ao trabalhador.

Certo: Segundo divisão clássica da doutrina, os princípios têm as seguintes funções: informadora, normativa e interpretativa. De acordo com sua função informadora, os princípios servem como fonte de inspiração ao legislador, direcionando sua atuação, impondo-lhe limites. Serão, também, os fundamentos para as normas jurídicas criadas. Já a função normativa, está relacionada, como regra à integração de lacunas (omissões na legislação trabalhista – regra do artigo 8º da CLT) e, também, pode ter aplicação normativa direta nas relações entre os particulares. Por fim, a função interpretativa dos princípios, remete-nos ao seu papel de orientação dos operadores do Direito (juízes, advogados, etc.), quando da aplicação da lei. Correta a questão.

70.4. A convenção coletiva de trabalho, acordo de caráter normativo reconhecido de forma expressa pela CLT, é enunciada pela CF como fonte capaz de estabelecer normas e condições de trabalho, mediante a flexibilização de direitos fundamentais dos trabalhadores, como salários e duração do trabalho.

COMENTÁRIOS

✪ **Nota do autor:** A convenção coletiva de trabalho é a "norma da categoria", firmada entre dois sindicatos, o patronal e o profissional. O respeito às normas negociadas coletivamente decorre de previsão constitucional expressa (artigo 7º, XXVI da Constituição Federal).

Certo: A Constituição Federal autorizou, de forma explícita, a flexibilização negocial de alguns direitos trabalhistas, através da autonomia coletiva privada. São três os incisos do artigo 7º da Constituição Federal que trazem tal possibilidade de flexibilização por negociação coletiva: irredutibilidade salarial (inciso V), compensação de jornada (inciso XIII) e turnos ininterruptos de revezamento (inciso XIV). Ressalvamos, contudo, as alterações legais recentes, sobre o assunto. Com a Lei 13.467/17 a negociação coletiva foi privilegiada e a intervenção na autonomia da vontade coletiva ficou restringida. Neste sentido, as previsões inseridas nos artigos 8º, 611-A e 611-B da CLT.

---

71. (Cespe – Analista Judiciário – Área Judiciária – TRT 10/2013) Julgue os itens seguintes com base nos dispositivos referentes a direitos sociais previstos na CF.

71.1. Em respeito à Convenção 87 da Organização Internacional do Trabalho, a CF garante que os trabalhadores e os empregadores, sem nenhuma distinção e sem autorização prévia, têm o direito de constituir as organizações que estimem convenientes, assim como o de filiar-se a estas organizações, com a única condição de observar os estatutos das mesmas.

COMENTÁRIOS

✪ **Nota do autor:** Os sindicatos têm suas regras básicas fixadas pelo artigo 8º da Constituição Federal, destacando-se a liberdade sindical, seja da entidade em relação ao governo (não interveniência), seja do membro da categoria ou profissão em relação à entidade (liberdade de associação). Há um controle do Estado em relação à fundação de sindicatos, sendo que através da concessão do registro sindical (antiga carta sindical), é feito o controle da unicidade sindical, que veda a existência de mais de uma entidade sindical, representativa da mesma categoria, numa mesma base territorial.

Errado: O Brasil não ratificou a Convenção 87 da Organização Internacional do Trabalho, que prevê a ampla liberdade de fundação de sindicatos. A ratificação desta Convenção implicaria na adoção da chamada pluralidade sindical, incompatível como o sistema de unicidade sindical, positivado em nosso sistema jurídico através de previsão expressa do artigo 8º, II da Constituição Federal.

71.2. Considerando por hipótese que, na condição de empregada doméstica de Jorge, Fátima seja arbitrariamente despedida por este, a ela será assegurada indenização compensatória decorrente da proteção à relação de emprego.

COMENTÁRIOS

✪ **Nota do autor:** A partir da Emenda Constitucional 72/13, foram ampliados os direitos dos trabalhadores domésticos, numa tentativa de alcançar a isonomia em relação aos demais trabalhadores, da forma mais ampla possível. Assim, com esta nova redação dada ao artigo 7º, § único da Constituição Federal, os domésticos passaram a ter alguns direitos, desde logo, independentemente de qualquer regulamentação (horas extras com adicional de no mínimo 50%, limites de jornada de 8 horas diárias e 44 semanais, e reconhecimento de acordos ou convenções coletivas de trabalho). Outros direitos foram condicionados à regulamentação (auxílio creche e pré-escola, FGTS, relação de emprego protegida contra dispensa arbitrária ou sem justa causa, remuneração do trabalho noturno superior à do diurno, salário família, seguro desemprego, e seguro contra acidente de trabalho e indenização). Esta regulamentação veio, de forma mais recente, pela Lei Complementar 150/15.

Errado: O artigo 7º, I da Constituição Federal garante a proteção da relação de emprego contra a despedida arbitrária ou sem justa causa, "nos termos de lei complementar, que preverá indenização compensatória, dentre outros direitos". Tal dispositivo é aplicável aos trabalhadores domésticos (artigo 7º, § único da Constituição Federal). Porém, como não há, ainda, regulamentação deste direito fundamental por lei complementar, não há como se assegurar esta proteção, ou a indenização compensatória, aos trabalhadores domésticos.

Direito do Trabalho

Marcelo Chaim Chohfi

✦ DICAS (RESUMO)

1. PRINCÍPIOS E FONTES DO DIREITO DO TRABALHO

Mesmo em provas objetivas, o conhecimento acerca dos princípios de direito, quando não questionados diretamente, auxiliam no raciocínio de exclusão de alternativas incorretas ou de escolha da correta.

Segundo divisão clássica da doutrina, os princípios têm as seguintes funções: informadora, normativa e interpretativa.

De acordo com sua **função informadora**, os princípios servem como fonte de inspiração ao legislador, direcionando sua atuação, impondo-lhe limites. Serão, também, os fundamentos para as normas jurídicas criadas.

Já a **função normativa**, está relacionada, como regra à integração de lacunas (omissões na legislação trabalhista – regra do artigo 8º da CLT) e, também, pode ter aplicação normativa direta nas relações entre os particulares.

Por fim, a **função interpretativa** dos princípios, remete-nos ao seu papel de orientação dos operadores do Direito (juízes, advogados, etc.), quando da aplicação da lei.

No âmbito da interpretação, é importante consignar a diferença entre texto e norma. Do texto legal, é possível que se extraia, por força da atividade hermenêutica, várias normas.

Diante de regras textuais de interpretação polissêmica ou plurissignificativa, o intérprete ou aplicador do Direito deverá escolher a interpretação que melhor atenda aos princípios fundamentais da nossa Constituição Federal. Este é o exemplo típico da função interpretativa dos princípios.

Em relação aos **princípios do direito do trabalho,** são, segundo Américo Plá Rodriguez, os seguintes:

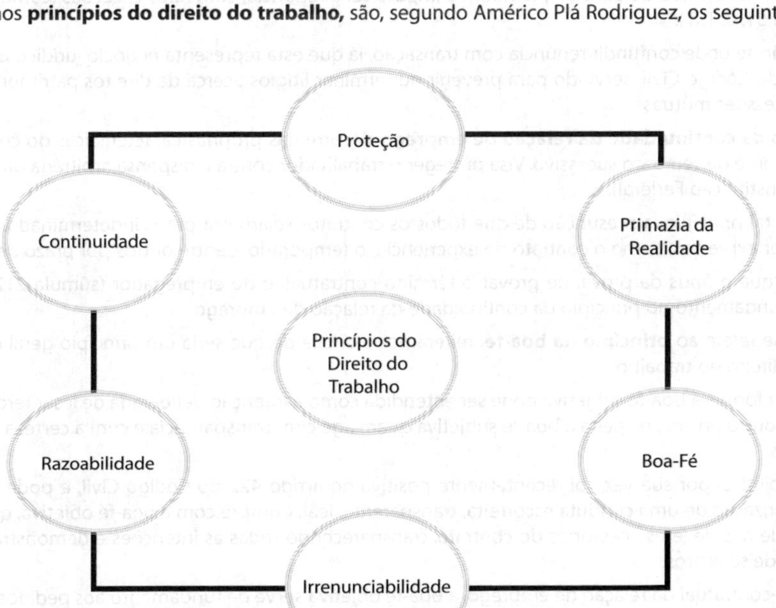

Há uma crítica doutrinária, acerca de tal classificação, pois os princípios da razoabilidade e boa-fé não seriam próprios do direito do trabalho. Porém, registrada esta divergência, é importante traçarmos a análise de tais princípios, um a um:

O **princípio da proteção** é o maior ponto de sustentação do direito do trabalho e, por sua vez, subdivide-se em três vertentes: a) ***in dubio pro operario***; b) **norma mais favorável**; e c) **condição mais benéfica**.

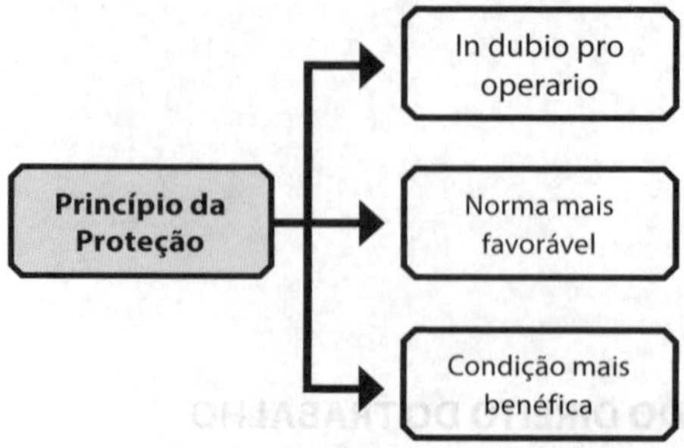

Segundo o critério da **norma mais favorável**, a aplicação das normas trabalhistas não depende, necessariamente, da hierarquia normativa clássica. Uma norma de classe (negociada), mais benéfica do que a previsão constitucional, prevalecerá diante desta.

A vertente da **condição mais benéfica** tem serventia para proteger e preservar as situações pessoais mais vantajosas ao empregado, evitando supressões unilaterais ou prejudiciais a este (artigo 468 da CLT).

As condições mais benéficas podem ser **causais** (concedidas em razão de qualidade especial do empregado) ou **concessivas** (sem cunho sinalagmático, decorrentes de liberalidade do empregador).

O princípio **in dubio pro misero (ou in dubio pro operário)** tem espaço de aplicabilidade apenas quando houver fundada dúvida sobre o alcance da lei. Neste caso, sua interpretação deverá ser pautada pelo que mais beneficiar o trabalhador. Uma observação importante deve ser lembrada: tal princípio nunca servirá para suprir deficiência da prova que incumbia ao empregado realizar.

O **princípio da irrenunciabilidade** remete-nos à vedação, imposta ao próprio trabalhador, de dispor de seus direitos sociais, ainda que concorde e documente a intenção (artigo 9º da CLT).

Lembre-se que a jurisprudência já sedimentou que a renúncia a direitos futuros é impossível (súmula 199, TST). Além disso, durante o curso do contrato, também é impossível a renúncia, com raras exceções (como ocorre na hipótese da súmula 51, II, TST).

Também não se pode confundir renúncia com transação, já que esta representa negócio jurídico bilateral, previsto no artigo 840 do Código Civil, servindo para prevenir ou terminar litígios acerca de direitos patrimoniais disponíveis, mediante concessões mútuas.

O **princípio da continuidade da relação de emprego** decorre das próprias características do contrato de trabalho, principalmente de seu trato sucessivo. Visa proteger o trabalhador contra a dispensa arbitrária ou sem justa causa (art. 7º, I da Constituição Federal).

Decorre de tal princípio, a presunção de que todos os contratos sejam por prazo indeterminado. Exceções a esta regra devem ser expressas, como o contrato de experiência, o temporário, dentre outros por prazo determinado.

A regra de que o ônus da prova, de provar o término contratual, é do empregador (súmula 212, TST), também encontra seu fundamento no princípio da continuidade da relação de emprego.

Já no que se refere ao **princípio da boa-fé**, reiteramos a crítica de que seria um princípio geral de direito e não específico do direito do trabalho.

De qualquer forma, a boa-fé subjetiva pode ser entendida como a intenção deliberada de lesar terceiro. Explicando o instituto por outro prisma, respeita a boa-fé subjetiva quem age com transparência e com a certeza de que não está a lesar terceiros.

A boa-fé objetiva, por sua vez, foi recentemente positiva no artigo 422 do Código Civil, e pode ser considerada como a exteriorização de uma conduta escorreita, transparente, leal. Cumpre com a boa-fé objetiva, quem demonstra sua honestidade nos deveres acessórios do contrato, transparecendo todas as intenções e demonstrando as motivações legítimas de seus atos.

Na fase pré-contratual da relação de emprego, a boa-fé objetiva serve de fundamento aos pedidos de indenização por danos materiais e morais (p. ex., em casos de não contratação por motivos discriminatórios constatados na fase de seleção).

Quanto ao **princípio da razoabilidade**, a doutrina faz sua correlação conceitual com a noção de equidade, de justiça proporcionada no caso concreto. Há quem o lance como sinônimo de proporcionalidade e, também, há quem faça a distinção entre a razoabilidade (atrelada à equidade) e à proporcionalidade (justa ponderação entre o meio utilizado e o fim pretendido).

Segundo moderna teoria da norma, a razoabilidade representa um postulado normativo de aplicação, utilizado na ponderação entre princípios colidentes em determinado caso concreto.

Por derradeiro, sobre as fontes do direito do trabalho, podemos dividi-las da seguinte forma:

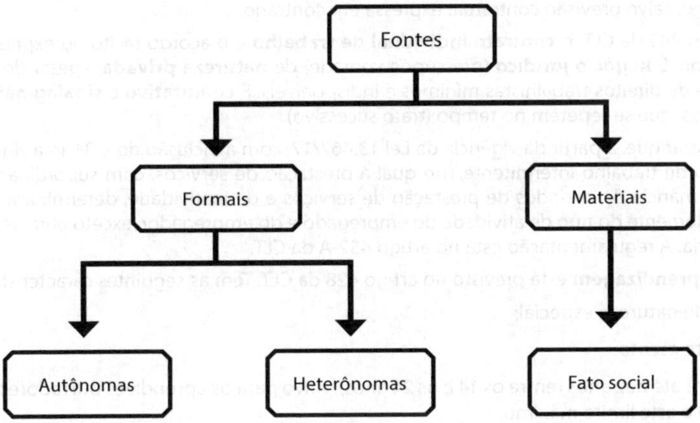

Assim, as fontes materiais do direito do trabalho correspondem ao fato social, ou seja, os fatores econômicos, sociológicos, políticos e filosóficos inerentes à sociedade.

Já as fontes formais, correspondem à exteriorização final das normas jurídicas. Pela teoria monista, a fonte formal única é o Estado (positivismo). Pela teoria pluralista, admite-se outras fontes alheias ao Estado, como o costume e a negociação coletiva.

As fontes formais podem ainda ser classificadas em autônomas (os destinatários das normas que as produzem, diretamente); ou heterônomas (produzidas por terceiros, não necessariamente os destinatários das normas).

2. RELAÇÃO DE EMPREGO E CONTRATOS AFINS

As características do **vínculo de emprego** estão fixadas no artigo 3º da CLT. São elas:

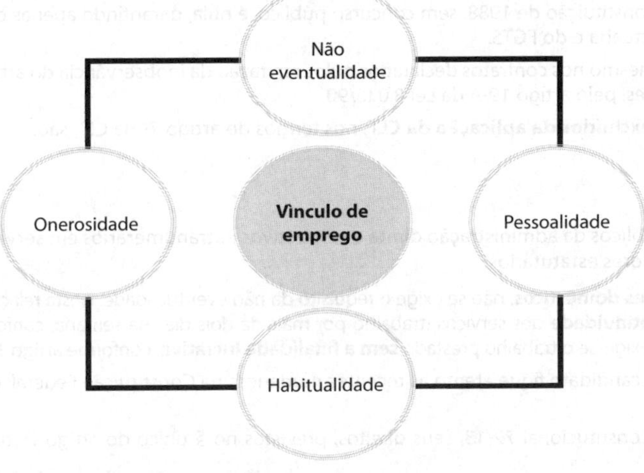

Empregador, nos termos do artigo 2º da CLT, é aquele que, assumindo os riscos da atividade econômica, admite, assalaria e dirige a prestação de serviços do trabalhador. A impossibilidade de se transferir os riscos do negócio para o empregador constitui a base do chamado **princípio da alteridade**.

Ainda quanto ao empregador, é importante o estudo do chamado **grupo econômico**, previsto no artigo 2º, § 2º da CLT. Segundo o entendimento da jurisprudência moderna, não se exige que uma das empresas seja controladora das demais, bastando a **coordenação de interesses** administrativos, normalmente comprovada pela identidade societária (parcial ou total). A partir da vigência da Lei 13.467/17, com a inclusão do § 3º ao artigo 2º da CLT, a configuração do grupo econômico não se caracteriza pela mera identidade de sócios, sendo necessário comprovar a efetiva comunhão de interesses e a atuação conjunta das empresas.

As empresas que integram um mesmo grupo econômico assumem a responsabilidade solidária diante dos débitos trabalhistas de seus empregados (**solidariedade passiva**).

A súmula 129 do TST, por outro lado, sedimentou a tese do "empregador único", já que a prestação de serviços para mais de uma empresa do mesmo grupo econômico não caracteriza a existência de mais de um contrato de emprego (**solidariedade ativa**), salvo previsão contratual expressa em contrário.

Segundo o artigo 442 da CLT, o **contrato individual de trabalho** é o acordo tácito ou expresso, correspondente a relação de emprego. É **negócio jurídico** (pressupõe vontade) de **natureza privada**, apesar do necessário respeito à parcela estatutária de direitos trabalhistas mínimos e indisponíveis. É **comutativo** e **sinalagmático** por contemplar obrigações recíprocas, que se repetem no tempo (trato sucessivo).

Importante registrar que, a partir da vigência da Lei 13.467/17, com a inclusão do § 3º ao artigo 443 da CLT, surgiu a figura do contrato de trabalho intermitente, "no qual a prestação de serviços, com subordinação, não é contínua, ocorrendo com alternância de períodos de prestação de serviços e de inatividade, determinados em horas, dias ou meses, independentemente do tipo de atividade do empregado e do empregador, exceto para os aeronautas, regidos por legislação própria. A regulamentação está no artigo 452-A da CLT.

O **contrato de aprendizagem** está previsto no artigo 428 da CLT. Tem as seguintes características:

- é um contrato de natureza especial;
- necessariamente escrito;
- pode vigorar por até dez anos (entre os 14 e os 24 anos), salvo para os aprendizes portadores de deficiência, que não se sujeitam a este limite máximo;
- a duração do trabalho não poderá ultrapassar 6 horas diárias, salvo para os aprendizes com ensino fundamental completo, que poderão ter jornada de até 8 horas diárias.

As **anotações em CTPS** são garantidas aos trabalhadores celetistas em geral. Tais anotações possuem presunção relativa de veracidade e cedem diante de prova em sentido contrário (súmula 12 do TST). O artigo 29 da CLT realmente obriga a apresentação da CTPS, pelo trabalhador ao empregador, contra recibo. O prazo para anotação e devolução do documento é de 48 horas. São vedadas as anotações desabonadoras na CTPS do empregado (artigo 29, § 4º da CLT).

Também são reiteradamente questionadas as peculiaridades da **relação do empregado público celetista** (que integra a competência material da justiça do trabalho – artigo 114, I da Constituição Federal).

O artigo 37, II da Constituição Federal obriga que a **investidura em cargo ou emprego público** ocorra mediante concurso público de provas ou de provas e títulos, ressalvadas apenas as nomeações para cargos em comissão declarados em lei, de livre nomeação e exoneração. O parágrafo 2º do mesmo dispositivo constitucional fixa a nulidade dos contratos firmados sem tal requisito. O TST, em sua súmula 363, pacificou entendimento de que a contratação de servidor público, após a Constituição de 1988, sem concurso público, é nula, garantindo apenas o direito ao pagamento da contraprestação pactuada e do FGTS.

O direito ao FGTS, mesmo nos contratos declarados nulos em razão da inobservância do artigo 37, § 2º da CLT, está garantido, nestes moldes, pelo artigo 19-A da Lei 8.036/90.

Os **trabalhadores excluídos da aplicação da CLT**, nos termos do artigo 7º da CLT, são:

- os domésticos;
- os rurais;
- os funcionários públicos da administração direta e respectivos extranumerários em serviços nas próprias repartições, e aos servidores estatutários.

Para os **trabalhadores domésticos**, não se exige o requisito da não eventualidade. Nesta relação, o requisito legal correspondente é o da **continuidade** dos serviços (trabalho por mais de dois dias na semana, conforme Lei Complementar 150/2015). Além deste, exige-se o trabalho prestado **sem a finalidade lucrativa**, conforme artigo 1º da Lei 5.859/72.

É importante que o candidato fique atento às recentes mudanças na Constituição Federal, em relação ao trabalho dos domésticos.

Antes da Emenda Constitucional 72/13, seus direitos, previstos no § único do artigo 7º da Constituição Federal, eram os seguintes:

- salário mínimo;
- irredutibilidade de salário;
- 13º salário;
- férias anuais com 1/3;
- licença gestante;
- licença paternidade;
- aviso prévio; e
- aposentadoria.

Porém, a partir da **Emenda Constitucional 72/13**, foram ampliados os direitos dos trabalhadores domésticos, numa tentativa de alcançar a isonomia em relação aos demais trabalhadores, da forma mais ampla possível.

Assim, com esta nova redação dada ao artigo 7º, § único da Constituição Federal, os domésticos passaram a ter alguns direitos, desde logo, independentemente de qualquer regulamentação (horas extras com adicional de no mínimo 50%, limites de jornada de 8 horas diárias e 44 semanais, e reconhecimento de acordos ou convenções coletivas de trabalho).

Outros direitos foram condicionados à regulamentação (auxílio creche e pré-escola, FGTS, relação de emprego protegida contra dispensa arbitrária ou sem justa causa, remuneração do trabalho noturno superior à do diurno, salário família, seguro desemprego, e seguro contra acidente de trabalho e indenização).

Sintetizamos, abaixo, as novidades introduzidas pela Emenda Constitucional 72/13:

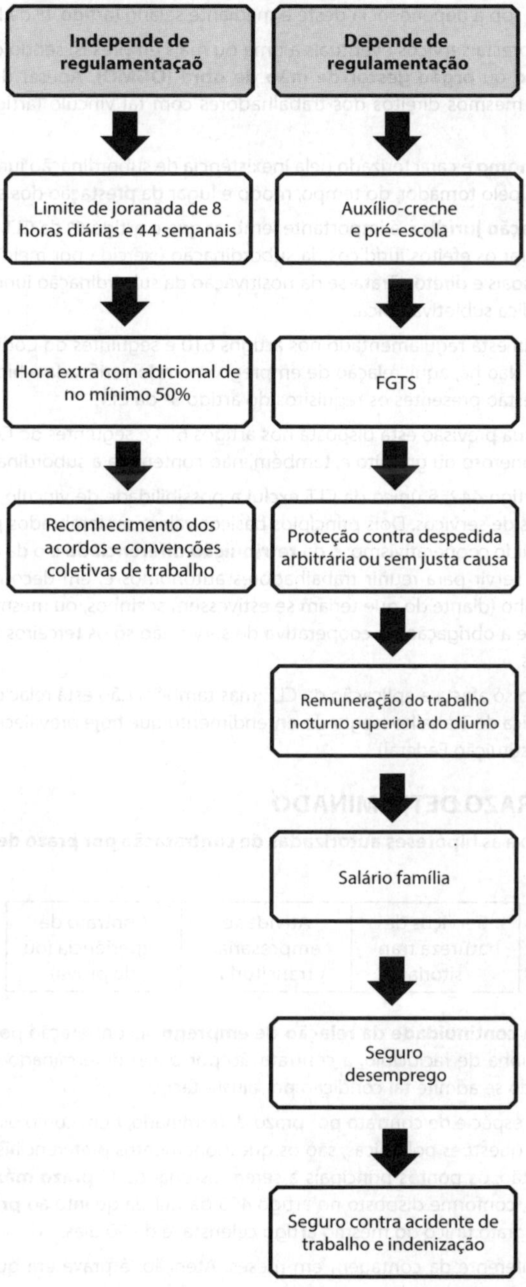

De forma mais recente, veio a regulamentação do trabalho doméstico, através da **Lei Complementar 150/15**, da qual destacamos o seguinte: a) a prestação de serviços de forma contínua ficou estabelecida como sendo a que tem frequência superior a dois dias por semana (artigo 1º); possibilidade de compensação de horas por acordo escrito entre empregado e empregador (artigo 2º); instituição da jornada 12 por 36 também mediante acordo escrito (artigo 10); regulamentação da jornada em viagens com pagamento da remuneração-hora acrescida de 25% no mínimo (artigo 11); registro de ponto obrigatório (artigo 12); possibilidade de desmembramento do intervalo intrajornada em dois períodos (artigo 13); FGTS de 8% e também de mais 3, 2%, para fazer frente à indenização de 40% (artigo 22); instituição do "simples doméstico" dependente de regulamentação; auxílio acidente e salário família (artigo 37).

O **trabalhador rural** é a pessoa física que presta serviços, em propriedade rural ou prédio rústico, de natureza não eventual, a empregador rural, sob a dependência deste e mediante salário (artigo 1º da Lei 5.889/73).

Já o **trabalhador avulso** presta serviços eventuais a uma ou mais empresas, sendo que tal prestação de serviços é intermediada **por sindicato** ou **órgão gestor de mão de obra (OGMO)**. Apesar de não possuírem vínculo de emprego, têm garantidos os mesmos direitos dos trabalhadores com tal vínculo (artigo 7º, XXXIV da Constituição Federal).

Quanto ao **trabalho autônomo** é caracterizado pela inexistência de subordinação jurídica típica. Por subordinação jurídica, entende-se a fixação, pelo tomador, do tempo, modo e lugar da prestação dos serviços.

Ainda quanto à **subordinação jurídica**, é importante lembrar que o artigo 6º da CLT teve nova redação dada pela Lei nº 12.551/11, para equiparar os efeitos jurídicos da subordinação exercida por meios telemáticos ou informatizados à exercida por meios pessoais e diretos. Trata-se da positivação da subordinação jurídica objetiva, em acréscimo à tradicional subordinação jurídica subjetiva típica.

O **contrato de empreitada** está regulamentado nos artigos 610 e seguintes do Código Civil e relaciona-se com a realização de obra específica. Não há, aqui, relação de emprego, quando verificada a hipótese legal de empreitada e, principalmente quando não estão presentes os requisitos do artigo 3º da CLT.

Em relação ao **mandato**, sua previsão está disposta nos artigos 653 e seguintes do Código Civil. É espécie de contrato de atividade, pode der oneroso ou gratuito e, também, não contempla a subordinação jurídica típica.

Sobre a **cooperativa**, o artigo 442, § único da CLT exclui a possibilidade de vínculo entre esta e seus associados, ou entre estes e os tomadores de serviços. Dois princípios básicos valem ser lembrados para que se possa entender e caracterizar o verdadeiro e válido cooperativismo: o da **retribuição diferenciada** e o da **dupla qualidade**. O primeiro dita que a cooperativa deve servir para reunir trabalhadores autônomos e, em decorrência de tal união, propiciar melhores condições de trabalho (diante do que teriam se estivessem sozinhos, ou mesmo numa relação de emprego típica). O segundo nos remete a obrigação da cooperativa de servir não só os terceiros que lhe contratam, mas também aos próprios cooperados.

O **vínculo estatutário** não só afasta a aplicação da CLT, mas também não está relacionado dentre as hipóteses de competência material da Justiça do Trabalho (segundo entendimento que hoje prevalece, dado pelo STF, em interpretação do artigo 114, I da Constituição Federal).

3. CONTRATOS POR PRAZO DETERMINADO

O artigo 443, § 2º da CLT fixa as **hipóteses autorizadas de contratação por prazo determinado** em três situações básicas:

Serviços de natureza transitória	Atividade empresarial transitória	Contrato de experiência (ou de prova)

Em razão do **princípio da continuidade da relação de emprego**, a contratação por prazo indeterminado é presumida. Segundo a mesma linha de raciocínio, a contratação por prazo determinado é excepcional e exige **ajuste expresso entre as partes.** Não se admite tal condição por ajuste tácito.

As características de cada espécie de contrato por prazo determinado, bem como os entendimentos do TST sobre as respectivas divergências e questões polêmicas, são os questionamentos preferenciais em provas objetivas de concursos públicos. Vejamos, então, os pontos principais a serem estudados: O **prazo máximo do contrato por prazo determinado** é de dois anos, conforme disposto no artigo 455 da CLT. Já quanto ao **prazo máximo do contrato de experiência**, segundo o parágrafo único do mesmo artigo celetista, é de 90 dias.

A contagem em dias é diferente da contagem em meses. Atenção: é praxe em questões objetivas a referência (errada) ao prazo de 3 meses do contrato de experiência.

Sobre a prorrogação do contrato de experiência, é bom lembrar o seguinte:	
o prazo final da experiência não se prorroga quando coincide com domingo ou feriado, ou seja, se a rescisão acontecer no primeiro dia útil seguinte, o prazo determinado ajustado restará extrapolado e o contrato passará a vigorar por prazo determinado;	segundo artigo 451 da CLT, se o contrato por prazo determinado que for prorrogado, expressa ou tacitamente, por mais de uma vez, passa a vigorar por prazo indeterminado, ainda que esta segunda prorrogação respeite o prazo legal máximo do contrato (súmula 188 do TST).

Os contratos por prazo determinado admitem a chamada **cláusula assecuratória de direito recíproco** (artigo 481 da CLT), segundo a qual a rescisão antecipada do contrato seguirá as mesmas regras do contrato por prazo indeterminado, inclusive quanto ao aviso prévio.

A contratação de **trabalhadores temporários** está regulamentada na Lei nº 6.019/74, que sofreu recentes alterações pelas Leis 13.429/17 e 13.467/17. Dentre as características do contrato e os direitos garantidos ao temporário, destacamos os seguintes:

- piso salarial isonômico em relação ao dos empregados contratados diretamente pelo tomador dos serviços;
- o prazo era de 3 meses, salvo prorrogação autorizada pelo Ministério do Trabalho; no entanto, houve alteração recente de tal prazo, pela Lei 13.429/17, passando a ser de 180 dias, consecutivos ou não, prorrogáveis por mais 90 dias.
- proibição de cláusula contratual que impeça a contratação sequencial do trabalhador pela tomadora dos serviços;
- o contrato deve ser obrigatoriamente escrito e dele deverá constar expressamente o motivo justificador da demanda de trabalho temporário, assim como as modalidades de remuneração da prestação de serviço.

Em relação ao **rompimento antecipado do contrato a termo**, o artigo 479 da CLT garante o pagamento de indenização correspondente a metade da remuneração que o empregado teria direito até o final do contrato.

Sem prejuízo de tal indenização, o empregado também tem direito às demais verbas rescisórias ordinárias, como férias com 1/3, 13º salário e FGTS com 40% (súmula 125 do TST).

4. TERCEIRIZAÇÃO DE MÃO DE OBRA

A **súmula 331 do TST** cuidou de suprir a lacuna legal, fixando os parâmetros de uma terceirização lícita ou ilícita e as respectivas responsabilidades. Sugerimos a leitura das recentes Leis 13.429/17 e 13.467/17, que alteraram a lei 6.019/74 e buscaram regulamentar também a terceirização de serviços em geral.

A principal alteração talvez esteja na possibilidade legal de intermediação de mão de obra (terceirização) em qualquer atividade da empresa, inclusive a chamada atividade-fim do tomador de serviços. Como ainda não foi alterada a súmula 331 do TST, é importante ainda o seu estudo, sem prejuízo do acompanhamento atento de eventuais modificações.

Nos termos do entendimento sumulado acima, temos:

terceirização lícita	terceirização ilícita
além da prevista na Lei 6.019/74, é aquela ligada a atividades-meio do tomador (como vigilância e limpeza), gerando responsabilidade subsidiária ao tomador dos serviços;	é aquela relacionada à atividade-fim do tomador, ou quando este exerce diretamente a subordinação jurídica em face dos trabalhadores, formando-se o vínculo de emprego diretamente com o tomador. Neste caso, a responsabilidade das empresas é solidária, em razão da fraude.

Após o julgamento da ADC 16, pelo STF, que considerou constitucional do art. 71 da Lei 8.666/93, a responsabilidade do ente público tomador de serviços ocorre apenas em caso de culpa sua, devidamente comprovada, principalmente em relação a fiscalização do cumprimento das obrigações contratuais e legais da empresa terceirizada. Prevaleceu a responsabilidade apenas em razão da culpa *in vigilando* do tomador de serviços, e não mais em razão da culpa *in eligendo*.

5. REMUNERAÇÃO E SALÁRIO

Há muita discussão na doutrina em relação às definições de salário e remuneração. Entendemos que, em se tratando de questões objetivas, o candidato deve pautar-se pela alternativa que mais se coaduna com a previsão legal sobre o assunto, neste caso específico, o artigo 457 da CLT.

Segundo definição legal (artigo 457 da CLT):

- o **salário** é a contraprestação paga diretamente pelo empregador (inclusive comissões, percentagens, gratificações ajustadas, diárias para viagens e abonos pagos);
- a **remuneração** também engloba as gorjetas que receber (pagamentos por terceiros).

Sobre os **reflexos das gorjetas**, é importante notar que são limitados, conforme sedimentado na súmula 354 do TST. Assim, tal verba integra a remuneração do obreiro, porém não serve de base de cálculo para as parcelas de aviso prévio, adicional noturno, horas extras e DSR.

Ajuda de custo é parcela indenizatória e corresponde ao ressarcimento de gastos do empregado com o trabalho. Já a **diária** reflete um valor pré-fixado pelo empregador, não sujeito à prestação de contas pelo empregado. Para a diária, a CLT fixava a presunção relativa da natureza salarial, quando ultrapassava o percentual de 50% do salário. A partir da vigência da Lei 13.467/17, houve alteração nos parágrafos do artigo 457 da CLT, de modo que apenas as gratificações legais e comissões integram o salário, ao passo que a ajuda de custo (limitada a 50% da remuneração legal – MP 808/17), auxílio alimentação (vedado o pagamento em dinheiro), diárias para viagem e prêmios não integram a remuneração. Os prêmios e abonos, pelo texto inicial da reforma trabalhista, não integravam a remuneração. A partir da já citada MP 808/17, tal excludente ficou restrita aos prêmios.

Lembramos, ainda, sobre o prazo de vigência de tal Medida Provisória (até 23.04.18). Sem conversão em lei, voltarão a vigorar os preceitos originais da Lei 13.467/17.

Conforme já pacificado pela súmula 203 do TST, a **gratificação por tempo de serviço** integra ao salário para todos os efeitos legais.

O artigo 458 da CLT, em seu *caput,* estipula quais são as **utilidades salariais** (alimentação, habitação, vestuário, ou outras prestações fornecidas habitualmente por conta do contrato ou do costume).

Em seu parágrafo 2º, são elencadas as **utilidades não salariais**. Em linhas gerais, tudo aquilo que é fornecido "para" viabilizar o exercício do trabalho, não é salarial (uniforme, EPI, transporte de casa ao trabalho e retorno, etc.).

Pode-se sintetizar, por outro prisma, que tudo o que é concedido "pelo" trabalho, ou seja, como contraprestação e retribuição pelo trabalho desempenhado, será salarial (habitação não essencial para o trabalho, veículo que não é utilizado para o trabalho, etc.).

A Lei 13.467/17 também inseriu o artigo 456-A da CLT, que considera lícita a inclusão de logomarcas da empresa ou de parceiras no uniforme. Imputou ainda ao empregado a responsabilidade pela higienização do uniforme, salvo se forem necessários produtos ou procedimentos diferenciados para tanto.

A **irredutibilidade salarial** é princípio consagrado na Constituição Federal. No entanto, é importante lembrar que a própria Lei Maior autorizou, de forma explícita, a flexibilização negocial de alguns direitos trabalhistas, através da autonomia coletiva privada, dentre os quais a própria irredutibilidade salarial.

São três os incisos do artigo 7º da Constituição Federal que trazem as **hipóteses autorizadas de flexibilização por negociação coletiva**:

Art. 7º da CF		
Inciso V	**Inciso XIII**	**Inciso XIV**
irredutibilidade salarial	compensação de jornada	turnos ininterruptos de revezamento

A Lei 13.467/17 ampliou tais possibilidades (artigos 8º, 611-A e 661-B da CLT, por exemplo), trazendo a ideia de prevalência do negociado sobre o legislado e, também, de intervenção mínima na autonomia da vontade coletiva.

A **Lei de Responsabilidade Fiscal** (Lei Complementar 101/00), com o objetivo de viabilizar o ajuste das contas públicas aos limites ali fixados, fixou diretrizes que afetam os servidores e empregados públicos. Em seu artigo 23, por exemplo, faculta, em seu parágrafo 1º, tanto a extinção de cargos e funções, quanto a redução dos valores a eles atribuídos. Já em seu parágrafo 2º, faculta a redução temporária da jornada de trabalho, com adequação respectiva dos vencimentos. O STF através da ADI 2238-5 (ainda sem julgamento definitivo), suspendeu a eficácia dos parágrafos do artigo 23 da Lei de Responsabilidade Fiscal, em relação à possibilidade de redução salarial.

A **equiparação salarial** demanda estudo do artigo 461 da CLT e, também, da jurisprudência sumulada no TST sobre tema, especialmente em súmula 6 do TST. Exige, como pressupostos, não só o trabalho de igual valor, mas também o trabalho na mesma localidade e para o mesmo empregador. Até antes da vigência da Lei 13.467/17, prevaleciam os seguintes parâmetros:

- o reclamante e o paradigma não podem ter diferença de tempo superior a dois anos na mesma função (artigo 461, § 1º da CLT);

- para efeito de equiparação salarial, conta-se o tempo na função e não no emprego;
- de igual modo, privilegiando a primazia da realidade, importa saber se há igualdade de funções, ainda que os cargos tenham denominações diferentes;
- a produtividade e a perfeição técnica são parâmetros aceitos pela jurisprudência para caracterizar o trabalho de igual valor;
- entende-se por mesma localidade, tanto o mesmo município, quanto municípios da mesma região metropolitana;
- o trabalhador readaptado em nova função, por motivo de deficiência física ou mental atestada pelo INSS, não servirá de paradigma para fins de equiparação salarial, conforme artigo 461, § 4º da CLT;
- a equiparação salarial não prevalecerá quando o empregador tiver pessoal organizado em quadro de carreira (homologado pelo Ministério do Trabalho), com promoções que obedeçam aos critérios de antiguidade e merecimento.

A partir da vigência da Lei 13.467/17 (reforma trabalhista), foi alterada a redação do artigo 461 da CLT. **Foram modificadas as excludentes da equiparação**:

- o critério de diferença de tempo passou a ser de **quatro anos para o mesmo empregador** e de **dois anos na mesma função**;
- o **quadro de carreira**, suficiente a excluir a equiparação, pode ser instituído **por norma interna** ou **negociação coletiva, dispensando homologação ou registro em órgão público**;
- as **promoções** podem ser por merecimento, antiguidade, **ou apenas por um destes critérios**.

O **fato do príncipe** trabalhista pressupõe um ato público, que provoque a paralização temporária ou definitiva da atividade empresarial. Neste caso, o legislador buscou imputar ao ente público (responsável pelo ato de império) a responsabilidade pelo pagamento da indenização. O texto originário referia-se à indenização do estável, prevista no artigo 478 da CLT, mas, atualmente, pode-se entender que o dispositivo é aplicável a indenização de 40% sobre o saldo do FGTS.

O **salário família** está previsto na Lei 4.266/63. Os entendimentos sumulados junto ao TST, sobre o tema, são os seguintes:

a) o termo inicial do pagamento do salário família coincide com a prova da filiação, sendo que se tal prova for feita em Juízo, corresponde à data do ajuizamento da ação, salvo prova de recusa pelo empregador (súmula 254 do TST);
b) o salário família é devido aos trabalhadores rurais apenas a partir da vigência da Lei 8.213/91.

O artigo 458, § 3º da CLT fixa que a **habitação e a alimentação**, fornecidos como salário-utilidade, não poderão exceder 25% e 20% do salário contratual. Lembre-se que a súmula 258 do TST fixou a aplicação de tais percentuais apenas quando o empregado percebe salário mínimo. Nas demais hipóteses, deve-se apurar o real valor da utilidade.

6. FÉRIAS

Sobre as **férias**, além da leitura atenta dos artigos 129 a 153 da CLT, destacamos também os seguintes posicionamentos jurisprudenciais sedimentados:

- as faltas justificadas pela lei não serão descontadas para o cálculo de férias (súmula 89 do TST);
- no caso de férias concedidas apenas parcialmente fora do prazo legal, apenas os dias de férias gozados após tal prazo deverão ser remunerados em dobro (súmula 81 do TST);
- salvo na justa causa, as férias proporcionais são devidas em todas as demais formas de extinção do contrato de trabalho (súmula 171 do TST).

É do empregado a faculdade de converter 1/3 do período de férias em **abono pecuniário** ("venda" de parte das férias), conforme artigo 143 da CLT. Não se trata de faculdade do empregador, como reiteradamente perguntado em questões objetivas. A Lei 13.467/17 revogou o § 3º do artigo 143 da CLT, que proibia tal abono pecuniário de férias aos trabalhadores sujeitos ao regime de tempo parcial.

Nos termos do *caput* do artigo 136 da CLT, a **época da concessão das férias** será a que melhor consulte os interesses do empregador. Duas ressalvas devem ser feitas:

- os membros da mesma família terão direito às férias no mesmo período, se assim desejarem e não houver prejuízo para o serviço;
- as férias dos menores de 18 anos devem coincidir com o período de férias escolares.

Lembramos que, a partir da vigência Lei 13.467/17, houve alteração do § 1º do artigo 134 da CLT, de modo que o empregado pode concordar com a fruição de férias **em até 3 períodos**, sendo que um deles não poderá ser inferior a 14 dias corridos e os demais a 5 dias corridos cada um. Além disso, foi revogado o § 2º de tal artigo, que obrigavam as férias em único período para menores de 18 anos e maiores de 50 anos. O artigo 130-A da CLT (que fixava o período de férias aos trabalhadores sob o regime de tempo parcial) também foi revogado.

De forma diferente das **férias individuais** (que são comunicadas diretamente ao empregado, por escrito, com 30 dias de antecedência – artigo 135 da CLT), nas **férias coletivas** a comunicação é feita ao órgão local Ministério do Trabalho, com antecedência mínima de 15 dias, com as informações sobre os períodos de gozo, bem como sobre os estabelecimentos ou setores atingidos (artigo 139, § 2º da CLT). No mesmo prazo deverá comunicar os sindicatos de trabalhadores e afixar aviso nos locais de trabalho. O artigo 139 da CLT prevê a possibilidade de concessão de férias coletivas a todos os empregados da empresa ou a determinados estabelecimentos ou setores dela. Lembre-se que, nas férias coletivas, os empregados com menos de um ano de serviço gozarão de férias proporcionais, iniciando-se, então, novo período aquisitivo (artigo 140 da CLT).

O artigo 133 da CLT elenca as **hipóteses que o empregado não terá direito às férias**. Recomendamos a leitura de tais incisos e, de forma específica, chamamos a atenção para o inciso IV, que reflete a situação do empregado que recebeu prestações de acidente de trabalhou ou auxílio doença por mais de seis meses. Nesta hipótese, com o retorno ao trabalho, inicia-se a contagem de novo período aquisitivo de férias.

As **férias vencidas** são sempre devidas, mesmo na dispensa sem justa causa. Apenas as **férias proporcionais** não são devidas nesta modalidade de resolução contratual (súmula 171 do TST).

É importante lembrar da contagem diferenciada do **prazo prescricional das férias**, previsto no artigo 149 da CLT (cômputo a partir do término do prazo do período concessivo).

7. FUNDO DE GARANTIA POR TEMPO DE SERVIÇO

Segundo o artigo 492 da CLT, o empregado que contasse com mais de 10 anos de serviço para a mesma empresa, apenas poderia ser dispensado por motivo de falta grave ou força maior. Trata-se do regime da estabilidade decenal.

Neste contexto, o FGTS foi instituído pela Lei 5.107/66 como uma alternativa ao sistema celetista da estabilidade decenal, ou seja, como uma opção oferecida ao empregado. Com o advento da CRFB/88 (artigo 7º, III), o regime do FGTS passou a ser instituído como garantia social fundamental e obrigatória, tanto para trabalhadores urbanos, quanto para os rurais. Assim, a expressão "opção pelo FGTS" hoje ainda usada, o é de forma imprópria e ultrapassada.

O **sistema obrigatório do FGTS** é hoje regido pela Lei 8.036/90, com regulamentação respectiva dada pelo Decreto 99.684/80.

Um **Conselho Curador**, integrado por representantes de trabalhadores, empregadores e de entidades governamentais, estabelece as normas e diretrizes do sistema do FGTS. Os representantes dos empregados gozam de garantia provisória de emprego, até um ano após o término do respectivo mandato (artigo 3º, parágrafo 9º da Lei 8.036/90). A gestão do FGTS é de atribuição do Ministério do Planejamento. A Caixa Econômica Federal faz o papel de agente operador.

Para os **empregados domésticos**, o regime do FGTS era uma opção do empregador, consoante o previsto no artigo 3-A da Lei 5.859/73, acrescentado pela Lei 10.208/01. Feita tal opção, não havia a possibilidade de retratação pelo empregador durante o mesmo vínculo de emprego.

Atualmente, em razão da Lei Complementar 150/15 (que regulamentou a Emenda Constitucional 72/13), o regime de FGTS ficou obrigatório também no âmbito doméstico. Aliás, há uma previsão diferenciada para o recolhimento, mês a mês, da indenização de 40% do FGTS.

Vejamos a previsão do artigo 34 da Lei Complementar citada: "O Simples Doméstico assegurará o recolhimento mensal, mediante documento único de arrecadação, dos seguintes valores: I - 8% (oito por cento) a 11% (onze por cento) de contribuição previdenciária, a cargo do segurado empregado doméstico, nos termos do art. 20 da Lei nº 8.212, de 24 de julho de 1991; II - 8% (oito por cento) de contribuição patronal previdenciária para a seguridade social, a cargo do empregador doméstico, nos termos do art. 24 da Lei no 8.212, de 24 de julho de 1991; III - 0,8% (oito décimos por cento) de contribuição social para financiamento do seguro contra acidentes do trabalho; IV - 8% (oito por cento) de recolhimento para o FGTS; V - 3,2% (três inteiros e dois décimos por cento), na forma do art. 22 desta Lei; e VI - imposto sobre a renda retido na fonte de que trata o inciso I do art. 7º da Lei no 7.713, de 22 de dezembro de 1988, se incidente."

Segundo o que restou sedimentado pela Súmula 363 do TST, além do salário, apenas o FGTS é devido ao trabalhador, quando no **contrato de trabalho declarado nulo por ausência de concurso público**, nos termos do que prevê o artigo 19-A da lei 8.036/90. A previsão é polêmica e gera críticas, corretas em nossa opinião, pelo inegável prejuízo ao trabalhador, muito embora, no mais das vezes, não seja ele o responsável direto pela situação ilegal daquele trabalho.

O empregador é o sujeito da obrigação de depósito do FGTS, que deve ser realizado até o dia 7 de cada mês, em conta vinculada perante a Caixa Econômica Federal, em percentual de 8% sobre a remuneração paga ou devida no mês anterior. Todas as parcelas de natureza salarial integram sua base de cálculo.

Nos **contratos de aprendizagem**, o FGTS depositado obedece percentual menor, de apenas 2% (artigo 15, parágrafo 7º da Lei 8.036/90).

Não é devido o **FGTS durante o período de suspensão do contrato de trabalho**, ressalva feita, apenas, ao afastamento para prestação de serviço militar obrigatório e por auxílio doença acidentário (artigo 15, parágrafo 5º da Lei 8.036/90 e 28 do Decreto 99.684/90). São as chamadas "suspensões contratuais atípicas".

O **saque do FGTS** é possível apenas em hipóteses legais específicas, fixadas no artigo 20 da Lei 8.036/90, dentre as quais:

- a despedida sem justa causa;
- rescisão indireta;
- culpa recíproca;
- força maior;
- extinção ou fechamento da empresa;
- aposentadoria;
- falecimento do empregado;
- financiamento habitacional;
- conta inativa por três anos ininterruptos;
- extinção normal do contrato a termo;
- trabalhador ou dependente com neoplasia maligna, HIV ou doença grave em estágio terminal.

De forma mais recente, a Lei 13.146/15 (Estatuto da Pessoa com Deficiência) autorizou também o saque do FGTS para **aquisição de órtese ou prótese** para promoção de acessibilidade e de inclusão social.

A **prescrição para a cobrança do FGTS** – parcelas diretas devidas – era, até pouco tempo, considerada trintenária (artigo 23, parágrafo 5º da Lei 8.036/90). Atualmente, porém, o E. STF entendeu que o prazo prescricional aplicável às parcelas de FGTS é também o de cinco anos (julgamento ocorrido em 13.11.14 – ARE 709.212/DF). Houve modulação dos efeitos desta decisão, para que o prazo de cinco anos atinja apenas as pretensões posteriores a data da decisão em comento. É importante observar a nova redação dada à Súmula 362 do TST, em razão da inconstitucionalidade reconhecida.

Como restrição à dispensa arbitrária ou sem justa causa, o artigo 10, I do ADCT da CRFB fixou a obrigação de pagamento de uma indenização, correspondente a 40% do saldo total do FGTS. Parece-nos imprópria a denominação "multa de 40%", já que não se trata de uma penalidade ao empregador, este que não comete qualquer ato ilícito ao dispensar o empregado sem justo motivo ou mesmo justificativa. Trata-se, em verdade, de uma indenização compensatória ao empregado, que acumula a finalidade social inegável de manutenção do emprego, pelo ônus financeiro que impõe ao empregador.

8. JORNADA DE TRABALHO

Nos termos do artigo 7º, XIII da CRFB, integra o rol de direitos fundamentais do trabalhador a **duração do trabalho** não superior a 8 horas diárias e 44 semanais, facultada a negociação coletiva para compensação ou redução de jornada. Cumpre observar, que os dois limites (diário e semanal) são de observância conjunta (8 "e" 44 horas), não existindo, no texto legal em referência, hipóteses alternativas (8 "ou" 44 horas). Desta forma, serão devidas como extras, as horas trabalhadas acima da 8ª hora diária e, de forma não cumulativa, também as que excederem a 44ª semanal.

Para estabelecimentos com mais de 10 trabalhadores há **obrigatoriedade de manutenção de controle de ponto** manual, mecânico ou eletrônico (artigo 74, § 2º da CLT), observadas as regulamentações do Ministério do Trabalho. Quando o empregador descumpre tal obrigação legal, naturalmente que não pode, em Juízo, obter vantagem de sua própria ilegalidade. A partir da vigência Lei 13.467/17, a negociação coletiva poderá tratar da "modalidade do registro da jornada" (artigo 611-A, X, da CLT).

Em razão disso, sedimentou-se entendimento na jurisprudência (súmula 338 do TST) acerca da presunção relativa de veracidade da jornada narrada pelo empregado, para o caso do empregador não observar seu dever de controle formal da jornada.

A CLT, em seu artigo 58, § 1º, despreza do cômputo da jornada, as **variações de horários assinalados no ponto** do empregado não excedentes de 5 minutos diários, observado o limite máximo de 10 minutos diários. Com a Lei

13.467/17, houve alteração no artigo 4º da CLT, com inclusão do § 2º, que não considera tempo à disposição a extrapolação dos 5 minutos limítrofes da jornada, ainda que o empregado permaneça nas dependências da empresa.

Sobre o **tempo à disposição**, o artigo 4º da CLT considera como tempo de efetivo serviço o período em que o empregado esteja aguardando ou executando ordens.

O cômputo do **tempo de percurso do empregado** – de sua residência ao trabalho, bem como o respectivo retorno – não é regra nas relações laborais, mas apenas exceção condicionada a alguns requisitos legais e jurisprudenciais hoje muito claros. O artigo 58, § 2º da CLT fixava (antes da Lei 13.467/17) que tal percurso será computado como trabalho apenas em se tratando de locais de difícil acesso ou não servido por transporte público, ainda assim quando o empregador fornecer a condução. Com a referida reforma trabalhista, o tempo de percurso (horas *in itinere*) não mais integram a jornada, independentemente das condições do deslocamento (com ou sem transporte público regular, sendo de fácil ou difícil acesso).

A súmula 90 do TST (aprovada na vigência da redação anterior da CLT) deu interpretação ampliativa ao dispositivo celetista – bastante razoável, diga-se – para considerar também horas *in itinere* os casos em que há transporte público regular, mas os horários respectivos são incompatíveis com os de início e término da jornada do empregado. Em casos de existência de transporte público apenas em parte do percurso, o mesmo verbete jurisprudencial sedimentou entendimento de que será considerado como jornada trabalhada, apenas o tempo gasto no trecho em que tal transporte não existir.

Eventual cobrança do empregador para disponibilizar transporte aos empregados não impede a configuração do tempo *in itinere*, desde que preenchidos os requisitos já mencionados (súmula 320 do TST).

Reiteramos que a atual redação do artigo 58, § 2º da CLT exclui, por completo, a consideração das horas de percurso como parte integrante da jornada de trabalho.

A CLT autoriza, em seu artigo 58-A, o **trabalho em regime de tempo parcial**, que era (antes da Lei 13.467/17) considerado o que não exceda 25 horas semanais. O salário, neste caso, é proporcional ao daqueles que cumprem jornada integral. Era também vedada a prática de horas extras em tal contratação parcial (artigo 59, § 4º da CLT), o que visava, naturalmente, evitar a utilização fraudulenta do instituto para redução salarial. Ressalvamos que a Lei 13.467/17 alterou os critérios da contratação parcial, passando o artigo 58-A a autorizar o contrato parcial de **30 horas semanais, sem possibilidade horas extras**, ou ainda de **26 horas semanais, neste caso autorizada a prática de até 6 horas extras semanais**. Deverá ser observado, naturalmente, a vigência da nova previsão legal. O abono pecuniário de férias passou a ser autorizado a tais trabalhadores por tempo parcial, sendo que as férias passaram a ser regradas pelo artigo 130 da CLT (diante da revogação do artigo 130-A da CLT).

O artigo 7º, XIV da CRFB prevê uma jornada menor, de apenas 6 horas diárias, para os trabalhadores que se ativam em **turnos ininterruptos de revezamento**, salvo negociação coletiva. A alternância de horários pode ser diária, semanal, mensal, trimestral, ou mesmo com outra periodicidade, desde que tenha potencial de causar prejuízos físicos e sociais ao empregado. Não se exige, também, que o empregado cumpra todos os turnos da empresa (manhã, tarde e noite, por exemplo), já que cumprindo dois deles, principalmente quando um deles é noturno, os efeitos danosos ao empregado já poderão ser verificados. Neste sentido, a Orientação Jurisprudencial 360 da SDI-1 do TST bem esclarece o assunto.

O artigo 62 da CLT exclui duas situações fáticas, das regras do capítulo "da duração do trabalho" da CLT. São elas: os empregados que exercem **atividade externa incompatível com a fixação de horário de trabalho**, e os que exercem de **cargo de confiança ou de gestão**.

Quanto aos **trabalhadores externos** (artigo 62, I da CLT), não basta que trabalhem fora da empresa, já que a intenção do legislador foi contemplar as hipóteses em que o empregador não tem condições de fixar ou controlar a jornada de trabalho do empregado. É oportuno lembrar que a Lei 13.467/17 incluiu o inciso III no artigo 62 da CLT, para também excluir das regras de jornada "**os empregados em regime de teletrabalho**", estes que seguem a regulamentação específica também fixada nos artigos 75-A a 75-E da CLT.

Importante destacar que a lei 12.619/12 regulamentou a profissão do motorista profissional, alterando a CLT no capítulo I do Título III, para acrescentar os artigos 235-A a 235-H (fixando novos critérios de jornada, intervalos, etc.). Houve também acréscimo do § 5º ao artigo 71 da CLT, autorizando a redução do intervalo intrajornada, mediante negociação coletiva, para os serviços ali previstos (relacionados à atividade de transporte). Por fim, a profissão citada teve novamente suas regras alteradas pela Lei 13.103/15, inclusive com revogação de parte dos dispositivos das Lei 12.619/12.

Já em relação ao artigo 62, II da CLT, não basta o exercício da **função de confiança**, exigindo-se, ainda, o pagamento de gratificação de função, correspondente a no mínimo 40% do salário do cargo efetivo (parágrafo único do dispositivo citado), requisito objetivo do instituto em estudo.

São funções de gestão as exercidas por gerentes, diretores, chefes de departamentos ou filiais, devendo, em síntese, representar a autoridade máxima no seu âmbito de atuação, a própria figura do empregador perante seus subordinados, de modo que não exista quem, em termos práticos, fixe ou controle sua jornada de trabalho. Por exemplo, no caso dos bancos, apenas o gerente geral da agência pode ser enquadrado, como regra, na excludente em comento (súmula 287 do TST). O artigo 611-A da CLT (alterado pela Lei13.467/17) autoriza que a negociação coletiva indique "os cargos que se enquadram como funções de confiança.

Não configura alteração ilícita do contrato de trabalho a **supressão da gratificação de função**, quando o empregado é revertido à função originária (artigo 468, § 1º da CLT). A jurisprudência, contudo, sedimentou a incorporação de tal parcela salarial após 10 anos ou mais de respectivo recebimento (súmula 372 do TST), em atenção aos princípios próprios da proteção remuneratória. Contrariando esta tendência jurisprudencial, a reforma trabalhista trazida com a Lei 13.467/17, incluiu o § 2º ao artigo 468 da CLT, que excluiu qualquer hipótese de manutenção do pagamento da gratificação, independentemente de tempo de exercício da função de confiança.

Prevê o artigo 59, *caput* da CLT que são permitidas horas suplementares, porém, desde que sejam exigidas em número não excedente de duas diárias, o que deverá sempre ser providenciado mediante acordo escrito entre empregador e empregado, ou através de previsão coletiva.

As **hipóteses legais de prorrogação de jornada** são, de forma bastante objetiva, a necessidade imperiosa (força maior ou conclusão de serviços inadiáveis), recuperação de horas de trabalho perdidas, bem como a compensação de horário (artigo 59, § 2º da CLT).

É através da **compensação de jornada** que o empregado tem seus horários de trabalho prorrogados, sem receber, contudo, a respectiva hora extra. Em verdade, o trabalho em excesso num dia é compensado pela diminuição em outro dia.

O acordo para compensação de horas é viável apenas mediante ajuste particular direto entre empregado e empregador, desde que a concessão da folga compensatória ocorra numa mesma semana. É comum, por exemplo, o trabalho de segunda à sexta-feira, com jornada diária de 8 horas e 48 minutos, o que totaliza 44 horas semanais. Neste caso, os 48 minutos diários prorrogados de segunda à sexta-feira são compensados pela folga concedida no sábado (que seria dia trabalhado, com jornada de 4 horas).

Para outras compensações maiores (que extrapolam o período de uma semana), é necessário que exista autorização em negociação coletiva, geralmente acordo ou convenção coletiva de trabalho.

É o que ocorre, por exemplo, com o chamado **"banco de horas"**, previsto no artigo 59, § 2º da CLT, de seguinte teor: " **§ 2º** – Poderá ser dispensado o acréscimo de salário se, por força de acordo ou convenção coletiva de trabalho, o excesso de horas em um dia for compensado pela correspondente diminuição em outro dia, de maneira que não exceda, no período máximo de um ano, à soma das jornadas semanais de trabalho previstas, nem seja ultrapassado o limite máximo de dez horas diárias." A partir da vigência Lei 13.467/17, o banco de horas passou a ser viável por ajuste individual escrito, desde que a compensação ocorra em até 6 meses (artigo 59, § 5º da CLT). Porém, com a sequencial MP 808/17, tal possibilidade (de ajuste individual do banco de horas) foi excluída, retornando à necessidade de negociação coletiva. Ficou autorizada apenas a compensação individual da jornada 12 por 36, por ajuste individual, na área da saúde.

Lembramos, ainda, sobre o prazo de vigência de tal Medida Provisória (até 23.04.18). Sem conversão em lei, voltarão a vigorar os preceitos originais da Lei 13.467/17.

Depende de negociação coletiva a compensação válida de jornada através da chamada **"semana espanhola"** (Orientação Jurisprudencial 323 da SBDI-1 do TST), onde se pratica, numa semana, 40 horas de trabalho e, na seguinte, 48 horas. É o que ocorre na escala 6 por 2 (seis dias trabalhados, seguidos de dois de descanso).

Dentre as várias abordagens da súmula 85 do TST, cuja leitura crítica recomendamos, destaca-se exatamente a hipótese de compensação de jornada declara nula, onde se indica o pagamento apenas do adicional das horas extras que se pretendiam compensar validamente, para evitar duplo pagamento da hora principal trabalhada.

Cumpre lembrar de algumas **previsões legais de jornadas diferenciadas**, aplicáveis à algumas categorias profissionais específicas. Vejamos:

O **bancário** tem jornada de 6 horas diárias nos dias úteis, com exceção dos sábados, totalizando 30 horas semanais (artigo 224 da CLT).

Para os bancários que exerçam função de direção, gerência, chefia e equivalentes, ou que desempenhem outros cargos de confiança, vigora a jornada diária de 8 horas, desde que recebam gratificação não inferior a 1/3 do salário do cargo efetivo (artigo 224, parágrafo 2º da CLT). Trata-se de uma hipótese intermediária entre o bancário típico (caput do artigo 224 da CLT) e aquele que exerce a função de gestão prevista no artigo 62, II da CLT (este que, como já dito, é a autoridade máxima da agência e não está sujeito a qualquer controle de jornada).

Outras profissões também possuem jornada diária de apenas 6 horas, como os **trabalhadores em telefonia** (artigo 227 da CLT), os operadores cinematográficos (artigo 234 da CLT), e os cabineiros de elevador (Lei 3.207/57).

Para os **jornalistas**, a jornada diária é de 5 horas (artigo 303 da CLT), passível de majoração para 7 horas por força de acordo escrito, com o respectivo acréscimo remuneratório (artigo 304 da CLT).

Os **advogados empregados** têm garantido uma jornada diária máxima de 4 horas de trabalho (artigo 20 da lei 8.906/94), salvo acordo ou convenção coletiva, ou em caso de dedicação exclusiva.

Aos **ferroviários** existem situações peculiares, segundo as hipóteses de "extranumerário", "sobreaviso" e "prontidão" previstas nos parágrafos do artigo 244 da CLT. Merece enfoque o sobreaviso, que é a situação do empregado que permanece em sua própria residência, aguardando a qualquer momento o chamado para o serviço, o que lhe garante uma contraprestação correspondente a 1/3 do salário normal.

O enfoque específico que foi dado acima ao artigo 244, § 2º da CLT, deve-se à sua rotineira aplicação analógica para empregados de outras categorias que também permanecem em sobreaviso, sujeitos a chamadas do empregador, hoje mais por telefone celular ou rádio. É essencial para o deferimento da verba respectiva, que se prove a efetiva limitação do direito de deslocamento do empregado, este que, em suas folgas, por exemplo, não pode viajar com a família para outra cidade, desligar o telefone celular para ir a cultos religiosos, ou mesmo ingerir bebida alcoólica em um churrasco com amigos.

Existem várias espécies de pausas no período de trabalho previstas na legislação vigente, como os intervalos intrajornada, interjornada, as pausas relacionadas à saúde e segurança do trabalho, para amamentação, e o próprio repouso semanal remunerado.

O **intervalo intrajornada** está previsto no artigo 71 da CLT. Para as jornadas superiores a 4 horas e que não ultrapassem 6 horas, a pausa é de 15 minutos. Para as excedentes de 6 horas, o intervalo é de uma hora integral. A não observância destas pausas implicava (até o advento da Lei 13.467/17) no pagamento do respectivo período, como hora extra (verba salarial, consoante hoje sedimentado pela Súmula 437, IV do TST). A partir da vigência Lei 13.467/17, a nova redação do artigo 71, § 4º da CLT passou a considerar a natureza indenizatória para o pagamento da hora de intervalo intrajornada suprimida.

É possível, por ato do Ministério do Trabalho, a redução do intervalo intrajornada mínimo de uma hora, quando verificadas algumas condições específicas do ambiente de trabalho favoráveis a tal redução, tal como previsto no artigo 71, § 3º da CLT.

O descumprimento ainda que parcial da pausa, autorizava (antes da Lei 13.467/17) o pagamento integral do período de intervalo legal, como hora extra, segundo a Súmula 437 do TST. Assim, se o empregado tinha direito ao intervalo intrajornada de uma hora, mas usufruiu apenas de 30 minutos, receberá uma hora integral (não apenas os 30 minutos faltantes), como extra. Com a reforma trabalhista, o pagamento ficou restrito ao tempo de pausa efetivamente suprimido, ainda assim com caráter indenizatório (sem produzir reflexos em outras verbas do contrato).

A negociação coletiva para redução do intervalo intrajornada, até o mínimo de 30 minutos, também ficou autorizada pelo artigo 611-A, III da CLT (alterado pela Lei 13.467/17).

Já o **intervalo interjornada,** é o que deve ser respeitado entre o fim de uma jornada diária e o início de outra sequencial. Segundo o artigo 66 da CLT, entre duas jornadas de trabalho haverá um período mínimo de 11 horas de descanso. Se for concedido o DSR (folga legal semanal) entre estas duas jornadas, o período de descanso deverá ser de 35 horas, correspondentes às 11 horas de intervalo interjornada, acrescidas das 24 horas do descanso semanal remunerado (Súmula 110 do TST).

Nos **serviços de digitação**, a pausa deve ser de 10 minutos a cada 90 trabalhados (artigo 72 da CLT e súmula 346 do TST), não deduzido o período de intervalo da duração normal do trabalho. Mais recentemente, foi inserido o anexo II na NR-17, este que regulamentou as condições ergonômicas do trabalho de teleatendimento, inclusive com duas pausas ergonômicas de 10 minutos cada, sem prejuízo do intervalo previsto no artigo 71, § 1º da CLT que, para o caso destes profissionais, será de 20 minutos diários.

De igual modo, para os **trabalhadores em frigoríficos e câmaras frias**, o artigo 253 da CLT prevê pausa de 20 minutos, a cada 1 hora e 40 minutos trabalhados, computando-se este intervalo como tempo de efetivo trabalho. Para os **trabalhadores em minas e subsolo**, o intervalo, nos mesmos moldes, será de 15 minutos a cada 3 horas consecutivas de trabalho.

O **repouso semanal remunerado** é direito do trabalhador previsto no artigo 7º, XV da CRFB, 66 e seguintes da CLT, e na Lei 605/49, devendo ser concedido preferencialmente aos domingos. O trabalho em dias que seriam destinados à folga (DSR´s ou feriados) implica no pagamento integral das respectivas horas, em dobro.

Tal dobra não será devida quando for concedida uma folga compensatória ao empregado, ou seja, em caso de concessão de um dia extra de descanso na mesma semana. Em outras palavras, se o empregado tem folga regular no domingo e trabalhou no feriado da segunda-feira, não será devido o pagamento em dobro das horas do feriado se, em compensação, puder folgar na sexta-feira, por exemplo.

Sobre as **horas noturnas**, consideram-se as trabalhadas entre 22:00 e 5:00 horas, nos termos do artigo 73 da CLT. Deve-se observar que a hora noturna tem duração reduzida, de apenas 52 minutos e 30 segundos, conforme dispositivo celetista já citado. O adicional para o trabalho noturno será de 20%, pelo menos, sobre a hora diurna.

Cumprida integralmente a jornada no período noturno, e prorrogada esta no período diurno, para além das 5:00 horas, o adicional noturno também será pago sobre as horas prorrogadas (artigo 73 da CLT, § s 1º e 5º e súmula 60 do c. TST).

O artigo 404 da CLT proíbe o trabalho noturno para o menor de 18 anos.

No caso dos rurais, o artigo 7º da Lei 5.889/73 faz previsão diferenciada, sendo noturno o trabalho, na lavoura, das 21:00 às 5:00 horas e, na pecuária, das 20:00 às 4:00 horas.

Registramos, também no âmbito da reforma trabalhista, que a Lei 13.467/17 revogou expressamente o artigo 384 da CLT, que previa o intervalo de 15 minutos, para as mulheres, antes do início da sobrejornada.

9. INSALUBRIDADE E PERICULOSIDADE

O Art. 7º, XXIII da CF garante o direito ao recebimento de *"adicional de remuneração para atividades penosas, insalubres ou perigosas, na forma da lei"*. Esta parte final do dispositivo constitucional demonstra que a lei deverá regulamentar o direito a casa um destes adicionais, inclusive percentual e forma de apuração.

A CLT, atendendo a determinação do dispositivo constitucional já citado, regulamentou os direitos e deveres relativos às **atividades insalubres** nos artigos 189 e seguintes. A NR-15, por sua vez, especifica e detalha os procedimentos relativos às Atividades e Operações Insalubres. Traz, inclusive, 14 anexos, cada qual definindo o respectivo agente insalubre e metodologia de avaliação – critérios qualitativos ou quantitativos.

A **exposição intermitente** a agentes insalubres não retira do empregado, só por esta circunstância, o direito ao adicional de insalubridade (Súmula 47, TST).

Para que seja devido o adicional de insalubridade não basta a constatação através de perícia, mas também que exista **classificação na relação oficial do Ministério do Trabalho** (súmulas 460 do STF e 448 do TST).

A **limpeza em residências e escritórios** e a respectiva coleta de lixo não podem ser consideradas atividades insalubres, ainda que constatadas por laudo pericial, já que não classificadas como tal por regulamentação do Ministério do Trabalho, o que também foi fixado pela Súmula 448 do TST.

O trabalhador em **atividade a céu aberto** não tem direito ao adicional de insalubridade, também por ausência de regulamentação específica pelo Ministério do Trabalho (Orientação Jurisprudencial 173 da SDI-1 do TST). Referido verbete ressalva a possibilidade de configuração da insalubridade, caso seja constatado o trabalho em contato com o agente calor (ainda que em ambiente externo, em razão da exposição solar), em níveis acima dos limites de tolerância previstos em norma regulamentadora.

Em relação ao valor, o artigo 192 da CLT fixa o adicional de insalubridade em 10%, 20% ou 40% (graus mínimo, médio e máximo) do "salário mínimo da região". A fixação do **salário mínimo como base de cálculo do adicional de insalubridade** é de adoção obrigatória, diante da Súmula Vinculante n. 4 do E. STF.

O uso de EPC ou EPI pode isentar o empregador do pagamento do adicional de insalubridade, desde que seja suficiente a neutralizar ou diminuir a nocividade do agente existente no ambiente de trabalho, adequando-o aos limites de tolerância. A Súmula 80 do TST deixa claro o entendimento de que a **eliminação da insalubridade pelo uso de EPI** torna indevido o adicional de insalubridade.

No entanto, deve-se atentar que o simples fornecimento de proteção pelo empregador, por si só, não o isenta do pagamento de insalubridade (necessidade de efetiva eliminação com o uso efetivo de EPI). É este o entendimento da Súmula 289, TST.

Já quanto ao **adicional de periculosidade**, apesar de verificarmos, no cotidiano das relações de trabalho, várias hipóteses que possam ser consideradas perigosas, em razão da exposição dos empregados a situação de risco à integridade física, temos hoje previsão, no artigo 193 da CLT, apenas para:

- inflamáveis;
- explosivos;
- energia elétrica;
- roubos e outras espécies de violência física nas atividades profissionais de segurança pessoal ou patrimonial (hipótese acrescentada pela Lei 12.740/12)
- trabalhadores em motocicleta (artigo 193, § 4º da CLT, introduzido pela Lei 12.997/14).

Há, na CLT, **vedação para a cumulação dos adicionais de insalubridade e periculosidade** (artigo 193, § 2º). Há divergência jurisprudencial, de forma mais recente, sobre a constitucionalidade deste dispositivo celetista (possível não recepção pela Constituição Federal de 1988). Até que algum posicionamento seja sedimentado em súmula, orientação jurisprudencial, ou decisão de caráter vinculante, recomendamos que as respostas das provas objetivas sejam pautadas pelo texto de lei.

Conforme dispõe o artigo 193 da CLT, o **adicional de periculosidade** (independentemente do agente de risco) será calculado na base de 30% do salário, sem acréscimos resultantes de gratificações, prêmios ou participações dos lucros da empresa.

Mesmo no caso de **exposição intermitente** a condições perigosas subsiste o direito ao recebimento do adicional de periculosidade, de forma integral, conforme súmula 361 do TST.

O **contato eventual (fortuito) ou o contato habitual em tempo extremamente reduzido**, não gera direito ao adicional de periculosidade.

Segundo o artigo 195 da CLT, a classificação e caracterização das atividades perigosas e insalubres deverá ocorrer através de **perícia**, segundo normas do Ministério do Trabalho, a cargo do Engenheiro do Trabalho ou Médico do Trabalho, facultando-se a empresa e ao sindicato formular requerimento ao Ministério do trabalho para a realização de perícia extrajudicial, o que inclusive pode ser objeto de negociação coletiva.

10. TRABALHO DA MULHER E DO MENOR

A Constituição Federal atual, além da previsão de isonomia do artigo 5º, I, traz várias **previsões protetivas do trabalho da mulher**, dentre as quais, a licença gestante de 120 dias (7º, XVIII), a proteção do mercado de trabalho da mulher, mediante incentivos específicos, nos termos da lei (7º, XX) e a proibição de diferença de salários, de exercício de funções e critério de admissões por motivo de sexo, dentre outros. Há, também, no artigo 10, II, *b*, do ADCT, a previsão de garantia de emprego, desde a confirmação da gravidez, até cinco meses após o parto.

A CLT, em seu título III (Normas Especiais de Tutela do Trabalho), tem o Capítulo III, que trata, de forma específica, da Proteção do Trabalho da Mulher (artigos 372 a 401).

Considerando os preceitos de igualdade fixados pela Constituição Federal de 1988 e, também, no âmbito internacional, temos que parte das normas tutelares das mulheres foi revogada, persistindo, contudo, algumas previsões específicas.

O artigo 373-A da CLT traz **vedações expressas relativas à discriminação da mulher**, em relação a publicação de anúncios de empregos (salvo quando a natureza da atividade assim o exigir); recusa de emprego, promoção e dispensa; diferença remuneratória, ou mesmo a adoção de critérios subjetivos para inscrição ou aprovação em concursos. Veda, ainda, a exigência de atestado ou exame de gravidez, na admissão ou permanência no emprego, bem como a realização de revistas íntimas em funcionárias.

Neste contexto, vale destacar a **Lei 9.029/95**, que proíbe a exigência de atestados de gravidez e esterilização, e outras práticas discriminatórias, para efeitos admissionais ou de permanência da relação jurídica de trabalho.

Os artigos 374, 375, 379, 380 e 387 da CLT, que limitavam, respectivamente, as hipóteses de prorrogação e compensação de jornada, o trabalho noturno e o trabalho em subsolo, similares e atividades insalubres e perigosas foram revogados.

A recepção constitucional do **artigo 384 da CLT** era muito discutida na jurisprudência, sendo que tal dispositivo fixa a necessidade de concessão de intervalo de 15 minutos, antes do início do período laborativo extraordinário, previsão esta também existente para o menor. Atualmente, a discussão sobre a constitucionalidade deste dispositivo (em razão de possível ofensa à isonomia de gênero) está superada, diante da decisão do STF (RE 658312), com repercussão geral, que reconheceu a recepção do dispositivo celetista pela Constituição Federal. A divergência acaba a partir da vigência Lei 13.467/17, que expressamente **revogou o artigo 384 da CLT**.

Quanto ao trabalho que demande força muscular, há **limitação dos esforços exigíveis para a mulher**, de até 20 kg para o trabalho contínuo e 25 kg para o trabalho descontínuo (artigo 390, CLT), tal como existe para o menor.

Em relação à **licença maternidade**, é digna de nota a previsão do artigo 392-A do CPC, que estende o benefício à empregada que adotar ou obtiver guarda judicial para fins de adoção de criança.

Em caso de **aborto não criminoso**, a empregada tem direito a repouso remunerado de 2 semanas, conforme artigo 395, CLT.

Com o intuito de garantir a **amamentação**, a mulher terá direito a dois descansos de 30 minutos cada durante a jornada diária, até que o filho complete 6 meses de idade, com possibilidade de prorrogação a critério da autoridade competente (artigo 396 da CLT). A partir da vigência Lei 13.467/17, diante do § 2º do artigo 396 da CLT, a empregada poderá definir, em acordo individual com o empregador, os horários de amamentação.

As empresas que tiverem pelo menos 30 mulheres com mais de 16 anos de idade deverão manter local apropriado para guarda de seus filhos no período de amamentação, facultando-se a instalação de creches e a realização de convênios para o mesmo fim.

Já no que toca o **trabalho do menor,** também há Capítulo específico na CLT (IV), no mesmo Título III já referido, o que integra sistema de proteção constitucional e internacional de tal espécie de trabalho.

O artigo 227, § 3º da Constituição Federal fixa, como proteção especial que deve ser destinada a criança e ao adolescente, a idade mínima de 14 anos para admissão ao trabalho, observado o disposto no artigo 7º, XXXIII da CRFB;

a garantia de direitos previdenciários e trabalhistas; bem como o acesso do trabalhador adolescente à escola; dentre outras medidas protetivas ali especificadas.

Segundo definição dada pelo artigo 2º da Lei 8.069/90 (ECA), considera-se **criança**, para os efeitos desta Lei, a pessoa até doze anos de idade incompletos, e **adolescente** aquela entre doze e dezoito anos de idade". O **menor, para fins trabalhistas,** é aquele que tem até 18 anos, conforme se depreende do disposto no artigo 402 da CLT.

Não obstante a expressão "menor" usada pela CLT, entendemos como mais apropriada a expressão "criança e adolescente", salientando que o trabalho da criança é proibido em nosso ordenamento jurídico.

No âmbito internacional, destacam-se as Convenções 138 e 182 da OIT. A primeira fixa a idade mínima de admissão no emprego, que não deve ser inferior ao fim da escolaridade obrigatória, nem inferior a 15 anos, com a ressalva de países com desenvolvimento insuficiente, onde se admite o patamar mínimo de 14 anos. A segunda trata das piores formas de trabalho infantil, dentre as quais, a escravidão e formas análogas, o recrutamento para conflitos armados, a prostituição e práticas similares, bem como em atividades ilícitas, como o tráfico de drogas, além de outros que prejudiquem sua saúde, segurança e moral.

A CF/88, quanto às proteções de isonomia (salarial, critérios de admissão, etc.), também abarca o critério da idade. Há, no artigo 7º, XXXIII, a **proibição de trabalho noturno, perigoso ou insalubre aos menores de 18 anos e de qualquer trabalho aos menores de 16 anos, salvo na condição de aprendiz, a partir dos 14 anos**. Tais proibições também são reiteradas e especificadas nos artigos 403 e seguintes da CLT.

Além do trabalho noturno, em locais prejudiciais à sua formação, insalubres, perigosos, também são proibidos os **serviços prejudiciais à sua moralidade**, assim considerados pelo artigo 405, § 3º, CLT os prestados em teatros de revistas, cinemas, boates, cassinos, cabarés, *dancings* e análogos; em empresas circences; os de produção, entrega ou venda de escritos, impressos, cartazes e similares, prejudiciais à sua formação moral (à critério da autoridade competente); e a venda de bebidas alcoólicas.

O **trabalho em ruas, praças e outros logradouros** dependerá de prévia autorização do Juiz da Infância e da Juventude, principalmente quanto à necessidade do trabalho para a subsistência familiar, bem como acerca da possibilidade de algum prejuízo moral.

É lícito ao menor firmar recibo de pagamento, sendo, porém, necessária a assistência do representante legal no ato da rescisão.

A **duração do trabalho do menor** guarda peculiaridades poucas, dentre as quais o intervalo de 15 minutos entre o término da jornada normal e o início da suplementar, sendo lícita a prorrogação, em até duas horas, mediante negociação coletiva, ou em casos de força maior, até o máximo de 12 horas (art. 413, CLT).

Os mesmos limites, quanto ao esforço físico da mulher, são aplicáveis ao menor.

Segundo o disposto no artigo 440 da CLT, **contra os menores não corre nenhum prazo prescricional.**

11. ALTERAÇÃO DO CONTRATO DE TRABALHO

O artigo 468 da CLT reputa nula qualquer alteração contratual prejudicial ao trabalhador, ainda que por ele anuída. Trata-se do que a doutrina chamou de **princípio da inalterabilidade contratual lesiva.**

De acordo com o artigo 469, § 1º da CLT, sintetizamos as seguintes peculiaridades:

- a **transferência do empregado** é vedada, como regra, sem a sua anuência;
- não se considera transferência aquela que não implique em mudança de domicílio do empregado;
- a proibição de transferência não se aplica aos que exerçam de **função de confiança**, nem aos que tenham tal **possibilidade prevista (explícita ou implicitamente) no contrato**, quando a transferência decorrer de **real necessidade de serviço;**
- também será lícita a transferência do empregado em caso de **extinção de estabelecimento**;
- nos casos autorizados, é devido o **adicional de transferência** equivalente a 25% do salário do empregado;
- apenas a **transferência provisória** autoriza o pagamento do referido adicional;
- as **despesas com transporte**, segundo artigo 470 da CLT, correm por conta do empregador.

A **reversão do empregado que exerce de função de confiança**, para seu cargo efetivo, não se considera alteração contratual ilícita (artigo 468, § 1º da CLT). Lembre-se que a súmula 372, I do TST, vedou a retirada da gratificação de função, para o empregado destituído de função de confiança exercido por prazo igual ou superior a 10 anos, em razão do **princípio da estabilidade financeira**. Contudo, a reforma trabalhista trazida com a Lei 13.467/17, incluiu o § 2º ao artigo 468 da CLT, que excluiu qualquer hipótese de manutenção do pagamento da gratificação, independentemente de tempo de exercício da função de confiança.

Segundo o artigo 10 da CLT, qualquer alteração na estrutura da empresa não afetará os direitos adquiridos por seus empregados. Na mesma linha, o artigo 448 da CLT fixa que a mudança na propriedade ou na estrutura jurídica da empresa não afetará os contratos de trabalho dos respectivos empregados. Tais dispositivos fundamentam a responsabilização trabalhista no caso de **sucessão de empregadores**.

O artigo 448-A da CLT, introduzido pela Lei 13.467/17, fixou que a sucessão empresarial gera apenas responsabilidade a empresa sucessora. Haverá, contudo, responsabilidade solidária do sucedido, se ficar comprovada fraude na transferência.

12. INTERRUPÇÃO E SUSPENSÃO DO CONTRATO DE TRABALHO

Questões sobre **interrupção e suspensão do contrato de trabalho** são recorrentes.

Não é demais reiterar as semelhanças e diferenças dos institutos:

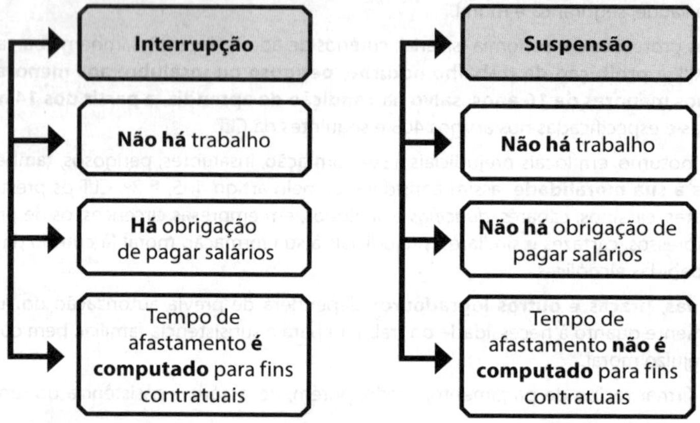

São exemplos típicos de interrupção contratual:	as férias;
	as hipóteses do artigo 473 da CLT;
	o repouso semanal remunerado previsto no artigo 67 da CLT e na Lei 605/49;
	os 15 primeiros dias de afastamento por doença;
	no caso de aborto não criminoso comprovado por atestado médico oficial (artigo 395 da CLT);
	o afastamento do dirigente sindical, para reunião de organismo internacional do qual o Brasil seja membro, conforme previsto no artigo 473, IX da CLT;
	o dirigente sindical que comete falta grave tem seu contrato suspenso e, a partir do início desta suspensão, o empregador tem o prazo decadencial de 30 dias para o ajuizamento do inquérito para apuração de falta grave.

São exemplos típicos de suspensão contratual:	a aposentadoria por invalidez é causa suspensão do contrato de trabalho, conforme artigo 475 da CLT;
	quando o empregado assume cargo eletivo de diretoria, que não tenha subordinação jurídica própria da relação de emprego (súmula 269 do TST);
	o afastamento do empregado para participação em curso ou programa de qualificação profissional oferecido pelo empregador, por um período de 2 a 5 meses, sendo autorizada apenas uma suspensão a cada período de 16 meses (artigo 476-A, *caput* e § 2º da CLT)

Lembre-se que não é preciso decorar o que é suspensão ou interrupção do contrato de trabalho. Basta entender suas características e consequências, no contrato de trabalho, para que se possa responder todo e qualquer questionamento sobre o tema.

13. PRESCRIÇÃO E DECADÊNCIA

Importante, desde logo, conceituar a prescrição com base no artigo 189 do Código Civil, segundo o qual, *"violado o direito, nasce para o titular a pretensão, a qual se extingue, pela prescrição"*.

Assim, **a prescrição é o instituto que atinge diretamente a pretensão da parte**, em razão da inércia da propositura da ação pelo prazo fixado em lei. A intenção é, naturalmente, não eternizar as lides, proporcionando maior segurança jurídica e estabilidade social.

Trata-se de um instituto bifronte, ou seja, que é ligado, em sua essência, ao direito material, mas que possui repercussões diretas no âmbito processual, tanto que, nos termos do artigo 487, II do CPC/15, o seu reconhecimento pelo Juízo implica na extinção do feito com resolução de mérito.

Quanto à **decadência**, a doutrina aponta que é a **perda do próprio direito substantivo** (não apenas da pretensão, como ocorre com a prescrição), pela parte que ficou inerte por determinado período de tempo. O Código Civil tratou da decadência em seus artigos 207 a 211. Seu reconhecimento, em Juízo, implica na mesma extinção do feito, com resolução de mérito, prevista no artigo 487, II do CPC, mencionado anteriormente.

Cumpre diferenciar os institutos da prescrição e da decadência:

- a prescrição decorre sempre de previsão de lei; a decadência pode ser legal ou convencional;
- em regra, as pretensões condenatórias sujeitam-se a prazos prescricionais; já as constitutivas, com prazo de ajuizamento determinado em lei, sujeitam-se a prazos decadenciais;
- os prazos prescricionais estão sujeitos às causas de interrupção e suspensão previstas no artigo 202 do Código Civil (salvo nas hipóteses excepcionais legais do artigo 208 do mesmo Código), o que não ocorre com os prazos decadenciais, por expressa vedação do artigo 207 do Código Civil;
- o Juiz deve conhecer de ofício apenas da decadência estabelecida em lei, mas não da convencional (artigo 210 do Código Civil);

Quanto à prescrição, não era possível o **reconhecimento de ofício pelo Juiz**, até a nova previsão do artigo 219, parágrafo 5º do CPC /15 (redação dada pela Lei 11.280/06), mantida pelo atual artigo 487, II do CPC/15. Parece-nos incorreta a aplicação do referido dispositivo na seara trabalhista, tendo em vista a incompatibilidade com o princípio da proteção.

Segundo artigo 7º, XXIV da CRFB, o **prazo prescricional trabalhista** é de cinco anos para os trabalhadores urbanos e rurais, até o limite de dois anos após a extinção do contrato de trabalho.

Há dois prazos básicos, portanto. O primeiro é a chamada **prescrição total ou bienal**, segundo a qual, extinto o contrato de trabalho, a ação deverá ser proposta dentro dos dois anos sequenciais. Ultrapassado tal prazo, toda a pretensão da parte estará extinta.

Caso o empregado respeite tal prazo prescricional total, ainda assim estará sujeito à **prescrição parcial ou quinquenal**, que faz extinguir a pretensão da parte, em relação apenas ao período que ultrapassar os últimos cinco anos que antecederam à data da propositura da demanda.

Tais prazos aplicam-se aos trabalhadores urbanos e rurais, tendo em vista a isonomia providenciada através da EC 28/00. Os prazos devem ser observados, sem ressalvas, também para os trabalhadores domésticos.

A **prescrição para a cobrança do FGTS** – parcelas diretas devidas – era, até pouco tempo, considerada trintenária (artigo 23, parágrafo 5º da Lei 8.036/90). Atualmente, porém, o E. STF entendeu que o prazo prescricional aplicável às parcelas de FGTS é também o de cinco anos (julgamento ocorrido em 13.11.14 – ARE 709.212/DF). Houve modulação dos efeitos desta decisão, para que o prazo de cinco anos atinja apenas as pretensões posteriores a data da decisão em comento. Houve alteração na redação da súmula.

A reforma trabalhista trazida com a Lei 13.467/17, incluiu o artigo 11-A da CLT, que fixou o prazo de 2 anos para a **prescrição intercorrente** no processo do trabalho.

A ação trabalhista, ainda que arquivada, implica na **interrupção do prazo prescricional** somente em relação aos pedidos idênticos (súmula 268, TST). Cabe, naturalmente, à parte interessada, comprovar documentalmente a propositura da ação anterior, seu objeto, bem como a sua extinção.

Importante observar, também, a **prescrição total de ato único**, sedimentada pela súmula 294 do TST, que se refere às prestações sucessivas postuladas, decorrentes de alteração contratual ilícita ocorrida em período atingido pela prescrição quinquenal.

14. GARANTIAS PROVISÓRIAS DE EMPREGO

O dirigente sindical apenas pode ser dispensado após **inquérito para apuração de falta grave** (súmula 379 do TST).

O inquérito para apuração de falta grave visa desconstituir a vigência do contrato de trabalho do estável, possuindo prazo decadencial de 30 dias, contados da suspensão do empregado (artigo 853 da CLT). A estabilidade a que se referia o dispositivo era aquela decenal, não temporária, prevista no artigo 492 da CLT. Tal regime de estabilidade absoluta foi suplantado pelo regime do FGTS (inicialmente opcional e, com a Constituição de 1988, tornou-se o regime obrigatório).

De qualquer forma, a jurisprudência visou estender a necessidade do inquérito para apuração de falta grave para o dirigente sindical (que é estabilidade provisória ou relativa), visando outorgar maior proteção a esta garantia de emprego, até porque prevista na Constituição Federal (artigo 8º, VIII).

Lembre que a súmula 369 do TST, em sua atual redação, limita tal estabilidade a sete dirigentes sindicais e igual número de suplentes (artigo 522 da CLT).

O **registro da candidatura do dirigente sindical durante o prazo do aviso prévio** (indenizado ou trabalhado) não lhe assegura a estabilidade provisória constitucional. Neste caso, a dispensa imotivada já se aperfeiçoou e apenas os efeitos pecuniários da projeção do aviso prévio devem ser respeitados.

O registro da candidatura não precisa ser autorizado pelo Ministério do Trabalho. A **comunicação do registro da candidatura** deve ser feita ao empregador, pelo próprio sindicato, no exíguo prazo de 24 horas, previsto no artigo 543, § 5º da CLT. O TST, no item I de sua súmula 369, firmou posicionamento que o desrespeito a este prazo de comunicação não afetará a garantia de emprego, quando a ciência do registro da candidatura e da eleição ocorra, no curso do contrato, por qualquer outro meio.

Tal inquérito para apuração de falta grave tem **natureza dúplice**, pois a improcedência da demanda gera a condenação do autor ao pagamento dos salários e consectários contratuais do período não trabalhado, independentemente de pedido reconvencional.

Em relação ao **rito do inquérito para apuração de falta grave**, segue o ordinário, com ressalvas específicas, como a possibilidade de oitiva de um número maior de testemunhas (6 para cada parte).

Importante ressalvar que tal inquérito não é exigido para a dispensa de outros empregados detentores de garantia provisória de emprego (como o cipeiro, a gestante ou o acidentado).

A **garantia de emprego do cipeiro**, prevista no artigo 165 da CLT, é mais amena, pois veda apenas a dispensa arbitrária (simplesmente não justificadas ou fundamentadas), admitindo, no entanto, ruptura do vínculo fundada em motivo disciplinar, técnico, econômico ou financeiro.

Novamente é oportuno registrar que a Lei 13.467/17 introduziu os artigos 510-A a 510-D da CLT, que regulamentaram a garantia provisória de emprego aos integrantes da comissão de representantes dos empregados (nos mesmos moldes da garantia já prevista para o cipeiro eleito).

O tema da **garantia provisória de emprego da gestante** remete o candidato a leitura da Súmula 244 do TST. Houve recente mudança de seu texto, em 2012, porém relacionada ao contrato a termo, sendo que tal contratação não impede o reconhecimento de sua estabilidade provisória.

O desconhecimento do estado gravídico, pelo empregador, não afasta o direito à estabilidade provisória da gestante. Há um interesse público em garantir o emprego da mãe durante a gestação e nos primeiros meses de vida da criança. Não é possível fixar uma restrição à garantia de emprego da gestante, por negociação coletiva. Trata-se de norma protetiva especial, que guarda interesse público indisponível à autonomia das partes.

15. AVISO PRÉVIO E RUPTURA DO CONTRATO DE TRABALHO

O artigo 7º, XXI garante aos empregados o **aviso prévio proporcional ao tempo de serviço**, no mínimo de 30 dias, nos termos da lei.

A **Lei 12.506/11** regulamentou o dispositivo constitucional, fixando que o aviso prévio de 30 dias será acrescido de 3 dias por ano trabalhado a mesma empresa, até o máximo de 60 dias, perfazendo um total de 90 dias.

Entendemos que tal aviso prévio proporcional é devido apenas pelo empregador (não é exigível dos empregados), já que o inciso XXI do artigo 7º da Constituição Federal deve ser interpretado em consonância com seu *caput* ("são direitos dos trabalhadores urbanos e rurais").

Segundo previsão do artigo 489 da CLT, dado o aviso prévio, a rescisão torna-se efetiva após expirado o respectivo prazo. É viável a **reconsideração do aviso prévio** pela parte notificante, o que ficará sujeito à aceitação da outra parte.

O aviso prévio, trabalhado ou indenizado, integra o tempo de serviço do empregado para todos os efeitos pecuniários (artigo 487, § 1º da CLT). O TST reconheceu que as anotações em CTPS devem respeitar, também, o prazo projetado do aviso prévio indenizado (OJ 82, SDI-1 do TST).

Segundo artigo 491 da CLT a falta grave do empregado, no curso do aviso prévio, faz com que este perca o direito ao restante do respectivo prazo. A súmula 73 do TST, contudo, sedimentou entendimento de que a justa causa, em meio ao prazo do aviso prévio, retira do empregado o direito a qualquer verba rescisória de natureza indenizatória.

Sobre a **classificação das hipóteses de ruptura contratual**, preferimos a que distingue o modo "normal" de cessação do vínculo de emprego, do modo "anormal" de sua ocorrência.

O **término normal do contrato de trabalho** ocorre com o atingimento do termo final previsto no contrato. É o que ocorre, por exemplo, no contrato de experiência não prorrogado, ou nos demais que tenham um prazo de duração previamente fixado.

As terminações anormais, por outro lado, podem ser divididas em:

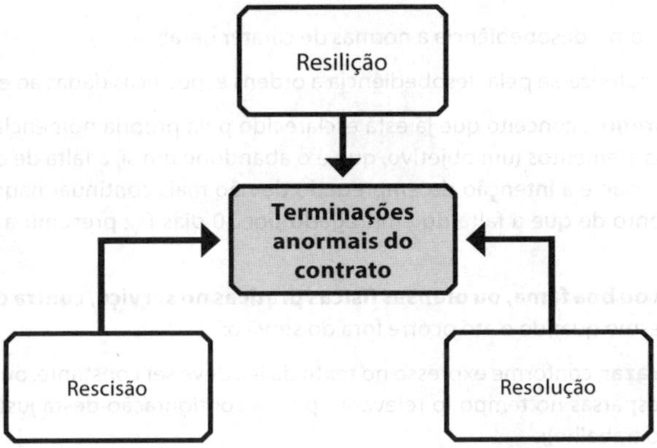

A **resilição contratual** ocorre quando **uma das partes manifesta sua intenção de romper o vínculo de emprego**, sem invocar qualquer justo motivo para tanto. O elemento central da resilição é a vontade de rompimento imotivado manifestada. Seria a denúncia vazia, típica dos contratos civis. O exercício da resilição pelo empregador corresponde à dispensa sem justa causa e, pelo empregado, ao pedido de demissão.

A **resolução contratual** estaria baseada na **falta grave cometida por uma das partes contratantes**, hipóteses de justa causa aplicada ao empregado, ou de rescisão indireta do contrato de trabalho imposta ao empregador. A chamada culpa recíproca, prevista no artigo 484 da CLT, também é enquadrada como resolução do contrato, pela falta contratual cometida por ambos os sujeitos do pacto.

No que tange à **rescisão do contrato de trabalho**, seria a decorrente de uma **nulidade ocasionada por vício** (via de regra, vício de origem), como a contratação de empregado, sem concurso, por um ente público.

Por fim, algumas outras hipóteses existentes no ordenamento jurídico trabalhista ficam à margem desta classificação, como a força maior, fato do príncipe, e a morte do empregado ou do empregador. Devem, pois, ser estudadas de forma apartada, em razão de suas peculiaridades.

Segundo a doutrina, a justa causa válida exige, em linhas gerais, os seguintes requisitos:

- **previsão legal** (tipicidade);
- **atualidade** (imediatidade, para que não se configure o perdão tácito);
- **gravidade** (suficiente à quebra de confiança entre as partes).

De qualquer forma, é relevante que sejam analisadas as **circunstâncias que nortearam os fatos concretos**, o que representa um juízo de proporcionalidade diante do caso específico e suas características peculiares.

Passemos, então, à análise das **hipóteses de justa causa** previstas no artigo 482 da CLT:

- a **improbidade** implica na desonestidade que implique em lesão patrimonial ao empregador;
- a **incontinência de conduta** configura-se quando o ato do empregado ofende a moral, em sua conotação sexual, ou seja, reflete uma falta de pudor;
- o **mau procedimento** configura-se pelo ato contrário ao que se espera num ambiente de convívio interpessoal e laboral, ou seja, é uma hipótese legal muito ampla, que pode abranger outras hipóteses que não encontram enquadramento mais específico;
- a **negociação habitual por conta própria ou alheia**, sem a permissão do empregador, apenas quando constituir concorrência a este, também pode autorizar a resolução contratual por justa causa do empregado;
- a **condenação criminal transitada em julgado**, caso não seja concedida a suspensão condicional da pena, autoriza a aplicação de justa causa pelo empregador;
- a **desídia** estará configurada quando o empregado mostrar-se faltoso, negligente, preguiçoso, improdutivo;

- a **embriaguez habitual** é hipótese polêmica, por ser doença (segundo catálogo da Organização Mundial da Saúde) que clama de tratamento, não por punição;
- a **violação de segredo da empresa,** quando o empregado quebra do dever de fidelidade que deveria manter – por contratação expressa ou não – diante de seu empregador, agravando-se a situação quando o beneficiário for concorrente;
- a **indisciplina** ocorre com a desobediência a normas de caráter geral;
- a **insubordinação** caracteriza-se pela desobediência a ordens específicas dadas ao empregado;
- o **abandono de emprego** é conceito que já está esclarecido pela própria nomenclatura do tipo e exige, para sua configuração, dois elementos (um objetivo, que é o abandono em si, a falta de comparecimento ao trabalho; e outro subjetivo, que é a intenção do empregado de não mais continuar naquele labor). A jurisprudência firmou entendimento de que a falta do empregado por 30 dias faz presumir a intenção de abandonar o emprego;
- o **ato lesivo da honra ou boa fama, ou ofensas físicas praticas no serviço, contra qualquer pessoa**, também enseja justa causa, mesmo quando o ato ocorre fora do serviço;
- a **prática de jogos de azar**, conforme expresso no texto da lei, deve ser constante, ou seja, não abarca hipóteses isoladas ou mesmos esparsas no tempo (o relevante para a configuração desta justa causa é que se constate efetivo prejuízo para o trabalho);

A partir da vigência Lei 13.467/17, nova hipótese de justa causa foi incluída no artigo 482 da CLT, qual seja, a **perda da habilitação ou dos requisitos legais para exigidos para o exercício da profissão, por conduta dolosa do empregado.**

A **rescisão indireta do contrato de trabalho** é causa de resolução contratual, por falta grave contratual do empregador. Suas hipóteses estão previstas no artigo 483 da CLT. Os requisitos são praticamente os mesmos da justa causa, principalmente quanto à tipicidade e a gravidade. Para sua configuração não é relevante a presença de dolo ou culpa do empregador. Também a imediatidade deve ser vista com ressalvas, pois é normal que o empregado, necessitado daquele emprego para sua subsistência pessoal e familiar, tolere e retarde a iniciativa de rompimento motivado do vínculo.

Vamos, então, à análise das hipóteses fixadas no artigo 483 da CLT, também taxativas, tal como a do dispositivo legal que lhe antecede:

- **exigir serviços superiores às forças do empregado, contrários aos bons costumes ou alheios ao contrato**;
- **tratamento com rigor excessivo**, inclusive através de prepostos;
- quando o empregado **correr perigo manifesto de mal considerável**, hipótese que não exige a ocorrência de efetiva lesão;
- **descumprimento de obrigações contratuais**, que reflete a hipótese mais comum, pois abrange não só aquelas previstas em lei, mas também as estipuladas expressa ou tacitamente no contrato individual de trabalho, bem como as negociadas no âmbito coletivo (da categoria ou da empresa);
- **ofensas a honra e boa fama do empregado e da família**, seja pelo empregador, seja por preposto, dão azo a ruptura motivada do contrato de trabalho;
- **reduzir o trabalho do empregado**, desde que tal situação lhe afete os salários.

Em todas as hipóteses do artigo 483 da CLT o empregado poderá comunicar a rescisão indireta e, desde logo, suspender a prestação dos serviços. Em duas delas (descumprimento de obrigações contratuais e redução de trabalho), este poderá pleitear a rescisão indireta, mesmo continuando a trabalhar.

Em relação ao descumprimento contratual (artigo 483, "d" da CLT), discute-se se, em relação ao inadimplemento do FGTS, inacessível ao saque dos empregados desde logo, seria grave o suficiente para a resolução contratual. De qualquer forma, para o atleta profissional, há previsão expressa autorizando a rescisão indireta do contrato, nestes casos (artigo 31, § 2º da Lei 9.615/98 – Lei Pelé).

A **força maior** e o **fato do príncipe**, segundo artigos 502 e 486 da CLT, respectivamente, interferem nos direitos rescisórios que seriam devidos ordinariamente aos trabalhadores. Na hipótese de força maior, a indenização fica reduzida a metade. Já quando a paralisação das atividades da empresa for motivada por ato de autoridade municipal, estadual ou federal, ou ainda por promulgação de lei ou resolução que impossibilite a continuação da atividade, a indenização devida ao empregado será arcada pelo governo responsável.

A **homologação sindical** era exigida nos contratos de trabalho superiores a um ano de vigência. A súmula 330 do TST pacificou entendimento que a homologação sindical garante apenas a quitação das parcelas expressamente consignadas no TRCT, observando-se, ainda, as ressalvas realizadas pelo sindicato assistente. A interpretação de que a homologação sindical sem ressalvas autorizaria a ampla quitação do contrato de trabalho fere o princípio constitucional da inafastabilidade da jurisdição (artigo 5º, XXXV da Constituição Federal). Diante da reforma trabalhista trazida pela Lei 13.467/17, **a homologação sindical não é mais necessária** nas rescisões contratuais (artigo 477 da CLT).

No âmbito da mesma reforma trabalhista citada, devemos considerar a inclusão do artigo 477-B da CLT, que garante a **quitação plena e irrevogável dos direitos da extinta relação empregatícia, em razão de plano de demissão voluntária ou incentivada negociados coletivamente**, salvo disposição pactuada em contrário.

16. DIREITO SINDICAL E COLETIVO DO TRABALHO

Os sindicatos têm suas regras básicas fixadas pelo artigo 8º da Constituição Federal, destacando-se a **liberdade sindical**, seja da entidade em relação ao governo (**não interveniência**), seja do membro da categoria ou profissão em relação à entidade (**liberdade de associação**).

Há um controle do Estado em relação à fundação de sindicatos, sendo que através da concessão do registro sindical (antiga carta sindical), é feito o controle da **unicidade sindical**, que veda a existência de mais de uma entidade sindical, representativa da mesma categoria, numa mesma base territorial.

Os sindicatos são constituídos como verdadeira associação civil, ou seja, possuem **natureza jurídica de direito privado**. Tal característica está evidenciada pelo artigo 8º, I da Constituição Federal, que veda qualquer interferência do Estado na organização sindical.

O enquadramento sindical é definido, como regra, pela categoria econômica preponderante do empregador. O sindicato profissional correspondente será definido como o "dos trabalhadores desta mesma categoria econômica preponderante". Por exemplo, uma indústria química, será representada pelo sindicato das indústrias químicas. Seus empregados serão representados pelo sindicato "dos trabalhadores em indústrias químicas" (note-se que não se relevou, para o enquadramento sindical dos trabalhadores, a profissão destes. Apenas em situações excepcionais (a chamada categoria profissional diferenciada – artigo 511, § 3º da CLT – em razão do regramento próprio da profissão, ou das condições de vida singulares, é que tais trabalhadores serão representados por sindicato de profissão, independentemente da categoria econômica do empregador.

A Constituição Federal, em seu artigo 7º, XXVI, fixa como direito fundamental social o **reconhecimento das convenções e acordos coletivos de trabalho**. A negociação coletiva representa uma das funções essenciais dos sindicatos, ao ponto de ser **vedada a recusa negocial**, pelo artigo 8º, VI da Constituição Federal.

A partir da vigência da Lei 13.467/17, o artigo 611-A, § 2º, da CLT, trouxe previsão que aparentemente contraria a natureza da negociação coletiva, no sentido de que a ausência de indicação de contrapartidas recíprocas não enseja a nulidade daquela negociação. Além disso, em razão da mesma alteração legislativa, passará a vigorar a máxima de prevalência do negociado sobre o legislado, conforme artigo 8º, § 3º, e 511-A da CLT.

A **convenção coletiva de trabalho** (CCT) é a "norma da categoria", firmada entre dois sindicatos, o patronal e o profissional. Já o **acordo coletivo de trabalho** (ACT) é a "norma da empresa", firmada por uma ou mais empresas, juntamente com o sindicato profissional. É mais específico que a convenção coletiva de trabalho, que vale para toda a categoria.

O **prazo máximo de vigência das negociações coletivas** foi fixado em dois anos pelo artigo 614, § 3º da CLT. A intenção foi de claro incentivo à negociação coletiva periódica visando o aperfeiçoamento das condições de trabalho. A vigência das negociações coletivas tem início 3 dias após o depósito no Órgão Regional do Ministério do Trabalho, conforme previsão do artigo 614, § 1º da CLT. A partir da vigência da Lei 13.467/17, deverá ser observada a previsão do artigo 614, § 3º da CLT, que reitera o prazo máximo de vigência das negociações coletivas de 2 anos, **vedando expressamente a ultratividade**.

As **cláusulas convencionais**, segundo divisão clássica, podem ser **normativas** ou **obrigacionais**. As primeiras são direcionadas à aplicação junto aos contratos de trabalho abrangidos pela respectiva categoria ou empresa (vinculam empregados e empregadores). As segundas criam obrigações para as partes que assinam o instrumento, ou seja, sindicato profissional e empresa (ACT) ou sindicato profissional e sindicato patronal (CCT).

Dentro das cláusulas obrigacionais, a doutrina fixou uma subclassificação, que distingue as cláusulas obrigacionais típicas, das atípicas. As primeiras fixam deveres de paz ou influência (por exemplo, não fazer greve durante a vigência daquele instrumento negociado). As segundas fixam mecanismos de administração da norma negociada (por exemplo, instituição de comissão para estudo e solução de determinada controvérsia acerca da aplicação de determinada controvérsia na aplicação da negociação coletiva).

Sobre o tema **greve**, perguntado de forma recorrente nas provas objetivas, remetemos o candidato à leitura da Lei 7.783/89.

A greve, segundo definição do artigo 2º da Lei 7.783/89, é a **suspensão coletiva, temporária e pacífica, total ou parcial, da prestação dos serviços**, visando pressionar por melhoria de direitos.

Cabe a categoria a definição, por assembleia, da oportunidade de seu exercício, bem como os interesses que por meio dela pretendem defender (artigo 9º da Constituição Federal).

O **prazo do aviso prévio de greve** é de 48 horas para atividades normais e 72 horas para essenciais.

A garantia dos **serviços essenciais e inadiáveis**, devem ser observada pelos grevistas, conforme artigos 3º, 11 e 13 da Lei 7.783/89. O artigo 12 da mesma lei obriga o Estado a suprir a prestação dos serviços indispensáveis à sociedade, não garantidos pelos grevistas. A omissão de tal obrigação gera, naturalmente, responsabilidade civil. O artigo 15 da lei referida remete a responsabilidade pelos atos ilícitos e criminosos relativos ao exercício de greve, à apuração segundo a legislação civil, trabalhista e penal.

A **greve no setor público** é direito fundamental assegurado no artigo 37, VII da Constituição Federal. Seu exercício está vinculado aos termos e limites definidos em lei específica (ainda não editada).

O STF, em julgamento de mandados de injunção sobre o tema, decidiu que, enquanto não houver regulamentação pelo legislativo, a greve no setor público deverá observar, no que couber, os parâmetros da lei aplicável ao setor privado (Lei 7.783/89).

Sobre a possibilidade de **negociação coletiva no setor público**, cumpre observar que, em 2012, a OJ 5 da SDC do TST foi alterada, passando a ser admitido o dissídio coletivo (que pressupõe a negociação coletiva frustrada) em face de pessoa jurídica de direito público que mantenha empregados, exclusivamente para apreciação de cláusulas de natureza social.

Com a nova redação do artigo 114, § 2º da Constituição Federal, dada pela EC 45/04, recusando-se qualquer das partes à negociação coletiva ou à arbitragem, é facultado às mesmas, "de comum acordo", o ajuizamento de **dissídio coletivo de natureza econômica**. Trata-se de uma previsão polêmica, pois se há uma pretensão resistida, não seria plausível que as partes peçam, de forma conjunta, a solução jurisdicional. Não obstante, a intenção foi claramente de incentivar a negociação coletiva pelas próprias partes, à exaustão, antes de se socorrem do poder normativo da Justiça do Trabalho.

O dissídio coletivo é ação de competência originária dos Tribunais, normalmente do Regional com jurisdição sobre a área de abrangência do dissídio coletivo.

Em caso de dissídio que extrapole a jurisdição do TRT, a competência originária passa a ser do TST. Se o dissídio for relativo ao Estado de São Paulo, extrapolando a jurisdição do TRT da 15ª Região ou do TRT da 2ª Região, de forma excepcional, a competência não será do TRT, mas sim deste último Regional (da capital do Estado).

Sobre a cobrança de contribuições, as associações em geral apenas podem cobrar contribuições de seus associados, que a elas se filiaram espontaneamente.

Em relação aos sindicatos, além da **contribuição sindical obrigatória** (artigo 578 e seguintes da CLT), estes possuem a prerrogativa da instituição de **contribuições para o custeio do sistema confederativo**, previstas em assembleias (artigo 8º, IV da Constituição Federal), além de impor **outras contribuições àqueles que participem das categorias representadas** (artigo 513, *e* da CLT).

A partir da vigência da Lei 13.467/17, não é mais possível a cobrança obrigatória da contribuição sindical, passando a ser devida **apenas quando o empregado autorizar expressamente o desconto** (artigos 545 e 578 da CLT).

No caso das **contribuições assistenciais e confederativas**, a jurisprudência firmou-se no sentido de não ser possível a cobrança dos não filiados ao sindicato (Precedente Normativo 119 do TST e Súmula 666 do STF).

17. COMISSÃO DE CONCILIAÇÃO PRÉVIA E CONCILIAÇÃO EM JUÍZO

As comissões de conciliação prévia foram introduzidas no ordenamento jurídico trabalhista através da Lei 9.958/00, que incluiu os artigos 625-A a 625-H da CLT.

A CCP terá, necessariamente, **composição paritária**, com representantes patronais e da categoria profissional (artigo 625-A da CLT). Pode ser constituída **por grupos de empresas**, ou mesmo ter **caráter intersindical**.

No âmbito da empresa, a comissão terá no mínimo dois membros e, no máximo, dez membros. Metade será indicada pelo empregador e a outra metade será eleita pelos empregados. O **mandato dos membros**, titulares e suplentes, será de um ano, permitida uma recondução. Em relação aos representantes eleitos pelos empregados, possuem **garantia de emprego até um no após o final do mandato.**

Já a CCP intersindical terá sua constituição e normas de funcionamento definidas em **convenção ou acordo coletivo de trabalho.**

É bom lembrar que o STF, em interpretação dada ao artigo 625-D da CLT, pacificou entendimento de que **não há obrigatoriedade de submissão obrigatória da demanda à CCP**, como requisito essencial para interposição da ação judicial.

A partir da provocação do interessado, a CCP tem o **prazo de 10 dias para realizar a sessão de tentativa de conciliação** (artigo 625-F da CLT).

Nos termos do artigo 625-G da CLT, ocorre a **suspensão do prazo prescricional trabalhista**, a partir da provocação da CCP, recomeçando a fluir tal prazo a partir da tentativa frustrada de conciliação, ou após ultrapassados os 10 dias de prazo para realização da sessão conciliatória prevista no artigo 625-F da CLT.

Já sobre a conciliação em Juízo, é oportuno lembrar que a EC 45/04 retirou do artigo 114 da Constituição Federal a expressão "conciliar e julgar", substituindo por "processar e julgar".

Contudo, o **princípio da conciliação** ainda é próprio do Direito do Trabalho, sendo que a alteração pautou-se por critérios puramente técnicos em relação à terminologia do texto legal, não alterando sua essência.

Há duas **propostas conciliatórias obrigatórias** previstas na CLT, nos artigos 846 (logo na abertura da audiência) e 850 (após razões finais).

A **homologação de acordo firmado** entre as partes em Juízo, nos termos do artigo 831, § 1º da CLT, valerá como **decisão irrecorrível**, salvo para a Previdência Social. Em outras palavras, o termo homologatório do ajuste produz o trânsito em julgado imediato para as partes.

18. DUPLO GRAU DE JURISDIÇÃO E PRERROGATIVAS DA FAZENDA PÚBLICA

A isenção do pagamento de custas não é aplicável apenas aos beneficiários da justiça gratuita, mas também aos entes da administração pública direta, autárquica e funcional, além do Ministério Público (artigo 790-A da CLT).

Além disso, a Fazenda Pública tem as seguintes prerrogativas:

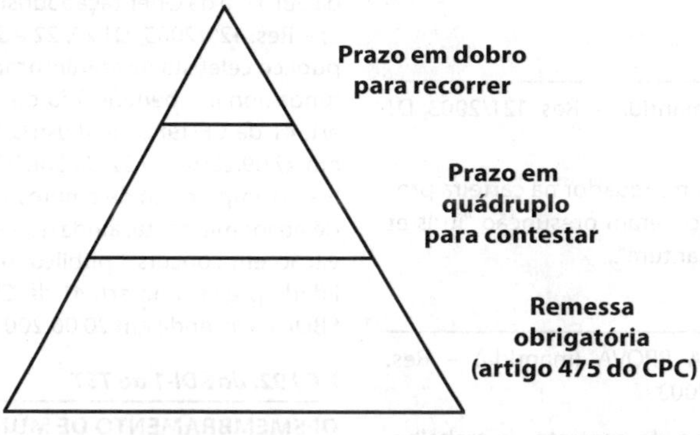

O instituto da remessa obrigatória está previsto no artigo 496 do CPC/15 e é plenamente aplicável ao processo do trabalho.

Segundo tal sistemática processual, a sentença proferida contra a União, Estado, Distrito Federal, Município, autarquia e fundações de direito público, ou mesmo a que julgar procedentes, no todo ou em parte, embargos à execução de dívida ativa da Fazenda Pública, não produza efeitos, senão depois de confirmada pelo Tribunal. Trata-se do **duplo grau obrigatório de jurisdição.**

Não se aplica a regra do duplo grau obrigatório de jurisdição, nas hipóteses do artigo 496 do CPC/15, a seguir transcrito: "Está sujeita ao duplo grau de jurisdição, não produzindo efeito senão depois de confirmada pelo tribunal, a sentença: I - proferida contra a União, os Estados, o Distrito Federal, os Municípios e suas respectivas autarquias e fundações de direito público; II - que julgar procedentes, no todo ou em parte, os embargos à execução fiscal. § 1º. Nos casos previstos neste artigo, não interposta a apelação no prazo legal, o juiz ordenará a remessa dos autos ao tribunal, e, se não o fizer, o presidente do respectivo tribunal avocá-los-á. § 2º. Em qualquer dos casos referidos no § 1º, o tribunal julgará a remessa necessária. § 3º. Não se aplica o disposto neste artigo quando a condenação ou o proveito econômico obtido na causa for de valor certo e líquido inferior a: I - 1.000 (mil) salários-mínimos para a União e as respectivas autarquias e fundações de direito público; II - 500 (quinhentos) salários-mínimos para os Estados, o Distrito Federal, as respectivas autarquias e fundações de direito público e os Municípios que constituam capitais dos Estados; III - 100 (cem) salários-mínimos para todos os demais Municípios e respectivas autarquias e fundações de direito público. § 4º. Também não se aplica o disposto neste artigo quando a sentença estiver fundada em: I - súmula de tribunal superior; II - acórdão proferido pelo Supremo Tribunal Federal ou pelo Superior Tribunal de Justiça em julgamento de recursos repetitivos; III - entendimento firmado em incidente de resolução de demandas repetitivas ou de assunção de competência; IV - entendimento coincidente com orientação vinculante firmada no âmbito administrativo do próprio ente público, consolidada em manifestação, parecer ou súmula administrativa."

✦ SÚMULAS E ORIENTAÇÕES JURISPRUDENCIAIS APLICÁVEIS

1. PRINCÍPIOS E FONTES DO DIREITO DO TRABALHO

▸ ***OJ 383, SDI-1 do TST***

TERCEIRIZAÇÃO. EMPREGADOS DA EMPRESA PRESTADORA DE SERVIÇOS E DA TOMADORA. ISONOMIA. ART. 12, "A", DA LEI Nº 6.019, DE 03.01.1974. (mantida) – Res. 175/2011, DEJT divulgado em27, 30 e 31.05.2011. A contratação irregular de trabalhador, mediante empresa interposta, não gera vínculo de emprego com ente da Administração Pública, não afastando, contudo, pelo princípio da isonomia, o direito dos empregados terceirizados às mesmas verbas trabalhistas legais e normativas asseguradas àqueles contratados pelo tomador dos serviços, desde que presente a igualdade de funções. Aplicação analógica do art. 12, "a", da Lei nº 6.019, de 03.01.1974.

▸ ***Súmula 12 do TST***

CARTEIRA PROFISSIONAL (mantida) – Res. 121/2003, DJ 19, 20 e 21.11.2003

As anotações apostas pelo empregador na carteira profissional do empregado não geram presunção "juris et de jure", mas apenas "juris tantum".

▸ ***Súmula 212 do TST***

DESPEDIMENTO. ÔNUS DA PROVA (mantida) – Res. 121/2003, DJ 19, 20 e 21.11.2003

O ônus de provar o término do contrato de trabalho, quando negados a prestação de serviço e o despedimento, é do empregador, pois o princípio da continuidade da relação de emprego constitui presunção favorável ao empregado.

2. RELAÇÃO DE EMPREGO E CONTRATOS AFINS

▸ ***Súmula 225 do STF***

Não é absoluto o valor probatório das anotações da carteira profissional.

▸ ***Súmula 678 do STF***

São inconstitucionais os incisos I e III do art. 7º da Lei 8.162/91, que afastam, para efeito de anuênio e de licença-prêmio, a contagem do tempo de serviço regido pela CLT dos servidores que passaram a submeter-se ao regime jurídico único.

▸ ***Súmula 679 do STF***

A fixação de vencimentos dos servidores públicos não pode ser objeto de convenção coletiva.

▸ ***Súmula 129 do TST***

CONTRATO DE TRABALHO. GRUPO ECONÔMICO (mantida) – Res. 121/2003, DJ 19, 20 e 21.11.2003. A prestação de serviços a mais de uma empresa do mesmo grupo econômico, durante a mesma jornada de trabalho, não caracteriza a coexistência de mais de um contrato de trabalho, salvo ajuste em contrário.

▸ ***Súmula 134 do TST***

SALÁRIO. MENOR NÃO APRENDIZ (cancelada) – Res. 121/2003, DJ 19, 20 e 21.11.2003

Ao menor não aprendiz é devido o salário mínimo integral (ex-Prejulgado nº 5)

▸ ***Súmula 390 do TST***

ESTABILIDADE. ART. 41 DA CF/1988. CELETISTA. ADMINISTRAÇÃO DIRETA, AUTÁRQUICA OU FUNDACIONAL. APLICABILIDADE. EMPREGADO DE EMPRESA PÚBLICA E SOCIEDADE DE ECONOMIA MISTA. INAPLICÁVEL (conversão das Orientações Jurisprudenciais nºs 229 e 265 da SBDI-1 e da Orientação Jurisprudencial nº 22 da SBDI-2) – Res. 129/2005, DJ 20, 22 e 25.04.2005 I – O servidor público celetista da administração direta, autárquica ou fundacional é beneficiário da estabilidade prevista no art. 41 da CF/1988. (ex-OJsnºs 265 da SBDI-1 – inserida em 27.09.2002 – e 22 da SBDI-2 – inserida em 20.09.00) II – Ao empregado de empresa pública ou de sociedade de economia mista, ainda que admitido mediante aprovação em concurso público, não é garantida a estabilidade prevista no art. 41 da CF/1988. (ex-OJ nº 229 da SBDI-1 – inserida em 20.06.2001)

▸ ***OJ 92, da SDI-1 do TST***

DESMEMBRAMENTO DE MUNICÍPIOS. RESPONSABILIDADE TRABALHISTA (inserida em 30.05.1997)

Em caso de criação de novo município, por desmembramento, cada uma das novas entidades responsabiliza-se pelos direitos trabalhistas do empregado no período em que figurarem como real empregador.

3. CONTRATOS POR PRAZO DETERMINADO

▸ ***Súmula 125 do TST***

CONTRATO DE TRABALHO. ART. 479 DA CLT (mantida) – Res. 121/2003, DJ 19, 20 e 21.11.2003

O art. 479 da CLT aplica-se ao trabalhador optante pelo FGTS admitido mediante contrato por prazo determinado, nos termos do art. 30, § 3º, do Decreto nº 59.820, de 20.12.1966.

▸ ***Súmula 163 do TST***

AVISO PRÉVIO. CONTRATO DE EXPERIÊNCIA (mantida) – Res. 121/2003, DJ 19, 20 e 21.11.2003

Cabe aviso prévio nas rescisões antecipadas dos contratos de experiência, na forma do art. 481 da CLT (ex-Prejulgado nº 42).

▸ *Súmula 188 do TST*

CONTRATO DE TRABALHO. EXPERIÊNCIA. PRORROGAÇÃO (mantida) – Res. 121/2003, DJ 19, 20 e 21.11.2003

O contrato de experiência pode ser prorrogado, respeitado o limite máximo de 90 (noventa) dias.

4. TERCEIRIZAÇÃO DE MÃO DE OBRA

▸ *Súmula 331 do TST*

CONTRATO DE PRESTAÇÃO DE SERVIÇOS. LEGALIDADE (nova redação do item IV e inseridos os itens V e VI à redação) – Res. 174/2011, DEJT divulgado em 27, 30 e 31.05.2011. I – A contratação de trabalhadores por empresa interposta é ilegal, formando-se o vínculo diretamente com o tomador dos serviços, salvo no caso de trabalho temporário (Lei nº 6.019, de 03.01.1974). II – A contratação irregular de trabalhador, mediante empresa interposta, não gera vínculo de emprego com os órgãos da Administração Pública direta, indireta ou fundacional (art. 37, II, da CF/1988). III – Não forma vínculo de emprego com o tomador a contratação de serviços de vigilância (Lei nº 7.102, de 20.06.1983) e de conservação e limpeza, bem como a de serviços especializados ligados à atividade-meio do tomador, desde que inexistente a pessoalidade e a subordinação direta. IV – O inadimplemento das obrigações trabalhistas, por parte do empregador, implica a responsabilidade subsidiária do tomador dos serviços quanto àquelas obrigações, desde que haja participado da relação processual e conste também do título executivo judicial. V – Os entes integrantes da Administração Pública direta e indireta respondem subsidiariamente, nas mesmas condições do item IV, caso evidenciada a sua conduta culposa no cumprimento das obrigações da Lei nº 8.666, de 21.06.1993, especialmente na fiscalização do cumprimento das obrigações contratuais e legais da prestadora de serviço como empregadora. A aludida responsabilidade não decorre de mero inadimplemento das obrigações trabalhistas assumidas pela empresa regularmente contratada. VI – A responsabilidade subsidiária do tomador de serviços abrange todas as verbas decorrentes da condenação referentes ao período da prestação laboral.

▸ *OJ 191, SDI-1 do TST*

CONTRATO DE EMPREITADA. DONO DA OBRA DE CONSTRUÇÃO CIVIL. RESPONSABILIDADE (nova redação) – Res. 175/2011, DEJT divulgado em 27, 30 e 31.05.2011

Diante da inexistência de previsão legal específica, o contrato de empreitada de construção civil entre o dono da obra e o empreiteiro não enseja responsabilidade solidária ou subsidiária nas obrigações trabalhistas contraídas pelo empreiteiro, salvo sendo o dono da obra uma empresa construtora ou incorporadora.

5. REMUNERAÇÃO E SALÁRIO

▸ *Súmula 199 do STF*

O salário das férias do empregado horista corresponde à média do período aquisitivo, não podendo ser inferior ao mínimo.

▸ *Súmula 202 do STF*

Na equiparação de salário, em caso de trabalho igual, toma-se em conta o tempo de serviço na função, e não no emprego.

▸ *Súmula 207 do STF*

As gratificações habituais, inclusive a de Natal, consideram-se tacitamente convencionadas, integrando o salário.

▸ *Súmula 209 do STF*

O salário-produção, como outras modalidades de salário-prêmio, é devido, desde que verificada a condição a que estiver subordinado, e não pode ser suprimido unilateralmente pelo empregador, quando pago com habitualidade.

▸ *Súmula 459 do STF*

No cálculo da indenização por despedida injusta, incluem-se os adicionais, ou gratificações, que, pela habitualidade, se tenham incorporado ao salário.

▸ *Súmula 461 do STF*

É duplo, e não triplo, o pagamento do salário nos dias destinados a descanso.

▸ *Súmula 531 do STF*

É inconstitucional o Decreto 51.668, de 17.01.1963, que estabeleceu salário profissional para trabalhadores de transportes marítimos, fluviais e lacustres.

▸ *Súmula 6 do TST*

EQUIPARAÇÃO SALARIAL. ART. 461 DA CLT (redação do item VI alterada) – Res. 198/2015, republicada em razão de erro material – DEJT divulgado em 12, 15 e 16.06.2015. I - Para os fins previstos no § 2º do art. 461 da CLT, só é válido o quadro de pessoal organizado em carreira quando homologado pelo Ministério do Trabalho, excluindo-se, apenas, dessa exigência o quadro de carreira das entidades de direito público da administração direta, autárquica e fundacional aprovado por ato administrativo da autoridade competente. (ex-Súmula nº 06 – alterada pela Res. 104/2000, DJ 20.12.2000). II - Para efeito de equiparação de salários em caso de trabalho igual, conta-se o tempo de serviço na função e não no emprego. (ex-Súmula nº 135 - RA 102/1982, DJ 11.10.1982 e DJ 15.10.1982). III - A equiparação salarial só é possível se o empregado e o paradigma exercerem a mesma função, desempenhando as mesmas tarefas, não importando se os cargos têm, ou não, a mesma denominação. (ex-OJ da SBDI-1 nº 328 - DJ 09.12.2003). IV - É desnecessário que, ao tempo da reclamação sobre equiparação salarial, reclamante e paradigma estejam a serviço do estabelecimento, desde que o pedido se relacione com situação pretérita. (ex-Súmula nº 22 - RA 57/1970, DO-GB 27.11.1970). V - A cessão de empregados não exclui a equiparação salarial, embora exercida a função em órgão governamental estranho à cedente, se esta responde pelos salários do paradigma e do reclamante. (ex-Súmula nº 111 - RA 102/1980, DJ 25.09.1980). VI - Presentes os pressupostos do art. 461 da CLT, é irrelevante a circunstância de que o desnível salarial tenha origem em decisão judicial que beneficiou o paradigma, exceto: a) se decorrente de vantagem pessoal ou de tese jurídica superada pela jurisprudência de Corte Superior; b) na hipótese de equiparação salarial em cadeia, suscitada em defesa, se o empregador produzir prova do alegado fato modificativo, impeditivo ou extintivo do direito à equiparação salarial em relação ao paradigma remoto, considerada irrelevante, para esse efeito, a existência de diferença de tempo de serviço na função superior a dois anos entre o reclamante e os empregados paradigmas componentes da cadeia equiparatória, à exceção do paradigma imediato. VII - Desde que atendidos os requisitos do art. 461 da CLT, é possível a equiparação salarial de trabalho intelectual, que pode ser avaliado por sua perfeição técnica, cuja aferição terá critérios objetivos. (ex-OJ da SBDI-1 nº 298 - DJ 11.08.2003). VIII - É do empregador o ônus da prova do fato impeditivo, modificativo ou extintivo da equiparação salarial. (ex-Súmula nº 68 - RA 9/1977, DJ 11.02.1977). IX - Na ação de equiparação salarial, a prescrição é parcial e só alcança as diferenças salariais vencidas no período de 5 (cinco) anos que precedeu o ajuizamento. (ex-Súmula nº 274 - alterada pela Res. 121/2003, DJ 21.11.2003). X - O conceito de "mesma localidade" de que trata o art. 461 da CLT refere-se, em princípio, ao mesmo município, ou a municípios distintos que, comprovadamente, pertençam à mesma região metropolitana. (ex-OJ da SBDI-1 nº 252 - inserida em 13.03.2002).

▸ ***Súmula 203 do TST***

GRATIFICAÇÃO POR TEMPO DE SERVIÇO. NATUREZA SALARIAL (mantida) – Res. 121/2003, DJ 19, 20 e 21.11.2003. A gratificação por tempo de serviço integra o salário para todos os efeitos legais.

▸ ***Súmula 354 do TST***

GORJETAS. NATUREZA JURÍDICA. REPERCUSSÕES (mantida) – Res. 121/2003, DJ 19, 20 e 21.11.2003. As gorjetas, cobradas pelo empregador na nota de serviço ou oferecidas espontaneamente pelos clientes, integram a remuneração do empregado, não servindo de base de cálculo para as parcelas de aviso-prévio, adicional noturno, horas extras e repouso semanal remunerado.

▸ ***Súmula nº 451 do TST***

PARTICIPAÇÃO NOS LUCROS E RESULTADOS. RESCISÃO CONTRATUAL ANTERIOR À DATA DA DISTRIBUIÇÃO DOS LUCROS. PAGAMENTO PROPORCIONAL AOS MESES TRABALHADOS. PRINCÍPIO DA ISONOMIA. (conversão da Orientação Jurisprudencial nº 390 da SBDI-1) – Res. 194/2014, DEJT divulgado em 21, 22 e 23.05.2014. Fere o princípio da isonomia instituir vantagem mediante acordo coletivo ou norma regulamentar que condiciona a percepção da parcela participação nos lucros e resultados ao fato de estar o contrato de trabalho em vigor na data prevista para a distribuição dos lucros. Assim, inclusive na rescisão contratual antecipada, é devido o pagamento da parcela de forma proporcional aos meses trabalhados, pois o ex-empregado concorreu para os resultados positivos da empresa.

6. FÉRIAS

▸ ***Súmula 81 do TST***

FÉRIAS (mantida) – Res. 121/2003, DJ 19, 20 e 21.11.2003

Os dias de férias gozados após o período legal de concessão deverão ser remunerados em dobro.

▸ ***Súmula 89 do TST***

FALTA AO SERVIÇO (mantida) – Res. 121/2003, DJ 19, 20 e 21.11.2003

Se as faltas já são justificadas pela lei, consideram-se como ausências legais e não serão descontadas para o cálculo do período de férias.

Súmula 171 do TST.

▸ ***Súmula 261 do TST***

FÉRIAS PROPORCIONAIS. PEDIDO DE DEMISSÃO. CONTRATO VIGENTE HÁ MENOS DE UM ANO (nova redação) – Res. 121/2003, DJ 19, 20 e 21.11.2003

O empregado que se demite antes de complementar 12 (doze) meses de serviço tem direito a férias proporcionais.

7. FUNDO DE GARANTIA POR TEMPO DE SERVIÇO

▸ ***Súmula 593 do STF***

Incide o percentual do Fundo de Garantia do Tempo de Serviço (FGTS) sobre a parcela da remuneração correspondente a horas extraordinárias de trabalho.

▸ ***Súmula 82 do STJ***

Compete à justiça federal, excluídas as reclamações trabalhistas, processar e julgar os feitos relativos à movimentação do FGTS.

▸ ***Súmula 154 do STJ***

Os optantes pelo FGTS, nos termos da Lei nº 5.958, de 1973, tem direito à taxa progressiva dos juros, na forma do art. 4º da Lei nº 5.107, de 1966.

▸ ***Súmula 249 do STJ***

A Caixa Econômica Federal tem legitimidade passiva para integrar processo em que se discute correção monetária do FGTS.

▸ ***Súmula 252 do STJ***

Os saldos das contas do FGTS, pela legislação infraconstitucional, são corrigidos em 42, 72% (IPC) quanto às perdas de janeiro de 1989 e 44, 80% (IPC) quanto às de abril de 1990, acolhidos pelo STJ os índices de 18, 02% (LBC) quanto às perdas de junho de 1987, de 5, 38% (BTN) para maio de 1990 e 7, 00% (TR) para fevereiro de 1991, de acordo com o entendimento do STF (RE 226.855-7-RS).

▸ ***Súmula 349 do STJ***

Compete à justiça federal ou aos juízes com competência delegada o julgamento das execuções fiscais de contribuições devidas pelo empregador ao FGTS.

▸ ***Súmula 353 do STJ***

As disposições do Código Tributário Nacional não se aplicam às contribuições para o FGTS.

▸ ***Súmula 398 do STJ***

A prescrição da ação para pleitear os juros progressivos sobre os saldos de conta vinculada do FGTS não atinge o fundo de direito, limitando-se às parcelas vencidas.

▸ ***Súmula 445 do STJ***

As diferenças de correção monetária resultantes de expurgos inflacionários sobre os saldos de FGTS têm como termo inicial a data em que deveriam ter sido creditadas.

▸ ***Súmula 459 do STJ***

A Taxa Referencial (TR) é o índice aplicável, a título de correção monetária, aos débitos com o FGTS recolhidos pelo empregador mas não repassados ao fundo.

▸ ***Súmula 466 do STJ***

O titular da conta vinculada ao FGTS tem o direito de sacar o saldo respectivo quando declarado nulo seu contrato de trabalho por ausência de prévia aprovação em concurso público.

▸ ***Súmula 63 do TST***

FUNDO DE GARANTIA (mantida) – Res. 121/2003, DJ 19, 20 e 21.11.2003

A contribuição para o Fundo de Garantia do Tempo de Serviço incide sobre a remuneração mensal devida ao empregado, inclusive horas extras e adicionais eventuais.

▸ ***Súmula 362 do TST***

FGTS. PRESCRIÇÃO (nova redação) - Res. 198/2015, republicada em razão de erro material – DEJT divulgado em 12, 15 e 16.06.2015. I – Para os casos em que a ciência da lesão ocorreu a partir de 13.11.2014, é quinquenal a prescrição do direito de reclamar contra o não-recolhimento de contribuição para o FGTS, observado o prazo de dois anos após o término do contrato; II – Para os casos em que o prazo prescricional já estava em curso em 13.11.2014, aplica-se o prazo prescricional que se consumar primeiro: trinta anos, contados do termo inicial, ou cinco anos, a partir de 13.11.2014 (STF-ARE-709212/DF).

8. JORNADA DE TRABALHO

▸ ***Súmula 213 do STF***

É devido o adicional de serviço noturno, ainda que sujeito o empregado ao regime de revezamento.

▸ ***Súmula 214 do STF***

A duração legal da hora de serviço noturno (52 minutos e 30 segundos) constitui vantagem suplementar, que não dispensa o salário adicional.

▸ ***Súmula 313 do STF***

Provada a identidade entre o trabalho diurno e o noturno, é devido o adicional, quanto a este, sem a limitação do art. 73, § 3º, da CLT, independentemente da natureza da atividade do empregador.

▸ ***Súmula 402 do STF***

Vigia noturno tem direito a salário adicional.

▸ ***Súmula 675 do STF***

Os intervalos fixados para descanso e alimentação durante a jornada de seis horas não descaracterizam o sistema de turnos ininterruptos de revezamento para o efeito do art. 7º, XIV, da Constituição.

▸ ***OJ 97, SDI-1 do TST***

HORAS EXTRAS. ADICIONAL NOTURNO. BASE DE CÁLCULO (inserida em 30.05.1997) O adicional noturno integra a base de cálculo das horas extras prestadas no período noturno.

▸ ***OJ 259, SDI-1 do TST***

ADICIONAL NOTURNO. BASE DE CÁLCULO. ADICIONAL DE PERICULOSIDADE. INTEGRAÇÃO (inserida em 27.09.2002)

O adicional de periculosidade deve compor a base de cálculo do adicional noturno, já que também neste horário o trabalhador permanece sob as condições de risco.

▸ ***OJ 323 da SDI-1 do TST***

ACORDO DE COMPENSAÇÃO DE JORNADA. "SEMANA ESPANHOLA". VALIDADE (DJ 09.12.2003)

É válido o sistema de compensação de horário quando a jornada adotada é a denominada "semana espanhola", que alterna a prestação de 48 horas em uma semana e 40 horas em outra, não violando os arts. 59, § 2º, da CLT e 7º, XIII, da CF/1988 o seu ajuste mediante acordo ou convenção coletiva de trabalho.

▸ ***OJ 395, SDI-1 do TST***

TURNO ININTERRUPTO DE REVEZAMENTO. HORA NOTURNA REDUZIDA. INCIDÊNCIA. (DEJT divulgado em 09, 10 e 11.06.2010) O trabalho em regime de turnos ininterruptos de revezamento não retira o direito à hora noturna reduzida, não havendo incompatibilidade entre as disposições contidas nos arts. 73, § 1º, da CLT e 7º, XIV, da Constituição Federal.

▸ ***Súmula 60 do TST***

ADICIONAL NOTURNO. INTEGRAÇÃO NO SALÁRIO E PRORROGAÇÃO EM HORÁRIO DIURNO (incorporada a Orientação Jurisprudencial nº 6 da SBDI-1) – Res. 129/2005, DJ 20, 22 e 25.04.2005. I – O adicional noturno, pago com habitualidade, integra o salário do empregado para todos os efeitos. (ex-Súmula nº 60 – RA 105/1974, DJ 24.10.1974). II – Cumprida integralmente a jornada no período noturno e prorrogada esta, devido é também o adicional quanto às horas prorrogadas. Exegese do art. 73, § 5º, da CLT. (ex-OJ nº 6 da SBDI-1 – inserida em 25.11.1996)

▸ ***Súmula 85 do TST***

COMPENSAÇÃO DE JORNADA (inserido o item V) – Res. 174/2011, DEJT divulgado em 27, 30 e 31.05.2011. I – A compensação de jornada de trabalho deve ser ajustada por acordo individual escrito, acordo coletivo ou convenção coletiva.

COMPENSAÇÃO DE JORNADA (inserido o item VI) - Res. 209/2016, DEJT divulgado em 01, 02 e 03.06.2016. I. A compensação de jornada de trabalho deve ser ajustada por acordo individual escrito, acordo coletivo ou convenção coletiva. (ex-Súmula nº 85 - primeira parte - alterada pela Res. 121/2003, DJ 21.11.2003). II. O acordo individual para compensação de horas é válido, salvo se houver norma coletiva em sentido contrário. (ex-OJ nº 182 da SBDI-1 - inserida em 08.11.2000). III. O mero não atendimento das exigências legais para a compensação de jornada, inclusive quando encetada mediante acordo tácito, não implica a repetição do pagamento das horas excedentes à jornada normal diária, se não dilatada a jornada máxima semanal, sendo devido apenas o respectivo adicional. (ex-Súmula nº 85 - segunda parte - alterada pela Res. 121/2003, DJ 21.11.2003). IV. A prestação de horas extras habituais descaracteriza o acordo de compensação de jornada. Nesta hipótese, as horas que ultrapassarem a jornada semanal normal deverão ser pagas como horas extraordinárias e, quanto àquelas destinadas à compensação, deverá ser pago a mais apenas o adicional por trabalho extraordinário. (ex-OJ nº 220 da SBDI-1 - inserida em 20.06.2001). V. As disposições contidas nesta súmula não se aplicam ao regime compensatório na modalidade "banco de horas", que somente pode ser instituído por negociação coletiva. VI - Não é válido acordo de compensação de jornada em atividade insalubre, ainda que estipulado em norma coletiva, sem a necessária inspeção prévia e permissão da autoridade competente, na forma do art. 60 da CLT.

▸ ***Súmula 110 do TST***

JORNADA DE TRABALHO. INTERVALO (mantida) – Res. 121/2003, DJ 19, 20 e 21.11.2003. No regime de revezamento, as horas trabalhadas em seguida ao repouso semanal de 24 horas, com prejuízo do intervalo mínimo de 11 horas consecutivas para descanso entre jornadas, devem ser remuneradas como extraordinárias, inclusive com o respectivo adicional.

▸ ***Súmula 265 do TST***

ADICIONAL NOTURNO. ALTERAÇÃO DE TURNO DE TRABALHO. POSSIBILIDADE DE SUPRESSÃO (mantida) – Res. 121/2003, DJ 19, 20 e 21.11.2003. A transferência para o período diurno de trabalho implica a perda do direito ao adicional noturno.

▸ ***Súmula 437 do TST***

INTERVALO INTRAJORNADA PARA REPOUSO E ALIMENTAÇÃO. APLICAÇÃO DO ART. 71 DA CLT (conversão das Orientações Jurisprudenciais nºs 307, 342, 354, 380 e 381 da SBDI-1) - Res. 185/2012, DEJT divulgado em 25, 26 e 27.09.2012. I - Após a edição da Lei nº 8.923/94, a não-concessão ou a concessão parcial do intervalo intrajornada mínimo, para repouso e alimentação, a empregados urbanos e rurais, implica o pagamento total do período correspondente, e não apenas daquele suprimido, com acréscimo de, no mínimo, 50% sobre o valor da remuneração da hora normal de trabalho (art. 71 da CLT), sem prejuízo do cômputo da efetiva jornada de labor para efeito de remuneração. II - É inválida cláusula de acordo ou convenção coletiva de trabalho contemplando a supressão ou redução do intervalo intrajornada porque este constitui medida de higiene, saúde e segurança do trabalho, garantido por norma de ordem pública (art. 71 da CLT e art. 7º, XXII, da CF/1988), infenso à negociação coletiva. III - Possui natureza salarial a parcela prevista no art. 71, § 4º, da CLT, com redação introduzida pela Lei nº 8.923, de 27 de julho de 1994, quando não concedido ou reduzido pelo empregador o intervalo mínimo intrajornada para repouso e alimentação, repercutindo, assim, no cálculo de outras parcelas salariais. IV - Ultrapassada habitualmente a jornada de seis horas de trabalho, é devido o gozo do intervalo intrajornada mínimo de uma hora, obrigando o empregador a remunerar o período para descanso e alimentação não usufruído como extra, acrescido do respectivo adicional, na forma prevista no art. 71, caput e § 4º da CLT.

9. INSALUBRIDADE E PERICULOSIDADE

▸ ***Súmula Vinculante 4 do STF***

Salvo os casos previstos na Constituição Federal, o salário mínimo não pode ser usado como indexador de base de cálculo de vantagem de servidor público ou de empregado, nem ser substituído por decisão judicial.

▸ ***Súmula 194 do STF***

É competente o Ministro do Trabalho para a especificação das atividades insalubres.

▸ ***Súmula 212 do STF***

Tem direito ao adicional de serviço perigoso o empregado de posto de revenda de combustível líquido.

▸ Súmula 460 do STF

Para efeito do adicional de insalubridade, a perícia judicial, em reclamação trabalhista, não dispensa o enquadramento da atividade entre as insalubres, que é ato da competência do Ministro do Trabalho e Previdência Social.

▸ Súmula 191 do TST

ADICIONAL DE PERICULOSIDADE. INCIDÊNCIA. BASE DE CÁLCULO (cancelada a parte final da antiga redação e inseridos os itens II e III) - Res. 214/2016, DEJT divulgado em 30.11.2016 e 01 e 02.12.2016. I – O adicional de periculosidade incide apenas sobre o salário básico e não sobre este acrescido de outros adicionais. II – O adicional de periculosidade do empregado eletricitário, contratado sob a égide da Lei nº 7.369/1985, deve ser calculado sobre a totalidade das parcelas de natureza salarial. Não é válida norma coletiva mediante a qual se determina a incidência do referido adicional sobre o salário básico. III - A alteração da base de cálculo do adicional de periculosidade do eletricitário promovida pela Lei nº 12.740/2012 atinge somente contrato de trabalho firmado a partir de sua vigência, de modo que, nesse caso, o cálculo será realizado exclusivamente sobre o salário básico, conforme determina o § 1º do art. 193 da CLT.

▸ Súmula 248 do TST

ADICIONAL DE INSALUBRIDADE. DIREITO ADQUIRIDO (mantida) – Res. 121/2003, DJ 19, 20 e 21.11.2003. A reclassificação ou a descaracterização da insalubridade, por ato da autoridade competente, repercute na satisfação do respectivo adicional, sem ofensa a direito adquirido ou ao princípio da irredutibilidade salarial.

▸ Súmula 289 do TST

INSALUBRIDADE. ADICIONAL. FORNECIMENTO DO APARELHO DE PROTEÇÃO. EFEITO (mantida) – Res. 121/2003, DJ 19, 20 e 21.11.2003. O simples fornecimento do aparelho de proteção pelo empregador não o exime do pagamento do adicional de insalubridade. Cabe-lhe tomar as medidas que conduzam à diminuição ou eliminação da nocividade, entre as quais as relativas ao uso efetivo do equipamento pelo empregado.

▸ Súmula 448 do TST

ATIVIDADE INSALUBRE. CARACTERIZAÇÃO. PREVISÃO NA NORMA REGULAMENTADORA Nº 15 DA PORTARIA DO MINISTÉRIO DO TRABALHO Nº 3.214/78. INSTALAÇÕES SANITÁRIAS. (conversão da Orientação Jurisprudencial nº 4 da SBDI-1 com nova redação do item II) – Res. 194/2014, DEJT divulgado em 21, 22 e 23.05.2014. I - Não basta a constatação da insalubridade por meio de laudo pericial para que o empregado tenha direito ao respectivo adicional, sendo necessária a classificação da atividade insalubre na relação oficial elaborada pelo Ministério do Trabalho. II – A higienização de instalações sanitárias de uso público ou coletivo de grande circulação, e a respectiva coleta de lixo, por não se equiparar à limpeza em residências e escritórios, enseja o pagamento de adicional de insalubridade em grau máximo, incidindo o disposto no Anexo 14 da NR-15 da Portaria do MTE nº 3.214/78 quanto à coleta e industrialização de lixo urbano.

10. TRABALHO DA MULHER E DO MENOR

▸ OJ 26 da SDC do TST

SALÁRIO NORMATIVO. MENOR EMPREGADO. ART. 7º, XXX, DA CF/88. VIOLAÇÃO (inserida em 25.05.1998)

Os empregados menores não podem ser discriminados em cláusula que fixa salário mínimo profissional para a categoria.

11. ALTERAÇÃO DO CONTRATO DE TRABALHO

▸ Súmula 221 do STF

A transferência de estabelecimento, ou a sua extinção parcial, por motivo que não seja de força maior, não justifica a transferência de empregado estável.

▸ OJ 113 da SDI do TST

ADICIONAL DE TRANSFERÊNCIA. CARGO DE CONFIANÇA OU PREVISÃO CONTRATUAL DE TRANSFERÊNCIA. DEVIDO. DESDE QUE A TRANSFERÊNCIA SEJA PROVISÓRIA (inserida em 20.11.1997) O fato de o empregado exercer cargo de confiança ou a existência de previsão de transferência no contrato de trabalho não exclui o direito ao adicional. O pressuposto legal apto a legitimar a percepção do mencionado adicional é a transferência provisória.

▸ Súmula 372 do TST

GRATIFICAÇÃO DE FUNÇÃO. SUPRESSÃO OU REDUÇÃO. LIMITES (conversão das Orientações Jurisprudenciais nos 45 e 303 da SBDI-1) – Res. 129/2005, DJ 20, 22 e 25.04.2005. I – Percebida a gratificação de função por dez ou mais anos pelo empregado, se o empregador, sem justo motivo, revertê-lo a seu cargo efetivo, não poderá retirar-lhe a gratificação tendo em vista o princípio da estabilidade financeira. (ex-OJ nº 45 da SBDI-1 – inserida em 25.11.1996). II – Mantido o empregado no exercício da função comissionada, não pode o empregador reduzir o valor da gratificação. (ex-OJ nº 303 da SBDI-1 – DJ 11.08.2003)

12. INTERRUPÇÃO E SUSPENSÃO DO CONTRATO DE TRABALHO

▸ Súmula 269 do TST

DIRETOR ELEITO. CÔMPUTO DO PERÍODO COMO TEMPO DE SERVIÇO (mantida) – Res. 121/2003, DJ 19, 20 e 21.11.2003

O empregado eleito para ocupar cargo de diretor tem o respectivo contrato de trabalho suspenso, não se computando o tempo de serviço desse período, salvo se permanecer a subordinação jurídica inerente à relação de emprego.

13. PRESCRIÇÃO E DECADÊNCIA

▸ ***OJ 83 da SDI-1 do TST***

AVISO PRÉVIO. INDENIZADO. PRESCRIÇÃO (inserida em 28.04.1997). A prescrição começa a fluir no final da data do término do aviso prévio. Art. 487, § 1º, CLT.

▸ ***Súmula 294, TST***

PRESCRIÇÃO. ALTERAÇÃO CONTRATUAL. TRABALHADOR URBANO (mantida) – Res. 121/2003, DJ 19, 20 e 21.11.2003. Tratando-se de ação que envolva pedido de prestações sucessivas decorrente de alteração do pactuado, a prescrição é total, exceto quando o direito à parcela esteja também assegurado por preceito de lei.

▸ ***Súmula 100, TST***

AÇÃO RESCISÓRIA. DECADÊNCIA (incorporadas as Orientações Jurisprudenciais nºs 13, 16, 79, 102, 104, 122 e 145 da SBDI-2) – Res. 137/2005, DJ 22, 23 e 24.08.2005. I – O prazo de decadência, na ação rescisória, conta-se do dia imediatamente subsequente ao trânsito em julgado da última decisão proferida na causa, seja de mérito ou não. (ex-Súmula nº 100 – alterada pela Res. 109/2001, DJ 20.04.2001). II – Havendo recurso parcial no processo principal, o trânsito em julgado dá-se em momentos e em tribunais diferentes, contando-se o prazo decadencial para a ação rescisória do trânsito em julgado de cada decisão, salvo se o recurso tratar de preliminar ou prejudicial que possa tornar insubsistente a decisão recorrida, hipótese em que flui a decadência a partir do trânsito em julgado da decisão que julgar o recurso parcial. (ex-Súmula nº 100 – alterada pela Res. 109/2001, DJ 20.04.2001). III – Salvo se houver dúvida razoável, a interposição de recurso intempestivo ou a interposição de recurso incabível não protrai o termo inicial do prazo decadencial. (ex-Súmula nº 100 – alterada pela Res. 109/2001, DJ 20.04.2001). IV – O juízo rescindente não está adstrito à certidão de trânsito em julgado juntada com a ação rescisória, podendo formar sua convicção através de outros elementos dos autos quanto à antecipação ou postergação do "dies a quo" do prazo decadencial. (ex-OJ nº 102 da SBDI-2 – DJ 29.04.2003). V – O acordo homologado judicialmente tem força de decisão irrecorrível, na forma do art. 831 da CLT. Assim sendo, o termo conciliatório transita em julgado na data da sua homologação judicial. (ex-OJ nº 104 da SBDI-2 – DJ 29.04.2003). VI – Na hipótese de colusão das partes, o prazo decadencial da ação rescisória somente começa a fluir para o Ministério Público, que não interveio no processo principal, a partir do momento em que tem ciência da fraude. (ex-OJ nº 122 da SBDI-2 – DJ 11.08.2003). VII – Não ofende o princípio do duplo grau de jurisdição a decisão do TST que, após afastar a decadência em sede de recurso ordinário, aprecia desde logo a lide, se a causa versar questão exclusivamente de direito e estiver em condições de imediato julgamento. (ex-OJ nº 79 da SBDI-2 – inserida em 13.03.2002). VIII – A exceção de incompetência, ainda que oposta no prazo recursal, sem ter sido aviado o recurso próprio, não tem o condão de afastar a consumação da coisa julgada e, assim, postergar o termo inicial do prazo decadencial para a ação rescisória. (ex-OJ nº 16 da SBDI-2 – inserida em 20.09.2000). IX – Prorroga-se até o primeiro dia útil, imediatamente subsequente, o prazo decadencial para ajuizamento de ação rescisória quando expira em férias forenses, feriados, finais de semana ou em dia em que não houver expediente forense. Aplicação do art. 775 da CLT. (ex-OJ nº 13 da SBDI-2 – inserida em 20.09.2000). X – Conta-se o prazo decadencial da ação rescisória, após o decurso do prazo legal previsto para a interposição do recurso extraordinário, apenas quando esgotadas todas as vias recursais ordinárias. (ex-OJ nº 145 da SBDI-2 – DJ 10.11.2004)

14. GARANTIAS PROVISÓRIAS DE EMPREGO

▸ ***Súmula 219 do STF***

Para a indenização devida a empregado que tinha direito a ser readmitido, e não foi, levam-se em conta as vantagens advindas a sua categoria no período do afastamento.

▸ ***Súmula 220 do STF***

A indenização devida a empregado estável, que não é readmitido ao cessar sua aposentadoria, deve ser paga em dobro.

▸ ***Súmula 403 do STF***

É de decadência o prazo de trinta dias para instauração do inquérito judicial, a contar da suspensão, por falta grave, de empregado estável.

▸ ***Súmula 463 do STF***

Para efeito de indenização e estabilidade, conta-se o tempo em que o empregado esteve afastado, em serviço militar obrigatório, mesmo anteriormente à Lei 4.072, de 01.06.62.

▸ ***Súmula 676 do STF***

A garantia da estabilidade provisória prevista no art. 10, II, a, do ADCT, também se aplica ao suplente do cargo de direção de comissões internas de prevenção de acidentes (CIPA).

▸ ***Súmula 244 do TST***

GESTANTE. ESTABILIDADE PROVISÓRIA (redação do item III alterada na sessão do Tribunal Pleno realizada em 14.09.2012) – Res. 185/2012 – DEJT divulgado em 25, 26 e 27.09.2012. I – O desconhecimento do estado gravídico pelo empregador não afasta o direito ao pagamento da indenização decorrente da estabilidade (art. 10, II, "b" do ADCT). II – A garantia de emprego à gestante só autoriza a reintegração se esta se der durante o período de estabilidade. Do contrário, a garantia restringe-se aos salários e demais direitos correspondentes ao período de estabilidade. III – A empregada gestante tem direito à estabilidade provisória prevista no art. 10, inciso II, alínea "b", do Ato das Disposições Constitucionais Transitórias, mesmo na hipótese de admissão mediante contrato por tempo determinado.

▸ ***Súmula 369 do TST***

DIRIGENTE SINDICAL. ESTABILIDADE PROVISÓRIA (redação do item I alterada na sessão do Tribunal Pleno realizada em 14.09.2012) – Res. 185/2012 – DEJT divulgado em 25, 26 e 27.09.2012. I – É assegurada a estabilidade provisória ao empregado dirigente sindical, ainda que a comunicação do registro da candidatura ou da eleição e da posse seja realizada fora do prazo previsto no art. 543, § 5º, da CLT, desde que a ciência ao empregador, por qualquer meio, ocorra na vigência do contrato de trabalho. II – O art. 522 da CLT foi recepcionado pela Constituição Federal de 1988. Fica limitada, assim, a estabilidade a que alude o art. 543, § 3º, da CLT a sete dirigentes sindicais e igual número de suplentes. III – O empregado de categoria diferenciada eleito dirigente sindical só goza de estabilidade se exercer na empresa atividade pertinente à categoria profissional do sindicato para o qual foi eleito dirigente. (ex-OJ nº 145 da SBDI-1 – inserida em 27.11.1998) IV – Havendo extinção da atividade empresarial no âmbito da base territorial do sindicato, não há razão para subsistir a estabilidade. (ex-OJ nº 86 da SBDI-1 – inserida em 28.04.1997). V – O registro da candidatura do empregado a cargo de dirigente sindical durante o período de aviso prévio, ainda que indenizado, não lhe assegura a estabilidade, visto que inaplicável a regra do § 3º do art. 543 da Consolidação das Leis do Trabalho. (ex-OJ nº 35 da SBDI-1 – inserida em 14.03.1994)

▸ ***Súmula 379 do TST***

DIRIGENTE SINDICAL. DESPEDIDA. FALTA GRAVE. INQUÉRITO JUDICIAL. NECESSIDADE (conversão da Orientação Jurisprudencial nº 114 da SBDI-1) – Res. 129/2005, DJ 20, 22 e 25.04.2005

O dirigente sindical somente poderá ser dispensado por falta grave mediante a apuração em inquérito judicial, inteligência dos arts. 494 e 543, § 3º, da CLT. (ex-OJ nº 114 da SBDI-1 – inserida em 20.11.1997)

15. AVISO PRÉVIO E RUPTURA DO CONTRATO DE TRABALHO

▸ ***Súmula 215 do STF***

Conta-se a favor de empregado readmitido o tempo de serviço anterior, salvo se houver sido despedido por falta grave ou tiver recebido a indenização legal.

▸ ***Súmula 316 do STF***

A simples adesão à greve não constitui falta grave.

▸ ***OJ 14, SDI-1 do TST.***

AVISO PRÉVIO CUMPRIDO EM CASA. VERBAS RESCISÓRIAS. PRAZO PARA PAGAMENTO. (título alterado e inserido dispositivo) - DJ 20.04.2005. Em caso de aviso prévio cumprido em casa, o prazo para pagamento das verbas rescisórias é até o décimo dia da notificação de despedida.

▸ ***OJ 82, SDI-1 do TST***

AVISO PRÉVIO. BAIXA NA CTPS (inserida em 28.04.1997)

A data de saída a ser anotada na CTPS deve corresponder à do término do prazo do aviso prévio, ainda que indenizado.

▸ ***OJ 83, SDI-1 do TST***

AVISO PRÉVIO. INDENIZADO. PRESCRIÇÃO (inserida em 28.04.1997)

A prescrição começa a fluir no final da data do término do aviso prévio. Art. 487, § 1º, CLT.

▸ ***OJ 84, SDI-1 do TST***

AVISO PRÉVIO. PROPORCIONALIDADE (cancelada) – Res. 186/2012, DEJT divulgado em 25, 26 e 27.09.2012

A proporcionalidade do aviso prévio, com base no tempo de serviço, depende da legislação regulamentadora, visto que o art. 7º, inc. XXI, da CF/1988 não é autoaplicável.

▸ ***Súmula 32 do TST***

ABANDONO DE EMPREGO (nova redação) – Res. 121/2003, DJ 19, 20 e21.11.2003

Presume-se o abandono de emprego se o trabalhador não retornar ao serviço no prazo de 30 (trinta) dias após a cessação do benefício previdenciário nem justificar o motivo de não o fazer.

▸ ***Súmula 73 do TST***

DESPEDIDA. JUSTA CAUSA (nova redação) – Res. 121/2003, DJ 19, 20 e 21.11.2003

A ocorrência de justa causa, salvo a de abandono de emprego, no decurso do prazo do aviso prévio dado pelo empregador, retira do empregado qualquer direito às verbas rescisórias de natureza indenizatória.

▸ ***Súmula 330 do TST***

QUITAÇÃO. VALIDADE (mantida) – Res. 121/2003, DJ 19, 20 e 21.11.2003

A quitação passada pelo empregado, com assistência de entidade sindical de sua categoria, ao empregador, com observância dos requisitos exigidos nos parágrafos do art. 477 da CLT, tem eficácia liberatória em relação às parcelas expressamente consignadas no recibo, salvo se oposta ressalva expressa e especificada ao valor dado à parcela ou parcelas impugnadas. I – A quitação não abrange parcelas não consignadas no recibo de quitação e, consequentemente, seus reflexos em outras parcelas, ainda que estas constem desse recibo. II – Quanto a direitos que deveriam ter sido satisfeitos durante a vigência do contrato de trabalho, a quitação é válida em relação ao período expressamente consignado no recibo de quitação.

16. DIREITO SINDICAL E COLETIVO DO TRABALHO

▸ ***Súmula 196 do STF***

Ainda que exerça atividade rural, o empregado de empresa industrial ou comercial é classificado de acordo com a categoria do empregador.

▸ ***Súmula 197 do STF***

O empregado com representação sindical só pode ser despedido mediante inquérito em que se apure falta grave.

▸ ***Súmula 666 do STF***

A contribuição confederativa de que trata o art. 8º, IV, da Constituição, só é exigível dos filiados ao sindicato respectivo.

▸ ***Súmula 677 do STF***

Até que lei venha a dispor a respeito, incumbe ao Ministério do Trabalho proceder ao registro das entidades sindicais e zelar pela observância do princípio da unicidade.

▸ ***Súmula 396 do STJ***

A Confederação Nacional da Agricultura tem legitimidade ativa para a cobrança da contribuição sindical rural.

▸ ***OJ 5 da SDC do TST***

DISSÍDIO COLETIVO. PESSOA JURÍDICA DE DIREITO PÚBLICO. POSSIBILIDADE JURÍDICA. CLÁUSULA DE NATUREZA SOCIAL (redação alterada na sessão do Tribunal Pleno realizada em 14.09.2012) – Res. 186/2012, DEJT divulgado em 25, 26 e 27.09.2012. Em face de pessoa jurídica de direito público que mantenha empregados, cabe dissídio coletivo exclusivamente para apreciação de cláusulas de natureza social. Inteligência da Convenção nº 151 da Organização Internacional do Trabalho, ratificada pelo Decreto Legislativo nº 206/2010.

▸ ***Precedente Normativo 119 do TST***

CONTRIBUIÇÕES SINDICAIS – INOBSERVÂNCIA DE PRECEITOS CONSTITUCIONAIS – (nova redação dada pela SDC em sessão de 02.06.1998 – homologação Res. 82/1998, DJ 20.08.1998)

A Constituição da República, em seus arts. 5º, XX e 8º, V, assegura o direito de livre associação e sindicalização. É ofensiva a essa modalidade de liberdade cláusula constante de acordo, convenção coletiva ou sentença normativa estabelecendo contribuição em favor de entidade sindical a título de taxa para custeio do sistema confederativo, assistencial, revigoramento ou fortalecimento sindical e outras da mesma espécie, obrigando trabalhadores não sindicalizados. Sendo nulas as estipulações que inobservem tal restrição, tornam-se passíveis de devolução os valores irregularmente descontados.

17. DUPLO GRAU DE JURISDIÇÃO E PRERROGATIVAS DA FAZENDA PÚBLICA

▸ ***OJ 334 da SDI-I do TST***

REMESSA "EX OFFICIO". RECURSO DE REVISTA. INEXISTÊNCIA DE RECURSO ORDINÁRIO VOLUNTÁRIO DE ENTE PÚBLICO. INCABÍVEL (DJ 09.12.2003). Incabível recurso de revista de ente público que não interpôs recurso ordinário voluntário da decisão de primeira instância, ressalvada a hipótese de ter sido agravada, na segunda instância, a condenação imposta.

Direito Processual do Trabalho

Marcelo Chaim Chohfi

TABELA DE INCIDÊNCIA DE QUESTÕES		
ASSUNTO	**NÚMERO DE QUESTÕES**	**PESO**
1. PRINCÍPIOS, TEORIA GERAL DO DIREITO PROCESSUAL DO TRABALHO	7	17,07%
2. JURISDIÇÃO, COMPETÊNCIA E ORGANIZAÇÃO DA JUSTIÇA DO TRABALHO	4	9,76%
3. PARTES E PROCURADORES	3	7,32%
4. RITOS DO PROCESSO DO TRABALHO E INCIDENTES	17	41,46%
5. RECURSOS TRABALHISTAS	6	14,63%
6. EXECUÇÃO TRABALHISTA	4	9,76%
TOTAL	**41**	**100%**

✦ QUESTÕES

1. PRINCÍPIOS, TEORIA GERAL DO DIREITO PROCESSUAL DO TRABALHO

01. (Cespe – Procurador do DF/ 2013) Julgue o item abaixo, referente à prescrição e à decadência no processo do trabalho.

A prescrição não arguida na instância ordinária não poderá constituir fundamento de recurso para a instância superior.

COMENTÁRIOS

✪ **Nota do autor:** Sobre a oportunidade de arguição da prescrição, lembramos ainda que, com o advento do artigo 219, § 5º do CPC/73 (pronúncia da prescrição de ofício, pelo juízo – correspondente ao atual artigo 487, II do CPC/15), houve grande discussão sobre sua aplicabilidade na seara trabalhista. De forma majoritária, é possível identificar hoje a tendência de não aplicação do dispositivo, por incompatibilidade com o princípio da proteção, que é próprio do direito do trabalho.

Certo: Conforme sedimentado na súmula 153 do TST, não se conhece da prescrição não arguida na instância ordinária. A assertiva está, portanto, em consonância com tal verbete.

02. (Cespe – Juiz do Trabalho Substituto 5ª região/2013) Em relação ao processo do trabalho, assinale a opção correta.

a) O princípio da lex loci executiones aplica-se ao processo do trabalho.

b) O princípio iuria novit cúria, ou da adequada qualificação jurídica, aplica-se ao processo do trabalho na hipótese de ação rescisória.

c) O princípio do *jus postulandi* é plenamente aplicável ao processo do trabalho.

d) O princípio da subsidiariedade não se aplica ao processo do trabalho.

e) Não ofende o princípio do duplo grau de jurisdição o afastamento, pelo TST, da decadência em sede de recurso ordinário e a apreciação, desde logo, da lide, em se tratando de matéria de direito em condições de julgamento imediato.

COMENTÁRIOS

✪ **Nota do autor:** Questão anulada. Em duas alternativas o texto está dúbio e não autoriza uma conclusão tranquila pelo candidato. As questões objetivas normalmente baseiam-se em textos de lei ou de jurisprudência pacificada. Jamais podem recair sobre questões divergentes ou controvertidas na doutrina e na jurisprudência.

Alternativa "a": A súmula 207 do TST, cancelada em 2012, previa a aplicação do princípio da *lex loci execucionis* para dirimir conflitos de leis trabalhistas no espaço, prevalecendo, então, o regramento vigente no país da prestação dos serviços. O cancelamento do verbete deu-se porque este princípio não tem aplicabilidade plena e irrestrita. Basta verificar, por exemplo, a regra diferenciada positivada no artigo 1º da lei 7.064/82, que privilegia a aplicação da norma mais benéfica, por cada matéria ou instituto trabalhista, aos trabalhadores contratados ou transferidos para o exterior. Assertiva dúbia, portanto, exatamente em razão do cancelamento da súmula já citada e das divergências que pairam sobre o tema.

Alternativa "b": Questão também controvertida. A súmula 408 do TST entendeu como aplicável o princípio *iura novit curia* nas ações rescisórias trabalhistas, ressalvando, apenas, as que forem fundamentadas em violação de dispositivo de lei (artigo 485, V do CPC/73 – correspondente ao atual artigo 966, V do CPC/15). A assertiva, portanto, está correta quanto à aplicabilidade do princípio, mas pode ser considerada incorreta ao não ressalvar a exceção de inaplicabilidade já mencionada.

Alternativa "c": Alternativa incorreta. A súmula 425 do TST excluiu expressamente do alcance do *jus postulandi* as ações rescisórias, cautelares, os mandados de segurança e os recursos de competência do TST. O princípio, portanto, não é "plenamente aplicável".

Alternativas "d": O princípio da subsidiariedade é aplicável no processo do trabalho e está retratado no artigo 769 do CPC. Trata-se da possibilidade de utilização de regras de outros diplomas legais, para suprir lacunas na legislação processual trabalhista, por força de integração normativa. Alternativa incorreta.

Alternativas "e": Assertiva correta. Trata-se da aplicação da teoria da causa madura, positivada no artigo 515, § 3º do CPC/73 – correspondente ao atual artigo 1013, § 3º do CPC/15. Segundo entendimento pacífico na jurisprudência, tal dispositivo é plenamente aplicável ao processo do trabalho.

---

03. (Cespe – Juiz do Trabalho Substituto 5ª região/2013) No que se refere às despesas processuais, caracterizadas pelas custas e emolumentos, assinale a opção correta.

a) No caso de inquérito para apuração de falta grave, cabe à empresa recolher as custas processuais, cujo valor será calculado sobre seis vezes o salário mensal do empregado que integra o polo passivo na demanda.

b) As custas processuais incidirão à base de 2% do valor da causa, observado o mínimo de R$ 20, 40.

c) Há despesas voluntárias no processo do trabalho.

d) Na justiça do trabalho, as custas destinam-se aos estados.

e) Em caso de recurso, as custas serão pagas, devendo o respectivo pagamento ser comprovado no prazo de cinco dias.

COMENTÁRIOS

✪ **Nota do autor:** As custas, na fase de conhecimento, não precisam ser adiantadas. São pagas pelo vencido após o trânsito em julgado, ou em caso de recurso, no mesmo prazo de sua interposição. São isentos do pagamento de custas os beneficiários da justiça gratuita, bem como os entes mencionados no artigo 790-A da CLT (administração pública direta, autárquica ou fundacional, bem como o Ministério Público).

Alternativa correta: letra "c": As despesas obrigatórias são classificadas pela doutrina em custas, emolumentos e taxas. Porém, há realmente despesas voluntárias no processo, que as partes suportam com o intuito de obter melhor resultado no deslinde do feito. O exemplo típico de despesa voluntária é a verba honorária gasta pelo perito assistente da parte (artigo 33 do CPC/73 – correspondente ao atual artigo 95 do CPC/15).

Alternativa "a": A questão reflete o texto antigo do artigo 789 da CLT, que ainda exigia custas processuais no valor de seis vezes o salário do empregado, no caso de inquérito para apuração de falta grave. Desde a lei 10537/02, esta exigência foi suprimida, passando a vigorar, também para esta ação especial, a regra geral aplicável às demais demandas trabalhistas ordinárias.

Alternativa "b": Novamente há uma distorção do texto legal, de forma específica quanto ao valor mínimo das custas. Segundo o artigo 789 da CLT, as custas no processo de conhecimento corresponderão a 2% do valor da condenação (ou valor da causa, na ausência de condenação), observado o valor mínimo de R$ 10,64 e o máximo de quatro vezes o limite máximo dos benefícios do Regime Geral de Previdência Social.

Alternativa "d": A justiça do trabalho é ramo especializado do poder judiciário federal. Portanto, as custas processuais são recolhidas aos cofres da união, através de guia GRU (guia de recolhimento da União). Incorreta a referência aos Estados.

Alternativa "e": O prazo correto do recolhimento das custas é de oito dias, coincidente com o prazo recursal da parte (súmula 245 do TST). A súmula 352 do TST, que previa o prazo de cinco dias para comprovação do pagamento das custas, foi cancelada em 2002.

04. (Cespe – Procurador Federal/2013) Em relação ao direito processual do trabalho, julgue os itens a seguir.

04.1. Tendo em vista a natureza alimentar do crédito trabalhista, o TST tem entendimento firmado no sentido de que a execução contra autarquia não se sujeita ao regime de precatório.

COMENTÁRIOS

✪ **Nota do autor:** Os pagamentos devidos pelas Fazendas Públicas serão realizados segundo ordem cronológica da apresentação dos precatórios (artigo 100, *caput* da Constituição Federal). Segundo o disposto no parágrafo 1º do mesmo dispositivo constitucional, os créditos de natureza alimentícia (como o são os trabalhistas) serão pagos com preferência sobre os demais.

Errado: Os créditos trabalhistas, dada a sua natureza alimentícia, possuem uma preferência na ordem cronológica ordinária dos precatórios. Nos termos da súmula 655 do STF, a execução de créditos preferenciais alimentícios não afasta a obrigação de expedição de precatórios, porém estão isentos da observância da ordem cronológica já referida. Não há, na jurisprudência sedimentada perante o TST, posicionamento que dispensa a execução por precatório.

04.2. Segundo entendimento do TST, a regra prevista no CPC que prevê o prazo em dobro quando litisconsortes tiverem procuradores diferentes é inaplicável ao processo do trabalho, em face da sua incompatibilidade com o princípio da celeridade.

COMENTÁRIOS

✪ **Nota do autor:** A integração de normas processuais deve sempre passar pelo crivo do artigo 769 da CLT. De forma resumida, a aplicação supletiva de dispositivo do CPC, por exemplo, demanda a verificação de dois requisitos: a lacuna na legislação trabalhista; e a compatibilidade com os princípios processuais aplicáveis nesta Justiça Especializada.

Certo: Nos termos do já sedimentado pela OJ 310 da SDI-1 do TST, a regra contida no artigo 191 do CPC/73 (correspondente ao atual artigo 229 do CPC/15) é inaplicável ao processo do trabalho, já que incompatível com o princípio da celeridade. Lembre-se que as defesas são apresentadas em audiência, em razão da concentração de atos que é própria do processo do trabalho.

04.3. Perante o TST cabe recurso sob a forma de embargos de nulidade, por violação de lei federal ou da CF.

COMENTÁRIOS

✪ **Nota do autor:** O recurso de embargos, previsto no artigo 894 da CLT, tem tramitação horizontal, dentro do próprio TST. Assim, diante de decisões colegiadas de suas Turmas, a parte pode, em hipóteses de cabimento específicas, recorrer ao Pleno. A doutrina divide as hipóteses de cabimento em: "embargos de infringência" (decisão não unânime proferida em dissídio coletivo de competência originária do TST); "embargos de divergência" (decisões dissonantes de uma de suas turmas, em relação à de outra turma ou da própria SDI; as contrárias à súmula e orientação jurisprudencial do TST; ou ainda as contrárias à súmula vinculante do STF).

Errado: A lei 11.496/07 suprimiu a parte final, da alínea "b", do inciso III, do artigo 3º, da Lei 7.701/88, que previa os chamados "embargos de nulidade" (fundamentados em ofensa à Lei Federal ou à Constituição Federal).

04.4. Segundo a jurisprudência do TST, ação rescisória é ação que tem por objeto desconstituir decisão judicial de mérito transitada em julgado, podendo ser ajuizada no prazo de dois anos, contado do dia seguinte ao trânsito em julgado da última decisão proferida na causa, seja de mérito ou não.

COMENTÁRIOS

✪ **Nota do autor:** A ação rescisória é cabível no âmbito da Justiça do Trabalho, nos termos do artigo 836 da CLT. Trata-se de ação de competência originária dos Tribunais (normalmente TRT), que visa desconstituir a decisão de mérito com trânsito em julgado. Não é recurso, mas ação de conhecimento, autônoma, de natureza constitutiva negativa (da coisa julgada material). Não cabe ação rescisória diante de sentenças terminativas, que extinguem o processo sem resolução de mérito (OJ 152, SDI-II, TST). Recomendamos, também, a leitura da Súmula 100 do TST, que reúne informações jurisprudenciais importantes sobre a ação rescisória.

Certo: A assertiva está correta em relação ao objeto da ação rescisória (atacar decisão de mérito com trânsito em julgado); quanto à competência originária dos Tribunais; quanto ao prazo decadencial de dois anos; e também, quanto ao início do cômputo deste prazo (dia seguinte ao trânsito em julgado da última decisão proferida na causa – ainda que não seja de mérito).

05. (Cespe – Juiz do Trabalho Substituto 5ª região/2013) Acerca da eficácia do processo do trabalho, assinale a opção correta.

a) De acordo com o sistema conhecido por isolamento dos atos processuais, não há direito adquirido em cada recurso, sendo o direito de recorrer exercido conforme a lei vigente ao tempo da publicação da decisão de que se pretende recorrer.

b) Há a possibilidade de ocorrer prejuízo quando os recursos são interpostos depois de alterados os dispositivos legais.

c) Na CF, não existe previsão acerca de eficácia da lei.

d) Os dispositivos legais, ainda que imperativos, não são aplicáveis de forma imediata às realizações iniciadas.

e) A eficácia da norma jurídica no processo do trabalho limita-se, dada a sua simplicidade, a um único sentido.

COMENTÁRIOS

✪ **Nota do autor:** Sobre a eficácia da lei processual no tempo, duas regras básicas devem ser lembradas, segundo a doutrina especializada: o efeito imediato e a irretroatividade. Assim a nova regra processual será aplicada aos processos em tramitação, imediatamente. Não atingirá, contudo, atos processuais já consumados.

Alternativa correta: letra "a": A teoria do isolamento dos atos processuais coincide com a vedação de aplicação retroativa da nova lei processual. Assim, quando da interposição de um recurso, a parte deverá observar as regras vigentes na época da realização deste ato de inconformismo (aplicação imediata da nova norma processual vigente).

Alternativa "b": Se alguma lei processual disciplinadora da interposição de recursos é alterada, não há como atingir atos retroativos e causar prejuízos às partes. Em verdade, a observância da nova lei, de forma imediata ao início de sua vigência, não é prejudicial à parte, pois não atinge atos já praticados e aperfeiçoados. Assertiva incorreta.

Alternativa "c": A Constituição Federal traz vários dispositivos de ordem processual, dentre os quais, a proteção do ato jurídico perfeito e, também, a garantia do devido processo legal (artigo 5º, XXXVI e LIV, respectivamente). Incorreto o enunciado.

Alternativa "d": Conforme já observado, em relação aos preceitos processuais, a regra é exatamente oposta, já que devemos observar a sua aplicabilidade imediata, aos processos em curso, vedada apenas sua eficácia retroativa.

Alternativa "e": A simplicidade do processo do trabalho reflete um princípio específico deste ramo do direito. Porém, não serve para limitar a eficácia da norma jurídica. Em verdade, serve para autorizar a postulação da parte, mesmo que desacompanhada de advogado (*jus postulandi*), sem exigência rigorosa, pelo juízo, de peculiaridades formais do processo.

06. (Cespe – Analista Judiciário – Área Judiciária – TRT 10/2013) Julgue os próximos itens, no que se refere aos princípios gerais do processo trabalhista.

06.1. Para o TST, o *jus postulandi* das partes estende-se ao mandado de segurança.

COMENTÁRIOS

✪ **Nota do autor:** No processo civil, a capacidade postulatória é atribuída, como regra, aos advogados habilitados, conforme artigo 36 do CPC/73 – correspondente ao atual artigo 103 do CPC/15. No processo do trabalho vigora o chamado *jus postulandi*, previsto no artigo 791 da CLT, segundo o qual empregados e empregadores podem, pessoalmente, postular na Justiça do Trabalho. Não é por outro motivo que o processo do trabalho pauta-se pelos princípios da simplicidade e da informalidade.

Errado: A jurisprudência cuidou de limitar a viabilidade do *jus postulandi* às Varas do Trabalho e Tribunais Regionais do Trabalho, conforme súmula 425 do TST. Foram também expressamente excluídos do alcance do *jus postulandi*, as ações rescisórias, cautelares, os mandados de segurança e os recursos de competência do TST. A limitação é bastante razoável, já que para tais ações e recursos é necessário o preenchimento de pressupostos processuais específicos, de necessário manejo por profissional do direito habilitado.

06.2. Segundo o TST, quando litisconsortes forem representados por diferentes procuradores, serão contados em dobro os prazos a eles disponíveis para contestar, para recorrer e, de modo geral, para falar nos autos.

COMENTÁRIOS

✪ **Nota do autor:** Trata-se da discussão sobre a aplicabilidade da regra do artigo 191 do CPC/73 (correspondente ao atual artigo 229 do CPC/15), no processo do trabalho. É importante lembrar que, nos casos omissos, o direito processual comum (CPC) será fonte subsidiária do direito processual do trabalho, exceto naquilo em que for incompatível com os preceitos próprios do processo do trabalho (artigo 769 da CLT). Os requisitos necessários para fazer esta integração normativa, portanto, são dois: omissão e compatibilidade.

Errado: O TST, através de sua OJ 310, da SDI-I, sedimentou entendimento contrário a aplicação subsidiária do artigo 191 do CPC/73, no processo do trabalho, exatamente pela incompatibilidade com o princípio da celeridade que é próprio das lides trabalhistas. Tal entendimento foi mantido, com o advento do CPC/15.

07. (Cespe – Procurador BACEN/2013) Marcelo trabalhou, na função de arquiteto, desde 5/4/2003, na Construtora Lunes Ltda., tendo sido imotivadamente demitido em 7/5/2009, sem recebimento de qualquer parcela rescisória. Durante todo o pacto laboral, Marcelo jamais recebeu o pagamento do terço constitucional sobre as férias nem do décimo terceiro salário, não tendo sido recolhidos, também, os valores do FGTS referentes a toda extensão do contrato de trabalho. Em 8/5/2009, Marcelo ajuizou reclamatória trabalhista, requerendo o pagamento do terço constitucional, do décimo terceiro salário, do valor referente ao aviso prévio e o recolhimento do FGTS de todo o vínculo havido, além da multa fundiária de 40%.

Considerando essa situação hipotética, assinale a opção correta acerca da prescrição.

a) Não haverá prejuízo quanto ao pagamento de qualquer parcela requerida haja vista a ausência de prescrição bienal ou quinquenal no caso em tela.

b) Somente estão prescritos os pedidos referentes ao terço constitucional sobre as férias, ao recolhimento do FGTS e ao décimo terceiro salário, anteriores a maio de 2003.

c) Somente estão prescritos os pedidos do reclamante relativos ao terço constitucional sobre as férias e ao décimo terceiro salário, anteriores a maio de 2004.

d) Somente está prescrito o pedido relativo ao décimo terceiro salário no que se refere ao período anterior a maio de 2004.

e) Estão prescritas todas as parcelas pretendidas na reclamatória referentes ao período anterior a 8/5/2005.

COMENTÁRIOS

✪ **Nota do autor:** A prescrição trabalhista pode ser total ou parcial. A total é, como regra, de dois anos, contados da ruptura do contrato de trabalho (ultrapassado tal biênio, a pretensão estará totalmente fulminada). A parcial é de cinco anos, ou seja, uma vez ajuizada a ação no biênio legal, não estarão prescritas as pretensões inseridas nos cinco anos anteriores à data da distribuição da ação. Algumas observações: a) em relação às parcelas diretas de FGTS, prevalecia o entendimento de que a prescrição parcial seria trintenária, desde que respeitado o ajuizamento da ação no prazo de dois anos (súmula 362 do TST, devendo ser observada sua recente modificação, em razão do prazo quinquenal reconhecido pelo E. STF, no final de 2014); atualmente, porém, o E. STF entendeu que o prazo prescricional aplicável às parcelas de FGTS é também o de cinco anos (julgamento ocorrido em 13.11.14 – ARE 709.212/DF); houve modulação dos efeitos desta decisão, para que o prazo de cinco anos atinja apenas as pretensões posteriores a data da decisão em comento; b) as ações meramente declaratórias do vínculo de emprego, que visam anotações em CTPS para prova do tempo de serviço junto ao INSS, não estão sujeitas à prescrição (artigo 11, § 1º da CLT); c) em caso de ação que envolva pedido de prestações sucessivas, decorrente de alteração contratual, a prescrição é total e tem prazo de cinco anos, salvo quando o direito à parcela esteja também assegurado em lei (súmula 294, TST).

Alternativa correta: letra "d": Na época prevalecia o entendimento de que a prescrição das parcelas de FGTS era trintenária, o que preserva integralmente o pedido do empregado, no caso citado. Em relação às férias, o prazo de cinco anos começa a ser contado do final do período concessivo respectivo (artigo 149 da CLT), o que também preserva integralmente o pedido do terço de férias deduzido, no caso questionado. Quanto ao décimo terceiro salário, estão prescritas as parcelas anteriores a 08.05.04 (cinco anos anteriores ao ajuizamento da ação). Correta, portanto, a assertiva.

Alternativa "a": Como na época da questão prevalecia o prazo prescricional de 30 anos para as parcelas de FGTS, está incorreta a assertiva, que apenas menciona os prazos bienal e quinquenal de prescrição. Note-se que houve pedido de parcelas de FGTS de todo o contrato.

Alternativa "b": A menção à prescrição quinquenal das parcelas anteriores a maio de 2013 está errada, já que considera um prazo de seis anos de prescrição, maior do que o previsto em lei.

Alternativa "c": A assertiva ignora a regra do artigo 149 da CLT, para a contagem do prazo prescricional nas férias. Frise-se que o terço constitucional está abarcado pela mesma regra, de modo que apenas após o término do período concessivo é que tal prazo tem sua contagem iniciada.

Alternativa "e": A hipótese não observa o prazo prescricional de 30 anos, aplicável (à época) para as parcelas diretas de FGTS pleiteadas e, tampouco, a regra do artigo 149 da CLT, já citada.

2. JURISDIÇÃO, COMPETÊNCIA E ORGANIZAÇÃO DA JUSTIÇA DO TRABALHO

08. (Cespe – AGU – 2015) No que diz respeito à competência da justiça do trabalho, a liquidação de sentença trabalhista e a ação rescisória, julgue os itens a seguir.

08.1. Conforme entendimento consolidado pelo TST, a apresentação de procuração por meio da qual se outorguem poderes específicos para ajuizar reclamação trabalhista não supre a ausência de nova procuração específica para a propositura de ação rescisória.

COMENTÁRIOS

✪ **Nota do autor:** A ação rescisória é objeto de frequentes questionamentos nas provas objetivas de direito processual do trabalho. Seu cabimento está disposto no artigo 836 da CLT. Neste aspecto, sem prejuízo da legislação sobre o tema, a jurisprudência do TST, em especial a reunida na Súmula 100 do TST, é de suma importância para o estudo e entendimento do instituto. Vale também lembrar que as ações rescisórias são julgadas, em fase recursal, pela SDI-II do TST, motivo pelo qual também recomendamos o estudo das Orientações Jurisprudenciais de tão órgão.

Certo: A questão apresentada está em consonância com o entendimento sedimentado, na época da prova, pelo TST, em sua OJ 151, da SDI-II: "AÇÃO RESCISÓRIA E MANDADO DE SEGURANÇA. IRREGULARIDADE DE REPRESENTAÇÃO PROCESSUAL VERIFICADA NA FASE RECURSAL. PROCURAÇÃO OUTORGADA COM PODERES ESPECÍFICOS PARA AJUIZAMENTO DE RECLAMAÇÃO TRABALHISTA. VÍCIO PROCESSUAL INSANÁVEL. (DEJT divulgado em 03, 04 e 05.12.2008). A procuração outorgada com poderes específicos para ajuizamento de reclamação trabalhista não autoriza a propositura de ação rescisória e mandado de segurança, bem como não se admite sua regularização quando verificado o defeito de representação processual na fase recursal, nos termos da Súmula nº 383, item II, do TST." É importante ressaltar, que houve recente alteração do entendimento do TST, em razão do CPC/15, passando a ser admitida a regularização da representação processual, no caso citado nesta questão. Assim, a OJ 151, da SDI-II do TST recebeu a seguinte redação atual: "AÇÃO RESCISÓRIA E MANDADO DE SEGURANÇA. PROCURAÇÃO. PODERES ESPECÍFICOS PARA AJUIZAMENTO DE RECLAMAÇÃO TRABALHISTA. IRREGULARIDADE DE REPRESENTAÇÃO PROCESSUAL. FASE RECURSAL. VÍCIO PROCESSUAL SANÁVEL. (nova redação em decorrência do CPC de 2015) – Res. 211/2016, DEJT divulgado em 24, 25 e 26.08.2016. A procuração outorgada com poderes específicos para ajuizamento de reclamação trabalhista não autoriza a propositura de ação rescisória e mandado de segurança. Constatado, todavia, o defeito de representação processual na fase recursal, cumpre ao relator ou ao tribunal conceder prazo de 5 (cinco) dias para a regularização, nos termos da Súmula nº 383, item II, do TST."

08.2. De acordo com recente entendimento do STF, a justiça do trabalho não detém competência para processar e julgar de ofício a execução das contribuições previdenciárias relativas ao objeto dos acordos por ela homologados.

COMENTÁRIOS

✪ **Nota do autor:** A súmula 368 do TST fixou entendimento de que apenas as contribuições previdenciárias decorrentes de sentenças condenatórias podem ser executadas na Justiça do Trabalho. Se houver reconhecimento de vínculo de emprego, não é possível a execução de contribuições previdenciárias sobre os salários pagos no período, pois estes não foram objeto de sentença condenatória trabalhista (o provimento, no específico, foi apenas declaratório).

Errado: O entendimento esposado na questão afronta diretamente o disposto na súmula vinculante 53 do E. STF: "A competência da Justiça do Trabalho prevista no art. 114, VIII, da Constituição Federal alcança a execução de ofício das contribuições previdenciárias relativas ao objeto da condenação constante das sentenças que proferir e acordos por ela homologados."

08.3. Elaborados os cálculos de liquidação de sentença, a abertura de prazo pelo juiz do trabalho para impugnação será facultativa em relação às partes e obrigatória para a União.

COMENTÁRIOS

✪ **Nota do autor:** Houve recente alteração do § 2º do artigo 879 da CLT (Lei 13.467/17). Na época da questão, o contraditório era facultativo na fase de elaboração de cálculos ("o Juiz poderá abrir às partes prazo sucessivo de 10 (dez) dias para impugnação fundamentada..."). Atualmente, o contraditório prévio é obrigatório, devendo o Juízo abrir às partes o prazo comum de 8 dias para impugnação fundamentada, com indicação dos itens e valores objeto de discordância, sob pena de preclusão.

Certo: Em relação à União, a obrigação de intimação sobre a conta homologada não depende da abertura (ou não) de prazo para impugnação das partes. Trata-se de regra expressa fixada no § 3º do dispositivo celetista citado: "Elaborada a conta pela parte ou pelos órgãos auxiliares da Justiça do Trabalho, o juiz procederá à intimação da União para manifestação, no prazo de 10 dias, sob pena de preclusão." É importante notar que a determinação é imperativa ("procederá"), não sendo razoável qualquer interpretação que flexibilize esta obrigação imposta ao Juiz.

---

09. (Cespe – Analista Judiciário – Área Judiciária – TRT 10/2013) A respeito de organização, jurisdição e competência da justiça do trabalho, julgue os itens que se seguem.

09.1. As ações rescisórias propostas contra as sentenças normativas proferidas pela seção especializada em dissídios coletivos do TST são julgadas originariamente pelo pleno do tribunal.

COMENTÁRIOS

✪ **Nota do autor:** As questões atreladas à ação rescisória são solucionadas, em sua maioria, através do próprio texto legal (artigos 485 a 495 do CPC/73 – correspondente aos atuais artigos 966 a 975 do CPC/15) e, principalmente, pela jurisprudência trabalhista sedimentada. Neste caso, destacamos a súmula 100 do TST, que reuniu as controvérsias centrais sobre o tema. Outros verbetes do TST, especialmente as Orientações Jurisprudenciais de sua SDI-II, também merecem estudo detido.

Errado: Há uma divergência sobre o cabimento de ação rescisória, diante de sentença normativa em dissídio coletivo, já que, segundo parcela significativa da jurisprudência, esta não faz coisa julgada material (súmula 397 do TST). E, independentemente de tal discussão, a questão está errada, já que o artigo 2º, I, "c" da Lei 7.701/88 (que dispõe sobre a especialização de Turmas dos Tribunais do Trabalho em processos coletivos) fixa a competência originária da seção especializada em dissídios coletivos (SDC), ou seção normativa, para "julgar as ações rescisórias propostas contra suas sentenças normativas".

09.2. Compete à justiça do trabalho processar e julgar as ações sobre representação sindical em que sejam partes sindicatos, sindicatos e trabalhadores, e sindicatos e empregadores.

COMENTÁRIOS

✪ **Nota do autor:** O questionamento do tema é recorrente em questões objetivas e o candidato deve direcionar especial atenção às alterações havidas com a reforma do judiciário (EC 45/04), principalmente à nova competência fixada pelo artigo 114 da Constituição Federal.

Certo: Antes da EC 45/04, não competia à Justiça do Trabalho o julgamento de ações atreladas ao mundo sindical e seus interlocutores. Diante do novo inciso III do artigo 114 da Constituição Federal, tal competência restou fixada junto à Justiça do Trabalho. Engloba não só as disputas por representação sindical (desmembramento ou dissociação de entidades, por exemplo), as cobranças de contribuições sindicais, e até mesmo as ações possessórias (como os interditos proibitórios).

---

10. (Cespe – Procurador Federal/2013) No que se refere à competência da justiça do trabalho e à execução das contribuições sociais, julgue os próximos itens.

10.1. Compete à justiça comum, e não à justiça do trabalho, a execução da contribuição referente ao seguro de acidente de trabalho, pois este não tem natureza de contribuição para a seguridade social.

COMENTÁRIOS

✪ **Nota do autor:** Sobre a competência de contribuições previdenciárias, além da problemática questionada, é importante lembrar que a Justiça do Trabalho é competente apenas para executar as decorrentes das sentenças condenatórias que proferir (excluem-se, pois, as meramente declaratórias de vínculo de emprego, por exemplo, conforme atual posicionamento do STF).

Errado: É da Justiça do Trabalho a competência para executar as contribuições referentes ao SAT, conforme já pacificado pela súmula 454 do TST. Incorreta, portanto, a assertiva em comento.

10.2. Segundo entendimento do TST, a justiça do trabalho não pode executar, de ofício, contribuições previdenciárias fixadas na comissão de conciliação prévia, já que o termo lavrado na conciliação é título executivo extrajudicial.

COMENTÁRIOS

✪ **Nota do autor:** As comissões de conciliação prévia (CCP) foram criadas pela Lei 9.958/00 e estão disciplinadas nos artigos 625-A a 625-H da CLT. Especial atenção deve ser dada pelo candidato ao estudo do artigo 625-D da CLT, este que fixa a obrigatoriedade de sujeição prévia, de qualquer demanda, à CCP, quando houver tal comissão constituída na localidade da prestação dos serviços. O STF, em julgamento de medida cautelar em ADI (2.139-7 e 2.160-5) deu interpretação conforme ao dispositivo, para que a submissão à tentativa conciliatória prévia perante CCP seja encarada como mera opção do empregado, preservando-se seu direito de amplo acesso ao Judiciário.

Errado: O acordo realizado perante a CCP é título executivo extrajudicial (artigo 876 da CLT). Assim, principalmente diante da competência material da Justiça do Trabalho, ampliada por força da EC 45/04, esta é competente para a execução das obrigações assumidas em acordo perante a CCP, inclusive quanto às respectivas contribuições previdenciárias (artigo 114, I e VIII da Constituição Federal). É este o entendimento prevalecente no TST.

10.3. Segundo entendimento pacificado do TST, é devida a contribuição previdenciária sobre o valor do acordo celebrado e homologado após o trânsito em julgado de decisão judicial, respeitada a proporcionalidade de valores entre as parcelas de natureza salarial e indenizatória deferidas na decisão condenatória e as parcelas objeto do acordo.

COMENTÁRIOS

✪ **Nota do autor:** A justiça do trabalho é competente para determinar o recolhimento de contribuições previdenciárias e fiscais, em caso de homologação de acordo entre as partes. Em relação ao INSS, a competência está limitada às sentenças condenatórias que proferir (não abrange o período de mera declaração do vínculo de emprego). Vide, neste sentido, as regras para o recolhimento de tais encargos, sedimentadas pela Súmula 368 do TST.

Certo: A homologação de acordo, após o trânsito em julgado da sentença condenatória, limita a liberdade das partes em relação à escolha das verbas objeto da avença. Assim, a homologação deverá contemplar os recolhimentos previdenciários, observada a proporcionalidade de valores entre as parcelas de natureza salarial e indenizatórias que constam do título judicial. Entendimento sedimentado pela OJ 376, da SDI-1 do TST. Correta a questão.

11. (Cespe – Advogado da União/2012) Julgue os itens que se seguem, relativos à organização e competência da justiça do trabalho e ao processo do trabalho.

11.1. Compete aos tribunais do trabalho processar e julgar os dissídios coletivos de greve, com exceção dos que envolvam servidores públicos estatutários; para processar e julgar esses dissídios, a competência será, conforme o caso, do STJ, de tribunal regional federal ou de tribunal de justiça.

COMENTÁRIOS

✪ **Nota do autor:** Com a EC 45/04 (reforma do Judiciário) houve alteração das regras de competência material inseridas no artigo 114 da Constituição Federal, cuja leitura atenta recomendamos. Com sua nova redação, compete à Justiça do Trabalho processar e julgar a as ações oriundas da relação de trabalho (salvo os vínculos estatutários, segundo atual posição do STF); relativas ao direito de greve; lides sindicais em geral, mandados de segurança, *habeas corpus* e *habeas data* em matéria de sua competência; conflitos de competência entre órgãos com jurisdição trabalhista; indenizações por danos morais e patrimoniais trabalhistas; relativas a penalidades administrativas; além da execução previdenciária decorrente das sentenças condenatórias que proferir. A competência para julgamento de lides envolvendo vínculos estatutários será dos órgãos da Justiça Federal (por exemplo, contratação pela União), ou da Justiça Estadual (por exemplo, contratação por município), a depender da pessoa do ente público contratante.

Certo: Em relação aos entes públicos, por força de liminar concedida na ADIN 3.395-6, o E. STF deu interpretação conforme a constituição ao inciso I do artigo 114 da Lei Maior, para excluir qualquer possibilidade de se abarcar, na Justiça do Trabalho, lides envolvendo o poder público e seus servidores, assim entendidos os vinculados por típica relação de ordem estatutária ou de caráter jurídico-administrativo.

11.2. Compete ao TRT processar e julgar a ação rescisória de decisão proferida pelo próprio TRT, devendo-se seguir o rito procedimental previsto no processo civil, exceto quanto ao depósito prévio, que, no processo do trabalho, é de 15% sobre o valor dado à causa.

COMENTÁRIOS

✪ **Nota do autor:** A ação rescisória é cabível no âmbito da Justiça do Trabalho, nos termos do artigo 836 da CLT. Trata-se de ação de competência originária dos Tribunais (normalmente TRT), que visa desconstituir a decisão de mérito com trânsito em julgado. Não é recurso, mas ação de conhecimento, autônoma, de natureza constitutiva negativa (da coisa julgada material). Não cabe ação rescisória diante de sentenças terminativas, que extinguem o processo sem resolução de mérito (OJ 150, SDI-II, TST). Recomendamos, também, a leitura da Súmula 100 do TST, que reúne informações jurisprudenciais importantes sobre a ação rescisória.

Errado: O depósito prévio referido na questão é de 20% (e não 15%, como lançado no enunciado), conforme exigência expressa do artigo 836 da CLT, ressalvada apenas a sua inexigibilidade em caso de "prova de miserabilidade jurídica do autor". Questão errada.

11.3. As execuções fiscais decorrentes de multas aplicadas pela fiscalização do trabalho devem ser propostas pela União (fazenda nacional) perante vara do trabalho, sendo interponível contra as decisões proferidas pelo juiz do trabalho o recurso ordinário, por equiparável às apelações previstas na Lei de Execução Fiscal (Lei n° 6.830/1980).

COMENTÁRIOS

✪ **Nota do autor:** O artigo 876 da CLT considera como títulos executivos trabalhistas, as decisões passadas em julgado ou das quais não tenha havido recurso com efeito suspensivo; os acordos, quando não cumpridos; os termos de ajuste de conduta firmados perante o Ministério Público do Trabalho e os termos de conciliação firmados perante as Comissões de Conciliação Prévia. Além destes, a doutrina aponta outros títulos passíveis de execução na Justiça do Trabalho, dentre os quais, a certidão de inscrição da dívida ativa da União, e, razão de penalidades aplicadas pela fiscalização do trabalho (artigo 114, VII da CRFB). Trata-se de título executivo extrajudicial. Como não há processo de conhecimento, não é cabível o recurso ordinário.

Errado: Diante da execução fiscal, após a garantia do juízo, o executado pode opor embargos à execução. A parte que recebeu decisão desfavorável em embargos à execução realmente deve utilizar-se do agravo de petição para alçar seu inconformismo ao TRT, consoante artigo 897, *a*, da CLT. O agravo de petição é o recurso próprio da execução e é cabível diante de decisões "definitivas" (posicionamento majoritário) na execução, já que as decisões interlocutórias trabalhistas são irrecorríveis (artigo 893, § 1º da CLT).

11.4. Os recursos trabalhistas são interponíveis no prazo regular de oito dias da ciência da decisão recorrida, tendo efeito apenas devolutivo, excetuados os embargos de declaração, que devem ser opostos no prazo de cinco dias e têm efeito interruptivo para a interposição de recurso subsequente; à União, quando recorrente, é concedido prazo em dobro para recorrer.

COMENTÁRIOS

✪ **Nota do autor:** A Lei 5.584/70 (artigo 6º) unificou os prazos recursais trabalhistas em oito dias. Duas ressalvas devem ser feitas quanto a prazos recursais: a primeira atrelada aos embargos de declaração, cujo prazo é de cinco dias (não se releva, aqui, a discussão acerca de sua natureza recursal); a segunda relacionada ao recurso extraordinário, cujo prazo de interposição é de quinze dias, conforme artigo 508 do CPC/73 – correspondente ao atual artigo 1003, § 5º do CPC/15. Em relação aos efeitos dos recursos trabalhistas, o artigo 899 da CLT fixa, como regra, apenas a observância do efeito devolutivo. Aplica-se, ao processo do trabalho, o disposto no artigo 188 do CPC/73, que autorizava o prazo em quádruplo para contestar, e em dobro para recorrer, quando a parte for a Fazenda Pública ou o Ministério Público. No CPC/15, prevaleceu apenas o prazo em dobro para todas as manifestações processuais de tais entes públicos (artigos 180 e 183).

Anulada: Questão com algumas polêmicas. Em primeiro lugar, a própria natureza – de recurso – dos embargos de declaração é controvertida. Além disso, há séria divergência sobre a interrupção do prazo recursal, em caso de embargos de declaração não conhecidos (por exemplo, por vício na representação processual). Correta a anulação, pois questões objetivas não comportam questões polêmicas ou indefinidas na doutrina e na jurisprudência.

11.5. São órgãos da justiça do trabalho: o TST, os tribunais regionais do trabalho, os juízes do trabalho e os juizados especiais trabalhistas.

COMENTÁRIOS

✪ **Nota do autor:** A compreensão da estrutura do Judiciário Trabalhista, fixada na Constituição Federal (artigos 111 a 116), é essencial para o ingresso em qualquer carreira pública.

Errado: Os "juizados especiais trabalhistas" não são considerados órgãos da justiça do trabalho. Sequer há previsão, na Constituição Federal, sobre tais juizados. Em verdade, os órgãos da justiça do trabalho são apenas o TST, os TRTs e os Juízes do Trabalho (artigo 111 da Constituição Federal). Lembre-se que há previsão, no artigo 112 da Constituição Federal, para que os Juízes de Direito exerçam a jurisdição trabalhista, onde não houver vara do trabalho instalada. Tal situação, porém, não autoriza a conclusão de que os juízes do direito integrem a estrutura da justiça do trabalho. De igual modo, os recursos de sentenças proferidas no âmbito da competência da Justiça do Trabalho (artigo 114 da Constituição Federal), ainda que excepcionalmente julgados por juízes de direito, serão apreciados por tribunais trabalhistas, nunca pelos tribunais de justiça.

3. PARTES E PROCURADORES

12. (Cespe – AGU – 2015) Com relação aos atos e procedimentos do processo do trabalho e a recursos trabalhistas, julgue os itens subsecutivos.

12.1. Das decisões das turmas do TST que divergirem entre si ou das decisões proferidas por seção de dissídios individuais cabem embargos de divergência no prazo de oito dias, os quais serão julgados pelo Pleno do TST.

COMENTÁRIOS

✪ **Nota do autor:** O recurso de embargos, previsto no artigo 894 da CLT, tem tramitação horizontal, dentro do próprio TST. Assim, diante de decisões colegiadas de suas Turmas, a parte pode, em hipóteses de cabimento específicas, recorrer a uma das Subseções Especializadas do Tribunal Pleno. A partir da alteração introduzida pela Lei 11.496/07, as hipóteses tradicionais foram limitadas. A previsão antiga do artigo 894 contemplava as seguintes hipóteses de cabimento: "embargos de infringência" (decisão não unânime proferida em dissídio coletivo de competência originária do TST); "embargos de divergência" (decisões dissonantes de uma de suas turmas, em relação à de outra turma ou da própria SDI); e "embargos de nulidade" (fundamentados em ofensa à Lei Federal ou à Constituição Federal). Com a nova redação do artigo, restaram suprimidos os embargos de nulidade.

Errado: O órgão competente para o julgamento do recurso de Embargos é a SDI do TST (e não o Pleno), conforme está disciplinado no artigo 3º, III, "b" da Lei 7.701/80, de seguinte redação: "Compete à Seção de Dissídios Individuais julgar os embargos das decisões das Turmas que divergirem entre si, ou das decisões proferidas pela Seção de Dissídios Individuais".

12.2. Em audiências de reclamações trabalhistas em que a União seja parte, será obrigatório o comparecimento de preposto que tenha conhecimento do fato objeto da reclamação. Na ausência do representante judicial da União, poderá o preposto assinar e entregar a contestação.

COMENTÁRIOS

✪ **Nota do autor:** As discussões atreladas à constituição dos advogados e procuradores das partes nos autos são frequentes na jurisprudência trabalhista. É importante lembrar que, no processo do trabalho, é de suma relevância a presença das partes em audiência. Basta notar, por exemplo, que a revelia trabalhista configura-se pela ausência da parte em audiência (artigo 844 da CLT). Em relação a representação do ente público em juízo, a jurisprudência do TST já sedimentou alguns posicionamentos, seja em relação à possibilidade de decretação de sua revelia (OJ 152, SDI-I), seja quanto à validade de sua representação pelos respectivos procuradores, independentemente de juntada de procuração (súmula 436).

Errado: Para responder este item questionado, era necessário o conhecimento do disposto na Lei 9.028/95, de forma específica em seu artigo 5º, que fixa o seguinte: "Nas audiências de reclamações trabalhistas em que a União seja parte, será obrigatório o comparecimento de preposto que tenha completo conhecimento do fato objeto da reclamação, o qual, na ausência do representante judicial da União, entregará a contestação subscrita pelo mesmo". De qualquer forma, seria bastante razoável concluir que o preposto da União não tem poderes para "assinar" a contestação, em substituição ao "representante judicial da União".

---

13. (Cespe – Analista Judiciário – Área Judiciária – TRT 10/2013) Com relação à assistência judiciária e aos honorários advocatícios, julgue os itens seguintes.

13.1. A assistência judiciária, nos termos da Lei nº 5.584/1970, deve ser prestada pelo sindicato que representa a categoria, ainda que o trabalhador não seja associado à entidade.

COMENTÁRIOS

✪ **Nota do autor:** Recomendamos a leitura atenta da lei 5.584/70, pois é de suma relevância para do direito material e processual do trabalho. Ela fixa, por exemplo, as chamadas ações de alçada (cujo valor da causa não excede dois salários mínimos), a assistência judiciária prestada pelo sindicato, bem como o pagamento dos honorários assistenciais em benefício do sindicato assistente.

Anulada: A assertiva proposta é polêmica. De um lado, o artigo 18 da lei 5.584/70 garante a assistência judiciária ampla, prestada pelo sindicato profissional, mesmo ao trabalhador não associado a entidade. De outro lado, a CLT, em seu artigo 514, "b", fixada como um dos deveres do sindicato a manutenção de serviços de assistência judiciária "para os associados". Há, portando, dois textos de lei antagônicos, que fomentam discussões doutrinárias e jurisprudenciais. Correta a anulação da questão.

13.2. No âmbito do processo trabalhista, a condenação ao pagamento de honorários advocatícios, nunca superiores a 15%, não decorre pura e simplesmente da sucumbência, mas do fato de a parte estar assistida por sindicato da categoria profissional e comprovar a percepção de salário inferior ao dobro do salário mínimo ou do fato de encontrar-se em situação econômica que não lhe permita demandar sem prejuízo do próprio sustento ou da respectiva família.

COMENTÁRIOS

✪ **Nota do autor:** Sobre o tema dos honorários advocatícios na justiça do trabalho, o TST sedimentou entendimento de que não se aplica, nas reclamatórias comuns, o princípio da sucumbência. Apenas com o advento da Lei 13.467/17 (reforma trabalhista), o princípio da sucumbência tornou-se aplicável ao processo do trabalho, inclusive com o arbitramento de verba honorária em casos de sucumbência recíproca (artigo 791-A da CLT). Já nas lides decorrentes da nova competência (EC 45/04), tal princípio já era, mesmo antes da reforma trabalhista, plenamente aplicável, conforme regulamentado pela IN 27/05. Os honorários assistenciais, por sua vez, devidos à entidade de classe que presta assistência judiciária gratuita, estão previstos nos artigos 14 e 16 da Lei 5.584/70.

Certo: A questão proposta refere-se aos honorários assistenciais, que são espécie de honorários advocatícios, reversíveis em benefício do sindicato assistente. Seu percentual máximo era, na época da questão, de 15% sobre o valor líquido da condenação. Hoje, com a recente alteração do texto da súmula 219 do TST, os honorários assistenciais são devidos entre o mínimo de 10% e o máximo de 20% sobre o valor da condenação ou do proveito econômico obtido. Os requisitos são dois: a hipossuficiência financeira (recebimento de salário inferior a dois mínimos legais, ou mesmo que recebendo valor maior, se o trabalhador não conseguir demandar sem prejuízo de seu sustento próprio e familiar); e a assistência sindical. A matéria está sedimentada nas súmulas 219 e 329 e OJ 348 da SBDI-1 do c. TST.

---

14. (Cespe – Juiz do Trabalho Substituto 5ª região/2013) Assinale a opção correta, no que diz respeito ao MP do Trabalho.

a) Os procuradores do trabalho atuam junto ao TST.

b) Os procuradores regionais do trabalho podem atuar regularmente junto às varas do trabalho.

c) Antes da CF, o MP do Trabalho integrava o Poder Executivo.

d) O MP do Trabalho não opera em esfera extrajudicial.

e) O chefe do MP do Trabalho é o procurador geral do trabalho, nomeado pelo presidente da República.

COMENTÁRIOS

✪ **Nota do autor:** A atuação do Ministério Público pode ser dividida em duas frentes básicas: a) como órgão agente (parte no processo), através da propositura de demandas, como a ação civil pública, ação civil coletiva, ação anulatória de norma coletiva, ação rescisória, dissídio coletivo de greve, ou ainda demandas para tutela de menores (artigo 793 da CLT); b) como órgão interveniente (fiscal da lei), quando entender que há interesse público, podendo intervir e recorrer em processos, com participação nos julgamentos colegiados dos Tribunais, participação na instrução e conciliação de dissídios de greve, e atuação como árbitro nas hipóteses do artigo 83, II, VI, VII, IX e XI da LC 75/93.

Alternativa correta: letra "c": Realmente o Ministério Público, antes da Constituição Federal de 1988, era órgão vinculado ao poder executivo. No atual texto constitucional, a instituição não só recebeu atribuições mais amplas (como a defesa de interesses difusos e coletivos), mas também foi desvinculado do poder executivo, com garantias fundamentais de independência de atuação. Correta, portanto.

Alternativa "a": Nos termos do artigo 12 da LC 75/93, os procuradores do trabalho serão designados para atuar junto aos Tribunais Regionais do Trabalho. Incorreta, portanto, a assertiva.

Alternativa "b": No mesmo artigo 12 da LC 75/93 está prevista a possibilidade de atuação do Procurador do Trabalho em primeira instância, especialmente nos litígios trabalhistas que envolvam interesses de menores. Assim, não é atribuição do Procurador Regional do Trabalho a atuação em primeira instância, mas apenas do Procurador do Trabalho.

Alternativa "d": Assertiva incorreta, pois a atuação extrajudicial do Ministério Público do Trabalho é ampla. Por exemplo, o artigo 84 da LC 75/93 fixa a participação em colegiados, a instauração de inquérito civil e outros procedimentos administrativos, etc.

Alternativa "e": O chefe do Ministério Público do Trabalho é o Procurador Geral do Trabalho, nomeado pelo Procurador Geral da República, conforme artigos 88 e 89 da LC 75/03. Incorreta a questão.

4. RITOS DO PROCESSO DO TRABALHO E INCIDENTES

15. (Cespe – Procurador do Estado – PGE – SE/2017) Foi ajuizada uma reclamatória trabalhista pleiteando-se, além das verbas rescisórias, o pagamento de adicional de insalubridade em virtude das condições de trabalho do estabelecimento empregador. Assim, foi determinada pelo juízo a realização de perícia técnica, sendo facultado o acompanhamento da diligência por assistente técnico. No início do trabalho, o perito observou que o local onde eram prestados os serviços pelo reclamante estava desativado, o que tornou inviável a realização da perícia determinada.

Nessa situação hipotética, de acordo com o entendimento do TST,

A) a perícia para avaliar a caracterização e a classificação da insalubridade deverá ser efetuada por qualquer médico ou engenheiro.

B) embora a perícia seja obrigatória para a verificação da insalubridade, no caso de impossibilidade de sua realização por fechamento do local de trabalho, o magistrado poderá utilizar outros meios de prova.

C) apesar de a perícia ser prova facultativa, a demanda prosseguirá com relação aos demais pedidos, e o pleito de adicional de insalubridade será julgado improcedente por falta de condições de sua comprovação.

D) os honorários do assistente técnico deverão ser arcados pela parte sucumbente na perícia.

E) o comparecimento do perito ao local da diligência gerará honorários periciais, os quais deverão ser suportados, na hipótese de o reclamante ser beneficiário da justiça gratuita, pelo estado no qual está sendo processada a reclamatória.

COMENTÁRIOS

✪ **Nota do autor:** Sobre a prova pericial, é importante lembrar que a Lei 13.467/17 (reforma trabalhista) positivou a impossibilidade de exigência de honorários prévios periciais das partes (artigo 790-B, § 3º da CLT), tal como já estava sedimentado na Orientação Jurisprudencial 98 da SDI-2 do TST.

Alternativa correta: letra "b": Assertiva coincidente com o entendimento verificado na súmula 278 do TST: "A realização de perícia é obrigatória para a verificação de insalubridade. Quando não for possível sua realização, como em caso de fechamento da empresa, poderá o julgador utilizar-se de outros meios de prova."

Alternativas "a": O artigo 195 da CLT exige que a perícia seja realizada por médico ou trabalho ou engenheiro do trabalho, registrados no Ministério Trabalho. Não é possível a nomeação de qualquer médico ou engenheiro, portanto.

Alternativa "c": Quando impossível a realização da perícia, cabe às partes se socorrem de outros meios de prova (como a apresentação documental de programas ambientais obrigatórios, prova emprestada, etc.). A improcedência não é consequência imediata ou necessária diante da não realização de perícia.

Alternativa "d": Ainda que sucumbente no objeto da perícia, cada parte arcará com os honorários de seus assistentes técnicos (súmula 341 do TST).

Alternativa "e": Apenas a parte sucumbente na pretensão objeto da perícia é que arcará com o pagamento dos honorários respectivos. Incorreta, portanto. A nova redação do artigo 790-B da CLT (Lei 13.467/17) imputou tal ônus inclusive ao beneficiário da justiça gratuita, desde que tenha obtido outros créditos naquela reclamatória ou em outra demanda. O dispositivo é de constitucionalidade duvidosa, diante do acesso à justiça garantido aos hipossuficientes, pela Constituição Federal.

16. (Cespe – Procurador do Estado – PGE – SE/2017) À luz do entendimento do TST, é correto afirmar que, nas ações rescisórias no processo do trabalho,

A) não é considerada pronunciada explicitamente a matéria quando o tribunal simplesmente a confirma ao examinar remessa de ofício.

B) o ajuizamento do processo poderá ser feito diretamente pela parte que tenha interesse, com fundamento no jus postulandi.

C) a prova do trânsito em julgado da decisão rescindenda é indispensável ao processamento da ação, sob pena de indeferimento liminar da inicial.

D) são atacados os atos decisórios acobertados pela coisa julgada, de modo que, nelas, a revelia não gera confissão.

E) é incabível a condenação ao pagamento de honorários advocatícios, salvo se patrocinada por sindicato da categoria.

COMENTÁRIOS

✪ **Nota do autor:** A ação rescisória está prevista no artigo 966 do CPC. É cabível no âmbito da Justiça do Trabalho, por força do disposto no artigo 836 da CLT. Tal dispositivo traz pressuposto específico para o ajuizamento desta ação, qual seja, o depósito prévio equivalente a 20% do valor da causa, salvo prova de miserabilidade jurídica do autor.

Alternativa correta: letra "d": Realmente a revelia, na ação rescisória, não gera o efeito da confissão. Neste sentido, a súmula 398 do TST, que justifica tal posicionamento, já que o que se ataca é a decisão, ato oficial do Estado, acobertado pelo manto da coisa julgada, ou seja, matéria de ordem pública.

Alternativas "a": Assertiva contrária ao item III da súmula 298 do TST: "Para efeito de ação rescisória, considera-se pronunciada explicitamente a matéria tratada na sentença quando, examinando remessa de ofício, o Tribunal simplesmente a confirma."

Alternativa "b": O jus *postulandi*, previsto no artigo 791 da CLT, não alcança a ação rescisória (súmula 425 do TST). Incorreta, portanto.

Alternativa "c": Realmente a prova do trânsito em julgado da decisão rescindenda é indispensável ao processamento da ação rescisória. Porém, verificando o relator que a parte interessada não juntou tal documento, abrirá prazo de 15 dias para que o faça, sob pena de indeferimento. Inteligência da súmula 299 do TST, itens I e II.

Alternativa "e": Assertiva contrária ao item II da súmula 219 do TST: "É cabível a condenação ao pagamento de honorários advocatícios em ação rescisória no processo trabalhista."

17. (Cespe – Procurador do Estado – PGE – SE/2017) Na audiência de instrução e julgamento de uma reclamação trabalhista, após a qualificação da única testemunha arrolada pelo reclamante, a qual havia trabalhado com ele na empresa demandada, esta apresentou contradita sob a alegação de que a testemunha também havia ajuizado contra ela reclamatória trabalhista, fato que, segundo a companhia, geraria sua suspeição.

Nessa situação hipotética, a contradita apresentada deverá ser

A) deferida, sob o argumento de que trabalhar na mesma empresa pressupõe amizade íntima, também levando à suspeição.

B) indeferida, pois o fato de a testemunha ter ajuizado a reclamação trabalhista constitui causa de impedimento, e não de suspeição.

C) indeferida, por se tratar da única testemunha do reclamante, de modo que acatar a suspeição consistiria em ofensa ao contraditório e à ampla defesa.

D) deferida, pois o fato de a testemunha ter ajuizado reclamação trabalhista contra a reclamada torna questionável, como meio de prova, o depoimento dela.

E) indeferida, haja vista que o simples fato de litigar contra a mesma reclamada não é razão suficiente para gerar suspeição.

COMENTÁRIOS

✪ **Nota do autor:** As testemunhas ouvidas em juízo serão sempre compromissadas e advertidas, principalmente quanto aos efeitos penais do falso testemunho. As que forem parentes até o terceiro grau civil, amigo íntimo ou inimigo de qualquer das partes, não prestarão compromisso e seu depoimento valerá como simples informação (artigo 829 da CLT).

Alternativa correta: letra "e": O posicionamento desta alternativa está respaldado pela súmula 357 do TST: "Não torna suspeita a testemunha o simples fato de estar litigando ou de ter litigado contra o mesmo empregador".

Alternativas "a" e "d": O uso do direito fundamental de ação (artigo 5º, XXXV da Constituição Federal) não pode gerar presunção de amizade e, tampouco, de parcialidade suficiente a gerar suspeição.

Alternativa "b": A CLT não distingue o impedimento da suspeição. As hipóteses de impedimento e suspeição estão especificadas no artigo 447, §s 2º e 3º do CPC e são aplicáveis subsidiariamente ao processo do trabalho. Neste caso questionado, a súmula 357 do TST afastou a configuração de suspeição e, por conseguinte, não há o que se falar também em impedimento (que pressupõe uma parcialidade mais contundente da testemunha).

Alternativa "c": Sendo única ou não a testemunha da parte, tal situação não interfere na configuração jurídica da suspeição, quando configurada. Lembre-se que a oitiva da testemunha suspeita é viável, sem compromisso, como mero informante.

18. (Cespe – Procurador do Estado – PGE – SE/2017) Com relação às audiências no processo do trabalho, assinale a opção correta.

A) A contestação deverá ser apresentada no prazo de quinze dias a contar da data da audiência de conciliação.

B) As partes formularão perguntas diretamente às testemunhas, em atenção ao disposto no CPC vigente.

C) Após o interrogatório pessoal dos litigantes, a instrução processual poderá prosseguir sem as partes, permanecendo os seus representantes.

D) O termo de conciliação em audiência vale como decisão irrecorrível e oponível erga omnes.

E) As partes, ao comparecerem em audiência, devem estar acompanhadas de seu procurador ou defensor público.

COMENTÁRIOS

✪ **Nota do autor:** As audiências no processo do trabalho possuem papel central na tramitação, em razão do princípio da concentração dos atos em audiência. Daí porque, segundo previsão celetista, deve ser UNA, abrangendo a conciliação, instrução e o julgamento do feito. É admitida relativização deste princípio, em razão de peculiaridades de cada feito. Por exemplo, diante da necessidade de perícia técnica, é oportuno realizar uma audiência inicial, em seguida a perícia e, apenas depois, nova audiência para instrução.

Alternativa correta: letra "c": Alternativa que reflete o disposto no artigo 848, § 1º da CLT. Realmente após o interrogatório, as partes poderão se retirar, prosseguindo a instrução com os respectivos representantes.

Alternativa "a": O rito trabalhista não garante prazo específico para apresentação de defesa por protocolo no sistema. Em verdade, a audiência é o momento oportuno para tal ato. Deve-se respeitar, contudo, o prazo mínimo de 5 dias entre a notificação citatória da parte e a designação da audiência (artigo 841 da CLT).

Alternativa "b": O TST, através de sua IN 39/16, fixou entendimento de que a norma do artigo 459 do CPC, que permite a inquirição direta de testemunha pela parte, é inaplicável ao processo do trabalho.

Alternativa "d": Incorreta já que o termo de conciliação homologado realmente transita em julgado imediatamente, "salvo para a Previdência Social" (artigo 831, § único da CLT). A decisão, portanto, não é oponível *erga omnes*.

Alternativa "e": Na justiça do trabalho a parte pode postular pessoalmente, em razão do chamado *jus postulandi*, previsto no artigo 791 da CLT e com limites também sedimentados na súmula 425 do TST.

19. (Cespe – Procurador do Estado – PGE – SE/2017) Empregado de empresa de serviços gerais e conservação que prestava serviços para uma autarquia ajuizou reclamação trabalhista em desfavor desta e de sua empregadora, pleiteando o pagamento de horas extras e dando à causa o valor equivalente a trinta e oito salários mínimos.

Considerando-se a legislação pertinente e o rito processual trabalhista, é correto afirmar que, nessa situação hipotética,

A) a demanda deverá, necessariamente, atender ao procedimento ordinário.

B) cada uma das partes poderá requerer a oitiva de até seis testemunhas.

C) em razão da obrigatoriedade de recurso no caso de a autarquia ser vencida na demanda, o magistrado não poderá tentar a conciliação.

D) a demanda deverá, necessariamente, atender ao procedimento sumaríssimo.

E) caso a petição inicial não apresente os pedidos liquidados, o processo será arquivado, com condenação ao pagamento de custas.

COMENTÁRIOS

✪ **Nota do autor:** As regras relacionadas ao rito sumaríssimo (artigos 852-A e seguintes da CLT) são todas voltadas a garantir maior celeridade às demandas com valor menor, assim fixadas pelo legislador em até 40 salários mínimos. Exatamente em razão de tal peculiaridade (que impõe limites às provas, com trâmite mais ágil e redução das hipóteses recursais), é que os entes da administração direta, autárquica e fundacional forma excluídos de se submeterem a tal rito (prevaleceu, neste ponto, a cautela com o interesse público).

Alternativa correta: letra "a": O artigo 852-A, § único da CLT excluí do procedimento sumaríssimo as demandas em que é parte a administração direta, autárquica e fundacional. Lembre-se que as empresas públicas e as sociedades de economia mista podem regularmente submeter-se ao rito sumaríssimo.

Alternativa "b": Quanto ao número de testemunhas, a regra geral do rito ordinário é de três para cada parte (artigo 821 da CLT). Esta é a situação legal aplicável ao caso questionado. No rito sumaríssimo o número cai para duas para cada parte (artigo 852-H, § 2º da CLT); e no inquérito para apuração de falta grave o número sobe para seis para cada parte (artigo 821, parte final da CLT).

Alternativa "c": Não há vedação legal para a conciliação pelas autarquias. Aliás, o artigo 3º, § 3º do CPC fomenta a autocomposição inclusive através dos defensores públicos e membros do ministério público. Apenas para exemplificar, a Portaria 258/16 da PGF deu orientações para a celebração de acordos judiciais nas lides envolvendo o INSS. Assim, o interesse público inerente a tais entes não impede, por si, a conciliação. A remessa obrigatória legal, tampouco.

Alternativas "d" e "e": Incorretas porque pressupõem a tramitação do feito pelo rito sumaríssimo, o que é vedado diante da inclusão da autarquia no polo passivo. Lembre-se que, mesmo no caso de liquidação dos pedidos no rito sumaríssimo, já está pacificado entendimento de que é necessário conceder prazo para regularização da postulação, antes de qualquer decisão de extinção.

---

20. (Cespe – Defensor Público – DPU/2017) Acerca da justiça gratuita, da prova pericial, do procedimento sumaríssimo e da ação civil pública na justiça do trabalho, julgue os itens seguintes.

20.1. O dissídio individual cujo valor seja de até quarenta vezes o salário mínimo vigente na data do ajuizamento da reclamação será submetido ao procedimento sumaríssimo, razão por que, nele, não será possível a produção de prova técnica pericial.

COMENTÁRIOS

✪ **Nota do autor:** As ações enquadradas no procedimento sumaríssimo têm peculiaridades e requisitos próprios (artigo 852-A e seguintes da CLT), todos voltados a dar celeridade à tramitação do feito, exatamente pela expressão pecuniária menor do respectivo pedido.

Errado: O artigo 852-H, § 4º da CLT autoriza a realização de prova pericial (técnica) nos processos do rito sumaríssimo. Porém, limita aos casos em que "a prova do fato o exigir, ou for legalmente imposta" tal prova técnica. Errada, portanto, a proposição.

20.2. De acordo com o TST, em ação civil pública, é possível a exigibilidade, antes do trânsito em julgado, de multa por descumprimento de obrigação de fazer imposta em sentença proferida nos autos do processo.

COMENTÁRIOS

✪ **Nota do autor:** A ação civil pública tem seu regramento dado pela Lei 7.347/85. Em seu artigo 12, há autorização para decisões em caráter liminar, sendo que o § 2º respectivo indica que a multa cominatória somente será exigível do réu após o trânsito em julgado. Porém, este dispositivo tem sido interpretado em consonância com as várias medidas de efetividade surgidas posteriormente na legislação processual (por exemplo, artigos 84 do CDC e 497 do CPC).

Certo: O Pleno do E. TST já decidiu que é possível a exigibilidade do depósito de astreinte antes do trânsito em julgado da ação civil pública, como medida de garantir a efetividade e a coercitividade da decisão judicial. Ficou ressalvado que o levantamento do depósito judicial respectivo deve aguardar o trânsito em julgado (E-RR-161200-53.2004.5.03.0103).

20.3. A parte beneficiária da justiça gratuita é isenta do pagamento de honorários periciais, ainda que sucumbente no objeto da perícia, sendo os encargos transferidos à União.

COMENTÁRIOS

✪ **Nota do autor:** Com a reforma trabalhista (Lei 13.467/17) foi alterado o artigo 790-B da CLT, que garantia aos beneficiários da justiça gratuita a isenção plena em relação aos honorários periciais. Com a nova redação, apenas quando o beneficiário da justiça gratuita não tenha obtido em juízo créditos capazes de suportar a despesa honorária pericial, ainda que em outo processo, é que a União responderá pelo encargo. O novo dispositivo vem sendo bastante criticado, por possível violação ao direito fundamental de acesso à justiça e, também, pelo tratamento diferenciado e discriminatório dado ao litigante trabalhista.

Certo: A assertiva proposta está correta, na medida em que compatível com a redação do artigo 790-B da CLT, vigente na época da prova.

---

21. (Cespe – Defensor Público – DPU/2017) A respeito da resposta do reclamado e do ônus da prova no processo do trabalho, julgue os itens a seguir.

21.1. Situação hipotética: Ao prestar assistência jurídica a um necessitado, a DP ajuizou reclamação trabalhista fundamentada na irregularidade dos depósitos do FGTS e alegou que o ônus da prova era do empregador. Assertiva: Nessa situação, foi correta a atuação da DP: o empregador tem o ônus da prova em relação à regularidade dos depósitos do FGTS, pois o pagamento é fato extintivo do direito do autor.

COMENTÁRIOS

✪ **Nota do autor:** A CLT, após a reforma trazida pela Lei 13.467/17, adotou a fórmula estática de distribuição do ônus da prova já utilizada e cristalizada pelo CPC. Especificou, assim, que cabe ao reclamante a prova do fato constitutivo de seu direito e, à reclamada a prova dos fatos impeditivos, modificativos e extintivos de direito. Trouxe, também, nos parágrafos acrescidos ao dispositivo citado, a possibilidade de distribuição dinâmica do ônus da prova, em atenção ao princípio da aptidão da prova.

Certo: Conforme sedimentado na súmula 461 do TST, "é do empregador o ônus da prova em relação à regularidade dos depósitos do FGTS, pois o pagamento é fato extintivo do direito do autor (art. 373, II, do CPC de 2015)". Note-se que tal verbete faz referência apenas ao CPC, porém, com previsão coincidente com igual previsão celetista que posteriormente entrou em vigor.

21.2. O não comparecimento do reclamado à audiência inaugural trabalhista resulta em revelia, além de resultar em confissão quanto à matéria de fato.

COMENTÁRIOS

✪ **Nota do autor:** A ausência das partes na primeira audiência provoca consequências processuais distintas. Para a reclamada, gera revelia e confissão quanto à matéria de fato. Para o reclamante, gera o arquivamento do feito. É oportuno atentar para a recente alteração introduzida no artigo 844 da CLT (pela Lei 13.467/17), que autoriza o recebimento da defesa e documentos da parte revel, desde que presente seu advogado na audiência.

Certo: Assertiva coincidente com a previsão do artigo 844 da CLT. Lembre-se que a súmula 122 do TST releva a revelia apenas diante de justificativa médica que ateste a impossibilidade de locomoção do empregador ou preposto no dia da audiência.

21.3. De acordo com a jurisprudência do TST, o protesto judicial é medida cabível na seara trabalhista, porém somente gera efeito interruptivo sobre o prazo prescricional bienal, não alcançando a prescrição quinquenal.

COMENTÁRIOS

✪ **Nota do autor:** A interrupção da prescrição, pelo ajuizamento de protesto judicial, tem previsão no artigo 202, II do Código Civil. Na seara trabalhista, a prescrição pode ser total ou parcial e, portanto, surgiu a divergência sobre a aplicabilidade da regra de interrupção a um, ou aos dois prazos. Prevaleceu entendimento voltado à maior efetividade da regra de acesso à justiça, considerando, inclusive, que não há qualquer distinção ou limitação explícita no dispositivo legal já citado.

Errado: A orientação jurisprudencial 392 da SDI-1 do TST pacificou o cabimento do protesto judicial na seara trabalhista, com a finalidade de interromper a prescrição. Também merece ser salientado que o TST já havia se posicionado sobre a interrupção dos prazos bienal e quinquenal, quando da interrupção da prescrição em razão de ação anteriormente arquivada, em relação aos pedidos idênticos. Não há qualquer ressalva ou limitação, nos dispositivos jurisprudenciais citados, em relação a incidência da interrupção diante de um ou outro prazo prescricional apenas.

22. (Cespe – Procurador do Estado – BA/2014) Em relação ao direito processual do trabalho, julgue os itens a seguir.

22.1. No processo trabalhista, a contradita consiste na denúncia, pela parte interessada, dos motivos que impedem ou tornam suspeito o depoimento da testemunha, e o momento processual oportuno de a parte oferecer a contradita da testemunha ocorre logo após a qualificação desta, antes de o depoente ser compromissado.

COMENTÁRIOS

✪ **Nota do autor:** Segundo artigo 829 da CLT, a testemunha que for parente até terceiro grau, amigo íntimo ou inimigo de qualquer das partes não prestará compromisso, de modo que seu depoimento valerá como simples informação. Entende-se, contudo, que as causas de impedimento e suspeição, previstas nos parágrafos 2º e 3º do artigo 405 do CPC/73 – correspondente ao atual artigo 447, parágrafos 2º e 3º do CPC/15 são aplicáveis, de forma supletiva, no processo do trabalho. Porém, portanto, ser objeto de contradita às testemunhas ouvidas a pedido da parte contrária.

Certo: A oportunidade da contradita está fixada no artigo 414, § único do CPC/73 – correspondente ao atual artigo 457, § 1º do CPC/15, dispositivo este que é aplicável no processo do trabalho (artigo 769 da CLT). Assim, deverá ser realizada após a qualificação do depoente, mas sempre antes do início de seu depoimento compromissado, sob pena de preclusão. Frise-se, o início do depoimento é marcado pelo compromisso colhido pelo juízo. Incorreta a assertiva.

22.2. Dada a celeridade, que fundamenta o procedimento sumaríssimo, a CLT não admite o deferimento e a realização de prova técnica pericial.

COMENTÁRIOS

✪ **Nota do autor:** As peculiaridades do rito sumaríssimo são frequentemente perguntadas em provas objetivas. Reiteramos, então, a leitura atenta e o estudo detido das regras fixadas nos artigos 852-A até 852-I da CLT.

Errado: Seguindo o propósito de outorgar celeridade, simplicidade e efetividade às causas que tramitam pelo rito sumaríssimo, o artigo 852-H da CLT, em seu parágrafo 4º, restringiu a utilização da perícia técnica para os casos em que a natureza do fato o exigir, ou que tal prova foi legalmente imposta. Não houve, contudo, supressão completa da possibilidade da prova pericial.

22.3. No processo do trabalho, o reclamante que der causa a dois arquivamentos seguidos de reclamação trabalhista em face de seu não comparecimento à audiência fica definitivamente impossibilitado de exercer novamente o direito de reclamar perante a justiça do trabalho, se a nova ação envolver o mesmo reclamante, reclamado e objeto.

COMENTÁRIOS

✪ **Nota do autor:** A perempção típica está prevista no artigo 268, § único do CPC/73 (correspondente ao atual artigo 486, § 3º do CPC/15) e caracteriza-se pela perda definitiva do direito de ação, quando o autor der causa, por três vezes, a extinção do processo (por abandono da causa). No processo do trabalho não há previsão para esta perempção típica, já que a única previsão assemelhada é a suspensão do direito de ação, pelo prazo de seis meses, quando a parte der causa ao arquivamento do feito por duas vezes (artigo 731 da CLT).

Errado: A assertiva proposta menciona a impossibilidade de exercer o direito de ação, de forma definitiva, tal como está previsto no CPC. Porém, a CLT tem previsão diversa (artigo 731), que apenas suspende temporariamente o direito de ação.

22.4. Segundo entendimento do TST, o marco inicial da contagem do prazo prescricional para o ajuizamento de ação condenatória, quando advém a dispensa do empregado no curso de ação declaratória com a mesma causa de pedir remota, é a data da extinção do contrato de trabalho.

COMENTÁRIOS

✪ **Nota do autor:** A prescrição trabalhista pode ser total ou parcial. A total é, como regra, de dois anos, contados da ruptura do contrato de trabalho (ultrapassado tal biênio, a pretensão estará totalmente fulminada). A parcial é de cinco anos, ou seja, uma vez ajuizada a ação no biênio legal, não estarão prescritas as pretensões inseridas nos cinco anos anteriores à data da distribuição da ação. Algumas observações são oportunas, neste tema: a) em relação às parcelas diretas de FGTS a prescrição parcial é trintenária, desde que respeitado o ajuizamento da ação no prazo de dois anos (súmula 362 do TST, devendo ser observada sua recente modificação, em razão do prazo quinquenal reconhecido pelo E. STF, no final de 2014); b) as ações meramente declaratórias do vínculo de emprego, que visam anotações em CTPS para prova do tempo de serviço junto ao INSS, não estão sujeitas a prescrição (artigo 11, § 1º da CLT); c) em caso de ação que envolva pedido de prestações sucessivas, decorrente de alteração contratual, a prescrição é total e tem prazo de cinco anos, salvo quando o direito à parcela esteja também assegurado em lei (súmula 294, TST).

Errado: Conforme posição adotada pelo TST, em sua OJ 401, da SDI-1, o prazo prescricional para o ajuizamento de ação condenatória, quando advém a dispensa do empregado no curso de ação declaratória, com a mesma causa de pedir remota, é a data do trânsito em julgado da decisão proferida na ação declaratória (e não a data da extinção do contrato de trabalho). Entende-se, na verdade, que antes do trânsito em julgado da ação declaratória, não restou consolidada a violação do direito decorrente de tal declaração (por exemplo, de vínculo de emprego).

22.5. Consoante entendimento do TST, é válido o substabelecimento de advogado investido de mandato tácito, que se configura com o comparecimento do advogado e da parte em audiência.

COMENTÁRIOS

✪ **Nota do autor:** As discussões atreladas à constituição dos advogados das partes nos autos ganha relevância, na jurisprudência, na medida em que a sobreposição de procurações e substabelecimentos acarreta discussão acerca de eventual revogação de poderes e regularidade das intimações de despachos e decisões em nome destes. Além disso, a regularidade da representação do advogado subscritor de um recurso pode interferir no conhecimento do próprio apelo (já que é pressuposto extrínseco de admissibilidade recursal). Se a parte juntou nova procuração nos autos, para patrono diverso daquele anteriormente constituído, sem a ressalva quanto aos poderes conferidos ao antigo patronal, entende-se por tacitamente revogado o mandato anterior. Trata-se de hipótese sedimentada pela OJ 349 da SDI-1 do TST.

Errado: O TST adotou entendimento diametralmente oposto ao da questão proposta. Em sua OJ 200, da SDI-1, reputou inválido o substabelecimento outorgado por advogado investido de mandato tácito.

23. (Cespe – Analista Judiciário – Área Judiciária – TRT 10/2013) Acerca de procedimento ordinário, julgue os itens subsecutivos.

Nas causas sujeitas ao procedimento ordinário, não é admitido recurso de revista contra decisão proferida em grau de recurso ordinário que viole direta e literalmente dispositivo constitucional.

COMENTÁRIOS

✪ **Nota do autor:** O recurso de revista, previsto no artigo 896 da CLT, tem função básica de uniformização da jurisprudência e, também, de preservação da lei (legislação federal e Constituição Federal). Sobre este tema, aliás, é importante direcionar o estudo para as novas regras recursais trazidas pela lei 13.015/2014.

Errado: No procedimento ordinário, as hipóteses de cabimento do recurso de revista são amplas, sendo que a violação direta e literal de dispositivo constitucional representa uma delas (artigo 896, "c" da CLT). Aliás, a ofensa constitucional justifica o cabimento do recurso de revista em todos os ritos e fases, mesmo nas reclamatórias do rito sumaríssimo e nos feitos em fase de execução.

24. (Cespe – Juiz do Trabalho Substituto 5ª região/2013) No que diz respeito à ACP, assinale a opção correta.

a) A ACP não poderá ser eliminada por meio de lei infraconstitucional.

b) A ACP surgiu no Brasil com a CF.

c) Compete ao MP do Trabalho promover ACP no âmbito da justiça do trabalho, para a defesa dos interesses individuais e coletivos.

d) O cabimento da ACP, no processo do trabalho, ocorre quando vulnerados os direitos sociais previstos na CF, nas leis complementares e também nas leis ordinárias.

e) A legitimação ad causam para o ajuizamento da ACP está restrita ao MP, órgão que deve representar os direitos trabalhistas no MP do Trabalho.

COMENTÁRIOS

✪ **Nota do autor:** A ação civil pública está disciplinada na lei 7.347/85, esta que, juntamente com o Código de Defesa do Consumidor (Lei 8.078/90) e a Constituição Federal, formam o microssistema de tutelas coletivas. Na Justiça do Trabalho sua utilização é ampla, seja pelo Ministério Público do Trabalho, seja pelos sindicatos representativos de classe.

Alternativa correta: letra "a": O artigo 129, III da Constituição Federal fixa, como função institucional do Ministério Público, a promoção do inquérito civil e da ação civil pública. Qualquer investida legislativa infraconstitucional voltada a suprimir esta disposição seria, por certo, atentatória ao texto vigente da Carta Magna.

Alternativa "b": A regulamentação da ação civil pública veio antes da Constituição Federal de 1988, com a lei 7.347/85. Incorreta, portanto.

Alternativa "c": Através da ação civil pública é possível a tutela de qualquer interesse difuso ou coletivo (artigo 1º, IV da Lei 7.347/85). Posteriormente, o Código de Defesa do Consumidor trouxe, em seu artigo 81, § único, a possibilidade de tutela coletiva de direitos difusos (transindividuais, de natureza indivisível, de titularidade de pessoas indeterminadas e ligadas por circunstâncias de fato), coletivos (transindividuais, de natureza indivisível, de titularidade de grupo de pessoas ligadas por uma relação jurídica base), e individuais homogêneos (de origem comum). Assim a ação civil pública seria a adequada para a tutela de direitos difusos e coletivos, sendo que a ação civil coletiva indicada para os direitos individuais homogêneos. Não obstante, a jurisprudência entende que é plenamente cumulável, na ação civil pública, a tutela das três espécies de direitos coletivos previstas no microssistema. O artigo 83 do Código de Defesa do Consumidor ratifica tal possibilidade. Incorreta a alternativa, ao mencionar a tutela de direitos individuais, de forma ampla, o que abrangeria os direitos individuais heterogêneos.

Alternativa "d": Assertiva incorreta, pois o cabimento da ação civil pública não está atrelado a qualquer descumprimento de direitos sociais previstos em lei, mas apenas aos que atingirem uma coletividade de lesados (nas três hipóteses de tutela, previstas no artigo 81, § único do Código de Defesa do Consumidor, já abordadas acima).

Alternativa "e": O artigo 5º da Lei 7.347/85 prevê vários outros legitimados para a ação civil pública. Além do Ministério Público, estão ali elencados, por exemplo, a defensoria pública, a União, os Estados, o Distrito Federal, os Municípios, autarquia, empresas públicas, fundações, sociedades de economia mista, além de associações com as características especificas exigidas em lei. Alternativa incorreta.

25. (Cespe – Juiz do Trabalho Substituto 5ª região/2013) A correição parcial

a) não é prevista na CLT.

b) constitui uma ação.

c) constitui, entre outros, remédio capaz de eliminar o error in procedendo.

d) é promovida somente pelo presidente do tribunal.

e) não tem qualquer previsão na CF.

COMENTÁRIOS

✪ **Nota do autor:** É importante consignar, desde logo, que a reclamação correicional (ou correição parcial) não é recurso. Consubstancia-se num procedimento administrativo voltado a atacar erros procedimentais do juiz, que tenham potencial de causar tumulto no andamento processual.

Alternativa correta: letra "c": Como a correição parcial não tem natureza de recurso, não serve para corrigir o chamado *error in judicando* (erro na interpretação e aplicação da lei, no caso concreto). Sua serventia básica está atrelada a corrigir o *error in procedendo* (erro grave de procedimento ou ilegalidade no trâmite do processo, que provoque tumulto em sua tramitação). Correta, portanto.

Alternativa "a": A correição parcial está prevista no artigo 709, II da CLT, dentre as competências do Ministro Corregedor do TST. A regulamentação específica é providenciada, com regra, pelos regimentos internos dos Tribunais.

Alternativa "b": Conforme já observado, a correição parcial tem natureza de procedimento administrativo, próprio da corregedoria dos Tribunais. Não se trata de ação, portanto.

Alternativa "d": O pedido correicional deve ser formulado pela parte interessada e direcionada à corregedoria competente. A provocação vem, portanto, da parte lesada no processo (reclamante ou reclamada, autor ou réu, como regra) e não do presidente do Tribunal.

Alternativa "e": Com a EC 45/04, o Conselho Nacional de Justiça assumiu atribuições de controle da atuação administrativa e financeira do poder judiciário. No âmbito de sua competência, está o recebimento de reclamações e denúncias contra membros ou órgãos do poder judiciário, sem prejuízo à competência disciplinar e correicional dos Tribunais, podendo inclusive avocar processos disciplinares em curso (artigo 103-B, § 4º, III da Constituição Federal). Há, portanto, clara abordagem, no texto constitucional, à competência do CNJ diante das correições parciais.

26. (Cespe - Juiz do Trabalho Substituto 5ª região/ 2013) Assinale a opção correta no que se refere à prova testemunhal no processo do trabalho.

a) No processo do trabalho, há o depósito prévio do rol das testemunhas.

b) Caso a contradita exija provas, o juiz do trabalho deve adiar a audiência.

c) A testemunha que for parente da parte até o quarto grau não prestará compromisso, podendo ser ouvida somente como informante.

d) Todas as testemunhas, independentemente da profissão que exerçam, devem ser intimadas em suas residências, para que cumpram seu dever de depor.

e) A contradita deve ser apresentada antes da qualificação da testemunha.

COMENTÁRIOS

✪ **Nota do autor:** Questão corretamente anulada, em razão da dubiedade gerada nos dois primeiros itens do problema. É importante notar que o problema poderia fazer expressa referência a previsão legal deste ou daquele instituto. Ao não providenciar esta ressalva, dá margem a questionamentos sobre a divergência entre a previsão normativa processual e a aplicação prática respectiva. Por exemplo, não há previsão legal de rol de testemunhas no processo do trabalho, mas alguns juízes, na prática, concedem prazo para tanto, ou deferem a intimação de testemunhas arroladas pela parte.

Alternativa "a": Não há previsão na CLT sobre a necessidade (nem mesmo sobre a possibilidade) de apresentação de rol de testemunhas. Não há, também, lacuna na CLT, que autorize a aplicação da regra do CPC, por força de integração normativa. Aliás, as regras dos artigos 821, 825 e 852-H, § 2º da CLT esgotam a disciplina processual trabalhista sobre este tema. Porém, não há vedação para a fixação de prazo para rol de testemunhas, por deliberação espontânea do juízo, como ocorre na prática de algumas Varas do Trabalho, o que torna a questão dúbia (já existe a possibilidade de rol, mas não por previsão legal expressa).

Alternativa "b": Esta assertiva também traz questão controvertida à baila. Segundo artigo 414, § 1º do CPC/73 (correspondente ao atual artigo 457, § 1º do CPC/15), se a testemunha contraditada negar os fatos que lhe são imputados, a parte poderá provar a contradita com documentos ou testemunhas, apresentadas "no ato" e inquiridas em separado. Porém, considerando que no processo do trabalho não se exige rol prévio de testemunhas, a parte não tem, como regra, condições e fazer prova da contradita, de imediato, naquele ato. Assim, é divergente a aplicação deste dispositivo na seara trabalhista, em razão do potencial prejuízo à ampla defesa da parte. Há divergência, portanto, neste item.

Alternativa "c": Segundo artigo 829 da CLT, a testemunha que for parente até terceiro grau, amigo íntimo ou inimigo de qualquer das partes não prestará compromisso, de modo que seu depoimento valerá como simples informação. Está incorreta a questão ao mencionar o parentesco de até quarto grau.

Alternativa "d": Existe exceção para a regra de que a intimação da testemunha seja procedida em sua residência. Trata-se da hipótese do funcionário público, ou militar, caso em que o juiz requisitará a oitiva ao chefe da repartição ou ao comando do corpo em que servir (artigo 412, § 2º do CPC/73 - correspondente ao atual artigo 455, §4º, III do CPC/15). Incorreta, portanto.

Alternativa "e": A oportunidade da contradita está fixada no artigo 414, § 1º do CPC/73 (correspondente ao atual artigo 457, § 1º do CPC/15), dispositivo este que é aplicável no processo do trabalho (artigo 769 da CLT). Assim, a contradita deverá ser realizada após a qualificação do depoente, mas sempre antes do início de seu depoimento compromissado, sob pena de preclusão. Frise-se, o início do depoimento é marcado pelo compromisso colhido pelo juízo. Incorreta a assertiva.

26.1. No rito ordinário, o juiz somente tem a obrigação de propor a conciliação por ocasião da abertura da audiência, podendo usar dos meios adequados de persuasão para a solução conciliatória do litígio, em qualquer fase da audiência.

COMENTÁRIOS

✪ **Nota do autor:** A conciliação é princípio de absoluta importância nas lides trabalhistas. Mesmo com a alteração do texto do *caput* do artigo 114 da Constituição Federal (substituição da expressão "conciliar e julgar" por "processar e julgar"), a doutrina manteve-se uníssona em relação à relevância deste princípio, como igual força de antes. Houve apenas um ajuste terminológico, para melhor adequação da técnica redacional da norma.

Errado: O juízo deve propor, obrigatoriamente, no mínimo em duas oportunidades, a tentativa de conciliação, sem prejuízo de outras tentativas, no curso do processo. Logo na abertura da audiência (artigo 846 da CLT) e, também, após encerrada a instrução (artigo 850 da CLT). A questão está errada ao pontuar apenas uma tentativa obrigatória de conciliação.

27. (Cespe – Juiz do Trabalho Substituto 5ª região/ 2013) Assinale a opção correta acerca da ação rescisória no processo do trabalho.

a) As questões que não são de mérito, como, por exemplo, as extintas por questões processuais, não desafiam a ação rescisória.

b) Somente é cabível a ação rescisória quando esgotados todos os recursos contra a decisão que se busca rescindir.

c) A ação rescisória é apresentada como meio de impugnação de decisão judicial na mesma relação jurídica.

d) Não há, na CLT, alusão à ação rescisória.

e) Não há possibilidade de suspensão do cumprimento da decisão rescindenda.

COMENTÁRIOS

✪ **Nota do autor:** As questões atreladas à ação rescisória são solucionadas, em sua maioria, através do próprio texto legal (artigos 485 a 495 do CPC/73 – correspondentes aos atuais artigos 966 a 975 do CPC/15) e, principalmente, pela jurisprudência trabalhista sedimentada. Neste caso, destacamos a súmula 100 do TST, que reuniu as controvérsias centrais sobre o tema. A disposição celetista sobre tal ação (artigo 836 da CLT) também deve ser lida com atenção.

Alternativa correta: letra "a": Não cabe ação rescisória diante de sentenças terminativas, que extinguem o processo sem resolução de mérito (OJ 150, SDI-II, TST), nos exatos termos da assertiva proposta.

Alternativa "b": Está pacificado pela súmula 514 do STF que é cabível a ação rescisória contra sentença transitada em julgado, mesmo quando não esgotados todos os recursos contra a decisão rescindenda.

Alternativa "c": A ação rescisória não se confunde com recurso ou outro meio de impugnação, apresentado na mesma relação jurídica originária. Trata-se de ação autônoma e, inclusive, de competência originária dos Tribunais.

Alternativa "d": O artigo 836 da CLT aborda expressamente a ação rescisória. Disciplina, inclusive, a obrigatoriedade do depósito prévio correspondente a 20% do valor da causa.

Alternativa "e": A súmula 405 do TST fixou a possibilidade de pedido liminar, formulado na petição inicial da ação rescisória, para suspender os efeitos da decisão rescindenda. Aliás, na redação vigente à época da prova, a súmula autorizava inclusive o recebimento de pedido de antecipação de tutela (impróprio nas ações rescisórias), como medida acautelatória, privilegiando, assim, a fungibilidade. Recentemente o verbete foi atualizado, de acordo com a nova previsão do artigo 969 do CPC/15, com reiteração do cabimento da tutela provisória na ação rescisória.

28. (Cespe – Juiz do Trabalho Substituto 5ª região/ 2013) Assinale a opção correta no que diz respeito ao mandado de segurança no processo do trabalho.

a) Cabe mandado de segurança contra atos de gestão comercial praticados por administradores de empresas públicas, de sociedade de economia mista ou de concessionárias de serviços públicos.

b) Cabe recurso ordinário para o TST, no prazo de oito dias, da decisão de TRT em mandado de segurança e de cinco dias, para apresentação de razões de contrariedade pelo recorrido e interessados.

c) Não cabe mandado de segurança de decisão transitada em julgado.

d) Cabe mandado de segurança quando a ação é extinta sem julgamento do mérito.

e) Na hipótese de multa aplicada por órgãos da fiscalização do trabalho, a competência originária para analisar mandado de segurança impetrado pelo empregador é do TRT.

COMENTÁRIOS

✪ **Nota do autor:** O mandado de segurança, regulamentado pela Lei 12.016/09, é de ampla utilização da Justiça do Trabalho. A maioria das discussões jurisprudenciais está atrelada à sua utilização como meio de resguardar direito líquido e certo da parte, afrontado em decisões interlocutórias dos juízes. Vale lembrar que vigora, na Justiça Especializada, o princípio da irrecorribilidade imediata das decisões interlocutórias (artigo 893, § 1º da CLT).

Alternativa correta: letra "c": Realmente não cabe mandado de segurança para atacar decisão transitada em julgado. Trata-se, aliás, de entendimento sedimentado pela súmula 33 do TST.

Alternativa "a": A assertiva em comento contraria diretamente o disposto no artigo 1º, § 2º da Lei 12.016/09. Lá consta expressamente o não cabimento do mandado de segurança contrato atos de gestão comercial praticados por administradores de empresas públicas, sociedades de economia mista e concessionárias de serviço público.

Alternativa "b": O recurso cabível diante da decisão do TRT, em sede de mandado de segurança, realmente é o ordinário, no prazo de oito dias (artigo 895, II da CLT). Porém, está incorreta a parte que sugere o prazo de cinco dias para contra-arrazoar o recurso, já que o prazo correto é também de oito dias (igual ao prazo para oferecer o recurso, por questão de isonomia). Trata-se, aliás, de previsão expressa do artigo 6º da Lei 5.584/70.

Alternativa "d": Se a ação foi extinta sem resolução de mérito, é cabível a interposição de recurso (ordinário, nos casos das reclamações trabalhistas típicas). E, neste caso, não cabe mandado de segurança contra ato judicial passível de recurso ou correição. Jurisprudência sedimentada pela súmula 267 do STF e, também, pela OJ 92 da SDI-II do TST.

Alternativa "e": Incorreta a assertiva. O mandado de segurança impetrado em razão de autuação trabalhista tem como competência funcional a primeira instância trabalhista (Vara do Trabalho). Apenas em caso de figurar o juiz do trabalho como autoridade coatora, é que a competência originária será do TRT.

---

29. (Cespe – Procurador do DF/ 2013) No que diz respeito ao mandado de segurança no processo do trabalho, julgue os próximos itens.

29.1. Se, após pactuarem acordo em processo trabalhista, as partes requererem, em conjunto, homologação judicial do acordo, e isso não for feito pelo juiz, caberá a impetração de mandado de segurança, já que, em tal situação, não há previsão de cabimento de recurso específico.

COMENTÁRIOS

✪ **Nota do autor:** O artigo 114, IV da Constituição Federal, atribuiu à Justiça do Trabalho a competência para julgamento de mandados de segurança, *habeas corpus, habeas data,* quando o ato questionado envolver matéria sujeita à sua jurisdição. Por mais que a grande maioria dos mandados de segurança ataque atos de Juízes do Trabalho, esta regra não é absoluta e tampouco autoriza a interpretação restritiva do inciso analisado. Basta lembrar que o inciso VII do mesmo artigo 114 da Constituição Federal incluiu, na competência trabalhista, as ações relativas às penalidades administrativas impostas aos empregadores pelos órgãos de fiscalização das relações de trabalho. Assim, se um auditor fiscal do trabalho, ou se uma autoridade do Ministério do Trabalho, ofendem direito líquido e certo do empregador (por exemplo, em autuações, interdições ou embargos), caberá o mandado de segurança diante de seu ato.

Errado: O TST, através da súmula 418, já sedimentou entendimento de que a parte não tem direito líquido e certo à homologação do acordo, já que se trata de uma prerrogativa do Juiz a decisão homologatória (ou não) da avença. Não cabe mandado de segurança, nesta hipótese.

29.2. Se o juiz do trabalho antecipar a tutela antes de proferir a sentença, será possível a impetração de mandado de segurança.

COMENTÁRIOS

✪ **Nota do autor:** A antecipação de tutela, prevista no artigo 273 do CPC/73 (correspondente ao atual artigo 300 do CPC/15), é plenamente aplicável no processo do trabalho. Proferida antes da sentença, tem natureza de decisão interlocutória, irrecorrível de imediato (artigo 893, § 1º da CLT). Se proferida em sentença, o recurso adequado é o ordinário (artigo 895 da CLT).

Certo: A súmula 414 do TST observou bem estes dois momentos da concessão da tutela antecipada, para fixar o cabimento do mandado de segurança. Na hipótese de antecipação da tutela em sentença, não cabe mandado de segurança, diante da possibilidade imediata da parte apresentar recurso ordinário. Porém, quando concedida antes da sentença, exatamente em razão da inexistência de recurso imediato, o mandado de segurança é cabível.

---

30. (Cespe – Procurador do DF/ 2013) Julgue os itens subsequentes, relativos ao procedimento sumaríssimo na justiça do trabalho.

30.1. Não é cabível a citação por edital no procedimento sumaríssimo.

COMENTÁRIOS

✪ **Nota do autor:** Dentre as várias características que são próprias do rito sumaríssimo, lembramos as seguintes: a) quando for parte da causa a administração pública direta, autárquica e fundacional, não é possível a utilização do rito sumaríssimo; b) não há citação por edital; c) o pedido deve ser certo ou determinado e indicar o valor correspondente; c) dispensa-se o relatório nas respectivas sentenças.

Certo: O artigo 852-B, II da CLT fixa a expressa vedação da citação por edital. É comum que o juízo converta o feito para o rito ordinário, quando esta vedação se mostrar impeditiva do próprio acesso à justiça, garantido constitucionalmente.

30.2. Não é admissível a interposição de recurso de revista em procedimento sumaríssimo quando o fundamento do recurso for a contrariedade a orientação jurisprudencial do TST.

COMENTÁRIOS

✪ **Nota do autor:** Cabe ao candidato a leitura atenta das espécies recursais trabalhistas e, principalmente, das respectivas hipóteses de cabimento. Normalmente os questionamentos estão concentrados em texto de lei (neste caso é importante lembrar da recente modificação introduzida pela lei 13.015/14) e nas súmulas e orientações jurisprudenciais do TST.

Certo: As hipóteses de cabimento do recurso de revista, nos processos do rito sumaríssimo, são mais restritas, do que as do rito ordinário. Na época da prova, tal recurso seria cabível nas hipóteses de contrariedade à súmula do TST e de ofensa direta à Constituição Federal (a contrariedade à orientação jurisprudencial não está abarcada, portanto). Hoje, com a lei 13.015/14, o cabimento está regulamentado no artigo 896, § 9º da CLT e, além das duas hipóteses já citadas, foi incluída uma terceira, qual seja, a de contrariedade à súmula vinculante do Supremo Tribunal Federal.

31. (Cespe – Procurador do DF/ 2013) A respeito da ação rescisória em ações trabalhistas, julgue os itens seguintes.

31.1. O Ministério Público do Trabalho tem legitimidade para mover ação rescisória na justiça do trabalho, desde que tenha participado como parte nos processos que originaram a sentença rescindenda.

COMENTÁRIOS

✪ **Nota do autor:** A atuação do Ministério Público pode ser dividida em duas frentes básicas: a) como órgão agente (parte no processo), através da propositura de demandas, como a ação civil pública, ação civil coletiva, ação anulatória de norma coletiva, ação rescisória, dissídio coletivo de greve, ou ainda demandas para tutela de menores (art. 793 da CLT); b) como órgão interveniente (fiscal da lei), quando entender que há interesse público, podendo intervir e recorrer em processos, com participação nos julgamentos colegiados dos Tribunais, participação na instrução e conciliação de dissídios de greve, e atuação como árbitro nas hipóteses do artigo 83, II, VI, VII, IX e XI da LC 75/93.

Errado: Está sedimentado pela súmula 407 do TST, que o Ministério Público do Trabalho tem legitimidade para mover a ação rescisória, ainda que não tenha sido parte no processo que deu origem à decisão rescindenda. Sua legitimidade está expressamente fixada no artigo 487, III, "a" e "b" do CPC/73 (correspondente ao atual artigo 967, III, "a", "b" e "c" do CPC/15). De igual modo, é importante lembrar que as alíneas do dispositivo citado trazem apenas hipóteses exemplificativas de sua atuação.

31.2. O *jus postulandi* na justiça do trabalho autoriza a parte a mover ação rescisória para questionar os termos de uma sentença transitada em julgado sem a necessidade de contratação de um advogado.

COMENTÁRIOS

✪ **Nota do autor:** No processo do trabalho vigora o chamado *jus postulandi*, previsto no artigo 791 da CLT, segundo o qual empregados e empregadores podem, pessoalmente, postular na Justiça do Trabalho. Não é por outro motivo que o processo do trabalho pauta-se pelos princípios da simplicidade e da informalidade.

Errado: A jurisprudência cuidou de limitar a viabilidade do *jus postulandi* às Varas do Trabalho e Tribunais Regionais do Trabalho, conforme súmula 425 do TST. Foram também expressamente excluídos do alcance do *jus postulandi*, as ações rescisórias, cautelares, os mandados de segurança e os recursos de competência do TST. A limitação é bastante razoável, já que para tais ações e recursos é necessário o preenchimento de pressupostos processuais específicos, de necessário manejo por profissional do direito habilitado.

31.3. Uma questão processual que seja pressuposto de validade de uma sentença de mérito não poderá ser objeto de ação rescisória.

COMENTÁRIOS

✪ **Nota do autor:** A ação rescisória é cabível no âmbito da Justiça do Trabalho, nos termos do artigo 836 da CLT (que faz expressa referência a previsão existente no CPC). Trata-se de ação de competência originária dos Tribunais (normalmente TRT), que visa desconstituir a decisão de mérito com trânsito em julgado. Não é recurso, mas ação de conhecimento, autônoma, de natureza constitutiva negativa (da coisa julgada material). Não cabe ação rescisória diante de sentenças terminativas, que extinguem o processo sem resolução de mérito (OJ 150, SDI-II, TST). Recomendamos, também, a leitura da Súmula 100 do TST, que reúne informações jurisprudenciais importantes sobre a ação rescisória.

Errado: O objeto único da ação rescisória está atrelado à desconstituição da coisa julgada material, formada pela decisão de mérito atacada (artigo 485 do CPC/73 – correspondente ao atual artigo 966 do CPC/15). O vício da sentença de mérito pode ter várias origens, inclusive o desrespeito a um pressuposto de validade da decisão atacada. Incorreta, portanto, a conclusão em sentido contrário.

5. RECURSOS TRABALHISTAS

32. (Cespe – Procurador do Estado – PGE – SE/2017) Um empregado eleito membro da CIPA foi demitido durante a vigência de seu mandato, razão pela qual, ainda no período de estabilidade legal, ajuizou reclamação trabalhista na qual requereu, em sede liminar, a reintegração ao emprego. O pedido de tutela provisória de reintegração foi deferido pelo juízo em sentença.

Nessa situação hipotética, o meio adequado para a impugnação da tutela provisória concedida é o(a)

A) ação anulatória.

B) ação cautelar.

C) mandado de segurança.

D) recurso ordinário.

E) ação rescisória.

COMENTÁRIOS

✪ **Nota do autor:** Um dos princípios aplicáveis ao processo do trabalho é o da irrecorribilidade imediata das decisões interlocutórias (artigo 893, § 1º da CLT). Cabe ressaltar que há exceções a tal princípio, reconhecidas na jurisprudência (súmula 214 do TST), que merecem especial atenção.

Alternativa correta: letra "d": Assertiva coincidente com o já pacificado na súmula 414, I do TST: "A tutela provisória concedida na sentença não comporta impugnação pela via do mandado de segurança, por ser impugnável mediante recurso ordinário."

Alternativas "a": A ação anulatória, atualmente prevista no artigo 966, § 4º do CPC, não se presta à reforma de decisões, ainda que provisórias. Trata-se de ação autônoma voltada a desconstituir atos judiciais viciados, salvo as sentenças de mérito, que se sujeitam à ação rescisória.

Alternativa "b": O pedido cautelar é viável apenas para outorgar efeito suspensivo ao recurso ordinário (súmula 414 do TST). Não serve para a postulação de reforma que é própria do recurso ordinário.

Alternativa "c": Apenas quando a tutela provisória é concedida como decisão interlocutória é viável a impetração do mandado de segurança, diante de ofensa a direito líquido e certo da parte (súmula 414, II do TST). Se tal tutela é deferida em sentença, a medida adequada é o recurso ordinário.

Alternativa "e": Ação rescisória serve para desconstituir a coisa julgada material viciada, nas hipóteses do artigo 966 do CPC. Não se presta à pretensão de reforma do julgado.

33. (Cespe – Procurador do Estado – PGE – SE/2017) Com relação aos recursos no processo do trabalho, julgue os itens a seguir.

I É cabível recurso ordinário de decisões definitivas das varas ou tribunais, porém não cabe de decisões terminativas ou monocráticas.

II A CLT determina ser cabível, em dissídios individuais e coletivos, recurso de revista para as turmas do TST.

III Não caberá agravo de instrumento contra decisões que indefiram a produção de provas.

IV Na hipótese de decisão proferida em dissídio coletivo que afete empresa de serviço público, têm legitimidade para interpor recurso, além dos interessados, o presidente do tribunal e a Procuradoria da Justiça do Trabalho.

Estão certos apenas os itens

A) I e II.

B) I e III.

C) II e III.

D) III e IV.

E) I, II e IV.

COMENTÁRIOS

✪ **Nota do autor:** Em atenção ao princípio da taxatividade, os recursos previstos na legislação trabalhista e aplicáveis ao processo do trabalho são: recurso ordinário; recurso de revista; embargos para o TST; agravo de instrumento; agravo de petição; embargos de declaração; agravo regimental;e pedido de revisão de valor atribuído à causa (artigo 2º, § 1º da Lei 5.584/70).

Alternativa correta: letra "d": Estão corretos os itens III e IV.

Item I. Errado: Está errada a alternativa, ao apontar o não cabimento do recurso ordinário diante de decisões terminativas. Segundo o artigo 895 da CLT, o recurso ordinário é cabível diante de decisões definitivas ou terminativas, nas duas hipóteses de cabimento do dispositivo (incisos I e II).

Item II. Errado: O artigo 896 da CLT fixa o cabimento do recurso de revista apenas nos dissídios individuais. Incorreta, portanto.

Item III. Certo: A decisão que indefere a produção de provas tem natureza interlocutória e, como tal, não comporta recurso imediato (artigo 893, § 1º da CLT). O agravo de instrumento trabalhista serve apenas para destrancar recurso cujo seguimento foi negado no primeiro juízo de admissibilidade.

Item IV. Certo: Assertiva correta, pois coincidente com a possibilidade de instauração de instância por pelo Presidente do Tribunal ou a requerimento da Procuradoria da Justiça do Trabalho, nos termos do artigo 856 da CLT.

34. (Cespe – Defensor Público – DPU/2017) Em relação aos recursos no processo do trabalho, à execução trabalhista e ao mandado de segurança na justiça do trabalho, julgue os itens que se seguem à luz do entendimento do TST.

34.1. Na hipótese de recolhimento insuficiente do depósito recursal, somente haverá deserção do recurso se, no prazo de cinco dias da intimação, o recorrente não complementar e comprovar o pagamento.

COMENTÁRIOS

✪ **Nota do autor:** A partir do CPC/15, várias regras processuais aplicáveis ao processo do trabalho foram alteradas e, como consequência, também provocaram a modificação da jurisprudência do TST. No aspecto recursal, a IN 39/16 disciplinou a aplicabilidade dos artigos 932 e 1007 (e respectivos parágrafos) do CPC/15, no processo do trabalho.

Certo: Assertiva coincidente com a nova redação da OJ 140 da SDI-1 do TST, de seguinte teor: "Em caso de recolhimento insuficiente das custas processuais ou do depósito recursal, somente haverá deserção do recurso se, concedido o prazo de 5 (cinco) dias previsto no § 2º do art. 1.007 do CPC de 2015, o recorrente não complementar e comprovar o valor devido".

34.2. Deverá ser requerida nos próprios autos da execução trabalhista a devolução de valores levantados a maior em execução de sentença devido a equívoco nos cálculos realizados na liquidação.

COMENTÁRIOS

✪ **Nota do autor:** O recebimento de valores maiores do que o devido e reconhecido, ao final da execução, pode ser verificado na Justiça do Trabalho, seja pela homologação de conta posteriormente reformada em sede recursal, ou mesmo pela liberação de depósito recursal após o trânsito em julgado (artigo 899, § 1º da CLT), com posterior liquidação em valor inferior. Neste caso, prevaleceu entendimento de que a diferença recebida a maior deve ser pleiteada em ação autônoma.

Errado: O SDI-1 do TST já teve oportunidade de julgar a controvérsia questionada e se posicionou nos seguintes termos: "O meio processual idôneo para pleitear a devolução de valores levantados a maior em execução de sentença, decorrentes de equívoco nos cálculos realizados em liquidação, é a ação de repetição de indébito. A pretensão de restituição de tais valores nos próprios autos da execução é inviável, pois, nessa fase, a cognição é limitada e não proporciona ao exequente medidas capazes de assegurar o direito à ampla defesa e ao contraditório." (TST-E-ED-RR-59886-60.1993.5.05.0017, SBDI-I, rel. Min. José Roberto Freire Pimenta, 1º.6.2017 – divulgado no Informativo TST / Execução no 31)

34.3. O agravo de petição só será recebido se o recorrente delimitar as matérias e os valores impugnados e apresentar a respectiva monta atualizada até a data de interposição do recurso.

COMENTÁRIOS

✪ **Nota do autor:** O agravo de petição (artigo 897, "a" da CLT) é o recurso cabível diante das decisões definitivas ou terminativas do juiz na execução (por exemplo, no julgamento de embargos à execução ou em impugnação à sentença de liquidação). É direcionado ao juízo de primeira instância e, em seguida, remetido para reanálise pelo TRT competente.

Errado: A especificação dos itens e valores objetos de discordância é pressuposto para o conhecimento do agravo de petição, até para que se viabilize a execução imediata da parcela da dívida que não está controvertida. Matéria já sedimentada pela súmula 416 do TST. Porém, não há qualquer previsão legal ou posicionamento jurisprudencial que obrigue o depósito ou pagamento da quantia incontroversa. Neste ponto, está errada a assertiva.

34.4. A tutela provisória concedida na sentença pode ser impugnada pela via do mandado de segurança, admitindo-se a obtenção do efeito suspensivo por requerimento do impetrante.

COMENTÁRIOS

✪ **Nota do autor:** A IN 39/16 disciplinou a aplicabilidade dos artigos 294 a 311 do CPC (relativos às tutelas provisórias) no processo do trabalho. Se decidas em sede interlocutória, são irrecorríveis de imediato (artigo 893, § 1º da CLT). Porém, se forem apreciadas em sentença, cabe recurso ordinário que, como regra, não possui efeito suspensivo. Tal efeito era obtido, tradicionalmente, por medida cautelar dirigida ao Tribunal competente. Tal pedido de natureza cautelar foi simplificado pela nova regra do artigo 1.029, § 5º do CPC.

Errado: A súmula 414 do TST, atualizada em razão do artigo 1.029, § 5º do CPC, fixou a possibilidade de obtenção do efeito suspensivo ao recurso ordinário mediante requerimento dirigido ao Tribunal (relator, presidente ou vice presidente), nos moldes previsto no já citado dispositivo do CPC. O mandado de segurança é cabível apenas nas tutelas concedidas em sede de decisão interlocutória, nas hipóteses de ofensa a direito líquido e certo da parte.

35. (Cespe – Procurador BACEN/2013) Assinale a opção correta acerca da interposição de recurso no processo do trabalho.

a) Dado o princípio da celeridade que norteia todo o rito sumaríssimo, o prazo de interposição do recurso ordinário em tal hipótese é reduzido para cinco dias.

b) O parecer do representante do MP, se necessário, deve ser apresentado, obrigatoriamente, por escrito na sessão de julgamento.

c) Cabe agravo de instrumento das decisões interlocutórias, no prazo de oito dias.

d) Nas causas sujeitas ao procedimento sumaríssimo, somente será admitido recurso de revista por contrariedade a súmula de jurisprudência uniforme do TST.

e) No rito sumaríssimo, a decisão do recurso ordinário terá acórdão consistente unicamente na certidão de julgamento, com a indicação suficiente do processo e parte dispositiva, e das razões de decidir do voto prevalente. Se a sentença for confirmada pelos próprios fundamentos, a certidão de julgamento, registrando tal circunstância, servirá de acórdão.

COMENTÁRIOS

✪ **Nota do autor:** A questão de múltipla escolha menciona tanto as regras processuais do rito sumaríssimo, quanto as relativas aos recursos trabalhistas. É oportuno lembrar, aqui, que as regras processuais trabalhistas modificam-se de acordo o rito e com a espécie de ação. A solução de questões envolvendo as peculiaridades de cada rito está na letra da lei (expressa previsão na CLT) e em posicionamentos sedimentados em súmulas e orientações jurisprudenciais do TST. Por exemplo, quanto ao número de testemunhas, a regra geral (rito ordinário) é de três para cada parte. No rito sumaríssimo o número cai para duas e, no inquérito para apuração de falta grave o número sobe para seis. Já em relação à revelia, cumpre lembrar que o processo do trabalho prima pela presença das partes. Assim, se no processo comum a revelia é a falta de defesa, no processo do trabalho a revelia configura-se com a ausência da reclamada à primeira audiência (artigo 844 da CLT).

Alternativa correta: letra "e": A tramitação recursal dos feitos sujeitos ao rito sumaríssimo também guarda peculiaridades. Em relação ao recurso ordinário, as regras específicas estão no artigo 895, § 1º da CLT e são, em síntese: imediata distribuição no TRT, com liberação pelo relator no prazo máximo de 10 dias, para inclusão em pauta, sem revisor; parecer oral do Ministério Público, se for necessário; acórdão restrito à mera certidão de julgamento, com indicação suficiente do processo, da parte dispositiva e das razões de decidir do voto prevalecente (em caso de confirmação da sentença por seus próprios fundamentos, basta este registro na certidão). Assertiva coincidente, portanto, com o dispositivo celetista.

Alternativa "a": O prazo recursal, nas demandas do rito ordinário, segue a mesma uniformização aplicável aos demais recursos trabalhistas (oito dias). A exceção mencionada é contrária à legislação processual vigente.

Alternativa "b": Conforme já observado, dentre as medidas de celeridade e simplicidade fixadas para o rito sumaríssimo, está a apresentação de parecer oral do Ministério Público, em sede recursal (artigo 895, § 1º da CLT). A obrigação cogitada na questão, portanto, não se aplica à hipótese.

Alternativa "c": Como regra, as decisões interlocutórias não podem ser recorridas de imediato (artigo 893, § 1º da CLT). Lembre-se que o agravo de instrumento, previsto no artigo 897, "b" da CLT, tem serventia apenas para destrancar recursos indevidamente denegados, atacando a decisão denegatória proferida em primeiro juízo de admissibilidade. Lembramos que há exceção jurisprudencial (súmula 214 do TST) que autoriza, por exemplo, o recurso imediato diante da decisão que acolhe a exceção de incompetência e determina a remessa dos autos para outro Tribunal.

Alternativa "d": As hipóteses de cabimento do recurso de revista, no rito sumaríssimo, são restritas. Na época da prova, tal recurso seria cabível nas hipóteses de contrariedade à súmula do TST e de ofensa direta à Constituição Federal (o que, por si, mostra a incorreção da questão). Hoje, com a lei 13.015/14, o cabimento está regulamentado no artigo 896, § 9º da CLT e, além das duas hipóteses já citadas, foi incluída uma terceira, qual seja, a de contrariedade à súmula vinculante do Supremo Tribunal Federal.

---

36. (Cespe – Procurador BACEN/2013) Caso a parte reclamada em ação trabalhista tenha sido intimada da sentença, via oficial de justiça, em 10/3/2013 (sábado), o prazo para interposição do recurso ordinário findará em

a) 19/3/2013.

b) 20/3/2013.

c) 21/3/2013.

d) 22/3/2013.

e) 18/3/2013.

COMENTÁRIOS

✪ **Nota do autor:** As questões atreladas aos prazos recursais são recorrentes. A Lei 5.584/70 (artigo 6º) unificou os prazos recursais trabalhistas em oito dias. Duas ressalvas devem ser feitas quanto a prazos recursais: a primeira atrelada aos embargos de declaração, cujo prazo é de cinco dias (não se releva, aqui, a discussão acerca de sua natureza recursal); a segunda relacionada ao recurso extraordinário, cujo prazo de interposição é de quinze dias, conforme artigo 508 do CPC/73 – correspondente ao atual artigo 1003, § 5º do CPC/15. **Oportuno também lembrar, que a nova redação do artigo 775 da CLT, dada pela Lei 13.467/17, trouxe para o processo do trabalho a contagem dos prazos em dias úteis.**

Alternativa correta: letra "b": Quando a parte é intimada ou notificada no sábado, o início "do prazo" se dará no primeiro dia útil sequencial (por exemplo, segunda-feira), com início da "contagem do prazo" no dia subsequente (segundo mesmo exemplo, terça-feira). Lembre-se que a regra de contagem de prazos, do artigo 184 do CPC/73 (correspondente ao atual artigo 224 do CPC/15), é aplicável no processo do trabalho (exclusão do dia do começo e inclusão do dia do término). Assim, no caso específico, a intimação ocorrida no sábado dia 10/03/13, pode ser considerada como recebida na segunda-feira dia 12/03/13. O início da contagem do prazo recursal, portanto, ocorrerá no dia 13/03/13 (primeiro dia do prazo). Considerando o prazo recursal de oito dias, este terá seu fim em 20/03/13.

Alternativas "a", "c", "d" e "d": Todas as datas apontadas nas demais alternativas descumprem a regra vigente sobre a contagem do prazo recursal trabalhista, nos moldes acima explicitados.

37. (Cespe – Procurador do DF/ 2013) No que se refere aos recursos no processo do trabalho, julgue os itens seguintes.

37.1. O recurso adesivo é compatível com o processo do trabalho, mas a matéria nele veiculada terá de estar relacionada com a do recurso interposto pela parte contrária.

COMENTÁRIOS

✪ **Nota do autor:** A hipótese de recurso adesivo está prevista no artigo 500 do CPC/73 – correspondente ao atual artigo 997 do CPC/15. A parte poderá sempre apresentar recurso autônomo, no prazo legal contado da ciência da decisão que lhe foi desfavorável. Porém, caso não tenha recorrido, poderá fazê-lo, de forma adesiva, no mesmo prazo de contrarrazões ao recurso apresentado pela parte contrária. Este recurso adesivo, porém, fica subordinado e dependente do recurso principal. Por exemplo, se houver desistência do recurso principal, ou se este não for conhecido, também não o será o apelo adesivo.

Errado: O recurso adesivo é compatível com o processo do trabalho, seguindo o prazo recursal unificado de oito dias, nas hipóteses de interposição de recurso ordinário, agravo de petição, recurso de revista e de embargos. Não há exigência, contudo, de compatibilidade da matéria, em relação ao recurso principal (súmula 283, TST).

37.2. Se um advogado, ao tomar conhecimento de decisão em seção de julgamento de determinado tribunal regional do trabalho, preparar recurso de revista e o protocolar, antes mesmo da publicação do acórdão, tal recurso de revista poderá ser recebido pelo TST.

COMENTÁRIOS

✪ **Nota do autor:** A jurisprudência chamou de "recurso prematuro" aquele interposto antes da publicação da decisão ou acórdão impugnado. A discussão é relevante, pois o não conhecimento do recurso (por considerá-lo extemporâneo) implica também na não interrupção do prazo recursal respectivo, ou seja, quando a parte recebe a decisão de não conhecimento de seu apelo extemporâneo, não tem devolvido o prazo para novo recurso. Novamente reiteramos a necessidade de leitura atenta da jurisprudência do TST. Neste caso, a matéria estava sedimentada na súmula 434 do TST, que incorporou a ex-OJ 357 da SDI-I do mesmo Tribunal. Hoje, tal súmula está cancelada, não prevalecendo o mesmo entendimento da época da questão.

Errado: O recurso interposto pela parte, antes da publicação formal da decisão impugnada, era considerado extemporâneo e não interrompia o prazo recursal. Este entendimento estava fixado na súmula 434, I do TST (hoje cancelada, mas vigente à época da questão).

6. EXECUÇÃO TRABALHISTA

38. (Cespe – Procurador do Estado – PGE – SE/2017) Julgue os seguintes itens, acerca da execução no processo do trabalho.

I A execução de contribuição social devida em decorrência de decisão condenatória de tribunal do trabalho será iniciada de ofício.

II O incidente de desconsideração da personalidade jurídica será resolvido por decisão interlocutória passível de agravo de petição, independentemente de garantia do juízo.

III Da decisão sobre os embargos à execução caberá recurso ordinário no prazo de oito dias.

IV Na execução por carta precatória, os embargos de terceiro serão opostos no juízo deprecante caso a referida carta já tenha sido devolvida.

Estão certos apenas os itens

A) I e II.

B) I e III.

C) II e III.

D) III e IV.

E) I, II e IV.

COMENTÁRIOS

✪ **Nota do autor:** Em relação ao impulso oficial na execução, a Lei 13.467/17 (reforma trabalhista) alterou o disposto no artigo 878 da CLT, para limitar tal iniciativa executória do Juízo (de ofício), apenas aos casos de *jus postulandi*. O novo dispositivo vem sendo muito criticado, não só pelo retrocesso em termos de celeridade e efetividade, mas também em razão do comando expresso do artigo 114, VIII da Constituição Federal, que impõe a execução, de ofício, das contribuições sociais decorrentes das sentenças condenatórias trabalhistas. Assim, parece que a norma infraconstitucional ao vedar o impulso oficial em relação à execução da condenação principal, acaba por contrariar o comando constitucional que determina a execução de ofício do acessório.

Alternativa correta: letra "e": Estão corretos os itens I, II e IV.

Item I. Certo: Assertiva correta, já que reflete o disposto no artigo 114, VIII da Constituição Federal.

Item II. Certo: A IN 39/16, em seu artigo 6º, reconheceu como aplicável ao processo do trabalho o incidente de desconsideração da personalidade jurídica regulado nos artigos 133 a 137 do CPC. Fixou, ainda, que cabe agravo de petição para atacar tal decisão, quando proferida na fase de execução, independentemente de garantia do Juízo. Na fase de conhecimento, não cabe recurso imediato. Lembramos que a Lei 13.467/17 trouxe para a CLT (artigo 855-A da CLT) o incidente de desconsideração citado, com os mesmos parâmetros da já citada instrução normativa.

Item III. Errado: O recurso cabível diante de decisões definitivas ou terminativas na fase de execução (como é o caso do julgamento de embargos à execução) é o agravo de petição, previsto no artigo 897, "a" da CLT.

Item IV. Certo: Alternativa coincidente com a previsão da súmula 419 do TST: "Na execução por carta precatória, os embargos de terceiro serão oferecidos no juízo deprecado, salvo se indicado pelo juízo deprecante o bem constrito ou se já devolvida a carta (art. 676, parágrafo único, do CPC de 2015)."

---

39. (Cespe – Procurador do Estado – BA/2014) Acerca de recursos, execução trabalhista e dissídio coletivo, julgue os itens seguintes.

39.1. Realizada a hasta pública na execução, o bem deverá ser vendido ao interessado que ofertar o maior lance, e o arrematante deverá garantir o lance com sinal correspondente a 10% do valor inicialmente orçado.

COMENTÁRIOS

✪ **Nota do autor:** No processo de execução trabalhista, a praça serve tanto para bens móveis quanto imóveis. Arrematação do bem é feita sempre pelo maior lance, com preferência ao credor para arrematação (art. 888, CLT). Lembre-se que a remição de bens não cabe mais no processo civil ou mesmo no processo do trabalho (Lei 11.282/06 e nova redação do artigo 685-A, par. 2º do CPC/73 – correspondente ao atual artigo 876, § 5º do CPC/15), já que houve a extensão da adjudicação ao cônjuge, descentes ou ascendentes do executado.

Errado: Nos termos do expressamente regrado pelo artigo 888, § 2º da CLT, o arrematante deverá garantir o lance com sinal correspondente a 20% do seu valor (e não 10%, como consta do enunciado da questão).

39.2. A sentença normativa proferida posteriormente à sentença rescindenda é considerada documento novo para fins de rescisão de sentença de mérito transitada em julgado.

COMENTÁRIOS

✪ **Nota do autor:** É oportuno lembrar o conceito envolvido no questionamento. A sentença normativa é aquela prolatada no âmbito de um dissídio coletivo. Trata-se do exercício do Poder Normativo da Justiça do Trabalho, pelo Tribunal Competente. Os entes coletivos (sindicatos e empresas, principalmente), através da autocomposição, podem criar normas trabalhistas negociadas, valendo lembrar que a autonomia coletiva privada encontra seu fundamento de validade no artigo 7º, XXVI da Constituição Federal. Frustrada a autocomposição e recusada a arbitragem, as partes podem ajuizar dissídio coletivo "de comum acordo" (artigo 114, § 2º da Constituição Federal).

Errado: A súmula 402 do TST considerou que não é documento novo, para efeito de ação rescisória, a sentença normativa proferida ou transitada em julgado posteriormente à sentença rescindenda. Justificou que, para ser considerado documento novo, este já deveria existir ao tempo de decisão rescindenda, mas era simplesmente ignorado pelo interessado, ou era impossível a sua utilização à época, no processo. Referida súmula foi atualizada em razão do CPC/15 e passou a ter a seguinte redação: "AÇÃO RESCISÓRIA. PROVA NOVA. DISSÍDIO COLETIVO. SENTENÇA NORMATIVA (nova redação em decorrência do CPC de 2015) – Res. 217/2017 – DEJT divulgado em 20, 24 e 25.04.2017. I – Sob a vigência do CPC de 2015 (art. 966, inciso VII), para efeito de ação rescisória, considera-se prova nova a cronologicamente velha, já existente ao tempo do trânsito em julgado da decisão rescindenda, mas ignorada pelo interessado ou de impossível utilização, à época, no processo. II – Não é prova nova apta a viabilizar a desconstituição de julgado: a) sentença normativa proferida ou transitada em julgado posteriormente à sentença rescindenda; b) sentença normativa preexistente à sentença rescindenda, mas não exibida no processo principal, em virtude de negligência da parte, quando podia e deveria louvar-se de documento já existente e não ignorado quando emitida a decisão rescindenda. (ex-OJ nº 20 da SBDI-2 – inserida em 20.09.2000)."

39.3. Segundo entendimento consolidado do TST, recurso sem assinatura deve ser considerado inexistente. Será considerado válido o apelo se assinado, ao menos, na petição de apresentação ou nas razões recursais.

COMENTÁRIOS

✪ **Nota do autor:** Para o entendimento da questão e, também, do tema de fundo que a embasa, lembremos dos pressupostos de admissibilidade fixados pela doutrina. São pressupostos intrínsecos de admissibilidade recursal, o cabimento, a legitimidade e o interesse. Já os pressupostos extrínsecos de admissibilidade recursal são a tempestividade, o preparo e a regularidade formal.

Certo: O recurso apócrifo (não assinado) será considerado inexistente, diante de uma irregularidade formal grave no ato. Porém, não se considera apócrifo o recurso assinado, ao menos, na petição de apresentação, ou nas razões recursais. Inteligência da OJ 120 da SDI-1 do TST. Referido verbete recebeu recente atualização, para adequação aos termos do CPC/15, sendo acrescentada a possibilidade de concessão de prazo para sanar o vício do recurso (falta de assinatura).

39.4. É cabível recurso ordinário caso o juiz declare a incompetência absoluta em razão da matéria da justiça do trabalho e determine a remessa dos autos à justiça comum.

COMENTÁRIOS

✪ **Nota do autor:** Na Justiça do Trabalho, nos termos do art. 893, § 1º, da CLT, as decisões interlocutórias não ensejam recurso imediato, salvo nas hipóteses de decisão: a) de Tribunal Regional do Trabalho contrária à Súmula ou Orientação Jurisprudencial do Tribunal Superior do Trabalho; b) suscetível de impugnação mediante recurso para o mesmo Tribunal; c) que acolhe exceção de incompetência territorial, com a remessa dos autos para Tribunal Regional distinto daquele a que se vincula o juízo excepcionado, consoante o disposto no art. 799, § 2º, da CLT.

Certo: A decisão que reconhece a incompetência absoluta é terminativa do feito (no âmbito da Justiça do Trabalho). Portanto, não pode ser enquadrada na regra de irrecorribilidade imposta às decisões interlocutórias. Correta, portanto, a assertiva.

39.5. Segundo entendimento do TST, a fazenda pública, quando condenada subsidiariamente pelas obrigações trabalhistas devidas pela empregadora principal, não se beneficia da limitação dos juros, prevista no art. 1.º-F da Lei nº 9.494/1997.

COMENTÁRIOS

✪ **Nota do autor:** A Fazenda Pública goza de algumas prerrogativas processuais. Dentre elas, destaca-se o prazo de 30 dias para interposição de embargos à execução, o prazo em quádruplo para defesa e em dobro para recorrer (artigo 188 do CPC/73). O atual artigo 183 do CPC/15 unificou o prazo em dobro para todas as manifestações da Fazenda Pública. No âmbito material, também há tratamento diferenciado, como a limitação de juros imposta pela Lei 9.494/97 (artigo 1-F).

Certo: Está correta a questão ao indicar que a Fazenda Pública não se beneficia da limitação legal de juros, quando figura como mera responsável subsidiária no título condenatório. Conclusão em sentido contrário, implicaria em estender o benefício legal personalíssimo da Fazenda Pública, para o particular que figura como devedor principal daquela condenação.

---

40. (Cespe – Juiz do Trabalho Substituto 5ª região/ 2013) Assinale a opção correta a respeito da execução no processo do trabalho.

a) Os termos de compromisso de ajustamento de conduta firmados perante o MP do Trabalho não constituem títulos executivos extrajudiciais.

b) A CLT trata de forma completa a execução das decisões trabalhistas, não sendo necessária a utilização de lei ordinária para as execuções trabalhistas.

c) Para ser admitido, o recurso de revista que aborda execução de sentença depende de demonstração inequívoca de violência direta a lei ordinária ou à CF.

d) Após a alteração da competência da justiça do trabalho, não cabe mais execução *ex officio*.

e) O título executivo extrajudicial ocorre sob a forma de processo autônomo de execução.

COMENTÁRIOS

✪ **Nota do autor:** A questão aborda vários temas de execução trabalhista. Dentre eles, destacamos a previsão legal sobre os títulos executivos, questionada de forma recorrente em provas objetivas. Assim, são títulos executivos trabalhistas, previstos no artigo 876 da CLT, as decisões passadas em julgado, as decisões sem recurso com efeito suspensivo, os acordos não cumpridos; os TAC (termos de ajustamento de conduta) firmados perante o MPT, e os termos de conciliação formalizados perante CCP (comissão de conciliação prévia).

Alternativa correta: letra "e": Realmente os títulos executivos extrajudiciais serão exigidos, na justiça do trabalho, através de processo autônomo de execução. Neste sentido, a previsão do artigo 876 da CLT. Lembre-se que, em relação aos títulos executivos judiciais, o CPC encampou o chamado sincretismo processual, segundo o qual a execução é mera fase sequencial ao processo de conhecimento (e não um processo autônomo).

Alternativa "a": A questão contraria texto expresso do artigo 876 da CLT, que reconhece a natureza de título executivo extrajudicial do termo de ajustamento de conduta (TAC) firmado perante o Ministério Público do Trabalho.

Alternativa "b": A CLT é lacunosa em relação às regras da execução. Ciente desta incompletude, o legislador lançou, no artigo 889 da CLT, regra de integração específica para os trâmites da execução, segundo a qual, na ausência de previsões trabalhistas específicas, serão aplicáveis, prioritariamente, as normas da lei de executivos fiscais (lei 6.830/80)

Alternativa "c": O recurso de revista em fase de execução tem cabimento apenas na hipótese de violação direta e literal de dispositivo da Constituição Federal (artigo 896, § 2º da CLT). Incorreta a referência ao cabimento por violação de lei federal. **Oportuno registrar que a Lei 13.015/14 ampliou tais hipóteses de cabimento de recurso de revista na execução (§ 10 do artigo 896), para aceitar, também, nos casos de ofensa legal, constitucional ou divergência jurisprudência, porém de forma específica nas execuções fiscais e nas controvérsias da fase de execução**

relacionadas a Certidão Negativa de Débitos Trabalhistas (CNDT).

Alternativa "d": A alteração trazida pela EC 45/04 foi referente à competência material da Justiça do Trabalho. A execução *ex officio* não foi alterada, nesta oportunidade. Apenas com a Lei 13.467/17 (reforma trabalhista) é que o impulso oficial na execução ficou limitado às hipóteses em que a parte está sem advogado (*jus postulandi*). Por expressa previsão do artigo 878 da CLT, vigente à época da questão, o chamado "impulso oficial" prevalecia na seara trabalhista, na fase de execução.

41. (Cespe – Analista Judiciário – Área Judiciária – TRT 10/2013) No que concerne à execução, julgue os itens a seguir.

41.1. A matéria de defesa em sede de embargos à execução é restrita às alegações de cumprimento da decisão ou do acordo, quitação ou prescrição da dívida.

COMENTÁRIOS

✪ **Nota do autor:** A defesa da parte devedora, na fase de execução trabalhista, é bastante restrita e sujeita a prazos preclusivos. Com a ressalva da objeção de pré-executividade, que trata de nulidades absolutas ou graves vícios na constituição do título, só se admite insurgência do devedor após garantido o Juízo. A principal forma de defesa dá-se através da interposição de embargos à execução, tal como previsto no artigo 884 da CLT. O prazo para embargos à execução, pela parte executada, é de cinco dias, contados da garantia da execução ou da penhora de bens, cabendo igual prazo ao exequente para impugnação (artigo 884 da CLT). Importante lembrar que o prazo de embargos à execução, para a Fazenda Pública, é de 30 dias.

Certo: O executado não tem a possibilidade ampla ou irrestrita de alegações na fase de execução. Em razão do propósito de efetividade e duração razoável do processo, o artigo 884, § 1º da CLT limita a matéria de defesa do executado à alegação de cumprimento da decisão ou acordo, quitação ou prescrição da dívida (a questão está coincidente, portanto, com o texto celetista). Registramos, no entanto, que a doutrina vem entendendo que é aplicável, de forma subsidiária, no processo do trabalho, a abordagem das matérias de defesa na execução previstas no artigo 475-L do CPC/73 – correspondente ao atual artigo 525, § 1º e 927 do CPC/15.

41.2. Cabe às turmas do TST o julgamento do agravo de petição contra decisão em sede de execução de competência originária de tribunal regional do trabalho.

COMENTÁRIOS

✪ **Nota do autor:** O agravo de petição é o recurso próprio da execução. É cabível diante de decisões "definitivas" (posicionamento majoritário) na execução, já que as decisões interlocutórias trabalhistas são irrecorríveis (artigo 893, § 1º da CLT). É pressuposto específico do agravo de petição da delimitação da matéria recorrida (itens e valores objeto de discordância), para viabilizar a execução do incontroverso, já que tal recurso tem apenas efeito devolutivo (súmula 416, TST).

Errado: O artigo 897, "a" da CLT fixa expressamente o cabimento do agravo de petição diante de decisões de primeira instância ("do juiz ou presidente"). Assim, é um recurso próprio para atacar as decisões definitivas, na execução, proferidas em primeira instância. O seu destino é o TRT, que apreciará o inconformismo. Não é cabível, portanto, diante de decisões do TRT, em feitos de sua competência originária.

Direito Processual do Trabalho

Marcelo Chaim Chohfi

✦ DICAS (RESUMO)

1. PRINCÍPIOS, TEORIA GERAL DO DIREITO PROCESSUAL DO TRABALHO

São **princípios constitucionais aplicáveis ao processo do trabalho**:

- isonomia (art. 5º, caput, CRFB – paridade de armas);
- devido processo legal (art. 5º, XXXV, CRFB – que se desdobra no amplo acesso à justiça, juiz natural e contraditório);
- publicidade dos atos processuais (art. 5º, XXXV, CRFB);
- motivação das decisões (art. 93, IX, CRFB);
- assistência judiciária (art. 5º, LXXIV, CRFB);
- duplo grau de jurisdição (art. 5º, LV, CRFB);
- duração razoável do processo (art. 5º, LXXVIII, CRFB).

De outra parte, cumpre também destacar quais são os **princípios do direito processual comum aplicáveis ao processo do trabalho**:

<table>
<tr><td rowspan="11">princípios do direito processual comum aplicáveis ao processo do trabalho:</td><td>dispositivo (lide iniciada pelo interessado, art. 2º, CPC/15);</td></tr>
<tr><td>impulso oficial (art. 2º, CPC/15);</td></tr>
<tr><td>instrumentalidade (arts. 188 e 277, CPC/15);</td></tr>
<tr><td>impugnação específica (art. 341, CPC/15);</td></tr>
<tr><td>estabilização da lide (arts. 108 e 329, CPC/15);</td></tr>
<tr><td>eventualidade (art. 336, CPC/15);</td></tr>
<tr><td>preclusão (art. 278, CPC/15) – temporal, consumativa e lógica;</td></tr>
<tr><td>perpetuação da jurisdição (art. 43, CPC/15);</td></tr>
<tr><td>ônus da prova (art. 373, CPC/15);</td></tr>
<tr><td>lealdade processual (art. 79 e segs., CPC/15)</td></tr>
</table>

Em relação ao princípio da identidade física do Juiz, é importante lembrar que, no ano de 2012, foi cancelada a súmula 136 do TST, que fixava a inaplicabilidade de tal princípio no âmbito trabalhista. Assim, a conclusão que hoje podemos adotar é de sua necessária observância no âmbito processual da Justiça do Trabalho.

No que se refere ao princípio da preclusão, não é demais também rememorar as suas respectivas espécies, reconhecidas de forma ampla de doutrina e, também, pela jurisprudência trabalhista:

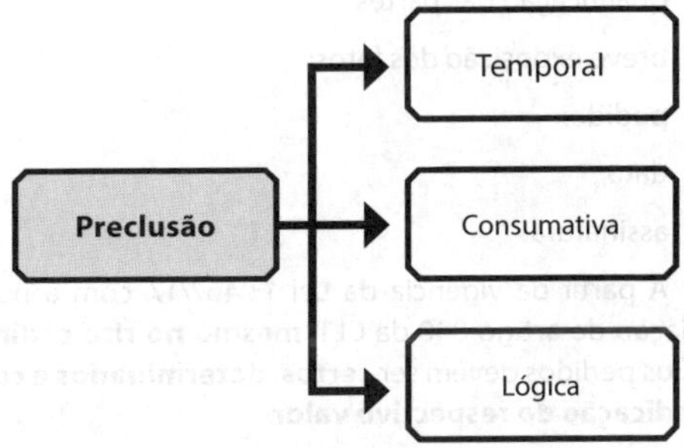

Quanto aos **princípios próprios do direito processual do trabalho**, dentre os apontados pela doutrina, destacamos os seguintes:

- Proteção, que pode ser verificada em previsões processuais expressas na lei, que atribuem maiores vantagens ao empregado. Por exemplo, quando o reclamante não comparece à audiência inicial ou una designada, promove-se o arquivamento do feito, ao passo que a ausência da reclamada na mesma audiência, acarreta-lhe a revelia (artigo 844 da CLT). Outro exemplo pode ser encontrado na exigência de comprovação do depósito recursal, como requisito de admissibilidade do recurso da reclamada (artigo 899, § 4º da CLT), também não exigido do reclamante.
- Informalidade e simplicidade.
- Oralidade.
- Irrecorribilidade das decisões interlocutórias (artigo 893, § 1º da CLT).
- Busca da verdade real, o que justifica a concessão legal de amplos poderes ao Juiz do Trabalho na direção do processo, conforme artigo 765 da CLT.
- Conciliação.

O processo do trabalho, como já pontuado acima, pauta-se por normas processuais simples e informais (**princípios da simplicidade e da informalidade**), voltadas a garantir um maior acesso da parte, que pode estar em Juízo desacompanhada de advogado, usando do **jus postulandi** previsto no artigo 791 da CLT.

Nesta linha de informalidade e simplicidade, temos que a reclamação trabalhista pode ser verbal (naturalmente reduzida a termo pelo serventuário responsável) ou escrita.

Segundo artigo 786 da CLT, após a distribuição, o reclamante tem prazo de cinco dias para comparecimento ao cartório ou secretaria, visando que se deduza a termo sua postulação.

A **petição inicial deve observar os singelos requisitos do artigo 840 da CLT**:

- endereçamento;
- qualificação das partes;
- breve exposição dos fatos;
- pedido;
- data;
- assinatura.

A partir da vigência da Lei 13.467/17, com a nova redação do artigo 840 da CLT, **mesmo no rito ordinário**, os pedidos devem ser **certos, determinados e com a indicação do respectivo valor**.

Não há exigência, na CLT, sequer para que a inicial tenha fundamentação jurídica. Aplica-se, de forma subsidiária, o artigo 319 do CPC/15, em relação ao valor da causa, por exemplo, até porque é essencial para fixação do rito e da alçada.

Reduzida a inicial a termo, a parte reclamada será citada, sendo-lhe garantido um **prazo mínimo de 5 dias para defesa** (artigo 841 da CLT).

O processo do trabalho utiliza-se com frequência da **notificação postal**, inclusive para a citação inicial. Neste caso, não há aviso ou confirmação de recebimento juntada aos autos e prevalece a **impessoalidade em relação ao destinatário**, já que não importa saber se quem recebeu a notificação, no endereço do destinatário, tinha poderes para tanto (basta que se encaminhe para o correto endereço, para que o ato processual se aperfeiçoe).

Segundo súmula 16 do TST, **presume-se recebida a notificação 48 horas depois da postagem**. A presunção é apenas relativa e admite prova em contrário pelo destinatário.

A **regra de contagem de prazos**, do artigo 224 do CPC/15, é aplicável no processo do trabalho (exclusão do dia do começo e inclusão do dia do término). É importante distinguir o início do prazo (dia da ciência do ato pela parte) do início da contagem do prazo (dia sequencial a tal ciência, o primeiro do prazo), conforme sedimentado na súmula 1 do TST.

De acordo com a nova redação do artigo 775 da CLT (Lei 13.467/17), os prazos processuais trabalhistas passaram a ser **contados em dias úteis**, mantendo-se a regra de exclusão do dia do começo e inclusão do dia do vencimento.

Aplica-se, ao processo do trabalho, o disposto nos artigos 180 e 183 do CPC/15, que autorizam o **prazo em dobro para todas as manifestações da** Fazenda Pública ou o Ministério Público. É oportuno alertar que o CPC/15 modificou a regra anterior. Antes, no CPC/73, o artigo 188 previa o prazo em quádruplo para contestar e em dobro para recorrer, em relação à tais entes públicos. Agora, a partir da vigência do atual Estatuto Processual Civil, houve uma unificação do benefício para fixar o prazo em dobro para todas as suas manifestações processuais.

É através da **distribuição** que se determina a competência nas localidades em que há dois ou mais Juízos. Nos Tribunais também há distribuição dos feitos entre as turmas ou colegiados que o compõem. Com a distribuição, ocorre a **prevenção**, ou seja, o Juízo que recebe a demanda torna-se prevento para apreciá-la (artigo 43 do CPC/15).

O reclamante é penalizado com a **suspensão do direito de ação**, por seis meses, em duas hipóteses previstas nos artigos 731 e 732 da CLT:

- a primeira quando desrespeita o prazo de cinco dias para comparecimento em Juízo, após a distribuição de demanda verbal, para reduzir a termo sua postulação (artigo 786 da CLT);
- e a segunda quando dá causa, por duas vezes seguidas, ao arquivamento do feito, por não comparecimento à audiência inaugural (artigo 844 da CLT).

Em relação ao citado artigo 844 da CLT, também houve modificação com o advento da Lei 13.467/17, de forma específica para imputar ao reclamante, nos casos de arquivamento por ausência à primeira audiência, o pagamento das custas processuais, mesmo quando for beneficiário da justiça gratuita, salvo se comprovar, em 15 dias, algum "motivo legalmente justificável". O recolhimento das custas passou a ser condição para a propositura de nova demanda.

O gênero **defesa**, comporta as espécies:

DEFESA	▸ **Direta** (material)
	▸ **Indireta** (processual)

Na Justiça do trabalho, a defesa não é distribuída nem protocolada, mas sim apresentada em audiência una (única), em atenção ao **princípio da concentração de atos** típica do processo trabalhista.

A defesa direta diz respeito à própria pretensão do demandante; enquanto a indireta refere-se às questões processuais, tais como a ausência de pressupostos processuais ou condições da ação.

Apenas as **exceções de suspeição e impedimento** podem ser opostas, na Justiça do Trabalho, com **suspensão do andamento do feito**. As outras serão alegadas como matéria de defesa e não autorizam a suspensão referida. Regras fixadas no artigo 799 e parágrafos da CLT. É também oportuno lembrar que o CPC/15 disciplinou que a incompetência relativa seja alegada como **preliminar de defesa** (artigo 337, II) e não mais em peça apartada.

A partir da vigência da Lei 13.467/17, com a nova redação do artigo 800 e parágrafos da CLT, passou a ser possível a **apresentação da exceção de incompetência territorial antes da audiência, no prazo de 5 dias contados da notificação**, neste caso com suspensão do processo, notificação das partes e produção de provas necessárias para resolver o incidente, inclusive por carta precatória. Após a decisão sobre a exceção, o processo retomará seu curso, com designação da audiência e apresentação de defesa perante o Juízo competente.

A **compensação**, segundo o disposto no artigo 767 da CLT, só poderá ser arguida como matéria de defesa. Tal oportunidade única foi ratificada pela súmula 48 do TST.

É importante lembrar, também, que a compensação, na Justiça do Trabalho, está restrita a dívidas de natureza trabalhista (súmula 18 do TST).

Sobre as **custas processuais na fase de conhecimento**, não são adiantadas, mas pagas pelo vencido após o trânsito em julgado, ou em caso de recurso, no mesmo prazo de sua interposição.

Nos termos do artigo 789 da CLT, as custas processuais trabalhistas correspondem a 2% do valor da condenação ou, se não houver condenação (caso de improcedência, por exemplo), sobre o valor da causa. Com a Lei 13.467/17, o texto de tal dispositivo legal recebeu alteração, para limitar o valor das custas ao máximo de quatro vezes o valor do teto dos benefícios do regime geral da previdência social.

Há **isenção do pagamento de custas** para:

- os beneficiários da justiça gratuita;
- os entes mencionados no artigo 790-A da CLT (administração pública direta, autárquica ou fundacional, bem como o Ministério Público).

Já no que se refere à **prova testemunhal** no processo do trabalho, o artigo 829 da CLT não faz distinção entre suspeição e impedimento, fixando que a testemunha que for parente até terceiro grau civil, amigo íntimo ou inimigo de qualquer das partes, não prestará compromisso, valendo seu depoimento como simples informação. Daí a aplicação subsidiária das hipóteses de suspeição e impedimento do artigo 447 do CPC/15.

Conforme sedimentado pela súmula 357 do TST, **a testemunha não se torna suspeita pelo simples fato de litigar ou ter litigado contra o mesmo empregador**.

É importante ressalvar que tal suspeição vem sendo reconhecida quando se verificar a chamada "troca de favores", ou seja, quando ambos possuem processos diante do mesmo empregador e um serve de testemunha ao outro.

No caso de lacuna na legislação trabalhista, deve-se usar a **regra de integração fixada no artigo 769 da CLT.** Nos casos omissos o direito processual comum (CPC) será fonte subsidiária do direito processual do trabalho, exceto naquilo em que for incompatível com os preceitos próprios do processo do trabalho.

Diante da grande polêmica sobre quais dispositivos do CPC/15 seriam aplicáveis ao processo do trabalho, o E. TRT editou a Instrução Normativa 39/16, com indicação dos dispositivos aplicáveis ou não na seara processual laboral. Recomendamos a leitura. É importante também acompanhar o julgamento da ADI 5516 (STF), que discute a inconstitucionalidade da referida normativa.

Não é demais lembrar que, em relação ao direito material do trabalho, as omissões são sanadas por força do artigo 8º da CLT. Já quanto aos trâmites da execução, a regra de integração é verifica junto ao artigo 889 das CLT.

2. JURISDIÇÃO, COMPETÊNCIA E ORGANIZAÇÃO DA JUSTIÇA DO TRABALHO

Competência é a parcela de jurisdição autorizada a cada juiz ou tribunal. A **competência** pode ser fixada:

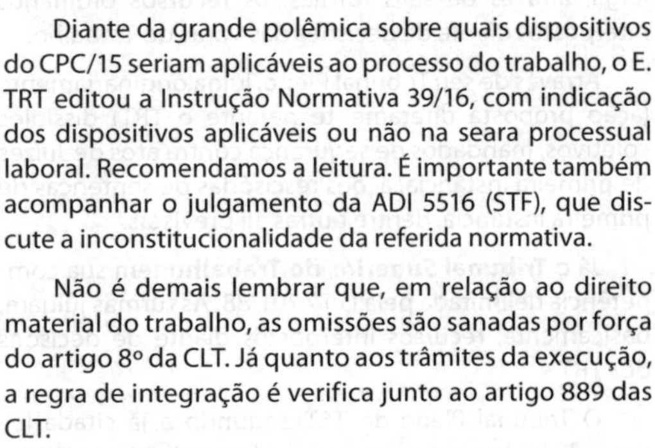

A **competência funcional** corresponde à parcela de jurisdição atribuída por lei a cada órgão daquela esfera do Judiciário. Em relação à Justiça do Trabalho, cada órgão que a compõe (artigo 111 da CRFB) tem sua competência específica.

Os artigos 652 e 653 delimitam a competência funcional das **Varas do Trabalho** (órgãos de primeira instância trabalhista).

Em linhas gerais, julgam as ações e reclamações trabalhistas movidas por trabalhadores em geral (empregados ou não) e seus tomadores de serviços (empregadores ou não), podendo fixar multas e demais penalidades relacionadas aos atos de sua competência.

A Lei 13.467/17 inseriu o inciso "f" no artigo 652 da CLT, para acrescentar às Varas do Trabalho a competência para "decidir quanto á **homologação de acordo extrajudicial** em matéria de competência da Justiça do Trabalho". Referido procedimento de jurisdição voluntária está regulamentado, de forma mais detalhada, nos artigos 855-B a 855-E da CLT.

O **Tribunal Regional do Trabalho**, segundo competência funcional atribuída pelo artigo 678 da CLT, julga, através de suas turmas, os recursos ordinários interpostos diante de decisões das Varas do Trabalho.

Através de seu Tribunal Pleno, julga originariamente (ação proposta diretamente perante o TRT) dissídios coletivos, mandados de segurança contra atos de Juízes de primeira instância, ações rescisórias de sentenças de primeira instância, dentre outras ali previstas.

Já o **Tribunal Superior do Trabalho** tem sua competência delimitada pela Lei 7.701/88. As turmas julgam, basicamente, recursos interpostos diante de decisões dos TRT's.

O Tribunal Pleno do TST, segundo a já citada lei, ficou dividido em Seção de Dissídios Individuais (SDI) e Seção de Dissídios Coletivos. O TST tem, dentre suas atribuições, a uniformização da jurisprudência trabalhista. Daí porque o grande número de súmulas, Orientações Jurisprudenciais e Precedentes que edita.

A competência fixada para a Justiça do Trabalho pelo **artigo 114 da CRFB** (redação dada pela EC 45/04) segue critérios relacionados à matéria e, também à pessoa do litigante.

Em relação a **competência em razão da pessoa**, a justiça trabalhista julga demandas que envolvem os trabalhadores em geral (empregados ou não), empregadores, tomadores de serviços, entes de direito público externo, administração pública direta e indireta, sindicatos e o Ministério Público do Trabalho.

Em relação aos entes públicos, por força de liminar concedida na ADIN 3.395-6, o E. STF deu interpretação conforme a constituição ao inciso I do artigo 114 da Lei Maior, para excluir qualquer possibilidade de se abarcar, na Justiça do Trabalho, lides envolvendo o poder público e seus servidores, assim entendidos os vinculados por típica relação de ordem estatutária ou de caráter jurídico-administrativo.

A **competência material da Justiça do Trabalho** está sintetizada no artigo 114 da CRFB e respectivos incisos. A nova redação dada pela EC 45/04 (Reforma do Judiciário) ampliou tal competência. Assim, na redação anterior, o Judiciário Trabalhista julgava basicamente relações de emprego, salvo raras exceções. Na atual redação, passou a julgar as relações de trabalho em geral, envolvendo empregados celetistas típicos, autônomos, eventuais, dentre outros.

Estão também abarcadas pela competência material da Justiça do Trabalho as seguintes matérias:

- ações que envolvam direito de greve;
- ações envolvendo sindicatos (com outros sindicatos, com empresas ou com trabalhadores);
- mandados de segurança, habeas corpus ou habeas data relacionados a matéria trabalhista;
- conflitos de competência entre órgãos trabalhistas;
- ações de indenização por danos patrimoniais e morais;
- ações relativas às penalidades administrativas;
- execução das contribuições previdenciárias das sentenças que proferir.

Em relação às ações indenizatórias já distribuídas perante a Justiça Comum, antes da promulgação da EC 45/04, o STF reconheceu, através da **Súmula Vinculante 22**, que também são da competência da Justiça do Trabalho, desde que não possuam sentenças de mérito em primeiro grau já proferidas.

Sobre as **contribuições previdenciárias**, a competência da justiça do trabalho está limitada às **sentenças condenatórias que proferir** (não abrange o período de mera declaração de vínculo de emprego), conforme súmula 368 do TST.

A **competência territorial** (local onde deve ser proposta a ação) é fixada pelo artigo 651 da CLT. A regra geral é que a ação deve ser proposta no lugar onde houve a prestação dos serviços, ainda que a contratação tenha ocorrido em outro local.

No caso do **viajante comercial**, a competência será da Vara do Trabalho em que a empresa tenha agência ou filial e que, a esta, o trabalhador esteja subordinado. Na falta, será competente a Vara do Trabalho do domicílio do trabalhador.

Na Justiça do Trabalho não se admite o foro de eleição (artigo 63 do CPC/15), que é a opção previamente contratada pelas partes, do local onde irão propor eventual ação acerca de eventual divergência sobre o contrato.

Competência absoluta é a que não se prorroga, deve ser reconhecida pelo Juiz ou Tribunal de ofício, independentemente de provocação das partes e, também, a qualquer tempo (antes do trânsito em julgado). São absolutas as competências em razão da função, da pessoa e da matéria.

A **competência relativa** é a que pode se prorrogar, caso não arguida de forma tempestiva e adequada pela parte interessada. O Juiz ou Tribunal não pode reconhecer eventual incompetência relativa de ofício. É o que ocorre com a competência em razão do lugar.

As hipóteses de **modificação da competência** relativa fixadas no artigo 54 do CPC/15 (**conexão e continência**) são plenamente aplicáveis à Justiça do Trabalho, de forma subsidiária.

Nos termos do artigo 55 do CPC/15, são conexas duas ações quando lhes for comum o objeto ou a causa de pedir. O artigo 56 do CPC/16 fixa que a continência ocorre quando há identidade de partes e causa de pedir, mas o objeto de uma ação é mais amplo e abrange o das outras.

Em caso de **conflito de competência**, dois dispositivos básicos são de necessária assimilação pelo candidato. São os artigos 105, *d* e 114, V da Constituição Federal, que tratam, respectivamente, da competência do STJ e da Justiça do Trabalho para a solução de conflitos de competência.

Os conflitos de competência, entre órgãos **com jurisdição trabalhista**, são dirimidos diretamente pela Justiça do Trabalho, conforme artigo 114, V da Constituição Federal. Lembre-se que o juiz de direito, quando atua excepcionalmente na seara trabalhista (nas localidades onde ainda não há Vara do Trabalho instalada), exerce a jurisdição trabalhista.

De outra parte, o STJ é competente para a solução de conflitos entre órgãos de **jurisdições diversas**, conforme disciplina o artigo 105, *d* da Constituição Federal. Assim, o STJ será competente para dirimir conflito entre um juiz do trabalho e um juiz de direito (desde que este esteja atuando em sua competência típica).

3. PARTES E PROCURADORES

Cumpre, em primeiro lugar, lembrar do instituto do **jus postulandi**, previsto no artigo 791 da CLT, que autoriza a postulação judicial diretamente pela parte, sem a constituição de advogado.

O *jus postulandi* está restrito à tramitação do feito junto às Varas do Trabalho e Tribunais Regionais do Trabalho, conforme súmula 425 do TST.

Foram também expressamente excluídos do alcance do *jus postulandi*, as ações rescisórias, cautelares, os mandados de segurança e os recursos de competência do TST. A limitação é bastante razoável, já que para tais ações e recursos é necessário o preenchimento de pressupostos processuais específicos, de necessário manejo por profissional do direito habilitado.

As discussões atreladas à constituição dos advogados das partes nos autos ganha relevância, na jurisprudência, na medida em que a sobreposição de procurações e substabelecimentos acarreta discussão acerca de eventual revogação de poderes e regularidade das intimações de despachos e decisões em nome destes.

Além disso, a **regularidade da representação do advogado** subscritor de um recurso pode interferir no conhecimento do próprio apelo (já que é pressuposto extrínseco de admissibilidade recursal).

Se a parte juntou nova procuração nos autos, para patrono diverso daquele anteriormente constituído, sem a ressalva quanto aos poderes conferidos ao antigo patronal, entende-se por tacitamente revogado o mandato anterior. Trata-se de hipótese sedimentada pela OJ 349 da SDI-1 do TST.

Em relação à tutela do menor de 18 anos na justiça do trabalho, a intenção da legislação trabalhista foi garantir um rol amplo de legitimados. Assim, o artigo 793 da CLT autorizou que a reclamação trabalhista do menor seja feita por seus representantes legais e, na falta destes, pela Procuradoria da Justiça do Trabalho (Ministério Público do Trabalho), pelo sindicato, pelo Ministério Público Estadual ou curador nomeado em Juízo.

4. RITOS DO PROCESSO DO TRABALHO E INCIDENTES

As regras processuais trabalhistas modificam-se de acordo o rito e com a espécie de ação.

O processo do trabalho contempla, hoje, três ritos básicos, quais sejam:

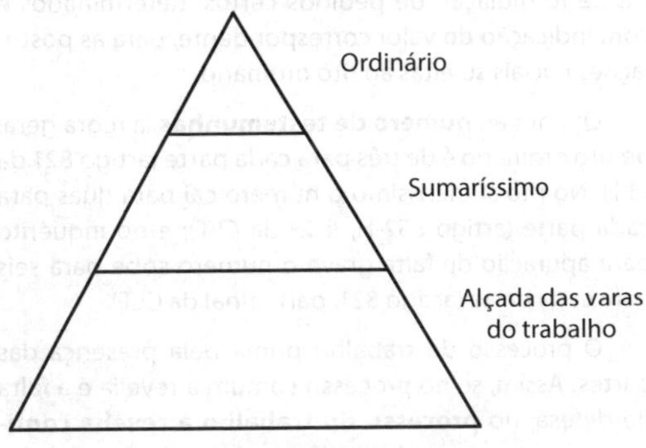

Os ritos especiais previstos na legislação processual também devem ser observados, no âmbito da Justiça do Trabalho, prevalecendo diante dos procedimentos já citados. Tal entendimento já foi sedimentado pela Instrução Normativa 27/05 do TST, que exemplifica, dentre as ações de rito especial, as seguintes:

- mandado de segurança;
- habeas corpus;
- habeas data;
- ação rescisória;
- ação cautelar; e
- ação de consignação em pagamento.

Já as causas com valor não excedente a dois salários mínimos vigentes na sede do Juízo, não caberá recurso (**ações de alçada da Vara do Trabalho**), salvo em matéria constitucional, conforme artigo 2º e parágrafos da Lei 5.584/70.

De igual modo, as causas com valor até 40 salários mínimos, sujeitam-se ao rito sumaríssimo previsto nos artigos 852-A e seguintes da CLT.

O **rito sumaríssimo** tem as seguintes características:

- comporta demandas com valor da causa não superior a 40 salários mínimos;
- não admite causas envolvendo administração pública direta, autárquica e fundacional;
- o pedido deverá ser certo ou determinado e indicará o valor correspondente;
- não é cabível citação por edital;
- número de testemunhas reduzido (duas para cada parte);
- exige-se prova do convite da testemunha ausente, para a redesignação da audiência e o deferimento da intimação pelo Juízo;
- decisões dispensam o relatório.

Oportuno lembrar que a nova redação do artigo 840 da CLT, dada pela Lei 13.467/17, estendeu a exigência de formulação de pedidos certos, determinados e com indicação do valor correspondente, para as postulações iniciais sujeitas ao rito ordinário.

Quanto ao **número de testemunhas**, a regra geral do rito ordinário é de três para cada parte (artigo 821 da CLT). No rito sumaríssimo o número cai para duas para cada parte (artigo 852-H, § 2º da CLT); e no inquérito para apuração de falta grave o número sobe para seis para cada parte (artigo 821, parte final da CLT).

O processo do trabalho prima pela presença das partes. Assim, se no processo comum a revelia é a falta de defesa; no **processo do trabalho a revelia configura-se com a ausência da reclamada à primeira audiência** (artigo 844 da CLT). A partir da vigência da Lei 13.467/17, com a nova redação do artigo 844 e parágrafos da CLT, verificada a ausência da parte reclamada ou de seu preposto, se o advogado da parte revel estiver presente, a defesa deverá ser recebida, juntamente com os respectivos documentos.

A revelia é elidida apenas mediante apresentação de atestado médico, com expressa declaração de impossibilidade de locomoção do empregador ou de seu preposto no dia da audiência. Trata-se de entendimento cristalizado na súmula 122 do TST.

A **revelia na ação rescisória** não produz o efeito da confissão na ação rescisória, conforme já pacificado pela súmula 398 do TST, já que há interesse público em se desconstituir um ato oficial do Estado possivelmente viciado.

Ocorre o **arquivamento da ação** quando o reclamante que não comparece à primeira audiência designada (artigo 844 da CLT). Com o advento da Lei 13.467/17, as custas de arquivamento serão arcadas pelo autor, mesmo quando se tratar beneficiário da justiça gratuita, salvo justificativa legal da ausência, apresentada no prazo de 15 dias. O dispositivo é de duvidosa constitucionalidade, em razão da limitação do acesso à justiça aos hipossuficientes e, também, da aparente discriminação do trabalhador em Juízo.

Diante dos **princípios da oralidade e da concentração de atos em audiência**, a legislação trabalhista traz previsões de prazos em minutos, para a defesa ou manifestação oral das partes.

Segundo o artigo 847 da CLT, se não houver acordo, o reclamado terá **20 minutos para a apresentação de defesa oral**, após a leitura da reclamação, quando esta não for dispensada por ambas as partes. Pode, também, apresentar defesa escrita, no sistema do processo eletrônico, até a audiência (Lei 13.467/17).

O prazo de **10 minutos para razões finais pelas partes**, também de forma oral e em audiência, está previsto no artigo 850 da CLT.

5. NULIDADES NO PROCESSO DO TRABALHO

A **teoria das nulidades**, no processo do trabalho, deve ser analisada em consonância com os princípios da simplicidade, informalidade e instrumentalidade das formas. A disciplina do tema, na CLT, está nos artigos 794 a 798.

Em síntese, a declaração de nulidade deverá ultrapassar os seguintes filtros:

- do "prejuízo" (ou da transcendência);
- da "preclusão" (arguição em primeira oportunidade, daí os "protestos" cristalizados de forma consuetudinária);
- da possibilidade de "convalidação" dos atos viciados (naturalmente que apenas em casos de nulidades relativas).

É natural, contudo, que **nulidades absolutas** sejam declaradas de ofício, por se tratarem de matéria de ordem pública, não sujeitas à preclusão ou à necessidade de provocação pelas partes.

A arguição de nulidade por quem lhe tiver dado causa também não será pronunciada pelo Juízo (artigo 796, *b* da CLT). Trata-se de regra voltada a preservar o princípio da boa-fé (ou da lealdade, no âmbito processual), evitando-se que a parte beneficie-se de sua própria torpeza.

6. COMISSÃO DE CONCILIAÇÃO PRÉVIA

As comissões de conciliação prévia foram introduzidas no ordenamento jurídico trabalhista através da Lei 9.958/00, que incluiu os artigos 625-A a 625-H da CLT.

A CCP terá, necessariamente, **composição paritária**, com representantes patronais e da categoria profissional (artigo 625-A da CLT). Pode ser constituída **por grupos de empresas**, ou mesmo ter **caráter intersindical**.

No âmbito da empresa, a comissão terá no mínimo dois membros e, no máximo, dez membros. Metade será indicada pelo empregador e a outra metade será eleita pelos empregados.

O **mandato dos membros**, titulares e suplentes, será de um ano, permitida uma recondução. Em relação aos representantes eleitos pelos empregados, possuem **garantia de emprego até um no após o final do mandato**.

Já a CCP intersindical terá sua constituição e normas de funcionamento definidas em **convenção ou acordo coletivo de trabalho**.

É bom lembrar que o STF, em interpretação dada ao artigo 625-D da CLT, pacificou entendimento de que **não há obrigatoriedade de submissão obrigatória da demanda à CCP**, como requisito essencial para interposição da ação judicial.

7. SENTENÇA E COISA JULGADA

A **coisa julgada** representa uma garantia fundamental do artigo 7º, XXXVI da Constituição Federal. Possui relação com o instituto da segurança jurídica.

A definição de coisa julgada foi dada pelo artigo 6º § 3º da LINDB: "chama-se coisa julgada ou caso julgado a decisão judicial de que já não caiba recurso".

A coisa julgada está classificada da seguinte maneira:

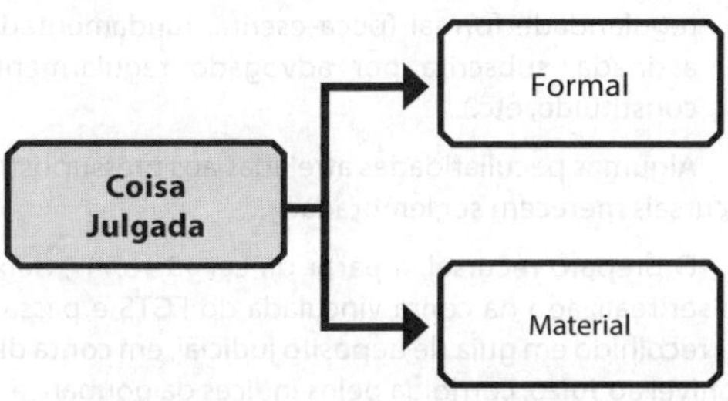

A coisa julgada formal reflete o esgotamento da possibilidade de interposição de recursos e, por via de consequência, a imutabilidade daquela decisão, dentro do mesmo feito.

Por outro lado, segundo conceituação legal dada pelo artigo 502 do CPC/15: "Denomina-se coisa julgada material a autoridade que torna imutável e indiscutível a decisão de mérito, não mais sujeita a recurso ordinário."

São **sentenças terminativas**, as que produzem apenas coisa julgada formal. Suas hipóteses estão enumeradas no artigo 485 do CPC/15.

Denominam-se, por outro prisma, **sentenças definitivas**, as que analisam o mérito da causa e que produzem a coisa julgada material. Suas hipóteses estão fixadas no artigo 487 do CPC/15.

Há, ainda, uma terceira classificação, das chamadas **sentenças determinativas**, que normalmente contemplam uma situação jurídica continuativa, que se prolonga no tempo e que está sujeita a modificações (tanto fáticas, quanto de direito). Neste caso, a parte poderá pedir a revisão do que foi estatuído na sentença (artigo 505 do CPC/15).

São exemplos de sentenças determinativas, que autorizam, em tese, ação revisional na Justiça do Trabalho:

- condenação em adicional de insalubridade ou periculosidade com vínculo ainda vigente;
- condenação em pensionamento por lesão acidentária;
- dissídios coletivos de natureza econômica.

É importante destacar o dispositivo celetista que trouxe hipótese de **relativização da coisa julgada**. Trata-se do artigo 884, § 5º da CLT, segundo o qual considera-se inexigível o título judicial fundado em lei ou ato normativo declarado inconstitucional pelo STF, ou em aplicação ou interpretação tidas por incompatíveis com a Constituição Federal.

A **decisão homologatória de acordo judicial** faz coisa julgada material imediata para as partes, salvo para a previdência social (artigo 831, § único da CLT).

Importante lembrar que o TST, através da súmula 418, já sedimentou entendimento de que **a parte não tem direito líquido e certo à homologação do acordo**, já que se trata de uma prerrogativa do Juiz a decisão homologatória (ou não) da avença. Não cabe mandado de segurança, nesta hipótese.

Cumpre reiterar que, com a Lei 13.467/17, foram introduzidos os artigos 855-B a 855-E, que regulamentaram o processo de jurisdição voluntária para homologação de acordo extrajudicial, inclusive com suspensão do prazo prescricional a partir da apresentação da petição de acordo.

As **decisões interlocutórias trabalhistas são irrecorríveis** de imediato (artigo 893, § 1º da CLT).

A **ação rescisória** é cabível no âmbito da Justiça do Trabalho, nos termos do artigo 836 da CLT. Trata-se de ação de competência originária dos Tribunais (normalmente TRT), que visa desconstituir a decisão de mérito com trânsito em julgado.

Não é recurso, mas ação de conhecimento, autônoma, de natureza constitutiva negativa (da coisa julgada material).

Não cabe ação rescisória diante de sentenças terminativas, que extinguem o processo sem resolução de mérito (OJ 150, SDI-II, TST).

O depósito prévio de 20% é exigência expressa do artigo 836 da CLT para a interposição da ação rescisória, porém "salvo prova de miserabilidade jurídica do autor".

8. RECURSOS TRABALHISTAS

A previsão recursal atende ao **princípio do duplo grau de jurisdição**, que está implícito no artigo 5º, LV da Constituição Federal.

Deve-se observar, no estudo dos recursos, o **princípio da taxatividade**, segundo o qual apenas os recursos previstos na CLT podem ser utilizados pelas partes. São eles:

- recurso ordinário;
- recurso de revista;
- embargos para o TST;
- agravo de instrumento;
- agravo de petição;
- embargos de declaração (neste ponto, há divergência doutrinária sobre ser recurso, ou não);
- agravo regimental;
- pedido de revisão de valor atribuído à causa (artigo 2º, § 1º da Lei 5.584/70).

Além disso, a doutrina também admite o **princípio da unirrecorribilidade**, que nos remete ao cabimento de apenas recurso para cada decisão. Cumpre lembrar que a exceção a tal princípio, em esfera especial – recursos extraordinário e especial – não é aplicável na seara trabalhista.

Também é relacionado como princípio próprio dos recursos, o da **remessa obrigatória.** Trata-se do recurso de ofício, previsto no artigo 496 do CPC/15.

Por fim, o princípio da **irrecorribilidade imediata das decisões interlocutórias**, previsto no artigo 893, § 1º da CLT, que é um dos mais questionados em provas objetivas de concursos. Há decisões interlocutórias tratadas de forma excepcional (ou seja, que autorizam recurso ordinário imediato), devidamente especificadas na súmula 214 do TST, quais sejam: a) de Tribunal Regional do Trabalho contrária à Súmula ou Orientação Jurisprudencial do Tribunal Superior do Trabalho; b) suscetível de impugnação mediante recurso para o mesmo Tribunal; c) que acolhe exceção de incompetência territorial, com a remessa dos autos para Tribunal Regional distinto daquele a que se vincula o juízo excepcionado, consoante o disposto no art. 799, § 2º, da CLT. Em relação aos efeitos dos recursos trabalhistas, o artigo 899 da CLT fixa, como regra, apenas a observância do **efeito devolutivo**.

Lembre-se que o recurso ordinário possui o chamado **efeito devolutivo em profundidade** (artigo 1013, § 1º do CPC/15).

Para que se outorgue efeito suspensivo aos recursos trabalhistas, deve a parte valer-se de tutela cautelar, direcionada ao Tribunal de destino do recurso ajuizado (aplicação subsidiária do artigo 1.029, § 5º do CPC/15, conforme súmula 414 do TST).

Também é importante o estudo dos pressupostos de admissibilidade recursal. Em síntese, podem ser assim classificados:

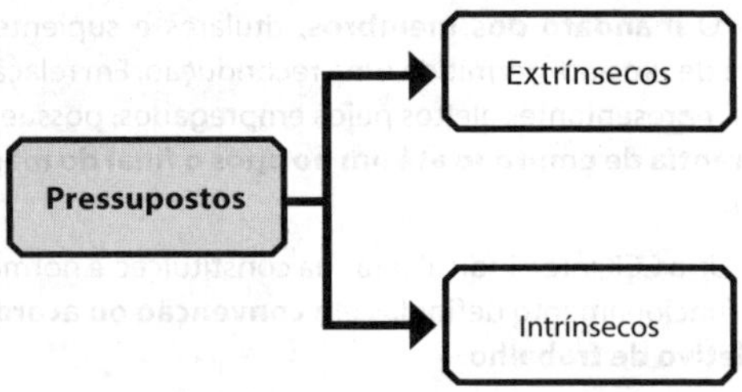

Os **pressupostos intrínsecos de admissibilidade recursal** são:

- cabimento (adequação do recurso à decisão recorrida);
- legitimidade (partes, terceiros que integraram a lide, MPT);
- interesse (necessidade ou utilidade do recurso).

Os **pressupostos extrínsecos de admissibilidade recursal** são:

- tempestividade (a regra geral é o prazo de oito dias, unificado pela Lei 5.584/70);
- preparo (custas equivalentes a 2% sobre o valor da condenação ou, se inexistente esta, sobre o valor da causa, além do depósito recursal);
- regularidade formal (peça escrita, fundamentada, assinada, subscrita por advogado regularmente constituído, etc.).

Algumas peculiaridades atreladas aos pressupostos recursais merecem ser lembradas:

O preparo recursal, a partir da Lei 13.467/17, deixa de ser realizado na conta vinculada do FGTS e passa a ser recolhido em guia de depósito judicial, em conta disponível ao Juízo, corrigida pelos índices da poupança. A mesma lei também determinou a redução pela metade do valor do depósito recursal para as empresas sem fim lucrativos, empregadores domésticos, microempreendedores individuais, micro e pequenas empresas. Tornou isentos do depósito recursal os beneficiários da justiça gratuita, as entidades filantrópicas e as empresas em recuperação judicial. Autorizou a substituição do depósito recursal por fiança bancária ou seguro garantia judicial (artigo 899, §s 4º, 9º, 10 e 11). Em relação às custas, a reforma trabalhista fixou limite máximo equivalente a quatro vezes o valor do teto dos benefícios do regime geral da previdência social (artigo 789 da CLT).

Os **prazos recursais trabalhistas** foram unificados em oito dias pela Lei 5.584/70.

Em razão de previsão específica – e também por não se tratarem de recursos típicos trabalhistas – os prazos de embargos de declaração e recurso extraordinário são de 5 e 15 dias, respectivamente.

A jurisprudência chamou de "**recurso prematuro**" aquele interposto antes da publicação da decisão ou acórdão impugnado. A discussão é relevante, pois o não conhecimento do recurso (por considerá-lo extemporâneo) implica também na não interrupção do prazo recursal respectivo, ou seja, quando a parte recebe a decisão de não conhecimento de seu apelo extemporâneo, não tem devolvido o prazo para novo recurso. A matéria estava sedimentada na súmula 434 do TST, que incorporou a ex-OJ 357 da SDI-I do mesmo Tribunal. Tal verbete foi recentemente cancelado pelo E. TST.

No caso de **reclamadas condenadas de forma solidária**, o depósito recursal de uma aproveitará à outra, desde que a empresa que efetuou o depósito não pleiteie sua exclusão da lide (súmula 128, III do TST). A situação é facilmente compreensível, pois se a depositante tiver acolhido seu pleito de exclusão da lide, a litisconsorte passiva que não realizou o depósito, terá se beneficiado, indevidamente, da oportunidade recursal.

Vejamos, então, os recursos trabalhistas, um a um:

O **recurso ordinário** (artigo 895 da CLT) é o cabível diante da primeira decisão definitiva ou terminativa do feito. Se o feito teve início em primeira instância, será cabível diante da sentença ao final proferida, remetendo-se os autos ao TRT respectivo. Se o feito foi distribuído diretamente no TRT (competência originária), será cabível diante da decisão colegiada proferida ao final, remetendo-se os autos ao TST.

Após o julgamento do recurso ordinário, o respectivo acórdão regional pode ser objeto de **recurso de revista** (artigo 896 da CLT), que pedirá a reanálise da matéria de direito perante uma das turmas do TST (não cabe revolvimento fático-probatório – súmula 126 do TST).

O recurso de revista, previsto no artigo 896 da CLT, tem função básica de uniformização da jurisprudência e, também, de preservação da lei (legislação federal e Constituição Federal).

Quando o fundamento da revista é a divergência jurisprudencial, cabe à parte recorrente a demonstração do entendimento diverso de outro TRT ou do TST. No caso de decisão divergente do TRT, pode ser de seu Pleno ou Turma. No caso de divergência diante de decisão do TST, está restrita às de sua SDI ou mesmo súmula do referido Tribunal. Não serve, para o fim aqui analisado, a divergência diante de acórdão de Turmas do TST (artigo 896, "a" da CLT).

A **transcendência**, como requisito específico de admissibilidade do recurso de revista, teve seus parâmetros regulamentados nos §s 1º a 6º do artigo 896-A da CLT (incluídos pela Lei 13.467/17). Assim, dentre outros fatores, são indicadores de transcendência: **econômica**, o elevado valor da causa; **política**, o desrespeito da instância recorrida à jurisprudência sumulada do Tribunal Superior do Trabalho ou do Supremo Tribunal Federal; **social**, a postulação, por reclamante-recorrente, de direito social constitucionalmente assegurado; e **jurídica**, a existência de questão nova em torno da interpretação da legislação trabalhista.

O **recurso de embargos**, previsto no artigo 894 da CLT, tem tramitação horizontal, dentro do próprio TST. Assim, diante de decisões colegiadas de suas Turmas, a parte pode, em hipóteses de cabimento específicas, recorrer ao Pleno (de foram específica para a Subseção competente).

A doutrina divide as hipóteses de cabimento em:

a) "embargos de infringência" (decisão não unânime proferida em dissídio coletivo de competência originária do TST);

b) "embargos de divergência" (decisões dissonantes de uma de suas turmas, em relação à de outra turma ou da própria SDI);

A lei 11.496/07 suprimiu a parte final, da alínea "b", do inciso III, do artigo 3º, da Lei 7.701/88, que previa os chamados "embargos de nulidade" (fundamentados em ofensa à Lei Federal ou à Constituição Federal).

É plenamente possível que, por **decisão monocrática**, valendo-se da prerrogativa do artigo 932, III do CPC/15, o relator negue seguimento ao recurso de Embargos, quando for manifestamente inadmissível (por exemplo, quando a decisão recorrida está em consonância com súmula ou OJ do TST). Tal possibilidade de decisão monocrática foi incluída, na CLT, pela Lei 13.467/17 (§ 14 do artigo 896). Neste caso, o recurso cabível diante da decisão monocrática do relator, é o **agravo interno** (artigo 1021 do CPC/15), que tem como objetivo obter o julgamento colegiado obstado. Segundo disciplinado pela IN 39/16 do TST, o artigo 1021 do CPC/15 é aplicável ao processo do trabalho, salvo quanto ao seu prazo.

O **agravo de instrumento** (artigo 897, "b" da CLT) é o recurso cabível para atacar a decisão, em sede de primeiro juízo de admissibilidade, que denega seguimento a recurso, autorizando sua reforma junto à instância superior. Com a Lei 12.275/10, foi acrescentado o parágrafo 7º ao artigo 899 da CLT, passando a ser obrigatório, quando da interposição do agravo de instrumento, o depósito recursal equivalente a 50% do valor do depósito do recurso que se pretende destrancar. Tal comprovação passou também a constar do rol de peças obrigatórias do agravo de instrumento (artigo 897, § 5º, I da CLT).

O **agravo de petição** (artigo 897, "a" da CLT) é o recurso cabível diante das decisões do juiz na execução. A especificação dos itens e valores objetos de discordância é pressuposto para o conhecimento do agravo de petição, até para que se viabilize a execução imediata da parcela da dívida que não está controvertida. Matéria já sedimentada pela súmula 416 do TST.

O **recurso adesivo** é compatível com o processo do trabalho, seguindo o prazo recursal unificado de oito dias, nas hipóteses de interposição de recurso ordinário, agravo de petição, recurso de revista e de embargos. Não há exigência de compatibilidade da matéria, em relação ao recurso principal (súmula 283, TST).

Os **embargos de declaração**, na Justiça do Trabalho, estão regulamentados no artigo 897-A da CLT. O prazo de interposição é de cinco dias.

É possível que o julgamento dos embargos declaratórios proporcione efeito modificativo no julgado, hipótese em que deverá ser respeitado o contraditório, no prazo de 5 dias, antes do julgamento de tal medida (artigo 897-A, § 2º da CLT e OJ 142 da SDI-1 do TST).

O **efeito modificativo na decisão embargada** é plenamente possível, conforme já sedimentado pela súmula 278 do TST. É que, a depender da natureza do vício sanado, bem como da matéria ali apreciada, o resultado antes proclamado pode ser outro, após o julgamento dos embargos e do saneamento do vício.

O **erro material** pode ser sanado a qualquer tempo, inclusive de ofício pelo Juízo. Porém, também poderá ser objeto de embargos de declaração das partes, conforme prerrogativa expressamente garantida no parágrafo único do artigo 897-A da CLT.

Os **embargos de declaração de prequestionamento** estão regulamentados pela súmula 297 do TST. Assim, a parte pode pedir, através de embargos declaratórios, que o Tribunal se pronuncie explicitamente sobre a tese de direito sustentada em seu recurso. Lembre-se que o prequestionamento é pressuposto específico dos recursos de natureza extraordinária (que veiculam apenas questões de direito, perante os Tribunais Superiores).

Em que pese a regra do artigo 489 do CPC/15, sobre a chamada "fundamentação exauriente", é comum que as decisões judiciais não rebatam, um a um, os argumentos recursais da parte. Assim, também é natural que esta solicite o pronunciamento específico acerca da tese de direito que pretende discutir em instâncias superiores (TST ou STF). Não é adequado o prequestionamento diante de sentenças de primeira instância, diante do efeito devolutivo em profundidade que é próprio do recurso ordinário.

O **mandado de segurança** não é recurso, mas sim ação regulamentado pela Lei 12.016/09. É de ampla utilização da Justiça do Trabalho, na maioria das vezes como meio de resguardar direito líquido e certo da parte, afrontado em decisões interlocutórias dos juízes (lembre-se, irrecorríveis de imediato – artigo 893, § 1º da CLT).

A remessa obrigatória, também na Justiça do Trabalho, segue os parâmetros do artigo 496 do CPC/15. O TST, através de sua súmula 303, ratificou a aplicação do duplo grau de jurisdição obrigatório nas decisões contrárias à Fazenda Pública. É importante observar os novos limites para a inaplicabilidade do citado duplo grau obrigatório, trazidos pelo CPC/15 e que constam da recente redação do citado verbete do TST: "I – Em dissídio individual, está sujeita ao reexame necessário, mesmo na vigência da Constituição Federal de 1988, decisão contrária à Fazenda Pública, salvo quando a condenação não ultrapassar o valor correspondente a: a) 1.000 (mil) salários mínimos para a União e as respectivas autarquias e fundações de direito público; b) 500 (quinhentos) salários mínimos para os Estados, o Distrito Federal, as respectivas autarquias e fundações de direito público e os Municípios que constituam capitais dos Estados; c) 100 (cem) salários mínimos para todos os demais Municípios e respectivas autarquias e fundações de direito público. II – Também não se sujeita ao duplo grau de jurisdição a decisão fundada em: a) súmula ou orientação jurisprudencial do Tribunal Superior do Trabalho; b) acórdão proferido pelo Supremo Tribunal Federal ou pelo Tribunal Superior do Trabalho em julgamento de recursos repetitivos; c) entendimento firmado em incidente de resolução de demandas repetitivas ou de assunção de competência; d) entendimento coincidente com orientação vinculante firmada no âmbito administrativo do próprio ente público, consolidada em manifestação, parecer ou súmula administrativa."

9. EXECUÇÃO TRABALHISTA

A lei 11.232/05 trouxe a ideia do processo sincrético (ainda na vigência do CPC/73), segundo o qual o cumprimento espontâneo da sentença e, se o caso, a execução forçada, são meras fases do mesmo processo de conhecimento. Referida sistemática foi mantida no atual CPC/15 (artigo 523 e seguintes). Não há mais o "processo autônomo" de execução.

Neste contexto, a previsão do artigo 880 da CLT – com a determinação de "citação" do executado para pagamento – não mais se coaduna com o sincretismo processual e com os princípios da eficiência (art. 37, caput da Constituição Federal) e da duração razoável do processo (art. 5º, LXXVIII da Constituição Federal).

Em se tratando de execução trabalhista, devemos fazer a análise conjunta das regras de integração do artigo 769 da CLT (omissão e compatibilidade com princípios do processo do trabalho) e do artigo 889 da CLT (aplicação preferencial da lei 6.830/80 – lei de executivos fiscais).

São **princípios próprios da execução**, segundo Carlos Henrique Bezerra Leite:

- igualdade de tratamento das partes (formal);
- natureza real da execução;
- limitação expropriatória;
- utilidade para o credor;
- não-prejudicialidade ao devedor;
- especificidade (entrega de coisa, fazer, não fazer);
- responsabilidade pelas despesas processuais (artigo 789-A, CLT – sempre pelo executado e pagas ao final);
- não-aviltamento do devedor (limitação quanto à penhora de alguns bens, para garantida de sua dignidade – artigo 833 do CPC/15);
- livre disponibilidade do processo pelo credor (impulso oficial – artigo 878 da CLT);
- riscos da execução provisória a cargo do credor;
- respeito à coisa julgada; e
- credor com preferência diante dos bens penhorados (artigo 797 do CPC/15).

A Lei 13.467/17 alterou o artigo 878 da CLT, para limitar o **impulso oficial na execução** apenas aos casos de *jus postulandi*. Novamente surgiu discussão sobre a possível ofensa ao artigo 114, VIII da Constituição Federal, que impõe a execução, de ofício, das contribuições previdenciárias acessórias da condenação. Nestes termos, não é razoável imaginar a execução, de ofício, apenas da verba acessória, sem que o mesmo impulso oficial seja viável a condenação principal.

São **títulos executivos trabalhistas**, previstos no artigo 876, CLT, as decisões passadas em julgado, as decisões sem recurso com efeito suspensivo, os acordos não cumpridos; os TAC (termos de ajustamento de conduta) firmados perante o MPT, e os termos de conciliação formalizados perante CCP (comissão de conciliação prévia).

As decisões trabalhistas, como regra, não são líquidas. Há uma **fase própria para liquidação da sentença**, com a prolação de uma decisão homologatória de cálculos (sentença de liquidação), que é impugnável, pelo executado, através de embargos à execução, após a garantia do Juízo e, pelo exequente, através de impugnação à sentença de liquidação. O prazo de ambos é de 5 dias (artigo 884 da CLT).

Da decisão de primeira instância, que julga os embargos à execução ou a impugnação à sentença de liquidação, cabe agravo de petição para o TRT.

Há **três formas básicas de liquidação**:

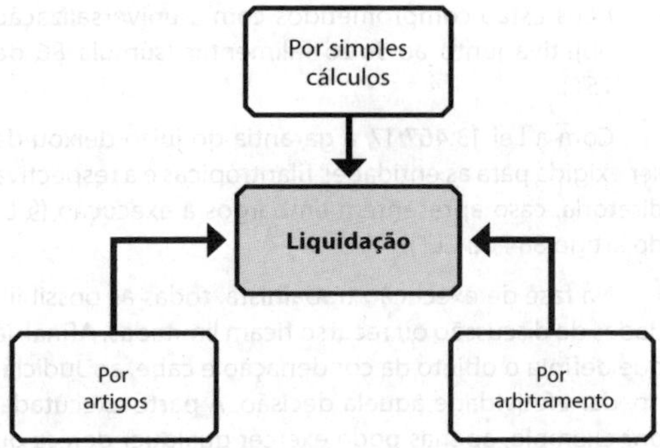

A liquidação por simples cálculos é utilizada quando a apuração da condenação depender apenas de operações aritméticas (artigo 509, § 2º do CPC/15).

No que se refere à liquidação por arbitramento, deve ser utilizada quando for necessária a nomeação de perito pelo Juízo (artigo 510 do CPC/15).

Por último, a liquidação por artigos justifica-se quando houver necessidade de prova de um fato novo, nos termos previsto no artigo 509, II do CPC/15.

Elaborada a conta e tornada líquida, o juiz deverá abrir as partes **prazo comum de oito dias para impugnação fundamentada**, com indicação dos itens e valores objeto de discordância, sob pena de preclusão (artigo 879, § 2º da CLT, com nova redação dada pela Lei 13.467/17). Antes tal contraditório prévio era facultativo, o prazo era sucessivo e de dez dias.

É importante atentar que não se admite qualquer impugnação genérica, mas sim a fundamentada e com indicação pormenorizada dos itens e valores discordantes. A preclusão da oportunidade de discussão acerca da conta homologada estende-se aos embargos à execução e, de forma sequencial, à eventual agravo de petição.

Sobre os **embargos à execução**, registramos o seguinte:

- têm natureza de ação incidental, com viés constitutivo negativo do título executivo (registramos a divergência por parte da doutrina que considerada sua natureza de mera impugnação);
- autoriza, em tese, dilação probatória;
- o prazo para embargos à execução é de 5 dias, conforme artigo 844 da CLT (ressalvando que, para a Fazenda Pública, o prazo é de 30 dias;
- a matéria pode referir-se ao cumprimento da decisão ou acordo, a quitação ou a prescrição da dívida (artigo 844, § 2º da CLT), admitindo-se a aplicação supletiva das hipóteses dos artigos 525 e 917 do CPC;

a massa falida não precisa garantir a execução para apresentação de embargos à execução, pois seus bens estão comprometidos com a universalização objetiva junto ao Juízo falimentar (súmula 86 do TST).

Com a Lei 13.467/17, a garantia do juízo deixou de ser exigida para as entidades filantrópicas e a respectiva diretoria, caso apresentem embargos à execução (§ 6º do artigo 884 da CLT).

Na fase de execução trabalhista, todas as possibilidades de discussão ou recurso ficam limitadas. Afinal, já que definiu o objeto da condenação e cabe, ao Judiciário, dar efetividade àquela decisão. A parte executada, por exemplo, apenas pode exercer qualquer defesa ou recurso após a garantia integral do Juízo.

Lembre-se que, hoje, em razão do chamado **sincretismo processual**, já mencionado anteriormente, a execução é uma mera fase do processo, de modo que a exigência de "citação", mencionada no artigo 880 da CLT, vem sendo superada pela jurisprudência majoritária.

A **exceção de pré-executividade** é cabível no processo do trabalho. Trata-se, em verdade, de uma objeção (matéria de ordem pública), passível de conhecimento de ofício pelo Juízo e a qualquer tempo. Através de tal medida, a parte faz a arguição de vícios graves, de nulidade absoluta, sem que se precise garantir o Juízo.

É importante consignar que tal objeção é excepcional e a decisão que a rejeita é apenas interlocutória, ou seja, é irrecorrível desde logo (apenas pode ser reiterada a discussão da matéria após o julgamento dos embargos à execução, através de agravo de petição). Algumas decisões em objeção autorizarão agravo de petição imediato, a matéria não mais puder ser discutida posteriormente (por exemplo, quando acolhido o pedido do executado de extinção da execução por pagamento).

O recebimento de dívidas judiciais em face da Fazenda Pública sujeita-se à **ordem cronológica de apresentação de precatórios** (artigo 100 da Constituição Federal).

Assim, após o trânsito em julgado da sentença condenatória, cabe ao presidente do Tribunal a requisição do pagamento, mediante inclusão do valor da condenação no orçamento, para pagamento no exercício seguinte.

A constituição Federal, no parágrafo 3º do artigo 100, fixa que a regra dos precatórios não se aplica ao pagamento das obrigações "definidas em leis" como de pequeno valor. Assim, em se tratando de concurso público municipal, é importante a verificação e estudo da lei municipal que regulamentou o teto das requisições de pequeno valor.

O Presidente do Tribunal, nos termos do parágrafo 6º do artigo 100 da Constituição Federal, poderá ordenar o sequestro dos valores relativos às obrigações oriundas de precatórios não incluídos no orçamento ou preteridos em sua precedência. A medida é extrema e, naturalmente, a oitiva da Procuradoria fica justificada.

As responsabilidades decorrentes da **terceirização de serviços** ganham relevância na fase de execução, sendo oportuno recordar seus parâmetros:

À míngua de regulamentação legal acerca da terceirização, o TST sedimentou entendimento acerca da legalidade ou não da intermediação de mão de obra, e também sobre as responsabilidades respectivas, através de sua súmula 331. Temos, em síntese, o seguinte:

- a terceirização será lícita quando atrelada a atividades de apoio do tomador dos serviços (segurança e limpeza, por exemplo);
- será ilícita quando atrelada a atividade-fim do tomador, ou mesmo quando este exercer diretamente a subordinação jurídica em relação aos trabalhadores (assumindo o papel de verdadeiro empregador);
- na terceirização lícita a responsabilidade é apenas subsidiária, em relação ao devedor principal (empregador terceirizado);
- na terceirização ilícita, o vínculo forma-se diretamente com o tomador e ambas as empresas respondem solidariamente, em razão da fraude conjunta perpetrada.

Em relação aos entes públicos, após o julgamento da ADC 16, pelo STF, restou consolidada a constitucionalidade do artigo 71 da Lei 8.666/93. Assim, não é possível responsabilizar o tomador público dos serviços pela eleição de empresa inidônea (já que seguiu os trâmites da licitação). Porém, sua responsabilidade emerge diante da prova efetiva de culpa na fiscalização dos procedimentos da terceirizada contratada, em relação aos direitos de seus empregados. Não é mais possível, atualmente, a condenação subsidiária automática da tomadora pública de serviços, por presunção de culpa, ou mesmo por inconstitucionalidade do artigo 71 da Lei 8.666/93.

✪ O tema da terceirização sofreu várias mudanças legislativas recentes, daí porque o necessário acompanhamento de possíveis mudanças também na jurisprudência sedimentada perante o TST. Recomendamos, assim, a leitura da Lei 6.019/74, em razão da recente regulamentação da terceirização de serviços dada pelas Leis 13.429/17 e 13.467/17. Esta última, por exemplo, alterou o artigo 4º-A da Lei 6.019/74, para autorizar a terceirização de serviços em qualquer atividade do empregador, inclusive a chamada "atividade-fim".

10. DISSÍDIO COLETIVO DE TRABALHO

Importante, aqui, neste início de conceituação das relações de trabalho coletivas, sua diferenciação em relação às relações trabalhistas individuais.

Segundo o delineado pela doutrina, as relações coletivas de trabalho diferem-se das individuais, basicamente, pelos **sujeitos** e pelos **interesses envolvidos**.

Quanto ao primeiro aspecto, algumas relações coletivas contemplam, como sujeitos, apenas entes sindicais em seus polos (por exemplo, de um lado o sindicato de empregados e, de outro, sindicato patronal). Outras relações coletivas podem ter, no lado patronal, a empresa, diretamente, sem seu sindicato de classe. O que nunca se verificará numa relação coletiva é o empregado figurando individualmente como parte.

Assim, os sujeitos das relações coletivas de trabalho poderão ser:

a) Do lado dos trabalhadores, os sindicatos, federações e confederações e comissões de representantes de trabalhadores nas empresas. Mais recentemente, as centrais sindicais ganharam também legitimidade sindical, através da Lei 11.648/08 (de constitucionalidade duvidosa, diante do não atendimento ao princípio constitucional da unicidade sindical).

b) Do lado dos empregadores, as empresas (diretamente), sindicatos, federações ou confederações representativas da categoria econômica. Não existem centrais sindicais patronais.

Por outro lado, nas relações individuais (ao contrário do que ocorre nas relações coletivas), existirá sempre a figura do trabalhador (pessoa física – ou natural, segundo o Novo Código Civil), exigência, aliás, expressa da CLT em seu artigo 3º, sendo esta a distinção central – quanto aos sujeitos – das relações coletivas.

Em relação ao segundo aspecto de diferenciação entre as relações coletivas e individuais – os interesses – temos que, nas coletivas, defendem-se interesses comuns do grupo (dos empregados de determinada empresa ou categoria econômica/profissional), ao passo que nas individuais o interesse em discussão é pessoal, individualizado (do empregado "x" ou "y").

Coletivamente, as negociações trabalhistas estão voltadas a **criar normas gerais** e obrigações que integram o ordenamento jurídico e visam a adequação e melhoria das condições – de empregados e empregadores – no âmbito das relações de emprego. Em outras palavras, as empresas e entidades sindicais, coletivamente, estão autorizadas a fazer normas negociadas, válidas por força constitucional.

Aliás, a negociação coletiva ganhou força e relevância a partir da reforma trabalhista introduzida pela Lei 13.467/17. A ideia de prevalência do negociado sobre o legislado e da aplicação do princípio da intervenção mínima na autonomia da vontade coletiva são novidades introduzidas nos artigos 8º, 661-A e 661-B da CLT, por exemplo.

Durante o período de vigência do acordo ou da convenção coletiva de trabalho, o que se negociou valerá como norma para os atuais empregados ou mesmo para outros eventualmente contratados e que passem a integrar a categoria ou a empresa. Isto ocorre porque, como já dito, coletivamente, não se vislumbra atingir um ou alguns empregados específicos, mas sim uma coletividade variável, que pode aumentar, diminuir ou simplesmente alterar seus sujeitos.

A negociação coletiva, validamente firmada com o sindicato, é aplicável a todos os indivíduos representados pela entidade, independente de filiação ou de concordância com a regra negociada.

Da mesma forma que os sindicatos têm função central de defesa dos interesses coletivos da categoria, o Ministério Público do Trabalho tem um papel importantíssimo na defesa dos interesses difusos (que envolvem um grupo indeterminável de pessoas, independente de categoria, base territorial, etc.), instaurando inquéritos e ações civis públicas para a apuração e solução de conflitos.

Por fim, para utilizarmos uma diferenciação esquemática e bastante direta, entre o direito individual e o coletivo do trabalho, temos o seguinte:

Plano individual	Plano coletivo
• Proteção ao trabalhador hipossuficiente	• Equivalência dos contratantes coletivos
• Irrenunciabilidade de direitos (art. 9º, CLT)	• Possibilidade de flexibilização negocial
• Observância da lei e da condição mais benéfica, com incorporação de direitos sem possibilidade de alteração contratual lesiva (art. 468, CLT)	• Observância das regras negociadas, bem como de seu prazo de vigência, com condições passíveis de modificação por negociação coletiva sequencial

Sentença normativa é aquela prolatada no âmbito de um dissídio coletivo. Trata-se do exercício do **Poder Normativo da Justiça do Trabalho**, pelo Tribunal Competente.

Os entes coletivos (sindicatos e empresas, principalmente), através da **autocomposição**, podem criar normas trabalhistas negociadas, valendo lembrar que a autonomia coletiva privada encontra seu fundamento de validade no artigo 7º, XXVI da Constituição Federal.

Frustrada a autocomposição e recusada a arbitragem, as partes podem ajuizar **dissídio coletivo "de comum acordo"** (artigo 114, § 2º da Constituição Federal).

O **prazo de vigência da sentença normativa em dissídio coletivo** não poderá exceder a quatro anos (artigo 868, § único da CLT).

Lembre-se que o prazo é maior do que o autorizado para a **vigência de acordos e convenções coletivas de trabalho** (ACT e CCT), nestes casos com limite máximo de dois anos (artigo 614, § 3º da CLT).

Havendo convenção, acordo ou sentença normativa em vigor, o dissídio coletivo deve ser ajuizado dentre os sessenta dias anteriores ao término da respectiva vigência (artigo 616, § 3º da CLT). Respeitado tal prazo, nos termos do artigo 867 da CLT, a sentença normativa terá vigência a partir do dia imediato ao término da vigência da norma anterior. Se não respeitado for respeitado o prazo, a vigência iniciará, independentemente de trânsito em julgado, com a data da publicação ou, a partir da data da distribuição do dissídio.

O **dissídio coletivo de revisão** parte da mesma premissa da teoria da imprevisão (cláusula *rebus sic stantibus*). Assim, modificadas as condições de fato que motivaram a sentença normativa do dissídio coletivo, é cabível a revisão de seus termos, desde que transcorrido mais de um ano de sua vigência (artigo 873 da CLT).

Há possibilidade de **extensão das decisões proferidas em dissídio coletivo**, conforme artigo 868 da CLT. É utilizada quando os efeitos do dissídio julgado atingirem apenas uma parcela da categoria, hipótese em que o Tribunal está autorizado a ampliar o alcance de sua sentença normativa, garantindo, assim, o princípio da isonomia.

✦ SÚMULAS E ORIENTAÇÕES JURISPRUDENCIAIS APLICÁVEIS

1. PRINCÍPIOS, TEORIA GERAL DO DIREITO PROCESSUAL DO TRABALHO

- **Súmula 1 do TST.** PRAZO JUDICIAL (mantida) – Res. 121/2003, DJ 19, 20 e 21.11.2003. Quando a intimação tiver lugar na sexta-feira, ou a publicação com efeito de intimação for feita nesse dia, o prazo judicial será contado da segunda-feira imediata, inclusive, salvo se não houver expediente, caso em que fluirá no dia útil que se seguir.
- **Súmula 16 do TST.** NOTIFICAÇÃO (nova redação) – Res. 121/2003, DJ 19, 20 e 21.11.2003. Presume-se recebida a notificação 48 (quarenta e oito) horas depois de sua postagem. O seu não-recebimento ou a entrega após o decurso desse prazo constitui ônus de prova do destinatário.
- **Súmula 18 do TST.** COMPENSAÇÃO (mantida) – Res. 121/2003, DJ 19, 20 e 21.11.2003. A compensação, na Justiça do Trabalho, está restrita a dívidas de natureza trabalhista.
- **Súmula 25 do TST.** CUSTAS PROCESSUAIS. INVERSÃO DO ÔNUS DA SUCUMBÊNCIA. (alterada a Súmula e incorporadas as Orientações Jurisprudenciais nos 104 e 186 da SBDI-1) – Res. 197/2015 – DEJT divulgado em 14, 15 e 18.05.2015. I – A parte vencedora na primeira instância, se vencida na segunda, está obrigada, independentemente de intimação, a pagar as custas fixadas na sentença originária, das quais ficara isenta a parte então vencida. II – No caso de inversão do ônus da sucumbência em segundo grau, sem acréscimo ou atualização do valor das custas e se estas já foram devidamente recolhidas, descabe um novo pagamento pela parte vencida, ao recorrer. Deverá ao final, se sucumbente, reembolsar a quantia; (ex-OJ nº 186 da SBDI-I). III – Não caracteriza deserção a hipótese em que, acrescido o valor da condenação, não houve fixação ou cálculo do valor devido a título de custas e tampouco intimação da parte para o preparo do recurso, devendo ser as custas pagas ao final; (ex-OJ nº 104 da SBDI-I). IV – O reembolso das custas à parte vencedora faz-se necessário mesmo na hipótese em que a parte vencida for pessoa isenta do seu pagamento, nos termos do art. 790-A, parágrafo único, da CLT.
- **Súmula 48 do TST.** COMPENSAÇÃO (mantida) – Res. 121/2003, DJ 19, 20 e 21.11.2003. A compensação só poderá ser arguida com a contestação.
- **Súmula 245 do TST.** DEPÓSITO RECURSAL. PRAZO (mantida) – Res. 121/2003, DJ 19, 20 e 21.11.2003. O depósito recursal deve ser feito e comprovado no prazo alusivo ao recurso. A interposição antecipada deste não prejudica a dilação legal.
- **Súmula 352 do TST.** CUSTAS – PRAZO PARA COMPROVAÇÃO (cancelamento mantido) – Res. 121/2003, DJ 19, 20 e 21.11.2003 – Referência Lei nº 10.537/2002. O prazo para comprovação do pagamento das custas, sempre a cargo da parte, é de 5 (cinco) dias contados do seu recolhimento (CLT art. 789, § 4º, – CPC art. 185).
- **Súmula 357 do TST.** TESTEMUNHA. AÇÃO CONTRA A MESMA RECLAMADA. SUSPEIÇÃO (mantida) – Res. 121/2003, DJ 19, 20 e 21.11.2003. Não torna suspeita a testemunha o simples fato de estar litigando ou de ter litigado contra o mesmo empregador.
- **Súmula 425 do TST.** JUS POSTULANDI NA JUSTIÇA DO TRABALHO. ALCANCE – Res. 165/2010, DEJT divulgado em 30.04.2010 e 03 e 04.05.2010. O jus postulandi das partes, estabelecido no art. 791 da CLT, limita-se às Varas do Trabalho e aos Tribunais Regionais do Trabalho, não alcançando a ação rescisória, a ação cautelar, o mandado de segurança e os recursos de competência do Tribunal Superior do Trabalho.

2. JURISDIÇÃO, COMPETÊNCIA E ORGANIZAÇÃO DA JUSTIÇA DO TRABALHO

- **Súmula Vinculante 22 do STF.** A Justiça do Trabalho é competente para processar e julgar as ações de indenização por danos morais e patrimoniais decorrentes de acidente de trabalho propostas por empregado contra empregador, inclusive aquelas que ainda não possuíam sentença de mérito em primeiro grau quando da promulgação da Emenda Constitucional nº 45/04.
- **Súmula 368 do TST.** DESCONTOS PREVIDENCIÁRIOS. IMPOSTO DE RENDA. COMPETÊNCIA. RES-

PONSABILIDADE PELO RECOLHIMENTO. FORMA DE CÁLCULO. FATO GERADOR (aglutinada a parte final da Orientação Jurisprudencial nº 363 da SBDI-I à redação do item II e incluídos os itens IV, V e VI em sessão do Tribunal Pleno realizada em 26.06.2017) - Res. 219/2017, republicada em razão de erro material - DEJT divulgado em 12, 13 e 14.07.2017. I - A Justiça do Trabalho é competente para determinar o recolhimento das contribuições fiscais. A competência da Justiça do Trabalho, quanto à execução das contribuições previdenciárias, limita-se às sentenças condenatórias em pecúnia que proferir e aos valores, objeto de acordo homologado, que integrem o salário de contribuição. (ex-OJ nº 141 da SBDI-1 - inserida em 27.11.1998). II - É do empregador a responsabilidade pelo recolhimento das contribuições previdenciárias e fiscais, resultantes de crédito do empregado oriundo de condenação judicial. A culpa do empregador pelo inadimplemento das verbas remuneratórias, contudo, não exime a responsabilidade do empregado pelos pagamentos do imposto de renda devido e da contribuição previdenciária que recaia sobre sua quota-parte. (ex-OJ nº 363 da SBDI-1, parte final). III - Os descontos previdenciários relativos à contribuição do empregado, no caso de ações trabalhistas, devem ser calculados mês a mês, de conformidade com o art. 276, § 4º, do Decreto n º 3.048/1999 que regulamentou a Lei nº 8.212/1991, aplicando-se as alíquotas previstas no art. 198, observado o limite máximo do salário de contribuição (ex-OJs nºs 32 e 228 da SBDI-1 - inseridas, respectivamente, em 14.03.1994 e 20.06.2001). IV - Considera-se fato gerador das contribuições previdenciárias decorrentes de créditos trabalhistas reconhecidos ou homologados em juízo, para os serviços prestados até 4.3.2009, inclusive, o efetivo pagamento das verbas, configurando-se a mora a partir do dia dois do mês seguinte ao da liquidação (art. 276, "caput", do Decreto nº 3.048/1999). Eficácia não retroativa da alteração legislativa promovida pela Medida Provisória nº 449/2008, posteriormente convertida na Lei nº 11.941/2009, que deu nova redação ao art. 43 da Lei nº 8.212/91. V - Para o labor realizado a partir de 5.3.2009, considera-se fato gerador das contribuições previdenciárias decorrentes de créditos trabalhistas reconhecidos ou homologados em juízo a data da efetiva prestação dos serviços. Sobre as contribuições previdenciárias não recolhidas a partir da prestação dos serviços incidem juros de mora e, uma vez apurados os créditos previdenciários, aplica-se multa a partir do exaurimento do prazo de citação para pagamento, se descumprida a obrigação, observado o limite legal de 20% (art. 61, § 2º, da Lei nº 9.430/96). VI - O imposto de renda decorrente de crédito do empregado recebido acumuladamente deve ser calculado sobre o montante dos rendimentos pagos, mediante a utilização de tabela progressiva resultante da multiplicação da quantidade de meses a que se refiram os rendimentos pelos valores constantes da tabela progressiva mensal correspondente ao mês do recebimento ou crédito, nos termos do art. 12-A da Lei nº 7.713, de 22/12/1988, com a redação conferida pela Lei nº 13.149/2015, observado o procedimento previsto nas Instruções Normativas da Receita Federal do Brasil.

- **Súmula 420 do TST.** COMPETÊNCIA FUNCIONAL. CONFLITO NEGATIVO. TRT E VARA DO TRABALHO DE IDÊNTICA REGIÃO. NÃO CONFIGURAÇÃO (conversão da Orientação Jurisprudencial nº 115 da SBDI-2) - Res. 137/2005, DJ 22, 23 e 24.08.2005. Não se configura conflito de competência entre Tribunal Regional do Trabalho e Vara do Trabalho a ele vinculada. (ex-OJ nº 115 da SBDI-2 - DJ 11.08.2003)

3. PARTES E PROCURADORES

- **Súmula 395 do TST.** MANDATO E SUBSTABELECIMENTO. CONDIÇÕES DE VALIDADE (nova redação dos itens I e II e acrescido o item V em decorrência do CPC de 2015) - Res. 211/2016, DEJT divulgado em 24, 25 e 26.08.2016. I - Válido é o instrumento de mandato com prazo determinado que contém cláusula estabelecendo a prevalência dos poderes para atuar até o final da demanda (§ 4º do art. 105 do CPC de 2015). (ex -OJ nº 312 da SBDI-1 - DJ 11.08.2003). II - Se há previsão, no instrumento de mandato, de prazo para sua juntada, o mandato só tem validade se anexado ao processo o respectivo instrumento no aludido prazo. (ex-OJ nº 313 da SBDI-1 - DJ 11.08.2003). III - São válidos os atos praticados pelo substabelecido, ainda que não haja, no mandato, poderes expressos para substabelecer (art. 667, e parágrafos, do Código Civil de 2002). (ex-OJ nº 108 da SBDI-1 - inserida em 01.10.1997). IV - Configura-se a irregularidade de representação se o substabelecimento é anterior à outorga passada ao substabelecente. (ex-OJ nº 330 da SBDI-1 - DJ 09.12.2003). V - Verificada a irregularidade de representação nas hipóteses dos itens II e IV, deve o juiz suspender o processo e designar prazo razoável para que seja sanado o vício, ainda que em instância recursal (art. 76 do CPC de 2015).
- **OJ 349 da SDI-1 do TST.** MANDATO. JUNTADA DE NOVA PROCURAÇÃO. AUSÊNCIA DE RESSALVA. EFEITOS (DJ 25.04.2007). A juntada de nova procuração aos autos, sem ressalva de poderes conferidos ao antigo patrono, implica revogação tácita do mandato anterior.

4. RITOS DO PROCESSO DO TRABALHO E INCIDENTES

- **Súmula 122 do TST.** REVELIA. ATESTADO MÉDICO (incorporada a Orientação Jurisprudencial nº 74 da SBDI-1) - Res. 129/2005, DJ 20, 22 e 25.04.2005. A reclamada, ausente à audiência em que deveria apresentar defesa, é revel, ainda que presente seu advogado munido de procuração, podendo ser ilidida a revelia mediante a apresentação de atestado médico, que deverá declarar, expressamente, a impossibilidade de locomoção do empregador ou do seu preposto no dia da audiência. (primeira parte – ex-OJ nº 74 da SBDI-1 – inserida em 25.11.1996; segunda parte – ex-Súmula nº 122 – alterada pelaRes. 121/2003, DJ 21.11.2003)

- **Súmula 214 do TST.** DECISÃO INTERLOCUTÓRIA. IRRECORRIBILIDADE (nova redação) – Res. 127/2005, DJ 14, 15 e 16.03.2005. Na Justiça do Trabalho, nos termos do art. 893, § 1º, da CLT, as decisões interlocutórias não ensejam recurso imediato, salvo nas hipóteses de decisão: a) de Tribunal Regional do Trabalho contrária à Súmula ou Orientação Jurisprudencial do Tribunal Superior do Trabalho; b) suscetível de impugnação mediante recurso para o mesmo Tribunal; c) que acolhe exceção de incompetência territorial, com a remessa dos autos para Tribunal Regional distinto daquele a que se vincula o juízo excepcionado, consoante o disposto no art. 799, § 2º, da CLT.
- **Súmula 383 do TST.** RECURSO. MANDATO. IRREGULARIDADE DE REPRESENTAÇÃO. CPC DE 2015, ARTS. 104 E 76, § 2º (nova redação em decorrência do CPC de 2015) – Res. 210/2016, DEJT divulgado em 30.06.2016 e 01 e 04.07.2016. I – É inadmissível recurso firmado por advogado sem procuração juntada aos autos até o momento da sua interposição, salvo mandato tácito. Em caráter excepcional (art. 104 do CPC de 2015), admite-se que o advogado, independentemente de intimação, exiba a procuração no prazo de 5 (cinco) dias após a interposição do recurso, prorrogável por igual período mediante despacho do juiz. Caso não a exiba, considera-se ineficaz o ato praticado e não se conhece do recurso. II – Verificada a irregularidade de representação da parte em fase recursal, em procuração ou substabelecimento já constante dos autos, o relator ou o órgão competente para julgamento do recurso designará prazo de 5 (cinco) dias para que seja sanado o vício. Descumprida a determinação, o relator não conhecerá do recurso, se a providência couber ao recorrente, ou determinará o desentranhamento das contrarrazões, se a providência couber ao recorrido (art. 76, § 2º, do CPC de 2015).
- **Súmula 398 do TST.** AÇÃO RESCISÓRIA. AUSÊNCIA DE DEFESA. INAPLICÁVEIS OS EFEITOS DA REVELIA (alterada em decorrência do CPC de 2015) – Res. 219/2017, DEJT divulgado em 28, 29 e 30.06.2017 – republicada – DEJT divulgado em 12, 13 e 14.07.2017. Na ação rescisória, o que se ataca é a decisão, ato oficial do Estado, acobertado pelo manto da coisa julgada. Assim, e considerando que a coisa julgada envolve questão de ordem pública, a revelia não produz confissão na ação rescisória. (ex-OJ nº 126 da SBDI-2 – DJ 09.12.2003)
- **OJ 318 da SDI-1 do TST.** AUTARQUIA. FUNDAÇÃO PÚBLICA. legitimidade para recorrer. representação processual. (incluído o item II e alterada em decorrência do CPC de 2015) – Res. 220/2017, DEJT divulgado em 21, 22 e 25.09.2017. I – Os Estados e os Municípios não têm legitimidade para recorrer em nome das autarquias e das fundações públicas. II – Os procuradores estaduais e municipais podem representar as respectivas autarquias e fundações públicas em juízo somente se designados pela lei da respectiva unidade da federação (art. 75, IV, do CPC de 2015) ou se investidos de instrumento de mandato válido.

5. NULIDADES NO PROCESSO DO TRABALHO

- **Súmula 33 do STJ.** Incompetência Relativa – Declaração de Ofício. A incompetência relativa não pode ser declarada de ofício.
- **Súmula 396 do TST.** ESTABILIDADE PROVISÓRIA. PEDIDO DE REINTEGRAÇÃO. CONCESSÃO DO SALÁRIO RELATIVO AO PERÍODO DE ESTABILIDADE JÁ EXAURIDO. INEXISTÊNCIA DE JULGAMENTO "EXTRA PETITA" (conversão das Orientações Jurisprudenciais nºs 106 e 116 da SBDI-1) – Res. 129/2005, DJ 20, 22 e 25.04.2005: I. Exaurido o período de estabilidade, são devidos ao empregado apenas os salários do período compreendido entre a data da despedida e o final do período de estabilidade, não lhe sendo assegurada a reintegração no emprego. (ex-OJ nº 116 da SBDI-1 – inserida em 01.10.1997); II. Não há nulidade por julgamento "extra petita" da decisão que deferir salário quando o pedido for de reintegração, dados os termos do art. 496 da CLT. (ex-OJ nº 106 da SBDI-1 – inserida em 20.11.1997)
- **Súmula 427 do TST.** PLURALIDADE DE ADVOGADOS. PUBLICAÇÃO EM NOME DE ADVOGADO DIVERSO DAQUELE EXPRESSAMENTE INDICADO. NULIDADE (editada em decorrência do julgamento do processo TST-IUJERR 5400-31.2004.5.09.0017) – Res. 174/2011, DEJT divulgado em 27, 30 e 31.05.2011. Havendo pedido expresso de que as intimações e publicações sejam realizadas exclusivamente em nome de determinado advogado, a comunicação em nome de outro profissional constituído nos autos é nula, salvo se constatada a inexistência de prejuízo.

6. SENTENÇA E COISA JULGADA

- **Súmula 100 do TST.** AÇÃO RESCISÓRIA. DECADÊNCIA (incorporadas as Orientações Jurisprudenciais nºs 13, 16, 79, 102, 104, 122 e 145 da SBDI-2) – Res. 137/2005, DJ 22, 23 e 24.08.2005: I. O prazo de decadência, na ação rescisória, conta-se do dia imediatamente subseqüente ao trânsito em julgado da última decisão proferida na causa, seja de mérito ou não. (ex-Súmula nº 100 – alterada pela Res. 109/2001, DJ 20.04.2001); II. Havendo recurso parcial no processo principal, o trânsito em julgado dá-se em momentos e em tribunais diferentes, contando-se o prazo decadencial para a ação rescisória do trânsito em julgado de cada decisão, salvo se o recurso tratar de preliminar ou prejudicial que possa tornar insubsistente a decisão recorrida, hipótese em que flui a decadência a partir do trânsito em julgado da decisão que julgar o recurso parcial. (ex-Súmula nº 100 – alterada pela Res. 109/2001, DJ 20.04.2001); III. Salvo se houver dúvida razoável, a interposição de recurso intempestivo ou a interposição de recurso incabível não protrai o termo inicial do prazo decadencial. (ex-Súmula nº 100 – alterada pela Res. 109/2001, DJ 20.04.2001); IV. O juízo rescindente não está adstrito à certidão de trânsito em julgado juntada com a ação rescisória, podendo formar sua convicção através de outros elementos dos autos quanto à antecipação ou postergação do "dies a quo" do prazo decadencial. (ex-OJ nº 102 da SBDI-2 – DJ 29.04.2003); V. O acordo homologado judicialmente tem força de decisão irrecorrível, na forma do art. 831 da CLT. Assim sendo, o termo conciliatório transita em julgado na data da sua homologação judicial. (ex-OJ nº 104 da SBDI-2 – DJ 29.04.2003); VI. Na hipótese de colusão das partes, o prazo decadencial da ação rescisória somente começa a fluir para o Ministério Público, que não interveio no processo principal, a partir do momento em que tem ciência da fraude. (ex-OJ nº 122 da SBDI-2 – DJ 11.08.2003); VII – Não ofende o princípio do duplo grau de jurisdição a decisão do TST que, após afastar a decadência em sede de recurso ordinário, aprecia desde logo a lide, se a causa versar questão exclusivamente de direito e estiver em condições de imediato julgamento. (ex-OJ nº 79 da SBDI-2 – inserida em 13.03.2002); VIII – A exceção de incompetência, ainda que oposta no prazo recursal, sem ter sido aviado o recurso próprio, não tem o condão de afastar a consumação da coisa julgada e, assim, postergar o termo inicial do prazo decadencial para a ação rescisória. (ex-OJ nº 16 da SBDI-2 – inserida em 20.09.2000); IX – Prorroga-se até o primeiro dia útil, imediatamente subseqüente, o prazo decadencial para ajuizamento de ação rescisória quando expira em férias forenses, feriados, finais de semana ou em dia em que não houver expediente forense. Aplicação do art. 775 da CLT. (ex-OJ nº 13 da SBDI-2 – inserida em 20.09.2000); X – Conta-se o prazo decadencial da ação rescisória, após o decurso do prazo legal previsto para a interposição do recurso extraordinário, apenas quando esgotadas todas as vias recursais ordinárias. (ex-OJ nº 145 da SBDI-2 – DJ 10.11.2004)

- **Súmula 263 do TST.** PETIÇÃO INICIAL. INDEFERIMENTO. INSTRUÇÃO OBRIGATÓRIA DEFICIENTE (nova redação em decorrência do CPC de 2015) – Res. 208/2016, DEJT divulgado em 22, 25 e 26.04.2016. Salvo nas hipóteses do art. 330 do CPC de 2015 (art. 295 do CPC de 1973), o indeferimento da petição inicial, por encontrar-se desacompanhada de documento indispensável à propositura da ação ou não preencher outro requisito legal, somente é cabível se, após intimada para suprir a irregularidade em 15 (quinze) dias, mediante indicação precisa do que deve ser corrigido ou completado, a parte não o fizer (art. 321 do CPC de 2015).

- **Súmula 294, TST.** PRESCRIÇÃO. ALTERAÇÃO CONTRATUAL. TRABALHADOR URBANO (mantida) – Res. 121/2003, DJ 19, 20 e 21.11.2003. Tratando-se de ação que envolva pedido de prestações sucessivas decorrente de alteração do pactuado, a prescrição é total, exceto quando o direito à parcela esteja também assegurado por preceito de lei.

- **Súmula 362, TST.** FGTS. PRESCRIÇÃO (nova redação) – Res. 198/2015, republicada em razão de erro material – DEJT divulgado em 12, 15 e 16.06.2015 I – Para os casos em que a ciência da lesão ocorreu a partir de 13.11.2014, é quinquenal a prescrição do direito de reclamar contra o não-recolhimento de contribuição para o FGTS, observado o prazo de dois anos após o término do contrato; II – Para os casos em que o prazo prescricional já estava em curso em 13.11.2014, aplica-se o prazo prescricional que se consumar primeiro: trinta anos, contados do termo inicial, ou cinco anos, a partir de 13.11.2014 (STF-ARE-709212/DF).

- **Súmula 397 do TST.** AÇÃO RESCISÓRIA. ART. 966, IV, do CPC de 2015 . ART. 485, IV, DO CPC de 1973. AÇÃO DE CUMPRIMENTO. OFENSA À COISA JULGADA EMANADA DE SENTENÇA NORMATIVA MODIFICADA EM GRAU DE RECURSO. INVIABILIDADE. CABIMENTO DE MANDADO DE SEGURANÇA. (atualizada em decorrência do CPC de 2015) – Res. 208/2016, DEJT divulgado em 22, 25 e 26.04.2016. Não procede ação rescisória calcada em ofensa à coisa julgada perpetrada por decisão proferida em ação de cumprimento, em face de a sentença normativa, na qual se louvava, ter sido modificada em grau de recurso, porque em dissídio coletivo somente se consubstancia coisa julgada formal. Assim, os meios processuais aptos a atacarem a execução da cláusula reformada são a exceção de pré-executividade e o mandado de segurança, no caso de descumprimento do art. 514 do CPC de 2015 (art. 572 do CPC de 1973). (ex-OJ nº 116 da SBDI-2 – DJ 11.08.2003)

- **Súmula 398 do TST.** AÇÃO RESCISÓRIA. AUSÊNCIA DE DEFESA. INAPLICÁVEIS OS EFEITOS DA REVELIA (alterada em decorrência do CPC de 2015) – Res. 219/2017, DEJT divulgado em 28, 29 e 30.06.2017 – republicada – DEJT divulgado em 12, 13 e 14.07.2017.

Na ação rescisória, o que se ataca é a decisão, ato oficial do Estado, acobertado pelo manto da coisa julgada. Assim, e considerando que a coisa julgada envolve questão de ordem pública, a revelia não produz confissão na ação rescisória. (ex-OJ nº 126 da SBDI-2 – DJ 09.12.2003)

- **Súmula 399 do TST.** AÇÃO RESCISÓRIA. CABIMENTO. SENTENÇA DE MÉRITO. DECISÃO HOMOLOGATÓRIA DE ADJUDICAÇÃO, DE ARREMATAÇÃO E DE CÁLCULOS (conversão das Orientações Jurisprudenciais nºs 44, 45 e 85, primeira parte, da SBDI-2) – Res. 137/2005, DJ 22, 23 e 24.08.2005: I. É incabível ação rescisória para impugnar decisão homologatória de adjudicação ou arrematação. (ex-OJsnºs 44 e 45 da SBDI-2 – inseridas em 20.09.2000); II. A decisão homologatória de cálculos apenas comporta rescisão quando enfrentar as questões envolvidas na elaboração da conta de liquidação, quer solvendo a controvérsia das partes quer explicitando, de ofício, os motivos pelos quais acolheu os cálculos oferecidos por uma das partes ou pelo setor de cálculos, e não contestados pela outra. (ex-OJ nº 85 da SBDI-2 – primeira parte – inserida em 13.03.2002 e alterada em 26.11.2002).

- **Súmula 400 do TST.** AÇÃO RESCISÓRIA DE AÇÃO RESCISÓRIA. VIOLAÇÃO MANIFESTA DE NORMA JURÍDICA. INDICAÇÃO DA MESMA NORMA JURÍDICA APONTADA NA RESCISÓRIA PRIMITIVA (MESMO DISPOSITIVO DE LEI SOB O CPC DE 1973). (nova redação em decorrência do CPC de 2015) – Res. 208/2016, DEJT divulgado em 22, 25 e 26.04.2016. Em se tratando de rescisória de rescisória, o vício apontado deve nascer na decisão rescindenda, não se admitindo a rediscussão do acerto do julgamento da rescisória anterior. Assim, não procede rescisória calcada no inciso V do art. 966 do CPC de 2015 (art. 485, V, do CPC de 1973) para discussão, por má aplicação da mesma norma jurídica, tida por violada na rescisória anterior, bem como para arguição de questões inerentes à ação rescisória primitiva. (ex-OJ nº 95 da SBDI-2 – inserida em 27.09.2002 e alterada DJ 16.04.2004)

- **Súmula 401 do TST.** AÇÃO RESCISÓRIA. DESCONTOS LEGAIS. FASE DE EXECUÇÃO. SENTENÇA EXEQÜENDA OMISSA. INEXISTÊNCIA DE OFENSA À COISA JULGADA (conversão da Orientação Jurisprudencial nº 81 da SBDI-2) – Res. 137/2005 – DJ 22, 23 e 24.08.2005. Os descontos previdenciários e fiscais devem ser efetuados pelo juízo executório, ainda que a sentença exeqüenda tenha sido omissa sobre a questão, dado o caráter de ordem pública ostentado pela norma que os disciplina. A ofensa à coisa julgada somente poderá ser caracterizada na hipótese de o título exeqüendo, expressamente, afastar a dedução dos valores a título de imposto de renda e de contribuição previdenciária. (ex-OJ nº 81 da SBDI-2 – inserida em 13.03.2002)

- **Súmula 402 do TST.** AÇÃO RESCISÓRIA. PROVA NOVA. DISSÍDIO COLETIVO. SENTENÇA NORMATIVA (nova redação em decorrência do CPC de 2015) – Res. 217/2017 – DEJT divulgado em 20, 24 e 25.04.2017. I – Sob a vigência do CPC de 2015 (art. 966, inciso VII), para efeito de ação rescisória, considera-se prova nova a cronologicamente velha, já existente ao tempo do trânsito em julgado da decisão rescindenda, mas ignorada pelo interessado ou de impossível utilização, à época, no processo. II – Não é prova nova apta a viabilizar a desconstituição de julgado: a) sentença normativa proferida ou transitada em julgado posteriormente à sentença rescindenda; b) sentença normativa preexistente à sentença rescindenda, mas não exibida no processo principal, em virtude de negligência da parte, quando podia e deveria louvar-se de documento já existente e não ignorado quando emitida a decisão rescindenda. (ex-OJ nº 20 da SBDI-2 – inserida em 20.09.2000).

- **Súmula 403 do TST.** AÇÃO RESCISÓRIA. DOLO DA PARTE VENCEDORA EM DETRIMENTO DA VENCIDA. ART. 485, III, DO CPC (conversão das Orientações Jurisprudenciais nºs 111 e 125 da SBDI-2) – Res. 137/2005, DJ 22, 23 e 24.08.2005: I. Não caracteriza dolo processual, previsto no art. 485, III, do CPC, o simples fato de a parte vencedora haver silenciado a respeito de fatos contrários a ela, porque o procedimento, por si só, não constitui ardil do qual resulte cerceamento de defesa e, em consequência, desvie o juiz de uma sentença não-condizente com a verdade. (ex-OJ nº 125 da SBDI-2 – DJ 09.12.2003); II. Se a decisão rescindenda é homologatória de acordo, não há parte vencedora ou vencida, razão pela qual não é possível a sua desconstituição calcada no inciso III do art. 485 do CPC (dolo da parte vencedora em detrimento da vencida), pois constitui fundamento de rescindibilidade que supõe solução jurisdicional para a lide. (ex-OJ nº 111 da SBDI-2 – DJ 29.04.2003)

- **Súmula 404 do TST.** AÇÃO RESCISÓRIA. FUNDAMENTO PARA INVALIDAR CONFISSÃO. CONFISSÃO FICTA. INADEQUAÇÃO DO ENQUADRAMENTO NO ART. 485, VIII, DO CPC DE 1973 – Res. 209/2016, DEJT divulgado em 01, 02 e 03.06.2016. O art. 485, VIII, do CPC de 1973, ao tratar do fundamento para invalidar a confissão como hipótese de rescindibilidade da decisão judicial, referia-se à confissão real, fruto de erro, dolo ou coação, e não à confissão ficta resultante de revelia.

- **Súmula 405 do TST.** AÇÃO RESCISÓRIA. TUTELA PROVISÓRIA (nova redação em decorrência do CPC de 2015) – Res. 208/2016, DEJT divulgado em 22, 25 e 26.04.2016. Em face do que dispõem a MP 1.984-22/2000 e o art. 969 do CPC de 2015, é cabível o pedido de tutela provisória formulado na petição inicial de ação rescisória ou na fase recursal, visando a suspender a execução da decisão res-cindenda.

- **Súmula 406 do TST.** AÇÃO RESCISÓRIA. LITISCONSÓRCIO. NECESSÁRIO NO PÓLO PASSIVO E FACULTATIVO NO ATIVO. INEXISTENTE QUANTO AOS SUBSTITUÍDOS PELO SINDICATO (conversão das Orientações Jurisprudenciais nºs 82 e 110 da SBDI-2) – Res. 137/2005, DJ 22, 23 e 24.08.2005: I. O litisconsórcio, na ação rescisória, é necessário em relação ao pólo passivo da demanda, porque supõe uma comunidade de direitos ou de obrigações que não admite solução díspar para os litisconsortes, em face da indivisibilidade do objeto. Já em relação ao pólo ativo, o litisconsórcio é facultativo, uma vez que a aglutinação de autores se faz por conveniência e não pela necessidade decorrente da natureza do litígio, pois não se pode condicionar o exercício do direito individual de um dos litigantes no processo originário à anuência dos demais para retomar a lide. (ex-OJ nº 82 da SBDI-2 – inserida em 13.03.2002); II. O Sindicato, substituto processual e autor da reclamação trabalhista, em cujos autos fora proferida a decisão rescindenda, possui legitimidade para figurar como réu na ação rescisória, sendo descabida a exigência de citação de todos os empregados substituídos, porquanto inexistente litisconsórcio passivo necessário. (ex-OJ nº 110 da SBDI-2 – DJ 29.04.2003)
- **Súmula 407 do TST.** AÇÃO RESCISÓRIA. MINISTÉRIO PÚBLICO. LEGITIMIDADE "AD CAUSAM" PREVISTA NO ART. 967, III, "A", "B" E "C" DO CPC DE 2015. ART. 487, III, "A" E "B", DO CPC DE 1973. HIPÓTESES MERAMENTE EXEMPLIFICATIVAS (nova redação em decorrência do CPC de 2015) – Res. 208/2016, DEJT divulgado em 22, 25 e 26.04.2016. A legitimidade "ad causam" do Ministério Público para propor ação rescisória, ainda que não tenha sido parte no processo que deu origem à decisão rescindenda, não está limitada às alíneas "a", "b" e "c" do inciso III do art. 967 do CPC de 2015 (art. 487, III, "a" e "b", do CPC de 1973), uma vez que traduzem hipóteses meramente exemplificativas (ex-OJ nº 83 da SBDI-2 – inserida em 13.03.2002).
- **Súmula 408 do TST.** AÇÃO RESCISÓRIA. PETIÇÃO INICIAL. CAUSA DE PEDIR. AUSÊNCIA DE CAPITULAÇÃO OU CAPITULAÇÃO ERRÔNEA NO ART. 966 DO CPC DE 2015. ART. 485 DO CPC DE 1973. PRINCÍPIO "IURA NOVIT CURIA" (nova redação em decorrência do CPC de 2015) – Res. 208/2016, DEJT divulgado em 22, 25 e 26.04.2016. Não padece de inépcia a petição inicial de ação rescisória apenas porque omite a subsunção do fundamento de rescindibilidade no art. 966 do CPC de 2015 (art. 485 do CPC de 1973) ou o capitula erroneamente em um de seus incisos. Contanto que não se afaste dos fatos e fundamentos invocados como causa de pedir, ao Tribunal é lícito emprestar-lhes a adequada qualificação jurídica ("iura novit curia"). No entanto, fundando-se a ação rescisória no art. 966, inciso V, do CPC de 2015 (art. 485, inciso V, do CPC de 1973), é indispensável expressa indicação, na petição inicial da ação rescisória, da norma jurídica manifestamente violada (dispositivo legal violado sob o CPC de 1973), por se tratar de causa de pedir da rescisória, não se aplicando, no caso, o princípio "iura novit curia". (ex-Ojs nºs 32 e 33 da SBDI-2 – inseridas em 20.09.2000)
- **Súmula 409 do TST.** AÇÃO RESCISÓRIA. PRAZO PRESCRICIONAL. TOTAL OU PARCIAL. VIOLAÇÃO DO ART. 7º, XXIX, DA CF/1988. MATÉRIA INFRACONSTITUCIONAL (conversão da Orientação Jurisprudencial nº 119 da SBDI-2) – Res. 137/2005, DJ 22, 23 e 24.08.2005. Não procede ação rescisória calcada em violação do art. 7º, XXIX, da CF/1988 quando a questão envolve discussão sobre a espécie de prazo prescricional aplicável aos créditos trabalhistas, se total ou parcial, porque a matéria tem índole infraconstitucional, construída, na Justiça do Trabalho, no plano jurisprudencial. (ex-OJ nº 119 da SBDI-2 – DJ 11.08.2003)
- **Súmula 410 do TST.** AÇÃO RESCISÓRIA. REEXAME DE FATOS E PROVAS. INVIABILIDADE (conversão da Orientação Jurisprudencial nº 109 da SBDI-2) – Res. 137/2005 DJ 22, 23 e 24.08.2005. A ação rescisória calcada em violação de lei não admite reexame de fatos e provas do processo que originou a decisão rescindenda. (ex-OJ nº 109 da SBDI-2 – DJ 29.04.2003)
- **Súmula 411 do TST.** AÇÃO RESCISÓRIA. SENTENÇA DE MÉRITO. DECISÃO DE TRIBUNAL REGIONAL DO TRABALHO EM AGRAVO REGIMENTAL CONFIRMANDO DECISÃO MONOCRÁTICA DO RELATOR QUE, APLICANDO A SÚMULA Nº 83 DO TST, INDEFERIU A PETIÇÃO INICIAL DA AÇÃO RESCISÓRIA. CABIMENTO (conversão da Orientação Jurisprudencial nº 43 da SBDI-2) – Res. 137/2005, DJ 22, 23 e 24.08.2005. Se a decisão recorrida, em agravo regimental, aprecia a matéria na fundamentação, sob o enfoque das Súmulas nºs 83 do TST e 343 do STF, constitui sentença de mérito, ainda que haja resultado no indeferimento da petição inicial e na extinção do processo sem julgamento do mérito. Sujeita-se, assim, à reforma pelo TST, a decisão do Tribunal que, invocando controvérsia na interpretação da lei, indefere a petição inicial de ação rescisória. (ex-OJ nº 43 da SBDI-2 – inserida em 20.09.2000)
- **Súmula 412 do TST.** AÇÃO RESCISÓRIA. REGÊNCIA PELO CPC DE 1973. SENTENÇA DE MÉRITO. QUESTÃO PROCESSUAL (nova redação em decorrência do CPC de 2015) – Res. 217/2017 – DEJT divulgado em 20, 24 e 25.04.2017. Sob a égide do CPC de 1973, pode uma questão processual ser objeto de rescisão desde que consista em pressuposto de validade de uma sentença de mérito. (ex-OJ nº 46 da SBDI-2 – inserida em20.09.2000)
- **Súmula 413 do TST.** AÇÃO RESCISÓRIA. SENTENÇA DE MÉRITO. VIOLAÇÃO DO ART. 896, "A", DA CLT (conversão da Orientação Jurisprudencial nº 47 da

SBDI-2) – Res. 137/2005, DJ 22, 23 e 24.08.2005. É incabível ação rescisória, por violação do art. 896, "a", da CLT, contra decisão que não conhece de recurso de revista, com base em divergência jurisprudencial, pois não se cuida de sentença de mérito (art. 485 do CPC). (ex-OJ nº 47 da SBDI-2 – inserida em 20.09.2000)

- **Súmula 418 do TST.** MANDADO DE SEGURANÇA VISANDO À HOMOLOGAÇÃO DE ACORDO (nova redação em decorrência do CPC de 2015) – Res. 217/2017 – DEJT divulgado em 20, 24 e 25.04.2017. A homologação de acordo constitui faculdade do juiz, inexistindo direito líquido e certo tutelável pela via do mandado de segurança.

- **OJ 277, da SDI-I do TST.** AÇÃO DE CUMPRIMENTO FUNDADA EM DECISÃO NORMATIVA QUE SOFREU POSTERIOR REFORMA, QUANDO JÁ TRANSITADA EM JULGADO A SENTENÇA CONDENATÓRIA. COISA JULGADA. NÃO-CONFIGURAÇÃO (DJ 11.08.2003). A coisa julgada produzida na ação de cumprimento é atípica, pois dependente de condição resolutiva, ou seja, da não-modificação da decisão normativa por eventual recurso. Assim, modificada a sentença normativa pelo TST, com a conseqüente extinção do processo, sem julgamento do mérito, deve-se extinguir a execução em andamento, uma vez que a norma sobre a qual se apoiava o título exeqüendo deixou de existir no mundo jurídico.

- **OJ 152, SDI-II, TST.** AÇÃO RESCISÓRIA E MANDADO DE SEGURANÇA. RECURSO DE REVISTA DE ACÓRDÃO REGIONAL QUE JULGA AÇÃO RESCISÓRIA OU MANDADO DE SEGURANÇA. PRINCÍPIO DA FUNGIBILIDADE. INAPLICABILIDADE. ERRO GROSSEIRO NA INTERPOSIÇÃO DO RECURSO (DEJT divulgado em 03, 04 e 05.12.2008). A interposição de recurso de revista de decisão definitiva de Tribunal Regional do Trabalho em ação rescisória ou em mandado de segurança, com fundamento em violação legal e divergência jurisprudencial e remissão expressa ao art. 896 da CLT, configura erro grosseiro, insuscetível de autorizar o seu recebimento como recurso ordinário, em face do disposto no art. 895, "b", da CLT.

7. RECURSOS TRABALHISTAS

- **Súmula 267 do STF.** Cabimento – Mandado de Segurança Contra Ato Judicial Passível de Recurso ou Correição. Não cabe mandado de segurança contra ato judicial passível de recurso ou correição.

- **Súmula 126 do TST.** RECURSO. CABIMENTO (mantida) – Res. 121/2003, DJ 19, 20 e 21.11.2003. Incabível o recurso de revista ou de embargos (arts. 896 e 894, "b", da CLT) para reexame de fatos e provas.

- **Súmula 218 do TST.** RECURSO DE REVISTA. ACÓRDÃO PROFERIDO EM AGRAVO DE INSTRUMENTO (mantida) – Res. 121/2003, DJ 19, 20 e 21.11.2003. É incabível recurso de revista interposto de acórdão regional prolatado em agravo de instrumento.

- **Súmula 278 do TST.** EMBARGOS DE DECLARAÇÃO. OMISSÃO NO JULGADO (mantida) – Res. 121/2003, DJ 19, 20 e 21.11.2003. A natureza da omissão suprida pelo julgamento de embargos declaratórios pode ocasionar efeito modificativo no julgado.

- **Súmula 283 do TST.** RECURSO ADESIVO. PERTINÊNCIA NO PROCESSO DO TRABALHO. CORRELAÇÃO DE MATÉRIAS (mantida) – Res. 121/2003, DJ 19, 20 e 21.11.2003. O recurso adesivo é compatível com o processo do trabalho e cabe, no prazo de 8 (oito) dias, nas hipóteses de interposição de recurso ordinário, de agravo de petição, de revista e de embargos, sendo desnecessário que a matéria nele veiculada esteja relacionada com a do recurso interposto pela parte contrária.

- **Súmula 297 do TST.** PREQUESTIONAMENTO. OPORTUNIDADE. CONFIGURAÇÃO (nova redação) – Res. 121/2003, DJ 19, 20 e 21.11.2003: I. Diz-se prequestionada a matéria ou questão quando na decisão impugnada haja sido adotada, explicitamente, tese a respeito; II. Incumbe à parte interessada, desde que a matéria haja sido invocada no recurso principal, opor embargos declaratórios objetivando o pronunciamento sobre o tema, sob pena de preclusão; III. Considera-se prequestionada a questão jurídica invocada no recurso principal sobre a qual se omite o Tribunal de pronunciar tese, não obstante opostos embargos de declaração.

- **Súmula 399 do TST.** AÇÃO RESCISÓRIA. CABIMENTO. SENTENÇA DE MÉRITO. DECISÃO HOMOLOGATÓRIA DE ADJUDICAÇÃO, DE ARREMATAÇÃO E DE CÁLCULOS (conversão das Orientações Jurisprudenciais nºs 44, 45 e 85, primeira parte, da SBDI-2) – Res. 137/2005, DJ 22, 23 e 24.08.2005: I. É incabível ação rescisória para impugnar decisão homologatória de adjudicação ou arrematação. (ex-OJsnºs 44 e 45 da SBDI-2 – inseridas em 20.09.2000); II. A decisão homologatória de cálculos apenas comporta rescisão quando enfrentar as questões envolvidas na elaboração da conta de liquidação, quer solvendo a controvérsia das partes quer explicitando, de ofício, os motivos pelos quais acolheu os cálculos oferecidos por uma das partes ou pelo setor de cálculos, e não contestados pela outra. (ex-OJ nº 85 da SBDI-2 – primeira parte – inserida em 13.03.2002 e alterada em 26.11.2002).

- **Súmula 414 do TST.** MANDADO DE SEGURANÇA. TUTELA PROVISÓRIA CONCEDIDA ANTES OU NA SENTENÇA (nova redação em decorrência do CPC de 2015) – Res. 217/2017 – DEJT divulgado em 20, 24 e 25.04.2017. I – A tutela provisória concedida na sentença não comporta impugnação pela via do mandado de segurança, por ser impugnável mediante recurso ordinário. É admissível a obtenção de efeito suspensivo ao recurso ordinário mediante requerimento dirigido ao tribunal, ao relator ou ao presidente ou ao vice-presidente do tribunal recorrido, por aplicação subsidiária ao processo do trabalho do artigo 1.029, § 5º, do CPC de 2015. II – No caso de a tutela provisória haver sido concedida ou indeferida antes da sentença, cabe mandado de segurança, em face da inexistência de recurso próprio. III – A superveniência da sentença, nos autos originários, faz perder o objeto do mandado de segurança que impugnava a concessão ou o indeferimento da tutela provisória.

- **Súmula 416 do TST.** MANDADO DE SEGURANÇA. EXECUÇÃO. LEI Nº 8.432/1992. ART. 897, § 1º, DA CLT. CABIMENTO (conversão da Orientação Jurisprudencial nº 55 da SBDI-2) – Res. 137/2005, DJ 22, 23 e 24.08.2005. Devendo o agravo de petição delimitar justificadamente a matéria e os valores objeto de discordância, não fere direito líquido e certo o prosseguimento da execução quanto aos tópicos e valores não especificados no agravo. (ex-OJ nº 55 da SBDI-2 – inserida em 20.09.2000)
- **Súmula 417 do TST.** MANDADO DE SEGURANÇA. PENHORA EM DINHEIRO (alterado o item I, atualizado o item II e cancelado o item III, modulando-se os efeitos da presente redação de forma a atingir unicamente as penhoras em dinheiro em execução provisória efetivadas a partir de 18.03.2016, data de vigência do CPC de 2015) – Res. 212/2016, DEJT divulgado em 20, 21 e 22.09.2016. I – Não fere direito líquido e certo do impetrante o ato judicial que determina penhora em dinheiro do executado para garantir crédito exequendo, pois é prioritária e obedece à gradação prevista no art. 835 do CPC de 2015 (art. 655 do CPC de 1973). II – Havendo discordância do credor, em execução definitiva, não tem o executado direito líquido e certo a que os valores penhorados em dinheiro fiquem depositados no próprio banco, ainda que atenda aos requisitos do art. 840, I, do CPC de 2015 (art. 666, I, do CPC de 1973). (ex-OJ nº 61 da SBDI-2 – inserida em 20.09.2000).
- **Súmula 434 do TST.** RECURSO. INTERPOSIÇÃO ANTES DA PUBLICAÇÃO DO ACÓRDÃO IMPUGNADO. EXTEMPORANEIDADE. (cancelada) – Res. 198/2015, republicada em razão de erro material – DEJT divulgado em 12, 15 e 16.06.2015) É extemporâneo recurso interposto antes de publicado o acórdão impugnado.(ex-OJ nº 357 da SBDI-1 – inserida em 14.03.2008) II) A interrupção do prazo recursal em razão da interposição de embargos de declaração pela parte adversa não acarreta qualquer prejuízo àquele que apresentou seu recurso tempestivamente.
- **OJ 142 da SDI-I do TST.** 142. EMBARGOS DE DECLARAÇÃO. EFEITO MODIFICATIVO. VISTA PRÉVIA À PARTE CONTRÁRIA. (cancelado o item II em decorrência do CPC de 2015) – Res. 214/2016, DEJT divulgado em 30.11.2016 e 01 e 02.12.2016. É passível de nulidade decisão que acolhe embargos de declaração com efeito modificativo sem que seja concedida oportunidade de manifestação prévia à parte contrária.
- **OJ 334 da SDI-I do TST.** REMESSA "EX OFFICIO". RECURSO DE REVISTA. INEXISTÊNCIA DE RECURSO ORDINÁRIO VOLUNTÁRIO DE ENTE PÚBLICO. INCABÍVEL (DJ 09.12.2003). Incabível recurso de revista de ente público que não interpôs recurso ordinário voluntário da decisão de primeira instância, ressalvada a hipótese de ter sido agravada, na segunda instância, a condenação imposta. ERR 522601/1998, Tribunal Pleno. Em 28.10.03, o Tribunal Pleno decidiu, por maioria, ser incabível recurso de revista de ente público que não interpôs recurso ordinário voluntário
- **OJ 92 da SDI-II do TST.** MANDADO DE SEGURANÇA. EXISTÊNCIA DE RECURSO PRÓPRIO (inserida em 27.05.2002). Não cabe mandado de segurança contra decisão judicial passível de reforma mediante recurso próprio, ainda que com efeito diferido.

8. EXECUÇÃO TRABALHISTA

- **Súmula 655 do STF.** Exceção – Créditos de Natureza Alimentícia – Dispensa de Precatório. A exceção prevista no art. 100, caput, da Constituição, em favor dos créditos de natureza alimentícia, não dispensa a expedição de precatório, limitando-se a isentá-los da observância da ordem cronológica dos precatórios decorrentes de condenações de outra natureza.
- **Súmula 193 do TST.** CORREÇÃO MONETÁRIA. JUROS. CÁLCULO. EXECUÇÃO DE SENTENÇA. PESSOA JURÍDICA DE DIREITO PÚBLICO (cancelamento mantido) – Res. 121/2003, DJ 19, 20 e 21.11.2003. Nos casos de execução de sentença contra pessoa jurídica de direito público, os juros e a correção monetária serão calculados até o pagamento do valor principal da condenação.
- **Súmula 331 do TST.** CONTRATO DE PRESTAÇÃO DE SERVIÇOS. LEGALIDADE (nova redação do item IV e inseridos os itens V e VI à redação) – Res. 174/2011, DEJT divulgado em 27, 30 e 31.05.2011: I. A contratação de trabalhadores por empresa interposta é ilegal, formando-se o vínculo diretamente com o tomador dos serviços, salvo no caso de trabalho temporário (Lei nº 6.019, de 03.01.1974); II. A contratação irregular de trabalhador, mediante empresa interposta, não gera vínculo de emprego com os órgãos da Administração Pública direta, indireta ou fundacional (art. 37, II, da CF/1988); III. Não forma vínculo de emprego com o tomador a contratação de serviços de vigilância (Lei nº 7.102, de 20.06.1983) e de conservação e limpeza, bem como a de ser-

viços especializados ligados à atividade-meio do tomador, desde que inexistente a pessoalidade e a subordinação direta; IV. O inadimplemento das obrigações trabalhistas, por parte do empregador, implica a responsabilidade subsidiária do tomador dos serviços quanto àquelas obrigações, desde que haja participado da relação processual e conste também do título executivo judicial; V. Os entes integrantes da Administração Pública direta e indireta respondem subsidiariamente, nas mesmas condições do item IV, caso evidenciada a sua conduta culposa no cumprimento das obrigações da Lei nº 8.666, de 21.06.1993, especialmente na fiscalização do cumprimento das obrigações contratuais e legais da prestadora de serviço como empregadora. A aludida responsabilidade não decorre de mero inadimplemento das obrigações trabalhistas assumidas pela empresa regularmente contratada; VI – A responsabilidade subsidiária do tomador de serviços abrange todas as verbas decorrentes da condenação referentes ao período da prestação laboral.

- DESCONTOS PREVIDENCIÁRIOS. IMPOSTO DE RENDA. COMPETÊNCIA. RESPONSABILIDADE PELO RECOLHIMENTO. FORMA DE CÁLCULO. FATO GERADOR (aglutinada a parte final da Orientação Jurisprudencial nº 363 da SBDI-I à redação do item II e incluídos os itens IV, V e VI em sessão do Tribunal Pleno realizada em 26.06.2017) – Res. 219/2017, republicada em razão de erro material – DEJT divulgado em 12, 13 e 14.07.2017. I – A Justiça do Trabalho é competente para determinar o recolhimento das contribuições fiscais. A competência da Justiça do Trabalho, quanto à execução das contribuições previdenciárias, limita-se às sentenças condenatórias em pecúnia que proferir e aos valores, objeto de acordo homologado, que integrem o salário de contribuição. (ex-OJ nº 141 da SBDI-1 – inserida em 27.11.1998). II – É do empregador a responsabilidade pelo recolhimento das contribuições previdenciárias e fiscais, resultantes de crédito do empregado oriundo de condenação judicial. A culpa do empregador pelo inadimplemento das verbas remuneratórias, contudo, não exime a responsabilidade do empregado pelos pagamentos do imposto de renda devido e da contribuição previdenciária que recaia sobre sua quota-parte. (ex-OJ nº 363 da SBDI-1, parte final). III – Os descontos previdenciários relativos à contribuição do empregado, no caso de ações trabalhistas, devem ser calculados mês a mês, de conformidade com o art. 276, § 4º, do Decreto n º 3.048/1999 que regulamentou a Lei nº 8.212/1991, aplicando-se as alíquotas previstas no art. 198, observado o limite máximo do salário de contribuição (ex-OJs nºs 32 e 228 da SBDI-1 – inseridas, respectivamente, em 14.03.1994 e 20.06.2001). IV – Considera-se fato gerador das contribuições previdenciárias decorrentes de créditos trabalhistas reconhecidos ou homologados em juízo, para os serviços prestados até 4.3.2009, inclusive, o efetivo pagamento das verbas, configurando-se a mora a partir do dia dois do mês seguinte ao da liquidação (art. 276, "caput", do Decreto nº 3.048/1999). Eficácia não retroativa da alteração legislativa promovida pela Medida Provisória nº 449/2008, posteriormente convertida na Lei nº 11.941/2009, que deu nova redação ao art. 43 da Lei nº 8.212/91. V – Para o labor realizado a partir de 5.3.2009, considera-se fato gerador das contribuições previdenciárias decorrentes de créditos trabalhistas reconhecidos ou homologados em juízo a data da efetiva prestação dos serviços. Sobre as contribuições previdenciárias não recolhidas a partir da prestação dos serviços incidem juros de mora e, uma vez apurados os créditos previdenciários, aplica-se multa a partir do exaurimento do prazo de citação para pagamento, se descumprida a obrigação, observado o limite legal de 20% (art. 61, § 2º, da Lei nº 9.430/96). VI – O imposto de renda decorrente de crédito do empregado recebido acumuladamente deve ser calculado sobre o montante dos rendimentos pagos, mediante a utilização de tabela progressiva resultante da multiplicação da quantidade de meses a que se refiram os rendimentos pelos valores constantes da tabela progressiva mensal correspondente ao mês do recebimento ou crédito, nos termos do art. 12-A da Lei nº 7.713, de 22/12/1988, com a redação conferida pela Lei nº 13.149/2015, observado o procedimento previsto nas Instruções Normativas da Receita Federal do Brasil.

9. DISSÍDIO COLETIVO DE TRABALHO

- **Súmula 141 do TST.** DISSÍDIO COLETIVO (cancelada) – Res. 121/2003, DJ 19, 20 e 21.11.2003. É constitucional o art. 2º da Lei nº 4.725, de 13.07.1965 (ex-Prejulgado nº 13).

- **Súmula 177 do TST.** DISSÍDIO COLETIVO. SINDICATO. REPRESENTAÇÃO (cancelada) – Res. 121/2003, DJ 19, 20 e 21.11.2003. Está em plena vigência o art. 859 da Consolidação das Leis do Trabalho, cuja redação é a seguinte: "A representação dos sindicatos para instauração da instância fica subordinada à aprovação de assembléia, da qual participem os associados interessados na solução do dissídio coletivo, em primeira convocação, por maioria de 2/3 dos mesmos, ou, em segunda convocação, por 2/3 dos presentes" (ex-Prejulgado nº 58).

- **OJ 2 da SDC do TST.** ACORDO HOMOLOGADO. EXTENSÃO A PARTES NÃO SUBSCREVENTES. INVIABILIDADE (inserida em 27.03.1998). É inviável aplicar condições constantes de acordo homologado nos autos de dissídio coletivo, extensivamente, às partes que não o subscreveram, exceto se observado o procedimento previsto no art. 868 e seguintes, da CLT.

- **OJ 3 da SDC do TST.** ARRESTO. APREENSÃO. DEPÓSITO. PRETENSÕES INSUSCETÍVEIS DE DEDUÇÃO EM SEDE COLETIVA (inserida em 27.03.1998). São incompatíveis com a natureza e finalidade do dissídio coletivo as pretensões de provimento judicial de arresto, apreensão ou depósito.
- **OJ 5 da SDC do TST.** DISSÍDIO COLETIVO. PESSOA JURÍDICA DE DIREITO PÚBLICO. POSSIBILIDADE JURÍDICA. CLÁUSULA DE NATUREZA SOCIAL (redação alterada na sessão do Tribunal Pleno realizada em 14.09.2012) - Res. 186/2012, DEJT divulgado em 25, 26 e 27.09.2012. Em face de pessoa jurídica de direito público que mantenha empregados, cabe dissídio coletivo exclusivamente para apreciação de cláusulas de natureza social. Inteligência da Convenção nº 151 da Organização Internacional do Trabalho, ratificada pelo Decreto Legislativo nº 206/2010.
- **OJ 6 da SDC do TST.** DISSÍDIO COLETIVO. NATUREZA JURÍDICA. IMPRESCINDIBILIDADE DE REALIZAÇÃO DE ASSEMBLÉIA DE TRABALHADORES E NEGOCIAÇÃO PRÉVIA (cancelada pela SDC em sessão de 10.08.2000, no julgamento do RODC 604502/1999-8) - DJ 23.03.2001. O dissídio coletivo de natureza jurídica não prescinde da autorização da categoria, reunida em assembléia, para legitimar o sindicato próprio, nem da etapa negocial prévia para buscar solução de consenso.
- **OJ 7 da SDC do TST.** DISSÍDIO COLETIVO. NATUREZA JURÍDICA. INTERPRETAÇÃO DE NORMA DE CARÁTER GENÉRICO. INVIABILIDADE (inserida em 27.03.1998). Não se presta o dissídio coletivo de natureza jurídica à interpretação de normas de caráter genérico, a teor do disposto no art. 313, II, do RITST.
- **OJ 11 da SDC do TST.** GREVE. IMPRESCINDIBILIDADE DE TENTATIVA DIRETA E PACÍFICA DA SOLUÇÃO DO CONFLITO. ETAPA NEGOCIAL PRÉVIA (inserida em 27.03.1998). É abusiva a greve levada a efeito sem que as partes hajam tentado, direta e pacificamente, solucionar o conflito que lhe constitui o objeto.
- **OJ 15 da SDC do TST.** LEGITIMIDADE "AD PROCESSUM". IMPRESCINDIBILIDADE DO REGISTRO NO MINISTÉRIO DO TRABALHO (inserida em 27.03.1998). A comprovação da legitimidade "ad processum" da entidade sindical se faz por seu registro no órgão competente do Ministério do Trabalho, mesmo após a promulgação da Constituição Federal de 1988.

10. INSTRUÇÃO NORMATIVA 39/16 DO E. TST (SOBRE A APLICAÇÃO DO CPC/15 NO PROCESSO DO TRABALHO)

INSTRUÇÃO NORMATIVA Nº 39/2016.

Dispõe sobre as normas do Código de Processo Civil de 2015 aplicáveis e inaplicáveis ao Processo do Trabalho, de forma não exaustiva.

Art. 1° Aplica-se o Código de Processo Civil, subsidiária e supletivamente, ao Processo do Trabalho, em caso de omissão e desde que haja compatibilidade com as normas e princípios do Direito Processual do Trabalho, na forma dos arts. 769 e 889 da CLT e do art. 15 da Lei nº 13.105, de 17.03.2015.

§ 1º Observar-se-á, em todo caso, o princípio da irrecorribilidade em separado das decisões interlocutórias, de conformidade com o art. 893, § 1º da CLT e Súmula nº 214 do TST.

§ 2º O prazo para interpor e contra-arrazoar todos os recursos trabalhistas, inclusive agravo interno e agravo regimental, é de oito dias (art. 6º da Lei nº 5.584/70 e art. 893 da CLT), exceto embargos de declaração (CLT, art. 897-A).

Art. 2° Sem prejuízo de outros, não se aplicam ao Processo do Trabalho, em razão de inexistência de omissão ou por incompatibilidade, os seguintes preceitos do Código de Processo Civil:

I - art. 63 (modificação da competência territorial e eleição de foro);

II - art. 190 e parágrafo único (negociação processual);

III - art. 219 (contagem de prazos em dias úteis);

IV - art. 334 (audiência de conciliação ou de mediação);

V - art. 335 (prazo para contestação);

VI - art. 362, III (adiamento da audiência em razão de atraso injustificado superior a 30 minutos);

VII - art. 373, §§ 3º e 4º (distribuição diversa do ônus da prova por convenção das partes);

VIII - arts. 921, §§ 4º e 5º, e 924, V (prescrição intercorrente);

IX - art. 942 e parágrafos (prosseguimento de julgamento não unânime de apelação);

X - art. 944 (notas taquigráficas para substituir acórdão);

XI - art. 1010, § 3º(desnecessidade de o juízo a quo exercer controle de admissibilidade na apelação);

XII - arts. 1043 e 1044 (embargos de divergência);

XIII - art. 1070 (prazo para interposição de agravo).

Art. 3° Sem prejuízo de outros, aplicam-se ao Processo do Trabalho, em face de omissão e compatibilidade, os preceitos do Código de Processo Civil que regulam os seguintes temas:

I - art. 76, §§ 1º e 2º (saneamento de incapacidade processual ou de irregularidade de representação);

II - art. 138 e parágrafos (amicus curiae);

III - art. 139, exceto a parte final do inciso V (poderes, deveres e responsabilidades do juiz);

IV – art. 292, V (valor pretendido na ação indenizatória, inclusive a fundada em dano moral);

V – art. 292, § 3º (correção de ofício do valor da causa);

VI – arts. 294 a 311 (tutela provisória);

VII – art. 373, §§ 1º e 2º (distribuição dinâmica do ônus da prova);

VIII – art. 485, § 7º (juízo de retratação no recurso ordinário);

IX – art. 489 (fundamentação da sentença);

X – art. 496 e parágrafos (remessa necessária);

XI – arts. 497 a 501 (tutela específica);

XII – arts. 536 a 538 (cumprimento de sentença que reconheça a exigibilidade de obrigação de fazer, de não fazer ou de entregar coisa);

XIII – arts. 789 a 796 (responsabilidade patrimonial);

XIV – art. 805 e parágrafo único (obrigação de o executado indicar outros meios mais eficazes e menos onerosos para promover a execução);

XV – art. 833, incisos e parágrafos (bens impenhoráveis);

XVI – art. 835, incisos e §§ 1º e 2º (ordem preferencial de penhora);

XVII – art. 836, §§ 1º e 2º (procedimento quando não encontrados bens penhoráveis);

XVIII – art. 841, §§ 1º e 2º (intimação da penhora);

XIX – art. 854 e parágrafos (BacenJUD);

XX – art. 895 (pagamento parcelado do lanço);

XXI – art. 916 e parágrafos (parcelamento do crédito exequendo);

XXII – art. 918 e parágrafo único (rejeição liminar dos embargos à execução);

XXIII – arts. 926 a 928 (jurisprudência dos tribunais);

XXIV – art. 940 (vista regimental);

XXV – art. 947 e parágrafos (incidente de assunção de competência);

XXVI – arts. 966 a 975 (ação rescisória);

XXVII – arts. 988 a 993 (reclamação);

XXVIII – arts. 1013 a 1014 (efeito devolutivo do recurso ordinário – força maior);

XXIX – art. 1021 (salvo quanto ao prazo do agravo interno).

Art. 4° Aplicam-se ao Processo do Trabalho as normas do CPC que regulam o princípio do contraditório, em especial os artigos 9º e 10, no que vedam a decisão surpresa.

§ 1º Entende-se por "decisão surpresa" a que, no julgamento final do mérito da causa, em qualquer grau de jurisdição, aplicar fundamento jurídico ou embasar-se em fato não submetido à audiência prévia de uma ou de ambas as partes.

§ 2º Não se considera "decisão surpresa" a que, à luz do ordenamento jurídico nacional e dos princípios que informam o Direito Processual do Trabalho, as partes tinham obrigação de prever, concernente às condições da ação, aos pressupostos de admissibilidade de recurso e aos pressupostos processuais, salvo disposição legal expressa em contrário.

Art. 5° Aplicam-se ao Processo do Trabalho as normas do art. 356, §§ 1º a 4º, do CPC que regem o julgamento antecipado parcial do mérito, cabendo recurso ordinário de imediato da sentença.

Art. 6° Aplica-se ao Processo do Trabalho o incidente de desconsideração da personalidade jurídica regulado no Código de Processo Civil (arts. 133 a 137), assegurada a iniciativa também do juiz do trabalho na fase de execução (CLT, art. 878).

§ 1º Da decisão interlocutória que acolher ou rejeitar o incidente:

I – na fase de cognição, não cabe recurso de imediato, na forma do art. 893, § 1º da CLT;

II – na fase de execução, cabe agravo de petição, independentemente de garantia do juízo;

III – cabe agravo interno se proferida pelo Relator, em incidente instaurado originariamente no tribunal (CPC, art. 932, inciso VI).

§ 2º A instauração do incidente suspenderá o processo, sem prejuízo de concessão da tutela de urgência de natureza cautelar de que trata o art. 301 do CPC.

Art. 7° Aplicam-se ao Processo do Trabalho as normas do art. 332 do CPC, com as necessárias adaptações à legislação processual trabalhista, cumprindo ao juiz do trabalho julgar liminarmente improcedente o pedido que contrariar:

I – enunciado de súmula do Supremo Tribunal Federal ou do Tribunal Superior do Trabalho (CPC, art. 927, inciso V);

II – acórdão proferido pelo Supremo Tribunal Federal ou pelo Tribunal Superior do Trabalho em julgamento de recursos repetitivos (CLT, art. 896-B; CPC, art. 1046, § 4º);

III – entendimento firmado em incidente de resolução de demandas repetitivas ou de assunção de competência;

IV – enunciado de súmula de Tribunal Regional do Trabalho sobre direito local, convenção coletiva de trabalho, acordo coletivo de trabalho, sentença normativa ou regulamento empresarial de observância obrigatória em área territorial que não exceda à jurisdição do respectivo Tribunal (CLT, art. 896, "b", a contrario sensu).

Parágrafo único. O juiz também poderá julgar liminarmente improcedente o pedido se verificar, desde logo, a ocorrência de decadência.

Art. 8° Aplicam-se ao Processo do Trabalho as normas dos arts. 976 a 986 do CPC que regem o incidente de resolução de demandas repetitivas (IRDR).

§ 1º Admitido o incidente, o relator suspenderá o julgamento dos processos pendentes, individuais ou coletivos, que tramitam na Região, no tocante ao tema objeto de IRDR, sem prejuízo da instrução integral das causas e do julgamento dos eventuais pedidos distintos e cumulativos igualmente deduzidos em tais processos, inclusive, se for o caso, do julgamento antecipado parcial do mérito.

§ 2º Do julgamento do mérito do incidente caberá recurso de revista para o Tribunal Superior do Trabalho, dotado de efeito meramente devolutivo, nos termos dos arts. 896 e 899 da CLT.

§ 3º Apreciado o mérito do recurso, a tese jurídica adotada pelo Tribunal Superior do Trabalho será aplicada no território nacional a todos os processos, individuais ou coletivos, que versem sobre idêntica questão de direito.

Art. 9º O cabimento dos embargos de declaração no Processo do Trabalho, para impugnar qualquer decisão judicial, rege-se pelo art. 897-A da CLT e, supletivamente, pelo Código de Processo Civil (arts. 1022 a 1025; §§ 2º, 3º e 4º do art. 1026), excetuada a garantia de prazo em dobro para litisconsortes (§ 1º do art. 1023).

Parágrafo único. A omissão para fins do prequestionamento ficto a que alude o art. 1025 do CPC dá-se no caso de o Tribunal Regional do Trabalho, mesmo instado mediante embargos de declaração, recusar-se a emitir tese sobre questão jurídica pertinente, na forma da Súmula nº 297, item III, do Tribunal Superior do Trabalho.

Art. 10. Aplicam-se ao Processo do Trabalho as normas do parágrafo único do art. 932 do CPC, §§ 1º a 4º do art. 938 e §§ 2º e 7º do art. 1007.

Parágrafo único. A insuficiência no valor do preparo do recurso, no Processo do Trabalho, para os efeitos do § 2º do art. 1007 do CPC, concerne unicamente às custas processuais, não ao depósito recursal.

Art. 11. Não se aplica ao Processo do Trabalho a norma do art. 459 do CPC no que permite a inquirição direta das testemunhas pela parte (CLT, art. 820).

Art. 12. Aplica-se ao Processo do Trabalho o parágrafo único do art. 1034 do CPC. Assim, admitido o recurso de revista por um fundamento, devolve-se ao Tribunal Superior do Trabalho o conhecimento dos demais fundamentos para a solução apenas do capítulo impugnado.

Art. 13. Por aplicação supletiva do art. 784, I (art. 15 do CPC), o cheque e a nota promissória emitidos em reconhecimento de dívida inequivocamente de natureza trabalhista também são títulos extrajudiciais para efeito de execução perante a Justiça do Trabalho, na forma do art. 876 e segs. da CLT.

Art. 14. Não se aplica ao Processo do Trabalho o art. 165 do CPC, salvo nos conflitos coletivos de natureza econômica (Constituição Federal, art. 114, §§ 1º e 2º).

Art. 15. O atendimento à exigência legal de fundamentação das decisões judiciais (CPC, art. 489, § 1º) no Processo do Trabalho observará o seguinte:

I – por força dos arts. 332 e 927 do CPC, adaptados ao Processo do Trabalho, para efeito dos incisos V e VI do § 1º do art. 489 considera-se "precedente" apenas:

a) acórdão proferido pelo Supremo Tribunal Federal ou pelo Tribunal Superior do Trabalho em julgamento de recursos repetitivos (CLT, art. 896-B; CPC, art. 1046, § 4º);

b) entendimento firmado em incidente de resolução de demandas repetitivas ou de assunção de competência;

c) decisão do Supremo Tribunal Federal em controle concentrado de constitucionalidade;

d) tese jurídica prevalecente em Tribunal Regional do Trabalho e não conflitante com súmula ou orientação jurisprudencial do Tribunal Superior do Trabalho (CLT, art. 896, § 6º);

e) decisão do plenário, do órgão especial ou de seção especializada competente para uniformizar a jurisprudência do tribunal a que o juiz estiver vinculado ou do Tribunal Superior do Trabalho.

II – para os fins do art. 489, § 1º, incisos V e VI do CPC, considerar-se-ão unicamente os precedentes referidos no item anterior, súmulas do Supremo Tribunal Federal, orientação jurisprudencial e súmula do Tribunal Superior do Trabalho, súmula de Tribunal Regional do Trabalho não conflitante com súmula ou orientação jurisprudencial do TST, que contenham explícita referência aos fundamentos determinantes da decisão (ratio decidendi).

III – não ofende o art. 489, § 1º, inciso IV do CPC a decisão que deixar de apreciar questões cujo exame haja ficado prejudicado em razão da análise anterior de questão subordinante.

IV – o art. 489, § 1º, IV, do CPC não obriga o juiz ou o Tribunal a enfrentar os fundamentos jurídicos invocados pela parte, quando já tenham sido examinados na formação dos precedentes obrigatórios ou nos fundamentos determinantes de enunciado de súmula.

V – decisão que aplica a tese jurídica firmada em precedente, nos termos do item I, não precisa enfrentar os fundamentos já analisados na decisão paradigma, sendo suficiente, para fins de atendimento das exigências constantes no art. 489, § 1º, do CPC, a correlação fática e jurídica entre o caso concreto e aquele apreciado no incidente de solução concentrada.

VI – é ônus da parte, para os fins do disposto no art. 489, § 1º, V e VI, do CPC, identificar os fundamentos determinantes ou demonstrar a existência de distinção no caso em julgamento ou a superação do entendimento, sempre que invocar precedente ou enunciado de súmula.

Art. 16. Para efeito de aplicação do § 5º do art. 272 do CPC, não é causa de nulidade processual a intimação realizada na pessoa de advogado regularmente habilitado nos autos, ainda que conste pedido expresso para que as comunicações dos atos processuais sejam feitas em nome de outro advogado, se o profissional indicado não se encontra previamente cadastrado no Sistema de Processo Judicial Eletrônico, impedindo a serventia judicial de atender ao requerimento de envio da intimação direcionada. A decretação de nulidade não pode ser acolhida em favor da parte que lhe deu causa (CPC, art. 276).

Art. 17. Sem prejuízo da inclusão do devedor no Banco Nacional de Devedores Trabalhistas (CLT, art. 642-A), aplicam-se à execução trabalhista as normas dos artigos 495, 517 e 782, §§ 3º, 4º e 5º do CPC, que tratam respectivamente da hipoteca judiciária, do protesto de decisão judicial e da inclusão do nome do executado em cadastros de inadimplentes.

Art. 18. Esta Instrução Normativa entrará em vigor na data da sua publicação.

Ministro IVES GANDRA DA SILVA MARTINS FILHO

Presidente do Tribunal Superior do Trabalho

✦ INFORMATIVOS APLICÁVEIS

1. DA JUSTIÇA DO TRABALHO (CLT, ARTS. 643 A 735)

1.1. COMPETÊNCIA DA JUSTIÇA DO TRABALHO

▸ *Ação rescisória. Art. 485, II, do CPC/73. Competência da Justiça do Trabalho. Aprovação em concurso público. Preterição. Contratação de terceirizados. Fase pré-contratual. Art. 114, I, da CF.*

A pretensão de rescisão de julgados com fundamento no art. 485, II, do CPC/73 apenas se viabiliza quando a incompetência da Justiça do Trabalho é evidenciada de forma fácil e objetiva. Não é o que ocorre na hipótese em que a lide envolve a legalidade da preterição de advogados aprovados em concurso público e concomitante terceirização de serviços jurídicos por empresa pública. À luz do art. 114, I, da CF, a Justiça do Trabalho é competente para processar e julgar pleitos relacionados a fatos ocorridos antes do nascimento do vínculo, durante ou após a sua cessação, pois a competência se estabelece em razão de o pacto laboral ser causa próxima ou remota do dissenso instaurado. Assim, não afastam a natureza trabalhista da demanda o fato de a fase pré-contratual do certame ser antecedente à efetiva formalização da relação empregatícia e de o concurso público ter natureza administrativa. *RO-206-59.2013.5.10.0000, SDI2, Rel. Min. Douglas Alencar Rodrigues, 30.8.2016. (Info 143)*

▸ *Ação rescisória. Indenização. Frutos percebidos na posse de má-fé. Violação do art. 1.216 do CC. Inaplicabilidade do óbice da Súm. 83/TST. Inexistência de controvérsia mesmo antes da edição da Súm. 445/TST.*

Mesmo antes da edição da Súm. 445/TST já havia na Corte jurisprudência íntegra, coerente e estável a respeito da incompatibilidade da indenização por perdas e danos decorrentes dos frutos percebidos na posse de má-fé com o direito do trabalho, não havendo falar em matéria de interpretação controvertida à época do trânsito em julgado da decisão rescindenda. Ressaltou-se, ademais, que a função precípua do TST é dar unidade ao direito material e processual do trabalho, pacificando a jurisprudência nacional, de modo que as Súms. 343/STF e 83/TST e a chamada "interpretação razoável" não podem obstar a atuação institucional do TST quanto à interpretação mais adequada de norma federal. *RO-7213-61.2012.5.02.0000, SDI1, Rel. Min. Luiz Philippe Vieira de Mello Filho, 30.8.2016. (Info 143)*

▸ *Competência da Justiça do Trabalho. Ação civil pública. Caminhoneiro. Ausência de relação de emprego ou de trabalho com a empresa que mantém terminais de carga e descarga. Questões de saúde, segurança e higiene do trabalho. Tutela de direitos trabalhistas coletivos.*

Em se tratando de controvérsia envolvendo questões de saúde, segurança e higiene do trabalho, subsiste a competência da Justiça do Trabalho e o interesse de atuação do MPT, ainda que o pedido e a causa de pedir não decorram de contrato de emprego ou de trabalho, mas envolvam a tutela de direitos trabalhistas coletivos de motoristas autônomos (caminhoneiros) que prestam serviço junto a terminais de carga e descargas de grãos mantidos por empresa de logística. *RO-327-27.2013.5.23.0000, SDI2, Rel. Min. Alberto Luiz Bresciani de Fontan Pereira, 2.8.2016. (Info 141)*

▸ *Conflito de competência. Ação proposta no domicílio do advogado. Incompetência. Remessa ao juízo do local da prestação dos serviços. Prejuízo à defesa do autor. Competência da Vara do Trabalho que tem jurisdição sob o local da contratação.*

Para a fixação da competência territorial devem prevalecer os critérios objetivos estabelecidos no art. 651, caput e § 3º, da CLT, admitindo-se o ajuizamento da reclamação trabalhista no domicílio do reclamante apenas se este coincidir com o local da prestação dos serviços ou da contratação. *CC-1-64.2014.5.14.0006, SDI2, Rel. Min Douglas Alencar Rodrigues, 12.4.2016. (Info 132)*

▸ *Conflito de competência. Competência em razão do lugar. Músico componente de banda. Prestação de serviços em diversas localidades, mas de forma transitória. Não enquadramento na exceção prevista no art. 651, § 3º, da CLT. Competência do local da contratação.*

A SDI2 acolheu conflito de competência para declarar que compete a uma das Varas do Trabalho de São Paulo/SP, local da contratação, processar e julgar reclamação em que baixista pretende o reconhecimento de vínculo de emprego com conjunto musical que realizava turnê em várias regiões do país. Na espécie, restou consignado que embora o reclamante resida em Florianópolis/SC e a sede da banda seja em Juiz de Fora/MG (local do ajuizamento da ação), a reunião dos músicos para a formação da trupe ocorreu na cidade de São Paulo/SP, domicílio do reclamante à época. Ressaltou-se, ademais, que embora o empregado tenha prestado serviço em diversas localidades, isso se deu de forma meramente transitória, não se equiparando à prestação regular e habitual de atividades a que se refere a exceção prevista no § 3º do art. 651 da CLT. *CC-10745-33.2016.5.03.0143, SDI2, Rel. Min. Luiz Philippe Vieira de Mello Filho, 13.9.2016. (Info 144)*

▸ *Conflito de competência. Competência territorial. Ajuizamento de reclamação trabalhista no foro do domicílio do reclamante. Local diverso da contratação e da prestação de serviços. Empresa de âmbito nacional. Possibilidade.*

Admite-se o ajuizamento da reclamação trabalhista no domicílio do reclamante quando a reclamada for empresa de grande porte e prestar serviços em âmbito nacional. Trata-se de interpretação ampliativa do art. 651, caput e § 3º da CLT, em observância ao princípio constitucional do amplo acesso à jurisdição e ao princípio protetivo do trabalhador. No caso, a ação fora ajuizada em Ipiaú/BA, domicílio do reclamante, embora a contratação e a prestação de serviços tenham ocorrido em Porto Velho/RO. *CC-54-74.2016.5.14.0006, SDI2, Red. p/ ac. Min. Luiz Philippe Vieira de Mello Filho, 27.9.2016. (Info 146)*

▸ *Incompetência da Justiça do Trabalho. Contrato de estágio. Entes da administração pública.*

As relações de trabalho decorrentes de estágio se inserem na competência da Justiça do Trabalho, exceto quando a contratação envolve entes da administração pública. Incidência, por analogia, do entendimento firmando na ADI 3395. Assim, compete à Justiça comum processar e julgar ação civil pública que tem como objeto denúncia contra o Centro de Ensino Integrado Empresa e Escola (CIEE), em face do descumprimento do art. 37 da CF, pois não vem observando os princípios da publicidade e da impessoalidade na execução dos contratos para preenchimento de vagas destinadas a estágio em instituições públicas. *E-RR-5500-47.2010.5.13.0022, SDI1, Rel. Min. Aloysio Corrêa da Veiga, 31.3.2016. (Info 131)*

▸ *Incompetência da Justiça do Trabalho. Demanda envolvendo a administração pública e servidor. Admissão sem concurso público. Relação jurídico-administrativa. Competência da Justiça comum.*

A Justiça do Trabalho é incompetente para processar e julgar demanda na qual resultou caracterizada a admissão de servidor, após a Constituição da República de 1988, sem prévia submissão a concurso público. Com efeito, consoante decidido pelo STF, no julgamento do AgReg 7217/MG, cabe à Justiça comum o prévio exame acerca da existência, da validade e da eficácia do vínculo jurídico-administrativo existente entre servidor e Administração Pública, eis que, para o reconhecimento do liame trabalhista, deverá o julgador, anteriormente, averiguar a presença, ou não, de eventual vício a macular a relação administrativa. *E-ED-RR-629-39.2011.5.22.0102, SDI1, Rel. Min. Renato de Lacerda Paiva, 31.3.2016. (Info 131)*

▸ *Mandado de segurança. Licença para o exercício de comércio ambulante em local público municipal administrado por concessionária de rodovia estadual. Incompetência absoluta da Justiça do Trabalho. Declaração de ofício.*

A controvérsia em torno do direito de uso do espaço público municipal localizado em rodovia estadual administrada por concessionária, para o exercício de comércio ambulante, foge à competência da Justiça do Trabalho, especialmente na hipótese em que a insurgência é dirigida contra atos do Município, que negou a licença para o comércio, e da concessionária, que teria colocado pedras do local onde a atividade vinha se desenvolvendo, e não contra o empregador ou o tomador dos serviços. *RO-1000407-85.2015.5.02.0000, SDI2, Rel. Min. Douglas Alencar Rodrigues, 20.9.2016. (Info 145)*

▸ *Reclamação. Art. 988, II, do NCPC. Incompetência do Órgão Especial. Prevenção quanto ao órgão jurisdicional e ao relator da causa principal. Art. 988, §§ 1º e 3º, do NCPC. Remessa dos autos ao juízo competente.*

Embora não haja regra de competência específica para processar e julgar a reclamação no âmbito do TST e caiba ao Órgão Especial deliberar sobe as matérias jurisdicionais não incluídas na competência dos outros órgãos da Corte (art. 69, I, "h", do RITST), aplica-se a regra de prevenção prevista no art. 988, §§ 1º e

3º, do NCPC, quanto ao órgão jurisdicional e ao relator da causa principal, aos casos em que a causa de pedir na reclamação visa à garantia da autoridade de decisão proferida por Turma. *AgR-Rcl-4852-86.2016.5.00.0000, Órgão Especial, Rel. Min. Augusto César Leite de Carvalho, 5.9.2016. (Info 143)*

2. DO PROCESSO JUDICIÁRIO DO TRABALHO (CLT, ARTS. 763 A 910)

2.1. DO PROCESSO EM GERAL (CLT, ARTS. 770 A 836)

2.1.1. HONORÁRIOS ADVOCATÍCIOS

▸ ***Honorários advocatícios. Assistência sindical. Comprovação. Procuração firmada em papel timbrado do sindicato. Validade.***

A procuração firmada em papel timbrado do sindicato é suficiente para comprovar a assistência sindical, viabilizando, portanto, o deferimento de honorários advocatícios, na forma da Súm. 219/TST. *E-RR-60200-56.2009.5.17.0002, SDI1, Red. p/ ac. Min. Cláudio Mascarenhas Brandão, 20.10.2016. (Info 148)*

▸ ***Honorários advocatícios. Contrato celebrado pelo trabalhador diretamente com os advogados do sindicato por indicação da própria entidade de classe. Indeferimento dos honorários assistenciais.***

Os honorários assistenciais não são devidos se a parte celebra contrato diretamente com os advogados do sindicato, ainda que por indicação da própria entidade de classe. A contratação particular de serviços de advocacia, com percentual de honorários sobre o eventual valor auferido, é incompatível com o instituto da assistência sindical, ainda que declarada a impossibilidade de a parte litigar sem prejuízo do próprio sustento. Trata-se, portanto, de situação distinta da hipótese prevista na Súm. 219/TST, de modo que os únicos honorários devidos são os contratuais. *E-RR-216-21.2010.5.24.0000, SDI1, Rel. Min. Augusto César Leite de Carvalho, 22.9.2016. (Info 145)*

▸ ***Mandado de segurança. Ato coator que determina a dedução de honorários advocatícios do precatório expedido em favor dos substituídos. Violação de direito líquido e certo. Contrato firmado exclusivamente entre sindicato e advogado. Ausência de autorização expressa.***

Viola direito líquido e certo o ato coator que determina a liberação de honorários advocatícios contratuais deduzidos do precatório expedido em favor dos substituídos, sem que haja autorização destes. Apesar de a legitimação do sindicato para a defesa de interesses da categoria ser ampla, a retenção de honorários contratuais incidentes sobre o montante da condenação só é permitida se o contrato de honorários for celebrado com cada um dos substituídos (art. 22, § 4º da Lei 8.906/94) ou se houver autorização expressa de cada um deles. Desse modo, a pactuação exclusiva entre sindicato e advogado não vincula os substituídos, visto não haver relação jurídica contratual. *RO-373-20.2011.5.11.0000, SDI2, Rel. Min Luiz Philippe Vieira de Mello Filho, 23.2.2016. (Info 130)*

2.1.2. OUTROS TEMAS

▸ ***Indenização por dano moral. Dano sofrido pelo empregado. Ação proposta pelo espólio. Legitimidade ativa.***

O espólio tem legitimidade ativa para pleitear pagamento de indenização por danos morais quando o prejuízo a ser reparado foi experimentado pelo próprio empregado, em razão de acidente de trabalho. Hipótese que não se confunde com aquela em que o pleito de indenização é oriundo do dano sofrido pelos herdeiros. *E-RR-1187-80.2010.5.03.0035, SDI1, Red. p/ ac. Min. Márcio Eurico Vitral Amaro, 12.5.2016. (Info 136)*

2.1.3. DOS CONFLITOS DE JURISDIÇÃO (ARTS. 803 A 812)

▸ ***Conflito negativo de competência. Execução por carta precatória. Penhora do bem imóvel situado fora dos limites territoriais do juízo onde tramita a execução. Competência do juízo deprecado.***

Nas hipóteses em que existirem bens do executado em outro foro, os atos de penhora, avaliação e alienação deverão ser praticados perante o juízo deprecado (arts. 658 e 747 do CPC). *CC-167600-14.2008.5.02.0316, SDI2, Rel. Min. Alberto Luiz Bresciani de Fontan Pereira, 16.2.2016. (Info E22)*

2.1.4. DAS AUDIÊNCIAS (ARTS. 813 A 817)

▸ ***Revelia. Caracterização. Atraso de 37 minutos. OJ 245/SDI1. Incidência.***

Na hipótese em que a reclamada somente se fez presente, por meio de seu preposto, 37 minutos após o início da audiência, e em momento posterior à tomada do depoimento do reclamante, não é possível, ainda que excepcionalmente, afastar a incidência da OJ 245/SDI1. *E-ED-RR-265500-36.2005.5.02.0046, SDI1, Rel. Min. José Roberto Freire Pimenta, 2.6.2016. (Info 138)*

2.1.5. DAS PROVAS (ARTS. 818 A 830)

▸ ***Conflito negativo de competência. Carta precatória. Oitiva de testemunhas. Degravação de depoimentos audiovisuais. Competência do juízo deprecado.***

É atribuição do juízo deprecado proceder à degravação dos depoimentos colhidos em audiência por meio audiovisual. Na hipótese, após a oitiva das testemunhas, o juízo deprecado determinou a devolução das cartas precatórias sem que houvesse realizado a degravação dos depoimentos, cujo conteúdo foi disponibilizado mediante mídia (CD). De acordo com o art. 417, § 1º, do

CPC/73, o depoimento registrado por meio idôneo de documentação será passado para a versão datilográfica quando houver recurso da sentença ou quando o juiz o determinar, de ofício ou a requerimento da parte, razão pela qual não se pode atribuir ao reclamante ou ao reclamado a responsabilidade da degravação. De outra sorte, o registro audiovisual não fora determinado pelo juízo deprecante, mas decorrera de iniciativa do próprio juízo deprecado, razão pela qual se conclui que cabe a este o ônus da degravação. *CC-10634-88.2013.5.07.0031, SDI2, Rel. Min. Antonio José de Barros Levenhagen, 28.6.2016. (Info 140)*

2.1.6. AÇÃO RESCISÓRIA

▸ ***Ação rescisória. Decadência. Extinção do processo com resolução do mérito. Depósito prévio. Reversão ao réu.***

O reconhecimento da decadência em sede de ação rescisória possui como consequência a determinação de reversão ao réu do valor do depósito prévio de que tratam os artigos 836 da CLT e 968, II do NCPC c/c o art. 5º da IN/T ST 31/07. A decisão assim proferida acarreta a extinção do processo com resolução do mérito, produzindo os mesmos efeitos intrínsecos às decisões de inadmissão e de improcedência da ação. *RO-5703-90.2011.5.04.0000, SDI2, Rel. Min. Douglas Alencar Rodrigues, 13.9.2016. (Info 144)*

▸ ***Ação rescisória. Decadência. Recurso ordinário intempestivo. Remessa necessária não conhecida. Condenação inferior a sessenta salários mínimos. Prazo decadencial contado a partir do transcurso do prazo para a interposição do recurso ordinário. Súm. 100, IV, do TST.***

O prazo decadencial, na ação rescisória, deve ser contado a partir do dia imediatamente subsequente ao trânsito em julgado da última decisão proferida na causa, seja de mérito ou não. De outro lado, recurso intempestivo ou incabível não tem o condão de impedir o trânsito em julgado da decisão recorrida, salvo se houver dúvida razoável (Súm. 100/TST, itens I e III). *RO-7190-84.2014.5.15.0000, SDI2, Red. p/ ac. Min. Emmanoel Pereira,14.6.2016. (Info 139)*

▸ ***Ação rescisória. Reintegração por acometimento de doença ocupacional e por ausência de motivação do ato de dispensa. Pretensões autônomas. Inexistência do óbice da OJ 112/SDI2.***

A diretriz consagrada na OJ 112/SDI2, no sentido de ser necessário invocar causas de rescindibilidade que infirmem a fundamentação dúplice da decisão rescindenda, não se aplica ao caso em que houve o deferimento de duas pretensões autônomas. Na hipótese, o acórdão rescindendo não adotou motivação dúplice em relação a um único direito, mas reconheceu duas pretensões distintas, quais sejam, o direito à reintegração decorrente da doença ocupacional e o direito à reintegração em virtude da ilegalidade da dispensa por ausência de motivação do ato, as quais, inclusive, geram diferentes consequências. Assim sendo, não há qualquer obstáculo a que o autor dirija a pretensão desconstitutiva apenas contra a ilegalidade da dispensa por ausência de motivação, apontando violação dos arts. 5º, II, 7º, II e III, 37, II, 41 e 173, § 1º, II, da CF. *RO-889-94.2011.5.09.0000, SDI2, Rel. Min. Douglas Alencar Rodrigues, 2.8.2016. (Info 141)*

2.1.7. COISA JULGADA

▸ ***Execução. Compensação de progressões. Norma coletiva. Ofensa à coisa julgada. Contrariedade à OJ 123/SDI2. Não configuração.***

Para a constatação de ofensa à coisa julgada, não se admite a interpretação do título executivo judicial, mas apenas a verificação de dissonância patente entre o título e a decisão proferida em sede de execução. *AgR-E-RR-2937-96.2011.5.09.0009, SDI1, Rel. Min. João Oreste Dalazen, 30.6.2016. (Info E25)*

2.2. DOS DISSÍDIOS INDIVIDUAIS (CLT, ARTS. 837 A 855)

▸ ***Ação rescisória. Citação. Nulidade. Não configuração. Carta entregue no endereço da parte e recebida por pessoa a ela vinculada. Art. 841 da CLT.***

O art. 841 da CLT não exige que a citação ocorra na pessoa do reclamado, sendo suficiente que seja entregue no endereço da parte. No caso, embora o reclamado não negue que a carta de citação foi recebida por sua esposa, no endereço residencial do casal, alega que, à época, estava separado de fato, razão pela qual arguiu a nulidade da citação. Todavia, as provas produzidas nos autos não confirmaram que a parte residia em outro endereço, e os depoimentos colhidos ratificaram a informação de que a esposa do reclamado recebia as correspondências dele com habitualidade. Assim, ficou comprovado que tanto a citação quanto a intimação da sentença foram direcionadas para o endereço do reclamado e recebidas por pessoas a ele vinculadas, não havendo falar, portanto, em cerceio de defesa ou em ofensa ao princípio do contraditório. *RO-1266-96.2012.5.03.0000, SDI2, Rel. Min. Luiz Philippe Vieira de Mello Filho, 9.8.2016. (Info E26)*

2.3. DOS DISSÍDIOS COLETIVOS (CLT, ARTS. 856 A 875)

▸ ***Dissídio coletivo de natureza econômica. Greve deflagrada no curso da instrução processual. Comum acordo. Desnecessidade.***

É possível a apreciação de dissídio coletivo de natureza econômica, ainda que ausente o comum acordo, se houver deflagração de greve por qualquer das partes no curso da instrução processual. *RO-381-24.2014.5.17.0000, SDC, Rel. Min. Mauricio Godinho Delgado. 14.3.2016. (Info 130)*

▸ *Dissídio coletivo de natureza jurídica. Dispensa em massa. Adequação da via eleita. Matéria suspensa para apreciação pelo Tribunal Pleno.*

A SDC decidiu, por maioria, nos termos do art. 77, II, do RITST, suspender a proclamação do resultado do julgamento e remeter ao Tribunal Pleno os autos do processo em que se discute se o dissídio coletivo de natureza jurídica é o meio adequado para analisar questões relativas à dispensa coletiva. *RO-10782-38.2015.5.03.0000, SDC, Rel. Min. Mauricio Godinho Delgado, 15.8.2016. (Info 141)*

▸ *Dissídio coletivo. Homologação de instrumento coletivo privado. Inadequação da via eleita.*

Na hipótese em que ajuizado dissídio coletivo com o fim de homologar cláusulas objeto de acordo extrajudicial, resultante de negociação coletiva mediada administrativamente pela Vice-Presidência do TRT, decidiu a SDC, à unanimidade, conhecer do recurso ordinário e, no mérito, dar-lhe provimento para extinguir o processo sem resolução do mérito, por ausência de interesse de agir das partes (art. 267, VI do CPC/73). *RO-210221-97.2013.5.21.0000, SDC, Rel. Min. Maria Cristina Irigoyen Peduzzi, 14.3.2016. (Info 130)*

2.4. DA EXECUÇÃO (CLT, ARTS. 876 A 892)

2.4.1. DAS DISPOSIÇÕES PRELIMINARES (ARTS. 876 A 879)

▸ *Recuperação judicial. Decurso do prazo de 180 dias do art. 6º, § 4º, da Lei 11.101/05. Manutenção da suspensão da execução trabalhista. Possibilidade.*

Deferido o processamento ou aprovado o plano de recuperação judicial, é imperiosa a manutenção da suspensão das execuções individuais trabalhistas, ainda que superado o prazo de cento e oitenta dias previsto no art. 6º, § 4º, da Lei 11.101/05, não se admitindo o prosseguimento automático de tais execuções. Nessa situação, é vedado ao juízo trabalhista a alienação ou a disponibilização de ativos da empresa, salvo quando houver hasta designada, hipótese em que o produto será revertido para o juízo em recuperação. *RO-80169-95.2016.5.07.0000, SDI2, Rel. Min. Alberto Luiz Bresciani de Fontan Pereira, 11.10.2016. (Info E27)*

2.4.2. DO MANDADO E DA PENHORA (ARTS. 880 A 883)

▸ *Ação rescisória. Imóvel destinado à moradia da família. Registro da condição de bem de família no cartório de imóveis. Desnecessidade. Impenhorabilidade do bem constrito. Desconstituição da sentença que julgou improcedente o pedido de nulidade da penhora.*

O acórdão rescindendo registrou não se tratar de bem de família porque demonstrado que o devedor possui mais de um imóvel e a embargante não apresentou nenhuma certidão dos cartórios de registro de imóveis para comprovar a condição de bem de família do bem penhorado. Todavia, a Lei 8.009/90 não exige que conste no registro do imóvel a condição de bem de família. Ao prever a situação do executado que possui vários imóveis e estabelecer que, neste caso, a impenhorabilidade recairá sobre o de menor valor, salvo se outro tiver sido registrado como bem de família, pretendeu o legislador apenas impedir que o devedor possa se valer do benefício da impenhorabilidade para resguardar mais de um imóvel. Ademais, no caso concreto, a própria embargante e autora da ação rescisória indicou outro bem à penhora e apresentou provas de que o imóvel constrito é utilizado para moradia familiar, fato não impugnado no recurso ordinário. *RO-232-31.2012.5.23.0000, SDI2, Rel. Min. Luiz Philippe Vieira de Mello Filho, 17.5.2016. (Info E23)*

▸ *Ação rescisória. Penhora não inscrita no registro imobiliário ao tempo da alienação do imóvel. Terceiro de boa-fé. Fraude à execução. Não ocorrência.*

Para a caracterização da fraude à execução, quando inexistente penhora inscrita no registro imobiliário, não basta a mera constatação de que o negócio jurídico se operou quando corria processo em desfavor do alienante capaz de reduzi-lo à insolvência (requisito objetivo), sendo necessária a demonstração de má-fé do terceiro adquirente (requisito subjetivo). *RO-239-94.2012.5.06.0000, SDI2, Rel. Min. Alberto Luiz Bresciani de Fontan Pereira, 2.2.2016. (Info E22)*

▸ *Conta poupança utilizada como conta corrente. Valores passíveis de penhora. Art. 649, X, do CPC. Não incidência.*

A impenhorabilidade de que trata o art. 649, X, do CPC não alcança valores depositados em conta poupança quando esta é utilizada como conta corrente, sem o cunho de economia futura e segurança pessoal. *RO-20598-85.2013.5.04.0000, SDI2, Rel. Min. Luiz Philippe Vieira de Mello Filho, 16.2.2016. (Info E22)*

▸ *Execução. Penhora integral de imóvel. Violação literal do art. 5º, XXII, da CF. Restrição à fração ideal do sócio-executado.*

A SDI1 conheceu de embargos, por divergência jurisprudencial, e, no mérito, negou-lhes provimento, mantendo, portanto, a decisão que, vislumbrando violação literal do art. 5º, XXII, da CF, determinou que a penhora realizada recaísse exclusivamente sobre a fração ideal do sócio-executado e não sobre a integralidade do bem imóvel. A matéria foi alçada à Turma sob a premissa da possibilidade de penhora de bem alienado a terceiro em fraude à execução no limite da meação de quem efetivamente é executado nos autos, protegendo-se, portanto, a parte da meação de quem não é parte no feito, o que evidencia a ofensa à literalidade do art. 5º, XXII, da CF. *E-ED-RR-149500-18.2008.5.01.0064, SDI1, Rel. Min. Aloysio Corrêa da Veiga, 13.10.2016. (Info E28)*

▸ ***Mandado de segurança. Execução definitiva. Descumprimento de ordem judicial. Penhora de dinheiro de instituição financeira. Impossibilidade***

Na hipótese de eventual descumprimento de ordem de bloqueio judicial de conta do executado, a instituição financeira não pode ser responsabilizada pelo valor da execução trabalhista. Em atenção aos princípios constitucionais da legalidade, do devido processo legal e da ampla defesa, a instituição financeira, que é terceiro estranho à lide, não pode responder pela efetividade do título executivo judicial proveniente de relação jurídica da qual jamais foi parte. *RO-417-61.2014.5.10.0000, SDI2, Rel. Min. Alberto Luiz Bresciani de Fontan Pereira, 9.8.2016. (Info E26)*

2.4.3. DOS EMBARGOS À EXECUÇÃO E DA SUA IMPUGNAÇÃO (ART. 884)

▸ ***Execução. Embargos interpostos na vigência da Lei 13.015/14. Fato gerador. Contribuições previdenciárias. Juros de mora e multa. Art. 195, I, "a", da CF. Inexistência de violação literal e direta à CF. Conhecimento por contrariedade à Súm. 266/TST. Possibilidade. Não incidência da Súm. 433/TST.***

Na vigência da Lei 13.015/14, são cabíveis embargos, em execução, por contrariedade à Súm. 266/TST, na hipótese em que a Turma conhece de recurso de revista, não obstante ausente afronta literal e direta a dispositivo da CF. A Súm. 433/TST, ao condicionar a admissibilidade dos embargos à demonstração de divergência jurisprudencial em relação à interpretação de dispositivo constitucional, não alcança os recursos regidos pela Lei 13.015/14, em razão da nova redação do art. 894, II, da CLT. Assim, ao apreciar controvérsia relativa ao fato gerador das contribuições previdenciárias, para efeito de incidência de juros de mora e multa, a decisão que conheceu do recurso de revista por violação do art. 195, I, "a", da CF, contrariou a Súm. 266/TST, pois, em 20.10.2015, o Tribunal Pleno, no julgamento do E-RR-1125-36.2010.5.06.0171, decidiu que o fato gerador das contribuições previdenciárias não está efetivamente disciplinado no dispositivo constitucional em questão, ostentando, portanto, natureza infraconstitucional. *E-RR-994-79.2012.5.15.0126, SDI1, Rel. Min. João Oreste Dalazen, 1º.9.2016. (Info E27)*

2.4.4. DO JULGAMENTO E DOS TRÂMITES FINAIS DA EXECUÇÃO (ARTS. 885 A 889-A)

▸ ***Ação rescisória. Execução. Diferenças de abono de complementação de aposentadoria. Decisão que adequa os cálculos de liquidação para incluir parcelas vincendas. Ausência de pedido expresso. Possibilidade. Art. 290 do CPC/73.***

As diferenças de abono de complementação de aposentadoria deferidas em sede de reclamação trabalhista constituem prestações periódicas de trato sucessivo, de modo que, nos termos do art. 290 do CPC/73, o deferimento das parcelas vincendas independe de pedido, mantendo-se o pagamento enquanto inalterada a situação de fato, sem prejuízo de eventual revisão, conforme disposto no art. 471, I, do CPC/73. Assim, a decisão, na fase de execução, que faz a adequação dos cálculos de liquidação para incluir as verbas vincendas dá efetividade ao comando exequendo, além de valorizar o princípio da economia processual, ao coibir o ajuizamento de demandas idênticas. *RO-9476-95.2014.5.02.0000. SDI2. Rel. Min. Alberto Luiz Bresciani de Fontan Pereira. 25.10.2016. (Info E28)*

▸ ***Execução. Empresa Brasileira de Correios e Telégrafos – ECT. Diferenças salariais deferidas. Promoções por antiguidade. Promoções decorrentes de norma coletiva. Compensação. Possibilidade. Súm. 48/TST e OJ 123/SDI2. Inexistência de contrariedade.***

Não contraria a Súm. 48/TST, nem a OJ 123/SDI2 a decisão que conhece de recurso de revista por violação do art. 5º, XXXVI, da CF, e, no mérito, dá-lhe provimento para determinar que, na apuração das diferenças salariais deferidas na sentença exequenda a empregado da Empresa Brasileira de Correios e Telégrafos – ECT, sejam consideradas as promoções por antiguidade e aquelas decorrentes de normas coletivas. A Súm. 48/TST trata tão somente do momento oportuno para a arguição da compensação, em nada se aproximando da matéria trazida nos autos, em que se discute os limites do comando exequendo. De outra sorte, a decisão recorrida, ao determinar a compensação, não interpretou o título executivo judicial, o que é vedado pela OJ 123/SDI2, mas apenas deu fiel cumprimento ao comando condenatório, segundo o qual o pagamento de diferenças salariais é devido aos empregados que não receberam qualquer promoção. *E-RR-2217-32.2011.5.09.0009, SDI1, Rel. Min. Guilherme Augusto Caputo Bastos, 10.11.2016. (Info E28)*

▸ ***Mandado de segurança. Execução. Penhora e arrematação de bem de terceiro estranho à lide. Ausência de intimação. Violação à garantia do contraditório e da ampla defesa. Nulidade do leilão e da carta de arrematação.***

A SDI2 conheceu e negou provimento a recurso ordinário em mandado de segurança, mantendo, portanto, a decisão do TRT que concedera a segurança para anular o leilão e a subsequente carta de arrematação expedida nos autos de execução que penhorou e alienou bem imóvel dos impetrantes, até então estranhos à reclamação trabalhista, sem lhes oportunizar o direito à ampla defesa e ao contraditório. Na espécie, consignou-se que durante o processo de execução, não obstante os ostensivos alertas acerca da nulidade que se consumava a cada dia, as autoridades judiciárias que nele atuaram incorreram em equívocos que levaram à expropriação de patrimônio pertencente a pessoas estranhas à execução, sem que estas tivessem ciência do ocorrido. Não se olvida que o art. 694 do CPC de 1973 privilegiava a segurança do arrematante em relação a praticamente todas as nuances capazes de invalidar a arrematação. Todavia, o seu desfazimento sempre foi possível em casos excepcionais como o dos autos, em que a prevalência do direito dos arrematantes causaria o sacrifício integral das garantias do devido processo legal e da ampla defesa dos proprietários do bem arrematado, terceiros estranhos à lide. *RO-10681 -26.2013.5.01.0000. SDI2, Rel. Min. Alberto Luiz Bresciani de Fontan Pereira, 6.12.2016. (Info E28)*

2.4.5. PRECATÓRIOS E RPV (CF, ART. 100)

▸ ***Ação civil coletiva ajuizada por sindicato. Substituição processual. Execução. Individualização do crédito apurado. Requisição de Pequeno Valor (RPV). Possibilidade. Precedentes do STF. OJ 9 do TP/OE.***

Na ação coletiva em que os interesses dos trabalhadores são defendidos pelo sindicato na condição de substituto processual, o enquadramento do débito como obrigação de pequeno valor, para fins de dispensa de expedição de precatório e aplicação do § 3º do art. 100 da CF, deve ser realizado levando-se em conta os créditos de cada trabalhador beneficiado. Nesse sentido, posicionou-se o STF, cujas decisões mais recentes apontam para a possibilidade de utilização da Requisição de Pequeno Valor (RPV) na execução individualizada da decisão proferida na ação coletiva (ARE 909556 AgR, ARE 925754 RG, ARE 916839 AgR). Ademais, fazendo um paralelo entre a reclamação plúrima e a ação civil coletiva, conclui-se que em ambas as ações os titulares do crédito são os trabalhadores individualmente considerados, razão pela qual é possível incidir, no caso concreto, a diretriz da OJ 9 do TP/OE. *RO-50-41.2015.5.05.0000, SDI2, Rel. Min. Douglas Alencar Rodrigues, 19.4.2016. (Info 133)*

▸ ***Ação coletiva. Sindicato. Substituição Processual. Execução contra a Fazenda Pública. Individualização do crédito de cada substituído. Possibilidade. Expedição de Requisição de Pequeno Valor (RPV).***

No caso de ação coletiva em que o sindicato atua como substituto processual na defesa de direitos individuais homogêneos, o pagamento individualizado do crédito devido pela Fazenda Púbica aos substituídos não afronta o art. 100, § 8º, da CF. A titularidade do crédito judicialmente concedido não pertence ao sindicato, mas aos empregados que ele substitui, de modo que é possível considerar o valor deferido a cada um deles, isoladamente, para fins de expedição da Requisição de Pequeno Valor (RPV). *E-RR-126900-42.1994.5.04.0021. SDI1. Rel. Min. Cláudio Mascarenhas Brandão, 17.11.2016. (Info E28)*

▸ ***Matéria remetida ao Tribunal Pleno. APPA. Forma de execução. Manutenção das Orientações Jurisprudenciais 13 e 87/SDI1.***

O Tribunal Pleno decidiu, por maioria, manter a redação das Orientações Jurisprudenciais n.s 13 e 87/SDI1, as quais estabelecem, respectivamente, que à Administração dos Portos de Paranaguá e Antonina – APPA não se aplicam os privilégios do Decreto-Lei 779/69, nem o regime de precatórios. *AgR-E-RR-148500-29.2004.5.09.0022, Pleno, Red. p/ ac. Min. Augusto César Leite de Carvalho, 22.8.2016. (Info 142)*

▸ ***Matéria remetida ao Tribunal Pleno. Art. 77, II, do RITST. Ação coletiva. Sindicato. Substituição Processual. Execução contra a Fazenda Pública. Individualização do crédito de cada substituído. Possibilidade. Expedição de Requisição de Pequeno Valor (RPV).***

No caso de ação coletiva em que o sindicato atua como substituto processual na defesa de direitos individuais homogêneos, não configura quebra do valor da execução, vedada pelo art. 100, § 8º, da CF, o pagamento individualizado do crédito devido pela Fazenda Púbica aos substituídos. Entendimento consolidado pelo STF nos autos do processo STF-ARE 925754/PR, com repercussão geral reconhecida, que, não obstante se refira à hipótese de execução individual da sentença condenatória genérica, também se aplica à situação em apreço, em que a execução é coletiva. Em ambos os casos, a titularidade do crédito judicialmente concedido não pertence ao sindicato, mas aos empregados que ele substitui, de modo que é possível considerar o valor deferido a cada um deles, individualmente, para fins de expedição da Requisição de Pequeno Valor (RPV). *ReeNec e RO-118-88.2015.5.05.0000, Pleno, Rel. Min. Maria de Assis Calsing, 27.6.2016. (Info 139)*

▸ ***Precatório sujeito ao regime especial. Art. 97 do ADCT. Período de graça. Juros de mora. Incidência.***

Ao modular os efeitos das decisões proferidas nas ADI 4357 e 4425, que declararam a inconstitucionalidade parcial do regime especial de pagamento de precatórios previsto no art. 97 do ADCT, com redação dada pela EC 62/09, o STF decidiu pela continuidade do regime especial de pagamento para os precatórios expedidos ou pagos até 25.3.2015. Assim, para o precatório emitido em data anterior ao limite estabelecido, permanece a regra do caput do art. 97 do ADCT, no sentido de que o § 5º, art. 100, da CF é inaplicável ao regime especial de pagamento, o que afasta a incidência da Súm. Vinculante 17 e torna indevida a exclusão dos juros de mora no período de graça. *RO-39000-57.1990.5.17.0002, Órgão Especial, Rel. Min. Maria Cristina Irigoyen Peduzzi, 8.8.2016. (Info E26)*

2.5. DOS RECURSOS (CLT, ARTS. 893 A 902)

2.5.1. DO RECURSO ORDINÁRIO (CLT, ART. 895)

▸ ***INSS. Interposição de recurso ordinário contra sentença de mérito. Fase de conhecimento. Possibilidade. Terceiro prejudicado. Legitimidade e interesse recursal.***

O INSS possui interesse recursal e legitimidade para interpor recurso ordinário contra decisão de mérito proferida na fase de conhecimento, pretendendo a incidência de contribuições previdenciárias sobre parcelas remuneratórias objeto da condenação. Nos termos do §

3º do art. 832 da CLT, as decisões cognitivas devem indicar a natureza jurídica das parcelas constantes da condenação, inclusive o limite de responsabilidade de cada parte no recolhimento da contribuição previdenciária. A partir da prolação da sentença condenatória, portanto, surgem o interesse e a legitimidade da autarquia federal para recorrer e suscitar todas as questões que entender pertinentes ao conteúdo da decisão cognitiva, em homenagem ao princípio da eventualidade. De outra sorte, ainda que não integre a relação processual, o INSS é terceiro juridicamente prejudicado, na medida em que afetado diretamente pela sentença quanto ao seu direito de cobrar as contribuições previdenciárias. *E-RR-29941-92.2003.5.04.0732, SDI1, Red. p/ ac. Min. João Oreste Dalazen, 12.5.2016. (Info 136)*

2.5.2. DO RECURSO DE REVISTA (CLT, ARTS. 896 A 896-C)

▸ ***Acórdão do Regional publicado antes da vigência da Lei 13.015/14. Embargos de declaração publicados na vigência da norma. Ausência de efeito modificativo. Requisitos do § 1º-A do art. 896 da CLT. Não aplicação. Julgamento do recurso de revista nos moldes anteriores à vigência da lei.***

Os requisitos previstos no § 1º-A do art. 896 da CLT, introduzidos pela Lei 13.015/14, apenas se aplicam quando, não obstante a decisão que julgara o recurso ordinário tenha sido publicada antes da vigência da referida lei, haja embargos de declaração acolhidos com efeito modificativo, cujo acórdão tenha sido publicado após a vigência da norma. Inteligência do Ofício Circular TST. SEGJUD.GP 030/15. *E-ED-Ag-RR-36200-18.2014.5.13.0005, SDI1, Rel. Min. Aloysio Corrêa da Veiga, 28.4.2016. (Info 134)*

2.5.3. DISPOSIÇÕES GERAIS (CLT, ARTS. 898 A 902)

▸ ***Embargos. Decisão de Turma que reinterpreta os depoimentos transcritos no acórdão recorrido. Contrariedade à Súm. 126/TST. Configuração.***

Contraria a Súm. 126/TST a decisão de Turma que reforma decisão do Regional com fundamento na reanálise dos depoimentos transcritos, pois configurado o reexame da prova. *E-ED-RR-1007-13.2011.5.09.0892, SDI1, Rel. Min Aloysio Corrêa da Veiga, 14.4.2016. (Info 132)*

3. LEIS ESPECIAIS

3.1. LEI DE AÇÃO CIVIL PÚBLICA (LEI 7.347/85)

▸ ***Incompetência da Justiça do Trabalho. Ação civil pública. Reajuste dos honorários repassados pelas operadoras de plano de saúde aos médicos credenciados. Relação de trabalho não configurada.***

A Justiça do Trabalho é incompetente para processar e julgar ação civil pública na qual se postula o reajuste dos honorários repassados pelas operadoras de plano de saúde aos médicos credenciados, pois a relação entre eles não possui natureza trabalhista. As operadoras de plano de saúde, ligadas à chamada autogestão, atuam como intermediadoras entre os interesses dos usuários e dos prestadores de serviço, ao passo que os médicos credenciados não prestam serviço diretamente às operadoras, mas aos beneficiários/usuários, não havendo falar, portanto, em relação de trabalho nos moldes do art. 114, I, da CF. *E-ED-RR-1485-76.2010.5.09.0012, SDI1, Rel. Min. Guilherme Augusto Caputo Bastos, 30.6.2016. (Info 140)*

▸ ***Matéria afetada ao Tribunal Pleno. Ação civil pública. Multa por descumprimento de obrigação de fazer (astreinte). Exigibilidade antes do trânsito em julgado. Depósito em juízo.***

É possível a exigibilidade da multa (astreinte) por descumprimento de obrigação de fazer imposta em sentença proferida nos autos de ação civil pública antes do trânsito em julgado, desde que depositada em juízo, com fundamento no princípio da máxima efetividade e no afastamento da aplicação do art. 12, § 2º, da Lei 7.347/85 frente ao que preceitua o art. 84 do Código de Defesa do Consumidor. *E-RR-161200-53.2004.5.03.0103, Pleno, Rel. Min. Delaíde Miranda Arantes, 19.4.2016. (Info 133)*

3.2. LEI DO MANDADO DE SEGURANÇA (LEI 12.016/09)

▸ ***Incompetência da Justiça do Trabalho. Mandado de segurança. Ato do Superintendente Regional do Trabalho. Seguro-desemprego. Não concessão. Matéria de natureza administrativa.***

A Justiça do Trabalho é incompetente para processar e julgar mandado de segurança contra ato do Superintendente Regional do Trabalho que obstou a concessão de seguro-desemprego. *E-RR-144740-36.2008.5.02.0084, SDI1, Rel. Min. João Oreste Dalazen, 5.5.2016. (Info 135)*

▸ ***Mandado de segurança. Cabimento. Indeferimento da desconstituição de penhora. Execução parcialmente garantida. Existência de dúvida acerca do cabimento de agravo de petição.***

É cabível mandado de segurança contra decisão que indefere a desconstituição de penhora de numerário nos autos de reclamação trabalhista na hipótese de dúvida sobre o cabimento de agravo de petição. Os valores bloqueados garantiam apenas parcialmente a execução e, nessas circunstâncias, o TRT, conforme julgados trazidos aos autos, possivelmente não conheceria do agravo de petição eventualmente interposto, atraindo, portanto, o cabimento do writ para o exame da higidez do ato impugnado. *RO-21245-75.2016.5.04.0000. SDI2. Rel. Min. Antonio José de Barros Levenhagen. 8.11.2016. (Info E28)*

▸ ***Mandado de segurança. Cabimento. Exceção de pré-executividade. Rejeição. Teratologia do ato coator.***

É cabível mandado de segurança contra decisão que rejeitou exceção de pré-executividade na hipótese de teratologia do ato coator ou quando evidenciada a excepcionalidade do caso. *RO-2368-09.2011.5.06.0000, SDI2, Red. p/ ac. Min. Guilherme Augusto Caputo Bastos, 23.2.2016. (Info E22)*

▸ ***Mandado de segurança. Despedida por justa causa de grupo de empregados. Alegação de desídia e mau procedimento. Ausência de provas pré-constituídas. Deferimento da tutela antecipada. Reintegração. Manutenção.***

A sonegação de trabalho junto ao tomador, com adoção de meios de coação contra empregados que intentavam trabalhar, não justifica, por si só, o despedimento de vinte e um trabalhadores por justa causa, sob a alegação de mau procedimento e desídia. Nos termos da Súm. 316/STF, a simples adesão a greve não constitui falta grave. Ademais, nos autos do mandado de segurança, não vieram provas pré-constituídas de que, quanto à desídia, todos os empregados foram anteriormente punidos com sanções mais brandas, conforme exigido pela jurisprudência do TST. Outrossim, quanto ao mau procedimento, também não houve manifestação sobre o conteúdo da referida conduta. Desse modo, ausentes maiores especificações a respeito do comportamento coletivo que culminou na despedida dos empregados por justa causa, sobressai a verossimilhança da tese de que as despedidas constituíram tão somente reprimenda à ação coletiva dos trabalhadores, o que justifica o deferimento da antecipação da tutela nos autos da reclamação trabalhista. *RO-5107-61.2015.5.15.0000, SDI2, Rel. Min. Alberto Luiz Bresciani de Fontan Pereira, 28.6.2016. (Info 140)*

▸ ***Mandado de segurança. Pedido de antecipação de tutela. Indeferimento pelo juízo de origem. Presença dos pressupostos autorizadores da tutela antecipada. Mitigação da Súm. 418/TST.***

Há direito líquido e certo tutelável pela via do mandado de segurança na hipótese em que, embora presentes os pressupostos do art. 273 do CPC/73, a antecipação de tutela não foi concedida pelo juízo de origem. *RO-578-75.2015.5.05.0000, SDI2, Rel. Min. Alberto Luiz Bresciani de Fontan Pereira, 2.8.2016. (Info 141)*

3.3. LEI DE TUTELA ANTECIPADA CONTRA A FAZENDA PÚBLICA (LEI 9.494/97)

▸ ***Execução. Fazenda Pública. Juros de mora. Alteração do percentual fixado na decisão exequenda. Impossibilidade. Ofensa à coisa julgada.***

Não obstante a inobservância dos juros de mora de que trata o artigo 1º-F da Lei 9.494/97 viabilize, em tese, o conhecimento do recurso de revista por violação direta e literal do art. 5º, II, da CF, na fase de execução não é possível alterar o percentual de juros de mora instituído na decisão exequenda, por configurar evidente afronta à coisa julgada consagrada no art. 5º, XXXVI, da CF. *E-RR-187785-50.2007.5.12.0051, SDI1, Rel. Min. João Oreste Dalazen, 2.6.2016. (Info E24)*

3.4. OUTRAS LEIS ESPECIAIS

▸ ***Ação rescisória. Atualização de débito trabalhista. Incidência da taxa de juros do cheque especial em substituição à taxa de juros prevista no § 1º do art. 39 da Lei 8.177/91. Impossibilidade.***

Os juros de mora incidentes sobre os débitos trabalhistas estão expressamente previstos no art. 39, § 1º, da Lei 8.177/91, razão pela qual, ausente qualquer lacuna normativa, não se aplica, na Justiça do Trabalho, a taxa de juros do cheque especial ou a taxa Selic (art. 406 do CC). *RO-5218-45.2015.5.15.0000, SDI2, Rel. Min. Douglas Alencar Rodrigues, 12.4.2016. (Info 132)*

▸ ***Execução. Determinação para que o advogado faça o depósito de valores destinado às execuções trabalhistas ou justifique a não realização do depósito, informando as contas correntes para as quais a quantia foi transferida. Quebra do sigilo profissional. Não configuração.***

A simples determinação judicial para que o advogado deposite os valores que recebera em nome de seu cliente, para a quitação de execuções trabalhistas, em razão de acordo homologado, ou justifique a não realização do depósito, informando para quais contas correntes a quantia foi transferida, não constitui quebra de sigilo profissional entre o advogado e seu cliente. Não se pode permitir que, a pretexto de sigilo profissional, a executada, sabidamente detentora de valor objeto de acordo judicial destinado à quitação de execução trabalhista, se exima de cumprir obrigação que lhe foi imposta, especialmente quando não houve solicitação de informações pessoais. *RO-1981-08.2012.5.15.0000, SDI2, Rel. Min. Delaíde Miranda Arantes, 28.6.2016. (Info E25)*

Direito da Criança e do Adolescente

Dailson Soares de Rezende

TABELA DE INCIDÊNCIA DE QUESTÕES		
ASSUNTO	NÚMERO DE QUESTÕES	PESO
1. DO SISTEMA INTERNACIONAL DE PROTEÇÃO DOS DIREITOS HUMANOS DE CRIANÇAS	6	6,38%
2. DOUTRINA DA PROTEÇÃO INTEGRAL	6	6,38%
3. DIREITO FUNDAMENTAL À VIDA E À SAÚDE	2	2,13%
4. DIREITO À LIBERDADE, AO RESPEITO E À DIGNIDADE	1	1,06%
5. DIREITO À CONVIVÊNCIA FAMILIAR E COMUNITÁRIA	13	13,83%
6. DIREITO FUNDAMENTAL À EDUCAÇÃO	3	3,19%
7. DIREITO FUNDAMENTAL À PROFISSIONALIZAÇÃO E À PROTEÇÃO NO TRABALHO	1	1,06%
8. PREVENÇÃO	1	1,06%
9. POLÍTICA DE ATENDIMENTO	6	6,38%
10. DAS MEDIDAS PROTETIVAS	7	7,45%
11. ATO INFRACIONAL	6	6,38%
12. DAS MEDIDAS SOCIOEDUCATIVAS	9	9,57%
13. DO PROCEDIMENTO DE APURAÇÃO DO ATO INFRACIONAL	5	5,32%
14. PROCEDIMENTO DA PERDA E DA SUSPENSÃO DO FAMILIAR	3	3,19%
15. DO CONSELHO TUTELAR	6	6,38%
16. DA VARA DA INFÂNCIA E DA JUVENTUDE	7	7,45%
17. RECURSOS	1	1,06%
18. DA TUTELA COLETIVA DOS DIREITOS DA CRIANÇA E DO ADOLESCENTE	5	5,32%
19. DOS CRIMES TIPIFICADOS NO ESTATUTO	3	3,19%
20. DAS INFRAÇÕES ADMINISTRATIVAS	3	3,19%
TOTAL	**94**	**100%**

✦ QUESTÕES

1. DO SISTEMA INTERNACIONAL DE PROTEÇÃO DOS DIREITOS HUMANOS DE CRIANÇAS

01. (Cespe - Juiz de Direito - PR/2017) De acordo com as disposições da Convenção das Nações Unidas sobre os Direitos da Criança e do Adolescente, assinale a opção correta.

A) Além do estabelecimento de idade mínima antes da qual se presume que a criança não tem capacidade para infringir as leis penais, devem ser estabelecidos procedimentos judiciais obrigatórios para tratar a criança que tenha infringido as leis penais ou a quem se acuse de ter infringido as leis penais.

B) Em todo processo judicial ou administrativo que a afete, deve ser assegurada à criança que tenha capacidade de formular seus próprios juízos a oportunidade de ser ouvida, levando-se devidamente em consideração as opiniões em função da idade e maturidade dela.

C) Em razão do princípio da separação dos poderes, o Poder Judiciário não é alcançado pelo dispositivo segundo o qual todas as ações relativas às crianças devem considerar o interesse superior da criança, que deve ser observado por instituições públicas ou privadas de bem-estar social, autoridades administrativas ou órgãos legislativos.

D) O exercício do direito da criança à liberdade de expressão não pode sofrer restrição e inclui a liberdade de procurar, receber e divulgar informações e ideias de todo tipo, independentemente de fronteiras, de forma oral, escrita ou impressa, por meio das artes ou por qualquer outro meio escolhido pela criança.

COMENTÁRIOS

✪ **Nota do autor:** a Convenção sobre os Direitos da Criança foi ratificada e internalizada pelo Brasil e considera como criança todo ser humano com menos de dezoito anos de idade, a não ser que, em conformidade com a lei aplicável à criança, a maioridade seja alcançada antes.

Alternativa correta: letra "b". Os Estados Partes assegurarão à criança que estiver capacitada a formular seus próprios juízos o direito de expressar suas opiniões livremente sobre todos os assuntos relacionados com a criança, levando-se devidamente em consideração essas opiniões, em função da idade e maturidade da criança. Com tal propósito, se proporcionará à criança, em particular, a oportunidade de ser ouvida em todo processo judicial ou administrativo que afete a mesma, quer diretamente quer por intermédio de um representante ou órgão apropriado, em conformidade com as regras processuais da legislação nacional **(art.12, 1 e 2, da Convenção sobre os Direitos da Criança ratificada e internalizada pelo Brasil).**

Alternativa "a". Os Estados Partes buscarão promover o estabelecimento de leis, procedimentos, autoridades e instituições específicas para as crianças de quem se alegue ter infringido as leis penais ou que sejam acusadas ou declaradas culpadas de tê-las infringido, e em particular: a) o estabelecimento de uma idade mínima antes da qual se presumirá que a criança não tem capacidade para infringir as leis penais; b) a adoção sempre que conveniente e desejável, de medidas para tratar dessas crianças sem recorrer a procedimentos judiciais, contando que sejam respeitados plenamente os direitos humanos e as garantias legais (art.40, 3, a e b, da Convenção sobre os Direitos da Criança ratificada e internalizada pelo Brasil).

Alternativa "c". Todas as ações relativas às crianças, levadas a efeito por instituições públicas ou privadas de bem-estar social, TRIBUNAIS, autoridades administrativas ou **órgãos** legislativos, devem considerar, primordialmente, o interesse maior da criança (art.3, 1, da Convenção sobre os Direitos da Criança ratificada e internalizada pelo Brasil).

Alternativa "d". A criança terá direito à liberdade de expressão. Esse direito incluirá a liberdade de procurar, receber e divulgar informações e ideias de todo tipo, independentemente de fronteiras, de forma oral, escrita ou impressa, por meio das artes ou por qualquer outro meio escolhido pela criança. O EXERCÍCIO DE TAL DIREITO PODERÁ ESTAR SUJEITO A DETERMINADAS RESTRIÇÕES, QUE SERÃO UNICAMENTE AS PREVISTAS PELA LEI E CONSIDERADAS NECESSÁRIAS: a) para o respeito dos direitos ou da reputação dos demais, ou b) para a proteção da segurança nacional ou da ordem pública, ou para proteger a saúde e a moral públicas.

02. (Cespe - Defensor Público - RN/2015) Quanto ao tratamento dispensado a crianças e adolescentes no âmbito das normas internacionais, assinale a opção correta.

a) A Convenção sobre os Aspectos Civis do Sequestro Internacional de Crianças aplica-se à criança que tenha residência habitual em um Estado contratante até que ela complete dezoito anos de idade.

b) Embora a Convenção dos Direitos da Criança contemple direitos relativos à proteção da saúde da criança, tais como assistência médica e cuidados sanitários, ela é silente quanto aos direitos inerentes à previdência social, que são objeto de convenção internacional específica.

c) As normas da Convenção Relativa à Proteção das Crianças e à Cooperação em Matéria de Adoção Internacional incorporadas pelo ECA permitem a adoção de criança brasileira por estrangeiros residentes no exterior, ainda que não se tenham esgotado as possibilidades de colocação dessa criança em família substituta brasileira.

d) Segundo o STJ, a Convenção sobre os Aspectos Civis do Sequestro Internacional de Crianças não objetiva discutir o direito de guarda de criança, mas sim as questões vinculadas à retirada ilegal de criança de seu país e (ou) a retenção indevida de criança em local que não o de sua residência habitual.

e) Segundo as Regras de Beijing, a sanção aplicável ao jovem que cometer ato infracional deverá ser específica e única, princípio que torna inadmissível a aplicação simultânea de uma medida de liberdade assistida e uma de prestação de serviços à comunidade.

COMENTÁRIOS

✪ **Nota do autor:** a Convenção sobre os Aspectos Civis do Sequestro Internacional de Crianças, concluída na cidade de Haia, em 25 de outubro de 1980, aprovada pelo Congresso Nacional brasileiro por meio do Decreto Legislativo nº 79, de 15 de setembro de 1999, promulgada pelo Decreto Executivo Federal nº 3.413, de 14 de abril de 2000, tem por objetivos: a) assegurar o retorno imediato de crianças ilicitamente transferidas para qualquer Estado Contratante ou nele retidas indevidamente; e b) fazer respeitar de maneira efetiva nos outros Estados Contratantes os direitos de guarda e de visita existentes num Estado Contratante.

Alternativa correta: letra "d". O Superior Tribunal de Justiça, no julgamento do REsp 1196954/ES, Rel. Ministro HUMBERTO MARTINS, SEGUNDA TURMA, julgado em 25/02/2014, DJe 13/03/2014, interpretou o artigo 3 da Convenção da Haia sobre Aspectos Civis do Sequestro Internacional de Crianças, no sentido de que o sequestro internacional consiste no deslocamento ilegal da criança de seu país e/ou sua retenção indevida em outro local que não o de sua residência habitual. Na ocasião, fora fixada a tese de que o escopo da Convenção não se volta a debater o direito de guarda da criança, mas, sim, a assegurar o retorno da criança ao país de residência habitual, o qual é o juízo natural competente para julgar a guarda.

Alternativa "a". Errada. A Convenção aplica-se a qualquer criança que tenha residência habitual num Estado Contratante, imediatamente antes da violação do direito de guarda ou de visita. A aplicação da Convenção cessa quando a criança atingir a idade de dezesseis anos (Decreto Executivo Federal nº 3.413, de 14 de abril de 2000, art.4).

Alternativa "b". Errada. A Convenção sobre os Direitos da Criança, aprovada pelo Congresso Nacional por meio do Decreto Legislativo n° 28, de 14 de setembro de 1990, e promulgada pelo Presidente da República por meio do Decreto nº 99.710, de 21 de novembro de 1990, considera como criança a pessoa de zero a dezoito anos ou até sua maioridade civil, e prevê, dentre outras coisas, que os Estados Partes reconhecerão a todas as crianças o direito de usufruir dos serviços médicos e sanitários, previdência social, inclusive do seguro social, e adotarão as medidas necessárias para lograr a plena consecução desses direitos, em conformidade com sua legislação nacional (Artigos 1, 24 e 26).

Alternativa "c". Errada. A Convenção Relativa à Proteção das Crianças e à Cooperação em Matéria de Adoção Internacional, aprovada pelo Congresso Nacional por meio do Decreto Legislativo nº 1, de 14 de janeiro de 1999, e promulgada pelo Presidente da República por meio do Decreto nº 3.087, de 21 de novembro de 1990, estabelece deveres dos Estados de origem e de acolhida para a realização de adoção internacional. As autoridades competentes do Estado de origem devem: a) determinar que a criança seja adotável; b) verificar, depois de haver examinado adequadamente as possibilidades de colocação da criança em seu Estado de origem, que uma adoção internacional atende ao interesse superior da criança; c) assegurar de: 1) que as pessoas, instituições e autoridades cujo consentimento se requeira para a adoção hajam sido convenientemente orientadas e devidamente informadas das consequências de seu consentimento, em particular em relação à manutenção ou à ruptura, em virtude da adoção, dos vínculos jurídicos entre a criança e sua família de origem; 2) que estas pessoas, instituições e autoridades tenham manifestado seu consentimento livremente, na forma legal prevista, e que este consentimento se tenha manifestado ou constatado por escrito; 3) que os consentimentos não tenham sido obtidos mediante pagamento ou compensação de qualquer espécie nem tenham sido revogados, e 4) que o consentimento da mãe, quando exigido, tenha sido manifestado após o nascimento da criança; e d) assegurar, observada a idade e o grau de maturidade da criança, de: 1) que tenha sido a mesma convenientemente orientada e devidamente informada sobre as consequências de seu consentimento à adoção, quando este for exigido; 2) que tenham sido levadas em consideração a vontade e as opiniões da criança; 3) que o consentimento da criança à adoção, quando exigido, tenha sido dado livremente, na forma legal prevista, e que este consentimento tenha sido manifestado ou constatado por escrito; 4) que o consentimento não tenha sido induzido mediante pagamento ou compensação de qualquer espécie (Artigo 4).

Alternativa "e". Errada. Uma das Regras Mínimas das Nações Unidas para a Administração da Justiça, da Infância e da Juventude (REGRAS DE BEIJING) é a da pluralidade das medidas aplicáveis (artigo 18). Uma ampla variedade de medidas deve estar à disposição da autoridade competente, permitindo a flexibilidade e evitando ao máximo a institucionalização. Tais medidas, que podem algumas vezes ser aplicadas simultaneamente, incluem: a) determinações de assistência, orientação e supervisão; b) liberdade assistida; c) prestação de serviços à comunidade; d) multas, indenizações e restituições; e) determinação de tratamento institucional ou outras formas de tratamento; f) determinação de participar em sessões de grupo e atividades similares; g) determinação de colocação em lar substituto, centro de convivência ou outros estabelecimentos educativos; h) outras determinações pertinentes. O Estatuto da Criança e do Adolescente prevê diversas medidas aplicáveis em caso de prática de ato infracional por criança (artigo 101) e adolescente (artigo 112).

03. (Cespe – Defensor Público – PI/ 2009) Em setembro de 2000, os governos de 189 países assinaram a Declaração do Milênio, da qual se originaram os oito Objetivos de Desenvolvimento do Milênio (ODMs). Essas nações comprometeram-se a alcançar tais objetivos até 2015. Pautados nos diversos instrumentos internacionais de proteção dos direitos humanos que fazem parte da declaração, os ODMs estão orientados para erradicar a extrema pobreza e a fome; universalizar o ensino básico; promover a igualdade entre os sexos; reduzir a mortalidade infantil; melhorar a saúde materna; combater a AIDS, a malária e outras doenças; garantir a sustentabilidade ambiental e estabelecer uma parceria mundial para o desenvolvimento. Sete dos oito ODMs têm como sujeitos de direitos as crianças e os adolescentes e como marco paradigmático a Convenção Internacional sobre os Direitos da Criança (CDC), que reconhece, sem distinção de raça, cor, sexo, língua, religião, opinião política, origem nacional ou social, posição econômica e nascimento, que toda criança tem direito a sobrevivência sadia, desenvolvimento pleno e proteção contra todas as formas de discriminação, exploração e abuso.

Márcia Anta Sprandel (Org.). Situação das crianças e dos adolescentes na tríplice fronteira entre Argentina, Brasil e Paraguai: desafios e recomendações.

Curitiba: UNICEF/ITAIPU Binacional, 2005 (com adaptações)

Quanto ao direito à identidade, à privacidade e à honra da criança, os Estados-parte signatários da Declaração do Milênio, mencionada no texto acima, e signatários, por extensão, da CDC, comprometeram-se a

I. respeitar o direito da criança e a preservar a sua identidade, incluindo a nacionalidade, o nome e as relações familiares, nos termos da lei, sem ingerência ilegal.

II. assegurar assistência e proteção adequadas, no caso de uma criança ser ilegalmente privada de todos os elementos constitutivos da sua identidade ou de alguns deles, de forma que a sua identidade seja restabelecida o mais rapidamente possível.

III. proteger o direito das crianças contra intromissões arbitrárias ou ilegais na sua vida privada, na sua família, no seu domicílio ou correspondência, bem como contra ofensas ilegais à sua honra e reputação.

IV. garantir o registro civil e o direito a nome e identidade a toda criança que necessite dos serviços públicos de educação e saúde, no prazo máximo de três anos a contar de seu nascimento.

Estão certos apenas os itens

a) I e III.

b) I e IV.

c) II e IV.

d) I, II e III.

e) II, III e IV.

COMENTÁRIOS

✪ **Nota do autor:** a Convenção sobre os Direitos da Criança da ONU consolidou-se como documento com o maior número de ratificações, com previsão de uma série de direitos da criança e determinando-se o respeito ao melhor interesse da criança.

Alternativa correta: letra "d". Estão corretos os itens I, II e III.

Item I. Certo. De acordo com o art. 8, 1, da Convenção, no qual "os Estados Partes se comprometem a respeitar o direito da criança de preservar sua identidade, inclusive a nacionalidade, o nome e as relações familiares, de acordo com a lei, sem interferências ilícitas".

Item II. Certo. Em conformidade com o art. 8, item 2, da Convenção.

Item III. Certo. De acordo com o art. 16, item 1, da Convenção: "Nenhuma criança será objeto de interferências arbitrárias ou ilegais em sua vida particular, sua família, seu domicílio ou sua correspondência, nem de atentados ilegais a sua honra e a sua reputação".

Item IV. Errado. A criança será **registrada imediatamente** após seu nascimento e **terá direito, desde o momento em que nasce**, a um nome, a uma nacionalidade e, na medida do possível, a conhecer seus pais e a ser cuidada por eles (art.7, 1, da Convenção sobre os Direitos da Criança).

04. (Cespe – Defensor Público – PI/ 2009) A CDC, em consonância com o que foi expressamente consignado nas Regras das Nações Unidas para a Proteção de Menores Privados de Liberdade, garante que

a) apenas a criança colocada em instituição pelas autoridades competentes para fins de tratamento tem direito a uma revisão periódica dessa colocação.

b) nenhuma criança seja privada de sua liberdade de forma ilegal ou arbitrária, salvo quando submetida às medidas socioeducativas previstas.

c) a criança seja tratada com o respeito que merece, a dignidade inerente à pessoa humana, levando-se em consideração as necessidades de uma pessoa de sua idade.

d) a criança tem direito de manter contato com sua família, por meio de correspondência ou de visitas, após o período mínimo de ressocialização – seis meses –, durante o qual só pode manter contatos externos com a autoridade judiciária competente, a defensoria pública e o núcleo de assistência social do conselho tutelar.

e) toda criança privada de sua liberdade deve ficar separada dos adultos nas mesmas condições até os doze anos de idade, podendo, a partir de então, conviver com estes, desde que os alojamentos para dormitório sejam separados.

COMENTÁRIOS

✪ **Nota do autor:** o Brasil deve zelar pelos respeitos a todos os direitos não atingidos pela restrição da liberdade da criança, inclusive com tratamento isonômico, levando em conta os interesses da criança.

Alternativa correta: letra "c". O Estado zelará pela mantença e respeito da dignidade inerente às crianças privadas de liberdade, inclusive com tratamento necessário e pertinente às suas idades (art.37, c, da CDC).

Alternativa "a". Errada. Por causa do termo "apenas", pois tal garantia se estende a toda criança de quem se alegue ter infringido as leis penais ou a quem se acuse de ter infringido essas leis (art.40, 2, "b", V, da Convenção sobre os Direitos da Criança).

Alternativa "b". Errada. A garantia de privação de liberdade de forma legal e não arbitrária não comporta exceções (art.37, b, da CDC).

Alternativa "d". Errada. O direito de toda criança privada de sua liberdade em manter contato com sua família não tem período de carência para seu gozo, e somente pode ser restrito em circunstâncias excepcionais (art.37, "c", da Convenção sobre os Direitos da Criança).

Alternativa "e". Errada. Toda criança privada de sua liberdade ficará separada dos adultos, a não ser que tal fato seja considerado contrário aos melhores interesses da criança (art.37, "c", da Convenção sobre os Direitos da Criança).

---

05. (Cespe – Defensor Público – PI/ 2009) Os Estados-parte signatários da CDC acordaram que a educação das crianças deve destinar-se a

I. promover o desenvolvimento da personalidade da criança, das suas aptidões mentais e físicas na medida das suas potencialidades, bem como inculcar nela o respeito pelos pais, pela sua identidade cultural, sua língua e seus valores, pelos valores nacionais do país em que vive, do país de origem e pelas civilizações diferentes da sua.

II. promover o respeito da criança pelo meio ambiente, bem como inculcar nela o respeito pelos direitos do homem, pelas liberdades fundamentais e pelos princípios consagrados na Carta das Nações Unidas.

III. promover a obediência, o controle e o senso de dever, bem como inculcar, na criança, o respeito à lei e à ordem e também a disciplinarização progressiva de sua personalidade.

IV. preparar a criança para assumir as responsabilidades da vida em uma sociedade livre, com espírito de compreensão, paz, tolerância, igualdade entre os sexos, além de amizade entre todos os povos, grupos étnicos, nacionais e religiosos, incluindo pessoas de origem indígena.

V. controlar os fatores biomesológicos que determinam a ocorrência de comportamentos antissociais, bem como estimular o desenvolvimento da cultura cívica, da ética e da participação política.

Estão certos apenas os itens

a) I, II e III.

b) I, II e IV.

c) I, III e V.

d) II, IV e V.

e) III, IV e V.

COMENTÁRIOS

✪ **Nota do autor:** a educação da criança deverá estar orientada no sentido de desenvolver plenamente suas capacidades humanas, sua visão humanística e cultural, além de prepara-la para enfrentar os desafios sociais, com respeito ao meio ambiente que integra.

Alternativa correta: letra "b". Estão corretos os itens I, II e IV.

Item I. Certo. Está em conformidade com o artigo 29, I, "a" e "c", da CDC.

Item II. Certo. Os Estados Partes reconhecem que a educação da criança deverá estar orientada no sentido de imbuir na criança o respeito aos direitos humanos e às liberdades fundamentais, bem como aos princípios consagrados na Carta das Nações Unidas e ao meio ambiente (art. 29, I, "b" e "e", da Convenção sobre os Direitos da Criança).

Item III. Errado. A educação deve ser orientada no sentido que ampliar todas as capacidades das crianças, não de enrijecê-la, fomentando seu senso crítico e respeito ao próximo e valores socialmente consagrados (art.29, da CDC, a contrario sensu).

Item IV. Certo. A educação deve preparar a criança para enfrentar dos desafios sociais, com respeito ao próximo e às diferenças (art. 29, I, "d", da Convenção sobre os Direitos da Criança).

Item V. Errado. Nenhuma forma de restrição ou controle do desenvolvimento da criança serve para orientar sua educação (art.29, da CDC, a *contrario sensu*).

06. (Cespe – Defensor Público – PI/ 2009) De acordo com a Convenção de Haia, ocorre adoção internacional quando uma criança com residência habitual em um Estado – de origem – for deslocada para outro Estado – de destino. O deslocamento da criança pode ocorrer tanto após sua adoção no Estado de origem por pessoa ou cônjuges residentes habitualmente no Estado de acolhida, quanto para que a adoção seja realizada no Estado de acolhida ou no Estado de origem. Nesse sentido, para adotar criança brasileira, o estrangeiro deve

a) submeter seu pedido ao julgamento da plenária do CONANDA.

b) apresentar estudo psicossocial elaborado por agência especializada e credenciada no país de origem.

c) apresentar os documentos autenticados pelo respectivo conselho tutelar do Estado de origem.

d) apresentar aos autos os documentos em língua estrangeira traduzidos para o português por tradutor público juramentado.

e) possuir nível superior de ensino e idoneidade moral comprovada por autoridade competente em seu país de origem.

COMENTÁRIOS

✪ **Nota do autor:** a Convenção de Haia nasceu da necessidade de se estabelecer um regime internacional de cooperação, com o fito de localizar a criança ilicitamente transferida a um país signatário, avaliar a situação em que se encontra e, só então, restituí-la, se for o caso, ao seu país de origem.

Alternativa correta: ANULADA.

Alternativa "a". Errada. Os estrangeiros que desejam adotar criança brasileira devem procurar a Autoridade Central do Estado de sua residência habitual (art.14, da Convenção Relativa à Proteção das Crianças e à Cooperação em Matéria de Adoção Internacional, concluída na Haia, em 29 de maio de 1993).

Alternativa "b". Errada. Isso não é exigido dele, ficando a carga do Estado de sua residência habitual realizar os procedimentos adequados para averiguar sua aptidão e habilidade para adotar (art.15, da Convenção de Haia).

Alternativa "c". Errada. Isso não é previsto da Convenção de Haia.

Alternativa "d". Errada. Isso não é previsto da Convenção de Haia.

Alternativa "e". Errada. Os critérios de análise da aptidão e habilidade são estabelecidos pelo Estado de acolhida (art.15).

2. DOUTRINA DA PROTEÇÃO INTEGRAL

07. (Cespe – Promotor de Justiça – MPE – RR/2017) De acordo com os princípios orientadores do direito da criança e do adolescente, em favor deles deve ser dada primazia em todas as esferas de interesse, seja no campo judicial, extrajudicial, administrativo, social ou familiar. Tal tratamento não comporta questionamentos ou ponderações, pois foi essa a escolha nacional por meio do legislador constituinte. De acordo com a doutrina, tal primazia corresponde ao princípio

A) da municipalização.

B) da prevenção especial.

C) da prioridade absoluta.

D) do interesse superior da criança e do adolescente.

COMENTÁRIOS

✪ **Nota do autor:** O artigo 227 da CF afirma o princípio da prioridade absoluta dos direitos da criança, do adolescente e do jovem, tendo como destinatários da norma a família, a sociedade e o Estado. Pretende, pois, que a família se responsabilize pela manutenção da integridade física e psíquica; a sociedade pela convivência coletiva harmônica; e o Estado pelo constante incentivo à criação de políticas públicas. Trata-se de uma responsabilidade que, para ser realizada, necessita de uma integração, de um conjunto devidamente articulado de políticas públicas.

Alternativa correta: letra "c" (responde as demais alternativas). É dever da família, da comunidade, da sociedade em geral e do poder público assegurar, COM ABSOLUTA PRIORIDADE, a efetivação dos direitos referentes à vida, à saúde, à alimentação, à educação, ao esporte, ao lazer, à profissionalização, à cultura, à dignidade, ao respeito, à liberdade e à convivência familiar e comunitária. A GARANTIA DE PRIORIDADE COMPREENDE: a) primazia de receber proteção e socorro em quaisquer circunstâncias; b) precedência de atendimento nos serviços públicos ou de relevância pública; c) preferência na formulação e na execução das políticas sociais públicas; d) destinação privilegiada de recursos públicos nas áreas relacionadas com a proteção à infância e à juventude (Artigo 4º do ECA).

08. (Cespe – Defensor Público – PI/ 2009) Com o objetivo de garantir o desenvolvimento físico, mental, moral, espiritual e social, em condições de liberdade e dignidade, o Estado brasileiro tem o dever de garantir as necessidades das crianças e dos adolescentes, velando pelo seu direito à vida, à saúde, à educação, à convivência, ao lazer, à liberdade, à profissionalização, entre outros. Nesse sentido, é correto afirmar que o ECA

a) reconhece que as crianças e os adolescentes são sujeitos especiais, titulares de direitos absolutos e merecedores de atenção jurídica preferencial, posto que a CF, ao consagrar o princípio da proteção integral, impõe ao juiz que desconsidere a finalidade social, o bem comum e os direitos individuais e coletivos.

b) baseou-se no princípio da indisponibilidade dos direitos fundamentais, por meio do qual foram estabelecidas as Diretrizes das Nações Unidas para a Prevenção da Delinquência Juvenil e o critério cronológico da psicologia evolutiva para diferenciar crianças, adolescentes e jovens adultos.

c) aperfeiçoou a doutrina da situação irregular, esposada pelo Código de Menores, estendendo a aplicação das medidas socioeducativas destinadas à reabilitação física, moral e psíquica de crianças e adolescentes infratores.

d) utilizou-se da tipologia de Enrico Ferri para definir os critérios capazes de estipular o grau de periculosidade dos menores infratores e o consequente risco social de sua permanência no seio da sociedade.

e) afastou-se da doutrina de situação irregular que caracterizou o antigo Código de Menores, haja vista este ser voltado apenas aos menores em situação irregular, isto é, àqueles que se encontram em conflito com a lei ou que se encontram privados de assistência, por qualquer motivo. O ECA, ao contrário, segue a doutrina da proteção integral, que se baseia no princípio do melhor interesse da criança.

COMENTÁRIOS

✪ **Nota do autor:** o Estatuto da Criança e do Adolescente contém uma série de normas e procedimentos que visam dar proteção integral à criança e ao adolescente, internalizando uma série de dispositivos internacionais e efetivando direitos e garantias constitucionais.

Alternativa correta: letra "e". O ECA se orienta pela doutrina da proteção integral à criança e ao adolescente, podendo ser aplicado inclusive a pessoas com até vinte e um anos de idade, sempre no intuito de preservar o interesse e bem maior da criança e do adolescente, possibilitando o real e amplo desenvolvimento dessas pessoas (arts.1º, 3º, 100, parágrafo único, II, do Estatuto da Criança e do Adolescente).

Alternativa "a". Errada. Por causa da palavra "desconsidere", pois, o juiz ou outro aplicar do direito, na interpretação do ECA deve levar em conta os fins sociais a que ele se dirige, as exigências do bem comum, os direitos e deveres individuais e coletivos, e a condição peculiar da criança e do adolescente como pessoas em desenvolvimento (art.6º, do Estatuto da Criança e do Adolescente).

Alternativa "b". Errada. Conforme vimos na alternativa "E", o ECA se orienta pela proteção integral à criança e ao adolescente, e excepcionalmente se aplica a pessoas com até vinte e um anos de idade.

Alternativa "d". Errada. O ECA não utilizou tal classificação, segundo o qual os delinquentes são de cinco tipos, a saber: nato, louco, ocasional, habitual e passional.

---

09. (Cespe – Defensor Público – BA/ 2011) Com relação aos princípios orientadores do ECA bem como aos direitos fundamentais nele previstos, julgue o item que se segue.

I. De acordo com o princípio do melhor interesse da criança e do adolescente, deve-se assegurar a eles condição de se desenvolverem com dignidade, garantindo-se a concretização dos seus direitos fundamentais.

COMENTÁRIOS

✪ **Nota do autor:** na interpretação e aplicação do Estatuto da Criança e do Adolescente deve-se sempre levar em conta o melhor interesse da criança e do adolescente, com vistas a possibilitar-lhes o pleno desenvolvimento de suas capacidades humanas e a concretude de seus direitos fundamentais.

Certo. Como dissemos anteriormente, na nota dos autores, o princípio do melhor interesse demanda interpretação e aplicação das normas destinadas a tutelar criança e adolescente para o seu pleno desenvolvimento, com concretude de seus direitos fundamentais, inclusive.

---

10. (Cespe – Promotor de Justiça-RO/ 2008) Tendo por base o ECA, julgue os itens a seguir.

I. O ECA considera criança a pessoa de até doze anos de idade completos e, adolescente, aquela entre treze e dezoito anos de idade.

II. Se a carência de recursos materiais causar impacto no pleno desenvolvimento da criança ou do adolescente, há motivo suficiente para perda ou suspensão do pátrio poder.

III. A criança e o adolescente têm direito à educação e a eles deve ser assegurado acesso a escola pública e gratuita próxima de sua residência.

IV. O trabalho educativo do adolescente pode ser corretamente definido como a atividade laboral caracterizada pela prevalência das exigências pedagógicas relativas ao desenvolvimento pessoal e social do educando sobre o aspecto produtivo. Por isso, se um programa social que tenha por base o trabalho educativo, sob responsabilidade de entidade governamental ou não-governamental sem fins lucrativos, remunerar um adolescente pelo trabalho efetuado ou a ele conceder participação na venda dos produtos de seu trabalho, estará desfigurado o caráter educativo.

A quantidade de itens certos é igual a

a) 0.

b) 1.

c) 2.

d) 3.

e) 4.

COMENTÁRIOS

✪ **Nota do autor:** a questão tratou dos direitos da criança e do adolescente, abordando, em especial, o direito à convivência familiar e comunitária, à educação e à profissionalização e proteção no trabalho.

Alternativa correta letra "b". Apenas a assertiva III está correta

Item I. Errado. Pois não revela a idade correta da criança adotada pelo Estatuto.

Item II. Errado. Em nenhum momento a carência de recursos materiais, por si só, será motivo suficiente para a perda ou a suspensão do poder familiar.

Item III. Certo. O Estatuto adotou a teoria do georreferenciamento, pela qual a criança e o adolescente fazem jus a ser matriculados na escola mais próxima de sua residência. Não se trata de regra absoluta, pois cede em favor do próprio superior interesse da criança, conforme já reiteradamente decidido pelo Superior Tribunal de Justiça.

Item IV. Errado. O recebimento de remuneração ou a participação nos lucros não é óbice, por si sós, ao trabalho educativo.

---

11. (Cespe – Promotor de Justiça-RO/ 2010) A respeito do direito da criança e do adolescente, assinale a opção correta.

a) Com o advento da CF, o dever de cuidado e proteção a toda e qualquer criança e adolescente passou a ser um dever exclusivo do Estado.

b) O princípio do melhor interesse da criança e do adolescente pode ser compreendido como a forma adequada de permitir que a criança e o adolescente possam se desenvolver com dignidade, concretizando, portanto, os seus direitos fundamentais.

c) Os princípios estruturantes do ECA não contemplam a municipalização.

d) O primeiro CP da República, de 1890, estendeu a responsabilização para maiores de quatorze anos de idade, deixando de utilizar o critério do discernimento.

e) Segundo a doutrina da situação irregular do menor, o menor em tal situação era aquele que sempre apresentava problemas de conduta de caráter ilícito, devendo ser, portanto, regulado por lei especial.

COMENTÁRIOS

✪ **Nota do autor:** interessante questão, que trata de aspectos diversos envolvendo o Direito da Criança e do Adolescente, desde históricos a principiológicos.

Alternativa correta: letra "b". O princípio do melhor interesse da criança foi encampado pela Convenção Sobre os Direitos da Criança – art. 3º – pelo qual as decisões a serem tomadas e que dissessem respeito àquelas pessoas devem observar o seu superior interesse. O princípio é aplicado constantemente pelo Superior Tribunal de Justiça, em variadas decisões que dizem respeito à criança e ao adolescente. Ao observar tal princípio, atende-se às condições necessárias para que possa desenvolver com dignidade.

Alternativa "a". O dever de cuidado, encampado no art. 127, da Constituição Federal, não é exclusivo do Estado, abrangendo, da mesma forma, a família e a sociedade, cada qual com as suas atribuições específicas.

Alternativa "c". Dentre os princípios estruturantes do Estatuto, encontra-se o da municipalização, consoante se pode ver no art. 88, I. Inverteu-se a pirâmide organizacional, de modo que o município passou a ser o principal responsável pelas políticas públicas.

Alternativa "d". O Código Penal de 1890 pode ser inserido, na evolução do tratamento jurídico conferido à criança e ao adolescente, na fase da mera imputação criminal, em que as leis tinham o propósito de coibir a prática de ilícitos por aquelas pessoas.

Alternativa "e". A doutrina da situação irregular, vigente no ordenamento jurídico brasileiro até a Constituição Federal de 1988, considerava o **menor** um objeto de proteção. E a expressão menor não abrangia a universalidade das pessoas que tivessem menos de dezoito anos, mas apenas as pessoas que estivessem irregulares, como aqueles que praticassem ilícitos penais, bem como aqueles que fossem abandonados por seus pais, órfãos e outros que não estivessem inseridos em um grupo familiar. Existe uma expressão que pode ilustrar bem o pensamento vigente à época: "menor assalta criança". Percebe-se a expressão menor possuía um sentido pejorativo. Com a adoção da proteção integral, o Estado brasileiro passou a considerar a criança e o adolescente em sua universalidade, abrangendo todas as pessoas de zero a dezoito anos incompletos, independentemente de estarem ou não em situação de risco.

---

12. (Cespe – Juiz de Direito Substituto – AC/ 2012) No que tange aos princípios gerais orientadores do ECA, assinale a opção correta.

a) O princípio da prioridade absoluta não pode ser interpretado de forma isolada, devendo ser interpretado de forma integrada aos demais sistemas de defesa da sociedade. Dessa forma, a decisão do administrador público entre a construção de uma creche e a de um abrigo para idosos, ambos necessários, deverá recair sobre a segunda, dada a prevalência da lei mais recente, no caso, o Estatuto do Idoso.

b) Buscando efetivar o princípio da prioridade absoluta, o legislador incluiu no ECA um rol taxativo de preceitos a serem seguidos.

c) O princípio do melhor interesse tem aplicação limitada ao público infanto-juvenil cujos direitos reconhecidos no ECA forem ameaçados ou violados por ação ou omissão da sociedade ou do Estado, ou por falta, omissão ou abuso dos pais ou responsável.

d) De acordo com o princípio da centralização, inovação promovida pelo ECA, a União tem competência para criar normas gerais e específicas de atendimento a crianças e adolescentes para sanar omissão dos governos estaduais e municipais.

e) Com importância reconhecida desde o século XIX, o princípio do melhor interesse foi adotado pela comunidade internacional, em 1959, na Declaração dos Direitos da Criança e, por esse motivo, malgrado a diferença de enfoque, foi incluído no Código de Menores de 1979, ainda que sob a égide da doutrina da situação irregular.

COMENTÁRIOS

✪ **Nota do autor:** o Direito da Criança e do Adolescente observa princípios que lhe são próprios, originados a partir da concepção da criança como um sujeito de direitos e previsto em documentos internacionais.

Alternativa correta: letra "e". O princípio do melhor interesse já era previsto entre nós antes da Constituição Federal, embora sem se reconhecer o "menor" como um sujeito de direitos.

Alternativa "a". Em verdade, deve ser priorizada a adoção de políticas públicas voltadas à infância e à juventude.

Alternativa "b". Não se trata de rol taxativo, mas exemplificativo.

Alternativa "c". Ao contrário, o melhor interesse se aplica a toda infância, estando em situação de risco ou não.

Alternativa "d". O Estatuto adotou o princípio da descentralização do atendimento, bem como da municipalização, contrariamente ao afirmado.

3. DIREITO FUNDAMENTAL À VIDA E À SAÚDE

13. (Cespe – Promotor de Justiça – AC/2014) No que tange aos direitos fundamentais das crianças e dos adolescentes, conforme previsão do ECA e entendimento dos tribunais superiores, assinale a opção correta.

a) Embora o ECA garanta, de diversas formas, os direitos fundamentais da criança e do adolescente mediante a proteção da gestante, não há previsão de garantia do aleitamento materno aos filhos de mães submetidas a penas privativas de liberdade.

b) Como forma de impedimento à adoção comercial de bebês, o Estado é proibido de proporcionar assistência psicológica à gestante ou à mãe que manifestarem desejo de entregar seus filhos para adoção.

c) Admite-se a veiculação de imagens com cenas de espancamento e tortura praticados por adulto contra criança, ainda que constrangedoras, em razão da prevalência do direito à informação prestada pela impressa à sociedade.

d) É obrigação do Estado criar e manter centros específicos para adolescentes portadores de doença ou deficiência mental em cumprimento de medida socioeducativa, não sendo suficientes a existência de programa psiquiátrico terceirizado e a utilização da rede pública para o atendimento de casos agudos.

e) A CF e o ECA asseguram o ingresso e a permanência de crianças com até seis anos de idade em creches e pré-escolas, desde que comprovada a hipossuficiência dos pais.

COMENTÁRIOS

✪ **Nota do autor:** a questão trata de vários direitos fundamentais de crianças e de adolescentes.

Alternativa Correta: letra "d". O adolescente portador de doença mental em cumprimento de medida socioeducativa faz jus a tratamento específico. A permanência em cumprimento de medida sem o devido acompanhamento transforma a medida em simples pena, com caráter retributivo, pois esvaziada estará a ressocialização. Por conta disso, constitui obrigação do Estado criar e manter centros específicos de tratamento, sem prejuízo de outras providências que já sejam tomadas.

Alternativa "a". Errada. Em conformidade com o art. 9º, do Estatuto, "O poder público, as instituições e os empregadores propiciarão condições adequadas ao aleitamento materno, inclusive aos filhos de mães submetidas a medida privativa de liberdade".

Alternativa "b". Errada. O correto é justamente o contrário. O Estado deve promover a assistência psicológica à gestante ou à mãe que manifestarem desejo de entregar seus filhos para a adoção. A medida tem mais de uma finalidade. Propicia-se, por meio dela, a possibilidade de reversão da vontade materna. Além disso, dentre outras coisas, promove-se um acompanhamento efetivo da medida.

Alternativa "c". Errada. Tais imagens não podem ser veiculadas, porque poderiam incentivar o cometimento do mesmo ato por outras pessoas.

Alternativa "e". Errada. A Constituição Federal assegura o ingresse de crianças em creches e pré-escolas até os cinco anos. A partir dos seis anos, já devem ingressar no ensino fundamental.

14. (Cespe – Promotor de Justiça-RO/ 2008) Como forma de proteção à criança, o ECA estabeleceu normas de proteção à gestante e à nutriz. No que concerne a essas normas, assinale a opção incorreta.

a) A gestante tem direito, por meio do Sistema Único de Saúde (SUS), ao atendimento pré e perinatal.

b) A parturiente deve ser atendida, preferencialmente, pelo mesmo médico que a acompanhou na fase pré-natal.

c) É dever do poder público propiciar apoio alimentar à gestante e à nutriz que dele necessitem.

d) Os hospitais e demais estabelecimentos de atenção à saúde de gestantes, públicos ou particulares, são obrigados a manter alojamento conjunto, que possibilite a permanência do neonato junto à mãe.

e) O poder público, as instituições e os empregadores propiciarão condições adequadas ao aleitamento materno, excluídas as penitenciárias femininas, pois é vedada permanência de bebês no ambiente carcerário.

COMENTÁRIOS

✪ **Nota do autor:** a questão trata do direito fundamental à vida e à saúde (art. 7º a 14, do Estatuto), principalmente das obrigações de hospitais e demais estabelecimentos de atenção à saúde de gestantes, públicos e particulares.

Alternativa correta: letra "e". A alternativa não se encontra em consonância com o Estatuto, pois exclui a possibilidade de as mulheres inseridas no sistema penitenciário de amamentarem os seus filhos. Tal fato não pode ser impeditivo ao crescimento sadio do recém-nascido, que depende do alimento materno para a garantia de sua saúde.

Alternativa "a". O Sistema Único de Saúde deve garantir o atendimento pré – antes do nascimento – e perinatal – imediatamente após o nascimento. Na verdade, o que o Estatuto fez foi reforçar a necessidade desse atendimento, na medida em que o atendimento à gestante e à mãe deve ocorrer a qualquer momento, reforçando que com tal atitude preservam-se os interesses da família.

Alternativa "b". O atendimento pelo mesmo médico, durante toda a gestação, é importantíssimo para o completo acompanhamento de todas as suas fases, principalmente em razão do conhecimento adquirido e familiaridade com as particularidades da gestante, que acarretam no aumento da possibilidade de total êxito quando do parto, evitando-se complicações.

Alternativa "c". Com o apoio alimentar, propicia-se à mulher continuar alimentando seu filho com o leite materno, alimento vital ao seu crescimento saudável.

Alternativa "d". Manter o alojamento conjunto, possibilitando ao neonato a permanência junto à mãe, propicia-se o contato da criança e de sua mãe, direito esse tutelado pelo Estatuto, ainda que a genitora esteja recolhida junto ao sistema prisional.

4. DIREITO À LIBERDADE, AO RESPEITO E À DIGNIDADE

15. (Cespe – Promotor de Justiça – MPE – RR/2017) Segundo o ECA, "A criança e o adolescente têm o direito de ser educados e cuidados sem o uso de castigo físico ou de tratamento cruel ou degradante, como formas de correção, disciplina, educação ou qualquer outro pretexto, pelos pais, pelos integrantes da família ampliada, pelos responsáveis, pelos agentes públicos executores de medidas socioeducativas ou por qualquer pessoa encarregada de cuidar deles, tratá-los, educá-los ou protegê-los." Nesse sentido, entende-se por

I. castigo físico a ação de natureza disciplinar ou punitiva aplicada com o uso da força física sobre a criança ou o adolescente e que lhes cause sofrimento físico ou lesão.

II. tratamento cruel ou degradante a conduta ou forma cruel de tratamento em relação à criança ou ao adolescente que lhes humilhe, ameace gravemente ou ridicularize.

III. tratamento cruel ou degradante a alienação parental praticada por um dos genitores, por ser uma forma de humilhar a criança ou o adolescente.

Assinale a opção correta.

A) Nenhum item está certo.

B) Apenas o item III está certo.

C) Apenas os itens I e II estão certos.

D) Todos os itens estão certos.

COMENTÁRIOS

✪ **Nota do autor:** os casos de suspeita ou confirmação de castigo físico, de tratamento cruel ou degradante e de maus-tratos contra criança ou adolescente serão obrigatoriamente comunicados ao Conselho Tutelar da respectiva localidade, sem prejuízo de outras providências legais.

Alternativa correta: letra "c". Estão corretos os itens I e II.

Item I. Certo. Para efeitos de aplicação do ECA, castigo físico consiste na ação de natureza disciplinar ou punitiva aplicada com o uso da força física sobre a criança ou o adolescente que resulte em sofrimento físico ou lesão (art.18-A, parágrafo único, I, da Lei nº 8.069/90).

Item II. Certo. Tratamento cruel ou degradante consiste na conduta ou forma cruel de tratamento em relação à criança ou ao adolescente que humilhe, ameace gravemente ou ridicularize (art.18-A, parágrafo único, II, da Lei nº 8.069/90).

Item III. Errado. O ECA não define a alienação parental na inclusão do conceito de tratamento cruel ou degradante. Considera-se ato de alienação parental a interferência na formação psicológica da criança ou do adolescente promovida ou induzida por um dos genitores, pelos avós ou pelos que tenham a criança ou adolescente sob a sua autoridade, guarda ou vigilância para que repudie genitor ou que cause prejuízo ao estabelecimento ou à manutenção de vínculos com este (art.2º da Lei nº 12.318/2010).

5. DIREITO À CONVIVÊNCIA FAMILIAR E COMUNITÁRIA

16. (Cespe – Promotor de Justiça – MPE – RR/2017) Com base na legislação relativa às crianças e aos adolescentes, julgue os itens que se seguem.

I. A criança e o adolescente têm o direito de ser criados em suas famílias naturais, embora, em determinados momentos, possa ser necessária sua colocação em família substituta.

II. A guarda pressupõe a obrigação da prestação de assistência material, moral e educacional à criança ou ao adolescente, e o seu detentor poderá opor-se a terceiros, destes excetuados os pais da criança ou do adolescente.

III. A tutela pressupõe a prévia perda do poder familiar, mas nem sempre implicará o dever de guarda.

IV. Além de ser orientada pelo princípio do melhor interesse da criança ou do adolescente, a adoção deverá representar real vantagem para o adotando e fundar-se em motivos legítimos.

Estão certos apenas os itens

A) I e II.

B) I e IV.

C) II e III.

D) III e IV.

COMENTÁRIOS

Nota do autor: o direito **à** convivência familiar e comunitária constitui direito essencial de crianças e adolescentes, um dos direitos da personalidade infanto-juvenil. Algo semelhante foi reconhecido aos idosos, inclusive com a cláusula de absoluta prioridade (art. 3º, caput, e parágrafo **único,** inciso V, da Lei nº 10.741/2003).

Alternativa correta: letra "b". Estão corretos os itens I e IV.

Item I. Certo. É direito da criança e do adolescente ser criado e educado no seio de sua família e, excepcionalmente, em família substituta, assegurada a convivência familiar e comunitária, em ambiente que garanta seu desenvolvimento integral (Artigo 19 do ECA).

Item II. Errado. A guarda obriga a prestação de assistência material, moral e educacional à criança ou adolescente, conferindo a seu detentor o direito de opor-se a terceiros, INCLUSIVE AOS PAIS (Artigo 33 do ECA).

Item III. Errado. A tutela será deferida, nos termos da lei civil, à pessoa de até 18 (dezoito) anos incompletos, pressupõe a prévia decretação da perda ou suspensão do poder familiar e IMPLICA NECESSARIAMENTE O DEVER DE GUARDA (Artigo 36 do ECA).

Item IV. Certo. A adoção será deferida quando apresentar reais vantagens para o adotando E fundar-se em motivos legítimos (Artigo 43 do ECA).

---

17. (Cespe – Juiz de Direito Substituto – AM/2016) Assinale a opção correta acerca das medidas socioeducativas, da alienação parental e das medidas pertinentes aos pais ou responsáveis.

a) A prática de ato de alienação parental fere direito fundamental da criança ou do adolescente de convivência comunitária saudável, além de constituir abuso moral contra a criança ou o adolescente e descumprimento dos deveres inerentes à autoridade parental ou decorrentes de tutela ou guarda.

b) A autoridade judiciária pode aplicar nova medida de internação, por ato infracional praticado anteriormente, a adolescente que já tenha concluído cumprimento de medida socioeducativa dessa natureza, salvo se o adolescente já tiver sido transferido para cumprimento de medida menos rigorosa.

c) Um dos princípios que regem a execução das medidas socioeducativas é a prioridade a práticas restaurativas e que, sempre que possível, atendam às necessidades das vítimas. Por essa razão, a legislação pertinente prevê a participação de socioeducando na composição da comissão de apuração de faltas disciplinares.

d) Considera-se ato de alienação parental a interferência na formação psicológica da criança ou do adolescente promovida ou induzida por um dos genitores, pelos avós ou pelos vizinhos para que repudie genitor, assim como a interferência que cause prejuízo ao estabelecimento ou à manutenção de vínculos com o genitor.

e) Declarado indício de ato de alienação parental, o juiz pode determinar de ofício medidas provisórias necessárias à preservação da integridade psicológica da criança ou do adolescente, inclusive para assegurar convivência com genitor ou viabilizar a efetiva reaproximação entre ambos.

COMENTÁRIOS

✪ **Nota do autor:** são formas exemplificativas de alienação parental, além dos atos assim declarados pelo juiz ou constatados por perícia, praticados diretamente ou com auxílio de terceiros: I – realizar campanha de desqualificação da conduta do genitor no exercício da paternidade ou maternidade; II – dificultar o exercício da autoridade parental; III – dificultar contato de criança ou adolescente com genitor; IV – dificultar o exercício do direito regulamentado de convivência familiar; V – omitir deliberadamente a genitor informações pessoais relevantes sobre a criança ou adolescente, inclusive escolares, médicas e alterações de endereço; VI – apresentar falsa denúncia contra genitor, contra familiares deste ou contra avós, para obstar ou dificultar a convivência deles com a criança ou adolescente; VII – mudar o domicílio para local distante, sem justificativa, visando a dificultar a convivência da criança ou adolescente com o outro genitor, com familiares deste ou com avós.

Alternativa correta: letra "e". Declarado indício de ato de alienação parental, o juiz determinará, com urgência, ouvido o Ministério Público, as medidas provisórias necessárias para preservação da integridade psicológica da criança ou do adolescente, inclusive para assegurar sua convivência com genitor ou viabilizar a efetiva reaproximação entre ambos, se for o caso (Lei nº 12.318/10, art.4º, *caput*).

Alternativa "a". Errada. A prática de ato de alienação parental fere direito fundamental da criança ou do adolescente de convivência familiar saudável, prejudica a realização de afeto nas relações com genitor e com o grupo familiar, constitui abuso moral contra a criança ou o adolescente e descumprimento dos deveres inerentes à autoridade parental ou decorrentes de tutela ou guarda (Lei nº 12.318/10, art.3º).

Alternativa "b". Errada. É vedado à autoridade judiciária aplicar nova medida de internação, por atos infracionais praticados anteriormente, a adolescente que já tenha concluído cumprimento de medida socioeducativa dessa natureza, ou que tenha sido transferido para cumprimento de medida menos rigorosa, sendo tais atos absorvidos por aqueles aos quais se impôs a medida socioeducativa extrema (Lei nº 12.594/12, art.45, §2º).

Alternativa "c". Errada. Nenhum socioeducando poderá desempenhar função ou tarefa de apuração disciplinar ou aplicação de sanção nas entidades de atendimento socioeducativo (Lei nº 12.594/12, art.73).

Alternativa "d". Errada. Considera-se ato de alienação parental a interferência na formação psicológica da criança ou do adolescente promovida ou induzida por um dos genitores, pelos avós ou pelos que tenham a criança ou adolescente sob a sua autoridade, guarda ou vigilância para que repudie genitor ou que cause prejuízo ao estabelecimento ou à manutenção de vínculos com este (Lei nº 12.318/10, art.2º, *caput*).

---

18. (Cespe – Juiz de Direito Substituto – AM/2016) Com referência aos institutos da família natural e da família substituta, da guarda, da tutela e da adoção, assinale a opção correta.

a) O conceito de família natural abrange o de família extensa, como aquela formada pelos pais ou qualquer deles e seus descendentes, inclusive parentes próximos e vizinhos com os quais a criança ou adolescente conviva e mantenha vínculos de afinidade e afetividade.

b) A colocação em família substituta far-se-á mediante guarda, tutela ou adoção, após definida a situação jurídica da criança ou adolescente por meio de suspensão ou destituição do poder familiar, salvo quando ambos os genitores forem falecidos.

c) Os grupos de irmãos colocados sob adoção, tutela ou guarda terão de permanecer com a mesma família substituta, ressalvada a suspeita da existência de risco de abuso ou outra situação que justifique razoavelmente o rompimento definitivo dos vínculos fraternais.

d) O deferimento da guarda de criança ou adolescente em preparação para adoção não impede o exercício do direito de visitas pelos pais, assim como o dever de prestar alimentos, que serão objeto de regulamentação específica, a pedido do interessado ou do MP.

e) Entre outras exigências legais, criança ou adolescente indígenas ou provenientes de comunidade remanescente de quilombo encaminhados para adoção, tutela ou guarda devem prioritariamente ser colocados em família substituta de sua comunidade ou junto a membros da mesma etnia.

COMENTÁRIOS

✪ **Nota do autor:** não se deferirá colocação em família substituta a pessoa que revele, por qualquer modo, incompatibilidade com a natureza da medida ou não ofereça ambiente familiar adequado.

Alternativa correta: letra "e". A colocação em família substituta far-se-á mediante guarda, tutela ou adoção, independentemente da situação jurídica da criança ou adolescente, com observância das normas previstas e, em se tratando de criança ou adolescente indígena ou proveniente de comunidade remanescente de quilombo, é ainda obrigatório: I – que sejam consideradas e respeitadas sua identidade social e cultural, os seus costumes e tradições, bem como suas instituições, desde que não sejam incompatíveis com os direitos fundamentais reconhecidos por esta Lei e pela Constituição Federal; II – que a colocação familiar ocorra prioritariamente no seio de sua comunidade ou junto a membros da mesma etnia; III – a intervenção e oitiva de representantes do órgão federal responsável pela política indigenista, no caso de crianças e adolescentes indígenas, e de antropólogos, perante a equipe interprofissional ou multidisciplinar que irá acompanhar o caso (Lei nº 8.069/90, art.28, *caput* e §6º).

Alternativa "a". Errada. Entende-se por família natural a comunidade formada pelos pais ou qualquer deles e seus descendentes. Já a família extensa ou ampliada é aquela que se estende para além da unidade pais e filhos ou da unidade do casal, formada por parentes próximos com os quais a criança ou adolescente convive e mantém vínculos de afinidade e afetividade (Lei nº 8.069/90, art.25).

Alternativa "b". Errada. A colocação em família substituta far-se-á mediante guarda, tutela ou adoção, independentemente da situação jurídica da criança ou adolescente (Lei nº 8.069/90, art.28, *caput*).

Alternativa "c". Errada. Os grupos de irmãos serão colocados sob adoção, tutela ou guarda da mesma família substituta, ressalvada a comprovada existência de risco de abuso ou outra situação que justifique plenamente a excepcionalidade de solução diversa, procurando-se, em qualquer caso, evitar o rompimento definitivo dos vínculos fraternais (Lei nº 8.069/90, art.28, §4º).

Alternativa "d". Errada. A guarda de criança ou adolescente, aplicada em preparação para adoção, impede o exercício do direito de visitas pelos pais, assim como o dever de prestar alimentos (Lei nº 8.069/90, art.33, §4º).

19. (Cespe – Defensor Público – RN/2015) Assinale a opção correta com referência a família substituta e adoção.

a) De acordo com o ECA, a condenação do pai ou da mãe por crime constitui causa ensejadora da perda do poder familiar.

b) Segundo o STJ, no tocante ao ambiente em que se deve desenvolver o convívio familiar, em regra, não há primazia da família natural estendida em relação à família substituta.

c) O STJ, com base no princípio do interesse superior da criança e do adolescente, entende ser necessária a idade de doze anos para que o menor possa ser adotado por pessoa homoafetiva, pois é preciso que esse menor se manifeste previamente a respeito da pretensa adoção.

d) Como a adoção rompe o vínculo de parentesco com a família biológica da criança e do adolescente, é imprescindível que os pais biológicos concordem com a adoção, o que torna necessária a propositura de ação de destituição do poder familiar caso os pais biológicos do adotante sejam desconhecidos.

e) Apesar de a lei exigir o cadastro e a habilitação para a adoção, é possível que pessoas não cadastradas tenham preferência para a adoção de determinada criança ou adolescente, a exemplo do que ocorre no caso de adoção intuitu personae.

COMENTÁRIOS

✪ **Nota do autor:** é direito fundamental da criança e adolescente sua alocação prioritária em família natural, em caso de disputa de guarda, pois ela confere o conforto psicológico da sensação de pertencimento e retira os primeiros elementos para a construção do sentimento de sua própria identidade, como tem decidido o STJ e defendido pela doutrina.

Alternativa correta: letra "e". Nos termos do §13 do art.50 do ECA, somente poderá ser deferida adoção em favor de candidato domiciliado no Brasil não cadastrado previamente quando: I – se tratar de pedido de adoção unilateral; II – for formulada por parente com o qual a criança ou adolescente mantenha vínculos de afinidade e afetividade; III – oriundo o pedido de quem detém a tutela ou guarda legal de criança maior de 3 (três) anos ou adolescente, desde que o lapso de tempo de convivência comprove a fixação de laços de afinidade e afetividade, e não seja constatada a ocorrência de má-fé ou qualquer das situações previstas nos arts. 237 ou 238 do ECA.

Alternativa "a". Errada. A condenação criminal do pai ou da mãe não implicará a destituição do poder familiar, exceto na hipótese de condenação por crime doloso, sujeito à pena de reclusão, contra o próprio filho ou filha (ECA, art.23, §2º).

Alternativa "b". Errada. Segundo a jurisprudência do Superior Tribunal de Justiça[1], a ordem hierárquica de presunção de maior bem-estar para a criança e o adolescente, em relação ao ambiente em que deve conviver, é dada pela sequência: família natural, família natural estendida e família substituta. A excepcional alteração dessa ordem exige a comprovação categórica de elementos desabonadores da conduta do genitor preterido, do abandono da prole ou do desinteresse dos integrantes da família natural.

Alternativa "c". Errada. O Superior Tribunal de Justiça[2] interpreta o artigo 50 do ECA no sentido de não haver idade mínima para a criança ser adotada por pessoa homoafetiva, ressaltando "não haver qualquer inconveniente na adoção por companheiros em união homoafetiva, pois o que realmente importa é a qualidade do vínculo e do afeto presente no meio familiar que ligam as crianças a seus cuidadores" (Informativo 434, REsp 889.852-RS, Rel. Min. Luis Felipe Salomão, julgado em 27/4/2010).

Alternativa "d". Errada. **Via de regra**, a adoção depende do consentimento dos pais ou do representante legal do adotando. O consentimento será dispensado em relação à criança ou adolescente cujos pais

1 Nesse sentido: REsp 1523283/RS, Rel. Ministro RICARDO VILLAS BÔAS CUEVA, TERCEIRA TURMA, julgado em 16/06/2015, DJe 25/06/2015; e REsp 1388966/RS, Rel. Ministra NANCY ANDRIGHI, TERCEIRA TURMA, julgado em 22/05/2014, DJe 13/06/2014.

2 Nesse sentido: REsp 1540814/PR, Rel. Ministro RICARDO VILLAS BÔAS CUEVA, TERCEIRA TURMA, julgado em 18/08/2015, DJe 25/08/2015; REsp 1281093/SP, Rel. Ministra NANCY ANDRIGHI, TERCEIRA TURMA, julgado em 18/12/2012, DJe 04/02/2013; REsp 889.852/RS, Rel. Ministro LUIS FELIPE SALOMÃO, QUARTA TURMA, julgado em 27/04/2010, DJe 10/08/2010.

sejam desconhecidos ou tenham sido destituídos do poder familiar. Em se tratando de adotando maior de doze anos de idade, será também necessário o seu consentimento (ECA, art.45).

20. (Cespe – Juiz de Direito Substituto – PB/ 2011) No que se refere à colocação de criança ou adolescente em família substituta, assinale a opção correta.

a) Salvo expressa e fundamentada determinação judicial em contrário, ou se a medida for aplicada em preparação para adoção, o deferimento da guarda de criança ou adolescente a terceiros não impede que os pais exerçam o seu direito de visita nem que cumpram o dever de lhe prestar alimentos.

b) O deferimento da tutela do menor a pessoa maior de dezoito anos incompletos pressupõe prévia decretação da perda ou suspensão do poder familiar e não implica dever de guarda, o que só se efetiva após os dezoito anos completos.

c) A adoção, medida excepcional e irrevogável, concedida apenas quando esgotados os recursos de manutenção da criança ou do adolescente na família natural ou extensa, pode ser realizada mediante procuração.

d) Na colocação da criança ou do adolescente em família substituta, somente este, cuja opinião deve ser devidamente considerada, deve ser previamente ouvido por equipe interprofissional, respeitado o seu grau de compreensão sobre as implicações dessa medida.

e) A colocação de criança ou de adolescente em família substituta estrangeira constitui medida excepcional, admissível nas modalidades de adoção, guarda e tutela.

COMENTÁRIOS

✪ **Nota do autor:** a questão exige o conhecimento de regras específicas sobre a colocação em família substituta, que pode ocorrer de três formas: guarda, tutela ou adoção, cada qual com a sua particularidade e regras próprias.

Alternativa correta: letra "a". A concessão da guarda, por si só, não implica em cessar o dever de pagar os alimentos por parte dos genitores, nem mesmo impede o seu direito às visitas. Contudo, deixará de pagar alimentos e estará impedido de visitar a prole em duas situações: (i) se houver determinação expressa da autoridade judiciária; (ii) se a medida for aplicada em preparação para a adoção.

Alternativa "b". Não é possível a tutela de pessoa maior de dezoito anos, mas exclusivamente a crianças e adolescentes.

Alternativa "c". A adoção tem a característica de ser personalíssima, sendo, por isso, vedada por procuração.

Alternativa "d". Em decorrência do princípio da proteção integral, a opinião da criança e do adolescente deve ser levada em consideração quando da colocação em família substituta. Contudo, o Estatuto determina, ainda, que o adolescente consinta.

Alternativa "e". A colocação em família que reside ou domicilia no exterior somente é admitida na modalidade de adoção, sendo vedada nas modalidades de guarda e tutela.

21. (Cespe – Juiz de Direito Substituto – MA/ 2013) Um casal estrangeiro residente no Brasil exerceu a guarda sobre o filho de uma ex-empregada doméstica, que deixara a criança de seis anos de idade com o casal, para procurar outro emprego e deixara de dar notícias quando o menor, hoje com doze anos de idade, tinha oito anos de idade. Obrigado por motivo de trabalho a retornar ao país de origem, o casal pleiteou a adoção do menor, informando a intenção de levá-lo para o domicílio expressamente indicado no exterior. O casal informou estar a genitora do adolescente em local incerto e não sabido e não haver indicação de pai na certidão de nascimento do menor. Considerando essa situação hipotética, assinale a opção correta.

a) A concordância do menor é imprescindível no caso, devendo ser formalizada perante equipe interprofissional encarregada da elaboração dos estudos técnicos que instruirão os autos, dispensada audiência para essa finalidade.

b) A adoção pretendida somente será deferida se, após consulta ao cadastro de pessoas ou casais habilitados à adoção, não for encontrado interessado com residência permanente no Brasil.

c) O exercício da guarda de fato por seis anos dispensa a realização do estágio de convivência no processo de adoção do menor.

d) Em caso de deferimento judicial da adoção pleiteada, eventual apelação independerá de preparo, devendo ser recebida apenas no efeito devolutivo, em consonância com regra da justiça da infância e da juventude.

COMENTÁRIOS

✪ **Nota do autor:** a adoção internacional encontra-se regida no Estatuto da Criança e do Adolescente no art. 51 e seguintes. Deve ser ressaltada, entre as suas características, a subsidiariedade.

Alternativa correta: letra "b". Em razão da subsidiariedade, a adoção internacional somente poderá ser deferida se não houver pessoas em condições de adotar que residam no território nacional e que estejam constando dos cadastros.

Alternativa "a". A concordância do adolescente é necessária e deverá ser manifestada à autoridade judiciária.

Alternativa "c". Na adoção internacional, o estágio de convivência jamais poderá ser dispensado.

Alternativa "d". A apelação interposta contra sentença de procedência proferida em ação de adoção será recebida em seus efeitos devolutivo e suspensivo, e não só devolutivo.

---

22. (Cespe – Juiz Substituto – AL/ 2008) Quanto à disciplina da adoção no ECA, assinale a opção correta.

a) O adotando não pode contar com mais de 18 anos de idade na data do pedido de adoção, caso em que se aplicam exclusivamente as normas do Código Civil.

b) Considerando que a adoção desliga o adotado de qualquer vínculo com seus pais e parentes, não há óbice legal que o impeça de contrair casamento com irmã de seu pai biológico.

c) Caso Felipe tenha 16 anos de idade, seja órfão e necessite de cuidados especiais, ainda assim, ele não poderá ser adotado por sua avó nem por seus irmãos.

d) Se Rogério, com 22 anos de idade, for casado com Carmem, de 17 anos, emancipada pelo casamento, sob o regime de separação absoluta de bens, esse casal não poderá adotar até que Carmem complete 18 anos de idade.

e) A adoção deve ser precedida por, no mínimo, 30 dias de estágio de convivência com a criança ou com o adolescente.

COMENTÁRIOS

✪ **Nota do autor:** há alguns impedimentos para a adoção. São eles: (i) ela não pode ser deferida aos ascendentes ou a irmãos; (ii) não poderá ser deferida ao tutor ou ao curador enquanto não prestadas contas de sua administração.

Alternativa correta: letra "c". Não poderá ser deferida a adoção à avó, por se tratar de ascendente.

Alternativa "a". Mesmo que completados os dezoito anos, será possível a aplicação do Estatuto se o adotado estiver sob a guarda ou tutela do adotado.

Alternativa "b". Apesar do desligamento, preservam-se os vínculos familiares.

Alternativa "d". Não há qualquer óbice à adoção, até porque um deles já possui dezoito anos de idade.

Alternativa "e". O estágio de convivência terá prazo fixado pela autoridade judiciária, no caso da adoção nacional.

---

23. (Cespe – Promotor de Justiça-RO/ 2010) Com base no disposto no ECA, assinale a opção correta.

a) Com o advento do novo Código Civil, que prevê que a capacidade plena é adquirida aos dezoito anos de idade, não é mais possível a aplicação do ECA às pessoas entre dezoito e vinte e um anos.

b) A família ampliada é aquela formada por um dos pais e seus filhos.

c) A permanência da criança e do adolescente em programa de acolhimento institucional pode ser superior a três anos quando verificada a sua necessidade, desde que haja decisão judicial nesse sentido, sendo desnecessária fundamentação.

d) Criança ou adolescente não precisa ser ouvido antes de ser colocado em família substituta, sendo desnecessário seu consentimento.

e) Falta ou carência de recursos materiais não constitui motivo suficiente para a perda ou suspensão do poder familiar.

COMENTÁRIOS

✪ **Nota do autor:** a questão trata de várias regras contidas no Estatuto, inseridas no direito fundamental à convivência familiar e comunitária.

Alternativa correta: letra "e". A falta ou carência de recursos materiais não é motivo para a perda ou suspensão do poder familiar, devendo o Poder Público propiciar o mínimo necessário para que a manutenção do grupo familiar.

Alternativa "a". O Estatuto é aplicável, excepcionalmente, às pessoas que tenham entre dezoito e vinte e um anos de idade, como ocorre com a possibilidade de aplicação e execução de medidas socioeducativas.

Alternativa "b". A família ampliada ou extensa é aquela que vai além da unidade pais e filhos, para englobar outros parentes, com quem a criança ou o adolescente mantenha vínculo de afinidade ou de afetividade. Engloba, portanto, a grande família, como avós, tios etc.

Alternativa "c". O programa de acolhimento institucional, que é regido, entre outros, pelos princípios da brevidade (duração breve) e da excepcionalidade (aplicação em situações em que a criança/adolescente não podem permanecer junto à sua família natural) tem prazo máximo de dois anos, salvo se o superior interesse da criança justificar a continuidade da medida.

Alternativa "d". Dentre as consequências da Doutrina da Proteção Integral encontra-se a de que a opinião dessas pessoas deve ser levada em consideração quando da adoção de quaisquer medidas que lhe digam respeito. Na prática, o Estatuto estabeleceu que, para a colocação em família substituta, deva a criança ser ouvida, sempre que possível, ao passo que o adolescente deve consentir.

---

24. (Cespe – Defensor Público – BA/ 2011) Com relação aos princípios orientadores do ECA bem como aos direitos fundamentais nele previstos, julgue o item que se segue.

I. Para a colocação de criança ou adolescente em família substitua, não há necessidade de eles serem ouvidos, bem como é desnecessário o seu consentimento ao fato.

COMENTÁRIOS

✪ **Nota do autor:** a colocação da criança ou adolescente em família substituta é medida excepcional.

Errado. Para a colocação da criança ou adolescente em família substituta, sempre que possível, eles serão previamente ouvidos por equipe interprofissional, respeitados seus estágios de desenvolvimento e grau de compreensão sobre as implicações da medida, e terão sua opinião devidamente considerada (art.28, § 1º, do ECA).

---

25. (Cespe – Defensor Público – RR/2013) A respeito da guarda e adoção de criança ou adolescente, assinale a opção correta.

a) A condição de dependente, como decorrência da guarda, para todos os fins e efeitos de direito, inclusive previdenciários, somente terá eficácia com a guarda definitiva e após o trânsito em julgado da decisão que a tenha concedido.

b) A guarda obriga a prestação de assistência material, moral e educacional à criança ou ao adolescente, podendo ser deferida, de forma excepcional, fora dos casos de tutela e adoção, para atender a situações peculiares ou suprir a falta eventual dos pais ou responsável.

c) A guarda, quando deferida como medida preparatória para adoção, confere a seu detentor o direito de opor-se a terceiros, inclusive aos pais, e obsta o direito de visita destes.

d) É vedada a efetivação da guarda por meio de procuração, ante a necessidade de convivência prévia para a concessão da medida, conforme preceito expresso da norma de regência.

e) A guarda destina-se a regularizar a posse de fato, podendo ser deferida, liminar ou incidentalmente, nos procedimentos de tutela e adoção, incluindo-se os realizados por estrangeiros.

COMENTÁRIOS

✪ **Nota do autor:** a guarda e a adoção são modalidades de famílias substitutas.

Alternativa correta: letra "b". A guarda poderá ser o objeto principal do processo (pedido do processo), para atender a situações excepcionais ou na ausência momentânea dos pais. Também poderá ser concedida incidentalmente nos processos de tutela ou de adoção nacional (sendo vedada na adoção internacional).

Alternativa "a". Para a atribuição da condição de dependente para fins previdenciários, não há exigência do prévio trânsito em julgado da decisão. De toda forma, de acordo com entendimento predominante no Superior Tribunal de Justiça, a guarda não atribuirá tal condição.

Alternativa "c". A guarda conferirá a seu detentor o direito de opor-se a terceiros independentemente de ser deferida como medida preparatória para adoção.

Alternativa "d". Não há vedação do deferimento da guarda por meio de procuração, assim como também não há a exigência de prévia convivência para a sua concessão.

Alternativa "e". Não é possível o deferimento da guarda, incidentalmente, nos processos de adoção, quando realizados por estrangeiros.

---

26. (Cespe – Defensor Público – TO/2013) Assinale a opção correta a respeito dos institutos da guarda, da tutela e da adoção, de acordo com o entendimento jurisprudencial.

a) A guarda obriga a prestação de assistência material, moral e educacional à criança ou adolescente, conferindo a seu detentor o direito de opor-se a terceiros, inclusive aos pais, e confere ao infante a condição de dependente, para todos os fins e efeitos de direito, incluídos os previdenciários, ainda que norma previdenciária de natureza específica disponha em sentido contrário.

b) O deferimento judicial da guarda provisória ou definitiva de criança ou adolescente a terceiros suspende o exercício do poder familiar, do direito de visitas pelos pais, assim como o dever de prestar alimentos, exceto se houver acordo entre as partes em sentido contrário, devidamente homologado pelo juiz.

c) O tutor nomeado por testamento ou por qualquer documento autêntico, conforme previsto no Código Civil, fica automaticamente responsável pelo tutelado após a morte do seu representante legal.

d) Os divorciados, os judicialmente separados e os ex – companheiros podem adotar conjuntamente, desde que a ação de adoção tenha sido julgada em primeira instância ainda no período de convivência do ex-casal.

e) A observância, em processo de adoção, da ordem de preferência do cadastro de adotantes deve ser excepcionada em prol do casal que, embora habilitado em data posterior à de outros adotantes, tenha exercido a guarda da criança pela maior parte da sua existência, ainda que a referida guarda tenha sido interrompida e posteriormente retomada pelo mesmo casal.

COMENTÁRIOS

✪ **Nota do autor:** a guarda, a tutela e a adoção são modalidades de família substituta.

Alternativa correta: letra "e". No caso mencionado, o deferimento da adoção estará em conformidade com o princípio do superior interesse da criança, mantendo-se o adotando com aquele que com ela já havia constituído prévio vínculo.

Alternativa "a". De acordo com entendimento do Superior Tribunal de Justiça, a guarda não atribui a condição de dependente para fins previdenciários, porquanto o contido na Lei 8.213/1991, art. 16, por conta da natureza previdenciária da norma, deve prevalecer ao contido no Estatuto da Criança e do Adolescente.

Alternativa "b". O deferimento da guarda a terceiro não importa, automaticamente, na perda do poder familiar, não afasta o direito às visitas e nem exime o genitor do dever de pagar alimentos.

Alternativa "c". O tutor indicado em testamento não fica automaticamente nomeado para o exercício do mister, devendo haver decisão judicial nesse sentido, que avaliará se a medida vem ao encontro dos interesses do infante.

Alternativa "d". Os divorciados, os separados judicialmente e os ex-conviventes poderão adotar, desde que o estágio de convivência tenha iniciado durante o período de convivência.

---

27. (Cespe – Defensor Público – AL/2009) Um homem e sua esposa, ambos com vinte e quatro anos de idade, procuraram a DP para requererem a adoção de uma criança inserida no cadastro de adoção da comarca de Maceió. O casal estava devidamente inscrito no cadastro da comarca.

Julgue os itens tendo como referência a situação hipotética apresentada acima.

27.1. A adoção deve ser precedida de estágio de convivência entre adotando e adotante, não podendo o estágio ser dispensado.

COMENTÁRIOS

Assertiva I, Errada.

✪ **Nota do autor:** o estágio poderá ser dispensado na hipótese narrada no art. 46, § 1º, do Estatuto, ou seja, se o adotado já estiver sob a guarda legal ou tutela do adotando por tempo suficiente para a comprovação do vínculo. O mesmo não acontece na adoção internacional, em que não se pode dispensar o estágio de convivência.

27.2. Só é permitido ao casal em questão adotar criança que tenha, no máximo, oito anos de idade.

COMENTÁRIOS

Assertiva II, Certa.

✪ **Nota do autor:** no caso exposto no enunciado, como os adotantes possuem vinte e quatro anos de idade e há necessidade de existir uma diferença de idade entre adotante/adotando de dezesseis anos, tem-se que é possível o deferimento da adoção.

27.3. Caso seja deferida a guarda provisória da criança ao casal, os guardiões não podem incluí-la como beneficiária de seu sistema previdenciário, porque a guarda não confere à criança a condição de dependente dos guardiões.

COMENTÁRIOS

Assertiva III, Anulada.

✪ **Nota do autor:** A guarda, de acordo com o Estatuto, confere a condição de dependente para todos os fins, inclusive previdenciários. Contudo, a questão é muito discutida, principalmente no âmbito do STJ, em razão da existência de lei específica que trata dos benefícios em geral e que não prevê tal hipótese.

27.4. Caso seja iniciado o estágio de convivência com a criança durante a constância da sociedade conjugal, e sobrevindo a separação judicial do casal, este não pode mais adotar conjuntamente essa criança.

COMENTÁRIOS

Assertiva IV, Errada.

✪ **Nota do autor:** será possível, ainda assim, o deferimento da adoção, desde que provado que o estágio de convivência tenha sido iniciado enquanto ainda vigente a convivência do casal, ajustado o regime de visitas e provada a existência de vínculos de afinidade ou de afetividade com aquele que não deterá a guarda.

27.5. Se o casal em questão adotar uma criança, o processo de adoção atribuirá a condição de filho ao adotado, conferindo – lhe todos os direitos e deveres, com exceção dos direitos sucessórios.

COMENTÁRIOS

Assertiva V, Errada.

✪ **Nota do autor:** a adoção sempre atribuirá a condição de filho ao adotado, conferindo-lhe todos os direitos e deveres, mesmo os sucessórios.

---

28. (Cespe – Promotor de Justiça – AC/2014) A respeito da adoção, da guarda e da perda do poder familiar, assinale a opção correta de acordo com o disposto no ECA e com a jurisprudência do STJ.

a) A observância do cadastro de adotantes, ou seja, a preferência das pessoas cronologicamente cadastradas para adotar determinada criança, deve ser absoluta.

b) Para as adoções post mortem, exigem-se, como comprovação da inequívoca vontade do de cujus em adotar, as mesmas regras que comprovam a filiação socioafetiva, quais sejam, o tratamento do menor como se filho fosse e o conhecimento público dessa condição.

c) Falta ao padrasto que pretenda adotar a criança com quem conviva legitimidade ativa e interesse de agir para postular a destituição do poder familiar do pai biológico.

d) A guarda confere à criança ou ao adolescente a condição de dependente, para todos os fins e efeitos de direito, inclusive previdenciários, independentemente da previsão em sentido contrário em norma previdenciária específica.

e) É juridicamente impossível o pedido de adoção unilateral de criança feito por companheira da mãe biológica do adotando que seja fruto de planejamento de casal que vive em união estável homoafetiva.

COMENTÁRIOS

✪ **Nota do autor:** a guarda e a adoção são modalidades de colocação em família substituta. De outro lado, a perda do poder familiar redundará na necessidade de nomeação de tutor à criança ou ao adolescente.

Alternativa Correta: letra "b". Na adoção post mortem, ou nuncupativa, haverá a necessidade de comprovação da vontade inequívoca em adotar. Porém, pode ser que não haja tempo hábil para manifestação de tal desejo em juízo. Neste caso, deve o juiz analisar se o adotante, quando vivo, tratava o adotando como se filho fosse, bem como já era de conhecimento público essa condição.

Alternativa "a". Errada. A observância do cadastro de adotantes não é absoluta, notadamente porque dispensada nas hipóteses indicadas no § 13 do art. 50 do Estatuto, bem como todas as vezes que o superior interesse da criança justificar.

Alternativa "c". Errada. A destituição do poder familiar poderá ser realizada por quem tenha legítimo interesse. No caso narrado, o padrasto tem total interesse, na medida em que adotará a criança.

Alternativa "d". Errada. De acordo com o Estatuto, a guarda confere à criança e o adolescente a condição de dependente para todos os fins, especialmente previdenciários. A questão é bem polêmica e chega constantemente ao conhecimento do Superior Tribunal de Justiça. Atualmente vem prevalecendo a tese segundo a qual a falta de previsão na lei previdenciária específica importa na impossibilidade de reconhecimento de tal dependência.

A propósito, vide:

> *PREVIDENCIÁRIO. AGRAVO REGIMENTAL NO AGRAVO DE INSTRUMENTO. PENSÃO POR MORTE. MENOR SOB GUARDA.*
>
> *1. É pacífica a jurisprudência desta Corte no sentido de ser indevida pensão por morte a menor sob guarda se o óbito do segurado tiver ocorrido sob a vigência da MP nº 1.523/96, posteriormente convertida na Lei nº 9.528/97. Precedentes.*
>
> *2. Agravo regimental não provido.*
>
> *(AgRg no Ag 1038727/MG, Rel. Ministro ROGERIO SCHIETTI CRUZ, SEXTA TURMA, julgado em 16/09/2014, DJe 29/09/2014)*

Alternativa "e". Errada. É juridicamente possível o pedido de adoção formulado por pessoas do mesmo sexo, pois podem constituir família.

6. DIREITO FUNDAMENTAL À EDUCAÇÃO

29. (Cespe – Juiz de Direito Substituto – AM/2016) O conselho tutelar determinou à autoridade municipal competente a medida de proteção consistente em matrícula e frequência obrigatórias em estabelecimento oficial de ensino fundamental para criança com seis anos de idade.

Acerca dessa situação hipotética e de aspectos relativos à atuação e às competências do conselho tutelar, assinale a opção correta.

a) Na situação em tela, uma vez documentada a violação de direitos da criança, a decisão do conselho tutelar prescindiria da oitiva da criança e dos pais.

b) Caso, na hipótese dada, se tratasse de pais moradores de rua, a medida mais adequada para a criança seria a de internação em estabelecimento educacional.

c) Na hipótese considerada, a autoridade municipal poderá deixar de cumprir a determinação, uma vez que não há previsão legal de garantia de oferta, pelo município, de educação formal para crianças com até seis anos de idade.

d) Não há possibilidade legal de os pais da criança em questão se oporem à decisão do conselho tutelar sob o fundamento de liberdade de consciência.

e) A decisão do conselho tutelar, na situação em apreço, somente poderá ser revista pela autoridade judiciária a pedido de quem tenha legítimo interesse.

COMENTÁRIOS

✪ **Nota do autor:** a educação, direito de todos e dever do Estado e da família, será promovida e incentivada com a colaboração da sociedade, visando ao pleno desenvolvimento da pessoa, seu preparo para o exercício da cidadania e sua qualificação para o trabalho.

Alternativa correta: letra "e". As decisões do Conselho Tutelar somente poderão ser revistas pela autoridade judiciária a pedido de quem tenha legítimo interesse (Lei nº 8.069/90, art.117).

Alternativa "a". Errada. Um dos princípios para aplicação de medidas de proteção aos direitos da criança e adolescente é a oitiva obrigatória e participação, ou seja, a criança e o adolescente, em separado ou na companhia dos pais, de responsável ou de pessoa por si indicada, bem como os seus pais ou responsável, têm direito a ser ouvidos e a participar nos atos e na definição da medida de promoção dos direitos e de proteção, sendo sua opinião devidamente considerada pela autoridade judiciária competente (Lei nº 8.069/90, art.100, XII).

Alternativa "b". Errada. Na aplicação das medidas levar-se-ão em conta as necessidades pedagógicas, preferindo-se aquelas que visem ao fortalecimento dos vínculos familiares e comunitários, sendo que o acolhimento institucional e o acolhimento familiar são medidas provisórias e excepcionais, utilizáveis como forma de transição para reintegração familiar ou, não sendo esta possível, para colocação em família substituta, não implicando privação de liberdade (Lei nº 8.069/90, arts.100, *caput* e 101, §1º).

Alternativa "c". Errada. O Município tem o dever de garantir a educação básica (formada pela educação infantil, ensino fundamental e ensino médio) obrigatória e gratuita dos 4 (quatro) aos 17 (dezessete) anos de idade, assegurada inclusive sua oferta gratuita para todos os que a ela não tiveram acesso na idade própria (Constituição Federal, art.208; Lei nº 8.069/90, art.11, V).

Alternativa "d". Errada. O artigo 205 da Constituição pode fundamentar o direito à educação pela própria família. No entanto, ainda não há pacificação acerca de tal interpretação, tanto que o Supremo Tribunal Federal reconheceu a repercussão geral do Tema 822 – Possibilidade de o ensino domiciliar (*homeschooling*), ministrado pela família, ser considerado meio lícito de cumprimento do dever de educação, previsto no art. 205 da Constituição Federal. Referido tema ainda pende de julgamento.

---

30. (Cespe – Defensor Público – RN/2015) De acordo com a jurisprudência do STJ, assinale a opção correta quanto aos comandos previstos na LDB.

a) O procedimento de revalidação dos diplomas estrangeiros foi regulado pela LDB, que atribui ao Ministério da Educação a competência para verificar a equivalência entre os estudos realizados no exterior e os correspondentes nacionais.

b) A forma de implementação de ações afirmativas no âmbito das universidades e o estabelecimento de normas objetivas de acesso a vagas destinadas à política pública de cotas não integram a autonomia universitária estabelecida pela LDB, pois são políticas de escopo nacional.

c) Segundo a LDB, os denominados cursos sequenciais por campo de saber não integram a educação superior.

d) É vedada a extinção antecipada de curso superior objeto de contrato de prestação de serviços educacionais firmado com instituição privada de ensino, já que a possibilidade de extinção não se insere no âmbito da autonomia universitária prevista na LDB.

e) Os estados dispõem de atribuição para realizar programas de capacitação para professores em exercício custeados com recursos da educação a distância, porém não podem, para tanto, credenciar instituições privadas para promoverem cursos nessa modalidade.

COMENTÁRIOS

✪ **Nota do autor:** para garantir a autonomia didático-científica das universidades, caberá aos seus colegiados de ensino e pesquisa decidir, dentro dos recursos orçamentários disponíveis, sobre: I – criação, expansão, modificação e extinção de cursos; II – ampliação e diminuição de vagas; III – elaboração da programação dos cursos; IV – programação das pesquisas e das atividades de extensão; V – contratação e dispensa de professores; VI – planos de carreira docente.

Alternativa correta: letra "e".

Alternativa "a". Errada. Os diplomas de graduação expedidos por universidades estrangeiras serão revalidados por universidades públicas que tenham curso do mesmo nível e área ou equivalente, respeitando-se os acordos internacionais de reciprocidade ou equiparação (Lei nº 9.394/96, art.48, §2º). O STJ firmou entendimento de que o art. 53, inciso V, da Lei 9394/96 permite à universidade fixar normas específicas a fim de disciplinar o processo de revalidação de diplomas de graduação expedidos por estabelecimentos estrangeiros de ensino superior, com o fito de avaliar a capacidade técnica do profissional e sua formação, desde que não viole as demais normas vigentes (Tema 599 – REsp 1349445/SP, Rel. Ministro MAURO CAMPBELL MARQUES, PRIMEIRA SEÇÃO, julgado em 08/05/2013, DJe 14/05/2013).

Alternativa "b". Errada. O Superior Tribunal de Justiça decidiu que a forma de implementação de ações afirmativas no seio de universidade e as normas objetivas de acesso às vagas destinadas a tal política pública fazem parte da autonomia universitária específica trazida pelo art. 53 da Lei n. 9.394/1996, desde que observados os princípios da razoabilidade e da proporcionalidade. Portanto, somente em casos extremos, sua autonomia poderá ser mitigada pelo Poder Judiciário (Informativo 411, REsp 1.132.476-PR, Rel. Min. Humberto Martins, julgado em 13/10/2009.).

Alternativa "c". Errada. Nos termos do art.44 da LDB, a educação superior abrange, inclusive, cursos sequenciais por campo de saber, de diferentes níveis de abrangência, abertos a candidatos que atendam aos requisitos estabelecidos pelas instituições de ensino, desde que tenham concluído o ensino médio ou equivalente.

Alternativa "d". Errada. Segundo o STJ, "a instituição educacional privada de ensino superior goza de autonomia universitária, nos termos do art. 207 da Constituição Federal, razão pela qual é possível proceder à extinção de curso superior, conforme preceito constante do art. 53, I, da Lei n.9.394/1996 - Lei de Diretrizes e Bases da Educação Nacional" (REsp 1453852/GO, Rel. Ministro LUIS FELIPE SALOMÃO, QUARTA TURMA, julgado em 27/10/2015, DJe 20/11/2015).

---

31. (Cespe - Defensor Público - PI/ 2009) Inspirada nos princípios de liberdade e nos ideais de solidariedade humana, a educação é um dever da família e do Estado e tem por finalidade o pleno desenvolvimento do educando, seu preparo para o exercício da cidadania e sua qualificação para o trabalho. À vista dessa informação, assinale a opção correta.

a) O ensino fundamental deve ser ministrado com base no princípio do monismo pedagógico e da centralização decisória.

b) Os conselheiros tutelares têm a incumbência de notificar ao DP e este ao juiz competente da comarca e ao respectivo representante do MP a relação dos alunos que apresentem quantidade de faltas às aulas acima de 50% do percentual permitido em lei.

c) Os conteúdos curriculares da educação básica organizam-se segundo o princípio do capitalismo social, do cooperativismo, do empreendedorismo e do empoderamento.

d) O acesso ao ensino fundamental é direito público subjetivo, podendo qualquer cidadão, grupo de cidadãos, associação comunitária, organização sindical, entidade de classe ou outra legalmente constituída, e, ainda, o MP, acionar o poder público para exigi-lo.

e) O currículo do ensino fundamental inclui, obrigatoriamente, conteúdo que trate do ECA, com aulas teóricas a serem ministradas na instituição de ensino, pública ou privada, e aulas práticas, que acontecem nas entidades de atendimento às crianças e aos adolescentes em situação de risco, visando facilitar o convívio e a integração destes com as crianças e os adolescentes em situação regular.

COMENTÁRIOS

✪ **Nota do autor:** o direito à educação pode ser compreendido a partir da análise do sistema formada, entre outras, da Constituição Federal, da Lei de Diretrizes e Bases da Educação Nacional e do Estatuto da Criança e do Adolescente.

Alternativa correta: letra "d". A educação é um direito subjetivo público, podendo ser exigido do Poder Público pelos próprios interessados, ou por qualquer um dos legitimados à propositura da ação civil pública, ou ainda, por outras pessoas.

Alternativa "a". Errada. A educação baseia-se na descentralização decisória.

Alternativa "b". Errada. O Conselho Tutelar não tem a incumbência de notificar ao defensor público sobre as faltas, mas de tomar as providências necessárias para o retorno da criança e do adolescente.

Alternativa "c". Errada. Não revelam os conteúdos curriculares da educação básica.

Alternativa "e". Errada. Embora haja menção de conteúdo de que trate o Eca, nada há previsto no sentido de visitas a entidades de atendimento.

7. DIREITO FUNDAMENTAL À PROFISSIONALIZAÇÃO E À PROTEÇÃO NO TRABALHO

---

32. (Cespe - Defensor Público - BA/ 2011) Com relação aos princípios orientadores do ECA bem como aos direitos fundamentais nele previstos, julgue o item que se segue.

I. A CF veda o trabalho ao menor de 16 anos de idade, mas permite que a pessoa maior de 14 anos de idade trabalhe na condição de aprendiz, por isso o contrato de aprendizagem substitui o ensino médio, tendo os certificados de conclusão de um e outro o mesmo valor.

COMENTÁRIOS

Assertiva Errada.

✪ **Nota do autor:** a pessoa, a partir dos 14 anos de idade, pode trabalhar na condição de aprendiz, para sua formação técnico-profissional, orientada pelos seguintes princípios: I - garantia de acesso e frequência obrigatória ao ensino regular; II - atividade compatível com o desenvolvimento do adolescente; e III - horário especial para o exercício das atividades (art.7º, XXXIII, da CF/88; e arts.60 e 63, caput e incisos, do ECA).

8. PREVENÇÃO

---

33. (Cespe - Defensor Público - RN/2015) No que concerne à prevenção de ameaça ou violação dos direitos da criança e do adolescente e à política de atendimento desses direitos, assinale a opção correta.

a) As ações previstas no ECA como parte da política especializada de promoção dos direitos humanos de crianças e adolescentes têm natureza de recomendação dirigida ao poder público e não de comando normativo de execução obrigatória.

b) A DP deve participar da integração operacional voltada à agilização do atendimento inicial do adolescente a quem se atribua autoria de ato infracional, mas, segundo a doutrina, sua atuação não se estende ao processo de execução de medida socioeducativa eventualmente aplicada.

c) As entidades de atendimento devem inscrever seus programas socioeducativos e de proteção destinados a crianças e adolescentes nos conselhos tutelares, que são os órgãos controladores das ações que integram a política brasileira de atendimento infanto-juvenil.

d) No caso de publicações, cabe ao editor responsável verificar se revistas que contenham material impróprio para crianças e adolescentes estão embaladas com lacre opaco e com advertência quanto a seu conteúdo, sob pena de pagamento de multa, sem prejuízo da apreensão da revista.

e) De acordo com o ECA, é dispensável a autorização judicial para viagem ao exterior nos casos em que o responsável tiver a guarda ou a tutela provisória da criança ou adolescente em cuja companhia pretenda deixar o país.

COMENTÁRIOS

✪ **Nota do autor: o Estatuto da Criança e Adolescente prevê uma série de medidas especiais** para prevenir a ocorrência de ameaça ou violação dos direitos da criança e do adolescente, ressaltando que é dever de todos prevenir a ocorrência de ameaça ou violação dos direitos da criança e do adolescente.

Alternativa correta: letra "d". As revistas e publicações contendo material impróprio ou inadequado a crianças e adolescentes deverão ser comercializadas em embalagem lacrada, com a advertência de seu conteúdo. As editoras cuidarão para que as capas que contenham mensagens pornográficas ou obscenas sejam protegidas com embalagem opaca, sob pena de multa de três a vinte salários de referência, duplicando-se a pena em caso de reincidência, sem prejuízo de apreensão da revista ou publicação (ECA, arts.78 e 257).

Alternativa "a". Errada. Para sua efetividade e observância obrigatória, o Estatuto da criança e do adolescente tipifica infrações administrativas e criminais consignando as respectivas sanções, inclusive com menção à possibilidade de Mandado de Segurança contra atos ilegais ou abusivos de autoridade pública ou agente de pessoa jurídica no exercício de atribuições do poder público (ECA, art.212, §2º).

Alternativa "b". Errada. Uma das diretrizes da política de atendimento dos direitos da criança e do adolescente é a de integração operacional de órgãos do Judiciário, Ministério Público, Defensoria, Segurança Pública e Assistência Social, preferencialmente em um mesmo local, para efeito de agilização do atendimento inicial a adolescente a quem se atribua autoria de ato infracional (ECA, art.88, V). O Sistema Nacional de Atendimento Socioedutativo (SINASE) consigna que "o atendimento inicial integrado ao adolescente em conflito com a lei, mediante a integração operacional entre o Judiciário, Ministério Público, Defensoria Pública, Segurança Pública e Assistência Social, preferencialmente em um mesmo local (artigo 88, inciso V, do ECA), também visa garantir os princípios de excepcionalidade e brevidade da internação provisória, de modo a impedir que os adolescentes permaneçam internados quando a lei não o exigir ou permaneçam privados de liberdade por período superior ao estritamente necessário e ao prazo limite determinado pelo ECA"[3]. A doutrina não defende de modo contrário.

Alternativa "c". Errada. As entidades governamentais e não governamentais deverão proceder à inscrição de seus programas, especificando os regimes de atendimento, no Conselho Municipal dos Direitos da Criança e do Adolescente, o qual manterá registro das inscrições e de suas alterações, do que fará comunicação ao Conselho Tutelar e à autoridade judiciária (ECA, art.90§1º).

Alternativa "e". Errada. Quando se tratar de viagem ao exterior, a autorização judicial é dispensável, se a criança ou adolescente: I – estiver acompanhado de ambos os pais ou responsável; II – viajar na companhia de um dos pais, autorizado expressamente pelo outro através de documento com firma reconhecida (ECA, art.84). O conceito de responsável, para fins desta excepcionalidade, é lido de maneira restrita, se referido tão somente ao guardião definitivo e tutor, não abrangendo o provisório, conforme dispõe o artigo 7º da Resolução CNJ nº 131, de 26/05/2011.

9. POLÍTICA DE ATENDIMENTO

34. (Cespe – Defensor Público – DPE – AC/2017) Durante inspeção da entidade de execução de medida socioeducativa de internação em estabelecimento educacional, foi apurado que a instituição inspecionada não propicia escolarização e profissionalização.

Nessa situação hipotética, a instituição poderá ser penalizada com

A) afastamento provisório de seus dirigentes, apenas no caso de entidade não governamental.

B) suspensão total ou parcial do repasse de verbas públicas, no caso de entidade governamental.

C) afastamento definitivo de seus dirigentes, no caso de entidade não governamental.

D) fechamento da unidade ou interdição do programa, no caso de entidade governamental.

---

3 BRASIL. Secretaria Especial dos Direitos Humanos. Sistema Nacional De Atendimento Socioeducativo –SINASE. Brasília: CONANDA, 2006, p.27. Disponível em: <http://www.conselhodacrianca.al.gov.br/sala-de-imprensa/publicacoes/sinase.pdf>. Acesso em: 02 abr 2017.

E) advertência, apenas no caso de entidade não governamental.

COMENTÁRIOS

✪ **Nota do autor:** as entidades que desenvolvem programas de internação têm as seguintes obrigações, entre outras: I – observar os direitos e garantias de que são titulares os adolescentes; II – não restringir nenhum direito que não tenha sido objeto de restrição na decisão de internação; III – oferecer atendimento personalizado, em pequenas unidades e grupos reduzidos; IV – preservar a identidade e oferecer ambiente de respeito e dignidade ao adolescente; V – diligenciar no sentido do restabelecimento e da preservação dos vínculos familiares; VI – comunicar à autoridade judiciária, periodicamente, os casos em que se mostre inviável ou impossível o reatamento dos vínculos familiares; VII – oferecer instalações físicas em condições adequadas de habitabilidade, higiene, salubridade e segurança e os objetos necessários à higiene pessoal; VIII – oferecer vestuário e alimentação suficientes e adequados à faixa etária dos adolescentes atendidos; IX – oferecer cuidados médicos, psicológicos, odontológicos e farmacêuticos; X – propiciar escolarização e profissionalização; XI – propiciar atividades culturais, esportivas e de lazer; XII – propiciar assistência religiosa àqueles que desejarem, de acordo com suas crenças; XIII – proceder a estudo social e pessoal de cada caso; XIV – reavaliar periodicamente cada caso, com intervalo máximo de seis meses, dando ciência dos resultados à autoridade competente; XV – informar, periodicamente, o adolescente internado sobre sua situação processual; XVI – comunicar às autoridades competentes todos os casos de adolescentes portadores de moléstias infecto-contagiosas; XVII – fornecer comprovante de depósito dos pertences dos adolescentes; XVIII – manter programas destinados ao apoio e acompanhamento de egressos; XIX – providenciar os documentos necessários ao exercício da cidadania àqueles que não os tiverem; XX – manter arquivo de anotações onde constem data e circunstâncias do atendimento, nome do adolescente, seus pais ou responsável, parentes, endereços, sexo, idade, acompanhamento da sua formação, relação de seus pertences e demais dados que possibilitem sua identificação e a individualização do atendimento; XXI – ter, em seus quadros, profissionais capacitados a reconhecer e reportar ao Conselho Tutelar suspeitas ou ocorrências de maus-tratos.

Alternativa correta: letra "d" (responde as demais alternativas). São medidas aplicáveis às entidades de atendimento que descumprirem obrigação, sem prejuízo da responsabilidade civil e criminal de seus dirigentes ou prepostos: I – ÀS ENTIDADES GOVERNAMENTAIS: a) advertência; b) afastamento provisório de seus dirigentes; c) afastamento definitivo de seus dirigentes; d) fechamento de unidade ou interdição de programa; II – ÀS ENTIDADES NÃO-GOVERNAMENTAIS: a) advertência; b) suspensão total ou parcial do repasse de verbas públicas; c) interdição de unidades ou suspensão de programa; d) cassação do registro (Artigo 97, I e II, do ECA).

---

35. (Cespe – Juiz de Direito – PR/2017) Assinale a opção correta a respeito do Sistema Nacional de Atendimento Socioeducativo.

A) Comprovação da existência de estabelecimento educacional com instalações adequadas e em conformidade com as normas de referência é um dos requisitos específicos para a inscrição de programas de regime de semiliberdade ou internação.

B) É princípio que rege a execução das medidas socioeducativas a imprescindibilidade da intervenção judicial, favorecendo-se meios de autocomposição de conflitos.

C) Ao adolescente que já tenha cumprido medida socioeducativa de internação pode ser aplicada nova medida dessa natureza em razão de ato infracional por ele praticado anteriormente.

D) Na definição das estratégias para a gestão de conflitos entre adolescentes sob o regime de internação, é lícita a imposição de sanção disciplinar de isolamento cautelar como incentivo ao convencimento do adolescente.

COMENTÁRIOS

✪ **Nota do autor:** o Sistema Nacional de Atendimento Socioeducativo (Sinase) foi instituído pela Lei nº 12.594/2012 e consiste no conjunto ordenado de princípios, regras e critérios que envolvem a execução de medidas socioeducativas, incluindo-se nele, por adesão, os sistemas estaduais, distrital e municipais, bem como todos os planos, políticas e programas específicos de atendimento a adolescente em conflito com a lei.

Alternativa correta: letra "a". São requisitos específicos para a inscrição de programas de regime de semiliberdade ou internação: I – a comprovação da existência de estabelecimento educacional com instalações adequadas e em conformidade com as normas de referência; II – a previsão do processo e dos requisitos para a escolha do dirigente; III – a apresentação das atividades de natureza coletiva; IV – a definição das estratégias para a gestão de conflitos, vedada a previsão de isolamento cautelar, salvo ser imprescindível para garantia da segurança de outros internos ou do próprio adolescente a quem seja imposta a sanção, sendo necessária ainda comunicação ao defensor, ao Ministério Público e à autoridade judiciária em até 24 (vinte e quatro) horas; e V – a previsão de regime disciplinar independente da responsabilidade civil ou penal que advenha do ato cometido (arts.15, 48, §2º, e 72, da **Lei nº 12.594/2012).**

Alternativa "b". A EXCEPCIONALIDADE da intervenção judicial e da imposição de medidas, favorecendo-se meios de autocomposição de conflitos **é** um dos princípios da execução das medidas socioeducativas (art.35, II, da Lei nº 12.594/2012).

Alternativa "c". É vedado à autoridade judiciária aplicar nova medida de internação, por atos infracionais praticados anteriormente, a adolescente que já tenha concluído cumprimento de medida socioeducativa dessa natureza, ou que tenha sido transferido para cumprimento de medida menos rigorosa, sendo tais atos absorvidos por aqueles aos quais se impôs a medida socioeducativa extrema (art.45, **§2º,** da Lei nº 12.594/2012).

Alternativa "d". Na definição das estratégias para a gestão de conflitos é vedada a previsão de isolamento cautelar, salvo se imprescindível para garantia da segurança de outros internos ou do próprio adolescente a quem seja imposta a sanção, sendo necessária ainda comunicação ao defensor, ao Ministério Público e à autoridade judiciária em até 24 (vinte e quatro) horas (arts.15, IV, e 48, **§2º,** da Lei nº 12.594/2012).

---

36. (Cespe - Defensor Público - RN/2015) No que se refere aos princípios do direito da criança e do adolescente, e aos direitos fundamentais da criança e do adolescente, assinale a opção correta considerando o disposto no ECA.

a) O ECA tutela o direito à vida, à saúde, à alimentação, à educação, à liberdade e à convivência familiar de crianças e adolescentes a partir do nascimento com vida.

b) O princípio da prioridade absoluta não tem previsão na CF, mas está refletido em disposições do ECA e consiste na primazia das crianças e dos adolescentes nos âmbitos judicial, extrajudicial, administrativo, social e familiar.

c) A incidência do princípio do interesse superior da criança e do adolescente está limitada a litígios judiciais ou extrajudiciais que envolvam crianças e adolescentes em situação irregular.

d) O princípio da municipalização é um dos princípios orientadores do direito da criança e do adolescente, o que não elide a atuação – solidária à do município – de estados e da União na tutela dos direitos infantojuvenis.

e) É vedada a aplicação das regras previstas no ECA a pessoas entre dezoito e vinte e um anos de idade.

COMENTÁRIOS

✪ **Nota do autor:** são diretrizes da política de atendimento dos direitos da criança e do adolescente: I – municipalização do atendimento; II – criação de conselhos municipais, estaduais e nacional dos direitos da criança e do adolescente, órgãos deliberativos e controladores das ações em todos os níveis, assegurada a participação popular paritária por meio de organizações representativas, segundo leis federal, estaduais e municipais; III – criação e manutenção de programas específicos, observada a descentralização político-administrativa; IV – manutenção de fundos nacional, estaduais e municipais vinculados aos respectivos conselhos dos direitos da criança e do adolescente; V – integração operacional de órgãos do Judiciário, Ministério Público, Defensoria, Segurança Pública e Assistência Social, preferencialmente em um mesmo local, para efeito de agilização do atendimento inicial a adolescente a quem se atribua autoria de ato infracional; VI – integração operacional de órgãos do Judiciário, Ministério Público, Defensoria, Conselho Tutelar e encarregados da execução das políticas sociais básicas e de assistência social, para efeito de agilização do atendimento de crianças e de adolescentes inseridos em programas de acolhimento familiar ou institucional, com vista na sua rápida reintegração à família de origem ou, se tal solução se mostrar comprovadamente inviável, sua colocação em família substituta, em quaisquer das modalidades previstas no art. 28 do ECA; VII – mobilização da opinião pública para a indispensável participação dos diversos segmentos da sociedade; VIII – especialização e formação continuada dos profissionais que trabalham nas diferentes áreas da atenção à primeira infância, incluindo os conhecimentos sobre direitos da criança e sobre desenvolvimento infantil; IX – formação profissional com abrangência dos diversos direitos da criança e do adolescente que favoreça a intersetorialidade no atendimento da criança e do adolescente e seu desenvolvimento integral; X – realização e divulgação de pesquisas sobre desenvolvimento infantil e sobre prevenção da violência.

Alternativa correta: letra "d". A política de atendimento dos direitos da criança e do adolescente far-se-á através de um conjunto articulado de ações governamentais e não-governamentais, da União, dos estados, do Distrito Federal e dos municípios. Uma de suas diretrizes é a municipalização do atendimento (Lei nº 8.069/90, arts.86 e 88, I).

Alternativa "a". Errada. A criança e o adolescente têm direito a proteção à vida e à saúde, <u>mediante a efetivação de políticas sociais públicas que</u> permitam o nascimento <u>e o desenvolvimento sadio e harmonioso,</u> em condições dignas de existência (ECA, art.7º). Assim, é assegurado a todas as mulheres o acesso aos programas e às políticas de saúde da mulher e de planejamento reprodutivo e, às gestantes, nutrição adequada, atenção humanizada à gravidez, ao parto e ao puerpério e atendimento pré-natal, perinatal e pós-natal integral no âmbito do Sistema Único de Saúde (ECA, art.8º).

Alternativa "b". Errada. A Constituição da República Federativa do Brasil prevê, em seu art.227, que é dever da família, da sociedade e do Estado assegurar à criança, ao adolescente e ao jovem, com absoluta prioridade, o direito à vida, à saúde, à alimentação, à educação, ao lazer, à profissionalização, à cultura, à dignidade, ao respeito, à liberdade e à convivência familiar e comunitária, além de colocá-los a salvo de toda forma de negligência, discriminação, exploração, violência, crueldade e opressão

Alternativa "c". Errada. O Estatuto da Criança e Adolescente se orienta pela doutrina da proteção integral à criança e ao adolescente, podendo ser aplicado inclusive a pessoas com até vinte e um anos de idade, sempre no intuito de preservar o interesse e bem maior da criança e do adolescente, possibilitando o real e amplo desenvolvimento dessas pessoas (arts.1º, 3º, 100, parágrafo único, II, do Estatuto da Criança e do Adolescente).

Alternativa "e". Errada. O ECA considera criança a pessoa até doze anos de idade incompletos, e adolescente aquela entre doze e dezoito anos de idade. Nos casos expressos em lei, aplica-se excepcionalmente o ECA às pessoas entre dezoito e vinte e um anos de idade (Lei nº 8.069/90, art.2º, *caput* e parágrafo único).

---

37. (Cespe – Defensor Público – RN/2015) Com base no disposto nas resoluções do CONANDA, assinale a opção correta.

a) Os conselhos tutelares não são competentes para a apuração de atos infracionais praticados por crianças.

b) Os sistemas nacionais de proteção de direitos humanos e de socioeducação têm liberdade de organização e funcionamento, mas não legitimidade normativa complementar.

c) A atuação da DP no tocante às regras de acesso da criança e do adolescente à justiça não abrange a assessoria jurídica, limitando-se à assistência judiciária gratuita a todas as crianças ou adolescentes e suas famílias que dela necessitarem, na forma da LC de organização da DP.

d) As atribuições dos conselhos tutelares previstas no ECA não podem ser ampliadas em regimento interno ou ato administrativo semelhante de quaisquer outras autoridades.

e) Não integram o Sistema Nacional Socioeducativo os denominados programas de internação provisória.

COMENTÁRIOS

✪ **Nota do autor:** o Conselho Nacional dos Direitos da Criança e do Adolescente – CONANDA é órgão deliberativo e controlador das ações em todos os níveis.

Alternativa correta: letra "d". As atribuições dos conselhos tutelares estão previstas no Estatuto da Criança e do Adolescente, não podendo ser instituídas novas atribuições em Regimento Interno ou em atos administrativos semelhante de quaisquer outras autoridades (Resolução CONANDA nº 113, de 19 de abril de 2006, art.11, *caput*).

Alternativa "a". Errada. Nos termos do artigo 12 da Resolução CONANDA nº 117 de 11/07/2006, somente os conselhos tutelares têm competência para apurar os atos infracionais praticados por crianças, aplicando-lhes medidas específicas de proteção, previstas em lei, a serem cumpridas mediante requisições do conselho. (arts. 98, 101,105 e 136, III, b da Lei nº 8.069/1990).

Alternativa "b". Errada. Os sistemas nacionais de proteção de direitos humanos e de socioeducação têm legitimidade normativa complementar e liberdade de organização e funcionamento, nos termos da Resolução CONANDA nº 113, de 19 de abril de 2006 (art.27, §2º).

Alternativa "c". Errada. A assessoria jurídica integral é um direito da criança e adolescente (Resolução CONANDA nº 169/2014, art.6º, §1º)

Alternativa "e". Errada. Integram também o Sistema Nacional Socioeducativo – SINASE, como auxiliares dos programas socioeducativos, os programas acautelatórios de atendimento inicial (arts. 175 e 185 da lei federal nº 8069/90), os programas de internação provisória (arts. 108 e 183 do ECA) e os programas de apoio e assistência aos egressos (Resolução CONANDA nº 113, de 19 de abril de 2006, art.20, parágrafo único).

---

38. (Cespe – Juiz de Direito – DFT/2014) Acerca das diretrizes da política de atendimento dos direitos da criança e do adolescente e considerando a legislação constitucional aplicável, assinale a opção correta.

a) A política de atendimento inclui políticas e programas destinados a promover o afastamento da família biológica e a garantir o efetivo exercício do direito à convivência familiar de crianças e adolescentes por meio da adoção.

b) A política de atendimento dos direitos da criança e do adolescente funciona por meio de conjunto articulado de ações governamentais e não governamentais, cabendo à esfera federal a coordenação, a proposição de normas gerais e a execução de programas específicos8.

c) Constituem diretrizes da política de atendimento a existência de serviço de identificação e localização de pais, responsável, crianças e adolescentes desaparecidos e a mobilização da opinião pública para a indispensável participação dos diversos segmentos da sociedade.

d) Da composição do Conselho dos Direitos da Criança e do Adolescente do DF devem participar, com direito a voto, o MP, a defensoria pública e a autoridade judiciária da infância e da juventude.

e) A criação dos conselhos dos direitos da criança e do adolescente atende à previsão constitucional de participação da população, por meio de organizações representativas, na formulação das políticas e no controle das ações de garantia dos direitos da criança e do adolescente.

COMENTÁRIOS

✪ **Nota do autor:** as diretrizes da política de atendimento estão elencadas no art. 88 do Estatuto. Tais diretrizes representam o plano da política de atendimento exigível para que as linhas de ação sejam progressivamente criadas. É fundada em três vetores: articulação, descentralização e participação.

Alternativa Correta: letra "e". A política de atendimento está inserida na política de assistência social, conforme indicado na Constituição Federal. Tal política está fundada na participação popular. O Conselho de Direitos encampa tal princípio, pois estabelece a participação popular na formulação das ações voltadas à infância.

Alternativa "a". Errada. Todas as políticas devem estar voltadas à permanência da criança e do adolescente na família natural.

Alternativa "b". Errada. O Estatuto adotou o princípio da municipalização do atendimento, de modo que o atendimento primário deve ser realizado pelo município (art. 88, I ECA).

Alternativa "c". Errada. Tal política não está inserida nas diretrizes de atendimento.

Alternativa "d". Errada. A autoridade judiciária e o Ministério Público não devem participar.

---

39. (Cespe - Juiz de Direito Substituto - PB/ 2011) Assinale a opção correta com base no que dispõe o ECA a respeito de ato infracional, medidas socioeducativas, entidades de atendimento e direito à saúde.

a) As entidades governamentais de atendimento ao menor que descumprirem as obrigações relacionadas ao desenvolvimento de programas de internação estão sujeitas às seguintes penalidades: advertência, suspensão total do repasse de verbas, interdição das unidades ou suspensão do programa.

b) As entidades não governamentais de atendimento a crianças e adolescentes somente podem funcionar depois de registradas no conselho municipal dos direitos da criança e do adolescente, que deve comunicar o registro, cuja validade máxima é de quatro anos, ao conselho tutelar e ao juiz da localidade.

c) Nenhum adolescente pode ser privado de sua liberdade senão em flagrante de ato infracional, permitindo-se a sua prisão preventiva ou temporária desde que decretada por ordem escrita e fundamentada da autoridade judiciária competente.

d) O prazo máximo da internação provisória do adolescente, para a aplicação de medida socioeducativa, é de até sessenta dias, constituindo a privação da liberdade verdadeira medida cautelar.

e) As situações de suspeita ou confirmação de maus-tratos contra criança ou adolescente devem ser imediata e concomitantemente informadas ao MP, ao juiz da localidade e ao conselho tutelar, sem prejuízo de outras providências.

COMENTÁRIOS

✪ **Nota do autor:** a questão trata de vários institutos do Estatuto da Criança e do Adolescente. Ato infracional é a conduta prevista na lei como crime ou contravenção penal, praticada por criança ou adolescente. Medida socioeducativa é à medida que pode ser aplicada ao adolescente autor de ato infracional. Entidade de atendimento é aquela responsável pela execução de programa socioeducativo ou de proteção.

Alternativa correta: letra "b". As entidades de atendimento não governamentais devem registrar-se junto ao Conselho Municipal dos Direitos da Criança e do Adolescente, como condição para funcionamento. Contudo, as entidades governamentais não precisam promover esse registro. De outro lado, tanto as entidades governamentais e as não governamentais devem inscrever os seus programas junto ao mesmo órgão. O registro acima referido tem prazo de até quatro anos.

Alternativa "a". As penalidades das entidades de atendimento governamentais estão previstas no artigo 97, I do Estatuto, que indicam outras que não aquelas acima indicadas.

Alternativa "c". Não se admite a prisão preventiva ou temporária de adolescente. Quando muito, admite-se a sua não liberação pela autoridade policial nas hipóteses do art. 174, bem como a internação provisória decretada pela autoridade judiciária (art. 108).

Alternativa "d". O prazo máximo de internação do adolescente é de 45 dias, e não de 60, como mencionado.

Alternativa "e". Tais situações devem ser obrigatoriamente comunicadas ao Conselho Tutelar, para que este tome as providências necessárias de forma urgente.

10. DAS MEDIDAS PROTETIVAS

---

40. (Cespe - Defensor Público - RN/2015) No que se refere às medidas específicas de proteção da criança e do adolescente, assinale a opção correta.

a) É improrrogável o prazo estabelecido pela legislação em vigor para a permanência da criança ou do adolescente em programa de acolhimento institucional.

b) Em regra, é da competência exclusiva da autoridade judiciária a colocação de criança ou adolescente em programa de acolhimento familiar ou em família substituta mediante a concessão de guarda, tutela ou adoção.

c) A medida de acolhimento institucional pode ser utilizada como punição aplicada a adolescente em conflito com a lei, hipótese em que se assemelha à medida socioeducativa de internação.

d) Na hipótese de ameaça ou violação de direitos, o ECA estabeleceu, em rol taxativo, as medidas específicas de proteção que podem ser aplicadas pela autoridade competente.

e) Ao contrário do acolhimento institucional, a provisoriedade não configura critério a ser observado no tocante à medida de acolhimento familiar.

COMENTÁRIOS

✪ **Nota do autor:** as medidas de proteção à criança e ao adolescente são aplicáveis isoladas ou cumuladas, bem como substituídas a qualquer tempo, sempre que os direitos reconhecidos pelo ECA forem ameaçados ou violados,

Alternativa correta: letra "b". Via de regra, a inclusão em programa de acolhimento familiar e a colocação em família substituta são medidas determinadas pela autoridade competente para proteção à criança e ao adolescente, quando os direitos previstos no ECA são ameaçados ou violados (ECA, arts. 98, *caput* e 101, VIII). O acolhimento familiar é medida provisória e excepcional, utilizável como forma de transição para reintegração familiar ou, não sendo esta possível, para colocação em família substituta, não implicando privação de liberdade (ECA, art.101, §1º). Sem prejuízo da tomada de medidas emergenciais para proteção de vítimas de violência ou abuso sexual e das providências a que alude o art. 130 do ECA, o afastamento da criança ou adolescente do convívio familiar é de competência exclusiva da autoridade judiciária e importará na deflagração, a pedido do Ministério Público ou de quem tenha legítimo interesse, de procedimento judicial contencioso, no qual se garanta aos pais ou ao responsável legal o exercício do contraditório e da ampla defesa (ECA, art.101, §2º). Não obstante, **as entidades que mantenham programa de acolhimento institucional** poderão, em caráter excepcional e de urgência, acolher crianças e adolescentes sem prévia determinação da autoridade competente, fazendo comunicação do fato em até 24 (vinte e quatro) horas ao Juiz da Infância e da Juventude, sob pena de responsabilidade (ECA, art.93, *caput*).

Alternativa "a". Errada. A permanência da criança e do adolescente em programa de acolhimento institucional não se prolongará por mais de 18 (dezoito) meses, salvo comprovada necessidade que atenda ao seu superior interesse, devidamente fundamentada pela autoridade judiciária (ECA, art.19, §2º).

Alternativa "c". Errada. O acolhimento institucional não está elencado no rol de medidas socioeducativas decorrentes da prática de ato infracional por adolescente (ECA, art.112).

Alternativa "d". Errada. O artigo 101 do ECA prevê algumas medidas protetivas, deixando expresso que o rol é apenas exemplificativo.

Alternativa "e". Errada. O acolhimento institucional e o acolhimento familiar são medidas provisórias e excepcionais, utilizáveis como forma de transição para reintegração familiar ou, não sendo esta possível, para colocação em família substituta, não implicando privação de liberdade (ECA, art.101, §1º).

41. (Cespe – Promotor de Justiça – AC/2014) Em relação ao acolhimento institucional e familiar e à colocação de criança ou adolescente em família substituta, assinale a opção correta.

a) Diferentemente do acolhimento familiar, que pode ter caráter definitivo, quando instituído em favor de parentes da criança, o acolhimento institucional é sempre provisório e excepcional.

b) O prazo legal para que a criança e o adolescente possam permanecer sob acolhimento institucional é de dois anos, podendo, contudo, ser prorrogado, mediante decisão fundamentada da autoridade judiciária, que deve demonstrar que o excesso de prazo atende ao melhor interesse do infante.

c) A colocação em família substituta estrangeira constitui medida excepcional, somente admissível quando ausente alternativa viável em território nacional, podendo ser concedida nas modalidades de tutela e adoção.

d) A colocação de criança ou adolescente em família substituta pode ser aplicada como medida socioeducativa, no caso de cometimento de ato infracional leve ou como medida de proteção à criança e ao adolescente em situação de risco.

e) O acolhimento familiar pode ser determinado pelo Conselho Tutelar e pelo MP, ao passo que o acolhimento institucional é da competência exclusiva da autoridade judiciária.

COMENTÁRIOS

✪ **Nota do autor:** o acolhimento familiar é medida protetiva que somente poderá ser aplicada pela autoridade judiciaria. A inserção em família substituta poderá ser realizada nas modalidades de guarda, tutela e adoção.

Alternativa Correta: letra "b". O acolhimento institucional é medida provisória, devendo a criança retornar à família natural ou, não sendo possível, ser inserida em família substituta. Tal medida, por conta disso, deve ser breve e será reavaliada pelo menos a cada seis meses. Embora seja breve, poderá ocorrer de ultrapassar o tempo máximo previsto, que é de dois anos, desde que o superior interesse da criança justifique a continuidade.

Alternativa "a". Errada. O acolhimento familiar não poderá ter caráter definitivo.

Alternativa "c". Errada. A colocação em família substituta estrangeira não é admitida nas modalidades de tutela e de guarda, mas somente na adoção.

Alternativa "d". Errada. A colocação em família substituta não constitui medida socioeducativa. Estas são somente aquelas indicadas no art. 112, do Estatuto, que encampa rol taxativo a respeito.

Alternativa "e". Errada. O acolhimento familiar não poderá ser determinado pelo Conselho Tutelar ou pelo Ministério Público, mas somente pela autoridade judiciária.

42. (Cespe – Juiz de Direito – DFT/2014) Ao analisar autos de ação penal em curso, um magistrado constatou que os filhos de um réu preso, de sete e nove anos de idade, não estavam matriculados na escola.

Nessa situação hipotética,

a) o magistrado não pode adotar, de ofício, qualquer medida, já que a informação em apreço é estranha ao processo criminal.

b) deve-se determinar vista dos autos ao MP, para que este se manifeste a respeito e adote medidas de sua atribuição previstas no ECA.

c) cópias de peças pertinentes e suficientes à análise do caso devem ser encaminhadas ao conselho tutelar da localidade de residência das crianças.

d) deve-se determinar a colocação das crianças em família substituta.

e) cópias de peças pertinentes e suficientes à análise do caso devem ser encaminhadas à delegacia especial de proteção à criança e do adolescente.

COMENTÁRIOS

✪ **Nota do autor:** constatando a autoridade judiciária que uma criança ou um adolescente se encontra em situação de risco, deve promover os meios necessários para que tal situação seja resolvida. Nesse sentido, determina o *caput* do art. 13 do Estatuto que "os casos de suspeita ou confirmação de maus-tratos contra criança ou adolescente serão obrigatoriamente comunicados ao Conselho Tutelar da respectiva localidade, sem prejuízo de outras providências legais".

Alternativa Correta: letra "c". Em consonância com o que dispõe o caput do art. 13, do Estatuto, deverá a autoridade judiciária comunicar tal fato ao Conselho Tutelar, para que este tome as providências necessárias no sentido de suprir a situação de risco existente. Para tanto, determinará a extração de cópias para encaminhamento.

Alternativa "a". Errada. O magistrado deverá agir de ofício diante da notícia apresentada nos autos.

Alternativa "b". Errada. Não há necessidade de dar-se vista ao Ministério Público, devendo tomar a medida de ofício.

Alternativa "d". Errada. A colocação em família substituta somente poderá ser realizada excepcionalmente e exigirá apuração em processo próprio.

Alternativa "e". Errada. De acordo com o caput do art. 13, do Estatuto, as cópias devem ser encaminhadas ao Conselho Tutelar.

43. (Cespe – Juiz de Direito – DFT/2014) Em outubro de 2013, a autoridade judiciária foi comunicada do nascimento de Rosa, cuja irmã, Marli, nascida em junho de 2012, encontra-se acolhida na instituição A, da qual Ana é dirigente. No comunicado, consta ser necessário o acolhimento institucional de Rosa, já que sua mãe, usuária frequente de drogas e moradora de rua, manifestou o desejo de que a filha fosse adotada e deixou o hospital sem a criança.

Considerando essa situação hipotética, assinale a opção correta à luz da legislação sobre os direitos da criança e do adolescente.

a) A inclusão de Marli e de Rosa em programa de acolhimento institucional, ainda que constitua medida temporária e excepcional, tem preferência à sua inclusão em programa de acolhimento familiar.

b) Dada possibilidade de ruptura decorrente de eventual adoção de Marli, institucionalizada há mais de um ano, é desaconselhável propiciar o estabelecimento de vínculo afetivo entre as irmãs, razão por que Rosa deve ser encaminhada a outra instituição de acolhimento.

c) O hospital poderia, sem prévia determinação da autoridade competente, ter encaminhado Rosa diretamente para a instituição de acolhimento A, na qual Ana, relativamente às crianças acolhidas, exerce o poder familiar, para todos os efeitos de direito.

d) Deve-se garantir que Marli e Rosa sejam adotadas pela mesma família, salvo se comprovada a existência de situação que justifique a excepcionalidade de solução diversa, caso em que se deve evitar o rompimento definitivo dos vínculos fraternais.

e) O acolhimento institucional de Marli e de Rosa, medida provisória e excepcional, implica privação de liberdade, podendo ser utilizado apenas como forma de transição para colocação em família substituta, se não for possível a reintegração familiar.

COMENTÁRIOS

✪ **Nota do autor:** a questão trata das medidas protetivas de acolhimento institucional e acolhimento familiar, nas quais haverá a inserção de forma excepcional e provisória, como forma de transição para o retorno à família natural ou, então, colocação em família substituta.

Alternativa Correta: letra "d". Se as irmãs forem inseridas em família substituta, o que deverá ocorrer ante a impossibilidade de retorno à família natural, deverão ser inseridas preferencialmente na mesma família, mantendo-se os laços afetivos entre elas existentes.

Alternativa "a". Errada. Prefere-se o acolhimento familiar ao acolhimento institucional.

Alternativa "b". Errada. O restabelecimento de vínculo afetivo entre os irmãos deve ser incentivado, a não ser que o juiz entenda que seja prejudicial.

Alternativa "c". Errada. O encaminhamento para o acolhimento institucional poderá ser realizado exclusivamente pela autoridade judiciária, exigindo-se decisão proferida em procedimento próprio.

Alternativa "e". Errada. O acolhimento institucional é uma medida protetiva e não implicará em restrição da liberdade, o que poderá ocorrer com as medidas socioeducativas. Além disso, aquela medida protetiva servirá como forma de transição para o retorno à família natural e, se isso não for possível, para a inserção em família substituta.

---

44. (Cespe - Defensor Público - RR/2013) No que concerne às medidas de proteção da criança e do adolescente, assinale a opção correta.

a) Por disposição expressa da legislação de regência, as medidas de proteção à criança devem ser acompanhadas da regularização do respectivo registro civil e, não estando a paternidade da criança ainda definida, será impositiva a deflagração do procedimento específico destinado à sua averiguação, mesmo que a criança tenha sido encaminhada para adoção.

b) O acolhimento institucional, medida provisória e excepcional que implica privação de liberdade, é utilizável como forma de transição para colocação do menor em família substituta.

c) Entre os princípios que regem a aplicação das medidas específicas de proteção incluem-se o da privacidade, o da intervenção precoce e o da responsabilidade parental.

d) De acordo com a norma de regência, na efetivação dos direitos assegurados a crianças e adolescentes, a responsabilidade primária é atribuída, por princípio, à família, e a subsidiária, ao poder público, com primazia de atuação do poder público municipal, em decorrência da municipalização do atendimento, e, sucessivamente, aos demais entes estatais.

e) O afastamento da criança ou adolescente do convívio familiar, medida excepcional e de natureza emergencial, pode ser ordenado, com fundamento na proteção das vítimas de violência ou abuso sexual, pelo MP, pelo conselho tutelar, pelo órgão gestor da assistência social e pelos conselhos municipais dos direitos da criança e do adolescente e da assistência social.

COMENTÁRIOS

✪ **Nota do autor:** as medidas de proteção da criança e do adolescente são medidas assistenciais que podem ser deferidas por conta da situação de risco.

Alternativa Correta: letra "c". O parágrafo único do art. 100, do Estatuto, enumera princípios que se aplicam também às medidas socioeducativas e, em verdade, a todo o Direito da Criança e do Adolescente. É muito importante que o candidato conhece o sentido de cada um desses princípios.

Alternativa "a": Em conformidade com o disposto na Lei 8.560/1992, não será impositivo o ajuizamento da ação de investigação de paternidade se a criança estiver à disposição para adoção.

Alternativa "b". O acolhimento institucional não implica em restrição à liberdade.

Alternativa "d". A responsabilidade primária e solidária é das três esferas de governo, sem prejuízo da municipalização do atendimento e da possibilidade da execução de programas por entidades não governamentais.

Alternativa "e". Poderá ser determinado o afastamento do agressor da moradia comum, mediante decisão judicial, fixando-se alimentos provisórios (art. 130, parágrafo único).

---

45. (Cespe - Defensor Público - TO/2013) A propósito das medidas de proteção e das medidas pertinentes aos pais ou responsável, assinale a opção correta.

a) Imediatamente após o acolhimento da criança ou do adolescente, a entidade responsável pelo programa de acolhimento institucional ou familiar deve elaborar um plano individual de atendimento, visando à reintegração familiar do menor, ressalvada a existência de ordem escrita e fundamentada em contrário exarada pela autoridade judiciária competente, caso em que está prevista a colocação da criança ou do adolescente em família substituta.

b) Excepcionalmente, quando constatado perigo à sobrevivência da criança ou do adolescente em razão da falta ou da carência de recursos materiais, a autoridade judiciária poderá aplicar aos pais a medida de suspensão do poder familiar, até que a família seja incluída em programa social promovido pelo governo.

c) Verificada a hipótese de dependência química grave dos pais, a autoridade judiciária, a fim de evitar qualquer violação a direito fundamental do infante, poderá determinar, como medida cautelar, a internação compulsória do pai ou responsável em clínica especializada para tratamento de dependentes químicos.

d) O conselho de direitos de cada município deve manter, em cada comarca ou foro regional, cadastro com informações atualizadas sobre as crianças e adolescentes em regime de acolhimento familiar e institucional e informações pormenorizadas sobre a situação jurídica de cada um, bem como as providências tomadas para sua reintegração familiar ou colocação em família substituta.

e) Na impossibilidade de reintegração da criança ou do adolescente à família de origem, após seu encaminhamento a programas oficiais ou comunitários de orientação, apoio e promoção social, será enviado relatório fundamentado à DP, para o ajuizamento de ação de destituição do poder familiar, ou destituição de tutela ou guarda.

COMENTÁRIOS

✪ **Nota do autor:** as medidas protetivas são medidas assistenciais que podem ser aplicadas à criança e ao adolescente em situação de risco. Estão previstas no art. 101, do Estatuto; de outro lado, as medidas pertinentes aos pais e ao responsável são medidas que podem ser sancionatórias ou assistenciais e estão previstas no art. 129, do Estatuto.

Alternativa Correta: letra "a": é priorizado o acompanhamento individual de cada criança ou adolescente que estiver inserido em acolhimento institucional. Como meio de otimizar o atendimento, deverá a entidade elaborar plano individual de atendimento, que será submetido à autoridade judiciária para aprovação.

Alternativa "b". A falta ou carência de recursos materiais não importará na suspensão do poder familiar.

Alternativa "c". No âmbito das medidas pertinentes aos pais ou responsável, não está prevista a internação compulsória.

Alternativa "d". O juízo da vara da infância e da juventude manterá um cadastro com informações atualizadas sobre as crianças e adolescentes em regime de acolhimento familiar e institucional, e não o conselho de direitos.

Alternativa "e". Será encaminhado relatório ao Ministério Público, a quem competirá ingressar com a ação de destituição do poder familiar.

---

46. (Cespe – Defensor Público – BA/ 2011) Com relação aos princípios orientadores do ECA bem como aos direitos fundamentais nele previstos, julgue o item que se segue.

I. As medidas de proteção mencionadas no ECA serão aplicadas quando os direitos previstos na lei sejam ameaçados ou efetivamente violados, por ação da sociedade, por abuso dos responsáveis, ou em razão de conduta própria.

COMENTÁRIOS

Assertiva Certa.

✪ **Nota do autor:** as medidas de proteção à criança e ao adolescente são aplicáveis sempre que os direitos reconhecidos no ECA forem ameaçados ou violados: I – por ação ou omissão da sociedade ou do Estado; II – por falta, omissão ou abuso dos pais ou responsável; ou III – em razão de sua conduta (art.98, do Estatuto da Criança e do Adolescente).

11. ATO INFRACIONAL

Texto 1A8AAA

Em determinado dia — dia X —, foi registrado flagrante relativo ao cometimento de condutas tidas por criminosas por: André, com dez anos de idade, Bruna, com treze anos de idade, Carla, com dezessete anos de idade, e Diego, com dezoito anos de idade completados no referido dia.

---

47. (Cespe – Defensor Público – DPE – AC/2017) Na situação hipotética descrita no texto 1A8AAA, conforme as disposições do ECA e da Convenção Internacional sobre os Direitos da Criança, no dia X,

A) poderiam ser aplicadas a Bruna, Carla e Diego medidas socioeducativas previstas no ECA, desde que presentes os requisitos legais.

B) Bruna e Carla seriam consideradas adolescentes à luz do ECA, ainda que, para a Convenção Internacional sobre os Direitos da Criança, todos os indivíduos referidos fossem considerados crianças.

C) Bruna, Carla e Diego não seriam considerados crianças à luz do ECA, ao passo que, conforme a Convenção Internacional sobre os Direitos da Criança, André, Bruna e Carla seriam considerados como tal.

D) os quatro indivíduos referidos seriam considerados crianças, e a eles poderiam ser aplicadas medidas socioeducativas previstas no ECA.

E) Bruna e Carla seriam consideradas adolescentes, porém, mesmo se presentes os requisitos legais, a elas não poderiam ser aplicadas medidas de proteção previstas no ECA.

COMENTÁRIOS

✪ **Nota do autor:** considera-se ato infracional a conduta descrita como crime ou contravenção penal, praticada por pessoa com até dezoito anos incompletos na data do fato.

Alternativa correta: letra "c". O ECA considera criança toda pessoa com doze anos incompletos de idade (art.2º), ao passo que a Convenção Internacional sobre os Direitos da Criança considera como criança todo ser humano com menos de dezoito anos de idade, a não ser que, em conformidade com a lei aplicável à criança, a maioridade seja alcançada antes (Artigo 1 da Convenção Internacional sobre os Direitos da Criança).

Alternativa "a" (responde as demais alternativas). À criança que pratica ato infracional (André, menor de doze anos de idade) se aplicam as medidas protetivas previstas do ECA, enquanto que aos adolescentes que praticam ato infracional (Bruna e Carla, que têm entre doze a incompletos dezoito anos na data do fato) sem aplicam as medidas socioeducativas ou protetivas previstas no ECA. Como Diego possui a maioridade penal no dia do fato, aplica-se a sanção penal (artigos 101, 103, 104 e 112, todos do Estatuto da Criança e Adolescente).

---

48. (Cespe - Defensor Público - DPE - AC/2017) Considerando as informações apresentadas no texto 1A8AAA, assinale a opção correta.

A) André e Bruna têm direito à proteção especial constitucional, mas Bruna pode trabalhar na condição de aprendiz.

B) André, Bruna e Carla podem ser submetidos a procedimento de apuração de ato infracional.

C) O princípio da excepcionalidade deverá ser observado caso seja aplicada medida privativa da liberdade a Bruna e a Carla.

D) No atendimento aos direitos de André, Bruna e Carla, as ações governamentais devem basear-se na diretriz de participação direta da população no controle das ações.

E) A todos os indivíduos em questão é proibido, por força constitucional, o trabalho noturno, perigoso ou insalubre.

COMENTÁRIOS

✪ **Nota do autor:** no caso temos criança (André, menor de doze anos de idade), adolescentes (Bruna e Carla, que têm entre doze e incompletos dezoito anos na data do fato) e pessoa com maioridade civil e imputabilidade penal (Diego, com dezoito anos completos).

Alternativa correta: letra "c". Bruna e Carla estão sujeitas à medida socioeducativa de internação, que constitui medida privativa da liberdade, sujeita aos princípios de brevidade, excepcionalidade e respeito à condição peculiar de pessoa em desenvolvimento, somente aplicável se não houver outra medida adequada, quando tratar-se de ato infracional cometido mediante grave ameaça ou violência a pessoa, por reiteração no cometimento de outras infrações graves ou por descumprimento reiterado e injustificável da medida anteriormente imposta (Artigos 121 e 122 do ECA).

Alternativa "a". A criança, o adolescente e o jovem têm direito **à** proteção especial do Estado, da família e da sociedade, se aplicando a todos os mencionados na assertiva (art.227 da CF/88). O direito a proteção especial abrangerá os seguintes aspectos: I – idade mínima de quatorze anos para admissão ao trabalho (na condição de aprendiz à pessoa com idade entre quatorze e incompleto dezesseis anos), com proibição de trabalho noturno, perigoso ou insalubre a menores de dezoito; II – garantia de direitos previdenciários e trabalhistas; III – garantia de acesso do trabalhador adolescente e jovem à escola; IV – garantia de pleno e formal conhecimento da atribuição de ato infracional, igualdade na relação processual e defesa técnica por profissional habilitado, segundo dispuser a legislação tutelar específica; V – obediência aos princípios de brevidade, excepcionalidade e respeito à condição peculiar de pessoa em desenvolvimento, quando da aplicação de qualquer medida privativa da liberdade; VI – estímulo do Poder Público, através de assistência jurídica, incentivos fiscais e subsídios, nos termos da lei, ao acolhimento, sob a forma de guarda, de criança ou adolescente **órfão** ou abandonado; VII – programas de prevenção e atendimento especializado à criança, ao adolescente e ao jovem dependente de entorpecentes e drogas afins. <u>O erro está no tocante à afirmação de que Bruna pode trabalhar como aprendiz, pois não possui quatorze anos de idade</u>.

Alternativa "b". O procedimento judicial de apuração de ato infracional se dirige ao adolescente, não à criança (ECA, art.171). <u>Logo, André, como é criança na data do fato, não pode ser submetido a referido procedimento</u>.

Alternativa "d". São diretrizes da política de atendimento: I – municipalização do atendimento; II – criação de conselhos municipais, estaduais e nacional dos direitos da criança e do adolescente, **órgãos** deliberativos e controladores das ações em todos os níveis, assegurada a <u>participação popular paritária por meio de organizações representativas, segundo leis federal, estaduais e municipais</u>; III – criação e manutenção de programas específicos, observada a descentralização político-administrativa; IV – manutenção de fundos nacional, estaduais e municipais vinculados aos respectivos conselhos dos direitos da criança e do adolescente; V – integração operacional de **órgãos** do Judiciário, Ministério Público, Defensoria, Segurança Pública e Assistência Social, preferencialmente em um mesmo local, para efeito de agilização do atendimento inicial a adolescente a quem se atribua autoria de ato infracional; VI – integração operacional de **órgãos** do Judiciário, Ministério Público, Defensoria, Conselho Tutelar e encarregados da execução das políticas sociais básicas e de assistência social, para efeito de agilização do atendimento de crianças e de adolescentes inseridos em programas de acolhimento familiar ou institucional, com vista na sua rápida reintegração à família de origem ou, se tal solução se mostrar comprovadamente inviável, sua colocação em família substituta, em quaisquer das modalidades legais; VII – <u>mobilização da opinião pública para a indispensável participação dos diver-</u>

sos segmentos da sociedade; VIII – especialização e formação continuada dos profissionais que trabalham nas diferentes **áreas** da atenção à primeira infância, incluindo os conhecimentos sobre direitos da criança e sobre desenvolvimento infantil; IX – formação profissional com abrangência dos diversos direitos da criança e do adolescente que favoreça a intersetorialidade no atendimento da criança e do adolescente e seu desenvolvimento integral; X – realização e divulgação de pesquisas sobre desenvolvimento infantil e sobre prevenção da violência (Artigo 88 do ECA).

Alternativa "e". A Constituição Federal (art.7º, XXXIII) proíbe trabalho noturno, perigoso ou insalubre a menores de dezoito anos de idade. Logo, como Diego tem dezoito anos completos de idade, não se aplica tal vedação constitucional a ele.

---

49. (Cespe – Defensor Público – DPE – AC/2017) No tocante ao ECA, com base no entendimento dos tribunais superiores, assinale a opção correta.

A) A participação de menores de idade em qualquer conduta criminosa é suficiente para autorizar a condenação, pela prática do crime de corrupção de menores de idade, dos agentes capazes envolvidos no mesmo ato.

B) Admite-se cumular a remissão concedida pelo parquet na fase pré-processual, como forma de exclusão do processo, com a aplicação de medida socioeducativa de liberdade assistida.

C) A medida de internação aplicada aos casos de ato infracional cometido mediante grave ameaça ou violência à pessoa depende da prática de, pelo menos, três infrações graves.

D) Na apuração de ato infracional cometido por adolescente, caso seja imposta medida socioeducativa, o juiz deverá observar as circunstâncias atenuantes e agravantes previstas no CP.

E) Não é admitido, na apuração de ato infracional equiparado a crime contra o patrimônio, o benefício da escusa absolutória prevista no CP.

COMENTÁRIOS

✪ **Nota do autor:** verificada a prática de ato infracional, a autoridade competente poderá aplicar ao adolescente as seguintes medidas: I – advertência; II – obrigação de reparar o dano; III – prestação de serviços à comunidade; IV – liberdade assistida; V – inserção em regime de semiliberdade; VI – internação em estabelecimento educacional; VII – encaminhamento aos pais ou responsável, mediante termo de responsabilidade; VIII – orientação, apoio e acompanhamento temporários; IX – matrícula e frequência obrigatórias em estabelecimento oficial de ensino fundamental; X – inclusão em serviços e programas oficiais ou comunitários de proteção, apoio e promoção da família, da criança e do adolescente; XI – requisição de tratamento médico, psicológico ou psiquiátrico, em regime hospitalar ou ambulatorial; e XII – inclusão em programa oficial ou comunitário de auxílio, orientação e tratamento a alcoólatras e toxicômanos.

Alternativa correta: letra "b". A remissão não implica necessariamente o reconhecimento ou comprovação da responsabilidade, nem prevalece para efeito de antecedentes, podendo incluir eventualmente a aplicação de qualquer das medidas previstas em lei, exceto a colocação em regime de semiliberdade e a internação (art.127 do ECA). E, como não prevalece para efeitos de antecedente, o Superior Tribunal de Justiça firmou o entendimento de possibilidade de cumulação com medida socioeducativa não restritiva de liberdade[4].

Alternativa "a". A configuração do crime do art. 244-B do ECA independe da prova da efetiva corrupção do menor, por se tratar de delito formal (Súmula 500, TERCEIRA SEÇÃO, julgado em 23/10/2013, DJe 28/10/2013), MAS NÃO PODE CONFIGURAR *BIS IN IDEM*. O erro incide no termo "em qualquer conduta criminosa", pois a participação de criança e adolescente já está inclusa como causa de aumento nos crimes previstos nos artigos 33 a 37 da Lei de Drogas, nos termos do art. 40, VI, da Lei nº 11.343/2006 e entendimento do Superior Tribunal de Justiça5, por vedação do *bis*

---

4 RECURSO EM HABEAS CORPUS. ATO INFRACIONAL ANÁLOGO AO TRÁFICO ILÍCITO DE ENTORPECENTES. CONCESSÃO DE REMISSÃO JUDICIAL. CUMULAÇÃO COM MEDIDA SOCIOEDUCATIVA EM REGIME ABERTO. POSSIBILIDADE. ART. 127 DO ESTATUTO DA CRIANÇA E DO ADOLESCENTE – ECA. AUSÊNCIA DE FLAGRANTE ILEGALIDADE. RECURSO EM HABEAS CORPUS A QUE SE NEGA PROVIMENTO. 1. Este Tribunal Superior, interpretando o art. 127 do Estatuto da Criança e do Adolescente, firmou o entendimento no sentido da possibilidade de cumulação da remissão judicial com medida socioeducativa, desde que esta não importe em restrição à liberdade do menor. In casu, portanto, reveste-se de plena legalidade a cumulação da remissão judicial concedida com medida socioeducativa em regime aberto, consistente na prestação de serviços à comunidade. Recurso em habeas corpus a que se nega provimento. (RHC 71.760/MG, Rel. Ministro JOEL ILAN PACIORNIK, QUINTA TURMA, julgado em 06/12/2016, DJe 16/12/2016)

5 RECURSO ESPECIAL. PENAL. TRÁFICO DE DROGAS E CORRUPÇÃO DE MENORES. CAUSA DE AUMENTO DO ART. 40, VI, DA LEI DE DROGAS E CORRUPÇÃO DE MENORES. BIS IN IDEM. OCORRÊNCIA. DUPLA PUNIÇÃO EM RAZÃO DA MESMA CIRCUNSTÂNCIA. PRINCÍPIO DA ESPECIALIDADE. 1. A controvérsia cinge-se em saber se constitui ou não bis in idem a condenação simultânea pelo crime de corrupção de menores e pelo crime de tráfico de drogas com a aplicação da majorante prevista no art. 40, VI, da Lei de Drogas. 2. Não é cabível a condenação por tráfico com aumento

in idem. Não obstante, cumpre destacar que a jurisprudência do STJ6 não considera *bis in idem* a condenação ao crime de roubo com aumento da pena por concurso com menor e ao crime de corrupção de menor.

Alternativa "c". "Consoante o majoritário entendimento desta Corte Superior, a hipótese constante do inciso II do art. 122 do ECA não exige, para sua configuração, o mínimo de duas sentenças impositivas de medidas socioeducativas anteriores", pois "O juiz deve analisar as peculiaridades do caso concreto e as condições específicas do adolescente para definir se a reiteração está configurada e qual a melhor medida socioeducativa a ser aplicada" (HC 408.228/SP, Rel. Ministro ROGERIO SCHIETTI CRUZ, SEXTA TURMA, julgado em 19/10/2017, DJe 27/10/2017).

Alternativa "d". O Superior Tribunal de Justiça fixou entendimento de não serem aplicáveis as causas de aumento ou diminuição da pena penal na aplicação da medida educativa de internação, pois esta tem função educacional sem prazo determinado, enquanto que aquela tem função punitiva e reflexo na quantidade (não espécie – reclusão ou detenção). Nesse sentido: HC 354.973/SC, HC 101.739/DF e HC 102158/DF.

Alternativa "e". Já decidiu Superior Tribunal de Justiça que é admitido, na apuração de ato infracional equiparado a crime contra o patrimônio, o benefício da escusa absolutória prevista no Código Penal, sob o fundamento de que "se cumpre aos ascendentes o dever de lidar com descendentes maiores que lhes causem danos ao patrimônio, sem que haja interesse estatal na aplicação de pena, também não se observa, com maior razão, interesse na aplicação de medida socioeducativa ao adolescente pela prática do mesmo fato" (HC 251.681/PR, Rel. Ministro SEBASTIÃO REIS JÚNIOR, SEXTA TURMA, julgado em 03/10/2013, DJe 24/10/2013).

---

de pena e a condenação por corrupção de menores, uma vez que o agente estaria sendo punido duplamente por conta de uma mesma circunstância, qual seja, a corrupção de menores (bis in idem). 3. Caso o delito praticado pelo agente e pelo menor de 18 anos não esteja previsto nos arts. 33 a 37 da Lei de Drogas, o réu poderá ser condenado pelo crime de corrupção de menores, porém, se a conduta estiver tipificada em um desses artigos (33 a 37), pelo princípio da especialidade, não será possível a condenação por aquele delito, mas apenas a majoração da sua pena com base no art. 40, VI, da Lei n. 11.343/2006. 4. In casu, verifica-se que o réu se associou com um adolescente para a prática do crime de tráfico de drogas. Sendo assim, uma vez que o delito em questão está tipificado entre os delitos dos arts. 33 a 37, da Lei de Drogas, correta a aplicação da causa de aumento prevista no inciso VI do art. 40 da mesma Lei. 5. Recurso especial improvido. (REsp 1622781/MT, Rel. Ministro SEBASTIÃO REIS JÚNIOR, SEXTA TURMA, julgado em 22/11/2016, DJe 12/12/2016)

6 AGRAVO REGIMENTAL EM HABEAS CORPUS. ROUBO MAJORADO PRATICADO EM CONCURSO COM UM INIMPUTÁVEL E CORRUPÇÃO DE MENOR 1. BENS JURÍDICOS DISTINTOS. MOMENTOS CONSUMATIVOS DIVERSOS. DESÍGNIOS AUTÔNOMOS. BIS IN IDEM. NÃO OCORRÊNCIA. 2. RECURSO DESPROVIDO. 1. Não ocorre bis in idem quando o agente maior pratica crime de roubo em concurso com adolescente, pois os tipos penais tutelam bens jurídicos distintos, apresentam momentos consumativos diversos, em que o agente maior revela, em uma só conduta, vontade dirigida a finalidades distintas: praticar o roubo e corromper o menor. 2. Agravo regimental a que se nega provimento. (AgRg no HC 223.996/DF, Rel. Ministro MARCO AURÉLIO BELLIZZE, QUINTA TURMA, julgado em 26/06/2012, DJe 07/08/2012)

---

50. (Cespe – Defensor Público – RR/2013) Um menor, com quinze anos de idade, foi apreendido logo após a prática de ato infracional análogo ao crime de roubo, descrito no CP. Apurou-se que o menor, apreendido com o produto do ato e os instrumentos utilizados para perpetrar a conduta em concurso com pessoas maiores, era reincidente em atos infracionais daquela natureza.

Em face dessa situação hipotética, assinale a opção correta com base no que dispõe o ECA.

a) Comparecendo o adolescente, seus pais ou responsável perante a autoridade judiciária, esta deverá proceder à oitiva de todos eles, e, sendo o fato grave, passível de aplicação de medida de internação ou colocação em regime de semiliberdade, a autoridade judiciária, verificando que o adolescente não seja representado por advogado, deverá nomear defensor para apresentação de defesa. Admite-se, em qualquer fase do procedimento, a remissão como forma de extinção ou suspensão do processo, contanto que ocorra antes da sentença.

b) De acordo com preceito expresso da norma de regência, oferecida a representação, a autoridade judiciária decidirá, imediatamente, sobre a decretação da internação do adolescente, admitindo-se a aplicação, de forma subsidiária, das medidas cautelares previstas no CPP, observando-se o prazo máximo de duração de quarenta e cinco dias para a internação ou medida cautelar diversa.

c) Comparecendo qualquer dos pais ou responsável do menor, este deverá, em qualquer circunstância, ser prontamente liberado pela autoridade policial, sob pena de responsabilidade desta.

d) Apresentado o adolescente, o representante do MP, no mesmo dia e à vista do auto de apreensão, do boletim de ocorrência ou do relatório policial, devidamente autuados pelo cartório judicial e com informação sobre os antecedentes do adolescente, poderá promover, na fase pré-processual, o arquivamento dos autos ou conceder a remissão, prescindindo – se de homologação da autoridade judiciária.

e) Caso o órgão do MP entenda não caber arquivamento ou remissão, deve ser oferecida representação à autoridade judiciária, com a propositura de instauração de procedimento para aplicação da medida socioeducativa mais adequada, sendo imprescindível a demonstração de sua justa causa, por meio da prova pré-constituída da autoria e materialidade do ato infracional.

COMENTÁRIOS

✪ **Notas dos autores:** a questão trata do procedimento para apuração do ato infracional, previsto no Estatuto, no qual deverão ser observados direitos individuais e garantias processuais.

Alternativa Correta: letra "a". A assertiva traz o art. 186, § 2º., em sua literalidade, motivo pelo qual está correta. Contudo, a nomeação de advogado não deve ser apenas para os casos de semiliberdade e de internação, mas para todos os casos em que é aplicada medida socioeducativa por sentença. Poderá o magistrado optar pela concessão da remissão, que poderá importar na extinção ou na suspensão do processo.

Alternativa "b". Não poderão ser aplicadas as medidas cautelares previstas no CPP, mas apenas a internação provisória.

Alternativa "c". A liberação do adolescente é a regra, porém, há exceções, nas quais ele não será liberado e deverá ser imediatamente apresentado ao Ministério Público.

Alternativa "d". A remissão dependerá de homologação pelo juiz.

Alternativa "e". O oferecimento da representação independe de prova pré-constituída da autoria e da materialidade do ato infracional.

---

51. (Cespe – Defensor Público – TO/2013) A respeito das normas previstas no ECA acerca da prática de ato infracional, assinale a opção correta.

a) A internação constitui medida privativa da liberdade, sujeita aos princípios de brevidade, excepcionalidade e respeito à condição peculiar de pessoa em desenvolvimento, sendo expressamente vedada pelo ECA qualquer atividade laboral ou educacional fora da entidade.

b) À criança – pessoa até doze anos de idade incompletos – que cometa ato infracional somente podem ser aplicadas as medidas socioeducativas de advertência e obrigação de reparar o dano.

c) É vedada expressamente no ECA a apreensão do adolescente em razão de flagrante de ato infracional, sendo permitida a restrição da liberdade do adolescente por ordem escrita e fundamentada da autoridade judiciária competente.

d) Ao adolescente que responde por ato infracional é assegurada a garantia processual de, a qualquer momento, quando solicitar, ser ouvido pelo juiz, pelo promotor de justiça e pelo seu defensor, em audiência designada no prazo máximo de vinte e quatro horas.

e) Para a imposição judicial, ao adolescente, da medida socioeducativa de advertência e da medida de proteção de matrícula e frequência obrigatórias em estabelecimento oficial de ensino, não se exige a existência de prova suficiente da autoria do ato infracional.

COMENTÁRIOS

✪ **Nota do autor:** a questão trata das medidas socioeducativas, bem como do procedimento para apuração do ato infracional e de aplicação das medidas.

Alternativa correta: letra "e". Em relação à medida de advertência, em razão de sua pouca gravidade, permite-se a sua aplicação com fundamento em indícios suficientes de autoria e a prova da materialidade. Se assim ocorre com tal medida, com muito mais razão também se aplica a regra em relação às medidas protetivas. Tal conclusão decorre do sistema.

Alternativa "a". Ao contrário do afirmado, não é expressamente vedada a atividade externa na medida de internação. Porém, o magistrado poderá proibi-la.

Alternativa "b". À criança está vedada a aplicação de medidas socioeducativas, sendo possível, unicamente, as medidas protetivas.

Alternativa "c". A apreensão de adolescente poderá ocorrer em razão de flagrante de ato infracional, hipótese em que será conduzido à autoridade policial, ou por conta de ordem judicial fundamentada, quando será conduzido à autoridade judiciária.

Alternativa "d". A lei não indica o prazo de 24 horas para a oitiva, muito embora deixe claro tratar-se de uma garantia processual (art. 111, V, Estatuto).

---

52. (Cespe – Defensor Público – RR/2013) No que concerne às medidas socioeducativas e à remissão, assinale a opção correta.

a) Segundo dispõe o ECA, a medida aplicada por força da remissão somente poderá ser revista judicialmente antes do trânsito em julgado da decisão, mediante pedido expresso do adolescente ou de seu representante legal, ou do MP.

b) A reparação dos danos inclui-se entre as medidas socioeducativas expressas no ECA, para os casos de ato infracional com reflexos patrimoniais, devendo a autoridade determinar ao adolescente, aos representantes legais ou responsáveis, que restituam a coisa, promovam o ressarcimento do dano, ou, por outra forma, compensem o prejuízo da vítima, vedada a substituição por outra medida, de modo a obstar o proveito econômico pela infração.

c) De acordo com a norma de regência, o regime de semiliberdade pode ser determinado desde o início da aplicação da medida ou como forma de transição para o regime meio aberto, com a possibilidade da realização de atividades externas, independentemente de autorização judicial, e não comporta prazo determinado, adotando-se as demais regras da internação.

d) A concessão da remissão, em qualquer etapa da apuração do ato infracional ou fase do procedimento, resulta necessariamente na extinção do feito, desde que demonstrada a pertinência da medida em relação às circunstâncias e consequências do fato, ao contexto social, à personalidade do adolescente, e, sobretudo, à menor participação no ato infracional.

e) A medida de remissão, uma vez aceita pelo defensor e pelo adolescente, implica necessariamente o reconhecimento da responsabilidade e prevalece, apenas, para efeitos de antecedentes, não podendo resultar em aplicação de medida em regime de semiliberdade ou internação, em nenhuma hipótese.

COMENTÁRIOS

✪ **Nota do autor:** medidas socioeducativas são medidas jurídicas que podem ser aplicadas ao adolescente autor de ato infracional, por meio da ação socioeducativa, que tramitará perante a Vara da Infância e da Juventude.

Alternativa Correta: letra "c" A semiliberdade é uma medida socioeducativa, classificada como restritiva de liberdade, mas que, em verdade, importa na restrição por tempo parcial, pois, por um período, o adolescente estará junto à comunidade, e outro institucionalizado. Poderá ser aplicado desde o início, ou então como forma de transição para o meio aberto, na hipótese de ser aplicada internação na sentença. A realização de atividades externas é da essência da medida, que não poderão ser restritas pela autoridade judiciária.

Alternativa "a". A medida aplicada por força da remissão (remissão imprópria) poderá ser revista a qualquer tempo.

Alternativa "b". Será possível a substituição por outra medida socioeducativa.

Alternativa "d". A concessão da remissão poderá importar na exclusão do processo (remissão ministerial ou pré-processual) ou, ainda, na extinção ou na sua suspensão (remissão judicial ou processual).

Alternativa "e". A remissão não prevalecerá para efeitos de antecedentes.

12. DAS MEDIDAS SOCIOEDUCATIVAS

53. (Cespe – Promotor de Justiça – MPE – RR/2017) De acordo com o ECA, antes de iniciado o procedimento judicial para apuração de ato infracional, a concessão da remissão como forma de exclusão do processo compete

A) à autoridade policial.

B) à autoridade judiciária.

C) ao MP.

D) ao conselho tutelar.

COMENTÁRIOS

✪ **Nota do autor:** a medida aplicada por força da remissão poderá ser revista judicialmente, a qualquer tempo, mediante pedido expresso do adolescente ou de seu representante legal, ou do Ministério Público.

Alternativa correta: letra "c" (responde as demais alternativas). Antes de iniciado o procedimento judicial para apuração de ato infracional, O REPRESENTANTE DO MINISTÉRIO PÚBLICO poderá conceder a remissão, como forma de exclusão do processo, atendendo às circunstâncias e consequências do fato, ao contexto social, bem como à personalidade do adolescente e sua maior ou menor participação no ato infracional. Iniciado o procedimento, a concessão da remissão pela autoridade judiciária importará na suspensão ou extinção do processo (Artigo 126 do ECA).

54. (Cespe – Defensor Público – DPE – AC/2017) João, aos dezessete anos de idade, foi apreendido em flagrante de ato infracional descrito como crime de homicídio, razão pela qual lhe foi aplicada medida de internação provisória e, depois, medida socioeducativa de internação em estabelecimento educacional. Ambas as medidas devem ser reavaliadas, no máximo, a cada seis meses.

Nessa situação hipotética,

A) a internação, antes da sentença, pode ser determinada pelo prazo máximo de quarenta e cinco dias, contados a partir da data da decisão judicial e, no caso de liberação e posterior renovação da internação provisória, será iniciada nova contagem por igual período.

B) a realização da entrevista pessoal feita pela defesa técnica com o socioeducando para o exercício das suas garantias individuais e processuais será assegurada apenas durante o processo de execução das medidas socioeducativas privativas de liberdade.

C) para a reavaliação da medida aplicada, a autoridade judiciária poderá designar audiência, sendo a gravidade do ato infracional fator que isoladamente justifica a não substituição da medida por outra menos grave.

D) o prazo para a reavaliação das medidas aplicadas deve ser contado a partir da data da apreensão de João, podendo a reavaliação ser processada logo após o recebimento do relatório enviado pela unidade de internação, independentemente do escoamento do prazo.

E) a autoridade judiciária não poderá determinar reinício de cumprimento de medida socioeducativa, mesmo na hipótese de a medida ter sido aplicada por ato infracional praticado durante a execução.

COMENTÁRIOS

✪ **Nota do autor:** as normas gerais para o atendimento, pelo Poder Judiciário, ao adolescente em conflito com a lei no âmbito da internação provisória e do cumprimento das medidas socioeducativas estão dispostas na a Resolução CNJ nº 165/2012. NENHUM adolescente poderá ingressar ou permanecer em unidade de internação ou semiliberdade sem ordem escrita da autoridade judiciária competente.

Alternativa correta: letra "d". A contagem do prazo para reavaliação das medidas aplicadas tem como termo inicial a data da apreensão do adolescente, mas independentemente do fim do prazo, a reavaliação pode ser processada imediatamente após a remessa do relatório enviado pela unidade de internação ou semiliberdade, ou serviço que execute a medida socioeducativa de liberdade assistida (Resolução CNJ nº 165/2012, art.14). Ademais, a reavaliação da manutenção, da substituição ou da suspensão das medidas de meio aberto ou de privação da liberdade e do respectivo plano individual pode ser solicitada a qualquer tempo, a pedido da direção do programa de atendimento, do defensor, do Ministério Público, do adolescente, de seus pais ou responsável (artigo 43, caput, **da Lei nº 12.594/2012**).

Alternativa "a". O prazo máximo de privação da liberdade de 45 (quarenta e cinco) dias na internação provisória deve ser contado a partir da data em que for efetivada a apreensão do adolescente, e não admite prorrogação. Liberado o jovem por qualquer motivo, antes de expirado referido prazo, a renovação da internação provisória não poderá ultrapassar o período que faltar ao alcance do prazo máximo legal (Resolução CNJ nº 165/2012, art.16).

Alternativa "b". Para o exercício das garantias individuais e processuais dos adolescentes durante o processo de execução das medidas socioeducativas, mormente as privativas de liberdade, deverá ser assegurada a realização de entrevista pessoal com os socioeducando (Resolução CNJ nº 165/2012, art.16). O erro está em excluir demais hipóteses de acesso **à** defesa técnica, cuja vedação não tem amparo legal.

Alternativa "c". As medidas socioeducativas de liberdade assistida, de semiliberdade e de internação deverão ser reavaliadas no máximo a cada 6 (seis) meses, podendo a autoridade judiciária, se necessário, designar audiência, no prazo máximo de 10 (dez) dias, cientificando o defensor, o Ministério Público, a direção do programa de atendimento, o adolescente e seus pais ou responsável. A gravidade do ato infracional, os antecedentes e o tempo de duração da medida não são fatores que, por si, justifiquem a não substituição da medida por outra menos grave (art.42, caput e **§2º,** da Lei nº 12.594/2012). Cumpre ressaltar que o STJ já reafirmou que "a gravidade do ato infracional cometido não **é** suficiente para, de *per si*, justificar a manutenção do adolescente em medida socioeducativa de internação pelo prazo máximo permitido na Lei n.º 8.069/90, porque a finalidade principal do Estatuto da Criança e do Adolescente não **é** retributiva, mas reeducar e conferir proteção integral ao menor infrator", logo, "a decisão que nega a progressão para medida socioeducativa em meio aberto deve estar fundamentada em elementos concretos, sob pena de nulidade, tendo em vista a própria excepcionalidade da medida de internação" (RHC 21.534/PR, Rel. Ministra LAURITA VAZ, QUINTA TURMA, julgado em 23/08/2007, DJ 01/10/2007, p. 296).

Alternativa "e". Se, no transcurso da execução, sobrevier sentença de aplicação de nova medida, a autoridade judiciária procederá à unificação, ouvidos, previamente, o Ministério Público e o defensor, no prazo de 3 (três) dias sucessivos, decidindo-se em igual prazo. É vedado à autoridade judiciária determinar reinício de cumprimento de medida socioeducativa, ou deixar de considerar os prazos máximos, e de liberação compulsória previstos na Lei no 8.069, de 13 de julho de 1990 (Estatuto da Criança e do Adolescente), EXCETUADA A HIPÓTESE DE MEDIDA APLICADA POR ATO INFRACIONAL PRATICADO DURANTE A EXECUÇÃO (Artigo 45, *caput* e §1º, da lei 12.594/2012).

---

55. (Cespe – Defensor Público – RN/2015) À luz da Lei n.º 10.216/2001, que dispõe sobre a proteção e os direitos das crianças e adolescentes portadores de transtornos mentais, assinale a opção correta.

a) Para a realização de pesquisas científicas para fins diagnósticos ou terapêuticos com a participação de criança portadora de distúrbio psiquiátrico, exige-se o consentimento expresso do representante legal da criança, o qual torna dispensável a comunicação aos conselhos profissionais competentes.

b) Para a internação compulsória de adolescente, basta a autorização por médico devidamente registrado no CRM competente.

c) A exigência legal de que sejam esgotados os recursos extra-hospitalares antes da internação não se aplica quando se trata de internação na modalidade voluntária.

d) O adolescente que apresenta distúrbio psiquiátrico não pode, segundo o STJ, ser submetido a medida socioeducativa, uma vez que é inapto para cumpri-la.

e) Caso uma criança seja internada involuntariamente em estabelecimento de saúde mental em razão de distúrbio psiquiátrico, o responsável técnico pelo estabelecimento deve comunicar o MP estadual do ocorrido, comunicação esta que é dispensada no momento da alta da criança.

COMENTÁRIOS

✪ **Nota do autor:** a medida socioeducativa aplicada ao adolescente levará em conta a sua capacidade de cumpri-la, as circunstâncias e a gravidade da infração.

Alternativa correta: letra "d". O Superior Tribunal de Justiça, interpretando o §1º do art.112 do ECA, decidiu que o adolescente que não possui capacidade mental para assimilar a medida socioeducativa, não pode ser submetido a ela, por vedação de seu caráter meramente retributivo por incompatibilidade com os objetivos do ECA (STJ. 6ª T. HC nº 88043/SP. Rel. Min. OG Fernandes. J. em 14/04/2009. DJ 04/05/2009).

Alternativa "a". Errada. **Pesquisas científicas** para fins diagnósticos ou terapêuticos não poderão ser realizadas sem o consentimento expresso do paciente, ou de seu representante legal, e sem a devida comunicação aos conselhos profissionais competentes e ao Conselho Nacional de Saúde (Lei nº 10.216/2001, art.11).

Alternativa "b". Errada. A **internação compulsória** é determinada, de acordo com a legislação vigente, pelo juiz competente, que levará em conta as condições de segurança do estabelecimento, quanto à salvaguarda do paciente, dos demais internados e funcionários (Lei nº 10.216/2001, art.9º).

Alternativa "c". Errada. A internação, em qualquer de suas modalidades, só será indicada quando os recursos extra-hospitalares se mostrarem insuficientes (Lei nº 10.216/2001, art.4º).

Alternativa "e". Errada. A internação psiquiátrica involuntária deverá, no prazo de setenta e duas horas, ser comunicada ao Ministério Público Estadual pelo responsável técnico do estabelecimento no qual tenha ocorrido, devendo esse mesmo procedimento ser adotado quando da respectiva alta (Lei nº 10.216/2001, art. 8º, §1º).

---

56. (Cespe – Defensor Público – RN/2015) Com referência à execução de medidas socioeducativas impostas a crianças e adolescentes, assinale a opção correta.

a) É vedada a aplicação do sistema recursal previsto no CPC nos procedimentos relativos à execução de medidas socioeducativas.

b) Na fase de execução é vedada, segundo o entendimento do STJ, a substituição de medida socioeducativa aplicada ao adolescente.

c) O encaminhamento a tratamento psiquiátrico não figura entre as medidas às quais se sujeitam os agentes públicos executores de medidas socioeducativas que utilizarem, como forma de disciplina, tratamento degradante à criança ou ao adolescente.

d) O denominado plano individual de atendimento pode ser objeto de impugnação pelo DP ou pelo MP, porém sua execução não será suspensa, salvo determinação judicial em contrário.

e) A execução de programas socioeducativos destinados às crianças e adolescentes em regime de orientação e apoio sociofamiliar não se insere entre as responsabilidades das entidades de atendimento.

COMENTÁRIOS

✪ **Nota do autor:** o cumprimento das medidas socioeducativas, em regime de prestação de serviços à comunidade, liberdade assistida, semiliberdade ou internação, dependerá de Plano Individual de Atendimento (PIA), instrumento de previsão, registro e gestão das atividades a serem desenvolvidas com o adolescente.

Alternativa correta: letra "d". O Plano Individual de Atendimento (PIA) pode ser impugnado pelo Defensor Público ou Promotor de Justiça, mas a regra é a não suspensão, salvo decisão judicial em contrário (Lei nº 12.594/2012, art.41, §§2º, 3º e 4º).

Alternativa "a". Errada. Nos procedimentos afetos à Justiça da Infância e da Juventude, inclusive os relativos à execução das medidas socioeducativas, adotar-se-á o sistema recursal do Código de Processo Civil, com as seguintes adaptações: I – os recursos serão interpostos independentemente de preparo; II – em todos os recursos, salvo nos embargos de declaração, o prazo para o Ministério Público e para a defesa será sempre de 10 (dez) dias; III – antes de determinar a remessa dos autos à superior instância, no caso de apelação, ou do instrumento, no caso de agravo, a autoridade judiciária proferirá despacho fundamentado, mantendo ou reformando a decisão, no prazo de cinco dias; IV – mantida a decisão apelada ou agravada, o escrivão remeterá os autos ou o instrumento à superior instância dentro de vinte e quatro horas, independentemente de novo pedido do recorrente; se a reformar, a remessa dos autos dependerá de pedido expresso da parte interessada ou do Ministério Público, no prazo de cinco dias, contados da intimação (ECA, art.198).

Alternativa "b". Errada. O Superior Tribunal de Justiça já decidiu que o Juízo da Execução detém a competência para determinar, a qualquer tempo, a modificação da medida socioeducativa aplicada, de acordo com a situação pessoal e as necessidades de ressocialização do paciente, *ex vi* dos artigos 99, 100 e 113 do Estatuto da Criança e do Adolescente (HC 304.079/SP, Rel. Ministro FELIX FISCHER, QUINTA TURMA, julgado em 07/05/2015, DJe 21/05/2015).

Alternativa "c". Errada. Os pais, os integrantes da família ampliada, os responsáveis, os agentes públicos executores de medidas socioeducativas ou qualquer pessoa encarregada de cuidar de crianças e de adolescentes, tratá-los, educá-los ou protegê-los que utilizarem castigo físico ou tratamento cruel ou degradante como formas de correção, disciplina, educação ou qualquer outro pretexto estarão sujeitos, sem prejuízo de outras sanções cabíveis, às seguintes medidas, que serão aplicadas de acordo com a gravidade do caso: I – encaminhamento a programa oficial ou comunitário de proteção à família; II – encaminhamento a tratamento psicológico ou psiquiátrico; III – encaminhamento a cursos ou programas de orientação; IV – obrigação de encaminhar a criança a tratamento especializado; V – advertência (ECA, art.18-B).

Alternativa "e". Errada. As entidades de atendimento são responsáveis pela manutenção das próprias unidades, assim como pelo planejamento e execução de programas de proteção e socioeducativos destinados a crianças e adolescentes, inclusive em regime de orientação e apoio sociofamiliar (ECA, art.90, *caput* e I).

---

57. (Cespe – Defensor Público – AL/ 2009) Julgue os itens a seguir, relativos à medida socioeducativa de internação prevista no Estatuto da Criança e do Adolescente.

I. Não se exige defesa técnica, por DP ou advogado, no processo para apuração de ato infracional de adolescente.

II. É possível a aplicação de internação provisória pelo prazo máximo de quarenta e cinco dias antes da sentença, quando houver indícios suficientes de autoria e materialidade do ato infracional e mostrar-se a necessidade imperiosa da medida.

III. Para que seja constituída a defesa de adolescente a quem se atribua a prática de ato infracional, não basta a indicação do DP na audiência de apresentação, sendo exigida a outorga do mandato ao patrono.

IV. A medida socioeducativa de internação pode ser imposta por prazo indeterminado, devendo sua manutenção ser reavaliada, no máximo, a cada seis meses.

COMENTÁRIOS

✪ **Nota do autor:** as questões abaixo tratam das medidas socioeducativas e do procedimento de apuração do ato infracional.

Item I. Errado. Para o procedimento é obrigatória a intervenção de advogado ou de defensor público, sob pena de nulidade.

Item II. Certo. É possível a aplicação da internação provisória, prevista no art. 108, desde que presentes os requisitos indicados.

Item III. Errado. A Defensoria Pública, via de regra, tem a sua atuação independentemente de mandato. E mesmo nos procedimentos para apuração de atos infracionais, poderia haver a indicação perante a autoridade judiciária que já autorizaria a atuação sem procuração específica.

Item IV. Correto. A internação prevista nos incisos I e II do art. 122 não tem prazo determinado, devendo ser reavaliada pelo menos a cada seis meses.

---

58. (Cespe – Juiz de Direito Substituto – AC/ 2012) A respeito de ato infracional, direitos individuais, garantias processuais e medidas socioeducativas, assinale a opção correta.

a) Nenhum adolescente será privado de sua liberdade sem o devido processo legal, sendo-lhe asseguradas igualdade na relação processual, autodefesa e, na falta de advogado particular ou de defensor público, defesa técnica provida pelo conselho tutelar.

b) A liberdade assistida será adotada sempre que se afigurar a medida mais adequada para o fim de acompanhar, auxiliar e orientar o adolescente e será fixada pelo prazo máximo de seis meses, podendo, a qualquer tempo, ser revogada ou substituída por outra medida menos gravosa, ouvido o orientador, o MP e o defensor.

c) A imposição de medidas como obrigação de reparar o dano, prestação de serviços à comunidade, liberdade assistida, inserção em regime de semiliberdade e internação em estabelecimento educacional pressupõe a existência de provas suficientes da autoria e da materialidade da infração, ressalvada a hipótese de remissão, podendo a advertência ser aplicada sempre que houver prova da materialidade e indícios suficientes da autoria.

d) A medida socioeducativa pode ser aplicada tanto a criança quanto a adolescente que tiver praticado ato infracional.

e) Caso o adolescente porte a carteira de estudante como único documento civil de identificação, aos órgãos policiais de proteção e judiciais será vedado promover a sua identificação compulsória.

COMENTÁRIOS

✪ **Nota do autor:** a questão exige conhecimento sobre as medidas socioeducativas e o procedimento de apuração de ato infracional, ambos previstos no Estatuto.

Alternativa correta: letra "c". A concessão de remissão cumulada com medida socioeducativa será possível quando tratar-se de medida não restritiva de liberdade e independe da apuração da autoria e da materialidade da infração. E isso, pois a remissão não importa no reconhecimento da autoria e nem prevalece para fins de antecedentes. De outro lado, para a aplicação das medidas socioeducativas por sentença (e não por remissão), há necessidade de apuração da materialidade e da autoria. Há, porém, uma exceção. A medida de advertência exige apenas a existência de indícios suficientes de autoria e prova da materialidade.

Alternativa "a". O conselheiro tutelar não substitua a atuação do Defensor, de modo que não atuará como tal no procedimento de apuração do ato infracional.

Alternativa "b". A medida socioeducativa de liberdade assistida terá o prazo mínimo de seis meses.

Alternativa "d". A medida socioeducativa não pode ser aplicada a crianças.

Alternativa "e". A identificação compulsória ocorrerá se houver dúvida quanto à identidade, havendo necessidade de confrontação.

59. (Cespe – Juiz de Direito Substituto – PB/ 2011) Com relação às medidas socioeducativas, assinale a opção correta.

a) O regime de semiliberdade pode ser determinado, desde o início, pelo prazo máximo de seis meses, como forma de transição para o meio aberto, possibilitada a realização de atividades externas, independentemente de autorização judicial.

b) Verificada a prática de ato infracional por adolescente, a autoridade competente poderá exigir do menor infrator a obrigação de reparar o dano por meio de trabalho necessário prestado a instituição mantida pelo setor público.

c) A medida de advertência poderá ser aplicada à criança ou ao adolescente sempre que houver prova da autoria e da materialidade da infração.

d) A prestação de serviços comunitários consiste na realização de tarefas gratuitas de interesse geral, por período não excedente a quarenta e cinco dias, em entidades assistenciais, hospitais, escolas e estabelecimentos congêneres, bem como em programas comunitários ou governamentais.

e) A medida de liberdade assistida deve ser fixada pelo prazo mínimo de seis meses, podendo a qualquer tempo ser prorrogada, revogada ou substituída por outra medida, ouvidos o orientador, o MP e o DP.

COMENTÁRIOS

✪ **Nota do autor:** a questão trata das medidas socioeducativas elencadas no rol taxativo do art. 112, do Estatuto, divididas em medidas em meio aberto e medidas restritivas de liberdade.

Alternativa correta: letra "e". A medida socioeducativa de liberdade assistida é a medida por excelência, devendo ser aplicada preferencialmente em detrimento daquelas que possam importar na privação da liberdade. Terá prazo mínimo de seis meses, podendo a qualquer tempo ser prorrogada, revogada ou substituída.

Alternativa "a". A semiliberdade não tem prazo pré-definido. De toda maneira, deve ser reavaliada pelo menos a cada seis meses.

Alternativa "b". O caso mencionado não se refere à obrigação de reparar o dano, mas de prestação de serviços à comunidade.

Alternativa "c". Nenhuma das medidas socioeducativas poderá ser aplicada às crianças, mas somente aos adolescentes.

Alternativa "d". A prestação de serviços à comunidade é medida que tem por duração máxima o prazo de seis meses, à base da carga horária máxima de oito horas por semana.

60. (Cespe – Juiz de Direito Substituto – PB/ 2011) Considerando o que dispõe o ECA a respeito da medida de internação, assinale a opção correta.

a) A desinternação deve ser precedida de autorização judicial, ouvidos o MP e o DP.

b) A medida de internação restringe-se aos casos de ato infracional cometido mediante grave ameaça ou violência a pessoa.

c) A internação deve ser cumprida em entidade exclusiva para adolescentes, no mesmo local destinado ao abrigo, atendida rigorosa separação por critérios de idades, compleição física e gravidade da infração.

d) Durante a internação, medida excepcional, não é permitida a realização de atividades externas, salvo expressa determinação judicial em contrário.

e) A internação não comporta prazo determinado, devendo ser reavaliada a sua manutenção, mediante decisão fundamentada, no máximo a cada seis meses.

COMENTÁRIOS

✪ **Nota do autor:** a internação é medida socioeducativa que importa na restrição total da liberdade do adolescente. Está restrita aos casos do art. 122, do Estatuto e somente poderá ser aplicada se outra medida socioeducativa não for suficiente à ressocialização. Rege-se, entre outras, pelos princípios de brevidade, da excepcionalidade e de respeito à condição de pessoa em desenvolvimento.

Alternativa correta: letra "e". A internação fundamentada no art. 122, I, não tem prazo determinado pelo magistrado quando de sua aplicação. Contudo, deverá a mesma ser reavaliada pelo menos a cada seis meses.

Alternativa "a". O art. 121, § 6º, determina que a desinternação seja precedida de autorização judicial, ouvido o Ministério Público.

Alternativa "b". A medida de internação não se restringe à hipótese narrada, englobando também as hipóteses contidas nos incisos II e III, do art. 122.

Alternativa "c". A medida socioeducativa de internação e a medida de acolhimento institucional, na modalidade de abrigamento, não podem ser cumpridas no mesmo local.

Alternativa "d". Durante a internação, será permitida a realização de atividades externas, as quais poderão ser proibidas pela autoridade judiciária.

61. (Cespe – Promotor de Justiça/RR 2008) Pedro, aos 14 anos de idade, foi encaminhado à vara da infância e da juventude, por tráfico de entorpecentes. A ele, que não tinha passagens anteriores pela vara da infância e da juventude, foi aplicada a medida de internação pelo prazo mínimo de um ano. Após o cumprimento da internação, o juiz aplicou a Pedro medida de semiliberdade e restringiu o direito de Pedro realizar visitas a familiares, instituindo um regime de visitas progressivas e condicionadas.

Considerando a situação hipotética acima apresentada, julgue os itens subsequentes.

61.1. O ECA possibilita a Pedro a prática de atividades externas sob o regime de semiliberdade, sem necessidade de autorização judicial.

COMENTÁRIOS

✪ **Nota do autor:** as atividades externas são importantíssimas no processo de ressocialização do adolescente, pois permitem a sua saída da unidade, o contato com a comunidade e a frequência a cursos e outras atividades lícitas. No caso da semiliberdade, em particular, o magistrado não poderá vedá-la.

Alternativa Correta.

61.2. A restrição imposta pelo magistrado às visitas de Pedro aos familiares constitui constrangimento ilegal, especialmente se desprovida de fundamentação.

COMENTÁRIOS

✪ **Nota do autor:** sim, pois as atividades externas não poderão ser vedadas na medida de semiliberdade, porque são da essência da medida. Difere do que ocorre com a internação, em que é possível a vedação das atividades externas.

Alternativa Correta.

61.3. O regime de semiliberdade constitui típica medida de caráter socioeducativo, devendo ser priorizado o fortalecimento dos vínculos familiares e comunitários de Pedro.

COMENTÁRIOS

Alternativa Correta.

✪ **Nota do autor:** a semiliberdade está inserida entre as medidas socioeducativas, em que ocorrerá a restrição parcial da liberdade do adolescente, pois, por um período do dia, permanecerá institucionalizado, e em outro, em liberdade junto à comunidade.

61.4. Visto que, na hipótese, Pedro praticou ato infracional sem grave ameaça ou violência e que não houve reiteração de outras infrações graves, e, ainda, que Pedro não deixou de cumprir, reiterada e injustificadamente, medida anteriormente imposta, não se justifica a imposição de medida de internação.

COMENTÁRIOS

✪ **Nota do autor:** a medida de internação rege-se, entre outros, pelo princípio da excepcionalidade, podendo ser aplicada tão somente se não existir outra medida adequada à ressocialização, bem como se presentes uma das hipóteses indicadas no art. 122, do Estatuto.

Alternativa Correta.

61.5. Caso a decisão do magistrado em relação à internação de Pedro seja questionada em juízo, ela não pode ser sanada pela via do habeas corpus, pois tal instrumento processual não se aplica às situações que envolvam decisões tomadas por vara da infância e da juventude em detrimento da liberdade de criança ou adolescente.

COMENTÁRIOS

Alternativa Errada.

✪ **Nota do autor:** o *habeas corpus* poderá ser impetrado nos casos em que ocorre a restrição ilegal da liberdade de adolescente.

13. DO PROCEDIMENTO DE APURAÇÃO DO ATO INFRACIONAL

62. (Cespe – Juiz de Direito – DFT/2014) Em outubro de 2013, ao chegar à Universidade X, onde estuda, Mariana, de dezessete anos de idade, foi apreendida em flagrante de ato infracional, por transportar arma de fogo de uso proibido. Mariana alegou que transportava a arma a pedido de seu namorado, Bruno, de dezoito anos de idade. Bruno foi autuado em flagrante delito.

Considerando essa situação hipotética, assinale a opção correta acerca dos atos processuais e procedimentos para apuração de ato infracional atribuído a adolescente.

a) Mariana deve ser encaminhada à autoridade policial competente, que deverá lavrar auto de apreensão e liberá-la após assinatura, por seus pais ou responsável, de termo de compromisso e responsabilidade de apresentação ao MP quando solicitados a fazê-lo.
b) Tendo sido o ato infracional cometido em coautoria com Bruno, a autoridade policial competente para a autuação será a do local da apreensão do imputável, a qual, após as providências necessárias, terá de

encaminhar Mariana à repartição policial especializada no atendimento de adolescentes.

c) Imediatamente após sua apresentação ao MP, Mariana e, se possível, seus pais ou responsável e testemunhas deverão ser ouvidos pelo promotor de justiça, no mesmo dia e à vista do auto de apreensão devidamente autuado pelo cartório judicial e com informação sobre os antecedentes da adolescente.

d) Caso Mariana não seja apresentada ao MP, seus pais deverão ser notificados para apresentá-la posteriormente, ocasião em que o MP deverá representar à autoridade judiciária para aplicação de medida socioeducativa, não podendo conceder remissão.

e) Se o representante do MP optar pela instauração de procedimento para aplicação de medida socioeducativa a Mariana, a representação deverá ser oferecida por petição, com breve resumo dos fatos, classificação do ato infracional e rol de testemunhas, sendo indispensável indicação de prova pré-constituída da autoria e da materialidade do ato.

COMENTÁRIOS

✪ **Nota do autor:** a ação socioeducativa é a destinada à apuração do ato infracional, bem como aplicação da respectiva medida socioeducativa pertinente. O procedimento é traçado pelo Estatuto, aplicando-se subsidiariamente a legislação processual penal.

Alternativa Correta: letra "c". Uma vez apresentado o adolescente ao Ministério Público, compete a este promover a chamada oitiva informal (art. 179 ECA), ouvindo-se o adolescente, seus responsáveis, vítimas e testemunhas, para, na sequência, avaliar qual a sequência do procedimento. Essa oitiva não é obrigatória e o Promotor de Justiça poderá optar pela continuidade do procedimento independentemente de sua realização.

Alternativa "a". Errada. O ato infracional praticado pela adolescente não foi cometido mediante violência ou grave ameaça à pessoa. Dessa forma, ao ser apresentada à autoridade policial, esta lavrará boletim de ocorrência circunstanciada, sendo desnecessário o auto de apreensão.

Alternativa "b". Errada. Havendo repartição policial especializada, para esta deverá ser encaminhado o adolescente, sendo competente a do local da ação ou da omissão.

Alternativa "d". Errada. Não há qualquer óbice à concessão de remissão.

Alternativa "e". Errada. A representação poderá ser apresentada de forma escrita, ou oral, em sessão diária instalada perante a Vara da Infância. Além disso, independe de prova pré-constituída da autoria e da materialidade (art. 182, § 2º, Estatuto).

63. (Cespe - Juiz de Direito Substituto - PB/ 2011) Em relação aos crimes, infrações administrativas e procedimentos, bem como ao direito à profissionalização e à proteção do trabalho, assinale a opção correta de acordo com o que dispõe o ECA.

a) Em caso de apuração de ato infracional atribuído a adolescente, o prazo máximo e improrrogável para a conclusão do procedimento, estando o adolescente internado provisoriamente, será de quarenta e cinco dias.

b) A internação de adolescente infrator decretada ou mantida pelo juiz deve ser cumprida em estabelecimento prisional com condições adequadas para abrigar adolescentes.

c) É vedado trabalho noturno realizado entre as vinte e quatro horas de um dia e as cinco horas do dia seguinte a adolescente empregado, aprendiz, em regime familiar de trabalho, aluno de escola técnica, assistido em entidade governamental ou não governamental.

d) Constitui crime vender ou locar a criança ou a adolescente programação em vídeo em desacordo com a classificação atribuída pelo órgão competente.

e) A maioria dos crimes definidos nesse estatuto é de ação pública incondicionada.

COMENTÁRIOS

✪ **Nota do autor:** a questão trata de vários pontos do Estatuto, destacando-se a necessidade de uma visão geral da lei.

Alternativa correta: letra "a". A internação provisória tem o prazo máximo de 45 dias. Durante esse lapso de tempo o procedimento deveria estar terminado. Esgotado esse lapso de tempo sem o encerramento do procedimento, o adolescente deve ser imediatamente liberado. Portanto, o prazo a que se refere a questão é de 45 dias.

Alternativa "b". Jamais a internação poderá ser cumprida em estabelecimento prisional, mas, pelo contrário, deve ser cumprida em entidade apropriada ao desenvolvimento do respectivo programa.

Alternativa "c". O adolescente não poderá desempenhar atividades no período noturno, considerando-se como sendo tal horário o período compreendido entre às 22 horas de um dia e às 05 horas do dia seguinte.

Alternativa "d". Tal infração se caracteriza como administrativa e não como infração penal.

Alternativa "e". Todos os crimes tipificados no Estatuto são de ação penal pública incondicionada.

64. (Cespe - Promotor de Justiça-RO/ 2008) Um delegado de polícia resolveu colocar na mesma cela de uma delegacia de polícia duas menores de idade infratoras junto com um suspeito de estupro qualificado por morte, todos ainda não-condenados.

Considerando essa situação hipotética, assinale a opção correta à luz das regras da ONU para o tratamento de pessoas presas, estabelecidas no 1.º Congresso das Nações Unidas Sobre Prevenção do Crime e Tratamento de Delinquentes, realizado em Genebra, em 1955.

a) As regras da ONU não precisam ser aplicadas no caso em tela, pois a delegacia de polícia não equivale ao conceito de estabelecimento prisional previsto nas regras mínimas para o tratamento de pessoas presas.

b) No caso em apreço, não há violação a nenhuma das regras previstas para o tratamento de pessoas presas, tendo em vista que, para menores, não se aplica o referido estatuto da ONU e, sim, o ECA brasileiro.

c) Há clara violação das regras mínimas da ONU devido à inobservância das categorias das pessoas presas, na situação em epígrafe.

d) Não haverá violação das regras da ONU se forem fornecidos água e artigos de higiene necessários à saúde e à limpeza.

e) Como as pessoas colocadas na mesma cela ainda não foram condenadas, as referidas regras não se aplicam.

COMENTÁRIOS

✪ **Nota do autor:** as Convenções Internacionais sobre o tema são unânimes no sentido de que os adolescentes, em caso de restrição de sua liberdade, devem permanecer em locais adequados, com respeito à sua condição de pessoa em desenvolvimento.

Alternativa Correta "c". Em hipótese alguma, as adolescentes poderiam permanecer internadas no mesmo local em que se encontra preso um adulto, tanto mais um autor de crime contra a dignidade sexual.

Alternativa "a". Logicamente as regras são aplicáveis às delegacias de polícia, uma vez que lá ocorre a restrição da liberdade dos adolescentes.

Alternativa "b". Aplicam-se as regras internacionais, somando-se à mencionada a Convenção Sobre os Direitos da Criança da ONU e as Regras Mínimas das Nações Unidas para Os Jovens Privados de Liberdade.

Alternativa "d". A concomitância dessas pessoas na mesma cela causará dano efetivo às adolescentes.

Alternativa "e". As regras sobre a privação da liberdade de jovens são aplicáveis aos já sentenciados, como também àqueles internados provisoriamente.

---

65. (Cespe – Promotor de Justiça-RO/ 2008) Paulo, nascido em 10 de outubro de 1990, em razão de ter praticado um pequeno furto, foi levado à presença do promotor de Justiça da Promotoria da Infância e da Juventude, que concedeu a ele a remissão, não dando início a procedimento judicial. Algum tempo depois, Paulo foi conduzido à vara da infância e da juventude devido à prática de lesão corporal de natureza leve. O magistrado, nessa ocasião, aplicou-lhe, ao final do processo judicial, medida socioeducativa de liberdade assistida. Em 5 de março de 2008, Paulo foi detido por ter praticado latrocínio contra João. Em razão disso, o promotor de justiça iniciou processo judicial e requereu a aplicação da internação, a qual foi deferida pelo juízo, que, no entanto, não fixou seu prazo total. Paulo iniciou o cumprimento da medida em 3 de junho de 2008.

Acerca dessa situação hipotética e de seus desdobramentos jurídicos, assinale a opção correta.

a) Agiu equivocadamente o representante do MP ao conceder remissão a Paulo, já que a concessão de remissão, como forma de exclusão do processo, só pode ser aplicada por autoridade judiciária.

b) Como a remissão não pode prevalecer para efeito de antecedentes e a liberdade assistida foi a única pena aplicada a Paulo anteriormente, não estão presentes pressupostos para a aplicação da internação, sendo certo que apenas a reiteração no cometimento de outras infrações graves poderia justificar a sua aplicação.

c) O juiz agiu corretamente ao não fixar prazo para a internação de Paulo, pois a medida não comporta prazo determinado, devendo sua manutenção ser reavaliada, mediante decisão fundamentada, no máximo a cada seis meses.

d) Paulo pode vir a ser liberado da internação apenas ao completar 21 anos de idade.

e) Ao completar 18 anos de idade, Paulo deve ser removido para uma penitenciária comum, onde continuará cumprindo a sua pena.

COMENTÁRIOS

✪ **Nota do autor:** a questão trata de hipótese em que ao adolescente foi aplicada medida socioeducativa em razão da prática de infração cometida mediante violência ou grave ameaça à pessoa.

Alternativa Correta "c". A medida socioeducativa de internação não comporta prazo determinado, podendo, no entanto, durar no máximo três anos, com reavaliação periódica a cada seis meses, pelo menos.

Alternativa "a". A remissão como forma de exclusão do processo poderá ser concedida pelo Ministério Público, desde que devidamente homologada pela autoridade judiciária.

Alternativa "b". *In casu*, a internação não foi aplicada por conta da reiteração (art. 122, II), mas em razão da prática de infração cometida mediante violência ou grave ameaça à pessoa (art. 122, I).

Alternativa "d". A internação não tem duração determinada na sentença e durará enquanto for necessário à ressocialização, desde que se observe um de dois limites: período máximo de 03 anos, ou então quando é completada a idade de vinte e um anos.

Alternativa "e". O adolescente não poderá cumprir a medida socioeducativa em penitenciária, mas somente em entidade de atendimento em se execute o programa de internação.

---

66. (Cespe – Promotor de Justiça/RR 2008) João, aos 17 anos de idade, por ter praticado latrocínio, foi submetido, após o devido processo legal, à medida socioeducativa de internação. No curso do cumprimento da medida, João completou 18 anos, ocasião em que entrou em vigor o novo Código Civil, que reduziu a maioridade civil de 21 anos de idade para 18 anos de idade. O advogado de João, então, pleiteou a sua liberação do cumprimento da medida socioeducativa, entendendo ser aplicável o novo Código Civil à situação de seu cliente.

Considerando a situação hipotética descrita acima, julgue os itens que se seguem.

66.1. Está certo o entendimento do advogado de João, visto que o novo Código Civil, ao reduzir a maioridade civil para 18 anos de idade, afetou o limite de idade para a aplicação dos institutos do ECA no que diz respeito às medidas socioeducativas.

COMENTÁRIOS

✪ **Nota do autor:** de acordo com entendimento dos Tribunais Superiores, o advento da maioridade não importa na necessidade da extinção da medida socioeducativa.

Alternativa Errada.

66.2. Aplica-se ao caso o princípio da especialidade, sendo as regras gerais do ECA revogadas em razão das normas específicas do novo Código Civil.

COMENTÁRIOS

✪ **Nota do autor:** mesmo que aplicadas as regras do Código Civil, não haveria a possibilidade de ser encampado o entendimento do advogado. Porém, na hipótese, aplica-se o próprio Estatuto, que prevê a incidência excepcional do Estatuto às pessoas que têm entre dezoito e vinte e um anos de idade.

Alternativa Errada.

66.3. Como a proteção integral da criança ou adolescente é garantida apenas aos indivíduos menores de idade, João, ao ter completado 18 anos, deixou de estar incluído no rol de proteção do ECA.

COMENTÁRIOS

Alternativa Errada.

✪ **Nota do autor:** o Estatuto se aplica excepcionalmente às pessoas que tenham entre 18 e 21 anos de idade.

A aplicação do ECA a João rege-se pela idade de João à época dos fatos.

Alternativa Correta.

COMENTÁRIOS

✪ **Nota do autor:** de toda maneira, aplicam-se as regras relativas à idade do agente à data dos fatos. Portanto, aplica-se a teoria da atividade.

14. PROCEDIMENTO DA PERDA E DA SUSPENSÃO DO FAMILIAR

---

67. (Cespe – Juiz de Direito Substituto – AC/ 2012) Com relação às regras gerais relacionadas ao procedimento de colocação de criança ou adolescente em família substituta, assinale a opção correta de acordo com o estabelecido no ECA.

a) Se os pais da criança ou do adolescente forem falecidos, tiverem sido destituídos ou suspensos do poder familiar, ou houverem aderido expressamente ao pedido de colocação em família substituta, os próprios requerentes desse pedido poderão formulá-lo diretamente em cartório, em petição devidamente assinada, com a assistência obrigatória de advogado ou defensor público.

b) O consentimento para a colocação da criança em família substituta, feito, por escrito, pelos titulares do poder familiar, antes ou depois do nascimento da criança, terá validade independentemente de audiência perante o juízo da infância e juventude, mas deve ser precedido de orientações e esclarecimentos prestados por equipe interprofissional, em especial, no caso de adoção, sobre a irrevogabilidade da medida.

c) A autoridade judiciária, de ofício ou a requerimento das partes ou do MP, deve determinar a realização de estudo social ou, se possível, perícia por equipe interprofissional, para decidir sobre a concessão de guarda provisória, bem como, no caso de adoção, sobre o estágio de convivência. Deferida a concessão da guarda provisória ou do estágio de convivência, a criança ou o adolescente será entregue ao interessado, mediante termo de responsabilidade.

d) Nas hipóteses em que a destituição da tutela, a perda ou a suspensão do poder familiar constituir pressuposto lógico da medida principal de colocação da criança ou do adolescente em família substituta, o interessado será cientificado do processo, mas não poderá intervir nos autos como parte, assistente ou interessado, devendo procurar a via adequada para pleitear sua pretensão.

e) A colocação de criança ou adolescente sob a guarda de pessoa inscrita em programa de acolhimento familiar será comunicada pela autoridade judiciária ao MP, ao conselho tutelar e à defensoria pública, no prazo máximo de cinco dias, para que sejam tomadas as providências cabíveis ao adequado encaminhamento do menor.

COMENTÁRIOS

✪ **Nota do autor:** a colocação em família substituta far-se-á por meio da guarda, tutela ou da adoção, cada qual com suas características próprias.

Alternativa correta: letra "c". A realização de estudo social é importantíssima para a verificação das condições dos adotantes, bem como da aceitação do adotando. Poderá ser determinada de ofício ou atendendo a requerimento das partes. Além disso, a guarda poderá ser concedida incidentalmente no processo de adoção (assim como no de tutela). Trata-se de uma afirmação bem interessante, que exige do candidato conhecimento específico sobre a matéria.

Alternativa "a". Nesse caso, estará dispensada a assistência de advogado ou de defensor público, podendo o requerimento ser formulado diretamente em cartório pelos interessados.

Alternativa "b". O consentimento deverá ser prestado após o nascimento do adotando, perante a autoridade judiciária.

Alternativa "d". Obviamente, os interessados – os genitores – serão citados e poderão oferecer resposta, acompanhando o processo em todos os seus ulteriores termos.

Alternativa "e". Não há previsão dessa comunicação no Estatuto.

---

68. (Cespe – Juiz de Direito Substituto – PB/ 2011) Assinale a opção correta a respeito de procedimentos previstos no ECA.

a) Havendo motivo grave, poderá o juiz, independentemente da oitiva do MP, decretar, liminar ou incidentalmente, a suspensão do poder familiar até o julgamento definitivo da causa, ficando a criança ou adolescente confiado a pessoa idônea, mediante termo de responsabilidade.

b) No pedido de modificação de guarda, é dispensável a oitiva da criança e do adolescente.

c) O prazo máximo para conclusão do procedimento de perda ou suspensão do poder familiar é de cem dias.

d) O adolescente apreendido por força de ordem judicial ou em flagrante de ato infracional deve ser, desde logo, encaminhado à autoridade judiciária.

e) O procedimento para a perda ou suspensão do poder familiar inicia-se por provocação do MP ou de quem tenha legítimo interesse.

COMENTÁRIOS

✪ **Nota do autor:** o Estatuto faz previsão de vários procedimentos. A todos, serão aplicadas, subsidiariamente, a lei processual pertinente. Sendo assim, ao procedimento de destituição de tutela, aplica-se subsidiariamente a lei processual civil; ao procedimento de apuração de ato infracional, aplica-se a lei processual penal.

Alternativa correta: letra "e". O procedimento de perda ou suspensão do poder familiar poderá ser iniciado a pedido do Ministério Público ou de quem tenha legítimo interesse (via de regra, um parente).

Alternativa "a". O Estatuto determina a prévia oitiva do Ministério Público, colhendo-se a sua manifestação antes do deferimento de eventual liminar.

Alternativa "b". Para qualquer forma de colocação em família substituta, há necessidade de prévia oitiva da criança ou do adolescente, sendo que este deverá consentir.

Alternativa "c". De acordo com as alterações da Lei 12.010/2009, o procedimento de perda ou de suspensão do poder familiar deve ser terminado no prazo de 120 dias.

Alternativa "d". O adolescente apreendido por força de flagrante deve ser encaminhado à autoridade policial, ao passo que o apreendido por força de decisão judicial deverá ser encaminhado à própria autoridade judicial.

---

69. (Cespe – Defensor Público – RR/2013) A respeito dos procedimentos relativos à perda e suspensão do poder familiar, assinale a opção correta.

a) No caso de suspensão do poder familiar de criança indígena, a norma de regência autoriza igualmente a decretação, liminar ou incidental, da medida, até o julgamento definitivo da causa, desde que esteja presente motivo grave, ouvido o MP, ordenando-se que a criança fique confiada a pessoa idônea, prioritariamente no seio de sua comunidade ou junto a membros da mesma etnia, mediante termo de responsabilidade, entre outras exigências legais.

b) De acordo com a legislação de regência, não poderá ocorrer o julgamento do pedido de suspensão ou destituição do poder familiar sem a ocorrência de contestação, por escrito, e de produção de provas pelos requeridos, ainda nos casos de anuência destes, assumindo a DP a curadoria especial no feito.

c) Impõe a norma de regência aos pedidos de perda ou suspensão do poder familiar a obrigatoriedade da oitiva da criança ou adolescente e dos pais, sempre que esses forem identificados e estiverem em local conhecido, sendo averbadas à margem do registro de nascimento da criança ou do adolescente apenas as decisões de perda do poder familiar e as que importem modificação de guarda.

d) A legitimação para deflagrar o procedimento de perda ou suspensão do poder familiar, de acordo com o ECA, é assegurada, exclusivamente, ao órgão do MP.

e) A perda ou a suspensão do poder familiar, nos termos do ECA, deve ser decretada judicialmente, em procedimento contraditório, apenas nas hipóteses de descumprimento injustificado dos deveres e obrigações de sustento, guarda e educação dos filhos menores, e em casos de descumprimento das determinações judiciais.

COMENTÁRIOS

✪ **Nota do autor:** os procedimentos indicados no Estatuto da Criança e do Adolescente devem observar, subsidiariamente, a lei processual pertinente. Assim, por exemplo, para a apuração do ato infracional, serão observadas as regras do Estatuto e, subsidiariamente, o Código de Processo Penal; para a perda e suspensão do poder familiar, serão observadas as regras do Estatuto e, subsidiariamente, o Código de Processo Civil.

Alternativa correta: letra "a". Não há qualquer impedimento para a suspensão do poder familiar de criança indígena. A observação que merece registro, nesse caso, é que se tentará manter a criança junto à sua comunidade ou membros da mesma etnia, preservando-se a sua identidade.

Alternativa "b". É possível que ocorra o julgamento do feito sem que haja o oferecimento da contestação. Discutível, no entanto, é se incidirá o efeito material da revelia.

Alternativa "c". Para a colocação em família substituta, a criança será ouvida sempre que possível. De outro lado, o adolescente deverá concordar com a medida. Ainda em relação à alternativa, frise-se que deverá ser averbada à margem do registro de nascimento também a suspensão do poder familiar.

Alternativa "d". Para o ajuizamento dessa ação, também terão legitimidade parentes da criança.

Alternativa "e". A perda e a suspensão do poder familiar devem ser sempre decretadas em procedimentos no qual se assegurem a ampla defesa e o contraditório.

15. DO CONSELHO TUTELAR

70. (Cespe – Promotor de Justiça – MPE – RR/2017) Com relação ao conselho tutelar, julgue os itens a seguir.

I. É órgão permanente e vinculado ao Poder Judiciário, encarregado pela sociedade de zelar pelo cumprimento dos direitos das crianças e dos adolescentes.

II. As suas atribuições incluem requisitar certidões de nascimento e de óbito de criança ou de adolescente quando necessário.

III. O processo de escolha dos membros que compõem o conselho ocorre a cada quatro anos; a posse dos novos conselheiros ocorrerá no dia primeiro de janeiro do ano subsequente ao do processo de escolha.

Assinale a opção correta.

A) Apenas o item I está certo.

B) Apenas o item II está certo.

C) Apenas os itens I e II estão certos.

D) Apenas os itens II e III estão certos.

COMENTÁRIOS

✪ **Nota do autor:** são atribuições do Conselho Tutelar: I – atender as crianças e adolescentes nas hipóteses previstas nos arts. 98 e 105 do ECA, aplicando as medidas previstas no art. 101, I a VII do ECA; II – atender e aconselhar os pais ou responsável, aplicando as medidas previstas no art. 129, I a VII do ECA; III – promover a execução de suas decisões, podendo para tanto: a) requisitar serviços públicos nas áreas de saúde, educação, serviço social, previdência, trabalho e segurança; b) representar junto à autoridade judiciária nos casos de descumprimento injustificado de suas deliberações. IV – encaminhar ao Ministério Público notícia de fato que constitua infração administrativa ou penal contra os direitos da criança ou adolescente; V – encaminhar à autoridade judiciária os casos de sua competência; VI – providenciar a medida estabelecida pela autoridade judiciária, dentre as previstas no art. 101 do ECA, de I a VI, para o adolescente autor de ato infracional; VII – expedir notificações; VIII – requisitar certidões de nascimento e de óbito de criança ou adolescente quando necessário; IX – assessorar o Poder Executivo local na elaboração da proposta orçamentária para planos e programas de atendimento dos direitos da criança e do adolescente; X – representar, em nome da pessoa e da família, contra a violação dos direitos previstos no art. 220, § 3º, inciso II, da Constituição Federal; XI – representar ao Ministério Público para efeito das ações de perda ou suspensão do poder familiar, após esgotadas as possibilidades de manutenção da criança ou do adolescente junto à família natural; XII – promover e incentivar, na comunidade e nos grupos profissionais, ações de divulgação e treinamento para o reconhecimento de sintomas de maus-tratos em crianças e adolescentes; XIII – se, no exercício de suas atribuições, o Conselho Tutelar entender necessário o afastamento do convívio familiar, comunicará incontinenti o fato ao Ministério Público, prestando-lhe informações sobre os motivos de tal entendimento e as providências tomadas para a orientação, o apoio e a promoção social da família (Artigo 136 do ECA).

Alternativa correta: letra "b". Está correto apenas o item II.

Item I. Errado. O Conselho Tutelar é órgão permanente e AUTÔNOMO, não jurisdicional, encarregado pela sociedade de zelar pelo cumprimento dos direitos da criança e do adolescente (Artigo 131 do ECA).

Item II. Certo. Requisitar certidões de nascimento e de óbito de criança ou adolescente quando necessário, é uma das atribuições do Conselho Tutelar (Artigo 136, VIII do ECA).

Item III. Errado. O processo para a escolha dos membros do Conselho Tutelar será estabelecido em lei municipal e realizado sob a responsabilidade do Conselho Municipal dos Direitos da Criança e do Adolescente, e a fiscalização do Ministério Público e ocorrerá em data unificada em todo o território nacional a cada 4 (quatro) anos, no primeiro domingo do mês de outubro do ano subsequente ao da eleição presidencial. A posse dos conselheiros tutelares ocorrerá no dia <u>10 de janeiro do ano subsequente ao processo de escolha</u> (Artigo 139 do ECA).

---

71. (Cespe – Defensor Público – RN/2015) Em relação a conselho tutelar, assinale a opção correta.

a) Se constatar que um professor de pré-escola teve ciência de maus-tratos contra criança e não comunicou o fato à autoridade competente, o conselho tutelar poderá iniciar procedimento destinado a impor penalidade administrativa.

b) O conselho tutelar não tem competência para aplicar medida de advertência a pais que, a pretexto de corrigir ou educar uma criança, utilizarem castigo físico.

c) Segundo o ECA, cabe ao conselho tutelar encaminhar ao MP informação a respeito do descumprimento injustificado de suas deliberações para que este faça uma representação à autoridade judiciária competente, para fins de execução das decisões do colegiado.

d) Sob o ponto de vista administrativo, o conselho tutelar é subordinado hierarquicamente a uma das secretarias integrantes do Poder Executivo local.

e) De acordo com o ECA, a escolha dos conselheiros tutelares deve ocorrer por eleição mediante voto indireto.

COMENTÁRIOS

✪ **Nota do autor:** o Conselho Tutelar é órgão permanente e autônomo, não jurisdicional, encarregado pela sociedade de zelar pelo cumprimento dos direitos da criança e do adolescente.

Alternativa correta: letra "a". O procedimento para imposição de penalidade administrativa por infração às normas de proteção à criança e ao adolescente terá início por representação do Ministério Público, <u>ou do Conselho Tutelar</u>, ou auto de infração elaborado por servidor efetivo ou voluntário credenciado, e assinado por duas testemunhas, se possível (ECA, art.194). No caso, constitui infração administrativa deixar o médico, <u>professor</u> ou responsável por estabelecimento de atenção à saúde e de ensino fundamental, pré-escola ou creche, de comunicar à autoridade competente os casos de que tenha conhecimento, envolvendo suspeita ou confirmação de maus-tratos contra criança ou adolescente (ECA, art.245).

Alternativa "b". Errada. Uma das atribuições do Conselho Tutelar é atender e aconselhar os pais ou responsável, aplicando as seguintes medidas: I – encaminhamento a serviços e programas oficiais ou comunitários de proteção, apoio e promoção da família; II – inclusão em programa oficial ou comunitário de auxílio, orientação e tratamento a alcoólatras e toxicômanos; III – encaminhamento a tratamento psicológico ou psiquiátrico; IV – encaminhamento a cursos ou programas de orientação; V – obrigação de matricular o filho ou pupilo e acompanhar sua frequência e aproveitamento escolar; VI – obrigação de encaminhar a criança ou adolescente a tratamento especializado; VII – advertência (ECA, arts.129, I, II, III, IV, V, VI, VII, 136, II).

Alternativa "c". Errada. O Conselho Tutelar tem a atribuição de promover a execução de suas decisões, podendo para tanto representar junto à autoridade judiciária nos casos de descumprimento injustificado de suas deliberações (ECA, art.136, III, b).

Alternativa "d". Errada. O Conselho Tutelar é <u>órgão permanente e autônomo, não jurisdicional</u> (ECA, art.131).

Alternativa "e". Errada. Em cada Município e em cada Região Administrativa do Distrito Federal haverá, no mínimo, 1 (um) Conselho Tutelar como órgão integrante da administração pública local, composto de 5 (cinco) membros, <u>**escolhidos pela população local**</u> para mandato de 4 (quatro) anos, permitida 1 (uma) recondução, mediante novo processo de escolha (ECA, art.132).

---

72. (Cespe – Defensor Público – PI/ 2009) Quanto aos conselhos tutelares (CTs), assinale a opção correta.

a) Os CTs são órgãos contenciosos não jurisdicionais, encarregados de zelar pelo cumprimento dos direitos da criança e do adolescente, particularmente por meio da aplicação de medidas especiais de proteção a crianças e adolescentes com direitos ameaçados ou violados e por meio da aplicação de medidas especiais a pais ou responsáveis.

b) Os CTs são entidades de proteção responsáveis pelo planejamento e pela execução de programas de proteção e socioeducativos destinados a crianças e adolescentes.

c) Somente o CT tem competência para apurar os atos infracionais praticados por adolescente, aplicando-lhe medidas específicas de punição, previstas em lei, a serem cumpridas segundo requisições do CT.

d) Além das atribuições previstas no ECA, os CTs podem instituir novas atribuições em regimento interno ou em atos administrativos de quaisquer outras autoridades.

e) Verificada a prática de ato infracional, cabe aos CTs aplicar e executar as medidas socioeducativas de advertência, prestação de serviços à comunidade e internação em estabelecimento educacional à criança e ao adolescente infratores.

COMENTÁRIOS

✪ **Nota do autor:** a questão trata das atribuições específicas dos Conselhos Tutelares.

Alternativa Correta: ANULADA.

Alternativa "a". De fato, o CT poderá aplicar medidas de proteção a crianças e adolescentes em situação de risco, ou seja, que estejam com seus direitos ameaçados ou violados, bem como aplicar medidas pertinentes aos pais ou responsável.

Alternativa "b". Tal atribuição é dos Conselhos de Direitos.

Alternativa "c". O CT não tem atribuição para apurar ato infracional.

Alternativa "d". Os CT não podem estipular novas atribuições, porque têm a missão única de promover a defesa dos interesses de crianças de adolescentes.

Alternativa "e". O CT não é entidade de atendimento apropriada para o cumprimento de medida socioeducativa.

---

73. (Cespe – Juiz de Direito Substituto – AC/ 2012) Márcio, conselheiro tutelar, recebeu denúncia anônima, por telefone, a respeito do funcionamento de uma boate, instalada em uma casa no centro da cidade, onde meninas adolescentes eram supostamente mantidas para a prática de prostituição.

Com base na situação hipotética apresentada, nas atribuições do conselho tutelar e nas medidas de proteção previstas no ECA, assinale a opção correta.

a) Márcio, representando o conselho tutelar local, deverá ajuizar, imediatamente, ação cautelar, com pedido de liminar, com vistas à interdição temporária do estabelecimento.

b) Confirmada a existência de adolescentes desacompanhadas de pais ou representantes legais na referida residência, Márcio deverá providenciar o encaminhamento das menores aos seus responsáveis legais ou, na falta destes, o acolhimento institucional, comunicando o MP, via relatório minucioso, dos fatos e providências.

c) Márcio deverá, imediatamente, requisitar à polícia civil abertura de inquérito policial para investigação criminal do caso e, assim que forem tomadas as providências cabíveis, fiscalizar a atuação policial, a fim de evitar violação dos direitos fundamentais das adolescentes envolvidas.

d) Confirmada a existência de adolescentes desacompanhadas de pais ou representantes legais na referida casa, o conselheiro tutelar deverá determinar a imediata internação provisória das menores em entidade exclusivamente destinada a adolescentes, distinta de abrigo, obedecida rigorosa separação por critérios de idade, compleição física e gravidade da infração, pelo prazo máximo de quarenta e cinco dias.

e) O conselheiro deverá convocar, com urgência, reunião do conselho tutelar com o promotor de justiça, o defensor público, o juiz da infância e juventude e as polícias civil e militar, para definição de plano estratégico de combate à prostituição local de adolescentes.

COMENTÁRIOS

✪ **Nota do autor:** a questão trata das atribuições dos conselheiros tutelares, bem como da medida protetiva de acolhimento institucional.

Alternativa correta: letra "b". O conselheiro tutelar, à falta dos pais, poderá até encaminhar as meninas adolescentes para o acolhimento institucional. A unidade, porém, somente poderá recepcioná-las se for caso de urgência, comunicando o fato à autoridade judiciária no prazo de 24 horas.

Alternativa "a". O conselheiro tutelar não tem atribuição para o ajuizamento de medida cautelar. Deverá comunicar o fato ao Ministério Público para a tomada das providências pertinentes.

Alternativa "c". Deverá o conselheiro tutelar comunicar o fato à autoridade judiciária, sendo-lhe vedada a fiscalização da atividade policial.

Alternativa "d". A internação provisória somente poderá ser aplicada pelo magistrado nos procedimentos de apuração de ato infracionais.

Alternativa "e". Não há qualquer previsão sobre esse procedimento.

---

74. (Cespe – Juiz de Direito Substituto – MA/ 2013) No que tange ao conselho tutelar, encarregado pela sociedade de zelar pelo cumprimento dos direitos da criança e do adolescente, assinale a opção correta.

a) O ECA estabelece os vinte e um anos de idade como a idade mínima para a candidatura a membro do conselho tutelar; entretanto, com a redução da maioridade civil, após a entrada em vigor do novo Código Civil, passou-se a admitir a candidatura de pessoas de dezoito anos de idade para o referido conselho.

b) O exercício da função de conselheiro tutelar confere ao seu titular condição de idoneidade moral juris tantum, assegurando-lhe prisão especial, em caso de crime comum, até o julgamento definitivo.

c) Cabe ao conselho tutelar, além de fiscalizar as entidades de atendimento, deflagrar, mediante representação, procedimentos de apuração de irregularidade nessas entidades.

d) Em municípios com menos de dois mil habitantes, é dispensável, de acordo com o ECA, a criação de conselho tutelar, pois, em face do princípio constitucional da eficiência, a pouca demanda não justifica os custos advindos da implantação do órgão.

COMENTÁRIOS

✪ **Nota do autor:** a questão trata do Conselho Tutelar, cuja organização foi modificada pela Lei 12.696/2012.

Alternativa correta: letra "c". Entre as atribuições dos conselhos, está a de fiscalizar as entidades de atendimento, bem como iniciar o procedimento de apuração de irregularidades praticadas por estas e que tramitará perante a Vara da Infância e da Juventude.

Alternativa "a". Não obstante a maioridade civil atualmente seja adquirida aos vinte e um anos de idade, a candidatura para concorrer à função de conselheiro tutelar somente é admitida aos maiores de 18 anos.

Alternativa "b". De acordo com a nova sistemática do Estatuto, não mais se assegura a prisão especial aos conselheiros tutelares.

Alternativa "d". O conselho tutelar deverá existir em todo e qualquer município, independentemente do número de habitantes.

---

75. (Cespe – Juiz de Direito Substituto – PB/ 2011) No que se refere ao conselho tutelar, assinale a opção correta.

a) O processo de escolha dos membros do conselho tutelar é estabelecido por lei estadual.

b) São impedidos de servir no mesmo conselho: marido e mulher; ascendentes e descendentes até o segundo grau; sogro e genro ou nora; irmãos; cunhados, durante o cunhadio; tio e sobrinho; bem como padrasto ou madrasta e enteado.

c) O conselho tutelar constitui órgão permanente e autônomo, não jurisdicional, encarregado pela sociedade de zelar pelo cumprimento dos direitos da criança e do adolescente.

d) Em cada estado, deve haver, no mínimo, um conselho tutelar, composto de cinco membros, escolhidos pela comunidade local para mandato de cinco anos, permitida uma reeleição.

e) Para a candidatura a membro do conselho tutelar, são exigidos os seguintes requisitos: reconhecida idoneidade moral; idade superior a trinta e cinco anos; residência no município onde se localiza o conselho.

COMENTÁRIOS

✪ **Nota do autor:** algumas regras sobre os conselhos tutelares foram modificadas com a Lei 12.696/2012, de modo que a resposta seguirá os parâmetros da lei modificada.

Alternativa correta: letra "c". A assertiva revela a finalidade do Estatuto, ressaltando que se trata de um órgão e não de pessoa jurídica.

Alternativa "a". A escolha dos membros do conselho tutelar é regida pelo Estatuto, tendo algumas particularidades indicadas em lei municipal.

Alternativa "b". O impedimento se refere a ascendentes e descendentes, independentemente do grau.

Alternativa "d". Em cada município deve haver, no mínimo, um conselho tutelar.

Alternativa "e". São requisitos: idoneidade moral, idade mínima de 21 anos e residir no município, além de outros previstos em lei municipal.

16. DA VARA DA INFÂNCIA E DA JUVENTUDE

---

76. (Cespe – Defensor Público – RN/2015) A respeito do acesso à justiça relacionado a interesses da criança e do adolescente, assinale a opção correta.

a) Segundo o STJ, para que a criança possa participar, na condição de espectador, de evento público desacompanhada dos pais e(ou) responsáveis, é necessária autorização judicial, como também ocorre caso a criança figure, na condição de participante de espetáculo público, ainda que acompanhada dos pais ou responsáveis.

b) Para o STJ, a regra do ECA que isenta de custas e emolumentos as ações judiciais de competência da justiça da infância e da juventude alcança tanto crianças e adolescentes que sejam partes em ações, quanto outras pessoas que possam participar dessas demandas.

c) Segundo o STJ, em caso de abandono de menor seguido de ajuizamento de ação de destituição de poder familiar pelo MP, é obrigatória a nomeação de defensor público para atuar como curador especial na referida demanda.

d) Atuará em conformidade com o disposto no ECA um órgão de comunicação social que divulgar a ocorrência de ato infracional atribuído a adolescente sem, no entanto, mencionar o nome desse jovem nem mostrar sua imagem, limitando-se a inserir as iniciais de seu nome e sobrenome.

e) Segundo estabelece o ECA, é vedado a lei estadual atribuir a qualquer outro juízo que não seja o da vara da infância e da juventude a competência para o julgamento de crimes sexuais contra crianças e adolescentes.

COMENTÁRIOS

✪ **Nota do autor:** o Superior Tribunal de Justiça[7] já decidiu que a competência para julgamento de ato infracional é da justiça estadual, mesmo que haja interesse da União, pois ainda que a conduta praticada determine a competência da justiça federal, por caracterizar ofensa aos interesses da União, sendo o autor dos fatos inimputável não há que se falar em crime, mas, sim, ato infracional, afastando a aplicação do art. 109, IV da Constituição Federal.

Alternativa correta: letra "a". Compete à autoridade judiciária disciplinar, através de portaria, ou autorizar, mediante alvará, a entrada e permanência de criança ou adolescente, desacompanhado dos pais ou responsável, em: a) estádio, ginásio e campo desportivo; b) bailes ou promoções dançantes; c) boate ou congêneres; d) casa que explore comercialmente diversões eletrônicas; e) estúdios cinematográficos, de teatro, rádio e televisão. Igualmente, é necessária a disciplina para a participação de criança e adolescente em: a) espetáculos públicos e seus ensaios; b) certames de beleza (ECA, art.149). O Superior Tribunal de Justiça[8] interpreta o art.149 do ECA no sentido de que compete à autoridade judiciária disciplinar, mediante alvará, a entrada e permanência de criança ou adolescente, desacompanhado dos pais em campo desportivo, bailes, boates etc., bem como para autorizar a participação de menor em espetáculos públicos e certames de beleza. Na primeira hipótese (art. 149, I), o alvará somente será necessário se a criança estiver desacompanhada de seu responsável. Já no caso do item II, ele será sempre exigido, esteja a criança ou adolescente acompanhada ou não de seus pais.

Alternativa "b". Errada. O Superior Tribunal de Justiça[9] tem jurisprudência assente no sentido de que somente as crianças e adolescentes quando partes (autoras ou rés direito) são titulares do direito à isenção de custas e emolumentos em ações movidas perante a Justiça da Infância e da Juventude, nos termos dos arts. 141, § 2º, e 198, I, do ECA, não alcançando outras pessoas que eventualmente possam participar dessas demandas.

Alternativa "c". Errada. O Superior Tribunal de Justiça[10], interpretando os arts. 98, 142, parágrafo único, 148, parágrafo único, "f", da Lei nº 8.069/90 (Estatuto da Criança e do Adolescente – ECA) e 4º, VII, da Lei Complementar nº 80/94, consignou que não há razão para a nomeação da Defensoria Pública como curador especial aos menores em ação de destituição de pátrio poder movida pelo Ministério Público, uma vez que o agente ministerial, em tais casos, age como autor e fiscal da lei, inexistindo incompatibilidade entre tais funções.

Alternativa "d". Errada. É vedada a divulgação de atos judiciais, policiais e administrativos que digam respeito a crianças e adolescentes a que se atribua autoria de ato infracional. Qualquer notícia a respeito do fato não poderá identificar a criança ou adolescente, vedando-se fotografia, referência a nome, apelido, filiação, parentesco, residência e, inclusive, iniciais do nome e sobrenome (ECA, art.143, *caput* e parágrafo único).

Alternativa "e". Errada. A autoridade competente para julgamento das ações judiciais que envolvam os direitos da criança e adolescente é o Juiz da Infância e da Juventude, ou o juiz que exerce essa função, na forma da lei de organização judiciária local (ECA, art.146). Alinhado ao posicionamento do Supremo Tribunal Federal[11], o Superior Tribunal de Justiça[12] se posicionou no sentido de que o Tribunal de Justiça estadual, ao estabelecer a organização e divisão judiciária, pode atribuir a competência para o julgamento de crimes sexuais contra crianças e adolescentes ao Juízo da Vara da Infância

7 Nesse sentido: CC 86.408/MA, Rel. Ministra MARIA THEREZA DE ASSIS MOURA, TERCEIRA SEÇÃO, julgado em 22/08/2007, DJ 17/09/2007, p. 207; STJ, CC 33.349/MG, Rel. Min. Felix Fischer, DJ 11.03.2002; STJ, CC 24.028/MG, Rel. Min. José Arnaldo da Fonseca, DJ 14.06.1999.

8 Nesse sentido: REsp 902.657/RN, Rel. Ministro TEORI ALBINO ZAVASCKI, PRIMEIRA TURMA, julgado em 10/08/2010, DJe 23/08/2010; AgRg no Ag 663.273/RJ, 2ª T., Min. Humberto Martins, DJ de 17/10/2006; REsp 435.045/RJ, 2ª T., Min. Eliana Calmon, DJ de 10/05/2007; REsp 506.260/RJ, 1ª T., Min. Luiz Fux, DJ de 09/12/2003.

9 Nesse sentido: AgRg no AREsp 672.687/DF, Rel. Ministro MAURO CAMPBELL MARQUES, SEGUNDA TURMA, julgado em 21/05/2015, DJe 27/05/2015; AgRg no AREsp 538.722/DF, Rel. Ministro HERMAN BENJAMIN, SEGUNDA TURMA, julgado em 02/10/2014, DJe 09/10/2014; REsp 1097824/RJ, Rel. Ministro CASTRO MEIRA, Rel. p/ Acórdão Ministro MAURO CAMPBELL MARQUES, SEGUNDA TURMA, julgado em 19/02/2009, DJe 27/03/2009; e REsp 701.964/ES, Rel. Ministro TEORI ALBINO ZAVASCKI, PRIMEIRA TURMA, julgado em 16/12/2008, DJe 04/02/2009

10 REsp 1176512/RJ, Rel. Ministra MARIA ISABEL GALLOTTI, QUARTA TURMA, julgado em 28/08/2012, DJe 05/09/2012

11 HC 113102, Rel. Min. MARCO AURÉLIO, PRIMEIRA TURMA, julgado em 18/12/2012, DJe 15/02/2013

12 RHC 38.418/AC, Rel. Ministra LAURITA VAZ, QUINTA TURMA, julgado em 20/02/2014, DJe 07/03/2014

e Juventude, por agregação, ou a qualquer outro Juízo que entender adequado.

77. (Cespe – Defensor Público – RN/2015) Assinale a opção correta a respeito do papel da DP no contexto do sistema de garantia e proteção dos direitos individuais e coletivos da criança e do adolescente.

a) A presença da DP entre os órgãos que compõem a integração operacional prevista no ECA justifica-se quando se tratar de atendimento inicial a adolescente a quem se atribua a autoria de ato infracional, mas não no atendimento de adolescentes inseridos em programa de acolhimento familiar.

b) É exclusiva da DP a legitimidade para ajuizar ação de alimentos em proveito de criança ou adolescente nas situações de risco descritas no ECA.

c) Segundo o STJ, não é cabível a nomeação de curador especial em processo de acolhimento institucional no âmbito do qual a criança figure como mera destinatária da decisão judicial e não como parte.

d) Conforme entendimento do STJ, o prazo para interposição de recurso pela DP começa a fluir na data da audiência em que for proferida a sentença, caso presente o DP, e não da remessa dos autos com vista ou com a entrada destes na instituição.

e) De acordo com o STJ, é da competência da vara da fazenda pública o julgamento de ação ajuizada pela DP visando à obtenção de medicamentos a menor, quando este estiver devidamente representado pelos pais.

COMENTÁRIOS

✪ **Nota do autor:** é garantido o acesso de toda criança ou adolescente à Defensoria Pública, ao Ministério Público e ao Poder Judiciário, por qualquer de seus órgãos.

Alternativa correta: letra "c". O Superior Tribunal de Justiça[13], interpretando os arts. 98, 142, parágrafo único, 148, parágrafo único, "f", da Lei nº 8.069/90 (Estatuto da Criança e do Adolescente – ECA) e 4º, VII, da Lei Complementar nº 80/94, consignou que incabível a nomeação da Defensoria Pública como curador especial em ação em que o menor não é parte, mas mera destinatária da decisão judicial, como é o caso de destituição de pátrio poder movida pelo Ministério Público e acolhimento institucional.

Alternativa "a". Errada. Uma das diretrizes da política de atendimento dos direitos da criança e do adolescente é a integração operacional para fins de agilização do atendimento inicial a adolescente a quem se atribua autoria de ato infracional e para efeito de agilização do atendimento de crianças e de adolescentes inseridos em programas de acolhimento familiar ou institucional. Nesse caso, a Defensoria Pública está inserida entre os órgãos que compõem tal integração operacional (ECA, art.88, V e VI).

Alternativa "b". Errada. O Superior Tribunal de Justiça[14] firmou entendimento de que o Ministério Público detém legitimidade para ajuizar ação de alimentos em proveito de criança ou adolescente nas situações de risco descritas no ECA (art.201, III).

Alternativa "d". Errada. Ao interpretar o §5º do art.5º da Lei nº 1.060/50, o Superior Tribunal de Justiça consignou que a Defensoria Pública deve ser intimada pessoalmente, com vista dos autos, ainda que presente à audiência na qual foi proferida sentença (HC 359.440/SP, Rel. Ministro JOEL ILAN PACIORNIK, QUINTA TURMA, julgado em 16/02/2017, DJe 24/02/2017). Agora, convém destacar que o Novo Código de Processo Civil consigna que inclusive a Defensoria Pública será considerada intimada da decisão proferida em audiência (art. 1003, §1º). A nosso ver, com relação aos processos não regidos pelo CPC/15 ainda continua vigente o §5º do art.5º da Lei nº 1.060/50, segundo o qual é necessário a intimação pessoal da DP, mas com relação aos processos cíveis, a ciência será considerada a partir da audiência em que houver a decisão, independente da presença ou não da DP.

Alternativa "e". Errada. É de competência da Justiça da Infância e Juventude conhecer das ações civis fundadas em interesses individuais, difusos ou coletivos afetos à criança e ao adolescente, de acesso às ações e serviços de saúde ameaçados ou violados (ECA, arts.98, I, 148, IV, 208, VII). O Superior Tribunal de Justiça fixou os seguintes entendimentos: a) o Estatuto da Criança e Adolescente é *lex specialis* e prevalece sobre a regra geral de competência das Varas de Fazenda Pública, quando o feito envolver Ação Civil Pública em favor da criança ou adolescente, na qual se pleiteia acesso às ações ou serviços e saúde, independentemente de a criança ou o adolescente estar em situação de abandono ou risco (REsp 1486219/MG, Rel. Ministro HERMAN BENJAMIN, SEGUNDA TURMA, julgado em 25/11/2014, DJe 04/12/2014); b) a disponibilidade relativa dos direitos metaindividuais previstos no Estatuto da Criança e

13 REsp 1417782/RJ, Rel. Ministro RICARDO VILLAS BÔAS CUEVA, TERCEIRA TURMA, julgado em 02/10/2014, DJe 07/10/2014; REsp 1177636/RJ, Rel. Ministra NANCY ANDRIGHI, Rel. p/ Acórdão Ministro SIDNEI BENETI, TERCEIRA TURMA, julgado em 18/10/2011, DJe 27/09/2012; REsp 1176512/RJ, Rel. Ministra MARIA ISABEL GALLOTTI, QUARTA TURMA, julgado em 28/08/2012, DJe 05/09/2012

14 Nesse sentido: REsp 1327471/MT, Rel. Ministro LUIS FELIPE SALOMÃO, SEGUNDA SEÇÃO, julgado em 14/05/2014, DJe 04/09/2014; REsp 1265821/BA, Rel. Ministro LUIS FELIPE SALOMÃO, SEGUNDA SEÇÃO, julgado em 14/05/2014, DJe 04/09/2014

Adolescente ameaçados ou violados não tem o condão de, por si só, afastar a competência da Vara da Infância e da Juventude, destinada a assegurar a integral proteção a especiais sujeitos de direito, sendo, portanto, de natureza absoluta para processar e julgar feitos versando acerca de direitos e interesses concernentes às crianças e aos adolescentes (EDcl no AREsp 24.798/SP, Rel. Ministro CASTRO MEIRA, SEGUNDA TURMA, julgado em 07/02/2012, DJe 16/02/2012; REsp 1217380/SE, Rel. Ministro Castro Meira, Segunda Turma, DJe 25.05.2011; REsp 1199587/SE, Rel. Min. Arnaldo Esteves Lima, DJe 12.11.2010).

---

78. (Cespe – Juiz de Direito Substituto – AC/ 2012) Em relação às normas de acesso à justiça estabelecidas no ECA, assinale a opção correta.

a) Embora seja compreendido como regra de competência territorial, o art. 147, I e II, do ECA apresenta natureza de competência absoluta, porque a necessidade de assegurar ao infante a convivência familiar e comunitária e a de lhe ofertar a prestação jurisdicional de forma prioritária conferem caráter imperativo à determinação da competência.

b) É vedada a divulgação de atos judiciais, policiais e administrativos que digam respeito a adolescentes aos quais se atribua autoria de ato infracional, e a notícia a respeito do fato não deve identificar, por meio de fotografia, referência a nome, apelido, filiação, parentesco ou residência, o adolescente, permitindo-se apenas o uso das iniciais do nome e sobrenome do menor.

c) A assistência judiciária gratuita será prestada, por meio de defensor público ou de advogado nomeado, a todos que comprovarem renda familiar abaixo do salário mínimo.

d) A justiça da infância e da juventude é absolutamente competente para conhecer qualquer ação de guarda, de tutela, de destituição do poder familiar e de suprimento da capacidade ou do consentimento para o casamento.

e) Compete à equipe interprofissional fornecer subsídios por escrito, mediante laudos, ou verbalmente, na audiência, assim como desenvolver trabalhos de aconselhamento, orientação, encaminhamento, prevenção e outros, tudo sob a imediata subordinação ao entendimento técnico da autoridade judiciária.

COMENTÁRIOS

✪ **Nota do autor:** a questão trata, entre outros pontos, da competência territorial para o julgamento dos procedimentos que tramitam perante a Vara da Infância e da juventude.

Alternativa correta: letra "a". O Estatuto adotou o princípio do Juízo Imediato, pelo qual será competente para o julgamento da causa o juízo do local do domicílio dos pais – se a criança com eles estiver – ou do local onde a mesma estiver (o mesmo valendo para os adolescentes).

Alternativa "b". Não é permitido o uso nem mesmo de iniciais.

Alternativa "c". A assistência judiciária será prestada a todos os que comprovarem insuficiência econômica.

Alternativa "d". Não qualquer ação, mas apenas aquelas em que demonstrada a existência de uma situação de risco.

Alternativa "e". Ao contrário do afirmado, é assegurada a livre manifestação do ponto de vista técnico.

---

79. (Cespe – Juiz de Direito Substituto – PB/ 2011) Com relação à competência da justiça da infância e da juventude, assinale a opção correta.

a) Compete ao juízo menorista conhecer da ação de regulamentação de visitas.

b) As ações judiciais de competência da justiça da infância e da juventude sujeitam-se, como regra, a custas e emolumentos.

c) A competência da justiça é determinada pelo lugar onde se encontre a criança ou o adolescente, independentemente de serem conhecidos o domicílio e a identidade dos pais ou responsável.

d) No caso de ato infracional, são competentes para o processo e o julgamento da ação tanto a autoridade do lugar em que o ato foi praticado quanto a do lugar onde se produziu ou deveria ter-se produzido o resultado.

e) Nas hipóteses de aplicação das medidas de proteção a criança ou adolescente, a justiça da infância e da juventude é competente para conhecer de ações de alimentos.

COMENTÁRIOS

✪ **Nota do autor:** a competência da Vara da Infância e da Juventude está disciplinada no art. 148, do Estatuto. A existência de uma vara especializada para o tratamento da questão é importantíssimo e encontra fundamento nas Regras Mínimas de *Beijing*.

Alternativa correta: letra "e". Se aplicada medida de proteção à criança e ao adolescente, logo há existente uma situação de risco, o que atrai a competência da Vara da Infância e da Juventude.

Alternativa "a". A ação de regulamentação de visita é de competência da Vara de Família, salvo se existente situação de risco.

Alternativa "b". Via de regra, as ações de competência da Vara da Infância e da Juventude são isentas de custas e emolumentos.

Alternativa "c". Pelo princípio do juízo imediato, a competência será, em primeiro lugar, do domicílio dos pais ou responsável e, na falta deste, no lugar em que se encontrar a criança.

Alternativa "d". Para a apuração do ato infracional será aplicada a teoria da atividade, segundo a qual a competência será do juízo do local da ação ou da omissão, e não do resultado.

80. (Cespe – Promotor de Justiça-RO/ 2010) No que se refere ao conflito de competência entre as varas da infância e da juventude e as varas de família, assinale a opção correta.

a) Tratando-se de menor de dezoito anos de idade, é de competência do juiz da infância e juventude apreciar a prática de ato infracional contra bens e serviços da União.

b) A competência para apreciação dos pedidos de adoção e seus incidentes é da vara da infância e juventude quando a criança ou o adolescente se encontrar em situação de risco.

c) A vara de família é competente para julgar as ações de regulamentação de visitas, a qual decorre da matéria de guarda.

d) Pedido de emancipação do menor é de competência da vara da infância e da juventude, principalmente se os genitores estiverem vivos, já que, nesse caso, resta demonstrada a situação de risco.

e) Em se tratando de autorização para viagem ao exterior, a vara da infância não pode suprir o consentimento do genitor, já que essa situação não consta no rol do artigo que trata da matéria.

COMENTÁRIOS

✪ **Nota do autor:** a questão trata da competência do Juízo da Vara da Infância e da Juventude em razão da matéria. A matéria é disciplinada pelo art. 148, do Estatuto, que divide essa competência em exclusiva (caput e incisos) e concorrente (parágrafo único e letras).

Alternativa Correta "a". Não importa o bem jurídico lesado, pois a competência para a apuração de ato infracional será sempre do Juízo da Vara da Infância e da Juventude e jamais a Justiça Federal.

Alternativa "b". A competência para o processamento da ação de adoção e seus incidentes será da Vara da Infância e da Juventude sempre, estando a criança ou o adolescente em situação de risco ou não.

Alternativa "c". Em tal situação, somente haverá a competência da Vara da Infância e da Juventude em razão de situação de risco.

Alternativa "d". A emancipação será de competência da Vara de Família, quando for o caso (pais falecidos), e será da Vara da Infância e da Juventude somente se existir situação de risco.

Alternativa "e". A autorização de viagem poderá ser suprida pela autoridade judiciária, consoante prevê o art. 84, do Estatuto.

81. (Cespe – Promotor de Justiça-SE/ 2010) O ECA dispõe que

a) é garantido o acesso de toda criança ou todo adolescente à defensoria pública, ao MP e ao Poder Judiciário, por qualquer de seus órgãos, sendo que as ações judiciais da competência da justiça da infância e da juventude podem ser isentas de custas e emolumentos para dar atendimento às reivindicações dos que se encontrarem em situação de risco iminente.

b) os menores de 12 anos serão representados, e os maiores de 16 anos e menores de 21 anos, assistidos por seus pais, tutores ou curadores, na forma da legislação civil ou processual, podendo, em casos emergenciais nos quais o bem-estar e a segurança do menor estejam sob ameaça, ser nomeado como tutor ad hoc um dos membros do conselho tutelar municipal.

c) é vedada a divulgação de atos judiciais, policiais e administrativos que digam respeito a crianças e adolescentes a que se atribua ato infracional. Qualquer notícia a respeito do fato não pode identificar a criança ou adolescente, vedando-se fotografia, referência a nome, apelido, filiação, parentesco, residência e até mesmo iniciais do nome e sobrenome.

d) a expedição de cópia ou certidão de atos policiais e administrativos relativos à criança ou ao adolescente ao qual se atribua ato infracional será deferida pela autoridade judiciária competente, sempre que solicitada, como forma de coibir a prática de novos delitos.

e) a criança ou o adolescente apreendido por prática de ato infracional só pode receber a visita de seus pais e(ou) familiares depois de arguido(a) pela autoridade policial e submetido(a) a acareação com suas vítimas.

COMENTÁRIOS

Alternativa Correta "c". O Estatuto determina a preservação da imagem e da identidade da criança e do adolescente a quem se atribua a prática de ato infracional, com a finalidade de, principalmente, evitar-se a estigmatização de tal pessoa como infrator.

Alternativa "a". As ações de competência da Vara da Infância serão isentas de custas e emolumentos.

Alternativa "b". Os maiores de 16 e menores de 18 anos serão assistidos para a prática de atos, nomeando-se pessoa para tanto, quando for o caso, não havendo qualquer previsão para nomeação de membro do Conselho Tutelar.

Alternativa "d". O motivo apresentado não justifica o fornecimento de cópia de procedimento destinado à apuração de ato infracional.

Alternativa "e". É direito do adolescente receber a visita de seus pais, o que se afigura importantíssimo no contexto da ressocialização.

82. (Cespe – Promotor de Justiça-SE/ 2010) As competências da justiça da infância e da juventude incluem

a) o conhecimento de representações promovidas pelo MP, para apuração de ato infracional atribuído a adolescente, com a aplicação das medidas apropriadas, bem como a promoção do o cadastramento do menor infrator no sítio do Ministério da Justiça para posterior controle de sua prestação de serviços à comunidade.

b) a aplicação de penalidades administrativas nos casos de infrações contra norma de proteção à criança ou adolescente, bem como a tomada de conhecimento de casos encaminhados pelo conselho tutelar e a aplicação das medidas cabíveis.

c) a promoção de ressocialização dos adolescentes infratores por meio da dupla jornada laborativa, que deve ser desenvolvida nas entidades de atendimento social da infância e da adolescência mantidas sob intensa auditoria judicial.

d) o impedimento do trâmite processual de ações civis fundadas em interesses individuais, difusos ou coletivos afetos à criança e ao adolescente.

e) o conhecimento de ações decorrentes de irregularidades em entidades de atendimento e a aplicação das medidas adequadas, bem como a administração do funcionamento dessas entidades, homologando a admissão e dispensa de seus funcionários.

COMENTÁRIOS

✪ **Nota do autor:** as ações civis públicas para a defesa de interesses difusos, coletivos, individuais homogêneos e individuais indisponíveis serão de competência da Vara da Infância e da Juventude, ressalvada a competência da Justiça Federal e da Justiça do Trabalho.

Alternativa Correta "b". A competência da Vara da Infância e da Juventude está indicada no art. 148, do Estatuto, que prevê a aplicação de penalidades administrativas, o conhecimento dos casos encaminhados pelos conselhos tutelares e aplicação das medidas cabíveis.

Alternativa "a". Não é atribuição da autoridade judiciária promover a inserção no sítio do Ministério da Justiça.

Alternativa "c". Não há previsão da inserção em dupla jornada laborativa.

Alternativa "d". Há previsão expressa no sentido da competência da Vara da Infância e da Juventude para o processamento das ações civis públicas.

Alternativa "e". Não há qualquer previsão para a homologação ou a dispensa de funcionários pela Vara da Infância e da Juventude.

17. RECURSOS

83. (Cespe – Juiz de Direito Substituto – AC/ 2012) O ECA adotou o sistema recursal previsto no CPC para os procedimentos afetos à justiça da infância e da juventude, mas previu expressamente algumas adaptações que devem ser observadas. A respeito das regras específicas de recursos, assinale a opção correta.

a) Contra as decisões proferidas com base nas portarias e alvarás editados pelo juízo da infância e juventude caberá agravo de instrumento.

b) A apelação interposta contra a sentença que deferir a adoção será sempre recebida nos efeitos suspensivo e devolutivo, em atenção ao princípio da proteção integral.

c) No caso de apelação ou agravo de instrumento, a autoridade judiciária proferirá despacho fundamentado de juízo de admissibilidade, no prazo de cinco dias, remetendo os autos imediatamente ao tribunal.

d) Os recursos nos procedimentos de adoção e de destituição de poder familiar serão processados com prioridade absoluta e serão julgados após vista do revisor e parecer do MP, no prazo de dez dias.

e) Em todos os recursos, salvo o de agravo de instrumento e de embargos de declaração, o prazo para interpor e para responder será sempre de dez dias.

COMENTÁRIOS

✪ **Nota do autor:** de fato, os procedimentos que tramitarem perante a Vara da Infância e da Juventude observarão, quanto aos recursos, o que é previsto no Código de Processo Civil, com as adaptações constantes do Estatuto. Registre-se, por ser importantíssimo, que a questão é anterior à Lei 12.594/2012, que alterou o art. 198, do Estatuto, de modo que, atualmente, a questão seria anulada.

Alternativa correta: letra "e". Pelo atual regramento, a alternativa estaria incorreta, pois para os prazos para a interposição dos recursos será de dez dias, ressalvados os embargos declaratórios, que serão em cinco dias. Registre-se que o agravo deverá ser interposto no prazo de 10 dias.

Alternativa "a". Contra tais decisões caberá o recurso de apelação.

Alternativa "b". A apelação, nesse caso, será recebida em seu efeito devolutivo, salvo se tratar-se de adoção internacional ou, se nacional, se a adoção puder importar em grave dano ou dano de difícil reparação.

Alternativa "c". O agravo de instrumento deverá ser interposto diretamente perante o Tribunal.

Alternativa "d". Será dispensada a atuação de revisor em tais recursos.

18. DA TUTELA COLETIVA DOS DIREITOS DA CRIANÇA E DO ADOLESCENTE

84. (Cespe – Defensor Público – TO/2013) A respeito da proteção judicial dos interesses individuais, difusos e coletivos das crianças e dos adolescentes e das normas previstas no ECA a respeito do MP e do advogado, assinale a opção correta.

a) O sistema de proteção judicial dos interesses e direitos das crianças e dos adolescentes abrange somente as hipóteses expressamente previstas no ECA, em razão de constituir microssistema fechado, com normas específicas e não extensíveis a outros direitos garantidos em leis esparsas.

b) Com a publicação da CF, a capacidade postulatória para o ajuizamento de ações de alimentos para a defesa de interesses de crianças e de adolescentes passou a ser exclusiva da DP e da advocacia privada.

c) Para a propositura de ACP para a defesa de interesses coletivos ou difusos das crianças e dos adolescentes, são legitimados concorrentemente o MP, a DP, a União, os estados, os municípios, o DF e os territórios, as associações legalmente constituídas há pelo menos um ano e que incluam entre seus fins institucionais a defesa desses direitos, dispensada a autorização da assembleia, se houver prévia autorização estatutária.

d) Em razão de expressa previsão constitucional, o juízo estadual do local onde tenha ocorrido ou ocorra a ação ou omissão é absolutamente competente para conhecer, processar e julgar as ações civis públicas ajuizadas para a defesa de interesses coletivos ou difusos das crianças e dos adolescentes, quando a União, entidade autárquica ou empresa pública federal forem interessadas na condição de autoras, rés, assistentes ou oponentes.

e) O promotor de justiça local não possui legitimidade para propor ACP para obrigar plano de saúde a custear tratamento quimioterápico em qualquer centro urbano a uma única criança conveniada à empresa prestadora do serviço de assistência médica, atribuição exclusiva da DP.

COMENTÁRIOS

✪ **Nota do autor:** o Estatuto da Criança e do Adolescente compõe o tripé legislativo que trata da tutela coletiva dos direitos, ao lado da Lei da Ação Civil Pública e do Código de Defesa do Consumidor.

Alternativa correta: letra "d": Entre os vários legitimados à propositura da ação civil pública, o Estatuto elenca as associações com funcionamento há pelo menos um ano (pertinência temática), atendendo-se à sua finalidade.

Alternativa "a": Logicamente, a tutela coletiva dos direitos fundamentais da criança e do adolescente não se restringe aos direitos indicados no Estatuto, abrangendo qualquer direito individual, coletivo ou difuso.

Alternativa "b": Diferentemente, é possível ao Ministério Público ajuizar tal demanda.

Alternativa "d": A competência para o julgamento das ações civis pública será da Vara da Infância e da Juventude do local onde ocorreu a ação ou a omissão. Porém, se houver interesse da União, aplica-se o disposto no art. 109, da Constituição Federal, de modo que a competência não será da Vara da Infância e da Juventude (Justiça Estadual), mas da Justiça Federal.

Alternativa "e": A ação civil pública poderá tutelar interesses individuais indisponíveis (de uma só criança), individuais homogêneos, coletivos e difusos. Nesse passo, tratando-se os direitos da criança e do adolescente de indisponíveis, será possível o ajuizamento de ACP para a tutela dos interesses de uma só criança.

85. (Cespe – Promotor de Justiça/RR 2008) Julgue os itens seguintes, relativos à competência para processar e julgar questões cíveis e criminais decorrentes das normas previstas no ECA.

Para processar e julgar ação civil pública ajuizada contra o Estado para a construção de locais adequados para a orientação e o tratamento de crianças e adolescentes alcoólatras e toxicômanos, é competente a vara da infância e da juventude do local onde tenha ocorrido a omissão do Estado, em face do que dispõe o ECA. Prevalecem esses dispositivos sobre a regra geral, que prevê como competentes as varas de fazenda pública quando presentes como partes estado e município.

O Ministério Público estadual ajuizou ação civil pública em face de dirigentes de fundação privada de assistência à criança, pela prática de inúmeras irregularidades apuradas em auditoria interna, especialmente, pelo uso indevido de verbas e pela apropriação indébita de recursos da referida entidade, em cujo estatuto está registrada a vocação protetiva e assistencial da fundação, em especial, para o auxílio e a assistência a crianças e famílias desamparadas, sem distinção de raça, cor, sexo e ideias políticas ou religiosas.

COMENTÁRIOS

Correta. Pois prevalece, em detrimento da Vara Fazendária, a competência da Vara da Infância e da Juventude para as ações de defesa dos interesses difusos, coletivos, individuais homogêneos e individuais indisponíveis de crianças e adolescentes.

86. (Cespe – Juiz de Direito Substituto – AC/ 2012) À luz do ECA, assinale a opção correta a respeito da atuação do MP.

a) Nos processos e procedimentos em que não seja parte, o MP deve atuar obrigatoriamente na defesa dos direitos e interesses de que cuida o referido estatuto, hipótese em que terá vista dos autos depois das partes, podendo juntar documentos e requerer diligências mediante a utilização dos recursos cabíveis.

b) O MP possui legitimidade para promover e acompanhar os procedimentos de suspensão e destituição do poder familiar, nomeação e remoção de tutores, curadores e guardiães, tendo perdido, entretanto, após a promulgação da CF, a legitimidade para ajuizar ações de alimentos.

c) Compete ao MP instaurar procedimentos no âmbito administrativo e, para instruí-los, requisitar das empresas telefônicas a quebra de sigilo telefônico dos investigados por crimes sexuais praticados contra crianças e adolescentes.

d) Cabe ao MP impetrar mandado de segurança, de injunção e habeas corpus, em qualquer juízo, instância ou tribunal, na defesa dos interesses individuais disponíveis, indisponíveis, sociais e difusos afetos à criança e ao adolescente.

e) Compete ao MP, entre outras atribuições, conceder a remissão como forma de exclusão ou de suspensão do processo e promover e acompanhar os procedimentos relativos às infrações atribuídas a adolescentes.

COMENTÁRIOS

✪ **Nota do autor:** a questão trata das atribuições do Ministério Público em relação aos procedimentos que tramitam perante a Vara da Infância e da Juventude.

Alternativa correta: letra "a". Em razão da indisponibilidade do interesse, deverá o Ministério Público intervir obrigatoriamente no processo, tendo vista após a manifestação das partes.

Alternativa "b". O Ministério Público poderá ajuizar ação de alimentos.

Alternativa "c". A quebra de sigilo telefônico depende de prévia decisão judicial.

Alternativa "d". Não poderá o Ministério Público atuar na defesa de interesses individuais disponíveis.

Alternativa "e". A remissão como forma de suspensão do processo será concedida pela autoridade judiciária, depois de ouvido o Ministério Público.

---

87. (Cespe – Juiz de Direito Substituto – AC/ 2012) A respeito da proteção judicial dos interesses individuais, difusos e coletivos das crianças e dos adolescentes, assinale a opção correta conforme disposição do ECA e entendimento do STJ.

a) Ao deferir liminar ou proferir sentença, o juiz poderá impor, independentemente de pedido do autor, multa diária ao réu, suficiente ou compatível com a obrigação. Nesse caso, o pagamento da multa será exigível somente após o trânsito em julgado da sentença favorável ao autor, mas o valor será devido desde o dia em que tiver sido configurado o descumprimento da obrigação.

b) O juiz condenará associação responsável pela propositura da ação a pagar ao réu os honorários advocatícios arbitrados de acordo com o que dispõe o CPC, quando reconhecer que a pretensão é manifestamente infundada, e, em caso de litigância de má-fé, a associação será condenada ao décuplo das custas, e os seus diretores responderão subsidiariamente, sem prejuízo de responsabilidade por perdas e danos.

c) As demandas judiciais previstas no ECA serão propostas no foro do local onde tenha ocorrido ou deva ocorrer a ação ou omissão, tendo o juízo competência absoluta para processar a causa, sem exceções, em atenção ao princípio da proteção integral.

d) O MP carece de legitimidade para propor ação civil pública para obrigar plano de saúde a custear tratamento quimioterápico em qualquer centro urbano a criança dependente de titular conveniado a empresa prestadora do serviço de assistência médica.

e) Não há previsão expressa no ECA a respeito da legitimidade da defensoria pública para a propositura de ação civil pública para a proteção dos direitos metaindividuais das crianças e dos adolescentes, sendo explícita no estatuto, tão somente, a legitimidade para o ajuizamento de ações individuais.

COMENTÁRIOS

✪ **Nota do autor:** o Estatuto da Criança e do Adolescente é um dos documentos que integram o tripé legislativo do sistema coletivo, juntamente com a Lei da Ação Civil Pública e do Código de Defesa do Consumidor.

Alternativa correta: letra "a". É possível ao magistrado fixar multa com a finalidade de proporcionar a efetividade de sua decisão. Porém, essa multa somente poderá ser exigida após o trânsito em julgado da sentença.

Alternativa "b". Em conformidade com o disposto no art. 218, parágrafo único, os diretores responderão solidariamente com a pessoa jurídica.

Alternativa "c". Há exceções que devem ser observadas, que importam na fixação da competência em local diverso, como ocorre com a conexão.

Alternativa "d". O Ministério Público poderá ajuizar ação civil pública para a tutela dos interesses de uma só criança, desde que se trata de direito indisponível.

Alternativa "e". Embora não haja previsão expressa no Estatuto, é tranquilo que a Defensoria Pública poderá ajuizar ação civil pública para a defesa dos interesses de crianças e de adolescentes, com fundamento no sistema único coletivo.

88. (Cespe – Promotor de Justiça/RR 2008) Considerando a situação hipotética acima apresentada bem como as atribuições do Ministério Público relacionadas com a defesa dos interesses de crianças e adolescentes, julgue os itens a seguir.

COMENTÁRIOS

✪ **Nota do autor:** o Ministério Público tem a atribuição, entre outras, de ingressar com a ação civil pública pertinente para a defesa de interesses difusos, coletivos, individuais homogêneos e individuais indisponíveis de crianças e de adolescentes.

88.1. O ECA consubstancia a autorização legal para que o Ministério Público atue na defesa dos interesses de crianças e adolescentes e, nesses casos, a legitimação do Ministério Público configura-se como típico caso de representação.

COMENTÁRIOS

Incorreta, pois não se trata de caso de representação, mas de substituição processual, na medida em que o Ministério Público atua na defesa de interesse de outrem. Também poderia ser afirmado que se trata de legitimação especial para o processo, na medida em que o Ministério Público defenderia interesse institucional (defesa dos interesses da criança).

88.2. Nessa situação, o Ministério Público equivocou-se quanto à utilização da ação civil pública para coibir as irregularidades detectadas, visto que tal instrumento jurídico não está previsto pelo ECA para a defesa de direitos de crianças e adolescentes.

COMENTÁRIOS

Incorreta. Pois o manejo da ação civil pública está em perfeita sintonia com as regras do Estatuto da Criança e do Adolescente.

88.3. O direito insculpido na CF e no ECA é indisponível, em função do bem comum maior a proteger, derivado da própria força impositiva dos preceitos de ordem pública que regulam a matéria, o que legitima a atuação do Ministério Público.

COMENTÁRIOS

Correta, pois os interesses da criança e do adolescente, ainda, são de dupla titularidade, não pertencentes exclusivamente a estes, mas, também, a toda a sociedade.

88.4. A referida entidade está sujeita à fiscalização não só do Ministério Público, mas também do Poder Judiciário e dos conselhos tutelares, contudo, às entidades que descumprirem as obrigações presentes no ECA não é aplicável a medida de afastamento provisório de seus dirigentes, mas a medida de afastamento definitivo.

COMENTÁRIOS

Incorreta. Pois há previsão também do afastamento provisório.

19. DOS CRIMES TIPIFICADOS NO ESTATUTO

89. (Cespe – Defensor Público – RN/2015) No que se refere aos crimes e às infrações administrativas previstos no ECA, assinale a opção correta.

a) De acordo com o STJ, o crime de corrupção de menores é de natureza formal, bastando a participação do menor de dezoito anos de idade na prática de infração penal para que haja a subsunção da conduta do agente imputável ao correspondente tipo descrito no ECA.

b) O ECA prevê, na modalidade culposa, o crime de omissão na liberação de criança ou adolescente ilegalmente apreendido.

c) Praticará crime material o agente que embaraçar a ação de autoridade judiciária, de membro de conselho tutelar ou de representante do MP no exercício de função prevista no ECA.

d) O crime de descumprimento injustificado de prazo fixado no ECA em benefício de adolescente privado de liberdade é crime culposo e plurissubsistente.

e) O crime de submissão da criança ou adolescente a vexame ou constrangimento, por ser unissubsistente, não admite a modalidade tentada.

COMENTÁRIOS

✪ **Nota do autor:** os crimes definidos no Estatuto da Criança e do Adolescente são de ação pública incondicionada.

Alternativa correta: letra "a". O Superior Tribunal de Justiça sumulou entendimento (Súmula 500) e sedimentou precedente obrigatório (Tema 221 – Recurso Especial Repetitivo 1.127.954/DF), em torno da natureza do delito de corrupção de menores, previsto, atualmente, no art. 244-B, do Estatuto da Criança e do Adolescente, reputando-o como crime formal, daí a desnecessidade de prova da efetiva corrupção do adolescente, bastando, para a configuração do delito, que o agente pratique a infração penal juntamente com o menor ou que o induza a praticá-la.

Alternativa "b". Errada. É considerado como crime e apenado com detenção de seis meses a dois anos o fato de deixar a autoridade competente, sem justa causa, de ordenar a imediata liberação de criança ou adolescente, tão logo tenha conhecimento da ilegalidade da apreensão (ECA, art.234). Como na tipificação não consta expressamente a modalidade culposa, somente a prática dolosa é punível, nos termos do parágrafo único do inciso II do art.18 do Código Penal.

Alternativa "c". Errada. É considerado crime formal a prática do fato de impedir ou embaraçar a ação de autoridade judiciária, membro do Conselho Tutelar ou representante do Ministério Público no exercício de função prevista do Estatuto da criança e adolescente (ECA, art.236), pois para sua configuração basta a conduta, não se exigindo o resultado naturalístico do prejuízo efetivo.

Alternativa "d". Errada. É considerado como crime e apenado com detenção de seis meses a dois anos o fato de descumprir, injustificadamente, prazo fixado no ECA em benefício de adolescente privado de liberdade (ECA, art.235). Pela leitura da capitulação do crime, é possível notar que há apenas a previsão de um ato para concretização da conduta tipificada, bem como não se prevê expressamente a modalidade culposa, logo, respectivamente, é unissubsistente (se consuma com apenas um ato, não sendo possível tentativa) e punível somente na modalidade dolosa, nos termos do parágrafo único do inciso II do art.18 do Código Penal.

Alternativa "e". Errada. É considerado como crime e apenado com detenção de seis meses a dois anos o fato de submeter criança ou adolescente sob sua autoridade, guarda ou vigilância a vexame ou a constrangimento (ECA, art.232). Pela leitura da capitulação, é possível concluir pela possibilidade de prática de diversos atos (plurissubsistente, com uso de diversos meios para se chegar ao resultado danoso), se admitindo a punição da tentativa, bem como exige o resultado naturalístico da submissão a vexame ou constrangimento, sendo considerado crime material.

90. (Cespe – Promotor de Justiça/RR 2008) Julgue o item seguinte, relativo à competência para processar e julgar questões cíveis e criminais decorrentes das normas previstas no ECA.

O crime consubstanciado na divulgação ou publicação, pela Internet, de fotografias pornográficas ou de cenas de sexo explícito que envolvam crianças ou adolescentes e cujo acesso tenha ocorrido além das fronteiras nacionais deve ser processado e julgado na justiça federal.

COMENTÁRIOS

Item: correto. Em relação à matéria, o Superior Tribunal de Justiça, ao analisar a questão, entendeu que é irrelevante o local do armazenamento dos dados, sendo determinante aquele no qual se deu a inserção do material.

91. (Cespe – Juiz de Direito Substituto – MA/ 2013) Acerca de crimes e infrações administrativas contra a criança e o adolescente, assinale a opção correta.

a) As penas de multa aplicáveis às infrações administrativas cometidas contra crianças e adolescentes têm a mesma natureza das multas penais, sendo os mesmos os prazos de prescrição.

b) Todos os crimes contra a criança e o adolescente definidos no ECA prescindem, para a propositura da ação penal correspondente, de representação do ofendido ou de seu representante legal.

c) O adulto que pratica infração penal com a participação de adolescente incorre em crime de corrupção de menores, salvo se o menor já tiver sido condenado antes por algum ato infracional.

d) O processo e o julgamento de crimes e infrações administrativas contra a criança e o adolescente competirão ao juízo da infância e da juventude, conforme determinação expressa do ECA.

COMENTÁRIOS

✪ **Nota do autor:** o Estatuto fez previsão de um sistema de responsabilização, tipificando crimes e infrações administrativas.

Alternativa correta: letra "b". Todos os crimes tipificados no Estatuto são de ação penal pública incondicionada, motivo pelo qual não haverá necessidade de representação da vítima ou de seu representante legal.

Alternativa "a". As infrações administrativas, como o próprio nome diz, possuem natureza jurídica diversa das infrações penais. Por terem natureza administrativa, a prescrição segue esse modelo, de modo que o seu prazo será de cinco anos.

Alternativa "c". O fato de o adolescente já ter sido previamente condenado por algum ato infracional não exclui a tipificação do crime de corrupção de menores. Aliás, de acordo com a Súmula 500, STJ, tal delito é formal e independe da comprovação da corrupção.

Alternativa "d". De acordo com o art. 148, do Estatuto, a competência para o julgamento das infrações administrativas praticada contra a criança e o adolescente será do Juizo da Vara da Infância e da Juventude. Não há previsão para o julgamento dos crimes praticados contra a criança e o adolescente. Não obstante, de acordo com atual entendimento do Supremo Tribunal Federal (modificando o posicionamento do Superior Tribunal de Justiça), a Lei Estadual poderá autorizar que às Varas da Infância seja agregada mais essa atribuição.

20. DAS INFRAÇÕES ADMINISTRATIVAS

92. (Cespe – Promotor de Justiça – MPE – RR/2017) De acordo com as disposições do ECA, cometerá infração administrativa

I. o médico que não comunicar à autoridade competente os casos de que tenha conhecimento, que envolvam suspeita ou confirmação de maus-tratos contra criança ou adolescente.

II. a autoridade competente que, sem justa causa, deixar de ordenar a imediata liberação da criança ou do adolescente, logo que tenha conhecimento da ilegalidade de sua apreensão.

III. aquele que, tendo o dever de autoridade, de guarda ou de vigilância sobre criança ou adolescente, o submeta a vexame ou constrangimento.

Assinale a opção correta.

A) Nenhum item está certo.

B) Apenas o item I está certo.

C) Apenas os itens II e III estão certos.

D) Todos os itens estão certos.

COMENTÁRIOS

✪ **Nota do autor:** as infrações administrativas atendem ao princípio da legalidade, prescrevem em 5 anos e são julgadas pelo juiz de direito da Vara da Infância e da juventude.

Alternativa correta: letra "b". Está correto apenas o item I.

Item I. Certo. É infração administrativa punida com multa de três a vinte salários mínimos (em dobro para reincidência), deixar o médico, professor ou responsável por estabelecimento de atenção **à** saúde e de ensino fundamental, pré-escola ou creche, de comunicar **à** autoridade competente os casos de que tenha conhecimento, envolvendo suspeita ou confirmação de maus-tratos contra criança ou adolescente (Artigo 245 do ECA).

Item II. Errado. É CRIME (não infração administrativa), punível com detenção de seis meses a dois anos, deixar a autoridade competente, sem justa causa, de ordenar a imediata liberação de criança ou adolescente, tão logo tenha conhecimento da ilegalidade da apreensão (Artigo 234 do ECA).

Item III. Errado. É CRIME (não infração administrativa), punível com detenção de seis meses a dois anos, submeter criança ou adolescente sob sua autoridade, guarda ou vigilância a vexame ou a constrangimento (Artigo 232 do ECA).

93. (Cespe – Juiz de Direito – PR/2017) Assinale a opção correta a respeito dos direitos da criança e do adolescente de acordo com as disposições do ECA e a jurisprudência atualmente prevalecente no STJ.

A) O processo para a escolha dos membros do conselho tutelar será estabelecido em lei municipal e realizado em data unificada em todo o território nacional a cada quatro anos, sob a responsabilidade da justiça eleitoral e a fiscalização do MP Eleitoral.

B) Quem exibe, sem autorização, fotografia de adolescente envolvido em ato infracional, ou qualquer ilustração que lhe diga respeito ou se refira a atos que lhe sejam atribuídos, de forma a permitir sua identificação, direta ou indiretamente, pratica infração administrativa prevista no ECA.

C) Antes de iniciado o procedimento judicial para apuração de ato infracional, o MP pode conceder remissão como forma de exclusão do processo, cumulada com aplicação de qualquer das medidas previstas em lei, inclusive colocação em regime de semiliberdade, mas não a internação.

D) A competência regulamentar do juiz da infância e da juventude implica o poder-dever de disciplinar, por meio de ato normativo de caráter geral, horário máximo de permanência de crianças e de adolescentes desacompanhados dos pais ou responsáveis nas ruas das cidades da comarca.

COMENTÁRIOS

✪ **Nota do autor:** o Estatuto da Criança e Adolescente tipificou dezessete condutas como infrações administrativas, cominando as respectivas sanções.

Alternativa correta: letra "b". O Estatuto da Criança e Adolescente (art.247) prevê como infração administrativa, cominada com sanções de multa e apreensão da publicação, nos termos especificados, o ato de divulgar, total ou parcialmente, sem autorização devida, por qualquer meio de comunicação, nome, ato ou documento de procedimento policial, administrativo ou judicial relativo a criança ou adolescente a que se atribua ato infracional.

Alternativa "a". Em cada Município e em cada Região Administrativa do Distrito Federal haverá, no mínimo, 1 (um) Conselho Tutelar como **órgão** integrante da administração pública local, composto de 5 (cinco) membros, escolhidos pela população local para mandato de 4 (quatro) anos, permitida 1 (uma) recondução, mediante novo processo de escolha. O processo para a escolha dos membros do Conselho Tutelar será estabelecido em lei municipal e realizado sob a responsabilidade do Conselho Municipal dos Direitos da Criança e do Adolescente, e a fiscalização do Ministério Público (art.139 da Lei nº 8.069/90).

Alternativa "c". Antes de iniciado o procedimento judicial para apuração de ato infracional, o representante do Ministério Público poderá conceder a remissão, como forma de exclusão do processo, atendendo às circunstâncias e consequências do fato, ao contexto social, bem como à personalidade do adolescente e sua maior ou menor participação no ato infracional, podendo incluir eventualmente a aplicação de qualquer das medidas previstas em lei, exceto a colocação em regime de semiliberdade e a internação (arts.126 e 127 do ECA).

Alternativa "d". Compete à autoridade judiciária disciplinar caso a caso (vedado caráter geral), por meio de portaria, ou autorizar, mediante alvará: I – a entrada e permanência de criança ou adolescente, desacompanhado dos pais ou responsável, em: a) estádio, ginásio e campo desportivo; b) bailes ou promoções dançantes; c) boate ou congêneres; d) casa que explore comercialmente diversões eletrônicas; e) estúdios cinematográficos, de teatro, rádio e televisão. II – a participação de criança e adolescente em: a) espetáculos públicos e seus ensaios; b) certames de beleza. Convém destacar que o Superior Tribunal de Justiça é firme no sentido de que os limites dos poderes normativos previstos no art. 149 do ECA são: a) vedação a normas de caráter geral e abstrato; b) vigência por prazo determinado; c) a disciplina se restringe aos locais e eventuais elencados na norma. Nesse sentido: REsp 1292143 / SP, REsp 1046350-RJ e HC 207720-SP.

94. (Cespe – Defensor Público – AL/ 2009) A respeito dos crimes praticados contra a criança e o adolescente, julgue o item a seguir.

I. Divulgar, sem autorização devida, por qualquer meio de comunicação, o nome de criança ou adolescente envolvido em procedimento policial a que se atribua ato infracional não é conduta criminosa, mas mera infração administrativa.

COMENTÁRIOS

✪ **Nota do autor:** as infrações administrativas estão tipificadas nos artigos 245 a 258-B, do Estatuto.

Alternativa Correta: de fato, o Estatuto tipifica essa conduta como uma infração administrativa. A propósito, vide o art. 247.

Direito da Criança e do Adolescente

Dailson Soares de Rezende

✦ DICAS (RESUMO)

1. DOCUMENTOS INTERNACIONAIS

1. Na segunda metade do século XX, principalmente em razão das barbáries ocorridas em virtude dos horrores da Segunda Guerra Mundial, o mundo presenciou a chamada **internacionalização dos direitos humanos**, pela qual o monopólio do direito de punir deixou de ser exclusivamente de cada nação para se estender a toda comunidade internacional, importando, necessariamente, num processo de relativização da soberania nacional.

2. E esse processo de internacionalização englobou os direitos humanos em suas várias ramificações, quer de modo geral, quer de modo específico. Neste particular, a intervenção do Estado frente a interesses de crianças passou a sofrer certos limites impostos comunidade internacional.

3. Os ordenamentos jurídicos internos, nesse sentido, passaram a ter que se adequarem aos novos rumos e princípios internacionalmente reconhecidos.

4. A proteção internacional dos direitos humanos engloba notadamente dois sistemas, um universal, e outro regional.

5. No **âmbito universal**, o principal autor é a **Organização das Nações Unidas – ONU**, cuja autoridade é planetária. No **âmbito regional**, destacam-se a **Organização dos Estados Americanos** e o Conselho da Europa.

6. A proteção dos direitos da criança constitui uma preocupação antiga da ONU, tanto que ela criou o Fundo das Nações Unidas para a Infância (FISE/UNICEF). Porém, **a preocupação da comunidade internacional com a questão da criança antecede mesmo a criação da ONU, remontando a 1924**. Antes, porém, a própria Organização Internacional do Trabalho já havia manifestado a preocupação. A seguir, uma **lista dos documentos internacionais** que trataram do assunto, partindo da Declaração de Genebra.

Declaração de Genebra: criada no âmbito da Liga das Nações em 1924, constitui a primeira declaração de direitos humanos adotada por uma organização intergovernamental;

Declaração Universal dos Direitos Humanos (1948): a DUDH representa o ponto de partida da internacionalização dos direitos humanos, estabelecendo que a infância tem direito a cuidados e assistências especiais. Entretanto, esse documento não era dotado de coercibilidade.

Em seguida foi aprovado um documento específico sobre os direitos da criança: **a Declaração Universal dos Direitos da Criança de 1959**, documento em que a necessidade de proteção e de cuidados específicos à infância aparece como consequência do reconhecimento da vulnerabilidade infantil. Não obstante, tanto quanto os documentos de 1924 e 1948, limitou-se a emitir mera declaração, mera enunciação de princípios gerais, sem prever obrigações específicas de cada Estado.

Fique atento – importante:
A Declaração dos Direitos da Criança da ONU já adotou a Doutrina da Proteção Integral, segundo a qual a criança é considerada um sujeito de direitos. A mudança, no âmbito interno brasileiro, ocorreu tão somente em 1988, com a Constituição Federal, e se consolidou em 1990, com a sanção do Estatuto da Criança e do Adolescente.

Com a finalidade de garantir a obrigatoriedade a inúmeros preceitos já estabelecidos na DUDH, foram criados o **Pacto Internacional relativo aos Direitos Civis e Políticos** e o **Pacto Internacional sobre Direitos Econômicos, Sociais e Culturais,** também conhecidos como **Pactos de 1966**. Esses dois documentos ressaltam a importância de se reconhecer as necessidades especiais das crianças, bem como consagram a proteção contra a sua exploração. Verifica-se, até aqui, que a proteção internacional global se restringia a um documento específico e a outros documentos gerais de proteção de direitos humanos;

A Convenção Internacional sobre os Direitos da Criança de 1989: esse documento internacional conclui todo um processo de positivação dos direitos da criança na esfera internacional universal. A ideia de proteção continua existindo, mas a criança abandona o simples papel passivo para assumir um papel ativo e transformar-se num sujeito de direito, de modo que ***"o interesse superior da criança"*** passa a ser a viga mestra, o princípio basilar das decisões relativas a infância, conforme reza o artigo 3° da Convenção. Por sua vez, o artigo 40 da Convenção consagra o direito ao devido processo legal. Paralelamente à Convenção, existem outros textos internacionais que consagram, dentre os direitos da criança, proteção relacionada a tema específico, como, por exemplo, a criminalidade juvenil e a adoção, conforme veremos na sequência.

Regras de *Beijing* – Regras Mínimas das Nações Unidas para a Administração da Justiça da Infância e da Juventude – 1985.

7. A proteção internacional dos direitos humanos engloba também o sistema homogêneo e o heterogêneo. O primeiro é focado na universalidade e não em um grupo específico. Por exemplo: a Declaração Universal dos Direitos do Homem. De outro lado, o sistema heterogêneo se preocupa com determinados grupos específicos, ditas minorias. Exemplo: a Convenção Sobre os Direitos da Criança da ONU e a Convenção sobre as Pessoas Portadoras de Necessidades Especiais.

SISTEMAS DE PROTEÇÃO DOS DIREITOS HUMANOS	
HOMOGÊNEO	**HETEROGÊNEO**
Voltado para a universalidade de pessoas, embora faça menção a determinados grupos.	Focado na proteção de minorias específicas.

8. Há vários documentos internacionais integrantes do sistema heterogêneo de tutela dos direitos humanos de crianças. Além dos já mencionados, destacam-se também:

i) **Convenção de Haia Relativa à Proteção das Crianças e à Cooperação em Matéria de Adoção Internacional** – promulgada pelo Decreto nº 3.087/1999 – por esse documento internacional, busca-se respeitar a legislação de cada país, concentrando-se na cooperação para evitar-se práticas irregulares. Será aplicada "quando uma criança com residência habitual em um Estado Contratante ("o Estado de origem") tiver sido, for, ou deva ser deslocada para outro Estado Contratante ("o Estado de acolhida"), quer após sua adoção no Estado de origem por cônjuges ou por uma pessoa residente habitualmente no Estado de acolhida, quer para que essa adoção seja realizada, no Estado de acolhida ou no Estado de origem" (art. 2, item 1, da Convenção);

ii) **Convenção de Haia sobre os Aspectos Civis do Sequestro Internacional de Crianças – promulgada pelo Decreto nº 3.413/2000.** Tem por finalidade proteger a criança, no plano internacional, dos efeitos prejudiciais resultantes de mudança de domicílio ou de retenção ilícitas e estabelecer procedimentos que garantam o retorno imediato da criança ao Estado de sua residência habitual, bem como assegurar a proteção do direito de visita. Determina que cada Estado Parte conte com uma Autoridade Central que, no caso brasileiro, é a Secretaria Especial de Direitos Humanos, ligada à Presidência da República. Por esse motivo, em caso de descumprimento da Convenção, será ajuizada ação pela União, por meio da AGU, com a finalidade de fazer cumprir os termos da obrigação assumida pelo país.

iii) **Protocolos Facultativos à Convenção sobre os Direitos da Criança da ONU**. São três: a) Protocolo Facultativo sobre a Venda de Crianças, a Prostituição Infantil e a Pornografia Infantil – promulgado pelo Decreto nº 5.007/2004; b) Protocolo Facultativo sobre o Envolvimento da Criança em Conflitos Armados – promulgado pelo Decreto nº 5.006/2004; c) Protocolo Facultativo que permite as petições individuais de crianças diretamente à ONU.

2. DOUTRINA DA PROTEÇÃO INTEGRAL E DISPOSIÇÕES PRELIMINARES

1. A **Constituição Federal** representou um verdadeiro divisor de águas, ao substituir a ultrapassada Doutrina da Situação Irregular pela **Doutrina da Proteção Integral**.

2. Houve, portanto, uma **mudança de paradigma** amparada no texto constitucional e, este, por sua vez, em textos internacionais de proteção aos direitos da criança, representados pela Doutrina das Nações Unidas de Direitos da Criança.

3. Estabeleceu-se um rompimento com os procedimentos anteriores, com a **introdução no sistema dos conceitos jurídicos de criança e adolescente em substituição à expressão menor**, superando-se o paradigma de incapacidade para o reconhecimento das **crianças e adolescentes como sujeitos em condição peculiar de desenvolvimento** (art. 6º do ECA).

PARADIGMAS (MODELOS) PRINCIPAIS LEGISLATIVOS EM MATÉRIA DE INFÂNCIA	
DOUTRINA DA SITUAÇÃO IRREGULAR	**DOUTRINA DA PROTEÇÃO INTEGRAL**
Menor era considerado objeto de proteção.	Criança e adolescente são considerados sujeitos de direitos.

4. Pela Doutrina da Situação Irregular havia duas infâncias no Brasil: uma relativa aos menores, pessoas em situação irregular, e outra relativa a crianças e adolescentes e, a quem os direitos eram assegurados.

5. Com a Doutrina da Proteção Integral, foi concebida uma única infância, no sentido de que todas as crianças e adolescentes são tidos como sujeitos de direitos, pessoas em peculiar condição de desenvolvimento, em uma **perspectiva de proteção voltada à garantia dos direitos humanos.**

6. A proteção à infância, no seu sentido lato, é direito social amparado pelo art. 6º da Constituição Federal. A Constituição atribuiu à infância e a juventude um momento especial na vida do ser humano e, por isso, conferiu-lhe no seu artigo 227 uma proteção jurídica específica, assegurando: o *status* de pessoas em situação peculiar de desenvolvimento, a titularidade de direitos fundamentais e determinou ao Estado que estes direitos sociais fossem promovidos por meio de políticas públicas.

7. Vejamos o **tratamento constitucional** a vários pontos relacionados à infância e à juventude:

7.1 Competência legislativa da União e dos Estados.

a) A Constituição estabelece ser de competência exclusiva da União legislar sobre normas de direito civil (art. 22, I, ECA), e de competência concorrente entre esta e os Estados para legislar sobre a proteção à infância e juventude (art. 24, XV). Pois bem. Em dispositivos de natureza penal (atos infracionais) e de natureza civil (tutela, guarda, adoção, poder familiar etc.), a competência da União é privativa.

b) Não obstante, em razão do permissivo contido no parágrafo único do art. 22, poderá a União, por meio de lei complementar, autorizar os Estados a legislar sobre essas questões.

c) De outro lado, tem-se a competência concorrente da União e dos Estados para legislar sobre proteção à infância e à juventude.

d) Muito embora se curve à legislação federal e a estadual a respeito, ao Município compete papel de suplementar a proteção à infância e juventude, como, por exemplo, tratar do funcionamento dos Conselhos Tutelares, sem, é claro, colidir com as regras dos artigos 134 e seguintes do ECA.

7.2 Princípio da prioridade absoluta.

O artigo 227 da CF afirma o princípio da prioridade absoluta dos direitos da criança, do adolescente e do jovem, tendo como destinatários da norma a família, a sociedade e o Estado. Pretende, pois, que a família responsabilize-se pela manutenção da integridade física e psíquica; a sociedade pela convivência coletiva harmônica; e o Estado pelo constante incentivo à criação de políticas públicas. Trata-se de uma responsabilidade que, para ser realizada, necessita de uma integração, de um conjunto devidamente articulado de políticas públicas.

Essa competência difusa, que responsabiliza uma diversidade de agentes pela promoção da política de atendimento à criança e ao adolescente, tem por objetivo ampliar o próprio alcance da proteção dos direitos infanto-juvenis.

7.3. Ordem social e política de atendimento.

Dentro da estrutura chamada ordem social, está englobada a chamada Seguridade Social, esta compreendida como um conjunto integrado de ações de iniciativas dos Poderes Públicos e da sociedade, destinadas a assegurar os direitos relativos à saúde, à previdência e à assistência social. E a assistência social, que será prestada independentemente de contribuição à seguridade social, tem, dentre os seus objetivos, a proteção e amparo à criança e ao adolescente, cabendo a coordenação e as normas gerais à esfera federal e a coordenação e a execução dos respectivos programas às esferas estadual e municipal. E o ECA é uma dessas normas gerais, pelo qual estabelece uma política de atendimento.

Essa política de atendimento deve ser, segundo o art. 204 da CF, descentralizada política e administrativamente (sendo dever dos Estados, Municípios e das entidades não governamentais de assistência social a coordenação e execução destes programas). Também impõe a participação popular, por meio de organizações representativas, para formulação de políticas públicas em todos os níveis. Já o § 1º do artigo 227 determina que o Estado promova, admitida a participação da sociedade civil, programas de assistência integral à saúde da criança e do adolescente.

7.4. Assistência integral à saúde

A Constituição também faz menção à assistência integral à saúde da criança e do adolescente, estabelecendo que parte dos recursos públicos destinados à saúde será dirigida à assistência materno-juvenil, cabendo-lhe, ainda, a criação de programas de prevenção e atendimento especializado para os portadores de deficiência física, sensorial ou mental.

7.5. Garantia da inimputabilidade: o artigo 228 da CF estabelece a garantia da inimputabilidade aos menores de dezoito anos, assegurando ao adolescente o direito de ser submetido a um tribunal especial, regido por uma legislação especial e presidido por um juiz especial, o Juiz da Infância e da Juventude. Assim, por se tratar de direito fundamental, não pode ser alterado, nem mesmo por Emenda Constitucional, de modo que, em nosso sentir, faz-se impossível a redução da maioridade penal. Vide, a propósito, o seguinte link sobre o assunto: http://www.youtube.com/watch?v=B46Ri-P5bDNQ

Trata-se a redução da maioridade penal de tema polêmico. Há posicionamento no sentido do amparo constitucional às propostas redutoras existentes.

7.6. Possibilidade de adoção por estrangeiros e assistência do poder público a qualquer tipo de adoção.

Segundo a Lei Fundamental, a adoção por estrangeiros é permitida, nos termos da Lei Específica. É de se registrar que o Brasil é signatário da Convenção Relativa à Proteção das Crianças e à Cooperação em Matéria de Adoção Internacional. O Estatuto foi alterado pela Lei 12.010-2009, quando houve a inclusão das regras da aludida convenção ao texto do Estatuto.

7.7. Isonomia entre os filhos: por fim, estabelece a isonomia entre os filhos, independentemente da sua condição de havidos ou não da relação de casamento.

16. O ECA incorporou em definitivo a Doutrina das Nações Unidas de Proteção Integral à Criança. Estrutura-se em dois livros, ou em duas partes: uma Parte Geral (art.1° a 85) e uma Parte Especial (art. 86 a 258).

8. Disposições preliminares do ECA: na esteira da nova ordem constitucional e em consonância com os textos internacionais que tratam da matéria, houve o rompimento em definitivo com a doutrina da situação irregular (Código de Menores – Lei 6.697, de 10.10.79), e foi estabelecida como diretriz básica a doutrina da proteção integral.

9. Essa proteção se fundamenta no **princípio do melhor interesse da criança.** Trata-se da chamada regra de ouro do Direito da Criança e Adolescente, que considera superiores os seus interesses porque a família, a sociedade e o Estado, todos são compelidos a protegê-los.

10. O ECA foi o responsável por conceituar a criança e o adolescente. É verdade que a Convenção sobre os Direitos da Criança, não faz tal separação. Porém, a solução adotada pela legislação especial tutelar brasileira foi diversa, estabelecendo que criança é aquela pessoa que tem até doze anos incompletos, e adolescente, aquele que tem entre doze e dezoito anos incompletos.

CONCEITUAÇÃO DE CRIANÇA E DE ADOLESCENTE	
CRIANÇA	**ADOLESCENTE**
De zero a 12 anos incompletos. Nos primeiros seis anos de idade, a criança integra a primeira infância.	De doze a dezoito anos incompletos.
A Convenção sobre os Direitos da Criança considera criança a pessoa de até 18 anos. De outro lado, a Convenção sobre os Aspectos Civis do Sequestro Internacional de Crianças a considera como a pessoa de até 16 anos.	–

11. É válido lembrar que **se considera completada a maioridade a zero hora do dia em que o adolescente completa dezoito anos.** A adolescência, assim, inicia-se a zero hora do dia em que a criança completa doze anos, não importando, em qualquer dos casos, a hora em que se deu o nascimento do indivíduo.

12. No artigo 3° do ECA inicia-se o elenco dos direitos assegurados aos sujeitos indicados no art. 2° (crianças e adolescentes), extraindo-se três princípios: a) crianças e adolescentes gozam de todos os direitos fundamentais assegurados a toda pessoa humana; b) eles têm direito, além disso, à proteção integral que é a eles é atribuída pelo Estatuto; c) a eles são garantidos também todos os instrumentos necessários para assegurar seu desenvolvimento físico, mental, moral e espiritual, em condições de liberdade e dignidade.

13. O artigo 6º faz referência à interpretação do ECA, e repete praticamente o contido no art. 5º da Lei de Introdução ao Direito Brasileiro, com um alerta para o intérprete e aplicador do Direito, no sentido de se levar em consideração os "direitos e deveres individuais e coletivos, e a condição peculiar da criança e do adolescente como pessoas em desenvolvimento", sobretudo no atinente à convivência familiar, à proteção da criança e adolescente e das medidas socioeducativas.

14. A Constituição Federal adotou um sistema especial de proteção dos direitos fundamentais de crianças e adolescentes, explicitados nos artigos 226/228, sendo dever da família, da sociedade, da comunidade e do Poder Público zelar, com **absoluta prioridade**, pela sua efetivação.

15. A Lei nº 13.257/2016 se refere ao Marco Legal da Primeira Infância.

3. SISTEMA DE GARANTIA DE DIREITOS DA CRIANÇA E DO ADOLESCENTE VÍTIMA OU TESTEMUNHA DE VIOLÊNCIA

A Lei 13.431, de 4 de abril de 2017, normatiza e organiza o sistema de garantia de direitos da criança e do adolescente vítima ou testemunha de violência, cria mecanismos para prevenir e coibir a violência, nos termos do art. 227 da Constituição Federal, da Convenção sobre os Direitos da Criança e seus protocolos adicionais, da Resolução no 20/2005 do Conselho Econômico e Social das Nações Unidas e de outros diplomas internacionais, e estabelece medidas de assistência e proteção à criança e ao adolescente em situação de violência.

CRITÉRIO DE INTERPRETAÇÃO: na interpretação e aplicação da referida lei serão considerados os fins sociais a que ela se destina e, especialmente, as condições peculiares da criança e do adolescente como pessoas em desenvolvimento, às quais o Estado, a família e a sociedade devem assegurar a fruição dos direitos fundamentais com absoluta prioridade.

VIGÊNCIA: referida lei entra em vigência tão somente após um ano da sua publicação oficial, ou seja, APÓS 05 DE ABRIL DE 2018,

BENEFICIÁRIOS FACULTATIVOS: A aplicação de referida lei é facultativa para as vítimas e testemunhas de violência entre 18 (dezoito) e 21 (vinte e um) anos, conforme disposto no parágrafo único do art. 2º da Lei nº 8.069, de 13 de julho de 1990 (Estatuto da Criança e do Adolescente)

APLICAÇÃO SUBSIDIÁRIA DO ECA E LEI MARIA DA PENHA: Os casos omissos na referida lei serão interpretados à luz do disposto na Lei nº 8.069, de 13 de julho de 1990 (Estatuto da Criança e do Adolescente), na Lei no 11.340, de 7 de agosto de 2006 (Lei Maria da Penha), e em normas conexas.

1. DIREITOS FUNDAMENTAIS INERENTES À **PESSOA HUMANA**: a criança e o adolescente gozam dos direitos fundamentais inerentes à pessoa humana, sendo-lhes asseguradas a proteção integral e as oportunidades e facilidades para viver sem violência e preservar sua saúde física e mental e seu desenvolvimento moral, intelectual e social, e gozam de direitos específicos à sua condição de vítima ou testemunha.

2. POLÍTICAS INTEGRADAS E COORDENADAS: todos os entes federados brasileiros desenvolverão políticas integradas e coordenadas que visem a garantir os direitos humanos da criança e do adolescente no âmbito das relações domésticas, familiares e sociais, para resguardá-los de toda forma de negligência, discriminação, exploração, violência, abuso, crueldade e opressão.

3. FORMAS DE VIOLÊNCIA: são formas de violação (além das tipificadas criminalmente):

I. violência física, entendida como a ação infligida à criança ou ao adolescente que ofenda sua integridade ou saúde corporal ou que lhe cause sofrimento físico;

II. violência psicológica:

a) qualquer conduta de discriminação, depreciação ou desrespeito em relação à criança ou ao adolescente mediante ameaça, constrangimento, humilhação, manipulação, isolamento, agressão verbal e xingamento, ridicularização, indiferença, exploração ou intimidação sistemática (*bullying*) que possa comprometer seu desenvolvimento psíquico ou emocional;

b) o ato de alienação parental, assim entendido como a interferência na formação psicológica da criança ou do adolescente, promovida ou induzida por um dos genitores, pelos avós ou por quem os tenha sob sua autoridade, guarda ou vigilância, que leve ao repúdio de genitor ou que cause prejuízo ao estabelecimento ou à manutenção de vínculo com este;

c) qualquer conduta que exponha a criança ou o adolescente, direta ou indiretamente, a crime violento contra membro de sua família ou de sua rede de apoio, independentemente do ambiente em que cometido, particularmente quando isto a torna testemunha;

III. violência sexual, entendida como qualquer conduta que constranja a criança ou o adolescente a praticar ou presenciar conjunção carnal ou qualquer outro ato libidinoso, inclusive exposição do corpo em foto ou vídeo por meio eletrônico ou não, que compreenda:

a) abuso sexual, entendido como toda ação que se utiliza da criança ou do adolescente para fins sexuais, seja conjunção carnal ou outro ato libidinoso, realizado de modo presencial ou por meio eletrônico, para estimulação sexual do agente ou de terceiro;

b) exploração sexual comercial, entendida como o uso da criança ou do adolescente em atividade sexual em troca de remuneração ou qualquer outra forma de compensação, de forma independente ou sob patrocínio, apoio ou incentivo de terceiro, seja de modo presencial ou por meio eletrônico;

c) tráfico de pessoas, entendido como o recrutamento, o transporte, a transferência, o alojamento ou o acolhimento da criança ou do adolescente, dentro do território nacional ou para o estrangeiro, com o fim de exploração sexual, mediante ameaça, uso de força ou outra forma de coação, rapto, fraude, engano, abuso de autoridade, aproveitamento de situação de vulnerabilidade ou entrega ou aceitação de pagamento, entre os casos previstos na legislação;

IV. violência institucional, entendida como a praticada por instituição pública ou conveniada, inclusive quando gerar revitimização.

4. DIREITOS E GARANTIAS: o sistema de garantia de direitos da criança e do adolescente vítima ou testemunha de violência, sem prejuízo dos princípios estabelecidos nas demais normas nacionais e internacionais de proteção dos direitos da criança e do adolescente, terá como base, entre outros, os direitos e garantias fundamentais da criança e do adolescente a:

I. receber prioridade absoluta e ter considerada a condição peculiar de pessoa em desenvolvimento;

II. receber tratamento digno e abrangente;

III. ter a intimidade e as condições pessoais protegidas quando vítima ou testemunha de violência;

IV. ser protegido contra qualquer tipo de discriminação, independentemente de classe, sexo, raça, etnia, renda, cultura, nível educacional, idade, religião, nacionalidade, procedência regional, regularidade migratória, deficiência ou qualquer outra condição sua, de seus pais ou de seus representantes legais;

V. receber informação adequada à sua etapa de desenvolvimento sobre direitos, inclusive sociais, serviços disponíveis, representação jurídica, medidas de proteção, reparação de danos e qualquer procedimento a que seja submetido;

VI. ser ouvido e expressar seus desejos e opiniões, assim como permanecer em silêncio;

VII. receber assistência qualificada jurídica e psicossocial especializada, que facilite a sua participação e o resguarde contra comportamento inadequado adotado pelos demais órgãos atuantes no processo;

VIII. ser resguardado e protegido de sofrimento, com direito a apoio, planejamento de sua participação (no caso de depoimento especial, será realizado entre os profissionais especializados e o juízo), prioridade na tramitação do processo, celeridade processual, idoneidade do atendimento e limitação das intervenções;

IX. ser ouvido em horário que lhe for mais adequado e conveniente, sempre que possível;

X. ter segurança, com avaliação contínua sobre possibilidades de intimidação, ameaça e outras formas de violência;

XI. ser assistido por profissional capacitado e conhecer os profissionais que participam dos procedimentos de escuta especializada e depoimento especial;

XII. ser reparado quando seus direitos forem violados;

XIII. conviver em família e em comunidade;

XIV. ter as informações prestadas tratadas confidencialmente, sendo vedada a utilização ou o repasse a terceiro das declarações feitas pela criança e pelo adolescente vítima, salvo para os fins de assistência à saúde e de persecução penal;

XV. prestar declarações em formato adaptado à criança e ao adolescente com deficiência ou em idioma diverso do português.

5. MEDIDAS PROTETIVAS CONTRA O AUTOR DA VIOLÊNCIA: A criança e o adolescente vítima ou testemunha de violência têm direito a pleitear, por meio de seu representante legal, medidas protetivas contra o autor da violência, com APLICAÇÃO SUBSIDIÁRIA DO ECA, DA LEI MARIA DA PENHA E NORMAS CONEXAS.

6. ESCUTA ESPECIALIZADA: Escuta especializada é o procedimento de entrevista sobre situação de violência com criança ou adolescente perante órgão da rede de proteção, limitado o relato estritamente ao necessário para o cumprimento de sua finalidade. Realizado em local apropriado e acolhedor, com infraestrutura e espaço físico que garantam a privacidade da criança ou do adolescente vítima ou testemunha de violência. A criança ou o adolescente será resguardado de qualquer contato, ainda que visual, com o suposto autor ou acusado, ou com outra pessoa que represente ameaça, coação ou constrangimento.

7. DEPOIMENTO PESSOAL: Depoimento especial é o procedimento de oitiva de criança ou adolescente vítima ou testemunha de violência perante autoridade policial ou judiciária. Realizado em local apropriado e acolhedor, com infraestrutura e espaço físico que garantam a privacidade da criança ou do adolescente vítima ou testemunha de violência. A criança ou o adolescente será resguardado de qualquer contato, ainda que visual, com o suposto autor ou acusado, ou com outra pessoa que represente ameaça, coação ou constrangimento.

8. INTEGRAÇÃO DAS POLÍTICAS DE ATENDIMENTO:

8.1. DEVER GERAL DE COMUNICAÇÃO: Qualquer pessoa que tenha conhecimento ou presencie ação ou omissão, praticada em local público ou privado, que constitua violência contra criança ou adolescente tem o dever de comunicar o fato imediatamente ao serviço de recebimento e monitoramento de denúncias, ao conselho tutelar ou à autoridade policial, os quais, por sua vez, cientificarão imediatamente o Ministério Público.

8.2. FACULDADE DE INFORMAÇÃO: A União, os Estados, o Distrito Federal e os Municípios PODERÃO promover, periodicamente, campanhas de conscientização da sociedade, promovendo a identificação das violações de direitos e garantias de crianças e adolescentes e a divulgação dos serviços de proteção e dos fluxos de atendimento, como forma de evitar a violência institucional.

8.3. AÇÕES ARTICULADAS, COORDENADAS E EFETIVAS: As políticas implementadas nos sistemas de justiça, segurança pública, assistência social, educação e saúde deverão adotar ações articuladas, coordenadas e efetivas voltadas ao acolhimento e ao atendimento integral às vítimas de violência.

8.4. DIRETRIZES:

I. abrangência e integralidade, devendo comportar avaliação e atenção de todas as necessidades da vítima decorrentes da ofensa sofrida;

II. capacitação interdisciplinar continuada, preferencialmente conjunta, dos profissionais;

III. estabelecimento de mecanismos de informação, referência, contrarreferência e monitoramento;

IV. planejamento coordenado do atendimento e do acompanhamento, respeitadas as especificidades da vítima ou testemunha e de suas famílias;

V. celeridade do atendimento, que deve ser realizado imediatamente - ou tão logo quanto possível - após a revelação da violência;

VI. priorização do atendimento em razão da idade ou de eventual prejuízo ao desenvolvimento psicossocial, garantida a intervenção preventiva;

VII. mínima intervenção dos profissionais envolvidos; e

VIII. monitoramento e avaliação periódica das políticas de atendimento.

9. ATENDIMENTO ESPECIALIZADO: O poder público poderá criar delegacias especializadas no atendimento de crianças e adolescentes vítimas de violência. Até sua criação, a vítima será encaminhada prioritariamente a delegacia especializada em temas de direitos humanos.

10. MEDIDAS PROTETIVAS: Constatado que a criança ou o adolescente está em risco, a autoridade policial requisitará à autoridade judicial responsável, em qualquer momento dos procedimentos de investigação e responsabilização dos suspeitos, as medidas de proteção pertinentes, entre as quais:

I. evitar o contato direto da criança ou do adolescente vítima ou testemunha de violência com o suposto autor da violência;

II. solicitar o afastamento cautelar do investigado da residência ou local de convivência, em se tratando de pessoa que tenha contato com a criança ou o adolescente;

III. requerer a prisão preventiva do investigado, quando houver suficientes indícios de ameaça à criança ou adolescente vítima ou testemunha de violência;

IV. solicitar aos órgãos socioassistenciais a inclusão da vítima e de sua família nos atendimentos a que têm direito;

V. requerer a inclusão da criança ou do adolescente em programa de proteção a vítimas ou testemunhas ameaçadas; e

VI. representar ao Ministério Público para que proponha ação cautelar de antecipação de prova, resguardados os pressupostos legais e as garantias previstas legalmente, sempre que a demora possa causar prejuízo ao desenvolvimento da criança ou do adolescente.

11. JUSTIÇA ESPECIALIZADA: Os órgãos responsáveis pela organização judiciária poderão criar juizados ou varas especializadas em crimes contra a criança e o adolescente. Até sua implementação, o julgamento e a execução das causas decorrentes das práticas de violência ficarão, preferencialmente, a cargo dos juizados ou varas especializadas em violência doméstica e temas afins.

12. CRIME: É crime punível com reclusão de um a quatro anos e multa violar sigilo processual, permitindo que depoimento de criança ou adolescente seja assistido por pessoa estranha ao processo, sem autorização judicial e sem o consentimento do depoente ou de seu representante legal.

4. DIREITOS FUNDAMENTAIS À VIDA, À SAÚDE, À LIBERDADE, AO RESPEITO E À DIGNIDADE

1. Os direitos à vida e à saúde são assegurados a todos, crianças, adolescentes e adultos. Porém, o ECA especifica algumas providências que entende pertinentes para assegurar maior eficácia aos direitos dos infantes.

2. Nesse sentido, tem-se uma **extensão da proteção dos direitos à vida e à saúde desde a concepção,** momento em que **à genitora é garantido, por meio do SUS, o atendimento pré e perinatal. À criança e ao adolescente também são garantidos atendimentos integrais pelo SUS.**

3. Aos **hospitais e demais estabelecimentos** de atenção à saúde das gestantes também **são obrigados a**: manter registro das atividades desenvolvidas, pelo prazo de 18 anos; identificar o recém-nascido mediante o registro de sua impressão plantar e digital (pé e dedo da mão), e impressão digital da mãe, proceder a exames, fornecer declaração de nascido-vivo e manter alojamento conjunto; acompanhar a prática do processo de amamentação, prestando orientações quanto à técnica adequada, enquanto a mãe permanecer na unidade hospitalar, utilizando o corpo técnico já existente.

4. É assegurado a todas as mulheres o acesso aos programas e às políticas de saúde da mulher e de planejamento reprodutivo e, às gestantes, nutrição adequada, atenção humanizada à gravidez, ao parto e ao puerpério e atendimento pré-natal, perinatal e pós-natal integral no âmbito do Sistema Único de Saúde.

5. A Lei 13.257/2016 – Marco Legal da Primeira Infância definiu a primeira infância e alterou consideravelmente o Estatuto da Criança e do Adolescente em relação ao direito à saúde, entre outros dispositivos.

6. Direito à liberdade, ao respeito e à dignidade: reconhece-se a condição de criança e adolescente como **pessoas** em processo de desenvolvimento, logo, sujeitos de direitos, devendo ser resguardada a sua integridade física, psíquica e moral.

7. O Superior Tribunal de Justiça entendeu como ilegal a portaria judicial que impôs o chamado "toque de recolher".

5. DIREITO À CONVIVÊNCIA FAMILIAR E COMUNITÁRIA

1. Direito à convivência familiar e comunitária: o direito à convivência familiar e comunitária constitui **direito essencial de crianças e adolescentes**, um dos direitos da personalidade infanto-juvenil. Algo semelhante foi reconhecido aos idosos, inclusive com a cláusula de absoluta prioridade (art. 3º, *caput*, e parágrafo único, inciso V, da Lei nº 10.741/2003).

2. De fato, **a família natural é o lugar normal para se educar a criança e o adolescente.** Essa **regra somente será quebrada em hipóteses excepcionais**.

3. Mas, sob o ponto de vista jurídico, **o que é a família**? Poderia o legislador tipificá-las? É verdade que a Constituição Federal de 1988 (art. 226) representou um verdadeiro divisor de águas, pois aduziu que a família não decorre exclusivamente do casamento. Nesse passo, **reconheceu o Texto Fundamental não só a família casamentária (advinda do casamento)**, mas também a família proveniente de união estável entre pessoas de sexos diferentes e também a família monoparental, na qual não se leva em conta a orientação sexual adotada.

4. A **Constituição Federal não excluiu a existência de outros tipos familiares**. Pudera, porque não compete ao Constituinte dizer o que é família, mas sim, a "complexa dinâmica social, que tem na aproximação decorrente de afetividade mútua e desejo comum de convivência o tronco principal da composição familiar". Pelo contrário, apenas exemplificou alguns tipos de entidades familiares, não excluindo outras possíveis, pois o *caput* do art. 226 encerra cláusula de proteção geral, e não de exclusão. Por esse motivo, cada vez mais o Judiciário vem reconhecendo efeito jurídico às uniões homoafetivas.

5. A família natural é aquela formada pelos pais ou qualquer deles e seus descendentes (art. 25 do ECA), cujo relacionamento contínuo é tutelado pelo Estado, e rompimento somente poderá ocorrer em hipóteses excepcionais. Importante notar que a família formada pelos avós e netos, por exemplo, não constituirão família natural, mas sim, família substituta.

6. O Estatuto faz menção às **formas de reconhecimento de paternidade**, direito esse personalíssimo, indisponível e imprescritível, e que pode ser exercido contra os pais ou seus herdeiros, sem qualquer distinção. Segundo o Código Civil (art. 1.609), o reconhecimento dos filhos havidos fora do casamento é irrevogável e será feito: no próprio registro de nascimento: oportunidade em que tanto o pai, quanto a mãe, declaram o nascimento e assumem espontaneamente a paternidade e maternidade respectivamente; por escritura pública ou escrito particular: uma vez lavrado o registro de nascimento, constando nele somente os dados maternos, para que haja a respectiva indicação da paternidade, quando espontânea, mister a lavratura de escritura pública ou de escrito particular, na qual o pai reconhece a condição de filho do registrado, requerendo a sua competente averbação à margem do assento de nascimento (artigo 102, item 4º, da Lei dos Registros Públicos). De praxe, o expediente é autuado pelo Oficial do Registro Civil das Pessoas Naturais, sobre ele manifestar-se-á o Ministério Público e, posteriormente, o juiz determinará a requerida averbação. Recorde-se que antes da Lei nº 8.560/92, o reconhecimento de paternidade exigia a lavratura de escritura pública, não sendo possível a sua realização por escrito particular; por testamento: poderá o testador, em qualquer tipo de testamento admitido, reconhecer a paternidade de pessoa; por manifestação expressa e direta ao juiz, ainda que o reconhecimento não haja sido o objeto único e principal do ato que o contém. Assim, por exemplo, em ação para apuração de ato infracional praticado por adolescente, este poderá manifestar-se perante o Juiz acerca do reconhecimento da paternidade, devendo o magistrado encaminhar tal expediente para a autoridade judiciária competente, que determinará a averbação no registro de nascimento.

7. O poder familiar será exercido em igualdade de condições entre o pai e a mãe, competindo-lhes o sustento, a guarda e a educação dos filhos. Eventual carência de recursos materiais não constituirá motivo suficiente para a perda ou suspensão do poder familiar, quando então a família deve ser incluída em programas oficiais de auxílio.

8. A **perda ou a suspensão do poder familiar** decorrerão de sentença judicial.

9. A **família extensa ou ampliada** é aquela que vai além da unidade pais e filhos, para encampar também outros parentes, com quem a criança mantenha vínculo de afinidade ou de afetividade.

10. Não sendo possível a manutenção da criança ou do adolescente nessa entidade familiar, a família natural dará lugar à substituta. Portanto, **família substituta** é aquela que, de *forma excepcional e necessária*, assumiu o lugar da original.

11. São **modalidades de famílias substitutas a guarda, a tutela e a adoção**, cada qual com suas características próprias e inconfundíveis, que não podem ser mescladas para formação de institutos diferenciados. São aplicáveis, via de regra, a famílias nacionais, salvo no caso de adoção, em que é permitida a famílias estrangeiras (*princípio da excepcionalidade da adoção internacional* – a adoção nacional é prioritária).

Família
- Natural
- Extensa
- Substituta
  - Guarda
  - Tutela
  - Adoção

12. Para a apreciação do pedido, **o juiz levará em conta o grau de parentesco e a relação de afinidade ou de afetividade**, como meio de minorar as consequências da medida.

13. A guarda: a guarda pode ser estudada sob o enfoque exclusivamente do Código Civil nos casos de reconhecimento dos filhos havidos fora do casamento e na hipótese da separação dos pais. Ou seja: a criança ou adolescente permanecerá, pelo menos, com um dos genitores, ou em razão da vontade por eles manifestada, seja em razão de decisão judicial.

14. Sob o enfoque do ECA, porém, a criança ou adolescente será entregue a outra família para atendimento de uma situação excepcional: a impossibilidade de sua permanência junto à família natural.

Guarda
- Liminar ou incidentalmente em processo de tutela ou adoção
- Objetivo principal do processo

15. De qualquer forma**, guarda é o instituto pelo qual se transfere ao guardião, a título precário, os atributos do art. 1634, I, II, VI e VII, do Código Civil.** Obriga à assistência material, moral e educacional à criança ou adolescente. É necessário o procedimento contraditório quando houver discordância dos genitores (art. 166 ECA). Tem como característica a provisoriedade, de modo que pode ser revogada a qualquer tempo, mediante ato judicial fundamentado (art. 35). Tal regra é possível porque a decisão sobre a guarda não faz coisa julgada material ou substancial, mas tão somente formal.

16. Pode ser concedida **incidentalmente** (nos casos de ação de tutela e adoção – art. 33, § 1º), como também pode ser o **pedido principal** da ação (§ 2º). Neste último caso, identificam-se duas hipóteses, previstas no § 2º do art. 33: a chamada **guarda satisfativa**, que atende a situações peculiares (exemplo – maus tratos dos pais); e a chamada **guarda especial**, destinada a suprir a ausência momentânea dos pais.

17. Tutela: constitui o conjunto de direitos e obrigações conferidas a um terceiro (tutor), para que proteja a pessoa de uma criança ou adolescente que não se acha sob o poder familiar. Poderá o tutor administrar os bens do tutelado, bem como representá-lo ou assisti-lo nos atos da vida civil.

18. A tutela **pressupõe a extinção do poder familiar**, o que pode ocorrer em virtude da morte dos pais ou a decretação de sua perda (art. 1638 do CC) ou suspensão (art. 1637 do CC), em razão de sentença judicial proferida em procedimento próprio.

19. A **adoção** implicará no desligamento dos vínculos familiares existentes. Quer seja a adoção de crianças e de adolescentes, quer seja a de adultos, **o regramento legal aplicado é o Estatuto da Criança e do Adolescente**, dependendo ambas de **sentença judicial**, muito embora o STJ admita a adoção por escritura pública nas restritas hipóteses em que, à época da lavratura do ato, era vigente o CC de 1916. Só nesta situação.

20. Por **adoção unilateral** – entende-se aquela em que o adotando mantém os vínculos com o pai ou mãe biológicos. Opõe-se à **adoção bilateral**, em que há o total rompimento dos vínculos biológicos, quer em relação ao pai, quer em relação à mãe biológicos. A adoção unilateral poderá ocorrer em três hipóteses, quais sejam: a) quando no registro de nascimento constar tão somente o nome do pai ou da mãe; b) quando no registro de nascimento constar também o nome do outro pai ou mãe; e, c) adoção pelo cônjuge ou companheiro, quando o pai/mãe for falecido.

21. Podem adotar os maiores de dezoito anos – segundo o novo Código – havendo a necessidade de que entre o adotante e adotado haja diferença mínima de dezesseis anos. Em regra, ninguém poderá ser adotado por duas pessoas, salvo se marido e mulher ou se viverem em união estável.

22. Os divorciados e os separados poderão adotar conjuntamente, desde que, concordes com relação à guarda e regime de visitas, tenham iniciado o estágio de convivência na constância da sociedade conjugal.

23. A adoção depende do **consentimento** dos pais ou do representante legal do adotando, dispensado, porém, em relação à criança ou adolescente cujos pais sejam desconhecidos ou tenham sido destituídos do poder familiar.

24. Com efeito, o art. 152 do ECA autoriza a **aplicação subsidiária das normas processuais**, sendo possível a cumulação de pedidos compatíveis, de competência do mesmo juízo e com o mesmo tipo de procedimento.

25. Em todos os casos, a **opinião da criança e do adolescente deve ser levada em conta.**

26. Não poderão adotar os ascendentes e os irmãos do adotando. O STJ já admitiu, excepcionalmente, a adoção por ascendente, em razão do superior interesse da criança.

27. A **adoção por estrangeiros** – ou adoção internacional, ou ainda intercultural – é **medida excepcional**, devendo ser dada preferência às adoções nacionais.

ORDEM LEGAL DE PREFERÊNCIA	**1.** Família natural – constituído pelos pais ou qualquer um deles e seus filhos.
	2. Família extensa ou ampliada – vai além da unidade pais e filhos, para englobar outros parentes com quem a criança ou o adolescente tenha vínculo de afinidade ou de afetividade. A "grande família".
	3. Família substituta – guarda, tutela ou adoção – composta por parentes.
	4. Família substituta – composta por não parentes.
	5. Adoção nacional.
	6. Adoção internacional requerida por brasileiros.
	7. Adoção internacional requerida por estrangeiros.

6. DIREITOS FUNDAMENTAIS À EDUCAÇÃO, AO LAZER, AO DESPORTO, À PROFISSIONALIZAÇÃO E À PROTEÇÃO AO TRABALHO

1. A criança e o adolescente têm direito à educação, visando ao pleno desenvolvimento de sua pessoa, preparo para o exercício da cidadania e qualificação para o trabalho. Vide, de forma indispensável, a lei de diretrizes e bases da educação nacional, notadamente a alteração sobre o tema relativo à obrigatoriedade dos pais matricularem seus filhos na escola a partir dos 04 anos, conforme alteração promovida pela Lei 12.696/2013.

2. É assegurado o direito subjetivo público à educação.

3. A educação básica compreende: i) educação infantil – creche e pré-escola; ii) ensino fundamental; e, iii) ensino médio.

4. Assegura-se a observância do critério do georreferenciamento, de modo que é direito da criança e do adolescente estudar em escola mais próxima de sua residência.

5. Deve haver bastante cuidado, pois o Estatuto da Criança e do Adolescente não se encontra em conformidade com a Constituição Federal e a Lei de Diretrizes e Bases da Educação Nacional.

6. Direito à profissionalização e à proteção ao trabalho: art. 7º, XXXIII, CF/88 – é proibido o trabalho noturno (entre vinte e duas horas de um dia e cinco horas do dia seguinte). Podem trabalhar os maiores de 16 anos, salvo na condição de aprendiz, com idade a partir de catorze anos.

7. Aprendizagem: o instituto da aprendizagem está disciplinado fundamentalmente em três diplomas legais: Constituição Federal, Estatuto da Criança e do Adolescente e Consolidação das Leis do Trabalho. Segundo determinação dos arts. 62 e 63 do ECA, considera-se aprendizagem a formação técnico-profissional ministrada segundo as diretrizes e bases da legislação de educação em vigor. O Art. 428 da CLT estabelece que a aprendizagem configura-se por um contrato de trabalho especial, ajustado por escrito e por prazo determinado, em que o empregador se compromete a assegurar ao maior de 14 (quatorze) e menor de 24 (vinte e quatro) anos inscrito em programa de aprendizagem formação técnico-profissional metódica, compatível com o seu desenvolvimento físico, moral e psicológico, e o aprendiz, a executar com zelo e diligência as tarefas necessárias a essa formação. (Redação dada pela Lei nº 11.180, de 2005).

REQUISITOS DA APRENDIZAGEM
i) anotação na Carteira de Trabalho e Previdência Social
ii) matrícula e frequência do aprendiz na escola em ensino regular
iii) inscrição em programa de aprendizagem desenvolvido sob orientação de entidade qualificada em formação técnico-profissional metódica
iv) atividade compatível com o desenvolvimento do adolescente
V) horário especial para o exercício das atividades

8. Características e Condições de Realização da Aprendizagem:

a) ***Jornada de Trabalho*** – A duração do trabalho do aprendiz não excederá de 6 (seis) horas diárias, sendo vedadas a prorrogação e a compensação de jornada. Este limite poderá ser de até 8 (oito) horas diárias para os aprendizes que já tiverem completado o ensino fundamental, se nelas forem computadas as horas destinadas à aprendizagem teórica (C.f. art. 432 da CLT);

b) ***Duração da Aprendizagem:*** o contrato de aprendizagem é por tempo determinado, e não poderá ser estipulado por mais de 2 (dois) anos, exceto quando se tratar de aprendiz portador de deficiência,

c) ***Local e Atividades de Aprendizagem:*** a formação técnico-profissional a que se refere o caput deste artigo caracteriza-se por atividades teóricas e práticas, metodicamente organizadas em tarefas de complexidade progressiva desenvolvidas no ambiente de trabalho.

9. Extinção do Contrato de Aprendizagem

EXTINÇÃO DO CONTRATO DE APRENDIZAGEM	
a) normalmente	**b) antecipadamente**
i) no seu termo (até 2 anos);	i) por desempenho insuficiente ou inadaptação do aprendiz;
ii) quando o aprendiz completar 24 (vinte e quatro) anos (ressalvada a hipótese do aprendiz portador de deficiência)	ii) pela prática de falta disciplinar grave (C.f. art. 493 da CLT, ou seja, a prática de qualquer dos fatos a que se refere o art. 482 da CLT, quando por sua repetição ou natureza representem séria violação dos deveres e obrigações do aprendiz);
	iii) pela ausência injustificada à escola que implique perda do ano letivo;
	iv) a pedido do aprendiz.

7. NORMAS DE PREVENÇÃO E AUTORIZAÇÃO PARA VIAGEM

1. A criança e o adolescente – **pessoas em desenvolvimento – fazem jus a uma tutela especial do Estado, da sociedade e da família, de modo que qualquer possibilidade de violação ou de ameaça a seus direitos fundamentais deve ser prontamente afastada por meio de políticas Normativas.2** O ECA faz referência a **prevenção** de **ordem geral** e à **prevenção especial**. Esta, por sua vez, faz referência: a) às condições para frequência em espetáculos públicos; b) as crianças de dez anos somente poderão permanecer nos locais de exibição quando acompanhadas de seus pais; c)proibição de venda à criança ou ao adolescente de armas, munições e explosivos, bebidas alcoólicas e produtos que possam causar dependência, fogos de estampido e artifício, salvo se ineficazes de ocasionar dano físico; revistas e publicações indevidas; e, bilhetes lotéricos e equivalentes; proibição de hospedagem em hotel etc., sem autorização.

3. Reconhecendo a situação da criança e do adolescente como pessoas em situação peculiar de desenvolvimento, entendeu o legislador traçar certas **diretrizes para a locomoção dessas pessoas em território nacional ou estrangeiro**, quando estiverem desacompanhadas de seus pais ou responsável. Para tanto, exigiu, em certas ocasiões, que a viagem estará condicionada à autorização pelo Juízo da Vara da Infância e da Juventude, ao qual caberá analisar se, de fato, a locomoção atende ao superior interesse dessas pessoas.

5. Tratando-se de viagem em território nacional, **a autorização será exigida** quando a criança, que for viajar para local que não seja comarca contínua à sua residência, se do mesmo Estado, ou incluída na mesma região metropolitana, não estiver acompanhada de qualquer um de seus pais ou responsável, ou expressamente autorizada por estes, ou mesmo de ascendente ou colateral até o terceiro grau.

6. A *contrario sensu*, a **autorização judicial não será exigida**, em viagens nacionais: a) para adolescentes; b) para crianças quando a locomoção se der em comarca contígua à sua residência, se do mesmo Estado, ou incluída na mesma região metropolitana, sendo desnecessária a autorização dos pais; c) para crianças acompanhadas de ascendente (p.e.: avô) ou colateral maior (por exemplo: tio), até o terceiro grau, sendo o parentesco comprovado documentalmente; e, d) para crianças acompanhadas de pessoas maiores, desde que expressamente autorizadas pelo pai, mãe ou responsável.

7. Portanto, que fique claro: **o adolescente não necessita de autorização de viagem para locomoção desacompanhada dos pais em território nacional**! Somente as crianças, em certas hipóteses, é que necessitam de tal autorização.

8. Porém, **tratando-se de viagem ao exterior, o ECA não fez distinção em relação à criança e ao adolescente**, abordando essas pessoas de forma semelhante. Não obstante, o artigo 84 do ECA, que trata do assunto, é interpretado de duas maneiras diferentes: uma primeira interpretação sustenta que o adolescente desacompanhado dos pais ou responsável, mesmo que por eles autorizado, depende da autorização judicial para viajar. Uma segunda interpretação sustenta que, estando o adolescente autorizado pelos pais ou responsável, desnecessária será a autorização judicial. Prevalece esse segundo entendimento, conforme Resolução 131 do CNJ.

AUTORIZAÇÃO DE VIAGEM			
NACIONAL		INTERNACIONAL	
CRIANÇA	ADOLESCENTE	CRIANÇA	ADOLESCENTE
Precisará de autorização judicial se viajar desacompanhada dos pais para fora da comarca, desde que não acompanhada de parente até o terceiro grau, mediante comprovação documental, ou por pessoa maior de idade, autorizada pelos pais.	Não necessita da autorização judicial ou mesmo dos pais. Pode viajar desacompanhado.	Deve viajar na companhia dos pais. Na ausência de um deles, o outro necessitará de autorização por escrito firmada pelo genitor, com firma reconhecida. Se desacompanhada dos pais, basta que estes autorizem a viagem, também em documento com firma reconhecida.	Idem.

8. DAS ENTIDADES DE ATENDIMENTO E DA POLÍTICA DE ATENDIMENTO

1. As entidades de atendimento são responsáveis pelo **planejamento e execução de programas de proteção e socioeducativos**, indicados no art. 90 do Estatuto da Criança e do Adolescente.

2. Tais programas devem se **harmonizar com as diretrizes da política de atendimento traçadas pelos Conselhos de Direitos, bem como ser inscritos no Conselho Municipal de Direitos da Criança e do Adolescente**, o qual, por sua vez, comunicará o Conselho Tutelar e a autoridade judiciária.

3. As **entidades não-governamentais** somente poderão funcionar depois de registradas no Conselho Municipal dos Direitos da Criança e do Adolescente.

4. A **política de atendimento** voltada às crianças e aos adolescentes tem seu fundamento constitucional nos artigos 204 e 227 do Texto Fundamental e parte de dois **princípios básicos**: o da **participação** e o da **exigibilidade**, por meio dos quais o cidadão tem o poder de exigir o seu efetivo cumprimento.

5. A sua execução será feita através de um **conjunto articulado de ações, quer seja governamentais (englobando as esferas federal, estadual e municipal), quer seja não governamentais**.

6. O ECA traçou as linhas de ação dessa política, as quais estão englobadas em três grandes grupos: a) políticas voltadas à garantia dos direitos fundamentais de qualquer pessoa, independentemente de sua condição tutelar (p.exemplo: saúde), ditas políticas sociais básicas; b) políticas assistenciais voltadas a um grupo em razão de sua vulnerabilidade reconhecida (p.exemplo: alimentação), ditas políticas assistenciais ou compensatórias; e, c) políticas voltadas a crianças e adolescentes em risco pessoal, aos quais devem ser dirigidas ações especializadas de encaminhamento e atendimento, ditas políticas de proteção especial.

7. Como diretriz central dessa política, foi adotado o **princípio da municipalização do atendimento**, segundo o qual o Município assume poderes que, antes, eram de outras instâncias da Federação.

8. Também foi adotada como diretriz a **criação de conselhos municipais, estaduais (e nacional (CONANDA) dos direitos da criança e do adolescente**, órgãos deliberativos e controladores de ações. Esses conselhos representam a forma de participação da população na política de atendimento.

9. Os Conselhos de Direitos encampam três princípios básicos: a) princípio da deliberação – pelo qual se delibera acerca da aplicação do art. 227 da Constituição Federal; **b) princípio do controle da ação entre governo e sociedade**; e, **c) princípio da paridade**, uma vez que serão representados nos conselhos, por meio de conselheiros, tanto a esfera governamental, quanto a sociedade de um modo em geral. Os conselheiros exercerão função de interesse público e não remunerada.

10. Os Conselhos devem existir em cada uma das esferas administrativas (União, Estados, Distrito Federal e Municípios). No âmbito federal, existe o Conselho Nacional dos Direitos da Criança – CONANDA, cujos atos são concentrados, principalmente, nas Resoluções.

11. São várias as resoluções importantíssimas para a defesa dos direitos da criança e do adolescente. Dentre elas, destaca-se a de nº 113, posteriormente alterada pela de nº 116, cujo objetivo foi institucionalizar e fortalecer o **Sistema de Garantia dos Direitos da Criança e do Adolescente**.

12. O Sistema de Garantia dos Direitos da Criança e do Adolescente é baseado em três eixos: **defesa** (1), **promoção** (2) e controle da efetivação dos direitos humanos de crianças e adolescentes (3).

9. DOS CONSELHOS DE DIREITOS E DOS CONSELHOS TUTELARES

1. De acordo com o art. 203, da Constituição Federal, a **assistência social** será prestada a quem dela necessitar, independentemente de contribuição à seguridade social, e tem por objetivo, dentre outros, a proteção à família, à maternidade, à infância e à adolescência, além do amparo às crianças e adolescentes carentes (incisos I e II).

2. E as ações governamentais, na área da assistência social, observarão, dentre outras diretrizes, **a participação da população, por meio de organizações representativas**, na formulação das políticas e no controle das ações em todos os níveis (art. 204, II, da CF). Note-se, portanto, que o governo não atua sozinho na formulação das políticas e no controle das ações na área da assistência social. Pelo contrário, contará com a participação da população, por meio de organizações que a representam.

3. É nesse contexto que se inserem os **Conselhos de Direitos da Criança e do Adolescente**. São órgãos, compostos por representantes do governo e da sociedade civil, responsáveis pela formulação de políticas públicas e no controle das ações voltadas à infância e à juventude. Conselhos de Direitos e Conselhos Tutelares são órgãos com atribuições, composição e estrutura diferentes. Os primeiros são órgãos de controle das ações e programas, ao passo que estes são órgãos responsáveis por zelar pela observância dos direitos fundamentais da criança e do adolescente.

4. Por esse motivo, o Estatuto, dentre as **diretrizes da política de atendimento** (art. 88, II), versa sobre a *criação de conselhos municipais, estaduais e nacional dos direitos da criança e do adolescente, órgãos deliberativos e controladores das ações em todos os níveis, assegurada a participação popular e paritária por meio de organizações representativas, segundo leis federal, estadual e municipais.*

5. Os Conselhos de Direito têm a **função deliberativa** (e vinculativa), contando, em sua composição, com a participação de representantes governamentais e não governamentais, devidamente nomeados para o exercício de função considerada relevante.

6. A atuação dos Conselhos de Direitos é **regida por dois princípios**: **paridade** e **deliberação**. Paridade, pois os conselhos são compostos por igual número de representantes do governo e da sociedade civil. Deliberação, na medida em que as suas decisões são vinculativas, devendo ser cumpridas pela administração pública.

7. Ao contrário dos conselhos tutelares, que só existem no âmbito municipal, os conselhos de direitos **devem existir nas três esferas** da federação: federal, estadual e municipal.

8. Nesse passo, foi criado pela Lei Federal nº 8.242/1991, **o Conselho Nacional dos Direitos da Criança e do Adolescente – Conanda**, órgão de controle e deliberação das políticas públicas praticadas pela União, competindo-lhe: I – elaborar as normas gerais da política nacional de atendimento dos direitos da criança e do adolescente, fiscalizando as ações de execução, observadas as linhas de ação e as diretrizes estabelecidas nos arts. 87 e 88 do Estatuto; II – zelar pela aplicação da política nacional de atendimento dos direitos da criança e do adolescente; III – dar apoio aos Conselhos Estaduais e Municipais dos Direitos da Criança e do Adolescente, aos órgãos estaduais, municipais, e entidades não-governamentais para tornar efetivos os princípios, as diretrizes e os direitos estabelecidos no Estatuto; IV – avaliar a política estadual e municipal e a atuação dos Conselhos Estaduais e Municipais da Criança e do Adolescente; VII – acompanhar o reordenamento institucional propondo, sempre que necessário, modificações nas estruturas públicas e privadas destinadas ao atendimento da criança e do adolescente; VIII – apoiar a promoção de campanhas educativas sobre os direitos da criança e do adolescente, com a indicação das medidas a serem adotadas nos casos de atentados ou violação dos mesmos; IX – acompanhar a elaboração e a execução da proposta orçamentária da União, indicando modificações necessárias à consecução da política formulada para a promoção dos direitos da criança e do adolescente; X – gerir o fundo de que trata o art. 6º da lei e fixar os critérios para sua utilização, nos termos do art. 260 do Estatuto; XI – elaborar o seu regimento interno, aprovando-o pelo voto de, no mínimo, dois terços de seus membros, nele definindo a forma de indicação do seu Presidente.

9. O município também deve criar o seu Conselho de Direitos, o qual, além de ocupar-se com a deliberação em torno das políticas públicas, também deve organizar as eleições para os membros do conselho tutelar, bem como registrar, como condição de funcionamento, as entidades de atendimento não governamentais, e, ainda, promover a inscrição dos programas de atendimento das entidades de atendimento governamentais e não governamentais.

Conselhos de Direitos
- Âmbito Nacional – Conanda
- Âmbito Estadual – cada Estado conta com o seu
- Âmbito Municipal – cada Município conta com um Conselho

10. As entidades de atendimento não governamentais somente poderão funcionar após providenciar o seu **registro no Conselho Municipal dos Direitos**, o qual comunicará o registro ao Conselho Tutelar e à autoridade judiciária da respectiva localidade. Esse **registro será negado** caso a entidade: a) não oferecer instalações físicas em condições adequadas de habitalidade, higiene, salubridade e segurança; b) não apresentar plano de trabalho compatível com os princípios do Estatuto; c) estiver irregularmente constituída; d) tiver em seus quadros pessoas inidôneas; e) não se adequar ou deixar de cumprir as resoluções e deliberações relativas à modalidade de atendimento prestado expedidas pelos Conselhos de Direitos, em todos os níveis.

Entidades de Atendimento
- Desenvolvem programas de proteção e socioeducativos
- Governamentais e Não Governamentais
- Fiscalizadas pelo Juiz, Ministério Público e Conselho Tutelar

11. O registro terá validade de quatro anos, competindo ao Conselho Municipal reavaliar o cabimento de sua renovação, desde que estejam presentes os requisitos necessários.

12. Paralelamente, as entidades de atendimento governamentais e não governamentais deverão proceder às inscrições de seus programas também no Conselho Municipal, que manterá registro das inscrições e de suas alterações, comunicando tal fato ao Conselho Tutelar. Esses programas serão reavaliados pelo menos a cada dois anos, constituindo critérios para renovação da autorização de funcionamento: a) efetivo respeito às regras e princípios do Estatuto, bem como às resoluções expedidas pelos Conselhos de Direitos; b) a qualidade e eficiência do trabalho desenvolvido, atestadas pelo Conselho Tutelar, pelo Ministério Público e pela Vara da Infância e da Juventude; c) em se tratando de programas de acolhimento institucional e familiar, serão considerados os índices de sucesso na reintegração familiar ou de adaptação à família substituta, conforme o caso.

13. Com a adoção do princípio da proteção integral, o Estatuto adotou um novo paradigma legislativo em matéria de infância e juventude. Como consectário desse paradigma, tem-se a **desjudicialização**, pela qual o atendimento deixou de ser centrado na figura do *Juiz de Menores*, passando ser realizado, em determinadas situações, por pessoas do povo, escolhidas pelo voto do próprio povo.

Princípio da Desjudicialização!

14. De fato, a sociedade tem o *dever jurídico* de zelar pelo cumprimento dos direitos fundamentais da criança e do adolescente, tal como dispõe o art. 227, da Constituição Federal. E deve fazê-lo individualmente e também por órgão especializado, criado especialmente para essa finalidade. 3 Nesse contexto, surgiu **o Conselho Tutelar, órgão inserido na Administração Pública Municipal**, muito embora não seja subordinado ao Chefe do Poder Executivo e nem a qualquer secretário.

15. O artigo 131, do Estatuto, define o Conselho Tutelar *"como órgão permanente e autônomo, não jurisdicional, encarregado pela sociedade de zelar pelo cumprimento dos direitos da criança e do adolescente"*.

16. Diferenças entre Conselhos Tutelares e Conselhos de Direitos

CONSELHOS TUTELARES	CONSELHOS DE DIREITOS
Encarregado de zelar pelo cumprimento dos direitos da criança e do adolescente.	Participação na formulação das políticas e no controle das ações em todos os níveis.
Existe tão somente na esfera municipal.	Existe nas esferas federal, estaduais e municipais.
Composto por cinco membros eleitos pelo povo, para mandato de quatro anos, permitida uma recondução.	Composto por representantes da sociedade – por meio de organizações representativas, eleitas para tanto – e do governo.
Conselheiros devem ser remunerados.	Conselheiros não podem ser remunerados.

17. Os conselhos tutelares são órgãos autônomos, uma vez que têm independência para o exercício de suas funções, sendo livre para expressar suas opiniões. Suas manifestações, nesse sentido, "são soberanas, enquanto decisões administrativas". Não obstante, é possível que essas decisões sejam revistas pelo Poder Judiciário (Juízo da Vara da Infância e da Juventude), principalmente em relação à sua legalidade e à motivação dos atos praticados pelos agentes.

18. Além disso, são **permanentes**, uma vez que não podem ser suprimidos. Cada Município deve contar com, pelo menos, um Conselho Tutelar. Se isso não ocorrer, as funções dos conselheiros serão exercidas pelo Juízo da Vara da Infância e da Juventude.

19. Também são considerados não jurisdicionais, pois não têm atribuição de dirimir conflitos, atividade essa exclusiva do Poder Judiciário.

20. A instalação do Conselho Tutelar depende de lei municipal, que disporá sobre (i) a estrutura administrativa e institucional necessária ao seu adequado funcionamento, (ii) eventual remuneração dos conselheiros, (iii) outras condições de elegibilidade e ainda (iv) acerca da suspensão ou cassação do mandato.

21. Inexiste relação de emprego entre o membro do Conselho Tutelar e o Município – posicionamento do Tribunal Superior do Trabalho.

22. O ECA prevê três **condições de elegibilidade dos conselheiros**, sem prejuízo de outras que podem ser previstas pela lei municipal, conforme já decidiu o Superior Tribunal de Justiça (c.f. REsp 402.155/RSJ, 1ª. T, j. 28.10.2003, rel. Min. Francisco Galvão, J 15.12.2003, p. 189.). São elas: **idade mínima de vinte e um anos, idoneidade moral e residência fixa no município**.

23. Os **conselheiros exercerão mandato de quatro anos, permitida uma recondução**, sendo também escolhidos cinco suplentes. As eleições estarão a cargo do Conselho Municipal dos Direitos da Criança.

24. O Estatuto prevê **situações de impedimento para atuação no mesmo Conselho Tutelar**. Assim, marido e mulher, ascendentes e descendentes, sogro, genro ou nora, irmãos cunhados, durante o cunhado, padrasto ou madrasta e enteado, não podem servir perante o mesmo órgão.

25. O impedimento é estendido à autoridade judiciária e ao representante do Ministério Público com atuação na Justiça da Infância e da Juventude, em exercício na Comarca, Foro Regional ou Distrital.

10. DAS MEDIDAS PROTETIVAS E DAS MEDIDAS PERTINENTES AOS PAIS OU RESPONSÁVEIS

1. Sempre que os direitos da criança e do adolescente forem violados ou ameaçados, levando-se em conta as necessidades pedagógicas existentes, estará aberta a possibilidade de aplicação das chamadas medidas de proteção – ou medidas de cunho assistencial – elencadas no artigo 101 do ECA, bem como outras previstas no Estatuto, como, por exemplo, o aconselhamento aos pais ou responsável, pela autoridade competente.

2. E a autoridade competente de que se fala é o **Conselho Tutelar** e também o **Juiz** (sendo as medidas previstas nos incisos I a VI de competência comum do Conselho e do Juiz, e VII a IX – privativas do juiz).

3. Nesse passo, a ação ou omissão da sociedade e do Estado enseja a atuação ou dos Conselhos Tutelares, ou do Juiz, no sentido de ser aplicada qualquer uma das medidas protetivas.

4. No mesmo sentido, pode haver a intervenção estatal no âmbito das relações familiares, quando da falta, omissão ou abuso dos pais ou responsável.

5. Diante da ofensa aos direitos da criança e do adolescente, poderão ser aplicadas as chamadas medidas de proteção, bem como também **medidas pertinentes aos pais ou responsável. Dentre estas, pode-se identificar medidas de cunho assistencial à família, bem como obrigações pertinentes aos pais ou responsável e sanções civis que estes podem estar sujeitos.**

2. São competentes para a aplicação das medidas pertinentes aos pais ou responsável:

Conselho Tutelar: medidas assistenciais e obrigacionais dos incisos I a VI e a sanção do inciso VII;

Juiz: sanções previstas nos incisos VIII a X, e terá também o poder de revisão das decisões emanadas do Conselho.

3. Verificada a hipótese de maus-tratos, opressão ou abuso sexual impostos pelos pais ou responsável, a autoridade judiciária poderá determinar o afastamento cautelar do agressor da moradia comum. Trata-se de medida de natureza processual e cautelar, que o Juiz poderá determinar em ação cautelar ou na pendência de ação principal, liminar ou incidentalmente.

4. Não confundir as várias medidas previstas no Estatuto da Criança e do Adolescente, diferenciadas nos seguintes quadro:

MEDIDA	TIPIFICAÇÃO/FINALIDADE	COMPETÊNCIA
1. De Proteção	Art. 101 – aplicáveis à criança e ao adolescente em situação de risco.	Incisos I a VI – Conselho Tutelar e Juiz. Incisos VII a IX – somente Juiz.
2. Pertinentes aos Pais ou Responsáveis.	Art. 129 – assistenciais e sancionatórias.	Incisos I a VII – Conselho tutelar e juiz. Incisos VIII a X – somente juiz.
3. Socioeducativas	Art. 112 – propiciar a ressocialização do adolescente autor de ato infracional	Somente a autoridade judiciária (Súmula 108 do STJ).
4. Lei Menino Bernardo	Art. 18-B – orientação dos pais, responsáveis e outros – caráter subsidiário – em razão da prática de castigo físico ou tratamento cruel e degradante como forma de educar.	Conselho Tutelar, se não for necessária medida mais grave.
5. Às Entidades de Atendimento	Art. 97 – fazer com que as entidades observem as regras do Estatuto.	Autoridade Judiciária.

11. DO ATO INFRACIONAL

1. A Constituição Federal – em razão da idade do agente – oferece tratamento diferenciado quando da prática de uma conduta prevista como crime ou contravenção penal.

2. Se um imputável vier a praticar uma conduta considerada típica e antijurídica, surge para o Estado o chamado *jus puniendi*, ou direito de punir, por meio do qual, após o devido processo legal, será aplicado ao chamado réu uma **pena**, previamente prevista pela lei penal (não há crime sem lei anterior que o defina, nem pena sem prévia cominação legal).

3. De outro lado, sendo a mesma **conduta praticada por um inimputável em razão da idade** (assim considerado quando do fato), considerando a sua especial condição de pessoa em desenvolvimento, **a Constituição sujeita esse indivíduo a uma legislação tutelar especial**, assegurando-lhe o direito de ser submetido a um tribunal especial e presidido por um juiz especial. A resposta estatal, neste caso, não será punitiva, mas sim pedagógica, no sentido de proporcionar a ressocialização do indivíduo (não há ato infracional sem lei anterior que defina a conduta como crime ou contravenção penal, nem medida socioeducativa que não prevista no ECA).

4. E, mesmo em relação a esses inimputáveis em razão da idade, assim considerados constitucionalmente, o tratamento estatal é diferenciado. **Se a conduta for praticada por uma criança, esta estará sujeita tão somente às medidas protetivas (art. 105), a serem aplicadas pelo Conselho Tutelar; se for praticada por um adolescente, este estará sujeito, se o caso, além das medidas protetivas, também às medidas socioeducativas.**

ATO INFRACIONAL
1. Conduta ilícita, praticada por criança ou adolescente, tipificada como lei ou contravenção penal.
2. Se praticado por criança, não será apurado por meio de ação socioeducativa. Como regra, será aplicada medida de proteção pelo Conselho Tutelar (algumas medidas são de competência exclusiva do juiz).
3. Se praticado por adolescente, deverá ser apurado por meio de ação socioeducativa pública.

5. Desse modo, vê-se que a conduta ilícita será apurada tão somente em relação aos adolescentes, uma vez que contra estes as providências jurisdicionais importarão no estabelecimento de deveres, os quais deverão ser compulsoriamente cumpridos, sob a fiscalização de entes específicos e do Juiz da Infância e da Juventude.

6. O ECA traz uma série de expressões de aplicação específica à infância e juventude. Dentre eles, preferiu adotar a **nomenclatura ato infracional** em vez de crime ou contravenção penal.

7. Assim, **considera-se ato infracional aquela conduta prevista como crime ou contravenção penal** (art. 103), de modo que a estrutura destes deve ser respeitada: a) conduta humana, dolosa ou culposa; b) resultado, quando for o caso; c) nexo de causalidade; d) tipicidade – aqui, a tipicidade delegada, observando-se o princípio da legalidade.

8. Havendo indícios da prática de ato infracional por parte de adolescente, surge para o Estado o direito de ver apurada a conduta e, se o caso, de ser o adolescente inserido em uma das medidas socioeducativas previstas na lei, o que o fará através de uma ação própria, qual seja, a **ação socioeducativa**.

Principais características da ação socioeducativa
1. Será sempre pública. Não se admite iniciativa pelo particular, mas somente pelo Ministério Público. Não admite assistente de acusação.
2. Será processada perante a Vara da Infância e da Juventude.
3. Isenta de custas.
4. Apura-se o ato infracional e a materialidade da infração, aplicando-se a medida socioeducativa pertinente.

9. Portanto, a ação socioeducativa (ou ação socioeducativa pública) é a **ação pela qual tutela-se o direito de se ver apurada a ocorrência e a autoria de um ato infracional e aplica-se, se o caso, a medida socioeducativa pertinente**. A tutela pretendida é exclusivamente socioeducativa e não punitiva.

10. A ação socioeducativa **sempre será pública** e nunca privada, de modo que inconcebível que o particular a promova. Por isso, alguns a chamam de ação socioeducativa pública. Trata-se de legitimidade exclusiva do Ministério Público, a quem competirá providências, quer administrativas ou pré-processuais, como processuais.

11. Do outro lado da relação processual, tem-se o adolescente, pessoa em peculiar condição de desenvolvimento, com idade entre doze e dezoito anos incompletos, que detém **garantias processuais genéricas e específicas**, lembrando-se que face às crianças não se promoverá a ação socioeducativa.

12. Cabe ao julgador observar os **direitos individuais consagrados no ECA e das garantias processuais**, quer genéricas, quer específicas.

13. Por garantia dita genérica tem-se a necessidade do devido processo legal, segundo o qual a ação observará o ECA e a lei processual pertinente (processo penal ou civil).

14. O art. 111 enumera seis **garantias processuais específicas**. A primeira delas é a garantia do pleno e formal conhecimento da atribuição do ato infracional para que possa, em juízo, exercer a sua plena defesa e o contraditório. Para tanto, a lei indica a citação ou meio equivalente, como, por exemplo e costumeiramente, a notificação. As Regras de *Beijing* e a Convenção sobre os Direitos da Criança já previam esse direito. Tem também direito à igualdade na relação processual, podendo contraditar as provas apresentadas. A defesa técnica por advogado também é garantida, e é direcionada, ora ao ato infracional em si, ora à medida socioeducativa proposta. A presença do Advogado em todos os atos processuais é obrigatória, sob pena de nulidade absoluta. A assistência judiciária gratuita e integral também é uma garantia processual, somando-se à isenção de custas de quaisquer ações que tramitam na Vara da Infância e Juventude.

12. DAS MEDIDAS SOCIOEDUCATIVAS

1. Na ação socioeducativa, após verificada, por meio de sentença, a prática de ato infracional, o Juiz poderá aplicar ao adolescente as **seguintes medidas socioeducativas: advertência, obrigação de reparar o dano, prestação de serviços à comunidade, liberdade assistida, inserção em semiliberdade ou internação, além de qualquer medida protetiva**. Tem-se, de um lado, as **medidas em meio aberto**, e, de outro, as **medidas restritivas de liberdade** (semiliberdade e internação).

CLASSIFICAÇÃO DAS MEDIDAS SOCIOEDUCATIVAS
1. Medidas Socioeducativas em Meio Aberto e Medidas Restritivas de Liberdade
2. Medidas Socioeducativas Próprias e Medidas Impróprias: aquelas previstas nos incisos I a VI e esta no inciso VII (medidas de proteção).
3. Medidas Aplicáveis na Ação Socioeducativas e Medida Aplicada Exclusivamente na Execução: todas as medidas podem ser aplicadas na ação socioeducativa. Exclusivamente na execução, poderá ser aplicada a internação-sanção. É possível, ainda, na execução, a substituição de medidas.
4. Medidas Com Prazo Certo e Medidas Sem Prazo Certo: são com prazo certo a prestação de serviços à comunidade e a internação-sanção. As demais, com exceção da advertência e da obrigação de reparar o dano, são medidas sem prazo determinado.
5. Medidas de Execução Imediata e Medidas com Execução Prolongada: é de execução imediata a advertência e a obrigação de reparar o dano, se tal pude ser feito logo. Os demais casos são de execução prolongada.
6. Medidas Aplicáveis ou Não com Remissão: somente podem ser cumuláveis à remissão as medidas em meio aberto.
7. Medidas Que Necessitam de Processo de Execução: carecem de processo de execução a prestação de serviço à comunidade, a liberdade assistida, a semiliberdade e a internação.

2. Para tanto, vê-se que é necessário o reconhecimento, na ação específica, da **comprovação da autoria e da materialidade do ato infracional. Excetua-se a medida de advertência, que, segundo a lei, pode ser aplicada com apenas indícios de autoria.**

3. O ECA não enumera taxativamente as situações em que será cabível cada uma das medidas socioeducativas (salvo no caso de internação). Diferentemente, indica que para a eleição de cada uma delas o juiz levará em conta a capacidade do adolescente em cumpri-la, as circunstâncias e a gravidade da infração. Além disso, indica as principais diretrizes das medidas, considerando, principalmente, o seu alcance pedagógico.

4. Assim, a **advertência** consistirá em uma admoestação, que constará para efeitos de registro.

5. A **obrigação de reparar o dano** refere-se às infrações com reflexos patrimoniais, em que o Juiz, havendo possibilidade física e financeira, determina o ressarcimento do dano pelo adolescente à vítima.

6. A **prestação de serviços à comunidade** consiste na realização de tarefas junto à comunidade, não podendo exceder a sua duração o período de seis meses, com jornada não superior a oito horas semanais.

7. A **liberdade assistida**, por sua vez, durará no mínimo seis meses, podendo ser prorrogada, e pressupõe a continuidade do adolescente junto à sua família. Será designado um orientador, pessoa capacitada para o auxiliar e acompanhar o adolescente.

8. A **semiliberdade** importa em limitação da liberdade do adolescente, podendo ser aplicada, ora desde o início, ora como forma de transição da internação para a total liberdade. Não comporta prazo determinado. Tem por fundamento a possibilidade de realização de atividades externas, independentemente de autorização judicial (portanto, tais atividades não podem ser vedadas pelo juiz).

9. Quanto à internação, a lei faz expressa referência às hipóteses em que é permitida a sua aplicação, conforme se vê do art. 122 do ECA.

Internação
- Prazo indeterminado, mas limitado há 03 anos (art. 122, I e II)
- Prazo determinado, com o máximo de 03 meses (art. 122, III)

10. Identificam-se **três tipos de internação**: a internação **provisória** (art. 108); internação **com prazo indeterminado** (art. 122, I e II); e a chamada **internação-sanção** – com prazo determinado (art. 122, III).

11. A **internação provisória** pode ser decretada pelo juiz de conhecimento no transcorrer da ação socioeducativa pública, equivalendo-se à prisão cautelar no processo criminal. Para que isso seja possível, deverá ser proferida decisão fundamentada, baseada em indícios suficientes de autoria e materialidade, demonstrada a necessidade imperiosa de tal medida. Tem prazo limitado há 45 dias, nos quais o adolescente deverá permanecer em entidade de atendimento adequada, vedada a permanência em estabelecimento prisional. No entanto, se não existir na comarca entidade com essas características e impossível a transferência para cidade dotada de tal aparelhamento, o adolescente poderá permanecer em repartição policial por até cinco dias, período em que deverá ser providenciada a sua transferência. A inobservância dessas disposições caracteriza conduta criminosa.

12. Antes da análise da internação possível nas hipóteses contidas nos incisos do art. 122, do ECA, conveniente lembrar que **as medidas restritivas de liberdade são condicionadas constitucionalmente aos princípios da excepcionalidade, brevidade e condição especial de pessoa em desenvolvimento**. Segundo o princípio da brevidade, a internação deve durar o menor tempo possível, segundo as necessidades pedagógicas do adolescente. O princípio da excepcionalidade impõe que a medida de internação seja aplicada exclusivamente **quando outra não for adequada a suprir as necessidades pedagógicas existentes**, além de a situação enquadrar-se numa das hipóteses taxativamente previstas pela lei.

13. A primeira hipótese do art. 122 faz referência ao ato infracional praticado mediante violência ou grave ameaça à pessoa, que deve fazer parte integrante do tipo penal. Por exemplo: roubo, homicídio, estupro, lesão corporal dolosa. Muitos delitos não se enquadram nesse perfil, tais como o furto, a receptação, o estelionato e mesmo o tráfico ilícito de entorpecentes, conforme reiteradamente decidido pelo Colendo Superior Tribunal de Justiça. SÚMULA 492, STJ!

Para a análise da violência ou grave ameaça, há de ser analisado o tipo penal. O tráfico de entorpecentes, por si só, não conduz à possibilidade de aplicação de internação, salvo se em reiteração.

14. A segunda hipótese faz referência à reiteração no cometimento de infrações graves.

15. De se ressaltar que as hipóteses previstas nos incisos I e II do art. 122 do ECA fazem referência à internação com prazo indeterminado, com prazo máximo de três anos.

16. O inciso III do art. 122 do ECA faz referência à **internação com prazo determinado em razão da reiteração no descumprimento de medida anteriormente imposta**.

17. Em caso de descumprimento reiterado e injustificado de medida socioeducativa, a lei prevê a possibilidade da imposição da internação com prazo limitado a noventa dias, devendo, para tanto, oferecer ampla oportunidade para que o adolescente se justifique (SÚMULA 265 DO STJ).

18. São características da medida de internação, ainda: É PERMITIDA A REALIZAÇÃO DE ATIVIDADES EXTERNAS, A CRITÉRIO DA EQUIPE TÉCNICA DA ENTIDADE, **SALVO EXPRESSA DETERMINAÇÃO JUDICIAL EM CONTRÁRIO**. Muito embora o adolescente permaneça contido no interior de uma entidade de atendimento, o ECA autoriza que ele participe de atividades externas, tais como apresentações musicais, campeonatos esportivos etc. Ocorre que, em tais oportunidades, a sua saída será supervisionada diretamente pelos técnicos da entidade, os quais deverão tomar todas as providências no sentido de que o adolescente não empreenda em fuga. Tal direito, no entanto, pode ser restrito pelo juiz. ***NESSE PONTO, A SEMILIBERDADE E A INTERNAÇÃO TAMBÉM SE DIFERENCIAM. ENQUANTO NA PRIMEIRA AS ATIVIDADES EXTERNAS SÃO DA NATUREZA DA MEDIDA, NÃO PODENDO SER RESTRITAS PELO JUIZ, NA SEGUNDA, MUITO EMBORA SEJAM GARANTIDAS, PODEM SER OBJETO DE RESTRIÇÃO JUDICIAL.*** A MEDIDA, VIA DE REGRA, NÃO COMPORTA PRAZO DETERMINADO, SALVO NA HIPÓTESE DO INCISO III, DEVENDO SER REAVALIADA, NO MÁXIMO, A CADA SEIS MESES. Nas hipóteses dos incisos I e II, a medida será aplicada com prazo indeterminado, limitado, porém, a três anos. Nesses casos, a entidade de atendimento deverá proceder a estudo social e pessoal do caso, encaminhando relatórios à autoridade judiciária. Com base nesses relatórios, deverá a autoridade decidir se mantém ou não internação. A periodicidade de tal análise será de, no máximo, seis meses. TERMINADO O PRAZO MÁXIMO DE TRÊS ANOS, O ADOLESCENTE DEVERÁ SER LIBERADO, INSERIDO EM SEMILIBERDADE OU EM LIBERDADE ASSISTIDA. SE, DURANTE ESSE PRAZO, O EX-ADOLESCENTE COMPLETAR VINTE E UM ANOS, HAVERÁ LIBERAÇÃO COMPULSÓRIA. A DESINTERNAÇÃO, EM QUALQUER CASO, SERÁ PRECEDIDA DE AUTORIZAÇÃO JUDICIAL, OUVIDO SEMPRE O MINISTÉRIO PÚBLICO.

13. JUÍZO DA VARA DA INFÂNCIA E DA JUVENTUDE

1. Em razão da matéria, a competência da justiça da infância e da juventude pode ser **exclusiva**, quando compete tão somente a ela o julgamento de determinadas ações, como pode ser **concorrente**, quando, para que esse Juiz seja competente, necessário se faz que a criança ou o adolescente se encontre em situação de risco, consubstanciada em uma das hipóteses do art. 98 do ECA.

2. A competência **exclusiva** está indicada nos incisos do *caput* do art. 148; a competência concorrente está prevista no parágrafo único do mesmo artigo.

3. Nestas duas situações – tanto exclusiva quanto concorrente – a competência será **contenciosa**, em contraposição à competência administrativa prevista no art. 149 do ECA.

4. No que se refere à **competência territorial**, o Eca faz referência à competência do domicílio dos pais ou responsável, ou, na sua falta, do lugar onde se encontre a criança. Tratando-se de ato infracional, será competente o lugar da ação ou omissão, observadas as regras de conexão, continência e prevenção. **Princípio do juízo imediato.**

5. O artigo 149 faz referência à **competência em que o Juiz da Vara da Infância e da Juventude,** atento às peculiaridades locais, disciplina determinadas matérias. Por força do disposto no artigo 199, o recurso cabível dessas decisões será o de apelação, embora seja discutível o seu cabimento, conforme várias decisões.

14. DO PROCEDIMENTO DE APURAÇÃO DO ATO INFRACIONAL

1. Apreendido em flagrante pela prática de ato infracional, o adolescente será apresentado imediatamente à autoridade policial.

2. Formalidades: deverá a autoridade observar as formalidades exigidas pelo artigo 173 do ECA: dar conhecimento ao adolescente dos responsáveis pela apreensão; informá-lo sobre seus direitos; lavrar o respectivo auto de apreensão, ouvidos testemunhas e adolescente, salvo no caso de ato infracional praticado sem violência ou grave ameaça a pessoa, quando poderá lavrar simples boletim de ocorrência; apreender o produto e os instrumentos da infração; e, por fim, requisitar os exames ou perícias necessários à comprovação da materialidade e autoria da infração.

3. Liberação do Adolescente: comparecendo os pais ou responsáveis, deverá o adolescente ser imediatamente liberado, sob o compromisso de apresentação ao representante do Ministério Público no mesmo dia, ou no primeiro dia útil imediato. Caberá à autoridade policial encaminhar ao representante do Ministério Público cópia do boletim de ocorrência ou do auto de apreensão.

Autoridade Policial {
- Libera o adolescente aos pais/responsável
- Não libera → Ministério Público

4. Apresentação ao Ministério Público: no entanto, mesmo comparecendo os pais ou responsáveis, em razão da gravidade do ato infracional e de sua repercussão social, poderá a autoridade policial deixar de liberar o adolescente e encaminhá-lo, desde logo, ao Ministério Público.

5. Se, no entanto, tal apresentação não puder ser feita de forma imediata, a autoridade policial **encaminhará o adolescente a entidade de atendimento competente**, que, por sua vez, fará a apresentação em 24 horas. *I*nexistindo entidade de atendimento na localidade, o adolescente aguardará na repartição policial, devendo a apresentação ser feita no prazo de vinte e quatro horas.

6. apresentado o adolescente à autoridade policial, deverá **esta lavrar o respectivo boletim de ocorrência**, dando-lhe sendo direito do apreendido o conhecimento dos responsáveis pela apreensão, bem como de ser informado sobre seus direitos.

7. Apresentado o adolescente ao Promotor de Justiça, este, à vista dos documentos previamente autuados pela Serventia Judicial, e com informações sobre os antecedentes, ouvirá informalmente o adolescente (oitiva informal), e, sendo possível, de seus responsáveis, vítima e testemunhas, e tomará uma das três providências: **promoverá o arquivamento dos autos; proporá a concessão de remissão; ou, oferecerá representação.**

8. A **promoção do arquivamento** será fundamentada na inexistência do ato infracional; inexistência da prova da participação do adolescente; presença de excludente da antijuridicidade ou de culpabilidade; inexistência de prova suficiente para a condenação. Estará condicionada à aceitação do Juiz, que poderá recusá-la, quando então o magistrado promoverá os autos ao Procurador Geral de Justiça para que, se o caso, designe outro Promotor de Justiça ou encampe o requerimento de arquivamento.

9. Poderá a autoridade ministerial, ainda, propor a **concessão de remissão**.

10. Identificam-se duas formas de remissão**: a ministerial e a judicial**. A primeira é concedida como forma de exclusão do processo e importa num perdão puro e simples quando não aplicada cumulativamente nenhuma medida socioeducativa. A segunda é concedida pelo Juiz, após ouvido o Ministério Público, e importa, ora na suspensão do processo, ora na sua extinção. Pode ser concedida cumulativamente com aplicação de alguma das medidas socioeducativas.

11. A **remissão não conta para efeitos de antecedentes e jamais poderá ser concedida cumulativamente com medidas privativas de liberdade**. Não importa como reconhecimento da prática do ato infracional.

12. Poderá o Ministério Público, ainda, inaugurar a ação socioeducativa, oferecendo a respectiva representação, a qual não depende de prova pré-constituída da autoria e da materialidade. Nessa oportunidade, o *parquet* poderá requerer a internação provisória do adolescente, que será decretada pelo Juiz em decisão fundamentada, uma vez demonstrada a necessidade imperiosa da medida, e não ultrapassará o prazo de quarenta e cinco dias.

REMISSÃO	
REGRAS COMUNS	**ESPÉCIES**
Não prevalece para fins de antecedentes. Não importa no reconhecimento da autoria.	Pré-processual e processual, ou ministerial e judicial. Própria e Imprópria.

13. Essa peça inicial será oferecida por escrito, que conterá o breve resumo dos fatos e a classificação do ato infracional. Nada impede, no entanto, que seja apresentada oralmente, em sessão diária instalada pela autoridade judiciária.

**14. O Juiz, então, receberá a representação e designará dia e hora para audiência de apresenta-

ção, oportunidade em que o adolescente será ouvido e poderá apresentar a sua versão sobre os fatos. Para tanto, será devidamente notificado.

15. Se, para a notificação, o **adolescente não for encontrado**, a autoridade judiciária mandará expedir **mandado de busca e apreensão**, determinando o sobrestamento do feito, até a efetiva apresentação.

16. No entanto, se o **adolescente for encontrado e não comparecer à audiência, injustificadamente, será designada nova data, expedindo-se mandado de condução coercitiva.**

17. Na audiência de apresentação, **poderá o Juiz conceder remissão judicial ou, então, designará audiência em continuação.** Encerrada a instrução, na mesma audiência, as partes se manifestarão em debates orais e o juiz proferirá sentença.

18. A **sentença** analisará a autoria e a materialidade da infração e, se de procedência, aplicará a medida socioeducativa pertinente.

19. Se aplicada medida socioeducativa em meio aberto, o ECA autoriza a só intimação do Defensor. Tratando-se de medida restritiva de liberdade, deverá, além deste, ser intimado o adolescente (que se manifestará se deseja ou não recorrer) ou, na sua falta, os seus pais ou responsável

15. DO PROCEDIMENTO PARA PERDA E SUSPENSÃO DO FAMILIAR

1. O ECA fez previsão de procedimentos específicos para a perda e suspensão do poder familiar, destituição de tutela, colocação em família substituta, apuração de ato infracional, apuração de irregularidade em entidade de atendimento, apuração de infração administrativa às normas de proteção à criança e ao adolescente, recursos e proteção judicial dos interesses difusos e coletivos.

2. Embora tenha como **fontes subsidiárias principais o Código de Processo Civil e o Código de Processo Penal** (art. 152), o Estatuto não exclui outras normas gerais contidas em legislações especiais, entre elas a Lei da Ação Civil Pública e o Código de Defesa do Consumidor.

3. A perda e a suspensão do poder familiar seguem o **procedimento contraditório**, estando a sua decretação prevista na legislação civil, bem como na hipótese de descumprimento injustificado dos deveres e obrigações a que alude o artigo 22.

4. A **ação é de legitimidade do Ministério Público ou do interessado**, figurando como tal parentes da criança ou adolescente, ou quem exerça a sua guarda.

5. Preocupado com a efetividade do processo, **havendo motivo grave, poderá o juiz decretar a suspensão do poder familiar liminarmente. Iniciada a ação, o requerido será citado para, no prazo de dez dias, apresentar contestação, devendo ser esgotados todos os meios de citação pessoal.** Em sendo o caso de pessoa que não tenha condições de constituir advogado, poderá informar tal fato diretamente em cartório, sendo-lhe nomeado advogado dativo.

6. Poderá o juiz, entendendo pertinente, determinar a **realização de estudo social ou perícia por equipe interprofissional, com apresentação do laudo preferencialmente na audiência de instrução, debates e julgamento, se designada. Importando o pedido em modificação de guarda, a criança e o adolescente deverão ser ouvidos, desde que possível e razoável.** Proferida sentença, se for decretada a perda ou a suspensão do poder familiar, tal ato será averbado junto ao assento de registro de nascimento.

16. DOS RECURSOS

1. O Estatuto da Criança e do Adolescente adotou o **sistema recursal previsto no Código de Processo Civil, com algumas alterações.** Nesse passo, *são cabíveis todos os recursos previstos pela lei processual civil, os quais independerão do recolhimento de preparo.* Merece ser registrado quanto aos recursos:

2. Terão preferência de julgamento e dispensarão revisor: princípio da prioridade absoluta;

3. O **prazo para interpor e responder os recursos é de 10 dias, exceção feita aos embargos de declaração que deverão ser interpostos em 5 dias.** Os prazos são contados em dias corridos, excluído o dia do começo e incluído o dia do vencimento, vedado o prazo em dobro para a Fazenda Pública e o Ministério Público;

4. O termo inicial para a contagem do prazo de apelação para a defesa, tratando-se de medidas de internação e semiliberdade, é contado a partir da última intimação, quer seja do defensor, quer seja do adolescente;

5. Efeito da apelação: como regra, a apelação terá efeitos devolutivo e suspensivo. Terá apenas devolutivo se deferir a adoção nacional, salvo se importar em dano de difícil ou incerta reparação; ou, no caso de deferimento da suspensão ou perda do poder familiar.

17. DO MINISTÉRIO PÚBLICO E DA TUTELA DOS INTERESSES DIFUSOS E COLETIVOS

1. Ao estudarmos o Direito da Criança e do Adolescente, deparamo-nos com a existência de uma proteção jurídica especial oferecida constitucionalmente, consubstanciada principalmente na característica **da absoluta prioridade**, com reflexos em toda política de atendimento a essas pessoas, reconhecidamente em condições de desenvolvimento.

2. No mesmo sentido, **o Estatuto da Criança e do Adolescente**, a chamada versão brasileira da Convenção Internacional sobre os Direitos da Criança da ONU, **elencou exemplificativamente esses direitos**, sob a rubrica de direitos à vida e à saúde, direito à liberdade, ao respeito e à dignidade, direito à convivência familiar e comunitária; direito à educação, à cultura, ao esporte e ao lazer, além do direito à profissionalização e à proteção ao trabalho.

3. Não basta somente indicar quais são esses direitos fundamentais, sem também propiciar um sistema pelo qual é permitido buscar a sua efetiva satisfação, principalmente pela via judicial.

4. E a busca dessa efetiva satisfação, pela via judicial, pode ora ser feita individualmente, ora coletivamente; ora segundo uma legitimação ordinária, ora segundo uma legitimação extraordinária.

5. Segundo a **legitimação ordinária**, poderá o lesado bater às portas do Judiciário e buscar a efetivação de seu direito individual. Nesse sentido, por exemplo, poderá um adolescente, devidamente representado ou assistido, ingressar com a ação judicial cabível e buscar a tutela do Judiciário no sentido de que lhe seja garantido o medicamento de que necessita.

6. Para tanto, poderá ingressar com um mandado de segurança, comprovando de plano a sua necessidade ao medicamento.

7. Segundo a **legitimação extraordinária**, ou seja, aquela segundo a qual a parte, em seu nome, busca a satisfação de direito de outrem, o Estatuto da Criança e do Adolescente indicou um modelo diferenciado.

8. O ECA apresenta um diferencial, principalmente em relação às atribuições do Ministério Público para a defesa dos direitos das crianças e dos adolescentes.

9. Ao analisarmos o artigo 227 da Constituição Federal, dois pontos são dignos de nota: primeiro, o da absoluta prioridade dos direitos das crianças e adolescentes; segundo, o caráter indisponível desses direitos. Essa indisponibilidade conduz naturalmente à atuação do Ministério Público na busca da satisfação desses direitos, consoante a regra constitucional constante do art. 127 do Texto Fundamental. Para que isso seja possível, o ECA atribui-lhe a possibilidade de ajuizamento de ação mandamental e de ação civil pública, quer seja para a defesa de **interesses individuais indisponíveis**, quer seja para a defesa de **interesses individuais homogêneos, coletivos e difusos**. Nesse sentido, o artigo 201, V e IX, do Estatuto, *in verbis:* "Art. 201. Compete ao Ministério Público: V – promover o inquérito civil e a ação civil pública para proteção dos interesses individuais, difusos ou coletivos relativos à infância e adolescência (...); IX – impetrar mandado de segurança, de injunção e *habeas corpus*, em qualquer juízo, instância ou tribunal, na defesa dos interesses sociais e individuais indisponíveis afetos à infância juventude".

10. O Estatuto, ao tratar **da legitimidade para a propositura das ações civis públicas** na defesa dos interesses tutelados, dispôs **que são legitimados concorrentemente o Ministério Público e outros** (art. 210).

11. Portanto, a defesa de interesses individuais indisponíveis, individuais homogêneos, coletivos e difusos, relacionados à infância e à adolescência, pode ser efetivada pelo ajuizamento de ações civis públicas e de ações mandamentais pelo Ministério Público.

12. Nesse particular, de se registrar que **somente o Ministério Público tem legitimidade para a propositura da ação civil pública para a busca desses interesses individuais indisponíveis**, não conferindo a lei essa possibilidade a outros entes.

13. Muito embora o ECA não se refira aos **direitos individuais homogêneos**, nada impede que a sua proteção seja alcançada por meios das ações civis públicas.

14. E isso porque, segundo o artigo 224, **aplicam-se, subsidiariamente, as disposições da Lei da Ação Civil Pública** e esta dispõe, em seu artigo 21, sobre a observância do Código de Defesa do Consumidor, o qual, por sua vez, definiu esses direitos.

15. A competência para o processamento das ações civis públicas deixa de ser o do local do dano para ser a do local em que ocorreu ou deva ocorrer a ação ou a omissão, com competência absoluta do Juiz da Infância e Juventude, ressalvadas a competência da Justiça Federal e originária dos Tribunais Superiores.

16. A doutrina registra a crítica ao artigo no sentido de que, mesmo em se tratando de competência da Justiça Federal, em razão da especialidade da matéria, as ações deveriam ser propostas junto à Justiça da Infância e da Juventude.

18. DAS INFRAÇÕES ADMINISTRATIVAS E DOS CRIMES PREVISTOS NO ECA

1. As **infrações administrativas** atendem ao **princípio da legalidade.**

2. As **infrações administrativas prescrevem em 5 anos.**

3. O **julgamento das infrações administrativas é de competência da Vara da Infância e da juventude.**

4. Os crimes tipificados no ECA são todos de ação penal pública incondicionada.

5. Os crimes não serão julgados pela Vara da Infância e da Juventude, salvo se houver previsão em lei estadual.

19. SINASE E EXECUÇÃO DE MEDIDAS SOCIOEDUCATIVAS – LEI Nº 12.594/2012

1. No Estatuto da Criança e do Adolescente não há dispositivos que regulamentem a execução das medidas socioeducativas, mas tão somente o art. 154, pelo qual se aplicava subsidiariamente a legislação processual pertinente.

2. Ocorre que o vazio legal no sistema foi em parte suprido **pela Lei 12.594/2012, que trata do Sistema**

Nacional Socioeducativo – SINASE e também regulamenta a execução das medidas socioeducativas.

3. A aplicação das medidas socioeducativas somente poderá ocorrer por meio de procedimento judicial, no qual sejam observadas as garantias processuais inerentes ao devido processo legal, oportunizando-se o exercício da defesa em toda a sua plenitude.

4. Ao final da ação socioeducativa, o magistrado analisará se o adolescente foi ou não o autor do ato infracional, bem como se está comprovada a materialidade do ato. Em caso positivo, passa a escolher a medida socioeducativa adequada à ressocialização do adolescente, com fundamento nas circunstâncias em que praticado o ato, nas capacidades de cumprimento da medida e também na gravidade do ato infracional, além de outros aspectos.

5. A aplicação da medida socioeducativa ocorrerá por meio de sentença com resolução de mérito e, sendo o recurso de apelação recebido somente com efeito devolutivo, ou transitada em julgado a decisão, passa-se à execução da medida socioeducativa.

6. E, de ora em diante, tem-se a aplicação do constante no artigo 35 e seguintes da Lei 12.594/2012. Em primeiro lugar, foram enumerados os princípios que regem a execução das medidas. São eles:

I – legalidade, não podendo o adolescente receber tratamento mais gravoso do que o conferido ao adulto;

II – excepcionalidade da intervenção judicial e da imposição de medidas, favorecendo-se meios de autocomposição de conflitos;

III – prioridade a práticas ou medidas que sejam restaurativas e, sempre que possível, atendam às necessidades das vítimas;

IV – proporcionalidade em relação à ofensa cometida;

V – brevidade da medida em resposta ao ato cometido, em especial o respeito ao que dispõe o art. 122 da Lei no 8.069, de 13 de julho de 1990 (Estatuto da Criança e do Adolescente);

VI – individualização, considerando-se a idade, capacidades e circunstâncias pessoais do adolescente;

VII – mínima intervenção, restrita ao necessário para a realização dos objetivos da medida;

VIII – não discriminação do adolescente, notadamente em razão de etnia, gênero, nacionalidade, classe social, orientação religiosa, política ou sexual, ou associação ou pertencimento a qualquer minoria ou status; e

IX – fortalecimento dos vínculos familiares e comunitários no processo socioeducativo.

7. Se acaso forem aplicadas as **medidas de advertência e obrigação de reparar o dano, ou ainda, medidas de proteção, isoladamente**, as mesmas serão **cumpridas no próprio processo de conhecimento**. Trata-se, portanto, de hipótese de execução como fase incidental do processo e não como processo autônomo. Nesta hipótese, é o próprio Juízo de conhecimento que fiscalizará o seu cumprimento.

8. Se aplicadas as **medidas de prestação de serviços à comunidade, liberdade assistida, semiliberdade ou internação**, será expedida a respectiva **guia de execução de medida socioeducativa** e formado o processo de execução de medida. Trata-se de hipótese de execução como processo incidente.

9. No **processo incidental**, o Juízo da Execução determinará a expedição de ofício à entidade de atendimento responsável pelo acompanhamento da medida socioeducativa, com a finalidade de que seja elaborado uma proposta de **Plano Individual de Atendimento – PIA**.

10. Este plano tem por finalidade proporcionar a **individualização da medida socioeducativa**, que deve ser adequada às necessidades socioeducativas do adolescente, por meio de previsão, registro e gestão das atividades a serem desenvolvidas com o adolescente, e deverá ser elaborado pela equipe técnica, com a participação do adolescente e de sua família.

11. A proposta de PIA será encaminhada ao Juízo da Execução e juntada ao processo incidente, quando então será dada vista do mesmo ao Ministério Público e à defesa.

12. Estando em termos, a proposta será homologada e aguardar-se-á a vinda de relatórios sobre o cumprimento da medida. Em caso negativo, serão determinadas as correções e adequações necessárias.

13. A **reavaliação da manutenção**, da substituição ou da suspensão das medidas e do respectivo plano individual poderá ser solicitada a qualquer tempo, a pedido da direção do programa de atendimento, do defensor, do Ministério Público, do adolescente, de seus pais ou responsável.

14. O pedido de reavaliação poderá ser indeferido de pronto, se o magistrado verificar que não tem qualquer fundamento. Se admitido, porém, poderá ser designada audiência para análise do pedido, se necessário for.

15. É de se observar que o pedido de reavaliação importará na necessidade de oitiva de todos os interessados no processo, como o Ministério Público ou a Defesa, se acaso não houver sido formulado por estes.

16. O pedido de reavaliação poderá importar na substituição de medida socioeducativa. Se a substituição proposta for por medida mais gravosa (como substituição de liberdade assistida por internação com prazo indeterminado), necessariamente, deverá a mesma ser fundamentada em parecer técnico e de prévia audiência para discussão do caso.

17. Quando ocorrerá a extinção da medida? Por morte do adolescente, pela realização de sua finalidade, pela aplicação de pena privativa de liberdade, a ser cumprida em regime fechado ou semiaberto, em execução provisória ou definitiva, pela condição de doença grave e em outras hipóteses legais. Note-se que se sobrevier condenação por crime (e não por ato infracional), competirá ao magistrado verificar a possibilidade de extinção da medida, com comunicação ao Juízo Criminal, principalmente para cumprimento de eventual mandado de prisão.

20. ASSISTÊNCIA SOCIAL

1. Constitui o **público usuário da Política de Assistência Social**, cidadãos e grupos que se encontram situações de vulnerabilidade e riscos, tais como: famílias e indivíduos com perda ou fragilidade de vínculos afetividade, pertencimento e sociabilidade; ciclos de vida; identidades estigmatizadas em termos étnico, cultural e sexual; desvantagem pessoal resultante de deficiências; exclusão pela pobreza e, ou, no acesso demais políticas públicas; uso de substâncias psicoativas; diferentes formas de violência advinda do núcleo familiar, grupos e indivíduos; inserção precária ou não inserção no mercado de trabalho formal e informal; estratégias e alternativas diferenciadas de sobrevivência que podem representar risco pessoal e social".

2. Assistência Social e as Proteções Afiançadas: a proteção social básica tem como objetivos prevenir situações de risco por meio do desenvolvimento de potencialidades e aquisições, e o fortalecimento de vínculos familiares e comunitários. Destina-se à população que vive em situação de vulnerabilidade social decorrente da pobreza, privação (ausência de renda, precário ou nulo acesso aos serviços públicos, dentre outros) e, ou, fragilização de vínculos afetivos relacionais e de pertencimento social (discriminações etárias, étnicas, de gênero ou por deficiências, dentre outras).

3. Proteção Social Especial: Além de privações e diferenciais de acesso a bens e serviços, a pobreza associada à desigualdade social e a perversa concentração de renda, revela-se numa dimensão mais complexa: a exclusão social. O termo exclusão social confunde-se, comumente, com desigualdade, miséria, indigência, pobreza (relativa ou absoluta), apartação social, dentre outras. Naturalmente existem diferenças e semelhanças entre alguns desses conceitos, embora não exista consenso entre os diversos autores que se dedicam ao tema. A ênfase da proteção social especial deve priorizar a reestruturação dos serviços de abrigamento dos indivíduos que, por uma série de fatores, não contam mais com a proteção e o cuidado de suas famílias, para as novas modalidades de atendimento. A história dos abrigos e asilos é antiga no Brasil. A colocação de crianças, adolescentes, pessoas com deficiência e idosos em instituições para protegê-los ou afastá-los do convívio social e familiar foi, durante muito tempo, materializada em grandes instituições de longa permanência, ou seja, espaços que atendiam a um grande número de pessoas, que lá permaneciam por longo período – às vezes a vida toda. São os chamados, popularmente, como orfanatos, internatos, educandários, asilos, entre outros. No caso da proteção social especial, à população em situação de rua serão priorizados os serviços que possibilitem a organização de um novo projeto de vida, visando criar condições para adquirirem referências na sociedade brasileira, enquanto sujeitos de direito. A proteção social especial é a modalidade de atendimento assistencial destinada a famílias e indivíduos que se encontram em situação de risco pessoal e social, por ocorrência de abandono, maus tratos físicos e, ou, psíquicos, abuso sexual, uso de substâncias psicoativas, cumprimento de medidas socioeducativas, situação de rua, situação de trabalho infantil, entre outras.

4. Proteção Social Especial de Média Complexidade: são considerados serviços de média complexidade aqueles que oferecem atendimentos às famílias e indivíduos com seus direitos violados, **mas cujos vínculos familiar e comunitário não foram rompidos.** Neste sentido, requerem maior estruturação técnico-operacional e atenção especializada e mais individualizada, e, ou, de acompanhamento sistemático e monitorado, tais como: serviço de orientação e apoio sociofamiliar; plantão Social; abordagem de Rua; cuidado no Domicílio Serviço de Habilitação e Reabilitação na comunidade das pessoas com deficiência; Medidas socioeducativas em meio-aberto (Prestação de Serviços à Comunidade – PSC e Liberdade Assistida – LA). A proteção especial de média complexidade envolve também o Centro de Referência Especializado da Assistência Social, visando a orientação e o convívio sociofamiliar e comunitário. Difere-se da proteção básica por se tratar de um atendimento dirigido às situações de violação de direitos.

5. Proteção Social Especial de Alta Complexidade: os serviços de proteção social especial de alta complexidade são aqueles que garantem proteção integral – moradia, alimentação, higienização e trabalho protegido para famílias e indivíduos que se encontram sem referência e, ou, em situação de ameaça, **necessitando ser retirados de seu núcleo familiar e, ou, comunitário.** Tais como:

- Atendimento Integral Institucional.
- Casa Lar.
- República.
- Casa de Passagem.
- Albergue.
- Família Substituta.
- Família Acolhedora.
- Medidas socioeducativas restritivas e privativas de liberdade (semiliberdade, internação provisória e sentenciada).
- Trabalho protegido.

✦ SÚMULAS APLICÁVEIS

- **Súmula 108 do STJ:** "A aplicação de medidas socioeducativas ao adolescente, pela prática de ato infracional, é da competência exclusiva do juiz".

  A aplicação de qualquer medida socioeducativa depende de decisão da autoridade judiciária, ainda que aplicada em cumulação à remissão pré ou processual. A remissão importa na adoção de um procedimento diferenciado, podendo ser aplicada antes do processo iniciar-se (pré-processual) ou após já iniciado (processual). Nos dois casos, como visto, pode ser cumulada medida socioeducativa, desde que não seja semiliberdade ou internação. E, de acordo com a Súmula, ainda que na remissão pré-processual, oferecida pelo Ministério Público, para que seja cumulada medida socioeducativa há necessidade de decisão do juiz.

- **Súmula 265 do STJ:** É necessária a oitiva do menor infrator antes de decretar-se a regressão da medida socioeducativa.

  A regressão de medida socioeducativa importa na substituição de uma medida por outra de abrangência pedagógica mais ampla, ou, entras palavras, em outra medida mais severa. Para que isso seja possível, é necessária a prévia oitiva do adolescente, garantindo-se a ampla defesa e o contraditório. Em outras palavras, como será adotada medida mais grave que aquela a que o adolescente se encontra submetido, há necessidade de garantir-se a este a ampla defesa, motivo pelo qual deverá ser ouvido.

- **Súmula 338 do STJ:** A prescrição penal é aplicável nas medidas socioeducativas.

  O adolescente possui os mesmos direitos que os adultos, além de outros que lhe são específicos. Nesse sentido, o adolescente também tem direito à prescrição das medidas socioeducativas. Para o cálculo da prescrição, o STJ tem se utilizado de três critérios: (i) se a medida aplicada possui prazo determinado, promove-se a incidência desse prazo no art. 109, do Código Penal, e o reduz de metade por ser o agente menor de 21 anos; (ii) se a medida não possui prazo certo, utiliza-se o prazo da internação (03 anos), incidindo-o no art. 109, do CP, com redução de metade em razão de ser o agente menor de 21 anos; (iii) se os critérios anteriores importarem em situação mais gravosa ao adolescente se em comparação ao adulto, aplica-se o critério utilizado para o cálculo da prescrição para os imputáveis (adultos).

- **Súmula 342 do STJ:** No procedimento para aplicação de medida socioeducativa, é nula a desistência de outras provas em face da confissão do adolescente.

  Era muito comum que ao adolescente, após confessar a prática de ato infracional cometido mediante violência ou grave ameaça à pessoa, fosse aplicada a medida socioeducativa de internação, sem prazo determinado, independentemente da produção de provas em audiência.

  Nesta situação, em diversas oportunidades, o STJ anulou o julgamento, uma vez que não produzida a prova em face do adolescente.

  Sendo assim, de acordo com o STJ, não obstante o adolescente tenha confessado a prática do ato infracional, ainda assim é necessária a produção de provas, com a oitiva de testemunhas, para que seja aplicada medida socioeducativa, salvo nos casos em que seja possível a aplicação de remissão.

- **Súmula 383 do STJ:** A competência para processar e julgar as ações conexas de interesse de menor é, em princípio, do foro do domicílio do detentor de sua guarda.

  O ECA adotou o princípio do juízo imediato, encampando no art. 147, incisos I e II, segundo o qual se exige uma proximidade do Juízo da Vara da Infância e da Juventude, que tem mais condições de decidir no caso concreto, diante da facilidade da colheita da prova e contato com a criança ou o adolescente.

- **Súmula 492 do STJ:** O ato infracional análogo ao tráfico de drogas, por si só, não conduz obrigatoriamente à imposição de medida socioeducativa de internação do adolescente".

  A aplicação da medida socioeducativa de internação somente poderá ocorrer se outra medida socioeducativa não for suficiente à ressocialização e ainda se a hipótese se enquadrar em uma das indicadas no art. 122, do Estatuto da Criança e do Adolescente. Trata-se da aplicação do princípio da excepcionalidade a que estão sujeitas as medidas restritivas de liberdade (art. 227, § 3º, IV, da Constituição Federal).

  Entre as hipóteses do art. 122, a do inciso I contempla a internação para ato infracional praticado com violência ou grave ameaça à pessoa.

  Para a sua incidência, deve ser considerado o tipo penal em si. Assim, homicídio, roubo, latrocínio etc., são atos infracionais cometidos com violência ou grave ameaça à pessoa e, portanto, autorizam a aplicação da medida de internação.

  Contudo, o tráfico de entorpecentes não é considerado como praticado com violência ou grave ameaça à pessoa, motivo pelo qual não está autorizada a aplicação da internação nessa hipótese, conforme reiteradamente decidido pelo STJ.

- **Súmula 500 do STJ:** A configuração do crime do art. 244-B do ECA independe da prova da efetiva corrupção do menor, por se tratar de delito formal.

  O bem jurídico tutelado o desenvolvimento da criança ou adolescente longe do mundo do crime. A norma visa impedir que o maior imputável induza ou facilite a inserção ou a manutenção do menor na esfera criminal.

Estatuto do Idoso

Dailson Soares de Rezende

TABELA DE INCIDÊNCIA DE QUESTÕES		
ASSUNTO	**NÚMERO DE QUESTÕES**	**PESO**
1. DISPOSIÇÕES PRELIMINARES	1	1,85%
2. DIREITOS FUNDAMENTAIS	0	0,00%
2.1. VIDA	1	1,85%
2.2. DIREITO À LIBERDADE, AO RESPEITO E À DIGNIDADE	2	3,70%
2.3. ALIMENTOS	3	5,56%
2.4. DIREITO À SAÚDE	3	5,56%
2.5. PROFISSIONALIZAÇÃO E TRABALHO	2	3,70%
2.6. ASSISTÊNCIA SOCIAL	2	3,70%
2.7. TRANSPORTE	6	11,11%
2.8. HABITAÇÃO	1	1,85%
3. POLÍTICA DE ATENDIMENTO AO IDOSO	0	0,00%
3.1. POLÍTICA NACIONAL DO IDOSO	17	31,48%
3.2. ENTIDADES DE ATENDIMENTO AO IDOSO	1	1,85%
3.3. FISCALIZAÇÃO DAS ENTIDADES DE ATENDIMENTO	5	9,26%
3.4. APURAÇÃO JUDICIAL DE IRREGULARIDADES EM ENTIDADE DE ATENDIMENTO	2	3,70%
4. ACESSO À JUSTIÇA	4	7,41%
5. CRIMES	4	7,41%
TOTAL	**54**	**100%**

✦ QUESTÕES

1. DISPOSIÇÕES PRELIMINARES

01. (Cespe – Promotor de Justiça – RN/ 2009) Com relação aos direitos dos idosos segundo a Lei nº 10.741/2003, assinale a opção correta.

a) As transações relativas à prestação de alimentos a idosos, na forma da lei civil, podem ser celebradas perante o promotor de justiça ou defensor público, que as referendam, passando a ter efeito de título executivo judicial nos termos da lei processual civil.

b) O poder público deve garantir ao idoso prioridade no recebimento da restituição do imposto de renda.

c) Incumbe ao poder público fornecer medicamentos aos idosos gratuitamente, com exceção dos de uso continuado.

d) Aos maiores de 60 anos de idade fica assegurada a gratuidade nos transportes coletivos públicos urbanos, nacionais e internacionais.

e) É dever do poder público criar varas especializadas e exclusivas do idoso.

COMENTÁRIOS

✪ **Nota do autor:** os idosos compreendem a população de pessoas com idade igual ou superior a 60 anos, independentemente de sua condição social, de eventual situação de risco ou outro fator. O Estatuto atinge a toda essa coletividade, determinando a observância de seus direitos fundamentais. No entanto, existem alguns direitos que são assegurados exclusivamente às pessoas que possuam mais de sessenta e cinco anos de idade.

Alternativa correta: letra "b". Dentre os direitos do idoso, consectário da garantia de prioridade a que fazem jus, encontra-se a preferência, em relação a outras pessoas, no recebimento do imposto de renda (art. 3º, IX). Cumpre acrescentar que a partir de 2017, dentre os idosos, é assegurada prioridade especial aos maiores de oitenta anos, atendendo-se suas necessidades sempre preferencialmente em relação aos demais idosos.

Alternativa "a". As transações referendadas pelo Ministério Público ou pela Defensoria Pública constituirão título executivo extrajudicial, e não judicial.

Alternativa "c". O fornecimento de medicamentos é assegurado aos idosos, sendo aqueles de uso continuado ou não.

Alternativa "d". A gratuidade no transporte é assegurada aos maiores de 65 anos e restringem-se aos transportes coletivos públicos urbanos e semiurbanos.

Alternativa "e". Trata-se de uma faculdade do Poder Público, de acordo com a conveniência e oportunidade (art. 70).

2. DIREITOS FUNDAMENTAIS

2.1. VIDA

02. (Cespe – Defensor Público – BA/ 2011 – adaptado) Julgue o item a seguir, relativo às normas aplicáveis aos idosos.

O envelhecimento constitui direito personalíssimo, e a sua proteção, direito social, nos termos da legislação vigente.

COMENTÁRIOS

✪ **Nota do autor:** o envelhecimento é um fato natural, inevitável, intransferível e inalienável, e, em virtude da dignidade humana, sua proteção é direito de toda a sociedade.

Certo. O Estatuto do Idoso considera o envelhecimento direito personalíssimo, e sua proteção direito social (art. 8º, da Lei nº 10.741/2003).

2.2. DIREITO À LIBERDADE, AO RESPEITO E À DIGNIDADE

03. (Cespe – Defensor Público – TO/2013) Com base no Estatuto do Idoso, assinale a opção correta.

a) Constitui crime tipificado no Estatuto do Idoso desdenhar, humilhar, menosprezar ou discriminar a pessoa idosa, por qualquer motivo, sendo a pena aumentada de metade caso a vítima se encontre sob os cuidados ou responsabilidade do agente.

b) O profissional de saúde que deixe de comunicar à autoridade competente os casos de crime contra o idoso de que tem conhecimento incorre em infração penal tipificada no Estatuto do Idoso.

c) A obrigação de prestar alimentos ao idoso é subsidiária, devendo recair em seus parentes mais próximos em grau.

d) Aos serviços de saúde públicos compete comunicar as autoridades sanitárias, mas não a autoridade competente, dos casos de suspeita ou confirmação de violência praticada contra idosos.

e) É dever do Estado e da sociedade assegurar à pessoa idosa o direito à liberdade, que compreende, entre outros aspectos, a prática de esportes e de diversões, respeitadas as peculiaridades e condições em decorrência da idade.

COMENTÁRIOS

✪ **Nota do autor:** Se o idoso ou seus familiares não possuírem condições econômicas de prover o seu sustento, impõe-se ao Poder Público esse provimento, no âmbito da assistência social.

Alternativa correta: letra "e". O **direito à liberdade** compreende, entre outros, os seguintes aspectos: i – faculdade de ir, vir e estar nos logradouros públicos e espaços comunitários, ressalvadas as restrições legais; ii – opinião e expressão; iii – crença e culto religioso; iv – PRÁTICA DE ESPORTES E DE DIVERSÕES; v – participação na vida familiar e comunitária; vi – participação na vida política, na forma da lei; vii – faculdade de buscar refúgio, auxílio e orientação. (Estatuto do Idoso, art. 10, § 1º).

Alternativa "a". Errada. A pena será aumentada de 1/3 e não da metade. (Estatuto do Idoso, art. 96, § 2º).

Alternativa "b". Errada. Não se trata de infração penal, mas INFRAÇÃO ADMINISTRATIVA tipificada no Estatuto do Idoso (Estatuto do Idoso, art. 57).

Alternativa "c". Errada. A obrigação alimentar é solidária, podendo o idoso optar entre os prestadores. (Estatuto do Idoso, art. 12).

Alternativa "d". Errada. Os casos de **suspeita ou confirmação de violência** praticada contra idosos serão objeto de NOTIFICAÇÃO COMPULSÓRIA pelos serviços de saúde públicos e privados À AUTORIDADE SANITÁRIA, bem como serão obrigatoriamente comunicados por eles a quaisquer dos seguintes órgãos: I – autoridade policial, II – Ministério Público, III – Conselho Municipal do Idoso, IV – Conselho Estadual do Idoso e V – Conselho Nacional do Idoso.

---

04. (Cespe – Promotor de Justiça-RO/2010) De acordo com o Estatuto do Idoso, é obrigação do Estado e da sociedade assegurar à pessoa idosa a liberdade, o respeito e a dignidade, como pessoa humana e sujeito de direitos. A respeito desse assunto, assinale a opção correta.

a) O direito à liberdade compreende o direito de ir e vir, a liberdade de culto, a livre expressão, o livre convencimento e a possibilidade de buscar apoio para a prática da ortotanásia assistida.

b) Por ser dever de todos zelarem pela dignidade do idoso, colocando-o a salvo de qualquer tratamento vexatório ou constrangedor, fica impedida a veiculação da imagem de idosos em campanhas publicitárias sobre preservativos.

c) É proibida a oferta de esportes de aventura para os maiores de sessenta anos.

d) O direito ao respeito consiste na inviolabilidade da integridade física, psíquica e moral, abrangendo a preservação da imagem, da identidade, da autonomia, de valores, ideias e crenças, dos espaços e dos objetos pessoais.

e) Os maiores de sessenta anos têm direitos políticos plenos, sendo-lhes vedada, unicamente, a candidatura a cargo eletivo nas assembleias legislativas.

COMENTÁRIOS

✪ **Nota do autor:** a questão trata dos direitos fundamentais dos idosos, personalíssimos, indisponíveis e que devem ser tutelas em juízo.

Alternativa correta: letra "d". O idoso tem o direito ao respeito. Somente essa expressão já seria o suficiente para demonstrar o alcance e a profundidade da proposta apresentada pelo Estatuto do Idoso. Porém, o legislador foi além, explicitando no que consiste o direito ao respeito, que coincide com a alternativa (art. 10, § 2º).

Alternativa "a". Não há a previsão para a ortotanásia assistida.

Alternativa "b". A veiculação da imagem de idosos em publicidade de preservativos, por si só, não lhe causa qualquer impacto negativo.

Alternativa "c". Deve ser assegurada aos idosos a plena participação em práticas esportivas.

Alternativa "e". Não há qualquer impedimento à candidatura a cargos eletivos nas assembleias estaduais.

2.3. ALIMENTOS

05. (Cespe – Defensor Público – DPE – AC/2017) Um idoso, que tem filhos maiores e capazes, vive em condições precárias, sem recursos para prover seus próprios alimentos.

Nessa situação hipotética,

A) se comprovado que os filhos não têm condições econômicas para prover alimentos, caberá à previdência social provê-los.

B) caso ocorra transação relativa a alimentos, esta poderá ser celebrada perante promotor público ou DP.

C) a obrigação alimentar ao idoso será solidária, cabendo ao filho com melhores condições econômicas ser o prestador.

D) a obrigação alimentar ao idoso será solidária, cabendo ao filho mais velho, se tiver condições econômicas, ser o prestador.

E) caso se determine que os filhos prestem alimentos, esse provimento se dará na forma especial prevista no Estatuto do Idoso.

COMENTÁRIOS

✪ **Nota do autor:** é obrigação da família, da comunidade, da sociedade e do Poder Público assegurar ao idoso, com absoluta prioridade, a efetivação do direito à vida, à saúde, à alimentação, à educação, à cultura, ao esporte, ao lazer, ao trabalho, à cidadania, à liberdade, à dignidade, ao respeito e à convivência familiar e comunitária.

Alternativa correta: letra "b". As transações relativas a alimentos poderão ser celebradas perante o Promotor de Justiça ou Defensor Público, que as referendará, e passarão a ter efeito de título executivo extrajudicial nos termos da lei processual civil (art.13 do Estatuto do Idoso).

Alternativa "a". Se o idoso ou seus familiares não possuírem condições econômicas de prover o seu sustento, impõe-se ao Poder Público esse provimento, no âmbito da assistência social (art.14 do Estatuto do Idoso).

Alternativa "c". A obrigação alimentar é solidária, podendo o idoso optar entre os prestadores (art.12 do Estatuto do Idoso).

Alternativa "d". O devedor é escolhido pelo idoso dentre os solidariamente obrigados, não havendo outro critério, como visto na alternativa anterior.

Alternativa "e". Os alimentos serão prestados ao idoso na forma da lei civil (art.11 do Estatuto do Idoso).

06. (Cespe – Defensor Público – SE/ 2012) Considerando as regras estabelecidas no Estatuto do Idoso acerca do direito à saúde e a alimentos, assinale a opção correta.

a) Os serviços de saúde públicos são obrigados a proceder à notificação compulsória nos casos de suspeita ou confirmação de violência praticada contra idosos, e a comunicar o fato ao MP e à DP, entre outros órgãos.

b) Como a obrigação alimentar é solidária, é facultado ao idoso escolher aquele que assumirá, entre os prestadores, a obrigação.

c) Não se admite, em face do sistema de proteção estabelecido em favor do idoso, a transação em ação judicial cujo objeto seja a concessão de alimentos à pessoa idosa.

d) O dever do poder público de fornecer, em caráter gratuito, medicamentos ao idoso restringe-se aos denominados medicamentos de uso continuado.

e) Cabe à previdência social prover os alimentos do idoso na ausência de condições econômicas dele próprio ou de sua família.

COMENTÁRIOS

✪ **Nota do autor:** É assegurada a atenção integral à saúde do idoso, por intermédio do Sistema Único de Saúde – SUS, garantindo-lhe o acesso universal e igualitário, em conjunto articulado e contínuo das ações e serviços, para a prevenção, promoção, proteção e recuperação da saúde, incluindo a atenção especial às doenças que afetam preferencialmente os idosos.

Alternativa correta: letra "b". A obrigação alimentar é solidária, podendo o idoso optar entre os prestadores (Estatuto do Idoso, art. 12).

Alternativa "a". Não há determinação para comunicar o fato à DP. (Estatuto do Idoso, art. 19).

Alternativa "c". As transações relativas a alimentos **poderão ser celebradas perante o Promotor de Justiça ou Defensor Público**, que as referendará, e passarão a ter efeito de título executivo extrajudicial nos termos da lei processual civil (Estatuto do Idoso, art. 13).

Alternativa "d". Incumbe ao Poder Público fornecer aos idosos, gratuitamente, medicamentos, ESPECIALMENTE (**não exclusivamente**) os de uso continuado, assim como próteses, órteses e outros recursos relativos ao tratamento, habilitação ou reabilitação (Estatuto do Idoso, art. 15, § 2º).

Alternativa "e". Se o idoso ou seus familiares não possuírem condições econômicas de prover o seu sustento, impõe-se ao Poder Público esse provimento, NO ÂMBITO DA ASSISTÊNCIA SOCIAL (Estatuto do Idoso, art. 14).

07. (Cespe – Defensor Público – BA/ 2011 – adaptado) Em relação ao Estatuto do Idoso (Lei nº 10.741/2003), julgue o item a seguir.

As transações relativas a alimentos em favor do idoso poderão ser celebradas perante o promotor de justiça ou defensor público, que as referendarão, passando elas a ter efeito de título executivo extrajudicial nos termos da lei processual civil.

COMENTÁRIOS

✪ **Nota do autor:** para evitar a necessidade de observar todos os trâmites processuais pertinentes a um processo judicial, é facilitado o exercício do direito a alimentos, com a possibilidade de realização de transações com força executiva, celebradas e referendadas pelo Ministério Público ou pela Defensoria Pública.

Certo. O Estatuto do Idoso permite transações relativas a alimentos celebradas perante o Promotor de Justiça ou Defensor Público, e que depois de referendadas por estes, serão consideradas títulos executivos extrajudiciais (art. 13, do Estatuto do Idoso).

2.4. DIREITO À SAÚDE

08. (Cespe – Defensor Público – SE/ 2012) Assinale a opção correta com referência aos direitos inerentes à pessoa do idoso.

a) Nos programas habitacionais públicos, o idoso goza de prioridade na aquisição de imóvel para moradia própria, observado o limite de reserva de 3% das unidades habitacionais residenciais para atendimento à pessoa idosa.

b) As entidades governamentais de atendimento que descumprirem as determinações do Estatuto do Idoso estarão sujeitas, independentemente da responsabilidade civil e criminal de seus dirigentes ou prepostos, a multa e advertência, entre outras penalidades.

c) É exaustivo o rol de competências atribuídas ao MP pelo Estatuto do Idoso.

d) Segundo a jurisprudência, o dispositivo legal que veda a discriminação do idoso nos planos de saúde pela cobrança de valores diferenciados em razão da idade não implica presunção de ilegalidade e abusividade de toda e qualquer cláusula contratual que estabeleça o reajuste de mensalidade de plano de saúde com base na mudança da faixa etária do idoso.

e) O MP não tem legitimidade ativa para propor ACP com o objetivo de proteger interesse individual do idoso.

COMENTÁRIOS

✪ **Nota do autor:** A prevenção e a manutenção da saúde do idoso serão efetivadas por meio de: 1) cadastramento da população idosa em base territorial; 2) atendimento geriátrico e gerontológico em ambulatórios; 3) unidades geriátricas de referência, com pessoal especializado nas áreas de geriatria e gerontologia social; 4) atendimento domiciliar, incluindo a internação, para a população que dele necessitar e esteja impossibilitada de se locomover, inclusive para idosos abrigados e acolhidos por instituições públicas, filantrópicas ou sem fins lucrativos e eventualmente conveniadas com o Poder Público, nos meios urbano e rural; e 5) reabilitação orientada pela geriatria e gerontologia, para redução das sequelas decorrentes do agravo da saúde.

Alternativa correta: letra "d". O STJ, após interpretação da Lei Federal nº 9.656/98 juntamente com o art. 15, § 3º, do Estatuto do Idoso, encerrou entendimento de que é possível admitir a validade de reajustes no plano de saúde "em razão da mudança de faixa etária, desde que atendidas certas condições, quais sejam: a) previsão no instrumento negocial; b) respeito aos limites e demais requisitos estabelecidos na Lei Federal nº 9.656/98; e c) observância ao princípio da boa-fé objetiva, que veda índices de reajuste desarrazoados ou aleatórios, que onerem em demasia o segurado" (REsp 866.840/SP, Rel. Ministro LUIS FELIPE SALOMÃO, Rel. p/ Acórdão Ministro RAUL ARAÚJO, QUARTA TURMA, julgado em 07/06/2011, DJe 17/08/2011).

Alternativa "a". Nos programas habitacionais, públicos ou subsidiados com recursos públicos, o idoso goza de prioridade na aquisição de imóvel para moradia própria, observada reserva de pelo menos 3% (três por cento) das unidades habitacionais residenciais para atendimento aos idosos (*caput* e inciso I, do art. 38, do Estatuto do Idoso).

Alternativa "b". A penalidade de multa é prevista somente às entidades não governamentais. As entidades governamentais de atendimento ao idoso que descumprirem as determinações do Estatuto do Idoso ficarão sujeitas, sem prejuízo da responsabilidade civil e criminal de seus dirigentes ou prepostos, às seguintes penalidades, observado o devido processo legal: a) advertência; b) afastamento provisório de seus dirigentes; c) afastamento definitivo de seus dirigentes; d) fechamento de unidade ou interdição de programa (art. 55, do Estatuto do Idoso).

Alternativa "c". As atribuições constantes do art. 74, do Estatuto do Idoso, não excluem outras, desde que compatíveis com a finalidade e atribuições do Ministério Público (§ 2º, do mencionado dispositivo legal).

Alternativa "e". O Ministério Público e demais legitimados previstos na lei, têm legitimidade concorrente para demandar em ações cíveis fundadas em interesses difusos, coletivos, **individuais indisponíveis** ou homogêneos dos idosos (caput, do art. 81, do Estatuto do Idoso).

---

09. (Cespe – Promotor de Justiça – TO/2012) Assinale a opção correta com referência ao Estatuto do Idoso e ao que ele dispõe.

a) Entre os direitos reconhecidos legalmente ao idoso no domínio de suas faculdades mentais inclui-se o de ele optar pelo tratamento de saúde que julgar mais favorável.

b) Apesar de exercer uma função protetiva em relação ao idoso, o referido estatuto não define um sistema claro de defesa dos interesses da pessoa idosa na condição de pessoa humana.

c) Todos os direitos reconhecidos ao idoso, incluída a gratuidade nos transportes coletivos urbanos e semiurbanos, aplicam-se aos indivíduos que alcancem sessenta anos de idade ou mais.

d) No tocante à defesa dos direitos dos idosos em juízo, guardam competência subsidiária em relação ao MP e à OAB a União, os estados, o DF e os municípios.

e) Associações particulares podem figurar em juízo na defesa dos interesses dos idosos, desde que autorizadas por assembleia convocada para tal finalidade.

COMENTÁRIOS

✪ **Nota do autor:** TODA pessoa está num processo de envelhecimento sadio (senescência), até ser idoso, MAS nem todo idoso é considerado senil, ou seja, que está num processo de declínio ou diminuição da capacidade físico-mental (envelhecimento patológico), que pode resultar em sua incapacidade civil por interdição.

Alternativa correta: letra "a". Ao idoso que esteja no domínio de suas faculdades mentais é assegurado o direito de optar pelo tratamento de saúde que lhe for reputado mais favorável (*caput* do art. 17, do Estatuto do Idoso).

Alternativa "b". Pelo contrário, o Estatuto do Idoso além de conceder direitos ao idoso, a todo instante se preocupa com sua proteção, inclusive reservando o título III para se debruçar acerca das medidas de proteção ao idoso.

Alternativa "c". O Estatuto do Idoso destina-se a regular os direitos assegurados às **pessoas com idade igual ou superior a 60 (sessenta) anos**. Ademais, alguns direitos são destinados a pessoas somente a idosos com idade a partir de 65 (sessenta e cinco) anos, como é o caso do benefício assistencial (art. 34) e da garantia de gratuidade dos transportes coletivos públicos urbanos e semiurbanos (*caput*, do art. 39).

Alternativa "d". No tocante à defesa dos direitos dos idosos em juízo a legitimidade é CONCORRENTE (art. 81, *caput*, do Estatuto do Idoso).

Alternativa "e". Fica dispensada a autorização da assembleia, SE HOUVER PRÉVIA AUTORIZAÇÃO ESTATUTÁRIA (art. 81, IV, do Estatuto do Idoso).

---

10. (Cespe – Promotor de Justiça-SE/2010) A atenção integral à saúde dos idosos implica um conjunto articulado e continuo de ações e serviços, para prevenção, promoção, proteção e recuperação da saúde, incluindo atenção especial às doenças que os afetem preferencialmente. De acordo com o Estatuto do Idoso, a prevenção e a manutenção da saúde dos idosos efetivam-se pelo

a) Programa Nacional de Bem-estar da Terceira Idade, desenvolvido em parceria pelos Ministérios da Saúde e da Justiça, visando proteger os idosos em situação de risco por meio de ações e projetos públicos e(ou) privados de gerontologia social focados na efetivação de seus direitos como cidadãos.

b) incentivo fiscal concedido às empresas que empreguem mais de 85 idosos e lhes garantam renda mensal de um e meio salário mínimo, acrescida de vale-refeição, vale-transporte e assistência médico-odontológica.

c) acompanhamento psicológico e psiquiátrico que vise elevar a autoestima dos idosos submetidos a abandono e a maus-tratos, bem como orientação religiosa ecumênica, que busque prepará-los para a fase final da vida.

d) financiamento de veículos automotores que possam facilitar seu deslocamento diário e o acesso aos serviços públicos.

e) atendimento domiciliar, incluindo a internação, para a população que dele necessitar e esteja impossibilitada de se locomover, inclusive para idosos abrigados e acolhidos por instituições públicas, filantrópicas ou sem fins lucrativos e eventualmente conveniadas com o poder público, tanto no meio urbano quanto no rural.

COMENTÁRIOS

✪ **Nota do autor:** entre os direitos fundamentais, o Estatuto do Idoso prevê a assistência integral à saúde do idoso, por intermédio do SUS.

Alternativa correta: letra "e". Para que seja possível assegurar o direito fundamental à saúde do idoso, deve o poder público, se aquele não puder locomover-se, promover o atendimento em sua casa, inclusive para aqueles abrigados e acolhidos, independentemente de se tratar de meio urbano e rural.

Alternativa "a". Uma vez que não previsto o direito da forma como constante.

Alternativa "b". Por não haver previsão de tal direito.

Alternativa "c". Por não haver previsão de tal direito.

Alternativa "d". Não há a previsão para tal financiamento.

2.5. PROFISSIONALIZAÇÃO E TRABALHO

---

11. (Cespe – Defensor Público – MA/ 2011) Com base no Estatuto do Idoso, assinale a opção correta.

a) De acordo com o princípio da conveniência estatal, o poder público não está obrigado a adequar currículos, metodologias e material didático aos programas educacionais destinados aos idosos.

b) Na admissão do idoso em qualquer trabalho ou emprego, é vedada a discriminação e a fixação de limite máximo de idade, ressalvados os casos em que a natureza do cargo o exigir.

c) A lei não estabelece idade mínima para que o idoso que não possua meios para prover sua subsistência receba o benefício mensal de um salário mínimo.

d) Será determinado ao idoso, mesmo que este esteja no domínio de suas faculdades mentais, o tratamento de saúde que melhor convier ao Estado.

e) Em caso de suspeita ou confirmação de maus-tratos contra idoso, os profissionais de saúde são obrigados a comunicar o fato à DP.

COMENTÁRIOS

✪ **Nota do autor:** o idoso tem direito ao exercício de atividade profissional, respeitadas suas condições físicas, intelectuais e psíquicas.

Alternativa correta: letra "b". Na admissão do idoso em qualquer trabalho ou emprego, é VEDADA a discriminação e a fixação de limite máximo de idade, inclusive para concursos, ressalvados os casos em que a natureza do cargo o exigir (Lei nº 10.741/03, art. 27, *caput*).

Alternativa "a". Errada. O Poder Público CRIARÁ oportunidades de acesso do idoso à educação, ADEQUANDO currículos, metodologias e material didático aos programas educacionais a ele destinados (Lei nº 10.741/03, art. 21, *caput*).

Alternativa "c". Errada. Aos idosos, a partir de 65 (sessenta e cinco) anos, que não possuam meios para prover sua subsistência, nem de tê-la provida por sua família, é assegurado o benefício mensal de 1 (um) salário-mínimo, nos termos da Lei Orgânica da Assistência Social – Loas (Estatuto do Idoso, art. 34, *caput*).

Alternativa "d". Errada. Ao idoso que esteja no domínio de suas faculdades mentais é assegurado o direito de optar pelo tratamento de saúde que lhe for reputado mais favorável (Estatuto do Idoso, art. 17, *caput*).

Alternativa "e". Errada. Não há previsão legal de comunicação à Defensoria Pública. Os casos de suspeita ou confirmação de violência praticada contra idosos serão objeto de notificação compulsória pelos serviços de saúde públicos e privados à autoridade sanitária, bem como serão obrigatoriamente comunicados por eles a quaisquer dos seguintes órgãos: I – autoridade policial; II – Ministério Público; III – Conselho Municipal do Idoso; IV – Conselho Estadual do Idoso; V – Conselho Nacional do Idoso (Estatuto do Idoso, art. 19).

12. (Cespe – Defensor Público – BA/ 2011 – adaptado) Julgue o item a seguir, relativo às normas aplicáveis aos idosos.

O primeiro critério de desempate em concurso público deve ser o de idade, dando-se preferência ao candidato de idade mais elevada.

COMENTÁRIOS

✪ **Nota do autor:** para realmente possibilitar a igualdade de condições de acesso a cargos e empregos públicos, caso haja empate entre candidatos, o de idade mais elevado terá preferência.

Certo. Para garantir a efetivação do direito do idoso ao trabalho, seu Estatuto prevê que o primeiro critério de desempate em concurso público será a idade, dando-se preferência ao de idade mais elevada (art. 27, parágrafo único, da Lei nº 10.741/2003).

2.6. ASSISTÊNCIA SOCIAL

13. (Cespe – Defensor Público – RO/ 2012) Considerando o disposto no Estatuto do Idoso, assinale a opção correta.

a) A prioridade assegurada ao idoso que figure como parte ou interveniente na tramitação de processos judiciais cessa obrigatoriamente com a morte dele.

b) A proteção ao idoso é direito personalíssimo, sendo obrigação do Estado e da sociedade assegurá-lo.

c) A inserção do idoso em cursos especiais que visem integrá-lo à vida moderna é uma das medidas de prevenção e manutenção da saúde do idoso.

d) Ao idoso é assegurada a gratuidade dos transportes públicos urbanos em serviços seletivos prestados paralelamente aos serviços regulares.

e) As entidades denominadas Casa Lar são obrigadas a firmar contrato de prestação de serviços com todas as pessoas idosas nelas abrigadas.

COMENTÁRIOS

✪ **Nota do autor:** é assegurada a reserva, para os idosos, nos termos da lei local, de 5% (cinco por cento) das vagas nos estacionamentos públicos e privados, as quais deverão ser posicionadas de forma a garantir a melhor comodidade ao idoso.

Alternativa correta: letra "e". Para maior segurança jurídica dos idosos, todas as entidades de longa permanência, ou casa-lar, são obrigadas a firmar contrato de prestação de serviços com a pessoa idosa abrigada. (Estatuto do Idoso, art. 35).

Alternativa "a". A prioridade NÃO cessará com a morte do beneficiado, estendendo-se em favor do cônjuge supérstite, companheiro ou companheira, com união estável, maior de 60 (sessenta) anos (Estatuto do Idoso, art. 71, § 2º).

Alternativa "b". O envelhecimento é um direito personalíssimo, já a **proteção do idoso** é um DIREITO SOCIAL (Estatuto do Idoso, art. 8º).

Alternativa "c". Isso é para efetivação do direito à educação (Estatuto do Idoso, art. 21, § 1º). A prevenção e a manutenção da saúde do idoso serão efetivadas por meio de: I – cadastramento da população idosa em base territorial; II – atendimento geriátrico e gerontológico em ambulatórios; III – unidades geriátricas de referência, com pessoal especializado nas áreas de geriatria e gerontologia social; IV – atendimento domiciliar, incluindo a internação, para a população que dele necessitar e esteja impossibilitada de se locomover, inclusive para idosos abrigados e acolhidos por instituições públicas, filantrópicas ou sem fins lucrativos e eventualmente conveniadas com o Poder Público, nos meios urbano e rural; V – reabilitação orientada pela geriatria e gerontologia, para redução das sequelas decorrentes do agravo da saúde (Estatuto do Idoso, art. 15, § 1º).

Alternativa "d". Aos maiores de 65 (sessenta e cinco) anos fica assegurada a gratuidade dos transportes coletivos públicos urbanos e semiurbanos, EXCETO

NOS SERVIÇOS SELETIVOS E ESPECIAIS, QUANDO PRESTADOS PARALELAMENTE AOS SERVIÇOS REGULARES (Estatuto do Idoso, art. 39).

14. (Cespe – Defensor Público – BA/2011 – adaptado) Em relação ao Estatuto do Idoso (Lei nº 10.741/2003), julgue o item a seguir.

Considere a seguinte situação hipotética.

João e Maria, maiores de setenta anos de idade, carentes, moram juntos e não possuem meios para prover sua subsistência nem podem tê-la provida por sua família. À Maria foi assegurado o benefício mensal de um salário-mínimo, nos termos da Lei Orgânica da Assistência Social. Nessa situação, João fica impedido de receber o mesmo benefício, dado o não atendimento, pelo casal, do requisito da renda familiar per capita.

COMENTÁRIOS

✪ **Nota do autor:** para ampla proteção do idoso, a fim de garantir o mínimo à sua subsistência, o Estatuto do Idoso considerada não computado no cálculo da renda per capita, para fins de nova concessão do benefício assistencial da Prestação Continuada, anterior já concedido a outro membro familiar.

Errado. O benefício já concedido à Maria NÃO deve ser computado para fins do cálculo da renda familiar *per capita* a que se refere a LOAS (art. 34, parágrafo único, do Estatuto do Idoso).

2.7. TRANSPORTE

15. (Cespe – Defensor Público – DPE – AC/2017) Vera, com sessenta e oito anos de idade, aposentada e com renda mensal de dois salários mínimos, pretende viajar de ônibus de Rio Branco – AC para o Rio de Janeiro – RJ, usufruindo de seu direito à gratuidade da passagem, mas, chegando ao guichê para requerer sua passagem, foi informada de que as vagas gratuitas, na data e horário em que ela desejava embarcar, já estavam ocupadas.

Nessa situação hipotética, de acordo com a legislação, Vera

A) poderá pleitear desconto do valor da passagem em um dos demais assentos do veículo no horário desejado, caso haja vagas.
B) terá direito a desconto da passagem apenas no ônibus seguinte ao pretendido, se neste não houver vaga gratuita, desde que parta até vinte e quatro horas após o primeiro horário desejado.
C) poderá comprar a passagem para o horário desejado e pleitear reembolso do valor pago, caso não haja vaga gratuita em ônibus que parta nas quarenta e oito horas seguintes.
D) poderá pleitear a gratuidade da passagem no horário desejado, em vaga não reservada a idosos, caso ainda haja assentos vagos.
E) terá direito à gratuidade da passagem, em vaga não reservada, no ônibus seguinte ao pretendido, caso também não haja para ele vagas gratuitas.

COMENTÁRIOS

✪ **Nota do autor:** no sistema de transporte coletivo interestadual (veículo, comboio ferroviário ou embarcação do serviço convencional que opere além dos limites de cada Estado Federado) observar-se-á: I – a reserva de 2 (duas) vagas gratuitas (disponíveis obrigatoriamente por até três horas em relação ao horário de partida do ponto inicial da linha do serviço de transporte e facultativamente em caso de não venda até o momento da partida) por veículo para idosos (pessoa com idade igual ou superior a sessenta anos) com renda igual ou inferior a 2 (dois) salários-mínimos; II – desconto de 50%, no mínimo, no valor das passagens, para os idosos que excederem as vagas gratuitas, com renda igual ou inferior a 2 (dois) salários-mínimos.

Alternativa correta: letra "a". No caso posto, houve o preenchimento dos requisitos de idade (igual ou superior a sessenta anos) e renda mensal (igual ou inferior a dois salários mínimos), sendo facultada a solicitação do desconto caso haja vagas e respeitado o prazo (I – para viagens com distância até 500 km, com, no máximo, seis horas de antecedência; e II – para viagens com distância acima de 500 km, com, no máximo, doze horas de antecedência, nos termos do art.4º do Decreto nº 5.934/2006).

Alternativa "b". Como dito anteriormente, para fazer jus ao desconto de 50% no valor da passagem do transporte, o idoso deverá adquirir o bilhete de passagem obedecendo aos seguintes prazos: I – para viagens com distância até 500 km, com, no máximo, seis horas de antecedência; e II – para viagens com distância acima de 500 km, com, no máximo, doze horas de antecedência (art.4º do Decreto nº 5.934/2006).

Alternativa "c". Não é previsto compra e posterior reembolso para o exercício do direito ao desconto.

Alternativa "d". Não é previsto isenção total após fim das vagas reservadas.

Alternativa "e". Não é previsto isenção total após fim das vagas reservadas.

16. (Cespe – Defensor Público – RR/2013) Com base no Decreto Federal nº 5.934/2006, que regulamenta o exercício de direitos do idoso no sistema de transporte coletivo interestadual nos modais rodoviário, ferroviário e aquaviário, assinale a opção correta.

a) É vedado às empresas prestadoras dos serviços, em qualquer hipótese, a colocação à venda dos bilhetes dos assentos destinados às vagas gratuitas em cada veículo.

b) Admite-se a transferência do bilhete de viagem do idoso, nos casos de o idoso desistir ou restar impossibilitado de viajar, por qualquer motivo, caso em que as empresas prestadoras do serviço de transporte estarão autorizadas a cobrar do idoso o montante correspondente a 50% do valor da passagem pela desistência.

c) Considera-se bilhete de viagem do idoso o documento que comprove a concessão do transporte gratuito ao idoso, fornecido pela empresa prestadora do serviço de transporte, de modo a possibilitar o ingresso do idoso no veículo.

d) Devem ser reservadas aos idosos vagas gratuitas em cada veículo, comboio ferroviário ou embarcação do serviço convencional de transporte local, intermunicipal e interestadual de passageiros – incluso o transporte aquaviário – regulares ou não.

e) Para fazer uso do direito de reservas, o idoso deverá solicitar, com antecedência de vinte e quatro horas, o bilhete de viagem do idoso para si e eventual acompanhante necessário, nos pontos de venda próprios da transportadora, sendo-lhe assegurada igualmente a emissão do bilhete de viagem de retorno.

COMENTÁRIOS

✪ **Nota do autor:** Empresas prestadoras dos serviços de transporte público interestadual devem garantir pelo menos dois assentos gratuitos e descontos nos demais lugares do veículo, para idosos com 60 anos ou mais de idade, que tenham renda inferior a dois salários mínimos, nos termos da lei.

Alternativa correta: letra "c". Para fins de exercício da garantia de gratuidade no transporte coletivo interestadual, bilhete de viagem do idoso consiste no documento que comprova a concessão do transporte gratuito ao idoso, fornecido pela empresa prestadora do serviço de transporte, para possibilitar o ingresso do idoso no veículo (Decreto nº 5.934/06, art. 2º, V).

Alternativa "a". Após o prazo de três horas em relação ao horário de partida do ponto inicial da linha do serviço de transporte, caso os assentos reservados não tenham sido objeto de concessão do benefício da gratuidade no transporte coletivo interestadual, AS EMPRESAS PRESTADORAS DOS SERVIÇOS PODERÃO COLOCAR À VENDA OS BILHETES DESSES ASSENTOS, que, enquanto não comercializados, continuarão disponíveis para o exercício do benefício da gratuidade (Decreto nº 5.934/06, art. 3º, § 4º).

Alternativa "b". O Bilhete de Viagem do Idoso e o bilhete com desconto do valor da passagem SÃO INTRANSFERÍVEIS (Decreto nº 5.934/06, art. 3º, § 6º).

Alternativa "d". Ao idoso com renda igual ou inferior a dois salários mínimos serão reservadas duas vagas gratuitas em cada **veículo, comboio ferroviário ou embarcação do serviço convencional de transporte interestadual de passageiros** REGULARES (Decreto nº 5.934/06, art. 3º).

Alternativa "e". A lei permite APENAS UM "Bilhete de Viagem do Idoso", a ser solicitado com ANTECEDÊNCIA DE, PELO MENOS, TRÊS HORAS em relação ao horário de partida do ponto inicial da linha do serviço de transporte; ademais, é possível a solicitação da emissão do bilhete de viagem de retorno, RESPEITADOS OS PROCEDIMENTOS DA VENDA DE BILHETE DE PASSAGEM, NO QUE COUBER (Decreto nº 5.934/06, art. 3º, § 2º).

17. (Cespe – Defensor Público – AC/ 2012) Com base na portaria que institui a Política Nacional da Saúde do Idoso e no Decreto Federal nº 5.130/2004, que regulamenta parte do Estatuto do Idoso, assinale a opção correta.

a) Além do direito a vaga gratuita nos veículos do sistema de transporte coletivo interestadual, o idoso faz jus a desconto no valor da passagem para os demais assentos, estipulado em, no máximo, 50% do valor da passagem, sob pena de ocorrência de desequilíbrio econômico e financeiro do contrato.

b) Idosos com graves problemas de saúde, que requerem recuperação prolongada, podem demandar internação hospitalar de longa permanência bem como fazer uso de serviços alternativos, entre os quais obrigatoriamente deve constar a assistência domiciliar.

c) Devem ser reservadas, em cada veículo, comboio ferroviário ou embarcação do serviço convencional de transporte interestadual de passageiros, duas vagas gratuitas para serem utilizadas por idosos que comprovarem renda igual ou inferior a um salário mínimo.

d) O portador do denominado bilhete de viagem do idoso pode transferir o documento para outro idoso que preencha os mesmos requisitos exigidos pela lei.

e) A aplicação de multa em decorrência de infração ao disposto na legislação que regula a concessão de transporte gratuito ao idoso elide, dada a especialização da matéria, a imposição de outras sanções de natureza contratual.

COMENTÁRIOS

✪ **Nota do autor:** a banca examinadora optou corretamente pela anulação desta questão, sob a justificativa de o Decreto Federal nº 5.130/2004, mencionado como orientador na resolução das assertivas, ter sido revogado antes da aplicação do concurso, pelo Decreto

Federal nº 5.934/2006. Assim, nos comentários mencionamos os dispositivos legais atuais.

Alternativa correta: ANULADA.

Alternativa "a". Errada, pois além da a reserva de 2 (duas) vagas gratuitas por veículo, o idoso com renda igual ou inferior a dois salários-mínimos terá **direito ao desconto** MÍNIMO de cinquenta por cento do valor da passagem para os demais assentos do veículo, comboio ferroviário ou embarcação do serviço convencional de transporte interestadual de passageiros (Decreto nº 5.934/06, art. 4º). Com relação ao **desequilíbrio econômico financeiro**, isso deve ser demonstrado pela Concessionária perante a Administração Pública, para eventual reajuste entre eles, mas não justifica obsta um direito fundamental do idoso, conforme já decidiu o STF (ADI 3768 / DF).

Alternativa "b". Certa, pois os idosos com graves problemas de saúde, sem possibilidade de recuperação ou de recuperação prolongada, poderão demandar internação hospitalar de longa permanência. NO ENTANTO, esses pacientes DEVERÃO SER SUBMETIDOS À TENTATIVA DE REABILITAÇÃO ANTES E DURANTE A HOSPITALIZAÇÃO, evitando-se que as enfermarias sejam transformadas em locais de acomodação para pacientes idosos com problemas de saúde não resolvidos e, por conseguinte, aumentando a carga de sofrimento do próprio idoso, bem como o aumento dos custos dos serviços de saúde. Entre os serviços alternativos à internação prolongada, deverá estar incluída, obrigatoriamente, a assistência domiciliar. (Portaria nº 1.395/99, do Ministério da Saúde, contendo a Política Nacional de Saúde do Idoso).

Alternativa "c". Errada, pois ao idoso com RENDA IGUAL OU INFERIOR A DOIS SALÁRIOS MÍNIMOS serão reservadas duas vagas gratuitas em cada veículo, comboio ferroviário ou embarcação do serviço convencional de transporte interestadual de passageiros. (Decreto Federal 5.934/06, art. 3º).

Alternativa "d". Errada, pois o "Bilhete de Viagem do Idoso" e o bilhete com desconto do valor da passagem SÃO INTRANSFERÍVEIS (Decreto Federal nº 5.934/06, art. 6º).

Alternativa "e". Errada, pois a infração ao disposto na legislação que regula a concessão de transporte gratuito ao idoso SUJEITARÁ O RESPONSÁVEL ÀS DIVERSAS SANÇÕES ADMINISTRATIVAS, aplicáveis pela ANTT e pela ANTAQ, SEM PREJUÍZO DAS DE NATUREZA CIVIL E PENAL (art.10, do Decreto Federal nº 5.934/06 e caput, do art.78-A, da Lei nº 10.233/01).

---

18. (Cespe – Defensor Público – ES/ 2012 – adaptado) No que se refere ao direito do idoso, julgue os itens a seguir.

18.1. Para fins de reserva de vaga gratuita para idoso, não são consideradas embarcação do serviço convencional de transporte interestadual de passageiros as embarcações que operem travessias em lagoas abertas ao público.

COMENTÁRIOS

✪ **Nota do autor:** Na forma definida no art. 40 do Estatuto do Idoso, ao idoso com renda igual ou inferior a dois salários mínimos serão reservadas duas vagas gratuitas em cada veículo, comboio ferroviário ou embarcação do serviço convencional de transporte interestadual de passageiros.

Errado. No sistema de transporte coletivo interestadual, incluem-se na condição de serviço convencional os serviços de transporte aquaviário interestadual, abertos ao público, realizados nos rios, lagos, lagoas e baías, que operam linhas regulares, inclusive travessias. (art. 3º, § 1º, III, do Decreto nº 5.934/2006).

18.2. O idoso que pretenda viajar utilizando o chamado bilhete de viagem do idoso deverá comprovar sua idade, por meio de documento pessoal, e sua renda, que não pode ultrapassar um salário mínimo.

COMENTÁRIOS

✪ **Nota do autor:** o Decreto nº 5.934/2006 regulamentou o exercício do direito do idoso à gratuidade no sistema de transporte coletivo interestadual.

Errado. O bilhete de viagem do idoso é o documento que comprova a concessão da gratuidade ao idoso no sistema de transporte coletivo interestadual, fornecido pela empresa prestadora do serviço de transporte, para possibilitar seu ingresso no veículo. No ato da solicitação do referido documento, o idoso deverá apresentar documento pessoal que faça prova de sua idade e da RENDA IGUAL OU INFERIOR A DOIS SALÁRIOS MÍNIMOS (*caput*, do art. 6º, do Decreto nº 5.934/2006).

---

19. (Cespe – Defensor Público – BA/ 2011 – adaptado) Em relação ao Estatuto do Idoso (Lei nº 10.741/2003), julgue o item a seguir.

O Estatuto do Idoso garante aos maiores de 65 anos de idade a gratuidade dos transportes coletivos públicos urbanos e semiurbanos; no entanto, tal norma foi declarada inconstitucional pelo STF, na medida em que foi criada despesa para as empresas de transporte, sem previsão da devida compensação financeira, o que traria prejuízos graves às concessionárias, a ponto de representar risco ao equilíbrio econômico-financeiro dos contratos de concessão entre a administração e os concessionários.

COMENTÁRIOS

✪ **Nota do autor:** a relação contratual entre as empresas de transporte público coletivo NÃO pode servir de empecilho à efetivação ao direito fundamental, dos maiores de 65 anos de idade, obterem acesso gratuito ao transporte coletivo urbano. Por se tratar de norma constitucional de eficácia plena e aplicação imediata, nenhum ato infraconstitucional pode restringir tal direito, nem mesmo havendo risco ao equilíbrio-financeiro dos contratos estabelecidos.

Errado. O art. 39, do Estatuto do Idoso, foi declarado CONSTITUCIONAL pelo STF, no julgamento da ADI 3768 / DF, entendendo que se houver risco ao equilíbrio econômico-financeiro, a concessionária deve demonstrá-lo perante a administração.

---

20. (Institutocidades – Defensor Público – GO/2010) O Superior Tribunal de Justiça, a respeito de dispositivos previstos no Estatuto do Idoso, entende que

a) é lícita a cláusula contratual que prevê reajuste de mensalidade de plano de saúde calcada na mudança de faixa etária do idoso, diante da necessidade de manutenção do equilíbrio financeiro do contrato.

b) é ilícita a exigência de cadastramento do idoso junto à concessionária de serviço de transporte coletivo, para o gozo do benefício do passe livre.

c) o Ministério Público não tem legitimidade ativa para propor ação civil pública com o objetivo de proteger interesse individual, mesmo que indisponível, de idoso.

d) o Código Civil permanece regulando a natureza da obrigação alimentar, mesmo quando se tratar de credor idoso, por atecnia existente no Estatuto do Idoso, a impedir sua aplicação neste particular.

e) a reserva de vagas em estacionamentos públicos estabelecida pelo referido estatuto impede que a Administração Pública restrinja, em bens públicos de uso especial, o uso das vagas somente aos idosos que, de alguma forma, estão vinculados às atividades desenvolvidas pelo órgão público.

COMENTÁRIOS

✪ **Nota do autor: o** acesso ao transporte coletivo urbano público, urbano e semiurbano, para os idosos maiores de 65 anos de idade, é facilitado, devendo o interessado no seu exercício apenas apresentar documento pessoal que demonstre sua idade.

Alternativa correta: letra "b". Segundo o STJ, com fulcro no art. 39, § 1º, da Lei nº 10.741/2003, basta que o idoso apresente seus documentos pessoais, para usufruir dos benefícios do passe-livre (Precedentes: REsp 1057274/RS e AgRg na SLS 1453/RJ).

Alternativa "a". O STJ consagrou o entendimento de ser abusiva a cláusula contratual que prevê o reajuste da mensalidade de plano de saúde com base exclusivamente em mudança de faixa etária, mormente se for consumidor que atingir a idade de 60 anos, o que o qualifica como idoso, sendo vedada, portanto, a sua discriminação (Precedentes: REsp 426.860-RJ, DJ 24/2/2003; REsp 49.688-MG; DJ 5/9/1994; REsp 1.045.616-DF, DJe 13/10/2008; e REsp 1.106.557-SP, Rel. Min. Nancy Andrighi, julgado em 16/9/2010). MAS ATENÇÃO: O STJ, após interpretação da Lei Federal nº 9.656/98 juntamente com o art. 15, § 3º, do Estatuto do Idoso, encerrou entendimento de que é possível admitir a validade de reajustes no plano de saúde "em razão da mudança de faixa etária, desde que atendidas certas condições, quais sejam: a) previsão no instrumento negocial; b) respeito aos limites e demais requisitos estabelecidos na Lei Federal nº 9.656/98; e c) observância ao princípio da boa-fé objetiva, que veda índices de reajuste desarrazoados ou aleatórios, que onerem em demasia o segurado" (REsp 866.840/SP, Rel. Ministro LUIS FELIPE SALOMÃO, Rel. p/ Acórdão Ministro RAUL ARAÚJO, QUARTA TURMA, julgado em 07/06/2011, DJe 17/08/2011).

Alternativa "c". Referida substituição processual está expressamente prevista do Estatuto do Idoso e o STJ firmou jurisprudência nesse sentido (Precedentes: EREsp 695.665/RS; REsp 860.840/MG; e REsp 878.960/SP. Art. 74, I, do Estatuto do Idoso).

Alternativa "d". Por causa do termo "atecnia", pois o Estatuto do Idoso prevê que os alimentos ao idoso serão prestados na forma da lei civil, e apenas trouxe disposições especiais (REsp 775565 / SP. Art. 11, da Lei nº 10.741/2003).

Alternativa "e". O STJ firmou entendimento de que o art. 41, do Estatuto do Idoso, NÃO impede órgão público restringir área de determinado estacionamento somente às pessoas idosas que, de alguma forma, estão vinculadas às atividades desenvolvidas por ele (RMS 32340 / DF; RMS 20043/SP).

2.8. HABITAÇÃO

21. (Cespe – Defensor Público – MA/ 2011) Ainda com base no disposto no Estatuto do Idoso, assinale a opção correta.

a) O idoso não goza de prioridade, em programas habitacionais públicos ou subsidiados com recursos públicos, para a aquisição de imóvel para sua moradia.

b) No sistema de transporte coletivo, é garantida ao idoso a disponibilização de assentos, devidamente identificados, mas não a prioridade no embarque.

c) Se cumprirem efetivamente a sua finalidade, as entidades de atendimento ao idoso não são obrigadas a estar regularmente constituídas.

d) Caso entidade de atendimento cometa infração que coloque em risco os direitos assegurados aos idosos, o fato deverá ser comunicado à DP, para providências cabíveis.

e) Sob pena de interdição, toda instituição dedicada ao atendimento ao idoso é obrigada a manter identificação externa visível.

COMENTÁRIOS

✪ **Nota do autor:** o idoso tem direito a moradia digna, no seio da família natural ou substituta, ou desacompanhado de seus familiares, quando assim o desejar, ou, ainda, em instituição pública ou privada.

Alternativa correta: letra "e". Nos termos do § 2º, do art. 37, do Estatuto do Idoso, toda instituição dedicada ao atendimento ao idoso fica obrigada a manter identificação externa visível, sob pena de interdição.

Alternativa "a". Errada. Nos programas habitacionais, públicos ou subsidiados com recursos públicos, o idoso goza de prioridade na aquisição de imóvel para moradia própria (Estatuto do Idoso, art. 38, *caput*).

Alternativa "b". Errada. São asseguradas a prioridade e a segurança do idoso nos procedimentos de embarque e desembarque nos veículos do sistema de transporte coletivo (Estatuto do Idoso, art. 42).

Alternativa "c". Errada. A regularidade na constituição é um dos requisitos para a inscrição das Entidades de Atendimento ao Idoso (Lei nº 10.741/03, art. 48, parágrafo único, inciso III).

Alternativa "d". Errada. Não há previsão legal para que a Defensoria Pública seja a destinatária da comunicação pela violação da obrigação de a Entidade de Atendimento ao Idoso observar os direitos dos idosos.

3. POLÍTICA DE ATENDIMENTO AO IDOSO

3.1. POLÍTICA NACIONAL DO IDOSO

3.1.1. PRINCÍPIOS E DIRETRIZES

22. (Cespe – Defensor Público – RR/2013) Com base na Lei nº 8.842/1994, que dispõe sobre a Política Nacional do Idoso e que criou o Conselho Nacional do Idoso, assinale a opção correta.

a) A lei em questão considera idoso, para todos os efeitos legais, a pessoa maior de sessenta e cinco anos de idade.

b) São consideradas diretrizes da Política Nacional do Idoso o processo de envelhecimento e o respeito da sociedade em geral ao idoso; a vedação expressa de discriminação do idoso de qualquer natureza, e a consideração do idoso como o principal agente e o destinatário das transformações a serem efetivadas por meio da referida política.

c) Dispõe da Política Nacional do Idoso, de forma expressa, que o sistema de transporte coletivo interestadual tem o dever de reservar vagas gratuitas para aos idosos que pretendam viajar e possuam renda igual ou inferior a dois salários mínimos.

d) Encontra-se entre as diretrizes da Política Nacional do Idoso a priorização do atendimento ao idoso por meio de suas próprias famílias, em detrimento do atendimento asilar, à exceção dos idosos que não possuam condições que garantam sua própria sobrevivência.

e) A Política Nacional do Idoso tem como princípio expresso a proibição do tratamento diferenciado com base nas diferenças econômicas, sociais, regionais e, particularmente, nas contradições entre os meios rural e urbano do Brasil, de modo a manter tratamento uniforme e igualitário na sua aplicação, sob pena de responsabilização dos poderes públicos.

COMENTÁRIOS

✪ **Nota do autor:** a Lei nº 8842, de 04 de janeiro de 1994, que dispõe sobre a Política Nacional do Idoso, é resultado das proposições da sociedade e dos movimentos sociais no período histórico recente. Em seus artigos encontraremos os dispositivos garantidores de direitos, os princípios e as diretrizes da política com vistas a assegurar uma vida digna ao idoso.

Alternativa correta: letra "d". Constitui diretriz da política nacional do idoso a **priorização do atendimento ao idoso através de suas próprias famílias,** em detrimento do atendimento asilar, À EXCEÇÃO DOS IDOSOS QUE NÃO POSSUAM CONDIÇÕES QUE GARANTAM SUA PRÓPRIA SOBREVIVÊNCIA (Lei nº 8.842/94, art. 4º, III).

Alternativa "a". Considera-se idoso, para os efeitos da lei 8.842/94, a pessoa maior de sessenta anos de idade.

Alternativa "b". Constituem **diretrizes da política nacional do idoso**: I – viabilização de formas alternativas de participação, ocupação e convívio do idoso, que proporcionem sua integração às demais gerações; II – participação do idoso, através de suas organizações representativas, na formulação, implementação e avaliação das políticas, planos, programas e projetos a serem desenvolvidos; III – priorização do atendimento ao idoso através de suas próprias famílias, em detrimento do atendimento asilar, à exceção dos idosos que não possuam condições que garantam sua própria sobrevivência; IV – descentralização político-administrativa; V – capacitação e reciclagem dos recursos humanos nas áreas de geriatria e gerontologia e na prestação de serviços; VI – implementação de sistema de informações que permita a divulgação da política, dos serviços oferecidos, dos planos, programas e projetos em cada nível de governo; VII – estabelecimento de mecanismos que favoreçam a divulgação de informações de caráter educativo sobre os aspectos biopsicossociais do envelhecimento; VIII – priorização do atendimento ao idoso em órgãos públicos e privados prestadores de serviços, quando desabrigados e sem família; e IX – apoio a estudos e pesquisas sobre as questões relativas ao envelhecimento.

Alternativa "c". Dispõe o Estatuto do Idoso que aos maiores de sessenta e cinco anos fica assegurada a gratuidade dos transportes coletivos públicos urbanos e semiurbanos, exceto nos serviços seletivos e especiais, quando prestados paralelamente aos serviços regulares. No sistema de transporte coletivo interestadual observar-se-á, nos termos da legislação específica: a reserva de 2 (duas) vagas gratuitas por veículo para idosos com renda igual ou inferior a 2 (dois) salários-mínimos. (Lei nº 10.741/03, art. 40, I).

Alternativa "e". A **Política Nacional do Idoso** traz, expressamente, como **princípios**: I – a família, a sociedade e o estado têm o dever de assegurar ao idoso todos os direitos da cidadania, garantindo sua participação na comunidade, defendendo sua dignidade, bem-estar e o direito à vida; II – o processo de envelhecimento diz respeito à sociedade em geral, devendo ser objeto de conhecimento e informação para todos; III – o idoso não deve sofrer discriminação de qualquer natureza; IV – o idoso deve ser o principal agente e o destinatário das transformações a serem efetivadas através desta política e V – as diferenças econômicas, sociais, regionais e, particularmente, as contradições entre o meio rural e o urbano do Brasil deverão ser observadas pelos poderes públicos e pela sociedade em geral, na aplicação da Lei nº 8842/94.

---

23. (Cespe – Defensor Público – AC/ 2012) A respeito da PNI, assinale a opção correta.

a) A lei não permite a permanência, em instituições asilares de caráter social, de idoso portador de doença que exija assistência médica contínua.

b) Os conselhos nacional, estaduais, municipais e do DF do idoso são órgãos temporários e deliberativos.

c) Nos programas habitacionais, os órgãos e entidades públicos que atuam na área de habitação e urbanismo devem destinar ao idoso, em regime de doação, unidades na modalidade de casaslares.

d) Nos casos de comprovada incapacidade do idoso para gerir seus bens, cabe ao Conselho Nacional do Idoso nomear-lhe um curador especial.

e) Na aplicação da lei que dispõe sobre a PNI, é vedado ao poder público observar as diferenças econômicas, sociais e regionais, sob pena de afronta ao princípio da igualdade.

COMENTÁRIOS

✪ **Nota do autor:** O processo de envelhecimento diz respeito à sociedade em geral, devendo ser objeto de conhecimento e informação para todos.

Alternativa correta: letra "a". É vedada a permanência de portadores de doenças que necessitem de assistência médica ou de enfermagem permanente em instituições asilares de caráter social (Lei 8.842/94, art. 4º, parágrafo único).

Alternativa "b". Os conselhos nacional, estaduais, do Distrito Federal e municipais do idoso são ÓRGÃOS PERMANENTES, paritários e deliberativos, compostos por igual número de representantes dos órgãos e entidades públicas e de organizações representativas da sociedade civil ligadas à área (Lei 8.842/94, art. 6º).

Alternativa "c". Deve se destinar, nos programas habitacionais, unidades em REGIME DE COMODATO ao idoso, na modalidade de casas lares (Lei 8.842/94, art. 10, V, "a").

Alternativa "d". Isto é atribuição do judiciário (Lei 8.842/94, art. 10, § 2º).

Alternativa "e". O art. 3º da PNI traz como **princípio expresso** que AS DIFERENÇAS econômicas, sociais, regionais e, particularmente, as contradições entre o meio rural e o urbano do Brasil DEVERÃO SER OBSERVADAS pelos poderes públicos e pela sociedade em geral (Lei 8.842/94, art. 3º).

---

24. (Cespe – Defensor Público – AC/ 2012) Constitui diretriz da PNI, prevista na Lei nº 8.842/1994,

a) realização de concurso público para áreas de atendimento ao idoso, tais como na de geriatria.

b) participação direta do idoso na formulação e avaliação das políticas a ele relacionadas.

c) centralização político-administrativa.

d) priorização do atendimento asilar do idoso.

e) priorização do atendimento, em órgãos públicos e privados prestadores de serviço, ao idoso desabrigado e sem família.

COMENTÁRIOS

✪ **Nota do autor:** É vedada a permanência de portadores de doenças que necessitem de assistência médica ou de enfermagem permanente em instituições asilares de caráter social.

Alternativa correta: letra "e". Uma das diretrizes da política nacional do idoso é a priorização do atendimento ao idoso em órgãos públicos e privados prestadores de serviços, quando desabrigados e sem família (Lei nº 8.842/94 – Política Nacional do Idoso, art. 4º, VIII).

Alternativa "a". Constitui diretriz da Política Nacional do Idoso, a CAPACITAÇÃO E RECICLAGEM DOS RECURSOS HUMANOS nas áreas de geriatria e gerontologia e na prestação de serviços (Lei da Política Nacional do Idoso, art. 4º, V).

Alternativa "b". Constitui diretriz da Política Nacional do Idoso a **participação do idoso**, ATRAVÉS

DE SUAS ORGANIZAÇÕES REPRESENTATIVAS, na formulação, implementação e avaliação das políticas, planos, programas e projetos a serem desenvolvidos (Lei da Política Nacional do Idoso, art. 4º, II).

Alternativa "c". Constitui diretriz da Política Nacional do Idoso a DESCENTRALIZAÇÃO político-administrativa (Lei da Política Nacional do Idoso, art. 4º, IV).

Alternativa "d". Constitui diretriz da Política Nacional do Idoso, a priorização do atendimento ao idoso ATRAVÉS DE SUAS PRÓPRIAS FAMÍLIAS, em detrimento do atendimento asilar, à exceção dos idosos que não possuam condições que garantam sua própria sobrevivência (Lei da Política Nacional do Idoso, art. 4º, III).

---

25. (Cespe - Defensor Público - BA/ 2011 - adaptado) Julgue o item a seguir, relativo às normas aplicáveis aos idosos.

Deverá ser incentivada, como diretriz da política nacional do idoso, a permanência, em instituições asilares de caráter social, dos idosos portadores de doenças que necessitem de assistência médica ou de enfermagem permanente.

COMENTÁRIOS

✪ **Nota do autor:** é priorizada e incentivada a convivência familiar do idoso, sendo exceção, por razões de necessidade devidamente demonstrada, a separação do idoso de seus familiares.

Errado. Uma das diretrizes da política nacional do idoso é A PRIORIZAÇÃO DO ATENDIMENTO AO IDOSO ATRAVÉS DE SUAS PRÓPRIAS FAMÍLIAS, em detrimento do atendimento asilar, à exceção dos idosos que não possuam condições que garantam sua própria sobrevivência (art. 4º, inciso III, da Lei nº 8.842/1994 e art.3º, V, do Estatuto do Idoso).

---

26. (Cespe - Promotor de Justiça-RO/2010) A respeito da Política Nacional do Idoso, assinale a opção correta.

a) A família, a sociedade e o Estado têm o dever de assegurar ao idoso todos os direitos da cidadania, garantindo sua participação política, por meio de organizações representativas, na formulação, implementação e avaliação da gestão dos programas de auxílio – Alimentação instituídos pela Secretaria de Direitos Humanos do Ministério da Justiça.

b) O processo de envelhecimento diz respeito à sociedade em geral, devendo ser objeto de conhecimento e informação para todos. Portanto, o apoio a estudos e pesquisas sobre as questões relativas ao envelhecimento constitui uma das diretrizes da política em apreço.

c) É obrigatória a permanência de portadores de doenças que necessitem de assistência médica ou de enfermagem permanente em instituições asilares de caráter social, estando sujeito a sanções civis, penais e administrativas o dirigente de entidade de atendimento ao idoso que a obstar.

d) A centralização político-administrativa da capacitação e reciclagem dos recursos humanos nas áreas de geriatria e gerontologia e na prestação de serviços é condição essencial e indispensável para a viabilização de formas alternativas de participação, ocupação e convívio do idoso, que proporcionem sua integração às demais gerações.

e) A priorização do atendimento a idosos em órgãos públicos e privados prestadores de serviços, quando desabrigados e sem família, deverá respeitar as diferenças econômicas, sociais, regionais e, particularmente, as contradições entre os meios rural e urbano, sendo, portanto, obrigatório o estabelecimento de um processo de triagem que impeça a permanência dos idosos oriundos do meio rural nos núcleos urbanos.

COMENTÁRIOS

✪ **Nota do autor:** antes mesmo do advento do Estatuto do Idoso, o Brasil já contava com uma política nacional do idoso, prevista pela Lei 8.842/1994.

Alternativa correta "b". Essa política rege-se por vários princípios, entre eles, o do processo de envelhecimento diz respeito à sociedade em geral, devendo ser objeto de conhecimento e informação para todos, constituindo uma de suas diretrizes o apoio a estudos e pesquisas sobre as questões relativas ao envelhecimento.

Alternativa "a". Não há previsão da gestão aludida.

Alternativa "c". É justamente proibida tal permanência.

Alternativa "d". Parte-se da descentralização e não da centralização político-administrativa.

Alternativa "e". Não há a aludida triagem, devendo ser observado o princípio da igualdade.

3.1.2. AÇÕES GOVERNAMENTAIS

---

27. (Cespe - Defensor Público - DPE - AC/2017) Com o objetivo de implementar a política nacional do idoso, no que se refere à área de promoção e assistência social, cabe aos órgãos e entidades públicas, entre outras ações,

A) garantir ao idoso acesso a eventos culturais mediante políticas de incentivo.

B) promover seminários, simpósios e encontros voltados a essa área.

C) garantir ao idoso atendimento médico pelo SUS.

D) desenvolver programas para informar a população sobre o processo de envelhecimento.

E) promover projetos que viabilizem a participação do idoso, sem discriminação, no mercado de trabalho.

COMENTÁRIOS

✪ **Nota do autor:** a política nacional do idoso tem por objetivo assegurar os direitos sociais do idoso, criando condições para promover sua autonomia, integração e participação efetiva na sociedade. Além disso, na sua implementação, as competências dos órgãos e entidades públicos são distribuídas por sete áreas, quais sejam: I - área de promoção e assistência social; II - área de saúde; III - área de educação; V - área de habitação e urbanismo; VI - área de justiça; e VII - área de cultura, esporte e lazer.

Alternativa correta: letra "b". Os órgãos e entidades públicos na área de promoção e assistência social, têm a competência de propiciar ao idoso o acesso aos locais e eventos culturais, mediante preços reduzidos, em âmbito nacional (alínea c do inciso I do art.10 da Lei nº 8.842/94).

Alternativa "a". Os órgãos e entidades públicos na área de cultura, esporte e lazer, têm a competência de propiciar ao idoso o acesso aos locais e eventos culturais, mediante preços reduzidos, em âmbito nacional (alínea b do inciso VII do art.10 da Lei nº 8.842/94).

Alternativa "c". Os órgãos e entidades públicos na área de saúde, têm a competência de garantir ao idoso a assistência à saúde, nos diversos níveis de atendimento do Sistema Único de Saúde (alínea a do inciso II do art.10 da Lei nº 8.842/94).

Alternativa "d". Os órgãos e entidades públicos na área de educação, têm a competência de desenvolver programas educativos, especialmente nos meios de comunicação, a fim de informar a população sobre o processo de envelhecimento (alínea d do inciso III do art.10 da Lei nº 8.842/94).

Alternativa "e". Os órgãos e entidades públicos na área de trabalho e previdência social, têm a competência de garantir mecanismos que impeçam a discriminação do idoso quanto a sua participação no mercado de trabalho, no setor público e privado (alínea a do inciso IV do art.10 da Lei nº 8.842/94).

---

28. (Cespe - Defensor Público - TO/2013) Considerando o disposto no Decreto Federal nº 5.109/2004 e no Decreto Federal nº 1.948/1996, assinale a opção correta.

a) O Conselho Nacional dos Direitos do Idoso (CNDI) reúne-se mensalmente em caráter ordinário e, extraordinariamente, por convocação do seu presidente ou por requerimento da maioria de seus membros.

b) Ao Ministério da Cultura, em conjunto com seus órgãos e entidades vinculadas, compete estimular e apoiar a admissão do idoso na universidade.

c) Os ministérios envolvidos na Política Nacional do Idoso devem promover, conforme as suas atribuições e competências, a capacitação de recursos humanos para o atendimento do idoso, podendo, para tanto, firmar convênios tanto com instituições governamentais quanto com organismos não governamentais.

d) A modalidade não asilar de atendimento ao idoso, denominada centro de convivência, consiste em local destinado ao desenvolvimento, pelo idoso, de atividades produtivas, que lhe propiciem elevar sua renda.

e) O Conselho Nacional dos Direitos do Idoso (CNDI) consiste em órgão colegiado de caráter meramente consultivo.

COMENTÁRIOS

✪ **Nota do autor:** A política de atendimento ao idoso far-se-á por meio do conjunto articulado de ações governamentais e não governamentais da União, dos Estados, do Distrito Federal e dos Municípios.

Alternativa correta: letra "c". Compete aos Ministérios envolvidos na Política Nacional do Idoso, dentro das suas competências, promover a capacitação de recursos humanos voltados ao atendimento do idoso; inclusive por meio de convênios firmados com instituições governamentais e não governamentais, nacionais, estrangeiras ou internacionais (Decreto nº 1.948/96, art. 15).

Alternativa "a". O CNDI reunir-se-á BIMESTRALMENTE em caráter ordinário e extraordinariamente por convocação do seu presidente ou por requerimento da maioria de seus membros. (Decreto nº 5.109/04, art. 12).

Alternativa "b". Estimular e apoiar a admissão do idoso na universidade é competência do Ministério da Educação e do Desporto, em articulação com órgãos federais, estaduais e municipais de educação, e não ao Ministério da Cultura (Decreto nº 1.948/96, art. 10).

Alternativa "d". A modalidade não asilar de atendimento denominada de **Centro de Convivência** é o local destinado à permanência diurna do idoso, onde são desenvolvidas atividades físicas, laborativas, recreativas, culturais, associativas e de educação para a cidadania. Já a modalidade não asilar de atendimento denominada de **Oficina Abrigada de Trabalho** é o local destinado ao desenvolvimento, pelo idoso, de atividades produtivas, proporcionando-lhe oportunidade de elevar sua renda, sendo regida por normas específicas (Decreto nº 1.948/96, art. 4º, I e IV).

Alternativa "e". O Conselho Nacional dos Direitos do Idoso – **CNDI** é órgão colegiado de CARÁTER DELIBERATIVO (Decreto nº 5.109/04, art. 1º).

---

29. (Cespe - Defensor Público - RR/2013) Ainda com base na Lei nº 8.842/1994, que dispõe sobre a Política

Nacional do Idoso e que Criou o Conselho Nacional do Idoso, assinale a opção correta.

a) Na implementação da Política Nacional do Idoso, em particular na área de habitação e urbanismo, a lei em apreço impõe aos estados, ao DF e aos municípios o dever de desenvolver, por meio de recursos próprios, financiamento de programas direcionados à assistência ao idoso como forma de melhoria de condições de habitabilidade e adaptação de moradia, considerando seu estado físico e sua independência de locomoção.

b) De modo a tutelar o patrimônio do idoso, a lei em apreço veda expressamente a possibilidade de o idoso dispor de seus bens, proventos, pensões e benefícios, salvo por autorização judicial específica, por meio de curador especial em juízo.

c) Nas áreas de cultura, esporte e lazer, a lei em questão assegura de forma expressa ao idoso o direito de acesso gratuito aos locais e eventos culturais em âmbito nacional.

d) Constituem competências privativas do órgão ministerial responsável pela assistência e promoção social a supervisão, o acompanhamento, a fiscalização e a avaliação da Política Nacional do Idoso no âmbito das respectivas instâncias político-administrativas.

e) De acordo com preceito expresso da lei em pauta, na implementação da Política Nacional do Idoso, todo cidadão tem o dever de denunciar à autoridade competente qualquer forma de negligência ou desrespeito ao idoso.

COMENTÁRIOS

✪ **Nota do autor:** o Conselho Nacional do Idoso tem por finalidade elaborar as diretrizes para a formulação e implementação da Política Nacional do Idoso, observadas as linhas de ação e as diretrizes conforme dispõe o Estatuto do Idoso, bem como acompanhar e avaliar a sua execução.

Alternativa correta: letra "e". Todo cidadão tem o dever de denunciar à autoridade competente qualquer forma de negligência ou desrespeito ao idoso (Lei nº 8.842/94, art. 10, § 3º).

Alternativa "a". Na implementação da política nacional do idoso, são competências dos órgãos e entidades públicos na área de habitação e urbanismo: a) destinar, nos programas habitacionais, unidades em regime de comodato ao idoso, na modalidade de casas-lares; b) INCLUIR nos programas de assistência ao idoso, formas de melhoria de condições de habitabilidade e adaptação de moradia, considerando seu estado físico e sua independência de locomoção; c) elaborar critérios que garantam o acesso da pessoa idosa à habitação popular; e d) diminuir barreiras arquitetônicas e urbanas (Lei nº 8.842/94, art. 10, V).

Alternativa "b". É assegurado ao idoso o DIREITO DE DISPOR DE SEUS BENS, PROVENTOS, PENSÕES E BENEFÍCIOS, salvo nos casos de incapacidade judicialmente comprovada (Lei nº 8.842/94, art. 10, § 1º).

Alternativa "c". Na implementação da política nacional do idoso, são competências dos órgãos e entidades públicos na área de cultura, esporte e lazer, além de outros, propiciar ao idoso o acesso aos locais e eventos culturais, mediante preços reduzidos, em âmbito nacional (Lei 8.842/94, art. 10, VII).

Alternativa "d". Essa é uma das COMPETÊNCIAS DOS CONSELHOS nacional, estaduais, do Distrito Federal e municipais do idoso (Lei nº 8.842/94, art. 7º).

30. (Cespe – Defensor Público – SE/ 2012) Com base no decreto que estabelece critérios para o exercício do direito ao transporte coletivo gratuito interestadual pelo idoso e do que regulamenta a Política Nacional do Idoso, assinale a opção correta.

a) No exercício do direito ao transporte gratuito interestadual, o idoso está dispensado dos procedimentos de identificação de passageiros exigidos no momento do embarque.

b) Compete ao Ministério do Planejamento, Orçamento e Gestão, por meio da Secretaria de Política Urbana, promover gestões para viabilizar linhas de crédito para o acesso a moradias para o idoso junto a entidades relacionadas com os investimentos habitacionais, sejam elas públicas ou privadas.

c) Para que o idoso exerça o seu direito ao desconto de 50%, no mínimo, no valor das passagens que excederem as vagas gratuitas previstas para o transporte interestadual, basta a comprovação da idade, mediante a apresentação do original de qualquer documento pessoal de identidade que contenha foto.

d) A legislação veda a comercialização, pela empresa de transporte, dos assentos reservados para o transporte gratuito de idosos.

e) O benefício da reserva de duas vagas gratuitas no sistema de transporte coletivo interestadual para o idoso se estende às tarifas de pedágio e de utilização dos terminais, que não podem ser cobradas.

COMENTÁRIOS

✪ **Nota do autor:** a política nacional do idoso tem por objetivo assegurar os direitos sociais do idoso, criando condições para promover sua autonomia, integração e participação efetiva na sociedade.

Alternativa correta: letra "b". Ao Ministério do Planejamento e Orçamento, por intermédio da Secretaria de Política Urbana, compete, dentre outras coisas, promover gestões para viabilizar linhas de crédito visando ao acesso a moradias para o idoso, junto: a) às entidades de crédito habitacional; b) aos Governos Estaduais e do Distrito Federal; c) a outras entidades, públicas ou privadas, relacionadas com os investimentos habitacionais (art. 8º, inciso II, alíneas "a", "b" e "c", do Decreto nº 1.948/96).

Alternativa "a". Independentemente de estar ou não no exercício do direito ao transporte gratuito interestadual, o idoso está sujeito aos procedimentos de identificação de passageiros ao apresentarem-se para embarque, de acordo com o estabelecido pela ANTT e pela ANTAQ, em suas respectivas esferas de atuação (art. 7º, do Decreto nº 5.934/2006).

Alternativa "c". Para o exercício do direito ao desconto de 50% (cinquenta por cento), no mínimo, no valor das passagens do transporte coletivo interestadual, é necessário que a pessoa interessada apresente documento pessoal que faça prova de sua idade (igual ou superior a sessenta anos) e da renda (igual ou inferior a dois salários mínimos), no prazo estabelecido (I – para viagens com distância até 500 km, com, no máximo, seis horas de antecedência; e II – para viagens com distância acima de 500 km, com, no máximo, doze horas de antecedência) (art. 4º, do Decreto nº 5.934/2006).

Alternativa "d". Após o prazo estabelecido para a solicitação do bilhete de viagem do idoso e exercício do direito à gratuidade, caso os assentos reservados não tenham sido objeto de concessão do referido benefício, as empresas prestadoras dos serviços poderão colocar à venda os bilhetes desses assentos, que, enquanto não comercializados, continuarão disponíveis para o exercício do benefício da gratuidade (art.3º, § 4º, do Decreto nº 5.934/2006).

Alternativa "e". Não estão incluídas no benefício de gratuidade do transporte coletivo interestadual as tarifas de pedágio e de utilização dos terminais e as despesas com alimentação (art. 8º, parágrafo único, do Decreto nº 5.934/2006).

---

31. (Cespe – Defensor Público – RO/ 2012) Na implementação da Política Nacional do Idoso, compete aos órgãos e entidades públicos na área de promoção e assistência social

a) criar e estimular a manutenção de programas de preparação para a aposentadoria nos setores público e privado com antecedência mínima de dois anos antes do afastamento do idoso.

b) prestar serviços e desenvolver ações voltadas para o atendimento das necessidades básicas do idoso, mediante a participação de entidades não governamentais.

c) valorizar o registro da memória e a transmissão de informações e habilidades do idoso aos jovens.

d) desenvolver programas educativos, especialmente nos meios de comunicação, para informar a população sobre o processo de envelhecimento.

e) adotar e aplicar normas de funcionamento às instituições geriátricas e similares, com fiscalização pelos gestores do Sistema Único de Saúde.

COMENTÁRIOS

✪ **Nota do autor:** O idoso não deve sofrer discriminação de qualquer natureza.

Alternativa correta: letra "b". É uma das competências dos órgãos e entidades públicos que atuam na área de promoção e assistência social (Lei nº 8.842/94, art. 10, I, a).

Alternativa "a". Isso é competência dos órgãos e entidades públicos NA ÁREA DE TRABALHO E PREVIDÊNCIA SOCIAL (Lei da PNI, art. 10, IV, c).

Alternativa "c". Referida ação compete aos órgãos e entidades públicos NA ÁREA DE CULTURA, ESPORTE E LAZER (Lei da PNI, art. 10, VII, d).

Alternativa "d". Desenvolver programas educativos, especialmente nos meios de comunicação, a fim de informar a população sobre o processo de envelhecimento compete aos órgãos e entidades públicos na área de educação (Lei da PNI, art. 10, III, d).

Alternativa "e". Adotar e aplicar normas de funcionamento às instituições geriátricas e similares, com fiscalização pelos gestores do Sistema Único de Saúde COMPETE AOS ÓRGÃOS E ENTIDADES PÚBLICOS NA ÁREA DE SAÚDE (Lei da PNI, art. 10, II, c).

---

32. (Cespe – Defensor Público – AC/ 2012) Com base no Decreto nº 1.948/1996, que regulamenta a Lei nº 8.842/1994, acerca da PNI, assinale a opção correta.

a) A coordenação da PNI é da competência da Secretaria Especial dos Direitos Humanos da Presidência da República.

b) Compete ao Ministério da Fazenda prestar atendimento ao idoso, preferencialmente nas áreas de arrecadação e fiscalização, visando à prestação de informações e cálculo de contribuições individuais.

c) É vedado aos ministérios envolvidos na PNI celebrar convênio com instituições não governamentais para promover a capacitação de recursos humanos voltados ao atendimento ao idoso.

d) Ao Ministério da Cultura compete criar programa estadual e municipal para garantir ao idoso a participação no processo de produção de bens culturais.

e) O centro de convivência constitui o local destinado ao atendimento, em regime de internato, ao idoso que não dispõe de condições de prover sua própria subsistência.

COMENTÁRIOS

✪ **Nota do autor:** Entende-se por modalidade asilar o atendimento, em regime de internato, ao idoso sem vínculo familiar ou sem condições de prover à própria subsistência de modo a satisfazer as suas necessidades de moradia, alimentação, saúde e convivência social. A assistência na modalidade asilar ocorre no caso da inexistência do grupo familiar, abandono, carência de recursos financeiros próprios ou da própria família.

Alternativa correta: letra "a". À Secretaria Especial dos Direitos Humanos da Presidência da República compete, dentre outras coisas, coordenar a Política Nacional do Idoso. (Decreto Federal nº 1.948/96, art. 2º, I).

Alternativa "b". Prestar atendimento, preferencialmente, nas áreas da arrecadação e fiscalização, visando à prestação de informações e ao cálculo de contribuições individuais COMPETE AO INSTITUTO NACIONAL DO SEGURO SOCIAL-INSS (Decreto Federal nº 1.948/96, art. 5º, II).

Alternativa "c". Para os Ministérios envolvidos na Política Nacional do Idoso, dentro das suas competências, promoverem a capacitação de recursos humanos voltados ao atendimento do idoso, poderão firmar convênios com instituições governamentais e não governamentais, nacionais, estrangeiras ou internacionais. (Decreto Federal 1.948/96, art. 15, caput e parágrafo único).

Alternativa "d". Ao Ministério da Cultura compete, em conjunto com seus órgãos e entidades vinculadas, criar PROGRAMA DE ÂMBITO NACIONAL, visando garantir ao idoso a participação no processo de produção, reelaboração e fruição dos bens culturais (Decreto Federal nº 1.948/96, art. 12, I).

Alternativa "e". O **Centro de Convivência** é local destinado à PERMANÊNCIA DIURNA DO IDOSO, onde são desenvolvidas atividades físicas, laborativas, recreativas, culturais, associativas e de educação para a cidadania (Decreto Federal 1.948/96, art. 4º, I).

33. (Cespe - Defensor Público - BA/ 2011 - adaptado) Julgue o item a seguir, relativo às normas aplicáveis aos idosos.

É assegurado ao idoso o direito de dispor de seus bens, proventos, pensões e benefícios, salvo seja comprovada judicialmente sua incapacidade ou o idoso ultrapasse 85 anos de idade.

COMENTÁRIOS

✪ **Nota do autor:** TODA pessoa está num processo de envelhecimento sadio (senescência), até ser idoso, MAS nem todo idoso é considerado senil, ou seja, que está num processo de declínio ou diminuição da capacidade físico-mental (envelhecimento patológico), que pode resultar em sua incapacidade civil por interdição.

Errado. Por incluir a idade de 85 anos como obstáculo ao direito do idoso dispor de seus bens, proventos, pensões e benefícios (art.10, § 1º, da Lei nº 8.842/94).

3.1.3. MODALIDADES DE ATENDIMENTO

34. (Cespe - Defensor Público - DPE - AC/2017) O local destinado à permanência diurna do idoso onde são desenvolvidas atividades físicas, laborativas, recreativas, culturais e associativas, bem como atividades de educação para a cidadania, é denominado, pela legislação pertinente,

A) Centro de Convivência.

B) Casa-Lar.

C) Oficina Abrigada.

D) Casa de Atendimento Assistencial.

E) Centro de Cuidados.

COMENTÁRIOS

✪ **Nota do autor:** nos termos do artigo 4º do Decreto nº 1.948/1996 entende-se por modalidade não-asilar de atendimento: I – Centro de Convivência: local destinado à permanência diurna do idoso, onde são desenvolvidas atividades físicas, laborativas, recreativas, culturais, associativas e de educação para a cidadania; II – Centro de Cuidados Diurno: Hospital-Dia e Centro-Dia – local destinado à permanência diurna do idoso dependente ou que possua deficiência temporária e necessite de assistência médica ou de assistência multiprofissional; III – Casa-Lar: residência, em sistema participativo, cedida por instituições públicas ou privadas, destinada a idosos detentores de renda insuficiente para sua manutenção e sem família; IV – Oficina Abrigada de Trabalho: local destinado ao desenvolvimento, pelo idoso, de atividades produtivas, proporcionando-lhe oportunidade de elevar sua renda, sendo regida por normas específicas; V – atendimento domiciliar: é o serviço prestado ao idoso que vive só e seja dependente, a fim de suprir as suas necessidades da vida diária. Esse serviço é prestado em seu próprio lar, por profissionais da área de saúde ou por pessoas da própria comunidade; VI – outras formas de atendimento: iniciativas surgidas na própria comunidade, que visem à promoção e à integração da pessoa idosa na família e na sociedade.

Alternativa correta: letra "a" (responde as demais alternativas). Como dito anteriormente, o local destinado à permanência diurna do idoso onde são desenvolvidas atividades físicas, laborativas, recreativas, culturais e associativas, bem como atividades de educação para a cidadania, é denominado **Centro de Convivência.**

35. (Cespe - Defensor Público - RR/2013) Com base no Decreto Federal nº 1.948/1996, que regulamenta a Lei nº 8.842/1994 no que tange à Política Nacional do Idoso, assinale a opção correta.

a) O decreto em apreço impõe a criação, por intermédio da Secretaria de Assistência à Saúde, em articulação com as secretarias de saúde dos estados, do DF e dos municípios, tanto na rede hospitalar privada quanto na pública, de unidades de cuidados diurnos (hospital-dia, centro-dia), de atendimento domiciliar e outros serviços alternativos para o idoso.

b) O idoso aposentado – ainda que sua aposentadoria decorra de invalidez provocada por acidente no trabalho – que almeje retornar ao trabalho nas atividades abrangidas pelo RGPS tem o direito a encaminhamento ao programa de reabilitação do INSS, fazendo jus a outras prestações de serviço, ainda que decorrentes de sua condição de aposentado.

c) O idoso terá direito a atendimento preferencial nos órgãos públicos prestadores de serviços à população, embora tal direito não abranja aqueles serviços prestados por as entidades de natureza privada.

d) É expressamente proibida a permanência, em instituições asilares de caráter social, de idosos portadores de doenças que demandem assistência médica permanente ou assistência de enfermagem intensiva, em qualquer hipótese.

e) O idoso que não tenha meios de prover a sua própria subsistência, que não tenha família ou cuja família não tenha condições de prover a sua manutenção terá assegurada a assistência asilar prestada pela União, pelos estados, pelo DF e pelos municípios, na forma da lei.

COMENTÁRIOS

✪ **Nota do autor:** a assistência na modalidade asilar ocorre no caso da inexistência do grupo familiar, abandono, carência de recursos financeiros próprios ou da própria família.

Alternativa correta: letra "e". O idoso que não tenha meios de prover à sua própria subsistência, que não tenha família OU cuja família não tenha condições de prover à sua manutenção, terá ASSEGURADA A ASSISTÊNCIA ASILAR, pela União, pelos Estados, pelo Distrito Federal e pelos Municípios, na forma da lei. (Decreto nº 1.948/96, art. 17, parágrafo único).

Alternativa "a". Ao Ministério da Saúde, por intermédio da Secretaria de Assistência à Saúde, em articulação com as Secretarias de Saúde dos estados, do Distrito Federal e dos Municípios, compete ESTIMULAR a criação, NA REDE DE SERVIÇOS DO SISTEMA ÚNICO DE SAÚDE, de Unidades de Cuidados Diurnos (Hospital-Dia, Centro-Dia), de atendimento domiciliar e outros serviços alternativos para o idoso. (Decreto nº 1.948/96, art. 9º, XIV).

Alternativa "b". Ao **idoso aposentado**, EXCETO POR INVALIDEZ, que retornar ao trabalho nas atividades abrangidas pelo Regime Geral de Previdência Social, quando acidentado no trabalho, será encaminhado ao Programa de Reabilitação do INSS, NÃO FAZENDO JUS A OUTRAS PRESTAÇÕES DE SERVIÇO, salvo às decorrentes de sua condição de aposentado. (Decreto federal 1.948/96, art. 7º).

Alternativa "c". O **idoso** terá **atendimento preferencial** nos **órgãos PÚBLICOS e PRIVADOS** prestadores de serviços à população (Decreto nº 1.948/96, art. 17).

Alternativa "d". Fica proibida a permanência em instituições asilares, de caráter social, de idosos portadores de doenças que exijam assistência médica permanente ou de assistência de enfermagem intensiva, CUJA FALTA POSSA AGRAVAR OU POR EM RISCO SUA VIDA OU A VIDA DE TERCEIROS. (Decreto federal 1.948/96, art. 18).

---

36. (Cespe – Defensor Público – RO/ 2012) Considerando as diversas modalidades de projetos relacionados aos serviços de atenção ao idoso no Brasil, assinale a opção correta à luz da Portaria MPAS/SEAS nº 73/2001.

a) A modalidade Atendimento Integral Institucional é uma alternativa de programa de atenção integral às pessoas idosas que, por suas carências familiares e funcionais, não podem ser atendidas em seus próprios domicílios ou por serviços comunitários.

b) A modalidade Casa Lar é uma alternativa de atendimento que visa à boa convivência do idoso com a comunidade, contribuindo para otimizar a sua participação, interação e autonomia.

c) A modalidade República consiste no fortalecimento de atividades associativas, produtivas e promocionais, contribuindo para a autonomia, o envelhecimento ativo e saudável, a prevenção do isolamento social, a socialização e o aumento da renda própria do idoso.

d) A modalidade I do Projeto Centro Dia destina-se a idosos independentes para atividades da vida diária, ainda que requeiram o uso de algum equipamento de autoajuda.

e) A modalidade Centro de Convivência consiste em serviço de internação temporária, público ou privado, de atendimento ao idoso dependente de cuidados biopsicossociais sistematizados, no período máximo de sessenta dias.

COMENTÁRIOS

✪ **Nota do autor:** A política nacional do idoso tem por objetivo assegurar os direitos sociais do idoso, criando condições para promover sua autonomia, integração e participação efetiva na sociedade.

Alternativa correta: letra "b". É uma residência participativa destinada a idosos que estão sós ou afastados do convívio familiar e com renda insuficiente para sua sobrevivência. Trata-se de uma modalidade de atendimento, que vem romper com as práticas tutelares e assistencialistas, visando o fortalecimento da participação, organização e autonomia dos idosos, utilizando sempre que possível a rede de serviços local.

Alternativa "a". Atendimento integral institucional – é aquele prestado em uma instituição asilar, prioritariamente aos idosos sem famílias, em situação de vulnerabilidade, oferecendo-lhes serviços nas áreas social, psicológica, médica, de fisioterapia, de terapia ocupacional, de enfermagem, de odontologia e outras atividades especificas para este segmento social. Trata-se de estabelecimento com denominações diversas, correspondentes aos locais físicos equipados para atender pessoas com 60 anos e mais, sob regime de internato, mediante pagamento ou não, durante um período indeterminado e que dispõe de um quadro de recursos humanos para atender às necessidades de cuidados com assistência, saúde, alimentação higiene, repouso e lazer dos usuários e desenvolver outras atividades que garantam qualidade de vida. São exemplos de denominações: abrigo, asilo, lar, casa de repouso, clínica geriátrica ancianato.

Alternativa "c". A modalidade república de idosos é alternativa de residência para os idosos independentes, organizada em grupos, conforme o número de usuários, e cofinanciada com recursos da aposentadoria, benefício de prestação continuada, renda mensal vitalícia e outras.

Alternativa "d". A modalidade Atendimento em Centro-Dia – é um programa de atenção integral às pessoas idosas que por suas carências familiares e funcionais não podem ser atendidas em seus próprios domicílios ou por serviços comunitários; proporciona o atendimento das necessidades básicas, mantém o idoso junto à família, reforça o aspecto de segurança, autonomia, bem-estar e a própria socialização do idoso. Caracteriza-se por ser um espaço para atender idosos que possuem limitações para a realização das Atividades de Vida Diária (AVD), que convivem com suas famílias, porém, não dispõem de atendimento de tempo integral, no domicílio. Pode funcionar em espaço especificamente construído para esse fim, em espaço adaptado ou como um programa de um Centro de Convivência desde que disponha de pessoal qualificado para o atendimento adequado.

Alternativa "e". A modalidade Atendimento em centro de convivência consiste no fortalecimento de atividades associativas, produtivas e promocionais, contribuindo para autonomia, envelhecimento ativo e saudável prevenção do isolamento social, socialização e aumento da renda própria. É o espaço destinado à frequência dos idosos e de seus familiares, onde são desenvolvidas planejadas e sistematizadas ações de atenção ao idoso, de forma a elevar a qualidade de vida, promover a participação, a convivência social, a cidadania e a integração intergeracional.

---

37. (Cespe – Defensor Público – AC/ 2012) Considerando o que dispõe a Portaria nº 73/2001 com relação aos modelos de projetos e programas de atenção à pessoa idosa no Brasil, assinale a opção correta.

a) O Atendimento Integral Institucional não se destina a idosos portadores de doença mental incapacitante.

b) De acordo com o projeto Família Acolhedora, cada família poderá receber até dois idosos em situação de abandono, ou que não tenham familiares, ou que estejam impossibilitados de conviver com sua família de origem.

c) A modalidade de projeto denominada república de idosos constitui alternativa de residência para idosos independentes, organizada em grupos, sendo vedado o sistema de autogestão.

d) Os centros de convivência não podem utilizar a rede privada de saúde.

e) O projeto Assistência Domiciliária consiste em serviço de atendimento em domicílio a pessoas idosas, exclusivamente público.

COMENTÁRIOS

✪ **Nota do autor:** A Portaria 73/2001, constitui mais uma etapa de regulamentação da Política Nacional do Idoso – Lei 8.842, de 04/01/1994, bem como uma nova abordagem de procedimentos e mudanças de paradigmas no que se refere à definição de Normas e Padrões de Funcionamento para Serviços e Programas de Atenção à Pessoa Idosa a ser consolidado no âmbito dos Estados e Municípios, respeitando os indicadores socioeconômicos, as demandas, as peculiaridades socioculturais de cada realidade.

Alternativa correta: letra "a". Nos termos da Portaria 73/2001, na instituição destinada a idosos dependentes e independentes que necessitam de auxilio e de cuidados especializados e que exijam controle e acompanhamento adequado de profissionais de saúde, não serão aceitos idosos portadores de dependência física acentuada e de doença mental incapacitante.

Alternativa "b". Cada família poderá receber 1 (um) idoso.

Alternativa "c". A república de idosos é alternativa de residência para os idosos independentes, organizada em grupos, conforme o número de usuários, e cofinanciada com recursos da aposentadoria, benefício de prestação continuada, renda mensal vitalícia e outras. EM ALGUNS CASOS A REPÚBLICA PODE SER VIABILIZADA EM SISTEMA DE AUTOGESTÃO.

Alternativa "d". Os Centros de Convivência poderão ainda usar a rede pública ou privada de saúde, de educação, de esportes e de cultura.

Alternativa "e". Assistência domiciliária / atendimento domiciliário é aquele prestado à pessoa idosa com algum nível de dependência, com vistas à promoção da autonomia, permanência no próprio domicilio, reforço dos vínculos familiares e de vizinhança. Caracteriza-se por ser um serviço de atendimento público ou privado a domicílio às pessoas idosas através de um programa individualizado, de caráter preventivo e reabilitador, no qual se articulam uma rede de serviços e técnicas de intervenção profissional focada em atenção à saúde, pessoal, doméstica, de apoio psicossocial e familiar, e interação com a comunidade. Pode ser de natureza permanente ou provisória, diurna e/ou noturna, para atendimento de idosos dependentes ou semidependentes, com ou sem recursos e mantendo ou não vínculo familiar.

38. (Cespe - Defensor Público - BA/ 2011 - adaptado) Julgue o item a seguir, relativo às normas aplicáveis aos idosos.

Entende-se por modalidade asilar o atendimento, em regime de internato, ao idoso sem vínculo familiar ou sem condições de prover a própria subsistência, de modo a satisfazer as suas necessidades de moradia, alimentação, saúde e convivência social.

COMENTÁRIOS

✪ Nota do autor: para fins de implementação da Política Nacional do Idoso, e no caso da inexistência do grupo familiar, abandono, carência de recursos financeiros próprios ou da própria família do idoso, o Estado o assistirá por meio da modalidade asilar, ou seja, atendimento em regime de internato, para satisfação de suas necessidades de moradia, alimentação, saúde e convivência social.

Correto. O art.3º, do Decreto nº 1.948/96, que regulamenta a Lei nº 8.842/94, classifica o atendimento, em regime de internato, ao idoso sem vínculo familiar ou sem condições de prover à própria subsistência de modo a satisfazer as suas necessidades de moradia, alimentação, saúde e convivência social, como modalidade asilar.

3.2. ENTIDADES DE ATENDIMENTO AO IDOSO

39. (Cespe - Defensor Público - ES/ 2012 - adaptado) No que se refere ao direito do idoso, julgue os itens a seguir.

39.1. As instituições para idosos em geral devem oferecer assistência psicológica, serviço social, apoio jurídico e administrativo.

COMENTÁRIOS

✪ Nota do autor: a Portaria nº 810/GM, de 22 de setembro de 1989, do Ministério da Saúde, REVOGADA pela Portaria nº 1.868/GM, de 11 de outubro de 2005, DEFINIA as normas e os padrões para o funcionamento de casas de repouso, clínicas geriátricas e outras instituições destinadas ao atendimento de idosos. Atualmente, está em vigor a Resolução da Diretoria Colegiada - RDC/ ANVISA nº 283, de 26 de setembro de 2005, que estabelece o padrão mínimo de funcionamento das Instituições de Longa Permanência para Idosos.

Certo. A revogada Portaria nº 810/GM, de 22 de setembro de 1989, do Ministério da Saúde (item 4.1) estabelecia expressamente que as instituições para idosos em geral devessem contar com: a) assistência médica; b) assistência odontológica; c) assistência de enfermagem; d) assistência nutricional; e) assistência psicológica; f) assistência farmacêutica; g) atividades de lazer; h) atividades de reabilitação (fisioterapia, terapia ocupacional e fonoaudiologia); i) serviço social; j) apoio jurídico e administrativo; e k) serviços gerais. Assim, a nosso ver, por causa da generalização e ter repetido literalmente disposição normativa já revogada, este item deveria ter sido anulado, mas a banca examinadora o considerou certo. Não obstante, numa interpretação teleológica da sistemática jurídica voltada ao idoso (em especial o art. 47, inciso V - proteção jurídico-social por entidades de defesa dos direitos dos idosos, art. 49, inciso V - observância dos direitos e garantias dos idosos, art. 50, inciso VIII - proporcionar cuidados à saúde, conforme a necessidade do idoso, inciso XI - proceder a estudo social e pessoal de cada caso, inciso XVII - manter no quadro de pessoal, profissionais com formação específica, todos do Estatuto do Idoso; item 4, da Resolução da Diretoria Colegiada - RDC/ANVISA nº 283/2005), com vistas à proteção integral e à máxima efetividade dos direitos concedidos aos idosos, chegamos à conclusão que referidos serviços se incluem entre o mínimo que deve ser oferecido pelas instituições aos idosos.

39.2. A modalidade de atendimento apoio à pessoa idosa inclui a residência em república, importante alternativa de residência para idosos independentes.

COMENTÁRIOS

✪ Nota do autor: o Decreto nº 1.948/96, que regulamenta a Lei nº 8.842/94, prevê as modalidades asilar e não asilar de atendimento ao idoso, que não se exaurem no rol de atendimentos contido nos seus artigos 3º e 4º.

Certo. A lei não veda a residência em república como modalidade não asilar de atendimento, por atender aos objetivos de proteção integral, respeito aos direitos e integração social do idoso. Aliás, iniciativas surgidas na própria comunidade, que visem à promoção e à integração da pessoa idosa na família e na sociedade, são previstas no art. 4º, VI, do Decreto nº 1.948/

3.3. FISCALIZAÇÃO DAS ENTIDADES DE ATENDIMENTO

3.3.1. CONSELHOS NACIONAL, ESTADUAIS, DO DISTRITO FEDERAL E MUNICIPAIS DO IDOSO

40. (Cespe – Defensor Público – DPE – AC/2017) Com relação à política nacional do idoso e de acordo com a legislação pertinente, compete ao Conselho Municipal do Idoso, no âmbito político-administrativo,

A) promover as articulações necessárias à implementação dessa política.

B) emitir parecer acerca de proposta orçamentária referente a promoção e assistência social do idoso.

C) supervisionar, acompanhar, fiscalizar e avaliar essa política.

D) coordenar as ações relativas a essa política.

E) participar da formulação e avaliação de tal política.

Comentários.}

✪ **Nota do autor:** os conselhos nacional, estaduais, do Distrito Federal e municipais do idoso são órgãos permanentes, paritários e deliberativos, compostos por igual número de representantes dos órgãos e entidades públicas e de organizações representativas da sociedade civil ligadas à área.

Alternativa correta: letra "c" (responde as demais alternativas). Compete ao Conselho Municipal do Idoso realizar o acompanhamento, a fiscalização e a avaliação da política nacional do idoso, no âmbito de sua instância político-administrativa (Lei nº 8.842/94, art.7º).

---

41. (Cespe – Defensor Público – RR/2013) Com base no Decreto Federal nº 5.109/2004, que dispõe sobre a composição, a estruturação e o funcionamento do CNDI, assinale a opção correta no tocante às competências desse conselho.

a) Na área de trabalho e previdência social, cabe ao CNDI priorizar o atendimento do idoso nos benefícios previdenciários e estimular a manutenção de programas de preparação para aposentadoria nos setores público e privado com antecedência mínima de dois anos antes do afastamento.

b) É atribuição do CNDI, na área de promoção e assistência social, promover a capacitação de recursos para atendimento ao idoso.

c) Compete ao CNDI prestar serviços e desenvolver ações voltadas para o atendimento das necessidades básicas do idoso, mediante a participação das famílias, da sociedade e de entidades governamentais e não governamentais nessas ações.

d) É atribuição expressa do CNDI, promover a cooperação entre os governos da União, dos estados, do DF e dos municípios e a sociedade civil organizada na formulação e execução da política nacional de atendimento dos direitos do idoso.

e) Compete ao CNDI, na área de saúde, garantir ao idoso a assistência à saúde nos diversos níveis de atendimento do Sistema Único de Saúde.

COMENTÁRIOS

✪ **Nota do autor:** o **CNDI** possui a **finalidade** de elaborar as diretrizes para a formulação e implementação da política nacional do idoso, observadas as linhas de ação e as diretrizes conforme dispõe o Estatuto do Idoso, bem como acompanhar e avaliar a sua execução.

Alternativa correta: letra "d". Referida competência do CNDI é prevista no art. 2º, parágrafo único, inciso II, do Decreto nº 5.109/2004.

Alternativa "a". Não é atribuição do CNDI. Essas são competências dos órgãos e entidades públicas que atuem na implementação da política nacional do idoso, NA ÁREA DO TRABALHO E PREVIDÊNCIA SOCIAL, nos termos do Decreto nº 1.948/96 (Lei nº 8.842/94, art. 10, IV).

Alternativa "b". O Decreto nº 5.109/2004 não atribui referida competência ao CNDI. Essa é competência dos **órgãos e entidades públicas** que atuem na implementação da política nacional do idoso, NA ÁREA DE PROMOÇÃO E ASSISTÊNCIA SOCIAL, nos termos do Decreto nº 1.948/96 (Lei nº 8.842/94, art. 10, I).

Alternativa "c". Na implementação da política nacional do idoso, são competências dos órgãos e entidades públicos na área de promoção e assistência social: a) prestar serviços e desenvolver ações voltadas para o atendimento das necessidades básicas do idoso, mediante a participação das famílias, da sociedade e de entidades governamentais e não governamentais. (Lei 8.842/94, art. 10, I, "a").

Alternativa "e". Essa é competências dos órgãos e entidades públicos que atuam na área de saúde, notadamente o Ministério da Saúde, por intermédio da Secretaria de Assistência à Saúde, em articulação com as Secretarias de Saúde dos estados, do Distrito Federal e dos Municípios (Lei nº 8.842/94, art. 10, II e art. 9º, I, do Decreto nº 1.948/96).

---

42. (Cespe – Defensor Público – AC/ 2012) Com base no que dispõe o Decreto nº 4.227/2002 acerca do CNDI, assinale a opção correta.

a) A presidência do CNDI cabe ao representante do Ministério da Saúde.

b) Nas ausências simultâneas do presidente e do vice-presidente do CNDI, cabe ao conselheiro mais idoso o exercício da presidência desse conselho.

c) O CNDI está vinculado à estrutura básica do Ministério da Saúde.

d) Compete ao CNDI a criação dos conselhos de direitos do idoso nos estados, no DF e nos municípios.

e) Integram o CNDI, entre outros representantes, o do Ministério da Justiça, o do Ministério das Comunicações e o do Ministério da Fazenda.

COMENTÁRIOS

✪ **Nota do autor:** O Decreto Federal nº 4.227/02 foi revogado pelo Decreto Federal nº 5.109, de 17 de junho de 2004, o qual dispõe sobre a composição, estruturação, competências e funcionamento do Conselho Nacional dos Direitos do Idoso – CNDI, e dá outras providências. Assim, a nosso ver, esta questão deveria ter sido anulada, por ser referir à legislação não vigente como norte na resolução das assertivas. Apesar disso, o examinador optou por mantê-la.

Alternativa correta: letra "b". Nas ausências simultâneas do Presidente e do Vice-Presidente, a presidência será exercida pelo conselheiro mais idoso (Decreto Federal nº 4227/02, art. 5º, § 1º, SEM DISPOSIÇÃO IGUAL NO Decreto Federal nº 5.109, de 17 de junho de 2004).

Alternativa "a". Nos termos do art. 5º, *caput*, do REVOGADO Decreto Federal nº 4227/02, o Presidente e o Vice-Presidente do CNDI serão escolhidos, mediante votação, DENTRE SEUS MEMBROS, por maioria simples, e designados pelo Ministro de Estado da Justiça.

Alternativa "c". O CNDI estava vinculado à estrutura básica do Ministério da Justiça. (Decreto Federal nº 4227/02, art. 2). ATUALMENTE, integra a estrutura básica da Secretaria Especial dos Direitos Humanos da Presidência da República (caput, do art. 1º, do Decreto Federal nº 5.109, de 17 de junho de 2004).

Alternativa "d". Competia ao CNDI ESTIMULAR E APOIAR TECNICAMENTE a criação de conselhos de direitos do idoso nos Estados, no Distrito Federal e nos Municípios (Decreto Federal nº 4227/02, art. 3º, IV). Não há disposição semelhante no Decreto Federal nº 5.109, de 17 de junho de 2004.

Alternativa "e". O REVOGADO Decreto Federal nº 4.227/02, em seu art. 4º, NÃO previa como integrante do CNDI representante oriundo do Ministério da Fazenda. ATUALMENTE, o CNDI tem a seguinte composição, guardada a paridade entre os membros do Poder Executivo e da sociedade civil organizada: um representante da Secretaria Especial dos Direitos Humanos da Presidência da República e de cada Ministério a seguir indicado: a) das Relações Exteriores; b) do Trabalho e Emprego; c) da Educação; d) da Saúde; e) da Cultura; f) do Esporte; g) **da Justiça**; h) da Previdência Social; i) da Ciência e Tecnologia; j) do Turismo; l) do Desenvolvimento Social e Combate à Fome; m) do Planejamento, Orçamento e Gestão; e n) das Cidades (art.3º, *caput* e incisos, do Decreto Federal nº 5.109/2004).

43. (Cespe – Defensor Público – ES/ 2012 – adaptado) No que se refere ao direito do idoso, julgue o item a seguir.

Compete ao Conselho Nacional dos Direitos do Idoso promover, em parceria com organismos governamentais e não governamentais nacionais e internacionais, a identificação de sistemas de indicadores que sirvam de base para o estabelecimento de metas e procedimentos para o monitoramento das atividades relacionadas ao atendimento ao idoso.

COMENTÁRIOS

✪ **Nota do autor:** os Conselhos Nacional, Estaduais, do Distrito Federal e Municipais do Idoso, previstos na Lei nº 8.842/94: I – zelarão pelo cumprimento dos direitos do idoso; II – serão órgãos permanentes, paritários e deliberativos, compostos por igual número de representantes dos órgãos e entidades públicas e de organizações representativas da sociedade civil ligadas à área.

Certo. O Decreto nº 5.109/2004, que dispõe sobre a composição, estruturação, competências e funcionamento do Conselho Nacional dos Direitos do Idoso – CNDI, estabelece, dentre outras competências do CNDI, a de promover, em parceria com organismos governamentais e não governamentais, nacionais e internacionais, a identificação de sistemas de indicadores, no sentido de estabelecer metas e procedimentos com base nesses índices, para monitorar a aplicação das atividades relacionadas com o atendimento ao idoso (art. 2º, parágrafo único, III).

44. (Cespe – Defensor Público – SE/ 2012) Com base na lei que trata da Política Nacional do Idoso e da portaria que a aprova, assinale a opção correta.

a) É de responsabilidade do gestor estadual promover a revisão e o aprimoramento das normas de funcionamento de instituições geriátricas e similares.

b) Os conselhos nacional, estaduais, do DF e municipais do idoso são órgãos de caráter deliberativo, e não consultivo.

c) Figura entre as competências da União, exercidas por intermédio do ministério responsável pela assistência e promoção social, a promoção de articulações interestaduais e intermunicipais necessárias à implementação da Política Nacional do Idoso.

d) Competem ao Ministério da Justiça a elaboração e a implementação de programas de preparo para futuros aposentados nos setores públicos e privados.

e) O apoio a estudos e pesquisas não está inserido entre as diretrizes essenciais para o alcance do propósito da Política Nacional de Saúde do Idoso.

COMENTÁRIOS

✪ **Nota do autor:** todo cidadão tem o dever de denunciar à autoridade competente qualquer forma de negligência ou desrespeito ao idoso.

Alternativa correta: letra "b". Os Conselhos Nacional, Estaduais, do Distrito Federal e Municipais do Idoso são ÓRGÃOS PERMANENTES, PARITÁRIOS E DELIBERATIVOS (art. 6º, da Lei nº 8.842/94).

Alternativa "a". A elaboração e o acompanhamento da implementação de normas de serviços geriátricos hospitalares são de competência do Ministério da Saúde, por intermédio da Secretaria de Assistência à Saúde, em articulação com as Secretarias de Saúde dos estados, do Distrito Federal e dos Municípios (art. 9º, X, do Decreto nº 1.948/96). Agora, os gestores do Sistema Único de Saúde devem fiscalizar a adoção e a aplicação das normas de funcionamento das instituições geriátricas e similares (art. 9º, IX, do Decreto nº 1.948/96).

Alternativa "c". À União, por intermédio do ministério responsável pela assistência e promoção social, compete promover as articulações INTRAMINISTERIAIS e INTERMINISTERIAIS necessárias à implementação da política nacional do idoso (art. 8º, III, da Lei nº 8.842/94).

Alternativa "d". Referida competência é do Ministério da Educação e do Desporto, em articulação com órgãos federais, estaduais e municipais de educação (art.10, I, do Decreto nº 1.948/96).

Alternativa "e". O apoio a estudos e pesquisas sobre as questões relativas ao envelhecimento é uma das diretrizes da política nacional do idoso (art.4º, IX, da Lei nº 8.842/94).

3.4. APURAÇÃO JUDICIAL DE IRREGULARIDADES EM ENTIDADE DE ATENDIMENTO

45. (Cespe – Juiz Federal – TRF 5/2017) Um idoso ajuizou ação em face de entidade não governamental de atendimento à pessoa idosa, visando apurar irregularidades praticadas por essa entidade.

Considerando essa situação hipotética, assinale a opção correta.

A) Depois de apresentada a defesa, o juiz poderá designar audiência de instrução e julgamento.

B) Antes de citar o réu, o juiz deverá intimar o Ministério Público para firmar acordo visando eliminar as irregularidades.

C) Recebida a petição inicial, deverá ser marcada audiência de conciliação, na qual o dirigente da entidade deverá apresentar defesa escrita.

D) Havendo motivo grave, poderá o juiz, antes de ouvir o Ministério Público, decretar liminarmente o afastamento provisório do dirigente da entidade.

E) Caso, ao final do processo, seja aplicada pena de multa, esta deverá ser imposta à entidade.

COMENTÁRIOS

✪ **Nota do autor:** o procedimento judicial de apuração de irregularidade em entidade governamental e não governamental de atendimento ao idoso terá início mediante petição fundamentada de pessoa interessada ou iniciativa do Ministério Público.

Alternativa correta: letra "a". Apresentada a defesa, o juiz procederá na conformidade do disposto do Código de Processo Civil (como por exemplo, apresentação de réplica, tréplica etc.) ou, se necessário, designará audiência de instrução e julgamento, deliberando sobre a necessidade de produção de outras provas (Estatuto do Idoso, art.68, *caput*).

Alternativa "b". A eliminação de irregularidades verificadas, antes do julgamento do mérito, pode ocorrer no prazo fixado pelo juiz, sem a necessidade de realização de prévio acordo entre o Ministério Público e a entidade de atendimento ao idoso (seja governamental ou não), resultando em extinção do processo sem resolução do mérito (§3º do art.68 do Estatuto do Idoso).

Alternativa "c". A resposta escrita da entidade de atendimento ao idoso, no procedimento judicial de apuração de irregularidade, deve ocorrer no prazo de dez dias a contar da citação do seu dirigente, não de audiência de tentativa de conciliação (art.67 do Estatuto do Idoso).

Alternativa "d". Qualquer medida liminar provisória a ser decretada pela autoridade judiciária (inclusive afastamento do dirigente da entidade de atendimento ao idoso) exige decisão fundamentada em motivo grave, prévia manifestação do Ministério Público e ser adequada para evitar lesão aos direitos do idoso (art.66 do Estatuto do Idoso).

Alternativa "e". A multa e a advertência serão impostas ao dirigente da entidade ou ao responsável pelo programa de atendimento (§4º do art.68 do Estatuto do Idoso).

46. (Cespe – Promotor de Justiça-RO/2010) Quanto à apuração judicial de irregularidades em entidade de atendimento ao idoso, assinale a opção correta.

a) Em se tratando de afastamento definitivo de dirigente de entidade não governamental, a autoridade judiciária oficiará à autoridade administrativa imediatamente superior ao afastado, fixando-lhe prazo de trinta dias úteis para proceder à substituição.

b) O procedimento de apuração judicial de irregularidades terá início mediante petição fundamentada de pessoa interessada ou iniciativa do MP, sendo que, havendo motivo grave, poderá a autoridade judiciária, mediante decisão fundamentada, ouvido o MP, decretar liminarmente o afastamento provisório do dirigente da entidade ou outras medidas que julgar adequadas, para evitar lesão aos direitos do idoso.

c) Na apuração judicial de irregularidades, apresentada a defesa, o juiz designará obrigatoriamente audiência de instrução e julgamento no prazo máximo de cinco dias úteis.

d) Somente em casos excepcionais, poderá a autoridade judiciária fixar prazo para a remoção das irregularidades verificadas, após o recolhimento da multa imposta ao dirigente da entidade ou ao responsável pelo programa de atendimento.

e) Quando ocorrerem irregularidades que impliquem o afastamento provisório dos dirigentes da entidade de atendimento, esta será passível de fechamento imediato, seguido do remanejamento compulsório dos atendidos para o SUS.

COMENTÁRIOS

✪ **Nota do autor:** as entidades de atendimento estarão sujeitas a constante fiscalização e, se caso não observarem os direitos fundamentais dos idosos, terão a sua conduta apurada por meio de um procedimento próprio.

Alternativa correta: letra "b". O procedimento tramitará perante o Poder Judiciário e será iniciado por meio de petição de pessoa interessada ou então pelo Ministério Público, podendo o juiz determinar o afastamento provisório do dirigente, de forma liminar, havendo motivo grave, para evitar lesão aos direitos dos idosos.

Alternativa "a". A providência é exigida tratando-se de entidade governamental.

Alternativa "c". A designação da audiência de instrução ocorrerá somente se isso for necessário (ou seja, se necessário para a colheita da prova).

Alternativa "d". Não há a ressalva de "somente em casos excepcionais".

Alternativa "e". Será fixado prazo de 24 horas para a substituição do dirigente.

4. ACESSO À JUSTIÇA

47. (Cespe – Promotor de Justiça – MPE – RR/2017) Com referência ao Estatuto do Idoso e suas alterações, julgue os seguintes itens, relativos às competências do MP no tocante a feitos que envolvam a proteção ao idoso.

I. Compete ao MP a instauração de inquérito civil e ação civil pública para a proteção dos direitos e interesses difusos ou coletivos, individuais indisponíveis e individuais homogêneos do idoso.

II. Cabe ao MP promover e acompanhar ações de alimentos, de interdição, de designação de curador especial, em circunstâncias que justifiquem a medida, bem como oficiar em todos os feitos nos quais estejam sendo discutidos os direitos de idosos em condições de risco.

III. A atuação do parquet como substituto processual do idoso em situação de risco encontra-se prevista de forma expressa na legislação infraconstitucional nos casos em que, no âmbito do Estatuto do Idoso, direitos reconhecidos forem ameaçados ou violados.

IV. A possibilidade de requisitar força policial bem como de solicitar a colaboração dos serviços de saúde, educacionais e de assistência social públicos para o desempenho de suas atribuições é inerente à atividade específica do MP como protetor dos idosos em situação de risco.

Assinale a opção correta.

A) Apenas os itens I e II estão certos.

B) Apenas os itens I e III estão certos.

C) Apenas os itens II e III estão certos.

D) Todos os itens estão certos.

COMENTÁRIOS

✪ **Nota do autor:** as atribuições constantes no Estatuto do Idoso não excluem outras, desde que compatíveis com a finalidade e atribuições do Ministério Público.

Alternativa correta: letra "d". Estão corretos os itens I, II, III e IV.

Item I. Certo. Para a proteção dos direitos e interesses difusos ou coletivos, individuais indisponíveis e individuais homogêneos do idoso, o Estatuto do Idoso atribui competência ao Ministério Público a competência de instaurar o Inquérito civil e a ação civil pública, sem excluir outros instrumentos e legitimidade de terceiros previstos em outras normas (inciso I e §§1º e 2º do art.74 do Estatuto do Idoso).

Item II. Certo. O Estatuto do Idoso atribui ao Ministério Público a competência de promover e acompanhar as ações de alimentos, de interdição total ou parcial, de designação de curador especial, em circunstâncias que justifiquem a medida e oficiar em todos os feitos em que se discutam os direitos de idosos em condições de risco, sem excluir outros instrumentos e legitimidade de terceiros previstos em outras normas (inciso II e §§1º e 2º do art.74 do Estatuto do Idoso).

Item III. Certo. O Estatuto do Idoso atribui ao Ministério Público a competência de atuar como substituto processual do idoso em situação de risco de ameaça ou violação aos direitos nele previstos, por ação ou omissão da sociedade ou do Estado, por falta, omissão ou abuso da família, curador ou entidade de atendimento, ou em razão de sua condição pessoal, sem excluir outros instrumentos e legitimidade de terceiros previstos em outras normas (incisos I, II e III do art.43 e inciso III e §§1º e 2º do art.74, todos do Estatuto do Idoso).

Item IV. Certo. O Estatuto do Idoso atribui ao Ministério Público a competência de requisitar força policial, bem como a colaboração dos serviços de saúde, educacionais e de assistência social, públicos, para o desempenho de suas atribuições de atuar para efetivação dos direitos dos idosos (inciso IX do art.74 do Estatuto do Idoso).

---

48. (Cespe – Defensor Público – SE/ 2012) Com base no tratamento dado pela legislação e pela jurisprudência à pessoa idosa, assinale a opção correta.

a) Segundo a legislação de regência, aos maiores de sessenta e cinco anos é assegurada a gratuidade dos transportes coletivos públicos urbanos e semiurbanos, facultando-se à empresa de transporte o estabelecimento de prévio procedimento de cadastro do idoso para que o direito ao passe livre possa ser legitimamente exercido.

b) É obrigatória a intervenção do MP em todas as demandas cujo objeto sejam os interesses da pessoa idosa.

c) Incorrerá em ilegalidade o órgão público que reservar 5% das vagas de seu estacionamento para pessoas idosas a ele vinculadas, visto que o Estatuto do Idoso assegura a reserva, para os idosos, de 5% das vagas nos estacionamentos públicos, circunstância que impede a administração pública de limitar o uso de vagas de estacionamento localizado em área própria de órgão público a pessoas idosas a ele vinculadas.

d) Caso um advogado maior de sessenta e cinco anos de idade seja contratado para ajuizar ação de qualquer natureza, o processo judicial tramitará em regime de prioridade, já que a regra que estabelece o benefício da prioridade na tramitação processual favorece não apenas o idoso que seja parte da relação jurídica processual, como também o que atua como causídico.

e) De acordo com o STJ, o benefício da prioridade na tramitação processual contempla todos os idosos que figurem como parte ou como intervenientes nos procedimentos judiciais, razão pela qual abrange o idoso que intervenha no processo em todas as formas de intervenção de terceiros.

COMENTÁRIOS

✪ **Nota do autor:** a prioridade na tramitação de processos judiciais e procedimentos administrativos visam o efetivo implemento do direito ao acesso à justiça em sua plenitude.

Alternativa correta: letra "e". O inciso I do art.1048 do CPC/15 e o *caput* do art. 71 do Estatuto do Idoso possuem disposição literal de que o idoso interveniente tem direito à prioridade no tramite processual. Igualmente já decidiu o STJ (REsp 664.899/SP, Rel. Ministra ELIANA CALMON, SEGUNDA TURMA, julgado em 03/02/2005, DJ 28/02/2005, p. 307).

Alternativa "a". Para ter acesso à gratuidade, basta que o idoso apresente qualquer documento pessoal que faça prova de sua idade (art.39, § 1º, da Lei nº 10.741/2003).

Alternativa "b". O STJ entende que somente há obrigatoriedade de intervenção do Ministério Público se comprovado situação de risco a direitos previstos no Estatuto do idoso, nos termos do art. 43 do Estatuto do Idoso, evitando a intervenção obrigatória do MP de forma indiscriminada (AgRg no AREsp 115.629/MG, Rel. Ministro MAURO CAMPBELL MARQUES, SEGUNDA TURMA, julgado em 22/05/2012, DJe 29/05/2012; AgRg no REsp 1182212/PR, Rel. Ministro JORGE MUSSI, QUINTA TURMA, julgado em 09/08/2011, DJe 23/08/2011).

Alternativa "c". O STJ já decidiu que a previsão legal de reserva de 5% das vagas nos estacionamentos públicos estabelecida pelo art. 41 da Lei nº 10.741/2003 não impede que a administração de entidade pública (v.g. fórum) restrinja o uso de determinada área de estacionamento somente às pessoas idosas que, de alguma forma, estão vinculadas às atividades desenvolvidas por ela, pois se deve atentar para o fato de essa área estar restrita ao uso especial daqueles que receberem autorização estatal para o seu uso, nos termos do art. 99, II, do Código Civil (RMS 32.340/DF, Rel. Ministro BENEDITO GONÇALVES, PRIMEIRA TURMA, julgado em 26/10/2010, DJe 04/11/2010; e RMS 20043/SP, Rel. Ministro Teori Albino Zavascki, Primeira Turma, DJ 21/09/2006).

Alternativa "d". É assegurada prioridade na tramitação dos processos e procedimentos e na execução dos atos e diligências judiciais em que figure como PARTE OU INTERVENIENTE pessoa com IDADE IGUAL OU SUPERIOR A 60 (SESSENTA) ANOS, em qualquer instância. E dentre os processos de idosos, dar-se-á prioridade especial aos maiores de oitenta anos (art. 71, caput e §5º, do Estatuto do Idoso).

---

49. (Cespe – Defensor Público – RO/ 2012) Assinale a opção correta acerca do Estatuto do Idoso e de suas disposições.

a) Decorridos sessenta dias do trânsito em julgado de sentença condenatória favorável a pessoa idosa sem que o autor lhe promova a execução, deverá fazê-lo o MP.

b) Compete à DP atuar como substituto processual do idoso em situações de risco.

c) O referido estatuto regula o direito das pessoas com idade igual ou superior a sessenta e cinco anos.

d) O MP, quando não figurar como autor da ação, atuará obrigatoriamente como fiscal da lei em todos os processos que envolvam interesses de pessoa idosa.

e) O direito a transporte urbano gratuito é restrito ao idoso cadastrado nos órgãos estaduais responsáveis pelo transporte urbano.

COMENTÁRIOS

✪ **Nota do autor:** Aos idosos, a partir de 65 (sessenta e cinco) anos, que não possuam meios para prover sua subsistência, nem de tê-la provida por sua família, é assegurado o benefício mensal de 1 (um) salário-mínimo, nos termos da Lei Orgânica da Assistência Social – Loas.

Alternativa correta: letra "a". Para efetividade do direito de ação, decorridos 60 (sessenta) dias do trânsito em julgado da sentença condenatória favorável ao idoso sem que o autor lhe promova a execução, deverá fazê-lo o Ministério Público, facultada, igual iniciativa aos demais legitimados, como assistentes ou assumindo o polo ativo, em caso de inércia desse órgão (Estatuto do Idoso, art. 87).

Alternativa "b". Compete ao MP atuar com substituto processual em situações de risco (Estatuto do Idoso, art. 74, III).

Alternativa "c". O Estatuto do Idoso é destinado a regular os direitos assegurados às pessoas com idade igual ou superior a 60 (SESSENTA) ANOS (Estatuto do Idoso, art. 1º).

Alternativa "d". Nos processos e procedimentos em que não for parte, atuará obrigatoriamente o Ministério Público na defesa dos direitos e interesses de que cuida o Estatuto do Idoso, SOMENTE SE HOUVER RISCO A DIREITOS PREVISTO NO ESTATUTO DO IDOSO (Estatuto do Idoso, art. 75 interpretado pelo STJ – AgRg no AREsp 115.629/MG).

Alternativa "e". Para ter acesso à gratuidade, basta que o idoso apresente qualquer documento pessoal que faça prova de sua idade (Estatuto do Idoso, art. 39, § 1º).

50. (Cespe – Defensor Público – BA/2011 – adaptado) Em relação ao Estatuto do Idoso (Lei nº 10.741/2003), julgue o item a seguir.

É assegurada prioridade na tramitação dos processos e procedimentos e na execução dos atos e diligências judiciais em que figure, como parte ou interveniente, pessoa com idade igual ou superior a sessenta anos, em qualquer instância. A prioridade não cessará com a morte do beneficiado, estendendo-se em favor do cônjuge supérstite, companheiro ou companheira, com união estável, maior de sessenta anos.

COMENTÁRIOS

✪ **Nota do autor:** de nada adiantaria haver um direito concedido ao idoso, se o instrumento utilizado para evitar ou afastar sua lesão, fosse moroso e se esbarrasse em entraves procedimentais. Por isso, a prioridade na tramitação deve ser interpretada em sua máxima extensão.

Certo. Para máxima efetivação e proteção dos direitos dos idosos, seu estatuto prevê a garantia de prioridade nessa extensão, facilitando o acesso pleno à justiça (art. 71, caput e § 2º, da Lei nº 10.741/2003).

5. CRIMES

51. (Cespe – Defensor Público – TO/2013) Considerando o disposto no Estatuto do Idoso e a Política Nacional do Idoso, assinale a opção correta.

a) A competência para as ações referentes ao direito do idoso é relativa.

b) Transitada em julgado a sentença condenatória do poder público, favorável ao idoso, deverá o juiz determinar a remessa de peças à autoridade competente, para apuração de responsabilidades, e, ainda, promover a execução, intimando o Ministério Público para assumir o polo ativo.

c) Os crimes definidos no Estatuto do Idoso são de ação penal pública incondicionada, e a eles não se aplicam as escusas absolutórias do Código Penal, quando praticados em detrimento de cônjuge, ascendente e descendente.

d) Consoante a Política Nacional do Idoso, para ser considerada idosa a pessoa deve ter idade igual ou superior a sessenta e cinco anos.

e) Toda instituição prestadora de serviço ao idoso tem direito à assistência judiciária gratuita.

COMENTÁRIOS

✪ **Nota do autor:** A política nacional do idoso tem por objetivo assegurar os direitos sociais do idoso, criando condições para promover sua autonomia, integração e participação efetiva na sociedade.

Alternativa correta: letra "c". Os **crimes definidos no Estatuto do Idoso** são de AÇÃO PENAL PÚBLICA INCONDICIONADA, não se lhes aplicando os arts. 181 (escusas absolutórias) e 182 do Código Penal (ação penal pública condicionada à representação). (Estatuto do Idoso, art. 95).

Alternativa "a". As ações cíveis para tutela dos direitos dos idosos serão propostas no foro do domicílio do idoso, cujo juízo terá COMPETÊNCIA ABSOLUTA para processar a causa, ressalvada a competências da Justiça Federal e a competência originária dos Tribunais Superiores (Estatuto do Idoso, art. 80).

Alternativa "b". Transitada em julgado a sentença que impuser condenação ao Poder Público, o juiz determinará a remessa de peças à autoridade competente, para apuração da responsabilidade civil e administrativa do agente a que se atribua a ação ou omissão. NÃO HAVERÁ A INTIMAÇÃO DO MP (Estatuto do Idoso, art. 86).

Alternativa "d". Considera-se **idoso**, para os efeitos da Política Nacional do Idoso, a PESSOA MAIOR DE SESSENTA ANOS DE IDADE (Lei 8.842/94, art. 2º).

Alternativa "e". APENAS **as instituições filantrópicas ou sem fins lucrativos** prestadoras de serviço ao idoso terão direito à assistência judiciária gratuita (Estatuto do Idoso, art. 51).

52. (Cespe – Defensor Público – RO/ 2012) Ainda com relação ao Estatuto do Idoso, assinale a opção correta.

a) Ao indivíduo que se aproprie de pensão de pessoa idosa, dando-lhe aplicação diversa da de sua finalidade, aplica-se o procedimento previsto na Lei nº 9.099/1995.

b) Considere que Pedro desdenhe de seu pai, Antônio, de sessenta anos de idade, chamando-o de "velho gagá" na frente de seu grupo de amigos. Nessa situação, embora cometa crime, Pedro ficará isento de pena.

c) Suponha que Rosa, contratada pela família Castro para cuidar de Jonas, idoso de setenta e cinco anos de idade, o exponha a perigo, privando-o do cuidado indispensável à saúde, o que lhe ocasiona a morte. Nessa situação, Rosa comete crime sujeito a pena de seis a doze anos de reclusão.

d) O MP, os estados, a OAB e a DP são legitimados, concorrentemente, para a propositura de ações cíveis fundadas em interesses difusos, coletivos e individuais indisponíveis ou homogêneos que afetem direitos dos idosos.

e) Se o idoso internado em unidade hospitalar pública não estiver em condições de optar pelo tratamento de saúde que lhe seja mais favorável, inexistindo curador ou familiar conhecido, a DP deve ser comunicada do fato, a fim de adotar as providências cabíveis.

COMENTÁRIOS

✪ **Nota do autor:** Os crimes definidos no Estatuto do Idoso são de ação penal pública incondicionada, não se lhes aplicando os arts. 181 e 182 do Código Penal.

Alternativa correta: letra "a". Por ser crime cuja pena máxima privativa de liberdade não ultrapasse 4 (quatro) anos, aplica-se o procedimento previsto na Lei no 9.099, de 26 de setembro de 1995 (Estatuto do Idoso, art. 94).

Alternativa "b". NÃO SE APLICA A EXCLUDENTE DE PENA PREVISTA NO ART. 181, DO CÓDIGO PENAL, quando o crime for previsto no Estatuto do Idoso (art. 95, da Lei nº 1.0741/03). No caso, referida conduta está tipificada no art. 96, § 1º, do Estatuto do Idoso.

Alternativa "c". A pena será DE 04 (QUATRO) a 12 (doze) anos. (Estatuto do Idoso, art. 99, § 2º).

Alternativa "d". A Defensoria Pública não está prevista no Estatuto do Idoso como um dos legitimados extraordinários (Estatuto do Idoso, art. 81, I, II e III).

Alternativa "e". O MP é que deve ser comunicado do fato e não a DP. (Estatuto do Idoso, art. 17, IV).

53. (Cespe – Defensor Público – BA/ 2011 – adaptado) Em relação ao Estatuto do Idoso (Lei n° 10.741/2003), julgue o item a seguir.

Aos crimes previstos nesse estatuto e cuja pena máxima privativa de liberdade não ultrapasse quatro anos aplica-se o procedimento previsto na Lei n.º 9.099/1995 e, subsidiariamente, no que couber, aplicam-se as disposições do Código Penal e do Código de Processo Penal.

COMENTÁRIOS

✪ **Nota do autor:** para maior proteção aos interesses e direitos dos idosos, somente a celeridade do procedimento previsto na Lei nº 9.099/95 deve ser aplicada, por não confrontar os princípios que fundamentam toda a legislação que tutela o idoso.

Errado. Apesar de ser a disposição literal contida no art. 94, do Estatuto do Idoso, o STF, julgou parcialmente procedente a ADI 3096 / DF, dando a ela interpretação conforme a CF/88, com redução de texto, para suprimir a expressão "do Código Penal e", entendendo ser somente aplicável o procedimento sumaríssimo previsto na Lei nº 9.099/95, com vistas à celeridade processual, e entendendo inconstitucional qualquer hermenêutica que aplique quaisquer medidas despenalizadoras e de interpretação benéfica ao autor do crime.

54. (Cespe – Defensor Público – AL/ 2009) A respeito dos crimes previstos no Estatuto do Idoso, julgue o item a seguir.

Constitui crime de menor potencial ofensivo abandonar injustificadamente pessoa idosa em hospital ou casa de saúde.

COMENTÁRIOS

✪ **Nota do autor:** haveria afronta ao princípio de proteção ampla e irrestrita aos interesses e direitos dos idosos, se a lei previsse que as benesses da Lei nº 9.099/99 se estendessem às pessoas que acometessem crimes contra os idosos, pois não são considerados de menor potencial ofensivo.

Errado. O crime em questão tem pena máxima superior a 2 anos, não sendo considerado como de menor potencial ofensivo. Aliás, a ADI 3096 / DF foi julgada parcialmente procedente, com interpretação conforme, não considerando válida a interpretação que inclui todos os crimes contra idoso como de menor potencial ofensivo (arts. 94 e 98, do Estatuto do Idoso e art. 61, da Lei nº 9.099/95).

Estatuto do Idoso

Dailson Soares de Rezende

✦ DICAS (RESUMO)

1. DIREITOS FUNDAMENTAIS

1.1. DISPOSIÇÕES GERAIS

Para garantir a **dignidade de todas as pessoas**, inclusive das idosas, a Constituição Federal concedeu os seguintes **DIREITOS FUNDAMENTAIS:**

DIREITOS FUNDAMENTAIS:	
INDIVIDUAIS E COLETIVOS	**SOCIAIS**
Vida Liberdade Igualdade Segurança Propriedade	Alimentação Saúde Moradia Trabalho Segurança Educação Previdência Social Lazer Proteção à maternidade Proteção à infância Assistência aos desamparados

É considerada **IDOSA** pessoa com **idade igual ou superior a 60 (sessenta) anos**!

NÃO SE ESQUEÇA: TODA pessoa está num **processo de envelhecimento sadio (senescência)**, até ser idoso, MAS **nem todo idoso é considerado senil**, ou seja, que está num processo de declínio ou diminuição da capacidade físico-mental (envelhecimento patológico), **que pode resultar em sua incapacidade civil por interdição**.

IMPORTANTE: É obrigação da **família, da comunidade, da sociedade e do Poder Público** assegurar ao idoso, **com absoluta prioridade**, a efetivação do direito à vida, à saúde, à alimentação, à educação, à cultura, ao esporte, ao lazer, ao trabalho, à cidadania, à liberdade, à dignidade, ao respeito e à convivência familiar e comunitária.

LEMBRE-SE: a **garantia de prioridade compreende**:

1) atendimento preferencial imediato e individualizado junto aos órgãos públicos e privados prestadores de serviços à população;
2) preferência na formulação e na execução de políticas sociais públicas específicas;
3) destinação privilegiada de recursos públicos nas áreas relacionadas com a proteção ao idoso;
4) viabilização de formas alternativas de participação, ocupação e convívio do idoso com as demais gerações;
5) priorização do atendimento do idoso por sua própria família, em detrimento do atendimento asilar, exceto dos que não a possuam ou careçam de condições de manutenção da própria sobrevivência;
6) capacitação e reciclagem dos recursos humanos nas áreas de geriatria e gerontologia e na prestação de serviços aos idosos;
7) estabelecimento de mecanismos que favoreçam a divulgação de informações de caráter educativo sobre os aspectos biopsicossociais de envelhecimento;
8) garantia de acesso à rede de serviços de saúde e de assistência social locais.
9) prioridade no recebimento da restituição do Imposto de Renda.

1.2. DIREITO À VIDA

- **IMPORTANTE**: O **envelhecimento** é um **direito personalíssimo** e a **sua proteção um direito social.**

1.3. DIREITO À LIBERDADE, AO RESPEITO E À DIGNIDADE

- É obrigação do Estado e da sociedade, assegurar à pessoa idosa a liberdade, o respeito e a dignidade, como pessoa humana e sujeito de direitos civis, políticos, individuais e sociais, garantidos na Constituição e nas leis.

1.4. ALIMENTOS

LEMBRE-SE: A **obrigação alimentar** é **solidária**, podendo o idoso optar entre os prestadores.

IMPORTANTE: As **transações relativas a alimentos** poderão ser celebradas **perante o Promotor de Justiça ou Defensor Público**, que as referendará, e passarão a ter efeito de **título executivo extrajudicial.**

1.5. DIREITO À SAÚDE

- **Incumbe ao Poder Público fornecer** aos idosos, **gratuitamente, medicamentos**, especialmente os de uso continuado, **assim como próteses, órteses e outros recursos relativos ao tratamento, habilitação ou reabilitação.**
- **ATENÇÃO:** O STJ (REsp 866.840/SP, Rel. Ministro LUIS FELIPE SALOMÃO, Rel. p/ Acórdão Minis-

tro RAUL ARAÚJO, QUARTA TURMA, julgado em 07/06/2011, DJe 17/08/2011), após interpretação da Lei Federal nº 9.656/98 juntamente com o art. 15, § 3º, do Estatuto do Idoso, encerrou entendimento de que É POSSÍVEL ADMITIR A VALIDADE DE REAJUSTES NO PLANO DE SAÚDE EM RAZÃO DA MUDANÇA DE FAIXA ETÁRIA, DESDE QUE ATENDIDAS AS SEGUINTES CONDIÇÕES:

a) previsão no instrumento negocial;
b) respeito aos limites e demais requisitos estabelecidos na Lei Federal nº 9.656/98; e
c) observância ao princípio da boa-fé objetiva, que veda índices de reajuste desarrazoados ou aleatórios, que onerem em demasia o segurado.

Em razão da idade do consumidor, ou da condição de pessoa portadora de deficiência, ninguém pode ser impedido de participar de planos privados de assistência à saúde.

PARA O IDOSO ENFERMO:

- É **vedado exigir seu comparecimento perante os órgãos públicos**, hipótese na qual será admitido o seguinte procedimento:

I. **quando de interesse do poder público**, o agente promoverá o contato necessário com o idoso em sua residência; ou

II. **quando de interesse do próprio idoso**, este se fará representar por procurador legalmente constituído.

- É **assegurado o atendimento domiciliar** pela perícia médica do Instituto Nacional do Seguro Social – INSS, pelo serviço público de saúde ou pelo serviço privado de saúde, contratado ou conveniado, que integre o Sistema Único de Saúde – SUS, para expedição do laudo de saúde necessário ao exercício de seus direitos sociais e de isenção tributária.
- **LEMBRE-SE**: Ao idoso **internado ou em observação** é assegurado o **direito a acompanhante**, devendo o órgão de saúde proporcionar as condições adequadas para a sua permanência em tempo integral, **segundo o critério médico.**
- Caberá ao profissional de saúde responsável pelo tratamento conceder autorização para o acompanhamento do idoso ou, no caso de impossibilidade, justificá-la por escrito.

FIQUE DE OLHO: O **direito de optar pelo tratamento de saúde** mais favorável **é exercido**:

- **PRIMEIRO**, pelo **idoso com domínio de suas faculdades mentais;**
- **SEGUNDO**, Não estando o idoso em condições de proceder à opção, esta será feita:

1) pelo curador, quando o idoso for interditado;
2) pelos familiares, quando o idoso não tiver curador ou este não puder ser contatado em tempo hábil;
3) pelo médico, quando ocorrer iminente risco de vida e não houver tempo hábil para consulta a curador ou familiar;
4) pelo próprio médico, quando não houver curador ou familiar conhecido, caso em que deverá comunicar o fato ao Ministério Público.

1.6. EDUCAÇÃO, CULTURA, ESPORTE E LAZER

- Nos **currículos mínimos** dos diversos níveis de **ensino formal** serão **inseridos conteúdos voltados ao processo de envelhecimento, ao respeito e à valorização do idoso**, de forma a eliminar o preconceito e a produzir conhecimentos sobre a matéria.

LEMBRE-SE: A participação dos idosos em atividades culturais e de lazer será proporcionada mediante **descontos de pelo menos 50% (cinquenta por cento)** nos ingressos para **eventos artísticos, culturais, esportivos e de lazer**, bem como o **acesso preferencial aos respectivos locais.**

1.7. PROFISSIONALIZAÇÃO E TRABALHO

Na admissão do idoso em **qualquer trabalho ou emprego**, é **vedada a discriminação e a fixação de limite máximo de idade**, inclusive para concursos, **ressalvados os casos em que a natureza do cargo o exigir**.

LEMBRE-SE: O **primeiro critério de desempate em concurso público** será a idade, dando-se **preferência ao de idade mais elevada**.

1.8. ASSISTÊNCIA SOCIAL

IMPORTANTE: É garantido ao idoso um salário mínimo de benefício mensal ao idoso que preencha os seguintes requisitos:

1) comprove não possuir meios de prover à própria manutenção ou de tê-la provida por sua família;
2) idade igual ou superior a 65 anos;

LEMBRE-SE: **Presume-se** incapaz de prover a manutenção da pessoa idosa, a família cuja renda mensal per capita seja inferior a 1/4 (um quarto) do salário-mínimo.

- O benefício da Prestação Continuada **não pode ser acumulado** pelo beneficiário com qualquer outro no âmbito da seguridade social ou de outro regime, **salvo os da assistência médica e da pensão especial de natureza indenizatória.**
- A **condição de acolhimento em instituições de longa permanência não prejudica** o direito do idoso ao **benefício de prestação continuada.**

1.9. HABITAÇÃO

O idoso tem direito à moradia digna, no seio da família natural ou substituta, ou desacompanhado de seus familiares, quando assim o desejar, ou, ainda, em instituição pública ou privada.

IMPORTANTE: NOS PROGRAMAS HABITACIONAIS, públicos ou subsidiados com recursos públicos, **o idoso**

goza de prioridade na aquisição de imóvel para moradia própria, observado o seguinte:

1) reserva de pelo menos 3% (três por cento) das unidades habitacionais residenciais para atendimento aos idosos;
2) implantação de equipamentos urbanos comunitários voltados ao idoso;
3) eliminação de barreiras arquitetônicas e urbanísticas, para garantia de acessibilidade ao idoso;
4) critérios de financiamento compatíveis com os rendimentos de aposentadoria e pensão.
5) as unidades residenciais reservadas para atendimento a idosos devem situar-se, preferencialmente, no pavimento térreo.

1.10. TRANSPORTE

IMPORTANTE: A **gratuidade nos transportes coletivos públicos depende**:

- Nos transportes coletivos públicos **urbanos e semiurbanos**:

1) Ser idoso maior de 65 anos de idade;
2) Basta que o idoso apresente qualquer documento pessoal que faça prova de sua idade.

- Para idosos com **idade entre 60 e 65**, a **lei local estabelecerá os critérios**!
- No transporte coletivo **interestadual**:

1) Ser idoso com idade igual ou superior a 60 anos;
2) Ter renda igual ou inferior a dois salários-mínimos;
3) Solicitar um único "Bilhete de Viagem do Idoso", nos pontos de venda próprios da transportadora, com antecedência de, pelo menos, três horas em relação ao horário de partida do ponto inicial da linha do serviço de transporte;
4) Comparecer ao terminal de embarque até trinta minutos antes da hora marcada para o início da viagem;
5) Apresentar documento pessoal que faça prova de sua idade e da renda igual ou inferior a dois salários-mínimos;
6) Ter duas vagas gratuitas por veículo;

Finalizadas as vagas gratuitas no transporte coletivo interestadual, o idoso tem direito a **desconto de 50%**, no mínimo, no valor das passagens.

Não estão incluídas NO BENEFÍCIO DE GRATUIDADE DO TRANSPORTE COLETIVO INTERESTADUAL **as tarifas de pedágio e de utilização dos terminais e as despesas com alimentação**

LEMBRE-SE: **É assegurada a reserva**, para os idosos, **nos termos da lei local**, de **5% das vagas** nos **estacionamentos públicos e privados**, as quais deverão ser posicionadas de forma a garantir a melhor comodidade ao idoso.

FIQUE DE OLHO: São asseguradas a prioridade e a segurança do idoso nos procedimentos de embarque e desembarque nos veículos do sistema de transporte coletivo.

2. POLÍTICA DE ATENDIMENTO AO IDOSO

2.1. POLÍTICA NACIONAL DO IDOSO

2.1.1. DIRETRIZES DA POLÍTICA NACIONAL DO IDOSO

- viabilização de **formas alternativas de participação, ocupação e convívio do idoso**, que proporcionem sua integração às demais gerações
- **participação do idoso**, através de suas organizações representativas, na formulação, implementação e avaliação das políticas, planos, programas e projetos a serem desenvolvidos
- **priorização do atendimento** ao idoso **através de suas próprias famílias**, em detrimento do atendimento asilar, à exceção dos idosos que não possuam condições que garantam sua própria sobrevivência
- descentralização político-administrativa
- **capacitação e reciclagem dos recursos humanos** nas áreas de geriatria e gerontologia e na prestação de serviços
- **implementação de sistema de informações** que permita a divulgação da política, dos serviços oferecidos, dos planos, programas e projetos em cada nível de governo
- estabelecimento de mecanismos que favoreçam a divulgação de informações de caráter educativo sobre os aspectos biopsicossociais do envelhecimento
- **priorização do atendimento ao idoso** em **órgãos públicos e privados prestadores de serviços**, quando desabrigados e sem família
- apoio a estudos e pesquisas sobre as questões relativas ao envelhecimento

É vedada a permanência de portadores de doenças que necessitem de assistência médica ou de enfermagem permanente em instituições asilares de caráter social.

2.1.2. AÇÕES GOVERNAMENTAIS

IMPORTANTE: É assegurado ao idoso o **direito de dispor de seus bens, proventos, pensões e benefícios**, **SALVO** nos casos de **incapacidade judicialmente comprovada.**

2.1.3. MODALIDADES DE ATENDIMENTO

MODALIDADE ASILAR é o atendimento, em **regime de internato, ao idoso sem vínculo familiar ou sem condições de prover à própria subsistência** de modo a satisfazer as suas necessidades de moradia, alimentação, saúde e convivência social.

LEMBRE-SE: Fica **proibida a permanência** em **instituições asilares, de caráter social**, de **idosos portadores de doenças que exijam assistência médica permanente ou de assistência de enfermagem**

intensiva, cuja **falta possa agravar ou colocar em risco sua vida ou a vida de terceiros.**

2.2. ENTIDADES DE ATENDIMENTO AO IDOSO

- **O dirigente** de instituição prestadora de atendimento ao idoso **responderá civil e criminalmente** pelos atos que praticar em detrimento do idoso, **sem prejuízo das sanções administrativas.**

IMPORTANTE: As **instituições filantrópicas ou sem fins lucrativos prestadoras de serviço ao idoso** terão direito à **assistência judiciária gratuita.**

2.3. FISCALIZAÇÃO DAS ENTIDADES DE ATENDIMENTO

FIQUE DE OLHO: As **entidades governamentais e não governamentais de atendimento ao idoso** serão **fiscalizadas** pelos **Conselhos do Idoso**, **Ministério Público**, **Vigilância Sanitária** e **outros previstos em lei.**

2.4. CONSELHOS NACIONAL, ESTADUAIS, DO DISTRITO FEDERAL E MUNICIPAIS DO IDOSO

Os Conselhos Nacional, Estaduais, do Distrito Federal e Municipais do Idoso, previstos na Lei nº 8.842, de 4 de janeiro de 1994:

- Zelarão pelo cumprimento dos direitos do idoso;
- Serão órgãos permanentes, paritários e deliberativos, compostos por igual número de representantes dos órgãos e entidades públicas e de organizações representativas da sociedade civil ligadas à área.

CONSELHO NACIONAL DOS DIREITOS DO IDOSO – CNDI	
Natureza	Órgão colegiado de caráter deliberativo, integrante da estrutura básica da Secretaria Especial dos Direitos Humanos da Presidência da República.
Finalidade	Elaborar as diretrizes para a formulação e implementação da política nacional do idoso, observadas as linhas de ação e as diretrizes conforme dispõe o Estatuto do Idoso, bem como acompanhar e avaliar a sua execução.
Composição	▸ Um representante da Secretaria Especial dos Direitos Humanos da Presidência da República e de cada Ministério a seguir indicado: ▸ das Relações Exteriores; ▸ do Trabalho e Emprego; ▸ da Educação; ▸ da Saúde; ▸ da Cultura; ▸ do Esporte; ▸ da Justiça; ▸ da Previdência Social; ▸ da Ciência e Tecnologia; ▸ do Turismo; ▸ do Desenvolvimento Social e Combate à Fome; ▸ do Planejamento, Orçamento e Gestão; e ▸ das Cidades.

CONSELHO NACIONAL DOS DIREITOS DO IDOSO – CNDI	
Composição	Quatorze representantes de entidades da sociedade civil organizada, sem fins lucrativos, com atuação no campo da promoção e defesa dos direitos da pessoa idosa, que tenham filiadas organizadas em, pelo menos, cinco unidades da Federação, distribuídas em três regiões do País.
Atribuições do presidente	▸ Convocar e presidir as reuniões do colegiado; ▸ Solicitar a elaboração de estudos, informações e posicionamento sobre temas de relevante interesse público; ▸ Firmar as atas das reuniões e homologar as resoluções; e ▸ Constituir, convocar reuniões e organizar o funcionamento das comissões permanentes e dos grupos temáticos; ▸ Resolver as dúvidas e os casos omissos no Decreto nº 5.109/2004, *ad referendum* do Colegiado.
Competência	▸ Elaborar as diretrizes, instrumentos, normas e prioridades da política nacional do idoso, bem como controlar e fiscalizar as ações de execução; ▸ Zelar pela aplicação da política nacional de atendimento ao idoso; ▸ Dar apoio aos Conselhos Estaduais, do Distrito Federal e Municipais dos Direitos do Idoso, aos órgãos estaduais, municipais e entidades não governamentais, para tornar efetivos os princípios, as diretrizes e os direitos estabelecidos pelo Estatuto do Idoso; ▸ Avaliar a política desenvolvida nas esferas estadual, distrital e municipal e a atuação dos conselhos do idoso instituídos nessas áreas de governo; ▸ Acompanhar o reordenamento institucional, propondo, sempre que necessário, as modificações nas estruturas públicas e privadas destinadas ao atendimento do idoso; ▸ Apoiar a promoção de campanhas educativas sobre os direitos do idoso, com a indicação das medidas a serem adotadas nos casos de atentados ou violação desses direitos; ▸ Acompanhar a elaboração e a execução da proposta orçamentária da União, indicando modificações necessárias à consecução da política formulada para a promoção dos direitos do idoso; e ▸ Elaborar o regimento interno, que será aprovado pelo voto de, no mínimo, dois terços de seus membros, nele definindo a forma de indicação do seu Presidente e Vice-Presidente; ▸ Acompanhar e avaliar a expedição de orientações e recomendações sobre a aplicação do Estatuto do Idoso, e dos demais atos normativos relacionados ao atendimento do idoso; ▸ Promover a cooperação entre os governos da União, dos Estados, do Distrito Federal e dos Municípios e a sociedade civil organizada na formulação e execução da política nacional de atendimento dos direitos do idoso; ▸ Promover, em parceria com organismos governamentais e não-governamentais, nacionais e internacionais, a identificação de sistemas de indicadores, no sentido de estabelecer metas e procedimentos com base nesses índices, para monitorar a aplicação das atividades relacionadas com o atendimento ao idoso;

CONSELHO NACIONAL DOS DIREITOS DO IDOSO – CNDI	
Competência	▸ Promover a realização de estudos, debates e pesquisas sobre a aplicação e os resultados estratégicos alcançados pelos programas e projetos de atendimento ao idoso, desenvolvidos pela Secretaria Especial dos Direitos Humanos da Presidência da República; e ▸ Estimular a ampliação e o aperfeiçoamento dos mecanismos de participação e controle social, por intermédio de rede nacional de órgãos colegiados estaduais, regionais, territoriais e municipais, visando fortalecer o atendimento dos direitos do idoso.

3. ACESSO À JUSTIÇA

3.1. DISPOSIÇÕES GERAIS

- **IMPORTANTE**: É assegurada **prioridade na tramitação** dos **processos e procedimentos e na execução dos atos e diligências judiciais** em que figure como **parte ou interveniente pessoa com idade igual ou superior a 60 (sessenta) anos**, em qualquer instância.
- **LEMBRE-SE**: Para o **exercício da garantia de prioridade**, BASTA o idoso **fazer prova de sua idade** e **requerer** benefício à autoridade judiciária competente para decidir o feito, que determinará as providências a serem cumpridas, anotando-se essa circunstância em local visível nos autos do processo.
- **A prioridade não cessará com a morte do beneficiado, estendendo-se em favor do cônjuge supérstite, companheiro ou companheira**, com união estável, **maior de 60 (sessenta) anos.**
- **A prioridade se estende aos processos e procedimentos** na Administração Pública, empresas prestadoras de serviços públicos e **instituições financeiras**, ao **atendimento preferencial** junto à Defensoria Pública da União, dos Estados e do Distrito Federal em relação aos Serviços de Assistência Judiciária.

3.2. MINISTÉRIO PÚBLICO

ATRIBUIÇÕES DO MINISTÉRIO PÚBLICO
▸ **instaurar o inquérito civil e a ação civil pública** para a proteção dos direitos e interesses difusos ou coletivos, individuais indisponíveis e individuais homogêneos do idoso
▸ **promover e acompanhar as ações de alimentos, de interdição total ou parcial, de designação de curador especial**, em circunstâncias que justifiquem a medida **e oficiar em todos os feitos em que se discutam os direitos de idosos em condições de risco**
▸ atuar como **substituto processual** do idoso em situação de risco
▸ **promover a revogação de instrumento procuratório do idoso**, quando necessário ou o interesse público justificar
▸ **instaurar procedimento administrativo** e praticar atos necessários para instruí-lo
▸ instaurar sindicâncias, requisitar diligências investigatórias e a instauração de inquérito policial, para a apuração de ilícitos ou infrações às normas de proteção ao idoso
▸ zelar pelo efetivo respeito aos direitos e garantias legais assegurados ao idoso, promovendo as medidas judiciais e extrajudiciais cabíveis
▸ inspecionar as entidades públicas e particulares de atendimento e os programas destinados ao idoso, adotando de pronto as medidas administrativas ou judiciais necessárias à remoção de irregularidades porventura verificadas
▸ requisitar força policial, bem como a colaboração dos serviços de saúde, educacionais e de assistência social, públicos, para o desempenho de suas atribuições
▸ referendar transações envolvendo interesses e direitos dos idosos

IMPORTANTE: O STJ entende que somente há obrigatoriedade de intervenção do Ministério Público se comprovado situação de risco a direitos previstos no Estatuto do idoso, nos termos do art. 43 do Estatuto do Idoso, evitando a intervenção obrigatória do MP de forma indiscriminada (AgRg no AREsp 115.629/MG, Rel. Ministro MAURO CAMPBELL MARQUES, SEGUNDA TURMA, julgado em 22/05/2012, DJe 29/05/2012; AgRg no REsp 1182212/PR, Rel. Ministro JORGE MUSSI, QUINTA TURMA, julgado em 09/08/2011, DJe 23/08/2011).

- **A falta de intervenção do Ministério Público acarreta a nulidade do feito** SOMENTE SE HOUVER PREJUÍZO A DIREITOS E INTERESSES DO IDOSO, que será declarada de ofício pelo juiz ou a requerimento de qualquer interessado.

4. CRIMES

Podemos afirmar que:

- **TODOS os crimes** previstos no Estatuto do Idoso de **ação penal pública incondicionada**;
- Não é considerada válida a interpretação que inclui todos os crimes contra idoso como de menor potencial ofensivo.

CRIMES CONTRA O IDOSO	
Preceito Primário	**Preceito Secundário**
Discriminar pessoa idosa, impedindo ou dificultando seu acesso a operações bancárias, aos meios de transporte, ao direito de contratar ou por qualquer outro meio ou instrumento necessário ao exercício da cidadania, por motivo de idade	Pena – reclusão de 6 (seis) meses a 1 (um) ano e multa
Desdenhar, humilhar, menosprezar ou discriminar pessoa idosa, por qualquer motivo	Idem
Deixar de prestar assistência ao idoso, quando possível fazê-lo sem risco pessoal, em situação de iminente perigo, ou recusar, retardar ou dificultar sua assistência à saúde, sem justa causa, ou não pedir, nesses casos, o socorro de autoridade pública	Pena – detenção de 6 (seis) meses a 1 (um) ano e multa
Abandonar o idoso em hospitais, casas de saúde, entidades de longa permanência, ou congêneres, ou não prover suas necessidades básicas, quando obrigado por lei ou mandado	Pena – detenção de 6 (seis) meses a 3 (três) anos e multa

CRIMES CONTRA O IDOSO	
Preceito Primário	**Preceito Secundário**
Expor a perigo a integridade e a saúde, física ou psíquica, do idoso, submetendo-o a condições desumanas ou degradantes ou privando-o de alimentos e cuidados indispensáveis, quando obrigado a fazê-lo, ou sujeitando-o a trabalho excessivo ou inadequado	Pena – detenção de 2 (dois) meses a 1 (um) ano e multa **Se resulta lesão corporal de natureza grave**: Pena – reclusão de 1 (um) a 4 (quatro) anos. **Se resulta a morte**: Pena – reclusão de 4 (quatro) a 12 (doze) anos
Obstar o acesso de alguém a qualquer cargo público por motivo de idade	Pena – reclusão de 6 (seis) meses a 1 (um) ano e multa
Negar a alguém, por motivo de idade, emprego ou trabalho	Idem
Recusar, retardar ou dificultar atendimento ou deixar de prestar assistência à saúde, sem justa causa, a pessoa idosa	Idem
Deixar de cumprir, retardar ou frustrar, sem justo motivo, a execução de ordem judicial expedida na ação civil aludida no Estatuto do Idoso	Idem
Recusar, retardar ou omitir dados técnicos indispensáveis à propositura da ação civil objeto desta Lei, quando requisitados pelo Ministério Público	Idem
Deixar de cumprir, retardar ou frustrar, sem justo motivo, a execução de ordem judicial expedida nas ações em que for parte ou interveniente o idoso	Pena – detenção de 6 (seis) meses a 1 (um) ano e multa
Apropriar-se de ou desviar bens, proventos, pensão ou qualquer outro rendimento do idoso, dando-lhes aplicação diversa da de sua finalidade	Pena – reclusão de 1 (um) a 4 (quatro) anos e multa
Negar o acolhimento ou a permanência do idoso, como abrigado, por recusa deste em outorgar procuração à entidade de atendimento	Pena – detenção de 6 (seis) meses a 1 (um) ano e multa

CRIMES CONTRA O IDOSO	
Preceito Primário	**Preceito Secundário**
Reter o cartão magnético de conta bancária relativa a benefícios, proventos ou pensão do idoso, bem como qualquer outro documento com objetivo de assegurar recebimento ou ressarcimento de dívida	Pena – detenção de 6 (seis) meses a 2 (dois) anos e multa
Exibir ou veicular, por qualquer meio de comunicação, informações ou imagens depreciativas ou injuriosas à pessoa do idoso	Pena – detenção de 1 (um) a 3 (três) anos e multa
Induzir pessoa idosa sem discernimento de seus atos a outorgar procuração para fins de administração de bens ou deles dispor livremente	Pena – reclusão de 2 (dois) a 4 (quatro) anos
Coagir, de qualquer modo, o idoso a doar, contratar, testar ou outorgar procuração	Pena – reclusão de 2 (dois) a 5 (cinco) anos
Lavrar ato notarial que envolva pessoa idosa sem discernimento de seus atos, sem a devida representação legal	Pena – reclusão de 2 (dois) a 4 (quatro) anos
Impedir ou embaraçar ato do representante do Ministério Público ou de qualquer outro agente fiscalizador	Pena – reclusão de 6 (seis) meses a 1 (um) ano e multa

O STF julgou parcialmente procedente a ADI 3096 (Relator(a): Min. CÁRMEN LÚCIA, Tribunal Pleno, julgado em 16/06/2010, DJe-164 DIVULG 02-09-2010 PUBLIC 03-09-2010 EMENT VOL-02413-02 PP-00358 RTJ VOL-00216 – PP-00204), e deu interpretação conforme à Constituição do Brasil (**Entendeu aplicável apenas o procedimento sumaríssimo previsto na Lei n. 9.099/95, no que tange ao benefício do idoso com a celeridade processual; e pela impossibilidade de aplicação de quaisquer medidas despenalizadoras e de interpretação benéfica ao autor do crime**), com redução de texto (**suprimiu a expressão "do Código Penal e"**), ao **art. 94 do Estatuto do Idoso**.

IMPORTANTE: Tanto o STF (Info 473) quanto o STJ (Info 424) entendem que o **Estatuto do Idoso NÃO alterou o artigo 115, do Código Penal**, ou seja, **somente o condenado, maior de 70 anos de idade**, na data da decisão condenatória, **é agraciado com a redução pela metade do prazo prescricional.**

Direito do Consumidor

Lucas de Souza Lehfeld

ASSUNTO	NÚMERO DE QUESTÕES	PESO
TABELA DE INCIDÊNCIA DE QUESTÕES		
1. O CONSUMIDOR NAS RELAÇÕES DE CONSUMO	6	11,11%
2. DOS PRINCÍPIOS FUNDAMENTAIS DO CÓDIGO DE DEFESA DO CONSUMIDOR (CDC)	2	3,70%
3. DA QUALIDADE DE PRODUTOS E SERVIÇOS, DA PREVENÇÃO E DA REPARAÇÃO DOS DANOS	0	0,00%
3.1. DA PROTEÇÃO À SAÚDE E SEGURANÇA	2	3,70%
3.2. DA RESPONSABILIDADE POR FATO DO PRODUTO E DO SERVIÇO	5	9,26%
3.3. DA RESPONSABILIDADE POR VÍCIO DO PRODUTO E DO SERVIÇO	3	5,56%
3.4. DA DECADÊNCIA E DA PRESCRIÇÃO (PRAZOS E GARANTIAS)	2	3,70%
3.5. DA DESCONSIDERAÇÃO DA PERSONALIDADE JURÍDICA	1	1,85%
4. DAS PRÁTICAS COMERCIAIS	0	0,00%
4.1. DAS PRÁTICAS ABUSIVAS	13	24,07%
5. DA PROTEÇÃO CONTRATUAL	6	11,11%
5.1. DAS CLÁUSULAS ABUSIVAS	4	7,41%
6. DAS INFRAÇÕES PENAIS	1	1,85%
7. DA DEFESA DO CONSUMIDOR EM JUÍZO	6	11,11%
7.1. INVERSÃO DO ÔNUS DA PROVA	3	5,56%
TOTAL	**54**	**100%**

✦ QUESTÕES

1. O CONSUMIDOR NAS RELAÇÕES DE CONSUMO

01. Cespe – Juiz Federal – TRF 5/2017) Conforme a jurisprudência do STJ, configura relação jurídica de consumo a relação

a) jurídica entre entidade aberta de previdência complementar e seus participantes.

b) jurídica entre locador e locatário, nos contratos regidos pela lei que dispõe sobre locações de imóveis urbanos.

c) jurídica estabelecida entre condomínio edilício e condôminos.

d) jurídica no caso de planos de saúde administrados por contrato de autogestão.

e) contratual entre advogado e cliente.

COMENTÁRIOS

✪ **Nota do autor:** exige conhecimento sobre os aspectos que envolvem os sujeitos e objeto da relação de consumo.

Alternativa correta "A": correta, de acordo com a Súmula 563 do STJ: "O Código de Defesa do Consumidor é aplicável às entidades abertas de previdência complementar, não incidindo nos contratos previdenciários celebrados com entidades fechadas."

Alternativa "B": incorreta, não se aplicam aos contratos de locação as normas do Código de Defesa do Consumidor (CDC), pois tais contratos não possuem os traços característicos da relação de consumo, previstos nos artigos 2º ("Consumidor é toda pessoa física ou jurídica que adquire ou utiliza produto ou serviço como destinatário final") e 3º ("Fornecedor é toda pessoa física ou jurídica, pública ou privada, nacional ou estrangeira, bem como os entes despersonalizados, que desenvolvem atividade de produção, montagem, criação, construção, transformação, importação, exportação, distribuição ou comercialização de produtos ou prestação de serviços") do CDC e, além disso, já são regulados por lei própria, a Lei nº 8.245/1991 (Dispõe sobre as locações dos imóveis urbanos e os procedimentos a elas pertinentes).

Alternativa "C": incorreta, pois tais contratos não possuem os traços característicos da relação de consumo, previstos nos artigos 2º e 3º do CDC. Precedentes: STJ, REsp nº 239.578/SP; REsp nº 265.534/DF.

Alternativa "D": incorreta, não se aplica o Código de Defesa do Consumidor ao contrato de plano de saúde administrado por entidade de autogestão, por inexistência de relação de consumo. Precedente: STJ, REsp 1285483/PB.

Alternativa "E": incorreta, o Código de Defesa do Consumidor não é aplicável às relações contratuais entre clientes e advogados, as quais são regidas pelo Estatuto da Ordem dos Advogados do Brasil – OAB, Lei n. 8.906/94. Precedente: STJ, AgInt no Agravo em Recurso Especial nº 895.899/SP.

---

02. (Cespe – Defensor Público – RR/2013) Lúcia submeteu-se a uma cirurgia plástica de implante de silicone nas maçãs do rosto, procedimento realizado pelo médico cirurgião Hélio e pelo médico anestesista Tiago. Infelizmente, por um erro de Tiago, que não verificou se a paciente possuía alguma alergia, a cirurgia plástica não alcançou o resultado esperado, tendo a paciente ficado com um dos lados da face paralisado. Assim, ela ajuizou ação buscando indenização pelo dano estético que sofrera. Na sentença, o juiz reconheceu a relação de consumo entre as partes, inverteu o ônus da prova e julgou procedente o pedido, condenando Hélio e Tiago ao pagamento, de forma solidária, do valor de R$ 40.000, 00 a título de danos morais em favor da autora, corrigidos com juros de mora desde a citação e correção monetária desde a data do evento danoso.

À luz do CDC e da jurisprudência pertinente, assinale a opção correta relativamente à situação hipotética acima descrita e à responsabilidade civil por erro médico.

a) Na situação hipotética em apreço, o juiz não poderia ter aplicado a regra da inversão do ônus da prova ao caso, pois a relação jurídica travada entre médico e paciente não é regida pelo CDC.

b) Na hipótese considerada, Hélio não poderia responder objetivamente pelos danos sofridos pela paciente, na medida em que os profissionais liberais respondem de forma subjetiva, não havendo solidariedade entre ele e Tiago por erro médico durante a cirurgia.

c) Ao fixar o cômputo de juros moratórios a partir da citação, o juiz do caso em apreço não acompanhou a jurisprudência do STJ, no sentido de que os juros referentes à reparação por dano moral devam incidir a partir do evento danoso.

d) Nos termos da jurisprudência do STJ, a correção monetária do valor da indenização do dano moral incide desde a data da citação e não desde o arbitramento, conforme incorretamente decidiu o magistrado na hipótese em pauta.

e) A relação jurídica entre médico e paciente é contratual e, por isso, encerra obrigação de meio, ainda que em casos de cirurgias plásticas de natureza exclusivamente estética.

COMENTÁRIOS

✪ **Nota do autor:** exige conhecimento sobre os aspectos que envolvem a relação de consumo entre médico e paciente.

Alternativa correta "B": correta, de acordo com o disposto no artigo 14, § 4º do CDC. Como o erro médico ocorreu por culpa de Tiago, apenas este deverá responder pelo fato danoso, não havendo que se falar em solidariedade entre ele e Hélio. Precedente do STJ: REsp 605435-RJ.

Alternativa "A": incorreta, pois a relação jurídica do médico com o paciente é considerada de consumo e, por isso, o CDC é aplicável ao caso. Precedente do STJ: REsp 731078-SP.

Alternativa "C": incorreta, tendo em vista que o STJ prevê, por meio da Súmula nº 54, que os juros moratórios fluirão a partir do evento danoso no caso de responsabilidade extracontratual, o que não se enquadra no caso em apreço, pois se trata de responsabilidade contratual.

Alternativa "D": incorreta, já que, de acordo com a Súmula nº 362 do STJ, "A correção monetária do valor da indenização do dano moral incide desde a data do arbitramento."

Alternativa "E": incorreta, tendo em vista que, nas cirurgias plásticas de natureza estética, os médicos possuem obrigação de resultado e não, de meio. Precedentes do STJ: REsp 819008-PR e REsp 1097955-MG.

03. (Cespe – Juiz de Direito Substituto – MA/ 2013) De acordo com o CDC, a coletividade está protegida, na condição de consumidor, desde que:

a) a matéria se enquadre no conceito de direitos individuais homogêneos, independentemente de a coletividade ter intervindo nas relações de consumo.

b) a coletividade tenha intervindo nas relações de consumo, ainda que não sejam determinadas as pessoas que a compõem.

c) sejam determinadas as pessoas que a compõem, e a matéria se enquadre no conceito de direitos individuais homogêneos.

d) a matéria se enquadre no conceito de direitos difusos, e a coletividade tenha intervindo nas relações de consumo.

COMENTÁRIOS

✪ **Nota do autor:** exige conhecimento sobre o conceito de consumidor equiparado.

Alternativa correta "B": correta, de acordo com o disposto no artigo 2º, parágrafo único do CDC, in litteris: "Equipara-se a consumidor a coletividade de pessoas, ainda que indetermináveis, que haja intervindo nas relações de consumo".

Alternativa "A": incorreta, uma vez que as pessoas poderão ser indetermináveis, nos termos do artigo 2º, parágrafo único do CDC.

Alternativa "C": incorreta, uma vez que pela disposição legal a condição de consumidor pode ser atribuída à coletividade de pessoas, ainda que essas sejam indetermináveis (direitos difusos, por exemplo).

Alternativa "D": incorreta, uma vez que a defesa coletiva poderá ser exercida quando se tratar de direitos difusos (interesses transindividuais, de natureza indivisível, de que sejam titulares pessoas indeterminadas e ligadas por circunstâncias de fato); direitos coletivos stricto sensu (interesses transindividuais, de natureza indivisível, de que seja titular grupo, categoria ou classe de pessoas ligadas entre si ou com parte contrária por uma relação jurídica base) ou individuais homogêneos, assim entendidos os decorrentes de origem comum, nos termos do art. 81, Parágrafo Único, I, II e III).

04. (Cespe – Juiz de Direito Substituto – MA/ 2013) Assinale a opção correspondente a caso em que se identifica objeto de relação de consumo.

a) A direção de um hospital doa móveis usados para um asilo.

b) Determinado médico presta serviço como empregado a um hospital.

c) A administração de um hospital aluga parte de seu prédio com vistas à instalação de uma clínica.

d) Um hospital presta serviço a cliente credenciado por plano de saúde.

COMENTÁRIOS

✪ **Nota do autor:** exige conhecimento sobre a aplicabilidade do Código de Defesa do Consumidor a casos diversos.

Alternativa correta "D": correta, pois, para que haja uma relação de consumo, é necessário um consumidor e um fornecedor. Nesse caso, o hospital é o fornecedor, enquadrado na definição contida no artigo 3º do CDC, e o cliente do plano de saúde é o consumidor, destinatário final do serviço prestado, enquadrando-se na definição contida no artigo 2º do CDC.

Alternativa "A": incorreta, já que a situação descreve uma doação e não, uma relação de consumo. A doação traduz-se no ato de dar um bem próprio à outra pessoa, enquanto a relação de consumo exige uma contraprestação entre fornecedor e consumidor para que se concretize.

Alternativa "B": incorreta, pois a relação existente na situação descrita é trabalhista e não, de consumo. E as relações de caráter trabalhista não são consideradas serviço, submetidas ao crivo do CDC, de acordo com o disposto no artigo 3º, § 2º.

Alternativa "C": incorreta, tendo em vista que a relação entre locador e locatário não é de consumo. Não se aplica o CDC aos contratos de locação. Precedentes do STJ: AgRg no Ag 1347140-PE, AgRg no AREsp 41062-GO, AgRg no AREsp 272955-RS.

05. (Cespe – Juiz de Direito Substituto – DFT/2014) A respeito dos elementos subjetivos e objetivos da relação de consumo, assinale a opção correta de acordo com o CDC e com a jurisprudência do STJ.

a) O CDC não é aplicável à relação jurídica entre entidade de previdência privada e seus participantes.

b) Considera-se consumidor a pessoa física que adquire máquina de costura de sociedade empresária multinacional para a realização de trabalho em prol de sua subsistência.

c) Sociedade civil sem fins lucrativos não pode ser considerada fornecedora, ainda que preste serviço mediante contraprestação financeira.

d) Existe relação de consumo entre locador e locatário em caso de contrato de locação de imóvel urbano regido pela Lei nº 8.245/1991.

e) A prestação de serviço público, ainda que seja gratuita e não tenha natureza contratual, caracteriza relação de consumo.

COMENTÁRIOS

✪ **Nota do autor:** exige conhecimento sobre o conceito de consumidor e a aplicabilidade das normas consumeristas.

Alternativa correta "B": correta, o entendimento do STJ é que a expressão "destinatário final", constante no artigo 2º, *caput*, do CDC, abrange quem adquire mercadorias para fins não econômicos, e também aqueles que, destinando-as a fins econômicos, enfrentam o mercado de consumo em condições de vulnerabilidade. Neste sentido, o Precedente: REsp 716877-SP.

Alternativa "A": incorreta, de acordo com a Súmula 321 do STJ: "O Código de Defesa do Consumidor é aplicável à relação jurídica entre a entidade de previdência privada e seus participantes." E a Súmula 289 do STJ: "A restituição das parcelas pagas a plano de previdência privada deve ser objeto de correção plena, por índice que recomponha a efetiva desvalorização da moeda." Precedente: REsp 306155-MG.

Alternativa "C": incorreta, segundo a jurisprudência do STJ, o reconhecimento de uma pessoa física ou jurídica ou de um ente despersonalizado como fornecedor de serviços atende aos critérios puramente objetivos, sendo irrelevantes a sua natureza jurídica, a espécie dos serviços que prestam e, até mesmo, o fato de se tratar de uma sociedade civil, sem fins lucrativos, de caráter beneficente e filantrópico, bastando que desempenhem determinada atividade no mercado de consumo mediante remuneração. Precedente: REsp 519310-SP 2003/0058088-5.

Alternativa "D": incorreta, o entendimento do STJ é de que não se aplica o CDC ao contrato de locação regido pela Lei nº 8.245/91. Precedente: AgRg no Ag 1347140-PE.

Alternativa "E": incorreta, pois as normas consumeristas se aplicam somente aos serviços prestados mediante remuneração, nos termos do artigo 3º do CDC. Portanto, não se caracterizam como relações de consumo os serviços públicos prestados de forma gratuita ou a todos os cidadãos.

---

06. (Cespe – Procurador do Estado – BA/2014) Com base no que dispõe o Código de Defesa do Consumidor, julgue o item seguinte.

COMENTÁRIOS

✪ **Nota do autor:** exige conhecimento a respeito do conceito de consumidor construído pela jurisprudência pátria com base na vulnerabilidade do sujeito da relação de consumo.

As pessoas jurídicas de direito público podem ser consideradas consumidores, desde que presente a vulnerabilidade na relação jurídica.

COMENTÁRIOS

Correto. A jurisprudência do STJ é no sentido de que, para se enquadrar no conceito de consumidor, se aplica a Teoria Finalista, de forma mitigada, quando a parte contratante de serviço público é pessoa jurídica de direito público e se demonstra a sua vulnerabilidade no caso concreto. Precedente: REsp 1297857-SP.

2. DOS PRINCÍPIOS FUNDAMENTAIS DO CÓDIGO DE DEFESA DO CONSUMIDOR (CDC)

---

07. (Cespe – Defensor Público – DF/ 2013) No que se refere às normas do CDC e à Política Nacional das Relações de Consumo, julgue os itens seguintes.

COMENTÁRIOS

✪ **Nota do autor:** exige conhecimento a respeito da base principiológica do CDC e da teoria do diálogo das fontes.

07.1. Por atender indiretamente às necessidades dos consumidores, a racionalização e melhoria dos serviços públicos não é um dos objetivos da Política Nacional das Relações de Consumo.

COMENTÁRIOS

Incorreto. Embora o artigo 4º, inciso VII, do CDC, estabeleça que a racionalização e melhoria dos serviços públicos é um dos princípios (e não, um dos objetivos) a serem observados pela Política Nacional das Relações de Consumo, a banca considerou esta alternativa errada.

07.2. Parte da doutrina considera o CDC norma de ordem pública e principiológica, o que significa que ele prevalece sobre as normas gerais e especiais anteriores.

COMENTÁRIOS

Correto. A Lei nº 8.078/90 é norma de ordem pública e interesse social, nos termos de seu artigo 1º. Isto significa que as normas de proteção e defesa do consumidor são indisponíveis e inafastáveis pela vontade individual, pois resguardam valores fundamentais da ordem jurídica, bem como devem prevalecer sobre todas as demais normas que com elas colidirem em razão do valor superior de seus princípios.

07.3. Não obstante a ampla aceitação da teoria do diálogo das fontes, o Código Civil vigente não pode ser utilizado para tutela contratual efetiva dos consumidores, por ausência de aproximação principiológica com o CDC.

COMENTÁRIOS

Incorreto. As normas do Código Civil vigente podem ser utilizadas para complementar o CDC, desde que não contrariem suas normas ou princípios. Neste sentido, foi aprovado o Enunciado 167, na III Jornada de Direito Civil, no ano de 2002: "Com o advento do Código Civil de 2002, houve forte aproximação principiológica entre esse Código e o Código de Defesa do Consumidor, no que respeita à regulação contratual, uma vez que ambos são incorporadores de uma nova teoria geral dos contratos."

08. (Cespe – Defensor Público – DF/ 2013) No que concerne às relações de consumo, aos direitos básicos do consumidor e à decadência, julgue os itens subsequentes.

COMENTÁRIOS

✪ **Nota do autor:** exige conhecimento a respeito do prazo decadencial específico do DDC, da teoria finalista mitigada sobre o conceito de consumidor e do entendimento jurisprudencial sobre práticas abusivas.

08.1. Aplica-se o prazo de decadência relativo ao vício no fornecimento de serviço e de produtos duráveis ao direito do cliente de pedir ao banco a apresentação das contas relativas a período em que entende terem sido lançados débitos não devidos em sua conta corrente.

COMENTÁRIOS

Incorreto. O prazo decadencial estabelecido no artigo 26 do CDC não é aplicável à ação de prestação de contas ajuizada pelo consumidor para esclarecer dúvidas a respeito dos lançamentos efetuados pelo Banco, devendo ser aplicado o prazo prescricional previsto no art. 206, § 3º, IV, do CC/2002. Neste sentido é a Súmula 477 do STJ e o precedente REsp 1117614.

08.2. Prevalece no STJ entendimento no sentido de que é considerado consumidor apenas a pessoa física ou a pessoa jurídica que adquire os bens de consumo para uso privado, mesmo que não relacionados à sua atividade profissional.

COMENTÁRIOS

Incorreto. O artigo 2º do CDC dispõe que consumidor é "toda pessoa física ou jurídica que adquire ou utiliza produto ou serviço como destinatário final" (teoria finalista), sem qualquer ressalva de que consumidor é apenas a pessoa física ou jurídica, pois ele é definido pelo próprio CDC não somente sob a ótica individual, mas também sob a ótica transindividual ou de grupo, que são os interesses difusos, coletivos e individuais homogêneos dos consumidores. Além disto, a jurisprudência do STJ, embora consagre a teoria finalista para interpretação do conceito de consumidor, também reconhece a necessidade de, em situações específicas, abrandar o rigor desse critério, para admitir a aplicabilidade do CDC nas relações entre fornecedores e consumidores empresários em que fique evidenciada a relação de consumo (teoria finalista mitigada, abrandada ou aprofundada). Precedentes do STJ: REsp 476428-SC e REsp 1195642/RJ.

08.3. A cobrança de comissão de corretagem do consumidor sem a devida previsão contratual viola o direito à informação, não podendo essa cobrança ser cláusula implícita em contratos de compra e venda de imóveis. Além disso, não tem o adquirente o dever de pagar tal comissão se não houver acordo nesse sentido.

COMENTÁRIOS

Correto. O artigo 6º, inciso IV, do CDC, garante a proteção do consumidor contra práticas ou cláusulas abusivas impostas no fornecimento de produtos e serviços, e a cobrança de comissão de corretagem, sem a prévia negociação entre as partes, constitui cláusula abusiva conforme entendimento jurisprudencial. Precedente do STF: AgResp. 350052-MS.

3. DA QUALIDADE DE PRODUTOS E SERVIÇOS, DA PREVENÇÃO E DA REPARAÇÃO DOS DANOS

3.1. DA PROTEÇÃO À SAÚDE E SEGURANÇA

09. (Cespe – Juiz de Direito Substituto – MA/ 2013) Em ação que trate de matéria consumerista, constitui aspecto irrelevante na análise do defeito do produto:

a) a segurança que razoavelmente se espera de seu uso.

b) a época em que tenha sido colocado em circulação.

c) a apresentação do produto.

d) a existência, no mercado, de outro produto de melhor qualidade.

COMENTÁRIOS

✪ **Nota do autor:** exige conhecimento sobre a teoria da qualidade, os riscos à saúde e a segurança de produtos.

Alternativa correta "D": correta, de acordo com o disposto no artigo 12, § 2º do CDC, uma vez não é considerado defeituoso o produto pelo simples fato de outro de melhor qualidade ter sido colocado no mercado.

Alternativa "A": incorreta, uma vez que é considerado defeituoso o produto quando ele não oferece a segurança que dele legitimamente se espera, nos termos do art. 12, § 1º do CDC.

Alternativa "B": incorreta, pois a época em que o produto foi colocado em circulação é considerado uma circunstância relevante quando se trata de análise do defeito, conforme determina o artigo 12, § 1º, inciso III do CDC.

Alternativa "C": incorreta, pois a apresentação do produto também é considerada, pelo inciso I do § 1º do art. 12 do CDC, como uma circunstância relevante para a análise do defeito.

---

10. (Cespe – Defensor Público – RR/2013) Tendo como referência as disposições da Lei nº 8.078/1990, assinale a opção correta a respeito da qualidade de produtos e serviços, da prevenção e da reparação de danos.

a) Determinado produto pode vir a ser considerado defeituoso pelo fato de outro de melhor qualidade ter sido colocado no mercado.

b) As partes poderão convencionar a redução ou a ampliação do prazo para saneamento do vício do produto, não podendo esse prazo ser inferior a sete nem superior a noventa dias.

c) No caso de fornecimento de produtos *in natura*, o fornecedor imediato será sempre responsável perante o consumidor.

d) Ainda que tenham conhecimento de que determinado produto tem alto grau de periculosidade à saúde ou à segurança dos consumidores, não cabe à União, aos estados, ao DF nem aos municípios informá-los a respeito.

e) Em se tratando de produto industrial, cabe ao fabricante prestar as informações relativas a riscos à saúde ou à segurança dos consumidores, por meio de impressos apropriados, que devem acompanhar o produto.

COMENTÁRIOS

✪ **Nota do autor:** exige conhecimento sobre aspectos que envolvem a qualidade dos produtos e serviços previstos no CDC.

Alternativa correta "E": correta, de acordo com o disposto no artigo 8º, §1º, do CDC: "Em se tratando de produto industrial, ao fabricante cabe prestar as informações a que se refere este artigo, através de impressos apropriados que devam acompanhar o produto". (Cabe ressaltar que o art. 8º foi alterado pela Lei nº 13.486/2017, sendo que seu parágrafo único foi revogado, sendo a ele atribuídos os §§1º e 2º).

Alternativa "A": incorreta, de acordo com o disposto no artigo 12, § 2º do CDC, in verbis: "O produto não é considerado defeituoso pelo fato de outro de melhor qualidade ter sido colocado no mercado".

Alternativa "B": incorreta, tendo em vista que, de acordo com o disposto no artigo 18, § 2º do CDC, o prazo não poderá ser superior a cento e oitenta dias e não, a noventa dias.

Alternativa "C": incorreta, já que o § 5º do artigo 18 do CDC prevê uma exceção da responsabilização, quando o produtor for claramente identificado. Nos termos do referido dispositivo, "no caso de fornecimento de produtos in natura, será responsável perante o consumidor o fornecedor imediato, exceto quando identificado claramente seu produtor".

Alternativa "D": incorreta, uma vez que a União, os Estados, o DF e os Municípios, ao terem conhecimento de periculosidade de produtos ou serviços à saúde ou segurança, sempre deverão informar aos consumidores a respeito (art. 10, § 3º, do CDC).

3.2. DA RESPONSABILIDADE POR FATO DO PRODUTO E DO SERVIÇO

---

11. (Cespe – Juiz Federal – TRF 5/2017) Mateus subia a escadaria de acesso a uma estação de metrô quando lhe furtaram o dinheiro que levava no bolso, o que o impossibilitou de adquirir o bilhete para utilizar o serviço de transporte. Após o ocorrido, Mateus ajuizou ação de indenização contra a concessionária que administrava aquela estação, a qual, em sua resposta, alegou que o crime havia ocorrido em área pública e que, portanto, a companhia não poderia ser responsabilizada pela ação de criminosos naquele local.

Nessa situação hipotética, à luz da legislação aplicável e da jurisprudência do STJ, Mateus ANULADA

a) poderá ser equiparado a consumidor, uma vez que foi vítima de evento danoso que o impediu de utilizar o serviço.

b) poderá ser considerado consumidor, de acordo com a teoria maximalista.

c) é considerado usuário final, definindo-se a relação entre ele e a concessionária como relação de consumo.

d) é destinatário final do serviço, embora a companhia de metrô não seja considerada fornecedora.

e) poderá, conforme a teoria finalista mitigada, ser considerado consumidor.

COMENTÁRIOS

✪ **Nota do autor:** A questão foi anulada, uma vez que não há alternativa correta, considerando, pedido expresso da analise ser sob a ótica do STJ. Assim, embora a responsabilidade do fornecedor seja subjetiva, o tipo de dano sofrido pelo consumidor (nesse caso, consumidor por equiparação), caracteriza-se como uma excludente de responsabilidade, já que não decorre do risco da atividade exercida pela concessionária. Afastada a responsabilidade da concessionária pelo evento danoso, porquanto não guarda relação com a atividade exercida com ela há rompimento do nexo de causalidade.

O próprio Superior Tribunal de Justiça já sedimentou o entendimento de que o caso fortuito ou a força maior, quando se apresentam em sua vertente externa, ou seja, quando o evento não faz parte da atividade desenvolvida, pode, sim, ser invocada como excludente de responsabilidade nas relações de consumo. Precedente: REsp n. 1243970 SE – 2011/0056793-5.

---

12. (Cespe – Juiz de Direito – PR/2017) Joana acompanhou sua prima Geralda, que iria fazer compras, a um supermercado. Após ingressarem no local, uma caixa de um produto de limpeza — cujo fabricante não foi identificado — caiu de uma gôndola, pois estava mal alocada, e atingiu a cabeça de Joana, provocando-lhe lesões. Socorrida em hospital, ela teve de arcar com despesas médicas no valor de R$ 500. O gerente do estabelecimento negou-se a restituir o montante gasto por Joana, sob o argumento de que ela não era consumidora no momento do acidente.

À luz da legislação aplicável ao caso, do entendimento doutrinário sobre o tema e da jurisprudência do STJ, assinale a opção correta, a respeito dessa situação hipotética.

a) O caso retrata vício de qualidade do serviço, pois não foi oferecida a segurança necessária pelo fornecedor.

b) Será cabível a excludente do risco de desenvolvimento se o fornecedor demonstrar que almejava ampliar o supermercado.

c) Joana não era destinatária final de nenhum produto e, por essa razão, não se enquadra no conceito de consumidora.

d) O supermercado é igualmente responsável pelo dano, pois não foi identificado o fabricante.

COMENTÁRIOS

✪ **Nota do autor:** A questão foi anulada, uma vez que não há alternativa correta.

Alternativa "A": incorreta, pois o caso retrata responsabilidade pelo defeito do serviço que denota fato do produto, conforme artigos 12 a 17 do CDC.

Alternativa "B": incorreta, o risco do desenvolvimento não é causa de excludente de responsabilidade, visto que o artigo 12 do CDC não o contempla.

Alternativa "C": incorreta, pois Joana, vítima, é consumidora por equiparação, conforme descrito no artigo 17 do CDC.

Alternativa "D": incorreta, pois não se trata de vício ou fato de produto ou serviço, onde uma vez identificado o fabricante poderia solidarizar a responsabilidade, a responsabilidade é do supermercado por ter, de forma descuidada, guardado referido produto, sem as devidas cautelas.

---

13. (Cespe – Juiz de Direito Substituto – RN/2013) Parado diante do sinal vermelho do semáforo, o veículo que Cássio dirigia foi abalroado na traseira por um táxi conduzido por Tadeu, profissional liberal, que, em alta velocidade, transportava um passageiro a caminho do aeroporto e não conseguiu frear a tempo de evitar a colisão. Considerando essa situação hipotética, assinale a opção correta, com fundamento na legislação em vigor, na doutrina e na jurisprudência do STJ.

a) O ordenamento jurídico brasileiro não contempla proteção à figura do *bystander*, cujo conceito foi desenvolvido pelo direito norte-americano.

b) A responsabilidade civil pelos danos experimentados por Cássio, terceiro prejudicado, se submete ao regime jurídico do CDC, ainda que Tadeu não estivesse, no momento do acidente, prestando serviços a algum consumidor.

c) Cássio deve ser considerado consumidor por equiparação, incidindo, nesse caso, as normas protetivas do CDC.

d) Não incide, em relação aos danos materiais sofridos pelo veículo dirigido por Cássio, a proteção derivada das relações de consumo, haja vista que Cássio, diferentemente do passageiro do táxi, não figura como destinatário final dos serviços de transporte prestados por Tadeu.

e) Tadeu responderá, independentemente da existência de culpa, pelos danos causados a Cássio, em face da responsabilidade extracontratual derivada do risco da atividade.

COMENTÁRIOS

✪ **Nota do autor:** exige conhecimento a respeito do conceito de consumidor por equiparação (*bystander*) e sobre a responsabilidade do fornecedor pelo fato do produto e do serviço.

Alternativa correta "C": correta, de acordo com o artigo 17 do CDC, que sujeita à proteção do código aqueles que, embora não tenham participado diretamente da relação de consumo, sejam vítimas de evento danoso decorrente da mesma.

Alternativa "A": incorreta, o ordenamento jurídico brasileiro contempla a proteção do *bystander* no artigo

17 do CDC, aplicando-se somente à responsabilidade pelo fato do produto e serviço.

Alternativa "B": incorreta, pois, se no momento do acidente, o fornecedor não estiver prestando o serviço, não existirá qualquer relação de consumo de onde se possa extrair, por equiparação, a condição de consumidor do terceiro. Precedente do STJ: REsp 1125276-RJ.

Alternativa "D": incorreta, pois, nos termos do artigo 17 do CDC, basta ser vítima de um produto ou serviço para ser privilegiado com a posição de consumidor legalmente protegido pelas normas consumeristas.

Alternativa "E": incorreta, nos termos do artigo 14 do CDC, que impõe a responsabilidade objetiva, independente de culpa e com base no defeito, dano e nexo causal entre o dano ao consumidor-vítima e o defeito do serviço prestado.

---

14. (Cespe – Juiz de Direito Substituto – RN/2013) Acerca da responsabilidade civil fundada na alegação de erro médico, assinale a opção correta, com fundamento na legislação em vigor, na doutrina e na jurisprudência atual do STJ.

a) O juiz pode inverter o ônus da prova, ficando tal providência, no entanto, condicionada à prova da verossimilhança da alegação ou da hipossuficiência, segundo as regras ordinárias de experiência, do lesado pelo suposto erro médico.

b) Os danos causados ao paciente devem ser ressarcidos, desde que sejam provados a culpa do profissional e o nexo de causalidade, não sendo possível, no entanto, a cumulação dos danos materiais e morais, visto que advêm do mesmo fato gerador.

c) As relações do médico com o paciente não se submetem ao regime específico do CDC, porque versam, via de regra, sobre obrigação de meio, e não de resultado.

d) A responsabilidade pessoal do médico é objetiva, regida pelos ditames do CDC, podendo ser afastada apenas quando comprovada a inexistência de defeito na prestação dos serviços ou a culpa exclusiva do paciente ou de terceiro.

e) Por se tratar de responsabilidade subjetiva, o ônus da prova incumbirá sempre ao lesado, que deverá comprovar, em caso de erro médico, a culpa do profissional.

COMENTÁRIOS

✪ **Nota do autor:** exige conhecimento a respeito da responsabilidade do médico pelos danos causados ao paciente e sobre o ônus da prova nesta relação.

Alternativa correta "A": correta, nos termos do artigo 6º, inciso VIII, do CDC, uma vez que é direito básico do consumidor a facilitação de sua defesa, inclusive com a inversão do ônus da prova, a seu favor, no processo civil, quando, a critério do juiz, for verossímil a alegação ou quando for ele hipossuficiente, segundo as regras ordinárias de experiências.

Alternativa "B": incorreta, pois é possível a cumulação de danos patrimoniais e morais, de acordo com o artigo 6º, inciso VI, do CDC.

Alternativa "C": incorreta, pois as relações do médico com o paciente se enquadram no conceito de serviço, previsto no artigo 3º, § 2º, do CDC, in verbis: "Serviço é qualquer atividade fornecida no mercado de consumo, mediante remuneração, inclusive as de natureza bancária, financeira, de crédito e securitária, salvo as decorrentes das relações de caráter trabalhista".

Alternativa "D": incorreta, pois a responsabilidade do médico é subjetiva com presunção de culpa, nos termos do artigo 14, § 4º, do CDC, e da jurisprudência do STJ: REsp 985888-SP.

Alternativa "E": incorreta, pois o ônus da prova não incumbirá sempre ao lesado, sendo possível sua inversão, nos termos do artigo 6º, inciso VIII, do CDC.

---

15. (Cespe – Promotor de Justiça – AC/2014) Considere que a queda de um avião de empresa aérea nacional, em via pública, cause a morte de centenas de pessoas, entre passageiros da aeronave e moradores do local do acidente. Nessa situação hipotética, de acordo com as normas do CDC e o entendimento do STJ,

a) o prazo prescricional a ser observado para o requerimento de ressarcimento dos danos materiais e morais causados pela queda do avião é o previsto no Código Civil de 1916, por ser mais benéfico às vítimas.

b) a responsabilidade civil da empresa aérea é subjetiva, ou seja, a empresa somente responderá se houver a comprovação de dolo ou culpa.

c) a empresa aérea será compelida a indenizar as vítimas, ainda que se prove que o acidente foi causado exclusivamente por culpa de terceiro.

d) as vítimas moradoras das casas atingidas pela queda do avião são consideradas consumidores por equiparação, ou bystanders.

e) prescreve em dois anos o prazo para requerimento de ressarcimento dos danos materiais e morais causados pela queda do avião, conforme previsto no Código Brasileiro de Aeronáutica, em razão da especialidade da matéria.

COMENTÁRIOS

✪ **Nota do autor:** necessário conhecer o entendimento jurisprudencial que subordina ao CDC a relação entre as companhias aéreas e os consumidores (inclusive, os equiparados), afastando a aplicação de quaisquer outras normas nacionais ou internacionais.

Alternativa correta "D": correta, de acordo com o artigo 17 do CDC, equiparam-se aos consumidores todas as vítimas do evento.

Alternativa "A": incorreta, pois resta configurado o fato do serviço, ocorrido no âmbito da relação de consumo entre o transportador e aqueles que sofreram o resultado do evento danoso (consumidores por equiparação), o que enseja a aplicação do prazo prescricional quinquenal, previsto no artigo 27 do CDC. Precedente: REsp 1202013-SP.

Alternativa "B": incorreta, pois a responsabilidade civil das companhias aéreas em decorrência da má prestação de serviços, após a entrada em vigor da Lei nº 8.078/90, não é mais regulada pela Convenção de Varsóvia e suas posteriores modificações (Convenção de Haia e Convenção de Montreal), ou pelo Código Brasileiro de Aeronáutica, subordinando-se, portanto, ao Código Consumerista, que prevê a responsabilização objetiva do fornecedor pela reparação dos danos causados aos consumidores. Precedente: AgRg no AREsp 567681-RJ.

Alternativa "C": incorreta, caso seja comprovada culpa exclusiva de terceiro, caracterizar-se-á a excludente de responsabilidade da empresa aérea prevista no artigo 14, § 3º, inciso II, do CDC. No entanto, nem sempre a culpa de terceiro afasta a responsabilidade do transportador no contrato de transporte de pessoas – o STJ possui entendimento de que é imprescindível aferir se a conduta danosa pode ser considerada independente (equiparando-se a caso fortuito externo) ou se é conexa à própria atividade econômica e aos riscos inerentes à sua exploração. Deste modo, a culpa de terceiro somente romperá o nexo causal entre o dano e a conduta do transportador quando o modo de agir daquele puder ser equiparado a caso fortuito, isto é, quando for imprevisível e autônomo, sem origem ou relação com o comportamento da própria empresa. Precedente: REsp 1136885-SP.

Alternativa "E": incorreta, pois não se aplica o prazo prescricional do Código Brasileiro de Aeronáutica quando a relação jurídica envolvida for de consumo. Assim, o prazo para que os moradores de casas atingidas pela queda de avião ajuízem ação de indenização contra a companhia aérea é de cinco anos, nos termos do artigo 27 do CDC. Precedente: REsp 1202013-SP.

3.3. DA RESPONSABILIDADE POR VÍCIO DO PRODUTO E DO SERVIÇO

16. (Cespe – Promotor de Justiça – MPE – RR/2017) Pedro entregou seu veículo para ser lavado e polido em um estabelecimento especializado. Ao retornar, ele constatou riscos na pintura do veículo e reclamou formalmente ao fornecedor do serviço.

Essa situação hipotética mostra um caso de

a) vício de fácil constatação, no qual a reclamação formulada por Pedro obstou a prescrição.

b) vício de fácil constatação, no qual a reclamação formulada por Pedro obstou a decadência.

c) vício oculto, no qual o direito de reclamar estará sujeito a prazo decadencial.

d) vício de fácil constatação, no qual o direito de reclamar estará sujeito a prazo prescricional.

COMENTÁRIOS

✪ **Nota do autor:** exige conhecimento sobre vicio de produtos e serviços e prazos de decadência e prescrição.

Alternativa "B": correta. O vício é aparente ou de fácil constatação, nos termos do art. 26 do CDC.. Obstam o prazo decadencial a reclamação comprovadamente formulada pelo consumidor perante o fornecedor de produtos e serviços até a resposta negativa correspondente, que deve ser transmitida de forma inequívoca (inciso I do §2º do art. 26 do CDC).

Alternativa "A": incorreta, pois de acordo com o artigo 26, §2º, do CDC, em se tratando de vicio de fácil constatação, a reclamação formulada obsta a decadência e não a prescrição.

Alternativa "C": incorreta, pois o caso descreve um vício de fácil constatação, e não oculto, cuja reclamação formal obsta a decadência, conforme descrito no artigo 26, §2º do CDC.

Alternativa "D": incorreta, pois de acordo com o artigo 26, §2º, do CDC, em se tratando de vicio de fácil constatação, a reclamação formulada obsta a decadência e não a prescrição.

17. (Cespe – Promotor de Justiça – MPE – RR/2017) Antônio adquiriu um televisor em um estabelecimento comercial e entrou em contato com a assistência técnica para instalação. Contudo, o técnico, ao concluir de modo correto o procedimento de instalação do aparelho, constatou que este não emitia som.

Nessa situação hipotética, a responsabilidade civil prevista no CDC está fundada no

a) vício do serviço.

b) fato do produto.

c) fato do serviço.

d) vício do produto.

COMENTÁRIOS

✪ **Nota do autor:** exige conhecimento sobre vicio e fato de produtos e serviços.

Alternativa "D": correta, de acordo com o artigo 18 do CDC, *in litteris:* "Os fornecedores de produtos de consumo duráveis ou não duráveis respondem solidariamente pelos vícios de qualidade ou quantidade que os tornem impróprios ou inadequados ao consumo a que se destinam ou lhes diminuam o valor, assim como por aqueles decorrentes da disparidade, com a indicações constantes do recipiente, da embalagem, rotulagem ou mensagem publicitária, respeitadas as variações decorrentes de sua natureza, podendo o consumidor exigir a substituição das partes viciadas". Exatamente o caso descrito na questão.

Alternativa "A": incorreta, vez que se trata de vicio de produto e não de serviço cuja descrição se encontra no artigo 20 do CDC: "O fornecedor de serviços responde pelos vícios de qualidade que os tornem impróprios ao consumo ou lhes diminuam o valor, assim como por aqueles decorrentes da disparidade com as indicações constantes da oferta ou mensagem publicitária, podendo o consumidor exigir, alternativamente e à sua escolha".

Alternativa "B": incorreta, pois se trata de vício do produto e não fato do produto cuja descrição consta no artigo 12, §1º, do CDC: "O fabricante, o produtor, o construtor, nacional ou estrangeiro, e o importador respondem, independentemente da existência de culpa, pela reparação dos danos causados aos consumidores por defeitos decorrentes de projeto, fabricação, construção, montagem, fórmulas, manipulação, apresentação ou acondicionamento de seus produtos, bem como por informações insuficientes ou inadequadas sobre sua utilização e riscos. § 1° O produto é defeituoso quando não oferece a segurança que dele legitimamente se espera, levando-se em consideração as circunstâncias relevantes, entre as quais."

Alternativa "C": incorreta se trata de vicio de produto e não fato de serviço cuja descrição se encontra no artigo 14, §1º, do CDC, *in verbis:* "O fornecedor de serviços responde, independentemente da existência de culpa, pela reparação dos danos causados aos consumidores por defeitos relativos à prestação dos serviços, bem como por informações insuficientes ou inadequadas sobre sua fruição e riscos.§ 1° O serviço é defeituoso quando não fornece a segurança que o consumidor dele pode esperar, levando-se em consideração as circunstâncias relevantes, entre as quais".

18. (Cespe – Juiz de Direito Substituto – MA/ 2013) Gastão comprou um carro e, após três dias de uso do veículo, uma peça do motor parou de funcionar, o que comprometeu o desempenho do automóvel. De imediato, Gastão requereu a troca da peça, entretanto, passados quarenta dias, não recebeu qualquer resposta da concessionária. Nessa situação hipotética, caracterizado o vício de qualidade, Gastão tem direito, conforme norma expressa no CDC,

a) a atendimento prioritário pela concessionária.

b) à restituição imediata da quantia paga pelo veículo, monetariamente atualizada, sem direito a eventuais perdas e danos.

c) ao abatimento proporcional do preço pago pelo bem, além de indenização por perdas e danos.

d) à substituição do veículo por outro da mesma espécie, em perfeitas condições de uso, e indenização por perdas e danos.

COMENTÁRIOS

✪ **Nota do autor:** exige conhecimento sobre a responsabilidade por vício do produto ou do serviço.

Alternativa correta "C": correta, uma vez que não sendo o vício sanado no prazo máximo de 30 dias, pode o consumidor exigir, alternativamente, à sua escolha, o abatimento proporcional do preço, sem prejuízo das perdas e danos uma vez comprovadas (art. 18, §1º, III, do CDC).

Alternativa "A": incorreta, já que não há previsão expressa dessa alternativa no art. 18, §1º, do CDC..

Alternativa "B": incorreta, pois o artigo 18, § 1º, inciso II do CDC prevê "a restituição imediata da quantia paga, monetariamente atualizada, sem prejuízo de eventuais perdas e danos".

Alternativa "D": incorreta, tendo em vista que a substituição do produto não pode ser cumulada com perdas e danos, exceto se a substituição do bem tenha sido feita por outro de espécie, marca ou modelo diversos, mediante complementação ou restituição de eventual diferença de preço, sem prejuízo de eventuais perdas e danos, de acordo com o disposto no artigo 18, § 4º do CDC.

3.4. DA DECADÊNCIA E DA PRESCRIÇÃO (PRAZOS E GARANTIAS)

19. (Cespe – Defensor Público – RR/2013) Assinale a opção correta com base nas disposições do CDC acerca de decadência e prescrição.

a) Inicia-se a contagem do prazo decadencial a partir da celebração do contrato de consumo.

b) Tratando-se do fornecimento de serviço ou de produtos não duráveis, o direito de reclamar pelos vícios aparentes ou de fácil constatação caduca em noventa dias.

c) Prescreve em três anos a pretensão à reparação pelos danos causados por fato do produto ou do serviço.

d) Tratando-se de vício oculto, o prazo decadencial inicia-se no momento em que ficar evidenciado o defeito.

e) Obsta a decadência a reclamação formalizada perante os órgãos ou entidades cujas atribuições incluam a defesa do consumidor.

COMENTÁRIOS

✪ **Nota do autor:** exige conhecimento sobre as regras de decadência e prescrição previstas no CDC.

Alternativa correta "D": correta, de acordo com o disposto no artigo 26, § 3º, do CDC, in verbis: "Tratando-se de vício oculto, o prazo decadencial inicia-se no momento em que ficar evidenciado o defeito".

Alternativa "A": incorreta, pois, de acordo com o artigo 26, § 1º do CDC, a contagem do prazo decadencial inicia-se a partir da entrega efetiva do produto ou do término da execução dos serviços.

Alternativa "B": incorreta, pois, de acordo com o art. 26, inciso I do CDC, o direito de reclamar pelos vícios aparentes ou de fácil constatação caduca em 30 dias, tratando-se do fornecimento de serviço e de produto não duráveis.

Alternativa "C": incorreta, pois, de acordo com o art. 27 do CDC, prescreve em cinco anos a pretensão à reparação pelos danos causados por fato do produto ou do serviço, iniciando-se a contagem do prazo a partir do conhecimento do dano e de sua autoria.

Alternativa "E": incorreta, pois, de acordo com o artigo 26, § 2º, inciso I do CDC, obstam a decadência a reclamação comprovadamente formulada pelo consumidor perante o fornecedor de produtos e serviços até a resposta negativa correspondente, que deve ser transmitida de forma inequívoca.

20. (Cespe - Juiz de Direito Substituto - RN/2013) Assinale a opção correta a respeito da prescrição e da decadência no regime do CDC, à luz da doutrina e da jurisprudência atual.

a) Prescreve em cinco anos a pretensão do consumidor à reparação por danos causados em razão de falha na prestação de serviços advocatícios por ele contratados.

b) O prazo de cinco anos para reclamar a reparação de danos causados por fato do produto ou do serviço é decadencial, iniciando-se a partir do conhecimento do dano e de sua autoria.

c) A prescrição pode ser suspensa ou interrompida, ao passo que a decadência, por sua natureza absoluta, não pode ser obstada.

d) Em se tratando de vício aparente ou de fácil constatação, o prazo para reclamar pelos vícios verificados tem início no momento em que ficar evidenciado o defeito, sendo de trinta dias para produtos não duráveis e de noventa dias para produtos duráveis.

e) Não se aplicam à prestação de contas, para fins de obtenção de esclarecimentos sobre a cobrança de taxas, tarifas e encargos bancários, os prazos decadenciais previstos para a reclamação por vícios em serviços prestados ao consumidor.

COMENTÁRIOS

✪ **Nota do autor:** exige conhecimento sobre as regras de decadência e prescrição previstas no CDC, bem como sobre o posicionamento jurisprudencial acerca do tema.

Alternativa correta "E": correta, nos termos da Súmula 477 do STJ: "A decadência do artigo 26 do CDC não é aplicável à prestação de contas para obter esclarecimentos sobre cobranças de taxas, tarifas e encargos bancários."

Alternativa "A": incorreta, conforme entendimento firmado no STJ, o Código de Defesa do Consumidor não se aplica à prestação de serviços de advocacia. Precedentes: AgRg no AgREsp 316594-RJ e REsp 1228104-PR.

Alternativa "B": incorreta, de acordo com o artigo 27 do CDC, o prazo é prescricional e não, decadencial.

Alternativa "C": incorreta, de acordo com o § 2º do artigo 26 do CDC, obstam a decadência: I – a reclamação comprovadamente formulada pelo consumidor perante o fornecedor de produtos e serviços até a resposta negativa correspondente que deve ser transmitida de forma inequívoca; e III – a instauração de inquérito civil, até seu encerramento.

Alternativa "D": incorreta, de acordo com o § 1º do artigo 26 do CDC, inicia-se a contagem do prazo decadencial a partir da entrega efetiva do produto ou do término da execução dos serviços.

3.5. DA DESCONSIDERAÇÃO DA PERSONALIDADE JURÍDICA

21. (Cespe - Juiz de Direito Substituto - MA/ 2013) Caso se comprove, em ação consumerista, que uma empresa tenha agido com abuso de direito em detrimento de certo grupo de consumidores, o juiz poderá desconsiderar a personalidade jurídica da referida empresa e atribuir responsabilidade:

a) solidária a empresas controladas pela empresa ré.

b) solidária a empresas coligadas à empresa ré, independentemente de culpa a elas atribuída.

c) subsidiária a empresas consorciadas com a empresa ré.

d) subsidiária a empresas integrantes do mesmo grupo societário.

COMENTÁRIOS

✪ **Nota do autor:** exige conhecimento sobre desconsideração da personalidade jurídica prevista no CDC.

Alternativa correta "D": correta, de acordo com o disposto no artigo 28, § 2º, do CDC, in verbis: "As sociedades integrantes dos grupos societários e as sociedades controladas, são subsidiariamente responsáveis pelas obrigações decorrentes deste Código".

Alternativa "A": incorreta, pois, de acordo com o disposto no artigo 28, § 2º, do CDC, a responsabilidade das sociedades controladas é subsidiária, e não solidária.

Alternativa "B": incorreta, pois, de acordo com o disposto no artigo 28, § 4º, do CDC, as sociedades coligadas só responderão por culpa.

Alternativa "C": incorreta, pois, de acordo com o disposto no artigo 28, § 3º do CDC, a responsabilidade das sociedades consorciadas é solidária, e não subsidiária.

4. DAS PRÁTICAS COMERCIAIS

4.1. DAS PRÁTICAS ABUSIVAS

22. (Cespe - Defensor Público - DPU/2017) Com relação à responsabilidade e às práticas comerciais nas relações consumeristas, julgue os itens que se seguem.

22.1. Situação hipotética: Paulo, dono de estabelecimento comercial, vendeu uma batedeira elétrica de fabricante identificado. Posteriormente, o aparelho explodiu durante o uso, o que causou lesão no consumidor.

COMENTÁRIOS

✪ **Nota do autor:** exige conhecimento sobre as práticas comerciais nas relações de consumo.

Assertiva: Nessa situação, não haverá responsabilidade solidária entre o fabricante e Paulo pelo dano causado.

Correta. De acordo com o artigo 12 do CDC, o "fabricante, o produtor, o construtor, nacional ou estrangeiro, e o importador respondem, independentemente da existência de culpa, pela reparação dos danos causados aos consumidores por defeitos decorrentes de projeto, fabricação, construção, montagem, fórmulas, manipulação, apresentação ou acondicionamento de seus produtos, bem como por informações insuficientes ou inadequadas sobre sua utilização e riscos". Ademais, o comerciante é igualmente responsável quando o fabricante, o construtor, o produtor ou o importador não puderem ser identificados, diferente dessa assertiva que o fabricante foi identificado. (Art. 13, I, do CDC).

22.2. A instituição financeira que enviar cartão de crédito para correntista sem a sua solicitação prévia e expressa cometerá prática comercial abusiva, configuradora de ato ilícito indenizável.

COMENTÁRIOS

Correta. O artigo 39, III, do CDC veda essa prática. "É vedado ao fornecedor de produtos ou serviços, dentre outras práticas abusivas: III – enviar ou entregar ao consumidor, sem solicitação prévia, qualquer produto, ou fornecer qualquer serviço."

23. (Cespe - Defensor Público - DPU/2017) Com base em informações do sistema de escore de crédito, método estatístico de avaliação de risco, determinada instituição financeira recusou pedido de empréstimo em dinheiro feito por João. Em razão da recusa, João ajuizou ação contra a instituição financeira, alegando prática comercial ilegal por parte dela, e requereu a aplicação do CDC.

23.1. Considerando essa situação hipotética, julgue os itens a seguir à luz do entendimento do STJ.

COMENTÁRIOS

✪ **Nota do autor:** exige conhecimento sobre escore de crédito e aplicação do CDC.

Dadas as partes envolvidas na referida situação, o CDC não poderá ser aplicado ao caso, que deverá ser tratado com base nas disposições contratuais do Código Civil.

Incorreta. Trata-se de uma relação de consumidor, uma vez que serviços bancários estão compreendidos pelo CDC, nos termos do §2º do art. 3º do CDC, o qual expressamente menciona atividade de natureza bancária, financeira, de crédito e securitária.

23.2. A utilização do escore de crédito é considerada prática comercial ilícita, na medida em que esse sistema constitui banco de dados indevido, por dispensar o consentimento do consumidor para que seus dados sejam nele incluídos.

COMENTÁRIOS

Incorreto. Determina a Súmula 550 do STJ: "A utilização de escore de crédito, método estatístico de avaliação de risco que não constitui banco de dados, dispensa o consentimento do consumidor, que terá o direito de solicitar esclarecimentos sobre as informações pessoais valoradas e as fontes dos dados considerados no respectivo cálculo". (STJ. 2ª Seção. Aprovada em 14/10/2015, DJe 19/10/2015).

24. (Cespe – Defensor Público – DPE – AC/2017) Em 18/1/2017, uma entidade civil de consumidores celebrou, por escrito, com uma associação de fornecedores de certo produto, convenção coletiva de consumo, com o objetivo de estabelecer condições relativas ao preço, à garantia e à composição de conflitos de consumo, entre outros aspectos. O instrumento pactuado foi registrado no cartório de títulos e documentos em 19/1/2017. Em fevereiro de 2017, um fornecedor se desligou da associação de fornecedores.

Considerando-se essa situação hipotética, a convenção celebrada

a) tornou-se obrigatória a partir do dia 18/1/2017.
b) é nula no que se refere à composição de conflitos de consumo.
c) somente obrigará os filiados às entidades signatárias.
d) deixou de ser obrigatória ao fornecedor que se desligou.
e) é nula no que se refere à garantia de produto.

COMENTÁRIOS

✪ **Nota do autor:** exige conhecimento sobre associação de fornecedores formada por consumidores.

Alternativa "C": correta, pois de acordo com o artigo 107, §2º, "as entidades civis de consumidores e as associações de fornecedores ou sindicatos de categoria econômica podem regular, por convenção escrita, relações de consumo que tenham por objeto estabelecer condições relativas ao preço, à qualidade, à quantidade, à garantia e características de produtos e serviços, bem como à reclamação e composição do conflito de consumo. [...] § 2°. A convenção somente obrigará os filiados às entidades signatárias".

Alternativa "A": incorreta, pois de acordo com o artigo 107, §1º, do CDC, a convenção tornar-se-á obrigatória a partir do registro do instrumento no cartório de títulos e documentos, ou seja, em 19/1/2017.

Alternativa "B": incorreta, uma vez que o CDC autoriza expressamente em seu artigo 107, caput, a possibilidade de as entidades civis de consumidores e as associações de fornecedores poderem regular por convenção escrita relações de consumo que tenham por objeto estabelecer condições relativas ao preço, à qualidade, à quantidade, à garantia e características de produtos e serviços, bem como à reclamação e composição do conflito de consumo.

Alternativa "D": incorreta, de acordo com o artigo 107, §3º, do CDC, em que expressamente determina que não se exime de cumprir a convenção o fornecedor que se desligar da entidade em data posterior ao registro do instrumento.

Alternativa "E": incorreta, nos termos do caput do artigo 107 do CDC, pois a convenção pode determinar também as condições relativas garantia de produto.

25. (Cespe – Defensor Público – DPE – AC/2017) Julgue os itens a seguir, acerca de práticas comerciais nas relações de consumo.

I As práticas abusivas vedadas ao fornecedor de produtos ou serviços são dispostas, no CDC, de modo exemplificativo.

II É vedado ao comerciante enviar ao consumidor qualquer produto sem que haja prévia solicitação.

III A cobrança de tarifa básica pelo uso dos serviços de telefonia fixa caracteriza venda casada, sendo considerada ilegítima.

IV Conforme o CDC, rejeitar cheque como forma de pagamento pela compra de um produto é prática abusiva.

Estão certos apenas os itens

a) I e II.
b) I e III.
c) II e III.
d) II e IV.
e) III e IV.

COMENTÁRIOS

✪ **Nota do autor:** exige conhecimento sobre as práticas comerciais nas relações de consumo.

Alternativa correta "A": correta. Afirmativa I está correta pois o artigo 39 do CDC descreve em seu texto normativo a expressão "dentre outras práticas", o que demonstra ser o seu rol exemplificativo. Com relação a afirmativa II, correta pois o artigo 39, III, do CDC proíbe enviar ou entregar ao consumidor, sem solicitação prévia, qualquer produto, ou mesmo fornecer qualquer serviço.

Alternativa "B": incorreta, pois na afirmativa III a cobrança de tarifa básica pelo uso dos serviços de telefonia fixa é legítima. Súmula 356 do STJ. Outros precedentes: Resp. 872.584/RS, Resp. 911.802/RS, Resp. 870.600/PB e Resp. 983.501/RS.

Alternativa "C": incorreta, uma vez que a cobrança de tarifa básica pelo uso dos serviços de telefonia fixa é legítima. Súmula 356 do STJ: "É legítima a cobrança de tarifa básica pelo uso dos serviços de telefonia fixa".

Alternativa "D": incorreta, pois a aceitação do cheque pelo fornecedor é considerado uma liberalidade, respaldada no exercício regular de um direito (art. 188 do CC/2002), no princípios da legalidade e autonomia de vontade (art. 5º, II, da CF/88), e também no CDC, art. 4º, III, em que traz também como princípio a harmonização dos interesses dos participantes das relações de consumo no sentido de compatibilizar a proteção do consumidor com a necessidade de desenvolvimento econômico, em especial quanto à viabilização dos princípios nos quais se funda a ordem econômica (art. 170 da CF/88). Portanto a afirmativa IV é incorreta.

---

26. (Cespe – Juiz de Direito – PR/2017) Acerca da responsabilidade pelo vício do produto e do serviço, da oferta e publicidade e da proteção contratual, assinale a opção correta à luz do CDC, do entendimento doutrinário sobre o tema e da jurisprudência do STJ.

a) O direito de arrependimento concedido ao consumidor, dentro do prazo de reflexão obrigatório, deve ser motivado.

b) O serviço de transporte aéreo não é essencial, razão pela qual se admite solução de continuidade na sua prestação.

c) A malha aérea ofertada pela agência reguladora não vincula a concessionária de serviço de transporte aéreo a prestar o serviço concedido.

d) Para a incidência do princípio da vinculação, a oferta deve ser precisa, pois o simples exagero não obriga o fornecedor.

COMENTÁRIOS

✪ **Nota do autor:** exige conhecimento da literalidade das normas do CDC e jurisprudência atual do STJ.

Alternativa correta: "D", de acordo com o art. 30 do CDC, sendo que o exagero (puffing) não obriga o fornecedor em virtude da ausência de precisão da informação da oferta. Neste sentido: "Processual civil e consumidor. Nulidade de multa. Ausência de preço em panfletos publicitários. Propaganda enganosa por omissão. Não ocorrência. Puffing sem precisão suficiente, incapaz de induzir o consumidor em erro. Possibilidade de in casu ocorrer a apresentação de preços oportuno tempore" (STJ, REsp n. 1.370.708-RN, Rel. Min. Mauro Campbell Marques, julgamento 28/04/2015, DJe 01/07/2015).

Alternativa "A": incorreta, pois o direito de arrependimento, nos termos do art. 49 do CDC, não exige motivação de quem o utiliza para desistir do contrato, no prazo de 7 dias a contar de sua assinatura ou do ato de recebimento do produto ou serviço, sempre que a contratação ocorrer fora do estabelecimento comercial.

Alternativa "B": incorreta, de acordo com decisão recente do STJ, "o transporte aéreo é serviço essencial e, como tal, pressupõe continuidade. Difícil imaginar, atualmente, serviço mais 'essencial' do que o transporte aéreo, sobretudo em regiões remotas do Brasil. Consoante o art. 22, caput e parágrafo único, do CDC, a prestação de serviços públicos, ainda que por pessoa jurídica de direito privado, envolve dever de fornecimento de serviços com adequação, eficiência, segurança e, se essenciais, continuidade, sob pena de ser o prestador compelido a bem cumpri-lo e a reparar os danos advindos do descumprimento total ou parcial" (STJ, REsp n. 1.469.087-AC, Rel. Min. Humberto Martins, julgamento 18/08/2016, DJe 17/11/2016).

Alternativa "C": incorreta, pois de acordo com o STJ, "A malha aérea concedida pela ANAC é oferta que vincula a concessionária a prestar o serviço nos termos dos arts. 30 e 31 do CDC". (STJ, REsp n. 1.469.087-AC, Rel. Min. Humberto Martins, julgamento 18/08/2016, DJe 17/11/2016).

---

27. (Cespe – Juiz de Direito – PR/2017) Ao completar cinquenta e nove anos de idade, Pedro foi informado a respeito do reajuste do seu plano de saúde individual. Entendendo que o novo valor cobrado era abusivo, ele requereu a revisão judicial do negócio jurídico.

Acerca dessa situação hipotética, assinale a opção correta à luz da jurisprudência do STJ.

a) A observância das normas expedidas pelas agências reguladoras dispensa a necessidade de previsão contratual.

b) Pedro é considerado consumidor hipervulnerável, pois sua inserção em faixa etária que abrange idosos impossibilita o reajuste da mensalidade de pleno direito.

c) De per si, a fixação de reajuste de valor pago ao plano de saúde autoriza a revisão do contrato pelo juiz.

d) A cláusula de aumento de mensalidade de plano de saúde conforme a mudança de faixa etária tem fundamento no mutualismo e na solidariedade intergeracional.

COMENTÁRIOS

✪ **Nota do autor:** exige conhecimento sobre a jurisprudência do STJ.

Alternativa correta "D": em virtude da decisão da Segunda Seção do STJ que considerou legítimos os reajustes de mensalidade dos planos de saúde conforme a faixa etária do usuário, desde que haja previsão contratual e que os percentuais sejam razoáveis. "O reajuste de mensalidade de plano de saúde individual ou familiar fundado na mudança de faixa etária do beneficiário é válido desde que (i) haja previsão contratual; (ii) sejam observadas as normas expedidas pelos órgãos governamentais reguladores e (iii) não sejam aplicados percentuais desarrazoados ou aleatórios que, concretamente e sem base atuarial idônea, onerem excessivamente o consumidor ou discriminem o idoso". Os reajustes, conforme entendeu o STJ, encontram fundamento no mutualismo e na solidariedade intergeracional, sendo uma forma de preservar as seguradoras diante dos riscos da atividade. (REsp n. 1568244/RJ (2015/0297278-0), autuado em 12/11/2015, julgamento em 23/08/2017, DJe 28/08/2017).

Alternativa "A": Incorreta, pois conforme o posicionamento do STJ, os reajustes nessas circunstâncias são previamente pactuados (no contrato do plano de saúde), e os percentuais são acompanhados pela Agência Nacional de Saúde Suplementar (ANS), no sentido de se evitar abusos, conforme explicado no comentário supracitado.

Alternativa "B": Incorreta, pois a vulnerabilidade se presume para todos os consumidores de serviços, independentemente da idade. Na verdade, os reajustes encontram fundamento no mutualismo e na solidariedade intergeracional, sendo uma forma de preservar as seguradoras diante dos riscos da atividade. "Para a manutenção da higidez da saúde suplementar, deve-se sempre buscar um ponto de equilíbrio, sem onerar, por um lado, injustificadamente, os jovens e, por outro, os idosos, de forma a adequar com equidade, a relação havida entre os riscos assistenciais e as mensalidades cobradas" (**REsp n. 1568244/RJ (2015/0297278-0), autuado em 12/11/2015, julgamento em 23/08/2017, DJe 28/08/2017)**..

Alternativa "C": Incorreta, pois a revisão contratual deve ser pautada na lesividade a uma das partes contratantes (princípio do rebus sic stantibus). Assim, o juiz deve verificar se há aumentos desproporcionais sem justificativa técnica. "Aqueles sem pertinência alguma com o incremento do risco assistencial acobertado pelo contrato". (**REsp n. 1568244/RJ (2015/0297278-0), autuado em 12/11/2015, julgamento em 23/08/2017, DJe 28/08/2017).**

---

28. (Cespe – Defensor Público – RR/2013) Considerando o que dispõe a Lei n° 8.078/1990 a respeito das práticas comerciais, assinale a opção correta.

a) Os fabricantes e importadores deverão assegurar a oferta de componentes e peças de reposição pelo prazo mínimo de cinco anos.

b) O fornecedor do produto ou serviço é solidariamente responsável pelos atos de seus prepostos, excetuados os representantes autônomos.

c) É vedado ao fornecedor de produtos ou serviços enviar ou entregar ao consumidor, sem solicitação prévia, qualquer produto ou fornecer qualquer serviço, ressalvados os gratuitos.

d) Salvo estipulação em contrário, o valor orçado tem validade pelo prazo de dez dias, contado de seu recebimento pelo consumidor.

e) Toda informação ou publicidade suficientemente precisa com relação a produtos e serviços oferecidos ou apresentados veiculada por qualquer forma ou meio de comunicação obriga o fornecedor que a fizer veicular ou dela se utilizar, apesar de não integrar o contrato que vier a ser celebrado.

COMENTÁRIOS

✪ **Nota do autor:** exige conhecimento sobre aspectos que envolvem a oferta de produtos e serviços, bem como sobre as práticas abusivas previstas no CDC.

Alternativa correta "D": correta, de acordo com o disposto no artigo 40, § 1º do CDC.

Alternativa "A": incorreta, pois de acordo com o disposto no artigo 32 do CDC, os fabricantes e importadores deverão assegurar a oferta de componentes e peças de reposição enquanto não cessar a fabricação ou importação do produto.

Alternativa "B": incorreta, tendo em vista que, de acordo com o artigo 34 do CDC, o fornecedor também é solidariamente responsável pelos atos de seus representantes autônomos.

Alternativa "C": incorreta, já que o artigo 39, inciso III do CDC prevê como prática abusiva enviar ou entregar ao consumidor, sem solicitação prévia, qualquer produto ou fornecer qualquer serviço, independentemente de serem gratuitos.

Alternativa "E": incorreta, pois de acordo com o artigo 30 do CDC, a informação ou publicidade integrará o contrato que vier a ser celebrado.

---

29. (Cespe – Juiz Federal Substituto 1ª região/2013) Considerando as principais atividades empresariais e sua relação com o regime jurídico das relações de consumo, assinale a opção correta.

a) Em se tratando de contratos bancários, dada a condição de hipossuficiência do consumidor em relação aos bancos, é cabível a revisão de ofício, pelo magistrado, de cláusulas abusivas.

b) É subjetiva a responsabilidade das instituições financeiras por danos gerados por fortuito interno relativo a fraudes e delitos praticados por terceiros no âmbito de operações bancárias.

c) Atualmente, considera-se que a multa moratória fixada em contratos bancários deve ser mantida à taxa contratada, ainda que pactuada em taxa superior a 2%, visto que, segundo o STJ, o que se veda, nesses contratos, é a estipulação de juros remuneratórios superiores a 12% ao ano.

d) O fato de o consumidor, ignorando o *recall*, deixar de levar o veículo para o conserto não isenta o fabricante da obrigação de indenizar.

e) O plano de saúde é obrigado a divulgar amplamente eventual cláusula contratual que limite o tempo de internação hospitalar, de modo a garantir que o consumidor dela tome ciência.

COMENTÁRIOS

✪ **Nota do autor:** exige conhecimento da jurisprudência e súmulas do STJ sobre práticas e cláusulas abusivas, bem como sobre a responsabilidade do fornecedor.

Alternativa correta "D": correta, de acordo com precedente REsp 1010392-RJ do STJ.

Alternativa "A": incorreta, pois não é cabível a revisão de ofício, pelo magistrado, de cláusulas abusivas, conforme jurisprudência do STJ, nos precedentes AgRg nos EDcl no REsp 905529-RS, EREsp 720439-RS, EDcl no AgRg no REsp 681439-RS, AgRg nos EDcl no REsp 1206203-RS, entendimento também enunciado na Súmula 381 do STJ.

Alternativa "B": incorreta, uma vez que a responsabilidade nesse caso é objetiva. Nesse sentido: AgRg no AREsp 388345-SP, AgRg no Ag 1388725-SP, Súmula 479 do STJ.

Alternativa "C": incorreta, pois a jurisprudência do STJ é no sentido de que a cobrança da multa moratória na alíquota de 10% só poderá ser mantida nos contratos bancários firmados antes da vigência da Lei nº 9.298/1996, que alterou o Código de Defesa do Consumidor; fora dessa hipótese, deve ser reduzida para 2%. Precedentes: AgRg no AgRg no AgRg no Ag 1333349-MG, AgRg nos EDcl no REsp 1010332-PR, Súmula 285 do STJ.

Alternativa "E": incorreta, tendo em vista o entendimento pacificado na jurisprudência do STJ de que é nula de pleno direito a cláusula, inserida em contratos de plano ou de seguro-saúde, que limita o tempo de cobertura para internação, com base no artigo 51, inciso IV, do CDC. Precedentes: AgRg no REsp 535447-RS, AgRg no REsp 609372-RS.

---

30. (Cespe – Juiz de Direito Substituto – RN/2013) O nome de César foi incluído, de forma indevida, em cadastro de proteção ao crédito, por iniciativa de instituição financeira com quem jamais César contratou. No momento em que foi inserida a inscrição irregular, César já ostentava, no mesmo cadastro, anotação restritiva legítima, fundada em dívida que realmente contraíra com outra instituição e cuja validade não se contesta. Nessa situação hipotética, conforme entendimento jurisprudencial dominante,

a) os danos morais são devidos e independem de prova, cabendo, ainda, a determinação judicial de cancelamento da inscrição indevida.

b) não cabe indenização por dano moral, tendo, entretanto, César o direito ao cancelamento da inscrição indevida.

c) César terá direito a indenização pelos danos morais experimentados em razão da negativação indevidamente inserida, devendo a instituição financeira responder objetivamente pelo fortuito interno.

d) a condenação da instituição financeira ficará condicionada à comprovação da existência dos danos morais efetivamente causados a César.

e) a reclamação de César deve embasar-se no Código Civil, não se aplicando as disposições do CDC às relações mantidas com instituições financeiras.

COMENTÁRIOS

✪ **Nota do autor:** exige conhecimento de súmulas do STJ sobre práticas abusivas e aplicabilidade do CDC.

Alternativa correta "B": correta, nos termos da Súmula 385 do STJ: "Da anotação irregular em cadastro de proteção ao crédito, não cabe indenização por dano moral, quando preexistente legítima inscrição, ressalvado o direito ao cancelamento."

Alternativa "A": incorreta, nos termos da Súmula 385 do STJ.

Alternativa "C": incorreta, nos termos da Súmula 385 do STJ.

Alternativa "D": incorreta, nos termos da Súmula 385 do STJ.

Alternativa "E": incorreta, nos termos da Súmula 297 do STJ: "O Código de Defesa do Consumidor é aplicável às instituições financeiras."

---

31. (Cespe – Juiz de Direito Substituto – DFT/2014) Determinado consumidor entrou com ação contra instituição financeira, pleiteando o recebimento de indenização por ter seu nome sido incluído em cadastro de inadimplentes em razão da utilização, por terceiros, de cheques de um talonário extraviado durante o processo de entrega, realizada por empresa terceirizada. Considerando essa situação hipotética, assinale a opção correta.

a) De acordo com o entendimento do STJ, o consumidor terá direito a indenização por dano moral, ainda que preexista legítima inscrição de seu nome no cadastro de inadimplente.

b) O direito de pleitear reparação pelos danos sofridos estará prescrito se o conhecimento do dano ou de sua autoria tiver ocorrido quatro anos após o extravio.

c) Sendo a utilização indevida por terceiros causa excludente de causalidade, a instituição financeira não pode ser responsabilizada pelos danos sofridos pelo consumidor.

d) A obrigação de indenizar condiciona-se à comprovação de dolo ou culpa da instituição financeira, já que sua responsabilidade é subjetiva.

e) A instituição financeira responderá pelos danos causados ao consumidor, ainda que haja cláusula contratual que impute integral responsabilidade à empresa terceirizada responsável pela entrega do talonário.

COMENTÁRIOS

✪ **Nota do autor:** exige conhecimento da jurisprudência e súmulas do STJ sobre responsabilidade das instituições financeiras pelos danos causados aos correntistas.

Alternativa correta "E": segundo a jurisprudência do STJ, a instituição financeira é responsável pelos danos causados a correntista que tem cheques devolvidos e nome inscrito em cadastro de inadimplentes em decorrência da utilização do talonário por terceiro após o extravio de malotes durante o transporte, pois tal situação revela defeito na prestação de serviços. Neste sentido, o Precedente: AgRg no Ag 1357347-DF.

Alternativa "A": incorreta, pois, de acordo com a Súmula 385 do STJ: "Da anotação irregular em cadastro de proteção ao crédito, não cabe indenização por dano moral, quando preexistente legítima inscrição, ressalvado o direito ao cancelamento."

Alternativa "B": incorreta, conforme o artigo 27 do CDC, o prazo prescricional neste caso é de cinco anos e não, de quatro, e sua contagem inicia-se a partir do conhecimento do dano e de sua autoria e não, do extravio.

Alternativa "C": incorreta, consoante jurisprudência do STJ, a instituição financeira é responsável pelos danos resultantes de extravio de talonários de cheques, que posteriormente são utilizados fraudulentamente por terceiros e são devolvidos. Precedente: AgRg no AREsp 80284-SP.

Alternativa "D": incorreta, pois tal situação se caracteriza como defeito na prestação de serviço, pela qual a instituição financeira responde, independentemente da existência de culpa. Trata-se, portanto, de responsabilidade objetiva, nos moldes do artigo 14 do CDC.

---

32. (Cespe – Juiz de Direito Substituto – DFT/2014) Assinale a opção correta a respeito dos direitos do consumidor e das práticas comerciais nas relações de consumo.

a) Para ter direito à revisão de cláusulas contratuais em razão de fato superveniente, o consumidor deverá demonstrar a existência de evento extraordinário e imprevisível, que torne o adimplemento contratual excessivamente oneroso a ele.

b) Conforme o CDC, toda propaganda capaz de induzir o consumidor a se comportar de forma prejudicial ou perigosa à sua saúde ou segurança consiste em publicidade enganosa.

c) A execução de serviços pelo fornecedor condiciona-se, em qualquer hipótese, à prévia elaboração de orçamento e à autorização expressa do consumidor.

d) O valor do serviço, constante em orçamento prévio entregue pelo fornecedor ao consumidor, tem validade de dez dias, não podendo esse prazo ser alterado por acordo entre as partes.

e) Salvo hipótese de engano justificável, o consumidor tem direito à repetição em dobro da quantia dele cobrada indevidamente, desde que demonstre o efetivo pagamento do valor cobrado em excesso.

COMENTÁRIOS

✪ **Nota do autor:** exige conhecimento da literalidade da lei consumerista sobre práticas comerciais.

Alternativa correta "E": correta, nos termos do parágrafo único do artigo 42 do CDC.

Alternativa "A": incorreta, de acordo com o artigo 6º, inciso V, do CDC, para ter direito à revisão de cláusulas contratuais em razão de fato superveniente, o consumidor deverá demonstrar apenas a existência do evento superveniente, que tornou o adimplemento contratual excessivamente oneroso a ele – não é necessário comprovar a imprevisibilidade.

Alternativa "B": incorreta, de acordo com o artigo 37 do CDC, é enganosa a publicidade capaz de induzir em erro o consumidor a respeito da natureza, características, qualidade, quantidade, propriedades, origem, preço e quaisquer outros dados sobre produtos e serviços (§ 1º), e abusiva a publicidade discriminatória de qualquer natureza, a que incite à violência, explore o medo ou a superstição, se aproveite da deficiência de julgamento e experiência da criança, desrespeita valores ambientais, ou que seja capaz de induzir o consumidor a se comportar de forma prejudicial ou perigosa à sua saúde ou segurança (§ 2º).

Alternativa "C": incorreta, pois a execução de serviços pelo fornecedor pode ser feita sem a prévia elaboração de orçamento e autorização expressa do consumidor, desde que seja decorrente de práticas anteriores entre as partes, nos moldes do artigo 39, inciso VI, do CDC. Precedente do STJ: REsp 285241-RJ.

Alternativa "D": incorreta, pois o prazo de dez dias para validade do valor orçado pode ser alterado por acordo entre as partes, nos termos do artigo 40, § 1º, do CDC.

---

33. (Cespe – Promotor de Justiça – AC/2014) A respeito da interpretação dada pelo STJ aos direitos básicos do consumidor, às práticas abusivas e à cobrança de dívidas, assinale a opção correta.

a) É lícito à seguradora negar o pagamento da indenização decorrente de furto simples de veículo automotor, caso o contrato preveja limitação da indenização aos casos de furto qualificado e roubo, ainda que o consumidor não tenha conhecimento técnico-jurídico, haja vista que a ninguém é permitido descumprir a lei sob a alegação de não a conhecer.

b) O dever de o fornecedor informar, adequada e claramente, os consumidores a respeito dos diferentes produtos e serviços, com especificação correta de quantidade, características, composição, qualidade, tributos incidentes e preço, bem como dos riscos que apresentem, não incide nas fases pré e pós contratuais.

c) Responde por vício de quantidade o fornecedor que reduzir o volume da mercadoria para quantidade diversa da que habitualmente fornecia no mercado, quando não informar na embalagem, de forma clara, precisa e ostensiva, a diminuição do conteúdo, ainda que reduza o preço do produto.

d) Caracteriza venda casada a contratação simultânea de prestação de serviços de telefonia móvel e de comodato de aparelho celulares, com cláusula de fidelização, independentemente do prazo mínimo estipulado para tanto e de eventuais benefícios concedidos ao consumidor.

e) O consumidor cobrado em quantia indevida tem direito à repetição do indébito, por valor igual ao dobro do que tenha pago em excesso, acrescido de correção monetária e juros legais, desde que prove ação dolosa do fornecedor.

COMENTÁRIOS

✪ **Nota do autor:** exige conhecimento da jurisprudência do STJ a respeito de práticas e cláusulas abusivas, bem como sobre a responsabilidade do fornecedor.

Alternativa correta "C": correta, de acordo com a jurisprudência do STJ, ainda que haja abatimento no preço do produto, o fornecedor responderá por vício de quantidade na hipótese em que reduzir o volume da mercadoria para quantidade diversa da que habitualmente fornecia no mercado, sem informar na embalagem, de forma clara, precisa e ostensiva, a diminuição do conteúdo. Precedente: REsp 1364915-MG.

Alternativa "A": incorreta, segundo a jurisprudência do STJ, uma vez reconhecida a falha no dever geral de informação (artigo 6º, inciso III, do CDC), é inválida cláusula securitária que exclui da cobertura de indenização o furto simples, sob a alegação de o risco segurado ser limitado aos casos de furto qualificado, pois esta circunstância exige o conhecimento do aderente quanto às diferenças entre uma e outra espécie de furto, conhecimento que, em razão da vulnerabilidade do consumidor, presumidamente ele não possui. Precedente: REsp 1293006-SP.

Alternativa "B": incorreta, de acordo com a jurisprudência do STJ, o dever de informação adequada incide nas fases pré-contratual, contratual e pós-contratual, e só respeitam o princípio da transparência e da boa-fé objetiva, as informações que sejam "corretas, claras, precisas, ostensivas" e que indiquem, nessas mesmas condições, as "características, qualidades, quantidade, composição, preço, garantia, prazos de validade e origem" do produto ou serviço, objeto da relação jurídica de consumo. Precedente: AgRg no AgRg no REsp 1261824-SP.

Alternativa "D": incorreta, o entendimento do STJ é que não caracteriza a prática vedada pelo artigo 39, inciso I, do CDC a previsão de prazo de permanência mínima ("fidelização") em contrato de telefonia móvel e de "comodato", contanto que, em contrapartida, haja a concessão de efetivos benefícios ao consumidor, bem como a opção de aquisição de aparelhos celulares da própria concessionária, sem vinculação a qualquer prazo de carência, ou de outra operadora, ou mesmo de empresa especializada na venda de eletroportáteis. Precedente: REsp 1097582 – MS 2008/0237143-0.

Alternativa "E": incorreta, pois o parágrafo único do artigo 42 do CDC faz ressalva apenas à hipótese de engano justificável e não, à exigência de prova de ação dolosa por parte do fornecedor.

---

34. (Cespe – Promotor de Justiça – AC/2014) De acordo com o disposto no CDC e com o entendimento do STJ, constitui conduta abusiva contra o consumidor **ANULADA**

a) convenção que preveja, nos contratos de título de capitalização, o prazo de carência de até vinte e quatro meses para a devolução do montante da provisão matemática, para o caso de resgate antecipado.

b) cláusula contratual de seguro de saúde que estabeleça, expressamente, limitação de determinado valor para o custeio de despesas com tratamento clínico, cirúrgico e de internação hospitalar abrangidas no contrato.

c) cláusula limitativa de uso em contrato de locação de cofre de banco, entendida como a que prevê os objetos que não podem ser armazenados e sobre os quais não recaem a obrigação de segurança e proteção.

d) cobrança de tarifa de abertura de crédito e de tarifa de emissão de carnê prevista em contratos celebrados até 30/4/2008.

e) cobrança de juros compensatórios incidentes em período anterior à entrega das chaves nos contratos de compromisso de compra e venda de imóveis em construção sob o regime de incorporação imobiliária.

COMENTÁRIOS

✪ **Nota do autor:** a questão foi anulada. Segundo a banca do concurso, além da opção apontada como gabarito (alternativa "B"), também estaria correta a alternativa "A". No entanto, consideramos como incorreta a alternativa "A" pelos motivos abaixo expostos.

Alternativa "A": incorreta, a jurisprudência do STJ entende que é válida tal convenção, não sendo possível ao juiz, com base no CDC, determinar a anulação de cláusula contratual expressamente admitida pelo ordenamento jurídico pátrio se não houver evidência de que o consumidor tenha sido levado a erro quanto ao seu conteúdo. Precedente: REsp 1216673-SP.

Alternativa "B": correta, a jurisprudência do STJ considera abusiva cláusula contratual de seguro de saúde que estabelece limitação de valor para custeio de despesas com tratamento clínico, cirúrgico e de internação hospitalar. Precedente: REsp 735750-SP.

Alternativa "C": incorreta, Segundo o entendimento do STJ, é possível ao Banco limitar, por contrato, o uso do receptáculo posto à disposição do cliente. Assim, na hipótese de roubo ou de furto, o Banco deverá ressarcir apenas os prejuízos referentes aos bens subtraídos que, por contrato, poderiam encontrar-se no interior do compartimento. Sobre os bens, indevidamente armazenados, não haveria dever de proteção, já que refoge, inclusive, do risco profissional assumido. Precedente: REsp 1163137-SP.

Alternativa "D": incorreta, no julgamento de dois Recursos Especiais (1255573 e 1252331), o STJ reconheceu como válida a cobrança da Tarifa de Abertura de Crédito (TAC) e da Tarifa de Emissão de Carnê/Boleto (TEC), apenas nos contratos bancários celebrados até 30 de abril de 2008. Para contratos pactuados a partir desta data, as tarifas não podem mais ser cobradas.

Alternativa "E": incorreta, a jurisprudência do STJ não considera abusiva cláusula contratual que preveja a cobrança de juros antes da entrega das chaves, que, a rigor, conferiria maior transparência ao contrato e iria ao encontro do direito à informação do consumidor (artigo 6º, III, do CDC), abrindo a possibilidade de correção de eventuais abusos. Precedente: EREsp 670117-PB.

5. DA PROTEÇÃO CONTRATUAL

35. (Cespe – Analista Judiciário – Oficial de Just. Avaliador – TRF 1/2017) O contrato de compra e venda de um imóvel não residencial em construção, continha cláusula que determinava a perda total das parcelas pagas caso a compradora, que utilizaria o imóvel como sede empresarial, desistisse do negócio. O contrato foi firmado após a edição do Código de Defesa do Consumidor (CDC).

Com relação a essa situação hipotética, julgue os itens a seguir.

COMENTÁRIOS

✪ **Nota do autor:** exige conhecimento sobre vicio de produtos e serviços e prazos de decadência e prescrição.

35.1. A obtenção de informações claras sobre o produto antes de firmar o contrato é um direito disponível.

COMENTÁRIOS

Errado, pois conforme o artigo 6º, III, do CDC, é direito básico do consumidor, portanto indisponível, a informação adequada e clara sobre os diferentes produtos e serviços, com especificação correta de quantidade, características, composição, qualidade, tributos incidentes e preço, bem como sobre os riscos que apresentem.

35.2. O CDC vigente não se aplica ao caso: a compradora é uma pessoa jurídica e o objeto do contrato é um imóvel comercial.

COMENTÁRIOS

Errado. O CDC, em seu artigo 2º, contempla a pessoa jurídica que atuar na relação de consumo como destinatário final.

35.3. A referida cláusula é prática manifestamente abusiva, mas não nula de pleno direito.

COMENTÁRIOS

Errado. É nula de pleno direito conforme artigo 51, II e IV do CDC. "São nulas de pleno direito, entre outras, as cláusulas contratuais relativas ao fornecimento de produtos e serviços que: [...] II – subtraiam ao consumidor a opção de reembolso da quantia já paga, nos casos previstos neste código; e [...] IV – estabeleçam obrigações consideradas iníquas, abusivas, que coloquem o consumidor em desvantagem exagerada, ou sejam incompatíveis com a boa-fé ou a eqüidade;

36. (Cespe – Defensor Público – DPU/2017) Com referência à proteção contratual e ao contrato de adesão, julgue os seguintes itens.

COMENTÁRIOS

✪ **Nota do autor:** exige conhecimento sobre os contratos de adesão e a proteção do consumidor.

36.1. Nas relações de consumo, não se admite cláusula resolutória nos contratos de adesão.

COMENTÁRIOS

Errado. Pois de acordo com o artigo 54, §2º, do CDC, nos contratos de adesão admite-se clausula resolutória. "Artigo 54.: Contrato de adesão é aquele cujas cláusulas tenham sido aprovadas pela autoridade competente ou estabelecidas unilateralmente pelo fornecedor de produtos ou serviços, sem que o consumidor possa discutir ou modificar substancialmente seu conteúdo. [...] §2° Nos contratos de adesão admite-se cláusula resolutória, desde que a alternativa, cabendo a escolha ao consumidor, [...]".

36.2. Aplicam-se as disposições do CDC às relações de consumo estabelecidas pela compra de produtos de camelôs, haja vista o vendedor ser considerado fornecedor.

COMENTÁRIOS

Correta, pois o camelô se enquadra no conceito de fornecedor descrito no artigo 3º do CDC. ("Fornecedor é toda pessoa física ou jurídica, pública ou privada, nacional ou estrangeira, bem como os entes despersonalizados, que desenvolvem atividade de produção, montagem, criação, construção, transformação, importação, exportação, distribuição ou comercialização de produtos ou prestação de serviços") .

---

37. (Cespe – Defensor Público – RR/2013) A respeito do que preconiza a Lei nº 8.078/1990 em relação à proteção contratual, assinale a opção correta.

a) Nos contratos de adesão, não se admite cláusula resolutória.

b) O consumidor pode desistir do contrato, no prazo de dez dias a contar de sua assinatura ou do ato de recebimento do produto ou serviço, sempre que a contratação de fornecimento do produto ou serviço ocorrer fora do estabelecimento comercial, como por telefone ou em domicílio.

c) Se o consumidor exercitar o direito de arrependimento de compra previsto no CDC, os valores eventualmente pagos, a qualquer título, durante o prazo de reflexão, serão devolvidos, no prazo de até trinta dias, monetariamente atualizados.

d) Os contratos de adesão escritos serão redigidos em termos claros e com caracteres ostensivos e legíveis, com tamanho de fonte não inferior ao corpo doze, de modo a facilitar sua compreensão pelo consumidor.

e) O termo de garantia contratual ou equivalente deve ser padronizado e esclarecer, de maneira adequada, em que consiste a garantia, bem como a forma, o prazo e o lugar em que pode ser exercitada e os ônus a cargo do consumidor, devendo esse termo ser preenchido pelo consumidor, no ato do fornecimento, e ser acompanhado de manual de instrução, de instalação e uso do produto em linguagem didática, com ilustrações.

COMENTÁRIOS

✪ **Nota do autor:** exige conhecimento sobre aspectos que envolvem a proteção contratual, previstos no CDC.

Alternativa correta "D": correta, uma vez que a referida alternativa é a reprodução do artigo 54, § 3º, do CDC.

Alternativa "A": incorreta, uma vez que nos contratos de adesão admite-se cláusula resolutória. (Artigo 54, § 2º, do CDC).

Alternativa "B": incorreta, tendo em vista que, de acordo com o artigo 49 do CDC, o prazo para desistência do contrato é de sete dias e não, de dez.

Alternativa "C": incorreta, pois, de acordo com o artigo 49, parágrafo único do CDC, os valores serão devolvidos de imediato e não, no prazo de trinta dias.

Alternativa "E": incorreta, pois, de acordo com o artigo 50, parágrafo único do CDC, o termo deverá ser preenchido pelo fornecedor e entregue ao consumidor.

---

38. (Cespe – Juiz Federal Substituto 5ª região/2013) O CDC, embora não trate objetivamente do comércio realizado por meio da Internet, contém dispositivos que se aplicam aos negócios feitos por meio da Internet, como o direito de arrependimento. O prazo para contagem desse direito pode começar a partir

a) da chegada do aviso de expedição do produto e será de trinta dias.

b) da chegada do aviso de expedição do produto e será de quinze dias.

c) da assinatura do contrato e será de trinta dias.

d) da assinatura do contrato e será de sete dias.

e) do ato de recebimento do produto e será de trinta dias.

COMENTÁRIOS

✪ **Nota do autor:** exige conhecimento do direito de arrependimento, previsto no artigo 49 do CDC.

Alternativa correta "D": correta, de acordo com o disposto no artigo 49, do CDC. Evidentemente, quando a norma em destaque foi elaborada, o comércio eletrônico não se encontrava no estágio de desenvolvimento hodierno; por isso, embora não haja referência expressa, o referido dispositivo legal também deve ser aplicado a transações comerciais pela internet ou por outros meios de comunicação.

Alternativa "A": incorreta, pois o prazo para exercer o direito de arrependimento é contado a partir da assinatura do contrato (e não, da chegada do aviso de expedição do produto) e será de sete dias (não de trinta dias), nos termos do artigo 49, do CDC.

Alternativa "B": incorreta, nos termos do artigo 49, do CDC, in verbis: "O consumidor pode desistir do contrato, no prazo de 7 dias a contar de sua assinatura ou do ato de recebimento do produto ou serviço, sempre que a contratação de fornecimento de produtos e serviços ocorrer fora do estabelecimento comercial, especialmente por telefone ou a domicilio".

Alternativa "C": incorreta, nos termos do artigo 49, do CDC.

Alternativa "E": incorreta, nos termos do artigo 49, do CDC.

39. (Cespe – Juiz de Direito Substituto – RN/2013) A respeito da proteção contratual do consumidor prevista no CDC, assinale a opção correta à luz da doutrina e da jurisprudência atual.

a) É válida a cláusula que determine a utilização compulsória da arbitragem, desde que redigida de forma que permita sua compreensão imediata e fácil.

b) Não se admite a incidência da chamada comissão de permanência nos contratos regidos pelas normas de proteção ao consumidor.

c) Nos contratos vinculados ao Sistema Financeiro da Habitação, a atualização do saldo devedor antecede sua amortização pelo pagamento da prestação.

d) Vigora, como regra, o princípio de que a nulidade de uma cláusula contratual abusiva, por versar matéria de ordem pública, acarreta, como consequência inexorável, a invalidade do contrato.

e) Não se admite a existência de cláusula resolutória alternativa nos contratos de adesão.

COMENTÁRIOS

✪ **Nota do autor:** exige conhecimento da previsão legal, da jurisprudência e súmulas do STJ acerca das cláusulas abusivas nos contratos de consumo.

Alternativa correta "C": correta, consoante a jurisprudência do STJ, o critério da prévia atualização do saldo devedor e posterior amortização não fere a comutatividade das obrigações pactuadas no ajuste. Precedente do STJ: AgRg no REsp 1205169-DF.

Alternativa "A": incorreta, pois o artigo 51, inciso VII, do CDC, estipula que é nula de pleno direito a cláusula que determina a utilização compulsória de arbitragem.

Alternativa "B": incorreta, pois se admite a cobrança de comissão de permanência, vencido o prazo para pagamento da dívida, desde que limitada ao percentual do contrato e que não seja cumulada com outros encargos. Precedente do STJ: AgRg no REsp 768325-RS. Neste sentido, a Súmula 30 do STJ: "A comissão de permanência e a correção monetária são inacumuláveis." e a Súmula 296 do STJ: "Os juros remuneratórios, não cumuláveis com a comissão de permanência, são devidos no período de inadimplência, à taxa média de mercado estipulada pelo Banco Central do Brasil, limitada ao percentual contratado."

Alternativa "D": incorreta, conforme o § 2º do artigo 51 do CDC, a nulidade de uma cláusula contratual abusiva somente invalida o contrato quando de sua ausência, apesar dos esforços de integração, decorrer ônus excessivo a qualquer das partes.

Alternativa "E": incorreta, pois, de acordo com o artigo 54 do CDC, admite-se cláusula resolutória alternativa nos contratos de adesão.

40. (Cespe – Juiz de Direito Substituto – RN/2013) Acerca da proteção contratual do consumidor prevista no CDC, assinale a opção correta à luz da doutrina e da jurisprudência atual do STJ.

a) É valida cláusula contratual que disponha, por convenção das partes, a inversão do ônus da prova em favor do fornecedor.

b) Não se considera abusiva cláusula contratual que determine, em caso de rescisão de promessa de compra e venda de imóvel na planta, a restituição das parcelas pagas somente ao término da obra.

c) O prazo de reflexão legalmente conferido ao consumidor para desistir do contrato, estipulado em sete dias, somente se mostra aplicável quando a contratação do fornecimento de produtos ou serviços ocorrer fora do estabelecimento comercial.

d) Não se considera abusiva cláusula contratual de plano de saúde que estabeleça, com a anuência do consumidor, limites para o tempo de internação hospitalar do segurado.

e) A inserção de cláusula no formulário de contratos de adesão desfigura a natureza do contrato.

COMENTÁRIOS

✪ **Nota do autor:** exige conhecimento da previsão legal, da jurisprudência e súmulas do STJ acerca da proteção contratual ao consumidor.

Alternativa correta "C": correta. A referida alternativa reproduz o artigo 49 do CDC.

Alternativa "A": incorreta, nos termos do artigo 51, inciso VI, do CDC, in verbis: "Art. 51. São nulas de pleno direito, entre outras, as cláusulas contratuais relativas ao fornecimento de produtos e serviços que: [...] VI – estabeleçam inversão do ônus da prova em prejuízo do consumidor".

Alternativa "B": incorreta, segundo entendimento do STJ, na hipótese de rescisão de contrato de promessa de compra e venda de imóvel, é abusiva a cláusula que determina a restituição dos valores pagos somente ao término da obra ou de forma parcelada, devendo os valores serem restituídos imediatamente. Precedente no STJ: REsp 1300418-SC.

Alternativa "D": incorreta, nos termos da Súmula 302 do STJ: "É abusiva a cláusula contratual de plano de saúde que limita no tempo a internação hospitalar do segurado."

Alternativa "E": incorreta, nos termos do § 1º do artigo 54 do CDC, o qual determina que a inserção de cláusula no formulário não desfigura a natureza de adesão do contrato.

5.1. DAS CLÁUSULAS ABUSIVAS

41. (Cespe – Juiz Federal Substituto 2ª região/2013) Com relação às cláusulas abusivas e nulas, de que trata o CDC, assinale a opção correta.

a) O fornecimento de serviços por determinada empresa pode ser regido por regra contratual que estipule a utilização obrigatória da arbitragem com o objetivo de resolver, de forma mais célere, conflitos com consumidores.

b) Um fornecedor do ramo de bens importados pode estipular, contratualmente, a alteração unilateral nos preços de seus produtos, como instrumento de garantia para as hipóteses de mudanças bruscas no cenário econômico internacional.

c) Um contrato de prestação de serviços de limpeza predial poderá estabelecer a utilização de substância química vedada por legislação ambiental, sem que isso implique a nulidade da respectiva cláusula.

d) Um contrato poderá prever o ressarcimento, a cargo dos consumidores, dos custos de cobrança relativa às suas obrigações, em situações de comprovado risco de inadimplência, sem que esse direito possa ser invertido contra o fornecedor.

e) Na relação de consumo, uma pessoa jurídica X poderá celebrar com seu fornecedor Y contrato com cláusula que limite o pagamento de indenizações a situações justificáveis.

COMENTÁRIOS

✪ **Nota do autor:** exige conhecimento das cláusulas abusivas, previstas no CDC.

Alternativa correta "E": correta, pois nas relações de consumo entre o fornecedor e o consumidor-pessoa jurídica, a indenização poderá ser limitada, em situações justificáveis, nos termos do artigo 51, inciso I, segunda parte, do CDC.

Alternativa "A": incorreta, uma vez que são nulas de pleno direito as cláusulas contratuais relativas ao fornecimento de produtos e serviços que determinem a utilização compulsória de arbitragem, conforme artigo 51, inciso VII, do CDC.

Alternativa "B": incorreta, pois são nulas de pleno direito as cláusulas contratuais que permitam ao fornecedor, direta ou indiretamente, variação do preço de maneira unilateral, conforme artigo 51, inciso X, do CDC.

Alternativa "C": incorreta, tendo em vista que são nulas de pleno direito as cláusulas contratuais que infrinjam ou possibilitem a violação de normas ambientais, conforme artigo 51, inciso XIV, do CDC.

Alternativa "D": incorreta, tendo em vista que são nulas de pleno direito as cláusulas contratuais que obriguem o consumidor a ressarcir os custos de cobrança de sua obrigação, sem que igual direito lhe seja conferido contra o fornecedor, conforme artigo 51, inciso XII, do CDC.

42. (Cespe – Juiz Federal Substituto 5ª região/2013) Assinale a opção correta de acordo com o CDC.

a) Se o dano for causado por componente ou peça incorporada ao produto ou serviço, respondem subsidiariamente o seu fabricante, o construtor ou importador e quem tiver realizado a incorporação.

b) São nulas de pleno direito as cláusulas que infrinjam as normas ambientais ou possibilitem sua violação.

c) Comprovado que o fornecedor desconhecia os vícios de qualidade por inadequação do produto, extingue-se o dever de indenizar.

d) As sociedades integrantes dos grupos societários e as sociedades controladas são solidariamente responsáveis pelas obrigações estabelecidas no CDC.

e) Quando a contratação do serviço ocorrer fora do estabelecimento comercial, o consumidor poderá desistir do contrato no prazo de até quinze dias, contado da assinatura ou do recebimento do serviço.

COMENTÁRIOS

✪ **Nota do autor:** exige conhecimento das cláusulas abusivas, previstas no CDC.

Alternativa correta "B": correta, pois reproduz literalmente o artigo 51, inciso XIV, do CDC.

Alternativa "A": incorreta, pois o fabricante, o construtor ou o importador e quem tiver realizado a incorporação respondem solidariamente, e não subsidiariamente, nos termos do artigo 25, § 2º do CDC.

Alternativa "C": incorreta, uma vez que a ignorância do fornecedor sobre os vícios de qualidade por inadequação dos produtos e serviços não o exime de responsabilidade, de acordo com o artigo 23, do CDC.

Alternativa "D": incorreta, tendo em vista que as sociedades integrantes dos grupos societários e as sociedades controladas são subsidiariamente (e não, solidariamente) responsáveis pelas obrigações consumeristas, conforme artigo 28, § 2º do CDC.

Alternativa "E": incorreta, pois o prazo de desistência do consumidor é de sete dias e não, de quinze, em decorrência do artigo 49 do CDC.

43. (Cespe – Defensor Público – DF/ 2013) Julgue os itens que se seguem, relativos às práticas comerciais e à proteção contratual no âmbito do direito do consumidor.

COMENTÁRIOS

✪ **Nota do autor:** exige conhecimento da jurisprudência do STJ acerca das cláusulas abusivas.

43.1. Conforme entendimento do STJ, constitui cláusula abusiva o dispositivo de contrato de seguro de veículos que permite à seguradora, nas hipóteses de perda total e furto do veículo, efetuar o pagamento da indenização com base no valor de mercado do bem, porquanto a seguradora pagaria valor inferior ao quantum segurado na apólice, sobre o qual são calculadas as mensalidades.

COMENTÁRIOS

Errado. A jurisprudência do STJ consignou não ser abusiva, por si só, a cláusula dos contratos de seguro que autoriza as seguradoras de veículos, nos casos de perda total ou furto do bem, a indenizar pelo valor de mercado referenciado na data do sinistro. Precedente: REsp 1189213-GO

43.2. Conforme a jurisprudência do STJ, são nulas as cláusulas contratuais que disponham sobre o dever do consumidor de arcar com a responsabilidade absoluta por compras realizadas com cartão de crédito furtado, até o momento da comunicação do furto.

COMENTÁRIOS

Correto. Exatamente neste sentido é o REsp 348343-SP.

43.3. Responderá pelos danos materiais sofridos pelo consumidor em caso de atraso o fornecedor que tenha feito constar de oferta publicitária sua notável pontualidade e eficiência nos serviços de entrega da mercadoria dele adquirida, ainda que o atraso na entrega decorra de culpa de empresa aérea.

COMENTÁRIOS

Correto. Exatamente neste sentido é o REsp 196031-MG 1998/0087139-0.

43.4. De acordo com o entendimento do STJ, não é abusiva cláusula que exclua do plano de saúde o custeio de prótese, em procedimento cirúrgico coberto pelo plano, fabricada de material importado, ainda que necessária ao restabelecimento da saúde do segurado.

COMENTÁRIOS

Errado. Segundo a jurisprudência do STJ, é abusiva a cláusula restritiva de direito que exclui do plano de saúde o custeio de prótese em procedimento cirúrgico coberto pelo plano e necessária ao pleno restabelecimento da saúde do segurado, sendo indiferente, para tanto, se referido material é ou não importado. Precedente do STJ: AgRg no Ag 1139871-SC.

44. (Cespe – Defensor Público – DF/ 2013) A respeito da tutela coletiva do consumidor e de seus direitos no âmbito dos contratos bancários, dos contratos de compra e venda de imóveis e dos consórcios, julgue os itens subsequentes.

COMENTÁRIOS

✪ **Nota do autor:** exige conhecimento da jurisprudência do STJ acerca das cláusulas abusivas.

44.1. De acordo com o STJ, como se aplica o CDC aos contratos de arrendamento mercantil, o aumento do valor do dólar norte-americano em relação ao real constitui fato superveniente capaz de ensejar a revisão do contrato de arrendamento mercantil atrelado ao dólar.

COMENTÁRIOS

Correto. Exatamente neste sentido é o AgRg no REsp 976578-SP 2007/0198439-0.

44.2. Considera-se abusiva a cláusula contratual que determina, em caso de rescisão de promessa de compra e venda de imóvel, a restituição, ao término da obra, das parcelas pagas.

COMENTÁRIOS

Correto. Exatamente neste sentido é o REsp 1300418-SC. Em tais avenças, deve ocorrer a imediata restituição das parcelas pagas pelo promitente comprador – integralmente, em caso de culpa exclusiva do promitente vendedor/construtor, ou parcialmente, caso tenha sido o comprador quem deu causa ao desfazimento (REsp 1300418-SC).

44.3. Prevalece no STF o entendimento de que a DP só possui legitimidade extraordinária ativa para a defesa dos interesses coletivos e individuais coletivos se houver vinculação desses direitos à hipossuficiência econômica dos beneficiados.

COMENTÁRIOS

ANULADA. segundo a banca do concurso, a utilização da expressão "interesses individuais coletivos" prejudicou o julgamento objetivo do item. Por esse motivo, optou-se por sua anulação.

44.4. Em se tratando de contratos de abertura de crédito em conta-corrente, não é necessária a prova do erro para que o consumidor obtenha judicialmente a repetição do indébito.

COMENTÁRIOS

Correto. De acordo com a Súmula 322 do STJ: "Para a repetição de indébito, nos contratos de abertura de crédito em conta-corrente, não se exige a prova do erro."

6. DAS INFRAÇÕES PENAIS

45. (Cespe – Promotor de Justiça – AC/2014) No que tange às normas de direito penal e de direito processual penal previstas no CDC, assinale a opção correta.

a) A conduta de o fornecedor deixar de entregar ao consumidor o termo de garantia adequadamente preenchido e com especificação clara de seu conteúdo acarreta, tão somente, responsabilidade civil e administrativa, não havendo previsão de sanção penal.

b) Todos os delitos contra as relações de consumo estão tipificados no CDC.

c) No âmbito criminal, além das penas privativas de liberdade e de multa, podem ser impostas, cumulativa ou alternadamente, as penas de revogação de concessão ou permissão de uso e de cassação de licença de estabelecimento ou de atividade.

d) No processo penal atinente aos crimes e contravenções que envolvam relações de consumo, admite-se a intervenção, como assistente do MP, de associação legitimada para a defesa coletiva de interesse dos consumidores.

e) O CDC veda qualquer hipótese de legitimidade para a propositura de ação penal subsidiária caso a denúncia não seja oferecida pelo MP no prazo legal.

COMENTÁRIOS

✪ **Nota do autor:** exige conhecimento de aspectos penais e processuais penais da legislação consumerista.

Alternativa correta "D": correta, pois é a reprodução do artigo 80 do CDC.

Alternativa "A": incorreta, pois tal conduta caracteriza o tipo penal previsto no artigo 74 do CDC, ao qual é cominada pena de detenção de um a seis meses ou multa.

Alternativa "B": incorreta, pois o caput do artigo 80 do CDC menciona a possibilidade de existência de outros crimes e contravenções que envolvam relações de consumo e que não estejam previstos naquele código.

Alternativa "C": incorreta, nos termos do artigo 78 do CDC, além das penas privativas de liberdade e de multa, podem ser impostas também a interdição temporária de direitos; a publicação em órgãos de comunicação de grande circulação ou audiência, às expensas do condenado, de notícia sobre os fatos e a condenação; e a prestação de serviços à comunidade.

Alternativa "E": incorreta, conforme o artigo 80 do CDC, se a denúncia não for oferecida pelo Ministério Público no prazo legal, poderão propor ação penal subsidiária as entidades e órgãos da administração pública, direta ou indireta, ainda que sem personalidade jurídica, bem como as associações legalmente constituídas há pelo menos um ano e que incluam entre seus fins institucionais a defesa dos interesses e direitos dos consumidores.

7. DA DEFESA DO CONSUMIDOR EM JUÍZO

46. (Cespe – Defensor Público – RR/2013) Com base na Lei nº 8.078/1990, assinale a opção correta no que se refere à defesa do consumidor em juízo.

a) O MP, se não ajuizar ação civil coletiva, atuará sempre como fiscal da lei.

b) A sentença fará coisa julgada *ultra partes*, mas limitadamente ao grupo, categoria ou classe, salvo improcedência por insuficiência de provas, quando se tratar da hipótese de interesses ou direitos difusos.

c) Decorrido o prazo de seis meses sem habilitação de interessados em número compatível com a gravidade do dano, o MP poderá promover a liquidação e execução da indenização devida.

d) A forma coletiva é a única maneira pela qual a defesa em juízo dos interesses e direitos dos consumidores e das vítimas poderá ser exercida.

e) Para a defesa dos direitos e interesses protegidos pelo CDC, as únicas espécies de ações admitidas são o mandado de injunção e o *habeas data*.

COMENTÁRIOS

✪ **Nota do autor:** exige conhecimento sobre os aspectos que envolvem a defesa do consumidor em juízo, previstos no CDC.

Alternativa correta "A": correta, pois a alternativa reproduz o artigo 92 do CDC.

Alternativa "B": incorreta, pois, de acordo com o artigo 103, inciso II do CDC, a sentença terá tal efeito quando se tratar de interesses ou direitos coletivos.

Alternativa "C": incorreta, tendo em vista que, de acordo com o artigo 100 do CDC, o prazo é de um ano e não, de seis meses.

Alternativa "D": incorreta, já que o artigo 81 do CDC estabelece que a defesa dos interesses e direitos dos consumidores e das vítimas poderá ser exercida individualmente, ou a título coletivo.

Alternativa "E": incorreta, pois, de acordo com o artigo 83 do CDC, são admissíveis todas as espécies de ações capazes de propiciar a adequada e efetiva tutela dos direitos e interesses protegidos por este código.

47. (Cespe – Juiz Federal Substituto 2ª região/ 2013) Acerca da defesa do consumidor em juízo, do SNDC e da tipificação penal à luz do CDC, assinale a opção correta. **ANULADA.**

a) Constitui crime contra as relações de consumo a omissão de dizeres ou sinais ostensivos sobre a periculosidade em embalagens, como, por exemplo, em embalagens de fogos de artifício. Para esse tipo de conduta criminosa a lei não contempla a modalidade culposa.

b) No âmbito de ação coletiva que envolva direitos de consumidores, se um pedido for julgado improcedente por insuficiência de provas, a sentença não terá efeito *erga omnes*.

c) O CDC prevê o *habeas data* para fins de tutela dos direitos e interesses dos consumidores.

d) Um município não é ente federado legitimado para atuar na defesa coletiva de interesses ou direitos dos consumidores.

e) O órgão de coordenação da política do SNDC poderá receber denúncias apresentadas por entidade representativa dos interesses dos consumidores de determinado município, mas não poderá solicitar à polícia judiciária a instauração de inquérito policial para a apreciação de delito contra o consumidor.

COMENTÁRIOS

✪ **Nota do autor:** a questão foi anulada porque tanto a alternativa "B" como a alternativa "C" estão corretas.

Alternativa correta "B": correta, pois a alternativa reproduz o artigo 103, inciso I do CDC.

Alternativa correta "C": correta, nos termos do artigo 83 do CDC, que admite todas as espécies de ações capazes de propiciar a adequada e efetiva tutela dos direitos e interesses protegidos por este código.

Alternativa "A": incorreta, tendo em vista que o parágrafo 2º do artigo 63 do CDC prevê a modalidade culposa para este tipo de conduta criminosa.

Alternativa "D": incorreta, pois o Município é ente federado legitimado para atuar na defesa coletiva de interesses ou direitos dos consumidores, nos termos do artigo 82, inciso II do CDC.

Alternativa "E": incorreta, tendo em vista que o órgão de coordenação da política do SNDC poderá solicitar à polícia judiciária a instauração de inquérito policial para a apreciação de delito contra o consumidor, nos termos do artigo 106, inciso V do CDC.

48. (Cespe – Defensor Público – TO/2013) Com relação aos direitos do consumidor, às infrações penais e à defesa do consumidor em juízo, assinale a opção correta.

a) De acordo com o CDC, interesses coletivos, em sentido restrito, correspondem aos interesses de natureza indivisível de uma coletividade indeterminada e indeterminável de pessoas, ligadas por circunstâncias de fato.

b) É *ex nunc* o efeito da sentença que reconhece a nulidade de cláusula abusiva.

c) No processo penal atinente aos crimes previstos no CDC, poderão intervir como assistentes do MP apenas as associações legalmente constituídas há pelo menos um ano e que incluam entre seus fins institucionais a defesa dos interesses e direitos protegidos pelo CDC.

d) Produtos e serviços são considerados elementos subjetivos da relação de consumo desde que tenham valor econômico.

e) A defesa do consumidor é um direito constitucional fundamental e também um dos princípios da atividade econômica.

COMENTÁRIOS

✪ **Nota do autor:** exige conhecimento da literalidade da lei consumerista.

Alternativa correta "E": correta, de acordo com o artigo 5º, inciso XXXII, e o artigo 170, inciso V, ambos da Constituição Federal.

Alternativa "A": incorreta, pois, de acordo com o artigo 81, inciso II, do CDC, interesses coletivos, em sentido restrito, correspondem aos interesses de natureza indivisível, de que seja titular grupo, categoria ou classe de pessoas ligadas entre si ou com a parte contrária por uma relação jurídica base.

Alternativa "B": incorreta, pois o artigo 51, *caput,* do CDC prescreve que são nulas de pleno direito as cláusulas abusivas e, consoante o artigo 166, VII, do Código Civil, trata-se de nulidade absoluta. Logo, a sentença que decreta a nulidade é constitutiva negativa e produz efeito *ex tunc,* retroagindo à data da celebração do contrato.

Alternativa "C": incorreta, pois, nos termos do artigo 80, do CDC, no processo penal atinente aos crimes previstos no CDC, poderão intervir como assistentes do MP os legitimados indicados no art. 82, inciso III e IV do código, aos quais também é facultado propor ação penal subsidiária, se a denúncia não for oferecida no prazo legal.

Alternativa "D": incorreta, pois produtos e serviços são considerados elementos objetivos da relação de consumo.

49. (Cespe - Defensor Público - TO/2013) Em relação aos direitos do consumidor e à defesa do consumidor em juízo, assinale a opção correta.

a) É incompatível com o sistema de responsabilidade civil estabelecido no CDC cláusula contratual de não indenizar que impossibilite, exonere ou atenue o dever de indenização do fornecedor pessoa física.

b) Prevalece na doutrina e na jurisprudência o entendimento de que não se aplica aos contratos celebrados via Internet o prazo de arrependimento.

c) Caso fortuito e força maior excluem a responsabilidade do fornecedor de serviços ou de produtos.

d) A doutrina é uníssona no sentido de que o momento de inversão do ônus da prova é o do julgamento da causa.

e) No campo das ações consumeristas individuais, o ajuizamento da ação de responsabilidade civil do fornecedor de produtos e serviços poderá ser no foro do domicílio do consumidor autor, mesmo se o foro de eleição for outro, apenas quando se tratar de contrato de adesão.

COMENTÁRIOS

✪ **Nota do autor:** exige conhecimento sobre aspectos materiais e processuais da defesa do consumidor, em especial, sobre o sistema de responsabilidade civil.

Alternativa correta "A": correta, consoante artigo 25 do CDC, in verbis: "É vedada a estipulação contratual de cláusula que impossibilite, exonere ou atenue a obrigação de indenizar [...]".

Alternativa "B": incorreta, pois tanto a doutrina quanto a jurisprudência admitem que o arrependimento de que trata o artigo 49 do CDC aplica-se às contratações no comércio eletrônico, realizado por *e-mails, internet, telemarketing* etc. Precedente no STJ: AgRg no REsp 1189740-RS.

Alternativa "C": incorreta, segundo a banca do concurso, porém, quanto ao tema, o STJ possui julgados divergentes, em que ora afasta a alegação de caso fortuito e força maior (neste sentido, o AgRg no AREsp 376268-SP), ora os admite de forma restritiva, excluindo a responsabilidade do fornecedor apenas no caso fortuito externo (neste sentido, o REsp 1243970-SE).

Alternativa "D": incorreta, pois doutrina e jurisprudência divergem sobre qual o momento adequado para se aplicar as regras da inversão do ônus da prova. Segundo o STJ, trata-se de regra de instrução, devendo a decisão judicial que determiná-la ser proferida preferencialmente na fase de saneamento do processo ou, pelo menos, assegurar à parte a quem não incumbia inicialmente o encargo a reabertura de oportunidade para manifestar-se nos autos (EREsp 422778-SP).

Alternativa "E": incorreta, pois o artigo 101 do CDC determina que o ajuizamento da ação de responsabilidade civil do fornecedor de produtos e serviços seja feito no foro do domicilio do consumidor autor, sem qualquer ressalva.

50. (Cespe - Juiz de Direito Substituto - RN/2013) Com fundamento na legislação em vigor, na doutrina e na jurisprudência do STJ, assinale a opção correta no que se refere à defesa do consumidor em juízo.

a) Nas ações coletivas de que trata o CDC, a sentença, de procedência ou improcedência, fará coisa julgada erga omnes, obstaculizando a rediscussão da causa em nova demanda individual.

b) Consideram-se interesses ou direitos coletivos, para efeitos do CDC, os transindividuais, de natureza indivisível, cujos titulares sejam pessoas indeterminadas e ligadas por circunstâncias de fato.

c) Nas ações que tenham por objeto o cumprimento de obrigação de fazer ou não fazer, sendo relevante o fundamento e havendo risco de ineficácia do provimento final, pode o juiz conceder a tutela liminarmente e, ainda, em tal hipótese, fixar multa diária ao réu, independentemente de pedido do autor, fixando prazo razoável para o cumprimento da obrigação.

d) Consideram-se interesses ou direitos individuais homogêneos, para efeitos do CDC, os transindividuais, de natureza indivisível, cujo titular seja grupo, categoria ou classe de pessoas ligadas entre si ou com a parte contrária por uma relação jurídica base.

e) Estão legitimadas à propositura de ação coletiva as associações legalmente constituídas há pelo menos cinco anos e que incluam, entre seus fins institucionais, a defesa dos interesses e direitos protegidos pelo CDC, dispensada a autorização assemblear.

COMENTÁRIOS

✪ **Nota do autor:** exige conhecimento da literalidade da lei consumerista sobre as espécies de direitos transindividuais, efeitos da sentença coletiva, tutela antecipada e legitimidade ativa nas ações coletivas.

Alternativa correta "C": correta, pois reproduz o artigo 84, caput e §§1º ao 4º, do CDC.

Alternativa "A": incorreta, pois a coisa julgada será *secundum eventum litis*, ou seja, nos termos do artigo 103 do CDC, a sentença fará coisa julgada *erga omnes*, em se tratando de interesses ou direitos difusos, exceto se o pedido for julgado improcedente por insuficiência de provas, hipótese em que qualquer legitimado poderá intentar outra ação, com idêntico fundamento valendo-se de nova prova; ou *ultra partes*, em se tratando de interesses ou direitos coletivos, mas limitadamente ao grupo, categoria ou classe, salvo improcedência por insuficiência de provas.

Alternativa "B": incorreta, de acordo com o artigo 81, inciso II, do CDC, consideram-se interesses ou direitos coletivos, os transindividuais, de natureza indivisível, de que seja titular grupo, categoria ou classe de pessoas ligadas entre si ou com a parte contrária por uma relação jurídica base.

Alternativa "D": incorreta, de acordo com o artigo 81, inciso III, do CDC, consideram-se interesses ou direitos individuais homogêneos, os decorrentes de origem comum.

Alternativa "E": incorreta, pois o prazo exigido para a constituição legal das associações, de acordo com o artigo 82, inciso IV, do CDC, é de pelo menos um ano e não, de cinco anos.

---

51. (Cespe – Juiz de Direito Substituto – DFT/2014) O MP de determinado estado, por intermédio do promotor de justiça titular da promotoria especializada na defesa dos direitos do consumidor, ajuizou ação civil pública contra instituição de ensino particular, com o intuito de impedir aumento ilegal e abusivo de mensalidades escolares. Com base nessa situação hipotética, assinale a opção correta.

a) Caso seja proferida decisão condenatória, o magistrado deverá conceder a tutela específica da obrigação ou determinar providências que assegurem o resultado prático equivalente ao do adimplemento, podendo, ainda, independentemente de pedido do autor, impor multa diária ao réu.

b) Eventual sentença de improcedência fará coisa julgada erga omnes.

c) Nesse caso, trata-se de tutela de interesses difusos.

d) De acordo com o entendimento do STF, o magistrado deve extinguir o processo sem resolução de mérito, em razão da ilegitimidade do MP para propor a ação.

e) Conforme a jurisprudência consolidada do STJ, o magistrado poderá, na sentença, inverter o ônus da prova, caso estejam presentes os requisitos previstos no CDC.

COMENTÁRIOS

✪ **Nota do autor:** exige conhecimento sobre a defesa do consumidor em juízo, especialmente sobre os efeitos da sentença e a inversão do ônus da prova.

Alternativa correta "A": correta, nos termos literais do artigo 84, *caput* e § 4º do CDC.

Alternativa "B": incorreta, por se tratar de interesses ou direitos coletivos em sentido estrito, a sentença, nos termos do artigo 103, inciso II, do CDC fará coisa julgada *ultra partes,* limitadamente ao grupo, categoria ou classe, salvo improcedência por insuficiência de provas (nesta hipótese, qualquer legitimado poderá intentar outra ação, valendo-se de nova prova).

Alternativa "C": incorreta, pois se trata de direitos transindividuais de natureza indivisível, de que são titulares certo grupo de pessoas (*i.e.,* os alunos que estudam em escolas privadas e seus pais ou responsáveis), ligadas com a parte contrária por uma relação jurídica base (no caso, o vínculo contratual com a Instituição de Ensino).

Alternativa "D": incorreta, de acordo com a Súmula 643 do STF: "O Ministério Público tem legitimidade para promover ação civil pública cujo fundamento seja a ilegalidade de reajuste de mensalidade escolares."

Alternativa "E": incorreta, segundo o STJ, a inversão do ônus da prova é regra de instrução, devendo a decisão judicial que determiná-la ser proferida preferencialmente na fase de saneamento do processo ou, pelo menos, assegurar à parte a quem não incumbia inicialmente o encargo a reabertura de oportunidade para manifestar-se nos autos. Precedente: EREsp 422778-SP.

7.1. INVERSÃO DO ÔNUS DA PROVA

---

52. (Cespe – Juiz de Direito – PR/2017) Maria, aposentada, compareceu a uma agência bancária para sacar seu benefício previdenciário. No entanto, ao consultar o extrato, verificou que o numerário fora sacado por terceiro. Inconformada, procurou a defensoria pública, que ajuizou ação de indenização, requerendo, entre outras coisas, a inversão do ônus da prova em favor de Maria. Por sua vez, em sua resposta, a instituição financeira alegou fato exclusivo da vítima, porquanto a operação fora realizada mediante a utilização de cartão e senha pessoal.

Acerca dessa situação hipotética, assinale a opção correta à luz da legislação aplicável ao caso e da jurisprudência do STJ.

a) O juiz deverá deferir o pleito de inversão do ônus da prova em favor da autora, pois cabe à instituição financeira demonstrar a regularidade do saque.

b) Maria deverá demonstrar sua vulnerabilidade e a verossimilhança do alegado.

c) O momento processual adequado para a inversão do ônus da prova será quando a sentença for proferida.

d) O fato exclusivo da vítima não afasta a responsabilidade, pois ele sucumbe ao princípio da reparação integral em favor do consumidor.

COMENTÁRIOS

✪ **Nota do autor:** Exige conhecimento acerca das disposições normativas e doutrina sobre inversão do ônus da prova no CDC, bem como a respeito da jurisprudência do STJ

Alternativa correta: "A", de acordo com o art. 6º, VIII, do CDC, e Súmula 297 do STJ, em que o CFC é aplicável às instituições financeiras. Quanto ao ônus da prova, no presente caso, cabe portanto ao banco em razão da hipossuficiência do pleiteante, segundo as regras ordinárias de experiência. Cabe ressaltar que a hipossuficiência que gera a inversão do ônus probatório nas relações de consumo não é meramente econômica, mas sim a de acesso às informações e a à técnica necessária para produção da prova.

Alternativa "B": incorreta, pois o que deve ser demonstrado é a hipossuficiência do autor, e não vulnerabilidade conforme o art. 6º, VIII, do CDC. A vulnerabilidade é presumida nos termos do art. 4º, I, do CDC.

Alternativa "C": incorreta, pois segundo o STJ, a inversão do ônus da prova trata-se de regra de instrução, devendo a decisão judicial que determina-la ser proferida prefencialmente na fase de saneamento do processo ou, pelo menos, assegurar à parte a quem não incumbia inicialmente o encargo a reabertura de oportunidade para manifestar-se nos autos. (STJ. Segunda Seção. EREsp 422.778-SP, Rel. Originário Min. João Otávio de Noronha, Rel. para o acórdão Min. Maria Isabel Gallotti (art. 42, IV, b, do RISTJ), julgados em 29 fev. 2012 – Informativo 492 do STJ.

Alternativa "D": incorreta, pois pelo CDC o fornecedor não responde pelo fato do produto ou serviço se houver culpa exclusiva do consumidor ou de terceiros, nos termos do art. 14, §3º, II, da Lei Consumerista. Portanto, não há a aplicação do princípio da reparação integral.

---

53. (Cespe – Defensor Público – TO/2013) Em relação aos direitos do consumidor, aos crimes contra as relações de consumo, à defesa do consumidor em juízo e à convenção coletiva de consumo, assinale a opção correta.

a) O princípio da confiança está expressamente previsto no CDC.

b) A inversão do ônus da prova, fundada na desigualdade fática, econômica e jurídica existente na relação de consumo, constitui mecanismo processual de correção desse desequilíbrio entre as partes em litígio.

c) O descumprimento de acordo em uma convenção coletiva de consumo gera título executivo extrajudicial, que pode sofrer execução direta.

d) O direito penal do consumidor busca somente reprimir condutas indesejáveis e causadoras de danos.

e) De acordo com o CDC, é proibida a circulação de produto perigoso, por ser a periculosidade elemento ligado ao defeito, que pode gerar tanto fato quanto vício do produto.

COMENTÁRIOS

✪ **Nota do autor:** exige conhecimento sobre as peculiaridades que envolvem os crimes contra as relações de consumo, a defesa do consumidor em juízo e a convenção coletiva de consumo.

Alternativa correta "B": correta, pois a inversão do ônus da prova é concedida à parte que comprovar sua hipossuficiência na relação de consumo, justamente para corrigir o desequilíbrio contratual que possa existir entre consumidor e fornecedor.

Alternativa "A": incorreta, pois o princípio da confiança não está expressamente previsto no CDC. Consiste na credibilidade, confiança que o consumidor deposita no produto ou contrato para que alcance seus devidos fins. Como um dos principais efeitos do princípio da confiança, podemos mencionar a vinculação do fornecedor à oferta, prevista no artigo 30 do CDC.

Alternativa "C": incorreta, pois não há nenhum artigo do CDC que disponha nesse sentido. O artigo 107 dispõe apenas que: "As entidades civis de consumidores e as associações de fornecedores ou sindicatos de categoria econômica podem regular, por convenção escrita, relações de consumo que tenham por objeto estabelecer condições relativas ao preço, à qualidade, à quantidade, à garantia e características de produtos e serviços, bem como à reclamação e composição do conflito de consumo. § 1° A convenção tornar-se-á obrigatória a partir do registro do instrumento no cartório de títulos e documentos. § 2° A convenção somente obrigará os filiados às entidades signatárias. § 3° Não se exime de cumprir a convenção o fornecedor que se desligar da entidade em data posterior ao registro do instrumento."

Alternativa "D": incorreta, já que o direito penal do consumidor tem a finalidade de estudar todas as formas de proteção penal à relação de consumo, tanto repressivas, quanto preventivas, ou seja, busca reprimir e prevenir condutas indesejáveis e causadoras de danos.

Alternativa "E": incorreta. Primeiramente cumpre ressaltar que o produto perigoso não é proibido de circular no mercado, dispondo apenas o artigo 9° do CDC que "O fornecedor de produtos e serviços potencialmente nocivos ou perigosos à saúde ou segurança deverá informar, de maneira ostensiva e adequada, a respeito da sua nocividade ou periculosidade, sem prejuízo da adoção de outras medidas cabíveis em cada caso concreto." Além disso, a periculosidade pode gerar vício do produto, pois a ele é inerente.

---

54. (Cespe – Juiz de Direito Substituto – DFT/2014) No que concerne à proteção contratual, à desconsideração da personalidade jurídica e à inversão do ônus da prova, assinale a opção correta com base no CDC e na jurisprudência do STJ.

a) O CDC trata tanto da inversão do ônus da prova *ope legis* quanto da inversão do ônus da prova *ope judicis*.

b) A desconsideração da personalidade jurídica requerida pelo consumidor somente poderá ser deferida caso seja demonstrado desvio de finalidade ou confusão patrimonial.

c) Segundo entendimento consolidado do STJ, cabe ao consumidor arcar com as despesas postais decorrentes do exercício do direito de arrependimento em caso de realização de compras fora do estabelecimento comercial.

d) Segundo o STJ, é válida cláusula contratual que determine a utilização compulsória da arbitragem em contrato de adesão entre fornecedor e consumidor, desde que assim convencionado em documento anexo ou em negrito, com a assinatura ou visto especialmente para essa cláusula.

e) Nos contratos regidos pelo CDC, as multas de mora decorrentes do inadimplemento de obrigações no seu termo poderão ser fixadas em até 10% do valor da prestação.

COMENTÁRIOS

✪ **Nota do autor:** exige conhecimento sobre a literalidade da lei, bem como sobre o posicionamento jurisprudencial acerca dos temas abordados na questão.

Alternativa correta "A": correta, o CDC prevê a inversão do ônus da prova *ope judicis* (*i.e.*, concedida a critério do magistrado, quando for verossímil a alegação ou quando o consumidor for hipossuficiente), nos termos do artigo 6º, inciso VIII, e a inversão *ope legis* (quando fixada pela própria lei), tal como na hipótese do artigo 12, § 3º, e do artigo 38, ambos do CDC.

Alternativa "B": incorreta, de acordo com o artigo 28 do CDC, o juiz poderá desconsiderar a personalidade jurídica da sociedade quando, em detrimento do consumidor, houver abuso de direito, excesso de poder, infração da lei, fato ou ato ilícito ou violação dos estatutos ou contrato social. A desconsideração também será efetivada quando houver falência, estado de insolvência, encerramento ou inatividade da pessoa jurídica provocados por má administração. E, por fim, também poderá ser desconsiderada a pessoa jurídica sempre que sua personalidade for, de alguma forma, obstáculo ao ressarcimento de prejuízos causados aos consumidores, nos termos do § 5º do artigo 28.

Alternativa "C": incorreta, pois o parágrafo único do artigo 49 do CDC especifica que o consumidor, ao exercer o direito de arrependimento, terá de volta, imediatamente e monetariamente atualizados, todos os valores eventualmente pagos, a qualquer título, durante o prazo de reflexão, sendo pacífico na jurisprudência do STJ que devem ser incluídos, nestes valores, todas as despesas decorrentes da utilização do serviço postal para a devolução do produto, quantia esta que não pode ser repassada ao consumidor. Precedente: REsp 1340604-RJ.

Alternativa "D": incorreta, pois o artigo 51, inciso VII, do CDC veda a adoção prévia e compulsória da arbitragem no momento da celebração do contrato, porém, segundo o entendimento do STJ, não impede que, posteriormente, diante de eventual litígio e havendo consenso entre as partes (em especial, a aquiescência do consumidor), seja instaurado o procedimento arbitral. Precedente: REsp 1169841-RJ.

Alternativa "E": incorreta, de acordo com o artigo 52, § 1º, do CDC as multas de mora decorrentes do inadimplemento de obrigações no seu termo não poderão ser superiores a dois por cento do valor da prestação.

Lucas de Souza Lehfeld

✦ DICAS (RESUMO)

1. O CONSUMIDOR NAS RELAÇÕES DE CONSUMO

- **Conceito:** está disposto basicamente no artigo 2º, "caput" e parágrafo único, do CDC, "Consumidor é toda pessoa física ou jurídica que adquire ou utiliza produto ou serviço como destinatário final. Parágrafo único. Equipara-se a consumidor a coletividade de pessoas, ainda que indetermináveis, que haja intervindo nas relações de consumo." Além disso, há o conceito de consumidor por equiparação ou *bystander*, previsto nos artigos 17 e 29 do CDC, respectivamente: "Art. 17. Para os efeitos desta Seção, equiparam-se aos consumidores todas as vítimas do evento." e "Art. 29. Para os fins deste Capítulo e do seguinte, equiparam-se aos consumidores todas as pessoas determináveis ou não, expostas às práticas nele previstas."
- **Destinatário final:** pessoa física ou jurídica que utilizará o produto ou serviço para consumo próprio. Assim, se uma pessoa adquire um produto como um intermediário de um ciclo de produção, como por exemplo calças para revendê-las, não será considerado destinatário final, e, consequentemente, consumidor.
- A partir da definição de consumidor, no "caput" do artigo 2º, surgiram duas teorias: a) teoria finalista ou subjetiva: é a mais restritiva. Foi adotada pelo CDC e, ao definir o que seja consumidor, apresenta uma divisão entre destinatário final fático (consumidor é o último da cadeia de consumo) e o destinatário final econômico, quando o consumidor não utiliza o produto ou serviço para o lucro, repasse ou transmissão onerosa; b) teoria maximalista ou objetiva, que amplia o conceito de consumidor. De acordo com esta teoria, o artigo 2º do CDC deve ser interpretado da forma mais extensiva possível, para que as normas consumeristas sejam aplicadas a um número cada vez maior de relações de consumo.
- Quanto aos direitos básicos do consumidor, importante a leitura do art. 6º do CDC.

2. DOS PRINCÍPIOS FUNDAMENTAIS DO CÓDIGO DE DEFESA DO CONSUMIDOR (CDC)

- **Integração do sistema normativo-jurídico de proteção do consumidor:** o CDC é um texto aberto, pois determina que os direitos nele previstos "não excluem outros decorrentes de tratados ou convenções internacionais de que o Brasil seja signatário, da legislação interna ordinária, de regulamentos expedidos pelas autoridades administrativas competentes, bem como dos que derivem dos princípios gerais do direito, analogia, costumes e equidade" (artigo 7º).
- **O princípio da transparência ou da confiança:** em âmbito jurídico, a informação apresenta dupla face: o dever de quem oferece o produto ou serviço de informar, e o direito do consumidor de ser informado, por ser considerado pelo CDC parte vulnerável na relação de consumo. A informação deve ser adequada e clara sobre o produto ou serviço, com especificação correta de quantidade, características, composição, qualidade e preço, bem como sobre os riscos que apresentem (artigo 6º, III e artigo 31). Deve-se, portanto, evitar a propaganda enganosa ou abusiva, conforme artigo 6º, IV, do CDC, ou mesmo fantasiosa ou exagerada do produto ou serviço, mesmo que sem a intenção de prejudicar.
- **Princípio da boa-fé objetiva:** a Política Nacional das Relações de Consumo (artigo 4º, do CDC) tem como um dos princípios a "harmonização dos interesses dos participantes das relações de consumo e compatibilização da proteção do consumidor com a necessidade de desenvolvimento econômico e tecnológico, de modo a viabilizar os princípios nos quais se funda a ordem econômica (artigo 170 da Constituição Federal), sempre com base na boa-fé e equilíbrio nas relações entre consumidores e fornecedores" (artigo 4º, III). O Princípio da boa-fé, portanto, propugna o *justo equilíbrio* nas relações negociais consumeristas, em uma correta harmonia entre as partes, em todos os momentos relativos à prestação de serviços e ao fornecimento de produtos.
- **Diferença entre boa-fé objetiva (princípio consagrado no CDC) e boa-fé subjetiva:**

Boa-fé Subjetiva	Boa-fé Objetiva
Plano psicológico dos agentes na relação jurídica	Plano concreto da atuação humana
Restringe-se à intenção do sujeito na relação negocial	Concretização da vontade dos sujeitos da relação no mundo exterior por meio de suas condutas

- **Momento em que se aplica o princípio da boa-fé objetiva:** Conforme o Enunciado 25 do Conselho da Justiça Federal, aprovado na I Jornada de Direito Civil em 2002, o princípio da boa-fé poderá ser aplicado pelo julgador nas fases pré-contratual e pós-contratual. Ademais, o Enunciado 26 reitera que a boa-fé objetiva é a exigência de um comportamento de lealdade dos sujeitos da relação negocial, em todas as fases do negócio.

- **Diferença entre vulnerabilidade e hipossuficiência do consumidor:**

Vulnerabilidade	Hipossuficiência
Artigo 4º, I, do CDC: atribui ao consumidor, em todas as circunstâncias, a condição de vulnerável na relação de consumo.	Artigo 6º, VIII, do CDC: O princípio da hipossuficiência, diferentemente da vulnerabilidade, refere-se a um conceito fático e não jurídico, baseado em uma disparidade ou mesmo discrepância observada no caso concreto.
A presunção é absoluta, por determinação legal (CDC, artigo 2º).	Todo consumidor é vulnerável, mas nem sempre será hipossuficiente. A hipossuficiência, na maioria dos casos, é de natureza técnica, pelo desconhecimento do consumidor em relação ao produto ou serviço adquirido. Entretanto, também "caracteriza hipossuficiência a situação jurídica que impede o consumidor de obter a prova que se tornaria indispensável para responsabilizar o fornecedor pelo dano verificado (hipossuficiência técnica)" (LISBOA, Roberto Senise. *Responsabilidade civil nas relações de consumo*. São Paulo: RT, 2001, p. 90).

3. DA QUALIDADE DE PRODUTOS E SERVIÇOS, DA PREVENÇÃO E DA REPARAÇÃO DOS DANOS

3.1. DA QUALIDADE E SEGURANÇA DOS PRODUTOS E SERVIÇOS

- **Conceito de PRODUTO** (artigo 3º, §1º): "Qualquer bem, móvel ou imóvel, material ou imaterial."
- **Conceito de SERVIÇO** (artigo 3º, §2º): "Qualquer atividade fornecida no mercado de consumo, mediante remuneração, inclusive as de natureza bancária, financeira, de crédito e securitária, salvo as decorrentes das relações de caráter trabalhista."
- Os produtos e serviços colocados no mercado de consumo **não devem acarretar riscos** à saúde ou segurança dos consumidores, **exceto os considerados normais e previsíveis em decorrência de sua natureza e fruição**, como exemplo cigarros, materiais de limpeza, utensílios domésticos (*v.g.*, facas, cortadores, liquidificadores etc.); ferramentas (furadeira, martelo, etc.). Nestes casos, os **fornecedores estarão obrigados** a dar as informações necessárias e adequadas a respeito de seu uso, bem como dos cuidados a serem tomados pelo consumidor (artigo 8º).
- **Produto industrial:** Quando se tratar de produto industrial, cabe ao fabricante prestar as informações sobre proteção à saúde e segurança do consumidor por meio de impressos que devem acompanhar o produto (Parágrafo Único). (§ 1º do art. 8º, com redação dada pela Lei n. 13.486, de 2017). Ademais, o fornecedor deverá higienizar os equipamentos e utensílios utilizados no fornecimento de produtos ou serviços, ou colocados à disposição do consumidor, e informar, de maneira ostensiva e adequada, quando for o caso, sobre o risco de contaminação (§ 2º).

3.2. DA RESPONSABILIDADE PELO FATO E VÍCIO DO PRODUTO E DO SERVIÇO

- **Diferença entre vício e fato ou defeito do produto ou serviço:**

Vício do produto ou serviço	Fato ou defeito do produto ou serviço
No vício, o problema está adstrito aos limites do produto ou serviço, (prejuízos intrínsecos), sem outras repercussões.	No **fato ou defeito** de um produto ou serviço, há repercussões que extrapolam os limites do bem de consumo, como a geração de danos materiais, morais e estéticos (prejuízos extrínsecos).
O vício afeta a qualidade, quantidade, disparidade (com as indicações do embalagem/recipiente/ rotulagem ou mensagem publicitária) do produto ou serviço, tornando-o impróprio ou inadequado para o fim que se destinava, ou lhe diminuindo o valor.	O **fato** (também denominado de **acidente de consumo**) caracteriza-se por um dano resultante de defeito do produto ou serviço.
Exemplo: televisão que após ser ligada para de funcionar em razão de mau contato da tecla liga/desliga do aparelho.	Exemplo: televisão que após ser ligada para de funcionar, explodindo e causando danos físicos ao consumidor.

- **Conceito de FORNECEDOR** (artigo 3º do CDC): "Toda pessoa física ou jurídica, pública ou privada, nacional ou estrangeira, bem como os entes despersonalizados, que desenvolvem atividade de produção, montagem, criação, construção, transformação, importação, exportação, distribuição ou comercialização de produtos ou prestação de serviços."
- **Responsabilidade do fornecedor do produto ou serviço:** nos termos dos artigos. 12 e 14, do CDC, a responsabilidade do fornecedor é **objetiva**, independentemente da existência de culpa ou dolo, sendo suficiente a verificação da existência do dano

e do nexo de causalidade com o defeito ou vício do produto ou serviço.

- **EXCEÇÃO: o profissional liberal.** Cabe, no entanto, ressaltar que a própria lei consumerista traz exceção à regra da responsabilidade objetiva, ao determinar que o **profissional liberal** responderá de forma **subjetiva** pelo dano, ou seja, mediante a verificação da culpa *lato sensu* (dolo, negligência, imprudência e imperícia), nos termos do § 4º do artigo 14.
- **Observação:** no caso da responsabilidade do profissional liberal, deve-se atentar para a natureza da atividade exercida. Se for de meio, aplica-se a responsabilidade subjetiva. Entretanto, se for de resultado, há entendimento doutrinário e jurisprudencial de que responderá de forma objetiva. *Exemplo: cirurgia plástica de natureza embelezadora ou estética.*
- **Excludentes próprias de responsabilidade civil do fornecedor:**

Produtos	Serviços
O fabricante, o construtor, o produtor ou importador só não será responsabilidade quando provar (artigo 12, §3º): Que não colocou o produto no mercado (inciso I).	O fornecedor só não será responsabilizado quando provar (artigo 14, §2º): Que, tendo prestado o serviço, o defeito inexiste (inciso I).
Que, embora haja colocado o produto no mercado, o defeito inexiste (inciso II).	A culpa exclusiva do consumidor ou de terceiro (Inciso II).
A culpa exclusiva do consumidor ou de terceiro (inciso III).	

- **Solidariedade na responsabilidade civil por vício ou fato do produto ou serviço:** o CDC adota como **regra geral a solidariedade presumida entre os envolvidos no fornecimento dos produtos e na prestação de serviços**. "Tendo mais de um autor a ofensa, todos responderão solidariamente pela reparação dos danos previstos nas normas de consumo" (artigo 7º, Parágrafo Único). A Lei Consumerista rompe com a concepção dual de responsabilidade, contratual e extracontratual. Ou seja, a regra é a solidariedade, no contrato ou fora dele, quando se vislumbrar a relação de consumo (artigps. 14, 18, 19 e 20 do CDC).
- **EXCEÇÃO:** quando se tratar de **fato ou defeito do produto**, pelo disposto nos artigos. 12 e 13, ao fabricante (ou quem o substitua) a lei consumerista atribui **responsabilidade imediata** pelo dano e ao comerciante, **responsabilidade subsidiária.**
- **Prazos legais quanto à responsabilidade civil do fornecedor por vício do produto: 30 dias** para efetuar a substituição das partes viciadas do produto (artigo 18, "caput", e §1º)
- **Observações:**

a) o **prazo** de 30 dias, por convenção entre as partes (consumidor e fornecedor), **poderá ser reduzido ou ampliado**, não podendo, no entanto, ser inferior a **7 (sete) nem superior a 180 (cento e oitenta) dias (artigo 18, §2º, 1ª parte);**

b) **Nos contratos de adesão**, cujas cláusulas são estabelecidas unilateralmente pelo fornecedor (artigo 54), a que se refere ao prazo deverá ser **convencionada em separado**, por meio de manifestação expressão do consumidor (artigo 18, §2º, 2ª parte);

c) Quando se tratar de **vício de quantidade de produto,** não há que se falar em prazo para sanar o vício pelo fornecedor, podendo o consumidor, neste caso, **exigir imediatamente, alternativamente e à sua escolha** *o abatimento proporcional do preço;* ou *a complementação do peso ou medida;* ou *a substituição do produto por outro da mesma espécie, marca ou modelo, sem os aludidos vícios;* ou *a restituição imediata da quantia paga, monetariamente atualizada, sem prejuízo de eventuais perdas e danos* (artigo 19, I ao IV, do CDC).

3.3. DA DECADÊNCIA E DA PRESCRIÇÃO (PRAZOS E GARANTIAS)

Decadência	Prescrição
Refere-se ao *prazo para reclamar* perante o fornecedor por **vício** do produto ou serviço, nos termos do artigo 26.	Refere-se ao *prazo para ingressar com ação* **de reparação de danos** oriundos do **fato** do produto ou serviço, conforme determina o artigo 27 do CDC.
Trata-se de **garantia legal, obrigatória**, imposta por lei, a qual independe de termo expresso, vedada a exoneração do fornecedor (artigo 24).	

- **Prazos decadenciais para reclamar e prescricional para ingressar em juízo**

Direito de reclamar pelo VÍCIO do produto ou serviço – prazo decadencial (artigo 26):	**Ação judicial de reparação de dano por FATO do produto ou serviço – prazo prescricional (artigo 27)**
30 dias – fornecimento de serviços e de produtos não duráveis (artigo 26, I, do CDC).	5 anos
90 dias – fornecimento de serviços e de produtos duráveis (artigo 26, II, do CDC).	

- **Atenção:** os prazos de 30 (trinta) e 90 (noventa) dias não são, respectivamente, 1 (um) mês e 3 (três) meses. Deve-se levar em conta a quantidade de dias.

- **Cabe observar que o prazo decadencial, pelo § 2º, I e II do art. 26, é obstaculizado pela:**

a) reclamação (que pode ser verbal, por escrito, ou mesmo por telefone) comprovadamente formulada pelo consumidor perante o fornecedor de produtos e serviços até a resposta negativa correspondente, que deve ser transmitida de forma inequívoca;

b) instauração de inquérito civil pelo Ministério Público, até seu encerramento.

- **Qualidade dos vícios:**

Vício aparente ou de fácil constatação	Vício oculto
É aquele que se verifica pelo singelo uso e consumo do produto e do serviço.	É o que aparece somente algum ou muito tempo após o uso e/ou que, por estar inacessível ao consumidor, não pode ser constatado na utilização ordinária.
Os referidos prazos (30 ou 90 dias) começam a contar da entrega efetiva do produto, ou do final da execução do serviço (artigo 26, §1º).	O prazo decadencial inicia-se no momento em que o mesmo ficar evidenciado (artigo 26, §3º).
Exemplo: *consumidor que adquire uma televisão que não sintoniza os canais.*	Exemplo: *na compra de um automóvel, detecta-se depois de seu uso, no tempo, uma irregularidade no motor de fábrica, podendo levá-lo à quebra.*

- **Produtos e serviços duráveis e não duráveis**

Produtos e Serviços Duráveis	Produtos e Serviços Não Duráveis
Produto durável é aquele que não se extingue com o seu uso, levando tempo para se desgastar (*v.g., automóvel, eletrodoméstico*).	Produto não durável é o que acaba com o seu uso. Ele se extingue, ou pelo menos vai se extinguindo (*v.g., alimentos, remédios*).
O serviço durável é o prestado de forma contínua no tempo, em razão de contrato ou por previsão legal (*v.g., plano de saúde, serviços escolares, serviços públicos*) ou se trata daquele que após a sua prestação, deixa um resultado, um produto final decorrente do serviço executado (*v.g., pintura de uma casa, serviço de buffet*).	Serviço não durável, por sua vez, é aquele que, de fato, exercem-se uma vez prestado (*v.g., hospedagem, serviço de transporte*).

- **Garantia contratual e Garantia estendida**

Garantia contratual	Garantia estendida
Artigo 50 do CDC.	Prática usual no mercado, essa modalidade de garantia contratual somente poderá ser cobrada quando efetivamente contratada, ou seja, não se presume, sob pena de responsabilização civil do fornecedor.
É uma faculdade do fornecedor.	
Uma vez oferecida, está obrigado a cumpri-la.	
Pode ser total ou parcial, desde que previamente prevista de forma expressa no contrato.	
No contrato, formaliza-se em regra no denominado "termo de garantia". (artigo 50, parágrafo único).	
Tem caráter de complementariedade em relação à garantia legal. É inadmissível a substituição da garantia legal (obrigatória, inderrogável) pela contratual. Os prazos, portanto, devem ser somados (garantia legal + garantia contratual).	

3.4. DA DESCONSIDERAÇÃO DA PERSONALIDADE JURÍDICA

- A personalidade jurídica é uma ficção, que permite a separação rígida entre os sócios e a sociedade empresária. No entanto, muitas vezes, há a utilização do manto da pessoa jurídica para o acobertamento de práticas abusivas e ilícitas. Permite-se, então, em casos especiais, a desconsideração da personalidade jurídica, a fim de alcançar a figura dos sócios e seu patrimônio. O magistrado tem o dever de desconsiderar a personalidade jurídica, sempre que esta for um óbice na reparação dos danos provocados ao consumidor.

HIPÓTESES (artigo 28, "caput"):
Quando houver abuso de direito;
Excesso de poder;
Infração da lei;
Fato ou ato ilícito;
Violação dos estatutos ou contrato social;
Falência, estado de insolvência, encerramento ou inatividade da pessoa jurídica provocados por má administração.

Art. 28, § 5º. Sempre que sua personalidade for, de alguma forma, obstáculo ao ressarcimento de prejuízos causados aos consumidores.
NÃO SE CONFUNDE COM A DESCONSIDERAÇÃO PREVISTA NO CC/2002 (teoria maior da desconsideração)! Artigo **50, CC:** "Em caso de **abuso da personalidade jurídica,** caracterizado pelo **desvio de finalidade, ou pela confusão patrimonial,** pode o juiz decidir, a requerimento da parte, ou do Ministério Público quando lhe couber intervir no processo, que **os efeitos de certas e determinadas obrigações sejam estendidos aos bens particulares dos administradores ou sócios da pessoa jurídica.**"

Tipos de sociedade:	Responsabilidade:
Artigo 28, §2º Sociedades integrantes dos grupos societários e sociedades controladas	Responderão **subsidiariamente** pelas obrigações decorrentes do CDC.
Artigo 28, §3º Sociedades consorciadas	Responderão **solidariamente.**
Artigo 28, §4º Sociedades coligadas	Responderão **por culpa.**

4. DAS PRÁTICAS COMERCIAIS

4.1. DA OFERTA E DA PUBLICIDADE

- A oferta, além de sua relação com o princípio da boa-fé objetiva, interage diretamente com o princípio da transparência ou da confiança (artigo 4º, "caput"; artigo 6º, III; artigos. 30 a 38). A disciplina normativa trazida pelo CDC, nesse sentido, busca tutelar o vulnerável negocial exposto ao enorme volume de informações que se encontram no mercado de consumo, muitas vezes com o propósito de seduzir o consumidor.
- **Oferta é gênero**, pois abarca qualquer forma de comunicação ou transmissão da vontade no intuito de seduzir ou atrair o consumidor para aquisição de produtos e serviços (*v.g., anúncio ou informação em vitrine, gôndolas de supermercado, periódicos, rádio, televisão, internet, mala-direta, telemarketing etc.)*. Portanto, inclui a **publicidade**, **espécie**, principal instrumento usado pelo fornecedor para disponibilizar seus bens de consumo.
- **Diferença entre publicidade e propaganda:**

Publicidade	Propaganda
Tem um objetivo comercial;	Tem fim ideológico, religioso, filosófico, político, econômico ou social;
A publicidade, além de paga, identifica seu patrocinador;	Nem sempre a propaganda identifica o seu patrocinador;
Exemplo: anúncio de preço de eletrodoméstico em vitrine de loja.	Exemplo: anúncio do Ministério da Saúde sobre a campanha de vacinação contra a gripe veiculada na televisão.

- **Publicidade enganosa e abusiva (artigo 37, §§1º e 2º)**

Publicidade Enganosa	Publicidade Abusiva
"É enganosa qualquer modalidade de informação ou comunicação de caráter publicitário, inteira ou parcialmente falsa, ou, por qualquer outro modo, mesmo por omissão, capaz de induzir em erro o consumidor a respeito da natureza, características, qualidade, quantidade, propriedade, origem, preço e quaisquer outros dados sobre produtos e serviços" (artigo 37, §1º).	"É abusiva, dentre outras a publicidade discriminatória de qualquer natureza, a que incite à violência, explore o medo ou a superstição, se aproveite da deficiência de julgamento e experiência da criança, desrespeita valores ambientais, ou que seja capaz de induzir o consumidor a se comportar de forma prejudicial ou perigosa à saúde ou segurança" (artigo 37, §2º).

- **A oferta vincula o fornecedor quanto às informações veiculadas sobre o produto ou serviço** – artigo 30 do CDC.
- **Recusa do cumprimento da oferta pelo fornecedor:** o artigo 35 da Lei consumerista determina que, se o fornecedor de produtos ou serviços recusar cumprimento à oferta, apresentação ou publicidade, o consumidor poderá, alternativamente e à sua livre escolha: I – exigir o cumprimento forçado da obrigação, nos termos da oferta, apresentação ou publicidade; II – aceitar outro produto ou prestação de serviço equivalente; e III – rescindir o contrato, com direito à restituição da quantia eventualmente antecipada, monetariamente atualizada, e a perdas e danos.

Conteúdo da oferta (artigo 31)	
Elementos substantivos	**Elementos adjetivos**
Dados mínimos dos produtos e serviços, como informações sobre suas características, qualidades, quantidade, composição,	Qualificações relativas aos dados dos produtos e serviços, devendo ser concretadas, claras, precisas, ostensivas e em

Conteúdo da oferta (artigo 31)	
Elementos substantivos	**Elementos adjetivos**
preço, prazos de validade e origem entre outros.	língua portuguesa, com o objetivo de facilitar a compreensão dos consumidores.
Esse rol de elementos da oferta é meramente exemplificativo e tem por objetivo facilitar ao máximo a compreensão do conteúdo pelo consumidor (*brasileiro médio*).	

- **Inversão legal do ônus da prova quanto à veracidade da publicidade:** há inversão do ônus da prova em relação à veracidade da informação publicitária, nos termos do artigo 38 do CDC. Cabe, portanto, a quem patrocina a informação ou comunicação publicitária o ônus da prova da sua veracidade e correção.
- De forma majoritária tem se entendido que o ônus da prova previsto no artigo 38 não cabe ao veículo de comunicação ou à agência, mas apenas ao patrocinador da oferta.

4.2. DAS PRÁTICAS ABUSIVAS

Práticas Abusivas vedadas pelo CDC (artigo 39, I a XIV) – rol exemplificativo:
Condicionar o fornecimento de produto ou de serviço ao fornecimento de outro produto ou serviço, bem como, sem justa causa, a limites quantitativos. Trata-se da denominada *venda casada*.
Recusar atendimento às demandas dos consumidores, na exata medida de suas disponibilidades de estoque, e, ainda, de conformidade com os usos e costumes.
Enviar ou entregar ao consumidor, sem solicitação prévia, qualquer produto, ou fornecer qualquer serviço (os serviços prestados e os produtos remetidos ou entregues ao consumidor, nessa hipótese, equiparam-se às amostras grátis, inexistindo obrigação de pagamento, conforme Parágrafo único do artigo 39).
Prevalecer-se da fraqueza ou ignorância do consumidor, tendo em vista sua idade, saúde, conhecimento ou condição social, para impingir-lhe seus produtos ou serviços.
Exigir do consumidor vantagem manifestamente excessiva.
Executar serviços sem a prévia elaboração de orçamento e autorização expressa do consumidor, ressalvadas as decorrentes de práticas anteriores entre as partes.
Repassar informação depreciativa, referente a ato praticado pelo consumidor no exercício de seus direitos.

Práticas Abusivas vedadas pelo CDC (artigo 39, I a XIV) – rol exemplificativo:
Colocar, no mercado de consumo, qualquer produto ou serviço em desacordo com as normas expedidas pelos órgãos oficiais competentes ou, se normas específicas não existirem, pela Associação Brasileira de Normas Técnicas ou outra entidade credenciada pelo Conselho Nacional de Metrologia, Normalização e Qualidade Industrial (CONMETRO).
Recusar a venda de bens ou a prestação de serviços, diretamente a quem se disponha a adquiri-los mediante pronto pagamento, ressalvados os casos de intermediação regulados em leis especiais.
Elevar sem justa causa o preço de produtos ou serviços.
Deixar de estipular prazo para o cumprimento de sua obrigação ou deixar a fixação de seu termo inicial a seu exclusivo critério.
Aplicar fórmula ou índice de reajuste diverso do legal ou contratualmente estabelecido.
Permitir o ingresso em estabelecimentos comerciais ou de serviços de um número maior de consumidores que o fixado pela autoridade administrativa como máximo. (Incluído pela Lei n. 13.425/2017) Cabe ressaltar que essa prática abusiva também caracteriza o crime previsto no art. 65 do CDC (Executar serviço de alto grau de periculosidade, contrariando determinação de autoridade competente: Pena de detenção de seis meses a dois anos e multa).

- **Repetição de indébito em dobro:** o consumidor inadimplente, quando da cobrança de dívidas, não poderá ser exposto a ridículo, nem mesmo submetido a qualquer tipo de constrangimento ou ameaça (artigo 42 do CDC). Caso seja cobrado de forma indevida, terá direito à **repetição de indébito em dobro**, com acréscimo de juros e correção monetária, salvo na hipótese de engano justificável, quando a repetição será, portanto, simples (parágrafo único do artigo 42)
- Os **bancos de dados e cadastros de consumidores**, como SERASA, SPC etc., são entidades consideradas de caráter público (artigo 43, §4º), razão pela qual devem permitir ao consumidor o acesso às informações e dados ali existentes (artigo 43, "caput"), inclusive para a pessoa com deficiência (art. 43, §6º). "Os cadastros e dados de consumidores devem ser objetivos, claros, verdadeiros e em linguagem de fácil compreensão, não podendo conter informações negativas referentes a período superior a cinco anos" (artigo 43, §1º).
- Consumado o **prazo prescricional de 5 (cinco) anos** relativo à cobrança de débitos do consumidor, **não poderão ser fornecidas**, pelos bancos de dados e cadastros de consumidores, **quaisquer informações sobre esses débitos que possam impedir ou dificultar novo acesso ao crédito** junto aos fornecedores (artigo 43, §5º).

- **Observação importante:** a Lei nº 12.414/2011, originária da Medida Provisória nº 783, de 30 de dezembro de 2010, traz o chamado **cadastro positivo de consumidores**, com o objetivo de facilitar o crédito a favor do consumidor, por exemplo, com a redução dos juros.

4.2.1. DA OBRIGATORIEDADE DO ORÇAMENTO

Itens Obrigatórios do Orçamento (Artigo 40)
Valor da mão-de-obra;
O preço dos materiais e dos equipamentos a serem empregados;
As condições de pagamento;
As datas de início e do término do serviço.
Esses dados são o mínimo que deve constar do orçamento. Nada impede que ele seja mais completo, com informações mais detalhadas a respeito do serviço a ser prestado.

- **Prazo de validade do orçamento:** o §1º do artigo 40 do CDC determina que "salvo estipulação em contrário, **o valor orçado terá validade pelo prazo de dez dias**, contado de seu recebimento pelo consumidor".
- O prazo, portanto, será de 10 dias, se outro não for determinado, de forma expressa, pelo fornecedor. É de sua livre decisão, desde que manifeste expressamente no próprio orçamento.
- Quanto à vinculação do fornecedor, dá-se uma vez feito o orçamento, mesmo antes da aceitação pelo consumidor. Como documento, o orçamento já obriga o fornecedor, gerando a possibilidade, inclusive, de exigência judicial pelo consumidor do seu cumprimento, com as consequências de sua negativa, como exemplo a reparação de danos.
- O §2º do artigo 40, por outro lado, disciplina o fechamento do negócio, com a transformação do orçamento em verdadeiro contrato de adesão. Assim, "uma vez aprovado pelo consumidor, o orçamento obriga os contraentes e somente pode ser alterado mediante livre negociação das partes". A alteração posterior à aprovação, portanto, será permitida apenas por meio de nova negociação, com expressa concordância do consumidor.
- **Orçamento e participação de terceiros:** o artigo 40, §3º, do CDC disciplina a participação de terceiros no serviço orçado a ser prestado. É perfeitamente possível o fornecedor se valer, para execução do serviço, de terceiros. Entretanto, o gasto com a terceirização somente poderá ser cobrado do consumidor se constar do orçamento.
- **Observação:** o **prestador de serviço responde de forma solidária** pelos danos causados **pelo terceiro**, conforme estabelece o artigo 7º, Parágrafo único; artigo 34; e artigo 25, §2º, do CDC.

5. DA PROTEÇÃO CONTRATUAL

5.1. DA REVISÃO CONTRATUAL

- A **revisão contratual está expressamente contemplada no** artigo **6º, V, do CDC**, considerando-a direito básico do consumidor. Assim, admite-se a "modificação das cláusulas contratuais que estabeleçam prestações desproporcionais ou sua revisão em razão de fatos supervenientes que as tornem excessivamente onerosas". Intimamente ligado ao equilíbrio negocial que deve ser mantido, a revisão contratual decorre de simples onerosidade excessiva ao consumidor em razão de fato superveniente.
- **Revisão contratual e a imprevisibilidade do fato superveniente:**

Código Civil (artigos. 317, 478 a 480)	CDC (artigo 6º, V)
Exige a imprevisibilidade para a revisão contratual por fato superveniente, consagrando, portanto, a **teoria da imprevisão**.	A revisão nos contratos de consumo é facilitada **não demanda o fator imprevisibilidade**, bastando a presença do **desequilíbrio negocial ou a onerosidade excessiva** decorrente **de um fato superveniente**, ou seja, novo, não existente quando da contratação original.

- **Revisão contratual vs. Resolução contratual:** a resolução do contrato é a *ultima ratio*. O Enunciado 22 do Conselho da Justiça Federal, aprovado na I Jornada de Direito Civil, determina que "a função social do contrato, prevista no artigo 421 do Novo Código Civil, constitui cláusula geral, que reforça o princípio da conservação do contrato, assegurando trocas úteis e justas".
- No CDC, o sentido da conservação contratual encontra-se no artigo 51, §2º, o qual determina que "a nulidade de uma cláusula contratual abusiva não invalida o contrato, exceto quando de sua ausência, apesar dos esforços de integração, decorrer ônus excessivo a qualquer das partes".

5.2. O DIREITO DE ARREPENDIMENTO

- "O **consumidor pode desistir do contrato**, no **PRAZO DE 7 DIAS** a contar de sua *assinatura ou do ato de recebimento do produto ou serviço*, **SEMPRE** que a **CONTRATAÇÃO** de fornecimento de produtos e serviços **OCORRER FORA DO ESTABELECIMENTO COMERCIAL**, especialmente por **telefone ou a domicílio**" (artigo 49 do CDC).

- **Limites da aplicação do direito de arrependimento**: o seu regular exercício pelo consumidor dar-se-á quando a contratação de fornecimento de produtos e serviços ocorrer **fora do estabelecimento comercial, especialmente por telefone ou a domicílio** (conhecida tradicionalmente pela *venda porta-a-porta*).
- Evidentemente, quando houve a elaboração da norma em destaque, ainda não havia se desenvolvido o comércio eletrônico pela internet ou outros meios de comunicação, devendo o referido dispositivo legal também ser aplicado a tais hipóteses.
- **Contagem do prazo:** o artigo 49 é específico: conta-se **da data da assinatura do contrato ou do ato do recebimento do produto ou serviço.** Exclui-se o dia do início e inclui-se o último dia, por aplicação supletiva do artigo 132 do Código Civil. Em seu §1º, acrescenta: "Se o dia do vencimento cair em feriado, considerar-se-á prorrogado o prazo até o seguinte dia útil".
- **Direito de arrependimento e garantias legal e contratual:** o direito de arrependimento não se confunde com as garantias legal e contratual, por isso o seu prazo é independente daqueles estipulados nas garantias do produto ou serviço.

5.3. DAS CLÁUSULAS ABUSIVAS

- Em conformidade com os princípios da função social do contrato e da boa-fé objetiva, a Lei nº 8.078/90 apresenta em seu artigo **51 rol exemplificativo ("numerus apertus") de cláusulas abusivas (pelo direito romano, denominadas "cláusulas leoninas")**, consideradas por determinação expressa nulas de pleno direito, quando presentes em contratos de consumo.

Cláusulas Abusivas (artigo 51) – ROL EXEMPLIFICATIVO:
São NULAS DE PLENO DIREITO!
Cláusulas que impossibilitem, exonerem ou atenuem a responsabilidade do fornecedor por vícios de qualquer natureza dos produtos e serviços ou impliquem renúncia ou disposição de direitos. Nas relações de consumo entre o fornecedor e o consumidor pessoa jurídica, a indenização poderá ser limitada, em situações justificáveis;
Cláusulas que subtraiam ao consumidor a opção de reembolso da quantia já paga, nos casos previstos no CDC;
Cláusulas que transfiram responsabilidades a terceiros;
Cláusulas que estabeleçam obrigações consideradas iníquas, abusivas, que coloquem o consumidor em desvantagem exagerada, ou sejam incompatíveis com a boa-fé ou a equidade;
Cláusulas que estabeleçam inversão do ônus da prova em prejuízo do consumidor;

Cláusulas Abusivas (artigo 51) – ROL EXEMPLIFICATIVO:
Cláusulas que determinem a utilização compulsória de arbitragem;
Cláusulas que imponham representante para concluir ou realizar outro negócio jurídico pelo consumidor;
Cláusulas que deixem ao fornecedor a opção de concluir ou não o contrato, embora obrigando o consumidor;
Cláusulas que permitam ao fornecedor, direta ou indiretamente, variação do preço de maneira unilateral;
Cláusulas que autorizem o fornecedor a cancelar o contrato unilateralmente, sem que igual direito seja conferido ao consumidor;
Cláusulas que obriguem o consumidor a ressarcir os custos de cobrança de sua obrigação, sem que igual direito lhe seja conferido contra o fornecedor;
Cláusulas que autorizem o fornecedor a modificar unilateralmente o conteúdo ou a qualidade do contrato, após sua celebração;
Cláusulas que infrinjam ou possibilitem a violação de normas ambientais;
Cláusulas que estejam em desacordo com o sistema de proteção ao consumidor;
Cláusulas que possibilitem a renúncia do direito de indenização por benfeitorias necessárias.

- A determinação legal do artigo 51 consubstancia-se em uma das mais importantes formas de **mitigação da obrigatoriedade decorrente do instrumento contratual ("**pacta sunt servanda**")**, com a redução do poder das partes em função de um dirigismo contratual (intervencionismo legal).
- **Cláusulas abusivas e reparação do dano:** a presença do abuso de direito contratual leva à ilicitude das referidas cláusulas, razão pela qual, além de serem declaradas nulas de pleno direito, podem gerar o dever de reparar, ou seja, a responsabilização civil do fornecedor ou prestador por dano provocado em razão da abusividade constatada no contrato.
- Pelo fato de as hipóteses descritas no artigo 51 serem consideradas cláusulas nulas de pleno direito (nulidade absoluta), reconhece-se a **imprescritibilidade da ação declaratória correspondente, por incidência do** artigo **169 do Código Civil**.
- Em detrimento da insanabilidade da nulidade absoluta das cláusulas abusivas, o CDC, em seu artigo **51, §2º**, consagra o **princípio da conservação contratual,** "A nulidade de uma cláusula contratual abusiva não invalida o contrato, exceto quando de sua ausência, apesar dos esforços de integração, decorrer ônus excessivo a qualquer das partes".
- "As multas de mora decorrentes do inadimplemento de obrigações no seu termo não poderão ser

superiores a dois por cento do valor da prestação" (artigo 52, §1º, do CDC, com redação dada pela Lei nº 9.298/96). Se houver a liquidação antecipada do débito, total ou parcialmente, deverão ser reduzidos proporcionalmente os juros e demais acréscimentos (artigo 52, §2º).

5.4. DOS CONTRATOS DE ADESÃO

- **Conceito de contrato de adesão: de acordo com o** CDC, "contrato de adesão é aquele cujas cláusulas tenham sido aprovadas pela autoridade competente ou estabelecidas unilateralmente pelo fornecedor de produtos ou serviços, sem que o consumidor possa discutir ou modificar substancialmente seu conteúdo" (artigo 54).
- No mercado, há diversidade de exemplos dessa espécie de contrato, como o de saúde de conta-corrente, de financiamento, de empréstimo, de cartão de crédito, de fornecimento de energia elétrica, de serviços telefônicos etc. Em todos esses casos, o consumidor não discute, nem mesmo pode exigir alterações substanciais das cláusulas unilateralmente fixadas.
- **Redação do contrato de adesão:** "Os contratos de adesão escritos serão redigidos em termos claros e com caracteres ostensivos e legíveis, cujo tamanho da fonte não será inferior ao corpo doze, de modo a facilitar sua compreensão pelo consumidor" (artigo 54, §3º, do CDC). *A referida norma relaciona-se com:*

  Artigo 46. Os contratos que regulam as relações de consumo não obrigarão os consumidores, se não lhes for dada a oportunidade de tomar conhecimento prévio de seu conteúdo, ou se os respectivos instrumentos forem redigidos de modo a dificultar a compreensão de seu sentido e alcance.

  Artigo 30. Toda informação ou publicidade, suficientemente precisa, veiculada por qualquer forma ou meio de comunicação com relação a produtos e serviços oferecidos ou apresentados, obriga o fornecedor que a fizer veicular ou dela se utilizar e integra o contrato que vier a ser celebrado.
- **Atenção:** ainda que uma ou algumas cláusulas sejam inseridas no Instrumento contratual, previamente definido, não haverá a sua descaracterização como contrato de adesão (artigo 54, §1º, do CDC).
- **Cláusula resolutória no contrato de adesão:** será válida a cláusula resolutória no contrato de adesão se não resultar em desvantagem excessiva ao consumidor e se permitir, a critério do consumidor, a escolha entre dar continuidade à relação jurídica contratada, ou dá-la por acabada (artigo 54, §2º, do CDC). O referido dispositivo, em sua parte final, ressalva os direitos do consumidor previstos no §2º do artigo 53, ou seja, a devolução das quantias pagas, descontados eventuais prejuízos e vantagem econômica auferida.

5.5. DAS SANÇÕES ADMINISTRATIVAS

As principais sanções administrativas aplicáveis às infrações das normas de defesa do consumidor, sem prejuízo das de natureza civil, penal e daquelas definidas em legislação especial, são (artigo 56, incisos I a XII):
Multa;
Apreensão do produto;
Inutilização do produto;
Cassação do registro do produto junto ao órgão competente;
Proibição de fabricação do produto;
Suspensão de fornecimento de produtos ou serviços;
Suspensão temporária de atividade;
Revogação de concessão ou permissão de uso;
Cassação de licença do estabelecimento ou de atividade;
Interdição, total ou parcial, de estabelecimento, de obra ou de atividade;
Intervenção administrativa;
Imposição de contrapropaganda.
IMPORTANTE: "As sanções previstas neste artigo serão aplicadas pela autoridade administrativa, no âmbito de sua atribuição, podendo ser aplicadas cumulativamente, inclusive por medida cautelar, antecedente ou incidente de procedimento administrativo" (parágrafo único do artigo 56).

- **Pena de Multa:** será graduada de acordo com a gravidade da infração, a vantagem auferida e a condição econômica do fornecedor, e aplicada mediante procedimento administrativo, revertendo os valores cabíveis à União para o fundo de que trata a Lei nº 7.347/1985 (Lei da Ação Civil Pública), ou para os fundos estaduais ou municipais de proteção ao consumidor nos demais casos.

6. DA DEFESA DO CONSUMIDOR EM JUÍZO

6.1. INVERSÃO DO ÔNUS DA PROVA

- A **inversão** do ônus da prova pode ser **convencional, legal ou judicial**.

Tipos de Inversão do ônus da prova	
Legal	Decorre de **acordo de vontades** entre as partes, podendo ocorre antes ou durante o processo.

Tipos de Inversão do ônus da prova	
Convencional	Ressalta-se que há limitações a essa inversão, conforme dispõe o artigo 373, §3º do CPC/2015: "A distribuição diversa do ônus da prova também pode ocorrer por convenção das partes, salvo quando: I – recair sobre direito indisponível da parte; II – tornar excessivamente difícil a uma parte o exercício do direito. Essa última limitação é aplicável no caso de inversão do ônus provatório diante da alegação de fato negativo indeterminado, cuja prova é denominada pela doutrina de **"prova diabólica"**. **A inversão convencional, nas relações de consumo**, pode ser observada quando da aplicação do artigo 51, VI, do CDC, em que se **considera nula de pleno direito a cláusula contratual que determine a inversão do ônus da prova em prejuízo do consumidor**.
Legal	Decorre de **previsão expressa em lei**, independentemente do caso concreto, ou mesmo de qualquer decisão judicial determinando tal inversão. **No CDC, há três momentos:** a) artigo **12, §3º:** "O fabricante, o construtor, o produtor ou importador só não será responsabilidade quando provar: I – que não colocou o produto no mercado; II – que, embora haja colocado o produto no mercado, o defeito inexiste; III – a culpa exclusiva do consumidor ou de terceiro"; b) artigo **14, §3º:** "O fornecedor de serviços só não será responsabilizado quando provar: I – que, tendo prestado o serviço, o defeito inexiste; II – a culpa exclusiva do consumidor ou de terceiro"; c) artigo **38:** "O ônus da prova da veracidade e correção da informação ou comunicação publicitária cabe a quem as patrocina".
Judicial	Caberá ao juiz aplicá-la, quando da análise, no caso concreto, do preenchimento dos requisitos legais, como no caso do artigo 6º, VIII, do CDC, regra que prevê essa possibilidade de inversão em favor do consumidor quando verossímeis as suas alegações ou quando ele for hipossuficiente, sendo possível a aplicação da inversão também nas ações coletivas consumeristas.

- **Requisitos para a inversão judicial do "onus probandi":** é direito básico do consumidor a facilitação da defesa de seus direitos, "inclusive com a inversão do ônus da prova, a seu favor, no processo civil, quando, a critério do juiz, for verossímil a alegação ou quando for ele hipossuficiente, segundo as regras ordinárias de experiências" (artigo 6º, VIII, do CDC).
- Assim, a inversão não ocorre de forma automática, mas por decisão judicial, quando se constatar o preenchimento dos requisitos legais, quais sejam: **verossimilhança da alegação ou hipossuficiência do consumidor.**

Inversão judicial do ônus da prova – requisitos legais	
Verossimilhança da alegação	**Hipossuficiência do consumidor**
A verossimilhança é a **aparência da verdade** de uma alegação feita pelo consumidor de um **fato** que **costuma ordinariamente ocorrer** (ou seja, segundo as regras ordinárias de experiências – aquilo que costuma ocorrer em situações semelhantes à alegada na demanda judicial pelo consumidor).	Pela doutrina majoritária vem considerando que essa **hipossuficiência é técnica**, sendo, portanto, **irrelevante a condição econômica dos consumidores,** já que mesmo aqueles abastados podem ter dificuldades de acesso às informações e meios para produção probatória.
Não se exige aqui para a constituição desse fato verossímil qualquer espécie de prova, a qual será somente exigida para o convencimento do juiz para a prolação de sua decisão, e não para permitir a inversão do *onus probandi*. **Observação:** Em sentido contrário, Humberto Theodoro Jr afirma ser a verossimilhança resultado de um "juízo de probabilidade extraída de material probatório de feitio indiciário, do qual se consegue formar a opinião de ser provavelmente verdadeira a versão do consumidor" (THEODORO JR, Humberto. *Direito do consumidor.* 2 ed. Rio de Janeiro: Forense, 2001, p. 135).	Deve o magistrado verificar, no caso concreto, a superioridade técnica do fornecedor, de forma que a ele seja mais fácil ou viável a produção da prova. Por isso não parece razoável a inversão do ônus da prova quando resultar ao fornecedor situação de extrema dificuldade para comprovação dos fatos alegados.

- **Momento da inversão judicial do ônus da prova – Importante!** A matéria é controvertida na doutrina e na jurisprudência. Parte da doutrina entende que a inversão judicial é no despacho saneador do processo. Outra entende que ocorre na sentença, por ser regra de julgamento (**ônus objetivo da prova**). No primeiro sentido (despacho saneador): STJ, Segunda Seção, REsp nº 802832/MG, Rel. Min. Paulo de Tarso Sanseverino, j. 13 abr. 2011, *Informativo 469*. No sentido de a inversão ocorrer no momento do julgamento do processo: STJ, Quarta Turma, AgRg no Ag nº 1028085/SP, Rel. Min. Vasco Della Giustina, Des. Convocado, j. 04 fev. 2010, DJE 16 abr. 2010.

6.2. TUTELA COLETIVA DO CONSUMIDOR

Legitimados para a defesa coletiva dos interesses e direitos dos consumidores (artigo 82, I a IV, do CDC)	Ministério Público;
	União, Estados, Municípios e Distrito Federal;
	Entidades e órgãos da Administração Pública direta ou indireta, ainda que sem personalidade jurídica, especificamente destinados à proteção dos interesses e direitos tutelados pelo CDC;
	Associações legalmente constituídas há pelo menos um ano e que incluam entre seus fins institucionais a defesa dos interesses e direitos protegidos pela Lei consumerista, dispensada a autorização assemblear.

- Cabe ressaltar que o supramencionado requisito da pré-constituição pode ser dispensado pelo juiz, quando houver manifesto interesse social evidenciado pela dimensão ou característica do dano, ou pela relevância do bem jurídico a ser tutelado (artigo 82, §1º).
- **Direitos coletivos lato sensu (artigo 81, parágrafo único, do CDC):** há três espécies de direitos coletivos *lato sensu*: **interesses ou direitos difusos; interesses ou direitos coletivos stricto sensu e interesses ou direitos individuais homogêneos**.

Direitos coletivos *latu sensu* (artigo 81, parágrafo único, do CDC)	
Interesses ou Direitos Difusos (artigo 81, parágrafo único, I)	"os transindividuais, de natureza indivisível, de que sejam titulares pessoas indeterminadas e ligadas por circunstâncias de fato". Neste caso, a sentença da ação coletiva fará coisa julgada *erga omnes* (contra todos), exceto se o pedido for julgado improcedente por insuficiência de provas, "hipótese em que qualquer legitimado poderá intentar outra ação, com idêntico fundamento valendo-se de nova prova, na hipótese do inciso I do parágrafo único do artigo 81" (artigo 103, I, do CDC). Exemplo de direito difuso: **meio ambiente ecologicamente equilibrado.**
Interesses ou Direitos Coletivos *stricto sensu* (artigo 81, parágrafo único, II)	"os transindividuais, de natureza indivisível de que seja titular grupo, categoria ou classe de pessoas ligadas entre si ou com a parte contrária por uma relação jurídica base" (artigo 81, Parágrafo único, II). Neste caso a sentença fará coisa julgada *ultra partes*, mas limitadamente ao grupo, categoria ou classe, salvo improcedência por insuficiência de provas (artigo 103, III). Exemplo: **consumidores segurados de plano de saúde.**
Interesses ou Direitos Coletivos individuais homogêneos (artigo 81, parágrafo único, III)	"os decorrentes de origem comum" (artigo 81, Parágrafo único, III). A sentença, neste caso, fará coisa julgada *erga omnes*, "apenas para beneficiar todas as vítimas e seus sucessores [...]" (artigo 103, III). Exemplo: **direito de indenização das vítimas de acidente aéreo.**

- Em caso de procedência do pedido da ação, a condenação será genérica, fixando a responsabilidade do réu pelos danos causados. A liquidação e a execução de sentença, por seu turno, poderão ser promovidas pela vítima e seus sucessores, assim como pelos legitimados de que trata o art. 82 (art. 97 do CDC).
- Nas ações coletivas, quando se tratar de relação consumerista, não haverá adiantamento de custas, emolumentos, honorários periciais e quaisquer outras despesas, nem condenação da associação autora, salvo comprovada má-fé, em honorários de advogados, custas e despesas (art. 87). Em caso de litigância de má-fé, a associação autora e os diretores responsáveis pela propositura da ação serão solidariamente condenados em honorários advocatícios e ao décuplo das custas, sem prejuízo da responsabilidade por perdas e danos (Parágrafo Único).

7. DO SISTEMA NACIONAL DE DEFESA DO CONSUMIDOR

- **Integrantes do Sistema Nacional de Defesa do Consumidor (SNDC):** órgãos federais, estaduais, do Distrito Federal, municipais, e entidades privadas de defesa do consumidor (artigo 105 do CDC).

- **Departamento Nacional de Defesa do Consumidor: é organismo de coordenação da política do Sistema Nacional de Defesa do Consumidor.**

Atribuições (artigo 106):
Planejar, elaborar, propor, coordenar e executar a política nacional de proteção ao consumidor;
Receber, analisar, avaliar e encaminhar consultas, denúncias ou sugestões apresentadas por entidades representativas ou pessoas jurídicas de direito público ou privado;
Prestar aos consumidores orientação permanente sobre seus direitos e garantias;
Informar, conscientizar e motivar o consumidor através dos diferentes meios de comunicação;
Solicitar à polícia judiciária a instauração de inquérito policial para a apreciação de delito contra os consumidores, nos termos da legislação vigente;
Representar ao Ministério Público competente para fins de adoção de medidas processuais no âmbito de suas atribuições;
Levar ao conhecimento dos órgãos competentes as infrações de ordem administrativa que violarem os interesses difusos, coletivos, ou individuais dos consumidores;
Solicitar o concurso de órgãos e entidades da União, Estados, do Distrito Federal e Municípios, bem como auxiliar a fiscalização de preços, abastecimento, quantidade e segurança de bens e serviços;
Incentivar, inclusive com recursos financeiros e outros programas especiais, a formação de entidades de defesa do consumidor pela população e pelos órgãos públicos estaduais e municipais;
Desenvolver outras atividades compatíveis com suas finalidades.
IMPORTANTE: "Para a consecução de seus objetivos, o Departamento Nacional de Defesa do Consumidor poderá solicitar o concurso de órgãos e entidades de notória especialização técnico-científica" (parágrafo único do artigo 106).

8. DA CONVENÇÃO COLETIVA DE CONSUMO

- **Conceito:** "As entidades civis de consumidores e as associações de fornecedores ou sindicatos de categoria econômica podem regular, por convenção escrita, relações de consumo que tenham por objeto estabelecer condições relativas ao preço, à qualidade, à quantidade, à garantia e características de produtos e serviços, bem como à reclamação e composição do conflito de consumo." (artigo 107).

- **Obrigatoriedade da convenção:** a partir do registro do instrumento no cartório (§1º do artigo 107). Somente obrigará os filiados às entidades signatárias, sendo que o fornecedor que se desligar da entidade, em data posterior ao registro do instrumento, não se exime de cumpri-la (§§ 2º e 3º do artigo 107).

9. INFRAÇÕES PENAIS NO CDC

- Artigo 61 do CDC: "Constituem crimes contra as relações de consumo previstas neste código, sem prejuízo do disposto no Código Penal e leis especiais, as condutas tipificadas nos artigos seguintes."

- Os crimes de consumo podem ser **impróprios** (acidentalmente e reflexamente de consumo) e **próprios** (aqueles propriamente de direito penal do consumidor). Os crimes de consumo próprios estão previstos, principalmente, no CDC, mas se encontram também em outros diplomas legais, como, por exemplo, no próprio Código Penal (artigo 272 – corrupção, adulteração ou falsificação de substância alimentícia ou medicinal; artigo 278 – crimes de fornecimento de substâncias nocivas à saúde pública; artigo 280 – crime de medicamento em desacordo com receita médica etc.).

✦ SÚMULAS APLICÁVEIS

1. DOS PRINCÍPIOS FUNDAMENTAIS DO CÓDIGO DE DEFESA DO CONSUMIDOR (CDC)

- **Súmula 297 do STJ:** O Código de Defesa do Consumidor é aplicável às instituições financeiras.

- **Cancelamento da Súmula 321 do STJ:** A Segunda Seção, na sessão de 24/02/2016, ao apreciar o Projeto de Súmula nº 627 e o julgado no REsp 1.536.736/MG, determinou o CANCELAMENTO da Súmula 321 do STJ (DJe 29/02/2016).

- **Súmula 506 do STJ:** A Anatel não é parte legítima nas demandas entre a concessionária e o usuário de telefonia decorrentes de relação contratual.

- **Súmula 563 do STJ:** O Código de Defesa do Consumidor é aplicável às entidades abertas de previdência complementar, não incidindo nos contratos previdenciários celebrados com entidades fechadas.

2. DA QUALIDADE DE PRODUTOS E SERVIÇOS, DA PREVENÇÃO E DA REPARAÇÃO DOS DANOS

2.1. DA RESPONSABILIDADE POR VÍCIO DO PRODUTO E DO SERVIÇO

- **Súmula 130 do STJ:** A empresa responde, perante o cliente, pela reparação de dano ou furto de veículo ocorridos em seu estacionamento.

- **Súmula 479 do STJ:** As instituições financeiras respondem objetivamente pelos danos gerados por fortuito interno relativo a fraudes e delitos praticados por terceiros no âmbito de operações bancárias.

2.2. DA DECADÊNCIA E DA PRESCRIÇÃO (PRAZOS E GARANTIAS)

- **Súmula 477 do STJ:** A decadência do artigo 26 do CDC não é aplicável à prestação de contas para obter esclarecimentos sobre cobrança de taxas, tarifas e encargos bancários.

3. DAS PRÁTICAS COMERCIAIS

3.1. DA PUBLICIDADE

- **Súmula 403 do STJ:** Independe de prova do prejuízo a indenização pela publicação não autorizada de imagem de pessoa com fins econômicos ou comerciais.

3.2. DAS PRÁTICAS ABUSIVAS

- **Súmula 285 do STJ:** Nos contratos bancários posteriores ao CDC incide a multa moratória nele prevista.
- **Súmula 294 do STJ:** não é potestativa a cláusula contratual que prevê a comissão de permanência, calculada pela taxa média de mercado apurada pelo Banco Central do Brasil, limitada à taxa do contrato.
- **Súmula 323 do STJ:** A inscrição do nome do devedor pode ser mantida nos serviços de proteção ao crédito até o prazo máximo de cinco anos, independentemente da prescrição da execução.
- **Súmula 359 do STJ:** Cabe ao órgão mantenedor do Cadastro de Proteção ao Crédito a notificação do devedor antes de proceder à inscrição.
- **Súmula 385 do STJ:** Da anotação irregular em cadastro de proteção ao crédito, não cabe indenização por dano moral, quando preexistente legítima inscrição, ressalvado o direito ao cancelamento.
- **Súmula 404 do STJ:** É dispensável o aviso de recebimento (AR) na carta de comunicação ao consumidor sobre a negativação de seu nome em bancos de dados e cadastros.
- **Súmula 412 do STJ:** A ação de repetição de indébito de tarifas de água e esgoto sujeita-se ao prazo prescricional estabelecido no Código Civil.
- **Súmula 473 do STJ:** O mutuário do SFH não pode ser compelido a contratar o seguro habitacional obrigatório com a instituição financeira mutuante ou com a seguradora por ela indicada.
- **Súmula 550 do STJ:** A utilização de escore de crédito, método estatístico de avaliação de risco que não constitui banco de dados, dispensa o consentimento do consumidor, que terá o direito de solicitar esclarecimentos sobre as informações pessoais valoradas e as fontes dos dados considerados no respectivo cálculo.
- **Súmula 597 do STJ:** A cláusula contratual de plano de saúde que prevê carência para utilização dos serviços de assistência médica nas situações de emergência ou de urgência é considerada abusiva se ultrapassado o prazo máximo de 24 horas contado da data da contratação.
- **Súmula 609 do STJ:** A recusa de cobertura securitária sob alegação de doença pré-existente é ilícita se não houve a exigência de exames prévios à contratação ou a demonstração de má-fé do segurado

3.3. DA COBRANÇA DE DÍVIDAS E DOS BANCOS E DADOS E CADASTROS DE CONSUMIDORES

- **Súmula 323 do STJ:** A inscrição do nome do devedor pode ser mantida nos serviços de proteção ao crédito até o prazo máximo de cinco anos, independentemente da prescrição da execução.
- **Súmula 385 do STJ:** Da anotação irregular em cadastro de proteção ao crédito, não cabe indenização por dano moral, quando preexistente legítima inscrição, ressalvado o direito ao cancelamento.
- **Súmula 404 do STJ:** É dispensável o aviso de recebimento (AR) na carta de comunicação ao consumidor sobre a negativação de seu nome em bancos de dados e cadastros.
- **Súmula 479 do STJ:** As instituições financeiras respondem objetivamente pelos danos gerados por fortuito interno relativo a fraudes e delitos praticados por terceiros no âmbito de operações bancarias.

4. DA PROTEÇÃO CONTRATUAL

- **Súmula 284 do STJ:** A purga da mora, nos contratos de alienação fiduciária, só é permitida quando já pagos pelo menos 40% (quarenta por cento) do valor financiado.
- **Súmula 285 do STJ:** Nos contratos bancários posteriores ao Código de Defesa do Consumidor incide a multa moratória nele prevista.
- **Súmula 322 do STJ:** Para a repetição de indébito, nos contratos de abertura de crédito em conta-corrente, não se exige a prova do erro.
- **Súmula 543 do STJ:** Na hipótese de resolução de contrato de promessa de compra e venda de imóvel submetido ao Código de Defesa do Consumidor, deve ocorrer a imediata restituição das parcelas pagas pelo promitente comprador - integralmente, em caso de culpa exclusiva do promitente vendedor/construtor, ou parcialmente, caso tenha sido o comprador quem deu causa ao desfazimento.
- **Súmula 356 do STJ:** É legítima a cobrança da tarifa básica pelo uso dos serviços de telefonia fixa.
- **Súmula 548 do STJ:** Incumbe ao credor a exclusão do registro da dívida em nome do devedor no cadastro de inadimplentes no prazo de cinco dias úteis, a partir do integral e efetivo pagamento do débito.
- **Súmula nº 563 do STJ:** O Código de Defesa do Consumidor é aplicável às entidades abertas de previdência complementar, não incidindo nos contratos previdenciários celebrados com entidades fechadas.

4.1. DA REVISÃO CONTRATUAL

- **Súmula 60 do STJ:** É nula a obrigação cambial assumida por procurador do mutuário vinculado ao mutuante, no exclusivo interesse deste.
- **Súmula 380 do STJ:** A simples propositura da ação de revisão de contrato não inibe a caracterização da mora do autor.

4.2. DAS CLÁUSULAS ABUSIVAS

- **Súmula 302 do STJ:** É abusiva a cláusula contratual de plano de saúde que limita no tempo a internação hospitalar do segurado.
- **Súmula 381 do STJ:** Nos contratos bancários, é vedado ao julgador conhecer, de ofício, da abusividade das cláusulas.
- **Súmula 356 do STJ:** É legítima a cobrança da tarifa básica pelo uso dos serviços de telefonia fixa.
- **Súmula 407 do STJ:** É legítima a cobrança da tarifa de água, fixada de acordo com as categorias de usuários e as faixas de consumo.
- **Súmula 532 do STJ:** Constitui prática comercial abusiva o envio de cartão de crédito sem prévia e expressa solicitação do consumidor, configurando-se ato ilícito indenizável e sujeito à aplicação de multa administrativa.

5. DA DEFESA DO CONSUMIDOR EM JUÍZO

- **Súmula 477 do STJ:** A decadência do artigo 26 do CDC não é aplicável à prestação de contas para obter esclarecimentos sobre cobrança de taxas, tarifas e encargos bancários.
- **Súmula 489 do STJ:** Reconhecida a continência, devem ser reunidas na Justiça Federal as ações civis públicas propostas nesta e na Justiça estadual.
- **Súmula nº 506 do STJ:** A Anatel não é parte legítima nas demandas entre a concessionária e o usuário de telefonia decorrentes de relação contratual.
- **Súmula nº 601 do STJ:** O Ministério Público tem legitimidade ativa para atuar na defesa dos direitos difusos, coletivos e individuais homogêneos dos consumidores, ainda que decorrentes da prestação de serviços públicos.
- **Súmula Vinculante 27 do STF:** Compete à Justiça estadual julgar causas entre consumidor e concessionária de serviço público de telefonia, quando a ANATEL não seja litisconsorte passiva necessária, assistente, nem opoente.
- **Súmula 643 do STF:** O Ministério Público tem legitimidade para promover ação civil pública cujo fundamento seja a ilegalidade de reajuste de mensalidades escolares.

Direito Educacional

Lucas de Souza Lehfeld

ASSUNTO	NÚMERO DE QUESTÕES	PESO
TABELA DE INCIDÊNCIA DE QUESTÕES		
1. DO DIREITO À EDUCAÇÃO	2	28,57%
2. DAS POLÍTICAS DE COTAS E AÇÕES AFIRMATIVAS (LEI Nº 12.711/2012)	1	14,29%
3. DO CRÉDITO ESTUDANTIL E DOS CONTRATOS DE EMPRÉSTIMO (LEI Nº 10.260/2001)	1	14,29%
4. DA LEI DE DIRETRIZES E BASES DA EDUCAÇÃO NACIONAL (LEI Nº 9.394/1996)	2	28,57%
4.1. DA REVALIDAÇÃO DE DIPLOMA OBTIDO NO ESTRANGEIRO	1	14,29%
TOTAL	**7**	**100%**

✦ QUESTÕES

1. DO DIREITO À EDUCAÇÃO

01. (Cespe – Defensor Público – DPE – AC/2017) Segundo a CF, o Estado proverá a educação mediante, entre outras, a oferta de

a) atendimento educacional especializado a pessoas com deficiência, preferencialmente em rede especial de ensino.

b) educação básica obrigatória e gratuita dos quatro anos de idade aos dezessete anos de idade, sendo facultativa a oferta gratuita àqueles que a ela não tenham tido acesso na idade adequada.

c) ensino fundamental ministrado no idioma vernáculo, sendo assegurada às comunidades indígenas a utilização de suas línguas maternas.

d) ensino religioso, de matrícula facultativa, fora do horário regular das escolas públicas de ensino fundamental.

e) pós-graduação lato sensu gratuita nas universidades públicas.

COMENTÁRIOS

✪ **Nota do autor:** exige conhecimento sobre as normas constitucionais sobre direito à educação.

Alternativa correta "C": correta, de acordo com o §2 do artigo 210 da CF, *in verbis:* "Serão fixados conteúdos mínimos para o ensino fundamental, de maneira a assegurar formação básica comum e respeito aos valores culturais e artísticos, nacionais e regionais: [...] § 2º O ensino fundamental regular será ministrado em língua portuguesa, assegurada às comunidades indígenas também a utilização de suas línguas maternas e processos próprios de aprendizagem."

Alternativa "A": incorreta, de acordo com o artigo 208, III, da CF, pois o atendimento educacional especializado será preferencialmente em rede regular de ensino e não em rede especial.

Alternativa "B": incorreta, de acordo com artigo 208, I da CF. Educação básica obrigatória e gratuita dos 4 (quatro) aos 17 (dezessete) anos de idade, é assegurada inclusive sua oferta gratuita para todos os que a ela não tiveram acesso na idade própria e não facultativa como diz no enunciado.

Alternativa "D": incorreta, de acordo com artigo 210, § 1º, da CF, serão fixados conteúdos mínimos para o ensino fundamental, de maneira a assegurar formação básica comum e respeito aos valores culturais e artísticos, nacionais e regionais "**§ 1º O ensino religioso, de matrícula facultativa, constitu**irá disciplina dos horários normais das escolas públicas de ensino fundamental e não fora do horário regular".

Alternativa "E": incorreta, de acordo com o artigo 21, I e II da Lei 9.394/96: "A educação escolar compõe-se de: I - educação básica, formada pela educação infantil, ensino fundamental e ensino médio; II - educação superior". Não contemplando, portanto, a pós-graduação.

02. (Cespe – Procurador Federal/2013) À luz da CF e do entendimento do STF a respeito, julgue os itens a seguir, relativos ao direito à educação.

COMENTÁRIOS

✪ **Nota do autor:** exige conhecimento da jurisprudência do STF a respeito de normas relativas à educação.

02.1. A cobrança do salário-educação como adicional de financiamento para educação básica é inconstitucional.

COMENTÁRIOS

Errado. O artigo 212, inciso § 5º da Constituição Federal prescreve que "A educação básica pública terá como fonte adicional de financiamento a contribuição social do salário-educação, recolhida pelas empresas na forma da lei." Para assegurar esta determinação constitucional, o STF editou a Súmula 732: "É constitucional a cobrança da contribuição do salário-educação, seja sob a Carta de 1969, seja sob a CF de 1988, e no regime da Lei 9.424/1996." (referida lei dispõe sobre o Fundo de Manutenção e Desenvolvimento do Ensino Fundamental e de Valorização do Magistério). Neste sentido, é o precedente da Suprema Corte:

> *"Salário-educação. Constitucionalidade. Recepção. O salário-educação, na vigência da EC 1/1969 (art. 178), foi considerado constitucional. A CF/1988 recepcionou o referido encargo como contribuição social destinada ao financiamento do ensino fundamental (art. 212, § 5º), dando-lhe caráter tributário. Essa recepção manteve toda a disciplina jurídica do novo tributo, legitimamente editada de acordo com a ordem pretérita." (RE 272.872, Rel. Min. Ilmar Galvão, julgamento em 4-4-2001, Plenário, DJ de 10-10-2003).*

02.2. Segundo o entendimento do STF, é direito subjetivo público de crianças com até cinco anos de idade o atendimento em creches e pré-escolas, sendo possível a intervenção do Poder Judiciário para efetivá-lo.

COMENTÁRIOS

Certo. É neste sentido o entendimento jurisprudencial do STF (RE 554075 AgR – SC), em consonância com os artigos 7º, inciso XXV, e 208, inciso IV, ambos da Constituição Federal, que garantem a educação infantil gratuita, em creche e pré-escola, às crianças até 5 (cinco) anos de idade, oferecida pelo Estado ou pelo empregador aos filhos ou dependentes de seus empregados.

2. DAS POLÍTICAS DE COTAS E AÇÕES AFIRMATIVAS (LEI Nº 12.711/2012)

03. (Cespe – Procurador Federal/2013) A respeito das políticas de cotas e ações afirmativas, julgue o item a seguir.

Considere a seguinte situação hipotética.

Lúcio, Pedro e Vera são estudantes de ensino médio que pretendem ingressar na mesma instituição federal de ensino superior.

Lúcio, autodeclarado preto, com renda familiar de dez salários mínimos, cursou todo o ensino fundamental e o médio na rede privada de ensino, juntamente com seus três irmãos. Pedro, autodeclarado pardo, filho único, com renda familiar de sessenta salários mínimos, cursou o ensino fundamental na rede privada e o ensino médio na rede pública de ensino. Vera, branca, filha única, com renda familiar de cinquenta salários mínimos, cursou o ensino fundamental e o médio na rede pública de ensino.

Nessa situação, com base na lei que dispõe sobre o ingresso nas universidades federais e nas instituições federais de ensino técnico, apenas Pedro e Vera terão o direito a concorrer a uma vaga pelo sistema de cotas.

COMENTÁRIOS

✪ **Nota do autor:** exige conhecimento a respeito do sistema de cotas estabelecido na Lei nº 12.711/2012.

Certo. De acordo com o artigo 1º da Lei n. 12.711/2012 (que dispõe sobre o ingresso nas universidades federais e nas instituições federais de ensino técnico de nível médio), as instituições federais de educação superior vinculadas ao Ministério da Educação devem reservar, no mínimo, 50% (cinquenta por cento) das vagas, em cada concurso seletivo para ingresso nos cursos de graduação, por curso e por turno, para estudantes que tenham cursado integralmente o ensino médio em escolas públicas. Destas vagas, 50% (cinquenta por cento) deverão ser reservadas aos estudantes oriundos de famílias com renda igual ao inferior a 1.5 salário-mínimo (um salário-mínimo e meio) per capita, nos termos do parágrafo único do referido artigo. Isto significa que 25% (vinte e cinco por cento) do total de vagas oferecidas por cada instituição de ensino superior ficam vinculadas ao critério da renda per capita. Além disto, prescreve o artigo 3º da referida lei que as vagas reservadas aos estudantes que cursaram integralmente o ensino médio em escolas públicas (isto é, 50% do total de vagas oferecidas) devem ser preenchidas, por curso e por turno, por autodeclarados pretos, pardos e indígenas, em proporção no mínimo igual à de pretos, pardos e indígenas na população da unidade da Federação onde está instalada a instituição, segundo o último censo do Instituto Brasileiro de Geografia e Estatística (IBGE). Na hipótese das vagas não serem preenchidas por pretos, pardos e indígenas, poderão ser completadas por estudantes que cursaram integralmente o ensino médio em escolas públicas, consoante o parágrafo único do art. 3º. Vejamos a situação apresentada na questão:

Lúcio	Preto	Renda familiar: 10 salários-mínimos	Ensino médio em escola privada	06 pessoas na família	Renda *per capita*: 1, 7 salários-mínimos
Pedro	Pardo	Renda familiar: 60 salários-mínimos	Ensino médio em escola pública	03 pessoas na família	Renda *per capita*: 20 salários-mínimos
Vera	Branca	Renda familiar: 50 salários-mínimos	Ensino médio em escola pública	03 pessoas na família	Renda *per capita*: 16, 7 salários-mínimos

Logo, apenas Pedro e Vera estão aptos a concorrer a uma vaga pelo sistema de cotas, pois cursaram integralmente o ensino médio na rede pública. Além disto, Pedro enquadra-se, ainda, no critério racial, por ser pardo.

3. DO CRÉDITO ESTUDANTIL E DOS CONTRATOS DE EMPRÉSTIMO (LEI Nº 10.260/2001)

04. (Cespe – Procurador Federal/2013) A respeito do crédito estudantil e dos contratos de empréstimo, julgue os itens a seguir.

COMENTÁRIOS

✪ **Nota do autor:** exige conhecimento das normas relativas ao crédito estudantil e contratos de empréstimos previstos na Lei nº 10.260/2001.

04.1. Para que um estudante universitário do curso de matemática consiga financiar sua graduação pelo FIES, basta que ele esteja regularmente matriculado nas disciplinas de seu curso, independentemente da instituição de ensino a que pertença.

COMENTÁRIOS

Errado. De acordo com o artigo 1º da Lei nº 10.260/2001, que dispõe sobre o Fundo de Financiamento ao Estudante do Ensino Superior (FIES), a concessão de financiamento será feita a estudantes regularmente matriculados em cursos superiores não gratuitos e com avaliação positiva nos processos conduzidos pelo Ministério da Educação, de acordo com regulamentação própria. Deste modo, as Instituições de Ensino Superior que queiram participar do programa deverão obter conceito maior ou igual a 3 (três) no Sistema Nacional de Avaliação da Educação Superior – SINAES, de que trata a Lei nº 10.861/2004, nos termos do § 2º do artigo 1º da Lei nº 10.260/2001.

04.2. Considere a seguinte situação hipotética.

Ana, que concluiu curso superior de pedagogia com financiamento do FIES, e Joana, que está inadimplente com o Programa de Crédito Educativo (PCE/CREDUC), pretendem inscrever-se junto ao FIES para custear seus estudos em novos cursos superiores.

Nessa situação, ambas as inscrições deverão ser vedadas.

COMENTÁRIOS

Certo. A Portaria Normativa MEC n. 10/2010, que dispõe sobre procedimentos para inscrição e contratação de financiamento estudantil a ser concedido pelo Fundo de Financiamento ao Estudante do Ensino Superior (FIES), dispõe no §1º do artigo 1º que o estudante somente poderá pleitear um financiamento para um único curso de graduação. Além disto, o §6º do artigo 1º da Lei n. 10.260/2001 veda a concessão de novo financiamento a estudante inadimplente com o Fies ou com o Programa de Crédito Educativo que se trata a Lei n. 8.436, de 15 de junho de 1992. Portanto, Ana e Joana terão suas inscrições vedadas.

4. DA LEI DE DIRETRIZES E BASES DA EDUCAÇÃO NACIONAL (LEI Nº 9.394/1996)

05. (Cespe – Defensor Público – DPE – AC/2017) Aos dezesseis anos de idade, Fernanda, que cursa o segundo ano do ensino médio, foi aprovada no vestibular de uma universidade pública.

Nessa situação hipotética, à luz da LDB, Fernanda poderá

a) matricular-se em curso de jovens e adultos, na modalidade a distância, para fins de aceleramento da conclusão do nível médio.
b) ajuizar ação contra a universidade, mesmo sem autorização de seu representante legal, devido ao caráter de urgência, pois a garantia de sua matrícula depende de decisão judicial.
c) matricular-se na universidade, desde que assuma o compromisso de cumprimento concomitante do ensino médio.
d) avançar no curso de ensino médio por meio de verificação do aprendizado a ser promovida pela própria escola.
e) receber seu certificado de conclusão de curso de ensino médio caso o dirigente da escola, utilizando seu poder discricionário, assim o determine.

COMENTÁRIOS

✪ **Nota do autor:** exige conhecimento da Lei de Diretrizes e Bases da Educação Nacional..

Alternativa correta "D": correta, de acordo com o artigo 24, V, "c" da Lei n. 9.394/96. "A educação básica, nos níveis fundamental e médio, será organizada de acordo com as seguintes regras comuns: [...] V - a verificação do rendimento escolar observará os seguintes critérios: [...] c) possibilidade de avanço nos cursos e nas séries mediante verificação do aprendizado".

Alternativa "A": incorreta, uma vez que a educação de jovens e adultos será destinada àqueles que não tiveram acesso ou continuidade de estudos no ensino fundamental **é médio na idade própria, o que não ocorre no presente caso (art. 37 da Lei nº 9.394/96). Ademais, a possibilidade de aceleração de estudos dar-se-á para alunos com atraso escolar (art. 24, V, b, da Lei nº 9.394/96), Ademais, o currículo do ensino médio será composto pela Base Nacional Comum Curricular e por itinerários formativos, que deverão ser organizados por meio da oferta de diferentes arranjos curriculares, conforme a relevância para o contexto local e a possibilidade dos sistemas de ensino, como linguagens e suas tecnologias, matemática, ciências da natureza e suas tecnologias, ciências humanas e sociais aplicadas e formação técn**ica e profissional (art. 36, *caput*, e incisos I a V, da Lei 9.394/96, com redação dada pela Lei nº 13.415/2017).

Alternativa "B": incorreta, uma vez que o art. 44, II, da Lei nº 9.394/96, determina que a educação superior abrangerá programas de graduação, abertos a candidatos que tenham concluído o ensino médio ou equivalente e tenham sido classificados em processo seletivo. Ademais, não se trata de aceleração de estudos, uma vez que Fernanda não está atrasada em seus estudos. Por outro lado, para ajuizar ação , a Fernanda, em razão de sua capacidade processual, necessita de assistência, não representante. Em sede jurisprudencial, reconhecida a constitucionalidade do art. 44, II, Lei de Diretrizes e Bases. Precedente: TRF da 1º Região: "Administrativo. Mandado de segurança. Aprovação em vestibular sem a conclusão do ensino médio. Matrícula em ensino superior. Impossibilidade. Constitucionalidade do inciso II do art. 44 da Lei nº 9.394/96. Não-aplicação da teoria do fato consumado [...] 3. Não há falar em inconstitucionalidade do inciso II do art. 44 da Lei 9.394/96, porquanto o inciso V do art. 208 da Lei Maior não tem eficácia plena, necessitando, pois de complemento, para que seja especificado o que vem ser a chamada "capacidade de cada um , referida na aludida norma constitucional. Desse modo, a Lei de Diretrizes e Bases da Educação apenas cumpriu essa tarefa, estatuindo que somente o aluno classificado em processo seletivo e que concluiu o ensino médio está capacitado a ingressar no ensino superior" (AMS 2002.34.00.025114-7/DF, TRF 1º Região, 5º Turma, Rel. Juiz Federal Manuel José Ferreira Nunes (conv.), DJ e 12.05.2005, p. 19).

Alternativa "C": incorreta, de acordo com o art. 36, §9º, da Lei nº 9.394/96, uma vez que as "instituições de ensino emitirão certificado com validade nacional, que habilitará o **concluinte do ensino médio ao prosseguimento dos estudos** em nível superior ou em outros cursos ou formações para os quais a **conclusão do ensino médio seja etapa obrigatória**".

Alternativa "E": incorreta, uma vez que para a conclusão de curso de ensino médio não depende do poder discricionário do dirigente da escola, mas sim de requisitos legais previstos no art. 24, como exemplo carga horária mínima anual de 800 horas para o ensino fundamental e para o ensino médio, distribuídas por um mínimo de 200 dias de efetivo trabalho escolar, excluído o tempo reservado aos exames finais, quando houver (inciso I).

---

06. (Cespe – Procurador Federal/2013) Julgue os próximos itens de acordo com a Lei de Diretrizes e Bases da Educação Nacional.

COMENTÁRIOS

✪ **Nota do autor:** exige conhecimento de aspectos da Lei de Diretrizes e Bases da Educação.

06.1. A educação básica obrigatória e gratuita se inicia na pré-escola e termina no ensino fundamental.

COMENTÁRIOS

Errado. De acordo com o artigo 4º, inciso I da Lei nº 9.394/1996 (Lei de Diretrizes e Bases da Educação), a educação básica – obrigatória e gratuita dos 4 (quatro) aos 17 (dezessete) anos de idade, nos termos do artigo 208, inciso I da Constituição – compreende: a pré-escola, o ensino fundamental e o ensino médio.

06.2. Se determinada instituição de ensino superior da rede privada pretender ofertar programas de educação a distância, seu credenciamento pela União será requisito indispensável.

COMENTÁRIOS

Certo, conforme o artigo 80, § 1º da Lei nº 9.394/1996. O Poder Público deve incentivar o desenvolvimento e a veiculação de programas de ensino a distância, em todos os níveis e modalidades de ensino, e de educação continuada (artigo 80, caput), cabendo à União regulamentar os requisitos para a realização de exames e registro de diploma relativos a cursos de educação a distância (§ 2º do referido artigo).

4.1. DA REVALIDAÇÃO DE DIPLOMA OBTIDO NO ESTRANGEIRO

---

07. (Cespe – Procurador Federal/2013) No que diz respeito à revalidação de diploma obtido no estrangeiro e à cobrança de taxas em estabelecimentos públicos de ensino, julgue o item a seguir.

COMENTÁRIOS

✪ **Nota do autor:** exige conhecimento da jurisprudência do STF sobre direito educacional.

Tendo em vista que, de acordo com súmula vinculante editada pelo STF, a cobrança de taxa de matrícula nas universidades públicas viola dispositivo da CF, é correto concluir que a cobrança, por instituição pública de ensino superior, de taxa para revalidar diploma de graduação obtido no exterior é inconstitucional.

COMENTÁRIOS

Alternativa incorreta. Não obstante a Súmula Vinculante 12 do STF prescrever que "A cobrança de taxa de matrícula nas universidades públicas viola o disposto no art. 206, IV, da Constituição Federal.", a Suprema Corte entende ser possível a cobrança de taxa para revalidação de diploma estrangeiro. Neste sentido é o ARE 765774 MS:

> *PROCESSUAL CIVIL – EMBARGOS DE DECLARAÇÃO – OMISSÃO – PEDIDOS CUMULATIVOS – FALTA DE ANÁLISE – ACOLHIMENTO – TAXA DE REVALIDAÇÃO DE DIPLOMA ESTRANGEIRO – COBRANÇA – POSSIBILIDADE. III. Já foi decidido por este E. Tribunal e pelo E. TRF 1ª Região que assim como é permitida a cobrança de taxa de inscrição no vestibular também é possível a cobrança de taxa para a revalidação de diploma estrangeiro, a qual tem suporte na própria lei que criou a fundação. Ademais, é de livre escolha do candidato a opção pela instituição de ensino em que revalidará o diploma, não estando obrigado, consequentemente, a efetuar o pagamento justamente na UFMS. IV. Os dispositivos constitucionais invocados (incisos XXXIV e LXXVII) do artigo 5º) não têm o alcance pretendido pela embargante, não ensejando a isenção do pagamento da taxa de revalidação de diploma estrangeiro.*

É importante salientar que os diplomas de Mestrado e de Doutorado expedidos por universidades estrangeiras só poderão ser reconhecidos por universidades que possuam cursos de pós-graduação reconhecidos e avaliados, na mesma área de conhecimento e em nível equivalente ou superior, nos termos do artigo 48, § 3º da Lei nº 9.394/1996 (Lei de Diretrizes e Bases da Educação Nacional).

Direito Educacional

Lucas de Souza Lehfeld

✦ DICAS (RESUMO)

1. DO DIREITO À EDUCAÇÃO

- A educação é direito de todos e dever do Estado (artigo 208 da Constituição Federal) e da família (artigo 205), devendo ser promovida e incentivada com a colaboração da sociedade, visando ao pleno desenvolvimento da pessoa, seu preparo para o exercício da cidadania e sua qualificação para o trabalho. A iniciativa privada poderá exercer a atividade de ensino, desde que cumpra as seguintes condições: observância das normas gerais da educação nacional e autorização e avaliação de qualidade pelo Poder Público (artigo 209, incisos I e II da Constituição).

PRINCÍPIOS A SEREM OBSERVADOS EM RELAÇÃO AO ENSINO (art. 206 da CF):
I. igualdade de condições para o acesso e permanência na escola;
II. liberdade de aprender, ensinar, pesquisar e divulgar o pensamento, a arte e o saber;
III. pluralismo de ideias e de concepções pedagógicas, e coexistência de instituições públicas e privadas de ensino;
IV. gratuidade do ensino público em estabelecimentos oficiais;
V. valorização dos profissionais da educação escolar, garantidos, na forma da lei, planos de carreira, com ingresso exclusivamente por concurso público de provas e títulos, aos das redes públicas;
VI. gestão democrática do ensino público, na forma da lei;
VII. garantia de padrão de qualidade;
VIII. piso salarial profissional nacional para os profissionais da educação escolar pública, nos termos de lei federal.

DEVERES DO ESTADO COM A EDUCAÇÃO (art. 208 da CF):
I. educação básica obrigatória e gratuita dos 4 (quatro) aos 17 (dezessete) anos de idade, assegurada inclusive sua oferta gratuita para todos os que a ela não tiveram acesso na idade própria; II. progressiva universalização do ensino médio gratuito; III. atendimento educacional especializado aos portadores de deficiência, preferencialmente na rede regular de ensino; IV. educação infantil, em creche e pré-escola, às crianças até 5 (cinco) anos de idade; V. acesso aos níveis mais elevados do ensino, da pesquisa e da criação artística, segundo a capacidade de cada um; VI. oferta de ensino noturno regular, adequado às condições do educando; VII. atendimento ao educando, em todas as etapas da educação básica, por meio de programas suplementares de material didático escolar, transporte, alimentação e assistência à saúde. **§ 1º – O acesso ao ensino obrigatório e gratuito é direito público subjetivo.** **§ 2º – O não-oferecimento do ensino obrigatório pelo Poder Público, ou sua oferta irregular, importa responsabilidade da autoridade competente.**

REGIME DE COLABORAÇÃO DOS ENTES FEDERATIVOS QUANTO AO SISTEMA DE ENSINO (UNIVERSALIZAÇÃO DO ENSINO OBRIGATÓRIO)
União: organizará o sistema federal de ensino, financiará as instituições de ensino públicas federais e exercerá, em matéria educacional, função redistributiva e supletiva (§ 1º);
Municípios: atuarão prioritariamente no ensino fundamental e na educação infantil (§ 2º);
Estados e o Distrito Federal: atuarão prioritariamente no ensino fundamental e médio (§ 3º).

DESPESAS OBRIGATÓRIAS COM EDUCAÇÃO (art. 212 da CF):
A União aplicará, anualmente, nunca menos de dezoito, e os Estados, o Distrito Federal e os Municípios vinte e cinco por cento, no mínimo, da receita resultante de impostos, compreendida a proveniente de transferências, na manutenção e desenvolvimento do ensino (art. 212 da Constituição).

- Obs.: Serão fixados conteúdos mínimos para o ensino fundamental, de maneira a assegurar formação básica comum e respeito aos valores culturais e artísticos, nacionais e regionais.

2. DAS POLÍTICAS DE COTAS E AÇÕES AFIRMATIVAS (LEI Nº 12.711/2012)

EM UNIVERSIDADES FEDERAIS PÚBLICAS
Art. 1º. As **instituições federais de educação superior** vinculadas ao Ministério da Educação reservarão, em cada concurso seletivo para ingresso nos cursos de graduação, por curso e turno, **no mínimo 50% (cinquenta por cento) de suas vagas** para estudantes que tenham **cursado integralmente o ensino médio em escolas públicas.** Ex.: 200 vagas para o Curso X no período matutino – reserva de 100 vagas para o sistema de cotas (ref. ao local em que cursou o ensino médio).
Parágrafo único. No **preenchimento das vagas de que trata o "caput" deste artigo**, 50% (cinquenta por cento) deverão ser reservados aos **estudantes oriundos de famílias com renda igual ou inferior a 1, 5 salário-mínimo (um salário-mínimo e meio) "per capita".** Ex.: das 100 vagas, reserva de 50 para sistema de cotas (ref. à renda familiar *per capita*).
Art. 3º. Em cada instituição federal de ensino superior, as vagas de que trata o art. 1º desta Lei serão preenchidas, por curso e turno, por **autodeclarados pretos, pardos e indígenas, em proporção no mínimo igual à de pretos, pardos e indígenas na população da unidade da Federação onde está instalada a instituição**, segundo o último censo do Instituto Brasileiro de Geografia e Estatística (IBGE). Ex.: se no último censo, o IBGE apurou que a população do Estado Y era composta por 25% de negros, 50% de pardos, 20% de brancos e 5% de indígenas, as 100 vagas reservadas para o sistema de cotas (art. 1º, *caput*) deverão ser distribuídas do seguinte modo: 25 para os autodeclarados pretos, 50 para os pardos e 5 para os indígenas.
Parágrafo único. No caso de **não preenchimento das vagas segundo os critérios estabelecidos no "caput" deste artigo**, aquelas remanescentes deverão ser completadas por **estudantes que tenham cursado integralmente o ensino médio em escolas públicas.** Ex.: se não forem preenchidas as 100 vagas reservadas para o sistema de cotas (art. 1º, *caput*) por autodeclarados pretos, pardos e indígenas segundo o critério da proporcionalidade apurada pelo IBGE, deverão ser completadas por estudantes que tenham cursado integralmente o ensino médio em escolas públicas, independentemente da cor da pele.

EM CURSOS TÉCNICOS PÚBLICOS
Art. 4º. As **instituições federais de ensino técnico de nível médio** reservarão, em cada concurso seletivo para ingresso em cada curso, por turno, **no mínimo 50% (cinquenta por cento) de suas vagas** para estudantes que **cursaram integralmente o ensino fundamental em escolas públicas.** Ex.: 200 vagas para o Curso X no período matutino – reserva de 100 vagas para o sistema de cotas (ref. ao local em que cursou o ensino fundamental).
Parágrafo único. **No preenchimento das vagas de que trata o "caput" deste artigo**, 50% (cinquenta por cento) deverão ser reservados aos **estudantes oriundos de famílias com renda igual ou inferior a 1, 5 salário-mínimo (um salário-mínimo e meio) "per capita".** Ex.: das 100 vagas, reserva de 50 para sistema de cotas (ref. à renda familiar *per capita*).
Art. 5º. Em cada instituição federal de ensino técnico de nível médio, as vagas de que trata o art. 4º desta Lei serão preenchidas, por curso e turno, por **autodeclarados pretos, pardos e indígenas, em proporção no mínimo igual à de pretos, pardos e indígenas na população da unidade da Federação onde está instalada a instituição**, segundo o último censo do Instituto Brasileiro de Geografia e Estatística (IBGE). Ex.: se no último censo, o IBGE apurou que a população do Estado Y era composta por 25% de negros, 50% de pardos, 20% de brancos e 5% de indígenas, as 100 vagas reservadas para o sistema de cotas (art. 1º, caput) deverão ser distribuídas do seguinte modo: 25 para os autodeclarados pretos, 50 para os pardos e 5 para os indígenas.

EM CURSOS TÉCNICOS PÚBLICOS
Parágrafo único. No caso de **não preenchimento das vagas segundo os critérios estabelecidos no "caput" deste artigo**, aquelas remanescentes deverão ser completadas por **estudantes que tenham cursado integralmente o ensino fundamental em escola pública.** Ex.: se não forem preenchidas as 100 vagas reservadas para o sistema de cotas (art. 4º, *caput*) por autodeclarados pretos, pardos e indígenas segundo o critério da proporcionalidade apurada pelo IBGE, deverão ser completadas por estudantes que tenham cursado integralmente o ensino médio em escolas públicas, independentemente da cor da pele.

3. DO CRÉDITO ESTUDANTIL E DOS CONTRATOS DE EMPRÉSTIMO (LEI Nº 10.260/2001)

- O Fundo de Financiamento Estudantil (FIES) é um programa do Ministério da Educação (MEC) destinado à concessão de financiamento a estudantes regularmente matriculados em cursos superiores presenciais não gratuitos e com avaliação positiva nos processos conduzidos pelo MEC (art. 1º da Lei nº 10.260/2001). É necessário, ainda, que a mantenedora da Instituição de Ensino Superior tenha efetuado a adesão ao FIES, nos termos da Portaria Normativa MEC nº 1/2010.
- São considerados cursos de graduação com avaliação positiva, aqueles que obtiverem conceito maior ou igual a 3 (três) no Sistema Nacional de Avaliação da Educação Superior – SINAES (Lei nº 10.861/2004, nos termos do § 2º do supracitado artigo. Se os cursos não atingirem esta média, serão desvinculados do FIES, sem prejuízo para o estudante financiado, que mantém o seu contrato de empréstimo (§ 3º do art. 1º da Lei nº 10.260/2001).
- O FIES poderá beneficiar estudantes matriculados em cursos da educação profissional e tecnológica, bem como em programas de mestrado e doutorado com avaliação positiva nos processos conduzidos pela Coordenação de Aperfeiçoamento de Pessoal de Nível Superior – CAPES, desde que haja disponibilidade de recursos, a teor dos §§ 1º e 4º do art. 1º da Lei nº 10.260/2001.
- É vedada a inscrição no FIES a estudante:

a) inadimplente com o Fies ou com o Programa de Crédito Educativo (Lei nº 8.436/1992), nos termos do art. 1º, § 6º da Lei nº 10.260/2001;

b) que já tenha sido beneficiado com financiamento do FIES, conforme o artigo 1º, § 1º, inciso I da Portaria Normativa MEC nº 10/2010;

c) cuja matrícula acadêmica esteja em situação de trancamento geral de disciplinas no momento da inscrição, a teor do artigo 1º, § 2º, inciso I da Portaria Normativa MEC nº 10/2010;

d) cujo percentual de comprometimento da renda familiar mensal bruta "per capita" seja inferior a 20% (vinte por cento), nos termos do artigo 9º, inciso IV da Portaria Normativa MEC nº 10/2010;

e) cuja renda familiar mensal bruta seja superior a 20 (vinte) salários mínimos, nos termos do artigo 9º, inciso V da Portaria Normativa MEC nº 10/2010.

4. DA LEI DE DIRETRIZES E BASES DA EDUCAÇÃO (LEI Nº 9.394/1996)

A educação abrange os processos formativos que se desenvolvem na vida familiar, na convivência humana, no trabalho, nas instituições de ensino e pesquisa, nos movimentos sociais e organizações da sociedade civil e nas manifestações culturais (art. 1º da Lei nº 9.394/1996), devendo vincular-se ao mundo do trabalho e à prática social (§ 2º do art. 1º da referida lei).

FINS DA EDUCAÇÃO NACIONAL (art. 2º):
A educação, dever da família e do Estado, inspirada nos princípios de liberdade e nos ideais de solidariedade humana, tem por finalidade o pleno desenvolvimento do educando, seu preparo para o exercício da cidadania e sua qualificação para o trabalho.

PRINCÍPIOS DA EDUCAÇÃO NACIONAL (art. 3º):
I – igualdade de condições para o acesso e permanência na escola;
II – liberdade de aprender, ensinar, pesquisar e divulgar a cultura, o pensamento, a arte e o saber;
III – pluralismo de ideias e de concepções pedagógicas;

PRINCÍPIOS DA EDUCAÇÃO NACIONAL (art. 3º):
IV – respeito à liberdade e apreço à tolerância;
V – coexistência de instituições públicas e privadas de ensino;
VI – gratuidade do ensino público em estabelecimentos oficiais;
VII – valorização do profissional da educação escolar;
VIII – gestão democrática do ensino público, na forma desta Lei e da legislação dos sistemas de ensino;
IX – garantia de padrão de qualidade;
X – valorização da experiência extraescolar;
XI – vinculação entre a educação escolar, o trabalho e as práticas sociais.
XII – consideração com a diversidade étnico-racial.

- BASE NACIONAL COMUM CURRICULAR (Lei nº 13.415/2017): A Base Nacional Comum Curricular, segundo o art. 35-A da Lei nº 9.394/96 (incluído pela Lei nº 13.415/2017), definirá direitos e objetivos de aprendizagem do ensino médio, conforme diretrizes do Conselho Nacional de Educação, nas seguintes áreas do conhecimento: linguagens e suas tecnologias; matemática e suas tecnologias; ciências da natureza e suas tecnologias; ciências humanas e sociais aplicadas. Cabe ainda ressaltar que a Base Nacional Comum Curricular, referente ao ensino médio, incluirá de forma obrigatória estudos e práticas de educação física, arte, sociologia e filosofia (§2º do art. 35-A, incluído pela Lei nº 13.415/2017).

✦ SÚMULAS APLICÁVEIS

1. SÚMULAS DO STF

- **Súmula vinculante 12:** A cobrança de taxa de matrícula nas universidades públicas viola o disposto no art. 206, IV, da Constituição Federal.
- **Súmula 732:** É constitucional a cobrança da contribuição do salário-educação, seja sob a Carta de 1969, seja sob a Constituição Federal de 1988, e no regime da Lei 9424/1996.

Direito internacional e comunitário

Renato Cesar Guedes Grilo

TABELA DE INCIDÊNCIA DE QUESTÕES		
ASSUNTO	**NÚMERO DE QUESTÕES**	**PESO**
1. FONTES DO DIREITO INTERNACIONAL	12	25,53%
1.1. SUJEITOS DE DIREITO INTERNACIONAL E IMUNIDADE	6	12,77%
2. MERCOSUL	2	4,26%
3. SOLUÇÃO PACÍFICA DE CONTROVÉRSIAS INTERNACIONAIS	4	8,51%
4. DIREITOS HUMANOS	4	8,51%
5. CONDIÇÃO JURÍDICA DO ESTRANGEIRO E DIREITOS DE NACIONALIDADE	7	14,89%
6. DOMÍNIO PÚBLICO MARÍTIMO INTERNACIONAL	2	4,26%
7. DIREITO INTERNACIONAL DO TRABALHO	1	2,13%
8. DIREITO INTERNACIONAL PENAL	3	6,38%
9. DIREITO INTERNACIONAL PRIVADO	6	12,77%
TOTAL	**47**	**100%**

✦ QUESTÕES

1. FONTES DO DIREITO INTERNACIONAL

01. (Cespe – Procurador BACEN/2013) Essas normas não têm o mesmo grau de atribuição de capacidades nem são tão importantes quanto as normas restritivas, mas os Estados comprometem-se a cooperar e a respeitar os acordos realizados, sem submeter-se, no entanto, a obrigações jurídicas.

Marcelo Varela. Direito internacional público. São Paulo: Saraiva, 2009, p. 62.

O fragmento de texto citado acima refere-se a

a) costumes.

b) soft norms.

c) princípios gerais de direito.

d) umbrella conventions.

e) tratados.

COMENTÁRIOS

Alternativa correta: letra "b": o *soft law ou soft norms* é uma das atuais modalidades de manifestação do fenômeno jurídico que não necessariamente incorpora as características clássicas do Direito. É parte de um quadro em que se fortalecem noções como autonomia da vontade e arbitragem, todas tendo em comum maior flexibilidade e capacidade de oferecer soluções mais rápidas para os problemas das relações sociais. (PORTELA, Paulo Henrique Gonçalves. Direito internacional público e privado. 5 ed. Salvador: Ed. JusPodivm, 2013. p. 80). As chamadas "soft law" não possuem a coercibilidade inerente aos Tratados Internacionais, não vinculando os Estados. Um exemplo de 'soft law' pode ser identificado nas diretrizes firmadas pela RIO92, as quais traçam princípios de cooperação e acordo entre os Estados, mas estão longe de os vincular tal qual um Tratado Internacional.

Alternativa "a": os costumes são obrigações jurídicas clássicas, não se confundindo com o soft law. Ademais, de acordo com o Artigo 38 do Estatuto da Corte Internacional de Justiça (CIJ), são fontes do Direito Internacional: a) as Convenções Internacionais; o COSTUME internacional; os princípios gerais de direito. O mesmo Artigo estabelece ainda como fontes auxiliares: as decisões judiciárias e a doutrina dos juristas mais qualificados das diferentes nações. Por fim, permite ainda o dispositivo que, mediante acordo entre as partes, a CIJ possa decidir um caso concreto por 'equidade e justiça'. Assim, os Costumes vinculam no plano internacional, diferentemente do 'soft law'.

Alternativa "c": os princípios gerais do direito são normas jurídicas típicas, previstas no Artigo 38 do Estatuto da Corte Internacional de Justiça (CIJ).

Alternativa "d": *umbrella conventions* são os chamados "tratados guarda-chuva" que servem para estabelecer "as linhas mestras" para futuros pactos ou Tratados; portanto, não são Tratados, tampouco vinculantes, mas precedem a elaboração de uma Convenção Internacional na medida em que são servem como diretrizes ou parâmetros para um acordo futuro.

Alternativa "e": tanto convenções gerais como especiais podem ser utilizadas para dirimir conflitos internacionais, não se confundindo o tratado com a Soft norms. Embora o Costume tenha tido maior predominância como fonte do direito em tempos remotos, os Tratados (ou Convenções) Internacionais são a principal fonte do Direito Internacional.

---

02. (Cespe - Delegado de Polícia Federal - DPF/2013) No que se refere ao Estatuto da Igualdade, às fontes do direito internacional e à extradição, julgue os itens subsequentes.

02.1. É fonte de direito internacional reconhecida a doutrina dos juristas mais qualificados das diferentes nações.

COMENTÁRIOS

Alternativa Correta: o Artigo 38 do Estatuto da CIJ - Corte Internacional de Justiça inclui a doutrina dos juristas mais qualificados das diferentes nações como fonte, ainda que auxiliar, do Direito Internacional.

02.2. A extradição poderá ser concedida pelo Estado brasileiro quando o pedido do governo estrangeiro for fundado em tratado ou em promessa de reciprocidade.

COMENTÁRIOS

✪ **Nota do autor:** o antigo Estatuto do Estrangeiro (Lei 6.815/1980), no primeiro artigo acerca da disciplina da extradição, já trazia expressa a necessidade de o pedido se fundar em tratado ou promessa de reciprocidade. O novo Estatuto do Estrangeiro (Lei 13445/2017) não trouxe disposição expressa nesse sentido, referindo-se à promessa de reciprocidade em três situações: quando trata da prisão cautelar para assegurar a executoriedade da medida de extradição (art. 84, §2º) e como requisito expresso à transferência de execução de pena (art. 100, p. único, V) e à transferência de pessoa condenada (art. 103).

Alternativa Correta: a questão exigiu o conhecimento do Artigo 76 do Estatuto do Estrangeiro (Lei 6.815/1980, vigente à época e que foi revogada pela Lei 13445/2017): A extradição poderá ser concedida quando o governo requerente se fundamentar em tratado, ou quando prometer ao Brasil a reciprocidade. Importante destacar que o Supremo Tribunal Federal entende que a promessa de reciprocidade ou o tratado podem naturalmente serem posteriores ao fato delitivo que enseja a extradição, sem que isso fira a anterioridade penal.

02.3. Consoante as normas referentes à igualdade entre brasileiros e portugueses, o gozo de direitos políticos no Estado de residência importa na suspensão do exercício dos mesmos direitos no Estado de nacionalidade.

COMENTÁRIOS

Alternativa Correta: a Convenção sobre Igualdade de Direitos e Deveres entre Brasileiros e Portugueses, promulgada pelo Brasil através do Decreto 70.391/1972, em seu Artigo 7, (3), foi reproduzido pelo enunciado da questão, *in verbis*: (3) O gozo de direitos políticos no Estado de residência importa na suspensão do exercício dos mesmos direitos no Estado da nacionalidade.

---

03. (Cespe - Juiz do Trabalho Substituto 5ª região/2013) A respeito dos tratados internacionais, assinale a opção correta.

a) Aprovados em dois turnos por ambas as casas do Congresso Nacional, os tratados e as convenções internacionais, qualquer que seja a matéria sobre a qual versem, adquirirão status de emenda constitucional.

b) As convenções da OIT não são consideradas tratados internacionais.

c) Caso não concorde com o teor de determinada convenção da OIT, o Poder Executivo não estará obrigado a enviá-la ao Congresso Nacional para ratificação.

d) De acordo com a Convenção de Viena sobre Direito dos Tratados de 1969, os tratados, acordos internacionais regidos pelo direito internacional, podem ser celebrados por escrito ou verbalmente.

e) Os defensores da aplicabilidade dos denominados acordos executivos – para os quais não seria necessário referendo do Congresso Nacional – argumentam que a exigência de referendo limita-se a acordos que acarretem encargos ou compromissos gravosos ao patrimônio nacional.

COMENTÁRIOS

Alternativa correta: Letra "e": Há duas formas de conclusão de tratados (PORTELA, Paulo Henrique Gonçalves. Direito internacional público e privado. 5 ed. Salvador: Ed. JusPodivm, 2013. p. 100) – a forma solene e o procedimento simplificado. Para este último não haverá a necessidade de ratificação, sendo conhecidos também como *executive agreements*. De outro lado, os tratados solenes, também conhecidos como tratados em sentido estrito, implicam na existência das seguintes fases: negociação e assinatura do texto do tratado, ratificação, e a promulgação. Assim, nem sempre a ratificação será etapa imprescindível para a celebração de um tratado. Os *executive agreements* podem ter três funções: a) estabelecer diretrizes para acordo futuro (modus vivendi); dar interpretação a Tratado vigente; complementar Tratado vigente. Embora não seja temática pacífica na doutrina, para efeito de concurso prevalece o entendimento de que os acordos executivos não precisam da participação Congressual, bastando a atuação do Presidente da República como Chefe do Estado Brasileiro e seu representante no plano internacional.

Alternativa "a": Apenas os tratados de Direitos Humanos podem, eventualmente, gozar de mesma hierarquia das normas constitucionais, nos termos do Artigo 5º, § 3º, da CF/88: "Os tratados e convenções internacionais sobre direitos humanos que forem aprovados, em cada Casa do Congresso Nacional, em dois turnos, por três quintos dos votos dos respectivos membros, serão equivalentes às emendas constitucionais.".

Alternativa "b": As convenções da OIT gozam do status de tratado internacional incorporado ao direito brasileiro, conforme o respectivo ato de promulgação, como é o caso, por exemplo, do Decreto nº 41.721, de 25 de junho de 1957, que promulgou a Convenção nº 81, da Organização Internacional do Trabalho, aprovada pelo Congresso Nacional através do Decreto Legislativo nº 74, de 29 de maio de 1956.

Alternativa "c": cabe ao Presidente da República, chefe de Estado, realizar a ratificação de um Tratado ou Convenção Internacional. A ratificação é um ato do Estado Brasileiro no plano internacional e não se confunde com a necessária autorização do Congresso Nacional para que o Chefe de Estado possa fazê-lo. Ou seja, o Congresso autoriza, mas a quem compete realizar a ratificação é o Chefe de Estado. Portanto, ao contrário do que narra a assertiva, o Congresso Nacional não tem competência para presentar o Estado Brasileiro no plano internacional para ratificar um Tratado.

Alternativa "d": nos termos do conceito de tratado, tal como expresso na convenção de Viena, há apenas a possibilidade da forma escrita: "a) "tratado" significa um acordo internacional concluído por escrito entre Estados e regido pelo Direito Internacional, quer conste de um instrumento único, quer de dois ou mais instrumentos conexos, qualquer que seja sua denominação específica; (...)". Os acordos executivos não são tratados e não precisam da prévia autorização Congressual, conforme dito no comentário à alternativa correta. Tais acordos são estabelecidos diretamente pelo Chefe de Estado pois não acarretam compromissos gravosos ao país, dispensando a autorização do Congresso Nacional; sua função pode ser a de estabelecer modus vivende (bases para negociações futuras), complementar ou interpretar Tratado já vigente.

---

04. (Cespe – Juiz Federal Substituto 1ª região/2013) No que concerne aos tratados internacionais, assinale a opção correta.

a) É possível a aplicação de tratado internacional já denunciado, desde que mediante decreto legislativo que o revigore.

b) Os tratados internacionais, ainda que devidamente internalizados, não se aplicam aos estados e municípios.

c) É exclusividade do Congresso Nacional a resolução definitiva de questões controvertidas que tratem de tratados internacionais que acarretem encargos ou compromissos gravosos ao patrimônio nacional.

d) Lei posterior e contrária a tratado internacional devidamente internalizado tem como consequência a revogação formal e imediata do tratado.

e) O postulado da aplicabilidade imediata vale no Brasil, para os tratados internacionais, a partir do momento da aposição da assinatura do presidente da República.

COMENTÁRIOS

Alternativa Correta: letra "c": No Brasil é da competência exclusiva do Congresso Nacional – e não de uma das casas separadamente ou de modo complementar – a resolução definitiva acerca de tratados, acordos ou atos internacionais que acarretem encargos ou compromissos gravosos. Constituição Federal: Art. 49. É da competência exclusiva do Congresso Nacional: I – resolver definitivamente sobre tratados, acordos ou atos internacionais que acarretem encargos ou compromissos gravosos ao patrimônio nacional; (...)

Alternativa "a": a denúncia é o ato unilateral pelo qual uma parte em um tratado anuncia sua intenção de se desvincular de um compromisso internacional de que faça parte, desobrigando-se de cumprir as obrigações estabelecidas em seu bojo sem que isso enseje a possibilidade de responsabilização internacional (PORTELA, Paulo Henrique Gonçalves. Direito internacional público e privado. 5 ed. Salvador: Ed. Jus Podivm, 2013. p. 132). Assim, a denúncia faz remover uma das manifestações internas de assentimento ao tratado, sendo de competência do Presidente da República; há uma tendência a que passe a ser exigida autorização congressual para que o Presidente denuncie um tratado, sendo que o tema se encontra pendente de julgamento no STF (ADI 1625, rel. Ministra Rosa Weber).

Alternativa "b": a manifestação de vontade a um tratado se dá em nome da República Federativa do Brasil, abrangendo todas as suas entidades federativas (Estados, Municípios e o DF) e vinculando-as.

Alternativa "d": a propósito do tema de hierarquia dos tratados de direito internacional em face da legislação interna, tem-se três situações: tratados de direitos humanos aprovados segundo a regra do Artigo 5º, § 3º, da CF/88, gozam do status normativo constitucional (a exemplo do que ocorre atualmente com a Convenção sobre pessoas com deficiência de Nova York) e não serão, por evidente, ab-rogadas ou derrogadas por legislação interna superveniente; tratados de direitos humanos aprovados fora do rito do Artigo 5º, § 3º, da CF/88 (como é o caso do pacto de São José da Costa Rica) gozam de supralegalidade, gozando de eficácia paralisante do direito interno e infraconstitucional que lhe seja contrário (STF, precedentes HC 90.172 e RE 466343); por fim, quanto aos tratados de temática diversa aos direitos humanos, haverá a mesma hierarquia das leis ordinárias, sendo que a legislação superveniente ao tratado o revogará caso lhe seja contrário (Nesse sentido, de se ver os seguintes precedentes do STF, ADI-MC 1480, e do STJ RESP 1306393). Portanto, o erro da questão é afirmar que "imediatamente" o tratado será revogado formalmente.

Alternativa "e": o tratado internacional será aplicável após a promulgação do decreto presidencial de internalização do ato ao direito brasileiro. É importante destacar que esse requisito de promulgação e publicação de um decreto é exigência construída pela jurisprudência do Supremo Tribunal Federal, vez que não há, na Constituição Federal, nenhuma disposição específica nesse sentido.

05. (Cespe – Juiz Federal Substituto 5ª região/2013) A respeito da incorporação do direito internacional ao direito brasileiro, assinale a opção correta.

a) A casa iniciadora, no que diz respeito a projetos de decreto legislativo de aprovação de tratados, é o Senado Federal.

b) A ratificação de tratado pelo presidente da República é ato discricionário.

c) Diferentemente dos tratados-lei, tratados-contrato não necessitam de aprovação do Congresso Nacional para passar a integrar o ordenamento jurídico nacional.

d) Tratados de direitos humanos ratificados antes ou depois da CF incorporam-se ao direito pátrio com força de emenda constitucional.

e) É proibido ao Congresso Nacional aprovar os tratados com ressalvas.

COMENTÁRIOS

Alternativa correta: letra "b": a ratificação é ato privativo do Presidente da República (CF, arts. 84, VII e VIII), **sendo ato discricionário**, procedido mediante prévia autorização parlamentar.

Alternativa "a": No Congresso Nacional o tratado será analisado primeiramente na Câmara e sucessivamente no Senado Federal. A discussão da matéria envolverá as comissões competentes das duas Casas e votação no plenário de cada uma delas, em turno único, devendo sua aprovação seguir os termos do Art. 47 da CF, sendo por maioria de votos estando presente a maioria absoluta de seus membros.

Alternativa "c": seja qual for a classificação que se dê ao tratado, a necessidade imperativa de submissão ao Poder Legislativo se processa sempre que houver encargos ou compromissos gravosos ao patrimônio nacional, sendo este o critério. Assim, sendo tratado-lei ou tratado-contrato, deverá ser submetido sempre que houver encargo gravoso ao patrimônio nacional, sendo o Congresso o curador dos interesses da Nação, mediante o controle da internalização de tratado que enseje compromisso aos interesses nacionais.

Alternativa "d": somente se incorporam na qualidade de emenda constitucional os tratados de direitos humanos incorporados segundo a regra do Artigo 5º, § 3º, da CF/88, inserida mediante obra do Poder Constituinte Derivado Reformador (Emenda Constitucional 45/2004).

Alternativa "e": para a internalização de um tratado há a conjugação de duas manifestações, a do Chefe de Estado e a do Congresso Nacional, podendo haver por parte de qualquer delas uma ressalva ao ato a ser internalizado. A autorização com ressalvas impõe uma limitação ao Chefe de Estado por ocasião da ratificação do ato no plano internacional, de modo que só poderá fazê-lo nos limites da autorização congressual.

06. (Cespe – Juiz Federal Substituto 2ª região/ 2013) Acerca do direito dos tratados internacionais, como regido pela Convenção de Viena sobre o Direito dos Tratados de 1969, assinale a opção correta.

a) A necessidade de forma escrita está expressa na definição de tratado presente na Convenção de Viena.

b) Na regra geral de interpretação dos tratados, está previsto o recurso aos trabalhos preparatórios.

c) A mudança fundamental de circunstâncias é causa de nulidade de um tratado.

d) O rompimento de relações diplomáticas gera, por si só, a suspensão da execução de um tratado.

e) A adesão somente é possível quando expressamente disposta no tratado.

COMENTÁRIOS

✪ **Nota do autor:** A Convenção de Viena sobre o Direito dos Tratados, concluída em 23 de maio de 1969, com reserva aos Artigos 25 e 66, foi promulgada através do Decreto 7030/2009, cuja leitura é de fundamental importância para os concursos públicos.

Alternativa Correta: letra "a": em interpretação autêntica, através da qual a Convenção de Viena define os conceitos jurídicos pertinentes, há a seguinte definição para tratado: (Artigo 2, par. 1, a) "Artigo 2 (...) Expressões Empregadas (...) 1. Para os fins da presente Convenção: a) "tratado" significa um acordo internacional concluído por escrito entre Estados e regido pelo Direito Internacional, quer conste de um instrumento único, quer de dois ou mais instrumentos conexos, qualquer que seja sua denominação específica;".

Alternativa "b": O recurso aos trabalhos preparatórios é meio suplementar interpretativo dos tratados. A "regra geral" de interpretação dos tratados encontra-se no Artigo 31 da convenção, sendo que o Artigo 32 trata dos "Meios Suplementares de Interpretação": "Pode-se recorrer a meios suplementares de interpretação, inclusive aos trabalhos preparatórios do tratado e às circunstâncias de sua conclusão, a fim de confirmar o sentido resultante da aplicação do artigo 31 ou de determinar o sentido quando a interpretação, de conformidade com o artigo 31: a) deixa o sentido ambíguo ou obscuro; ou b) conduz a um resultado que é manifestamente absurdo ou desarrazoado."

Alternativa "c": Mudança fundamental de circunstância é causa de extinção do tratado ou de desvinculação da parte, e não de nulidade de um tratado, nos termos do Art. 62 da Convenção: "1. Uma mudança fundamental de circunstâncias, ocorrida em relação às existentes no momento da conclusão de um tratado, e não prevista pelas partes, não pode ser invocada como causa para extinguir um tratado ou dele retirar-se, salvo se: (...)".

Alternativa "d": O rompimento de relações diplomáticas entre as partes de um tratado não tem o condão automático de lhe impor a extinção, salvo se a existência dessas relações for indispensável à aplicação do ato. Artigo 63 e 74 da Convenção de Viena: O rompimento de relações diplomáticas ou consulares entre partes em um tratado não afetará as relações jurídicas estabelecidas entre elas pelo tratado, salvo na medida em que a existência de relações diplomáticas ou consulares for indispensável à aplicação do tratado. (...) O rompimento ou a ausência de relações diplomáticas ou consulares entre dois ou mais Estados não obsta à conclusão de tratados entre os referidos Estados. A conclusão de um tratado, por si, não produz efeitos sobre as relações diplomáticas ou consulares.

Alternativa "e": A adesão pode ser objeto do texto do tratado ou se dar por outro modo. Artigo 15 da Convenção de Viena: O consentimento de um Estado em obrigar-se por um tratado manifesta-se pela adesão: a) quando esse tratado disponha que tal consentimento pode ser manifestado, por esse Estado, pela adesão; b) quando, por outra forma, se estabeleça que os Estados negociadores acordaram em que tal consentimento pode ser manifestado, por esse Estado, pela adesão; ou c) quando todas as partes acordaram posteriormente em que tal consentimento pode ser manifestado, por esse Estado, pela adesão.

---

07. (Cespe – Advogado da União/2012) No que se refere à responsabilidade internacional dos Estados e às fontes do direito internacional e sua relação com o direito interno brasileiro, julgue os itens a seguir.

07.1. Na Convenção de Viena sobre Direito dos Tratados, o dispositivo que versa sobre a aplicação provisória de tratados foi objeto de reserva por parte do Estado brasileiro.

COMENTÁRIOS

Alternativa Correta: A Convenção de Viena sobre o Direito dos Tratados, concluída em 23 de maio de 1969, foi promulgada através do Decreto 7030/2009, cuja leitura é de fundamental importância para os concursos públicos, sendo importante destacar que houve reserva aos Artigos 25 e 66 do texto. O primeiro deles trata justamente da aplicação provisória de tratados, e o Art. 66 do Processo de Solução Judicial, de Arbitragem e de Conciliação. Portanto, assertiva correta pelo fato de o Brasil ter apresentado reserva ao Artigo 25 que trata da aplicação provisória.

07.2. Por decisão do STF, os costumes e tratados de direitos humanos adotados pelo Brasil antes da edição da Emenda Constitucional nº 45/2003 adquiriram, no direito brasileiro, estatuto de normas supralegais.

COMENTÁRIOS

Alternativa Incorreta: a propósito do tema de hierarquia dos tratados de direito internacional em face da legislação interna, tem-se três situações: tratados de direitos humanos aprovados segundo a regra do Artigo 5º, § 3º, da CF/88, gozam do status normativo constitucional (a exemplo do que ocorre atualmente com a Convenção sobre pessoas com deficiência de Nova

York) e não serão, por evidente, ab-rogadas ou derrogadas por legislação interna superveniente; tratados de direitos humanos aprovados fora do rito do Artigo 5º, § 3º, da CF/88 (como é o caso do pacto de São José da Costa Rica) gozam de supralegalidade, gozando de eficácia paralisante do direito interno e infraconstitucional que lhe seja contrário (STF, precedentes HC 90.172 e RE 466343); por fim, quanto aos tratados de temática diversa aos direitos humanos, haverá a mesma hierarquia das leis ordinárias, sendo que a legislação superveniente ao tratado o revogará caso lhe seja contrário (Nesse sentido, de se ver os seguintes precedentes do STF, ADI-MC 1480, e do STJ RESP 1306393). O erro da questão está em atribuir aos COSTUMES o caráter de norma supralegal, o que não foi objeto de debate pelo STF. A teoria da supralegalidade serviu para extirpar do nosso ordenamento jurídico a prisão por dívida do depositário infiel, fazendo prevalecer o Pacto de São José da Costa Rica.

---

08. (Cespe – Juiz Federal Substituto 3ª região/ 2011) A aplicação provisória de tratados

a) somente termina com a anuência de todos os Estados-partes.

b) é disciplinada por artigo da Convenção de Viena sobre Direito dos Tratados, o qual é objeto de reserva por parte do Brasil.

c) é possível, em alguns casos, consoante a Convenção de Viena sobre Direito dos Tratados, após a entrada em vigor do tratado.

d) somente é permitida em relação a todo o texto do tratado.

e) deve ser expressamente prevista no tratado.

COMENTÁRIOS

✪ **Nota do autor:** A Convenção de Viena sobre o Direito dos Tratados, concluída em 23 de maio de 1969, foi promulgada através do Decreto 7030/2009, cuja leitura é de fundamental importância para os concursos públicos, sendo importante destacar que houve reserva aos Artigos 25 e 66 do texto. O primeiro deles trata justamente da aplicação provisória de tratados, e o Art. 66 do Processo de Solução Judicial, de Arbitragem e de Conciliação.

Alternativa Correta: letra "b": correta pelo fato de o Brasil ter apresentado reserva ao Artigo 25 que trata da aplicação provisória.

Alternativa "a": os critérios de denúncia da aplicação provisória por parte de um Estado estão previsto no p. 2 do Art. 25: "2. A não ser que o tratado disponha ou os Estados negociadores acordem de outra forma, a aplicação provisória de um tratado ou parte de um tratado, em relação a um Estado, termina se esse Estado notificar aos outros Estados, entre os quais o tratado é aplicado provisoriamente, sua intenção de não se tornar parte no tratado."

Alternativa "c": A aplicação provisória, nos termos da Convenção de Viena, é necessariamente um instituto prévio à entrada em vigor do tratado, in verbis: "Art. 25: 1. Um tratado ou uma parte do tratado aplica-se provisoriamente enquanto não entra em vigor, se: (...)."

Alternativa "d": No mesmo conceito colacionado na explanação acima da alternativa 'C', vê-se que a Convenção de Viena permite a aplicação parcial e provisória de um tratado.

Alternativa "e": Há dois modos de haver aplicação provisória de um tratado, quando: a) o próprio tratado assim dispuser; ou b) os Estados negociadores assim acordarem por outra forma.

---

09. (Cespe – Juiz Federal Substituto 3ª região/ 2011) Conforme a jurisprudência do STF, tratados de direitos humanos anteriores à Emenda Constitucional nº 45/2003 possuem, no direito brasileiro, status hierárquico

a) supraconstitucional.

b) constitucional originário.

c) constitucional derivado.

d) supralegal.

e) legal.

COMENTÁRIOS

✪ **Nota do autor:** a propósito do tema de hierarquia dos tratados de direito internacional em face da legislação interna, tem-se três situações: tratados de direitos humanos aprovados segundo a regra do Artigo 5º, § 3º, da CF/88, gozam do status normativo constitucional (a exemplo do que ocorre atualmente com a Convenção sobre pessoas com deficiência de Nova York) e não serão, por evidente, ab-rogadas ou derrogadas por legislação interna superveniente; tratados de direitos humanos aprovados fora do rito do Artigo 5º, § 3º, da CF/88 (como é o caso do pacto de São José da Costa Rica) gozam de supralegalidade (status hierárquico supralegal), gozando de eficácia paralisante do direito interno e infraconstitucional que lhe seja contrário (STF, precedentes HC 90.172 e RE 466343); por fim, quanto aos tratados de temática diversa aos direitos humanos, haverá a mesma hierarquia das leis ordinárias, sendo que a legislação superveniente ao tratado o revogará caso lhe seja contrário (Nesse sentido, de se ver os seguintes precedentes do STF, ADI-MC 1480, e do STJ RESP 1306393).

Alternativa Correta: letra "d": Assim, de acordo com os precedentes do STF, os tratados de Direitos Humanos anteriores à EC 45/2004, bem como aqueles que lhe sejam posteriores mas não tenham sido aprovados segundo os mesmos critérios das emendas constitucionais, terão suprelagalidade paralisante da legislação ordinária e complementar que lhe forem contrários. Esse foi o caso que permitiu suprimir do nosso ordenamento jurídico a prisão do depositário infiel, observando-se as disposições o Pacto de São José da Costa Rica.

Alternativa "a": nenhuma norma do nosso ordenamento jurídico é superior às normas constitucionais.

Alternativa "b": as normas constitucionais originárias são fruto do trabalho do Poder Constituinte Originário e não são supervenientemente possíveis de serem agregadas ao texto constitucional.

Alternativa "c": o tratado internacional aprovado segundo a sistemática do Artigo 5º, § 3º, pode ser considerado norma constitucional derivada, fruto da recepção como norma constitucional dos tratados de direitos humanos.

Alternativa "e": só serão consideradas normas legais os tratados que não sejam de direitos humanos; caso seja de direitos humanos, o tratado será norma constitucional ou norma supralegal.

---

10. (Cespe – Juiz Federal Substituto 5ª região/ 2011) No texto da Convenção de Viena de 1969, tratado internacional é definido como

a) acordo de vontades entre particulares de diferentes nacionalidades.

b) negócio jurídico lícito, tal como previsto no Código Civil brasileiro.

c) acordo internacional concluído por escrito entre Estados e regido pelo direito internacional.

d) sentença prolatada por tribunal internacional.

e) ato unilateral de imposição de uma norma de um país a outro.

COMENTÁRIOS

✪ **Nota do autor:** A Convenção de Viena sobre o Direito dos Tratados, concluída em 23 de maio de 1969, foi promulgada através do Decreto 7030/2009, cuja leitura é de fundamental importância para os concursos públicos, sendo importante destacar que houve reserva aos Artigos 25 e 66 do texto. O conceito de tratado vem descrito já no Artigo 2 da Convenção: "a)"tratado" significa um acordo internacional concluído por escrito entre Estados e regido pelo Direito Internacional, quer conste de um instrumento único, quer de dois ou mais instrumentos conexos, qualquer que seja sua denominação específica;".

Alternativa Correta: letra "c": correta por reproduzir, rigorosamente, o conceito trazido no bojo da Convenção.

Alternativa "a": nos exatos termos do conceito convencional para "tratado", deve haver acordo internacional escrito entre ESTADOS – e não entre particulares de diferentes nacionalidades, pacto este que poderia ser um mero acordo escrito entre pessoas naturais. Admite-se que Organizações Internacional sejam partes em tratados, de modo que estes podem ser celebrados entre: Estado-Estado, Organização Internacional-Organização Internacional, ou Estado-Organização Internacional.

Alternativa "b": O conceito de negócio jurídico para o Direito Civil, como sendo o pacto bilateral que gera obrigações e direitos mediante manifestação livre, válida e eficaz de vontade, não se confunde com o conceito de tratado internacional, que é pactuado entre dois sujeitos internacionais (Estados-partes soberanos) – ou, como visto Organizações Internacionais.

Alternativa "d": A sentença internacional não se confunde com o tratado internacional, sendo aquela manifestação de heterocomposição no plano supranacional.

Alternativa "e": O tratado é exatamente o oposto da imposição, sendo marcado, ao contrário, pela autocomposição pactuada de interesses maiores e comuns dos Estados partes.

---

11. (Cespe – Juiz Federal Substituto 1ª região/ 2011) Considerando aspectos relacionados à ratificação, registro, efeitos, vigência e promulgação dos tratados, assinale a opção correta.

a) Os tratados que, concluídos pelos membros da ONU, não tenham sido devidamente registrados e publicados no secretariado desse organismo internacional não podem ser invocados, pelas partes, perante qualquer órgão da organização.

b) Por criarem ou modificarem situações jurídicas objetivas, os tratados somente produzem efeitos entre as partes.

c) Considera-se vigência diferida o método segundo o qual os tratados entram em vigor simultaneamente ao término da negociação e ao consentimento definitivo das partes envolvidas.

d) No Brasil, os tratados entram em vigor após a promulgação dos decretos legislativos mediante os quais o Congresso Nacional se manifesta favoravelmente à sua aprovação.

e) A ratificação de um tratado, como expressão definitiva do consentimento das partes, é etapa imprescindível, somente consumada mediante a entrega mútua do instrumento escrito por ocasião de sua assinatura formal.

COMENTÁRIOS

Alternativa Correta: letra "a": de acordo com o Artigo 102 da Carta da ONU: "Artigo 102. 1. Todo tratado e todo acordo internacional, concluídos por qualquer Membro das Nações Unidas depois da entrada em vigor da presente Carta, deverão, dentro do mais breve prazo possível, ser registrados e publicados pelo Secretariado. 2. Nenhuma parte em qualquer tratado ou acordo internacional que não tenha sido registrado de conformidade com as disposições do parágrafo 1 deste Artigo poderá invocar tal tratado ou acordo perante qualquer órgão das Nações Unidas." É importante destacar que esse registro no Secretariado da ONU, como muito bem deixou frisado a assertiva, apenas impede a invocação do Tratado perante os órgãos da própria ONU; ou seja, não se trata de um requisito para a vigência do Tratado perante outras instâncias.

Alternativa "b": a assertiva encontra-se incorreta pela conjugação dos Artigos 34 e 38 da Convenção de Viena sobre direito dos tratados: Artigo 34: Regra Geral com Relação a Terceiros Estados: Um tratado não cria obrigações nem direitos para um terceiro Estado sem o seu consentimento. (...) Artigo 38: Regras de um Tratado Tornadas Obrigatórias para Terceiros Estados por Força do Costume Internacional: Nada nos artigos 34 a 37 impede que uma regra prevista em um tratado se torne obrigatória para terceiros Estados como regra consuetudinária de Direito Internacional, reconhecida como tal.

Alternativa "c": A vigência diferida implica que o tratado entra em vigor algum tempo depois da manifestação do consentimento definitivo, nos termos do Artigo 24 da Convenção de Viena: "1. Um tratado entra em vigor na forma e na data previstas no tratado ou acordadas pelos Estados negociadores. 2. Na ausência de tal disposição ou acordo, um tratado entra em vigor tão logo o consentimento em obrigar-se pelo tratado seja manifestado por todos os Estados negociadores".

Alternativa "d": No Brasil os tratados entram em vigor após o decreto presidencial de promulgação; o decreto legislativo, por sua vez, funciona como meio de aprovação do tratado para fins de ratificação. Constituição Federal: Art. 49. É da competência exclusiva do Congresso Nacional: I – resolver definitivamente sobre tratados, acordos ou atos internacionais que acarretem encargos ou compromissos gravosos ao patrimônio nacional; (...) Art. 84. Compete privativamente ao Presidente da República: (...) VII – manter relações com Estados estrangeiros e acreditar seus representantes diplomáticos; (...) VIII – celebrar tratados, convenções e atos internacionais, sujeitos a referendo do Congresso Nacional; (...).

Alternativa "e": Há duas formas de conclusão de tratados (PORTELA, Paulo Henrique Gonçalves. Direito internacional público e privado. 5 ed. Salvador: Ed. Jus Podivm, 2013. p. 100) – a forma solene e o procedimento simplificado. Para este último não haverá a necessidade de ratificação, sendo conhecidos também como *executive agreements*. De outro lado, os tratados solenes, também conhecidos como tratados em sentido estrito, implicam na existência das seguintes fases: negociação e assinatura do texto do tratado, ratificação, e a promulgação. Assim, nem sempre a ratificação será etapa imprescindível para a celebração de um tratado.

---

12. (Cespe – Juiz Federal Substituto 2ª região/ 2011) O Estado regulamenta a convivência social em seu território por meio de legislação nacional, e a comunidade internacional também cria regras, que podem conflitar com as nacionais. A respeito das correntes doutrinárias que procuram proporcionar solução para o conflito entre as normas internas e as internacionais, assinale a opção correta.

a) A corrente monista e a dualista apresentam as mesmas respostas para o conflito entre as normas internas e as internacionais.

b) Nenhum país adota a corrente doutrinária monista.

c) Consoante a corrente monista, o ato de ratificação de tratado gera efeitos no âmbito nacional.

d) De acordo com a corrente dualista, o direito interno e o direito internacional convivem em uma única ordem jurídica.

e) De acordo com a corrente monista, a norma interna sempre prevalece sobre a internacional.

COMENTÁRIOS

✪ **Nota do autor:** sobre este tema eminentemente doutrinário, ver PORTELA, Paulo Henrique Gonçalves. Direito internacional público e privado. 5 ed. Salvador: Ed. Jus Podivm, pg. 58 e seguintes. O dualismo é a teoria que parte da premissa de que o Direito Internacional e o Direito Interno são dois ordenamentos jurídicos distintos e totalmente independentes entre si, cujas normas não poderiam entrar em conflito umas com as outras. Já o monismo fundamenta-se na premissa de que existe apenas uma ordem jurídica, com normas internacionais e internas, independentes entre si.

Alternativa correta: Letra "c": a alternativa está correta, pois para a corrente monista, ratificado o ato internacional, há a sua internalização no direito interno, valendo tal qual norma jurídica gestada pelo Congresso Nacional. Vale dizer, a norma internacional ratificação não será um ato de força vinculante de menor relevância.

Alternativa "a": as correntes monista e dualista diferem quanto à independência entre a ordem interna e a internacional, sendo que para a primeira corrente há apenas uma única ordem normativa, e para a segunda há duas ordens normativas.

Alternativa "b": de acordo com a doutrina, "o monismo internacionalista é a teoria adotada pelo Direito Internacional, como determina o Artigo 27 da Convenção de Viena sobre o Direito dos Tratados de 1969, que dispõe que uma parte não pode invocar as disposições de seu Direito interno para justificar o inadimplemento de um tratado". Ressalva o autor, contudo, que "aparentemente, o modelo de celebração de tratados adotado pelo Brasil também herdou uma característica do monismo nacionalista, visto que o ordenamento jurídico brasileiro (...) comanda a celebração de tratados pelo Brasil e define a norma que deve prevalecer em caso de conflito." PORTELA, Paulo Henrique Gonçalves. Direito internacional público e privado. 5 ed. Salvador: Ed. Jus Podivm, 2013. pg. 61/62.

Alternativa "d": o enunciado retrata o monismo – e não a corrente dualista.

Alternativa "e": o enunciado retrata o dualismo – e não a corrente monista.

1.1. SUJEITOS DE DIREITO INTERNACIONAL E IMUNIDADE

13. (Cespe – Defensor Público – DPU/2017) A respeito das imunidades de jurisdição e de execução, julgue os itens que se seguem.

13.1. Estado soberano estrangeiro possui imunidade de jurisdição em matéria tributária, situação que impede a cobrança de imposto sobre a importação de bebidas alcoólicas para consumo na respectiva embaixada.

COMENTÁRIOS

Alternativa Correta: A alternativa cobrou o tema da imunidade de jurisdição em matéria tributária. Em verdade, trata-se de uma imunidade tributária material, que abrange impostos – tributos cujo fato gerador não se relaciona a uma atuação específica e divisível do Estado em relação ao contribuinte. Caso se trata de taxa, espécie tributária diversa que se relaciona a um 'fazer específico e divisível' do Estado, a conclusão será diversa. Nesse caso, em se tratando de Imposto de Importação, vige a imunidade tributária. Nesse sentido, importante remeter o leitor ao julgado do STJ (2ª Turma. RO 138-RJ, Rel. Min. Herman Benjamin, julgado em 25/2/2014), que concluiu que *os Estados estrangeiros gozam de imunidade tributária, a qual não abrange taxas que são cobradas por conta de serviços individualizados e específicos que sejam prestados ao Estado estrangeiro. Sendo esse o caso, o país estrangeiro terá que pagar o valor da taxa, não gozando de isenção. Com base nesse entendimento, o Município não pode cobrar IPTU de Estado estrangeiro, mas poderá exigir o pagamento de taxa de coleta domiciliar de lixo.*

13.2. A execução forçada de eventual sentença condenatória trabalhista contra Estado estrangeiro somente será possível se existirem, no território brasileiro, bens do executado estranhos à representação diplomática ou consular.

COMENTÁRIOS

Alternativa Correta: o STF e o STJ entendem que é absoluta, salvo renúncia, a imunidade do Estado estrangeiro à jurisdição executória. Nesse sentido, Informativo 438/STF, ACO 543 AgR/SP, rel. Min. Sepúlveda Pertence, 30.8.2006; STJ. 2ª Turma. RO 138-RJ, Rel. Min. Herman Benjamin, julgado em 25/2/2014. Imunidade de jurisdição é a impossibilidade de que Estados estrangeiros, organizações internacionais e órgãos de Estados estrangeiros sejam julgados por outros Estados contra a sua vontade (PORTELA, Paulo Henrique Gonçalves. Direito internacional público e privado. Salvador: Juspodivm, 2013, p. 166). Existem duas teorias sobre o tema: teoria clássica, segundo a qual o Estado estrangeiro goza de imunidade total e absoluta, somente podendo ser julgado por outro Estado caso renuncie a imunidade; teoria moderna, que compreende haver separação entre atos de império (atos de guerra, negativa de visto, negativa de asilo político) e atos de gestão (contrato de luz/água, contrato de compra e venda, contratação de empregados, acidente de veículo), sendo que a imunidade só seria absoluta para os primeiros tipos de atos. Por outro lado, há a imunidade de execução, que é a garantia de que os bens dos Estados estrangeiros não serão expropriados. Para a posição majoritária, os Estados gozam de imunidade de execução mesmo quando pratiquem atos de gestão. Para o TST, a imunidade de jurisdição será relativa sempre que se tratar de uma relação de trabalho, por cuidar-se de ato de gestão. Contudo, a questão trata, especificamente, de **bens estranhos à representação diplomática ou consular,** o que torna a assertiva correta. Ou seja, se não se cuida de bens afetados ao serviço diplomático ou consular, não há se falar em imunidade de execução.

13.3. Imunidade de jurisdição é atributo inerente aos organismos internacionais decorrente do fato de estes serem considerados pessoas jurídicas de direito internacional.

COMENTÁRIOS

Alternativa Incorreta: a imunidade de jurisdição não é inerente aos organismos internacionais, embora também o alcance, mas norma que, de raiz costumeira, advém do brocado *par in parem non habet judicium*, ou seja, entre iguais não há jurisdição. Portanto, longe de ser 'inerente' às organizações (ou organismos) internacionais, trata-se de atributo que alcança Estados estrangeiros, organizações internacionais e órgãos de Estados estrangeiros.

14. (Cespe – Juiz do Trabalho Substituto 5ª região/2013) Em relação aos sujeitos de direito internacional público, assinale a opção correta.

a) Não é possível que organizações internacionais participem do processo de criação de outras organizações internacionais, pois a iniciativa da criação desse tipo de organização cabe aos Estados.

b) Dado o elenco dos elementos constitutivos de um Estado constante da Convenção Interamericana sobre Direitos e Deveres dos Estados de Montevidéu, é correto afirmar que o reconhecimento de um governo pelos Estados signatários dessa convenção implica no reconhecimento de um Estado a ele relacionado.

c) A jurisprudência do TST reconhece a imunidade absoluta de jurisdição dos Estados estrangeiros.

d) A imunidade de execução dos Estados estrangeiros é prevista em regras costumeiras internacionais.

e) Dada a natureza da personalidade jurídica das organizações internacionais, considera-se reconhecida sua personalidade mesmo por Estados que não tenham ratificado seu tratado constitutivo.

COMENTÁRIOS

Alternativa correta "e": a personalidade jurídica das organizações internacionais independe de reconhecimento dos Estados, ainda que não façam parte da entidade (PORTELA, Paulo Henrique Gonçalves. Direito internacional público e privado. 5 ed. Salvador: Ed. Jus Podivm, 2014. p. 292)

Alternativa "a": as organizações internacionais são entidades criadas por meio de tratados, com arcabouço institucional permanente e personalidade jurídica própria, cuja finalidade é alcançar objetivos comuns. São reconhecidas como sujeitos de direito internacional e detém capacidade para celebrar tratados e recorrer a mecanismos internacionais de solução de controvérsias. Portanto, por meio da capacidade que tem de celebrar tratados, as organizações internacionais podem eventualmente participar da criação de outras organizações internacionais. É de se destacar, contudo, que a soberania é atributo exclusivo dos Estados, não gozando dela as organizações internacionais.

Alternativa "b": De acordo com o Artigo 3 da Convenção de Montevidéu sobre Direitos e Deveres dos Estados, de 1933, "a existência política do Estado é independente do seu reconhecimento pelos demais Estados.". Ou seja, o reconhecimento do Estado não é elemento constitutivo deste, como o enunciado explicita. Os elementos do Estado são apenas três: território, povo e governo soberano.

Alternativa "c": Imunidade de jurisdição é a impossibilidade de que Estados estrangeiros, organizações internacionais e órgãos de Estados estrangeiros sejam julgados por outros Estados contra a sua vontade (PORTELA, Paulo Henrique Gonçalves. Direito internacional público e privado. Salvador: Juspodivm, 2013, p. 166). Nesse ponto, há duas teorias sobre o tema: para a teoria clássica o Estado estrangeiro goza de imunidade total e absoluta, somente podendo ser julgado por outro Estado caso renuncie a imunidade; para a teoria moderna há a separação entre atos de império (atos de guerra, negativa de visto, negativa de asilo político) e atos de gestão (contrato de luz/água, contrato de compra e venda, contratação de empregados, acidente de veículo), sendo que a imunidade só seria absoluta para os primeiros tipos de atos. Por outro lado, há a **imunidade de execução**, que é a garantia de que os bens dos Estados estrangeiros não serão expropriados. Para a posição majoritária, os Estados gozam de imunidade de execução mesmo quando pratiquem atos de gestão. Para o TST, a imunidade de jurisdição será relativa sempre que se tratar de uma relação de trabalho, por cuidar-se de ato de gestão.

Alternativa "d": há tratado internacional sobre o tema; Convenção sobre Privilégios e Imunidades das Nações Unidas, também conhecida como Convenção de Londres, ratificada pelo Brasil por meio do Decreto nº 27.784 /1950.

---

15. (Cespe – Procurador Federal/2013) X ingressou com ação judicial contra Y. O juiz julgou totalmente procedentes os pedidos. Instado a pagar, Y invocou a sua imunidade de jurisdição.

Com base nessa situação hipotética, julgue os itens a seguir.

15.1. Se X for uma autarquia federal e se a demanda judicial for uma execução fiscal em que Y seja um Estado estrangeiro, não haverá imunidade de jurisdição.

COMENTÁRIOS

Alternativa errada: o STF e o STJ são uníssonos ao afirmar ser absoluta, salvo renúncia, a imunidade do Estado estrangeiro à jurisdição executória. Nesse sentido, Informativo 438/STF, ACO 543 AgR/SP, rel. Min. Sepúlveda Pertence, 30.8.2006; STJ. 2ª Turma. RO 138-RJ, Rel. Min. Herman Benjamin, julgado em 25/2/2014. Embora a assertiva trate de "imunidade de jurisdição", em verdade, lendo o enunciado acima depreende-se que se cuida da imunidade de execução, e para a expropriação de bens de um organismo internacional ou Estado estrangeiro, a imunidade é absoluta, salvo renúncia expressa.

15.2. De acordo com entendimento do STF, se Y for a Organização das Nações Unidas, não haverá imunidade de jurisdição.

COMENTÁRIOS

Alternativa errada: não há distinção de tratamento para efeito de aplicação de imunidade caso se trate de um Estado Estrangeiro ou Organismo Internacional – in casu, ONU.

16. (Cespe – Juiz Federal Substituto 5ª região/2013) Acerca da imunidade de jurisdição estatal, assinale a opção correta.

a) No Brasil, a imunidade de jurisdição, assim como a imunidade de execução, é absoluta para todas as matérias.

b) O STF tem competência para julgar, em única e última instância, casos que envolvam a aplicação desse tipo de imunidade.

c) A Convenção das Nações Unidas sobre Imunidades Jurisdicionais dos Estados e de sua Propriedade não está em vigor, pois ainda não foi ratificada por, no mínimo, trinta Estados.

d) A aplicação do princípio par in parem no habet judicium, hoje aplicado a Estados, iniciou-se na prática das organizações internacionais.

e) A Corte Internacional de Justiça entende que esse tipo de imunidade não é aplicável em casos de violações a direitos humanos, como, por exemplo, aqueles que envolvam trabalhos forçados.

COMENTÁRIOS

Alternativa correta: letra C: a própria convenção prevê o seu ingresso em vigor, no Artigo 30, sendo que ainda não atingiu o número de 30 Estados, *in verbis*: artigo 30: Entrada em vigor.

> *1 – A presente Convenção entrará em vigor no 30º dia seguinte à data do depósito do 30º instrumento de ratificação, aceitação, aprovação ou adesão junto do Secretário-Geral das Nações Unidas. 2 – Para cada Estado que ratifique, aceite, aprove ou adira à presente Convenção após o depósito do 30º instrumento de ratificação, aceitação, aprovação ou adesão a Convenção entrará em vigor no 30º dia seguinte ao depósito por esse Estado do seu instrumento de ratificação, aceitação, aprovação ou adesão".*

Alternativa "a": Imunidade de jurisdição é a impossibilidade de que Estados estrangeiros, organizações internacionais e órgãos de Estados estrangeiros sejam julgados por outros Estados contra a sua vontade (PORTELA, Paulo Henrique Gonçalves. Direito internacional público e privado. Salvador: Juspodivm, 2013, p. 166). Nesse ponto, há duas teorias sobre o tema: para a teoria clássica o Estado estrangeiro goza de imunidade total e absoluta, somente podendo ser julgado por outro Estado caso renuncie a imunidade; para a teoria moderna há a separação entre atos de império (atos de guerra, negativa de visto, negativa de asilo político) e atos de gestão (contrato de luz/água, contrato de compra e venda, contratação de empregados, acidente de veículo), sendo que a imunidade só seria absoluta para os primeiros tipos de atos. Por outro lado, há a **imunidade de execução**, que é a garantia de que os bens dos Estados estrangeiros não serão expropriados. **Para a posição majoritária, os Estados gozam de imunidade de execução mesmo quando pratiquem atos de gestão.** Contudo, em relação à imunidade de jurisdição, o entendimento da jurisprudência atual é de que a imunidade de jurisdição dos Estados estrangeiros é relativa, em relação às demandas em que se debate o direito a parcelas decorrentes de uma relação de trabalho, pois oriundas de um ato de gestão, e não de império. Informativo 438/STF. Execução Fiscal contra Estado Estrangeiro e Imunidade de Jurisdição. Reafirmando a jurisprudência da Corte no sentido de ser absoluta, salvo renúncia, a imunidade do Estado estrangeiro à jurisdição executória, o Tribunal, por maioria, negou provimento a agravo regimental interposto contra decisão que julgara extinto, sem julgamento de mérito, processo de execução fiscal promovido pela União contra a República da Coréia. Vencidos os Ministros Celso de Mello, Carlos Britto, Ricardo Lewandowski, Joaquim Barbosa e Cezar Peluso, que, entendendo que a imunidade de jurisdição é relativa, davam provimento ao recurso para permitir que o processo de execução tivesse curso, impondo-se à União o dever de demonstrar a inobservância da cláusula de reciprocidade e a existência de bens, em território brasileiro, que, embora pertencentes ao Estado estrangeiro, estivessem funcionalmente desvinculados das atividades diplomáticas e consulares. Reformularam seus votos os Ministros Joaquim Barbosa e Cezar Peluso. Precedente citado: ACO 524 AgR/SP (DJU de 9.5.2003). ACO 543 AgR/SP, rel. Min. Sepúlveda Pertence, 30.8.2006. (ACO-543)

Alternativa "b": a competência jurisdicional do STF é taxativamente definida no Art. 102 da Constituição Federal, sendo que as eventuais demandas ajuizadas contra Estados Estrangeiros ou Organismos Internacionais não são hipótese de sua competência originária, podendo, eventualmente, tais demandar aportarem ao Supremo através de recurso extraordinário. É o caso, por exemplo, das demandas trabalhistas contra Estados estrangeiros, ajuizadas na Justiça do Trabalho e para as quais o entendimento é pela possibilidade de se demandar nesse sentido, pois a relação de trabalho é um ato de gestão do Estado estrangeiro; ressalto, mais uma vez, que a imunidade de execução (para atos expropriatórios e constritivos, como o leilão judicial e a penhora, respectivamente) não é relativizada, sendo absoluta – salvo renúncia expressa do Estado estrangeiro.

Alternativa "d": o princípio ou a máxima princípio *par in parem no habet judicium* decorre da igualdade entre os Estados soberanos no plano internacional. Ou seja, como os Estados gozam igualmente de soberania, vale a máxima principiológica acima descrita. Contudo, as organizações internacionais não gozam de soberania e, portanto, não é a partir delas que o princípio se origina.

Alternativa "e": está incorreta, pois No caso Alemanha versus Itália a Corte Internacional de Justiça garantiu a imunidade de jurisdição à Alemanha em relação a violações de direitos humanos cometidas sob o regime do Reich alemão entre 1943 e 1945, entendendo que um país não pode ser réu do Judiciário do outro.

17. (Cespe – Juiz Federal Substituto 3ª região/ 2011) A respeito de imunidade de jurisdição e execução do Estado estrangeiro no Brasil, assinale a opção correta.

a) A execução de bens de Estados estrangeiros somente é possível no caso de expressa renúncia por parte do executado.

b) O Brasil é parte na Convenção sobre Imunidade de Jurisdição entre países do MERCOSUL.

c) Estados diretamente envolvidos com atividade terrorista comprovada por decisão do Conselho de Segurança das Nações Unidas não gozam de imunidade de jurisdição.

d) As regras costumeiras sobre imunidade dos Estados reconhecidas pelo Brasil aplicam-se também às organizações internacionais.

e) A imunidade de jurisdição é absoluta no Brasil para casos que envolvam reclamações trabalhistas.

COMENTÁRIOS

✪ **Nota do autor: Imunidade de jurisdição** é a impossibilidade de que Estados estrangeiros, organizações internacionais e órgãos de Estados estrangeiros sejam julgados por outros Estados contra a sua vontade (PORTELA, Paulo Henrique Gonçalves. Direito internacional público e privado. Salvador: Juspodivm, 2013, p. 166). Nesse ponto, há duas teorias sobre o tema: para a teoria clássica o Estado estrangeiro goza de imunidade total e absoluta, somente podendo ser julgado por outro Estado caso renuncie a imunidade; para a teoria moderna há a separação entre atos de império (atos de guerra, negativa de visto, negativa de asilo político) e atos de gestão (contrato de luz/água, contrato de compra e venda, contratação de empregados, acidente de veículo), sendo que a imunidade só seria absoluta para os primeiros tipos de atos. Por outro lado, há a **imunidade de execução**, que é a garantia de que os bens dos Estados estrangeiros não serão expropriados. **Para a posição majoritária, os Estados gozam de imunidade de execução mesmo quando pratiquem atos de gestão.**

Alternativa correta: letra A: o STF e o STJ são uníssonos ao afirmar ser absoluta, salvo renúncia, a imunidade do Estado estrangeiro à jurisdição executória. Nesse sentido, Informativo 438/STF, ACO 543 AgR/SP, rel. Min. Sepúlveda Pertence, 30.8.2006; STJ. 2ª Turma. RO 138-RJ, Rel. Min. Herman Benjamin, julgado em 25/2/2014.

Alternativa "b": Não é uma convenção específica entre os países do MERCOSUL; também não há um tratado especifico para o Brasil sobre o tema.

Alternativa "c": não há exceção à regra de imunidade de jurisdição acerca de Estados ligados ao terrorismo, servindo como base para o afastamento da imunidade especificamente de jurisdição, a teoria moderna dos atos de império e de gestão acima exposta.

Alternativa "d": não há, sobre o tema de imunidade de jurisdição do Estado nenhum tratado válido para o Brasil, inexistindo regras específicas e sendo o tema definido pela jurisprudência dos tribunais superiores.

Alternativa "e": o entendimento da jurisprudência atual é de que a imunidade de jurisdição dos Estados estrangeiros é relativa, em relação às demandas em que se debate o direito a parcelas decorrentes de uma relação de trabalho, pois oriundas de um ato de gestão, e não de império. Informativo 438/STF. Execução Fiscal contra Estado Estrangeiro e Imunidade de Jurisdição. Reafirmando a jurisprudência da Corte no sentido de ser absoluta, salvo renúncia, a imunidade do Estado estrangeiro à jurisdição executória, o Tribunal, por maioria, negou provimento a agravo regimental interposto contra decisão que julgara extinto, sem julgamento de mérito, processo de execução fiscal promovido pela União contra a República da Coréia. Vencidos os Ministros Celso de Mello, Carlos Britto, Ricardo Lewandowski, Joaquim Barbosa e Cezar Peluso, que, entendendo que a imunidade de jurisdição é relativa, davam provimento ao recurso para permitir que o processo de execução tivesse curso, impondo-se à União o dever de demonstrar a inobservância da cláusula de reciprocidade e a existência de bens, em território brasileiro, que, embora pertencentes ao Estado estrangeiro, estivessem funcionalmente desvinculados das atividades diplomáticas e consulares. Reformularam seus votos os Ministros Joaquim Barbosa e Cezar Peluso. Precedente citado: ACO 524 AgR/SP (DJU de 9.5.2003). ACO 543 AgR/SP, rel. Min. Sepúlveda Pertence, 30.8.2006. (ACO-543)

18. (Cespe – Juiz Federal Substituto 2ª região/ 2011) Situação I: Bernardo, juiz federal, recebeu carta rogatória da França para ouvir o depoimento de testemunha brasileira de roubo ocorrido em Paris.

Situação II: Michelle, juiza francesa, recebeu carta rogatória do Brasil para citar Manoel, brasileiro residente em Paris, em processo de divórcio em curso no Brasil.

Sabendo que o magistrado nacional pode aplicar direito estrangeiro quando executar sentença estrangeira ou quando cumprir carta rogatória, assinale a opção correta acerca das situações hipotéticas apresentadas acima.

a) Na primeira situação, perante a justiça brasileira, a hipótese é de carta rogatória ativa.

b) Em ambas as situações, perante a justiça brasileira, a hipótese é de carta rogatória passiva.

c) Na segunda situação, perante a justiça brasileira, a hipótese é de carta rogatória passiva.

d) Na primeira situação, perante a justiça francesa, a hipótese é de carta rogatória ativa.

e) Na segunda situação, perante a justiça francesa, a hipótese é de carta rogatória ativa.

COMENTÁRIOS

Alternativa correta: letra D: perante a justiça francesa a hipótese é de carta rogatória ativa, enviada pela França.

Alternativa "a": perante a justiça brasileira a hipótese é de carta rogatória passiva, recebida da França.

Alternativa "b": perante a justiça brasileira, a hipótese é de carta rogatória passiva – recebida da França – na primeira situação, e de carta rogatória ativa – enviada pelo Brasil – na segunda situação.

Alternativa "c": perante a justiça brasileira, a hipótese é de carta rogatória ativa (enviada pelo Brasil) na segunda situação.

Alternativa "e": na segunda situação, perante a justiça francesa, a hipótese é de carta rogatória passiva (recebida do Brasil).

2. MERCOSUL

19. (Cespe – Juiz Federal Substituto 2ª região/ 2013) A respeito da estrutura institucional do MERCOSUL, assinale a opção correta.

a) As normas da Comissão de Comércio do MERCOSUL possuem caráter meramente recomendatório.

b) Compõe a estrutura institucional do MERCOSUL a Comissão de Tribunais Constitucionais.

c) É atribuição do Conselho do Mercado Comum supervisionar as atividades da Secretaria Administrativa do MERCOSUL.

d) Cabe ao Conselho do Mercado Comum exercer a titularidade da personalidade jurídica do MERCOSUL.

e) Ao MERCOSUL é vedado estabelecer acordos de sede.

COMENTÁRIOS

Alternativa correta: letra D: de acordo com o Protocolo de Ouro Preto (Decreto 1901/1996), Art. 8, III: São funções a atribuições do Conselho do Mercado Comum: (...) III – exercer a titularidade da personalidade jurídica do Mercosul.

Alternativa "a": nos termos do Artigo 20 do Protocolo de Ouro Preto: A Comissão de Comércio do Mercosul manifestar-se-á mediante Diretrizes ou Propostas. As Diretrizes serão obrigatórias para os Estados Partes. Ou seja, há diretrizes obrigatórias – e não meramente recomendatórias – para os Estados partes.

Alternativa "b": Não há uma comissão de tribunais constitucionais no MERCOSUL.

Alternativa "c": nos termos do Protocolo de Ouro Preto, Art. 14, XIII: São funções e atribuições do Grupo Mercado Comum: (...) XIII – supervisionar as atividades da Secretaria Administrativa do Mercosul; (...). Não está nas atribuições, portanto, do Conselho do Mercado Comum, mas sim do Grupo Mercado Comum.

Alternativa "e": Protocolo de Ouro Preto, Art. 36: O Mercosul celebrará acordos de sede.

20. (Cespe – Juiz Federal Substituto 3ª região/ 2011) Com relação ao disposto no Protocolo de Olivos para a Solução de Controvérsias no MERCOSUL, assinale a opção correta.

a) Esse tratado acrescenta dispositivos ao Protocolo de Brasília, em conformidade com o qual deve ser interpretado.

b) O Tribunal Permanente de Revisão, previsto nesse acordo, é composto por dez árbitros, devendo cada um dos Estados-parte escolher dois deles e dois ser nomeados de comum acordo.

c) Segundo esse tratado, os Estados-parte é permitido recorrer, de comum acordo, diretamente ao Tribunal Permanente de Revisão, sem a necessidade de recurso prévio a tribunal arbitral ad hoc.

d) Nesse protocolo, é vedado, assim como na Corte Internacional de Justiça, o uso por particulares do mecanismo de solução de controvérsias.

e) Nesse acordo, é expressamente proibida a possibilidade de denúncia.

COMENTÁRIOS

Alternativa correta: letra C: segundo o Protocolo de Olivos (Decreto 4982/2004), as partes poderão recorrer diretamente ao Tribunal de Revisão, através de acordo expresso, tão logo cessadas as negociações para solucionar o conflito (Artigo 23)

Alternativa "a": o Protocolo de Olivos derrogou o Protocolo de Brasília, mantendo a validade deste unicamente para as controvérsias cuja apreciação foi iniciada sob sua égide (Art. 55, do Protocolo de Olivos).

Alternativa "b": o Tribunal é composto por cinco árbitros, quatro dos quais indicados por cada um dos Estados-membro do Mercosul e o quinto escolhido por unanimidade por estes (Artigo 18, 1, do Protocolo de Olivos).

Alternativa "d": os particulares podem recorrer ao mecanismo de solução de controvérsia, segundo disciplinam os Artigos 39 a 44 do Protocolo.

Alternativa "e": A denúncia é permitida, mas implica a denúncia ipso jure do Tratado de Assunção (Artigo 54 do Protocolo de Olivos (A adesão ao Tratado de Assunção significará ipso jure a adesão ao presente Protocolo. A denúncia do presente Protocolo significará ipso jure a denúncia do Tratado de Assunção.)

3. SOLUÇÃO PACÍFICA DE CONTROVÉRSIAS INTERNACIONAIS

21. (Cespe – Juiz Federal – TRF 5/2017) Considere que haja controvérsia entre determinado país que se posicionou contrário à política de outro Estado de concessão de subsídios à exportação de produtos automobilísticos. A respeito desse caso, assinale a opção correta considerando as normas da Organização Mundial do Comércio (OMC) bem como as fases do processo decisório desse organismo.

A) Ao Órgão Especial da OMC compete a fase de conciliação, na qual se decidem questões de fato e de direito.

B) Em caso de apelação, o plenário da OMC deve decidir, nessa fase, sobre as questões fáticas trazidas à revisão, em audiência.

C) Mesmo que o país interessado leve o caso a outro foro internacional, a jurisdição compulsória recairá sobre a OMC, se as partes envolvidas forem membros da organização.

D) O país descontente poderá postular diretamente em face das empresas automobilísticas envolvidas, desde que sejam empresas multinacionais.

E) Recebida a petição acerca da controvérsia, a OMC deverá organizar um painel com sete membros, escolhidos entre uma lista de trinta especialistas, a fim de decidir a questão.

COMENTÁRIOS

✪ **Nota do autor:** A questão cobrou o conhecimento do Tratado de Marraquexe, que é o acordo constitutivo da Organização Mundial do Comércio (OMC), explorando, especificamente, o conhecimento do Anexo II – Relativo às normas e procedimento sobre solução de controvérsias.

Alternativa correta: letra "c": De acordo com o artigo 23 (*fortalecimento do sistema multilateral*), do Anexo II, os membros da OMC deverão *recorrer e acatar as normas e procedimentos* sobre a solução de controvérsias. Ou seja, a jurisdição é compulsória para os membros.

Alternativa "a": incorreta, pois a competência para a solução de controvérsias compete ao OSC - órgão de Solução de Controvérsias.

Alternativa "b": de acordo com o artigo 17 do Anexo II, já referido, o OSC constituirá um órgão Permanente de Apelação, que receberá as apelações das decisões dos grupos especiais. Desse modo, não é o plenário da OMC que decidirá a apelação.

Alternativa "d": incorreto, pois o sistema de solução de controvérsia somente é acessível aos Estados membros da OMC, reciprocamente, não podendo ser acionada empresas multinacionais.

Alternativa "e": incorreta, pois, antes de ser estabelecido o painel, os membros deverão, mediante consultas (negociação direta), buscar tentativa de solução consensual da controvérsia.

22. (Cespe – Procurador Federal/2013) Julgue os itens que seguem de acordo com a sistemática jurídica dos conflitos internacionais.

O Órgão de Solução de Controvérsias da Organização Mundial do Comércio não admite a participação de indivíduos como amici curiae nos procedimentos do contencioso internacional.

COMENTÁRIOS

Alternativa errada: de acordo com a doutrina, "Por fim, um tema polêmico, no bojo do mecanismo de solução de controvérsias da OMC é a participação de indivíduos, organizações não governamentais e outras entidades como *amici curiae* em seus procedimentos de solução de controvérsias da Organização, que é muito contestada pelos Estados-membros da OMC. A respeito, o Órgão de Solução de Controvérsias (OSC) da entidade tem admitido a participação de *amici curiae* em seus procedimentos, embora o entendimento do Órgão Permanente de Apelação (OPA) seja o de que o OSC não é obrigado a aceitar nenhum terceiro como *amicus curiae*. O OPA entende, em suma, que cada painel pode, discricionariamente, aceitar ou não a contribuição de um *amicus curiae.*". (PORTELA, Paulo Henrique Gonçalves. Direito internacional público e privado. 5 ed. Salvador: Ed. Jus Podivm, 2014. p. 425)

23. (Cespe – Juiz Federal Substituto 2ª região/ 2013) Os meios diplomáticos de solução pacífica de controvérsias incluem

a) a conciliação.

b) o tribunal internacional.

c) a arbitragem internacional.

d) o tribunal misto.

e) o tribunal constitucional.

COMENTÁRIOS

✪ **Nota do autor:** o rol dos meios de solução de controvérsia é encontrado no Artigo 33 da Carta da ONU, que prevê que os sujeitos de Direito Internacional procurarão, antes de tudo, chegar a uma solução de seus diferendos por negociação, inquérito, mediação, conciliação, arbitragem, solução judicial, recurso a entidade ou acordos regionais ou a qualquer outro meio pacífico à sua escolha. Quanto à fundamentação da decisão, os meios de solução de conflitos podem ser classificados como diplomáticos e políticos ou mecanismos jurídicos. Os dois primeiros não necessariamente envolvem a aplicação de norma jurídica e abrangem os mecanismos facultativos. Os mecanismos jurídicos, de outro lado, envolvem a aplicação do Direito ao caso concreto e incluem os meios obrigatórios. São mecanismos diplomáticos e políticos: a negociação, o inquérito, as consultas, os bons ofícios, a mediação e conciliação. São meios jurídicos os conduzidos pelas Cortes e Tribunais internacional, como, por exemplo, a Corte Internacional de Justiça.

Alternativa correta: letra A: a conciliação é um mecanismo facultativo (quanto à compulsoriedade da decisão) e diplomático (quanto à fundamentação da decisão).

Alternativa "b": o tribunal internacional é um meio jurídico – e não diplomático, pois aplicará o Direito ao caso concreto.

Alternativa "c": a arbitragem internacional também não se confunde com os mecanismos diplomáticos e políticos.

Alternativa "d": o tribunal misto também se constitui em mecanismo de solução jurídico.

Alternativa "e": o tribunal constitucional também se constitui em mecanismo de solução jurídico.

24. (Cespe – Advogado da União/2012) Julgue os itens referentes a solução pacífica de controvérsias, direito internacional do mar, segurança internacional coletiva e manutenção da paz.

De acordo com a Convenção das Nações Unidas sobre Direito do Mar, baixios a descoberto que se encontrem, parcialmente, a uma distância do continente que não exceda a largura do mar territorial podem ser utilizados como parâmetro para medir a largura do mar territorial.

COMENTÁRIOS

Alternativa correta: De acordo com Convenção das Nações Unidas sobre o Direito do Mar, concluída em MontegoBay, Jamaica, em 10 de dezembro de 1982 (Decreto nº 1.530, de 22 de junho de 1995), Art. 13: Baixios a descoberto. 1. Um 'baixio a descoberto' é uma extensão natural de terra rodeada de água, que, na baixa-mar, fica acima do nível do mar, mas que submerge na preia-mar. Quando um 'baixio a descoberto' se encontre, total ou parcialmente, a uma distância do continente ou de uma ilha que não exceda a largura do mar territorial, a linha de baixa-mar desse baixio pode ser utilizada como linha de base para medir a largura do mar territorial.

4. DIREITOS HUMANOS

25. (Cespe – Juiz Substituto da Justiça Militar da União – STM/2013) O Comitê Internacional da Cruz Vermelha é

a) sediado em Viena.

b) apto para concluir acordos de sede com os Estados em que atua.

c) membro da ONU.

d) uma organização internacional intergovernamental.

e) equiparado, do ponto de vista da personalidade internacional, a um Estado.

COMENTÁRIOS

✪ **Nota do autor:** O movimento da Cruz Vermelha foi criado em 1863 a partir das idéias do suíço Henri Dunant, defendidas no livro "Uma lembrança de Solferino", dentro do qual o autor registra as atrocidades ocorridas na Batalha de Solferino, em 1859, e defende a criação de uma entidade internacional, encarregada de prestar assistência aos militares feridos e doentes em casos de conflitos armados. O termo "Cruz Vermelha" é uma expressão genérica, existindo efetivamente o Movimento Internacional da Cruz Vermelha e do Crescente Vermelho, formado não apenas por uma organização monolítica, mas por várias entidades, nacionais e internacionais, de caráter privado, mas sem fins lucrativos. A principal dessas entidades é o Comitê Internacional da Cruz Vermelha, que não é nem uma organização internacional intergovernamental nem um órgão do governo suíço, tratando-se de entidade privada sem fins lucrativos, estruturada sob a égide do Direito Privado helvético, mas independentemente de qualquer Estado (PORTELA, Paulo Henrique Gonçalves. Direito internacional público e privado. 5 ed. Salvador: Ed. JusPodivm, 2013. p. 961/963).

Alternativa correta: letra B: Pode haver em cada país uma Sociedade Nacional da Cruz Vermelha ou do Crescente Vermelho, entidades organizadas segundo o ordenamento jurídico dos Estados onde operam; as Sociedades Nacionais são competentes para, dentro do território onde atuam, prestar a assistência cabível em conflitos armados e, na época de paz, para contribuir com a assistência à saúde em geral ou por ocasião de catástrofes.

Alternativa "a": o Comitê é sediado em Genebra.

Alternativa "c": não se trata de membro da Organização das Nações Unidas.

Alternativa "d": trata-se de uma entidade privada sem fins lucrativos, estruturada sob a égide do Direito Privado helvético, mas independentemente de qualquer Estado, não constituindo em organização intergovernamental.

Alternativa "e": não se trata de uma organização equiparada a um Estado soberano, mas sim entidade de direito privado sem fins lucrativos.

26. (Cespe – Juiz Federal Substituto 3ª região/ 2011) Assinale a opção correta relativamente aos mecanismos de implementação dos direitos humanos no plano internacional.

a) A Corte Europeia de Direitos Humanos julga exclusivamente demandas de indivíduos contra Estados.

b) Na atualidade, existem apenas duas cortes regionais em funcionamento: a Corte Interamericana de Direitos Humanos e a Corte Europeia de Direitos.

c) A comissão Europeia de Direitos Humanos é um órgão de conciliação e mediação do sistema europeu de proteção.

d) A Corte Europeia de Direitos Humanos dispõe de competência consultiva.

e) Decisões da Corte Interamericana de Direitos Humanos são passíveis de recurso à Corte Internacional de Justiça.

COMENTÁRIOS

✪ **Nota do autor:** a Corte Europeia de Direitos Humanos (CEDH) detém competência para zelar pela observância dos direitos fundamentais dos cidadãos europeus, direitos estes garantidos pela Convenção Europeia de Direitos Humanos e por atos correlatos. A corte foi criada em 1959, é sediada em Estrasburgo, na França, e é um órgão do Conselho da Europa, e não da União Europeia – muito embora exerça influência significativa no universo comunitário.

Alternativa correta: letra D: antes da alteração do sistema pelo Protocolo nº 11 à Convenção Europeia, competia a Corte Europeia de Direitos Humanos julgar os casos de violação de direitos humanos submetidos pela Comissão Europeia de Direitos Humanos.

Alternativa "a": a Corte Europeia de Direitos Humanos, instituída com caráter permanente a partir de 1º de novembro de 1998 (Protocolo nº 11 à Convenção Europeia), aglutina em um só órgão as funções de admissibilidade e de mérito dos casos **a ela submetidos por Estados, particulares, ONGs ou grupos de pessoas.**

Alternativa "b": existe também a Corte Africana de Direitos Humanos (corte regional).

Alternativa "c": originariamente, a Convenção Europeia consagrou em seu texto três órgãos distintos: a) um semi-judicial, a Comissão Europeia de Direitos Humanos; b) um judicial, a Corte Europeia de Direitos Humanos, e; c) um "diplomático", o Comitê de Ministros (do Conselho de Europa). A função principal da Comissão Europeia de Direitos Humanos era analisar as queixas ou comunicações interestatais, bem como dos indivíduos, sobre violação da Convenção. Ocorre que o Protocolo nº 11 reformou totalmente o sistema de controle da Convenção Europeia, quando então tanto a Comissão como a Corte Europeia de Direitos Humanos foram substituídas por um corte permanente, a Corte Europeia de Direitos Humanos.

Alternativa "e": de acordo com o Pacto de São José da Costa Rica, Art. 67. A sentença da Corte será definitiva e inapelável. Em caso de divergência sobre o sentido ou alcance da sentença, a Corte interpretá-la-á, a pedido de qualquer das partes, desde que o pedido seja apresentado dentro de noventa dias a partir da data da notificação da sentença.

27. (Cespe – Juiz Federal Substituto 5ª região/ 2011) A Declaração Universal dos Direitos Humanos

a) não trata de direitos econômicos.

b) trata dos direitos de liberdade e igualdade.

c) trata o meio ambiente ecologicamente equilibrado como direito de todos.

d) não faz referência a direitos políticos.

e) não faz referência a direitos culturais e à bioética.

COMENTÁRIOS

Alternativa correta: Letra "b": A Declaração Universal dos Direitos Humanos (DUDH) trata de direitos de liberdade ou de 1ª dimensão (direitos civis e políticos) e também de direitos de igualdade ou de 2ª dimensão (direitos sociais, econômicos e culturais). Após a 2ª guerra mundial, a temática de direitos humanos entrou na pauta internacional. Assim, sob a forma de Resolução da Assembleia Geral da ONU, em 10 de dezembro de 1948, em Paris, foi aprovada a Declaração Universal de Direitos Humanos (também chamada de "Declaração de Paris"), que contém 30 artigos e explicita o rol de direitos humanos aceitos internacionalmente (RAMOS, André de Carvalho. *Curso de Direitos Humanos,* 2014, p. 42). Nos seus trinta artigos, são enumerados os chamados direitos políticos e liberdades civis (artigos I ao XXI), assim como direitos econômicos, sociais e culturais (artigos XXII – XXVII).

Alternativa "a": Incorreta, pois a DUDH também trata de direitos econômicos.

Alternativa "c": Incorreta, pois a DUDH não prevê o direito ao meio ambiente equilibrado (direito de 3ª dimensão).

Alternativa "d": Incorreta, pois a DUDH faz referência a direitos políticos.

Alternativa "e": Incorreta, pois a DUDH faz referência a direitos culturais e bioética.

28. (Cespe – Juiz Federal Substituto 3ª região/ 2011) Assinale a opção correspondente a entidade à qual cabe solicitar pareceres consultivos à Corte Internacional de Justiça, desde que autorizado pela Assembleia-Geral da ONU.

a) Organização Mundial da Saúde

b) tribunal constitucional de Estados

c) parlamento de Estados

d) tribunal internacional especializado

e) Comitê Internacional da Cruz Vermelha

COMENTÁRIOS

✪ **Nota do autor:** de acordo com o Art. 96 da Carta das Nações Unidas (Decreto 19841/1945): 1. A Assembleia Geral ou o Conselho de Segurança poderá solicitar parecer consultivo da Corte Internacional de Justiça, sobre qualquer questão de ordem jurídica. **2. Outros órgãos das Nações Unidas e entidades especializadas, que forem em qualquer época devidamente autorizados pela Assembleia Geral, poderão também solicitar pareceres consultivos da Corte sobre questões jurídicas surgidas dentro da esfera de suas atividades.** Dentre as opções listadas nos itens, apenas OMS – Organização Mundial da Saúde, é um órgãos das Nações Unidas.

Alternativa correta: letra A: como órgão das Nações Unidas, a OMS tem legitimidade para solicitar pareceres consultivos à Corte Internacional de Justiça, desde que autorizado pela Assembleia-Geral da ONU.

Alternativa "b": os tribunais constitucionais dos estados não detêm essa legitimidade.

Alternativa "c": os parlamentos dos Estados não detêm essa legitimidade.

Alternativa "d": tribunal internacional especializado não detém essa legitimidade.

Alternativa "e": O Comitê Internacional da Cruz Vermelha é uma organização humanitária, independente e neutra, que se esforça em proporcionar proteção e assistência às vítimas da guerra e de outras situações de violência, não detendo a legitimidade descrita no enunciado.

5. CONDIÇÃO JURÍDICA DO ESTRANGEIRO E DIREITOS DE NACIONALIDADE

29. (Cespe – Defensor Público – DPU/2017) A respeito do instituto da extradição, julgue os itens subsequentes de acordo com o entendimento do STF.

29.1. Constitui óbice ao deferimento do pedido de extradição a inexistência, no ordenamento jurídico do Estado requerente, de sistema de progressão de regime de cumprimento de pena privativa de liberdade.

COMENTÁRIOS

Alternativa Incorreta: Não constitui óbice à extradição a ausência do regime de progressão de pena no ordenamento jurídico do Estado Requerente. A República Federativa do Brasil não pode exigir, para o deferimento do pedido extradicional, a aplicação de institutos próprios do direito penal e processual brasileiros. Jurisprudência desta Corte (Ext 1454, Relator(a): Min. LUIZ FUX, Primeira Turma, julgado em 18/04/2017, ACÓRDÃO ELETRÔNICO DJe-114 DIVULG 30-05-2017 PUBLIC 31-05-2017)

29.2. A existência de vínculos conjugais e(ou) familiares do extraditando estrangeiro com pessoas de nacionalidade brasileira não se qualifica como causa obstativa da extradição.

COMENTÁRIOS

Alternativa Correta: Diferentemente da expulsão (Lei 13.445/2017, art. 55), não impede a extradição a circunstância de ser o extraditando casado com brasileira ou ter filho brasileiro (Súmula 421/STF). A propósito, a Segunda Turma do STF, na Ext 1497/DF (Info 873. Julgamento em 15.8.2017), reafirmou, distinguindo os institutos da extradição e expulsão, que: a extradição é um instrumento de cooperação na repressão internacional a delitos comuns. Nessa seara, o fato de o extraditando ter filhos brasileiros menores, incapazes, dependentes de economia paterna não ostenta relevância jurídica.

29.3. Será excluído da detração o período em que o extraditando tiver ficado preso cautelarmente no Brasil por crimes cometidos em território nacional que não estiverem elencados no pedido de extradição.

COMENTÁRIOS

Alternativa Correta: É de detração obrigatória apenas o período de prisão cautelar a que o extraditando esteve sujeito, em nosso país, por efeito do processo extradicional, "excluído desse cômputo, em consequência, o período em que ele ficou preso por outros crimes eventualmente cometidos no Brasil" – EXT 1.434/Espanha, rel. min. Celso de Mello, Segunda Turma, julgada em 6.12.2016.

29.4. Se o estrangeiro manifestar de modo inequívoco o seu desejo de ser extraditado, ficarão dispensadas as formalidades inerentes ao processo de extradição.

COMENTÁRIOS

Alternativa Incorreta: O desejo de ser extraditado, ainda que manifestado, de modo inequívoco, pelo súdito estrangeiro, não basta, só por si, para dispensar as formalidades inerentes ao processo extradicional, posto que este representa garantia indisponível instituída em favor do próprio extraditando (STF. Ext 1.407/DF, Rel. Min. CELSO DE MELLO).

30. (Cespe – Defensor Público – DPU/2017) A respeito de nacionalidade, julgue os itens a seguir.

30.1. Situação hipotética: Laura, filha de mãe brasileira e pai argentino, nasceu no estrangeiro e, depois de ter atingido a maioridade, veio residir no Brasil, tendo optado pela nacionalidade brasileira. Assertiva: Nessa situação, a homologação da opção pela nacionalidade brasileira terá efeitos ex tunc e Laura será considerada brasileira desde o seu nascimento.

COMENTÁRIOS

Alternativa Correta: A regra adotada pelo constitucionalismo brasileiro, desde a Constituição do Império, é a do *jus solis*, com as exceções consagradas na Carta Magna. O enunciado retrata uma exceção à regra do *jus solis*, mediante adoção do critério *jus sanguinis*, prevista especificamente no art. 12, I, alínea c, da CF/88: *nascidos no estrangeiro de pai brasileiro ou de mãe brasileira, desde que sejam registrados em repartição brasileira competente ou venham a residir na República Federativa do Brasil e optem, em qualquer tempo, depois de atingida a maioridade, pela nacionalidade brasileira* (EC 54/2007). A natureza desse reconhecimento de nacionalidade se dá *ex tunc*, dado o caráter meramente declaratório da opção. A questão parece ter sido retirada da jurisprudência contemporânea ao certame, do Supremo Tribunal Federal, no RE 909.499/RS, publicado em 17.2.2017; eis o elucidativo trecho da ementa: *Homologação da opção de nacionalidade. Artigo 12, inciso I, alínea c, da CF. Efeitos ex tunc. 1. A jurisprudência firmada pelo Plenário da Corte é no sentido de que a homologação, por sentença judicial, da opção pela nacionalidade brasileira possui efeitos ex tunc.*

30.2. Brasileiro nato que, tendo perdido a nacionalidade brasileira em razão da aquisição de outra nacionalidade, readquiri-la mediante o atendimento dos requisitos necessários terá o status de brasileiro naturalizado.

COMENTÁRIOS

Alternativa Errada: A questão enfrentou temática polêmica, com posicionamentos divergentes na doutrina. O entendimento do STF na EXT 441, de 10.06.88, foi considerado como o correto pela Banca: **"A reaquisição da nacionalidade, por brasileiro nato, implica manter esse status e não o de naturalizado"**. A Lei de Imigração (Lei 13.445/2017) prevê que: Art. 76. O brasileiro que, em razão do previsto no inciso II do § 4º do art. 12 da Constituição Federal, houver perdido a nacionalidade, uma vez cessada a causa, poderá readquiri-la ou ter o ato que declarou a perda revogado, na forma definida pelo órgão competente do Poder Executivo.

31. (Cespe – Procurador BACEN/2013) Assinale a opção correta a respeito da nacionalidade no âmbito do direito internacional.

a) A Declaração Universal dos Direitos do Homem consagra o direito à nacionalidade.

b) Nessa esfera, natos são os detentores de nacionalidade derivada.

c) Os sistemas jurídicos internos devem obedecer a definição de nacionais ou estrangeiros estabelecida pelo direito internacional.

d) A nacionalidade das embarcações de grande porte é atribuída pela Organização Marítima Internacional.

e) O direito internacional veda a múltipla nacionalidade.

COMENTÁRIOS

Alternativa correta: letra A: nos termos do Art. 15 da Declaração Universal dos Direitos Humanos: Artigo 15: I) Todo homem tem direito a uma nacionalidade; II) Ninguém será arbitrariamente privado de sua nacionalidade, nem do direito de mudar de nacionalidade.

Alternativa "b": a naturalidade originária é o mesmo que o 'nato'; a naturalização é que se chama por naturalidade derivada, pois adquirida segundo os parâmetros constitucionais.

Alternativa "c": de acordo com a Convenção de Haia Concernente a Certas Questões Relativas aos Conflitos de Leis sobre Nacionalidade, a definição da nacionalidade é guiada por regras de Direito interno.

Alternativa "d": a definição da nacionalidade é tema da ordem jurídica interna de cada Estado.

Alternativa "e": a condição de polipátrida, embora desestimulada, não é vedada.

32. (Cespe – Procurador Federal/2013) Julgue os itens que se seguem de acordo com a jurisprudência do STF.

32.1. Uma vez que o deferimento de naturalização é de competência do ministro de Estado da Justiça, posterior revisão de eventual ato de naturalização poderá ser igualmente realizada pela mesma autoridade. A razão para isso radica-se no princípio da simetria das formas.

COMENTÁRIOS

Alternativa errada: o item reproduz decisão do STF noticiada no Informativo de jurisprudência nº 694. *Cancelamento de naturalização e via jurisdicional – 4: Deferida a naturalização, seu desfazimento só pode ocorrer mediante processo judicial (CF: "Art. 12. ... § 4º – Será declarada a perda da nacionalidade do brasileiro que: I – tiver cancelada sua naturalização, por sentença judicial, em virtude de atividade nociva ao interesse nacional"). Essa a orientação do Plenário que, ao concluir julgamento, por maioria, proveu recurso ordinário em mandado de segurança no qual se discutia a possibilidade de o Ministro de Estado da Justiça, por meio de ato administrativo, cancelar o deferimento de naturalização quando embasada* *em premissa falsa (erro de fato) consistente, na espécie, em omitir-se a existência de condenação em momento anterior a sua naturalização – v. Informativo 604. Asseverou-se que a cláusula do inciso I do § 4º do art. 12 da CF seria abrangente, a revelar que o cancelamento da naturalização deveria ocorrer por sentença judicial. Ademais, ressaltou-se que a referência feita na parte final do aludido preceito, ao apontar uma causa, seria simplesmente exemplificativa, haja vista a infinidade de situações que poderiam surgir, a desaguarem no cancelamento da naturalização. Por conseguinte, declarou-se a nulidade da Portaria 361/2008, do Ministro de Estado da Justiça, de modo a restabelecer-se a situação do recorrente como brasileiro naturalizado em todos os órgãos públicos, sem prejuízo de que a condição de naturalizado fosse analisada judicialmente, nos termos do art. 12, § 4º, I, da CF. Assentou-se, ainda, a não recepção do art. 112, §§ 2º e 3º, da Lei 6.815/80 (Estatuto do Estrangeiro) pela atual Constituição. Nesse ponto, a Min. Cármen Lúcia declarava o não recebimento apenas do mencionado § 3º. Salientava a adesão brasileira à Convenção sobre o Estatuto dos Apátridas, que, em seu art. 8º, § 4º, preveria, na hipótese em comento, também a atuação de órgão independente. Entretanto, consignava que o Ministro de Estado da Justiça, tendo em conta vinculação hierárquica ao Chefe do Poder Executivo, não deteria essa competência. Vencido o Min. Ricardo Lewandowski, relator, que denegava o recurso por reputar possível esse cancelamento pela via administrativa, quando descobertos vícios no seu processo.* RMS 27840/DF, rel. orig. Min. Ricardo Lewandowski, red. p/ o acórdão Min. Marco Aurélio, 7.2.2013. (RMS-27840)

32.2. O reconhecimento superveniente de status de refugiado obsta o prosseguimento de processo extradicional que tenha implicações com os motivos do deferimento do refúgio.

COMENTÁRIOS

Alternativa Correta: a banca cobrou a letra da Lei (Art. 33 da Lei 9.474/97: O reconhecimento da condição de refugiado obstará o seguimento de qualquer pedido de extradição baseado nos fatos que fundamentaram a concessão de refúgio.) e decisão do Supremo Tribunal Federal sobre o tema: EMENTA: *Extradição: Colômbia: crimes relacionados à participação do extraditando – então sacerdote da Igreja Católica – em ação militar das Forças Armadas Revolucionárias da Colômbia (FARC). Questão de ordem. Reconhecimento do status de refugiado do extraditando, por decisão do comitê nacional para refugiados – CONARE: pertinência temática entre a motivação do deferimento do refúgio e o objeto do pedido de extradição: aplicação da Lei 9.474/97, art. 33 (Estatuto do Refugiado), cuja constitucionalidade é reconhecida: ausência de violação do princípio constitucional da separação dos poderes. 1. De acordo com o art. 33 da L. 9474/97, o reconhecimento administrativo da condição de refugiado, enquanto dure, é elisiva, por definição, da extradição que tenha implicações com os motivos do seu deferimento. 2. É válida a lei que reserva ao Poder Executivo – a quem incumbe, por atribuição constitucional, a competência para tomar decisões que tenham reflexos no plano das relações internacionais do Estado – o poder privativo de conceder asilo ou refúgio. 3. A circunstância de o prejuízo do processo advir de ato de um outro Poder – desde que compreendido na esfera de sua competência – não significa invasão da área do Poder Judiciário. 4. Pedido de extradição não conhecido, extinto o processo, sem julgamento do mérito e determinada a soltura do extraditando. 5. Caso em que de qualquer sorte, incidiria a proibição constitucional da extradição por crime político, na qual se compreende a prática de eventuais crimes contra a pessoa ou contra o patrimônio no contexto de um fato de rebelião de motivação política* (Ext. 493). (Ext 1008, Relator(a): Min. GILMAR MENDES, Relator(a) p/ Acórdão: Min. SEPÚLVEDA PERTENCE, Tribunal Pleno, julgado em 21/03/2007, DJe-082 DIVULG 16-08-2007 PUBLIC 17-08-2007 DJ 17-08-2007 PP-00024 EMENT VOL-02285-02 PP-00216).

---

33. (Cespe – Advogado da União/2012) Em relação à condição jurídica do estrangeiro e aos direitos de nacionalidade, julgue os itens que se seguem.

33.1. É privativo de brasileiro nato o cargo de governador de estado.

COMENTÁRIOS

Alternativa incorreta: somente a Constituição Federal pode estabelecer diferença de tratamento entre brasileiro nato e naturalizando, sendo que quanto aos cargos privativos de brasileiro nato estabelece o Artigo 12, § 3º, as seguintes hipóteses – não prevendo o cargo de governador de estado-membro: de Presidente e Vice-Presidente da República; de Presidente da Câmara dos Deputados; de Presidente do Senado Federal; de Ministro do Supremo Tribunal Federal; da carreira diplomática; de oficial das Forças Armadas; de Ministro de Estado da Defesa. Portanto, o cargo eletivo de governador poderá ser ocupado por brasileiro naturalizado (naturalidade derivada ou adquirida).

33.2. A reciprocidade é pré-condição para que aos portugueses com residência permanente no país sejam atribuídos direitos inerentes ao brasileiro.

COMENTÁRIOS

Alternativa correta: nos termos da Constituição Federal, Artigo 12, § 1º, há a exigência expressa da reciprocidade como pré-condição: "Aos portugueses com residência permanente no País, se houver reciprocidade em favor de brasileiros, serão atribuídos os direitos inerentes ao brasileiro, salvo os casos previstos nesta Constituição".

33.3. O visto consular, concedido a autoridades consulares a serviço de Estado estrangeiro no Brasil e a seus familiares, é expressamente previsto no Estatuto do Estrangeiro.

COMENTÁRIOS

Alternativa incorreta: nos termos do artigo Estatuto do Estrangeiro (Lei 6.815/80, Art. 4º) eram previstas as seguintes espécies de vistos: I – de trânsito; II – de turista; III – temporário; IV – permanente; V – de cortesia; VI – oficial; e VII – diplomático. Portanto, não há espécie expressa chamada de "visto consular" no Estatuto do Estrangeiro. No novo Estatuto do Estrangeiro, Lei 12.445/2017, também não há a previsão de "visto consular"; contudo, importante destacar que foram reduzidas as espécies gerais de visto. Nesse sentido, o artigo 12 do novo Estatuto do Estrangeiro dispõe que são espécies de visto: I - de visita; II - temporário; III - diplomático; IV - oficial; V - de cortesia.

33.4. O direito brasileiro veda a deportação de estrangeiro acusado da prática de crime político.

COMENTÁRIOS

Alternativa correta: a alternativa é acertada por conjugar o Artigo 63 do artigo Estatuto do Estrangeiro, que corresponde ao Artigo 53 do novo Estatuto do Estrangeiro (Lei 13.445/2017, art. 53. Não se procederá à deportação se a medida configurar extradição não admitida pela legislação brasileira) com o Artigo 5º, inciso LII: não será concedida extradição de estrangeiro por crime político ou de opinião.

33.5. É expressamente proibida pela CF a extradição ou entrega de brasileiro nato a autoridades estrangeiras.

COMENTÁRIOS

Alternativa errada: em virtude da inclusão do instituto da ENTREGA, relacional à jurisdição do TPI – Tribunal Penal Internacional, a questão encontra-se incorreta. Embora o Artigo 5º, LI da Constituição Federal vede a extradição do brasileiro nato (nenhum brasileiro será extraditado, salvo o naturalizado, em caso de crime comum, praticado antes da naturalização, ou de comprovado envolvimento em tráfico ilícito de entorpecentes e drogas afins, na forma da lei.), o Artigo 89, 1, do Estatuto de Roma (Decreto 4.388/02) dispõe que: O Tribunal poderá dirigir um pedido de detenção e entrega de uma pessoa, instruído com os documentos comprovativos referidos no artigo 91, a qualquer Estado em cujo território essa pessoa se possa encontrar, e solicitar a cooperação desse Estado na detenção e entrega da pessoa em causa. Os Estados Partes darão satisfação aos pedidos de detenção e de entrega em conformidade com o presente Capítulo e com os procedimentos previstos nos respectivos direitos internos. É de se destacar, ainda, a interpretação autêntica do Estatuto que diferencia os institutos da ENTREGA e da EXTRADIÇÃO: Artigo 102, do Estatuto de Roma – Termos Usados – Para os fins do presente Estatuto: a) Por "entrega", entende-se a entrega de uma pessoa por um Estado ao Tribunal nos termos do presente Estatuto. b) Por "extradição", entende-se a entrega de uma pessoa por um Estado a outro Estado conforme previsto em um tratado, em uma convenção ou no direito interno.

34. (Cespe – Juiz Federal Substituto 1ª região/ 2011) Assinale a opção correta acerca da condição jurídica dos estrangeiros.

a) O Brasil admite a concessão tanto do asilo diplomático quanto do asilo territorial.

b) Somente é passível de expulsão do território brasileiro o estrangeiro que sofra condenação por crimes que atentem contra a segurança nacional ou a ordem política ou social.

c) Segundo o direito internacional costumeiro, nenhum Estado tem o direito de negar visto para o ingresso de estrangeiro em seu território, seja em definitivo, seja a título temporário.

d) A deportação, como forma de exclusão do estrangeiro do território brasileiro, somente se efetiva mediante ato que, exarado pelo ministro de Estado da Justiça, impeça o retorno do deportado ao país.

e) A CF dispõe que o brasileiro naturalizado somente pode ser extraditado em caso de crime comum ou de comprovado envolvimento em tráfico ilícito de entorpecentes e drogas afins, desde que, em ambos os casos, os crimes tenham sido praticados antes da naturalização.

COMENTÁRIOS

Alternativa correta: Letra "a": O asilo protege o estrangeiro da perseguição por motivos políticos. Em uma visão tradicional, entende-se que o asilo está situado no âmbito da discricionariedade estatal, sendo direito do Estado concedê-lo ou negá-lo. Cumpre lembrar que a CF/88 prevê a concessão de asilo político como princípio das relações internacionais da República Federativa do Brasil (art. 4º, X, CF/88). Vale salientar, ainda, que o asilo é um direito previsto na Declaração Universal de Direitos Humanos, em seu art. XIV ("1. Toda pessoa, vítima de perseguição, tem o direito de procurar e de gozar asilo em outros países; 2. Este direito não pode ser invocado em caso de perseguição legitimamente motivada por crimes de direito comum ou por atos contrários aos propósitos e princípios das Nações Unidas") e na Convenção Americana de Direitos Humanos (Pacto de San José da Costa Rica), em seu art. 22.7 ("Toda pessoa tem o direito de buscar asilo em território estrangeiro, em caso de perseguição por delitos políticos ou comuns conexos com delitos políticos, de acordo com a legislação de cada Estado e com as convenções internacionais"). Assim, considerando a proteção deste direito humano, a doutrina sustenta que há uma "vigilância internacional" das decisões acerca da concessão de asilo, outrora tomadas livremente pelos Estados. Em geral, conforme ensina André de Carvalho Ramos, o asilo é territorial, ou seja, depende da entrada do estrangeiro no território de um Estado. No entanto, na América Latina, em razão de tratados e costume regional, consolidou-se a prática do chamado asilo diplomático, que consiste no acolhimento do estrangeiro perseguido político nas instalações da Missão Diplomática. Nas palavras do citado autor: "O Estado de acolhida (Estado Acreditante, no jargão das relações diplomáticas) do perseguido político exige o chamado salvo conduto ao Estado Acreditado (Estado que recebe a Missão) para assegurar a saída protegida do perseguido do seu território. O Estado Acreditado é obrigado, então, a conceder o salvo conduto". O autor se refere, ainda, ao asilo militar, que é a extensão do asilo diplomático a navios, aeronaves e locais militares. Portanto, correta a alternativa A.

Alternativa "b": Incorreta. Conforme art. 65 do artigo Estatuto do Estrangeiro (Lei 6.815/80), "é passível de expulsão o estrangeiro que, de qualquer forma, atentar contra a segurança nacional, a ordem política ou social, a tranquilidade ou moralidade pública e a economia popular, ou cujo procedimento o torne nocivo à conveniência e aos interesses nacionais". Assim, incorreta a alternativa. Importante destacar que, de acordo com o novo Estatuto do Estrangeiro, Lei 13.445/2017, foram previstas duas hipóteses que "podem dar causa à expulsão", nos termos do artigo 54, § 1º: § 1º Poderá dar causa à expulsão a condenação com sentença transitada em julgado relativa à prática de: I – crime de genocídio, crime contra a humanidade, crime de guerra ou crime de agressão, nos termos definidos pelo Estatuto de Roma do Tribunal Penal Internacional, de 1998, promulgado pelo Decreto no 4.388, de 25 de setembro de 2002; ou II – crime comum doloso passível de pena privativa de liberdade, consideradas a gravidade e as possibilidades de ressocialização em território nacional.

Alternativa "c": a concessão de visto é um ato que emana da soberania do Estado, um de seus elementos constitutivos. Portanto, nenhum Estado soberano está obrigado a conceder visto para o ingresso de pessoas de nacionalidade diversas; o Estado apenas se obriga a receber os seus nacionais.

Alternativa "d": Incorreta a alternativa, pois a deportação não depende de ato exarado pelo Ministro de Estado da Justiça, mas é providência imediata do Departamento de Polícia Federal.

Alternativa "e": A CF dispõe, em seu art. 5º, inciso LI: "Nenhum brasileiro será extraditado, salvo o naturalizado, em caso de crime comum, praticado antes da naturalização, ou de comprovado envolvimento em tráfico ilícito de entorpecentes e drogas afins, na forma da lei".

---

35. (Cespe – Juiz Federal Substituto 1ª região/ 2011) Considerando o conceito de nacionalidade e o Estatuto da Igualdade entre portugueses e brasileiros, assinale a opção correta.

a) A CF considera brasileiros natos, independentemente de formalidades, os nascidos no estrangeiro, de pai brasileiro ou mãe brasileira, desde que qualquer deles esteja a serviço do Brasil.

b) Além das condições previstas no texto constitucional, somente lei complementar pode estabelecer novos casos em que se exija a condição de brasileiro nato para a ocupação de cargos, empregos e funções públicas.

c) A exemplo dos países que se formaram a partir de grande contingente de imigrantes, o Brasil adota predominantemente o critério do jus sanguinis para definição da nacionalidade, admitindo, porém, em situações específicas, a aplicação do jus soli.

d) A situação do cidadão português que, no Brasil, seja admitido no regime de igualdade plena previsto na Convenção sobre Igualdade de Direitos e Deveres entre Brasileiros e Portugueses, é idêntica à do brasileiro naturalizado.

e) O brasileiro nato e o brasileiro naturalizado que exerçam atividade contrária ao interesse nacional estão sujeitos à perda da nacionalidade, mediante processo judicial, assegurada ao réu ampla defesa.

COMENTÁRIOS

Alternativa correta: letra A: os nascidos no estrangeiro, filhos de pais brasileiros, podem requerer sua nacionalidade nata de modo incondicional e independentemente de qualquer formalidade quando os seus ascendentes estejam a serviço do Brasil; por esta razão a assertiva encontra-se correta. De outro lado, podem adquirir a nacionalidade nata brasileira os nascidos no estrangeiro, filhos de pais brasileiros que não estão a serviço do pais, condicionada ao registro *em repartição brasileira competente ou caso venham a residir na República Federativa do Brasil e optem, em qualquer tempo, depois de atingida a maioridade, pela nacionalidade brasileira*. Portanto, são duas hipóteses (Artigo 12, inciso I, alíneas b e c) em que o *ius sanguinis* é utilizado como exceção à regra do *ius solis* (Artigo 12, inciso I, alínea a).

Alternativa "b": nos termos da Constituição Federal, as distinções entre brasileiros natos e naturalizados, como é a hipótese da assertiva (cargo privativo de brasileiro nato), só podem ser estabelecidas pela própria Carta Magna (CF/88, Art. 12, § 2º A lei não poderá estabelecer distinção entre brasileiros natos e naturalizados, salvo nos casos previstos nesta Constituição.).

Alternativa "c": para permitir que aqueles nascidos em seu solo, embora filhos de imigrantes, se tornassem brasileiros natos, o Brasil adotou como regra o *ius solis* , critério predominante segundo o qual será nato aquele que nascer no território brasileiro. Isso se deu pelo fato de o Brasil ser considerado um país de imigração, para o qual as pessoas de nacionalidades diversas vêm morar. Países de emigração, pelo contrário, que são aqueles que perdem nacionais, tendem a adotar o critério *ius sanguinis* , como forma de permitir que os filhos de seus emigrantes mantenham, onde quer que estejam, a nacionalidade dos pais. Portanto, a assertiva encontra-se incorreta por afirmar que o Brasil adotou predominantemente o critério *ius sanguini* ; de fato, há hipóteses de adoção pela CF/88 de *ius sanguinis* , mas não de forma preponderante, e sim de modo excepcional.

Alternativa "d": não. O regime de igualdade plena alberga o português na condição de nato.

Alternativa "e": há duas hipóteses para a perda da nacionalidade (incisos I e II do § 4º do Artigo 12 da CF/88). O naturalizado pode perder essa condição quando tiver cancelada sua naturalização, por sentença judicial, em virtude de atividade nociva ao interesse nacional (inciso I). Por sua vez, o brasileiro nato só pode perder a sua nacionalidade na hipótese do § 4º: adquirir outra nacionalidade, salvo nos casos: a) de reconhecimento de nacionalidade originária pela lei estrangeira; b) de imposição de naturalização, pela norma estrangeira, ao brasileiro residente em estado estrangeiro, como condição para permanência em seu território ou para o exercício de direitos civis. Portanto, a hipótese do inciso I, acima transcrita, só alcança os brasileiros naturalizados pois, de acordo com o seu texto expresso, é caso de cancelamento da naturalização, sendo este um processo próprio de aquisição de nacionalidade derivada (naturalização).

6. DOMÍNIO PÚBLICO MARÍTIMO INTERNACIONAL

36. (Cespe – Juiz Federal Substituto 2ª região/ 2013) Assinale a opção correta com relação à Convenção das Nações Unidas sobre o Direito do Mar.

a) Os navios de Estados sem litoral têm direito a passagem inocente pelo mar territorial de um Estado costeiro, desde que mediante prévia autorização deste.

b) O Estado costeiro deve pedir autorização à Autoridade Internacional para os Fundos Marinhos para realizar perfurações, além de duzentas milhas marítimas, em sua plataforma continental.

c) Agências especializadas das Nações Unidas não podem arvorar bandeiras em suas embarcações.

d) O Estado costeiro em cujas águas espécies catádromas passem a maior parte do seu ciclo vital deve ser responsável pela gestão dessas espécies.

e) O limite exterior máximo da zona contígua é de trinta milhas marítimas contadas das linhas de base que servem para medir a largura do mar territorial.

COMENTÁRIOS

Alternativa correta: letra D: na zona econômica exclusiva, devem os Estados velar pelas espécies que ali habitem ou que ali passem a maior parte de seu ciclo vital, bem como que por ali passem (Convenção de MontegoBay, Art. 67)

Alternativa "a": o conceito de passagem inocente não inclui a exigência de autorização da passagem pelo Estado costeiro (Convenção de MontegoBay, Arts. 17/26). Um ponto bastante explorado a esse respeito, é que há o direito de passagem inocente na Convenção da ONU sobre o Direito do Mar; contudo, quanto ao espaço aéreo (Convenção de Chicago), não se assegura esse mesmo direito de passagem inocente. Essa é uma diferença que costuma ser cobrada em concursos.

Alternativa "b": a plataforma continental estende-se por, no máximo, duzentas milhas marítimas (Convenção de MontegoBay, Art. 76/85). Acrescento que o Estado Brasileiro formulou pleito de extensão desse limite, que passaria a ser de 350 milhas. Contudo, a Comissão de Delimitação de Plataformas Continentais da Organização das Nações Unidas não deliberou sobre o assunto ainda. Importante destacar que o pedido feito pelo Estado Brasileiro se fundamenta na constatação de que, em diversos pontos de nosso litoral, o bordo exterior da margem continental prolonga-se além das 200 milhas marítimas.

Alternativa "c": as agências especializadas da ONU podem arvorar a bandeia da Organização (Convenção de MontegoBay, Art. 93).

Alternativa "e": a zona contígua terá a extensão máxima de 24 milhas marítimas, contadas a partir das linhas de base que servem para medir a largura do mar territorial. (Convenção de MontegoBay, Art. 33).

37. (Cespe – Juiz Federal Substituto 1ª região/ 2011) No que se refere ao domínio público marítimo internacional, assinale a opção correta.

a) Nos termos da Convenção das Nações Unidas sobre o Direito do Mar, os Estados sem litoral devem ter direito reconhecido de participar do aproveitamento do excedente dos recursos vivos das zonas econômicas exclusivas dos Estados costeiros da mesma região, independentemente de acordos.

b) O Estado costeiro tem o direito de aplicar as suas leis e regulamentos aduaneiros, fiscais, de imigração e sanitários na zona econômica exclusiva.

c) Conforme a Convenção das Nações Unidas sobre o Direito do Mar, a soberania do Estado costeiro sobre o mar territorial estende-se ao espaço aéreo sobrejacente a este, bem como ao leito e ao subsolo desse mar.

d) Os Estados exercem soberania sobre suas águas interiores, ainda que estejam obrigados a assegurar o direito de passagem inocente em favor dos navios mercantes, mas não dos navios de guerra.

e) Na plataforma continental, os Estados possuem direitos de soberania no tocante à exploração e aproveitamento dos seus recursos naturais, mas a falta de utilização e exploração desses direitos em qualquer de suas formas autoriza outros Estados ao seu exercício, ainda que sem consentimento expresso.

COMENTÁRIOS

Alternativa correta: letra C: o mar territorial é a zona marítima adjacente ao território do Estado, sobre o qual este exerce sua soberania, alcançando também o espaço aéreo subjacente, o leito e o subsolo do mar territorial (Convenção de MontegoBay, Art. 2).

Alternativa "a": tal direito deve existir apenas nos termos dos acordos a serem estabelecidos entre os Estados interessados. (Convenção de MontegoBay, Art.69-72).

Alternativa "b": de acordo com o Artigo 60 da Convenção de MontegoBay o direito de aplicar as leis e regulamentos aduaneiros, fiscais, de imigração, sanitários e de segurança, não alcança a zona econômica exclusiva. Ou seja, há apenas o direito de soberania para fins de exploração, aproveitamento, conservação e gestão dos recursos naturais das águas subjacentes ao leito do mar, do leito do mar e de seu subsolo e no que se refere a outras atividades que tenham fins econômicos.

Alternativa "d": nos termos da Convenção de MontegoBay, não há direito de passagem inocente nas águas interiores (Art. 18).

Alternativa "e": se o Estado costeiro não explora a plataforma continental, nenhum outro Estado pode fazê-lo sem o consentimento explicito daquele. (Convenção de MontegoBay, Art. 77).

7. DIREITO INTERNACIONAL DO TRABALHO

38. (Cespe - Juiz do Trabalho Substituto 5ª região/2013) No que se refere às convenções e às recomendações da OIT que tratam da proteção à criança e adolescente, assinale a opção correta.

a) A Convenção 138 da OIT não reconhece aos países-membros a possibilidade de elevação progressiva da idade mínima de admissão no emprego ou trabalho.

b) A Recomendação 138 da OIT estipula, expressamente, a diversidade de idades mínimas para o trabalho por setores da atividade econômica.

c) A Recomendação 190 da OIT prevê, como forma de garantir a proibição e a eliminação das piores formas de trabalho infantil, a revogação temporária ou definitiva do alvará de funcionamento de empresas.

d) A Convenção 182 da OIT prevê somente a instituição e a aplicação de sanções penais nos países-membros como forma de assegurar a aplicação e o cumprimento efetivos do combate às piores formas de trabalho infantil.

e) Para os efeitos de aplicação da Convenção 182 da OIT, criança é toda pessoa menor de doze anos de idade.

COMENTÁRIOS

Alternativa correta: letra C: a Convenção 182 e a Recomendação 190 da OIT estão promulgadas pelo Decreto 3597/2000 e nos termos desta última, "14, Quando apropriado, os Membros também deveriam estabelecer em caráter de urgência outras medidas penais, civis ou administrativas para garantir a aplicação efetiva das normas jurídicas nacionais sobre a proibição e eliminação das piores formas de trabalho infantil, tais como a supervisão especial das empresas que tiverem utilizado as piores formas de trabalho infantil e, nos casos de violação reiterada, a revogação temporária ou permanente das licenças para operar."

Alternativa "a": a convenção 138 da OIT – Decreto 4134/2002 parte do princípio de que os Estados devem, de modo progressivo, elevar a idade mínima para o trabalho infantil: "Todo País-Membro em que vigore esta Convenção, compromete-se a seguir uma política nacional que assegure a efetiva abolição do trabalho infantil e eleve progressivamente, a idade mínima de admissão a emprego ou a trabalho a um nível adequado ao pleno desenvolvimento físico e mental do adolescente (Art. 1º)."

Alternativa "b": a recomendação referente ao trabalho infantil é a de número 146, também promulgada através do Decreto 4134/2002.

Alternativa "d": nos termos da Recomendação 190 da OIT são previstas sanções penais, civis e administrativas (Decreto 3597/2000).

Alternativa "e": para os efeitos da convenção, criança é toda pessoa menor de 18 anos.

8. DIREITO INTERNACIONAL PENAL

39. (Cespe - Juiz Substituto da Justiça Militar da União - STM/2013) O TPI tem competência para julgar crimes de guerra como

a) a utilização de veneno, permitida apenas se comprovada a necessidade militar, em caso de conflitos armados internacionais.

b) a declaração de que não será dado quartel, em caso de conflitos armados sem caráter internacional.

c) a tomada de reféns, permitida apenas para garantir a incolumidade da população civil, em caso de conflitos armados internacionais.

d) a prática de homicídio, na forma dolosa ou culposa, em caso de conflitos armados internacionais.

e) o recrutamento ou alistamento de maiores de dezesseis e menores de dezoito anos de idade, em caso de conflitos armados internacionais.

COMENTÁRIOS

Alternativa Correta: Letra B: A questão exige a leitura do art. 8º do Estatuto de Roma. A alternativa está correta, nos termos do art. 8º, 2, b, xii: "2. Para os efeitos do presente Estatuto, entende-se por "crimes de guerra": (...) b) Outras violações graves das leis e costumes aplicáveis em conflitos armados internacionais no âmbito do direito internacional, a saber, qualquer um dos seguintes atos: (...) xii) Declarar que não será dado quartel".

Alternativa "a": A utilização de veneno ou armas envenenadas é crime de guerra (art. 8º, 2, b, xvii), não sendo prevista a exceção da "necessidade militar".

Alternativa "c": A tomada de reféns é crime de guerra (art. 8º, 2, c, iii), não sendo prevista a permissão apenas para garantir a incolumidade da população civil.

Alternativa "d": Quando o enunciado se refere à "conflitos armados", quer fazer menção aos crimes de guerra. O artigo 8º do Estatuto de Roma, contudo, **só prevê a tipicidade do homicídio dolosos cometido no contexto do conflito armado**: Artigo 8º Crimes de Guerra: 1. O Tribunal terá competência para julgar os crimes de guerra, em particular quando cometidos como parte integrante de um plano ou de uma política ou como parte de uma prática em larga escala desse tipo de crimes. 2. Para os efeitos do presente Estatuto, entende-se por "crimes de guerra": a) As violações graves às Convenções de Genebra, de 12 de Agosto de 1949, a saber, qualquer um dos seguintes atos, dirigidos contra pessoas ou bens protegidos nos termos da Convenção de Genebra que for pertinente: i) **Homicídio doloso**; (...).

Alternativa "e": incorreta pois a idade a partir da qual se considera competente o TPI para o crime de guerra é o aliciamento de crianças menores de 15 anos: 2. Para os efeitos do presente Estatuto, entende-se por "crimes de guerra": (...) xxvi) **Recrutar ou alistar menores de 15 anos nas forças armadas nacionais ou utilizá-los para participar ativamente nas hostilidades**; (...).

---

40. (Cespe – Juiz Federal Substituto 5ª região/ 2011) O Tribunal Penal Internacional, que revolucionou a proteção dos direitos fundamentais e o conceito de soberania, tem competência para julgar crimes contra a humanidade e crimes de guerra, de genocídio e de agressão. De acordo com o Tratado de Roma, qualquer ato praticado, com consciência, como parte de um ataque generalizado ou sistemático contra população civil é considerado crime contra a humanidade. Nesse contexto, constitui ato qualificado como crime contra a humanidade

a) a deportação ou transferência forçada de populações.

b) a morte ou o ferimento de adversários que se tenham rendido.

c) a adoção de medidas destinadas a impedir nascimentos no seio do grupo.

d) a organização de tribunais de exceção.

e) o recrutamento de crianças com menos de quinze anos de idade.

COMENTÁRIOS

Alternativa correta: Letra "a": Segundo ensina André de Carvalho Ramos, os crimes contra a humanidade foram introduzidos no Direito Internacional pelo Estatuto de Londres de 1945 (que criou o conhecido "Tribunal de Nuremberg"). Foi o art. 6º, "c", do Estatuto do Tribunal que definiu serem "crimes contra a humanidade" o assassinato, o extermínio, a escravização, deportação e outros atos inumanos cometidos contra a população civil antes da guerra ou durante esta, a perseguição de natureza política, racial ou religiosa na execução daqueles crimes que sejam de competência do Tribunal ou em conexão com eles, constituam ou não uma violação do direito interno do país do cometimento do crime.

Vale salientar que a evolução do conceito de crime contra a humanidade fez com que esse vínculo (conhecido pela expressão em inglês *warnexus*) com a situação de guerra fosse eliminado. A prática dos Estados reconheceu a existência de crimes contra a humanidade praticados internamente por agentes de ditaduras militares, sem situação de guerra.

O Artigo 7º do Estatuto de Roma, então, prevê:

> *"Para os efeitos do presente Estatuto, entende-se por "crime contra a humanidade", qualquer um dos atos seguintes, quando cometido no quadro de um ataque, generalizado ou sistemático, contra qualquer população civil, havendo conhecimento desse ataque: a) Homicídio; b) Extermínio; c) Escravidão;* **d) Deportação ou transferência forçada de uma população; e**) *Prisão ou outra forma de privação da liberdade física grave, em violação das normas fundamentais de direito internacional; f) Tortura; g) Agressão sexual, escravatura sexual, prostituição forçada, gravidez forçada, esterilização forçada ou qualquer outra forma de violência no campo sexual de gravidade comparável; h) Perseguição de um grupo ou coletividade que possa ser identificado, por motivos políticos, raciais, nacionais, étnicos, culturais, religiosos ou de gênero, tal como definido no parágrafo 3º, ou em função de outros critérios universalmente reconhecidos como inaceitáveis no direito internacional, relacionados com qualquer ato referido neste parágrafo ou com qualquer crime da competência do Tribunal; i) Desaparecimento*

> *forçado de pessoas; j) Crime de apartheid; k) Outros atos desumanos de caráter semelhante, que causem intencionalmente grande sofrimento, ou afetem gravemente a integridade física ou a saúde física ou mental". Assim, conforme art. 7º do estatuto de Roma, a alternativa A está correta.*

Alternativa "b": Incorreta, pois a morte ou o ferimento de adversários que se tenham rendido é um crime de guerra, também de jurisdição do TPI. São crimes de guerra os praticados em conflitos armados de índole internacional ou não, em particular quando cometidos como parte de um plano ou política para cometê-los em grande escala, abrangendo violações graves das Convenções de Genebra de 1949 e demais leis e costumes aplicáveis aos conflitos armados, especialmente: homicídio doloso; tortura e outros tratamentos desumanos; ataque a civis e destruição injustificada de seus bens; tomada de reféns; guerra sem quartel; saques; morte ou ferimento de adversários que se renderam; utilização de veneno e de armas envenenadas; manejo de gases asfixiantes ou armas tóxicas; uso de armas, projéteis, materiais ou métodos que causem danos supérfluos ou sofrimentos desnecessários; emprego de escudos humanos; morte de civis por inanição; organização de tribunais de exceção; e recrutamento de crianças menores de 15 anos (artigo 8º do Estatuto de Roma).

Alternativa "c": Incorreta, pois a adoção de medidas destinadas a impedir nascimentos no seio do grupo é crime caracterizado como genocídio, nos termos do art. 6º do Estatuto de Roma:

> *"Para os efeitos do presente Estatuto, entende-se por "genocídio", qualquer um dos atos que a seguir se enumeram, praticado com intenção de destruir, no todo ou em parte, um grupo nacional, étnico, racial ou religioso, enquanto tal: a) Homicídio de membros do grupo; b) Ofensas graves à integridade física ou mental de membros do grupo; c) Sujeição intencional do grupo a condições de vida com vista a provocar a sua destruição física, total ou parcial; d) Imposição de medidas destinadas a impedir nascimentos no seio do grupo; e) Transferência, à força, de crianças do grupo para outro grupo."*

Alternativa "d": Incorreta, pois a organização de tribunais de exceção também é crime de guerra, nos termos do artigo 8º do Estatuto de Roma.

Alternativa "e": Incorreta, pois o recrutamento de crianças com menos de quinze anos de idade também é crime de guerra.

---

41. (Cespe – Juiz Federal Substituto 3ª região/ 2011) No que se refere ao Tribunal Penal Internacional, assinale a opção correta.

a) De acordo com o Estatuto de Roma, esse tribunal tem competência expressa para julgar o terrorismo como crime contra a humanidade.

b) As línguas de trabalho, nesse tribunal, são o inglês e o francês.

c) Trata-se de organismo especializado da ONU.

d) De acordo com o que prevê o Estatuto de Roma, esse tribunal pode decidir pela pena de morte em casos graves.

e) Essa corte começou a funcionar em 1998, com a conclusão do Estatuto de Roma.

COMENTÁRIOS

Alternativa correta: Letra "b": Artigo 50, p.2 do Estatuto de Roma (Decreto 4388/2002) 2. As línguas francesa e inglesa serão as línguas de trabalho do Tribunal. O Regulamento Processual definirá os casos em que outras línguas oficiais poderão ser usadas como línguas de trabalho.

Alternativa "a": O Estatuto de Roma do Tribunal Penal Internacional (Decreto 4388/2002) prevê no Artigo 5º os crimes de competência do tribunal: genocídio, crimes contra a humanidade, de agressão e de guerra. Nos dispositivos seguintes a descrição mais pormenorizada de cada um desses tipos penais, sendo que o Artigo 7º – que trata dos crimes contra a humanidade – não trata expressamente do terrorismo.

Alternativa "c": não se trata de organismo da Nações Unidas, sendo que a relação do TPI com aquela se regula nos termos do Artigo 2º do Estatuto de Roma: "A relação entre o Tribunal e as Nações Unidas será estabelecida através de um acordo a ser aprovado pela Assembléia dos Estados Partes no presente Estatuto e, em seguida, concluído pelo Presidente do Tribunal em nome deste".

Alternativa "d": as penas aplicáveis são as previstas no artigo 77 do Estatuto, não autorizando a pena de morte.

Alternativa "e": o Estatuto de Roma entrou em vigor internacional em 1º de julho de 2002, e passou a vigorar, para o Brasil, em 1º de setembro de 2002, nos termos de seu art. 126;

9. DIREITO INTERNACIONAL PRIVADO

---

42. (Cespe – Defensor Público – DPU/2017) De acordo com o entendimento do STJ acerca da homologação de sentenças estrangeiras, julgue os itens seguintes.

42.1. Pode ser homologada sentença penal estrangeira que determine o perdimento de imóvel situado no Brasil reconhecido como produto de crime de lavagem de dinheiro.

COMENTÁRIOS

Alternativa Correta: O enunciado cobrou o conhecimento de julgado contemporâneo ao concurso, proveniente da Corte Especial do STJ (Info 586. SEC 10.612-FI, Rel. Min. Laurita Vaz, julgado em 18/5/2016, DJe 28/6/2016). É possível a homologação de sentença penal estrangeira que determine o perdimento de imóvel situado no Brasil em razão de o bem ser produto do crime de lavagem de dinheiro. A Convenção das

Nações Unidas contra o Crime Organizado Transnacional (Convenção de Palermo), promulgada pelo Decreto n. 5.015/2004, dispõe que os estados partes adotarão, na medida em que o seu ordenamento jurídico interno o permita, as medidas necessárias para possibilitar o confisco do produto das infrações previstas naquela convenção ou de bens cujo valor corresponda ao desse produto (art. 12, 1, a), sendo o crime de lavagem de dinheiro tipificado na convenção (art. 6.º), bem como na legislação brasileira (art. 1.º da Lei n. 9.613/1998). Ademais, nos termos do CP: "Art. 9º – A sentença estrangeira, quando a aplicação da lei brasileira produz na espécie as mesmas consequências, pode ser homologada no Brasil para: I – obrigar o condenado à reparação do dano, a restituições e a outros efeitos civis". Verifica-se, assim, que a lei brasileira também prevê a possibilidade de perda, em favor da União, ressalvado o direito do lesado ou de terceiro de boa-fé, do produto do crime, como um dos efeitos da condenação (art. 91, II, b, do CP). Nesse contexto, não prospera o argumento de que a homologação de sentença estrangeira de expropriação de bem imóvel – situado no Brasil – reconhecido como proveniente de atividades ilícitas seria capaz de ofender a soberania nacional, pautada no argumento de que competiria a autoridade judiciária brasileira conhecer de ações relativas a imóvel situado no País, de acordo com o previsto no art. 12, § 1º, da LINDB, bem como no art. 89, I, do CPC/1973. Com efeito, não se trata especificamente sobre a situação de bem imóvel, sobre a sua titularidade, mas sim sobre os efeitos civis de uma condenação penal determinando o perdimento de bem que foi objeto de crime de lavagem de capitais. Inclusive, é importante destacar que o bem imóvel não será transferido para a titularidade do país interessado, mas será levado a hasta pública, nos termos do art. 133 do CPP.

42.2. A existência de sentença estrangeira transitada em julgado que verse sobre guarda ou obrigação de alimentos impede a propositura de nova ação de guarda ou de alimentos na justiça brasileira.

COMENTÁRIOS

Alternativa Incorreta: O CPC/2015 trata das competências concorrentes (art. 21 e 22) e competências exclusivas (art. 23), quanto ao tema dos limites da jurisdição nacional. Em sede de jurisdição concorrente, o fato de existir, no alienígena, sentença estrangeira transitada em julgado (que não tenha sido homologada pelo STJ), não impede o exercício da jurisdição nacional. Os temas de guarda ou alimentos são de competência concorrente e, por essa razão, a questão está incorreta. Nesse sentido: "Segundo o sistema processual adotado em nosso País em tema de competência internacional (CPC, arts. 88 a 90), não é exclusiva, mas concorrente com a estrangeira, a competência da Justiça brasileira para, entre outras, a ação de divórcio, de alimentos ou de regime de guarda de filhos, e mesmo a partilha de bens que não sejam bens situados no Brasil. Isso significa que "a ação intentada perante tribunal estrangeiro não induz litispendência, nem obsta que a autoridade judiciária brasileira conheça da mesma causa e das que lhe são conexas" (CPC, art. 90) e vice-versa" (SEC 4.127/EX, Rel. Ministra NANCY ANDRIGHI, Rel. p/ Acórdão Ministro TEORI ALBINO ZAVASCKI, CORTE ESPECIAL, julgado em 29/08/2012, DJe 27/09/2012).

42.3. O caráter laico do Estado brasileiro impede a homologação de sentenças estrangeiras eclesiásticas de anulação de matrimônio confirmadas pela Santa Sé.

COMENTÁRIOS

Alternativa Incorreta: O certame cobrou decisão contemporânea da Corte Especial do STJ na SEC 11.962-EX, Rel. Min. Felix Fischer, julgado em 4/11/2015, DJe 25/11/2015 (Info 574), que enfrentou e refutou, especificamente, a alegação de suposta ofensa à laicidade do Estado: É possível a homologação pelo STJ de sentença eclesiástica de anulação de matrimônio, confirmada pelo órgão de controle superior da Santa Sé. As decisões eclesiásticas confirmadas pelo órgão superior de controle da Santa Sé são consideradas sentenças estrangeiras para efeitos de homologação. Isso porque o § 1º do art. 12 do Decreto federal n. 7.107/2010 (que homologou o acordo firmado entre o Brasil e a Santa Sé, relativo ao Estatuto Jurídico da Igreja Católica no Brasil, aprovado pelo Decreto Legislativo n. 698/2009) determina que a "homologação das sentenças eclesiásticas em matéria matrimonial, confirmadas pelo órgão de controle superior da Santa Sé, será efetuada nos termos da legislação brasileira sobre homologação de sentenças estrangeiras". Aliás, não há como sustentar a inconstitucionalidade deste dispositivo legal, tendo em vista que ele apenas institui, em matéria matrimonial, que a homologação de sentenças eclesiásticas, confirmadas pelo órgão de controle superior da Santa Sé – que detém personalidade jurídica de direito internacional público –, será realizada de acordo com a legislação brasileira. **Além disso, o caráter laico do Estado brasileiro não impede a homologação de sentenças eclesiásticas, tanto que o Brasil, nos termos do art. 3º de referido Decreto federal n. 7.107/2010, reconhece a personalidade jurídica das instituições eclesiásticas.**

---

43. (Cespe – Juiz Federal Substituto 1ª região/2013) Assinale a opção correta no que se refere à Convenção de Nova Iorque sobre a prestação de alimentos no estrangeiro.

a) A convenção estabelece a competência obrigatória da Corte Interamericana de Direitos Humanos para resolver controvérsias sobre sua interpretação e aplicação.

b) A invocação de suas disposições por um Estado--parte contra outro Estado-parte somente será possível se o estado invocativo estiver obrigado pela convenção.

c) A formulação de reservas é vedada pela convenção.

d) A convenção veda a adesão.

e) A convenção não se aplica aos pedidos de modificação das decisões judiciárias sobre prestação de alimentos.

COMENTÁRIOS

Alternativa correta: Letra B: Nos termos da Convenção de Nova Iorque sobre a prestação de alimentos no estrangeiro (Decreto Legislativo nº 10/1958), ARTIGO XVIII: Reciprocidade. "Uma Parte Contratante poderá invocar as disposições da presente Convenção contra outras Partes Contratantes somente na medida em que ela mesma estiver obrigada pela Convenção."

Alternativa "a": Incorreta, a competência é da Corte Internacional de Justiça, nos termos do art. XVI: "Se surgir entre quaisquer das Partes Contratantes uma controvérsia relativa a interpretação ou à aplicação da presente Convenção, e se esta controvérsia não tiver sido resolvida por outros meios, será submetida à Corte Internacional da Justiça, seja por notificação de um acôrdo especial, seja a pedido de uma das partes na controvérsia".

Alternativa "c": INCORRETA, a possibilidade de reservas está prevista no art. XVII, da Convenção.

Alternativa "d": INCORRETA, a adesão é possível, consoante art. XII, 3, da Convenção.

Alternativa "e": INCORRETA, conforme art. VIII, da Convenção: "As disposições da presente Convenção serão igualmente aplicáveis aos pedidos de modificação das decisões judiciárias sobre prestação de alimentos".

44. (Cespe – Juiz Federal Substituto 5ª região/2013) À luz da Convenção de Aviação Civil Internacional, assinale a opção correta no que se diz respeito à navegação aérea.

a) Para efeito de delimitação do espaço aéreo, considera-se território do Estado sua zona contígua.

b) A convenção em apreço aplica-se a aeronaves civis e, excepcionalmente, a aeronaves de propriedade do governo usadas para fins alfandegários.

c) No caso de a aeronave de um Estado sofrer acidente em território de outro Estado, ocasionando a morte de passageiros, ao Estado de registro será oferecido designar observadores para assistirem às investigações.

d) Admite-se o registro duplo para aeronaves comerciais que façam rotas internacionais periódicas entre dois Estados.

e) As aeronaves terão a mesma nacionalidade da pessoa física ou jurídica que as tiver registrado.

COMENTÁRIOS

Alternativa correta: letra C: alternativa correta nos termos do Artigo 26 da Convenção, que permite ao Estado de registro, em caso de acidente com morte, a designação de observadores para assistirem às investigações (parte final do dispositivo), *in verbis*: "No caso em que uma aeronave de um Estado contratante, acarretando morte ou ferimentos graves, ou indicando sérios defeitos técnicos na aeronave ou nas facilidades de navegação aérea, os Estados onde tiver ocorrido o acidente procederá a um inquérito sobre as circunstâncias que provocarão o acidente, de conformidade, dentro do permissível por suas próprias leis com o procedimento que possa ser recomendado nas circunstâncias pela Organização Internacional de Aviação Civil. **Será oferecido ao Estado de registro da aeronave a oportunidade de designar observadores para assistirem as investigações, e o Estado onde se esteja processando o inquérito transmitirá ao outro Estado as informações e conclusões apuradas**".

Alternativa "a": a zona contígua não se confunde com o mar territorial. A pela Convenção das Nações Unidas sobre o Direito do Mar (CDM), de 1982, permite que o Estado costeiro mantenha sob seu controle uma área de até 12 milhas náuticas, adicionalmente às 12 milhas do mar territorial, para o propósito de evitar ou reprimir as infrações às suas leis e regulamentos aduaneiros, fiscais, de imigração, sanitários ou de outra natureza no seu território ou mar territorial. Todavia, nos termos da Convenção de Aviação Civil Internacional, considera-se como território de um Estado, a extensão terrestre e as águas territoriais adjacentes, sob a soberania, jurisdição, proteção ou mandato do citado Estado (Art. 2º). Desse modo, o conceito compreende apenas o mar territorial, que é a faixa de águas costeiras que alcança 12 milhas náuticas a partir do litoral de um Estado, considerado parte do território soberano daquele Estado.

Alternativa "b": nos termos do Artigo 3º da Convenção: "Esta Convenção será aplicável unicamente a aeronaves civis, e não a aeronaves de propriedades do Governo".

Alternativa "d": o Artigo 18 da Convenção veda o registro duplo: "ARTIGO 18. Registro duplo. Nenhuma aeronave poderá registra-se legalmente em mais de um Estado para outro."

Alternativa "e": Quanto à nacionalidade das aeronaves, dispõe o Art. 17 que: "As aeronaves terão a nacionalidade do Estado em que estejam registradas".

45. (Cespe – Juiz Federal Substituto 3ª região/ 2011) Com base na jurisprudência do STJ sobre a homologação de sentenças estrangeiras no Brasil, assinale a opção correta.

a) A pendência de julgamento, no Brasil, de apelação contra sentença proferida em ação na qual se discutam alimentos dos filhos dos ex-cônjuges impede a homologação de sentença estrangeira com o mesmo objeto.

b) Ainda quando encaminhada por via diplomática, a sentença estrangeira deve ser autenticada pela autoridade consular brasileira.

c) O ajuizamento de ação de revisão de alimentos no Brasil inviabiliza o processamento do pedido de homologação de sentença estrangeira relativa ao tema.

d) É autorizada a homologação de sentença estrangeira que, ao decretar o divórcio, convalida acordo celebrado pelos ex – cônjuges quanto à partilha de bens situados no Brasil.

e) O inadimplemento de obrigações decorrentes da sentença estrangeira impede sua homologação no Brasil.

COMENTÁRIOS

Alternativa correta: letra D: A jurisprudência o STJ e do STF autoriza a homologação de sentença estrangeira que, decretando o divórcio, convalida acordo celebrado pelos ex-cônjuges quanto à partilha de bens situados no Brasil, assim como na hipótese em que a decisão alienígena cumpre a vontade última manifestada pelo de cujus e transmite bens também localizados no território nacional à pessoa indicada no testamento. (SENTENÇA ESTRANGEIRA CONTESTADA Nº 3.532 – EX. Corte Especial. STJ. 15 de junho de 2011).

Alternativa "a": o impedimento só poderia ser cogitado se houvesse trânsito em julgado no processo nacional; contudo, neste contexto, processo no exterior que tenha o mesmo objeto de processo no Brasil pode ser homologado (CPC, Art. 90). Vale dizer, se a sentença brasileira transitar em julgado antes da homologação da sentença estrangeira, o STJ não poderá mais homologá-la já que havia ofensa à coisa julgada (SEC 8.451/EX, Rel. Min. João Otávio de Noronha, Corte Especial, julgado em 15/05/2013). É de se destacar que ao homologar uma sentença estrangeira, o STJ faz apenas um "juízo de delibação", ou seja, limita-se a analisar se os requisitos formais da sentença estrangeira foram atendidos. Questões de mérito não podem ser examinadas pela Corte (SEC 5.828/EX, Rel. Min. João Otávio de Noronha, Corte Especial, julgado em 19/06/2013).

Alternativa "b": trâmite por via diplomática dispensa a autenticação consular.

Alternativa "c": Processo de alimentos no exterior que tenha o mesmo objeto de processo no Brasil pode ser homologado.

Alternativa "e": Não se constitui em óbice à homologação de sentença estrangeira o eventual inadimplemento de obrigações dela decorrentes. Jurisprudência: Este Tribunal exerce juízo meramente delibatório nas hipóteses de homologação de sentença estrangeira; vale dizer, cabe ao STJ, apenas, verificar se a pretensão atende aos requisitos previstos no art. 5º da Resolução STJ nº 9/2005 e se não fere o disposto no art. 6º do mesmo ato normativo. Eventuais questionamentos acerca do mérito da decisão alienígena são estranhos aos quadrantes próprios da ação homologatória. (AgRg na SEC 6.948/EX, Rel. Min. Nancy Andrighi, Corte Especial, julgado em 17/12/2012)(...) Impede a homologação de sentença estrangeira referente à guarda de filhos menores a superveniência de decisão de autoridade judiciária brasileira proferida contrariamente àquela que se pretende homologar, visto não poderem subsistir dois títulos contraditórios, em manifesta afronta à soberania da jurisdição nacional. Precedentes desta Corte e do STF.(...) (SEC 8.451/EX, Rel. Min. João Otávio de Noronha, Corte Especial, julgado em 15/05/2013). Súmula 420/STF: Não se homologa sentença proferida no estrangeiro sem prova do trânsito em julgado. HOMOLOGAÇÃO DE SENTENÇA ESTRANGEIRA. INVENTÁRIO E PARTILHA. RENÚNCIA DE HERDEIRA. COMPETÊNCIA EXCLUSIVA DA AUTORIDADE JUDICIAL BRASILEIRA. PRECEDENTE. 1. A jurisprudência desta Corte e do STF autoriza a homologação de sentença estrangeira que, decretando o divórcio, convalida acordo celebrado pelos ex-cônjuges quanto à partilha de bens situados no Brasil, assim como na hipótese em que a decisão alienígena cumpre a vontade última manifestada pelo de cujus e transmite bens também localizados no território nacional à pessoa indicada no testamento. 2. No caso que se examina, o testamento legou bens única e exclusivamente à filha do falecido a qual, por sua vez, renunciou à herança sem ressalvas. 3. Diante disto, a autoridade judicial helvética promoveu a liquidação da herança conforme as normas jurídicas estrangeiras e, na sequência, cedeu ao ora requerente bens deixados pelo de cujus em troca do valor de CHF 20.000, 00 (vinte mil francos suíços).4. A situação estampada nos autos não se confunde com a mera transmissão de bens em virtude de desejo manifestado em testamento, já que, recusada a herança pela pessoa indicada pelo falecido, a autoridade judiciária estrangeira transferiu de forma onerosa a propriedade de bem localizado no Brasil a terceiro totalmente estranho à última vontade do de cujus, isto é, dispôs sobre bem situado em território nacional em processo relativo à sucessão mortis causa, o que vai de encontro ao art. 89, II, do Código de Processo Civil--CPC. 5. Pedido de homologação indeferido.(SENTENÇA ESTRANGEIRA CONTESTADA Nº 3.532 – EX. Corte Especial. STJ. 15 de junho de 2011).

46. (Cespe – Juiz Federal Substituto 2ª região/ 2011) Os elementos de conexão brasileiros constituem parte da norma do direito internacional privado que determina o ordenamento jurídico a ser aplicado a determinada causa. Assinale a opção correspondente à correta correlação entre fato(s) jurídico(s) e elemento de conexão na Lei de Introdução do Código Civil.

a) situação do regime de bens – nacionalidade dos cônjuges

b) qualificação e regulação das obrigações – domicílio dos contratantes

c) formalidades de celebração e impedimentos do casamento – nacionalidade dos nubentes

d) personalidade e capacidade – domicílio da pessoa

e) penhor – local do bem

COMENTÁRIOS

Alternativa correta: letra D: Alei do país em que domiciliada a pessoa determina as regras sobre o começo e o fim da personalidade, o nome, a capacidade e os direitos de família, nos exatos termos do Art. 7º da LINDB.

Alternativa "a": para qualificar os bens e regular as relações a eles concernentes, aplicar-se-á a lei do país e que estiverem situados. Regra *lex rei sitae*. (LINDB, Art. 8º Para qualificar os bens e regular as relações a eles concernentes, aplicar-se-á a lei do país em que estiverem situados.)

Alternativa "b": Para qualificar e reger as obrigações, aplicar-se-á a lei do país em que se constituírem. (LINDB, Art. 9º Para qualificar e reger as obrigações, aplicar-se-á a lei do país em que se constituírem).

Alternativa "c": Realizando-se o casamento no Brasil, será aplicada a lei brasileira quanto aos impedimentos dirimentes e às formalidades da celebração. (LINDB, Art. 7º A lei do país em que domiciliada a pessoa determina as regras sobre o começo e o fim da personalidade, o nome, a capacidade e os direitos de família. § 1º Realizando-se o casamento no Brasil, será aplicada a lei brasileira quanto aos impedimentos dirimentes e às formalidades da celebração).

Alternativa "e": O penhor regula-se pela lei do domicílio que tiver a pessoa, em cuja posse se encontre a coisa apenhada. (LINDB, Art. 8º Para qualificar os bens e regular as relações a eles concernentes, aplicar-se-á a lei do país em que estiverem situados (...) § 2º O penhor regula-se pela lei do domicílio que tiver a pessoa, em cuja posse se encontre a coisa apenhada).

---

47. (Cespe – Juiz Federal Substituto 5ª região/ 2011) Mohamed, filho concebido fora do matrimônio, requereu, na justiça brasileira, pensão alimentícia do pai, Said, residente e domiciliado no Brasil. Said negou o requerido e não reconheceu Mohamed como filho, alegando que, perante a Tunísia, país no qual ambos nasceram, somente são reconhecidos como filhos os concebidos no curso do matrimônio.

A partir dessa situação hipotética, assinale a opção correta à luz da legislação brasileira de direito internacional privado.

a) A reserva da ordem pública não está expressa na Lei de Introdução às Normas do Direito Brasileiro.

b) O juiz, ao julgar a referida relação jurídica, deve obedecer à lei da Tunísia.

c) Nesse caso, não se aplicam normas de ordem pública, pois se trata de relação jurídica de direito internacional privado, e não, de direito internacional público.

d) O juiz não deverá aplicar, nessa situação, o direito estrangeiro.

e) A lei brasileira assemelha-se à da Tunísia, razão pela qual esta deverá ser aplicada.

COMENTÁRIOS

Alternativa correta: letra D: alternativa certa, pois se aplica a lei do domicílio, a relação é de direito de família e as partes estão domiciliadas no Brasil (LINDB, Art. 17: Art. 17. As leis, atos e sentenças de outro país, bem como quaisquer declarações de vontade, não terão eficácia no Brasil, quando ofenderem a soberania nacional, a ordem pública e os bons costumes.)

Alternativa "a": aplicação do Artigo 17 da LINDB. Há expressa reserva de ordem pública no dispositivo acima colacionado.

Alternativa "b": aplica-se o Art. 7º A lei do país em que domiciliada a pessoa determina as regras sobre o começo e o fim da personalidade, o nome, a capacidade e os direitos de família LINDB).

Alternativa "c": nos termos do Artigo 17, a ordem pública é um instituto importante para o Direito Internacional Privado.

Alternativa "e": seja qual fora semelhança que eventualmente exista entre as leis dos dois países, aplica-se, para os casos que envolvam direitos de família, a *lexdomicilli*.

Direito internacional e comunitário

Renato Cesar Guedes Grilo

✦ DICAS (RESUMO)

- **Imunidade de jurisdição** é a impossibilidade de que Estados estrangeiros, organizações internacionais e órgãos de Estados estrangeiros sejam julgados por outros Estados contra a sua vontade: para a teoria clássica o Estado estrangeiro goza de imunidade total e absoluta, somente podendo ser julgado por outro Estado caso renuncie a imunidade; para a teoria moderna há a separação entre atos de império (atos de guerra, negativa de visto, negativa de asilo político) e atos de gestão (contrato de luz/água, contrato de compra e venda, contratação de empregados, acidente de veículo), sendo que a imunidade só seria absoluta para os primeiros tipos de atos.
- **Imunidade de execução** é a garantia de que os bens dos Estados estrangeiros não serão expropriados. Para a posição majoritária, os Estados gozam de imunidade de execução mesmo quando pratiquem atos de gestão.
- O entendimento da jurisprudência atual é de que a imunidade de jurisdição dos Estados estrangeiros é relativa, em relação às demandas em que se debate o direito a parcelas decorrentes de uma relação de trabalho, pois oriundas de um ato de gestão, e não de império.

1. FONTES DO DIREITO INTERNACIONAL

- Acerca da hierarquia dos tratados internacionais, nos termos da atual jurisprudência do STF, tem-se que: a) os tratados que não sejam de direitos humanos, gozam do mesmo status normativo das leis ordinárias – exceto aqueles relativos ao direito tributário; b) os tratados de direitos humanos aprovados fora dos critérios do Art. 5º, § 3º, da CF/88, seja antes ou depois da introdução deste dispositivo pela EC/45, gozam de supralegalidade, sendo o caso paradigmático aquele referente ao afastamento da prisão por dívida do depositário infiel, sobrelevando-se o pacto de São José da Costa Rica; c) por fim, os tratados de direitos humanos aprovados nos termos do Art. 5º, § 3º, da CF/88 gozarão da mesma hierarquia das normas constitucionais – sendo que, atualmente, há no nosso ordenamento apenas o tratado sobre pessoas com deficiência de Nova York.
- Sobre as teorias monista e dualista: o dualismo é a teoria que parte da premissa de que o Direito Internacional e o Direito Interno são dois ordenamentos jurídicos distintos e totalmente independentes entre si, cujas normas não poderiam entrar em conflito umas com as outras; o monismo fundamenta-se na premissa de que existe apenas uma ordem jurídica, com normas internacionais e internas, independentes entre si.
- Para sua internalização ao direito brasileiro, os tratados seguem as seguintes etapas: negociação e assinatura do texto do tratado, ratificação, e a promulgação.
- A ratificação é um ato do Chefe de Estado antecedido pela autorização do Congresso Nacional, para os casos de compromissos gravosos ao patrimônio nacional.
- Constituição Federal: Art. 49. É da competência exclusiva do Congresso Nacional: I – resolver definitivamente sobre tratados, acordos ou atos internacionais que acarretem encargos ou compromissos gravosos ao patrimônio nacional; (...) Art. 84. Compete privativamente ao Presidente da República: (...) VII – manter relações com Estados estrangeiros e acreditar seus representantes diplomáticos; (...) VIII – celebrar tratados, convenções e atos internacionais, sujeitos a referendo do Congresso Nacional; (...).
- Há duas formas de conclusão de tratados (PORTELA, Paulo Henrique Gonçalves. Direito internacional público e privado. 5 ed. Salvador: Ed. Jus Podivm, 2013. p. 100) – a forma solene e o procedimento simplificado.
- Para o procedimento simplificado não haverá a necessidade de ratificação, sendo conhecidos também como *executive agreements*.
- De outro lado, os tratados solenes, também conhecidos como tratados em sentido estrito, implicam na existência das seguintes fases: negociação e assinatura do texto do tratado, ratificação, e a promulgação.
- Desse modo, é correto afirmar que a ratificação não será requisito indispensável para os *executive agreements*.

✦ SÚMULAS APLICÁVEIS

- STJ – Súmula 419 – Descabe a prisão civil do depositário judicial infiel. (Súmula 419, CORTE ESPECIAL, julgado em 03/03/2010, DJe 11/03/2010)
- STF – Súmula 1: é vedada a expulsão de estrangeiro casado com brasileira, ou que tenha filho brasileiro, dependente da economia paterna.
- STF – Súmula 420: não se homologa sentença proferida no estrangeiro sem prova do trânsito em julgado.
- STF – Súmula 421: não impede a extradição a circunstância de ser o extraditando casado com brasileira ou ter filho brasileiro.
- STF – Súmula 692: não se conhece de "habeas corpus" contra omissão de relator de extradição, se fundado em fato ou direito estrangeiro cuja prova não constava dos autos, nem foi ele provocado a respeito.

1. SUJEITOS DE DIREITO INTERNACIONAL E IMUNIDADE

- **Imunidade de jurisdição** é a impossibilidade de que Estados estrangeiros, organizações internacionais e órgãos de Estados estrangeiros sejam julgados por outros Estados contra a sua vontade: para a teoria clássica o Estado estrangeiro goza de imunidade total e absoluta, somente podendo ser julgado por outro Estado caso renuncie a imunidade; para a teoria moderna há a separação entre atos de império (tos de guerra, negativa de visto, negativa de asilo político) e atos de gestão (contrato de luz/água, contrato de compra e venda, contratação de empregados, acidente de veículo), sendo que a imunidade só seria absoluta para os primeiros tipos de atos.
- **Imunidade de execução** é a garantia de que os bens dos Estados estrangeiros não serão expropriados. Para a posição majoritária, os Estados gozam de imunidade de execução mesmo quando pratiquem atos de gestão.
- O entendimento da jurisprudência atual é de que a imunidade de jurisdição dos Estados estrangeiros é relativa, em relação às demandas em que se debate o direito a parcelas decorrentes de uma relação de trabalho, pois oriundas de um ato de gestão, e não de império.

2. CONDIÇÃO JURÍDICA DO ESTRANGEIRO E DIREITOS DE NACIONALIDADE

- A nacionalidade pode ser nata (originária) ou naturalizada (derivada ou adquirida).
- Para a aquisição da naturalidade brasileira nata o Brasil adotou como critério preponderante o *ius solis* (nascidos no território brasileiro, desde que os pais, estrangeiros, não estejam à serviço de seu país – (Artigo 12, inciso I, alínea a).
- Excepcionalmente adotou-se excepcionalmente o critério *ius sanguinis* (critério da ascendência brasileira, independentemente do território em que nascidos), podendo adquirir a nacionalidade nata brasileira os nascidos no estrangeiro, filhos de pais brasileiros que não estão a serviço do pais, condicionada ao registro em repartição brasileira competente ou caso venham a residir na República Federativa do Brasil e optem, em qualquer tempo, depois de atingida a maioridade, pela nacionalidade brasileira.
- Para permitir que aqueles nascidos em seu solo, embora filhos de imigrantes, se tornassem brasileiros natos, o Brasil adotou como regra o *ius solis*, pois é considerado um país de imigração (para o qual há mais pessoas de outras nacionalidades chegando do que saindo)

  Países de emigração, pelo contrário, que são aqueles que perdem nacionais, tendem a adotar o critério *ius sanguinis*, como forma de permitir que os filhos de seus emigrantes mantenham, onde quer que estejam, a nacionalidade dos pais.

- Há duas hipóteses para a perda da nacionalidade (incisos I e II do § 4º do Artigo 12 da CF/88). O naturalizado pode perder essa condição quando tiver cancelada sua naturalização, por sentença judicial, em virtude de atividade nociva ao interesse nacional (inciso I).
- Por sua vez, o brasileiro nato só pode perder a sua nacionalidade na hipótese do § 4º: adquirir outra nacionalidade, salvo nos casos: a) de reconhecimento de nacionalidade originária pela lei estrangeira; b) de imposição de naturalização, pela norma estrangeira, ao brasileiro residente em estado estrangeiro, como condição para permanência em seu território ou para o exercício de direitos civis.
- Nos termos da Constituição Federal, as distinções entre brasileiros natos e naturalizados, como é a hipótese da assertiva (cargo privativo de brasileiro nato), só podem ser estabelecidas pela própria Carta Magna (CF/88, Art. 12, § 2º A lei não poderá estabelecer distinção entre brasileiros natos e naturalizados, salvo nos casos previstos nesta Constituição.).
- Importante ressaltar que o antigo Estatuto do Estrangeiro, Lei 6.812/1980, previa três formas diversas de retirada do país:

- (i) expulsão, que tem carga sancionatória, estando reservada para os casos descritos no Artigo 65 do EE, do estrangeiro perigoso, nocivo ou indesejável;
- (ii) deportação, que é mera remoção física, sem carga sancionatória, cuidando-se de medida de menor gravidade, como se vê no art. 57 do EE, aplicável aos casos de mera entrada ou estada irregular;
- (iii) extradição, que é medida de cooperação judiciária internacional, prevista para aquele estrangeiro que tenha sido condenado ou esteja sendo processado por crime cometido no exterior (EE, arts. 76/94).
- O novo Estatuto do Estrangeiro, Lei 13.445/2017, em seu Capítulo V, regulou três Medidas de Retirada Compulsória do País: repatriação, a deportação e a expulsão.
- A repatriação (art. 49 da Lei 13.445/2017) consiste em medida administrativa de devolução de pessoa em situação de impedimento ao país de procedência ou de nacionalidade.
- A deportação (art. 50 da Lei 13.445/2017) é medida decorrente de procedimento administrativo que consiste na retirada compulsória de pessoa que se encontre em situação migratória irregular em território nacional.
- A expulsão (art. 54 da Lei 13.445/2017), que passa a ter hipóteses de cabimento diversas e menos 'abertas', consiste em medida administrativa de retirada compulsória de migrante ou visitante do território nacional, conjugada com o impedimento de reingresso por prazo determinado.
- A expulsão, no novo Estatuto do Estrangeiro, pode ser levada à efeito a partir de expulsão a condenação com sentença transitada em julgado relativa à prática de: I – crime de genocídio, crime contra a humanidade, crime de guerra ou crime de agressão, nos termos definidos pelo Estatuto de Roma do Tribunal Penal Internacional, de 1998, promulgado pelo Decreto no 4.388, de 25 de setembro de 2002; ou II – crime comum doloso passível de pena privativa de liberdade, consideradas a gravidade e as possibilidades de ressocialização em território nacional.

3. RELAÇÕES DIPLOMÁTICAS E RELAÇÕES CONSULARES

- É importante estabelecer a distinção entre o Diplomata e o Cônsul, ambos funcionários encarregados pelo Estado para o exercício de funções específicas no alienígena.
- A confusão entre as duas funções é recorrente e se deve, ao menos em parte, ao fato de que muitos países – inclusive o Brasil – as unificam em uma única carreira do Serviço Exterior. Portanto, no nosso Estado, diplomata e cônsul ocupam uma mesma carreira, e as funções diplomáticas ou consulares dependerão da designação específica que receberá um funcionário específico desta carreira.
- Diplomata é o funcionário incumbido de representar o seu Estado em um país estrangeiro ou organismo internacional; o Cônsul, por sua vez, é encarregado pelo Estado de funções mais específicas no estrangeiro, na proteção dos interesses de indivíduos e empresas compatriotas.
- Ao Cônsul não compete, portanto, representação política do Estado junto às autoridades também políticas do país onde exerce suas funções. O Cônsul atua pelos interesses dos nacionais de seu Estado.
- Importante destacar que as relações diplomáticas são independentes das consulares, de modo que a ruptura daquelas não acarreta o abalo destas; ou seja, embora o Estado tenha relações políticas abaladas com outro, o serviço consular de proteção aos nacionais no alienígena não será interrompido.
- Dada a atuação política macro do Diplomata, com base na chamada "teoria do interesse da função", a Convenção de Viena sobre Relações Diplomáticas (Decreto 58.435/65) lhe assegura imunidade civil e penal, abrangendo a sede da Missão e as residências particulares dos diplomatas, bem como os bens ali situados e os meios de locomoção.
- Regulados pela Convenção de Viena sobre Relações Consulares, os privilégios e imunidades consulares são distintos e de menor amplitude do que os concedidos aos funcionários no exercício de funções diplomáticas. Os funcionários consulares gozam de inviolabilidade física e imunidade processual penal ou cível apenas quanto aos atos de ofício, isto é, praticados no exercício das funções consulares.
- Os edifícios consulares, utilizados para as finalidades do respectivo serviço, são invioláveis e gozam de imunidade tributária. Para que as autoridades locais ingressem onde a repartição consultar funcione é necessário o consentimento do chefe respectivo.

Anotações

EDITORA JusPODIVM
www.editorajuspodivm.com.br

Este livro foi impresso na
LIS GRÁFICA E EDITORA LTDA.
Rua Felício Antônio Alves, 370 – Bonsucesso
CEP 07175-450 – Guarulhos – SP
Fone: (11) 3382-0777 – Fax: (11) 3382-0778
lisgrafica@lisgrafica.com.br – www.lisgrafica.com.br